国家出版基金项目
NATIONAL PUBLICATION FOUNDATION

海上絲綢之路文獻集成

總主編　陳支平　陳春聲

科技與文化編 50

主編　王揚宗　葉　農

海峽出版發行集團
THE STRAITS PUBLISHING & DISTRIBUTING GROUP
福建人民出版社

本册目次

西醫略論三卷

〔英〕合信著　〔清〕管嗣復同撰

《西醫略論》三卷，英國合信著，清管嗣復同撰。合信（Benjamin Hobson，一八一六—一八七三），英國倫敦會傳教士，一八四八年至廣州，後至上海，其間創辦醫院並編譯西醫著作。管嗣復，字小異，江蘇上元（今南京）人，清末諸生。合信曾著《全體新論》，流布頗廣，因欲續著一書，述審証治療之法，以相佐輔。及咸豐七年（一八五七）遊滬上，與管嗣復商榷，採輯西國醫書之親驗有效、可與中國參互並用者，譯述成此。凡三卷四十餘目，卷上總論病証，卷中分論各部位病証，卷下專論方藥，配以外科手術、醫療器械及藥物等插圖四百餘幅。全書詳於外証，所列病証皆中土習見，兼及外科操作技術，附以圖解，較便實用，影響甚大。二氏又合作編譯《婦嬰新説》、《内科新説》，與本書均收入《西醫五種》，遂成較完備之西醫教科書。據中國國家圖書館藏清咸豐七年上海仁濟醫館刻本影印。

西醫略論

咸豐七年新鐫

西醫略論

江蘇上海仁濟醫館藏板

序

余著全體新論、未及審證治療之法、欲續著一書、以完素志、比歲在粵東專司醫局、未遑箸述、今年游上海、旅館多暇、適江甯管茂林、談論醫學、因相與商確、共成此書、夫人身臟腑、骨肉血脈、中西所同、乃有西國、熟知之理、習用之法、中土無聞焉、豈非憾事、是書採輯西國醫書、不一種、皆余在中土親試屢效、理取真實、詞務淺顯、說所不能盡者、助之以圖、凡為論數十、為圖四百餘、欲令讀者展卷會心、益殫精敝神、歷數月而始蕆事、名曰西醫略論、紀實也、往歲粵東制府封君葉公取全體新論圖、分列八幅、刊於兩廣督署、並翻刻全書、廣為傳布、葢中土士大夫、皆知為有用之書、今更以此書、相輔而行、似於醫理不無裨益、惟我西醫、遠涉重洋、於五港設立醫局、專為華人、送診送藥、聯中西之好、余著書亦本此意、非有名利之見、讀者疑信、則非余所計矣、刊既成、序其緣起如此、

咸豐七年歲在丁巳秋九月合信氏識於

上海仁濟醫館

西醫略論例言

一是書詳於外証略於內証者因外証較易形容華人細玩圖説即可仿照施治余著書之意務欲見諸實用讀者諒之

一是書所列病証皆中土所習見而稱名或與中土不同因閱中土醫書有名實不符者如睛珠變質誤稱綠水灌瞳神之類有雖有其名實無其病者如淋証則妄稱氣淋眼証則妄稱五輪八廓之類有誤以証狀爲病名者如熱有炎証之熱有熱証之熱中土概稱爲熱則混淆無别不得不爲改正

一分卷之意上卷總論病証中卷分論各部位病証下卷專論方藥惟骨証一篇係總論應入上卷今入中卷者欲與交節折

骨等篇接續、便於觀覽也、

一骨節等項、名稱皆本全體新論、不欲歧異、讀者須合二書參觀之、

一全體新論、粤東多有翻刻者、葉遂翁封君所刻最精、可知中土士大夫、留心醫學者、頗不乏人、此書倘有好事者翻刻、一切圖式、務選良工雕鏤、以免貽誤爲幸、

一後附鋸割手足等圖、係西國習用之法、不得不載、恐中醫一時未能仿行、姑不詳論、

一西國病証藥品、中土向無名稱者、今恐用官音譯出、官音與各處土音、間有不同、不用土音而用官音、欲讀者易於通曉也、

西醫略論目錄

卷上

卷中

藥水門

藥酒門

藥油門

西醫略論卷上

英國醫士合信氏著　　江寗管茂材同撰

醫學總論

人身百體、功用甚多、學醫之士、首宜推論、中國惟京師設太醫院衙門、其各省府廳州縣、雖有醫學名目、多係具文、醫書汗牛充棟、半屬耳聞臆斷、未可依據、余曾考究人身體用、著有全體新論一卷、未及方藥治法、茲特增作一書、略論審証施治之法、乃選泰西各國醫學、歷經考驗、有據可與中國參互並用者、譯述成書、雖醫道廣大、未易該備、而什得二三、自可因此識彼、觸機生巧、漸造其極也、或疑西法與中國不同、未可互用、不知人類身體無少歧異、受病大約相同、其不同者、氣候、性質、風土、飲食微有差別、在醫者權衡斟酌耳、或謂西國藥料酷烈、與華人臟腑不合、殊非確論、夫造化主生物無私、既有是病、即有是藥、本在智者審擇、如西國採買他邦藥物甚多、豈以味淺功緩而棄之哉、中國多用草木、西國多用金石、因物制宜、見功取効、則一也、此書詳言病源治法、惟未盡西國藥物之性、因中土向無名稱、有難以言語形容者耳、

中西醫學論

格致之學、如天文算法輿地諸書、今皆精過古昔、醫學何獨不然、二百年前、脈管迴血之理、西醫尚未盡了、近始悟明精確、此

外如腦氣筋甜肉經之類亦前人所未言乃余詢問華友中土醫學今不如古其故有二西國醫士必須歷經考試取列有名方准行世其貴如中國舉人進士之名其法略如中國考取文士之例所以習之者精益求精中國醫士人自爲之不經官考不加顯榮此不精之故一也人身臟腑百體如鐘表輪機若不開拆看驗無以知其功用及致壞之由是以西國准割驗死者凡老人院癲狂院聾啞等院遇有死者無所歸許醫局剖割以敎生徒驗畢復令作作殮葬如法故西醫皆明臟腑血脈之奧華人習醫無此一事雖數十年老醫不知臟腑何形遇奇險不治之証終亦不明病源何在此不精之故二也余願中國創設

醫局悉心考試，罪犯刑死之人，令醫士剖驗，則中土醫學，必精過前人矣。

審証論

望聞問切，是爲四診，審証之法，莫切於此。夫寒熱虛實，雖發於內，而必現乎外。如哮喘則猛力上逆，所以目睛凸露，唇色黑瘀；疸病則膽汁入血，所以面色眼白俱黄；血虧則血稀淡，所以目色及目背窩肉指甲俱白；狂病面浮赤而眼光利射，將出痘麻則肌膚紅熱。他如望瞳人舒縮遲速大小，可定重輕；驗舌苔形色乾濕，可辨表裏，此望診之大略也。若聽肚聲而知婦女有胎，以耳屬孕婦腹，能聽嬰兒心跳聲；聽胸聲而知心肺有恙，癆瘵則聲啞痰壅，則聲濁出言壯厲者邪盛聲如鼾睡者病危此聞診之大略也問病新久以知其正變問寒熱以辨其表裏問口渴以察其津液問能食以覘其胃府問二便利否以審其通塞問婦人經水以知其健弱此問診之大略也至脈形西法計分十種曰浮沈遲數壯弱大小柔硬至數驗以時表取其旋運有準若華人用鼻息呼吸恐有遲速長短不如時表之準中國所分三部九候實難憑信人身血脈發源於心運行百體則總入肺接吸生氣由肺復返於心日夜輪流不息每兩小時運行四十週以一日夜二十四小時計之運行四百八十週人人皆然夫脈至躍動乃心經發血之力一發爲一至遍體同時湧應細心診驗參以望

色聞聲問証自可定輕重安危若專按脈推求如謂按寸而知病在心肺按關而知病在肝脾按尺而知病在腎決無之理蓋周身脈管皆由心系總管而出散佈四肢百體流行貫通豈兩手寸許之管五臟六腑遂偏繫於此耶西國每剖驗兩手脈位見其管大如雞翎之管循臂而上漸上漸大上至頸項即與頸中脈管通連直達至心而止並不與他臟相屬何以知各臟之脈必現於此耶且直通一管何以知三指分部必不紊耶故謂一脈可驗過身之病則可謂某部之脈獨決某經之病則不可也余曩主粤東醫館病人甚多每謂中土醫士有能隔簾診脈可定三人病証者謝銀百圓數載於茲曾莫之敢試也夫脈至

一異、皆異、斷無三指各異者、若以全體而論、則男女有異、老少有異、饑飽動靜有異、行走坐卧喜怒哀樂有異、故醫者診病、入門後坐定片時、先望病者形色、次審其聲、次問見証、再辨舌苔、然後切脈、合而斷之、則病情不能遁矣、此審証之要務也、

藥物論

余聞中國神農本草、藥品三百六十、歷朝增益、至明李時珍著本草綱目、所載幾二千種、誠藥物之大備、然余閱之、其中有大用者、如人參大黃之類是也、有無用者、如龍虎骨之類是也、諸家註解、大概以色味配五行、分屬臟腑、豈知藥物必先入胃、有色化爲無色、有味化爲無味、無因色味不同、分入各臟腑之理

也有謂食猪腰則補內腎食腦則補頭昏食脚則補足力尤屬臆斷蓋食物必先入胃消化由胃至小腸與膽汁甜肉汁會合榨出精液衆小管吸之運至會管達於心而爲血如果所食之物有益則周身皆與其功無獨益一處之理至如龜尿滋腎紫河車滋水金石鎮虛兎屎溫血等說更不知何所據而云然也

西國藥物製法殊精有數藥而製爲一藥者有一藥而分爲數用者有煉取其精英而去其渣滓者服食一分功同一兩其他則有煉爲丸者研爲散者釀爲酒者漬以水者浸以醋者榨爲油者煮爲膏者熬爲膠者升爲丹者各隨所宜茲取用藥與中法同意者略列於後間有與中法意異者亦附見焉同意者不註人所共

知之理、不煩費詞也、意異者注之名同而實異者亦注之

第一類補藥、曰補腦神腦氣、曰補血、人虛弱則血輸少血色淡而稀當補其血曰補胃、曰補津液、若皆虛則用全補法、

第二類減血之藥、曰發汗、曰吐、曰利小便、曰輕瀉、曰重瀉、曰放血、血過多則發熱不安、故放血而病即愈或因血凝聚一處紅腫熱痛亦宜用蜞吮針放之曰行水、曰消痰、曰散瘀血、曰祛風、

第三類歛藥、曰歛汗、曰歛大小便、曰歛血、或吐血、或便血、或刀傷瘡瘍血標流宜歛

第四類雜藥、曰止痛、腦主知覺腦髓筋即腦氣筋爲之傳引故安腦及安腦筋即以止痛曰止癢、癢與痛同源重則痛輕則癢曰調經、曰殺蟲、曰柔潤、肺胃大小腸內皮拘急令人不爽或咳或嘔或二便難宜用柔潤之藥、

第五類外治之藥、引病由皮肉間外出也　曰引血、血太過則受病、或用藥敷、或用薄貼、或用錢刮、或蜞吮針刺、皆引血外出　曰釣膿、凡肉有病患、湯藥不易治者、宜破其外體皮肉、使之潰爛成膿、以泄其病勢、其法或用斑蝥膏藥、或用尖刀刺破其皮、納綠豆一二粒於內、數日後膿發毒去、則內患可愈、此內病外治法也　曰灸、或燒艾鍼、或用烙灸杵燒紅、或用各息的、皆所以焚焦其肉、各息的見後藥門　曰刀針、或放血、或放膿、或放水、或放尿　曰去腐、久患有腐肉腐骨者、須用藥或刀器去之　曰潤皮、凡紅腫熱痛、須用藥潤其皮、　曰解毒、解者、消解之意、或內服、或外敷、視毒淺深多寡而酌用之

食物論

禽獸魚蟲之類、有血氣者也、百穀果蔬之類、無血氣者也、人兼食之、故能化血生肉而長養、獨食果蔬者羸疾、多食肉類者癡肥、偏食一物者病、西國從前有人罕食果蔬、惟重肉食、有一死

証、兩足生瘡、面黃腫、牙肉浮鬆、口流鮮血、手足肌肉有損傷、即潰爛流水、臭穢不堪、近後有明醫、勸食蔬果、乃無是病、而行船者常數月在海、無新菜可食、其証仍不免、醫士再思一法、令行船時多帶醋及檸檬汁、自是絕無此患、云余聞佛家禁人食肉、常食齋料、而齋料則木耳、金菜、腐竹等物、皆乾枯而無精液者、殊非養身之道也、病人身體虛羸、自當以肉食補之、庸醫無識、戒口太甚、轉令病者日就虛弱、有病後而眼矇者、有病後而耳聾者、有數年而始復原者、有終身不能復原者、有髮禿者、有善忘者、有聰慧而變愚拙者、一病而身體頓異、前後忽如兩人、細推其故、多因病後過戒肉食、西人病後無論貧富、不久即能復原、亦以肉食之得其法耳、夫調養食物、宜擇易消化者、精液多者、少油膩者、肉類多食瘦少食肥、果類食熟不食生、蔬類食嫩不食老、皆補身之要道也、茲擇食物宜胃與不宜胃者、略列於後、

易消化之物

羊乳　牛乳黄牛乳良　半熟蛋雞生者良　魚類新鮮無膏者良　牛肉嫩者良

猪肉瘦者良　羊肉　嫩雞　嫩鴨　鵪鶉　鷓鴣　白鴿

麻雀　班鳩　蜆鴨　沙隹　鹿肉　五谷　沙谷米　冬瓜

節瓜　白菜　芥菜　椰菜　黄芽白　莧菜　生菜　芽菜

嫩葛　芋　薯　藕　馬蹄　茨菇　薏苡

難消化之物　少食不妨　多食難化

肥肉　老猪肉　老牛肉　火腿　臘肉　臘鴨　海味　蚝豉　虾米　最難化　豆渣　花生　栗子　杏仁　果渣　老菜　老雞　老鴨　鵝肉　鴈　狗肉　切勿食　馬肉　勿食更佳　蘿蔔　韭菜　蒜　葱　茨　芫荽　紫蘇　香櫞　果瓤　椰　芹菜　老瓜　蕹菜　鹹蛋　鹹魚　香蕈　木耳　腐竹　金菜　鼠肉　切勿食　蚝　蜆　鹹菜

致病有由論

病有一方相同、或一室相同者、必有致病之由、醫者宜細心體察也、各國都邑省會、人烟稠密之地、比鄉居者、其病三分多二、或糞草堆積、穢毒蒸騰、或房屋卑狹、風氣不通、或溝渠淤塞、寢處、潮濕諸病多由此起、故居處乾潔、洗濯得宜、亦養身之一道也、西國有鋼器之埠、工匠皆促壽、者醫士剖驗、每見肺經腐爛、莫明其故、有博物者、疑是鋼塵飛揚、工匠呼吸入肺所致、後各製一攝鐵面具、始免其患、大概匠作塵埃之處、多生疾病、此理不可不知、

炎証論

人身百體、賴血以生、血管有三種、一曰迴脈管、一曰廻血管、一曰微絲血管、微絲血管、密結如網、目力不能見、以顯微鏡視之、每寸平排千餘條、與脈管廻管兩相連貫、百體內外、無處不有、無微不到、是以衆血由心經左房發源、入脈管、流佈週身之內、行至盡處、即由微絲管過廻血管、由廻血管返心右房、日夜輪流不息、若身體間、一處不安、其處血逆流更急、微絲管發大血內之輪、（血輪見全體新論）變聚而至、愈聚愈多、遂壅塞於管徑之內、此管被停血所逼、血內明汁肉絲等物、（並詳全體新論）滲出管外、積聚肉中、其肉漸紅漸腫、漸覺熱痛、名曰炎証、（西國方言曰炎法美順、譯爲炎熱之意故名曰炎證惟其證起於外體、自有情狀可見、若發於臟腑之內、則當以望聞問切斷之、重者、冷熱、困倦不欲行動、腰痛、大便秘結、小便黃赤、脈至洪數、舌苔黃、假如其症在肝、則痛應於肩膊、其症在心、則痛應於左臂、症在脾、則痛應於膝、症在膀胱、則小便頻數、症在肺、則呼吸欬嗽皆痛、症則喉嚨、則失音氣促、症在胃則食物嘔吐、症在舌、則腫痛不知味、症在眼、則矇矓赤痛、症在腸、則瀉痢急痛、症在腦、則昏亂失性、凡此之類、治得其法則愈、治失其法則危、紅腫熱痛四者、不必全見、但見二三、少久者即當以炎證論也、

凡失足跌落、為玻璃瓷器所傷、碎屑入肉、初覺肉赤、次覺肉熱、

次覺肉腫、次覺肉痛、是爲初起炎証、凡有沙灰眯目、目睛紅腫痛熱、亦爲炎証、須先去其外入之物、然後能治其病、百體炎証皆類此、

西醫捉一大蛙、故傷蛙足、以顯微鏡窺之、見其足傷處倍紅、血行漸快、其微絲管亦漸大、初見管徑僅容一血輪、漸能容二輪、漸而容三輪四輪、漸多而行漸慢、漸慢漸積、漸積漸止、又漸而明汁滲出、漸而肉絲積壘、愈積愈瘀、卽此可悟炎証之原、人類皆同、又嘗捉一兔、以氷貼其左耳、少頃其耳紅熱異常、驗視右耳通明、而左耳厚暗、血管倍大於右、亦與蛙足同理也、凡瘡、癰、疽、痔、疳、疔等証。及心、肝、肺、腎、脾、腸、胰、膜、病。多由炎症而起。

凡外傷、如跌折金瘡之類、必藉微絲血管、滲泄明汁肉絲、西國方言曰費皮連、譯爲肉絲、以膠粘其傷口、乃能復合、若兩邊傷口相離、亦必借明汁肉絲、發生肉牙、其傷口乃能復合也、

治法以放血爲先、法離患處少許、用放血器機、或刀銛刺數處、不必深、用玻璃罩覆蓋、以氣機筩抽出罩內之氣、見博物新編地氣論、則血必湧出、以補罩內空虛、如無抽氣機筩、用玻璃杯、貯酒少許、約十滴、以火引燒、乘焰覆蓋、與用機筩抽氣理同、或用牛角、或用鉛杯、形如覆磬、徑約一寸許、大者徑約二寸、代玻璃杯亦可、

若壯健病勢重者、用極利小鋼刀割臂、左右俱可、內臑、大小臂相交轉折處、法先用布帶緊束上臂、使血不能迴、則迴血管皆凸露易見、認確、

割破、口長約一二分、血出後、解去布帶、另用軟布摺疊數層、按捺割處、仍用布帶鬆裹、以止其血、血出多少、以病勢輕重酌之、

一法、用蜞數條、蜞以黃色金邊爲貴、宜小不宜大、使吮其血、以代刀針、亦可、將蜞放於玻璃杯內、以杯覆蓋腫處、任其噬吮、或以布包蜞身、露其口、恣噬近患處、倘久噬不鬆口、用鹽少許糝之、蜞自縮去、勿用猛力拔出、防傷肉也、蜞落後、欲止血者、用棉花著傷口、外用布帶纏束、自止、如不止、用艾絨以手指壓按蜞口、良久血必止、

內服方、用洋輕粉八釐、西國名迦路米、另詳於後、鴉片膏二三釐、合爲丸一粒、如不融合、加蜜少許、夜晚吞服、次早服瀉藥、元明粉、朴硝之類、外用粥渣貼患處、或用罌粟殼、野菊花、沸湯冲布巾絞、按患處、或絞取濃汁、用

布巾浸潤患處、

病在內部、或久延、多方醫治不效者、用洋輕粉三四釐、鴉片膏二釐、共作一粒、每服一粒、日三服、分早中晚三時、次日再服、最效、若見齒肉腫痛、易流血、口臭、多穢沫之症、知炎與藥相應也、即止勿服、用白礬水（凡收歛藥皆可用）、漱口吐去、日數次、身弱者宜補藥、或食物調養、

他如去邪則有汗瀉利小便等藥、外治則有斑蝥膏藥及鈎膿諸法、用藥論言之已詳、醫者隨宜斟酌可也、

炎症須戒口、忌食動熱各物、又須靜養、如病在四肢者、臂須平放、凡上腿足須另用椅杌安放、勿令常垂、又忌勞動辛苦也、

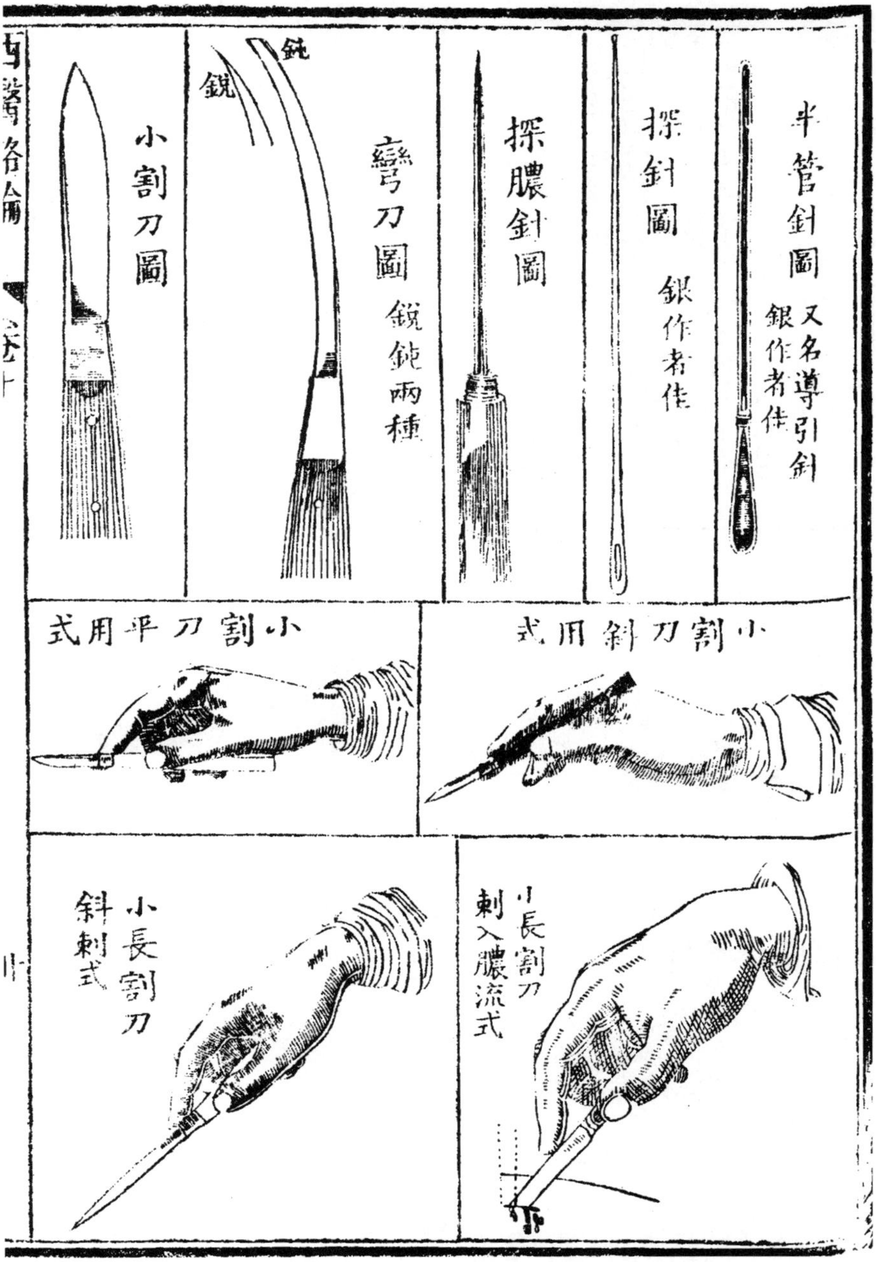
半管針圖
又名導引針
銀作者佳
探針圖
銀作者佳
探膿針圖
彎刀圖
銳鈍兩種
鈍
銳
小割刀圖
小割刀斜用式
小割刀平用式
小長割刀刺入膿流式
小長割刀斜刺式

放血後用布帶綁割口式

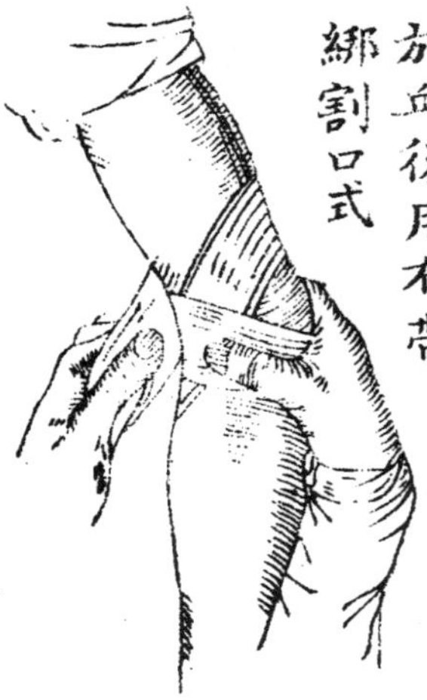

大小臂相交處迴血管圖

圖中大者係迴血管
細線係腦氣筋

小利刀圖

又名放血刀

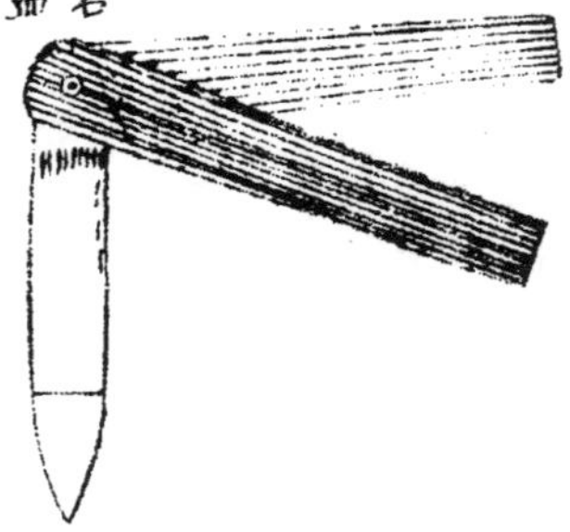

小利刀放膿血式

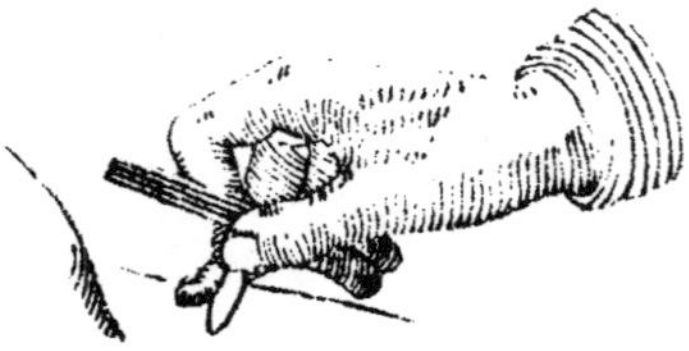

圓口銳尖彎刀圖

圓口銳尖彎刀放膿圖

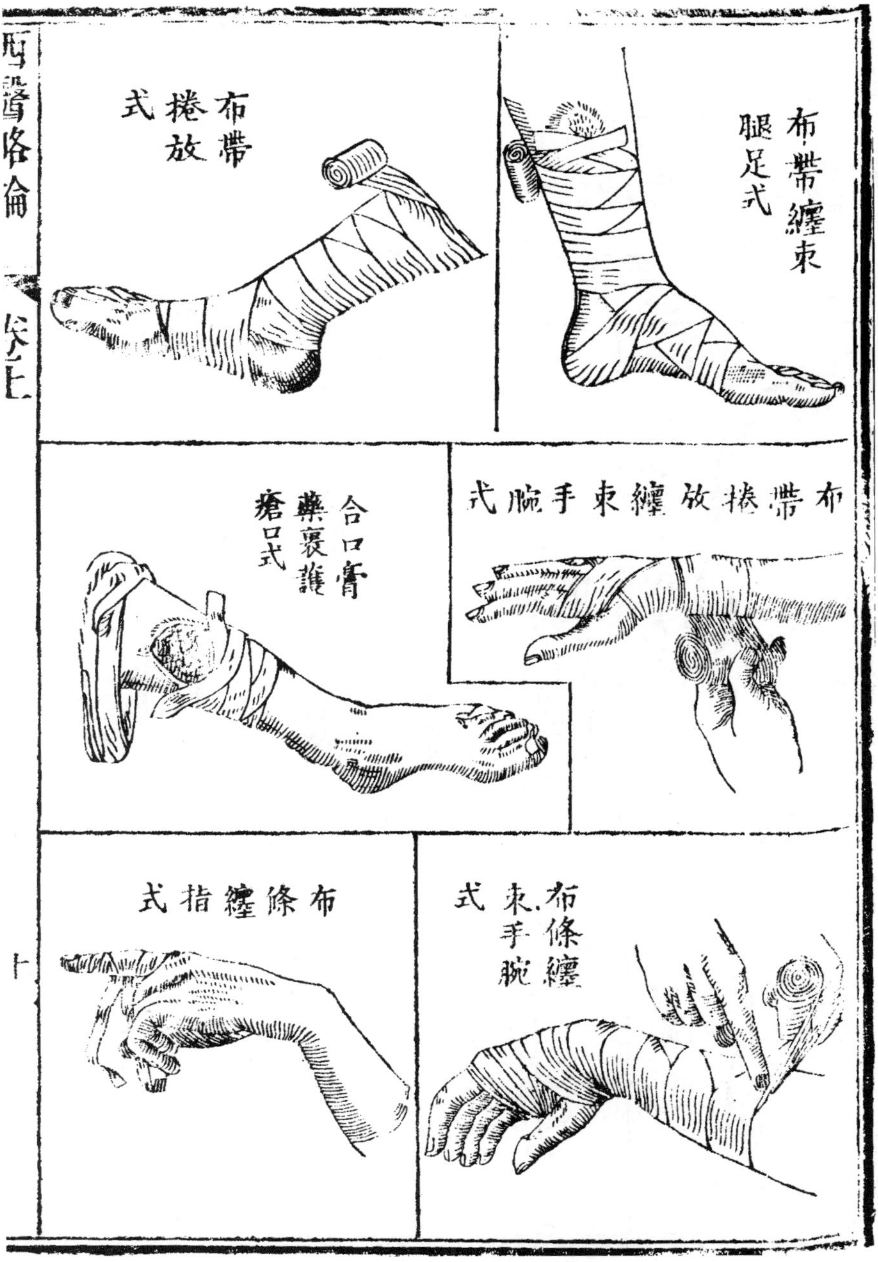

西醫略論　卷上　十
布帶捲放式
布帶纏束腿足式
合口膏藥裹護瘡口式
布帶捲放纏束手腕式
布條纏指式
布條纏束手腕式

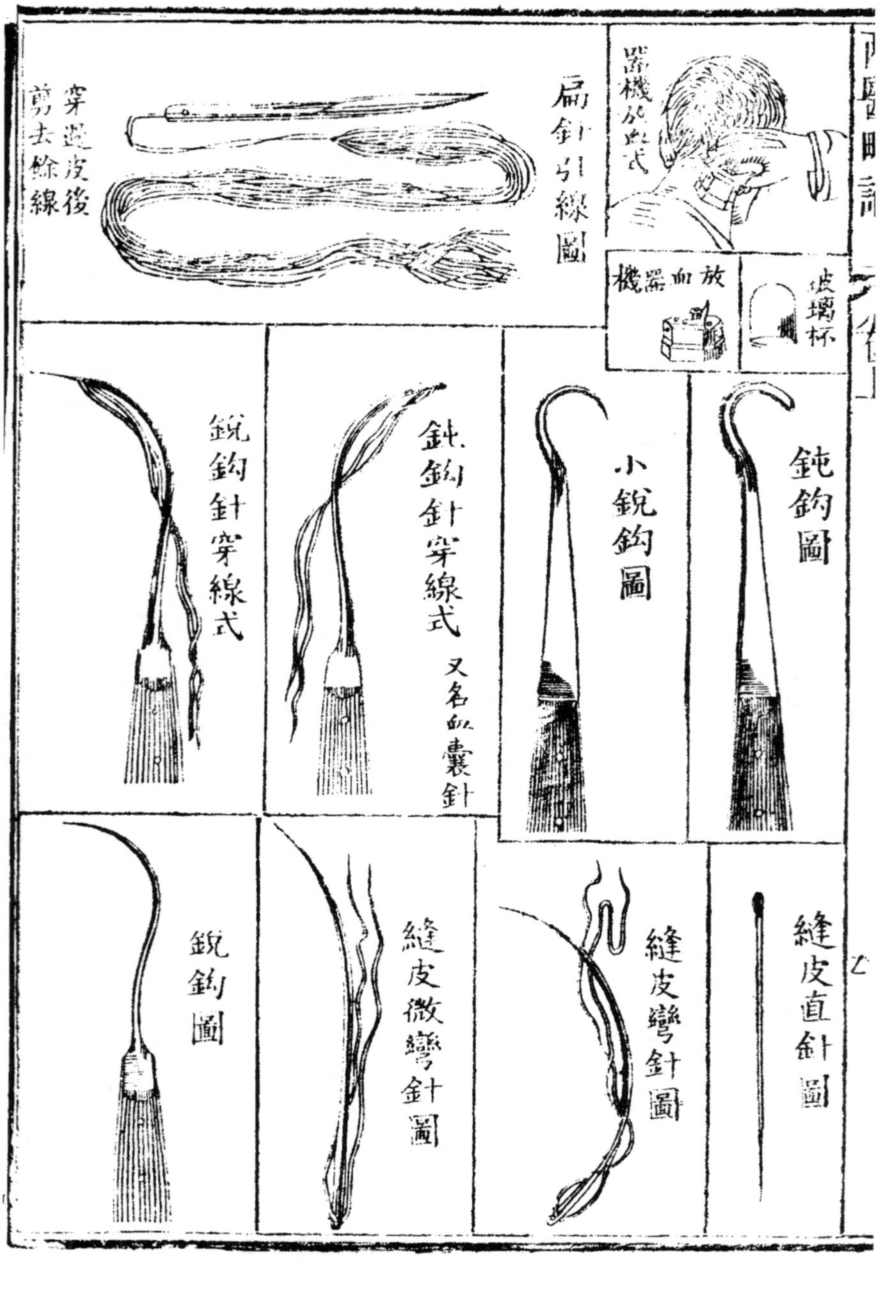
器機放血式
玻璃杯
放血器機
扁針引線圖
穿過皮後
剪去餘線
鈍鈎圖
小銳鈎圖
鈍鈎針穿線式
又名血囊針
銳鈎針穿線式
縫皮直針圖
縫皮彎針圖
縫皮微彎針圖
銳鈎圖

膿瘡論

皮肉有紅腫熱痛謂之炎、炎結蓄膿則爲瘡、不論百體內外皆有之、其症有大小新舊輕重之不同焉、蓋炎結不散則血肉霉腐成膿、四圍有皮肉包裹如囊、西醫統名其症爲膿瘡、外體多發於四肢、內臟多發於肝與腦肺等處、發在內臟者多危險、其膿雖在深處、勢必向外尋路以出、膿近胃者、時或流入胃、嘔吐而出、近腸者、流入腸、從大便而出、近肺者、流入肺、咳嗽而出。無毒之膿不稀不結、色在黃白間、如乳上所浮之油、以顯微鏡驗之、內有泡多粒、若將此膿放入清水內、即沈於水底、是爲易治之症、若腿積汙濁、是有毒之膿也、茲將治法列左、瘡初起時肉中掣痛、皮緊而紅、既成、則漸腫漸高、紅熱而實、將熟、則高凸處漸軟、是爲瘡頭、不久將自潰裂、病深者、惡寒發熱、喉乾口渴、坐臥不安、或譫語、脈至浮洪、二便短結。瘡在交節筋絡間、或手足厚皮內、膿爲所隔、欲潰不能、必藉刀針割刺、大約頸背胸乳腹脇腋下肛門近喉近耳目近外腎之處、皆宜割、近各骨處皆宜割、膿貼骨骨衣易壞衣壞則骨腐以手摸試、若內有膿肉、必浮軟、或用探膿針探之、探膿針有溝若有膿則從溝中流出審確按部位刺割、蓋膿伏深處、非藥力所及、不刺割則膿不出、不出則痛日甚、而人日虛、多至殞命也。○前有大歷堡壯丁某者、因炮彈傷其一手、來余局就醫而愈、後月餘、右脇骨下疼痛異常、醫治無效、日漸危、復求醫於余、余診知膿發在肝、法須針刺、彼以內臟無剌割之理、不允從而去、延巫作法、符畫滿腹、殆極而回、余以套管針刺之、膿流三斤許、針外有套管、膿從套管流出臭穢不可近、一月全愈、

膿瘡初起、以散爲先、略如治炎法、內服瀉藥、或用鴉片膏五釐、朴硝五分、立明粉七錢、調以沸湯半斤、日服兩三次、兩日服盡、甚能去邪止痛、如瘡已成、宜用胡麻子搗爛、熱敷瘡上、或用布囊裝麥糠、厚約寸許、浸以熱水、蓋於瘡上、最能減痛、割法、看瘡周圍成熟、用利刀割中高凸處、或割下半圍、近地之面爲下、必割下半圍者、欲膿出順流之故割後貼潤皮之物、或用舊夏布一小塊摺疊多層、以水濕之、貼瘡口外、用油紙蓋之、再用布帶纏紥、若久不收口、宜補

藥培托、或徙別處、更換水土、

前所論者新膿瘡也、今更舉舊膿瘡論之、夫舊膿瘡不同於新膿瘡者三端、新膿瘡暴起、舊膿瘡漸積而成、此不同者一也、新膿瘡熱痛紅腫、舊膿瘡不熱不紅、有時微痛、或全不痛、此不同者二也、新膿瘡向外行、能自潰裂、瘡面不大、舊膿瘡橫行、不欲裂出、愈久則患處面愈大、此不同者三也、舊膿瘡所見之症、大概掌熱頰紅、身體時發熱、皮黃肉瘦、不思食、致病之原、每因身弱、或跌打所致、其患有專在一處者、有兼數處者、發於脊背大腿者居多、久則骨漸腐爛、關係非輕、凡遇此証、放膿為先、欲知膿有無、以手按試法、以左指按瘡面、以右手二指彈擊左指之背、自覺膿勢振指、或駢連左指、按瘡左邊、駢連右指、按瘡右邊、左右抑揚推移、如已成膿、即覺膿勢流動、倘手試不甚準確、用探膿針試之、有膿須放、放有二法、一用套管針刺、使膿從套管流出、或先割小口、將半管針插入膿即從半管流出、半管針圖見前一用利小刀割之、膿去腫消、瘡面不至日大矣、割口須長二三分、宜向下割、使膿易於順流、大概不論新舊膿瘡、割口皆不宜太小、蓋膿宜使自然流出、不宜用手強逼、割口太小、則膿之清稀者猶易出、稠結者出必不利矣、其不宜用手強逼之故有二、一恐傷瘡內新生肉牙、一恐增病人痛劇也、舊膿瘡大者最忌風入、恐防臭穢發熱、用刀時、將皮微割、即宜用手牽引稍過、仍從原口向內割放膿出後放手、使皮還原處、則外皮之口、與內皮之口不對、風自難入、又法、若患在臂腿者、可用布條自上向下、均勻裹束、膿爲布條漸漸按下、自然流出割口、隨貼合口膏藥、既免外風之入、又免用手强偪之弊、此最妙法也、病重者、割一二次不能即愈、數日後膿多再割、須以膿盡爲度、內服全補之藥、及飲食以培養之、

又有毒膿瘡一症、俗名火疔瘡、又名暑癤、暑熱之月、小兒頭面徧身皆生、大人亦間有之大小多寡無定、大者如核桃、小者如豆、初起紅熱、漸至腫痛、其原有二、一因身弱、一因中熱、身弱須補、中熱須瀉膿熟、又須隨宜刺割、外用潤皮肉之藥、更以密陀僧膏蓋護之

又一種大膿瘡生於背脊最多間或生於腰腹等處中國統名疽又名發背多因年老身虛或平素飲酒過多所致其証紅腫疼痛異常坐卧不安不欲飲食患處皮堅而厚最爲危險必須用彎刀橫直深割十字相交使其潰裂膿出內服全補之藥及美酒食物培補外用胡麻子搗爛及粥渣按貼剪去死肉用膽礬水膽礬七八釐配水一兩助生肉牙肉牙高者用膽礬抹平之○証有審定須割者即應放膿刺割方能速愈余曩主粤東金利埠惠愛醫局所醫大小膿瘡每歲不下三四百人皆以刀針奏效可知刺割一法大有益於治療醫者須曉喻病人不割則病危而痛久割僅暫時之痛比較輕重割乎不割乎

潰瘡論

皮肉潰爛曰潰瘡、大概亦炎之類、有內外淺深偏全之別、內則喉、口、肺、胃、大小腸、深則筋骨、偏則一處、全則徧身、初起紅腫而痛、患處有大有小、病勢視炎之多寡、及身之壯弱、為重輕焉。發於外者、大約小腿以下為多、病原有六、一因跌打損傷、二因身內舊毒、三因虛羸、四因酒毒、五因中濕、六因服有毒藥物、西醫分其類為五種、一曰易治瘡、二曰痛瘡、三曰弱瘡、四曰透穴瘡、五曰惡毒瘡、輕重不同、治法各異、此症生在兩足及肢節交關筋絡等處、俱難治、法以尋源治本為要、次須催生肉牙、又須洗濯潔淨、有腐骨則去之、身弱難生肉牙則補之、毒多膿臭穢則

祛之毒偏在一處、專治患處則愈、若偏身全受、宜統治一身、茲將治法分列於後、

易治瘡者、言此種瘡無毒、比他瘡爲易治、故名、辨法肉牙鮮紅尖密者、是膿稀結多少得宜、四圍新生皮色淺藍而嫩者易愈、患是症者、忌行動作工房勞飲酒等事、治法用黃臘膏貼患處、每日或間日洗換一次、（洗法宜用布巾浸水、細心洗拭周圍、或裹過瘡口、切忌猛力連瘡口並洗、）或用夏布摺疊一兩層、浸膽礬水、貼新肉上、（膽礬水宜淡不宜稠、大約水一兩配膽礬五釐足矣、）蓋以油紙、外用布帶鬆勻纏裹、倘瘡口尚有二三分未合、難生新皮、須用各息的輕輕搽搽、則收口甚易、若無各息的、用膽礬、或石粉、（用石提成無毒）亦可、（或漿衣所用麥粉、俗名小粉者、研末亦可、）倘新肉高於外

皮亦用各息的或膽礬抹使平之、此症若生在腿足、宜用椅杌將腿足平放、毋使下垂、則廻血易於流通、亦助生肉牙之法、

痛瘡者、瘡四圍紅熱、痛楚異常、時或流血、瘡邊凹凸不平、膿甚稀、肉牙難生、宜用硝强水五滴、（見後藥水門、）山水一兩、浸布熨患處、（凡用藥水藥酒、必用黄臘膏藥、或油紙蓋護、防其乾也、）或用洋輕粉一錢、（西國名迦路米、）灰水五兩、（溫湯化礦灰澄清取用、）調勻、濕布貼、（如無布用軟紙二三層、）助生肉牙、（如無硝强水、用朴硝一錢、山水四兩、無洋輕粉用中國輕粉亦可、）或有腐肉、用紅蘿蔔煮熟搗爛敷、則腐肉去、新肉生、時用罌粟殼野菊花沸湯冲、布巾浸絞、連渣按患處、或絞取濃汁潤之、（或用粥渣亦可、）四圍紅腫過多、用蜞數條吮之、或利刀𨱎刺之、（蜞吮須稍離患處、刀須刺數處、）外用黄臘膏藥、或水銀膏藥、（見後膏藥）

門、止痛內服鴉片膏二三釐、外用鴉片膏攤貼、病者身體有熱宜瀉、虛弱宜補、最忌勞苦動作、

弱瘡者、血少稀淡、不生新肉、瘡中或有腐肉、不熱不痛、膿汁如水、瘡邊高硬中凹、此症生小腿兩足者、十有八九、甚難治、生近脚跟尤難治、法用水銀膏藥、或三仙膏、或松香膏、俱可、並見後膏藥門不愈、須蜜陀僧膏、攤布三四條、闊寸許長尺許、裹瘡上下、須過瘡面少許、圖見前、每隔兩三日換一次、倘不收口、用各息的、或膽礬搽瘡邊、高硬處、凡腿足有此症、其廻血管多彎曲凸露、宜用布帶纏紮、使廻血易於上行、此症有數年不能收口者、有已愈而他處復生者、大概宜俟其自愈、治不得法、反生他患、

透穴瘡者、因膿瘡日久不愈、或醫者不善引膿外出、勢必穿透數路、邪衖不等、治用鏰水節（見圖後）、射斑蘭酒、或換阿顛、（見後藥酒門）或膽礬水、（膽礬半錢配水一兩）於穴中。務使穴中肌肉生熱、外用布墊壓住、纏以布帶、則穴中肌肉粘連、自能全愈、倘仍不收口、須用刀割開瘡穴自愈、內有腐肉者、用各息的或膽礬抹之、

惡毒瘡者、色紅而痛、有大者、有深者、有累及皮肉筋骨血管者、日重一日、膿結如膠、臭穢不堪、此症多原淫慾、或身處外邪深入、或誤食不潔之物、所致。有將頭骨鼻梁耳頰腎囊等處爛去者、毒邪極重、平常之藥、不能醫治、須用殺毒藥法、先細心洗去膿濁、用信石一、硫黃末一、黃臘膏七、（或猪油）調勻、攤紙布上、（宜薄而勻）

貼患處、對周時揭去、貼黃臘膏藥、或腫痛嘔瀉、內服鴉片膏三釐、痛漸止、如十日後仍不減、再貼一二次可也、○一法洗淨後、用綿花、或布裹在細竹上、浸硝強水、滿搽患處、以殺其毒、最妙、後用粥渣、或紅蘿蔔煮熟搗敷、俱俟毒盡後、用生肉牙膏藥收功可也、毒輕者、用炭末研細摻入亦可

以上所論各症、大概毒重者須用藥改變其毒、使之漸輕漸減、以至於無、炎重者、須用藥清化其炎毒、邪既去、肉牙自生、難治者、同歸易治矣、

死肉症論

死肉分乾濕二類、乾者因身虛血乏、不能徧體周到、其不到之處、或潰爛、或如頑木、皮色先變、由紅而紫而黑、其原或因年老虛弱、或因失血過多、如吐血、便血、或外傷血從皮肉流出、皆是失血或因忍饑傷胃、或因心病、脈管內生骨牙阻碍血不暢行、此症無水無膿、如樹木乾枯、故謂之乾。濕者多由外傷、如跌打、湯火、凍瘃、觸毒之類。所傷之處、有全死者、有半死者、有即死者、有緩死者、此症或因血不通行、或因血不能廻患處、生泡、內有黑水、甚臭、肉浮軟、聽之如以手指向耳門捻髮之聲、因肉死變化氣水、故謂之濕。大抵乾濕二種、脈皆虛數、無力、若見色黯、皮黃、呃逆、冷汗者、証必不治、其身虛血之皮肉枯死之乾証、初起、手腳指尖、先見黑點、漸大漸上、更上內入臟腑則不治、若患處自生紅線、隔開好肉、此爲欲愈、紅線以下、既死之肉、雖不割亦自脫也、此証若無紅線、即須俟其自止、不可割、恐割而不止、後難治療矣、其外傷血停肉化氣水之濕証、或骨壞脈斷、或肢體墮脫、關係甚重、審其肉已死定、身體壯健、即當離患處少許割斷、免致毒延入內也、二証治法甚難、總以全補爲主、間遇脈浮壯有力者、宜瀉毒、外用粥渣、或罌粟殼、野菊花、沸湯沖布巾浸綾、連渣按患處、更用新棉花包之、若已潰爛、用紅蘿蔔煮搗敷、或貼松香膏藥、○肉已死定離脫、骨未斷者、應離開好肉少許、必離開少許者、恐防傷觸好肉之故、將腐骨鋸斷、不論大小、並無痛楚、余主粵東醫館時、見一老婦、腿足之交、略上肉斷離開寸許、左右兩腿各有骨二條、枯露兩腳腐爛臭穢、余勸鋸去、彼不知留此徒然爲患、但知割去無行走之具、堅不肯、從後累及全體而死、此應鋸不鋸之害也、

又有年老久病之人、寢臥牀蓆、不能轉側、兩腿僵直、背肉及尾骶肉壓著、易傷倘枯死潰爛、最難治、宜豫用厚棉褥鋪墊酒洗、護以蜜陀僧膏藥、可免此患、

西醫略論　卷上

湯火傷論

湯火傷一證、世間最多、葢水火本以生人利人、而殺人害人之機、郎伏於其間、不可不講明其理、而預備救療之法也。今夫湯火傷其總名也、分析言之、傷人之具約有數端、曰沸湯、曰熱油、曰熬煉膠漆、曰鎔化五金、曰竹木煤炭硝礦火藥、皆足以傷人、審其輕重、沸湯之性、過而不留、其害較輕、油性粘膩、著於肌膚、驟難拭去、故其傷較沸湯爲重、若膠漆則性更粘滯矣、五金被火鎔化、其熱最烈、更甚於膠漆、至竹木煤炭硝礦火藥之類、能力大概相同、凡此皆傷人之具也、至受傷之時、有久暫、受傷之處、有大小、要害之不同焉、譬如一人誤以湯火著其身、旋著旋去爲時甚暫、一人衣褲焚燒、纏束於身、一時不能解脫、良久始免、則暫者傷輕而久者傷重、此以受傷之時久暫分輕重也、又如一人所傷僅及分寸、一人傷及數寸、則小者傷輕而大者傷重、此以受傷之處大小分輕重也、又如一人傷其膚、一人誤服沸湯或熱油傷其喉、則又以傷膚者爲輕、而以傷喉者爲重、推之足重於手、胷腹重於四支、此以要害分輕重也、約而言之、淺深計分三種、淺者傷外皮、其色紅、稍深者傷內皮、（內皮即眞皮也）必生水泡、最深則皮肉筋一齊受傷、其僅傷外皮內皮者、治之得法、尙可復其故常、若皮肉筋俱傷、焦枯死壞、雖遇妙手療治、亦不能使之復原也、決生死之法、大概傷小者生、傷大者死、傷少者生傷多者死傷尋常處者生傷要害處者死同一傷也少壯者生老弱者死强健者生虛羸者死自頂至踵全體皆傷者死脈數而無力亂動者死所見之證面青唇黑手足抽搐者死惡寒戰慄譫語喘促驚顫者死。死期遠近又各不同則以其人稟賦有强弱之異也譫語死者其人腦房內有水比平常倍多腦包腦肉紅色喘促死者其人肺內必有痰水滿塞其竅若傷及肚腹者其初大小腸熱死後紅腫。此皆西國醫士剖割死人試看眞確者也其受傷後危險分三候初候倦怠無神中候發熱口渴舌苔乾黑末候膿流太多血脈虛弱此其大概也○救急之法凡人在屋內猝被火焚衣裳燒爇切不可急忙外出恐風力助勢也、宜在原屋內、取水澆滅、然後徐徐脫下、設原屋內無水可取、衣裳纏裹於身、倉卒不能解脫、宜取地面所鋪氈毯之類、附身包按、自能熄滅、設其時又無氈毯、宜臥在地面、滾轉數次、以熄其火、然後徐徐脫下、倘皮肉損傷、衣裳粘著傷處、忌用猛力强揭、止可量傷處大小、剪留以護其皮、此皆自救之法也○治療有三要、凡人平日不畏風寒者、有外皮爲之護衛也、今因受傷後外皮損破、再受風寒、必增痛楚、宜令病者藏避、以衣被覆蓋、常令和暖、此一要也、外皮損破、傷動腦氣筋、所以痛楚不安、貼膏藥、其痛即滅者、蓋膏藥護衛功能與外皮相等、是眞外皮已去、借助於假外皮也、俟眞外皮長成、還原痛楚自止、中醫謂風從破處直入臟腑經絡者、其說非也、所用膏藥、須擇藥性和平者用之、蓋護破處、設破處較前稍大不妨另取稍大膏藥加貼其上切忌時時更換致增痛劇此二要也病者痛劇不安須用止痛之藥惡熱煩躁須用清涼之藥倦怠虛弱脈細軟無神須用補益之藥總要見証施治不可執一此三要也

附方

石灰水石灰中土亦名礦灰燒石所成用以粉塗牆壁者也沸湯傾化澄去其渣滓取最上一層清水用之

胡麻油胡麻中土亦名芝麻有黑白二種如無胡麻油用落花生油亦可二味等分攪對碗內不停手攪至一刻之久每一晝夜二十四小時四分小時之一為一刻使油水融合為一用時取鵞毛調搽患處如無鵞毛用雞毛或綢綾拂布棉花之類俱可但以軟和為妙用棉花彈令鬆勻鋪平量傷處大小剪取一塊蓋護如無棉

花或用堅細和軟紙蓋護亦可、再用嘛布剪成長條、如中國婦女所用裹腳布纏裹其上、以防棉花紙類脫去、倘膿水流出布外、可用熱水挨布邊輕輕拭去其膿水、不必更換其布、若膿水流溢過多、或因潰爛臭味、不得已、間一二日換一次亦可、大約天氣炎熱易於潰爛臭味、不得不常換、天涼則不必日日更換也、

又法用　雞蛋黃一二個、胡麻油一錢、蜂蜜一錢、攪勻、用鵞毛調搽餘同前法、

又法用　黃蠟膏藥黃蠟膏藥見後膏藥門性最和平、倘揭去膏藥、見傷處肉牙凸高、宜用膽礬抹之、再換貼膏藥、日日如此、自然漸漸平愈、

設病者膿流過多、氣血虛弱、宜收斂之藥、用蜜陀僧、（見後膏藥門）若

肉牙少、用松香膏藥、（見後膏藥門）

內服之藥、止痛宜鴉片膏二三釐、沸湯調和服下、

清涼用玄明粉五錢、朴硝一二分、大黄一錢、沸湯沖服、若不愈、

次日再服、以愈爲度、

補益用人參、（如無人參、用黨參亦可、）黄耆、白朮、地黄、當歸、白芍之類、或葱

服、或熬服。或用牛、羊、猪、雞肉、煮熟、配醇酒頻服、

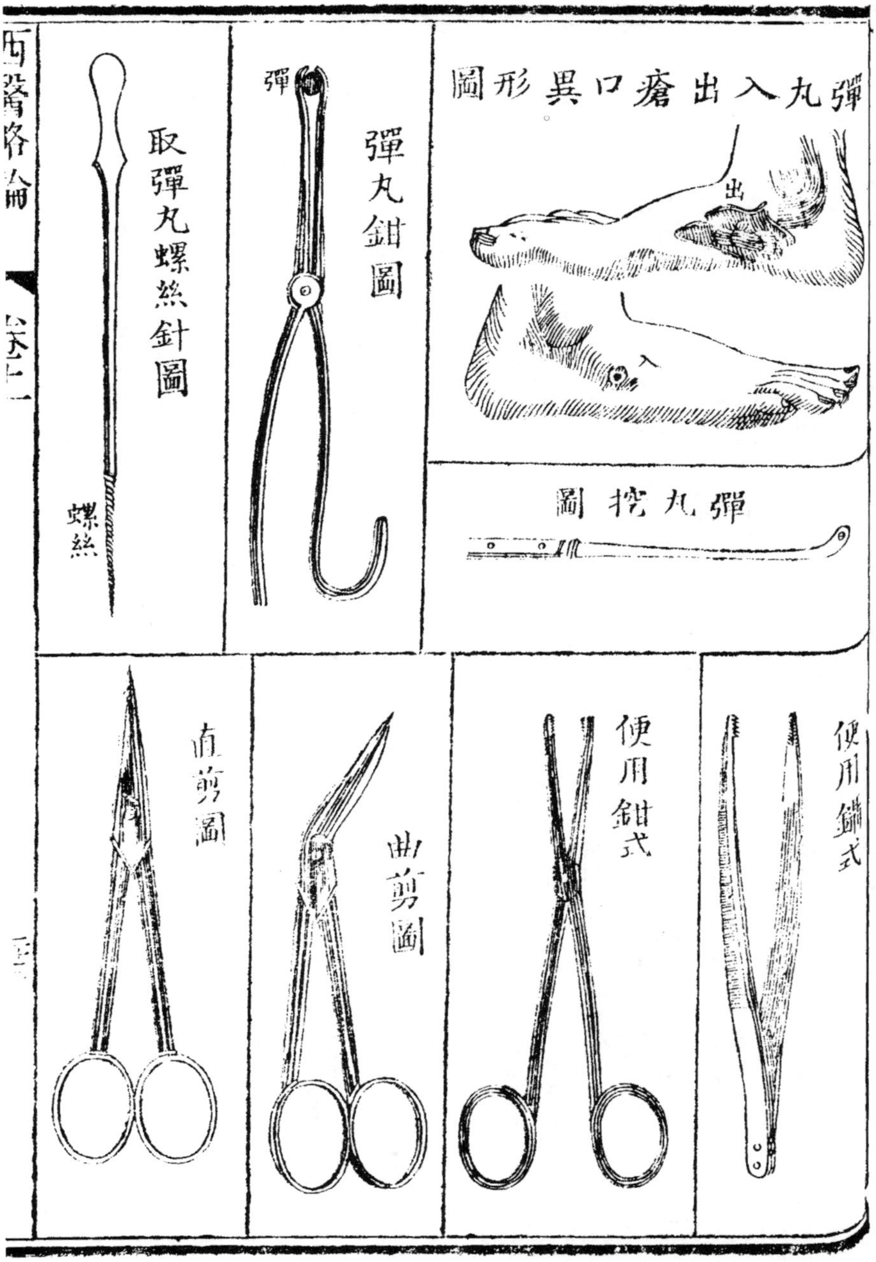

彈丸入出瘡口異形圖
出
入
彈丸挖圖
彈丸鉗圖
彈
取彈丸螺絲針圖
螺絲
直剪圖
曲剪圖
便用鉗式
便用鑷式

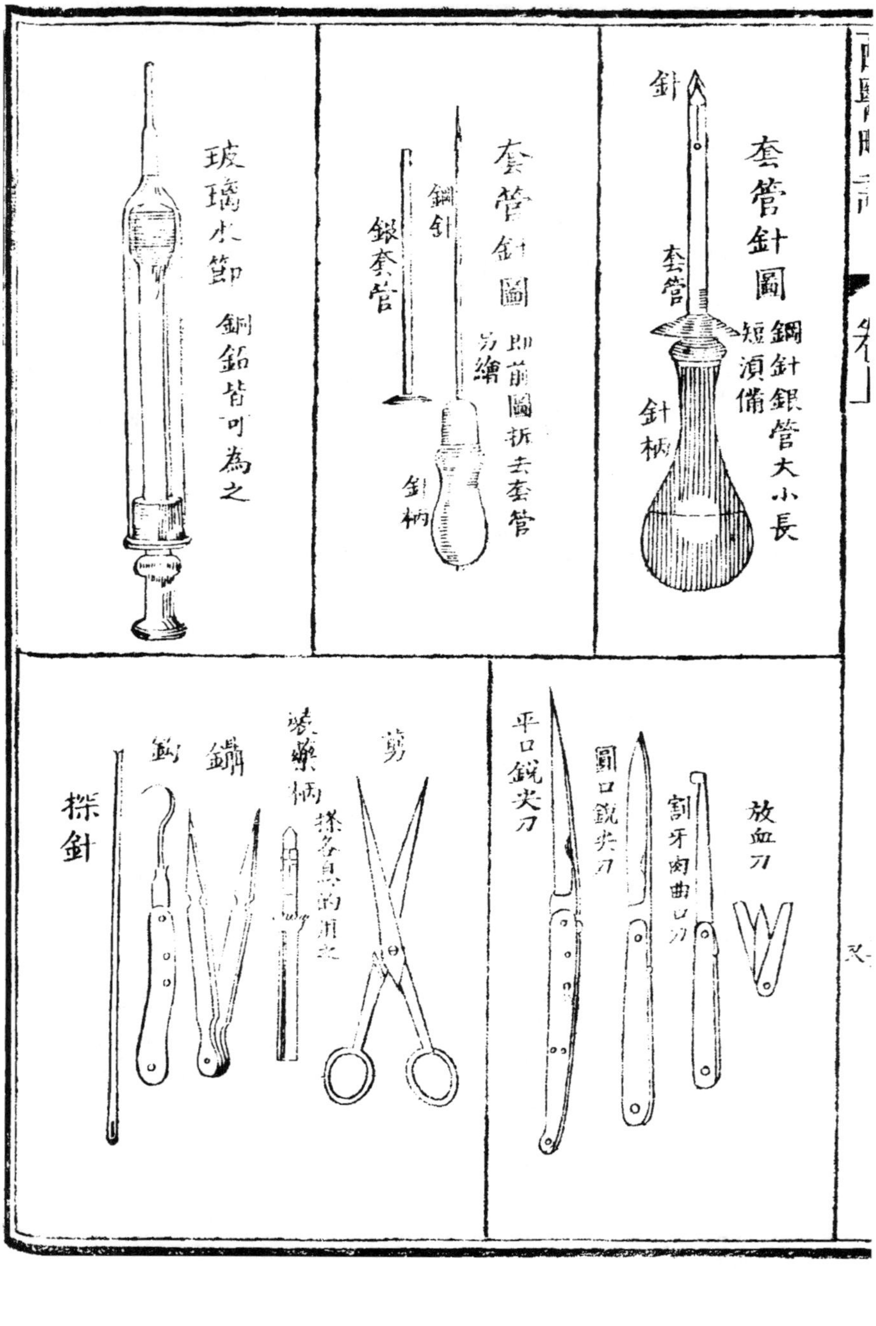
套管針圖
鋼針銀管大小長短須備
針
套管
針柄
套管針圖
即前圖拆去套管另繪
鋼針
銀套管
針柄
玻璃水節
銅鉛皆可為之
放血刀
割牙肉曲口刀
圓口銳尖刀
平口銳尖刀
剪
裝藥柄
鑷
鈎
探針

外傷論

外傷分數種、曰刀傷、曰打傷、曰跌傷、曰咬傷、

刀傷俗名金瘡、分割砍刺三項、割傷無論瘡口長短、所傷皮肉、治之得宜、不難使之連續也、（凡割傷、不論傷形橫直邪曲、刀鋒快利者一割即出受傷之處不過一線、刀鋒鈍者、攄至再三、兩邊之肉、必大損壞、故鈍刀傷人、反重於利刃也）砍則用力必猛、有傷及肉者、有傷及骨者、必治療多時、俟肉牙生出、方可漸漸平復、若刺則危險極矣、蓋瘡口雖小、而所入甚深、或傷及臟腑、或傷及血脈管、皆不能速愈也○至受傷部位、又當細究、以頭面而論、傷腦底目竅等處、凡關繫大小腦者、無不危險、以頸項而論、食管氣管、傷一者可救、或兩管並傷、一輕一重者、亦尚可救、若兩

傷並重或斷者不可救矣、以周身而論、傷胃腸肚腹、關繫臟腑
及血脈管者、無不危險、以四支而論、脈管居兩臂及兩腿內面、
故臂腿內面受傷、較重於外面、又肘膝關節處受傷者皆險、此
其大略也、○受傷者必發熱、熱輕者無妨、熱重者危險、牙關緊
閉者危險、譫語驚顫者危險、壯健人傷易治、虛弱人傷難治、素
有鴉片煙癮酒色疔毒之人傷難治、凡受傷者、必痛楚不安、或
神識迷惑者、蓋人之覺悟知靈、全在於腦、腦髓筋損壞、則失其
故常、所以動作不適、精神朦昧也、○大概醫法有二、其僅傷一
線、內無汙濁者、宜貼合口膏藥、合口膏藥見後膏藥門 牽連之使分者復
合、不過兩三日即愈、愈後並無疤痕、此速治法也、若已潰爛膿

水流溢、或誤用散末等藥、種種污濁留滯不潔者、其勢不能使之驟合、須徐徐醫治、俟生出肉牙新皮後、方能平愈、雖愈必有疤痕、此緩治法也、〇醫者凡遇刀傷、必細察瘡口有無外入之物、如箭鏃彈丸砂石火藥或衣褌布塊等類俱爲外入之物、目力所不能見者、須用小指剪去指甲輕輕四面探摸、倘瘡口小、或深曲、用指不便、宜用探針以銀爲之粗細長短曲直宜多備量傷處酌用圖見前、探有外入之物、無論大小、宜先取出、方可施治。

止血之法、凡傷廻血管者、其血色紫、尚無大妨礙、若傷及脈管、必有鮮紅血標出不止、治法、循所傷脈管上流動處、按之、其血卽停、且如下臂受傷、血標出不止、知爲脈管損壞、卻以手重按其上臂動脈、須用力重按至骨則下臂傷處血即停止、蓋下臂脈管兩條、本係上臂脈管所分、故傷在下臂、按上臂其血自止也、如大小腿脈管受傷、重按股陰動脈、血即立止、亦是此理、股陰動脈、略與臀囊相對但此係暫時救急之法、手力不能多歷時刻、恐手一放血仍標流、西士用止血器機最妙、中土無此器機、宜用布條或長手巾捆紮、另用或竹或木一條貫插絞令極緊、亦可代西國器機之用也、布條捆紮後、一面用鋼鈎圖見前將已斷脈管之口用鉗鑷拑住、隨用堅細絲線緊紮斷管兩端、血流即停、外貼合口膏藥、過十餘日、瘡口復好、倘瘡口血流過多、或血管隱藏不見、宜循其上流動脈易見處、割開外內皮脂膜、用堅細絲線約長尺許穿在血囊針眼、血囊針圖見前鈎托管下、將線左右結束、則其下血流自停、脈管與廻血管並行結脈管時不可觸動廻血管蓋受傷之管上流結住血不能直下、必由左右小管分數路助其流注、本管漸束漸細廢而不用、結脈管之線餘剩者一端剪去、一端留繫口外、俟其自脫、約十日內外自脫、蓋因廢血管束久漸細細極則斷線從斷處脫出也瘡口短者、用合口膏藥牽連、倘瘡口過長、或傷在轉折活動處、非僅用合口膏藥所能牽連者、宜先用彎針穿細線縫結、每隔寸許一結、兩線結中用合口膏藥帮助、外用黃蠟膏藥護貼、針有三種、一秒端微彎、一全體皆彎、一直中土無彎針、用直針亦可○彎針圖見前、若經三四日後不連合、須俟緩緩生出肉牙、或因線結熱痛紅腫不安、須取去者、用交剪剪斷、一取即脫、○此係西國治法中土醫士未曾學過、一時恐不能用、卽用艾絨或絲棉燒灰、取白礬或膽礬或冰一塊、按傷處以止其血、外用軟布多層由小至大成三角形作墊蓋護、覆以棉花、再取長布條用力纏裹、血止後將患處平平安放、如患在臂手者、以長手巾將臂繫在頸上、勿令常垂、患在腿足者另用椅杌安放腿足、○用艾絨及棉花蓋護時、醫者須用手力以速爲妙、不可遲緩鬆勁、致令血標出也、用布纏裹傷口上下、須要勻徧、如傷在臂須並纏裹其手、傷在上臂、則手與下臂皆須纏裹、又如傷在小腿、須並纏裹其足、傷在大腿、則足與小腿皆須纏裹、不可但將傷處緊束、以至廻血不能流通、其下必腫也、○以上所論、不過言其大槪、尚有醫者須知數要事略述於後第一傷處熱痛紅腫煩躁不安宜取麥粉用滾水或牛乳調勻或粥渣用濕巾捆紮內服清涼之藥或用軟布浸濕以代麥粉亦可外用油紙蓋護防其乾也第二如傷者外不甚痛內又無病卽不必服藥膏藥蓋布等不必頻換間二三日一換可也第三揭換合口膏藥醫者須要細心兩端齊揭以防傷損瘡口宜速洗淨倘有數處傷則膏藥及應用各物須預備現成一齊換貼不可令病者臨時等候第四傷口膿宜抹去不使內留以防潰爛好肉膏藥須剪小縫或剪成條子貼時中間一隙使膿水得從縫隙流出不然恐積聚潰爛也○凡被猛力砍傷或砍去一指或砍去鼻準或砍去大

片皮肉立時將所砍去者細心裝合用線縫結二三處（倘脫落於地粘著泥沙須先用水洗淨）另用膏藥剪成長條縱橫裹貼外用布條纏束治之得法尚可還原但須頃刻稍遲即不能矣○凡黏合口膏藥傷處洗淨後宜拭乾冬日天寒宜將膏藥就火烘開方能粘連。

打傷分數種有戰傷鎗炮之類是也有鬬傷棍棒拳腳之類是也有杖傷笞杖鞭朴之類是也以鎗炮傷而論或有血或無血或初傷時無血其後血出甚多者蓋脈管傷血必多此定理也然皮肉筋骨齊壞脈管壅塞亦有無血者若有血仍須用前止血法與刀傷同但刀傷先破皮肉重在止血連合其口鎗炮傷則筋骨關節頃刻損壞非合口膏藥所能牽連此其不同者也

凡傷腦及臟腑大血脈管者至危險若不當此數處雖彈丸深入肉中可以用法取出醫治復原但不能速耳○彈丸之質有小如豆者有大如瓜者有鉛鎔者有鐵鑄者其形有圓滑者有凸凹不平者或長或扁或三角或不等邊形凡有鋒稜者皆是其來有迅速者有緩滯者論其傷人之力大約小者輕於大者若小者多粒聚積則傷人與大者等鉛鎔者輕於鐵鑄者鐵丸留於肉內則生銹肉必腫痛成毒圓滑者輕於凸凹不平者迅速者輕於緩滯者此指彈丸經過無甚關繫之處而言迅速則傷肉之時暫緩滯則傷肉之時久故反以迅速者為輕觀者勿誤會每見開放大砲彈丸從人身旁擦過其人遂死剖視臟腑則已焦壞矣凡人被傷醫者須細察其入路出路凡入路皮向內而小凡出路皮向外而大若但有入路無出路必

彈丸留於內而未去也、又或彈丸觸於骨廉、有時分開爲二、一出一留者、更有自遠處打來猛力已盡、不能貫穿直過、廻繞於人身皮肉之間、轉入別路、傷口在前而彈丸停留於後、傷口在左而彈丸停留於右者、余主粵省醫館、適中土用兵、官兵被鎗礮傷求醫者甚多、見有傷胸骨而彈丸從腰出、傷左腰而彈丸從右脅出者、凡頭頸胸腹四支、皆可廻繞而行、奇形怪狀、不可備述○欲知彈丸所在、須詳察傷口及彈丸經過之路、並細審所見之証、如傷腦必譫語、傷肺必喘嗽、痰中有血、大概傷腦及心肝腸胃者死、惟傷肺重者死、輕者尚可救、彈丸在皮肉之內、可以手指探針摸索而知確有定所者、應審彈丸所在、剖開皮肉用彈鉗取出、（彈鉗圖見後）若在深曲之處、手指探針、無從摸索、止可緩待、有時自能由深出淺、皮肉外面有跡可尋、即可剖開取出、亦有爲包膜所裹、並無痛楚、經年不出者、但無膿血及熱痛紅腫等証、雖久亦不爲患○凡中鎗砲時、兩軍交戰、心神外馳、初傷多不甚痛、且有彈丸驟入、並不自知、言語如常、立時殞命者、亦有頃刻昏倒者、若昏迷眩暈、驚顫冷汗、嘔逆面白、脈細後必身熱發燒、大渴、凡肉死則化膿、故死肉多者膿必多、鎗砲封門子多有用布或棉花包裹、有時連包裹之布與棉花一並打入肉內、或將衣襟領袖褲襪冠履等件打入肉內、或將銅鈕銀錢及隨身佩帶之物打入肉內、更有打穿一人、餘力再打一人、

將先一人衣物或皮肉打入第二人肉內者如此之類無不危險

醫治法須令病者安臥靜室切忌當街圍繞多人鬧鬨又忌受傷多人叢聚一處恐惡氣傳染也身弱有鴉片烟癮者易死傷大脈管者易死若鎗砲傷累手足及臂腿骨斷肉壞關係生死須於傷處之上用刀截斷庶幾可救截斷法另詳於後○傷者十分驚怕醫士須好言安慰若有外物打入肉內者須先去其外物方可施治凡鎗砲傷宜用布包麥糠餅或粥渣按傷處日換二次俟死肉化盡用軟和布浸膽礬水膽礬七八釐配水一兩蓋之助生肉牙膿多用稠濃白礬水外用黃蠟膏藥護貼若肉牙高凸用膽礬一塊輕輕

抹之病者頭暈無神用補精神之藥樟腦水奶酒見後藥水門痛楚用止痛藥水見後一二日後發熱脈浮宜清涼之藥大黃朴硝玄明粉之類大小便不通宜泄利之藥利小便則車前澤瀉茯苓之類利大便則大黃火麻仁玄明粉朴硝之類不思飲食宜開胃之藥木香砂仁陳皮白朮之類至拳棍箠杖跌蹼等傷凡皮肉未破者罌粟花野菊花沸湯泡浸熱手巾絞乾熨傷處冷則更換約半時許外貼黃蠟膏藥以潤之或用麻油摩搽止痛可也

〔咬傷〕分人獸虫三類。人咬最輕獸有狼虎馬狗之屬虫有蚊蠍蛇蛭蜂蛛斑蝥蜈蚣之屬。凡被咬者傷處必有毒治有三法一用口吮傷處吐去口沫頻吮頻吐數次後毒隨口沫盡去若慮毒留染口內用水或酒漱淨即無妨也一用肥綠或銀或銅或鋼爲之、一端圓如珠粒在炭火上燒至深紅色取出、炙被咬處毒肉、一炙卽死、或用紙捲燃炙亦可、一用橄欖油或胡麻油搽擦、如傷手搽擦全手、傷臂、搽擦全臂之類、須要周徧、不可僅搽擦傷處亦能消腫敗毒、一面將傷處之上用布條綁緊、不使毒上攻、約兩時許改去內服好酒及補精神之藥、一切蟲類等傷、此法皆可通用

獸類咬人、惟癲狗最毒、其口中涎水毒尤重、若爲衣布所隔、涎水或未入肉、傷猶輕、入則防毒內攻、傷者亦作瘋癲之狀、法當割去被咬之肉、以除其毒、方無後患、西國有藥名各息的、係硝強水二分銀片一分同入玻璃杯內鍊成、抹患處、能使毒肉卽死、不染他處、與用火炙同意、若無各息的、又未割去毒肉、及用

前吮炙等法，其人狂熱，口乾，大渴，心亂，鬱悶，懊憹，頸強不易轉動，抽搐戰慄，呼吸不利，吞嚥俱難，飲入喉鳴，不欲食，畏風怕人，開合門戶，即驚恐不安，種種怪症，不論期之遠近，皆危險，宜居靜室，不令外人喧擾，用鴉片膏五釐，沖服止痛，然救療終無良法也。

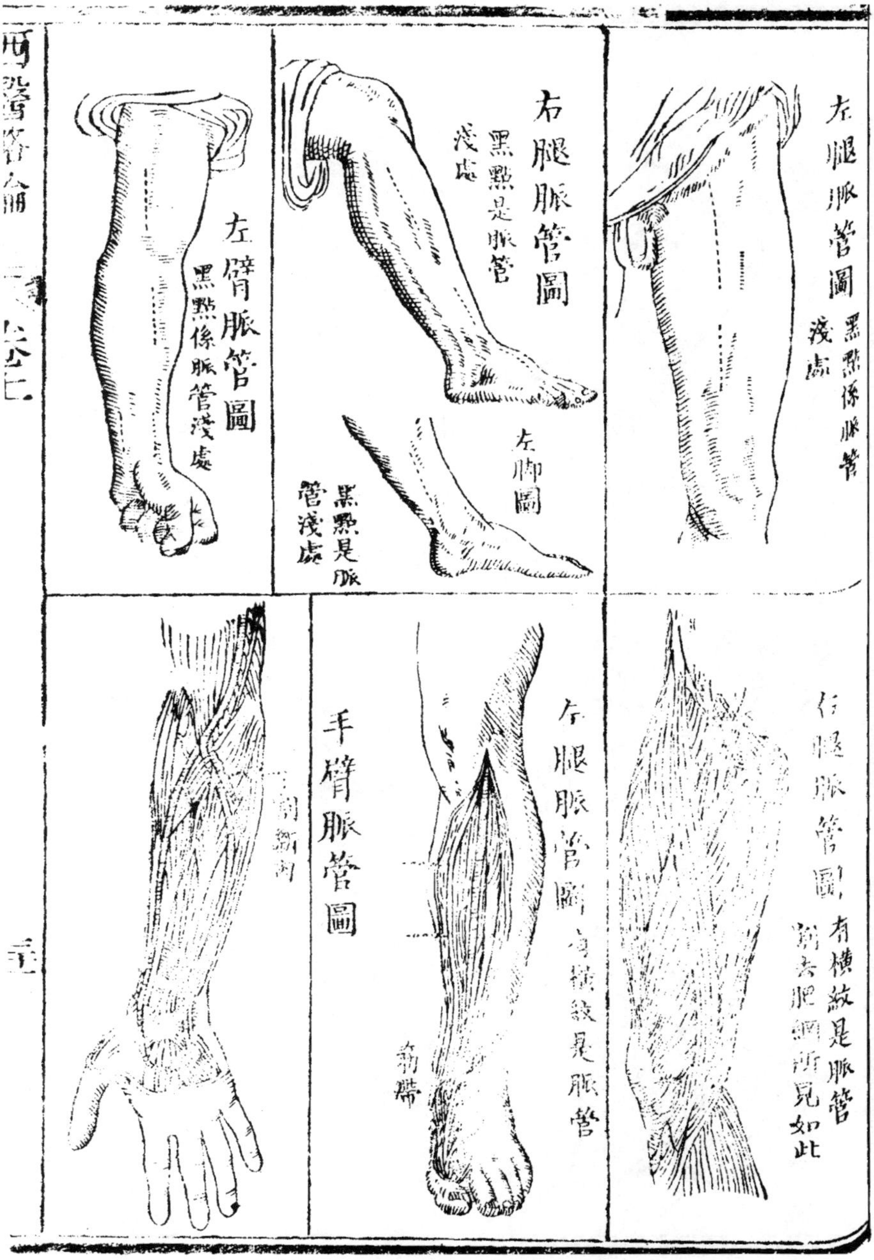
左臂脈管圖
黑點係脈管淺處
右腿脈管圖
黑點是脈管淺處
左脚圖
黑點是脈管淺處
左腿脈管圖
黑點係脈管淺處
手臂脈管圖
筋帶
左腿脈管圖
有横紋是脈管
右腿脈管圖
有横紋是脈管
剖去肥網所見如此

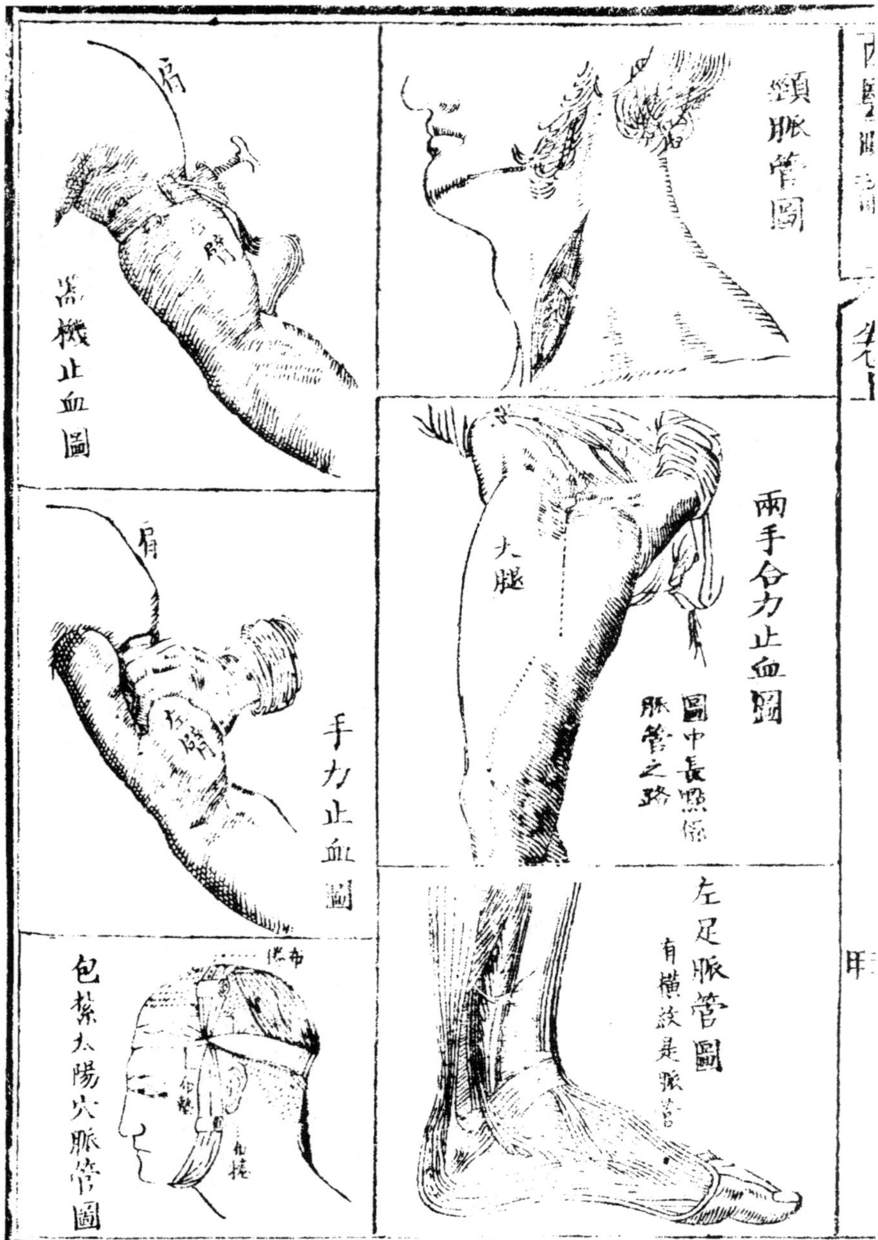
肩
臂
器機止血圖
頸脈管圖
肩
手力止血圖
大腿
兩手合力止血圖
圖中長點係脈管之路
左足脈管圖
有橫紋是脈管
包紮太陽穴脈管圖

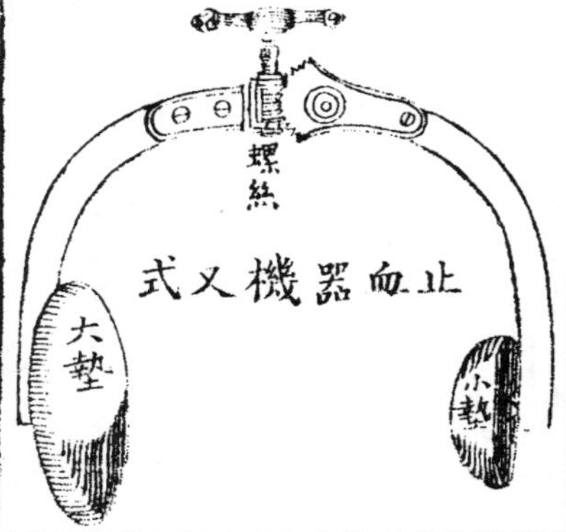

止血器機又式

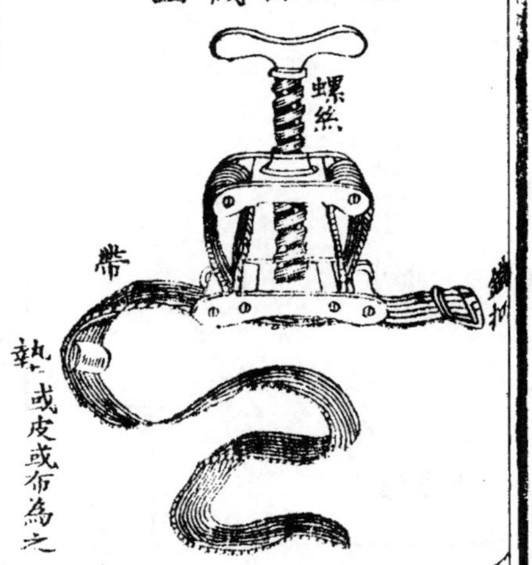

止血器機圖

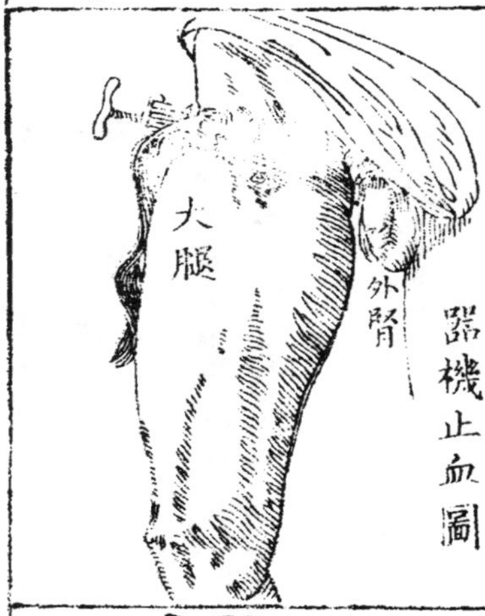

器機止血圖

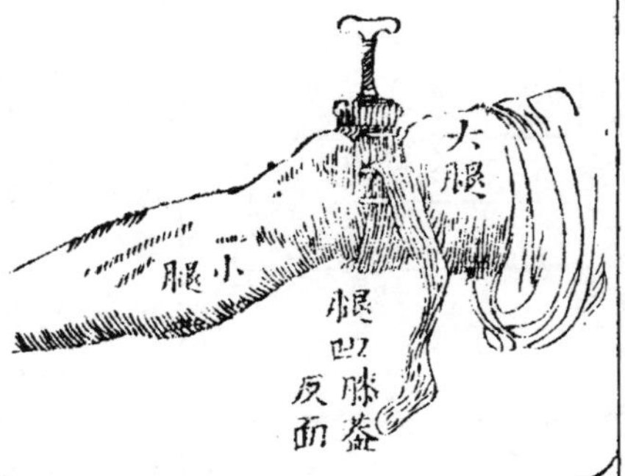

器機止血圖

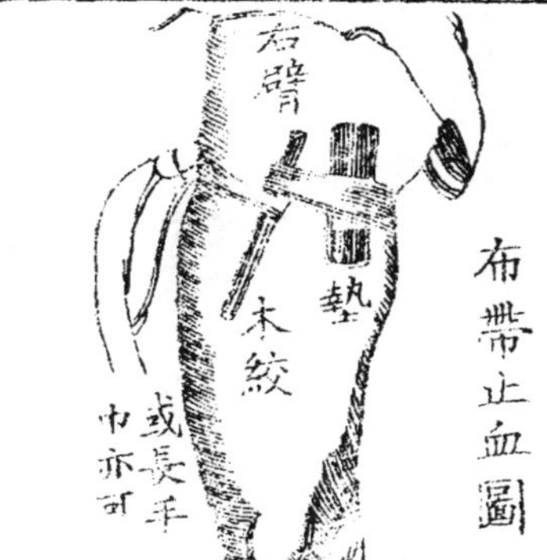

布帶止血圖

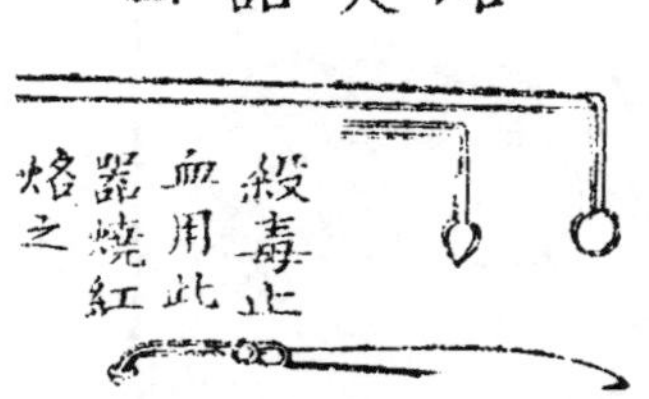

烙炙器圖

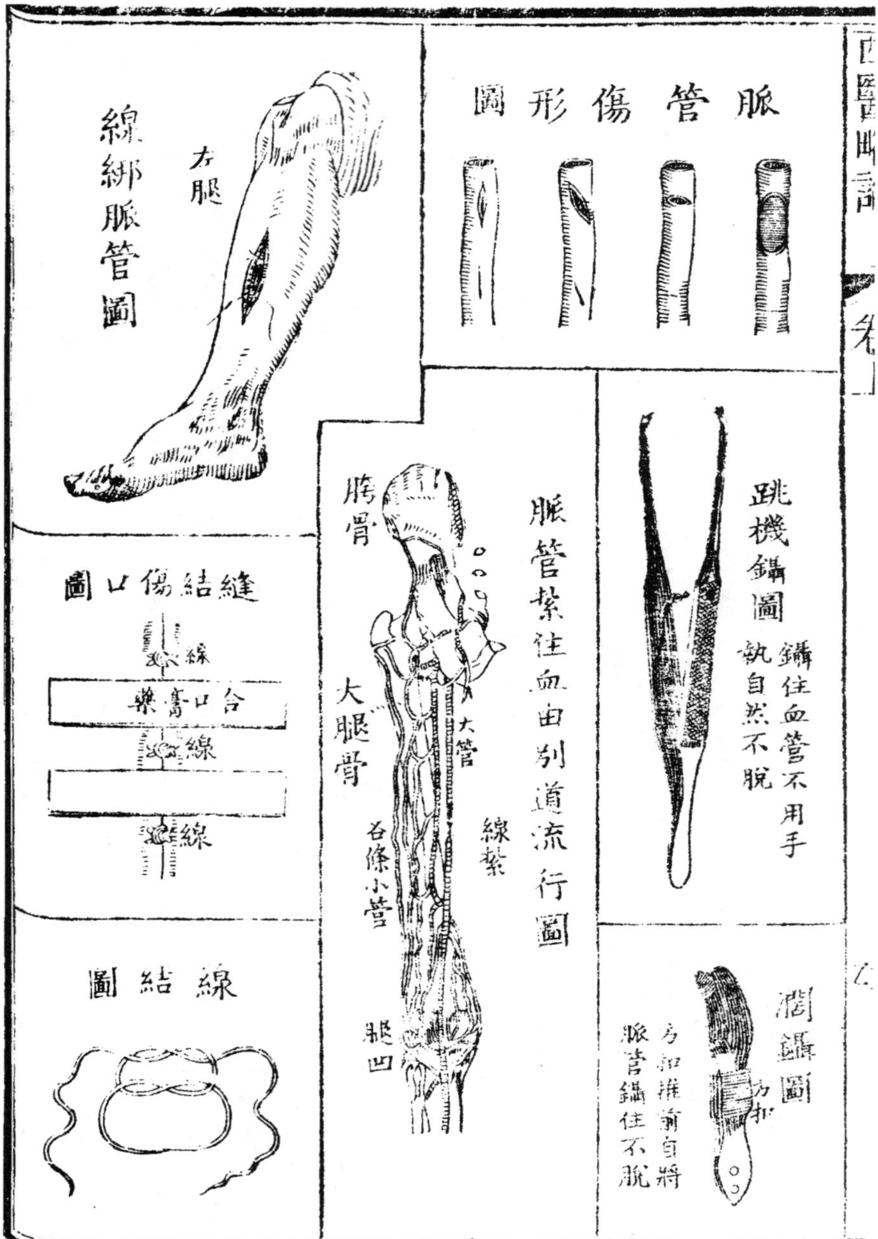
脈管傷形圖
線綁脈管圖
右腿
縫結傷口圖
線
合口膏藥
線
線
線結圖
脈管紮住血由別道流行圖
胯骨
大腿骨
各條小管
腿凹
大管
線紮
跳機鑷圖
鑷住血管不用手執自然不脫
潤鑷圖
方扣
方扣推前自將脈管鑷住不脫

西醫略論

大腿血停死肉圖

此因血囊壓住大廻血管血不通行全腿變黑色不能治

綁紮失宜血停圖

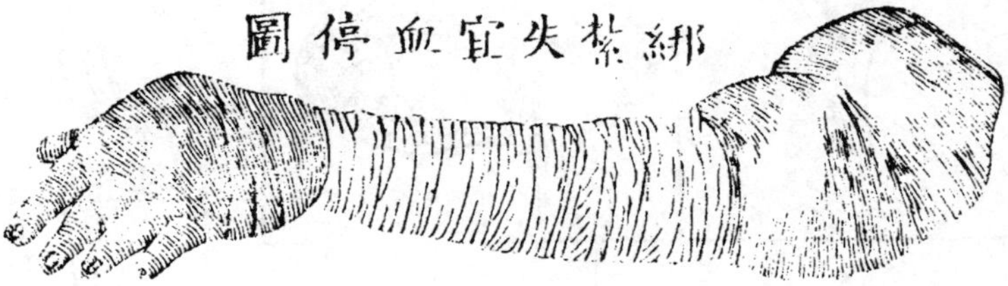

此因布帶綁紮太緊血不通行上下擁腫漸成死肉急須剪去布帶

跳血囊塞住廻血管圖

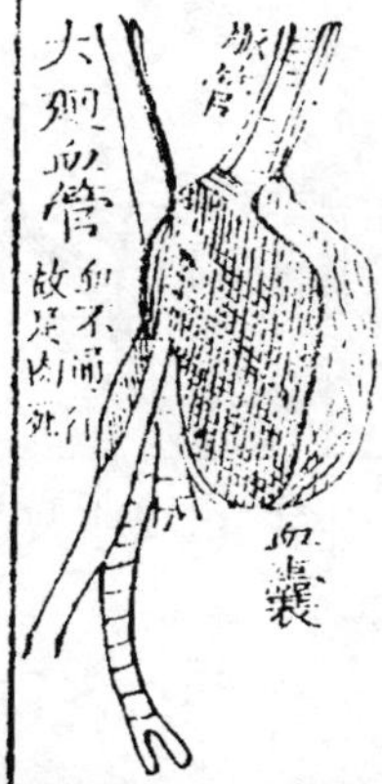

老婦脚枯死圖

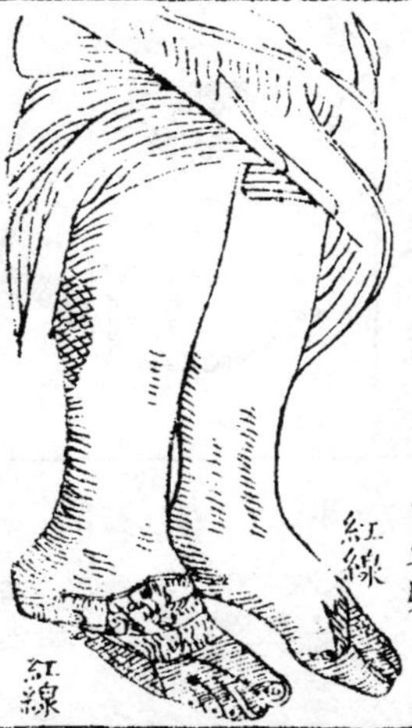

左足枯死半截圖

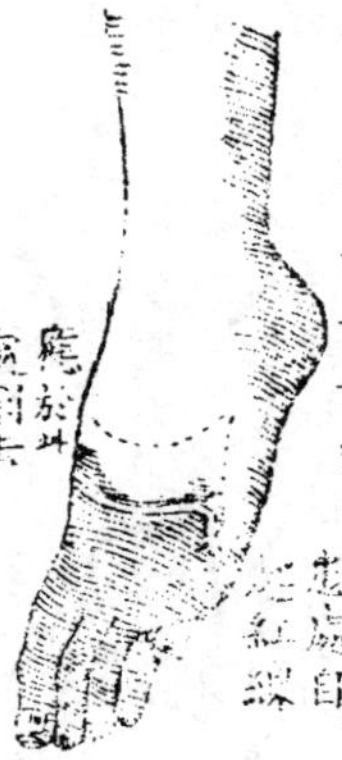

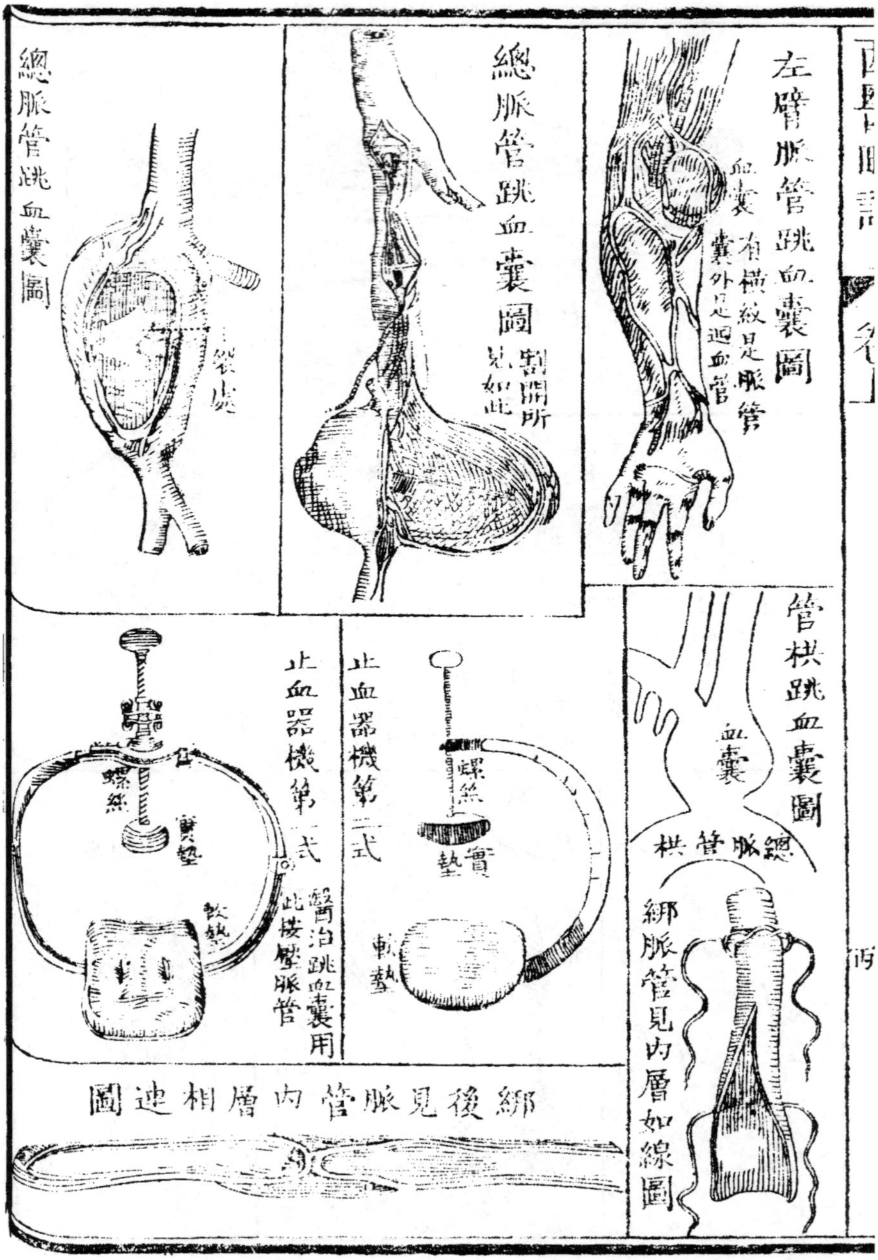
左臂脈管跳血囊圖
血囊
有橫紋是脈管
囊外是迴血管
總脈管跳血囊圖
割開所見如此
總脈管跳血囊圖
裂處
管拱跳血囊圖
血囊
總脈管拱
綁脈管見內層如線圖
止血器機第二式
螺絲
實墊
軟墊
止血器機第一式
醫治跳血囊用
此按壓脈管
螺絲
實墊
軟墊
綁後脈管見內層相連圖

脈管跳血囊論

脈管本體、分外中内三層、全體新論言之詳矣、有時内中二層自裂、血行至此、欲由裂處旁出、外層雖尚完、但爲血所偪、漸漸鬆薄而大、遂成囊形、初起小如栗、漸長漸大、大極而裂、由小而大、遲速不一、有大至徑數寸者、或周四圍、或偏一邊、是爲脈管跳血囊、其原多因脈管軟弱不堅、或平素不慣勞動、作苦驟用猛力所傷、或因管内生骨牙、阻塞血行不暢、易於停滯、凡患血囊病者、自言初本不痛、曾覺掙裂、後覺跳動而痛、卽是此証、大約男多女少、壯歲多、老弱少、以十分計之、男居八九、女僅一二耳、年三十至五十、此証最多、凡發於内者、則總脈管之根爲多、發於外者、則膝凹大腿等處爲多、昔有佛蘭西國名醫治此症、凡一百七十九人、在膝凹者七十九人、在大腿者四十四人、在頸者十七人、在鎖柱骨後者十六人、在臂者十五人、在他處者僅十餘人耳、近世庸醫遇此証、與膿瘡肉瘤混合不分、不知其原迥異也、夫膿瘡肉瘤因在脈管之上、爲脈管所引而跳、非能自跳也、此則左右上下皆跳、其辨一也、膿瘡肉瘤、按之不減、此則重按如無、其辨二也、以手指壓試、放手覺似血即速迴更、以問症筩聽患處、如無問症筩、或以耳緊切患處聽之、當有聲如抽風箱、或如鋸木、倘經各法辨試準確、仍有絲毫之疑、可更試以探膿針、圖見膿瘡論、刺入少許、當有紅血從囊中流出也、此症生於四肢者有時裂在皮肉外面。有時裂在裏面肉骨之間。若生近食管、氣管、肺經、肚腹等處、則俱在內而裂。亦有生於總脈管之栱、力能將胸骨消毀、血囊凸出骨外、漸裂者、皮肉筋骨皆不能擱住也。病勢輕重、當以部位辨之、生內面者、一裂即不治、生頸者、恐防血囊壓住氣管、食管、雖不裂亦危、又有迴血管爲血囊所壓而腫、腦氣筋爲血囊所壓而痛、不可不知、此症有一裂血標出即死者、有一裂血出、其人昏倒、血稍停、塞住裂口、復迸、如是三四次始死者、有一人兩處並生此症、大約同在一脈管、相去不遠、可治、若所患脈管、一在身內、一在四肢、即不可治○自止之機有三、一因血囊雖大、內層裂口小、血漸凝結囊中、有似包膜重疊脈管外層既借此幫護且能將血路塞住不流勢必路躍漸止熱痛俱無囊亦漸小而消矣一因血囊自壓本管將血路塞住血既停流勢必凝結而愈與前証同理一因囊中自生炎証變成膿濁將脈管周圍塞住而愈以上三証皆因本管之血停住不流另由別路通行本管廢而不用漸成一線故能自愈如此順症不多見也醫治之法有二一用止血器機二具在本管上流淺而易見處離開少許按壓用二具者病人久按不適或覺痛必思放鬆恐放鬆時血流衝妨患處有二具則此鬆彼緊可無此慮如無二具以手按住器機之下脈管然後將器機放開換裝別處俟裝定再放手可也轉器機螺絲不必過緊蓋意主減其

血力不至衝礙患處非必全止不流也倘用器機處肉上有毛須先薙去將面粉搽擦可免滑脫按壓後病人即應靜臥器機晝夜不去被褥枕墊舖設適意內服清涼微瀉之藥忌外出勞動忌食熱物患處漸漸不跳血囊漸消愈之遲速近或三五日遠或月餘無定期也一用綁線法在患處之上尋本管淺而易見處將皮肉割開用血囊針穿線鈎托本管之下將線綁紮本管（法見止血論並血囊針圖）勿傷腦氣筋及廻血管外用膏藥護貼二法用意皆欲止住血路使患處血漸凝結數十年前西醫尚未詳究治法近始悟按壓綁紮二法實有妙理綁紮後以寒暑針驗之本熱當少三四度此因血流暫減之故三四日後即當如常一

定之理也、余主粤東醫館時、有二人同來就醫、一人總脈管跳血囊凸出胷前偏右、形如蛋、面腫唇黑而喘、無治法、數日後暴裂而死、一人膝凹脈管跳血囊大如鵞蛋、病者言前兩月初生時甚小、日漸長大、門徒疑爲膿瘡、欲割、余止之、留病人住館內、告以應綁脈管、病人怕割不允、因用止血器機、揿壓其上、定計次日割綁、是晚忽裂、多血流出、余急用法止住其血、飲以迷蒙水、綁紮大腿脈管、血囊即時不跳、外用軟布帶勻綁全足、四五日內、周身頗適、惜因失血過多、血不到足、足枯黑成死肉証、余知不治、後果死

瘤論

瘤類甚多、其生無定處、無定形、其大小多寡無定限、其中藏蓄無定物、其生之故不可知。以部位言之、內則腦肝腎等處。外則耳後頸項乳腹腎囊等處、婦人則胞胎等處、皆可生、或附皮、或附肉、或附骨、故曰無定處也。或圓、或扁、或如蛋、或如瓠、故曰無定形也。小或如豆、大或重一兩、半斤、一斤不等、竟有大至數十斤、或自頸垂至胸、或自腹垂至足、長過半身者、有一處生者、有徧體多至百餘者、故曰大小多寡無定限也。剖而視之、或如蓮房、或如蜂窠、或有骨牙、或有毛髮、或有肉絲、或有黑水、或有油粉、怪異多端、故曰藏蓄無定物也。檢閱中土醫書、或云原於瘀濁痰滯、或云原於惱怒、或云原於陰陽不正之氣、其實皆無可憑、故曰生之故不可知也、大概少壯人多、老弱人少、凡生此証者、多在二十至五十之年、醫者應先辨其有毒無毒、無毒者從筋肉中擠開而出、不累他處、其証易治、有毒者累及皮肉筋骨、中土稱癰疽是也、雖割仍防復生、爲難治、又有先本無毒、或因身弱病久、或因飲食失宜、或因毒藥敷治、變轉成毒者、辨法無毒不必痛、有毒必痛、無毒由漸而大、有毒則暴長而大、無毒皮色不變、有毒則變紫黑不正之色、無毒不必潰、有毒則潰爛臭穢、無毒眠食如常、有毒則煩鬱不適、面色晦暗、瘦弱無神、西醫分多種、茲舉常見之証、曰骨瘤、肉瘤、脂瘤、袋瘤、血瘤、筋瘤骨瘤形不大或生骨衣或生骨面或生骨裹生骨衣者最多其質有全骨有半骨半肉有脆骨其全骨一種多附著於骨其半骨半肉一種多生於骨衣之上其脆骨一種無毒故不痛骨瘤有實有空實如象牙空如蠶殼其中或有血水或有黄水或有膿或有肉似腦似筋似油似膠生於大小腿骨者更多有有頸者有無頸者有頸者形如囊頸附於骨無頸者如直剖半瓠形全附於骨有速生者有緩生者有潰有不潰其原多因疔毒因瘰癧因飲酒無度大概因疔毒入血之症夜多痛如咬如絞此易識也凡此所論皆眞骨瘤非藥所能散若痛者止其痛有毒者瀉其毒有炎者解其炎則服藥未嘗無功耳止痛如洋輕粉

鴉片膏去毒如金銀花、土茯苓、洋輕粉亦能解毒以上俱間日稍稍服之解炎如放蜞釣膿諸法俱可參酌用之、欲去其瘤、應量瘤之大小、將外皮割開翻捲、左手以小鋼鑿切瘤附骨處、右手用鎚打去、倘瘤根大不易鑿者、應用小鋼鋸（鋸有方圓各種圖見後）先縱橫鋸作幾瓣、然後用鑿打去、

肉瘤多過骨瘤、形半圓。皮滑而凸凹不平、體實而重、根不深者。推移易動、生無定處、頸旁耳下、左右二核生口津處最多。餘則顴下、兩乳外、臂近交節上下、及婦人胞胎等處時亦有之。大約此瘤僅生一處、大小不等、竟有大至重七十磅者、（中國約合五十斤）英米二國醫士、十餘年來見華人患肉瘤、半斤至五斤最多所割

不下數百人、大概如此、此瘤有經數年不長者、有忽然暴長者、且有初本無毒、忽變毒痛潰爛成膿者、其內肉牙有如木耳之暴生者、浮肉血最易流、不速割防身虛致死、所以肉瘤不長不痛無所苦、不必割、若有所苦、割又宜早、恐久釀愈大、或有意外變症也、西醫剖驗、見肉絲往來細密如紋、或白色、或灰色、無定、或有黑水蓄房、內房大小多寡、亦無定形、割法、量肉瘤大小、剖開、翻捲其皮、一手握瘤、一手將瘤根割斷、仍放轉外皮、連合、用線縫結、膏藥護貼、若長大者、應於瘤頸橫割、如遇脈管、應用線綁紮標血之口、以止之、

脂瘤亦名肥瘤、因瘤中肥網而名、獨有肥網無別物者、曰肥瘤、

肥網中有油水相雜曰脂瘤按之軟若棉花包凸凹不平無毒不痛由漸而生皮色不變但覺紋緊華人生肥瘤多大西醫所割有重一斤至十斤外者大概小或一二兩重或數十斤與肉瘤略同或初生小不長終久小或漸長或暴長無定男女老少俱有生無定處頸項肩背肚腹腎囊大腿等處爲多有一處生者有幾處生者余主粤東惠愛醫館時曾見一人徧體皆生脂瘤大小計有數百亦一奇也肉瘤肥瘤俱有血管貫穿以養之但肉瘤管多肥瘤不過一二條而已初生時人或誤認爲膿瘡須知不熱不痛必非新膿瘡以手按試無水必非舊膿瘡更用半管針探試無膿流出尤爲易辨此症瘤小不痛不必治切勿

妄用信石等藥消散、不但無益、且恐變毒、各瘤皆然若因長大、妨礙行動、防變化他症、醫者辨試準確、卽應早割、割法與肉瘤同、

袋瘤卽粉瘤、生皮肉之間、因瘤內另有皮包裹如袋、故名袋瘤、其袋光滑而亮、略似眼白殼、堅細而密、略似筋帶、其形圓、小或如豆、大或如拳、不痛、其長以漸、推移易動、其中所蓄黃水、或如蜜、或如粥渣、或如牛乳餅、或有毛髮牙角之類拌雜、殊不可解、亦有袋甚薄者、其中止有黃水而已、此症華人頗多、生頭面眼皮之上及耳後者尤多、久亦不變、間有因外傷生炎生毒自潰者、時或浮肉與膿並出臭穢、大概袋瘤雖小、但生在眼皮及一切活動之處、多不便適、宜早割去、其根不深、粘連不緊、割之較

易、若不去其袋、雖割必復生、法用小割刀當中直割一線、翻捲其皮、將袋並袋中所裝之物一齊鑷出、最妙、如不能、或將袋割碎、緩緩鑷出、又法將銳彎刀刺入袋下、向外剖分兩瓣、袋中所裝之物、以手擠出、即鉗鑷袋出、有粘連者、用刀割之、

血瘤因小血管多條生大簇結、如網、或微絲管、或迴血管、或脈管、無定、紅者屬脈管、紫黑者屬迴管、多生皮下、後與皮相連、大小無定、形管多則大、管少則小、以手壓之軟減小、放手高出、或跳或不跳、皮薄者、周圍見脈管入瘤內、養育之管多少、視瘤大小、皮厚不見、以手按試、覺有聲如氣出狀、生年無定、有嬰兒胎內帶來者、俗名血記、最多、亦有中年生者、多因外傷之故、勞力

用心則瘤易大、因爲血所偏故也、生肛門內名痔瘡、多因遠行勞心而發、卽是此理、生頭面唇頸者多、亦有生鼻準上者、又有至小生額角者、若自潰定有多血流出、或血雖不多、儘流不止、皆危、此症亦能變化爲毒、重或關係生死、不可輕割、大概小瘤生額角等處、下有骨墊、可用壓法、取銅錢兩三個、或鉛一塊、壓在瘤上、綿花布袋包緊、勿令鬆、數日後當自消、或用鉤膿法、以針穿線貫通、或燒針刺入、皆欲令瘤中生炎症、塞住脈管、又有綁線各法、一法用針貫瘤根、將線纏綁針兩端、近瘤處、以緊爲度、一法用針穿雙線直貫瘤根、剪去針、兩線共四稍、取左線上稍與左線下稍結緊、又取右線上稍與右線下稍結緊、則瘤根周圍皆爲線所刻、凡雙線應用二色易於識別左右不致淆亂後同一法、用針穿雙線貫瘤根、縱橫成十字形、將線剪斷、去針、共成四線八稍、上下左右、互相連結、環繞瘤根、一法、用針穿雙線直貫瘤根、將線剪開、不去針、即用原線橫貫瘤底、成十字形、去針、抽緊、復將四稍環結瘤根周圍、若瘤長或扁、應穿雙線廻環貫三處、剪開、識別線色、緊結、將瘤分爲四段、凡綁線、應先將瘤根之皮、淺割微痕、使線易於刻入、以上諸法、意皆主於綁死瘤中血道、久之瘤自落、倘諸法不中用、瘤又關係利害、不宜留患者、在手足、當割去手足、以救生命可也、

筋瘤有二種、生肉筋上者、不痛、生腦氣筋上者、多痛、肉筋瘤包中有水、如明膠、頗似眼中明水、或似睛珠、常生手臂腿足相交

處、大如龍眼、治法、用棒猛力一打、立時消滅、明膠破碎、散筋肉間、外用布墊按壓、布帶纏束、又法、用小長窄刀、或骨刺入、以破膠包、使之流出、亦能消散、此證忌風氣外入、須先以手推移其皮、然後刺之、放手皮還原處、風自不入、仍用膏藥護貼。其膕筋瘤一種、生無定處、大如黃豆、有累歲月痛不減者、欲止其痛、除割無他法、一如肉瘤之法治之可也、

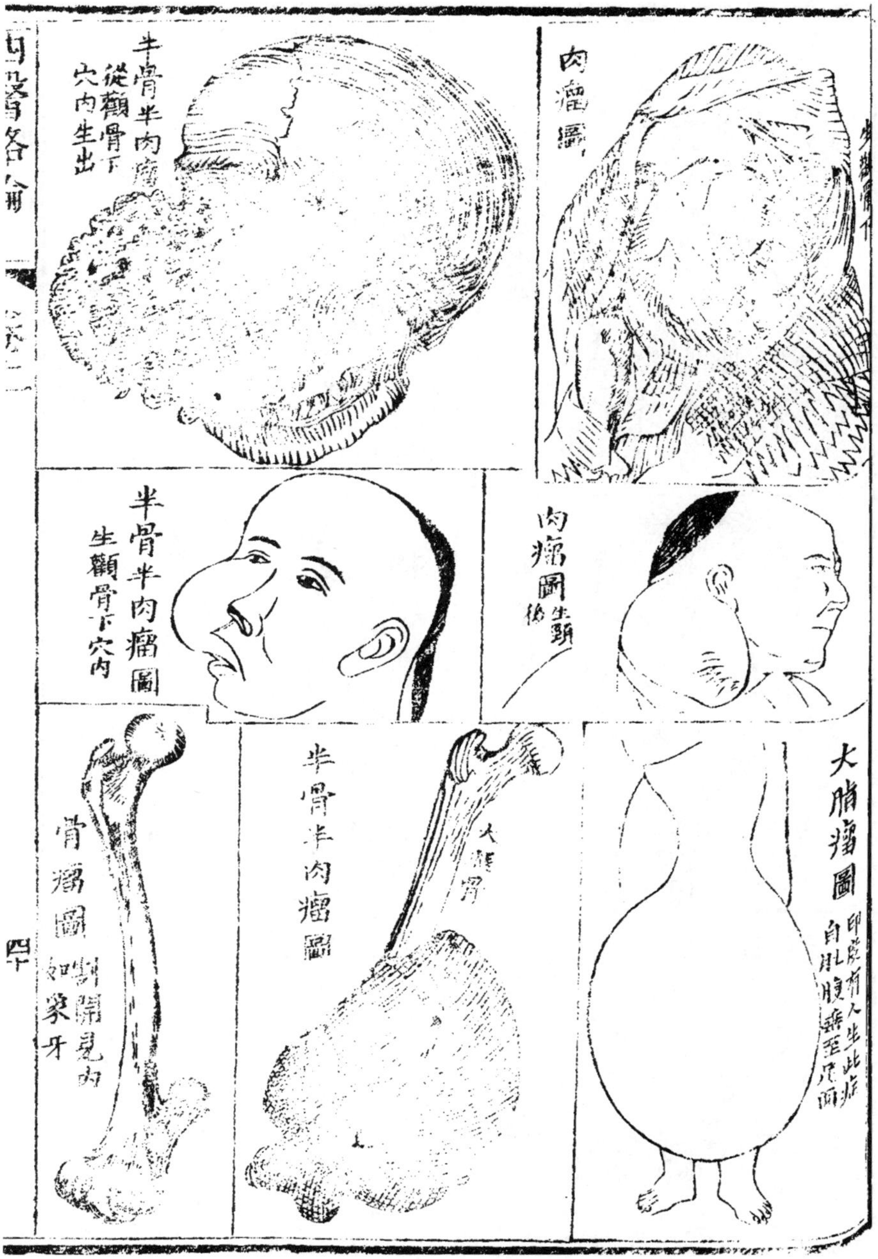
半骨半肉瘤
從額骨下穴內生出
肉瘤圖
半骨半肉瘤圖
生額骨下穴內
肉瘤圖
生頸後
骨瘤圖
割開見內如象牙
半骨半肉瘤圖
大腿骨
大脂瘤圖
印度有人生此症
自肚腹垂至足面

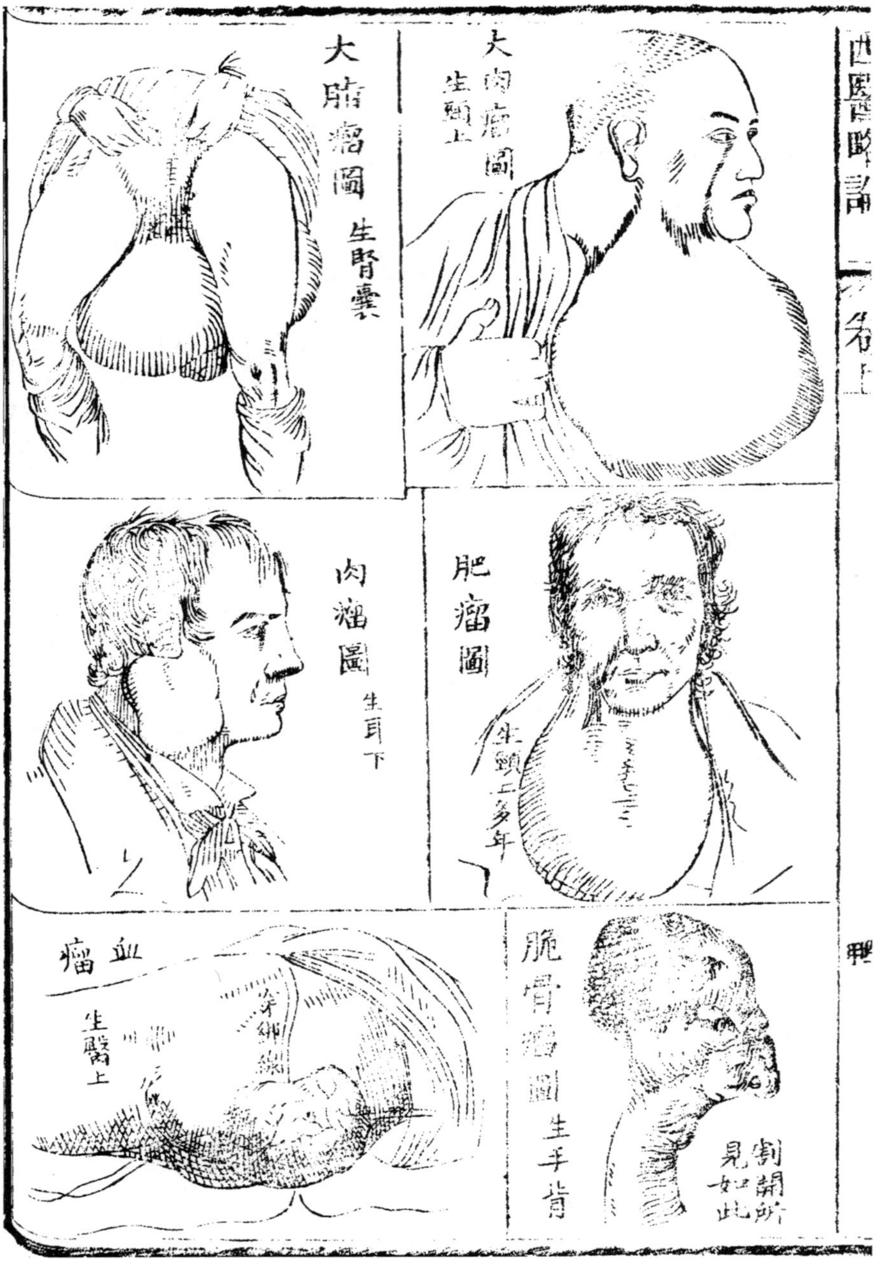
西醫略論　卷上
大脂瘤圖　生腎囊
大肉瘤圖
生頸上
肉瘤圖
生耳下
肥瘤圖
生頸上多年
血瘤
生腦上
脆骨瘤圖　生手背
割開所見如此

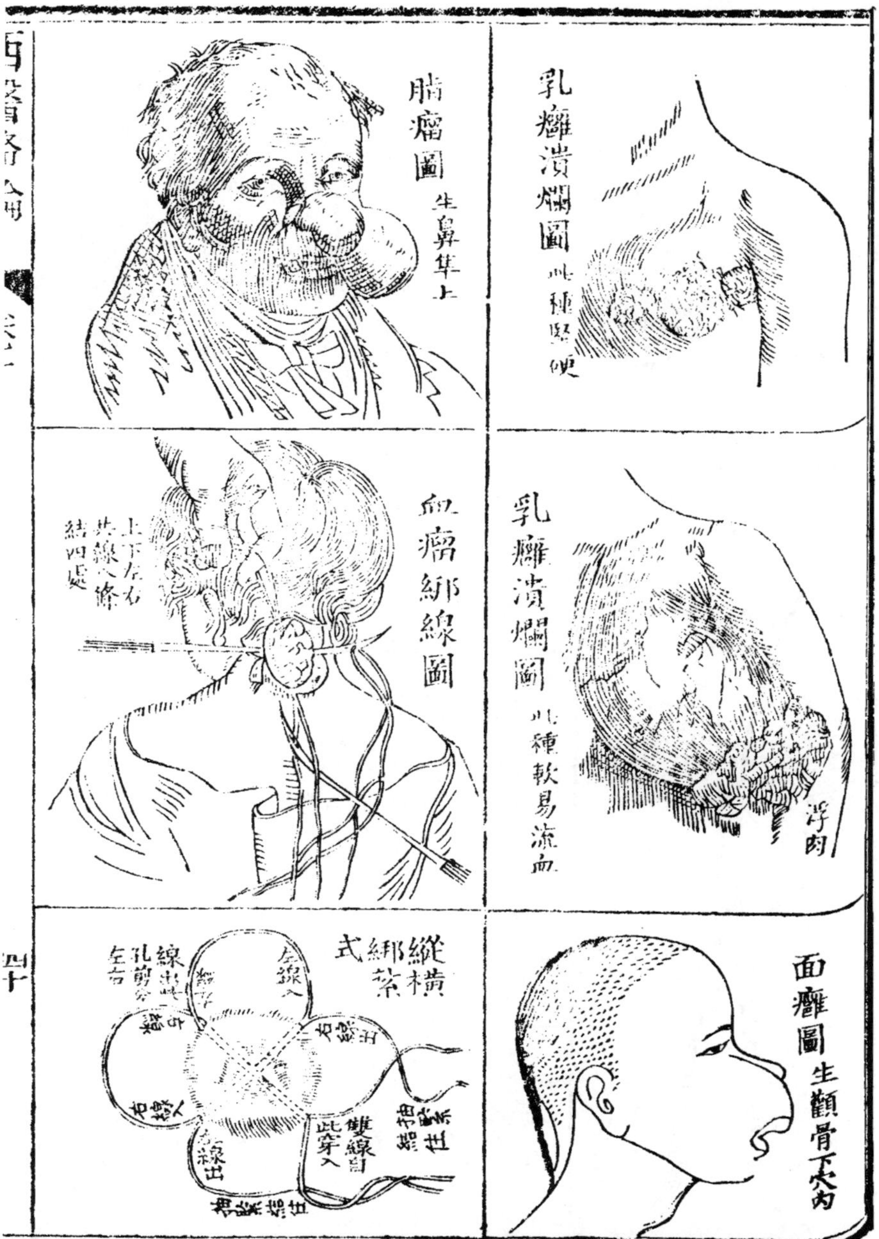
乳癰潰爛圖
此種堅硬
腈瘤圖
生鼻準上
乳癰潰爛圖
此種軟易流血
浮肉
血瘤綁線圖
上下左右
共線八條
結四處
面癰圖
生顴骨下尖肉
縱橫綁紮式
四十

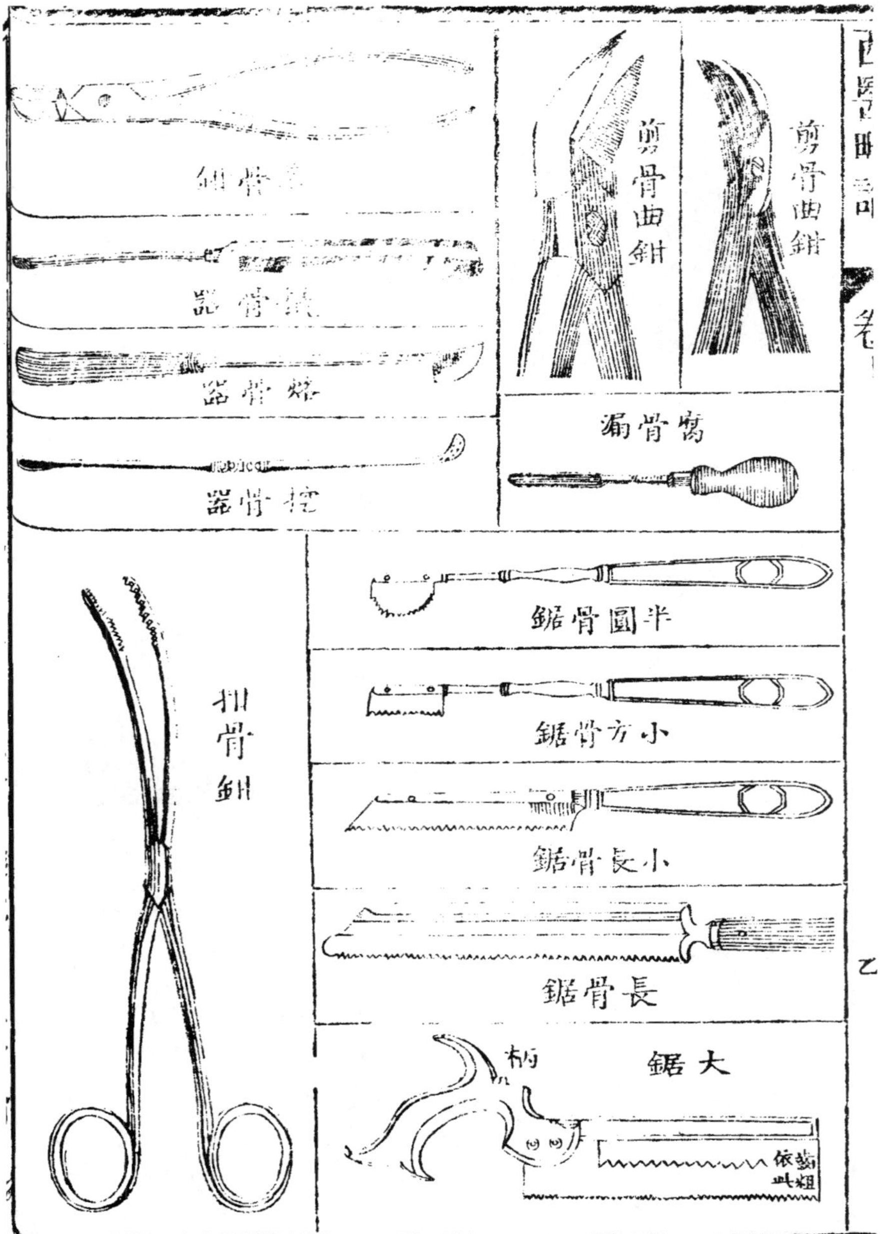
剪骨曲鉗
剪骨曲鉗
鑿骨漏
挖骨器
扣骨鉗
半圓骨鋸
小方骨鋸
小長骨鋸
長骨鋸
大鋸
柄
齒粗依此

癰疽論

此借用中土之名以立論惟乳癰與中土所論同餘則異凡病原與乳癰相類者俱入此篇

癰疽亦瘤類、但瘤無毒、癰疽則必有毒、瘤有因變化成毒者、癰疽則始生即有大毒、毒非外來、實即身內所生、地無分南北東西、人無分富貴貧賤、年無分老弱衰健、皆能生此毒、細推之、熱地多過冷地、富人多過貧人、婦女多過男子、室女又多過婦人、已嫁未生育者又多過生育者、生男子年十五以下、生眼上者多、年二十至五十、生腎囊者多、婦人三十至五十、生兩乳胞胎者多、老人生胃與大小腸者多、老年人多硬癰、少年人多軟癰、生骨上者、則各年皆有、不獨人有之、即獸類亦有、病原不可知、病者或自稱某年月日曾經跌打外傷、致生此証、其實毒根先伏身內、因外傷而發耳、大概病各有性、人之質有與相近者、則易感受、但此理甚難明、存而不論可也、病分初中末三候、初生藏伏身內、人不自知、有經年累月不長大者、與平人無異、中候長大現出、必痛劇難忍、或如刀刺、或如火燒、面黃、唇白、卧不安、食不化、煩鬱、無精神、漸漸患處潰爛、人亦衰弱、末候常自潰、遲速不定、少壯人易潰速死、部位當有關係處、內則肝肺腦腹、外則交節等處易潰速死、潰後有幾月死者、有幾年死者、大約半年死者更多、過三年者少、証分硬軟二種、硬者按之實重、不高不圓、初生時推之略動、後則不動如石、年二三十八、長大需數月、年愈老則長大愈緩、有經累年歲者。此種生唇上、及胸內、皮外腎、乳胎等處居多。剖視有水泡、與筋帶肉絲間雜泡極細目力不能見以鏡顯之積小泡成大泡泡中有毒水瘡邊屈曲不齊將潰爛必有一處先紅軟潰爛由小而大或由淺而深周圍肉牙堅硬翻轉膿水稀淡臭味令人不可近以上論硬癰証　軟者按之浮軟剖視之形色如腦多生眼窠鼻內外胷交節等處有大如人頭者生至速明日大過今日後日又大過明日有數日即大者內有多條血管一觸血即流頗與血瘤相似但血瘤不痛眠食如常此則痛劇不安為易別耳此証易潰潰後浮肉堆聚形如芝栭有因血流過多而死者有因痛患不安而死者以上論軟癰　凡此硬軟二癰皆至危險有患在此毒已延至別處者如乳癰腋下有核是患處在乳毒已延至腋下也。

父母生此毒有傳與小兒者雖不盡然大概其子多不壯健治法服藥無益醫有妄稱能治投藥賺人者反致速死止有割之一法但割不盡留芥子大之粒終須反復有幾處毒或全毒雖割必速反復有此處不反復別處反復者亦有因割而愈竟不反復者。凡初生毒未延至別處醫者當勸令割或作潰病人自嫌臭惡願割俱可依法割之畏痛者鼻以迷蒙藥水（見後藥割水門）軟癰須細心審看割一脈管綁一脈管蓋軟癰脈管多條割時防血標流過多也此証醫者有三難不割必死割未必即愈一難也割不盡或致反復二難也雖割盡仍恐毒發別處三難也若欲暫時止痛用鴉片膏及補益安神之藥外則紅蘿蔔煮爛搗敷或炭末摻入頻用溫湯洗淨更以白礬沖化浸軟布貼患處俱用黃臘膏藥蓋護可也○婦人乳病欲辨是癰否除硬痛長大外尚有三法一乳皮棕紅色或鉛色而皺二乳頭隱入三推之全乳皆動此証中年婦人更多醫者當知

凡一切瘤癰醫者問証詳審又經手摸眼試各法大概不難分別若仍有絲毫游移應用探瘤針刺入探瘤針即探膿針短長不一臨証酌用圖見前一探其中有無膿水血類一探其中虛實若何審知毒僅一處餘無毒或毒在外內無毒即應曉喻病人勸令速割不可錯過時會蓋人有虛弱割後身體反健不割則留毒傷身轉益虛弱此割之不可緩者一也或初本可割後因長大難割此割之不

可緩者二也、或初時毒未傳延、可割、後傳至別處不能割、此割之不可緩者三也、割時刀、剪、鉗、鑷、針、線、墊、帶、軟布、冷熱水、(冷水止血)(熱水洗膿)膏藥、美酒、迷蒙藥水各物俱應豫備齊全、不可臨時尋索、宜令病人安卧高牀、勿任旁人驚擾、醫者先詳審瘤癰之形大小若何、長短若何、有毒無毒若何、應用何法、胸有定見、方可下手、割口應長過患處上下各半寸、不礙用刀地步、更須審量毒之有無、以定割口闊窄、皮無毒者須留護患處、使易連合、止應直割一線、左右翻捲、勿令損傷、皮有毒者不必顧惜、俟肉牙出、另生新皮可也、瘤癰中脈管、或俟割完齊綁、或斷一管綁一管、蓋脈管之入瘤癰、有似樹木枝榦分布、傷一二條血流不多、可以割完齊綁、若傷數條、或大者、既防血流過多、又恐病者身弱不堪、必宜隨割隨綁、不能久待、醫者用鉗拑住脈管之口、（鉗鑷端有齒內向相對。圖見前）令門徒帮助綁紮、或用跳機鉗鑷帮助拑住、次第綁紮亦可、綁紮齊後、將線排勻瘡口之外、剪去一稍、留一稍、外貼合口膏藥、布帶纏束、令之靜卧、或患在足不能行者、抱負上牀、虛弱無精神者、飲以美酒補益之藥可也、

西醫略論　卷上

熱証論

熱証番語曰啡吪、即中國發燒之意、分有毒無毒二種、治法相同、病狀身倦不安、胸悶欲吐、精神恍惚、外熱內冷、頭痛腰痛、面紅眼赤、四肢困倦、筋骨痠痛、口渴喉乾、氣促便秘、溺短而赤、舌苔黃白、不曰炎而曰熱者、蓋炎起於一處、而此徧於全體也、致病之原、或因於內外炎証、或因傷寒、或因傷暑、或因飲食無節、或因用力過度、或因驚恐、或因日曬、病多起於春夏、數日後脈至漸緩、或身出微汗、或大便自瀉、雖不藥亦愈、若腦痛眩暈、言語妄亂、氣息粗喘、脈洪數不靜、兩手循衣摸牀撮空、或指筋頻搐、或二便自遺、或呃逆、最危險、一種有毒者、能傳染於人、春謂之溫、夏謂之疫、大概天時不和、有一家傳染者、有一方傳染者、病狀頭熱眩暈、心亂語妄、面色晦暗、口乾氣促、脈數而弱、手顫舌搖、苔色紫絳、久則昏迷呃逆、嘔吐黑痰、牙齦焦黑、口臭而爛、或生白泡、難吞食物、肚腹空脹、糞黑汗穢、脈勢忽停忽至、周身發黃、病即危險、此證身有熯汗、面色光亮、渴熱漸減、脈至分明、譫語漸止、疵色鮮亮、爲欲愈、面晦、不寐、目矇不見、嘔吐、瀉泄、便血、吐血、或初起即譫語、不省人事、脈細皮紫、則危而急、凡出疵死者、血必洩於管外、泄瀉死者、大小腸瘡爛、治法、初起宜發表、汗不出、宜用逼汗法、熱水浸腳至膝上、蓋氊毯被褥、少頃即有汗出、一法、取被單濕水絞乾、赤身裏之外蓋氊被數層數刻汗即大注或用吐藥引邪出或用瀉藥下行小便短澀用利水藥口渴宜橙汁葡萄汁檸檬汁俱可如無果汁略飲酸水亦可以酸能理血也病後身虛宜補有時自瀉不止宜用收斂藥止之戒口調養○此病傳染於人大概因病者屎溺汗及衣服坐臥處邪氣沾人凡虛弱人或飢餓時勿入其房醫者亦宜乘飽而入診脈時勿立病者下風勿近病人呼吸以防傳染病者左右服侍之人宜老不宜少恐少年人易沾疫氣故也勿著病者脫下之衣勿嘗病者食餘之物房舍宜開通戶牖衣服便溺等器要隨時洗滌潔淨愈後戒酒色憂怒等事以防復發○疫証熱極有將死復生者家人慎勿畏

擱置而不理、但用前法、可免沾染○疫症死後房內宜燒甘松、硫磺、着火爆竹等物、以避疫氣、數月後方可居住、

瘧証

瘧証、俗名脾寒。病狀惡寒、發熱、汗出而愈、或日一作、或間日一作、或間兩三日一作、病累肝脾、久延有成蠱脹者、凡血不流佈周身、而隱聚臟腑之內。則發冷而顫、及散出、則發熱、愈熱而血脈運行愈速、而汗生、西醫剖驗瘧証死者、肝脾體大異常、是其停血不散之故、即中土醫書所稱瘧母也、病原或由內發、或由外感、內發是病後身虛所致、外感是日蒸煙瘴所致、凡腐草落葉、禾槁敗木、日蒸雨漚、腐濕之氣、傷人皆能致瘧、故場圃納稼

之候、農民瘧証尤多、爲此故也、治法臨熱時遍汗、內服輕瀉藥、以鬆肝脾、用煖水服嗺哪二釐、日服兩次、三日共服十二釐、甚效、（嗺哪係金雞哪之精漿、治瘧第一良藥、）又方、法製信石酒、（見藥酒門）每服錢許、先瘧時服、

童子瘧証

童子瘧比大人尤甚、有依期而至者、有非期而至者、或因疳積、或因出牙、或因虛弱、其狀面赤、皮熱、舌有異苔、溺如白粉而短少、大便青黑稀結不均、夜臥不安、久延不愈、則腹脹便泄瘦弱而死。醫者推究病由何起、若因出牙、則以小刀割破牙肉、因疳積、則用藥消痞塊、因虛弱則宜補、勿以一方泛治○專方用嗺

哪一釐煖水送下、又方銀灰散三釐、大黃末六釐、蜜調晚服、另用草麻油少許、早服、以潤瀉大便○瘧疾腳腫方、鐵酒十餘滴、見藥酒門日服一次○瘧疾瀉泄方、服收斂藥、如兒茶酒之類○肚腹膨脹、用熱油擦肚皮、嘔吐不食、每半時飲鮮牛乳少許、

西醫略論卷中

英國醫士合信氏著　江甯管茂材同撰

骨証論

骨証有多種、或炎、或軟曲、或枯死、或生瘰、或生癰、或生疔毒、或生膿瘡、全身骨皆能生病、細推則腿足多過手臂、小腿多過大腿、牙床骨多過面部、別骨、大概長骨多過扁骨、又長骨易斷、扁骨易爛、此一定之理也、

軟曲骨証十二歲以下童子爲多、或原胎毒、或原飲食之毒、又有因身弱者、葢身弱則骨軟、不任承載上體、所以腿骨易曲、此証醫治極難、應食全補及牛乳美肉之類、時令散布曠野、不能

行者、宜常抱負游玩、或移住鄉間開濶之所、不宜閉鬱、又有一種脊骨彎曲、兩肩高低不平、雞胸、駝背、額凸、面小、身體矮縮異常者、女子患此、跨盆骨偏而窄狹、難於生產、不應嫁人、恐產孕時兒不能出、母子俱殞、即用法救母、亦傷子也。大概曲骨形不一、有向外曲、向內曲、向前曲、向後曲之分、脊骨則先曲而左、復曲而右、或先曲而右、復曲而左、又有曲之故、不在骨、由於交節軟弱者。西法用鐵條綁紮、既以正其曲、且以輔助兩腿、任載上體、最妙。凡曲在交節、或可治療如常、若曲在骨、醫治得宜、僅能止住不更曲、不能令曲者更直也。

骨炎証　先生骨衣、腿骨背骨鎖柱骨額骨爲多、或跌打、或疔毒、或風濕、皆能致炎、初生宜放蜞及斑蝥膏藥、鈎膿、內服洋輕粉三釐鴉片膏一二釐、共作一粒、夜晚服、服數日、止痛解毒、炎久失治、則骨衣長厚、或骨自長大、若骨衣潰爛有膿、防成死骨、証必痛甚、畏觸、神倦、發熱、眠食不安、夜更劇、應速割以出其膿、此膿在骨面者也、若在骨內、須將皮肉縱橫割十字形、翻捲、用圓鋸旋鋸圓孔、令骨內之膿外出、圓鋸形如管、齒在管口、圓心有挺可伸可縮、圓周大小不一、臨證酌用、

死骨 即腐骨朽壞之意、名爲死骨者、與死肉証略同也、死之多少不定、或全骨死、或一段死、或偏死一邊、或死去外面薄片、小腿裏面、及下牙床骨最多、死之故、或因跌打生炎、或因身弱有毒、或速死、或緩死、死骨或半年始出、或一二年始出、無定辨法、

患者外必腫、紅痛。皮肉上有幾孔、與骨孔相對、孔有膿出、甚臭。治分已離未離二種、用探針試之、未離者、針入搖之不動、須待其自離、不宜猛力鉗出。已離者、針入、骨略搖動、應將腐骨之外、皮肉割開、用取骨鉗拑出死骨、拑盡爲宜、如未拑盡、必仍有膿流、不能收合也、凡腐骨在好骨內外、而有好骨阻礙腐骨之出、應用小骨鋸鋸開、或用大骨鉗、將兩孔相連處好骨翦斷、抽出死骨。若死骨長難出、用大骨鉗翦斷、自易出矣。每有死骨已離、或爲好骨所阻、或爲皮肉所阻、經累歲月不出者、審辨既確、必宜早爲取出、蓋醫者盡一日之功、即免病者終年之苦也。內服止痛補益之藥、外用膏藥護貼、速或數日、遲或一月、自愈。割時

必有多血隨骨流出須知並未傷動脈管血雖多無妨用冷水或緜花布帶止之可也、

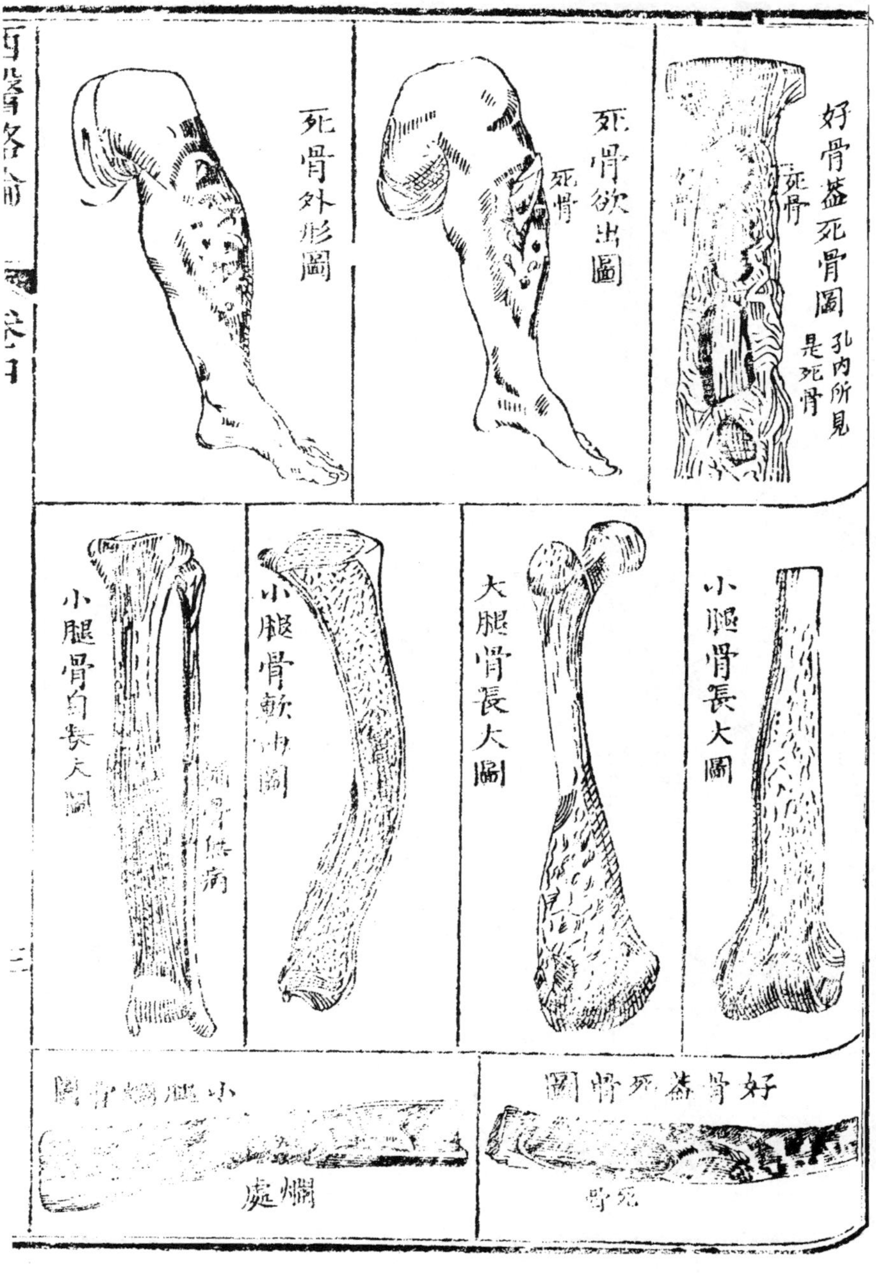
死骨外形圖
死骨欲出圖
死骨
好骨蓋死骨圖
死骨
孔內所見是死骨
小腿骨自長大圖
小腿骨軟曲圖
大腿骨長大圖
小腿骨長大圖
小腿爛骨圖
爛處
好骨蓋死骨圖
死骨

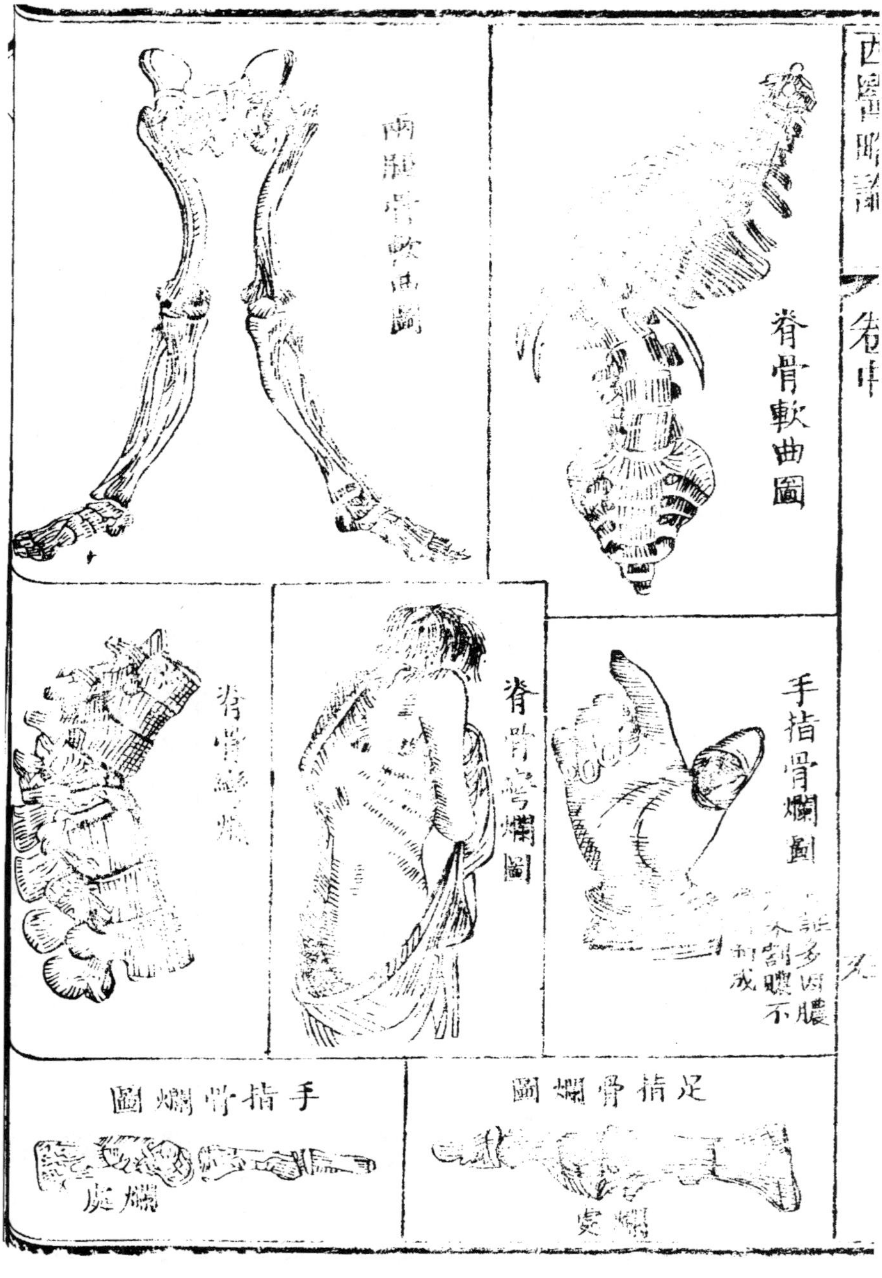
西醫略論　卷中
兩腿骨軟曲圖
脊骨軟曲圖
脊骨
脊骨彎爛圖
手指骨爛圖
手指骨爛圖
爛處
足指骨爛圖
爛處

交節証

兩骨對合處曰交節、此處上下骨端、無骨衣而有脆骨、以墊隔轉動、脆骨外周圍有胞膜、胞膜中有脂液以潤交節、譬如輪軸得脂膏而滑利、此化工生物之奇也、人身各交節、皆能生炎致病、炎有內外多少新舊之不同、內因身弱瘰癧疔毒、外因跌打損傷、或風濕凍瘃之類、有一節病者、有兩三節病者、惟風濕能傳各節、皆徧大抵外傷患在一節者、關係尤重、受病之處、或在骨、或在脆骨、或在筋帶筋包、亦有各處全病者、蓋病在胞膜、累及脆骨、或然之事、病在骨、則脆骨墊隔胞膜、未有不全累者也、凡交節生炎、有時不醫自止、有時變舊炎証、無甚關係、有時日

重一日重極則累脆骨而危矣、

交節胞膜炎証病狀熱痛而腫摸之痛愈甚、夜痛更甚於日、膝蓋腿足相交及大小臂相交處最多、一因近地濕冷易侵一因易受外傷之故、患此者交節處脂液黃濁而多、所以外形必大過平日、以手推試、內似有水、膝較病兩邊更腫、大小臂相交處病、肘後更腫、髀臼肩胛病、周圍皆腫、因胞膜脂液、逼向易流處故也、証見發熱脈數、譫語、口乾舌黑、多危。治法、新者治之得宜、數日即愈、舊者由漸而成、亦須由漸而愈、不能迅速奏效也、不分新舊、應以放血爲先、蓋熱痛紅腫、皆血多爲患、血減病亦減、放血有數法、西國用器機、在患處放刺、如無器機、用銳刀刺十數眼深一二分、外用玻璃罩覆蓋、（玻璃罩徑約五分至一寸高二寸、如無玻璃罩用銅錫鉛磁等罩俱可、）抽氣筩抽去其氣、如無抽氣筩、或罩內置好酒少許、火燒逼出其氣、乘焰覆蓋、俱能引血外出、（用罩覆蓋、先將患處拭乾、即時覆蓋、勿少停頓、罩內血半滿、揭開拭乾患處、換罩覆蓋、）若患處痛甚、應離開患處少許放刺、倘炎重危險、可在臂凹略上處、用利刀割迴血管、出血七八兩、則炎自滅、割時宜細心認清迴血管、防誤傷脈管、此處迴血管三條、中條下為脈管、按之跳、若恐誤觸脈管、不割中條、割左右兩條可也、放血後、用布墊壓患處、外用帶裹、（諸法俱詳炎証篇、）但此法非壯健人不宜、且恐放血器機、中土一時未能仿製、用蜞吮最便、或一二次、或三四次、此治交節炎証第一良法也、（蜞吮已見炎証篇、蜞數多寡量

患處大小酌定如無蜞、或用前法銳刀刺入患處十餘眼、深一二分、溫
水以助鬆皮、引血、發熱不安、內服瀉藥、或發表利小便之藥。舊
炎獨宜蜞吮、或用斑蝥膏藥釣膿法、此法亦有二、一包貼患處
周圍、半日許必生大水泡、剪出其水、換貼潤皮膏藥。一在患處
左右更番換貼。如先貼左邊、揭去貼右邊、後又揭去貼左邊、是爲更番換貼、或用猪油和斑
蝥膏攤布或厚紙、名爲淡斑蝥膏藥、斑蝥一分、猪油三四分爲率、貼起水泡
處、數日後換貼潤皮膏藥可也。○諸法用過不應、可用洋輕粉
二三釐、鴉片膏一二釐、作一粒、日三服、兩三日後齒痛、或齦腫、
口臭、多水流出、止住勿更服。○或用吖吖伊啲的番藥名、譯言嘔也、一
錢、和猪油七錢、擦患處廿二次、每次擦一刻許、或擦一處、或擦

周圍患處紅熱未除、離患處少許擦之、兩三日後擦處應生小膿泡多粒、即是引炎外出之徵、再擦旁處、以愈爲度○一法用大筆浸愛阿顛酒、見藥酒門搽患處周圍、日二次、數日後用樟腦一錢和水銀藍膏一兩、見膏藥門厚攤布上、貼患處外、翦松香硬膏數條、帮助水銀散毒膏藥、壓住大有功力、如無愛阿顛酒或用樟腦酒亦可

凡交節患新舊炎、皆應養護、勿令作工勞苦、患在臂、用大手巾繫掛頸上、患在腿足膝蓋、用椅杌安放使平、或用沙袋以帶綁腿左右、或用扁沙袋包裹腿足、並能輔助交節、亦妙法也○一法用漿浸軟布三四層、隨式包裹、外用布帶帮助、一二日漿乾後堅硬如夾、最妙、欲去之、用交翦翦開取去可也、

凡炎証愈後、交節硬、屈伸不便、每日宜用熱酒滴患處、以手搓擦、半時許、或用鹽與白礬和入溫水、或冷水置壺內傾落患處、搓擦以伸之、

凡交節証因風濕者、先服去風濕藥、有毒、先服解毒藥、然後按照以上各法治之、遷徙高燥之處、樓居尤宜、

脆骨証 或因身弱有毒、外傷自病、或因胞膜病炎所累、有時自止、有時內累骨面、外累胞膜筋帶、膝較髀臼兩處最多、病狀熱痛紅腫、與胞膜証同、但痛更劇、摸觸之大聲呼叫、不敢近衣、畏人行動、熱如火焚、周圍皆腫、抽掣驚跳、全身發燒、日久按之浮歉如綿、一因中有膿、一因筋帶周圍寬鬆之故、醫者以兩手握

試如有相擦之聲因骨面爛故也爛則有膿偏肉而出膿不多或可治但脆骨胞膜筋帶皆壞兩骨間無物墊隔相連雖失其屈伸功用猶爲完人若多膿流出不欲食身病即防殞命治法在膿未生時可擇用胞膜証各法或用炙烙炙艾法身弱內服補藥若膿已生治之甚難大概身無病望其能自相連醫者輔助使手能達口足能著地則善矣若相連無望惟於交節之上將病患一肢全行割去救其生命此外無他法也

髀臼証　大腿骨上端圓滑如杵納於胯骨深窠曰髀臼即大腿上交節也此處病名髀臼証十五歲以下童子最多病原或因體質素弱或因跌打或因坐臥濕地見証與各交節同但初起

西醫略論　卷中

不甚痛、膝反痛過患處、凡小兒膝痛不腫、醫者握其足、向上促試、髀臼痛、或以手摸髀臼痛者、卽知是此証、患此者、髀杵漸爛、臼口周圍亦爛、胞膜筋帶筋包皆累、有時忽然骨自脫出、有時臼內生浮肉、將髀偪出。未出前、先有膿、穴內外流。髀既離臼、胯骨與髀相著處、漸成假臼以納之、腿骨因此見短、所以人有蹩腿、足跟不能落地者、爲此故也、若不能自生假臼。膿多身弱、不欲食、病苦者、多死。有時延累肺經、成癆病而死。治法與膝蓋交節法略同、

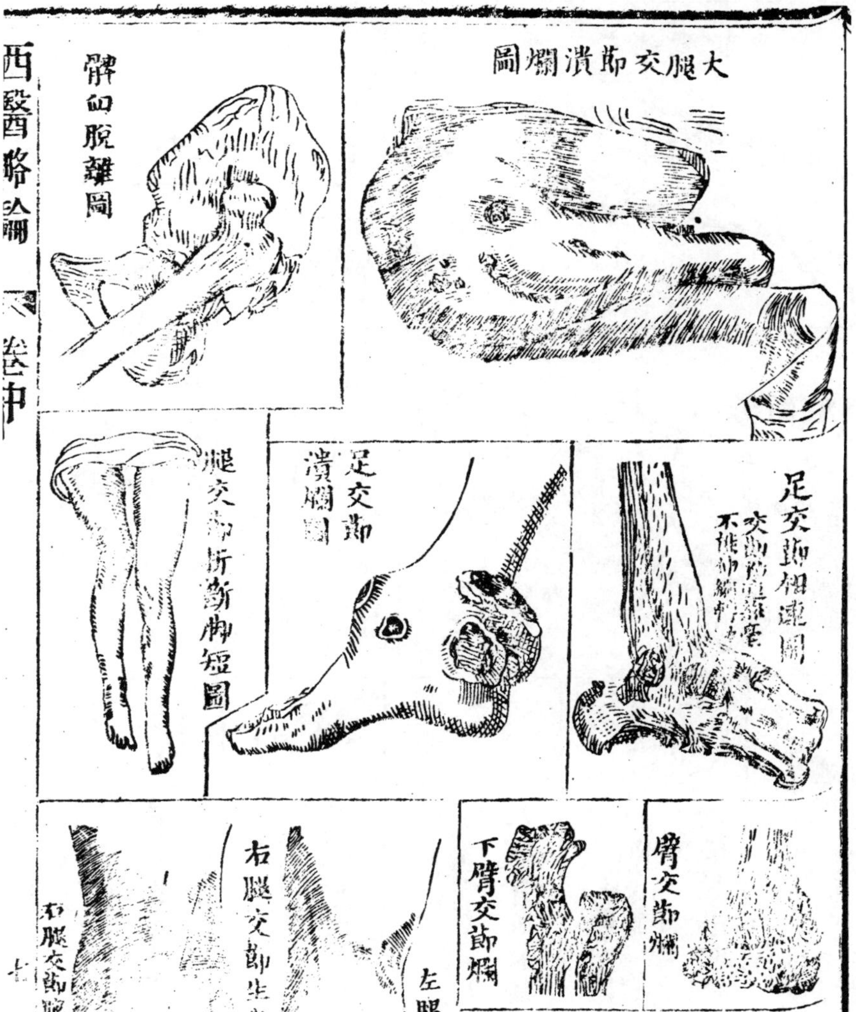
西醫略論　卷中
髀臼脫離圖
大腿交節潰爛圖
腿交節折斷脚短圖
足交節潰爛圖
足交節相連圖
下臂交節爛
臂交節爛
右腿交節生炎圖
左腿無病
右腿交節胞膜內脂液生多
臂交節潰爛圖

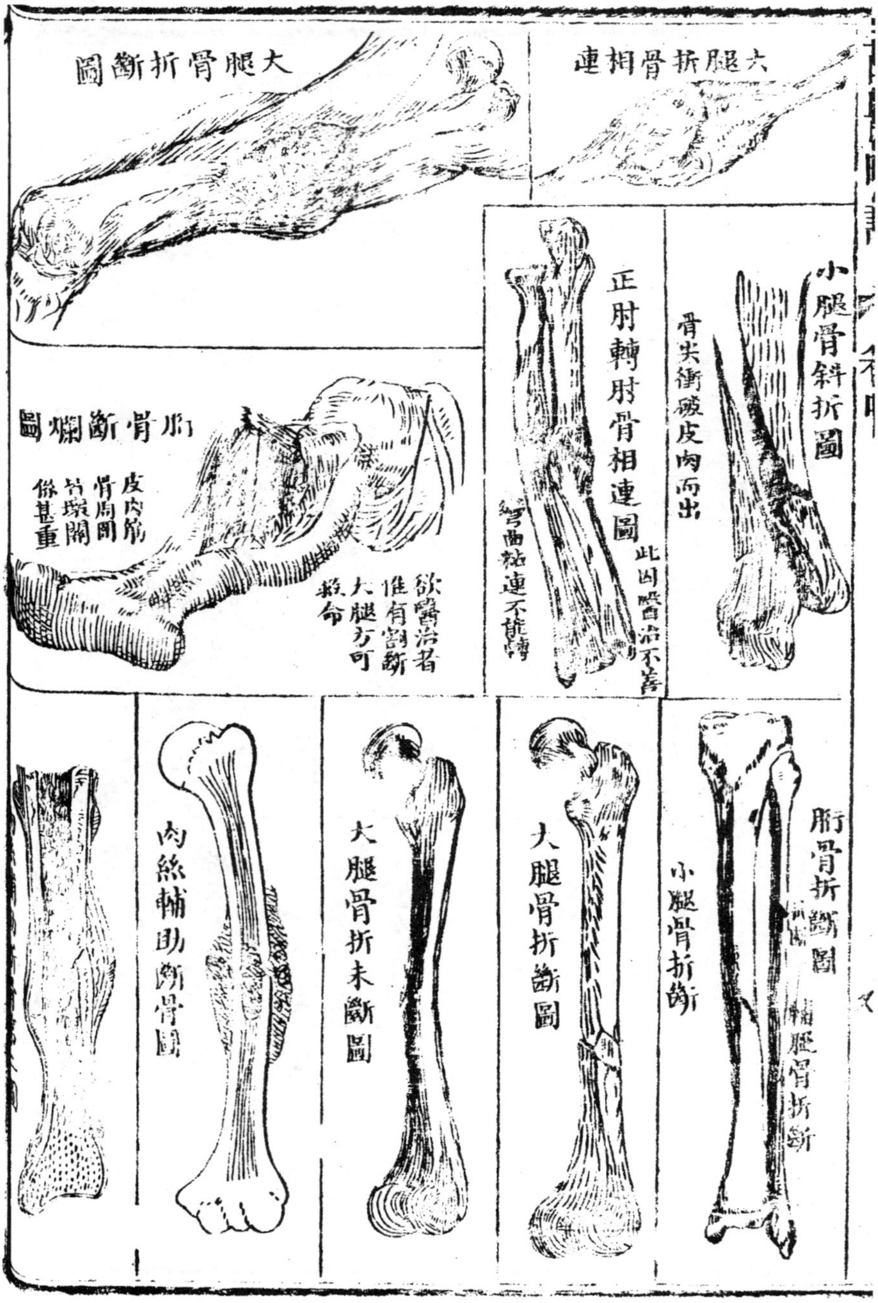
大腿骨折斷圖
大腿折骨相連
肘骨斷爛圖
皮肉筋
骨周圍
皆壞爛
係甚重
欲醫治者
惟有割斷
大腿方可
救命
正肘轉肘骨相連圖
此凶醫治不善
彎曲黏連不能伸
小腿骨斜折圖
骨尖衝破皮肉而出
肘骨折斷圖
輔腿骨折斷
小腿骨折斷
大腿骨折斷圖
大腿骨折未斷圖
肉絲輔助斷骨圖

折斷骨總論

折斷骨証、因跌打傾壓、或礮彈外入、無論大小厚薄方圓長短、皆能受傷、大概折斷則長骨爲多、所以四支多過別處、右多過左、老多過少、男多過女、婦人鎖柱骨小腿骨大腿骨杵頸（即髀頸）爲多、老婦髀頸更多、中年男子則臂骨腿骨頭骨鎖柱骨爲多、蓋少年骨柔潤、受傷或彎曲不折、或微折不斷、故折斷一証多在中年以上也、折斷處有橫有斜有直、証分二種、一骨雖斷不累別處、皮肉未爛無膿、一因骨斷、骨尖衝破皮肉而出、或皮肉爛壞露出、或礮彈打爛皮肉、復折斷骨、外氣易入、一定多膿、亦有受傷時骨雖斷、不累別處、因舉動不慎、或背負就醫時搖動、衝累皮肉、亦致潰爛成膿、大有關係、骨既折斷、爲旁肉抽縮、能令離開本處、凡遇此証、醫者須細心考究骨斷否、內皮爛否、斷處已離否、累及脈管交節否、辨法有三、一斷處歪凸形變不似平日、二斷處以手推試寛鬆易動、三斷處兩骨相擦有聲、或以兩手輕輕搖促之、或以耳切聽自知、如無此三証、大概骨未斷也、醫既辨試明確、應將斷離蹉蹩處用力伸舒、仍令斷處兩端相對接續、法見後凡斷離處舒送對準、其初周圍有血、後則漸生肉絲、番語費皮連變成似骨非骨之物、名曰假骨輔助眞骨、若不將離處對準、任其蹉蹩、假骨周圍包裹、遂隨蹉蹩之勢連合、此歪短所由也、凡斷處必生假骨輔助、不獨人類爲然、雖雞犬之微、無不如此亦足見化工之妙矣醫者即以病人本質施治靈機妙用無過於此折斷後一兩日至十日大概未生肉絲醫者應於此時伸舒對準十日以外肉絲漸生漸成假骨月餘假骨堅固自能行動須知假骨不過暫時所用兩三月後斷骨開自生眞骨接續經年後新舊連合泯然無迹假骨復散去不用矣斷骨相連之遲速臂骨速過腿骨少壯人速過老年人醫治得法一兩月必能相連有延至三月外者醫者不能辭其咎矣治法既將斷骨舒送相對即應用綁夾等法令病者安臥板牀上舒放手足不應輕移並將兩腿連束不令妄動嘗見中土人不明此理因輕移妄動致危險者多矣牀上墊褥枕頭應先豫

備、醫法、一人挺任、一人勻用手力舒送、若骨尖觸腦氣筋、肉舒縮無度、痛劇者、可覷以迷蒙水、一以迷蒙心神、使不知痛、一以寬鬆肉力、易於舒送斷骨還原也、外用布帶纏束均勻、不宜過緊、（患在手臂者、須將手至上臂全纏、勿僅纏患處）布帶纏束、能輔助骨、且免肉腫、又宜用夾、夾以木板為之、或以樹皮為之、或以牛皮為之、長短寬窄、應恰如本骨、或直或斜曲、審酌患處以定形式、板厚約二分、樹皮牛皮（牛皮厚一分許）用滾水浸軟、易剪、俱去稜角、防傷肉也、牛皮乘軟綁合患處、自然隨形合式、尤妙過板、夾若用板夾、內須用綿花墊隔、外用布帶綁緊、（勿用猛力過緊）若兩三日後、布帶漸鬆、重綁、患處腫痛之際、不宜用夾、宜用沙袋二個、長約一尺、圓如大臂、置斷骨左右以輔助之、或作扁沙袋、厚約半寸許、包裹斷骨亦可、或用乾稻草裝入布袋作夾、或用漿布或皮紙作夾、此法已見交節篇、尤妙、凡用夾後、手足腫、按指甲不變色者、因緊紮交節血不通行之故、即應改放寬鬆。內服之藥、無精神宜補身、熱大便結宜瀉、不能小便用引溺銀管入溺管以導之、痛劇宜止痛藥、患處熱腫甚者、用酒和水、酒一分水三四分為率、布巾浸絞按之、更以壺滴落布上、不令乾、能散引熱出、或用粥渣濕麥糠貼住、以上皆斷骨無膿治法、

凡折斷骨處皮肉爛、外氣入內、勢必多膿、其骨或偏出、或碎、或枯死、周圍傷壞、此証危險有三、身體大不安、或血流過多一也、

發熱噤口、二也、多膿流出身虛弱、三也、大約交節、脈管未壞者可治、但不能速效、至近亦須二三月方能見功、治法大概與前証同、但前証能生肉絲、變假骨輔助眞骨、此証不生肉絲而生肉牙、肉牙漸成新骨、前証無膿、兩骨對合、後用板夾或皮夾、不須時時改變、此証膿多、若天熱氣味臭穢、防蠅子之類內入、必宜洗淨、貼膏藥、逐日或間日改變、最忌汚濁、用夾或沙袋輔助、須襯油紙類、換安臥板牀、軟褥厚墊、舒放手足、切忌搖動、較前証更多關係、日後身虛、宜肉食補益、如牛羊肉湯之類、內服補藥、外用布浸溫水按住、（膿多用白礬水、肉牙高用膽礬水）更貼黃蠟膏藥以潤之、○凡骨偏出不能還入裏面、一法、略將皮肉緊處割開、鋸去骨尖納入鉗須先用布墊隔防傷肉也　又有三種應割斷者。一、皮肉筋骨周圍皆壞、無可醫治。一、累及大交節。一、傷大脈管。以上三証關係甚重、非斷去不能救危險也、

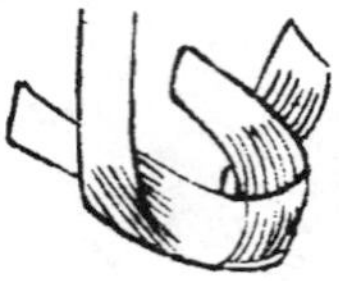

皮條托頦圖

綁夾臂四式

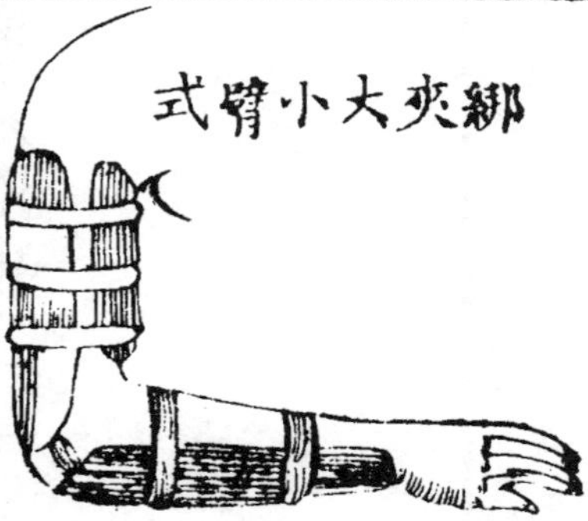

綁夾大小臂式

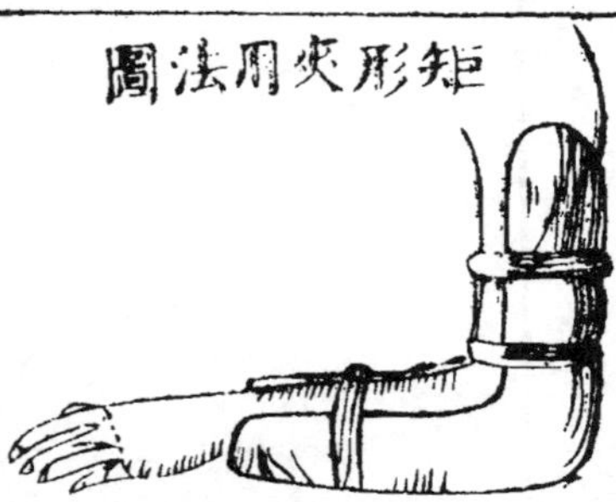

矩形夾用法圖

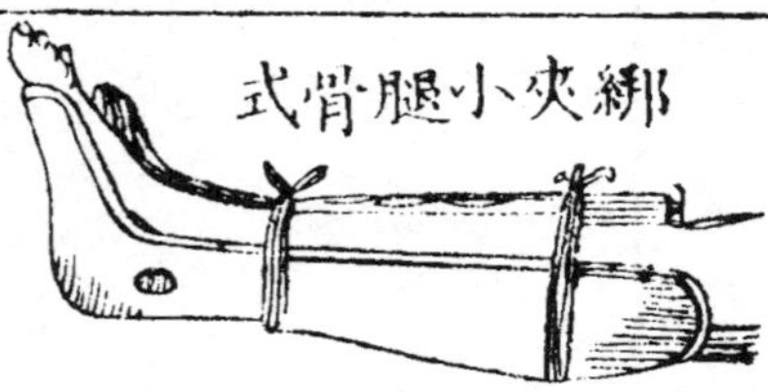

綁夾小腿骨式

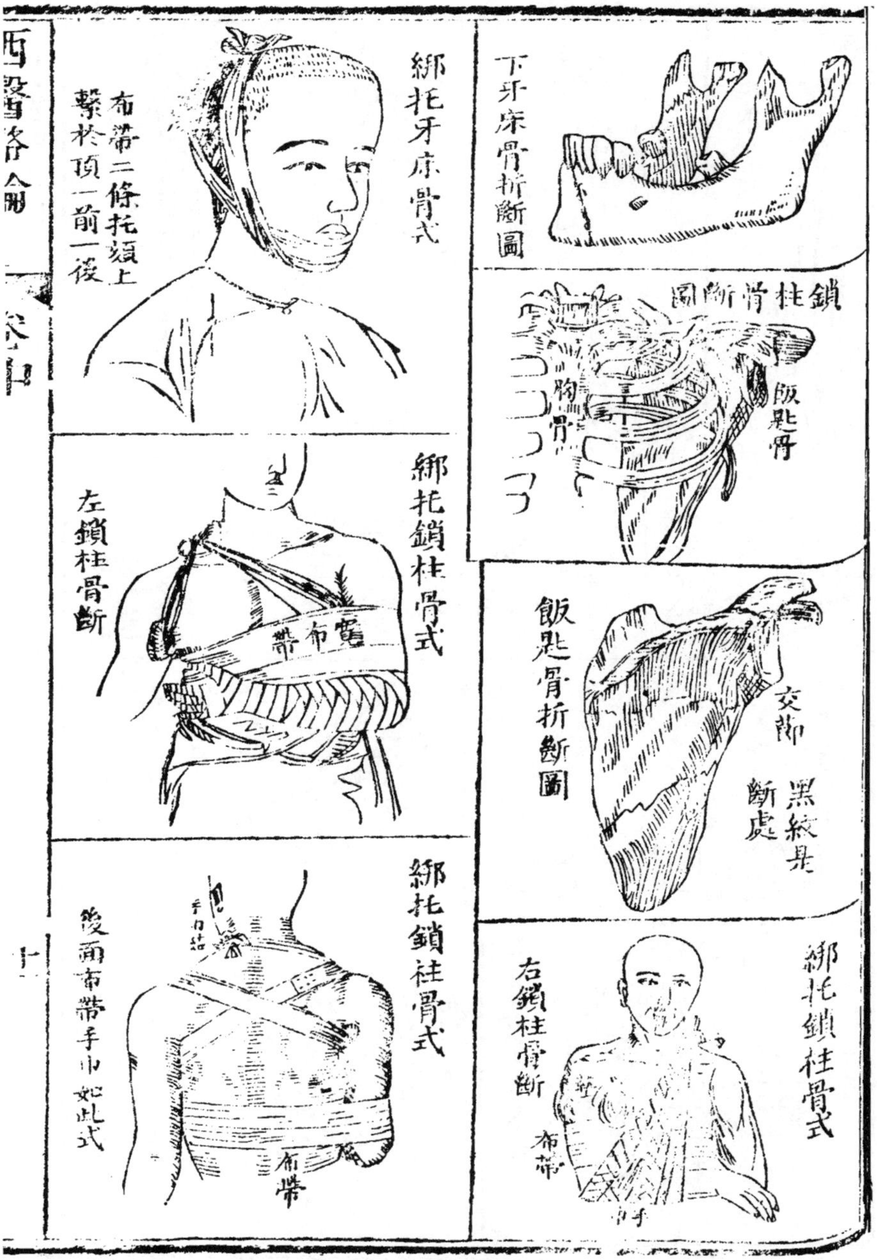
下牙床骨折斷圖
鎖柱骨斷圖
胸骨
飯匙骨
飯匙骨折斷圖
交節
黑紋是斷處
綁托鎖柱骨式
右鎖柱骨斷
布帶
綁托牙床骨式
布帶二條托頦上
繫於頂一前一後
綁托鎖柱骨式
左鎖柱骨斷
寬布帶
綁托鎖柱骨式
後面布帶手巾如此式
布帶
西醫略論
十二

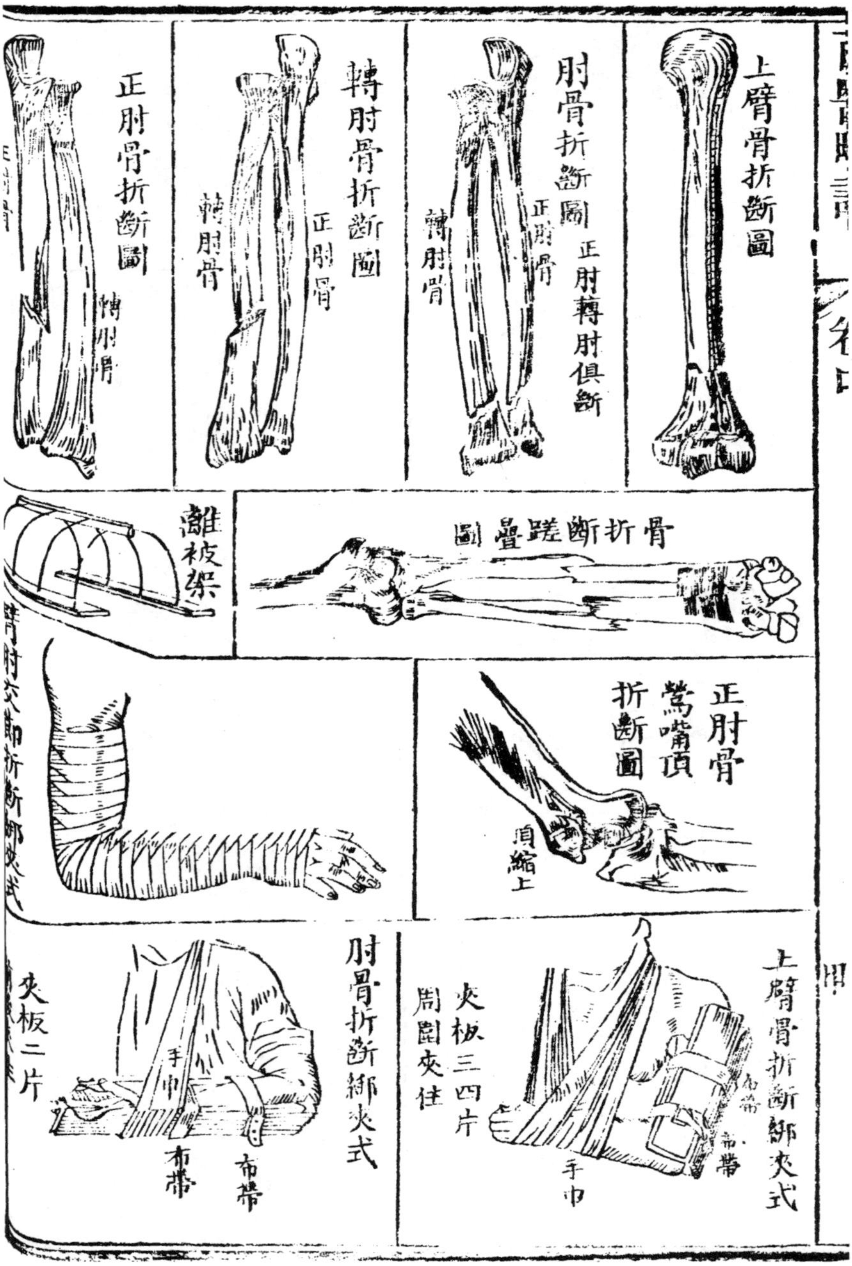
上臂骨折斷圖
肘骨折斷圖
正肘轉肘俱斷
正肘骨
轉肘骨
轉肘骨折斷圖
正肘骨
轉肘骨
正肘骨折斷圖
轉肘骨
骨折斷蹉疊圖
離被架
正肘骨鶯嘴頂折斷圖
頂縮上
臂肘交節折斷綁夾式
上臂骨折斷綁夾式
夾板三四片周圍夾住
布帶
布帶
手巾
肘骨折斷綁夾式
夾板二片
手巾
布帶
布帶

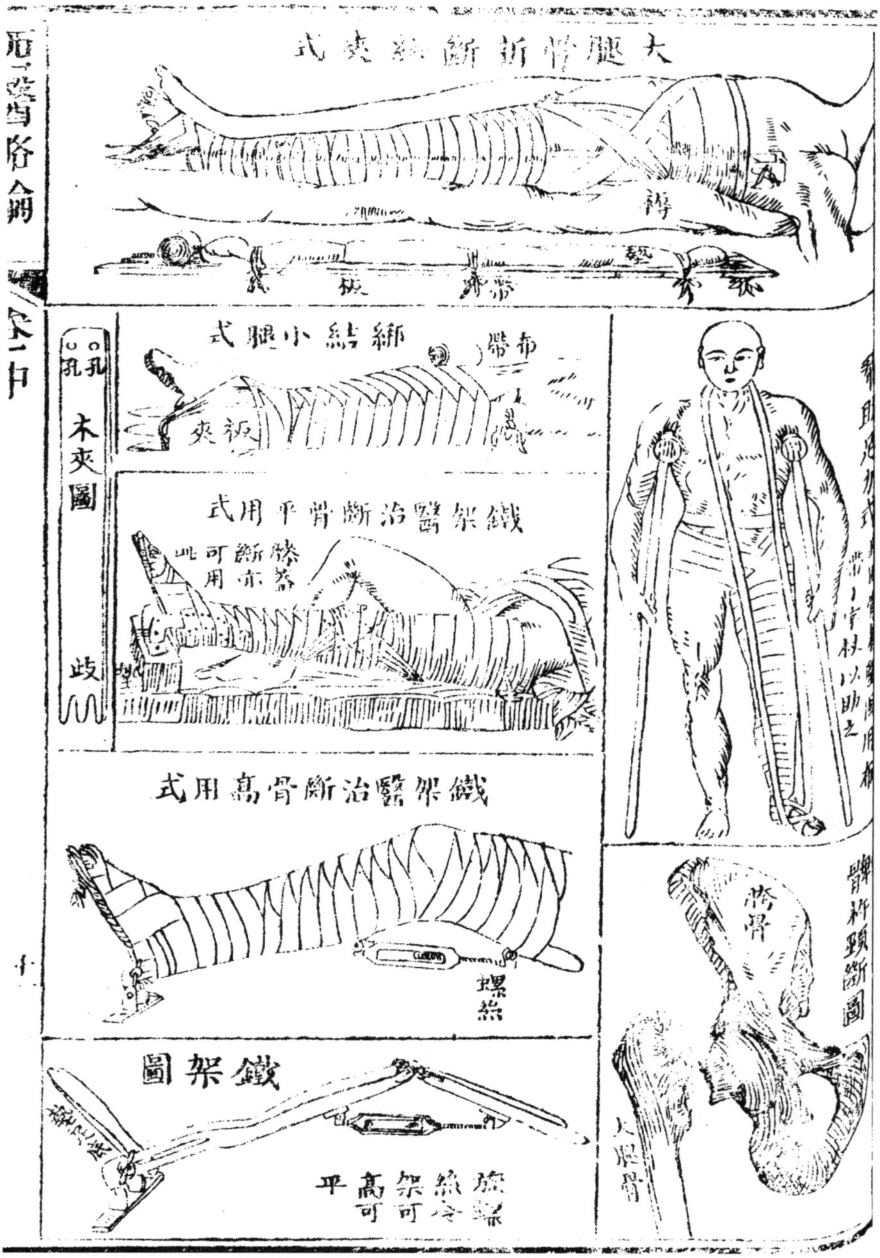
大腿骨折斷紮夾式
褥
墊
板
帶
綁結小腿式
布帶
夾板
木夾圖
孔
孔
鐵架醫治斷骨平用式
膝蓋斷亦可用此
鐵架醫治斷骨高用式
螺絲
鐵架圖
旋螺絲令架可高可平
髀杵頸斷圖
胯骨
大腿骨

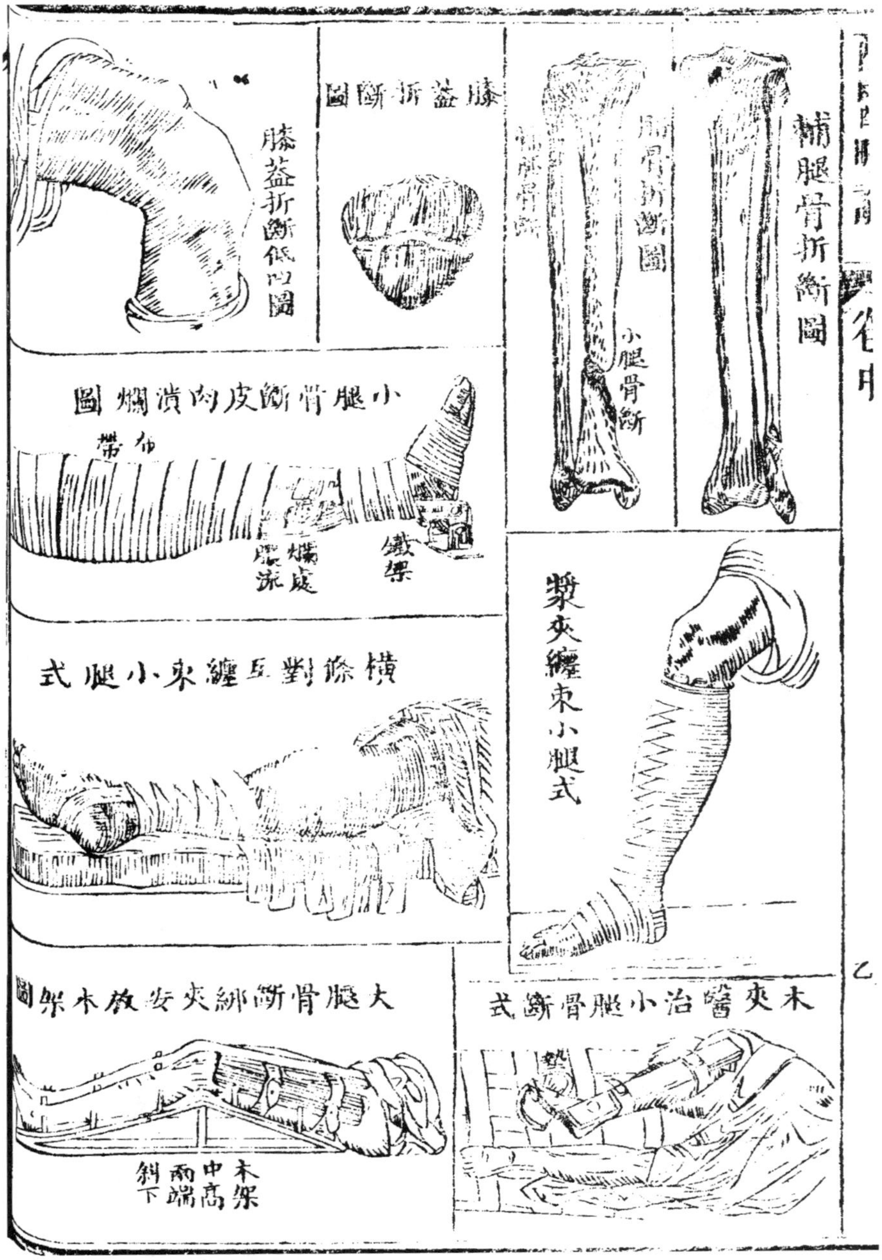
膝蓋折斷低凹圖
膝蓋折斷圖
小腿骨斷
補腿骨折斷圖
小腿骨斷皮肉潰爛圖
布帶
膿流
爛處
鐵架
漿夾纏束小腿式
橫絛對互纏束小腿式
大腿骨斷綁夾安放木架圖
木架
中高
兩端
斜下
木夾醫治小腿骨斷式
乙

諸骨折斷論

鼻梁骨高凸脆薄、或因跌蹼、或被拳打、尤易折斷、凡患此者、外見熱腫、眼紅頭痛有血自兩鼻孔或喉中流出。治法、面紅腫者、應在顋上用蜞放血、外用酒和水、止血冷水用布巾浸貼、乾則再浸再貼、內服瀉藥、兩孔血出過多者、留一孔、用軟布塞一孔以止之、鼻梁陷入者、用舉鼻骨器、舉鼻骨器、或銀或堅木或象牙爲之形扁而端圓銳微曲長約數寸入鼻孔舉正之、若不舉正、必致歪凹若面骨全傷、大有關係難治、

下牙牀骨跌打外傷、大概左右當齦牙處斷者多、歧尾下斷者、間亦有之、病狀腫痛不能食、牙面不平、或高或低、因骨折陷之

故以一指入口內切齦牙面、一指托頷上下搖動、有聲、牙肉有血流出、治法用牛皮剪長短兩條、成四歧而中連之、長條約五六寸、短條約四寸、中連處約寸許、承頦包裹牙牀、見後圖外用布條長三尺、寬三寸、剪成四歧、中連處約五寸、亦以中連處承頦、包裹牛皮、不令脫綁、結頂骨前後、使牙牀不能搖動、半月內、但食漿粥肉湯、勿食須咬嚼之物、一兩月可愈、

鎖柱骨中段最易傷、如人跌蹼在地、手臂猛力伸促、此處往往折斷、更多離開成兩歧、按之高凸、肩落臂向裏側、手垂不能舉、治法將下臂放平、先用布帶自手至大臂、均勻纏裹、兩臂交節處曲折纏裹、隨形務使血能通行、另用大手巾繫掛頸上、又用

布作厚墊實以緜花竹絲麻苧之類、厚約三四寸、置腋下、又以長濶布帶、將臂包貼向身、務使病者不能妄動、衣著於外、日夜不改、以上治法、意主舉托其肩、仍還外向、使鎖柱斷離兩歧處相對連合、一兩月可愈、

飯匙骨面及扁骨頸間有折斷者、玆不具論、

上臂骨折斷、當中者爲多、辨法、歪短彎曲、不能舉動、相擦有聲、治法、醫者令人幫助、將斷離蹉壘處勻力伸舒、使之相對、用木片作兩夾、長短視臂爲度、隔以布墊、中以緜花竹絲麻苧之類實之、使不傷肉、或熱水浸軟牛皮、隨臂式範作夾亦可、兩夾貼臂內外、用布帶綁紮上中下三處、使夾不脫、布帶宜結活扣、鬆緊易於合度、又

放平下臂、另用手巾繫頸上、或綁貼近身亦可、若臂污濁、或有汗、應先洗淨、倘不洗淨、恐綁後癢、病者不耐、輕易改放也、此証半月內、宜安卧板牀、厚褥鋪墊、舒放適意、切忌勞苦行動、若患處腫痛發熱、用蜞吮出其血、外用罌粟殼野菊花煎水、布巾浸絞按貼、以潤之、熱痛服瀉藥、痛劇服止痛藥可也、○下端折斷者、有橫折直折斜折之分、斜折又有累交節不累交節之分、大概累交節者、十分腫痛、難醫治如常也、病狀略似兩臂脫臼、但兩臂脫臼、絲毫不能屈伸、此尚略能屈伸、且以手搖試、有相擦之聲、為易辨耳、治法與前証同、無論板夾牛皮夾、俱須曲如矩形、一端綁下臂、一端綁上臂、若腫痛甚、不能用夾者、須先用蜞

吮放其血或用罌粟殼之類煎水以潤之或酒和水用舊布一二層浸貼以散熱左右輔以沙袋若身不安惡寒發熱內服清涼之藥爲宜

下臂骨　一曰正肘骨輔之者曰轉肘骨跌打外傷或一骨斷或二骨俱斷大概轉肘骨多過正肘骨如跌撲向地手臂猛力一促上則鎖柱骨折斷下則此處折斷最易也中斷及下端斷者尤多按摸易識有時下端近腕骨處腫大正骨轉骨難以分別須用蜞吮散炎法俟炎消腫散乃可辨之中斷治法醫者令人幫助將斷離蹉疊處勻力伸舒使之相對用二板夾板夾之長以肘凹至中指尖之長爲度或二牛皮夾板夾須襯墊作墊法見前牛皮夾只須略墊四角一合下臂內

一合下臂外另用布帶結上中下三處使不脫用板夾時應令手心向身大指向上則正肘轉肘二骨無偏扭之患仍將下臂放平繫之頸上月餘連合後改去可也○問有正肘骨鶯嘴頂折斷能屈而不能伸者摸試有凹因斷離之骨銜肉上移此處離開一二寸故也醫法勻力伸直其臂將肉抹逼下還原處布帶勻纏用板夾約長八寸綁合臂較前日則平放几案夜則伸置牀褥久後或眞骨相連堅固如常或筋帶連合而軟弱不健視醫者之工拙矣

腕骨掌骨折斷少指骨間有之治法先將斷處伸舒相對布條勻纏板夾貼合於指隔以布墊或作牛皮夾隨形包裹外用寸

寬布帶勻纏、若全手腫甚、又須先用蜞吮法散炎、後按諸法治之、

脇骨因跌打各傷折斷、或折一二條、或折多條、其証痛如刀刺、呼吸欬嗽更痛、蓋因脇骨粘連胸骨、胸膛開放、皆關脇骨伸縮故也、瘦人呼吸即覺骨相擦有聲、以手摸、或耳試、尤易辨別、治法、用數寸寬布帶、周身緊裹、另用寸寬布二條、與裹身大布帶縫連、當胸背斜交、上繫肩頸、不令鬆落、更將手臂繫掛頸上、患在左則繫左手臂、患在右則繫右手臂、不令妄動、安臥板牀、忌辛苦勞動、痛者內服止痛藥、熱甚者內服瀉藥、外貼跌打膏藥可也、

胸骨斷者甚少、治法與脇骨同、

左右胯骨尾骶骨合而名之曰尻骨盤、折斷之事甚少、惟鑿山開礦、土勢崩潰、或礟打屋壓、間亦有之、此處前藏膀胱、後爲直腸依附之處、且或傷累血脈管、所以折斷多致危險、

大腿骨杵頸折斷、男女五十歲以上時或有之、多因跌蹼外傷、必痛甚不能舉身、欲動更痛、斷處上促、則腿見短、所以腳轉扭向外、辨法以手伸之則長、放手旋卽縮短、且兩骨相擦有聲、易知、治法將斷離處伸舒相對、牀上厚鋪絲軟墊褥、令病者安臥、另作軟墊置膝凹、軟枕擱大腿後、務須舒適、溺用壺、便用器、勿令妄動、大概眞骨難望相連、治之合法、卽或筋帶相連、行動終不能如常、如欲小步、用丁字杖夾腋下、扶掖而行、作厚底鞋以

甚短足內服止痛藥外用潤物按貼大約一二十日痛劇不安者、恐年老難任、多致危險過二十日身少安、醫治得宜、兩三月或數月亦能漸愈也、

大腿骨中段 折斷、或蹉疊、或歧形相擦有聲、不任承載上體、易於辨試、治法多端、第一要折斷時最忌妄動、如因跌打受傷在地、應移板就病者、扶令安臥、小心扛送回家或醫館、切勿背負搖促、防傷脈管等處、大有關係、醫者令兩三人帮助勻力、將斷處伸舒、使之相對、務須細心緩緩、不嫌多歷一二刻光陰也、伸舒相對後、用布帶自腳纏至大腿上端、外用長木板夾、厚約三四分、濶約三寸、長自腋下起、稍下於腋略與乳相當處至過足四寸為度、上

端平列二孔、下端鑿成兩歧、旁鑿凹容小腿下端圓骨貼合大腿外側、隔以襯墊、襯墊以布爲之實以緜花竹絲麻苧之類宜厚寸許大布巾騎跨下斜上、貫夾板二孔、結緊下端兩歧處、另用繩帶綁附於足、板夾之力、如人以二手伸舒患處。不使相對者復致相離蹉疊也。又法用架、西國以鐵爲之、旋以螺釘、使中高而兩端斜下、中土無此具、用木爲之甚便、令患者仰臥、膝凹恰當架之高處、左右更用板夾兩條、布帶綁三處、並見圖務令患者舒適、不腫不痛、若有腫痛處、應審辨其故、改變另綁、亦有用皮夾者、滚水浸軟牛皮、剪取三四條、包夾大腿周圍、外仍用板一二條輔之、或用漿布夾包裹、並用帶結上中下三處、以防其脫、總之長短軟硬各夾、無非欲令斷處

伸舒相對、不致蹉疊、漸生假骨輔助、久之眞骨自能連合無迹、月餘尚未十分堅固、行動應細心、用丁字杖置腋下扶掖可也、

膝蓋骨卽臏骨、或因跌打斷離、必緣大腿肉忽然猛力抽縮、肉力多過骨力、膝蓋上半、隨之而上、所以中低凹、骨旣斷離、大腿肉不復能抽縮、下腿所以足不能伸直、治法令兩端相對不離、使足高過膝、則上腿肉舒放寬鬆、易於對合、膝凹用板夾輔助、久之眞骨漸能相連、若病人輕忽、或醫者粗疏、不會將斷處對合、筋帶相連、日後軟弱無力矣、大概腫痛者、須先用蜞吮散炎法、內服止痛藥、或瀉藥、外用罌粟殼、野菊花等物潤之、

胻骨大者名小腿骨、小者名輔腿骨、最易勞觸致傷、自上至下、

皆能折斷、下多過上、或一骨斷、或兩骨俱斷、斷處或相對、或一上一下不相對、斷形有橫有直有斜、又有平斜直斜之不同焉、凡骨尖壞肉而出者、或累上下交節者、或下接足拗處略斷者、皆難治、辨法、斷處相擦有聲、摸試易知、凡患此者、不能舉身行動、須扶臥板牀、切忌背負、治法與大腿骨同、先將斷處對準、若潰爛有膿、欲常改變者、用直布一條、長約尺五寸、濶約二寸許、另翦布多條、橫鋪直布上、長短不等、長者約尺許上長下短、自上蓋疊排下、中與直布相交處、線縫置腿後、將左右橫條自下互搭對纏、此法纏束、易於改變、且不須提舉勞動、最妙、纏束既畢、用鐵架、或木架、或沙袋、安放腿足、厚墊襯隔、用油紙置墊上、勿妄動、凡醫治斷骨或用布纏或用板皮等夾有數要一須試準斷處兩端務令相對一須試準兩腿之長應令相等一須試準膝內側與足大指內側應一線相對一厯時不宜纏夾過緊若輕忽粗疎恐不能免歪短等患也亦有將骨折斷多處皮肉筋帶皆壞不能醫治者欲救危險止有割之一法○輔腿骨折斷或一處或二處大約小腿骨未斷輔腿骨雖折不能離開易治

〔足骨〕足拗骨蹄骨掌骨趾骨總名曰足骨蹄掌拗等處周圍有筋肉包裹堅固非重壓不折既折必皮肉筋骨全傷治法安臥板牀厚褥鋪墊將足放平數日內勿移動腫痛者蜞吮散炎內服止痛瀉熱藥外用罌粟殼野菊花水潤之能用夾用板夾或

皮夾夾住、大概醫治雖善、一定不能速愈、若骨爛、或皮肉筋周圍皆壞、或累交節、關係危險、又非割去不可也○不論患在何處、腫痛畏觸者、應用離被架置患處、以免觸痛、離被架用鐵或竹或木爲之圖見後○論中所稱布帶、或濶或窄、自一寸至四五寸不等、頭臂腿等處、常用者約二寸爲宜、醫者應各項齊備、捲緊、臨証酌用、纏束時須密而勻、不可忽緊忽鬆、至摺疊諸法、細玩各圖自悟、論中不能逐一詳述、余恐醫者纏束不合法、致血不流通而腫、故不憚言之反覆、觀者諒之、

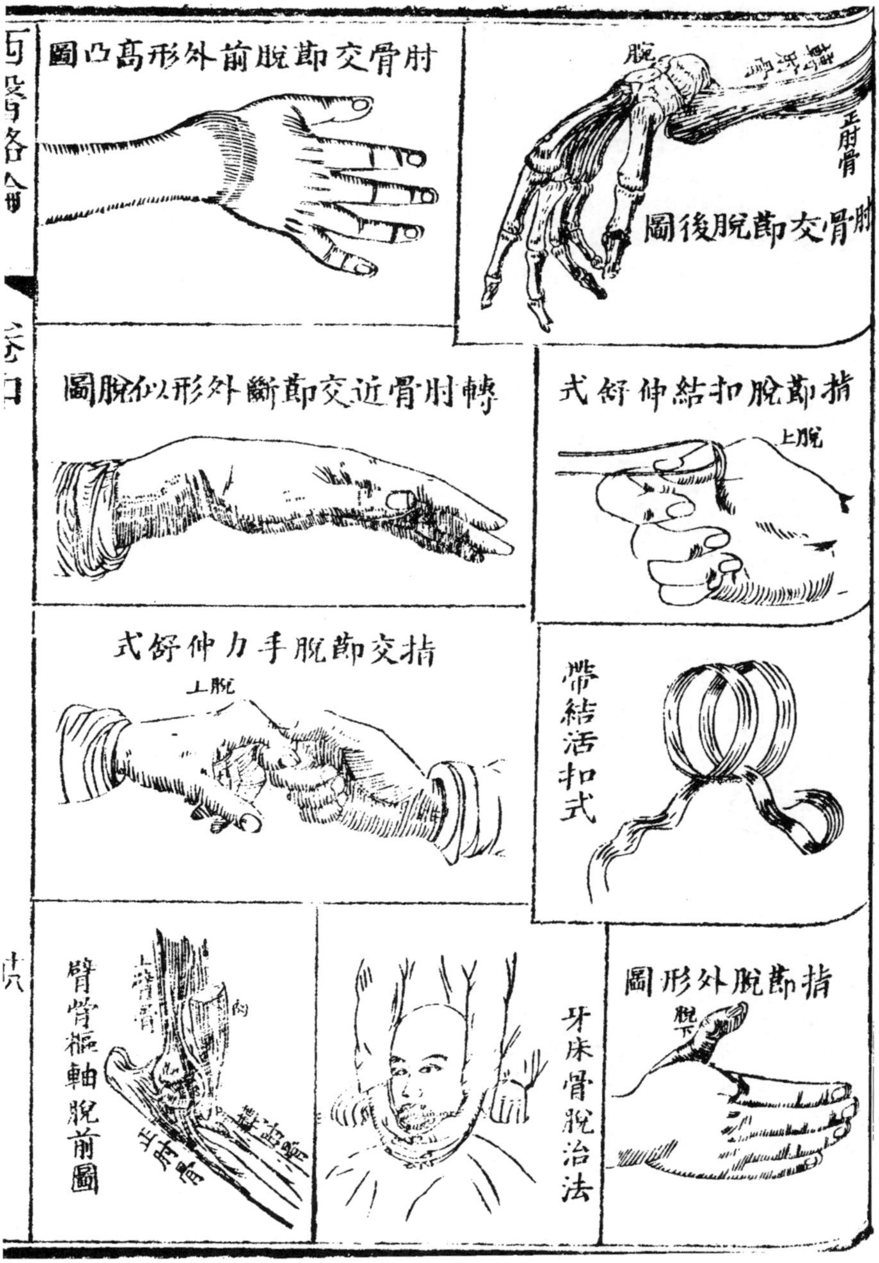
肘骨交節脫前外形高凸圖
肘骨交節脫後圖
脫
正肘骨
轉肘骨近交節斷外形似脫圖
指節脫扣結伸舒式
上脫
指交節脫手力伸舒式
上脫
帶結活扣式
臂骨樞軸脫前圖
牙床骨脫治法
指節脫外形圖

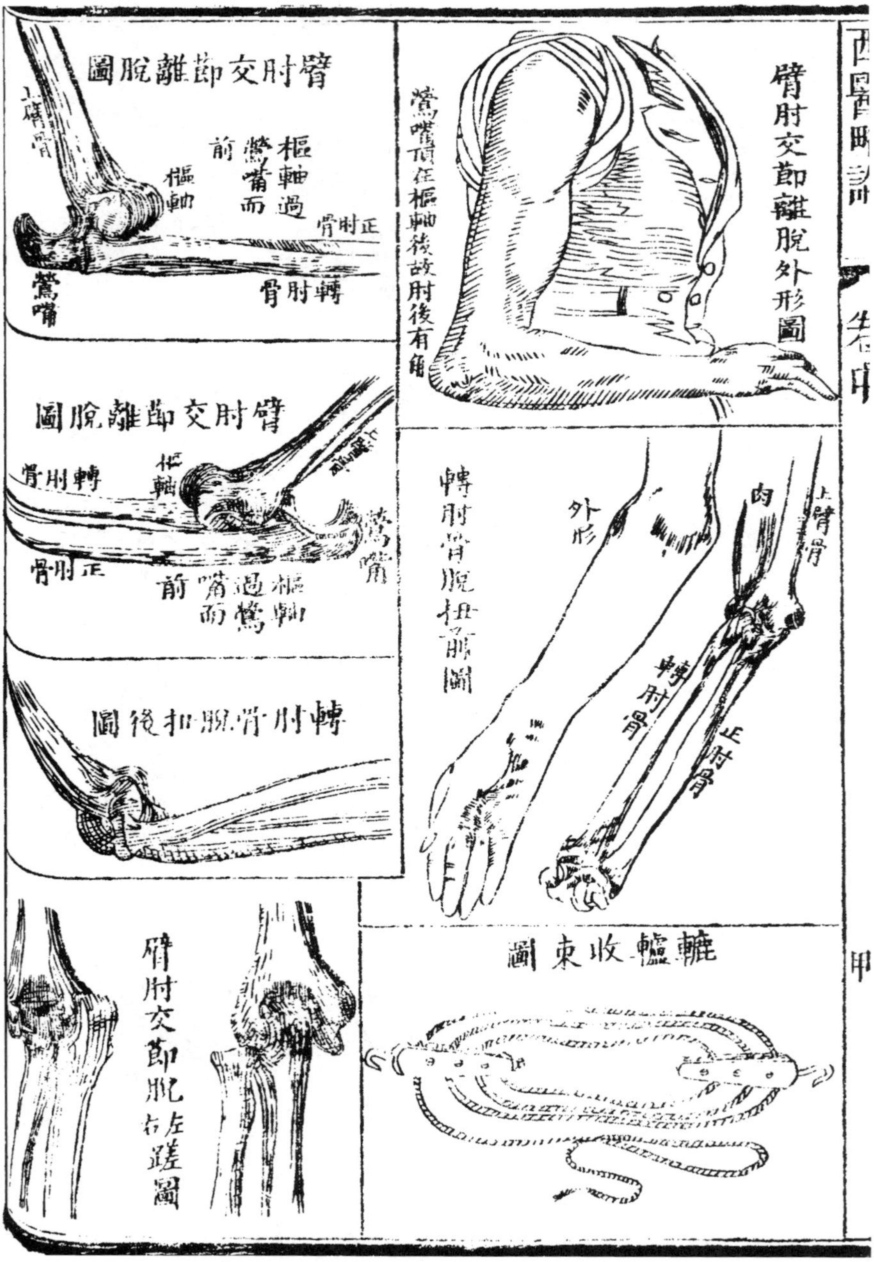
西醫略論
卷中
甲
臂肘交節離脫圖
上臂骨
樞軸
樞軸過鷹嘴而前
正肘骨
鷹嘴
轉肘骨
臂肘交節離脫外形圖
鷹嘴頂在樞軸後故肘後有角
臂肘交節離脫圖
轉肘骨
樞軸
正肘骨
樞軸過鷹嘴而前
鷹嘴
轉肘骨脫扣後圖
轉肘骨脫扭前圖
外形
肉
上臂骨
轉肘骨
正肘骨
臂肘交節脫左右蹉圖
轆轤收束圖

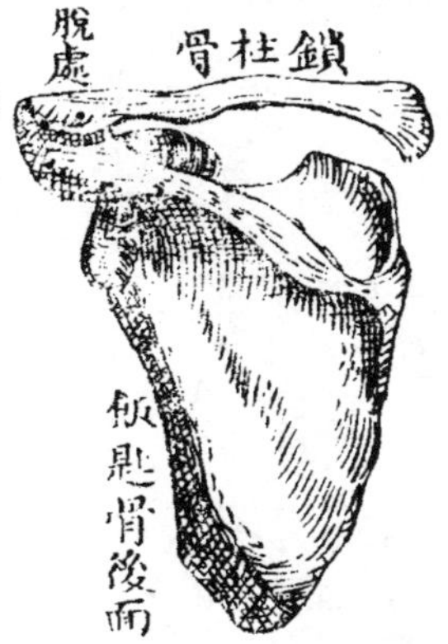

鎖柱骨交節後脫圖

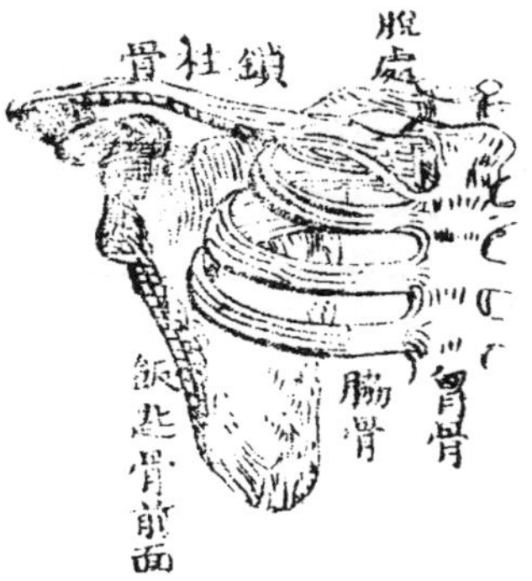

鎖柱骨交節前脫圖

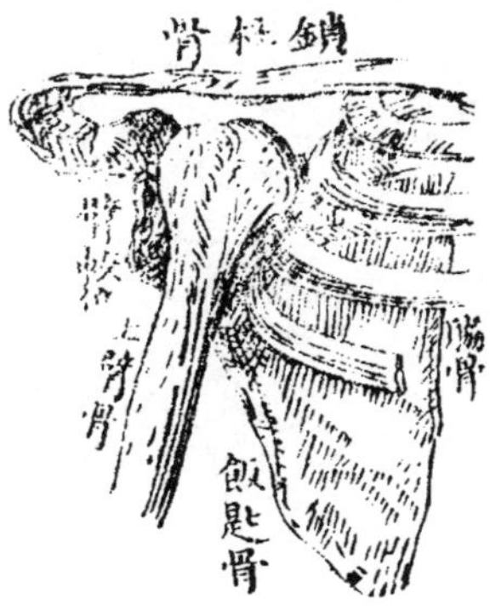

臂骨交節脫向前上圖

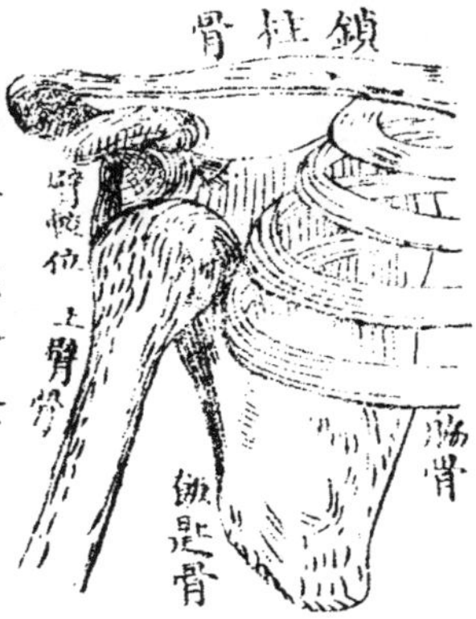

臂骨交節脫落腋下圖

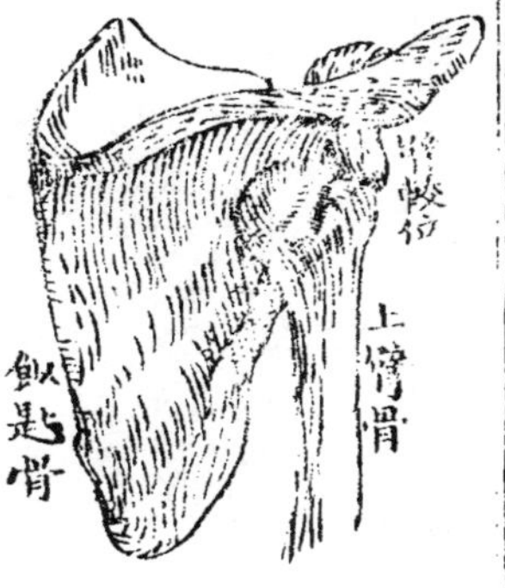

臂骨交節脫向後下圖

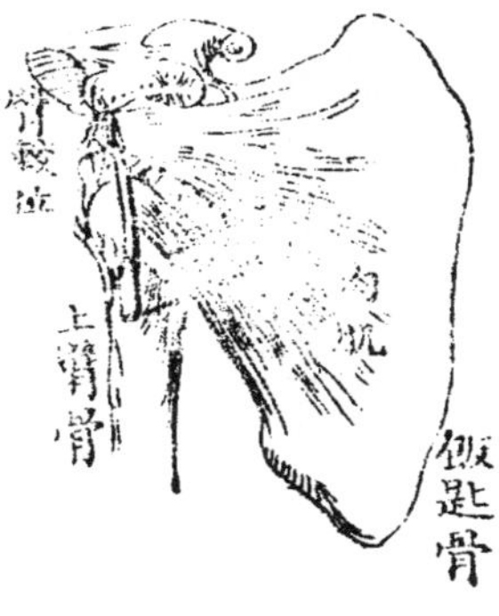

臂骨脫落另生假交節圖

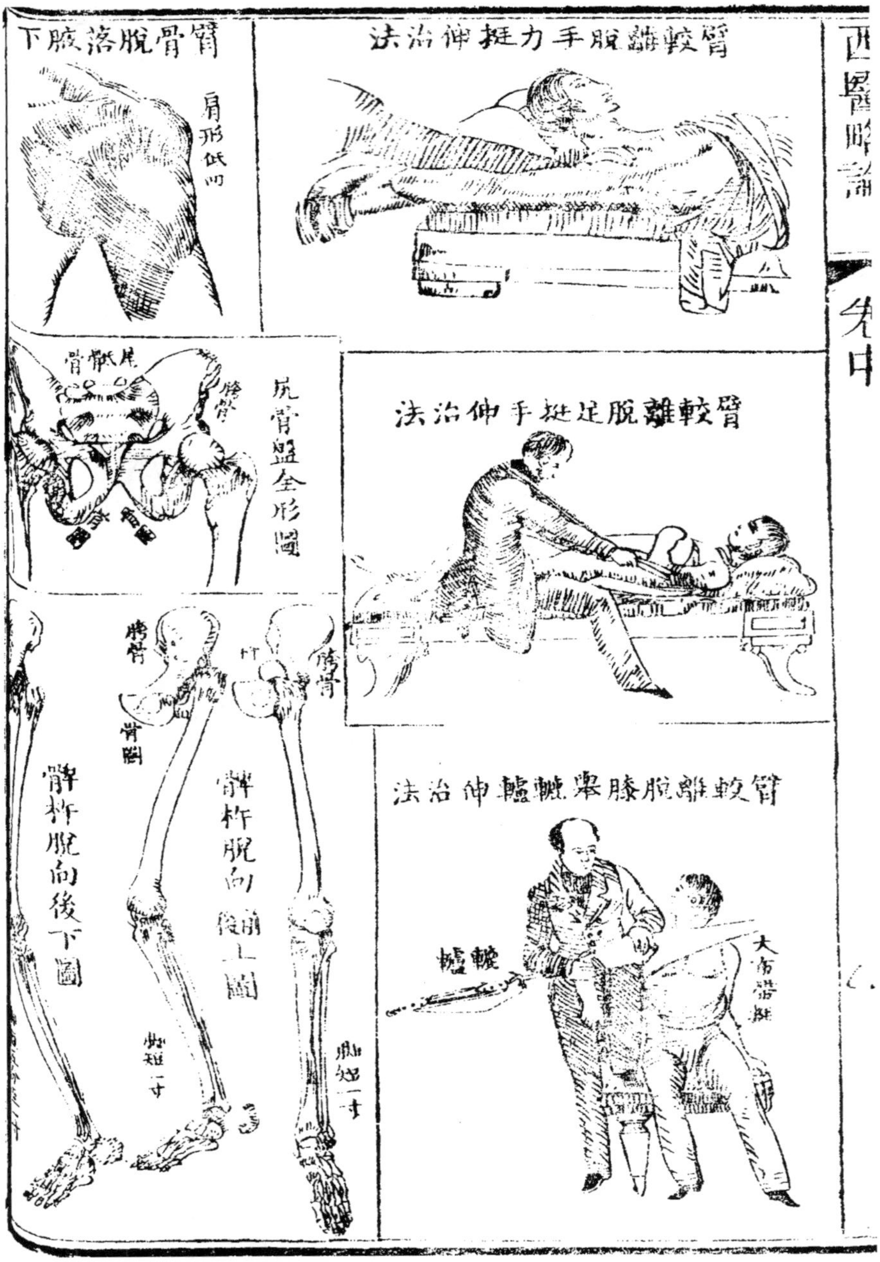
西醫略論　卷中
臂骨脫落腕下
肩形低凹
臂較離脫手力挺伸治法
尾骶骨
胯骨
尻骨盤全形圖
臂較離脫足挺手伸治法
胯骨
骨臼
髀杵脫向後下圖
髀杵脫向前上圖
腳短一寸
腳短一寸
臂較離脫膝衆轆轤伸治法
轆轤

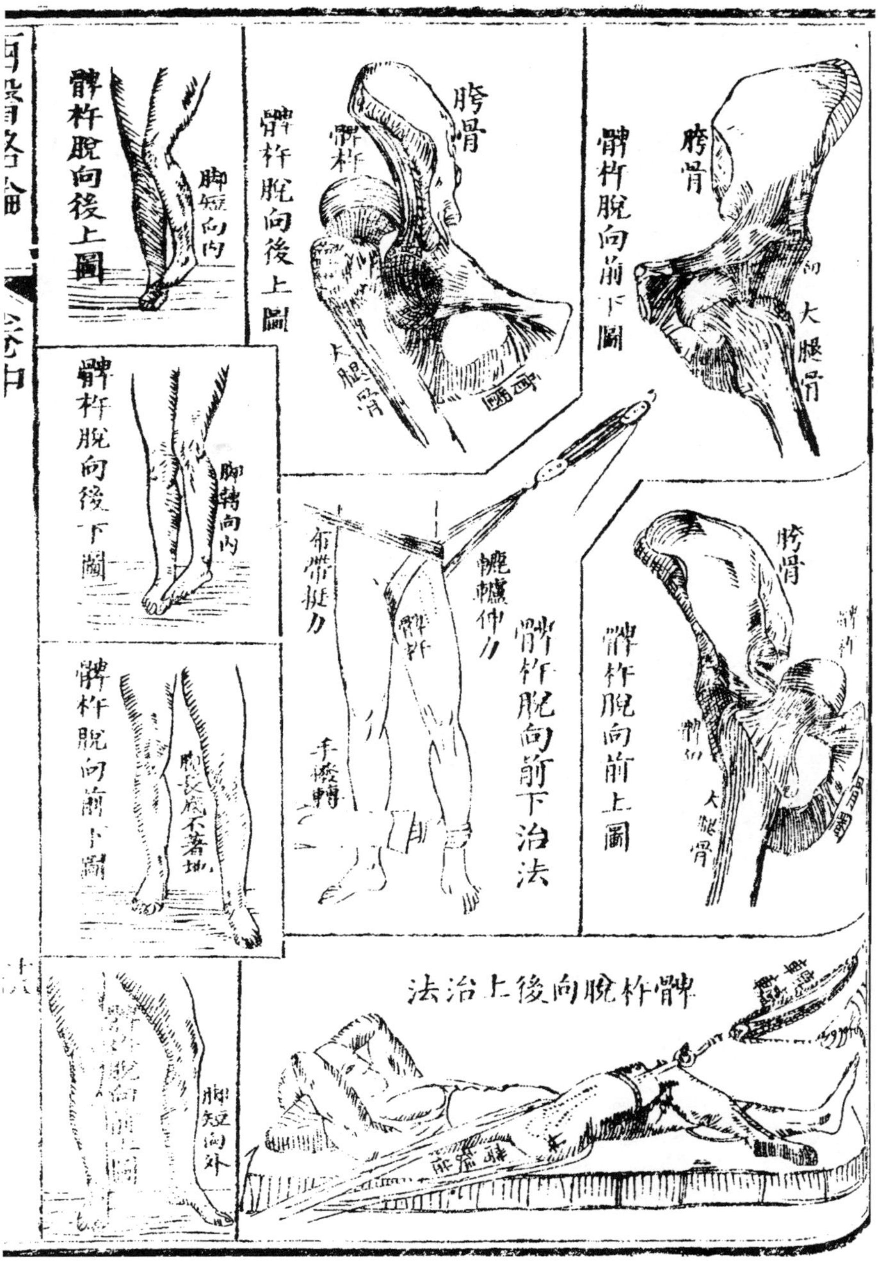
髀杵脫向後上圖
脚短向內
髀杵脫向後上圖
胯骨
髀杵
大腿骨
髀杵脫向前下圖
胯骨
大腿骨
髀杵脫向後下圖
脚轉向內
布帶挺力
轆轤伸力
髀杵
手撥轉
髀杵脫向前下治法
髀杵脫向前上圖
胯骨
大腿骨
髀杵脫向前下圖
脚長底不著地
髀杵脫向後上治法
脚短向外

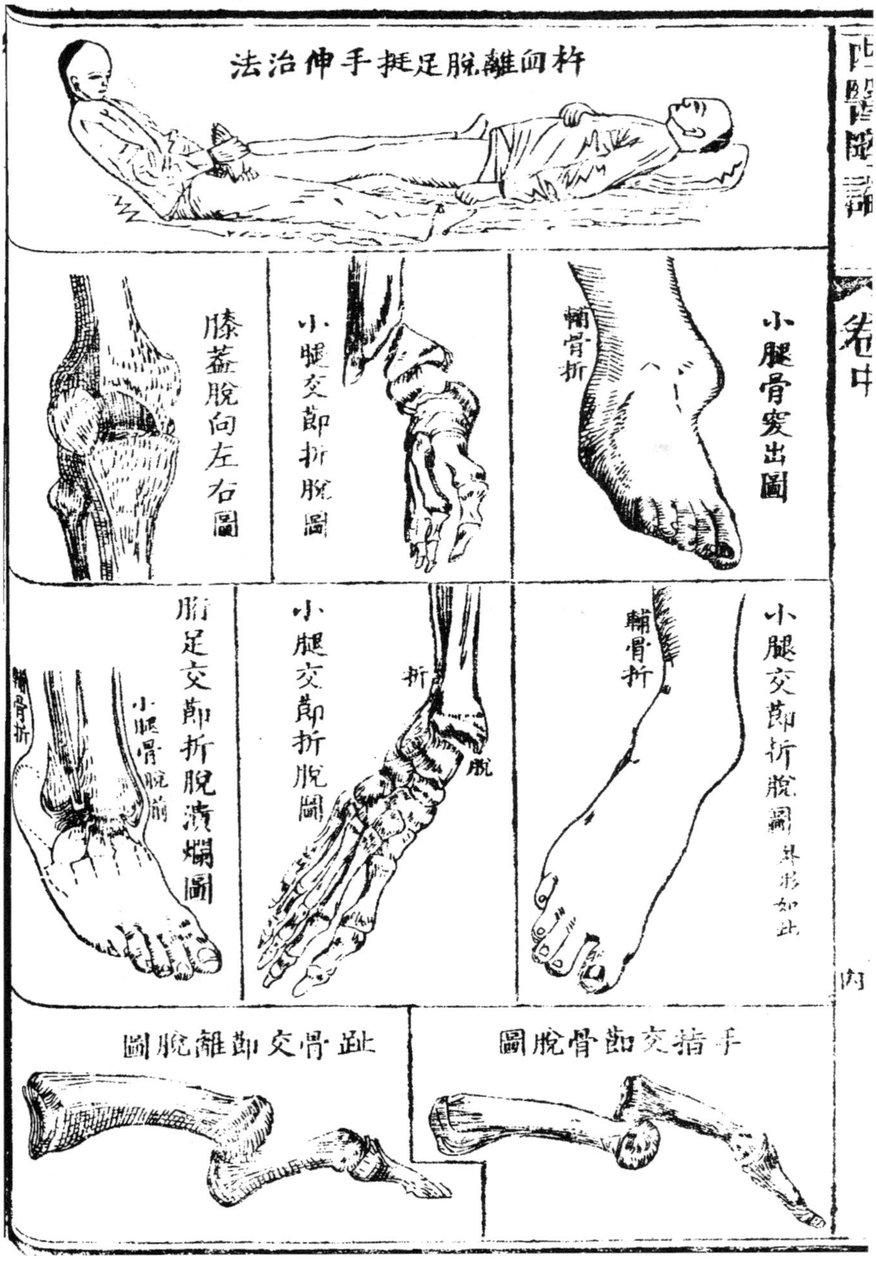
西醫略論　卷中
杵臼離脫足挺手伸治法
膝蓋脫向左右圖
小腿交節折脫圖
小腿骨突出圖
輔骨折
腳足交節折脫潰爛圖
輔骨折
小腿骨脫前
小腿交節折脫圖
折
脫
小腿交節折脫圖
其形如此
輔骨折
趾骨交節離脫圖
手指交節骨脫圖

脱骨論

交節離脱謂之脱骨、多因跌蹼打壓、或提舉重物、或登高失足、猛力縮促、遂致離脱、所以四支患此者尤多、其狀或歪扭、或高凸、或低凹、一據也、轉動痛苦、屈伸不得、二據也、鬆垂不舉、功用全失、三據也、脱與斷所苦時或相似、治法迥乎不同、斷應伸舒相對、脱應納入原臼、辨法約有數端、一以手試之、斷骨相擦有聲、而脱無聲、二斷骨易動、而脱難動、三斷骨蹉叠必短、脱骨大概見長、四斷骨伸之則長、放手即短、脱骨納入原臼後即不復有長短異常之狀、二者比較、難易、斷骨能生假骨、自相連合、脱骨非醫者幇助、永遠不能還入原臼也、凡患此者、一脱即應醫治不應遲延大概脫勢愈久愈縮而堅醫治一日難過一日月餘後極難送納矣治法先分脫不脫審確已脫應知所脫何骨又知脫骨何形如脫向內者應撥轉向外脫向後者應伸舒使前總以送還原臼爲主試以大臂飯匙骨交節離脫爲例言之一人以手挺住腋下一人兩手握其大臂用力向下伸之不可鬆勁如手力稍倦即更換一人伸之所以然者骨既脫臼肉筋必縮短其力甚大猛力挺伸要使醫者手力多過肉筋之力漸漸肉筋之力不勝而倦脫骨忽然翻還原臼時或有聲若病者畏痛不聽醫者挺伸脫骨即不能復還原處久之漸生假臼交節不復能用矣壯健人肉力更大患久者畏痛更甚俱宜齅以

迷蒙水一以寬鬆肉力一使昏迷忘痛然後用此法挺之伸之凡交節處有筋帶包裹脫骨則筋帶破損不能即時如常所以雖送納還原曰三四日內仍易再脫須細心防護在手臂則用巾繫掛頸上在腿足則安臥牀蓐切忌勞動腫痛者蜞吮散炎外用罌粟殼野菊花水潤之內服止痛及瀉藥有時足骨脫爛壞皮肉又各處俱有因骨脫累及脈管筋肉一齊爛壞者皆大有關係幷制不能救倘身弱年老不能制者即無治法○人身上下交節有易脫者有難脫者大概臼窠深凹者難脫平淺者易脫一醫自述醫過脫骨五百人肩骨脫者三百三十髀臼脫者三十四鎖柱骨脫者三十三臂肘脫者二十六足拗骨脫者

二十、其餘手拱腕骨牙牀骨等處脫者、合計不過數十人耳、又中年人脫骨最多、老人則折多脫少、幼年脫骨尤少、男子脫骨多過婦女、有時一骨又折又脫、醫治次第、應先治脫後治折、此一定之理也、又脫骨壓觸氣筋則痛、壓迴血管則腫、諸証所同、

下牙牀骨脫、或因跌打、或因暴笑、或因呵欠、蓋牙牀骨左右歧尾、前扁側而後圓橫、扁側者在顴骨棋內、圓橫者入耳前窩內、爲開合之較、此其常也。脫較則後尾圓橫者離窩前入顴骨棋內、所以頦歪而伸長、不能開合、不能言語、不能飲食、涎水橫流、更有左右歧尾俱脫者、口開不合、治法、醫者以兩大指入病者口內、大指先用布條纏束、防脫骨還原時、猛力咬傷也、切顴牙盡處壓之使下、餘指托

頦牽引使前、然後向後一送、即還入原窩矣、蓋大指下壓、則歧尾圓橫處攔入顴骨椇內者、因壓而出、向後一送、卽還原窩也、或以木一根、橫切齦牙盡處、以代大指、壓力與指相似、但不如用指更便耳、昔年英國有人飲宴大笑、忽然牙牀骨脫、口開不能合、形狀奇異、一醫不明治法、欲妄施猛力、病者知不可、口不能言、搖手揮去、不肯醫、者疑爲顛狂、欲綁縛之、病人索筆書寫、命家人延請某良醫、卽來救我、後醫至、果如法治之而愈、

鎖柱骨兩端一厚一薄、厚端附胸骨者爲前、薄端連飯匙骨者爲後、均易離脫、厚端更多過薄端、如跌蹼在地、忽然伸手、意欲自救全身、非促斷臂骨、勢必傷累鎖骨、或折或脫、脫則或前或

後治法與治鎖柱骨折斷法同、

大臂飯匙骨交節

手臂用力最多、所以肩胛交節離脫、多過別處、脫形有三、上臂骨圓端或脫居較位之下、此處最多或脫居較位之前、或脫居較位之後、此處甚少辨法、下脫者、摸試圓端落在腋下、垂手臂必微長、不能舉轉之、則痛、肩有凹、不圓而扁、脫向前者、臂微短、圓端在鎖柱骨下凸出、脫向後者、摸試圓端所在可辨。醫治有數法、一病者側身、一人摟抱之、一人對面立定、兩手合握病者之臂、勻力伸之、約計脫處已舒、醫者一手攏腋下、一手將臂貼合病者之身、即還原處。凡臂端脫向肩胛之前者、伸舒時應轉向外、若脫而後、伸舒時應轉向前、此定法也。一法不用人摟抱、用大布巾、一端鉤結牆柱、一端挺住病者之肩、對面安設轆轤、一端鉤結牆柱、一端鉤結臂上、臂先用濕布纏、或熱水浸軟牛皮裹護、防傷肉也。收束轆轤伸舒之力甚大、可抵三四人也、一法令病者臥於牀、醫者以腳跟入腋下挺其肩、兩手合握病者之手、更以大布巾、一端結病者臂上、一端繫醫者頸上、以助手力伸之、以舒爲度、一法用膝挺住病者腋下、兩手握臂伸舒、攏偪送合、一法令病者臥於牀、醫者一手挺其肩、一手握其臂、向上伸舒、即還原處、凡以前各法用過未能應手即效者、用此法醫治可也、

臂肘交節離脫有數式、上臂骨下端大而扁、前後有深淺兩窩、窩下橫圓樞軸、正肘骨鷹嘴頂接樞軸內中、屈伸其手、則鷹嘴

入深淺兩窩、鶯嘴外有淺窩以接轉肘骨、轉肘骨頂有微凹、以接上臂樞軸外半、此其常也、脫離則樞軸與鶯嘴頂及轉肘頂凹不相接、而相蹉、鶯嘴頂及轉肘頂挺至樞軸之後、摸之有角、伸出、有時蹉向左右、又有轉肘骨圓頂蹉當臂端前後者、俱易摸試、見圖形治法、一手握其上臂、一手握其下臂、用力徐伸送納一法用膝平挺臂凹、略上伸、送下臂如前法、凡臂肘交節脫者、一定有炎、若腫甚難分別、應先用蜞吮散炎法、更有上折下脫者、醫治極難、歪斜之患、恐不能免矣○轉肘骨脫治法、一手挺住上臂、一手緊握手腕、伸舒、或向內轉、或向外轉、即能還原、內外以脫形定之凡臂肘交節離脫、治畢、應用矩形夾板綁夾、勿令常垂

放平下臂布帶繫掛頸上爲妥。肘骨下端接連腕骨處離脫或前或後治法伸撥送納俱如前有炎者用去炎法勿勞動靜養爲宜

指骨離脫或前或後治法先用寸寬布條勻纏另用布帶結活扣套結指節以伸之活扣取其愈抽愈緊不脫大概指節有筋帶挺住送納不易

大腿骨上端圓滑者曰髀杵。胯骨深窩容納杵頭者曰臼。故大腿骨交節離脫曰髀臼脫。脫後杵頭所在有四處或後上杵頭當胯骨外面是也。此處最多或後下當臼旁略與骨圈相對分歧處是也或前上杵頸騎臼邊及骨圈是也或前下杵落骨圈內是

也、此處最少。凡杵頭脫與杵頭折相似、而實不同、杵頭折能轉動、杵頭折難轉動、杵頸折伸之則長、放手則短、杵頭脫長短有定、至分別前後上下杵頭所在、以手摸試既易知、更以患者之足驗之、凡杵頭脫以未脫之足形之、其足或較長或較短、脫向後上者短二寸、脫向後下者短五分至一寸、脫向前上者短一寸、惟脫向前下者反長一寸至二寸、身向前曲、不能直、足底不能平著於地、又凡脫向後、則膝蓋及趾尖扭轉內向、脫向前、則膝蓋及趾尖扭轉外向。此審辨脫形大概也、總論治法、令病者安臥、西國治法、醉迷蒙水以鬆肉力、長大布巾一端鉤結牆柱、一端挺住跨下、對面安設轆轤、一端鉤結牆柱、一端結膝蓋略上、收束轆轤、則脫骨伸舒而下。醫者兩手合握其腿、約計髀臼相當、撥轉送納、自能還入、凡用轆轤伸舒脫骨、應先用濕布帶纏裹其腿、或更護以濕牛皮、防傷肉也。一法醫者以足挺其跨、兩手合握其腳伸之。分論治法、凡杵脫於後、應向內伸舒、杵脫於前、應向外伸舒、後上者、伸舒時病腿應斜、當對腿之膝、後下者又宜略上於膝也、至前上治法、患者仰面側臥、依照前法伸舒、又以手巾與高髀頸、蓋髀頸騎臼邊及骨圈之間、必須舉出方能還原。前下治法、令病人立定、或仰臥以大布帶挺住下身、略將轆轤高掛、牽引杵頭出於骨圈、醫者以手平握其脛、近足踝處撥轉入臼、凡治脫骨用轆轤者、取其力大、一轆轤之力、可抵三四人也。若年老虛弱人、

人力已足勝之、則又無需此矣、

髀胻交節、及膝蓋骨脫者甚少、若脫、大有關係、膝蓋偶有離脫偏斜、或左或右者、俱易治、

足交節脫、多因重物打壓、既折且脫、甚難治、應先醫脫骨、後醫折骨、大概外面皮肉未爛、可治、已爛則危險、

足掌骨脫者甚少、趾骨有脫者、與治手指法同、

以上諸骨節折斷離脫、及醫治各法、極難形容、余細繪諸圖、欲令一目了然、讀者圖與說參觀自明、

頭腦傷論

頭爲元首之尊、內而腦部、外而眼耳鼻舌喉唇牙齒、皆能生病、今專就因外傷而起數証由頭皮而頭骨而腦部而面部次第言之、

頭皮被刀劍所傷、不分前後左右、或淺或深、有時防累腦部須細心審辨無論直砍橫劃、皮肉骨衣俱已離開、或垂落、但有一處相連、細心翻轉還原、俱能連合、蓋因頭部血管最多、傷則血流必多、然亦易止易合也、

有時跌打、暴腫似瘤、色或紅或藍、大如卵、此因小脈管血出所成、治應用布浸酒水、水七分酒三分纏貼、以散之、有皮破多血出者、用軟布作墊、壓住、外用布帶、下包頦上、過頂、十字纏裹、因有骨在

下、所以易壓易止、凡小兒因跌仆患此者、一二日內、應當心調護、勿令出外、防生炎累腦。不論男女大小頭皮損壞、在有髮處、欲用膏藥連合、應先滾水洗淨、剃去周圍之髮、若不剃去其髮、膏藥不能粘連也、凡頭皮大塊破者、應縫結兩三處、勿令下垂、恐隨下垂之形連合、日後殊不雅觀也、如相連後有膿、應用放膿刀放出其膿、蓋因頭皮厚、膿難出、膿留於內、骨易傷累、所以必應放出、有時額破、膿流向眼蓋皮上、亦應割放、不必顧慮、放膿出後、軟布墊壓患處、布帶纏之、豫服瀉藥、以防生炎、勿外出勞動、戒口、安神、靜養爲宜

頭骨折斷、多因跌仆、擊打、或馬踹、或重物傾壓、重則內累腦體、

大有關係今先就其輕者而言凡頭皮因外傷損破防累及骨應用探針試之或骨壞或骨衣壞或骨壓而凹或未凹略有斷縫凹而有大有小斷縫有長有短大概骨硬骨衣軟以此辨之若骨壓而凹以探針探凹處必微澀不甚滑利若有斷縫者又須先知頭骨湊合本縫所在不可誤認湊合本縫爲折斷縫也凡略凹或僅折一線無炎証神識如常知其不累腦體能自愈有時皮爛骨衣壞不能蓋護頭骨現露枯死薄片一層周圍好骨漸生肉牙死骨離開即應用鉗取出以上所論皆頭骨証之輕不累腦體者也大概頭骨折斷半月後無昏迷不省等証方可定其安危其初俱應靜養安神戒口勿飲酒內服瀉藥

頭骨斷壓腦或顛頂、或前、或後、或左、或右、或傷前而後裂、或頂傷而左右裂、或有裂至頭底者、皆大有關係、大概頭骨折斷、必因跌撞打壓外傷、其折斷也、不必定在所傷之處、每在軟弱脆薄之處、所以有對面震裂者、有左右震裂者、死後剖驗方知、當其初傷時、醫者或不能確指裂形輕重何如、為此故也、凡骨斷壓腦、其人多昏懵、有時耳流血、或流明水、是腦包裂也、又或斷骨壓腦、腦中血流生災、有膿、或腦體爛、十俱九死。治法、斷骨壓腦皮破者、斷形易見、若皮未破者、用手摸試、骨斷否、凹否、壓腦否、病人神識如常、不必妄用割鋸、惟其昏沈不省、審知確由斷凹壓腦、應就傷處、將皮作三角形、使傷處恰居三邊之中、割左右二邊留一邊勿割將皮翻轉以見其骨有碎骨用鉗鑷去之有斷壓用舉骨器舉之若無隙可舉用圓鋸鋸一圓孔以舉之用鋸法將鋸心之錐挺住鋸齒左右移轉有五要焉傷處凹而大者應於略旁安鋸心使圓周半著好骨半著爛骨鋸力偏重好骨一邊此一要也有時斷骨內凸壓腦外面裂形不大應安鋸心於裂形略旁周匝鋸之此二要也用鋸宜細心勿過用猛力防鋸齒壞腦包此三要也鋸齒已著骨後不須再用鋸心之錐挺住即當縮去此四要也將鋸穿時宜頻用筆在鋸縫內掃去鋸落骨灰不令遮蔽鋸痕淺深此五要也鋸畢舉出其骨將割開之皮翻轉還原用線縫結兩三處合口膏藥牽連之外用

布帶纏束、○昔有小兒跌落門檻、鐵釘傷顱頂骨、十日內眠食如常、十一日忽蒙昧不欲食、十六日昏睡、略似譫語、問所苦、能荅一二語、不甚曉暢、瞳人散大、皮熱、脈數、醫者思疑有折骨壓腦、細驗頭上有一小孔、略有臭膿流出、以銀針入孔內探之、知鐵釘傷腦、用圓鋸鋸一孔、將鋸斷圓骨舉出、視之見骨尖內凸壓腦、後來全愈、可知此法之善也○有時骨未折斷、其人昏迷不省、審知外傷腦被膿壓、亦應鋸開以出其膿、但膿所在無定處、或前或後、或左或右、醫者具大手眼、臨症自無疑惑、大概跌打撞壓頭骨、或縫或凹、病人神識如常、只須服藥免炎、戒口靜養、不須用鋸、若病人昏迷不省、即係腦體被壓、非鋸不爲功也、腦包腦體自受傷、不因骨壓之証、時亦有之、或刀劍礟彈之類、小兒則錐釘交翦之類、皆能傷腦、論其輕重、腦底危過腦上、腦後危過腦前、論其形狀、有略裂者、有外偪作腦瘤者、有腦爛變膿者、其傷處大小多少、視乎外傷之輕重焉、余曾見一小兒耍小銅礟裂一段、衝過眼窠入腦、見其昏迷、知內傷腦體、意謂必死、歷兩月未死、復來求醫、用探針試之、覺有銅片一小條、及碎骨、爲用鉗鑷取出、愈後靈性如常、惟一目傷壞耳。大概傷在前、不卽時死、傷腦底、累脊髓頂、卽時死、治法、皮骨破爛、見有碎骨、用鉗鑷取去之、鉗鑷所不能取者、先用圓鋸鋸開、然後取之、有時腦體偪出、作圓瘤於骨外、暴大如卵、摸之跳動、蓋腦爲多脈管所跳瘤之跳同於腦也、大則割平之、小則用布作墊壓之、外用布帶浸冷水綁紮、病者安身靜養、戒勞苦多言、大概靈性失去、漸至迷蒙不省者多死、雖割平仍防反覆、曾記一人在船面、忽然跌落艙底、撞磕鐵圈之上寸許、皮骨破爛、數日後腦體偏出、大如拳、攪之針之不知痛、醫者謂爲死証、其人靈性未失、知覺如常、後腦痛多膿流出而死、

腦體震撞腦骨斷壓二証、多因跌蹼打壓馬踹之類而起、後所論中風証、亦其一也、震撞斷壓二証有別、震撞即時昏然不醒、斷壓漸漸不省、或初時不省、少頃即省、旋又不省、其辨一也、震撞寂臥、斷壓大聲鼾呼、其辨二也、震撞瞳人忽大忽小、斷壓則

瞳人止住不動其辨三也震撞脈軟弱無力斷壓脈緩而有力
其辨四也大概腦體震撞骨未斷爛者能自愈分而論之腦體
震撞頃刻間腦失功用之常所以患者不能覺悟不能運動而
又有輕重之別焉輕者暫時不知覺不欲動旁人大聲叫呼推
搖之略能省覺或能妄荅一二語如是歷數瞖眤或一二時漸
動嘔而醒凡腦病欲愈必嘔者因第八對腦氣筋傍氣喉而下
入胃所以腦與胃常相關涉胃既能嘔是腦之功用漸復也醒
後宜服瀉藥忌勞動忌飲酒每有數日後復頭痛發熱者不可
不慎重者全無知覺醫者以手觸其眼或搔其足心亦不知避
面色或白或青如死人呼吸緩慢而少脈數而促至數無常多

或一百四十至、有時大聲叫呼、病狀奇異、此証關係危險、雖或不致殞命、愈後必身軟、或健忘、先智後愚、耳目懵昧、怒笑失度、醫治有三法、一昏迷者使之醒、二免腦生炎証、三令人壯健如常、醒之之法、以乾手用力徧擦全身之皮、當心胸間尤爲切要、兩足以熱水浸之、或以湯壺溫脚底、或布包熱磚置腿後、以上諸法、皆欲引血下行。能吞茶少少與飲之、不能吞不必強飲、齅以啞嘆呢啞、番藥名、或飲以好酒少許、醒後定要用大黃、元明粉等藥瀉之、數十日內必應戒口、勿食熱物、忌勞動辛苦、若脈浮數有力、頭緊痛者、應於太陽穴或耳後放蜞、更用冷水浸頭、以散其熱、若耳聾耳鳴、或眼蒙者、應用斑蝥膏藥鈎膿法、內服補藥及益人飲食游玩適意以上所論輕重二證皆指腦體震撞骨未傷者而言也其有因外傷折斷腦骨腦體被壓者病狀漸漸昏迷不省瞳人散大或一大一小見燈日光不縮周身皮肉不運動不知痛因腦失其權不能感動全身之腦氣筋故也脈緩欲跳復止因腦與心互應也小便癃閉亦因腦失其權不能感動膀胱腦氣筋所以膀胱失其舒縮之常也鼻息大聲因呼吸出於肺發聲於氣管第八對腦氣筋傍氣管入肺腦失其權所以肺經腦氣筋運用不靈也腦部病証頗多如童子跌蹼在地忽顛癇失靈性或大人因跌蹼中風不語等証皆原於此至血壓或在腦內或在腦外另詳後中風條

中風証　凡人忽然昏倒、不省人事、脈浮大、面紅腫、鼻息聲高而粗、如酣飲大醉狀、如吞服鴉片狀、中土名爲中風、其實病原由於腦、與風無與也、因相沿已久、今姑借名說証、讀者詳之。中風病源、或起於內、或起於外、起於內者、腦中或有膿血水脹、或因震撞、脈管自裂、內有血流、其血或在骨下、或在胞膜間、或在腦內、大概病起於內者、血多在胞膜之裏、病起於外者、血多在胞膜之外、震撞腦體、骨未破、脈管未裂、暫昏旋醒、因無膿血故也、若腦體被壓、不論是膿是血、是骨、定成中風証、有漸至昏迷不醒者、有醒後復昏者、至爲危險、凡不因震撞骨壓、自致此証者、大概老人爲多、若跌蹼外傷、震撞骨壓、則少壯之人、時亦有之、兹將中風見証分三種列後第一種病起時忽覺頭痛如刺倏然昏仆於地迷失本性脈緩大或周身搐搦或肉筋收縮或口眼歪邪或耳目聾盲或言語錯亂此因血激腦體致令腦氣筋妄行其力故肌肉失其功用有自愈者有不愈者有癱瘓者第二種病起時或嘔吐或皮膚冷如冰或手足微覺搐搦脈細而弱其証初輕後重漸而迷懵全無知覺而氣絕此因腦體多血所致蓋腦中裂一脈管血停於內西醫剖視見腦中停有積血或瘀或紅此其據也此証輕者可愈重者無治法急則半日死緩則數日死第三種病起時半昏半省不致倒仆忽而失音偏身癱瘓有漸愈者有延久成中風者有足愈手不愈者以上三

種大概血停於腦體之內則重停於腦外則輕停於腦底則重停於腦上則輕或漸愈或成癱瘓証病皆在大腦小腦患者甚少若不因震撞折骨無故自致此病則五十歲以後老人居多未中前有病媒可徵時覺頭昏痛一也耳目乍聾乍朦二也記性頓失三也眼蓋墜下四也言不了利五也手足痲痺六也神昏眼倦七也心中虛怯八也此証每發於項短頭大面赤肥矮之人若鶴頸瘦瘠之人患者甚少凡病媒見時卽應自知調護忌酒色忌俯首拾物或行走過度忌持重用力過度忌吹簫笛忌謀慮思想過度忌大力呼喊欬嗽若病勢已成則難治矣○凡中風有肢體癱瘓者是腦氣筋失去動作功用有不知痛癢

冷熱者是腦氣筋失去知覺功用有口歪於左者因右邊癱瘓左臉動肉短縮有口歪於右者因左邊癱瘓右邊動肉短縮蓋無病一邊其肉有力有力則能縮故也惟舌尖則歪向一邊必與癱瘓一邊相對蓋舌力伸縮左右勻稱故舌尖居中若一邊癱瘓則不能伸伸力偏在無病一邊故左癱舌尖歪向左右癱舌尖歪向右也治法跌蹼時急改鬆頸前衣扣舉托其頭不論老人壯弱人皆當扶臥於牀緜被擁護高枕勿令睡下以熱水浸兩足面色滿紅眼紅者西國治法必於臂凹放血數兩中土人大概不合用此法應於太陽穴或耳後用蜞吮法左右各五條又用銅錢刮背艾炙頸後或用兩手搓熱徧擦週身之皮更以熱

醋或滾水少許和新芥末貼胷前約二三刻能飲者飲以薑湯熱茶煖其腸胃引血下行服蓖麻油一兩或半兩以潤瀉之如無蓖麻油服大黃元明粉亦可若不能吞嚥點巴豆油二三滴於舌歷一二時必大瀉或用迦路米七釐或銀灰散七釐如無此二藥用輕粉一二分蜜水和服亦可或葱蜜搗和納入穀道內導引大便諸法無非欲令大瀉蓋意在減少腦中之血且平其心血瀉與放血同一理也或用斑蝥膏藥貼頸後釣膿或布包熱磚置腿後亦是引血下行之意此証不可用吐法不可飲酒宜戒口戒色慾初醒頭痛仍宜內服瀉藥外用蜞吮法或用釣膿法或用冰或用布浸冰水按頭頂上愈後仍宜調護或略

食補益之藥可也○此証身出冷汗粘膩大如珠者瞳人散大左右不均者脈至數急者呼吸遲緩不接續者目不見光者水入口不能吞嚥者大小便自遺者俱極危險

癱瘓

癱瘓之証有四曰全癱曰偏癱曰單癱曰截癱四肢不仁謂之全半身不遂謂之偏或一肢或一部謂之單或上身或下身謂之截其原皆出於腦體及脊髓之中有急起漸起不同凡人知覺運動必賴腦脊兩髓若骨壓肉壓膿水壓或胞衣壞或髓液壞或沾寒濕或受熱毒或積敗血則腦髓不安而癱瘓之症起矣假如腦脊兩髓俱壞周身腦氣筋失其功用是爲全癱之原或一邊腦髓傷壞一邊腦氣筋失其功用是爲偏癱之原若腦

脊兩髓無壞惟一肢腦氣筋失其功用是爲單癱之原若下部脊髓壞因而氣筋不能上接於腦則下部即有陽事不舉兩足跛癱二便無力等病是爲截癱之原部位証名雖殊其原則一也致病之由或因中風或因房勞（嬰姦手淫爲甚戒之）或因酒患或因跌打損傷婦人有因產後而起者有因閉經虛弱而起者醫者當審辨明確病者尤當自治根原大約癱証手癱多於足癱上部多於下部老年多於少年少癱易治老癱難治足癱可治手癱難治皮如蟻咬者易治不知痛癢者難治單癱易治多癱難治治法如引血法火灸法鈎膿法膏藥擦皮法補藥法俱可酌用

○西國有人年二十八歲右臉患單癱其面肉左活右痿凡鼻

香臭必用左鼻孔、咀嚼食物必用左齒、或食物留右頰、必以食指掠而左之、飲茶則右吻流出、瞌睡則右目半開、時或笑語、左面嫣然、而右面不動、旁觀在右者聞笑聲而不見笑態、不知聲從何來、此是腦氣筋失卻動作之性、○又一人右臉不知痛癢冷熱、左眼明、右眼暗、左鼻通、右鼻塞、若以指揉其目睛、則眉睫蠢然不知開闔之機、食物時舌右不辨味、批其右頰不知痛、凡碗盞到口、覺爲碎爛之器、此是腦氣筋失卻覺悟之故、後得名醫療治、兩症俱痊、

腦部炎証論

腦居百體之上、主覺悟、司動作、乃人身之最貴、而諸病之最危

者也凡百體有病或以形察或以聲辨惟腦則無形無聲凡人別處有病能自道其病狀腦之靈性知覺也腦既自病思慮言語昏妄錯亂問所患苦不能自言辨症頗難西醫每遇腦病推究參詳死則剖驗由是愈推愈精可據爲法茲將病狀略言於後腦有大小兩枚大腦司覺悟小腦司動作由腦直生而下則爲脊髓兩腦共生腦氣筋九對脊髓共生腦氣筋三十一對合計四十對如樹分枝散佈百體內外人靈則居腦中以主使之凡有思慮動作記憶謀畫主腦一發則百體速應眼能視耳能聽鼻能知香臭舌能辨甘苦手足能操作行走無一而非腦之主令也保養身命趨避利害無一而非腦之權能也腦爲百體

之主、尤賴心血以培養之、心與腦互相應用、（華文思字古作恖从囟从心當即此義、）務使無過不及、乃爲無病、若接血太多、則腦體被逼、接血不足、則腦體虛弱、又有因骨壓物擊、不論傷腦體、傷胞膜、或血管自壞、或腦房有膿有水、皆爲要害、凡炎初起、顛頂疼痛、眉額緊蹙、前後頭脈管湧跳、兩目睛紅畏光、面熱而赤、瞳人縮小、睡夢顚倒、思慮雜亂、漸至目睛斜視、譫語、抽搐、皮膚乾澀、脈洪數有力、舌苔、喉乾、口渴、嘔吐、便秘、凡此皆腦病見証、有諸証全見者、有見數証者、審辨既確、即應早治、若延至三五日後、病者瞳人漸散、漸大、不能舒縮、視一物而見兩形、由是手足搖顫、面色青白、身出冷汗、二便遺泄、不省人事、是爲危險之極、有半日死者、有數日死者、有十餘日死者、西醫剖視其腦、或赤色、或紅點、或腦中三角房之水變黃、水多數倍、或腦中成膿、或胞膜粘連、或腦質變軟、外無形蹟可徵、所以審辨最難、大約初起時、手足抽搐、則病起於胞膜、嘔吐昏亂、則病起於腦體、頭痛發狂、則胞膜腦體皆病、人人所同、惟童年差異耳、

治法、西人血充足、應於頭脈管、或臂凹血管、放血爲上、（頭脈管、太陽穴及耳門前脈動處俱可放血、放後用軟布墊壓、外用布帶纏紮以止其血、見圖。臂凹放血法、見前炎証論）次則重瀉、次則薙去其髮、以冰納入猪膀胱中、置頂上、拔去其熱、如無冰、用冷水入壺中、傾灌頭上數次、承以面盆、又用熱水浸腳、間有不能放血者、則多放蜞於太陽穴、或耳後、取効甚捷、暎國有

女子年十一歲、腦病、頭痛、瞳人散大、脈數異常、每一瞥睨、脈跳一百三十至、比常脈多五十至、一百二十瞥睨爲一時辰、常人瞥睨脈至七十五次、童年少數、十一歲男女大約八十至爲常脈父母誤謂虛弱、不肯放血、由是日增委頓、昏睡若死、閉肛五日、屢服重瀉之藥、迄無少應、奄奄待斃、有名醫某者、勸以放血、力保無虞、父母從之、放後少頃、病果霍然而愈、又一少年、素有㷋病、一夕忽頭痛大作、夜半如廁、昏仆於地、徧身抽搐、脈至無定、忽遲忽數、一瞥睨間、或七十至、或八十至、或百四十至、醫士爲之放血、抽搐頓減、而頭熱如焚、即以冷水淋之、抽搐頓止、次日手足仍微顫、與以瀉劑、終無大便、又次日昏睡不醒、脈至甚微、一瞥睨五十至、醫者以爲弱極、不復敢與瀉藥、名醫某者、謂其伏熱閉肛、不瀉則死、乃以巴豆油三四滴、調蜜水灌之、欻然大下、瀉畢安寢、次日乃瘳、又一五歲童子、頭腦熱甚、亦昏睡若死、醫士以冷水斟其頭、漸斟漸省、斟數壺而病愈、西國有癲狂院、凡人腦中有熱、即起狂性、守院者以冷水淋其頭、狂人頓省、亦此理也、醫治此証、先以迦路米五釐、楂蠟末分半或二分、（見散末門）調水服之、服後兩時許、不大瀉、再服元明粉七錢、煖水送下、仍不見瀉、則以巴豆油二三滴服之、瀉後再服清涼之劑、散其餘炎、愈後應戒口、切忌燒酒煎炒熱毒之物、宜食潤臟之物。如餘炎不散、用迦路米二釐、日三服、兩三日後齦腫口流水、是病應也、止勿服、外用斑蝥膏藥鈎膿、貼耳後或頸後或小腿後移病於下此病易於反覆故病後必須靜養勿驚恐憂怒勿勞力耗神此爲至要若已愈復發治難全愈或病後而痴懵者有之或病後而跛癱者有之不可不慎○此病每因七情妄發思想過度或用力過度或酒醉過度或日熱曬傷或跌打外傷或疔毒不可不慎○此病若有汗自瀉鼻衄脈平和睡安靜或他部有新炎俱易愈○此病每有小便閉塞膀胱漲裂而死者故病人小便不利當用利水藥服藥不應即當用引溺管（引溺管以銀爲之一端彎曲圖見後）自溺道入膀胱使溺透管而出方無閉溺之危也

童子腦炎

童子腦炎與大人微別、有因稟賦不足者、有因出牙而致者、西國童子多有此患有因瘋痘後毒者、有因跌打傷腦者、有因戲跳過度者、有因驚嚇者、有因忿哭者、皆有急證慢證之分、忽起漸起之別、方其未病之先、必有病媒可徵、如不時思食、無故厭食、舌苔厚、口臭穢、腹膨脹、大便秘結、糞異色氣、夜臥不安、面色青白而瘦、靈俐忽變蠢鈍、爲父母者視其見有二三端、即當早爲調護、免之於媒現之時、易治之於既病之後難、蓋童子無知、服藥已難、而醫治尤難也、凡漸起之炎、童子時喊頭疼、乍起乍愈、或頭熱異常、乍痫乍癱、或面色愁困、眉蹙畏光、或時作嘔吐、脈至浮數、皆爲漸起之勢、旬日後有病死者、有自愈者、有變爲慢炎者、若童子目睛散大目不畏光精神蠢拙不欲言語或輾轉反側夢中呻吟頭重不起或頭忽轉動目睛斜視兩手抽搐四肢縮顫遺矢遺溺夜臥目半開合初診脈遲漸而數愈數而癇則無救矣西醫剖驗見其腦質紫赤中有紅點腦房水多有淸有濁有多至一兩五錢者有多至四兩八錢者凡痲痘痲疹忽出忽收屢有是証爲最難治

治法略如大人放蜞爲上瀉藥次之或用銀灰散見後散末門每服三釐日服二三次蜜和吞下以三四日爲度或用楂臟散七釐至一分或用大黃元明粉等藥量証加減若小兒不肯服藥或服後吐出或服藥不瀉則用巴豆油一滴點其舌仍不見瀉再

以一滴點之、或用穀道（即肛門）內藥法、以泄其毒、頭熱則以冷水淋之、更以熱水浸其足、如餘炎未消、用斑蝥膏藥貼背、引毒從背出、此治小兒腦災法也、然有類炎證、與此病相似、醫者臨證、必先審辨明確、大約囟門凹下、面白脈軟、皮不熱、虛弱無精神、宜補、似炎而實非炎、若誤認爲炎、放血大瀉、其患不可勝言矣

【緩炎證】不因外傷自生之病也、（本書所論內部諸證、皆就因外傷而起者言之、此自生之病亦列入者、因論急炎連類及之耳）小兒患此者、或在胎胞時感受炎證、或出胎時震撞其腦、或因骨內有瘤、或因肚腹等處有水、或因出牙辛苦、大約一歲至八歲、此證最多、過八歲即無此證、其狀倦怠無精神、不欲頑耍、昏迷、時欲睡、眼斜、嘔吐、不大便、抽搐、頭大於常兒、

有小兒頭大不關炎証者又須以有病無病別之　囟門前後寬大、其原因頭中有水、或在骨與腦包之間、或在腦房內、大概小兒頂骨及額骨之縫達合未緊、雖有水不壓腦、腦靈性如常、漸長漸合、水壓於腦、失其覺悟之性、所以兒亦蒙昧也、醫治有二法、一保護身體、投以補藥食物、令其壯健爽快、用斑蝥膏藥、釣膿貼肩後、耳後、太陽穴、頸後等處。俱可膿減、換貼淡斑蝥膏藥、數日爲度、有時用叮叮伊蜜的膏藥、擦頭頸、內服迦路米一釐、或輕粉二三釐、日兩服、數日爲度、一法頭上用布帶、不鬆不緊包壓、另用蜜陀僧膏藥翦條護貼、頭熱用軟布浸冷水按住、乾則再浸、或用酒和水按住、欲引頭內之水變氣故也、爲父母者、應細心調護、勿令惱怒、勿居濕地、移徙海濱、或遷居他處、變換水土最妙。又法用吋吋伊蜜的二釐、同白糖一錢、調和攪勻、分爲十二分、每日服三次、四日食完、嘔者勿服、若一二歲幼童、作二十分緩服可也。又法用小套管針直刺囟門之旁、或左或右、以出其水、水出後、用布帶將頭纏束、更用蜜陀僧膏藥、帮助布帶、此証醫治頗難、小兒患此、有一年死者、有數年死者、大概夭殤者居多耳○西國有童子患此病死者、醫士剖驗、西俗兒患奇病死、父母多有願請醫剖驗、一欲知此兒致死之由、一欲醫者立法救人也、秤其水有三斤四斤不等、前有人出世時、頭大異常、六歲始能行、父母爲之開學、使從師學、資質亦如常人、但不能俛首、以故不學寫字、十三歲仍作癇症、既而復愈、二十八歲、囟門始合、

當其未合時以燭照腦後人在前看見其頭裏光亮三十歲死醫士剖視見大腦二枚展開放平計清水五斤餘云

脊髓病論

脊髓由腦直生而下者也脊骨與頭骨相連髓質與腦質同類今略舉一二証以見脊髓病之大概焉一種小兒或頸後或背或腰髓中水流出成包似瘤非瘤小或如卵大或如頭其皮或厚或薄或明亮蓋脊骨內髓居其中水居周圍胞膜今脊骨後面當中未連所以胞膜間水出大約胎証居多醫者以手摸試中有水者是此証也有時頭中亦有水有時因水壓脊髓兩足癱瘓此証治法極難不可割刺割刺則水出危險亦有不因割

刺自裂者、大概死証爲多、止可用布帶纏束於身、別無治療之法。一種、脊骨因跌撞生病、或炎、或癰、或脈管壞、血流壓髓、凡脊骨脫離、必因折斷、故折與脫兩者必相兼、此証大有關係、斷絕之處、腦氣不復連續、其上靈性不失、動作如常、其下遂成截癱証、全不能動、毫無知覺、此病無治法、大概傷在腰者、死或略緩、愈上則死愈速、若頸背髓柱折斷、內累肺經而喘者、卽時死、其偶因跌撞、未至折斷、脊髓略生炎証者、間亦有之、治法略與腦炎同

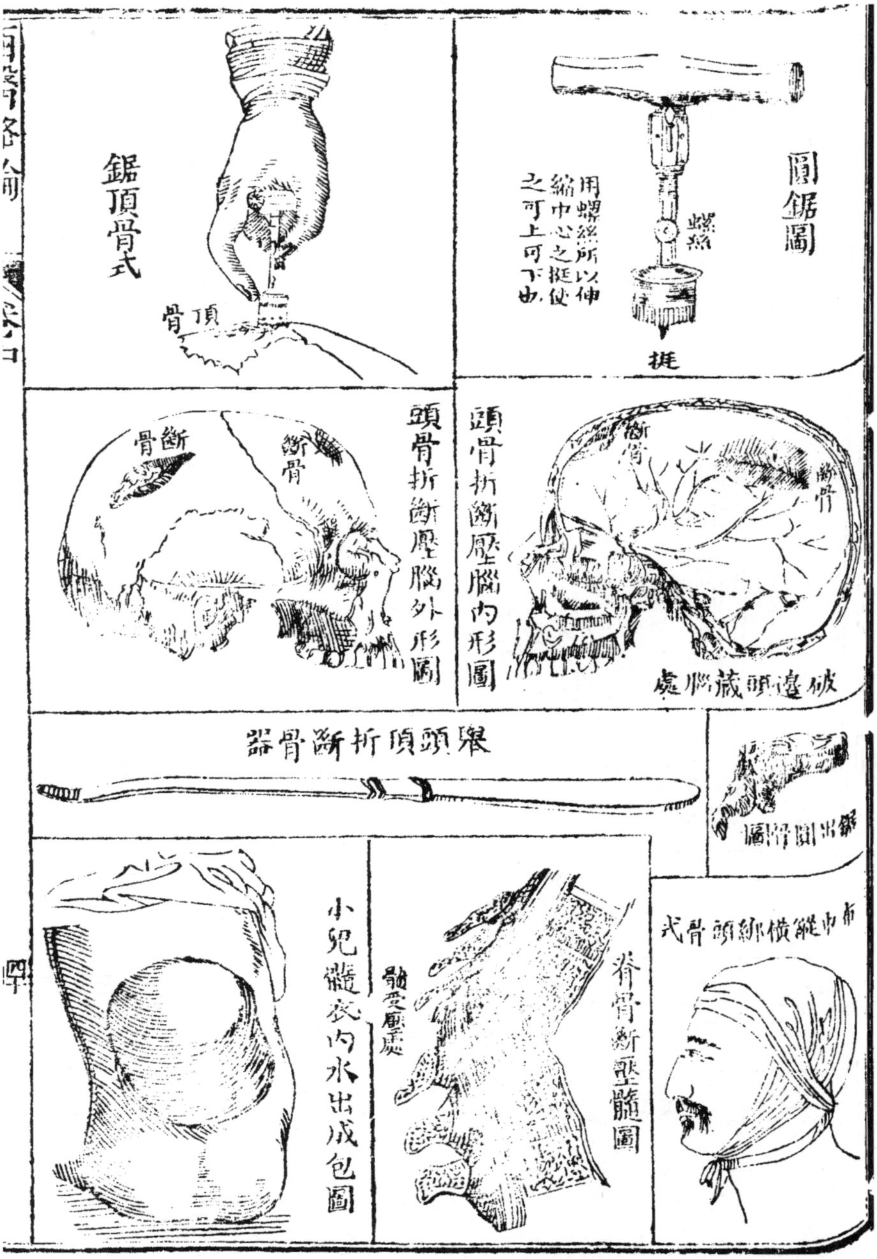
鋸頂骨式
頂骨
圓鋸圖
用螺絲所以伸縮中心之挺使之可上可下也
螺絲
挺
頭骨折斷壓腦外形圖
斷骨
斷骨
頭骨折斷壓腦內形圖
斷骨
斷骨
破邊頭蓋腦處
舉頭頂折斷骨器
鋸出圓骨圖
布巾縱橫綁頭骨式
脊骨斷壓髓圖
髓受壓處
小兒髓衣內水出成包圖

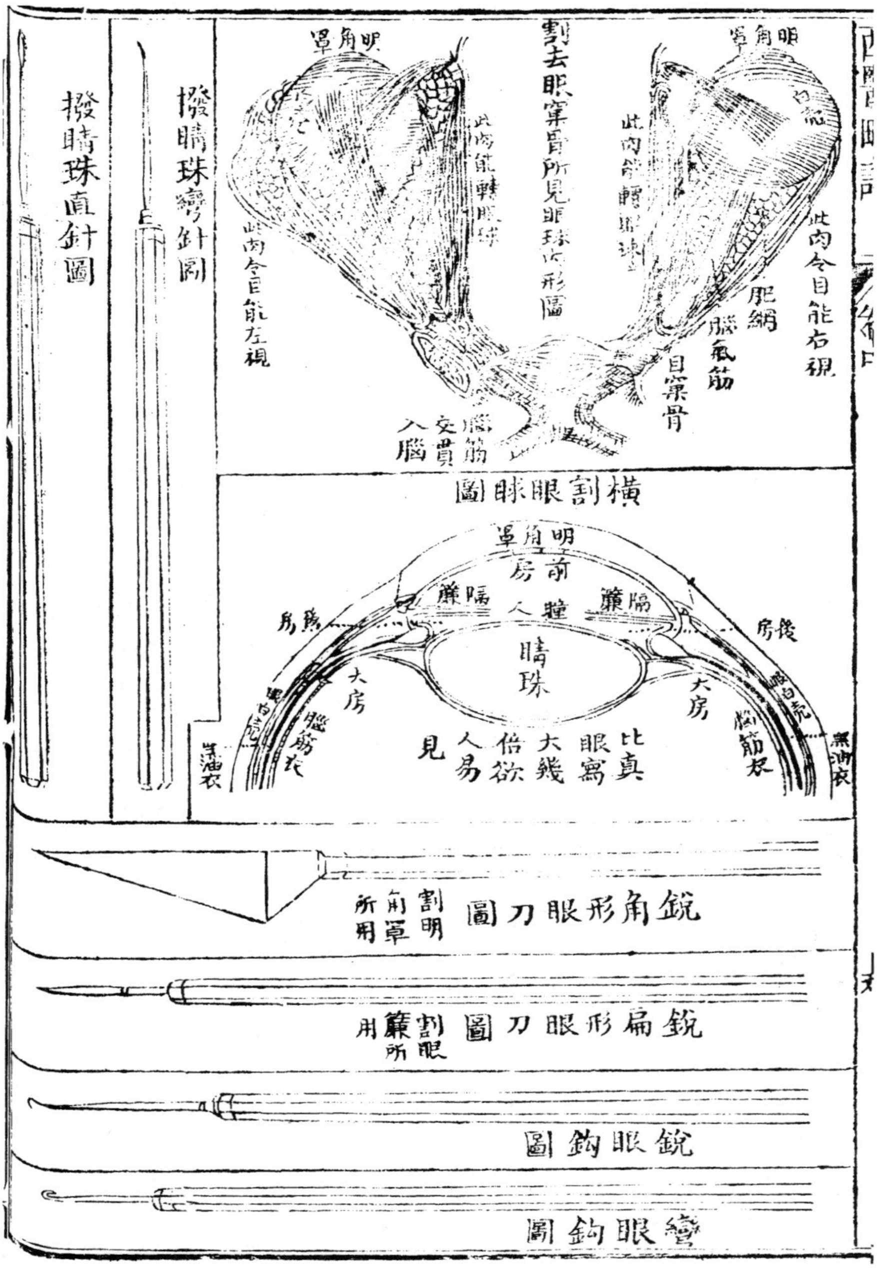
撥睛珠直針圖
撥睛珠彎針圖
割去眼窠骨所見眼珠内形圖
明角罩
此肉能轉眼珠
此肉令目能左視
此肉令目能右視
肥網
腦氣筋
目窠骨
腦筋交貫入腦
橫割眼睞圖
明角罩
前房
隔簾
瞳人
睛珠
後房
大房
腦筋衣
黑油衣
比真眼窩大幾倍欲人易見
銳角形眼刀圖
割明角罩所用
銳扁形眼刀圖
割眼簾所用
銳眼鈎圖
彎眼鈎圖

眼證論

眼官雖小、製造極精巧、功用極靈敏、蓋造化主合衆材質以成之者也、物事多則敝易、功用多則病繁、所以眼證多過別部、醫治不善、最易壞、全壞則功用全失、病一分則功用失一分、夫眼能鑒別遠近、資助見識、其益於人大矣、醫者應細心講求、多立良法、余閱中土眼科書、無一語眞確明白、詢問華醫、無人能道眼中部位各項功用、所以中土人患目疾、多爲醫者所誤、是可慨也、欲明此中奧妙、須效西國剖割死者之目、看驗推究、華人云剖驗死人、仁者所不忍、是誠然矣、然犯大罪死者、旣不惜凌遲寸磔、何妨合醫者剖割以廣識而救人乎其次則割視犬豕羊兎諸獸類之目、與人目大槪相同、全體新論眼官部位一篇、圖說頗詳、究心醫理者、取獸目數枚、一自前至後直割、一自左至右横割、有時宜將獸目置水中、用交翦翦視、有時宜不泄眼房之水、周圍看視、按圖尋索、亦能洞見內外、悟明眞理也、余欲指示目用妙機、不憚反覆詳論、次第講明、或總論、或分論、觀者幸勿忽諸、

眼証應分有毒無毒、始終有毒者甚少、卽癱之類也、凡眼目諸証、或自起、或外傷、如書寫、刺繡、風光、沙灰眯目、跌打撞刺、盲犯煙霧、游絲飛入之類、皆屬外傷、有病專在眼、不關全體者、但治其眼、有因身弱或他病累目者、有因眼病累及身體者、須兼治身體、暴起一月之內爲新、久病經月以外爲舊、新者病專在一

層一處、舊者或兼幾層幾處、新者易治、不治或誤治則速壞、舊者難治、不治漸壞、不分內外新舊、炎証最多、一種初起即有膿者、易於傳染、有一目病而兩目俱病、一人病而一家俱病、有時一村一鄉同患此証者、大概手巾之類傳染、或風氣傳染、然非余之所解矣、一種初起有水多炎者、因北風東北西北皆同非時忽起、街市行走、或露宿所感受、亦有因坐臥汚濁濕地、或飲酒過度、或疔毒流白濁所致、此其大略也、今將眼球各部位病証、自前至後、逐條分晰言之、

罩睛皮炎証　眼球前面外皮、接連眼胞周圍、轉而爲上下眼胞內皮、全體新論稱爲罩睛皮、係借睛立名、其實罩全球之前半、

不獨睛也。炎分淚、膿、虛、三種。大概有淚者輕、有膿者重、淚炎、熱痛、畏光、多淚、不喜開、強開淚流落面、胞肉緊、有時覺有沙子妨礙、細審罩睛皮紅、血管佈滿、周圍更多、近明角罩漸淡、而少、有時眼胞略腫、有時近明角罩處略腫、有時頭痛、發熱、或身熱、此證因感受非時北風最多、即傷風類也、有自愈者、有失治日久變為舊炎者、有累明角罩者、俱有關係治法、欲知病證、令病者向窗牖有光處坐定、醫者以兩指輕著上下胞、助其開力審明病在何處、如確係罩睛皮淚炎證、又當分別新舊、新起頭痛身熱便秘者、內服瀉藥、外用鴉片膏一錢、溫水十兩、淨潔軟布洗拭、或罌粟殼沸湯沖、布浸按、日數次、另用蒸水八錢、如無用天落水八各息的三四蠹、如無用膽礬三四蠹或白礬五六蠹、病者仰面坐或仰臥、用鵞毛管削去一半、承水滴入目內、每次二三滴、令周圍濡勻、每日或滴一次、或早晚各滴一次、視病勢輕重、藥水濃淡酌之、大約重者宜濃藥水、日滴一次、輕者宜淡藥水、日滴二次、滴後用潔淨猪油或橄欖油、如無用胡麻油、搽眼眶、用綠色皮剪半月形一塊、或厚綠紙、插帽下或綁結頭後、遮護兩目、以綠能安目也、或墨晶平光眼鏡亦可、以上所論、係初起輕証治法、重者紅腫痛甚、略有膿、防累明角罩、或前法不應、藥水宜濃、各息的等各加增數、蠹蜞吮太陽穴或耳後俱可、余主粵東惠愛醫館時、備作滴眼藥水及油膏、各息的配水濃淡分三種、水俱以八錢為率、淡者四釐、稍濃者八釐、最濃者十四釐、用鵞毛滴入。配猪油作膏、濃淡亦分三種、猪油俱以一錢爲率、淡者二釐、稍濃者四釐、最濃者六釐、如無各息的用膽礬亦以此爲率以銀針挑搽入目、後用手指摸令散開、炎減、宜收斂鉛水見後藥水門或白礬水滴入、水八錢配白礬六釐至十釐滴水後、用水銀黃膏、或水銀紅膏、並見後膏藥門手指搽眼睫、令病者戒口戒飲、避風光、此証宜早醫治、新者不治、一月後變爲舊者、漸累明角罩、罩上有時生瘡生點、視光昏暗、治法至妙鴉片酒滴入、見後藥酒門如畏痛和水一半亦可次膽礬水、或膽礬膏、用濃者或最濃者、再次鉛水、外用斑蝥膏藥貼頸後耳邊、釣膿幾次、水銀黃膏藥搽眼睫、一能去眵、一免膠粘不開、一能減所用藥水及膏藥之痛也不論新舊醫者宜知致炎之由如因風光而起卽勿再犯風光因勞傷而起卽勿再令勞傷身虛弱宜略服補藥若有灰塵外入之物用醋水澆入銷化之若沙子等物在上則以兩指牽上眼胞睫毛向下伸使多淚流出沙物在下則以兩指撥開上下眼胞水澆之自出或用鑷拑取出後不安滴胡麻油潤之

虛炎 一種畏光特甚不敢視常緊閉强撥視之不甚紅腫明角罩或左或右生小泡血管一縷由泡外接背肉此証多在二十歲以下過此則少因身虛所致醫治甚難不宜蜞吮大瀉止可用輕瀉法不令便結大黃末七釐至十釐水銀散七釐蜜和間日服一次共服三四次舌無苔身無熱宜補用雞哪二釐（樹名金雞）

哪此其精漿也或雖哪合青礬、如無雖哪、但用青礬三四釐、黃連末十釐至十五釐、沸湯冲以上俱日服一次、以愈爲度、淡鴉片酒日滴一次、鴉片酒和水一半爲淡鴉片酒後用鴉片酒不和水日滴一次、外用罌粟殼沸湯冲、軟布浸洗、淡水銀黃膏搽眼睫、宜居潔淨通風之室、忌汚濁穢濕、

膿炎此証病狀與淚眼同、腫甚、膿稠而多、故別名之曰膿炎、不分大人小兒、俱大有關係、每見中土小兒因此瞽目、故今先以小兒言之、初生三四日後、眼睫膠粘、罩睛皮腫甚、多膿流出、發熱身不安、其故因母產兒時、白帶疔毒陰戶有膿流入小兒之目、或洗胎時目未洗淨、或初生時爲風光所傷、一恐明角罩變

白生膜、一恐明角罩生瘡瞳人露出、一恐明角罩裂全目速壞大概瞳人未壞可治、治法軟布浸溫水洗淨胞睫、另浸白礬水頻拭、水八錢配白礬六釐淡膽礬水、或各息的水滴入、或淡膽礬膏、各息的膏、搽點、夜用猪油潤眼睫一二次、勿令粘連、恐粘連膿留不出也、稍鬆換用淡水銀黃膏、搽眼睫、腫甚者、內服大黃末三四釐、水銀散三四釐、蜜和、每日一次、服三四次、左右眼胞或上或下、各用蜞一條吮之、或用斑蝥膏藥在太陽穴及耳後、釣膿。若明角罩因瘡生點、視光昏暗、數年不愈者、宜略服補藥、凡醫治欲開目審視、揭撥眼胞時、勿猛力觸壓、恐明角罩已危、觸壓易壞也、若小兒不肯開目、以兩膝夾立、撥開視之、此証能傳染、乳

母及同居之人宜認定手巾、勿與共用爲要、
大人患膿炎証、初起癢甚、內覺有砂、或如針刺狀、上下胞略腫、膠結、胞內紅甚、一二日後罩睛皮腫厚多膿、有時腫處擠遮明角罩周圍、有時熱極痛極累頭面、此証大有關係、防明角罩壞、白或爛或裂、瞳人露出、其故多因沙灰眯入、或風光偏射之類、能傳染他人、治法有三、一去炎、二割法、三收斂、初起有炎、未甚腫、用蜞數條吮大陽穴、或耳後、滴入最濃各息的水、或膽礬水、濃淡俱分三種、一淡者、一濃者、一最濃者、已見前條搽以最濃各息的或膽礬膏、罌粟殼沸湯冲洗頭痛身熱者、內服瀉藥、戒口戒飲、避風光、倘腫日甚、視昏、明角罩晦暗、十分危險、不速割必壞、蓋明角罩周圍腫、擠偏罩內血不行而死、與死肉証同理用割法者意在割斷腫處血管、鬆寬明角罩也、割有三法、一用銳刀當明角罩周圍圈割、一用彎銳刀當明角罩周圍稍離、或左右、或上下、向外割、一用鑷拑起、罩睛皮、用小銀交翦翦開、割後並用罌粟殼或野菊花水潤之、以助血流、次日仍腫痛者、再用蜞吮及斑蝥膏藥釣膿、稍減、宜收歛、滴入鉛水膽礬水鴉片酒之類、搽以淡水銀黃膏、日後身弱者、略服補藥及適口宜人之物、

一種前証因流白濁、毒水略沾入眼而致者、病狀相同、更有關係、但前証兩眼俱病、此証大概止壞一眼、治法同前、另服解毒之藥、

努肉扳睛証　此証無炎、罩睛皮一處生厚、堆起、似肉、色紅、自背努出、作三角形、尖向明角罩、是名努肉扳睛、內背多過外背、或內外俱有、間生明角罩上下、大概不遮瞳人、不長濶大、雖久不必割、但用鉛水收斂、日滴一二次、若長大、用鴉片酒各息的解散、倘經過明角罩之面、遮蔽瞳人、不能解散、即須剪割、割法令病者對光坐、一人兩手撥上下眼胞、勿令緊閉、醫者視其努肉在內背、令轉睛向外視、努肉在外背、令轉睛向內視、用彎銳鉤將努肉鉤起、小銀交剪剪斷、使努肉分為兩端、近背濶端、鏽起剪去、向明角罩窄端、能剪則剪平之、不能剪用利刀割平之、後用溫水洗潤、戒口戒飲、避風光、久漸明矣、明角罩病証明角罩本質極明無纖微渾濁故能含外入之光功用甚鉅若反易其常或膜或點或努肉或膿或凸略有一分昏蒙即失去一分功用有時本體生炎畏光而痛昏矇如霧遇圍淺紅色血管細密不速治防生瘡生膿葢明角罩雖薄實多層疊合有時逐層間生膿有時前房生膿治法䗈吮太陽穴或耳後罌粟水洗內服迦路米即洋輕粉二三釐鴉片膏一釐日兩次早晚服兩三日後略見齒痛齦腫止勿服不愈用斑蝥膏藥釣膿大概此証自起者少爲罩睛皮所累或外傷者多每見打鐵匠鐵屑纖微飛入眼內即生此病須取出鐵屑若水洗不出用眼刀眼針等挑出自愈亦有十八歲以下因身虛患此病

者、初起略發熱、脈無力、宜輕瀉、耳後用斑蝥膏藥釣膿、滴入淡鴉片酒、用潤膏如猪油之類、搽眼睫、後服嗎啡等藥以補之、

明角罩瞖有三証、一膜、二點、三瞖也、膜即罩睛皮所成、蓋罩睛皮本極輕薄、幾於視之不見、病則長厚、且有血管多條如網經過明角罩、而視昏矣。點有一點幾點之不同、輕者不與瞳人相對、重者遮蔽瞳人、或全或一半。瞖因明角罩生瘡、愈後瘡口相連處、變白如珠、更易遮蔽瞳人、大概膜點二証、多因眼上胞所累、病在明角罩外面、瞖則自由內起、病在明角罩本體、點膜能愈、瞖難愈。治法、膜點二証、有因胞內生疴、如細沙子、不平磨擦明角罩、致生點膜者、翻轉眼蓋、用光滑膽礬一塊、將沙子抹平、

問三四日抹一次每抹後滴入好油免累別處有因睫毛倒入者應用法翻出（法見後）有因患炎所致者滴入各息的等藥水或滴入鴉片酒點入各息的膏初起用淡者後漸用濃者或最濃者血管多最宜收斂如鉛水之類外用斑蝥膏釣膿此証不分輕重止能緩治難期速效瞖証治法極難不遮瞳人無妨有時雖遮瞳人尚有淺薄處用膽礬膏亦能散之有小兒眼瞖年稍長漸散者以上皆瞖証之輕者也若兩瞳人全被瞖蔽視官全失止可於上下左右量擇一處作假瞳人略助其明可也（法見後）

（中土眼藥習用冰片硼砂等藥爲末吹入須審定略見紅腫即不可用若妄用必反令點瞖更甚）

明角罩變凸

明角罩壞變質或圓或尖或全凸或偏凸或出眼

胞之外或內與隔簾粘連前房全沒此証無可醫治割平不致妨礙辛苦略飾外觀則可無復明之理也割法彎銳針鉤出小銀交翦翦平或利刀割平後三四日戒口戒飲避風光腫痛者用蜞吮罌粟殼沸湯沖或溫水洗潤數日自愈有時因炎証關係眼白殼半邊凸無治法若明角罩無故自生尖凸形如橫割橄欖之半不痛視官妄亂一物二三形漸昏不見大概先一目後兩目此証不多亦無治法不宜妄用翦割

明角罩生瘡此証明角罩本質潰爛病分淺深二種淺者瘡在明角罩外面關係尚輕深者明角罩上爛一穴穿通內入泄前房水隔簾隨水流出略見黑色一粒失其舒縮功用瞳人停滯

不活不圓治法淺者各息的水鴉片酒滴入深者用各息的一塊削尖點瘡上或用最濃各息的水滴入並最濃各息的膏搽患處（如無各息的用胆礬膏亦可）瘡在外防內穿豫用開瞳人膏搽眼眶周圍（見後膏藥門）若隔簾已出一粒用交翦翦平後用各息的膏點搽大概明角罩與隔簾雖相連不致凸出尚略有見但不能光明靈利此証無論淺深醫者盡心治療後或全見或不見或略見不能豫定也

眼簾炎証　明角罩睛珠之間有清水水中有圓簾隔之簾以前曰前房簾以後曰後房簾中有孔曰瞳人簾之用或開大以取光或收小以避光其功用具詳全體新論惟其功用奧妙故其

病証亦多關係此處生炎、不論新舊多少、俱令視官失用、且能外累明角罩眼白殼上下胞、內累睛珠前後房水、有時與睛珠相連、眼簾部位雖小、然與腦部及各臟腑胞膜之炎同一理也、

病狀眼白殼上當明角罩周圍稍離一圈、有淺紅色血管細密環繞、隔簾變色、各國人眼簾色不同、中土人皆黑色、變棕或紅、若西人眼簾藍色則變黃、舒縮不靈、昏暗無光、瞳人變形、或扁或小、不欲動、色不黑、前房水渾濁、明角罩漸漸不明、略似氣呵玻璃之象、眼窠周圍痛、頭面俱痛、夜更劇、身熱不安、脈數、舌白、細審眼簾上有肉絲、番名費皮連、已見前、或白色或略黃、塞住瞳人、不速治、瞳人必壞、有時有膿、大有關係、其故多因外傷、或過用眼力、或飲酒無度、或疔毒、或別處生炎所

致此証初起可醫漸致瞳人略塞半月後肉絲愈多瞳人滿塞形如白皮即難治矣治法壯健人炎多脈有力宜放血或蜞數條吮太陽穴及耳後內服瀉藥洋輕粉（即迦路米）七八釐鴉片膏二釐共作一粒夜晚服次早服大黃元明粉瀉熱用開瞳人膏（番名啤拉吔哪樹名也取汁作膏搽眉稜骨周圍開瞳人有殊功中土無此可用醉仙桃葉及子作膏代之功力略同）半錢配水八錢每次滴二三點入目早晚各滴一次力能伸開瞳人瞳人開大自不易塞住也凡眼簾証防瞳人塞應服迦路米二三釐（如無用水銀散四五釐）鴉片膏半釐日服三次能去炎散肉絲最妙兩三日後齒痛齦腫止勿服痛劇不欲臥者眉稜骨眼眶周圍搽濃水銀黑膏一錢鴉片膏二分夜晚搽止痛有效○疔毒眼

簾生炎、應另服解毒藥、○亦有身虛弱致此者、年老婦人最多、無故眼簾漸生肉絲塞住瞳人、變色、略痛、脈無力、不能用蜞吮各法、止可用斑蝥膏藥、釣膿、內服水銀散三四釐、雞哪二釐、鴉片膏二三釐、作一粒、夜晚服、服三四日、滴入開瞳人藥水、日二次、此証不能瀉、宜補藥及適口養人飲食、

作假瞳人法　兩目瞳人全被肉絲塞住、或明角罩瞖膜遮蔽瞳人、不能視物、然尚能分別明暗、是隔簾之內未壞也、可作假瞳人、以透光法、用銳角形眼刀平執、從明角罩近白殼處刺入、穿過眼簾、用小眼鉤將所割眼簾自明角罩割口鉤出、小眼交翦翦去約及眼簾四分之一、一法、用銳窄小刀自眼白殼稍離明

角罩一分當橫徑刺入眼簾後瞳人或上或下橫割一口自能伸開成假瞳人但醫者手法不熟不宜妄割恐誤累別處也割後用開瞳人藥水滴入即啤拉吖哪藥水日二次或用啤拉吖哪膏搽眼眶周圍靜養勿勞戒飲避風光大概炎少無肉絲不妨炎多有肉絲塞住新瞳人即無用矣或割或鉤俱宜略大爲後來縮小地步若新瞳人太小後必仍塞不見也此法惟兩目尚能分別明暗無他証無炎者可用一明一暗能略有所見不必作假瞳人若功用全壞不能分別明暗或虛弱有病或炎未全止者俱不宜妄作

睛珠變質不明　睛珠略似一粒光明眞珠若變黃如琥珀或白

或灰色、或堅、或清稀若乳汁、卽失其收束物象達腦之功、漸致昏暗、晦夜微光、尚略能見、白晝明光、反不能見、蓋光之入目、濃則瞳人收縮、而小、淡則瞳人展開、而大、睛珠變質、由中及邊、晦夜光淡、瞳人展開、光能射及睛質未變處、故略有所見也、病在睛珠、不在瞳人、瞳人靈活如常、因睛珠變質變色、外光不達、故瞳人不黑、內映睛珠所變之色也、此証或自致、或一年半載前曾被打擊、外傷而致、大概外傷者一目變質爲多、自致則一目先昏、次及兩目、治法、西國用利刀平入穿通明角罩、使睛珠從割口流出、但刀須極利、用一二次、稍鈍、非磨不能再用、宜備多件、且須一割恰中、如不中、不能連割二次、蓋割時前房水外流、眼簾即時向前再割必致傷累須候割縫相連前房水長足方能再割也中土用此法甚難一恐醫者手法不熟或致傷累別處一恐極利刀難得且不善磨不如用針針有兩種或直而扁而銳兩邊有鋒略似箭鏃或銳而微曲兩邊有鋒法令病者對光低坐眼向內視鼻一人在後助開上胞或用指或用器圖見後醫者一手以指撥下胞一手取針小指端挺住病者顴骨以助指力免至搖顫刺時指略用力一刺即入白殼勿稍停滯刺左目用右手刺右目用左手若不慣用左手者令病者仰面坐或仰臥醫者在後仍可用右手針自外眥平入針面向上下向左右扁大鋒離明角罩一分當橫徑刺入四五分直入大房中在睛珠之後舉針向上

而前經過睛珠之上轉而下入後房在睛珠前隔簾後瞳人孔內可見針尖將睛珠向後下撥至橫徑略下落大房稍停候舉針試睛珠升否升則再撥若見瞳人仍略白是睛珠衣當未下應挑碎令瞳人還黑色將針輕力取出仍扁出與入時向每目各用軟布二三層遮護外用布帶輕纏大概用刀割法睛珠既出即無餘事用針撥法有睛珠已撥下數日後復升上者或因嘔多而升或因即時平臥而升或因病者急開布帶試視外光偏射瞳人乍縮而升既升必須再撥所以針撥後應居暗室避光靜養勿平臥須數時後方可平臥勿多言勿開視略嘔微痛不必治嘔多痛劇服止嘔止痛藥次日熱痛內服瀉藥兩三日後醫者略開視炎多用蜞吮

法（法見單睛皮炎証條）仍留布帶不解、五六日後、不痛、方可漸解、不論刀割針撥、三四時前、俱宜先用啤啦吁哪藥水滴入、或作膏搽眼眶周圍、以開瞳人。撥後月餘、取水晶合目花光眼鏡助目力。凡患此証、一目不見、尚有一目能見者、不必針、漸至兩目俱不見、應次第針之、一目愈再針一目、若病者無暇久待、欲急治、或兩目同時齊針亦可、又有針忌數事、或天時風雨昏霧、或身體有病、或瞳人未散大、俱不可針、針鏽或不銳勿用。凡針防傷累腦筋衣隔簾等處、不可不慎。○若睛珠變軟不能撥、應刺入將睛珠及睛衣挑碎、令入前後房、漸散。間二三月醫治一次、或兩次、漸愈。

大房質色變 大房內明衣及水質色變、瞳人見綠、可稱爲綠水灌瞳、其睛珠不明之証中土誤稱爲綠水灌瞳人、其實病証大不相同、此証有時累睛珠卽不明、有時累腦筋衣卽發青光、有時病專大房質色變、不累別處、病源則同、至睛珠不明與此証無關者甚多、醫者俱應細辨、勿爲俗稱所誤、病狀眼眶略痛、瞳人大不靈活、見空中有黑點、或見光閃射、初起一目先昏漸而兩目俱昏、漸而全昏、略無所見、大概全昏多因大房累睛珠腦筋衣、三處俱病、此証年四十至六十人爲多、醫治極難、略痛用釣膿去炎法、身弱服補藥、靜養勿勞目、此外無良法也、

發青光 此証因腦筋衣壞、漸變質、中土稱爲發青光、不甚可解、

因通行已久，故不改變。凡目不能見，其故或在罩睛皮，或在明角罩，或在眼白殼，或在隔簾瞳人，或在睛珠，或在大房，此則專在腦筋或腦筋衣也。夫腦氣筋功用在目則爲視腦筋，或腦筋衣病，功力不到，所以視官不用，此與鼻不分香臭、舌不知甘苦、耳不辨聲音同一理也。病狀瞳人黑不靈活，或略不動，或散大，初起昏矇，有漸昏漸不見者，有忽然昏矇未久即全不見者，有時而昏時而明者，有視物見二三形者，有視物止見一半者，有視物不辨色者，有視物汚濁、覺有黑點者，有視空中見黑點者，有視光忽來忽去者，有視物不能分遠近者，行路足浮，如防傾跌之狀，面色晦暗，瞳人滯，舒縮不靈。凡此皆腦筋或衣失功用所致、試法、若一目病、一目不病、欲開視、不宜兩目齊開、因不病之目瞳人舒縮如常、或暫時帶動病目、難以試驗、應專開一目視之、若腫人乍見光活動、不是此證、停滯不靈、方爲此證確據、病源或在腦、或在腦氣筋、或在腦筋衣、有功用壞本體未壞者、有本體亦壞者、致病之由、或因讀書刺繡等事、過用眼力、或因行房過度、或因手淫、有時因跌打震撞、腦中有血、或生瘤壓住入眼腦筋、治分二法、有炎證、有虛證、頭昏痛、眼眶痛、脈有力、面紅、眼略紅、此炎證也、用螞蝗三條、或太陽穴、或耳後吮之、或肘凹、或頸後、用釣膿法、啲啲伊密的膏擦額、內服水銀散七釐、鴉片膏二三釐、作一粒、夜晚吞服、服數日、便秘則輕瀉之、以脚浸入熱水內戒曰靜養勿勞眼力或可治一種脈數而弱無精神心慌跳面白唇白此虛証也其故或原病後身弱或原失血男子如痔瘡之類女人如血崩白帶耗乳過多之類皆令血虛或原房事過多或手淫致本體靈性虛治法審病源所起謹戒勿犯滴入鴉片酒用凍水洗身洗眼或自上傾落周圍手巾擦之內服補藥如雞那人參黃芪黃連之類又青礬為鐵之精亦能補益見後補藥門便秘宜潤不宜瀉此証或虛或炎大概難治

以上睛珠不明發青光大房質色變三証比較論之睛珠不明之証不痛身無病不見由漸而致光濃則蒙光淡則略見夜明過日左右邪視明過正視見燭光散大有暈以指壓試眼球不

堅不軟、病勢輕重日日相同、用開瞳人藥散後、瞳人展開、見睛珠全不明、或黃或白、周圍有黑線、尚能略有所見、瞳人舒縮如常、以上各項、皆睛珠不明確據。發青光大房質色變二証、有時頭痛而昏、有時不痛、食物有時不消化、或漸不見、或忽然不見、光濃則見、光淡則不見、日明過夜、晴爽明過陰雨、左右斜視亦不見、或見一處、上下左右不定、見燭光有芒四射、以指壓試眼球、或堅或軟、病勢忽輕忽重、精神勞倦即不見、瞳人變色不論黑綠白、或略見、或全不見光。人必緩慢、瞳人或舒縮、或不舒縮、無定。以上各項、係發青光及大房質色變二証確據也、醫者一一互勘辨証、自無誤矣、睛珠不明、止能針刺、不能用藥、發青光、

大房質色變止能用藥不能針刺此相對治法也

眼球內生膿瘡 或因外而或因內而生炎所累眼球大而脹膿在內欲循出難出必痛劇不可忍耐此証眼必壞無法可救止可用刀不拘何處割出其膿痛即止漱洗罌粟殼野菊花水等物潤之內服散熱止痛藥

眼瘤 此証有毒瘤之類也故稱眼瘤或生眼窠內或生眼胞外與瘤証同能累全眼漸長而出小大不定此証不多見無治法雖全割出仍恐反覆膿血多身弱終必死

眼胞內皮炎証 炎証之起先由上下眼胞者為多病狀紅熱或微痛或癢多眵膠粘睫毛晨起上下胞粘連難開或覺胞內有

沙子妨礙、其故或因風吹光偪、或因眼目污濁未洗淨、或因寢處卑濕污濁之地、有時合數故而成病、分新舊、新者尚未內累各處、易治、久延變舊、有幾月不愈者、有幾年不愈者、郎防上胞睫胞骨縮短、顴毛倒入、必令明角罩昏暗不見、治法水八錢入膽礬二三釐、或五七釐、至十釐、分濃淡幾種、臨証酌用、或用各息的水、濃淡亦如之、淡者早晚滴、濃者日滴一次、滴後用油、或淨猪油或胡麻油、或淡水銀膏搽眼瞼、未愈、用鴉片酒滴入、或鉛水、或白礬水滴入、瞼有沙子、用各息的水、最妙、凡用各項藥水滴眼、濃則多痛、淡則少痛、但有時病亟、不得不用濃者、不能顧忌片時之痛也、亦有初起滴水痛一二次、轉覺不痛者、有同此藥水一

人痛、一人不痛者、大概醫治眼目不能執定一法、

睫毛倒插 此証多因舊炎而致、睫毛隨眼胞轉入三四根、倒插可以鑷去、若全倒或半入、病原脆骨縮短、雖鑷去必復入、甚有關係、治法、用鉗眼胞皮濶鑷（或鐵或木為之圖見後）鉗住眼胞外皮近睫毛處、翦橫口長一寸、濶三四分、細線縫結三四處、外用膏藥護貼、睫毛轉出即愈、

睫毛外翻 此証或因罩睛皮腫厚、或因下胞外皮湯火瘡瘍之類所傷、或眼窠骨略壞、皮自縮短、所以翻出、病故在外難治、在內易治、治法、用濶橫鑷、鉗內皮翦去淨肉一條、使漸翻還、一法將下胞自邊直割去一塊、上濶下銳、針線綁結連合之（見後圖）

眼蓋墜下 有人眼上胞終日下墜、非指挺不開、或左目、或右目、此內層直紋肉功用失也、病在腦不主筆、防成中風之媒、有時頭痛而昏、應用蜞吮釣膿等法、有因身虛弱所致者、宜補、並用潤鑷拑住眼上胞外皮、橫翦一口、線結連合、意在翦短上胞、使能開視也、○此証有因腦筋衣壞所致、即發青光之類

小兒初生日不開 貓犬類初生上下胞相連不開、人類亦間有之、應用引導針自外眥穿入內眥、墊隔用刀割開、又有一証因眼胞與罩睛皮各處相連不開者、明角罩必壞、難治

左右入淚管病 凡人平日淚由核生、濡潤全目、自內眥上下角兩小孔入管、貯囊落鼻、淚不多不少、目即不乾不濕、無淚則眼

枯眼枯者無治法、有時淚不入管、流落於面、因管內塞住、初起大概有炎証見內背下、紅腫應用蜞吮法、溫水頻洗、鉛水膽礬水入銅節射入淚管內、如無銅節搽內背使自入亦可不愈、將淚管紅腫處割開用銀針通入淚管、有時因炎成膿、塞住淚管、或膿或淚流落滿面、割後用器通之、通淚管器見後圖以淚能通行為度、頻用溫水洗淨、不愈、再通、此証有纏累年月者、

西醫略論　卷中

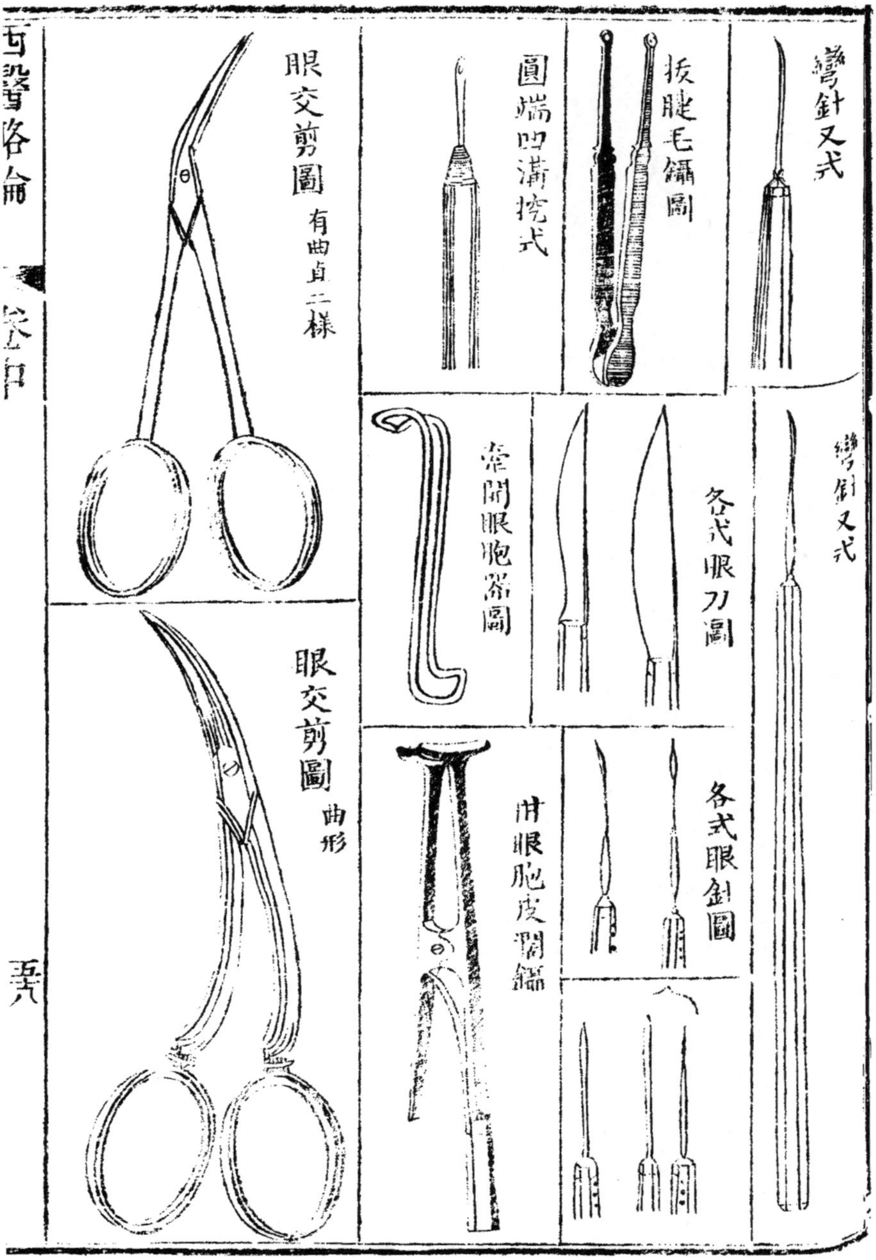
彎針又式
拔睫毛鑷圖
圓端凹滿挖式
眼交剪圖
有曲直二樣
彎針又式
各式眼刀圖
牽開眼胞器圖
眼交剪圖
曲形
各式眼鍼圖
卅眼胞皮濶鑷
西醫略論
卷中
五八

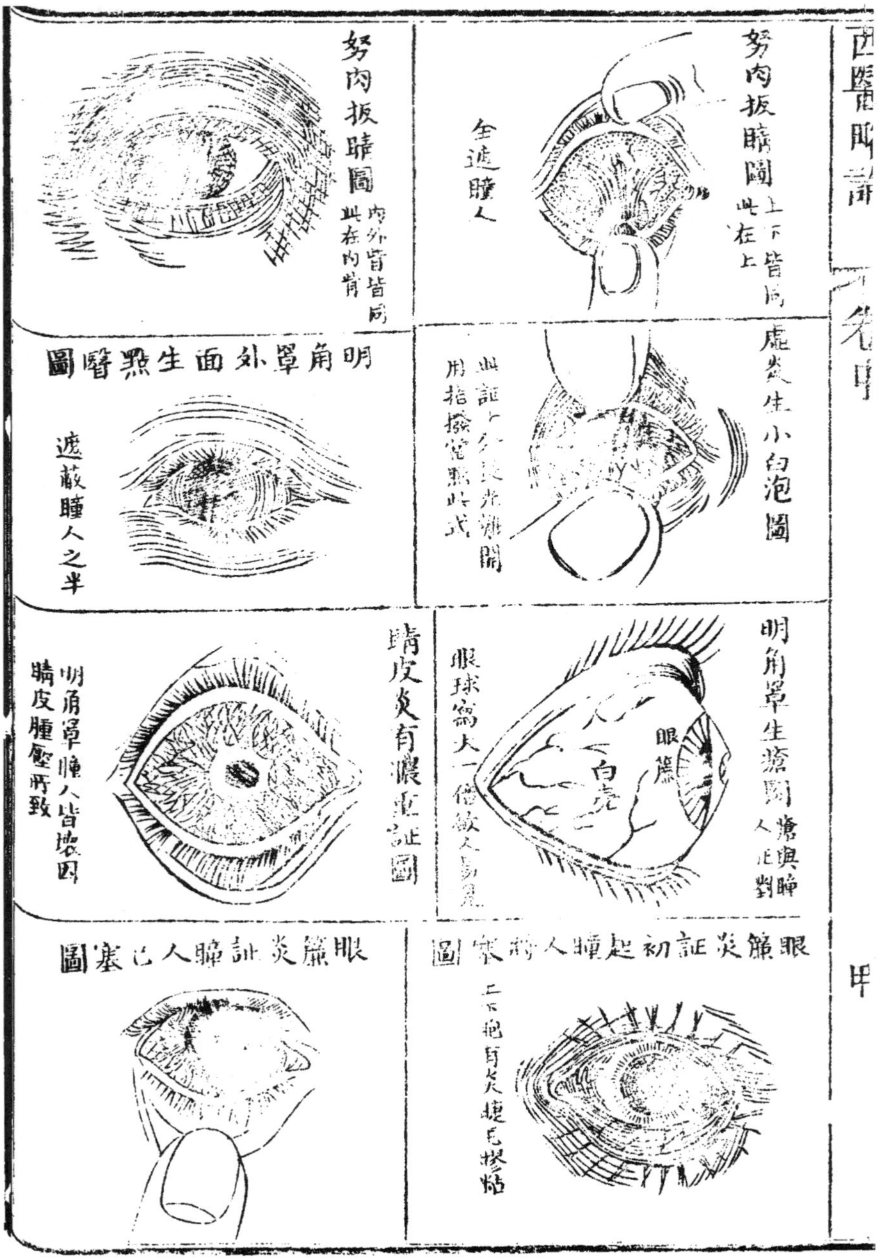
努肉扳瞼圖
上下皆同 此在上
全遮瞳人
努肉扳瞼圖
內外眥皆同 此在內眥
虛炎生小白泡圖
此證上下皮光難開
用指撥寬點此式
明角罩外面生點翳圖
遮蔽瞳人之半
明角罩生瘡圖
瘡與瞳人正對
眼球腫大一倍致人易見
眼簾
白殼
睛皮炎有膿重証圖
明角罩瞳人皆壞因
睛皮腫壓所致
眼簾炎証初起瞳人將塞圖
上下胞有火睫毛膠黏
眼簾炎証瞳人已塞圖

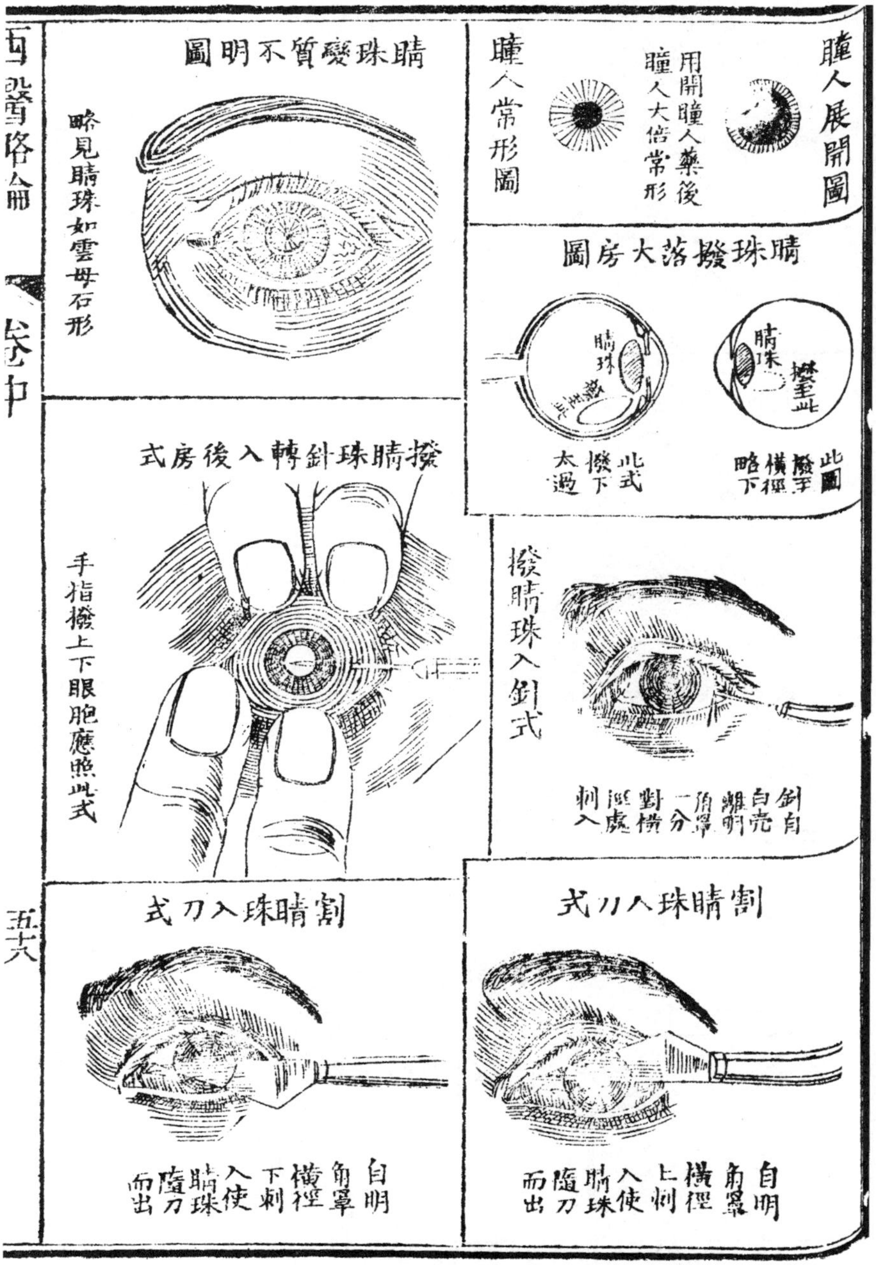
西醫略論　卷中　五十六
朣人展開圖
用開瞳人藥後瞳人大倍常形
瞳人常形圖
睛珠變質不明圖
略見睛珠如雲母石形
睛珠撥落大房圖
睛珠
撥至此
此圖撥于橫徑略下
此式撥下太過
撥睛珠轉針入後房式
手指撥上下眼胞應照此式
撥睛珠入針式
針自白亮離明角罩一分對橫徑處刺入
割睛珠入刀式
自明角罩橫徑下刺入使睛珠隨刀而出
割睛珠入刀式
自明角罩橫徑上刺入使睛珠隨刀而出

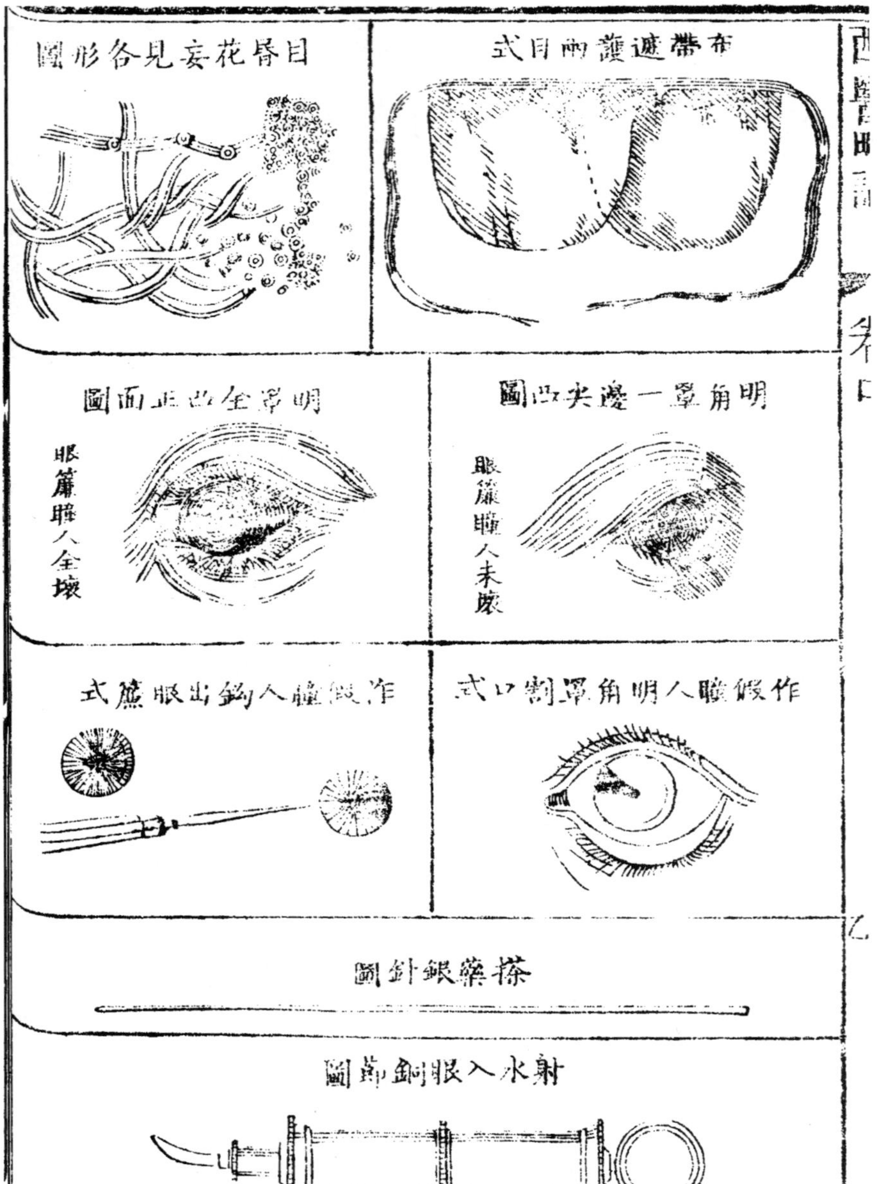
目昏花妄見各形圖
布帶遮護兩目式
明罩全凸正面圖
眼簾瞳人全壞
明角罩一邊尖凹圖
眼簾瞳人未壞
作假瞳人鉛出眼簾式
作假瞳人明角罩割口式
搽藥銀針圖
射水入眼銅節圖

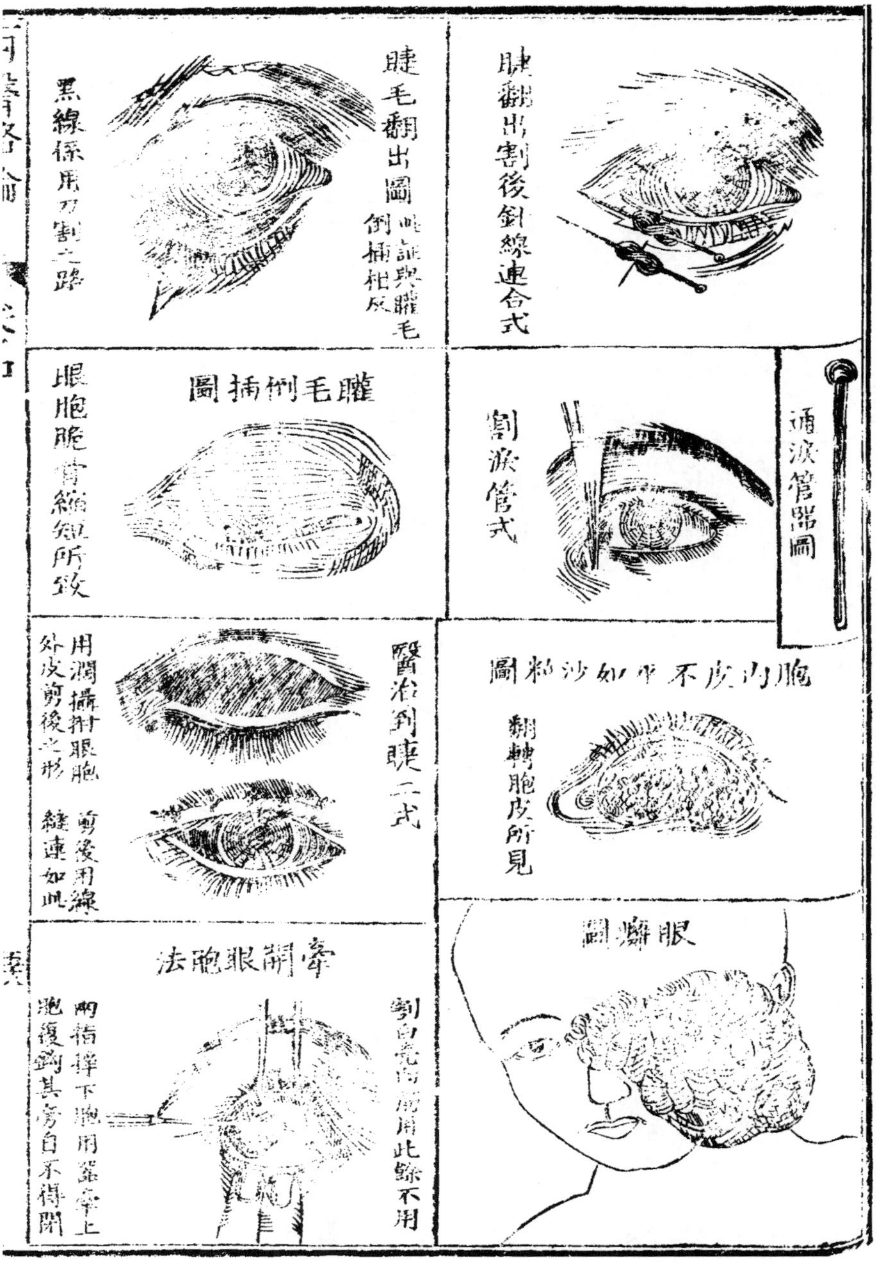
睫翻出割後針線連合式
睫毛翻出圖
此証與睫毛倒插相反
黑線係用刀割之路
通淚管器圖
割淚管式
睫毛倒插圖
眼胞脆骨縮短所致
胞內皮不平如沙粒圖
翻轉胞皮所見
醫治倒睫二式
用鑷攝起眼胞外皮剪後之形
剪後用線縫連如此
眼瘤圖
牽開眼胞法
割白翳時須用此餘不用
兩指撑下胞用器牽上胞復鈎其旁自不得開

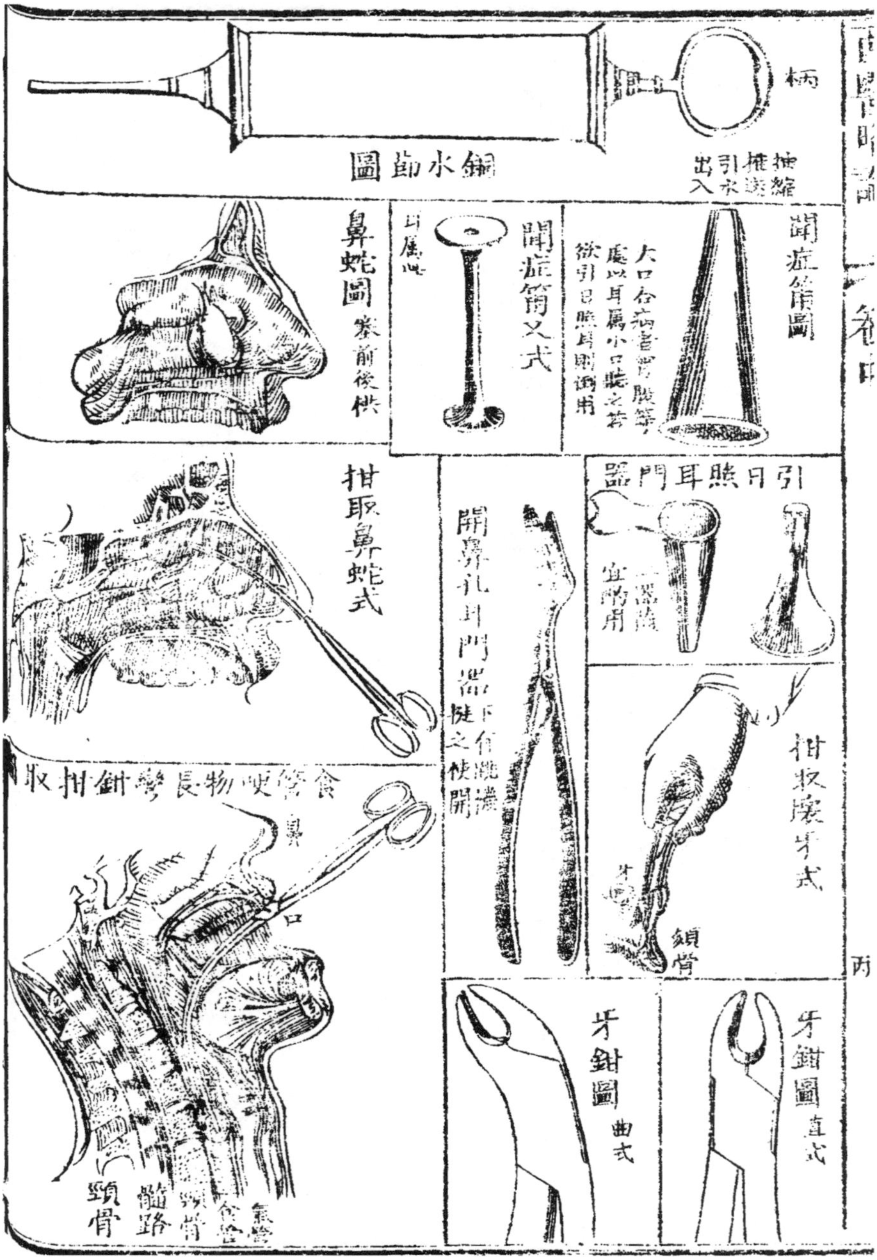

銅水節圖
柄
鼻蛇圖
開症筩又式
開症筩圖
引日照耳門器
拑取鼻蛇式
拑取壞牙式
牙鉗圖 曲式
牙鉗圖 直式
食管哽物長彎鉗拑取
鼻
口
頸骨
髓路
食管
氣管

耳鼻口舌等証

耳病或在外竅或在中竅或在內竅病証多端今專就外竅言之凡醫治耳証令病者以耳門對日光射之處比燭更明或先用箭入竅三四分以承日光尤妙若見竅內乾淨膩蠟不多耳膜白色未爛無膿知病不在外竅也須從中竅內竅推究若有外物入耳如小兒耍泥砂木石豆粒玻璃屑之類易入難出不出定有關係治法一溫水用水節射入耳門使物從水流出一用鑷將物拑出若圓粒不能拑者用挖鉤出又有自生膩蠟或先曾病耳醫者妄用藥末塞滿耳竅遮蔽音聲而聾者法用溫水一二兩水節射入數次或膩蠟堅與竅皮相粘用溫油少許

滴入、外用緜花塞住耳門、不使流出、隔一二日、膩蠟浸軟、或用挖、或用鑷取去之、凡用水節、宜面盆在下、承接污濁之水、

外竅有膿此証小兒最多、臭穢流出耳門、其故或因炎証、或因外物內入、或因出牙、或因痘後身弱、或因熱毒麻証之類、或因傷風之類、有時耳竅有膿、眼久畏光、是虛炎所致也、治法有炎耳內痛、宜耳後用螞蟥吮、頸後貼斑蝥膏藥、鈎膿身熱瀉之、內服止痛藥。外用滾水。沖浸無花果、麥糠、野菊花、罌粟殼等、入布囊。按貼耳後周圍痛處、或炒熱白鹽、隔布袋。另用膽礬水、或白礬水、或鉛水、或鴉片酒水、節射入、如無水節、滴入亦可、有時因耳門內生小膿瘡、甚痛、審明、應用刀刺開、有浮肉、用鑷拑出。○耳

聾証不在外竅在中竅內竅者多大概腦筋壞難治今不具論

鼻証

鼻血　鼻血之故或因跌打外傷或因用力飲酒過多或因身虛血稀薄流出或因心肝有病血不通行或全體熱証或頭內血多而溢或婦人經閉皆能致此人有患腦炎或熱証因鼻流血而病自愈者蓋鼻血即與放血蜞吮等法同理此造化以病醫病之妙用也若身虛鼻血不止面白頭昏者應治治法用豬膀胱一具滿貯冰塊置頭額或背上無冰代以水晶一塊或布浸冷水亦可一法沒石子末吸入塞鼻孔或軟布作長捲塞入前棋有時塞前棋血仍不止危險者應急塞後棋或左或右法用

銀鑾針穿線、自鼻通入喉、用鑷拑出、軟布作小墊、結線上、仍自前棋抽線還入、使布墊恰塞後棋、線端一留口角外、兩三日後、欲去其墊、一抽卽出、見後圖內服止血藥、如沒石子白礬醋之類、

鼻蛇　鼻中生瘜肉、漸大而長、形略如蛇、故名鼻蛇、其根內連於骨、有短有長、有小有大、有一條者、有多條者、或塞前棋、或塞後棋、或全塞、或半塞、語聲不淸、呼吸不適、法就日光射入、易見、或探針試確、應用鼻蛇鉗拑住、鼻蛇鉗圖見後口有齒、一轉卽出、有血、用冷水止之、

口証

缺唇　又名崩口、又名兔唇、小兒胎中帶來、或濶、或窄、或當中、或

偏一邊或兩邊各缺有時累及上腭言語不清治法濶鉗直拑缺唇用交剪或鋭刀剌破左右相同兩邊對合用針橫貫綁結兩端見後圖外用布帶纏護勿多言勿大笑三四日後取出針兩邊自能合而爲一有左右各缺者應同時齊割綁結凡小兒患此者早治爲宜此証有因牙不齊擠住者應先將牙取去

下唇生肉瘤或有毒或無毒宜及早全割去線結三四處連合之即愈

小兒乳牙小兒生牙有時欲出不出牙肉紅腫痛身熱不安有瀉痢腦炎戰癇而死者應用牙肉刀割開牙面肉使牙尖透出即時各証皆愈但須割至牙尖太淺則無益

齓牙、**破牙**、七八歲以上、脫換乳牙、若新生之牙、因乳牙擱礙、參差歪邪、應用牙鉗拑去乳牙、使新牙漸能長齊、有大人牙自壞爛成孔、痛者服止痛藥、如鴉片膏之類、西國用絲花小團、裹在銀針頭上、浸幾阿蘇油少許、塞入孔內、止痛甚妙、幾阿蘇番藥名、係杉樹脂液從吧嗎油中蒸出、若破碎妨礙者、亦用牙鉗拑去、不痛、應洗淨、絲花擦乾、用水銀及銀末、水銀多少、視孔之大小、銀末加水銀一倍、置手心和作一粒、塞孔內、一二日咀嚼如常、若孔小、則用金箔塞入、

舌下軟瘤此因舌下生水核、管長大、漸偪舌尖縮後、語音不清、此瘤大小無定、大者或如雞卵、摸之軟、如非肉瘤、探膿針試之、有水如膠流出、治法、濶鑷拑住、剪開一塊、水流出、即消、後用收

斂藥漱口如白礬兒茶沒石子之類但此瘤必須翦去一塊若僅用刀刺水雖流出口合後仍易反復

舌癰小者可割或用細線緊紮根周圍如治血瘤法根漸紮漸細而脫潰爛則不治

小兒舌不能伸因舌底筋太長將舌絆住吮乳不利長大說話必難應及早用鈍尖交翦將筋翦短翦尖宜向下勿向舌防傷脈管也或翦一次或翦兩次即愈

舌受傷食物自咬其舌或因別故所傷無血能自止血不多無妨若傷脈管血流不止危險應用線綁結脈管更宜止血收斂等法

舌炎　腫痛難吞嚥、言語不利、涎水多、身熱脈大、治法、服發表及瀉藥、舌下外面蜞吮、溫水漱口、腫甚不能呼吸飲食、危險者、用放膿刀割舌面出其膿血自愈

舌生爛瘡　初起白泡、漸至潰爛、或因身虛、或因牙爛、有鋒尖觸舌、或因疔毒、治法、虛則補之、牙觸礙則鉗去之、有毒則服解毒藥、用濃各息的水、筆搽、或硼砂水漱口、舌周圍爛、硼砂末蜜和、筆搽數次、

牙肉病　牙垢漸將齦肉擠開、牙搖動脫出、治法、將垢刮去、用梹榔灰、或石粉樟腦末和擦、日二次、淨水漱口、有時牙肉浮腫、血流出、痛不能食、宜野菊花水、或硝三錢、大麥水十兩、漱口、有時

肝胃病所致宜補胃瀉肝用收斂藥水漱口如見茶沒石子白礬硼砂檳榔之類多食葡萄檸檬最宜如無醋水亦可

牙肉膿瘡或因牙壞或因牙窩骨壞或因牙根生炎膿欲出不出瘡雖小極痛治法先用熱水漱口外用鹽炒熱或麥糠沸湯冲入布囊隔腮肉按住痛不止膿不出須用牙肉刀割放其膿即愈

牙窠肉瘤在兩牙之間擠開兩牙而出有累至三四牙者由漸長大不甚痛此無毒非癰也左右牙必脫應用小鋸鋸開牙窠骨割至瘤根盡處若不割至瘤根雖割仍恐復生割後血流冷水漱口止之不止用軟布作墊塞住窠骨鋸處壓一二刻即止

西醫略論　卷中

合缺唇圖

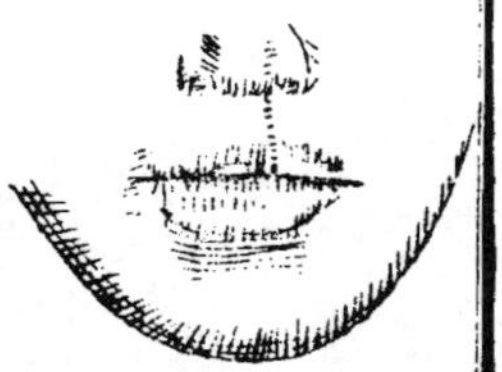

牙外凸須先取去

缺唇圖

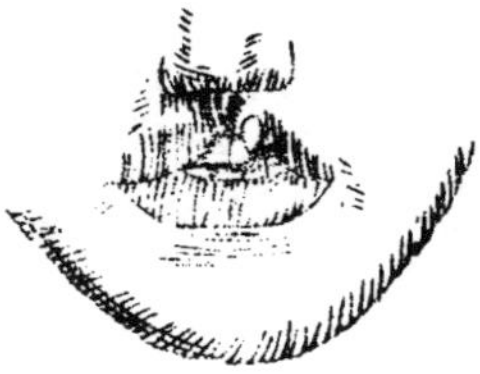

黑點係刀割之路

缺唇圖

針線綁結缺唇式

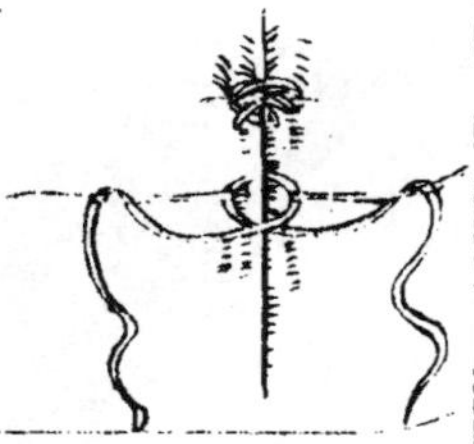

剪去針兩端如上式

左右缺唇圖

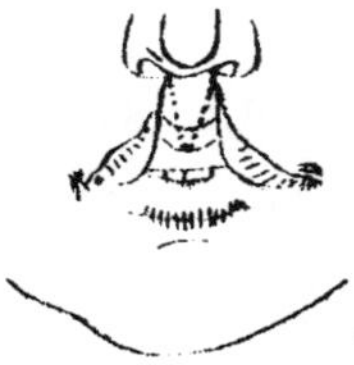

黑點係刀割之路

缺唇綁線圖

唇瘤圖

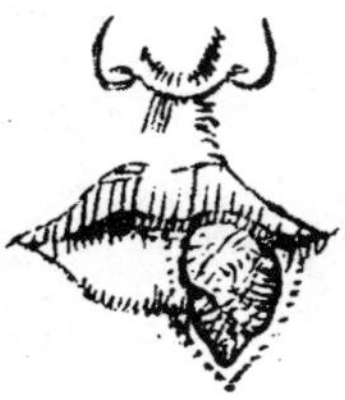

黑點係刀割之路

執塞鼻內棋止血圖

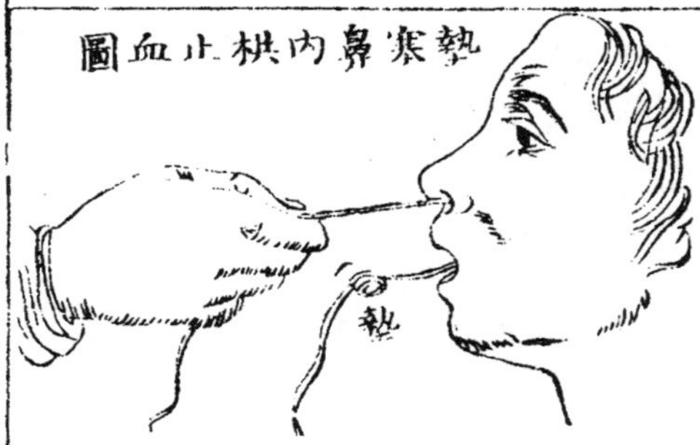

牙縫生瘤圖

肉瘤鉗圖

鼻蛇鉗圖

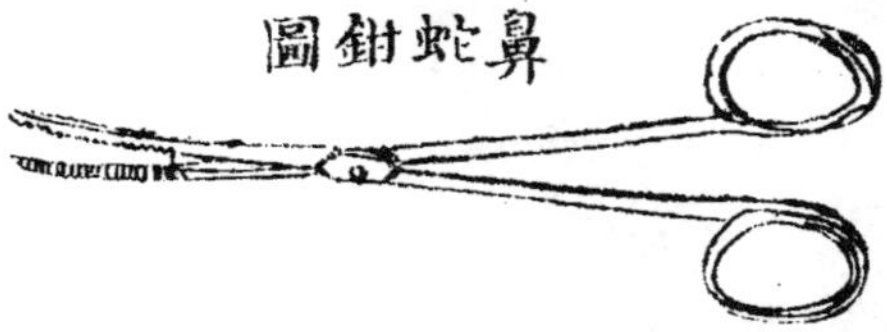

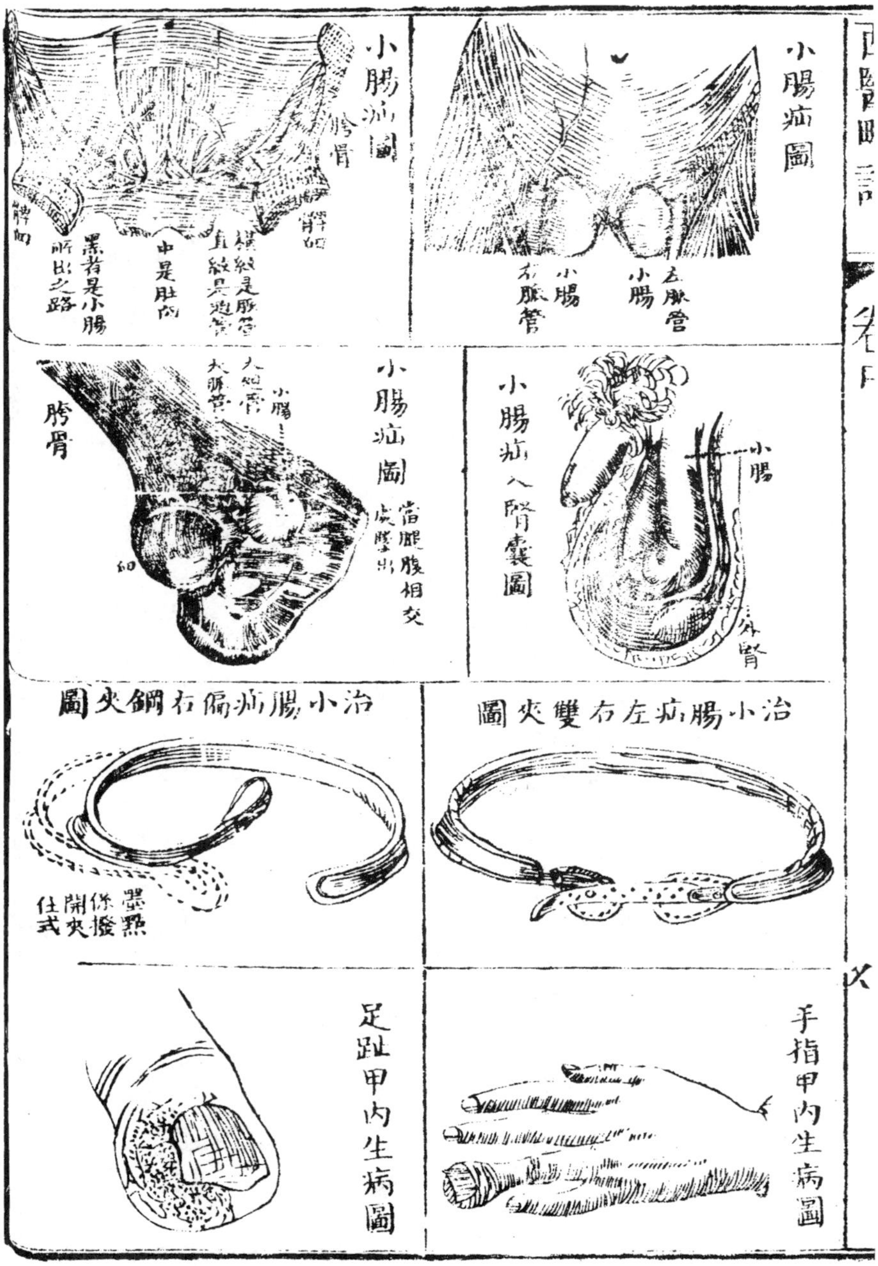
小腸疝圖
胯骨
黑者是小腸所出之路
中是肚肉
小腸疝圖
右脈管
小腸
小腸
左脈管
小腸疝圖
胯骨
大脈管
小腸
當腿腹相交處鑿出
小腸疝入腎囊圖
小腸
外腎
治小腸疝偏右鋼夾圖
墨點係撥開夾住式
治小腸疝左右雙夾圖
足趾甲內生病圖
手指甲內生病圖

胸部外傷

胸部傷分內外淺深能累心肺總脈管大有關係亦與頭骨外傷防內累腦其理相同大概傷在外及傷淺者易治醫者防有內傷或知不準確不可妄試靜心稍待自有病狀現出

肺經受傷　喘促欬嗽痰中有血傷大血管則血多傷小條血管則血少此一據也不論上下前後左右何處受傷呼吸之氣自傷口出試以燭焰置放傷口卽見吹偏之狀以耳聽之覺有聲此二據也有時或膿或血或氣停聚胞內肺被壓偏收束短縮失其功用呼吸不利此三據也受傷之故或被刀劍擊刺或被鎗彈打入或脇骨撞傷論其危險約有數端有因受傷後血停

聚爲患者、其血或欬而出、或嘔而出、色紅而多、極危、脈細無力、頭昏、氣喘、一身盡白、膚冷、無精神。血漸減者可生。有時血從傷口流出、是肺經胞內之血出也、多則必死。有因外傷致肺經或胞膜生炎者、一二日後、病狀氣喘欬嗽、痰紅色而稠、結肺管塞住、失其呼吸功用、以聞証筩按聽、如有兩指捻髮之聲。有因胞內生膿者、數日後、受傷一邊脇骨間高凸過對邊、試以手撲之、其聲實、因有膿在下、偪肺升上、無氣流行故也。又有氣從傷處入皮膜者、是肺經呼吸之氣、泄出、一半偪入皮膜、通行各處、氣所到之處則腫、摸聽如有兩指捻髮聲、亦危証也。治法、彈丸危過刀刺、西醫有久歷軍中者、論此証云、礟彈傷肺、十有五死、因有外物入內更危且脈管眞傷故也有即時死者過三日不死可望有救若兩肺同時傷則危險極矣此証皮血略傷不內槩無血無炎易治軟布浸溫水拔貼油紙盖護布帶纏束或以潤膏藥護之刀劍刺劄傷口用線縫結一二處輔以合口膏藥若探有外入之物能取出則取去之有炎身熱不安用治炎証法疑有膿壓肺於五六脇骨間先入探膿針試之右低恐入肝左高恐入心故須準在五六脇骨之間如有膿用套管針刺入引膿外出可也

心經受傷　心爲衆血之府傷則驟失多血大概極危險論其緩急上邊危過下邊上房危過下房死之遲速以此不同昔有兵丁曾經礮傷六年後患他証死剖視之見彈丸在心下房心自

裂開亦一奇也、有時大脈管或大迴血管受傷、危險亦與心同、均無治法、

肚腹外傷

肚腹外傷、多過胷部、約分三種、一種外面或被拳打、或被脚踢、或被馬踹、或被輪壓、皮肉未損、有安臥一二日如常者、有時內累大有關係、或肝胃脾腎俱裂、更多肝裂、因肝之本體大而實、易裂故也、大概裂皆死、有卽時死者、有三四時死者、有兩三日後死者、凡裂必有血、血多則死速、醫者但見外傷、後面白身冷、脈細無精神、肚腹痛、或便血、或嘔血、卽應推究所傷何處、腎傷則溺血、胃傷則嘔血、大小腸傷則便血、肝傷則一身皮盡黃、此其據也、內傷大概難治、罌粟殼水潤肚腹、略止其痛、頭昏軟弱無精神、宜用補精神藥、緜被蓋護、令身煖。一種外面損傷、未至內累、無甚關係、但將傷處或用線縫結、或貼合口膏藥可也、一種傷過胞膜入裏面、關係大小腸胃露出、有露出無傷損者、有露出復傷損者、有在內先已傷損、或出或不出、大概肝腎脾不能露出、惟大小腸胃露出爲多、小腸及肥網爲尤多、治法令病者僂身、寬鬆肚腹、將露處沾染泥土污濁、先用溫水洗淨、以手指輕偪送入、宜漸不宜急速、凡露後、漸出漸多、傷口小、不能送入、應用鈍尖刀將傷口上下略割三四分、即能送入、線縫傷口、護貼合口膏藥、外用軟布壓之、布帶周圍纏束、內服鴉片膏二三釐、令病者熟睡、以傷處一邊著牀、如不能睡、再服、必服鴉片熟睡者、一安其身體不至妄動、一免便溺之勞、一免生炎病者安居靜養勿接賓客勿多言語食粥三四日後食雞湯肉湯之類便秘不宜瀉只可用大黄一塊納入肛門以引之若小腸肥網並出者先入小腸次入肥網以上係露出未裂治法也若露出裂壞者或屎或血或屎從裂處泄出危險難治應先將裂處細心對合用細線縫結然後送入若裂口生肉縣塞住可望漸愈有時就醫已遲不能還入只可聽其自成假肛門以出大便亦可免死惟屎出肚腹内者必不救

受傷一二日後有時肚腹胞膜内生炎滿腹痛劇手不敢摸衣不欲觸嘔吔發熱面白煩愁脈細數舌乾大便秘極腹内有風有水擊之聲如鼓大有關係治法詳炎証篇外用蜞吮釣膿等

法、罌粟水潤肚腹、內服迦路米三釐、鴉片膏一釐、日三次、兩三日後、齦腫止、勿服、戒口、炎減、服雞肉等湯、

胃傷　汁流出、嘔血、無精神、軟弱之極、危險、

肝傷　大痛而嘔、傷處有膽水流出、溺深紅、周身皮色黃、至危險

膽囊傷　必死、

脾傷　深者必死、

腎傷　血從溺出、或溺自傷口流出、多膿、皆極危險。

膀胱傷　溺漏入肚腹必死

肚腹水脹　此因外傷後、舊炎、或心肝脾腎本體壞、或功用壞、妨礙血行、有水泄出、聚積肚腹之內、肚腹膨脹、醫者以手摸試、壓

其左則水偏而右壓其右則水偏而左探針試之水從針流法用套管針當肚臍下一寸刺入抽去針水從套管湧出面盆承接盆滿以指按套管口傾去再放務俟水盡方去套管刺時令病者坐牀邊放水後即安臥有因放水頭昏者安臥一二時即無妨外用濶布帶纏束補助肚腹此法係因水在肚腹胞膜之內病者辛苦不安刺放所以安之非能治其病源也後若反覆可以再放一法用探膿針刺入臍之上下一二處使涓滴漸出有出至兩三日或三四日者亦能使水脹漸消此緩放法也內服發表及通利大小便藥虛弱服補藥〇凡肚腹膨脹病原必在臟腑或本體壞或功用壞膨脹是其証據故放水係治標法

西醫略論　卷中

不能治本若欲治本須於臟腑體用求之

婦人子宮核脹大　婦人子宮左右有核有時生水脹大與前所論肚腹胞膜生水病原不同胞膜生水滿腹皆軟此則中實而左右軟探針試之胞膜水清或略黃此則稠結或白或黑或如乳或如油其核有漸長大至四五十斤者其故殊不可解法於臍下一寸至一寸半處割外皮口長三四分大套管針刺入必用大套管者因水稠結管小則不出也引水流出後用合口膏藥貼割口或用潤布帶周身纏裹但此症無治法因水多身重不安引放其水能令暫安非能治其病也此症中土婦女頗多因無別證有經數年不死者勿妄服藥恐無益而有損也

乳証

乳頭腫硬 乳病婦女爲多、男子亦間有之、十五六歲男女偶然乳痛、多有不治自止者、此乳病之輕者也、有時婦人乳頭痛、小兒吮之痛更劇、或小兒因乳頭腫硬不願吮者、法用兒茶水、或沒石子水、或白礬水、或鉛水洗乳頭、並宜井水、略搽猪油、小兒吮食先後俱用溫水洗淨、凡婦人未生育前、防有此病、即應豫用凍水頻洗乳頭、或白礬水、或酒洗亦可、

乳生膿 乳炎証、熱痛紅腫、不久即有膿、膿或深或淺、淺者自潰、深者難出、必更痛、婦人產子五七日間最多、大概乳血聚、易生炎、或被風吹、或乍寒乍冷、或小兒吮去太少、停住積聚、皆能致

瘺治法、割刺放膿爲上、次則蜞吮、大便秘結宜瀉、外用粥渣等物按貼以潤之、小兒不肯吮防留聚增患、宜令人將乳吮去、或用油搽手心將乳漸偪流出、日一二次、兩三日後自愈、有時新炎變舊炎、功力全失、周圍皆腫、身軟弱、止宜內服補藥、有膿者應刺出其膿、貼潤膏藥、外用潤布帶纏束胸背周圍以輔之。

乳瘤　乳瘤無毒、漸起、身無病、不痛、有漸大者、有幾年不大者、無所苦、不必治、若日益大、妨礙者、不得不割、割法詳瘤論、

乳癰　乳癰有毒、而痛、病原在身、初起未潰、可割、潰爛多則不治、此証無良法、割亦暫救而已、其詳具載癰論、

小腸疝証

小腸下出、或因大力欬嗽、或因二便出力過多、或因提重物所傷、小腸離本位、從肚腹軟弱處偪出、或臍、或左右大腿與肚腹相連處、或腎囊、初起小、愈久愈大、有歷年後大如人頭者、有小兒初生、小腸從肚臍偪出者、試法、指壓不見、放手即見、立起或欬嗽即大、其中或糞或氣、以手按之則鳴、治法、或以指、或以手心送入、外用鋼夾挺壓、長久勿鬆、年少者一年後不再發、不須更夾、鋼夾大小、須量其人之肥瘦、恰合爲宜、中土此証甚多、因無鋼夾、遂不能治、應令巧匠照式仿造、於此証大有益也、有時小腸逼出、不能送還、其故因小腸所出之路、周圍筋帶緊勒、血不通行、久則瘀黑而死、其人亦無生理、病狀必有多炎、小腹緊痛、大便秘結、或嘔物、或嘔痰、或嘔糞、脈數而變色、身不安、漸不知痛、即死、速或一日、遲或兩三日、治法、小腸被筋帶勒住、應將筋帶放鬆、西國治法、令病者鼻迷蒙水、番名呵囉仿、一使昏迷忘痛、一寬鬆周圍肉筋之力、醫者先用手法納送、倘不能入、即須用刀法、以小指探知被勒處、割開筋帶、小腸自可漸送還入、但割法危險、非部位絲毫不誤、手法極熟、不宜輕試、中土人筋力易鬆、可不須割、宜用手法、如無迷蒙水、服鴉片膏三四釐以代之、務使熟睡、不熟睡再服、病者高肩卷腿而臥、不使患處緊掣、醫者一手以兩指拈小腸推送入內、一手心輔之、歷一二刻、勒處漸縮聽之內有聲即係將入之徵但能絲毫略入即全入不難矣入後安臥靜養勿勞動勿遠行大便難服微利藥鋼夾夾住此証有經數年者小腸所出之路愈久愈寬易於出入無勒偪之患但行動不便且因過大不能用鋼夾止可用布囊繫掛腰間以補之大概身有此病者靜養爲宜有時因勞苦忽然燃痛而腫身大不安關係生死者不可不慎○一法小腸下墜病者自以手托住兩大腿斜交緊壓亦能逼入○小兒初生小腸離偪肚臍效嗽即見治法象牙作圓餅或鉛或石或堅木軟布包壓患處外用膏藥護貼不令脫久之漸愈

肛門証

小兒初生無肛門、此証分二種、或全無、或畧有而塞住、屎不出必死、有時屎從小便溺出、暫延性命、終亦死、欲醫治止有割之一法、令乳母抱兒正坐、用銳刀刺入半寸至一寸、以見屎為度、割口宜小、見屎出可以畧大、更用杖布浸油作捲、或小指、或探針輔助、將割口擨開、有時深割不見屎、因直腸過一寸、刀不能及、止可於左腰胯骨之上、當大腸對面割作假肛門、是救命免死法也、有時肛門畧有小孔、或無孔、但為薄皮遮塞、只須微割屎即出也、

痔瘡肛門內外生瘤、名曰痔、或小如菉豆、或大如核桃、或有血、

或無血、或一粒或幾粒、在肛門外者分二種、一種形圓而硬、色半紅半白、因半爲肛門內皮、半爲肛門外皮、一種長圓形、全在肛門之外、其質軟、外痔有經年累月不痛、無所苦、但大便後略不安者、有忽然生炎。腫痛、癢、跳。肛門內覺有物妨礙者。或因遠行、或因飲酒、或因便結、有時腰痛、腿腳痛、欲嘔、小便難、身弱無精神、婦人患此、多見腰痛白帶、或胎不安等証、有時多血標出、者、治法大便或秘或結、宜微利、大黃末匕、入糖蜜和、或每日服、或間日服、大便不秘結、日出一次、即停止、勿服、一法每早食蕉一條、無蕉或梨亦可、每晚臨臥時、大便後洗淨、安臥爲宜、腫痛者、離痔少許用蜞吮、內服鴉片膏一二三釐、水銀散七釐、次早服大黃末一二分罌粟殼野菊花水潤之更用涼水或溫水入水節內偪射痛時坐大澡盆內寬水澆洗脈痛漸減用收斂藥沒石子末一二錢鴉片膏一分猪油七錢攪搽或沒石子水兒茶水白礬水洗俱可外用膏藥護貼或軟布作墊或用象牙一段上端圓銳下端略大似手次指形納入肛門壓住布巾繫腰與托之象牙以油潤之則易入

內痔　大便後即見有時忽腫痛偪出不能入治法與外痔同但外痔有時可割血出易止內痔必不宜割蓋肛門內多血管恐割後血不止也無論外內痔血標流多次前法醫治不止俱宜用線綁紮綁後痛苦宜坐大澡盆內溫水澆洗痔被綁紮一二

日後即死死後自脫如不脫用交翦翦去或用利刀割去搽收斂藥幾次即愈若有幾粒應次第綁紥內痔深藏須令病者努力外偪用小鉤鉤出綁紥但熱痛時不可綁紥只可用溫潤水止痛凡綁紥外內痔應令病者先將大便出盡綁紥後即宜安臥一二日內勿更大便爲要○有年少人肛門左右生爛瘡名毒痔平而堅硬有膿或因父母疔毒或因男色生毒治法以解毒爲主服水銀散搽各息的或膽礬石類用溫水洗淨月餘愈

直腸血出　此証分二種有大便後深紅血標出者是小脈管裂也有大便後紫血流出者是迴血管裂也又有赤痢一種與此不同赤痢血與便雜別見他証此則血在屎外不相混合病原

或因內痔或不因內痔治法先服微利藥後用收斂藥洗肛門若身弱而瘦唇白面黃脈無力心跳氣喘頭昏或腳腫應推究有無內痔有則用醫痔法無則急止其血綁紮血脈管若管不見則用軟布綿花之類作捲塞入肛門內內服補藥如鐵末酒之類

肛門外生膿瘡有深有淺熱跳而痛大便後更痛膿路邪通大腸難治久後累及肺經成癆危險膿路有不通大腸者較輕治法先用鈍刀將膿刺出勿待自裂每日用凍水洗淨或濃膽礬水或挨阿顛酒或各息的水貯水節內射入搽沒石子膏內服補藥

脫肛　直腸脫出、俗名脫肛、十五歲以下小兒、及老人爲多、有脫出少許者、有脫出二三寸者、因肛門周圍肉鬆、大概身弱、治法、凍水洗淨、安臥、放高大腿、軟布浸油、手指推送納入、外用收斂藥水洗、更搽收斂藥膏、凡有此病者、大便坐廁、股宜略懸、自以手指牽肛門邊皮肉、令緊、便後卽時用凍水洗、小兒患此者、毋應加意調護、勿任久脫、久脫則難治、送入後、防卽時再脫、用軟布作墊、壓肛門、布帶絡繫腰前後、令安臥半時、漸能不脫、而愈矣、

肛門管　油浸小指、將肛門展開、或以象牙烏木等作指形、上端圓銳、下端略大、光滑爲佳、大小分三四等、可代手指、用時以油

潤之若肛門小指不能入、割開少許、漸以手指展大、

直腸癰生在肛門上一二寸間、此証不多見、亦無治法、

西醫略論　卷中

溺器証

夫溺者、內腎司之、膀胱藏之、溺管出之、故溺病當推究內腎膀胱溺管三處、內腎專司生溺、左右有長管、引入膀胱、膀胱無溺則縮、有溺則舒、位居骨盤之中、溺略多則略升、多極則升至臍、平日積溺半斤、人即欲小便、若多至一斤、即覺不適、平人日溺三四次爲宜、過數過少、久則防病、暑月雖飲水多溺亦少者、以汗孔泄之也、內腎別屬內科、玆專就膀胱溺管各証言之、

膀胱炎証　有新有舊、膀胱不安、時欲溺、溺中膠涎、或有膿血、此舊炎也、病在內膜、老人爲多、或膀胱本體生厚、或膀胱自病、內皮生瘡潰爛、或內有砂淋、有時溺管有病、漸累膀胱、應分別施

治、自病生炎者、內服鴉片膏、或鴉片丸、納入肛門、以安膀胱、病者靜臥勿勞、頻以熱水貯深大澡盆中、坐一刻之久、食潤物、如粥及煮胡麻子土茯苓之類、更宜服微利藥、勿令大便秘、

膀胱癱証　膀胱失卻舒縮功用而成癱証、小便或全不出、或滿積後略出涓滴、因膀胱無力、不能使小便暢出、或因中風所致○或因下身截癱、或偏癱所累○亦有老人無癱証、忽然膀胱自失功用、又有腦証熱証溺秘不出者、多則膀胱脹裂、溺入腹內必死、凡病者自言溺不利、不能全出、有時涓滴而出、無力暢送、醫者卽應推究膀胱中積溺多少、有無關係、小腹脹大、旁擊之覺有水、是有積溺也、治法、用引溺銀管自陽莖透入膀胱、將溺引

出、立覺鬆適、溺必深紅而腥臭、引溺銀管以銀為之、外面須極光滑、有大有小有長有短有直有曲有略曲、有大曲、須各種俱備、臨証酌用、常用微彎者、約長七八寸、略似鵞毛管、彎端左右有細眼三四、溺自眼入、後有圖、中土不難仿製也、曾見多人小便涓滴而出、病者不自知有積溺、及入引溺管後、引出多溺、有至四五斤者、出於意外、若非引出、其人必死、此証切勿服利小便藥、若妄服、是速其脹裂也、引溺之法、膀胱暫失功用、無別証者、引一二次即愈、若兼別証、須另治病原、仍用引溺法以鬆適之可也、引溺後、服斑蝥酒數滴、腰貼斑蝥膏藥、多著衣令身煖、食潤物、如胡麻子水及粥之類、○無引溺管、或用冰一塊按小

腹、或能令膀胱收縮而溺出、老人用凍水貯便壺、夾腎囊下、亦能引溺、

遺溺　此因膀胱之口、失卻舒縮功用、與前所論膀胱癱証略同、但癱証係膀胱肉不能縮、小便欲出不暢、此則膀胱口周圍之肉失功用、而軟弱不收、所以小便自遺不禁也、有時功用略失、有時功用全失、略失則略遺、全失則全遺、病原不一、或因身弱、或因痔瘡、或病在溺管、或婦人小兒驚恐、膀胱忽失功用、或小兒熟睡、溺出不自知、或肛門內生虫、大小腸不安、治法、身弱宜服雞哪鐵末等藥以補之、有虫食殺虫藥、小兒有因傷食、或過食甘物所致者、宜戒口、有因頑耍過度、勞倦無精神所致者、宜

養息、乳母約計兒熟睡、欲溺時、即應喚醒、使溺、改變其性、勿使習慣、亦能漸止、臨臥勿飲茶水爲宜、

膀胱蒂病　膀胱蒂不日如粟、時或生大如拳、如急欲小便狀、小便極難、久則溺中有膠有膿、老人易患此証、醫者以指入肛門探試、直腸之上、大而實、治法甚難、戒酒、戒房事、戒遠行勞苦、軟弱者食補藥、及一切宜人之物。溺不出、用大彎長引溺銀管入膀胱引出、如無引溺管、用鴉片丸納入肛門、坐深大澡盆中、滿貯洗潤、隨時靜養、保護爲宜

腎溺管生大　此因溺出常不通利、或妨累溺管、或妨累膀胱、久之腎管生大、老人爲多、無治法、

【膀胱外露】有小兒初生、膀胱從胷盤之上外露、小腹前能見膀胱左右兩孔、小便從孔中涓滴流出、臊臭異常、應出溺之管、反無一滴、此是奇証、無治法、大概夭殤者多、

【溺管生炎】溺管自膀胱之口、至龜頭長七寸許、溺水所從出也、有時內皮忽生炎証、熱痛不安、其故或因身虛、或因身有病、或因溺變質、或因流白濁、小便痛苦、膿水交雜、大概無毒者、數日後能自愈、流白濁有毒者、更熱更痛、治法、或鴉片水、或鉛水、或溫水、貯水節內、射入、如無水節、鴉片膏搽陽莖及腎囊之下、亦可、更宜坐大澡盆中、熱水洗滌、內服微利藥、戒口、戒飲酒、戒食熱物、忌行動、宜食潤溺各物、

溺管變窄有初起略通漸窄而塞、常久者、有忽然變窄、初起即塞住、暫時欲溺不能者、其故或因炎証、或因流白濁、致病之原或飲酒房勞過度、或傷於飲食、遂致溺質改變、溺管不安而病生、此變窄所由也、治分二法、忽然變窄、暫時塞住、欲溺不能溺管無病者、鴉片膏四五釐、漿水和貯水節內、射入溺管、如無水節、鴉片膏作丸納入肛門、更用深大澡盆滿貯熱水、下身坐浸一二刻之久、上身用綿被擁護、發表、當有小便出也、內食胡麻子水潤溺、戒飲酒、戒食酸甘、服微利藥、勿令大便秘、一法用硝一分樟腦一二分、滾水冲服、凡患此者、身宜溫暖、勿觸犯冷風、慎飲食爲最要○初起略通漸窄而塞、溺管自病長久者、因溺管

西醫略論　卷中

自生炎証、更多流白濁、或外被打踢跌落所傷、內皮硬厚、管塞溺阻、或在腎囊肛門之間、或在龜頭內一寸、或在龜頭口、或在膀胱蒂前、有一處者、有兩三處者、溺管或略塞、或全塞、溺不能出、久之自尋別路、有從肛門出者、有隨處破皮肉作假孔出者、漸致妨累膀胱內腎、大有關係、病狀欲溺不出、用力強偪、僅能涓滴緩出、至半日即止、夜四五次、皆不通暢、有時溺旋轉而出、散漫不聚、大概略塞可治、全塞難治、治法、一手握陽莖、一手入引溺銀管、約至塞處、將引溺銀管略偪深送入膀胱、溺出後稍停抽出、此法引溺最妙、日用一次、引溺銀管、用手搓熱、搽油令極滑利易入、大小多種、初用小者、漸漸溺管易開、換用大者可也、溺血症或血在溺中、或先溺後血、血之來源、或從內腎、或從膀胱、或從溺管、從內腎者、或因腰被跌打外傷、或因腎內有砂石淋、從膀胱者、或因膀胱內有砂石淋、或因膀胱內皮生瘡傷血管、從溺管者、或因溺管內有砂石淋、或因溺管內生炎、或因入引溺銀管、略傷溺管、治法、病在內腎者、腰痛、宜瀉、坐凍水洗腰、或以猪膀胱貯冰按腰間、外用蜞吮、內服止血藥、膀胱血、凍水八兩、和白礬四五分、貯大水節、射入陽莖內、如無水節、服止痛止血藥、溺管血、有時自止、不止者、用手巾浸凍水絞乾、按腎囊周圍、或以手指在腎囊前後試知溺管出血處、壓住一二刻即止、

無溺　此証或因身體有病、或因內腎有病失功用、忽然不能生溺、百體應消爲溺之物、仍在血中、所以血入腦、漸至昏迷不省、三四日死、

淋証　溺重於水失度爲有病、平人之溺、不多不少、不酸不淡、不濃不稀、溺改變、必因人有病、有時溺中或有粉、或有沙、或有石、總名爲淋、其淺深則有別、粉淋有黃紅白各色與溺混雜、溺時不見、溺出冷定則見、此証較輕、因粉末熱則消化、溺在膀胱必熱、所以無甚關係、小便後有砂隨溺出、即恐成砂淋爲患、砂淋輕者隨溺出、在膀胱不出、漸長大、則成石淋、所以一見溺中有砂隨溺而出、即防膀胱有石淋也、石淋爲最重、膀胱不安、時欲

溺、溺未竟忽止、因石在膀胱口塞住之故、病者兩手伏地、石廻上則溺復出、溺後痛劇不安、或有血出、凡石淋有略覺痛苦者、有痛苦極不欲眠食求死者、蓋石有大有小、有平滑有粗礪、小而平滑則痛輕、大而粗礪則痛劇也、至其小大輕重、迥乎不同、小者如豆粒、大者如雀卵、至大者如鵝卵、輕者十釐、重者十兩、至重者三十兩、大概過十兩、剖不剖皆極危險、鮮有不死者矣、其由小而大、必以漸生、一層大一層、有數月即大者、有數年始大者、致病之故、不甚可解、大抵人之性質近熱則易病熱、近寒則易病寒、有易患沙石淋者、或亦性質與淋相近也、治法溺中見有粉沙、小便不暢、溺管雖尚未塞、須豫防久延爲患、應戒勞戒酒戒食甘物、及糖麵所作餅餌之類、宜食新蔬熟果嘉肴、蔬則水芹爲佳、果則葡萄檸檬爲佳、肴則肉湯牛乳雞子爲佳、內服微利藥、水銀散五七釐鴉片膏一二釐、間日夜晚服、次早服大黃微利、黃連補胃、或分用或合用、更妙遷徙他處、更換水土、初起依此法醫治、或能改變性質也、若石淋痛苦、外用鴉片入肛門、坐大澡盆熱水洗潤止痛、凡石淋之小者、塞住溺管口、宜銳尖刀剌割分許、用挖鉤出、稍深者應用長鉗拑出、若深過一寸、應在陽莖下割開溺管、用鉗拑出、惟正當腎囊處不能割、若在腎囊後、亦可割開拑出。石淋之大者、用探膀胱針自陽莖透入膀胱、四面搖探、準確、應在腎囊肛門間割開、用長鉗拑出、大

溉有淋不出終必死服藥不能消最危險西國醫治止有割開排取一法生者居多〇凡有此病者宜靜養切忌遠行勞動

小兒陽莖外皮孔窄小兒陽莖外皮孔竅小不能翻轉遮蔽龜頭溺難出法用銀針引導銳尖刀或上或下刺開四五分使龜頭易露溺自利矣此証久恐外皮與龜頭連合故須早割爲宜〇有小兒初生溺管口不開展溺不出者用銳尖刀略割分許自能展開易溺矣

腎囊証

外腎炎証　外腎熱痛紅腫、按之堅實、頭昏、身熱而嘔、外皮痛劇不欲觸、時痛上腰、有漸起者、有忽起者、或因疔毒、或因跌打外傷、治法應用蜞吮皮痛者、稍離吮之、如無蜞、用利刀刺數眼使血流出、並用罌粟花水、野菊花水、助血流而潤腎囊、夜晚服鴉片三四釐、次早服瀉藥、不應、用迦路米鴉片膏共作一粒、夜晚吞服、兩三日後、口流涎、齦腫止、勿服、後來痛減、仍腫硬、宜用水銀黑膏、或塗手心搽、或攤布貼、外用布帶纏壓、此証宜安臥靜養、忌遠行勞動、臥則墊褥在下托之、行立則用布巾繫掛腰間以輔之、

西醫略論　卷中

外腎變小　此証或因房勞過度、或因跌打外傷、或因炎証關係、外腎小如豆粒、功用全壞、無治法、

外腎痛　外腎不熱不紅不腫、但痛劇、是腦筋不安也、內服補藥、雞哪鐵末信石酒之類、外搽鴉片膏、或哥囉昉水傾滴布上貼住、外用油紙蓋護、凡腦氣筋痛、不論何處、俱應補雞哪鐵末信石酒、皆止痛補藥、中土則黃芩黃連肉蓯蓉淫羊藿本草皆稱止痛、但未經親試、不敢臆斷、

腎囊水疝　此証老人小兒及壯歲人皆有、水在腎囊包內外面光滑、不紅不痛、而軟、雖腫不覺重累、一手握住、一手撲逼、即覺有水冲至、探膿針試之、有水流出、新生數月者、以目側台腎囊、

用燭燃照、目雖不見燭、覺光透過腎囊、舊者皮厚、光不能透、此証與小腸疝相似、辨法、小腸疝腎囊上大下小、此則上小下大、一據也、小腸疝令大欬、卽見偏出、此則常不改變、二據也、小腸疝以手提偏仰、小或不見、此則提偏不改變、三據也、有時腎囊左右兩邊、一患小腸疝、一患此者、又有腎囊上患小腸疝、下患此者、又有左右皆患此者、皆應細究。至外腎炎証、腫大、與此又有別、睪炎証、堅痛而重、以手撲偏、無水隔腎囊、不能透燭光、皆與此証不同也、治法、水銀黑膏、或搽、或貼、外裹合口膏藥數條、壓護、布帶纏束、輔助此散法也、治小兒最宜、若大人不能散、應用套管針、邪入腎囊、（見後圖）抽去針、水從套管中流出、必邪入者、防傷外腎故也、引出之水、或清黃色、或白、或微紅、或幾兩、或一二三斤不等、引盡後抽去套管、不須更貼膏藥、如無套管、針用大縫針刺兩三處、深半寸許、或一寸、使水滴出、有時滴入外皮膜內能自散、但此証數月後每漸反覆、西法用套管針、自腎囊刺入、抽針引水出、以愛阿顛酒、或黃酒貯水節、自套管射入、少頃熱痛、以手握腎囊、偪水外出、即取去套管、如無水節、可用手握腎囊在前、以縫針穿線一二三條、經貫腎囊、翦去兩端線、稍兩三日生炎、將線抽去、以上二法、俱能令兩邊胞衣相連、不至有反復之患、數日內宜安臥靜養、勿行動煩勞、

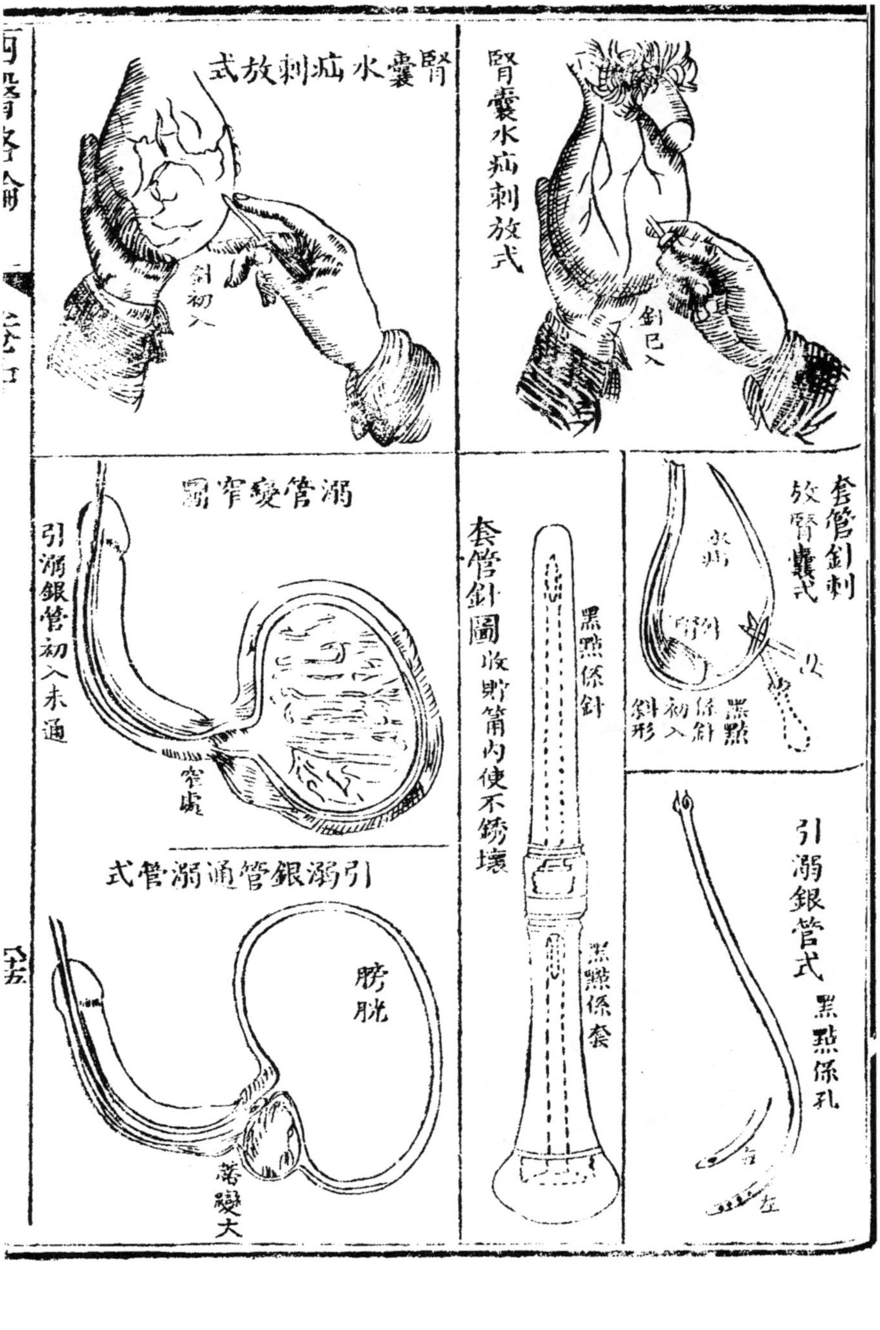

腎囊水疝刺放式
針初入
腎囊水疝刺放式
針已入
溺管變窄圖
引溺銀管初入未通
窄處
引溺銀管通溺管式
膀胱
落變大
套管針圖
收貯箭內使不銹壞
黑點係針
黑點係套
套管針刺放腎囊式
黑點係針初入斜形
引溺銀管式
黑點係孔
左

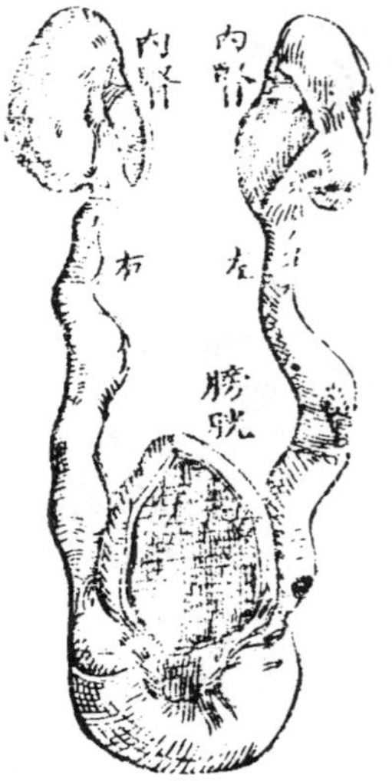

腎管變大圖

探石淋器入膀胱圖

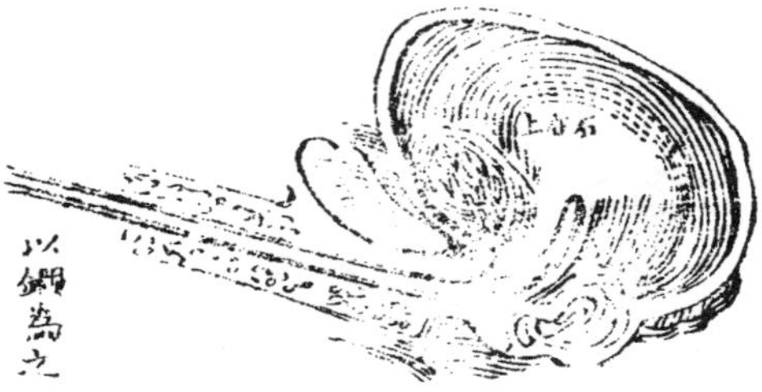

探石淋器入膀胱圖

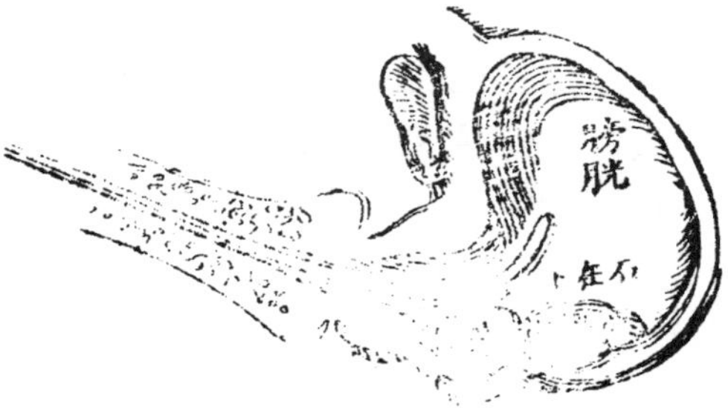

石淋圖

探石淋器入膀胱圖

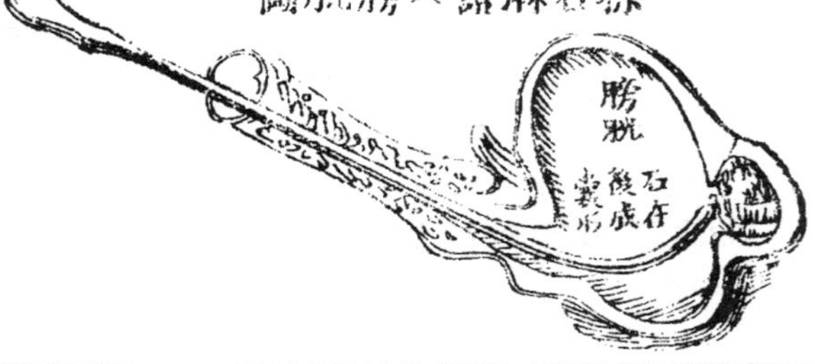

醫治石淋所用鉗刀半管圖

膀胱引刀器

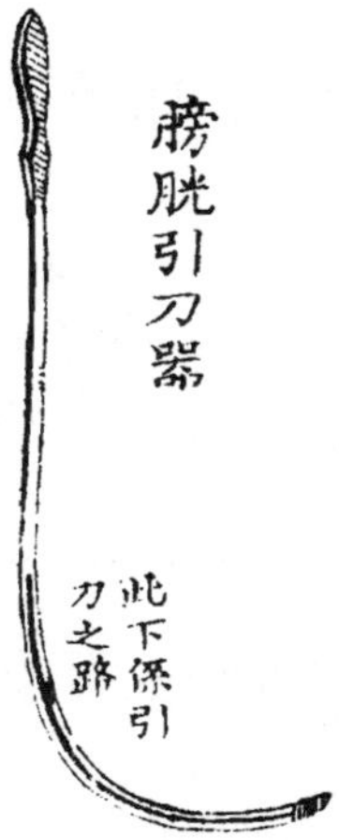

割膀胱刀式

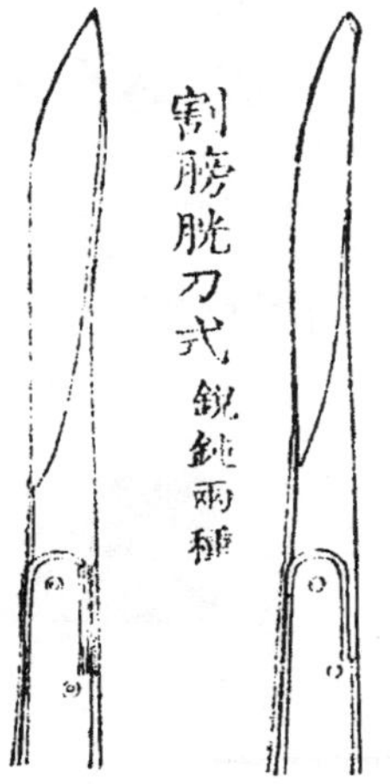

剖開石淋圖

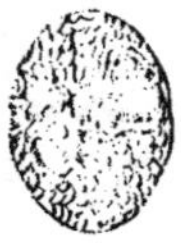

割取膀胱石淋式

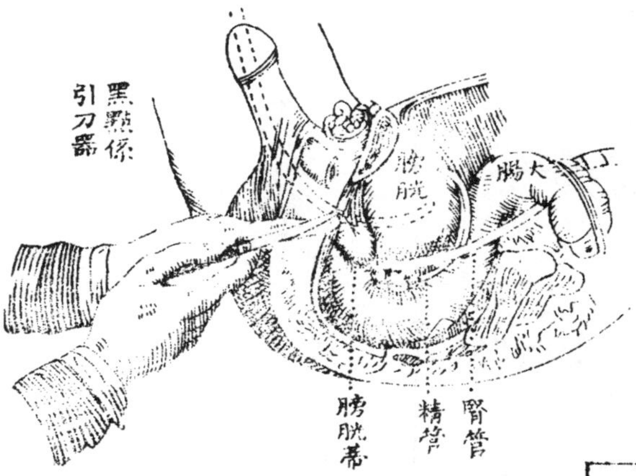

夾碎膀胱石淋式

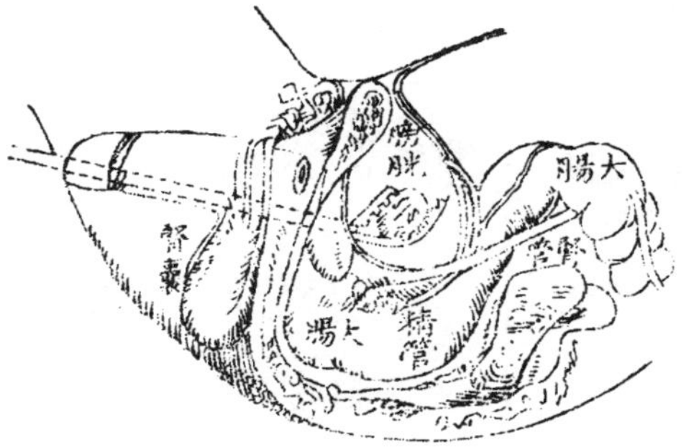

夾碎膀胱石淋器

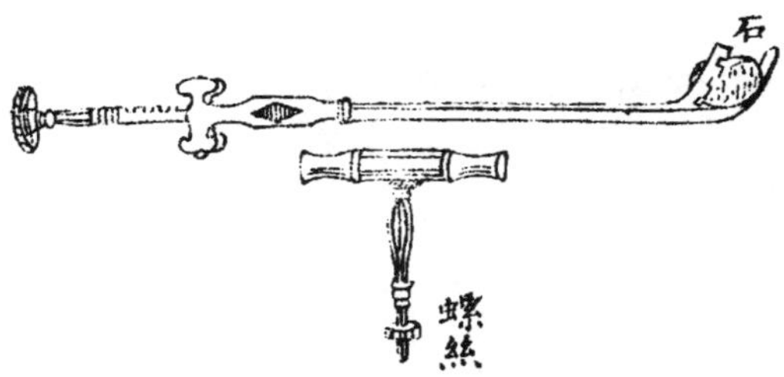

石淋層累圖

石淋凸凹不平圖

石淋大小各形圖

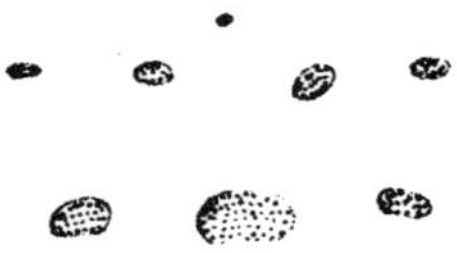

顯微鏡所見沙淋各形圖

顯微鏡所見沙淋各形圖

顯微鏡所見沙淋各形圖

拑取石淋長鉗式

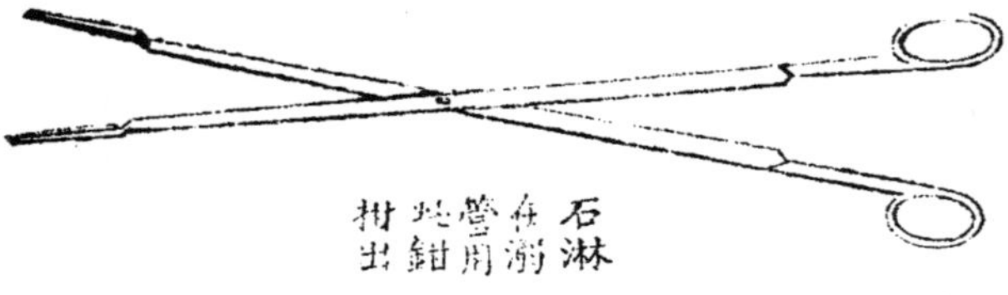

石淋在膀胱用此鉗拑出

急救証治

救縊死　縊死之狀有三、一種頭被繩扭、頸骨脫、脊髓壞、即時死、一種繯縊緊密、塞住氣管、呼吸全不通、二三瞥睨死、（每時一百二十瞥睨）一種繯縊不緊、呼吸略通、頸脈管前二條壓住、後二條因通頸骨左右之路不易壓、所以赤血能半入腦、但迴血管被壓、紫黑血不能出、妄從耳鼻口眼溢出、昏迷不省、漸死、大約縊過四五瞥睨者必死、縊未久、毒血未傷腦、心尚跳者、或可救、救法、即時將繩割斷、鬆開、平臥、凍水澆面、熱水浸足、熱物擦胷、大概急治間有復生者、遲則不救、自縊者多於隱僻之處、不令人知、所以十有九死、

救溺死　凡人溺水呼吸不通、心不跳、血不流行而死、蓋心肺相關、肺不呼吸、則心亦不能跳動、赤血養氣不入、炭氣不出、全體之血皆變紫黑、腦中有毒血、所以神識昏迷、漸致心不跳而死、大約心略跳尚可救、心不跳必死、不可據脈爲憑、蓋脈至源於心、心略跳則脈至微甚如無、勿遽決其必死也、溺後全沈水底者速死、或浮或沈者緩死、救治愈久愈難、全沈水底過四五暋眠猶生者甚少、中土醫書言隔宿尚可救、妄也、或言善泅水者、能在水底經過半時、亦妄也、大約半時之內、偶有生者、應盡心救治、救法先將溺者撈起、但不善泅水者不可入水救人、蓋溺者力大、欲假人力而出、勢必牽曳救者不放、救者力不能勝、恐反從之死也、應用竹木竿、將溺者鉤起、令頭面先出水上、岸舁至避風處、速解衣服、拭乾全身、乾手擦心胸及手腳各處、更以手壓偪心胸、助氣出入、切勿倒置、希冀出水、蓋其人尚未全死、會厭（即氣管戶門）緊閉、水一滴不能入肺、倒置無益、反速其死也、外用緜被擁蓋、熱水貯器內、（大玻璃瓶尤佳）置心胸左右腋腿四各處、以暖之、一法、塞病者鼻孔、自以口合住病者之口、大氣吹入數次、使病者氣復迴、一法、將全身浸入溫水、但露頭面在外、東水澆灑、臥室常令溫暖、此最妙法、如倉卒無溫水、不能久待、速就日光曝曬、摩擦、無論何法、但能心漸跳、呼吸略通、即可有望、凡救溺須急速、甦後服熱茶、或少飲酒、補精神、後有頭痛發熱等証、

宜服瀉藥、

頭昏失魂　初起、面白、欲嘔、唇青、頭面有汗、忽然失魂跌蹼、心不跳、慌心暴失功用、腦不接血、病原或因驚恐憂愁、或因喜樂無極、或因虛弱久立、或因外傷流血過多、或見醫者割鋸恐嚇、或因他病苦劇所致、治法令平臥、熱手擦心胸、凍水澆面、鼻阿摩尼阿、番藥名見後甦後服熱飲、或好酒、或樟腦酒數滴、補精神、

癇証　俗名發羊癇、又名羊兒風、忽然跌落在地、昏迷不省、四肢抽搐、口多涎、有時怪聲呼叫、有時自蹈水火溺廁、多致危險、若呼吸不通、即死、治法改頸前衣扣、勿令拗住、用筯撬開上下牙、防緊咬舌、過數時既、或一二刻漸醒、未發時豫用膽礬一二釐、

每日水沖服更宜服補藥戒飲酒房勞等事但全治甚難平日應防護勿獨行危地

救凍死 冬月嚴寒人冒風霜冰雪有跌蹼而死者周身冷硬如水剖視腦肺多血停聚初起凍極欲睡睡則冷更甚心漸不跳呼吸不通而死治法舁入房內解去衣服用雪水徧擦全體若無呼吸醫應以口合病者口大氣吹入肺漸軟漸甦凡救凍死者若驟入暖室及用溫水火鑪之類其人必死蓋冷與熱相對傷於湯火者驟冷則死傷於風霜冰雪者驟熱則死其理一也有時身未全死惟耳鼻手足凍如冰鐵若驟近溫水火鑪之類即成死肉証治法應先用雪水洗擦次用凍水後用溫水方能

西醫略論　卷中

漸廻凡冬月嚴寒冒風雪遠行者耳鼻手足各處宜用獸皮作套包護可免此患切忌半途坐臥休息必反增劇

救餓死　人有飢餓將死者欲救之止宜先令服米湯以次食粥食飯切勿驟令飽食驟飽必死

救霍亂　此証嘔吐腹痛一二時即死急用鴉片膏三四釐樟腦七釐至十釐冰片更佳。滚酒和服每一二刻食一次痛止爲度。另用熱水貯器內或土磚炙熱布包置心胸腋下腿凹等處。滚水和芥末攤布上貼心胸間能救危急○此外尚有可以擇用者如丁香麝香薄荷白荳蔻八角油桂皮生薑等俱可合服但凡有香有油之藥止可水冲切勿煎煮蓋煎煮則香散油消毫無功

力矣

救自刎 凡人自刎傷氣管不必死若傷食管及大脈管一二嘗呢必死無救法有時傷小脈管血塞住氣管應將結血取出綁紮脈管令頭略低臥用線縫結割皮三四處外貼濕布此證必大渴止渴法濕布置口中吮之或用黃酒漱口食管斷食入自斷處流出不能入胃救命有二法一雞湯或豬牛羊肉湯貯大水節內射入胃中以補之一法自肛門用大口管灌入亦能暫延但此人常宜防備恐其自戕二次則難救

救中炭氣 凡燒炭爐所出之氣曰炭氣密室內燒炭不通風或多人聚居屋不通風亦有炭氣無水枯井中炭氣尤重三者皆

能殺人、燒灰處坐臥不可近、若欲浚井、應先縋試以火、火不息、人入不妨、若未試過、浚工冒入死於井內、觀者不知此理、入井救之又死、凡救浚工中炭氣死者、應在井上縋繩入井、絡繫死者手足、或用鉤救出、後用凍水澆面、大力偪胸前呼吸道、即活、

救虫入耳　即時灌油入耳、虫即死、用鑷拑去之、虫在耳內、令人不安、然不至入腦、因耳中有衣膜隔護也、

救豆入鼻　令小兒閉緊其氣、猛力自鼻間一呼、豆即隨氣而出、如不出、用挖鉤出、或用鑷拑出、久防脹大爲患、

小兒誤吞錢鈕等物　小者過食管入胃、即無妨、多服油潤滑之、能隨大便而出、有哽在食管者、應用長鉗拑出、若人氣管大有

關係一法將小兒倒抱少頃使自欬出若一次不出試二三次可也一法結喉下割開氣管拑出

食物哽喉 有時食物哽塞喉管之口忽然變色痛苦治法或用鑷取出或手指深入喉令吐出或助令吞嚥過會厭則無妨若魚骨之類哽喉應令張口引日射照用鑷拑出或吞嚥飯團飴糖等物壓落更妙有時誤吞縫針在喉間能見用鑷拑出有時已入胃後外行皮肉間確知針在何處應割開取出

針入肉 或針或竹木刺之類深入肉內不能確知所在一法割小口以銀針探知用鑷拑出一法三日後當有膿出有膿處即針所在處可稍割開入鑷拑出

血標流 脈管血標流、即時危險、應急用手指緊壓、以俟醫至救治、其餘各種失血治法已詳外傷篇、

火傷 衣被火焚、急宜臥地滾轉以熄滅之、切勿迎觸風氣、說詳湯火傷論

救服鴉片毒 人有求死、服鴉片膏、少或一二錢、多或兩許、或茶或水或酒攪服、一二刻後大嘔者不死、不嘔出者必死、治法急服精錡嘔散、見藥散門一分半至二分、熱水和服、如倉卒無熱水、即凍水亦可、服後一刻即欲嘔、急飲溫水數碗助嘔、無溫水用凍水愈多飲愈佳、但須欲嘔時方可飲、太早飲則無益、服精錡散有三善、嘔吐可必一也、嘔吐必速二也、嘔不傷人後無他患三也、如無

精錡嘔散、用膽礬七釐至十二釐、水一杯和服、亦能速嘔、又中土嘔藥甜瓜蒂皂角之類、亦可酌用、並俟欲嘔時多飲水以助之、嘔後再飲再嘔、見嘔出清水即不妨、後飲濃茶、脈小無精神、少飲美酒或樟腦桂皮酒、次日身熱困倦、應服瀉藥或瀉油、凡服鴉片後欲臥、應擾喚牽牽、不使得寐、中土治此証、每用解毒藥如阿魏之類、不知無論何藥、皆不能改變鴉片、止有嘔吐一法、取效最捷也、但初服一二刻易救、愈久愈難、若就醫已歷多刻、昏迷不語、同中風狀、搖動呼喚略醒、藥水入口能吞嚥者、急須嘔藥、若搖動呼喚不醒、不能嚥者、應用大水節前裝軟長管、自喉入胃、水節下承以盆、另有一管引盆中水貯水節、射入胃中、約一斤、復將胃中毒水抽出、此器實有回生之功、中土急宜仿造也、後食醋水少許、不令倦寐、並同前法、蓋毒血在腦、失其功用、與癱瘓同理、宜引血下行、凍水澆面、熱物熨胷、或芥末貼胷、熱水浸腳、或齅阿嗼呢亞、或燃紙捲略炙腳以醒之、有時用水筩、鴉片不出。或自嘔止出一半、因鴉片已離胃、混入血中、病者似中風、面青唇黑。瞳人或太大或太小、不動。全體癱瘓無知覺。危險已極、無治法、余主惠愛醫館時、每歲服鴉片毒來求救者、不下百餘人、大概早來就醫、依此法皆可全活、十人中間有二三不救者、因遲來故也、故凡中鴉片毒者、務宜速服嘔藥、如夜晚倉卒無嘔藥、急令多飲溫水、並用手指或雞毛深入喉中

助嘔切勿遲延爲要、

救服信石毒　胃變紅熱之極、周圍大炎、痛劇而死、蓋信石毒與鴉片不同、鴉片入血毒于腦、人即昏迷不省、信石能令腸胃各處爛壞、神識如常、自知痛苦、救治亦可速令大嘔、服潤物、如粥渣胡麻子之類、食生雞蛋三四枚、以潤胃、但少遲即無救矣、

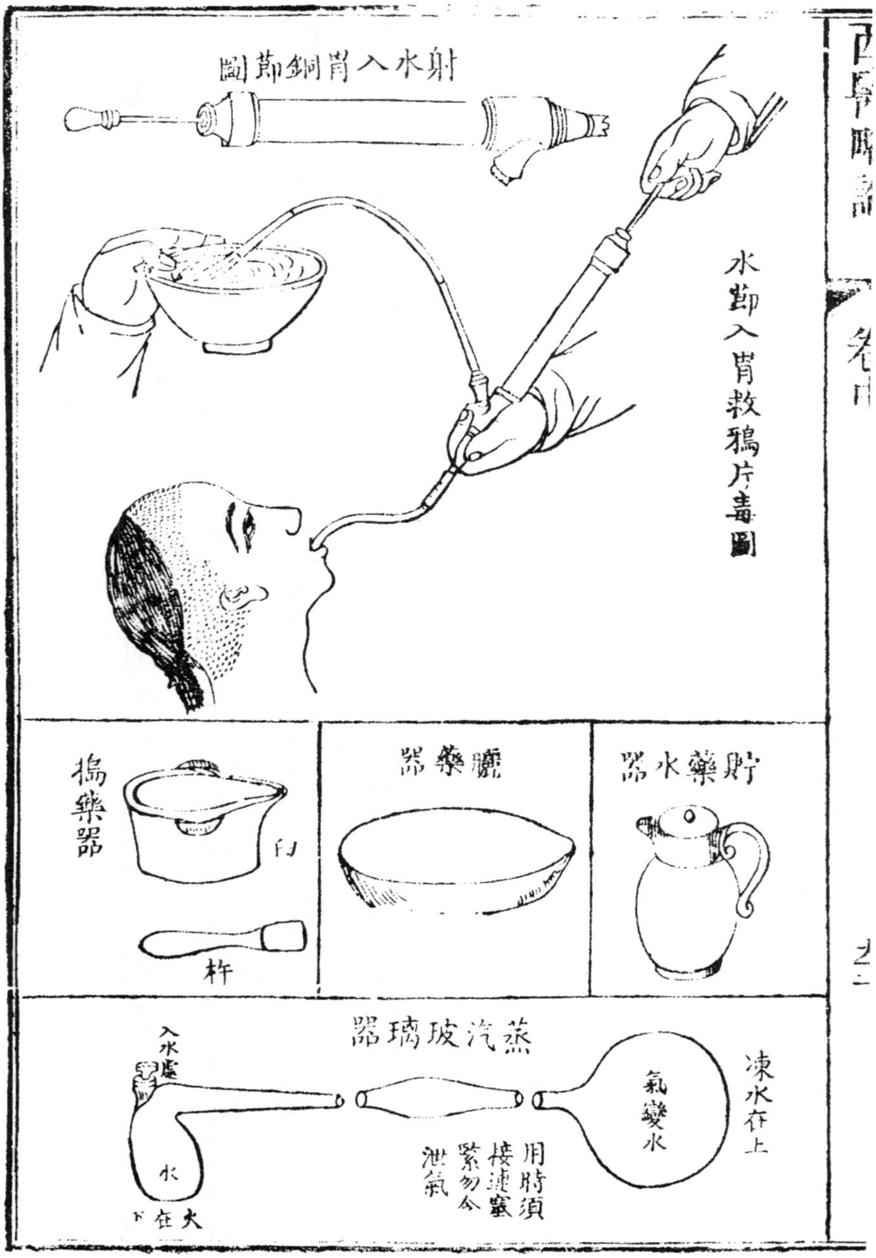
射水入胃銅節圖
水節入胃救鴉片毒圖
搗藥器
臼
杵
濾藥器
貯藥水器
蒸汽玻璃器
入水處
水
火在下
用時須接連塞緊勿令泄氣
氣變水
凍水在上

戒鴉片煙癮論

鴉片爲害中國近年尤甚、華人煙癮、猶番人酒癖、然酒少飲勿醉、有時能補人精神、吸煙則有大害而無小益、夫鴉片入藥、能止痛令人熟睡、大有功力、若無病人吸食以爲戲樂、久則成癮、破家害身所不惜也、嚴刑峻法所不畏也、壞風俗貽親憂、所不計也、華人之說曰、番商販賣貽害於我、不思利之所在、人爭趨之、番商惟利是圖耳、非有誘害中國之心也、苟華人相戒勿食、番商無從銷售、自無販者、西國除作藥外、無一人吸食、亦從無他國人販載千百箱往售、可知無食者即無賣者、一定之理也、考鴉片來中國者、印度爲多、西國仁人目擊此害、有欲禁止印度販載來華之議、然終不如華人不食以清其源、余聞華人吸食鴉片其初多因酬應朋友漸至習慣成癮、噫、患之甚矣、今有艮友勸縊頸勸溺水勸服信石雖絕交不肯從也、鴉片之害豈減於縊溺信石哉、何以甘心從之而不悔耶、亦有末路思戒妄服市肆無益之藥、立志不堅旋戒旋復、不如戒煙貴乎人自決斷無專恃藥劑之理、如果有志痛改雖卽時強戒亦無妨也、余曩主粵東惠愛醫館有願戒煙者、必令交出煙鎗煙具、住宿館內不得更吸、間有瀉利身不安者、服收斂全補藥、如黃連雞哪之類、或樟腦桂皮酒補精神、食牛羊肉雞子牛乳之類、數日癮不發、卽可戒盡、若身虛不能速戒、可用緩戒法、日減一日、減極

則癮除矣。凡有煙癮之人、患泄痢外傷斷骨等証、醫治極難、多有不起者因血稀身虛故也、

西醫略論　卷中

合

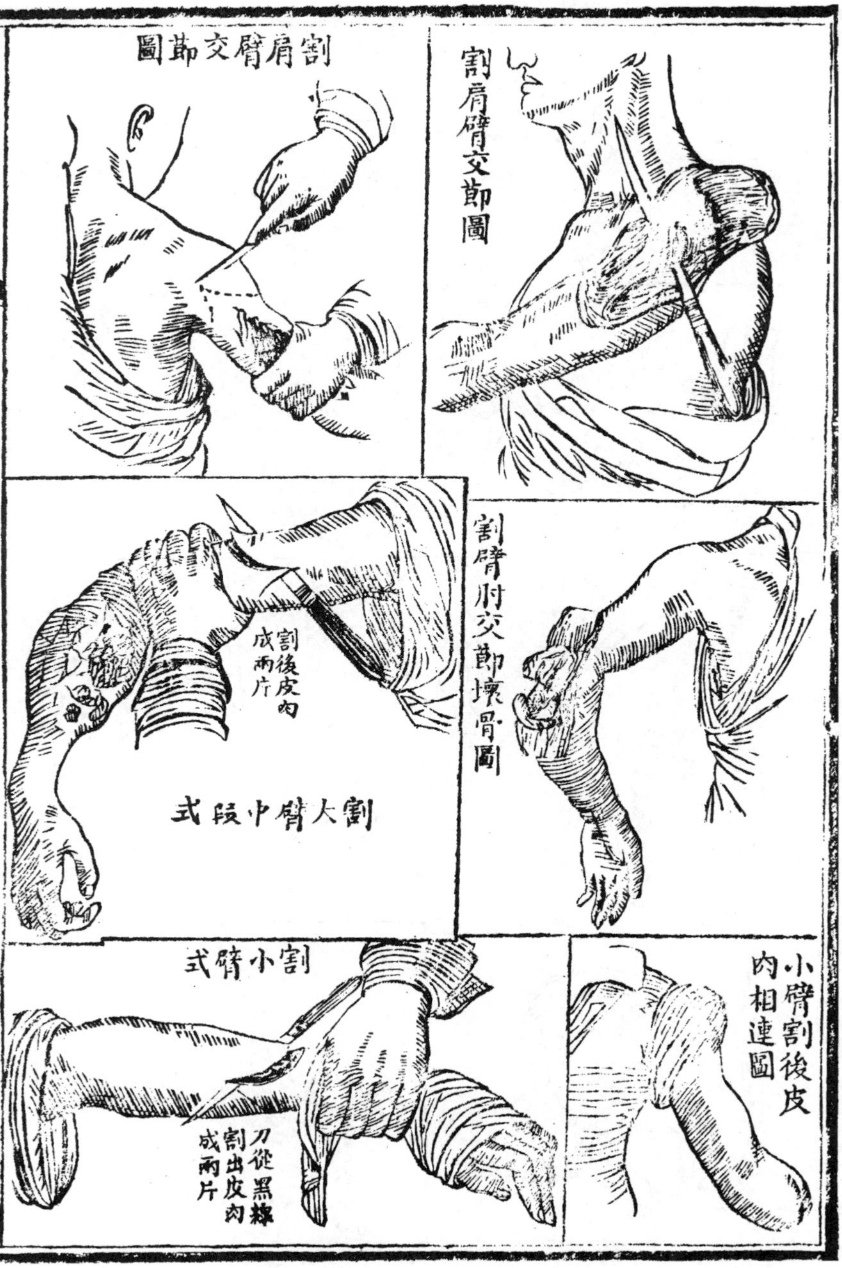
割肩臂交節圖
割肩臂交節圖
割後皮肉成兩片
割大臂中段式
割臂肘交節壞骨圖
割小臂式
刀從黑線割出皮肉成兩片
小臂割後皮肉相連圖

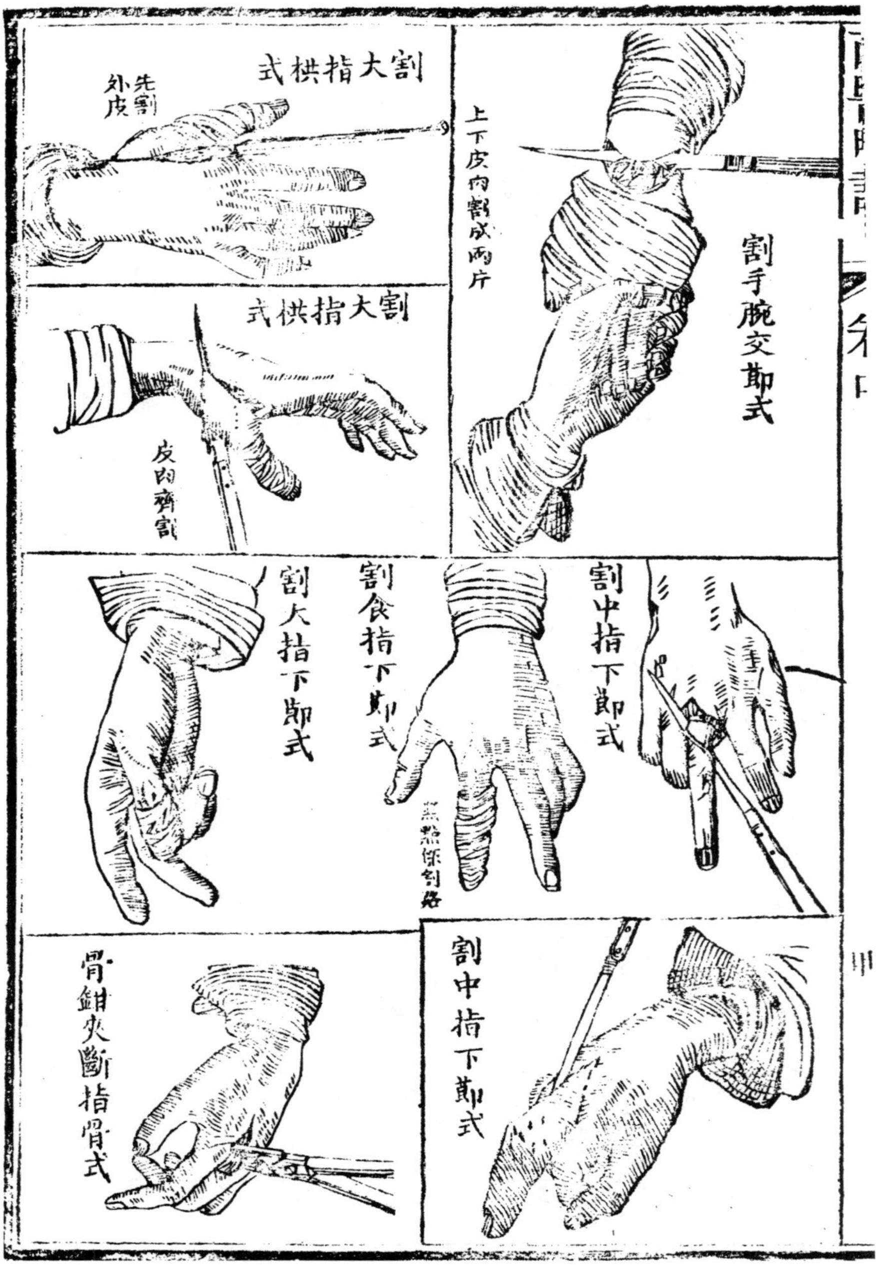
割大指拱式
先割外皮
上下皮肉割成兩片
割手腕交節式
割大指拱式
皮肉齊割
割大指下節式
割食指下節式
黑點係割路
割中指下節式
骨鉗夾斷指骨式
割中指下節式

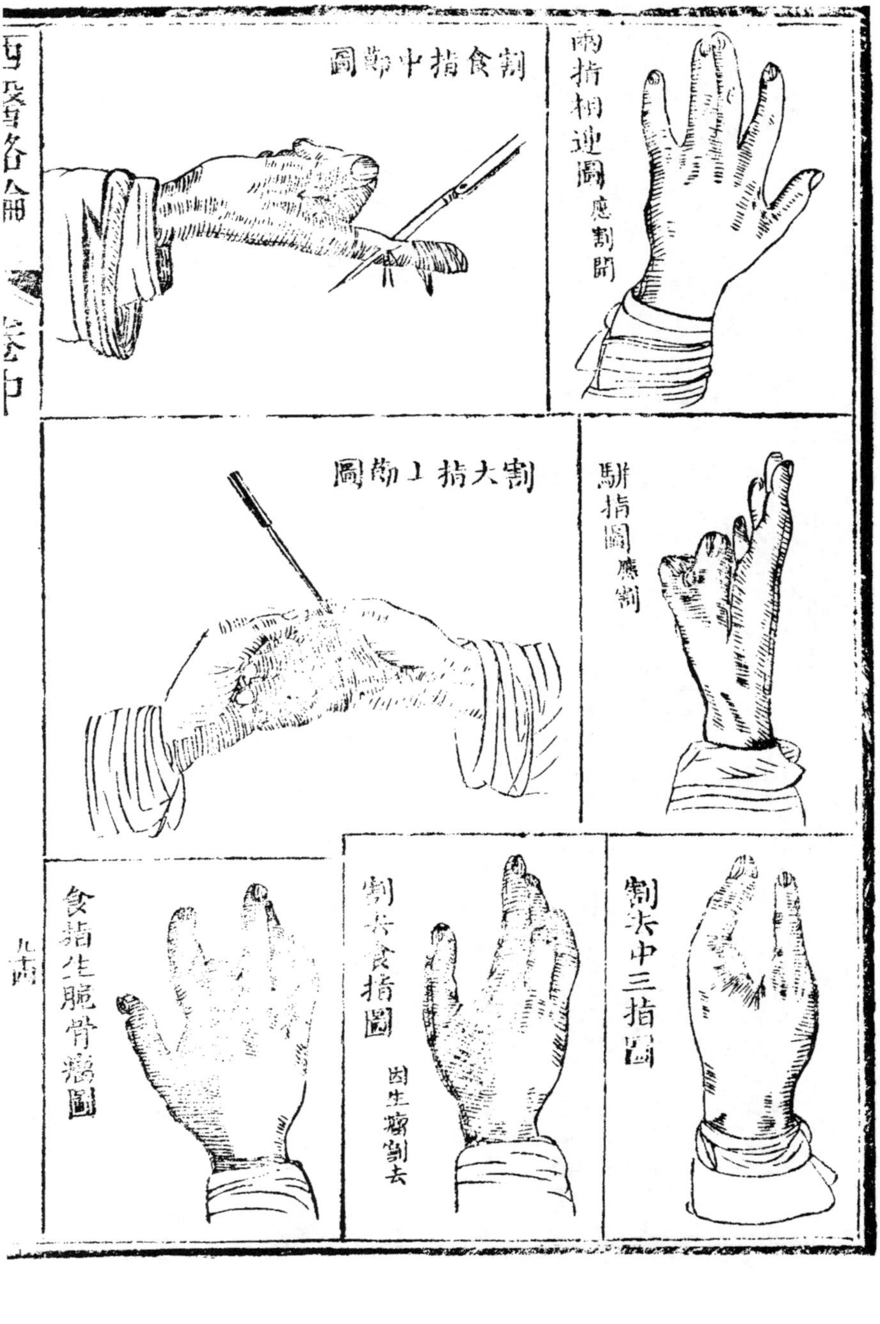
西醫略論
卷中
九十四
割食指中節圖
兩指相連圖
應割開
割大指上節圖
駢指圖
應割
割大中三指圖
割大食指圖
因生瘤割去
食指生脆骨瘤圖

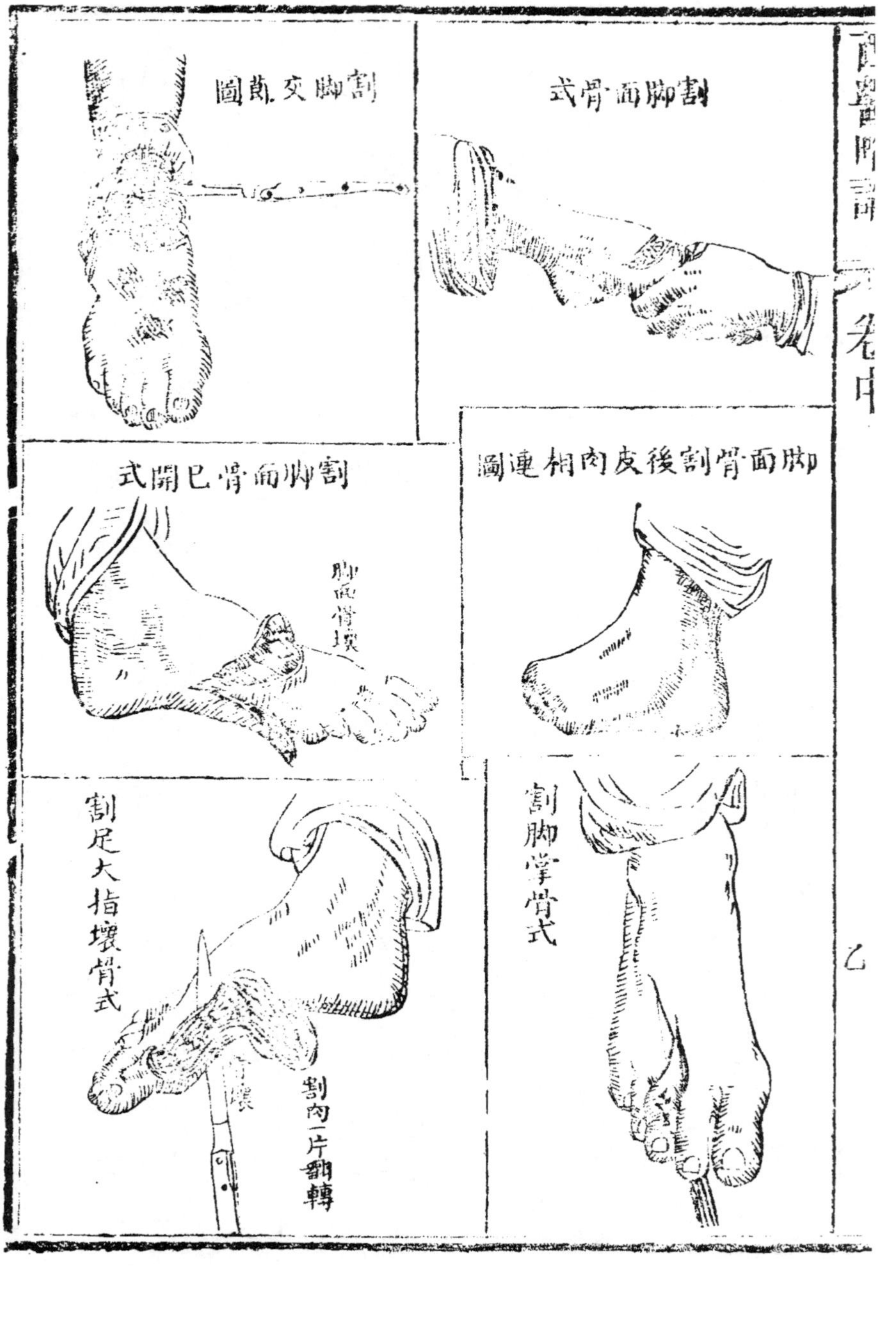
割脚面骨式
割脚交剪圖
脚面骨割後皮肉相連圖
割脚面骨已開式
脚面骨壞
割脚掌骨式
割足大指壞骨式
壞
割肉一片翻轉
乙

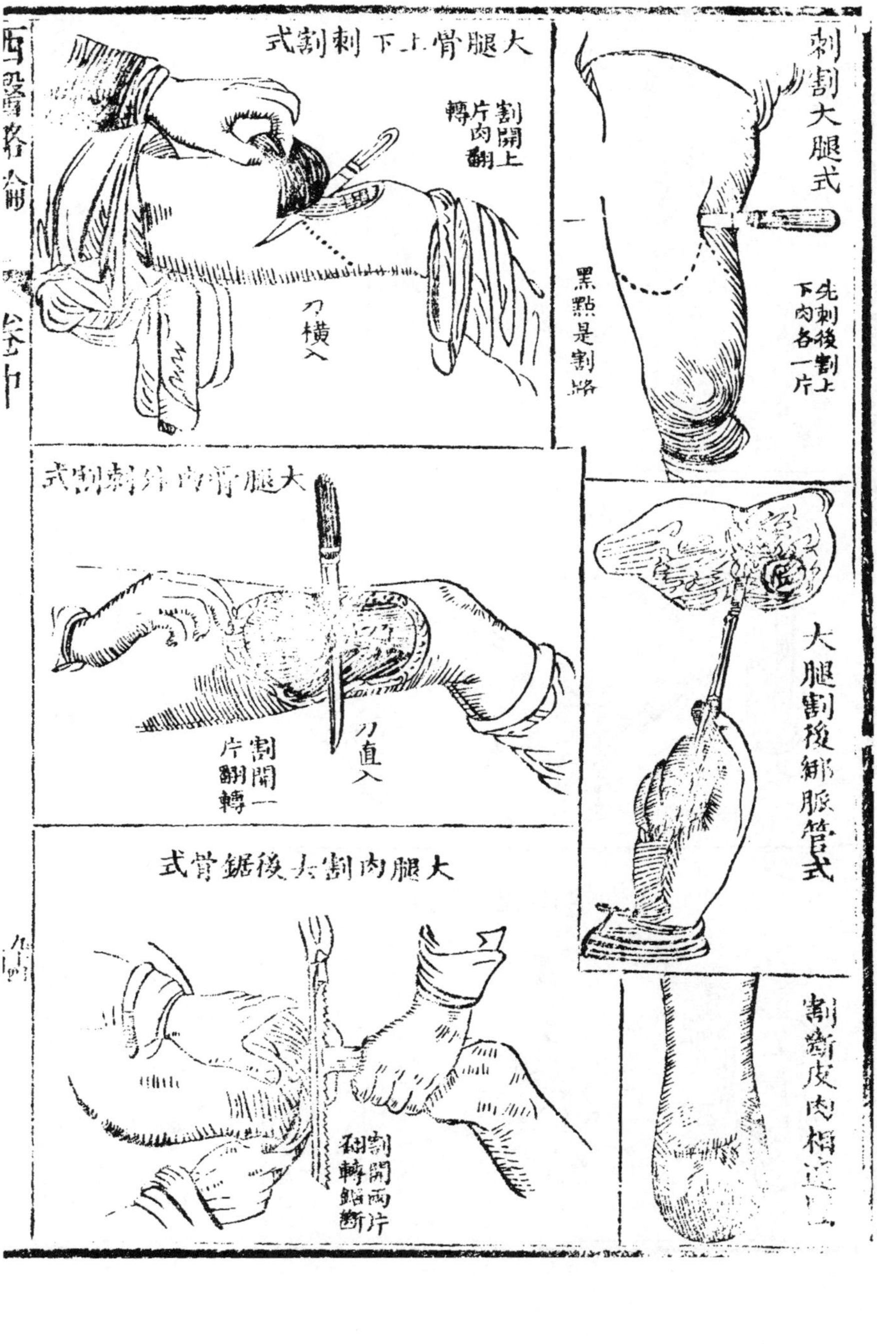
西醫略論　卷中
大腿骨上下刺割式
割開上片肉翻轉
刀橫入
刺割大腿式
先刺後割上下肉各一片
黑點是割路
大腿骨內外刺割式
刀直入
割開一片翻轉
大腿割後綁脈管式
大腿肉割去後鋸骨式
割開兩片翻轉鋸斷
割斷皮肉相

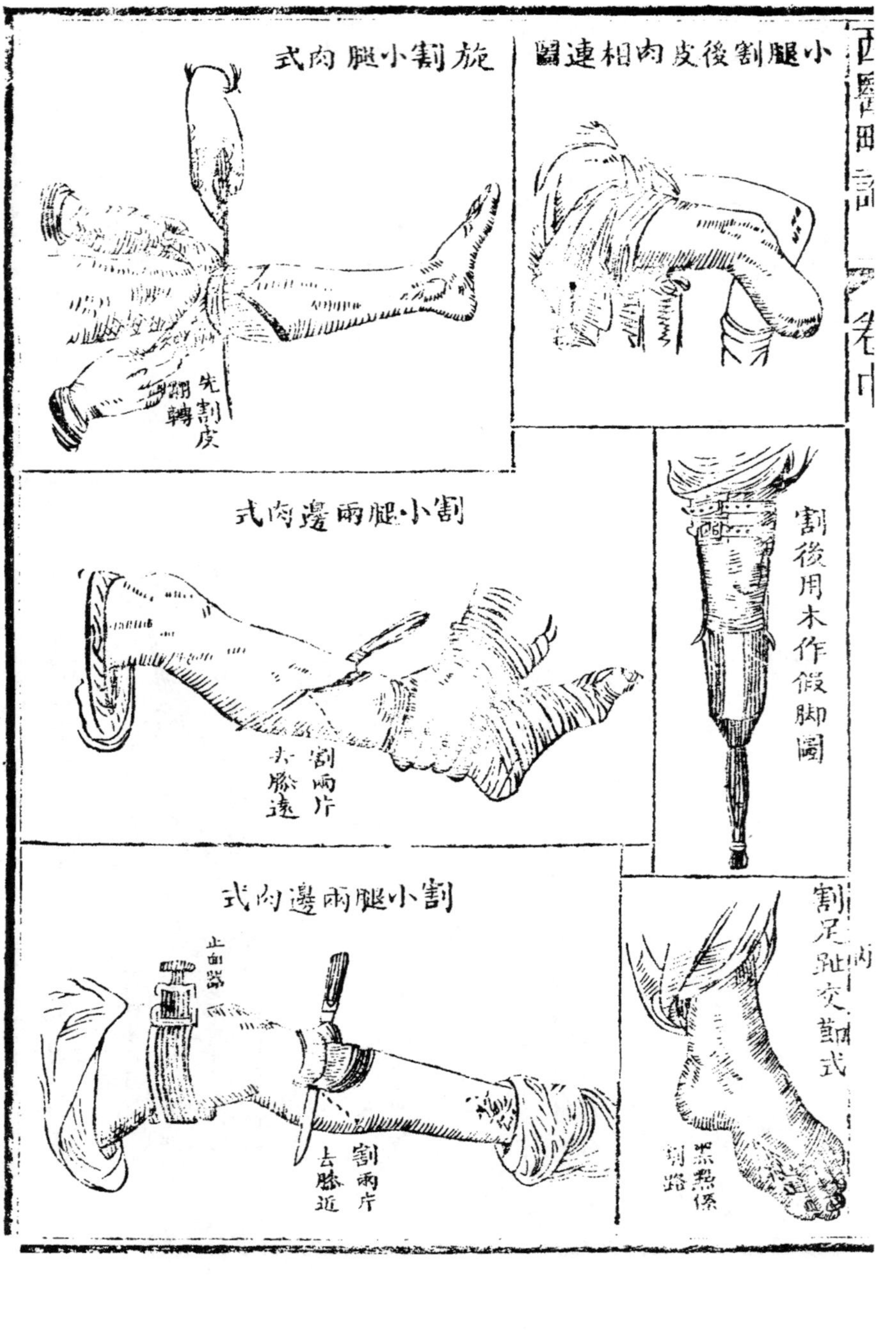
旋割小腿肉式
先割皮
翻轉
小腿割後皮肉相連圖
割小腿兩邊肉式
割兩片
去膝遠
割後用木作假脚圖
割小腿兩邊肉式
止血器
割兩片
去膝近
割足趾交節式
黑點係
割路

西醫略論卷下

英國醫士合信氏著　　江甯管茂材同撰

膏藥門

膏藥有軟有硬、油多則軟、臘多或藥末多則硬、軟者可搽可擦、輕力敷塗爲搽、重力推搓爲擦、硬者止可貼不可搽擦、其法或攤於布、或攤於綢綾、或攤於桑皮紙、有時用鐵片燒令微熱刮攤、茲將各項作法及功用開列於後、

一軟膏藥

黃臘膏藥　黃臘一或白臘猪油四天熱減一○假如黃臘一斤、猪油四斤、若黃臘一兩、猪油應用四兩、後所開數率皆準此例推之入銅鍋內或磁牙器內、面須光滑、微火熬令融合

能潤皮保護肉牙、無毒者可專用、若有別項病証、另用他藥、以此爲主、

松香膏藥　黃臘二　松香五　猪油八　或黃臘四　松香八　猪油十六　微火漸消開、布隔濾去渣、傾入器內、不住手攪令稠結、能助生肉牙、貼瘡艮、

蜜陀僧膏　蜜陀僧三兩　濃醋四兩　豆油或花生油九兩　乘火急攪　此膏能潤皮治火傷及一切痛瘡、加鴉片膏更佳、

水銀黑膏又名藍膏濃者色藍、故　水銀五兩濃者一斤　猪油一斤　硫黃末二絲三錢用以助開水銀非用其功力故不須多、入缽內、乳至水銀變黑漸不見爲度、此膏不用火鍊、先將水銀入鉢內、加入硫黃及黃臘膏藥

三四錢、乳至不見水銀成藍黑色、加猪油攪和、或用牛羊油代黃臘亦能助開水銀可貼可搽、功力解毒、樟腦末攪入、能散瘰癧疔毒、治諸瘡癬癩、凡不生肉牙者、宜貼此膏、凡膏藥內有水銀忌用銅器收貯

水銀黃膏　水銀二兩　濃硝强水二兩　共入玻璃瓶內、水銀即消、有紅氣升出、視水銀消盡、先將猪油一斤、花生油八兩、或豆油亦可貯磁盆或牙盆內、忌銅器熬熱、次將已消水銀漸漸傾入、微火緩熬、以滾爲度、可攪半時許、勿用銅鐵器攪宜木竹牙磁之類漸漸凝結、色如黃金、　此膏功用、貼潰瘡、能生肉牙、解毒、凡皮病如癬癩之類、搽極效、加猪油作淡者、膏藥一猪油三搽眼及耳內生膿、亦妙

水銀紅膏　三仙丹一錢　黃臘膏八錢　和勻、能引膿生肉牙法用石板一塊、或烏木板一塊、將三仙丹黃臘膏俱置板上用濶刀和勻、

鴉片膏　鴉片膏一錢　猪油八錢　和勻、搽患處、能安皮止痛、

沒石子膏　沒石子二錢研極細末鴉片膏五分　猪油一兩　攪和、　此膏功專收斂醫痔瘡脫肛甚效、每用半錢作一粒、手指搽開日二次、

兒茶膏　兒茶一錢半　滾水二三錢　黃臘膏藥一兩　此膏搽腳瘡天熱出穢水者極效、

白礬膏　白礬一錢研細末鴉片膏數釐　猪油一兩攪和　醫

痔瘡極效

鉛粉膏　鉛粉一錢　黃臘膏藥五錢或猪油和勻、搽患處、能潤皮收斂令熱者涼濕者乾、

呀吁伊蜜的膏　呀吁伊密的一錢　猪油七錢　和勻、每用半錢至一錢日擦一二次、能令患處生小膿泡多粒引炎外出、若有膿泡出不能再擦、與擦別處、面部宜在耳後約膿、勿在前面恐膿出有疤痕故也

迦路米膏　迦路米一錢　猪油八錢　和勻、能解毒、與水銀黃膏功力略同、如無迦路米用輕粉研細末加一倍代之

樟腦膏　樟腦二錢至三錢　鴉片膏半錢　熱油一兩　攪

和　擦交節治風濕痛甚效

揆阿顛膏　揆阿顛二十釐　濃酒六十滴　猪油八錢　和勻每用半錢日搽二三次能散瘰癧諸核如有嗶啦咑哪加入二三釐更妙

胡椒膏　胡椒浸濃酒　猪油等分攪和搽皮能引熱外出

硫磺膏　硫磺末一兩　猪油四兩或熱麻油亦可和勻或助以硝或助以水銀黑膏能醫癬癩

醫眼膏藥　白礬半錢火燒研極細末　鴉片膏三分　猪油一錢　黃臘膏藥二錢　搽眼瞼有膿者效

各息的膏　各息的同猪油和勻濃淡已見眼証論　用極淨磁瓶收貯備用

斑蝥鈎膿膏藥（此膏不軟不硬今附軟膏藥之後）　黄臘七兩　牛脂七兩
猪油六兩　松香三兩　微火漸熬融合離火加入斑蝥細末一斤攪和　一法黄臘松香猪油各四兩微火熬斑蝥四兩隨入隨攪用松香硬膏剪取略大一塊中攤斑蝥膏藥蓋貼如無松香膏藥外用布巾綁紮不使脫落可也若貼處不平將膏藥周圍旋剪小口即易貼矣小兒貼一二時大人貼四五時後有大水泡剪開令黄水出用潤膏如黄臘膏或猪油之類二三日即愈若仍欲鈎膿換貼淡斑蝥膏藥法用斑蝥膏藥一分猪油三四分或換貼松香膏藥隨症酌用可也

有貼斑蝥膏藥後小便不利者應食潤物如粥渣胡麻子大

麥水之類

一硬膏藥

蜜陀僧硬膏　蜜陀僧研細末五兩　橄欖油十二兩如無橄欖油用花生油或豆油俱可　水八兩或加醋一二兩　共入銅鍋內、微火漸熬、攪令融合、離火、仍不住手攪、候少冷欲凝結、掬作團、用時火烘熱鐵片刮下、攤布上、或桑皮紙上、若天冷不粘、以火消開、加入松香少許、即能粘貼、此膏蘸條、能合傷口、並能保護肉牙、但分兩須準、此不得任意加減、桑皮紙粵東上語名砂紙

合口膏藥　魚膠一兩、用水三兩浸開、濃酒三兩、共貯碗內、置沸湯中、銷化、攪和、用大筆塗綢綾上、或桑皮紙上、臨時置滾

水上熱氣開之合口甚妙

松香硬膏　蜜陀僧硬膏五兩松香一兩或蜜陀僧硬膏三斤松香半斤微火熬攪離火稍停成團用綢綾或洋布或桑皮紙平攤翦條作合口膏又能治脚瘡爛若加吩叮伊密的幾釐貼治風濕能令皮熱引病外出甚妙

水銀硬膏　松香八錢　油九錢　微火熬攪離火候涼定入水銀二兩四錢乳至不見水銀爲度先以蜜陀僧硬膏四兩八錢用火銷開將此加入攪令融和攤綢綾或洋布或桑皮紙上能散核解毒治肝脹大若加啤啦叮哪膏水銀膏二啤啦叮哪膏一爲率治乳癰略爛者止痛解毒尤妙如無啤啦叮哪膏用醉仙桃膏亦可

鴉片膏　前列各膏、皆用油臘入藥熬鍊而成、此後所載係草木精液、或在皮、或在葉、或在果、或在刺、有用酒水浸出者、有自流出者、膏之名雖同、而實則有別也、　作鴉片膏法、用刀割罌粟殼、令汁流出、先白色、經日曬、變黑如泥、即中國所稱鴉片土也、用水煮、凡作藥所用之水、最妙蒸水、次雨水、次山水、其餘汚濁者忌用、濾去渣滓成膏、或服、或搽、能安身止痛、

阿囉膏　阿囉或譯為亞羅衣、樹名也、出印度、割開葉、有汁流出、曬乾變黑、作瀉藥最妙、又能調經殺蟲、佐以大黃、其作一粒、每服七釐至十四釐、

啤啦叮哪膏　或專用葉、或皮葉果全用、板二塊夾榨出汁、曬

乾或火熬乾作膏、功力止痛、搽眼眶周圍能開瞳人、或和水滴入、但此藥有毒、止可搽滴、不可內服、

黃連膏　黃連一斤切片　溫水一斤半浸半日、曬乾或火熬乾、能補胃、每服七釐至十釐、

醉仙桃膏　用醉仙桃刺六兩　溫水三斤　浸兩時、取出搗爛、刺再入水熬成一斤、曬乾或火上熬乾作膏、一法用鮮葉板夾榨出汁、熬作膏、一法花葉子全用、榨汁、或曬乾、或熬乾作膏、外搽能止腦氣筋痛、開瞳人、此藥有毒、不可內服、

哥囉噺膏　俗名野苦瓜、割開煮爛、濾去渣、曬乾作膏、一法

西醫略論　卷下

割開去刺、浸入冷水一日半後、用手在水內搦擠汁出去渣、曬乾作膏、　能大瀉　每服七釐至十四釐、

丸藥門

凡合數藥而成一丸、須先將各藥研細末、共入乳鉢內、加蜜少許和勻、勿令偏多偏少、取出置石板上、欲作幾粒、分作幾開、搓圓、外用甘草末爲衣、粒有大小、常用者約重七釐可也、

補血丸　鐵鏽二錢或鐵屑亦可　沒藥一錢　硫黃一錢、牛膽汁攪和作丸、每服二粒、早晚服、補身弱、治黃病、

啞囉丸　啞囉膏三錢　大黃末四錢　沒藥二錢　丁香油數滴或入角油薄荷油亦可　攪勻作丸、能補胃、微利、不思食、大便不爽者宜之、每服一粒至三粒、日服一次、久服則效、

迦路米鴉片丸　迦路米三釐　鴉片一釐　蜜和作一粒、能

解毒去炎治舊風濕、此丸大有功力、迦路米能入血、用鴉片者、恐其瀉去也、每日服三粒、二三日後齦略腫、口有涎水、即止勿服、欲瀉毒每服七厘至一分、一二時後服大黃元明粉之類助令瀉、中國輕粉亦可用、但不及迦路米之細耳、如無迦路米、用水銀散代之

椒黃丸　川椒末一分　大黃末二分　黃連膏或蜜亦可　攪和作丸　能開胃消食　每日飯前半時服一二粒

青礬沒藥丸　青礬末一錢或鐵鏽亦可　沒藥一錢　黃連膏如無用蜜亦可　攪和爲丸　能全補　每服一二粒

青礬薑沒丸　青礬　生薑末　沒藥　等分、用蜜和爲丸、

每服一粒、日服二三次、能補身弱、並治黃証、

青礬嚥哪丸　青礬研細末或鐵鏽亦可　沒藥各一錢　嚥哪三十釐　川椒二十釐、用蜜和為丸六十粒、每服一粒至三粒、治身弱胃不消化、發寒熱、調經、極效、

瀉丸　迦路米十四釐　大黃末五分　丁香油數滴、和勻、作十粒、每服一粒至四粒

啞囉大黃丸　啞囉二十釐、大黃三十釐　或黃連膏、或蜜、和作十二粒、能補胃消食、微利、每服二粒至四粒　飯前半時服

哷囉哳丸　哷囉嘶膏半錢　啞囉一錢、大黃末半錢、丁香

油數滴、和作二十五粒、每服一二粒、能瀉、

輕瀉丸　迦路米三釐如無以水銀散五釐代之　哥囉嘶膏七釐　大黃末五釐　丁香油一二滴、和作二粒　大便微秘色淡、服二粒有功力、如無哥囉嘶倍用大黃亦可

巴豆丸　巴豆油三滴　丁香油四滴　大黃末攪勻、作三粒、每服一粒、即時大瀉、能治腦炎中風、臌脹、

水銀丸　水銀二錢　甘草末一錢　蜜三錢　乳至不見水銀爲度　解毒功用同水銀散、能入肝經、佐大黃尤佳、每服七釐至十四釐

藥散門

以藥作末爲散、不拘金石草木皆是

白礬散　白礬一兩　兒茶二錢　乳作細末　能收斂止血止瀉、又治婦人血崩、　每服七釐至十四釐、溫水調服、

兒茶荳蔻散　兒茶一兩　荳蔻、桂皮各半兩乳細末、入玻璃瓶内、勿泄氣、能收斂暖氣、每服半錢至二錢、

桂皮散　桂皮　生薑末各一錢　白荳蔻、蓽撥各五分、和作末、入玻璃瓶内、勿泄氣、能去風暖氣、每服二十釐至三十釐、滾水和服、

石粉散　石粉一兩　提石成粉、不經火者爲石粉、無毒、另一種入礦燒成者名石灰、又名礦灰、有毒、不可

用　樟腦二三錢濃酒消開其乳作末、擦牙、能止痛去垢、一法用
梹榔燒灰擦牙亦佳、
渣臘散渣臘番樹名用根研作散末、　渣臘十四釐至二十釐、作瀉藥效、
或佐以迦路米、能殺蟲瀉水、
麥漿粉、　麥漿凝結成塊、中土漿衣所用、俗名小粉者、乳極細
末布包撲小兒皮爛極效、
鉛散　鉛粉一　濃醋十　攪和、微火消濾去渣滓、或曬或火
上敢乾、作散、功能收斂、內服止血、每服一釐至三釐、日二次、
溫水和服、或合鴉片膏二釐作丸、每服一粒、
水銀散又名銀灰散　水銀三錢　石粉五錢　乳至不見水銀爲

皮　能解毒、去炎、入血、瀉肝膽、　每服五七釐至十四釐

迦路米散　迦路米又名洋輕粉、力較水銀更重　每服四五釐至十釐　能瀉、解毒、去炎、殺蟲、　水銀能改變身體之毒、但多用妄用則壞血、不可不慎、

精錡嘔散　精錡係金之類、中土無名、因功力專在嘔、故名曰精錡嘔散、法用精錡礦强水等分、合作散、少用則補、每服二三釐　多用則嘔、每服十五釐至二十五釐

以上迦路米精錡等番人藥房有販售者、價賤功多、中土不難購買也、

藥水門

作藥水有二法、一滾水冲、略停一二時取用、一火上煮一二刻取用、○凡藥水經歷數日、即變味不堪用、宜隨用隨作、不必多備、

樟皮水　樟皮二錢　檸檬皮一錢　丁香半錢　八角一二錢　滾水半斤冲　略停一二刻取用、能補胃、去風、　每服一兩、日服二次、

兒茶水　兒茶二錢五分　桂皮末五分　滾水半斤冲　能收斂止瀉、　每服一兩、日服三四次、

黃連水　黃連二錢切片　佐以樟皮檸檬皮各二錢如無、即不用亦

可、　滾水十二兩冲　能補胃食物不消化或不思食宜之、
每服一兩日服二三次、

胡麻子水　胡麻子五錢　甘草二錢　滾水一斤冲　或火上煮　能潤肺潤膀胱溺管、　每服半兩日服數次、

薄荷水　薄荷葉二錢　丁香一錢　八角二錢　滾水半斤冲　能治腹痛去風、　每服一兩

黃連大黃水　黃連大黃各二錢　滾水十二兩冲、過一時取用　能治便結並治胃弱不思食及食物不消化、

洋參水　洋參三四錢切片生薑一二錢切片桂皮末半錢滾水十二兩冲、　能補胃補精神、

大黄水　大黄一二錢切片　滚水半斤冲　佐以元明粉朴硝或加生薑少許　能微利每服一二兩

薏苡仁水　薏苡仁一兩　滚水二斤煮至一斤佐以葡萄乾無花果各一兩甘草五錢能潤肺潤膀胱溺管

鐵水　鐵鏽或鐵末一兩　黄連　生薑各半兩　淡醋十二兩　攪和浸八一月後去渣每服一錢日三服能補血

麥糠水　麥糠四兩　水一斤　煮至半斤　佐以白糖能潤肺能潤膀胱溺管

石沒子水　石沒子一兩　水一斤　煮至半斤　能收斂洗痔瘡脫肛婦人白帶洗陰戶俱宜

石榴水　百榴殼俱可根皮二兩切碎　滾水一斤　煮至半斤　能收斂、漱口、漱喉、並宜、內服、能止瀉、每服一兩、日服三四次、多服能殺扁蟲、從大便瀉出、每服四兩、日再服、又治脫肛痔瘡

罌粟殼水　罌粟殼一兩　滾水一斤　煮一刻　用布濾去渣　能潤外皮

丁香水　丁香三錢　滾水十二兩冲　一時後取用、能補精神、補胃、治腹痛、因食不消化有風者、身虛頭痛亦宜　每服一兩、日二三次、

麥漿水　麥漿半兩至一兩　水十二兩、略煮少頃即取起、

和鴉片膏三四釐　每用四兩、貯水節內射入直腸、能安直腸潤肛門、

鉛水　用鉛散半錢至一錢、鉛散作法見藥散門　雨水一兩或用蒸水更佳須至潔淨　能收斂　治眼証、或滴或洗、又治脫肛痔瘡、並宜用此洗滌、

各息的　足色銀三兩　濃硝强水一兩六錢　共貯玻璃器內消融、以火熬煉、乘熱灌入銅管內、能解毒殺浮肉、　配水分濃淡三種、搽眼、已見眼証篇

嗬囉防水　此水最易化氣、收貯玻璃瓶內、應密蓋、勿令絲毫泄氣、且光射亦能消耗、瓶外須裹護、置黑暗處、最宜。凡割肉、

鋸骨脫牙綁脈管並宜用之用法取軟布一塊摺疊三四層以此水滴濕令病者齅之即時神昏如醉少頃周身鬆放不動無知覺不能言語或觸之偶然妄應一二句繼則酣睡如死略無所省矣大約軟弱人齅後歷一瞥眠即有此境壯健人稍緩須三四瞥眠也齅後觸試不知痛即可割鋸綁紮若未畢已醒可以再與齅之但此水可齅不可飲齅亦不可過度若多齅即時中風不醒脈緩心不跳瞳人大呼吸漸微危險之至不可不慎若少少齅之既令病者神昏忘痛又能寬鬆骨肉少頃醒還如常毫無妨害實第一妙用奇方也

藥酒門

酒須極濃、方堪入藥、試以樟腦浸入、能消化者可用、若不能消化樟腦、必攙入水多之故、即不可用、凡以藥浸入酒中、須先研作細末、易於融合、浸入後置玻璃瓶中、蜜蓋勿泄氣、常搖動令勻和、十日後取出、濾去渣滓、備用

樟腦酒　樟腦二錢　濃酒八兩　擦風濕

樟腦鴉片酒　樟腦六分　鴉片膏一錢　濃酒一斤半　八角油如無不用亦可、七日後濾去渣、取用　止咳嗽、令人安臥、止痛甚效、每服一錢至二錢、

鴉片酒　鴉片膏八錢　桂皮末　丁香末　各一錢、淡酒十

二兩內服止痛、令人安臥、每服十滴至四十滴、滴入眼內治舊炎、已見眼證論並治耳膿牙痛、

斑蝥酒　斑蝥三錢　濃酒一斤半　能補膀胱軟弱無力、潤小便、治流白濁、及婦人白帶舊證、加入樟腦酒及油又宜搽風濕、

椒酒　胡椒皮子全用四錢搗爛。酒十二兩。浸十四日、每服十滴至四十滴　能補胃喉痛、失音不能嘸者用溫水和此酒漱之良、

兒茶酒　兒茶三兩　桂皮末二兩　酒一斤半　浸入七日至十四日　能收斂　治久瀉、久痢、流白濁、每服一錢至二

錢、黃連水和服、

桂皮酒　桂皮末六錢　白豆蔻三錢　蓽撥　薑末各二錢酒一斤　能補火、補精神、暖氣、開胃　每服一錢至三錢、溫水和服、又治風濕、

黃連酒　黃連一兩　樟皮五錢　白豆蔻三錢、酒一斤半　浸入十四日　能補胃、開胃、食物不消化、不思食者、宜之、日服一錢至三錢、溫水和服、

挨阿顛酒　挨阿顛一錢　酒三兩　大筆點搽頸核瘰癧、及一切癬癩、佳　此藥能解毒、但不可服、

治牙痛酒　鴉片膏一錢　濃酒二三錢　丁香油十五滴、攪

和、漱淨口、用綿花浸此酒壓牙孔、能止痛

大黃酒　大黃二兩　甘草六錢　生薑三錢　濃酒一斤半　每服一錢至三錢、能暖胃、多服四錢至八錢、能微利　老人虛弱人並宜、

鐵酒　鐵鏽或鐵屑四兩　鹽强水或硝强水半斤　酒一斤　先用强水消鐵末、後用酒和、　能補血、治黃症、及小便難、　每服十滴至六十滴

信石酒　信石佳白者三釐　濃酒二錢　滾水一兩四錢　每服一錢至一錢五分、日再服、　能全補、並治發寒熱、服後腹痛止勿服、　此藥大毒、不可多服、

斑蝥椒樟酒　斑蝥末　青蒜各一錢　樟腦　芥末川椒各四錢、共搗爛、濃醋四兩八錢　濃酒九兩六錢　攪和、浸七日、濾去渣滓取用　擦皮肉交節、日二次、能引病外出、最妙、

藥油門

八角油　用八角刺蒸釀、如造酒法、　能補精神、治風、止腹痛、每服三四滴至十滴、蜜水和服、　小兒初生服一二滴、良、

薄荷油　或專用薄荷葉、或全用蒸釀、如前法、能補精神、去風止腹痛、每服一滴至三四滴、

丁香油　用丁香蒸釀、如前法、　止腹痛、去風、潤腸、

以上三種、功用略同、皆暖氣之品也、

蓖麻子油　蓖麻子能瀉、用油更有功力、取油法、或榨、或泡、榨者良、小兒每服一二錢、或三四錢、大人每服五六錢、或八錢、必能速瀉、　此雖瀉藥、然服後無關係、無論大人小兒、或婦

人產後大便難、皆可服、　若嫌氣味、用雞蛋黃攪和可也、

樟腦油　一種割樟樹自有油流出、一種用樟腦二三錢熱油一兩浸攪、　擦風濕手足痛、日二次、艮

巴豆油　用巴豆刺蒸出、或榨出、每服一滴至三滴、蜜湯和服、服後一刻或半時、必大瀉、

潤皮油　雞蛋黃一二個　蜜　胡麻油各八錢、攪和、搽皮爛最宜、

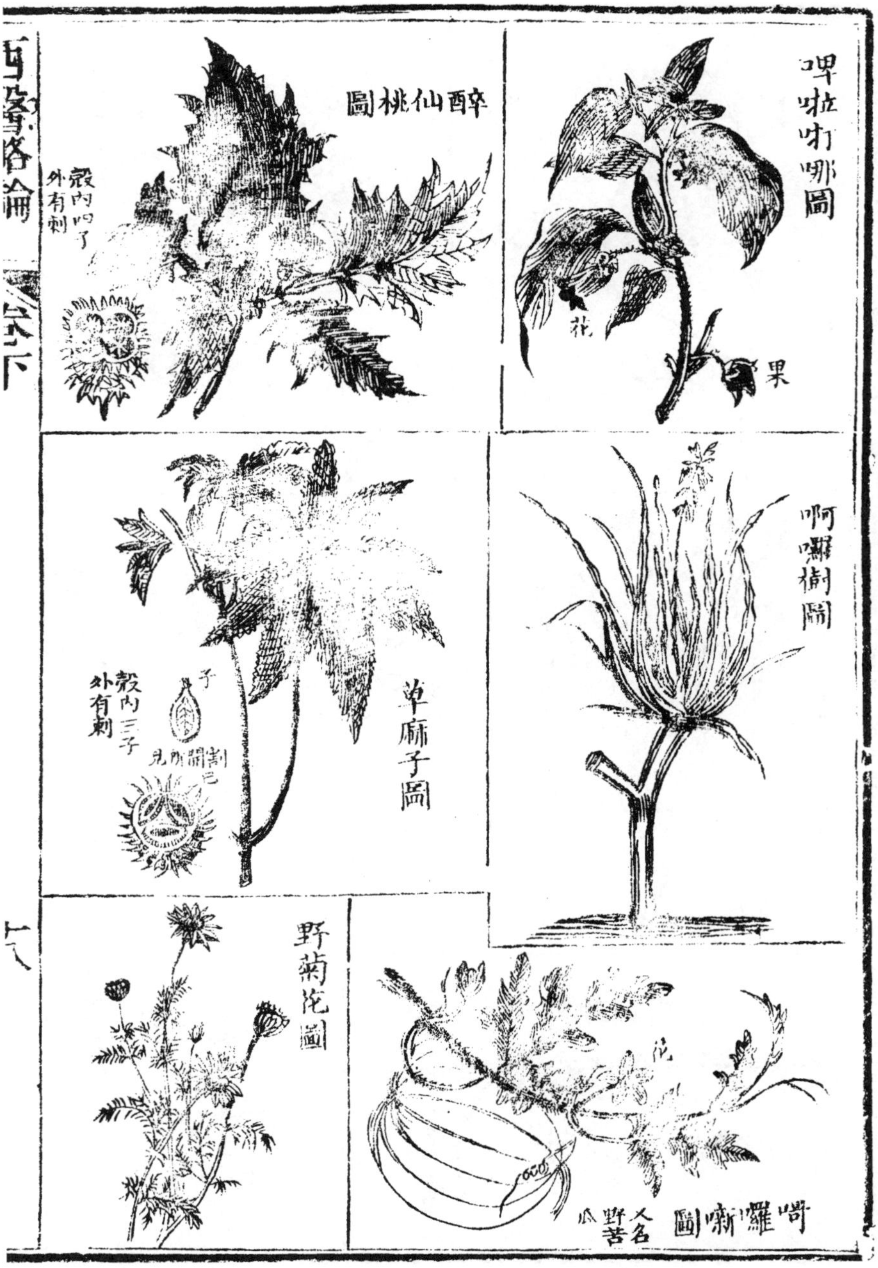
醉仙桃圖
殼內四子
外有刺
嗶啦吖哪圖
花
果
萆麻子圖
子
殼內三子
外有刺
割開所見
啊囉樹圖
野菊花圖
哥囉噺圖
又名野苦瓜
花

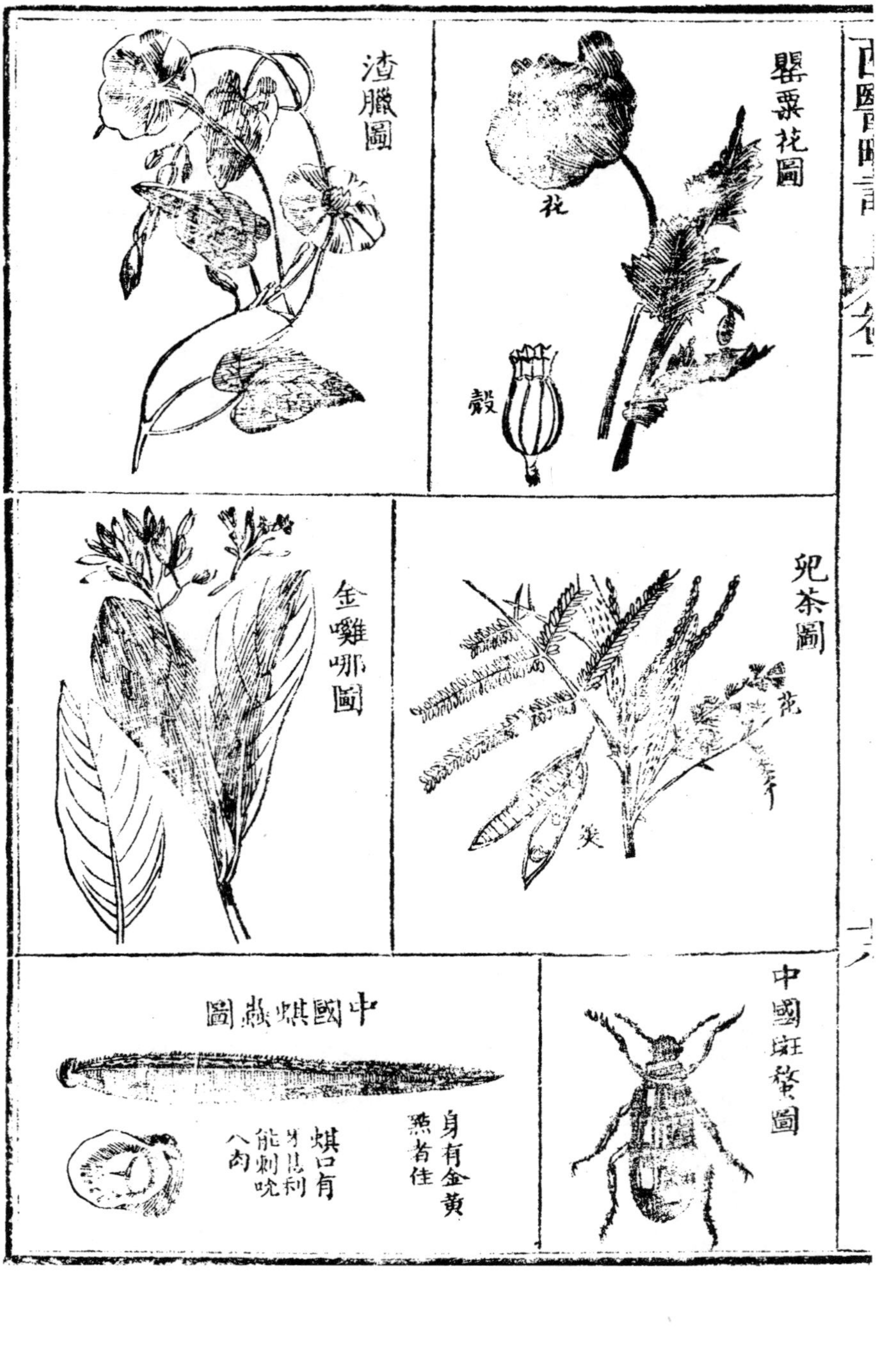
西醫略論
渣臘圖
罌粟花圖
花
殼
金雞哪圖
兒茶圖
花
莢
中國蜞蟲圖
蜞口有牙甚利能刺吮入肉
身有金黄點者佳
中國斑蝥圖

醫理略述二卷

〔清〕尹端模筆譯

《醫理略述》二卷，清尹端模筆譯。尹端模（一八六九—一九二七），字文楷，廣東東莞人，畢業於天津北洋醫學堂之前身總督醫院附屬醫學校，後入廣州博濟醫院，任美國醫生嘉約翰助手，創辦《醫學報》。譯有《醫理略述》、《病理撮要》、《兒科撮要》等，爲中國醫生中較早翻譯西醫著作之代表。是書專論醫治之理，詳及人體器官生理、各病病症、得病緣由等。凡二卷十五章，依次論據理治法之本、消化（口部）、消化（胃部）、吐劑與嘔吐、消化（小腸上迴部）、腸部、肝經、血、變化、血運之經、呼吸部、腦筋部、内腎、皮膚部、關連身體外面醫理工夫等。各章之下，又區以生理、藥力、病理、自愈、醫理五論及相關藥劑。所引藥名，有本於《西藥略釋》、《萬國藥方》者。據中國國家圖書館藏清光緒十八年（一八九二）廣州博濟醫局刻本影印。

光緒十八年新鐫

醫理畧述

羊城博濟醫局藏板

醫理畧述　上卷

昔人謂醫為格物致知之一事誠以醫者通貫三才包括萬變非好學深思心知其未易窺其蘊奥也余幼歲治經之餘兼好醫家言慨自越人仲景而後秘典勿著劉朱張李號為名家然軌轍紛歧疑誤後學迄於今世離經背道比比而然博考方書

乖訛萬狀人有死妄之疾醫乏不死之方夭札生靈念之心疚夫善言理者必有驗於物善言道者必有驗於器離物而言理妄矣舍器而言道虛矣以虛且妄者而曰道在是理在是豈不慎哉五十年以来古古相傳諸子百家方術藝能之事昔之由

東而西者乃復由西而東其所謂測算格化之學姑勿具論嘗於醫得讀合信氏嘉約翰氏德貞氏之所撰述以證吾黃帝岐伯之旨蓋殊途而同歸焉頋余年五十矣精力日衰知識日短自揣不復能從事於此迺者隨使異域識廣州　區君鳳墀鳳墀好格致學為德意志國聘授其國人之秀者習東方言暇輒過從知余於醫略有所得出其婿　尹君文楷醫理略述二卷相質　尹君幼受業於天津醫學館質敏學勤多所考究其書於生理之盛衰性質之變化條分縷析可謂言之成理者已

二

尹君年力方壯即物以窮理由器以明道其所學業必且日進無疆又豈余涉獵甯淺者所能量乎因　鳳墀之請勉書數語為　尹君勗焉

光緒十九年夏五月仁和潘鴻儀甫敘於柏林使署

三

夫以神農治世嘗百草以救民岐伯著經立五運以延壽然代遠年湮相因乖謬經離道背每誤生靈可知舍古法而治疾固謬矣拘古法而治疾仍未宜也而況不知酌古不知準今豈非庸醫殺人乎近來歐洲各國醫道專家格物致知窮源追本出奇制勝起死回

四

生非其醫之通神確有理之真據耳於以詳觀彼國返省我華雖異俗而殊方實同歸於一道如曰彼國之術加乎我華則我當知奮勉如曰我華之術流於彼國則我應更愧慚猶可畏難自棄不考以深心誑語為欺不破除成見耶迺有尹君文楷者粵東人也質具

聰明功深性理幼從學於天津醫館長助教於南海醫堂余因其令岳區鳳墀而知之尹君著醫理畧述二卷區君出以屬余序夫醫者理也凡事即理而言無微非理舍理而言隨在需醫其書于施治之理用藥之理燭微洞隱縷晰條分惟期討論益精推行漸廣功

五

侔良相德及生民余幸倚泰山遙瞻北斗見書如覩其人願壽世永作南針俚語勉為之序

光緒癸巳仲夏隨槎俗吏鑑湖王元錡鐵君識于伯林使署

醫理略述目錄

例言

一是書名爲醫理蓋專論醫治之理不拘用藥與否無不備載但凡理者莫不深微粗忽讀之便無所得故尤貴有心思默悟

一是書之出本欲使人知用一藥卽有一藥之理胸中確有所本然後用是藥卽收是藥之功行是法卽獲是法之效不致漫無依倚徒以藥石試人

一是書所言生理或生性之理乃人如何生如何長如何衰如何死臟腑各經功用如何做作之理但每冊所論不過略及關乎生理之說非將是經生理全行揭出也

一是書所言藥力乃藥之行力卽其行於康健人身之功力又名曰按生理之行功

一是書所言病理乃病之性與原與狀至於每段之說亦不過關乎病理之論而已

一是書引用藥名有本西藥略釋者有本萬國藥方者且一藥亦有數名互見者如錳雙炭養作雙炭養錳或作蘇打之類且又有不列化學數碼者而又有削繁就簡者如鉍養二淡養五作鉍養之類閱者可以類推

一是書所引之藥多有西藥略釋未及載者考之新出萬國藥方一書便粗知其梗概

一是書新創之字句俱有註解明用意

一是書由西文譯轉漢文以至成書俱經一手並未倩人潤色故行文之欠典雅用字之覺生澀在所不免蓋亦難求乎兼長要在不失乎原意讀者諒之

醫理畧述

嶺南　尹端模筆譯

第一章

小引　論據理治法之本

夫醫理與治法之名目、乍然觀之、雖似過於淺易、無庸推究、惟詳審之、覺其該括四義、各不相同、吾人當逐一考察焉、

一曰康健　括於治法之第一義、乃純屬生性之理者、所謂康健、或本來之情形、經體之已離者、離此而經體之須復者、復此也、夫康健爲諸自然之勢、行於人身之效、其勢卽內之禀賦、外之接受也、身內各經、其所以至目前之地位者、藉有身外種種

自然之力、使其舒發、而各經乃帖服於此勢、當經有定然之變、如是然而致者、醫者謂之爲勢之屬生性理行功焉、然正如身外諸勢、非有定而常變、如天氣寒暑、飲食、統而言之、凡外接於身者、皆反覆靡常、所以人身生理情形、亦非常時一格、此乃醫家首當審愼之端也、醫者卽其本來之情形、而謂之曰康健、惟生命與康健之最要、乃變遷之能、與隨機之應變也、

二曰藥力　按生理之行功　治法一說其本原之第二義、乃吾人具有一種之能、卽生命之情形事勢、亦可干預、亦可管治、如是則人之康健、或其生理之情形、亦有一種制之之權也、略一審思、便可估計吾人管治天然勢力之能矣、多半纔論之勢效爲本然者、及許多性全屬病者、皆在吾人轄制之內、是飲食衣服、呼吸之氣、眞火之源、俱能改換、且吾人亦可進受吾身固有之質、如金石、植物、肉食、或乃全然製造之類、況乎物之美惡事之損益、或取舍、或趨避、皆吾人志所能爲也、此管制各經各用之權、吾人志能指揮之所藉之情勢、若思詳說之、醫者每云以某某法便按生性之理而行之、或云某某物有某某生理之行功、吾人所具如是移變生理之權、其學醫者謂之爲藥力之學、

三曰病理　病之義亦括於治法之內、當身外之情勢、叛經反常、便至於擾生命之工夫、苟輕尚得謂之康健、若重則稱之曰

疾、曰病、而其勢亦曰病勢、然健與病、二者萬難分清界限、亦猶勢中之不能分列爲益身或屬生性之理、與病或屬病理也、試據脈理而言、喜樂、飲酒、發燒、三者皆催之使數、究之孰爲健孰爲病、其止可說者、乃本來之情形、其變每每如是之定、然謂之曰康健、則其說難通、故當另求一名而謂之曰疾、若再分明而兼有所苦者、則名之曰病也、

四曰復元　有效之治法、必蓄復元之能、人身內防免病症、及由病復元、本具多多之法、此抵禦克勝病勢之能、專藉上文所題生性之大理、卽各質各經、其靈動之能、並非定而不易、惟遇事變遷也、(在一定之限內)人身乃多備剏後之法、藉之始得功用如此

之變遷焉
一則當時勢需之諸經能發非常之力蓋可觀於一肌之事如臂之雙頭或心經是也諸經是以具有多少備存之力此力常須發洩作為防病之法苟非如此則吾人身內各處每凡格外用之定然遭毀矣
二則若此備存之力因連續有格外之故令其發洩不絕則此靈動之增必致該經或發大或生大其效則所謂均補之功也此自然防免或復元之法由於克勝疾之原者在心經之病可有明徵與乎兩腎之中一腎有病其他發大亦足以證也　各經之中並非俱以異常之靈動應異常之事勢亦有許多備具

調攝之機者庶可以或逃免或擺脫即將疾原驅除也如飲食過飽或食物不正胃則哇而出之而心經于縮時外邊阻力過大由其抑壓之機能稍為自救至若身之眞火又有種種腦筋之佈置調攝奇妙也
三則一經之工時亦有別經代庖者如是便去其疾患此之謂相代均補之法歷觀內腎與他出液之經如何通融便見之矣
四則甚至有居然成病與乎體質業已變改而身內尙有復元之法即天然修補之功此有大培養且每有發炎工夫聯行也
如此論之足見人身之經體功用各仍本然亦猶萬物之在其自然凡使其克臻今日之形諸理皆帖然服之如是苟為反常之勢所侵當此患既經克勝或驅除之後自必復其固有之良耳
五曰醫理　以下四端為據理醫法之本　一見得自然之勢在身內在身外者諸經遵依之而行　二因為吾人有制此之能　三因疾病不過乃生性之狀或體質之變緣常勢或非常之勢所侵擾而致者　四因經之功用或甚而體質之情形若該勢復常則亦循其故而如其初也由是推論然則醫理之為學乃將感於人身諸般自然之勢屈隨人意或以他勢克解其患務使返本還原而已至如此數衍外接於身自然之勢以致體之功用有如斯之變此之謂理其疾治其病隨後講據理治法即用此意也

醫治之法顯然不一以下分別論之
一曰免病之法　保人無恙其學其藝謂之衞生而衞生之道顯然本於確識生性之理苟能澈參夫生性之理而治制自然勢力之能無有窮限則可以不知病為何矣但惜夫吾人既無深識之學只得微末之能則衞生一道不能無缺然此道雖未臻於萬全但以其所到之步亦可置醫理而不用也
又一免病之法曰防範此則不止衞生更於致病之由預為避免克制矣然防範之法有二不曰無以免則曰有以防所謂無以免者如人苟不沾有等之物即不染病有若不欲霍亂或腸

壞熱症等毒所侵之水是也、至有以防者、乃種痘以免天行痘、桂拏以免瘧、飲檸汁以免牙疳症是也、

二曰醫治之法　當衞生防範、二者無能、或不可用、則事落醫者手矣、該體或遭騷擾、或乃失序、或生疾病、則醫之治之、救之愈之、正其時也、凡此名目、顯含須當干預之意、以其竟已叛經反常、而此名目領吾人歸入正題也、

甲除病之原　凡病既不克防免、首先自然試去其原、或敗其致病之由、使還其固有、是故指內藏有外物、則拔除之、胃有毒、或不化食物、則吐之、酸則以鹼解之、蟲則殺之、凡此之爲、皆倣天然復元之第二法也、然病之原因不一、而衆、是以愈之之法

亦夥而繁、此乃顯然、故改飲食、則曰調攝飲食之治法、改天氣則曰換水土之治法、施金石草木、則曰用藥之治法也、

乙治標之法　倘病勢不能除、則可試爲解其在身上所生之患、胸內熟悉諸般法子之生理行功、乃擇其行功與病原相對者、卽用以攻之、然治法之中、治標終遜於治本、因醫者之攻非在病之原、而止在其患也、然甚而此有限之能、亦可奏效甚偉、且有時亦僅需此而已、蓋當病原已止、或經除去、而最是在要害及易感觸之經、醫者不過要治其餘患耳、此種治法、謂之治標、又曰減輕暫止、而適當一定之時勢、又謂之緩候、此乃顯然倣自然復元之第三法也、

於此可見醫者查究與施用之地、甚爲廣大、苟能尋得一法、不拘用藥與否、若與凡身可受各反常之情形抗拒、則可攻病、但其中亦有難焉、先於醫者能望以此道攻病、必須一、則透識該病與致病之原、卽須有萬全之病理、二則洞明藥物行身之效、卽有完備藥力之學、然此二者、其不克臻於萬全之處幾許、固無庸說矣、且更有違心之事、卽所有治痊之望、有所限、所有醫治之法、有所止、蓋因病勢業致體質更張、已自預阻治法、設如缺失一肢、吾人不能使其復有、又如心內兩楄門滿生病質、吾人不能再復新之、然而此等之質變、無論其如何之險、如何之絕望、究其致之如此之故、其起勢不過輕淺、執此一說、諒不爲

謬、但此本本源源、尚在須要究明之候也、當病理之學日精、則醫者之識日長、譬若毒癱、肢體因之而須去者、能多識其性格緣起、又如風溼、心門因之而有異質障蓋者、能多識其病原、不論何時、若果毒癱風溼均能治痊、則治之之法、自必治其本原起勢、蓋藥者望其治病之行功、多於望其治病之發質、改病生理、多於改病體質也、然體質之變、醫者亦未嘗盡無治法、至論變化之章、便知其詳耳、

醫理中常用之名目有二、一曰據理爲治之法、一曰經歷爲治之法、學者於此、當致意於其義焉、何謂據理爲治之法、曰由吾人所識之化學、生理學、病理學、擬出者便是、如此之治法、若所

見不差定不失效蓋其本於吾人所知所識自然之理法也何謂經歷爲治之法曰所本者只在經練而不明其所以然之理此種治法之效亦可且每每與據理者相等或甚者有時過之然或驗或不驗其理終不可解說醫者止可云有一種治法屢次有驗考之經練無可置議此次大抵可見效焉吾人日望經用有驗之治法不久便多明之當一得其理明其所以然卽能指其藉甚天然理法而然則所謂經歷者將移而加於據理者之名下矣假使經歷之法盡變而爲據理一無所遺則醫理一學可謂全備耳

統論下文各章大旨　論到考究人身各部之醫理謹按以下之法由於上前所論擬出者焉　一略論關乎該經生性之理　二詳論此經之藥力大都叅究藥品惟每每亦及非藥者如飲食天氣舒動盥洗　三論此經之病理而專取其善於彰表藥之行功用處者大意卽謂論此經之失調過於論其病也　四略詳各經自愈之功與其失敗之處卽治法之限止　五論此經之據理醫理本乎上前四段者

第二章

論消化　口部

一論生理

夫消化飲食始於口部當烹調而後入於口咀嚼之而與口之涕涎勻合至是則凡屬澱類之質微有變爲糖矣

一　飲食之物於茲不載惟日用宜身之物不外蛋青澱粉脂膏鹽水等類書此亦足以使學者記憶其大端矣而各類之含於各樣食物有此多彼寡不能一律

二　口之知覺腦筋（卽喉腦筋舌腦筋三岔腦筋之他支）及　接受飲食之味卽傳達於大腦並腦根頭或甘或苦或鹹或酸與辛溫辣悶及氣味之濃艷者皆可立辨凡各氣味在腦根頭內印識於一腦筋中從彼一則反傳於胃使其功用改變（下文詳之）一則反傳於口中涕涎各核此亦爲其所感蓋大都由張鐙耳肌腦筋而致也又有別樣感動同由此遞出腦筋而出其由大腦者卽如或見或嘗或嗅或甚而一想食物之效其由胃者乃顱長腦筋傳遞此外無疑尚有由許多其他易於觸感之處者此以在腹内者爲最

三　口涕涎之流由於腦筋感動適已追溯明白此感動提觸其膚珠之質而且大爲開展血管也當消化之始口涎便生與食物融洽和混俾其略有屬鹼之變變（化學下數物後之變動）此於胃津之生有要效也

四　口之生液與口之出液、須分別清楚、蓋此種之核、亦有出渣滓之功也、雖當康健之時、漫無所覺、但若飲食奇異之物、如飲酒及服許多藥品、則口中自有一種不佳之氣味、此即其原人所熟悉者也、

五　嚼咽之肌力、乃由傳入之印識所指引、亦心志所能使導也

二論藥力

口之本來功用、人力可能主使否、須爲究問、如可、則此權有用之處、能施至幾何、此乃按定章之例、今宜討論焉、

一食物　夫人之於食物、有全權以制之、固可完全謝絕、亦能

隨意取其多寡、改其式樣、論及口部、則更爲然、如食物之漿類、其份數之多少、本能增減烹調一事、足改其性、或未入口之先、亦可半變或全變、其爲糖、如麥芽膏內所含者、大半是漿糖（西名顛的士）與似蔗糖（西名麼都士）乃用穀芽麪粉所造者也、吾人有此節制飲食之權、是爲調攝飲食治法之基焉、

二　口內知覺之具、可百般感動、而天然之氣味、人可乘其益者、其種類實無窮、至手製之氣味、亦不少於彼、但用之得宜、烹調一藝、甚是相關、且各種菓釀與乎天然及手製諸般調味之料、行於腭者、如芥辣酸菓醬料等類、皆關涉也、出乎烹調之外、於藥書之中、有許多藥品、按之醫理、可用以行於舌腭、由是而

及腦筋中並各臟腑、其分類如後、　一爲那大隊溫香之油、即丁香、眾香子、薄荷、迷迭香、拉芬打、豆蔻、及尚有許多各有各之異香也、　二爲苦類、如加林啤、瓜沙、桂拏、等等、　三爲香苦之類、如龍膽草、陳皮、香苦木（西名加思架、）乃其榜樣也、　四爲酒類、如濃酒、菓釀、哥囉方、伊打、　五爲剌辣類、如芥辣、馬蘿蔔、洋細辛、

六爲甘類、即糖、甘草、甘油、等等、　七爲酸類、如強酸、酸菓子、鈹葡酸散、此隨後再詳、

香類苦類、及其他提觸口腦筋之物、其可貴處、在乎能令飲食有味、如是便加增胃口、多消食物、且多添養育之料、又爲之備下消化之法、蓋由觸發口內消化之津、其在胃亦然、觀下章便知、

此種品物、其行在腭之效、令醫者得其法、以蓋一切悶藥之味、然時有故用氣味不佳之藥、如甘松、阿魏、取其惡味傳入腦筋、大感於腦、此固不可同日語矣、

三涎核涕核　大凡藥物及種種之法、能致多流口津者、乃謂之生口津、上文列出提動知覺具之物、大半亦括於此、至生口津劑、其最要者莫如淡酸類、如淡強酸、發泡炭養酸、植物酸、與植物酸之鹽、菓釀、（此俱是歸酸一邊）及酸菓子與酸菓子之汁、檸檬乃此之榜樣、俱在其列也、至人所熟知、欲酸之能解渴、其功不能盡說、屬於行知味腦筋之力也、學者於此、又須洞明生性之一

大理醫者所時引論其理爲何、凡酸質則提發屬鹼之津液、鹼質則提發屬酸之津液、其行功大率乃限於一處、不論用者爲酸質爲鹼質、看事之所需、勢必被吸甚速、而直抵核之珠質矣、

尚有所謂生口津專劑、其力行於涎核内裏腦筋之末、或行於核珠、如乍波蘭的與其精排魯加偏、菸葉、加喇巴豆、汞與碘、及反行吐劑銻衣不格是也、

反乎生口津之法、又有所謂止口津劑、雖極少見用、然亦一樣聽吾人之驅使、此乃藥品食物之淡或悶者心意之困鬱、及其他腦筋勢力也、淡鹼或似覘之物、其功乃限行於一處、此卽鋏鏀石灰之流、更有一種之物、在藥書内推爲至要、其力行於生

津之腦筋、故此亦可以謂之止口津專劑、其類爲何、如顛茄、了刀邊鬧羊花、佛茄兒（鬧羊花精）乃其款式也、菸葉一品用之過多、亦有是效、鴉片亦然、

若天然之生液廢弛、有一等代涕之物、亦可施用、此名爲淸潤劑、蓋其能潤口舌喉門、（有如鋪一層物以護之）其物爲何、乃平常之飲物、而最是溫水、米湯、半奶半水、乃漿類之或稀或稠者、如大麥水、稀飯、胡麻茶、乃各種之獸皮膠、魚肚膠、乃膠製藥餅、乃漿粉、蛋、蜜糖、無花菓、麵包之配製、乃適口之油、乃糖水及冰也、

四　口之出液（卽無用之津液）亦可以感動、蓋用由此道而出身外之物、如汞鉛碘者是也、但以此法行感口部、殊不足爲醫者益焉、

五　食物之咀嚼與混合口液、亦可由人施置、一則食時不忙速而仔細、一則所食者取水稀之物、或可以嚼透而見混於口津者、

三論病理

口部與消化工夫之第一站、爲醫者現時之故、其病理本自少有意味、但其行於胃部之消化、及食物之深進、則誠有關涉也、

一　所有消化失調、食物爲其首原、此則或在乎品質之不宜、或在乎食之之過多、或不時而食、或過於頻食、

二　知味之覺失没、乃發熱之常事、其後必至口津止流、食物無味、胃口不開、誠非細務也、相連於此、須論藥之惡味、其服之

之難、兼壞胃口多少之弊、

三　口生液之失調、大都是涕涎多寡有差、滯食過久之症、不免有口津缺少之患、至於新熱之症、更覺缺少、是故口舌乾燥、發渴失味、所食之物在口内翻覆、不能下咽也、若夫情懷沮喪、亦生一樣之弊、試觀一驚一惱、便知何如、有一種藥物食品、未嘗無是功力、顛茄、鴉片、醇酒、卽在其列也、上所論者口津之缺少、今試論其過多之故、前時定功服汞劑、至感牙肉之日、涎涕多流、甚是常見、然今日間亦見之、蓋因失誤、或因性僻不能受也、然間見者、非獨因汞之一種、若碘質與鋏碘、適逢一樣之情節、亦如是也、有一等反感而流之涎、見於嘔吐之初、及有種腸

胃失調症者極動人意且成一類吐水之患外此則腦筋中有病口津便多流也

四　口出無用津液功用有弊消化失調所有之不佳氣味衆故之中此亦與焉至其他之故則乃口內牙縫積垢霉壞或因呼吸路上之出液也藥品之中其功力亦有令氣味不佳者此種之藥前經詳及即如汞碘溴鉛之流若思免此不美之功力亦非易易

五　飲食爲滯食之常故繼之者即口之動功辨理不善也於此實質未得細嚼口津和混未得透澈此蓋由食物時忙速或不仔細抑由牙齒有病或竟已脫落也

四論自愈

第一章內所載解說自然復元之理究之關於口部並其功用是否有無須爲考察但細觀正在題及諸種之失調便足以置此於疑惑之外矣蓋知味之覺發熱退後自然復元至津液之失調由於發熱或因了刀邊汞劑作波蘭的而致者俟其擾動之勢已過或經除去則亦返其本來之品質份數矣推之出液當亂之之物全行滅完亦再是轉爲甘馥至牙之朽壞其修補之功與之排行每每克制之然而口內自愈之功亦猶他處終有限止之區如牙亦有朽壞脫落之時其他之質或染險重無望之症甚而如此據理之治法亦非無也試觀下文便知之耳

五論醫理

起自口部之病其據理治法無非以上四條所論化而用之而已即論及其生理其行於口之勢力聽吾人指揮者其失調種種情形原故及其自愈之功與功之限止即此而思治法無慮其不符於理矣

一　飲食當時時極細心察視不但飲食業是惡壞或食之不當或咀嚼不透者須爲察之即凡消化之失調不論所因何故在口者或在養生路別處者皆宜細爲檢驗也調攝飲食治法要知其瑣屑須讀別書

二　口部知覺之具其失調之處極少需治但若爲改津液弊病之故醫者亦常乘其指使知味腦筋能力之益是故口涎缺少及發熱時兼有之苦渴失味亦可由知味腦筋而救其患或較爲直截而飲酸物如强酸調酸之水醋和水炭養酸發泡水鉀葡酸散各種參和之檸檬汁與及酸菓子若無別樣不妥之處則藥書內之菴弭羅及菩提柑橙亦屬可用苟不見效或不用此則冰小口之水及有些前經列出淸潤之物亦可用之當口津缺少口乾失味不大緊急但恆久如此如滯食老症者則醫者施用較爲適意之提壯法故用香類苦類酒類及刺辣等物而食品則以烹製善藝專意調味使之適口當大病之後或由別故精力耗竭其胃口不開醫者於此可令病者飲些少有

盒之菓釀以提觸其腦、蓋此一時酸香酒味俱齊也、知味之腦筋及生液之核、醫者用純苦類或香苦類、參以酸或參以酒可以醒觸之、此服於飯前、或服於飯時、抑以酸辣之小料、如芥辣胡椒酸菓等類竦動之、

三　當欲觸動口部生津嘗味之功、而不爲消化起見、有如治口癰症、治腎壞下消之渴者、則宜用洋細辛菸葉、或細劑之排魯加偏、至口喉乾涸、緣乎服了刀邊闌羊花精而致、則須止服、抑兼用乍波蘭的以制之、惟有礙處、則不必矣、反於此口津因服藥多流、當除其致之之原而止歛之、如停服汞劑、或施用顛茄是也、

四　由口發出之不美津液、此津液乃無用之津液、據理治法、無外乎清源、而要莫過於調治腸胃之失調、然亦有用物以辟口氣者、或薰之以製作氣味者、

五　口部動具有殘缺、而最是牙齒、大約已超乎功用治法之外、甚而如此、不但可以有治法、且牙科在用於一處醫理各枝派之中、屬最據理而最收效者之一、若不克有此、則欲食用稀軟之物、而指引病者咀嚼嘗味、和勻口津、件件須用足時候、仔細不忽、如此、則所收之效、亦不爲小也、

終而論藥力之行於口部、醫者於此不免推論到消化工夫第二站之醫理、卽在胃者、提壯知味腦筋之物、常見於用、蓋取其反動胃之功用、觀於下文、便可知之、而且食物透混口中之鹼味汁、可以用作增多酸液力大之法、此亦具備也、

行於口部各藥列後

苦類　大黃　尼覃大及畢畢入精　洋沉香西名鴉囉　金雞納及桂拏　蒲金英　馬前及士的年　加林啤　瓜沙

香類　迷迭香　黑薄荷　青薄荷　玉桂　拉芬打　郁加列沓　野菅楊　玫瑰　薑　草荳蔻　肉荳蔻　丁香　加枝撥油　芫茜子　小茴香　八角油　蒔蘿子　阿摩匿　阿魏　海狗腎　麝香　番甘松

香苦類　香苦木西名加思架　洋苦菊花　龍胆草　介利大

酵母花　士班薩　檸檬　陳皮　加拏里　晏吉杜

刺辣類　胡椒半屬香類　畢澄茄如上　洋細辛　辣椒　芥末　馬蘿蔔　圭厄嘌

酸類　鋏葡酸散　菴弭羅　檸檬　柑橙　菓釀　淡磺強酸　淡硝強酸　淡鹽強酸　淡皇帝強　淡醋強酸　醋　醋酸蜜　淡燐強酸　葡酸　檸酸　炭養酸

清潤類　無花菓　榆皮　豈　薏米　菴弭羅　胡麻子　昔提　卡刺桿膠　白樹膠　杏仁　玉桂　水　冰　乳　魚肚膠　糖水　糖膠　蜜糖　漿粉　麥　橄欖油　杏仁油

生口津類　菸葉　乍波蘭的　加喇巴豆　酸　鈒葡酸散
菴弭羅　檸檬　柑橙　洋梅子　菓釀　汞　碘　銻
衣舉格
止口津類　鈒　鑥　輕淡　鈷　鋰　鎂　鴉片　顛茄
鬧羊花　佛茄兒　悶味之物　味淡之物　菸葉多用

第三章

論消化　胃部

一論生理

胃之消化大都是胃汁所致胃汁者乃一酸液其所有之鎔力化力（指化學之力）又在乎胃酥與輕綠酸焉顧胃津之生也一則由有食物在胃一則由消化而成之質此質有些被吸甚速一則由腦筋中之印識如種種之味道前章曾已題及一則由有口涎及別樣淡鹼水當小脘之口此皆足以觸之使生也當消化之際胃之血脈異常開展胃之肌肉活動勢猛約歷四點鐘久屬蛋精質之物（西名葡路的）許多已變為凝質物（西名啪陳）而糖漿脂膏

則碎散化勻但其化學之性仍然未改統此消化所成之質乃所謂養汁而移遞至小腸上迴焉

腦筋之佈置胃藉之而受觸感或預備接受與消化食物乃大半屬於一處者也凡食物之挨貼消化而成之質及淡鹼類俱行於胃衣本體內之腦筋結除此之外胃連接於腦根頭內一腦筋中且又以傳入遞出之腦筋接於大腦此腦筋即顱長腦筋與自和腦筋也種種之印識如是而及於腦與腦筋中者乃作為感動由遞出腦筋反應於胃此腦筋所遞者不第此且亦由大腦遞出感動本乎嘗味知覺所生者有如前章所見與乎或嗅或見或意想食物所生者此等以外其由肝腸內腎有具

其實由凡可印識之處不論是何所倘有許多感識經其腦根頭之腦筋中而反感於胃也此種腦筋感動在胃者其勢甚顯凡生液之核血脂肌肉皆為所感而胃汁之生則或觸之或止之或別樣改變之看其事之如何且遇一種之情勢能致嘔吐焉

二論藥力

牽動胃消化之情形為吾人管治者有幾又吾人按生性之理而行於胃者能幾何今須考問之

一　凡入於胃者或飲或食吾人有全權節制之而口津之消化亦多能為力此已見於前甚而假使食物已離口而下至於

胃亦可使之復出其法或用抽機或用吐劑下文第四章詳之矣

二　至於胃汁多增之法甚眾或以食物之性而激其小脂故看事之所需使之或稀或略硬或備下一種之物易變胃養汁而速於被吸者有若湯羹作為饔飧先用之物所以激發核脂多生津液且又能將生液之功歸服於聽吾指揮之腦筋勢力有如味道適暢之知覺便是此蓋由得法之烹調合口之配製可意之菓釀所觸發者且饍時同桌之人洽心悅意亦能生此知覺也核之活潑藉該處之血運又可增之至其所用種種之法隨後便詳而況在胃之物吾人可以使其略有不多之鹼性由於多發口津而致至飯前服淡鹼之水如鹵雙炭養輕淡香水鈒養水則亦得一種之效而且更穩此蓋在治藥中之最有用而常用者之列成所謂鹼類開胃劑也醫者甚而更能深進一層即改移胃酵之份數或輕綠酸之份數或二者俱改蓋由用之與飲食並進如是便使之成為消化之輔佐焉

三　胃部腦筋之靈活或加多或減少二者俱易故其知覺吾人可以增之蓋用口部內所論同一式之辣物如濃酒香油胡椒芥辣其為效不止於心口有一股煖氣且擴充而至行壯該處之血運甚而至總血運兼之與此聯絡之腦筋質亦為之提壯也此見於下文此等品物與乎香苦之類如龍膽草陳皮

更有加林啤等之純苦類皆有提觸腦筋開張血脂之功且胃之肌肉津核其靈活或者亦為之增而饑餓之意其時亦生矣大概由於胃衣遭此之變也此又成別種開胃之品名曰香酒苦蕊開胃劑也反此之論吾人又可以用人工諸法減飢之意如食菸葉是也

至於平胃劑許多品物法子其勢力之大與前者等此蓋減傳入腦筋之靈是以干預胃之知覺與其功用藉夫印識之反感者鴉片一物是以為止免胃痛並止其津液動用之最有能者至行功相同之物乃淡輕炭淡酸顛茄顛茄之流類發泡炭養酸水此則或熱至僅能入口或用冰鈒之一品亦乃平胃之藥

但其功、當爲自行抑爲捘生理而行、尚屬未定、而錯養草酸、則更屬隱昧、尚有許多藥料、淸除㦖激之由者、是亦爲平胃之劑、如銀養、幾阿蘇與加播泐酸、此葢止涕膜之失常也、上所論者、爲內服之品、尚有外敷於心口、如敷子、熱水敷布、弔膏等類、俱乃由腦筋中反平胃腦筋甚便之法也、

四　血之運行在胃、亦爲吾人所制、此已見於前、有許多藥物、如醇酒、伊打、香辣等物、胡椒芥辣辣椒等與及苦類、提觸腦筋者、亦使涕膜發紅、由於開展血脂、多加該處血流、但此有生理之制、不能出其限止之外也、此外尚有多多藥物、性格較爲㦖激利害者、特地點明於此、使因別故而用、務須謹愼、至儓鐵汞並其實大半金石之鹽、辛衣架、毛地黃、海葱、哥枝㗋、匪鏬稔、又乃藥中格外易於壞消化之流也、反於此而使該處血運敗退者、則有酸類、小劑之銀、鋥鉛鹽、與乎丫葛、鴉片、炭匿酸、及許多植物歛品之含此酸者、如佳奴兒茶、玉桂、此爲胃之歛劑、而是以反行爲別種之平胃劑焉、

五　胃之動、能易於改移、其養汁之酸性多、則其轉動之力亦同而增、醫者識此、是以於飯後服淡硝强、淡鹽强、或淡皇强、以資其益、是爲壯胃之別種、時又名爲補胃劑、至於專提壯腦肌劑、如士的年等、大槪行功亦同一樣、而行血提腦筋之物、最是伊打與飛散油類、亦是如此也、那激發利害之胃動、所謂嘔吐

者、另於下章專論之、

然反於此、胃之動可以徑行去滅、蓋由用淡輕炭淡酸、鴉片、嗼啡、炭養酸、及所有發泡之飲物也、鹼類之爲用、乃解去酸性、是以減之、而平血脂腦筋之物、如前所見者、則乃反行去滅胃力者也、

六　胃內之物、吾人制之之能、上文曾已詳及、蓋已論制飲食、及制胃養汁之酸性也、至其叚變、用鹼類或鹼土、可以剋解、或完全改之、如是乃爲解酸之劑、此之外、炭末則吸消化所發之氣、而磺養酸、各種磺養下磺養、加播泐酸、幾阿蘇、香油、並大槪所有苦類、植物歛類、俱解腐壞、多少是爲胃之殺毒劑、於此又須說明有許多解毒藥、解在胃一切毒者、

七　祛風劑之行功　香油、辣油、醇酒、伊打、其醒觸胃之腦筋、多增胃血運之靈活、觸胃肌之收縮、改胃內所載之物、種種之功業、經一一詳論、然尚未題及者、乃其時大槪亦開縱賁門之用也、然其效究爲何、乃氣逆上而出於口、胃之氣脹便舒、陣抽陣痛之患便已、其爲功統共如是之奇妙、完當、故因是此種藥品獲祛風之特名也、然其功又非止限於胃焉、試論其所生腦筋之印識、不但及於胃、與其自和腦筋結、且遠達於腦脊根、腦根頭、並腦也、由是反感於心與血脂、而成其提神行氣之功、是則祛風之品、又乃一種散蔓之行氣提神劑矣、

三論病理

胃消化失序、又名滯食、大概乃人身中失調之最常者也、且可以用爲彰表胃病據理之通常治法焉、

胃之失調、其最常之故、乃在飲食之品質、並其多寡、在咀嚼及和合口津之不足、或因水之太多、或因水之過少、以至沖淡胃汁、或制止津生、與乎飲酒無度是也、然常用有一等之藥、如鴉片、礬石、鐵、毛地黃、海葱、亦性趨於致令食不消化、而胃本體生病、固然亦有此患矣、論及胃汁、罕見其太多、若與所食之物比較、則多見其太少、其故或因所食過多、或因津液缺少、如病後衰弱、便如是也、然又或因胃酵、或輕綠酸、缺而不足抑其專辦

之功、有所攩滯、不等胃不消化、間原於腦力、假若神志憔悴、便易於停止胃功、不但此也、凡有異常之印識、或起自肝、或起自腸、或由於腎、或由子宮、每每有一樣之弊焉、

滯食亦有因肌之功用失序而致者、葢其轉搖勢衰、以致胃汁功用、食物不能遍沾、或驅逼之勢不振、使養汁不能及時而出、此物過多消化、便爲之停止、肌力孱弱、固然如此、但若蠕動過常、使食物未及受胃消化、便催逼入小腸上迴、亦能患滯食也、若夫由上之一故、或因別故、致胃汁食物兩者調和不洽、則消化之功、因茲有礙矣、葢津液未能使屬蛋精質之物、盡變凝質物、不過使其化學之性、略有些變、食物其他之質、俱亦碎散、但此成就來異常之質、及在食之太飽、一節養汁之過多、將如之何、必也消化之功、全然停止耳、如此腐壞便生、兼成生質之酸、凡糖、漿、脂膏、大抵半變、而胃內所盛之物、非變爲平常之養汁、而變爲一團酸而發酵之物、且有多氣發出胃經、是以膨脹、而有礙鄰近各經之行功、於心經爲尤甚、此種之質、凡胃之腦筋、血脘津核、俱爲之嬲激、如是則涕膜腫脹、往常之如玫瑰紅色、今則變爲土色、且面上生有一層膠黏之涕矣、胃之腦筋中、及聯絡諸腦筋中、大爲所觸、而有感動遞出、以至打噫逆氣嘔吐、若此尚不足以解救之、至其下入於腸、便生小腸上迴食不消化及腹瀉之患、皆因其性過酸、嬲激該處所致也、甚至當各種

緊急之狀退後、其體質變壞情形、尚需時日、始能復原、而且生涕異常之多、不但如此、消化之能、爲之制止、兼覺脹痛、欠胃作悶、兩者俱來、凡此之狀、須用治法調之、

食不消化老症、其患甚輕、但自然牽延難斷、推其致病之由、每每因別樣胃病、如患生毒瘤、或因別經之病、有如腎經、或因身子之病、如酒風腳、癆傷等等、此症肌力亦變爲衰弱、蠕動之勢爲之不壯、且胃體或者展大、而兩門之功用、亦失乎常序矣、

四論自愈

新重不消化症、若全聽自然而不治、總是過數點鐘或數日、以後便消沒矣、嘔吐顯爲天然治之之法、而吐後之作悶、胃口不

開乃免食物從新入胃使其暫得安息此爲治法擬出極妙之意焉但新重食不消化所患之時日亦有久者兼之所受或亦不輕且其利害之狀如嘔吐等或至成傷或變爲長病是以治法不可免矣胃質生病多治法所不及爲但辛苦之狀大半極可救治也

五論醫理

統上文各段所論括而言之乃胃府有一種失調疾病顯然可以據理治之

一免病之法　治胃不消化得宜之法預先防免乃爲最要失調之常故及去之之機時時不遠防免一道於此幾乎全在提

理飲食凡食物之多寡品類用饍之次數及平常之佈置食時交接與別樣之情境口内消化之透澈饍時飲流質之多寡醇酒亦在内與及其他之事故此處不必究論者無一不當留心也故提理飲食爲治食不消化至要之端乏此雖有藥治亦無用矣次於飲食其所以防免不消化者乃用胃汁或其内所含之質此以人製者而投於胃但此雖爲最便之法究非最妥者焉是以當飲食之際或飯後之時輕綠酸與胃酵西名啤先可以單用其一或兼而用之然亦有取豬牛胃内之薄膜或取甜肉者製成消化膏當烹調時參於食物之中使其預變爲凝質物而省胃力焉

然此借人力以補自然之法在醫者須少用而試其自然者故當設法以激發生津之勢令其多增本然之汁較之借助他山似爲宜也是以首取食物動胃之功故戒多飲無益之稀物且又須記憶每凡饍之大頓首用些養身之羹取其易於被吸而興發核之功力誠極妙也然藥品亦要用焉凡猛然激發胃力之藥宜服於飯前至多加血管腦筋靈活而反增肌核之力者如醇香苦辣等開胃劑則以參用爲最妙譬如龍膽草酒陳皮酒加思架酒介利大酒等類與輕淡香酒肉荳蔻酒辣根酒或哥羅方酒可有各樣之參配也更有一壯胃力量較大之品又和於此中即鹼類開胃劑斯乃鈑鹵輕淡各配劑也但其常用

者以鹵雙炭養爲最其所以常爲見取故甚多焉凡鹼類宜兼香苦之品服於飯前爲醫者須謹記之此乃藥治不消化之常規也以口津透濡食物所得之效亦同一轍此等治法不過做其意而行耳此外凡病者心性之所務平時之居處與夫身體活動其多少其時候與饍相較亦須細爲調攝也

二醫治之法　假使新重食不消化竟然在矣始思設法以激其胃液則已太遲此時之法或將胃内之物令嘔而出或用藥解酸吸氣免其辛苦醫者須於二者取一吐劑之用詳於下章若捨嘔吐而取其他則所投者爲一服鹼類或一服鹼土然於此又須明白非作爲鹼類開胃劑而用但純是爲解胃内物之

酸矣鏀雙炭養又乃為此常用之品大率參以輕淡炭養及一香油如薄荷或薑之類或更妙者輕淡香酒取其又有祛風之功也服後之效胃物之酸性為其尅減且為此所需之鹼不用多許便能奏效實是奇異而那團物質下入小腸上迴較為安然無礙矣或不用鏀以解酸間有用鎂或其炭養以代之者此又乃寫劑便將惡物催逼而去至發出之氣用炭可以吸其半此則或用其末或製成餅而服之其餘則用祛風劑使其逆出於口且此劑更可以協助止痛止腐兼之壯心醒腦因此患之侵不免有抑鬱之情形也

三治病之患　當滯食已云止矣又須治其消乏之氣醫者於

眾平胃藥之中當取些而收其效大約推淡輕炭淡酸鈊養嚏啡為巨擘（摩啡一物或節射入皮或塗於心口皮外或參於發泡散內服之亦可）三邊酒或發泡蘇打水和嚾囒地酒可以用作平胃及行氣提神之劑而平胃兼養身者則有奶和灰水或和蘇打水也論水則極冷者為冰此乃止渴最妙之品惟熱至僅可入口之水則大有平胃之功外敷於心口者又可用胡麻敷子熱水布在症之重而耐久者則用芥辣或斑蝥弔膏不拘何法總以培養氣力而勿增悶痛為首務要若十分緊急之症則應節射食物入糞門以為養矣復胃之消化須慎而又慎苟其人非極弱者則禁食數點鐘之久乃最善之治法幸而病者不思飲食每使之然初次飲食宜

極少且質宜至軟而至易消化如各種之羹精液肉汁牛奶等物每食之前先服一小劑參雜開胃藥如鏀雙炭養和淡輕炭淡酸或和鈊養者且又須開一味力柔之香苦類如龍膽草蓋此可復胃汁之生而歛止鹼味之涕因滯食而發者也

四　食不消化老症據理治之之理與新症一式不過大同小異其如何變更細審各症病理之交參及以平時之閱歷便得之矣病者之飲食須時時察看提點除飲食之外其可以致病之由應察究明白如肝胃之失調心腎之疾病或酒風脚或癆傷症皆當查識而按部佈置其治法焉

至於胃汁或更須以鹼類觸之使生但此種之藥切忌過用過

則抑壓心經肌肉之力至消化之輔佐胃酵或淡輕綠酸或兼此二者於今用之可較為據理而救治生津之缺乏宜於飯時或飯後服之在更加老症譬如在年高之人其老食不消化因核質之廢壞者則變轉為凝質物之物（此食物乃用材料製成使變凝質物者）極之有用大約凡老滯食症胃之腦筋肌肉質多須培壯其力且戒免飽脹或過於滿載該經食物之中切忌發氣者如青茶糖菓清湯與乎大飲濃熱之茶之流至於加增胃肌衣之功用及養生力則一切補胃之劑皆宜於用而以力大之苦類如士的年桂拏與淡硝強酸淡燐強酸為更宜士的年一物誠專壯腦肌之藥厥功甚偉者也此種之症內中有些須用胃殺毒劑如

幾阿蘇及各種礦養或下礦養以潔淨胃之裏面與其所載之物且殺變壞發酵等小生物

老滯食之人一定受餓多少故其所食之物宜選養身兼能消化者醇之一物亦或需之但其款式與及多少務宜恰合鐵劑之溫和如鐵輕淡檸片者亦宜間進惟必須視其不增滯食之患方可若滯食因胃受舊寒多生涕涎而致者則斂胃之劑顯然宜用凡銀養鋥養或佳奴玉桂與乎他物之含沒石子霜者可擇用之

至於胃體之病其治法未能詳論於此然此種病症指需最緊者猶望學者以其所學亦明其當循之理以副就之如止痛去悶息胃之功用且又須知許多病狀乃由食不消化而致焉若夫嘔吐與偶然所有胃部別樣相連之失調其醫理皆詳於下章行胃諸藥列述於後

鹼類開胃劑　鈲養水　雙炭養鈲　雙炭養鈉　輕淡炭養

輕淡香酒　鎂養　輕鎂養　炭養鎂　輕炭養鎂

苦類開胃劑　與行於口部者同

香類開胃劑　與行於口部者同

香苦類開胃劑　與行於口部者同

酒類開胃劑　醇酒各樣款式　伊打　哥囉方

酸類開胃劑　淡礦強酸　淡硝強酸　淡鹽強酸　淡硝鹽強酸　淡燐強酸　醋強酸

辣類開胃劑　胡椒　畢澄茄　辣椒　芥辣　辣根又名馬蘿蔔

壯腦肌劑或名補胃劑　各種強酸　馬前子　士的年　苦類開胃劑　香類開胃劑　香苦類開胃劑　酒類開胃劑

辣類開胃劑

提胃劑轉為嬲激及吐劑　海碘　菸葉多過　海葱　毛地黃

匪鏬稔　哥枝嘌　辛衣格　哥拜把　藤黃　圭厄嘌

鐵　汞　信石

輔佐消化劑　胃酵又名啤先　淡輕綠酸

壓抑腦肌劑　熱水　顛茄　鬧羊花　佛茄兒　輕炭淡酸

鴉片　炭養酸　冰　菸葉起首

斂胃劑　炭匿酸　銀養散　醋強鉛　鋥養散

解酸劑　鈲　鈉　鋰　輕淡　鈣　鎂

以本體力平胃劑　炭養鉍　下硝強鉍又名鉍養淡養

行功不明平胃劑　錯養草酸　衣畢格

胃殺毒劑　炭　沒石子霜　幾阿蘇　礦養酸　礦養鈉

下礦養鈉

祛風劑　樟腦　士班蠻　阿魏　阿麼匿　甘松　凡香苦酒各類開胃劑　辣類開胃劑

第四章

論吐劑與嘔吐

一論生理

嘔吐乃繁瑣之行功凡呼吸之肌腹肌胃衣賁門環肌及食管胭頭皆與焉然嘔吐不必俱以為病間或乃純是生理之工夫所以由胃除去過多之食物如小兒飽飲乳後便作悶嘔是也嘔吐之作有奇妙腦筋機為之引導定斷此機有一專腦筋中即嘔吐腦筋中在腦根頭內有傳入之腦筋由喉門胃經腹內臟腑腹統膜而發者喉腦筋顱長腦筋自和腦筋乃此中之最者也餘外其實由身之他處亦有此則平常之知覺腦筋為之

傳入也且又有遞出之腦筋顱長腦筋膈腦筋與脇中腦筋等遞至肌肉賁門及闌運等處此處隨後便詳嘔吐之生由於印識之發在無論那一條傳入腦筋所養之所或由有一種之物由血抵其腦筋中而觸之抑由於一等心意之印識下流及腦筋中該印識如悶味臭氣可駭可惡之狀及抑鬱之意是也

胃之反也又有一種聯絡之行功此於醫者極之緊要未吐以前或有口涎先流此於有些反感之吐便足以見之膽囊之汁或被逼而罄盡轉流入胃由此吐出起首作悶每有呼氣之動如打噎咳嗽者乃指明提觸之印識已旁及聯結之呼吸腦筋中同在腦筋頭內者也且當胃物傾吐之際胸膛逼壓亦生呼氣之效至嘔吐之終亦是如此斯時氣由聲門奮然逼出所以阻絕物之墜入此須謹識也如是則嘔吐趨於清除呼吸之路兼清養道之上截也吐劑提觸口涎發流之效常時兼生氣管之涕而此涕為上行之氣驅出便更加清其路矣

嘔吐一事呼吸與胃之腦筋中固大為其所提觸惟心經與血管之腦筋中則大為所抑矣蓋心脈之力兩者俱減若別時不減當悶吐暫停之際亦必減也而病者因腦部更加欠血供養便有一種昏暈之意蒙漫之矣且其時腦內主動之腦筋中為其下抑大率在腦脊根者亦然而病者輭弱無力難以支持身體之重逼於躺臥未後出汗之腦筋中亦為提觸以致汗出淋漓此在多次嘔吐所熟見者也統此學者將測量出嘔吐之擾

礙生理何等之廣及其勢令醫者能制身體中數最要之功用何等之大焉

二論藥力

嘔吐有一種之物及一等之法可以觸動之此謂之吐劑共分兩等一徑行於胃而作嘔者二行於嘔吐腦筋中或腦筋機之別處而反行作嘔者二者仍以徑行者居多如煖水甘菊花泡生鹽和水芥辣輕淡炭養鋅磺養白礬銅磺養皆在此列此必須由口而服反行吐劑其藥甚少不過乃衣畢格鹼劑丫甫嚤啡而已此三者不拘由何路入血俱能作嘔如節射入皮由口

服或射入糞門皆可也因此故較之服中劑徑行吐藥其抑壓爲更大即其抑壓腦根頭内其他關乎生命之腦筋中多於徑行者也若夫以物觸激喉門又乃反行作嘔易便之法而有悶味之藥譬如蓖麻油大黃等每每亦行於該處之腦筋便有嘔悶但不爲此而用矣衣畢格與銻劑行於胃亦行於腦筋中是以實爲徑行反行之吐劑也

聽吾人指揮免止嘔吐之法其多而不一處亦猶所行遼闊之機其股段之眾也此可以謂之止嘔劑於此之中首提其減止嘔吐腦筋中之觸激者而論如躺臥飲食養身之物藥則亞咪唎淡養淡氣甘油醇酒鴉片綠養汞含溴之品及淡輕炭淡酸

其第二種更易賫其益者乃平由胃傳入腦筋之品如熱水冰淡輕炭淡酸炭養酸鉍淡鹼類鴉片細服之衣畢格迦路米與夫法子之反行於胃而減其腦筋之觸激者如貼敷子或弔膏於心窩是也至平由別經傳入嘔吐腦筋中之品亦括於此類之内有如清潤喉嚨之物貼敷子於腹或上藥於子宮口者焉

三論病理

嘔吐以現在之事故算作屬生理之一行功然亦可謂之失調假如一則太過二則當相需及有益之時反覺不及或吐之不足或全然不吐僅將此情形逐一表著之

一　嘔吐太過乃緣夫胃之失調或胃之病而後有或由於腹内他處變常之情形如患小腸疝咳嗽痛之利害腦傷腦病或五覺及血運之騷擾即暈船亦在此内然嘔吐之原亦有在腦筋中本處者最是前曾惡吐之後患或溺底之毒或一種外來之毒如銻者焉

二　嘔吐不及乃徑觸腦筋中或反行感之總不能吐止於欲嘔而已之謂蓋病症之中有嘔吐極關緊要需之甚亟惟本然之性竟不作嘔且須從胃驅出之物性不觸激甚或平撫有如醉人之毒醫者於此必須投以吐劑不但可以清胃兼爲其他也嘔吐在別臟腑又有相連之效有時因欲得此效之故亦願有嘔吐至聲管氣管有種炎病如聲脂假皮症氣脂炎症生發

濃結之質或如哮咳症驅逼之力不足或乃失常者則須一服吐劑用以清除呼吸之路而容氣出入無礙也產時初站遇有子宮發硬有醫者信用此法下吐劑以鬆其環肌是亦本乎此理而化用之矣

四論自愈

若夫嘔吐之原一除則嘔吐常亦止任然亦有不止而必須藥治者嘔吐本自爲天然所備救治之法惟其益效終有限止之區矣苟吐患延而不除胃之粘膜腦筋將格外易於觸動其勢固必日深日重至若關乎腦筋中之症亦是如此甚有因乃悶嘔之後患令其如足之易於感動至略一轉身則此狀重新再

來者、此亟宜治之

五論醫理

嘔吐之醫理、以據理而論、固昭然明白、太過則當止之、不及則宜助之、全然不吐者、則應激而發之、吐劑之功、亦有不但爲清胃而爲他故、取其益者、蓋未嘗無也、

一嘔吐太過　考嘔吐之生理並其病理、足令學者知辨症爲極要、尋原爲不可少、然後據理治法方可得而施、且亦知祇治其標而不察所以然、其法之爲不學、而其功之爲不稱願也、設以一事而論、新不消化症初起時、因不化之物而致嘔吐、與其第二級因脹而起之嘔吐、若統其爲嘔吐、以一樣之法治之、則

此種治法、誠大謬於理、蓋初起時者、其治之之法、理宜助之以吐劑、惟其第二級者、則應用正正相反之法、即下平胃劑也、治法下手第一著、無疑在清除致此反感行功之原、若胃載性帶嬲激之食品、則宜急爲解剋、有如上章所見、若乃一種之毒、則即須下解毒之劑、或不如是、則二者之中、無論那一樣、俱可完助嘔吐之功、使其去胃、抑以抽筒入內洗出之、清除之後、須以上章所論之平胃劑、靜息胃經、假使致嘔之由、基於腹內其他無論何經、一經查出、若可清除、必宜除之、因腦傷腦病而嘔者、則宜按症而治、大用平腦之藥、如鋏溴、轆淡溴等、設或嘔吐腦筋中爲內毒（如溺底者）所嬲激、或爲外毒（如鉮者）所嬲激、則宜由內腎皮膚大腸等處、著速將該毒質驅出、或以行氣提神之劑、克抵其患、然或嘔吐之由、乃緣乎腦筋中內之血運不穽者、則醫者須復其本來之血養、故令病者臥下、張息軀體、若胃可存物、則以醇酒飲食行壯血運、淡氣甘油亞咪唎淡養、及乎綠養冰、曾經試用於此、頗著效驗、倘原不可除、則醫者必須用鴉片等類之藥、以減腦筋中易於受激之性也、

二嘔吐不及　吐劑之用　以嘔吐爲治法、及由正在列出衆吐劑之中、選擇其一、於施行一事、誠要之又要、學者切不可想致令嘔吐、不過乃使胃力一反、當估量由斯而騷擾生理其大小輕重爲何如也、倘若病者虛弱之極、則醫者將或大爲一驚、

蓋見所下之吐劑、或不克成功之吐法、隨有血運大抑壓、昏暈、及甚而有不起之慮、所以病者之情形、必須著速仔細查明、若以嘔吐爲宜而無礙、則當看病者之氣力、及其他之情勢、然後選擇何等之吐劑、幸而受毒新症、亟須嘔吐者、其傷神之處病者大都足以當之、故鋅礦養（二十釐開水二安士）、銅礦養（二釐至五釐開水一安士）、或芥末（一大匙羹開熱水一大杯）等藥、投之不容緩矣、若夫呼吸之路、由於聲脘假皮症、或氣脘炎症所發之質堵塞、至需嘔吐、則醫者宜巧爲定斷、一則量病者之氣力如何、一則若用吐劑、該採其如何者爲宜、衣單格葡酒、推爲最妙、小兒服一地廉、壯者用半安士、

按地廉安士俱西藥量名每地廉約六十滴而以八地廉爲一安士至上文有言釐兩者俱西釐西兩也此蓋取其

不但能吐且有化痰之功也至銻之性無疑更是抑壓若壯歲之人服之鉀銻葡吐藥則以一二釐爲度葡酸鉀銻葡酒則半安士也輙淡炭養於此之症用爲吐劑甚屬安宜蓋有壯心經與壯呼吸之功至於食不消化新症所用吐劑務擇力之最純者卽如温水鹽和水煖悶味泡水如甘菊花之流俱可大用無礙丫甫摩啡一藥其功力最定準而通場可用惟在眾吐藥之中最少於用蓋罕就手故也服入口之劑用一厘八份之一卽一厘分八份用一份之謂若節射入皮下一釐十六份之一便足矣服吐劑之後每須服一劑行氣提神藥如醇酒者焉

幸感嘔吐之藥分列於後

吐劑

徑行吐劑　甘菊花　芥末　輕淡炭養　白礬　銅礦養

鋅礦養　鹵綠　温水

反行吐劑　丫甫摩啡

徑行兼反行吐劑　鉀銻葡吐藥　衣畢格

止吐劑

行腦筋中類　鴉片　輕淡溴　綠養冰　醇酒　飲食　亞

咪哷淡養　淡氣甘油　淡輕炭淡酸

行胃腦筋類　熱水　淡輕炭淡酸　炭養酸　鉍　淡鹼類

鴉片　衣畢格細服　迦路米細服

第五章

論消化　小腸上迴部

上文已論及口胃等部之消化今繼而論其在小腸上迴者至若腸之別等功用下章再詳

一論生理

胃養汁之離胃也聚變屬酸其尙未消化之質在小腸上迴立受第二重消化之功至化之之津液乃屬鹼者爲甜肉汁膽汁腸汁三樣參合而成甜肉汁之用乃將餘下之漿變而爲糖至未及消化之屬蛋精質物則將其化作凝質物肉絲白末西名嚜哾牛乳餅精西名泰路先及膏油酸當其與膽汁合作便將膏脂半變

爲醜半得化勻糖類於斯轉爲乳酸牛油酸此大率半屬腸汁之功因其亦乃一化漿者也此處消化所成之物與乎在胃者俱皆吸入四合迴脂部並吸脂部內而食物不化之一份及各種渣滓尙有大腸一番作爲便變糞矣

胃之酸汁因爲混合口津食物之屬鹼聚變鼓動而流是以入腸之三種鹼味津液爲酸胃汁觸感而生其理正同一樣物當入小腸上迴時酸性適中顯然最宜於腸之消化苟過於酸則此鹼味之津液爲其尅解轉令之無功矣

若夫此三種津液每一樣之調攝腦筋機俱較爲難明但此津液之受制似與胃之功用同卽有一處之腦筋結管制而又受

制於一腦筋中在腦根頭內也至處腦筋中與臟腑之間而爲傳入遞出之腦筋者顱長腦筋自和腦筋是也該處之血脈據現時所知而言當功用靈活之際開展放大其肌力之動則亦猶胃者半推前而半環轉惟推則定多於轉矣

二論藥力

若夫追踪養道內之物從胃而下入於小腸上迴醫者深知一離幽門則無可把握而失其轄制之權矣斯時固不能以嘔吐之法挽之使上且藥在口胃兩部能奏之效或屬化學之理者或按生性之理者在腸不過得其大概而已然細考牽感小腸上迴消化諸勢人可得而用者亦實有無疑也

葢飲食可以多方換變至吾人以爲合宜爲度且漿脂之質其份數之多寡可特爲佈置以感腸部之消化或全然禁食俾肝經甜肉經及小腸上迴諸核得享生理之安息至食物可以專功烹製用甜肉膏及一鹼類參於其內如是使其透變凝質物而後入口漿類則可半變爲似蔗糖（西名摩路都士）及漿糖（西名的士顛）如麥芽膏或麥芽精是也至謂物在小腸上迴不能上吐由口而出然亦可用藥使其下瀉此隨後便詳

肝經甜肉腸核之津液若思有以感之誠覺煩難蓋醫者不能徑加其鹼性如同飯後服淡鹽强酸以增胃汁之酸一式因凡由口服下之鹼未到腸時已在胃爲酸所解矣是故甜肉汁不能若胃酵之可由口而服蓋一入胃則酵立壞理本於此也麥麥芽膏內含大亞士咃士此入胃內亦爲所壞除是俟胃消化剛畢酸已告竭之時服之方可然醫者亦具一樣屬於生理但較少屬人爲之法以提觸小腸上迴之津液一由行感胃之消化使胃養汁下入於腸酸性更大此乃一反行壯腸之法二投强酸如淡硝强酸淡硝鹽强酸或淡燐强酸於飯後之時此將爲胃養汁載至脘口而作爲徑行壯腸之品且在胃內有被吸者由血而抵肝經甜肉大概以一樣之理又是有行感之勢也伊打一物有謂其能提觸甜肉而大率亦化匀膏油之一助至論那一邊則飯前服一鹼類由益善胃之消化將亦壯小腸之

消化苟服於飯後則反累腸之消化因其減少胃養汁本來不可少之酸性也

吾人有許多藥物多增膽汁之流者此名爲動膽汁劑有徑行反行之分徑行者乃直行於肝經者也反行者乃掃除腸內膽汁出於身外因之行壯肝經者也此不過因論膽汁消化之功暫爲題及要知其詳可於下文第六章論膽汁瀉功處觀之兼劑不但有清小腸上迴養汁膽汁以便重新補換之功且能提壯小腸上迴核是以大有壯消化之力也

三論病理

小腸上迴不消化亦非僅見有自起者亦有因累而起者因累

者自必隨胃不消化而發也蓋胃不消化新症其離幽門者乃一團酸腐之物此與小腸上迴之津液相接便將其鹼性完全冲解而餘下之屬蛋精質物脂膏糖漿不但不獲妥宜化學之變且再又腐壞吸提之功因之而止至蠕動則異常加增故物迅度大腸猛然驅出矣總此成爲食不消化新症之腹瀉人所熟悉者也不但此也其時腹亦生痛且覺淒涼氣沮此緣傳入腦筋大受印識之故自起小腸上迴食不消化新症亦類乎上文所論者惟無胃之病狀先行而屬別種之腹瀉也推其致病之由亦若胃部者以飲食不宜爲首即徵甜肉肝經力量等質過多亦括於此內如脂質糖質在嬰兒則漿質然亦有不因此

而在膽汁之缺乏者甜肉汁有時因悶吐或別種情境亦至減少若夫心神沮喪亦有礙津核之功而可以轉生食不消化及腹瀉之患焉

在症之舊者胃養汁與小腸上迴之津液其本然兩相關屬之處有所擾亂生出之狀較不緊急惟大有損於養生之道矣每於飯後數點鐘之久則疼痛心酸氣沮俱來而大便則走動無常所下之物色白而臭且或有未化之脂乳在內至小腸上迴肝經甜肉質體生病亦有一樣之狀惟較重矣肝之一經其失調其疾病則不止有礙於消化且更有他焉另章詳之

四論自愈

此段之下須論者甚少腹瀉一事顯爲天然驅除不宜之物以救小腸上迴之法有如嘔吐之救胃焉設使腹瀉已甚至令身體不安當病原一除則小腸上迴功用不久便復其本然矣苟透澈參詳此事之事理醫者所爲自非阻止此益身之功而反助天然使復元速而更穩惟瀉之太過亦未嘗不須止之

五論醫理

治胃據理之治法有防免醫治兩種治小腸上迴亦然苟其人早有犯此處不消化之意則宜仔細調攝飲食之品質多寡及其烹製之法以防此患之重來凡肥膩甜漿等物勿令多食而一切濃艷亦須禁戒因此無不有膏油在內惟其化學之變等

級各自不同而已若夫重症則須保其消化得數樣參雜起來之物最傍近養身宜有者有如牛嬭饅頭稀飯蓋以甜肉膏使其變爲凝質物然後食之麥芽膏供給易於被吸且不能釀壞之糖時亦宜於用惟須留意服時須當每飯恰宜之候也次於飲食醫者智所當爲乃小心調理胃之功用須知以此而復小腸上截化學及生理之定衡爲最合於理也是以或投鹼類於飯前或下酸類於飯後可隨意選用以收此效惟須按論胃部消化所詳之方法矣用鹼者乃按生性之理而增胃養汁之酸性以酸類者則純是化學之法也

二　醫治小腸上迴食不消化新症之法多繼胃新不消化症

之治法而施此蓋已見於上文矣且胃不消化取一鹼類配以祛風及行氣之品其剋解過酸之功如何之妙亦已深悉然則胃養汁離胃之後亦必仍是如此其理固顯而明當以大劑雙炭養鈉及輕淡香酒治之之後物入於腸其酸性諒必較常更低而已在之胃養汁其過酸之激性亦可減輕而復各核自然之功矣若醫者見症稍遲不及施用此法則此惡物以瀉法清之乃最據理之道也於此則鎂養炭養鎂爲功甚偉蓋其卽有解酸之功而後又有瀉性但較常之法乃須投一動膽汁瀉劑如迦路米者此則又有一種之益因其既無味且又少是以不以此騷擾胃也

痛及肌之過動（卽腹絞痛）或有尚存者則當治之以平撫之劑如鴉片或鉍者焉至腹瀉之治法與乎小腸上迴老病之用動膽汁劑及瀉劑當留歸下章詳論

牽動小腸上迴消化等藥列後

食物類　用甜肉膏調製之食物　橄欖油　杏仁油　鰴魚肝油　麥芽膏

徑行壯小腸上迴類　淡强酸　伊打　汞劑

反行壯小腸上迴類　生口津劑　開胃劑　瀉劑

壯肝類　動膽汁劑　瀉劑

第六章

論腸部

今將醫法其所基生性之理較爲繁瑣者試爲推論此卽論腸部瀉劑斂劑之功力用處也

一論生理

當胃養汁之經小腸也腸養汁及別樣可化之質俱爲吸去所餘者前進入大腸而成糞焉沿道中血與腸內之物二者之間水流之向有二一則由腸而入血脂一則由血脂而入於腸是以糞之稀硬須視乎吸力洩力之靈活且顯然又在經度之快慢也苟吸力强洩力弱兼走之慢則糞自然硬若反是而稀則因吸之不足洩之太過或經度之迅速矣過硬則謂之便結而過稀則謂之腹瀉也

腸之提吸端賴乎乳脂部及四合迴脂部之功鹽水二物以滲法而入四合迴脂部但此滲功之靈活不能一律而常異須看腸內水鹽及屬蛋精質物其多少較之血水爲如何視此鹽化學之性爲何種視迴管血運之快慢此卽視肝經之情形且又須視水所經膜之情境也

洩力之在小腸如是之偉以致糞在闌門其稀處與在小腸上迴無異是卽謂提吸之效論水那一份全然抵過也所洩之水與共些少定質及氣乃半由血脂滲出半由腸核所出腸核所

出者，是爲腸汁，至於核力之偉頹，固無疑賴乎諸多之勢，關屬其血脂腦筋及血之品質者，惟此勢迄今尚未透識之也。腸內之物，其所以能由此過彼者，乃由蠕動。肌衣之腦筋，有顱長腦筋、髒腦筋、長腦筋者，助蠕動者也，其他則止蠕動者也。此之止也，與顱長腦筋之止心經無異。當腸部與腦脊根大腦乃藉此而相連，其動則大半屬於自行，有腦筋網爲之定斷。至於素常觸動此機者，乃腸衣之緊脹，糞氣之內壓也。惟腦筋或肌肉或此二者，則亦爲膽汁所壯，且有許多之物由血引入則或提壯之，或抑壓之，下段便見其詳。至血養之多寡，亦能如是，惟反行而已。解手之際，則人之意又助腸自行之動，而成撒穢之功焉。

大解之後效　大解之功效，固非限於一處，而關感乎全身。當平常之情境，誠然不大交關，惟至竟然是瀉便，十分顯覺矣。蓋當大便極之通利，則由血運必去水多少，此則或徑然或委曲而去。膽汁亦掃而出，肝經因之轉爲所壯。尚有渣滓及氣由腸衣洩出者，亦一併脫出身外。至腹之血運，亦爲騷擾。血脂爲糞所壓，今則糞出而獲釋，血由脈脂流過肝經與四合迴脂部者，亦更加通順，而四合迴脂及肝經之內，其血則由水洩暫時減少也。心經血脂如是，便輪得釋輕血之壓力，在脈管亦跌而低矣。腦之血運，因其地勢，最受抑壓，是故或有昏暈之患。呼吸之動變爲容易，迴脂血運靈活，亦增身之熱度低跌而下，腹內眾血脂之中，血運之經腎脈脂迴脂者，乃有所增，因之所出之溺亦多。是利小便瀉後，致之甚易除，是腸瀉之水過多，便不能如此矣。

二論藥力

法之行於腸，按乎生性之理，在吾人握中者，較之上前所論，更加多假人力，因之藥品亦多用矣。

一飲食　飲食之勢，覺於腸部，是爲吾人備一便法以行於腸也。論其能增腸之行功者，則有許多種類，最是粗而不化之物，如麥糠所做之饅頭，外則青菜各種之油，鮮菓製菓，內含有許多糖鹽、湯羹及肉食之別種製法，蛋、麥酒、啤酒，泡製合宜之茶

與咖啡，睡時飲水或清晨未用早膳飲之，此皆滑動大腸者也。至涼凍食物、牛奶、濃酒、紅酒與乎太濃及泡製不妥之茶與咖啡，則功反於是而便結焉。惟口胃及小腸上迴消化透澈，則乃保存或挽復腸部本然行功力量最大法子之一也。

今舍此自然行腸之法，而論其他顯然用藥者。

二行腸部血脂之法　力猛之劑　歛劑　收縮劑　此乃許多藥品，由於行腸衣之血脂，致擾滲漏之功者也。

(甲)力猛之劑　此令血脂放大，以致阻滯血潮，使血之水甚而有些定質流入腸衣及腸之內。若用別說解之，即令涕膜發炎之謂，略像鼻之傷風也。此二者，其後效俱同，血之水由涕膜流

出甚多兼有多少定質亦同流出成爲所謂涕膜痰炎此患在鼻則爲傷風流涕在腸則大便水稀凡藥力如是者其爲猛或甚而險因顯而明矣在此列者有巴豆油苦瓜汁西名衣禮爹藤黃哥羅新而成那一隊所謂猛瀉之劑是也

乙斂腸劑　與上文所論相反者有一種之物其爲功能縮腸之血脘衣減少水洩阻免定質流出因玆糞之水爲其所減此卽鉛銀淡强酸而成斂腸劑之第一隊名爲收斂腸部血脘者也

丙腸部收縮劑　物之如是名者具凝結像乎魚膠暨青等質之性以扶保涕膜之小血脘增其結實減其血運如是便減却

由血脘衣滲出之水矣腸部收縮劑其隊甚大列於此者有鐵上鹽白礬藍礬銀養沒石子霜與許多植物類之出此質或此稍變之質如兒茶佳奴架美喇玊桂等是也

三牽動吸力洩力之法　甲鹽類瀉劑　有一等之鹽具性大爲騷擾腸衣水滲之工夫此卽洋朴硝玄明粉磺强鉀燐强鈉鉀葡鹽鉀葡酸散及鉀鈉葡鹽是也其爲功有二一則加多腸血脘流入腸內之水因之增糞之稀性二則此鹽兼有多少之水由腸內流入血脘從彼半截歸週身之血運而半由腸核又洩入腸在彼再爲被吸有斯二者之作用其效卽許多水糞也苟用鉀葡酸散或服大劑其他之鹽所下之糞幾至全然是水而已若夫考究此類鹽質所以爲效如此欲追其理尚未得其定論焉惟其所以如此似半因血水與腸內水質其水權輕重有不同而半又因此鹽經過腸衣之質有專力於此蓋賴其化學之質而行其將水分隔之功依有醫者之說鹽類瀉劑其行功有一份在提觸蠕動焉

此種鹽類令醫者得一便法以增糞之稀性及其次數而成一隊名爲鹽類瀉劑至力量最猛者則謂之水瀉鹽類

鹽類斂劑　蓋用鹽類以瀉必須多少足度力量適宜而後可增水洩不然則其吸水之力反壯而篤乎其洩水之上所收之效幷瀉而結矣至若用之過常是亦易有同此一樣之效惟此

種之斂法醫者不用以爲治焉

四牽動腸核之法　甲　腸核之生津投汞劑則稍增之苟用巴豆油衣禮爹哥囉新渣笠士金無尼布道非連等藥則大增之此固無疑亦行於血脘及肌肉也至渣笠與士金無尼二藥則須膽汁而後化鹽類瀉劑亦爲壯核之品此纔見於上文其被吸與其再是被洩快慢相等而已此類瀉藥名爲淨腸劑其下糞十分水稀者謂之水瀉淨腸劑

乙　鴉片鉛鉍有徑行減少腸津之功而令便結者也鹼類鹼土及其炭養當服滿劑有防凝胃養汁之酸性如是便行止住腸之生液惟嘗在腸內變爲磺養則亦可以轉爲瀉劑焉是以

鹽類之中、有等不但有數法以爲瀉、且可以同時爲瀉亦爲斂、或瀉或斂、端賴乎服之多少、或在病者、或因別樣時時不能明之情形也、

五牽動腦肌質之法　藥品之中、有許多由其肌衣、由其腦筋、或兼由二者、而牽動腸部、是以力猛之藥、甚至尚未離胃、使觸腸之蠕動、而生扭痛、於巴豆油一物可見之矣、鹽類瀉劑、人亦信其有是功、凡全然或大半行於腸肌等物、將其另歸一專隊、爲施用起見、此爲便宜、

甲壯腦肌劑　在此列者、有大黃、辛拏、鴉囉、蓖麻油、硫磺、糖、馬前子、洋酸棗、加撒達、顛茄、此外尚有甚多、不能盡述、但用此種

之藥、以兼下祛風劑爲妙、所以免腸之痛、由於肌縮太過、或肌之陣抽、此藥所易生者、顛茄之行功、似乎異於衆、蓋由去免腑腦筋之禁制、而了葛則以令肌肉血虧也、壯肌劑行功所下之糞、較之服鹽類、或淨腸瀉劑所出者、不若是之水稀、蓋大概乃小腸內平時之物、被催而下、除是服劑太大、便不如此、因是故其攪礙四合迴管血運、肝經總血運及週身之處、不甚明顯、此種之瀉劑、平時號爲平庸瀉劑、而其中力之最純、如蓖麻油、硫磺與及無花菓等類、則歸爲輕瀉劑、或名滑腸劑、蓋不過開縱大腸而已、

乙行腦肌平腸部劑　此乃藥之止腸動者、或徑行而止、或由腦筋而止、在於此列、有鴉片、嗎啡、及鉛、此蓋減腸之蠕動、或甚而可使之全然癱瘓也、凡貼於湧膜作一層保障、與及解酸等物、亦有是功、爲其能減腸物之蹶激、轉而爲平撫之劑、鉍養石粉石灰、與乎鹼類、其行功至少亦微、是如此、凡此俱皆斂劑也、

六動膽汁劑　緊接末後所論之瀉劑、自然要論一隊反行於肌衣者、此由多流膽汁、蓋膽汁爲自然提壯肌力之料也、凡此之物、名爲動膽汁劑、其力有行於肝珠與膽囊者、是爲徑行動膽汁劑、又有淸除腸內之膽汁、令其重新補流者、是爲反行動膽汁劑、茲俟下章、再爲細論、徑行者、如布道非連、大黃、元明粉等是也、而反行者、大都是汞劑也、動膽汁劑之與瀉劑、又可見

其有互相因連之處、蓋瀉劑之中、大約多乃反行動膽汁劑、且又有許多兼爲徑行動膽汁之劑、至凡動膽汁劑、俱有多少瀉力、不論其他、止加增天然壯肌之料便然矣、

若夫斂止膽汁之法、醫者必愼而後用鴉片一物、便有是功也、

節射入肛門法　上前所論之藥、其中多可以節射入肛門也、

一食物、如牛肉茶、雞蛋、稀飯、牛奶、及醇酒、行氣劑、若射入內、即成所謂節射入肛門養生行氣之法、　二壯腸之劑、亦可用以作節射入肛門瀉法、其所用之藥、大都是蓖麻油、橄欖油、鴉囉射水、洋朴硝射水也、　三鴉片射水乃極有用平斂之品、而鋅磺養、銅磺養、銀淡養、白礬等藥水、及橡皮煮水、則亦乃斂者

也蔴葉射水於今甚少用作節射入肛門力猛抑壓之法若欲以入力淸直腸簡易節射之法便可其法或射温水或射煖胰子水或以稀粥射入蓋所以輭其糞而觸感該處也外此尚有所謂節射入肛門殺蟲之法所以去除一切之蟲此乃松節油射水鴉囉射水及節射苦藥泡水或鹽水是也冰凍之水亦可以射入直腸作爲退燒之法卽低減熱度若以之治流血則又乃節射入肛門止血之法矣

三論病理

腸部之騷擾除上章所論有關消化功用者之外今所論者大率有二一則動之太過而成所謂腹瀉一則動之不足卽所謂

便結也

一腸動太過　腹瀉一事醫者固知其大都爲腸胃不消化所致矣原其到底之故莫多於不宜之飲食此包含各種嬲激之質與飲食並進者如無益之飲腐壞之小生物及腸壞熱症痢疾霍亂等毒至性帶嬲激之毒其爲患亦如是有一等嬲激腸部之質乃發自身內者如溺底酒風之毒（大都是溺酸）及膿毒也腦筋之擾亂亦生腹瀉試觀憂慮驚駭便知其餘矣若夫週身血運或腹內血運遇有失調之患如因心肝有病或感冒風寒大便每每水瀉而更有緣乎腸體之病者斯乃腹瀉種種之故也學者須謹識腹瀉一事論其自己及作延生別患之故雖然甚是關緊究其實不過病之一標而已其所因之質體情形則各有不同也

因論腸動太過又不可不題及小腸疝腹統膜炎症腸穿等事蓋凡此之患腸之蠕動不拘甚微俱應作太過看因此時極宜腸癱苟一動則險不堪言矣

二腸動不足　便結較之腹瀉更屬平常且格外趨向爲老患推其原或因有種食物上前曾經見及或因腸胃老不消化而關於膽汁失調者尤甚或因長坐不動不理身體諸般習氣或因一種專異之物如錻與鉛由食物內或由別樣而入於身久慣之便結大都因腦肌之質其精力與其易受觸感之性已失

其故本於老患及忘卻按時六便或因靜而不動呼吸臭氣等等之故至壞身子或因一種不明之故平常歸咎者如地方及改變習氣且亦有因腸質生病者也至於便結之最重而最頑者莫過於因腦脊髓病或因鉛毒以致腸癱者矣雖然便結像夫腹瀉不過乃一病標且治之亦須按其爲病標而治但其有礙於消化變血及統身內各功用之患幾至無盡也

更有一類之症須與便結並論此乃病之在消化諸經在心肝肺腦在血運在血或在內腎者其大便亟須通透且或須至有水瀉淨腸等功大致以爲淸除渣滓或輕卸血運之計也如此施用瀉法隨後各章在數經名下每每引及之

四論自愈

腹瀉乃自愈第一法之明驗卽所以除致病之由也藉此法不但嬲激之物在腹瀉出且亦乃便結自然救治之法蓋積糞在内嬲激而至於瀉一瀉卽所以治之也腹瀉與便結若全聽之亦可自愈而腸得復其本然之功然醫治之佐甞屬可貴且每每爲不可少蓋小兒之瀉可以速至氣力耗竭成爲不起而腸之失力或乃不治之便結所致也

五論醫理

一腸動太過○治腹瀉法　治腹瀉之法若果可以當先從清源而起苟腸之本體已自行其去病之功則醫者須投萆麻油大黃迦路米辛拏那一類瀉劑以鼓勉腸力惟萆麻油與大黃則爲更妙蓋其瀉後又有斂力也是以腹瀉由於肝腎之失調或病而生者據理而治之之法乃聽其如此而不理之或甚而愼增其瀉壯肝壯腎之品亦忝而用此亦本於一樣之理所用乃一瀉劑其功半屬動膽汁者繼之以一利小便劑如服汞九一粒隨服發泡散是也至若因小腸上迴之質過酸而起之腹瀉理以鹼類或鹼土治之如灰水石粉與乎雙炭養鈉便可此法治小兒腸不消化極之見效設或致病之由不可除則用鉍養使其鋪障腸内一層以防免其患可也

若夫剋敵嬲激之勢則必須用歛法平常見用於此之歛劑有

二一爲收縮劑一爲行腦肌平腸劑而收縮劑中炭匿酸較其同系者常少見用其外兒茶佳奴架美喇俱皆一樣不能如何挑選也凡用收縮劑每兼用鴉片以作行腦肌之平撫藥故或用鴉片表散或用佳奴和鴉片或用鴉片加味散此有止痛減蠕動歛津液並止扭痛之功凡屬急須止住之腹瀉幾至每症所用之藥以叅用多少鴉片爲宜縱然無幾亦妙也今又須表論行血脘歛腸劑其爲用如何此卽鉛銀與淡礦强酸也此藥專宜於腸内有發炎之情形如腸壞熱症兼有之爛瘡痢疾及嘟吡咖症至淡礦强酸之爲用乃宜於欲效之速而短者於此加少許鴉片或摩啡又乃極妙之臣藥譬如用者若鉛霜鴉片丸淡礦强和鴉片酒與乎淡醋强醋强鉛合摩啡醋鹽之類有一等之症此種之藥亦可以節射入肛門法用之而鴉片射水則格外惟妙嘟吡咖症長患之腹瀉用哥杜樹皮時亦有效惟因腦力之腹瀉則鋏溴或可止之至於有種老腹瀉病與乎溺毒入血之瀉當其可以止而無害之際則以鐵上鹽治之斯爲最妙矣

有腹瀉之患所食之物宜取免嬲激者庶少助其痊愈是調攝飲食一端當與用藥醫治並重焉所食理須全是稀物故大概多乃湯羹牛奶作羹湯則須留神除去肥膩勿調氣味而以冷食爲佳奶則取其不能變爲不消化乳腐之樣方可蓋此本亦壞腸之一故是以宜兼鹼類發泡水或兼灰水抑煲熱而參一

類之爽如藕粉或飯者在內蛋之一物須愼用之渴時則含冰或少飲飯皮茶乃解之最妙之法此外一切飲物須宜戒也至於老人小兒與一切延長腹瀉症則須用提神壯氣之劑而此之中囉蘭地與砵酒乃最宜者矣

二腸動不足○瀉劑之用　治便結之法大率在於愼爲調攝飲食而飲食之中當有鮮菓青菜肉食麥饅頭至牛奶與濃茶則宜戒之然久慣之便結平常而論須下猛法也

久慣之便結多因肌衣不仁所致是故理宜治以行壯腦肌劑也但先此以前應痡瀉之蓋此過於脹滿之患不除腸衣之力終不能復爲此故是以首先下一服力量較大之瀉劑如哥羅

新汞藍丸繼之以鹽類使腸一淸此法每數禮拜內一試試用些時甚爲有益隨後便可起首定功服一回輕瀉之藥至於加增蠕動之藥可採者甚多惟其宜於長用者則以鴉囉辛拏洋酸棗加撒達爲最妙馬前子士的年一物在脹滿過久肌力已失之症每每加之顛茄於有種特異之症乃鴉囉甚妙之臣藥大黃雖乃輕瀉之名品惟性趨於再生便結焉

肌之不仁以動膽汁劑治之是亦據理大黃鴉囉之功力半屬如此鹽類動膽汁劑如元明粉者及許多山泉苦水乃極著名之長用瀉劑惟用之過久便性趨於失效以致不但無治便結之功而反增便結矣在血薄之輩則以鴉囉鐵丸爲專尚而子宮不靈者則以鴉囉沒藥丸也瀉劑或簡便節射入肛門法可時而一用切不可長用至成慣習至行腦肌壯腸劑則或須不斷其力直至無限之期用於此者辛拏乃最妙之品而以有辛拏之甘草散尤妙焉

便結之重而延久者腸內糞物滿滿堆塞如在鉛毒或腦脊根癱等患或乃貪逸不理身體習氣之所致須以淨腸劑治之哥羅新各種配味極宜於此蓋其有鴉囉與士金無尼在內如是若繼服一劑鹽類全腸便淸盪矣有時甚而巴豆油亦須一用但凡身體虛之人屢服瀉劑則不若用節射入肛門之法爲妙此於腸壞熱症之便結爲一定不易之法焉

便結治法之中瀉藥之用不過成其少許矣大概凡用瀉法之症其所需者乃催促或加增腸之原力以便得大瀉其他之效多少或全得之瀉之他效爲何上文已詳惟瀉力之大小又須考究何者爲宜瀉力或論其效之快慢或論其次數之多寡或論糞之稀結或論其瀉後關礙身體之輕重凡此之後效平常而論顯然各自不同也

當亟需減低血壓之際譬如腦部流血兼心經發大則應用最力大之瀉劑是以須下力猛之藥如巴豆油者此藥又更有一便取其易施給於不省人事之病者當四合迴管部或週身迴管過於滿載至血之流質由血脘流出成爲水臟此時所應用

者乃水瀉淨腸劑及鹽類使水由大便透瀉如是便輕卸血運也其常用者爲渣笠用其加味散哥羅新及衣禮爹此乃力最大者至士金無尼亦見於用但較少矣屢服鹽類之劑或獨用或繼瀉丸而服亦有一樣之功此即洋朴硝玄明粉鈲葡酸散鈲鏀葡鹽等藥也

凡患發炎之初譬如氣腤新炎或一處生膿瘡每用一服純瀉劑以清腸內積聚所以使心肺兩經輕爽而鬆卸呼吸及血腤之脹緊也哥羅新鬧羊花丸或兼迦路米或兼汞藍丸或兩俱不兼乃用於此最宜者也當於晚上服之次早再服一劑發泡散便可

益內臟腑及肝腸老積血患乃長坐不動之人常有之一種失調也而以婦女爲尤甚須服一回輕瀉山泉以治之泉水所含之質多是洋朴硝玄明粉也

論瀉劑之不宜與長用之弊　凡柔弱之輩如小兒老叟或病弱之人或腸內發炎潰爛或直腸有生痔或別樣毛病之意與乎懷妊行經以上各種情形用瀉劑須格外謹愼而後可在如此之人及如此之情形縱有便結之患若果可以當以節射入肛門法或投盅和輕瀉劑以解之如蓖麻油硫磺辛拏與食物中之滑腸者皆可用也年老之人皆不大受鹽類瀉劑除是溫服或參袪風劑於內方可無虞至慣用瀉劑之弊上文已詳之

叐

袪蟲劑　論藥之用歸腸部者袪蟲之藥不可闕而不論此有兩種一爲驅蟲之類不過將蟲逐出一爲殺蟲之類乃殺之者也至驅蟲之類乃屬淨腸瀉劑如士金無尼渣笠等此或獨自服之或和殺蟲藥而服或服殺蟲藥後數點鐘服之殺蟲劑之尤者乃亞必安松節油記薇喇高蘇石榴根皮檳榔海蒿（即山道年）可山道年末後兩味有專殺蛔蟲之功其他則殺扁帶蟲者也至於線蟲爲患於直腸者若要藥力及之莫勝於松節油鴉囉或鹽水等殺蟲射水先射苦藥泡水如瓜沙加林啤以去線蟲滋生在內之涕此則或參鐵酒或不參皆可

袪蟲劑

驅蟲類　渣笠　士金無尼　藤黃

殺蟲類　亞必安　山道年　松節油　高蘇　士拜枝喇

記薇喇　石榴根皮

反行袪蟲類　瓜沙　加林啤　鐵上鹽　食鹽

行腸諸藥備錄於後

力猛瀉劑（其功力乃使涕膜發炎流涕加多核之津液並增蠕動者）　衣禮爹（又名苦瓜汁）　巴荳油　大劑哥羅新　藤黃　圭厄嚛

鹽類瀉劑及水瀉鹽類（其功力多是攪凝水洩亦提觸津核且增蠕動者）　鈲葡酸散

鈲葡鹽　礄強鈲　玄明粉（即礄強鏀）　鈲鏀葡鹽　鏀梈葡沙

燐强鏀　食鹽又名鏀綠　鎂磺養即洋朴硝
淨腸劑及水瀉淨腸劑其功力大都是加多核津增蠕動令涕膜發炎流涕　汞劑　渣
笠　士金無尼　布道非連　酸棗　松節油　苏葉　衣禮
爹　哥羅新
純瀉劑其功力乃大增蠕動者　大黃　辛拏即瀉葉　鴉囉　小劑之力
猛瀉劑淨腸劑或鹽類　牛膽汁
滑腸劑或名輕瀉劑其功力乃稍增蠕動者　蓖麻油　辛拏　硫磺
甘膏西名瑪那　無花菓　菴弭羅又名酸子　洋酸棗　加撒達　羊
棗　玉桂　鎂養　輕鎂養　炭養鎂　輕炭養鎂　加喇巴
荳　丫葛　顛茄　佛茄兒　鬧羊花　鼰腆子俗名　蒲金英

衣畢格　蜜糖　甘油　桑椹　橄欖油　杏仁油
徑行動膽汁劑其功力乃壯肝者　燐强阿摩尼亞又名輕淡燐養三　燐强鏀
鍬鏀葡鹽　玄明粉　淡硝鹽强酸又名皇帝强酸　布道非連
衣畢格　大黃　渣笠　士金無尼　哥枝嘌　哥羅新　鴉
囉　洋杜仲　洋蘭草脂　沙沏先鏀　汞綠毒藥
反行或名汞藥動膽汁劑其行功乃清除膽汁之道壯腸核而又壯肝者也　汞劑
淨腸瀉劑
壓抑腸核劑　鴉片　顛茄　醋强鉛　石灰　石粉　鹼類此由胃養汁反行　鹼土此由胃養汁反行
腸部血脂歛劑　醋强鉛　銀淡養三　淡磺强酸　淡硝强酸
淡醋强酸　淡燐强酸
腸部收縮劑　炭匿酸與植物中之凡含此質者　白礬　鐵
上鹽　鋥養　藍礬即銅磺養
平腦肌劑腦肌二字乃腦筋肌肉之謂　鴉片　顛茄　鬧羊花未後之力　醋
强鉛　石灰　鉐粉　鉍養　鏀類此由胃養汁反行
止生膽汁劑　鴉片　醋强鉛　腸部嬲激物
臣佐類或名調改類　銻　胡椒　甘松　馬前子　辣椒
鬧羊花　顛茄　佛茄兒　草荳蔻　薑　加咧喃　丁香加
枝撥及別種香類

第七章

論肝經

一論生理

物之由四合迴腤而入肝經者。概而曰之則乃消化所出之質。其名則曰生肉長血之物。（此物西名葡路的）包含一切肉絲白朩（西名嘐哓）牛乳餅精。（西名泰路先）糖鹽。一絲之脂膏、及許多水也。當葡路的在小腸時乃爲凝質物。當在四合迴腤再見之則已變爲平常血汁精質。此似乎在被吸一場工夫而更也。糖之入肝、半仍未變。而半或作爲糖之根質。即奶酸及牛油酸。當消化之際、葡路的、糖、水鹽等等、顯然傾注入肝甚多。其時由肝脈又有養氣沖入、

但以該血腤之大小測之。似乎有限。有此兩重供給之物在內。肝珠乃按其份數。發露專辦之功。而出肝糖、溺底、與及膽汁矣。溺底、膽汁之運出、依樣無變。溺底則爲肝迴腤所載。從內腎而出。而膽汁則由大腸出也。至於肝糖。事實較爲繁瑣。此積聚於肝珠之內。形似類漿之物。其所以如此、蓋專爲存貯糖類及有些葡路的。使在一不能鎔化之地步也。藉此佈置。每飯之後、身內血內、不致滿溢以糖。而糖又可以不致費棄。惟此肝糖有酵發之便。漸復變爲一種之糖。至發之之多少。總按身內所需者幾何而異焉。如此之功用。乃有腦機調攝。其腦筋中在腦根頭內。而又有傳入遞出之腦筋也。

關乎肝經、尚有一端、醫者當謹識者、膽汁之流運是也、膽汁既入於腸、與胃養汁混合、並不盡隨糞而出、且不但未盡出、而其最要之質所謂膽鹽者、反再由腸吸入、運歸肝內、從此又流出而至於腸、如此說來、膽汁之行、可謂循環而走、其所經之道、乃膽腤、膽囊、與四合迴腤也、

二論藥力

肝經雖然似乎如此之不可及、但其展發各樣功力所藉諸勢、仍在吾人制內也、

（一）飲食一端、醫者藉此可以全然窒礙肝經功用、或隨意干預之、如溺底之多少、膽汁之生、肝內存貯肝糖之份數、俱可以由

容食食物多少、徑然移變、但仍在一定之限內、溺底與肝糖、由食物中之屬淡質及漿質、或多或少、可以使之依之而異、至肝內所得之養氣、藉身體活動而入者、亦一樣受吾人所制、養氣入肝愈多、則其內之化學一成一變、精妙工夫更覺完當、而且愈速、如是則吾人將要領會一最要之事理、即由供給肝經之物得而牽動肝經也、然醫者尚有別法牽動之、如所謂供給之道、即四合迴腤、吾人可放其血、蓋四合迴腤之根、（淺迴腤）直肛在直腸之處、與繞肛門迴腤互相連接、放蜞蟲於此、便可將血由四合迴腤疏流出外、如是便乃反行由肝也、於理極類流血者、乃水瀉之法、蓋此在腸衣從四合迴腤根撥出一份之水而瀉出、

也

〔二〕肝經亦可由其所出之質而牽動之此蓋將溺底膽汁肝糖安置於合宜之地也人身之經亦猶製造之藝除是貨物消去然後製造之數至不致減少於胃一經蓋已有所見如凝質物堆積食物之中消化之功乃爲停止是以若溺底膽汁或肝糖積聚身內必礙肝功理固如此溺底一物吾人可以使之由腎多洩如是肝經爲之反行而壯此隨後便詳至妥爲放置膽汁俾吾人得一法以醒肝之功用其理亦同一樣此令吾人悟會反行動膽汁劑之行功焉

膽汁之運行在腸一份乃全然受人管治醫者固可掃除腸內

一切之物在此之中膽汁亦同而去是其理應再被吸者今則驅諸身外矣如是四合迴脂之血與及肝經便遭奪去有現成膽鹽在之材料此卽其自己所出之質而肝珠逼得另生新液瀉劑之掃除舊膽汁如此引生新膽汁者乃謂之反行動膽汁劑汞劑乃專如是行於肝經者也

〔三〕肝內變化之功醫者大抵得而改移此由用壯肝抑肝之專劑而不論肝之所得肝之所出是故燐銻信石能增肝經變化之力令多出溺底至銻霱則又令膽汁多流也雙炭養鏀與淡皇强酸論其在肝糖與膽汁大抵亦有一樣之效輕淡綠則格外加多溺底此似由於自變但更似由肝珠代辦也鐵乃增多溺底而亞咪唎淡養則壯成肝糖之功以上所論者爲提壯令反而論抑壓者則以鵶片無疑能格外減肝之全功而醇酒與桂拏亦然惟較微矣

若夫藥中之有徑然行於生膽汁之功者此固不庸論也布道非連大黃鵶囉哥羅新哥枝喋渣笠士金無尼衣畢格元明粉燐强鏀輕淡綠皇强酸洋杜仲脂洋蘭草脂俱行壯肝質且令生多膽汁是爲徑行動膽汁劑至於汞劑迦路米亦在算內與酸類及圭厄喋洋茯苓等等之藥物其性亦爲徑行壯肝但力量較弱不如前十四味藥之功之大矣若鵶片與麼啡者又乃減生液之力者也

三論病理

欲發明肝之醫理莫妙於考究治其功用失調之法肝經失調其常故乃在供給該經之物卽飲食與天氣而最是因此二者相因之數不勻也細問根由飲食過多十居其九蓋恣意於膏粱醇酒而不知節凡此皆亦致初起不消化之患也論其他則或由肝脈所供之血未有透合養氣蓋乃呼吸血運兩有不足之處大都歸咎耽於逸樂靜坐不動之毛病及不勞筋骨與困處濁氣蒸騰之戶內所致也

以上兩種原故或因飲食之過多或由血合養氣之不足每每兼而有之蓋可見於肝之失調與病熱帶土地如是之平常

也

肝之失調又有由其所發之質積存不去而起者設若腎肺或腸功用不靈則肝將爲溺底溺酸膽汁及糖所堆塞而其變化之功轉爲衰弱矣似此情形每常歸咎於肌力血運之損虧筋骨之少勞動天氣日光之不足以致腸腎不仁斯乃居處城邑之弊病也然而有肝經孱弱顯爲祖傳者

不拘因何而致肝之失調乃其內化學之工夫有一定之騷擾此由出液之質有所變且有許多昭然之病狀得而知也試驗溺之所函則溺底溺酸多於往常（溺底罕有過少）間有糖在甚而有蛋青之質此大概得自肝者而溺之驗變亦遭擾亂溺之色質過

於當有且有噻先泰路先露於其間焉膽汁之品質與其多寡亦有變更至起腹瀉或令便結所下之糞色白而臭且亦致膽脂膽囊內裏膽汁濃結兼成膽淋也膽汁反常之總狀乃歸於血內有本然發出之質即溺底溺酸等等爲數過多運行其中及有生而未成類同於此之質運於其間也此種變化失常所生之質雖則與本然者不過差數極微點而已或極微點佈置之不同而已至其貽患於身則毒不可勝言也當由肝迴脂而入血便攪亂腦筋部是以神魂恍惚疲乏思睡性情易怒意亂心煩并或頭痛弊病蜂起皆由此生此乃患膽汁病症者之所熟見者也其入肌肉之內則生酸痛疲倦衰弱發顫之患若夫心跳面赤則知其害已及於血運而養育之道亦有礙矣苟此情形延久不退則必留老患於身此即所謂酒風腳及溺酸過多之症而心經血脂皮膚骨節俱皆受病至溺之性質及其驗變被擾不絕必致溺鹽之中有些附落於尿經之道作爲定質而成砂淋石淋且腎之本質終之亦生病矣

於此之症膽汁亦有被吸入血惟脂內竟然堵塞則尤爲如是遂至成黃疸一症二者之中不論事屬何一膽汁之質乃有些入血或全然入血與之同流致各經各腑俱着其色而從各種津液出於身外最是從溺者尤多焉

論到末後肝經變糖之功亦有失常而血溺與及所有織質俱

有糖露於其間遂成便糖或曰消渴之症多食生糖之物亦能致此惟昭然之糖溺症則固關乎肝內一存貯一再發食物內之養質其奇妙腦筋與及化學之工夫失乎常序也是以饑餓消瘦乃其超卓之病狀且渴亦極之利害此蓋因糖之利小便功力也此消渴症時亦有因腦內肝腦筋中或腦肝當中連接之腦筋受傷或生病而致者

四論自愈

肝之失調遇相宜之境便消沒不見此相宜之境即其本然諸勢之復原也復原之助一則在暫時禁食由胃口不開或甚而憎厭飲食而來一則發出之病質外洩以爲助膽汁太多便生

腹瀉此乃自救之法雖然如此肝之失調自然之功亦須人力領導因其所生之倦乏氣沮肌力輭弱必致更不願舉動而由是患愈深矣

五論醫理

若思防免肝之失調非將肝與消化吸液成血出液諸經之聯絡了然明白於心不可其所入之天氣飲食必須澈底檢驗用饍應有定候而又須得透澈之消化靈活之腸力也於許多之症如已為此其外無多需矣身體之操動宜多勿少所吸之氣須盡法得其清涼而爽者所有長坐慵懶之毛病宜改向空氣中為有益之活動或散步或騎乘無一不可至若大城墟市所

常見之肝經失調則須由其居處作工之所遷往園林村鄉之地使一換其臭熱黯淡之氣以清爽之氣此實不可少也然活動之有益於肝不是全在養氣入內之份數一邊驗之且亦揭然可見腎腸及皮三者功力加增統而可以輕卸肝經蓋由於從血內將變化所發之質速其去除也

苟防免之法失而無效而失調竟然有矣則醫治之法須當施用下手之着若果可以自必首務去其致此之由細究病者平日作為并及其身子每每見其養生之法有大差謬之處此必須整頓如以上文所擬之法便可其時爽快藥治之法亦須起首施用論其佈置細微可兼用數意故先痛瀉之以清除腸內一切消化不透之物而壯其一吸一洩與乎自行等功瀉劑之中自然擇動膽汁者是以迦路米和哥羅新大黃和哥羅新布道非連及那一類相似之瀉劑動膽汁劑詳於第二段者妥參以祛風之劑常用以增膽汁之流也接瀉劑之後下一服鹽類此乃幾乎一定之例而此法之理亦顯而明是鎂礦養綠元明粉或鋏鏀葡鹽和鏀葡鹽（即發泡散）不但完其瀉除成其壯腸及動膽汁之效且其水瀉之勢（協同先一服瀉劑者）將由四合迴脂疏去多少之水如是便解救肝內之血運矣同時有些鹽為血吸入由腎而出此經大為所壯是又為肝開第二條鬆放之道即放溺也各種葡鹽由溺出時乃為鹼類之炭養過多之溺酸懼其將成砂

淋或竟成砂淋以此便可剋解之而安然出於身外矣久重之汞藍丸和發泡散如此之參配考之實學並無可摘之疵然其起初大抵純由歷練而來也在新重緊急肝經失調症醫者甚而可以疏放四合迴脂使其供養之血有一份轉之他向此即由於放蜞蟲在肛門也

第二着所試之法乃徑行於肝經以醒觸其變化之力此由於用上前備列專辦之品之一也在新重之肝經失調或者以雙炭養鏀為最妙服時在兩饍之間而參配以第三章內所擬之品如大黃辛拏或鴉囉乃其尤者也在較為老舊之症則緊於飯後服輕淡綠或硇石每每甚見功效或每晚服單汞綠加味

丸連服七日亦可此乃可重之加味壯肝品也發自熱帶肝失調舊患淡皇强酸或用以內服或用以洗澡俱能見效至肝之失調其爲患於身上別處常須徑治之如頭痛疲倦心神憔悴者是也醇酒一物恰宜於此惟其有更加壞肝之弊故顯然不適於用鴉片亦然除是服之極少始可奏效而不爲患矣服桂夆於飯後屢有妙不可言之功至於茶與咖啡則是有用無害之品也但統而論之治標之法不可過靠焉

若夫肝經變化其異常失調之患所謂消渴症者治之之法以全行再定飲食爲首要而戒一切糖漿之物至於醫藥之中無一樣治病之效能比鴉片麽啡高底亞之消滅溺內糖之影跡

一絲不留之爲更奇也至受藥之幾許有時甚多焉

行肝之品清列於後

徑行動膽汁劑　硫磺銻養　淡儓養酸　硝强酸　淡皇强酸即硝鹽强　汞綠毒　鏀鹽　衣畢格　哥羅新　布道非連　沙沕先鏀　輕淡燐養　洋杜仲脂　洋蘭草脂　鴉囉哥枝噤　渣笠　士金無尼　大黃　安息酸

反行動膽汁劑　汞劑　淨腸瀉劑

止膽汁劑　鴉片　麽啡　醋强鉛　黜激腸物

壯成糖功用劑　亞味唎淡養　雙炭養鏀　淡皇强酸

抑成糖功用劑　儓養酸　鴉片　嚒啡　高底亞

增溺底類　銻　燐　儓養酸　輕淡綠　鐵

減溺底類　鴉片　嚒啡　哥枝噤　醇酒　桂夆

第八章

論血

今試擬被吸與肝經變化之質已入血內而討論焉夫血之於各經以其有格外之聯絡致使病理醫理有專異之品性血之本體實無行作之功不過乃一大流質中站用以運養氣養料至纖質並將其發出之物負載而去至於藥之精華亦猶是而及乎內經且大約無礙擾於血之功用是故由血始發之病較為稀少實非奇也惟消化出液諸經有病則血每每易緣此而受患蓋一乃其供給之源而其他為其卒去身外之路也

一論生理

血水之功用極之顯明蓋乃養生之中站也發力之料如精質脂膏糖水鹽與夫生命各功所出之質如炭氣水尿底鹽及別種之物在各經一則運來一則載去血水之份數得乎中庸而又有屬鹼之叕變蓋其中有鹵鹽在且有一定大總相同之性惟其運行各處則有判然異者如血未經肝肺肌肉及他靈動之經之前與夫經之之後便可見矣血水之性質實乃兩種相反工夫之定衡一為來源即供養工夫溯其源由食物經肝而至者一為銷路即生發耗費工夫乃身內靈活諸經所為各有不多不少之質力津液發出白血輪以功用而論乃等於血水蓋專以養生為功但大概亦為生紅輪之源

紅血輪之功乃全異於血水者蓋其為呼吸之大中站由肺將養氣運至纖質是以為一身呼吸之材質也醫者須緊記紅輪之內大半是輪精兼有些少鹽類此鹽乃以鉀質為其總根配以燐強酸養（輕燐）者至鐵則為成紅輪精之要件焉（炭輕淡鐵磺養）紅輪一物姑無論果從何來惟舒長紅輪者則以食物天氣露血於光為最要斯無可疑矣至終紅輪碎化其質乃為各津液之色質焉

二論藥力

一　當健時人力之可為於血水此固不難推測其最顯感之之法乃由其來源或曰供養也人之食物與消化及肝功醫者誠能件件更之藉此反行之法此生命之流質有以把持之矣

當物之入時醫者又可改移數款成之之質即蛋青糖水燐養炭養綠養磺養等此蓋由調理食物或竟下此等之藥也有一事於醫理為極要者乃血水之鹼性醫者得而增之惟不能出一定之限外其法以用鹼類鹼土如鉀鈉之雙炭養或鋰鈣鎂等水抑逐少而長服如用天生各處之鹼泉增血之鹼性者其功不獨徑然且有反行之功因此鹼類配合溺酸以利小便之功挾之并出身外鉀乃增鹼性之最速而易過者惟鈉則力緩而功久梅鹽葡鹽亦能增血之鹼性因其一遇紅輪便化而為鹼類炭養矣若論減血之鹼性此為更難各種強酸於此甚少

功效因其入血乃作爲鉀鈉等等之平淡鹽且不化而出也梈酸葡酸存於血水之内半仍未變而安息玉桂沙嘞先等酸則亦經之而已惟安息玉桂兩酸則有些變爲馬酸配碘之質在血水内可有碘暫時放散焉

此外衆藥中多是由血水而入身内其在内所呈之樣種種皆有或完全未變或作爲蛋青綠養磺養等等或作爲重疊參雜之質雖然如此但學者須知除鹼酸兩類外行於血水者不過數藥此愼勿忽略也因藥中大概不過存於其中由其運去各織質與及出洩之經在彼聽其行其專功而已

但醫者之力亦能過乎此盖體内之血或血水可改移其全數即竟以别人或生物之血加入其内也此乃用過血法爲之算作補血最强之法但非常時易得者矣

二　血水之質醫者能以耗費即銷路感及之至簡之一事在四合迴脂部爲牽動水鹽蛋青兼血水他質之易法業已詳明若統血而論則亦猶是矣在後數章有論醫者能由内腎皮膚感發出液即同此一樣也至論變化題下將見得發生力出廢材諸大經醫者竟可以或重征之或輕饒之譬如肌肉一部是也如是則全血之變化與養生料亦或征或僥矣然醫者儘可又更深做一層蓋竟能抽去多少血此則或割迴脂而放或拔礶而吸或用蜞蟲而吮於四合迴脂已盡見之矣苟如是改其多寡之份數則其品質定必變換試觀第十章内有云放血則血水之水多增是也

三　徑行於白血輪之藥所知者不多桂拏能減其數並使其痿而不動匪鏬稔能殺之在於身外凡各香油藥香類藥膠類最是没藥俱信能使之多生也

四　醫者加血之濃裕必在紅輪而每輪又在紅輪精而此則又在乎多食易消化能生肉之物及乳脂之功靈因此有關其生發也日光生氣則遷居所改毛病便能得之至於成紅輪之質亦可使多入身内鐵之一物配藥書已配爲多樣能徑多加紅輪精雖健者亦然鉀炭養妥匀於鐵則鐵之功力更妙不問

可知如鐵製匀水或鉀炭養磺强鐵丸者是也燐强酸不論其爲淡酸抑燐强鐵及合别樣之底質亦爲著名補血之藥凡此之物及一切反行培補紅輪精品質份數者俱名爲補血劑也儘與燐及或者别種之金石其與紅輪精相合能略變之縱不然亦防礙其元氣或其份數故若服滿劑必致損[illegible]輪索合養氣之能梈葡等鹽在血有去養氣奇異之功蓋資取於紅輪精而有份轉爲炭養也其化學之數如後鐵炭輕養七十養(由紅輪精者)三鐵炭養十四炭養十四輕養鉛能減紅輪之數此大抵由防礙消化而反行也海碘硫磺配磺之質松節油及有幾種别樣之藥如淡輕炭淡酸者能化血輪之合養輪精惟必多服而後然按此而

論、不當作藥觀、但當作毒也、下段再詳其細、亞咪㗂淡養鏀淡養甜硝伊打若服之過多、紅輪精有一份、將為其變作無養輪精、論那一邊、則醇酒桂拏能使養氣緊連血輪、如是便減牽合養氣之功矣、淡養氣由代養氣之位、便反行於血輪、惟弁不與紅輪精以化力相合也、割迴脂放血及過血等法、將牽動血輪、亦牽動血水、其理實昭昭焉

三論病理

血水之病、大半因累而起、引論處曾已點明矣、蓋或由供養諸經之失調而致、即消化與肝等經、抑緣夫發出之質離身所由之經也、此以肺腎為最

是故血之過多、乃歸於恣意飲食、而又耽安逸、斯為血旺之一種也、相反於此者為血薄、又曰血乏不足、乃極平常之疾、致之之故、其種類實數之不盡、蓋或乃缺乏那一邊、如飲食不足消化不妥或本耗靡那一流、如做工太過生長過度患消耗之症流血也、血水之質、固無疑屢亂常章、但此事理、尚屬未明、血薄則精質又名蛋青質少短、而呼吸艱難、則炭養氣多、血之水增於血薄、而大減於霍亂、蓋其出洩太過也、血水之鹼性、於風溼一症、則信其減低、但不知本於何故、如酒風腳、則定有過多之溺酸、至患生砂淋之人、其血之覈變趨於擾亂、似乎有一種難明之性、而乃歸咎於初次二次消化之失常也、糖則多於消渴一症、其失大概在於供給溺底之多、在腎炎便有、蓋因出液之不足、白血輪性易有異常增多之患、如在白血一症、但以此為病之起、自血者則尚遲疑難定焉、紅血輪之病、定然罕少、而又未可深明、所具者乃血少之患、及輪精之去養氣、或化變也、輪精缺少、溯之或為全血虧乏、或為血虧紅輪、或為紅輪虧精、或為血減合養之功、以致所有體之功用衰而不振、病者則昏鈍輭弱、終日思睡、而受一切能有之功用失調也、此以氣促為最、

輪精之化變、或較確之說、合養輪精之化變、乃緣一種之物、如燐、臭松節油等、入於血內、多至成毒、使之然也、炭養此與炭養氣異牽合於輪精、而養氣則從血輪驅出、輕炭淡酸則半與合養輪精

連合、而半與化變輪精連合、此外別質、如輕磺氣、則吞霸養氣與之牽合、容化變輪精鎔出輪外、而散蔓於血、此兩種情形、不論有那一樣、俱極之危險、蓋在第一種輪精新合參質、甚難回補以合養輪精、而第二種之化變及銷鎔、不拘所有幾何、皆與生命不妥、

四論自愈

血水之份數功用、不過為身之一入一出、兩者當中之定衡而已、遭騷擾之後、易於復其本然、至於血輪、亦誠如是、使紅輪之失調、純在份數一端、則本來之情形一復、血之材質亦復其固然矣、自愈之法、乃在氣促虛弱、血薄所兼有者、此蓋監逼病者

省卻凡血能有之耗費且其時氣之促脈之數正所以補救輪精之虧也然此自愈之機亦猶他處終有限止誠爲不幸如當多毒已入於血如炭養氣者或輪精已被化變則無能自愈矣

五論醫理

上四段所論之事理甚足以鼓勵起而行之醫者

凡血旺則必減其飲食加增所出之液而令多操動其體若在四五十年之前定然大放病者之血且按時再放矣

血薄則當以對功之法而治在論紅血輪題下當詳論之大概之說總以復其胃口扶其消化且須靜而勿勞體之出液要求其妥好若情勢緊急甚至須用過血入迴管之法耳蛋青缺少

亦用此等之法調之炭氣太多則須行手作呼吸法於論呼吸病下便見之矣

至於風溼酒風腳一流之病當加增血水鹼性者醫者乃投鉀鏀輕淡鋰等鹽或投鹼土梅鹽葡鹽最宜於用蓋取其能多食入血而不壞消化也至若反此而須投酸類則其效甚微惟幸其不常需此矣治血之毒不論其成於身內者或由外入者據理而爲定首務清除其故譬如去除食不消化或腎經失調抑以化學之法化變之剋解之醫者於此又知鹼類在血第二等之功用焉蓋風溼之酸不論其爲何與乎酒風腳之尿酸俱爲鹼類或鹼土變作可化之鹽幸而此鹽又乃利小水者如此則

酸之過多不獨剋解爲淡且載出身外矣若要知行血之功有效否可驗尿之數變如斯之功在新症以多投鉀鏀鋰輕淡等力量較輕之鹽便可收得舊症則以用鹼泉之水洗澡爲治矣金石之毒有如鉛者其清除之法恰亦如是取鉛毒論之則用鉀碘或硫磺水洗濯身體也血內之毒亦可以多令出液之法驅諸身外如炭氣則以手作呼吸使其由肺而出尿底則以瀉表利小水等法除之推而不消化之質則亦以一粒瀉丸一服鹽水救治之矣

若紅輪精之不足則養身易化之物必須足度清氣日光又不可少勿使多作工而令其歇息甚至須令其安臥牀上凡關涉

成血生血清血諸般功用必宜件件看到至於胃腸之失調當須格外着意修理之因若要收效關此斷乎不可當其時如有耗費血處若力可能爲必當止住而血虧之流血亦宜約之不使流一生一長當令血趨於聽用之處勿使其過於勉強其法如子宮則用行經藥使血趨該處是也其次醫者當補紅輪故取其最要化學之質如鐵燐强酸鉀者供給之鐵之一物於未明紅輪精爲何物所成之前久已爲血虧所用之定品此蓋由於歷練而明迄今仍屬如此是學術一道於此一端乃斷其所行爲然而非另行擬新也鐵於醫理其功力用處尙有別種惟補血乃其大用至何式之鐵劑可用則有論鐵之章可考惟有

二三配合之劑於此須當理會者一爲鐵製匀水乃遠年以經
練而參配之品內有鐵礦養鈲炭養沒藥香料一爲丫羅鐵丸
一爲波羅丸乃鐵礦養配以鈲炭養者俱皆治血薄症格外見
效之劑其理學者於今可得而明矣燐强鐵亦有舉之者且其
效於有些之症極爲可觀統而論之藥治紅輪精缺少之法總
不外長服一種有用之鐵劑或服一種配合得宜者但要不損
消化不壞腸功方可紅輪缺少之急症不論陡然因流血而起
或漸次而躋於極者俱當用過血之法也
紅輪精之化變醫理治法類皆罔效若已過始起之站即治炭
養氣輕炭淡酸等毒之法則鮮有能奏功者矣然亦須試爲之

以理而論其法當以放血過血二者相參方爲合宜蓋一則去
其壞血與毒一則補回康健之血輪血水但此顯爲罕能施行
者也大約平常所能爲之法無乃以行氣劑及手作呼吸法扶
保其血運呼吸如是藉此養氣及尚然靈活之輪精便可保存
生命凡此之症理當如是而爲以俟過血之法能於施用
行血品料列後
行於血水或變於血水之類　鈲碘　硫礦　礦輕酸　安息
酸　安息香　蘇合油　含沙沵先之質　橄欖油　魚油
檸檬汁　鈲質　鈉質　鋰質　鈣質　鎂質　酸類
行於血輪類　桂拏　撒把抵喇精　沒藥　香類

行紅血輪類　含碘之質　硫礦　礦輕酸　桂拏　醇　鹵
淡養　甜硝伊打酒　淡輕炭淡酸　松節油　鈲　鐵　僞
燐　梅酸　葡酸

第九章

論變化　藥之功力　改病

今推而論養生或變化之功，卽乃質體之靈動，珠質有血在而展發勢力之謂，此章之論，將見其大有關於許多藥品并醫理各法之功力用處焉，

一論生理

變化之理，本屬隱昧，明之最妙之法，莫若取一肌為法，肌肉有定然之性質，有多血供養，當收縮時，有勢從而發出，名曰動力，曰熱，曰聲，又生發一種化學之質，如炭氣水肉乳酸肉晶并別種同類之含淡質，雖尿底或者亦有，凡血經肌之後，則變為紫

血，卽失沒養氣與少許葡路的，而拾起廢質也，

做此工夫，肌肉之質，必先與養氣及血水別質連合，不論其連之如何寬鬆，亦須如是，按此而論，則肌肉之微渺體質，不時改變矣，凡肌肉或別樣生質，與養生物料連合，乃行於此物料，且用之變發為力，并成別種之物，其自已之微渺體質，則有所更變，此於醫者實為首要之事理也，血與血水，其供養之處異，則其相與連合之材，自必不同，而所出之質，所發之力，其多寡形象亦不同，至靈動珠質之化學性體，甚而質體，亦有以異也，統而為一言曰，肌與血水，此行於彼，彼行於此，且行而復行，是則珠質行於明汁，或變改之，而明汁又行於珠質，或變改之，此種兩重變改之功，在身內各經各體俱有之，但體有各自之不同，則各有各所碎化之物，而其所生之質，所展發之勢力，亦自不同，有為津液者，有為腦力者，有生有長者，斯乃自然之理也，養氣與葡路的，為脈血運至各經，熱氣則佈散而沒，至於炭氣水含淡之質，及別種發出之質，則為肺膚內腎大腸所洩出處，此左變右化，靈動諸經，其大小，其氣力，俱固守如常也，

活體之內，其變化情形，有各法以測之，一可量展發之勢力，如肌肉之活潑生長之等第，身內之熱度，心思之强弱，其次測消受材料多少，卽食下之物，吸了之氣，又其次測變化所出之質，是為眾無用津液也，其始之二法，常不得其準確，因此臨症之

中，所以大都以驗尿那為首之出液，為如是之緊關也，蓋一得尿之情形，便可往後推算，而尿中各質所由出之經，其功用之靈活，與體質之情形，亦可測出其為如何矣，

變化一道，惜非所論之易易，尚有多端，仍難通曉，是故葡路的質，上文當作卽碎化為炭氣為水，為含淡各雜質，但原非卽然，在有些體質之內，尚有中間發出之物，脂膏乃其一，此隨亦連合養氣而化作炭氣及水，凡有變化，縱非竟因酵之功力，如食物之消化，與血之凝結者，大概亦兼有之，卒而論之，珠質至深之變為生命勢力之根底者，乃歸腦筋中部節制，又歸養腦筋中節制，此在於大腦腦脊根內，且有一出一入之養腦筋焉，

二論藥力

今合論其第二段卽論醫者節制健者變化之權初視之似其權甚微但究屬較為大也

一　醫者之權由血而行於變化者前章業已詳明無庸再贅

二　養生一道由成血之質醫者得而感之此蓋供材料於各經者也未有學術之先如何培養勞動氣力之人以歷練早得其法至於用心思當生長懷孕哺乳與乎衰敗之候各事各時應以那樣食物為更宜亦早知矣食物之中若多食一種則能加一經靈活其內之生珠似乎以其養生發力之源來得豐裕則格外勇於作動此亦同是理不過另為解說矣醇酒魚油橄

欖油杏仁油俱為食品之可貴者又名為養生之補藥也

三　血內養氣一多則變化自增至清氣有益於靈動諸經人皆熟識相連於此又得識鐵之用處蓋其為補血之補藥也

四　多做工夫乃增珠質靈活之法一肌肉之上使多負重至一定之度能使其收縮之力更大此之謂操動但必須血水養氣充足方可當操練之人不獨食物天氣須擇且使其肌肉多作工夫蓋由有時有候操勞之也

五　變化又可以由出液而牽動之其意乃使所發之質速從肺腎皮腸而出此蓋曾見於胃肝兩經矣各體質顯然亦同此理也

六　傳入腦線有印識帶入其養腦筋中必有以應之此腦線乃由身之外面而起全然可及毫無阻滯不論何勢感之卽行傳遞凡冷熱之極如以冷水洗澡或灑淋冷水又或芥末斑蝥等行壯之法并徑施之電氣俱卽傳入也

七　有種行於外面一處之法卽如搓擦摩按人皆熟悉者足以加增彼處之變化此等限於一處之改病類或名補類其屬生理之效甚强而其功力則繁瑣蓋半由徑行半由養腦筋反行也其為功始則先使彼處血脈張展而令纖質之內血運加增繼則養生所出之質由吸脂迴脈去之更速末後纖質之原質竟為之操動矣取肌肉而論則以佈置妥善之活動致其如

此也如此之效若用一種提發一處血運之藥如輕淡醇哥囉方等藥酒與及松節油樟腦等一流之飛散油俱足以增之此蓋無可疑也然此等限於一所之改病或補類又再是泛然迴行於養育此大約由於腦筋部而然蓋大提壯之使胃口消化兩者俱佳更速於加多力量加重身體是為泛補之類若敷芥弔膏電氣及別種外施之法其功力及乎深處之養育此皆知為鈎炙之道第十五章內詳論之

八　外面熱度之於養育有甚强之效一冷一熱莫不識其有提神敗氣鬆爽壯力之功看其取用何等而已水之各式由汽以至凝塊之冰乃欲施熱度或大或小於纖質最便之法此則

或徑行、或由腦筋血脂反行也、用別語以釋之、則云醫者具有且已盡心講求以洗身風土感動養育之法、其功其用、卽爲洗滌與風土之學焉、

九　論藥　論醫者節制變化之權、又再是究出一要理、卽不獨血本然之質、能入各經、卽他質亦可且生命諸功、容其有份、是以鋈汞等外物、若引入血內、肌與別質、將收取之、有如收取葡路的、鉐鹽、與水一式、輕輕以化學之法連合、惟其自已本然之性質、大要仍不改焉、眾藥之中、不論由何道引入血內、其精華大都載於血水、而運至各質各經、便云行於某經、或云有專力於某經矣、是以有碘行於核、溴行於腦、鋏行於心等類之說、

此言之意、卽藥到一經、經之變化有其份、體質之原質、與之輕輕連合、且在此原質之內、或有此原質在場、又與養氣共成一等化學雜質、異於平常者、隨又在變化所出之質脫出、其樣或不改、或已有新化學之式、以其如是經過一經、有份於其動用、則此經所發之勢力、亦爲所改矣、是以醇酒入肌之內、便合養氣而成炭氣及水、當其化變、肌之縮力必然更大、因此醇酒有專行肌肉之謂、推之各質各經亦然、有在血內連合此質者、有連合彼質者、蓋各質各經生命之功、各自不同、將見有擇此精華、或爲此所行、而其他則又在別種也、故核之珠質有碘行之、腦者有溴、肌者有鋏、紅輪者有鐵、推而一質則有一物行之也、

於此、又須有言以爲戒愼藥之行力一說、此行力二字、常用之意、每廣於在指明者、當醫者云所投之藥行於一經、其意非常謂其行於那經之珠質、若云醇酒行於皮膚、不過謂其令之發紅、增其熱與津液、并不含醇酒爲皮之連質珠所化變之意也、一經所有不止靈活之珠、尚有血脂腦筋、故許多藥品、其行效於諸經、乃藉乎其力之行於養該經之血脂腦筋也、但卒之之論、凡藥自必行於一種之珠質、或行於肌者、或行於腦筋結者、或行於血脂衣者、或行於治理血脂之腦筋中者、除爲施用之故、則藥之行力、在乎經之珠質、與在乎經之血養腦筋、極要分辨清楚也、

論改病類　變化一道、使藥之中有等得其名爲改病藥、但此字亦若醫理中有許多別等名目、必不能用之恰當、故此難以解釋無差也、然縱其意未可解釋、亦可究論之、每經之工、已見醫者有數法、能多加之、此蓋由於食物、天氣、限於一處之行、壯法、等等、使經內之明汁養料、并其本體原質、一成一化、更加靈活、以一言貫之、則曰操動之、有等之藥、亦爲加多變化者、其中以汞、碘、燐、銻、[石信]、磺、或含磺類爲最、而植物中之如洋茯苓哇呃嘜者、亦爲疑似之流、此藥之行力、醫者自然以其爲織質別種之操動也、取汞碘而論、當其既經與生珠質連合、又再分出在變化發質之中、如此便已令珠質做多少工夫、且其本來之微

渺質體亦按住工夫而受改變重新或多或少殊質養育亦為所速此之功力可謂之改病矣改病之藥亟須多有變化本來之源與食物天氣卽如其本體自為操動一式然後可以收效務使變化之功成那一份可以與毀那一份並駕也假使天氣食物二者皆失則身體壞之甚速體亦日廢而死亡繼之矣此種藥品有如此強猛奇異之力殊稱改病之名而無論何種治法苟非多得食物天氣則其力或覺不全也

與改病藥相反有一類緊要之藥能減少變化者醇酒有此功力大約其本身在纖質之內如此易於合運養氣則似乎奪却生珠之養氣且亦令養氣格外緊結紅輪以此兩種不同之法

便饒却纖質之變矣桂箏亦使養氣少去而更阻止珠質連合養氣其理乃不能全明者大概凡醇酒桂箏類索信凱認金納林沙沵先於本然變化之酵亦皆減少其靈活也

瑣繁之法　有最強之法在人用中以感動養育者乃參用以上諸法也假令一人去一新地天氣清爽地土和暖所食之物少但改其品質且又須大舒肌力每日必洗澡洗時擢擦灑淋莫不週至身之外面熱度不時改變而各樣之水每日必飲一定之數水之所含有錳有鈷有鎂有鐵有碘者如此參用之法顯為改病力量強猛者矣

補類培補肌肉養力者乃屬於上前所列類內好幾種也

三論病理

變化改常多而繁瑣病中之疏隔如酒風脚楊梅霉毒者失調中之原效不同如熱症肉變為脂者俱為一理所貫卽皆是養育之弊也於此不過畧論數種而已

變化失常之故每本於來源苟靈動生珠多供以明汁血內葡路的因食之過多異常豐裕或操勞太少養氣不充俱足以擾碍變化有如擾碍肝經變化一式而助成疤人酒風脚之病也血水虧少乃血薄之故已見於前章且血水缺少血內球輪養氣多係不足終歸全身變化衰弱不振變化一道身外自然諸勢如熱度潤氣天氣之壓力電力若陡然改易或改之太過亦

足以擾之至熱度之改於一處者必致受寒受冷與及風濕也又有一意理日日長者乃論熱症與變化別種失常多因纖質有異常外來傳染之物入於其內此物或為土質或為生質或變成生質如臭氣痲疹及各出癍點症傳染之毒與乎霉毒花柳內傷之小生物此類之小生物意中度其干擾變化因其坐落纖質之內而行其自己之變化卽取纖質之養物以生以旺以育其種類其變後之質瀉入迴血流中以致毒染全身又因其生命之變發有熱氣而成熱症之一份也

變化失常之象其式樣與繁瑣之處定必無窮而其養育太過一種名曰熱症者所有最醒觸之狀乃消廢出液增多熱度升

高及一槪功用之失序也、此於第十四章內再爲詳論、發炎、泛然釋之、亦可作爲一式之變化增多、限於一處者、至若養育缺於一處、於肉之變脂變銛、便可見之、有類失調、其效大半是關連纖質本體者、如瘫人是也、而又有在出液內究出者、如砂淋溺含葡糖、且倘有許多、如酒風脚、則纖質出液、兩者俱有、間或又有作爲過於生長、及長不常之質、侵害本然之質者、如癰是也、在別種之病、其生出之質、速有腐壞繼之、此則見於花柳與內傷、至若失序長存不去、發在經中、但無一定體質之變、所謂情性症類、此有份而成、如酒風脚、風濕、變銛等情性是也、於此病勢大聚顯須、亟治矣、

四論自愈

變化最常之失序、如熱症、砂淋、風濕者、乃不過耐時不久、此蓋由歷練而知也、即本來之情形一復、則自然消滅矣、變化之失序、其所取自愈之法、乃名曰迴力、與修補、即增養育之靈活、而每兼有發炎也、此類之失序、格外易於復發、誠爲不幸、然此大抵因復有壞身之情形也、自愈之功、在此亦猶在他處、爲體質之變所限、但又有不然者、甚至變壞與生出之質、亦可消退、此則賴乎境地之適宜也、

五論醫理

養育失調、據理之治法、乃如是大題曰、現時所書者、不過祇可爲繪影之說矣、然以上各段條列之理、若細爲究思、諒足以使學者廣充所知、而施之於行也、

變化失序、大畧之治法、全括調理如何養生過日、食物、天氣、所做之工、所出之液、種種皆須看到、而更要者、乃愼使各樣恰對無差也、肌腦二力、須以中庸之道操勞之、一則免成瘫入酒風脚、一則免精力耗盡變壞、

若竟有變化失調、須用治法者、醫者必先試溯其原、而用應能免之之法除之、是以致酒風脚之原、將食物合時完全改正、及參服淨腸瀉劑、動膽汁劑、繼之以一服鹽劑、如肝經題下所論者、提壯肝腸內腎、屢屢可將之掃除身外、鉛毒亦可以一樣之

法治痊、此蓋以鉀碘而速其去也、此類或別種變化之失調、如風濕、花柳、內傷、如業經成爲老症、以改換天氣、山泉洗澡之法治之、其效甚有可觀、肉變爲脂、是乃變化不足顯然之症、醫者時亦可以拔除其患、此蓋由清源、即以鐵補其一處之血虧、或全身之血虧也、其他之症、若原不可除、當試爲減之、所以汞之治花柳、牛歸滅殺其小生物、外則有桂挐之於霉毒、沙淋先之於風濕、此皆足徵其能於如此、但不敢云一定矣、

平常而論、在人較多說之變化失調、又所謂專症者、如內傷、毒癘、花柳、醫者之可爲、止於剋對其原、與乎救除其患、即治標而已、至於專類熱症、如腸壞熱症、疹症者、亦必照此而治其標、因

其所行之路未可從中止截也燒則以退燒藥攻之其理別章再爲詳論耗費則以培養補之至別樣病狀一起卽爲救治之若炎與炎之後患如膿瘡水流入穴生長黐連等弊可治以外面行氣改病類如用敷子或用醇酒香類油類而擦之或以水淋或用洗滌之法或貼弔膏諸如此類此再詳於十四章中然亦或需外治之法治之矣別種變化失調如內傷者治法之中多半務在扶保養育此由保全消化兼食如魚肝油等之極養身物直至病勢暫時消退而終之病處或可脫出也

花柳酒風脚舊症風濕與及限於一處許多之病大概屬乎此類者如患在皮膚骨節腦部等處其如何治之之法有此一問

卽引出改病藥之用焉醫者已見改病藥之功力在乎操動織質但如今須要發明一經之中已作患病之所操動究屬如何益之比如論花柳則外面有細珠生出或成團或成塊此有另外一種之體質大抵前趨於腐爛卽該處變死之謂也然則汞與碘如何除滅此種生出之生珠而治痊花柳則將曰有二法於此以操動織質爲宜一則或需加多變化使生多之質可以除去汞與碘之行於花柳生出之質至少亦有些如此之法且又將新珠生生之工夫催促如是之甚致令改作發出之質而消沒或照平常之說卽吸去也如此治之之法必使改病之料全受節制又須多得天氣食物以免養育有失法之有成效否此蓋甚關緊要也

其次操動之效不止於多做工夫也工夫之多做亦可改樣蓋操動一道不獨就於安逸者有益卽壞者亦獲其益於織質亦然縱令失序或甚而受病操動亦足以使其功用翻新復故倘欲使織質按常作工則必須使其如何亦做當知如此之工卽有化學改變之意存焉或甚而原質之養育亦猛然更新也各織質本有復其固然之性於斯得其機而施展至其後效則不是祇加動功且更改其動功之樣式也是故珠質假若多以食物天氣供給之自已便可復其固然矣改病藥品此種有勢之效可見於舊酒風脚皮膚各病風濕腦筋部失調等症除鋏碘

以外改病藥爲此第二緣故而用者多乃信銀銻燐而間亦用銅與鋥硫礦乃微爲改病於風濕及皮膚各症爲可重之品而以出泉含礦之水爲更妙許多植物之料人信爲有一樣之性最著名者乃沙沙把列哇呃嘹印度茯苓士班蠧米紫荏但其屬於生理之行力甚屬隱昧難明而其當藥之可貴處甚爲可疑也

感行變化之藥列後

加多變化類 改病劑 汞 鐵 銻 燐 信石 硫礦 鉐礦 鉐綠 下燐養鉐 下燐養鏀 水 圭厄嘹 印度茯苓 高加 米紫荏 加啡煙 古阿蘭阿 洋茯苓

〔滅變化類〕魚油　欖油　甘油　醇酒　桂挐　沙泑先
及配沙泑先質　類索信　金納林　凱認
〔一處提壯類〕〔二處改病類〕鏍　碘　硫磺　水　定油
醇酒　伊打　哥羅方　輕淡水　飛散油類　藥脂類　藥
香類　藥漿類

醫理畧述　卷一　第九章　論變化藥之功力改病　

尾

醫理畧述

下卷

第十章

論血運之經

一論生理

心之功用、乃在一定時刻之內、逼出多少血液、過血運全經、當其流過小脈管微管之時、血遇有外邊大阻力、且似為其擋回、至畧大之脈管、而畧大之脈、以其衣有韌性、時時脹滿、其壓回血力、亦能相等、由是心經間斷之行力、其勢變而為貫串、脈血壓力（賴有總脈門）逼血向前、長流無間、血流之面、獨在脈管內為血浪所激、此浪乃由心每發新血而起、是即名為脈者也、

心之做工、賴其為腦肌之經、由養心脈有多血供養、肌質素常收縮、乃由心內腦筋結觸之、此腦結有自行之功、其觸發之由、本於心內面之印識、此印識大都是壓力者、或阻力者、至收縮之勢、則與壓力相因、而壓力又半因於心上房之載、半因於在前之阻力也、心之行動、在腦根頭內、有心之腦根中調理之、此處乃腦筋部、先受外來印識、而隨由顱長腦筋、或由和筋轉發主動感動、至心之所、此些腦筋之末、乃與心腦筋結相連也、有印識在顱長腦筋之末、則腦筋結少發腦力、即禁心縮之謂、在和筋者、則催促之、至若心、或脈之度數、亟須知收縮之久耐、所差極微、不論既做之工為何、或將做之工為何、心下房需十份四分鐘之時以收縮、心之周行、惟舒展之時、方有久促之異、有時久、則脈之度數慢、約五十至、有時促、則脈數約一百至、當心展之時、此腦肌之具歇息受養、心下房由心上房并迴管滿充之、是以脈慢則指明心經歇息充載得好、且以此二效心縮之勢、并不見弱、大概反為見强、凡由顱長腦筋及和筋之末、如是而感及心經度數之物、有兩路而及、或由養心脈血及之、有如藥材、抑由腦筋中部經腦筋之身而及之也、[illegible]發之動感及心之勢者、大概亦由此二路而至、

腦筋頭內之心腦筋中、乃可受印識物質場地之中、其寬廣之處、與腦筋部自己一樣、在此中所印識、如流常注入內、蓋由血管腹腑皮膚肌肉腦筋中部、（主念之所亦在其內）肺經、其實由各經即心亦在內而至者也、

從彼那卒成之感動、由顱長腦筋與和筋下及於心、如是則身所冒受之勢、不拘細微、心亦遵服之矣、心腦筋中又為血養所感、此凡血之品第、內裏壓力、俱包在內也、在乎傳入心腦筋中諸印識之中、由心者、乃經顱長腦筋而至也、此內半為平常知覺之印識、經腦筋頭而入腦、迴雖則素常太微、未能覺出、若猛大則胸前有痛苦驟墜及心跳矣、

脈管乃肌質之管、靈活而可縱激其徑口、可以種種之勢、令其更改管之肌、有該處腦機指導、腦機與腦筋中部、有動管張管等腦筋、為之通運、且有一中所、在腦筋頭內、名為動管腦筋中、而兼有其他較下等之腦筋中、在腦子腦脊根內、蓋所以收聚

身上各處之印識而由動管腦筋或張管腦筋看其事之爲何反感於血管者也脈管之肌衣時常操動至極使血管有所謂脹緊之力是乃原辨血運者之一即邊外阻力也動管腦筋或腦筋中格外靈活則阻力更大血之壓力更高若張管者格外靈活則壓力低矣二者之勢行於心處必互相符合有血管特異之所譬如皮膚小腸包膜等處俱可以不靠他處或展或束至於一處張展顯然容多血入於其處而脈管大總之壓力必低一處收束則添該處之阻力如此統總之壓力便高起矣牽動動管腦筋中諸般印識之內有心思之情形臟腑之位勢及各種外面之熱度知覺也血虧於其內與血內乏養氣及徑行於此之藥俱皆足以提觸之此隨後便詳

傳入之印識由心而及動管腦筋中者於醫者如是之緊要故當另爲詳說當印識因心之過脹或艱辛或頹敗而起由顱長腦筋及於心腦筋中即轉運於管腦筋中從該處經張管腦筋而反感於血管緣是血管放鬆脈血壓力心下房須要克勝者乃跌而低心經於是乎更易於罄其所有而獲救治矣如此剋減心內壓力之佈置名爲血運抑壓之機

使血卒佈散於纖質者微管是也其珠質軟衣血水養氣及血輪所由過而入於質者本自具可嬲激之性而受許多別樣勢子之指使如腦筋部者其所載之血水者兩端所連接之脈管

迴管者與及養育之靈者微管又爲成邊外阻力之別質焉

迴管運血歸心乃較不靈活之管大抵受專異腦筋勢子所使然其體則多由經之之血股所感動也即前則由心經之情形後則由脈管微管者也如是心展促短即心力之頻便減去迴管罄傾所有之時而令其內壓力高起至若脈血壓力之低血流過微管無滯其效亦猶是反於此心與微管之體又爲迴管所迴行假若迴管展開而滿則血遲返於心上房而心縮之勢因充載低下亦爲之弱當其時微管堵塞且血水及變化所發之質彼此交流於血管纖質之間亦有所騷擾矣

至今總血壓力一說其義可得而知矣脈管韌性時常作爲一式而脈血內之壓力無論何刻必須藉乎三者一爲血運之血總共多少之數二爲心之行力三爲血流經迴管之無滯即邊外阻力由於管之收束與微管之堵塞而致者脈血壓力藉賴腎之細粒由運血多少之數自爲調理在此機內血之總壓力要行於一段無依之細脈所以壓出或洩出血內之水經管衣而入於溺微管一入一出之細脈以其衣之肌腦質則壓力之在腎內微管圈者可有可無按身之所需而定其效則出水或多或少而血壓按之一起一跌矣出汗并其實各樣出液其行大概亦同出尿惟不若是之猛而已

更有一强勢統血運而感者乃肌之活潑也蓋出力則心爲之

觸動、脈血壓力高起、而肌力歇息、則心平脈和也、

二論藥力

運血之部、乃身內供備生理變化、及功用迴應各種勢子、最觸畀事蹟之一、其遇事遷就之權、并其易於受傷之機、乃伏於此、且醫者於此、又得機會隨意感動心經血脂焉、

一　血運內總股之血、乃爲原理壓力者之一、不拘或增或減其股一變、則壓力必改也、此固能易於做就、一則以蜞吮拔礶、開迴脂放血、一則以過血之法、然此二者行於血運之效、求其實在、不過暫時而已、放血之際、脈壓固與之俱跌、但血運之內由織質與腸臟又多吸入流質、是亦速於再起矣、過血使血壓暫時高起、但互相補救之機、不久便復其前時適中之壓也、放血故此爲速去血運全部壓力、并令心肺輕爽、諸法中之最猛者、惟用於長久減低血壓之故、則無用矣、至於過血之速於復起血壓、其不可思擬之妙、亦同此一樣、倘若由於失血、壓力跌至可危、如是便可以免因血運倒敗、而至於斃也、

二　心經　甲　內裏腦肌之具、可以或壯或抑、爲首之徑行壯心者、乃養心脈血運之靈活、由之心有益善血內品質之應、此卽在其養氣血水、如是便反行有天氣食物、兩俱妥宜消化肝功并皆壯健之應、徑行壯心之類、有許多藥品亦在其列、如醇酒、毛地黃、海葱、士的年、輕淡水、伊打等是也、電氣施於心之

部位、其功亦同、反感之提壯、乃增心經靈活、或當竟然停止復醒心經便而力猛之法、十一章所論提壯一處腦筋諸般法子、俱在此列、而以輕淡之嬲激、第五對腦筋灑淋冷水、鞭打、行引病出外法、於胸前等爲最妙、至拔礶蜞吮、二者由腦筋部亦有壯心之功、兼且拔血出外、使其輕爽、袪風劑能壯心、半由徑行、半由反應、蓋以其印識在胃滌膜、而由腦筋中部轉達也、內心乃壯心經利害之器、如情懷快暢、善言撫勉、較之多藥、或更有益於病者、卒之之論、凡法之使心展時延耐者、卽令心慢、必增其力、蓋令其有多些時候歇息也、

裏面腦肌之具、以相反一流之法、便可以壓抑、或平撫之、斯乃養心脈壓低跌、飲食剋減、瀉劑、表劑、利小水劑、等等之效、而亦乃用平全腦、平腦外、平腦中等劑、如鴉片、煖氣、或貼膏藥於胸前、及煖水洗澡、截止一切反應之感動、與乎凡促心展時候、卽增脈之度數、諸法所能致也、終之更有許多徑行抑壓心力之藥、如鴉片、淡輕炭、淡酸草、烏頭、銻鈲、哥羅方、綠養冰、了葛、藜蘆衣暈格、此外更有多種、俱乃此類也、

心之傳入腦筋、乃將心質所發平常知覺之印識傳入腦者、以鴉片、綠養冰、顛茄、并顛茄之類、可以抑壓之、卽一冷一熱、亦可、

乙　心內顱長腦筋之末、可用毛地黃、海葱、提壯、而使心之行力、不若是之頻、若投以顛茄、閙洋花、佛茄兒亞咪唎、淡蓋、及許

多之藥服其大劑則禁機此處爲之抑壓心之度數便增此種行於一處之法其力甚猛也

丙　心腦筋中在腦筋頭者易爲有種藥料所提壯有如毛地黃海葱伊打與醇酒哥羅方之初功及士的年顛茄便是且有好多外邊腦筋之印識如冷與引疟出外法亦易提壯之也反於是而論其能以抑壓者則有施熱氣於外面如熱水洗身及有許多藥品此中之藥爲哥羅方醇酒之後功草烏頭銻鴉片綠養冰淡輕炭淡酸衣畢格亞咪唎淡養加喇巴豆謙落至吾人節制顱長腦筋止禁功力兩極之處卽節制心之頻數其權甚爲可貴蓋令醫者得而牽感心之養育并心之力此由於使

心展或久或促卽心下房歇息之時或長或短也如是而論則凡阻心力者乃壯心者也而速心力者究爲抑心者而已

關連於此又須論肌肉之操動并其歇息爲或增或減心經倣工及其養育之靈銳諸法中之最强而極易施於行者安臥在床或免行動駕乘馬車行步平地乃一串逐漸之法令心安息者也若境地須增心之活潑則各種益身操動肌肉之法用以加工於心亦同爲可貴焉

三　脈管　脈管內之外邊阻力引出許多屬乎藥力之勢但此不過數算出來學者便當足矣

甲　動管腦筋中固可徑然提觸此蓋以醇酒哥羅方之初功及用伊打輕淡水士的年毛地黃海葱等藥又以嬲激凡身上可及之知覺腦筋等法如用寒冷及施芥末等等弔炎劑於脚囊脚板提觸三岔腦筋其最速而又最猛之法乃嗅輕淡水也論其反面則此動管腦筋中亦可徑行抑壓蓋以醇酒哥羅方第二站之功及鴉片綠養冰淡輕炭淡酸銻衣畢格草烏頭顛茄顛茄類等藥以肌力之息以心思之寧靜平治以行於一處之安撫品如止痛藥煖氣及柔柔搓擦也

乙　脈管衣內限於一處之東管機其徑行感壯之類乃鉛與銀毛地黃海葱之初功丫葛與及用冷於一處此冷由滴水噴伊打成霧或酒酸及鹽水之升散而致至酒酸鹽等水如火酒

水醋水輕淡綠水便是此法其名謂之斂血類

同由此一處之機亦可致令血管開展蓋由於用亞咪唎淡養鏀淡養淡氣甘油醇酒顛茄由敷子熱水敷布所生一處之熱氣由用飛散油之全隊松節油樟腦卽其式也由用辣油此內有芥末米紫茬由用性帶嬲激之金類與似金類如鋥銅碘及人製之炭雜質卽幾阿蘇加播沏酸並其流類是也張一處之血脈者是亦壯一處之血運者也力不斷之電氣亦能張一處之血脈焉

四　微管　因爲外邊阻力之一故是以其情形乃醫者極關切之事醫者固能開展微管而增其經流之血蓋由於用煖氣

或久冷於一處、由於搓擦、或由於用嬲激一處腦筋之物、如火酒之稠氣、芥末香油、及其他令皮發紅之藥也、此不過爲發炎功夫之初站、蓋炎狀有微脜之張展、及血質之流出、以上諸法連用些時、便能致之、或以大熱氣、斑蝥、巴荳油、等等之藥、亦可而隣近之微脜血運、與乎大總血壓、乃爲之顯然改易、於第十四章內便見之矣、

反於此、醫者又能縮小微脜、而減其經流之血、蓋由施用嚴寒於一處（即凝結與減熱生涼等法）用鉛銀純斂之品、用收束之藥、即炭匿酸、架沏酸、與植物中之含之者、（佳奴兒茶等類）此則扶保柔細微脜、及束斂連質、或如醃皮、醃之蓋凝結其中膠精等質也、有些物質、如鐵之上鹽、引助其內血之凝結、亦可停止微脜血運焉、

五　醫者之勢、行於迴脜衣者、似乎微末、施熱氣於一處之迴脜、則可使之開展、若先縮而後展、中等之冷便可了葛一物、有信其爲鬆放迴脜衣者、在醫者握中、反行之法、更爲强大、故或用心於前、或用脤血壓力於後、俱可以或增或減迴血壓力、此則已見於前矣、至生液出液之功用、以改移迴脜、使之或滿或不滿、其力量亦并不少弱、是以動膽汁瀉劑、如前所見能疏流四合迴部、隨後又將見鹽類利小便劑之使內腎迴脜輕爽、法亦猶此也、

三論病理

運血繁瑣之具、能受多種失調病症、於此不過畧題數樣、以爲發明用藥并醫理各法之地、

一　心經血脜之失調、依其原由、大都歸於三種、其一由於腦筋徑然之故、如心思着急、神消氣沮、或由有種原故、經腦根頭內之腦筋中而反應者、如腸胃子宮等處之失調是也、其二緣夫血之弊病、而以血薄爲最、蓋此騷擾腦根頭之腦筋中、與血脜及心之腦肌質、其三或由身內有毒而起、譬如菸、茶、醇、鉛、與及酒風脚毒各種之毒、在此機中、各有專行之處、

二　體質之病、以心經逐漸而來之顯症、由於總脤門有壞者、便足以發明之、此種之門、因其所處之地、並常常活動、格外易於受病、是以有扭曲、或甚至毀壞之患、令其不勝導血行動之任、因之心縮之時、出洩有阻、及至心展、則由總脤翻流也、血運所有遇事遷就之大能、心門不甚利害之病、大槪足以抵補、蓋令心之肌圍生大也、當抵補之法敗、則利害病狀起、即心下房之圍、其養育不足以供所需加添、大約不歇加添之肌力、事之次序、隨即如後、心縮有不能剋勝心下房內壓之失、則房內不能盡罄所有、是以心展之際、過於滿脹、肌圍因之撑伸、而其內穴張大矣、此時有痛與纏逼之狀、大覺辛苦也、失調自茲進步甚遠、有房內張大之弊、兩槅門則從而不勝其任、或云湊合不對、心縮時血翻流入左上房、肺運因之過於脹滿、其堵阻處覺

在右下房遲得些時由於逼三楄門又在右上房矣是時迴迴脂因堵阻在前以致積血臟腑之內滿載迴血功用為之失序而有流血水臌血水從腸與氣脂流出精質入尿種種之患此種失調兼之以呼吸者及心之辛苦脈血供養不足血薄之患卒使不能為生處此往後張大之工夫心之行功必至通盤失序而脈之力與其失序二者俱敗且其度數定然為之催促也

三　流血　流血之於身生出一等之患此患半歸失血而半歸血壓之低跌也以此血壓之低跌以血凝在病處以血脂之衣有些縮起流血便自然止住若血流利害則會昏暈是即人事不省因心經頹敗隨後腦內血壓與血兩皆不足而致凡令

心經頹敗等等之故將亦生同此一樣之患也當其時身體之重不能支持蓋因肌肉總共癱軟此又乃腦血虧薄其他之效而病者傾跌矣躺臥之下幸有益效蓋此可以復心腦筋中及動脂腦筋中之血運漸增其靈活而使諸腦筋中較為應照傳入之印識焉

四論自愈

血運全部其調理與抵補之機有如是之多又如是之準則不獨能抵禦所冒邪大串素常之情勢雖甚而許多病變亦能抵禦過來也免病或剋病之料其最者為心經備貯之力抵補生大之能抑壓之機血水流經腎腸及流入濕膜間以令血脂輕爽之佈置流血及發暈自然痊愈之法凡此自然救治自然痊愈之法於醫者實滿了觸醒之機而據理治法必須按步自然之道也抵補之功其被限制之處大率在兩樣情形一為養心脈不能供養生大肌圍一為心經忽然之傷此蓋不待有生大之時而血運可以遭其攪擾至於無望矣

五論醫理

雖則上四段所論者多而繁瑣然心脂之病其據理治法以數淺易之理便足以發明至於特然出眾之大端乃張大之弊必須阻免或救止之此乃純然一體質之效或曰情形緣乎生理一大情境倒敗而致者血運之能辦與血運之行蓋獨靠於此

此情境為何乃驅逼之勢必須時時大於阻力即可與之同為更移但須不跌在其下也指明要治法者倘有多端但無一能及此之要焉

心病與心之失調大概之治法大都在管保為生樣子時時一律種種格外之勢不拘身者心者最是出力着急凡有心病之人亟須却避即無心病而有致心病最常之故發作者亦宜免之當病侵心房（心房炎症）如在新風濕症身體完全安息乃極要之法以鬆解其扯努兼救其活動之頻至鈲草烏頭藜蘆等抑壓藥亦用以助得此效

去除病原一節於心病鮮可施行惟心之失調則反於是此處

之治法、乃救治胃不消化、復血之情形、務得心緒安寧、凡身內一切之毒、如醇茶菸苔、必須治之、此蓋將飲食習氣一切改正也、祛風劑、專宜於滯食兼心跳之患、

治心病之法、大半在剋對其原、即阻免或除去張大之弊、據理而爲、第一步以減輕心載、以低跌心下房勝不過來之內壓、其最顯易爲之之法、乃身心之安息、病者臥養在床、一切出力着急、俱嚴禁戒、血壓又再是可以瀉法減之、蓋使血運向他處而疏之也、或情勢緊急、則必須去血、此或用蜞吮、或拔罐、或割迴管、凡此可以令之大大輕爽、若性命可危之際、甚至能保存其命、另外有一種之症、用藥可以使其血壓低跌、亞味咧淡養有

極速如此之功力、彼心經可怕脹開之患、名曰心痛氣喘症者、此藥立即鬆放前邊之血管、催促心之行功、便救治之矣、鹼類淡養鈸鹽、及顛茄、其效亦同、惟較緩得多矣、

治張大第二法、乃用徑行壯心藥、如毛地黃、海葱、醇酒、輕淡水以加增心力、芥末或別樣令皮發紅之藥、用於胸前、乃反行壯心劑、於此種之症、甚屬可貴、其時由養心脈供養心團之血、其品質、其多寡、必用養身之物、或者用鐵以扶補之、而此身凡胃腸肝之功力、必須嚴加料理、至氣脹與消化別樣擾礙、亦然、蓋於衰弱之心極之危險也、

治張大第三法、乃添多心息之時、徑行壯心三種力大之藥、毛地黃、海葱、香花、西名看夫拉　兼有提觸禁具之行功、在心與在腦根頭、俱皆如是、此三藥使心縮之勢轉壯、如此則房內完全傾罄、而免過脹之弊、心經充滿之時、爲其延耐、是即延耐罄傾迴管之時、便使迴血之流順適也、且亦令心得安息、又加脈血壓力、此不獨總脈管充得更滿使然、惟在乎其提觸動管腦筋也、故前所論往後張大之患、此大彼繼、以至卒成水臌、及使臟腑積血、此種之藥、所以正在要用、而實事求是、施用之下、竟十二分可貴焉、

清除病患　治標之法　心痛、堵翳、煩惱、及別樣之艱辛、以平心劑便可救治、如用冷熱於一處、藥之鴉片、綠養冰、顛茄、是也、

此中又以鴉片爲最力大、爲最可貴、雖然如此、醫者萬勿忘却、用鴉片乃投一抑壓心經險藥、若服大劑、血運各處俱爲所癱也、綠養冰亦是如此、醫藝之精、全在乎用此等藥之有酌量焉、節射嚒啡入皮下、有時有十足功效、顛茄乃止心痛之藥、較之鴉片易於施用多多、因其抑壓之力少、但功效亦甚差、此藥每每外用於胸前、所用者乃其膏藥也、至發紅皮藥、或甚而微起痱子之藥、其塗於胸面之效、可以速止心痛、由氣管及氣泡積血以致肺覺辛苦、行氣化痰藥、如輕淡海葱者、專能救治之、蓋此有增痰出痰之功、氣促、吐血、咳嗽、及肺積血、考其內質、聽出之狀、一投純然治心之藥、如毛地黃及醇酒、便各消滅、又可見

據理治法之好處矣、至於水臟、以針刺該處可立即救治、惟此亦如別樣病標、心力一復、復速由迴脂消滅、凡瀉劑之暫救臟腑積血、亦同此理、利小水劑、於心病水臟大有用處、蓋其行功半在鬆輕內腎迴脂、（鹽類利小水劑）惟大抵在提高脈血壓力也、（毛地黃共六海葱）十二章腎經題下詳之矣、

流血　止血類　外面流血、易爲外科法子止住、若傷在內者、如在胃或在肺、則大半靠於藥治、該藥乃名止血藥也、

甲　心經抑壓、因流血而致者、亦都可以愼爲加勉、蓋每症俱願以各樣得用之法、減心之勢、但不減其力矣、故尤以身心之息爲要也、爲此故總泛平撫藥、而最是鴉片、乃用以協佐較屬

徑治法可貴者焉、

乙　流血之所、其血運壓力、宜於挪移他處、此由於將其鄰傍及相通之血脂開展、或使水從流血處疏流他往也、是以胃之流血、因四合迴部積血而致者、咳血、或呼吸之路流血、及腦部流血、醫者於此、乃用瀉劑、使腸脈張大、而生水瀉也、

丙　外用於流血之法、有種種名目、曰外用止血藥、斂藥、或曰外用斂血脂藥、此皆倣正在顯明自然之法、或爲輔佐之者、按其所行之處、分作三種、其一屬血、其二屬血脂衣、其三屬血脂外繞織質、

其一　止血藥、或行於血、速其凝結、或令精質墜下、如是便塞流血之所、斯乃没石子霜、及許多植物之合之者、如佳奴、架美喇、兒茶、蘇木、没石子、槲皮、等等、此外白礬、鐵上鹽、藍石、鋥礦養、鉛霜、銀淡養、及淡强酸、皆其流也、馬替哥一品、則大概以其本性之質而止焉、

其二　止血類之收縮斷血脂者、乃銀淡養、鉛霜、此二者、俱力量甚大、外此則有了葛、及外用之冷、

其三　物之行於血脂外繞織質者、可用以止血、蓋此會合連網、凝結或下墜其精質、使之較常結實、抑或將之束斂、以致流血之脂被壓而閉、斯乃没石子霜、并其流類、如上所列者、倘有鉛、銀、鐵上鹽、及白礬等藥也、

昏暈　發暈立須醫治、本然之性、已將第一步提出、故須將病者放下躺臥、其頭至少亦須低下如心、使心腦筋中得復其壓力及血、隨須用一切可用之法、使心停歇之行功復動、凡徑行及反行壯心類、俱在其內也、內服者、以輕淡醇酒爲最利益、而施於外者、則以用冷、得鮮氣、濕手巾鞭打、嗅輕淡、施不斷之電氣於胸前、爲妙、亞味唎淡養、於有症行功甚速、假若不能吞咽、則須節射嚨嚪地或伊打酒入肛門、或在皮下矣、

行血運部藥品列後

壯心腦筋之類　毛地黃　海葱（西名士圭韃）　香花（西名看扶拉）　顛茄（起先之功）　佛茄兒（起先之功）　鬧羊花（起先之功）　菸葉（起先之功）　醇（起先之功）

哥羅方一息之久 藜蘆起先之功 加喇巴荳一息之久 鴉片一息之久
輕淡 士的年
壓心腦筋中類 毛地黃末後 海葱末後 顛茄末後 佛茄兒末後
鬧羊花末後 菸葉末後 醇末後 伊打末後 哥羅方末後 綠養
冰 輕炭淡酸 藜蘆末後 草烏頭 加喇巴荳大半 鴉片大半
銻 衣畢格 謙落 亞味咧淡養 淡養
壯腦肌肉類 毛地黃起先 海葱起先 樟腦起先 士的年 醇
伊打 香花 藜蘆起先 辛衣加起先 鴉片一息之久 輕淡
壓腦肌肉類 銻 溴 毛地黃末後 海葱末後 樟腦末後 顛
茄末後 鬧羊花末後 佛茄兒末後 路卑利 亞匿加末後 菸葉

醇末後 伊打末後 哥羅方 綠養冰 淡輕炭淡酸 草烏
頭 松節油專力 丫葛 藜蘆末後 哥枝㗩 辛衣格末後 加
喇巴荳末後 鴉片大半 衣畢格 鈑 鍟 瀉藥 利小便藥
表藥
壯禁制肌類 毛地黃起先 海葱起先 香花 辛衣格起先 顛
茄一息之久 佛茄兒一息之久 鬧羊花一息之久 菸葉起先 丫葛 鴉
片一息之久 鉛反行
壓禁制肌類 亞味咧淡養 鋼淡養 淡氣甘油 甜伊打
酒 毛地黃末後 海葱末後 辛衣格末後 顛茄平常劑數 佛茄兒
平常劑數 鬧羊花平常劑數 菸葉末後 綠養冰 鴉片大半

泛壯動脂腦筋類 毛地黃起先 海葱起先 顛茄一息之久 佛茄
兒一息之久 鬧羊花一息之久 士的年 醇起先 伊打起先 哥羅方
起先 輕炭淡酸起先 藜蘆起先 輕淡 鉛
泛壓動脂腦筋類 亞味咧淡養 鋼淡養 淡氣甘油 甜
伊打酒 毛地黃末後 海葱末後 顛茄平常劑數 佛茄兒平常劑數
鬧羊花平常劑數 路卑利 菸葉 醇末後 伊打末後 綠養冰外用
并行 輕炭淡酸末後 藜蘆末後 鴉片輕輕 銻 衣畢格 草烏
頭
一處壓血運類 歛血脈類 醇飛散 伊打飛散 哥羅方飛散
鉛 銀 毛地黃 合苿咮喇 歛束類

一處壯血運類 碘 樟腦 亞匿加 醇困聚 伊打困聚 綠
養冰 松節油 藜蘆 芥末 斑蝥 輕淡 金石鹽飛
散香油 藥脂類 藥香類 藥漿類 加播沕酸 幾阿蘇
斂血類 嗎替哥 炭匿酸 沒石子 槲皮 架美喇兒
茶 蘇木 白礬 鐵
反感壯心類 醇 伊打 哥羅方 芥末 松節油反應 輕
淡 祛風劑 釣炎劑 苦類
反感壯血脂類 醇 伊打 哥羅方 芥末 松節油反應
輕淡 祛風劑 苦類 釣炎劑
知系定方跌低血壓法 丫葛 加喇巴荳大半 鋇

第十一章

論呼吸部

一論生理

血之紅輪、為一身聯合養氣或呼吸之材質、至承辦呼吸之體、則有胸膛及呼吸之路、新鮮養氣、不歇供於紅輪、而血水則有水、炭氣、熱氣、發放出來也、紅輪與胸膛、藉有一專異腦機、使其功用得互相聯絡、此機名為呼吸腦筋中、乃腦筋頭內一份之腦質、有養氣在、則特為其嫐激、而發出動功之感、經腦脊根而及於呼吸肌肉也、養氣之入呼吸腦筋中愈少、則其受觸感處愈大、而胸膛動矣、

養氣入腦筋中愈多、則發勢少殺、而呼吸弱、或云淺矣、至腦根頭脈管內、其養氣多少、自與大總全部脈管同、如是醫者便知呼吸之動、為脈血配合養氣之情形所管制、此蓋藉呼吸腦筋中而為之也、是紅輪之情形、乃原動呼吸各行功者、斯為呼吸生性根本之理法、炭氣於呼吸腦筋中、實無徑然之效、中之一說、乃有一等之勢、聚遇於此處、其勢發源於一環、而以此為中所之謂、此正是如此也、注入呼吸中者、有傳入腦筋運來之印識、此腦筋多是知覺腦筋、由身之各處傳印識入中、攺易其靈活、而反感呼吸之動焉、顱長腦筋格外能於提觸此中、是以聲管不安、立致呼吸反應之行功、名為咳者、故此顱長腦筋號為呼吸傳入腦筋之專者、凡呼吸道之全面、大概共肺、俱多多有其根苗供養、而此則時時刻刻收聚印識、傳遞入中、肺之張大、及其血之品質、所有變易、呼吸之動、即行表出、然關連於此、又須謹識凡減血聯合養氣之力、而加增呼吸靈動、便提觸腦根頭內其他兩大腦筋中、由動管中、則添脈血阻力、由心腦筋中、則心為之慢也、

肺及呼吸之道、其傳入之印識、除入呼吸中之外、若勢力足大、亦及腦迴、在彼覺出各樣知覺、俱皆指歸呼吸之經、或甚清楚、或不甚清楚、當健時、此種平常覺性之知覺微弱、吾人故不理會、除是當失調、或病變而為痛楚、堵逼辛苦、不安、然後覺之、

在呼吸肌肉腦筋之中、有一隊要格外理會者、是即佈散於氣管之腦筋、此為顱長腦筋之動線、發自呼吸中、供養調理氣管徑口之肌肉、此將氣管領歸腦根頭節制之下、如是則傳入之印識、亦為腦根頭管治、而最是那等印識、正正起自其佈散之處、即呼吸道者、

二論藥力

呼吸之與外邊天氣、與血、血運及腦筋部、其聯絡廣大之處、使醫者有多法以牽感其行功之樣子、此法今按本然生理次序論之、

一　天氣　天氣之挨貼呼吸經、可更之端有五、每一端於肺之功用、有一生理之效、（甲）論其定然之多少、（乙）論其化學

之性、（丙）論其熱度、（丁）論其潮濕、（戊）論其壓力、

（甲）天氣之供吸、亦猶食物、可以一時完全截止、而以別樣之氣有不同生理之性、如淡養氣者代之、抑或不過將氣減少、如用稀薄之氣、或加多之、如入養氣或稠壓天氣於肺內、至於操動肌肉、或多或少、其爲效亦同也、

（乙）天氣化學之性、以生理之道而論、不過述其養氣之多少、與養氣之等第而已、天氣內養氣之於淡氣、其相配之額、有另外佈置之吸法、可以改移之、但論到施之於行、此甚少、試用蓋大山汪洋之風氣、其所供之清氣、更加豐足也、

（丙）呼吸天氣之熱度、可以更改、蓋或由選擇各樣之地土、如熱者、少熱者、溫者、冷者、或用製作之法、以調理房內天氣、如疏氣升㷄等法、或以所謂呼吸器、有獨自或煖或涼、入口氣之佈置、或獨令鼻呼吸、或獨令口呼吸、看事之所需如何、

（丁）呼吸之氣潤濕之多少、可隨意更改、蓋以或住於乾爽之地土、或住於潮濕之地土、或移變房內氣之水汽、或在各自所吸之氣、如用蒸汽煲吸熱水等法、

（戊）終之氣之壓力、亦全在醫者制內、此則又或以地土、高處於山或以一處制作之佈置、如天氣洗澡法及氣具是也、壓氣洗澡其天氣壓力較平常高五分一至兩分一、則加多入血養氣之份數、而亦增肺之大小、並其盛載之量、當此際、使令呼吸不若是之頻、而更易矣、稀薄之天氣、永不用以作洗澡、在高山之上呼吸、必更深而更頻、肺血加添、是以氣泡有趨於流血之意、氣具乃一收貯量氣之器、以制作壓力、壓氣獨入呼吸之道、病者取其連住有制門之管、吸入呼出、吸入之氣、約壓以天氣五十分之一者、則加入胸之氣、而胸之大小載量、及呼吸之勢、隨亦加增、惟其時肺血減少、而脈壓高矣、別樣用氣之醫理、無庸贅述於此、

二　紅輪　紅輪一物、作內外呼吸之所藉者、作原動呼吸腦筋中者、乃代辦之一要件、由之、呼吸靈活、然後可以食物、藥材、平常自然諸勢、第八章內所論者、將之改移也、

三　血運　血輪必須藉心與血脂爲之運行、凡醫者可施於此之功效、呼吸之功用、將爲之大改、至血運之藥力、已詳之前章矣、

四　肺與氣經之道、（甲）呼吸經之傳入、或知覺腦筋、凡乾冷之氣、綠氣、衣畢格辛衣格、於葉硝燻氣、輕淡及錫、皆足以提壯之、而抑壓、或平撫之者、則有煖潤之氣、煖食物、敷煖氣於胸前、至清潤之物、則或者有些少、如此之功、此外則鴉片、綠養、冰哥羅方、及伊打也、與呼吸經相連之知覺、以此一樣之法、亦可更改、壓腦筋之藥、是以見得爲蒙肺知覺之藥、或云止痛之藥、而呼吸反應之行動、則亦爲之干擾矣、

（乙）氣管之血管運經其內之血可以加增蓋亦以加增總血運靈活等法如瀉法肺之操動身之活動藥則毛地黃海葱輕淡醇士的年與將要詳論之香油全類反於是氣管之血運可為抑壓即用抑壓心經及總血部之類如熱氣鹼類含碘質草烏頭銻衣畢格俱在內也

肺之血運與呼吸之動其聯絡處甚為繁瑣蓋以當一呼一吸或平常或格外血之壓力流之快慢而論也肺之血管顯若總血運凡勢之感之者如放血過血瀉法及一類藥材與平肌力之安息操動俱可以改之吾人亦有一物專縮肺血管者名為乜士加連即菌之精焉

（丙）氣管之核　氣管之涕其多生也由於用鹼類而最是輕淡用硫礦銻用衣畢格辛衣格菸葉海葱及那大隊飛散香油藥脂類藥漿類凡松節油樟腦安息香哥拜把亞麼匿秘魯漿到魯漿俱在內也煖而稀之食物使氣管生液格外之多反於是而減少氣管涕者則乃乾凍食物至顛茄佛茄兒鬧洋花則亦或如此而酸類則定然也

（丁）氣管聲管腦筋肌肉之質為行於傳入腦筋等法（甲段所者）提壯且或者其中有些亦徑然感之者

有一隊物質大關涉醫理者徑然抑壓此部如此氣管之衣為之鬆開使呼吸之氣出入通順此即顛茄佛茄兒鬧羊花路卑

利及菸葉鴉片綠養冰及加咧嚇哥羅方伊打亞味咧淡蔘及伊地路碘謙落及潮濕冷氣也

五　印識之及呼吸中除顱長腦筋又有別路令醫者得有特便之法而感之印識或乃提壯者凡以輕淡置於鼻以寒氣置於額髝激第五對腦筋以香物髝激鼻腦筋以猛光大聲髝激眼耳之腦筋以痛楚之印識如手巾鞭朴掌摑極熱之氣芥末膏藥及其他力大之外用髝激物髝激皮膚腦筋皆在其列也或不如此醫者可用有平撫呼吸中功力之法如敷數子敷熱水布於胸前使其有煖氣煖水洗澡及一切外用蒙腦筋藥止痛藥如或塗或貼鴉片顛茄及飛散油類（松節油樟腦等）等膏藥藥酒於胸前是也

六　呼吸中　除那感動傳入印識者以外在醫者握中另有一種徑行提壯及抑壓此腦筋中之物腦筋所發之勢力以輕淡士的年顛茄佛茄兒及鬧羊花可以增之大概衣畢格及銻亦暫增其勢至醇伊打哥羅方則其行功之初有一陣如是也反乎此末後之數藥減呼吸中之勢甚速（伊打較其他畧緩）而綠養冰鴉片草烏頭藜蘆謙喇及加喇巴荳亦能奏一樣之效也

七　遞出感動由呼吸中外往之路腦脊根內呼吸肌肉之腦筋中及胸膛聲管之腦筋肌肉具俱可以提壯不獨由於反感且亦徑然蓋一則用士的年此藥有大加腦脊根內各腦筋中

力量之功、一則施電氣於腦筋之身（腦腦筋腦中腦筋）或徑施於肌肉、一則用凡使腦肌質養育益善之法、如佈置妥善之操練是也、反而論之、此數處亦可抑壓、所用之藥、乃加喇巴荳、此大減腦脊根內各腦筋中之力量、乃謙落、此令動腦筋癱痿、乃鵶片、此將傳出腦筋之全機抑壓、此等抑壓藥之用、幾全限於聲脂之肌肉也、至眾法中之最强者、莫如制止、或至少亦束約胸膛活動之法、此蓋以徑行束勒、而束勒莫妙於用合口膏条細貼、或用布帶綑紮也、

以上一四五六七各段條列之法、統而閱之、可取其中數樣最要者、另歸作幾新隊、此有定然藥力之性、兼具緊要之醫理、其

隊爲何、一爲化痰類、二爲止抽肌（抽肌常作抽筋）類、三爲呼吸平撫類、

其一化痰類　吐痰顯與痰之性格多少同更改、而又按其驅逼之勢而異、凡加多所成痰一定之多少、凡變易其性使易於驅出、凡吐出之鬆容、其法俱名爲化痰、第一第二兩等、乃行於核者、第三等乃行於肌質也、按別樣而論、化痰類有時提壯呼吸中、如輕淡衣畢格、有時抑壓之、如煖潤之氣、但論屬於施用最要者、乃化痰類行於血運之功、故按其或提壯或抑壓平常分爲兩種、一曰提壯化痰類、二曰平撫化痰類、但此處提壯平撫兩名號、須要識得透明、非指呼吸而言、乃指其行於血運之效也、

（甲）提壯化痰類　凡輕淡海葱上前所論各種飛散香油藥脂類、藥漿類、士的年、醇、辛衣格、稀煖食物、及罯罯操動週身、或操動胸膛、俱在此列、

（乙）平撫化痰類　有鹼類、含碘質、銻衣畢格、菸葉、煖潤之氣、與胸前所敷之濕潤物、

若欲再成別隊化痰類、可加隨後所列者、

（丙）化痰兼平腦筋類、此大都是叅合鵶片於別樣化痰藥、如海葱和鵶片、樟腦和鵶片、輕淡和鵶片、衣畢格和鵶片、銻和鵶片等是也、飲煖物亦有是效、

（丁）改痰化學性之化痰類、此隊極關緊要、鹼類增痰之鹼性、

且亦加多氣脂涕之水、如是痰變稀矣、此專成一種、名曰鹽類化痰藥、硫礦、碘、所有香油藥脂類、及藥漿類、其出洩或仍如一樣、或作爲氣脂發出之質、挈多涕共出、且其中多半於液及出液之處、有辟毒解穢殺毒之功、此功於香類更屬爲然、此亦可列爲殺毒化痰類、每次液之多生氣脂涕之水、幾乎無次不增、而於用鹼類及碘與銻、則更是如此、此是以有令痰變稀可貴之性焉、終之酸類性趨少減痰內之水、既減痰之水、則連痰亦減、即如將液乾起也、此可謂之化痰對功類、

其二止抽肌類　此包括許多之法、同具或徑然或反行鬆放氣脂肌衣與膈之效者、斯乃顱長腦筋呼吸枝之各抑壓類、詳

於上者四段甲字如熱氣含碘質鹼類等乃呼吸中别系傳入腦筋之抑壓類五段而以敷煖物為更然乃呼吸中之抑壓類六段如醇伊打哥羅方鴉片等乃徑行抑壓腦筋肌肉類在氣脂者四段丁字如了刀邊葵葉亞味咧淡養在外壁者七段為謙落等凡此品質分明乃抑壓或平撫類惟醫者尚有別二隊氣脂止抽肌類此或為各類中之最強者此為何乃有等之化痰藥也如衣卑格辛衣格及葵葉此藥暫加肌肉抽縮之後使氣脂之衣流涕多而且速如是血脂之滿便為之一輕且觸惹咳嗽將致抽肌之故驅逼而出也

其三呼吸平撫類　此法該另有一名顱長腦筋傳入腦之枝

其抑壓類如鴉片伊打哥羅方等不獨有止抽肌壓肌力之功即止免氣脂抽縮鬆潤其脂止住咳嗽且凡有痛楚各知覺指屬呼吸經者俱為其或阻免或救止也至平肺劑之最合理者在致令辛苦之原可以除去之症莫若以上所列之化痰藥但多半之症以兩類叅用為更宜焉

三論病理

此部之失調病症按其所感犯者分為兩大種一曰呼吸之材質紅血輪及其運行二曰腦肌之具凡肺及氣經之道呼吸中與傳入遞出互通之路俱包括在內第一種已詳論於第八第九兩章第二種今畧為論之

血運發炎及頹壞各變呼吸經之病包括過半有如氣脂發炎肺經積血肺經氣脹及肺衣發炎於此又須添說生長新物而癆傷與楊梅適當中步此種之病不論其病理之性為何於其處生有一種甚顯體質之變其路或有堵阻或竟閉塞蓋由涕膜腫起或由各種出發之質如涕膿血或片片廢質此等之質或停積或稠結而又或者變壞因是腦筋血脂都為其挈激矣小氣脂之中或有完全堵塞者兼之該小葉之肺或塌下或變實其環繞之處氣壓肺氣脹血壓積血必有擾碍也有片之肺或究出其為無氣而又無功用蓋或因肺炎而變實或因肺衣發炎而受壓也大小各種之脂路每因癆傷及肺癰以致完全毀壞

氣泡及呼吸道路亦有流血之時心之右便每每因迴血運之擾碍致令發大臟腑積血而濕膜穴內與乎肢體有水臌之患矣此種體質之變幸而多可救治然又有不能者醫者祇可獨用力於其病狀或曰其患似更妥貼病標之中獨呼吸之擾碍抽肌咳嗽吐痰嘔吐痛楚須畧論於此

氣促為加牽合養氣自然之力乃因呼吸受兩種不同法之提觸也此一則由牽合養氣未足之血行運其中二則由氣路與肺經所來之印識變作太過此兩等之故顯然多係相叅蓋有上文所論那種體質之變其時血氣二者在肺之內為其干預不能鬥合妥宜而且挈激顱長腦筋之肺枝焉大概而論氣促

一事、極之有益、且有效驗、惟若不能有救治之功、則轉加沉重、此爲不幸矣、

抽肌氣促、平常謂之哮喘、乃歸咎腦筋中或顱長腦筋、忽受乍往乍來之嬲激、是以生有利害反應呼吸之感動、達於氣脘肌肉及膈、令其抽縮、而干預氣之入焉、

咳嗽實爲生理之一行功、本極有益、且或須勉助加多、然更常者、咳已過步、而爲胸症最辛苦病狀之一、須爲救止、吐痰一事、不出一定限外、亦可作爲屬於生理、但若痰或太多、又或太少、或其品質因稠結變壞、而至於屬病、則須以醫理而更改之矣、至嘔吐之緊與咳嗽吐痰聯絡、並非奇事、因此兩行功與及其

機極之相類、此已見於第四章矣、

痛楚、及咳嗽不免有之嬲激、作癢知覺、氣促、緊脹、縮壓、氣局、等等、皆時時極之辛苦、且在病者所最苦者之中、若有救治、必須救止之、

四論自愈

非常而乃屬病之勢、自然禦之之法、或滅之、或去之、於呼吸部者、甚足以見也、咳嗽與噴嚏、乃自然之法、以驅去氣路上所有堵塞、或作嬲激之團、雖然、於阻免肺經最重之病、此顯爲不大濟事、但其可以眞正逼逐傳染、或別樣生病之故、爲炎之常實、人所料不及者、正如其護衛鼻與聲口、免受嬲激零質之患也、

自然救治第二法、行於此部者、乃迴行之功、或對反行功、當氣路堵塞、則呼吸肌肉收縮氣力之大、其次數之頻、直欲去堵塞而沒之也、苟不能去、而堵塞尚存、少時之後、便行生大矣、氣促或曰喘氣之頻、其由來乃緣於許多備存之肌力、及幾乎無限生大之能、足以抵補氣路氣潮之減小、蓋使呼吸深而次數頻也、至於痰炎、卽以外物入肺、或入氣路、致令積血生液、所行亦同此理、流出者或稠、或稀、或竟至如膿、此皆迴行等級之明證也、此專爲尅對嬲激之物、兼負之而去、且將其或已爲之患修補之、

自然第三法、攻病勢者、乃去除其患、不拘其勢已除、或已尅對

否、是以由病出發之質、或液出太多、以致將氣路再新堵塞、則有咳嗽吐痰、或嘔吐以清除之、而其致令迴血之積聚、頻頻喘氣一事、便可逐散之矣、氣脘抽肌、大概永不致死、蓋因局死第二站、血內炭氣堆積、而此炭氣便將抽肌去除、肺鼻流血、每每因鬆輕過脹迴脘而有、最緊關之病狀、便爲之消矣、

替代之行功、又爲別樣自然救治之法、於呼吸之病、大有所益、在氣喘之頻、則非常之肌亦要做工、肺質康健之處、又須加工、而皮膚之作出液、經無疑要更活潑矣、

以此數法、自然之性每足以救治呼吸失調病症、若其病原尚然作弊、則統其患、一併清除、或將之尅對、假如敗而無功、則病

勢建立然以人爲之治法亦或可愈其法之宜乃襄助自然非强逼自然而更不可拂逆自然也甚若質已經變由修補之法亦可復元如肺經及肺衣炎症可見之矣

五論據理治法

呼吸失調之治法若要全然據理須本於上四段所論者學者須知此種失調所因之病其治法當同時舉行而此處所論者獨病標耳

氣促　觀氣促之狀則知凡有一切之法使呼吸通順有勢者以便協助呼吸頻數令氣入胸能入幾許便入幾許皆亟需而不可無也而氣則又須清和即多而鮮温而潤至呼吸肌肉必

使行於胸膛無碍各條便益格外呼吸之肌不可使有他事而備於聽用故兩肩宜於聳起胸之前後最要者下便不可使有拘束重壓是以要坐起兩臂若須要時能以定住而血運亦須以完全歇息及別樣之法饒却之隨須以藥調治而以速清呼吸路內病發之質爲首先一着故用化痰藥提壯本然救治之法即咳嗽吐痰是也咳嗽則不獨須招致或加其力且宜兼有溺水多流以便痰之易去幸而化痰藥之中多係奏第一效亦奏第二效者使醫者選擇藥料得專心多按其兼行血運之效而取之即隨意或取平撫者或取提壯者在氣路發炎堵塞（氣脂新炎症）起先之站所用作化痰劑者則推心經血脂平撫類如銻衣畢

格合磺質及鹼類或用一或參用鹽類專有變溺爲稀之妙用至提壯類如輕淡海葱及香類之大隊合用於末後時站蓋心經有頹敗之危或柔弱之人則隨時可用如果所出之質如膿兼趨於變壞則香類如樟腦安息漿秘魯漿吐魯漿亞麼匿及松節油者亦作爲殺毒劑凡此之症稀燰食物每次不可不畜取其益焉

氣路之內苟有較大而實之團堵塞有如假膜者則嘔吐之法亦可用以罄除之不但於此展開之氣脂亦藉嘔吐而罄盡當此脂與及肺質因老弱已失其勃性之時至應有咳嗽但緣弱極不能招致恐有局死之危間亦用嘔吐法也惟此末後之症

用如此抑壓治法甚爲危險故每次爲呼吸故者必須擇藥性較柔而有定功之吐藥如衣畢格與轀淡炭養若此失效則用鍟礦養

身之形勢於將氣脂所有之膿及別樣發出之質傾罄而出或傾罄與氣脂相連之穴者每每可貴有時甚至可將身體倒轉而有功效

若勢將絶氣而死則須施行手作呼吸法耳

氣促亦可以減除血法救解之或將胸部之血疏歸腹內血脂在彼以大瀉之法可去減其股數此於氣脂新炎症初起之際大有功效同此情形發表利小水俱屬可貴但若不減血之股

數思所代之、或既有此、而思所增之、則醫者亦可用提壯之法阻免血積肺內、與積於心之右便、是則轜淡炭養、不獨嬲激氣脂溺膜之核、與腦筋令出液變稀、加增呼吸中之力、但亦乃提壯心經血脂之猛藥、助心下房收縮傾罄迴脂、而充滿脈脂者也、別樣提壯血運者、雖或未有化痰之功、當此呼吸之艱辛、亦指爲着用、如敷芥末於胸、及飲煖酒是也、

在肺新炎症、肺質變實所起之氣促、卽因呼吸場地收小者、其治之之法、須大加變易、在此非缺於氣、亦非缺於血、惟此二者、不能互相挨連矣、呼吸度數、大爲加快、如是氣便常得更換、心之韻亦加快、血於是乎常得翻新矣、醫者有尙於此、自然備下

之法、故其法當以保扶此重受征取之能、而衛持呼吸肌肉之力、最着急者、乃提起心經、因心力一敗、大抵不能生也、是以當其時、總不使氣力多食食物、兼以醇酒海葱輕淡及毛地黃、天氣則務取清鮮、而其發燒此蓋兼有心經抑壓、則以合宜不抑壓之法、一步步攻之、

氣促而兼有抽肌、亦不過按治別樣堵塞氣促之理而治之、但其抽肌、則須另爲籌議、按施行而論、止抽肌之最速而力大者、前已見之、乃一等化痰藥、凡菸葉衣畢格等、俱在此列、此激惹抽肌、更甚咳嗽、利害而生水液甚多、如是便立淸氣路、而鬆溺膜矣、又有一種止抽肌藥、力量較柔、而同是一樣據理、用於哮喘者、乃徑壓氣脂腦肌質之藥、其中推顛茄、鬧羊花、佛茄兒、及其植鹼、與菸葉路卑利爲巨擘、不論或乃藥水、或焚而爲煙、皆是如此、謙落則大不若如是之有用矣、溫潤之氣、或蒸汽若爲獨是可用者、則亦甚有用、鴉片綠養冰加唎嘴、及其他醉人之藥、每止此抽肌、但此呼吸抑壓力大之藥、極不相宜、蓋恐致絕氣之危也、亞味唎淡養、可以立卽救止、但抽肌之復返、亦有如是之速、爊硝之氣、於有些症、亦屬合宜、細劑之甜伊打酒、或哥羅方酒、叅於水內、每常甚爲可貴、蓋其衍散如此之快、輕淡轜淡炭養、甜伊打酒、及香類、共叅和作藥水、乃常用最妙配劑之一也、

咳嗽爲能救治活動堵塞之物、與乎氣促之患、論其可以助勉處、前經詳及、當其不獨止無功、而且有害、譬如因腫脹、因生長病質、或完全因腦故者、則須亟爲救治矣、然此又不能過於定要、蓋初手醫生、性邇於用此種之治藥、以致成弊、每有咳症、不顧其原、當作成規、便開此藥也、止痛寧睡劑之於呼吸中、及其他許多之經、乃力大抑壓藥、心經亦在此數、而與此關係相等、乃其干預反感、此反感有益之咳嗽、及加增呼吸所從而起、故其暫止者、卒至勢轉爲重矣、蓋獨咳之原由、不能去除、然後呼吸平撫之藥、可安然用以減少腦肌具之嬲激、平撫之藥、如鴉片、哥羅方、伊打、綠養冰、醇酒、謙落、是也、各按時勢而用、然溫潤

之氣稀煖食物、貼敷子於胸前、喉內用酸類或清潤之類、常亦足以救止之有數種如是之藥、可以吹入吸進、漱喉、或塗敷、等法而用當用之內服、兼以化痰藥、甚爲有益、氣路所有活動嫐激之質、將爲之去除矣、一陣陣延長之咳嗽當除力大鴉片以外、其餘都用而無功、則細頓稀煖養身之物、不分晝夜屢屢食之、或用純乃醇酒行氣劑、每有大效、至若痰多可用化痰相反之法、此則以清爽之天氣、乾而清淡之食物、戒免醇酒、內服酸類苦類、而鐵大概亦須服焉、

呼吸經之流血、須以常理治之、安息固然必要、不獨以體之安靜、且將肺之活動減至微細、蓋由於細纏胸膛、兼教病者自行制束呼吸咳嗽也、

與此經關連之痛楚、及別樣之辛苦、以呼吸徑撫類、止之甚易、如鴉片便是、但此非無危險也、是以求用於此種治藥、必須分辨到極而戒免、當例之用至於反行之法、包括去除致令辛楚之原、及外用於胸之物、若果可以要單行用之、

行呼吸部之藥料列後

〔提壯呼吸中類〕　樟腦先起　顛茄　佛茄兒　鬧羊花　士的年　菸葉一息之久　貴把口又名欺斧木　輕炭淡酸一息之久　加喇巴荳一息之久　輕淡　醇一息之久　伊打　哥羅方　銻　衣畢格以上皆一息之久

〔抑壓呼吸中類〕　銻　溴　樟腦後末　顛茄後末　佛茄兒　鬧羊花以上皆末後　菸葉一息之久　綠養冰　輕炭淡酸一息之久　草烏頭　加喇巴荳　謙落　鴉片　藜蘆

〔提壯血運化痰類〕　海葱　辛衣格　輕淡炭養　輕淡水　輕淡綠　士的年　醇　眾香類

〔平撫血運化痰類〕　銻　衣畢格　阿甫麼啡　鹼類　含碘質　菸葉

〔鹽類化痰類〕　鉀碘　鉀雙炭養　鉀梅鹽　雙炭養鈉　鈉綠

〔辟毒化痰類〕　碘　硫磺　安息香　蘇合　樟腦　畢澄茄

松節油　郁加列脊　幾阿蘇　加播栁酸　松吧嗎油郎松滿　哥拜把　吐魯漿　秘魯漿　沒藥　亞麼匿　八角油及其他之香油

〔化痰相反類〕　鴉片　酸類　鐵

〔呼吸平撫類〕　顛茄　佛茄兒　鬧羊花　松節油　加唎喘　貴把口　亞味唎淡養　輕炭淡酸　伊地路碘　鴉片

〔止抽肌類〕　亞味唎淡養　謙落　鉀碘　顛茄　佛茄兒　鬧羊花　路卑利　菸葉　鉀淡養　鴉片　哥羅方　伊打

第十二章

論腦筋部

腦筋部其醫理聯絡廣大之處直如全身者一樣設如痛楚乃常時與生於一處之病亦連者而臟腑許多最凄楚之病乃腦筋機之擾碍也於此所論醫理之聯絡大都限於較上等之腦筋中尤當知覺人事之醒覺及志動者而又專講那等法子醫者可以止痛令不省人事及招致睡者焉學者又須了然明白於今之論腦筋部醫理乃從屬生理一邊入手即獨論治標之法至調治屬乎病理之工夫如流血變壞花柳成立此種病症致發此等病標者於料理此類症之法斯為別二端又為更要

之端但不在此題下而在別者矣

一論生理

腦筋質乃一種之珠質有許多極專異之性而此可以統而為一性即當受接一種之勢子便展露或發出勢力也此性醫者謂之可嬲激之性那感之令發之勢名曰嬲激勢而其感之使發之行則曰嬲激若其效令發出之勢力較平常大者其勢謂之提壯之勢而其行或卒效乃提壯也假若嬲之效致發勢少於平常是謂之抑壓而其勢則曰抑壓之勢至嬲激提壯及抑壓之性尚有許多說法但正在點出數端實足以使現時明白矣

腦筋部之章程　腦筋部雖成為一團連續之腦筋質乃許多腦筋中所共築也此腦筋中又與一可嬲激之場面及生發勢力諸經相連場面之上有嬲激之勢生出印識即有傳入之腦筋傳遞歸中在彼致令珠質有些改變隨後或留作有能之力或作為感動從遞出之腦筋再流出而及發勢力諸經如肌肉核血脂等如此之工夫謂之曰反應之行然腦質非獨乃純是可嬲激者即非獨由外來印識方能使之行動其亦能自生行功是為自行亦為反感者也高一等腦筋中自行之功乃為情懷靈性及主意之根基且以其相連之線反應腦筋中所流出之感動或流入之感動時時為之改變至於臟腑有如心經乃

由腦根頭或腦脊根內之自行腦筋中供其腦力而此腦筋中亦是一樣時時為各處所來之印識所感也最高等之腦筋中乃在腦迴而其平庸自行反應者乃在底處之腦結小腦腦根頭腦脊根總此成為一串接續之腦中腦筋中部互相連合以路徑所有感動聯行而為之至處外腦結之部大都是自行之功乃名為自和者也

當取藥品及別樣治病之物行於腦筋部之功而討思之則見所感者有種有此中有種在彼中有種在傳入之處有種在遞出或主動之處且有種之藥獨感較下之中有種獨感情懷明哲之中而又有種大都干預聯行之機也是以必須試將腦筋

部各處佈置歸一定章程，然後可以明藥所行該處之功焉，

腦筋部之章程

一末處可嬲激之具，在身之外面者，在諸經之內者，

二傳入腦筋

三腦脊根之後角，

四腦迴，

五底之腦結及小腦，

六腦根頭，

七腦脊根前角及前旁路徑，

八各腦筋中相連聯行之線，最是腦脊根內者，蓋在彼成有一

定之柱，

若此章程有加添之處，則臟腑與其腦筋是也，但此已撥歸別章，現時須要指明者，乃臟腑之中大半受腦根頭腦脊根小腦內之腦筋中管制，其佈置之法，半為反感，乃從中處遞出至臟腑之腦筋，與自和者交連甚密，乃臟腑亦具腦結在內，其自行之功，大半藉之辦理也，

知覺　知覺乃大腦之情形，歸於一種印識，受自傳入之腦筋者，此印識素常起自圍外，在傳入腦筋或路徑者較罕，但每次都指歸圍外也，似此樣印識（圍外者）則變為知覺（大腦者）而此知覺，或再上入大腦一更高之處，又或不上，在彼則成為覺成一份

自知之心，或靈明之行，至眾覺之中，獨平常知覺，於此要專理會，眾經眾質，當康健之時，是有知覺者，但非知覺實在之所也，眾經之情形，少許攪擾，便足以觸醒其覺，或其自知、比如痛楚，便乃其中之一，醫者是以作其為長有一靜覺，名為常覺者焉，

行動　所有行動，可以說得由腦筋中之一感動而發、在彼由遞出或云主動之腦筋，傳遞於肌肉或肌成之經，如是在腦珠自行之功、發出一感動，便由較高之腦筋中行於較下者，在此連合反行之感動，乃由此等腦筋中反應而來者，此叅雜之感動，經行主動腦筋，卒及一專異之末具，譬如說在一肌之內，藉此主動腦筋，便與該經有聯絡也，正如大腦內知覺可以指歸

腦筋部之傳入，或知覺那邊，無論何處之一種情形，所以無論提觸遞出，或主動那邊，何處由腦迴以至於肌肉，本身皆可致肌肉之收縮，而格外於醫者有意味者，為何乃此每每或全然或一半因提觸知覺那邊之一處由腦筋中反感而起也，

自知之心　此乃純是靈明之情形，半成於覺，半與情懷神志主意交叅，不可分解，自知之心，靠乎知覺全具之完整，但以施行一邊而論，亦可作其在腦內同處於一處，即同處腦迴之內，在彼醫者易及之矣，

寢睡　自然之睡，其理不可解說通透，但齊其同於灰質減少變化，不論因血供缺乏之因血品有虧，或因精力耗盡之後，織質

不靈庶幾不差矣、睡與做工飲食及日之時刻、有一定之聯絡、而使困乏之身、得其安息保養焉、

一論藥力

當醫者詳思腦筋部之受吾人節制者幾何、其討論之地便甚大、於此僅能取數者以為榜樣焉、

一知覺　平常之知覺及專異之覺、醫者有非常之權以制之、故其靈活可隨意或增或減、此蓋以行於一處之提壯類或迷蒙類為之也、

甲一處提壯類　此名乃歸於一隊大而綜雜之物、加增平常知覺如是之多、以致生痛者、其中大半徑行於質內之腦筋線、

如極熱、極冷一息之久、電氣及許多藥料、括於此內者、乃碘與溴、醇酒、伊打與哥羅方、此三者、其氣雖稠困不散、加播沕酸與幾阿蘇、飛散之油、如松節油、加枝撥油、薄荷油、泰模辣精油、如芥末、米紫茬、及斑蝥之初功、至金石酸類、及輕淡與平金石之鹽、如銀者、鉛者、鋥者、銻者、汞者、硫者、銅者、亦行壯腦筋而生利害之痛、但若用之力量足度、至顯然干預彼處之血脈及珠質、如作為丹藥斂藥、則不然矣、大概有等一處提壯之藥、先行於血脈、而其中許多無疑血運腦筋並獨也、一處之嬲激、其效在知覺之具、實為屬中者、此須謹識、蓋痛之知覺雖可以指歸圍外、究乃腦之情形、是故有此、則醫者得其法以觸醒最高之腦筋中

矣、又有於醫理更為緊要者、乃由受嬲激之處、所傳遞之印識、並不全變為痛楚之知覺、或自知之行、內有一份、當其路經腦脊根及腦根頭之灰質、騷擾是處、而生反應之感動、此感動便醒觸肌肉臟腑、似此知覺之印識、而最是痛楚之印識、乃力大而易於得用之提壯法、不獨提壯自知之覺、且及心經、動脈、與呼吸等腦筋中、由此又及各大臟腑之本體、是故灑淋冷水、致該處有冷之知覺、能醒自知之覺、而觸呼吸中、至有呼吸喘息之動、此種境地所熟見者也、統以上而以別說解之、即一處之提壯類、可以成為力大總泛之提壯者也、

乙一處迷蒙類　根尋一流正正相反之行功、醫者能易於減少腦筋源頭之知覺、直至其接受印識之權已失、如是便沒去知覺、蓋由阻止勢子之竟挨腦筋部也、有此功效之法、乃名為一處迷蒙類、（義即無知覺）或救止痛楚、則名為一處止痛類、（義即無痛）此種之物、有等徑行抑壓腦筋線、如顛茄、草烏頭、藜蘆、鴉片、與及伊打、醇酒、哥羅方、加播沕酸、飛散油、斑蝥、但末後數味之藥、其塗敷之時、必須久也、中等之冷、而最是由升散而致者、誠然有迷蒙之功、伊打、酒類、醋強酸水、及各種鹽水、如轀淡綠、便有此功、冷氣久長、或冷之極、腦筋功用為之徑減、先則致令痲木、隨後絕無知覺、至煖氣則減腦筋可嬲激之性、而大熱則滅之矣、別樣止痛藥、或全由或半由血脈而行、是以中等之熱、其止痛

也半由開展血脂而釋輕之、又由加多血養與水滲之功、及血輪移脫入質、此效潮潤之氣可以助也、於敷子便熟見之矣、冷氣之行功、半由減過多之血養、濕電氣每常止痛甚速、大概由行於該處之腦筋肌肉血脂、及甚而其變化也、

一處迷蒙類及止痛類、其勢力非限於知覺中處、知覺之截止、全腦同而轉入安息而快睡着矣、內入之印識、力爲減少、其所經由或從前所注入之腦筋中、在腦脊根及腦根頭者、不復爲其觸動、而各經之行功、如肺者、心者、較屬自行、且大約較爲安靜、但此非不易、如是則醫者在一處迷蒙及止痛之類、亦猶一處之嬲激、得一猛力之法、以感最高之腦筋中、臟腑腦筋中、及

臟腑本體之功用也、以別說解之、則云一處平撫類、可以成爲力大總泛之平撫類焉、

丙　凡此之法、乃行於圍外之質、但傳入腦筋之身、亦可感之、以致干預印識之傳遞、鴉片與或者別樣之藥、一冷一熱電氣、調理合宜之壓力、及將腦筋或割斷或抽扯、乃所以去除知覺、或至少亦去除痛楚之各法也、

丁　大腦內一知一覺等中、可爲迷蒙藥行功之所、藥物之中有此效者、爲鴉片、綠養冰、哥羅方、伊打、及加啢嗎、統人事之省覺、乃爲此法所感、斯謂之總泛迷蒙劑、總泛止痛劑、或曰安神寧睡劑、凡此名目、隨即詳解、終而又見得有一等之藥料如鴉片者、不論在各處、皆能截止傳入之印識、如在印識所成之處、在其傳行之路、在其撞入知覺中之處、即知覺路徑、由此端直達彼端、此藥都能行到也、

戊　專異之覺、即眼之觀覺鼻之嗅覺口之嘗覺耳之聽覺及皮膚之摸覺　亦能以各法徑然感之、此中藥料亦括在內、

一處迷蒙類、能減摸覺之尖利、桂挐、沙沏先酸、醇酒、能致耳聾、及自覺嘈聲、山道年、則使眼見青綠、嘗味之覺、有各種勢子能觸動之、前經論及、至草烏頭、及別樣植鹼、又能抑壓及異樣騷擾之、

二行動　醫者節制腦筋部之權、行動一邊、較之知覺者、其權

爲大、其故因主動之處、不獨可以徑行、但亦可由知覺之處反感、此蓋見於前、如一處嬲激之物、觸起肌肉之活動、一處抑壓之物、止住之是也、

甲　行動之提壯類、於人格外有意味、蓋一樣之藥、行於主動具之一處、由大腦以至肌肉、無處不行、醇酒服之、不多不少、能增主動腦迴之靈、哥羅方與伊打、大概亦是如此、不過爲時甚促矣、腦根頭作爲呼吸動作之中、乃爲士的年、輕淡、顛茄、及細服之醇酒、伊打、哥羅方、所觸動、腦脊根之前角、大概與後角聯行　大爲士的年所行壯、而易致抽筋、以電氣提壯主動腦筋絲、可用以觸動肌肉焉、然吾人所有最可貴之主動提壯類、乃用以施於

腦筋末尾末之具、及肌肉本體、作爲限於一處之主動提壯類土的年之行功、亦是如此、電氣時時亦用於此、至四肢爲人舞動、搓擦摩按與及水淋、以其醒一處之血運與變化、亦乃保存或增加肌之養育、及其靈活之法也、

乙　主動抑壓類、乃等第並列之物、用大劑之醇酒、哥羅方、伊打、腦迴始則爲之騷擾、繼則抑壓、終則完全癱瘓、蓋所有志動都爲之止住也、腦筋頭主動之功用、爲鴉片、綠養冰、草烏頭、謙落加喇巴豆、及大服之醇與哥羅方、抑壓如此利害、至受此種藥物之毒、其死亦由是矣、腦脊根之前角、乃爲加喇巴荳、及別樣力量較弱之藥、所抑壓、是此等藥之致肢體癱瘓、乃由此道也、謙落與其他藥物、亦能致是效、惟其所抑壓者、主動之腦筋、而非在腦脊根耳、主動腦筋末格外受顛茄藥力所感、而無志肌者則更爲然、但此非現時所論者也、電氣乃一處抑壓肌肉靈活之最力猛者、而乃醫者平常徑致此效之法也、

丙　聯行之活動、爲有等藥干碍得奇異、不論如何、醇總能之、若服之多、則態度歪斜、眼肌受攪、視物雙重、言語遲鈍、手作鹵莽耳、

三　自知之覺　以其在身內所處之位甚高、自知之覺專自應於一種之勢在醫者握中者、

甲　自知之覺、能爲力猛之印識所竦動、而疼痛者更然、譬如冷水洗澡、或淋灑冷水、熱氣、或敷熱物、如芥末者於面皮之外、響大之聲、交關之氣味、類皆能也、除此之外、有許多藥物徑觸腦處、斯爲提壯腦類、及亂性類、如架啡啊、樟腦、醇及哥羅方之初功、鴉片、綠養冰、加咧喃、此三者在乎有等之人　顛茄與其流類沙泐先酸、喜氣等藥是也、

靈明之能、同此一樣增自知之覺之法、有許多亂之易也、以致或笑或啼、想入非非、嗜好遽增、心靈混亂、失持主意、及亂性之種種、甚者亦致抽筋也、醇酒、鴉片、加咧喃、綠養冰、哥羅方、樟腦、顛茄、乃專精於致發此效、惟如此之效、醫者自爲鮮願其有、或永不願其有也、

乙　自知之覺減之之法、或去之之法、亦能與竦之增之者相等、如是便使總然無覺、此則極像寢睡、蓋至少其形亦似也、至其他所有靈明之能、亦能一概停罷矣、如此之效、暫止腦迴之功用、可以得之、蓋由用徑壓腦迴質之藥、如哥羅方、伊打、莪地連、雙綠大劑之醇酒、綠養冰、鴉片也、至含溴之質、架啡啊、及鋁則乃可重之抑腦藥、蓋能減少反應觸動之性、如是便勉助腦筋中得安息也、此以外、尚有一流力猛之物、如草烏頭、及別樣植物金石之毒、能致昏迷、兼令人事不省焉、今則須問如許力猛之物、同具是能者孰爲便當而宜於用、仔細考查便知此種藥物、其干及腦筋部各處之次序、其形狀續發之層次各大相

懸殊也其中有等如伊打及哥羅方其最先之狀乃腦迴之騷擾且非直至完全不省人事所有腦根頭及其生命功用之利害抑壓一不能有也又有一等如鴉片與綠養冰大腦腦根頭顯是同時及一樣為其干及且尚未完全不省人事腦根頭內血運呼吸等腦筋中或已遭抑壓至危乎矣更有第三種抑壓腦質類自知之覺尙不甚受其攪擾腦根頭已自為之所癱至於無望如草烏頭及各嫐激之毒便是至選擇一藥用以去自知之覺第三等醫者總絕而不用第一等以伊打哥羅方作其榜樣醫者取作蒙劑第二等在此列者大都是鴉片綠養冰此蓋用於專異之境其名平常謂之安神寗睡劑或名止痛劑

安神寗睡劑之行功甚屬繁瑣其力在腦筋部知覺一邊直由此端達於彼端主動一邊亦為所感臟腑之中有大半其知覺行動及變化之功用皆為其攪擾設使一人為鴉片之力所透感在圍外之腦筋或在專覺諸經思生一印識甚難而後可且傳遞又緩而且不全而大腦亦覺之未週也如是外邊之印識除最強猛者一概割斷縱有強猛者其精銳亦為減殺大腦固在沉睡之情形而有人事不省以顯之矣又有一事更為關緊人事不省無論為時幾久本無妨礙但其所兼有之腦根頭大抑壓即呼吸及血運之抑壓此有時雖轉為有益但甚易見得其為有損或甚而極險也如是醫者於安神寗睡劑有力大之法一以止覺二以招睡三以平撫生命之大功用凡此於醫理極為有用焉

四寢睡　醫者有多法以令睡或勉助寢睡此謂之寗睡劑又可謂之安神寗睡劑但較不妥貼矣是以醫者可以令獲心神安靜或不令有聲有光至痛楚及其他擾礙之印識如不消化心病咳嗽所有者皆可以或阻免或救止與此反行寗睡劑並列又可以用徑行者此由血運行於腦迴抑立行於腦珠二者不論由此由彼俱皆所以減少腦之變化也在寗睡藥之中其最純者大約為合溴質此蓋領腦到一種境地便宜自然之睡多於以人工之法而招致之若有分別之處大概其在斯乎不

是自然之睡以正安神寗睡劑致之甚易如綠養冰鴉片醇酒與其蒙劑俱皆在此列凡此在其別效之中又能致睡故亦可為此而用也

三論病理

今將腦筋部之擾礙其最常者其最形容者畧取數種而撮論之此部體質之病其種類甚眾血脂之生病長楊梅毒變壞等等俱包括在內但須會理於此者不過其所發大要之病狀為彰表施行剛論法子之用而已

一知覺之擾礙　痛楚　痛為平常知覺慣有之擾礙格外至苦者當病說之不論所侵者為何質痛無時不起於外邊與腦

迴當中有等腦筋質、即外邊與腦迴者、亦括在內、但痛無炎不指歸外邊也、凡痛之利害、必兼有一等別種之狀、如心神沮喪、神志不甯、不能寢睡、心經孱弱、食不消化、及別樣臟腑之擾碍也、此或有一份同爲因之生痛之病勢所致、但亦須知痛本爲腦筋中與臟腑之力猛抑壓者、正如藥之一處抑壓類一樣也、

二　癱瘓　失沒能力、可作爲發明主動擾碍者也、與痛相較、癱瘓則藉乎傷害或病症、不論其性格爲何者、其傷或病、乃在腦筋部主動邊之一處、即腦迴、腦底、腦結、腦根、頭旁柱與別條主動路徑、脊腦筋之前根、腦筋身、肌肉尾末主動之具、間有顯然是知覺擾碍反感之效、但其癱瘓、俱見於肌肉也、至據理之醫理、須藉乎確識該患處之體質、生理病理、無一類之症、比此教醫者更明也、

三　疼痛癱瘓、與此互相並列者、有許多相類之情形、是以、類於痛、且亦猶之因知覺路徑有處受擾而致者、乃痲痺、涼凍、撫摩過覺、（過於知覺）過覺痛之印識、如針刺亦覺、（過於覺痛）及五等專覺種種之擾碍、又有捫覺失沒、（無知覺）痛覺失沒、（無痛）及胃腸心膀胱等經體之知覺、或失沒、或改變、至癱瘓亦可以同一樣側列、其他主動之擾碍、肌動加增者、則有跳舞風、發顫、抽肌、抽筋、臟腑之行動有騷擾者、則有心腸子宮血脂衣等處、此都說因主動路徑、從此端到彼端、無論何處之病而致、或因腦筋部知覺之場有處生病、由腦脯中處反感而致、反感之抽肌、抽筋、臟腑失序、乃最是常見者也、

四　自知之覺之騷擾、及腦筋部別樣高一等之能之騷擾、如不省人事、或無知覺、亂性、或張惶、及成癲狂、那大類心性之病、俱括於內、不省人事、或因頭受傷所致、或因腦之血養有所干預、此發暈所熟見、或因腦內氣養有所干預、如在絕氣一事、或因毒藥、如醇酒及鴉片、於此種種之故、又有腦質各病、且病症之中、大都正在臨死之前、亦是人事不省也、亂性及別樣之竦動、乃多病之狀、又爲一類毒藥之行功、論此之患、與致之之原、必須作爲與腦筋過於變化、有所交粲、以致耗乏甚速也、

五　寢睡以不足、或全無爲最多、此時蓋須醫治、且亦每常被擾、而亦有過度之時、不寐之故、痛爲最常、但用功過步、腦部耗之、（血脂癱瘓）心之焦躁、或心之煩惱、胸覺箍壓、或覺無氣出入、食不消化、諸般之累、及別樣辛楚之知覺、如膀胱不安、抽肌、皮癢等等之故、俱可以或阻免寢睡、或破醒之也、然有時不寐、似由於自起者、過於想睡、或長有睡意、乃尿底或同流之物、積聚與運行於身內之患、此蓋因內腎有病、出之不足也、至神色沉沉、但不甚利害、則乃血薄或肝內變化擾碍、最常之狀、此已見於第十章第十一章內、食物中有一等而最是醇類之啤酒、亦能致是效、

四論自愈

腦筋部在各質之中為性之最可即識者是以由失調之地當致之之原已去其復元之能似為最速而最完當是故痛之一事稍變熱度施用弱電該處化學迴力一改或有少許一種之藥與之相挨可使立時消止蓋凡此之法足以復其本然或克制致令辛楚之病勢故以藥力而助自然病理之中無一段指需比此更明而勉勵比此更大也然此處之治法亦猶他處之不幸蓋不能逃一定限制之外上前所論腦筋部之失調如癱瘓抽肌疼痛失沒知覺及自知之覺之騷擾與心之擾亂每每為此柔弱腦筋質質病之狀而已至有一種腦筋部功用之失

調並無體質之故可以根究明白者如羊癇及婦人之煩燥症其治痊之光景同為一樣無望但甚而此兩種之症其最緊急之狀多可以為剛論等法所減除至他狀之重處頻來處亦可以為之減輕減少此將試為表明也

五論醫理

細察上四段所論之後按理而斷之乃及腦筋部醫理之論蓋循定章也惟此大都論其病標者而已

一知覺之擾亂　痛及止痛藥之用　痛楚一事參閱其生理病理便得據理之治法故須先察病原次於生理確指何意所用之法即按之而施焉

止痛藥其據乎學之用前經提撥乃甚於辨症之無差蓋每常見得當痛之原一明不用治腦筋之藥便可消除矣故每凡此患應用如此之治法或當試用也如膿瘡之以刀頭痛之以瀉花柳骨衣炎之以含碘質皆所以救治之也如是醫者便得一大宗法子又非迷蒙知覺之類而乃反行止痛者蓋其所攻乃痛病理之原而不即行於腦筋質也為施行之故止痛藥可分而為三一者為反行止痛劑二者為獨行於外邊腦筋之徑行止痛劑三者為行於中又行於外之徑行止痛劑此數者屢有相參並用之時

甲　反行止痛劑必須別為一隊凡外科種種割治之法俱包

括於此蓋此在眾中為最捷而最除根者也所謂反行止痛劑者何有若開放膿瘡護衛體質之物即湯火傷之用藥膏藥油與乎敷子熱水敷布及各樣涼凍之法便是

一處之嬲激類如芥末及起泡之物雖初時生如許痛楚亦可轉為一處止痛類蓋其有弔炎之效此類之治藥細論於十五章內但現時所論者乃謂其有竭盡一處腦筋可嬲激之性及其傳遞之能有開展血脈而救治血虧有感動符於患處之腦筋中等行功也又有一大隊力猛之天然止痛藥其行功大半為反行但亦半為徑行者此乃飛散油類如松節油樟腦及丁香油薄荷油等是也此類之行功乃雜而不純以其有辟毒之

功便殺病之小生物且開展血脂生熱發紅暫痛之後抑壓外邊腦筋焉有一等同流而屬人製之物亦同具此反行徑行止痛之能如加播沕酸幾阿蘇便是除此反行一處止痛劑而外其功力為泛行者尚有無窮之數其數之多實與痛楚之原可以救治者等是以頭痛一事處當異樣事勢可以以上前所列用於一處之法無論那一樣救止之或用此迥然不同泛行之治藥如瀉藥桂拏鐵含碘質及醇酒而全不藉徑行止痛類醫者或以為須施用者

乙　一處止痛類　當攻痛原之治法敗或為不足其次當行者乃試以一處之法而減腦筋可嬲激之性也徑行一處止痛類於今用之可謂據理是以腦筋痛病內治之法必須兼以外用一處止痛類而此又須力量足猛以干預印識之接受傳遞故醫者用草烏頭顛茄鴉片哥羅方醇酒伊打（此三樣須用其因聚之氣）飛散油類加播沕酸幾阿蘇熱氣（此則每須到極）極冷氣電氣或一處腦筋嬲激類以上所論之藥大半乃用其藥酒藥水或膏藥也鴉片一物可以以擦在皮上或節射入皮下等法用之但擦在皮上之法今幾乎全為節射入皮下之法所勝蓋其為各止痛法之最可重者因其施用便捷而行功速且全也醇酒或哥羅方用之之法可傾在練布上而阻其飛散或擦在其處然後蓋好

丙　泛行止痛類　當痛之極甚寢睡不能全體辛楚失調則

需徑然泛行止痛之藥其中最有用者為鴉片或嗎啡所用之欵式不一而經由入身之道亦有數條但推節射入皮下法為最捷而力最大者焉綠養冰枯奴頓冰與加咧喃亦為通用泛行止痛之藥但較之鴉片次多矣此止痛藥致睡之效欲資其益大概俱於睡時服之

當痛不可抵救止之法不獨須完當無遺且宜立卽甚而此等猛力止痛劑或亦無濟無事於此蒙劑當得需用故病者應以哥羅方或伊打之藥勢蒙之矣如此之痛卽如生產砂石內行納回脫較或外治大割症者是也蒙時人事之覺速於滅沒令其暫時停絕直待致痛之原已止始容之轉復有等之痛其必須施如斯力大治藥之處將銘識於學者之心使知每凡有痛腦筋部之抑壓及臟腑同時反感受抑其應救饒為如何之要也至纏綿之痛則大概亟需食物與行氣之劑矣

二　失沒素常知覺　此患或其類似之失沒摸覺情形（無知覺）鮮須醫治而醫者所有之酸類金石鹽類芥末等等嬲激腦筋之物亦甚少為此見用口內失沒知覺則時亦有用細辛者

三　癱瘓　癱症據理之治法全視乎其性格與病原之所在而此亦猶之乎痛必要察之的確若其害在大腦則當指引治藥以救其病理之情形如花柳則以汞血脂傷破則以治心經之法諸如此類是也張息心神有如內服含溴之物而致之此

此別樣爲尤要至於已壞之腦筋中大概而論無指令其增靈活之處除是畧過時日之後藉心志以爲之乃可且反於是還以戒免所有提腦之類如醇酒者爲宜在因腦脊根病之癱症亦依此一樣之治法但士的年作爲徑行提壯患處者可以試用且時亦有效癱症之因腦筋體或外邊腦筋之傷之病而起者必須細尋其原如果可以則當去除之譬如生瘤則當割去是也士的年節射入一處於有種之症殊有益效在各種之癱症外治之法必須與內治者並用而此大率以電氣搓擦及由人所使之活動操動其尾末腦筋及肌肉也其意在扶保該處血運養育待腦筋中得復其原焉

四　靈活過度　其式有抽肌發顫抽筋大概因外邊之嬲激由腦筋中而反感也據理治之乃在去除其原譬如小孩之抽筋類皆治以調胃及清瀉之劑壯者之抽肌則以祛風之劑也但於許多之症亦或須用抑壓反感腦筋中治藥如溴與鴉片者焉當信大腦爲失調或病症之所在而發此病狀有如羊癇含溴之藥乃大爲有用至鎖喉症犬癲症及其他抽肌之症有解說較明之體質緣起在腦脊根及根頭者據理爲治可用加喇巴荳與綠養氷然如此之治法不能說獲有大效蓋因用之之時大概已自太晚矣倘抽肌顯爲純因一處之故則顛茄與溓落每每適用譬諸陽舉彎痛白濁屢有抽肌哮喘聾口痰喘是也

至志肌抽痛電氣及弔炎劑可止之終而論之鴉片又爲泛用止抽肌最力猛者也

五　自知之覺亦須暫時滅去如當割症預知痛楚太甚及病者着急於此不得不使其暫時無知無覺也平常所用泛行之蒙藥乃伊打哥羅方也疎動之情形如亂性與癲狂有兩種治藥攻之惟此二者必須兼用其一爲抑壓類如鴉片綠養氷鬲羊花含溴類及若當需要之時又有哥羅方其二爲養生物與行氣類此大都在多食食物或者飲多少醇酒至籌畫妥當治性之法又爲不可少者也

六　失沒自知之覺即不省人事　在發暈溺水頭顱遭意外之險等類之症似須受治但醫之所着急者實在呼吸與血運之大腦筋中也蓋此與腦迴一同被抑若思保命則其靈活必須挽復至挽復之法凡重與腦部及週身之血運與乎呼吸者俱包括於內此則一以躺臥及用壯心之物一以人工所作胸膛之動兼得鮮氣豐足也腦筋一處嬲激類如傾灑冷水鞭打或敷貼芥末於易於感激之處交關之氣味與共輕淡須一一用之或統共用之

七　寢睡失序據理爲治可按上前所論循其路而行不寐之患可用諸多反行與徑行甯睡劑以禦之惟每一次反行甯睡之劑必須滿獲其益當腦之血運爲用功過步而激動其指靈

者乃含溴質可參於此而並用者綠養氷是也至若有痛則惟
鴉片乃可致睡當心神煩惱則又需鴉片而睡時服醇酒亦為
有用至每凡此弊投服甯睡藥必須慎定其時更兼切勿忘却
凡安神甯睡之藥如鴉片嗎啡綠養氷者俱乃力大抑壓呼吸
血運與出液之物雖暫有致睡之益亦可生出不幸之患也
行腦筋部之物列後
限於一處之提壯類　醇酒　伊打　哥羅方　輕淡先起　加
播沕酸先起　幾阿蘇先起　松節油　藜蘆先起　斑蝥先起　鋏丹
藥　銀淡養　鉛　鋥綠　水碾先起　碘先起　溴　硝　銻
香油全類　藥脂全類　藥香全類　藥漿全類　辣油　金

石酸類
一處蒙[illegible]類
一處止痛類　顛茄　佛茄兒　鬧羊花
謙落　含溴質　鴉片　醇酒　哥羅方大半　加播沕酸後末
幾阿蘇後末　淡輕炭淡酸　蘇打　鉛　草烏頭　松節油
松淄　藜蘆　斑蝥　鋥養後末　碘後末　一處清涼之物　鉍
香油全類　藥脂全類　藥香全類　藥漿全類
壯腦及亂性類　顛茄先起　佛茄兒先起　鬧羊花先起　菸葉
山道年　樟腦　醇酒先起　哥羅方一息之久　架啡先起　瓜闌阿
先起　得波麻先起　加咧嗬先起　酵母花先起　鴉片先起
抑腦類　含溴質　淡輕炭淡酸　架啡後末　茶後末　瓜闌阿

得波麻　松節油　鋏　鋰　銀　銅　鋥　硝　銻
甯睡劑　含溴質　安神甯睡劑　蒙劑
安神甯睡劑　鴉片後末　綠養氷　顛茄後末　佛茄兒　鬧羊
花　醇酒後末　加咧嗬後末　酵母花後末
蒙劑　淦養又名喜氣　哥羅方　伊打　雙綠蔑抵利　伊打路
溴
行壯腦脊根主動腦筋中類　番木鼈及士的年　哥羅方先起
伊打先起　丫葛先起　鴉片一息之久　輕淡
抑壓腦脊根內主動腦筋中類　加喇巴荳　樟腦　含溴質
醇　哥羅方後末　伊打後末　亞味咧淡養　鹵淡養　丫葛

後末　洋茉莉　鴉片後末　鋏　鋰　銀　銅　鋥　硝
行壯主動腦筋末類　士的年與番木鼈　鴉片一息之久
抑壓主動腦筋及腦筋末類　謙落　顛茄　佛茄兒　鬧羊
花　亞味咧淡養　淡輕炭淡酸　鴉片
反感主動行壯類　士的年　弔炎劑　袪風劑　輕淡

第十三章

論內腎

內腎一經、在生理眾部圍內、以其所處之地、使患生之病症、有特異之性、而關連於此之治藥、其功力用處、亦自不同於眾也、生命歷樣工夫、始自食物之入者、藥之入者、大都與出溺同終、是故消化長肉、成血、化變血運、呼吸、凡此皆有感內腎靈活之處、其故大半因溺底、溺酸、色質、鹽類、及成溺那泡之水、俱非內腎本來所出、不過由血載至內腎所爲者、乃從血運掃除之矣、至內腎如此憑依之境、於起而行之之醫者、大有關涉、以臨症而論、則溺之情形、爲通識各經如何辦其功用之鎖鑰、以病理而論、則在別經之內、屢得腎病之原、以藥力而論、則凡欲感溺之性與腎之靈活、屢次見得、必須將法施歸消化之經、及心與血脈也、反而論之、內腎之勢、能往後而覺於他經、苟腎功有所騷擾、便速顯在血與臟腑、此蓋見於肝經與化變兩題之下、於此可見廢物積聚於內、其阻止功用靈活何等之速、猶如灰燼之壅滅火也、至腎與運血諸經、有顯然之聯絡存焉、是故行醫者、則以反關之次序而察病、蓋以脈以大便以胃口而測腎之情形、究病理者、則見心經之張大、腦血脈之破裂、乃從腎血脈圈之病而發、用藥者、則以用法歸腎、而鬆輕血壓肝經、此預爲之說、於此繁瑣之題、實先爲醫者次第討論之地焉、

一論生理

溺之源、實信有二、那泡之水、乃出在腎細粒、蓋以其內之血壓、由微脈圈搾入苞內、是出液勢力之所定、一則以入微脈圈之血之壓力、其血乃由外入內之血脈而入者、二則以經過外出血脈血流之阻力、至滲漏之通順、其理本於溺脈有通流之處、是以水之入於其道、阻礙甚少也、

內腎血脈之大小、有動脈腦筋調理之、此動脈腦筋、大半由臟腑腦筋而來、而此之養腎腦線、乃得自腦根頭至少有份乃經第一胸膛和結也、腦第四宮內、俯領腎血脈之所、乃一中處、卽接受凡傳入腦筋所來之印識、而由遞出腦筋發感動於腎者、是以利害之情懷、將擾及溺流、而身外面之熱度、溺出之多少、爲之所感、此蓋至少有一份由於反感也、

溺之定質、如溺底、溺酸、及其流類、與乎鹽類、許多種、此自必然化於不多的水內、凡此大概、乃藉迴環小脈之珠、由血分隔而出也、腎膚之靈活、亦猶涎核者、無疑藉其本來自有出液之勢、此勢大概爲養腦筋所管制、且亦藉血運之靈、而最在血之品質、至物質之爲血運至內腎而出、須藉賴體內所有功用之靈活、曾見於前、茲不再贅、惟消化與長肉、其有感於溺、此須述及、當胃消化之際、有多少之酸、由血抽出、以供胃汁、在此已自是鹼味之流質、失去酸性、便顯露於溺、故溺之酸味、不久便行少

減或甚至變爲鹼味、如此之叢變、當吸功初起、再有所增、至水與鹽入血、又更多增溺之鹼性、蓋鹽乃大半屬鹼、而血之全股加多、是以腎之出液亦多、脈血壓力乃升而高矣、卒之肝肺及他化變之經、其行於啪嗹及炭水養之物、（即尿底與其流類）所出之質、亦入於血、而顯於溺較常爲多、腎功與溺、其如此之情形、飽食之後有者、漸漸乃退、蓋過多之水則流去、鹼鹽則罄出、而溺底溺酸之逾常者、亦消減、因之溺之總性亦改矣、由食物之入三四點鐘後、溺之多寡、依然適中、酸味則較多、而色又清、蓋纔前減之後、酸性便增也

二論藥力

以上所論者、令醫者能定斷其節制出溺之權爲何如、以水而計、則大半由血運以定質而計、則大半由血、此兩端必須分而論之

一多增溺股之法　水之多寡、即溺之股、由微脂圈出者可用利小水劑增之、其效則謂之曰利小水、此有數法爲之、

（甲）以高升總脈血壓力、即內腎者亦括於內、至迴血壓力、則依然如常、其最易成就之法、乃以飲水而暫添身內之水、以醇酒、毛地黃、海葱、輕淡金雀花而增心之勢、或增其頻處、或兩者俱增、或由動脂部而收束外邊血脂、即如施冷氣於身之外面、用毛地黃、海葱、或別樣行血脂物、凡此之法、名爲行心脂利小水者

（乙）以開展腎之脈脂、使其內之血加多、至脈血總部之壓力、及內腎迴脂之阻力、則依然無改、此加多腎水之法、乃以行於內腎動脂部而爲、不論由一處或從中俱可、腎腦筋一處動壓之物、有毛地黃、與海葱、行功之第二站、甜硝伊打酒、飛散油、及藥香之全類、如松節油、扁柏、哥拜把、酵母花、沙墳、斑蝥、樟腦等等、此外則醇酒、顛茄草、烏頭、淡養鹽及淡養鹽由中而抑壓腎血脂者大半或全然、是情懷之印識、不可作爲藥力之用、有一力大反感開展腎血脂者、乃冷氣之施於外面也、如此之法、乃行一處血脂利小水者

（丙）以參用前兩法、其效則乃大利小水、毛地黃、與海葱功力之第二站、及施冷氣於身之外面、便是如此

二少減溺股之法　若按上文剛論之法、取其勢子相反者、則溺股亦可減少、然此乃隱晦難明、且於醫理少有關涉、所有各種之法、學者須自行算出也

三感出溺定質之法　腎膚之靈活、即定質與水之出、有兩種之勢、可以移改之

（甲）以法子及情境之由總血性而感腎珠者　在此之中推消化之情形爲最要、即選擇食物、亦括於內、至食物之多寡、其葡路鏌、炭水養物、與各種鹽類之豐裕、其因着須用胃或酸消

化腸或鹼消化做工之多少與乎肝經變化之勢力由如許之故所定者如操動配合養氣並藥料之用凡此俱可為醫者所用以改變溺定質之性也

於此等改變之中其一最易而最要者乃溺之化學覈變蓋溺本然之酸性其增也以葡路鏢糖漿之過多以水之缺少以一種之菓釀燒酒以沙沕先酸安息酸與乎以葡檸兩酸之過多也金石酸類於溺之酸性其能實微甚或全無此理當謹識之如磺強酸乃為腎所出有一份但乃平淡之磺養耳鹽強酸則作為平淡之綠鹽燐強酸又為燐強鹽硝強酸則信能增溺之輕淡蓋以其在血內變化是故或反有屬鹼之力至葡酸檸酸及

醋酸乃與鹼底配合作為鹼之炭養而出焉

反於是而使溺為鹼醫者所有之法多而力猛食物之中於此道最有效者為果乳及魚蓋有鹼之檸鹽葡鹽醋強鹽炭養鹽燐強鹽傾瀉入血凡此俱皆或徑然或反行從腎出洩也至藥物之中則鹼類與鹼土之全隊俱有變溺為鹼之效惟輕淡則不在列內蓋此完全化散於身內也是故鹼類之於溺之覈變純然異於金石酸類因其力猛且可得而用焉

（乙）以專感腎膚之法　有等之物不論其令血為鹼之用為何但有專力於溺蓋專行於腎珠也是故鉀與鏀論其變血為鹼兩皆一律可重惟在冲剋溺之酸性則鉀力更猛而更速因

當鏀半由膽汁及氣脂之溂而出洩或停留身內作為平淡之鏀綠鉀則感壯腎膚作為炭養鹽而出也然鏀之於腎亦畧有專功最是鏀之燐強鹽與醋強鹽尤然也鋰於此端甚像於鉀輕淡雖非使為鹼者之流然亦有同一樣之勢力至鎂與石灰則顯為行壯腎膚之物蓋熟見於有等金石泉之含此質者也當其經腎珠也此等鹽類自必由環繞溺微脂之迴脂網帶着多少之水如所帶果多則竟是利小水之功是為醫者備下另有一隊利小水之法號為鹽類利小水劑其勢力之在血與溺大宗使之變鹼而同時毫不他藉又作為壯腎專劑焉至鹽類利小水劑之感內腎血運吾人知之所及非是徑然此當謹識

但醫者在此鹽類利小水劑得一反行之法可以牽感繞溺微脂之迴脂網因是全腎之血運及總血之壓亦為所感而最是迴脂之壓力焉

藥書之內又有一大隊本然之物有專效在腎膚者斯乃香油藥脂類與藥漿類其中之最者為松節油扁柏哥拜把畢澄茄斑蝥及酵母花至乍波蘭的醇酒草烏頭及尚有許多其行功亦有一份是如此凡此之物或竟然無變或變化之後乃為腎珠所出其出也亦猶鹽類帶有許多之水且以外又開展血脂蓋已見於前矣惟此大類之內各物之行於腎珠其度各自迴異是故扁柏與哥拜把則為力猛之利小水者大增溺水其他

於溺股多半不過有少許之效大概因其行腎血脂之功與行珠之功並發而此則有礙水之流也故松節油斑蝥二者為最力猛之行壯腎物於溺水時又減少時又多增或甚至令微脂圈流血焉

與此壯腎劑相反者乃平腎或抑腎劑此顯似當由血運至腎珠時徑減其靈活嚔啡乃有此效或者桂拏及別樣之物亦有

三論病理

內腎功用之失調醫者用以表彰施行正在題及之法者可約之如後

一　出水之失調關及總血壓力　(甲)　總血壓之低減多是

關於心病乃延至溺有顯然之騷擾至心經張大如何低跌脈之血壓而升高迴脂者在論血運題下便得而見此即微脂圈外入血脂者為之低跌而內出者升高是以致內腎積血也於此類之症溺含精質與血蓋從滿積之迴脂而來溺之多少其減也隨於脈壓之低及溺微脂之堵塞此蓋為似血絲質之模所堆閉至其所出定質全數之減則乃血潮被碍之故矣

(乙)　總血壓之高升乃締結於那種腎經老病名為縮腎症於此溺多之極大概抵素常數倍其色甚淺而又甚輕且或含有一絲之精質也轉脈之壓高心左下房生大而病者每因心次發之開展或腦內一脈脂傷裂而死以內腎而論其境地為一不斷之屬病利小水焉

二　出水之失調關及一處血壓　(甲)　有一等腦筋之情形騷擾腎內血壓蓋由使腎之血脂或收縮或開展如是則溺水之多寡為其改移矣如此之情形或屬於中或屬一處或為徑行者或為反感者是故氣腦症（即婦人腦筋不安症）其溺又多又少腦脊根及其旁處之病便能大利小水（即消渴尿清）而有者其原又遡歸腎之腦筋也反感者其最大騷擾腎經之原乃膀胱底核或總溺脂之傷與病此甚而或至於溺水遏止可危也

(乙)　內腎血脂生病如微脂圈脈脂迴脂之病蓋乃成腎炎症之一端莫不按其所處之位及病之輕重生出各類溺質溺泡

之騷擾腹內發大之質壓住腎血脂體亦可以生腎經血運利害之騷擾兼之溺含精質流血或甚而有溺水遏止之患也

三　生液膚之病　此又為腎炎之別端有病之珠功用既敗閉塞微溺脂壓住迴脂網是以立致血潮停滯而阻水之由微脂圈滲漏而出也如此之情形其可察而知之狀（平時名為大白腎）乃十分定然尿股減小定質必然是少但兩較起來又是多矣是故水權高且有精質顯露其間大約直由迴脂網而得此外有血其源亦同於精質或由微脂圈而又有壞珠血絲等等所成之模也血因溺底停積便為所毒週身血脂亦病而心則生大血之變與心脂之病二者相兼乃致氣喘利害且又使血之水

流入織質及濕穴之中、而成腎病之水臟也、

四　微溺脂內壓力升高、乃完全止住出液匪輕之故、此爲迴脂網漲滿、及脂內積膚之一患、前經詳及、且亦可由溺脂堵塞、膀胱與底核受傷生病、或總溺脂生窄而起也、

五　血之情形　出溺失調之故、斯爲最常溺之許多失調、論其麽變與相因集成之性者、遡其原、能追蹤至食不消化、肝經失調、及配合養氣與變化等功之不足、甚而由此一樣之故、精質、糖、膽汁、亦得而入於溺也、溺之失調有一奇異者、其異也在鹼性逾常、因其逾常所以致定質之下墜、下墜者有燐強鹽、炭養鹽、與溺酸配底之質、因之溺濁而不清、此質墜於溺所經流

之道、便生痛、且令不安、苟飯饍之間、溺之本然酸性、不足以化此鹼類墜下之質、則凝結爲團、每次食不消化、便有所長、直至成爲砂淋、此亦可下行、與溺同出、但必大大抵受痛楚而後可也、

溺之失調、有一相同者、乃酸性之過度也、論其致之之原、則此別有一種、但其卒效、亦無甚異、蓋亦乃溺酸與溺酸配底之質下墜、而或者又有砂淋之成也、酸性過度、大都見於肝經失調之輩、由於過食葡路鋏之物而致、且亦或兼有溺底太多水少之弊、而間有絲毫精質與糖也、

四論自愈

溺之失調、內有許多不過爲指說血之失調與經體功用失調者、是故自然之愈難說其常有也、反而論之、溺之情形有所進益、則乃腸胃心肝等經當失調之原已去、自然復其本來面目之明證也、

內腎備有數自愈之法、如工夫多加、則以增其行功而抵禦之、苟他腎倒敗、則此腎祗補而生大、至腎皮腸三者、其中又有互相替代之聯絡也、醫者須謹步此自然之法、而佈置其治法焉、

五論醫理

細詳以上四段、令醫者悟會兩種事理、一者、凡腎溺之失調其據理爲治之法、必須基於別經感內腎之勢、二者、治法施歸內

腎爲別經之病者、其常處亦足與因內腎之病而施者頡頏、至利小水物之用以救治心經、其多處亦同於用以行壯腎珠焉、

一（甲）　內腎積血由於心病　此可以作爲腎經失調本於血壓低減之模樣、無論其因如何之故者、如此之情形、其病理乃屬如是、則據理治法之道、彰而明矣、思去其原、醫者當復總血運本然之聯絡、即壯心經、注血入脈、使其常滿清罄迴脂至如何而爲之、則已詳於第十章內、不必重贅於斯矣、於此之症有兩類利小水藥用之有效者、醫者於今可得而測其用焉、斯乃心脂利小水藥、鹽類利小水藥也、正在所論毛地黃海葱、恰符其所需、即論如何處置心經脈脂迴脂、蓋此二藥能增心之

精力多加心息之候脈壓之高保之適中且又展心舒之時令迴脂清罄於前同時半以此效半以其在腎血脂一處之行功由腎細粒致令眞利小水而增血運經腎迴脂之勢也輕淡醇酒或金雀花可以與此等之藥參配而用於此又可題明利小水物參配用之爲效格外妙也鹽類瀉藥亦助此行功是以鏀磺養鎂磺養鉐葡酸散鉐鏀葡鹽鉐醋鹽鉐梣鹽或轤淡梣酸凡此之藥其始作爲鹽類瀉藥鬆總迴脂之積血其炎乃行於腎膚疏流過脹之迴脂網且速血運之經微脂圈也有時開展腎血脂者可參於此種治藥如扁柏甜伊打酒是也

(乙)　腎病或腎之失調締連於血壓過度者　腎炎兼腎縮

在此症之初站當究得其原乃因縱情豪飲食不知節或因肝之失調其治法在全行更正飲食清瀉通透兼之所有出洩之功亦須靈而無滯也汞類瀉劑繼之以鹽類者於此尤爲可貴至脈壓升高在患深而重一種其病原多出醫者能外其可爲者乃克原去患而治其標故食物要不多不少大半取非含淡之品戒一切行氣行血之物身心之息毋太過毋不及而又用各樣之藥醫者所有減外邊阻力之藥久用而不抑壓心經者不幸爲數有限惟鉐碘鉐綠養及鉐之別鹽與鏀淡養顛茄並其流類可以試用凡此之症煖氣甚要

二　(甲)　溺之失調由於腦筋失常或腦筋之病　於此所用之法須全指歸腦筋之部鉐溴甘松及其他止抽肌藥包括心性之治法可止氣惱症即婦人煩燥症之利小水有許多消渴溺多症其原隱昧而大概由於腦筋者鴉片與丫葛用之有效

(乙)　一處血脂病　苟腎之濾迴脂爲腹部發大之質所防阻如果可以須立即去除譬如刺腹統膜及墮胎是也於腎血脂之病講究徑治之法除病狀起則爲之救止溺則盡情調理之最是其有缺少之危便爲一壯與及水權跌時將渣滓由大腸皮膚除去此外醫者可能爲者甚少耳

三　溺微脂病　腎炎脫膚新症　大白腎　此爲那一種腎病刻刻有而最有出液缺少之患者因之全身亦刻刻可危也

其指需之治法顯而明醫者必勿使負病之珠過於作工然又不可不及以致血與織質之廢材停積身內故可免者多少總以並無妨礙爲度至救免腎膚據理之法乃一則以減少食物之分量與其濃厚二則將渣滓轉歸別道水瀉之藥於此種腎炎症尤爲可重而諸般煖洗澡法或以煖氣或以煖汽或以煖水與及飲煖物服乍波蘭的將由發表而救腎經其效可觀也論到那邊則行壯腎經之物如鹽利小水類利小水專類可將既經爲病所弱之珠耗竭無餘但有等之症雖情形如此然此等之物亦極之有用蓋於腎珠其所生行壯之處按之平常改病之理或可以引令復原也如溺微脂內醫者信其爲珠質或

炎質所壅閉則當用發紅外皮或利小水法以清之汽水於此
爲最妙之利小水物而毛地黃與海葱亦屬可貴蓋其豳激該
處甚少而性又趨於兒迴脂積血也
在此或在別種之腎病溺毒入血緊急之狀必須速以割迴脂
放血用哥羅方痛快大瀉及若果可以使其汗表淋漓爲之救
治至其血薄則大都需一樣之鐵劑也
四　溺道堵塞　此交關之症其最常之故乃總溺脂生窖此
幸而可及且外治之法可補救之當堵處在膀胱之上甚少兩
邊俱堵而無患之腎其功用可以一而抵兩矣
五　血肝及消化之失調　砂淋石淋　此等肝經陪發之失

調其初站立治之法前經提擬即飲食須慎而淡薄且間用行
膽汁瀉藥開胃劑與解酸劑也若砂或石竟然已成則尚有別
法惟此道治法至終仍須用之所以阻其再是生長醫者亦可
長用鉀榨鹽或用各種酸類看其石性所需試將石在其本來
之處化鎔之而以常法救治其痛楚流血及涕膿之流物可也
行腎諸藥列後
甲　行腎血運之物
物之由血運而增溺泡者　心脂利小水劑
升總血壓類　汽水　醇酒　毛地黃頭一站　海葱頭一站　香
花又名看夫拉　輕淡　金雀花　辛衣格

開展腎脈類　毛地黃第二站　海葱第二站　醇酒　甜硝伊打
酒　飛散油　藥香類　藥漿類　含沙沕先酸質　淡養鹽
淡養鹽
升總血壓兼開展腎脈類　毛地黃　海葱
物之由總血運而減溺泡者　鴉片　丫葛
乙　行腎珠之物
由血行腎珠物
令溺爲鹼類　鉀　鈉　鋰　鈣　鎂
令溺爲酸類　沙沕先酸　安息酸　榨酸　葡酸　金石酸
利小水補劑　開胃劑　補血劑

專行腎珠之物　核質利小水劑
鹽利小水類　鉀醋鹽　鉀淡養三　鉀榨鹽　鉀葡鹽　鉀葡
酸散　雙炭養鉀　炭養鉀　礦強鉀　鈉雙炭養三　鈉醋鹽
鈉榨葡沙　鉀鈉葡鹽　輕淡綠　輕淡醋水　榨酸阿摩
尼亞水　炭養鋰　榨酸鋰　石灰鹽之在金石泉水者
壯腎專類　扁柏　哥拜把　松節油　西墳　胡椒　畢澄
茄　含沙沕先酸質　加非精　啉花又名要把兒些　石榴根精
標咕　亞匿架　草烏頭　金雀花　圭厄嘌　藤黃　斑蝥
飛散之油　藥脂類　藥香類　藥漿類　乍波蘭的　路
卑利　蜀羊泉又名苦茄　醇酒

腎改病類　磺　汞

抑腎類　摩啡

平撫膀胱類及止抽肌類〇鴉片　顛茄　鬧羊花　佛茄兒

吩花　標咕　石榴根精

第十四章

論身之火及其調攝之理　皮膚部

一論生理

生命之勢力每一動則有熱氣發生此佈散週身而卒失散於外所謂冷血之生靈乃生命之熱氣一成即散而所謂熱血者發生之熱氣直至在身內積聚有一定之數然後散出於是熱一失散恰抵所生其積聚者常而不變此之謂身之眞火在人有九十八度四之多

論其場而為如是之遜潤人外冒之熱度其變為如是之突然其在身內各時所發熱氣多少為如是之不同是故當其發洩之際人身便有一繁瑣而靈動之腦筋機用以管制其熱度矣此機有統轄之腦筋中有由可印識處傳入之腦筋且有遞出至靈動諸經之腦筋也火之傳入腦筋起自皮膚大概又在身之他處有如涕膜臟腑將熱度寒與熱之印識傳至腦與腦脊根在彼如此之印識有三大腦筋中專行接受之一為大腦在彼處成為熱度之覺二為出汗之腦筋中此在腦脊根及根頭內三為變化或云養育之腦筋中在腦或在腦中與腦脊根內此印識亦入動脂心經呼吸等腦筋中而腎與他臟腑者大概亦入也由出汗腦筋中遞出之感動前至汗核按事之如何或行壯之或抑壓之由變化腦筋中遞出者則引歸各發熱之原如肌如

核等等、此爲之抑壓、或爲之提壯、其時血運之經、皮者更變而總血壓、呼吸、腎經出液、亦然、且大約身之他功、無一不有多少變移也、

如是、當天氣之熱度上升、調攝之機、便發行功、而生二效、一爲加熱之失散、蓋以出汗、發涼皮膚、開展血脂之血、與發涼肺內之血、使之然也、二爲生熱少減、卽使肌核等等內發之熱減少也、至若身內熱度升高、由於變化之靈活加增、有如操動肌肉者、則亦有一樣之效、是以覺有一股煖氣、皮則發紅出汗、血運呼吸二者俱增、至其他變化經之靈活、如肝經者、其時則低減矣、在人皮膚爲熱氣失散之首道、惟當出力之際、與乎出力之

後、則必有如許熱氣由呼吸而出、此乃爲大清熱之首法、人所熟識者也、

反此之論、若外皮熱度由天氣清涼而低跌、則有兩種反應之效、從腦筋部立發焉、一爲減少熱氣之失散、由於收縮皮膚血脂、斂止出汗、及少殺血運肺經之靈活、二爲多發熱氣於眾變化經內、而以肌肉消化及血運等經爲最、至內熱低退、由於眾經之中有者之變化少減而致者、其效亦同一樣、是故金雞納霜沙沏先酸、當其去減尿底、由是於身內所發之熱、大慨亦有所減、其於健者之熱度所感甚少、或全無所感、此無疑因熱氣失散之路半閉、而由管制之機使有經之變化加多也、

二論藥力

一　身外之熱度　此乃全受吾人所制、天氣爲身之熱度、或得或失、平時外邊所藉者、所有蓋造妥善之室宇病房、其內之天氣、無不可隨意或煖之、或涼之也、至地土、則又有各法以選之、此皆按其熱度、以定取舍、如要煖地土、則莫善於熱帶之下、如埃及等處、當欲身外熱度之勢速而大、則可以水代氣、而此又有盥洗裹以濕布抹以海絨等等款式也、至水之各式、其行功其用處、以此數法用者、下章詳之、以冷水洗澡、久耐其熱度在三十二至六十度之間、身之熱度爲之吸除易易、包綑以濕冷之布、以凍水灑淋、或以海絨醮冷水、或甚而溫水、全抹外露

之皮、或抹一處、亦能致是效、此法卽所謂外邊清涼法也、一處之熱氣、亦可以此一樣之法吸去、而此將亦有退全體熱度之功、是故有節射冷水入肛門、或陰道者、有敷冰墊、或濕墊於皮者、有吞咽冰、水涼水者、有淋注涼水於一處者、至由升散卽酒和水酒之飛散而有之清涼、乃退一處熱度力猛之法、用於此者、有各種之鹽水、酒水、及酸水、如輕淡炭養輕淡綠火酒、和水囉囒地酒和水、醋和水、及各色鹽酸酒之配和是也、

二　皮膚血運　此爲醫者備一抽去身熱力猛之法、蓋由醫者能使血脂或滿或不滿、及使血流之或快或慢也、是以用煖水洗澡、用醇酒、用甜硝伊打酒、或飲煖物、或參用此數法、便可

以開展皮膚之血脂而清涼血矣鴉片與綠養冰亦有是效若血之經流開展血脂被促則清涼之功多加凡各種壯心之物如醇酒毛地黃俱以此法而減退身熱也飲水不論或冷或熱暫脹血脂亦生一樣之效至於此相反之法用以保存身之熱由於收縮外面血脂減却皮膚血運之靈捷者於醫理無所關涉焉

三　汗核　發表出汗止汗　出汗之功用其繁瑣之機幾無處不受吾人所制

甲　法之多加汗者謂之發表或謂出汗在皮裏之傳熱腦筋以熱氣提觸甚易蓋如十五章所論此或以潮熱如以煖水或

水汽洗澡及各樣之包綑或以乾熱如土耳其洗澡法或以泛然之煖氣如天氣之煖房室之煖衣服之煖至醇酒人所熟知致令出汗之效似大半由一樣之法而生也其他傳入之腦筋如口者喉者胃者亦可用以反行提觸汗之腦筋中蓋由飲熱而有香料調味之物也出汗亦可以徑行於出汗腦筋中而致之此蓋用增血之迴血法而做就有如安神甯睡之劑凡鴉片綠養冰哥羅方伊打醇酒等行功之末站俱括於此又以匿哥田(菸葉)以排魯加編(作波蘭的)功半如是及以凡增煖血流經汗腦筋中之法如飲熱物是也出汗之遞出腦筋體可以電氣提觸但此法不用於醫理汗核及出液珠內之腦筋未可猛為排魯加編所提觸而令汗出異常之快且多也血豐供於核甚宜發表此即以剛論開展血脂之法許多品物其致令發表行功為如何實不能了明有如輻淡梅而最是輻淡醋此或者行壯出液之珠而為其所出出時帶有多水有如在腎發表之功或職於斯歟此外則銻亦未能明至有些香類之物或香類之全類亦畧有是功其中以樟腦為最又有數樣經驗之品斯為士斑釐沙沙法沙沙把列圭厄嘌美司士安及辛衣格也

醫者所有力猛發表之藥有數者可見其行在出汗之機不止於一處是以醇酒一則開展皮膚之血脂一則速血流經皮之度且出汗之傳入腦筋與腦筋中皆為之提觸也外敷煖物於

皮及內飲熱物清涼之功血運出汗兩處亦着其牽動若兼而用之及參用別法則醫者所致之效甚大焉當此乃其結局及汗出淋漓其法其效乃謂之出汗

乙　少減汗法謂之止汗其中有者行於傳入腦筋最是一處中等之涼尤然此涼或得自搖扇或緣穿輕薄衣服或緣外邊天氣清涼與乎以海絨蘸涼水溫水或甚而熱水抹後而生者其他則抑壓出汗腦筋中大概有份是徑然但一定是反行由於壯心經與呼吸之力如此便減血之迴血(其意即助為脈血)蓋迴血之多出汗腦筋中為之提壯利害也如飲食者乃阻止消耗症冷汗最善法之一至醇酒輕淡士的年鐵及清鮮之氣房舍迴

風則效亦如是、汗之遞出腦筋、大約可爲鴉片所抑壓、而此參配一等之物、譬如參淡磺强酸、乃止汗之藥、其行功或由於此、或以別法之尚未明者、但止汗藥中之最力大者、乃行於核內汗腦筋末、丫刀邊與鬧羊花精是也、如此之植鹼、或顛茄膏、其效乃甚顯焉、法之收縮核血脂者、如此亦是止汗、有若蘸磺强酸和水、或沒石子霜水而抹此、蓋歛縮該處、至內服鋰養粉效亦猶是、

末又有一種止汗藥、其行功如何、仍屬疑而不定、不過以經驗用之而已、譬如鋰桂拏鴉片之用、在另外一種時勢是也、然此物之功、及其他者、大概在管制出汗病理之原、其行法隨後再爲點明、

四　熱氣失散之別道　腎與大腸、爲醫者備一徑行退身熱之法、由於多出無用之煖液、是爲尿與水糞、而抽減之也、由大腸一節、皮膚血脂、反感而開展、瀉之所兼有者、定然有助於是效、如第六章內所詳者焉、

五　生熱之質　於第九章內究論變化、得識質之變化、熱之出發、醫者有其權以減之、而其法則有數焉、於此獨題有等藥物之具此行功者、醫者謂之爲退燒劑、其中最力大爲先高拿（金雞納霜）、蓋其泛干變化、減少出熱出液、而饒救各經也、沙泐先、沙泐先酸、金納林、凱認爲功亦同、但力較弱矣、此種藥料、雖顯然

減少或饒却織質之靈活、惟於健者、則其減熱度之勢甚微、事效如此、大約爲平時調理之機所阻免也、醇酒亦減質廢其法、與金雞納霜似乎不同、蓋其自在質內變化極易、是以諸經爲之饒出、至其配合養氣質內所發之熱甚至多加、但其提觸清涼之功、如斯之大、如前所見、故統計其效之在經內、乃屬退燒焉、香類之物、其省減變化之勢較爲微弱、至若毛地黃、草烏頭、及藜蘆猶之醇酒、亦有退燒之效、惟其行功如何、實隱而不明、除是謂其全由血運而致、有如前擬者、

三論病理

調攝身內眞火之機、當發熱散熱、諸經有病、坐受失調、身熱高起、或曰發熱、常號熱症、不論如何之恙、甚少沒有熱度較常低下、乃極冷或消耗症之效、但此較爲無要、不須究論於此矣、

發燒　身之熱度、有數故使之比常高起、是以高等之腦筋中或腦筋路徑、有病受傷、則醫者遇有利害之發燒、而最是腦脊根之頸部背部受傷也、冒太甚之熱氣、亦致大燒、是爲中暑之一種、在印度所常見者、醫者較熟見之熱症、乃干預皮膚清涼之功而有者、原冒受風寒潮濕而致也、此謂之感寒、冷氣猛印熱之傳入腦筋、似使調攝之機失序、汗爲之止、皮膚血脂、肌抽收縮、抖顫寒噤俱來、如是然、不能出之熱氣、留在血內、而使熱度升高甚速也、

熱氣多生由一中樞、有如一發炎之處、於其兼有之發熱、此徵有助成、

纖質泛然多生熱氣、大概各樣熱症、不論何故者、俱有此無疑、爲發燒之首原、變化靈活之加增、有質之速廢、尿底與其他出液之多增、及寒暑針測出之發燒、以徵之、凡此乃每次熱症所有彰顯之狀也、

有專類熱症、纖質又有別二樣牽合養氣之故、此爲外加之身熱、今日醫者信得有許多之症、如腸壞熱症、天行痘症、血毒熱症、纖質之內實有小生物、在不難此竟乃致病者、如此小生物之生命、其兼有酵發之工夫、與其所致纖質之毀壞、統此必在身內發出多熱、至其法則全外異、於本然之工夫、雖其中有些此爲極像也、

上前之故、在熱症常有數者相參、蓋若病者有一傷口、此作爲熱之中樞、生出之膿、可以變壞、即是爲小生物所侵、此小生物吸入血內、滋盛於彼、於是質內又另生病之新樞、而本然清涼血法、爲皮肺血運等騷擾所減、此等騷擾、重病所必有者也、

出汗失調　於此所論之失調有二、一爲汗出太甚、二爲汗出不足、

一　汗出太甚、見於一大種屬病之情形、在有等熱症、如風濕症者、出汗太甚之醫理、與熱之醫理、統括爲一、在呼吸之失調、氣促出汗、如前所見、乃因出汗腦筋中爲迴血提觸而致也、消廢病如癆症者之冷汗、最是睡時便有、似與血薄皮涼同出一故、此蓋阻止水汽飛散、及不覺之出汗、以致積成許多可見之汗、且由于預皮之出液、又致孱弱不堪也、病機轉之汗、乃指歸皮膚動脈部之騷擾、有突然之變、此騷擾熱症所有者、毒汗如酒毒及酒風脚所見者、其可致之之故、顯非一宗、

二　汗出不足　皮膚乾燥、於熱症初起大都有之、且偏大半熱症之行程、亦見如是、惟其間斷處或多或少而已、屬乎出尿功用之失調病症、有者此患亦甚顯然、如腎炎消渴等症是也、至於皮膚本體有種之病、及爲丫刀邊茄顛等藥所毒、則此亦爲甚顯之狀、第各症之於腦筋核、其所壞之處各自不同、此固昭昭然無可議也、

四論自愈

人身真火失調、乃調攝機之騷擾、是即爲自愈一法之騷擾、醫者實不意料業被干預之法、又正是此等之法行效於熱症也、爲此一樣之故、身之熱度、多是熱症之原一　止即返固然、此或自然而然、或由醫者之助也、熱度間或升高至不可制止、如至一百零七一百一十、及甚而更高於此、其人乃死於熱之過甚、或曰死於過於發燒、然由熱症而死者、其致命之處、大都因於生發熱症其他之一端、而最是身之消廢焉、

五論醫理

吾人身火之識及其調攝之理驟擾之弊大半得自細考治法之效而所用制熱之法卽退燒劑或散熱劑乃治法之最驗而最據理者焉

一　阻免之治法　解瘧劑　熱之按時復返者可以所謂解瘧劑阻免之其中最力大者推先高拿及其所含之質而此又以桂拏爲最至沙沥先沙沥先酸金納林則力量較次而尼罝大及其植鹼畢畢利更爲無要矣

二　立治之法　第二段所詳醫者握內衆多之法以之立治發燒極爲易易眼見醫者可以隨意低跌身外熱度至不論何

度譬之以冷水洗澡是也但醫者不久便尋出減發燒爲一事治熱症另爲一事蓋醫者易於助身內清熱之機且甚而可以減質之變化靈活第醫者之治藥鮮能及竟致失調之原而熱依然復起也然則逼於首務尋原而攻之矣此須盡情而做若不得於此此時便須攻熱以阻免其在身內所生之害焉

甲　腦筋部受傷生病作爲發燒之原則大概無可爲治若其熱度高至可危則須以清熱之法治之此隨後便詳

乙　熱氣所生之熱症卽若中暑之屬據理爲治之法乃卽移病者於天氣清涼開昶之地而用灑淋冷水清熱之法

丙　皮膚清涼功用有所干碍據理而治乃用清熱劑多加熱之失散清熱之法施之於行乃由於低跌外邊之熱度增皮膚之血運提觸出液煖水洗澡飲香料調味有酒之熱物且痛瀉之也

當熱升高房內之熱度必須禁低皮膚須用水抹若熱高至可危則當用久洗冷水之法或用濕布包綑此可依按十五章內所詳者而用焉

熱之屬病標者卽平常肺經氣胞喉嚨或他處發炎所有之熱大都用表劑作清熱之藥藥品之用於此以表熱者乃醇酒熱水輕淡醋水鴉片表散錁末錁酒與草烏頭酒也煖水洗澡可與此兩兼而用

丁　多發熱氣之樞有如膿瘡必須及早除之

戊　統總變化增多乃發燒爲首之故以桂拏沙沥先醇酒吩哪哩所出之質及香類之物治之是爲據理平時所依之例當熱高過一定之度如一百零四或一百零五則投以一服大劑桂拏譬如十釐此須看時度勢若預料其升高則或投一大劑或屢投中劑以制之瘧症乃如是爲桂拏所攻而風濕症則爲沙沥先或配沙沥先酸之物也

乙　身內有外來之小生物或外來之物　熱之因此及其生命工夫而致者滅之乃爲據理之治醫者試將在身外或在身上傷口殺滅生命卑微之小生物那一等藥物施之內服此卽

辟毒與殺毒劑而於此可謂殺毒退燒劑也桂拏之於瘧症其功如斯之大故謂其有一專勢在此病之小生物至沙沕先之於風濕症其力大之效亦同此一解焉

庚 參雜之原 熱之原迥之每常乃參雜上前所論諸故正在其如是故應施有數樣行功之治藥以治之或參用退燒各法此可作為例是以許多熱症須用醇酒蓋此開展皮膚之血脂增經之之血運及行壯汗核且又僥刼質之消廢而作為一辟毒退燒之藥也當熱之高起桂拏用而有益因其不獨既制體質之變化且毒小生物與外來之小生物其變化之可以耗費此質者亦為之制也其實以上各段所考衆種種之法可隨便參用成為平常治熱之法至豐供養生消化之物亦是緊要所以祇補當行之大增變化也醇酒乃一眞食物易於消受速於變肉且不多費質便生發許多精力是以通用於熱症然亦并非不可少之物焉

行於身內眞火之物列後

退燒劑 銻 沙沕先酸 沙沕先 安息香 蘇合 樟腦 尼罩大 䍐卑利 胡椒 金雞納霜又名桂拏 鴉片 亞匿加豹毒又名 路卑利 醇酒 類索信 金納林 凱認 草烏頭 酸類 郁加列沓 綠養冰 藜蘆 哥枝㗛

解瘧劑 桂拏又名金雞納霜 硫養酸 胡椒 郁加列沓 類索信

表劑 乍波蘭的 鴉片 銻 類索信 水 衣畢格辛衣格 樟腦 畢澄茄 哥枝㗛 沙沕先 沙沕先酸 路卑利 亞匿加 醇酒 草烏頭 鈲楟鹽 鈲淡養又名火硝 轀淡醋水 轀淡綠 轀淡楟水

清熱劑 行皮膚血運類○毛地黃 海葱 醇酒○開展皮膚血脂類○綠養冰 毛地黃 海葱 醇酒 藜蘆

止汗劑 桂拏 顛茄 佛茄兒 閙羊花 醇酒飛昇 酸類和水外用 丫葛 叩口萊精英名逼路度先 鋰養 淡礦强酸 沙沕先酸

第十五章

論關連身體外面醫理工夫

身之外面於醫者大有關涉而又甚緊要也蓋此為外邊印識之地使各種之勢子俱可與腦筋血脂相挨由之而與腦筋中與總血運而其實與全身也法之施於此處者乍觀之似十分淺易但其行功反為極之繁瑣且仍然甚昧而難明為此故在全派治藥之中此列於末將見以上詳論各部俱涉於此而最是腦筋與血運二部也統作一隊此甚參差不一今選其三大綱而專論之一曰釣炎劑有如弔膏二曰洗澡三曰外治所施

壹　生理　身之外面其生理已詳於數題之下矣腦筋之相

連不獨與腦且又連於調攝血脂臟腑之生命腦筋中也皮膚血脂其聯絡處亦一樣廣濶此有平常養生之功為身之大淸熱具且亦作為外邊貯血之巨血運於週血運者

弍　藥力　論血運腦筋部兩章末後所列諸種之物若將之一較便見得其中有數者兩處兼行且其行功按其用之之時可以不同或甚至相反因此及別樣之故其中有些另彙為一類名曰釣炎劑

釣炎劑　此可按其行功之等度分編如後

一　引血劑此令該處發紅增熱斯為何乃熱水芥末與芥末之配劑輕淡與輕淡之配劑伊打哥羅方醇酒三者之稠汽飛散油全類而以松節油樟腦薄荷冰泰模為最至用碘酒而慎塗之及松香斑蝥等貼膏亦為引血之劑也

二　起水泡劑又曰釣膏劑此有發紅皮膚之功而隨起水泡列於此者乃斑蝥美司士安輕淡此則或用之久耐或用其稠汽碘酒芥末油或芥末加味搽油及熨皮之水也

三　起膿泡劑此生一造之膿泡其隊不大有巴荳油打打伊密的濃銀淡養水及衣畢格也

釣炎之狀　當施一釣炎劑於皮為首之效乃紅皮行血皮膚之血脂由其徑行於其腦筋之功為之開展該處之血運乃更加通順而知覺腦筋之受嬲激生出一種焚熱之痛心之行功

為其所速皮膚血脂總然反感收縮血壓則高熱度則起而呼吸則慢矣最高等之腦筋中亦為疼痛印識所醒而知覺自知之覺與及情懷則有各式之騷擾繼之皮膚失沒知覺腦筋受抑而痛止矣但施用藥物所生之痛未嘗止也

致釣炎功等度之第二級即起水泡大率須施之久耐而後可其發紅之處今轉而發炎從血脂有血水流出血輪繼之外膚高起便成一泡中載多少之水從前之失沒知覺今則該處頗痛若此痛處寬濶可以抑壓臟腑即弱慢心經使脈低跌呼吸慢者更使其慢而熱度跌腦筋力減矣

釣炎功等度之第三級即起膿泡此與起水泡品第不同而且

較為利害其效并非有一律之炎但起一遊痛而紅之膿泡收口甚慢者至其隨後之效如上者一式惟較大矣

鈞炎行功之理　此法之狀既屬如斯是乃昭著於眾焉但有人執一說云不獨內裏功用之靈為其所感卽其養育亦為之所感也鈞炎之道當有一處在身面下不遠者如一骨節或甚而再遠些如肺經有發炎疼痛異常靈活或異常過長之情勢可以說得在其養育有一改病之效蓋由於改變其上面或離之頗遠一所皮膚之情形也是另起第二所或一遊對嬲激之地而救治較深及更屬生命之處論及此理於斯為了矣

一　引血劑及起水泡劑凡與其選用處血脈交通緊貼者該

處血運必為之一輕此蓋由抽引血及疏流血水也至總血運之受其抑壓亦按其所抽所疏之多少以定其輕重而臟腑之積血或臟腑之炎將為之減同時心亦為之輕焉

二　皮膚腦筋之不安以簡易反感之法由腦與腦脊根內腦筋中將改易其下處之血運養育蓋傳入之印識卽轉由血脘腦筋或名養腦筋而出也

三　一處腦筋血脘之嬲激大約可感腦內腦脊根內之動脘中及養中此蓋脩領皮之場面者而此騷擾可以牽動隣近之養中（設以骨節者為譬）由之足使隣於施用嬲激物處之質（比如骨節）其養育有變焉

四　起水泡劑與起膿泡劑可以使血水流出或生膿也此将救解血或質之小生物毒或別樣之毒為病之原者斯為病由血內而起之古說基於那病理云血之有病為病之原也

叁　病理醫理　病之情形醫者思以鈞炎劑牽動者乃屬於各部前經詳及此論施於正在察考之法用作醫理亦屬不謬於此餘下要為者乃歷數為首之病形可以用鈞炎劑醫治者焉斯乃㈠炎新炎或舊炎或有或無非常長質者發炎之處與皮之血脈徑通有如一節一骨㈡隣近臟腑積血或發炎譬如肺經㈢深處或遠處之痛如腦筋痛心痛或腎痛㈣深處肌質抽肌或有別樣病勢如腰痛嘔吐㈤腦筋中處之騷擾如昏暈與氣腦症

洗澡與流類相同之法　洗澡之為用其所基之理大畧與前論者相似不須重贅於此若學者將皮膚之血脘腦筋其與身之眞火總血運及腦筋部如何聯絡謹記於心自易由列後之格錄領畧洗澡一事此蓋乃最常洗澡之清單更將其行功及專用兼而簡列

一 水之洗澡

名目	熱度	行功	用處
冷	三十二至六十度	清涼皮膚血脈之皮行提壯經呼吸等暫使內裏血脈過於充滿如是乃升高血壓	於熱症則清熱能爽心能暢神
涼	六十至七十五度	同上但較不顯	同上此用於較弱之輩
溫	八十五至九十五度	性能潔淨且平撫腦筋	平時用以潔身並止熱症不寧而低其跌熱度
煖	九十五至一百度	升高外血之熱度行壯其處之血運提壯諸核使多流煖液囊增汽之飛散且又平腦筋及與該腦筋聯合之腦筋中	於發熱則表於溺毒入血亦表能止痛亦止抽肌
熱	一百至一百零六度	同上但較顯	同上但力較大
熱（用歸一處）	同上	抽引血歸洗處	行經
熱（用歸一邊）	同上	由遠處抽血	救治內裏積血如用於傷風中風

二 汽之洗澡

名目	熱度	行功	用處
簡氣或名俄國	九十五至一百十五度	極像煖水或熱水洗澡但較慢而熱度更高	其似煖水洗澡之功用乃發表之力猛者
入藥水汽	仝上	其行功多屬香類	行壯及止抽肌
燻	不一	屬於專類如汞礦等	有專用

三 氣之洗澡

名目	熱度	行功	用處
熱氣或土耳其	上至三百度繼之冷	發表隨後提壯止痛多增變化	像煖水及俄國洗澡補健
壓氣	平常	增配合養氣之功	用於心肺之病

四 入藥洗澡

名目	熱度	行功	用處
天然	泉水者	專類	用於酒風脚風濕花柳及皮膚等病
海水	不一	提壯	壯身補力
製作	不一	屬於專類蓋如皁帝强酸鹼礦養及汞者	於肝病風濕花柳鉛毒濕癬及其他皮膚病有改病之功

五 繁雜洗澡

名目	熱度	行功	用處
汞與汽	足以化水及汞為汽	專類	花柳
汞與熱氣	足化汞蒸汽	專類	花柳
蒸燻等等		不一	不一

冷水洗澡之用於熱症　備下一盤溫水熱約九十度仔細將病者放於水內然後加冷水直至寒暑針跌至八十度或至四十度不等此則須看時勢矣病者留在水內為時十分鐘至二十分鐘之久當浸在水時須看其身之熱度假若發顫則當立即提出水外隨為之抹乾置於床上用毯蓋好至行氣提神之物或亦需要此冷水洗澡若指需之日可數次

在十分緊急之症或不顧利害此冷水洗澡可增其勢子至用冰來下熱至水凝之度且浸之耐久甚而延時三點鐘如此之治法須大仔細兼有裁度也

淋灑洗澡之法　水之行壯力一縷下及於身或分數縷可以

大增至水之高下縷之大小及其方向熱度與身外用之之處及用處之寬廣於此淋水之效大有所關也灑水洗澡大都用於氣腦症癲狂症而淋水於一處之為用乃治失沒知覺之所治骨或骨節之老發大症及扭傷也至抽筋中暑癲狂氣腦等症則傾水之法殊為可貴蓋作為復甦其死過去之法也

濕裹法　取一平常獨睡之牀鋪開兩毯蓋過枕傍用竹麻等布被單一透濕冷水平鋪於毯上將病者衣服脫淨置之仰臥濕被單上頭靠於枕而裹之於被單毯內先蓋一邊後蓋那邊兩邊與脚下俱要圍好末後加蓋數毯此亦要圍墊緊貼平時包裹之候由一刻鐘至一點鐘隨將裹包除去用乾布擦皮若

果須要、一日之內、亦可數次包裹焉、
起首之寒、意由濕被單所致者、不一刻即有通快之熱氣代之、
濕裹法其按乎生理所行之功、大半在皮膚清熱之功、用身之
熱為其抽引、所以熱度速跌、脈之數與脈之勢亦為之退、腦筋
中部、着其平撫、此蓋由腦筋亦由血運、且又在清熱、故知覺疼
痛、不安、亂性、俱為其所消解、而每即有睡繼之也、
濕裹之用、幾乎限於專類熱症、如疹子熱症、小腸壞熱症等、蓋
當其發燒過甚、譫語性亂、及所發之癍發得不好時也

創口治法

一　辟毒劑、此之阻免創口內裏變壞、蓋在乎其行功之能止

小生物之生長、或能殺之、又或在其能敗有一等物質之化學
勢力、可以生酵發及壞變者、在此列內有加播沕酸、幾阿蘇硼
養酸、挨多方、挨阿碘、郁加列沓、泰模沙沕先酸、桂拏礦養酸、汞
綠毒藥、鋥綠、醇酒、鈲錳養、松節油、安息香、到魯漿、秘魯漿、

二　殺毒劑、為藥物之在業經變臭或為毒所侵之所、殺除小
生物、或消滅霊化學質及此質所生之質者、此種之物、大半乃
辟毒一樣之物、但用之力較濃大矣、譬如濃鋥綠水、濃加播沕
水、挨多方、挨阿碘、礦養酸、是也、

三　辟臭劑、吸氣而化臭味、最多用者、乃炭末、鈲錳養、及挨多
方、

四　歛劑、此凝結或下墜屬精質之流水、凝結上層珠之生珠
質、且或徑縮、或反行收縮血脂、以止其滲瀝、此乃用以止過甚
之流水、及肉粒之生長、如是便補壯創口、在歛劑名下者、為銀
淡養、鉛霜、下醋酸鉛、鋥礦養、藍礬、白礬、鐵之上鹽、炭匿酸、及其
流類、與乎加播沕酸等藥之藥水也、

五　行壯劑、大半乃力微之歛劑、多以勻水而用、有如淡銀淡
養水、銅礦養水、加播沕酸水、等等是也、此皆淡而不濃、至以酒
開之、則更加效驗、行壯劑之用於創口、乃當長機遲鈍、或血粒
性趨突露時也、

六　止血劑、乃用於創口以止血、斯乃冰、鐵之上鹽、銀淡養、嗎

替哥、炭匿酸也、

七　丹劑、乃為毀壞一些生質而用、如是則或敗或止生物毒
之勢、如咬傷、剖屍割傷、花柳毒病、患變死肉之用之是也、括於
此者、有鹼類、丹藥、強酸、銻綠水、鋥綠、銀淡養、銅礦養、硝石、汞淡
養丹、及乾白礬、

八　起水泡劑、乃用於舊爛瘡、以提壯其四圍之血運、及軟其
硬邊也、斑蝥乃最多用者焉、

九　止痛劑、乃意欲消止創口爛瘡之痛、而致睡者也、止痛之
藥最常如是用者、為鴉片、顛茄、各配劑、

補遺

行於瞳人之品

開瞳人類　顛茄　丫刀邊　佛茄兒　鬧羊花　鬧羊花精　喇叭花澳大利亞音　後瑪刀邊精　洋茉莉

縮瞳人類　加喇巴荳　亞司連　乍波蘭的　排魯加編　鴉片　嚰啡

行於育經之品

行壯非孕子宮之物　調經劑○沒藥　丫羅　丫葛　西墳　濡草　醇酒　斑蝥　毛地黃　黑蛇參　瀉劑　補血劑　補劑

行壯受孕子宮之物　下胎劑○催生劑○丫葛　西墳　濡

草　排魯加編　重瀉劑

抑壓子宮之物　配澳質　鴉片　綠養冰　加唎備　哥羅方　鈑銻葡吐藥　菸葉　銅礦養　吐劑

行壯男女陰處之物　壯陽壯陰劑○樟腦先起　鴉片先起　加唎備　馬前子士的年　燐質　斑蝥　醇酒　酵母花　補血劑補劑

抑壓男女陰處之物　消慾劑○配澳質　樟腦後末　鴉片後末　菸葉　顛茄　鬧羊花　佛茄兒　抑壓血運劑

尾

国家出版基金项目
NATIONAL PUBLICATION FOUNDATION

海上絲綢之路文獻集成

總主編　陳支平　陳春聲

科技與文化編

51

主編　王揚宗　葉　農

海峽出版發行集團
THE STRAITS PUBLISHING & DISTRIBUTING GROUP
福建人民出版社

本册目次

法律醫學二十四卷首一卷附一卷

〔英〕該惠連　弗里愛撰　〔英〕傅蘭雅口譯

〔清〕趙元益　徐壽筆述

《法律醫學》二十四卷首一卷附一卷，英國該惠連、弗里愛撰，英國傅蘭雅口譯，清趙元益、徐壽筆述。傅蘭雅（John Fryer，一八三九—一九二八），英國傳教士，來華後長期於江南製造局從事翻譯工作。趙元益（一八四〇—一九〇二），字靜涵，江蘇新陽人，曾以醫官身份隨從出使英、法、比、意四國，又與董康等創立上海譯書公會，譯有《儒門醫學》、《内科理法》、《西藥大成》、《濟急法》、《保全性命論》等。徐壽（一八一八—一八八四），字雪邨，江蘇無錫人，博涉西方自然科學，尤精工程技術，譯有《化學鑑原》等書籍數百種。該惠連（William A. Guy）、弗里愛（David Ferrier）先後任倫敦醫學大書院法律醫學總教習，接力編著 *Principles of Medical Jurisprudence*，每經重印即詳查各案所得，吸納化學、生物學最新研究成果，並據實驗增删案例、原理及圖片，以供生徒課習之用。此據其一八八〇年第五次重印本翻譯，卷首總論法律醫學之緣起、法律醫士之職分並醫士口證提綱，於醫士鑒定之注意要點論述尤詳；卷一至九依次述及辨驗人身、受胎打胎、保命、查驗屍體、辨驗各類死傷等，卷十至二十四述毒之解釋、服毒證詞，以及各類毒藥特性與辨驗、救治之法等；附卷論分别毒質微數法。是書依據具體案件，佐以醫理及插圖，詳及法醫鑒定各項内容，爲中國首部西方法醫學譯作。據中國國家圖書館藏清光緒二十五年（一八九九）江南製造局刻本影印。

法律醫學

光緒己亥年刊
於江南製造局

法律醫學第五次印行序

此書係英國醫士該惠連與弗里愛所作原意欲作袖珍之本使教習與學徒公用其理法與所求得之各事即用簡明之語書之所有細微而無關緊要者棄之不問惟所引之舊案爲不可少者已刪減之令不多占篇幅

此書雖用簡說以舉其要亦能將數門之事重新論之又前人所用各案尚未查明其總理者因此或無用或令觀者誤會此書能將其理法融會貫通而得其有益於人者載之即如第一次印此書所論分別人物與害嬰兒及辨別嬰孩是否親生並性靈不正等卷所言之理法係詳查

多案而求得其公意者讀此書之人可省查檢之工

如第二次印者則因查驗得公理所有數種試驗之法與比較之法顯明其無用即刪去之又有數案或刪削或棄之不用因此本書內可將更有用處之事代之即如載圖一百八十八箇內有種子與極微之物之圖並化學等變化之圖大有益於閱此書者

如第二次印者爲英國法律醫學載圖最多之第一部又有化學所得之新理與試驗之法俱藉新設之理法而成者即如用平面玻璃片收疑含鉮與汞之霧用顯微鏡細驗而分別之

第三次印者所載之圖較他人所作同類之書更多如美恩斯之醫士黑勒肥格查得有趣之新法即生物鹼類質亦能乾蒸收其霧置於玻璃等平面而以顯微鏡分別其結成之質因此事必須再添數圖此新法最爲簡便且有多質用此法易分別之故在第三次印者其圖說分外詳細而以前之書尙未有之又有數種緊要之毒質內以馬錢霜嘆啡啞看他里弟尼爲最要者其分別服毒之法並試驗材料之法俱載之可見第三次印者幾可作爲新書如論中毒數卷有辦理服毒案之法及分別毒性生物鹼類質之病證與其相類質之病證等是也所有顯微鏡表

明之質其圖內有數箇係醫士波落照相而摹下者

第四次印者則該惠連已辭倫敦醫學大書院法律醫學總教習之任而弗里愛代之竭力相助故可見此書幾分爲近今醫學總教習所作兩次改正將舊事再加刪改則加新事略五十頁即有數事重新記錄又有數事大半因論中毒而增新者又有數緊要之案如威勒士之絕食女人之案並替止本之案分外詳細言之且替止本之案另有附款特言之

本書係第五次印者有數事更加刪削即如假冒病等又有別事分外寬詳如替止本案不作附款而在分別人之章內與他案一併言其相關之事又有表數張並圖數箇刪之至試驗與分別毒質之微數用乾蒸之法而將其凝結之質以顯微鏡分別之並以其成顆粒之形狀分別之此事在書末特作附卷專論之又本書論毒之數卷亦增入改變之要件

又書內所有該醫士特作之說而與弗里愛不相關者則稱余以分別之則可知此說爲原書內所載者或爲該醫士一人所增入者

西歷一千八百八十年九月該惠連與弗里愛同序

法律醫學總目

卷首

總論 醫士口證提綱

卷一

辨驗人身年紀男女

分別人 分別活人 分別死人

年紀 活人之年紀 死人之年紀

男女 活人分男女 死人分男女

卷二

不能生育强姦受胎生產

不能生育 男不生育 女不生育

强姦 强姦在身體上所顯之據

受胎 有胎之據 查驗死屍 醫學合律法與受胎相關之事

生產 活人近來生產之據 活人前時生產之據 死人近時生產之據 死人前時生產之據 醫學合律法與生產之事有相關

卷三

打胎殺子辨驗親子 胚胎生長變成之法

打胎卽致死胎兒之罪

殺子卽致死產下之嬰兒 嬰兒已經長至若干時 嬰兒活產抑死產 嬰兒曾否通呼吸 嬰兒產下活若干時而死 嬰兒已死若干時 嬰兒死之根原 查驗產母

辨驗親子 受胎以若干時為限 嬰兒產下能活 其受胎時最小之限 子宮內能同時有先後二胎

卷四

保命假冒疾病

保命

假冒疾病 辨別假冒與眞病之法

卷五

性靈不正

妄想夢睡行

昏暈酒狂酒醉

性靈不正之癡癲類 失性靈 變成之癲 狂病

性靈不正所顯緊要之病證並律例與醫學所有

分辨之法

假冒性靈不正

查驗疑為性靈不正者之法

卷六

初見死人眞死與顯死之人猝死之人文數人略同

時同故而死辨其先後

初見死人 將死或已死之人身體與周圍物件方向之相關及排列法 查驗死屍

眞死與顯死之人 已死並死後若干時併求其證 辨死之法

受大害與猝然而死

數人略同時同故而死辨其先後 老幼男女決疑之理 各種死法與決疑處之相關

卷七

溺死縊死絞死悶死

溺死 查其死之故爲溺死或爲他故而死 死屍受傷之痕迹足爲因入水而死之證與否 溺死之故爲偶然之事或自盡或被人謀害

縊死 縊起之事爲生時所成抑爲死後所作 縊死之事本人誤爲或爲自盡或被人謀害

絞死 其人死之故爲絞死與否 其絞死之事爲無故自誤或爲自盡或被人謀害

悶死即斷氣而死

卷八

傷與工藝害身

捶傷並各種不破皮膚之傷 死後能否成捶傷之痕迹 活時與死後所成捶傷痕迹之分別

割傷情形並破皮膚之傷

槍彈傷

各種器具傷之相關處 其人生時受傷否 其傷爲死之根原與否 其傷爲無故誤事或爲自盡或爲他人謀害而成之否

各種致命傷與身體之相關

分辨血點之法 分別人血與別種動物之血 其血從身體何處流出 其痕迹爲何時所成 器械上有毛髮或腦髓

卷九

火焚或自生火焚雷擊凍死餓死

火焚而死 生時與死後所成火焚之痕迹

自生火而焚死

雷擊死 雷電擊人令死之法

凍死

餓死 食管閉塞 海船失事人久受苦無飲食之物 人埋於地內或在倒下之房屋內不能動身 故意絕食

卷十

毒之解釋毒之性情改變毒性之各故毒分種類

毒之解釋

毒質顯性情法

改變毒性之緣故 毒數與其形狀 毒加於身體何處 身體當時之情形

毒質分種類

卷十一

服毒證詞

毒證

剖驗見式

試驗動物

樟腦
印度告故羅司比割路毒西尼
醉性陸里由末
毒性蕈類
卷十八
醉性毒質
酒醕
以脫
哥囉昉
克路羅勒

加波力克酸
偏蘇里
淡養五偏蘇里
阿尼里尼
松香油
苦里亞蘇脫
甫司里油
弟不里油
煤那普塔
淡養五各里司里尼

卷十九
發痛證藥
木鼈子司脫立格尼亞　布路西亞
卷二十
減血氣藥
哥尼由末哥尼阿
淡巴菰尼古低尼
路卑利阿路卑利尼
毒性非蘇司替格瑪非蘇司替格米尼
固拉拉固拉里尼

卷二十一
停止心動之毒藥
輕衰淡輕衰水　衰鹽類之毒　苦杏仁油　苦杏仁水　羅耳烏司水
草酸鉀養二草酸　果酸　檸檬酸
草烏頭阿古尼替那
毛地黃弟其大里尼
白皂非辣得羅末非辣得里亞　綠皂非辣得羅末
呵勒枝㗋呵勒枝幾尼
卷二十二
悶死人之毒質

法律醫學卷首

英國 該惠連 弗里愛 同撰　英國 傅蘭雅 口譯　新陽 趙元益 筆述

總論

國家乘醫士之智慧及其學習之能力工夫之巧妙作三事之用一查驗兵丁水手囚犯貧民癡人等而管理之因此各等人之得所與國家有關係二有疑其含毒害人之質化分之並料理與眾人精神有相關之公事三審問堂內作醫學事之見證

醫士辦理第一事之本分即尋常行醫事內所常見者然

醫士不惟治人之病尚須用法免人患病又不惟必有醫學之本領尚須有辦事之才能

第二事與第三事內醫士所行之本分與尋常行醫不同且多年行醫之事內不及預備此兩事而能行之又教習醫學之各功課內亦未操練及此第近今略設操練之法又生徒所讀醫學各書亦不足為指教某事用某法並以何法辦理能免各弊

以上之各本分因與醫士之別本分不相同且極為緊要而難行故英國家無奈何另設一種醫學教習之工夫與醫學之別門不通又其書籍亦另為一類而有專考此學之醫士即以此類為重而以醫學之別門為稍輕

此所設醫學之新類或包括醫士代國家所為之職分則謂之國政醫學即國家醫學或分為兩門一為保佑眾人精神之學即謂之公醫學一為法律醫學即謂之審問醫學或斷案醫學即洗冤錄之意也

凡為辦理律法之事內所有必用醫士之學可謂之醫律案件又其智慧可謂之醫律智慧或見識或才能其意為醫學合律法而辦各事定各案則與洗冤錄之意大同小異

法律醫學之緣起與他種格致學相似因人類不能獨立

務必成家成國則眾人相交之事內不免滋生各案與醫學律法有相關而必有明事者評理而定案此為自然之理而初當此職分者俱藉其本人之識見不能恃其總理然因洗冤一事國祚愈長則愈覺鄭重又評理者其干係最重所以漸欲設法考究此事而成學問不惟有能教習之醫士又必有學徒所能讀之書籍此事愈久則愈能得法銷去各弊而添入各益即如從初行治病之人起由漸生出近今之醫學在初時祇能略試驗各治法而未必能應手後因得可恃之據則治病之法列於格致學之內而從此成功今有之醫道又依同理可論行洗冤學之緣起

因眾人受傷或死，必依律法查驗其故，無奈何必特醫學，即請醫士為見證，而醫士初時無一定之章程，行此職分，但因眾人漸覺醫士於人事內最為緊要，而醫士又欲保護自已之聲名，所以眾人之意見與醫士之意見俱於考究洗冤學而得一定之規例，在初時將書中所載之各案，彙聚而分種類，批之論之，查有相關之別事，特意設法試驗各物各事，印成書籍，有大才能之醫士，在醫院內講論多年行醫所得之各新理，著書家將其緊要理法記錄書中，無論內科外科，所有與洗冤相關之事，無不考究，以傳於世

歐洲他國早知醫士之作見證是為要事，而眾人與醫家尚未知其為要，而他國家亦已知之，因第一次有歐洲中一國言明醫士作見證之為要，在一千五百零七年，而所稱第一部論醫學合律法之書，在九十年之後，即一千五百九十七年，此後不久又派醫士行醫學與律法相關之職分，即在法國內一千六百零三年起首

查歐洲各國史書內論此事而有趣味者，其年分可歷數之，班白格教主所設刑罰律法在一千五百零七年，又有拉的司奔公議院在一千五百三十二年所設均勻刑罰律法，又有喀爾勒那於一千五百五十三年所作人命案律法，又法國王恆里第四派其首醫士有權能在各大城大鎮內，派外科醫士兩人查驗受傷或致死人之案，報明其事，此為一千六百零三年之事，又有傅蘭克福特城所有康特耶克司所著作見證法，於一千五百九十七年發印，又此城於一千五百九十八年，印出非臺里司所作之書，又一千六百二十一年，印出薩機阿司所作之書，又在里蒲西格城略一千六百五十年，印出米卡以里司所作第一次法律醫學，又可觀杜來勒所作醫學律法略論書

查英國內所有法律醫學，其初來歷較歐洲他國更遲，第

一部書係醫士法爾於一千七百八十八年所作，名醫學律法初階，後一千八百零一年，蘇格蘭之壹丁不爾厄醫士敦根在醫學院內初講論此學，後英國家特派世子在一千八百零三年居教習洗冤學之職分，因此其學稍稍寬廣，而各處醫院及醫士不能不理會之，近時教醫學之院或考醫學之堂，無不以此學為不可少者，如英國之審問堂常特其理法而斷案，又各西國內所有考究此學，令其進益而廣大者，則其國亦列於為首之數國內

行此學之理法，幾全藉眾醫士為之，間有醫士分外考究此學之一門，而得聲名，亦有全考究此學之各門者，所以

緊要之案內不請尋常醫士而特請專門考究此種案之醫士即如有醫士考究服毒之案或考究生產之案或辦理癡人事之案等是也

醫士辦理以上各職分應最謹慎而免貽誤其故有數端因所作之見證自知最為緊要又因不常在審問堂作見證則自知未曾習慣而易誤可知醫家所設之數種道理其根基不可全恃前人考究醫學之理雖能知之而作醫士見證之規條最不易行且審問堂所辦之事俱載於新聞紙或報於衆人知之又律師可任意查問醫士之說而其各問或最難回答又審問官常議論醫士之證而輕待

之此各事在作見證之醫士應預為斟酌之

有著醫書之家得聲名者又大半作法律醫學之醫士因知醫士作見證易於誤事因此不敢作見證故在書中設立簡便之法便於往審問堂之先並至審問堂之後知所應謹慎之各事又特設法為辦理各種醫學合律法相關之查驗其案分為數種即如死後查驗法或服毒總據法或性靈不全法等查驗之事又有特設之論言在審問堂內作見證時所應謹慎之各事此種論謂之醫學口證

此書論醫士本分作見證之先必將英國所有用醫學合律法查驗之案照每年所記之案數載之茲將一千八百七十七年英國記錄人事各數目總官之年報該年所有之要數開列於左

因遇險或不謹慎或自盡或有故被殺或無故被殺所死之人數共有二萬二千六百八十四名

猝死之人其緣故未曾查明共二千五百四十三名

小產並生時身體形狀不合法及身體軟弱無力而死者一萬八千一百七十九名總共應該成醫學合律法之案四萬三千四百零六名

如一千八百七十一年即英國查考通國人數之年所死者依其各故排列成表如左

死之故	遇險或不謹慎	自盡	共數	男	女
服毒	二二六	一六六	三九二	二一三	一七九
斷骨與打傷	六八三		六八三	五七七	一〇六
槍彈擊死	一〇三	六二	一六五	一五七	八
割死或刺死	一一二	三〇一	四一三	三三九	七四
燒死或燙死	二六二三		二六二三	一三四六	一二七七
溺死	二六〇五	三一七	二九二二	二三四八	五七四
縊死		五四八	五四八	四四八	一〇〇
悶死	一五〇四		一五〇四	八七六	六二八
電擊死	二八		二八	二三	五

共數	一四〇六〇	三三六〇	一五四三〇	一二五五六	三八〇四
用別法死者	九二九	一二三五	一〇五四	七八二	二八二
統共數	一四九八九	四五九五	一六四八四	一三三三八	四〇八六

又一千八百七十一年內所有因遇險或不謹慎而死者其分別男女之數目服毒而死者男一百五十九女一百零二槍彈擊死者男九十四女八割死或刺死者男九十三女十八溺死者男二千一百七十五女四百三十其餘緣故卽不在以上之各故內者男六百八十三女二百四十六

所有自盡之案其分別男女之數目服毒者男一百七十四女五十七槍彈擊死者男六十三女八割死或刺死者男二百四十六女五十五溺死者男一百七十三女一百四十四縊死者男四百四十八女一百其餘各緣故男九十九女三十六

又一千八百七十七年所有小產與猝然死及受害而死者成剖尸查驗之案共有二萬六千二百八十七名內一萬八千一百六十八為男人而八千一百十九為女子則可見英國所有得憑單準為醫士者不到此數又可知每有剖尸查驗之案必請醫士作見證如其案平分於一國之醫士則各醫士每年必作見證極少為一次

以前所云二萬六千二百八十七案內審定人命罪者三百七十五名內有一百零九為故意殺人之案一百六十六為無意殺人之案又有一千六百三十六案定為自盡

如英國上等審問堂所需得醫士之見證能從每年所報之數而知之茲將因害人事所成之案審定人命罪者如一千八百七十六七十七兩年共有二千三百七十四案開列於左

殺人與用法殺人而不成之案共二百零二

用零星小法試傷人與害人之案共一百七十

重打人之案共一千一百五十

無意殺人之案共二百四十四

藏閉生產之案共八十一

强姦並有强姦之意而害人之案共四百九十

雞姦等類之案共一百三十七

統共二千三百七十四案

此各數目為英國每年報明審問案之數而從一千八百七十七年之報得之

如以上各種人命罪所需醫士作見證之案外又有田土錢財所需醫士作見證之案又有癡人事之案等則可知醫士至審問堂作見證或因國家之事或因民人之事則

其案甚多而為極緊要者故可見醫學家特設一學為法律醫學在教習醫學之院內特意講論之特載於書中特設醫士作見證之章程與不可不知不可不謹慎之事俱為理所當有者

醫士口證提綱

醫士在審問堂內作見證不外兩事一言所親自見之或知之之事二解說他人所見所知者第一事內醫士與尋常之見證相同第二事內則必特有學問與才能方能言定與醫學有相關之各事指明其意思評論其是非然無論其所說之意見係親自見之或知之者或為他人所見

所知者其本醫士與其案內之事無相關惟藉其通曉醫學而請其為證

行以上之職分有數事不可不預為謹慎者又有與律法相關之事不可不知者

一沛西伐勒云醫士作見證必慎令其心明亮而無亂不可畏懼而昏又不可因討人之好或受人之惠或因與人有怨而起偏心等語然而審問定罪若分外重者則醫士常覺得最難不偏心又如眾人之意見或以其罪人為是或深惡之則醫士亦難不從他人之意而無偏心或眾人因公事而大受感動而欲行一事幾乎無人不佩服者或眾人有舊規或有忌刻之事而醫士知其見證必與此各事相反者則難免有偏心又如請醫士在審問堂內代原告或代被告作口證亦必謹慎不生偏心又雖然查驗一切與案相關之事自覺已請之原告或被告實在有理亦不可有偏心過於助此而抑彼

二醫士作見證必慎論其案內誰是誰非因英國律法內有一總理云凡專門格致家在審問堂作見證則不可議論其案內誰是誰非因此事全歸審問官作主所可論者為本案內所顯實在之事與其格致學有相關之處而此外有別種意見不可言之

三有兩種相反之事不可不謹慎一不可過於憐惜罪人或以為律法過嚴所以將其人犯罪之事故意從輕言之二不可以為人性最惡而嫌律法過寬所以將其人犯罪之事故意從重言之即如前有人論試驗人肺之書並審問致死嬰孩之書俱有此兩弊但作口證之醫士應明其所說之意見如為最謹慎查驗而多費心思細想者則得此意見所有與他人之關係與本醫士毫無干涉故沛西伐勒書中云如為人誠實而不妄作口證不必懼因此而罪人償命日後或知其人為無罪則生大悔如先有此心則類乎老嫗教小兒之異端有文教者應早從心中革去

之醫士心中平和而作口證則有數件作口證之法爲緊要而不可不知者

一醫士必謹愼分別作兩種口證一爲本人所見所知者一爲因其精通醫學請其試驗他人所見所知者而分別其是非故必謹愼分別意見與實事如應說實事不可說意見反之不可將意見當爲實事而重言之無論審問官或助兩造之律師或帮審之人所問之事必明白齊整而回覆之又設此各人所問之事不足顯明事之全理則所未問及之緊要事必自已說明之

二其言語無論爲言實事或意見必最清明令人不至誤會又所有醫學內之深字眼並譬喻之各種字眼不可用之

三醫士不可用醫學書所言者爲其意見之憑據雖然審問官間有準醫士作此事者然尋常審問官之規矩不準用書內他人之意見必令醫士所說之口證全爲自己一人之意見此事大爲合理因醫士應知所有大名聲著書家之意見而藉此各種書內之意見併爲一人之意見而定此審問事之情形或其理如何

醫士作口證之時雖不可引書中所載名家之意見然如審問堂內有人問及某醫士所著書中之意見爲大半醫士佩服與否或問作口證醫士之意見與某醫士書中之意見相同與否則必答之如言是則因此可爲佩服某醫士之意見

以上之說大半論醫士作見證之法惟另有數事必謹愼者令其口證能全可憑可分爲六事而論之

一記錄之法　凡醫士所遇之事料其將來可爲審問堂所查驗則不可恃其記性而記之而必錄於記事簿內如能當時爲之則更佳如不能立即爲之則以早爲要又如當時自已不能記錄無奈何必請代筆之人即如剖開死

屍查驗死之緣故等是也代筆者寫畢必細觀其所寫者如有差誤立即改之

審問之時醫士可常觀其記錄書補其記性不足之處惟不可全藉記錄而不用記性又如記錄之時爲其事後之若干日或雖然當時記錄之而今全遺忘俱不可作爲憑據

二認罪之事　有罪者可與其醫士當面認罪然如醫士在審問堂內以此認罪爲憑據則其認罪自爲甘心而情願者不可因驚嚇或應許或得賄而成之總之不可用法勸其人或引其人認罪不可在問事內漸提起認罪之事

又不可議論其認罪之語醫士應立卽將其認罪之說記錄之念與認罪之人聽之而後令其畫押醫士亦當時畫押則在審問堂內能作爲憑據

醫士必查明罪人認罪之時其精神如何性情如何因常有認罪者或當發熱或久受冷熱或受檻房之苦或有五官之誤則自己認各種罪或爲殺人之罪或爲各種最惡之罪而其事俱爲空虛則其人不應得此罪又前時各西國用法令人認罪所認之罪爲人所斷不能爲之事卽如巫覡之妖術等是也

三臨死時所有認罪或報罪　如無意殺人而其殺人之

事情卽其人臨死時所認者而所認者爲言明其作事之情形則可當爲憑據因爲認罪或報罪之人自知病不能愈而必死則臨死時不敢說假話卽與審問堂內立誓相同但其人未必言明其意見可從其受傷而知之或從別事而知之設如其人盼望病能全愈無論爲自己盼望或他人盼望則其人雖死而其所認所報之事不能作爲憑據

近有一案其罪人名貝定非勒特殺一女人名勒特於一千八百七十九年十一月爲哥白納伯所審問者則其人臨死時說明之事當爲臨死時所報者然在他審問官或律師必以此說爲案內之口證如此則可收入案內作爲口證但哥白納伯之意當爲臨死時之報如此失去其爲口證之用其案之稿云從房屋內聞得女人呼喊聲立卽見其女人從房屋走出其後見頸子被刀割深其女所說者依審問堂之規律不能當爲口證待十分時其女卽死比脫臺辣在是年十一月十五日寄信與太密士新聞館云貝定非勒特之女所報口證應歸在尋常之口證內而不可當爲勒特女臨死之報又信中言有五箇大名之律師俱有此意見

凡有一人或數人因有臨死之人報其犯人命之罪則不

能因此而不聽其口證內所言必察其臨死時性情如何與作事如何等證又如有憑據能知臨死人前有報仇之意或其人不畏死而以爲臨死時說假話不妨害者如有此種憑據不可當爲案內之口證

凡人臨死時所報之事本歸認罪或報要事之類然爲此類之最重者所以此種口證必依尋常之法辦理之其醫士祇可聽臨死人之說不可問何事設如其所說者其辭未達可問其如何解釋後當面寫出念與其人聽之得其人應承爲無誤如其人能握筆畫押則令其爲之設如不能當時爲之則可當時記錄其大概乘其事在心內而字

眼不至有誤醫士作口證時可帶此憑據如有記不清之處則可觀此憑據查驗之又有一事爲最要者卽醫士必查其臨死之人性靈與心能清楚能平和與否又查其心內有無怨恨或因別種重意而爲此臨死之報

四耳聞之證　此種口證除本案內不可少之件外則不能當爲憑據所以醫士作口證內可說聞得他人論此事之意惟不能將病人之說與朋友之說及役人之說等相雜成一案而以此案作爲憑據祇能用親自所聞而與本案徑直相關者

五秘密之事　凡醫士行醫之事內必常遇秘密之事而

依尋常之理不可傳於人知之若在審問堂內問案之時如審問官知其有秘密之事則可令其直說而醫士不得不從

前時西國風俗凡兩人內有開罪或相恨之事則必擇一合式之地與時各請一友爲見證彼此用刀相舞或頗相離用槍相擊俱爲保護體面之意如此必有人受傷則請醫士用法救命或治傷今時英國已廢此風俗幾無此事然醫士在此事內不能置身事外雖其意欲救命而非害人而律法最嚴醫士難免有帮人犯法之罪若其醫士因此事或因他事已經犯法則其犯法之事可以秘密不傳

而未必認自己之罪卽與尋常之見證歸同理

六遺囑　常有醫士因人有重病或臨死時其事孔亟而欲開遺囑卽請醫士寫其稿或畫押爲見證凡聞得此種人要寫其心中之意見不可隨問其各事祇能問與遺囑有徑相關而能顯明其意者則醫士應在一張紙之一面用最簡便最清楚之字眼寫之再寫其地名與年月日又在紙末留空處足爲兩箇見證人之花押再於此空處之上寫以上遺囑代某人所作而親筆畫押此事在我等見證之面前所作而與開遺囑者同時偕畫押字眼於是開遺囑者先畫押後有兩箇或多箇見證畫押而其醫士可

爲兩箇見證中之一人

凡開遺囑之時其醫士應細察其人之性情與身體如何而當時記錄之爲佳不可恃其記性而後記錄之因常有不服遺囑而成爭論之案者則請醫士來作見證審問官或律師查問此事極爲詳細如醫士全藉記性則或久之至數年後或有記不清之處則易誤事故不如當時記錄之則其事能穩當無弊

法律醫學卷一

英國　該惠連
　　　弗里愛　同撰
英國　傅蘭雅　口譯
無錫　徐　壽　筆述
新陽　趙元益　校錄

辨驗人身年紀與男女

辨驗不識之人或屍須先查其男女並其年歲後查各種痕迹或暗記以便定之爲何人此各事或分查或合查其人或生或死俱依次第而并在一卷論之而分別男女之法列於本卷之末因與第二卷有相關也

分別人

官司事內常有分別人之案如爭產業或有人被毆或被

搶奪欲分別作此事之人又如作見證必指明如何認識所稱認識之人或檻房逃出之人後獲得一人要審問是否檻內所逃出者又如遇見屍首亦必先辨爲何人又問官第一事必分別其屍爲何人或所得身之零件屬於何人所以分別人之事可分爲二款而論之卽活人與死人

第一節　分別活人

醫士常須查驗人身殘毀形或受傷處或痕迹或皮毛變色處便於能分別人又如人身體之長或面或身體之形因爲時過久或遇天氣之改變或受苦難因此其人與從前不同則醫士必定其事如何又因以上各故而性靈與記性亦有改變等事俱在醫士可分別而作口證

又有數事不必請醫士查驗然此各事亦必畧言之否則不爲全書

凡爭立嗣之事則依一家之面貌相似爲要據卽如英國封爵杜軋拉司之大案有人名阿起薄特欲得爲立嗣因此人與其父司安阿得面貌大相似又有雙生之弟名舍勒士年小已死其貌與其母大相似審問之官係伯爵曼司斐勒特云兒女與父母面貌大相似爲要據又云憑據內雖有十萬人而各人有不同之處能分別之或以面貌或以大小或以身之舉止或以聲氣或以口音或以說話

時之形狀或以微笑之形以面上常顯出之意等語

以上之說大概無差不惟人如此卽牛馬羊等成大羣亦能照同意分別之反之間有人大有相似之處而毫無親戚或同族之相關如數年前英國審問一大案係替止本之事總審官名哥白那提起舊案數件內有一案在英國西邊有二人審問定爲殺罪內有一人有許多見證罰誓指明實爲此人但後來詳細查明其死人被殺之時則此人在數百英里相距之處因扒竊之罪受刑故作見證者俱錯又一千七百七十二年亦有一奇案有梳洗家之徒弟名摩勒在倫敦老倍里審問搶女人來安之物有多見

證設誓認明爲此人問官卽以爲此人犯罪故欲罰之其人辨駁云此女人被搶之時我在此審問堂內審別罪所以查記罪之簿當時當刻之案則書中實記此事又所審問之案亦爲搶物之事亦誤此人爲搶物之人

如分別活人藉時候並受辛苦與難處及窮苦等所能改變身體形狀等事則分別之之難處最大前有意大里國蒲魯那地方封爵卡薩里年輕時出本國皆以爲打仗身死至三十年後回國與立嗣之人爭本產其身體之形因大有改變則皆當爲騙子收在檻內於是其人請大名訟師名薩機阿司查明而報於問官薩機阿司云其人所已

改變之身形可因過三十年又改地氣水土飮食與度日之法及生病等事又因先受兵丁打仗之苦處後又多年在敵國檻內則可以改變身體又其立嗣之人無憑據能知卡薩里已死所以問官定其舊產必歸卡薩里收管

法國亦有二案一爲罷魯奈一爲格爾此二案內各有眞假二人相爭又如英國人替止本其爭產之人言明爲從前疑爲死而未死之人或者所爭之人有憑據指其爲別人此各案內比前所言薩機阿司查者更穩

凡爭立嗣等分別人之案內其要據爲其人有否皮上之暗記卽如各種肢體之異形或大小斑點或身體不正之形或從前生病與受傷之迹或刺花等近時替止本之案令過時已久卽能改變身體之長與面貌形狀又能滅記性或性靈或令其改變或令所寫之字與所說之話與前不同此案又顯出照像爲要因照像必爲照時之人之眞形

傷處痕迹與刺花　一痕迹　凡有人假冒爲別人而別人之身體有一定之暗記或痕迹則一查而無有其人一定爲誣如其身上有此種暗記或痕迹則爲可靠之據惟此種暗記或痕迹可以僞爲或間有兩人之痕迹相同然亦不常有如一千八百零四年有巴爾卡在紐約審問娶

二妻之罪此案白割書中記之而誤以此人爲他人名和格者其身體不但極像又其額上有傷痕其頸上有斑點又言語爲口吃然和格足上有傷痕而巴爾卡無此痕迹後有見證指明巴爾卡娶第二妻並不在此處而在別處而從此證其實爲巴爾卡而非和格

改去痕迹　分別人之案間有因能改去痕迹而作憑據然醫士看此事其意見常有不同卽如一千八百四十七年比利時國有一案其醫士凡弟拉爾云此痕迹能漸改去或因時久或因所用之法法福特與甘特二處檻牢之醫士口證云檻內之罪人常將醃魚之肉包在痕上則漸

漸不見又有二醫一名里步一名里曼止云皮上之痕迹無法能改去而著名醫士揩司巴云傷痕存在人身上之時候恃其皮受傷之深淺如膚受傷而皮不傷則久之而不見若爲放血與吮血所成之痕雖其傷小如通至內皮則痕迹常存何況重傷或大瘡令內質縮小而成新顆粒形乎其痕永不能變也

痕迹日久可漸不見反之如擦之壓之打之或用惹性藥則可顯出如得物奇云前時罰至船上駕船之罪人用烙印等法印記號於其身過多年後只有白色之迹久之而不見然以掌久拍之即發紅色

尋常之人以爲痕迹能漸滅而不見此意或因常見打傷之處其口合黏不顯即如有癡人將其陽莖與腎囊全割去而其割去之處只有極細之白線成痕粗看若無迹細察方知又昔時用鞭擊罪人之法甚重其鞭分多條而中段打結則受重擊之人背上之皮抽去數年後只能見細白線而結所着處有小凹前有人疑心爲數年前所受重打之人請余細視其白線與小凹俱不見故知非所疑之人

分別人之事內除痕迹之事亦爲緊要如有騙子知詳查之時其身上所有暗記爲其所假冒之人所無者故用法滅之即如用熱燙傷皮膚或用强水烙炙或多種牛痘滅其痕迹然此種故意做成之暗記俱能惹人之疑又如其人不肯說如何得此痕迹或如說得痕迹之意不合理或前後不相應等事則更爲可疑如替止本之案內其假冒之人在左臂上有此種痕迹二個後特論之

痕迹之形與方位與深淺　此各事亦爲分別人之要事凡放血或用吸筒或種牛痘俱有易分別之形與前言鞭擊之形同意又如火燒或熱流質燙傷或用發疱藥或用烙炙藥或用打打伊密的膏或用小毬弔炎法或用鍼線弔炎法俱有易辨之迹又如數種病如天花瘰癧臁瘡痕

癰大膿瘡等病其痕迹難滅

痕迹改變顏色　凡身上痕迹有兩層改變之事一爲因生炎而成紅色其故徑恃所受之傷二爲變成櫻色即如生疱之皮膚生炎或用藥發疱或用芥末發疱等重惹皮膚藥發熱時有紅色後則變深色或紅銅色或數個月後則漸退間有三四年而甫退者至久則皮上漸得原色但間有生炎最重之病有第三層之事即發櫻色之後又變白色曾見過發大疱待二年半後則有深白色之界線而發疱處全面其色畧白與週圍之皮等又有數種畧輕之疱瘡類並少破皮之膿瘡並利刀之傷或放膿刀之痕其

口尚未合黏得準而皮膚稍有生瘡以上所得之各痕祇在皮面成迹而發白色設有生炎之事而後生膿瘡其皮質變壞又如更有爛肉則其痕或全在皮裏或幾分在裏此各事內其痕迹改變之事有三層卽生炎之紅色後發櫻色再後變白如觀痕迹之形並其方位畧可知其根源如手臂或足踝或兩太陽俱爲放血之處或有線形痕迹或圓或橢圓之痕迹又如腰邊或肩背或頸後等有肉之處有平行線之痕迹則可爲用吸筒之法所成身上任何處有十字形之痕迹則可爲生膿瘡而用刀開通者又頸後或肩上或臂內面如有二個平行線之痕迹則可爲鍼

線吊炎法而成又如凹面有皺紋之痕迹在此各處則可爲小毬吊膿之法而成又如三角形筋相連之處其相近處有蜂窩形則可爲種牛痘之迹又身上有白色之原痕迹其邊有花點則可爲膿瘡不用刀開自愈之痕迹又如頸上或胸上等處各種痕迹俱可爲瘰癧瘡之痕迹又如瘰癧或痘瘡或疔毒或狠癬或鉛子或火燒或烙炙藥所成之痕迹其大小與其形各不相等

治痕迹　凡痕迹之能治必藉數事卽人之年歲身之强弱精神之好壞痕迹處或平或凸或凹或常動之處或常靜之處其肉筋或縱或橫

痕迹之顯明　此在人身皮膚之總色並相近處之色如人膚原爲白色幾與痕之白色相似又如廻血管原帶藍色之處或已變色之處則比別處更顯明故痕迹之處或打之或拍之令發紅色則其痕更顯

痕迹之新舊　前言各痕迹無論受傷或生病而得者其變色有三事先發紅次發腫次變白而光其發紅之事畧十四日至二十一日或二十八日則治好而發櫻色數個月間有數年其白色常不變然每事之歷時不能定如痘瘡尋常六個月後其痕白色而發光間有二三年後仍爲櫻色又如瘰癧瘡間有一生不能得白色之痕迹總之痕

迹發紅而有生炎之形不能久者又如痕迹發櫻色或紅銅色則可爲數月或數年者又如白色發亮之痕迹不帶別色必是數年者惟不能揣準其一定之年數

有數種痕迹其色不停勻間有中爲櫻色而邊爲白色兼有皺紋或中爲白色而邊爲櫻色此曾見十年前膿瘡之痕其中爲白色圈形其邊爲櫻色點又已查過一人之身上有同故之新舊二痕迹卽如檻內之人兩次生疱瘡初次在左邊鎖柱骨外二次在右邊者初次者數月後顯出其形俱爲深櫻色二次者已生數年祇爲散開之白痕一堆

二雕青之痕迹　人身有否此種痕迹亦間可爲極要之事即如替止本之案是也故必知其此種痕迹能否自滅或有法滅之查此痕迹若非用法滅之永不能滅但依揩司巴胡丁他求等人之書此種痕迹間能自散揩司巴云每九人內有一人可自散他求云每二十五人內有一人能自散然此事多藉所用之色料如銀硃或石青或平常之黑墨比中國墨或煙炱或靛或煤粉或火藥更能易散如依法用火藥作雕青之事則幾能爲永不滅者如雕青能耐久與否多藉其色料易消化與化分與否如其痕迹滅必在相近處小吸核內凝結死後可剖開見之其色料難於全散至無徵迹

有法能去雕青之痕迹設其色料在皮裏頗深則去痕迹之處必有受傷之形如他求試驗檻內之人小臂上有十字架之形用中國墨爲色料數次用醋酸與鉀養與輕綠等料則十四日後有硬蓋一層落下祇有平面之痕迹而十字形毫不能見又如用烙炙藥亦能去其痕迹惟在膚上能見痕迹久不改比膚之別處更低如替止本案之騙子其左腕以上有此種痕迹又左肩上有最奇之痕迹似爲屢種牛痘而得之此案內其原人之左肩上略有小毬形膿醫治三年之痕故料其騙子知此事即種牛痘在該處冒之

所以雕青痕迹大半不能滅之間有幾分自散而不見又有全散而不見又如不見痕迹之人死後剖視其相近處之吸核則必見其色料

查驗痕迹之法　將其痕迹令大日光曬之如極小而細之痕迹用顯微鏡察之用規量其尺寸而記之又記其痕迹各分之形色再將周圍皮膚擦之或拍之令其發紅而記其事再查痕迹與周圍之皮或平或凹凸又查其痕迹能與皮一并移動或不能並動

用照像法分別人　如照全身之像則易誤四肢之光距

與全身不同故不可恃如看面貌則可有能分別之處因面上不改變之體能作實據然面之總情形常有改變如同一人面同一照像家照二次或多次必有不同之處另有光暗改變映紙深淺之異如替止本案其原人與假冒之人哇爾敦並假冒人之家人俱審問明白詳細查看則二十年前所照原人之像大不相同又與假冒人之家人大有相似惟不肯認爲親戚

茲將照像之用處數要事歷言之

一分別眼睛　如眼之色並內外眦所成之線與中垂線所成之角及眉之形與方位俱能在像內細辨之如淡藍

色與灰色之眼在像內更淡如櫻色者則更深又眼之內外眦之平線與中線所成之角顯出其眼或向上或向下而斜此各事俱在替止本案內所有之像詳細

第一圖

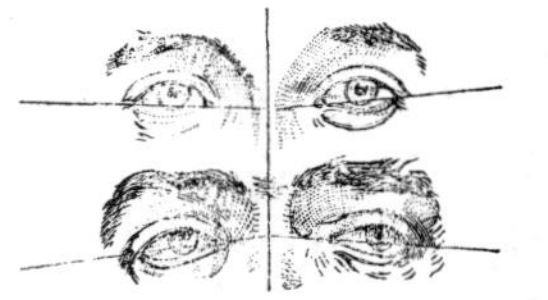

顯明如第一圖其上者色淡似乎眼爲藍色者而所有之見證俱言其原人爲藍色之眼又下者其眼之色深卽是假冒之人又看眼所成之角度一向上一向下亦爲大分別又看其眉形與方位亦不同上者相距遠而有一定之形下者相近而爲亂形

二分別耳　此體有數事可定準第一其耳垂之有否第二耳之大小第三耳之下角與牙牀處相連與否第四耳與面方向之相關第五耳之形或爲圓形或爲角形並耳

第二圖

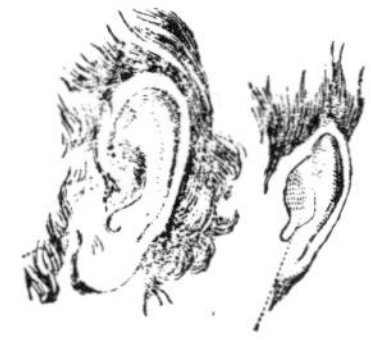

之各件分寸與形除耳垂之外別處不能用挂重或加牽力改其形又身體漸長大或加肥胖此處不能改變又如用法令耳垂加長亦極易分別如第二圖左邊爲替止本案假冒人之耳右爲原人之耳其假冒人之耳長略三分之一而其長之故因有大耳垂而原人無之如觀虛線則其分別易顯出又查其假冒人哇爾敦之像與其不肯認爲父之像其形大同小異又其不肯認爲兄之耳分寸相同

三鼻與口　鼻與口或分開比較或合比較則易顯其小

第三圖

分別如第三圖爲替止本案內眞假二人之像左邊爲假人者其口亦與鼻相配卽窄鼻在肥面上右邊爲原人者其鼻寬而孔大其面瘦又上唇與鼻相連之中槽假人窄而原人寬視圖之二圈易以顯明又將二口相比亦有大不同之處所以將前三箇圖相比則可知其原在二十年後不

能改變至如此之多至能似其假人故從此三事可知其必爲假冒無勞再行審問

量人身之高與胸之徑　如替止本案內此二事亦爲緊要其假人十八歲時測量其高五尺九寸半如脫去鞋襪其高五尺九寸此記在記名簿上但現在其假人亦高五尺九寸而今人云非前所量之人惟因十八歲以後常有加高一二寸至三十歲而止所以不能從此定現在之人必爲十八歲時所量者又如其原人之高與其胸徑亦有所記之尺寸與假人之尺寸亦不同

以受傷分別人　西歷一千八百四十六年正月下雪鋪

滿地面在司替格尼地方有二箇老人所住之房內被盜搶掠次日查驗該處則房屋內一大箱被盜打開左邊地板上有數箇血滴又盜出房之後行過之路其雪內之迹通至某村內已分別不淸惟雪迹左邊數處亦有血滴而右邊則無路上又見皮膚一小片最薄而成捲張開而察之必是人之皮膚查周圍之人卽得一人左手有傷派醫士里暮恩克爾特兩人詳察此人二醫士皆云其人手之傷略係搶刼之日所受又將其皮一塊與傷處相比是爲合式故定此人之罪而其人不能不認

改變頭髮之色　人髮之色有黑或深棲等變爲淡色之

事已有數案如法國巴黎在一千八百三十二年有貝奴埃審問凶手之罪有數箇證人云某日午後二點鐘見此人在巴黎內其髮全黑又有證人云同日午後五六點鐘此人在佛賽勒地方其髮淡色如麻此人之髮原爲黑色又其髮似不用假者所以審問堂派醫士哇爾非拉米卡侖兩人係巴黎做髮之大家請其查明黑髮能否變如麻等淡色米卡侖云斷斷不能而哇爾非拉云一千八百零六年格致家夫格蘭在博物院內論云黑髮令遇綠氣卽能變爲各種淡色以至變白

從此案哇爾非拉詳試其事而後有醫士得物奇亦試之哇爾非拉先查淡色髮變爲深色又深色變淡色又淡紅或栗皮殼色能變各種色得物奇祇試驗哇爾非拉用綠氣之事保其不差

淡色髮變爲黑色　此事有二法如左

甲　用獸油合以炱染之其試法以手擦之卽發黑又將髮翦去下段而浸在沸水內則其油浮上其炱沈下而髮歸原色

乙　用鉍或鉛或銀鹽類之法先將髮擦以淡輕四綠水分出其油再以此三種鹽類水之任一種令溼後用輕硫水略一刻之工則其金類質合於硫而發黑其試法將其髮浸

入淡硝强水內而試其含何種金類又近日之照像料有數種能染髮爲黑

從前亦有法變髮爲黑或深色其方名曰邦比愛醋酒法將蜜陀僧與白石粉與石灰約等分在水消化擦髮令溼三小時至四小時待乾用淡醋酸洗去其白石粉與蜜陀僧再用蛋黃擦在髮上以此法變之則不害其髮試法將其髮浸在淡硝强水則其白石粉發沸而消化而其鉛變爲能消化之淡養五鹽類其水內有消化之鈣養淡養五與鉛養淡養五

深色髮變爲淡色　哇爾非拉與得物奇試驗綠氣水所

考得之事其大槪如下黑色髮浸在綠氣水歷時之久暫不等水之濃淡亦不等則可任得栗殼色或麻色或黃色或淡黃色又如將此水溼其髮而久梳之則變色稍輕又如用綠氣者易以其臭而辨之雖用水洗髮五十次之後其臭尚能分別又其色非天然之色且不停勻並令其髮變硬而脆余已試此各事而知其無差又如用硝强水或合强水每百分和以五十分亦能變深色髮爲金黃之色近日染髮者多用輕養水亦有此用然此各法費時多又最易用化學之法分別之或令髮長出數日而視其根變色與否又可查其身上別處之毛色與髮相比

有數種工藝令人髮變色卽如車綠色煤木之工人其髮淡色卽變爲綠色又如做紅銅各種工藝者如空氣內常含極細之紅銅點亦能令髮變綠色

間有人受大驚或大哀苦如爲猝然而來者能令髮變白又有數事能成此者如醫士司密得云有一案一女子十三歲在一夜內其髮全變色並無預先患病或大哀苦又有醫士安司替著書名腦筋痛眞假書第九十四頁云間有面部腦筋痛則一邊之眉髮有變灰色者或白色者其痛已治愈髮亦漸復原色間有久不復原色或待數年而復原色者又髮變色間有數處變而數處不變者

用足迹分別人　間有泥土面上有足迹或地板上有沾血之足迹其相近處有殺人或毆傷人之事則如有大可疑之人可將其人尋常之足迹與此足迹相比設如赤足在泥上之迹則難定準與人足同分寸因土與足之排列並壓與泥之形性有相關設如其足迹正立在軟泥上則與所疑之人之足形有準因兩箇人之足難成同泥模又如所疑之人之足有不正形之處與平常大不同則此事更可恃有醫士哇格司屯書內有圖顯出一人之足跑時與走時與正立時其不同形與分寸之圖從此可知泥上之迹必與所疑之人之足迹跑時走時立時各形相比醫

士胡故林又設法將司替阿里尼粉或巴辣非尼粉或蜜白蠟之粉散在泥上一薄層再用烙鐵或炭盆移在其粉之面上相近處令融化則久不改形或多用此料融化之則能得其足迹之模樣

如血內有足迹則可用直辣的尼作其模

如地板有赤足之迹則必挖出存之爲後來查驗

又如釘鞋或鞋底有不常見之形有補綴之處等形則可爲極要之據如司各特爵書中云有一窮苦之癡女人被人所殺其草房內泥地之面上有鞋底迹甚明卽與兇手相爭時所成而從其痕迹能查得兇手而定其罪

性靈與記性分別人　如替止本案並格爾案見後論分男女之款有數事與性靈有相關最多恃記性如替止本案內則查假冒人之性靈與記性所得之事並身體之形與長之尺寸及身上之痕迹俱爲甚要其假冒人久住於澳大里亞其度日之法並未受苦難又不受冷熱燥溼之苦其身心略俱平安身不瘦反加胖又查其性靈毫無差據其自言記性最好又其口供內頗有令人能信之說因記性之好又凡能得益處之事其記性極好惟有不能從他人得知之事其記性則不好此爲大可疑者即如能記得原人養狗之名又能記得其眞人當馬兵官之時其馬之號數能

記之然問其母親之別名即不知看數人寫字之筆迹不能辨其父之筆迹其初生之處亦忘之又住於巴黎數處之地名年輕時同窗與友人之姓名在何書館讀書又在何處親戚房屋喜常去常託代辦事者之名代做分產律師之名常相助之友之名送其兵官憑據人之名又擇娶妻之時與岳父多來往之信其內有難言之事等俱不能記得然其人常自言記性最好其眞人之事並其親戚之事無所不記得其眞人之母寄信至澳大里亞交與此假冒人則出名內祇有兩箇別名之第一字母故令假冒人配滿其餘字母則又配錯因眞人母之別名恆里阿特非

里西兒爲不常見者而所配之名恆里非蘭西司爲平常英人之名惟其第一字母相同然其眞人在日極熟其母之別名又眞人之祖父名西碁爾其眞人到巴得離別出外問假冒人此事則云一切能記得但問在何地方相別則云在奈勒地方大概此假冒人欲裝最好記性之形狀預先得知數事如問之其記性最好所以有多人以爲眞人如言記性不好而各事俱忘則無人肯信

替止本原人幼時住於法國專言法國語至十七歲始到英國數次常言法語至二十五歲其英語口音不能甚準常帶法語口音而其假冒人不能言法國語不能觀法國

書祇能言西班牙語略如住在南亞美利加十八箇月者之言則設如此人爲眞者如何不能用法語斷不能如此易忘因所學西班牙語易能記得則法國語爲何不能記得又年幼時常用法國口音在內則必牢記爲何全改故此人口音內正爲英國者從此可知其假冒

又有一事與分別活人有相關即看人之時其光如何大而時候必如何久方足爲看得清楚如光極大而時候雖短亦可足用前有一女人自印度回英在船上時夜中忽醒聞得房內有人走動之聲忽有大電光一閃能見有人開其箱尋取其物而其面看得極清明日與船主言明而

分驗其人查其身上有所偷之物而其人亦自認罪

又有一案有兇手向人放手槍而欲查考其槍火之光能否看清兇手之面其人名拉比在一千八百零八年五月夜中黑暗時騎馬又有一寡婦名布正亦騎馬又有用人隨後步行走到籬笆邊而籬外有水溝有人在籬外放槍擊傷用人之手則用人與其主人在審問堂說明藉槍火之光認清兇手之面所以拿此人審問定其有罪該殺其人尚不服而欲上控由是上司請博物會內之人寄奴用法詳查能否藉槍火之光認清人面則寄奴與杜布奚格散等人在大暗房內以各相距立定令人放槍其光雖大

然因過速極難分別人頭之形故其面貌毫不能認清後在書院天井放槍試之亦與前同卽翻其案而釋所疑之人

有甫特來者以爲此試法不可恃又想如黑夜而其人相離六尺至十尺則必能認清又有常放槍之人有此意見但余亦試過屢在黑暗中放槍能分清楚相近處友人之面又如其人猝然驚恐或畏懼則其眼之靈比試驗之人更清楚另有人詳視大小物體其尺寸與色不同其相各不同內有知者與不知者而求其光必如何大歷時必如何久方足爲認清則必屢次試驗又必聚所能得之各案

方能有可恃之據

西歷一千七百九十九年英國有人名恆斯向三箇巡捕強刼其巡捕一名愛特話茲一名中司一名道生俱爲倫敦波街之巡捕聞得近於韓司魯地方有盜數人常搶客人財物於是巡捕在十一月夜間黑暗時坐大馬車僞爲客商之形行至貝特分特地方忽遇二人騎馬其一人停在馬頭之旁一人到車門卽欲搶物巡捕放槍而盜逃去但藉此槍光見車門前之盜所騎之馬係深椶色其馬之高有十三手至十四手其馬之肩甚厚形狀甚奇頭前略方形以爲如五十四馬內有此馬立卽能分別之故後來

遇此馬卽拏住之又藉槍火之光見其盜身穿粗毛椶色之大衣服後來捕得此人名恆斯而定其罪（偕格慕里練習醫學彙編）

英國又有數案與此相同又在甫特來書內有法國之案亦與此略同（見甫特來小書第二十八頁之註）

第二節　分別死人

如因大危險之事或受大傷大害而死或已葬埋而挖出則常請醫士分別其全屍爲何人或其屍已碎而各分散或得枯骨全具或祇骨數塊卽須查其或男或女並其年歲若干人身之高略若干

如詳細查驗則能知其或男或女其年歲大略若干又如

查其動筋大小手掌皮之粗細厚薄指甲之大小長短粗細等事則略能知其人爲何等人作何等事業身上有雕靑之處則可知其或爲兵丁或水手或罪人等又如手上或衣上有痕迹亦能略知其作何事業（觀布來安得收對辦理民事袖珍本）茲將分別人之案數件略言之醫士杜比特命聞得某處被殺之人其大腿交節有不正形之處因知有一人有此病者則從此查驗而分別之又在法國威爾塞列斯在地屋之地面下見有死屍已埋地三年其大腿交節有同病乃是三箇醫士即羅命奴布斐脫里三人又有女人名馬爾聽忽然不見略十一箇月之後得其屍其上下牙床骨

所少牙齒之數胸上有黏連肺膜之處並有生炎之形顯出其人死時皮膚有生炎之病從此各事而分別之又蘇格蘭會城壹丁不爾厄有一案最難分別死屍爲何人則有牙醫帶模子來與屍之牙肉正相配查其記簿即知爲何人再查此人原係不見又有沙斯白里爵夫人之屍數小件在哈脫非爾特之舊破房內見其牙牀骨上有金之凹以便裝假齒者故從此分別之又醫士巴克曼之案分別之法因所得之零星骨數塊內有牙牀骨一塊其形最奇前有牙醫代做假牙而存其模從此能助分別之事見本卷之末

又有一案兇人名會撩來脫殺一女人名來那埋在地中十二箇月已多腐爛然生時其右手有一舊痕爲挑火鐵桿所傷從此痕迹能分別之

有數案其屍埋地多年如大名之人已死多年則有人爭論其埋於何處所以查驗平常所說之處得一棺內有屍之形迹間有數百年前所死者用鉛皮作棺其身之軟質成一堆然初開時之形與埋時相同若年歲不甚久則其在開棺時存其原形但即刻變爲極細之土塵落至棺底身可全分別之即如英國根德堡大禮拜堂內有英國王恆里第四之棺略已四百五十年開視之即能分別身與

衣之形但速即變爲土塵（觀馬里色根德堡袖珍本書）又如英國王卡里第一被弒之後一百六十五年開其棺易以分辨又有人名漢蒲屯死後一百八十五年亦易以分辨

分別英王卡里第一　王之面形雖已改變而與當時之錢面並所刻之像及畫像大爲相似又頸骨第四節有橫剖平面因此屍爲埋一百六十五年當被殺之後用香料保護不爛而斂於鉛棺內至要緊之案故略述梗概如下除去鉛棺之一分則見內木棺已腐爛其木棺內見其身用蠟布包緊其布之接縫用油類質和以松香黏連令空氣不進其棺內裝滿又除去面上所蓋之布見其皮膚變

黑其額與兩太陽不甚改變其鼻之脆骨已散其鬚當時

第四圖

之式作尖形左耳全左目開而滿但遇空氣則漸散而不見其頭與身不相連易以取出觀之頭垂而溼其流質令紙或布變爲綠紅色頸上之肉略爲結實頭之後面不變形似乎新鮮之狀其髮爲最佳之深樱色鬚之色更紅頸上割斷之處其肉筋有多縮之形其第四節割開成平滑面如第四圖爲論此事之書中收小之圖（卡里第一墓開挖之細說見孩勒福特公論）卡里第一所埋之墓內又有恆里第八之棺此棺之外有

厚榆木之槨鉛皮所作之棺惟其鉛棺似有打破之處能見其內之枯骨下頦尚有黏連之鬚此王已埋二百六十六年

西歷一千八百二十八年七月二十一日伯爵奴眞得等人在英國之巴京咸省之漢蒲屯禮拜堂內查驗漢蒲屯之身查棺面之銘板生鏽已多所以不能辨其爲何人惟此所開之棺與其妻棺相近處之明碑相近故開之查驗其鉛棺內有二層木棺其身在內層其餘空處裝滿木屑其屍用布三層包緊腹已落下面白色其血管之迹有雲石之花紋鼻骨之上端尚存目稍凹下髮爲樱紅色長略六寸耳下之鬚多其鬚尚存若干上牙俱全下牙存者亦無病腦殼之形甚好額高而寬手之肉筋大左邊者全右邊之手分散手骨鋸斷另有布內包手之數箇小骨惟無指甲左手之指甲全左肩節之凹處爲白色右肩節之凹處爲樱色鎖柱骨與肩胛骨鬆開其體長五尺九寸其肉筋有力以上所言之事俱與漢蒲屯之大壻名丕記錄之說相配又伯爵克拉侖屯云其人死之故因其肩打碎大約騎馬跌下而肩脫節醫治久不愈而鋸去臂骨（一千八百二十八年年報又國志第九十三頁）

近時又有一事爲分別屍之案卽遊覽阿非利加之人里

分司敦在阿非利加內地身死運至英國埋之惟因在異地身死則必辨其實爲原人與否查此人前有肩骨被大獅齧斷尚未合連數箇醫士前在英國診視過故易以分別查其屍則肩骨實有此事而不能得兩人正有相同之事故爲分別已準

如其人死已甚久則除用蠟布包等法並鉛皮棺封密之法則不能分別如尋常埋屍則因其身腐爛待若干時不能分別因身內原含之油質改變成阿弟布昔里因此可助其腐爛此理在身體腐爛之款詳言之（見卷六第二十八頁）

至於骨之能耐久不能有一定之界限卽如法國德尼斯

禮拜堂內挖出古王達果巴德之骨已葬一千二百年又意大里國之榜比阿挖出之骨已葬一千八百年又埃及國常見有用藥法布包之人已二千餘年尚能分別其形故雖年久如此如欲審問定案亦能查其骨而求其據

前言活人之事分別有差而死人之事分別有差者亦有之如醫士欲考究身體之成法必將屍身割破而細查各處方能全明人身全體之理前時如能得死屍則肯出價若干因此有歹人挖出已葬之人出賣俗名其壞人爲復生家蘇格蘭斯德爾零部有女人死後葬在禮拜堂之墳地內六十三日之後則爲復生人所竊挖故審問其罪各

親戚至細觀屍身而認識不惟認識其貌尚認其左腿比右腿更短審問官與帮審之人毫無疑心故定其人之罪後有醫士屯陸伯查明此事在白割所作洗冤錄記此案云審此案內所有之屍身非斯德爾零禮拜堂墳內所葬之女人而爲四十二日前所死別箇女人葬於相近處發可克地方墳內亦爲此人所復生者其左腿亦比右腿短所以雖其人定罪不差而其爲此人而定罪則差

至於屍身認錯而其親戚朋友俱信爲自己所知之人而葬後則其原人回至本處始知所埋之人非本人此種案甚多觀司審得與克明兩人之書

推算屍身之長　如得全具枯骨其骨已分散則可照原式排列而量之另加一寸半爲脆骨等軟質之數即得其人生前之長數

尋常言之則兩手平伸開之長從中指爲準略等於人身之長此法雖爲略法而女比男更有差設如僅得一手之骨可以從此得其全身之長之略數其法依對拉之法將全手之長倍之另加鎖柱骨之長十二寸再加胸骨一寸半則得其人長數之大略

一百年前法國醫士名蘇設法從四肢推算人身之長其法先量多人之各骨後將中等長之人其各骨亦爲大小適中者細量之變爲英國之尺寸成表其首三行爲量一箇人者其末行爲量多人而得其中數

年數	身全長	中段長	上半身長	下半身長
一歲	二尺	一尺二寸五分	九寸七分	九寸七分
三歲	二尺十一寸三分	一尺八寸四分	一尺三寸	一尺三寸
十歲	三尺一寸	一尺二寸七分	一尺八寸四分	一尺九寸十一分
十四歲	四尺十寸八分	一尺五寸十一分	二尺四寸一分	二尺四寸十分
二十歲至二十五歲	五尺八寸二分	二尺十寸一分	二尺八寸	二尺十寸一分

醫士蘇又云人之年數將二十歲之時從此時至二十五歲則身之中心爲尾閭骨之上邊而二十五歲以後多年如此至年老之時其脊骨漸彎而移下然二十歲以前其身之長依年數而中心移上移下不定

又有醫士哇爾非拉量活人與枯骨得知醫士穌之說易誤因量過男子四十四人其中有四箇人尚未長足祇有七箇人從其頂上至尾閭骨能等於從此骨至足掌又二十三箇人上半長於下半十四箇人上半短於下半最多之差為二寸又三分寸之一又量女子七人其上半長者有六人上半短者有一人其男人之上半長三分寸之一為中數其女人之上半長一寸又六分寸之一

將前表細比又將所有頭頂至尾閭為等長之各案錄出即得尾閭骨至足底之長亦有大不相同處如男子十五人自頂至尾閭二尺九寸至二尺九寸半內有一人自尾

閭至足底長二尺七寸又一人長二尺十一寸半可見其差有四寸半又有女子五人其頂至尾閭二尺六寸又四分寸之三至二尺七寸內有一人略多於二尺四寸有一人略小於二尺八寸其差有四寸

由此可見照哇爾非拉所設之法則能差四寸至四寸半又其量枯骨之差更大因有一人之骨上半身三尺一寸半下半身不過二尺八寸則差五寸半又有一枯骨上半身二尺五寸半下半身二尺十一寸半可見其差有六寸所以醫士穌所量之人太少而其說過於公又哇爾非拉所量之人固多且其量法更準然亦不可全恃因易以大誤

哇爾非拉量圓柱形之骨從此推算枯骨與活人之骨照以後各表亦不能全可憑

枯骨之長從圓柱形之骨推算此為哇氏之第二表

骨之長			人身全長					
上臂骨	量六次	一尺一寸	最大數	六尺一寸三分	最小數	五尺七寸七分	較	三寸六分
正肘骨	量七次	十寸八分	最大數	六尺一寸三分	最小數	五尺五寸	較	八寸三分
大腿骨	量七次	一尺六寸六分	最大數	六尺	最小數	五尺七寸	較	三寸
小腿骨	量七次	一尺三寸	最大數	五尺十寸六分	最小數	五尺五寸	較	五寸六分

所以可見圓柱形骨等長之內其枯骨之長有差三寸半至八寸又四分寸之一

身體之長從量以上之骨而推算之此為哇氏之第一表

骨之長			身全長					
上臂骨	量十九次	一尺一寸六分	最大數	五尺八寸一分	最小數	五尺四寸六分	較	三寸七分
正肘骨	量十四次	十寸八分	最大數	五尺十寸十分	最小數	五尺五寸八分	較	五寸二分
大腿骨	量十二次	一尺五寸九分	最大數	五尺九寸八分	最小數	五尺四寸六分	較	五寸二分
小腿骨	量十一次	一尺二寸五分	最大數	五尺九寸八分	最小數	五尺四寸六分	較	五寸二分

又可見圓柱形骨等長之人其身之長有差三寸半至五寸

詳考哇氏之表以為不可不作者因哇爾非拉書言其量法為再可恃其原書云查此各表則大半之人能從其骨而知其人之長數其最要者為大腿骨與上臂骨等語而哇爾非拉之差處因亂用所得之數又可見最大數與最小數有此大分別則藉中數而推算人之長不可全憑又

有醫士拜耶特曾得三人之骨用哇爾非拉法則差二人其所得準者乃是偶合

另有人將男子四十四人女子七人細量之而得其中數

	男人	女人
人長	五尺六寸六分	五尺一寸
頂至尾閭骨	二尺九寸六分	二尺七寸一分
尾閭骨至足底	二尺九寸	二尺五寸十一分
鎖柱骨上端（與肩胛骨相接處）	二尺五寸六分	二尺二寸八分
大腿骨	一尺五寸八分	一尺四寸六分
小腿骨	一尺二寸七分	一尺一寸九分
輔腿骨	一尺二寸二分	一尺一寸五分
上臂骨	一尺零五分	十一寸七分
輔肘骨	九寸五分	八寸八分
正肘骨	十寸二分	九寸九分

又有醫士恆甫里書中云如歐洲人長足者之枯骨之長骨比例中數如下全身之長命爲一百分則脊骨三四·二

五上臂骨一九·五四輔肘骨一四·二五大腿骨二七·五二小腿骨二二·二五（人身全骨書第四表第一百八頁）

年紀

西國律法詳細指出人在各年紀之時本分當爲之各事並本分當得之各益處又可免何事並必做之各事惟不常有請醫士分別人年紀之事又近今英國記所產之人之生日等事最爲細密故以後人之年紀易以查得其據不必請醫士查之

如要分別人則常須先考其年紀此事與前分別人之事亦分爲二類其一爲活人之年紀其二爲死人之年紀

第一節　活人之年紀

人之命平常分爲數時候即如以每七年爲一候又有以每十年爲一候者又有人以爲數箇年數爲極要者或爲危險者然以上之分法俱爲不準所以問案之醫士功夫不足爲準用

又有醫士格得來查人身之長並重在各年紀之時相比而得中數亦不能合於任一人事之用又不能以爲人身體之中點能指出其年紀因平常言之雖然初生之時其中點在其臍孔而長足之人在骨盤上中間數（略十歲時）則中點在此二點之中間如十歲以內年愈小則中點愈近臍

孔又過十歲而愈近成人則中點愈近於骨盤然此說尚不足憑因女子之腿骨比男人短其中段比男人長身體之中點在交骨之上

所有男女長至能生育之年並女人經斷之年俱爲不能定準故不能藉此各事而定人之年紀因其最早最遲之年數相離甚遠故推算其中數不能爲尋常之用

如年輕之人觀第一次與第幾次之牙齒則能略知人之年紀惟此事亦難足憑

第一次所生之齒名曰乳牙所生出之次第如後

門牙　五月至七月　貳牙　六月至九月　初顯出之

大牙　八月至十五月　虎牙　十五月至十八月　後

生之大牙	十八月至二十四月

所以可見初生之牙即乳牙在小兒顯出之月數各不同間有小兒産下之時其門牙已顯出間有第二歲之末始有門牙顯出間有數歲之後門牙初顯者

人之食牙顯出之時亦不定故不能藉食牙依次第顯出而定人之年紀

茲將食牙平常顯出之次第並各年紀所應生之牙列表如後

年紀	門牙	貳牙	虎牙	前小牙	後小牙	前大牙	中大牙	後大牙
七歲						四箇		
八歲	四箇					四箇		
九歲	四箇	四箇				四箇		
十歲	四箇	四箇		四箇		四箇		
十一歲	四箇	四箇		四箇	四箇	四箇		
十二歲至十二歲半	四箇	四箇	四箇	四箇	四箇	四箇		
十二歲半至十四歲	四箇	四箇	四箇	四箇	四箇	四箇	四箇	
十八歲至二十五歲	四箇	四箇	四箇	四箇	四箇	四箇	四箇	四箇

醫士散特斯著書其書名曰見齒知年此人云想以上之表可定小童之年紀略能得準又因律法不準若干歲數以內之童在織布等廠內工作可分別其年紀故將數百箇童子已知其年紀者則九歲者與十三歲者記其齒數得各數如後

男童九歲者四百五十七名內有二百十九人即略爲一半其牙照表內之數同即門牙四箇貳牙四箇前大牙四箇又女童二百五十一名亦爲九歲內有一百六十八人即大半亦有牙照前又男女合計則七百零八人內有三百八十七名其牙照表之數其餘者應有四箇牙之處則不到數其大半少貳牙一箇或二箇或三箇各牙亦如此又五十二人內其貳牙俱無

所以前表如九歲之行內有四箇牙之處改爲一或二或三或四又云凡有一或二或三或四牙齒之小童則年紀必九歲則男女童七百零八人內六百五十六人爲合法

者即每十四人內有十三人爲合法其餘五十二人內八歲之童能誤爲九歲

又以同法查十三歲之童所得各數如後

男童之小半女童之大半又男女合查幾乎正半其牙俱照前表十二歲半至十四歲之行又男女之大半有各種牙之一箇或多箇而祇有十一人一種牙無有一箇故可見有三箇童有十三歲者可誤爲十二歲至十二歲半又一人可誤爲十一歲又一人可誤爲十歲但其大半所有之牙爲十二歲半至十四歲在表內所指出應有之牙如有一箇或多箇者則滿十三歲

其食牙之末生者為後大牙平常十八歲至二十五歲而生者間有更遲者即如醫士哈蓉敦云有一人八十歲生出後大牙西俗名智牙因生此牙則全身受其激動因此而死

有醫士云明角罩之邊顯出白色線俗名老人環可當為年老之據然因此環為油之小粒變成則可知其故未必因年老又醫士干敦書中云自已目覩並聞他人言有四十二歲者與三十四歲者與三十三歲者最小有二十八歲者即余曾見四十二歲與三十九歲之人內此環全生成又見七十九歲與八十五歲者眼內不見此環故可見

此老人環不能當為年老之據或如無病之人無論活者死者必合於別種年紀之據則略可以為憑

如活人內其餘各種年紀之據如髮變蒼白或髮禿或牙脫落俱為不足憑因常有年輕者有老人之狀而老者有幼者之狀又如老人生牙或生髮與年輕者同又有老婦乳中生乳或經不斷或斷而復來等事故難揣此種人之年紀反之男女童常有早顯出能生育之狀又有女子或極早或極遲而通經者所以年輕之人亦最難定其年紀

第二節　死人之年紀

如人死時未久則查其年紀與活人相同又分開其身體細查其各處亦能略得其據如心與發血管內有結成之鈣養質則可疑其人已在中年或已在老年

又查其骨已幾分變為硬質乃辨年紀可恃之據顧此書不能詳言各種骨漸變為硬骨質起首時之情形如欲考此事必觀專論骨之書惟人枯骨之各處變成硬骨質之時為易於言明且有大益處

腦殼　此各塊骨尋常在初生後數年而黏合惟間有額骨之上縫一生不合黏者

脊骨　生後三年則脊骨之弓與體相連又其骨紐與次塊亦相連又其後支與橫支之交節處略至能生育之時

變為硬骨質惟其與脊骨相連之時略為二十五歲或更遲

尾骶骨之各塊略十八歲之時不黏合約在十八歲時從下向上漸漸黏合至二十五歲或更老之時則全黏合又在更遲之時其尾閭與尾骶骨相連但此時候亦難定準

肋骨　肋骨之幹與其相交之處在二十五歲以前不相連

胸骨　胸骨之五分在能生育以前不相連在生育年以後則下分黏合二十五歲至三十歲則上分黏合惟其胸骨之端與其幹須年老之時黏合

上肢　肩胛骨之各中心從二十二歲至二十五歲相連又鎖柱骨向胸之相交處從十八歲至二十一歲生出至二十五歲則與其幹相連

臂骨之頭與凸處略在五歲時相連至二十五歲時與其幹相連其內外二箇阜合於其幹略爲十二歲至十八歲輔肘骨之上相交處與其幹相連在十七歲至十八歲又下相交處與幹相連略在二十歲其正肘骨之事與臂骨同如腕骨與掌骨之各相交處略二十歲之時與其幹相連

下肢　交骨與尻骨之支在七歲至八歲黏合又骨盆之

骨臼各塊從十六歲至十七歲黏合但其無名骨至二十五歲之時全變爲骨質

大腿骨之頭與幹略在十八歲至十九歲相連但其下相交處與幹相連略在二十歲時

小腿骨之幹與下相交處略十八歲至十九歲相連其上相交處與幹相連略在二十歲至二十一歲時

輔腿骨與相交處體相連略在二十二歲以下

腳腕骨至掌骨之相交處與其幹相連略在十八歲至二十歲時惟其指骨之相交體與幹相連之時更遲

如查全枯骨或若干塊觀前言之各處其骨之料未變成而合連則必疑其人尚未到尋常合連之年紀又如其骨變成骨質之事已成則其人必有以上所言之年紀或已過之如將其各骨之變成骨質之若干分而與別種分別年紀之事相比則能推算其人之年紀不甚差至其骨質全變成而止此事略在三十歲之時此時之後則更難分別祇能藉人老時所有骨之變化分別之

如年老之人其肋骨之脆骨與喉管亦有欲變爲骨質之形間有喉管全變爲骨質者又其骨漸變輕因其蜂窩形之骨板質漸漸收去故所有之扁形骨變爲更薄因骨質之層漸漸相近如觀腦殼與肩胛骨與胯骨易以分別此

事又因此故其大腿骨之頭與其幹所成之角度減小而其骨更脆其內所含不化合之油質更多所以其色發黃而其形似油以指擦之亦覺沾油其腦殼之縫亦漸漸不顯明久之而滿平又脊骨之接縫平板形縮小而有皺紋又其各節向前斜而全脊骨向前彎

老年人改變最多者係牙牀骨如小兒在胎內成形之後

第五圖

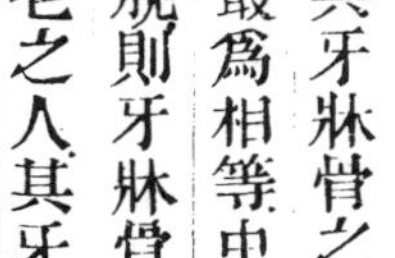

並產下若干時其牙牀骨之體與分支之處所成之角度最爲相等中年之人略成正角年老而齒脫則牙牀骨收去而歸嬰兒時之形如極老之人其牙牀骨之形如

第五圖極易分辨

男女

此事與前二事同理亦分爲兩事其一爲分別活人之男女其二爲分別死人之男女

第一節 分別活人之男女

分別男女或小兒或成人俱有其案即如父母有產業或田地則其立嗣之事俱藉其小兒或爲男或爲女又如其小兒已死則其產應歸何人所得亦恃其或男或女即如夫妻生男而其男活產者則其妻有產業亦爲嗣之產業則其業歸其夫管理設如產下者爲女則其產業與夫不

相關而仍歸妻管理其立嗣亦在妻家

爲醫士者不惟要分別男女尚有間遇難分別者其人或大半爲男或大半爲女因依立脫吞之書哥格之解釋內云凡有幾分男幾分女之人則如要定其接嗣之事必以其大半爲男或大半爲女而定之又其進教受洗禮亦必照此意而定其或爲男名或爲女名等

不惟嬰孩有難定男女之事即已長大之人亦有此事如白割書內載有爵之父母請醫士查驗所生之子定其爲男女因不知教養之道須當爲男或女也

此事所有醫士常須分別之處共有三事

其一·男人生育體與女者相似

其二·女人生育體與男者相似

其三·一箇人身上有男女二副生育體

一 男之生育體與女相似平常之形其陽莖小而不全又無通管惟其陽莖之根有孔又有通尿之小嘴且其腎囊左右分開似乎能通入內所以其各體與女人之陰莖並陰道及內外戶略相似其腎囊左右之二分能各含一外腎或者一箇外腎或二箇外腎可在外圈之後藏伏不顯其小嘴或管當總尿管之用而開在陽莖之根或在陽莖根與肛門之中間略近於肛門此管通至膀胱間有此管

之孔放大至與女人之子宮相似間有大至能做交媾之用因其管開在陽莖之下故西名曰莖下成口之人

如查其腎囊左右似乎女人內外戶之處則能摸得其外腎之形或不在此處則可在腿腹相交處摸得之又其陽莖無通管而其根處之孔通入膀胱內又查其內無能與女之子宮相配之體又已成人時尚未通經此各事可爲男或女之的據尋常所有此種人視其身體之形與肉筋之粗細口音之高低與聲氣並所喜做之事俱爲與男人相近與女人相遠此種案記於書內者不少又在醫學博物院常見其圖或其小木樣或石膏模成之樣茲將此事

之一案詳言之其餘可類推矣此案在一千八百五十六年五月初七日倫敦醫學新聞紙印出記此事者名羅藝其稿云有痴女物遮納年二十八歲收入馬格司非勒特窮人院則依入院之規條必先洗浴其女不肯故惹人之疑後强之則見其陽莖長約二寸周亦二寸在下體之處又在二箇外戶之中開略向上此陽莖上有易分辨之頭又其人能自稍動其莖稍令直立此物之下有一孔勉能通入小指其口內略進三寸能摸得帶形之筋惟其總尿管不能見祇能從此孔通入放尿管至膀胱其陽莖無管可通此人之髮短而捲與男人同其四肢之肉筋大而有

粗毛口音粗大與男人同乳頭不顯明其生育體上之毛分外多從未曾通經其所欲食之物不問粗細合宜與否所以病人用過饅頭之軟膏亦喜食之其身體堅强而精神亦好又同室中年輕之女俱有厭其常顯出慾情等語間有此種案乳頭放大而最喜男人所以如不查其生育之體則可疑其爲女人若查其生育體則無可疑之處又開有慾情不顯出故不能從此知其爲男爲女

開有人其腎囊之皮膚有不合度之處所以包其陽莖在內而其陽莖或合度或不合度又醫士亦司屯書內有二圖一爲黑人二爲歐洲人俱有不合度之式又有小童父母以爲女行洗禮時取女名後因有疑心之處即請醫士步闌得查驗用刀極輕一割即放鬆其陽莖顯出爲男人此種不合度之體內又有一種其膀胱前面有缺少而其相配小腹之皮有亂形紅色之肉質一塊自能知覺其尿管通至此處有孔能放尿另有陽莖不過短而中無通管又其精囊或在陽莖根之一小凸開通或在前言紅色肉質開通其外腎之形合度尋常在腎囊內開有在腿腹相交處摸得或尚未落下其慾情或大或小或無凡有此不合法之人西名謂之華上成口之人

二女之生育體與男相似者亦有數種一爲子宮下墜一

爲陰莖放大至與陽莖相似此種放大之病易以分別因查內外戶則外腎摸不着又有陰道與子宮且有月經所以從其人任一事可以辨之至於子宮下墜而令女人似乎男人之形則和末爵與馬亨兩醫士書內論之和末爵所記之案爲法國女人醫士一視而知爲子宮下墜之病然其人自云爲男人而靠此奇事示人得錢又馬亨所記之案係女人馬陸爾於一千六百九十三年在巴黎着男人之衣言有陽物陰物俱全可任意用其物則出招帖任人觀看收錢有醫士數人查之俱云可男可女當時有名醫薩非阿特不信其事故與他醫士一同查驗則知爲子

宮下墜之病用法治之即爲女人

三能男能女之人已有數案內有數人左邊爲男右邊爲女或反是者即一邊有一箇核一邊有外腎或外體與男相似內體與女相似或反是者然在西國從未有一人而二副生育體俱全者最近有二副者其名和曼兼有男女之性情又按時有月經又有陽精用顯微鏡可見其精內之小動物觀得而也案即克氏勸善書內德里愛之說醫學公報第十九本

凡欲查人而辨其男女必慎以後數事即查其莖爲陽或陰又查其中有無通管又查其包頭爲何形並何相連之式又查有無內戶相配之質又查其有無外腎又如有孔

口則必用器查其通至何處或通至膀胱或通至子宮或爲至若干深而止又必查有無月經或有放精之事又必查身之形與髮與下胲等處之毛並肩之闊與胯骨之闊及口音之高低又其待男或待女如何分別等事不可但藉一事因間有女人之鬚略與男人同者觀照納所記奇異之案

第二節　死人分男女

如查全屍則易辨其男女除以上所言形體不合法者在外又此種人有可疑之處須剖開其屍易辨其男女

惟是死後欲辨男女則尋常祇得其枯骨全具或其數塊故必考男女骨之分別如何

女人之骨比男骨更輕其質之微孔更多外面更平滑曲形更小其各凹凸處顯得更小節亦更小女人腦殼比男者更小其形更似蛋形左右伸開更大又在大孔後頭處更長其面更爲蛋形眼盤更不顯明鼻孔更小牙牀骨與牙更小下胲凸出更少女人之胸從前至後之尺寸與橫徑之比大於男人胸骨更短而其形甚凸又其胸骨尾之脆骨更薄其變成骨質之時更遲肋骨更小而肋骨之脆骨更長又女人脊骨比男者更長每一節之體更深男人之大腿骨之頸與幹成一百二十五度至一百三十度之角而女人內此角略近於正角又其骨盆與男者大不同

其尻骨在女人更張開而更平尾骶骨更爲凹形交骨更淺其二箇分支向下所成之角更鈍交骨之弓形更寬尻骨之凸處更相離其盆孔更爲三角形而更斜骨臼更相離其全骨盆更淺又盆之下口更大以上之各分別俱在第六圖內顯明甲爲男人骨盆乙爲女人骨盆又男與女枯骨之辨在生育體之先者比其後之分別更小

第六圖

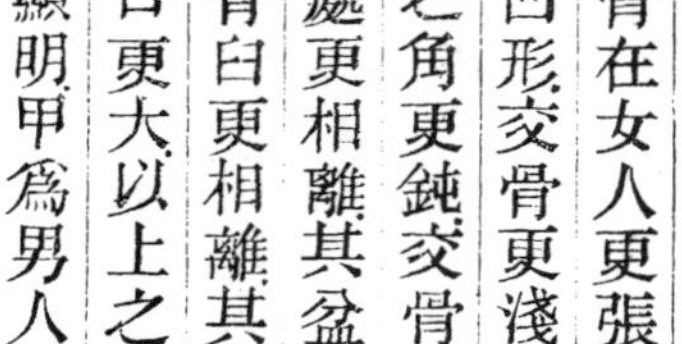

茲將男女骨盆在其外邊測量所得之各數列後

前後徑男四寸女四寸半
橫徑男四寸半女五寸又四分寸之一
斜徑男四寸又四分寸之一女五寸
以上分辨人之各事即辨其爲何人何年紀或男或女可以三大案顯出其尋常之理一爲活人餘兩案爲死人之事其餘各案與此三案其理大同小異

一馬爾聽格爾之案　略三百年前即一千五百三十九年在法國之郎給德部阿爾替克地方有男童與女童其年紀略皆十一歲係父母主婚又當時依律法成夫妻之禮其夫別名馬爾聽其姓爲格爾其妻別名白脫蘭特其

姓爲得魯阿九年之後生一男名散西其產法內有數種奇事除父母外無人知之馬爾聽本爲長子與其父同居因竊其父之錢財恐受責罰即逃亡出外略八年無音信此八年內其父已沒留下四箇女子託第二子名皮耳教養而管理之其逃亡之子即馬爾聽入營當兵其同班之兵別名阿奴特其姓得的勒又有花名半西得其品行最壞與馬爾聽爲友極爲親密故一生之事無有不與言明者出征交戰時馬爾聽之腿打斷即生重病以爲將死則將身邊一切物件交與阿奴特即在前言八年之後阿奴特因知馬爾聽一生各事又攜帶伊身邊之物即往數處

冒名爲馬爾聽又馬爾聽之舊友亦當爲眞所以往馬爾聽之本鄉即阿爾替克地方則馬爾聽之弟與其姊妹及朋友俱當爲眞又馬爾聽之妻原與其夫甚相親愛一見此人則其愛心與前時同即與之同房後生二子內有一子幼時即死如此居住三年大爲得意無人疑之有一日忽有兵丁行過此村本知有馬爾聽之家尋見其妻白脫蘭特即云汝夫在打仗時打斷一腿並生重病久之而愈現住於比利時國不久即回等語如是欲去白脫蘭特聞此說心中稍惑尚不甚信故先請此兵丁至律師之家請律師將此說詳記於簿令其兵丁設誓存其據而了其事

仍與阿奴特爲夫妻過三年馬爾聽尚未歸家則其夫之弟皮耳見阿奴特之爲人不端正與之爭論幾欲殺之白脫蘭特爲之勸和數日之後在鄉鄰內有爭鬧之事而阿奴特被官拿去送至都羅塞城檻房內其夫弟與其餘各親友勸白脫蘭特告阿奴特爲騙子而將前所得之據紙交與問官爲憑然其婦斷不肯聽用盡各法救其出檻房得保人應承不致逃走回家後分外恩愛過數日其夫弟得其憑紙假稱白脫蘭特託其告阿奴特請官拿之審問其爲騙子而定其罪審問時夫弟言此人非馬爾聽實爲阿奴特其姓爲得的勒又已查得此人之根源得其本處

人之口證俱言此人自幼無惡不作然審問堂上之人難信其假因詳細問之馬爾聽自幼一切大小各事無不能直說開有極小不緊要之事或極密而他人不知之事俱能直說又觀白脫蘭特之爲人最端正毫無差處又與此人極爲親愛則似乎夫弟因懷恨而涉訟於是聚各處證人共一百五十人內有三四十箇人仍說其人實爲馬爾聽毫無疑處再有五十箇人仍言其爲阿奴特亦無疑處其餘略六十人雖然幼時常見馬爾聽與阿奴特二人而不能指明現在之人爲彼爲此再將白脫蘭特初生之子名散西帶至堂上將其面貌與阿奴特相比雖大不像然

有人云阿奴特與馬爾聽家之別人有相似者又與其四箇姊妹亦更相似問官集此案定阿奴特爲騙子與他人妻同房之罪又假冒得他人之產此爲極重之罪故其罰亦必重即定爲殺罪將其屍分爲四塊五處分挂示衆阿奴特不服並有人相助請都羅塞最大審問堂復審至復審時與白脫蘭特相見即認明情愿將此事聽白脫蘭特作主如云其爲騙子則願得殺罪問官徑詢此婦云爾肯設誓此人非馬爾聽否答云我不能立誓又不能信其非馬爾聽再另招新見證三十人內有十人立誓云此人實爲馬爾聽又有七人立誓云此人實爲阿奴特其餘各人不能確指其眞假再有阿奴特家內之人與友人到堂內有其弟云從起首時即分別其人爲阿奴特惟恐即刻告之則生大事又因數箇別故祇可由其自然然今已成大案故不能不說明

細問其見證人之事內問此二人之身體等事則知大異小同馬爾聽身長髮黑全身與四肢略瘦其頭似乎落在肩內下胲尖而有凹下唇向下彎鼻大而準頭向上面上有瘡疤額有受傷之迹阿奴特身較短而略胖其小腿胖頭不落肩內面不相同其面上有痕迹然各證人所言者不同又所審之罪人上牙牀之長牙有雙層額上有受傷

之痕左食指甲埋在肉內右手有三箇豎肉小指亦有一箇豎肉各證人云記得馬爾聽原有此各物惟有一老皮匠云從前與馬爾聽做鞋比此人較短似乎此人之足長四分寸之一又馬爾聽舞刀之工最好今此人不能舞刀又馬爾聽雖常言法國語而其原處之土話名巴斯克話亦能熟用今此人則一句不能說又開酒店者名司巴奴勒云阿奴特在其店飲酒時與其說明從前與馬爾聽當兵時爲同班則馬爾聽將一生之事詳細言明故能來假冒其人後令酒店家萬不可說出都羅塞總審問堂查得此口證尙不能定孰是孰非一面馬爾聽之妻與家內之

人及親戚朋友原無疑心之處又其面與馬爾聽四箇姊妹相似此各事俱為重據又二十歲時離家受多年當兵之苦似能改變其形狀與面貌又其不能說原處土話或因久不用而忘之所以定其人必為真者將欲釋放是時案前忽來一人其一腿為木質自稱為馬爾聽姓格爾眾人以為是假即令拿住而坐檻然其本鄉村之事與親戚之事及家內之事俱能明言與阿奴特相同又將二人令對質而詳問從前各事俱能言之但間有似乎難記者而阿奴特言之更詳由是阿奴特之弟逃走不肯到案再將馬爾聽一家之人令其逐一相見其姊妹逐箇進門一見

即以手抱其頸而大哭稱為兄弟求饒前番差認之罪又其妻白脫蘭特一見其面即跪在面前求饒其差因此人大為相似故誤認為夫有四箇姊妹與親戚朋友俱以為是又其餘各人前作見證立誓阿奴特為馬爾聽者一見此人心恨甚重審問官見其妻大哭不止不聽慰言等事即定阿奴特之重罪為絞罪將其屍燒灰令四面飛揚臨死時認明一切之罪

以上之案在前次印此書略更詳言之又前次所印尚有替止本案之細說在後附卷內共有十三頁第此次重印因其太長故不印出而其案之要說見在前數圖與說內記其大略祇有一要說如以後出此種案英國內務大臣應先派大能幹之醫士二三人細查其人報明其身體與性情各事如查其案毫無理者則棄之不問如替止本案起首時照此意辦理不致成大案而可免多人多年不能定案之累並令國家之費用甚大作記錄書一大堆至末則定其人之罪令坐十四年檻房

二　呼威之案　西歷一千八百二十一年有寡婦呼威住於巴黎忽然不見則為三箇人所致死一名巴斯典一名路巴一即路巴之妻所以成案審問但不能得可恃之據即行釋放多年後有人在園內遇見其屍之餘迹略有埋

十一年之狀細查之則分別為此婦人而其死法亦顯明故再拏前所疑之人定其罪

先聞得此園內從前曾埋一人於是在園內挖深其地查之則工人見一空處細查為屍身幾為枯骨即不動而請醫士畫其圖其屍葬左邊側卧其頭彎在頸上脊骨亦彎右手舉上而掌幾與面相切骨盆向上斜腿骨向上彎二足相交其各質之色為黃樓又與長骨相切之質為深紅色其骨細小其各節亦不彎因知不做出力之事又其肉筋與骨相切之處不甚顯明左手之骨內有小照之金戒圈刻花樣之光面又有數指甲其形最佳腦殼小而長圓

形其縫相切緊密牙齒白色似乎常收拾之人有三箇大牙脫去一箇門牙內有蛀孔髮爲淡色閒有灰色者無名骨多張開之形骨盆之凹不深尾骶骨前面有凹形交骨下之孔爲三角形者其杯子形之孔相離遠骨盆上孔之徑爲正形與女人者相同所以從此各事能定其爲女人之骨查其頸上第三第四第五第六節頸骨並右邊之鎖柱骨有黑色質包之令其不散其黑色質之外有爛小繩數寸則指出其人以此繩絞死又查其另有之據亦有此意

此後其查驗之人各人分開寫一細帳記錄查此事之一

件茲將其第一人之記錄九款綱領列後

一所得之骨必爲人之骨　二所得之骨必爲女人之骨　三其女人之年紀必爲六十歲至七十歲　四其女人之身長略四尺八寸至九寸　五其髮年幼時光淡色在死時有白色者雜於其內　六其手分外小　七其人活時骨未受傷　八其人之死法係絞死大略必被他人故意絞死　九其身體必埋在地內多年

所有久疑心之人照法審問而定其罪令其終身在檻內作苦工

三醫士巴克曼之案

美國波司屯地方有醫士巴克曼西歷一千八百四十九年十一月二十三日即禮拜五在午後有人見其到醫學院此院內之化學教習名會步司太進門之後尚未有人再見之查此人進醫學院之故因會步司太久欠伊銀兩約此時來收銀後因其久不回家四處詳查不能見至下一禮拜五因有多人疑心會步司太即詳查其化學房並相連之各房則在坑厠之大坑內見骨盆與右大腿與左足自膝起者又有一洗面之巾其巾上有會步司太記號與其常用者相同又在化學房之爐內在煤燼中見有骨之小片與假牙之塊與金牙座又得一箇茶箱內有人身

中段並左大腿與打獵家所用之大刀並小繩一條與化學房內常用者同查屍胸左邊有甚深之傷口足以致命然醫學院內有人身之分塊爲常有之事因學徒常用死人剖視考驗醫學惟院內作此事則存死人之器內常用一種藥水令其質不爛不臭內有鉀養與鋅綠等質惟此所得之人身各塊毫無此種質之微迹又查其人身之各分塊其分開之法非生手所做而爲慣分開人身者所爲又將所得零塊彼此相配能最準必是一人之身體因其背脊骨第三第四兩節配合右大腿與骨盆相切則其骨與肉筋與皮膚全相配又其左大腿與骨盆亦相配左大

腿與左足亦相配所以其各塊必為一人之身體並無雙倍之分塊將各塊合連而量之得長五十七寸半如另加三寸為輔腿骨踝到足掌另加十寸為頭之第六節到頭頂則共得長七十寸半此為巴克曼全身之長而有照會記明其身長七十寸半又有醫士司安捺云查其皮膚與髮與形狀此人必為五十歲至六十歲又查其發血管變骨質之處則知最近於六十歲另查巴克曼之年紀正到六十歲其生育體之各件連於骨盆上之肉故不必查其或男或女爐內所得骨之零塊共有三十五塊內有三塊併連則成下牙牀骨右邊之大半又醫士會曼從此骨得

知其人少數箇牙齒即從冠形凸處起到小牙止俱缺所以死之先巴克曼請牙醫配假牙一副此副假牙在爐中得之其做牙座之模與所得牙牀骨之塊相配其形狀與平常人不同

從以上各事無有可疑處所以審問而定會步司太殺人之罪至末而自招其致死之法先用大木棍擊其頭又一刀刺其胸

審問時醫士會曼挂枯骨之頭顯出所查得骨之各塊所得之骨尚黃色惟因此書之圖不設色故以黑密線誌之以代黃色如第七圖此為得身體數分而能分別其人之

第七圖

要案另有此種案甚多姑不備載

上海曹鍾秀繪圖

法律醫學卷二

英國 該惠連 弗里愛 同撰
英國 傅蘭雅 口譯
無錫 徐壽 筆述
新陽 趙元益 校錄

論不能生育强姦受胎生產

前卷論分別人之事內所有與男女有相關者此卷論男女之事俱與生育有相關分為四事

不能生育

人之能生育與否常有其案即如夫妻欲分離或所生之子疑為不合例或告强姦之案所言不能生育者以女人而言審問者甚少因恐有人駁云不能生育之事應專歸

男人言之然此駁言亦屬無理惟因欲免字眼用差或言語過繁故此書所言不能生育包括男女於內

凡娶妻之事為合同之一類故必與別事之合同同理因做合同兩邊之人以二事為要一其兩人情願而不勉强二其兩邊之人能辦理合同內所應承之事

如立合同兩邊人內有一人係强為者而告此事成案則云其人之本領甚小故自己不能作主無奈何必聽人之言此事在性靈不正等卷內詳言之

其第二事即辦理合同內所應承之事可因身體有病而不能辦設如欲因此事而成案欲求離開則其身體之病必為成親以前所有者又必為無法能治者所以成此案或須查其夫之身體如其夫逃在遠方而不能招尋則必查女人之身體而知其是否不能生育如英國教門審問堂有此種案而其夫不得直因女人得醫士之據已成親十二年而其女尚未破瓜而其女人原有能生育之據並無他病又因其夫不能興陽心中常鬱恨因此成病又其夫已兩次與別人認說不能與之同房現在成案詳問之而無回答又往法國躲避而不肯聽醫士查驗所以審問堂定規因此即發離書

不能生育之事分為二款言之一男不生育二女不生育

男不生育之故又分為二種一為身體有病二為性情有病

第一節 男不生育

一身體之病分四種 甲 年紀太小或太大 乙 陽物之形不合式或有不全之病 丙 外腎缺少或有病 丁 本身有病或虛弱

甲 年紀過大過小 英國所準婚嫁最早之年男十四歲女十二歲而審此種事之教門審問堂不多問年紀而問其人之身體壯健無病與否從此定其能否成夫妻又如尚未到以上之年紀而成親後來到此年紀而男女俱自

願則依常例可作夫妻

考男女能生育之事其最早之年紀不能定尋常以男十四歲為起然間有過十四歲而再待若干年方能生育醫士揩司巴云男女能交媾之年比能生育之年早又年老之人其交媾之年可最遲又德國內以十三歲為能交媾之始而十五歲至十六歲為能生育之始

查人能生育與否必觀身體之形狀口音之高低與生育體生毛並長大而滿足如其生育體俱全而充足則可謂能生育之人

惟因年已老者亦為不生育之故因此前有一大案係伯

爵班步里立嗣之事欲查定尋常之人到若干年紀不能生育

此大案係英國上議院審問者西歷一千八百十三年審定爭嗣之人出世時其父已滿八十歲因此有人駁之恐非合例而生而醫士魯米里爵云英國之例從七歲以上未有定規人必老至若干歲而不能生育者壹丁不爾厄城醫士哥來格里並醫士哈勒爾俱以為最老之人亦能生育婀哥來格里書中云已有數人年過一百尚能生育而八十歲生子者為常有之事哈勒爾亦云有九十歲之人能生育者又英國前有長壽之人名巴爾一百四十歲

時生子又有耳思根伯云前有案係男爵福克司七十七歲娶妻七十八歲生一子七十九歲雙生二子八十一歲又生一子又有總律師奇白士爵駁云雖不能為年老不生育之全據而幾可為全據又其人到八十歲而能生育幾為不能有之事雖偶有之亦必甚少又因八十二歲再生子並非助以上之說反之令人更有疑心雖有此種奇事然八十二歲生子之人閉密不傳與人知此種案從來未有所以不難更為可疑等語故可見律法不能定生子之時以何年紀為限又以格致之學求之亦求不到因年老而身壯則仍能生子查本案伯爵班步里雖為八十歲

以外之人其身最壯至於將死之年常能做大出力之事取樂故必是能生育無疑（見姦淫律法所引尼古來爵書之說）已在八十歲之數人並九十六歲之一人查得俱有精中動物即生子所不可少者故從此可知年老者亦能生育

乙　陽物之形不合式或有不全之病　曾有醫士司巴蘭產尼與陸西試驗精中動物得知交媾之事不全成亦能受胎即乘動物求牡之時將陽精用小水箭噴入陰戶內亦能成胎與交媾同故有醫士恆德爾設一法為會陰處生瘡之人合用從此法可知如人發淫性時可用同法將精入女身內而以下受胎一款內有比上說更奇者可見

女人不知不覺之時可與成胎或發淫性時其生育體所受之傷小至不必理會又有女人含苞未破亦能成胎由此可見女人能受胎不藉陽物入其內又不藉有慾心故可知陽莖甚小或幾分割去亦不能當爲不生育之據如陽莖大至能通入陰戶內而無阻止射精之事則能令女人受胎曾有人將陽莖之頭割去又有巴黎斯醫士披阿阻尼書內之案有割陽莖左右幹者又有醫士弗蘭克書內之案有兵丁陽莖爲彈子打斷以上各案俱不能爲不能生育之據又有奇案有男人之陽莖因生瘡而被醫士全割去如在割去處捺之微能凸出後其人亦生兩子設

如陽莖在近根處割去或因此而不生育然照前說用水筒等法或能成胎亦未可知

間有人其陽莖有相反之病即過於長大則雖能令其人不能照常法交媾亦未必爲不能生育之據

又如以上所言陽莖之形不合式而尿管口不在陽莖之頭而在別處亦不因此而不生育已有數案爲據內有傳數代者有一案載於弗蘭克書內連下三代其男子俱有此病

如尿管不在陽莖內而其口開在會陰處則可照前恆德爾所言之法用器噴精入陰戶惟此各種案內如不用器具亦能從此種不合式之尿管或有意或偶然有精入陰戶內故不能言此種人不能令女人受胎

前言尿管口在莖上或莖下者不能以平常之法交媾所以如欲生子須用器具或必有偶得巧法爲之前所言尿管在莖下成口者能傳三代可以爲據又有二案其男人之尿管口正在莖根俱能生子內有一人名子約翰所生之男兒亦有同病揩司巴書詳記之又如尿管在莖上成口者雖尚未記其案然此二病俱不能當爲不生育之據

如人原有冒陽莖皮包頭甚緊之病或陽莖連入腎囊內不能相離用刀法可治此病又如尿管收縮極小或膀胱

底核有病以致阻精不出亦可爲不生育之據又有陽莖之動筋癱瘓亦爲陽莖病而不生育之徵

丙外腎缺少或有病　如年幼時割去二箇外腎則不能生子若人已長大至能生育時而後割去則若干期內仍能興陽又間有能生育者因精囊內尚存前有之精又有二人外腎割去後雖多時仍能興陽此案載於醫士古白爾爵書內此案之人因有病必先割去一箇外腎仍能交媾再待若干時又割去第二箇外腎後略十二箇月內交媾時尚能出精後每若干時偶能興陽惟無精出久之而慾念漸少十年以後則絕念又醫士楷司巴書中載醫士

弗蘭克有一案有男子四人其外腎割去能唱戲有女人之口音居住意大里國小城內因其淫慾心甚重往往審問其害女人之案故從城內逐出不准回城考外腎割去之後仍能生育俱藉其精囊內留存之精雖外腎割去之時已久依醫士哇多所記之案其事的確又查動物內割去外腎者在若干期內尚能生育又有醫士色地魯書中云醫士卜雅有一案有人割去二箇外腎以後仍能生子曾有多醫士論及一箇外腎之人能否生子惟因能生與否不在精之多寡所以有一箇外腎者應能生育與二箇外腎者同又有人之外腎在小腹內或左右胯部管內不

惟能交媾尚能得分外淫慾即醫士馬亨書記犯人一名之案惟此種人能否生育在後論女不能生育之節內詳之

如外腎分外小亦不可當為不生育之據因雖有數案此種人毫無慾心者然有一可據之案其陽莖與外腎極小而仍有慾心又能交媾以後其育體漸長大久之而能生育故不能因陽莖與外腎極小而定其為不生育者如英國以利沙伯女王時有一奇案其人名伯里娶妻名委里美脫同房之後待若干時則其妻告其夫不能生育而應離異於是派二醫士查其身則祇有一箇外腎其大如豆又查其女尚未破瓜故藉此據並別事則其教中審問堂准其離異而其男人不服則另娶妻而後妻竟生子故眾人云非其親生則請審問堂訊其為親子與否則各律師之意見以為前審問堂斷差其案定其第一次娶妻合例第二次為淫亂之事所生之子為不合例

所有外腎之各病內其最重者名曰耳下核生炎從此能令外腎漸小以至不能生育醫士否弟累云法國阿爾勒地方所有逃兵罰令當苦工開運河又醫士拉爾里見埃及之兵丁內多有此種病其外腎先失去知覺之性變為最軟而縮小如小白豆之大又如二箇外腎皆有此病則

其鬚漸稀性情漸變糊塗其人即不生育醫士拉爾里詳查此病云其根源並非因有流白濁想其病之源因其多飲西國棗子燒酒之故

象腳（足種如象腳之形又名大沙蹄）並膿疱病又硬癱疽並髓形癱疽即芝栭形癱疽亦能令人之外腎漸毀壞然除二箇外腎之全質俱壞外則不能斷定其不生育

如人天生有腎囊發腫或多年有疝氣或生大瘡而其害累及生育體或其腹之下半或大腿之上半受其瘡之害則阻人不能交媾

丁　本身有病或虛弱　凡能令人身最弱之病則能變為

不生育之故或暫或久不定顧極難定人弱至如何或因病或因年老而弱至不生育之限

易令人有不生育之病雖係感動腦氣筋者最多爲背脊髓之病無論其根源或在内顯出或從外受傷而背脊髓能有多變壞之處令人行動極難而未必不育設如人之半身癱瘓平常失去生育之權惟間有癱瘓者生淫慾心或爲自發者或有引惹之者又有人癱瘓之後仍能生育又人不能行動因背脊骨之後柱已壞此種人亦能生慾心而生子然此種病久之能令人不育如一千八百七十八年阿爾蘭審問堂内有案其人名巴哥特案内論及不

能行動之人能否生育醫士拉特可里弗云已見過數人身體不能行動而仍能生育若或左或右半身因腦病而癱瘓者則未必令人不生育而半身癱瘓之後數十日仍能生子已有數案即如來軋與愛特門茲之案此案内有引證前案之語故以下言其大略

來軋與愛特門茲之案　來軋係紐恩得人一千八百三十五年八月二十五日娶妻一千八百四十四年六月二十四日身故一千八百三十七年三月二十三日其妻生一女又一千八百四十四年十月三十日又生一女即在其夫已死四箇月之後所生之第一女二歲而死第二女四歲而死在未死時來軋之家人控此第二女非來軋所生所告之故幾分因其妻受胎之時夫已癱瘓又幾分先因其妻與愛特門茲有私而後其夫死後偕愛特門茲又生數子來軋之身原爲强健最喜飲食間有酒醉然非常醉之人一千八百四十三年十一月初四日即三十五歲至三十六歲之時始病癱瘓不能言語又半身不遂醫士所用之治法大能取效故十一月二十七日即初病至此二十餘日其病略愈不必服藥又自初病至三十五日之後所有特請治病之醫士亦辭去又待七日稍能言語半月之後即能起牀至二十餘日而下樓二十八日後能出

門行走到朋友家食晚餐所有見其在外行走者不止一人至十二月初七日又患病不過一月則坐馬車往來特白立地方而自管馬韁又至銀行取銀則手從袖内取筆寫字又十二月二十七日照常法作事亦寫字耶穌生日之前一日在相近處友人家喫飯年底時騎馬出外明年正月初六日往格羅斯德地方與數箇生意人做貿易略至月底在該處食晚餐又自取蠣黄食之正月三十一日有人成會事内有人開罪於來軋來軋因此脫衣欲與相鬭又在以上各事之内幾能辦理生意又能寫字能行走不必人服侍坐馬車自能上下能騎馬能高跳又能打獵

至正月底似乎無病有多人見之至二月二十八日又患病至六月因水腫與肝病則其身漸壞而死

査其妻之受胎時略爲正月底此時其夫並無因病而不能生育之據所以其女可當爲親生惟照醫學而論其女可爲親生然另有別故有對拉與卡爾本大二醫士指明其女非親生此案在英國欽爾屯罕起後在倫敦審問則前有醫士散蒲勒及話勒是與余三人之意另有白爾特與布侖對拉二箇醫士信服者俱以其女爲親生此案內提起二案如下　一案 其人五十八歲三十三歲時其右邊癱瘓以後一腿屈曲稍難言語得此病後七日內與其

妻同房能交媾而不難以後所生三子毫不疑其非親生者問其妻亦云記不清癱瘓後若干時同房而必在三箇禮拜以內此案另有哥分德花剛之醫士會脫非爾特作證人並云另知有他人患癱瘓病仍能生子　二案 其人三十二歲在二十六歲時右半身不遂二十八歲時亦然第一次得病後略在半月內與妻同房後生三子第一子生在首次得病之後夫妻二人毫不疑其非親生者此二案內其人之癱瘓比來軋更重且亦更遲

有數種藥食其大服或用慣多年如火酒或煙或鴉片亦能令人不生育又有更淡之藥如樟腦咖啡與硝亦能令人不生育然恐其事尚未考準又如交媾之事無節或自幼而起並別種戕伐精神之事亦能令人不生育

二性情有病　如淫慾過重或因膽小或恐不成事或因此事大差或因畏懼或因女厭男或因男女相惡則因此而不生育者有之然除末二事之外其餘祇爲暫時之事可以治愈又不能與一女成事或能與他女成事即如前言伯里之案是也又有伯爵厄塞斯之案其伯爵不能與其夫人交媾而能與他女交媾 觀白割醫學要略第五十四頁

第二節　女不生育

女人不生育或交媾之事有阻其故有五種　一陰道太

窄凡女子之年尚未至能生育之期並開有長大之女亦有此病如已長大者則可用潤皮之膏藥或用別法令其陰戶由漸張大　二內外二戶或因生炎之病而黏連或因此而黏連全密　三陰道本無開有子宮亦無之　四陰戶含苞此種病常可治　五陰道生瘤即如努肉硬癰疽子宮卸下或精珠卸下此各事能令交媾最難或最痛則爲不生育之故　各故內之最要者爲陰道過淺與陰道或子宮生炎或惡毒病或因淫慾之心過重或因陰道與肛門生惡瘡而爛通或因內生痔瘡此各病有能治者有不能治者 案以上所言不生育即不能交媾

不能生育　此事男女俱可有之惟在女人內其人活時不能查其故卽如無子宮或子宮頸關閉或子宮左右管關閉此病至死後剖視方知之又有數故不能生育者如經水過多或過少或白帶或陰道與子宮所有之陰液不正醫士特奈云常有女人無別病但有此不正之陰液則男精內之小動物一遇其液卽死又有別故尚未全考知然巳有據者如女人第一箇夫爲前能生育之人但與此女爲夫妻則女不能生育若其夫死而嫁人卽又能生又如妓女與多男人交媾則不能生育間有犯罪數年囚於檻內後出檻改業爲平人而嫁人卽能生育

男人內能交媾而不能生育者亦常有之有男人能合法交媾亦不能生育又有交媾而不能出精者醫士克林云男子能交媾而不能生育者其故有三其一外腎之位置不合式其二外腎通精之管塞住其三阻止出精之別故如外腎通精之管塞住之故或因睪冠（睪冠卽小長蟲形灰色體順外腎之上邊與各成精之器相合而彼此繞數次所成之管）雙生炎此因白濁病又因瘰癧病又因毒瘡令兩邊之質變壞或因其精管生成無之其第三故或因尿管縮小故精不能外出而噴入膀胱內又因別病亦令尿管不通其第一故雖能令人不生育而不能阻其交媾之事醫士克林立表共有九案內有四案爲親自查得者其九案內之二案其外腎俱在小腹內又二案一在小腹內一在原處又有二案其外腎在橫胘內其餘爲別種形此各案內其人俱不能生育又查其精因無小動物反之有三案俱爲二箇外腎不落下之病爲醫士波蘭各克德爾哈末所記者此各人娶妻生子其內二人娶妻二次其一人二妻俱生子醫士克林因查以上所言之九人另有別人其外腎不落下而不生育者又查其精內無小動物又查走獸所有同類之事卽疑以上三醫士之案爲不可信而以爲所生之子非親子然此事亦有難言者因此四女與外腎不落下之三男成親生子豈是俱

爲淫婦耶此言之不合理審矣所以最穩之法當此三男爲不合平常人之法所以能生子又可設立公說云凡外腎不落下者能生育者甚少又有醫士楷司巴云凡外腎隱藏之人俱能生育依人身之總理並無不生育之故

茲將疑爲不能交媾之人查驗之法分爲四級

一　查其人之年紀形狀與身體肥瘦及精神之强弱又查其從前所生過之各病

二　細查其生育體又查其長足或長至若干分或如有孔或有管則用通尿管試其能通至何處又如男人必查其尿管合法與否又查膀胱底核之形如何

三查以上各事不可做惹動慾心之事即是不可摹摸並用器具等法

四以上查驗之事非有大能幹之醫士不可爲之凡女人之事必爲通曉接生之醫士查之不能照舊法泒數箇老婦人做會查驗其事

强姦

强姦之罪前時爲殺罪今爲最重之刑罰係一生坐檻作苦工又如其女不滿十二歲則無論强與和其罰亦同又其女在十二歲與十三歲之間無論强與和則罰作苦工二年又如戲姦長大之女或不滿十二歲之女亦有坐檻

二年之罪此爲英國之律法即英王維克多里亞三十八三十九兩年第九十四章而此章改正二十四二十五兩年第一百章之律法近時再改正此律法如女不滿十二歲而行强姦或和姦則雖其男人以爲過十二歲其實無此歲數亦必一生坐檻作苦工又近時泒員議論改正律法之事則今有之律法如戲姦或强姦其罰收檻二年作苦工議改收檻七年

强姦之事其原意爲女人不肯而男人强爲之因此律師立議如陽莖通入陰道內而未曾進深則爲强姦然亦有已進深者可作强姦論否所以英國王若耳治第四之第九年律法第三十一章內云無論强姦之案並雞姦之案不必查有進深之據與否故後來有此通進之據則不問進深與否俱定其有罪因此漸不查其進深之據又有論通進二字之意至末而定律凡陽莖通入陰道內無論深淺俱爲犯强姦之律

從此可知陽莖通入陰道內雖不到含苞之處又不進深如其女人不許而用力阻之則爲强姦故凡有此種案則審問者分爲二種一爲照以上之說有否進陽物之事二爲女子十二歲以上果不願爲男所强否所以依英國律法祗查有通進之事與否即强姦所有之據並其女不願

之據故醫士所考者大半爲第一事

强姦在身體上所顯之據

律法不論女人之無夫有夫不問其貞淫又不問其事爲新犯舊犯所以查驗女人有否此事其情形往往不同前所言通進之說因極易明白故不必查其女所受之害若干深又不必查其童女破瓜與否因定人之罪不在此各事不過在通進與否然因細查各事亦爲有益故醫士能詳言其女受害之輕重則衆人更能信之又雖然不必查進深之據因有否此事其刑罰相同然如果在其女人之身上或衣服上查得精之痕迹則此事在審問內亦爲

要事

凡醫士查驗所言被强姦之女人則必細查三處其一查生育體得知其所受之傷如何其二必查其全身並四肢或青腫或抓破或別種痕迹能顯其女力阻之據其三必查其女被强之時所着之裏衣觀有無血迹並男精之迹或別種精液之迹又間有案內必查其男人之身體與衣服

一查女人生育體　論生育體受傷之先應定平常女人之含苞等爲童女之據因平常被强姦之女爲童女而大半爲年輕之女如其女已長足則爲被告之男子必言其女必非童女所以其生育體所顯之情形不能爲據由是必請醫士分別其是非

含苞　查各醫士之書內間有言並無此物者又馬勒白割得物奇三醫士之書內俱有指明無此物之醫士姓名甚多又有與此意相反者亦多然言有此物之醫士其人更多其名更著

醫士哇爾非拉云查驗童女二百餘名俱有之又有醫士加乏特查未產下之女胎內有之又新產下之女有之二十三至二十五歲之女有之間有五十歲之女有之又馬塞里醫士白那克云六十歲之女人亦有之醫士得物奇

云新產之女往往有之又法國置路甦之房莫爾格所有常見之女人間見有此物者無論年紀大小俱有之間有六十五歲女人與七十二歲女人有之又云二箇女人其內戶左右全相連惟上面有小孔當爲溺管口之用又見一女人其內戶之內有生成假膜閉其陰戶此膜之後則有其眞含苞俱全又詳查各醫士之書則定每一百女人內必有九十九人易分辨因其形與其分寸常有不同所以有不細查之醫士則誤爲無此物

含苞平常之形爲半月形有摺起之膜爲陰道口底下之界限從此處通至內戶之後在其孔之周內而止但間有圓形之膜當中有孔其全周黏連或者其上邊有小孔與溺管口相配又有不常見之形成膜質之絲形條能相連其含苞自裂之各片

含苞在初產下之女極小但漸長大略生育體全成時長得最大其鬆之一邊略縮成皺紋其皺紋破時即成小而四邊錐形之凸點自三箇至六箇不定此爲破瓜之餘核所以見此物之迹則爲前有含苞之據

如含苞爲新破者則可知新有用力之事又如生育體或身之別處亦有用力受傷之據則信其有强姦之事然此祇爲查身體之據

如其含苞之破爲新近之事則其破瓜之餘核生炎發腫但必漸縮小而不顯

凡查女人雖無含苞又有破瓜之餘核代之不能當爲其女與男交媾之據因有別法能滅之卽如其孔過小則第一次經水或內所出之别質俱足令其破又偶有從外自破者或將物料通內令其不癢等事又有因生病而自破者間有産下卽無者如卡布侖所言是也

反言之如女人有含苞而合式則未必爲貞女之的據因已有女人多次交媾之後尙有之間有生育之後仍有之如安白路斯巴果路易施哇西安達那搿里卡布侖波弟

陸克等人書中有案云爲生産之事嬰孩出時所破或臨産時醫士用刀割破又有醫士佗勒白格書中載美克勒之說云有女人受胎五箇月而小産並胎盤俱全産下而後查其含苞仍爲原形而不鬆然雖有此說如見女人含苞俱全而生育體與乳頭俱有童女之形則可作童女論查含苞或全或新破之據外另有别種爲童女之據如內外戶之色鮮明其質略結實稍有漲縮之力又其陰戶下角無破無傷陰道窄而有皺紋乳頭胖而有凹凸力又初行交媾之事有大難處而痛或有血溢出然以上各事俱爲易誤又其內外戶之原形間有多次交媾而不改變又有數箇寡婦與産過數胎之婦人能與貞女相比其乳頭而大同小異又陰戶下角能在數次交媾之後而不傷間有産後亦不傷者又陰戶之窄小不惟童女如此竟可用收歛之藥令其縮小冒做童女之形反之通月經時或流白帶時放出之質甚多則童女之陰戶亦能放大又第一次交媾所有痛與流血之事俱爲更不足憑因雖非第一次如男子之陽莖過大亦有此事

女人之曾否交媾其事最難查得確據又女人久已慣做此事者而其爲童女平常之形尙未改變有數案爲據玆將一案論述之

法國某城之街有二箇年輕女人行過有數箇年輕男子與之相毆路上來往者見其爲正經女人則阻止其事而男子俱云此二人俱爲妓女於是來往之人不服其言卽助其女人同至衙門內控告男子在堂上仍言其爲妓女且有的據其女自言爲童女又云如不信可請醫士查驗其男子云爾不敢與醫士查驗則請最巧著名之醫士詳查卽報云二女不能定爲童女與否但又一女似已與人交媾者亦不能確說復詳查此二女之來歷則知巡捕薄內久有此二女之名註明爲妓女且此二女已數次生淫瘡而治愈

查驗女人生育體所有强姦之據則其受傷之痕爲男人所用之力與女人所阻之力與其陽物大於陰戸有比例如已長大之童女而交媾之事全成則含苞破裂陰戸下角亦裂生育體外必有血迹如年幼之女則含苞不破亦不放血但其內外戸等體受傷或靑腫數時之後必有生炎之迹又生熱而發腫初時多放含血之暮苦司質後有半暮苦司半膿形之質其色綠黃而有黏性

以上爲新時受害之痕迹三四日後則其生炎已退受傷之痕漸愈而不存其迹長大之女强姦之後二三日行走略難步履與平常不同如爲年幼之女受重傷者則此病

之時更久又常有小便時甚痛或大便時亦痛

女人生育體上受男人强時用力之迹如已交媾之人或已生子者或正在月經時或流白帶時則其迹小而生炎亦少

以上生育體受傷之事俱可有之而其女竟非被强姦者因初次交媾而男女自願亦可有此痕迹或女未慣此事而男子之陽莖過大亦可有以上之形迹

有數案其女假冒强姦則告人强姦即如醫士否弟累記一案其女人生育體有生炎之迹細查之即知用錢摘揑其處

閒有女人患病而其病之形性似乎被强姦者如醫士沛細伐勒記一案有女童名漢蒲孫年四歲一千七百九十一年二月十一日收入曼支斯德公醫院係久進院治病者其母云昨日此女小便時大痛即查驗其下身有大生炎按之即大痛不按亦常痛此爲大奇事先二三夜與十四歲之男人同牀睡又云常受此男人之害則用蜞吮等法又令服藥自後女童身體漸弱九日而死有官相驗細查其身則腹內臟腑毫無別病所以本院之醫士話爾特云女童死之故必是從外受害問官於是定其男童有强姦並致死之罪收入檻內以待復審數十日內則患此種

病之幼女甚多毫無從外加害之據閒有其女不能與男人相近者又各案內有數女童因此亦死由是院內醫士話爾特自覺有錯訴知審問官指明十四歲之男人未必有此罪故在蘭加斯德省城內審問此案醫士等人先說此案之據不足爲定罪之用又如審問則有無故難爲各人之事故不應再審即釋放其人沛細伐勒之意女童漢蒲孫之病爲虛發熱病而生育體因此病而生炎腐爛

又有醫士胡特書中記同類之病其人發熱略三日後小便不通內外戸重生炎而變靑色久之而其病通至陰莖內戸及含苞則其外各體先生瘡而後漸壞此病類乎痘

疹類發熱最爲難治見外科藥品書第八本第八十四頁

羅倫士外科論云有一種病令女童生育體外生炎者不惟其病甚重醫士易誤爲淫瘡或令人疑其受大害如强姦等事閒有告狀成案審問者

患此病之人在四歲至十歲其外內戸與外體變深暗紅色生極臭之瘡其瘡之皮面爲黃灰色閒有放膿處又其生育體放最臭之稀流質惟其瘡與原淫毒瘡大不同羅倫士云有女童患此病而本處之醫士俱誤爲淫毒其父母疑年輕之某男故屢問其女令言明所疑之男人如何爲此事久之則女子自以爲有此事故卽告狀審問其案

羅倫士知其事則在案前證其爲何種病卽釋其人

醫士韋勒特書中云小孩之眼生炎同時有流白帶則生育體亦生以上之病又云兩種病能傳染於人

余前見過女人生育體生炎其色深多放白帶惟不生瘡已有數案其女子之親戚尋常疑有强姦之事

以上數種病祗爲年輕之女所有者又常有同時同處數女人俱患此病

二　如查女人之身在生育體相近處或在他處俱有受傷爲據此因男行强而女人阻之則必有打青或抓破之處或在橫肱或在大腿或在小腿或在膝蓋或手或胸或相爭而衣服撕破

三　裏衣　强姦之時其女人所穿之裏衣亦可有據能顯其有無此事或有血滴或血痕迹或經水之迹或精或男女生育體所能放之流質

血滴　如强姦之事或是新近爲之則裏衣上有淨紅血點又其初放血之事停止則其血和於暮苦司質而痕迹不甚顯或淡紅或黃紅其色向內淡而向外深如有此各種血點而同時有出力受害之據則爲强姦之大可疑之據

至於用化學法分辨血點或用顯微鏡分辨之觀受傷一

節詳言之又光色分原鏡之法觀第三十七三十八兩圖

經水　必能詳細分別抓破皮膚肉之血點並經水之血點因經水之質爲子宮內面裏膜質所成其色爲最佳櫻桃紅色因不遇臟腑內空氣則不能變爲光紅色又久遇空氣則變爲櫻紅色所含之非布里尼質比血更少又所凝結之質比血凝結者更稀更軟但閒有經水內有血點其臭有酸味有酸性之變化此因含不化合之燐養五與乳酸又含子宮與陰道內所放暮苦司質小毬形並脫下內皮之鱗形質所以其淨經水質與血從此易分別但其所成之點或痕迹難與含暮苦司質之血點分別又尋常被

姦之女為下等人家者多其裏衣常不甚潔淨故其二種質更難分別醫士楷司巴云其二種質最難分別此說似即指以上所言下等人之案設如塞住陰道而得知其流質從陰道之上端而出則可說定必為經水

如强姦之時而其女人有經水則經水之內必有血又必另有此質黏於受傷之處並在裏衣上或在近於强姦處成大粒即如女子阿施福特之案此女被强之時適通經水又查强姦處之草地上有血印在上之痕迹其迹中有凝結之血點其女之生育體有破碎之形外面有凝結之血所控之男子名拖納否其汗衫與褲亦有血點獲此人

問罪即招交媾之事但非强姦第二日在水池內見阿施福特之屍觀醫學報第二十一本第三百八十六頁

陽精與精之痕迹　强姦後不久查女人之身則陰道口內或相近處可見精質或在其汗衫上能見其迹此精質或痕迹可用顯微鏡分別之因精有數種微體名曰精蟲又有生種等名凡生育體長足之動物其雄者之精內俱有此微蟲多寡不等另有別種小粒其形更大者其小蟲形如長細之線上有蛋形或梨形為頭其形極細其長不外六百分寸之一其頭略為人血內紅色血輪之半其蟲已死之後其線尚能跳動似成浪形但停止之後仍能分

別其形自溼至乾之時亦能分別之間有十箇月或一年以至三四年亦能將其痕迹浸在蒸水少許內而分別之醫士門魯查得强姦之案將其衣服上之迹浸於蒸水內能得小蟲形與血輪及經水中之內皮鱗並暮苦司質畫成細圖又其小蟲不腐爛雖其精能爛而小蟲不爛曾有人將精存四十日已至全爛而其小蟲仍能分別

第八圖

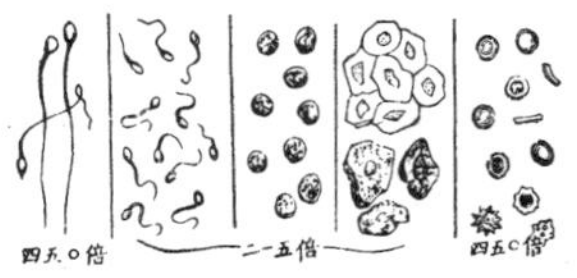

如第八圖其血輪與小蟲有放大四百五十倍徑者又有小蟲與暮苦司質及

內皮鱗俱放大二百十五倍徑古里非特與恆夫里顯微鏡字典比勒紀錄第一本其小蟲之形與分寸及動法俱為特有之形近有醫士特奈查得一種小蟲在陰道之暮苦司質內又不甚愛潔淨之女人其經水內亦能見之此蟲和於小粒形之質比精內所見者更大又其頭比精內小蟲之頭大三倍其蟲之身體內有數箇小粒形質又有小毛四根至六根從其外周生出成行如第九圖

第九圖

精之痕迹又有別種形性如在白布上見之則變硬如乾小粉水其色帶灰如對光看通則有灰色又澆水令溼則

發臭爲精特顯之臭如將白布移至近火處令其受熱而不令其布因熱變黃則其精迹變爲淡黃古銅色又有白色之微點原不顯出至受熱而顯出哇爾非拉云此發熱之據爲特有者因身上所放別種流質無論生病或不生病俱無之又陰道放蓍苦司質或生產後所有子宮或陰道所放之流質或白帶等質俱無此性情又精在水內消化添以淨硝强水則稍變黃色而不結成質

其精迹近於火處變色並其水發奇異之臭俱爲特有之據如添硝强水而不結成質其據不能全可憑醫士楷司巴最信拉寫尼所設之法依此法其麻布或棉布衣服上

有精之痕迹並別種不含阿勒布門質之迹俱能與含阿勒布門質之迹有別因含阿勒布門之質內必有硫其法將鉛養在鉀養水內消化加熱在六十八度令乾如爲精之迹則不變色若爲別種質即含阿勒布門之迹則變汚黃色或硫黃色

精迹內用顯微鏡觀之雖見其小蟲爲一定之據然間有精迹內原無小蟲者因查驗被殺男人之身內則有二十二人俱爲壯年與中年之人內有數箇强壯大力者則生育體內含多小蟲者五人含少者九人不含者八人又五十歲以上之人含小蟲甚多者三人含甚少者三人不含者三人又醫士杜布來云查年老之人五十一人內無小蟲者十四人又有動物學家年六十歲善用顯微鏡則與其妻交媾之後取得精少許與楷司巴同用顯微鏡觀之數次間有小蟲不見者間有多至無數者又間有數箇或許多小者間有數箇大者所以楷司巴定其理云如精迹內有小蟲則必爲精之迹但如所查之迹不含小蟲亦不足爲非精之據

如小蟲之外所有精迹之別種情形如在乾淨之棉布或麻布則爲可據若爲窮人而用汚衣者則不足爲據

試驗衣服上精迹之法愼不可用醋滅壞其小蟲可用剪

或刀割取小塊置於表面玻璃上加以蒸水數滴用玻璃箸輕撥之略一刻則其質漸軟而收水取出而待其自流乾再置於乾淨玻璃片如顯微鏡常用者用玻璃箸壓在其迹上令其略帶白色之水聚於片上再用極薄之玻璃小圓片蓋之用顯微鏡觀之此鏡之力以放徑三百倍爲最小如見小蟲之形則爲精之的據因楷司巴云如有人見過精內之小蟲一次無論爲死者或活者以後觀之不能有誤

別種精液之迹　間有强姦憑據之外或另有淫毒之迹從此可論有此病可與强姦有相關查此種病略交媾之

後三日卽顯出所以如告強姦後不久其女人有此病則爲強姦之據設如過三日而見之所告之男人無此病而女人有此病則指出其女爲不貞反之設如男人有此病則略能當爲強姦之據又如年輕女人有放膿或放暮苦司合膿之質因此告男人有強姦之罪設如其男人毫無流白濁之病則大能助其男人不應承強姦之事但因流白濁難與女童所放之膿形或暮苦司合膿形之質分別之又難與長足之女人深色之白帶等質分別之所以如藉女人所放之質爲據必最詳愼因易錯誤也

查驗男人　查女人之生育體與全身及衣服固爲要據另查男人亦能得相助之據如強姦之後其身體亦可有女人阻當用力之痕迹又當時所着之裏衣亦可有血與精之迹又其人或用大力而致陽莖頭下之筋傷破反之其男人或身弱或年尙幼或年過老不能做強姦之事或其男人原不能交媾果如此則不能成案

聞有告男人強姦之事應往行姦之處詳細查驗則或有相爭之迹或地上有血迹卽如前言阿施福特之案是也如強姦後而女人死則生育體內外並全身更便於查驗而其所受之傷害詳細記錄又必張開其口視其口內有物否恐強姦之人用布等塞口令無聲響

強姦之案雖併查其男女而毫無疑心之處然其據亦不可謂全因其女或初時阻之而後來願意所以審問時其女人阻止而用力如何並其願意與否此各事俱幫審之十二人或數人定之可藉以下之總說卽女人從來之品行如何女人與所告之男人之相關女人告其男人其心中可有別情行強之事在何處並有各種旁事行強之後若干時首告如有他人在相近處或聞其聲與否又如有人遇見則見之先可曾力阻呼喊然女童不到十二歲或癡女或女人服迷藥或因別故而不知不覺者則其願與不願俱不論之

曾有人在審案之時言女人有尋常之見識有尋常之力氣如不願意則不能被一人行強姦之事所以果有此事必爲女人所自願云然其事雖爲難成而有據可知其爲能作之事如楷司巴書第三本三百十一頁第五十四案有其據照今所有強姦之說如男強而女弱則能有此事又其女因驚怕而昏迷不知或其男子可用威逼而言殺死等事依英國審此種案之律法如威逼其女人或言如不從欲加更大之害或假冒爲夫或不知此事之女人則誘騙而成事俱不能作爲女人自願之事

另有二事必略言之一·女人睡時能否與男人交媾二·強

姦能否令女人得胎

一女人睡時能否交媾而不知　如女人服醉藥或迷藥之時能被强姦毫無疑處又常與男人交媾之女人當睡熟時能與男人交媾而醒後不知亦爲偶有之事但童女睡時强姦而交媾之事全成而女不知者爲絕無之事如一千八百四十年有貧女與余商量治病之事先言數種不緊要之病證後言睡時甚酣最難清醒卽如屢次與夫同牀而睡明早起身夫告云夜中行交媾之事而竟不知又以下論成胎有數案其女人睡時與男人交媾而不知至得胎後則自驚不知爲何事從此可知非用力而强姦亦能得胎

二强姦之後能否成胎　查女人有交媾之事未曾知覺者亦能成胎所以慾心非不可少之事又第一次交媾而女人願者亦能得胎所以如未曾知覺之女人第一次交媾雖有大痛亦能得胎如女人不願亦無不能成胎之故

玆將醫士查驗告强姦之女人有簡便之法如左

一先到女人之房屋不可預先報明要查又不使他人預知又記錄簿內記到房之時刻並所告强姦之時刻又凡所問之事其言內不可引所能答之說（案此卽示以已意）如爲女童則更宜愼之

二查女人之年紀與力之大小及精神之好壞又查其受傷之處並查其傷處與强姦之事相配與否

三查生育體或有血或發腫或磨擦傷皮或生炎或生瘡或有放出之流質查其爲何種從何處流出又查含苞與又形體受傷與否如已受傷則查其爲新爲舊又查其破瓜之餘核有否又查其受傷痕迹之久暫與根原又定其可否因別故而成卽如用別物加在生育體上或置於生育體內故欲傷之令其似强姦之形又查其强姦之事在通經之時與否或當時有別種流質放出令生育體放鬆

四如有放出之流質則查其數而取其若干以便試驗又如在身上或在衣服上見有血或精之迹亦必取之以便細驗

五如其女已死則必詳查其遍身與臟腑又必查打靑折斷脫節等事又查口內有無他物塞口爲不令呼喊之用

六細查强姦地方所有之痕迹

七查驗被告男人先查其生育體能交媾否或虛弱或幼或老而不能行强姦之事並女人身上所有之各迹又查其有否淫瘡或新弄破或擦傷莖頭筋又查其身上有否打靑或抓破等女人用力之迹又查其裹衣有否血或精之迹又查其人强壯肥大或軟弱瘦小

如細查其女與男所得之據不足爲成强姦之案則或作爲欲害其女人而有强姦之意所以改其稿而另起加害於人身而有强姦之稿則能成案而定罪

受胎

女人自言有胎實有其事或假冒其事或已有胎而閉密俱須查驗而成案

閒有女人假說有胎如未嫁者因欲詐相好人錢財或因欲感動相好男人之心或有男人引誘女人交媾而女人作此說令其速娶或男人已應承娶親而後退婚故女人告狀要賠若干錢則說有胎令其賠錢更多閒有已娶而

女人因欲求媚男人令其喜悅則假說有胎或因久娶而不能產子則女人假做有胎若干時待他處之女人生子則買其子而當爲親子又如犯重罪須處死者無論已嫁人與否如報有胎則可緩其死期依英國律法有胎之人不處死必待產後施刑又有女人無論已嫁與否有胎而藏閉不說因欲免羞或因欲打胎或因有致死小孩之意尋常審案內必須查驗女人有胎否假如其夫已死而寡婦云有胎卽接嗣者失望又定罪之審問堂內有女人定罪致死託言有胎以遲死期如寡婦言有胎而成案則審問官發照會使數箇明練婦人尋常以十二人爲限令其成會細查其寡婦至生產而止知定罪處死之女人則依同法派數婦人查驗有胎與否又查其胎能動否

以上爲舊律法惟其派會之法往往不同近今常令醫士爲之卽如有女人福克斯之案派二醫士與二有見識之婦人每十四日查一次又有一案因婦人會克斯於一千八百五十六年三月二十日在英國邊界殺一男人亦名會克斯至定罪時被告云不可致死因有胎已動於是問官命鎖閉審問堂之門派數箇明練婦人成會照法設誓查其女人有此事否又派二醫士查之由是各婦人說明所查得之事則在耳房商量片時回至審問堂言明查此

女實是有胎審問官定此案待其女生產後施刑又一千八百七十一年有女人愛特們茲在伯來盾毒人而定罪亦說有胎以緩死期查驗則無胎又女人會步司太於一千八百七十九年在里是滿謀死一女人名妥買斯亦說有胎查驗後知爲假冒

派婦人查驗之規條乃古時傳下者近今藉格致之理最能講究故全憑醫士爲善而此舊例應廢而不用近時擬改問罪之各例一千八百七十九年作改正之初稿內第五百三十一款云如有女人定罪應死者或有胎可告明改從緩期審問官可派醫士一人或多人有憑者先依例

設誓在閉密房內或合查或分查其女人有胎否或已動否如其各人內有一人云其女有胎則必待其生產或待其產時已過而知無胎方能施刑此新例定準之後不再派婦人成會查驗

前英國審問堂有案審女人時因其有胎故不便住檻房則用保人保出又有一例為英國王威廉第四第一年律法第二十二章云凡案內應列之證人因久病或因別種身體不好之故不能到案作證則其口證可寫出而在審問官之面前念之曾有案有女作見證將欲生產故審問官依以上之例饒其來作證人然此事亦必得醫士之據

為憑

因成胎之事分為許多細說故說總題目三條以便包括各要事　一女人活時所有得胎之證　二死後查驗子宮與相屬之體以便查當時有胎並前有胎否　三所有與成胎相關之事而又與醫學律例有相關

第一節　有胎之據

茲將有胎之要證略言之如欲更求詳細必考專論此事之書即婦嬰書或胎產等書

身體所顯之總證　性情易惹動或分外好或分外壞心中鬱悶或無心作事或身倦或面容似乎乏力或有失望之意或嘔吐或心焦或厭惡食物或食物欲多或有時食多或有時食少或喜食與不喜食者常欲改換或時常要吐朝晨為多大便閉結時常發熱又常有頭內之血太多面生微瘡間有口津過多或牙痛俱為有胎之常證但此各證分開而見其為憑甚輕或同時有數箇證亦非全可為憑

乳頭　婦女有胎則乳頭之改變有三甲加大而硬乙乳盤周圍生溼暗之圈此圈上有暮苦司質之小凸點丙其乳頭有乳合漿流出

子宮　此體所顯之證分為八事甲經水不通乙肚腹放

大而改形丙胎動丁子宮之頸與口改形戊子宮放大己用指頂動胎能起落庚陰道暮苦司膜皮變色辛用聞證筒能聽胎聲

甲經水不通　經水久不通而其人無胎者有之又得胎之後一二月亦可顯出或有胎之時竟可顯出而不失期間有女人平時經水不通有胎時即通間有女人尚未通經水而有胎又有女人實有胎而欲藏閉其事故將他物之血假作經水

乙肚腹放大而改形　其腹漸大初在三箇月顯明後漸大至臨產而止三箇月之先其子宮漸落至骨盤內令腹

似有壓平之形臍孔似乎凹進

丙胎動　尋常之人以為胎兒初動與其母不相關所以從前之例以為動者係胎兒但此動之故尚未查明有人以為子宮忽改方位移動之後則其胎內之兒常有動而至產下者尋常得胎九十八日至一百二十六日則胎動間有八十四日即胎動者然此為不可恃之據因間有不覺動者或因腸內有風氣或移動或其肉筋忽縮因此而人誤以為胎動

丁子宮之頸與口改形　有胎之婦女子宮之頸滿而圓並軟而有凹凸力其口邊即子宮之唇亦失其邊而變軟

發腫而不顯明又久有胎時其頸縮短久之而不顯其口原為橫線形後變為圓形手指可通進更易更深又有胎之時愈久則其胎漸上升其底移向前而其頸移向後

戊子宮放大　初起三箇月之內其胎尚未從骨盤內上升故過陰道而查驗之則不覺放大四箇月之後間能在交骨以上摸得之又五箇月之內不惟在外能摸之又可過陰道而摸之顧此子宮放大之事亦可因他故而得之故不可當為胎之實據

己用指頂動胎能起落　如將中指置於子宮頸之下忽向上一頂則其胎落到指上易於覺之因無胎則不覺此事惟此在四箇月後方能顯出又尋常過六箇月而不顯出如巧手之醫此據最可憑

庚陰道暮苦司膜皮變色　有胎之女人其子宮內暮苦司膜質之色變深紅似乎紅酒之渣滓此雖為有胎之好據然不便於用

辛用聞證筒能聽胎聲　如將聞證筒置於有胎之子宮上聽之則覺有二種聲一為胎兒之心動聲一為子宮之聲其兒之心動每分時一百二十次至一百六十次與母之心動不相關小兒之脉為雙者似乎枕下之表擺聲又聞此聲亦非常在一處尋常在一邊在臍孔與胯骨前上

節之中間又間有不能聞者設能聞之則為有胎之的據若其小兒已死或得胎之時過於少亦不能聞之所有子宮之聲似乎輕吹空瓶口之聲此聲與母脉同時尋常有在子宮之前面或其側面聞之又尋常略在四箇月之末顯出

尿內之據　以上試驗之外另有尿內之據如有胎之女人將其尿存一二日之後則其面上浮一層薄衣能回光此為含三燐養五之鹽類又為極微蕈類與苔類西名開斯臺納前時以此為有胎之實據然此雖在有胎之時常顯出間有婦女紅血輪太少雖無胎亦有此據又有胎者尿

中常含葡萄糖亦不當爲有胎之據

以上各證據如分開見之則不能全可憑又有數種極易誤或與數種病象相似或因當時子宮有病或腹與臟腑有病亦不顯明總之最可恃之據非熟悉此事者不能查得之所以此種事非熟悉之人不可輕試

間有子宮所放出之質可爲有胎之據此物之要者有四種一爲小産二爲子宮內放出參差肉形之質三爲水疱形蟲類質四爲假膜質

一小産　此易以分別因內含胚或胎又觀其各胞膜質其胎在起初時各種變化詳於後卷其胞膜最易分別其

胞衣軟而似膠形肥澤其色深紅外面粗毛而有許多小孔如蜂窩內面光而平滑其內胞衣之外面平滑內面有許多絲形質此絲形質收其胞胎第二層膜質所發之樹形與毛形質此各形不能爲生病而變成故爲小産之據

二子宮內放出肉形之質　有數醫士以此種質爲得胎之故而生果如此必爲胎之小分應分別其爲胎之何分設如不能查明其質爲胎之何分則不可以爲此質因成胎而有者

三水疱形蟲類質　尋常醫士以爲此種質因成胎之故而生者然因此種質能生於膜質數處而已變成數箇月則不能以此質爲定其成胎時之據

四假膜質　此質常在經水難通時發出不謹愼視之或以爲成胎而變成但前言之法爲最確即胎中所放之質除能辨爲胎之一分外其餘不能以爲因有胎而生見後第十七圖爲女人經水難通時所出假膜質之形

第二節　查驗死屍

間有死後必查其當時有胎無胎或從前有胎無胎查其子宮如有童女之各形則爲不成胎之據或子宮放大而空或內有成胎之數種變化然此各事或因子宮內生瘡或有瘡與子宮相連設如子宮不空則其內含之質

必詳查如驗得胎之痕迹則其從前曾受胎爲一定之據

昔時醫士以爲子宮左右核可有數種形狀爲有胎之據又前在里味不審問男人安古斯定其殺一女人本斯之罪則在其女之核內有黃色點帶小核此爲前有核在其處因成胎之事而移開則當時之醫士以此爲近來成胎之據但查子宮者各醫士之意見又不同

核處有黃色點能否爲前成胎之據已有多醫士爭論之從此分爲二種一爲眞黃點係成過胎所變成一爲假黃點係童女核處所見從此議論得知眞與假之分別然其分別不足爲查驗罪之事之據如楷司巴云已剖視數

人之身而查得成胎後所得之黃點與成胎以前所得之黃點不能有實在之法分別之又格機斯書中云核內查得黃點作爲前受胎之據此爲未確等語然童女核內之

第十圖

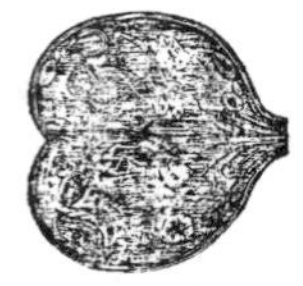

黃點與有過胎之女之黃點其分別亦應指明如不成胎則其黃點尋常不大於小圓豆形又待四十二日至五十六日之後則變爲極小之迹幾不能見反之如成胎則其黃點漸長大在第三與第六各月之中得其最大之界限而存此形至生產後則漸變小生產後數月亦能辨之如後兩圖爲通經時並成胎時黃點之形俱

第十一圖

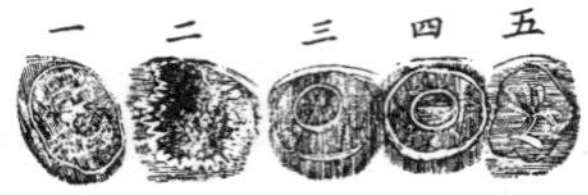

爲醫士法耳論子宮與相屬體之書內摘出第十圖爲長足童女之核內有格拉非恩水疱質未長大以前之形圖內能見已裂開而放其核縮爲星形之疱又第十一圖一號爲放大之疱之剖面形內有血點此女人前次起首通經之後第十日而死二號爲更大之疱新裂而放出其內質三與四兩號爲女人成胎滿四箇月而死之核淺與深二箇剖面形五號爲成胎滿期生產二日之後所得星形之裂疱形以上三圖可當爲尋常之形各疱已放出其核而其

核後變成胎凡藉核分別前有胎與否必須考究熟悉者方可爲憑否則易誤

第三節　醫學合律法與受胎相關之事

此事分爲五款論之　一女人能生子年紀最小最大之界限　二女人不知覺時能否交媾得胎　三女人可否不知有胎至生產時方知　四有含苞者可否爲不成胎之據　五受胎後尚未產者能否再得一胎

一能受胎年紀最大最小之界限　依醫士楷司巴之書女人以十三歲起能生子至五十二歲而止醫士和末書中云有女人十三歲生子者又有十二歲生子者醫士拉

麻得云女人十三歲時已生子又有巴黎與分步蘭格二醫士云法國巴黎一千八百十六年麥脫尼堆生產院收得數箇女人欲生產者不過十三歲醫士陸羅吞云某廠內有女子僅過十二歲而生子哥分特里醫士司密得云本處有十二歲又七箇月之女能生子阿比西尼國內有遊覽人布羅司並印度之孟加拉有英人屯陸伯俱云見有十一歲之女人已生子又英國有一案審問男人弟納之罪律師名兒代國王辦案此案有女子不及十二歲與弟納私通此爲犯法之事此女子爲弟納前妻之女案內有證人云他處有女子十二歲又一箇月生子而其子能

活等語然弟納之案因其女不滿十二歲則犯法定罪在檻房十年作苦工此案在太密司新聞館一千八百七十九年正月十六日印出又有醫士布羅門罷克書中云瑞士國有女人九歲時已受胎又珠白特與施里紀由司二醫士書中俱有九歲女子得胎之案又法國大亂時有收入生産院之女十一歲者一二名又不及十一歲者亦有之（觀壹丁不爾厄一千八百六十一年九月內科記錄醫士韋勒孫之說）

至於受胎最老之限醫士陸罷吞書中云有五十三歲之女生子莫司倪比勒陸罷吞諸醫士書中云有五十四歲之女生子又有壹丁不爾厄之一千八百十六年紀錄書

內有女人阿施里五十四歲得胎法國亦有案係大産業接嗣之事其女人五十八歲生子則爭産業者控其爲非親子但定此案者以爲五十八歲之婦能生子故當爲親生又昔人布里尼伐里斯古斯弟太侖脫又威尼斯之馬拉各書內記有六十歲之老婦生子又有侯爵夫人太格西斯六十二歲時生得强壯之子醫士卡布侖云巴黎有婦人六十三歲生一女美國醫士白割云紐約之韋脫霍勒地方有老婦六十四歲生子其事載於波司屯地方醫學記錄書中

由是而知可憑之案五十四歲者四人又五十八歲者一人最老者爲六十四歲其末二人爲特有之案

第一次與末一次通經尋常當爲能生子之限又因通經早並到老仍通者似乎爲少年與老年能生子之據英國與歐洲他國九歲通經者不爲奇事又醫士馬勒曾見女子二人在六歲時已通經而乳頭略腫大法國醫學書內有五歲之童女通經又有不滿一歲之童女通經者另有最可恃之據又有醫士得勒門書內云有童女據其母云産下十四日即通經水通二三日而止後即每月依時而通至四歲則乳頭與生育體略與長足之女同惟交骨外無毛（英國內科記錄一千八百七十九年第二本第四十七頁）

余已查過之案一千五百人內不滿八歲而通經者祇有一人反之已有數案通經至五十七歲不斷又里德書中有案從五十七歲至六十九歲之間每年有記錄之案若干開有停多年而過六十九歲再通經者

女人初通經時可爲醫學合律法有相關之事茲將女人初通經之年紀以其多少之比例分次第十四歲與十五歲時初通經爲最多又有十六歲次之其餘有十七歲十三歲十八歲十二歲十一歲十九歲二十歲十歲二十一歲二十二歲九歲二十三歲

經水斷時略四十五歲至五十歲爲最多然四十歲以前

五十歲以後者亦不少

二不知覺而交媾得胎　據各醫士云能有此事如醫士卡布侖云女人妄言笑不知人事之時又用醉性藥或因呼吸忽斷或因酒醉或因昏睡等事則或有人與之交媾亦可不知覺而得胎如卡布侖云有一案女飲燒酒有男人與之交媾而不知又有白割書中云有一案女人飲葡萄酒大醉不覺有人交媾從此成胎又有一案爲法國醫士戴格蘭知告於否弟累其男人令女人服鴉片至醉時而與之交媾其女亦不知

女人不飲酒不用迷藥惟在昏睡時有男人與之交媾而

成胎一爲醫士顧知所記一爲醫士古薩克所記又有一案爲北爾克希爾省之醫士修以得所言其女人在妄言笑而不知人事之時有男人與之交媾而成胎女人不知其事又有一案其女人因不能通氣幾乎悶死則有人與之交媾而成胎此爲否弟累所說記於醫學著名各案之書內

從以上各說可見女人有數種不知覺之事俱能令其得胎

三女人不知有胎至生產時方知　前言之案內可以有此事因女人不知與男人交媾則如何能想出有胎之事又其下體漸大並其餘各病證亦想不到其確故有一案係否弟累所記爲戴格蘭知所查驗其女人與男人最相好而其男求其私通又云如在浴盆私合必不成胎戴格蘭知治此女人之病則見其有胎之確證女言斷不能有胎再詳細盤詰卽應承前事言之甚重不能爲彼事成胎因在浴盆私交之故白割亦云此案應列在癡女成胎之案內戴格蘭知言此女實屬誠實而不可當爲癡又有俗人以爲一次交合而交合時略輕爲之令含苞不破則不成胎故常有信此說者已成胎而不知其爲何事否弟累書中亦有數案內言女人因作數事以爲能免受胎而受

胎之後則以爲斷不能有胎

以上各案內其女人或以爲所見之證祇爲平常之病又因不願生子則不肯信爲有胎反之有夫之婦則速望受胎故凡有小病卽當爲受胎之據所以預備各種生產之事並告親戚朋友知之若無夫之婦雖有胎之據最顯明不肯以爲有胎因有胎者必爲無恥然間有人家夫妻誤以爲無胎及臨生產時尚不信能有此事尋常照以後之案卽係醫士貪那所報者其女四十二歲嫁人已三年忽五六箇月內經水甚少再九箇月時毫不通經夫妻二人雖急欲得子則因失望其女想不到有胎忽然大痛最難

忍後耐痛數小時無奈何請醫士治病醫士知其有胎其痛即因生產過十小時工夫其女仍不信醫士即用器具收出胎中之兒有此據而女人方信（一千八百六十三年生產會記錄第四本）

所有得胎而家眾不知之奇案爲英國一千八百五十二年五月內上公議院審問夫妻離異之案其夫名霍根斯獨自出門十箇月回家後與其妻同房多於二箇月同睡時忽欲生產起牀略五分時即產又前兩次有胎則夫妻二人未嘗不同房所以此事爲夫不知而最奇又其朋友與親戚亦不料其有胎服侍之小婢侍候穿衣脫衣之事生產之夜睡時亦服事又醫士以爲其身體有改變之情

形俱以爲有別病又因醫士說有病不可出本國所以其夫獨自出外十箇月以上之事雖爲最奇而上議院之首人定此案云查伯爵霍根斯不知其妻有胎所以與之同房故其兒子亦能依律法不當爲親子

四有含苞者可否爲不成胎之據　此事已在前强姦之說內詳言之從此可知不惟多次交媾而含苞不破又有生產而含苞不破者

五受胎而未產者能否再得一胎　此事原屬於辨驗親子故在後論親子之節詳言之

生產

生產之事與有胎之事同或有藏閉者或有假冒者其藏閉因欲免羞辱或欲壞其小兒其假冒者或因產業欲得接嗣令男人肯娶或因欲令夫歡樂或因欲平其忿恨而生愛憐之心醫士所需分別之事或因藏閉而查得有胎之據或假冒有胎而查得其假設其藏閉之意多假冒之意少則其藏閉者常因欲查疑心之女人可曾近來生產與否又以同法在已死之人亦須查其近來曾否生產又如審問女人致死嬰兒之案閒必查從前產過與否或查其女人不知覺時能生產否又須查其女人生產時其身體之方位等事能令產下之兒易死而其母是否無心爲

此事

從此可知生產之事宜分爲五節而論之　一活人近來生產之據　二死人近來生產之據　三活人前時生產之據　四死人前時生產之據　五醫學合律法與生產之事有相關

第一節　活人近來生產之據

如生產後數日內查驗之則所見之病證如後面色發白似乎有病之人其病纔退其眼凹進眼眶周圍之皮暗色脈稍數皮膚軟而暖又發汗而有奇惡之臭乳頭滿足而緊有硬凸頭之處其乳盤發腫而紅周圍有凸點之圈與

前所言有胎之據同如壓其乳頭或吸之則所放之流質有乳之形性以顯微鏡視之則不惟能顯出生產之據亦能顯出哺乳之據因生產後五六日所出之乳比常時者更稀更能通光其顯白色與其不透光較平常之乳大不同又以顯微鏡視之則有尋常乳中之小毬形合於皮膚鱗形質之微點又有一種雜形之粒名曰養身粒如第十二圖爲無病女人生產十二小時之後養身粒之形又如第十三圖亦爲無病之女生產七日之後養身粒之形此二圖相比其理易明其腹脹大而皮放鬆又成皺紋其下從交骨起至臍孔止有淡色條紋上下不接連或有裂縫

如在交骨上處以手稍用力壓之則摸得其縮小之子宮其大略如初生小孩之頭從骨盤之邊向上舉起三四寸又向此邊比向彼邊更斜又其生育體之外面有已伸長而受傷之迹且發腫而

第十二圖

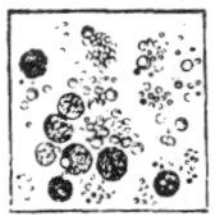

第十三圖

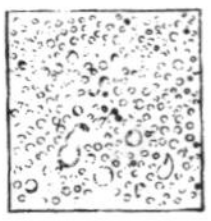

放鬆開有變青色而撕破如爲初次生產則其後乂形處破裂其裂處開有通至會陰頗深者又如過陰道而查驗子宮則放大而與其外面所顯之凸處相配其子宮口張開能用指二箇或三箇通進又其口邊放鬆而有裂縫產後數小時其口大至與其邊不能分辨

又其形似爲陰道一直引進又陰道張開放大而鬆且平滑因其皺紋不見生產之間其子宮撕破之血管放血甚多又待二日或三日間有更久者其陰道內有放出含血之流質卽惡露此質流若干時之後則不含血此時細驗之不含非布里尼質而含血輪頗多並含內皮鱗形質有數形者又含膿膛並油類小粒再二三日幾能無色或淡欖色或暗綠色故西俗名曰綠水其臭酸而奇異似乎魚油難以滅其臭或藏閉令人不聞此後則有流質似膠形似乎乳色略二十八日至三十五日而止

以上各證單見者不足爲可憑因其子宮與陰道放大並

其外各體放大之故或因近來子宮內放出別質又因子宮脹大則陰道內可放流質而乳頭放大而生乳俱因爲與放大之子宮相配又因此故而腹皮亦可有已伸長而縮小之形並無生產之事

凡查驗此事以早爲要因過十日所顯之痕迹可全不見十日之後所查得之事亦不能全可憑又如十日以內亦間有難定其近來生產與否如其胎分外小而產母格外強壯則更難辨驗之

如成胎之時未久而用打胎之法則所見之痕迹少而易散打胎後不到二箇月之時其證爲不可據

第二節　死人近來生產之據

其外各體與活人相同惟其子宮之形依生產後或早或遲而死者其形不相同如產後不久而死則其子宮口大張開又其子宮平而鬆其大九寸至十二寸內有結血之大塊與其胞衣餘質之軟料黏連子宮內面並胞衣相連處其色俱深又其棉花形之紋更少又在其面有半月形之孔

待若干時則其子宮漸縮生下足月嬰兒之後二三日而產母死者則長七寸闊四寸其外面有多微絲血管顯出並有紫色點大一寸至一寸半其子宮直剖面之色與其

硬與結實之肉筋同其內面照以上之說產後七日而產母死者則子宮長五寸至六寸闊略一寸其微絲血管顯出更少但其質更堅硬其內面常有血迹其胞衣之餘質在內面亦有顯出之據半箇月者其子宮長不過五寸待一箇月而分寸歸原但其子宮口總不能縮小至與童女等其子宮左右管並一箇或二箇核內多含血而有微絲血管顯明又其核有一箇或數箇黃色點

第三節　活人前時生產之據

身體外面所有之據如乳頭與腹之皮膚有銀色之線或光滑而不接連之紋似乎裂痕在腿腹交節處此痕最多然閒有產過之婦亦無此痕如有此痕者不過指出此處之皮多伸長而後忽然平復其腹皮上有此痕自然不可恃為全據因有別故亦能成之但乳頭上之形雖有別事令其伸長而成痕迹設此二種痕迹一并顯出則其女或前時曾受胎而生產或有令子宮放大之病而乳頭發腫配之醫士熟悉此事者摸其子宮口而得爛而不平之形此當為最可憑之據又如見陰後叉形或會陰有從前撕破之痕迹亦當為可憑之據反之閒有已產之女人其陰道似未開通或極窄似未生產者或者含苞亦俱全似斷不能生產者如前言強姦之案是也茲有一案能顯明查

驗活人前時生產之據醫士們格慕里之書內載新近查驗一女已產過五胎其三孩哺乳長養其最小者今有五歲乳頭小不鬆亦不墜下其乳頭嘴短而其周圍之凸點圈毫不顯櫻色祇有淡青隹玫瑰色與童女者同又其腹無線無點其子宮口小而與童女同陰道縮小而叉形之體全又有一事亦為奇異者即每次成胎尚未及八箇月而生產也（醫學練習彙編們格慕里著第四本第五百零四頁）

第四節　死人前時生產之據

設死人尚未過於腐爛則其以前有否生產之據與活人相同但其子宮腐爛比身體別軟處或比臟腑更遲所以

成一種案如會捺來脫之案要全憑其子宮而定其曾否生產

查會捺來脫之案於一千八百七十六年二月在倫敦生產會議論而各人之意見辨論甚詳其大概云童女之子宮與產婦之子宮其分別未必甚大所以無別種證據不能全可憑有數種病能令子宮放大而令其形與產婦者略相同

茲將童女與產婦之子宮及形性大概言之又必知雙胎或多胎令子宮脹大比一胎更甚

童女之子宮或未生產之子宮其形幾為三角形而其底

線在子宮左右管之間幾為直者其外口或為橫線形或圓形而其唇平滑其內口亦易分明又內外二口間之處名曰生命枝之皺紋亦易顯明

其子宮之房之內形亦為三角形其邊向內彎至於其分寸與輕重則各醫士所記之數不等故不能為準數如巴尼斯所記之重數在身體長足時為三百六十釐至一千釐又其內膛長二·一○寸即其內房長○·九寸其頸房長一寸其中房○·二○寸共長二·一○寸其子宮旁肉厚之中數為○·四○寸至○·六○寸

已生產之子宮其三角形不甚顯明又子宮左右核中間所成之底線稍有凸形其外口放大而有參差形並有裂紋又其內孔亦不多顯明又其生命枝之皺紋尋常似壓平形其內膛更不顯正三角形又其形改變令其內膛之長比頸膛之長更大即與童女者相反

產過之婦人其子宮尺寸與輕重及旁肉之厚俱比童女者更大如巴尼斯書中云其重為一千二百釐至一千八百釐其內膛全長二·三○寸分為內膛長一·一○寸頸房長一寸中房長○·二○寸

如年老之婦其子宮漸收小或能小至重一百釐至二百釐

第五節　醫學合律法與生產之事有相關

此各事內有二件為要一為女人能否在不知覺時而生產二為女人能否獨自辨理生產之事而嬰兒不死此二事內第一事可在本款議論之第二事屬於致死嬰兒之案內論之

女人能否在不知覺時生產此事有多據即如用醉迷藥或酒醉時俱可有之又在不知人事之時或癲狂或因生產之痛證或羊癲瘋或昏睡或靈魂離身之時俱能生產如第一次生產者則難得不知覺若已多次生產者其產時甚易則不知覺之事或可有之

終

法律醫學卷三

英國　該惠連
　　　弗里愛　同撰
英國　傅蘭雅　口譯
無錫　徐壽　筆述
新陽　趙元益　校錄

論打胎殺子並辨驗親子

此三事俱藉胚胎生長而變成各形之詳細故先論述之

胚胎生長變成之法

前醫士云二十日至二十二日之先不能在子宮內分別含胚之珠惟有法國醫士費勒坡曾查過子宮內有不外十二日之胚珠者有三人又英國醫士和末在交媾後八日在子宮內查得極微之胚珠茲將法國得物奇書所論胚珠變成之法所有尺寸與輕重俱藉哈暮敦本斯卡布命首西愛美格里愛杏弟累哇爾非拉得物奇各書內之數又費勒波與比沙特量得胎兒之骨之數但其本文用法國枚數為主本書則變為英尺言之

胚二十一日至二十八日　長略三分寸之一重略二十釐其大小略與大蟻或大麥相等其形如蛇頭略放大其尾尖細其胚尾之端為臍帶其口處有裂紋之形其眼為二黑點其四肢為微凸點略同乳頭其胎衣之毛形質平鋪於胎衣面

四十二日　其胎長半寸至不及一寸重四十釐至七十五釐其頭能與胸有分別其面能與腦殼有分別其鼻與耳目口各孔亦能分別其手與臂在其胎之當中能見而其指亦顯明其腿與足近於肛門其臍帶相連之處亦分明臍帶合小腸並膀胱管之一分其小腸之管並其臍各線形俱在其內其胎盤起首變成胎衣之內層與外層尚未相連又其臍帶分外大鎖柱骨與牙牀骨初有變成骨之形

二月　胎長一寸半至四寸重二錢至五錢其鼻唇眼皮初變成形其生育體亦能見之四肢與身體亦分明肛門有黑色點又肺脾與內腎之腎上核初變成形大腸在臍帶之後其消化之路收入腹內其膀胱之連筋分明其胞衣之外層在胎盤盡處相連其胎盤起首變正形又臍帶內之各物略相繞又在肋骨與額殼內有變成骨之處

三月　長二寸至六寸重一兩至三兩其頭大眼皮與唇皆閉而不開瞳人之膜質分明手指分開下肢比初生之尾更長生育體亦微凸用顯微鏡可分別其男女其內腎之腎上核與胎之頸核分明心之左右下房亦分明子宮之內所有二層裏膜彼此相切臍帶內含其臍之各物並膠類質少許胎盤全分開又其臍帶之疱與其含胎屎之器及臍帶內與腸相連之體皆不能見

四月　長四寸半至八寸半重二兩半或三兩爲最小七兩或八兩爲最大皮膚紅如玫瑰花色又頗厚口大而張開瞳人膜質顯明指甲初見生育體易分男女膽囊起首變成大小腸之上迴有黑屎大腸頭之門能分別又其臍帶與交骨相近胎衣之內外兩層相切又在胎盤與子宮相切之處有變成之膜質又在尾骶骨之下端有變成骨之處耳內之各小骨已變成骨形

五月　長六寸至十寸半曾有產下死胎男長十三寸女長十三寸半又有男胎產下活者長九寸女長十寸重五兩或七兩爲小者一磅又一兩爲大者醫士施米德書中

載有死產之男胎一磅十三兩另有雙生之女一磅六兩至十一兩其頭較他體之比例過大頭皮上有細毛指甲最分明皮膚外不顯硬油類質心與內腎分外大膽囊極分明黑屎質在大腸起首之處爲黃綠色在交骨並踵骨有變成骨之處又其食牙初顯萌芽

六月　長八寸至十三寸半重一磅至二磅二兩皮膚稍有絲紋之形徧身有毫毛與硬油類質其身體爲朱砂色眼皮尙黏連瞳人之膜質尙存臍帶略在交骨以上相連大腸之上端有黑屎肝深紅色膽囊內之流質無味外腎與內腎相近胸骨有四處變成骨形身體之中點在胸骨之下端

七月　長十一寸至十六寸重二磅至四磅五兩皮膚暗紅色其質厚而有絲紋外面有硬油類質髮長四分寸之一指甲不到指端眼皮不黏連瞳人之膜質初起消去大腸內幾全有黑屎肝之左半幾與右半等大膽囊內有苦汁腦髓比六箇月者更結實內腎與外腎之距比六箇月者更遠踝骨內有變成骨處身之中點在胸骨稍向下

八月　長十四寸至十八寸重三磅四兩至五磅七兩皮膚玫瑰花色面有極細之毛其硬油類質包在全身甚顯明指甲已到指端瞳人之膜質不顯外腎落到內圈尾骶

之尖節有變成骨質之處身之中點近於臍而遠於胸骨

九月卽滿足之時　長十六寸至二十寸重四磅五兩至七磅頭上之髮長一寸皮膚上全有硬油類質其徧身之細毛不見惟肩上稍有之外腎已過腿腹交節之圈間有在腎囊內者黑屎近肛門大腿下端脆骨中間有變成骨之處舌骨尙未變成骨質後腦骨四塊分開耳之外管爲脆骨質

楷司巴云大腿骨下端脆骨中間變成骨質之多少能定胎之時日但試驗此事不過能試死胎之骨所以一切別種試驗之法如不能用方可用此法雖然別種長

骨在末月內不顯出變成骨之形而末月之下半月在大腿下端脆骨處有變成骨之點其試法在膝節割進而將脆骨片片削下至得最大徑處而止則白色脆骨內顯出有色之點略圓形而爲淡紅血色比周圍之質更硬若爲腐爛之胎其脆骨變汚黃色而其變骨之點爲暗紅楷司巴又云試過不成熟之胎四百六十四箇則知如此成骨之點不顯出則小兒不能大於二百五十二日至二百五十九日又如長足之胎不見此成骨之點則可知此小兒之身原有病因此病不能照常長足每胎三十四箇內有一箇如此者如其變骨之點略闊半分即大如麻子則其胎必二百五十九日至二百六十六日又如胎長足之時即九箇月而不大於麻子則徧身亦必有缺少之處如徑四分分之三至四分者則知爲長足之胎又如其變骨之點大於四分即大於三分寸之一則可知其胎爲活產而產後活若干時楷司巴云此法爲全可憑尚未見不合此法之胎反之如變骨之點其徑小於三分即四分寸之一則其胎或活產而產後能活若干時果否如此不能定之

本書係第五次修改重印者前次印者第七十七七十八兩頁內有二表爲諸醫士查得之各數內有各時候之胎其尺寸與輕重之中數又有最大與最小之數又分別死產與活產者但因此二表不常在審問案內需用故此次刪去之

已有多醫士詳考胎兒滿足時日之重數又因此事爲要而有趣又因略能顯出胎兒在各時之重數最大最小之比例故玆將諸醫士試驗二萬箇小兒滿足時之重數其醫士內有格得來卡暮司來西阿波弟陸克馬殼里若賴格並前次所印表內各醫士之數從以上各數內得最大者十四磅最小者二磅六兩中數六磅十一兩

另有更重者記於醫書內如醫士麥里曼所記有多於十四磅者醫士克陸夫得記得一箇胎重十五磅者又醫士杜以司記二案有十五磅者老醫蘭司薄他末與紐約醫士磨爾俱有十六磅半者又勒特羅地方醫士倭温斯所記有十七磅十二兩又有他醫士所記更有大於此數者英法兩國各醫書內所記胎長足時其小兒身長之最大者二十六寸最小者十七寸中數十九寸然有數案大於二十六寸者如杜以司有一案小兒長二十七寸

大概死產之胎比活產者更重更長又男比女單比雙雙比三各爲更重更長至於時候滿足與否此事在分別親子款內詳言之

打胎卽致死胎兒之罪

凡犯此罪者，尋常之法，令女人服藥而致小產，無論其有胎與否，如其服藥而有此意，必問其罪，此用藥之事，在後論毒之卷內詳之，又如用器具並一切別法，令其墜胎，亦爲犯罪，又如有胎之女，自用以上各法令墜胎，亦須問罪，如英國王維克多里亞二十四二十五兩年之律法，五十八五十九兩節，俱言此事，又如賣毒藥或送毒藥，或送器具或一切物件可墜胎者，則可告狀問罪，定坐五年檻房，作苦工，此例包括一切墜胎之事，而不問胎之大小，又不問胎已動與否，其事無論如何，問罪者定爲何意，全爲律

法所禁，近今辦理此例亦最嚴

醫士查驗疑打胎之案，須先查子宮所放之各種質，如查其質係因有胎而變成者，又須辨其子宮放出之故，或因天然之事，或因藥料之故，或因用力之故，間有再查所疑打胎之女人近來曾有產事否，所以查驗之事，可分爲三項

一．查子宮所放之質

二．查其小產之故

三．查驗所疑打胎之婦女

一　查子宮所放之質　此事之難處，祗在成胎不久之時有之，如成胎已略久，則其胚已幾分成形，故不能誤爲他物，如前所言肉形質與假膜質（見第二卷第四十一頁），可否當爲有胎之據，其法亦必在疑心打胎之案用之，卽如不顯出胚珠之迹，則不能當爲有胎而放出之料，然此祗有一件事在此法之外者，卽前所言水疱形蟲類質（見第二卷第四十一頁），如後四箇圖係從醫士恆德爾所著有胎子宮書內摘出，內有初顯之胚與月經難通時所放出之假膜質，如第十四圖爲二十一日之全胚，有豬椶甲乙甲乙通過其內膛，在甲甲二角通進，此二角配子宮頸對面所有左右管，如第十五圖亦爲全圖，其前面大半剖去，本圖亦有小疱形

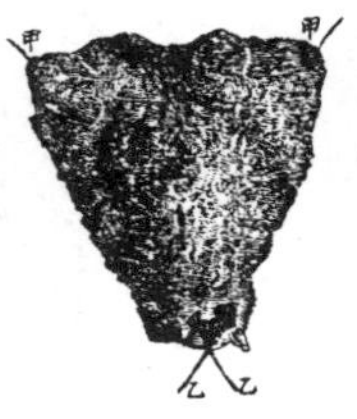

第十四圖

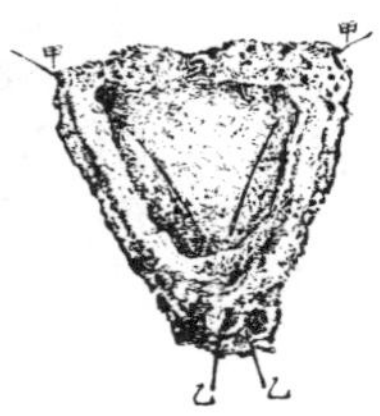

第十五圖

蟲類質，然本圖因恐太繁，故刪去，此二圖收小，略爲原圖三分之二，如第十六圖爲五十六日之胎，內有胞衣之外層並其內所含之各質，惟其子宮內面之二層裏膜不在內，此圖與原書之圖尺寸相同，如第十七圖爲難通經水時所有子宮內成裏膜之質脫下之圖，其形性與子宮成胎時裏膜相似，又其一面，

第十六圖　第十七圖

與子宮內面相配處其質紋細而有篩紋之形又其反面有粗毛似棉花面之形此一面與打胎時所有從胎而出之膜質面相似

醫士已查得子宮所放之質實爲成胎之故而變成者則必定其變成之時候若干又必與本卷所言胚與胎漸漸變成每若干時所成之形相比較

二查其小產之故　查打胎之法或用藥料或用力爲之

則必預知天然成小產之各故因令人小產之故甚多而爲常有之事又初數箇月內比別時更多醫士或云每十二箇胎內必有一箇小產而醫士古蘭肥勒云每三箇胎有一箇小產然此以爲成胚不久而落下自不能知者但以接生爲業者常見女人有胎數箇月則小產之數更少即每一百八十八箇胎有一箇小產此爲接生婦拉沙貝拉所說此各種小產之故可稱爲天然之故

天然之故　此故分爲二節甲爲預先所成之故乙爲當時惹出之故

甲預先所成之故　此因女人全身之事或全歸胎內之故最易小產之女人如肥胖者易惹動者腦筋太活靈即多思慮者熱心做事者身弱者或常病者又經水過多者或經水不準者或流白帶者或有淫毒者或有牙衄或氣喘或水腫並各種惡證又如骨盆之形不合法或因嫁人太早而骨盆大小又束腰太緊又一切所有子宮並相屬之體令子宮不全成功之各種病俱能令小產另有年老之婦初次得胎其子宮已硬不肯張大或子宮頸太鬆而收束不住間有數種疫病能令同處之女人大半小產早數箇月內所有因胎內之病而小產者甚多如醫士費勒波云查得不滿三箇月之小產共二百箇其中大半因

胎內有病其病或在膜質或在胎盤或在本胎又有質體變壞之各種形如查得胎內之兒或其胎相連之各體有病則大略可定其小產爲天然之故

如有女人一次小產則下一次得胎大略在同時候易再小產似乎習慣之事如醫士黑勃屯書中有一案其女人有三十五次小產

乙當時惹出之故　如肚腹肉筋忽然出大力如咳嗽等或用大力作小便大便等或身體分外出大力如跳舞等又如大瀉痢或子宮多放流質或生育體多受惹或胎處受重擊或受各種力俱爲惹出之故

如女人無病而胎合法則以上之各事俱不足令其小產如其人極易小產則雖以上之事俱無之仍不能免小產打胎治罪分為二大類一為總法二為專在一處之法其總法感動女人之全體其專在一處之法逕在肚腹或子宮加力

一總法卽感動全體之法　放血之法　自古以來人俱以為放血能令婦女墮胎如古時醫士希布可拉弟司書中有此說然此意有誤因有胎之婦放血無甚緊要間有婦女似乎將欲小產時而放血反可免之已有多案俱為可憑者此顯出眾人之意有差有數案女人受胎之時放

血四十八次與八十次與八十七次竟不小產又一千七百九十三年美國有黃疸發熱病醫士勒施用放血法治之則放血之人內所有得胎之婦女無一人死者無一人小產者醫學考驗錄第三本第二百四十九頁

眾人又誤以為足上放血亦能小產而此事亦為不可憑又有人以為在肛門或在陰戶外口用蜞吮法出血亦令人小產而此亦為無稽之談

吐藥　有人以為吐藥能令人小產然初受胎時常有嘔吐間有從初胎至生產之時俱有之間有嘔吐甚重然亦不小產有人用過重毒藥令人大吐亦不小產所以除婦女原易小產外則吐藥不能令人小產

瀉藥　如婦女原不易小產則雖服瀉藥多次兼用大服亦不小產如一千七百九十三年醫士勒施試驗瀉藥所得之事可以為據

利小便藥　眾人又以為此藥能令人小產亦是謬說如惹性之藥服其小服如硝等能令小便利者則亦能令人小產然非因利小便之故而小產而因其本藥性之毒而小產也

有一種藥應在此處言之卽斑蝥此藥有極大之吐性瀉性與利小便之性又能多感動與胎相近之各器具卽膀

胱與肛門又能令人大發熱並身體極弱然用此藥之大服亦間有不足令人小產者如里茲之醫士羅卡斯有一案惟以上各種藥常不足令人小產則可知除婦女原易小產外欲服藥令其小產幾乎無用

調經藥　此藥有多種有性猛者有性緩者其不感動胎之功用略與不感動身體他處相同如薩肥那水銀辛衣格胡薄荷等是也

曾有人列在調經藥內者如辛衣格與胡薄荷二種似無甚大功用然水銀與其鹽類質雖用大服足令口津過多而亦不危險惟薩肥那可當為危險之藥因不惟為惹性

毒藥又能令成小產然間有服此而不成小產之案間有成小產而母子並死者

又有一藥與調經藥相類名距形西楷里即麩麥變壞所發似芽之物此質能感動子宮肉筋令其能縮而常爲催生之用然此藥之功用各醫士之意不同間有醫士云除生產時外則無功用因其性不過能令子宮因胎而漲足臨產之時即能感動有人不信此意因胎不滿足時亦能令成小產又試用諸種動物服之其藥性無論成胎後或早或遲俱能令成小產反之醫士根弟與白割二人書內有多案令人屢用大服竟無功效

又有一種草根名串形阿格替耶其令人小產之性幾與耳卧達相同

醫士嵌普倍勒有一案用毛地黃爲墜胎藥其婦疑爲治水腫藥服藥後產下死胎產母亦死又有醫士弟更孫書內云用毛地黃沖水半兩至一兩或浸酒二十滴至四十滴即能徑感動子宮又從其書內之說能當爲墜胎藥惟其實有此性之據尚不能全可憑

從以上所論藥性觀之可知如婦女原不易小產者則服各種藥亦不能墜胎又如食小服無用而加重之至幾能藥死產母亦幾爲無用如有用則產母危險又常有產母因此而死者總之有多用此種藥而每有產母不死之案則必有母子俱死之案又必有母死而子仍在腹內之案

二專在一處之法即用器具或用力等　此可分爲二種一爲外加力之法二爲將器入子宮之法

外加力之法能令成小產但從已有之各案可知除加力足以令母死之外則不能墜胎

一千八百十一年在斯達佛爾省有人弔死爲致死其妻之罪其婦有胎而夫欲令其小產故在牀上用臂肘交節撞其腹又以身輥在婦之腹上久之則成小產而其妻亦死又有一案其婦再過一箇月即生產其夫重擊其腹則

胎盤多放鬆而胎內之兒死待五十一小時之後產母亦死

如肚腹非徑受傷則未必成小產如接生婦拉沙貝拉書中云有年輕之女學徒自知得胎而骨盆過小不能依常法生產因欲令成小產以免該撒法剖腹之險故欲打胎即從高處跳下因多受傷而死而不成小產又有一女爲醫士摩里蘇所記者已得胎七箇月因房屋失火從第三層樓靠大梯輥下則至半路脫手而落下其地面有多石打斷手骨而未小產

又有不明事之人用器通入子宮內間有能成小產者間

有陰道與子宮受大傷而無法能成小產至滿足時候產下之兒仍活者然此各案內產母或死或受極大之害

有人將硫養三水噴入子宮令墜胎此事之案令强水所到之處生炎甚猛又令其子宮口合連外面生一層厚膜質臨產時無奈何而必在子宮頸割孔亦不成事故不得已而必用剖開腹旁之法此案母子俱死外科傳訊錄第八本第三十八頁

德國伯靈醫士伐克那之案指明婦人原不易小產者則無論用藥或用力俱不能令成小產其案如左

一女人年輕受胎七箇月因無夫故用薩肥那等藥料令成小產此事無用則其所私之男子將堅固之皮帶繞其

腹上極緊亦屬無用再跪在其腹用盡身力壓下又令其伏地而將二足踹在背上亦不小產再將利翦一把通入陰道內翦破子宮內之胎其女大痛多流血然不久而自止精神亦無差大略其胎滿足時則產下小孩毫無受傷

有人專做打胎之事此祇為私事所用之法與正泒之醫士令女人早產之法同然間有偶誤事而致命者或有洩漏其事而被告者可定其人之罪

三查驗所疑打胎之婦女　此事幾分藉前卷所論生產之據又必記其得胎之時未久則其打胎之據更不顯明又兩箇月之前其據幾不可憑

如其婦已死則或須查其身體此必查其生產之據如其時候已滿足則必查其滿足之據如其時尙早則必依不滿足之時候查之

凡有打胎之事則醫士所宜查之事有二款

一必詳查打胎所放出之質如為墜下之胎則其嬰兒之時日必照前法定之

二其母無論或活或死必詳細查驗如為活者則必查其易成小產否而可否幾分恃其易小產而不多藉所用之法又必查其婦從前曾有小產否如有之則查其小產之前精神如何又如以前曾否小產如有之則常有至得胎

後同時而小產者又如其婦因打胎而死者則必愼查其子宮必照以後所設查驗死人之事同章程而辦理

有數事與醫學有相關又與作事之是非有關俱在打胎之說內宜論及之內有二事為要一為用法令婦人小產有何事而用何法曾否知律法並知是非之理而行此事二為如遇何事可用剖腹旁取小兒之法

此二問甚易答之如母與子俱難保命則無論何法令母子不死者俱可用之又如母子內必有一箇死者無法能救二命則其母能定用何法或用剖腹取兒之危險法或用器具進陰道分開取出胎兒法其婦要用何法卽用何

法

殺子即致死產下之嬰兒

犯大罪之人內眾人最憐惜者爲致死嬰兒之案此事雖爲大罪而醫士與問官俱有輕減其罪之意幾分因其事與尋常之罪不同有可輕減之意幾分因從前之律法過嚴即英國王哲密士第一第二十一年之律法第二十七章因依此律法如生子而藏閉之案則當爲兇手之罪然此種嚴酷之律問官俱不肯用凡有實在致死嬰兒之案則定爲藏閉生子之罪而刑罰可輕如一千七百八十三年醫士恆德爾著書論殺私生子之據頗難得證又一千

八百零三年再設律法定審問婦女致死嬰兒之罪其審問之法與尋常致死人同設如定其無此罪則可審問其藏閉生子之罪若據此輕罪而定案則坐檻房不外二年爲限

一千八百二十八年六月英國再設一例包括前例又增一例云必查憑據而知嬰兒之死或在產前或在產時或在產後又英國王維克多里亞二十四二十五兩年律法第一百款所設之例包括前例而另添數例茲將最要之三例列之

第六十款藏閉生子之意　如婦女生子則無論何人將子之屍用私法葬埋或令人不見不知無論產前或產時或產後致死者並用法藏閉生產之事均爲犯法如定其罪則問官可照其事而令其受刑坐檻不外二年或加苦工與否俱是問官作主又如審問致死嬰兒之人而不能定其罪如口證內得知藏閉此事而用法令人不見其屍則問官可定其罪爲藏閉生子之罪不必另起稿

另有擬添於例內者如難得憑據定其致死嬰兒之罪則能從別法定其罪令其受刑罰

第一百八十五款生產時無人相助　凡婦女有胎而

臨產時故意不請人相助因不欲其子能活之故如產前產時產後而嬰兒死者則除有憑據顯明嬰兒之死非因其母之差誤外定其母之罪一生坐檻作苦工

第一百八十六款臨產時不請人相助因欲藏閉生子

如婦女臨產而欲藏閉生子不請人相助者設其嬰兒因此受害在產前或產後而死則除有憑據顯出其子之死非因誤事外定其母之罪坐檻七年

凡審問婦女而照前二款則不能因有致死嬰兒之罪藉此二款以免之設其婦女已因此二款定罪或不定罪不能在後因審問而定致死嬰兒之罪又不能因本

事內而審問別罪

凡審致死嬰兒之案比平常殺人之案更繁因查嬰兒如何而死則必先知其爲活產者又其產母亦必查其近時可曾生子否

由此可見致死嬰兒之案所須問之事分爲二大類即一類論嬰兒一類論產母

論嬰兒所須問之事分爲五節如左

一其嬰兒已經長至若干時

二其兒爲活產抑爲死產

三如爲活產者則活至若干時而死

四其兒已死若干時

五其死之根原若何

第一節　嬰兒已經長至若干時

查此事必先知兒之長與重與身體及中心之方位其各體長足與不長足之比例其髮與指甲之長短皮膚之形性瞳人膜質之有無此事必詳細比較又如爲男則查其外腎可曾落下否等（見本卷之首每月改變之說）

第二節　嬰兒活產抑死產

活產之意　凡嬰兒其全身已產出之後而活者則謂之活產又其血必已通行而與母不相關惟臍帶未斷之先而死者亦爲活產

查嬰兒之身體定其是否活產則所查之要事第一爲其肺因能顯出呼吸氣之據則可疑其爲活產又如顯出未呼吸之據則可疑其爲死產然因雖未有呼吸之據而可另有據指出其兒是否爲活產故此節論查驗此事分爲二款　一爲呼吸之先並與呼吸無相關可有活產之據否　二爲呼吸以後並呼吸之事內有據可知其爲活產否

呼吸之先有活產之據　此據有正者有副者如身體有痕迹顯出在子宮內死者則爲無據如身上有受傷之痕

迹必爲通血時受害而成者又如其痕大而重至不能爲偶然而得者又不能爲生產之開而得者則爲正據

子宮內腐爛之兒　如兒死於子宮內而起首腐爛則其各形如後其身之各處軟而鬆胸與腹平肋骨從皮肉內易分別腰凸出其頭軟而可搖動又置何方位即停在何方位其骨衣從骨易以分出身之外皮從內皮易成塊脫下手與足之外皮白色而厚且有皺紋似乎上一塊布膏之皮膚內皮變色多少不定其改色在肚腹起在肚腹處變色成花紋而爲玫瑰色合灰色又皮膚在別處爲櫻紅色而其中開不顯綠色其生育體有深紅色頭與面亦有

紅色而稍淡臍帶直而鬆其全體有流質蓋之滑如肥皂水故以手持之易以脫手其身體之連網形內有紅色血汁形之迹又有數處其質之形似乎雞果明膠形頭頂上更如是其身之各孔俱含許多血汁又其臟腑之質內亦有帶紅梭色之質其色顯明

以上各形性之輕重俱依兒死於子宮內時候之長短而其形不能誤爲別事又其腐爛之事與空氣內或水內之腐爛大不相同又不發腐爛之臭且其各痕迹必費若干時方成故兒在子宮內死時未久則不多顯出如第十八圖爲子宮內腐爛之嬰兒其死時已久其皮在數處脫去

但其壓平之形不多顯出其皮膚在身上者爲玫瑰色頭上之色更深在生育體其色更深

第十八圖

如兒身遇受傷之痕不能爲生產時所得又多流血令必爲通血時所成則雖尚未通呼吸又與呼吸無相關者亦能說定其兒爲活產如醫士得物奇有一案其兒尚未通呼吸因受傷而頭上多放血有受傷之痕雖未通呼吸亦知其必爲人所致死但如欲說定此事所流之血必知强壯之兒其血流動之事已停止之後如受大傷亦能多放血一千八百三十七年五月醫學記錄

又有二案係查其兒爲活產者與呼吸不相關而爲在呼吸之先即據之副者爲查得子宮內有腐爛之據而據之正者查得受傷之痕最重必在產下後而通血之時所成

凡呼吸之先已活產者最難得其據如能求其據亦無甚大用因通血而產下之兒而不通呼吸者甚少因在不全呼吸之內難得有幾分能呼吸者

總之大半求活產憑據之案必在肺體內求之因呼吸之據爲兒活產之第一要據因必先顯出其兒已呼吸而後

指出其呼吸爲產下之後而成者間有產時之間能呼吸而尚不全產下而死者亦復有之

嬰兒曾否通呼吸

呼吸氣之要據在肺之外形易顯出假如他人吹氣入肺內所成之形與自呼吸者不同則一見肺而知可不必再試然因此二事令肺之形相同則如不能用他法查得其據則觀肺而知嬰兒曾否通呼吸除有人吹氣入肺外則必爲自通呼吸

如嬰兒之肺尚未自通呼吸又尚未有他人吹氣入內則其形質停勻其色與其疏密略與成人之肝相同其面有

小槽形而其槽略指出肺成小分之處又如肺容滿血則難以分別設其肺含血甚少則更易顯明又兒在子宮內腐爛者則最易顯明又其肺成各形狀之黑色小點

呼吸氣或吹氣入肺內所顯之形性與其事之輕重相配如有空氣極微之數至肺內則必令其面上氣膛相配成形如此顯出進過空氣之據其右邊之肺進空氣最易又其上分之邊與凹面進空氣比他處更易故欲查進過空氣之迹者必先在此處查起

進氣能令氣膛改變形狀為極易分別者如其肺為新鮮而含血多者則成光亮硃色之點如含血更少者或為死

後數日而查驗者則其點之色更淡又如小兒產下後尚活數日則其色幾與成人無病之肺之色相同

此各氣膛之形與排列法亦與其色一樣易分別其形狀為角形雖與肺之面最近然而不凸出其面之上尋常成參差形之羣排列間有成整形之羣而每羣四箇其尋常之形與排列法如第十九圖此圖係從呼吸未全之肺之圖錄出者余已見過肺內之空氣膛成小毬形一羣似乎小米子而排列甚

第十九圖

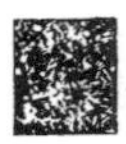

密俱在同平面內間有一次見通過氣之空氣膛在含多血之肺並在深血色之面成光亮大紅色泡形

以上所言進空氣之肺中有氣膛所能在肺面混差之別物祇有三種一為發黑色之點二為血點三為腐爛所成之氣泡第一與第二易以其色分別之又因其形與質紋無一定之法又此二種點平常為圓形且為獨生而不成羣

肺之腐爛固能顯出其形然易分別因令空氣在外面相聚並在肺之各分相聚或成凸出之小毬形其大如豆或成小泡成行排列似乎噴水銀所成之小點而用極薄之紙蓋之其氣必在胞膜與肺面中間之連網內相聚而其正方位常有小毬形連於大毬形上顯出設此各形不足

以分別爛時所成之空氣泡並空氣膛內之空氣則可將手指移過其肺之面則其空氣必隨指而動若輕捺之則其小泡不見如微增壓力則大泡破裂若為肺內氣膛中之空氣無論壓至如何空氣不能出又不能改其形

又有法視其肺在水內或沈或浮因此而知含空氣與否然有醫士議論其故內有一故因胎兒之肺能有相聚之氣質在其胞膜質與肺之本質之中惟此事為腐爛之第一層工夫令其改變之形與後來腐爛之工夫同所以分別之亦可用相同之簡法如第二十圖為以上所言各形放大之圖惟因圖上不能設色故不能全顯明之除圖內

第二十圖

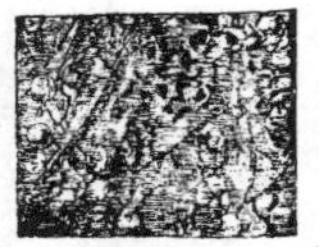

大氣泡之外其餘各形爲一箇肺內所見者其空氣膛能以其形與列法分別之其略圓而分開之黑點爲尋常之發黑點其更淡之點爲流出之血。其白色之小圓點成行者並其大圓點俱爲空氣泡

如新產嬰兒之肺其外面遇空氣則改變其色與已成之空氣膛相同但其質毫不改變

由此可見肺內有成空氣膛之形易以分別而顯出一定之據可知嬰兒或已呼吸氣或有人吹氣此種試肺之法不能多有可駁之處又最簡而細因所顯出之空氣數可

至極微又求全肺之重率或一分之重率俱不能從其重率而分別其小數已屢次觀肺面之空氣膛其空氣之數極微不足令肺最小之一分能浮在水凡新產嬰兒有入知其通過氣雖其通氣之時極少俱有此通過氣之據有一案其兒產下呼吸氣三次而死則查其右邊之肺有光亮之銀硃色配成之空氣膛數羣散在右肺之面一見可知

如嬰兒呼吸氣而令空氣膛所變之形與吹氣者同苟有法能分別此二事則不必另設別法查之

醫士得物奇云詳查嬰兒之肺能一見其肺即知爲死產或爲活產而通過氣者又云能分別空氣令肺各處脹足或但令幾分脹足又云有多案內能辨肺之脹爲呼吸氣或爲吹氣因呼吸氣令空氣膛面之微血管微有噴在內之形若吹氣入肺者則無此事等語案因此分別依得物奇之說有多案內可憑而不能在一切之案內爲可憑故在審案時不足爲醫士可憑之據余已多年查驗吹氣與呼吸氣之案總未嘗見其分別足爲能定案者

所以已成之空氣膛爲肺內已通過空氣爲最可恃之據無論呼吸與吹氣之事小至如何往往有此據然醫學內久不明此事又誤以爲別故如古羅非里愛死人身體學

書內云其空氣膛所發之光亮銀硃色係嬰兒在胎內有病而生者又可見其空氣膛之數亦能顯其進氣之多少如呼吸之事全成則嬰兒之肺有海絨形用指捺之有凹凸力與長足之兒同所有與長足小兒之分別祇在小兒之色更帶玫瑰色

惟有數事應先論之而後論試肺之他法查呼吸氣非忽然全成而必由漸而成幾不能在數次呼吸而全成因常有數小時或數日或數禮拜尚不全成即肺未全通氣又聞有人已長大而肺有數處尚未通氣與在胎內之時同故可見查嬰兒之肺大半在尚未成功全通氣之時所以

必得一法能爲各案公用者
呼吸之時不惟令空氣通入肺之各氣膛尚有多血通入肺內令其肺更重所以不惟令肺之本體加重即其本體與別體之比例亦加重所以此加重之事即肺之本體加重並本體與身體別處之比例加重此爲二種試法之根源茲將此二法詳言之

試肺本體之重　此試法所恃之理全爲空虛者因此法以爲未通氣之肺其血管爲空而縮至呼吸氣之後則含血若干或滿血不定此爲醫士否弟累之說其後醫士哇爾非拉與得物奇已改正此說其差誤之處爲余明知之

者因曾查過肺已通氣者幾乎無血又查過尚未通氣者或祇有數處有已成之空氣膛者其肺之各處俱滿血從前定肺之重數俱因以上誤意而差或云滿期嬰兒之肺呼吸氣之先重一兩即四百八十釐呼吸之後則重二兩即九百六十釐此說之大誤可從以下之各中數而明之曾查驗四百餘箇滿期之嬰兒而得其數死產者八百七十四釐活產者活至一月以內者一千零七十二釐可見死產之兒肺之重數略爲前人粗設之數之倍又通氣之後所增之重數非等於本重數而實不足本重數四分之一

前印此書在本卷內列數表在此處有一表指明如三十四箇案內無一案能藉其重數而知已呼吸氣與否又有二案其嬰兒明知爲死產者然因肺甚重似乎產下呼吸氣而死者又內有最小之重數在通氣時與通氣之後者俱爲五百釐所以前後爲相等則不能從此而揣度其已通過氣否

肺未全通氣則令其肺之重數不多改變可從以後之各重數即從多案所得之重數易以明之死產嬰兒之肺重八百七十四釐未全通氣者重九百八十八釐全通氣者重一千一百九十五釐故可見呼吸氣不全能加重略一

百釐即略爲原重八分之一

呼吸氣時候之多少亦與肺之重數大有相關如死產者八百七十四釐活至不及一小時者九百十八釐十二小時者八百五十三釐二十四小時者一千釐一箇月以內者一千零七十二釐所以呼吸氣一小時加重不滿五十釐又通氣一晝夜加重一百二十六釐可見十二小時以後重之中數比通氣一小時之中數輕五十釐之故能顯明此事之常理即肺含血多而略閉塞者常爲呼吸氣最不全者

如欲再考其據顯明此法無用之處則可驗兩箇活產之

嬰兒其產時全身體等重一箇兒之肺重四百九十四釐
一箇兒之肺重一千五百四十四釐
查驗各處所得之中數與極大極小之數相比則亦能作
以上各理之據
可見肺體之輕重不能指出呼吸氣或吹氣而增重之據
因吹氣之肺所含之血與胎內之肺所含之血略同
肺與身體輕重之比例即普路該之試法　查驗此試法
之先有數事須先言之即死產之兒比活產者更重略加
三分之一又男比女更重又身體愈加重則肺重與身重
之比例愈減小又肺之重與身之重更為改變之數難料

得準
從此可見不能從數案而定其重數必得案甚多方更可
為憑普路該祇有三箇案內有一案不合用從此設一比
例即通氣之先與後有一與七十之比而通氣之後為一
與三十五之比然從四百餘箇嬰兒試驗得知死產者肺
與全身之比一與五十七而與普氏一與七十不甚合又
小兒活一箇月以內為一與三十八之比而與普氏之一
與三十五亦不合又查最輕最重者為查驗之醫士所需
者亦指明不可以肺與全身之重相比而分別小兒為死
產或活產之據

前印此書亦列表於此處指明三十三案內有七案藉
其比例小之數而指明尚未呼吸氣反之有一案得比
例一與二十一則依理必以為活產之兒而其實為死
產者
茲將數時候通氣之重數比例得其中數開列於後死產
者一與五十七不滿一小時者一與五十一十二小時者
一與五十三二日者一與四十八一月以內者一與三十
八以上之各分別太小不足為未全通氣之據祇能在此
種案內用之
如再欲查明此試法無用之處則有二案各有活產之兒

全身各重三萬二千四百三十六釐其第一箇嬰兒之肺
與全身重數之比為一與二十一第二箇兒為一與六十
六可見第一案之比與第二案之比大三倍故知其不足
為據
以上之說二種試法內任為何種俱屬無用如能有用倘
不及用目一觀又因不能分別呼吸氣與吹氣則以後必
為醫學家棄之不問因不惟為無用且最不妥當
試在水內沈下法　此試法前時以為極要近時漸以為
不妥因此法生出許多爭論又因此法為極要而醫士最
信從之故此書不能不錄也此法之意原不過當為死產

或活產之辨法而其實祇能試知呼吸與否又一千七百年設此法至今已數次改變其原法將肺有否相連之心置於六十度熱之水內第一辨法將肺分數塊而每塊與全肺同法試之第二辨法將分得之各塊先揉在水內後加壓力此試法加壓力之工能免原試法之一弊然仍不能分別呼吸氣與吹氣

茲先論其原試法與分數塊之法而不問加壓力之法第必知此法祇爲試呼吸氣並非分辨死產與活產如信此法者必言如肺整者與分開者置於水內而沈下則必爲尚未通氣之據

上說有可駁者二端一已有呼吸之事其全肺或幾分可因有病而沈下二已通氣而通者極少或不全因此其全肺或幾分雖無病雖不含血過多者仍能沈下

查以上第一駁言則可知通氣之先有病或通氣後有病卽在呼吸氣之後而生者如爲通氣之先而有病者其病不通至肺之各處則其無病之處能收氣又如所收之氣足用則其肺能浮反之通氣之後而生病則幾不能令肺之二邊俱黏結醫士楷斯巴有一案爲左右肺俱生炎活八日而死其肺全沈水內又分碎之其各小分亦沈下但此不在尋常之案內其肺應有數分能浮故無論其病爲通氣之前或後生者則此試法不可用之處甚少

如肺數分有病則第一駁說略與第二駁說相連因如肺之各處無病而通氣後不能浮則可知肺有數處病有數處無病則無病處所收之氣亦不足令肺能浮

第二駁言卽肺已通氣而極少或不全故其肺雖無病而含血爲平常之數者其肺並各分能沈下亦爲合理之說

茲有一案可以爲據雙生子內一爲女重略五磅疑其幾已滿期其肺無病爲深紅色（西名摩弟那紅）間有數處色稍淡以刀割之無撲撲之響又無聚血之處左右肺置於水內速卽沈下又每肺分作十五塊每塊亦速沈下又在水內壓

之不發氣泡此女活二十四小時而死此祇爲數案內之一案如伯納脫里沒爾哇爾非拉但以里申克哇西安達俱有同類之案

醫士比拉特遇此種案數件則誤以爲嬰兒產下後能活數小時或數日而肺不通氣余亦屢次查驗嬰兒之肺其通氣不全或左邊或右邊幾無通氣之形而分開之則祇一塊或二塊能浮其餘俱沈

從前說可知肺之沈下無論全或分者如當爲小兒不通氣之據則無論肺各處無病或數處無病則以上二種駁說俱爲合理在原所設水內觀重率之法內

假如其肺或全分或數分者而有人以爲全肺或肺之各分能浮即已通氣之據則可驗之處有三即能浮之故並非因通氣而因有三種他故一因肺與外膜之間相聚之氣二因腐爛三因吹氣

一肺與外膜之間生氣泡之驗論易言明之尋常所言此種氣泡吸氣或吹氣令氣膛過放大或破裂設如吸氣而能令氣膛脹大足爲嬰兒已通氣之據而與外膜與肺之間生氣泡不相關又如其氣泡爲吹氣所成者則所驗之第一論與第三論相似然驗水內試肺之法所言外膜與肺間成氣泡之說大不相同此事疑爲肺之網質有一種

變化所成此爲醫士克名之意其書內云嬰兒因產下之時過久或母之生育體不合式則產時受傷又在胸邊壓其肺而令其受害故生炎而腫而成氣泡此即他醫士所稱爲外膜與肺之間生氣泡之病又有醫士來西阿記有一案其嬰兒足先出而拔出者常見其肺幾分能浮幾分欲沈但其兒在產時死而尚未通氣其能浮之故不因腐爛因其兒爲新產下者而來西阿以爲常見受傷者無論在身之何處或在頭上常有發腫而成氣泡者則恐收出嬰兒之時其肺能受傷或壓壞因此其網質內有血通進而成氣泡故令肺數處能浮

在不腐爛之肺內成空氣其解說可在一千八百四十年內之案明之係余所見者從此得正理有滿期之嬰兒死產者必須用器收出四十八小時以內細驗之毫無腐爛之迹又不變色其網不軟又不發臭但一邊肺上有一氣泡大如豆又不發氣其肺滿含血盛於小瓷筒中置於胸前袋內令身行動二小時工夫則其肺之全面有氣泡有大如豆者有小如麻子者不久而多發氣然其肺在產時未受傷又不見腐爛之迹

查楷斯巴之書第三本第六十八頁可知楷斯巴因無此案故不能全顯明以上驗外膜與肺之間生氣泡之

據惟從其書內可知尚未得可憑之案胎兒之肺如不用器助其產下則無自生外膜與肺間氣泡可憑之案所以審案之事內如有新生嬰兒之肺浮在水面而此兒爲死產者且未嘗用器等法助之則不能言藉此故而得也如醫士海克所言如不用器與法相助則不可爲憑而楷斯巴亦以此說爲最要者如已知以上之案即略四十年前所驗者可免其誤

以上所言初生腐爛之事並非在肺者而能在腦上聚血之事內有之余已見二案能在身之任一處血過多者顯出凡有此種病之肺則常有聚血甚多者或如難產者常

有肺聚血過多之病或其嬰兒用器取出者亦然俱爲常見之事

所以尋常醫士所言外膜與肺之間生氣泡其實爲起首腐爛之事所以駁肺浮在水面爲呼吸氣之第一件必與第二件相連所以不能有三箇駁說祇有二箇駁說卽一爲其連網內因初成或久成腐爛而生氣泡其二爲吹氣故以後改爲二箇駁說言之

一腐爛之故　前人以爲肺能因腐爛而浮於水面可爲無疑之據然其可疑之處余在一千八百三十九年冬季試驗之事而得之其法將數箇死產嬰兒之肺置於水內

卽沈下待若干時而初腐爛卽漸升至水面待數時後又漸沈至水底又有數箇死產嬰兒之肺其面上生大氣泡然此氣泡不足令其浮至水面又有數箇肺雖發大爛之臭而不生氣泡不浮至水面又不能在久浸之水內上浮並不能在換新水之內上浮

由此可見尚未通氣之肺爛時所發之氣能令其浮在水面所以駁原說水內試重率之法閒有有理之處閒有無理之處

二吹氣　如駁肺能吹氣在內而令浮之說亦爲合理因無人疑死產嬰兒之肺吹氣入內能令浮在水面

故可見水內試肺之原法如專藉此以驗肺之通氣與否則可駁者有四款一兒肺沈下爲未通氣之據有二可駁者二肺浮在水面爲已通氣之據亦有二可駁者三沈下爲未呼吸氣或因有病或因呼吸不全之據而成者四浮在水面爲已通氣之據或爲腐爛之各工或爲吹氣而成者

水內驗法另加壓力　無論何種加壓力之法俱可用之惟不可壓壞其肺之質如空氣因腐爛而變成者則易用指壓出如須加力更大則可將肺一塊置於淨布內絞緊以後所言之試法將其肺之塊置於布內而放在地面用

腳力壓之

如佩服水內試驗而加壓力之法者必言如肺之整塊或小塊置於水內無論加壓力之先或後俱沈下則必尚未通呼吸然此說之可駁者亦與前試法略同卽或生病或呼吸氣不全惟與前有小別因其肺或有數處血多而空氣少故不浮但壓出血之後或壓平其質之後則能浮故加壓力之後仍沈而不浮則更疑其尚未通呼吸

設如肺分數塊每塊在加壓力之先或後俱能浮者因其能浮而當爲已通呼吸之據則原試法所駁之二事卽腐爛與吹氣亦能合理而駁加壓力之法否

有人疑以腐爛之理駁之則爲無理因用指輕壓則腐爛所成之氣能出而令肺沈下故此事不必論

如肺內吹氣則自然能令其浮但再加壓力能否分辨呼吸氣與吹氣此事必詳細驗之

舊法在水內試再加壓力係醫士貝克賴特所設又先在英國用者係對拉與哲甯斯此二醫士俱用之以辨死產活產者對拉屢試而知如肺內吹氣則加壓力而壓之爲足而合法則其氣俱能壓出哲甯斯亦云如吹氣於肺內可用壓法擠出至肺沈在水內反之呼吸氣之後無法能壓出其氣必將其質全壓壞方能去盡其空氣又尚未壓

壞至極之一分置於水內仍能浮起

以上哲甯斯之說爲對拉所改正有一案指明空氣如爲呼吸而入肺者設其吸氣不全則加不甚大之壓力能從分開之肺壓出此爲其書內之第三案從第二案可知分別吹氣與小力之吸氣未有可恃之法又施米德亦有一案其嬰兒活至二十四小時而其右邊之肺當中之一分能浮惟其浮亦勉強尚未有人吹氣者加壓力之後卽沈下

所以此種試法不能分別小力吸氣與小力吹氣反之余在一千八百四十一年所試者指出其肺用吹氣令其脹足則除加壓力壞其質外則不能令其不浮又以吹氣令肺脹大與合法呼吸者其分別祗因須加大壓力能令其不浮

茲將一千八百四十一年試此事所記之說照原文錄之

余將產下二箇月嬰兒之肺爲身瘦弱而死者並死產已滿八箇月嬰兒之肺試驗之將其死產者吹氣令脹滿而破裂其空氣膛令全面外膜與肺開發氣泡後停其吹氣則其肺自能縮再二箇嬰兒之肺之一分包以布而令兩人用力絞之置於水內而二分塊俱能浮再包於布內而放在地面以足踏之至將壞其質仍能浮再將兩兒之肺

之一分置於布內照前法爲之絞其布極緊仍能浮再以足踏之亦仍浮再以足踏之至其質壞則其吹氣者沈下而自通呼吸者仍浮惟其浮亦勉强再以大力壓之則沈如此做二次至三次其吹氣者先沈下此兩箇肺待其質全壓壞則俱不浮再以同法試他兒之肺亦相同

可見前各事內如加壓力則吹氣者先不能浮後加大力則通呼吸者不能浮用壓力之法能分別吹氣與呼吸氣惟因其分別藉壓力之大小等事又因試時之各案內祗有一箇兒之肺而不能有二箇肺比較故可見此試法不合於審案之用

難者曰上法所試之肺爲身內取出之後而用吹氣之法如肺在身內之時吹氣則其事不同後有人試身內吹氣之肺如一千八百四十四年十一月三十日醫學新聞紙載曼支斯德醫士普牢納之一案又一千八百四十五年二月初八日醫學新聞紙載醫士恆司里二案其小兒爲死産者又在身內時吹氣者加以壓力仍能浮加大力至壓壞其質方能沈下

楷司巴書中亦有同意云有人以爲吹氣之肺易壓出其氣而自通呼吸者不易壓出其氣此說大差余已試驗此事而次數極多又每年講論此事在學徒面前試

驗之故可知肺內已得空氣無論爲吸氣或吹氣所進者無法能放出雖加極大之力俱無用因加大力之後仍能浮起除全壞其質外則不能令其沈下

由此可知水內試法合加壓力之法所能驗之說祇有三端一肺可沈下而兒已吸氣不過所進者不足二肺能沈下而已吸氣者因有病所以不浮三其肺能浮而其兒尚未通呼吸必有人吹氣

另有數種試法惟不能獨用之以定通呼吸之事

胸改變形狀與尺寸　呼吸氣之先其肺小窄而平吸氣之後即大而圓形如全呼吸氣者此試法無用又如不全通呼吸則未改變其形所以亦無用

隔膜改變方位　吸氣之先隔膜有弓形且盎向上吸氣之後或平或向下彎惟此試法之病與前者同

肺體積放大　醫士或云肺吸氣之後其體更大其大之故小半因進血大半因進空氣但從以上所言肺在水內試其浮力可知爲不可憑又如呼吸或全或大半則此試法不必用又如呼吸不全亦屬無用

肺改變方位　吸氣之先其肺在胸之後面而不在胸前又不蓋住其太暮斯核（此核在胎之頸內産後而漸不見）與含心之膜囊而其肺有利邊至吸氣之後肺即向前伸出幾滿其胸幾

乎蓋住太暮斯核與含心之膜囊而肺邊爲圓以上之言專論胎兒之肺與全通呼吸之肺之分別如不全通呼吸其事不同而胎兒之肺與呼吸不全通者大同小異

肺質改變　通呼吸之先肺質密如肝呼吸之後發鬆如海絨壓之能響如鬆海絨而響者自然收取空氣惟其氣爲通呼吸者爲吹者俱未可知又呼吸氣不全者則肺改變之時不外進空氣膛之界限

肝之重與身之重相比　通呼吸之後則行過肝之血行至肺內故其肝更輕奧國維也納醫士伯納脫藉此理加於審問嬰兒死産活産之案內爲無用之試法又哇爾非

拉亦多費心試驗之俱爲空虛者因水內試肺之一切之弊並各種試法之弊俱能爲此試法而言之

以上各試法有一款可駁之處卽呼吸合法者則試法不必用又如呼吸不全則歸無用又不能分別吸氣與吹氣而一觀肺之面則除吸氣與吹氣之外其餘各事皆能知之所以此各法可棄去不問再有德國數醫士將其水內試法加得更繁卽用天平與刻分度之筒等此種繁器必須一概棄去不問

如欲詳查嬰兒之肺已吸過空氣與否不必用別法如其氣膛已成形狀則不能外吸氣與吹氣之二法又觀其空氣膛收氣者有若干則能知吸氣或吹氣成功若干分如

所進之空氣極少不足令其重率改變卽能沈與浮毫不改變則以目一視卽能分別

所以試通呼吸之法最爲簡便先取出其肺而愼毋傷之並不傷其相近之各體則細查之如其各處之色與質與成人之肝色相同則知尚未通呼吸如其而上有光銀硃色與玫瑰色之花點而其點內有成功之空氣膛則知其肺已吸氣或吹氣

新產之嬰兒曾否通呼吸祗有一種難事卽分別吸氣與吹氣此事無試法可分辨之惟有數事能助其分辨

小兒之口內吹氣不必用器具所作之法祗須閉其鼻孔而推氣管在食管之上又遞更壓放其肺似與呼吸之形同此曾見過此種案四件俱爲得法又醫士施米德用此法令肺吹滿氣不止一次內有二案其肺之各處進氣無一處不到惟楷司巴云另有愛勒薩塞試驗死兒肺內吹氣之法而未成功無奈何必剖開其胸腹蓋肺之各處通氣最難爲之如取出至身外亦難爲之余已數次取出其肺而用吹火筒吹氣除吹破其外面之氣膛外則不能令空氣遍通故可見熟悉而巧手之人最難令肺全脹如未曾熟悉者試爲之不能令其全成功因此審問致死嬰兒之案內如言他人故意吹氣令嬰兒有活產而致死之形

如此而須定其母之罪者無之如言其母觀嬰兒產下而不呼吸則意欲接氣救活之若試其肺如已全通呼吸則必爲假說而不必聽之設如其肺稍覺脹而通氣者亦難信爲其母誤吹口氣因婦人方纔生產而素未學習吹氣之法亦難信其能做幾分吹氣之工

如在審案時其母有此說則必另查數事卽如預備生產之各事與各物料如何查其用他法救兒之命又查其所預備嬰兒之衣服等件有欲令兒能活之意因尋常審問殺子之案內一切應備之物料俱不備之似乎早有致死其兒之意又如嬰兒之身有受傷之迹則言吹氣之事更

不可信
有多醫士設法分別吸氣與吹氣二事。如醫士美次茄云：有四法能辨之，卽肺不全脹足，胸前平，割其肺無響聲，含血甚少。惟其含血甚少者，在嬰兒曾放過多血者不必論。然以上四法俱爲不合理，因呼吸不全亦能令胸前平，而肺不脹足，又割之不響，又同時可含血甚少。又有人以水內浮沈法而分別之，此法亦無用，因尚未吸氣之肺與吹氣之肺所含之血必相同，故以水內浮沈法試之亦屬無用。

惟有一種可分別之法，爲前人所不多用者，其實爲可憑，卽凡試驗接口令肺受氣者，如係不慣之人所爲，則必有許多空氣進入胃內，故胃不含空氣者，則可料其尚未行吹氣之法。

又楷司巴書云：吹氣之迹，內割肺時發響聲而不放血泡，空氣膛破裂，光紅銀硃色之花點，不成雲石之紋，又或胃內與腸內俱有空氣。第三本第六十八頁

如詳驗其肺而知已吸氣或吹氣，又知胃內不含氣，並查其旁事，又知吹氣之法難做或斷不能有者，則因此而可知嬰兒已通呼吸，故必再查一事，方能知爲活產與否，所以須查其兒吸氣在初產之先，或在其閒，或在其後。

吸氣能在初產之先有三法：甲在胎內吸氣，乙在行過陰道時吸氣，丙兒頭出陰戶時吸氣。

甲　如嬰兒面先出之案內，則閒能在子宮內吸氣，此爲不常有者，每略二百八十產有一次，又在此方位吸氣爲極少，所以如見其肺脹大，則疑其兒不能在子宮內通呼吸而後未產下而死。

又楷司巴書內論子宮內吸氣大有疑心，而以爲在致死嬰兒之案內不可爲憑。第三本第四十頁

乙　嬰兒行過陰戶之時亦能通呼吸，又如接生者進手助其難產，或改正兒之方位，則更易有此事。又如不用手相助，而產母之陰戶甚大者，亦可有此事，但此種案內其吸氣亦爲最少，故觀其肺多吸氣而脹大，則可疑其吸氣並非在陰戶內所成者。

丙　兒頭已出陰戶，身尚未出而吸氣者，爲常有之事，惟此種案不常有阻住全身之事。施米德云：見此種案九箇，其兒俱爲活產者，閒有數案其兒先吸氣，尚未產出而死者。如兒在子宮內或陰戶內，亦可有此事。

由此可見嬰兒尚未與母分開之閒，可有吸氣之事，如祇見其肺，則不能說定其吸氣在產前或產中或產後而有之。設其肺已全吸氣或含多氣者，則可謂不惟在產前中

後有吸氣之事並可知其兒爲活產者

如查肺之外另有更好之據能知爲活產與否卽詳驗其胃腸膀胱心行血器具臍帶皮膚與中耳

心行血器具臍帶與皮膚俱能爲活產之據又能指出所活之時若干故以後詳論之先言臟腑所顯之據

醫士他求云死產之兒其胃之內面有暮苦司質如蛋白形爲裏若吸氣之後則含口津與氣泡爲通呼吸時所成後或可含乳或含五穀之各粉從此可知其兒爲活產者且活至能食之時如爲乳則易以辨之或用顯微鏡如前

十二十三兩圖或用特陸馬之試法與尿內變糖質之法同此試法將所欲試之流質和以銅養硫養淡水數滴再添鉀養水至有餘用酒燈加熱則其流質變爲深茄花色再加以熱卽凝結成紅色之銅養如乳水與乳腐與含糖之各種流質俱有此種變化又如五穀粉之食物可以其所含之小粉而辨之或用顯微鏡辨之合於碘水變藍色又如其食物內已加過糖者則可用特陸馬之法試之如胃內含血則略爲活產之據因此或爲嬰兒所吞者而未必因有病而進胃也

如滿期而死產之兒則其大腸含黑屎雖產時能放出少許然凡有死產之兒則尚有黑屎多許在內故如全放出者則大約必因其兒產下活若干時反之腸內含此質甚多亦未必因其兒爲死產因常有數小時或數日不出黑屎者

醫士布來斯陸云死產小兒之腸內不含氣質又如遇氣質並非因含食物之故而實因吸氣之故其氣先在胃內顯出或因初吸氣時而誤吞之則其氣漸遍通腸內又或氣之時愈久而愈全則其腸內含氣愈多如來曼云曾多次驗此事想新產之兒其腸內含氣而滿則略爲活產之據設如已腐則不可憑又如吸氣之據不淸楚亦不可憑見前所有論吹氣之說

嬰兒產下不久則膀胱放盡其尿所以膀胱空者亦可爲活產之據如膀胱滿者則可爲死產之據然此事不能當爲實據因產之間膀胱能放盡其尿又如活若干時則膀胱能生多尿

楷司巴亦云多次見膀胱滿而肛門空者反之膀胱空而肛門滿亦有多次見之所以此二事不能當爲要據

醫士費爾丑等前時以爲醫士費爾奴阿初設之理不差卽新產之兒其內腎內之直微管有尿酸塞住爲活產之據此因呼吸氣而成者然此據近有醫士言其差因在未通呼吸之胎之內腎內亦見此種尿酸質故亦

不能當為實據

如前所言驗骨分別年紀之款內所有大腿骨下節之見本卷之首每月改變形之說接連處或骨質之點亦能當為活產之據惟其用處不能廣也

第三節　嬰兒產下活若干時而死

查驗此事不能十分詳確因吸氣之時候難於定準近有醫士詳查此事而知前所憑之三據俱有可疑之處即甲為改變通血之器具乙為其臍帶之改形丙為其皮膚之改變

甲通血之器具　胎內之兒在通血器具之外另有數件為初產時能用而後則漸不用者如第二十一圖甲甲為臍帶內之發血管能令胎兒之血迴至母之血內又有臍帶之迴血管如乙能將母之血行過胎盤而到胎兒身內又丙為迴血管能通母血之幾分至辛即上血之路又丁為發血管能令產後所應行過肺之發血管子子之血逕通入下血管己又如第二十二圖甲橢圓形孔即在前圖戊處此孔令

第二十一圖

第二十二圖

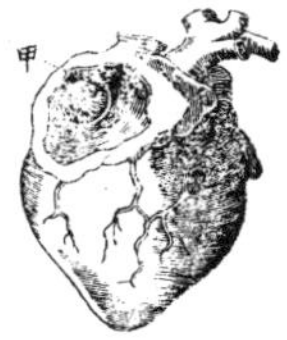

心之左右兩上房開通所以令其產下之兒有雙心而在胎內時不通呼吸則為單心至生產後此各件因無用則自能關住又如二十一圖庚庚為胯總脈壬為總脈管下段丑為其門血管從臍帶之迴血管通來

臍帶發血迴血各管　臍帶之發血管比其迴血管消去更早過二十四小時後能見其縮小而在近於臍孔處其外層變厚至二日之後則順其長腸而縮小第三日之末則近於其胯總脈縮小但在臍帶內之迴血管並臍孔內之迴血管第一日至第三日所縮小者少惟第四日更縮第五日尋常已縮成

其發血管在臍孔內之變化曾有醫士彭得詳考此管長略一寸大如肺之發血管吸氣數次之後則向總脈管縮小數小時或數日之後則在各處停勻縮小過七日則從鵝翎管大縮至鴉翎管大第八日則一半嬰兒之發血管能縮小九日至十日則凡嬰兒之發血管俱消去不見嬰兒心上橢圓形孔滅去之時不定如醫士比拉特曾查產下一日之兒十八箇內有一兒其孔關閉又產下二日之兒二十二箇內有四箇兒其孔關閉又有產下三日之兒二十二箇內有三箇兒其孔關閉又產下四日之兒二十七箇內有二箇兒其孔關閉醫士得物奇又云此孔關

閉之時俱不能定開有童時不關閉而至成人時亦不關閉者開有並無危險之事生出者

醫士彭德書內多論生產後之各時候所有橢圓凹孔方位之細說然其實無用惟昔時之人專藉胎兒之各器具與橢圓形孔之關閉並其滅去之次第及各層工夫能定活產與死產並已生產若干時候此各事近時多人不信服而指出其誤因已有數案其兒產下後活得數日而其各器具並心上之橢圓孔尚未關閉反之開有產下後數分時其臍帶發血管與心上之橢圓孔全關閉開有未產出之先已關閉者

英國醫士里恆里書中第一百十六頁云有活產之兒其臍帶之脈並發血廻血二管及左邊之發血管俱開通而其右邊者祇在近於臍帶處關閉產下十四日之後則臍眼流血至死其死之先略六日其臍帶餘節脫下又有醫士約爾軋等人有同類之說又有一案爲醫士器勿士於一千八百四十七年正月寄信至醫學會內從此案指出嬰兒之運血各器具與心上橢圓孔關閉之事不甚緊要其兒活不多時而臍帶之發血管停勻縮小祇能通一大鍼而此管之質比別管更厚器勿士想此縮小之事在產之先又近有人查得嬰兒之身內無此管又有一案爲醫士司密得於一千八百四十七年十二月初七日在醫學會內報一案爲心上橢圓孔早關閉之奇事其兒活十六小時則不知不覺而死查心上之橢圓孔關閉其外面有結實網形膜質連於其凸圈上而不能通氣與水又成凹形器勿士以爲此兒產下之先其心上之橢圓孔已關閉從此可見嬰兒運血之器具與心上橢圓孔雖開通者亦不能爲死產之據反之其發血管縮小而心上橢圓孔關閉亦可爲活時頗少之兒有之故可見審問案內查此各件幾與水內之試肺法同歸無用如運血各器具開通則可爲死產極輕之據又其各器具或一箇或多箇縮小或關閉亦可爲活產極輕之據然此俱不能定嬰兒產下後活若干時而死

乙　臍帶改形之事　初產之兒其臍帶圓而結實略帶藍色其內之血管含血而其大小與其所含之膠類質有比例第一種變化爲先縮小而漸乾先在裹扎之處起而漸至臍眼開有生產之後卽縮小者開有數小時之後而縮小者若三十小時至二日而縮小者甚少總不能過三日其臍帶先變軟開有在臍眼處顯紅色之圈變厚而生炎稍有成膿之意此爲第一變化之事以後第二變化爲變乾其臍帶先變紅櫻色而半透明隨後扁而縮小久之而

全明似做紙之皮其色亦與紙皮同其臍眼上之器具或縮小而含凝結之血或全滅其變乾之事爲産下之後一二日至四日起首又一日至五日內成功尋常在三日內成功此後第三變化工夫即臍帶落下此事尋常在第五日第四變化爲臍眼自愈此爲第十日至第十二日成功以上從比拉特查得之各事內錄出

死産之兒其臍帶變化之事俱爲因腐爛而成亦漸變乾與活産之兒最遲之時相配又其臍帶總不分下惟其外皮易破楷司巴書中云其臍帶縮小之事與活産無相關因將其割下之一段存之則與嬰兒身上者變化略同故以爲此套工夫毫不能爲活産之據楷司巴又云臍帶與腹相連之處所成之光紅圈並其發紅發腫而稍成膿俱爲其兒活産無可疑之據惟此紅圈必與死産之兒所有更小之圈分別之

丙 皮膚之改變　嬰兒之外皮漸漸脫下或變小魚鱗形或變細粉在腹上起漸通至胸與腿腹相交處並腋下與兩肩胛骨之間及四肢至末而至手與足或産下一日起或第三第四日起從三十日至兩箇月而止嬰兒軟弱有病者則比强壯者更遲

此事亦爲因生活而有之且與因腐爛而脫皮膚者有別

顯此事之時雖不能定然有此事則可知其嬰兒爲活産者見比拉特論病書第十三至二十四頁

丁 中耳之形性　兒在胎內則中耳不含空氣祇有略似鱗形之幕苦司質塞滿之又可名曰胎之連網質醫士耳以屯與溫得俱云此網質不見則爲通呼吸與活産之據其質不見之或早或遲幾分與通呼吸之早遲有比例依尋常言之則産下二十四小時其質不見而有空氣代之如有此質則可疑其尚未通呼吸如全有空氣代之則可知已經通呼吸如其中耳膛內有流質代空氣則可知已有多通呼吸之事否則不能有此流質

醫士哇格司屯查驗嬰兒三十八箇案云無此幕苦司網質則可當爲已通呼吸之事又此質全不見在數小時至十日或二十日爲限

茲將比拉特所查之各事列表顯出以上之各變化並其時候之略數與心上楕圓孔及發血管開通所有每百人內之數

日數	臍帶改形	楕圓孔每百人開者	發血管每百人開通者	臍帶內發血管	臍帶內迴血管	心上迴血管
一	變縮	七十四	六十八	開通	開通	開通
二	變縮	六十八	五十九	滅	開通	開通
三	變乾	六十四	六十八	滅	開通	開通

四	變將脫	六十三	六十三	滅	縮	縮
五	變將脫	四十五	五十二	滅	滅	滅
八	已分開	二十五	十五			
十	變自愈					
十二	愈已成					

此下二事已在前言定之卽一問嬰兒活產與死產二問如爲活產者則活至若干時而死以下要問嬰兒已死若干時與死之根源

第四節　嬰兒已死若干時

嬰兒死後各種變化之事與長足之人相比其次第相同

先變冷後則遍體硬再後則起首腐爛其冷比成人更速又其骨節之硬更小又其硬之時不及成人之時更長又依得物奇之說其腐爛速於成人所以必愼記之見卷六查驗死屍節

又如本卷第二節論腐爛之兒已詳言之然必謹愼不可將腐爛之事與前所言胎內腐爛者相混

第五節　死之根源

嬰兒之死在產下不多時內有數故其產母不必做事並加力而可有之甲嬰兒不滿期或身弱而自死者乙有合其不通呼吸之事丙父母之病可在嬰兒身內顯出因此而死

甲 常有嬰兒通呼吸數次而死雖用盡各法救之亦屬無用此事在接生者皆知之又如接生或醫士尚未至而其母忽然生產無相助之人則必常有此事然尋常嬰兒早死之故爲產時過長或流血過多或臍帶不通血或不滿期或身弱又凡能令嬰兒死產之法則亦能令其活產者自死卽如嬰兒之身大則產時或產後能令嬰兒自死比嬰兒體小者更多又男兒之身體因比女兒之身體更大則早死之男比早死之女更多又第一次生產之兒比後來生產者死者更多又父母尚未婚娶所生之嬰兒如不

受故意加害或故意不乳養者亦比已婚娶者之嬰兒所有死產或活產而早死者更多又據接生醫士所報之各數可知父母已婚娶之嬰兒則每二十箇內死一箇若父母未婚娶者每十箇內死一箇又男女之死者有七與五之比例

乙 嬰兒難通呼吸其故有數種卽如兒口遇軟韌之質或遇血或水或子宮放出之別種流質或口或鼻孔或氣管有相聚之暮苦司質又間有嬰兒連胞生者因此不能通呼吸

丙 父母之病令兒早死者卽兒身體所收者略爲生命所

恃之三箇要緊之體，即心肺腦

心與大血管之病，嬰兒身內不常見，設其臍帶相連之各器具或縮小或早關閉，則爲天然自死之略據

肺之病爲最要者，內有六種：一 肺變質如肝，此因生產之先有肺胞膜生炎，此有二種，一爲紅者，一爲灰色者；二 肺內血管潰爛而有流出之血；三 肺生莓點，即都比迦力之類；四 肺發腫；五 有一種發腫之病，即得物奇書內所言者，爲豬油形發腫；六 肺不張足。此六病內有三種另有圖明之，如第二十三圖，一爲肺不張足之形，爲醫士約爾軋所定者，二爲得物奇書內所言豬油形發腫，三爲潰爛之血

第二十三圖

管放血，此兒產下二十一日而死，其全家有數箇嬰兒俱略爲二十一日而死，俱因難通呼吸而死也

以上之病或全肺有之，或一分有之，如全肺有之，則不能全通呼吸，又不能久活，若其病祇爲肺之一分，則其兒以病之大小爲死之早遲

如德國之里捕西格城醫士約爾軋所稱爲肺不張足之病，如實在言之，並非病證，而爲大半所產之兒俱有之，惟其大小不等，間有數日或數十日能全張大者，惟其未張開之處亦爲無病

腦髓與背脊髓之要病，爲血積聚與別種流質積聚，並其質變軟，如胎內與新生之兒所有血積聚之病，與成人者大同小異，醫士拉寫爾書內載蘭敬所作之書第三本第三百四十二頁有一案，其血流因腦髓之膜質生炎，又有一案，其血積聚在腦之左右房流出，又有一案在腦髓左半之背面，如膜質內或其房內有血水，少者可以無妨，若爲頗多者，則可爲死之根源，如以腦髓與背脊髓變軟爲兒死之故，則必知其兒在胎內或初產後其腦髓與背脊髓原爲最軟之質，所以易於傷生也

以上各病俱爲罕見者，如有此種病，其兒亦未必早死，又如有未通呼吸之據而兒死者，則此各事可不必問之

如嬰兒產下不久而死，若未有受害之迹者，則可疑其爲自死，然間有故意不料理其嬰兒，或不用法令其活，或將口鼻閉塞令其悶死，此各法若無可分別之迹，則因其無據而以爲其父母無殺子之罪也

嬰兒之死爲因用力之法與否　嬰兒常有偶然無故受害者，所以能指明爲故意用力而致死者，其案不甚多，惟極明而極重之事，如囟門刺通，或眼孔或心或背脊髓刺通者，或頸骨脫節，或割去頭，或頭面之骨多打碎，或塞住

咽喉或分外用力絞死此各事俱一見而知惟有數案所受之害必為接生醫士所能定見者因產時內或產後卽刻受害俱屬無意者而醫士能辨白其誣

悶死　前言有數事係偶然阻止其呼吸而無受傷之迹故不能說定其兒落到危險之處或故意置於危險之處或遇此危險而不料理之常有新生之兒在厠中遇見者則不能言其母或他人棄置其內或其母大便之時急欲產兒而無力能救之如查兒之肺如已多通呼吸或全通呼吸則可疑為故意抛入者如吸氣為極少則可疑為偶然無故而死者

曾有多案其女忽然生產若未生產過之女而為初次者則此種案甚少醫士約爾軋書中有一案女人欲行大小便則用馬桶箱忽生一大男孩其頭先撞在馬桶之邊後落至地面上左邊顱頂骨有血流出又有太他末云有某婦人非第一次生產而疑為第二次生產坐在馬桶箱時忽產雙子皆死所以如在厠中見嬰兒則或為忽然產下而死者如其兒落入水內則可查其死之故或為淹死或用別法致死而抛入水內令人認為淹死者

如以泥或稻草或雞毛或羊毛或溼布塞兒口而悶死者亦為尋常致死之法此各料或為吸氣時吸入口內或故意塞入口內必以其料之多少與鬆緊為主

有一法將兒之舌翻轉而推入喉內則死後其舌自能歸原此種致死之法最難辨別

絞死　如用繩絞死嬰兒則頸上未必存痕如在頸上有變色之迹或成凹則或可為用繩絞死者或為臍帶偶然繞成者或子宮頸縮時套在頸上而死者醫士格來納云尚未見子宮口縮小而令兒頸壓癟而死又未見臍帶繞死者惟已查得多案其兒之頸有臍帶繞緊一二匝或令其絞或幾乎絞死有一案係約爾軋記於書內者指出格來納之說不足信此案內其臍帶繞頸五匝在頸成五道

頗深之紅迹又醫士叨甫來白有同類之案數件其書內載之（醫學年錄第十四本第三百四十頁）英國亦有數醫士記同類之案者臍帶在兒頸上之痕迹為寬而相連並凹形不常為單又不脫其皮惟間有流血之處設子宮頸縮小而壓癟兒頸則其迹寬而壓凹處為肝色如其臍帶為最短者則自然不能絞死其兒尋常臍帶之長與兒身等卽略十八寸間有短至四寸半者間有長至六十九寸者觀尺氣勒之書由此可見兒頸上有受壓之迹則未必因故意加害而成然因故意致死其兒者常用過大之力其痕顯得甚明不易誤為偶然為之者又如故意用臍帶致死者亦必加力

分外大而其迹亦重又如兒已全通呼吸則幾不能為生產之時內偶為臍帶絞死者反之未有通呼吸之據則可疑為生產之先而自死者

凡臍帶繞頸未必令兒致死因有人在德國查此事每此種案三十八件祇有一件能重至於死者設臍帶落至胎下而為兒頭所壓住則此事更重因不通血也此種大半有死者設臍帶緊繞頸上則未必因此而絞死然死之故可因臍帶繞頸不通血而死惟此事能令兒分外用力吸氣楷司巴云因此常見肺中流血並肺內氣管吸滿胞漿水見楷司巴袖珍本第三本第一百二十五頁

又有一法用手指夾住兒頸而死者其頸上必有指痕

溺死　此種致死之迹無論兒之大小俱同故在另一卷論之

腦殼破碎　此事有四法能之一胎內之時二生產之時三落下之時四有人故意用力

一胎內之案楷司巴書中云如母從高處墜下則胎兒之腦殼可擊壞但此種事與審案之醫學無大相關

二生產之時腦殼碎者有數箇可憑之案西蒲特云有女人之骨盆極窄而生產時無人助之產下一死女其形狀無不合法之處惟查其頭則腦殼上有血許多又左邊顱頂骨有三裂縫又在前額左半有一裂縫又基勒醫士米卡里斯云有女人之骨盆其形合度第一次生產無人助之產時閒兒通呼吸至產後通呼吸而即死其頭之形為不合度右邊之顱頂骨在產時遇腰鈎角而受傷其頭之前與上有流血之處又去其骨衣即見有傷破五處其各處之骨極薄而易破剖開腦殼見裂縫之下無流血其羅篩峽已破又大腦兩邊並腦筋衣與小腦帳膜俱有許多結血從此二案可知兒在產時能受任何大之傷然尋常言之所有產時破腦之事不過為小裂縫大半在顱頂骨上與額顱縫成正角形而在額骨上者更少如在額骨之上則尋常與其縫為平行且無靑色並未破腦殼上之皮

以上所有腦殼之破裂與故意加力為者無大分別惟分外用大力者其骨成細塊而壓進或在顱頂骨與額骨之外另通至腦殼之別種骨或面上亦有破傷處閒有兒骨尚未變成因此有裂縫與破處不必以為其死之故係故意加害者

三曾有醫士試過嬰兒落下而破腦之事如醫士首西愛從十五箇死產之兒檢出十二箇從高十八寸墜在石板上有一箇或二箇其顱頂骨破裂又以同法試高三尺以上墜下則破裂之事相同閒有數箇嬰兒其骨之傷從顱

頂骨通至額骨

醫士格來納詳查女人忽然生產而兒落在地面之案疑其因此而跌破腦殼所以查韋呑白格邦此種一切之案共有一百八十三案內有一百五十案產母直立忽然產兒下墜所有腦殼破裂並各種傷害俱無之且皆活間有落在木板者間有落在石板者可見此說與前首西愛試驗之事相反其故略因產下之兒斜出而試者直落楷司巴頗不信格來納所報之數且言子宮放出嬰兒爲猝然加力而拋出故將此事與斜出之益相消則略相等間有五案其兒從子宮拋出而有大力內有一箇因此受傷而

死間有嬰兒墜下之路比其母之腿足處更遠楷司巴從所查得之各事得一總理云產母臨產時其身或卧或坐或立不定其兒能受力而拋因此受傷最易在腦殼上此種傷能致死（楷司巴袖珍本第三本第一百三十三頁）

醫士巴侖查此事云嬰兒腦殼之破與否幾分藉臍帶之形性曾有五十案內三十案爲母立起產下十七案爲坐或曲身而產下三案爲跪而產下者此五十案內三十二案爲初產又四十二案爲滿期者其母立產下者十九案內祇有一箇腦殼破裂其破之故亦不能定惟在二十五案內其臍帶拉破內有五箇腦殼破裂如墜下破者則其

受傷更少故意致死者受傷更大可以其輕重而辨之如查得兒之腦殼顱頂骨與額骨及枕骨皆破而其破成骨之細片者則可知必是故意用力爲之

如臍帶拉破者其帶之長或爲尋常之數或更短而斷處離臍眼一二寸如臍帶爲刀所切斷則可疑頭上之害爲無心得者然無論所遇之案如何其臍帶應細驗之

四　故意用力令腦殼破傷依尋常言之其所用之力大能以此與天然之事分別

頸骨斷或脫節　此各種傷不能在產前有之又因不能因兒墜下而有之故如有此事必因故意爲之

頭上打青之迹　凡兒頭有打青之迹則可知產之間常有兒頭受壓力因此而發腫變青色或肝色故凡見此事不必疑其故意加害而有之

割傷與刺傷　新生小兒受傷之各事亦與以後各時候受傷同理此種傷無論爲活時之傷或死後之傷俱可觀後專論各種傷之一卷

毒死　新生小兒毒死者不常有之間有令兒服强水者則其身體並衣服上之形狀與痕迹俱與成人身上者同惟有一事不可遺忘即新生小兒其養生路並各緊要之器具能生數種病即如喉嚨內面生紅色點或縱線形或

枝線形此各線形如爲橫列則可當爲繩繞於頸而成卽絞死之意又胃與養生路他處亦可生瘡而其瘡有深紅色或血色之膿質流出查驗胃與腸並其所含之質嬰兒與成人相同故可觀後論中毒之卷

新生小兒因不料理而致死　如臍眼不裹紮間有令嬰兒死者間有故意不做此事而令嬰兒死者否弟累書中有一案其裹紮之繩放鬆又歐普倍勒云有二案其一案故意將臍帶裹紮之繩去之又一案無故去之此二案之嬰兒俱死接生練習引進書第一百五十一頁格來納等八人云臍帶破斷因此流血至死乃非常有者亦

未必是其母之錯惟間有因產母立起時忽然生產而兒之臍帶破斷者

如因流血而死其痕迹在身之遍處變白又心與大血管內含血極少又如身體無傷則可疑其血從臍眼內流出

又有別種事能致死嬰兒卽如其母不預備食物或兒落在危險處而不取出或產下時口內有暮苦司質或有別質阻止其呼吸如身極瘦而養生路空則爲餓死之據又如面白而內有相聚之血則爲餓死合凍死之據

如嬰兒之死因母有應爲之事不爲而死者則難查得其據如身上有受害之迹則查驗此事亦有難處所以帮審之人有肯定其母致死嬰兒之罪者不多有之

第六節　查驗產母

疑心產母則必先查其婦近來生產與否果有之則查其生產時與疑此嬰兒生產之時相配否見前卷論生產卽十二圖以上之說

又有一事間爲要者卽查產母之心念如何因常有產母發熱因此成狂病有此病之婦間有致死嬰兒之意如醫士巴黎斯與分步蘭格俱有案其婦有夫而品行最好者產後多日夜不能睡則發狂病乘無人在房內之時卽致死其兒忽有客來卽去迎進言致死一嬰兒請來觀之後審問此案因其婦品行素好作此事又並無別故且審問

之時亦發狂所以卽釋之而不定其罪巴黎斯云如此婦之品行有可疑之處則雖實無罪而不請醫士指明此種狂病爲常有者則遇不明事之問官可定其罪而令抵兒之命醫學法律書第三本第一百二十九頁

又有一事與致死嬰兒有大相關並與產母有相關卽新產之婦其力足以致死嬰兒與否查醫學書云能有此事如醫士否弟累云法國有寡婦有鄰家八人來晤會時忽云腹中大痛卽往卧房將木桶置於牀而坐於其上忽然產下一兒其兒頭出陰戶後將大腿壓扁其頭又常有審問之案產婦藏閉生產而埋其兒無人知之又有一案其

產母行路數里又作出力之事俱在生產本日之內
茲將致死嬰兒之要事聚合而成八要款包括其大綱
一查嬰兒之身體定其從受胎時起至死時止又權其輕重量其尺寸查其身之中點處再查前所開每月身體長大之表又察兒身有否不合法之處
二查其嬰兒之冷熱與肉筋之鬆硬又查其曾否腐爛如有者查其腐爛之情形如何
三查其身體之全面察其有否受害之迹如有之則定其為生產之間所得者或因後來偶然得者又查其口內有異質否又查其囟門眼珠心與頸後有否利器所成之傷又觀其臍帶之形量其長短查其曾否破爛或斷又查其皮膚之形性
四剖胸取其心肺與太暮斯核再分開其肺而細查其面又觀其肺或為停勻之肝色而疏密亦停勻或全為鬆如海絨幾與長足之人相同或做成空氣膛成花點形如不通呼吸之形又如有數處之色比他處更淡則查其肺之質在此各處成功與否又查其含空氣而成功之膛或為起初腐爛而成或已久成此用指壓之即可知之又如肺不腐爛則可用浮水之法試其能浮之力如何從此略知所含之空氣數

五查其心與心上橢圓孔並發血廻血管及臍帶內之發血廻血管又觀此各器具縮小或否如已縮小查其小至如何或全滅或含血多或含血少
六查其胃觀其縮與否或含空氣與口津又嬰兒曾否食物而試胃中之質含糖或乳或小粉查養生路有無生炎又查養生路內之質含毒質否又查其腸內含空氣與黑屎否並查其數再查膀胱內含尿或否
七查腦殼查其頂與底之各處試其有破裂處否查腦髓與腦衣又觀其有流進之血或血漿否又查中耳查背脊骨有否脫節或折斷之處
八查所疑之產婦或為新產或為舊產略定其產之時又有數案必查其婦之性靈發癲狂否

辨驗親子

男女行禮成夫婦之後所生之子原必為親子然如有不同房之據或夫不能作交媾之事則原不能當為親子有數事能令辨驗親子之事為不易結案者其一其婦能生子其夫出外多於九箇月故須查明其婦能否懷胎多於常數即多於九箇月而後生其二女人嫁後不久而生子能養成者從此要查女人懷胎而生子而子能活者以何時為最小之限其三女人嫁後尚未滿九箇月如七箇

月或八箇月而生子其子之尺寸與形式與滿期者同則須查明能否爲所疑之時成胎者其四婦當夫在時或死後生子而受胎時其夫極弱或有病或曾有重病而尚未癒則可疑其子之父或爲他人其五夫無病而忽因受傷等事而死其死之先不多幾日其妻生不滿期之子再待若干時生滿期之子或將滿期之子則第二次所生者可疑第一次生子之後其第二次者不存於胎內又如疑其夫不能爲交媾之事可查前卷專論此事之說所以本卷祇有三要事須查明者　一受胎之時以若干時爲限　二嬰兒成胎之後何者爲産下能活最小之限　三子宮內能同時有二胎其成胎之時不同而産期亦分先後數月

第一節　受胎有若干時爲限

英國各審問堂之案以爲四十箇禮拜卽二百八十日爲尋常之數如有過此數者則堂上亦肯聽其各見證與據人從受胎至産時尋常爲西歷月分九箇月或依月輪計之則十箇月依禮拜計之則四十箇禮拜依日計之卽二百八十日惟尋常說九箇月或四十箇禮拜此說略不淸楚因西歷月分有月大有月小則偶能有二百七十三日或二百七十四日或二百七十五日或二百七十六日可見此各數與二百八十日相比則少四日至七日

又有易誤之故因難於定準受胎之某日尋常定此日之法有四一爲受胎之時所有特覺之事二月經停止三起首胎動四或止此一次交媾

一受胎時能有特覺之事　此事亦有不可恃之處且初受胎者更不可恃又一箇女每次受胎所覺之事不同又所覺之事未必正在受胎之時

二月經停止　如藉此事而推算則有數件事易明其不可恃之處故此分爲三件其一經水未必因受胎而停可因別故而停所以如有女人恰在下一次經水不來之時或前或後受胎則可從第一次經水推算如此則有誤其二受胎後亦能通經一二次所以藉此推算之其日太少如前第一事其日太多其三以經水爲憑祇能得其略數因如從上一次起首至下一次起首之時如作爲二十八日則上一次停止之時與下一次起首之時可差四日卽爲二十四日又如以爲受胎之時爲經停止之後一日而從停時起算則所推算之數差二十四日反之如以爲經止之前一日受胎而從經水下一次顯出之時起算則其推算之工夫比其實在之工夫多二十四日或欲免此多二十四日少二十四日之差則設法分半其數而從分半

之日起算則令其能誤之界限必在十二日之內又如其經水不依常法即連數日不止或每二十一日即來或每半月即來則依分半之數其能誤之限更小又如經水三十五日至四十二日或遲至二箇月方來則其能誤之限更大

三起首胎動　此事所見之時常不同從二箇月又十八日起至四箇月止此時內無論何時能覺之醫士或云其界限尚不止此數竟有一百十二日之限即從第六十四日起至第一百七十五日內能見之

四一次交媾　此為推算各法內多一可憑者曾有此種

案甚多指出懷胎時之日數不能定又知常有多於二百八十日者此種案有十四箇其中數為二百八十四日最小數為二百七十日最大數為二百九十三日由此可見最大與最小數差至二十三日多於二百八十日者十三人又多於九箇月者十七人至二十八人

從一次交媾之案所求得之各數亦有相類之案可作旁證即如女之夫忽死或與夫相離俱能定受胎最小之時此案內以為夫死或離為受胎時之起如二十七箇案內或交媾一次而夫忽死或離則得中數為二百八十四日其最小數為二百六十日最大數為三百零八日（此三百零八日之案係醫士脩以得所記其夫忽然死又小於二百六十日之案不記）故可見最大最小之數相距四十八日又多於二百八十日者有二十八日又多於西歷月分九箇月者有三十二日至三十五日由此可見受胎之時不能定又查驗此事所記之案愈多則其最大最小之數相距更多

有人詳查六畜懷胎之時候而以為與人相比必有同理即如前時以為各獸懷胎之時有一定之數如馬為西歷月分十一箇月又牛九箇月近今方知此事有誤

法國人脫西愛查馬一百零二匹牛一百六十頭得各數如後

最小數	馬	三百十一日	牛	二百四十一日
最大數	馬	三百九十四日	牛	三百零八日
較數	馬	八十三日	牛	六十七日
多於常數	馬	五十七日至六十日	牛	三十二日至三十五日
中數	馬	十一箇月又十日	牛	九箇月又十日

又英國侯爵司奔薩更詳查牛之受胎共查牛七百六十四頭得數列表（見一千八百四十一年正月英國與別國醫學查驗書）

受胎最小之時而小牛活產者	二百二十日
受胎最小之時而小牛養大者	二百四十二日
受胎最大之時	三百十三日

最小最大之較數小牛活產者	九十三日
最小最大之較數小牛養大者	七十一日
多於二百六十日小牛不及時而產者即當爲小牛不滿期	五十三日
多於西歷月分九箇月	三十七日或四十日
多於月輪月十箇月	三十三日
中數	二百八十四或二百八十五日

所有過於中數之案所生小牛大半爲雄者即有雌小牛九十頭有雄小牛一百五十二頭

法國人脫西愛與英侯爵司奔薩所查之事可知牛與馬

懷孕之時前人以爲其事定可與人相比而今知不惟無一定之時且最小最大之時相距甚遠且最大之時大於中數即多於一箇月

人之懷胎其時不定者此理另有別據曾有醫士查過人身百體之職司如生牙齒與脉及呼吸氣俱有最大最小之限相距頗遠者如與受胎時有相關之職司亦是如此又經水初通之時俱不能定從九歲以前起至二十三二十四歲或更遲爲最遲之限又經水斷絕從三十五歲起至五十五歲或更遲爲最遲之限又尋常人略一月一次閒有一箇半月一次或半箇月一次不惟各人不同即一箇人亦因各時而不同可見受胎之時亦應有多少之別胎動之時從第六十四日至第七十八日爲常見者又第一百二十日至第一百三十四日或更遲爲最遲之限又婦人不能再生子之期尋常爲四十五歲閒有五十四歲又有更遲者

又有一據指出有不同之時能比尋常事之時更多者即凡有信一定之時之醫士俱不肯定以何時爲主即如有大案爲伯爵加爾特那爭接嗣之事其案請醫士十七人有五醫士云其時候一定而不能過此定數然各醫士所定之數不同祇有苦賴格定爲四十箇禮拜即二百八十

日又醫士顧知云照西歷月分須九箇月爲中數早一二日或遲一二日爲常有之差又兒非斯云依西歷月分九箇月太多少一二日爲準又布來格白羅云三十九至四十箇禮拜爲合宜又伯甯敦云以三十七至四十箇禮拜爲當然之限

十七箇醫士內有五箇人之意見云懷胎時之限爲一定幾無可疑然有十二人以爲能再長至西歷月分九箇半月即二百八十八日至二百九十日或西歷月分十箇月即三百零四日至三百零六日或至西歷月分十一箇月即三百三十四日至三百三十七日

又查自古至今明醫學之人俱以爲懷胎之時不能定可以多於二百八十日

以上各事之外又有英國審案內定規過二百八十日亦爲合法而他國審案以定日期亦同此意如法國拿破侖律法以三百日爲限布國以三百零二日爲限又美國有案以三百十七日當爲合法（美國一千八百四十五年八月習練醫學日記）所以懷胎之時幾常不同又能過於二百八十日則可問能過二百八十日再過若干日爲最大之限即能懷胎之日以若干時爲限如過此限爲不合法

以上之事共有十四案俱爲一次交媾之案最大數爲二

百九十三日前言二十七案幾分爲一次交媾幾分係其夫忽死或相離則得最大數爲三百零八日又有醫士辛伯生二案內有一案爲三百十三日又醫士麥非有二案爲三百十四日與三百二十四日

有一案在英國有大名爲審加爾特那爵之立嗣此案顯出懷胎之時多於二百八十日等事其案之大略如左

西歷一千七百九十六年有兵船官姓加爾特那名阿蘭海特後封伯爵者在三月內娶妻名阿特里除夫出門之日外則當爲夫妻同房至一千八百零二年正月爲止約歸西歷月分正月三十日加爾特那與妻離別待數日上船開往西印度到本年七月初十日回英國其妻常居於家當一千八百零一年將至年底加爾特那因公事出門其妻與一人名遮弟司私通而加爾特那未之知也迨至一千八百零三年六月內其事顯露而後離開其妻不再同房但在一千八百零二年十二月初八日其妻生一男後依教門之規行洗禮命名曰恒里而姓加爾特那然此生兒之事不與其夫說知一千八百零四年加爾特那與遮弟司涉訟告其姦妻之罪審問此案定遮弟司之罪令賠金錢一千圓又在他審問堂得準其離異之憑而國家亦發憑準之迨一千八百零八年十二月三十日加爾特

那之父即伯爵死而爵歸於加爾特那爲加爾特那伯而得名曰阿蘭海特至一千八百零九年四月初十日娶伯爵加林敦之女爲妻一千八百十年正月二十九日生一子命名曰阿蘭來軋又生一女至一千八百十五年十二月二十七日加爾特那阿蘭海特死令其子阿蘭來軋襲爵至一千八百二十三年十二月內則其前妻所生之子恒里已滿二十一歲欲得其爵而阿蘭來軋約十四歲稟國王發憑令其名記在不滿年數之爵冊內從此成大案審問此案則定加爾特那與前妻能在一千八百零二年正月三十日同房又從此日至二月初七日亦能同房又

回家時爲七月十一日亦能同房所以成問三條請到案之醫士答之

一問生於十二月初八日之子能否爲正月三十日同房卽三百十一日之前交媾

二問十二月初八日所生之子能否爲二月初七日同房卽三百零四日之前交媾

三問生於十二月初八日之子活到二十一歲者能否爲七月十一日同房卽一百五十日前交媾卽西歷月分五箇月少二三日

查以上第一第二兩問歸於一理所以如其子係合法之

親子則爲一百五十日之子或爲三百零四日或三百十一日之子此數多於尋常之數一箇西歷月零二日至九日醫士大半證其爲三百零四日至三百十一日然審問此案不憑醫士之意而全憑其母姦淫之據定其案所以此子恆里命其姓必爲遮弟司又命後妻之子名阿蘭來軋必接嗣而將其名列在伯爵之冊內

第二節　嬰兒產下能活其受胎時最小之限

英國又有大案其人名乍定略與加爾特那案內之要事相同因請醫士十四人另請他人作口證其數更多醫士之意見亦各不同內有二人係考究洗冤錄之工而教習此學者一爲阿利孫一爲苦里司脫生其苦里司脫生所查之理比其餘各人相并者尙多茲將其案之大略列後

教士名乍定在一千八百三十五年三月初三日娶妻八月二十四日其妻卽生一女如爲娶後同房而生者則其女不過一百七十四日卽西歷月分五箇月二十一日其女似爲不滿期而生者然不能定其因早若干日而生祇能略活七箇月卽於一千八百三十六年三月二十日死本處之人觀此事最奇故其教會內有人告乍定云尙未娶妻之前與之私通此爲大罪因問許多見證內有證人指出其二人在成婚之前有時相遇如有交媾之心則能

爲之而無人知之又云其女雖爲小弱然已滿期而產或不滿期而不能爲成婚之後而受胎又有證人云如爲成婚後而受胎者則其女不能活然一切所憑之見證俱不能得一定之主意故其公會在一千八百三十八年十一月初七日記錄定案之說云查各證人之說所論該女產下時之形性並醫士所言早生之兒能否活命之事難明其理故本會不能定此案依尋常律法之公說釋有罪之人比罰無罪之人更爲合理故此案不問

審此案內所有查得之各據其緊要者有數端如成婚之前一禮拜其經水如常而在經水之前與後其身甚弱又

其本人原爲七箇月產下之子所生第二胎爲女在受胎後第八箇月之首生產初次生者爲想不到之事所以嬰兒之衣並一切物件皆未預備又其嬰兒之事雖口證各人各說大不相同惟皆言身體甚小重不過三磅而又甚弱且不滿期然無憑據顯明其月數又養之最愼惟尙未用另法保護其煖如下二案即牢得門與烏得本特之案如乍定案內所重問之事爲一百七十四日之女即西歷月分五箇月二十一日之女產下能否養到七箇月又從此得總問即能活之兒必在胎中若干時爲最小之限如七箇月之兒能養大者各國人俱不疑之又不滿西歷

月分五箇月即一百五十日之兒則各國之人俱以爲不能養活

如欲試驗此事之是非並查能養活之兒必在胎內最少之時日則有二類之事必詳細證之　一查各案所有早生之兒而活不過數小時或數日者　二查同類之案其兒爲早生而能養大或能養若干時或數月或數年足顯出能養大之據

一此類之案如湯勿生之案其兒在胎五箇月而活三小時半又苦里司脫生之案其兒在胎一百六十七日而活八小時半又布可士之案其兒在胎一百八十九日而活二日又酷浦之案其兒在胎一百八十二日而活四日半又甫來施曼之案其兒在胎一百六十八日而活八日

醫士本那爾已列一表內驗嬰兒一百十二案其兒在胎內之日從一百二十日起至二百十日止此各案內略爲可憑內有三十九案爲二百十日者不必議論又有七十三案爲一百九十八日至一百二十日之內者此各案內有一百九十一日至一百九十八日者九兒一百九十日者四兒一百八十三日至一百八十九日者三兒一百八十日者三十八兒一百七十四日至一百七十八日者三兒一百六十五日至一百六十八日者五兒一百五十八

日者一兒一百五十日者八兒一百二十日至一百四十七日者五兒所有在胎內一百八十日者其能活之時從五分時至十六小時共十八兒活一日者六兒活五日至十一日者三兒活四十二日者一兒活四月者二兒活一二歲到十五歲者七兒又在胎內一百五十日者共八箇兒內有二箇勉強活片刻二箇活三分時一箇活二小時一箇活二十四小時一箇活六日一箇活至十九歲又在胎內一百五十日以前產者有五箇兒內有在胎一百二十日者一兒爲活產者在胎內一百二十五日者一兒活六小時在胎內一百四十七日者一兒活十二小時在胎

內一百三十三日者一兒卽牢得門之案活二十一箇月又有在胎內一百三十五日者一兒卽醫士卡布侖所記之案其人活至八十歲名里西弟

二內有三要案一爲牢得門一爲烏得本特一爲比路克此三案以後詳言之兹先論數件要說查第一類則可知其案內不顯證據且與所言在胎內之日數有不合之處然如乍定之案內其女在胎一百七十四日產下重三磅此比所記之各案重一磅又較本書前印時所有表內之數更大除此案之外又有重三磅十三兩者最爲可疑

嬰兒身輕而短祇爲不滿期之二箇證據另有數據亦爲

可憑卽如身之中點過高頭之尺寸過大囟門開張過寬瞳人膜質未散外腎尙未落下陽莖凸出而色深紅皮膚深紅色而有花點面生極細之軟毛指甲未成皮膚上有油類滑質或極少或無又兒之動少而輕且不叫又不能吮乳身冷須另加熱幾連睡不醒尿與黑屎爲不常見或極少眼皮口鼻孔俱閉而不開以上俱爲不滿期之據

所有滿期之據如產下後卽能大叫能出力而動身爲明紅色面上有多油類質口鼻孔眼皮與耳全開通腦殼顖結實囟門將滿頭髮眉毛指甲全成外腎落下又產後數小時多放尿與黑屎並能吮乳如將指入其口立卽吮之

將前說與記錄之要案相比則可知間有不滿期之兒其在胎之日數極少而偶然能活者亦有之內有二案卽牢得門與烏得本特之案爲最要者故特詳言之

醫士牢得門之案其兒之母最愼而最準已產過五子又知其懷胎時在十九箇禮拜以內又言因分外出力所以小產生下一男不敢洗浴故揩拭而用佛藍絨全包之惟在口處作孔通氣卧於牀上得母之煖氣雖其身體甚弱待十二小時哺之俱藉母得煖第二日其頭與身並四肢用細棉花包之其棉花攤成厚布之形加疊二三層外加佛藍絨卧在母旁尙嫌太冷卽烘以火其身又弱所以其

母與二箇女人遞更卧牀以煖之此後則暫時能換衣服與其少頃相離已產下三十五日後則能去其衣服稱其重量其長卽得長十三寸重一磅十三兩產下七日之內最難令其食物牙牀骨處生發黃之病又產下八日則生雪口至二十一日而止又首七日所食之物爲烘過之饅頭在水煮成粥用細布濾之而加以糖每一次用二或三箇小杓第八日至第十四日另加牛肉茶二十滴用萆麻油之小服通其大便再待二十一日能食母乳數杓又漸以母乳代前之粥又暫在粥內加葡萄酒數滴再過二日能稍吮母乳照此法愼養之則其精神與大小二便俱爲

合法自後五箇月半得門亦報此兒無病壹丁不爾厄內外科記錄第十二本又言其母聲高而壯健無病前此所產之五子所知之時候無誤又常言此兒產下後計在胎內之時在十九箇禮拜以內壹丁不爾厄內外科記錄第十一本第四百四十五頁又爲卑思里之韋脫案情之口證醫士哈暮敦將此案在審乍定案內言之爲據又云此兒共活一年又九箇月然總疑其母算錯日期又其兒原爲矮小之類因比尋常在六箇月以內所生者更甚小此種兒至多能活四五日

可見此案內其兒身弱而小時候不滿足然因極愼養之則能比尋常者多活若干時又其母推算懷胎之時候亦

未必大差且其兒之長與重亦與前次所印表內之數相配惟因不記此兒之形性各事故不能知其實在胎內若干時總之或爲在胎五箇月所生之兒再無憑證可知其爲五箇月以前所生者

又有一案係班白格之醫士烏得本特所記者其事記錄詳而準所以醫士恆克原不信有早產而能活之兒則云此爲懷胎六月所生嬰兒能活之實案其事無論查其成胎之日與兒之形狀及根源俱爲可憑其母爲年輕者經水常無病嫁後略十日則通經後屢與夫同房通經後略半月則其形改變又常欲嘔吐昏眩暈迷前時原無此事

又此病久不止而經水又不通略從通經以後一百四十日則初覺胎動此後三十五日則有生產之痛並流血烏得本特查得其故則因胎盤與其子宮頸相連即用法助其生產而產內諸事俱合法此兒在胎不外一百七十五日之據爲最可憑其兒爲男產下即呼吸長十三寸半重一磅半皮膚有極細滑之軟毛皺紋甚多其四肢與其本身之比例分外小手足常收進而彎與胎兒相同指甲色白如軟皮外腎尙在小腹而未落下不能哭祇有嗚嗚小聲長睡幾不能醒每日祇醒一次不開眼又光與聲一概不知覺產後七日而通小便九日而通大便後每二日小

便一次大便二三日一次常臥籃內此籃裝滿羊毛令其煖日夜不改變移動之事極愼用淡牛乳與糖用杓喂之產下略一月後其細毛脫落又產下一百零五日後則皺紋不見其長已加一寸又四分寸之三從此時即從受胎之後四十箇禮拜即滿期之時長得頗速其睡少食物大聲哭聞聲能覺見光而快樂產下十四箇月其長與重與滿期生者同十八箇月則外腎落至囊內第三年而牙初出再半年而能行此時則與同年之兒相比身小而面似更老烏得本特在一千八百十六年往觀之已十一歲其大祇如七八歲小兒初能讀書寫字

此案內其兒之長與重俱與前次所印表內之數相配又在其最大最小數之中間且其不滿期之據最詳言之故可知胎內未滿六箇月之兒即不及一百八十二日者能養成之

第三節　子宮內能同時有先後二胎

此事爲罕見者其第一箇胚尚未長大而產下之先又得第二箇胚其兩箇兒或同時產下或不同時產下

有數案俱爲可憑者閒有所產之兒其色不同者即如醫士白割云一千七百十四年有一案係步分記錄者即美國南喀爾勒那邦之查司敦有女人產二兒其時相距不

遠一爲黑種一爲白種問明此事則產母云有一日夫往他處則忽來一黑人闖入卧房內云欲交媾不允即殺無奈何從之故產此二子又有一案係牙買加海島舍脫烏特之醫士磨斯里記此案云有黑女雙生之兒大小相等一爲黑一爲半白半黑其產母云有一日其夫同房之後則往他處忽來一箇本處白人即主人亦與交媾又有一案同時產三兒各兒之形不同然此案不全可憑

又有數案產下二兒其色不同與同時同夫生者不相同

又有一案其二兒產下之時分前後相距不甚遠又有二兒產時之相距與二兒之大小與在胎內時候之形狀相配即有一案爲醫士白割所記者從薩機阿司書內錄出其案云有人名素白求司與他人相爭時喪命當時其妻懷胎死後八箇月其妻產一兒其形不合度而爲死產者產母之腹甚大故疑尚有一兒在內用法助其生產但不能成事待一箇月又一日則再生一兒其形爲合度而兒亦活因此其故夫之親戚爭論云此子非親生故請薩機阿司查驗則定其理云此二兒不能爲一次交媾成胎者因其產時相距過遠又云第二次所產者爲正胎而第一次所產爲後來受胎者又因其夫猝死而死時無病而其母必當爲端正之人其兒可以接嗣查此案則知薩機阿

司擇二種可說之事爲最難者因如言同時成胎有二子而不同時產下則比言不同時成胎者更近情又難得知先成胎之兒爲後產者之據此種案內最穩之法必揀出最易解釋之意見又最合於理並合於常見之事查女科書內所論生產之事常有雙生之兒不同時產下所以前案之解釋或爲雙子同時成胎而一箇兒因死而先產下第二兒滿期產下

又有數案其解釋爲更難者似乎爲兩時成胎之據如法國來恩有人名非拉特娶二十二歲之女爲妻五年後其妻得胎七箇月後即一千七百七十九年五月二十日小

產一箇月內再成胎一千七百八十年正月二十日卽前次小產後八箇月而第二次成胎之後七箇月則忽產一女此次生產尋常之證據不顯出又乳與胞漿水一概不見且腹不減小有兩醫士同觀俱不能明其理所以請醫士戴格蘭知治之云其子宮內尙有一兒待產後二十一日則覺胎動而腹更大至一千七百八十年七月初六卽前次生產後五箇月十六日再產一女卽有乳出而其乳足可養兒戴格蘭知云此二兒爲相距數箇月成胎又云第二兒不能爲第一兒產下而成胎因生產後二十餘日未與夫交媾所以如爲第一次產後而第二次成胎則其

第二次之胎必爲四箇月二十七日不能有此事及一千七百八十二年正月十九其母將其二女帶至來恩地方記事官處請記錄以上之事爲案據見否弟累書第一本第四百八十五頁

查以上之案則可當爲同時有先後兩胎之案因假如二兒爲同時成胎而後產之兒爲滿期者則前產者必爲受胎三箇半月而活產之兒能活一二年者爲最少又如後產者假使爲七箇月之兒則前產者爲四十二日不可爲憑後案西書原文前後字互易疑誤又如以爲第二兒爲第一兒產後再交媾而成胎者亦爲不可憑果如此則不及五箇月之兒能活產而養大且養之尙易其事甚奇再有一說卽第一兒與第二兒爲同時成胎者而第二兒在胎內十二箇半月此則難以測度也

醫士馬敦有可憑之案內有一案兩箇小兒各爲成全者相距三箇西歷月分而產下假如爲同時成胎者則一兒爲六箇月或更少一兒爲九箇月以內生產者

又醫士白割有數案內有一案爲兩兒差一箇月而產下者又有二案差至二箇月再有一案差至四箇月又醫士本那爾云醫士費勒波書中言有婦人產兒爲滿期者後五箇月而再產一兒亦似爲滿期者

總之如產兩兒之時相距不遠則不可當爲不同時成胎

者因如第二次產者爲滿期則第一次產者可當爲八箇月或七箇月者亦能養大所以此種案不必論設如兩次生產相距四箇月而以爲第二次產者爲滿期則第一次產者不能多於五箇月幾不能養大如能養活必用極巧極愼之法然各案內於此種事尙未言明

以後有此種案則必詳查嬰兒之尺寸並身之成功者若干分因同時成胎之兒常有大小不等如醫士司脫里脫云有一案係雙生女五箇月又四分月之一俱在同胞衣內其大者比小者大一倍而其小者能呼吸而其大者反不能呼吸

前言非拉特之案如其事為可憑則可當為同時有先後二胎之理其事可以為據然醫士內有信此理者有不信此理者

不信此理者云不能有此事之據有四種一成胎後不久則子宮口關閉子宮左右管之內孔亦閉其關閉之料為厚而有黏性之暮苦司質二成胎後子宮內面所成之裏膜亦蓋住而通至子宮各門三成胎後則左右管原來與核相平此時與其邊為平行所以如在核內能成第二箇胚珠則其管不能包之又不能引至子宮內四第二箇胚必滅壞第一箇胚而不能有二胚同時變成者

以上第四項無可恃之據可以不論而第三項如其理為可憑者則與同時有先後兩胎之意不合必有一誤者然成胚之時雖有此難處惟初受胎時其核與左右管彼此能相通與不成胎之時相同所有之案俱為成胎後不久而再成者又第一第二兩項亦易駁之因所成黏性暮苦司質與新成子宮之裏膜雖與子宮之各門各膛能相助然其黏連不牢不足以阻止精之行過又因成胎之後仍能通經水閒有連通至產時從此可知其暮苦司質與其裏膜黏連不牢所以經水能行過而男精更能行過也又常有胞衣幾分脫去因此受胎若干月之後常有流血亦

可為其據由此可見不信同時有先後兩胎之理所憑之據大不及前記非拉特之案所有之據又除非拉特之案能指明其不足為據外而此理必為各國醫士所錄取所以如問一時內有先後兩胎者能有法以解釋之否則答曰閒有人實有雙子宮又有人有雙陰戶果如此其事易明又因雙子宮雙陰戶之案比一時內有先後兩胎者更多故疑此事即可為其進一解（醫士卡散彙集四十一案內有三案有雙子宮與雙陰戶白割另增十一案內有三案有雙陰戶）又有一案更為可據其案係醫士賽大所記其女嫁人後一箇半月即產一兒查此兒而知其在胎內四箇月又在嫁人後二百八十日則產雙子為

滿期者查此女之子宮與陰戶俱為雙者又二陰戶各有各孔（一千八百三十六年磨拉記錄書倫敦醫學公報第二十本第四百零八頁）本那爾書中查得一事亦為醫學與審案有相關即從產後至再成胎之時以若干日為再小之界限如以為必待三十日方能再成胎則以二百七十四日至二百八十日為滿期可知生產之後必在三百零四日至三百零十日之閒方能再產滿期之子本那爾查羅止所作英國某爵家譜則有生二子之閒在三百零九日以內者有十九案即三百零九日至三百日者有十案二百九十九日至二百九十日者有二案二百八十九日至二百八十日者有

四案二百七十三日者一案二百五十二日者一案一百八十二日者一案一百七十三日者一案一百二十七日者一案本那爾照以上諸說並以陰戶子宮與胞漿水等所有相關之事俱查考之則定產後十四日爲受胎最早之時

以上爲辨認親子所有最要之三款其餘另有數事其爲要次之茲略言之

假如婦人之夫死不久再嫁他人在若干月內生子則須查其子之父爲何人間有此種案與前者相類或前夫死後略五箇月以內生子則查小兒能活與否即能定何人爲父如其兒產下時身體之形狀不能照其時而分別屬於何夫則必查已死之夫在疑其成胎之時身之精神若何如其精神欠佳則其子可作爲後夫之子

妻之本產業歸夫管理　如女人有接嗣之產業而嫁人生子者能接其產業則其夫或因妻死能管理其地產至死而止此爲英國之律例惟其子必爲活產其活產之意與前所言致死嬰兒案內活產之說不同因凡有此種案雖小兒不叫不動如能見其口脣微有張翕之意而後死即可爲活產之據如一千八百零六年有一案一人名非施一人名巴勒馬亦藉此微據定爲活產

產不是人形之物　英國律師布拉克斯敦云凡女人產下者無人類之形狀則不能接嗣如有人之形狀則雖大差亦能接嗣

又有數種案能在買黑奴之國內有之於英國不常見故不必多論即父母之皮色不同而所生之子與此種父母常生之子其形大不同者欲查驗此事爲何故分辨爲親子與否茲不贅言

上海曹鍾秀繪圖

法律醫學卷四

英國　該惠連
弗里愛　同撰
英國　傅蘭雅　口譯
無錫　徐　壽　筆述
新陽　趙元益　校錄

保命假冒疾病

保命

保命之事由醫士查驗人身有無精神或有病證爲極要之事凡欲保命之人則必至公司而公司所特請之醫士必詳查之又其本人常請之醫士亦必言明其人素有之病並平日之精神如何開有保命公司藉各醫士之說肯保輕病之人最可憑之公司能請大才能之醫士請其講明一切病證之輕重並各病名之解釋從此能大有益於公司

又有保危險疾病之公司則必有醫士定其人受傷或受害之輕重又如多人成會爲有病者醵錢等事亦藉醫士查驗其據又如有人欲當兵或欲往他處立業國家給其盤費又查艦內之人或辦理公事之人欲添請新人亦請醫士先查驗其人

保命公司大半有定章應承稿內問及多件事俱論及人身之精神如何俱爲醫士所預備則欲保命者須言明其本人之根由與其父母並前代之人作何事業因何故而死其死之時年紀幾何並言明本人之事業與其習慣之事又言明已種牛痘或否又從前所生之病證及一切所能與長壽早夭有相關之事

由此可見醫士之職分分爲二要事其一爲訪問之事其二爲親自查驗之事茲將其二事略言其辦理之法

一醫士訪問保命者之事幾分屬於其本家之事幾分屬於其本人至於其本家之事則須查其前代之人有無相傳之病或俱爲壯健長壽之人尋常言之長壽人之兒女亦能長壽又父母早死者其兒女亦多早死所以先查本人之父母如當時尚存則其年紀若干如已故者則死時

有若干年紀又查其兄弟姊妹或死或生如生者有若干歲數如死者則在若干年紀如俱爲無可疑之人則不必再詳問設如其人早死者或有相傳之病能令其早死則必多訪問其親戚又必查早死之人因何故而死又如有可疑處而其人在一千八百三十八年以後死者則能在記錄全國死人之衙內查知其各人死之緣故如其內有一二人或肺癆病或氣喘或癡或癎風或癱瘓或心之病或重風溼或瘰癧或中風或年不老而水腫等病則此書必記錄之能令其保命之事辦理略難又如當時其親戚有此種病亦須記錄

如訪問本人之事必記其年紀與有妻或否及其生意居處習慣之事又曾否出天花或曾否種牛痘或已生何種病或有病證所有病證之最要者爲吐血因疑有肺癆病也又痛風重風溼氣管生炎與氣喘因此種病曾患之者恐其再發爲生他病之根基又已有水腫者則指出身內五臟如心肺肝腎之病又患過肺生炎之病則恐其肺尚未全愈或因已有他病而得此生炎之證又各種抽搐病則恐其腦筋已大壞又小腸疝病則恐以後其腸有不通之險又膀胱沙淋或溺管變窄亦爲易短人命之病又如傳染疔毒亦爲短壽之病如其事略重則更爲緊要

二親自查驗保命者之事其詳細或否必恃上款各事爲合式否如爲合式則所必查之事可少如其人之形合法面上有精神脉整齊而力略大又每分時不外七十至七十五至如爲女人不外八十至又不少於六十至呼吸氣爲易而平則醫士能勸公司爲之保命如其人之本家之根由或其本人之根由有不合式之處其人之形狀不合度或體之比例不合式或過瘦或過胖或面白或面有病容或面有憂慮之形或其脉動大於以上之數或有別種不合法呼吸氣每分時多於十七至十八次或爲不勻或亂或已患過重病則必須更詳考其腦氣筋與肺與心相屬之各器具又必用敲擊法與聞證筩法試其肺又試其尿含蛋白質與糖或試尿中有鋰養[三]鹽類或燐養[五]鹽類（從前公司常用嘞輕孫所設量肺容積之器近今不甚用如欲考此器之用法與理則可查虎伯內科理法書）然以上查驗之事其詳細與否大半由醫士作主反之醫士不可遺漏應查之事惟所查問之事俱必與保命有相關不可無故空言又不可因考習醫學而多言

以上本分之外另有數事與壽之長短有相關如居處換水土貿易習慣之事並身體之強弱與傳代之病及保命以前患過之病

居處　如人居於本國內則有五事爲要一住居鄉閒比

住居城鎮內更能長壽二城鎮之人數愈少則其人之壽亦愈長三卑溼之地並近河邊之低地並更高之地間有收山上流下之水者俱不及更高處之人之壽長四如有等高之兩處則居砂地或礫石地比居含泥或飛土之地者更能長壽五凡房室如關閉不通氣又常溼而陰溝閉塞不通俱能令人易死所以保命之事須查其人住處如不合式令其遷移或改造房屋則可保之

換水土　如從溫和之地或冷地換至熱地則能短人之壽比從本國內從此處遷至他處更能短壽所以公司內或不肯保往熱地人之命或肯保之則所收之價宜多俱

依往某處之危險之大小爲度卽查各國所有英國之兵丁與水手患病與死者之數以此而定所應加之數從此得知熱度愈大則危險亦愈大又在熱帶內之危險爲極大又冷地或温和之地與英國相彷閒有更好於英國者然低溼之地所居之人無論其處之冷熱俱不及高燥處之長壽閒有保命公司藉此種理準人在赤道南北三十度以外無論何國何處不另取錢又在南北三十度以內者則依其危險而增減保命之價

貿易　所有能短人壽之事業在英國者卽令人多飮酒之生意又令人常坐者或出力極少者作事之房屋不通

氣而常熱常在露天處遇冷熱燥溼飮食與睡起之時候不定又如作工之時每日甚長或夜中應睡而不能睡又在惹人之霧中與多飛塵之內又或常遇毒氣毒料從此可見有數種行業必須格外謹愼卽如開客店者與客店內送酒者又造啤酒之肆送出酒者又印書房之擺字人裁衣人衣莊紬布之夥戰事之水手與兵丁做饅頭者磨刀磨鍼者造油漆料者造上鉛粉名片者造鉛汞燐鉀各雜質者又有一種行業能短人之壽亦不令人生大病卽屠戶也

以上各種事業內開客棧與酒店者與保命有礙因公司內必疑此種人惟有可憑之據知其人品行與度日之事俱爲端正卽不致有大醉等事則不能不保其命

習慣之事　如驕樂之人或懶惰或狹邪或用酒等物過限則大有關於壽之長短惟其有據者祇爲飮酒等過限其餘難得其據如有此據則斷不能保命又如年輕之人欲保命則所出之費分外大必查常飮酒過限者所活之歲數而照此數定其每年應出之保價

如人常欠債不能還亦爲短壽之事所以其保價亦必更大

向病之性　假如生瘰癧病又如頸長胸窄身瘦則易生

肺癆病又如頸短面紅胸闊身肥則易有中風病

傳代之病　與保命最關涉之傳代病爲肺癆病因已長足之人常有患此病者又年輕之男子極易得此病爲其人之祖若父傳下者所以醫士必特意考究保命之人其先代有肺癆病者若干人又最近之親戚內因此病而死者有若干人則爲極要之事又如其先代因此病而死者大半爲年輕之人則比年老之人更爲緊要如其本人之年在五十歲以上者則爲已過患肺癆病之年紀而其人先代之事略爲更輕若年幼者則爲尚未過患肺癆病之年紀雖當時謹愼無病而查其前代亦爲極要之事又如

本人爲男而前代患肺癆病死者俱爲女人則前代之事不甚緊要又如本人之脉小數而實則此種脉爲肺癆病初顯之證凡有此種脉之人更宜詳查又如前代之人內年輕時有發癡癲痛風氣喘沙淋心病水腫中風或癱瘓等病如因此等病而死者不止一人則此事亦須詳查

本人前時患過之病　醫士必詳查其人已經患過之各種病與其能否長壽有相關之處尋常言之幼年時各種小發熱病並長大後虛發熱病又發熱時疫病則以後不能多短人命然此種病之最重者並皮膚紅生炎痛風重風溼氣喘肺癆病等此類之病生過一次易於再生如肺

癆病生數次則無法能治之又所有病證內有吐血爲最要因可爲肺癆病之據又如曾吐許多銀硃色之血則其人斷不能保命又如其血極少無論其色如何無論從何處發出亦必大爲疑心令醫士詳查其胸又如多吐深色之血則爲肝有病之據又如肺有生炎等重病或氣管屢次生炎且本人從前有同類之病亦必查其胸因此各種病證不惟爲極要者尙能令肺生硬凸點或能爲心生重病之根源

如查以上各事俱爲合法者則醫士可發憑勸公司照常價保命設如有不合法者則公司可斟酌之依本人事之輕重或竟不保或依更大之價而保之或當其爲加增數年之人如當爲多十年或多二十年之人而照此年數保之此事亦藉醫士定之有一保命公司號鷹其記事者名恆甫里司已推算各事而知保命者或爲本人或前代人有肺或心之病而本人略顯出易生此病之據則加七年又如前代有別種可疑之處如大肥胖等則加六年如痛風加四年小腸疝氣加三年以上之數祇爲中數如人之年紀愈小則所加之數須大如以二十歲爲起加九年則三十歲加八年四十歲加六年五十歲加五年六十歲加四年七十歲加三年以後每十歲亦加三年總之年紀愈

大則保命之價愈貴所加之年數可更少

醫士又可查驗有病之人定其可保數年之命與否又定其所應出之價因常有人不能保多年之命設肯保一二年則保命公司亦無喫虧之處假如年輕之人已有肺癆病者醫士查其肺有病而其人或可保一年之命又醫士必報知公司言明其命之可保與否故醫士必推論其病之大略如下凡肺癆病能顯出數次而勻在數年之內惟每一次見此病則可有重至死者又一年內此病或見或不見未能定之如見之而其人死則公司喫虧如不見者則公司得利又如在此一年內其病見時或在上半年或

在下半年亦不能定如在下半年則或者其人能活至明年又因此病生一次則略待二年內則漸重至死又因此其人不惟在所保之一年內其人不死尙能多活數年又如本年內見此病則因平常之人見此病數次方死如本年內見一次亦可望其能治愈其餘各病亦大概照此意推論茲不贅言

如成人而年輕者訪問其先代有患肺癆病之人則有法能將其全保命所定之銀分作十年或七年而付淸此法爲最佳

有數事與收退保命之人有大相關者此書不及詳細言

之必查全論保命事之書卽如伯林敦所作選擇保命事之書又西勿敬保命醫學便覽或欲博習其工可觀話勒福特保命類篇茲將保命所應查之要事言其大略分爲數種病一一言之

肺癆病　此種病常有人誤稱爲氣喘或氣管生炎或肺生炎或久傷風或舊咳嗽等名間有故意誤稱者又有因此病而死之婦人則誤稱爲生產而死者如肛門有瘻管則可疑其有肺癆病又如脉小滑而數並有欬血且分外易於傷風食物不消瀉泄俱爲將生肺癆病預顯之病證如肺癆病爲傳代者則女人之傳代較男人之傳代更易醫士或推算患肺癆病者傳於後嗣與近親每百人傳肺癆病二十五至六十人如因肺癆病而死者則在英國內每死九人中有一人無論男女老幼俱在內又肺癆之屬於都比迦力病之類因此類之病而死者每七人中有一人如英國女人無論老少較男人患肺癆病者更多但十五歲以後則女較男稍少又生肺癆病之女人其死更早故倫敦內患此病之女人較患此病之男子更少無論老少則女人九十八對男子一百十七又如十五歲以上者則有百六十二與二百十三之比又如二十歲以上者則有一百五十七與二百十一之比又女人因肺癆病而死最多之年數比男人更遲

癰疽　女人生此病者比男人生此病者更多其比例略爲二百二十二與一百十七之比又女人死時最多之年數比男人更早又此病傳代之數略每一百人內傳代者二十至三十人

痛風　因此病而死之男子甚少而女人更少此病傳代之數略每一百人內傳代者五十人

重風溼　生此病者其男女之數略相等而死者最多之年紀無論男女俱在十五歲至二十五歲之間此病非能徑令人死惟患此病一次之人常有復發者又此病可當爲心病根源之一所有傳代之數每一百人內傳代者略

三十八

心病　女人患心病者較男人患心病者更多過五十歲則其更多之數更顯如心之各種病惟脉管跳血囊在外則在英國內老少各等人中每死二十八內約有一人因此病而亡

氣喘　男子患氣喘而死者較女人患此病而死者更多如男子三十五歲至四十五歲而死者每一百人內有一人因此病而死又死之最多之年數爲五十五歲至六十五歲又因此病而死之人數每二百人內不及五人

氣管生炎　此病女子患之而死者比男子患之而死者

更多無論老少各等人每死一百人內因此病而死者有九人如十五歲以內所死之人因此病者略有八人但十五歲至二十五歲內因此病而死者不過一人二十五至三十五歲內因此病而死者則有二人三十五至四十五歲內因此病而死者不過五人四十五至五十五歲有十人五十五至六十五歲有十七人六十五至七十五歲有十六人

癲狂　因此病而死者女人較男子更多但每死二百人內僅有一人因此病而死也又因此病而死者每四十一箇男子對五十五箇女人又最多之年數爲五十五歲至六十五歲其傳代之數每一百人內傳代者十六人至五十七人各醫士所記之數不同惟疑上等人傳代者比下等人傳代者更多

腦筋病　因此病而死者男子比女人更多大約無論老少每死八箇人內因此病而死者有一人有兩種病與保命之事有大相關即腦血中風病與癱瘓

中風　因此病而死者女人比男子更多其比例略有二十四與二十一之比如十五歲至二十五歲每死一百人中因此病而死者一人二十五至三十五歲則有一箇半三十五至四十五歲則有二箇半四十五至五十五歲則

有四人五十五至六十五歲則有五箇半此爲其最大之數又六十五至七十五歲則有五人

癱瘓　因此病而死者女人較男子更多其比例略爲二十四與二十二之比但其女人比男子更多之數大半在六十歲以後顯出如十五歲至二十五歲內因此病而死者甚少幾不上算二十五至三十五歲內每死一百人內因此病而死者一人三十五至四十五歲則有三人四十五至五十五歲則有三箇半五十五至六十五歲則有五人六十五至七十五歲則有七人

以上所有各種病其死者之數係各年紀之人因各緣

故而死者內有因所言之病而死若干分數俱在英國記錄人事各數之總官西歷一千八百七十一年所著第二十四年之報第一百四十四頁中所列之表內得之

保命之事所有與律法相關之處不必多言之如欲保命者與保命公司立合同保若干銀如故意將一生內所有與病證相關之事秘密不言則其合同作爲廢紙如保命公司知有礙於保命之事則或退其人不保或更加其價又如已患過重病而不言其治病之醫士爲何人亦爲欺騙之意又間有原無欺騙之意而其人有胃不消化或痛

風或癡癲之證則保命公司亦有不肯久保之意又如偶然受危險之事如四肢折斷等證或用鴉片等能傷命之事則保命公司亦不肯保之然此各事之有礙於人命其輕與重在各醫士之意見不同故無有一定辦理之法

近時保命公司預備保命之先所需查驗之各事錄成一紙內有問而保命之人必荅者又有醫士必荅者又因保命內有欺騙之事而興訟則保命公司難贏所以除其欺騙爲明顯者則保命公司不敢與之涉訟然因近時分外謹慎查明保命之人則涉訟之事更少而保命之事與律法之相關漸小然此事之其餘各故仍爲緊要而醫士查驗之工夫或發憑據近今更爲緊要因近時衆人更謹慎於免病之法又更明曉保命之爲要事而保命公司大有興旺之勢保命之事與醫學及律法有相關之處見西勿敷之書第八章又見本仁所作保命律法論又見話勒福特所作保命類篇俱有詳細之論

假冒疾病

假冒疾病並假作不能辦事或於已身加傷害其故甚多即如兵丁或水手欲免行其職分或欲令國家或主人辭之或爲乞丐因欲免出力做工養身或欲得本境養窮人之益處或因欲欺騙爲善事之人等又犯罪之人欲免作苦工或在養病房內易於度日或欲令官放釋或欲免刑

罰或欲難爲管理檻房之人或犯罪之人欲感動審問官之心乞其垂憐而因此定其罪與刑罰更輕又有公益會內患病之人必按時收得若干錢則偷惰者假冒有病在家閒住養病又有公醫院待有病之窮人分外厚則假冒有病爲其所養又有假作受傷令人或公司賠錢又有人並非因欲得益處而假冒有病祇因欲討衆人之憐或因欲討衆人當爲奇怪之人或欲令本家之人分外尊重之而假冒有病所有爲此事者女人更多

凡假冒有病之人大半在人煙稠密之處或多人同住之處即如營內之兵丁船上之水手檻房之犯人街市之乞

丏書館之男女幼童惟兵丁內假冒有病其事最多而最重如法國前時有人人當兵之事則當時醫士名否弟累論此事云假冒病人之各法在此時大爲講究所以分別假病與治眞病之難處略同

假冒病者可分爲二類一爲自造者卽本人故意令身體顯出病證二爲不顯病證而俱藉其人之慌話如第一類內有身體之傷害或成一傷口或膿瘡或面上生炎或放膿或瘤或毀全體之形狀等是也又或有割削之體等如第二類所言之病證爲目所不能見者卽如百體內有大痛或癇證或癱瘓或腦筋痛或風溼痛或五官不靈或不

知不覺又有假冒繁病如發熱或肺癆病或羊癲瘋等如爲自造之假病或身體假傷或割削等事其造法甚多卽如用力之法如有機器或汽車行動時將手或足故意放入令其打壞等事或開皮膚噴空氣在內或用繩縛緊手足等體或加大壓力或作一墊子久壓在一處成一大凹或吞發泡之藥料令在腹內發泡放氣甚多令腹或腸發腫或用他法成一假瘤又有在眼內加惹藥令眼睛生瘡或爲各種病證等法又將各種顏色料染於皮膚假作打傷青迹等證又將禽獸之腸或五臟之體或加海絨醮於染料內假作脫肛並各種惡病又有將肥皂作丸多服之令成大瀉痢無法能止之又刺通牙肉令多放血則假作吐血病其餘各假病可依此類推

假冒病者幾分恃其言語幾分恃其假冒病證令人目見之而信之故用以上各法所有恃本人之言語如言眼瞎耳聾腦氣筋痛風溼痛等事久言之而常不改雖醫士設各法查其假冒之據或阻其假冒久不信之其人仍能耐心不改其說此爲常有之事

前印此書則將此事分外詳細論之所有做假冒之法并查其假冒之據頗詳然尋常請醫士查驗此等事祇爲審問堂或巡捕房查驗當時審問之人因其人或假冒癱瘓

等病乞審問官之憐惟此等事非常有者而大半在兵丁與水手或檻房之罪人所以管理此種人應特有書詳言之此書內祇設簡便之數法爲尋常假冒病人之案至如數種假冒之病如受胎或打胎或癡癲或受傷或中毒等事俱在特言此各事之卷內詳細論之

辨別假冒與眞病之法

一　先查其人要做假冒與病之緣故卽其人因此能得各種益處或可免所懼之各弊然必知男女常有假冒病者不但有欲得益處或免弊處又有數種別故所以醫士詳細查驗毫無能明白之緣故則或其人少有癡癲而其癡

癲在假冒病之事內顯出

二醫士須查驗其人之來歷又問其同班之人或朋友得知其為人之品行如何即如前時有假冒欺騙之事與否然此事亦非全可憑因常有人多年有極好之聲名其為人毫無錯誤顯出而亦有假冒病者之事也

三如其病證在身之外面者則目能見之或手能按之醫士必詳細查驗如疑其人用惹性藥等料則用顯微鏡詳細查驗其有病之處又查其人衣服之袋內並其箱籠行李或牀等件有否可疑之材料又可令其人分開住數日不能有他人相助其假冒又其身體所放出之大小便膿

等質用顯微鏡查之或用化學料試驗之又如其人百體內有不能動者或有交節不能彎者或有形狀不合度者則令其人服鴉片或吸哥囉昉至其人不能自主之時細查驗其眞假

四如其病非醫之五宮所能分別者則俱恃其本人之口證即如百體內有痛或目瞎耳聾等如疑其為假者則可設法猝駭其人而觀其如何即如疑其假作聾則忽然作一大響而觀其人如何或乘其人卧時忽然令其驚甦而用嚴厲之辭氣問事或令其服鴉片或吸哥囉昉乘其半甦半睡之時難於自主而問之

五如其人假冒某種病證則必詳細查驗其病之根源而問其人如何得此病將其人之說與醫學所定其病之根源與證據詳為比較

六如疑其人假冒病者則必乘其未預備見醫之時猝然見之又因其疑忌醫士則託他人細視之又醫士可問數種病證與其所假冒之病不相關者而引其人應承有此病證又醫士之疑心斷不可顯必當其人為眞病又可假言此種病證過數日應該顯出新證或應如何改變則如照醫士之說及其時日其病證如此改變或加新病證則顯出其人之假冒

七須查明其人應服之藥與應用之法可照醫士之說服之用之與否

八凡醫士遇可疑之人則一切所用之法應與其病之眞者相同若有大可疑之處則可減其人之食物而或令其人獨居或令其服最可憎而無功用之藥又如所假冒之病不能作為危險之病者即如肉筋忽縮而痛等病則醫士可當為不要緊之病而言明不必請醫治之則如為假冒者其人不再說此病間有假冒病之人不肯食物而常言無心食物則醫士可與旁人言此事最奇前有人數十日不食物而不死可試此人能數十日不食而不死否為

醫學內有趣之案又可言恐其胃中有惡物需用抽氣筒抽出一日數次至其人胃中清潔為度如此法再不靈則乘其人最餓之時有極美之菜與食物置於面前請其食之又如其人云身體力乏不能走動為出力之事則醫士可言明身體不動則食物不必多用而一日內最多之一餐飯可以不食如為假冒者不久則其人肯行動又有法能當其假冒之病證為真用極詳細之法治之即如前時檻房內罪人告訴醫士云頭痛極劇耳內放出極可惡之耳蠟一手癱瘓兩腿無力於是醫士令其獨居小房治其頭痛將生紙一塊置於耳竅內收其所放之料又用黏性

布膏封其耳竅便於醫士能查其惡質之根源又將其手以木夾夾之而常忽通大力之電氣以治其癱瘓再定其所食之物之數必與其作事出力之數有比例則不久其人頭不痛耳不放惡質手不癱瘓而其病全愈從起病之時至二十一日則設法從檻房內逃出而所出之力所作之事顯出為最堅壯者之憑據然其法不成仍鎖於檻房內

又有一種事與假冒病證有相關即人所有之天然之病能否足為不做一種事之故然此事與陸營及兵船上醫士有相關閒有尋常醫士必須查驗此種事件

如近時辦理鐵路公司之人有一事為極要者即人目不能分別數種顏色因常有管理汽車各事之人夜間恃各種顏色之燈火為號如誤看顏色則生危險而多人亡命此種病男人多於女子即如醫士分替奈云每一百箇男子內有二·八七人患此病者又有醫士旦特司云每一百箇男子內有六·六人患此病者此種病常見者有兩種一為不分紅綠一為不分藍黃其不分紅綠者為最常見而最為緊要者因鐵路在夜間之燈號又海邊行船所有之燈號俱為紅色與綠色之燈火

試驗人目不能分別顏色之法最可恃者係瑞典國烏伯

撒拉之醫士呵莫辯倫所設立者其法將各種顏色之羊毛線亂置於其人之面前令其人揀出同色者如所揀出者各色不誤則其人之眼分別顏色為合法者

如其人眼之辨色不準則將有葡萄色之羊毛線一筐令其人揀出同色者而其人以藍色或茄花色當為同色者則其人之目為不能分別紅色又如以綠色或灰色當為葡萄色者則其人之目為不能分別綠色又如以紅色或橘皮色當為葡萄色者則其人之目為不能分別藍色又如將有紅色線一筐令其人揀出同色者則如其人誤揀出綠色或櫻色比其紅色更深者則知其人之目不能分

別紅色又如誤揀出紅色并淡於紅色之櫻色則知其人之目不能分別綠色見英國醫學記錄書一千八百七十九年十月初四日所印之卷又司溫西所作考驗眼不能分別顏色病之書間有醫士必查其人能作幫審之人或能到審問處作見證或能當數種職分或能在監房作苦工或能受重刑罰等事又如數種公塾內所收之學徒必爲無病者故必有醫士查驗發憑據此各事內並欲當兵或當水手之人及保命之人有實有病而不肯認者亦必有醫士用法查驗之

凡審問案內其人能否作各事或受何刑罰無一定之法

能定其例又如兵丁水手能否當其職分其分別之法亦在武事醫學特備之書內詳細言之惟以上之說論假冒與自作之各病無論陸兵水手或尋常民人俱爲合用

桐城程瞻洛校字

法律醫學卷五

英國　該惠連
英國　弗里愛　同撰
英國　傅蘭雅　口譯
新陽　趙元益　筆述

性靈不正

此事爲醫士常須查驗而發憑據者即如一人開一遺囑而死後有人以爲其不可憑而議論其人作此遺囑時發癡癲等病又如有人妄棄其產業或有人告其亂費產業之事而言其人有癡癲之病不能管理自己之事或有人嫁娶而旁人起議恐此人癡癲不知其所爲之事或有罪犯而被告應承做過何事則有人起議應承之時曾有癡

病不知其所說爲何事或有人作最兇惡之事則有人起議此人有癡病不知其所作爲何事或有犯罪之人因欲免刑罰而假作癡癲則可查其癡癲爲假冒與否以上各事爲英國常有者查英國除蘇格蘭與阿爾蘭之外而合威爾勒士在內在一千八百七十四年正月初一日已報於國家之癡癲者共有六萬二千人此時每年略增一千人又查一千八百七十四年所有之人數則每一千人內有二·六二人爲癡癲者則每五百人內癡癲者不止一人可見以上所言之情節必爲常有者

醫士在審問堂內可應審問官請其分別癡癲之事無論

爲錢債之案或人命之案或教門之案俱可又有特設之法爲查驗人之癡癲而國家發論單令人辦理而尋常之官查驗窮人之癡癲等亦可又常有一家內有一人發癡可請醫士發憑據言明此事便於其親戚或朋友等人能管理之或以應待之法待之

凡查驗人之癡癲等事則有數種難處或從其本事內有之或從律法內有之或從眾人之憐惜或情分等因有之如其本事之難處則藉癡人之原性情及其已經讀書或教養之法並以前管理其人之各法又有別種難處其根原因格致家尚未考究人性情至極處而有多事祇能推度無一定之據又難於試驗各法難於定準癡癲輕重之之等次而不能以若干分爲準所以醫士等人祇能以自己之明事爲準而從此能量度別人之癡癲又各人之性靈不同有天生大聰明者有天生小聰明者又有大博學而得大見識者又多年習慣之事容易爲之未經習慣之人則難爲之所以此各種人過與身體或性情相關事而發癡之故則其病之輕重不同并其所顯出之證亦不同而其言語與作事各有不同再有一難處因昔時之人議論人之各性靈分上下高低輕重等而所稱爲上等之性情則過於貴重之即如明理之性與創新之性當爲首而

性情與情欲次之所以人之癡與否似與其能明理與否有相關如其所言或所作者有不合於理之處則當爲創新之性有病所以前人試驗癡癲之法幾全藉其能明理與否如在應明理之處而有錯誤糊塗則當爲癡癲

近今格致家考究人性靈之道理比前時更簡捷而可恃即將各性靈分爲數種而各不同故不惟必問明理與創新等性情又必問及情欲與感動性情之各事而從此議論癡癲之理更寬即一人有數種不同之性情而各人之各種性情亦大小輕重不等依法教養之則能增其善者而滅其惡者又分內外顯出而必用法管理即感動之緣故或從本性靈內顯出或從本性靈外生出此各種性靈合而成一人之心此理更易明白不惟合於理尚合於世上常見之事而從此能明人之品行不同人之意見必有分別而人之行爲內必有最奇者而其品行意見行爲其不同之處能無窮此理與近所知癡癲病之理最爲相和查驗人之癡癲第二難處即與律法相關者幾分因律師不全考究癡癲病證之各事幾分恃前人傳下誤會之意見幾分因所定試驗之法不合理故不適於用又幾分因律師觀此事與人能自主之理有相關又有幾分因欲令國內得平安

第三難處從衆人憐惜或情分等而生此各難處幾分與國政有關幾分與教門有關因衆人觀癡癲之事不問其爲眞爲假而祇問衆人能平安而不受癡人之害或謂癡癲之人待之不可過嚴所有與教門相關之難處因常有意見最佳之人以爲人性本惡所以如癡癲者之言語大可奇或其作事大可惡則以爲此事不過顯出人性之本惡而非因患病而顯出如能令其人悔罪改過而得新性情則其癡癲能消滅不見

如癡癲各種病最難解釋其各名目因難得一字包括各種癡癲之形性因人之心有各種弊病其情狀甚繁而各

不同故分種類甚多如以各種各類分細名目幾爲斷不能成之事故本書所用名目與所分種類大半依律法所常用者凡律法內定名目之解釋則此種名目自然勝於別種名目設律法內尙未定名目之解釋則用著名醫士所定名目之解釋

查各名目內則以癲與癡爲首而患此病者稱爲癲者或癡者此兩字之意祇論人之性靈過於猛言語行事較尋常更多更出力如其人所顯之病證似不肯多做事不肯多言語則比尋常更少而不稱爲癲或癡必另用名目顯明其意即如性靈不正則論其心之病又性靈不全則論其身體之病

以上各名目內如云性靈不正亦非全可憑之名因波茲毛特案內愛勒屯伯云性靈不正必與癡癲詳細分別之因律法內有相混者又有總審問官哥白那伯云（議論人命律法之稟在一千八百七十九年六月十六日）設立新人命律法者將癡癲兩種病相混大有錯誤然本卷以性靈不正爲名目似能包括一切所有此類之病惟因律法內從來稱此種病爲性靈不全者所以本書內亦可稱爲性靈不全之人此爲最合式之名目

茲先論性靈不全之名目內所包括之事並其不全之處

究竟如何

英國之律法尋常祇分二種一爲早顯之癡二爲癡然設立律法家早已知必更詳細分種類即如哥格伯設立之名目定性靈不全之人分爲四種　一爲天生之癡因此種人恆有此病其實爲性靈不全　二原爲性靈無病之人惟因患重病或因憂悶等故則其記性與見識全失而不能復此種人亦可稱爲性靈不全　三暫時見識與記性不誤暫時不清楚則其不清楚之時亦可稱爲性靈不全　四暫時自己用法毀其記性與見識即如飲酒至醉或喫鴉片至醉等故此種人當時可稱爲性靈不全

從以上之法可將所稱性靈之各病分為三大類一為早顯之癡二為變成之癲三為癡如第一與第二兩類律師與醫士不難分別之惟癡則難定或為久癡或為暫癡似應多定一種名目更詳細分辨之

孩勒伯亦將癡分為全癡與不全之癡故可分為全癡與一事癡則從此得四類即早顯之癡變成之癲狂病一事癡

以上四類可當為律法所分晰者可再分為若干種而其分種之事可藉醫士所定病證之名即如第一類曰失性靈可分為三種一為早顯之癡二為晚顯之癡三為身體

合性靈鈌乏之癡（西名克里的尼仁）第二類曰變成之癲分為四種一為新成者二為久延者此兩種又可名曰原者與次者三為年老之癲四為癱瘓等病所成之癲第三類曰狂病分為三種一為全狂即身體之行動與口之言語俱為狂而無理二為性情之狂亦有兩箇分種即總者與不全者其不全者內亦有一事癡者並憂悶癡者三為五常之狂此狂亦分為總者與不全者其總者全不能管理自己之事其不全者又分為欲殺人者與欲自盡者

以上各類各種之癡癲病可立成一表便於一覽而知其緊要之分法又可為以下各論之目錄（哥白那伯在前所言之稟內將早顯之癡與晚顯之癡相混俱當為性靈不全如此則不分失性靈與變成之癲）

失性靈	變成之癲	狂病
一早顯之癡	一新成之癲即原者	一全狂
二晚顯之癡	二久延之癲即次者	二性情之狂
三克里的尼仁	三年老之癲	三五常性之狂
	四癱瘓之癲	
		二性情之狂：總者；不全者（一事狂、憂悶狂） 三五常性之狂：總者（全不能管理自己事）；不全者（殺人狂、自盡狂）

以上分類種之法亦不免有錯誤處然無論用何法總不免有可疑處因其事最難分晰即如克里的尼仁入內包括早顯之癡與晚顯之癡惟其身體另有弊病或者百體之形狀不合度必另分一種又如年老之癲與癱瘓之癲雖俱為性情有蹶之病證然必分為兩種又所有一切狂病亦在此表內不能全顯明或最合於格致學分種類之法可藉其三件要事即性情未成者性情生後漸蹶者性情混亂者即與以上失性靈變成之癲狂病三項可相配

性靈不正此名目最寬又包括瑣細事在內故無奈何必照一定之法排列各題目否則極易混亂茲分為六大節第一節論人之性情可言其無病但有暫顯之性靈不正即如妄想夢睡行第二節論與性靈不正相類之數事大約為病或為毒所成者即如昏暈酒狂與酒醉第三節為以上表內之癡與癲依表之次序論之第四節論性靈不

正所顯緊要之病證並律例與醫學所有分辨之法第五節假冒性靈不正第六節疑有性靈不正之人查驗之規條並醫士作口證之規條

第一節　妄想夢睡行即迷魂

此三種情形俱與性靈不正有大相關且最相近因癲者常有目幻等妄想又醫學家尋常以夢與癲爲相配之事又睡行之人所作之事亦有與醫學合律法有相關之案

妄想　凡人之五官以爲有某事某物而實無此事無此物者則謂之妄想又如本人心內要令五官顯其誤則謂之智識差誤設如成此事俱在眼內或似在眼內非從本

人之意而成者則謂之幻影前有著名之案其人姓蒲拉奈里所有作口證之醫士有審問官詳詢妄想與誤想有何分別而醫士之解釋不甚清楚然此兩事之解釋不難分別因一爲五官之誤一爲心中之誤如妄想爲假物或爲假顯之物祇爲幻影若心中之誤則爲空虛之念然五官之妄想如其人信之則變爲心內之誤想又如五官各種之誤並無相配之實在物件或實有物件而誤覺其形狀或爲身體內知覺之事有誤亦可謂心內之誤想如實在有五官知覺之事則不可謂爲心內之誤想即如亞卑斯山有一峯名曰伯陸更有時立於山峯之人其形狀照於雲彩上變爲甚大則見識小者俱以爲此形乃本山之大神爲可畏者又因空氣冷熱數層相開則遠處之船在空中顯其形而人目不能直見其眞船又有遠處交戰兵丁之形狀亦在空中雲彩上顯明此各事不能當爲心內之誤想有醫士等人在書中詳細分別心內之誤想作兩種一爲空虛無形無體者一爲有形有體者惟五官不覺其有所變形又有醫士伯里爾得拜門亦分別此事爲兩種一爲虛事全藉腦之想而不恃五官則可謂之五官虛覺二爲實有之事而五官覺之或過於重或有改變又有醫士格來生加引衣司幾羅之書云其所分實虛兩種最

爲合理然昔時英國著書人常混亂其字之意反有差誤或有錯處亦謂爲誤想又著醫學書之人亦不分別其實虛兩種而法國書中亦不甚分明然無論用何種名目有四種事情不可混亂一爲其人心令五官覺有一事即心中之誤二爲五官知覺而身體外並無此事即五官之妄三身體外實有一物而五官誤覺而改變之四身體外實有之物五官知覺不誤而心中未明其意即如沙漠中見有樹林等是也

五官之妄能從四歲之時起亦從中年之時起又在八十歲之男女起而男子較女人更多間有患此病者其記性

最好知覺最靈本領最大間有人尙無此三項又間有人毫無他病間有人患小病可用簡便之瀉藥或減瀉各法治之間有初生重病之時或爲生炎病或爲發熱病或病已退而得此病者間有人身體最弱而已受苦處甚多即如海中之船已壞而船上之人用法救命心與身久受苦難亦生此病

又有人腦內或不通血或亂通血或因吸燒木炭之霧或因人居房屋太密而生炭養氣甚多則呼吸此氣亦能生此病又有數種寗睡藥或寗睡性與辣性毒藥亦能成之即如鴉片酒醋印度麻啤啦叮喲辛躑躅醉仙桃等是也

五官之妄以目幻爲最多而耳之誤次之又有嘗嗅與摸此三種之誤不常有之

醫士考究目幻者比別種更詳而其各種妄想內有數種分別於全身之學大有趣味惟與醫士分別各病而發憑據無大相關另有書特詳論之（如阿勒突生與白特弗里愛所作之書伯路司他所作自然法術書司各特爵所作論鬼與巫之書又有伯里爾德拜門所作腦誤覺論等書）有兩件事能於醫士分別此種病有用處一爲人目已瞎無法能治之仍能有目幻之事此各案內必因腦內之血亂流或因腦質有改變（如布路弟爵所作考究性靈之書第八十五頁有一案其人之頭受傷後成聾常有昏蒙且常有目幻之事）二雖然此種事常在大感動性靈之後而顯出即如過重之思慮或畏懼等然因此可以爲從人心之回想而生惟大半所有之案內此事與人之虛想毫無相關即如筋縮痛或癇證與虛想爲無關者同意又有醫士云動物服數種毒藥亦有五官誤覺之事此事略有可恃之據身體或性情有數種病時常有目幻者從此大約能顯出其人心把持之意思久不肯改之緣故即有一人作書記錄其發癲時醫士用法相待之事（此書第六十三頁論常有之目幻云我自覺實有此各事在目前如不應承此事於他人而言明爲眞者則不惟爲自己誤想又爲違背天命又將所見之幻與房屋內之牀牆器具詳比其實有與否則所見之幻比屋內其餘各物更爲實在等語）查此說與其書內其餘各事亦相配而可信又余與患此同類病之人論

此種事其各說與以上之意見相同

由此可見無論人之性靈或全或不全俱可有目幻惟有一種分別因性靈全者見此種事而知其不眞性靈不全者信其爲眞無病而性靈全之人見此各幻疑其爲差則不信其目用五官內之別官試驗其爲眞與否或問於他人請他人觀其事之有否即如有聾者在街上行走時常有目幻以爲有大小馬車往來而因耳不聞其聲則信其耳而知其馬車爲目幻設其人有病而性靈不全者不用此各法分別其幻之是非或不能用其法或有疑心之處則全恃目爲據而以此散其疑惑即如前節所言著書之

人以爲疑心目幻必得罪於天故終不能解其疑日間所有之目幻較夜中所有者更易分別因周圍有別體并別種容易比較之法卽如喝勒醫士阿勒突生所作目幻論之書詳細言明此分別似可爲解明目幻理之第一人

夢　夢與性靈不正之數種病有大相似之處因睡時五官似停其職司而腦與萬物無相關又人之有上等性情者亦能安息故所顯五官之妄或心中之誤在腦中似乎爲眞又逐一行過腦中似相連而其相連之法爲人所不由自主者有數種夢能徑知其根源與身體之事有相關

卽如胃中食物過多或膀胱溺過多或有惹皮膚之事則人未睡時令其覺痛或不舒服而睡時令其作夢且其人覺有不合式之處而常想法免之所想之法或所欲躲避處俱爲不合理者或其人將不平安之事與心中所想之虛事相連卽如食物不消化而睡時變爲夢魘又如頭上用發疱藥而後破處與枕相摩則夢見野人捕之而割去頭皮間有因身體不平安則其夢與事無徑直之相關惟其夢爲心中不平安而與身體不平安無大相關或者夢中所見之事不接連而將今昔各事相雜而心不快樂或有不適之意卽如實聞得親戚朋友等人遇大危險之事或收到遠處朋友凶事之信息而繞在大思慮之事情內則睡時做夢將此各事相雜而其大危險事以爲已所遇者或遠處朋友走至面前或同辦事之人在夢中亦顯出如此將各不相關之事湊集而爲一事俱因身體不平安之故

如夢恃五官之數事而生者則歸奇異之律卽如人睡時發大聲令其自驚醒則所成夢內之事似過許多時刻卽如有人夢應承當兵入營做事後因不願當兵則逃亡又有人追之擒之帶回營中審問其罪而依法定罪必爲羣兵放槍擊死於是帶出營外預備行事則照尋常之法全

預備時則放槍當聞槍聲時則夢畢而驚醒查得間壁屋內忽發大聲其夢俱藉此聲而其心亦藉此聲故夢中所歷多時必在聞聲與醒之間爲極少之時刻如欲考究與夢相關之事則可觀醫士阿白克浪比神明力量與窮究眞理論內有數件論夢之事頗覺有趣又如欲查人心與身體相關之各事可觀虎伯內科理法書論此事之一節

如擊人之頭亦能令其有夢而其夢歸兩種形狀一眞擊頭時刻以前之事似引得甚長二擊頭之時所有五官覺得之一件事在記性內持之甚堅而其餘之事則不記之卽如第一件內有一案管理瘋癲院之監督在院內禮拜堂跪下做禮拜時其頭忽被石塊一擊而其石塊包於手

巾內此拋石之癡人向監督忽然跑數步大呼而拋石監督臥於地面不知不覺且多放血待若干時則甦不知前有何事祇記得此癡人似從最遠處向他走近其來時甚長此爲第一件內最明之案第二件有一案爲不蘭末韋勒爵在岡比黎日所審問者一千八百六十八年三月內有韋廉士坐馬車時讓一人姓路巴者上車同行後其車到家時祇有韋廉士一人在車角內收縮其身不知不覺頭之左邊有重刀傷數處流血甚多久有大危險由漸能知覺惟其記性已失去不知受傷之全事亦不知以前之事其姓羅巴者被官拿獲問罪則在韋廉士面前時並不

記其同坐馬車之事又不記有何人同走又云目前日夜俱見帽一頂襖一件其襖上之鈕子大小式樣顏色方位俱不同後與羅巴相見時問官令韋廉士查其人所穿之襖韋廉士云不必細看因此襖日夜在目前每一粒鈕子之形狀爲常見者如將此襖一件雜於一百件襖內令我檢之則必檢出此件而不誤因此定羅巴之罪一生坐檻作苦工

夢與性靈不正之數種病大相似之處在本卷第四節之第四則所有之案件最爲顯明此案內又顯出夢漸變爲癡病所作之事又癡病所作之事亦變爲夢人當癡時則心中所想之念最速最猛又其情欲亦最猛如其癡已治愈則以後略七日內夢中所見所作之事與癡時同此案爲醫士哥來格里所記者

又有一案係墨腦敦之案亦與夢之一類大相似其人之父不肯令其在貿易內作合本之夥則以爲其父過於刻薄而害之當時新聞紙常議論天主教中所作之事及巡捕所作之事並不肯改國政一黨人所作之事而常言其大有害於眾人最爲不公者墨腦敦常見新聞紙以爲新聞紙所言之各種害即已所受之害故漸變爲長夢以爲常受國家天主教巡捕等之害

做夢與發癡之分別因夢時五官不理會身外之事在發癡時雖五官俱能如常而其人不藉五官或五官所知覺之事令腦中亂想則有空虛之事與其知覺相關雖目所見之物不誤然能另將妄想之事與所實見之物相雜又做夢之人甦後則夢中所見之事無論如何不合理者立即銷滅而各事變眞發癡之人似日夜在極長之一夢內極難令其甦悟

做夢與律法相關之處　間有人做夢時被他人忽然驚甦則夢中之事似不能即斷而因此則殺驚甦之人審問之時必察其人有故意殺人之罪或無心殺人之罪即如

前有案其人姓設德美昔在半夜時忽然驚甦以爲見最可畏之物近乎人形兩次問爲何物而不荅應似向其相逼而欲害之於是以手持近處之斧敵之至全甦時知已殺其妻醫士雷書中亦有一案有二人在常患盜處過夜則彼此相約一人睡時一人守夜於是睡者夢中以爲被盜所追故將手槍向守夜人開放而洞穿其心又有背包貿易家睡於路邊經過之一人忽用粗法令其驚甦背包者用捧幹內之刀刺通其人而死審此案時定背包者有罪以上二案爲溫思羅書內所載者其書名癡人命案記其第一案原從醫士巴千書中錄出其第二案爲英國合他國醫學便覽書所載者如以上二案之事照上所言者而不誤則

難知其二人如何有行兇之罪因殺人之時尚不知其所爲又如設德美昔之案其殺妻之緣故因誤以其妻爲最可畏之物而將欲害之其初並無殺妻之意也

睡行卽迷魂　此爲夢之一類惟五官與能自主之肉筋俱能用之其五官做夢中所有之事最靈又其自主之肉筋順其人之意而無誤且夢閒其人心力在所欲爲之事情全能用盡所以日閒不能爲之事睡行之時能易爲之或因用盡心力則五官分外靈行動最準毫無畏懼又能行於石崖最險處之邊或能在急流之河內泅水或能騎馬令馬跑極速而其人尋常作此事則必有大懼閒有睡行之人做日中所常爲之事與尋常相同亦無差誤

閒有睡行者盡心做其所想之事則最大之聲音如不能聞閒有尋常事不理會祇管理當時所有心中之事至甦後其人毫不知其所爲如或記之則當爲尋常之夢閒有一次睡行所作之事則第二次內能記之而中閒之事毫不能記

前言做夢與發癡有相似之處亦可在睡行之數案內顯出因睡行者與癡人閒有才能增數倍者閒有其人品與五常之性全行改變卽是有靈性之睡行與五常性之睡行又能有靈性之癡與五常性之癡此事有數案可以爲

據卽如有天主教指特瑟亞門內之修道者其爲人最誠實而所作之事所說之話毫無假僞惟睡時幾每夜起身偷物又如有死人則偷死人身邊之物又有一教士奉教維謹日中不做壞事惟睡行時所能遇之物無不偷者又進其禮拜堂內偷公用之物件又有睡行者常欲自盡每夜必用人看守睡時常想法躲避看守之人有一夜看守者不謹愼至明日其人不見則往尋之在林中之高樹上見有繩縛足倒懸而死此事在醫士雷論洗寃與癡人相關之書內又有一案顯出睡行殺人之事係天主教堂內有修道者夜中入住持者之房眼開而不活動面有怒色手中持刀一把徑向

住持者之牀似欲查其人在牀與否又以刀刺牀三次後其面之怒色已解似有快樂之意明日有人問之曰夜中做何夢則云夢中見住持殺我親母而母之靈魂顯出令我報仇故大發怒持刀徑往尋兇手欲刺死之在此事之間驚甦身出大汗所最快樂者知道是夢未做實事由此可見人當睡行時所爲之事毫不知覺此案記於遮爾解所作性病之書內

睡行與律法相關之處　曾有人設一議論問人睡行時所做之事可能定罪與否講此理者云睡行所爲之事必爲睡前定欲爲之者故應定其罪然此說不足爲據必須更加考究此事方能知其有理與否如應定其人爲無罪

則必知其睡行之事非假冒而爲之又應有憑據知其人慣作睡行之事則可當爲無罪之據

有一種睡行與妄言笑相類大半爲婦女所患者間有患此病之婦女當不知不覺時起身做事後亦不自記其所爲見阿白克泥比所作覺悟知識論內有數案大爲有趣

第二節　昏暈酒狂與酒醉

昏暈　此病常在重發熱或生炎病內顯出最多者爲五臟之各病又遇大危險之事受傷受害或有外科之重事則常有此病顯出間有久病而將死之時則顯昏暈之狀發熱之昏暈尋常先在頭上有痛與跳頭頂皮甚熱面色發紅顯此病證之後則起昏暈然間有忽然顯出者惟在漸顯出之案內其人尋常先作多夢又初甦時心中不清楚而忘卻各事至全甦後漸漸歸原待若干時睡又如前其人仰臥五官似不能覺事其眼半開半閉口中常有低聲之話而並不與他人相談又不覺房屋內有何人何物如强令其甦則幾不識人其人之氣力愈小則此種病證愈顯口音漸不清楚其手指循衣摸牀大小二便不自知覺即用多法不能令其人甦而知覺

如其人之氣力尚未多減則其病與上言者略不同眼內發紅而準視惟所觀者無一定之物其形狀似乎直視面

前之一物又大聲重說在牀上轉側不停常用法欲起身並欲躲避看守之人間有看守者不謹慎則乘間而逃顯出大氣力行動最速間有加害於人物或已身

昏暈之人常顯出心內想病前之事或顯出其心急欲辦理病前所欲爲之要事

此病最重者其人將死則變爲暈睡間有死之先數小時或數日其昏暈全退而性靈毫無差誤又漸乏力而死

間有患此病者病退之後則能記得從前之舊事又有多年前能說他方之言語因久不用而多年遺忘者至病退之後則極易用其言語

如服啤啦吖噼辛躑躅醉仙桃等毒藥則常令人有昏暈證又他種寧睡猝性毒藥亦常令人得昏暈間有人服尋常之正寧睡藥或惹性藥亦能得昏暈

昏暈與一種性靈不正之病相似其名曰昏狂可以其病之緣起分別之如此病非為毒藥所成則為他病之證或為受重傷或經外科之重事而成者則可謂之昏暈而昏狂一病尋常在同時內身體無別病祇久有昏狂後漸有癱瘓病相連

昏暈與律法相關之處　如患昏暈病時則其人所為之事俱為空虛不能作為正事或憑據又如有害人之事亦

不能定其罪即如人患昏暈病而開一遺囑則定其能作憑據與否多恃其為合理與否而少藉其昏暈中有暫清楚之時又如其人之遺囑合於其人之品行並其無病時所說過之一事或託人辦理之法又如其各款前後相應且不用法分外勸助或感動人心則審問此種案之官必因此定其遺囑為真憑據而醫士言有昏暈之病可以不從反言之如其遺囑之意與上說不合則無論醫士等人說其人作遺囑時心中如何清楚審問官必當為無憑又有緊要之分別因發昏暈病者其病暫退時心中能清楚此事與發熱等重病初退時所顯之性情平安而當時心中仍有錯誤俱必詳細分別又昏暈與酒狂亦必謹慎分別故必查其病之根源與病人身體如何方能確定而不誤

酒狂　此病易於分別因其人之性靈所有不全之處與他種狂病不同又其身體所顯之證與查其病之根源為容易分別之法大半此種病之案合法用藥則其病速愈其人心中不平安不能睡常有畏懼大有疑忌最狡猾最詭譎常有目幻以為見極可畏懼之物體即如蟾蜍蛇蝎等又以為常聞奇異之聲與發怒之言或以為有盜或惡鬼搏之若用法治其病則大疑管理之人又常設法逃走

如不謹慎看守則加害於已或他人間有酒狂者急於往他處而因不能往則心中極不適或極要緊作一件事如不能作之則大不平安極重之酒狂則顯出發狂之各證其人身體所顯之病證最奇者為大振動而因此名曰振動昏暈皮膚色白而冷溼舌潤色白而在口內常跳動脉小而軟查此種案之緣起為多飲酒若干時猝斷其酒或患散氣力之重病或受外科手法之大害間有醉一次而得此病如其人前曾患發狂或腦生炎或因從高下墜其腦受傷或因腦受重擊等則醉一次可得酒狂

如此病之輕者其人照尋常作事如問其何事則依理回

覆又能與人談論與平時無大異如獨自一人則似在夢間所言之事大能感動心情或情慾而其本人則毫無感動如余所見之案內其人常問管門者云曾否說過要殺我等語

如人久不食物或過於認眞讀書或辦事或在檻房獨自一人居一間房內或行私欲類之各事而大過限者則間令人患狂病與酒狂大同小異亦有目幻與耳幻等五官之誤

酒狂與律法相關之處　酒狂於醫學當為實病而其證之為緊要者為其性靈不正所以患此病者所作兇惡之

事不能問其害人之罪然而因飲酒而醉而醉時所作之事為律法所管理所有既犯之各罪則問之而與不醉者相同所以酒狂之人所作之事與他種狂人所作之事其問罪歸一理

酒醉　如人之性靈全而飲酒過多則大感動其性靈如其人性靈不全而飲酒過多則發狂此病與尋常狂病分別之法藉其病之根源並其人呼氣有酒臭有一種性靈不全可稱為一事癡即因貪酒而癡間有貪酒之病祇為他種病之一證間有每若干時發貪酒之病

酒醉與律法相關之處　酒醉者所為之事與不醉者所為之事律法不分別其罪不增不減惟間有審問此種案內定其人因醉而為此事其刑罰應因此更重所以醉人一切所為之事當為眞者惟其人為他人引誘至醉因欲乘其醉而令其作事則所為之事不當為眞而引誘者所欲得之各益處為不合法而不當得者

第三節　性靈不正之癡癲類

此各種病前言分為三大類即失性靈變成之癲狂病此又可謂性情未成之病性情生後漸顯之病與性情混亂之病

失性靈

此種病分為兩種一為早顯之癡一為晚顯之癡又有一種藉一處之水土等故而有病西名克里的尼仁

早顯之癡　觀律師與醫士著可信之書俱言此早顯之癡係從父母而得之又此種癡從出世之時起恆有此病實可稱為性靈不全者然律師與醫士俱混用名目而將早顯之癡與晚顯之癡及克里的尼仁三種分別不清然混此各病名目之事俱屬於昔時之人近今各名目已定準以後可免此弊人俱知早顯之癡本於父母如其性靈不全或全無從父或從母或從父母兩人所得者惟其性靈不全之輕重俱有等差而不能有名目言定之因任患

此病之人各不同也

早顯之癡之最重者身體之形狀與各事情俱不合法其人之性情似大半為植物之性情因動物應有之性靈幾蹶而五官知覺之各事幾乎不顯或全不顯如不謹慎管理之或養之則必至死此所云者為其最下等者如少上者則能知覺冷熱飢渴又覺此各事僅能做記號令他人知之最上者知覺俱能不誤少有識見能認識常見之人與物能做記號或做聲令人知其所欲者又能作聲與言語略相似或能學知羞惡或能學會作一定之聲音能吟能唱間有在算學最簡便之事略能學之又如父母或師

長謹慎教養之而用極巧之法則其身體之弊或心中之弊稍能減去之

尋常言之則早顯之癡不惟性靈不全卽身體亦虧其頭或小而式不整又面貌或不合式或扁歪眼睛歪斜口分外大而常開不閉口上脣或不全或不合法口唇大而厚牙齒參差面色黃或顯無精神之狀四肢與身體之形亦不合法或有虧缺行步不平穩而亂間有五官內少數官如不缺少則不能全用或不甚靈

如第二十四圖係從摩理生爵書中所得癡人之像以下所有數圖亦從此書中得之如本圖之人年二十八歲高四尺半額似壓

第二十四圖

平口唇大而厚口大而張開常流涎行步亂而不平穩最喜靠門立定而頭與背常敲其門其摸物之知覺最笨言語祇能一聲曰的的其意氣最好常有狂笑能自食物惟不能自穿衣又不能自脫衣大小二便不能管理毫無愛人之性不知羞惡各種音樂俱不能分別或言其人常為手淫之事

如第二十五圖係一女人年十八歲頭小而頂平身矮其形狀為正其面貌似乎心中空虛又無故而笑常做聲曰阿姆阿姆又能彷彿鸚鵡之聲言好日好夜案此為西俗早會晚別之

第二十五圖

第二十六圖

通辭最喜甜味之物又粗人悅目之首飾亦最喜之如將時辰表與觀則置於口內自能食物惟不能自穿衣自脫衣又大小便不能自行管理

如第二十六圖係六歲之男童其頭與面貌毫無不合法之形出世之時為早顯之癡至三歲時其癡更重此時出麻子與哮咳其五官之用俱全能說數箇字之言卽如

媽媽與可憐小孩等又能愛其父母而喜觀其父做工自能食物設如不管理其食物則食生魚生肉大小便俱能自行管理又常作悲哀之聲不止

如成人早顯之癡則常顯出情欲之事最爲可惡其所作之記號與所做實在之事情更爲可惡閒有大發怒閒有作極兇殘之事

早顯之癡與律法相關之處　此相關處不必多論因其事爲自然者所作之事不能當爲憑據且不能問罪如能寫憑據等件亦屬無用

晚顯之癡　此種癡生時不顯出而至若干年則顯明則

與前所言全恃父母管理者不同

早顯與晚顯之癡或應俱稱爲從父母得之而其分別祇在乎早顯與晚顯或可以重輕分別之因其晚顯者尋常從起首教訓之時則顯明又可見不能有一定之界限分別早顯晚顯之癡因晚顯之癡與早顯之癡其交界最相近而大半恃乎人之意見惟有一事略能當爲分別之法卽晚顯者稍能言語早顯者或不能言語設或能言則常如鸚鵡不知其聲爲何意

晚顯之癡不惟其見識與智慧不全卽其五常之性亦不全故難於得尋常之學問或勉强能學其最簡者則不久已忘不能明尋常之風俗與規矩又無人造之律法或天然之律法卽舊約新約書內之律法卽如已做兇手之癡人內有人恆言爲理所當爲之事前已有兩案一爲癡男擊死其所愛年輕之女又有一案收稅者往收捐則被癡人所殺此爲牛楷司卽新堡之案而其癡人不惟言其人應殺又將舊約新約書亂說數句爲憑又大半癡人不能管束其性情與情欲前有數人可當爲此類內之一種其見識與智慧極少惟五常之事不誤又有更重之一種其見識與智慧俱爲合法或分外大惟欲辦理尋常之事毫不能爲之故可見晚顯之癡有三種卽見識與智慧之癡五常性之癡與

總癡卽略與狂病三種可以相配

如第二十七圖其人年三十歲有晚顯之癡高四尺九寸

第二十七圖

其頭分外小面貌似有癡獃之意惟其眼似有聰明而其見識比其面目所顯之形狀更佳如尋常之事能言明而不多誤又肯做尋常有用之事又已數次代作粗工

第二十八圖

如第二十八圖爲一男子其面貌與身體毫無不合法之處卽與前二十六圖相同年十八歲高四尺九寸容

貌甚好，又面上所顯之意似有趣味，惟久觀之則其空虛漸漸顯出。能言語最清楚，如問何事則能合理回答，能讀書寫字，最喜音樂，而作樂之本領比尋常之人更大，口音亦好，耳之辨聲最準，能唱曲不誤，曾在饅頭鋪與客店做過夥計，常言要做好人，又遇見上等之客，則言語甚恭而揖之。能自食物，能自穿衣，又能自主大小便而不誤，惟間有羊癲瘋，常與人角口，說慌言，行手淫之事

如第二十九圖，為四十歲之男子，從出世之時起見識小，略能讀書與寫字，在貿易家作抄寫之夥，後被無賴之徒引誘學壞，偷物被獲，審問未定其罪，因癡之故，平時之性

情平和，不多言語，如問簡便之事則回答有理，惟常有忽然大感動而發怒，而未有此事之前則其足在地亂畫几，遇有此事則數日內言語無理，心不平安，如見人則欲擊之踢之，約

第二十九圖

在三十歲時，關閉房屋之門，將長櫈置於火爐面前，臥於櫈上，而其頭後靠於火爐，後有人見之，已無知覺，移至窗前，開窗通風，則其鼻多流血，待若干時，仍有知覺，惟其頭後面之皮膚俱燒去，頭骨顯露

常見晚顯之癡與醫學或律法有大相關者，即與人之智慧見識五常之性並與謹慎本身之事有關係者，如僅有以上之性靈，亦能教養令其有幾分本領，即如能想念事情而能言之，又能讀書寫字，推算，或能作音樂，或能繪圖，或能做工，間有一種知慧或一種工藝能講究，惟俱不能照尋常之人藉此事而得益，又其品行亦各不同，因間有最活動而改其意思者，又不能定心在一事內，間有依法做事，而能認眞有耐心，間有祇能作最粗之工夫，反之又有能辦事做貿易料理產業者，亦知用銀錢之道理，所有已明之事，如問之亦可明白回答，設如忽遇意外之事，則心中混亂，又不能與他人駁論或細談緊要之事，其心中

似乎無念，不能想到預備將來之事，心中似不平安，常有多日憂悶，最喜遊覽，又不能顯出重愛心，如下等人內，此種人頗多，俱能做小見識與粗笨之貿易，而其鄰家常當為奇人，而設法戲弄之，令其發怒，或其人之心漸懶，或常飲酒至醉，或有狹邪之事，或作乞丐，或作小賊，間有少受惹性之事，則無故大發怒，無法能管理之，故意害人害物，放火，或強姦，或殺人，又最喜觀小說內與新聞紙中各種犯罪之事，置於心中而欲效之，其做賊最巧，故有人以為其最聰明，如關在檻房而後放出，仍必犯罪，因此眾人以為其有心作惡，又似不知待人之法，應該如何，又律法之

事五常之性與審問罪犯等事全不明曉或少有明曉雖略知分別自己之產業與他人之產業然總不念及偷物有何刑罰能教訓之不害他人然不能令其知放火或殺人等罪要審問而用刑罰總之其行為俱藉其畏責罰如不畏責罰則無法能管理之如遮爾解所作論癡之書詳細言此事以上之說有數則從其書中檢出其書又言凡審問堂所審問之案檻房所關之人或教場致死之人其中恐有一大分為癡人而審問官分別不易云云

余亦嘗查驗檻房受罪之人又問醫士之意見得知犯罪之癡人與性靈全者比較則犯罪者除小賊之外所

有放火殺人強姦並各種姦淫之事其中癡人更多

前言晚顯之癡未必同時在智慧見識五常之性並各行為內俱有之間有不過在一事內有癡而其餘事不癡即如見識獨不全或五常之性獨不全是也間有癡人其知是非之心最為清楚辨事端方而五常之各本分無所不為然不能聚其智慧而用其見識反言之有人得智慧與用所有之見識其本領分外大又其所作之事最為文雅皆可讚美者惟其人辨事難定主意又難於自主而分所當為者不能管理且所作之事不誠實而有邪心又此種人與他來往之事內常顯出性情柔軟過於和睦不能與

人相爭一味讓人凡所為之事其原意甚佳然往往不得法而吃虧或受人之騙間有此種人材能最大而少者祇此一事其所作不公正之事因畏費事又所為不誠實之事因心不肯想懶於作事即其本業亦常當為可惜又一切本分應為之事覺得毫無趣味如得銀兩則無論多寡俱不覺其所值幾何如用銀錢則混亂買物或送人然總不肯用其銀以還債此種人各有其浪費之法而不相同且各有壞其本根之法而亦各異即如一人想多造屋在此時將其家產盡用於其中又一人在房屋內預備極講究之器具陳設常調換新奇者如此則散去其家財又一

人聚合無用之物件藏於房內總不用之或喜一種物件既見之不問其價務必買之又有更下等者最喜乞丐或假冒乞丐之賊而照應之此種人常與無賴之徒相遇而相狎因無賴之徒能用法說惑其人或奉承討好從此騙得益處然此種人雖最易認識而其脾氣常有壞者其情欲等性情可謂最重者其為子為夫為父等倫俱為不善因五倫內之本分俱欲免為之故凡人家內有此種癡人則多生疑慮與禍患凡騙子之類常藉此種人得大利久之則檻房或養貧人院或養癡院一定收之

以上所言五常性不全之癡人不能關閉而收之因其見

識內不顯害人之意或心中之誤又如欲成一案定其人爲性靈不正者則因其能顯出數種見識與智慧而無法能得準關閉之憑據因其憑據祇能在一生所爲之事內顯出若不能查其一生之各事則不能顯出其無五常性或不能自主之憑據且其本人不肯將從前所爲之差事說與人知之

間有晚顯之癡常存小兒之性情而愛數種物件卽與癡人常有存在心內之誤意同理前有富家之子年二十歲最愛風車磨坊而最憎水車磨坊如無風車之處則心中大不安樂有一次移居至無風車處託人管理之則因心

不快樂而將一把刀割一小童之二腿自後割至前面而止問其何故作此事則云此處無風車故加害於小童原意欲令其死則必帶我至審問處定罪盼望他處或有風車在彼此人自幼時起如不準其常見風車則心中兇猛常與家中人並管理之人說驚駭欲殺人之語又預備器具與法欲致死他人不止一次後遷至養癡院則余見之其人言盼望不久得一好職分卽請一在傍之人代我爲風車磨坊之主人其在傍之癡人常自稱爲英國王而有許多職分能授與人

英國旦敦地方於一千八百六十八年三月內有審問官布菲勒審此類之人可當爲尋常案之式其中亦顯出斷案之理甲辛爲癡人年二十八歲殺某乙係十三歲之男童而此犯人從幼時卽癡衆人無不知之惟其父常當爲無害之癡寄養於人而養之者言其性情和睦而不顯出惡意其行爲往往合法毫無可疑處惟前有醫士查驗之云其見識過少性靈與身體俱爲不足常有頭痛心中憂悶甚久又其人自言常有羊癲瘋等證然除本人自言之外無他憑據常喜念聖經又與人言情願以念解聖經爲業又最喜遊覽最喜種地惟今日所撒之種明日必取起視其生芽與否當殺男童之一日行路約二十英里帶一

大棒與利刀黃昏時往巡捕房云我已殺人大哭不止又云行路時遇二三人心中俱欲殺之然能自克而不爲後見田中有男童則殺之而呼曰可憐小童殺畢則洗去手上之血於是帶一巡捕往行兇處見小童之頭擊碎幾成漿其頭從一耳割至彼耳幾割斷其頭觀此死屍則最可畏而心中不適又云常見新聞紙內論及殺人之事則自己以爲亦必殺一人所以出門之時故意欲招一便殺之人明知此事之必有大罪而自覺無奈何必欲爲之審問官斷此案云殺此人並無可說之緣故且其男童毫不認識又其癡人從幼時見識不足而所問之口證俱言其性

靈不正幫審之人必查驗其做兇手時有見識與否即必查其人知其事做差與否又必查其人能分別善惡等事而從此各事可定其人應得兇手之罪或否然幫審者不理會審問官之說而俱定其人爲癡者故不能定其罪查此案內其癡人自言知所爲之事有大罪故似不必問其人能知分別善惡或否

晚顯之癡與律法相關之處　此種性靈不正之病內能生出兩種可論之端即癡人能否自理其事並癡人所作之事可定罪與否

癡人能自理其事做合同等據並其所作合同等件能當爲合法者俱在英國各審問堂內有成案即如見識不足之人常有人引誘之成親而其成親之事以後審問其爲合法與否即如波茲毛特之案是也此案內並同類之他案內定其人爲癡之據不藉數件事惟藉其人生平之行爲與品行合之從此得其據定爲癡人

晚顯之癡可否料理自己之事常有人論之因人事內幾分藉知錢財之用與其所值者又幾分藉見識與精明所以查問此事之案有簡便者亦有最緊者

如因不識數目並不知錢財之值而當爲不能料理自已各事者甚少其大半因各種見識不全而當爲不能料理自己之事如醫士阿白克泿比之書內載有二案其一案其人全不能爲算學最簡便之事又一案其人全不能知各時並各數目之相關惟此二人雖有憑據顯明已學會數件事情可當爲有學問者而審問官定其不能料理自己之事

前有一案審問官請余查驗問銀錢一圓值銅錢若干又問銀錢半圓值銅錢若干金錢一圓值銀錢若干其人俱不知之算學最簡便之事不能推算問今日爲何年何月何日不知之問當時國王之名亦不知之又四日以前所有相遇而相談之人今日即不認識最難令其想一事或

理會一事又不能定心想一事觀其面容空虛無意衣服希奇行步亂而不整齊行動古怪可笑說話遲而不接連將一事反覆言之幼時所背之工課或所背之禱告文往往背錯又常有羊癲瘋等病當無此病時常仿做見過他人患此病之各動法故作見證者與幫審者毫無疑意定其人不能料理自己之事

常有更難審問之案其人顯出癡之憑據即仿彿小童之做事又習慣之事亦爲希奇情欲與脾氣最重性情刻薄然而能作算學簡便之事又知錢財之值如有他人與之言明產業等事之數目與辨理之法亦能明白聞有此種

案內其癡人之親戚朋友將以前辦事不誤之處當爲憑據指其人應該自主而請定案者準其自主

曾有數案其人之爲癡有憑據又他人設謀令其開一遺囑亦有憑據而因此其遺囑定爲空虛設如其癡人開一遺囑並無他人謀成此事則祇欲得憑據知其人全明其遺囑之意方足爲合法之遺囑

如晚顯之癡有放火殺人等事而欲分別其人應定罪與否則應查驗其事之情形並其人一生之品行與行爲又必查其人所爲之事心中有何意即如查癡人能分別善惡而從此定其應問罪與否此分別之法不合於理而在

晚顯之癡之案比他種性靈不正者之案更不合理如雷所作癡癲與醫學合律法有相關事之書內有數案大有趣味內論其人可否自主並可否問罪各事詳細論之

克里的尼仁　歐洲數處之人有一種病不惟性靈不正即身體之形與力亦有不足大半有此病之處在山谷中又在他處鄉閒或城鎮其水土不佳居人能得此病如瑞士國與薩非有患此病者謂之克里丁而法國人謂之卡哥其身體所顯之證尋常爲喉頸腫大名曰蓋德即脾核腫脹此外常有身體之別病即身矮腹大腿小頭圓錐形口上腭高而窄牙齒亂口大脣厚面貌黃色口音粗高言語不淸楚眼斜視行步輕而無力且亂其情欲之力最小或無

著名之醫士云此種人身體之病與性靈不正幾全爲父母傳下者即在胎內由漸變成如第五或第六箇月之胎身體生長之事似將停止其兒最軟而無精神頭大骨相離過遠肚腹脹而肢縮生牙齒最遲五六歲時方能直立與言語間有脊骨之形不正間有腦上有水

此種人尋常分爲三等第一等爲全克里的尼仁第二等爲半克里的尼仁第三等爲少半克里的尼仁

第一等與以上所言早顯之癡相同惟另有喉頸腫大之病其度日之法略如自行之機器毫無見識五官最笨或

不能用不能言語終日臥於有太陽處或坐於爐旁靠火除急欲大小便之外其餘則不理會無情欲亦不能生育

第二等者即半克里的尼仁能學會讀書念經但所讀之書與經不知其意算學毫不知不分數目之大小能觀周圍所有之事能用言語顯明其所欲者尋常之事亦能記之如有人與之言略懂其意尋常之事稍能相談第三等者即少半克里的尼仁能略顯聰明之意能略學工藝與各巧法又能畫圖作音樂惟能有算學之本領者甚少或言此種人最能想到自己得利益之事惟不能料理自己之事又不聽朋友之勸且其性剛愎喜爭端與獄訟

第二與第三等之克里的尼仁如年輕時遷居他處而有明事者管理之則身體與性靈俱能得益而其人能與尋常人略同有益於他人並有益於已身

變成之癲

此類之癲與前所言之兩種易分別之因早顯之癡全爲父母傳下者而晚顯之癡至若干歲時則顯明若變成之癲其性靈已全成而在年輕時或中年時或老年時則漸變爲癲或忽變癲此種癲與狂亦有不同處因變癲之人性靈漸蹶而其人呆笨而鈍若狂者其先兇猛分外出力而不能平心

變成之癲可分爲新者與久延者即原者與次者其新者爲不常見而其人似甚憂悶或糊塗其久延者爲常有其人言語與做事不相接而與狂之分別因其心中似平安無感動惟間有變癲之人偶然能兇猛與狂人同反之狂人亦有平心之時而言語做事雖不接連而能平和又有一種變成之癲爲老年之癲又有一種變成之癲與全身癱瘓略爲相連者

醫士普里乂特云變成之癲所有忘記事情或不合理於做事與言語及不能明事並失尋常之性靈及自主之能力俱有等項與次第漸漸變成此種人先漸失記性後漸不能合理於言語做事再後漸不能明白各事至末則尋常之性靈與自主之能力亦漸失之

一　新成之癲　如人忽遇重大之事而性靈爲其所激動則變成之癲常爲最希奇者即如其人所遇之事過於重大而其心不能放過因此停止其後一生不能再料理他事祇能想此重大之事或者其性靈全滅再不能思想即與早顯或晚顯之癡人無異

如一千八百四十三年英國有多人因畏地震不久即顯必大有害於人物此事之間余見十二歲之男童在黃昏時聞數箇阿爾蘭人談論地震之事大爲畏懼似乎忽然

全失其性靈不肯理會各事如問其何事則不回荅祇做空虛之微笑又間有忽然大懼而心激動以後不久則變爲癲

二　久延之癲　此種癲尋常能查其緣故爲漸顯出者即如久思慮或久有悲傷之事間有發熱病或狂或憂悶或中風或癱瘓或久顯羊癲瘋之後而顯出以上各病之內其癲幾分藉腦質變軟或別種久病近有兩案爲大可惜之事其人原無病因吸一種毒霧質即汞米以脫里其腦漸壞而變爲癲無法能治之且與早顯之癡不能分別

三　年老之癲　此種癲爲年老之人常顯者而其緣故行

法最遲第一箇病證爲不能記近事、又知覺各事、漸屬呆笨、不能定心在一事內、或不能連前想着一事、五分時前所聞所見之事、已忘卻之、又往往屢問同事同語、故凡欲久思之事、不能辨理、又明理之性、亦漸蹶、如欲理論、則其理所藉之意思、逐箇得而復失、故不能將各事通度之而得其公理、如欲談論、則一句話、已經說到一半、忽因心中想起別事、則不能成一句、此種人能認識其使令之人與朋友、惟見之時、幾不顯出其各種性情、而仍能做數種不多廢腦力之事、卽如男人能寫字、女人能縫織、再後其老人漸不能明悉事情、因記性與明理與定心、一概失去、祇有肉筋之力不蹶、故其人時常欲活動、往來行走、或成圈而走、或坐椅內、常搖擺不定、或欲舞唱、或欲大聲說話、或小聲言語不止、閒有靜坐不言不動、或空虛無意看人物、數日或數月或數年不定、又伏於地面或牀上、其身體有不舒服之位置、或立起而頭向前、似與身成正角、閒有五官之誤、或心中之誤、久不能改、至末則其各性靈失去、不知不覺、不記不想、不理不論、惟能活動而已、閒有人每若干時、數種性靈暫得回復、而又失之

四 癱瘓之癲、　此種變成之癲所有性靈之力減小、尋常在乎誤想權柄大而無窮、錢財多而無限、同時身體之力

與性靈之力、一併漸退、其初顯之證、不認眞做分內當爲之事、心中常不平安、不肯久住一處、常欲遊覽、常偷小物、又不障蔽下體、常顯露之、浪費其錢財、忽能改變其意見與性情、又其五常之性與教門之意隨時遷變、婦女患此病者少、有學問與大職分之男子、常有患此者、如爲成人中年之時、三十歲至六十歲顯出、其故或因飲酒過多、或因房事不節、又在中年時、分外有思慮、與用腦力、或父母傳下者、其性靈之病、尋常在癱瘓以前顯出、閒有一併顯出、閒有背脊髓先受害、而後腦質與其所行之職分亦壞、此病數月或至三年不定、其癱瘓之證、先在舌與口唇及面貌顯出、言語不接連、不淸楚、口唇與舌及面之肉筋、振動不停、瞳人常有左右大小不等、自後則四肢之肉筋亦受其累、其人行路、常有幾失步或幾跌倒、或左右搖擺、凡肉筋之繁動、不能再爲、卽如作音樂或寫字或鍼繡等是也、其癱瘓漸加增而通至遍身、久之各處肌肉不能舒縮、又咽物之肉筋、亦不能行動、故常有食物時、其物在喉閉塞住、不能起落、因此悶死、又其人漸因癱瘓而死者、其身漸軟而不能自主、又暫時猝然兇猛、並有羊癲瘋、後則因久卧於牀而生隱瘡、至末或因泄瀉、或因肺生炎而死、惟有一種病證爲早顯而易分別者、卽面貌所有皺紋能平、

令其人似變年輕之狀以後其面貌似空虛毫無意思惟其性靈所顯出之奇意仍不改變臨終之時其人暗言金銀華麗美觀之馬車並萬萬銀數等無理之說見磨特司里所作性靈之理與病證論一百六十四頁所引梅耶之說

第三十圖　第三十一圖

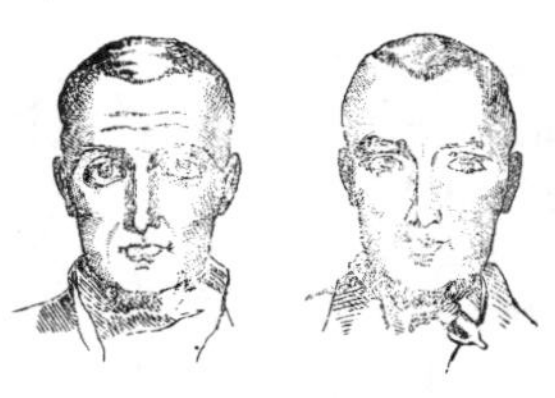

如第三十三十一兩圖爲一圜丁年三十八歲初生總癱瘓與久延總癱瘓此人之女行爲不正所以其父大生憂悶而漸變癡半月以後則與人言我是國王有百萬金之富所居宮殿全以金爲之其記

性漸退不知年號與月分言語不清楚惟行步略爲穩實其病證顯出一月之後則其像如第三十圖過一箇月則其像如第三十一圖此時其病頗重說話更不接續不清楚記性幾全失行步極不穩幾不能行雖食物頗多而身速瘦

癲病與律法相關之處　國家發諭派人查驗變癲之人爲常有之事此種人漸浪費其錢財故所查驗之事爲其人能否料理已事如不能料理者則從何日起不能料理此事本甚難查驗又此種人難免有親戚朋友等一班人要顯出其人不癲之憑據而藉此得利又有一班人要顯出其人已癲之憑據令其財不散從此兩班之人爲錢財者則不免相爭如其癲者爲大財主可成一大案

有此種性靈不正之病人所作之事內常出大案因所作之遺囑常有人爭論其爲合法與否又年老之癲亦常有此種案而查驗此事尋常爲最難因此種人日日改變又他人視之意見各不同所以常有見證彼此相駁而終歸不合意不惟尋常之人如此即所請詳論之各醫士亦常有不能合意所以其遺囑尋常必恃其內意爲合理與否及前後相應並其能否合於癡人早若干年常言分產業之法與無病之人應分產業之理等事俱當憑據之大半

而少半藉醫士等人言其性靈不正等語

凡總癱瘓者無論其輕重俱能當爲憑據定其人不能料理自已之事因尋常有此病者不知錢財之値大半以自已爲大財主而因此所有之銀不能合法用之

凡變成之癲所作之事如在不癲之人爲之必問其罪者則在癲人內可否問罪在下有特論此理之款

狂病

狂字之意包括所有過於惹動之性靈不正之病故與以上所言者大不相同如律法內尙未定名目能顯明此全意又狂病之一種最緊要者即五常性之狂爲律法所尙

未理會者律法內祇有一名目與此狂相類者而此名目之意是謂月狂因古人以爲月滿時此種狂人分外激動也然此祇爲暫時之事故月狂之名亦不明顯

查本卷第七頁之表則狂分三種一爲全狂二爲性情之狂三爲五常性之狂而五常性之狂又分爲兩小種即總者與不全者又性情之狂亦依同法分爲總者與不全者

全狂　此種狂能令人之全心激動而亂而智慧與見識並各種性靈與情欲全受其累而可當爲變成之狂言語不接連作事不相配開有起首發狂之時顯出此事又有一種狂易混爲此狂而此狂又容易混爲一事癡若詳細

查驗之則知實爲全狂惟有一種性情較其餘各性情更爲不全又其人未狂之先所爲者爲各性情之首則狂後亦爲不全性情之首因此易誤爲一事癡

凡狂病無論爲何種除因受傷或因五常性受害或因醉或因中毒或因新生重病外則爲由漸而來身體與性情漸顯出其證而此漸顯病之時在數日至十五年或二十年之間此時謂之病伏之期

如病伏之期不久者則數小時或數日後心中有大思慮或不平安或憂悶其人頭痛夜間不睡心中惹動其人或糊言亂語或哭或唱由漸發狂似爲飲酒至醉之人如其期更長則尋常顯出性情迷惑之徵爲病之首其人之意見最奇所喜爲之事與前時大不相同愛人之性亦改變其人自覺得此事而心甚恨用法藏閉令人不知仍照前做其本業又用法用力顯出無事之情形即與初醉者用法令人不知之意相同其身之精神漸退睡時常甦身漸瘦食物甚少又其所喜之事並其行爲愛惡品行及能幹事之本領漸多改變而顯其相反者即如原爲尋樂健談及喜與他人來往者則變爲憂悶不肯與人相談亦不許人相會又暫哭忽暫笑俱爲無故而來如其人原爲坦率與明亮者則變爲疑慮與妒忌前時論國政或教門之事

爲不過重者則改變而爲極重前時極愛其妻孥或親戚則變爲不理會或憎惡之前時辦事齊整而省儉則變爲混亂而浪費前時之言語最爲簡潔而溫和則變爲淫亂而兇猛前時寡欲或絕欲則變爲情欲甚重常想法與女人同處或作各種姦淫之事

如第一次顯此狂病則他人必誤視其所顯之證而常亂問其各事或告其有不合理之事而責備之因此狂者心中最爲不適至末則猝大發狂眾人不知爲此故而誤爲別故則所以爲之故俱屬非是

病伏之期已過而狂已全成則其人信其心中之誤而其

念不惟不藏閉，反明顯於人知之，又重言之，除最重之緣故，令其藏閉外，如有人阻之，不聽其所告言語，最兇猛，最淫亂，而辱人，將衣服鋪程等件撕破，或傷已身，或傷他人，面色發紅，眼光發亮，有兇猛之狀，又常言耳鳴頭疼，或頭重眩暈，心內不平安，不欲卧，不覺冷熱，或久不飲食，或飲食過限，其行爲常可憎而取嫌，肉筋之力分外大，能久不睡，連顯出大力，爲尋常有力人所不能爲者

發狂之人在兇猛時，其面貌不惟有兇惡惹動之意，尚有大改變，難於認識爲何人，如第三十二三十三兩圖，能顯明此意，如第三十二圖，爲六十歲之人，常有羊癲瘋之狂，

在其狂猛時之像，第三十三圖爲此人病退時，心中平安，待人有理，不昏亂之像

第三十二圖　第三十三圖

性情之狂總者　近今醫家漸以爲人之發狂，原爲性靈之病，而見識之病爲次者，惟有一種案，不在此公說內，即其人之五官俱有差誤，非爲分開而爲併合者，且其誤逐箇顯出，與常見之眞事相同，以後心中信其五官之誤，則變

爲心中之誤，而凡屬性靈不正之病，皆從此而來，故可稱爲五官誤狂，即如古時希臘國阿爾各司之人，爲羅馬國詩家和拉司在詩中提及，故永久不忘，其詩曰，信五官所覺之變幻兮，人雖在空處，日聽奇戲兮，又有一人，在希臘國之阿比佗司，爲格致家阿里司佗脫書中所記者，又有孩勒福特爵，常在心中想出戲文，自信爲眞，有一次云在戲臺上見最高品之人，令著名戲家加里克用力演出當時所做哈沒里脫戲文，有著名之畫師，於一千八百六十一年十月初五日週年快樂報內，論自己眼耳與手按所有連屬之誤，等彙集成小說類，最爲希奇，而與以上所言

之狂，爲相類者

又有一種案，其人有一件體最易感動，其五官，其人之心漸改變，而誤以爲自己與其一體交互而調換，即如有一人常見月，則漸想其爲代月辦理各種筆墨之工，其餘各事毫無差誤，又有一人喜觀水晶宮，久之則以爲自己是水晶宮

有一種案，最易分別者，而人或誤爲見識智慧之狂，其實因心中有最重之性情，或情欲大受激動，即如驕傲，或空虛，或貪名等，醫士里德書中有一案，其人爲空虛而驕傲之醫徒，貪望在岡比黎日總書院得學問內大功名，從此

發大財入院之後則最認眞讀書而後毫不得益久之則發狂云我是喝苦離司古時有大力者又云苦賴格所作遊覽俄國記錄書是我所作又云古時羅馬國勿其勒所作之詩名依尼特爲我所作又云名畫師拉法以勒所作大名聲之畫亦爲我所作又言我是無所不知之人

醫士眞孫在心病分類命名書中有信稿一件爲狂人所作信內自稱爲英國無敵之人爲英王爲太子又爲各大職分之官等語

余前亦見有病人數年連作最奇而無恥之事祗能當其人有五常性之狂後發總狂再後腦髓變軟此時自稱爲

能知人身全體各事自稱爲基督自稱爲英王自稱爲太子又爲作萬國史書之人而著時幾不費時刻又云所有之錢財幾乎無窮

前所言有人發狂若干時以後著書論其各事指明其見識智慧五常之性一切混亂惟因其最重之性情爲教門之理所以此案可誤當爲一事狂

由此可見性情之狂之總者祇爲其各種見識性情混亂而其混亂之原因各性情內有一種格外重之性情分外受大激動

性情之狂不全者　此病前時謂之憂悶狂西名之意曰黑膽狂而其名憂悶狂之意因誤以爲見識之幾分狂往往令人心悶衣司幾羅云此種人間有最快樂之性情而心中之意極爲有趣故不用憂悶狂之名而改爲一事狂

此種狂之最簡者則獨有一件事意見有誤而與衆人之意見相反即如自當爲代月作筆墨之工或爲水晶宮或爲一粒麥或爲鵝所食之一盆麪粉或爲一壺油或爲豺狼或爲貓狗

間有此種案爲知覺之事或爲一種病所成者而其狂與做夢者同理將此事爲根基而另加別種空虛意見即如衣司幾羅書中言女人子宮內有水泡球形之蟲則云有

胎而胎中有魔鬼又有女人因腸久生炎且有黏連之處則以爲腹內有兵丁一隊相爭相擊又有女人因有同病以爲耶穌之十二門徒並作福音之四人在其腹內居住有天主教王並舊約書記錄最古之人常來拜會云

以上之心誤雖其根基恃實在誤覺之事惟所誤覺者已過而其心誤尚存此事之憑據因有醫士用欺騙之法治此病而顯即如有人以爲有醫士照外科之法割破肚腹取出蛇一條則想其蛇之卵仍在腹內則漸哺而成小蛇其難處較前更重醫士立即駁之云腹內取出之蛇爲雄者斷不能有餘下之卵由是狂人不能再說後必不提然

性情之狂之不全者不能包括在一事狂之內因尋常之案內其病不止於一事之誤而其狂感動一切之念慮與行爲其輕重不等且另顯出見識知慧五常性混亂之據

五常性之狂　醫士比奈勒書中初言明此種性靈不正之病因昔時之人以此爲能明理之性情病有全者有不全者又在比賽脫癡人院內查得數人狂病者不顯出見識知慧有病之證惟其心中兇猛似乎獨被感動性情而受害所以另定一名命此種狂爲無昏蒙之狂然近今所有慣作管理狂病者之人俱知見識知慧之狂與五常性狂之分別又知見識知慧之狂尋常在先而五常性之狂

在後又有醫士普里又特已著論此病之書最爲清楚而有名者其書云五常性之狂爲秉彝之性愛人之情好事之意習慣之事與良善之性全混亂而有病惟見識與能明理等性情其病不顯又兇猛之各誤更不顯出云

五常性之狂亦能分爲總者與不全者與性情之狂相同

五常性之狂總者　醫士普里又特云有多人所爲之事最奇不管他人之意見幾乎各事與他人不同如詳細觀此種人則其行爲並與人往來及習慣之事俱有奇意從此可疑其人爲癡癲又詳查其人之來歷則可知前代內有狂人或親戚內數人有腦病或其本人前亦有狂其脾氣與性情有改變與前時大不相同而其改變有一定之時而起或因失錢財或因亡親人或因猝然大感動心與身體之事或因腦有發熱或生炎之病或少有癱瘓或因羊癲瘋間有其脾氣與習慣之行爲由漸改變幾不覺之而祇爲尋常之性情分外顯之過重或其奇異之處分外重此種人俱能議論各事又在其見識之界限內能與人辨駁間有講論其性情或行爲之奇異處能解釋之其言最巧惟有一事能當爲性靈不正因其人所想與所爲之事俱藉其大激動之性情如無病者之性情如此感動則所爲之事必有差誤而其意見亦必有差

好甫保爾書中亦分別此種五常性之狂其書云狂與心中之誤事不相關即祇爲一種性情分外高重之意其人明理之性不能管理其情欲並顯出情欲之各事所以其人不能管理其情欲又不能改其行爲然其人未必失其性靈又未必失尋常之見識因如欲阻住情欲而管理之則不惟藉人能明理之能力又必有權能從明理中指出當爲之事又衣司幾羅不惟知有此種性靈不正之事且言心中之混亂不免有五常性之混亂在內又云雖然有狂病之人難查其心中有誤之處然未有狂人能存其本情欲與五常之性毫無改變而未壞者

普里乂特與雷之書中多記錄五常性狂之奇案內有最奇者爲布國王福來特里克威廉即大菲里特之父其人好飲酒吸煙過限其家中人與服役之人待之最爲奇怪最爲活變而刻薄其奉教之事極重待兒女之法甚嚴最粗而可惡無故大恨其子屢次用法致死之有一次用法欲自盡凡疑忌或怨恨之人則用多法苦之令受大累而其人並無罪惡又除恨心之外並無心中之別誤以上各事俱可當爲五常性總狂之要案

磨特司里所作性靈之理與病證論內有一案係磨特司里所見五常性狂內最重之案其人年六十九歲在數處

癡人院內已十五年其見識頗大有最佳之文理能作詩極易而甚工推算之各工最爲靈巧心中無誤惟依五常性而論之則其人最歹常偷物而藏之有數次用極巧之法從癡人院內逃出將所偷之物在當鋪內當之常在街道爲乞丐又作謊騙之說最爲靈巧受其騙者甚多由是不久爲巡捕拏去或在城內最下等處作最下等之人有極可憐之狀多次因偷物而坐檻房在癡人院內最難管理其機謀詭譎及欺騙之法最爲可惡常辱罵人並用極難聽之話又喜作感動情欲之畫所作之事內常有無恥者每若干時間有二年之久忽然心中最悶略二三箇月之久且不肯食飯而其狂顯出最明而此一院內更無狂人比其更顯者總之其人五常之性盡行失去惟其見識最靈而祗有一病即亂用其見識助其各種壞處

五常性之狂者不全　此種狂有一種性情或情欲之下等者分外重因此能管理一切之性情此種人尋常知有此病而或者顯出知其所爲之事爲最可惡之意又最難克制自已不爲或自覺無奈何必欲爲之而無法能自主凡性靈病之重者俱因受過重之激動而明理之性與良心俱不能克之有數種爲醫士曾經命名者即如偷竊狂情欲狂放火狂酒狂自盡狂殺人狂等是也此各種狂與

衆人並律法大有相關又有數種即如心最憂悶或最激動則分爲兩類一爲憂悶狂一爲惹狂憂悶狂分三種一爲失望二爲思鄉三爲教門惹狂亦分三種第一種爲驕傲二爲空虛三爲貪名

偷竊狂　間有人錢財足用仍有此種性靈不正之病而在女人比男子更多凡晚顯之癡並狂之各類常顯出此種性靈之迹而猛狂者亦不免有此事普里乂特書中有一案狂人務要偷食物如非偷者雖餓亦不食

情欲狂　此狂在男子者謂之男慾狂在女人者謂之女慾狂間有最清潔之女人患此狂而最恨之心中發情欲

之時則最懼之而以爲有大罪

放火狂　有此種狂者女人比男子更多與偷竊狂同又年輕婦女常有經閉之病或月經不準之病者患此狂比他人更多又鄉閒所有之癡乞丐亦有此狂

酒狂　此種狂人最貪各類之酒內有暫酒狂又有常酒狂此爲五常性不全易於分別之病又可謂一人內數種性靈不正病之一種更可謂别種性靈不正之根源此種人不飲酒之時則無病

自盡狂　查古之賢人與作律法之人準人自盡自己亦行此事又東方有文教之邦如中國與日本國內亦常有

此事故有人以爲自盡者非偶然所顯之意思而必爲人類恆有之病證其憑據因查自盡之人常有久定此意所預備之各事俱爲平心而不亂又能議論其事之爲宜似大合於理凡醫士常見此種案而以爲狂病中亦可有此理則能知以上所言自盡之狂恆屬於人類爲無據之說余曾見年輕之人才能最大在書館並書院內得有大學問之名然屢次設法自盡久之則成而其心中之意能書明最爲清楚祇能稱此事爲心不平安之病而其人年輕時多行手淫之事而長大時則知其差而改之惟其腦氣筋總不能歸原必定一生懊悔此種人多有自盡狂者反

言之法國等處常有二人彼此合意自盡而尋常之各種狂不得有二人合意做事所以似必當爲屬於人類之病然余所見自盡之各案內得知爲猝然心中所生之念而其人前無此病且心中無不合意之事少受感動則忽然生自盡之念待片刻時其事不成則其念亦過矣

惟念從古以來各國之風俗常有自盡之事不能作爲十分可恃之據查印度國之風俗寡婦常與其夫之屍同殉此爲最大之功烈然在英國內有寡婦行此事則無不稱其爲狂又有數處之野人常食人肉如能擒敵人食其肉則當爲大功然在近時各西國內如行此事則無不稱其

爲狂卽如法國有一婦人殺其子而烹之又將燒成之肉以食其夫人亦無不當其爲狂之據又東方有數國之人多行最可惡之姦邪（如雞姦）而在西國內亦常有此事之案似爲情欲之狂因高品之人其富貴爲最大如仍欲行偷竊之事則當爲五常性不全之人何況有教化之國能得一切文雅事之益處而婚娶之事本極容易竟行各種奇異之姦邪豈非性靈不正而有狂病乎斷不能當爲一國之風俗而以此解釋之

所有自盡之案內不從有大半猝發狂病而成者又有一事可略爲其據卽養癡人之院內所有癡人常設法自盡

而所用自盡之法最爲奇異又常有一家之人內二一患狂病而自盡又有憑據如否弟畁衣司幾羅大名之醫士俱重言自盡全恃其狂爲自然之理

殺人狂　英國並他國著名之醫士俱言此種性靈不正俱與心中之誤不相關所有記錄之案甚多內有數案其人自覺有此狂而自己用法禁止又有人情願爲他人所管理或關住或看守恐有殺人之事不能自克也又有他案其人不能管理自己而無故殺人又患此病之女人較男子患此病者更多而母殺其子所特有之案不在其內常見婦女因有大思慮或憂悶或悲傷之事身體漸軟或

因月經等棄津液之病或在月經行時或在月經將斷時又生產後若干時內腦氣筋大受感動而極易被惹故另作爲一種病名曰心不平病間有欲作各種有罪之事難於自克又最懼不謹慎之時而偶行其事從此其心中之苦處極大

產婦狂證　此病之名藉其根原而不藉其病證如婦人生產後不久卽在初哺乳與惡露畢之間間有因乳頭或子宮所有之津液斷止而成又間有因哺乳太久或陰道流質過多等故而成或因各種緣故令身最軟或因久不睡等故而成此種病在生產後三日以內顯出者不多在第五日與第十五日之間爲尋常顯出之候其證可與任一種性靈不正之病同間有變成殺人之狂而常將所產之小兒猝然致死毫無緣故且竟不藏匿又不顯懊悔之意如前查考致死嬰兒之法內所有查驗產母之一節有此種案爲巴黎與分步蘭格二人書中所記者

憂悶狂　卽衣司幾羅所稱爲來畢狂此種狂分爲三大類各類內其人之心最憂悶第一類爲失望狂案西名之意爲脆骨狂前人以爲此病之根源在假肋骨之脆骨中間空處凡有此狂者常以爲身體有病或將生病無法能治而此狂大半因身體不平安或食物不消化第二類爲思鄉狂卽心中必欲回本國本鄉不

肯在外第三類爲教門狂如第一類之最重者其人有心中之大誤身體定在一處久不肯動卽與偶像無異名爲靜悶狂以上三類憂悶狂之外另有一類可名曰悲苦狂卽其人心中之事難過久之則狂卽如以上所言自盡狂之案是也

快樂狂　此狂爲憂悶狂之相反者其人以爲己身最佳無人不喜之以爲權柄極大無人能當之或以爲威鋒頗盛或以爲查得新法之本領甚妙或欲辦理濟世之大事等是也

開有人遞更顯出憂悶狂與快樂狂略有一定之時此種

性靈不正法國人稱之曰循環狂又名曰雙顯狂

無論癡人院內外常有狂案不能列於以上之各狂內必另設名命之即如說謊狂乞丐狂布施狂浪費狂等俱爲一事之狂與偷竊狂分別之同一易易又有一種西名狼狂其人以爲變豺狼等惡獸內有一案係數年前在法國記錄者其人當兵名白脫蘭特其狂之間遞更往坟墓取出死尸當爲活人與之交媾無論如何用法禁之亦不畏懼又不管其事之危險

此各事並以前所云奇異之姦似顯出人身易生骫骼

狂

懷孕之婦有惡阻狂亦可當爲五常性不全之狂即如有一案係磨特司里所記者其婦想食人肉故殺其丈夫將其肉存於鹽水內預備食之又有他人常想請人將其縊死又有父母心中以爲兒女死後則靈魂升天堂能享福爲可喜之事故殺之另有此種狂案甚多不必贅言

發狂間有清楚時　有數種狂人每若干時有狂而狂時之間有若干時心中能清楚此種發狂之人與能全愈之人其比例略有一與六之比間有人云有一與十之比

狂病不發之時不定如衣司幾羅書中記錄有間一日者有間三日者又有間四日者再有間一月或一年者尋常言之其狂時與不狂之時不勻而不定惟此所言遞更狂與不狂不可混於恆狂而間有心略平安之狂如醫士希拉巴得云曾經二十五年細查驗狂人之各病每日與狂人相見尚未見遞更有狂與不狂之人惟其狂人間有平心之時而其狂不顯於人知之又其心所發之念有略停時所有之念更似無狂之人間有暫時故意平心之狂因欲掩蔽心中之意令管理者不疑然此祇爲詭譎之法而其狂仍與前同

狂病與律法相關之處　如狂人暫有心中清楚之時則此時內所爲之事如田土銀錢等事應爲合法即與從未

發狂之人相同又如此時內作遺囑亦可當爲合法曾有數案其所作之遺囑最合於理而以此當爲暫時不狂之據至於人命之案則狂人與他人不能歸同理因已患狂者雖暫時顯出狂退之據設如少受激惹或感動之事則其狂易復所有他種狂與律法之相關在下一節論之

第四節　性靈不正所顯緊要之病證並律例與醫學所有分辨之法

律師與醫士俱應知性靈不正內緊要之病證因此事爲行其職分內必需之學問如不知此事惟略解其常顯之形狀則不足用故此書先論從前之案並實在之事而從

此顯明性靈不正內緊要之病證續論此事與律法之相關並所顯出與律法相關之處

身體或心尚未成全或原有而漸減少兩種性靈不正之病證　如早顯之癡或晚顯之癡人容貌與形狀最奇一見則易分別幾不必問其性靈如何卽如難於接續而想並定心在一事又難於明事或明意易忘近事不知五倫之理不知其年歲與居處度日之法及年分月分或禮拜幾日又不知尋常事內常有人談論出名之人或大小事情卽當時之君及宰相等是也又數學之法與銀錢之值祇可略知是非善惡難於分別尋常之罪與犯事之各律

法及刑罰等故亦難明曉俱爲身體與心不成全之證所有晚顯之癡不難分別其人能否辦理自己之事或做合同或作遺囑等惟間有數案其人已經辦理自己之事或託別人辦理或與律師商酌辦理之法則不易分別性靈不正與否然有一法爲簡而易明者卽將其人當時之心與從前之心相比此法似爲醫家與律家未曾念及者祇有一案頗有趣味其人姓兒非斯醫士顧知指出其理而稱其爲要事（觀本書第一次印者並一千八百三十年所有按季記錄書）尋常試驗晚顯之癡查其能否辦理自己之事而治其產業此各法俱不足用曾有人多藉試驗算學而知其人之癡如何亦不足恃因此法祇能試驗其智慧而不能顯出其能力因此一人可爲當世算帳目之最靈者而五常之性可以極少其分別是非善惡之性幾至竭蹶又其意見與幼童無異其主意最軟所以從嬰兒時起至老年時止其心如何想則其事如何做而不問其大浪費前有一人係余曾治其病者認識多年童時常欠人銅錢稍大則常欠人金錢歷年所欠之債漸重後有大失望之事因此發癡其發癡內有一事欲大興濟世之事而費用甚大忽大發怒或起大恨又一禮拜內要費去一年所入之銀常盼望明日必大發財等事後送入癡人院內則心中有許多

誤想卽如以自己爲救世主耶穌常言而不改其閒卽死此人最文雅學問與尋常人略同惟其主意軟如小兒無論何法試驗之不能定其不能辦理自己之事祇有一法可查其來歷並從前之各事從此可知其能否辦理自己之事

性靈不正者所作害人之事其不合理處亦與其言語行爲同其品行亦爲不可恃而試驗之法亦不能更靈惟此種人依律法試驗之則必試驗其能否分別是非善惡卽與癡人同但用試驗而審問人命案此法尚不足卽與在田產銀錢之案用算學法試驗者其不足相同因此祇試

驗其智慧而不能顯出其能力又與知爲合理之事而有行此事之能力二者大不相同即如格致學與工藝分爲兩事此二者亦大不相同也

曾有數案其中有不能言語者分別其能否料理自已之事或發分産業之據等惟常有不能言語之人能寫字顯出其意且其人仍能作記號顯出其意思亦能分別物件之名目如有人故意錯用名目試驗之則立即顯出其能知有錯所以問事於此人俱能回覆令人知其意見但另有案其人明言語最靈又能顯出其意見最爲清楚但不能設公法試驗此各案必在每案內特

查其事而依其事定其人能否料理自已之事

身體或能力過大而性靈不正之各形性　此類之人可稱爲癡以下所論之意思最爲寛闊因大半之案屬於此類其人之見識性情情欲俱爲有病無論心誤在一事或在多事性情之一種或情欲之一種受感動而因此其人心內之意見常空虛而改變有千萬數故此書先論此種性靈不全之形性後論查驗人命案內所有發癡之說而定其如何辦理之法

一癡人最兇猛時仍能知覺而記事又能議論而無誤

所謂癡者原爲性靈之病耳此理與上說無不合因癡人之性靈與情欲能受最大之感動或常顯出或暫顯出而其人仍能明理能知一切與他人之相關又能記清其一切之行爲此爲能有之事但癡人最兇猛時不及比較各事又不及議論各事且艮心能失其力而不能管理其行爲惟在狂之間能有記性而記各事此理必爲眞者前有一案有多年發癡之婦常發癡最重有一次毀其夫最貴重之書藉過二十年之後病略輕時則提起此事而言明大爲可惜此爲余所見之案又見別案內有癡人自已記錄前事或告於人知之從前發癡時所作之事能記淸而不誤

癡人心中平和時則性情之上等者理論能不誤不必請醫士發憑據因衆人俱知之即如試驗哈特斐勒特之案其審問官耳司根云本審問堂所有癡人案甚多而煩所有癡人照余之意見不惟俱有記性且不惟能全知其與他人之相關而記錄之又能記其一生所作之事大半最聰明最靈巧所有理論內之差不常顯出因其病在發念之根原有誤將空虛之意見當爲實者藉此意見而理論之惟其心中所想之意思或無根基或有根基而大改變之癡人以此誤意見爲根基而理論各事則毫無舛錯云由此可見癡人能理論與不癡者同然有一大分別因癡

人心中之誤想、較不癡者心中之想更重、而情欲等性情更猛、所以更易從心中之誤意、又更易順從情欲等性情、且其心中各門之見解、並五官之知覺、亦歸此理

二 癡人五官差誤而混亂　癡人尋常之病證內、常有耳目之誤、並五官實在知覺之事、誤改而爲他事、即如前第一節、論五官誤之案內、有著書之人、記錄前癡時之各事、其書云、所具五官、俱被欺騙而受侮、即如觀書時、所見紙上之字、再觀一次即無之、又周圍所有之人、細觀其面貌與形狀時、常有改變、聞人言語聲並樂器聲、最爲神妙、最有趣味、故略可以怡悅補所受之苦惱、又覺撫捫之事、與

前不同、又能嗅嘗之官、或全滅、或混亂等語、又此案內、其人聞尋常之聲、如六畜鳴聲、水落聲、鐵鍊錚鏦聲、人步響聲等、常有之聲、俱變爲言語、亦爲此人爲記錄奇事之有趣者

三 癡人以常見之人誤爲他人、俱藉其心中之誤　此即前所言記錄之書內、其癡人以爲本院之他癡人並看守之人、俱爲神仙之類、即如有一癡人、爲此著書之癡人所誤看者、稱其爲天主耶和華、無所不能、又以爲三位是一體、看守者爲舊時之耶穌、常見之各人常改變、最爲奇異、大半恃其本人之心、觀周圍之人爲神、或爲鬼

四 五官實在知覺之事、變爲空虛事之根原、即與做夢之理相同　此在前所言之事內、亦顯明之、即如聞有神鬼令其自行悶死、則忽覺得冷風吹至、以此冷風爲數箇姊妹之靈魂、用口氣呼之、令覺風涼、即救其悶死之事、又有以水淋背時、則以其水爲父之眼淚、而以爲其老父俯在面前、能見其面貌、能覺其眼淚、醫士照治法爲之薙頭、則自覺變爲天主教內之神甫、而最可惡、即稱爲獸之記號、又觀火爐內之火焰、則當爲其父之靈魂、教之而救之、又以爲必回至地獄之火內、燒去惡念、令其潔淨、六畜鳴聲變爲言語、能聽其聲而分別其句、所坐之椅、靠墻而移動

之聲、則成言語、爲其父之訓辭

五 癡人常作奇怪之事、身體亂動、或作奇怪之形狀、亦爲心誤之故　從上所言之書內、有數款能爲憑據、其書云、我盼望天主引我禱告、反之、有神鬼引我、令坐於椅上、身容最爲勉强而不舒服、頭轉過觀時辰鐘、見其大鍼向第一刻、而漸漸行、則以爲身不可動、必照此身容、待其大鍼到一刻時、方能再動、又云、另有別誤、即必令頭與心常相近、如此能服事天主、凡遇矮闇門、或過欄杆籬笆等處、則必倒身跳過、几作此事並一切別事、則以整與速爲要、見看守之人、將他癡人倒於地面、幾欲悶死之、則見其人面

色紅生炎又見其眼睛從空中凸出則允許其人可任意作何事而必救之所常見之神鬼令我多次速轉其身而不停故照此意思為之頭目眩暈而向牆並欲頁之幾落於石板云云以上之說亦可當為下第六節之憑據

六 癡人所為之事以其謬想為根原俱為平常之人所不信能成所欲為之事

七 癡人之兇猛尋常非忿怒等性情所成者必因心中之謬而成　如前人之書內云余不妬忌他人亦不恨他人心中原無惡意以為看守者愛我俱以為余之靈魂得救則為緊要之事又想余亦最愛看守之人云云然雖有此

心或與看守者出力相爭又重擊多次開有極狂之時必須大有力者三人方能獲住凡作此種事俱以為奉鬼神之令欲試驗其德性與膽量必時常為此事至鬼神能全信其為誠實之人書中又云余最喜放開手拷雖片時亦最快樂尋常放開手拷時所作第一事欲擊放手拷之人而此事以為奉鬼神之令因看守者喜被我擊若擊之則知感謝天主耶和華而順其命雖明知看守者必還擊亦不懼也云云凡看守者必以為此係無意無故出力打人殊不知其人心中實有意思有緣故又凡癡人所作與人命相關之案其意思與緣故為他人所不能知

以上所有癡病已愈之人所作書內之各說亦與余所見有教門癡治愈者常言之語相同此人余久見之其記性能記癡時所作之事最為清楚

八 癡人之性情原為秘密者或因重緣故則能藏其癡令不顯而人不知之　凡論癡之書內俱有案能為憑據即如律師耳司根在審問哈特斐勒特之案內引他人之案最為奇異其人關閉於癡人院內後與其弟並癡人院主結訟為無故關閉而不釋之至審問時故意不告知耳司根有何種癡則其人照審問之規自當見證立於見證之位則有審問官詳細查問各事後耳司根自已詳細查問

則其口證清明整齊而合理更用多法查其有性靈不全之處用盡其所有之本領令其口證顯出差誤之處略一小時之久毫不能顯出癡之證據所問之事對答俱為合理後有一人因事延誤不能當發審時至審問堂遲至若干時入審問堂則與耳司根低聲云此癡人以自已為救世之基督如照此意問之則其癡必顯耳司根向癡人作極深之揖言語極為恭敬又認大錯前言多失禮不知與聖人相遇乃今知之大為懊悔則徑稱之曰基督其癡人立即回覆云爾此說真確我實為基督其案即定又有一案為比奈勒所記者國家派數人查驗法國京都比賽脫

癡人院欲查其人實在盡爲癡人與否內有一癡人無法能令其顯出癡證故屢往查驗毫不能得其據卽預備證據紙將釋其人令其人照規畫押則握筆以耶穌基督出名畫押如此卽顯其癡又如前所言之案卽因性靈與身體不成全或已成全而後漸虧其人所有之心誤有一事祇與我一人言之又祇言一次他人屢次設法令其顯明此意俱爲無用雖有他人與之談論甚久用最巧之法令其不謹愼而偶露此意全爲無用又有一癡婦其意見內之最大者以已爲英國之王祇肯與一箇姊妹言之他姊妹前不肯言也余無奈何必待於門外竊聽其與姊妹言

語方能得據知其有癡病

九癡人所作之事常有預先想定預備爲之與不癡者同

有癡人關閉於曼支斯德癡人院內看守者待之甚刻則怒而殺之此時與醫士希拉巴得詳細言此事其人心平和而無亂且云我所殺之人應受此罰因待我最兇暴而刻薄不以我爲人以繩縛我以手拷連手挂起令高於頭用皮帶弔之又綁於牀上令受大苦過數日始放我因心中難過與其妻言必報此害其妻告知其夫則大發怒擊倒地面牽過天井重搥其胸關於黑暗潮溼之小房內則因知無奈何必受此苦設法作僞在看守者之前認差求其饒恕討好而求釋放數月內用力相助各事而以極恭敬極謙和之法待之因此奉承之故彼極快樂待我最好有一日往廚房見其妻作事有刀一把則竊之而藏於身數日內仍顯出和好之意有一日其人開花園門時則將刀在其背上一刺深入刀柄而止

十癡人雖常有詭譎之性然易爲人所騙　凡管理癡人者俱藉此事能自保全茲將一案顯明此意蘇格蘭名儒司各特爵作陸卡特之傳其所有代書者名葦巴爲司各特所最愛而照應者但其人常飲酒至醉壞其身之精神而有礙於抄寫之工夫有一日晚間司各特見葦巴揮眼

看之而其面容似有重大之念卽問其精神如何葦巴起立云司各特先生我已久受爾之欺侮再不能忍我今帶手槍一對請爾持槍一支與我相擊卽從椅下取出手槍一支置於司各特當時寫字之紙上司各特云想汝辦理此事之法似有差誤但無論爲差與否俱可遵汝之意辦理但是汝知我之妻子在屋內而汝亦爲知禮之人總不能在房屋內辦理此事嚇我之妻孥請爾將手槍一對暫置於抽屜內待用過晚餐照體面規矩出門擇合式之地辦理此事最好看而文雅葦巴平心回復云我亦想此法爲更佳卽將第二支槍亦置於桌上司各特卽以槍鎖於

寫字桌之抽屜內、云汝知我之說有理、則我心快樂、再有一事、務必請爾在大家喫飯時、不提起此事、不令我家眷知之、韋巴亦應承、於是司各特往換衣服之房內、似將換衣服預備喫飯、立卽寫信送於韋巴之至好朋友家、告知此事、不久則有人來捕韋巴而關閉之、可見此癡人易爲司各特所騙

十一　關閉之癡人、常知自已有癡、又知其癡與律法之相關

前有最兇惡之癡人、常想詭譎之法害人、暗將鐵一塊、配成刀形、連於柄上、偶有人查此刀而取之、則其癡人毒罵不絕口、無奈何必關閉之、則在兇猛之間、其惡毒之言語、聽之最爲傷心、告看守之人云、我必定殺汝、我有癡病、不能因殺汝之故問罪而絞死、又前在約爾克城有癡人馬爾聽、在大禮拜堂內放火、則相近處癡人院內之多人、議論此事、問馬爾聽作此事、其罪應絞死與否、則癡人之意見各不同、有一癡人云、斷不絞死、必釋之、人問何故、答曰、不能絞死、因其人癡、卽與吾儕相同、屬於吾儕之一類、（此案在溫思羅所作命案報癡論書內、第十六十七兩頁）但必知癡人自知其爲癡、祇在癡人院內、有多癡人之處、如獨一癡人、或尚未用法治病者、則不能自知其爲癡

以上爲醫學與律法合辦癡人之案、能定其案、藉癡人性

靈之緊要者、又能略顯發癡之緣故與情形、又足解不知發癡實在形性者、常有誤會之理、（如欲查癡人更細之說、可檢阿白克浪比所作查眞性情與理法論）如已明曉癡人之性靈者、亦能從以上各節、更加詳考其理、卽更明曉癡人所作不合理之事、令其心混亂、無人能解釋者、卽癡人有心誤一級之事、係一種性情受感動而成者、或祇有一件心誤、爲其心所空想者、凡知覺之事、俱以此心誤爲根、解釋其意、爲諸念之根原、又爲所作各事之根原、則五官並各性情、俱爲此心誤所閉塞、欺騙五官、令其本有理論之性助之、令其人之念欲、爲其所戲弄、令其人之主意、爲其奴僕、暫令耳聽他人所未說之言、或令眼觀無形無體之物件、偶將人類誤變爲鬼神、或將五官知覺者、變爲虛無之事、或令耳聞之聲、變爲言語、心中所有空虛之世界、常與身外實在之世界、相遇而相爭、無人能通曉癡人之事理、但癡人以爲衆人無不通曉之、其所作之事、以爲管理之人、或鬼神所命令者、因此受罰、則癡人自然覺爲不公、又覺應爲之本分、必有管理之人阻當之、亦爲不合之事、總之其心誤所能成之根原、無論如何不合理所成空虛之意見、無論如何可惡所作之事、無論如何糊塗所坐之罪、無論如何重其心誤、俱能引誘之令作之、而當爲有理者、可見其心誤之重若何

癡人性靈混亂之輕重自必藉其心誤之大小假如一人有數種性情或心誤同時受感動卽驕傲與空虛或教門等誤其性靈之混亂比較一事之誤者自必更繁

狂與律法相關之處　癡人在田產錢財之案內並在人命案內其事不相同

如田產錢財之案有據能知其人爲狂者則律法內不管理其所作之事雖其所作之事不能與其病有相連或相關之據然不能因此而問其事又其人之狂雖不過幾分與其所作之事有相關律法內亦不能理會（此見於耳司根審問哈特斐勒特之案又韋勒特爵審問士徽脫司之案一千八百六十七年八月斷案之說內亦論及此事）但在狂

人作遺囑之事內律法內分別全狂並不全之狂卽一事狂之人至於全狂之人則其事不難於料理有數案內定全狂之人亦能開遺囑除其人之狂能與其分產業之事有不合之處或有礙之處不在此說之內

又有一案其原告名班克司被告名故特斐羅此案內議論人之狂與其分產業無徑直之相關則能否定其遺囑爲空虛與否有審問官哥白那云應與幫審者說明如其人之狂無礙於性靈之總力則不足令其所作之遺囑變爲空虛之事但如其狂能令其人誤寫遺囑或偏寫遺囑則不能作準近時又有一案其理有相同者原告爲司迷等人被告爲伯來盾城工部會此案內狂人自當爲英國王若耳治第四之子又因國王最喜此地常居之而令其大興旺捐錢助公事照應其地則其狂人自以爲必照其王父之意而用其錢財所以將產業交與伯來盾工部會用之其意欲立公書院等事俱因誤當爲國王之子（此事在倫敦太密士新聞紙一千八百七十二年十二月初六初九兩日記錄之）

由此可見開遺囑者雖有癡狂或心誤如其心誤與其開遺囑無關而可有據爭辨外其人所作之遺囑亦必當爲合法

至於人命案內雖有憑據顯出其罪人有狂病設如其狂

不能遵律法所定試驗狂人之法而定其爲狂人則不能免其受罪

凡設立公法或定狂人之病必知重至如何情形方能免其罪又令試驗之法不能阻各種犯罪之事而保佑眾人不受害此定規公法之事最難以下所論人命案報狂之款內更顯明難處英國律法家能從總料理狂人者之意見最爲遲緩久不肯改變前人之意而作新律法

人命案內報癡之事　如殺人案放火之案偷竊之案等常有報癡之事而報癡之案大半爲殺人之案審問殺人案內之理論爲最緊要者故以下所言報癡之案大半爲

論殺人事之案雖有狂人最兇猛時爲殺人之事而因此報狂或原來不癡者猝有大心誤不能自主而殺人因此報癡而其案之大半爲癡人有心誤早已定殺人之意而漸設法爲之得好機會卽成其事

査英國律法家不分狂與癲因前律法家布拉克敦云癲狂人不知其所爲無性靈不能明理與牲畜大同小異又哥格與孩勒二人亦有同意云如有人犯人命之案而因報癲以免其刑罰則其人之記性與見識必爲全滅者方可否則不能免其罪惟孩勒之意思略近一步能將全狂癲與不全狂癲詳細分別之又云凡有犯人命案者其狂

癲不完全則不能免罪又設一法能量度癲狂人可問罪與否其書云凡人有闘狂等性靈不全之病而犯人命之案如其見識能大如尋常十四歲之童者則能問其謀害國王並搶奪偷竊之各罪又有審問官特累息審問阿奴勒特之案在一千七百二十三年其人向暗思魯伯放槍則云人之行爲內忽作奇事或顯出奇怪之意氣或作不合理而不可解之事則不能因此當爲癲狂而免罪如能免罪者必全失其記性與見識不知其所爲卽如嬰兒或牲畜或野獸等此類內必不能問罪而加刑罰

如哈特斐勒特之案係一千八百年在德羅里連戲園內向國王若耳治第三放槍審問案內所言定之理與以上不可恃之理相反昔時試驗之法由此廢之而以心誤爲性靈之癲爲眞試驗之法又耳思根在此案內顯明律法所稱爲狂實在爲癲卽孩勒所稱爲早顯之癡或晚顯之癡又云古人所稱爲狂者自古以來無之又顯明雖不顯狂猛之性情然有心誤則爲其癲之眞病證另加一說曰如欲令犯罪之人不受刑罰則必有據顯明其所犯之罪實以心誤爲根原

此各新理雖爲多人所佩服者然不久則棄之不問又以能分別是非善惡代心誤卽如老倍里審問堂試驗貝林

哈末之案因在一千八百十二年五月十五日殺沛細伐勒審問官曼司斐勒特告幫審者云如欲釋其人則必須顯明其不知是非善惡之據又其人犯此大罪時不念無故殺人之事爲犯上帝與萬物所藉天然律例等語此案之後兩箇月又有一案其人名保勒向白羅司放槍擊死之審問官里步蘭克請幫審之人査定此罪人放槍時能否分別是非善惡心中或五官有心誤而因此誤擊人當時不知其事之有罪果能如此則律法不能定其罪又有一案原告爲累克司被告爲哇夫特審問官林特司德伯告知幫審者云如察此罪人當時想其所爲之事不背上

帝並萬物之公律則必釋之又有人名痾克司佛特向英國王后放槍又有人名噩惱敦之案此二案內所定之理與前所言者同惟其字眼稍有分別而噩惱敦之案後爲上議院所議論者院內有考究律法之人俱言明其意見院首詳細解釋此事之律法向審問官問明數事而審問官之回覆爲以後報明者又有一案於一千八百七十五年七月在美子敦審問者其人名布蘭比特審問官布累特言明必依能分別是非善惡之法試驗其人而定案然幫審者不從審問官之意又不佩服其所言不信醫學之理祇觀其人之癡有憑據故定欲釋之自後不久本審問

官在克來敦審問人命之案則所言之理與前同又告於幫審者云不可問醫家論癡之說因其人不可當爲癡然幫審者俱以其人有癡定欲釋之而不問其罪

近時有一案其人姓恆甫里司在斯達佛爾爲不蘭末韋勒爵審問其殺妻之罪案內詳細言著名律家之尋常意見此案之恆甫里司有羊癲瘋病十餘年殺妻之先十二年試用自盡之法又已殺其妻之後則刺其本身數處審問官在審問之間并在其總說內之意見云殺人之狂爲故意要做壞事之心雖有憑據顯其人實爲狂不能因此而釋之又如人有狂而知其所爲之事爲殺人之事則不

能免其罪又云律法之原意欲合衆人不受惡人或殺人狂之人之害又云狂人有心爲惡而無法能阻之此事不可信又如設法禁止狂人爲此事則雖有其心從未有能成其事者查以上審問官之說爲不合於理因此案內未用法阻當其狂人殺妻之事所以其說與本案無關其審問官又云有數事能當爲可釋其人之據又有數事能當爲不可釋其人之據即如狂人不知其所爲者何種事不知其事爲有罪即爲律法所禁者不知其事有害於人或不知其所攻之人必受重傷而拼命等語可見此說祇爲前人布拉克敦等人之誤承襲而用之而耳思根之說仍

爲最實伊云從來天下尚未有此種狂人不蘭末韋勒爵又指出其人無故無恨造此事另有許多事能顯明恆甫里司爲狂人又令幫審者合意而釋之當時幫審之人不先商量立即命釋之倫敦太密士新聞紙一千八百七十八年十一月初六日記錄此案

至是年而止英國律法之大略能從噩惱敦案內上議院所問十五位按察司各事之答而知之其所答爲全院之人所佩服者祇有按察司磨勒不佩服之此各答係總按察司田大里念與上議院內人聽之如本書前次所印者將此各答詳細記之一字不遺此次印者祇能將其關涉之事而記其大略云凡欲準人命案內報狂之事則必預

先得據知其罪人之性靈有病犯罪之時不能分別是非善惡又雖然心誤可當為狂之據然其有罪與否俱藉其能分別是非善惡又如人有幾分狂而犯罪則可當為無狂者而同法定罪如無狂之人可免殺人之罪即如無故無意誤殺人則狂人亦然又無狂之人以為受人害而欲報仇殺之則不免受罪而狂人亦然

以上所定之理有數件易顯明其不合理之處論之如左

一　如人命案內以心誤為有狂之據而律法內無他法能試驗之則各種案內與所知狂病明顯之證相反而人命案更為不合因如人有狂病而猝然做事則可顯明無心誤之據又有數種性情之狂內其心誤可與其病無關

二　反言之以能分別是非善惡為試驗之法則有事能顯其不合理之據即有許多狂人並癡人即如前論癡事之甲辛等案內其人俱能分別是非善惡又管理癡人院所恃之理俱以為癡人能分別是非善惡

三　律法所論幾分狂之說最不合理即眾人所當為可用之試驗狂人法一概棄之不問想此差誤之故因將一事之心誤而無害於人者即如憂悶狂大半之案與尋常所稱為狂人之誤彼此相混如一事之心誤者自然更應能自主而不犯罪但此種人之案為罕見者而審問堂內不易成案其人似無害於他人即如蒲拉奈里之案然不能指定其人斷不忽然改性而變為危險之人假如癡人自當為水晶宮似無害於他人然或國家將此宮遷移他處狂人因此與國家成仇久之則刺死執政內緊要之人此事不合理之處不及原意以巳為水晶宮之誤之重

癡人幾分誤之案較以上者更長如詳細查驗則為一種性情受感動而以天然之法成誤又其心誤之力足令五官有誤並知覺之事亦有誤則可以生大力之狂而猝顯之又可知性靈有多誤則不免心之混亂與激動此與其心誤有比例又有多案內此各心誤之外另有五官之誤

並見實在之體與人誤改為他體與他人（見前言癡人已愈者記錄之案）所有先滅五官之正用並知覺性靈之正用而後因受激動之故變作兇猛狂暴之事此有數種即如教門事受激動或缺望或無理妬忌他人或因家財少有不足而生多思慮深恐將來有飢寒之苦或有不知足之處而心中以為受眾人之害等皆可為其根可見此種受激動之性靈為心誤之正基而所為兇猛狂暴之事應與分別其心誤同法辨驗之如以為其人所作之事不能自主必與其心誤之不能自主相同則為合理之意見總之人既不能管束其心念豈能管束其行為乎

茲將以上殺人事之四種根原分別而言之

一凡因教門事而激動或觖望之狂人其心誤與五官之誤最爲奇怪能令其常相遇之人以爲是鬼神之類或有異能之類其權柄與力不可駁不可阻又將尋常所聞之聲音變爲引誘或教戒之語即如一種教門之狂因此殺其親戚或看守之人心中以爲是惡鬼又有人以爲上帝命其辦理討罰之事或滅去若干人之事故凡教門之狂不能言其殺人之事非心誤受上帝之命不可不行其事而因此成之或者其心誤令其人以爲不必遵人類所設之律法祇欲照其本心之意見而作事假如此種狂人自

當爲天主或基督或神鬼則自然必以爲無論作何事不能有差

二如因妬忌而心中有明顯之誤因此殺人則可知如不狂之人全藉五官並見識作此種事則必當爲無意殺人而不當爲故意殺人以定其罪

三所有因家財不足而多思慮深恐將來有飢寒之苦因此父母致死其兒女可見此種案內其爲父母者或爲家長者尋常愛其所殺之人而此種狂人與尋常之兇手毫無相似之處

四如有不知足之人由漸而變其心以爲衆人欲害之此事之難處更大尋常審問此種案則其定案之說似不能有合理之回覆即如狂人之念以爲受人之害而殺之設其以爲受害之事爲實有者而其人不狂則不免有罪所以已狂之人照此例亦應受罪但此意大不合理而其不合理之處則甚奇因其兩種事毫無相同之處惟殺人之事則皆有之其人以爲受他人之害爲空虛而一切相連之事亦爲空虛所以其人之心念大爲混亂如以爲人之心中能想空虛之事以爲受害於人而仍能在他事內無此種弊病而性靈能全此爲大不合於理又與所有考究狂人事情者之意見大爲相反其故因知狂病情事者無

不言有心誤之人其性靈不全而在其狂之界限外不能自主又愈查此種幾分心誤之人則愈知其性靈之亂凡有不由心誤而作之事較他人所作之事更奇其性情與情欲較他人者更易激動如云人有一事狂其餘各事不狂而與其狂之一病毫無相關而不爲其所感動其人依心中之意而作事能知其所作事之性情如何可與不狂之人因眞實之念所作者相同則此說太不合理斷不可從故在此種案內亦不能以其人能知是非善惡定其人之罪可免或否

又有一種案與上言者相類而其難處更大即有人受他

人之害爲實有者而因此報仇審問時報其人當時發狂而他時不發狂則不駁其性靈不全之說祇令其人不免罪因爲其所作之事爲尋常報仇之類也此種案內之理應回覆以上之說云其所受實在之害因其發狂漸變兇惡至以爲極緊要者在後所爲之事與全爲空虛之意見所作者同所以其所爲之事與全因心誤而作之事相同則其可免罪與否亦必爲相同此種案內必查驗其人以前所作之事又必用多於律例所設之試驗法又審問案內不可不準此查驗之事如以上之說爲合理則可見尋常試驗之法爲不足又有數種案其犯人命之罪不能查知以何種心誤爲根原祇知其人性靈不全而已可見祇知性靈不全則其事改爲輕罪無人能駁之卽如狂人犯人命之罪雖已報狂審問官不理會祇有此種人命案而無他案同一辦法者則爲奇事

此應查明英國家擬作人命案新律法稿內所有著名律家論癡人之意見查此稿第二十二款所有新說祇有一件卽犯人命罪之先或後而有癲或有心誤之癲雖非全狂亦可作爲證據知其人性靈不全可報癲而減罪定案內必以此爲要件茲將其稿全記錄之

英國家擬作人命案癲人之新律法稿　第二十二款

云如有犯罪之人而有證據能知犯罪時有癲至於不能自主而應免罪則不可因此而釋之但必言明其人因癲而作此事故不能當爲有罪

凡因報癲而免罪則必有可恃之據能知其人犯罪之時有性靈不全之病或爲天生之癡或他種性靈之病令其不知所作之事輕重如何是非如何

凡有顯明心誤之人所有心誤之外並無他癡則必查其人之心誤與所犯之罪有相關與否如無相關則雖免定罪但犯罪以前或犯罪以後有癡或有心誤則雖爲幾分癡或幾分心誤如有據能顯明犯罪之時其性靈不全不知其所爲之輕重是非若何則可報癡

凡犯罪者尚未得據知其有癡則必當爲不癡之人

查以上各款有總按察司哥白那所作之論一千八百七十九年六月十二日言人命案律法緊要之評語係下議院命印出發與眾人知之者其議論甚長而大半爲駁擬作新律法內有一款論墨惱敦案而有十五位按察司公用不合法字眼而造新律法之人不管此三箇字依哥白那之意見此三箇字之解釋依律法而言之則有差又殺人狂之字眼棄之不問亦爲有差又所作之事輕重是非若何與差字等字眼俱爲不可解者

又所有心誤有特心誤與幾分心誤不知此二字有何分別又將癲包括於癡內亦爲字眼之不合理查其字之原意不能如此用之云云

查以上各字眼可知哥白那心中最喜以格致學之理考究癡案之辦法而他律家俱棄之不問又可見哥白那明知專門考究癡人之病證與管理法及治法等即常有機會考究癡人一切行爲則性靈不全者所作之事應能得可恃之意見爲據然他律師俱藐醫士之說爲空虛毫不遵從而哥白那最爲明顯故與他律師之意見相去遠甚

由此可見凡言人有心誤則其餘性靈亦可以無病此說之差處最重又此種人在其心誤之外能與不癡者之思想知覺或作事其明白力量與自主俱爲相同者亦爲斷不合理之意見

有著書之人因見律法所設試驗罪人能分別是非善惡定其可報癡與否此爲大誤故另設一法即試驗其人能自管自主與否即將試驗性情與智慧變爲試驗自主自管又將其能知是非善惡變爲能行此事與否但可見照此意祇將能知變爲能行即撥開其難處而易爲新難處因試驗量度人之能自主自管其難處與試驗量度能知是非善惡之難處大同小異

普牢納所作病與自主相關之書曾提及十五位按察司之說後云凡報癡免罪之案內應有無可疑之據得知其人之性靈有病又犯罪之時不知分別是非善惡又云律法內所言能知是非善惡並非空論其能知與否律法內之意所言者爲先有作事之意見後又行其事而此二事之間其人心中能知分別是非善惡與否以上之說貌似有合理之處而其實無用因人之發念與作事之中間其心中之意見如何有何法能知之乎

凡人因有心誤而作殺人之事則其心誤之事情必有來

歷與根原律家專門考究律例之學而與管理癡人之事毫無相關如何能爲癡人之事而設律法查有殺人狂者先在心中發念在後待有好機會預備合用之器具待機會一至則依尋常之法用其器具以殺人無論其人在癡人院內與否皆如是見以前所言曼支斯德癡人院內之案如其人發念後能若干時內自主而非立即殺人則從其能自主若干時而論其應能全自主此意雖似爲天然之理而其實不然欲駁之甚易而其理恃癡人五官之知覺與其心內之念而解釋之假如癡人不能管理其五官令其五官無誤又不能將心誤從心內革去則豈能望其

人能管理其忽發混亂之思念與情欲等事因此各事與人自主之相關同於五官之誤並心誤與性靈之相關又如言癡人設法預料理殺人之事顯出大靈巧之性又待若干時則有合式之機會亦顯出大耐心豈非有能自主之據乎回駁此說亦必恃癡人五官知覺並心中思念與行事有相似處因癡人所行之事與其思念必相配而其心誤雖自覺最爲清楚而亦能同時行其餘各性靈即能理論又能自主如有他人不信其心誤而欲駁之則其回答最爲清楚而其所言之據最爲合理又如其心中有最大之故則其主意能大至閉藏其心誤令不明顯可知其

心誤尚未滅其性靈祇改變之令其誤用耳至於殺人之事亦有同理其不全之性靈忽欲行此事而其性靈之力非因此而滅祇變壞而已

由此可見如狂人之意見有心誤而以看守者爲惡鬼又以爲奉上帝命殺之則乘便藏刀一把在暗密處磨利待有機會則用之此各事與不狂之罪人同設當時有人阻之不能行其事必再待更合式之機會又無論癲或狂如何俱能知重大之桿或刀或手槍爲殺人之器具雖其性靈不全幾似消滅而能將此利器藏閉之非因知其所欲爲之事有罪乎且知此等器具明示於人則必有阻當者

又如癡人自覺必殺人則所見之人爲不能阻當之人見前所言癡人甲辛之案是也

總言之行一次新試驗法並議論此事之說內有二件不通之事彼此相混即所行之事爲心誤而令其人行者並其成此事之法而能分別人之癡與否俱藉其心誤而不藉其殺人之法即如顯出性靈不全其據在其心誤不在理論其事有合法而應爲之說

設立試驗之法而無人能駁可爲公用無不合理之處其難處極大故有人設立簡便之法以免此難即凡有性靈不全者不準其得報癡免罪之利益審問案內不管人之

性靈若何此法雖爲簡便而有一大難處因行一次如衆人不服不能再行假如處死犯人命罪之癡人或狂人則衆人見之俱不忍審問官不能得幫審者肯定其罪則其律法立即變爲廢物即如前有人向皇后放槍初時定罪最重後設律法必將其人在衆人面前鞭朴而釋之此後則幾無人敢向皇后放槍後有武官卑特變爲癡人向皇后放槍則有多人議論此人應鞭朴否衆人俱不服可見已犯人命罪之癡人絞死之或朴之爲衆人所不忍而無不惡之故必棄此律而不用

又有一理係著名律家所設立者即癡人俱能因畏而不

爲惡與他人同故應有法令癡人常知殺人必問罪而償命然觀卑特之案可見此理之無用因此人雖有癡病而必知用法害國王必受何等刑罰旣知其刑罰仍欲行其事何況其刑罰改爲償命以爲癡人因畏死而不殺人而其實致死有人命罪之癡人其事爲癡人所已知者因發癡之初不自知其爲癡後有其親戚朋友得證據送至癡人院之先則自已不知爲癡人必以爲不癡之人所以知如行殺人之事則應受殺人之罪惟待其人已自知爲癡之後而用此法令其常想及殺人必受殺人之罪藉此阻之

凡佩服此理者將性靈不全之人與禽獸類相比卽如畜狗之人以狗所爲之事爲可惡者則扑之狗知之而不敢爲惡事依同理可令癡人畏死因此卽不敢殺人惟設立此理者忘卻二件要事一其狗被主人所扑而記其痛癡人祗聞人儆戒之說容易忘之二常有一種狗無論屢次重扑無法能令其不爲可惡之事

如以爲癡人能理會衆人所言所作者則亦能知如報癡則必因癡免人命之罪而無奈何必在檻房或在癡人院內圈禁一生不得外出此事之苦與照常法定兇手之罪無分輕重而癡人知此事則似應不敢爲兇手之事

如宥癡人令其不受兇手之刑罰則不必慮不癡者將援此例而多殺人因平常人犯人命罪而因欲免死則必假冒有癡而假冒之事實非易易除大本領之人則不能假冒必在若干時內露其眞設能久假冒癡人則必一生關在癡人院內終不能自主此等苦處與因罪絞死難分輕重又如癡人不絞死於衆人亦無害又因人心所謂最可惡之事明言因病而作者則似令人類所有罪惡處當爲更輕而無病之人不能多作此種兇手之事

曾有人觀報癡免罪之事爲最不合理因常有明知兇手犯罪者因報癡而免罪故以爲人命之案必漸加增此種

人之意見雖似有理實爲空虛茲有一事能顯明其理約十餘年前余詳細查考此事而記於書內（此書名曰癲人與罪論並人命案報癲論此在戶口數目會記錄書第三十二本第一百五十九頁起卽一千八百六十九年四月發印者）所查得之各事其大概包於一款內云查驗衆人所以爲最緊要之報癡免罪案而議論最重者卽如墨惱敦大特與痾哥斯佛爾之布里克西氏又有略不同類之二案卽法郞西司與武官卑特之案此各案內查驗其本年與後數年所有癡人與不癡人有人命罪者則其數目不能顯明令兇手受償命之罪則能阻住他人犯罪又如令不受償命之罪亦不使犯罪之人數更多反言之本國所有犯人

命罪者無論其爲癡或否如令其一生坐檻房不外出或令其一生在癡人院不外出一面不引其犯罪一面不阻其犯罪則無論其刑罰如何其犯罪者之數不變抑又聞之從前致死罪人之法在一大叢人之面前爲之似令其罪人大得名聲故令眾人不惟不畏殺人反令其故意殺人以得名聲近今致死人在檻房內祇數人爲見證縊死罪人此法毫無意味所以引人貪得名聲之事幾無之矣由此可見以犯人命罪之癡人而論之則律法在二件難處之閒一面因所設定試驗之法不合理而不能用一面必不聽報癡免罪之事假如律法以所設試驗之法爲主

則各處所斷之案不均而必常有人不服而駁之因全恃人之意見也反之如斷不肯聽報癡免罪之說則一切所有報免罪之緣故亦概不可從

故可見本卷所議癡人之一類卽因有心誤而預先料理以備殺人待有好機會則行之者此種案無論何種試驗之法或不能用或能用而無益可見英國之律法應照法國律法之意而改變之法國律法云如犯各種罪之時其犯罪之人有癡則不能當爲應受刑罰之案

以上之說俱論尋常癡人之各案另有一種癡爲忽然不能自主之癡

近時醫學家以爲此種性靈不全之病可另設一類謂之忽不能自主之癡而已有數案因報此種癡而免罪

凡因此種癡而犯罪之事似俱有公形性卽無人能知其故或與人所知之故相反卽如夫愛其妻而忽然殺之弟愛其姊而忽然殺之或母殺其子等是也被殺之人與忽癡之人或尙未見過而不認識或毫不能有相恨之故又不第因此忽發癡而殺人尙有殺馬等六畜者俱與其人無害（一千八百七十九年十二月初九日太密士新聞紙載一案內言大富翁常有大高興之心誤坐馬車時忽從馬車之墊下取出斧一把向出僱待坐之馬車一行擇馬一匹以斧斫之云云）此種人犯罪之後不逃走亦不躲避反將其事報於人知之如殺人則其屍不藏埋反獻於眾人觀之或自往官衙報有此罪請官

審問又言明作此事之時心中如何以後或心中糊塗不理會官員或眾人之意見或心中懊悔而悲傷甚重又此種癡人不託他人相助不預備器具不待機會又不取其所害之人之物件間有預先與朋友言明其心中常有此意思求人阻之令不作壞事此種殺人案內其人預先大改變其作爲與品行又如詳細查驗則知有前代傳下之癡或有羊癲瘋等或已用自盡之法而未成或與人言情願死或與人言情願當爲犯人命之罪人而在眾人面前處死之

以上各案可以孩勒之說顯明其理最爲合式孩勒言旣恐不可憐人類性靈之病而以不仁之法待之又恐犯大罪之人以極寬之法待之令其不畏作惡云云如癡人較他人更有此種忽然亂作惡事之心又易知有心誤之人常有忽然欲殺人之心而不能自主因其心誤令其人想起緣故而其欲殺人之心大爲感動所以行其事卽如有一種案必屬於此類卽一家之主人恐其家眷以後餓死故將其妻與兒女一槪殺之後卽自盡可見其疑心餓死爲心誤之癡忽然想法免此餓死之弊不能自主而誤殺數人亦爲猝然不能自主之癡

有數種癡人常喜偷竊小物閒有因欲偷小物而殺人而已得其物之後則亂用之顯其性靈不全之據

如有羊癲瘋之人亦常有忽然欲殺人而不能自主之心閒有患羊癲瘋每一次之後而生此心閒有應發羊癲瘋之日期已到則生忽然欲殺人之心代之此謂之阻住羊癲瘋茲將二案顯明此理

有一皮匠常患羊癲瘋瘋後數日則心兇猛再後則性情極和睦能明事而認眞當其本業有一日心中最憂悶而不平心之時卽爲將發羊癲瘋之病遇見其院內之總辦平素最愛之此時忽以刀刺通其心而死此人約二十日尙未發羊癲瘋刺死總辦之後在夜中發羊癲瘋甚重此後常案期發羊癲瘋較前更重而其期之相距更近

有鄉人自八歲起至二十五歲患羊癲瘋大受其苦後來按期應發羊癲瘋時而忽變爲殺人狂不能自主其期未至之時則有數日自覺將來要求人關住阻其爲惡事又云凡期將及之時自覺必殺一人雖爲小孩亦不妨務殺一人而後已其人發狂之先身體最倦心中憂悶不能安睡四肢稍有痛證此案在磨特司里所作性靈之理與病證論書內原爲馬可所作

以上爲查驗人命案報癡事之理之大略茲再補各種性靈不全之人顯殺人狂之各形性卽如癡人所知各罪與

律法及刑罰其意見最亂而不全而所行之事其糊塗與其所發之念同卽如前所言割小童二腿之癡人案是也

又有一種癡人以爲常受他人之害所以將其誤以爲加害者殺之其心中之意殺此一人可免受各人之害可見其所爲之事與所發之念其不合理之處相同而墨惱敦之案類乎此種又有一種案其人顯出癡之病證而後實受人之害而殺其人卽如非勒是伯之案是也又有一種心中憂悶而畏懼則恐所愛之人將來要受大苦處故殺之令其免受苦卽前所言有婦人因錢財之難恐將來要餓死故殺其子烹而食之又與其夫食之再有一種癡爲

忽然不能自主，即如雷所作癡人醫學律法書所載之案，其人姓波郎，此爲最明之案。又本書前所言甲辛之案

第五節　假冒性靈不正

假冒癡人之緣故，略與假冒別病之緣故同，惟醫士通曉癡人之各形性與病證，方能分別其眞假。又其假作癡人愈巧妙，則分別之愈難

早顯之癡　此種病不多有。假冒者，如果有之，則極易分別，因此種癡人頭面與全身，幾俱有不全或不合度之處，即如前之各圖與說是也。又如查其人之來歷，則必能得據，可知其人非從來如此

晚顯之癡　此種案亦可查其人之來歷，而得知其假冒。又其面貌有空虛之氣色，最難於假冒者，即如其人之面貌向人物而觀，則有空虛無定之意，又心不定，身不平安，發念不接續，頃刻散開，脾氣時常改變，忽然發大怒，而其怒忽息，所作之事最糊塗，與小兒所作之事同。此各事能同時一起顯出，其難處最大，雖有極大本領之人，難於久不露其假冒

眞實晚顯之癡，不多顯明病證者，則無論何事，糊塗與聰明同時顯出。但假冒此癡之人，顯聰明之處與其本人有益，或能助其假冒之事，而顯糊塗之處爲無益而不相關者。惟此種案最難分別，且醫士之意見常有不同。余曾見檻房內之癡人，醫士發據報明其癡，送至癡人院內養之，不久則假冒顯明，仍發回檻房。又有他種假冒者，派精明者二人，詳細查驗之，而其意見不能同，因大能幹之人能有演劇之本領，易於顯出做慣之事。思念亂而不接續，忽然發大怒，無故作大兇猛之事，用法自盡而不成，心中發誤，而此誤尚未全成，忽然改換別誤。又其作事，暫時極認眞，暫時極懶惰，手工間有最靈巧，間有最笨等是也。若眞實癡人能自主，如心中欲得何事，則能藏閉其癡而令其所作不合理之事不多顯出，故可見眞癡人在檻房似顯

出不癡之據，而在癡人院內，則顯出假冒之據。又可見假冒癡人者，其一生做慣各種欺騙，並設立無窮之法，以免出力而能養身，所以專門爲此事，除大能幹之醫士外，不能分別之

變成之癲　此種病不多有人假冒，因其病人之性靈幾全呆笨，最難假冒，設能偶爾假冒，亦不能久爲之，而分別此種病之眞假，可以一案明之，即一種舊變成之癲病，所常有之癱瘓，如久無此癱瘓顯出，則可疑之。分別變成之癲，其最大之難處在檻房內之罪人，大有耐心，故久能作假冒之病證，而女人較男子更有耐心，即面貌故作空虛

無意之狀口常念無意之說大小便假作不自主無論用何種試法俱不能顯其假冒之據此種人雖有醫士初時指明爲假者然其人久不肯認其爲假冒

狂病　以上各種瘋癲因其人不多作事略難假冒而狂者因多作兇猛之事故更易假冒所以假冒此種者頗多但分別其眞假者雖必費多時而不甚難

如狂病之眞實者面貌氣色最重眼似野人之兇惡且面貌改變與無病時大不相同所以此種病證最難久假冒即如心與身之激動大聲呼喊言語亂而不接續最兇猛時似其病與人相爭大爲出力此各事極難於假冒果能

暫時假冒之不久必顯露又眞實狂病之人能數日不睡間有數禮拜不睡者設或能睡則睡中大昏亂而不平安若假冒之人過一二日則不能不睡又眞實狂病者服鴉片或皮膚內噴入嗼啡啞水幾似不覺若假冒者無奈何必欲酣睡其餘各種藥品如吐藥瀉藥亦歸同理又眞實狂病之人能數日不食亦無妨害而所失之力幾似不覺身體外之各事幾不知覺即如極大之冷熱或睜眼觀太陽俱不覺有不便處又有他種形性有數醫士以爲緊要之據即如大便不通身中與四肢熱度小或不如常皮膚發奇臭脉過數

本書第一次印者內有數事顯明分別狂之病證不可以脉數爲要如以最穩當之說論其事則可云如脉遲於尋常之數則幾可當爲不狂之據

以上各形性之外又有數事爲要即假冒之人有人查驗時則所顯之證過多醫士與其相近時則眞狂人尋常似畏懼而心略安靜似不肯作事而假冒者則反是在醫士前之兇猛加增數倍又眞狂人其能理論之性大爲混亂而假冒者故意作無見識又假冒者不用法藏閉其念而眞狂人心中之意尋常不肯言又假冒者故意顯出少記性並不能懂事設有人問其事則所回覆者與問不配假

作不認識其常見之人心中之大意見非重複而言之而無論何說俱不能歸到此意見又假作極兇猛時常顯出無一定之主意似難想以後如何作爲又不能睜眼而視他人以上之事在假冒人內必常顯之又眞狂人之病其兇猛按日期與時刻而至假冒者則不然眞狂人第一次必伏其病若干期而後顯出假冒者則忽然顯出眞狂人之五常性常改變故前所最愛之人則狂時最恨之此病證爲俗人所不知假冒之人常不知假冒此事以上各試驗法並前所有假冒疾病試驗法之外另有人特設試法即如將其人纔所說之意見與其人重複述之則眞狂人

回覆此說必另加許多新意在內而假冒者必照前次之字眼一字不改而覆之又有醫士所設之法令其人坐於椅內而椅下着於平輪上令輪轉動頗速片刻時則眞狂人不覺有事而假冒者必頭暈嘔吐

性情狂之不全者　一事狂　憂悶狂　此各種狂較全狂或狂猛而亂言之狂假冒者更少而凡有假冒者不難分別之如前言之數種狂其形性亦在過於受感動與性情之狂相同即如過於驕傲或空虛是也其脾氣易受激動其無故恨數人之性情無故愛數人之性情不能睡不能覺冷熱服藥而藥性不顯等事俱在性情受激動所生之狂

內顯出惟假冒一事狂之人故意令其心誤顯與人知而其眞狂者不多令人知之如眞有一事狂之人尋常不肯多言如問其事則不回覆心中以爲諸事不緊要如有人阻當之或駁之則易受激而動氣如重問其爲何事則動氣後如爲男人則用力如爲女人則大哭

尋常所假冒而最難分別之性情狂爲一種心誤之狂或極重之憂悶狂可見此種病難定何證能分別其眞假又如假冒之人有演劇之大本領而已見過眞狂人而學習其言語與行事則一切能假而不誤分辨更難

五常性之狂總者與不全者　如五常性之總狂即將各種糊塗或感動情欲之語或刻薄之事混亂相雜而爲之此種狂或必與狠心而無狂之人分別之然此種狂不常有假冒者可見五常性之狂人與狠心而無狂之人分別極難惟有一法略可當爲公法即眞狂人所作之事最奇而每作一次即換其式樣而無狂之人則不同祇有一法能試驗五常性狂不全之人即查其所作之事有何故間有眞狂人所作之事後大悔而最恨之假冒者則不然即如有錢財之上等人常偷所見之物則無論其心中如何明事其行爲如何端正然因此一事而論之必當爲性靈不全之人又如女子所爲之事無不合法者祇有情欲之

狂作無恥之事令眾人嫌之亦必當爲一事狂之病

藏閉之癡　前言癡人如有最重之緣故能藏閉其心誤如欲查驗此種案必久查驗屢次訪問相談詳細考求來歷則其心誤漸能顯明否則因藏閉甚密無法能知之

凡癡人無論有五官之誤或心誤或兩種俱誤常藏閉其作事之緣故即如布路弟爵在其所作考究性情書第一本附說內又從衣司幾羅書中引出一案爲少年人有缺望事而後失其性靈似變爲癡人其眼睛定而不動面貌毫無意思不能脫穿衣服亦不能自卧於牀必須有人服侍之又自不食物設有人以食物置於口內則食之用數

種緊要治病之方而皮膚各處多發小瘡類則瘉瘉後則言病時能知覺各事但常覺耳內有人云不可動不可動而因畏懼則毫不敢動

第六節　查驗疑爲性靈不正者之法

醫士查驗疑爲性靈不全之人所有緊要之事分爲十款開列於左

一詳細查驗人頭之總形性與其形狀面色與所顯之意又查其人行動作各事神氣如何言語如何

二查其人之精神與其食物飲物之多寡消化如何大便如何查其舌與皮膚及脈又查有發熱之證與否而以此

分別癡癲與昏蒙更查其心中有憂悶或受激動不平安或安靜其睡爲酣而接連或亂而隔絕如爲女人則查其月事如何

三查其人之家事與來歷則能知前代有無癡人又查其本家之人有羊癲瘋等病否或顯出奇異言語與作事之證據

四詳細查其本人之來歷如其性靈不全則查其不全之故從出世之時起或幼弱之時起或從何時起如爲成人之後或先數年起則必查其起時之前有何病或忽有危險事而受傷或忽受大感動或久有思慮或屢次發羊癲瘋或多用酒等事又或多行各種姦淫而以手淫爲最重者

五查其人現有之性靈與從前當爲無病時之性靈能同與否又如其人之各種性情並所喜所惡者及家中習慣之事與前時相同與否如有分別則查其分別如何

六須查當時性靈不全爲第一次顯此病與否卽起首有否心中過悶或過激否則從前生此病時第一次憂悶之後而顯出者漸變爲癡後漸愈與否又查其人言語與行動之法內有總癱瘓之證與否更查其人浪費錢財或心不平安多無故之遊歷或將下體常露於人見之或偷小

物或有大發財或大威鋒之心誤與否

七如欲查其人之心中能明曉尋常之事與否則必依自然之法與其人相談而所談之事如年紀初生之處作何工藝當何職分又父母作何工藝當何職分兄弟姊妹有幾人極近之親戚有幾人尋常之新聞並從前之事情年號月分並今日之爲禮拜幾日國王之名而屬於何家何朝談論當時之事與有大名之人試驗其人能否爲算學簡便之工夫並能知銀錢之値又試驗其記性請其念尋常之俗語或箴言或請其念耶穌所設之主禱文更試驗其人能盡心思想與否則必分別其人之答卽如答是或

答不是爲最簡便之答而不多顯其人能想出事情與否設或其答內另加問中所未提及者而俱爲相配則爲有可恃之據又如不查驗其本領而查驗其心有誤與否則可談論有趣而能動心之說令其心誤顯露又其人五常之性可於其親戚朋友中探聽或在面前詢問或在他處訪問如疑其人五常之性不全則必詳查他人告其爲惡事有何緣故

八醫士應詳細查其癡人必多費時刻而乘機會又見其人不可以一次爲止如爲最難分辨之案則其人應在數日內與醫士常周旋

九凡醫士在審問堂作見證言明某人有癡則不可用解釋之字眼因性靈之弊病不能以解釋之字眼言明之即與身體之病同理因病證中有數種能一見而識之如欲解釋之難免無誤即如日用之物件一見而識其爲何物若欲解釋之則易有差誤

十凡醫士發證據報某人有癡則出名畫押之時必記知應親眼目睹其人且必在見其人之時出名畫押又證據上必言明其開此證據之故

以上諸說外另有數要事可附於此俱論醫士本分內二件要事一爲管束癡人令其不自主二爲開證據

管束癡人　凡醫士當職之時間有見患病之人發熱或酒狂或狂病其人之心過於激動而爲危險恐有旁人受其害可見醫士能開方配藥亦應能命人管束其人令不能自主否則其人或害已甚重或害他人則衆人無不言醫者之過而怨之假如醫士行此職分設法管束其人令不能自主以後其人病愈則能將此事控告成案審問醫士用法令其不能自主可令醫士賠償若干錢則醫士延誤工夫多費心思又爲訟事必有費用而事之輸贏不能定也

如一千八百七十九年十一月十四日倫敦太密士新

聞紙記錄一案原告爲奴義勒被告爲韋廉士有可勒里知伯並特設一班幫審之人此案顯明醫士行其當爲之職分而以後被人控告令其賠錢而延誤時候其案有男子患妒妻之狂最重而其心誤亦最大手中持槍欲擊極危險而其妻弟往救之用法阻其姊夫令不能自主其姊夫告官成案審問十五日費用極大而患妒忌狂之姊夫得贏

可見醫士如行其職分難免受此種案之危險惟有一法能令其危險極小即令服侍癡人之至親或爲夫妻或爲父母或爲兄弟姊妹令其寫憑據託醫士作應爲

之事能保以後不因此事而告官成案審問其無故關人或刻薄待人等事此因其癡人無論應關閉或否待釋放時能控告醫士而審問官不能不審問其案如有癡人之至親保其成案後所有一切之費用則危險更小

發證據　如貧人即養貧院內之人祇要得一醫士之證據又必得地方官所發之據如地方官出外則賑貧之官或查本處公事官或本處教士發據畫押亦可以上各案之外必須二位醫士各發證據又必須癡人之至親或朋友寫證據請以此人為癡人以上所言之證據必需有準

單之醫士畫押且其醫士必定與其癡人毫無相關不能從癡人徑得益處或繞道得益處或於養癡人之院內得益處者否則其據當為廢紙又其據必寫明癡人之居處並查驗與畫押之日期且二位醫士不可同時查驗其癡人而必分開而查驗又所發之據內須言定其人有癡之緣故所查之各事一一記錄之他人所證之事亦必記錄之令作證者記其名及居處與年月又此證據祇能在七日內當為有用過七日則作為廢紙如欲辦理癡人之事必重發證據惟知其證據有差誤處則可在後改正之出售律法所定各種證據稿之鋪常以發癡人證據之稿印成出售其稿上有管理與待癡人之律法稿邊分外加寬而其內有解釋並指示開證據法之各事其稿內又有報於管理癡人院主人或監督之稿而其據亦必為此人所畫押癡人進院之後必在一日內將其全證據送至倫敦交與國家特派管理癡人事之總管且必另有證據託癡人院之主人或監督收其癡人入院內又必有託辦之人畫押言明其為何親戚或何朋友等要事更必有證據言明其癡人之緣起並其病證從起初時至今亦必有兩位醫士之證據而其稿必相同本卷之末有空稿式樣

如前言審問奴義勒與韋廉士之案則可勘里知伯指

明二位醫士之據在一紙相連大不合理故今定其二箇證據必分開而為之

英國特有律法為今英君主維克多里亞第十六十七兩年之律法第六十七六十八與七十各款言明如有癡癲之人無人管束任意游行則本處醫士並管理貧人之官已知其事或知其癡人被人刻薄待之或應收養之人不理會之如其醫士並管貧人之官知此事而不治則令本處地方官查驗審問辦理此事罰金錢十元又本律法第六十八款亦能保佑癡人與眾人其律法云無論何人向地方審問官立誓報明有人在其管理地方之界限內係

癡癲人而無人管束之則其地方官必發一照會畫押用印令本處巡捕或管理貧人之官提此癡癲之人帶至審問官之前詳細查驗其案云

又有書兩部與癡人情事大有相關其中言明癡人與律法之相關醫士管理癡人院之本分又性靈不正一切之事其第一部書為散幾醫士所作於一千八百六十六年印行名曰性靈弊病論第二部書為薩本與波郎所作於一千八百七十二年印行名曰癡與律法各事袖珍凡管理癡人者或與癡人有相關者應查英國律法維克多里亞第十六十七兩年第九十六九十七

兩款之律法又第八第九兩年第一百款之律法

醫士發查驗癡人之據依律法(甲)號之稿第二分第四第五第八第十第十一第十二第十三各款之意

余以下係具名此處須寫醫士之名與號等準為醫士之憑據從此處須言明其憑據為何等何類何種從某處某院得之即如倫敦王家醫學院或藥品公會等可發憑據之處院等處得之又今在某處行醫病之職分此處須寫明為何等醫士或內科或外科或藥品等特發憑據言明余在某年某月某日在某地方此處須言明癡人所住之房屋係某處某街何號何名並某省此處言明癡人住某省獨一人而未與他醫士相會親自查驗某病人此處須言明病人之居處與其事業或度日之法照余之意見視此人為有某病者此處須言明其人或為癲或為癡或為性靈不全之人等又此人應令人看守管束令其不能自主而余得此意見恃以下各事為證據即第一種證據為本醫士親自查驗而知其有癡之病證此處須將所親見之各證一一詳言之第二種證據為他人所報於我之證亦指明其人有癡病此處須將他人所報之事一一開列而報事人之姓名等事亦須記錄本醫生名此處須寫其名號住在此處須寫其居處於某年此處須寫年號某月

此處須寫月分某日此處須寫日發此憑據為證

上海曹鍾秀繪圖

法律醫學卷六

英國　該惠連　　英國　傅蘭雅　口譯
弗里愛　同撰　　新陽　趙元益　筆述

初見死人眞死與顯死之人猝死之人又數人略同時同故而死辨其先後

偶有遇見之死人可議論查驗不知緣何致死須查其證據則第一要事必查其人實死與否即分別眞死與顯死之法再查猝死並死後腐爛各事之理又論一事內死者數人分別其先後

初見死人

如有醫士查將死或已死之人則有數事必爲醫士所應詳視者俱與其人之身體有相關即如身體如何位置並周圍所有之物件此各事俱爲尋常之見證能在審問堂內作口證者如其人已死而欲查驗其屍則必令有憑據之醫士爲之尋常人不能作見證所以此事分爲兩大款

一將死或已死之人身體與周圍物件之相關及排列法

二驗屍者查驗其案須用查屍之各法

第一節　將死或已死之人身體與周圍物件之相關及排列法

尋常重病或猝然人死之事必請醫士觀之則其醫士不惟爲先到確實之見證又因醫士原應知辨此事故各見證內其醫士爲首凡人命案內醫士之口證或所揣度之意思爲審問官所最可憑者所以一至其處應細觀周圍之人與物並所作之各事如有可疑處則必分外審愼如有顯出死之緣故與證據不可遺漏茲將要事六件詳列於左

初見死人之地方　此地方未必是人死時之地方或受害之地方因自盡者或被殺者雖受重傷仍能自行至他處又兇手可將死人移至原處以免惹人之疑然間有兵丁當交戰時在受傷之處而死毫不移動間有死時其身

體作事之形狀尚未變者

身體之方位與作事之形狀　其形狀未必與死之緣故相配即如前有人頭上被擊而死其身體仍立起倚一木籬笆間有兇手將死人之身體做各種安排法令別人疑爲自盡之事即如英國有案其死人係加特福里爵被人絞死而有絞死之證據但其屍在溪內而本人所帶之刀刺通其身體而其衣服之安排法似爲自盡者又有人受毒而死死後被人吊起似縊死之狀又有毒死之後浸於水內似溺死者如死人之手面與全體顯出發怒而相爭之神則可疑與兇手先爭而後死如兵丁被槍彈擊死者

常有極平和之氣色因放槍礮之人在遠處不見所以心中並未發怒如兵丁與敵人相鬬則死後之氣色常有大怒之容

初見死屍之地位　如頭受大傷而死則常言人頭墜於硬物而死等語然此事須查其證據如不得已必查驗遇見死人之地位即如前有案人頭受大傷而死遇見死屍在田畝中審問時定其人必跌於石或木塊之上因此而死然有疑心者不服此說故詳細查驗此田內外各處毫無石塊與木塊又有一案其死人頭上有小而深之傷口直通至腦漿審案時定其人死之緣故因偶然跌於長而

尖利之物上即如地板上之釘等物但有疑心之人詳查地板毫無此種釘所以再查驗其傷口得知爲小刀所刺則所疑爲兇手之人因醫士之口證不足爲定罪釋之而其人自已應承將翦蠟花翦之尖擊之但其蠟花翦之尖亦無尖利之頭能成此傷

初見死屍之泥土或地面　凡有人相爭之處則不免在地面有痕迹而其痕迹可與所疑兇手之衣服或死人之衣服相比間有冬時雪內有足跡或地上泥土有足跡能當爲可恃之據即如前言分別人之案內有論足跡分別人之法有一案其人足之尺寸與其踏在爛泥內之痕迹并其一靴之底爲皮匠所補一塊之痕迹俱與爛泥之痕迹相配從此得證據之綱領而足爲定其人得兇手之罪

間有人命案其兇手欲自盡而未成而在地板上有血迹爲兇手之足所成者查驗其人之足底亦有血之痕迹

醫士里德有一案告余云有一日有夫妻二人請速來視急病則至房屋內見其夫妻二人臥於一房之內其妻在地板上右手伸於牀下其左手相近處有薙刀一把其頭割至最深從彼耳到此耳至身體周圍流血甚多其夫臥於牀上頸上亦有大傷祇分開其氣管而不傷緊要之血管故流血不甚多問其夫此事如何答曰

夜中睡時忽然頸上受傷係受妻之害因睡中嚇甦又受重傷流多血不能拒我妻又不能喚人救命等語但此事似大不合理不能不疑心且覩其人之氣色甚奇又觀面盆內之水少帶血色則更疑心而在周圍查其據忽想出一法將其人之被揭起見其夫之足有多血迹而其血已乾如其人尚未起身與妻相爭則足上之血從何而來故查驗其妻之屍則此口證爲不可駁之據婦人手內持薙刀爲其夫所置而僞爲者後其夫欲自盡而未成所以定其有兇手之罪但定罪之後無幾時其夫因傷重而死

周圍物件之方位　如自盡之案其自盡之器具尋常與其身相近如被殺之事則尋常將器具移至他處或藏秘之如服毒之最烈者則其盛毒之器皿亦常在其身之相近處又如所受之傷與周圍之物件相比則常能顯出其死之緣故卽如法國親王干兌遇見於臥房在頸中弔起觀相近處重大之椅而其腿上所有撞破之處其高低及情形與此椅相配又其肩上之傷與牀上凸出之木亦相配而弔死之繩在凸木之上此各情形與其人活時弔起而跳動相配所以查驗此事定爲自盡

查驗衣服　其死屍地方地位方位排列周圍之物件已

查驗之後則須查其身體與衣服其衣服或有泥土之汚或有强水之蝕或有血之痕迹或有津液之痕迹或割破或撕破則其痕迹之方位與形狀及其撕破與割破之方向必查明而記錄之又如所割通之處不止一件則割通之方向須相比又與身上所有之傷相比開有兇手以刀等器傷人而後割其衣服爲藏閉其傷人之法則其傷與衣服之割處不配常有兇手身邊之物或房屋內之物或所能得之物與殺人所必用之物相配而從此能助定罪之法又以上各事外應細觀所有服侍將死或已死之人者其神情與其所作之事如有勉强或不自然或假冒之狀必記錄之如疑心被毒者此事爲更要

以上六款祇載查驗法之大略斷難包括一切所能遇見之事無論若干條款俱不能預知所能變成之各事故凡見此種案辦理之法大半恃醫士之見識與查驗各事之法並當時用盡其本領而不延誤其所應爲之事

第二節　查驗死屍

醫士已經查驗尋常見證所能查驗之各事卽查明所能顯出其人死之故並其各據或爲實據或爲可疑之事以後必查驗其屍身如不識其爲何人則必將其形狀面貌等詳細記錄之俱依第一卷第二節所論分別死人之法

爲之又應查驗其人何時死之各據此各據在下有特言之款又必查屍身所受之外傷

如有割傷或烏靑迹或皮膚破爛處則須記錄其各事而詳細度量其尺寸又須查其頭背四肢所有脫節或折斷處又壓其胸查口或鼻孔有否放血或流質或空氣或別種氣質又查口內有無異質或兇猛毒質蝕爛之痕又查肛門內有無毒質卽以外導法進毒者又如新生嬰兒須查其腦殼之囟門與眼盤與頸後須查微傷之痕迹爲細利之器具所爲者又如婦女查其兩乳頭與胸膛相遇處而左邊者最爲緊要又查生育器具有否毒質或猛烈之

强水或受傷之痕迹

死後查驗徧身之法　凡因審案之事而查驗死屍則身上之各孔各凹並各要體全行查驗又如人死之故易顯明無可疑之處亦必全行查驗因如有不查驗之處則恐以後翻案而得知其死之緣故適在未查之處或未查之處有病令所受之傷更有害於人若無此病則他處之傷不足令人死查驗各孔各體之次第大半藉疑其人死之故尋常言之應先查受傷之處因先查他處恐其血管因此而改變至於强姦生產中毒與致死嬰兒等案則在特論此各事之款內詳言其查驗之法

眞死與顯死之人

人未死而棺斂之危險向在英國不多有之近今則無此險除有最重之瘟疫病必欲速行埋葬外則不至於有此危險但未至尋常棺斂時之先其人實死與否可變爲極緊要者因凡有人似死而未死則用法令其生或不用法令其生俱藉其死與未死之證據如有死之實據則用法無益如實據不全則當用法令其生活

歐洲他國風俗將死者早爲棺斂而法國之例較他國更早又天主教行臨死抹油之禮而因此事難於用法使疑未全死者而得生活故此事可當爲要事而著名醫學家特著書而論記之即如温思羅布路希愛羅埃是也又有他醫士雖未作專論之書亦考究此事即如馬汙杏弟累哇爾非拉等是也

有三種情形易誤爲死者其實祇爲暫時顯出不活之外證一爲暈絕二爲悶絕三爲離魂

一暈絕　大半所有之案其人似死而其實祇爲暈絕此事曾有多議論而作多書自後偶有人用冷水與新空氣則其人漸能生活因凡有暈絕之事俱可以此法令其人得回知覺之能力

如用冷水之法爲古醫學家希布可拉弟司治重發熱病

之案又有爲善事者好阿特云屢次有檻房內之人患檻房發熱類病以爲已死而帶出棺斂之以冷水洗之則能復活

弟末布陸與薩機阿司兩人俱言惡毒温疫病用淨而冷之空氣能令似死者復活又有患痘瘡者當爲已死後遇冷空氣而能復活又有美國第一總統羅倫司所生之女孩患痘瘡家人當爲已死即照常法將身位置預備棺斂但因病時畏冷關閉窗戶死後開通多進冷風則嬰兒漸甦而自起如醫士西屯哈末以前常有此種案但其所設新法治皮膚發痘疹類病不通空氣之法全行廢去而痘

瘡病更不準關閉房屋

由此可知所有似死之人有醫士欲持刀剖屍身一動刀而其人卽甦或行燒屍事之處其火一到屍身立卽復活此各種記錄之案毫無不合理之處

二悶絕　此種似死之事極易誤爲眞死其分別之法祇能在用法之後觀其能活與否而分別之

三離魂　此種與暈絕或悶絕不同間有婦女得之如男子得此者極少其人之身體不動不知不覺皮面變冷呼吸通血似乎停歇與眞死者難於分別而著名之醫士亦有誤以爲眞者

以上三種似死病之外另有一種不可不言之卽人能自已作主令其身體顯出死之各證此種案有數件毫無疑義有一案爲英國都統丹先特之案而有醫士這拿在論英國病證書中言之其稿云丹先特請我等三位醫士談論一奇事卽其本人多時所覺在身內者任意能定主意漸至於死後能任意定主意漸至復活已數次試之而不誤故特請我等試驗之先診其脈易於分明惟力小而弦其心之跳擊如常臥於牀面向上安靜不動若干時余握其右手貝那特將手按於心上司格連將乾淨回光鏡置於口上余覺其脈漸小至停用盡手法不能覺有脈貝那特亦不覺心動司格連觀鏡上毫無呼吸氣之迹後三人輪班試脈與心與口氣毫無生活之證所以待兩刻之久以爲其人實已死則約定走出但臨行時見其身體微動再診其脈由漸顯出心能跳擊久之能輕呼吸氣又能輕言語此事爲朝晨所作而至晚間其人實死後剖其屍則臟腑無病惟內腎有病而此病早有醫士欲用法治之

都統丹先特之案不惟爲奇事又有益於醫學之理因顯出有一種病與死最相近而醫士分別爲難然其分別祇在三事卽身內之熱不全散身體不變硬又用合宜之法能令其復活因此可知所有暈絕或悶絕或流血或猝受

驚嚇或中暍或溺水並悶死之法其人雖似死其實未死應用盡各法令其復活不可由之

死之證　所有醫家定死之證據有數種爲空虛而不可恃者又有數種爲最要因不惟能當爲死證尚能顯出其人已死之時若何長久其空虛而不可恃者如血不通行呼吸停失知覺不移動面有死容（西名希布可拉弟司面貌希布可拉弟司人名）眼睛之情形皮膚之情形肉筋不能令其漲縮所有可恃之據內身體之熱全滅身體變緊硬皮膚顯出死色又腐爛之事初顯出茲將以上之各證無論可恃不可恃一一言之

血不通行　如手腕無脈心處不覺跳擊以聞證筩聽之無聲則可知血之運動已停然閒有心之微動能爲醫士所不覺者如心動實已停歇則可爲死之確據其難於分別之處須確知其心動停止與否如全恃手腕診脈則能有誤如丹先特之案是也著名之醫士數人試心之跳擊而不覺者則以爲其人已死必須諳練之醫士用聞證筩連下數秒時細聞之又停若干時再細聞之依此法屢次爲之則可得實死之據如五分時內細聞其心動之聲而無之則不必再疑其人之不死如印度有妖人能自行顯出死之病證較之丹先特更覺奇異然此各種案內其人

之心雖跳擊甚少然不能云其心全停其能活之理幾已蹶而未至蹶之界限則能復活醫士馬獮奴司見人用聞證筩試驗之法有不可恃之處因人之五官易誤另設巧法得知血之通行與否其法以繩緊繞手指待片刻時如其血通行則繞繩之處有無血白色之圈而在繞繩處之外漸發紅色與紫色此爲簡便之試法而可恃者

呼吸停止　身體之運血與呼吸大有相關又有相同之處如血不通行則呼吸應停反之呼吸停止則血不運行試驗呼吸之法用小鏡置於口上觀其有凝氣之迹與否或將極輕之毛置於口上觀其能動與否或將滿水之杯置於胸上或腹上觀其有微動與否此各事與試驗心動之法其詳細難分高下因如有呼吸之事雖極微者應在鏡面顯出凝水之迹然丹先特之案久用此法毫無痕迹其呼吸之據不顯故從此以爲呼吸停止非死之確據然呼吸與運血兩事合法試驗之知俱已停歇則可作爲死之確據

以上各證外另有數證雖祗得其一種不足爲確據設有數證并合顯出則其證據更爲可恃

不知覺不移動　凡眞死與似死俱有此兩證故不足爲確據即如常有妄言笑之婦女顯此兩證又如用幻術令

人睡者亦有之惟此種案內通血與呼吸不停眼皮常跳動

死之面貌　此面貌爲臨死時所顯古人希布可拉弟司書中詳言之故名曰希布可拉弟司面眼睛收入眶內鼻準更尖下頦分外長而尖太陽處顯出凹形顴骨凸出耳分外不貼肉額皮成皺形皮膚乾帶紅紫色鼻孔內毛與眉毛發白色之粉等證但此面貌等事尚不足爲死之證幾可爲輕微之事而有四件大不妥當處一猝然死者並因久病而死者幾俱不顯此證二臨死之人並已死之人俱顯此證而有後來復活者亦顯之三遇最大危險之事

或爲其虛意或爲懼重刑以爲必死等事俱能成此面貌

四　果有此面貌則人死後片刻即過

眼之情形　所有已死最輕之證據內最好而最早有人知之者眼面發韌性暮苦司質略如蛋白令其眼光不明又眼之明角罩縮而成皺紋惟此各證亦不足爲全據因活人之眼可生暮苦司形之膜質而眼能失其光色反言之中風死者或因中炭養或輕衰毒死者其眼睛在死後久不失其光色眼分外凸出不縮亦不成皺紋又腹初起腐爛或胃中有發酵之質能令腹多含氣而發腫則有血至頭內令眼發光而凸出此爲奈司屯之說

其稿云因血不通行則眼失其牽力如用觀目鏡則見眼底有黃白色而活人之眼底有淡玫瑰花色故拉爾乂云（一千八百六十二年六月法國醫學記錄）眼白殼流質似乎吸去死後或早或遲俱顯暗色先在眼珠之外後在眼珠之內其內外兩暗點漸成橢圓形切斷之分其凸面向下云云

皮膚之情形　此情形有三種爲要一因血不通而發白二發青色或櫻色之處因血離開皮膚而落下三失去漲縮力此三種證內其發白色可在活時而顯出又有數種死法內此證亦不顯如悶死等是也又有年老之人與身虛之人其身在下面者有青色或櫻色之處惟漲縮之性已經失去爲要緊之證而早已顯出者

肉筋不漲縮　此試法原爲奈司屯所設立而爲死之可恃之據如無病之肉筋割破而刺之或通電氣而不縮則其體已死如能縮者則其體或未死或死而不久近時羅孫大勒佩服此試法不惟爲死與不死之據又能查其死時之大略約死後三小時通電氣則肉筋能漲縮如能縮則指明或未死或雖死不久如疑人死之後三小時通電氣而能縮則指出其人尚未死有一案爲彼所試驗者其病人似已死略四十四小時於臨棺斂之時試驗之即用以上之法知有未死之證所以其病人因此免未死而棺

斂之禍

所有已死之據內又有大指彎貼掌心人死後而未變硬時則成此情形但間有數種腦氣筋之病未死而亦成此形狀又瞳人不能收放用皮膚弔炎藥不能顯其藥性等證如分開而顯之則不可恃設與別種證相合而論之則能助試驗之工

以上各據不能顯出人死後已有若干時惟身體之熱漸散去又身體變硬起首腐爛此各事不但能爲已死可恃之據尚能顯明其人大約死於何時故必詳細查考

第一節　已死並死後若干時併求其證

散去身體之本熱　身體之熱度恃血之運動最爲切近如全身或一體之血不流動則全身或一體變冷所以未死之先四肢減熱又內體亦減熱此事因口氣漸冷而顯出至末其人已死則全體變冷然此證之可恃處有限因常有生人身體變大冷又間有暫時不顯活人之證而未死者亦顯此證反之人猝死或受大害而死其身體之熱分散最遲所以人昏迷而外面變冷則內面未必冷反能分外熱而死後身體分散其內熱俱藉散熱之法所以外面之熱度可大於死前之熱度尋常人死之後不再生熱惟有數種病如霍亂吐瀉黃疸並數種腦髓與背脊髓之

病其人已死而熱度較平時更大又有矖夫里試兔與狗用馬錢霜毒死者死後其身體增熱一二度

身體失熱亦不能當爲分辨死後若干時可恃之據因其減熱之遲速藉人之年紀與死之緣故及待身體之法並空氣之熱度等所以其減熱之時從二三小時爲小界限直至十五或二十小時間有久至四日者

如身體著衣而遇暖和無風之空氣則減熱最遲如不穿衣服而遇冷空氣則散熱略速又在水內散熱較在空氣內散熱更速如年老或身瘦或久病或放血而死者則容易冷但年輕身堅壯而肥有新重病或速死之故則減熱遲又如數人因同病而死而其餘各事相同者則速死者散熱遲而遲死者散熱速因久病之人未死時已經散去身體之熱一大分所以死後之餘熱早能散開

近今有數要案俱與醫學及律法有相關者卽如和布里之案係一千八百六十年審問者又有德愛知加爾特那麥佛孫之案係一千八百六十二年審問者俱顯出此事之爲要而知必設可恃之法定死人減熱之遲速並已死若干時所以醫士對拉與韋勒克司詳細查驗該之醫院內所有死而移至屍房之身體記錄其辨論之各事其有一百人之案內有七十案可以格致法推論之而從此記

錄查驗之事得有趣而有益之公說死屍從醫院內移至屍房置於棺內不加蓋祇用汗衫或被單冒於其上從移至屍房之時起屢照時刻用寒暑表試驗其肚腹皮膚之熱度自一千八百六十三年一月起至六月止其試驗七十人之熱度俱依所定之章程同時記錄醫院中空氣之熱度並屍房空氣之熱度其醫院之熱度從五十度至六十八度而屍房之熱度從三十八度至五十九度雖內有十六小時至二十小時查驗其死屍總未有熱度降至空氣之熱度惟有一案幾降至空氣之熱度卽十九歲之女因肺癆病而死者死後十六小時其熱度降至五十二度

而當時屍房之熱度爲四十八度故可見身體雖祇有棉布或麻布一薄層蓋之而其減熱爲最遲之事又如身著衣服或臥牀上而房屋之熱度適中則身體減熱即與空氣熱度相等必在二十四小時以外又死後二小時所查之各案共有十八人其中八十八度爲最大數七十六度爲最小數而以八十三度爲中數又其減熱之事大略每一小時散熱一度所以如死時肚腹之熱爲九十度空氣之熱爲六十度則其兩熱度之較數爲三十度依此比例應待三十小時其熱散盡以上所得之數係在試驗七十案內所成表中得之此表極詳細列於該之醫院一千八

百六十三年十月記錄一百八十四頁內論人死後減熱一款而爲對拉韋勒克司兩醫士所著者惟不能將以上公法任意在各案用之因有數事必最謹慎分別之此不惟死之根原各不同即如新病舊病受傷受害等尚有遇空氣之法亦各不同所以其變冷之遲速必有分別雖以一小時散熱一度爲中數然間有一小時散熱半度爲最小數又散熱二三度至四度爲最大數

此表內所有因危險事而死之案共有八人如以爲從死時起至第一次用寒暑表試驗之時止其減熱之速與後來所試驗者有比例又如不問其屍房之熱度則得因危險事而受害者減熱之數但其數以爲人身遇空氣祇有極薄之單衣或布蓋之其數以爲死時肚腹之熱度八十三爲中數即最小數爲七十九最大數爲八十九每一小時減熱略一度即十一小時內減熱十三度以上爲猝受大害而死者所得最可恃之數從此得公法以爲死時肚腹熱度八十三如身體不著衣服或不用厚布等件蓋之則每一小時散熱一度如著衣服或用他法包之令熱不易散則每一小時散熱不及一度又有醫士里替比在烏特門與台弟兩人合著之洗冤錄第十七頁注內云查長大男子身體之熱度在空氣五十五度至五十七度時其

腋下之熱度比空氣之熱度多十四度肛門內之熱度比空氣之熱度多十八度而死後二十小時至二十四小時倘有此熱度

凡論死屍之冷熱不可恃試驗人手按所覺之冷熱而應全藉寒暑表爲之因生人之手自然比死人之身更熱極易誤事無論按其手足耳鼻俱如是假如按生人之手或足常有覺爲冷者此因兩人之皮膚冷熱稍有不同處故此法不足恃也

死後變硬　人死後其肉筋受感動則仍顯受感動而能縮之形此事尋常不外二三小時而停止之時則身體變

硬但尚未多顯硬之先將取過非布里尼之發血或含空氣之廻血噴入其肉筋之血管內仍能受感動而縮

如天氣冷則肉筋能受感動而縮比天氣熱時受感動而縮其時更長如肉筋受大熱度即如田雞受熱約一百十五度又胎生之物肉筋受熱約一百二十二度則肉筋變硬而因受熱之變硬與因死而變硬者同其因死而變硬之故因肉筋內所有血中之黃水凝結成美哇西尼即肉筋內之非布里尼

動物生時肉筋之凹凸力最大死後變硬而失凹凸力如用大力牽死人之四肢勝其硬則形不能歸原又變硬之

肉筋幾不能縮小而無論身與四肢在死時如何安排俱能依此安排而變硬

此變硬之事與腦氣筋毫無相關因如割斷腦氣筋則肉筋內亦能有此事又如四肢癱瘓如肉筋能縮之性尚未滅盡亦有此事此因死後變硬之事在各肉筋內照一定之次第而顯出先在頸與牙牀骨顯出後在面貌內最後在胸與上半體至末在下半身顯出以上所言變硬各事之次第亦合於楷思巴奈司屯蘇瑪等人查得者但拉爾父在一千八百六十二年二月法國醫學院記錄之書有下半體較上半體先變硬等語又其變硬之事漸失去亦有同次第所以常有下體已硬而中段及上半身已放鬆因死後變硬待若干時則

全不顯而死屍初起腐爛

死後變硬之事並其硬時之久暫俱爲不能預定者間有心動未停之先而顯出者間有待二十四小時或多時而顯出者又間有數分時而過者間有數日而後過者

死人變硬之事尋常在六小時以內顯出又在十六小時至二十四小時而止醫士波郎昔卡特詳細試驗此事而其記錄之說顯出其時候有長短分別之故見倫敦博物會一千八百六十一年所記肉筋受感動死後變硬與腐爛之一款

從以上試驗之事內可知無論何事能在活時減滅肉筋能漲縮之性情則令其死後早變硬即如多通電氣而忽

然加入或過於猛用肉筋之力則令身體早變硬如動物行路過限或打獵之時過於遠跑而死或兵丁打仗多時而後被殺又如久有癇證之人等則死後速顯變硬之事此爲曬夫里之說尋常言之則未變硬之先放鬆若干時惟特有數事其肉筋早變硬而存其死時之位置法如服馬錢霜者間有死時立即變硬

如死後立即顯出變硬之事則有醫士謂肉筋因死跳動又如猝死或因忽受大力而死則常有此事又同時腦氣筋大受感動則更有此事間有打仗時死者其死時所有之神色面貌亦存而不變又所用之軍器仍在手內緊握

不放。又兵丁常將洋槍對準而未放。忽被敵人槍彈擊死。則死後仍存其對準洋槍之神。毫不改變。自盡者或被殺者。亦依同理。于中握定死前所持之物。所有與醫學合律法相關之案。此事爲最要。即如死人手中緊握薙刀或手槍。則可當爲自盡之據。其決疑處甚重。因被殺者。難得有此事。且兇手難將刀或槍置於死人之手內。令其緊握如因久病而死者。身體之力已乏。即如久發熱。或肺癆病。或霍亂吐瀉。或身虛泄血。并老人之軟弱。則死後早變硬。又如新生嬰兒肉筋尚未滿足。則死後亦早變硬

反言之。人當堅壯時而死者。則變硬遲。即如中風或流血。或心受傷。或殺頭。或背脊髓受傷。或悶死等病。則死後變硬遲。又如令人速死之病。即如惹臟腑之毒藥所發之炎。如非徑感動肉筋者。則變硬亦遲

至於變硬時之久暫。則可云早變硬則早過。遲變硬則久存。此公理亦有數種不在以上之事內。而爲最緊要者

有數種案。其變硬速顯而早過者。故有人疑其從未變硬。即如醫士恒德爾以爲因雷震而死者。變硬之事總不顯。但此說未確。因常有雷擊死之人。其死屍仍存其猝死之神。又間有速變硬而早放鬆。因旁人不詳細查閱則不覺之。又如服窗睡藥而死者。則依指司巴之說。不顯變硬之事。但其實因早過而人不覺之。常有早變硬之案內。一小時或二小時之間。其硬已全過

凡死後變硬遲顯出者。則可存數日不變而不放鬆。即如奈司屯所查悶死之案。十六小時內不變硬。後其變硬存七日而後放鬆。又如波郎昔卡特查悶死與殺頭之案。尋常死後十小時至十二小時則變硬。雖然天時和暖。亦存七日餘放鬆。又有對拉書中載一案。其人因中風而死。西正月內。在死後二十一日。將棺從地中挖起開之。其四肢之硬尚未放鬆。必用多力方能彎之。如天時之熱度小。則變硬之事能久。指思巴又云。臨死時多飲火酒者。則放鬆

之事更遲顯出。所有變硬之事。存之最久者。則間有身體數處已先腐爛

又有不在公理之內者。即死後變硬之事。早顯遲過之理。服馬錢霜所有之變硬。並數種死時有筋跳之事等案內。其變硬雖然早顯。亦可存久

死後變硬之事。不能與凍冰變硬之事。或因病而筋縮之事相比。因凍冰之身體。遍身之硬爲均勻。如輕彎之。則發響而裂。死後之變硬則凡有節之處少能活動。而其硬在肉筋處

如暈絕與縮筋等病。則活時之身能變硬。但與死後變硬。

有易分別之法即將四肢用力彎之如能復原則非因死後而變硬如不能復原則爲死後之變硬

總言之身體變硬爲死之實據不能與活時之變硬相混又因肉筋不能被感動而漲縮之後有變硬之事則可知肉筋不受感動而變硬爲已死之確據不必用法冀其人復活

死後變青紫色　此亦爲死之確據而活時幾不變成此色故不必多考究之

死後將腐爛時其屍漸受萬物之公律皮膚失去凹凸力肌肉失去堅硬而其血原爲身體各處均勻鋪列後漸落

至最低處而向上各處幾無之所以有數處變白色因血已竭又有數處變爲深茄花色或青色因血聚甚多即如身體依尋常之法安排背向下其腦後與中段之後並腸肺腦髓最低處亦變深色死後略八小時至十二小時則此變色之處初顯出而其方位恃身體之安排法如身體面向下則身之前面與肚腹臟腑之前面顯出其變色之處又如照尋常之法身體之背向下而青色之痕迹已顯出乘其身未冷而血未凝結之先反轉之則變色之處漸滅此變色處間有極大者而如身體着平面則其色勻如其面不平則色有深淡之別如有衣服壓之之處則亦成青色之痕迹間在頸上見有衣服壓住之痕迹想爲縊死或絞死之痕迹間有衣服壓住數處所變之青色可誤爲重傷之痕迹

死屍所變青色之多寡與其血之多少有比例所以屍之遍身發青色者知其人之血甚多反之如不顯青色處則可知其人之血甚少間有人猝死而不放血者則發青色甚多又間有因流血而死之人亦發青色者

如活時生炎而其炎不拘於一處而非甚重者則此各處發青色更淡俱因死後血向下流之故而有之設如火燒或水湯處所有重生炎又如發疱或用重磨擦之力或最

猛惹性毒藥遇內體所成變色之事死後不變此在死屍內能分別之

死後變青色不可混於擊傷或因別故有血通入皮膚內聚集之事因此二事極易分別即以刀割其變色之處如爲死後變青則所割傷之兩剖面顯出數個血點俱爲小血管張開之口如生時擊青等傷則其血散在皮膚內膜質之中

死後變青色之故祇因血恃向心力下流而聚合無論在皮膚或五臟內俱如是如在身體內見之如腦或肺或腸內見之不可即以爲生炎因常有不精於醫學者有此誤

也

死屍內血下流之一事與血之凝結及化分有相關此事近有考究身學家多費心思詳究之即如貝奇特爵於數年前作論詳言之（其論在倫敦醫學記錄書內第二十七本第六百十三頁載之名曰死後血凝結論）人死時則血管內或任何膛內所含之血其凝結之事與傾在碗內或盆內凝結之事相同又死屍身體最高處其色最淡最低處其色最深與碗內凝結之事同其上面幾可爲無色之膠質下面深青或黑色又死後血化分之事與生時取血化分之事能分別之因死後凝結之血黏於血管或血膛之內面成層即與跳血囊內之血成層者

同理又死屍內之血從四小時至八小時或多之先不凝結如生人之血放出數分時即凝結貝奇特爵又云查死屍血凝結之事略能定死後若干時並死屍之安排法有一案其人因難呼吸而死死時坐於地面而其頭着於膝上略三四小時後有人見之而照尋常之法正排列查其血凝結之法與化分之法與尋常死人不同貝奇特觀此死屍未知其如何排列而死立即能說其人死後不照尋常之法安排而欲查其故

以上變色之事俱因血在血管內流下之故惟另有別種變色之故即身體有他種流質散入皮膚內令其變色即如膽囊相近處皮膚之各件有膽汁之深黃綠色

腐爛之事　所有腐爛各事之次第無論內外俱爲指司巳所詳言者從此略能知其人已死若干時茲將其各事分內外二種言之

身外腐爛事　第一證腹皮變膽綠色此爲常見死屍者俱知之而易於分別死後一日至三日內能顯此證同時眼珠變軟以指壓之則覺之三日至五日腹之綠色更深而散於全腹其生育之器具顯出汚櫻綠色之形別體顯出綠色之點大小不等如背上與下半身及頸與胸旁等處爲最多腹中發多氣此氣之壓力能令口鼻放出多血

沫八日至十日則變色更深而腐爛之臭明顯腹因多氣則腫而皮緊眼白殼變凹形肛門之束肌放鬆身體數處能見皮膚內之迴血管顯出紅線形而在更淡色處內易於分明死後十四日至二十日遍身變綠櫻色外皮能掀起成片卸下腹與胸因氣大爲發腫皮膚內膜質鼓之甚大令身似大放寬面貌全滅不能認爲何人陽物脹大指甲變鬆而易拔出毛髮亦鬆而易拔其餘各事俱依熱度之大小分早遲而顯出又幾分恃其死屍所置之處或爲潮溼空氣內或別氣內或水等流質內故指司巳云有多腐爛之屍已死一個月者又有一個已死三個月至五個

月者其二個死屍難於分別之
此後第二層爲破裂之腐爛其胸腹破裂腦殼之縫亦張開眼睛之凹空身之膜質變爲流質或氣質而散去骨俱顯露久之則筋全滅而骨分散
身內腐爛事　身內腐爛之事先顯於聲管與總氣管之暮苦司膜質內如夏令三日至五日內冬令六日至八日內變爲汚櫻桃紅色或櫻紅色後變橄欖綠色
內體腐爛之時刻不等者俱依情形不同而顯出
如胃死後四日至六日在後邊顯出汚紅色之點或塊由漸鋪散至胃內之全面如此其膜變軟而爲稠質常有人

誤以爲烙炙性毒藥所成
此後則腸腐爛稍後脾最後則肝但閒有數個月後其肝仍硬者而顯腐爛之時先在近膈膜處此後腦髓腐爛死後其腦先縮而癟後則依各器具之次第而起腐爛過十四日至二十一日則變爲流質如爲小兒之腦漿爲各體內之起首腐爛者又死人之心肺腐爛略遲故已經變化而化分之後能覩其內病之痕迹醫士哇爾非拉在死後三十七日之死屍內查得肺生炎之痕迹又在死後五十七日之死屍內查得心囊生炎之痕迹如內腎比心肺腐爛更遲最後有膀胱食管甜肉至於膈膜則死後四個月至六個月亦能分別之如屬子宮則比他體腐爛更遲所以身內其餘各軟體腐爛滅壞之後能因此而分別死屍之男女揩司巴曾有案其人已死九個月能查其子宮能知有胎與否此時臟腑各件全散而不見骨幾全分開
腐爛事之變化　閒有死屍其腐爛事有變化而另顯出兩種情形一爲成肥皂類質一爲變枯乾人形
成肥皂類質　此物西名曰阿弟布昔里即油蠟之意其身體之各軟質不化分成以上各質而變化成此種肥皂類質此事初爲夫爾克累查得者略在一千八百年之時巴黎斯之坟地名無罪人西名以奴孫坟地遷出已葬之死屍

初見此種變化變成之質非油非蠟而居於油蠟之閒故西國有此名稱其色白或櫻其質軟而滑如油待乾則更白更硬乾後多年不變實爲淡輕$_4$養肥皂類而爲化分之油質所成油性酸類合於化分合淡氣之質放出之淡輕$_4$養閒有以鈣養代淡輕$_4$養成本質如此成鈣養肥皂如死屍埋於多含鈣養之土內或常遇含鈣養鹽類至有餘之水則成此種鈣養肥皂頗多
所有全成阿弟布昔里內其本料之質紋不改變閒有不變成之質夾於其內
凡有成此質俱藉油類質所以常見在死屍有油處而肥

人身內爲最多如小兒死屍變成此質比成人更易更速成阿弟布昔里質亦以水爲不可少者所以除死屍埋在水或溼泥土處外則不能成至於變成此質所需之年數不能一定前人誤以爲三十年爲極少之界限如得物奇云埋於有水之處則一年足可變成如埋於溼泥土內則略三年可以變成揩司巳云水內三個月至四個月以內難於多變成此質如溼泥土內以半年爲限然起初變成此質能更早而顯出對拉云浮於水內之死屍略五個禮拜內能顯出成肥皂類質之事

全身變成肥皂類質之事爲不常有者倫敦大書院內開

醫院挖地築基時則見多死屍之棺與骨閒有全變成肥皂之死屍其色暗白又在其書院之博物房下有人之腦漿全變爲白色肥皂類質者又有眼珠全變成此質者又胎中腐爛之兒其體內亦有全成肥皂類質或幾分成肥皂類質者見前第十八圖之說揩司巴在德國醫學記錄第五次印者第二本第四十二頁內云有一案其嬰兒在胎中全變成肥皂類質

變枯乾人形　閒有死屍不照尋常之法腐爛而破裂亦不成肥皂類質惟全體枯乾變成之形西名麥米即古埃及國以死人去其腹內之腸將屍埋於硝等質內令其體變硬又以蠟布包之加以香料則可數百年不變可存於家中

其身體所有軟處全變乾硬之質黏牢於骨上其臭似陳乳餅與腐爛之臭大不相同如死屍遇最乾之空氣速收內中之水即如砂漠乾砂處或常通乾熱空氣處則能成此事閒有多服砒霜而死者其砒霜能阻住腐爛之事

前言倫敦大書院內開醫院挖地築基時遇多死屍之事閒有骨爲皮所包皮膚有數處其毛尚未脫下有人將此種人骨一塊上光漆於其面存於書院之博物房內

如欲從腐爛之屍成功若干分而定其已死若干時則必詳細查驗知其腐爛之各故方能得之

腐爛之故　此故分內外二種其外者有熱度溼氣空氣

葬之時葬之處葬之法其內者爲年紀男女身體之情形死之緣故

熱度　如遇二百十二度之熱或三十二度之冷則阻其腐爛因其大熱度令流質化散小熱度令流質凍結最易於腐爛之熱爲七十度至百度故在夏令之腐爛比在冬令之腐爛更速如不論他故則空氣之熱度愈大則腐爛愈速

溼氣　此爲腐爛不可少之事如無溼氣則腐爛不能起首如已起首則腐爛亦不能成死屍本含流質足令其全化分而腦髓與眼含流質最多所以腐爛更易如水腫之

人腐爛亦速又生炎處或烏青迹或傷口則腐爛早顯而速成

久葬於水中而後遇空氣之屍其腐爛比未葬在水中者更速惟全葬於水中之屍其腐爛最遲

反言之空氣乾則腐爛最遲或全不腐爛故砂漠之處所有經過其地而死者身體不腐爛而久不壞又如空氣速行之處即有風之處令水化散甚速而不及腐爛設在溼氣多而無風之空氣內則助腐爛因一面能阻住流質之化散一面能加溼氣以助爛

遇空氣　凡屍遇空氣則助其腐爛即如將肉或血行過

水銀入眞空則其肉或血本含空氣外無他空氣能遇之則腐爛而發氣最遲反言之如將肉入不含養氣之氣質內即如輕氣或淡氣則其肉不腐爛又如將肉入炭養氣或淡養氣等有養氣與他質化合之氣內其腐爛亦最遲又如將肉入收養氣之霧內即如松香油之霧等則其腐爛亦遲若將肉入養氣內則比入他種獨用之氣腐爛更易設如在養氣合淡氣如空氣等雜氣內則腐爛更易又成腐爛之事近有格致家查明係空氣內極微之生物質所成者而此生物質散於空氣內無處不到所以死屍遇空氣亦因此故而易腐爛

總之能助腐爛之事最要者爲熱與溼氣及任遇空氣所以如從死屍腐爛成功若干分而推論其已死之日數則必將以上三事細查驗之而依其多寡輕重等事之比例推算之應在若干日內能成所見之腐爛

葬之時　死屍在空氣內較葬於地內者腐爛更速所以死後埋葬愈遲則腐爛愈多如夏令五六日不葬而埋後過一月挖起視之則所成之腐爛與死後立即埋之待七個月後挖起所見之腐爛等此爲哇爾非拉之說

葬之處　如爲高燥之處則腐爛遲如爲低溼之處則腐爛速如爲乾而易瀉水之泥土則腐爛遲如爲溼泥土則

腐爛速如砂或礫石則腐爛遲而不常見阿弟布昔里如含灰之土或泥內或鬆土內則腐爛甚速如土中多含動植物質則腐爛更速如在比得質內則阻其腐爛

葬之法　其坟墓愈深而死屍之衣服或棺等令不遇空氣則腐爛愈遲如將死屍赤身埋之則腐爛速如置於棺內而封密之則腐爛最遲（哇爾非拉所作之書名曰遵律法挖死屍查驗之案并得物奇所作律法醫學書內載哇爾非拉之要說並本人所查得水內腐爛之各變化查此兩種書則此事更易明曉又有揩司巴書第一本第三十頁）

年紀　如一切他事爲相同者則嬰兒與童子較之成人或老人腐爛更速但年老之人比中年之人腐爛更速

男女屍腐爛之別　哇爾非拉之書云女人較男子其腐爛更速其故因女人身內之油較男子身內之油更多此解釋雖不全合理然與前所言肥人比瘦人腐爛更速之言相配揩司巴云男女腐爛之遲速無分別又云女人因生產而死或產後不久而死者則腐爛最速

身體之情形與死之故　含流質最多之屍腐爛最速故猝死之人腐爛最速又因心病而死者腐爛亦最速即如蘇伐志記一案為冬時有女人因瘋狗咬傷而死後十五小時則起腐爛如因流血或久病而死則腐爛遲如其久病為水腫或大改變內質之病如發熱神昏與似發熱神昏痘瘡大頭瘟血含腐爛毒質等病則屍速腐爛

全體有以上事之理則任一體其理亦必相同因死時含流質甚多或因生炎或因血積聚或因水腫或因受傷打青等體則其腐爛比較無病而無虧之體腐爛更速間有數病如虛發熱等四肢起首腐爛而其中段尚未改變

昔人以為中毒而死者速能腐爛近時知此事不確揩司巴云燐酒酯硫强水能阻當屍之腐爛此外又有砒霜與他金類之毒質亦阻腐爛揩司巴又云煙與炭養氣與輕硫及醉性之毒質能令腐爛更速得物奇有三案內顯出因炭養氣而死者腐爛能遲又植物毒質與動物毒質大約於腐爛之事不阻不助如因此種毒而死者腐爛最速其故大約因速死之人速腐爛耳如六畜食飽以後令其多用力奔走猝然而死腐爛極速如我揩所著之根原書後為余所重印者內有此事之二奇案一為豬一為人又如人顯大力之時而猝然死者或兵丁久戰而身力已乏當時被殺俱能腐爛極速

水內腐爛　如在水內溺死者或浮於水中者則查其腐爛若干分能推算其已死若干日比較遇空氣或埋於地中之屍更可確實因水之熱度比空氣週年之熱度更為停勻又死屍除浮在水面之外則為保護而不遇空氣得物奇在巴黎斯安置死屍之房內西名莫爾格有官守故比他人更能詳考其事其書云溺死而存於水中之屍查其腐爛之情形能知其已死若干日之大略最為可恃茲從其書中檢出要說錄之於左

溺死之人身體失熱變硬腐爛等事與刑法死者略同第其情形不同而另生阿弟布昔里質第三日或第四日顯出第一種情形即手之皮膚變白七日之後身體放鬆手掌極白七日至十二日內則手背白面放鬆而白半月之後則手足白而發皺紋面少發腫而有紅點胸中發綠色一月之後則手足全白而發皺紋如曾用布膏之形狀眼皮口唇變綠色面之其餘各處為櫻紅色胸前有綠色一

大塊其中間有紅櫻色點二個月後面發腫而變櫻色毛髮極易脫下手足之皮幾分脫下而指甲未脫二個半月之後則手之皮與甲脫下足之皮亦脫惟足之指甲不脫如爲婦女則頸內之皮中變紅色總氣管週圍之皮與胸內各體之外皮亦發紅色面顴與下肢幾分成肥皂又乳頭腋下及大腿前面略在近於外面處生肥皂質三個半月則手足之皮與甲全脫下頭皮眼皮鼻皮身體他處之皮亦滅又面與頸之上半與腋下幾分成肥皂質四個半月之後則面上頸上腋下大腿前面其油質幾全成肥皂質又有泥土質凝結在其外成薄皮腦髓之前半起首成

肥皂質而餘皮之大半變明乳色頭上生髮之皮幾全脫去腦殼光而起首顯脆性其餘各時候之變化難言其大略因幾不足憑也

得物奇云曾用以上之各證查驗存在水中之屍不知其何時死者恃此法能知之往往不誤

以上之說論冬令存於水中之屍如夏時所存者其各變化自然更速即如夏日五小時至八小時配冬時三日至五日又夏令二十四小時配冬令四日至八日又夏令四十八小時配冬令八日至十二日又夏令四日配冬令十五日所以夏令之各變化比冬令之各變化速三倍至五六倍或多於六倍亦未可定春時與秋時略居於夏與冬之間

冬日內屍身中發氣令浮至水面最遲故一個半月至二個月以先難得有屍浮於水面若在夏時從十四日至第十六日浮於水面或更早亦未可知

總之查屍身腐爛成功若干分難於定準已死若干日因其難處甚多而身內腐爛各變化所恃之故甚繁往往各人不同所以指司巴書第一本第三十三三十四兩頁有數款不能當爲奇事其說曰一千八百四十八年三月二十日余查驗死屍男子十四人其年紀幾相等自二十四

歲至三十歲其人品相同即俱爲下等工匠皆在屍房一處排列其死之法俱爲相同即在三月十八日作亂時在柵前被槍彈擊死此俱爲同時死者然而十四人腐爛之之證其早遲等事各人不同又云有一案老年夫妻二人五十歲至六十歲夜中爲炭養氣悶死至查驗之日二屍所現之事毫無分別而當時爲西歷十一月而死後第四日其男人之身大半變綠色即腹與背上最多又頸內之氣管因腐爛而有紅櫻色但其妻爲極胖之人內外俱有未爛之狀云查此種案則可知腐爛之證不能確定已死之日數然言雖如此仍有法德兩國之醫士常說其證大

爲可恃又指司巴書中亦有誤處卽如尋常之熱度不改變空氣內一個月水內二個月棺內八個月其腐爛略爲相等

第二節　辨死之法

死之近緣故無論因自然而死或年老而死或因病而死或因受害而死俱能屬於二種一爲血不通行二爲呼吸停歇如此二事有阻則身體之生命必斷因百體與身之全質全恃此二事而能接續其生活此二事內其心之跳擊爲最要若心與肺停其職司或因徑阻其行動之故或因管理之腦筋有繞道受阻之事而因此故不通而停歇

昔有醫士比沙分類排列定死之法有三一在心發起之死二在肺發起之死三爲在頭卽腦髓發起之死此種排列法最爲便當因雖然在腦髓發起之死實因血不通行或呼吸停止之故或因此二故而死卽因腦氣筋受腦髓之感動有病然從腦髓發起之死內其腦氣筋之病爲其大根原故可以腦髓發起之死另分一類爲合理照以上之說雖可分死之法爲若干類然因生命所恃之各職分彼此俱有相關不能獨因其一故而死祇能將其緣故內之重者爲主而分其類

一血不運行而死　此事或爲猝然如暈絕或驚駭或爲由漸來者卽如因老而死

血之行運猝然停止如欲令血依法運動則必有血質足用卽血管必有若干牽力又發血管牽力與迴血管牽力相比必爲不同如因任一故令血管之牽力過小或令發血與迴血壓力之較數銷去則血之運動必停止其根原或在心內或在血管內或在心與血管二併有之

心中之故　心噴血之動爲令發血管常顯牽力之最大緣故可知凡所有之病證令心不能噴其血入發血管則必令血不流動而人必死凡心之病並與心相連各體之病俱屬於此類之故

心之動不但因質體有病而能忽然停止尚能因第十對長腦筋忽受甚大之感動如爲驚駭等故而停止又有別法卽如身中腦筋之感動而爲大感動性情或擊頭等故能暫時停歇或永遠停歇又有法如在心前受大擊力或胃之知覺腦筋猝受大感動卽如服烙炙性毒藥等因此繞道之故而停歇或身體大熱時飲冷水甚多亦爲繞道令心停歇之法

如因心猝然停歇則爲暈絕之死但暈絕之事可以暫時顯出卽如尋常所有之暈絕不久則心動仍與前同

暈絕之病猝然失去知覺此因腦中之大腦筋所有之血

壓力減至過少故皮膚發白面上發冷卽不顯他病證亦有死者

血管內之故　如血管受擊傷而破裂或因跳血囊等故而失去多血則血之壓力猝然減至過少因此而死此謂因流血而死又有一故令血管放至過大因此其發血迴血壓力之較數過小而血之流動停止卽如大驚駭之故或暈絕之故俱爲猝然而死之法又如肚腹受大擊力或知覺之腦筋受激動則臟腑血管之面積忽然放大因此身體內之血幾全在臟腑內聚合而他處不足用其心雖能跳擊而因所收所發之血甚少故幾爲無用依此法而

死者亦類乎放血而死惟其血不放至身外而放入臟腑內間有猝然受大傷則顯此事如爲肚腹之受傷則爲最重如其人但受驚駭而不受傷害則仍能知覺如此可與暈絕分別之但間有肚腹受擊力者不惟令腹中血管放大尚能同時令心之跳擊暫停所以同時有暈絕與驚駭二證其人因此失知覺惟其暈絕爲暫顯者而所餘之病證祇爲受害之驚駭惟此種驚駭與暈絕俱能爲暫顯者或爲令人死者如爲暫顯者則面與口唇發白皮膚冷又發冷汗肉筋放鬆瞳人放大其人覺頭暈如不平臥則欲暈絕眼視昏蒙耳中聞聲診其脈幾不能覺之呼吸亂而無序似爲嘆息或爲冷呃間有嘔或吐四肢不平安常有抽動又暫有昏暈或癇證

凡因血不行運而死者死後剖屍查驗其形狀不定俱藉其故或在心或在血管如因心本體有病或變成油質則一見能知之心之各房可藏滿血而心無力能縮而壓出其血如心本體無病則不能在心內見其停止之證如其心已有變油之質而其力因此減少則常有停止之病如其相反之事卽心因無血而停止則縮而不舒死後剖屍查驗見心內無血不能當爲證據因身體變硬時其心內所含之血可自行放出而因此故見其心內爲空者

如因大受驚駭而死者則心全空而血在腹之發血管中聚合如因流血而死者則身內各器具發白色與尋常之色不同又所有大迴血管幾空設其放血在身體內者則其血亦必在身體內見之而其破爛之血管幾常能查得之

二血之運行漸蹶　此事可謂因乏力而死但尋常之名爲因年老而死此爲自然之死而不常見者凡年老人死之故必因身體內有病證而因力過小不能敵之又如乏力之病或凍餓之人其死之故因生命之力漸少又常有生命之力漸蹶故難言何時何分爲死之時

三呼吸蹶而死　此種病亦謂之悶死西名之意無脈而死但其總意爲呼吸停止而人死有醫士欲另設一名爲無氣而死惟此名目亦易有誤因能用法令血收養氣而肺不行動故此名目亦易混不如用舊名目卽無脈之謂醫學家俱知之也

悶死病之緣故有多種俱有礙於呼吸者可分爲二大類一爲內緣故二爲外緣故

內緣故　腦脊根頭有病或受傷因此呼吸氣之總腦筋癱瘓卽如呼吸之肉筋或腦筋受傷或癱瘓卽因服古拉勒或哥尼阿等毒質又有受傷或癱瘓因服馬錢霜所成之痲證令呼吸氣之肉筋變硬而不能動或因肺有病縮而不能舒因此不能合血收空氣中之養氣又如肺內之發血管關閉或迴血管內有空氣或氣管分支因弔鐘縮緊而不能動或因頸內生瘤壓住等故則分支關閉不能通氣等事俱爲內故

外緣故　如氣管分支因從外進入之物而關閉又如胸上受壓力而呼吸肉筋之力不能勝其壓力卽如人成羣最密彼此相壓不能呼吸前有一奇案因作偶像以石膏鋪於胸欲成形模其石膏已硬則不能呼吸而死又如封口或絞死或縊死等關閉或壓閉氣管分支之事以上各案俱以爲其人在能養身而無礙於生命之氣質內然另有他質雖不阻住呼吸氣之事然其人身外之質不能合血收養氣卽如沈於流質內卽溺死或在無養氣之氣內卽如在輕氣或淡氣內此各種氣質祗阻住呼吸而得養氣之事另有數種氣質不惟無養氣能養人之身尚有毒性卽如炭養氣與輕硫氣與綠氣等此各氣質謂之毒性悶死人之氣質

四因呼吸停止而死之證　凡有暖血之動物置於無養氣之氣質內或含養氣不足之氣質內卽氣每百分含養氣不足十分或呼吸行動之事有阻當之故則其動物初起顯出不平安之證而大出力呼吸用盡所有助呼吸肉筋之力血管之壓力漸大而外面之血管發漲皮膚發青紅色眼珠凸出其人覺頭中過滿耳聞響聲又有五官之誤聞成有趣之誤

不久則其人失知覺而難呼吸之事變爲重癇證而癇證內呼吸之肉筋分外出力身內司縮之肌受壓力故大小便自放出至後則平安無知覺瞳人放大而不舒縮身內各處漸不能受感動凡肉筋之動停止惟呼吸之事每若干時少行動而呼吸之動漸小而亂隨後則有欠伸之癇證背脊直頭向後口張開鼻孔亦開張其動停歇之後心

亦空而停止則死而不能復生

悶時之久暫　悶死所需之時刻不定曾有人查過動物之小者較老者更能耐悶白爾德云老獸能耐悶之分別俱藉其呼吸力之大小而肺內所常需用之氣愈多如有阻住呼吸之事則死愈早如不關特意所設之案則可佩服外科會所試驗之事即在外科會記錄書第四十五本係一千八百六十二年所印者其本文云凡暖血之獸呼吸之事全斷則三分時至五分時內其身行動之事停止又十分時內其心行動之事亦停止但此事自必藉悶死之法而分或速或遲

五　悶死後剖驗見式　悶死後身體數處皮上有青紅色之塊而皮膚之發青紅色與他種死法略同顯明其血變暗色久不凝結而凝結之時亦不全凝其心之迴血一邊並其大迴血管與肺之發血管俱含暗色之血甚多心之左邊全空或含暗色之血極少間有肺內聚合多血惟此事或有或無又如呼吸猝然全斷則其肺先變淡色後在其後邊有血聚合發青紅色又氣管並氣管分支之內膜質之迴管含血其外面有含血之泡一薄層又在肺面能見紅色之點而氣膛間有漲大或破爛者臟腑內尋常有血積聚而腦髓之形狀不定間有血積聚並生許多血點且有血內黃水蓋於腦上惟間無不合法之形狀

以上各證之外另有數事與各種悶死之法有相關者而爲特有之證在各悶死之法內不相同

六　悶死之理　凡有悶死則必因養氣不足而炭養氣過限所以有人議論此事欲查此二故內何者爲重醫士法路加與羅孫大勒等人試驗此事似顯明其悶死之各證因養氣不足用反言之所聚合之炭養$_{二}$氣不能無礙因有證據能知炭養$_{二}$氣徑能感動腦筋與各種有生命之體凡悶死起首時肺內並腦脊根頭所有司呼吸之腦筋流通無養氣之血則令肺分外顯出呼吸力不惟因徑受無

養氣血之激動又因繞道反爲其所感動則肺呼吸之力漸增大又令司呼吸之腦筋所受之激動漸遞至他種腦筋故令身體數處有痲證惟有人以爲腦筋內有一處爲管理痲證者此處受其激動再待若干時則其各種腦筋癱瘓但其腦脊根頭之各腦筋在腦髓與背脊髓已失去其能被激動之性後仍能有生命又因有無養氣之血流動則所有微絲發血管閉塞而因此閉塞心中受其阻力又因痲證之動則心受之阻力更增而此微絲發血管所顯之阻力不惟在總身內顯明又在肺內顯明所以心之房過於脹大而心之動最爲勉強其心質內因流通無養

氣之血則其力漸小其舒縮中間停止之時愈長至末則縮之時停止兩房內滿盛暗色之血死後其屍初變硬之時尋常左房能放空其血所以剖視之時見心之右邊頗滿而左邊空而縮小

七因與生命相關之總腦筋癱瘓而死　此事內包括腦筋各職分被阻令人暈睡從此因呼吸與通血之腦筋癱瘓而繞道致死

暈睡之故甚多或因腦殼裂破或有血之黃水聚合或血在腦上積聚或內生瘤等壓於腦面而成暈睡或血中含毒質即所常稱爲睡性毒質自外入身或因身內自變成

之毒質即如血中有溺毒並他種津液不放所生之毒所有暈睡或漸發或忽至不定俱依其根原如令人暈睡之腦髓病即如腦中血溢等類其令人猝死者甚少但如其血溢或血之黃水在腦髓底處之外則不令人猝死如暈睡者不知不覺無法能令其甦身外之事毫不能感動之其呼吸爲忽然所成者能發大聲後即停止其人或平安而死或在癇證內而死

暈睡死後剖屍查驗所見之事大概與悶死相同因其死之故亦與悶死相近惟其質體改變之事即爲暈睡之故有腦髓與其各膜質聚血等證顯出更明且爲常有者較他種悶死俱爲更重

受大害與猝死

如英吉利與威爾勒士每年所有受大害而死者略一萬五千人此外另有猝死者三千餘人爲不知其故而死者惟其大半亦屬於受大害之類

茲將英國記錄民數各事之官第十九次之年報檢出與猝死事相關之數目查英吉利與威爾勒士在一千八百五十二年至五十六年共有五年因各緣故而死者每年之中數有四十一萬六千四百七十人內有一萬三千七百十一人即略爲每三十人內有一人爲受大害而死者

內有三千零四十五人因中化學藥料毒而死者又三千八百二十六人因悶死者其餘六千八百四十八人因受各種傷害而死者所有一萬三千七百十一人受大害而死者內有一萬零零五十七人爲男子三千六百五十四人爲婦女又此五年內所有猝死者之中數爲三千八百四十三人即略爲百分之一其準數每一百零九人內有一人分爲男女之比例則略有三與二之比

以上所言五年內自盡之案有一千零八十三人內有七百七十七人爲男子三百零六人爲婦女其中所有一千零四十四案爲能知其緣故者此內有六百四十二人係

悶死者一百十一人係中毒者一人爲燒死者其餘爲器具等受傷內有用刀割頸者二百十人槍彈擊死者四十三人別種傷者十二人跌傷者二十人又所有男女之比例以毒自盡者略爲六與五之比悶死者略三與一之比傷害者略四與一之比查男女自盡之年紀最多在四十五與五十五歲之閒

烏特門與台弟所著洗冤錄第六百三十六篇有一款引哇格司屯之說云除受大傷害與中毒外其尋常猝死之故可分爲十二種如左

一心病內有心變肥油質與胸中大痛總脈管有發迴血之病心中生瘡心或心之門破爛心胞衣生病此爲常有之各心病二血管之病內有跳血囊與血結成塊其內所有易令人猝死之跳血囊在腦殼內或心胞衣內者又腹內與肺內者三腦髓或腦膜質有多血積聚四肺體中風並胸內血溢五臟腑內生瘡忽然破裂六胃中或小腸頭或養生路他處生瘡七子宮外成胎圍子宮及彎子宮之血瘤子宮左右核中風子宮破裂八膀胱或膽汁囊破裂或他種膜質囊破裂其破裂之故因受大傷害九霍亂吐瀉並數種疫病十人身生大熱時忽用多冷水十一性情受大感動即如畏懼悲哀快樂十二誤吞物質閉塞氣管

米蘭醫士費拉里哇與蘇爾摩尼查本處猝死之人共一千零四十八名分類如下　頭病即中風擊腦頭暈暈睡其八百七十九人即每五人內因此種病而死者四人又心病即胸膛痛跳血囊流血其一百五十人即每七人內因此病而死者一人又肺病即悶死悶傷風肺癆病悶死即肺中風共十四人即每七十五人內因此病而死者一人又因難產而死者五人即略二百十八人內因此而死者一人

將各種猝死之人依其根原之大略而分類必問其人之年紀大略若干以上所言之各數且大半爲成人因如將

嬰兒及幼年人猝然死者依其根原而分類則與以上排列法爲相反者因嬰兒與幼年人猝死之故最多者爲肺病最少者爲腦病如嬰兒與幼年人猝死或速死之肺病最多者爲縮筋之呃逆或哮咳韋司德云不滿一歲而猝死之嬰兒每四人內有三人因以上兩種病而死者又産下之時肺原不長足或已長而忽縮即停止或肺生炎而變硬或肺膜質內猝然有血之黃水留於其內又有一種爲韋司德所未記者即肺中風如窮人內有一種常令幼童猝死之故即靚爐上水壺而不念其水之熱以口吸水壺之口湯壞喉嚨而悶死此肺病之外另有食物不足猝

然力蹶而死又久泄瀉此外又有腦髓病惟嬰兒與幼童因此故而猝死者甚少（觀韋司德醫學新聞紙一千八百五十九年十一月二十六日所有論嬰兒幼童猝死之故）英國記錄民數各事之官開表記錄猝死之人數嬰兒略居三分之一

數人略同時同故而死辨其先後

凡有二人或多人同在危險等事而死者則間有成案件定其死時先後之次第因間有嗣子之事內其產業歸何人得之俱歸死人內何人先死如有憑據能知先死或後死祇在片刻之間則因此而定其產業應屬何人

查此種案難得可恃之總理其故大半因不得可議之根

基惟間有數事為論自然之理而考得之分為兩大款一不問死法如何祇問年紀與男女何人應先死何人應後死二查其人死之法與其老幼男女等事之相關

第一節　老幼男女決疑之理

年紀　查人身體長足而力最大之時略為二十七歲或二十五歲至三十歲之間又無病之人能存其身體之力略至五十歲所以如死者俱為男或俱為女而年紀在二十五歲與四十五歲之間或二十歲與五十歲之間如其死之法令其先後恃人力與內科之理則無根基可推論孰先孰後如年紀不足或過此界限則其決疑處稍能有之然在發身時起至年老時而止略為十五歲至六十歲之間則可決疑之處亦甚小設如死者二人一為中年人一為未發身或年老之人即過六十歲之人則其決疑之處定為中年人後死設如一人不滿十五歲一人已過六十歲一時一故而死則依法國律法定其年輕者後死如二人俱不滿十五歲則以為年長者後死英國律法如父或母與子一時一故而死如其子已到發身之時則可當為後死者如在未發身之時可當為先死者

如母子二人因生產時而死而無他人知之而助之則依決疑之法必當其母為後死者因有死產之決疑處也又

如為活產者則其母尚未能有力助嬰兒之先決疑之處以為其子必先死又觀兒身之大小則死產之兒尋常比活產者分量與尺寸更大所以兒愈大則決疑處愈以為先死如查嬰兒之身有難產之痕迹或有未呼吸氣之據則其死產之決疑處更重但前時審問之案未必全照以上之理定之

男女　如男女一時一故而死則查其事之情形如身堅壯而力足膽大能耐久則其決疑處因男強而能後死惟間有女人遇危險事或驚駭而久暈絕則不能用力做救命之事因此故而能後死其理因遇危險事尋常亂做救

命之事反能招害因此暈絕之女子反能後死總之如救命藉力大而身堅壯則決疑處男爲後死如救命之法藉耐久不用力之法或不知不覺如暈絕等則決疑處女爲後死

第二節　各種死法與以上決疑處之相關

本節議論此事之法將尋常之死法一一言之每一種略立定其總理而各死法之議論內俱以爲其人之老幼男女等故毫無分別或幾能相同

毒氣悶死　婦女需用養氣較男子需用者更少所以有男女關閉於不通氣之處其得氣之數目相等男必先死

又如長大之男女一時一故悶死則決疑處女爲後死如因炭合養氣之各毒氣質而死者則決疑處女爲後死此理藉多案爲憑即巴黎斯人自盡之常法關閉房屋燒木炭至人毒悶而死而一千八百三十四三十五兩年其有三百六十案內有十九案爲一男一女一併吸炭霧而十九案內祇能救三人之命而此三人俱爲女子又如此種自盡之案所有獨一人死者則查各案內而知婦女大概難死者多因有一處其得婦女七十三人吸炭霧而似乎死者內有十八人能救其命又有男子八十三人亦吸炭霧祇有十九人能救其命所以婦女比男子能後死之決疑處大略有十五與十四之比而得物奇書中云有五與四之比又有單查之案亦與上理相同即如有一案爲白割洗宛錄所記者即從脫郎司伐尼亞記錄之書內錄出有夫妻二人在小屋內吸木炭之霧男死身硬其婦尙能呼吸氣而後全愈又有一案爲醫士薩突以恩所報者有夫妻並七歲之子三人在門房悶死其子先死夫病最重極難救命其婦能呼人救命又能助丈夫與子之事凡遇此種案則必查其人在屋內死於何方位或在牀上或在地板上或離開通窗戶之遠近等有相關之事

溺死　此種死法有數種極繁之意思最難分別即如船

遇危險之事則男人常在艙面衣服不過多易於脫去大半能泅水又能握定船外所浮零星打壞之木件而此各事內婦女爲相反者設如死者俱爲男子所遇之危險與苦處相同又其堅壯與能力相等則需查何人受冷最多即如一人身之大半在水中一人身之小半在水中等事又須查各人身體所有受大傷處因爲受大傷不能泅水則難免先死而無傷之人未受他害者則應久泅水而後死又得物奇云中風比悶死者死時更早如爲暈絕則更容易能治愈

無氣悶死　凡因空氣不足用而悶死或因所呼吸之氣

久不換而悶死則能用空氣最少者應該後死卽如女人較男子應該後死又小兒較長大之人應該後死但如房屋壓下或有多泥土壓下或山上有雪壓下并有材料壓人斷空氣之案則壯健者應後死所以女人較男子先死又幼童老人較壯健之人先死

冷　小兒較壯健者難於耐冷所以如一事內受同冷則長足之人應後死又男子較女人應後死又壯健者較老人應後死但遇冷之人亦必知其所着之衣服又必知其人當時之有精神與否而依此亦可分別其死之孰先孰後如用火酒類過多者則其人更難耐冷

熱　小兒與老人受冷比中年之人更難反言之受熱更易但男女中能耐熱之難易尚未查考之極詳否第累云有一案英國男人與其七歲之女子於一千八百十四年經行敘利亞沙漠至波斯海灣二人騎駱駝而所受之熱正相同其父死後其女安然無恙此事之緣故或因其父更費氣力與心思

飢渴　身體尚未長足者所需之食物比壯健滿足者更多又中年長足之人所需之食物較老人更多所以老人有精神而結實者所能受飢渴之苦較壯健中年之人與小兒更能耐久又壯健中年人受飢渴之苦較之小兒更能耐久如肥胖之人照尋常人之意見能耐飢渴較瘦人更久如餓死之案內能得水者較無水者更能耐久又如餓死之人出力最多者應先死所有最耐心而能喫苦不出力者應後死

以上各死法俱以為其死者各事幾相等故能略用公法如他種死法並以上死法內有特設之事則無法能比較得可恃之理又有各事情能與其先後死之分別大有相關不能不理會者查白割洗冤錄內有此種案頗多但因其案各有各理與公法無大相關故本書不採之

又考究律法合醫學之理者云審問之案依其本案之事

而定其理未免有不妥之處如能設公律法包括各種案在內則為更佳因常有多案其死之情形不能詳知無法能查得一定之理而便於斷案故能得公律法包括一切所有此種案情自然大有益於衆人

上海曹鍾秀繪圖

法律醫學卷七

英國　該惠連　弗里愛　同撰
英國　傅蘭雅　口譯
新陽　趙元益　筆述

論溺死縊死絞死悶死

以上四種死法在本卷聚合之緣故因俱有悶死之理即斷氣之意或可稱為因肺之故而死前一次印者以此種死法名曰斷氣死法今改名曰斷脈死法俱包括於悶死之內

溺死

此事與醫學律法大有相關之處能從溺死之人數而見

之如一千八百七十一年即記錄英國通國人數之年溺死者共有二千九百二十二人內二千三百四十八人為男子五百七十四人為婦女此溺死之人數內一百七十三人為男子自盡者一百四十四人為婦女自盡者共有自盡者三百十七人

溺死一事尋常因悶而死然未必常因此故所以應先論人在水內死者能有若干死法

凡人偶墜於水中如其見識與其性情能全用則下至若干深再向上浮如能泅水則用法救命久用法則力竭而仍與不能泅水者同惟有一小分別此時之力已用盡如偶然墜水中而不能泅水者則其力尚存能用此力而做各種救命之法即如亂動手足拉所能及之物無論其物浮在水內或定在水底或生於岸此亂動之時屢次浮於水面用法欲呼吸而氣與水并入口內其水遇氣管令人咳嗽則水之若干分噴出而肺氣亦失去數分如是多次則肺失去其氣而身較水更重必沈於水下凡用法吸氣祇能吸水又用法呼氣則肺內所存之氣放出若干久之則呼吸之行動不能再為其身沈至水底而因胸有凹凸力壓住肺則少有氣壓出成泡浮於水面所有進口水之大半行入胃內其餘入肺內有餘剩者合口內之津與氣

管內之痰等質又遇其偶然呼吸之氣其成泡甚多故依此法而死者口氣管等處內見此種泡質甚多

照以上法而溺死者其病證俱屬於悶死而其各證與水之性情相配如能泅水之人用盡力而後溺死則其死之故幾分因力竭而其悶死之證顯出更少

有人死於水中而其故非悶死亦非力竭因墜水之時失去知覺各事或畏懼或驚駭或酒醉或妄言笑或暈絕等故其暈絕之事余曾遇一案果如此則其人落至水底後上升若干高後再落而四肢不動其死之故或因驚駭或因暈絕

有人落至水內或跳入水內而首先遇水或入水之時遇定質相擊因此而死或因頭遇水之擊力而死或從高處自落或被人抛下其胸與肚腹先遇水因受忽然之擊力而死

又有因受冷或受激動或初時多出力救命可令其人有中風可令其人因心之病而猝死卽如在冷而淺之水內常泅水而取樂因此種病而死者亦間有之

溺死之事亦可爲數故合而成者卽如偶然落水之人初時見識與知覺之事俱全待若干時猝然想必淹死而大驚駭則發暈迷因此溺死

由此可見水中死者或因悶死或因力蹶而死或因驚駭而死或因暈絕而死或因中風而死或幾分因悶幾分因他故而死此種雜案爲尋常所見者所有不顯悶死證之案者甚少又全因悶而死者其數目略在前二數之間得物奇因查驗溺死者甚多則其意見可以無疑以爲每溺死八個案內全爲悶死者有二案不顯悶死之證者有一案雜者有五案

溺死者其身體之形狀必與死之故與法有相關而爲各不同者如因悶而死者則死後查驗其形狀必與悶死之法相配（見前各死法第三節）又必與其人死之材料或爲各種氣質或流質並其人在水中時刻之久暫並後遇空氣時刻之久暫俱有相關

如因悶而死者死後早從水內取出則所顯之情形面上身體各處色白或少發青紅色有更深色之處其面之氣色尋常有平安之意其舌脹大而與牙齒緊切不常見其舌伸出牙齒之外又更不見牙齒受傷或發血口內成泡甚多氣管與氣管分支亦含泡質其泡內有血又其氣管並大小分支含水此水通入分支之微管內間有肺之大小氣管盛滿水水內間含泥或水草之小片其大小氣管之內面亦間有血積聚肺脹大又因聚血黃水而發腫如

以刀割之則放血而有多泡之流質心之右邊並上下迴血總管盛滿殷色之血其左兩房幾空胃中常含水間有水甚多者腸發玫瑰花色而肝脾腎聚血甚多膀胱之溺間有含血者腦髓所有之情形略與尋常他種悶死之法相同間有指甲縫內能見砂泥手指間有皮膚剝下者又水內之草或河邊之草能在手中緊握之又出力救命時所受之傷或落水時所受之傷或因河水狂流等事俱能令身體有傷痕

如其身體在水中之時久或見空氣之時多則面貌白色中少帶青紅色能變爲發腫而深紅色又身體數處可顯

出靑紅色之大塊節與他種悶死之痕迹相同
又如因驚駭或暈絕或力乏而死者則胃與氣管不含水或含水甚少心之各房並各大管含血甚多而各處停勻或幾空不定又腦髓與五臟俱有其尋常之情形
如其人因撞傷而死或悶死或中風或因心病而死則用死後剖驗之法能查得其據
如其死之緣故爲雜者則其因悶而死之證顯出更少即如口內外之泡少氣管與胃內之水與泡更少肺心大血管與臟腑各體聚血更少
凡水中有死屍則有數種醫學合律法之事須查問者第一緊要之事查其人死之緣故爲溺死或爲他故而死第二事查其死屍所有受傷之痕迹足爲因入水而死之證與否第三事溺死之故爲偶然之事或爲自盡或被人謀害
一查其死之故爲溺死或爲他故而死　凡在水中遇死屍則其死未必定因溺死或在落水之先因他種天然之故而已死或因受害之故如縊死或絞死因此事能令人身有悶死之情形所以查死屍之情形必驗其人落水之先可爲此種法而悶死或其死屍在水中之時久須查其情形與溺水之死法相配或否

溺死所有特顯之證有數種爲要者即如舌發腫與牙齒緊切皮膚發白有數處發玫瑰色或茄花色腦髓小血管俱含血臟腑多聚血心右各房聚滿血左各房空血有流質之形膀胱內有含血之尿以上爲悶死諸法所顯之公證但溺死所特有之證爲手指削皮指甲縫中有沙泥手指內握植物之片胃中有水口與鼻孔內外有泡肺與氣管有泡或水或泥砂皮皺陽物分外縮等證
由此可見溺死者與他種悶法死者所有公共之證祇能限定在水中有死屍有此各證祇能云可以溺水爲死之緣故無不合理之處而不能爲一定溺死之據
茲將查驗疑爲溺死之屍所顯之證並溺死所應顯之證一一略言之
手指皮膚削去　此事有者少而無者多如果有之則可疑爲溺死之證而不能爲確據因其人未入水之先可因手指摩硬物或粗毛之體而成者或其人被害入水亦可先有此事又死後在流水內其屍亦可與硬體或粗毛體相磨
指甲縫內有砂或泥　此事亦可爲溺死決疑之證因指皮削去與指甲縫內有砂泥二事俱可因其人將死之時抓定河底或河邊如其身體在水內之時頗久則泥或砂

可在指甲縫內漸聚合

如手握極緊而夾住河邊或河內之草類則為其人溺死之據可當為重者

胃中有水　此為疑溺死最重之證又如胃中之水等流質內含河底或邊遇屍處之草葉則其據更重除以下所言數案之外胃中有水必因其人用力呼吸而咽水反言之其人未落水時或已飲水若干以解渴然此決疑之證為輕

胃中含水之數幾分藉其人溺死之間用力呼吸若干次又幾分藉水之若干深凡動物落水之先因擊腦殼而昏

迷並因各故落水之後不能伸出水面則胃中無水如水中能行動之人與動物則胃中含水之數與升至水面之次數有比例

醫士對拉已試驗胃中含水之數與水之深數有相關即將貓在達迷塞河內離水面下二尺而淹死之則胃中幾無水又將貓在水面下五十五尺淹死之則胃中含水甚多再將一貓令其在水內淹死之間屢次升至水面則胃中含水之數在前二故含水數之間故可見水若干深處壓力已重而在水最深之處有未入水時已死之動物因喉嚨不能抵水之壓力故自能開而放水入胃曾有人屢次試驗動物而知尋常死後水不能入胃內設其死已久因腐爛之故而各膜質放鬆則水能入胃

查揩司巳書第五次印第二本第七百四十七頁記錄來曼試驗之事可見胃中有水難當為活時入水之確據其試驗之法將水合於數種易分別之材料成多泥之池將已死之小兒埋於其內有面向上者有面向下者間有遍身埋沒者待二三日後持其手或足拔出或任意拔出則幼童十六人內胃中含池泥之材料者有七人又喉嚨或氣管分支含此材料者十四人而無論腐爛若干分或埋於池內若干時俱與其入口之材料

多少無關又其屍拔出時持手或持足亦與入口之材料多少無關故來曼言胃中或氣管分支有水可因死後偶然進入云云

由此可見胃中有水而溺處之水深或身體多腐爛則其胃中之水不能當為溺死之確據因其人落水之先可飲水以解渴又哇爾非拉云恐有人將水噴入死屍之胃中後將死屍拋入水中令查驗者以為其死之故必是淹死惟此種案決疑之證最輕

反言之胃中無水亦不能當為非淹死之證據因問死之外他種死於水內之緣故如驚駭或暈絕或撞腦或中風

等故俱無水在胃內又其人欲呼吸而反能咽水之事可爲其本人所自主或有數種緣故令其人不能升至水面又如將死屍從水中取出之後倒置之或令其頭斜向下則入胃之水可以全流出對拉曾試此事又從水中取出死屍之後待多時則胃中之水能從胃內皮通過而散出

氣管與氣管分支含泡或水或泥沙或暮苦司泡質　曾有披阿里與哇爾非拉試驗動物溺死之事得知氣管分支內含暮苦司泡質之故因其身體屢次升至水面欲得空氣如動物在水內溺死令其不到水面則不見此泡又如其動物體存於水中之時已久或水中取出之後久置

於陸地或將其頭斜向下則亦不見此泡質然揩思巴屢次試驗此事云溺死之人與溺死之動物其事情不同因無論其人能升至水面與否氣管分支俱有泡質見揩司巴洗冤錄第二本第二百三十八頁此泡質之爲溺死之據亦有數事令其不能全可恃卽不惟數種悶死者有之卽中風羊癲瘋傷風等病俱有此泡質

哇格司屯云溺死之事所成暮苦司泡質與他種暮苦司泡質易於分別因其質爲白色而其中不多顯出血點或血色且其質爲極微之泡所成而外面之泡殼極易破如因別故所成暮苦司泡質無此各事

肺內有水　曾多次試驗動物溺死而知尋常有水進入肺內又有溺死者之氣管分支內有砂泥與草葉等俱必爲溺時從水而入者余已試過鼠在白石粉水中溺死之開令其任意遇空氣後將肺剖開置於酸質內則肺之各處俱能發炭養氣之泡因有白石粉水在內

惟已死之人拋入水中亦能有水進入肺內所以肺內含水之據亦爲更輕如哇爾非拉與披阿里曾查肺內進水與身體之方位有相關如身體在水中直立則進水最多如平置之則進水最少

又溺死之人肺內未必定含水因在水中取出之後倒置

若干時則水能全流出卽與胃內之水同又如久遇空氣則其水能通過肺皮而外散若以爲人落水之先已經被人致死而噴水入肺內令人疑爲溺死者此事雖不能言其必無而其決疑處極微可棄之不問

口與鼻孔有泡　此亦爲溺死之據但其可疑之處與以上所言氣管分支有泡質相同此事又與氣管分支成泡質有大相關但尋常爲死後不久而顯出最多者尋常人以爲溺死之人在夏季比冬季早顯此泡質因氣管分支生氣質而發泡質顯出之故但哇格司屯云其實與此說相反而冬時比夏時顯出此泡更早設如其死屍遇空氣

則此泡質速散而不見

皮皺之形　凡溺死者無論夏時或冬時其屍身顯出皮皺之形其故因令毫毛豎起之筋縮而大半在四肢之前面顯出但有令人死之數種别故亦顯此種皮皺之形即如腦筋猝受大激動而令人猝死等是也如死屍有皮皺之形不能當爲溺死之確據如無此皮皺形可疑其不是溺死然因别種證據格外顯明則無此皮皺形者亦可不甚疑心

陽莖縮緊　楷司巴云凡有生人落至水中溺死者則所查過之案內無不有此事而他種死法未必常有之（見楷司巴洗冤錄第二本第二百三十六頁）

惟此事亦非常爲淹死人所顯之證

從以上溺死證據之論可知所有之各證內無一種可單用之而全可恃設有數證俱顯出溺死之據則其可疑處最小有數醫士如哇爾非拉等人云查問水內遇見之死屍而欲定其是否溺死者則無法能定準之惟得物奇與楷司巴二人之意與此相反而爲合理者

又有一事爲要即所常顯之證不能存久如冬時之死屍在水中十五日至十八日其證仍能顯出但在夏時過三日其證可以全滅又遇空氣則其證速散又如夏時極熱之候數分時內其證能散如腐爛者則其溺死之證全滅

屍在水中若干時略能在前卷論水內腐爛之款內知之凡溺死之人其死之證亦能有别事能定其爲可恃或不可恃即查驗其身所顯受傷等痕迹

受傷之痕迹　凡在水中見死屍有受傷之痕迹則有三事須查明之

一其傷爲生時所受者　二如爲生時所受之傷則可否足爲入水之先能令其死者　三其傷爲偶然受者或自盡者或爲兇手所害者

其第一與第二兩事在受傷之一款詳細言之而死屍沈於水中與其受傷痕迹之相關祗爲其痕迹因遇水而改

變之形

二死屍受傷之痕迹足爲因入水而死之證與否　凡死屍在水中取出而有受傷之痕迹其能得之故有五一其人先被他人殺傷而死後拋於水中二受他人之重傷害或自加傷害後在未死之先爲人拋入水中或自跳入水中三如其所受之傷爲打青而撞傷之類則可因其人不願死出力救命而自受傷四其死屍或爲水飄流而飄流時遇物受傷五落入水中時受傷

其一如其人被他人殺傷而死後拋入水中則不應見溺死之各證祗有水極深處或久腐爛所應有之證

其二如其人先受重傷未死之先拋入水中則所見之痕迹應與其受傷之後所有餘存之力相配

其三其人在水中用力救命而後溺死所受之傷不能重至拚命之傷

其四如其死屍爲流水飄盪而遇河內釘朳等物則其傷痕不能甚重不能有脫交節或斷骨等重傷惟所遇者爲行動之物或可有之卽如遇水輪或輪船之明輪或暗輪

其五落入水中如爲從高處墜至河之硬岸或橋基之石則不惟能受重傷尙有腦殼或四肢撞破或骨斷或剖開身體之傷口

如從極高處墜入水中則或有斷四肢之事如數年前司密得書中云有人從倫敦大橋之欄杆上常跳入達迷塞河內爲與人賭錢如能行之則他人賠錢若干曾爲數次而無害惟有一次一到水面則沈下而溺死查其死屍兩手俱脫節故疑其人落水時伸出兩手以前數次則兩手與身俱緊切

器理由司之外科書爲稍特重印者第一本第五百三十二頁載兩案一爲頸骨第四節之體與棋折斷一爲頸骨第五節體折斷俱因跳入水中而得者其死之故疑其人臨入水時猝然仰起其頭要免與水底相碰因此頸骨受入水之撞力而折斷

凡查此種案必查其溺死之人從高處落下與否其水係速流與否又見死屍之處爲近於河內定體或移動之體與否如無此種緣故能爲死屍傷痕之根原則可疑爲入水以前所受者凡死屍在淺而靜之水內遇見之如有傷害之痕迹可當爲被人致死其決疑處甚重假如以其死之故爲溺死則另必查問一要事如左

三溺死之故爲偶然之事或自盡或被人謀害　此事最難定準因死屍尙無傷害之痕迹則不能言其人偶然入水或欲自盡而入水或被人所害而入水又如流動之河

內遇見死屍則難知其在何處落水

如溺死之人手內握草葉或靑草而因此顯出水中多用力救命之情事不能言定其人爲他人拋入水中或推落水中

又如遇溺死之屍在淺水中亦不能定其非他人有意爲之因如壯健之人欲溺死軟而無力之人在面盆水內可爲之與深河內無異反言之已有案爲淺水內自盡或在窄狹小器內自盡如房屋內之水箱等

從上說而知屍身不顯受傷之痕迹則無法能定溺死者爲偶然誤死或故意自盡或被人致死又如屍身有受傷

之痕迹可爲證據者則必爲其人入水之先不能自爲者又不能爲入水時撞於他物所成者或用力救命時所成者

有一種案起初觀之必當爲被人致死即其死屍在水中遇見之其手足有繩縛緊者而司密得書中記一案與此相反一千八百十六年七月有匠人以造此例表爲業者數日不知下落偶在達迷塞河內遇見其屍兩手腕兩足有繩縛緊又縛兩腕之繩與縛兩足之繩緊相連此人已發癡二年而所用之繩係其人在牀上常用者其人能泅水最靈故疑其人恐落水後可改初意而救命故先自縛

其手足但律師審問此案定爲溺水之時已先致死又有二案爲否弟累所記者與以上之案相似即手與手指用絲帶繞多層縛連否弟累定爲自盡而溺死又有一案亦爲相類者查驗之醫士爲馬可與奇沙特等其足與腕與頸俱有繩縛連定其案爲自盡此各種案內必須查明其繩之結或繞之法能爲本人用牙齒或手足之各動法而成之

將已溺之人救活之法　凡悶死之事因呼吸之斷而失知覺未必與死同因雖然自行呼吸之事已停止如心動尚未全停其人仍能復活

由此可見凡呼吸停止數分時心動仍不全停遇此種案則見其人雖不能呼吸必用盡所有救命之法而不可失望然溺死之事雖心動尚未全停如在水下二分時難於得活因溺死與他種事有不同之處而必有水入肺內令其不能漲縮因此血不能遇空氣間有數案其人在水下祇二分時而能活者然此種案尚不可恃因旁觀者思慮甚重而誤以爲時過甚快不到二分時俱以爲已過二分時有一案其人入水時昏迷因此不欲呼吸而肺內幾無水又有一案其本人用力吐出肺內所入之水而能自去若干

凡在水內將溺死或因他法將悶死之人救命之法必令其人行呼吸之動但溺水者另有一事即必補其人在水中所散之熱因爲夏令熱時河水等熱度比身之熱度更小而他時之熱度更有差別又有一事即氣管與氣管分支有暮苦司與流質塞住必用法去之若他種悶死之法補熱與通氣管之事可不爲之

近有醫士西勒非司太設立救溺水之新章較前醫士和勒所設者更善所以和勒之法已廢去而人俱用西勒非司太者其法之大概一面派人取羊毯乾衣服熱水熱水袋或熱磚一面在露天處立即用法將其人身位置腹面

向下頭比足更低張開其口令舌伸出至外後將其身體轉過而腹面向上置於斜面在兩肩之下以物墊起用法令兩足不動即令持定之亦可再將兩手在肘處託之向上舉起而高於頭待二秒時則向下動之令其手與胸相切頗緊照此起落其手每一分時十五次至其人自欲呼吸而停止又用法令血流動用力擦其身體而其動法必自下至上再用熱佛蘭絨或熱水瓶或熱水囊或熱磚補其身之熱或借旁人之暖衣服又可用嗅煙或雞毛探喉或遞更沖冷水熱水於面與胸此亦為助呼吸之法又其呼吸已成則將白蘭地酒合於溫水或別酒合於溫水或

熱茶咖啡俱可飲之其人平臥於床令其安睡必連用救命之法三四小時不停至見其人顯出已死之確據方止

好阿特所設令人呼吸氣之法　此法在美國醫學會記錄書第二十二本即一千八百七十一年所印者此法先去其水即將身體斜置之頭與口向下將枕或捲緊之衣服墊於胃下又壓於背脊上至水全放出為度又反轉其身平置之而其枕或衣服捲起墊於脊骨之凹內則令胸胃凸起手拉向上令旁人以一手握定其兩手一手用布包舌而拖出口角之外則救治之人跪在其旁或在其上將兩手置於短脇骨上則用膝得力而全身之重歸於兩手向前出力則手壓住其胸之邊忽然放鬆其人必吸氣如此遞更壓放每分時十五次至能自行呼吸為度

縊死

一千八百七十一年英吉利合威爾勒士二處共有縊死者五百四十八人內有男子四百四十八人婦女一百人此俱為自盡者

如縊死絞死悶死三種俱因斷空氣之故而死茲將此三種死法略合言其大概後再分開細論之

以上三種死法尋常謂之悶死而醫學合律法用此名其意有一定即阻斷呼吸之事即如閉口與鼻或壓住其胸

腹令其不能呼吸則謂之悶死又有數種惡氣能令人悶死所以此事分為三種死法俱有喉嚨或氣管上加壓力令人不能呼吸即縊死絞死扼喉三種

此各死法內最簡者即扼死即用手指阨塞氣管其死之故易於顯明而與溺死者大同小異又與他種斷呼吸之事亦無大分別因其死之故不外阻斷呼吸但如將頸之周圍受壓力則其死之故更繁因不惟喉嚨與氣管受害而血管亦關閉有氣管與血管俱受傷者間有氣管受壓力而血管無害者又有氣管無害而血管受壓力斷呼吸與通血者最全之法將繩繞於頸之下半能包氣管並

各大血管由其胸出入之處或將繩連於下牙牀骨之下或因身體之重而繩移至該處設如其繩正在喉嚨之上而連之則有礙於呼吸與通血之事更小因舌根骨與結喉脆骨兩物外凸略能保護氣管與血管

由此可見所用之繩改變方位則所壓住通血與呼吸之器具其力不同所以縊死者非因脊骨斷或大驚駭而卽死則死之時有長短之大分別又如同時壓住頸內之氣管與血管則可疑令人死者爲氣管之壓力或血管之壓力卽其人死之故或因斷呼吸或因暈睡

前人以爲其死之故因暈睡此意見似乎有理因如用手

指壓住頸總脉管能令人睡此爲斷腦內通血之故又如人易患中風病者如其衣領壓頸太緊阻住迴血管內之血迴入心內則令人患中風可見壓住大血管能令人暈睡此事毫無可疑之處但縊死之事內尚要問氣管與血管一併受壓力則其兩管之壓力孰爲令人死者此二個緣故自然彼此相助而令人死但其斷呼吸必爲最大之緣故因全停呼吸或幾分停呼吸則令人死此較令通血之事幾分停止或全停止令人暈睡更能速死此可用法試驗之將狗以繩繞其頸而縊之而在繞繩處之下在氣管內開通一孔縊三刻時之後則割斷其繩而因三刻工

夫內其通血與呼吸不斷故其狗似不受大害後將繩繞於喉嚨開孔處之下而縊之則數分時卽死但縊狗之壓力比尋常縊人之壓力更小因縊人之法令其人立於一架上去其架則身落若干尺其繩猝顯大壓力所以幾分藉人身之重幾分藉猝加壓力其繩繞之極緊而氣管與血管一併受其大壓力

以上試驗之法有醫士將人以同法試之英國太白納地方有戈登因犯罪而定於一千七百三十三年四月縊死醫士舍斐曾數次試狗得知開通氣管能免縊死所以應許戈登救其命在氣管割通一孔而在未縊之先閉其鼻

孔口耳則氣管之孔內能進出之氣足以免死戈登與數人一併縊後其餘各人俱死而戈登尚活待三刻時之後帶至太白納房屋內開口數次而作呻吟之聲又開迴血管則其人多放血惟尚未顯出他種能活之證司密得觀此事云其不得法之緣故因其人身甚重並其氣管開通之孔過小

由此可見氣管與大血管受壓力則其人死之故可當爲斷氣又如其人任意能呼吸或其呼吸之事稍有阻當則其血管受壓力能令人暈睡而死惟其死之時較斷氣者更能引長又如呼吸與通血二事一併阻當則俱能當爲

死之故雖然阻住呼吸氣比阻住通血更重亦可當爲二個緣故一重一輕而成者

有人以爲縊與絞二個死法之故必因壓住管理呼吸之腦筋但因此種壓力不能令人驟死而必待多小時方能成之則可知此種解釋不足恃

以上所論者爲縊與絞二種死法所有相同之處茲論縊死一事如左

凡將人縊起間有極速而死者卽與溺死有極速者同其故或因驚駭或因昏暈或因頸脊骨拉長而背脊髓受害或因骨鈕折斷或因脊骨節中之質折斷此所有背脊髓

之傷其故或因身從高處落下或落下時身體歪動或轉動

由此可見縊人至死之法有數種且有早遲之分別其最早死者可因管理呼吸腦筋以上之背脊髓受害之故又有因昏暈或斷氣而死者次之最遲者因血不通而暈睡也

縊死事內所有其人知覺之事略能得之因有自盡而縊之人臨死時有人救之其所知覺之事俱能記錄之又有格致家欲試驗此事則故意將本身縊起爲試驗其事亦記錄之從此將各人之記錄比較之則可知各人不同其

故大約因氣管與血管受壓力各不等間有人全忘其事又有人忽覺斷五官與移動之各事又有人云先見閃光數次以後沈睡間有見藍色之火或極光亮之色成圈形間有眼誤視實有之物又耳聞嘶嘶或嚶嚶聲又有人云所覺者爲極大之快樂但其時不久以上各事似爲腦內通血混亂之人所覺者並在羊癲瘋以前知覺之事惟以上所言之案俱爲自盡之人所覺之快樂事設如縊罪犯則顯出受大苦之證如多用力者則其苦處分外大

縊死後之情形　其人之眼發亮而凖視似從眼眶內跳出眼皮張開而迴血管內含多血瞳人放大舌發腫變成

藍櫻色而向牙齒壓住或從口中略伸出或因牙牀骨所顯之力或夾住或咬破口唇發腫而口之形不正口與鼻孔外有血或有含血之泡手臂硬而手發藍櫻色其指甲壓住手掌極緊而至於指甲壓入皮膚內又癇證最猛令腸內之糞盡行放出又令陽莖直立而放溺或精或膀胱底核之流質俱放出又遍身顯出玫瑰花色或茄花色最明與尋常各種斷氣而死之法相同其繞繩之處亦有顯明之青色痕迹或以下所言之證又剖視身體見氣管之內筋與動筋漲緊或受傷或撕破又頸總血管之內衣間有分開尙有頸脊骨折斷或脫節背脊髓受傷

查頸內之形狀則與悶死者相同即如前卷論悶死之後剖開之形狀詳細言之或者其形狀及悶死與腦血積聚之證相配但腦血積聚其血溢出腦外者甚少間有縊死者其胃之膜苦司膜質多聚血似服惹性之毒藥倘死之故因猝然驚駭而震動或因背脊髓徑直受傷則尋常悶死之證不顯

凡見縊死之人則有兩件緊要之事與醫學合律法有相關者　一為縊起之事為生時所成者抑為死後所作者　二其縊死之事為本人誤為者或為自盡者或被人謀害者

一縊起之事為生時所成抑為死後所作者

考究此事者有數事為要即如繞繩處之痕迹面貌之氣色舌之方位與形狀生育器具之情形大便放空或否茲將其各事一一言之

繞繩處痕迹　生時縊之則頸上之痕迹不能有一定如為他人故意做者則其頸受大傷皮膚發青色而痕迹處之下皮膚破爛但因犯罪而縊死或自盡縊死則其皮膚與皮內之腠理受傷更少

凡囚犯罪而縊死或自盡而縊死其繩之方位幾分恃其身之重則其繩之痕迹近於牙牀骨而與之平行間有斜而凹形之痕迹其色如新打青之迹在頸之前面而向牙牀骨角處略變黃櫻色似火炙形其上之痕迹周圍之寬與繩或帶同或可有深槽形兩邊有變色之線紋其痕迹與繩之大小及其質之粗細有相關若將軟料如手巾等物繞成繩形縊死則其痕迹不多顯明如用硬繩或皮條等硬料則其痕迹更顯明如其材料硬則其繞頸之次數併其材料上之質紋等最為顯明如因犯罪而縊死或因自盡而縊死常有見繩之痕迹祇成槽形而未變色如其身體甚重則其槽為斜形如其繩緊繞於頸上則其痕迹平數小時後其痕迹變淡櫻色如以刀割通皮膚則其連

網質壓得最緊而成光亮白色之帶形間有槽底皮膚迴血管盛滿以血或真皮有微積血而發青微點此為奈定與布來沒二人之說間有鬚多之人其鬚能受壓力之幾分開有兩面壓力不平或頸之背不受壓力其面貌初時色白而氣色為自然者待數小時後方變青紅色再待多時則發紅而發腫

有一案為罪犯縊死之後割斷其繩則祇有頸之前面有槽形稍有皮膚脫去而在牙牀骨角處似火炙之狀又有一案用小繩緊繞其頸為自盡之故而縊死死後不久割去其繩則頸之背面有白色壓緊之痕迹比頸之前面更

深數小時後漸變更暗之色頸上亦能見繩之凹凸紋迹惟頸上未發青櫻色又有一自盡縊死之案其頸有硬而槽形之痕迹其色如綽故拉得色卽深櫻色也成帶形全圍其頸而與縊死所用之櫻繩相配

可見人活時縊之其繩所成之形往往有不同之處間有發青之痕迹或血聚之痕迹間有白色之凹而內皮之網質壓緊似老羊皮紙之形又有成堅硬槽形色如綽故拉得色以上痕迹間有衹在頸之前面而顯出又在下牙牀骨角處似有火炙形又皮膚有在數處破爛者

活人縊死其繩所成之痕迹形狀能否在死後縊而成之

此事曾有人詳細查驗而言定其可成如本書在後論受傷之欵內言明死後若干時能假作撞傷之痕迹又撞傷之痕迹所有之公理亦包括縊死之痕迹在內因縊死者可當爲繩子所撞傷所以哇爾非拉試驗死屍得知死後十八小時以內能在死屍上成痕迹與生時縊死之痕迹無異又有得物奇在死屍頸上用法令其頸上之皮膚並相近之連網質成老羊皮紙之形又其凹之邊成青櫻色與實在縊死者無異揩司巴屢次試驗此事後言凡能縊死或絞死人之繩帶等物不惟死後數小時內成痕迹尚能死後數日內成痕迹與縊死生人之痕迹無異如縊起死屍用力將其身體向下用大牽力則所成之痕迹更似又言繩之痕迹全恃死後而成（見揩司巴洗寃錄第二本第一百七十三頁）查以上所有揩司巴之說則余雖多試驗而多見縊死之人然亦未敢駁之惟有一次見自盡縊死之人其頸上有綽故拉得色之槽其皮膚硬而質密如第三十四圖爲照

第三十四圖

此人之像而得者本圖亦有余試驗而成之痕迹卽用本人自盡所用之繩在死後一小時緊繞頸上待二十小時後所顯之形其痕迹有淺槽略與繩相配而繩之凹處在皮膚上成白色之凹相

近處之皮面成淡玫瑰花色此痕迹待若干時不動之亦不變深色其人之耳變深靛藍色最爲奇異然其人面色原爲古銅色

第三十五圖

此自盡之人將領帶連於墻邊鉤上再將小櫻繩繞其頸而通過其領帶所成之圈如第三十五圖立於桌上待全預備之後則以足推開其桌而其足與地面相離不遠

如其繩之痕迹不顯明不能當爲憑據如查皮膚以內各質之情形則能知其痕迹爲生時或死後所作如有多血

在頸內與血管相離或氣管已破或氣管之脆骨分開或脊骨內有脫節或血管之衣分開俱爲顯出用大力之憑據而有重決疑爲生時所作或被他人絞死之後而縊起之

面貌　凡縊死無論爲犯罪者或自盡者其面尋常爲白色而其氣色有自然之意數小時後白色漸改變而口唇與眼皮耳面變青櫻色再待若干時則面有多血積聚之形然不能在氣色或顏色內得其據知爲生時或死後所縊設如新割繩而收下之屍其頭與面上之血管含血甚多者則可疑爲生時所縊如死後縊者雖能令頸之皮膚

變色而顯縊死之形而不能令頭與面有多聚血之事

舌之方位與形狀　如各種悶死之法舌根發腫而血管聚血甚多而其舌之伸不伸不定縊死者亦顯此各證而可當爲生時縊死之重決疑處

生育器具之情形　無論男女縊死生育器具有改變之處如爲婦女則陰具內外戶發紅且有放血之事如爲男子則陽莖强舉或重或輕不定而放溺與暮苦司質及膀胱底核之津液凡三人內有此情形者一人惟閒有溺管放津液而無强舉之事惟生育之體顯此各證則未必因縊死或絞死因有數種猝然受大害而死之案亦顯此各

證即如腦髓並各大血管有槍彈擊傷或服輕衰是也由此可見凡有此證雖不能爲確據但其決疑之處已重因顯出其人忽受大害而死如另有縊死之他種證則其爲生時縊死無可疑之處反言之陽莖强舉溺管放津液之事無之而其人亦可爲生時縊死者

大便放空　如縊死者每四個案內略有一案有此事惟他種受大害而猝死者亦顯此證故不能獨恃此證祇可輔佐別證令成憑據

二縊之事本人誤爲或爲自盡或被人謀害

誤縊之事最爲罕見有一案係戈登司密得所記者有女

童一人在造啤酒房屋內鞦韆繩之相近處另有掛繩爲殺羊時鈎羊所用此繩上有活結而女童之首偶然適過活結之圈內則其身從鞦韆內拔出無法能脫其首縊若干時則死又有醫士對拉記錄一案爲一徒所傳者有一十歲之男童將裙材料一塊連於繩之活結上掛於屋樑當單繩之鞦韆搖擺時起身而轉身則其首猝爲活結收緊而夾其首於內如是縊死又有同在之小兒或因畏懼或因不知其故竟不能救之

以上之案甚少且無可疑之處故可棄之不問其餘祇有二故一爲自盡一爲被人謀害查英國官員記錄民事之

簿而知其決疑之處以自盡者爲最重又縊死之法爲兇手所不常爲者果用此法則兇手之力必分外大而縊死人之力必分外小否則其事不成或有二人或多人合做一事而縊死一人亦未可知如英國內自一千八百五十二年至一千八百五十六年止此五年內所有被人故意縊死者祇有一案而已係年幼之人也

如查死屍則除二人相爭痕迹之外被殺與自盡無法能分別之設如所遇之死屍離地面頗高其本人不能從此高處自盡又相近處並無助其升高之器具則無奈何定爲他人故意縊死之案

從前醫學家以爲所見縊死之人其足或身之別處與地面相切則爲他人所縊死比自盡而縊死者其決疑處更重近今此理之差已經顯明因見自盡縊死者不惟足與地相切尚有兩膝向上彎故意令其與地不相切所以其死之法必爲本人向前彎身而令繩壓緊其頸如法國記錄醫學事之書第五本內有多圖顯出自盡縊死之案其身體之形狀安排各不同最爲奇異以上所言之案其繩不能爲身體之重拉緊故頸上所有繩之斜形痕迹與尋常之式不同而與絞死之痕迹相似惟其痕更淺而頸上所顯之痕迹處更小

如見縊死之人衣服與身體有出力相爭之痕迹則爲被人縊死之決疑處甚重但因有自盡縊死之案其人自行重傷又可自盡之時偶然自作小傷故此種痕迹必謹愼不誤謂爲他人所作

曾有數案其人被人絞死或用他法加力而致死或令其中毒而致死者死後則縊之令人疑爲自盡而詳細查驗則知非自盡之案

絞死

絞死之案較縊死之案更少如英國每年絞死者約五十人內男子三十七婦女十三此五十個人內略一半爲自盡者卽男子二十人婦女五人如故意絞死人之案雖比

故意縊死人之案更多然而成人之案更少大半爲孩童

絞死與縊死之別祇在身體之不懸掛耳但間有自盡縊死者其身與地面相切如稱爲絞死之案亦不爲誤

絞死之法尋常用繩或帶等繞其頸而收緊其壓力周圍勻稱但間有人在帶內包硬質能對準喉嚨令該處之壓力分外大

由此可知縊死與絞死所有頸上之痕迹必有不同之處因縊死者其痕迹高而斜而絞死者其痕迹低而爲平圈但縊死者如繩縛緊或其身與地面相切則不在此說內又有絞死之案其繩或帶原爲斜繞者亦不在此說內所

以縊死之痕迹間可爲平圈而絞死之痕迹間可爲斜形如帶中包硬質則氣管外之痕迹較他處更大更顯明又有一分別因絞死用力更大令頸上之痕迹更顯明又令相近各體受傷更重如絞死之事爲他人故意爲之則以上之事更加顯明因兇手常出大力足以絞死而有餘常見絞死之屍身他處有傷痕或爲青迹顯出用力之事又如醫士他求所言絞死顯出數種形狀較他種悶死更多者亦略爲此故即如眼珠與面與頸及身之上半常有點形血聚發紅處又因肺之空氣小膛面有破裂處則成聚氣之小泡又間有肺面上成中風之血溢較尋常悶死

所成之微管發紅處更加爲大者

查驗絞死之屍所須查問之事可與縊死者相同即　一其人死之故爲絞死與否　二其絞死之事爲無故自誤或爲自盡或被人謀害

一　其人死之故爲絞死與否

如死後數小時用繩縛其頸所成之痕迹不及活時縛頸痕迹之大又面不發腫而割開身體所見之各事亦必有不同故可見除自盡並故意絞人而少用力或猝然因驚駭或暈絕而死之外則活時用繩絞死與死後用繩以成痕迹俱不能相似又如徑壓氣管以令人死其理亦同但

因縊死爲尋常自盡之法如他人已故意致死一人如欲爲假冒之痕迹則難於假冒絞死之痕迹而必假冒縊死之痕迹又如故意絞死一人而欲令人疑爲自盡則尋常縊之令人以爲自盡而縊死或依他種自盡之法而位置其死屍

前有一案其人名普爾潑被兇手先絞死後縊之則見絞死繩之痕迹在頸上縊繩之痕迹在頸下又牙齒擊向口內而口之內外多血俱顯出用大力之事

又如加特福里爵之案在邑沒邑房屋相近處先絞死之用手巾繞成繩形緊縛之死後將屍藏匿若干時帶至以

思林敦拋於大陰溝內將其本人之刀刺通其身將其手套并衣服置於溝邊令見者疑爲加特福里爵自盡後查驗刀傷處不流血而其刀刺通其人之心應有多血流出而竟無之則令人生疑觀頸上有一寸寬槽形之痕迹圍之又見頸脊骨有斷處故其頸甚鬆其頭能任意轉側又其面活時白色此時發青紅色而多聚血又眼內迴血管亦有血積聚因此定案

二　其絞死之事爲無故自誤或爲自盡或被人謀害

絞死之事能爲無故自誤者與縊死者同理有數案爲證有年輕之人幾失盡其兩手之力欲設法移動重物則用

繩連於重物之上而繞其頸則能恃其頸之力牽其重物有一日至於常住之房間內不多時其妹開門入視則坐於椅上而死有繩繞於頸上其人必照尋常之法用力起其重物而其重物在後跌倒如此其繩猝然收緊絞死其人此爲司密德書中之案

又一千八百三十九年七月有女名根沾常飲酒至醉浪費銀錢作事不端有一日戴帽回家大醉臥牀而睡夜中從牀上墮下其帽在牀與牆之間夾住而帽帶仍在頸下因已大醉不能放鬆帽帶而漸收緊因而絞死

由此可見無故自誤絞死之案亦能有之然如所見之屍

非因此故而死則祇有其餘之兩法一爲自盡一爲被人謀害

查英國官員記錄民事之簿則絞死之案略一半係自盡者如爲本人欲自盡而絞死則用其兩手壓緊其頸其事不易如用繩或帶自已拉緊亦爲極難故用繩先縛之再插木條絞之有一案係哇爾非拉所記者將領帶二條接連之繞頸數匝則自已能轉緊又有一案係屯陸伯所記者有巫來由人用小木條成此事又有一案用水壺之直柄爲之如一千八百三十八年有會脫生年八十八歲欲自盡者故將爐中所用之鐵扒通過其縛緊之領帶內而絞數次因此絞死

凡以手壓住氣管致死者可當爲他人所爲因本人幾不能自爲之也有一案壯健人拉他人領之前面向牆壓之至死其人面色青紅而發腫面貌有改變之形狀又在手壓之處顯出受傷之色而壓成凹形有人見此事而兇手有發癡之證據此案在支斯德地方於一千八百三十五年四月審問之

一千七百六十三年審問貝丁非勒特之案有他人欲定其人死之緣故係無故壓氣管而死但其人在臥房地板上一手向下壓住其頸則見之者控其妻與男僕爲兇手

惟醫士查驗而作口證之事大不合理一醫士云頸上有一大指三他指之痕迹又有在旁見證云祇有二個他指之痕迹觀其形狀似其血俱在皮膚內積聚之象等語審問已畢知非自盡定此兩人之罪臨刑時其男僕云貝丁非勒特睡時余以左手夾住其頸雖然出力救命而少作聲不久卽死

如被人壓氣管而死其受害者欲多出力救命所成之痕迹有一案略能顯明其大概如蘇格蘭之音非拉里於一千八百五十七年四月有人名馬克安那特定殺妻之罪有韋勒孫作口證云氣管兩面各有皮膚削去之痕迹左

邊有五處削皮之痕迹右邊有三處削皮之痕迹頸之前與兩邊並胸之上半發黑色頸上有一大指三他指之痕迹疑兇手以左手夾其妻之頸而手腕壓其胸之上邊右手持其妻之左手其身體內之形狀俱爲悶死之痕迹腦內之體與其膜質之微管多聚血肺與心之右邊含黑色流質之血甚多心之左邊幾空臟腑內其餘各體俱無病

有一案在絞死之帶內包藏硬物而爲他人故意爲之倫敦醫士可連止於一千六百九十二年正月初四日夜間睡時有二人坐馬車來至其室令其驚醒請治其朋友之重病三人同上馬車而車夫在外趕馬略一小時又一刻

則二人下車令車夫行車往某處回來回來時則見可連止坐於車底頭着車內前墊以爲其人飲醉以手搖動之並不作聲令更夫來查驗則見其人被手巾絞死其手巾內藏煤一塊正對着氣管而其車夫在外竟未聞聲

悶死 即斷氣而死

凡非徑壓氣管而斷氣者俱屬於此類惟溺死者不在內因溺死之案已在前論記之

如英國於一千八百七十一年內因此故而死者共一千五百零四人內八百七十六人爲男子六百二十八人爲婦女內有多人爲嬰兒或因其母睡時誤壓其身而悶死或爲衣被蓋密而悶死或因食物時有物誤塞氣管而悶死或因誤吸惡氣其惡氣尋常爲燒木炭所發之霧而悶死

斷氣而悶死者有數法可列於三種內

一口與鼻孔或無故或有故出力而塞之或閉之而死

如有人不能自主落在地面其口入水或爛泥或砂等因不能動而悶死間有新生之嬰兒因胎中所放之水等物閉其口而悶死或因被蓋而悶死或因其母壓之而悶死

如故意用此各種法則爲犯人命罪之案

二壓胸　此事或爲無故自誤者即如房屋傾倒有泥或

砂或有垃圾埋其身或爲他人故意爲之而兇手之身之全重壓於其人之胸上同時以手壓住氣管或壓胸時以手關閉其口與鼻孔古時律法極大罪之刑爲壓胸又有人欲作人之偶像而以人身用石膏爲模則胸上之石膏變硬時其人不能呼吸因此有人死之案

一千八百三十七年六月十四日法國霜得馬爾地方有多人合聚成堆愈密愈緊至於有二十三人因他人之身壓緊其胸而悶死又有多人因此故胸上受大害

三關閉氣管聲口 即吊鐘　此事或爲偶然如因食物塞住設爲成人有此事尋常因飲醉或中風或羊癲瘋等病即

如巴黎與分步蘭格二醫士之書中有一案其人多食豬肉後發羊癲瘋而死查驗其氣管內有多材料與其人所食之豬肉相似如癡人全身癱瘓之病尋常因此塞住之法而悶死

常有小物偶入氣管內令人悶死之案即如希臘國詩家阿那格離恩因食葡萄有小核誤入氣管而悶死又詩家奇勒白特食羊肉而有羊肉一塊誤入氣管內而悶死又曾見一人其聲口縫內有山薯皮一塊塞住足令其死又有惹性之物悶死人者即如有人食蜂蜜而蜜中有蜂吞入喉內蜂刺其喉則發腫而死又有人偶有生石灰一塊

落入氣管內間有聲口內生小植物質或發小凸植物蕈類等並生炎所成之質足以關閉氣管聲口令人悶死

間有人因食管之上半有物塞住因此悶死即如古今有不安分之奴僕用法能吞自己之舌而悶死間有人將衣服之小件如手巾等吞之因此而死又有一人欲自盡將軟木塞以多鍼刺通令鍼周圍伸出而吞之食管內受傷多放血其人因此而死死後有醫士查驗割出其食管頭並軟木塞存於明火酒內置於明玻璃瓶存於大醫院之博物房中以便人往觀之

如英國人故意吸木炭霧而悶死之案甚少惟法國內多有之

如尋常悶死之人有非故意致死者即如年已長成而身體强壯之人內被人悶死者極少因所需用之力必令身外有痕迹內有受害之體而從此能顯死之緣故設如身體甚軟即如新生小兒或年老者或醉者則不難被人悶死又如不用大力爲之則外無痕迹內無受害之據

如死後剖驗悶死之人則與各種斷氣之情形相同即如前言法國霜得馬爾地方密羣中悶死之人內醫士哇里非耶查驗三十二人中各人之面與頭爲停勻茄花色而有黑色聚血花點在內九人中眼內微絲血管血滿發紅

四人中口鼻孔放出含血之泡又四人中鼻孔內流血三人中耳中流血七人中脇骨折斷又二個婦女胸骨折斷剖驗死屍十六人內其血色黑而爲流質心右邊各大迴血管盛滿此種血肺膜質大半爲紅櫻色又其肺向後之體四分之三黑色流質之血積聚頗多但肺之內外不見血積聚之點除一案不在內凡眼內迴血管血積聚發紅並耳中流血之人其腦髓之血衣與質有血積聚

肺之形狀　凡因悶而死者常見肺膜內聚氣並有圓形聚血點如爲嬰兒此事更常有之

肺之面在尋常悶死之案內不平滑而成凸點如都比迦

力此因內外膜內有氣聚而內成小泡如將此種發泡處以刀割破之則知肺皮內有溼滑料已受其害

小兒悶死者大半能見點形之聚血處西名曰他求點又長足之人內亦間有之此各微點顯於肺膜上即下與臟腑相切處及與背相切處不惟在肺之面有之又在胸骨內核或心之總脈管或心體上或膈膜上俱能顯出又在肚腹內面並頭皮內面亦顯出查肺之面似有深紫色之流質成極細之點撒於其面其故因迴血管過於脹大因此破裂而其緣故依呂哥沒司幾之意云因其人多出力呼氣則血之壓力增大迴血管抵不住所以破裂醫士他

求云可當為斷氣而死之據而可與他種悶死以此分別之第此說無可恃之據因凡有呼吸氣之動與血之壓力分外大之時常有此事如縊死溺死悶死並因腦受傷而死俱有此事而醫士之意見大半以為悶死之小兒常有此事又哇克司屯在洗冤錄第五百五十四頁云胸骨內核有此聚血點成羣而非單生者則可當為悶死之重據如胎內亦能遇見之因其胎盤通血斷絕之故又如新生小兒肺內亦有之見前第二十圖凡有此種點則顯出其人因斷氣而死而不能顯出其人因何故而斷氣

凡身弱或乏力之人用悶氣法令其死者身體受傷為最少昔時考究醫學之教堂內以剖屍查驗為不可少之事凡有賣屍者能出頗大之價則有一半人故意致死人帶往該處售其屍而最喜用悶死之法因其屍無大傷害既有此弊國家設立律法嚴行禁止有多作此事而著名之人白爾刻又有女人助之名馬克杜加勒此二人在蘇格蘭壹丁不爾厄一千八百二十八年定罪又一千八百三十一年倫敦有比叔白韋廉士美尼三人因此事定罪

白爾刻曾致死一女名嵌普倍勒其法坐於其身上一手掩其鼻與口一手壓於喉嚨

此女人死後五十九小時眼閉面貌安然如平常似沈睡

面色發紅少有發腫口唇色深眼內多聚血面外左邊少有流質之血似從鼻孔內出舌不伸出亦不破爛惟上口唇之內面在左邊虎牙相對處少有破裂又下胲之皮膚多成皺紋而皮膚外層削去之處乾而樱色惟無傷痕除面之外他處皮膚不發青紅色其交節寬鬆氣管周圍無放出之血或破爛處脆骨不受傷惟舌根骨與脾靫骨相離比尋常更遠其內各體之形狀如下氣管之膜無病惟有數處有黏靫暮苦司質而無泡其暮苦司與膜質之中間有數血點胸中各體尚照尋常之式肺分外如常遍身之血變黑色而為流質在大迴血管聚合並心之大膛內

聚合腹內之各體除肝有初生小病外其餘俱無病而腦髓亦無病惟比尋常更發腫又頭頂之皮有三個聚血處而其外不顯受傷之痕四肢有受傷處又在頸背內腎並在背脊髓套上聚血頗多又第三第四頸脊骨後面相連之筋破爛又與身體相近處見凝結之血足爲一人之手能握者

如比叔白所致死之人名非拉里將其屍帶至醫學堂出售其悶死之證不顯得十分清楚面發腫而有血積聚眼發紅口唇亦發腫而伸出肺無病不聚血心收縮而其各房全空此各形狀有法解明之因先將其人令多飲火酒至醉再將其身體倒墮入井中令其口在水面下又頭頂皮內有離開血管之血頸內之肉筋並背脊髓內亦有之將其死屍查驗知死時不久有新形狀又查其面上之形並左太陽有傷痕則惹人之疑所以詳查屍之來歷得知必爲人致死故拏其人問罪

此二案內其人死之故實爲悶死惟觀其身之形狀似非因此法而死查驗之醫士在此二案內俱言其受傷之處爲脊骨因此而死以後知爲死後將屍裝袋或裝箱彎曲之而成背脊髓之傷

前所言悶死之證不多顯明不足以惹人之疑醫士苦里

司脫生論嵌普倍勒之案云無論有何才幹之醫士如預先疑其人爲他人所致死者而不知其死法如何則不能不知其所顯之證由悶死之法而成若不知有可疑之處而以爲其人係尋常死者則雖詳查其屍亦可以漏此各證而不理會凡知人身生各種病證所顯之情形則知自然而死者常有顯此各證即如前有一案其人患痫疾而死者而其各證與本案之證祇有二種分別一爲眼珠迴血管血滿發紅一爲腿上有撞傷之痕迹見蘇格蘭壹丁不爾厄所引內外科記錄係一千八百二十九年所著者第三十一本第二百四十三頁有一欵爲洗冤之案與論

上海曹鍾秀繪圖

法律醫學卷八

英國　該惠連　弗里愛　同撰　英國　傅蘭雅　口譯　新陽　趙元益　筆述

傷與工藝害身

此卷論器具所成之各種傷惟前卷所論各種悶死之法不在其內又熱傷與電傷另在第九卷特意言之

此卷內所言之傷爲一人加於他人身上之害無論用割器或捶器或用本人之手足當爲器具或將其人向他物推之或壓之俱在其內此各種傷害如爲故意爲之者則依律法審問而加刑罰即與刀刺刀割槍擊溺死絞死悶死等罪相同此律法之原意云無論以何法傷害他人之身體無論所用之器具與法在以上之說內與否又無論用器具爲之與否一槪必問罪加刑見維克多里亞第二十四二十五兩年之律法第一百章第十一十五二十其三款

查驗此事因其寬廣必分數欵排列之先將各種工藝之傷逐一言之又將此各種傷所有公共之處論之後論其各種傷害與身內緊要體之相關

工藝之傷先分三種論之一爲尋常之傷二爲槍傷三爲工藝害身而不常稱爲傷者

古時外科家解釋傷字之意云傷者爲解開合連之體也查韋斯曼所著外科書第五本第一章云凡身體猝然解其合連者無論割破或撕破而皮膚有分開者皆謂之傷所謂皮膚不惟包括外皮亦包括各內皮與膜質即如喉嚨食管大小腸膀胱溺管子宮等俱能爲利器所傷者無論爲吞入或刺入其內皆是所以器具之傷害可分爲二種一不破皮膚合連之處二破皮膚合連之處即如捶碰傷折斷骨脫節傷筋俱爲不破皮膚合連處之傷又如刀割刀刺或撕破或斷骨而脫皮並槍彈傷俱爲破皮膚合連處之傷

此各種傷每一種無論在身之何處俱必與各種傷有相同處即如身體內離皮膚遠之處如受傷則幾全在皮膚外有痕迹顯出無論其皮膚已解開其合連處或否故大半所有之傷害必在皮面有痕迹茲先詳論身外所有顯出捶傷割傷之各種痕迹

此事因其寬廣可分爲六大節論之　一爲捶傷之情形並不破皮膚之傷　二割傷之情形並破皮膚之傷　三槍彈之傷　四各種器具之傷所有相關處　五各種傷與身內要體之相關　六在衣服與器具等分別血之痕迹法

第一節　捶傷並各種不破皮膚之傷

凡用鈍器具重擊皮膚所成之痕迹謂之捶傷俗名烏靑迹醫學家謂之傾血因受害處其迴血管受傷而放血流

入皮膚之連網內，令其變色，如此傷在近於皮膚處有之。又在皮膚最鬆之處，則其青色不久卽顯。設在更深之處，則捶傷之後數日，皮膚變色，而所變之色非青色，或深藍色而為茄花色，或綠色，或黃色，又未必正在受傷處之外，而顯出痕迹之處，藉其肉筋絲紋小棚之排列法，並連網之排列法，有數處能阻力小，有數處能阻力大。

藍色或青色非立卽顯出，惟從受傷之時起，漸深至五六小時而止。其破爛之迴血管不再傾血之後，則放血之黃水起首生炎，因此受傷處放大，其色亦改變，從深青色或藍色漸變綠色，再變黃色，隨後變淡黃，如檸檬皮色。又待

若干時，則傷處內所傾之流質，漸為血所收，而其色先退後滅。如其傷甚重，則其生炎漸大而放膿。如其傷為深者，則成深瘡；如其傷為淺者，則成淺瘡。

退色之事，在傷處之外周起，因此處所傾之流質少而稀，易為血所收，後漸向傷處之心而退色。間有傷處之心存其深藍色，而周圍各處早已退色。又如極大之傷，所含傾血甚多，處其血聚合，凝結成血塊。

凡捶傷之痕迹，並其變色之遲速，恃所用之力，並器具之大小與情形，且因其人之年紀，與身之強弱，並當時之精神。又因血管之滿或略空，並皮膚之鬆緊，卽如有人操練拳棒，則能被他人重擊，不惟不成痕迹，且如不覺。如未操練者，則發重青色。又如身虛泄血病之重者，輕捶其身，則所發青之處，與無病者用大力擊之相同。

捶傷之痕迹，幾分藉其器具之形狀，故間有以痕迹之形狀，當為證據而定罪。卽如縊死、絞死、悶死所得之各痕迹，俱與所用之器或物件相配。前有一案在司太幾所作口證律法書內，受害之人，將門上大鑰匙相敵擊其人之面，鑰匙頭在面成痕迹，而痕迹與鑰匙頭孔形相配，從此能定犯罪者為何人。

凡捶傷處變色，不惟在連網顯出，又眞皮材料亦變色。如

此能分別捶傷之痕迹，與死後常發青色之痕迹。見前卷六所言死後變青色之證

如重擊之處，其內質輕而能讓者，則傷之痕迹不顯。卽如擊肚腹，雖擊破其腸，未必破其外皮，然能在肉筋中間有傾血之事。反言之，身體內之硬質受大害，如骨折斷等，若不顯出皮膚之痕迹，而觀其情形，可疑為重擊而成者。

死後能否成捶傷之痕迹　前卷言苦里司脫生試驗此事，可知死後二小時以內，又間有三小時一刻內，所能成之痕迹，與活時所成之痕迹相似，但其似之分數不能定。卽能在連網內有傾血，又能在皮之內面，或皮之材料內

所傾之血能凝結

活時與死後所成撞傷痕迹之分別　間有分別此事極易者如有重撞傷或色之改變或生炎之證則知其痕迹必爲活時所成又如以刀割其撞傷處而知其傾血之數多且血之凝結者大則其爲活時所成者有重決疑處又如其皮有血傾入其質內令皮膚變色其決疑處亦重此爲最可恃之證惟死後數分時所有之撞傷則依刀成之傷而比較之應有此種形狀所以此事必在前說之外

如皮內有傾血之事則成發青之痕迹如在皮內更深之處則其痕迹幾不顯故應查明此種深處傾血之事能在

死後成之與在活時同否此事曾有醫士言能之者即如前言白爾刻致死之女骸普倍勒其死屍背後有重傷之痕迹而苦里司脫生以爲其死之故俱因此傷因在背脊第一層斜方肌下並在肩胛骨下角相近處又在頸脊骨與背脊骨及左腰各處俱有半流半稠之血但此各處外皮不顯傷痕又脊骨後邊之筋破斷而骨未斷在脊骨髓外套與破斷處相對有黑色半流半稠之血一塊寬約一寸厚略如英國之銅錢從此處有血一薄層通過背脊髓套之外面至背脊最低之節而止但脊骨髓未受傷其套下亦無血苦里司脫生云死後十七小時以內能成以上各痕迹並受害之據即將頭向胸重壓下而彎其身是也

又如非拉里死屍在頸最深之肉筋內從枕骨起至頸脊骨最低之節而止其有凝結之血五兩至六兩又在背脊髓之槽內上下兩半有血頗多俱在背脊髓之套外在套內無血又其脊骨與筋及背脊髓俱不受傷而認罪之罪人自招有背脊髓之傷俱爲死後所成者

如屍已起首腐爛則定撞傷之痕迹爲活時或死後不久而成者其難處更大因腐爛時令其痕迹更重令其質之色與軟硬俱改變又體內所生之氣質能令血行過破爛之血管而傾出即如有一案其人中風而死但生時兩手

之迴血管已開爲放血治病之事在生時其血不流死後其開血管之處多流血此爲余所見之案

又如卷一內死人分男女節有在巴黎斯之案係絞死之人死後二十年見其頸上有傾血成黑色之塊則顯出絞死等死法之據且頸上又有繩之餘迹故毫無可疑之處

至於斷骨之事其理略與此相同即死後不久而斷骨並臨死時所折斷者其形性大同小異設在未死之先早若干時斷骨周圍必起首生炎從此可分別之

斷骨之事可在死後多年分別之即如阿拉末致死之人名若賴格其人之太陽骨擊成一凹十三年後尚能分別

之

第二節　割傷之情形並破皮膚之傷

此種傷內包括割刺撕破各種傷如槍彈之傷另有一節特言之

凡解皮膚合連之傷則立即流血並傷口張開嗣後漸生炎並有從生炎而來之各病如新割傷而為生時所成者則多流血而連網內滿血傷口之開有凝結之血又傷口之兩邊相離待十八小時至二十四小時之後則初生炎其色發紅又發腫並傾出能凝結之黃水

尋常言之無論為割傷或斫傷其形狀略如橄欖此因其

中間之網質縮如其肉筋為橫割者則更縮令傷口中開放寬凡割傷之處在中間寬而深兩端收小稍引長如線形開有其傷以二個或多個角開為止如割喉嚨之傷尋常有此形狀如此能指出其移刀之方向

凡割傷之形狀未必與器具之形相配因其傷比刀口更寬

如為最鈍之器具則其割傷處可與其器具形相配或其器具落於身之硬處即如在腦殼之皮上等則其傷形亦能與器具形相配

如傷處多流血則為生時所成其決疑處甚重如其屍未起腐爛者則其決疑處更重如流血甚少或不流血則可疑其人之死或為刑故即如前言加特福里爵之案是也但撕破或槍彈之重傷不在此說之內如醫士赤司屯書中記一案有人為風車輪葉拉斷其手幾不流血又有一案為古伯爾所記者亦不多流血反言之間有死後多流血如已起首腐爛而大廻血管受傷則更能有流血之事

割傷之案亦應查其生時受傷之情形與死後成傷之情形相同與否

死後割傷之情形　從哇爾非拉試驗狗之事情即前所言者可知死後即刻有割傷能與活時割傷之情形相同

又對拉將活人割下之肢待片刻時故意用法傷之則知生時之傷與死後不久所成之傷其情形大同小異難於分別

如割去足或腿之後待二分時以刀割之則皮膚立即縮而成傷口又有油質露出血少許流出再待二十四小時則傷口變紅色有多血且有張開之狀皮膚稍放鬆如攏開傷口則有血少許流出又肉筋上無黏連凝結之血惟傷口之底有凝結之血數粒鬆附之

割去之肢待十分時之後再行割傷則其傷口少相離幾不流血待二十四小時後觀其傷口之邊色淡而自歛閉

又傷處之底見凝結之血數粒

又在已割下之肢二三小時之後割傷之則少有放出流質之血而凝結之血粒不見又割後二十四小時再割之所成之傷其質讓刀無凹凸力口之兩邊相近凝結之血粒不見

撕破之傷　此有割傷與插傷之兩種情形所流之血較割傷者更少所變之色比插傷者更淡其傷口之邊尋常有撕破參差之形間有用鈍器具所成者或因跌下而成者則間有齊整之邊而形狀顯出最明惟此種傷之形狀難得與其器具之形狀及其緣故相配此種傷更難分別

生前或死後所成者

刺傷　此種傷在割傷撕破傷之中間如用利器成之則與割傷相似常多流血如用鈍器具所成者則更似撕破之傷流血少其形狀依器具之形狀與加力之方向而成如其器具為寬而雙口刀形則與割傷者大同小異又如刺之方向與身體成垂線則其傷口與器具之寬相配設不為垂線則其傷口比器具之寬更大其大小與其角度相配如其器具口利而背厚則傷之形狀亦必與其器相配設為三角器具如槍上之刀等能成三角形傷口

不論何種器具其傷口之形狀幾分藉所刺通之為何種綢質並其縮之大小而定

劍傷　如劍傷刺通入身則進身處之痕迹大而凹出身處之口小而凸設如將劍拔出之時此凹凸之形可為相反者如其劍面有生鏽等故則更能相反

凡刺傷之大危險處因恐傷身內之要體或刺通應關閉之膜質或膛部如割通肺胞膜是也

第三節　槍彈傷

此種傷屬於插傷撕破傷之類如其槍彈不進皮膚內則屬於插傷如通入皮膚內或通過身體則屬於撕破傷之類醫士韋斯曼云槍彈傷為傷內之最繁者因包括插傷

削傷破傷最重之事情並成骨之各種斷法又將身外異質進入身內又令流血生炎皮膚生炎潰爛且令身之一分全死凡槍彈傷口或為青稷色或帶黑色又生炎發腫其傷處常發疱疱內含最臭之膿等質

凡於人相近處放槍則其槍彈傷之外另有火藥煙燒之痕迹又間有未燒盡之火藥粒入皮膚內如向穿衣服之處放槍則衣服亦可燒黑或燒盡尋常言之槍彈之傷如不遇大血管則放血不多惟後腐爛或放膿等已成病證令流血多而有大害至令人死不定

槍中所放之彈鉛砂或墊塊間有隨彈通入身內間有隨

彈通過身而出者如其彈或墊存於身內則常能爲據定其兇手之罪卽如槍彈爲模內所成者而其模能查見在兇手之房屋內或將印字之紙等料作墊而此紙等料與兇手房屋內所存者相配閒有成槍彈之料與尋常者不同而兇手之房屋內亦存此種材料或兇手買此材料之處亦能查出之故可見凡槍彈之傷所能取出之彈子等件須存之而詳細查驗如槍彈透過身體則其兩口須詳細查驗其進口之邊圓而整齊有凹形其出口之邊參差而不齊略有凸形其彈入身體則揷肉入身而進口不久則縮小其出口更鬆而不多縮其衣服上能依同法分別

進出兩口然以上爲尋常之法閒有出乎法之外者因其傷幾分恃彈之速並其行過各網質時所受之阻力其速愈大則其傷口愈齊整其速愈小則其傷口愈參差且有撕破之形如用圓錐形頭之彈而其速率大則進出之傷口難於分別因其兩口尺寸略同俱略有三角形如槍彈已行過身體最寬深之處其事亦略同以上所言者大概爲擊時成垂線之方向如其彈爲斜擊之方向則其傷口成活門之形

槍彈行過身內時遇骨或別種硬質常能阻之令其改變方向卽如葦斯曼書中有一案其彈進面顴而停於頸後又有一案其彈自小腿外邊近膝處進去而停在膝上之內簾又有自手臂外邊進去而在肩胛骨之下割出又有數案槍彈擊頭或擊腹而非徑直進去繞道行外周而在對面處停止或出去閒有槍彈遇骨則彈劈成二塊或多塊而其分塊或通過身體而出或存於身體內如存於身體內則閒有繞道行與前所言不劈開之彈同如彈之分塊出身則能成多於一個傷口其各傷口與一個彈所成者相似

如彈直行過身體毫不偏方向則查二個傷口之形狀並二口中閒線之方向或能知受傷時身之方位與位置法

又如彈行過二體如木板或窗等或行過一體而在牆壁等處停止則從此二點能定放槍者在何方向而放之閒能定放槍者之方位

如近於身體放鉛砂或極小之彈依垂線之方向進身則羣彈所成圓而整齊之傷口與一彈所成者難於分別設如相離一尺或有餘則羣彈散開而其傷口爲亂形如相離三尺則不能誤爲一彈所成之傷此種傷常有小彈若干存於身內又如在近於身體或離身不遠處放槍則皮膚或衣服必有火燒之痕迹

如以作墊之材料裝槍而近於人身放之或離開數寸放

之則雖不裝彈亦能成大傷口間有足令人死者又如相離一尺而放槍亦成皮膚之大傷口如不裝彈而放空槍與人身相近則常有若干火藥粒未及燒盡打傷皮膚與鉛砂相似

前言槍彈之傷為最緊者故可知其危險亦必甚重或即刻令人死或不久而死因驚駭或流血等故待若干時之後因生炎等事而放血或因皮膚生炎或因牙關緊閉或因受傷處先死而多生炎放膿漸鋪散至全身而死

凡槍彈之傷所有與醫學合律法相關之處與他種之傷相同即其傷之危險之輕重治傷之法之利弊其人受傷

後所作之各事又受傷與其人之精神或生命有相關受傷後自己能行路若干步等事

查槍彈之傷因無故誤事或自盡或為他人有故為之等事亦與他種傷相同尋常言之則無故受傷無論為受傷者自為之或裝藥時誤放槍或持裝藥之槍不謹慎而令放出或誤以為未裝藥之槍而其槍實已裝子藥向人放之或在打獵時向禽獸放槍誤傷相近之人其傷之各性情能有近於身體放槍之形狀而此各情形與自盡放槍之情形可為相同惟自盡放槍之傷有一種情形為無故之傷所無者而故意放槍之傷間亦無之即在頭額或心相近處放槍而成之惟此事有不在常法之內即自盡之人故意將槍在頭後放之尋常言之自盡之人放一槍而止然已有自盡之人同時放二槍或先後放二槍間有自盡者用刀割之後自覺未成故再放槍間有自盡者先關閉其門人往查時見其人手持其槍間有用火石打火放槍所用引藥着火之痕迹在自盡者之手上

查其案內之情形畧能分辨放槍為何時所作但不能查得其確據（見德國孫嫩曬納所作化學與律法相關之書）如將手指插入槍口發黑色槍內不含鐵養硫養之微粒或鏽消化槍內物質之水帶黃色又大發輕硫之臭合於鉛養醋酸結成黑色之

質則放槍必在二小時之內如其槍內之色其黑色更淡而不含鏽並不含鐵養硫養之微粒又其水如用鉛養醋酸試水或鉀綠試水顯硫養之痕迹則放槍之時刻必多於二小時而不及二十四小時又如槍內面見有生鏽之點又將其水以鉀$_{三}$衰$_{六}$鐵$_{二}$試水試之顯出含鐵之據則放槍之時已過二十四小時或已為六日如其鏽更多而其水竟不顯含鐵之證則放槍之時極少為十日或已過五十日亦未可定（案槍內情形變化之遲速必與空氣並安置處之燥溼等事有相關）

第四節　各種器具傷所有相關之處

凡器具之傷祇有三種可查問者　一其人生時受傷否

二·其傷爲死之根原與否　三·其傷爲無故誤事或爲自盡或爲他人謀害而成之否此三種可查問之事第一種已經論及玆將其餘二事詳論之

其傷是否爲死之根原　此事如爲無病者受重傷而尙未患病或醫士等未曾誤事或無不理會等故而早死則不必疑其死之故非爲受傷設如受傷與死之中間分隔多時則以上各事叢集其案甚繁最難言其人之死實爲何故

受傷之處或本爲形狀或情形不合法或爲身體極緊要之處他法受傷不妨害而適逢其巧能爲此傷而死即如

身體內有不合法之一體前有一案爲一幼童在果園中偷蘋果被主人拏獲而懲之誤擊其頭其頭殼分外薄而不合法原意祇欲責罰之不料竟致死又有一案受傷之方位本無妨害第因有與常人不同之故受害至死又有一案腿腹交節處有疝病爲他人所踢以至於死又有人內腎中有參差利口之石淋被人在腰外擊之則其淋割傷內腎流血至死又有耳後有大膿瘡有人擊之流血至死此各案如無此特有之情形雖擊傷之尙不至於成命案

又有一種案其人跌下或受他人輕擊尋常不足令人死者然因腦中有血管破壞或因他處有跳血囊破裂此各種案內其死之故幾分爲跌下或被擊之故幾分爲相爭激動之故又有腦內有傾血病或胸膛內有傾血病爲尋常安靜時候常有者如易有此病之人則因遇激動之事或驚駭震動等則更易有之

以上案內其受害者所有之病爲他人所不知者如果知之則不敢激之或擊之故其罪可以減輕然一切刑案即如年輕人或身弱人或年老人或懷孕之人俱依英國律法不能免罪即如孩勒所言者如有據得知其人之死爲兇手有心之害令其速死則雖受害之時其人有必死之

病然其加害之兇人不免重罪

第二種案爲受傷以後若干時而漸死內有特設之案更多凡議論此種案必預先言明其受傷與死相隔之時頗長又其受傷爲死之故無可疑之處因其傷爲最重無論身體精神堅壯如何無論醫法講究如何俱不足救其人之命即如背脊髓斷或脫節或槍彈存於身內不能取出則無論受害之後其人能活若干時其死之故必因所受之傷此種案內雖然其死之故毫無可疑或其用力加害之罪毫無可疑之處然大半有文教之國須問其人受害之後能活若干時而以此定罪之輕重如英國尋常律法

其人受害之後能活一年零一日則不定爲抵命之罪又閒有英國審問堂帮審之員不肯以此多日爲限而欲減短之

如三百六十六日以內則下三款之事俱能有之

一受傷或受害雖爲輕者然因其人身體本有病源則可生炎或生瘰癧至死或因染他人之皮膚生炎因此而死

二如受小傷其人從此有牙關緊閉或酒狂亦屬於此類又如有隱瘡則因跌下或被人擊打而其膿汁入血內足令人死又身體內器具在受傷後患病而與其傷害無相關者亦屬於此類

三又有一事在查其傷害爲死之故內不可不問者卽管理受傷者或服役者或醫法俱爲不誤與否卽不請醫士調治而自己或家人或他人服侍管理或請醫而不從其命或請無憑據或假冒而糊塗之醫士或有憑據之醫士用錯醫法或有亂行各事或故意受冷或辛苦或另受各傷或飲酒至醉或病人自作之孽因此各事而死 英國審問人命案之律法內有一款論誤用醫法其意欲治病反令人死卽第一百七十三款云凡害他人之身體而其人因此而死則其死必當爲自然之罪無論其所用法之意思欲治其人之病而其事爲合法者仍須定其人爲有罪如其傷非危險之事而用錯醫治法爲其人死之根原則控其爲兇手或爲無故殺人之兇犯者可依此事而輕減其罪 其傷爲無故誤事或自盡或爲他人故殺與否 如多人成密羣則常有因此而死者又如二人賭力或相毆則有人跌下或被人撞下或向硬物推之因此而死者此種案查驗其人受傷之處略能助其定案

如在危險處遇見死屍卽如在石崖之下或在高岸之河邊則其無故誤事而死之決疑處頗重又如有憑據知其人已醉則其決疑處更重凡有可疑之處則查其傷之情形略知其死屬於何類卽如揰傷或斷骨或脫節等事與無故誤事而死者略相配割傷刺傷破裂傷略與故意傷人而死者相配

如查其屍之情形不能爲無故誤事而死者則欲查驗其

傷爲自盡而成者或故意殺人而成者

自盡之案較故意殺人之案更多故凡遇見因傷而死者則不管其情形如何其決疑處以自盡爲重如爲中年之人則更爲重但此決疑處自必屬於本案內之情形卽如死屍在何處見之又其傷之情形與地位輕重方向並傷處之數目是也

遇見死屍之處 如見死屍之處爲房屋其窗與門在內落鞘則當爲自盡之據又如不見致傷之器具亦爲有他人故意殺人之據又如其傷足令人死而其所流之血從死屍或地板上以水洗去或指去或在人之足上見之而

其人當爲不知此事如何卽如第六卷論屍身周圍各物件之相關所記兇手足上有血之案或其屍身安排之法與其死法不配或以物蓋密或埋在地面或埋於他物內俱能當爲有兇手之案

傷之情形　如爲捶傷則難得爲自盡者然閒有人將頭故意向牆捶之而欲自盡此在癡人內常有之事所以如有重捶傷則爲他人故意所成者其決疑處甚重除在高體之下如石崖等處見其屍而其人可爲無故誤事而墜下或有故自盡而跳下在此說之外如割傷則其爲自盡或爲兇手所作其決疑處相平又查其傷之情形難於分

別歸於何種醫士或言查驗傷口如爲整齊者則當爲有兇手之決疑處重惟此事不足爲憑因主意堅定欲自盡者其手持器具能平穩若爲兇手則知必爲人所阻手持器具難於平穩又所見割傷喉嚨最深而最齊整者必爲自盡者所成

有數案內查驗割傷之形狀能分別爲自盡或爲兇手所作因能顯出用何種器具並顯出兇手之生業卽如有一案其死屍之頸從內向外割之卽與屠戶殺羊之法同則疑兇手爲屠戶因細查之果爲屠戶所作又有一案屍分兩半用刀在脊骨第三第四節中間之脆骨橫分開之卽如屠戶以刀分開牲口之脊骨而免用鋸之工夫此非屠戶不能知此便法故疑此事爲屠戶所成查之果確該兇手實以屠戶爲業此爲哇爾非拉所記之案

傷之方位　如其傷之方位與器具相比則手持器具不能在有傷之處成傷無論祇動手或以器具立定而將身體撞器具或刀與身體俱移動斷不能爲本人所作者大概不當爲自盡又如身體藏閉處有傷卽如陰戶內或乳頭下則其爲他人故意致死者其決疑處最重然以兩面言之雖然一面有故意殺人假冒自盡得傷之形狀一面又有自盡之人故意用奇異之法自盡似欲令查驗之人

疑爲他人所殺

傷之大小　尋常人以爲自盡者其膽量氣力不足成最重之傷但查閱各案內則知其不然卽如自盡而割喉嚨尋常最深最大又常有頭幾割斷者惟假作自盡而割喉嚨者常爲淺傷又如二人在同室內或在同處見此二人之時一受重傷或死一受輕傷而未死則其活人難免得兇手之罪因其決疑處甚重也

傷之方向　自盡之傷尋常順其手自然之動法自左至右自上至下惟有慣用左手之人則其方向爲相反者又喉嚨之傷無論自盡或被人所害尋常爲橫者又如高矮

二人相敵則高人傷矮人其方向必自上至下矮人傷高人其方向必自下至上此說爲二人立而相敵者凡劍傷或槍彈傷則其進身出身之兩口必詳細查驗記錄之

傷之數目　如一人身上有數傷處而各傷略足爲令人死者則可疑其非自盡而不能爲確據因開有自盡之人已傷其本身足令其死尚有餘力能傷他人足令他人死者則既能在他人身上成此傷豈不能在本人之身成此傷哇爾非拉記一案係住於盧昂之紳士有人見其在臥房內已死而有手槍二具一在身之相近處一在牀上與屍相離頗遠其人必自放二槍成二傷一傷爲臥於床上

時所成其彈擊通胸之左邊前後打斷肋骨一條又擊通肺之中分行過近於肺內迴血管之根胸內有傾出之血頗多成此傷之後其人必從牀起身走至櫃前再取一槍向頭放之即死其彈入額骨行過左半腦髓而停在枕骨之外此案必爲自盡無可疑之處

奢脫生書中云有一自盡之案喉嚨割傷十處

以上所言各事之決疑處未可深恃因此種事內極易差誤必謹慎偶然無故之事與有心故意爲之最能相似之處又必謹慎成假冒之狀故意騙人

又不可以爲他人所致之重傷實爲死之緣故即如韋勒特白格書中記一案云有犯人要罰他欲重打之則因此犯要害審問官或定罪之人在臨打時服毒則未打畢而人已死查驗死屍得服毒之據

因傷致死之旁證　此種旁證爲最要者見前第六卷論遇見死人之節內曾記此事又有一案係岡比爾蘭公爵後爲亞諾威爾王有一僕人名寫里司公爵請和末爵醫士調治被人重傷其頭與手當見其僕人臥於牀上已死其喉有深割之傷據公爵云睡時忽然頭上受人重擊一次隨後擊數次內有一次放血甚多立即從牀上跳下逐其人而其人屢次擊我而我躲門後以護身如此免受數

次之擊否則必當時被人擊死查此案內之旁證俱與公爵之說相配即如公爵牀頭所掛之布簾有血滴撒於其上又在各過路內及樓梯上並各正房之門俱有血迹又見僕人寫里司之衫掛在其臥房椅上而其袖從口至肩頭有血滴撒於其上雖其牀上與牀下亦有血迹而此血迹不能與其衫相遇又查其袖上之血全乾必定爲發血管受傷而出

又有一案係陸邑勒伯所記者遇見死屍於牀上而割破其喉其兇手名古爾福西埃所用之刀與死屍相離頗遠又有手巾整鋪於屍面又有一案係女人名奴爾各特遇

見其屍於牀上喉嚨割傷左手有血迹亦爲左手所成之迹從此俱知爲他人故意致死者

另有數事亦必查問即如其傷足能令人至死與否又如有多傷則須定某傷致死又須查其人傷後能活若干時又須查其傷爲何時所成

其傷足能令人死與否　如傷大血管或臟腑之要體則此事易於決定設受傷處不甚危險而因傷甚多或甚大則難決定其故因不緊要處受輕傷間有身軟或有病者足令其死壯健無病者或身體能耐苦者其傷雖重而大尙不足令其死即如有一案其人名替泒爾偶有馬車速

行而車軸之頭撞透其胸且撞着其人背後馬棚之門而此人能治愈不死

所有傷身體緊要處之危險在下第五節言之

數傷內分別某傷致死　此種案間有爲最緊要者即如有人相爭先行相擊隨後用器刺之或割之則如爲相擊之傷而死其罪與用刀刺割而死者大不相同又如一身有數傷爲數人所爲須分別何人所爲之傷令其人死者此種案爲最要惟因其案各異故不能設公法定之

受傷後活若干時　此事間能爲緊要者因受重傷後所能用之力必有界限此事如詳細言之其情形甚繁亦必在下節內言之

傷爲何時所成　此事或在生時或在死後必查驗之如爲活時之傷而傷爲搥傷之類則以其聚血變色之輕重辨之如爲割傷或刺傷則必觀其傷口之形狀觀其傷處內含流出之血與否又觀其傷口發腫周圍之皮膚生炎與否如爲死後見傷則須查其人已死之時或須並查死之時與傷後能活若干時可見此種事情內須查其死屍之冷熱並其變硬或否又其腐爛之事或未發氣或已成若干分此各變化在前第六卷論已死並死後若干時併求其證內詳細言之此各種變化在各人不同故凡欲定

案必最謹愼不誤因難於確實言之

第五節　各種致命傷與身體之相關

前節所有數要事茲於本節推論之

頭之傷　如頭頂皮所受之傷比他處皮傷更爲緊要因此處之皮最易生炎而散至全頭以致頭全生炎其故因枕額骨筋與骨衣之中間有多放鬆珠點形成核網質此網質極易生炎此生炎極易佈散又其動筋與此鬆網質之相關阻住所傾出之流質放散如頭皮受刺傷與撞傷之危險因此網質內所生之炎並所成之膿等質難有出路設爲撕破之大傷與骨衣不相關則難得爲危險因生

炎所成之膿等質有易出之路

頭骨擊破　此種傷本不能比別種骨之傷更爲緊要但因骨質受傷之外難免腦髓或腦衣同時受傷又因頭殼之形狀與別種骨不同所以如重擊頭殼一處之骨未必卽在此處斷之而其力可傳至他處斷之或在相對處斷之卽如重擊頭頂或從高倒墜傷頭頂則所斷之骨爲頭殼之底

頭殼受傷其危險與骨之厚薄有比例卽如太陽處之骨最薄此處受傷所用之力移至他處則無妨害又如羅篩骨圓形之盤與篩形之盤二處亦爲最薄如用利器刺其

處則其傷最爲危險

腦髓之傷　此種傷可分爲震傷搥傷壓傷破傷割傷傾血傷並與生炎所生之各事如腦髓與膜質之生炎

震傷　如徑擊頭殼或從高處落下其臀着地則其震動行過脊骨而至腦髓爲此令各腦筋大震動而受害故謂之震傷

此種病證尋常在擊之或墜下時立卽顯出而其輕重與其久暫不定其人失知覺肉筋放鬆面色發白瞳人放大見光暗不漲縮或漲縮極少脈極小呼吸最輕或亂其人起首知覺尋常有嘔吐者間爲暫時之事各證既過安然無恙間有數小時方能愈間有待若干時而死或其人先能知覺而勝震傷之本害但後因腦中流血或壓緊或生炎並生炎所成之證而死

震傷之病證有多醫士議論其意見不同惟常有震傷而死者所顯之證祇爲迴血管內聚血過多

搥傷　尋常所令人頭或全身成大震動之事亦令腦髓搥傷故查其受傷之處或在其對面或在腦髓之根底或有散開流血點之痕迹或在腦之面上或在腦之質體內

觀杜累於一千八百七十八年所作治傷名案詳細論記之

此各種案內在震傷病證之外另有別體受害之證卽如

癱瘓或癎證是也

搥傷常有多血傾入腦體內因此腦體壓緊或致以後生炎

壓癟　此事或因腦殼被擊成凹而其病證或能存久如能用法將骨取起至平則能立卽見效

又有在腦髓之體內或面上有傾血壓腦或因腦受傷而生炎亦能成此事

如震傷與搥傷有變爲壓癟腦髓者故尋常難分辨其事全爲震傷或爲震傷合於壓癟之證

常有受震傷之人而能愈者再待一二小時則覺頭疼耳

鳴眩暈嘔吐見識不清楚身軟困倦漸變爲暈迷失知覺瞳人放大猝然大聲呼吸間有發癇證者

以上各證俱因震傷起首時不覺其事之輕重以後所有已破之血管多傾血入腦內設如震傷之後數小時以內不發壓癱之證則以後發出壓癱之證不能當爲傾血於腦上

如顱頂骨之前下角折斷而腦衣中脉破裂因此在腦筋衣與頭骨之中間有傾出之血則常有猝然速傾血而令人死者或腦血衣之血管破裂因此有傾血在腦面亦能令人速死惟因腦之受傷有傾血之事不惟在腦之外面亦有在腦之中者

凡頭殼擊成凹而血壓於腦上則其死之故自然顯明然受傷之後腦殼內有傾血之事而令人死則可辨駁之云其腦上傾血令人死非因其人所受之傷而因同時所有之别故即如相爭之間有一人推下或擊下而後顯出壓腦之證而死則查其死之故因腦上傾血則此事可當爲因相爭而心激動非因受傷而成者又如其人常飲酒至醉或因年老或因有病易發中風則此事更能有之

凡遇此種案則應詳查其血管有病與否即如血管內有粥疱（西名阿得路瑪）或黍形跳血囊或內腎之病或心腫大之病此各病內俱能令腦髓內傾血如以上之各證俱無且爲年輕之人而傾血處爲腦衣中脉或在腦之面上則其死之故必因腦髓所受之害如以上之病證並腦之受傷俱有之則其人之死可謂因此二故而難於分别孰輕孰重孰是孰非

腦之割破各傷　腦之割破等傷其所變成之事各不同間有傷之小者祇傾血或生炎間有重至令人死者反之間有大撕破而失去腦質頗多者其人能愈而心力與身力幾不改變

如巴累與韋斯曼並近時著醫書家亦記錄此種案甚多

有一案爲醫家俱知之者係美國人有鐵桿搉入腦殼左邊之案即在腦之左半前分通過而其人能愈（見弗里愛於一千八百七十八年所作腦病停在何處之書）又有一案其腦髓在前分或在枕骨內一分或在太陽合蝴蝶骨之一分俱有受傷而不成癱瘓之證但如圍住羅蘭特縫所有腦髓之成卷處受害則其對邊全癱瘓或幾分癱瘓俱依傷之大小與方位而分癱瘓之輕重（此事亦在弗里愛所作之書詳言之）又有左半腦髓在布路加所查定之卷形處受傷令人不能言語又如槍彈或别種拋擲物停於腦內間有數日不顯生炎之證其人亦不覺痛惟有不能言語等證顯出其腦髓必有一處不能行其

職分而有大傷

生炎　腦髓本質生炎或胞膜生炎為尋常頭腦受傷所成之事無論腦殼已破或否惟擊破腦殼之案成此事更多此種病證最難定準能有與否開有受傷後待數日或數十日不顯而後忽然顯出尋常為七日或八日後顯出此時之內其人似全愈而顯出之後或成布散之生炎或放膿或成腦體內之大瘡顯出腦受壓癱之各種證而令人死有一案為醫士游記錄者腦殼被擊而未破裂惟腦中生瘡此案最有趣能顯明此理見英國醫學記錄書一千八百七十九年六月初七日與十四日兩卷其受傷之後四十二日尚未顯出腦髓受傷

可恃之證惟顯此證之後二十餘日其人即死

由此可見頭之傷雖初時似不甚緊要待若干時能猝然顯出危險之證令其人死此時之間受傷之人或不理會其傷或誤治之或可妄作他事令其死之緣故難定若干分為其傷若干分為誤事之故又此種傷雖不至於令人死者仍能待若干時成羊癲瘋或癱瘓或發狂等證

背脊髓受傷　背脊髓受傷亦能與腦傷相類其故亦能相同又其腦髓與背脊髓常同時一併受傷如背脊髓之傷可因背受重擊或震動或搖動或傾血在其上或背脊骨脫節或折斷或受傷或背脊髓胞膜在一處生炎或全

生炎或背脊髓內質生炎

背脊髓受傷之輕重大略與其方位有相關如腦脊根頭或背脊髓之上段受傷即如頭脊骨或頸節折斷或頸節脫等傷俱能徑感動通血與呼吸之腦筋因此令人速死總言之如其受傷在膈膜腦筋發源處之下而在兩手臂腦筋網發源之下則四肢與中身必有癱瘓在數小時以內能令人死然亦有數十日或數月或數年後不定即如厄塞斯省之考古西勒有人名揩爾他在頸脊骨下三節全脫節而在背脊骨第七節相對之背脊髓受其壓力其人以後能活十四年

如背脊骨在背內或腰間受傷則常有受傷處以下其行動與知覺之事俱有癱瘓且各處束肌俱不能自主

以上各傷如能依法管理而養治各病則能延下多年設如不合法治之則速令人死

如醫學合律法之事內則背脊髓震傷或揰傷令人受害或死之案最為緊要即如鐵路上所有客車相撞而人受傷害者常有審問之案見伊里克孫於一千八百七十五年所作震傷揰傷背脊髓之書又耳自所作背脊髓病論列於賽墨孫所作醫學總書內俱詳言之間有人因背脊髓總受震傷揰傷又有他案祇有四肢內暫時癱瘓而大痛過二三日能全愈反言之其人祇能愈

幾分身體軟弱大痛四肢所知覺者俱不合法肉筋漸瘦小背脊髓稍擊或震動則覺痛如是多年其人或能全愈又有他案在受傷之時病證不顯數十日或數月之後由漸顯出而醫士或以爲背脊髓與胸膜漸變壞之故

凡有此病者其性情極易感動間有妄言笑或心中易受激動而難睡眼視物不清四肢無力而行步不平穩或不整齊脊骨不能彎少行動或擊動則大痛四肢或木或知覺混亂惟不多全癱瘓必少能移動或知覺各肉筋難於養足間有肉筋不能漲縮膀胱無力溺不收束情慾之事或全不能行或幾不能行養身之事不合法身體軟弱四

肢發冷另有他種無力之證

此各種病證爲鐵路上受傷人案內常顯出者故特設一名目謂之鐵路傷背脊髓案然因此種案爲自覺而無病證之案而其人常故意假冒病證或將小病證當爲極大者故醫士於此種案必謹愼查驗如尚未全考究此種腦筋病則難分別其人受傷之輕重近今之法查驗鐵路上受傷之人依傷之輕重令鐵路公司賠錢若干此法有多弊因成案審問時常有請醫士作見證者而鐵路公司之醫士與受傷人之醫士每多意見相反之處

面之傷　此種傷不惟能壞面貌又因數種緊要之腦筋在面上排列恐亦受傷而其受病之處最重又因面貌內各處與腦髓相近故傷面之後難免其傷通入腦髓並其傷處生炎大有害於腦髓

喉之傷　大半自盡之案爲喉嚨之傷而成者間有用法致死他人再以刀等器割其喉令人疑爲自盡而死其危險之輕重大半藉其傷在何處如喉前之傷比頸之兩邊者更危險而頸邊向下之傷比頸邊向上之傷更重如頸內總發血管分斷則幾無法能救之又如頸內迴血管分斷則難免流血並空氣通入血管內及血管生炎等病甚爲危險如喉嚨發聲處或氣管受傷其危險小而總氣管

之上比聲管之上其危險更小

此種案內言定其傷爲死之根原與否易於分辨惟查其傷爲自盡抑爲他人所爲其事更難定而此種傷之外有一事更須查問者卽受重傷之後其人能否自已行動或出力作事是也

以上所問之二事卽自盡或殺人並喉嚨已傷而能自出力若干此三事在一案內俱能顯之前有武弁來脫與司密得爵二人因於倫敦添坡檻房內同逃出後來脫被拏又在同處閉置有一日見此人臥於牀上喉嚨割破右手持薙刀其刀口在刀殼內查其喉嚨前面之上有大橫傷

俱在氣管骨頸之上而割破皮膚肉筋氣管食管各血管徑通至背脊骨此案之細情極難考究至詳後雖從司密得爵詳細查考其各據而至今不能知來腕之自盡或被殺然其手中薙刀口在殼內不能當爲非自盡之證因前有數案能顯割喉之後所能作之事如一千八百三十八年九月有人見武弁之頭與身幾不相連而無人疑其非自盡之案且割喉之後其人將薙刀正置於牀邊之桌上又有癡人割喉其傷最重而有人使僕婦阻當之則與僕婦相爭相爭之間跌仆而死又一千八百三十三年十月內有一人行於倫敦痾克司佛特街之時忽用薙刀割喉

嚨分斷頸總發血管並其數分支又一邊之總迴血管並氣管後取手巾蓋於傷前行四碼之遠在路仆地而死手中握薙刀最緊

又有一奇案有婦人格連於一千八百三十二年爲男人旦克斯所殺其兇手認罪又查其屍之情形並口證得知其人之傷分斷頸總發血管並頸發血管外各大分支及各總迴血管受傷時其人伏於地面後能自起行路二十三碼又越過矮門仆地而死後有人試驗從見死屍之處行至受傷之處其費時十五秒至二十秒

胸之傷　胸前割傷無甚危險如爲重擊則因令身震動或斷骨或令臟腑破爛後有大流血或生炎即如人相鬭時或從高處跌下或有重物壓胸常成此各傷如刺通或割通其胸難免傷要體令多流血後重生炎然間有刀或彈透過胸而不顯出重證即如蘇格蘭之屯巴爾打仗時醫士韋斯曼管理胸受傷之人幾全能治愈

肺之傷　肺受傷立即多流血其血或從胸口流出或過氣管咳出或在肺之胞膜膛內聚合令呼吸極難如大血管受傷則流血多而人速死如肺之本體受傷則未必令人死因間有人其肺去若干分而能愈又有異質如槍彈等存於肺內多年而肺中物料成囊包藏之此種傷平常

大生炎如有異質藏於肺內爲槍彈等質更能如此肺體受傷則管理其人之事必最謹慎又必久停歇不作事此種傷亦常令皮膚內發氣泡如能謹慎治之則不甚危險

心之傷　如有進心之傷則因多流血而速死如爲斜入者令其傷口之皮當爲門而關閉或有異質存於傷處可當塞子塞其孔則能數小時或多小時不死如心底之傷比心尖之傷其死更速又心面割斷養心血管之傷比割斷心房之傷其死更遲彼拉書中記一案有兵丁之心尖爲長細之刀尖所割其人能活十二小時而其心每漲縮一次放血少許令胸膛漸積滿至於悶死又有一人被刀

所傷割斷養心發血管待二小時心胸衣內積滿血其人心中有大思慮見外科要理第一本第四百六十八頁

有一罕見之案流血極多不足令人死而能全愈者卽如有一案爲富畢書中所記者係阿連斯醫院內之外科首醫士曼孫作證其人有槍彈打入心內待六年後而死其死之故與此傷無關死後剖驗其心則見槍彈藏於心體內又有法國醫士哇里非耶散孫將心受刺傷之案彙合之欲查其傷能在若干限內令人死之大略如心房受傷其有二十九案內有二案係死於四十八小時之內其餘者係死於四日至二十八日之內見法國醫學字典所記罕見案內之一欵

心總發血管與肺發血管之傷　此種傷自必令人死惟有受傷者其心總發血管少刺通能活數日

食管吸液總管之傷　此種傷因其體離皮膚深故爲罕見者而其危險大半因所含之質漏出或傾出哇爾非拉云有一案其人食管被槍上之刀所傷後能全愈

膈膜之傷　此處有刺傷無大危險如令上下之體一併受傷則有危險間有胃破裂而令人死者又間有腹內之腸伸入胸內各體不能行其職分因此待多時其人卽死間有因膈膜受重擊或從高處墜下則破裂其人因同時所有臟筋震動而猝死

肚腹之傷　腹受割傷則間有分開腹中下之脉而令人死又其動筋內之傷與頭頂皮之傷其危險相同因能有多質聚合無路能出間有腹外受傷因此成小腸疝又有受大力之捶擊則可因其大震動而死或因臟腑有擊破或因流血或因生炎而令人死極易破爛之體爲肝與脾

肝之傷　如肝受深而刺通之傷則不常因分斷大管而令人死惟間有多生炎又如傷膽囊令膽汁流出因此有膈膜生炎

脾之傷　脾之重傷流血多而令人死如爲淺傷間有不死者如重擊脾令其破爛則依傷之輕重數小時至數日內必死前有一案有人因生他病而病已退則其脾分外大而最軟爲他人所踢傾血數兩數分時內卽死見韋廉士所著醫學略論第二本第四百七十頁

胃之傷　此種傷或因驚恐而死或因各大血管放血或胃中之質漏出而令膈膜生炎或胃本體生炎有此傷未必足令人死有數案其人能全愈雖其傷最重而胃因多含食物而脹尚能治愈

小腸之傷　此種傷與胃中之傷令人死之法略同卽能令其所含之質漏出或多流血或因膈膜生炎或因腸本體生炎如爲小腸危險已大而在小腸上迴其危險最大

因所含之質爲流質，極易漏出，間有腸之傷因所漏出血內之黃水能凝結，漸變爲腸之本質，如此能治其傷

內腎之傷　內腎之刺傷，能令放血，或漏溺，或生炎，足令人死，如能令溺不漏入膈膜膛內，則或能治愈

膀胱之傷　如膀胱含溺多而滿，則其溺易流出，因此有生炎，膀胱破裂，或剽破之後，其人能行若干路，然此病無法能治，遲早必死

生育體之傷　如割去陽莖，而其流血不過限，則不爲危險，設如溺管割傷，則難免漏溺而生炎，成潰爛之證，又割去外腎之事，比撞傷更輕，因撞傷震動而駭人，足令人死

又如外腎之筋受傷，常大流血而危險，如將男子生育體全割去，亦可不至於死，而婦女之陰戶受重傷，則因流血而危險，間有呆笨醫士，將器具通入陰道而傷子宮，或膀胱，或肛門，或胯骨盤之大血管，成大傷，足令人死　見會脫生所著之書論命案所有醫學合律法之相關

第六節　分別血點之法

審問之案，醫士間必查驗紅色之點，或在衣服類，或在刀類，或在器具類，或在地板地面等處，分別其爲血點或否，又必查驗含血之水，如爲人血，必將其血言明從何處而來，又必分別清楚，或爲人血，或爲獸血

如其血點爲新成者，而其數多，則所顯之形狀，足以分別之，如消化之所成水之色，亦爲奇色，又可用化學法，顯微鏡法，分光求原法，將各種紅色之水分別之，設如其血點非新成者，且其數爲極少，則分別之工夫必最謹慎，方不致誤

茲先將其各試驗之法，逐一言之，後指明如何用各法試驗各痕迹

一化學法　凡血之色料，全能在冷水中消化，成紅色之水，加熱則血凝結，變爲端石暗色，再加鉀養水，則能消化其結成之點，而成水，有二種色，如通光則爲深綠，如回光

則爲紅，如加以硝強水，則其消化之質再凝結，又如添淡輕$_{四}$養水之微數，入血水內，則不令其變色，凡一切他種紅色水，無此二種性情，即如花類根類果汁類等所成之紅水，或淡紅，或深紅，如加以淡輕$_{四}$養水，則變綠色，或茄花色，又如呀蘭米中加以淡輕$_{四}$養水，發大紅色，又如鉀衰硫之紅色水內加入淡輕$_{四}$養水少許，則結成鐵養質，又如鉀養錳$_{二}$養$_{七}$之淡紅色水，加以淡輕$_{四}$養水，則變爲藍色，如血水內加以綠氣水，則先變淡綠色，後其色全滅，而成白色小雲彩形之質，如加熱則此質更易顯出

凡含血之水，合於樹皮酸沖水，或沒石子酒，則結成紅色

之質惟各種紅色之料如為鐵鹽類所成則結成深藍色質如鋅養醋酸水內加以淡輕四養水則結成紅色小雲彩形之質此為根甯所設之試法

如含血之水內加以鈉養鎢養三水而此水預加以醋酸或燐養五足令其有酸性則結成紅色質此質能在淡輕四養水中消化成閃色之水即帶綠色與紅色如再加以酸性水則其質再能結成將其結成之質合於鈉養並朴硝少許燒之令其融化則餘下之質為不能消化者即為鐵養此為孫嫩矖納之試法

電臭氣之法或古阿以苦末試法　凡含血之水能令含

電臭之質放其電臭氣而令收電臭之質收之即如輕養二或電臭以脫或松香油俱為含電臭之質令古阿以苦末酒收之既收之後則其酒變色如將血之紅色水合於古阿以苦末酒數滴再加輕養二水數滴則成天藍明亮之色（造此酒之法將古阿以苦末香一塊從其塊之心內取若干質合於酒醕令成櫻黃色即成）又如白布上有血點加以古阿以苦末酒令溼再加以輕養二水則變為藍色此試法雖為極細極巧然不足為全據因間有數種他質依同法用古阿以苦末試之亦有此變化

喜瑪以尼試法　凡試驗血之色料法內此為最可恃者因有數事內雖有血之紅色料而其變化不顯所以用此法而不顯則能決其無血如其變化能顯則可定其有血用此法將其含血之水輕加熱熬乾或將含血之痕迹內所能分出乾血質少許或血水內加以樹皮酸收其結成之質或血水內加以鋅養醋酸而收其結成之質作乾之無論何法得其乾質置於玻璃表面內或顯微鏡之玻璃片上以冰形醋酸少許蓋密之再加鈉綠一小顆粒以酒燈加熱令沸如用顯微鏡之平玻璃片則加以冰形醋酸不至於一次即妥又如用玻璃表面亦可多於一次待冷則以顯微鏡觀之有鈉綠與鈉養醋酸之顆粒而中間有喜瑪以尼之顆粒為深櫻色斜方柱形如第三十六圖係

第三十六圖

費爾丑所摹之圖一為大顆粒放大三百倍徑二為小顆粒放大一百五十倍徑俱在新成羊血之點內得之惟其顆粒之大小大半恃其成顆粒之遲速而定

以上所言之顆粒係輕綠合於喜瑪替尼而喜瑪替尼為喜瑪格路比尼質化分而成者此顆粒尋常名曰兒知曼顆

加鈉綠之顆粒

如其血點用鹽水消化之每水二百分含鹽一分則不必

二分光求原鏡之試法　如將血之紅色料水用分光求

原鏡查驗之則所得光帶內之線、為一定者、易於分別、如其水過濃、則祇能有光帶紅色之端顯出、如其濃淡合法配之、則在光帶綠色處、在丁戊二線之間、能見兩條暗紋、其第一紋、即從左邊起、比較第二紋更窄更明顯、而兩紋之間、有綠色之光、如其水甚淡、則右邊之紋先不顯、更沖淡之、則左邊者不顯、如第三十七圖之二號、為含養氣之喜瑪格路比尼之兩條暗紋、如其水內加以收養氣之料、如淡輕$_{四}$硫、或鈉硫、或用鐵$_{二}$養$_{三}$硫養水合於果酸、令其有酸性、因欲免為鹼類所結成、加入其水內、則其兩條暗紋不顯、祇能在其中間之處、顯出一條暗紋、此暗紋之中間其

暗最深、而向兩邊、其暗漸淡、此暗紋所顯之處、即為前兩暗紋中間綠色光線處、此為放養氣之喜瑪格路比尼之光線圖、如第三十七圖之三號、如將此水合於空氣搖動若干時、則再能收空氣中養氣、而仍能顯出兩條暗紋、如圖之二號

第三十七圖

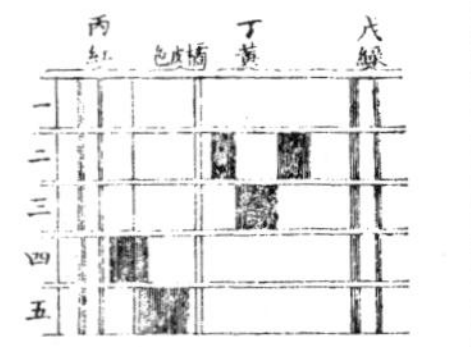

凡紅色之水、能在光帶內顯出此兩條暗紋、則必為血之紅色料水、設為他種紅色料水、如卡耳米尼水、或阿勒卡尼脫根水、所成光帶內之紋、如不謹慎觀之、易誤為喜瑪格路比尼、惟其方位不同、又不能照以上所言之法、放養

氣收養氣、故凡試驗紅色料水、必用此放養氣收養氣之法、則不致有誤、反言之、喜瑪格路比尼能自化分、又遇數種試藥、亦能化分、故其光帶內各暗紋有改變之處、如喜瑪格路比尼久遇空氣、或酸質、或鹼類質、則化分成櫻色之料、即喜瑪替尼與一種生物本質、其色料不能再在水內消化、而能在淡鹼類水內消化、其多寡不等、如將醋酸加入喜瑪格路比尼水內、則其水變櫻色、因變喜瑪替尼之故、如其濁水合於以脫搖動之、則成明光之以脫水、如以分光求原鏡試之、則顯出光帶內一處暗紋、大略與發郎胡發所設丙號之線、在紅色與橘皮色之交界內、觀第

三十七圖之四號、又依同法、可將鹼類分開喜瑪格路比尼、而成喜瑪替尼、並一種生物本質、而依此法化分之、則喜瑪替尼之暗紋更寬、而在更低之處、即近於丁號之線、而光帶之藍色處、變為最暗、觀第三十七圖之五號、此鹼類喜瑪替尼、亦能令其收放養氣、與喜瑪格路比尼同、其放養氣之喜瑪替尼之光帶、有兩條顯明之暗紋、與喜瑪格路比尼收養氣質相似、惟所顯出之處更低、而更近於其藍色處、如血之色料、遇空氣多時、而未全變成喜瑪替尼、所成之光帶內、有暗紋三條、一條與喜瑪替尼之暗紋幾相似、其餘兩條、與收養氣之喜瑪格路比尼相似、因此

故化學家以爲其喜瑪格路比尼變化至中道而止所成之質名曰迷塔喜瑪格路比尼見普來亞於一千八百七十一年所作血料成顆粒之書

凡用分光求原鏡試驗血類如其血數頗多者可用尋常求原鏡因喜瑪格路比尼之色最濃如水四千五百分內含喜瑪格路比尼一分則能在尋常求原鏡內見其暗紋設其血爲極少即如一小滴之痕迹則需用蘇爾比與普牢寗所造之顯微分光求原鏡如第三十八圖此器能查驗微迹而不至於誤此器能代顯微鏡內目鏡一節之用內有三角鏡能令所欲試驗物之光帶過旁孔而入鏡內

第三十八圖

又能徑視別物之光帶令二個光帶相合或相近如此能比較之此器具有配光距之細法如此其光帶與所成之暗紋顯出甚清見蘇爾比在國王博物會內記錄此事之書第十五本等

如有血輪數個則能用此器具顯出喜瑪格路比尼光帶之暗紋

凡試驗血而其色料爲極少則所消化而得之水自必爲極淡而必得幾許深之色方能令其暗紋顯明故可用蘇爾比所設之試筩其作法用作寒暑表之玻璃管略長一寸連於玻璃片而直立之依法配準光距而排列隔光之門能令光通過一寸長管內之水柱如此其水之色雖爲極淡仍足爲顯出所需之暗紋又有一法用空劈形玻璃器令其水成劈形任意在其或厚或薄之處通光至見顯出暗紋而止又用此種玻璃器具則能任意加鹼類酸類等試藥而見其所變成之暗紋其血水數雖爲極少仍能足用總之凡試血色料之各法內分光求原之法爲最靈巧而細緻者

三　顯微鏡之試法　用顯微鏡以觀血則其內有紅色白色之血輪易於分別之其紅色者爲血中之要物故必以

顯微鏡詳細查考便於臨事時能分別而不誤因血之外另有他質以顯微鏡觀之得圓形之物與血輪易相混即如乳中之油點酵中之微種有數種極似顆粒質無論生物死物質內俱有之凡胎生之物所有血輪其形狀如第三十九圖其左邊者爲正式右邊者爲側式其形狀已放大數百倍而此圖爲格里伐書中所記者其正圖如圓板中有黑色之圈而其剖面或如雙凹之鏡但其形狀幾分恃顯微鏡之力與光距設不用直射之光則如光距少有不配則顯出凸鏡之形而其界線不甚清楚如光距配之更準則其界線暗而顯如光距配準則內邊暗色少有凹

形或中間有暗紋又如將顯微鏡下之回光鏡少移動之令其光變爲濃淡則形狀之變化亦與以上所言者相同最穩之法將人血輪數個俱以合法者爲準將所欲試驗之血輪與其準者相比則不致誤如第四十圖爲血輪分

第三十九圖

第四十圖

爲數種排列甲爲平式乙爲側式丙爲疊成之形如疊錢之式丁爲血輪之內質漸漸流散則血輪縮而邊成齒輪形或其質成皺紋設將血輪浸於水內則其紅色之血輪發腫變爲球形失去其色久之不見又如浸於濃於血水之流質內則血輪縮發皺紋而成各種參差之形血內之白色輪其數更少惟其形更大似有成顆粒之形其中有一個或二個心點

試驗血迹之法　凡麻棉等布有痕迹疑爲血所成者則試驗之先必記錄爲何種衣服並其痕迹在某處某方位某數目又在衣服之內面或外面有血迹之衣服有一件或多件如有數件則其痕迹在相配之方位與否

凡血之痕迹有數種形狀不必用藥料與器具能分別之如血點尚未與他物相切或相磨而已乾以手摸之則似濃膠或濃小粉小血點爲圓形大血點幾似圓形無論大小外邊顯出清楚而其界限整齊

發血管所出之血爲光紅色迴血管所出之血爲暗紅色或紫色待若干時則二種血失去其紅色變爲紅櫻色而此色可數年不改變惟已變成紅櫻色之後則無法能知已存若干年醫士法甫設一法將鉀養一釐在水二錢內消化之將此水消化其血查其已存若干時其法以爲血之色料消化之遲速能顯出血之新舊惟其本文內有混說其各時候之證據故其餘諸說亦不足爲憑

以上所言各簡便試法可先用之而後再用更繁之法後可將其全痕迹或其若干分從衣服內割出而用淡輕養水試之則能立即分別植物色料與血色料再將其痕迹之一小分即如布內之一條線亦足用之將古阿以苦末浸酒並輕養各一滴置於玻璃片與疑爲血之微迹相合則如其色料內含血即成天藍色設其痕迹已乾則其變化不能立即顯出必待其布等質全溼方能顯出此後可用喜瑪以尼試法而後將色料消化之其法將其痕迹上之材料輕刮少許置於玻璃片上加鈉綠一小顆粒再加冰形醋酸沸之俱依前所言之法爲之則成喜瑪以尼之顆粒爲含血最可恃之據如將其痕迹消化而成水最穩之法以鹽水消化之每水二百分含鹽一分消化之法將其痕迹割下用細線一條掛於試管或玻璃表面內而其器內含鹽水少許如以此法試驗新成之血痕迹則成紅

色或紅櫻色之水其水愈低處其色愈深如舊痕迹則消化其色料最遲而不全間有費數小時方成如撕破其布之絲紋或常搖動之則能助其消化設如其痕迹爲最舊而其色料全變爲喜瑪替尼則不能在水中消化可用淡輕四養水消化幾分或全消化之

第四十一圖

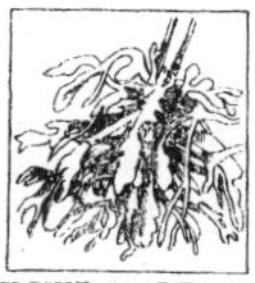

已消化之後可將其布以顯微鏡試驗之査其有否黏連之血輪或有不消化之非布里尼質絲紋其色料全消化之後則此種質能存在布內其形如第四十一圖爲格里伐所作者待其消化之水澄清之後可將其上面之水用滴管收去

之將其極低之一層水試驗其含血輪與否如能得之則爲含血可恃之憑據如爲舊痕迹則不常見之間有紅色血輪全變化不見之後而白色血輪仍能顯出惟舊血痕迹內常見發酵小種子易與血輪相混故必謹愼觀之

顯微鏡試法已畢可用分光求原鏡之法此法照前言能定其光帶之暗紋並其血之喜瑪格路比尼收放養氣之事無論其水如何少俱能顯明之此後可將其餘化學各試法用之俱能用其水之微數試驗

以上各試法或獨用之或合用之足爲分別所見痕迹爲血迹與否

鐵鏽痕迹　有一案爲得物奇所記錄者以鐵鏽之痕迹誤當爲血迹但此二物極易分別如其痕迹不甚久用冷水能消化其血之色料如爲鐵鏽則毫無改變又如用輕綠水消化其鐵鏽則以試鐵之法分別之而無論血之痕迹或新或舊遇輕綠則毫不消化又如其痕迹爲血所成者則其色料不能以水消化之用淡輕四養水能消化之惟其消化之工必遲（化學家蒲陸山云血之舊痕迹合於水在玻璃管內封密之加熱至三百度則能消化見布門醫事化學書第十四頁）

血痕迹在地板或器具等　凡血從發血管噴出遇牆等直立之物則所成之痕迹爲長形又似杵形因其血漸落

下在最低處凝結又視其痕迹或直或斜大約依其角度並其方位而定其受傷發血管之方位惟間有已墜下之血如果激起亦能成滴遇牆或器具成痕迹其形與發血管內徑噴出之形相同

如地毯等有血之痕迹可點一燭令其光照於痕迹上而斜視之如爲血之面能顯光滑之形如用指甲劃於其面則能成銀朱色之紅紋又能將其質刮下用法試之與衣服之痕迹相同

如木器上有痕迹則可刨去一薄層浸於淸水或鹽水內或其痕迹可以刮下而將所得之料消化之設其器具不

能浸於水中又不能割之或刮之則可將溼濾紙鋪於其上漸收盡其色料而可試之然用古阿以苦末酒試法在紙上試驗之須知瑞顛國之濾紙有數種自能顯臭養氣之變化令此試法有差誤之處

鋼鐵器上血痕迹　如鋼鐵面上爲光滑而乾淨者則血之痕迹極易分別其色明紅或紅櫻易於分取受熱不過大則自成鱗形脫下如將其質在令放養氣管內加熱則放出炭養二氣而可用薑黃試紙試之定其有鹼性從此可知其痕迹爲動物質如將其血結成之鱗形片以一小塊在蒸水數滴內浸之待若干時成紅櫻色之水顯出以上

所言之各變化又如以顯微鏡觀之則顯出血輪如其血擦於鐵或鋼之面上則加熱不能成魚鱗形片而脫下必將其痕迹用蒸水令溼再刮下而用化學法與顯微鏡法試驗之

如鋼鐵等器具久遇空氣或溼氣則其血之痕迹內必含鏽鐵質若干用加熱之法其質不脫下必刮下之置於蒸水中待消化而濾出其不消化之鐵鏽所餘下之紅水以化學法與顯微鏡法試之則顯出血水之各形性惟因其血之色料與鐵養和勻成極難消化之質則不能以蒸水消化之必用淡性鈉養水令其消化成鹼性喜瑪替尼而

有閃色或可將其血與鏽刮下盛試管內合於鈉養或鉀養加熱以水消化之而加以鐵養硫養三合鐵二養三三硫養三再加以輕綠如爲含血必成普魯士藍如祗爲鐵鏽而無血則不成普魯士藍

又有二種質能在鋼或鐵器之面成點易誤爲血點即鐵鏽點合於檸檬汁或醋或他種植物酸所成之點

鐵鏽之點迹　此種點之色與血點色相似惟不能成魚鱗形脫下又不能在水中消化如其質厚至能脫下則易用濾紙濾出所得之水爲淸明者用試驗鐵之各法則毫無變化又在鐵鏽點上加輕綠一滴則能令其消化而其

鋼鐵之面能淨又將其消化而得之水以蒸水沖淡之可用合式之試法分別其含鐵

檸檬汁之點迹　此種點迹常誤爲血所成者哇爾非拉書中有一案遇一人藏刀一柄面有紅色質誤其爲血因此疑其人爲兇手後細查其刀上之質得知爲檸檬酸所成因數日之前用此刀割檸檬而未揩淨故生此鏽

檸檬酸所成之點其薄處爲紅黃色厚處爲紅櫻色幾與血相似又如輕加稍大之熱則能脫下與血點同如在管內加熱則放出易散之質有酸性而血點有鹼性又如在蒸水內消化所得之水爲淡黃色而血水爲紅色間有酸

性而血水有中立性或稍有鹼性如合於沒石子沖水則結成黑色之質如合於鉀衰鐵則結成藍色之質又如合於鉀衰硫則成光紅櫻桃色之質如血合於沒石子沖水則結成紅色之質如合於鉀衰鐵或合於鉀衰硫則無變化又如含鐵之水內加以鹼類則有鐵養沈下

用以上各法內所應用之法試驗所疑之痕迹得知實為血之痕迹則有三種事情或不可不知　一其血為人血或為別種動物之血　二其血從身體何處流出　三其痕迹為何時所成

一分別人血與別種動物之血

此事有二種試法一恃顯微鏡二恃化學

顯微鏡分別之法　以顯微鏡分別動物血俱恃其血輪之形狀與分寸分別之如前第四十圖所畫人血輪為壓平圓板形而胎生之物除駱駝類之外俱有此形所有之分別祇在其分寸如人血則其輪徑為三千二百分寸之一而他種動物之血從三千五百四十分寸之一至六千三百六十六分寸之一惟此各數祇為中數而人類血輪之極大數為二千分寸之一極小數為四千分寸之一間有動物血輪最大最小之較數更大又可知血之痕迹已乾而合於糖漿或各里色里尼或鹽等質令其疏密率與血相配又其血輪之大小幾分恃存血輪流質之稀濃又一滴血內之諸血輪有大小之分別而此輪比彼輪可大一倍故可見最靈巧最熟悉之人難以分寸分別人血輪與動物之血輪而無差（美國賓夕瓦尼邪醫士里又存云用最大力之顯微鏡即物鏡光距二十五分寸之一至五十分寸之一又用極細量微數之法而其餘各事亦合法者則能將人血輪與大半六畜之血輪分別之而有確據其書又言如動物之血輪大於四千分寸之一則難與人血輪分別之然人血輪最小者即三千六百二十一分寸之一比豬血輪之中數即四千二百三十分寸之一或牛血輪即四千二百六十七分寸之一或紅鹿血輪即四千三百二十四分寸之一或猫血輪即四千四百零四分寸之一或馬血輪即四千六百分寸之一或綿羊血輪即五千三百分寸之一或山羊血輪即六千三百六十六分寸之一尚能以人血輪為極小者而易分別之見美國醫學記錄於一千八百七十四年七月等所印者）鳥類之血輪其輪之心

較人與獸之血輪形狀與分寸大不相同而魚類與蟲類之血輪亦然故能言定所試之血為獸血或鳥血或蟲血或魚血如第四十二圖則顯出其形狀與分寸之分別即一為人血二為雞血三為田雞血四為魚血所有獸類血輪分寸之細說見繪微體字典論血之一款又此書第三十九板之圖（又如數種動物之新血用熬乾法能易得喜瑪格路比尼之顆粒又用以脫法或凍冰法或先凍冰而後融化等法所難得之顆粒各獸俱有分別即如幾內亞豬正名皆非亞之血其顆粒為四邊形又松鼠之血其顆粒為六面形尋常獸血為斜方柱形然此論難與醫學合律法之事有相關）

第四十二圖

化學分別之法　巴路愛勒刱設法分別各種獸血加以硫强水而聞其臭如將硫强水一分合於淨水一分加入動物血內則所聞之臭與其動物之汗臭相似第此事難於分別尋常人之鼻無此靈驗如預先言明其血發此臭亦難分別又如令人聞其血雖能知其臭亦難言定何獸之汗臭

以上之說並非空虛之意見實用數種動物之鮮血屢次試之如余在教習醫學院內有數年將各種血各一錢或多令學徒試驗大半祇能揣度爲何種血而往往有誤惟有一學徒往往不誤而無論如何調換其血故意欲令其

說錯仍能不誤至於依此法分辨血之痕迹或血痕迹消化所得之水此法毫無用有大才能之人屢次試之往往有誤

二其血從身體何處流出

前言婦女經水之血與各種傷之血無法能分別之祇能觀其衣服爲何種並觀其在衣服之何處又觀其衣服上之皮屑或有暮苦司膜質之屑無論爲鱗形或爲圓柱形俱可相助定其爲經水之血或爲傷血

三其痕迹爲何時所成

見前所言法甫醫士之法等

間有查驗之血點內有髮或毛或皮或暮苦司膜質或有別質黏連於有血痕迹之材料上間有遇此種質能在醫學合律法之案內爲緊要之證

器械上有毛髮

凡已傷人之刀等器具常有血之痕迹又在其血點內能見毛髮或血點之外有別故連於器械上查其毛髮爲人之毛髮與否最爲緊要又查其毛髮與受傷人身體之毛髮相配否故必將刀等器上之毛髮與死人身體上之毛髮比較之而必謹慎不使棉花麻羊毛絲等與人或獸之毛相混棉花之絲紋如第四十三圖之甲而有扭形麻之

第四十三圖

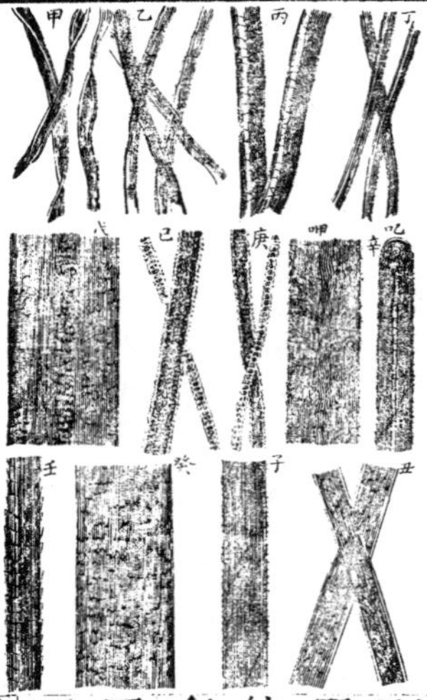

絲紋則有節如竹而漸從大收小如圖之乙又羊毛之紋其外面之鱗形有螺絲排列法如圖之丙絲之紋其面平滑而停勻如圖之丁

人髮有心似乎骨之有髓又有皮似樹木外有瓦背排列形之衣如頭髮嫩而軟則間有不顯髓者而其髮有絲紋

之形且人髮極易分別因其髓暗色而參差其內皮質有縱紋其外皮魚鱗形如瓦背之排列尋常在其外端成尖形間有收小而有切斷之形或劈開之形如為身體之毛其頭尖或圓間能以此分別頭髮或身體之毛如獸之毛與人之髮有數件大分別即如數種獸之毛全為網質所成間有幾分網形質幾分絲紋形質如第四十三圖有二種獸毛之圖其分寸與形狀俱便為比較之用戊為豬毛己為兔毛庚為野兔毛壬為馬毛癸為牛毛子為貓毛丑為狗毛辛為人之毛髮甲為頭上者乙為身上者

器械上有腦髓

如刀等利器已破腦殼而傷腦髓則間有腦髓之質存於器上為時不久易於分別而乾時變為灰色或褐色有明角片形浸於水內則變更白之色而其質軟如肥皂質有人設法將腦髓之材料合於硫強水與鹽強水依其變化分別之然此試法不足恃極易誤事祇有一法為可恃者即用顯微鏡法其法將其質浸在蒸水或鹽水內分其變軟則腦筋之生珠或腦絲能分別之

第四十四圖

此腦絲為極微者徑略八千分寸之一或更小不定而其形狀尋常為有結頭形如第四十四圖或已變壞其形或化分而祇能見腦髓滴形之質

上海曹鍾秀繪圖

法律醫學卷九

英國 該惠連 弗里愛 同撰　英國 傅蘭雅 口譯　新陽 趙元益 筆述

火焚或自生火焚雷擊凍死餓死

火焚而死

火焚或熱水湯而令人死之事，爲常有者，大半因衣服着火，少半因房屋或火藥或爆竹或易燃之氣爆裂之故，所有熱流質湯死之事，在英國記錄人死數之簿內，屬於火焚而死之一門。又英國內每年因誤飲熱湯而死者略有五十八

火焚死者，其死之故常不同，有因煙氣悶死者，有因驚駭而死者，又有因墜下之物而擊死者，間有因身體受大傷，又有受燒之後，其身體漸軟而力蹶，或大生炎而死者，間有嬰孩受燒而在暈睡間死者，其暈睡之故，因腦中血積聚，或血水積聚，又受焚之後，常有人因暮苦司膜質或血水膜質生炎，醫士克林云，受焚者，其小腸之上迴極易生炎，如燒傷與湯傷，其危險大略與其受傷之面積有比例。

凡被焚之皮膚，面有水疱，或爲全疱，或爲已破之疱，或爲被焦之面，或黑炱之點，或燒去衣服之痕迹，或已焦之毛髮

凡因火焚而死者，其醫學合律法之事，大略與他種外傷相同，惟其事須分別自盡或他人故意傷害者，不常有之，因火焚與水湯罕爲自盡，或致死人之事，如爲致死人之案，則身體上之痕迹能顯出爲生時或死後所爲者，因間有兇手致死人之後，則放火燒之，令人不疑心，故必分別生時與死後燒之痕迹，間有遇見死人有火焚之痕迹甚大，惟所有之燒料不足以成大痕迹而燒死一人之用，則必查其燒料，間爲格外易着火而顯大熱，或爲其人自生火而焚死

生時與死後所成火焚之痕迹　曾有數醫士，詳細考驗

生時與死後所有火焚與水湯之痕迹而分別之，如苦里司脫生揩司巴賞布以恩賞背爾等人，從其查驗之事，得知生時之燒傷成疱生炎，如無疱無炎，則雖爲生時所燒，無法能分別生時與死後所成，其疱或立即顯出，或待若干時顯出，內含血水，而此血水，如加熱或合於硝强水，則囫圇凝結，而成許多蛋白質

水疱之外，有深紅色線紋，爲死後所存者，此可爲生時變化之證，惟未必常顯出，未有線紋之時，其人已死

如去外層皮膚，則內皮膚發紅色，有深紅色之孔點，由發汗與出油之微管所成，其紅色亦能通至皮膚下之網質，

可見其疱底之紅色爲生時被火焚之要據因雖其紅色界限不顯之處能顯此證凡加熱之時立卽發紅待數分時之後卽有疱顯出故此亦爲要證

反言之如死後而被火燒成疱最爲難事設勉强成疱其內祇含空氣如偶含水者則其水含蛋白質甚少又加熱則變爲稍有乳色或添以硝强水亦有此變化又其疱底之紅色更淡皮膚之面暗白而在皮膚內微管之口有灰色之點又其紅色之界限不顯出如其人有水腫病則死後易燒成水疱又有死屍腐爛時成疱者惟其疱無以上之各證而其內層皮膚之色與他處同卽或爲無色或爲綠色

以上所言生人皮膚受熱之證亦在皮膚各種大生炎之證內顯出無論其生炎爲因病而成者或因用斑蝥等惹性藥而成者或因受壓力或磨阻力而成者余曾見年輕之男子因新肺癆病而死者其足骬上有二處深紅色生炎不能以壓力去之界限最爲顯明而其發紅處有一處發大水泡內含血水則詳查此二處爲生時顯出而非因受熱而成者又有數種腦髓與背脊髓之病令人久臥於牀成隱瘡之先則所顯出之證與被焚之證大同小異見沙爾哥所作腦筋病之書於一千八百七十七年在雪特尼博物會記錄之

凡皮膚新生炎之案內則直割其生炎之皮膚與皮膚下之網質能見紅色之塊易分別之而與聚血令皮膚變色之事大不相同不能混也

以上所言之證外罕有之案必考究而分別之卽如一千八百三十九年有波拉末之案在英國新堡審問之死後用火焚屍意欲藏閉其死之故

至於因誤事無故焚死自盡焚死故意焚死此三事雖難分別然自盡焚死與故意焚死之案爲極少且自盡之案大半爲癡人

自生火而焚死

此事可以勒卡所記之案首論之因勒卡極信自生火而焚死之事此案或言是一千七百二十五年之事其人姓米累住於來墨城被人告發致死其妻因見其妻屍之餘迹在廚房內近於爐邊着於地板而地板有幾分燒壞祇有頭腿數處與脊骨數節尚未燒盡據米累云是夜夫妻二人照常入臥房但因妻不能睡則起身入廚房大約因身冷而欲藉廚房之火得熱米累獨睡若干時猝甦聞火燒之臭下樓入廚房觀之祇見其妻之餘迹審問此案定其人犯人命之罪而必受刑罰以後反供至更大之審問堂覆審則定爲自生火焚死之案卽釋其人

查此案內其死屍幾燒盡必因其身分外易被火燒惟不顯出火在其本身內發生之據又查其身體近於火爐之方位則極易着火又英國與他國所有自生火焚死之案大半亦有此種容易從外着火之故在內

哇爾非拉云人身自着火之事爲能有者又言其常有之情形云將要着火之處則先有淡藍色之火顯於其上試以水滅之反令其更猛又有深燒痕迹顯出而其人有痲證昏暈嘔吐泄瀉身體起首腐爛不久卽死其事最速惟其身不燒盡有數體燒至一半其餘燒成含炭而發臭有油性之灰其中段尋常燒盡而手足尋常不燒盡其衣服

尋常燒去惟相近之器具不燒牆與器具之面有濃臭蓋之此臭亦有油性並有焦臭或言此種死法之案大半爲年老極胖之婦人且久用火酒至過限者

此自生火之理或眞或假無甚緊要法國醫士稚各白司曾查出此種案二十八件內有二十件爲法國之案俱在指司巴書中記錄之又有哇格司屯英國內外科醫學記錄書一千八百七十年正月有一案其人身體所有燒壞之處與周圍所有燒物大不相配云可見從記錄之各案內疑其身體格外易着火而婦人身胖而多飲火酒者祇一着火則其尋常之衣服或裏衣與尋常之鋪蓋或木牀之燒料足以燒死然必有火自外令其着火此事尙未詳考所有各案不能全可憑故有否此事不能有確說又有著名之人如里皮格與指司巴云其自生火之理祇爲空虛之談毫無可恃之處且大不合理其不合理之處內有一事足以爲據卽人身內每百分含水七十五分燒乾此多水非易事也且需燒料甚多云

若夫生物質與死物質能自着火之事雖爲要而有趣者然與醫學合律法之事無相關故此書不必論記之

雷擊死

英吉利與威爾勒士兩處每一年爲雷擊死者以二十一人爲中數此二十一人內男十八女三此種死法不常生出醫學合律法之案惟因雷擊所成之痕迹等證尋常與

被人擊者相似不無可議而遇見死屍不指明其死之緣故則須查其實爲雷擊抑被人所殺

尋常之案內已知有雷電一次又知見死屍之方位並其周圍之物件俱與其人爲雷擊之意相配

尋常言之電氣喜在易通電氣之體行過而因人身爲最易通電氣之體則除金類物之外電氣似應行過人身如有他體依同法排列則揀擇人身爲其所宜

尋常言之體愈高則愈易爲雷電所擊然有不在此說之內者卽如有人立於高樹相近處被雷電所擊而樹不受害又有樹林內爲雷電所擊之樹並非林中最高之樹或

電氣先行過高體如樹木或船桅或扳繩或風箏溼繩等體而從其體通至人身如大雷電時立於樹木之下其危險人皆知之

有人以爲樹木之下有危險則在露天與各高體遠離爲最穩此說有大差因旁無他體則電氣更易通過其人身

雷擊人身有二法俱依雲中有正負電氣如雲內有負電氣而地面有正電氣則電氣從地面發至雲內令上下電力相平故地面之電氣可過人身而向上反言之如雲內有正電氣地面有負電氣則其電從雲內下至地面亦能過人身

如發電氣所顯出大力之事情即如擊壞房屋令其材料遠離或將樹木劈開成小條或將易於通電之器與難通電之器分開又鎔化金類之材料或易燃火之料令其燃火令鐵或鋼體變爲吸鐵俱爲眾人所知之事

雷擊之人剖驗所見之式各不同間有不顯受害之痕迹或言從地面升至雲中之電氣尋常多半如此間有在電氣進身處有撞傷之形或破裂之形或祗在電氣發出處有小圓孔惟間有大撞傷之痕迹或發紅之條紋此二事尋常在背上顯出間有身帶表鍊等鎔化而在鎔化處成火燒之痕迹或令皮膚有金類之紋條如骨頭擊破之事爲罕有者醫士巴累云有此種斷骨之案其外無傷痕醫以埃書中記一案其人頭骨擊破又間有火燒或火焦之痕迹雖其衣服未着火亦可有此痕迹醫士恒德爾云凡雷擊人之案內死後變硬之事不顯血不凝結腐爛更速然此說與所常見雷擊之案不相配因常有人被雷擊死而存身體當時之位置法全身變硬而不動又有里又存試驗動物而知凡因受電氣而死者其死後變硬之事與常法同其血似比尋常之死法凝結更遲其腐爛之事與尋常死者相同此各事俱應詳記者又須知遇見死屍血不凝結肉筋不變硬腐爛分外速則未必因雷擊而死因

他種猝死之法亦能有此各證同時顯出

間有查屍身之衣服或攜帶之物能顯出其死之緣故與證據即如衣服撕破或火燒靴從足上打脫金類物鎔化而越至遠處又鐵或鋼體即如婦女直輔衣服內所藏之鋼條或表內之法條令其變成大吸鐵性法國醫士西司替愛所作論電氣擊力之書於一千八百六十六年印於巴黎者論此事甚詳又里又存所作之論爲試驗用極大力之電氣擊動物在英國醫學新聞紙一千八百六十九年五月八月九月所印者

雷電擊人令死之法　電氣行過人身則感動其腦筋而其死之故大半因猝然震動而擊壞腦筋如不足令人死者則感腦髓或背脊髓或腦筋令目不能視而五官或自

主之行動爲其所害

凍死

英國人不常有此事設如冬時分外冷則間有人凍冷而不活動因此而死

凡受過大之冷第一事四肢與面之動筋覺木不能運用待若干時則失知覺成暈睡而死

如身體受過大之冷則血從皮膚相離而聚在身內令脾肝肺與腦髓俱聚血甚多能令生育之體多聚血并令其硬而不能放鬆血之熱度漸減小其心之漲縮緩而輕脉小而軟腦筋之各總源因多聚血則覺呆木昏睡頭暈眼

視物不清牙關緊閉並癱瘓間有腦髓聚血之事成昏暈之一類即如醫士賀那記其本身之案又有顯出飲醉之形狀即如巴里等人往北冰洋查考北極所常見水手內之事情

人身受冷所顯之證與男女老幼强弱有相關年紀甚輕或老或弱或久有病或久受苦並用慣酒至過限者則比他人之死更早然有人之本性耐冷更勝於他人凡在近北極地遊覽或有事經過之人則往往見人之耐冷有難易之分別

凡查驗身體受冷之案則須知身之受冷有三法一·因流質化乾二·因身外之空氣較冷於身體而引冷至身三·因本身之熱放散

如遇乾空氣能令皮膚放流質更易遇溼空氣則令皮膚放流質更難故空氣乾時身體散熱更速反之空氣溼時身體散熱更遲惟受空氣之冷更易所以乾冷氣與溼冷氣俱令人身易於受冷如冷而溼之風因一面能化乾流質一面令身體受冷則能令身之熱度大減如遊覽北冰洋者俱言無風時其冷不甚覺如有微風則大冷立即覺之而風愈大則冷愈難受

剖驗見式　此事尚未全考究尚須查驗死後之證哇格司屯洗冤錄第五百五十六頁記錄成人身內所常顯之證即血有紅

色而俱似發血惟多血積聚之處其色更深心之兩房過於放大又各大總血管亦然皮膚之色分外白間有暗紅色之塊又見臟腑之向內者含血極多有十案內三案腦中聚血頗多而七案肝聚血頗多又有他人查驗此種案云臟腑俱有血積聚又有二案係蘇格蘭之里德人姓克里其人腦髓各房內有多滲進之血水如哇格司屯所言之情形似最可恃而勻稱者然而必待他醫士詳考而知其的確者方可當爲凍死無疑之據

如因冷而死之案內不常查驗分別爲誤事或自盡或被

人害之案惟有一案爲奇異而可慘者爲故意致死之事數年前有一女子年十一歲爲其父母强之在冰水一箇內赤身立起又將冷水傾於其身不止因是致死

餓死

此爲不常有之事惟常有人因食物不足不能耐冷而死所有斷人食物故意令其死者爲偶有之事如癡人內間有久不食物因此自盡而死又有犯罪者定其坐檻房之時甚長如不强其食物則必餓死一千八百七十七年九月英國審問人命案之堂有一案係本止地方有被告四人有餓死人之罪其人俱已定償命之罪然因醫士之證有可駁之處而有人重駁之故其罪改爲更輕其死後查驗之事並論其各情形之意見俱在一千八百七十七年八月初六日起載於英國醫學記錄書內

久餓所成之證　其證爲上腹覺痛如壓之則痛減少有大渴身體最軟而瘦面有白色面貌可憎如面顴成凹眼眶大有不定之形狀眼光發亮口氣熱口內乾一身之骨凸出久之身體發臭而放棄津液之處其暮苦司膜質發紅生炎其人發狂昏暈或有重癇證而死

前有一案其人姓韋蘭以下欲詳細言之又有犯人故意不肯食物此各案內顯出三日之後其餓不覺而第二日之苦處爲最大

剖驗見式　身體大瘦發臭眼紅而不閉皮膚口喉俱乾胃與腸俱空而縮能透光膽囊藏滿膽汁而脹大心肺及各大血管縮而無血並收小腐爛極速然此各情形不能定爲餓死者如無他病證能令人如此瘦者則其爲餓死之決疑處再重惟有數種病如食管關閉胃中有病都比迦力溺多味甜與阿的生病即內腎上病皮膚發黑色等俱能令人不能食或食後不消化以至於死故此種案內應詳查此種病證

一千八百五十三年二月二十六日倫敦早錄新聞紙記一案其人姓果臬書被其父與繼母所餓死而爲比格士所記錄者其審問官查驗時比格士云其人瘦至幾無肉

筋並無油似爲髑髏外有皮包者不惟骨顯出即骨之如何形狀亦可詳見之百體無病心與胃分外小胃大腸連膜明如玻璃胃中無食物小腸幾空開勒之痕迹全無

人至餓死所需之時刻藉其人之年紀男女强弱活動之力之大小而分別又多藉其能得水與否

人不食物而能活活時之久暫或食物甚少而能活時之久暫此爲要事有一案能爲其據即一千八百五十三年二月二十六日倫敦早錄新聞紙所載者又有醫士克名論事之篇在醫學記錄書第十九本載之此案係一女子姓幹甯年十八歲仲冬在生產房屋內爐不生火水壺內有水約十磅又

有饅頭數塊共略四磅衣袋內有小點心一塊在二十八日內無他種飲食之物在此時之後能打開窗板此窗板本以釘釘之又從窗戶出外而立於矮耳房之瓦背從此跳至地面而所跳之深略九尺至十尺自後從恩非特哇什行至奧大門白里

從以下之各案可知此女有食物甚少而能活二十八日或更久此時之後能有餘力足以開窗板而逃出此爲最不合理者此案更有一奇事在內爲分別人之事茲不論及之近時又有一案係威爾勒士有絕食之女雅各柏此人久不食物而不死

有四種案能顯明不食物或幾不食物若干時而不死之理　一食管閉塞　二海船失事人久受苦無飲食之物　三人埋於地內或在倒下之房屋內或礦洞內不能動身　四故意不食物大半不多動身不多費心思

一此種案內有一案係里味不醫士克里記錄者有一人年六十六歲食管全閉塞用外導法養身又將身體常浸於牛乳水內用此法三十二日而其人共活三十六日其人身長而胖原重二百四十磅而至死時重一百三十八磅卽共失重一百零二磅當其人身漸瘦至食管全閉時重不過一百七十九磅可見所失之重一百零二磅內約五分之二爲三十二日內所失者其末十二日內約失去十六磅卽每日一磅又三分磅之一而此時俱用外導法足爲幾分養身之用如不用外導法則不知其每日減重若干惟其人死之時其原有二百四十磅已減去一百零二磅卽五分重之二此事與說薩查驗動物減重之事相似因說薩試驗數種動物得知失其本重五分之二則動物必死故如有動物原重一百磅如減重至六十磅必死又間有不至此數而死者惟各動物能減重之數不同然而能減至多於五分之二而不死者甚少如每日所失去之重數大約爲全重二十四分之一此事與比特爾施密

得查得之理同其說曰凡動物每日食飲之物應爲其本重三十二分之一則足用而不減重其食物亦必爲全能消化入身內者依此理而論之則人重二百三十磅者則每日所需養身飲食之物須十磅此數過多爲不合理者由此可見人身失本重五分之二則略爲其餓死之界限又可見動物無食物而能飲水則活之時比無水者更久又鳥能得水所能活之時比不得水者長一倍此事係雷弟查明確知爲準者

二所有受大苦而無障蔽之處又無食物除露水雨水外不能得淡水卽如船爲風浪所壞爲常有之事內有人久

不死之案俱有憑據，卽如印度加爾各搭海邊有船失事，有十三人無飲食者，共十二日，死者四人，其餘諸人能治愈其病。又有一案，其船名戒納勞屯，係裝木料之船，其船主名揩昔，船上共有十八人，船主在內，絕飲食，則一人活十一日，一人活十二日，一人活十四日，兩人活十五日，一人活十八日，船主活二十八日。後獨能治愈，所有早死之二人狂病甚猛。又一人年十九歲，在第十二日內死者，其人已癡，惟不發狂耳，且常有五官之誤，以爲能見多物爲他人所不能見者。後死者亦有二人發癡，船主揩昔亦常耳聞各異聲。（此案於一千八百六十六年二月初七日倫敦太密士新聞紙記錄之）

三　如關於煤洞內有數案，男子與幼童能活六日與八日，而一男子活至二十三日，但首四日其各人尚能得水用之。（此事在英國醫學記錄新聞紙第十七本第二百六十四與三百八十九頁，係醫士司奴勒記錄者）

四　余所遇見犯罪之人在檻房內，祇飲水而不肯食物，最久者祇有十日，曾有二男一女，十日內不食物，不顯重證，後照尋常食檻房內之飯，亦無害，其人之力減小，仍能行動而作事。揩司巴記錄一案，有檻房內罪人十日不肯食物，幾不飲，其人之身更軟弱。（見其書第二本第二十八頁）又有一案，其人姓賈分那，雖不全禁食物，亦與上言之事有同意，此人定罪坐檻三個月，關於小房內，看守嚴肅，不肯飲食，或言九日不飲食，而此時之後並無病證，惟在第十三日所給粗麥粥，其人雖云不欲食，然至收回之時，視其粥之體積與前同，惟更稀耳，故疑其偷喫若干，而以水補滿其原體積，此時之後其人之精神已損，故勸其喫補身之物，則竟應允，後亦無病。（此案在一千八百四十一年十二月初四日醫學新聞紙記錄之）

又有數案，其人不食多於十日，而有可恃之據，卽如胡弗蘭所記之案，係有客商虧本倒閉，不肯飲食，而十三日內記錄每日之證，至第十八日而後死。（此案在流意司醫學衞生論第一本第二十五頁記錄之）又有一案，其人姓裴脫比，能活二十一日。又有一

女姓里知韋，或言其不飲食者四十日。又有一案，係司肥屯記錄者，其人不飲食有四十二日。如里知韋之案，在一千八百六十九年十月初九日周年記錄書內有一欵論禁食之女云，里知韋在諾叮哈沒檻房內關住，因有殺夫之罪，則四十日內不言語，不飲食，人以爲奇事，求國王赦其罪，國王華義都第三（一作愛得第三）和釋之，此爲一千三百五十七年之事。又有一案，係司肥屯議論波爾哈勿之說，在憂悶一欵中云，前有女人四十二日不肯食，暫飲水少許，身漸瘦而至餓死。葦蘭書中所言之案爲最可憑者，其人年輕，而因教門事發癡，不肯食物，祇飲水並橘汁少許，能

活六十一日後漸令其食物又活十八日即死（此案在韋蘭零星文件書內係司密得所集者於一千八百二十一年印成第四百三十七頁韋蘭論記此案之後又記兩案一爲一千七百六十九年法國格致會記錄書所記癡人四十七日不食惟每日飲水一升半內三十八日正立不動又八日臥於地面不飲水自後起首食物其癡已退不久復癡又一案係蘇格蘭壹丁不爾厄醫學論第六本載一年輕之女三十四日不食又有一次五十四日不食俱因食管閉塞之病）可見以上之案有六十一日不食物者則似能令法國人格蘭奈之案爲可信此人在都羅塞地方收於檻房內而其案報明法國醫學院其人不服收檻之罪故不肯食物首幾日不顯緊要之病證面發紅口氣臭脉小而軟此後因大渴必暫飲水有人屢次詳察知其屢飲自便或飲檻房內陰溝之水此時內

不多顯身軟之證第受大痛之苦處其活五十八日而死死之前有癇證四小時（此案係香弟累書第二本第二百七十六頁所記者）從所得最可憑之案知絕食之人雖有能活至兩個月而不死者惟所失本身之重甚多至末其身必極瘦故如有人云自已或他人無論男女老幼多於兩個月不食或一個月不飲不食則可爲大疑案又如身未極瘦大小便俱不行則更爲不可信者如將其人之事當爲奇事而藉此事以得利則不惟可疑而且可憎必當詳細查驗而罰之英國有二案爲人所詳細查驗者一爲脫脫白里之婦人一爲威爾勒士之女此二案因查驗嚴明可在本書內記

錄之其餘各案因無可恃之據故棄之不問一千八百零八年英國脫脫白里之老婦年五十八歲姓磨爾云曾連下二十個月不食又云二十個月之前患病十三個禮拜而其病爲二十個月之前四年有之其病尚未治愈故數個月內常有羊癲瘋與縮筋等病惟其時無定再過一年則患重病十一個禮拜無心食物食亦不化又一千八百零六年哺乳時幼孩有可憎之病因此本身之病更重自一千八百零六年八月至七年二月每半個月喫一小饅頭飲茶少許其茶內不加糖與牛乳自此時至八年十一月祗飲水與茶而不食物此事在一千八百零九年早幾

個月之月報詳細記錄之故作善事者出資相助而此婦恃此資助以養身計有四年迨一千八百十三年有格致家數人住於相近處定欲詳查此事故派數人看守其房屋詳細查驗九月之後則其人大瘦將近餓死求人以食物與之自後漸復其精神供出前時之不食物俱爲假者將此案書正稿並畫押爲憑所供者爲六年以內屢次食物又求上帝與受騙之人饒恕其罪（以上之案從周年記錄內之稿摘要錄之）威爾勒士女雅各柏之案係醫士浮辣書中所記者而因浮辣詳查此案則分外可信浮辣書於一千八百七十一年蘇格蘭壹丁不爾厄所印書名曰威爾勒士絕食之女

雅各柏案之詳稿並論此案之事情又論各種餓死案之總說茲將其大略摘錄於左

雅各柏之父係種植農家其有兒女七人俱無病此女次居第三其房屋小而陋屋背以草蓋之屋內無木板其父母與兒女同往一小房一千八百五十七年五月十二日產此女至十歲時已有戒食之名一千八百六十九年十二月初七日死卽不過十二歲半面貌可觀又甚聰明其見識與其年紀相比則甚優其性靈極易感動最喜穿華麗衣服用首飾極喜閱教門書又喜吟咏能作詩一千八百六十六年九月略九歲時則患皮膚發紅發熱胃大痛

吐血此病之後臥牀不能起痛止之後不久則有大癇證其體角弓反張顯出肺胞膜生炎之病身體變硬略一月不食物身體漸瘦一千八百六十七年四月醫士用法治其腦髓生炎之病大略在此時或言其一月不食惟每若干時用啤酒以潤口大小便極微此次生炎之後髮盡脫初時稍有癇證後每若干時少失知覺猝甦而兩手亂舉或言其左腿硬而不能動一千八百六十七年十月初十日之後絕食十一月初六日爲大便之末次又十一月底爲小便之末次

據其父言此證此女二年兩月不食物每一個禮拜有人詳細查驗亦知其不食物惟絕食之後略二十一日內大便常通所出之糞甚多大約必爲前時所食之物數十日內小便之數略與前同頭髮再生甚茂而長面容有精神其身加重體積亦加大

略在此時卽一千八百六十七年之十月四方之人特意觀此奇女者甚眾有人送錢與教門書此女穿衣服極華美而希奇似新人之狀一千八百六十八年此案有大名聲觀者尤眾遠方之人皆由鐵路而來而從鐵路停車處行至鄉間此女之房屋有引導者藉此事獲利又有作新聞紙者至相近處居住便於特報其事又有數位醫士亦

來常觀之因有多人疑此事則於一千八百六十九年春間聚會商量詳細查驗之法而浮辣書第二十二頁言其查驗之事不得法此後他人亦來查驗至一千八百六十九年九月初七日浮辣寄書於太密士新聞館言明此事必爲欺騙其父母亦爲其女欺騙又所顯之證幾分爲其人之性情已變壞幾分爲故意欺騙人俱不能言定

此案名聲漸播通國皆知倫敦該醫士之醫院內派善於侍疾之女四人至雅各柏房屋內日夜看守查其實在不食不飲與否又派醫士數人住居相近處時常查驗查驗不久則知父母所言大小便不行之事爲假者而看守之

後其女子漸失精神發熱心不平安間有昏暈脈漸數身體所發之臭並口氣之臭最奇最可憎爲將餓死之據醫士屢勸其父母令其食飲父母竟不從看守之後第八日其女因乏力失知覺而死

一千八百六十九年十二月二十一日查驗之官審問此案其身體壯健有油頗多略有半寸厚養生路無不通之處身體內之各要體無病不能查出有病之證於是幫審之員十二人定此案云雅各柏死之故因其父母任其不食不飲而不能强之故將其父審定犯人命之罪收入檻房但因有人保出則不關鎖至一千八百七十年二月二

十六日國家審問此案則令看守之醫士五人並女子之父母俱到案查驗十日則暫停後再查驗則其醫士五人定爲無罪而釋之其父母定爲犯人命之罪須審問之一千八百七十年七月十三日審問此案定爲俱有令女死之罪而父之罪爲最重母之罪可輕減

由此可見女子雅各柏因餓而死卽與前案所有水手之事十三人內有三人早死相同又如船主揩昔爲十八人內獨能不死者二十八日不食之後尚能治愈以上之案其人不惟無飲食之物尚受大苦惟此各人原無病者今此案係十二歲半之女子曾經臥牀二年而二年之前有數種病尚未愈內有發紅發熱食物不化腦生炎肺胞膜生炎又有身體久變硬等病則因忽斷飲食祇能活八日卽死

以上餓死之案可分爲新舊二種卽與醫學內分別各病同意如新餓死以十四日爲限而身之瘦不甚重如絕食略兩個月之內可當爲舊餓者如新餓死者身內有油而不甚瘦如舊餓者卽韋蘭所言有奇異之瘦或依比格士之說似乎枯骨外緊包其皮不惟全身之骨能顯出而骨之形狀亦顯出

法律醫學卷十

英國 該惠連 弗里愛 同撰
英國 傅蘭雅 口譯
新陽 趙元益 筆述

毒之解釋毒之性情改變毒性之各故毒分種類

世間有實在服毒或疑其服毒之案頗多而其事常最繁所以毒爲法律醫學內最有趣而最緊要之一門又查知毒類甚多故凡論醫學合律法之書中毒學自然居一大分

議論毒之細情應須論數種總說之事與毒有相關者卽如毒字之解釋毒性如何顯出改變毒性之各故并解毒

之法與緣故又將各毒分種類

凡有疑服毒之事而欲查明其所疑之處有據與否則有多事必查問之故須言明有何法能答此各問又必議論令人疑惑之病證其起首並以後各事情所能求之理又如其人已死則死後查驗之各證分別大小輕重又所有之旁事卽如試驗各種動物與化分材料之法並查驗所疑之人其行爲如何

凡疑中毒而死之案則死後查驗有數事不可不謹愼者如用化學之法化分疑含毒之質則化分每一層工夫內有數事務必謹愼者則此書內應詳細言明而解釋之庶免誤事

照以上之說而先分三卷各卷可作爲毒學內緊要之一門其餘諸卷則分死物質之毒與生物質之毒皆依次排列以便查檢

毒之解釋

如欲考究毒之意義而解釋之最妙之法先言明何物非毒而非毒物之外卽爲毒如有一物有害於一人因其人之身體有忌於此物而在他人則無害則必非毒物如有一物因人之身體暫有不合法之處而受其害他時則無害卽如有人多出力身體大生熱猝然多飲冷水則受其

大害而冷水不能爲毒物又如入身體內能傷害內體分其生炎之質如鍼小釘鋼屑玻璃屑等質亦不能爲毒物又如沸水祇爲收而存熱之水亦非毒物總之人身體有與常人不同之處或不合法之處則害之之質非毒物惹身內外之質亦非毒物原無害之物另增他種性情如沸水等一概不能稱爲毒物又如有毒質則無論以何法用之仍爲毒質卽無論搽於皮膚或吸或咽或入肛門或入溺管或入耳或入鼻則仍爲毒質又足令人死之分量或必待若干時刻方能令人死者其質或爲定質或爲流質或爲氣質各事與其是否毒質不相關以上之說能分別

不可列於毒質內之物故將其餘各質包括於一言之內凡定質流質氣質無論在身外或在身內用之恃其本性情能絕人之生命者謂之毒質

大半患毒之案內其毒質爲吞下者卽爲送與受害之人用之或給與其人食之或自已預備喫之而吞之之外亦可用任一法入身體內卽如過肺或肛門或溺管或耳孔或鼻孔或噴入皮膚或在削去皮之處加於其上

所用毒字外可加他字以助之卽如猛毒兇毒烈毒如尋常入訟審問定案告其人之罪爲用烈毒

烈毒之意或爲極小之服足令人死或大服足令人死俱

可或無論其服之大小其毒比他毒更危險更難治卽如馬錢霜與草酸俱爲烈毒但用馬錢霜一粒足令人死而草酸不及半兩亦足令人死而依時刻論之則草酸一大服可令人死較之馬錢霜一大服其死更速反言之有數種毒質如鎂養硫養三或鉀養硫養三以二兩至三兩爲一服尋常足令人死但其人未必速死或有不死者所以此種藥雖不可謂非毒藥而不能當爲烈毒又如鋅養硫養三可當爲吐藥以二十釐至三十釐爲一服足令人吐又汞或鐵或鋼有數種藥無烙炙性者亦不能謂爲烈毒故可見如告人有毒死人之罪則尋常之呈詞內照舊規言令服烈毒之說不過爲舊時字樣而未必爲誤稱毒藥之性情卽如審問官耳勒所稱爲問案之套語是也

用毒之案又有害人生命物之字樣此物未必爲毒質而可爲有害於身體內外之質而其害在乎所加之性情卽如水加以熱又玻璃或鋼屑能惹養生路又如鍼或小釘能傷身之要體或令不甚緊要之體生炎又有熱水令人生炎至死此各物可稱爲害人生命之物但如吞海絨或吞石膏俱能塞腸則此物難稱爲害人生命之物近有一案係一千八百八十年三月初一日倫敦太密士新聞紙記錄者其人名克蘭白國家告發其罪此案內定害人生

命之物必依其數目之多寡而定之此案之罪爲令人吞有害於生命之物其物爲智尼柏油半兩而其意欲使之小產其人定罪後因不服而稟明欲翻案因有害於人命之物必爲本性有害者而非過大之服則有害覆審之官可勒里知云無論何種毒質依醫學所定之服數而用之則不惟無害於生命反爲大有益之藥品所以幫審之員必詳細查明所用之質照用之之法與數目爲有害與否則知如有人故意欲令他人小產令其服一種藥本無大害之性惟以大服而成有害之物則其人有罪實令人服有害於生命之物云

前已解釋毒字足爲本書推論毒學之用茲欲推論數種總事與毒有相關卽毒質顯性情之法並改變毒性之各故

毒質顯性情之法

此法可分兩種而論之一爲一處顯出之法一爲繞道顯出之法

毒性在一處顯出之法卽顯消蝕物質性或令生炎其顯消蝕性因其材料化分卽如用濃强水或淨鹼類或消蝕物質之鹽類在身內或身外用之令生炎後有黏連或放膿或放水或生瘡或有死肉證凡用砒霜打打伊密的或

斑蝥在身之內外俱能成此事又有一事爲毒藥所成者卽感動知覺或行動之腦筋如感動知覺之腦筋卽如嚼草烏頭令口唇舌喉嚨俱木而癢或服花點阿羅末能令舌癢如有利物刺之又如用輕衰哥囉昉或非辣得里亞加於皮膚令皮膚呆木此各事俱爲知覺之腦筋在一處被其感動又如用鴉片昝格那或輕衰徑加於肉筋上或將啤啦吖喇加於眼之瞳人或將加喇巴豆令瞳人縮小俱爲毒質感動一處之徵驗

毒性繞道顯出者亦分兩種一爲常性一爲特性其常性者爲身體本處無論受何種傷害所顯出之證其特性者爲此一種毒之外無他法能成此病證假如砒霜能顯出兩種性之證如吞之令遇養生路之膜質則令養生路有大痛與霍亂吐瀉之痛相似無論英國或亞細亞之霍亂吐瀉俱有此痛如將砒霜擦於傷破之處或搽於皮外或吸其霧則所遇之暮苦司質能令其生炎此爲特顯之證又如草酸在胃中爲消蝕性並猛惹性之毒而令全身猝受其感動而與受大傷遍身受其感動之理同且有繞道特顯之性卽感動心與腦筋又如强水類或鹼類等質因在一處顯其害而令全身受其大感動所顯之證與湯火傷所顯之證相同則因强水與鹼類等質祇能在一處顯

其性與湯火傷之事無異故有醫學家以爲不可列於毒質之內

凡毒質繞道特顯之性必當知之常恃此性而能定其毒質屬於何類間有能指出毒質爲何種何物卽如遇中毒之人暈睡者則知其所中之毒爲寗睡毒質之類遇中毒之人昏狂者卽知其所中之毒爲啤啦吖喇辛躑躅或醉仙桃之類如有癱瘓或腦筋無力則知爲黑暮拉克煙葉毛地黃草烏頭或加勒巴豆如有牙關緊閉等縮筋之證則可疑爲馬錢霜如有暮苦司膜質生炎則可疑爲砒霜如生口津之核與口生炎而多放口津則可疑爲水銀如

膀胱溺管等生炎則可疑為斑蝥如罩睛皮受感動則可疑為鉀養鉻養三如吸液核受感動則可疑為碘如肝受感動則可疑為燐如四肢有死肉證則可疑為耳臥達又如工藝中所用之毒質亦從其特有之證而顯出卽如手癱瘓則顯出用鉛之毒癱瘓振動則顯出用汞之毒牙牀成死肉腐爛則顯出用燐之毒又如鼻孔外或耳外或兩腋或腎囊等處特發一種紅點則可疑為銅養鉀養三之毒

以上之說不明醫學者易有錯誤因此各種毒之常顯之證亦為他種毒暫顯之證卽如牙關緊閉等縮筋之證俱為馬錢霜常顯之證而嘆啡啞等鹼性毒質砒霜汞綠二或

打打伊密的等毒間有顯此證者水銀之外另有他毒質令發口津過多鉛之外有數種砒霜毒質亦能令手癱瘓可知以上所言顯出之證祇屬為首要證而另有他證甚多其顯與不顯不定惟顯出之時略可作為憑據卽如服砒霜能令養生路受激動暮苦司膜質大生炎脉極數能成最重之腦筋病證又能令皮膚發紅點然不獨砒霜能成此各證草酸與水銀鹽類間能成此各證其輕重不定又可知中毒所有最顯明之證亦可謂中毒常性之證此事在下卷論服毒之證內詳細言之

凡毒質必在養生路中吸入血內而隨血流通遍身方能顯出其繞道特性之證而無論其毒質以何法入身內必為血所收而通至遍身因化分血或津液或定質俱能顯其含毒之據凡以化分法所能顯出之毒質為人所已知之毒能以其臭或色分別者設如已在身內全化分則能用化學之材料分別之

由此可見毒質為血所吸而通至遍身之理可無疑義此為毒學之要理但可問其毒質之性是否因吸入血中之故與否此事有法能試驗之定準其是否試法在身體任一處加毒而由其血從一處通至遍身則能顯出毒證如能斷其血之路令其不遍通全身則證不顯出此事如試

驗之果有此理則可云是

墨正弟試驗此事將加毒之肢先分開而後連於身體則用鵞管接連其大血管而其毒質仍顯其性從此知凡受傷中毒則其毒從傷處通至全身又有布類格試驗輕裒從胃外開通一孔置毒於內而預先將胃通至肝之血管以繩縛之令其不通則胃中雖有此毒其證毫不顯出解其縛血管之繩不及一分時其毒證顯出故可見斷其血之路則毒性亦斷見壹丁不爾厄內外科記錄書第五十三本第四十五頁又曾試過毒性不能由腦筋傳至遍身因有人將一肢從身體分開惟其相通之腦筋不分開則在肢上加毒不通至遍身又

將背脊髓分開則所能感動骨髓之毒質仍能顯出其本性

故可知如能令血不吸或不收毒質或令其血不通至遍身則其毒質無論在傷處進身或由口內進身其毒性不能顯出總之毒質尚未收入血內則其毒不能當爲進身因服毒質則其毒在胃中時與在皮膚外相同不吸入血內則無妨害

茲問毒質入血行至遍身如何能令人死即感動何體何種網質

各種毒質不能依同法而令人死閒有令心癱瘓閒有令

呼吸之器具徑直或繞道癱瘓有一種能感動腦髓有一種能感動背脊髓又有一種能感動腦筋與肉筋有磨爾根與阿的生二人試驗此事而欲查其據知其毒質由血管之腦筋感動其體或網質布類格不信此說而試驗此事所得之理則與前理相反因將烏拉里毒入血內令行過臟腑內發血迴血二管數分時而毒證不顯故可知其毒非由血管之腦筋顯其毒性

醫士白那德詳查毒質顯性之法並因毒而死之近根源其法在動物身用最烈之毒質而指出各毒質攻一種或數種網質或體即如烏拉里毒令行動之腦筋癱瘓又馬錢霜感動背脊髓而令腦筋反行至死又毛地黃由巴司安替阿爾酷路懷勒懷勒非辣得里亞等毒質俱感動身內肉筋網質又以心爲肉筋而依同法感動之見一千八百六十年醫學新聞紙第五百三十二三十三三十五三號

從以上之說可知毒質令人死祇有一解即隨血行至其所感動之體或網質而此外無可恃之說

有人見數種毒質如輕衰等能令人猝死而疑其不及收入血內通行遍身而有布類格設一靈巧之法試驗此理而知通行遍身之說不差所用之器具爲晋哇瑟衣所設之器名曰血力表將此表通入動物大腿發血管內量其

血力得其細數再將能令心癱瘓之毒質在該處入血內而有極準之時表記其毒入血之秒數至心停止之秒數並其毒性初顯之秒數知狗頸內總發血管進毒則四秒至六秒通入肺七秒內通至心之養心脈又五秒至七秒內通至頸內外脈又從心之總脈管通至微絲管不過四秒又將毒質置於頸總發血管內則九秒內遍通全身又試驗馬十二秒至二十秒則其加毒之血遍通全身此數與司脫得加特醫士黑令所試得二十五秒之數目相比略爲更小

又有白那德近時試驗之事略與以上之理同將飽足之

輕硫水置於狗頸總發血管內則三秒時內從肺中放出其氣又將此水進入狗大腿發血管內則六秒時內從肺中放出其氣

如以狗身進毒之後九秒時內能通行遍身則可知將毒質置於狗舌上而在九秒時內不顯其毒性然可收入血內而其血能通至顯毒性之一體如布類格將濃輕衰置於狗舌上則十一秒時內初顯其毒性至三十三秒時則狗已死又如將輕衰之霧用管通入喉嚨發聲處而不通至肺內則十六秒時後初顯毒證而四十五秒時則狗已死又將煙內之毒質即尼古低尼置於狗舌上待二十秒

時則狗死又有若干案俱爲可信者所用之毒立即滅生命或較布類格所試得之時更甚小爲即如苦里司脫云有動物服輕衰四秒時內則全死（見苦里司脫生論毒書第七頁）又有他案爲苦里司脫生書內記錄者又有數案（對拉第五次印洗冤錄第一百六十頁）輕衰在三秒時內能滅生命間有二秒者又有布路弟試驗酒醋與苦杏仁自散油亦有猝滅生命之事雖依尋常收入血內之時難於解釋以上各事然各種毒質如不能因迴行驚動身體而死者則必先收入血內方能致死

布路弟書中有一則指明數種毒能因身體內之網質各處相連引其毒質速遍通身體與海絨引水之理同有人被極毒之響蛇嚙其手則手之連網質生炎成死肉而多放膿胸與背之皮膚下有許多傾血但其害不過在半身之內即所嚙之手之半身

因血能收毒遍通全身自古以來有人設法用綁紮之法令血不通或用打火礶法或以口唇吮其傷口

改變毒性之緣故

此可分爲三種其一爲毒數與其形狀其二爲其毒加於身體何處其三身體當時之情形茲將此三事一一言之

其一論毒數與形狀　毒之數目依尋常之理論之毒數

愈大則其顯毒性愈早愈重然間有服毒甚多則立即全吐出若服之更少則存於胃中而令人死又有數種毒所顯之證之輕重與所服之數有比例即如草酸之大服能因身體猝然驚動而令人死如爲更少之服則可感動心足令人死最小之服則感動背脊髓極小之服則感動腦髓又有數種毒如屢次服其小服則所顯之證比較一大服不相同所有寧睡性絆味毒質類可言其大服大半感動腦筋其小服大半感動養生路

形狀　毒之形狀有三事必論之甲爲毒質分定流氣之形狀乙爲與他質化合丙爲與他質調和

甲毒質分定流氣之形狀　如將毒質消化之則其毒性更易顯出不惟更易收入血內又令其所遇之面積較之定質更大故易消化之毒質其毒性最猛又易消化之鹽類較難消化之本質其性更烈又能自散成霧氣之毒質感動肺與皮膚其力甚大

乙毒質與他質化合　如强水類之毒質並鹼性類之毒質其毒性恃其酸或鹼之兇故以酸滅鹼或以鹼滅酸令其毒性不能顯又依尋常言之凡有本質與配質相合成鹽類則其鹽類愈易消化毒性之烈更大又配性之毒質合於本質或本性之毒質合於配質亦屬同理所成之鹽

類如能消化則存其毒質之性情即如嗼啡啞各種鹽類之能消化者其毒性相同又草酸所成能消化之鹽類亦然但如將兩種毒性質令其化合即如鉀養合於銅又如輕衰合於汞或銀等依化合法而成雜質或顯出兩毒內最烈者之性情或顯出兩毒之合性情或另有別性情與原兩毒之性情不同又有數種毒質不能在水中消化即如銅養鉀養鉛養鉀養鋇養鉀養如遇胃中各種酸性之汁則能消化而顯其毒性或遇皮膚而皮膚所出之油汗等質能令其消化收入皮膚內從此收入血中

丙毒質與他質調和　凡能令毒質更易消化之調和法則令其毒性更烈如與他質調和則可有礙於毒性之顯者又如鴉片合於酸質令其毒性更易顯出銅之鹽類合於酸質其毒性更易顯出鉀養之乾者其毒性難於顯出如合於水則易顯出如毒質合於油類或膠類或蛋白類或小粉類各流質則此各質能阻止毒質遇胃之內皮因包其毒質在內而令其毒與別質一併漸消化但此所言者爲定質或粉形之毒間有此各種質能當爲解毒之藥所以有人服砒霜或汞綠而同時或以後不久食物甚多則其毒質不及遇胃之內皮而用法令吐或收淨胃中之物但此事亦恃食物之情形即如砒霜合於硬密之餑餑

內服之則較合於麥餬內消化更遲又合在麥餬內較在茶酒等飲物內消化更遲又馬錢霜作丸服之則顯其毒性較在水中服之更遲又可藉此理以解毒即令人服此種緩消化之流質雖其解毒之性不大而能收數種毒質存若干時不消化則可從容吐出或抽出即如木炭細粉在水中調和服之爲最穩之解毒法因能收其毒令其不消化又有鎂養或鐵養等質亦有此性情能治中砒霜之毒

其二　其毒加於身之何處　凡毒質加於身之各處則其毒之輕重恃其本處收入血內之難易即如毒質置於傷

口內則顯毒性最速皮膚外層剝去之處次之服至胃內又次之最遲者爲未破爛之皮膚如噴入迴血管內則其毒性顯出最速又能自散毒質之霧吸入肺內亦與噴入血管之法同惟少遲耳如消蝕性之毒與惹性烈毒俱與其所遇之體關係如何而顯出其害即如强水遇氣管令人速死遇食管與胃則更遲死但遇皮膚若不害大塊面積則不令人速死又有數種動物之毒即如毒蛇或瘈狗固拉拉毒等在皮膚破處入血內則雖爲微數能令人速死如將同大之服數服入胃內毫無妨害

此理易明因血內必含毒質若干數方能顯其毒性如身

體內功用能消其毒質之速與收其毒質之速相同則毒性不顯即如固拉拉毒消去最速所以胃中所收者不能存餘如用法令其消化之器具不行其職分即如以繩縛緊內腎發血管阻住溺中消去其毒而後服之則不久顯其毒性與從傷處收入血內者相同煙葉之毒亦如之

其三　身體當時之情形　此事可分爲四欵論之甲爲習慣乙爲人之本性與量丙爲病丁爲睡

甲　習慣　人之慣用毒質者無公法能言之植物毒質如鴉片酒醕煙葉愈用之則愈能加大其服數用慣之後所能服而不受害之數在其人當時無害但足令他人致死

且用慣此種毒質百體內必受其害即如酒醕能令肺肝內腎腦髓俱有病令其體質漸壞用煙葉能令脉過數用鴉片則有礙於消化令人身瘦心志頹唐若爲死物毒質如鋅養硫養$_3$鐵養硫養$_3$銅養硫養$_3$等無病者可用其小服而漸加其數不覺有大害又如義士的里亞邦土人有服砒霜者而用慣之人竟不能戒而砒霜汞燐等質在工藝中用之漸收入身內用時愈久則危險愈大即如油漆家漆料內常配鉛養炭養粉身內漸收此質自不能消去所以在身體內日漸聚合至毒證顯出又有工藝內常用銅鉮養$_3$之工匠不能耐至多年而無病若因此病而停其

業則病能愈如復其業則再患此病

乙　人之本性與量　各人性量之不同爲常有者不惟有强弱之別尚有吸入血或血內放出之功用有大小之別而此二事之相關亦在各人不同此不相同之處有兩法能顯之一·用毒質同數能感動二人之力有大小之分別而其毒性仍能顯出即如一人服水銀數釐足令其口津多流而彼人服水銀數錢或數兩竟不致有此事二·爲一種質於一人之身有畏忌而在他人之身則無畏忌即如有人服鎂養硫養$_3$能令其睡與鴉片同又有人服鴉片能令其泄瀉與鎂養硫養$_3$同閒有人畏忌於一種簡便之食

物卽如數種肉如羊肉魚果蔬有畏忌於此一種者食之則與服毒大同小異

丙病　病時令身體收毒質比無病時更難卽如因發熱而身軟者所能服之行氣藥爲堅壯人所不能服者因其服數之過多也黃疸發熱能服水銀甚多而癱瘓與血虛之病則與此相反血虛者能服鐵酒甚多赤白痢霍亂吐瀉流血可服鴉片比他時更多腦筋之重病各種藥之服數可加多而寗睡藥更能加多狂病能服毛地黃酒半兩爲一服又有數種狂病能屢次服鴉片四十釐爲一服然如其人巳有病證而所服毒藥之證與本證相同者則其

理與上言者相反卽如胃生炎泄瀉或赤白痢則用惹胃之藥令其病更重如用寗睡性之藥則令血在腦中聚合或令血中有溺

丁睡　人睡之時百體所行之職分比甦時更呆所以藥性與毒性顯出更輕且不惟自然之睡有此事卽用寗睡藥而睡者亦然故服毒質之先或後而服寗睡藥則能減其毒性或全滅之卽如鴉片合於砒霜服之則不惟能合砒霜之毒不顯且能阻遏其毒力

毒質分種類

分種類有二法爲合理而有大用者一法將毒質依其根原分種類又一法依其性情分種類如依根原分類則分爲生物質與死物質所產者或分爲土石類植物類動物類如依性情分類則有惹胃性寗睡性惹胃合性又依根原而分類則似有苛刻之處因土石類與動物類之毒雖大半爲惹胃者而得於植物內者在惹胃性之外有數種毒必分爲多類反言之如依性情而分類則能分別土石植物動物各毒質依其化學性情相似處排列則各種成級便於查用

毒質分種類無論用何法不能有公法能合於各種學問之用卽如依全體學論之或依博物學論之或依格致學

最深之理論之則與此學相配者必與彼學有礙若以爲分種類之事祇爲學者與用者之便益而不關乎格致學之深理則必佩服最便之法能將毒質依一定之次第排列而其次第中必顯出一種公理

否第累將毒質分爲惹胃性寗睡性寗睡辟味性腐爛性此排列法藉人全體之理言之如去其腐爛性者祇作三類其理亦同而著名毒學家漸不信寗睡辟味性之類而設法另立一類卽如他求所設之法其意頗寬廣而不甚爲人所通用又有楷司巴所設之法亦大同小異如對拉所設者其弊處更少茲將此三人之法詳錄於下他求之

法分五類一·惹胃性與消蝕性二·減力性三·昏迷性四·寗睡性五·發腦筋力性楷司巴之法亦分五類一·惹胃性毒質二·增血力毒質三·令腦筋癱瘓毒質四·令人身瘦毒質五·腐爛毒質對拉之法分爲二類一爲惹胃性二爲感腦筋性而以腦筋分爲腦髓背脊髓與腦髓合背脊髓三種余曾查此各法並其排列與次第而以爲全恃全體之理而排列或全恃萬物之理而排列俱有不合處若將此二法併合之則爲最宜所以將各毒分爲生物死物二大類再將二大類各分爲小類即將死物質分爲消蝕性者與惹胃性者又將生物質分爲惹胃性者感動腦髓者感動

背脊髓者感動心者感動肺者所有生物毒質大半能惹養生路者可稱爲寗睡猝味性此可依感動腦筋心肺而論之即此排列法之大略成表如左

一死物質
　甲 消蝕性
　乙 惹胃性

二生物質
　甲 惹胃性
　乙 感動腦髓背脊髓心肺

新陽趙詒琛校字

法律醫學卷十一

英國 該惠連 弗里愛 同撰
英國 傅蘭雅 口譯
新陽 趙元益 筆述

服毒之證詞

令人疑爲服毒之案有毒證剖驗所見之式試驗動物化分材料疑其人之行爲而查究之此五事必當逐一載明再將各種毒質之證與剖驗見式分晰言之

第一節 毒證

大半服毒之證如爲壯健之人則爲食物或飲物或服藥之後不久而顯出所有令人死者則在數分時或數小時或數日之內

猝顯之證 此爲服毒可疑之證因用其大服則毒性速顯反之如屢用其小服則其證由漸顯出但有數種病如腦髓心肺之病胃腸穿破重瘟疫病如速死瘟疫病霍亂吐瀉發熱黃證久延發熱各種痘疹類發熱如痘瘡皮膚發紅之發熱麻子等此各病猝然顯出惟其病證易於分別

無病人顯服毒之證 此亦爲可疑服毒之案然因常有無病者猝患重病又有似乎無病之人猝然死者故不可以其證爲全可恃又常有病者服輕性毒藥而久用之如

打打伊密的等精神因此竭蹶再服重性毒藥如嘆啡啞馬錢霜非辣得里亞等則其服數雖非甚大而其人能猝死即如法國揩司退捺之案與英國巴勒馬得佛有里又特等案是也

食飲後或服藥後速顯毒證　此事之決疑處甚重因最烈之毒藥用其大服則速顯毒性惟閒有食一餐而其食物內毫無差誤亦顯猝吐等病又一餐飯喫飽足後則有中風證顯出胃之內皮潰爛或因前有病而變軟則食飽後令胃脹足則極易破裂英國霍亂吐瀉常因喫未熟之果喫腐爛之肉或喫他種難消化之物俱能成此病又如身體已大熱而猝飲食多冷水亦足令人猝死

如在飲食之後顯毒證而同飲食之人內有數人亦顯出其證則其決疑處更重然如一二人顯其證而其餘各人不顯亦不可不以為要據因飲食常有數種或數十種而顯此證者所食之菜或所飲之湯可為他人所未嘗者

如有數人同桌喫飯而其後顯出相同之重證則其食飲物內偶然或故意加毒之決疑處極重如英國前時有一種發熱病謂之檻房發熱常有數人在檻房飲食顯出重證疑為飲食內有毒實由檻房內發熱病之毒有一案在來特西希勒地方約一百餘年前地方官辦公事之後一同喫飯飯後不久生重病疑其病係飲食內加毒而成但考求其實因本處窮人院若處甚重而地方官親查其事因此得病所有之地方官內有一同飲食者不患此病因此人未與親查之事也後再詳查各人之病證則知為檻房發熱如數人同桌喫飯而所顯之證為惹胃觸毒藥之證則不能從所見之證而知其毒為偶然或故意加入者然而其證不惟能顯明已服毒之事尚有能指明用何種毒者

如一處有數人或同辦一事之數人同時顯服毒證而死則雖無同飲食之據而其服毒之決疑處最重即如沙爾伯之爵事記錄書內有一則記愛勒薩侯之事云馬里皇后與法國太子於一千五百五十八年欲結婚姻蘇格蘭派有爵者八人代蘇格蘭人觀成親之事則在法國一夜內其八人中有四人猝死一在巴黎斯係傳勒明公又在

弟愛伯有三人一為里德敎主一為羅弟司伯一為楷西里司伯其被人毒死之決疑處最重因此有爵者八人不願將皇后之尊權讓與法國太子平分必欲全歸於皇后因此法廷之人恨之以為受蘇格蘭人之辱侮用毒致死以釋其恨此為可信之事

閒有疑服毒之事有故可駁之因可查得憑據而知顯毒證之先不飲不食不服藥若干小時若有服毒之事因其毒性之烈其證應早已顯出惟在飲食或服藥後睡若干時則因睡時不甚顯藥性而決疑處可略為加重

顯毒證後速死　此事所有當為服毒之決疑處甚輕因

常有中毒其毒性久之而顯出後令人死反之有數種新病證令人速死

可見以上所言之證必謹慎查之不可從其證而立即定其故必權衡之而分輕重焉如有二證或多證一併顯出則其決疑處略重如其諸證一併顯出則其決疑之處爲最重然不足爲確據假如無病者食物之後猝然大吐大瀉死於二十四小時之內則其所飮食之物含毒之決疑處已重又如同時飮食之人所飮食者相同所顯之證亦相同則其決疑處更重飮食之物或原有毒或偶有誤事無故而有毒或有人故意加毒其毒之根原雖不能知而其服毒之證幾爲確據又如其人從來無此病證且當時

英國霍亂吐瀉或亞細亞霍亂吐瀉在本處或相近處尙未顯出者則其證與確據相離極近

第二節　剖驗見式

有數種毒又有數類之毒令死屍顯出無可疑之證卽如强水之類令所遇之體變色而有消蝕之性草酸之濃水令氣管與胃內膜質發黑而壞其質又有數種毒顯出易分別之結成質卽如汞綠遇胃中之津液與碁苦司膜質或胃中含阿勒布門之質爲其所化分而結成灰色之質爲水銀之極細點又鉀養成一白色點黏於生炎之碁苦司膜質上或因遇腐爛所放之輕硫氣變爲黃色鉀硫又服鉀硫三或鉀硫二或西里氏綠或斑蝥或木鼈子或數種毒蕈之無胚子俱能在胃之內皮成一種易分別之色又服燐在黑暗處發光而能依此分別之又服植物毒質常爲其種子或葉之小片等質存於養生路中不消化足爲其據

又有數種毒無論爲生物或死物又無論有簡惹胃性或爲前人所稱爲寗睡辣味性者俱能令胃腸所生之炎比較尋常胃腸病而死者更重惟其發紅色比他病死者更淡不足爲服毒之決疑處又腦血積聚有數種寗睡毒藥與數種寗睡辣性毒藥並數種腦髓病俱能有此血積聚

之事故亦不足爲服毒之證

死後查驗身體如有應顯而不顯之證則其未服毒之決疑處略重卽如疑服消蝕性之毒而養生路中不顯消蝕之證疑服惹胃毒藥或寗睡惹胃毒藥而不顯生炎之證則其不服毒之決疑處更重又如疑服寗睡性毒藥而查腦中無血積聚則其不服毒之決疑處比前兩故更輕

如死後查驗疑爲服毒之人而所應有之病證不顯者有一緊要之案不可不知卽人未服毒而死而有人將毒質置於死屍內控告他人用毒藥致死如見此種毒質在死

屍內而其毒證毫不顯出者則可疑爲此種案然此種案究屬不多有之

昔時醫學家以爲皮膚分外發黑或分外發紅樓色或腐爛分外早顯則必因服毒之故然此種證無論何種猝死或速死之法俱有顯出者而服毒之故不能謂多於他故反之近時醫學家知數種死物毒質卽如鉮養三汞綠二或鋅綠等能保護所遇之體令其不腐爛不變色

凡查驗死屍而見所顯之證與服毒之屍相同者雖見其毒質在身內尙不足爲其人因毒而死之全據因未服毒之先其人或已有必死之他病也反言之死屍身外顯出

最重受傷之證或身內顯出最重之病證而其人死之故與內外之證無相關而實因爲服毒之故者亦有之

總之死後查驗雖有數種毒質之證可當爲無疑之證然其大半祇爲決疑重大之證而不足爲全證惟能與他證相併或與各口證或在旁所查得之據相合則令其決疑處最重與確據難分高下反言之查驗死屍無此各種證如有人因懷恨而控告其仇人用毒之事則足言明其人無罪而其案可定

第三節　試驗動物

如試驗動物不惟能顯服毒應有之證尙能表明毒質感動人身之法曾經試驗動物服毒因有人服含毒之食物偶爲六畜或家禽所食者卽人服毒而吐所吐之物爲動物所食而從此各事能知六畜家禽及貓犬等物如所服之毒足令人死者則動物亦必死而所顯之證與人所顯者同又如輕衰或馬錢霜之毒其毒證速顯而情形極易分別者則依此法試驗其動物所顯之證爲可恃之據因此故雖有一種物尙未試驗其所顯之毒證若疑有人服此物而死試令動物食之亦復如是則爲其人服毒之重據而不問其毒證如何其決疑處爲最重如其動物食之不病不死則所疑之物大略可當爲無毒性者其無毒之

決疑處亦爲最重又如所疑含毒之食物稍多足敷數動物食之或人先服其食物而吐之爲數動物所食以後其動物俱死則其人服毒之決疑處極重無可疑之處

間有動物食砒霜或馬錢霜而死後有他動物食其肉因此亦死則其服毒之決疑處亦極重

試驗動物服毒之事所得之據自然不可全恃因各種動物同服一種毒質其毒證不同卽如有一種蟲能以馬錢霜養之令其肥健而他種蟲或能如此亦不可定約五十年前伯靈人倫奇將兔以數種毒草之葉試養之而用啤啦呵嘞辛躑躅醉仙桃之葉其養八日則知其毒質俱入

血內而八日之後其兔無病幢人不放大一千八百六十五年八月倫敦太密士新聞紙載一信係醫士哇豨勒所書內論當時之一案係審問司破累豨用法毒死又勒揩一家之人而因證據之不足恃所以釋之哇豨勒信內指明以上所言試兔之事情必與本案相符因本案內有兔常食啤啦吖喇葉後殺之而作肉包食之因此其毒過兔肉而入人身此解釋頗合於理因有毒性之物蟲魚鳥獸食之而無害其毒質存於其肉或津液中如人食之則顯其毒性即如蜜蜂在數種花草內取蜜其蜜有毒性若以其蜜作蜜酒則其酒亦有毒性即如杜鵑類之阿薩里亞

揩勒米那與石南之花皆有毒又希臘國古史內有統兵之將西奴分帶兵一萬退回本國其兵見野蜂之蜜食之大受其害因其蜜有黑海邊阿薩里亞花之毒也又南亞美利加牛羊在數處食草其肉與乳常有毒性係從草中所得者又有野兔食石南（西名金色鬚頭陸杜屯特倫）葉野雞食寬葉揩勒米耶之芽與嫩枝加拿大冬時有莎雞食數種小果而捕獲之後盛於冰塊內運至英國出售有食之者俱受其毒之害一千八百六十二年九月內有陸暮西人對拉記錄二案有人食加拿大之莎雞受其毒之害最重又前數年在法國都羅塞相近處有數人食蝸牛而中其毒因其蝸牛曾食沒爾他葉苦里阿里亞之嫩枝也（見一千八百六十二年九月十三日醫學記錄書）由此可知有數種植物質之毒蟲魚鳥獸食之而無害而蜜蜂之蜜或小鳥之肉或動物之乳與肉如有人食之則能顯毒之病證或重至極危險或重至死不定

或以為胃中吐出之質或死後從胃腸內取出之質令動物食之則雖原不含毒而在身內可改變成毒性之質此事曾有莫爾加尼試驗之即有小兒患重瘧疾每三日一發至末發瘋證而死將小兒胃中之膽汁合於饅頭與公雞食之則數分時內發瘋證而死又將此膽汁通入二鴿之血內不久其鴿亦死從此以為人所吐出之物令動物

食之而死不足為毒之據然此事以有病人之膽汁試驗一事與無病人胃中吐出之物試驗一事毫不相關所以無病者胃中吐出之質能毒死動物仍可作為服毒之據反言之如胃中吐出之質動物食之而無害或死後從胃腸內取出之食物令動物食之而無害俱不足為未服毒之據因其毒質早已化散或化分或吸入血內或早已吐出

如試驗疑為有毒之質為極少者則必用小動物試之即如鼠或松鼠等又有數種毒質如馬錢霜等則用田雞為

最宜又有人云用蜞試之爲合宜如用噴入皮膚之法試驗嘆咔啞與哥尼阿等而記錄試驗之各事則將來又可用此法試驗數種毒質見哈來於一千八百六十八年在醫學院內講論之說試驗動物之法尚未盡善近今化學之法大興則將全恃化分之法反言之有數種植物毒質試驗之法略不可恃故令動物食疑含毒之物如謹愼而合法爲之亦爲有益而審問案內可作爲證據一千八百七十六年英國設律法不準害各種動物令其受苦此律法內有一款云如人命案內有審問大員以爲用動物試驗必有益於洗寃之事則可特發一據準爲之否則定爲犯法如試驗動物查考毒性之證或查明緊要案內之理卽如

輕衰一服以若干時顯其證爲最小之限或試驗一種惹胃毒質如汞綠等在胃中有無生炎之證等事則所試驗之動物用狗爲宜因已試過而記錄者狗之證比他動物之證更多

第四節　化分材料之法

如其服毒之證死後查驗之證在旁之各證彼此相應或三事內有二事相應則可免化分之難處然化分之法必當爲諸法之首如生時可化分其人之溺用放血或用抽血或用蜞吮等法而試其血或令皮膚發疱而試疱內所含之水或死後試其血肉腸與津液無論用何法試驗如見含毒之證則知其人必已服毒

如查驗胃中吐出之質或腸內有從大便放出之質或死後胃腸內所含之質或患毒者所食之物與所服之藥有餘下者則其證據略爲不可恃因有三事俱爲可駁者卽其質內查得有毒或物內查得無毒或所得之毒爲極微之數茲將其三事一一言之

查得有毒　如生時所吐或大便內之物或死後養生路內之質或所食之物所服之藥有餘下者查得有毒則可駁云此毒或爲無故誤事而食者或有人特意將毒料合於其質內欲害無罪之人令人疑其犯人命之罪則審問

案內必查證據知其不能有此各事方能洗寃

查得無毒　如所試驗之質內不見毒質則不能因此而確定其人未曾服毒因如一餐而各食物內有一種含毒則所化分餘下之食物可爲原不含毒者而其含毒者或喫盡或棄去又一種菜內所含之毒質可以不均勻而併合所以化分之一分可以無毒而人所食之一分可以含毒卽如肉常配汁傾於肉上一併食之則其毒可在汁內而不在肉內或散在肉之外而與汁不相合又如已服毒而其毒在胃中或腸內不能遇見之故或因已經吐出或因從大便出或吸入血內或化分或化散或其毒爲不常

見之植物毒質或爲已知之植物毒而尚未查得可恃之分辨法此類之毒質甚多如其毒質爲惹胃之藥則極易吐出或從大小便而出若爲流質或能消化之質則易吸入血內又如屬於動物類或植物類則極易化分凡不能消化之毒質或不易消化之毒質如鉮養三等則常能在胃中分辨之間有在腸內見之雖因生炎屢次吐瀉其質而生炎之質有黏性其質黏於膥苦司膜之面不能脫下

如死後久不剖驗其屍或已葬埋則死時所含之毒以後化散或化分或有他法散去惟此所言者係生物毒質如死物毒質雖能改變而質不能滅卽如鉮養三可變爲鉮硫三

爲黃色之硫又汞綠可變爲黑色之汞硫或汞綠或遇膥苦司膜而化分成極細之粒如動物毒質有斑蝥植物毒質有馬錢霜不能在身內有大改變所以死後仍能分別之

假如人有相恨之故而控告其有心用毒害人則如查以上所言含毒之質而不見者可定其有誣告之罪

查得之毒爲極微之數　凡遇有此事則必言其毒不足令人死然此說亦不可恃因所查得之毒祇能爲所服之毒之一小分凡吐出之質或從身內放出之質或死後在養生路內查見之質或在血內網質內臟腑內所查明而

化分之質祇能爲其全質之一小分又胃中所見之毒質祇爲令人死之毒質外所未收入血內之餘毒所以查得之毒數雖極微不足令人死者不能因此而以爲所服之全毒不足令人死若以爲此毒質係當藥品而正用之則其數雖少亦無不合理之處

凡用化學法化分所見之材料而以此爲據其益處不止於化分一次而查得有毒質尚可化分數次而將每一次所化分而得之事相比從此能考得其服毒之法並其疑被告有罪與否之要證卽如前有一案婦人顯毒證而死此人早飯食粗麥餬一碗將此麥餬之餘下者化分之得

砒霜之微數再化分房屋內所存粗麥粉則無砒霜因此知其砒霜祇加入作餬之麥粉內又因查得旁證知其粗麥粉原是朝晨有人將若干分取出爲作餬之用而本日無他人至其房屋內惟有婦人之夫而除夫之外並無他人住其房屋內所以審問其夫而定其罪又有相反之案有人房屋內麪粉甚多將此粉做饅頭人食之則患砒霜之毒化分其饅頭查得有砒霜化分其餘之麪粉亦有砒霜查其麪粉之根由得知有某農家所種之麥合於砒霜令蟲不蛀或如有蟲亦可減少將此麥子種之仍能生長誤將此麥與他麥相混送至磨坊內磨麪而其麪因此含

砒霜此二案一爲阿利孫所記者一爲巴路愛勒所記者俱記於若里司脫生論毒之書第七十五頁內有數案用消蝕性酸質毒死他人則其所疑之人衣服上所有消蝕藥之痕跡與受害者衣服身體上之痕跡相配

以上之案俱爲化分求質之事而化分求數之事亦間有益處見下二案可爲其據

一千八百二十四年達爾威之醫士哈知孫審問其用法毒死其妻之罪此事因請他醫士治其妻病開一方用汞綠合鴉片丸而哈知孫自配其丸以汞綠二代汞綠而據其自供因配藥時已醉所以誤事隨後其醫士另開一方爲含鴉片酒之安神藥水而此藥水內亦有汞綠二據哈知孫

之供配藥之時有水手來求治病定用汞綠二外導藥爲之預備此藥一瓶而未交藥之先則誤取此瓶當爲淸水瓶故將此水若干傾入鴉片藥水內審問此案將其餘下之安神藥詳細化分之再將水手用之汞綠二水化分之得知此安神藥水每一兩含汞綠二十四釐而爲水手所備之汞綠水每一兩含汞綠二不過五釐所以配安神藥之汞綠二不能謂誤用水手之外導藥作爲淸水此案大有趣味記於蘇格蘭內外科記錄書第二十二本第四百三十八頁

一千八百二十一年春約爾克城審問一案其人姓花利將砒霜給與一女子姓倞者服之當時其女與彼私而有胎而所食含砒霜之點心最多有砒霜十釐所服之毒雖已吐數次之後有一次所吐者含砒霜十五釐

第五節　查可疑者之行爲

如審問用毒之案則查可疑之人之行爲爲最要者而查其行爲必在毒死者患毒之先與中間與後來三節時候內之事此等案內常能查得故意毒死人者預先詳細考究各種毒之形性而考究之事並無緊要之緣故又間有買數種毒質而買之之時所言用毒之故係假設者或自備藥料給與人服或備飲食令人用之又用法查得一好機會令其人服其藥或用其飲食或用法遣去服侍之人

要他自己一人料理患毒者之事或用法令患毒者之親戚或朋友或明事之人不至其房屋內觀其各事或用法阻當請醫治病之事或用法令中毒者之屍速埋葬之如有人欲查驗其死屍則用旁法阻之又將所能查驗含毒之物速滅其跡令人不能試驗其物或有疑此事之人將所疑之物置在一處便於將來化分之則用法改變其物或易以相似之物令查驗之而無益以上各法祇爲常法內之數種而各案內必有不同之處如爲明事之醫則易知有可疑之處與否而幫審者應知此各事而詳細斟酌無論何事能當爲惹疑心之人得他人服毒所能有之口

證或憑據或緣故俱應詳細揣度之設患毒之人初起或當時有混亂處或遇有大難處令其欲自盡與否此等事亦必查明

第六節　各種毒質病證與剖驗見式

以上之說俱爲各種毒質之總說茲將緊要毒質之病證與剖驗所見之式分類而言之則不惟能令本卷爲全論尙能使死物與生物毒質所有特顯形性者俱有先路之導如毒質內有二大類顯出生時之病證與死後之形狀俱爲易分別者卽消蝕性毒與惹胃性毒又有第三類前時分寗睡性與寗睡猝性二種今分爲數小類俱依其感

動腦髓或背脊髓或心或肺等而分別之其生時之病證顯出最明其剖驗之式不能確定因養生路所有被毒質改變之情形與變化亦不能確定也

甲　消蝕性毒　此類之毒遇百體內之各處而感動之俱顯出烙炙之性如遇皮膚大面積能令人死與湯火傷之理法相同如吞之則遇養生路之內膜質或遇氣管俱顯烙炙性而令人死之故或因猝然震動驚駭或因身力疲乏或因消蝕胃腸令其漏泄或因食管不能通而令其餓死或因胃中行消化之膜質蝕壞而不能行其職尙有令小童之氣管並氣管發聲處受害令其不能呼吸此種悶

死之事大半爲幼孩如死物毒質能成以上之證者爲强水類與烙炙性鹼類或鹼類之含炭養者如生物毒質能成以上之證者爲草酸或檸檬酸或果酸之濃者至於死物毒質則有數種能消化之緣氣鹽類有消蝕性者卽如汞銻鋅錫是也此不惟能顯出其消蝕本性尙能特顯他種病證與其消蝕性不相關者

以上各毒所顯之證易於分別其味或極酸或重鹼或爲金類者令人覺有火燒或探湯之痛口喉嚨食管胃幾同時覺之後速通至全腹不久則嘔吐稍久則泄瀉所吐瀉之物含血或爲淨血或爲毒所變化之血閒有氣管發聲

處並其上段受消蝕極重令人不能呼吸而悶死

死後剖驗之式亦爲消蝕之證另有肌肉質因其大縮則成皺紋又有生炎並所有生炎之餘證其受消蝕處或爲小點或爲大塊或能蝕去食管或胃內膜質之大小塊而止或滅盡其內膜質而成大小孔令其漏泄或滅壞其所遇之體令其分塊而放散吐出或瀉出不定或遇發津液之處而外面生殼此殼吐出或瀉出而爲其體之陰模閒有被消蝕處之外另有各網質之生炎極大並成死肉閒有因血流至內連網質則發黑色或因迴血管有通入之黑色血而發黑閒有見其各網質變軟者閒有變硬而成

皺紋者此各種毒質尋常令食管內有皺紋形或蜂窩形此因其縱橫質紋被縮之故或因蝕去外皮之大小塊見後第四十九五十五十一各圖

以上所言消蝕性毒質所顯之證易在死後剖驗之時誤為他故而成者故應特意指明善法可將其形性分別之而不致有誤

如因服消蝕性毒質而有暮苦司膜質變軟之事如為强水之類則其色亦必改變因徑遇其各網質而蝕之如為汞綠二則因有結成之汞或汞硫令其變軟又有數種消蝕性毒質不顯此種變化則祇能見喉嚨之情形並遇皮膚

或衣服所成之情形而分別之如消蝕性毒質遇內外之皮令其變硬而縮成皺紋此為常顯之證而為可恃之分別法而各種病證俱不能顯此情形但微絲血管內有黑色之血不能當為全可恃之據因無論何種酸性質徑至胃中原所有之酸質俱能成此事如為死肉不常為各種病所成者而內層暮苦司網質有聚合黑色血之處常誤當為死肉證又如因消蝕毒質而生瘡後成穿破之證大半能依其色而分別之無論小瘡或大壞網質之事俱有此分別以下論惹胃性毒質說內則言明各種病證成瘡之情形所有死後胃汁爛壞胃內暮苦司膜質亦屬於本類故略言之如左

死後有胃汁蝕壞之情形為昔時醫學家所常爭論者近今有人詳查人與動物則知此事間亦有之尋常蝕破之處為胃之後面但間有在他處顯出俱依死屍之位置法所蝕壞之孔或如四開銀錢或大如手掌間有胃內皮之一半俱蝕壞其形狀不定其邊或為參差形而軟有黑色稠質連於其上而胃血管常有多含黑色之血者即前所言酸性流質常顯之證又胃之相近處臟腑之各體亦間有同類之改變又間有多於一個孔而其孔之周圍不生炎故易於與惹胃毒質所顯之證分別之因惹胃毒質必

顯出重新生炎又必有痕跡與其結成之質如其胃汁祇遇胃之暮苦司膜質則令其成黑色或黑櫻色軟膠形之質

如腸全穿破不常為消蝕性之毒所成又食管全穿破者更為罕見此二種證可在死後易分別其為何種病所成

乙　惹胃性毒質　凡令所遇之一處生炎之質則謂之本處惹性藥又令養生路生炎者亦謂之惹性藥又除前解釋毒之意義外尚有不在解釋內之物如熱水冷水釘鍼玻璃粉等之外其餘各質如有令人死之案或令人受大害者可列於惹性毒質內

惹性毒質包括死物植物毒物三種而其諸毒之數目比較一切別種毒質更多凡有審問毒案大分屬於此惹性毒質類如查本國所有因毒而死之案則四分之一為服惹性毒質又所用之惹性毒質大半為金類者

凡惹性毒質內有二門能易分別之一能惹所遇之體而令人死二在惹本體之外另能特顯他證第一門內大半為植物惹性毒質又藥品所用數種鹼性之鹽類輕性之金類毒質及數種乾蒸工夫內所成之質並其惹性氣質第二門內包括金類惹性毒質如鉀汞銻鉛銅又似金類之原質如燐與碘又動物內之一種如斑蝥

惹性毒質所顯之證尋常為喉嚨食管大痛如火燒又似收緊而不能放開胸口覺大痛壓之更痛口渴甚嘔吐後有痛隨之全腹緊而不可觸動大泄瀉裏急後重間有小便難通者其全身所顯之證俱與惹性之輕重有比例又與服毒之新舊有相關間有顯出其人將收癟而死又有生炎之發熱其死法亦多不同間有人從腦筋初受其驚嚇後精神漸退以至於死間有發重癇證而死間有耐苦多時軟弱而死間有因食管與胃受大害不能消化食物因此餓死

其各證之輕重不等而顯出之時與次第俱與其毒之重數消化之難易並胃中之盈虛俱有相關難消化之毒如鉀養三等則喉嚨與食管不覺痛而須待若干時方顯而間有不顯者或先有他毒證顯出而後嘔吐其吐出之物過食管而受消蝕性則成此證易消化之猛烈惹性毒質則令吐瀉之物含血而輕惹性毒質不常有此事又間有令氣管之上半生炎令其人言語有沙聲呼吸有響聲大咳嗽漸重而至悶死

凡人服惹性毒質死後剖驗之式係生炎並與生炎有相關之事

俻惹性毒質成生炎之輕重不定而其後有生炎所成之

各證間令其諸廻血管少有顯明間令其發深紅又其發紅之面上生黏性質一層而其凹內則有蛋白形暮苦司質其胃等體之各層衣因其重生炎而變為更厚者或因有血流入暮苦司網質內令其發黑色成潰瘡或成爛肉或成死肉或變軟間有變硬而縮成皺紋又間有在生炎之面有廻血管盛滿黑色之血散開如樹枝形或其全面有黑色之點此各形狀不但在胃中見之又能在喉嚨食管小腸上廻而顯出小腸其餘各處常有重生炎並暮苦司膜質生瘡變軟又能在大腸見瘡又可在肛門內見有脫皮處間有氣管發聲處並氣管分支處所有為裏之膜

面亦生炎

以上所言之證，並剖驗之式內有數種，不惟爲服毒而有之，另有數種病證，亦能成之，卽如英國或亞細亞霍亂吐瀉能有此證，胃或腸之重生炎，胃或腸之穿破，或臟腑他體之穿破，俱能有此各證。又間有因飲過熱過冷之水而成之者。又有醫學家極費心思指出胃之脹，吐血或瀉血，腹大痛，疝氣之腸阻塞，腸不通，重泄瀉或赤白痢，各病內有顯出之證與尋常惹性毒質之證相同。又其全證能與特服惹性毒質之全證大同小異，因是有人駁疑心服毒之案，而言其證未必因中毒，而可因他病而成，其所駁之說雖間亦有理，而大概則不必論，然因其有合理處，故將此各種病之要證與尋常惹性毒質之要證比較其不同之處

如英國霍亂吐瀉，其大便內罕見有含血者，又喉不痛，不縮，然間有喉痛，因常有嘔吐之故，此病在夏秋時顯出，不致令人死。如亞細亞之霍亂吐瀉，則放血亦爲罕見之事，然其大便間有淡紅色如紅色之葡萄酒，又喉之痛與縮亦不顯。此兩種霍亂吐瀉，其瀉隨吐之後甚速，若服毒者則先吐，待若干時之後方有泄瀉。又有一種服砒霜之案其證與此兩種霍亂吐瀉證，大爲相近，所以著名之醫士

或爲其所誤，而未有因此而壞其聲名者。又如胃新生炎，除因過冷過熱之水，或因有惹胃性之質，本無毒性者，存於胃中，則能惹胃，此外之生炎，不多見之，且不令喉痛而縮緊，亦不成泄瀉。又如腸新生炎，則令其腸之襯衣受害而令其大便難通。又如胃漲大，雖間能令人大痛而猝死，然不易誤作毒證，因中毒之證，以吐爲毒之首證也，所以如見胃內滿容食物，則爲未服惹性毒質最重之據。如胃全穿破，尋常在食飯時或食飯後立卽顯出，而其破之故因出力嘔吐，後有忽發之大痛，而人收攣，或猝死，或在四五小時至二十四小時內而死，易令人疑其服毒而除剖屍查驗之法外，則不能洗冤。又如胃之內皮破而外皮不破，雖爲罕見之事，而其病證亦與以上所言者略同。又如腸穿破，或腹內他體穿破等病，俱能令其人嘔吐，大痛而少摩之，則痛更劇，皮膚冷，脈小，又顯收攣證，死於二十四小時之內。如因飲過熱之水，則與尋常消蝕性藥有不同之處，因不顯出改色之痕迹。又化分之，不得毒性質。如飲過冷之水，則間有令人嘔吐泄瀉。又有他病證與惹性毒質相類，如見此種案，而不知其事之緣起與情形，則祗能用化分之法，查其身內含毒與否

吐血與瀉血二證，可知其不顯出服毒之急證，又泄瀉與

赤白痢二證則大半服毒之案不惟有大泄瀉尚有大吐而依此可分別之又如有腹痛腸阻塞小腸疝氣或大便之路不通則其人所吐之質內含糞類之質

凡服惹性毒質之案死後剖驗所得之式未必常與毒質相配又尋常之式可爲他病所成者與其生時所顯之證同理卽如尋常所言者爲暮苦司膜質發紅死肉證與櫻紅色質體變軟潰瘡穿破茲將此各事一一言之

暮苦司膜質發紅　其發紅之故因有紅色之染料如因血管內含血其故或因死後血落下而聚合如因其小血管過滿則因其大血管之縮或因肝脾之外衣漏而放血

又可因猝死之故最多爲悶死者常令其發光紅色之大塊或因消化之時則有多血至胃中聚合以上俱可爲發紅色之故又間有生時不顯胃中應發紅色之故而死後剖驗見奇異之紅色故可見胃之暮苦司膜質發紅不能作爲生炎之確據然如變軟而未腐爛之時或暮苦司膜質外有厚而黏性之膠質蓋之不透光剝去之後緊繃於手指不能透視手指之皮以上各證可作爲因生炎而發紅推而論之以至於腸其理亦同

死肉　間有因小腸疝氣而阻止血之流動則其暮苦司膜質能成死肉又身內有他病阻塞之事亦成死肉有著名醫學家書中云此證係新生炎而成恐有酸性津液遇所進之血令發黑色則可令醫士誤當爲死肉

發櫻紅色　間有迴血管含黑色之血如下五十一五十二兩圖亦有因從外進身之酸質或身內變成之酸質而成此色又死後將强水傾入腸內亦可變黑色所以如發櫻紅色或黑色而非死肉所成者則非因病而成而必爲所食之酸質或變成之酸質而成者如重赤白痢或腸生炎間有遇見之黑色如非死肉所成者則必因上所言之故又有一種病名曰發黑點病此病不令其暮苦司膜質變厚惟其面上生黑點其形整齊周圍不顯生炎之證

變軟　其暮苦司膜質可因惹性毒質變軟或變硬或因先生炎而後成此證或因他病而後成之又爲胃汁在死後所常成之證凡因服無消蝕性之惹性毒質而令變軟則常有新生炎證一併顯出惟依尋常言之變軟之證無預先特顯者

潰瘡　胃中生潰瘡不外因病或因毒而成所以癰疽類之瘡極易分別惟間有人胃中生瘡其瘡之外他處無病凡死人內每剖驗十人胃中有已發之瘡或舊瘡之痕跡必有一人又有瘡之五人內有一人之瘡必多於一其瘡大如指甲爲最小者大如銀圓爲最大者間有大至五寸

或六寸徑者其形狀尋常為圓或橢圓而有平淺之凹形其邊直立而平似以捶器捶成者又因其暮苦司膜質之內所有乳頭質形之網質其孔更小又因外層之孔更小所以其全凹之形狀似為圓錐形其底向胃內其暮苦司膜與乳頭質之網質尋常加厚因漏血中之明汁又間有黏連於周圍之體者又有數案內其瘡周圍不顯生炎之證大半之瘡邊厚而腫其發腫之處有半寸或一寸寬之圈間有周圍之質似發黑或厚又似猪油渣之焦紅色此種瘡形常有人易誤為癰疽所見之瘡每三個內至少必有一個在胃之後又所見之瘡在胃後或在紆曲處或在

幽門相近處多於三分之一但因服毒所成之瘡平常為重生炎之事而成者又常帶深色即如硝强水或磺之毒所成之瘡是也或有白色之粉鋪於其面如服砒霜所顯之證或毒質化分而面生一層化分之質即如汞綠成黑色之粉為水銀極細之粒或死後腐爛能令砒霜化分而有鉮硫之黃色粉

胃全穿破　此證之根原有四一為消蝕藥滅壞二為生炎後成潰瘡三為胃中之舊瘡四為死後胃汁蝕爛令穿破茲將其四事一一言之

一消蝕藥滅壞　前言用惹性毒質所有徑顯消蝕性而失去胃之各層質不能與生時或死後自然穿破之事相混如查口喉嚨食管之情形或查死人之皮膚與衣服則此事易分別之間有胃腸內所容之質漏入腹之凹內令他臟腑顯其消蝕之痕迹

二生炎後成潰瘡　此證由惹性毒質所成者最為罕見

三胃中舊瘡　因此病而胃穿破為常有之證如年輕之女十五歲至二十五歲常有此證又常為少顯病證立即有之其穿破之事尋常為食飯後速顯罕有因忽然活動而成者穿破後立即有腹大痛並胃外皮膜新生炎之證吐少而不瀉十八小時至三十二小時後其人收癟而死

間有胃幾空而生炎之界限小或為輕生炎則其人能久不死其外皮之孔尋常為極小而瘡之形狀為前所言圓錐形之孔大約每三人內必有一人其全通之處在胃之紆曲處每十人內有一人在幽門相近處每二十人內有一人在胃之後又每二十人內有一人在胃之賁門又八人內有一人有兩潰瘡彼此相對一在前一在後而其穿破處在前見伯林敦所著胃中生瘡之書并對拉所作之論記於該醫院之年錄第八號內　如不見新生炎證之痕迹復不見特顯變色之處又胃中與腹中不見毒質又初顯之證為腹猝然大痛稍有嘔吐不顯泄瀉以此各證能分別此種舊瘡全穿破與因毒而穿破

者

四 死後胃汁蝕爛全穿破　此證已在前甲欵之末特意論之故此不必再論

若夫毒之無消蝕與惹胃之性或有此二性而另感動腦筋並腦髓心肺等因此令人死者則前時謂之寗睡性與寗睡粹性而草酸爲不在此說內之要質因其濃水有消蝕性也此二類依其全副所常顯之性情在腦髓背脊髓心肺而顯之可分爲四類一爲感動腦髓一爲感動背脊髓一爲感動心一爲感動肺此排列法特其所顯之要證或數要證而與其令人死之略故或實在之故無關

一 所有感動腦髓之毒質分爲三大分類第一分類以鴉片爲母令人睡其深淺不定第二分類以啤啦啲嘛爲母令人昏暈並有五官誤第三分類以酒醕爲母令人行氣後有昏暈或睡或遞更顯此二證俱依其服數之多寡並人身之强弱而定

以鴉片爲母之分類其爲緊要之故不多因其毒質之種數多用之者亦多又因內外科中常用之常成誤服而危險之事並所有自盡與毒人之案每年所記之案內而能分別其毒質者則鴉片與鴉片合成之各質大略居其半此分類之毒有數種難分別之處爲分別惹性毒質內所無者其病證更近於自然之證而死後剖開查驗所得之情形亦不多顯明如有顯明者則亦不能指明爲何種毒質如化分之則較化分服惹性毒質更不確實更不清楚

此分類所特有之病證有頭暈頭疼眼蒙瞳人大縮耳鳴心中欲睡而亂漸變失知覺其昏暈不常顯又癱瘓癇證縮筋俱爲不多見者胃腸無徑直之激動惟有嘔吐而其嘔吐在初起時顯出即同於惹性毒質之證惟至病退時而此證始止又如泄瀉亦不多見之死後剖驗之情形令腦髓內之迴血管與迴血之穴含血滿足又在膜質內有血中流出之清汁在腦髓底或在左右大房之內又有不

多見者爲流入血之證

腦筋總處有數種病令人暈睡輕重不等又令人失知覺其輕重亦不等此爲其首要證與鴉片及鴉片合成之各質所成之證同又有數事能令人沈睡極難清甦或成暈睡與失知覺即如中風腦髓血溢或結血腦髓有水或頭上被擊受傷又發熱之病在其各層內血中有溺羊癲瘋將畢時等事是也故可見生時分別自然之病與毒證間有最難者若爲嬰兒與幼童格外難分別且死後腦髓所顯之情形亦爲不足憑如查內腎有病則可疑爲血中有溺之病又如腦髓生炎或有舊病或其中與上有血水積

聚則可知其死之故

以啤啦吖嘞爲母之分類其證甚爲明顯卽有昏暈眼誤見奇物幢人放大口與喉乾大咳嗽在死後剖驗不見可恃之證有數種病證閒有顯出者而尋常不見之卽縮筋知覺分外靈行動與知覺之腦筋癱瘓暈睡失知覺等皆是惟一種毒質在各人之身顯出以上之證各不同其輕重變化與併合在各人亦不同而必知此分類之首要證卽昏暈亦爲數種發熱病與令人發熱之別病受傷之事內或續有發熱亦有相同之證又服此種毒而顯五官之誤其根原大不相同而爲數種不緊要之緣故所成

此分類之毒其兇猛之性情俱恃其植物內之一種材料爲易於分別者卽阿脫路比亞與海亞西阿米尼等惟尋常服此毒者不用此化學工夫變成之淨質而用其葉果種子或根故能在生時養生路中吐瀉之質內見其痕迹或死後剖驗而見之又如各毒證之外另激動腸則必因有此種定質在內而非因服其淨毒質

第三分類以酒醕爲母者所顯之證或依次而顯之或合而顯之未能有一種毒證爲首者故略能依此法分別之先有血之流動過速而腦髓之職司受激動漸改變至內筋甚軟身體無力行動之事不接續眼睛視物有雙形後有沈睡又有暈睡失知覺等證此爲其證之次第又常顯出大行氣後多睡或先有行氣而其人心中由漸激動兇猛如發狂之人

此分類中亦有舊證卽如手振昏暈五官之誤並所稱爲酒狂之各證

酒醕尋常所顯出之證亦能爲他故而顯出卽如受極大之冷等閒有心神昏亂之證初發時與酒醕之證相同然嗅其人之口氣有否酒醕之臭則略能分別其證之根原爲服酒醕之情形與否

二所能感動背脊髓之毒質大半爲馬錢霜並成馬錢霜

之各質其所成縮筋之痛爲其首證如尋常縮筋無論因受傷而成或爲自然而成亦有此證又諸種烈性齊睡藥之各證內有一證偶然爲縮筋而毒證與病證之分別可在他處指明茲不贅言

三所有感動心之毒質或因猝然驚嚇震動而令人死者或因漸顯之收癱與暈絕而死者其第一分內有輕哀與舍輕哀之質草酸與草酸鹽類第二分內爲草烏頭毛地黃煙葉印度麻非辣得里亞并數種不甚緊要之毒質然如有猝死之案則知此各質特有之毒性亦爲緊要如爲輕哀則幸而能以其臭易分別之如爲草酸則以其在食

管與胃顯消蝕性如爲草烏頭則以其令口唇舌並口內之全面發麻木證因此而能分別之

四所有感動肺而滅生命之各質以炭養二氣爲毋凡因吸炭養二氣而死者剖驗所見之式俱與他法所成悶死者相同又此類毒質之性與他故所成之悶死間有在案內必分別者又必知有數種猛性毒質能以繞道之法感動肺令人不能呼吸而悶死卽如輕衰用小服不足令人卽死則由繞道之法令人悶死

法律醫學卷十二

英國　該惠連　英國　傅蘭雅　口譯
弗里愛　同撰　新陽　趙元益　筆述

辨理疑心服毒之案

查前卷所有實事與議論如已全明則得先路之導便於查驗所見疑心服毒之案並悉醫士辨理之職分

疑心服毒之事其根原有多種有因不明毒之性情病證之人見有猝發重病或猝死之人而其親戚朋友有可疑之行爲從此疑爲服毒或醫士治病而視其病證不似自然之證疑爲中毒之故而成者或有性靈不全之人無故疑有中毒之事而其疑心祇爲其病之一證或爲其心誤各證內之一證但無論醫士自已起疑或知他人疑有中毒之事必有數件要事須愼爲料理而記錄之茲將其要事之大綱詳載於左

一須查病人顯毒證之先所有之情形或堅壯無病或有新舊之病其毒證何時起顯或起顯之時爲喫一頓飯之後若干時或食後飲後服藥後若干時其毒證爲何種性情者依何次第而顯又何時而顯如添新證或相連之新證從何時而起其毒證爲食飲不慣喫之物或藥料後而顯又其毒證從輕而加重或遞更輕重或暫有不顯之時

又其毒證加重時爲再令飲一種物或藥料與否又必查胃中所吐之物或便泄之質至其人死之時亦必記錄如不知其死之時則必查其前曾有人見其活時而記之

二 如服毒之證爲喫飯後速顯則必查驗其肴饌以何法烹之配之又須查其所用之器皿如器皿內有餘質則必存之如見房屋內有可疑之粉質或流質則必取之包之封密之加一圖章如有數人共食則須查中毒者食何物不中毒者食何物所食若干又須查中毒者所食之物以前有人食之而未受害者等事

三 所嘔吐之質必謹慎聚合如在衣服或器具上亦必取之如其質少而難取則衣服或器具或地板可割取若干存其痕迹

間有醫士將死屍剖驗原無疑心中毒之事而查驗之中所見之情形能惹人疑有中毒之事或死人之親屬大有疑心因此查驗或已在驗屍審問堂中初顯此疑心之事又間有已埋於地內之屍則醫士必自行管理挖起之工而後剖驗故可見醫士如無定章辦理則易有大誤故此書須指明其大略而其詳細之說祇能在專論此事之書中求之

凡醫學合律法之案內所有剖驗死屍之事有數種爲先作者無論何種案可以公用在本書卷六查驗死屍之一節內言之此各事外另有數事專爲疑心服毒之案內所需用者而此各事之根原因毒質與毒證雖然大半在養生路內顯出而其附證有數種必在百體或網質內而爲隨血而運入者所以養生路並臟腑內之要體將其數分或將其全分存之間有將血或肉筋之若干分亦必存之便於詳細查驗本醫士苟能爲之則爲更便如或不能即送於專門化分毒質之化學家代驗之

查驗之時必預備一侈口之大瓶玻璃或瓷均可又必預備更小者數個如非新者則必用水屢次洗之而以其水

流乾令其全乾淨又應預備乾淨毛玻璃塞或新軟木塞或用他種不含金類之封密法則其腸並所含之質必存於其大瓶內其餘臟腑之各體或其小分則存於小瓶內其查驗之法以腸而論之則必照以下之各理而爲之即如其毒爲消蝕性者則其所顯之證大半必在口舌喉食管氣管胃小腸之上半又如全破爛之案則必在其外皮所含之質內查之如其毒質爲惹性者而有直顯在一處之性又有繞道在別處特顯之性則亦能在食管胃小腸之上半或全腸之路內能見其直顯之證又其毒質爲血運至之體亦可生炎而生炎最多者爲銷去廢質之體即

如內腎與生溺之器具、並大腸之核、如酒醕、哥囉彷、輕衰鴉片、並鹼性毒質、其直顯之毒性、可在胃與腸之上半爲界限、但其三種自散之毒質、能在腦髓內之血水中見之、又如服動物或植物毒質、無論爲葉爲根爲果爲種子爲粉、俱可在養生路任一處見之

從以上之說、可見所應先查驗之一分、並所應存之而爲後日查驗化分之一分、容易定規而分別之、惟各案內、必須將養生路全行詳細查驗、最要者爲食管、胃、小腸之上半、大腸頭、肛門、此各體並其所含之質、除以上所言者之外、應俱存之、又在死屍處查驗之事、不可有礙於後日細

查驗而化分之事、查其胃、應在食管之下段并上迴之上段縛緊之、後取出置於大而乾淨之盆內、或在化學房特備之盆內、後可順其小彎從頭至尾以利刀劃開之、則詳查其所含之質傾入一瓶內、詳查其內面、而去其縛口之繩、又在食管或小腸內所有特顯奇異形性者、則上下縛連之、再將其胃並所檢出之要體、置於一瓶內、又將其大腸頭并大腸上段小腸下段各數寸、依同法爲之、如養生路他處生炎、或含應查驗之質、亦可以同法爲之、又如消蝕性毒質與烈惹性毒質之案內、須將其食管並氣管之上半與相連之舌、俱取而存之、其餘臟腑、則其肝或肝之一分須存之、因血所運至之毒質、第一處爲肝、又取其內腎、因司銷去棄津液之職、又膀胱所含之質、又心、因心爲肌質所成、含血甚多、又血之若干分、此各質俱必存之、又如醕、輕衰、哥囉彷等自散之質、須將腦髓上之血水、並腦髓之若干分、亦必存之

剖驗時取出之臟腑等、及其所含之質、必用玻璃塞或軟木塞之瓶盛而塞密之、再將皮或厚紙縛緊其口、於塞外、斷不可用火漆金類或含金類之質封之、每一瓶上、須貼一字條、字條上寫明號數、當時另開一細賬、而賬內之號數與瓶上之號數、細心對過、完畢之後、再照賬點一次、爲

妥、又將其各瓶裝於箱或籃便當之器內、令其相切不活動、而所成之箱或包外面用火漆與圖書封之、凡送至遠處託人化分、則必當時另寫信託書信館致送、又一切來往之信息與此事有相關者、必用雙封之法、即用漿糊或漿糊片或樹膠先封密之、隨後外加火漆與圖書、寫信之人、親自帶至信館、當面交於信館內收信之官、此信中不可提起他事、如同時有他事、則必另寫另封爲妥

以上所言之細法、並非無故而設立、此有數案、可以爲憑、即如他求與羅散曾將死屍剖開查驗之後、化分胃之暮苦司膜質、見有銅養與銅養炭養、細查此質之來由、則有

大縫鍼偶落於胃之一處所取出之胃待若干時則面生鏽而成此質

凡已埋於地之屍而欲挖起查驗則泥土之性葬埋之法坟墓之形棺材與衾之形狀並屍之安排法與情形俱當細觀而記錄之又如有泥土與屍相遇處則其泥土須取其數磅存之為將來化分之用如其屍藏於鉛棺內或緊窄之棺內而其屍黏連於棺之邊則查驗時能不將屍從棺中取出更佳

剖屍所得之臟腑等並其所含之質可逐一在瓶內取出謹慎之不令其彼此相混又必謹慎與他屍之體不相混

則有兩套查驗之工夫一為查其情形一為用化學法查其質

查驗情形　此事大半在胃腸並其內面黏連之質其胃所含質之臭必細嗅之則如有醋燐輕衰哥囉昉鴉片酒並數種不常用之毒質則必記之又如有臭而難於分別則可將其質加熱至一百度以內而再嗅之則應顯出更明再將腸翻出內面而鋪於乾淨之玻片上則用直光與回光查驗之先祇用目視之後用手握之顯微鏡觀之在簿內記其情形如在某處見有形狀與色不合度者則必格外詳查而記錄之所有顯出最奇形狀之處應割出鋪於乾淨之玻片用顯微鏡細觀之以此法能知其人近所食之物如何如為動物則能見動物肉筋之絲紋質或為動物油質則能見多邊形之膛與其球形之油滴全能在以脫中消化如為植物質則見螺絲形之具或葉面之微孔或格羅路非勒即葉之綠色料能在醋內消化令其醋變綠色又能見木質之絲紋易於分別之或能查得含小粉之五穀類食物能依其小粉之顆粒分別之可知其為麥或番薯或米或珍珠米或粗麥或藕之粉或為菌類之無胚子見古里非特與恒夫里之顯微鏡畫圖字典間有在暮苦司膜質面上見有數種白色粉其黏連之鬆

緊不定或為鎂養或為鎂養炭養或為食飯之間或後所服之鈉養二炭養或作為藥品而服之汞綠或當為毒藥而服之鉮養或不消化之汞綠或不全消化之顆粒即如草酸之顆粒是也

又能分別強水類之消蝕性與變色之痕迹如胃中多腐爛則見金類合硫黃之質如鉮養為黃色銻養為橘皮色汞為黑色或汞之極細粉成灰色之面銅養合醋酸與鉮養為綠色斑蝥有光綠與金色之點番木鼈有櫻色粉或巴脫勒所設殺蟲鼠藥之毒質則顯藍色又如黑暗內見有燐光則知有燐

胃中所含之質查其色與其稀濃等亦能略指出其數要證如有黑色深櫻色或綠櫻色之凝結之質則指出有強水類或草酸遇血或食物或綢質如有綠色之質則知食活籬笆等樹之葉又間有知其食毒果間有能見樹葉芽果其大至足以能分辨者

第四十五圖

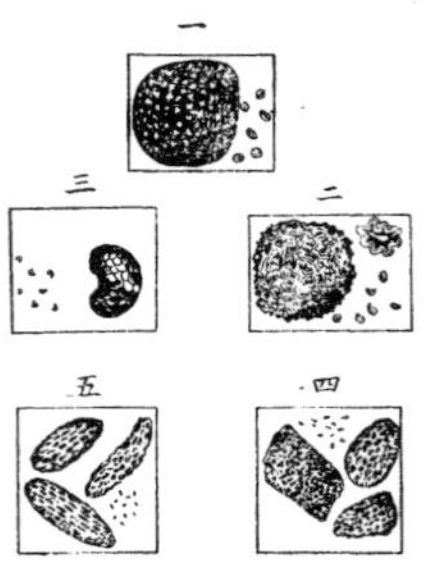

如毒性植物之果爲小兒所食者則在胃中或腸中能見其種子所有用顯微鏡分別者其各種子形如第四十五圖一爲啤啦吖哪種子二爲羊躑躅種子三爲罌粟種子四爲毛地黃種子五爲印度麻種子

所有更毒之草之種子如醉仙桃哥勒枝噤草烏頭蓖麻巴豆能以其外衣之色與花紋而分別之

有一案爲他求書中所記者能知詳細查驗胃中之質所能得之益處有女童年十二歲在學堂內居住而其繼母常將食物送至學堂內給與食之有一日繼母自送點心類與之食而食後十小時內腹痛甚苦楚因此即死死後剖驗查出饅頭屑與皮以顯微鏡觀之則有發莓之形狀顯出最明又見鉀養之粉甚多其發莓之饅頭爲查驗者詳細記錄而當時衆人以爲發霉無關至於審問之日其繼母之女僕云家主時常將饅頭片面鋪糖果膏送與其女食之惟其女死之日家主云今日我女不肯喫云已發莓不欲食而我亦知其饅頭已發莓一二日此足爲憑據

以上爲查驗養生路特意檢出用化學法查驗之物料茲將諳練此事之醫士所不可不謹慎之事並學徒所不可不知之事指出其要者而依以下之理分爲數套工夫

化學家化分疑有毒之質或爲淨毒質或爲流質或爲定質或甚多或極微如包料紙黏連之粉或顆粒或服藥時杯上黏連之微數等間有將毒質在尋常所飲之物內消化之如麥酒白蘭地酒勒木酒茶咖啡等間有案必在溺中查其含毒之質或在發疱之血水內查其毒質如死後所見含血水之囊內或在略濃之食物而爲咽時遺落者或生時吐瀉而出或在血等濃質內或在身體定質內俱無一定皆可查其含毒之質

照一定之法化分　凡化分求毒質者必預知化學之理法否則不能成事而本書以爲試驗之人已通曉之故不再述尋常查驗毒質係在生物雜質內並在身之流質與網質內惟尋常之案內其人生時所顯之證並死後所顯之情形能指出其毒之形性幾無可疑之處而化分之工

夫祇爲求其確據然間有生時與死後所顯之證不指出一定之毒質故無奈何必用公法試其含各種毒質而工夫最繁故可見查驗之事或以消蝕性毒如死物或植物酸質如草酸等或消蝕性鹼類爲其查驗之界限或以自散之毒質如燐或輕衰爲界限或以鹼類性或生物毒性質爲界限或以金類毒質爲界限照此查驗工夫最爲簡便假如所顯之毒證不足令其查驗之事有此種小界限則必特設法令查驗一類之毒質不能與他類之毒質相混除强水與草酸此各質之變化最爲簡便外則其餘各質用哇多所設之法爲可恃此法在哇多之書一千八百七十六年第五次印者詳細記之其查毒質之次第以自散毒質爲首以鹼性與他生物毒質次之金類毒質又次之

如查驗與緊要案有相關之質則祇用其三分之一或一半爲妥恐有誤事之處而必再行化分又其餘質可存之爲將來化分之用

甲查考自散之毒質　凡自散之毒質大半能依其臭而分別之可用蒸法分出將所蒸得之質依法試驗之則顯其特有之性情所須查究自散毒質之緊要者有燐輕衰醕以脫哥囉仿淡養五偏蘇里加耳波力克酸法將所試驗之質置於燒瓶內如有鹼性則加果酸令有酸性在熱水盆內加熱而將其霧用里必格所設之凝器收之又用受瓶受之見後第五十三圖

如欲分別燐質則必在黑暗處蒸之其燐光可以顯出其蒸得之質試驗含各種毒質所有特設之法俱在其各毒質之細說內言之

乙查考鹼類生物毒質　此欵內不惟包括常稱爲鹼類生物毒質尙包數種質於中如弟其大里尼看他里弟尼比割路毒西尼等

以上所言生物毒質有人設立多法分列之有司太司設立之法後爲哇多所改變而加益者平常謂之司太司哇

多法係近今醫學家所常用者

此法所恃之理以鹼性生物毒質之形性爲根原茲將其形性之要者一一言之凡鹼類生物毒質分爲二種一爲流質或自散質如哥尼阿與尼古弟尼等一爲定質如馬錢霜嘆啡啞非辣得里亞看他里弟尼弟其大里尼比割路毒西尼等

以上各鹼類質俱不能在水中消化或幾全不能在水中消化但哥勒枝西尼與比割路毒西尼不在此說之內因哥勒枝西尼易在冷水中消化而比割路毒西尼易在沸水中消化

所有鹼類生物毒質，俱能在醋內消化，又能在偏蘇里．哥囉叻．阿美里克醋內消化，所有緊要鹼類生物質，能在以脫內消化，惟嗼啡啞不在此說之內，因其顆粒，幾不能消化

凡鹼類生物質之鹽類，幾俱能在水中消化，加熱則更易消化，有數種本不能消化，或難消化，如加酸質少許，則易消化

如鹼類生物之鹽類，合於烙炙性死物鹼類，或其含炭養[三]之鹼類，則令其鹼類生物從鹽類中放出，又如含鹼類生物之流質，如照此法放出之生物鹽類水，合於以脫或阿

美里克醋搖動之，則其鹼類生物消化，將其流質熬乾之，則鹼類生物，存於其乾質內

鹼類生物之鹽類，大半不能在以脫或阿美里克醋內消化，如其鹼類生物質，內含他種生物質，而其生物質能在此二種流質內消化者，則可恃此法而分開之，得其淨質

所有鹼類生物質，特有變化之外，幾全能為以下所言之試藥，令其結成

一　碘在鉀碘水中消化，則令結成椶紅色之質，此為希拉巴得與伐克那所設之法

二　鉀汞碘水，即汞碘在鉀碘水中消化之質，令結成淡色之質，或為無顆粒，或為有顆粒者，此為温格賴所設之法

三　燐鉬養[三]水，此試藥之作法，將淡輕[四]養鉬養[三]合於鈉養燐養[五]，其含鉬養[三]數，為其含燐養[五]數之五分之一，再加以淡養[五]足為成黃色之水，則結成無顆粒之黃色質，內有數種先有綠色，後有藍色，此試水亦能令弟其大里尼結成，此為特甫里與孫嫩曬納所設之法

四　燐鎢養[三]水，此水之作法，將鈉養鎢養[三]合於燐養[五]而成者，所結成之質，與燐鉬養[三]所結成者相同，但其質更易變化，此為曬蒲拉所設之法

五　燐銻養[五]水，此試水之作法，將鈉養燐養[五]合於銻綠[五]，此法

所結成之質，為不成顆粒而白色者，此為輸勒子所設之法

六　鉀鉍碘水，此試水之作法，將鉍碘合於鉀碘，所結成之質為無顆粒橘皮色者，此為得拉根度法所設之法

以上各試藥之外，另有鉑綠[二]金綠[三]汞綠[二]並含樹皮酸之試水

先將生物質或已蒸出自散毒質所餘之質，輕加熱數小時，而先添加倍重之濃酒醋，此酒醋內，不可含甫司里油，再添果酸，令其有顯明之酸性，蒸畢待冷，濾之，將其餘質，以濃酒醋洗之，將先濾得之質，合於洗後所濾得之質，和

匀在熱水盆中輕加熱散去其醕其醋散去之後則有油類與松香類之膏質分出而餘下之水必濾之分出此兩種質其濾紙必先加水令溼否則收其油質再用熱水盆熬其濾得之水成濃漿再添無水酒醕分多次添入其漿內令其消化待澄清時傾出其清水或用收酒醕之濾紙濾之再將濾得之質熬乾將其餘質以水少許消化之如其水之酸性最重可愼加以淡性鈉養水幾滅盡其酸性而不可全滅之在試驗時必顯出此酸性此後合於以脫搖動之

所得酸性之水如合於以脫則能消化數種顏料之外尚能消化看他里弟尼哥勒枝西尼弟其大里尼比刻路毒西尼又能消化阿脫路比亞非辣得里亞之微迹搖動之後待靜則其以脫與水能自分開即可依法取出其以脫如此屢次爲之至以脫不再變色爲度

將含以脫之水熬乾之則所存之質爲看他里弟尼或哥勒枝西尼或弟其大里尼或比割路毒西尼並各油質與膏質加以熱水則能消化其哥勒枝西尼弟其大里尼比割路毒西尼但不能消化看他里弟尼此各質所有他種形性俱在下特論各質之欵內詳言之

以上用以脫消化之後所餘下之酸性水內含一切所有他種鹼類生物先加熱逐去仍含之以脫再加以鈉養或鈉養炭養令其有重鹼性而再合於以脫屢次搖動之則以脫能消化所有緊要之鹼類生物質除嗼啡啞不在內而必照以下之法特意分出

將此以脫水分出少許在玻璃表面輕加熱熬乾則能查明含鹼類生物與否又須查明爲定質或流質熬乾之後則其流質鹼類生物哥尼阿與尼古低尼存爲油性之滴而能依其臭分別之如其水顯出此二質之情形則將其以脫消化之水併合加以鈣綠數塊分出其水再於玻璃表面內熬之又必屢次將其流質少許添入其內至以脫

全逐去爲度則其餘質已預備用尋常之試藥試其含鹼類生物質而可用特設之法二一試驗至能分別之

如初熬濃時顯出定性鹼類生物質則依尋常言之其質不全淨不合於用各試藥試之所以須將其含以脫之餘質合於水加果酸或硫養少許足令其顯酸性則其鹼類生物質變爲酸性鹽類能爲水所消化者而其生物質能爲以脫所消化

其以脫必分開而後見其鹽類水如尚未淨則必再加以脫以淨之又去其以脫而將其水合於鈉養令有大鹼性再合於以脫搖動之則再放之生物鹼類爲其所消化再

將以脫化去則餘下者爲鹼類生物質如見所得之鹼類生物質尚未淨不合於用則仍照前法爲之

再將其餘質以試驗鹼類生物質公用之試藥試之而此試驗之工夫內可用前餘質內所有不全淨而顆粒不整之質無所妨害但其底所有顯明顆粒形爲更淨之材料必存之爲分開將試藥分別各鹼類生物質之用

試以上各質之法將其材料之微迹取出而在水少許消化之此水必含輕綠足令其有酸性爲度再將其水在玻璃片上分滴而每滴用試藥詳細試驗其玻片在黑紙上試驗則能顯明水發渾或結成質又如所試驗之事應顯

出各色則置於白紙上如應用顯微鏡觀者亦可用之

凡試驗極微之數而用試藥水則有特設之器最爲靈便其試藥存於特設之瓶內而瓶塞中通一滴管如第四十六圖而試驗於白瓷或在玻璃平面上調和之工夫則用三種小器具如第四十七圖滴管與其用法並第四十七圖之三件器具之用法在附卷內載有鹼類生物乾蒸與分別之法此則在本書前一次所印者列於正文中今改列於附卷內

第四十六圖

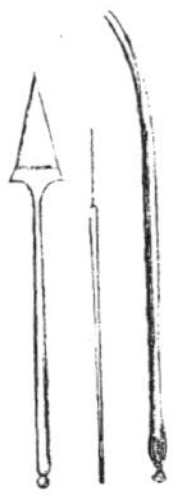
第四十七圖

以上所言之鹼性水合於以脫則能分出緊要之鹼類生物無論流質或定質俱可惟嗼啡啞不在其內計所有流質與自散之鹼類生物質如哥尼阿與尼古弟尼又定質鹼類生物如阿古尼低尼阿脫路比尼海亞西阿米尼布路西亞馬錢霜非辣得里亞非蘇司替格瑪以尼又有哥勒枝嗦與弟其大里尼又有數種生物質之猛毒性者俱能從鴉片中分出卽分出嗼啡啞之後所存之質計有苛弟以亞那爾苛弟尼怕巴甫里尼替巴以亞近有化學家如施宦耳德寫勒米等人查驗之事內指明用此法能得數種質與定質或流質之鹼類生物相類而能在化分生物質內變成者所以其法內將以脫化乾之後所得餘質詳細驗之則必得所疑含鹼類生物質所有變化之形性或感動人身

之性情最爲清楚方能確說含此種鹼類生物否則不能確說

前言嗼啡啞不能爲以脫從鹼類水中取出或能取出則其數極少其分出之法先化去其以脫則其餘質內如含嗼啡啞頗多者則可令其成顆粒而分開其法添濃性淡輕四綠水至有餘待若干時卽成顆粒則其淡輕四養在水中代鈉養而令嗼啡啞結成淨顆粒設其嗼啡啞之數更少則將其水合於阿美里克醕搖動之此質能消化其嗼啡啞化乾之後則得其嗼啡啞質

有一法能將其原鹼類水合於輕綠令有酸性再加淡輕四養令其有鹼性其嗼啡啞可分出而加阿美里克醕則能

消化之如尚爲不淨則可以酸性之水消化之而合於阿美里克醢搖動之則能分出其生物異質再照前法加以淡輕[四]養令有鹼性而仍合於阿美里克醢搖動之化散其阿美里克醢則其嘆啡啞合於用各種試法斯爾特慢與烏

與司太司哇多法略有不同之處卽不用以脫消化而以阿美里克醢代之惟以此質消化嘆啡啞較他質更佳而其餘各鹼類生物質用之無更勝於以脫之處又其臭最難當用之者最爲不便又有陸哲司與格得烏特喜用哥囉昉代以脫作消化之料如疑其含馬錢霜則更欲用之又有得拉根度法用輭石油以脫或哥囉昉或偏蘇里或阿美里克醢爲分鹼類生物質各套工夫內之用各質有其特設之事此法在奇弗屯化分法書一千八百七十六年第二次印者詳細言之

嘆啡啞之外另有二種毒間亦須查驗者卽固拉里尼與

那爾西以尼但此二種質在醫學與律法相關之案內不多查驗之

丙 查驗金類毒質　將其生物質或查驗自散與生物毒質所有餘下之質分成極細之粉而合於極濃之輕綠水後以淨水沖淡足令成漿形或粥形之質再加熱而屢次加鉀養綠養少許[五]至全變黃色流質爲止依此法則放綠氣而其生物質滅壞其金類能在酸性流質內消化如爲銀鉛鋇或可存其質內不消化其黃色水必加熱至綠氣全散爲度

所得酸性水濾之以備數種初用之試法

分出其金類之法將其流質沖淡之輕加熱而通輕硫氣至飽足待數小時則存其酸性水內之輕硫能令銅鉛汞鉍銻錫各金類合於硫黃而結成沈下其汞硫爲黑色錫硫爲黃色設如不結成質則加以淡輕[四]養滅其酸性再加以淡輕[四]硫則鐵類之屬俱能結成卽鐵爲黑色錳爲淡紅色鉛爲白色鉻爲綠色前所有合於輕綠與鉀養綠養[五]質之餘下而不消化者或必查其含鉛銀鋇三原質

以上爲化分試驗含毒質各套工夫次弟之大略惟各案所必用之法常有不同之處俱依其事情並化分家學問之深淺而定之以上所言化分學書之外另有數種亦可備之爲常用者卽如蒲陸山所集之布門

醫院化學書又哇得領化學正用書和司里毒學便覽書活暮里毒質顯微鏡化學書哇多所集奇弗屯化學書摩兒毒質化學書得拉根度法所集奇弗屯化學書

上海曹鍾秀繪圖
新陽趙詒琛校字

法律醫學卷十三

英國　該惠連　弗里愛　同撰　英國　傅蘭雅　口譯　新陽　趙元益　筆述

論消蝕性毒質

凡强水類並鹼類與鹼類含炭養氣質總名曰簡消蝕性毒質即服毒所顯之證全在一體一處之受害而顯出者此外無繞曲之病證即不感動他體與他處故可見此種毒與金類消蝕性之毒不同即如汞綠汞綠$_2$錦綠$_3$鋅綠與汞合淡養$_5$之鹽類是也又與草酸之濃水並燐與碘之定質亦不同

第一節　强水類即硫强水硝强水鹽强水

英國每年有中强水毒而死者其各案內大半爲硫强水其餘爲硝强水與鹽强水

服强水之事不多爲致死人之法間有將强水誤爲他藥給與病人服之或乘其人睡或醉而傾入其喉內又有小兒之母或嬭令其服强水如爲嬰兒服之則爲犯人命之罪如爲幼童則或爲人命罪或爲誤事之罪如爲成人服之則尋常爲故意自盡又有人將强水用外導法入身內或合於他種質如啞囉與鴉片酒等

間有人用强水故意噴傾人之皮膚上令蝕爛或毀其衣服或令其衣服似爲蟲所蝕以洩其恨作此事者尋常用硫强水間用硝强水

强水形性　凡强水類有數種形性爲常見者眾人幾無不知之即能燒生物質令其變炭形又滅壞之又如遇黑色之呢布令其變色蝕爛或壞其質遇植物藍色令其變紅染各色之衣服或改其色或令其色脫去

病證　其各證俱令口內有酸味並有火燒之痛喉與食管亦然而此證爲咽强水後立即顯者顯後有大痛並有噎氣欲吐不止所吐者爲樱色或黑色之質內含血與凝結之膏若司質並食管與胃內衣脫下之小片如要咽食

物則最難而大痛或竟不能咽有大咳嗽大便不通溺少或不生常有裏急後重並小便難通脈尋常小而數呼吸喘而亂間有最辛苦者面貌顯極大之思慮間有强水行至氣管內令人大咳呼吸有呃逆聲言語有沙沙聲所聚合之痰質有黏性最難於吐出而其人似將立即悶死口唇縮而有皺紋或發泡或脫皮或顯其强水常成之色點而其點之邊發紅其腮與下胲亦發此點又口之兩角有變色流下强水之紋條口內變白色縮成皺紋顯出消蝕形或樱色或黃色牙齒放鬆而變色舌白色或似磨光之色或有變色在頸或手指或衣服有强水之痕迹其所吐

出之質如落於鋪灰石之路則蝕灰石令其發沸如其證重則其人先竄而後死其性情至臨終時尚能清楚惟間有人在發癎證間而死又有悶死者間有人顯出腦筋之病卽如牙關緊閉縮筋羊癲瘋昏暈又間有皮膚上發紅色凸點似發麻子

凡用强水一二錢其毒足令人死在二小時以內死者多有之間有能活數日數十日或數月者舊案其人發熱皮膚乾脈數間有所吐出之食物內含胃或食管裏膜質脫下之小片間有大便中亦有此質口津過多口氣難聞肚腹脹而緊呼吸短而難四肢痛而縮筋食物難於消化身

體內之職司俱漸不能行且漸極瘦而半個月至數個月內卽死間有人能愈幾分而一生食物難消化所有長足之人內能治愈者約居其半

有人將强水噴入肛門或子宮或傾入耳內用此各法俱有令人死者

剖驗見式　口脣下胲並身體顯露之處常有强水之迹照以前所言者又口裏舌喉嚨白色或黃色或櫻色縮成皺紋或受消蝕間有發白色似上柏油其各綱質有重生炎處間有腐爛間有消蝕其會厭縮或發腫又會厭之裂縫縮小而發聲處生炎食管之形狀與口喉之形狀相同

而常見其內膜質脫去或多或少不定見後第五十圖間有發皺紋似為蟲所蝕見後第四十九圖罕見有生瘡而全通者間有食管毫不受害者其胃尋常因多氣而脹內含黃色櫻色或黑色之膠性質此質亦通至食管並小腸起頭處其內膜質大生炎而其微絲血管含黑色之血見後第五十一圖或有黑色之血流入其質內而皺紋變軟其衣滅壞或生瘡或全通幽門尋常縮小所通之孔常為圓形在胃之後面周圍有生炎與流入之黑血小腸頭之形亦與胃中之形狀同臟腑之外衣雖不全通而大生炎外面生凝結之血水層成皮如胃內所含之質落至肚腹

之膛內則見臟腑之面似有油滑之狀摩之則顯其生炎亦能通至胸膛內而膈膜之上面可成凝結之血水其各大血管內之血常見其凝結變硬者膀胱常空而縮以上所言之形狀自然與强水之數目及濃淡有相關或與其强水在養生路內所至之處有相關間有已入口而不至於咽下間有入食管而不至胃中間有入氣管之上段而不至他處者

分別之法　分別强水為極易之事其味最酸服之則立卽顯其證所至之處卽變色又不成泄瀉又所遇皮膚之一處變色所遇衣服之處變色而壞此各故相併不能為

他藥而成尋常之案祇其生時之證與剖驗之式足爲憑據如生時之證與剖驗之式俱指明强水則無可疑之處再加化分之法則憑據已全

治法　治强水之毒最合宜之料爲煆過之鎂養或鎂養炭養合於乳或水皆可但因此料難得即在手邊祇可用白石粉或提淨白石粉房屋之牆或承塵板刮下之灰或乳或油或肥皂水或鈉養或鉀養合於多水立即服之後服牛乳或膠性與油性之質並淡鹼類水連下數小時或數日內屢次服之

胃之內面因已蝕壞不能用抽筩取出胃中之質設其人

不能咽物則可用管漸送入食管內至過阻塞之處而止以後調治之工夫必度其病證之情形與其輕重如用蜞置於胸凹內吮血或能見效又如其人喜冷可將冰塊或冰冷之飲物與之又可用稀粥以外導法進身而至能用瀉藥之時則將蓖麻油合於乳服之如外皮面有脫皮之事則當爲火燒之痕迹同法治之

一硫强水 一名皂礬油

服硫强水之案較服他種强水者更多凡服各種毒案內以服硫强水之次第居第五

藥材鋪或油漆鋪所出售之濃硫强水爲上皮靴墨水之用又其淡硫强水爲洗淨紅銅或黃銅器具之用其價最廉略英銅錢一文能買四兩或英銅錢二三文能買一磅如藥品內用其濃水治金錢癬其淡水作爲內科藥品又如工藝內多用硫强水造他種藥品但因不淨之硫强水常含砒霜甚多故常見藥品中含砒霜爲異質

凡醫學合律法之案內所必需查驗硫强水者可分爲四事一濃硫强水二淡硫强水三衣服或布上有硫强水之迹四生物質內含硫强水

一濃硫强水　濃硫强水爲重流質其形如油不能自發霧其淨者無色常出售者帶淡櫻色遇生物質令變成炭

形合於水則發熱合於紅銅屑加熱則發硫養氣此氣遇碘養則令其放碘又如合於數種生物鹼類則變各種顏色易於分辨其色間有加熱而成者間有不加熱而成者

二淡硫强水　淡硫强水爲無色極酸之流質遇藍色試紙或試水變紅色如遇紙則紙乾時亦變炭形所以可藉此性情爲硫强水之證其法可將濾紙一條將幾分離在淡硫强水內即每水八百分體積含濃硫强水一分體積者再於火前烘乾之而不焦其紙則遇淡硫强水之處變黑色而脆而輕緣亦有此性情惟試驗所得之證不甚顯明又有試法將鋇養淡養水合於含淡硫養之質則結成白色質不能在淡養內消化將所結成之質濾出洗之作乾之合於黑色配料置於木炭塊上入吹火筩

收養氣之火層則變爲鋇硫如將此鋇硫以淡性輕綠水溼之則發輕硫氣依此三層工夫能顯明酸性流質含硫養三與否但不能顯明其硫養三曾與别質化合與否或可爲含硫養三多分劑之鹽類如白礬或爲硫養三中立性之鹽類如鎂養硫養三或合於别種有餘而不化合之配質如將其酸性流質熬乾之則能知其含鹽類質與否又如蒸之則能知其含自散配質如醋酸與輕綠而可以相配之法試驗之即如化學家活暮里云其不化合之硫强水最好之試藥爲非辣得里亞又云此試法比之倫奇所設蔗糖試法更靈即如將非辣得里亞之小片在極淡之硫强水內

加熱消化之則如含不化合之硫養三千分釐之一其水無色而熬乾所得之質其邊爲美觀之大紅色

三　衣服或布上有硫養三之迹　如濃硫强水遇黑呢先變紅色後變櫻色消蝕之其痕迹能數月或數年不全乾而存其酸性如爲淡硫强水其變色同但其消蝕之性更輕而痕迹能變乾

分辨硫强水之法將其呢之變色處割去合於蒸水少許沸之再濾其水而試其含不消化之硫養三與否將所濾得之水於玻璃片上化乾其一滴如有化得之質或迹則試其含鹽類與否又依同法試驗其呢未變色之處爲證

凡淨麻布或棉花布爲硫强水所蝕可置於玻璃燒管內加熱乾蒸之其管口安濾紙一條其紙先以小粉漿溼之再散碘養五於其面則燒出之氣遇紙上之碘養五分出其碘而成藍色小粉碘然羊毛等所成之各種絨不能以此法試之因原含硫養三之鹽類又胃之內衣或胃中所遇之質亦不能以此法試之

四　生物質內含硫養三　凡含生物質之流質如茶或咖啡黄色啤酒或黑色苦酒等如其質濃濁則必合於蒸水沸之濾之如爲淨者則徑濾之如加以淡養五或鋇養淡養五則合結成有色之質濾淨之合於濃硝强水沸之滅其生物

質則所含之硫養三化分而合於鋇成鋇硫即與第二欵之法同

胃中所遇之質或吐出之質如尚未用減酸之藥則必顯出大酸性設醫士已用過治法或其人服硫養三之後能活若干時則其胃中之質或所吐之質又可爲中立性或鹼類性

甲　如胃中之質有酸性之變化則其故爲含不化合之酸質或爲硫養三或爲胃中常有之二種酸質內之一種即醋酸與輕綠此酸質可以法分開之即照試驗鹽强水欵內之法將其濾得之水熬成稀漿如試含輕綠與醋酸之法

俱無證據則將甑內之流質沖淡濾之試其含硫養三如其蒸得之質含醋酸或輕綠必將其流質沖淡之連蒸之至此二種自散酸質之性情不顯爲度而蒸時如應添蒸水則必添之再將甑內所餘之流質試其含硫養三

如其水有酸性之變化蒸時有餘下之鹽類質又蒸得之質顯明其不化合之配質爲硫養三則知其質爲含多分劑硫養三之鹽類如白礬或爲尋常分劑硫養三鹽類如鎂養硫養三而內有未化合之硫養三果如此則添鋇養炭養三至發泡之事不再顯而止又從所得之鋇養硫養三推算其不化合之硫養三

乙如其生物質有鹼性之變化或中立性之變化則必在蒸水內沸之濾之將濾得之水依法試之

如已服鈣養炭養三爲解毒藥則所成之硫養三鹽類必合於淡養五沸之令其消化

用以上之各法如查得之酸質甚少則未必爲其所服之質因胃中自變成之質常有含中立性之硫養三鹽類者又如胃中遇鎂養硫養三亦不作爲服硫養三之據因常有人服鎂養硫養三爲瀉藥然如胃中遇鈣養硫養三則知已用白石粉爲解酸之藥而從此可知胃中有不化合之硫養三

凡遇服過硫養三足令人死之案如其他證據足爲定案之

用則不必再用化分之法

間有在血內見硫養三者又在血能通之處即如肚腹統胞膜肺胞膜心膀胱又在胞水內并在胎體內是也又如乳母服硫養三則其嬰兒腸內生病且發癇證有一案載於醫學報第一本第七百十與七百五十六頁其嬰兒之大便能蝕壞尿布因含硫養三水之故

化分求數法　將所結成之鋇養硫養三以淨淡養五沸之又洗而作乾之再將其鋇養硫養三每百分可作爲含濃硫養三四十一分半

病證剖驗見式與治法

病證　其病證在前論各種强水之病證內已言之但其證之輕重與其强水之濃淡有比例間有另顯腦筋之病證即如牙關緊閉四肢縮筋羊癲瘋與昏暈

分別之法　皮膚有深櫻色之迹黑呢上有櫻色消蝕之迹久不肯乾此爲其尋常之據

剖驗見式　其各式與前所言服各種强水之式相同惟硫强水較之別種强水其消蝕身體之質更多又蝕通胃內皮之案亦更多略每三人內有蝕通胃內皮者一人又其暮苦司質或外皮爲深櫻色或黑色如用火燒成炭之形又如服硝强水則其色尋常爲黃色或綠色又如口內

或養生路之膜質有多膽汁則其所變之形似擦白油之色醫士照納云死後養生路所有之津液遇硫强水亦有此變化又哇爾非辣云死後見其暮苦司膜質變黃而脆其胃肌衣與腹胞膜衣有漂白之色血管內之血變成炭質

致死之服數　如在成人服一錢又如生三十五日之嬰兒服半錢如長足之人有服四錢而不死之案

服後能活之久暫　最短之時為一小時如為嬰兒間有服後幾立即死者間有活數日或數十日或數月直至二年為限但其中數死於二十四小時之內約為十小時

死者之數　如為嬰兒與幼童幾全死如為成人死者約三分之二茲將英國與他國醫學各種新聞紙內所記錄緊要之案比較而得其中數

有三十六案大半為婦女死者有二十六人內有成人十八人而幼童與嬰兒全死所能愈之十人俱為成人

又有三十一案內有二十案為欲自盡三案為故意害嬰兒又有八案為無故者內二案為幼童

凡長足成人不論無故或自盡之案每三案內二死一生

前言死者二十六人之案內十八人至多能活一日六人多於一日而不及七日三人為不及十四日一人為十四日至二十一日之間一人為多於二十一日又有五人從三十五日至三百十五日

如幼童五人內最少之時三小時半最久之時為三日如成人二十人最少之時為三小時半最久之時為三百十五日

所有活不及一日者則以十小時為中數所有活一日至七日以內者其中數為三十二小時所能愈者在六日至二十三日之間又死後查驗二十一案內有八案其胃皮蝕破以上各案本書前印者詳細記錄此次祇記其數目而已

治法　其治法在前服各種强水之治法內言之

間有人將硫養噴入子宮內當為打胎之藥間有誤作外導藥噴入肛門內間有故意撒在人面與皮膚令其不雅觀其治法必在受害之處加以鉀養炭養水或鈉養二炭養水至不發泡而止後用治火傷之法治之

二硝强水又名淡養俗名硝之紅醋

用硝强水為毒藥者較之用硫强水更少較之用輕綠更多

醫士查驗或化分之案內其質有四種形狀一為濃硝强水二為淡硝强水三為衣服或布上之痕迹四為生物質

內含硝強水

一濃硝強水　常出售之濃硝強水其色從深橘皮色起至淡黃色止能發橘皮色酸性之霧遇羊毛各種絨則發黃色痕迹而易乾又能蝕壞其質在別種衣服材料並在人之指甲皮膚等質亦成此種痕迹如在其痕迹上加以鹼類質則發深橘皮色如遇紅銅則令其消化發沸甚猛所消化而得之流質爲綠色如合於嘆啡啞則成美觀之橘皮色又發沸而放橘皮色之霧如遇布路西亞則成血紅色之水

二淡硝強水　此爲酸味之流質而有特異之臭易於分

辨遇藍色試紙試水則變紅如遇鉀養淡養或銀養淡養則不結成所以用此兩種試藥而無結成之質則可知非硫養非輕綠非尋常植物酸質惟必另試之得其確據其各試法如下甲合於銅屑沸之則如其水非甚淡則必發硝強水所特有之橘皮色霧乙如將鉀養炭養添入其水內至不發沸而止將濾紙一片醮在其水內而作乾之如點火則其紙能燒而不發焰與尋常引火之硝紙同丙如將其流質漸熬乾之則成鉀養淡養之顆粒其形如第四十八圖此圖內爲每水百分含鉀養淡養一分之水所成

第四十八圖

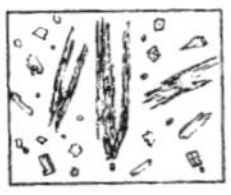

所成鉀養淡養顆粒其各變化如下甲置於木炭面燒之則燒成火焰與硝同乙如加以濃硫養發無色之霧而此霧特有硝強水之臭丙將所得之鹽類質一小片置於試管內添沸水數滴加濃硫養一滴再加紅銅屑一小粒則必發淡養特有之紅霧丁照丙法而爲之添濃輕綠水一二滴則所得之流質能化金箔又有數試法可在白色瓷面上爲之戊將所熬得之鹽類質合於沸水令溼加淨濃硫養一滴用酒燈火加熱化之待冷時將綠色之鐵養硫養一小粒置於其內則其小粒之外成一深綠色之圈漸變欆色己照戊法爲之添嘆啡啞一小粒則發光亮橘皮

色而令其流質成黃色庚照戊法爲之而以布路西亞一小粒代鐵養硫養則發血紅色辛照戊法爲之以那爾荀弟尼一小片代鐵養硫養則發紅欆色輕加熱則變爲深血紅色

又有最簡便之試法能分別含各種淡養之鹽類將硫養數滴傾入空試筩內加沸水少許又加貝路加里酸一小片再將濃硫養數滴從其管口隨管之內面落至管底而停止再加以鈉綠數粒待其發沸已畢則將所試驗之淡養鹽類小粒落入管內則其管底之流質變爲深葡萄色而此色或能遍通至全流質此試法係和司里所設而爲

活暮里所佩服者

三　衣服或布上有淡養五之迹　將其呢布有痕迹處割下在蒸水少許內沸之而以試紙試其含酸質與否能以其痕迹之情形分別其爲淡養五與否加以鉀養炭養三滅其酸性而濾之將其濾紙烘乾而燒之則其燒法與硝紙同將其流質熬乾取其顆粒而試驗卽用布路西亞之法試驗之或用以上第二欵內之他試法試之更佳

如欲分別淡養五所成之痕迹與碘或膽汁所成之痕迹則可用烙炙鉀養水如爲淡養五之痕迹卽變一明橘皮色不能脫如爲碘之痕迹則立卽滅去如爲膽汁之痕迹毫不改變

四　生物質內含淡養五　如其流質爲濃者有膠黏之性則加以蒸水沖淡加熱沸之濾之如有酸性則加鉀養炭養三滅其酸熬成顆粒而照前法試驗之

如已用過治酸質之料如白石粉或鎂養則其流質不顯酸性之變化而可爲中立性或鹼性旣如此所濾得之水亦須添鉀養炭養三而成不消化之鉀養淡養五結成鈣養炭養三或鎂養炭養三俱爲不能消化之質再濾之以濾得之水熬乾將所得之顆粒質照前法試其含鉀養淡養五

如所試驗之生物流質含淡養五甚少則可用濾紙作虹吸之法從其器內收出此爲苦里司脫生之法

如遇暮苦司膜質爲硝强水所蝕則可用試驗呢絨之法試之

如服硝强水與硫强水則其死後所顯之證極易分別故不必用化學之法試驗之

化分求數法　將前各法所得之鉀養淡養五合於濃硫養三將所成之鉀養硫養三消化之煆之用酒醋洗去其不消化之酸質熬乾之則每得乾鉀養硫養三一百釐約配濃硝强水八十二釐

病證剖驗見式與治法

病證　其病證卽前所言各種强水之公證另發小凸點如麻子癢至不能當此事有一案在第六日顯出

分別之法　皮膚上黃色痕迹衣服上有乾黃色消蝕之痕迹俱爲硝强水特顯之據前有一案其被告之人身體與衣服俱有硝强水之迹從此能定其用硝强水害人命之罪

剖驗見式　此各式之情形在前各種强水之公說內言之另有暮苦司膜質發黃色在胃中或腸內含膽汁處發綠色然硝强水消蝕胃內之質或蝕通之處較之硫養三消蝕者更少

致死之服數　對拉書中云以二錢爲限如爲嬰兒則其數目必更少然間有服至半兩能愈之案又有服更多能愈之案（見蘭西特醫學新聞紙一千八百七十年四月阿但司所寄之案）服後能活之久暫　如爲成人以一小時三刻爲最少之時如爲嬰兒則祇數分時其中數小於二十四小時間有能活數日或數十日或數月

服硝強水而能愈之數　所有之各案內約一半能愈

治法　與前所有各種強水之公法同

曾有用硝強水之案爲傾入耳內令成爛肉多流血振動癱瘓身體最軟至九十一日而死如欲再查硝強水毒死

之案見該之醫院年報第十七本第二百二十三頁爲司弟分孫所記錄者又有蘇格蘭哥拉斯哥醫學記錄書一千八百七十二年五月都加勒所記者

凡將硝強水傾於紅銅或水銀上則所發橘皮色之霧爲淡養三氣在數種工藝內常有此法即如鍍金之溼法並造黃銅鈕扣等是也其霧能惹眼與肺又令人咳嗽難停每用硝強水一次則後若干時必有咳嗽久之則其咳嗽變成久延之證凡患淡養五之毒則二十七小時至二日而死（見一千八百五十四年四月蘭西特新聞紙並一千八百六十三年三月化學新聞紙俱有其案）所顯之證喉嚨覺熱如火燒胸與胸口覺收緊肚腹大脹痛嘔吐泄瀉黃色汁小便少而難通初時乾咳後稍有橘皮色之痰呼吸最難自覺將悶死暫有昏暈身體最軟思慮最重言難盡述最後發癇證死後剖驗見式有在肺與氣管分支並在養生路俱有重生炎及重生炎相屬之各證又肺與心盛滿黑色流質之血胃與腸多含氣而脹氣管與氣管分支及養生路所含之質俱爲黃色由此可見製造家之工藝內用淡養五而有發霧之事應令其霧通至最近之高煙通則可免有害於人之罪

如淡養三亦能遇肺內之空氣而與之化合成橘皮色之霧前有化學家兒飛試驗吸淡養二氣之時大受其害

三鹽強水（即輕綠又名鹽醋）

此種強水工藝內用處甚大而不多當爲毒質之用醫士所常查驗者分爲四事一濃鹽強水二淡鹽強水三衣服或呢布上之痕迹四生物質內含鹽強水

一濃鹽強水　常出售之鹽強水其色黃遇溼空氣則發霧遇淡輕三霧則發最密之霧色白如雲鹽強水遇黑色之呢則成乾綠色之痕迹而不能蝕壞其質間有痕迹先發紅而後變綠色者能依其色與硫強水分別之傾於紅銅面上不發橘皮色之霧如此易與硝強水分別之如合於錳養二沸之則發綠氣此氣能依其色與臭與漂白之性而

分別之

二淡鹽強水　此水可以藍試紙定其有酸性再以淡養五與錏養淡養五之法試其結成質與否否則非硫養三而可爲淡養五或輕綠分別之法加以銀養淡養五水如見結成密而白色之質不能在淡養五內消化又烙炙鉀養水內不消化而在淡輕三水內容易消化又烘乾其結成之質加熱則融化成黃色流質待冷時變爲軟質如明角則爲輕綠之確據

如有綠氣鹽類如食鹽等內有未化合之酸質則以試紙試之有酸性之變化又如遇銀養淡養五亦結成白色之質

所以應將其水一滴化乾之如有顆粒形之餘質則其酸水應蒸之將餘下顆粒質以顯微鏡查之再以化學法試之

三衣服呢布上之痕迹　將其有痕迹處割出以蒸水沸之濾之而以銀養淡養五試之將所結成之質照前法定其爲何質又同時用同法試驗其衣服或呢布無痕迹者一小塊觀其如何

四生物質內含鹽強水　大半生物流質含輕綠與他質化合或不化合無一定者大半生物質合於銀養淡養五則有結成之質如胃中所見之質內含輕綠或爲不化合者則大顯酸性之變化或與所服解酸藥化合因此其水有中立性

如其水有重酸性之變化則用小熱蒸之其法將甑藏於鈣綠沸水內每水一分含鈣綠二分再將所餘之定質合於蒸水而再蒸之則所蒸得之水可當爲淡性鹽強水試驗之

如在胃中見不化合之輕綠少許則未必爲其人所服者此因胃汁中每一千五百分內含輕綠一分設如其人顯出服輕綠之病證又死後剖驗見式亦有服強水之證而在胃中得輕綠若干則其死之故可以無疑

如所試驗含生物之流質爲中立性者則或不含輕綠或其輕綠可與解酸藥化合即如鎂養鈣養鈉養鉀養等果如此則將其水熬乾之煅之再消化其餘質而將所得之水以銀養淡養五試驗之

如其餘質爲食鹽則或爲滅酸用之鈉養炭養所成者或爲食物中常加之食鹽所以化學證據之外必須有病證與剖驗見式或衣服上之痕迹等方可當爲確據

化分求數法　將所得結成之銀綠作乾之則每重一百釐約配輕綠六十九釐

病證　見以上所言各種強水之公證

剖驗見式　見以上所言各種强水之公式又有特顯之案卽有自盡之案服濃輕綠甚多二十四小時內卽死喉嚨與食管之內皮有多處蝕壞胃中有黑色凝結之質黏於其內面甚多食管與胃浸在酒醋內存之又畫其圖樣

第四十九圖

第五十圖

第五十一圖

而有醫士布門送至英國王家書院之醫學博物房內查此案所成之式與羅比勒所作服硫强水案之式大同小異而其食管縮如有蜂窩或蟲蝕之形最

為顯明又余見服草酸之一案亦有相同之形所以特設三圖雖不能設色尚能顯出其式之大略如第四十九圖為食管成皺紋蜂窩或蟲蝕之形第五十圖為食管內衣脫落一大塊之形第五十一圖為胃內面含黑色結成之質而血管內含黑色之血

以上之式胃內面血管含黑色之血或其內衣脫落數塊惟恐其全當為服消蝕性毒質之據余故特加一圖如第五十二圖係檻牢中死婦之胃略為其本形尺寸四分之一而乘胃剖開之時尚未改變而畫其圖此婦因肺癆病而死其胃中有數處顯黑色顆粒形其粗細血管含黑色之血有深紅色縱紋與參差形之點又有三處其內皮脫去俱為生前與死後胃中自生之酸質所成易誤為服强水所致此種案內其食管不顯前第四十九第五十兩圖

第五十二圖

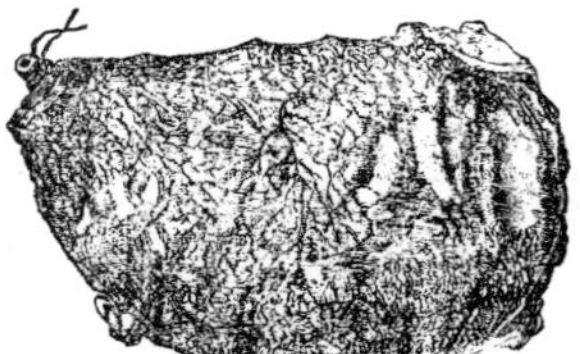

之情形胃中不顯黑色凝結之質又口脣口內舌皮膚及衣服俱不顯强水之痕迹則不能當為服强水等毒之案間有服强水而速吞之則其情形幾全在胃中顯出則胃中應見消蝕處并黑色凝結之質

胃與腸之內衣間有黃色或綠色俱因所服之鹽强水遇膽汁而成但從未見蝕通胃之案惟有一案係海特白格之布沙勒特所記者其人服淡輕綠水一大服則胃之內衣全蝕壞而吐出

致死之服數　醫士眞孫記一案係十五歲之女子服輕綠一小調羹卽一錢卽死

服後能活之久暫　最少為五小時半中數約二十四小時

治法　見前所言各種强水之治法如欲另查別種案情則有一千八百七十一年法國醫學報第三百六十四頁保羅所記者又海特白格記錄一千八百七十二年第二百十三頁那搿爾所

記之案又見上所言眞孫之案即一千八百七十一年五月英國醫學記錄之案

令洋槍筒發櫻色所用之藥水為輕綠合於鐵酒與汞綠此質毒性最重曾有人誤服之案見英國一千八百三十九年十一月醫學報

如硝强水合於硫强水為后强水又硝强水合於鹽强水為皇强水工藝中用之甚多如后强水能消去鍍銀器具之銀又能作照相之哥路苐恩如皇强水能消化黃金與白金

此各毒質能惹動物網質而在所遇之處之外無特顯之

第二節　鹼類並鹼類合炭養二氣之質 即鉀養鈉養淡輕

性情即與前所言各種强水同又如服其濃者即服定質或濃水則能顯其消蝕性

凡鹼類與鹼類合炭養二氣之質及一切鹼土屬俱有法能與一屬之金類分別之即用淡輕四硫而無變化顯出又與金類之他屬用輕硫與淡輕四硫而無變化顯出又此各種質與鹼類土屬有相同之性情即俱能顯鹼性之變化又有不同之處即合於淡輕四養炭養二而無結成之質

凡鹼類與鹼類合炭養二氣之質俱為家中常用之料或作為藥品惟作為毒藥而服之者不多有之

一鉀養與鉀養炭養二

化學房內常用之烙炙鉀養成灰色之塊其質中之顆粒不全顯明以手摩之則滑如肥皂如嘗之則味辣而澀極易自消化遇熱則能融化遇空氣則速收其炭養又在水內極易消化如融化之傾入小模成條如筆幹則為常用之烙炙鉀養條

如合於水消化之則有重鹼性令黑色之呢布變為櫻色遇炭養或硫養則不結成質如合於鉑綠水則結成黃色之質

鉀養炭養二與鉀養二炭養三在藥材肆與油漆鋪出售者有兩種形狀一為易自消化之雲紋質其色有灰黃櫻黑之

分以手摩之則滑如肥皂嘗之則味如溺而有鹼類之大變化此質西名卜對斯即鍋灰之意因前人用木灰在鍋內浸之得此質其用處能洗油燈等物二為小而白色之顆粒或為半成顆粒形白色之塊西名之意曰珠灰其能洗去油質之性與前者同又能作洗衣與別種洗物之用

醫士常欲查驗而分別此各種鹽類其形性有三種一在定質內二消化於水內三在生物質內

一在定質內　鉀養之形性易照以上所言者而分別之其白色鉀養炭養二之形性與鈉養炭養二等白色之粉其形性大同小異有鹼性之變化如遇酸質則發沸而放炭養二

氣如置於吹火筒收養氣之火層內則發茄花色又其質極易消化

二消化於水內者　水內消化鉀養炭養二置於白金片上加熱熬乾之則餘下之白色質雖加極大之熱而不散故能依此形性與淡輕四養鹽類分別之其水有鹼性之變化如合於鉑綠水則結成黃色之質與淡輕四養之鹽類相似但與鈉養之鹽類不同又如合於果酸水則結成鉀養二果酸爲白色之質如搖動之或用玻璃幹刮試筩之內面則更易結成此質

三在生物質內　如生物流質有濃鹼性之變化則可疑

含以上所言質內之一種如沖淡之濾之照所定之法試驗之則能知爲何種如試驗含鉀養炭養二之法將其生物流質熬乾加熱煅之再將其灰合於蒸水試之用以上所言之各法能得其據

病證剖驗見式與治法

病證　凡服鉀養等濃水則吞時覺味熱而澀辣喉嚨與食管立卽覺如火燒不久則在胸口胃中大痛不能動常吐含血之暮苦司質而其質略韌吐機色結成之質或食管與胃內皮脫下之片肚腹大痛脹至極緊按之則大痛又泄瀉暮苦司質合於血者其血成條如繩又咽物最難間有口音沙沙聲而有咳嗽如所服之質過多則人收癟死或因吞物漸更難吐血便血裏急後重久受大苦而死如爲舊案則其人因喉嚨阻塞不能飲食而餓死

剖驗見式　喉嚨與食管之衣膜軟而剝落食管與胃生炎其衣膜剝落或生瘡又因層內有流進之血則生黑點間有生炎之事通入腸內並至氣管發聲處或肺此爲那蒳爾之說在舊案內則內皮與暮苦司膜質之大塊脫落而食管與胃縮小前時所記之案內尚未有蝕通胃者惟有一案係來施曼所記者其人喉嚨生瘡而蝕通

致死之服數　以半兩爲限

服後能活之久暫　最少三小時新案以二十四小時爲中數舊案則一日或數日或數十日或數月或數年不定

治法　立卽服醋合於水沖淡之或檸檬汁與水有酸性而能潤內皮之水又橘等熟而酸之果汁後服杏仁油或橄欖油作潤內皮之用如生炎則可用冰塊解之或用冷流質如有大痛則可用鴉片如恐收癟則可服行血氣藥切不可以水節抽出胃中之質

二鈉養與鈉養炭養

鈉養與醫學合律法之事內無大相關故不論之但鈉養炭養二爲油漆鋪常出售者作洗衣等事之用此有兩種一

爲粗者成顆粒形而混濁二爲淨鈉養炭養$_{二}$其色更白又有預備食物並藥品內所用之鈉養炭養$_{二}$爲白色之粉醫士常查驗之鈉養炭養$_{二}$有在定質內者有消化於水者有在生物質內者

一在定質內　鈉養炭養$_{二}$有鹼性之變化如合於酸質則發沸而放炭養$_{二}$氣其質易成顆粒面上自生霜形如用吹火筩試之則發黃色之火

二消化於水內者　如鈉養炭養$_{二}$水合於鉑綠水或合於果酸俱不結成質而能依此形性與鉀養炭養$_{二}$分別之如合於鉀養銻養$_{三}$則成白色顆粒形質鈉養與鉀養二種鹼

類之鹽類其形性亦有不同處如將鈉養合於淡硝強水令變爲鈉養淡養$_{五}$則成斜方形薄片如爲鉀養依此法所成之顆粒爲眞珠之形

三在生物質內　其分別之法與分別鉀養炭養$_{二}$相同

病證剖驗見式與治法

此三事俱與鉀養炭養$_{二}$者相同故不必另言之惟其病證更輕而剖驗之式顯不甚明

三淡輕$_{四}$養與淡輕$_{四}$養炭養$_{二}$

淡輕$_{三}$氣在水中消化者則成淡輕$_{四}$養水或合於炭養$_{二}$氣則成二淡輕$_{四}$養三炭養$_{二}$此兩質在藥品與工藝中多用之間有服之過多而受其毒性此爲無故而用者間有病者昏迷不知人事則令其鼻管嗅淡輕$_{三}$霧令其驚甦有因吸霧過限足以悶死或令氣管分支生炎

淡輕$_{三}$之霧易以其猝臭分別之又遇植物顏色料令其變色加熱則其色復原亦爲分別之法如二淡輕$_{四}$養三炭養$_{二}$一名鹿角香又名自散鹽又名嗅鹽亦有猝臭此易與鉀養炭養$_{二}$或鈉養炭養$_{二}$分別之因加熱則能全化散又能與流質淡輕$_{四}$養分別之因加以酸質則發沸又加以鈣養之鹽類則結成白色之質

凡淡輕$_{三}$之鹽類合於鉀養水而加熱則其淡輕$_{三}$放散所發

之霧可以其臭分別之或試其鹼性之變化或令其合於輕綠而發密雲形此各法皆可試驗之凡生物質內含淡輕$_{三}$則必先蒸出後以特設之法試之其特設之法內以奈斯拉所設者爲最佳所成之色爲紅椶色有淡輕$_{三}$之微迹

病證　其病證之因與身體相切而成者則與鉀養或鈉養或此二質合炭養$_{二}$氣者相同惟因淡輕$_{三}$自散之性最大故忽入氣管與氣管分支令人不能呼吸因此故間有在四分時內人卽悶死

剖驗見式　養生路重生炎口內皮脫下氣管分支亦生炎

致死之服數　曾有一案服濃淡輕三水一錢足令人死見該醫院記錄第十七本第二百二十五頁所有司弟分孫記錄之案　又有二案一為服淡輕三水三十格者一為服五十格者俱令人死見法國醫學記錄一千八百六十八年五月與七月所記之案

服後能活之久暫　從數分時起至數小時止有三小時四小時十一小時之案

治法　用醋合於水沖淡而服之後用解惹胃毒藥之法

上海曹鍾秀繪圖

法律醫學卷十四

英國　該惠連　弗里愛　同撰

英國　傅蘭雅　口譯

新陽　趙元益　筆述

論惹胃性毒質

如鉀養鈉養淡輕養二質合於炭養氣之鹽類已在前卷第二節內言之至鉀養二草酸見草酸之一節又鉀碘見碘之一節除以上各質外本卷必先論鉀養淡養五鉀養硫養三鉀養二果酸又鉀養硫養三合鉛養硫養三即白礬類鉀硫鈉綠鈣養綠鈉養綠鉀養綠並銀養之鹽類

如鉀養淡養五鉀養硫養三鉀養二果酸鉀養硫養三合鉛養硫

養三鈉綠等除服之甚多者則不顯毒性又因藥品內不作為毒質故常用之殺腹內之蟲又間用以打胎凡鉀養之鹽類不惟在相遇處顯出其惹性尚能令心與腦筋之總會處患癱瘓此理係特牢白格脫曼等人所查得者又鉀硫有雙毒性即鉀質之惹性與輕硫之寧睡性所以為兇猛而殺人之毒質

鹼屬與鹼土屬之鹽類

一鉀養淡養五一名火硝又名硌過之鉀養淡養五

服火硝致死者尋常為無故而誤事因其質與鈉養硫養並鎂養硫養相似或誤用之

形性　常出售者爲無色或幾乎無色之顆粒或爲顆粒合成之塊又有已融化傾入小圓模内成硝球或硝餅其味涼而稍似食鹽又如合於他質則能令其着火猛燒成火焰

試法　見前卷所言試淡養五之法

病證　曾有人服硝二十釐至六十釐或至半兩而不受其害間有人服一兩至二兩而祗令其大吐大瀉然間有服一兩以上者顯出重惹性毒之證吐血瀉血溺血令人精神幾全竭間有癇證牙關緊閉或抽搐或筋縮變硬或暈睡或言語知覺與自主之動作俱失之或有五官之誤

等腦筋之證有一案其人在兩個月内發臟燥證

致死之服數　間有人服一兩而死者有一案係什伐里耶所記者其人服火硝二十五格約爲英國三百七十五釐卽死又有一案其人服火硝四兩誤當爲鎂養硫養三後全愈

服後能活之久暫　間有三小時之後而死者

剖驗見式　胃中重生炎發黑色之點如死肉有一案胃成小孔又有小腸重生炎

治法　如其人不吐則服吐藥或另加冷而能沖淡之飲物或用水節抽出胃中之物如有腦筋病證則用平火安心藥如有收癟證則服行血氣藥

二　鉀養硫養三又名鉀養硫養三合硫黃之質

此鹽類服其大服能令人死曾有法國命婦至應生產之時早幾日服此藥十錢分爲數服二小時内卽死其病證與剖驗見式俱爲服惹性毒藥者又有一案係里替比所記者其人欲自盡而服此藥一兩半剖驗見式則胃與小腸俱顯惹性毒藥之情形

試法　此鹽類之配質卽硫養三易以鋇養淡養五分別之而其本質鉀養易以鉑綠分別之

治法　與鉀養淡養五同

三　鉀養二果酸又名阿爾爾勒

此鹽類如服其大服至二兩以上者則有毒性曾有長足之人服此四十八小時内卽死顯出惹性毒質之病證與剖驗見式此質爲略難消化之白色粉如加熱則變爲鉀養與鉀養炭養二又合於酸質則發沸其消化之水微有酸性變化其本質能以鉑綠分別之有數種生物流質含此質者則能結成沈下其治法多飲潤内皮之水藥又可將所顯之證依其常法治之

如服鉀養二炭養之淡水亦爲有益之法因令其鉀養二果酸變爲中立性之鉀養果酸爲無害之瀉藥

四 鉀養硫養合鉛養硫養（卽尋常白礬）

此質不多當為毒藥之用

形性　此質常出售者為無色合顆粒之塊煆成者為白色之粉或白色之塊又有含鐵者卽為鐵所成者西名鐵礬其味最酸有酸性之變化如欲與淡味不化合之酸質分別之卽可熬乾而試之如將礬水一滴在玻璃片上熬乾之則成極美觀之顆粒而其顆粒為繁形卽為側排列平行之柱形而有短線橫成正角方形顆粒圍之又有正八面形體雜於其內如其濃或飽足之水內結成之顆粒為八面形或立方形者此種合顆粒之大塊或透明無色

或有色為雜貨鋪中常出售之物

試法　用鋇養淡養則可分別其水中含硫養又合於鉀養水則鉛養結成白色之質如用鉀養水至有餘則先結成之質後卽消化又其鉀養能以鉑綠分別之

病證　其病證與前第十一卷所載簡惹性毒質之證相同

治法　其治法與簡惹性毒質之治法相同先用水節或吐藥令胃出空再服鈣養水

五 鉀硫（俗名肝色硫）

凡鹼類合硫黃之質俱為猛性毒藥其本為惹性定質其配為寧睡性氣質

形性　鉀硫在鋪中出售者為汚綠色之塊或粉能成黃色之水而有輕硫氣之大臭

試法　如鉀硫合於酸質則放輕硫氣而遇鉛養醋酸試紙則發黑色

病證　其證與惹性毒質之新證同另有癇證或昏暈其人之口氣嘔吐大便等俱有輕硫氣之臭服後間有在一刻內卽死者

剖驗見式　胃內並小腸上廻發紅色有結成之硫黃身體外面發㯬紅色肺之內面含黑色之血甚多

治法　先服鈉養綠或鈣養綠之淡水卽漂白所常用之水後用尋常惹性毒質之治法

六 鈉綠（卽尋常食鹽）

形性與試法　鈉綠之水熬乾之成立方形顆粒如用銀養淡養水能分別其綠又用鉑綠能分別其本質為鉀或為鈉

病證　俱與尋常惹性毒質之證相同（觀前第十一卷簡惹性毒質）

治法　其法與鉀養淡養之治法相同

七 鈣養綠　鈉養綠　鉀養綠（此三質又名漂白粉或漂白水）

如鈣養綠或鈣養綠養卽尋常漂白粉鈉養綠卽拉不拉

克水又名分叉末水鉀養綠又名雅維勒水俱爲有毒性者

形性　以上各質與其消化所得之水能自放綠氣或加以酸質而能放綠氣其臭亦爲綠氣之臭其漂白之性最重

其病證剖驗見式與治法俱與莣性毒質者相同

八　銀養鹽類

形性　銀綠結成參差片形之顆粒在空氣中不改變在水內消化有辣味其銀養炭養$_{二}$爲極細白色粉不能在水中消化而能在淡酸質內消化發沸又遇胃中未化合之

酸質則與之化合

試法　含銀養之水內加以鉀養炭養$_{二}$則結成白色質加以硫養$_{三}$或鹼性硫養$_{三}$鹽類則結成白色質爲銀養硫養$_{三}$而不能消化如含銀養之淡水加以草酸則其銀養不結成凡銀養合於各配質成鹽類則其配質易於分別即如合於淡酸質發泡即炭養$_{二}$氣加以銀養淡養$_{五}$則能分別輕綠加以鉀養硫養$_{三}$則能分別淡養$_{五}$因其水中含硝又合於淡硫養$_{三}$嗅其所發之霧則能分別其含醋酸

病證　其病證與前所言莣性毒質者同另有抽筋與癱證頭痛身體極軟眼視物不清或有歧視又有耳鳴心悸覺甚猛

所有感動身體之病證大半爲銀之特有之性有醫士米克微茲查驗銀之鹽類爲心之毒令心在縮時停止此案記於賽墨孫類篇第十七本毒學之一款

剖驗見式　其情形與尋常莣性毒質者相同曾有一案其人死於二小時之內其胃蝕通

致死之服數　此無一定之數目有一案係台弟所記者有人誤將燒成綠色火焰之藥材作爲硫黃粉所服之數內略含銀養淡養$_{五}$四分兩之一其人在六小時半內即死此事記於一千八百六十八年藥品記錄第四百四十七頁內

治法　多服鈉養硫養$_{三}$或鎂養硫養$_{三}$爲解毒藥又用吐藥與水節之法以後各事可配莣性毒質所需用者如心動停止則可用令人呼吸氣之法助其行動

氣質

此種氣質有五種一爲淡養$_{二}$氣前在硝強水中言之二爲硫養$_{二}$氣三爲輕綠氣四爲綠氣五爲淡輕$_{三}$氣前在鹼類毒質中言之

凡莣性氣質俱能莣眼喉嚨氣管與氣管分支又能令其生炎其濃者能使聲口縮緊至令人死

二　硫養$_{二}$氣　此氣爲尋常燒煤所成之質而在關密之房

屋內燒煤常放此毒氣有害於人又煤饅頭鋪內常有此惡氣而過其門者常覺嗅之而可憎倫敦內做饅頭之鋪因此其人常患肺病如欲查考此事極詳可觀希爾特所作工藝內令人患病之書第二卷第六十八頁

三輕綠氣　輕綠氣在水中極易消化成尋常之輕綠有數種製造工藝之事內常放此氣如造鹼類廠與燒瓷器廠爲最多者所以英國特設律法以免此害即一千八百六十三六十四兩年所設鹼類廠律法凡工藝廠所有多放輕綠氣者必依律法造高煙通等免其害人之弊輕綠氣之惹性最難當之又大有害於植物與動物如空

氣每二萬分內含此氣一分則大有害於植物或令植物死不定又苦里司脫生與脫那已詳細查究如每空氣一千五百分內含此氣一分小動物在三四小時內能死顯出肺病見爲特門與台弟之書如疑空氣中含輕綠氣則有法便於試之即將銀養淡養五一滴鋪於玻璃片上令遇所疑之氣則有銀綠變成能在淡輕水內消化爲其證據

四綠氣　此氣在漂白工內常用者又在病人房內當爲滅臭解毒氣之用此氣能惹眼鼻孔氣管氣管分支喉嚨俱覺大熱苦里司脫生曾記一案有人受綠氣之害令吸輕硫氣少許則大見其效

苦里司脫生查驗此事之理云慣吸含綠氣之空氣者漸生食物不消化胃中發酸之病而身體漸瘦然間有能享長壽者惟其大半失去能嗅之一官此爲希爾特之說

燐與磷

此二種毒質並金類毒質所造成之雜質不惟在身體所遇之處顯其毒性尚能在他處有繞道之法顯出病證故可名曰特顯惹性毒質但本卷與下數卷未必在卷內另稱曰特顯惹性毒質

一燐

法國內用燐爲毒藥者甚多故爲毒案內之最多者即每

燐二案配砒霜一案故法國毒學家他求與羅散二人論毒之書中以燐爲全書之十分之一

形性　藥鋪內尋常出售之燐爲長小白色半透光筆榦形之條必常存於水中免其自燃其質之堅韌如蜜蠟而其剖面顯顆粒之紋在水中不消化惟在油醋以脫哥囉昉內俱能消化而在炭硫內極易消化如在水中久存之則面生黃白色之皮如將尋常黃色之燐存在不能與燐化合之輕氣或炭養氣內加熱至百度表二百四十度則成紅色之燐即變形燐此質較黃色燐更難着火又不能在炭硫內消化服之無毒性近今所作自來火木條其頭上與匣邊之紙所用之燐俱是此紅色燐黃色燐遇空氣則發白色之霧爲燐養或燐養五如加熱或摩擦則燒成黃色火焰而

發密霧此質暗處發光而其臭味與蒜大同小異有人將燐合於麵粉糖流質油熟豬油或乳油成膏間有加普魯士藍爲顏色料當爲毒鼠之餌又有將燐合於火硝或鉀養綠養五樹膠細砂鉛三養四或別種顏色料成膏爲自來火木條之頭間有人誤服含燐之正藥過多者如燐丸或燐油英國有自盡之人間有將自來火頭上之料刮下而服之而法國人爲此事更多又有人配於色深味厚之藥品內故意毒人或作壯陽藥

病證　凡服燐之後所顯之證頗多間有從繞道之法由漸顯出其病證可分爲三大類甲惹性乙腦筋丙流血

甲惹性者　凡服燐之時尋常顯可憎之臭味與蒜或燒硫黃相似喉嚨覺熱而痛舌脹間有胸口痛心不安樂激動與嘔吐或作嘔待若干時則吐含幕苦司質或膽汁之物罕見含血者間有所吐之物暗處發光如能嘔吐則覺舒暢但間有不能嘔吐者間有腹大痛而泄瀉不可拔動者面貌不甚改變心中仍是凊楚待二十四小時或三十六小時嘔吐停止其人仍能照常作事惟每若干時覺四肢與兩腰有游移無定之痛脈小軟而遲如此能有二三日之平安或至四日或更久而其人似全愈其後猝然而死不顯他病證尋常在第二日或第三日則顯黃疸頭痛不能睡小便不通須用放溺管其溺代膽汁有黃綠色或有含阿勒布門者接續嘔吐極爲辛苦而大便不能自主重昏暈後即有卑睡略六小時至十二小時即死若爲幼童與嬰兒嘔吐後即有沈睡與抽搐爲其緊要之病證死於四小時至二日之內

乙腦筋者　此種病證當喉嚨與胃中之證已過則四肢覺有動物爬於其上抽筋並痛屢次失䰟身體之力極乏沈睡難甦惟不顯發熱又不顯情慾感動之事皮膚乾色黃發紅色之點至第五第六日或更久則忽發昏暈牙牀關閉收縮甚緊又有抽搐暈睡從之死於七日至十四日

內能延過半月者甚少

丙流血　此照前兩款之證起首相同惟所吐之質間有淨血者後大便中有血裏急後重肝發腫而甚痛心跳聲最輕身體最軟數日之後則其病證稍痊而腹痛仍猛大便內仍有血二十一日或一個月之後則胃肺鼻孔耳孔子宮膀胱俱放血又在皮膚之面見血點而在皮膚與眼內合於黃疸之黃色如此淹纏能連下五個月身體漸更軟而有血虛皮白又漸瘦直至八個月後即死爲最久者同時所顯之腦筋證與以上所言者相類如其燐之毒不足令人死者則病退之後身體極軟幾分癱瘓即如格寫

所記之案其人兩手癱瘓不能治愈

剖驗見式　養生路所含之質間有在暗處能發燐光如其人服自來火之頭則間有食管或胃腸之內皮或其所含之質內尋見杉木小片硫黃小點或汞硫或別種顏色料胃與腸之幕苦司膜質生炎而軟顯出虱霉紅點之式或有蝕進之點腸胞膜核發腫而變軟間有五臟之外衣蝕通者其餘各病證常與水手在海邊所患身虛泄血最重之病相似即百體與網質內有血點各凹處有血水腸內與膀胱內有血皮膚發黃而常有虱霉之痕迹其血凝結不全

燐毒最顯明之證係令肉肌中變成油如心中胃核中內腎中俱有此事而最多者在肝心與身之各肌發黃色其質變軟而易於磨碎肉肌絲紋中有小球形油粒胃中小膛核形之皮並內腎外殼中之質俱含油之小顆粒其肝尋常放大而有生麪形之質其色全黃而其肝質內所有葡萄形之粒仍能顯明又肝內之各膛俱滿以油照伐克那之說其肝分中間有生炎其連網質在各分之中間放大而變厚在舊案內更有此事醫士克立白士云小發血管與迴血管其質俱有變成油者

致死之服數　一釐或更少

服後能活之久暫　如重毒案能活之時不過四小時爲最少如在舊案有能活數月者

分辨之法　如疑其人服燐則關閉門窗令不通光即查其人之口與鼻孔及身體衣服並胃所吐者肛門所出者或查其所吐所瀉之質遇着之體俱視其含燐火與否

患燐毒之病證有數事與肝發黃色漸縮壞之證相似醫士或云此兩種病相同但其實有不同之處如肝發黃縮壞則不顯胃中重生炎之證而服燐者則發黃疸之先必有胃生炎又其腦髓之病證更爲顯明雖此二種病證內其肝與臟腑之他體俱有變成油質之事然服燐者則肝脹大而其各分顯明肝變黃色而枯瘦者其肝縮小外面滑如油而其各分幾不顯明

如肝發黃枯瘦之重病則溺中多見留昔尼與太路西尼如患燐毒則在溺中罕見有此二質者而有他質屬於伯布多尼類又有薩而殼拉格的克酸即肉乳酸如浮以得與波爾二人查驗此事載在化學會記錄書第二十四本第九百四十六頁可見患燐毒與肝發黃色枯瘦二證所顯之病證其分別極小幾可稱爲相同而所有之分別大半恃其肝變黃色枯瘦各變化速顯而患燐毒者緩顯如因燐毒而變爲油質之事其故因身內之油質收養氣比尋常

更少而其含淡氣之網質變化更多

治法　解毒之法曾有格拉與費他等人查究其事而言松香油爲解燐毒之藥但必早服之否則不效曾有數醫士難定其松香油應服何種能最見效大槪尙未提淨之松香油而已存久者令多生電臭氣此爲最佳費他云先服膽礬作吐藥爲佳因班白格云此質與燐化合成不消化之質故也又服吐藥而已吐之後則每一刻服松香油四十釐其油必合於樹膠水以四服爲度或日則服鎂養合樹膠之飲物凡含油之食物宜禁而不食其餘各法必須觀所顯之刑證而定之

試驗燐質　如嗅胃中所見之質間能分別燐臭如已服燐之塊或含燐質之塊如自來火之頭等則在胃中之質能見之又能將含燐之塊分出其定質加熱則發光或能燒如胃中不見燐質則可將胃鋪於大盆面帶入暗房輕加熱則發亮又可嗅燐臭如胃中之質已腐爛仍能發亮然如含松香油以脫醕淡輕則其亮與臭不顯又可將胃中所遇見之質合於炭硫搖動之蒸之則得燐之小球形粒將鐵絲加熱至紅與其燐粒相切則立即燃火

用細法試驗之前可先用希勒所設之粗法此法將濾紙一條置於含銀養淡養水中浸之而懸於疑含燐質料所存之瓶口內將瓶加熱如其瓶內之質含燐則其銀質分出令其紙變色則成銀燐但因銀養淡養遇輕硫亦能變黑故祗用此法不爲確據所以瓶口內另掛浸於鉛養醋酸內之紙一條如其銀紙發黑而鉛紙不發黑可知其瓶內之質含燐

密次可立之法　此爲極細之試法每物十萬分內含燐一分亦能分別之尋常之試法特燐能發亮之性然其所試之質內如含酒醕以脫松香油淡輕之霧則其亮不顯其法將所疑含燐之質如爲過濃則以水沖淡之再加果酸或硫養置於玻璃瓶內用酒燈之火加熱或置於熱鍋

綠粉內更佳所發之霧必行過一凝管如第五十三圖此事必在黑暗處試驗之如含燐則其霧行至冷處發亮成跳動不停之光圈

第五十三圖

蒸得之質可在瓶內收之如本圖試其含燐養或含燐之小球形粒

用以上之法如見燐火之據則可在炭養氣內蒸其質其

法令炭養氣通入其燒瓶內則其光亮不顯
如將所蒸得之質收入銀養淡養水中則有銀燐結成爲
樱黑色質
將前法所得結成之質或將密次可立法所蒸得之質俱
可用下法即布倫得羅之法試驗之或可將所蒸得之質
合於淡養或綠氣水熬乾之則變成燐養其含燐養之據
即加以淡輕養鉬養則結成黃色之質或加以淡輕養合
鎂養之試水則結成顆粒形質爲含三分劑之燐養質
布倫得羅之法　此法所恃之理原爲杜薩特所查得者
即燐與其含養氣少分劑之雜質能與初生輕氣化合成

輕燐氣燒成明綠色火焰其試驗之法所需之器具略與
馬爾士之法分別鉮養所用之器同如下第七十圖須用
淨鋅與淡硫養令生輕氣而將所疑含燐之流質用漏斗
通入發輕氣之瓶內如含燐則其器具內所發之氣燒成
明綠色之火所用放氣之嘴應以白金爲之斷不可用黃
銅者如用玻璃嘴則不久發大熱雖有燐不顯其綠色祗
顯玻璃料內鈉之黃色如障蔽其火令不過直射之日光
又用冷瓷蓋壓於其火上如第七十圖則顯綠色最光亮
然有數種質之霧如酒醕以脫等能障蔽其色令其不顯
或言含輕硫亦能有此性情所以布倫得羅云其氣應引

入含銀養淡養之水內如含燐即成銀燐係樱黑色質而
沈下將此質置於馬爾士之器具內則顯明綠色之火最
爲清楚前言密次可立法所蒸得之質或合於銀養淡養
所成之質俱能用此法試之
凡含燐之質有簡便之法能分出其燐即將其質合於硫
黃塊加熱則其燐與硫化合此爲密次可立法之前所常
用之法而爲里布肥次所設立者
以上各法其意欲查明所疑之質含燐或燐合養氣小分
劑之質如遇燐養則不能當爲服燐之據因人身本含燐
養又數種食物內亦有之

久服燐之微數或久受燐毒之病
如造燐之廠造自來火之廠或造數種殺蟲毒鼠之毒藥
鋪或作含燐銅之鋪俱有患燐毒之病者或輕或重不定
其病爲胃不消化與泄瀉或兼發熱與肺之各病如造自
來火之廠並造含燐之銅即紅銅錫燐三質合成之銅比
他種用燐之工藝更易患此病見賽墨孫類篇
凡作以上各工藝之人亦常患骨衣生炎令牙齒腐爛而
牙牀骨之質死起首有一個牙齒痛尋常爲下牙牀骨如
將牙齒拔出則暫時其骨不痛但去牙齒處其牙骨與牙
肉不能愈漸放膿大爲可憎不久則其牙座骨漸露出開

有牙座骨脫卸一塊連牙一二個一併脫下則暫時不痛尋常之案內其病不止於此漸散開而令他處牙牀骨露出而牙座骨漸變鬆有海絨形與牙床骨相離牙齒漸鬆而脫下所放臭膿漸增多而其病散至相近之骨之軟處過半年或一年或二年或更久其人另有他病俱爲此毒引出者或其人身體堅壯則上下牙牀骨失去其質之一半或全失去而因此其人面貌變壞頗不雅觀

此病最奇而其痛最難當近有布里司佗著書論用燐之各種工藝並其工人所患之各病見英國內閣醫官第五次報一千八百六十二年印出者又見伐克那在費爾丑

記錄書內第五本爲一千八百七十二年所印者有此事之詳說

預防法　房屋必多通風氣又房屋與工人以潔淨爲最要又有法將松香油傾入淺盆中置於做工之各房內令其松香油遍處俱通近今有人考知其紅色燐卽變形燐其化學性情與尋常者相同而無毒性故以後各種工藝內必漸廢去尋常之燐而專用紅色無害之燐

二碘

形性　碘爲魚鱗形小片與鐵衣或鐵屑略相似其臭最奇而可憎加熱則發茄花色之霧遇小粉水則成美觀之藍色遇皮膚或養生路則令變黃棲色如加以鉀養水則滅此色鋪中常出售者爲定質或浸酒或合於鉀碘因鉀碘能令其消化也外科多用碘爲擦於皮膚之藥又子宮核發水泡球腎囊水疝等病當爲外導噴進之藥

病證　服碘之時則口中覺有可憎之辛味又咽之時覺熱而乾喉嚨收縮後顯惹性毒質之各證與前所言者同又有腦筋之證與以下所言噴碘藥入水疱球等病處相同其大小便爲深黃色又如合於含小粉之食物則爲深藍色間有含血者

曾有醫士將碘藥噴入子宮核之水疱球內因此令人死

者有一案爲羅司所記者見賽墨孫類篇第三十五本內所有費爾丑之記錄此案內噴碘藥之後數小時身體大乏脈小至不能覺心跳甚猛屢次嘔吐而不覺痛泄瀉又小便不通至十日而猝死其死之前碘毒之各證如痘疹類鼻涕稀而衄

久患碘毒卽久用碘爲藥其腸受惹之外另有傷風證身瘦戰慄心悸外腎縮小乳頭等核形之體亦漸縮至無口津過多而外流所有棄津液大半增多陽莖強舉不能縮肝脹大按之則痛此各證爲數日內連服碘之小服而能顯出者

剖驗見式　所見之式與前言服各種惹性毒質同另有

幕苦司膜質消蝕者變櫻色者肝脹大

致死之服數　如爲嬰兒二十釐若爲成人六十釐

治法　先用水節再服鈣養炭養二之淡水並含小粉沖淡之流質如藕粉漿等

生物雜質內含碘　凡生物雜質內含碘則易用以上之辨法分別之如合於炭硫二則易消化成淡紅色之水又能在其數種水內分出之待熬乾後再能凝結

鉀碘又名鉀碘養輕碘

形性　此爲顆粒形之質有小而奇異之臭淨者白色空氣中不改變最易在水或醕內消化不淨者黃色易自消

化其顆粒爲正立方形如第五十四圖

第五十四圖

試法　其顆粒遇濃硝强水或濃硫强水則令其顆粒變櫻色放出其碘加熱則發茄花色之霧

含碘之水其各變化如下合於汞綠二則成美觀之紅色質爲汞碘加以鉛養醋酸則結成黃色質爲鉛碘加以二汞養淡養五則變成黃色質爲汞碘漸變污櫻色加以硫養三與淡養五則復爲櫻色又如加小粉則變藍色如欲分辨其本質卽鉀須用加鉑綠二之法

生物雜質內含鉀碘　先通輕硫氣令其不化合之碘變爲輕碘再加熱放出其餘氣加鉀養至有餘濾之熬乾之將其餘質在蓋密之鍋內加熱至暗紅色煆之令成炭磨成細粉合於蒸水濾之加熱至乾而用小粉漿與硫强水之試法如含輕碘之微數能分別之

病證　如服鉀碘之小服間有大顯其害者卽如數次服二三釐其病證最重而可畏間有一次服五釐而有此事然尋常之人以五釐至十釐或更大之服數每日三服而無害凡患碘毒者則其證爲嘔吐泄利腹大痛鼻孔與眼流水面發腫頭痛喉乾大渴難呼吸脉甚數身體大乏力

如病證輕則與重傷風相似間有口津過限者有一案爲余所記者其人顯出服水銀口津過限之證而實未服含水銀之藥此藥雖用小服如用之久則必顯以上所言碘之各病

治法　先用吐藥或水節去胃中之毒隨後用沖淡之飲物與涼性之飲物

上海曹鍾秀繪圖

法律醫學卷十五

英國　該惠連　弗里愛　同撰　英國　傅蘭雅　口譯
新陽　趙元益　筆述

續論惹胃性毒質

金類

此卷所論金類分爲六大類一爲鉮類二爲銻類三爲汞類四爲鉛類五爲銅類六爲鋅錫銀鐵鉍鉻之類

一鉮與含鉮之各質

鉮爲金類毒質之最著者其著名之故即萬物中含鉮者最多藥品與工藝內其用處最寬又爲毒質內之最常用者

鉮與其各雜質藏於地殼各質內者甚多如天生淨鉮鉮養$_3$鉮硫$_2$鉮硫$_3$即雄黃與雌黃又有數種礦含之即鐵銅銀錫鋅鎳鈷等礦是也常出售之鉮養$_3$爲含鉮之鐵硫礦所成者如俗名迷斯必格勒礦即是鐵硫$_2$鐵鉮$_2$其餘煅别礦而得之者大半出於銅與鈷又有數種泥土含鉮者其泥土所產之植物亦含之又地產金類水與泉水亦有含之者

有數處鍊礦之爐周圍空氣內多含鉮養$_3$又有染坊用鉮養$_5$與鹼類合鉮養$_5$之質甚多爲令染料蝕進各質內之用而其廠之廢水放入河溪內令其水含毒物而有害於人閒有令大城大鎮內所有自來水中帶鉮之微迹

如造硫養$_3$之廠多用鐵硫$_2$礦西名們的礦內含鉮若干所以常出售之皂礬油含此質之微迹用此硫養$_3$成淡養$_5$與輕綠等自散之酸質又用此硫養$_3$作鈉養硫養$_3$便於造鈉養炭養$_2$之用又用硫養$_3$造工藝中之他種材料甚多所以藥品與工藝料內有數種定質與流質其含鉮之多寡不等即如試驗鉮所雜之材料如鋅與銅及硫養$_3$與輕綠並鐵硫各質常含鉮之微迹如用此各料試驗疑含鉮之質必預先試其料之含鉮或否

鉮養$_3$爲鉮之最緊要之雜質而工藝中用之甚多即如加入玻璃料內令其質更佳作瓷器之白釉料內用之洋燭內閒有含鉮者汽機之鍋內用之令鍋內不結成水垽造船家將煤黑油或柏油合於鉮養$_3$少許令上此油之木蟲不欲蝕毒鼠與各種惡蟲並蠅與燈蛾等有害之蟲所用之流質與粉或紙等料亦含鉮養$_3$農家所存麥等種子常浸入含鉮養$_3$之水內令其種子不壞牧羊家預備藥水將羊浸於其內滅蟲等弊其水內亦含鉮養$_3$園人常令馬食鉮養$_3$少許則其毛能光澤而美觀又義士的里亞邦鄉人常服鉮養$_3$之微數而服慣之人所服之一服足以毒死一

平常之人（此事近有人疑之故有他人詳細查驗如醫士羅司哥近在曼支斯德之格致會於一千八百六十年十月三十日作書一則讀與人聽內載之憑據為最重而無可疑者有數案其人服鉮養$_{三}$四釐半至五釐半者又有醫士馬可喇根近來更查得其確據見壹爾丁不爾厄醫學記錄書第十本第二百頁又在該書內第六百六十九頁有那伯所親見者有人服鉮養$_{三}$七釐半而為其常用之服數）尋常打獵所用之鉛砂故意配鉮若干

間有人有意或無意將數種鉮之雜質合於點心與糖貨內即如糖片內含鉮養$_{三}$蛋糕內含雄黃凍貨類內加以西里氏綠即鈉養鉮養$_{五}$如銅養鉮養$_{五}$與銅類之質在花樣彩色工藝內用者甚多又造數種阿尼里尼顏料之工內亦有用鉮者

又數種瘧疾與按時而發熱等病及皮膚數種難治之病用鉮治之又如外科內有數種病即如狼癬與癬疽所用之藥內亦配鉮養$_{三}$合於汞綠等料

英國準用之藥品內有二種含鉮養$_{三}$之藥一為浮辣水即鉀養鉮養$_{三}$水每一兩含鉮養$_{三}$四釐又有一種為鉮綠水每一兩含鉮養$_{三}$四釐

英國準用之藥品內又有三種含鉮養$_{五}$之藥一為鐵養鉮養$_{五}$一為鈉養鉮養$_{五}$一為鈉養鉮養$_{五}$雜水此水每一兩含鉮養$_{五}$四釐

醫學合律法常與鉮有相關之案其緊要者為鉮養$_{三}$黃色

鉮硫$_{三}$即雌黃與銅養鉮養$_{三}$即西里氏綠又鉀養鉮養$_{三}$之雜水即浮辣水以上各藥內其含鉮養$_{三}$者為最要

凡分辨鉮而用化分之事所用之法必須分出金類形之鉮質茲將鉮之數種緊要之形性一一言之

化學家云鉮加熱至三百五十六度則能發霧而散但余曾試過其小數而知二百三十度亦能發霧而散其所成之霧有蒜之臭如在蓋密之器內加熱而器內含炭養$_{二}$氣則其鉮質在器具稍冷之面凝結而存其原形設如在空氣中加熱則所結成之質為鉮養$_{三}$或為鉮養$_{三}$合鉮又如鉮遇初生之輕氣則與輕氣化合成鉮輕$_{三}$即如錦可用同法能成錦輕$_{三}$如將鉮輕$_{三}$燒之則放其鉮而在略冷之面凝結又能在含鉮之酸性水內沸時所存之紅銅面結成與數種別金類同

以上所言鉮之形性可用小試驗法以證之其器具用酒燈與試筩加熱時則其霧有蒜臭如其試筩內含空氣則結成鉮養$_{三}$如其試筩內含炭養$_{二}$氣則結成淨鉮如用馬爾士所設器具令鉮輕$_{三}$氣從小嘴噴出點火而將冷白瓷置於其火內則成回光鏡之色又通此氣之管上加熱亦成此種痕迹如各種流質內加輕綠令有酸性置銅箔於內如其含鉮則紅銅面鍍鉮一層即與蘭書所設之法同又

如有淨鉮加熱令發霧則其霧所遇之冷面成極細之球形粒受回光則發亮與水銀之小粒同其形如第五十五圖設如其空氣足令其霧收養氣則幾分變為鉮養之白色粉或光亮之顆粒幾分為鉮之小球形粒雜在其間如

第五十五圖

不能用目力分別則用顯微鏡更清楚見該所作之一則存在此勒藥品記錄書內第一百十一頁一千八百五十八年所印者論成功與

分別鉮養三顆粒並鉮凝結之薄皮

鉮養三又名鉮白粉即砒霜英國鄉間有數處誤稱曰汞

鉮養三為毒質之用能顯明設立律法而管理危險之事大有益於眾人如一千八百三十七三十八兩年英國內因

服砒霜而死者一百八十五人此數與用鴉片所成一切之藥服之而死者之數相同又比較一切毒藥之總數更多一千八百五十一年所設之律法即維克多里亞第十四年第十三章律法禁任意售砒霜又定售其小數則必合於黑炱或靛藍令人不能誤服所以此後患鉮養三毒之案更少又其案較他種毒案其比例亦更小而設此律法之前每毒死一百人內因鉮養三而死者有三十四人而後其比例小至患毒十案內有一案為服鉮養三之案在法國內則砒霜毒案之比例較之別種毒藥其比例更大

常用鉮養三為毒質者其事不奇因其色白如麪粉無味或幾無味又能合於食物最難分別其價甚廉在工藝等事內之用處最寬

常出售之鉮養三有成餅形之塊有成白色之粉如將其餅形塊加熱乾蒸則初時幾能透光後分層而不透光似白瓷之釉內有透光之紋條此種毒質無論為餅形塊或粉其形性與化學性易於分別

形性　一難在冷水或熱水內消化二消化而得之水微有酸性三其質無味其水或其霧少有甜味即有男童誤食砒霜少許云有麪粉之味又有化學家大幾尼由司言數次將砒霜乾蒸開甑之後則吸其霧甜而有趣從未嗅過此種佳味四其水漸熬乾則成八面形顆粒五鉮養三易在淡輕四養或

輕綠水中消化而從此各水內亦結成八面形顆粒又易在鉀養炭養二水內消化六能合於鹼類質成能消化之鉮養三鹽類

消化之性　如冷水一兩能消化鉮養三半釐至一釐如沸水一兩傾在若干鉮養三上待冷時其水含鉮養三一釐又四分釐之一又水一兩置於若干鉮養三上加熱沸之至一小時則消化十二釐設如其水中含生物質則其消化之性更小此為對拉之說

試法　凡分別鉮養三之事內可分為四事一在定質內分別之二在水中分別之三在生物流質內分別之四在身

體之流質與定質內分別之

一鉮養三在定質內分別法

甲將其定質置於白金片上加熱乾蒸之則變爲白色之霧而化散乙在燒管內加熱則成無顆粒形之粉或八面形顆粒丙合於鉀養水令溼則不變色丁合於淡輕硫水令溼則當時不改變待其有餘之淡輕自化散之後或加熱令化散或加以醋酸滅其性則成淡黃色之粉如芙蓉鳥之翎毛色卽鉮硫戊如鉮養合於木炭落入燒管內加熱則其金類形之鉮分出化散而在管之冷處凝結成光色之皮似同光鏡之色己其乾蒸之鉮發蒜臭

以上所言乾蒸與分出金類形質爲最要者故此二法必特意言之分外詳備

乾蒸　前言將鉮養三落入燒管以酒燈加熱則發白色之霧而在管之冷處結成無顆粒形之粉或八面形之顆粒但因分別砒霜不重無顆粒之白色粉而重八面形之顆粒故所用之法必爲令成顆粒者所以其白色之霧必在熱面收之如在冷面則結成無顆粒之粉

尋常乾蒸之法用燒管其尺寸與其長略如第五十六圖其管先行過酒燈火數次令乾將鉮養三置於小管內落入燒管之底入酒燈火中令其火包圍管之下段爲管之三分之一待若干時則內管受熱足令其鉮化散則燒管之熱度足令其結成八面形顆粒

第五十六圖

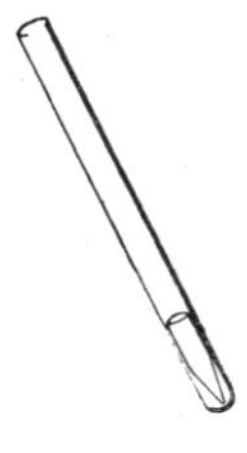

據化學家之言鉮養三加熱自三百七十度至四百度方能乾蒸然余已試過此事用數法一法載在本書之附卷內又有一法將鉮養少許置於小燒管內與寒暑表一併置於熱沙盆中則知乾蒸化散之熱度爲二百八十度或其相近數之熱度

乾蒸所成鉮養三之顆粒亦有他法能得之卽以下所言將

鉮質令收養氣之法因其顆粒之形狀爲分別鉮養三之要法所以其情形與性情應同知之則不至於誤

鉮養三之顆粒其光亮與耐久爲奇異者尋常自分開間有成叠層者間有成圈排列者惟尋常排列成繁形之顆粒無一定之形所有成白礬形顆粒者甚少如第五十七圖爲白礬形顆粒其作法用小管乾蒸疑其先在管內含溼氣中消化後再結成也

第五十七圖

尋常所得之顆粒其形狀爲正八面形體所有十二斜方面體正角柱形體與各形狀厚薄之片俱爲更不多見者

其全顆粒以顯微鏡所見之形狀並其半顆粒與雙顆粒等無法之形狀見本書之附卷

閒有因熱度不足而其顆粒俱成參差形閒有所得之顆粒全爲厚三角形之片有人誤以爲四面體其實四面體者從未有之

第五十八圖

如第五十八圖爲鉮養之顆粒閒有顯出之形狀如第六十二六十三兩圖爲其顆粒與鉮之小粒相閒又鉮養與鉮合成薄皮用回光觀之其形如第六十一圖

鉮養內分出鉮之法　如鉮養一分體積合於新煅木炭

細粉四體積置於管內如第五十九圖之甲則將管斜置於酒燈之火內令其火包圍甲處則其鉮變爲霧而上升發蒜之臭而在其材料之上約四分寸之一聚合凝結成深櫻色或黑色之圈如本圖之乙其霧速收空氣中之養氣所以其管中所成之圈內爲鉮合於鉮養而成者其比例不等大概其圈之下面含鉮多上面含鉮養多中閒兩物相合略爲均勻而其下面之含鉮者似有回光鏡之色如將圈之下面移置酒燈火內則能變得更濃而其金類色更易顯明又將其

第五十九圖

圈處在酒燈火內移上移下數次令其皮所成之圈移上移下則漸全變爲鉮養顆粒

作以上之事必最謹慎不誤須用微帶綠色之玻璃管或用日耳曼玻璃管（如用英國尋常之玻璃因恐其所含之鉛受熱時分出而誤以爲鉮質）又必慎其鉮養與木炭與管不含溼氣恐其溼氣令材料在管內隨其上升又必謹慎其材料入管之時不黏於管邊如能慎此諸事則常得法又所成之皮不能誤爲水銀之小粒又不能誤爲白色之鍋養輕養依同法所成之皮因無水之鍋養連在所成之皮內有櫻色或綠色或黃色之質

或言此法所得之皮其情形難於定準而當爲確據恐爲他質所成所以另設一法得鉮養之顆粒其法將其管之底含炭質與餘下鉮養之處加熱引長其玻璃成細管形而分開之其餘管內之鉮皮加熱令其在管中移上下數次至全變爲鉮養顆粒易於分辨之或以銼銼斷管之下段含炭質之處而將其成皮之處以結實皮紙包之打碎通入燒管內加熱至其鉮養之顆粒顯出此爲無可疑之事

但以此法用鉮養合於木炭令成鉮皮一層令鉮皮再成鉮養之顆粒有二種大弊一其法太粗而必謹慎之事甚

多二所得之質有不便於用顯微鏡查驗其形狀設如所試驗者為極微之數則其難處更大所以有人另設更簡之法如第六十圖

第六十圖

其法將鉮養三合於木炭細粉落於乾淨之管如圖之甲再用瓷板或金類板如乙其中有孔能接着其管又用圓玻璃片如丙先入酒燈火令乾置於管口上再於管之底用酒燈火加熱則初發之霧合於管內所含之空氣再成鉮養三而在玻璃片之下面凝結成無顆粒形之粉或成發亮之顆粒後有結成之質可含鉮之小粒

此法所得之皮亦為鉮合鉮養三與常法同如用顯微鏡而得回光則有第六十一圖之形其鉮養三八面形顆粒之三角形面在鉮質之層凸出發亮又有最薄之皮並厚皮之外邊所顯之形狀有鉮養三之顆粒而其中間有鉮之小球形顆粒如第六十二六十三兩圖其最薄之皮能顯如虹之采色又用大力顯微鏡能分別無數小球形相雜而成

第六十一圖

第六十二圖

第六十三圖

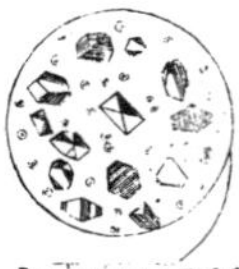

第六十四圖

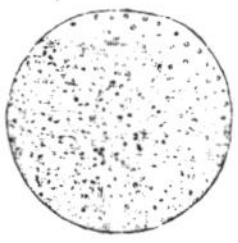

又如將前法之鉮養三加木炭細粉合於鈉養二炭養二令其管內含炭養氣則所結成之皮為淨鉮而其形狀如第六十四圖又見前第五十五圖

如用以上試驗之法而得六十一六十二六十三各圖之情形則其含鉮之憑據可當為確者如得六十四圖之形狀則其小圓球形粒間有雜與柱形粒分別者故不可全恃其鉮或鉮合鉮養三之皮依顯微鏡觀之所得之形狀必另外令其變為鉮養三其法將其含皮之處以金剛石劃成細條而落入管內如第六十圖而照前所言之法試之則其玻璃片之下面應成發亮之顆粒一層或成極薄之皮用大力顯微鏡觀之則分別為八面形之體

惟有數種金類如鎘硒碲亦能為酒燈火所乾蒸者而其硒結成小球形粒其碲結成碲養三之顆粒惟硒所成之皮有紅色如紅酒而碲養三之顆粒為鍼形者又鎘與碲所成之皮面所能分別之小粒俱無小球形者

又有一法亦能試驗鉮養三之微數最為合式如在瓷板上化乾所疑為含鉮養三之水一滴則如見白色不成顆粒形之痕迹或顆粒形不顯明之痕迹則有二法可試驗之

一如第六十五圖將其瓷板甲加熱而用玻璃圈乙圍住其痕迹圈上加一圓玻璃片丙則丙之下面必有聚合極薄之皮一層如氣水凝在玻璃之狀如以顯微鏡觀之則

第六十五圖

見其鉀養$_{三}$之小顆粒可爲其據依此簡便之法如含鉀養$_{三}$千分釐之一亦能分別之又含五千分釐之一間有能顯出鉀養$_{三}$之情形

二將顯微鏡常用之極薄玻璃片以金剛石筆劃成平行線預備折斷時自能成極細之條將所欲試之水一滴置此玻璃面上待乾則折斷之成細條再將帶綠色之玻璃小管用吹火筒等法加熱令軟而引長之如第六十六圖甲甲將其管屢次行過酒燈火令乾再將其碎玻璃條在管口進入如乙再於甲處用吹火筒之法封密甲口將其碎玻璃塊搖動之令其落至封密之處將此管置於得旁光甚佳處而在前引長成細管處加熱後於甲端加熱則其所乾蒸之鉀養$_{三}$在丙處顯出則將其微管在丁丁兩端引長而封之而合於顯微鏡常用之玻璃片或厚紙片如第六十七圖如用紙則其中必割一孔左右引長之如圖則其微管丙丁可用膠水連於橫紙條甲甲兩面夾住令不能脫則於紙板寫明其日期與得此鉀養$_{三}$之事並用法爲何等要事使於以後查驗但因其微管內丁之玻璃材料極薄則可用大力顯

第六十六圖

第六十七圖

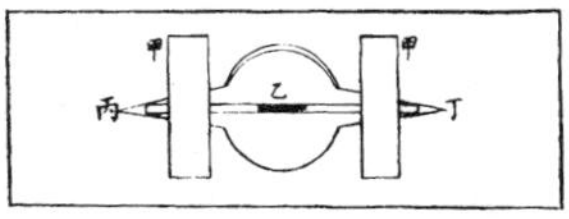

微鏡觀其鉀之痕迹如乙又如用扁形玻璃細管則以顯微鏡觀之更能淸楚此痕迹內如含鉀養$_{三}$則易分辨其顆粒如有千分釐之一則分別之不難若爲五千分釐之一如謹愼爲之亦能顯明

以上二法亦可爲分出鉀質之用如用馬爾士之法在白瓷片上所得鉀之痕迹可用第一法試之又如鉀養$_{三}$合木炭粉之法用第二法試之用第一法則鉀之痕迹能乾蒸而結成鉀養$_{三}$用第二法則所得之質爲鉀之小粒合於鉀養$_{三}$之顆粒

二試驗鉀養$_{三}$在水中消化者

鉀養$_{三}$水有七法能試驗之其中三法爲流質試法一法爲氣質試法一法爲馬爾士所設之法一法爲蘭書所設之法一法爲電氣試法（案上句係譯時補入）

一流質試法　流質試法有三種卽銀養淡輕$_{四}$養淡養$_{五}$之試法銅養淡輕$_{四}$養硫養$_{三}$之試法輕硫水之試法茲將其三法一一言之甲銀養淡輕$_{四}$養淡養$_{五}$之作法（將濃銀養淡養水合於淡輕$_{四}$養水至初結成㬥色之銀養幾全能再消化）將此質之水合於所欲試驗之水和

之則結成黃色之質為銀養鉀養遇光則變為暗欖色乙
銅養淡輕養硫養之作法將淡輕養水加入銅養硫養水至初結成之藍白色之銅養輕養幾全消化為度 將此質之水合於所欲試驗之水內則結成黃
綠色之銅養鉀養即俗名西里氏綠丙 如將輕硫水加入
所欲試驗之水內則結成黃色之鉀硫此三法之外另將
淡輕硫加入所試驗之水內則當時無變化待久亦能結
成黃色之鉀硫又當時加醋酸數滴亦能立即成此事
以上各試法俱以為所試驗之水為明而無色者內含鉀
養而其三法可依次序用之果如此必能無弊惟有一事
不可不謹慎因燐養水合於銀養淡輕養淡養亦能結成

黃色質又如將燐養鹼性鹽類合於銀養淡養亦有此事
又如將葱頭煮成之水合於銅養淡輕養燐養亦能結成
綠色之質但因以上各流質祇為試驗之用或顯明所得
玻璃管內金類色之圈令收養氣之後所成白色粉或無
色顆粒實為鉀養與否而此事之外不作為證據所以其
三種試法亦當為可恃
二氣質試法　此法亦以為所試驗之水為明而無色者
先查其水之性為酸性抑為鹼性如應加酸質或加醋酸
至微有酸性而止再通以輕硫氣如其水含鉀養則早能
發深黃色如金色又如其鉀養數多則結成金色之質如

其數為極微者則必待其餘氣用熱逐出後待數小時不
動之其質方能結成倘有二種他質能成其黃色質一為
錫養一為鎘養此二質非常見者而易於分別之如為錫
硫則得橘皮色所以如得黃色質其為鉀養之决疑處甚
大再將其結成之質試驗之用銀養淡輕養淡養法或用
銅養淡輕養硫養法另試驗之則能得其確據
其結成之鉀硫質全沈下之後則取而洗之作乾之用含
鹼類之配料加熱煅之不可依平常分別鉀養之法用木
炭料分出其鉀常用之配料名曰黑色之配料其作法將
鉀養淡養一分合於鉀養二果酸二分相和而煅之但另

有一種配料更為合用其法將鈉養醋酸煅之或將鉀衰
一分合於極乾鈉養炭養三分煅之以上之配料每鉀硫
一分須配十二分此法所成之金類皮為鉀質合於鉀養
與未化分之鉀硫
如所試驗之鉀硫為微數則可用前第六十六圖微管之
法試之而後如其數足用則再用前第六十五圖之法試
之
如所試驗之水含鎘硫或錫硫則加以淡輕硫立即結成
如含鉀硫則不能立即結成必待其淡輕全散或用酸質
滅之方可結成其鉀硫極易在淡輕水中消化但鎘硫與

錫硫不能消化又將其鉮硫乾蒸之則其金類形明顯若爲錫硫不顯金類形又鎘硫乾蒸之質已在前款試驗定質之法內言之

如所結成之鉮硫其式不正或含生物質則必在淡輕水中消化之再用輕綠令其結成

如用氣質試法而後將所得之鉮硫分出其鉮則可當爲含鉮之確據但將乾蒸出之金類形鉮質再變爲鉮養之顆粒非律法合醫學內所不可少之事惟能加此一套工夫則更佳

三馬爾士之試法　此法係英國胡里知人馬爾士所設

約一千八百三十五年初傳於人知之其作法用二種器具第一種爲試驗微數者如第六十八圖用彎管一端長一端短其長者爲短者之倍數更佳又長口與短口加以小塞門塞門上有一點氣小嘴其嘴有微孔管內進淨鋅與淡硫强水則立卽發輕氣再進所疑含鉮之流質則管之短端已滿以所變成之鉮輕氣開其塞門而點其所放之氣其火焰上安放玻璃片或白瓷片如圖則其面成一金類光色之圈卽爲鉮質如所試驗之流質過多則馬爾士用第六十九圖之器具法如欲查馬爾士法之源流與其細說觀工藝會記錄書第五十一本卽一千八百三十五三十六兩年所印近有人將馬爾士所設之器具改變之令其加益卽如第七十圖爲最簡便之形用大口瓶以軟木塞之最密令其毫不洩氣其軟木塞中鑽二孔一孔接漏斗管便於進各料又一孔接彎成正角之管而其一端必通過其軟木塞而入瓶內此管之外口配準軟木塞能另接小管如圖此小管內不可含鉛質而其外端必引長成微孔

第六十八圖

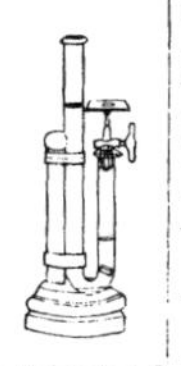

第六十九圖

第七十圖

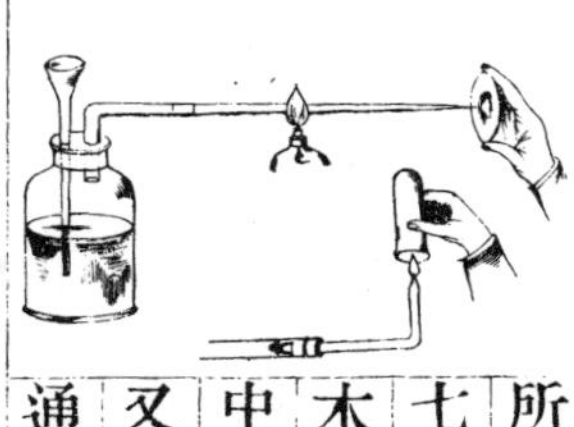

此器具內用淨鋅與淡硫强水成輕氣而必待瓶內之空

氣全放出而有輕氣代之方可點火否則輕氣合空氣爲最危險之事而易於橫裂將其小管用酒燈火加熱略十分時至十五分時如無凝結之質則可知其鋅與硫强水不含鉮再將所欲試驗之流質傾入漏斗管卽點酒燈在管底加熱如圖如所試之水含鉮養則管內離開酒燈火約半寸許必有結成之鉮質其管應長五六寸則能移動燈火得兩處凝結之質爲妥此後將小管嘴放出之氣點火而用白瓷圓板入火內得凝結鉮之圈形如圖如用瓷板二三塊與玻璃板二三塊得其鉮圈則更爲妥當如所試之水內含鉮祇爲微數亦足以成此各事此後可再用

酒燈在小管底加熱至管嘴之火口所放於玻璃片上之質不成圈形而止從此可知其流質所含之鉀已放盡或可令其餘下氣質通入銀養淡養五水則結成銀其水中含鉀養三並其餘下之銀養淡養五又如加以淡輕四養則結成檸檬皮色之質即銀養鉀養三

又有法能將以上所得之各痕迹再試驗之而得確據即如第七十圖之下半可用彎成正角之管代前所用之直管又在其火燄之上執一大口試筩則因鉀質合於養氣成鉀養三在筩內結成鉀養三之皮以蒸水少許消化之則能用前各流質之法試驗之

所得白瓷板或玻璃板上之原痕迹爲鉀或爲銻不定即可用下法分別之

甲 鉀之痕迹其金類光色不定自紅銅色起至鋼色止總不能得銻之痕迹所常顯黑皃之形狀 乙 如鉀之痕迹遇酒燈火之熱則比銻之痕迹更易化散而放出蒜之臭其試法用長方形之白瓷板一端特意做鉀皮相近處特意做銻皮彼端做所欲試驗之流質成衣在瓷板中間用酒燈火加熱則鉀之痕迹漸縮久之則散而已散之後則其銻之痕迹漸縮而散 丙 其兩種金類之痕迹用試藥試之此用流質或氣質之法俱可茲擇其各法內之最簡便者有三法可試之第一法爲皮司酷否所設第二法爲余所設而在一千八百四十七年七月醫學新聞紙記之此二法全藉一種試水第三法亦爲余所設而在本書前一次印者載之用試水而從所得餘質之色分別之

一 如將鈣綠水即漂白水傾於鉀之痕迹即速消化如傾於銻之痕迹則不改變 二 將錫綠水傾於銻之痕迹則漸消化久之則全消化如傾於鉀之痕迹則不改變 三 如用淡輕四硫則速消化銻之痕迹如爲鉀之痕迹則消化最遲而不全其銻之痕迹水待乾時有橘皮色痕迹其難於消化之鉀痕迹乾時爲淡檸檬黃色之迹即鉀硫三合於未消化之鉀質

如所試驗之痕迹含鉀與銻二質則其鈣綠水能消化其鉀而其銻不變反之其錫綠水能消化其銻而存其鉀

其鉀之痕迹尋常含鉀養三若干則可用銀養淡輕四養淡養五水用以下簡便之法試驗之將銀養淡養五水用玻璃條取一滴落於所試驗之痕迹上調和之再將淡輕三之霧吹於其上則立即成銀養鉀養三之橘皮黃色

鉀之痕迹大而厚者易以目力分別之如用大力顯微鏡能分別鉀之小球形粒或其痕迹能從白瓷板揩至玻璃板上用前第六十六圖之法則以顯微鏡觀之玻璃面上有八面形顆粒又如其法內之玻璃圈甚薄則其玻璃片上能見鉀之小球形粒或其八面形顆粒合於小球形粒管內銻與鉀之痕迹亦各不同其銻在管內加熱之處兩

邊凝結而於加熱相近處聚合如第七十一圖之甲如為鉀則在與火相離略遠處凝結如第七十二圖之乙又遇熱時其銻化散最遲而鉀化散最速又其鉀常有葡萄櫻

第七十一圖

甲

第七十二圖

乙

色或紅銅色而銻常有錫之光色此各形性內第一與第二為常見者惟所成之皮其色非恒顯者因銻罕見鉀之紅銅色而鉀不常見銻皮之錫光色然而兩種皮之色間能相同惟其形狀與方位可以不同如用其加熱而移動之性則可定準為何質因銻遇酒燈火移動時則其皮移動最

遲故變最少如為鉀皮極易移動而散又易改變鉀養$_3$之顆粒又有法能分別鉀與銻之皮即將器具之小平管拆去而通以乾輕硫氣又用酒燈加熱令其皮移動而此移動之方向必與通輕硫氣之方向相反如為銻之皮移動最遲又漸有其一分顯出銻硫$_3$之橘皮色易於分別如為鉀皮則速隨火而移動而成檸檬淡黃色之皮即為鉀硫$_3$

凡用馬爾士之試法有數事不可不慎即初時所放輕氣可以略猛而以後添所疑含鉀之流質時所發輕氣必為更遲因少添別種金類質發輕氣必最猛烈易於誤事而必待初發輕氣極猛之事已過方可用火點放氣嘴又進

所疑含鉀流質之先必試驗其鋅與硫養$_3$含鉀與否即點火而將白瓷面置於火內觀其變色而有質凝結與否又可在小平管用酒燈火數分時加熱觀其管內有結成質與否如白瓷面與管內面毫無痕迹則其酒燈火必與小平管不相離而將所疑含鉀之水逐滴進入瓶內再於白瓷與玻璃片收其點火內所凝結之痕迹存其數片間有用此法時其瓶內材料大發沸而多成水泡可將酒醋少許傾入漏斗管則發沸立即停止

四　蘭書之試法　將所疑含鉀之流質置於試管內又每八分體積添淨輕綠一體積再將淨紅銅箔一小條落入

管內加熱至沸度如其銅箔條速為流質所鏽則可另添一條或數條至不變色而止將各銅條取出以蒸水洗之少加熱乾之則其鉀質在銅箔面成鐵灰色之衣如其數為極少則黏牢於銅箔如其質多則易分開如其衣為厚者用一條如為薄者用數條落入前第六十六圖之細燒管而必遵此圖說內所有一切之事不可不慎則在燒管收成細管處可見鉀養$_3$之微顆粒用顯微鏡觀之則易分別如以此法能得含鉀之據則必照第六十圖之法另將銅箔數條試之或可用第六十五圖之法則其鉀養$_3$之顆粒因收在平面上易以顯微鏡分別之

用以上之任一法試驗鉀質雖其數不外千分釐之一亦能分別之手工最巧之人則五千分釐之一亦能分別之。用以上之試法有數事不可不慎卽如輕綠內常含鉀紅銅內亦間有含鉀者雖用電氣鍍成者亦能有之故用紅銅箔在淡輕綠內久沸之如不變色可知其輕綠爲淨者又如其銅箔在所疑含鉀之酸性流質內沸之而不消化又不令其亦變綠色則可知其銅箔爲淨者如所試驗之流質能令其紅銅消化則其紅銅之不淨有礙於試驗之法否則無礙凡試法中所用之紅銅箔以淨爲要則無可疑之處

此法內乾蒸之工夫爲不可少者因鉀之外另有他種金類質能結成含金類之質卽如含汞或銀之水不沸而能有質結成又含銻鉍錫鉛者如加熱亦能有質結成又如鹼性含硫黃之質亦能令其金類生鏽或變色

以上所言各金類結成之質其形各不同略能依其形狀而分別之然因其易誤故必另加他法分別之

五　電氣試法　化學家蒲陸山云成鉀輕$_{三}$氣而得鉀之皮此各法內電氣化分之法其病比他法者更少初用之器具如第六十八圖後改變其法用第七十三圖之各器此圖內寅爲含二兩流質之瓶其底割去而用植物皮質（案皮紙浸在硫强水內令其質變硬而結實如薄羊皮）代之如圖之乙用細白金絲縛連之其軟木塞甲內含漏斗管丙又有小彎管丁彎成正角而有象皮管戊連於燒管已此燒管亦引長令其一端成細管其軟木塞又有孔接承白金絲子絲上懸以白金箔丑此白金絲通至發電器之負極電其瓶置於玻璃箱卯而箱內有白金片壬又有線辛通至發電器之正極電其箱置於含冷水之碗內辰辰再將濃硫强水一分合於水三分傾入其瓶內而令兩根電線與發電氣器相連令多發輕氣至瓶內之空

第七十三圖

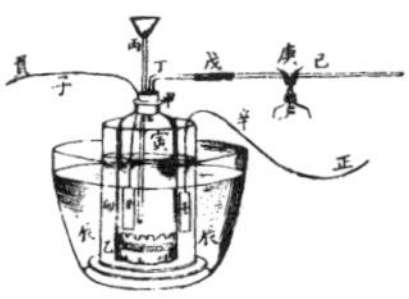

氣全外散而無橫裂之危險又用酒燈之火在燒管庚處加熱至紅約十五分時而從此能知其强水之淨與否再將所欲試驗疑含鉀之水從漏斗管丙進入瓶內如發泡過多必加酒醕一錢則發泡停止其鉀質卽在燒管庚處凝結而其餘各事與馬爾士之法同

可見以上之法能免用鋅而成鉀輕$_{三}$因其誤事之一故爲鋅含鉀微迹之弊而此法自然比用鋅之法更可恃其法亦爲最靈曾有人將此法詳細試之數次所用之鉀養$_{三}$數自百分釐之一至千分釐之一往往能得鉀質之回光鏡形與蒜臭及鉀養$_{三}$顆粒成光圈之形（如欲更詳細查此事見化學會每季記錄）

一千八百六十年所印者論含生物之雜質內分別其含毒性金類此書內亦言馬爾士與蘭書之法所有之誤另有一書係哇得頒所作論馬爾士之法不能分別鉮之數案又有該公醫院一千八百六十年記錄所記對拉查驗其法之誤又有壹丁不爾尼一千八百六十四年記錄內有加暮記所作之論馬爾士所設之器可用鎂代鋅發輕氣因鎂之雜質比鋅之雜質或更少其誤事之處或更小惟其價更貴耳

三　在生物流質內分別鉮養

鉮養原在水中最難消化而生物流質內更難消化所以能將其生物流質以蒸水沖淡之至其鉮養能自分出而沈下間有將胃之暮苦司膜質黏連之鉮養分出之而以此各法所得定質鉮養可照前言試驗定質之法分別之

假如試驗之生物流質內不見鉮養之定質則其鉮養亦可消化或散在其內故必將其流質加以鉀養水令少有鹼性而用熱水盆熬之依此法生物質之大半能凝結而將其質以蒸水沸之所得之流質濾之可當爲含鉮養之水照前所言之法試之如其事可從容辦理又疑所含鉮養數頗多則可用此法否則可用以下所言之法惟依本法濾出之定質必蒸之則如濾得之水內惟見鉮之痕迹則可用下第四節所設之法在身體之定質與流質內分別鉮養

四　在身體之定質與流質內分別鉮養

間有用鉮養毒人而其鉮養在未死時全消去而出胃外至死後查驗胃中之質毫無鉮養之痕迹故可見必在身體別處之定質或流質內查驗之此爲要法

其法必先用上第十二卷之末所言以輕綠與鉀養綠養滅壞生物質之法福里西尼由司與蒲陸山俱云應將所遇之鉮養令變爲鉮養其法加以鈉養二硫養至其酸質發硫養之臭極易分別此臭加熱逐去之後則可將以上所言之各法試驗之其令變爲鉮養之故因更易爲輕硫所結成其所結成之鉮硫能在淡輕硫內消化而如有銻或錫亦能消化之其鉮必從銻或錫內分出又滅壞所存

之生物質因必有礙於分鉮並求數之工故因此二事必將其淡輕硫消化之水熬乾之而依梅耶所設之法合於鈉養炭養與鈉養淡養融化之則其生物質滅壞而餘下之質含鈉養鉮養此質能爲水所消化如爲鈉養銻養則不能消化又如含錫養亦幾不消化但恐水中含錫則應通炭養氣所濾得之鈉養鉮養水必合於硫養而熬乾之卽逐去所含之淡養或淡養再以水消化之則預備用各試法

又有法能將鉮質從生物質中分出其法合於輕綠而蒸之或合於硫養與鈉綠而蒸之則成鉮合綠氣之質易於

化散此質可以凝結而在受器內收之用前所定各法試驗之

化分求數之法　化分求鉀養之數目最便之法將其濾得含鉀養之水一分細量其體積而用通輕硫氣等法合變為鉀硫則每鉀硫一百釐配鉀養八十釐

間有疑為鉀養毒死之人已葬之後挖起查驗如在胃中得其含鉀之據或在身體之流質或定質內得其含鉀之據間有人云其鉀質必為墳內泥土原含之鉀質為雨水等消化而沖入屍身之內所以必設法解此疑即將埋死屍處之泥土一二磅先用沸水沖之或煮之再濾其水熬

乾之而用蘭書所設之法試驗之如不顯出含鉀之據再將其土若干用輕綠一分水十分淬之或沸之加以鉀養二炭養至有餘則其鈣養與鐵養等質自能沈下而濾得之水以前法為之後再用蘭書之法試驗之

死屍中分別含鉀之質有數事宜謹慎者茲將其要事六種以甲乙號分之

甲　死屍雖埋於地內七年至十年亦能分別其所含之鉀質　乙　新屍之胃中所見黏於胃衣之鉀養為白色之粉或漿待久而死屍成腐爛則因所發之輕硫氣其白色鉀養變為黃色鉀硫　丙　含鉀之質能令已死之動物質久不腐爛而壞　丁　哇爾非拉曾言人身原含鉀質若干為天然之事此可當為無憑之說　戊　泥土中常遇含鉀之質幾全合於鐵養或鈣養而成不消化之質　己　凡含鉀之質無論一次服其大數或屢次服其小數俱能入血內能在體質與津液中遇見之又從身體消去之事最遲醫士或云略二十一日方能全消去醫士邦正云以一個月為限見蘭敬每半年醫學彙編第二本

病證剖驗見式與治法

病證　尋常服鉀養等質之後略一小時內其病證即顯胸口覺大痛如火燒壓之則痛更甚有嘔吐而凡咽口津

時則其證更顯其痛漸散至他處而肚腹發腫而痛摸之則痛更甚又有泄瀉裏急後重小便難通起首嘔吐之後或在其先喉嚨覺縮緊大渴眼生炎而痛頭痛心跳甚猛脈數呼吸急促而喘心中大不安身體最軟兩腿縮緊而痛四肢亂跳如有癇證尋常言之仍能知覺而明事如其毒性速顯者則其人尋常因為收癟或暈睡而死如遲死之案則其人因有惹動發熱最劇身體力乏而死或久顯腦氣筋病之各證後發抽搐而死所能愈者則其人或全愈或恒有胃不消化四肢軟而癱瘓或羊癲瘋但服鉀質所顯毒性在各人不同其證之性情與其獨顯或全顯並

輕重常有大不相同處如以一證爲範則其範外之證尙多故醫士最難講明其理而分別其各證之根原

有一等案其各病證與以上所言者同惟更重耳連吐不停胸脘之痛極重少壓之則痛更劇口舌喉嚨紅熱發腫眼中迴血管多血面貌發紅大渴重泄瀉裏急後重與便血肚腹大痛按之則更痛而發腫小便少或最難通而通之時有大痛脈充滿滑數呼吸難心覺被壓而跳甚猛頭大痛眩暈心中大不安手足重抽筋如其病能久延則有癇證與抽筋羊癲瘋譫語暈睡各案所顯腦筋病不同其病已過其人能愈或死其事與其時各案亦不同

又有一等案可當爲第二種其證俱關於收癟之類其痛吐瀉極少或無皮膚冷而發冷汗身力極乏脈極數而幾不能覺或遲至一分時祇有三十至四十至心中仍能明事與尋常服鉀之案同但間有略顯暈睡之證少有抽筋或癇證過四五小時不再顯重證而死活至二十小時之久者甚少此種收癟證間有常吐不止並有重泄瀉

如第三等則其人沈睡久之則暈睡待數小時不顯他證不甦而死即如阿爾蘭之都伯林醫士來脫記此種案其人四小時之後在沈睡之間而死死後則胃之暮苦司膜質不見生炎之痕迹雖有鉀質黏連處亦不生炎見蘭西特醫學新聞紙第十二本第一百九十四頁

如第四等則其病證與英國霍亂吐瀉大同小異所以有才幹而聰明之醫士亦誤爲此病即如前有布拉司林公之案是也

以上各種案無論其大服小服無論服毒爲何種形狀或與何藥相配俱能顯出如將同服數依同法數人服之第一人久吐而泄瀉第二人收癟而死第三人暈睡第四人患惹動之重發熱並腦筋病總之在各人顯證不同又此四種證能在一人之身依次遞顯或數證同顯亦有之

以上各種病證其理雖不能全明然有一事略可爲其解

釋即鉀質之毒能惹養生路所以能成惹養生路之各病無論爲一處之證或遠處之證即如大痛按之則痛更甚嘔吐泄瀉抽筋腦筋痛又能收入血內而隨血遍通全體又在養生全路暮苦司質顯其特有之性情不但能令其毒之直顯證即痛與拒按嘔吐泄瀉爲更重尙能另加眼發紅而痛大渴心跳而脈疾又能隨所遇之處感動腦氣筋又因隨血行過腦筋聚會處則令頭痛昏暈癇證抽筋羊癲瘋身體乏力癱瘓等又因鉀質從身體消去之法全恃肝腎及皮膚之津液故在各人顯出之病不同即如一人有黃癉一人小便難或小便不通或小便有血合於由

里阿酸久之則暈睡或在他人內則皮膚發最痛之痘疹類如壯健人食其大服或虛弱人常服則身體猝受其大害全身混亂而死即與熱時猝然多飲冷水或在胸口重擊等之害略同

如服鉮毒之案爲醫學合律法內極緊要之事又因各案內之病證大有不相同之處所以將已有之二十五案所有報明之證逐一詳載於後

如養生路各處之證內則二十三案皆有嘔吐惟內有一案先用法令吐月有數案無論不吐而一切別種特有之證亦不顯明所吐之質有三案吐血二案吐暮苦司質合

於血一案祇吐暮苦司質一案吐含鉮質之水一案吐膽汁一案吐膽汁合於糞所吐之質醫士稱爲黃色者或欖色者不定又泄瀉者有十一案不泄瀉者四案重泄瀉者七案大便內質含血者三案綠色質其情形如油綠色者二案有痛者十九案無痛者一案痛片刻而止者二案又按壓不加痛者二案舌與喉嚨惹痛而縮緊者九案口渴者十五案不渴者二案大渴者十三案而發紅而腫七案面發白而顯大思慮者五案發希布可拉弟司所記之面貌者一案眼生炎發腫痛痒者七案皮膚熱而乾者六案發冷汗者四案發大汗而成虱嚙之痕迹者三案皮膚全

成魚鱗形脫下者一案皮發密癢小疱者一案頭疼者九案頭不疼者一案頭痛極重者四案心猛跳者二案脉大概極數惟其情形易變每分時九十至一百四十至或更多此爲大半案內所有者有一案脉三十至四十九至黄痺小便不通或小便難通而痛口津過限等證亦爲各案內常見者至於腦筋之證則心中大不安樂者五案身體極軟者十案暈睡者三案譫語者三案心中仍能明事者六案腿縮筋而痛者九案四肢縮筋而痛者四案發癇證者六案舌與喉嚨癱瘓者三案筋縮不放者二案臟燥者一案妄言笑者一案羊癲瘋者二案筋縮不放暈睡及譫

語三證遞發者二案死於癇證之間者三案昏亂大笑全身縮筋不放而死者一案

所有牙關緊閉爲早顯之證內所遇見者有一案係哇爾非拉所記者在服毒後三刻而顯又有多案如欲詳細查此事則可觀女人分濟毒死人之案一名脫那一名加茲敦俱爲馬沙勒論砒霜書內所記者又有壹丁不爾厄內外科記錄書第十八本第一百六十七頁沒立所記密知勒家之案又有此書第十五本第五百三十三頁有馬克半特所記之三案以上各案俱爲服鉮後所顯腦筋證最明顯者又見此書第本第三百八十九頁第五十四本第一百零六與二百六十二頁第五十六本第二百九十五頁第五十九本第二百五十頁又見蘭西特醫學新聞紙一千八百二十七年七月二十一日與二十九年八月十五日與十月三十一日又見第七本第二百五十四頁又一千八百三十八年八月初六日及十一月初三日與二十四日各案又醫學新報第五本第四百十一頁第九本第十八百九十五頁第

十四本第六十二頁第十五本第八百二十四頁第十九本第二百三十八頁第二十本第三百零九頁又倫敦醫學彙編第四本第一百八十八頁第十九本第二百八十八頁又該公醫院記錄第四號第六十八頁並隨後數本俱載腦筋證之案又一千八百六十六年蘭西特醫學新聞紙第二本第三百三十六頁記錄數案其中之腦筋證爲最顯明者

如分甯氏毒死之人加茲敦其腦筋證最久第一日發羊癲瘋一次第二日發羊癲瘋四次後連下十四晚同時刻發羊癲瘋一次過七八日發一次再過二十一日發一次服毒三個月之後每十二小時發一次間有二日發三次或四次二年後亦常發羊癲瘋又如密知勒女之案四肢最軟至三月之久

剖驗見式　胃中之重生炎鋪散在全面或祇在其凸紋上成點塊或條間有胃內暮苦司膜質不顯生炎光紅色而有聚血深紅色如服其鉀養之定質則尋常所顯之情形有一塊或二塊之面大如銀四開至銀圓其質爲鉀養合於能凝結之流質其色或黃或白其質韌而黏於生炎之暮苦司膜質成大發炎之中心間有在其凸紋處之中見白色點如第七十四圖爲此種點在生炎之面上顯出其形狀而周圍有深暗紅色之條紋生瘡者不常見而蝕通胃者更不常見胃中有死肉證亦不常見惟因有

第七十四圖

多血流入胃內層質中其暮苦司質以內之各層發腫而有黑色胃中含櫻色凝結之質尋常帶血惟間有黃色者因其鉀養幾分變爲鉀硫而其暮苦司衣之面似敷黃油色於上其生炎之事尋常通至小腸上廻並小腸起頭處間有腸之自起至末全有生炎而在大腸下廻比他處更多其食管中亦間有生炎罕見口舌喉嚨氣管亦顯生炎者胃之外衣或全腹之胞膜間有生炎者腸中之核發腫所有剖驗見式之事內間見膀胱生炎皮膚發肝色之點腦中聚血或有血水流入腦內所有剖驗見式之最奇異者胃之內衣毫不顯生炎之痕迹又不顯別種變化之形

此奇異之緣故並非因其人之速死而不及生炎因在他案內雖其人之死最速而其生炎之事顯出最明

曾有人試驗動物服鉀養並試驗人身服鉀養後肉筋等體俱能變成油質最多者在肝內腎與胃中之核見費爾丑記錄書第三十四本又有一事爲賽酷夫司幾所查明者惟其事大半屬於身體學小半屬於毒學即凡動物服鉀養而受其毒者即不能再依尋常之法令其溺多而味甜

鉀養雖爲常用毒質內之性烈者而幸有一事能令故意毒人之罪易於查明因能令胃中之質不腐爛而壞惟其周圍之體已多腐爛即葬埋數月之後而生炎之情形易

於分別足爲可恃之據

致死之服數　如消化之鉀養三則服二釐足令人死有一案爲里替比所記者有壯健無病之女年十九歲飲毒蠅之水二兩內含鉀養三二釐半死於三十六小時之內又有服更小數者令其人顯出病證最重反言之有人服半兩或一兩或一兩半俱爲定質而其人不至於死如此大服胃中滿以食物則立即連食物全行吐出或猝然大瀉而從大便全行送出不及消化顯其毒性

服後能活之久暫　曾有數案二小時內而死者其可信者有三四案即英國恒丁敦之福司太之案又雷塞斯德

爾之馬酷類之案惟有湯普孫之一案傳於醫士對拉云其人服毒後二十分時內即死多發肉筋收縮不放之證反言之有數案其人能多活數日如三日至七日不定間有十四日至二十一日者又有因續顯之證死於二三年之內者大概人死之案其時之中數爲二十小時所有二十四小時內死者則其中數不及七小時一百人中二十四小時內死者有八十五人又服鉀養三之案大半在六小時內死者又三分之二在八小時內死者又多於四分之一在十二小時內死者已查得四十一案俱爲一晝夜內死者內有二小時內死者三案二小時半內死者一案三小時內死者一案三小時半內死者二案四小時者八案五小時者六案六小時者六案六小時半者二案七小時者一案八小時者二案九小時者二案十二小時者二案十五小時者一案十七小時者一案二十一小時者一案二十四小時者一案所有一晝夜以外死者七案內三十六小時死者一案四十八小時死者二案三日半死者一案四日半死者一案六日死者一案七日死者一案

生與死之比例　大約服鉀養三每一百人內死者五十八人即爲其半有人查其細數每死五十二人有能生者四十八人配之

自盡服毒與他人用毒害人及無故誤服各案之比例　每一百案內略四十六案爲自盡三十七案爲故意用毒害人八案爲無故誤服以上之數從九十二案內推算而得者至於分男女之數目略男女各居其半

服後起顯毒證之時　間有服毒後十分時而顯者又有報案之人云立即顯者但間有數小時後而顯者有一案顯於十小時之後如服後而睡則其睡能令其顯證之事更遲

治法　鉀養三爲烈性之吐藥故間有服後盡行吐出如食一餐飯之時或食飽後不久而服之則更易盡行吐出又

有數案服毒後早服吐藥或多用沖淡之流質則胃中之質放至盡淨而其毒隨他質而出然在胃中空時則鉀養與蘇苦司衣黏連速成重生炎而變成敲性之質如膠合其毒與胃衣黏連緊密雖用吐藥或別種治法則其藥不能至生炎之處設如重用吐瀉法則人以爲其吐藥瀉藥能治鉀養之證實爲無理之說惟間有鉀養能令腸中大泄瀉從此鉀養能瀉去不及顯其毒性

治法內第一件要事必將其毒質從胃中取出如有水節應立即用之否則如其鉀養自行令人吐則可多飲暖牛乳合於水又用雞毛探喉助吐如其人不能自吐必服吃嗶格芥末或食鹽仍宜多飲暖牛乳合於水者如果其胃依此法放空則可用以下所言之治法並牛乳與牛乳合雞蛋成漿或將牛乳合於石灰水與雞蛋清每隔若干時多飲之

其餘各法必依所顯最緊要之證而用之即如有收癟證則須用行血氣藥如有腦筋證則用止痛藥如有肉筋收縮大痛之證可用哥囉仿滅之如有大渴可用冰水少許如有裏急後重或小便難通則可用粗麥等粥合於鴉片酒作外導法又如泄瀉不足消去其毒則服蓖麻油合於牛乳惟不可用含銻之質爲吐藥因恐以後用化分等法求其證據而定案則其銻質易誤爲鉀質不可用鋅養硫養或銅養硫養爲吐藥又不可用含鐵之質爲解藥恐以後有人駁云所見鉀質之迹原爲此各藥中含之爲雜質者

解毒之藥　有數種質醫士勸人用之治流質鉀養之毒即如數種含鐵藥內以鐵養輕養爲最佳又用鎂養輕養或煅過鎂養或動物炭等質是也有一便法能成鐵養輕養即將藥肆中平常出售之鐵酒合於淡輕養至有餘則其結成之質爲鐵養輕養醫士瓦特令狗服鉀養水再令其服此藥往往能解其毒見活暮里用顯微鏡合化學法分別毒質微數之書第二百四十七頁其用法可服其溼料任意多少又有一質能代之即近時所常用之過膜鐵藥又有一法將濃元明粉水即鎂養硫養水加以鉀養水令其結成鎂養輕養服之亦能治鉀養之毒而有一益處假如其人死後則胃中含此質無礙於化分求鉀養之據見什伐里耶所作醫學年錄第三十本內載鐵與鎂質治鉀養毒之論可見此二質內其鐵比鎂更靈　凡服定質鉀養者則以上之治法其益處難顯如其內膜質已黏連者則更難顯其益

凡試驗服鉀養之案或服他質含鉀之案則不但以嘔吐或泄瀉之質求其據又能從溺中或皮膚發疱所放之水或從血中得其微數俱可作爲證據

如鉮養不惟能從口入身曾有人以此藥噴入子宮內令重生炎而顯服鉮養毒之要證又有人將鉮養合於他質成散或油膏搽於皮膚治數種病即如有一種人自稱爲治狠癱之醫用此種藥大有害於人令顯服鉮養之各病證又有人吸含鉮之霧或吸鉮輕之霧俱受其害又有數種洋燭含鉮養若干此種燭所發之煙亦足令人患重病

含鉮之別質

鉀養鉮養　此質爲成浮拉水之藥可用以上分別鉮養之法任意分別之

鉮養　此質雖爲猛性之毒藥而於醫學合律法之案內

無大相關因不過在分別鉮養之化學工內能成之此質爲白色定質易自融化加熱不能全化散極易在水中消化有重酸性變化如合於木炭燒之則成乾蒸之金類質如用馬爾士或蘭書之法試之則成金類光色之皮如合於輕硫而沸之則結成黃色之質又如合於銀養淡養或合於銀養淡輕養淡養則結成紅櫻色之質

凡鉮養之鹽類其各變化與以上所言鉮質之變化同

銅養鉮養又名西里氏綠　此爲最佳之綠色粉每銅養二分配鉮養一分加熱則成鉮養易分別之顆粒並餘下銅養若干其銅養鉮養能在淡輕與淡養內消化

銅養醋酸鉮養　此爲光綠色之粉又有數別名一爲施穩福特綠一爲地產綠一爲布侖司會格綠或維也納綠英人謂之明綠寶石粉凡造糊牆紙或他種花色紙則多用此料其本色爲最佳之綠又能合於鋅養或瓷料粉或提淨白石粉則成更淡之綠色又有造點心與糖貨鋪用之令其物更爲美觀又有封信乾漿片小兒耍物鳥籠繪畫綠色料塊可合水磨之如墨又合油之繪畫色料又衣服內並包水果及包點心之花色紙俱用此危險之料

試法　銅養醋酸鉮養含鉮養六分銅養二分醋酸一分可見其體積之三分之二爲鉮養此危險之質極易分別

即加熱時發醋酸之濃霧而鉮養凝結成顆粒而其餘質爲銅養如有紙等質含此料則可刮下而將所刮得之粉加熱試之或將其紙等料一小塊落入含極淡之淡輕養水之試筩內則其色漂白而其水變藍色顯出含銅之據又如將銀養淡養一小粒落入筩內則結成黃色之銀養鉮養又如有紙含銅養醋酸鉮養者將淡輕養水一滴落於其上則所成之痕迹並其水俱變藍色

病證　凡患銅養醋酸鉮養之毒者其證略有相同之處可將一案爲式其人之本業係用顏料者一千八百五十八年六月收入王家書院之公病房其人服此料略一兩

而服後七小時內卽死其證屬於前言鉮養病證之第二種其人不能自吐而服吐藥之後卽吐所有泄瀉不足當爲病證其人面色發白心中大不平安自覺軟而有大思慮脉小而弱胸口按之則少痛口大渴多發冷汗小腿肉與手縮筋大痛四肢亂跳其力漸乏而從未復興久之則因乏而死其舌帶綠色所有嘔吐與泄瀉之質俱帶此色所用治病之法先用水節後服鐵養輕養死後剖驗見式舌爲污綠色胃中遇鐵養輕養許多俱有綠色之點胃與小腸之幕苦司衣質俱有血積聚胃中凸紋變成深櫻色其前面有漏出之血點而近於幽門處爲最多肺亦大聚

血腦髓與內腎無病

總之銅養鉮養與銅養醋酸鉮養之病證及剖驗見式俱與鉮養者大同小異惟有二案其人發黃疸似其紅銅顯出尋常之藥性

常有人食含銅養鉮養之質卽食物內加此顏料爲美觀大受其害間有病證最重至於死者亦有之

舊服鉮質之毒　如牆上所糊之紙其顏料常含鉮質而從此令人患其毒因其鉮質常從紙面落下成細粉而此粉爲人吸入肺或吸入口內而隨口津呑入胃中又其牆遇溼氣則或變成自散之鉮質最多者爲鉮輕又其牆上之灰並糊紙之漿亦助此種變化此爲傅累克之說因此故所成之病證內有打嚏眼淚與尋常傷風同又咳嗽嘔吐無心食物泄瀉腹痛抽筋舌與喉嚨大渴無精神頭痛欲睡四肢最軟或癱瘓有一案手有癱瘓與患鉛毒者同又有一案四肢最軟幾不能自主

有數種工藝如印各色之花等則空氣內含此種粉甚多而一刻或不及一刻內能顯其證尋常爲一小時至二小時後能發最重之傷風證又頭痛鼻流血待若干時則有皮膚發紅等證以下詳細言之

如以作假植物爲業者內有造樹葉種子果花等物必上

悅目之色作此事者大半爲年輕之女工而常受傷風與喉嚨熱痛之證頸面耳手與生育之體俱發紅而痛痒又有渴嘔無心食物胃中痛常吐腹痛抽筋心跳氣喘身體最軟發熱頭痛眼蒙時常欲睡心中不平安身體振動百體常跳似癇證

曾有一案其作此事業者係年輕之女其證爲余查驗者另有他案茲不具論此女人爲此業有十八個月而此病漸重至癇證每五分時一次略七小時半因此而死

有數種上色之紙並糊牆之紙其色料內配銅養鉮養合於暖和之膠水因此其工人之手常遇此料其人做一二

工之後自覺不平安不久因病重而必辭其業初顯之證為鼻孔根內發紅而有痘疹類之形久之則成痘形後通至耳後並肘凹與大腿內面俱依次第而顯此證此後則腎囊外面成圓形之瘡如第七十五圖其大小從小圓豆之半粒起至一角銀錢之大其形似為圓凹孔所揰出者

第七十五圖

間有手指生炎指甲脫落脈間有增數眼發痛胸口按之則痛如辭此行業不久則各證退淨又如其工人原能洗淨其身體而令手與毒質不相遇則其弊病能全免之

如第七十五圖所顯腎囊之圓瘡並醫士費爾奴阿所言參差形爛邊之瘡余已見過圓形之瘡數次至於手指所生之瘡如第七十六圖為費爾奴阿所畫者而其綠色之粉能見其在瘡邊黏連見醫學年錄一千八百五十八年八月第三百三十九頁有普拉司巴弟此脫拉散他所記之一案又巴黎有工匠川施穩福特綠而受其害之案又有一案為該書於一千八百五十九年七月為什伐里耶所作之論又一千八百三十九年第三百四十六頁有醫士費爾奴阿所作之論又英國內閣醫士一千八百六十二年所作第五次記錄載該報之案論患銅養醋酸鉀養之毒數案又見德國人所作醫學年錄第九本第九十六頁醫士克知該薩所作之一則論糊牆之紙含毒質害人此則亦有英國寄敦哈末博

第七十六圖

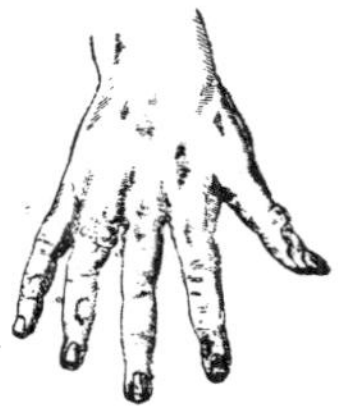

物會每二年記錄書即一千八百六十七六十八兩年之書將其大略繙譯而印行又有德國人希爾特百工藝內所生之病行查驗其事詳細之記錄

如作阿尼里尼顏色料亦有多用含鉀之質者而其顏料常含許多鉀養$_{五}$為異質見藥品記錄一千八百六十八年八月一卷並萬國醫學記錄一千八百六十八年八月一卷俱有論此事之說　有數處造阿尼里尼顏料之廠常有人因此而死者又有人用阿尼里尼之顏料所染之裏衣著之皮發紅成密癢小疱

鉀養鉀養$_{五}$與鉀養二鉀養$_{五}$　此二種毒質在英國不多用之鉀養鉀養$_{五}$為白色能自融化為易消化之質其各變化與鉀養$_{五}$同其鉀養二鉀養$_{五}$英國俗名馬怪爾中立性鉀養$_{三}$

鹽類

鈉養鉀養$_{三}$　此質在法國多用之為藥品每水一兩含此質一釐則成皮爾孫水又每水一兩化四釐者則成英國藥品書準用之鈉養鉀養$_{五}$水又將鈉養鉀養$_{五}$一分糖二分水二十分消化之則能浸紙而成毒蠅之紙又有一種紙在法國名曰摩爾紙亦含鈉養鉀養$_{五}$

鈉合鉀之質　如雄黃即紅鉀雌黃即黃鉀又倞黃即鉀養$_{三}$鉀硫$_{三}$俱用為顏料而上於紙面等處但雌黃與倞黃常含鉀養$_{三}$間有含之甚多者人服之即為毒藥又如含鉀養$_{三}$或鉀養$_{五}$之流質並含其雜質之流質如通輕硫氣則所結

成之質爲黃色之鉮硫開有服鉮養而死之後剖其胃見其胃之內衣有黏連此質者因其腐爛之時放輕硫氣與其鉮養合成鉮硫或鉮硫凡生物流質內所有鉮合硫之質易以其色分別之俱能在淡輕水中消化又將輕綠添入此消化之水內則結成如將其質合於黑色配料或合於鉀衰加熱則乾蒸成金類色之質又如合於淡養合輕綠則變成鉮養與硫養

凡鉮合硫之質其毒證與服鉮養之毒證同又剖驗見式亦同惟養生路所含之質帶黃色而暮苦司膜質亦有此色之處其治法與服鉮養者同

鉮輕　此氣多含鉮養而嗅此氣之毒已有數案有人試驗此氣每一立方寸含鉮一釐前時著名化學家臯倫吸鉮輕氣九日之後卽死間有用含鉮之硫養合於鋅成輕氣而其輕氣內含鉮輕有一案係依里阿存記錄者有銅養鉮養質化分時所放之氣爲一家之人所吸而俱受其害各人之案略有不同處所顯之證爲嘔吐咳嗽眼放淚舌紅而不淨脈數每分時一百二十至一百六十至而其人將愈時四肢大痛有醫士放其血若干而其病因此大減此毒質似從內腎消去所以內腎因此大受激動苦里司脫生書中記二案而夫苟勒於英國內外記錄一千八百五十四年正月之卷第二百七十九頁記一案俱令人溺中有血又法里得記錄患此氣之毒二案內有一案其人在第三十日死見法國來恩醫學新聞紙第一千八百七十年第七卷第四百四十頁

常有人服鉮合於他種毒質成雜毒之案此種案尋常以鉮養合鴉片者爲多此種案內其鴉片能令鉮養特有之證難於顯明所以其證似服鉮養之毒而顯出齊睡性之證卽如數年前英國王家書院之醫院有一案其人同時服鉮養合於鴉片酒

二　銻與含銻之質

數十年來服銻爲毒藥之事幾無之所以銻不列於一千

八百五十二至五十六五年中服毒致死之案內近年有數審問之案俱爲服銻之事故此毒質今時當爲緊要之毒品卽如巴勒馬得佛馬克麥倫哈特門傅里曼司米得喝斯特溫思羅布里又特等人問罪之案又審問官查驗巴拉末之布拉夫死屍之案此案係一千八百七十六年審問者而在當年五月二十日蘭西特新聞紙記錄之此案係大有名者雖已二次查驗尚未能定其銻毒爲何人給與布拉夫服者

醫學與律法相關緊要之案含銻之質有二種一爲打打伊密的一爲銻綠又結成之銻綠亦可附列於內因試驗

含錫質之工內有結成錫綠者

錫與銻有相同之性情卽如與初生之輕氣能相合而燃所生之氣將白瓷或玻璃片置於其火內或在通此氣之玻璃管外用酒燈加熱則其二質俱能凝結但錫與銻之分别易於顯出卽如將錫之塊若干在酒燈上加熱則錫不能化散銻易化散又錫所結成之薄皮最難令其化散又如用藺書之法試含錫之水則能在紅銅面上結成卽與銻汞等金類同又常見金類形之錫含銻少許祇爲微數如工藝內多用錫合於鉛作印書之活字

如令輕硫氣行過含錫鹽類之水或將淡輕硫四水落於含

錫質之痕迹所結成之錫硫三質爲橘皮紅色如在行過輕氣內加熱則結成錫質卽特作之黑色錫硫

打打伊密的（卽果酸錫又名錫養銻養果酸）此質爲白色之粉或爲黃白色易生霜之顆粒此質之常出售者亦可含銻之微迹或爲其原錫質所含者或製造之工內所用硫强水含之者又藥品內之錫養三銻養果酸葡萄酒與加密士散亦可含銻之微迹

形性　打打伊密的每三分能在冷水十五分內消化而不能在酒醕內消化其味似金類之味稍覺可惱又稍有酸性之變化

試法　其試驗之法分爲四事卽在定質內試之在流質內試之在生物雜質內試之又在人身之流質與網質內試之

一在定質內試含錫之法

甲將其定質置於酒燈火內加熱則發小爆裂聲而發黑如炭如用吹火筒法則其錫能融化而分出乙如照前第五十九第六十等圖之法加熱則熱至三百八十度能發小爆裂聲如加熱至四百八十度則漸乾蒸而其蒸之時最遲而難成在玻璃面上結成無顆粒之質又加熱至五百五十度則燒成炭質丙如令於淡輕硫四或輕硫則成橘

皮紅色之質爲錫硫而極易分别

二在流質內試含錫之法

甲如將打打伊密的水一滴在玻璃片上加熱化乾則結成顆粒形質以顯微鏡視之則其顆粒之形易於分别或爲四邊形或爲去角立方形或爲立方别種變化之形間有一切顆粒歸四邊形間有全歸立方形間有二種形一併顯出如第七十七圖另有分枝形之合顆粒卽如尋常化乾鹽類水所見者如熱水中所得之顆粒其形狀最佳

第七十七圖

乙將其水以輕硫或淡輕[四]硫試之則結成橘皮色質為含銻鹽類之據將此結成質合於烙灸鉀養水則能消化之又能在極有餘之淡輕[四]養水或濃輕綠水中消化但以輕綠消化之再將其水以多淸水沖淡之則結成白色之質又如將銻硫[三]合於輕綠沸之則化分而放輕硫氣所存之質為銻綠[三]此銻硫[三]又可用法在行過輕氣內加熱則放其硫質而復為金類形

丙有三法能證所試之質為打打伊密的[一] 將其流質合於淡强水即硫鹽硝三種强水俱可用之則結成白色質再加其强水至有餘至能消化或加以果酸水亦然三種

强水內硝强水有弊最小如將其三種强水分開用之則無可疑之處[二] 將濃沒石子酸添入其水內則成暗黃白色質[三] 如加以鉀[二]衰[三]鐵則無質結成

丁將其水若干傾入馬爾士試鉮養[三]器而用第六十八圖等法試之則燃氣所得之火內所置之白瓷面或玻璃片其面上所成之皮比較鉮養[三]所成者更似煙炱之形惟間有銻所成之皮與鉮養[三]者大同小異最難分別須用第七十一七十二圖等法分別之如第七十一圖平管內所得含銻之皮其形狀與鉮養[三]者不同又其光色與錫相似又如將馬爾士器所放出之銻輕[三]氣引入銀養淡養[五]水內則

結成黑色之質為銻合銀而成者又如將此結成之質合於果酸沸之則銻質消化可用輕硫等試驗之法分別之

戊用前所言蘭書分別鉮養[三]之法試驗之惟必最慎所用之紅銅箔必為淨者所結成之銻質尋常有茄花色如乾蒸之則不結成顆粒形質將此質與其紅銅箔分開之法有二[一]將其紅銅箔在鉀養錳[二]養[七]淡水內沸之而此水必先加以鉀養水令其微有鹼性此為哇得領之法[二]用鉀養之淡水浸之令其常遇空氣此為會脫生之法如用第一法則所得含銻之水必濾去其所含錳[二]養[七]輕養樱色質加以輕綠令其微有酸性後通以輕硫氣如用第二法則

必濾其水加以輕綠令其有酸性而後通以輕硫

己凡含銻之流質可用第七十三圖之法以電氣分出之其銻質在負電氣極點相連之白金片凝結而分別之法可以淡輕[四]硫水洗之而將其水化乾或用前款所言二法內之任一法分別之

三生物流質內試含銻之法

凡植物質含樹皮酸者能化分銻之鹽類又如銻鹽類之濃水合於乳則其乳凝結然有數種植物質有礙於試驗之法即如顏料之水有礙於各種試法惟通氣之試法與顏料幾不相關因無論何種料內結成銻硫[三]者仍得其橘

皮紅色如有人服打打伊密的而不服解毒之藥又未全嘔吐而出之則胃中所存或有未變化之質所以沖淡其質加以果酸令其有酸性濾之通以輕硫氣則能得橘皮紅色之錦硫三質又如此法不能用或用之而不成事則將胃中所見之定質並臟腑之衣膜用下欵試驗身體內生物定質法試之

無論用何法在胃中得其錦質則可知其人已服錦之鹽類作爲藥品而服之或當爲毒藥而用之不定又如其數多於藥品所定之一服則用此質爲毒藥之決疑處甚重設如所見之數不多則無法能知其服之之意或爲藥或爲毒必查他據方能定之從此可知凡服毒之案內不可用含錦之質爲吐藥恐以後查驗有淆亂之事

四　身體定質內試錦之法

錦能在身體之津液血及臟腑內收入而能遇見之分別其毒質之法與以前所言分別錦養三之法同所得酸性之流質可用蘭書之法試之或用馬爾士之法試之如第六十八等圖或用電氣之法如第七十三圖如用蘭書之法則其錦質必照前所言之法分別之如用馬爾士之法則用第七十一七十二等圖之法分別之

如錦從錦與錫分開之法曾在前蘭書之法內言明之如將錦硫三合於鈉養炭養二並鈉養淡養五燒之則成不能在水中消化之鈉養錦養五可從易消化之鈉養錦養五分別之又如將其鈉養錦養五合於鉀衰融化之則其錦復金類之形如含錫則其錫與錦一併復其金類形惟其錫能在輕綠中消化而錦不能如另加淡養五則其錦亦能消化所成之錦綠三質必先加熱逐去其淡養五所餘之水有錦之各種形性能依法分別之

化分求數之法　將其結成之錦硫三謹愼洗之作乾之則每百分配打打伊密的之顆粒二百零三分

試驗禽獸服打打伊密的之證　將打打伊密的之大服卽如半兩令狗食之若其狗能吐出則無妨害設縛緊其食管令不能吐則服數釐足令其死又如噴入血管內則令嘔吐泄瀉又養生路與肺內有重生炎間有速死之案則查驗百體內無生炎處

前有馬克麥倫之案疑其妻將打打伊密的之小服屢次給與服之後有醫士納分司將動物試驗屢次食打打伊密的之小服所顯之各證便於顯明此案之理而在里味不醫學記錄書第一本記之法將兔十一頭每日服打打伊密的之粉四次內有半釐一釐至二釐爲一服者如身體軟弱之兎則服至十二釐足令其死強壯之兎服至七

十二釐足令其死所死之兎共有五頭一頭四日之後而死後一頭十七日後而死又有三頭照數服毒十七日後尙未死以後陸續三日殺一頭一日殺一頭三日殺一頭四日殺一頭十四日後殺二頭而末服以後待三十一日再殺一頭

兎食此毒所顯之證不欲食物無精神六日之後身體大瘦俱不嘔吐又查八兎之糞祇有三兎有泄瀉俱不顯縮筋之痛但所死之五兎內有三兎將死之時發重癇證數分時有一兎少有此證又有數頭口內生瘡因打打伊密的留在口內之時過久有一兎因此而落胎

剖驗見式　諸兎之肝有血積聚大半兎胃之膜衣質發明紅色有二頭其胃生瘡有數頭其幽門之質變硬如脆骨有數頭其小腸各處有生炎之小點又有二頭其獨核放大而凸出發光黃色而含銻質甚多又直腸與腸之下廻俱似無病有二頭胃與腸之暮苦司膜質發櫻色疑因成銻硫之故內腎之血積聚多寡不等膀胱質發鬆因多溺而脹然停服毒數日之後所殺之兎俱無此事又腦髓心脾俱無病惟有數頭其肺血積聚間有重生炎或變肝色含血甚多而氣管分支發光紅色胸內腹內之凹處有漏血或聚血之處大腸頭之肌與暮苦司膜質之中間亦有此流血之處不止一兎

用蘭書之法試驗兎之各體俱有見其毒者而肝內為最多脾內略更少服毒不久則胃中膜質已有存毒久之則至內腎又在大腸頭遇見之其糞內常含毒質若干有一兎服毒末一次之後十四日糞中仍有此毒有一兎服毒末一次之後二十一日糞內仍有其毒之微迹又服毒不久則肺內有之惟在肉筋與血中最難分別而十五日之後能在骨中分別之斷毒之後三十一日仍能在骨中遇見之又有胎之兎而成落胎者其胚中亦有之

其毒質常由兎之內腎消去而服第十二次之後則溺中

能見其迹斷毒之後二十一日兎溺中仍有其微迹此事與以上所言鉀養從身內消去最遲之語相符又從以上試驗兎事醫士納分司作總論曰如服打打伊密的之小服若干次久之則變為最兇之毒藥足令人死其各服之合數並所需之時刻在各案內不同無一定之數又各案內所顯之證與剖驗見式雖大概相同而不免有分別又其毒質能通遍身不但令母死即胎中之胚亦能受其毒雖然大小二便時常消去其毒而不能盡消化因此故雖食小服如久服之足令人死又死後剖驗見式所顯其毒之輕重似不足令人死云云

以上之說大概與法人密倫拉佛蘭二人於一千八百四十六年查驗之事同理見法國醫學年錄第三十六本第二百二十一頁　又近有多人試驗打打伊密的爲藥之性觀黑爾曼試驗毒質之書一千八百七十四年發印如噴入血管內亦能令嘔吐而墨眞弟試過除去獸胃而噴入其血管內尙能令其行嘔吐之事又有賽酷夫司幾云查驗服打打伊密的之動物其肉筋變爲油質與服燐或鉮相類惟其事更輕而更難分別

病證剖驗見式與治法

病證　服打打伊密的足令人受其毒咽口津時覺有重金類之味又口與喉嚨覺熱收縮與痛後有嘔吐胸口痛而拒按久之則全腹如此不久則屢次大泄瀉糞中間合血手足縮筋大痛而其人顯將癟之證皮膚冷發冷汗脈小而數身體最軟間有在癟時而死尋常先發譫語癇證或抽筋不放之痛在食大服者早令人失知覺又有數案皮膚與喉嚨發紅而有痘疹類病又有他案必先服別種吐藥方能嘔吐泄瀉此種案爲罕見者

致死之服數　如爲成人服二釐如爲孩童服四分釐之三見該一千八百五十七年十月醫院記錄係對拉所作之論　又有一案服打打伊密的一錢其人極堅壯十小時內死又有婦人生產後五日服打打伊密的一釐半合於叱嗶喀十五釐連服二日則

嘔吐泄瀉力乏而死見一千八百五十七年三月二十八日醫學新報　又有一案小兒服打打伊密的十釐數小時內卽死反之屢次有人服至三錢而不患其毒因胃中立卽吐出或有大泄瀉因此不顯自行之嘔吐惟其證最危險而極難全愈此爲活暮里毒質微數化學第二百十六頁醫士格里夫司所記之案　又有人服六釐而病證最重惟有人用打打伊密的以二釐爲一服每若干時用一服以治肺本體生炎而不中其毒

服後能活之久暫　如食打打伊密的一大服則數小時內足令人死有長成之女食一大服不知其數七小時而死此爲活暮里所記之案反言之有一人服四十釐而活五日又有一案有女人服二十釐後一年內受其大害而死

死與生之比例　大略各案內少半死大半能愈

如將打打伊密的作洗藥或油膏而爲外科之用則令皮膚生炎而成痘疹類病又如久用之則成爛肉間有人在外科用之則成大嘔吐

剖驗見式　胃中暮苦司膜質生炎間有通至小腸罕有通至喉嚨與食管卽如前言布拉夫之案其胃與小腸不顯生炎之證大腸有之而大腸頭之生炎爲最重又大腸頭內有痘疹形小瘡並漏泄其血之處間有肺生炎之式

惟此所謂生炎不過為血積聚落下而成者即如布拉夫之案亦見此事故凡屢次用小服而令人死之案應格外詳驗大腸頭與大腸之情形見以上所言試冤之事又有一案為都伯林醫士遮幾干於一千八百五十九年在本處醫學新聞紙記錄司米得喝斯特之案內有遇見錦質而疑為屢次用其小服者

治法　最合宜之解藥為金雞那樹皮酒如不能得此藥則可用其皮之煮水或粉或可用含樹皮酸之流質即如濃茶或橡樹皮煮水如不能得金雞那樹皮酒或預備以上他種藥之時則可多服暖水乳或膠性之流質用翎毛探喉或用水節亦可隨後所用之法必依所顯之證又如

服鴉片亦可有益

久患其毒　醫士納分司所試驗之事能當為可恃之據而近今審問案內定打打伊密的之小服若久服之足令人死即令人嘔吐泄瀉身極軟弱力乏其人即死而人與試冤之事相同如以上所言遮幾干之說內有此事又在壹丁不爾厄之醫學記錄一千八百六十五年有一案審問醫士布里又特之罪因毒死其妻與其妻之母如其妻之案其證似飲醉而有一見證以為因此即面發紅脈數而軟身體有激動而不平安之意內筋無力嘔吐泄瀉兩手縮筋布里又特云妻患虛發熱病而其各證與此病之證相配後查得其據知其妻屢次用打打伊密的之小服而成此證久之即死又如嬰兒小童生數種病如呃逆病能多服打打伊密的而不受其害即如依里阿存有數案可作為據惟另有縮筋不放之

病即與成人同見一千八百五十六年七月初五日醫學新報

錦綠三俗名乳油形錦

此流質有消蝕之性其色淡黃或深紅有人誤以為薑酒又誤以為錦酒如多合水沖淡之則其白色之錦綠三二錦養三沈下其明流質能用加銀養淡養五水之法證其含輕綠但鉍之鹽類水如加以水至有餘沖淡之亦結成白色質沈下如通以輕硫則鉍鹽類水結成黑色質而錦鹽類水結成橘皮紅色質

病證　錦綠三顯其毒性速而且猛有一案服二兩至三兩在十小時半內即死而養生路大受惹性外月有甯睡證

又養生路中之暮苦司膜質全發黑似變成炭質又其質變軟有脫落處曾有人服此毒一兩之後而能愈者

治法　與治打打伊密的之法同速多服暖水之後即服金雞那樹皮酒

三　汞與含汞之質

此各質尋常為工藝與藥品中所用而不常用為毒者查因服毒而死之各案內則汞居第七而其次第在草酸之下所常用為毒藥之含汞者為汞綠二所有之案大半為自盡者又如工藝內用淨汞亦令人發重而易分別之病又將汞合於他質成藥品如服至過限之數或易受其害而

有忌此藥之人用尋常之服數足令其死如汞之淨者本無藥性雖用其大服亦可無害如爲汞養散於空氣內或常與皮膚相遇則大有害於人

汞加熱至六百六十度則能乾蒸而散如以器受之令其凝結則仍復原形如在玻璃管凝結則成小球形粒圍管之內面如圈形如將汞分爲極細之粉則其色黑又如汞之鹽類水令其內之汞結成沈下亦成黑色之粉

汞所成之藥品等雜質有數種如汞綠即重粉又汞綠二即輕粉又名茄路米又汞養淡輕綠四即汞綠淡輕二又紅汞養即汞養淡養五又名三仙丹又汞硫即硃砂又名銀硃又汞養硫養三即得必得礦又汞衰二又有汞合淡養五所成之二種質以上各質內汞綠二爲最要者

汞綠二 即重粉

博物院內裝置鳥獸常用之爲令其翎毛與皮膚不致爲蛾等所蝕又能在人身與動物之身滅臭蟲與虱與蛆類又如在硝以脫酒內消化則能治流白濁與疔毒爲常用之藥

形性　此質極重成顆粒形之塊或白色粉其味奇而可慣空氣內不改變但見日光由漸化分成不能消化之灰色粉每一分能在冷水二十分或沸水二分內消化又在酒醕或以脫內更易消化所以常用以脫將汞綠二從其消化於內之質分開之又合於食鹽則更易消化

試法　凡分別此質可分爲四事即定質內分別之水內分別之生物流質內分別之身體之膜質與器具內分別之

一　定質內分別之法

如將其質在白金片上加熱則全散而成極粹白色之霧如在白瓷板上用酒燈加熱至二百度則能乾蒸之加更大之熱則能融化如用圓玻璃片收其乾蒸之霧結成小片一端或兩端有尖形相連二個或三個合成一個繁顆粒如第七十八圖爲其粗形如第七十九圖爲其細形此圖係用照相法而成者如第八十圖之形爲乾蒸而凝結之事內不常見者惟在流質中凝結者常遇見之設如乾蒸而凝結之質所顯顆粒形狀難於分別則將鉀養水之微滴落於其一邊又將鉀碘水之微滴落於彼邊則顯黃色與大紅色之變化從此極易分別可當爲確據又汞綠二極易在水中消化而因此易與鉀養二及汞二綠分別之

第七十八圖

第七十九圖

最可恃之分別法用鉀養水因鉀養水令其變黃色而遇

鉀養三則不變又遇汞二綠則發黑色又有分別之法能更得
證據而可憑一 加以淡輕四硫則變黑色之粉二 加以鉀碘
則發光紅色三 將乾淨之布以淡輕綠水令溼將所試之
粉少許撒於其面再將乾淨而光之紅銅板以其布擦之
則成銀色之痕迹加熱則易自散四 將所試驗之質合於
煅過之鈉養二炭養四分將其合料置於乾燒管如前第
五十八圖或置於短管如前第五十九圖而漸加酒燈火
之熱則試筩之冷邊凝結水銀之小球形粒在管內合成
圈形或在短管口上置一圓玻璃片亦能得其小球形粒
即水銀

二 消化在水內分別之法
甲 假如所見之流質不知有何種質消化在內將一滴在
玻璃片上化乾則能知其爲鹽類與否以顯微鏡觀之如
爲汞綠二則成長而單之鍼形或合成片而有分支形或成
星形如第七十八七十九兩圖或其鍼形粒或片平行排
列如第八十圖乙 通以輕硫如含汞綠二則結成黑色質初
顯之形如含乳而後成黑粉丙 如加以淡輕四硫亦結成黑
色質丁 如合於淡輕四養水則結成白色之質即與鉛鋕所
成之質同又如加以鉀養水則成黃色質即汞養輕養依
此法能分別汞之含多配質之鹽類而其面上之流質含

第八十圖

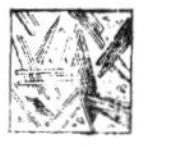

鉀綠戊 將所結成之黃色質取之洗之乾之
而在燒管內加熱則成圈形之定質皮即水
銀之小粒又如通輕硫或通淡輕四硫所結成
之汞硫烘乾之合於鈉養二炭養三在燒管中加熱亦能成
汞小粒之圈
附試法三種一 用錫綠將錫綠水加入則結成白色之質
變爲灰色漸變爲黑色其所結成之黑色質爲汞之微細
顆粒將面上之流質或傾出或濾之將結成之質烘乾則
其微顆粒相合成水銀大粒二 紅銅試法將其水合於輕
綠數滴令有酸性再進入紅銅薄片一條則面上生一層

灰色皮將此皮謹慎烘乾置於燒管內以酒燈火加熱則
成水銀微粒而在管中凝成圈形又可將淨錫或鋅或銀
代紅銅而用紅銅爲最合式三 電氣試法將鋅薄皮一窄
條面上鍍以金箔將其水先加輕綠至微有酸性再將鋅
條落入其內則不久其金成灰色之衣從水中取出謹慎
作乾置於燒管內加熱則成水銀球形微粒在管內有圈
形雖水銀之數極微者亦可用此法又有簡法將其酸性
之水一滴置於淨紅銅或黃金之面再用鋅或鐵與其紅
銅或金已溼之面相切則其汞能凝結易於顯明前有烏
拉司敦在審問堂內用此法作證據即用金錢一圓並鐵

小匙一個

如用蘭書之法試驗含汞之水則其汞能在紅銅面結成與鉮等質同再將其紅銅烘乾在燒管中加熱亦能成圈形爲水銀之微粒

如其水已知其爲含汞而欲查其配質爲輕綠則可將已分出汞之水合於銀養淡養五少許則結成白色質爲銀綠

三生物流質內分別之法

間有人服汞綠二之定質或服其不全消化者雖然汞綠二爲易消化之質然間能在胃中遇其未消化者而可分開之其法將胃中之質以蒸水沖淡之調之待其重汞綠沈下

速傾出其水尋常服汞綠二之法先消化之或用水或用他流質掩其味果如此則遇胃中之他質或暮苦司膜質則被化分故可知胃中所遇之汞綠二幾分爲汞綠水尚未與他質相合或未化分幾分可與胃中之質相合幾分能與胃中之衣相合

胃中含未與他質化合之汞綠二則易分開之即將胃中之質以蒸水沖淡之濾之得其淨水又將其水一體積合於以脫一體積在有玻璃塞之瓶內搖動之再用滴管收出其以脫水將此水一滴在玻璃片化乾則顯出顆粒如第八十圖可用前各試藥之細滴試之

胃中之定質可照下欵試驗身內生物定質之法試之

四身體生物定質內分別之法

先將其定質照前設立試驗鉮養三之法預備濾之而將濾得之質用前言蘭書之法試之如其紅銅生灰色衣則以蒸水洗之乾之在燒管內加熱如前第五十九圖則管之冷邊凝結水銀之微粒或用前第六十圖之法在玻璃片凝結之亦可如所試驗人身之質含汞微數者則需用前第六十六十七兩圖之燒管此法爲極細者如有汞爲五千分釐之一亦能乾蒸之令其顯明如第八十一圖甲爲水銀重千分釐之五乾蒸而得若干微粒之圖放大其

第八十一圖

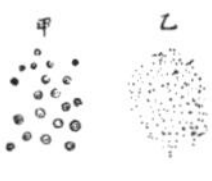

徑七十倍其微粒之徑爲二千分寸之一間有見其汞與養氣化合者則其形如第八十一圖之乙用顯微鏡所能分辨之粒內間有柱形顆粒其長與徑略相等間有長如鍼形者

如以蘭書之法在紅銅面上令鉮養三凝結又可以同法乾蒸之成小圓球形顆粒如前第五十九等圖其管內之圈形有金類之大光所以汞與鉮易於混淆故必設法分別之

分別之法不難因以此法所得鉮之小球形粒常與鉮養三八面形顆粒相合但汞之圓球形粒不合於他形之質或

合於鹹形顆粒如前第八十圖

凡在胃中見流質或沸而得之流質能照以上所言之法成汞則知必含汞之能消化之鹽類而其爲汞綠之決疑處頗重設如其定質蒸乾之後合於輕綠則不能得據知其爲能消化之鹽類因其鹽類如原爲不能消化者照此法用輕綠則令其變爲汞綠故此法有可疑之處不知其所服之汞質或爲汞綠或爲水銀丸或爲銀灰散等藥所以除不能得據知其不服此三種藥或生時所顯之病證與剖驗所見之式俱爲汞綠所特成者此外則必有可疑之處又其所含生物質滅壞之後所得酸性水中結成之

汞硫亦必設法與銅硫鉛硫等質分別之卽合於鈉養二炭養加熱則乾蒸之質爲汞又合於淡養亦不能令其消化故可知爲汞硫但此質易爲淡養合輕綠所消化而以後可用上所言之各法分別之

化分求數之法　求汞綠數最便之法用錫綠將錫綠水漸加入含汞綠之水內至不再結成質爲止將所結成之質洗之乾之稱之此結成之質爲汞每得一百釐則配汞綠一百三十五釐半如所得之質爲汞硫則洗而作乾之後每百分配汞綠一一六·八一分

如疑其汞綠數頗多可用苦里司脫生所設簡便粗法將所試驗之各定質合於錫綠磨成細粉則所得之雜料爲鉛灰色易自分爲流質與凝結質其流質可去之不問而將其凝結質傾於濾紙上洗之再合於熔灸鉀養水沸之至其質之塊不顯而全爲稀勻之質則所含之錫養並其動物植物質全消化而其質待若干時不動之則結成重而灰色之粉大半爲汞之微細粒如欲全分出其汞質則必令其水安靜而熱至將沸之度約二十分時爲限再取其面上之水而將餘下之黑色粉屢次洗之取之乾之乾蒸之則得其淨汞質

汞綠亦能從胃中吐出與鉀養等兒毒質同所以雖有服

此毒而死者胃中不能見其痕迹

試驗動物服汞綠之證

英國布路弟爵試驗動物服汞綠受其毒之害卽將汞綠六釐在水六錢內消化令兎服之在四分半時內卽死令猫服二十釐在二十五分時內卽死其兎服毒三分時之後不知不覺而發痛證又剖開其胸則知其心動已停其心之左房含大紅色之血又胃內賁門之邊變深灰色質軟易脫死後其胃中亦成此事布路弟以爲其質之毒性俱因有此化學之職分又有他醫士如波司托克等人亦試動物服汞綠祇用小服則成惹性毒質尋常之證而待

數小時則死、死後剖開則見胃中、暮苦司膜質生炎、近有他醫士試驗之、惟所查得之事、祇知汞之鹽類其消蝕性、恃其能消化、並與阿勒布門質有大愛攝力、然汞與其雜質之毒性、令人身受害之理、尚未多查而得確據

病證剖驗見式．治法

病證　服汞綠二之後、或即刻或一二分時、則覺所咽之定質或流質有可憎之金類澀味、又喉嚨與食管中、覺縮緊而熱、如壓之則更重、又常欲咽口津、不久則胸痛如火燒、壓之則更重、嘔吐泄瀉、所出之質、爲暮苦司質成條形者、或合血之膽汁質、全腹脹而大痛、面色發紅、發腫、眼發光、

間有面色發白、而顯大思慮之色、口唇變白、縮成皺紋、眼暗而顯大思慮、其泄瀉有裏急後重、小便難通而有痛、所成之溺或少或無、脉滿滑而數、或小而數、或每幾至歇止、俱依其病證爲大發熱或收癟而成、間有若干時心中平安、而人似醉、其醉有重至成暈睡者、又常有從服毒後不久時起有抽筋之痛、四肢跳動、或發癇證、又間有癱瘓、其人在昏迷間、或大癇證間、或久失知覺間而死、以上病證之外、如其人不速死、則口津過限、顯出汞所特成之腦筋各證

所顯之證、未必在各人相同、卽其死法、亦常有分別、故可分爲三大類、一胃與腸受重惹而收癟、二口津過限、又有別種繞道所成之事、惟養生路或無惹或惹至極少、三胃與腸受惹後、口津過限顯出繞道所成之他證

分別汞綠一與鉀養三之證　依苦里司脫生之說、則汞綠之證、比鉀養三之證、顯出更早、喉嚨覺澀而縮、亦更早顯吐瀉等質、合血之時更多、而內腎之被惹、更爲顯明

汞質在人身內所成之病證　此種證可分爲二種、一爲口津過限、二爲振動癱瘓

一口津過限　如因服合汞之藥、無論內科外科、或因工藝內常用水銀質、則常顯數種病證、其中以口津過限爲

首、其人口內覺有黃銅味、口氣有奇臭、口內發腫、而摩之則痛、牙齦生炎發腫、口津過限、脉數、皮熱、兼有發熱之別證、最兇之案內、口津甚多、面貌頸舌發腫、口內生小瘡、或有死肉證

水銀所成此種證、可分爲六事而論之、俱爲有趣之事、甲能成此證、須服水銀最小之數若干、乙能用別法成此事、如能之、則用何法、可與汞所成者有分別、丙服汞質後、待若干時、初顯其證、丁其證能顯若干時而止、戊顯此證之後、如不再服汞質、其證能再顯或否、己因服汞質而口內生瘡與死肉、有法能與別種質成此證分別否

甲最小之服數　各人身體不同各年紀亦不同又一人在不同之時其身亦有不同之故故無法能定再小服數間有服少許而顯其證者間有服甚多而不顯其證者大概言之則小兒比成人顯其證更難又堅壯之人比軟弱之人顯其證亦更難卽如女子無病之時多服汞質而不顯此證有血虛之病則食水銀丸數服成口津過限之證又如瘰癧與內腎生炎病並腦筋數種病用汞之小服易顯此證有一案爲余所記錄者面部腦筋癱瘓而癱瘓之處牙肉上有紅線一條易於分別而其對邊無病但癱瘓之邊能有知覺與尋常無異其人云少覺痒而已又有多人服汞質極少而能顯其各證反之有人多用大服而不顯有數案雖用小服

而其病證最重間有死者卽如醫士布來得有中風病人令服汞綠五釐置於舌上三小時後重發口津過限之各證舌大腫無奈何必以刀割之令其縮小有將汞綠三釐分爲三服服之令口津過多而最重有服水銀丸以五釐爲一服連服三夜足令其死又有人服汞綠二釐足令喉嚨生瘡牙床骨分頁脫卸而死又有一案用水銀油膏三錢擦於皮膚上則八日內其人卽死此爲苦里司脫生所記之案

乙因他故而口津過限　此事可爲自生者可列於各病內或喉嚨原有病而因不能咽口津則口內多聚之卽如喉核生炎是也又有人其腦筋有病自常想及此事而口津自能過限如苦里司脫生所記之案又有數種藥品等質能令口津過限卽如金銅鉛鉀銻鉍各種鹽類硫養三碘與鉀碘等藥又數種植物質如蓖麻油毛地黃鴉片輕衰等質俱能令口津過限又有近時收入藥品之一質名牙蒲蘭弟其成口津之性甚大

服汞質所成口津過限之證與別種緣故所成者其分別在初時不難如服汞質後其口內覺有銅味口氣發臭牙肉發紅發鬆而生瘡同時則口津過限如爲自成之口津過限並以上所言之藥品所成者此各證幾全不顯前次印此

書之時有一案在目前其人連服鉀碘若干次而顯口津過限之證與汞質所成者同然其人當時不服含汞之藥不過從前隨時服其小服當瀉藥之用而毫不顯此證故知必爲鉀碘所成然其證與汞所成者無異故不敢言別種藥品全不顯此證但以上所言者祇爲初顯之證而汞質久顯之證與別緣故所顯之久證更爲相近卽如哈勒爾所作總案書內有一案爲格勒墨勒司所記者其人有三陰瘧爲時行之瘟疫病其各證內有口津過限內有一案其口津過限與汞質所成之最重者相同而同時有口氣發臭口內生瘡舌面生水疱類牙肉放鬆此爲苦里司脫生書所記之事

丙初顯之時　尋常服汞質所成口津過限之證服後在

二十四小時以內顯者甚少但前言布來德之案則過三小時而卽顯者又有一案係對拉所記者其人服汞綠二錢而四小時後其證卽顯故可云最早之時略爲三小時

丁 證之久暫　其時之久暫不能定從數日起至數年止蘭西特新聞紙第四百五十三號記錄一案其口津過限之事至六年而止

戊 口津過限隨時遞更停顯　如韋廉士之醫學入門書第二本第五百二十三頁云有一案爲醫士但以理所報者其人患瘧病則口津過限之病停止約八日至九日後雖不服汞質其證再顯又停三四個月再顯之案亦有之

有一案係苦里司脫生所記者其人口津過限之證同時不顯口氣發臭牙肉發紅發鬆生瘡等證又有一事可爲汞質隨時停顯口津之據因顯同證之藥亦有此停顯之事卽如上乙欵內所言服鉀碘之案停數十日之後其證再顯則從同性藥之證可知汞質亦應有此證

己 口內成死肉　有數種病令身最軟者或小兒食用不足患此證者不少惟此種案內難得從未服汞者故難定其證係從別故而成者如無法能分別則其人身體最軟可當爲其故如醫士已令其服汞而其汞實在與此證有相關不能因此而責醫士之誤因在小兒證內汞質爲有

大功之藥品又令小兒成此證較之成人成此證其時更少又有醫士云服汞而成之死肉在喉嚨與口內之暮苦司膜質初顯如因別故則在兩顴與下胲初顯然此說不可信因有一案爲倫敦韋斯他民斯他公醫院內醫士布來德所記者其死肉在下脣與下胲之中初發一小黑點而成者又有他案與此相同

二 振動癱瘓又名汞振又名金類振動　此病大半在用汞爲業之人所得者無論吸汞之霧或手常遇汞養俱能令其成此病卽如開汞礦如硃砂等礦或用水銀合金之膏鍍金者或作回光鏡之匠或造水銀寒暑表風雨表等

器具之匠是也其病或猝發或漸顯而口津過限之證或有或無上半身如兩手等先受其病後其身體之其餘肉筋受其害如有此病最重之人不能言語不能嚼物不能行走兩手持物不穩兩腿之肉筋常有跳動或亂行其職分所以足不能正立於地面如欲試往前行則亂步偏形似跳舞之狀間有生癱瘓而在兩手顯出者與鉛毒所成之手癱瘓同間有令喉嚨肉筋受癱瘓而其人不能言語又間有心亂而有癡病顯出其人極易激動或憂悶或癡或癲或狂不定如不停其用汞之業則失其記性不能睡昏暈漸因此而死如停其汞之業尋常能愈間有待數十

日或數月能愈間有其病重至不能愈其身內所受之毒質尋常見牙肉上有藍色條紋為其證據又有奇異之證為醫士尋常不分別者即牙齒變極脆而自能劈裂治以上各病證之法必在用汞之房屋內時常收拾至最乾淨常通風令其熱度小每日三四次將一雞蛋清與水調和飲之

前有二案其人在醫學書院之化學房內造汞米以脫里而誤吸其霧因房屋不多通風之故則腦髓顯出重病證顯此證之後十日內其人因發譫語與暈睡而死此人已作此業約三個月又有一人作此業之時更少病證更輕然一年之後全成癡癲而死見巴多羅買公病院記錄一千八百六十五年第一本第一百四十一頁有此二案之詳說

剖驗見式　凡因服汞綠二與汞之能消化之鹽類而死者剖驗見式居消蝕性酸質與濃消蝕惹胃性如鉀養三等之間即如胃中消去其衣質或變軟或生瘡為常有之事而腸內亦常有此事肚腹胞膜常有生炎者其生瘡與爛肉處如化分之則含汞間有小腸不受害而其毒性祇在胃與直腸及大腸顯出其鹽類遇暮苦司膜質或胃中所含之質或所服之解毒藥而因此化分則所結成之汞質在衣膜顯微粒如深灰色之衣一層此式間有作為能分別其毒質又如其身已起腐爛而發輕硫氣則因變成黑色之汞硫亦能成此事如口內暮苦司膜質生炎或生爛肉則為服汞質而成口津過限之據

凡因服汞綠二而毒死者則生溺之器具常有大生炎又膀胱縮小即與活時生溺過少之證同此式較之用鉀養三而毒死之案內更為常見者

如大腸頭與大腸有重生炎與生瘡或生爛肉在服汞綠二之案內較之服打打伊密的或鉀養三之案內更為常見此各形式之故大略因大腸之核放出一種重惹性之毒質如人死後將汞綠二鋪於暮苦司膜質之上則令其變污白色縮成皺紋面成小粒之形而其血管在其間顯玫瑰紅色此種形式亦通至肉筋與肚腹胞膜之衣布路弟亦試驗此事而知在活人與死人之暮苦司膜質俱能成此情形

致死之服數　曾有小兒服三釐而死者又有人食大服而不受其害因全行嘔吐或用解毒藥化分之

服後能活之久暫　所有記錄之案內最少之時為半小時此案係威勒止報於醫士對拉者又二小時或三小時之案亦常有之有人服汞養淡養五二小時半內即死然服汞綠二之案其時之久暫往往不同即與鉀養三同查所有記錄之案二

小時者二小時半者三小時者六小時者十一小時者三日六日八日十一日者各有一案此九案內可見略有一半在十二小時內死者其餘爲三日至十一日內死者見醫學報第七本第三百二十九頁第八本第六百十六頁第二十九本第七百九十七頁第三十一本第五百五十六頁又壹丁不爾厄內外科記錄有五案係法倫汀所記者又第十四本第四百六十八頁第五十一本第一百十四頁第五十二本第四百零四頁第五十八本第五百零五頁又蘭西特醫學新聞紙一千八百七十年二月衣得所記之案

生與死之比例　所有之案大半爲死者

治法　如服汞綠最佳之解毒藥爲蛋清又有人設別法服哥路登或麥麪牛乳鐵屑或金屑合鐵屑調和於膠水內含水之鐵硫䃮類合炭養氣之質迷故尼酸等質惟最便於得者爲蛋清與哥路登如蛋清應合於多水服之數

次至其所顯之毒證已退而止又應服吐藥或沖淡之流質亦同時服之如不能得蛋清可將麥麪合於水或牛乳代之曾有多案服蛋清而治愈故能得蛋清不必再求他藥矣

其餘各治法與尋常服惹性毒質同如口津過限則其人必多乘涼風而飲冷流質服輕泄瀉藥又用白礬或食鹽水潄喉如尋常案內醫士準用鉛養醋酸爲潄喉藥如度量其人死後剖屍查驗者則不可用之

汞綠無論以何法入身所顯之毒性相同曾有數案皮膚受其毒而令人死者見蘭西特醫學新聞紙一千八百七十一年九月十六日印者

汞綠西名茄路米即輕粉

形性　此質爲重而白色之粉或爲黃白色之粉不能在水或酒醕或以脱內消化而能在淡養[五]或輕綠中消化

試法　汞綠加熱至二百四十度則能乾蒸與汞綠及鉀養同惟其所凝結之質爲不成顆粒之粉其質不能在水中消化則易與汞綠分别之而不能與鉀養分别之如遇淡輕[四]硫或鉀養水或淡輕[四]養水則變黑色如合於錫綠則其變化與汞綠同如合於鈉養炭養加熱則發汞霧能令其凝結而取之又如將汞綠合於淡鹽強水令溼擦於紅銅箔上則成銀色之痕迹

汞綠雖爲穩當之藥品又在數種病內可屢次用其大服而無大害惟間有顯重惹毒性或令口與喉嚨生死肉曾有數案其人服汞綠二十釐又十五釐又八釐又六釐俱足令人死者反言之有人服三錢又有服一兩者未中其毒如亞細亞霍亂吐瀉並熱地之重發熱病屢次服二十釐而見效者已有多案

汞綠所顯毒性之案其故大略因遇胃中常存之輕綠幾分變爲汞綠或因遇鈉綠或淡輕[四]綠而有此種變化此說雖合於理然所成之汞綠其數必極少又尋常汞綠常含汞綠之微數曾有人化分之得每五百分含其一分

汞之他種雜質亦有毒性惟因不常用爲毒藥故此不必詳細言之祇須指出其最要者而已

紅汞養即三仙丹　此質合於猪油或他油質成膏則用爲毒蟲鼠等可惡之物其顆粒小而光亮爲大紅或深橘皮色其粉爲橘皮色其質極重不能在水中消化而能在温暖之輕綠水內消化變成汞綠二如將汞養在燒管內加熱則全散凝結金類形之小粒又放出養氣

銀硃又名汞硫西名惜納拔　常出售之銀硃爲深紅色之塊半成顆粒形而銀硃粉爲最佳之紅色其質極細常用之爲顏料近時作假牙齒鑲在假牙齦質內此質爲像皮等料所

成而合銀硃爲顏料久在口內則間有顯汞之毒性者此爲烏特門之說如在含多分劑配質汞鹽類水內通以輕綠則結成沈下之汞硫二爲黑色乾蒸之而令其霧凝結則爲紅色銀硃亦爲重質不能在輕綠或水中消化加熱則全散而能在燒管之冷處聚合不變如合於鈉養炭養二在燒管中加熱則乾蒸出之霧凝成水銀小球形粒如在其餘質內加以强水則放輕硫從此知其含硫黃

汞二綠淡輕二又名白色結質　此爲白色重粉不能在水內消化加熱則全散合於鈉養炭養二加熱則其霧凝結之質有金類形如合於鉀養水加熱則放淡輕三而成鉀綠可用銀養淡養五與鉑綠二之試法分別之所餘之質爲黃色之汞養二

汞養硫養三又名得必得礦　此爲黃色重粉難在水中消化加熱時乾蒸之霧凝結成汞之微粒又發硫養三霧如在鉀養水中沸之則結成黃色之質爲汞養二又成鉀養硫養三可以照前法分別之

汞養淡養五汞二養淡養五　此二質作爲爛皮肉之藥又工藝內大半預備製熟皮等用其汞養淡養五白色顆粒形水中最易消化成極酸而有消蝕性之水加熱則其顆粒放淡養五氣又其霧凝結成汞之小球形粒如合於鈉養炭養二加熱則其霧亦凝結成汞之小球形粒如在其水中加以鉀

養水則結成黃色之質而所存者祇爲淡性淡養五此質易於分別之即加以鉀養炭養二至不再發泡而止如此則成鉀養淡養五又其汞二養淡養五與汞養淡養五之分別將此質合於鉀養水則結成黑色之質而汞養淡養五則結成黃色之質

汞輕衰又名汞衰二　此爲白色而重之顆粒形質無臭有金類之重味能在冷水或熱水中消化但幾不能在醋內消化如將其顆粒加熱則放汞霧與衰氣如燃其氣則能依其紫色之火分別之如將其水合於輕綠加熱則放輕衰氣又其水如合於輕硫或合於淡輕四硫則結成黑色質如合

於鉀養水則無質結成

以上所言含汞之雜質罕有當為毒質而服之者其毒性之輕重大略與其消化之難易有比例其含淡養與其含衰者易於消化故用其小服亦有重毒性其含淡輕綠或硫黃或養氣或硫養者其毒性更輕其能消化之鹽類顯消蝕性而其不能消化之雜質顯惹性而此二種俱顯汞特有之毒性證如汞衰之證為能消化之汞鹽類之證而所含衰質似不改變其汞之本性

有服紅汞養之二案記於一千八百六十九年十一月醫學新報為布林司所記者內一案第三日顯出重惹性毒質之證所服之數不過二錢口津大為過限口內軟質多蝕壞又一案在英國一千八百六十九年四月醫學記錄係苦來哈末所記者其人服汞綠淡輕二錢而所顯之證僅為惹性毒質而尋常之口津過限等一概不顯

四　鉛與鉛之雜質

用鉛之鹽類作毒藥受其害者極少而久受鉛毒之害者為常有之事

鉛非毒質而易為各種酸質所消化所以葡萄酒醋蘋果酒等流質易消化而受其毒如英國的彎省作蘋果酒甚多前壓蘋果之架與各器具以鉛為之或修理之所以其酒易變成鉛毒又有用鉛皮作裝物料箱之裏如鼻煙茶葉等貨亦能令其貨變成鉛毒又誤服鉛質可與胃中之汁相遇而變為毒質

藥品與工藝內所常用含鉛之質為鉛養鉛養鉛養炭養鉛養醋酸二鉛養醋酸鉛養硫養鉛綠鉛養淡養以上各質內鉛養炭養鉛養醋酸在醫學合律法相關之案內為最要者

試法　假如有流質不知其含何種本質則先通輕硫氣或加淡輕硫水數滴如其水內含鉛質則結成黑色或深櫻色之質又如添以淡輕水或鉀養水或淡硫強水則結白色之質用以上試驗之事則知其水含鉛鹽類與否如欲分別其質而得確據則有三法為要一加以鉀養鉻養則結成藤黃色質為鉛養鉻養二加以鉀碘則結成鉛碘其色與上同三如將鋅一小片大如鍼尖落入其水內則其鉛質速凝結於鋅外成樹木形之質俗名鉛樹如第八十二圖須立即用顯微鏡觀之而分別其形因其外面易成白色之鉛養炭養則不能見其顆粒形如蒸水四兩含鉛養醋酸一釐已能顯此事

第八十二圖

鉛合養氣之質　此類質有三種一為鉛養一為鉛養即

紅鉛粉一 爲鉛養$_{二}$其鉛養爲黃色半成顆粒之玻璃形質即尋常出售之密佗僧如磨成極細之粉則謂之瑪西各特又將鉛養與鉛養$_{二}$相合則成鉛$_{三}$養$_{四}$即鉛丹爲尋常出售之紅鉛粉如鉛養$_{二}$爲櫻色質除在化學房之外不多見之

鉛養即密佗僧 此質爲油漆鋪與作玻璃之肆常用之料如最粗之瓦器瓷器面上所加之釉亦含此質常有人存酸質於此種器具內日後食之竟受其害又有造葡萄酒爲業者將密佗僧添入過酸之葡萄酒令其味變爲甜又有數種染髮之料亦含鉛養見第一卷所言改變頭髮顏色之事又用鉛養合於他料加於馬口鐵等器之面代漆之用其質爲黃色或

紅色魚鱗形粒加熱至紅則化散不能在水中消化但其淨者能全在淡養$_{五}$內消化而所得之水有鉛養淡養$_{五}$之性如在木炭上用吹火筩加熱則易分出其鉛質

鉛$_{三}$養$_{四}$即紅鉛粉又名鉛丹 如封信之乾漿片常加此料令有紅色間有合於鼻煙者其質爲再佳之紅色粉不能在水中消化幾分能爲淡養$_{五}$消化如加熱則放養氣而變爲橘皮黃色鉛養質用吹火筒法則易分出其鉛又如將含此質之紅色乾漿片燒之則其邊成鉛之細粒合於黃色之鉛養

鉛養炭養$_{二}$即鉛粉又名西魯司 工藝中多用此質大半爲各種油漆之本料又名片染白令其光滑如白瓷之釉亦用此質

所以油漆等匠常受鉛毒之害腹中大痛或兼各種鉛毒之舊證常出售者爲白色之塊或白色之重粉如加熱至紅則失其炭養$_{二}$氣而變爲黃色鉛養鉛粉不能在水中消化而能在硝强水中消化發泡雖在淨水中最難消化然食其大服自有毒性如水中含不化合之炭養$_{二}$氣亦能消化之令人受其害

鉛養醋酸即鉛散西俗名鉛糖 此質有顆粒形與白糖顆粒相似或成光亮而重之白色粉在水中極易消化少有醋之香其味甜澀加熱則因含成顆粒之水而自能融化再放去其醋酸若干後燒成炭形而能分出其鉛質幾分如在玻

璃管內用吹火筒加熱則能成鉛之細球形顆粒又如加以淡硫强水沸之則放醋酸如將其粉合於淡輕$_{四}$硫則變黑色又合於鉀碘或鉀養鉻養$_{三}$則變美觀之黃色又消化所得之水能顯鉛之各鹽類能消化者所特有之性情

二鉛養醋酸又名古賴特膏 此爲黃白色鹼性水而有法能與鉛養醋酸分別之即通炭養$_{二}$氣則結成鉛養炭養$_{二}$頗多而鉛養醋酸無此性此質亦爲猛性毒質服此質而死之案已有數人

鉛養硫養$_{三}$ 此爲重而白色之粉不能在水或酸質中消化加熱不改變遇淡輕$_{四}$硫則變黑色如在水中調和而通

輕硫氣則成黑色鉛流質而其硫養三存於水內可用鋇養淡養五之法分別之此質最難在水中消化似不應有毒性然如食其最大之服恐不能不顯其毒性

鉛綠　此爲白色之粉難在冷水中消化而易在熱水中消化又能在淡性淡養五中消化不能在酒醕中消化其味略甜加熱至不及紅則融化變成半明光之質如明角故俗名鉛角如加極大之熱則化散其水有鉛鹽類之變化又有一種質爲含養氣之鉛綠即鉛綠七鉛養爲黃色顏料俗名礦黃又名特那氏黃色料此質能融化與鉛綠同融化後則變定質似明角

鉛養淡養五　此爲顆粒形之鹽類質能在水中消化多用於印花布之工內又爲一種滅臭水之本料即勒度英滅臭水如在玻璃管中加熱則發淡養四霧所存之質爲黃色鉛養其水之各變化爲鉛所特有之變化又如將濾紙浸在其水中而作乾之則能引火與硝紙同

水中並生物流質中分別含鉛之法　如水內含鉛質之微數可將二個高玻璃筩盛滿以水立於白色紙上一個筩內加酸質少許足令其有酸性之變化再通以輕硫氣如含鉛質則其水稍變櫻色如直視二個筩內則通輕硫筩之底其所帶之櫻色與第二筩相比則易於分別

凡生物流質與膜質內用前第十二卷之末所言以輕綠與鉀養綠養五將生物質滅壞預備分別其所含之金類則此法所得之水內如含鉛質則能令其結成變爲黑色之鉛硫

惟用以上法之後或其膜質中含輕綠未消化之鉛質則可將其定質燒成灰其灰用淡養五消化沖淡之而照前法通以輕硫或將其定質合於硝與鈉養炭養在鍋內融化之將化得之質在水中消化再將所含之鉛質通以炭養氣令其變爲鉛養炭養而結成即將其鉛養炭養取之洗之在淡養五內消化之而以尋常之法試驗之得其確據

如照以上之任一法或兩法結成黑色之質則有二法能證其含鉛一將其結成之乾質置於木炭片上用吹火筩加熱化出其鉛二將其鉛硫置於日耳曼玻璃管加熱至紅燒去其硫黃將其餘質合於濃硝強水加以蒸水沖淡而濾之熬乾之再將其餘質在蒸水內消化之則能顯鉛之各種變化

化分求數法　如鉛之雜質不含生物質者則能分出其鉛硫而稱之則每鉛硫一百分配鉛八六·六一分或其鉛硫能合於淡養五則添以硫養三令變爲鉛養硫養熬之令其餘硫養放散則每得鉛養硫養三一百分配鉛六八·三一九

分

病證剖驗見式與治法

病證　凡鉛之鹽類除鉛養硫養三之外俱有惹胃毒性而與他種惹毒性藥之分別大略不令人泄瀉反之能令大便不通又鉛鹽類之最易消化者較之他種金類惹毒性藥其力更輕而令人死之案少

尋常所顯之病證爲喉與食管覺生熱與癢似有細鍼刺之惟此所言之證爲其大服所成者有大渴嘔吐腹大痛拒按大便久不通抽筋發冷汗其最重之案內有縮筋不放之痛有一案脉至數減至每分時四十至如成泄瀉者

爲罕有之事

鉛毒最要緊之病證爲久用鉛之微數所成者即如所服之藥品中或工藝所用之料內或水內含鉛各種食物飲物內或有含之者

久患鉛毒　所顯之證常有不相同之處惟其特顯之證尋常先有食物不消化大便不通後牙肉發腫而變紫色又與牙齒相連處成藍色線一條皮膚乾面瘦而白脉緩而實患鉛毒最易分別之證爲腹痛尋常名鉛痛又名油漆人痛又名比格都痛因初起在法國比格都詳細查驗分別之也此痛在肚腹顯出最重胸口與臍眼雖其痛最重如常壓之則稍減肚腹變硬而其肉筋大縮臍眼口向內縮大便最難通或全不通或通而有大痛泄瀉者不多有之常有嘔吐溺少難通面貌呆而有大思慮之狀皮膚發冷汗成滴脉緊而實間有與常時同尋常則分外遲罕有加數者罕有顯發熱之證以上各證或能漸愈或更可加重而變爲別證又間有腦筋痛而身之各處能覺之即如骨肉筋皮膚等是也間有手骱之筋發腫又間有昏蒙而呆又有一種久患鉛毒特顯之證即鉛癱瘓如患腹痛一次之後間有生鉛癱瘓者尋常言之肚痛數次之後而顯此證間有未顯腹痛而先有鉛癱瘓此癱瘓能令小臂

之伸手肌受其害此各肌除反轉肘長肌之外其各螺絲形肌不能當其職分所以舉其手則自能落下故俗人名曰落骱病其癱瘓之前有此肉筋跳動者間有喉嚨肉筋爲其所感動因此不能言語如更久之鉛毒則腦髓與全體腦筋受其害常有昏暈或憂悶或發狂頭大痛眼球變硬或能令人速死或能漸愈見不蘭木韋勒爵一千八百七十九年十二月壹丁不爾厄醫學記錄書所載之案又有別案其人發羊癲瘋類之痼證如久患鉛毒之人不早離開其貿易或不能改其受鉛毒之事則無奈何必漸重而死其人因鉛毒而身瘦力乏不能直立必欲傴僂步屢不穩肉筋不能行其職面色暗如泥土無

心食物大便久不通久之則因水腫或因隨時而發之重生炎而死或言內腎之病並溺中有阿勒布門質過限亦爲鉛毒所成又常有人因鉛毒而患酒狂之證

最易受久鉛毒之人爲鎔化鉛礦爐之工人造密佗僧與紅白鉛各料及油漆房屋匠造顏料家鉛匠造玻璃器皿廠中之工匠造粗瓦釉之工人造名片上染白之工人等間有手工不多遇鉛之人亦患此毒即如印書房擺鉛字之人買魚者桌櫃面鋪鉛皮常有鹽水在鉛皮面而手常遇之余曾見以此種爲業者有二三案　又有人與獸皆患此毒因常飲之水所存之箱或所通之管爲鉛所作此事在下詳言之以

上工藝之內其鉛毒或從皮膚或從肺或從胃而入聚身內

牙齒與牙肉相交處成藍色線一條初爲白爾敦所論記者此爲鉛毒之據易分辨者如有其別種毒證則此線爲常顯者又如不能查明其鉛毒從何路入身如有此證可爲鉛毒之要據而其故因鉛合硫成此藍色之線

剖驗見式　有一案其人服古賴特鉛膏而死則食管之下段胃並小腸上迴及中迴之一分又大腸之上橫二處俱有重生炎胃內層摺疊衣似久浸在能消化之質內而變爛胃中含紅櫻色流質略六兩其胃甜而澀帶金類之味其臭有熬濃時所發之臭如醋又加熱烘其所餘之乾質則成鉛之小球形粒此爲苦里司脫生之說

如鉛毒腹痛則其大腸過縮之外不顯他種情形如爲鉛癱瘓則所癱瘓之肉筋其色淡而其質鬆其病已久則其肉肌之紋條消滅而其絲紋以連網質代之如故司摩勒與美耶二人云久患鉛毒則腸之膜苦司膜質不當其職分其各層之肌變壞又有醫士在自和腦筋之各結內見其連網質不當其職分而腦筋之網質亦變壞

鉛在人身內顯其毒之法曾有多醫士考究尚未得可信之理而人身無論何體內俱能聚合其鉛而其聚鉛之次

第其等差如下骨內腎肝腦髓肉肌大小腸

治法　治鉛鹽類之毒最便之藥爲易消化之硫養$_3$鹽類無論其土性鹼性者俱可然最佳者爲鎂養硫養$_3$此各藥須在水中消化或調和而多服之如不吐可服鋅養硫養$_3$而多飲溫水助吐或用水筋亦可牛乳或蛋清亦爲有益之物如有大痛大便不通則可用鴉片合於瀉藥服之又可用外導法多噴暖水其餘各事與治他種惹性毒質之法同

在用鉛之各工藝內免鉛毒之要法各事內須極潔淨而因此事須設立嚴肅之規條近今又設法在磨挫鉛料之

廠內須常澆水、令其細粉不散於空氣中、設不能用此法、則令其工匠之鼻口用小籠罩、內用佛蘭絨一層、則可阻其細粉吸入肺內、又有一法、將硫強水少許、加入檸檬水內、令工匠常飲之、則可免胃腸中鉛毒常顯之害

凡引水存水、多用鉛管鉛箱、而其鉛常令水受其毒、故應詳細查驗此事之理、已有苦里司弟生對拉密蠟三人詳細查驗、而其所查得之事、大概如左

如空氣與水常遇鉛質、在水內消化之質、爲鉛合養氣所成者、而此水收空氣中之炭養二氣、而所成之鉛養炭養二結成絲色片形粒、再成鉛養一分、而照前說消化、則有新顆

粒變成、而依此法其鉛器之鏽蝕甚速、以上各變化俱恃多遇空氣而成、因將蒸水沸之、令其散去所含之空氣等氣、再封密之、令其與外空氣不相遇、則不能令鉛有消化之事、但其水無論爲蒸水、或爲極滑之河水、或鄉間聚合之雨水、如與淨鉛相遇、而能多見空氣、則其鉛之鏽蝕極速、反言之、大城鎮市瓦背所得之雨水、因含異質甚多、如遇鉛質、不能令其消化

鉛遇水所有之變化、幾分恃其水所含之鹽類、如水十磅、含鹽類三釐至四釐、則足成此事、又各鹽類之性情與鉛之相關、亦各不同、即如綠氣鹽類與淡養五鹽類、助其鉛之消化、而硫養三燐養五炭養二之各鹽類、阻其鉛之消化、如水內含鈣養二炭養二、則遇鉛質無妨、因此有數處之泉水、有不化鉛質之名、又如每水五千分、含鈣養硫養三一分、則斷不能消化鉛質、有數處之河水、如達迷塞河水與泉水之大半、含鹽類質足令其不能消化鉛質、反言之、有數處之河水與泉水、含鹽類極少、遇鉛多令其消化、以上各鹽類之外、如有不化合之炭養二氣在水內、則令其水之鹽類易於消化鉛質、由此可見凡通水管與存水箱、不用鉛爲妥、其水箱以端石爲之最佳、而其管以鐵或瓦或玻璃爲之、則不致受毒

尋常言之、鉛之遇水、所消化之數目、並用鉛管引之、鉛箱存之、其危險之大小、俱與其水之淨否有比例、如最淨之水、加以鹽類質消化在內、而因不得已之事、必用鉛管鉛箱、亦可免其弊、即如加硫強水、則成鉛養硫養三、爲無害之質、又如用鉛管鉛箱、引存雨水雪水、或最淨之泉水、則其危險大、如其箱蓋以鉛爲之、則其危險更大、因其淨水蒸氣之時、凝於蓋上、令其鉛之消化頗多

又有一故、能令鉛遇水之變化更易、而能令其鹽類質不阻其消化之弊、反能增之、即銲鉛之銲金內、所含之他種金類能成電氣、或其鉛質遇他種金類成電氣、而電氣能

助其消化

凡植物酸質與油類質能消化鉛故凡鉛器或鉛裏之釉面瓦器不可存醃果酸水或油類質如此種器皿中存乳蘋果酒火酒勒木酒則因此成毒又有洗玻璃瓶之法將鉛砂合水置於瓶中搖動之而誤留鉛粒在瓶內則所存之酒變毒

身內已存鉛毒有法能去之即服鉀碘五釐至十釐每日三服如將鎂養硫養合於此藥則更佳

五　銅與含銅之雜質

患紅銅之重毒爲罕有之事其故因銅之各鹽類有易於分別之顏色能免其危險並故意用此毒質害人惟間有自盡者用此質如廚房中之器皿以銅爲之則器具內成毒性之鹽類因此有誤患毒而死之案從前西人用銅爲器具較今時更多前已有人特意著書論其危險今時則幾於無人不知故此等事不必論之

銅之淨質無毒其能消化之鹽類有毒而銅養醋酸並銅合酸果所成之鹽類毒性頗重又因銅易與養氣化合銅養易與炭養氣化合銅養炭養易與酸質化合所以常有定質與流質遇紅銅而變爲毒性之案所有已查得含紅銅之毒性流質內有淡水鈉養炭養發泡水數種地產之水與泉水蘋果酒醋蒲萄酒施勒蒲酒並蕈醬油毒性定質內有五穀麵粉

法律醫學十五　銅與含銅之各質　卆

饅頭酸果糖果點心糖貨茶葉等所有常患銅毒之人爲買賣廢銅者與管理汽機者造黃銅之工人各種銅匠鍍銅或用銅粉之人等是也

紅銅與數種質合成彝銅即如合於錫鋅鉛其各彝銅亦能成毒性之鹽類又各種銀錢內常配以銅若干又常用紅銅黃銅料作各種器具作通水通酒等流質之管與塞門此各物如不收拾乾淨則易生銅毒而害人又有數種銲金內含紅銅頗多又有銅粉爲工藝內所常用之料工匠手遇之而肺吸之從此受其毒

如法國等處故意用紅銅器具燒豌豆等物令其有佳綠色造饅頭鋪將銅養硫養合於其麵粉內令其發酵更易又有提糖鋪用此料漂白其糖令其色更佳

如前所論鉀之雜質內其西里氏綠即銅養鉀養所含之銅質亦能助其毒性

常有成人或小兒誤吞小銅錢或小銅鈕其質全爲銅或大半爲銅又有人將黃銅之鍼含在口內俱受其毒

所有銅之雜質或鹽類內有數種爲要故必特意略言之金類綠又名勿弟脫藍即銅養輕養　前時作金類綠之法令其含銅養鉀養近時之作法將銅養輕養合於淨鈣養或白石粉或鉀養或鉛養等如勿弟脫藍含此種質之比例與金類綠不同

法律醫學十五　銅與含銅之各質　卆

無水之銅養爲樱黑色之粉易爲硝强水所消化所得之水加以淡輕養至有餘則變深藍色其銅養輕養之作法將銅養能消化之任一種鹽類水加以鉀養水即成

銅之各鹽類其毒性之關係大不及鉀養或汞綠之重所以此書祇論試驗銅之公法並言明其常用各鹽類之形性與分辨之法

試法　銅之鹽類藍色或綠色又如鐵養硫養與鎳之鹽類亦是綠色故必與銅之綠色鹽類分別之如極淡之水其色不顯或雖顯而不能知其水含何質故欲分別其含銅必通以輕硫氣則結成深樱色或黑色之質又如通以

淡輕硫亦有此事如加以淡輕養則結成之質爲銅養輕養設加以淡輕養至有餘則再能消化所得之水有銅養輕養之深藍色

又有法能在水內分別銅之鹽類其試法共有四種一　加以鉀衰鐵則成美觀之黃樱色質似含膠之形二　將磨光之鐵即如將鍼以線懸之落入水內則不久其面上結銅一薄層三　將其水之一滴令微有酸性置於白金鉑之面用鋅一條相切亦結成紅銅四　如將鋅之微片落於玻璃片上銅鹽類水一滴內則其紅銅在鋅面結成有樹枝之形可以其色分別之

銅養炭養又名天生銅綠　此質爲紅銅與羼銅之面所成綠色之衣而成此質之故因遇空氣與水此質合於酸質能發沸放其炭養其本質之各種化學變化與他種銅鹽類同

銅養硫養即膽礬又名藍石又名羅馬礬石　此質之銅可照前所言之各法分別之如加以淡輕水數滴再加以鉀養水則結成綠色之質爲銅養鉀養其所含之硫養可用淡養與鋇養淡養之法分別之

二銅養醋酸又名八造銅綠　此質之常見者或爲淨二銅養醋酸或爲二銅養醋酸合於中立性銅養醋酸與銅養炭養所以其色有綠色者間有藍色者如二銅養醋酸用酒燈

在試筩內加熱則醋酸之一分放散其餘則化分而所分出之炭質足令銅質變爲銅養所以試筩邊有銅皮一薄層又如將其鹽類合於淡硫强水沸之亦放醋酸之霧

銅養淡養　此質爲藍色顆粒易自消化分別其淡養之法加以鋇養淡養則不結成質加以銀養淡養亦不結成質又將其顆粒合於錫屑在蒸水數滴內加熱沸之則放淡養之紅色霧又如其水內添以鉀養水則成鉀養淡養可以特設之試法分別之見前淡硝强水之試法節

銅綠　有一種光綠色易自消化在水內亦易自消化之質爲銅綠又有一種白色不能消化之質爲銅綠又有一

種質爲銅綠合於養氣者俗名布命司會格綠色料此各質分別其本質之法俱與紅銅之他種鹽類同其能消化之銅綠可用銀養淡養分別其所含之輕綠其不能消化之銅綠必用法令變爲能消化之鹽類方能分別之

銅養鉀養　分別此質之法已在論鉀之一節內詳言之

生物流質內含銅　胃中常含之數種質能令銅之鹽類質化分卽如阿勒布門非布里尼牛乳茶咖啡等又能爲胃之暮苦司膜質化分所結成之質爲銅養但因銅之鹽類不常全化分如將其質合於蒸水沸之而以濾紙濾其水則所得之銅鹽類或能足敷化分之用其不能消化之

質必存之爲隨後試驗之用如將其流質令其少有酸性而通以輕硫氣則結成櫻黑色之質爲銅硫將此質取之洗之乾之在玻璃管內燒成灰令其所含之生物質全散再將所得之銅硫合於淡養數滴令其變成銅養硫養所得之水加以淡輕養至有餘則成深藍色

如身體之各定質內含銅則有法能得其水卽合於輕綠與鉀養綠養加熱此法已在前第十二卷之末詳言之又有法將其生物質燒之取其灰如其內含銅必將淡養與水等分與其質和勻加熱則成銅養淡養可以尋常之法分別之

曾有人在人身之定質內分別含銅而不常在身之津液內遇見之惟此各案因服銅鹽類而患其毒而有格致家云動物體並數種植物食物常含銅而爲無害者法國格致家布低尼云養植物之泥土或肥田之糞等質內原含有銅質因此爲植物所收而由是入動物之身近有苦里司脫生與舍夫羅勒曾查驗此事而言身體之內原不含銅爲天然之料後有著名之化學家哇得領與杜布類在人身之血與膜質及臟腑內查得其銅又在六畜之體內亦查得之有數種動物質如乳餅雞蛋數種穀類與菜類並在麥麪粉饅頭俱有其微數而以上試驗之事內其銅

不能由所用之器具得之故可以爲動物質含銅爲天然之料見藥品記錄書一千八百七十五年八月初七日卽一百十九頁有阿但司化分身體得銅而醫士里替此有駁其嘗爲憑據之說凡人身體所能遇見天然之銅質必爲極微之數不足爲醫學與律法相關之事內作據所以如得銅頗多者在血或在肉或在臟腑內得之則可當爲有害於人命之物且不能因身內原含銅之微數而言化分食物而得故意加之銅或誤加之銅爲無害於人者又有一奇事與此有相關者卽有一種鳥名吐拉哥俗名食蕉鳥其翎毛有翠色而其色料每百分含銅六分此事亦不能爲據因此鳥之身內血中流動之銅數在翎毛中凝結成顏

色料其數極微無害於鳥之生命

化分求數法　用結成之銅硫質在硝強水中消化之加以鉀養水令成銅養則每得黑色銅養一百分配成銅養硫養三之顆粒三百十二分

病證剖驗見式與治法

病證　服銅中毒之後過一刻之久腹中大痛嘔吐噫氣所吐之質藍色或綠色又有泄瀉與抽筋腦筋之病證如癇證癱瘓筋縮不放失知覺等證惟其各案之證不同大略能分爲數類即與砒霜及汞之病證同理有一種病證爲常顯者即黃疸

剖驗見式　胃與腸之暮苦司膜質生炎生瘡變厚發綠色又有數處似成死肉間有銅之鹽類黏於其面此情形間有自胃以至食管俱有之又見腸有蝕通者皮膚黃色其餘剖驗見式不能專爲銅毒所成

治法　最合之治法用蛋清與鐵屑而蛋清爲最佳其法先多服生蛋清後服膠類之飲物如不能自嘔吐須用水節其餘各事必依其所顯之證而治之

致死之服數　如成人服二銅養醋酸半兩足令其死此爲尼曼所記之案又有幼童服銅綠二十釐足令其死服後能活之久暫　有服銅之鹽類而速死者即如十六

個月之女孩服銅養硫養數片四小時內即死此爲對拉所記之案另有多人服銅鹽類十二十三六十七十二七十八等小時而死者俱有之〔馬施楷報一案於一千八百七十一年十一月二十六日記於維也納醫學報其人欲自盡而服銅養硫養三日後死其病證最重者爲黃疸而其黃疸之故疑爲膽汁變油即與前所言砒霜與燐毒之案同〕

誤患銅毒　已有多案內用紅銅器具燒食物令人受大害間有毒死者有數人同時受其害又有飲物之酸質與油質之變壞者久存於銅器內後有人飲之而受害即如有天主寺內之人俱患腹大痛嘔吐含黃疸之汁大便不通多失氣胸口大痛如有火燒內腎與四肢大痛兩手軟似癱瘓久受此害無法能治之則有化學家格米林細查驗此事則知寺內廚房所有之器具如鍋壺盆與存牛乳之礶存乳油之盆概爲紅銅所造而因此食物內不免收其銅足有害於人船中亦常有此種事即如英國第二等兵船賽克陸波斯有水手三十六名患銅毒內有三人大發癇證而死〔見布連所作水手各病之書內載戈登所作之一欵第三次印第二百九十三頁〕其船行至北冰洋船主名陸斯水手所食之魚合於醋與水煮之於紅銅之器內其器原鍍以錫但因用之已久而錫化去又有醫士拉摩賽查驗三船俱有相類之事〔記於醫學聞見記錄第二本第一百四十六頁〕以上各案內其人有癇證並腦髓與腦筋

之奇證此事與醫士沛西伐勒所言者同意其言曰從來所見最重之癇證係服銅養硫養年輕之女已服其二錢因大失望而欲自盡也惟每發癇證中間之時亦能省事此病後愈（見沛西伐勒論第二本第二百二十七頁）又因銅之鹽類能令人發大癇證如服銅養鉀養而中其毒其所發癇證可當爲銅質所成而與鉀養無大相關

凡以紅銅器具燒定質或流質之物或存之而受其毒其緊要之理可以數語明之即蒸水遇淨紅銅不受其毒數種鹽類水即如食鹽白礬硝鎂養硫養等水如在紅銅器皿內加熱則受其毒酸質與油類質更受其毒如其油質已發酸則其事更重然以上各質在乾淨紅銅器皿內沸之則幾無危險設久存於其器皿內不免有危險又空氣遇溼紅銅則成含輕養之銅養炭養此質遇器內存料之酸質則令消化

試驗人與動物服銅而中毒　有數種動物能服銅養硫養頗多而不受其大害所能服之數較人服而能受害之數更大如英國藥品書以四分釐之一至二釐爲收斂藥之服數五釐至十釐爲吐藥之服數如令狗服十五釐至六十釐連下多次至久不能覺之但其時過若干限則其狗不欲食嘔吐泄瀉速瘦而死故可見狗中銅養硫養之毒可遲顯其性而其毒爲定有者又試驗他種動物而知紅銅之雜質合於醋酸或布低耳以克酸不惟能令其嘔吐泄瀉久之尚能令其昏暈癱瘓心悸混亂鴿與兔服中立性銅養醋酸或銅養乳酸或銅養布低耳以克酸或銅養蘋果酸自七釐半至三十釐爲一服則混亂其呼吸肉筋變軟身體振動抽筋熱度減小心癱瘓而死

試驗人服銅養硫養之證則有醫士拉弟馬格自服四釐爲一服每日一服至八箇月而止無他病證惟食物分外多並有無痛之泄瀉又有杜散每早夜服此藥三釐至七釐半連服十四日無他病證惟口中覺有金類之味又服含紅銅之各種藥連下六箇月亦無病證（以上各案並另有數案俱爲醫士布倫敦傳余知之者一千八百七十一年之時醫家多查驗用銅藥令豌豆得佳綠色之事）

久患銅毒　如人身內久受銅質則有人言必成數種害而醫士之意見常有不同者尋常以銅爲業之人有腹痛與鉛毒腹痛相類而常多泄瀉如爲鉛毒令大便不通又有人言此非銅質所成而爲合於銅之各色羼金所成此事令人身漸顯之病證係令暮苦司質受惹即氣管分支胃腸各處之暮苦司質是也其腹痛按之更甚且有泄瀉又有一事爲醫士哥里干所記者即牙肉成紫紅色線紋一條又有醫士格拉晢屯云其紋色爲綠並有髮與溺汗

變成綠色之案。見格捷毫在一千八百六十二年第一本醫學報所記之說。又有製造黃銅器皿之匠，連年鎔化銅質，常有發大熱與瘧疾同類。俗名鎔銅匠瘧疾，或言此證與銅無關，俱為所配之鋅毒而成

前言有數種食物，如醃果、開巴、豌豆等植物，用銅之鹽類，令其有新鮮綠色，而此各質之含銅，有便法能顯出之，即將光亮鋼鍼加醋酸令溼，置於其內，則鍼面鍍銅一薄層。惟此種植物所含之銅養醋酸或銅之別種鹽類，有害於人與否，可查一千八百七十七年醫士阿番司，即倫敦司脫蘭特圖管理眾人平安事之官云，出售小豌豆在馬口

鐵罐內者為犯法，因有特設之律法，管理賣食物藥材第三款不準此事。醫士阿番司將此種豌豆在九處買之，其所含銅數，當為銅養硫養，而推算之，則每磅含半釐至四釐，此數過多，有害於人。英國馬蒲羅巡捕審問堂之官諾克司，審問其案，則聽兩造之詞，詳細訊究，定例用膽礬令豌豆有新鮮之色，係有害於眾人之精神，令出售此豆之鋪，罰金若干，以後不准為此事

審問以上之案，兩造之詞甚繁，本書不及備載，而其大概之意，凡動物與無病者，試驗服銅質所成之病證，又常作紅銅並各[illegible]銅之工匠，俱能為其據，因此知身體能受銅質頗多而無害，即與義士的里亞之鄉人能多服砒霜而無害者相同。反言之，有數案其人服銅鹽類之微數，大受其害，至於傷命，即如口唇之病，用含銅之膏搽於其上，黃銅小釘或小鍼銜於口內，又銅錢嚼之或吞之，或存水於不淨之銅器內，此各案俱顯明其有害於人之處。醫士巴黎司在巴黎司與分步蘭格之書第二本第一百四十四頁云，有五案俱為可信者，其人吞銅錢久存於腹中，而未顯毒性。正斯敦書內先引牛曼之說，論服銅之微數而有害之事，後云余已見數案，用含銅之膏藥治小兒口內之瘡，而患其毒，有一案勉強救小兒之命，而其口中所用含銅之膏藥極少，入腹中者祇為微數。醫士沛西伐勒亦有一案，有

一幼婦食存於醋內之散非爾酸菜兩碟，而此菜內含銅毒頗多，九日之後而死，其痛之苦楚最重，胃與小腸之上半，暮苦司膜質生炎，而成死肉。此案似屬於此類，應連類及之。惟此種酸菜一次祇可食少許，如一次食兩碟，雖不含銅，亦足令人大病，故可疑其病未必與銅有相關

六　鋅、錫、銀、鐵、鉍、鉻等質並其雜質

鋅　鋅之雜質，有二種須言之，一為鋅養硫養三，一為鋅綠。

鋅養硫養三。又名鋅礬，西俗名白礬。此質為常用之吐藥，不足為毒質之緊要者，其顆粒無色或幾乎無色，為柱形，最易在水中消化，味澀，其形與草酸鎂養硫養大同小異，如欲與草

酸分別之則有特設之法列於草酸之一節內如欲與鎂養硫養分別之加以輕硫或淡輕硫則結成白色之質如爲鎂養硫養則不結成此質

鋅養硫養水內通以輕硫或加以淡輕硫如其水內含酸質未過限者則結成白色之質爲鋅硫如加以淡輕水或加以二淡輕養三炭養水則結成白色質如再加至有餘則其質再能消化如加以鉀衰鐵亦結成白色之質設其鋅養硫養含鐵者則所結成之質非純白

生物流質內分別鋅養硫養　如蛋白與牛乳等質能令鋅養硫養化分再能與其鋅養化合成不能消化之雜質又含樹皮酸之質亦有此種性情其生物質先用輕綠合鉀養綠養之法滅之則其餘下之酸水內含鋅綠設不用淡輕養滅其酸性則通以輕硫不能有質結成如依此法爲之則結成鋅硫但其質帶別種色因其生物流質內有綑質料而其料含鐵令其結成之質變色必合於淡醋酸消化含鐵等料濾之乾之在瓷鍋內煆之令變爲鐵養此質必在硫養內消化其水內亦必加以輕綠或淡養再化乾之逐去其餘硫養再在水內消化之所成之鋅養硫養水亦必照上法試驗之

病證　鋅養硫養有可憎之苦味食其大服能令喉乾又

大渴嘔吐泄瀉腹中大痛因其爲吐藥之性甚重故尋常服之早從胃中吐出惟有一案係醫士其蒲所記者有一長足之女飲洗藥水內含鋅養硫養六十七釐竟不嘔吐雖另服吐藥令其嘔吐亦屬難成又有人服鋅養硫養每日三服每服二十釐連下數十日而不覺有害此爲醫士巴平敦之說

剖驗見式　所見之式祇爲胃與腸之暮苦司膜質生炎無他情形

治法　用鉀養炭養或鈉養炭養之淡水爲解毒藥後多食牛乳蛋清多飲含樹皮酸之流質卽如濃茶橡樹皮或金雞那皮煮水其餘治法與尋常惹性毒質之治法同

鋅綠　有一種滅臭或滅惡氣之水西名白尼得水卽鋅綠之濃水每一兩含鋅綠二百釐此爲重消蝕性毒藥而其病證及剖驗見式與各種消蝕性毒藥者相同間有另顯數種腦筋之證令人死者有數案間有死於四小時以內者

錫　錫合綠氣有二種質一爲錫綠一爲錫綠其錫綠爲黃白色鹹形顆粒此二種鹽類合在水中消化俗名染家醋以上二質之外錫之鹽類無緊要者

試法　錫綠之形性有四種爲要一通以輕硫或淡輕硫

則結成深櫻色質如再加試料則再消化[二]如加以汞綠則結成灰色質為極細之汞粒[三]加以金綠則結成深紫色質西名楷昔由司紫料[四]將鋅一小片置於其水內則結成樹木形之質能見其枝葉有正角形之排列如第八十三圖但不能藉此與他質分別之其錫綠一釐化在蒸

第八十三圖

水二兩內足以顯此變化分別其綠氣之法加以銀養淡養[五]則所結成之白色質不能在淡養[五]內消化

錫綠[二]水內加以輕硫或淡輕[四]硫則結成黃色質如加至有餘則結成之質再能消化可見其質色與鉀硫與鎘硫大

同小異而與鉀硫[二]之分別因不能在淡輕[三]水內消化與鎘硫之分別因不能在輕綠[一]水內消化又如錫綠[二]水內加以汞綠[二]或金綠[二]則不結成質而其綠氣可用銀養淡養[五]分別之錫之鹽類令人身顯出惹性毒質尋常之證須多用蛋清或乳或沖淡之流質治之如不自嘔吐須服吐藥或用水節

銀　銀之鹽類有銀養淡養[五]西俗名太陰烙炙藥此質常見者為片形顆粒或製成筆幹形此質在蒸水內極易消化其水有酸性而有金類重澀之味其消蝕性最重如合於生物質見光則發黑色其本質有六法能分別之[一]通以輕硫或淡輕[四]硫則結成黑色質[二]合於淡輕[三]水則結成櫻色之銀養如加至有餘則結成之質再能消化[三]加以輕綠則結成白色塊形之質即銀綠此質不能在硝強水中消化如在白金箔上加熱則融化成明角形之質[四]如加以淡輕[三]水至初結成之櫻色銀養全消化再加以鉀養[三]則結成黃色質為銀養鉀養[三][五]如將紅銅一條通入其水內即速鍍

第八十四圖

銀層[六]如將鋅之微片置入其水之一滴內則其銀結成樹葉形如第八十四圖此為極細之試法如水八兩化銀養淡養[五]一釐則試驗此水能得樹葉形如第八十四

圖之右圖如將以上各試法所餘下之水分別其配質則加以鉀養炭養即成鉀養淡養[五]

銀養淡養[五]毒死人之案甚少醫士司卡他古特於一千八百七十一年在英國醫學記錄第五百二十七頁記一案有小兒生十五個月偶然吞銀養淡養[五]一條長四分寸之三則胃中之質幾即刻吐出服鈉綠治之但二小時以內屢次有嘔吐與瘋證又有泄瀉後收癟在服毒後六小時發重癇證之間而死

剖驗見式　食管有消蝕內質之處胃之大彎面並小腸上迴及中迴之上半俱有蝕去之質又見結成之銀綠有

乳腐之形黏於其面其銀養淡養五已全化分

治法　須將其能消化之銀養淡養五變爲不能消化之銀綠其法用尋常之食鹽水頗多

久服銀養淡養五而受其毒　有數種病須服銀之鹽類治之則牙肉成藍色線紋與鉛毒所成者同此後全皮膚變爲灰藍或鉛色而久不散此之謂銀毒而其故因皮膚之網質內結成銀之極細粒然此證不惟在皮膚上顯出又能在臟腑上顯出大半在臟腑小血管內面凝結

鐵　鐵之鹽類如鐵養硫養三即青礬並鐵綠二其性情雖輕而當列於毒質內其本質有四法能分別之一　加以輕綠

不結成質加以淡輕四硫則結成黑色質爲鐵硫二　加以沒石子沖水亦結成黑色之質三　加以鉀衰鐵則結成藍色質遇空氣則其色更深四　加以鉀衰硫則結成深血紅色質如欲分別其所含之配質則其硫養三可用鋇養淡養五之法而分別其綠氣可用銀養淡養五之法

鐵養硫養三與鐵綠三酒俱有毒死人之案又有顯大毒性不至於死之案如醫士苦里司脫生記錄一案其人服鐵綠二酒而死其病證與剖驗見式與尋常重惹性毒質者同其治法多用吐藥與沖淡之流質

鉍　鉍之鹽類有鉍養淡養五鉍養三淡養九鉍養三二淡養五食其

大服如一百二十釐曾有毒死人之案其病證及剖驗見式與惹性毒質者同但因尋常所用之鉍有含鉀者則恐所用鉍養三淡養五亦含鉀若干而其惹毒性幾爲此故尋常所用之鉍養三淡養五爲白色不能消化之粉遇輕硫氣則發黑色又遇淡輕四硫亦然其質能在淡養五內消化惟多加水沖淡之則仍能結成其水與鉛之鹽類有相同之處即加以淡輕三水或鉀養水則結成白色之質而加以淡硫養三則不結成質如此則能與鉛鹽類分別之又如加以鉀碘則結成深櫻色質

鉻　鉻之鹽類有二種一爲中立性之鉀養鉻養三一爲鉀

養二鉻養三俱爲工藝內多用之料在染工內亦用之其鉀養鉻養三有光黃色並有可憎之苦味而鉻之別種鹽類與雜質俱以此質爲之其鉀養二鉻養三爲紅色而染料內多用之其質爲深橘皮色片形顆粒或爲長片柱形顆粒其質極易消化而所成之水淡者爲黃色濃者爲橘皮色如合於鉛之鹽類則結成黃色質如合於銀之鹽類則結成深紅色質曾試驗令動物服之則知有重惹性之毒又服之多於一次則能毒死曾有一案係聖巴多羅買醫院之醫士胡特傳與對拉者有一女人服此質二錢四小時內即死而死之時顯出重惹性毒藥之證又剖驗見式與消

第八十五圖

第八十六圖

蝕性毒質者同其治法用沖淡流質與潤內皮流質如爲不甚濃之鉀養二鉻養三水其顆粒之形狀如第八十五圖又如其淡水即每水百分合其一分者其顆粒成樹葉形如第八十六圖又如最濃之水所成之顆粒爲粗而方形之片或片形柱形之顆粒其淡水所成之顆粒爲最要者因馬錢霜並別種鹼類毒質分別之工夫內亦藉合用鉀養二鉻養三所成之顆粒形分辨之

如造鉀養二鉻養三之工匠常有手生舊瘡間有腿與肩亦生之其瘡之緣起因皮膚有破爛處遇鉀養二鉻養三受其烙炙性而成硬肉隨後成一瘡而瘡邊硬凹如杯之口間有眼珠生炎又有其濃水入眼皮內則其證更重此說爲哥拉斯哥之醫士衣弟傳於余知之者

鉛

鉛之鹽類曾有醫士試驗令動物服之知其有毒性此書姑不詳言之

所有罕見之金類如金鉑鈀等之各鹽類亦有毒性而與醫學合律法之事內無大相關即如銤養四在顯微鏡查驗之工夫內用之又常用爲染料能發重惹性之霧而有一案其人因吸此霧而死七日見一千八百七十四年六月二十醫學新聞紙醫士累門德所

一作之欵

上海曹鍾秀繪圖

新陽趙詒琛校字

法律醫學十五　鋅錫銀鐵鉍鉻等質並其雜質　二十

法律醫學卷十六

英國　該惠連
弗里愛　同撰
英國　傅蘭雅　口譯
新陽　趙元益　筆述

論寗睡性毒質

鴉片與其各雜質

前三卷論死物毒質此後各卷專論生物毒質以其最要者鴉片爲首如英國與威勒爾士每年毒死之人大半因服鴉片或鴉片所成之質偶有一年不及大半則有他年能補之所以多年之中數仍得大半所用含鴉片之藥以鴉片酒爲首而鴉片定質次之又有一種藥係加特福里

所設之提精神藥給嬰兒與小孩服之所死者大半不及一歲至於服嗼啡啞與嗼啡啞鹽類而死之案不多有之又鴉片與其各雜質不多爲故意毒人用者惟間有令人服鴉片酒使犯各種罪案即如偷盜或強姦等事而其藥合於別種質如白蘭地酒或咖啡等掩其臭與味令人不覺或令其先多飲酒使其嘗味不正而後服之又有令人屢次服打打伊密的後令其服嗼啡啞醋酸成毒死之案又有數案令人服鴉片酒合於輕衰

如睡性怕巴甫即罌粟花如第八十七圖其殼能成數種藥爲英國藥品書準用者計外科之煮水嬰兒服之糖漿罌粟殼水膏並鴉片定質即罌粟乾汁又有一種煮水爲罌粟殼所作而藥品書尚未準用者常有人合嬰兒服之間有足以致死者其罌粟殼之種子間在胃中能見之又有數案其醫士云服罌粟種子足令其人死故前特設其

第八十七圖

圖顯明其分寸與顯微鏡所顯之形見前第四十五圖之三號略二百三十粒重一釐白色或灰色者不定

鴉片　此質爲罌粟未熟之殼凝結之汁而其形狀爲常人俱知之者其質紅櫻色臭濃而奇味苦而頗澀然鴉片

分爲多種類而其形性自各不同俱依其種植在某年某處子殼或生或熟造作之手工用何法粗心或細心爲之有否異質在內而有分別但各種鴉片含數種質與一種奇異之酸質化合又合於松香質與膏質其各種化合之質能用常熱度之水消化之又能用酒醋金類酸質植物酸質消化之

英國藥品書準用含鴉片之藥料開列如下　鴉片酒略每十五滴含鴉片一釐　淡輕養鴉片酒每一兩含鴉片五釐　樟腦雜酒又名拜里揭里克每半兩含鴉片一釐

鴉片膏鴉片流質膏　鴉片雜散每十分內含鴉片一

分　鴉片糖膏每四十釐含鴉片一釐　叱嗶喀雜散又名度法散每十釐含鴉片一釐　白石粉鴉片香散每四十釐含鴉片一釐　幾奴雜散每二十釐含鴉片一釐　肥皂雜丸每五分含鴉片一分　鉛合鴉片丸每八分含鴉片一分　叱嗶格合士哇盧丸每十六分半含鴉片一分　鴉片糖片每片含鴉片十分釐之一　鴉片葡萄酒每一兩含鴉片膏二十二釐　鴉片外導藥每小粉水二兩含鴉片酒三十滴　鴉片硬膏每十分含鴉片一分　沒石子合鴉片油膏每一兩含鴉片三十二釐

以上爲藥品中準用鴉片之各藥從其藥數之多可知鴉

片爲藥中之要品

又有一種鴉片酒俗名黑色滴藥所含鴉片較藥品中準用之鴉片多二三倍又有一種平火安心藥係拜得里所設者此種鴉片水每二十滴或云能抵鴉片酒三十滴此二種亦爲常用之藥品其黑色滴藥用酸果汁與香料配成之而拜得里藥疑爲水中消化之鴉片再有數種藥如加特福里提精神藥犬勒皮去風藥小兒平安藥另有數種藥水令小兒服之能睡俱含鴉片酒其多寡不定此爲其要質另配糖漿補胃藥與鎂養等

鴉片內含數種重性之質即如分出之質內有嗼啡啞那而苛弟尼那而西以尼米故尼尼又名鴉比恩愛里替巴以尼又名巴辣嗼啡啞苛弟以尼帕巴甫里尼格里布度鴉比阿等質然以上各質依醫學合律法之事言之則其最要緊者爲嗼啡啞與米故尼克酸此二質在鴉片內化合成嗼啡啞米故尼克以此二種質之各變化足爲分別鴉片之用並可依其臭與他種形性分別之

如欲分開鴉片中之嗼啡啞與米故尼克酸須將其鴉片先用冷水數分一一移浸之所得之鴉片水含其鴉片內重性藥料合於鎂養沸之則其鎂養與米故尼克酸化合結成沈下而其各種重性質隨之沈下將所結成之質洗

之乾之合於正酒醕沸之則消化其那而苛弟尼與松香質而其嗼啡啞與鎂養米故尼克仍爲定質

如欲分出以上質內之嗼啡啞將此結成質以濃酒醕沸之則消化而其松香質亦隨之消化如屢次令成顆粒則能從其水中得淨嗼啡啞

如欲分出其米故尼克酸須將其不淨之鎂養米故尼克在淡硫强水中沸之再加熱熬乾幾分待冷則有質結成沈下將此質在水內消化之加以鉛養醋酸則成鉛養米故尼克此質洗之在水中調和之而通以輕硫氣則結成鉛硫而水內存米故尼克酸熬乾之後則成不淨之米故

尼克酸爲魚鱗形顆粒

嘆啡啞與米故尼克酸試法

嘆啡啞形性　一嘆啡啞爲白色粉或爲顆粒其含松香質多寡不定其全淨者無色其顆粒爲六面柱形者而在上等嘆啡啞內能用顯微鏡分别此種全顆粒或分顆粒若將嘆啡啞鹽類如嘆啡啞醋酸等鹽類之水令遇淡輕之霧則所結成之質如第八十八圖　二其顆粒有苦味而無臭　三如在白金片上加熱則融化成黃色油類形流質而燒如松香所餘之質爲半顆粒形含炭之質且燒時發淡輕霧　四如在瓷板上加熱則凝結成顆粒形質此質以

下詳言之　五其顆粒難在水或以脫內消化更易在酒醕或酒醕以脫或醋酸以脫或阿美里克醕內消化但阿美里克醕如加熱則極易消化在烙炙鹼類水內消化又能在生物或死物酸質內消化尋常藥品內用此法消化之　六其水稍有鹼性變化　七嘆啡啞之各種水加以樹皮酸則結成即與别種生物鹼類同

第八十八圖

又能用前第十二卷內所有查驗生物鹼類各法中之試藥令其凝結

試法　試驗嘆啡啞之法試驗其定質最爲合宜所以如欲試驗其鹽類之水必將其水在玻璃片或瓷板面成滴而令遇淡輕霧則其嘆啡啞能自分開

甲試驗嘆啡啞定質　如得白色或無色或稻草色顆粒疑屬於生物鹼類則用前第六十圖之法置於乾淨之白瓷板而以玻璃片蓋之則其質變黑融化發煙結成黑色之痕迹所發之霧凝結其性情以下言之則其爲生物鹼類粉或顆粒之決疑處頗重又如將其粉少許置於乾淨白瓷板加濃硫强水一滴令其消化則不變色設如少加熱則變淡櫻色加大熱則變深櫻色如連加大熱則其流質漸變色幾爲全白而發多霧能惹人之肺而其臭如燒

焦之呢此爲用熱試驗之法但必另用他法分别其實爲嘆啡啞粉其各法內必用乾淨白瓷板

一硝强水試法　將其粉少許置於白瓷板上加硝强水一滴則變深橘皮色而發沸生成淡養之紅色霧

二鐵綠試法　所用之試藥必有中立性而落於粉上應發一鮮明靛藍色如多加至有餘則變綠色

三碘養試法　將碘養少許在新鮮冷小粉水一滴內消化之置於白瓷板上則將所欲試之粉或顆粒置於其水內則有碘放出而成小粉合碘之藍色質又法將其碘養水置於試筩內加以炭硫數滴或哥囉仿數滴而搖動之

其水應無色加入嗼啡啞顆粒則有碘放出搖動之而待其澄清則有玫瑰紅色碘水沈下

四硫強水合硝強水試法又名胡斯曼試法　將其顆粒置於白瓷板上加以濃硫強水而加熱待冷加淡硝強水一滴則其水變成血紅色

五硫鉬養三法又名傅勒特試藥　將鉬養三或鈉養鉬養三在濃硫強水內消化之將其新消化者加熱至無色如合於嗼啡啞則發美觀之茄花色漸變藍色再變污綠色如加以水則其藍色立即不顯此試法再細而不足為全據

六硫強水合鉀養二硌養三試法　如將冷而濃之硫強水

合於嗼啡啞則照前說幾無變化如加以鉀養二硌養三水則發美觀櫻色速變為綠色此因其硌養三分出之故

乙試驗嗼啡啞乾蒸凝結之質　如將嗼啡啞乾蒸加熱至三百三十度則發霧而散加熱至三百四十度則融化而連發能凝結之霧至全變為黑炭迹而止其凝結之質有如卷葉形如第八十九圖或全為白色之圓點大略為顆粒形如第九十圖設其蓋密之玻璃片之熱度與其白瓷板之熱度相近則凝結之質為柱形顆粒或分開或相離如前第八十八圖設其熱度更小者則成小球形而其面有條紋或有水成之模樣間有翎毛形而深色之顆粒其條紋小球形顆粒如第九十圖如用嗼啡啞不外百分釐之一亦足成此各變化且能乾蒸數次每次所得凝結之質其形狀與變化俱相同所凝結之質無論為何種形狀俱能在數種試藥內易於消化又所成之顆粒其形狀最佳而最易分別

第八十九圖

第九十圖

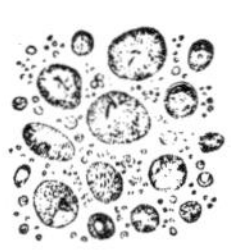

如第九十一九十二九十三九十四各圖為尋常所得之形其九十一圖為乾蒸凝結顆粒形合於淡鹽強水所成之質每二十分合輕綠一分其圖係放大十五倍其九十

第九十一圖

第九十二圖

第九十三圖

第九十四圖

二圖為用酒醋所得之形而放大五十倍其九十三圖為用淡輕三水所得之形而放大七十五倍其九十四圖為用不成顆粒之凝結質合於蒸水所成之形而放大五十倍其顆粒之形似蠅之翅此各種變化應用顯微鏡觀其變成因尋常速顯間有猝然顯出者

米故尼克酸　米故尼克酸為魚鱗形之顆粒其不淨者為暗紅色更淨者為淡黃色全淨者無色以顯微鏡觀之則為花點形之片其大小厚薄與形狀各不同能在水中

消化，而其水有重酸性之變化，如在白色瓷板上加熱則易融化，而成粗白色片形，加更大之熱則發熱發煙融化其霧凝結成白色之質，內無顆粒，所餘之質惟少有黑色痕迹，如米故尼克酸在流質內消化，加以鉛養醋酸，則成白色質，爲鉛養米故尼克酸，不能在醋酸內消化，此質無毒，所有試驗米故尼克酸之各法，無論爲顆粒或爲消化之水，祇有一法爲善，而此法亦爲試驗嗼啡啞之法，故特意言之如左

鐵綠試法　鐵綠合於米故尼克酸，則成極深櫻桃紅色如加以錫綠水，則滅其色，加以淡金類酸質，用汞綠水或

金綠水，俱不滅其色

惟以上之試法，如合於鉀衰硫，並合於含鉀衰硫之口津及尋常芥末水，俱能成此變化，惟此各質所成之色，加以汞綠則滅之，又如鐵綠加入濃醋酸水與中立性之醋酸鹽類，俱能成同類之紅色，惟此各質合於鉛養醋酸，不結成質，而米故尼克酸能結成質，故可見此事亦不礙於以下之試驗法，所有從鴉片水而得之米故尼克酸

以上試驗米故尼克酸之法，亦爲試驗嗼啡啞法最重之據，因顯明得此二質之水，必爲含鴉片者

生物雜質內含鴉片　凡查生物雜水內含鴉片與否，其試法，加以硝强水，如變橘皮色，可疑其含嗼啡啞，如加以鐵綠，發紅色，則可疑其含米故尼克酸，可將其生物雜流質先沖淡之，令其本色與其試水所成之色不混而止

鴉片中之鹼類質從生物雜質分出之法，已在前第十二卷之末言之，所有鹼類質內，嗼啡啞爲最要，而其數最多，又有那爾苛弟尼，亦必查之，因其數幾與嗼啡啞相埒，而前言那爾苛弟尼能從鹼類水中分出，又嗼啡啞能用阿美里克醕分出，設疑水中含鴉片，則嗼啡啞之外，尚應查驗米故尼克酸，故可將其生物雜質酸性酒醕膏合於鉛養醋酸水，至不再結成質爲度，即將其流質搖動之，待若

干時，傾於已溼之濾紙上濾之，則濾紙所存之質，爲不淨之鉛養米故尼克，而其水中含嗼啡啞，有嗼啡啞醋酸之形，又有不化合之鉛養醋酸，其前結成不淨之鉛養米故尼克，用蒸水少許調和之，加以輕硫水至有餘，則成鉛硫而水中仍存米故尼克酸，此水合於鐵綠，則變成深紅色，熬濃之，則成米故尼克酸顆粒，其流質含嗼啡啞醋酸，亦必通以輕硫氣，則所含之鉛質變爲鉛硫而結成，其水必再濾之而熬成漿，加以鈣養炭養，至有餘，而合於以脫搖動之，則那爾苛弟尼並所含之別種鴉片鹼類能消化，而其嗼啡啞不消化，如將其流質合於酒醕以脫或醋酸以

脫或阿美里克醕搖動之則嗼啡啞爲其質所消化如熬乾則能得之又如所得之嗼啡啞不能全淨則可用前第十二卷末所設之法提淨之

那爾苛弟尼能在以脫中消化如用鈉養炭養[二]令其分開則結成斜方柱形之明顯粒或鍼形顆粒其質不易在水內消化而能在以脫或偏西尼內消化此性情與嗼啡啞不同其鹽類不能成顆粒又易在水或醕內消化

那爾苛弟尼如合於鐵[二]綠[三]或碘養[五]俱不能成嗼啡啞特顯之變化如加以濃硫養[三]則消化初時無色後速變黃色如將此水合於硝強水一滴或加鉀養淡養[五]一小粒俱能令其發血紅色此形性與嗼啡啞相同

蒲陸山書中有簡便試法即將那爾苛弟尼在淡輕綠水中消化再加以溴水少許則結成黃色質如其水過淡則不結成如沸其水則其結成之質消化如漸添以溴水而沸之則成最佳之玫瑰花色雖其水極淡亦能顯之設加溴水過限則滅其色

以上之法雖然能顯含嗼啡啞與米故尼克酸之證而爲可恃者然間有不靈之時因有人服含鴉片之流質其數甚大而不能依其臭與味及化學之變化分別之雖其死時最速亦不能分別近今醫學家考知間有用鴉片毒死之案用最妙化分之法不能在胃中所見之質內得服鴉片可恃之據又間有竟不得證據者有一案其人胃中全空之時服鴉片酒一兩半半小時後嗅胃中所出之水毫無鴉片之臭設有其臭則必與他臭相合而相混見布來德醫學要案第二本第二百零三頁

病證剖驗見式與治法

病證　凡用鴉片爲毒藥所顯之病證各不同又所顯之證先後各時亦不同

如服鴉片或含鴉片之質足爲顯其毒性者則所顯之證內有頭暈欲睡不理諸事後即不省人事久之則漸失知覺似沈睡呼吸遲幾不顯出眼閉瞳人縮小畏光脈過數或滿而濇皮膚暖而溼面色發紅初時作大聲猝然動之或輕擊之則易驚甦久之雖搖動甚猛大聲呼喊或用翎毛惹其鼻觀或噴水入耳或用手巾撲其手足俱難阻其睡更久之則全昏暈無法能驚甦之鼻中鼾聲呼氣遲有大聲脈濇而滿面白帶灰色皮膚冷而溼手與口唇發紅間有初時嘔吐又有臨退之時而嘔吐者如令其人常搖動不許其睡則常嘔雖不服吐藥亦能常嘔大便尋常不通間有因成羊癲瘋或收癵或悶或癇證或癱瘓而死所能愈之人久有重睡呼吸最遲腦氣筋受大激動頭痛重

嘔吐余親見一案女人服鴉片酒甚多而漸愈其脈每分時有八十至其呼吸每分時有六次

偶有之證　自行嘔吐泄瀉小便不自主昏暈痲證其痲證大半爲小兒顯出間有遲更顯出痲證與不省人事又牙關緊閉與抽筋不放之痛癱瘓迷蒙瞳人放大或一放大一縮小而回轉職分最靈動而易受惹至於別事則不知不覺脈尋常之遲數與力與常時同間有滿而滑此爲起首時所顯之證如失知覺之一層證候已至而其病人仍能被人驚甦則其脈大概滿而濇惟在臨終之時則小數而亂又臨終之時瞳人尋常放大其呼吸之證較脈之

證更勻間有皮膚發癢而乾而似發痘疹類病

不合理之案　間有不顯尋常寧睡之證而其人猝死又有待久則其證顯出更有人能暫愈後猝然復發而死

因羊癲瘋而死與鴉片證之分別　如鴉片毒之暈睡能與腦髓流血之羊癲瘋易相混而祇觀其證不易分別之間有其證不能分別者如能知其案之緣起則分別之難處更小設如見其人失知覺而無法能探聽其病之根原則必最謹慎定其爲何故即如其人能被人驚甦則其案並非腦髓流血而成羊癲瘋如身體一半有痲證或抽筋或癱瘓則指出腦髓流血又如患鴉片毒盡常瞳人縮小

但間有不縮者若爲腦髓流血則瞳人大小不等罕有患鴉片毒之案瞳人如此不等者又有一種腦髓流血瞳人俱縮即中腦（西俗名爲羅里之橋）有流血之事則成此事果如此則全失知覺瞳人縮小而全身肉筋放鬆無法能知其癱瘓與否有此情形祇恃病證而分別其病則爲無用必另查他據即如口氣之臭或用水節或試驗其溺含阿勒布門或死後剖驗而見其式方能得全可恃之據

剖驗見式　剖驗所見之式不常相同又不易分明尋常之情形爲腦髓之血管多血而漲但其腦溼衣與各房及其底與背脊髓頭周圍並無流入血水尋常胃與腸無病

又有皮膚發紫色肺血積聚血變稀質身早腐爛等證膀胱尋常滿以溺間有在溺中能分別嗼啡啞

服後顯證之期　如用鴉片之大服而有流質之形者則數分時能初顯其性而半小時內其人能暈睡如服其定質則能在十五分時內而有暈睡又有服其大服而半小時或一小時或一小時半不顯其證又有數案服鴉片許多待三小時五小時九小時十小時十八小時而不顯其毒性前有一案爲哥白士於一千八百七十五年七月十五日蘭西特新聞紙印出其人服鴉片酒之後待九小時則自行吐出十五錢而全不顯鴉片特有之證惟其人身

體略倦瞳人縮小

如胃空者顯出鴉片之毒較胃滿者更速又其流質之顯藥性較之定質者更速又服後安靜不動者其顯藥性較之活動者更速又疑多服火酒類者則顯藥性更遲或更小

服後能活之久暫　最小之時爲三刻有在二小時內死者頗多過二十四小時之案甚少大約七小時至十二小時爲中數如能活至十二小時者則可望愈

致死之服數　最小之服數大約四釐曾有人服鴉片質配鴉片定質四釐則足令其死反之有人服極大之數而

無害前有一案其人服八兩而能愈

如最小之孩則用小服而能顯大證間有毒死者即如生下二日之嬰兒服鴉片定質八分釐之一或其配此數之別藥足令其死又有生四日者服六分釐之一生五日者服六分釐之一生三日者服五分釐之一生九個月者服三分釐之一生數十日者服三分釐之一生十四個月者服四分釐之一生四年半者服不及半釐俱足令其毒死曾有嬰兒服鴉片酒二滴而死又有嬰兒服度法散一釐內含鴉片祇十分釐之一足令其有重證又有四箇月之嬰兒並略大略小之嬰兒服鴉片酒配以鴉片六分釐之一而受其大害

以上各案其嬰兒在七小時至十八小時內而死然間有嬰兒服其大服而能愈者即與前言長足之人同余親見一案有六個月之小兒服度法散十釐而能愈

間有人服鴉片與含鴉片藥之小服而其證最重反之人愈服鴉片則所顯之害愈輕

鴉片癮　鴉片能從小服起漸增多而不顯過重之證即與煙葉同理間有用慣者能服鴉片定質每日三十釐至一百釐而英國有著名服鴉片之人得可音西久服鴉片之後每日能服鴉片酒九兩即每日配鴉片定質三百三

十三釐有伯里聖愛特門之以瑪智云親見二案其人每日服鴉片酒十六兩而此二人亦能長壽又如倫敦等大城售藥料之鋪常有買鴉片酒之客當面飲一小酒杯又印度等土人在船上做水手等工暫留倫敦每日買鴉片膏半兩與水調和成漿與煙葉和勻用煙管燃吸之雖爲窮苦之人或爲乞丐亦必如此

如久服鴉片之大服則其人必瘦而失精神又不多食物大便常不通腦力亦減少常有腦氣筋痛早衰且早死和布好司云康士但丁城有用慣鴉片者面白身瘦腿力小難於正立直走常有暈睡或因昏暈而作醜態又有馬屯

撲其手足起首驚甦則令其多飲濃咖啡（如壹丁不爾厄有醫學會特派數人查驗藥品有相反之性者云凡動物患嗼啡啞之毒令其服咖啡以屁大爲有益）如口所服之吐藥不效則用外導法噴入肛門如吐藥再無效則用打打伊密的進入血管內又有法用吸鐵電氣從脊骨通入胸內又用助呼吸之法但此祗爲極難治之案所用之法如其人顯出將收癱之證則多服淡輕水又以鼻嗅其氣如顯腦髓積血之證則可用蜞吮血頗多其人驚甦後則腦筋大激動此時並初用治法之時可用沖冷水之法

有醫士設法用能令嗼啡啞結成之藥料令其人服之而以此爲治藥卽如哇爾非拉勸人用樹皮酸又有他人勸用碘水或溴水近有傅勒用碘之淡水（見一千八百六十八年三月二十一日蘭西特新聞紙）

曾有數醫士見鴉片尋常之證能令人睡而嗶啦吖喲之要證令人譫語此二種證彼此相反所以此二種藥彼此相治而有美國醫士二人和爾登與諾里司遵此法治其二種病證卽遇患嗶啦吖喲之毒者令其服鴉片遇患鴉片之毒者令其服嗶啦吖喲俱有見效之案而有醫士哈來詳細試驗嗼啡啞與阿脫路比亞云不惟彼此不能相治尚能因此藥之病證服彼藥而有更重之病證反言之近有數案顯明從皮內噴入阿脫路比亞則多見效又在與哇本海末二人書中有同說而馬屯又云用慣鴉片之人如在年輕時起難活過三十歲而哇本海末云此種人能活至四十歲者甚少

以上之說俱爲可信又依天然之理此種不合理之事應令人早死然有人駁云用鴉片與人壽無相關查此事雖有人用慣鴉片而所用之數少於和布好司馬屯哇本海末所言者仍能長壽而服鴉片者大約比於用火酒或煙葉者間有人用之而能長壽如不用之則更能長壽而所常言之案爲長壽之數人所不常言者爲早死之多人（見苦里司脫生所作書內有馬爾侯等案自六百六十一頁起）

如將鴉片擦於皮膚而有已破之處或爲外導藥或通入鼻孔或耳內俱能最危險或足令人死如法國波爾多之杜爾囊曾記一案其人有鴉片四釐通入耳內足令其死

治法　無論何種治法必先用水節多噴暖水至所取出之水無臭無色而止如不能立卽用水節則可先服鋅養硫養設無鋅養硫養則服芥末粉一大調羹與水調和又必同時多用暖水而用雞毛探喉令其嘔吐如其人暈睡須將冷水沖其面頭頸至略能驚甦又必用法令其不睡卽用二人左右相扶令其速行來往又隨時振動其身而大聲呼喚與之言語如房屋太小不能走動則可用手巾

一定界限之內，其二種藥在人身所顯之性，彼此相反，即如醫士正斯吞，曾記錄十六案之細說，其人俱患鴉片毒，而用阿脫路比亞噴入皮膚內之法，有十案能愈，其法用阿脫路比亞，消化之，噴入皮膚內，如一二小時內瞳人不放大，而呼吸不見順，則必再噴一次，如其暈睡之證不甚重，則可用更小之服，即以四分釐之一起首，用此法噴入皮膚之後，尋常瞳人放大，面色發紅，呼吸不聞大聲，脈象能更好，其人安靜睡若干時，則甦而已愈，曾見中鴉片毒之案三百餘人，則知不用阿脫路比亞之法，其可愈之人無奈何而必死（見一千八百七十二年九月初七日並一千八百七十三年二月十五日醫學新聞紙，又有數案亦可查其書內之細說，即如一千八百六十一年蘭西特新聞紙第一本第四百三十七頁有非勒特非亞之醫士韋勒孫所記之案，又非勒特非亞一千八百七十一年新聞紙第二百七十七頁醫士楷爾他所記之案，又都伯林一千八百七十二年醫學記錄第三十八頁非尼所記之案，又英國一千八百七十八年二月二十三日醫學記錄福地勾勒所記之案，又一千八百七十三年倫敦醫學彙報第二百十八頁與八百二十七頁之各案，又有數醫學書中記錄所試驗之事，俱論毒質彼此相制之意，內有醫士立德之說，記於非勒特非亞內外記錄彙編第二十四本第三百二十四頁，又醫士里斯在美國醫學會記錄第六十一本第一百三十三頁所有之說，又醫士傅累瑟記於壹丁不爾厄皇家會記錄一千八百七十二年第二十六本，又醫士白尼德所著藥品彼此相制之書一千八百七十五年所印者，又有一千八百六十八年四月醫士哈米講論此事之大略，在藥品會記錄書第四百七十一頁）

嗼啡啞與嗼啡啞鹽類　鴉片內每百分含嗼啡啞二分至二十八分，最佳者以十分為中數，其鹽類有二種，一為嗼啡啞醋酸，一為嗼啡啞輕綠，從此二質作英國藥品內之二種藥水，一為嗼啡啞醋酸水，一為嗼啡啞輕綠水，此二種水，每二錢含嗼啡啞一釐，嗼啡啞外塞藥，每一錠含嗼啡啞輕綠半釐，又有嗼啡啞糖片，並嗼啡啞合吐嗶嘚雜糖片，每片俱含嗼啡啞三十六分釐之一，其嗼啡啞輕綠，為尋常所用之鹽類，而長足之人，以八分釐之一為一服，其嗼啡啞醋酸，為雪白色之粉，或為不全成之顆粒，而嗼啡啞輕綠，或為白色粉，或為綠色鍼形顆粒，其嗼啡啞醋酸噴入皮膚用者，為藥品中特設之藥，此各鹽類俱有

嗼啡啞之各變化

病證　其病證與鴉片並鴉片雜質所顯之病證同，惟顯出更早，而常有瞳人縮小，而視物不清，或全瞎，為常有之證，又有皮膚大癢，小便過多，或不能自主，抽筋不放之痛，間有重癇證

不合理之案　前有一案為醫士希爾曼所記者，（在一千八百五十七年三月初七日醫學記錄）其人將嗼啡啞醋酸一釐半，分為數服食之，四肢面部之肌肉常跳動，嚥物最難，手足肚腹有抽筋之痛，身體幾分向後彎，並回轉之職分最活動，在溺中見有嗼啡啞，而其人之病退而能愈，又有一案，其人服嗼啡

啞輕綠二十二釐則牙關緊閉腹發腫皮極緊間有痲證此案係苦里司脫生從哇爾非拉書中檢出者又有一案皮面先用弔炎藥發泡後加嘆啡啞輕綠人即昏暈

有一案其人姓巴里德疑為揩司退捺毒死者其人不惟嘔吐泄瀉尚有痲證牙關緊閉頸與肚腹抽筋不放不能咽物兩腿失知覺瞳人縮小呼吸大聲此案係揩司退捺為巴里德開一藥方為之配藥以後飲食之物所服之藥亦為揩司退捺所料理後查得憑據而知揩司退捺買打打伊密的十二釐並嘆啡啞醋酸二十六釐前有一案其人名故克為巴勒馬毒死者所服之藥丸含嘆啡啞醋酸三日內服三釐而二十四小時內服二釐又希爾曼所記之案為女人

在七小時內服嘆啡啞醋酸三服每服半釐而因此有抽筋之重證則疑在三日之內即七十二小時服三釐已足令其死何況其人先服打打伊密的令身體最軟而後服之乎故可疑故克先有抽筋之證而後死之案為嘆啡啞醋酸所成而非司脫立格尼亞所成且巴勒馬雖買馬錢霜曾經立誓不用此為余親見之案

嘆啡啞癮　有人用慣嘆啡啞成癮與鴉片同或服之或用噴入皮膚之法此噴入皮膚之法先為醫士所作治大痛之病而後其人自為之

有嘆啡啞癮之人則身力與心力漸壞與用鴉片者同設不能得嘆啡啞則顯出最危險之癲狂證里分司太納云見英國腦髓新聞紙即一千八百八十年正月第八卷有數種瘧疾或腸發熱或按時之發熱病俱為用慣嘆啡啞之人極易受者每日所服之數不等哇白司太納云其最大之界限為三五格見一千八百八十年伯靈醫學書第六卷此外則易得嘆啡啞之重毒

致死之服數　大半重性毒藥有人食其大服而不受其害反之有人食其小服因其身已有病等故發最危險之病證而用嘆啡啞者亦然前有一案為婦人有病而服嘆啡啞醋酸半釐而死見一千八百三十八年十二月蘭西特新聞紙又疑不滿一釐為一服足令長足之人死前有一案磨爾根管理一病人十二小時內將嘆啡啞一釐分為三服噴入皮膚內足令其人死

治法　治嘆啡啞毒之法與治鴉片並含鴉片質之法同

須立即用水節如不能得水節須將極細之動物炭在水中調和服之或將含樹皮酸之水如濃綠茶等或碘酒合於多水沖淡而服之

如其人已有嘆啡啞之癮則最難於治大概最妙之法猝斷其嘆啡啞而謹慎嚴守之間有人成癮已久猝斷嘆啡啞則受最大之苦幾至於死果如此可漸減所用之嘆啡啞或暫照原癮而用之

試驗動物　鴉片在人身並在動物之身其證不同密知勒已試驗鴿知其幾不覺嘆啡啞之毒性又如田雞並數種胎生動物有發痲證者間有在人身內其痲證亦為緊

要之證而其證幾分藉腦髓與背脊髓之職分彼此相平與否而嘆啡啞常顯之證在各人不同之故因有人其脊髓當職之力大而爲他人其腦髓當職之力大因此而分鴉片所含之質曾有白那德照其寗睡性與痲證性排列之其寗睡性者爲那爾西以尼嘆啡啞苛弟以亞其痲證性者爲替巴以亞怕巴甫里尼那爾苛弟尼苛弟以亞嘆啡啞以上各質性之輕重依其次弟排列可見苛弟以亞與嘆啡啞列於寗睡性與痲證性二種藥內又有巴格司德另作排列之法以其痲證性最大者起而以寗睡性最大者止其排列之法爲替巴以亞那爾苛弟尼苛弟以亞那爾西以尼嘆啡啞怕巴甫里尼又有一種質係嘆啡啞變成者用輕綠合於嘆啡啞加大熱而成此質爲馬替損與來脫二人所考得者名曰阿布嘆啡啞其爲吐藥之性最重如噴入皮膚內〇〇四〇一格數分時大嘔吐如服食之則須用略大之服數如以後更考究其性情與用法則或能成爲有大功用之吐藥合於服毒各案內之用

新陽趙詒琛校字
上海曹鍾秀繪圖

法律醫學卷十七

英國　該惠連　弗里愛　同撰
英國　傅蘭雅　口譯
新陽　趙元益　筆述

論昏暈性毒質

昏暈性毒質分爲十要種如下　一嘩啦吖㘎　二羊躑躅　三醉仙桃　四黑色蘇辣尼卽龍葵　五甜苦蘇辣尼卽羊泉　六根頭蘇辣尼　七樟腦　八印度告故羅司　九替暮倫土末卽醉性陸里由末俗名大爾內拉　十毒性蕈類

各種昏暈毒性植物質俱能令人昏暈成五官之誤瞳人放至極大又有他種毒質能感動腦氣筋中氣而不成昏暈或祇成其可憎之證據又如能令瞳人放大則其所放者不多而爲不常顯之事以上各種毒案內其胃與腸必受惹小便難通或竟絕無以上首三種藥爲最要者故更詳言之其餘祇言其大略如欲査知其詳則可檢專門論毒之書

一　嘩啦吖㘎又名阿脫路罷嘩啦吖㘎毒性嘩拉吖㘎卽癲痂

此植物依立尼由司所分之種類列於五鬚頭獨花心而依天然之法屬於阿脫路罷西依科爲英國之本草而產於有遮陰之空地略在六七月開花九月結子成熟如第九十五圖爲此植物之花與果並果之剖面其色略紅如

磨碎之則發微臭曾有人食其根葉果及所成之膏中其毒而死者若干人又有人將其根煮水作外導藥令人中毒而死又有在皮膚發疱之面加其膏而成重證其葉與根收入英國藥品書其酒每升含此質一兩以五滴至二十滴爲一服其膏每一升配此質一兩俱爲其葉所作又用爲洗藥每一升配一兩以根爲之再將其膏作油膏每一兩含此膏八十釐又作其布膏每百分含此膏五十分

第九十五圖

此植物之毒性大半恃一種鹼類質名曰阿脫路比亞已收入英國藥品書內並其一種鹽類即阿脫路比亞硫養三如阿脫路比亞水每一兩含阿脫路比亞四釐又其油膏每一兩含阿脫路比亞八釐又阿脫路比亞硫養三水每一兩含阿脫路比亞硫養三四釐

凡人誤食啤啦呞喇草易於分別如其根厚而多肉成枝形平鋪於地內其鮮根之剖面白色作乾時則爲灰色味微苦其葉成大小不等之對似蛋形而不分面平滑質軟有短葉跗連於幹上果大如小櫻桃中有深凹光亮紫黑色味略甜包於放大之花萼內每果有二膛每膛含種子數粒其果所含之汁如擦於白紙則染最佳之紫色久不能退

其種子小如前第四十五圖之一號其形圓或橢圓或內腎形面略平不生角色稷略如胡桃每一粒略重九十格如用不甚大力之顯微鏡而用回光視之則如本圖之小者又用大力顯微鏡則如本圖之大者面有小圓凸點排列甚密

其果與種子最難消化故患其毒者胃中所吐之質或行大便能見其全者或其碎者

阿脫路比亞又名阿脫路比尼　凡生物雜質含阿脫路比亞者可用第十二卷末查驗鹼類生物質之法即司太司哇叐所設之法如淨阿脫路比亞爲白色絲形顆粒以顯微鏡觀之爲四邊柱形如合於冷硫養三或將其硫養三少加熱不變色與他種生物鹼類同如將阿脫路比亞加熱則變深櫻色所發之臭各人所記者不同格里愛勒母云如橘花得拉根度法云如巴度司梅非發與哇多云如哇勒瑪里亞司披里亞此香可謂阿脫路比亞特有之性有法令其顯之更明即其硫養三內加以鉀養二鉻養三少許或淡輕養四鉬養三少許加熱之後添以水一二滴即成阿脫路比亞遇硝强水不變色能在水或醋或以脫或哥嚨呟或徧蘇里內消化又能在淡酸質內消化成顆粒形

之鹽類其水內如加試驗生物鹼類公用之試藥即前第十二卷末所言者俱能有質結成

阿脫路比亞之化學變化俱不足以分別之得全可恃之據故最妙分別之法添入眼內能見其令瞳人放大與否無論人或各動物俱可用之而最合式者爲貓且特司云如水十三萬分內含阿脫路比亞一分用此水之一滴足令瞳人放大

病證　口脣口喉嚨最乾極難咽物間有全不能咽物言語不清或不能言語大渴眼凸出分外發光視物不清或全不能見瞳人放至極大面貌並身之上半發紅皮膚乾

常有大紅色發麻子之形狀脈大而數呼吸分外速間有嘔而欲吐小便有血或不通或不能自主生育體大激動全身亦有大激動氣不平尋常昏暈爲最重之證間有心中快樂狂笑不止不能自主或時常言語不止間有口脣作言語之狀而不發聲同時有眼視之誤又有數案其人所作之事與臥行之證大同小異有飲醉之形狀間有狂犬瘋之形狀行步不平穩間發癇證尋常爲肉筋遞更抽放之證而祇抽而不放者不多有之其人漸暈睡或遞更暈睡與昏暈或接續暈睡而至死

服後顯證之期並死期　其病證可在半小時內顯出尋常服後滿二三小時始顯能愈之案較死之案其比例最大如死者則在二十四小時以內有一案死於十五小時內又有一案死於十二小時內如其人大略能愈其病證間有數日不退又其人已愈之後有數種重證如眼視物不清瞳人放大等久不能愈

致死之服數　此服數難於定準如小兒比長足之人患啤啦吶嘞之毒更難間有小兒食其果一粒而死間有九個月小兒食其果三粒而死反之有幼童食其果五十粒不死有一案係六十六歲之婦服啤啦吶嘞洗藥六十釐十六小時內死（此案係醫士皮度於一千八百七十年七月十六日記於蘭西特新聞紙）有人

服阿脫路比亞不滿一釐而顯重證又有服二釐而死者此爲對拉所記之案又有數案用啤啦吶嘞與阿脫路比亞在外科之法內令人發重毒證

剖驗見式　剖驗所見之式不大顯明且其式非專屬於啤啦吶嘞者其腦髓血管有血積聚喉嚨與食管有發紅之處胃之賁門亦有發紅處間有養生路之暮苦司膜質全發深紫色或有數處變紫色間在其養生路或大便內得其果或子之碎塊

分別啤啦吶嘞之各證不甚容易因其證與羊躑躅醉仙桃之證大同小異故必能在胃中吐出之質或大便之糞

質沓見啤啦吖喲易於分別之質或死後在養生路內遇見之方能確知爲何種毒質間有能問所食之果或葉之形狀如何而從此能分別所食之物爲何種毒草其果爲最易分別者又有一事不難於試驗而得憑據者即服阿脫路比亞質其內腎從血中分而出之如試驗其人之溺則其阿脫路比亞易於顯出曾有醫士哈來試驗阿脫路比亞硫養四十八分釐之一至九十六分釐之一噴入皮膚內則二十分時之後能在溺中分別之曾有一案用此質四十八分釐之一噴入皮膚內則二小時半之後其人有溺八兩取此溺十二滴滴入眼內令瞳人放大數小時

不縮其法每一刻工夫在眼皮內添溺一二滴至瞳人放大而止

治法　先服吐藥後將動物炭細粉在水中調和飲之或服淡鉀養水或樹皮酸水再待若干時服蓖麻油一大服其餘各事依所顯之證若何而定其治法

阿脫路比亞雖能爲嗼啡啞相反之藥然壹丁不爾厄紳董特派人成會試驗此事俱以爲嗼啡啞不能作爲阿脫路比亞相反之藥

阿脫路比亞又幾可爲加喇巴豆相反之藥然服啤啦吖喲後用加喇巴豆解其毒尚未有試驗之案故不知其究竟若何

試驗動物　如全食肉之動物服啤啦吖喲則顯其毒性極易有數種食植物之動物如牛驢兎等能服啤啦吖喲而無害又有數種胎生動物能受啤啦吖喲之毒與人相同惟在田雞患其毒最奇即如傅累瑟試驗此事云其田雞先癱瘓待數小時後似乎全死如詳細視之則肉筋少能受惹而心能微動待四十八至七十二小時之後則前腿暫發抽筋不放之證久之則全縮不放即與司脫立格尼亞之證大同小異如在人身所顯之證其大略與試驗動物所得者相合惟其感動腦髓令成昏暈其所以然之

故難於言明傅累瑟以爲啤啦吖喲感動脊髓先成癱瘓後顯惹性又啤啦吖喲能令生津液之腦筋癱瘓所以患此毒者往往口渴又能令第十對腦筋癱瘓並心之阻止腦筋癱瘓而從此能顯明中啤啦吖喲毒令脉急大之故其令眼視物不清者因瞳人放大並令配光舒縮之器具癱瘓

二　羊躑躅 西名黑巴海亞西阿母司西俗名母雞毒

此草屬於啤啦吖喲類即阿脫路罷西依科又屬於立尼由司所設之五鬚頭獨花心之植物爲英國之本草生於空曠之地並在海邊如第九十六圖爲其草與花及子殼

第九十六圖

之圖此草無論何體有毒性曾有人食其種子根葉芽與嫩條俱中其毒

英國藥品書收其葉作二種藥一爲膏一爲酒

此草各體易於分別其種子之形狀與分寸大略與啤啦啢喲同惟不及啤啦啢喲之圓徑略十八分寸之一重略一百二十分釐之一其面有稜其稜爲小乳頭形凸點排列而成又有黑線紋見前第四十五圖之二號其小者爲尋常羊躑躅種子之分寸用小力顯微鏡能見之其中者

爲用顯微鏡所見之剖面式其大者爲用大力顯微鏡所見之形其根似梭形略如小蘿蔔之類西名巴司尼伯故間有人誤食其根當爲蘿蔔其形狀又似野氣可里其葉徑附於榦其半有包榦之形淡暗綠色少發細毛葉之中脉生長毛葉邊所成之齒形不勻其端尖其全體有大而可憎之臭又有膠類少辣之味摩之似冷而濕此草並所成之藥品其力常有不同之處俱依其葉爲何時所取並其藥品用何法爲之

病證　其病證與啤啦啢喲之毒證大同小異其藥性藉其所含之鹼類質名曰海亞西阿毋尼凡生物雜質內含

此鹼類者可用司太司哇妥之法分出之尋常所見者爲不成顆粒形或松香形之質極難得其顆粒而其鹽類斷不能得其顆粒能在水或醋或以脫或甫司里油或偏蘇里或哥囉彷內消化其消化而得之水能在空氣內自行化分又如在其水內加以令植物鹼類質能凝結之公用試藥如第十二卷之末所言者則俱能令其結成又如加以鉑綠少許則先令其結成後加至有餘則再能消化但海亞西阿毋尼無特顯之化學變化所以極可恃之試法爲試驗其感動者爲何物卽與阿脫路比亞之試法同此質能令瞳人放大與阿脫路比亞同惟能令瞳人更久不

歸原設如不能得他據則不能分別海亞西阿毋尼與阿脫路比亞得其確據

此草之葉與根前常有人誤當爲可食之菜烹而食之所以能知數人同時食之所顯之證又有人將其葉作布膏貼於腹上又用其煮水爲外導藥俱令人受其毒

剖驗見式　其情形無特顯者曾有得腦髓與肺血積聚之式

治法　其治法與服啤啦啢喲之治法同

試驗動物　有數種動物如羊牛猪等服羊躑躅或無害或幾無害曾有烏勒門勒馬得伯瑪試驗田雞兎幾尼猪

貓犬等俱令服之試觀其情形其各動物所顯之證與人之證相似而其下半身癱瘓或幾分癱瘓或全癱瘓其餘各事與啤啦吖喇同

三　醉仙桃 西名司脫拉暮尼打都 拉西俗名有刺蘋果

此草亦爲立尼由司列於五鬚頭獨花心之植物內又依天然之法屬於阿脫路罷西依科產於歐羅巴各處空地並糞堆如第九十七圖爲此草之一小枝又有其花與果之剖面式其全草有可憎之臭惟其花有香其葉大有暗綠色邊有亂而利之齒形面平滑有總脈與分脈其草各體有毒性而疑其果與種子爲最毒其花所發之香或霧

疑其有毒性如法國德國印度國並東南洋羣島常用醉仙桃種子或相類毒草之子令人服之更易行犯法之事

第九十七圖

又有數案其人誤服葉果種子與其膏而中其毒又有在外科用之而成最危險之病證其葉能合於煙葉然吸其煙治氣喘病間有單用者

醉仙桃之毒性料爲鹼類質名曰打都里亞此質曾有普蘭太指明其與阿脫路比亞相同

英國藥品書內收錄其葉與種子又用其種子成膏與酒

其果又名有刺蘋果大如葡萄外衣結實而有刺其種子爲淡棧色或爲黑色圓形或腰子形面有稜紋比較啤啦

第九十八圖

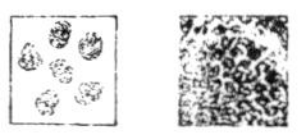

吖喇與羊躑躅者更大因羊躑躅之種子每一蠹有一百二十粒啤啦吖喇種子有九十粒而醉仙桃種子每一蠹祇有八粒其種子之大小並用顯微鏡觀其外皮之形如第九十八圖

試驗動物　醉仙桃試驗動物所顯之證與啤啦吖喇及羊躑躅同俱能令瞳人放大

病證　其病證與羊躑躅及啤啦吖喇之證相似惟早顯

而更重間有服後十五分時有昏暈七小時內死所顯之證有喉嚨乾面色發紅瞳人放大有昏暈與眼視之誤另有癲證續有暈睡間有養生路大受激動者

剖驗見式　有數案見其腦髓與血管有血積聚間有一案胃之賁門端發紅色

分別患醉仙桃毒之法　在嘔吐或在大便糞質內能見醉仙桃草之質或死後剖驗在養生路中能見之

治法　此毒之治法與啤啦吖喇及羊躑躅之治法同

四　黑色蘇辣尼 又名闢中蘇辣尼 即龍葵

此爲一年之草常在園內見之或在路邊或近於糞堆高

一二尺生小白色之花而其果熟時爲黑色如第九十九

第九十九圖

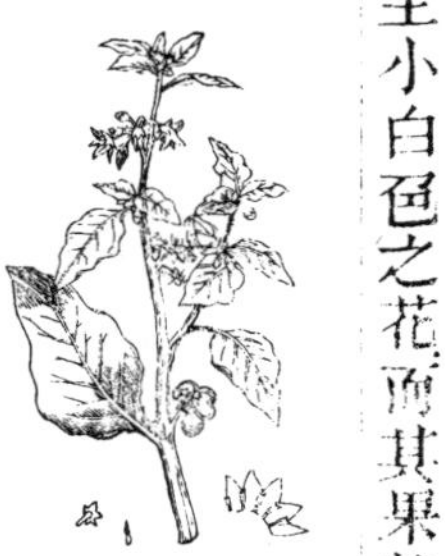

圖爲其一小枝與花果其果與葉曾有小兒服之之案而所顯之證最易分別

病證　其病證內腸受重惹嘔吐腹痛大渴又有腦髓之證如昏暈煩躁癇證抽筋不放瞳人格外放大曾有二案爲他求書中所記者而由馬搿尼所傳此二案俱爲食此草之葉而有確據故詳言之

午後五點鐘至七點鐘之間有二小兒俱爲三歲半食其

葉略在八點鐘顯出服毒之證一兒死一兒愈其死者腹痛自輕而至重作嘔不吐先煩躁而後有昏暈其證漸加重至半夜則大不平安譫語不肯臥牀最難阻止令不起牀當馬搿尼見時腹大脹脈疾幾不能覺之呼吸急速面白瞳人放至極大四肢有癇證服毒後略十二小時則失知覺其又一小兒一夜不平安不睡常驚駭有五官之誤當馬搿尼見時則睡而脈與呼吸如常第二次見之則甦而坐於牀面貌顯出大驚駭之狀瞳人放極大不能縮待若干時能認識其父母睡甚酣惟睡之間顯出不平安之狀略二十四小時之後則病退然其瞳人尚不能縮

五　甜苦蘇辣尼又名苦甜草即羊泉

此爲英國路邊與活籬笆中常見之草間有高數尺者能繞於樹枝上西六月起首開花接續開花與結果至秋末

第一百圖

而止花瓣紫色花鬚佳黃色果光紅色最爲可觀英國之活籬笆因有此草景象頗佳其草之形如第一百圖

其紅果之毒輕於黑色蘇辣尼之黑果而小兒見其佳紅色每喜食之有一男童四歲並其二姊同時食之其姊一無害一害最小惟男童死其證嘔吐與泄瀉遞更顯出抽

搐而在發癇證之間而死見一千八百五十六年六月二十八日蘭西特新聞紙第七百十五頁醫士論此草果之毒性意見不同或疑以上案內其男童同時食黑色蘇辣尼種子又有一案在一千八百五十四年醫學報記錄者布而奈非勒曾見有十一歲之男童食此草之果十粒顯出最重之毒證

六　根頭蘇辣尼西俗名番藷

此草之果與嫩蘇有毒性曾有人食其果而毒死者有一案係十四歲之女爲黑福特之摩里士所記者見一千八百五十九年藥品記錄第七百十九頁其人極不平安大思慮常欲跳動皮膚發肝色外有冷膩之汗呼吸最急脈疾而軟弱牙牀骨縮緊

不得開不能言語舌有暗櫻色而溼之衣常從閉齒之縫開吐出黏性之泡質第二日卽死

蘇辣尼亞又名蘇辣尼尼　以上所言三種植物並同科之他種植物其毒性俱因所含之蘇辣尼尼此質有哥路哥司得與植物鹼類之二種性情常見者爲白色之粉而能得其極細鍼形顆粒味苦食之喉中覺有辣味其質少有鹼類性如合於冷硫强水則成明黃色少加熱則變櫻色大加熱則色更深而黑無論用硫强水或鹽强水俱能令其分開成二種質一爲糖一爲鹼性質名蘇辣尼弟尼如蘇辣尼尼在硝强水消化初時不變色後漸變紅色如

在白瓷板上加熱則先變深色漸融化放極濃之霧有烘蘋果之香而發腫成多炭質加熱至四百二十度則乾蒸而在葢密之玻璃片上成長鍼形顆粒其顆粒或彼此相交或彼此相織如第一百零一圖蘇辣尼尼難在水中消化而易與酸質消化合成鹽類又能在醕與阿美里克醕內消化而幾不能在以脫偏蘇里哥囉仿內消化其水常似變爲膠質之形又因無論在酸水或鹼類水內俱不能與以脫消化則能依嘆啡啞同法分出之卽用阿美里克醕以司太哇叜所設之法分出之此質有數種變化與嘆啡啞不同惟有一法爲易試驗者卽合於濃輕綠能成

蘇辣尼弟尼易在以脫內消化如用同法成嘆啡啞輕綠則不能在以脫內消化其流質之化學變化大半恃其不改變之情形如他種植物鹼類質加以試藥能成多而易分別之顆粒而此質毫無結成之質如在醕內消化之或將蘇辣尼尼硫養三之水合成顆粒則爲細鍼形彼此相交或相織間

第一百一圖

有成輪輻形排列見沽碁里書第十三頁第五第六圖

試驗動物　蘇辣尼尼令動物所顯之病證曾有數人試驗而意見不同卽如格賴羅司等人試驗其大服卽半格令其嘔吐呼吸分外速後分外遲下半體有輕癱瘓其脉

急疾而軟弱以至於死間有在發癇證之間而死或云豬食蘇辣尼尼毫無病證又試令人服之則令呼吸氣與脉極數皮乾嘔吐力乏如加入眼內瞳人不放大設變成蘇辣尼弟尼則有此性情

七　樟腦

此質實有毒性然毒死人之案極少

形性　樟腦無色透光爲半顆粒形之質有大而奇之臭質韌而辣其味涼能浮於水面在水中難消化平常熱度能自散遇冷面能凝結成顆粒如存樟腦瓶常成之顆粒是也易在醕以脫哥囉仿自散油定質油內消化服之則

口氣有樟腦之香

如用之爲毒藥則尋常服其片因胃中難於消化則易分辨如在酯內消化則可蒸而得之或加以水令結成

病證　初有身倦頭暈眼視物不明性情混亂後大減血氣或醉或重昏暈又間有瘋證如在小兒較成人患此者更多血之運行分外惹動皮發熱面發紅脈急數瞳人放大沉睡時久能愈

有一案係格令格勒法所見者見倫敦醫學書第一本第六百五十四頁有女人服樟腦三十釐立卽覺頭暈漸重頭大痛胃中極痛如火燒噎氣甚多大渴四肢癢如蟻嚙六小時後則面與四

肢發白而冷脈小而亂其頭暈與振動已退惟手則常動不歇第二日因用各種解法則其病愈

布里毛得之備拉美傳一案於余爲自服樟腦二十釐係消化於酒酯者幾立卽頭暈仆於椅上狂笑久者數次不能自止後身體最倦而有抽筋再後幾全癱瘓口音極低而難聞數小時後則其病漸退身體最軟而其性情未混亂仍能明事

有醫士眞孫見一千八百七十三年十一月二十二日蘭西特新聞紙記錄數案其人顯大危險之證卽有癇證暈睡腦筋久無力等證俱因服最濃之樟腦水卽酯與樟腦略爲等分者而所服之數略等於英國藥品書樟腦酒之服數而英國藥品書所載者更淡卽其酒十分含樟腦一分

剖驗見式　曾試驗動物所得剖驗之式爲胃腸生炎腦髓膜質迴血管有血積聚溺管內生炎又其香遍通全身

致死之最小服數　有成人服二十釐而病證最重者又有十八個月之嬰兒服三十釐而死於七小時內者

治法　須速用吐藥又服蓖麻油令瀉胃中樟腦吐出之後卽愈

八　印度告故羅司又名勒凡特核

此核爲一種植物之果其植物名米尼司卑耳摩其正名

曰告故羅司阿尼沒他其分寸與形狀及剖面式如第一百零二圖有人將其果成膏發售爲毒魚之用故印度人謂之魚毒但此種魚如人少食之不覺其毒如多食之則中其毒性

第一百二圖

又有假添入苦酒內令其酒有醉性而飲者以爲酒濃又有歹人在苦酒或酒酯內加此質之煑水或其膏與人飲之則大醉而易行偷竊之事曾有二案爲醫士記錄者俱因服此質而死其子殼可爲吐藥其種子內每百分含一種重性毒質一二分名曰比割路毒西尼

比割路毒西尼　此質爲無色柱形顆粒味最苦非鹼性

之物質，合於冷硫强水，不變色，與他數種植物質同。如在硫强水內少加熱，則變黃色，加更大之熱，則變樱色。如在白瓷板上加熱，則融化發沸，變黑色，發霧成大泡，其泡破裂，餘下之炭質頗多。加熱至三百二十度，則乾蒸而凝結之霧，其形性不足爲分別之用。如合於硝强水，則消化而不變色。如一分體積加硝二三分體積，再加以硫强水令溼，則不變化。如加以烙炙鉀養，令其有鹼性，則顯紅黃色。此爲浪里之說。如將其鹼性水，合於銅養硫養，加熱則有銅養結成。此質每一分，能在冷水一百五十分內消化，又易在醕或以脫或哥囉昉或甫里司油內消化，又難在强

水與酸質內消化，而能在鉀養或鈉養水內消化。顯出配質之酸性，如比割路毒西尼之各種流質，加以碘，或樹皮酸，或金綠，或鉑綠，或汞綠，俱不能令其結成質。設生物流質，如黃色啤酒，或黑色啤酒，含比克路毒西尼，則有法能分出之，即加以輕綠，令有酸性，再合於以脫搖動之，則消化其毒質，而令其凝結成顆粒（見一千八百六十二年藥品記錄書第二百七十七頁，所有浪里之說）。

如生物流質內含比割路毒西尼，則可用司太司哇妥之法，將其酸性之水，合於以脫，即與哥勒枝西尼與弟其大里尼分出之法同，見前第十二卷之末，又不能爲樹皮酸所結成。所以能與此二質依此法分別之。

病證　如人食印度告故羅司與比克路毒西尼之證，尚未盡知之。或言能惹胃與腸，令人大醉，無力能自主，但動物食之所顯之證，曾有人考究之。如普牢納云（見一千八百七十五年三月二十七日等之英國藥品記錄），用比克路毒西尼二十分釐之一，足以毒死一兔，令其顯出再奇之瘨證，即令身角弓反張，而似發羊癲瘋之狀。又如令魚食之，則成彎形之動法，最爲奇異，後卧於側面，無力能動。又有勒巴爾云，田雞食此物，則發遞更舒縮，或久不舒之瘨證，腹腫大，因有吸氣之內筋縮而不放也。故可藉此試法試驗，而分別比克路毒西尼

尼

治法　普牢納曾試過兔服比克路毒西尼，後從皮膚噴入克羅路勒輕養十釐至十二釐，則能治比克路毒西尼之毒。

九　醉性陸里由末（西俗名大爾內拉）

第一百三圖

此草之種子，常誤合於五穀之內，則蒸酒或磨麵粉成饅頭。如有人食之，則顯出服毒之證，喉嚨發熱，頭痛，頭暈，行步亂，如酒醉之狀，四肢出大

力亂振動眼視物不淸嘔吐顯出將癱之證如第一百零三圖爲此草之一小枝與大根榦圖內之丙爲放大之花戊爲其種子立剖面式

十　毒性蕈類

蕈爲植物之一大類間有可食而無害者或間有人忌食之又有數種歐洲他國之人常食之惟英國尙未用而常有人勸食之又有數種衆人疑其有毒性或指明其有毒性者

食蕈所顯之毒證其時候不定有食後不久卽顯其證者間有待數小時或一日一夜或至三十六小時而顯其證者又其證之次第亦不能定有養生路先顯惹證間有先顯腦筋之證又間有數人同時食之有人祇有養生路之惹證而無腦筋證間有祇顯腦筋證而無養生路之惹證所有養生路之惹證內有喉嚨縮嘔吐胃中熱而痛而腦筋證內有頭疼頭暈眼視物不淸譫語暈睡尋常毒蕈所顯之證連顯不止速令人死卽在二十四小時內死者有一種毒蕈名暮司楷里亞阿瑪尼他令人快樂而醉而爲喀毋煞特喀土人所常用者食此類之蕈則溺中亦含之他人飮其溺亦能醉與本人同化學家施米特白獮曾化分此蕈類質得一種鹼性質名暮司卡里尼能在水與醕

內消化難在哥囉昉內消化斷不能在以脫內消化此驗類質如將二千分格之一至四千分格之一爲一服令貓食之則令眼內多發淚口內多發口津令大小便放出瞳人縮小脈遲難於呼吸少發瘋證而死又令心分外難動而在舒之時停止不縮其故大略因心之阻當腦筋與器具受激動凡服暮司卡里尼所顯之各證俱爲阿脫路比亞所能相反而制者

剖驗見式　剖驗所見之情形無特顯者曾有案查得其腸受惹而其臟腑之情形與悶死之情形同

治法　立卽用食鹽消化在水中服之爲吐藥後用蓖麻油一大服多飮膠性之物如布倫敦云皮膚內噴入阿脫路比亞能治其身體之各證

分別之法　凡蕈類之毒者與可食者分別雖然不甚難然究以更易分別爲便宜如田中所生之蕈正名田中阿茄里故司又有一種俗名噴球正名極大里可白屯其小時與蕈俱爲白色質而此外別種可食之蕈類最難爲尋常之人所識別曾有人繪細圖而設色便於常人能分別蕈而免毒之用雖其圖毫無錯誤然有二三種可食者與不可食者大相似難於分別又尋常所設分別之總法亦不可恃曾有人設粗法將銀調羹與蕈同煮之如變色則

爲其蕈有毒性此法不足恃因祇能指出其蕈有腐爛者發輕硫氣因此變色惟有數種公法雖不足爲確據然而人能記之亦有益處凡有大而可憎之臭兮外光亮之綠色或大紅色食之時有苦澀之味燒喉嚨而令覺乾或有肝色與打碎或撞碎而改變各色者速自融化或壓之能放香流質如乳無論何色或如何變色皆是以上各種蕈切不可食凡鄉閒愚民不可不愼此分別之法如已考究蕈類之人亦不可不愼此各事如欲考究此事則可觀白克里與巴大末二人所作之書一名英國蕈學初階一名英國食蕈書此二書學問最深又故克所作簡便書一本又有司密得所作設色之圖與凡蕈類無論用何法燒之應多用鹽與醋又熱至二

百十二度有自散之毒質能散去有人最畏蕈之毒雖有可食之蕈亦不敢食以爲有忌或因見人食已起腐爛之蕈極難消化因此有病故以後不敢食之或其蕈質緊而密內含多淡氣亦令人難消化所以不食如英國人所常食之蕈在意大里國無人敢食

如用顯微鏡觀蕈之質體並其種子略能當爲憑據知胃中所見之質或吐出之質有否蕈類然難以此法分別其蕈類有毒性與否

如第一百零四圖爲他求所作之大圖收小者而俱恃本弟埃之說能顯出數種蕈類質之情形如本圖之一號爲成頭形阿瑪尼他傘形罩之網質本圖之二號爲燒熟之形本圖之三號爲此蕈類生子處與其網質並其生子之

第一百四圖

第一百五圖

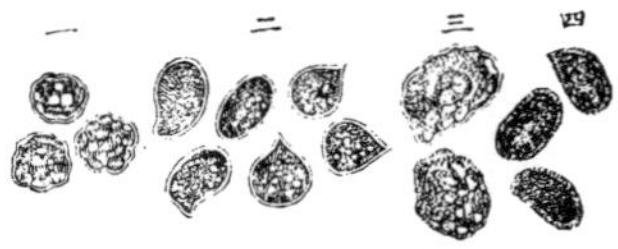

頭上有四個生子之心心上有種子如第一百零五圖一爲吐性羅蘇拉之種子二爲成頭形阿瑪尼他之種子三爲佳味拉客他里由司之種子四爲尋常之食蕈之種子卽田中阿茄里故司已熟之種子

上海曹鍾秀繪圖
新陽趙詒琛校字

法律醫學卷十八

英國 該惠連 弗里愛 同撰　英國 傅蘭雅 口譯　新陽 趙元益 筆述

論醉性毒質

醉性毒質有四種爲要者一醕二以脫三哥囉叻四克路羅勒

另有多種醉性毒質其醉性大小不等或無醉性亦列於此卷卽加波力克酸偏蘇里淡養五偏蘇里阿尼里尼煤那普塔木那普塔松香油苦里亞蘇脫阿美里尼阿美里克醕淡養五各里司里尼弗不里油

以上所記之毒質內其酒醕以脫哥囉叻三種俱能令人睡間有先令人昏暈心中大激動後則有病證顯出其緊要之證爲嘔吐如食其大服而且爲濃者則因令全身忽混亂而令人死惟尋常令人暈睡而死或心癱瘓而死又所見之各體顯出惹性如服之令其胃之暮苦司內膜質重生炎又吸其霧令肺與氣管分支生炎但不能令全腸受其害與他惹胃毒質之性同

此類之毒質其自散之性大小不等又吸其霧所受之毒數較服等毒數之流質其力更大又以脫與哥囉叻俱爲蒙藥因此分外緊要

一 酒醕

含糖之汁質發酵所成之酒類其中有醉性之料名曰醕如將各種酒質蒸之後用炭質提淨再合於生石灰蒸之則能得無水酒醕設如其醕每百分含水十六分則謂之正酒醕又如無水酒醕重一分合於水重一分少有餘則謂之準酒醕如尋常所用之火酒略含醕一分水一分卽如葡萄酒麥酒糖酒米酒等酒另加色料與香料如燒糖智尼柏子或比得之香則成西國常飲之火酒如白蘭地酒進酒灰司記酒勒木酒與印度所用阿喇吉酒此各種火酒每百分含無水醕五十一分至五十四分又如濃葡

萄酒等尚未蒸者每百分含無水醕十二分至十七分更淡之葡萄酒七分至九分最濃之英國麥酒含無水醕五分至六分

形性 無水酒醕爲無色自散流質重率〇・七九五加熱至一百七十三度則能沸雖加極大之冷不足令其凍冰其香佳其味辣極易着火燒成淡藍色火焰而燒之時則成炭養二氣與水

試法 其試法有六事爲要甲燒之則燒盡無餘下炭質痕迹乙燒之所成之氣質能令石灰水或鋇養淡養五水變白色或渾濁丙能令樟腦消化丁將醕一滴合於淡硫強

水再加鉀養二鉻養三水一滴用酒燈加熱則其橘皮色之水因放鉻養三而變綠色如嗅試筩之口則得阿勒弟海特之香與熟果同戊如將含酒醅之流質合於碘數小粒并鉀養數小粒足成幾乎無色之水如加熱則結成黃色質爲愛亞度福密以顯微鏡觀之則成六面形之片巳如將醅合於硫强水并醋酸鹽類加熱則發醋酸以脫之香易於分別之

生物流質內分別醅　如多飲含酒醅之流質致令人死者則其胃中所含之質發酒醅之香可蒸之分出其酒醅如胃中之質有酸性必先加鉀養滅其酸所蒸得之質可用以上之六法分別之先將玻璃桿插入其蒸得之流質內再入火試其能燃與否續用其餘各試法如不得含醅之據則將其流質置於試筩內加以乾鉀養炭養二至不能再消化爲度則其水必爲鉀養炭養二所收而其醅能升至水面可用吸管取之再用各試法試之

醅能收入血內能依其香而分別之又能蒸血或津液或腦髓或臟腑而試驗所蒸得之質含酒醅與否

試驗動物　布羅弟試驗兔服準酒醅頗多則知立卽或數分時顯出毒證而二刻至五刻之間已死有一案將準酒醅二兩噴入兔之胃內噴之事尚未全成其兔已失知覺二十七分時其兔似已死但其心動尚未停所顯之證爲全無知覺瞳人放大脉急呼吸出力而發聲稍有癎證胃之膜苦司膜質顯重生炎之證

病證剖驗見式與治法

病證　其證顯出在服後數分時或一小時或更久其時之長短依醅之濃淡與多寡而定此時之間身體覺大快樂而性情受惹後其證顯出先有混亂思念頭痛頭暈視物不清或有歧視言語不清或口吃四肢亂動或猝動猝停行步左右前後偏行難於直立與前行久之則不能言語不能行動失知覺面發腫而紅眼之微絲血管聚血瞳人放大而不漲縮口唇肝色呼吸緩而發聲間有沈睡大發汗而甦或猝然大嘔吐則愈間有數小時漸顯收癎證面白色發冷汗脉疾而軟弱大小便不能自止四肢放鬆而死間有飲火酒頗多則因身體內猝然混亂而卽死間有發癎證與酒狂極爲兇猛不知人事爲飲酒過限一次而成

分辨之法　酒醅之毒所顯之證間有似乎震動腦體或中風或鴉片毒難於分別如因醅而久昏暈則極難分別間有斷不能分別之案如聞酒醅之香第知其人已飲酒而不能知其多寡又不能知其病證爲醅所成否因其人

可飲酒不多而同時有腦髓流血或服寗睡性毒藥也設已聞酒醕之香須立卽用水節從胃中取出曾有綽克生記一案有人疑其飲酒至醉故不理會待其自甦久之不甦則知非醉而爲腦髓流血因此而死又觀其人之面貌與瞳人之形狀各案內常有不同之處故不足爲分別之據如因酒醕而暈睡者面色發紅或發白瞳人常放大間有縮小尋常言之中醕毒者瞳人放大中鴉片毒者瞳人縮小腦流血者則瞳人大小不等然因有不合法之案故此等證據不可恃可見凡暈睡之證不能查得其病之根原又不能從胃中之質或溺等查明而定其病則無奈何

必暫時作爲不知爲何毒之證而待有可恃之證顯出詳細查之

剖驗見式　尋常所顯之式爲胃中賽苦司膜質變深紅色間有向上通至食管向下通至小腸起頭處賽苦司膜質之內有聚血而發黑色處又有生炎之處又間有各體內俱不顯生炎之證所有腦血積聚或氣管分支血積聚爲不常見之證在腦髓內常能聞得醕之香

治法　應立卽用水節又猝加冷水令人身猝然寒慄以後各治法俱視其人所特有之情形如呼吸極難皮冷脉軟弱則用治悶死之法治之

久患醕毒　常飲酒至醉之人其身內各體有病而難行其職卽如食物不消化常有嘔吐與泄瀉因胃與腸受惹之故又發黃疸因肝受惹之故溺中有阿勒布門或有糖因內腎受惹之故又腦血積聚發酒狂或癲狂或癱瘓或癇證或振動癱瘓俱因其腦筋患毒如久用酒至過限則肝之質體能變壞又內腎心腦髓背脊髓之質體亦壞胃生癖塊肺癆病久之則以上各病發爲水腫因此而死

二　以脫

有數種易自散易着火之流質總名曰以脫分爲三類一爲單以脫一爲雙以脫一爲雜以脫常用者爲此款所言

之以脫而其作法將醕合於硫强水蒸而得之名曰以脫或常以脫或酒以脫或硫强水以脫

形性　淨以脫爲稀而無色之流質極易化散極易着火重率〇七三五沸度九十五凍冰略爲負二十四度化散則無餘質燒成黃色之火燄而遇冷面則結成炭質如燒之時配以養氣相當之數則變成炭養氣與水卽與醕同其自散所成之霧濃而易着火而能與養氣或空氣和勻如照數種比例和勻則成爆裂之料其臭能散至遠處而易於分別其味熱而辣在化散之時令人覺冷難在水中消化易在醕內消化以脫能消化數種質卽如碘汞綠與

數種植物鹼類

試法　試驗之法有四種爲要甲嗅其香乙以火燒之則燒不盡而冷面上能成炭之痕迹丙幾分在水中消化其大半浮在水面丁合於鉀養二鉻養三與硫養三則其變化與醋同

生物流質內分別以脫　如胃內等處所得見之質能分出以脫而分別之用蒸法與醋同

病證等事　服以脫之病證等事與哥囉昉等同見下欵

三　哥囉昉又名格羅路福耳密卽迷蒙水

哥囉昉又名格羅路福耳美里爲化學材料一大類內之一種此類用替代之法而成卽用綠氣或溴或碘代單或雜以脫之輕氣其法將熟石灰合綠氣之鈣養正酒醋水和勻而蒸之

形性　此爲無色之流質其光差最大其重率自一·四九七起極易化散放極密之霧熱至一百四十二度卽沸味甜而辣臭濃略與蘋果相似全能在醋或以脫內消化最難在水中消化如傾入水中則成大球形粒而沈下其淨者有中立性之變化如合於硫強水不變色不發綠氣之臭化散之時其餘質亦不發可憎之臭能消化樟腦自散油蜜蠟松香古得止格格搭伯查碘溴硫燐與數種植物

鹼類內以馬錢霜爲最要其霧加熱至紅則化爲綠氣與輕綠

試法　甲試其味與香乙試其重率大而難在水中消化丙不易着火而能燒成藍色丁全能消化樟腦格搭伯查古得止格戊如試驗小動物則顯迷蒙之性

生物雜流質內分別哥囉昉　如將胃中所得之質加熱一百二十度蒸之則能分出流質哥囉昉其霧亦可用同法在血與膜質內分別之或令其霧行過烘熱之管則化分成綠氣輕綠與炭其法最易將其生物質置於燒瓶內其燒瓶有小管彎成正角加熱至一百五十度則其哥囉昉化散又用酒燈火在管外加熱則化分其管口所放之霧如遇鉀碘合於小粉水在紙面上則發藍色如用銀養淡養五水擦於玻璃面令溼再遇其霧則成銀綠又如其霧遇溼力低暮司試紙則先發紅後漂白惟因哥囉昉與人血化合成一種雜質如蒸其血則哥囉昉難於分出

病證剖驗見式與治法

病證　如在人身一處用之則能惹皮膚與暮苦司膜質如服之則成惹性毒質之證不久則暈睡如吸其霧則令人覺喉塞而迷蒙後則大激動如昏暈卽大聲呼或大笑或唱又出大力而動其身血之運行與呼吸更加速面色

紅瞳人放大此時尚不至全失知覺惟五官知覺之事已混亂或其意見有誤此激動之狀已畢則大平安其人不動肉筋放鬆五官失知覺能捫眼珠外皮而不顯不自主之動呼吸不發聲脉合度面色白瞳人收小此證能遲久令其人不甦故能作外科各事而其人不能知覺設如久吸其霧不歇則其呼吸發聲脉軟弱瞳人放大難免悶死又間有脉與呼吸猝然停止而並未預顯危險之證立即用各法令其人驚甦亦屬無用即用救將悶死者之法俱屬不效又用哥囉彷無論初吸或吸若干時之後尚未動手行外科之事而其人猝死者亦有之

哥囉彷顯迷蒙性之理　凡吸哥囉彷與以脫其感動人身之法並令人死之故雖已有多人考究而其所以然之故究未得其確據有醫士以為哥囉彷徑感動血然其更可恃之理以為徑感動腦筋之中處而人死之時似呼吸與血之運行俱癱瘓凡吸哥囉彷霧之時過長則所顯之證與悶死者同如猝然死者則似其心首受其害而霧愈濃則心之癱瘓之危險愈大曾有人試以脫與哥囉彷比較其病證則知以脫令心癱瘓較哥囉彷之力更小故近有醫士喜用以脫以為較用哥囉彷為迷蒙藥更為穩妥曾有數案所作外科之事雖小而其痛略大如拔牙齒或拔指甲而其人因畏痛而少用哥囉彷因此而死此種案內醫士以為其人死之故因心自停止而不能自主之故大略其所行之外科大激動知覺之腦筋而其心能受惹之性情尚未全滅或尚未收小而因此心之不自主之腦筋令其停止此為布倫敦與里又存二人之說

剖驗見式　有數案內所顯之式與悶死大同小異剖屍之時立即覺哥囉彷之香而最多者在腦髓之各房又常見心收癟而鬆間有猝死之案內其心體已有變為肥油之質間在血中見氣泡此氣泡之形性與緣起尚未能定故可見死後剖驗所見之式非十分清楚而難於言定

致死之服數　如四歲之小兒服哥囉彷流質一錢三小時內即死（見對拉論毒之書第七百四十頁）

以脫與哥囉彷相較　以脫能服之數較哥囉彷更多而無危險查以前舊案則知因服以脫而死之案尚未有之如吸以脫或哥囉彷則其令人死之故小半恃其數大半恃其用法並其人身所有畏忌處而此畏忌不能預知之如其心體變肥油則危險最大其危險之事因其霧過濃即因其含空氣過少如所吸之霧每百分含哥囉彷四分至五分已足用更有一危險事即其人已迷蒙失知覺再吸哥囉彷霧而成悶死之事

如吸以脫霧則其數必較吸哥囉昉霧更多，方能失其知覺，又以脫之性，較哥囉昉之性，更早退

治法　沖冷水，令全身凜慄，後用治悶死之法，見前溺死一節之末，所言之法，又可從頸內總發血管放血，間爲有益之法，曾有數案內，通電氣，欲令其人能呼吸或心能動，然俱不能成事，如服哥囉昉流質之案，應立即用水節，而後續用他法治之

四　克羅路勒又名克羅路勒輕養

克羅路勒，爲一千八百六十九年，來布里克初查得之，用爲迷蒙藥或睡藥，後收入藥品而多用之，有無故中其毒，或自盡之案甚多，又有成癮者，故近時醫士，用之者較前更少

形性　作克羅路勒之法，令綠氣遇酒醋，而合於水，成克羅路勒輕養，其質白而成顆粒，其香能散至遠，味熱而辣，極易在水或醋或以脫內消化，如在水內消化者，能用以脫分出之，化乾則得其顆粒，如遇鹼類質，則化分成哥囉昉與福耳密克酸即蟻酸　如生物流質內含克羅路勒，加加以烙炙鉀養，令其有重鹼類性，則蒸之，能得哥囉昉

病證　克羅路勒依藥品書所定之服數用之，則數分時後，其人欲睡，不久即酣睡，惟間有人服之，激動昏暈，如服之過多，足顯其毒性者，則其睡更重，漸變暈睡，其呼吸減少，脉變軟弱急亂，肉筋全乏而無力，失知覺，身體減其熱度，四肢冷，瞳人先縮而後放大，在暈睡之中，其人或因停呼吸，或因停血之運行，以至於死，間有服克羅路勒之後不久而猝死，因其心動已停之故

試驗動物　如令動物服克羅路勒，則其病與人同，如所服者，足以顯毒性，則令其重暈睡，失知覺，令血運行之器呼吸之器，癱瘓而死，又大減身之熱度，克羅路勒感動身體所以然之故，或言遇血中之鹼類，則化分多放哥囉昉，然此事尚有可疑之處，未能信其爲眞

剖驗見式　身內不顯特有之情形，如肺與腦髓之膜質，尋常有血積聚，里又存云，血之凝結，比較尋常之死法更稀，在臟腑內，尋常能聞克羅路勒之香

致死之服數　此事難於定準，因克羅路勒所顯之睡性，常有不同之處，有一案，係馬沙勒所記者，見非勒特非亞一千八百七十一年內外科記錄　有一歲嬰兒，服此藥三釐，死於十小時內，又有一案，係傅勒所記者，見一千八百七十一年三月蘭西特新聞紙第二百二十六頁　有女人年三十歲，服三十釐，顯重證而死，又有累奴茲記一案，見英國醫法報一千八百七十年三月　有人服此藥四十五釐，幾毒死，又有會脫生記一案，見非勒特非亞內外科記錄　有人用此藥八十釐，分爲

八服在三十六小時內服之亦幾乎毒死又有遮離記二案（見德國醫學報一千八百七十二年第三百九十四頁）有二人各服此藥五格即七十七釐而毒死此二人前數夜連服同數至末一夜服後數分時而死反言之有服更大之數而無害者有安司替所記之二案（見一千八百七十一年醫法報第一百二十七頁）一案為酒狂服此藥一百六十至一百八十釐一案為發狂服此藥一百二十釐二人皆重睡而甦後無恙（又見醫學報一千八百七十一年里又存所記之案又見英國醫學記錄一千八百七十一年二月恆德與話脫金司所記之案又有一千八百七十一年二月蘭西特新聞紙諾里司所記之案）服後能活之久暫　自一刻起至十小時或更多

治法　與治鴉片之毒同其人應服行氣藥並令其驚醒又可用法助其呼吸有醫士欲噴馬錢霜水入皮內然此法曾有壹丁不爾厄醫院所派試驗藥品畏忌會定噴馬錢霜之法無甚大用

克羅路勒癮　曾有多人服克羅路勒當為藥品之用而後成癮令胃與腸受惹皮膚發紅點另有用睡藥別種受害之證

本卷之首四種緊要醉性毒質外另有數種質有毒性者可略分為三類一為蒸煤所得者一為蒸木所得者一為蒸動物質所得者或不用蒸法即用別法得之本卷祇論其大略如欲查究其詳可觀特設論毒之書茲略言其形性與顯毒證所以然之故

加波力克酸（又名非尼哇里）

外科用加波力克酸又滅臭亦多用之故常有誤用此質或用以自盡而中其毒者曾有多案又有收入皮膚內或受傷處用含加波力克酸之洗藥洗之而受其害亦有多案

形性　常出售之生加波力克酸為暗色之流質而有奇異之臭內含嵗里克與格里嵗里克酸頗多如為淨者則為無色鍼形顆粒熱至九十度則融化在空氣內則能自融化水內稍能消化而令其水受其臭又在酒醕或以脫或各里司里尼消化之其事與水同

試法　其試法有五種為要（甲）聞其臭而易分別之（乙）將杉木片置於其濃水內後浸於輕綠水內則見光之時變為綠藍色（丙）如其淡水內加以鐵二綠三則成紫藍色（丁）又有更靈之試法將其水一分體積加淡輕三水四分之一體積再加鈣綠一塊則變淡藍色此種變化必須若干時方顯如加熱則更速（戊）最淡之水即水四萬分內配加波力克酸一分加以溴水至有餘則結成黃色雲彩形之質為三溴非尼哇里此質合於鈉汞膏則成非尼哇里質為油類

形之滴

生物雜質內分別加波力克酸　生物雜質內有非尼哇里之大臭沖淡之加以濃硫養三令其有酸性則能蒸出之

病證　服加波力克酸之後則口內顯烙炙性喉嚨與胃覺大熱如火燒後頭暈而人覺醉稍久則不省人事而全醉或收攣肉筋放鬆無力失知覺呼吸有大聲脉急而軟弱皮膚冷罕有嘔吐與癇證此不在尋常之證內瞳人縮小爲案內所常見者其鼻涕口津口氣能聞加波力克酸之臭

剖驗見式　口食管與胃之暮苦司膜質色淡成皺紋又

顯煮於水內之形幾分脫去有數處膜質上見血積聚之面或有迴血管流血其加波力克酸在口脣與下胲有痕迹腦髓與腦髓膜衣有血積聚肺有血積聚與發腫或聚氣腹內之臟腑有血積聚心滿或心空或右滿而左空其血黑色爲半流半定之質或幾分凝結身體內亦發加波力克酸之臭而在下腦涇衣之流質並大腦髓之各膛亦發其臭易於分別其溺爲深色或爲橄欖綠色此爲加波力克酸與養氣合成之質其臭與加波力克酸同

致死之服數　曾有傳勒與賓格哈末所記之案用加波力克酸六滴至七滴而顯最危險之證但其致死之服數尚未能定尋常所記之案所服之數或爲甚多或無法能定之有一案爲哲弗里司與海納話特所記者見一千八百七十一年醫學報第四百二十三頁　其人服此藥半兩在五十分時內即死又有一案係和爾大所記者見一千八百七十三年英國藥品記錄第五百八十四頁其人服此藥一兩而在三十分時內即死又有哇格司屯所記之案見英國藥品記錄一千八百七十一年二月　其人服此藥一兩至二兩而死於十三小時內又有對拉所記之案見非勒特非亞醫學報第二本第二百八十四頁　其人服此藥略一兩死於二三分時之內又有皮膚破爛之處吸進加波力克酸而死者即如瘡痂上用濃加波力克酸水爲洗藥洗之中其毒而死哈暮敦

記一案見一千八百七十三年英國藥品記錄第二百二十六頁有人受傷而在其處敷加波力克酸死於三小時半之內又馬金記一案見一千八百六十八年二月英國藥品記錄　和比賽拉記一案見德國法路加身體學記錄書一千八百七十二年第五卷

服後能活之久暫　對拉記一案其人祇活數分時巴爾路亦記一案服後十分時即死弗里愛記一案其人八小時而死哇格司屯記一案服後十三小時而死節汲記一案其人服後至六十小時而死

治法　應用吐藥或水節去胃中之質有人勸用橄欖油爲解毒藥胡斯曼云最妙之解毒藥爲鈣養糖水其法將

糖十六分消化於水四十分內加烙炙鈣養五分調和待三日則化乾存以備用臨用時在水內調和頗淡而服之

偏蘇里 又名偏西尼

此為稀而無色之流質其重率小祇〇八五其香奇異而稍有趣加熱至一百七十七度則沸沸時發一極易燃火之霧不能在水中消化又因易消化馬錢霜故凡含馬錢霜之水可用此質分出之又極易消化定質油與流質油故凡衣服與紙有油迹可用此質去之其流質與霧俱有毒性

淡養五偏蘇里 一名淡養五偏西尼又名迷耳貝尼香油

此為油形之流質其作法令淡養五遇偏蘇里其色淡黃其臭似苦杏仁油所以點心與香料內常以此質代苦杏仁油工藝中多用之作阿尼里尼不能在水中消化傾於水中則沈下而易在醕以脫哥囉仿內消化

試法　淡養五偏蘇里之臭與苦杏仁相似惟更能耐久如加以濃硫養三則不改變如合於苦杏仁油則成美觀大紅色又在鈉養硫養三內不能消化而苦杏仁油能在鈉養硫養三中消化此係得拉根度法之說

如將淡養五偏蘇里合於醋酸與鐵屑而加熱則變成阿尼里尼所成之質為阿尼里尼醋酸可合於鈣綠水或合於任一種鹼性小分劑綠氣鹽類水而成一紫色

生物流質內分別此質之法　淡養五偏蘇里或能蒸而分之或用以脫或哥囉仿消化之而將所得之質蒸而分之

病證　淡養五偏蘇里無論吸其霧或服其質俱為重性毒藥間有人在造肥皂之工內用此質如後有人用此肥皂所發之霧令人受害見一千八百六十二年二月蘭西特新聞紙尼格孫所記之說又有人誤當為濃酒而飲之又有一案係司弟分孫所記者見一千八百七十八年倫敦醫學記錄第三百二十頁此案原欲用提淨偏蘇里而配藥料者誤以淡養五偏蘇里代之幾令人死凡人吸或服此毒質而顯出病證時可隔開數小時如里替比所記錄之

二案隔開四小時如上所言司弟分孫之案其人服此質每日三次共計服二十三滴而從第一服起至四十八小時後顯出毒證其毒初顯之時人覺倦乏頭疼久之則自覺身重而有醉意面上發肝色間有數案其人猝然或不久跌仆不省人事肉筋全放鬆或有癇證或抽筋不放瞳人放大面有肝色唇有葡萄紫色指甲藍色其人或安靜而死或發重癇證而死

剖驗見式　凡中淡養五偏蘇里之毒者祇能依其臭而分別之身體內迴血管有血積聚又有黑色流質為血與悶死者同里替比云有一案其人之肝有葡萄紫色

里替比云淡養[五]偏蘇里在人身內變爲阿尼里尼其病證亦與淡養[五]偏蘇里者同而能在溺內與腦髓內分別阿尼里尼質然近有非里尼詳查此事而駁此說（見一千八百七十八年八月德國試驗醫學與藥品記錄書）又其病證能遲久之故大略必因其毒質在胃中消化最遲

分辨之法　聞口氣與胃中質之臭又觀其總病證俱與苦杏仁油者同然有一大分別因苦杏仁油之毒證幾立即顯出而淡養[五]偏蘇里之毒證必待若干時其顯之遲早不定

致死之服數　其數尚未定惟有一案其人服十五滴其

證退後再發以至於死又前所言司弟分孫之案將二十三滴分於四十八小時內服之幾足令其死至於吸霧致死之數無法能定準

治法　淡養[五]偏蘇里消化收入血中最遲故用吐藥或水節取出胃中之質雖已服多時亦爲有益而其證已顯之後則用沖冷水法行氣藥或用助呼吸之法皆可至於能解此毒之藥尚未查得

阿尼里尼

阿尼里尼在工藝中多用之成阿尼里尼顏料其造法將淡養[五]偏蘇里加以醋酸與鋅等質而分得之其所得之阿尼里尼加以放養氣之質令收其養氣尋常用者爲鉀養[五]

阿尼里尼尋常見者爲黃色或樱色油形之質味苦而惹又有中立性之變化而能爲本質合於酸質成白色或無色之鹽類能在水中消化阿尼里尼幾不能在水或哥囉叻中消化而易在醕以脫油質內消化

其水中消化之質成美觀葡萄紫色如加以鈣綠或鹼性與小分劑之綠氣鹽類則變成汚樱紅色

病證　無論動物或人吸其霧或服其流質俱能顯毒性其病證與淡養[五]偏蘇里者相似惟更能早顯（見一千八百六十二年三月初八日六月初七日醫學報所記之各案）

松香油

松香油之毒性幾分爲惹性之毒幾分爲睡性之毒曾有狗服松香油二錢死於三分時內其狗先行路不正叫而抽筋脈與呼吸不順利間有人服之爲輕瀉藥或爲外導藥或爲殺蟲藥或腹中去風之藥如服一錢至二錢或三錢爲輕瀉藥間令生溺器具大受惹間令人醉後有暈睡收瘫與痫證嬰兒服之有顯危險之證如醉等是也

苦里亞蘇脫

此爲木中流質柏油所產之質其命名之原意爲能存肉不壞而其能令生物質不腐爛之性最重如藥品中用之

能止嘔吐間有人用之滴入已腐爛之牙齒內又用其沖淡之水洗臭瘡與數種皮膚病如加於皮膚上則令皮膚能死又爲烈性之毒藥如用三十滴足令一兔死於一分時內如人食其大服則胃與腸受惹頭暈頭疼欲睡有成人以二錢爲一服後死於三十六小時內

甫司里油 一名阿美里克醋又名番藷酒酊穀油

此流質易於分別之其臭可憎味辣霧有惹性能令人醉無論飲之或吸之皆如是令人頭疼頭暈行步不正

弟不里油

此動物油之作法將鹿角或骨或他種動物質乾蒸而得之曾有人服之而死者則有二案然未知其各病證惟知有嘔吐而已剖驗死屍則胃與腸受惹又口與食管內有重消蝕藥之痕迹

煤那普塔

曾有人服過用煤黑油蒸得之那普塔其幼童十二歲因此而死所服者有三兩服後三小時即死其人初顯醉與重昏暈證以後不久則失知覺呼吸有大聲皮膚冷後病證暫退復發嘔吐收癟而死後有四日身體內仍發此毒質之臭 見一千八百五十六年蘭西特新聞紙第二百三十頁

淡養五各里司里尼

此質多用之爲礫石等藥而其在醋內消化者爲治心痛證之藥此爲沒里勒之法

此藥無論吸其霧或服其流質俱爲烈性之毒質而在動物服之其證較人服者更重

如令田雞食之則縮筋而發痫證後全癱瘓如人服其小服則頭大痛太陽內血動甚猛

前有三案爲奈司脫倫記錄者 見賽里孫類篇書 其人暈睡而死不發痫證惟最難呼吸皮膚發青色

新陽趙詒琛校字

法律醫學卷十九

英國　該惠連　弗里愛　同撰
英國　傅蘭雅　口譯
新陽　趙元益　筆述

論發癇證藥

有數種植物能令人發抽筋各種病證而此各植物內俱含一種鹼類質名曰司脫立格尼亞又尋常含此質之植物另含一種鹼類質名曰布路西亞其藥性相似惟更輕耳

曾知有五種植物俱爲熱地所產而皆含司脫立格尼亞一爲吐核司脫立格尼即木鼈子二爲依故那弟阿司脫

立格尼三爲替由脫司脫立格尼四爲成毒司脫立格尼五爲蚝司脫立格尼其吐核司脫立格尼產於印度科羅曼代耳等處又產於錫蘭其依故那弟阿司脫立格尼產於非勒白羣島（又名呂宋羣島）此二種俱爲木本其替由脫司脫立格尼產於噶囉巴又成毒司脫立格尼產於歪阿那又蚝司脫立格尼爲亞細亞數處所產之木本如第一百零六圖爲吐核司脫立格尼之一枝又有其果之剖面式

第一百六圖

吐核司脫立格尼樹所產之木鼈子並其樹皮英國俱作爲藥品之用其依故那弟阿司脫立格尼產一種豆形之種子名曰依故那弟阿豆其替由脫司脫立格尼之樹皮合水煑成膏即爲由巴司毒料前人以爲南亞美利加土人所作之毒箭其毒名烏拉拉或名烏拉里或名哇拉拉或名古拉里或名弟故那俱爲成毒司脫立格尼所成但近今疑此毒爲雜質而爲此樹並數種別質即爲動物與植物相合而成

英國藥品用含司脫立格尼質一爲依故那弟阿豆一爲吐核司脫立格尼之皮一爲吐核司脫立格尼之種子

依故那弟阿豆尋常存於博物院內此豆爲依故那弟司脫立格尼樹梨形果之子每一果略含子二十個其分寸大小不等自小核起至白果形止外皮薄而稜色易於脫下面平滑黑色質最硬初觀其形似小礫石似圓形而不整齊有二個或三個不等壓平面此核每千分含司脫立格尼亞十二分又含布路西亞若干分而其藥性與木鼈子之馬錢霜同

吐核司脫立格尼之樹皮前人常誤爲克司配里亞樹皮即安故司拖賴樹皮所以其名曰假安故司拖賴樹皮形狀奇而易分別其質成鵞管形之條或繞如硬明角條面

有白色凸點，與苔類相似，產淡黃色之粉，其味最苦，加以淡養[五]則發紅色，此質合司脫立格尼亞與布路西亞，其藥性與其種子之性略同

木鼈子一名吐核

英國從他國運進之木鼈子頗多，而英國藥品書準用其酒醅膏，以半釐至二釐爲一服，又準用其酒，每一兩含四十四釐，以十滴至二十滴爲一服，其核卽種子，並其鹼性藥，卽馬錢霜，與其各鹽類，俱常用以毒野獸鼠並他種惡蟲，又有癱瘓等病，用之爲藥品，閒有人服其核之粉或膏爲毒藥

其種子有三個至五個，存於橘皮色之果內，大如蘋果，其子大略爲圓形，厚薄不等，其邊略圓，一面凹，一面凸，或在中凸，而近於外面有深槽，如第一百零七圖，其立橫剖面如第一百零八圖，其平剖面，在中閒有圈形之膛，並心形之胚珠，如第一百零九圖，如在一百零七圖之凸處，用利刀刺進，則易劈開其種子，而顯出其胚珠，其種子外面，有淡櫻色絲形之毛，從心中周圍發出，其質最硬，故須銼之，方能成粉，如在車牀內車之，則成白色之刨花，其種子之內，或爲白色，

第一百七圖

第一百八圖

第一百九圖

或爲深灰色，而硬如蠟，如合於淡養[五]一滴，則發美觀之橘皮色，如合於鐵綠[二]則發綠色

木鼈子之粉，其色與渣臘伯之粉同，臭小，味苦而能久存，如以顯微鏡觀其粉，則能分別其櫻色絲形之毛，如加以淡養[五]一滴，則其毛顯出最明，如將其粉浸在水內，所得之水，合於淡養[五]則變桃紅色，如加以鐵綠[二]則變綠色，此粉內含馬錢霜與布路西亞，又有一種配質，名曰司脫立格尼克，卽衣加蘇里克酸，其馬錢霜之數，每粉一千分，含四分至十分不定

木鼈子之膏，易於分別之，因合於淡養[五]時，則發美觀之橘

皮色，又合於硫養[三]則發深紅色，又合於硫養[三]與鉀養[二]鉻養[三]則發淡藍色，暫時卽退

病證　其病證與服馬錢霜之證同，閒另有養生路受惹性之毒

服後若干時顯證　服後五分時至一小時，或更多，俱依其服之質，爲何種情形，並合於何質

服後能活之久暫　自十五分時至三小時，或多，而以一小時，爲尋常之數

致死之服數　其粉服三十釐，已有致死之案，又有服一個核之粉而死之案，又有服其酒醅膏三釐而死之案

剖驗見式　其式與服馬錢霜之式同。其樱色粉。常黏於胃之面

治法　先服吐藥。或用水節。後用治馬錢霜毒之法

司脫立格尼亞。即馬錢霜

此䲙類質。各國俱用之。毒死野獸並可憎之蟲。如為食肉之獸。尋常之法。將小獸或小鳥先殺之。而將此毒質立即置其胃中。則野獸食之而死。又如毒鳥。將麥粒浸於馬錢霜或其鹽類之水內。有一種粉。名曰巴脫勒殺蟲藥。此藥有里替比化分之。每百分得馬錢霜二十三分。合於麪粉糖。普魯士藍。又有一種名曰白脫拉殺蟲粉。每百分含馬錢霜五分。另有麪粉黑炱各若干分。如服此毒而死之動物。如有他動物食其肉。間亦能中其毒

英國藥品書。準用之馬錢霜。以三十分釐之一至十二分釐之一為一服。又馬錢霜水。每一兩。含其質四釐。以五滴至十滴為一服。又因馬錢霜。常用以毒死動物。並為藥品所用之質。所以間有人誤服馬錢霜而死之案。然近今馬錢霜。常用之為故意毒人之料。近有一要案。其可疑處最重。如多年所記死人之數。則每年二案為馬錢霜與木鼈子案之中數

查驗馬錢霜。常有三事。一。分別其定質。二。分別其水。三。分別在生物雜質內

一分別其定質

形性　尋常出售之馬錢霜。為白色之粉。又為無色之顆粒。如常出售者。其顆粒為長方柱形。而其顆粒或為全或為有兩端。以一個或二個斜面代之。如其鹽類水內。加以淡輕養。所得之顆粒。用顯微鏡觀之。則有三種形狀。一為長方柱形。一為短六面柱形。一為正八面形。又有法令馬錢霜醋酸水。遇淡輕之霧。如第一百十一兩圖。顆粒之形。用馬錢霜醋酸水。遇淡輕霧而得之。如嘆啡哑醋酸。依此法試之。祇能得柱形顆粒。如前第八十八圖　又如第一百十圖之顆粒。為長四邊形顆粒。或分開。或合成輪輻形。又有一個八面形顆粒。與其一個柱形顆粒相切。又如第一百十一圖之顆粒。或為正八面形顆粒。或為其變成之形之顆粒。或為短六面柱形顆粒。又有一個或二個十二面形顆粒。其面或為斜方形。或為六邊形。不定。又有數種片形顆粒。內有一種深三角形者。即與鍾養所常見者同。其八面形體。無論向何方向觀之。俱能依本書附卷所設之法分別之

第一百十圖

第一百十一圖

馬錢霜有最苦之味。久不能散。或言水十磅。即七萬釐中

含馬錢霜一釐亦能分別其味然馬錢霜在水中最難消化每一分須用五十度熱之水七千分能消化之即水十四兩能消化其一釐又二百十二度熱之水二千五百分能消化其一分活聶里多試驗此事而言須用水八千三百三十三分能消化其一分惟其質在以脫醕阿美里克醕偏蘇里哥囉叻內能更易消化如常出售之以脫一千分或醕二百分或阿美里克醕一百二十分或偏蘇里二百五十分或哥囉叻八分俱能消化其一分如其質為淨者則用濃强水不能變其色如含布路西亞則加淡養合其變紅色如在白瓷片上加熱則融化成一深櫻色之流

質多發煙又發極佳之香並凝結炭質頗多

試法　有六種試法為常用者甲須觀顆粒之形狀即用以上所言之法乙嘗其味最苦丙難在水中消化丁試用濃硫强水如用冷硫强水其色不變則知所試之質屬於馬錢霜一類之鹼性質又將其硫强水所消化者輕加熱亦不成色加大熱則祇發一淡黃色戊用化學顏色法並電學顏色法己用乾蒸法

顏色試法　顏色試法有二種一為化學試法一為電氣試法

一化學顏色試法　此法有五事甲將馬錢霜最小之顆粒置於白瓷面或白玻璃面加淨而濃之硫强水一滴用玻璃箸令馬錢霜與强水和勻則不變色如內含布路西亞則有淡玫瑰花色再將鉀養二鉻養一細粒置於强水相近處而用玻璃箸之尖引其水令與鉀養二鉻養相遇又置於便於細視之光亮內則相遇之處顯出深藍色又以玻璃箸調勻則全滴變為美觀藍色漸變葡萄紫色又改變成大紅色其大紅色再變為美觀紅櫻色後漸退為淡紅色其色數小時不退乙用鉀三衰六鐵二代鉀養二鉻養三依同法試之丙依同法用鉀養錳二養七試之丁將濃硫强水一滴置於白瓷面加以錳養二一細片所加者必為極微則和

勻之時能少帶灰色將此一滴以玻璃箸之尖引長成水線令遇馬錢霜極小之一粒則所顯之色與以上所言者同戊依同法用鉛養則所得之色亦同以上各色有簡便之法記其要者分為三種一為阿連斯梅極佳之藍色二為桑葚之深紫色三為橘皮之明紅色此各種色如其變化合法而其料徑調於强水內則其梅色之藍能存半分至四十五秒其桑葚紫色能存一分至三分而橘皮紅色能存數小時至數日故可見以上所顯之色非一閃而過能存若干時可細觀而分別之

以上各試法最為可恃而其最靈者為鉀養錳二養七如藥品記錄一

千八百六十一年有余所作之論言明試驗馬錢霜色之法並用定質較之用流質有益之處又藥品記錄一千八百五十六年七月有論一則為哥布尼所作　又有化學家孫嫩噸納云錯二養三與硫養三為試驗馬錢霜最靈之法如照以上之法為之則成最佳之藍色漸變為茄花色再變為櫻桃紅色能久存而不散見德國藥品記錄第一百九十三卷第二百五十二頁如將馬錢霜或其鹽類之水熬乾所得之微迹亦能用顏色試法最為靈巧又以下所言乾蒸而凝結之質亦能用顏色法試之最為詳細而可恃

二電氣顏色試法　如馬錢霜之顆粒或其水內凝結之質或化乾所得之餘質俱能用此法將馬錢霜淡水一滴

即萬分水或二萬分水內含馬錢霜一分置於白金片上所捶之小凹內待熬乾加濃硫强水一滴令其得溼用割羅勿斯或司迷之發電氣筒一個令其正極電與白金片相連再將負極電之白金絲端與其硫强水一滴相遇則立即發茄花色如閃光之速將其白金絲相離則其茄花色仍存此為里替比之法

乾蒸試法　此亦為極細極靈之法如所試之質含馬錢霜百分釐之一至萬分釐之一亦能顯出最明如為百分釐之一可乾蒸十五次如為萬分釐之一可乾蒸一次如乾蒸百分釐之一所得之粗質能再蒸一次如含馬錢霜之水所結成之質或熬成之質亦可以此法試之

所用之法與器具如前第六十五圖將其顆粒之細片或其粉之一點置於乾淨之白瓷板又用玻璃圈圍於其外再用圓玻璃片或顯微鏡所用之玻璃片作乾之而在酒燈之火加熱蓋於玻璃圈之上在白瓷板之下用酒燈加熱至其熱度頗大則玻璃片上發出霧而霧上漸成乳白色之圓點其點或分開或併合所成之點間有成顆粒形者可以眼力分別之而尋常所見者其形如第一百十二圖又用嘆啡啞所乾蒸之質亦顯此種情形惟不及馬錢霜之勻淨故遇見此種情形其含馬錢霜之決疑處甚重

故凡遇見此種乾蒸所得之質或不及本圖之清楚者俱可用顏色試法與流質試法而得極可恃之據先試驗其顆粒不多顯明之處而用顯微鏡觀其用試藥所成之各變法而其顆粒顯明之處可存之為分別顆粒之用

第一百十二圖

乾蒸之時如試其熱度可知在三百四十五度以內不改變如過此度則起首乾蒸熱至四百三十度則融化而連下乾蒸至盡則其餘質為含炭質之皮

其乾蒸之質以顯微鏡觀之則有數種形狀間有成滴者或成浪形紋或無色或有色如凝結之鹽惟其大半有顆

粒形能分別之
如用大熱度所得之皮卽玻璃片先加熱而後乾蒸則成

第一百十三圖

第一百十四圖

獨顆粒與流質內所得之顆粒相同如第一百十三圖或含他種顆粒如第一百十四圖之甲乙所得乾蒸之顆粒間有遇見其心不成顆粒而有翎毛形或網形之邊又可將嘆啡啞乾蒸之質與馬錢霜所成者相比將前第八十九圖卽嘆啡啞乾蒸之質與第一百十五圖卽馬錢霜乾蒸之質相比可知嘆啡啞者成曲線而

第一百十五圖

第一百十六圖

馬錢霜者爲直線或稍成彎線而有平行翎毛形之線與其中線成正角

如得更粗之皮則見黑點或翎毛形顆粒如前第八十九圖嘆啡啞乾蒸之質相似或平鋪於玻璃片或凸出所成之形狀間有如第一百十六圖者

由此可知馬錢霜乾蒸之質其形各不同所以不足爲確據見國家顯微鏡會記錄有余所作之論並圖係一千八百六十七年十月印然乾蒸所得之質其形雖不足爲全據而無論爲何形狀者可用試流質之法試之而得含馬錢霜之確據

如前所言者顏色試法最爲詳細所以乾蒸而得之質雖含馬錢霜不過萬分釐之一能易試之而得確據所用硫强水滴亦可爲極細又所用鉀養二鉻養三等成色之料亦可爲極微至目難見之此俱爲合用之法

又有一種試法可將乾蒸而得之質不顯明之處用淡加耳波阿蘇的克酸一細滴此水每二百五十分含加耳波

第一百十七圖　第一百十八圖

第一百十九圖

阿蘇的克酸一分則遇此水之時立卽或待數秒或待數分時顯出小圓綠欖色之點此各點散開間有相合而成靑苔或樹

木形之顆粒其粗細不定如第一百十七一百十八一百十九各圖

觀此諸圖之原形爲鉤形或爪形或小平圓之一分此種形狀雖爲不常得者而爲分別馬錢霜最可恃之法不惟極詳而且極穩余以爲除馬錢霜之外無他質能成此形設有他質能成者亦必極少

又有一種試法極細而勻稱卽用鉀養二鉻養三此質每一分加水一百分消化之此水熬乾所成之質如樹木形見前第八十六圖此水如遇馬錢霜則立卽或不久發黃色片形顆粒或爲方或爲圓或合成串形如第一百二十圖

第一百二十圖

此種變化或獨爲馬錢霜所顯設有他質亦必爲甚少見英國藥品記錄一千八百六十七年自六月起至十月止其有五則論此事最詳係余所作者

以上所言各試法雖已謹愼用之而尚不足爲全據然已試驗多次用各種生物鹼類並相類之生物質如其變化有他質可公用者則非常見而已知之質惟有數事不可不愼卽各種生物鹼類乾蒸之質必與死物毒質有相似之處又與各水內結成之顆粒亦可有相似者因其形狀之變化幾乎無窮且又有試驗而不得法者又必知各質

體含各種毒質之證據必得其數層方可信其爲確實斷不可恃其一種變化當爲確據

假如用乾蒸之法其據不可全恃卽如見白色之粉或極細顆粒疑其爲馬錢霜在哥囉叻或偏蘇里內消化之結成質體之微迹或馬錢霜鹽類水用淡輕₃霧滅其酸性結成之微迹而欲試驗乾蒸之求其化散之熱度則寒暑表至二百度爲汞綠₂化散之度至二百十二度爲看他里弟尼化散之度至二百四十度爲汞綠化散之度二百八十度爲鉀養₃化散之度又從此度起至三百四十五度之間爲他種毒性鹼類生物質融化度而至此熱度則乾蒸至

四百三十度則融化而融化後仍能有蒸出之質至末祇餘炭質痕迹惟一切鹼類生物質並相類之生物質俱能融化乾蒸而有餘下之炭質而馬錢霜與嘆啡啞之外他種毒性鹼類質其融化乾蒸之熱度更小如所試驗之微迹能乾蒸成白色圓點之質如前第一百十二圖則可知必爲馬錢霜或嘆啡啞用顯微鏡觀之所得之顆粒與馬錢霜之形相近而與嘆啡啞之形相遠再將其質用顏色試法試之而顯出各色其次第俱爲合法者則可當爲確據如再有疑心之處則可用加耳波阿蘇的克酸與鉀養₃之法則無可疑矣

二　分別水內消化之質

如生物雜質內分出馬錢霜之法則不得其水祇得其質在以脫或偏蘇里或哥囉叻內消化者如此各質化乾時則其馬錢霜能在玻璃片結成用顯微鏡觀之再用各試藥如將所結成之迹一分合於淡醋酸則成馬錢霜醋酸水可用流質試法分別之假如照以上之法試驗含馬錢霜則姑先言其以脫偏蘇里哥囉叻內化乾餘下質之情形後論各種試藥試驗其水之法

以脫偏蘇里哥囉叻內含馬錢霜

甲　如以脫內含馬錢霜則化乾所得顆粒形尋常成樹木形之粒間有八面形

體或四邊柱形體　乙　如偏蘇里內含馬錢霜則化乾後所得之迹間有最光亮之顆粒其形最清楚而能耐久尋常見者爲短六面形另有三角形或厚或薄之片又有十二面形體或爲斜方面或爲五邊形之面如前第一百十一圖尋常言之其質雖由顆粒而成者而不顯明正形顆粒雖確爲馬錢霜與偏蘇里亦不能常得其正顆粒　丙　哥囉

第一百二十一圖

昉內含馬錢霜其結成之質爲玫瑰形或如有脉之葉形或如星形花點之正形或爲圈如輪斷數輻之形或樹枝形或網形極細而可覩又酒醋內消化馬錢霜所結

成之形與以脫消化者大同小異如第一百二十一圖

別種化學試法　曾有化學家與醫家設立別種試驗馬錢霜之藥內有數種如碘水鉀碘水樹皮酸亦爲各種鹼類生物公用之試藥間有數種可爲分別馬錢霜之用

一馬錢霜醋酸　此質之淨者凝結成顆粒如第一百二

第一百二十二圖

十二圖爲多鹹形顆粒相雜而尋常試驗含馬錢霜之質先令變爲馬錢霜醋酸故須分別此質

二加耳波阿蘇的克酸　此質之水每水二百五十分含其一分者前已言爲分別馬錢霜乾蒸之質最靈巧而可

恃之料而馬錢霜之各鹽類水亦能分別之如將加耳波

第一百二十三圖

阿蘇的克酸淡水一滴加入馬錢霜鹽類水一滴則先結成膠類形之質漸變成彎曲形之顆粒在水內搖動與青草同待乾時則顯彎曲如翎毛形之質如第一百二十三圖

第一百二十四圖

三如加以汞綠水則有白色結成之質頗多而其顆粒形如第一百二十四圖易於分別之

尚有別種試藥此書不及詳言之除馬錢霜之外無他質

能用許多試藥而得許多變化（見一千八百五十六年六月二十八日七月十二日蘭西特新聞紙所載里替比之論又見活暮里所作顯微鏡合化學法論毒書）所有鹼類生物質之公試藥曾在第十二卷之末論記之如用此各試藥試馬錢霜鹽類則所結成之質能易分別其大半立即成顆粒或傾刻成顆粒間有二種流質相遇時立即成者間有先成膠形或雲彩形之質後漸變爲顆粒

以上馬錢霜之各變化並他種鹼類生物之各變化俱能用其水之細滴置於玻璃片上而用試藥更細之滴與其相切此法極細而靈較之用水筩之法更爲可恃因其改

變情形與色相更易分明又可用顯微鏡徑觀之

用以上各試法惟有一事不可不愼卽所言顆粒之形狀與顆粒之圖俱不能恒相符因熱度有大小馬錢霜水有濃淡試藥亦有純雜濃淡之別又其試藥可用盡或用數分成其變化因此各事其顆粒自不能恒相符又有一事亦爲要者卽其玻璃片上流質之滴能有深淺之別此事亦與其顆粒之形狀有相關

驗動物之試法　此法初爲醫士和勒所設將田雞從溪中取出立卽用生紙收其皮膚上之水而將馬錢霜鹽類濃水滴滴落其背上不久則其田雞抽筋不放或發羊癲

瘋類之抽筋或發癇證如用馬錢霜五千分釐之一亦能在田雞身上得此各證和勒又以爲噴入皮膚或噴入胃中則雖少於此數者亦能顯其證此試法亦有他醫士試驗而佩服之卽如杜來勒哈來活暮里等（見一千八百五十六年七月十二日蘭西特新聞紙）又活暮里云試驗一種小田雞正名哈里西那拉那將馬錢霜水噴入其胃中則不及五千分釐之一亦能顯其毒性（見一千八百六十年四月二十八日化學新聞紙）其馬錢霜鹽類水落於田雞之背或噴入其皮膚則從一二分時起至一刻或多止其田雞發抽筋癇證而每搖動桌一次或摸動田雞則再發癇證常有發聲而叫似覺大痛如其服數大者則其病證幾立卽顯出數分時內田雞卽死如服數更小者則待一刻或二刻時病證顯一次久之其病能退而全愈其發病證之先顯大不平安之狀呼吸出大力眼珠凸出

三生物質內分別馬錢霜

生物質內分別馬錢霜可用前所言司太司哇妥之法（見前第十二卷之末）可不用以脫而以哥囉昉代之此爲陸哲司與格得鳥特之法或可用偏蘇里卽爲蒲陸山之法此二種質消化馬錢霜較以脫更易而偏蘇里之消化馬錢霜雖不及哥囉昉然較水更輕且結成之顆粒形更易分明苦來

哈末與好夫門已設一法能從麥酒內分出馬錢霜而用動物炭之法將其麥酒合於動物炭每若干時搖動一次至十二小時或多而止將其動物炭在水內洗之合於酒醕沸之化乾其醕將其餘質合於烙灰鉀養令其有鹼性再合於以脫搖動之則以脫中所得之馬錢霜便於用各種試法分別之

養生路內筋臟腑血溺內皆可分別馬錢霜卽如奧國醫學新聞紙一千八百六十七年第四十九頁有醫士蓋所作之論云能在中腦並腦脊根及脊髓中分別之又有陸哲司與格得鳥特云在胃內亦能分別之但馬錢霜在養

生路或身內各器具或生津液器具俱不能化分卽與錦汞各質相同如用最細最巧之化學法則能分別之又腐爛之屍內如含馬錢霜亦不能化分卽如里克耳將身體內之質置於器具內在露天腐爛十一年之後仍能分別其所含之馬錢霜見法勒格馬錢霜論在德國醫學記錄第六十九號第五百六十二頁

試驗動物　如馬錢霜鹽類水一大服令動物服之立卽顯病證又一分半時能令其毒死又更小之服可數分時不顯病證二十分時或半小時內不至於死又重病證已顯出而後能全愈有一案能顯明其尋常之病證所試之動物爲長足無病之兎喂食物之後則令其服馬錢霜硫

養四分釐之一在蒸水數滴中消化之待十五分時之後則兎易驚駭四肢振動立不平穩後不久則大振動如以手摸之則大驚令其行動時則發聲叫四肢少跳動待十八分時自桌上提其耳而置於地面則在地面有重癎證四足伸出變硬不能動眼凸出呼吸最難心跳甚難記其數前兩足與尾向後彎似有繩拉緊之每若干時少放鬆則在起首發癎證後二分時而死卽服毒後二十分時而死死後全體立卽放鬆而前兩足改其方向而向外伸待至八分時後其身體尙溫大半肉筋已變硬查驗其體內肺縮而癟而爲光紅色心之兩邊含血大半爲凝結者他處之血爲流質而其色最深余之公醫院報內載對拉所作之論內言試驗動物數事並人身數案又有查考巴勒馬案之細說

凡動物食馬錢霜所顯之病證大同小異有數種禽受其毒性較他動物更輕卽毋雞是也有一種木狗此獸能爬樹食葉正名好夫門可里蒲司服馬錢霜幾不覺之又有里克特與都拜類門德於一千八百六十八年醫學記錄書第七百五十五頁載比得司所作之論又以上所言木狗不中馬錢霜毒之事又有人言有數種猴服馬錢霜亦無害前言田雞最易受馬錢霜之毒故常用以試驗所疑之質含馬錢霜與否

馬錢霜特能感動背脊髓令其迴轉被惹之性增至極大所以五官稍感動則有重抽筋又能感動血管衣總腦筋令其血管縮而血受壓力更大其毒死之故因胸之肉筋停止不動令其悶死或總腦筋過於受惹其力竭蹶而死波耶與傅累瑟云馬錢霜用以脫里與米以脫里替代之質則其毒性全改變惟所變成之新質亦感動主行動之腦筋因此令肉筋總癱瘓卽與固拉拉同

病證剖驗見式與治法

病證　服後數分時至一小時之內如爲定質內之馬錢霜不多覺其味如爲流質則有熱與苦之味卽有毒證顯

出其人自覺將悶死而云空氣不足用不久則肉筋忽跳四肢有抽筋痛而忽然跳動久之則漸重而變爲抽筋癇證手彎抱緊而壓其胸兩腿張開足向內或向外頭向後彎全身角弓反張而糟頭與足後跟勉強平臥腹肉筋縮而硬不能呼吸脈急而疾面發肝色而聚血瞳人在發癇證時尋常放大眼凸出而正視面貌肉筋亦縮令其人有強笑之狀不能改變其人自云將要悶死喉乾渴而當飲水時則牙牀骨之肉筋縮而不放間有口內發疱而疱中含血待一二分時則其病證暫退而其人平臥力乏出大汗而能言語並能咽物牙床骨在發癇證時未必關閉不

能開間有無故再發癇證設少摸其人或令其少用力則足令其再發其人之性靈尋常能明事至將死時則初顯糊塗間有至將死時亦清楚者間有其人自知危險而又知癇證將發之候臨發時則大叫或言又來了請旁人握定或移動之或轉過其身臨死時則其癇證更速更重其人力竭或悶死尋常在初發病證二小時之內而死設能過二小時則可望其能愈然不能定也

剖驗見式　其情形在各案有不同處又不足以分別實爲馬錢霜之毒尋常之案其人死時身體放鬆不久則變硬久硬後則放鬆而起首腐爛間有存其末次癇證之身

容其手握緊足有彎形或向內彎尋常面貌中身四肢有肝色處間有面貌有天然之氣色身內常見腦髓與脊骨髓之血積聚肺與氣管分支亦然間有胃之暮苦司膜質亦有血積聚心縮而各房皆空間有心之右邊有血滿足其偏身之血爲黑色之流質膀胱中尋常無溺

治法　必立即用吐藥令胃放空如能用水節則更佳又可服樹皮酸或碘合鉀碘水令其馬錢霜結成而不消化又有數法爲諸醫士所設可治已顯之病證其最佳者爲吸哥囉方或服克羅路勒或將克羅路勒噴入皮膚內如壹丁不爾厄試驗馬錢霜之會查得之事並有患此毒之

案俱知克羅路勒如早服之則能滅馬錢霜之毒

曾有醫士勸用加喇巴豆能直攻馬錢霜之毒然壹丁不爾厄查驗之會云此法雖能令馬錢霜之癇證更輕或改變尚不足以救人之命

又有醫士勸用固拉拉而此藥不能爲馬錢霜相對之藥祇能徑令主動作之腦筋癱瘓如此可免其抽筋之痛由此可見如服固拉拉祇能有雙毒之險如用此藥而同時用法助其人之呼吸則間可有益又有留比與羅孫大勒云祇用助呼吸之法亦爲有大益又有醫士令服煙葉水或用煙葉水作外導藥能制馬錢霜之抽筋病並令其嘔

吐又有許多他法與材料可治馬錢霜之毒然俱不及克路羅勒之可恃也

服後初發病證　自數分時至一小時或更多前有一案不過三分時又有一案二小時半而發病證見活暮里顯微鏡合化學法論毒之書

服後能活之久暫　最少之時爲十分最長之時六小時

致死之服數　如服四分釐之一足令人死然間有人服二十釐或更多而能愈者

辨病之法　馬錢霜毒之各病與抽筋不放即牙關緊閉之病大同小異二種病內俱有重癇證肉筋縮緊久不能

放有大苦楚又二種病證人之性靈幾不改變如有糊塗不清楚者則其故必因其受極大之苦楚

牙關緊閉之病即抽筋病與馬錢霜毒之證其分別最大如英國並他處溫和之地牙關緊閉爲不多有之病如有之必爲受傷或因受大害如牙關緊閉之證起首暗顯漸明而重若馬錢霜之證初時顯明而重待數分時則最重又牙關緊閉起首其人難於吞物而牙牀骨與頸骨覺不能活動隨後中身腿手依次第而發抽筋不放若服馬錢霜則能自主之肉筋幾同時抽筋其牙牀肉筋不惟不先縮閒有總不縮或試吞物之時則重縮又牙關緊閉則身之角弓反張爲數小時或數日之後而顯出而服馬錢霜則此爲初顯之證又牙關緊閉其病有進退而無全退之時若爲馬錢霜之毒則其病證全退待若干時再發如牙關緊閉其人數小時或數日後死或數日或數十日其人漸愈若爲馬錢霜之毒間有不及一刻時而死或在初發癇證以後三小時內而死如在六小時後而死之案則極少如能愈則數小時後而愈牙關緊閉如因徑傷腦筋而成則間有數小時內即死者

馬錢霜所成牙關緊閉之證與別種毒料無論爲惹性或睡性所成者俱能分別之因馬錢霜所成牙關緊閉並瞳

人縮小之證爲其獨證而他種毒成者則爲尋常所顯之證已過而此證始顯或雜在其間惟嘆啡啞鹽類或不在此說之內見嘆啡啞病證節

如妄言笑或羊癲瘋所有抽筋之癇證亦能與馬錢霜之證分別之因妄言笑與羊癲瘋之癇證爲其病證之一分又此二種病證未必足令人死即如因妄言笑而死之案尚未有之又羊癲瘋之後頃刻而死或不久而死之案亦不多見之且其癇證跳動有大不同之處如馬錢霜之證肉筋縮緊而振動自始至末振動不停若爲羊癲瘋或妄言笑之癇證肉筋遞更鬆緊又牙關緊閉等抽筋之病其

縮緊振動爲均勻者而羊癲瘋或妄言笑之縮緊振動參差而不勻

布路西亞

此鹼類質爲木鼈子與其樹皮並在依故那弟阿豆與馬錢霜一併得之其毒性與馬錢霜略同惟更輕耳大槪其毒力居馬錢霜六分之一至十二分之一

形性　布路西亞尋常爲白色之粉而易結成鍼形顆粒或四邊形顆粒如在馬錢霜醋酸水內加淡輕四養令其結成則變成相交長鍼形或一叢靑草之形如第一百二十五圖此二種形狀可在同水內用同試藥在同時做成其

一滴水鋪在玻璃片上能得其鍼形者而其靑草形者能在深而不動之滴內得之

第一百二十五圖

布路西亞屬於毒質一類加以冷硫養三而不變色又其强水輕加熱亦不變色加更大之熱則發黃色較馬錢霜之色更深如合於淡養五則發深紅色如其布路西亞或淡養五其數甚少則變爲淡玫瑰花色而依此法易與馬錢霜分別之

布路西亞在白瓷上加熱則易融化成淡色流質又易變黑發極濃之霧漲成炭質頗多其臭與燒牛角相似如照本書附卷內之法試驗之加熱至二百四十度則融化加熱至四百度則乾蒸其乾蒸之質不多有顆粒形且不足爲分別此質之用如加耳巴阿蘇的克酸一分在水二百五十分內消化之則令其乾蒸所得之質變成樹根形之顆粒此質在水中消化較馬錢霜更易又少能在以脫內消化極易在醕哥囉呅徧蘇里內消化其水有最苦之味如合於酸質則成鹽類

試法　甲　加以淡養五則照以上之說令布路西亞與其鹽類發深紅佳色如將此紅色之水加熱後待至冷加以錫

綠水則變成葡萄紫色如加此水更多者則能漂白乙加以硫養三再加以鉀養二鉻養三則發紅色或紅櫻色漸變爲綠色與黃色

布路西亞用流質試藥試之則其變化之速與色之美觀祇次於馬錢霜而他質不能與之相比如第一百二十六圖爲布路西亞酸性水合於淡汞綠二水即汞綠二一分在水百分內消化者所得之顆粒用小力顯微鏡能觀之又如用鉀三衰六鐵二水每一分在水二百五十分內消化者則成最可觀之顆粒

第一百二十六圖

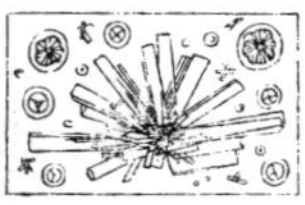

上海曹鍾秀繪圖
新陽趙詒琛校字

法律醫學卷二十

英國　該惠連　弗里愛　同撰
英國　傅蘭雅　口譯
新陽　趙元益　筆述

論減血氣藥

減血氣藥有五種爲要一黑暮拉克卽哥尼由末二煙葉卽淡巴菰三可吸煙路卑利阿四加喇巴豆五固拉拉以上諸毒藥令人身軟卽令肉筋癱瘓有數種如加喇巴豆之類能感動背脊髓又有他種如固拉拉能感動自主動作腦筋

一　哥尼由末一名花點哥尼由末又名黑暮拉克又名尋常黑暮拉克花點黑暮拉克卽謙落

此草在英國活蘺笆等處野生者屬於織形科或怕而司里族此族內又有幾那披依拖薩卽癡人怕而司里又有兒惡西古大卽水黑暮拉克又有撒法卽巴依難弟卽水滴草又有斐蘭特里恩以難弟卽細葉水滴草此各草除怕而司里之外俱有毒性

黑暮拉克易於分別之因其梗高光滑色綠面有稷紫色之點其根爲錐形如蘿蔔而其葉常有人誤爲怕而司里花點哥尼由末之種子其尺寸與形狀如第一百二十七圖每二十個重約一釐而其種子與織形科內之他種子有法能分別之因面上有凸稜形五條如第一百二十八

圖又其自散油之線形膛不顯明此草全體有可憎之臭如小鼠如將此草合於鉀養水捶之則顯此臭最重其葉與果收入英國之藥品其葉之粉成布膏其敗葉與嫩枝作哥尼由末膏又其新鮮之葉作哥尼由末汁

第一百二十七圖

第一百二十八圖

近時醫士哈來見藥品記錄自一千八百六十七年正月起至八月止之論言明此各藥除汁之外毫無藥性或其服數必較英國藥品所準用者多數倍方可顯其藥性如用其汁服二錢則自主之肉筋能顯其病證如用其根則大概以為無藥性

尋常誤用哥尼由末草之故因與怕而司里草相混

哥尼由末之藥性恃其所含鹼類毒質名哥尼阿此質能從其全體得之而其種子與葉與嫩芽含此質最多

哥尼阿之淨者為油類形自散無色之流質存久則變黃色存之愈久則色愈深其臭猝似舊煙管或小鼠又遇生紙則染之成油形淡紅色之痕迹哥尼阿最易在醋以脫哥囉昉內消化而難在水中消化其水內消化者加熱則渾濁而能依此性情與尼古低尼分別之如合於酸質則發霧而成水與酒醋能消化之鹽類如哥尼阿鹽類合於鹼類則能放其哥尼阿如加熱則能蒸出如尋常分別鹼類生物之試藥俱能令哥尼阿結成

分別哥尼阿之法尚未得其全可恃者曾有人試驗所得之變化俱因其所含之異質或化分之質凡出售之哥尼阿其質不全勻淨

哥尼阿與尼古低尼相比則哥尼阿合於輕綠則極易成鍼形顆粒而尼古低尼鹽類初時不成顆粒待久不動之則漸成顆粒

哥尼阿合於試驗鹼類生物公用之試藥則所成之質比較尼古低尼所結成者更易消化所以極淡之水內能令尼古低尼結成之試藥不能令哥尼阿在淡水中結成如鉑綠與金綠所令結成之質俱有以上之事

哥尼阿用汞綠令其結成則無顆粒如為尼古低尼則結成切斷片形合成叢者如輪輻或鳥翅翎毛形之排列如用加耳波阿蘇的克酸每一分配水二百五十分為試藥則所成顆粒形如第一百二十九圖設如尼古低尼用此試藥所結成之質更細而其形狀如第一百三十圖

第一百二十九圖

第一百三十圖

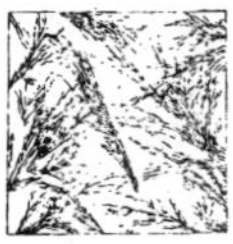

淡輕亦能與輕綠並與草酸合成顆粒與哥尼阿同惟淡輕所成之鹽類不能在酒醋內消化而哥尼阿鹽類能在

酒醋內消化又哥尼阿輕綠之顆粒與淡輕綠之顆粒亦有一分別因能雙折光又能用光極鏡則所顯之彩色最爲可觀

凡生物雜質內含哥尼阿可用司太司哇安之法分開之或加以烙炙鈉養令其質有重鹼性而蒸出之

試驗動物　曾試驗動物而知哥尼阿在各種動物服之受其重毒性而冷血動物與熱血動物所顯之證不同如爲田雞則遍身癱瘓不發癇證而死如爲暖血動物則行路不穩後遍身癱瘓而發遞更鬆縮之癇證而死活暮里試驗哥尼阿將一小滴置於無病大貓之舌上數秒時後

其貓不動令其走則走不穩二分半時則側倒於一邊放尿發大癇證而遍身振動三分時卽死哥尼阿先令主行動腦筋之端癱瘓後令全腦筋癱瘓卽與因拉拉同費里哥云徑能感動背脊髓而其癇證與癱瘓幾分因此故而發或言不能徑感動腦髓或知覺之腦筋然已試驗令人服之則有一處略呆木失知覺又言尋常中哥尼阿毒之人其瞳人放大伯爾門試驗此事云發癇證時之外不顯此證而其死之故大半因悶死卽呼吸肉筋癱瘓不能當其職分

病證　喉乾而縮後肉筋之力蹶眼皮覺重而難於張開又眼之諸肌混亂不能配準行其職分故視物亦混其肉筋之軟先從腿起令其人行步不穩久之則癱瘓而其癱瘓漸上升令上半身呼吸肉筋癱瘓則呼吸難而心前各體大不平安脉尋常遲久之則發癇證而死顯出悶死一切之證尋常瞳人放大而在其各病證之間常有嘔吐又尋常之案內其人性靈淸楚徑至悶死之時如希臘國雅典人用哥尼由末令博士瑣格底服之而死其所服之質大略必與今所用之哥尼由末同其人死於發癇證之間尙能與其友相談至將死時而止

有一案爲醫士白尼德所記者見一千八百四十五年壹丁不爾厄內外科記錄

其人名高取黑暮拉克當爲菜而食之數小時後全身癱瘓而死其癱瘓先從足起漸上升令全身肉筋癱瘓不能言語不能出聲而將死之時發癇證其見識與知覺直至臨死時不變哈來云自飲哥尼由末汁五錢半待三刻時則覺眼睛之肌不能配光再過一刻則此證最重遍身肉筋無力眼皮覺重不能張開瞳人放大再過一刻則嘔身體覺軟而將昏迷皮膚冷而色白立不平穩其嘔已過而肉筋之軟增大性靈全淸楚脉每分時六十八至且合度凡自主肉筋之力大減幾全癱瘓又若干時內自覺最難令眼皮張開服後三小時三刻毒證全退而愈又有二案

係年輕之女一服哥尼由末汁三錢二服四錢其病證與上言者大同小異又見約爾克之西分攤人院記錄所有伯爾門試驗哥尼由末之事

剖驗見式　其式略與悶死者同胃之暮苦司膜質發紅色腦髓之各血管有血積聚

治法　須先用吐藥或水節放出胃中之質又用行氣藥等法令呼吸不停後用常法助其呼吸

服後顯證之期　從數分時至一刻或更多

服後能活之久暫　自一小時至四小時或更多

致死之服數　如黑碁拉克或其變成之各料足令人死之服數尚未查定白爾門試驗本身與他人得知其汁一兩略與哥尼阿一滴相配曾試驗動物而知哥尼阿一滴能在三分時內毒死一貓又五滴能在一分時內毒死一狗所有記錄之案祇有一事係女人白爾格爲其所私之男子雅納於一千八百六十一年在德播城用哥尼阿毒死服十滴至十五滴在數分時內即死

二　淡巴菰又名淡巴菰尼古低阿那即煙草

第一百三十一圖

淡巴菰尼古低阿那又名勿爾吉尼阿淡巴菰屬於阿脫路龍西依科即五鬚頭獨花心之類與羊躑躅啤啦吁喇醉仙桃等緊要之毒質同如第一百三十一圖

淡巴菰含二種有藥性之質一爲自散鹼性流質即尼古低尼二爲自散定質油俗名淡巴菰樟腦此二種質能從其草之各體得之又能在其沖水或煮水或煙內得之常合於淡輕四養炭養二與淡輕四養醋酸並數種氣質其乾葉收入英國藥品內而作淡巴菰外導藥每一兩含乾葉二十釐如尼古低尼即尼古低亞爲流質而有自散之鹼性而因此與哥尼阿同其淨者爲無色油類形流質如遇空氣變爲琥珀色存愈久則色愈深如將一滴落於乳色玻璃面則顯綠色如爲哥尼阿則顯淡紅色又如將此二種流質落於濾紙上所成油形痕迹其色相同尼古低尼有辣味其香似以脫能散至遠處易在醕以脫阿美里克醕偏蘇里哥囉昉內消化又幾分能在水中消化因此則與哥尼阿不同其水中所消化者有鹼性之變化又能合於酸質成鹽類與哥尼阿同但合於二種自散之酸質所發之霧更稀薄又尼古低尼輕綠不能立即成顆粒而哥尼阿輕綠能立即成顆粒如合於草酸則成顆粒形尼古低尼草酸與淡輕四養草酸之分別不能在醕內消化如尼古低尼鹽類合於鹼類質則放出尼古低尼故可依此法蒸而分別之

尼古低尼能用第十二卷末分别險類生物質總試藥分别之尼古低尼與哥尼阿二質遇汞綠鉑綠或加耳波阿蘇的克酸所有變化不同之處已在前論哥尼阿之說內記之

尼古低尼最易分别之變化即用以脫消化之碘質合於以脫消化之尼古低尼即有其變化此爲羅散之法如尼古低尼一分在以脫百分內消化合於以脫消化之碘水則結成稜紅色質待數分時則結成長鍼形顆粒長一二寸如用直光則爲明紅色如用回光則爲深藍色如其水更淡則成顆粒更遲如尼古低尼一分在以脫五百分內

消化待四小時方能成顆粒此爲得拉根度法之法

從生物雜質內分出尼古低尼之法與分出哥尼阿之法同

試驗動物　尼古低尼爲最烈之毒質將此藥一滴能令一貓或一兔在三分至四分時內毒死如爲田雞則令成最奇異之抽筋因前兩腿向後縮而壓緊兩腰後兩大腿伸出而兩小腿與足彎在其上與臂相遇此爲凡布賴格試得之事此法可當爲分别尼古低尼之要法如暖血之動物服尼古低尼則發癇證尼古低尼顯其藥性在腦筋之中處與周圍向外先惹之而後令癱瘓

尼古低尼着於一處則爲惹性毒藥如滴入眼內則令瞳人縮小

尼古低尼合於米以脫里質所成之毒藥其性與因拉拉相似此爲波郎與傅累瑟之說

病證　淡巴菰或尼古低尼之小服能令口與喉嚨覺暖而有辣味多成口津後有嘔吐身覺減血氣而內筋變軟脈大概加數然有時遲緩皮膚變白色而冷腦髓與腦筋之職分大半疲乏脈歇止如爲大服則發遞更收放之抽筋癇證而死如其服數爲極大者則其人猝然精神竭蹶不及發癇證而死即如波加米侯所毒死之人名傅格尼

司令强服尼古低尼之後五分時即死又一千八百五十八年倫敦有一案其人服尼古低尼欲自盡服後睜眼觀周圍仆地不發癇證祇大歎息而死

淡巴菰不惟服之能令人死即燃吸其煙亦能致死和勒云有一案爲年輕男子第一次吸煙即吸盛滿之大煙管二次則嘔吐昏迷暈睡呼吸有大聲全身抽筋瞳人見光暗不變明日仍暈迷夜中再發暈睡呼吸大聲及抽筋後漸愈又有他人書中載吸煙過多人死之案或言吸煙之害因其煙含尼古低尼而有夫勒與由倫白格云其害不在尼古低尼而因燒時其尼古低尼分開而成貝里弟

尼與比哥里尼而黑勃勒云其煙中實含未化分之尼古低尼間有人腸中引進淡巴菰水或煙收入腸內而生大害又有人聞鼻煙過多或身外加煙料或睡於大包煙葉之中或因煙葉有納稅頗重之處欲偷漏者將煙葉裝於衣內與皮膚相切以免查出因此大受其毒

服後能活之久暫　服尼古低尼後幾立即令人死或數分時內令人死又淡巴菰亦能令人速死有一案其人十八分時而死

致死之服數　有人服淡巴菰半錢而死然究未能定其數尼古低尼令人死之服數大略數滴而已

剖驗見式　其情形不易分明如腦髓血積聚發腫胃生炎爲已有之案前所言服尼古低尼自盡之案其式係肉筋放鬆眼張開臉發腫而有肝色頭頂皮與腦髓胞膜並肺胞膜多含黑色之血心之各房除左上房外俱爲空者胃之暮苦司膜質與肝血多積聚其血色黑而爲流質有數處其濃如糖渣滓又用司太司哇妥同類之法在胃肝肺分別尼古低尼見對拉毒學第七百五十頁

治法　如服其定質而不能自吐則必服吐藥又可服樹皮酸或碘合鉀碘水令其尼古低尼不能消化或多用行氣藥亦爲有益

三　路卑利阿又名可吸煙路卑利阿又名印度煙又名泡殼路卑利阿

可吸煙路卑利阿屬於五鬚頭一花心之類又屬於路卑利阿西依即山梗菜科原爲北亞美利加之草而其土人自古以來用之後西人居其地亦用之惟不收入藥品內教士格脫拉品評此物盛稱其爲藥之有益一千八百二十九年英國醫士里司勸人用之以治氣喘

尋常出售之質爲長方餅形淡綠色重半磅至一磅臭頗可憎味辣而惹舌與淡巴菰大同小異凡售植物藥料家常有其種子與其子之粉美國與英國皆有人服之而死之案

此質之藥性恃一種鹼類質名曰路卑里尼與哥尼阿及尼古低尼有數種相似之處即爲流質而有數種化學性情與變化爲相同者如用傅勒特之試藥即硫養鉬養成深茄花色待數小時變櫻色後變黃色此爲得拉根度法之說

英國藥品書收其乾草作二種浸酒一爲路卑利阿酒一爲路卑利阿以脫酒每一升含其乾草二兩半以十滴至三十滴爲一服

其種子爲極小之粒約三千一百七十六粒重一釐其分寸與形狀與顯微鏡所顯之形如前第四十五圖之五號

路卑利阿為烈性藥與重毒質如將其葉或種子之粉服十釐至二十釐則為重性吐藥故俗名吐草如服一調羹即一錢足令人死

病證　服後不久則嘔吐最重頭疼頭暈身體振動皮膚出大汗精神最乏為其緊要之證間有泄瀉與小便過限間有脉歇止此因其行血之力減少之故死之先發大癇證如作為外導藥則與淡巴菰同令人嘔吐與昏暈

致死之服數　一千八百四十七年英國有一案其人服此葉之粉六十釐因此而死

服後能活之久暫　以上所言之案服後三十六小時而

死

剖驗見式　胃之幕苦司膜質重生炎腦髓血管重血積聚

治法　多飲暖水令其嘔吐用雞毛探喉等法惹其喉嚨又用行血氣藥阻止其減血氣之毒性

四　毒性非蘇司替格瑪又名加喇巴豆

毒性非蘇司替格瑪草之種子生於莢內如豆自阿非利加西邊運至英國收入藥品作非蘇司替格瑪膏又名加喇巴豆膏其大用處為眼科中用之令瞳人縮小曾有數醫士查此毒之性如苦里司脫生哈來嫩尼里傳累瑟等如一千八百五十五年苦里司脫生作一書一千八百六十七年傅累瑟作一書見壹丁不爾厄王家會記錄第二十四本論加喇巴豆之藥性

此豆大如鴿卵形如內腎其殼硬而光深櫻色內有二個白色之子葉其子葉之形凹而有絲紋如第一百三十二圖為此豆之本分寸與立剖面及橫剖面其豆之白色料無苦無辣無香所以人遇之無可憎之處易誤食之如一千八百六十四年在里味不有五十個小兒食其豆死者一人此兒食其豆六枚如其白色子葉遇淡養則變橘皮色遇鐵綠則變黃櫻

第一百三十二圖

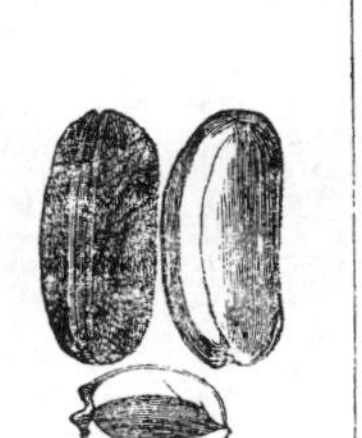

色其豆之藥性因所含之鹼類質名曰非蘇司替格米尼又名以西里尼

形性　非蘇司替格米尼為無色之質似松香乾則脆斐云此質能成顆粒有鹼性之變化易在醕以脫哥囉仿徧蘇里內消化而不易在水中消化如合於配質則成鹽類極易改變而顏色亦變

濃硫强水能消化之成黃色之水不久則變為橄欖綠色如用不濃之硫强水或溴水則成紅櫻色非蘇司替格米尼在水內消化者令鈣綠變紅色如用之過多則漂白

試此質之妙法係加入眼內試其令瞳人能縮小否如水

一千分內含此質一分將此水數滴加入眼內則一刻之久能令瞳人縮小

試驗動物 傅累瑟書中論其小服與大服顯出之證如動物食其小服則先少震動自後腿起至前腿與頭止後全癱瘓而肉筋放鬆亦照此次第而顯出隨後其直腸與膀胱放空瞳人縮小呼吸遲而亂發大聲口中放出含泡之暮苦司質肉筋跳而呼吸氣停止之後肉筋仍跳全身不能顯迴轉之行動眼之周圍摸之不覺又提動物之耳則四肢垂下無力亂試呼吸數次而死死後瞳人立即放大其能明事之性靈如故徑至於死而不缺如死後立即剖開身體割其肉筋則收縮心能合法行動不亂腸仍能有如蟲之動肺內滿血如食其大服則後腿立即癱瘓而其動物跌臥於地面身體放鬆肉筋暫時跳動瞳人縮小眼與口之津液增多不能得迴轉之行動數次太息呼吸即停死後瞳人放大剖開身體肉筋縮跳心放大略在十分時內動之則覺惹但腸之如蟲之動幾不顯明

曾試此毒質毒死動物甚多無一種不死者惟有以西蛾不受其毒

如人食此毒之小服不受其害而至死昔有苦里司脫生自服其種子即豆十二釐在口中嚼而咽之二十分時後頭暈欲睡用吐藥放空其胃則頭暈身軟不能立起無奈何必臥於牀面白無精神脉軟弱而亂其性靈不改變二小時後則甚倦欲睡又二小時則睡而睡之間似有能知覺之狀此後病證漸退而明日即愈見一千八百五十五年藥品記錄第四百七十四頁前言里味不有五十個小兒食加喇巴豆之案其各人身內受惹有嘔吐間有泄瀉身體最軟其最重之案內瞳人縮小脉軟弱而牆內有一兒年紀六歲食此豆六枚腹大痛嘔吐肉筋無力行步不正瞳人縮小而後死

加喇巴豆無論在眼外眼內加之俱能令瞳人縮小如將其膏置於眼內則約十分時令瞳人縮小待數小時不放

所以最穩之試法將此藥若干置於眼內此毒質令肉筋癱瘓之故因先感動背脊髓先滅其能被惹之性後令其癱瘓故可見此質與馬錢霜爲眞相反者所以抽筋牙關緊閉等證用此大爲有益久之則令主知覺腦筋與主行動腦筋全滅其被惹之性以上病證之外亦能感動心令心之阻當腦筋受惹令心在脹滿之時停止此種性情可用阿脫路比亞治之

治加喇巴豆毒之法大略必速用吐藥後用治悶氣將死之法如傅累瑟詳細試驗非蘇司替格米尼與阿脫路比亞二物相反之性情見壹丁不爾厄王家會記錄一千八百七十二年第二十六本指明

阿脫路比亞在一定之界限內能全治加喇巴豆之毒故可見凡遇慮加喇巴豆之毒可在皮膚內噴入阿脫路比亞之水而壹丁不爾厄特設查驗藥品相反性情之會查知如服加喇巴豆足令人死者立卽服克羅路勒則能解其毒故勸人用之

五　固拉拉又名烏拉拉又名烏拉里又名由拉里

固拉拉為南亞美利加人箭頭所加之毒而疑為一種司脫立格尼所成其成毒司脫立格尼或可與南亞美利加所產之樹同普來亞云其樹為故羅羅保羅以尼亞卽薩品大西依科內之一種所見此種毒質亦含蛇毒等料其質為脆性樱色之膏有光亮之剖面易在水中消化依普來亞之說其毒性質名固拉里尼為成顆粒形之鹼類質能在水或酒醑內消化稍能在阿美里克醑或哥囉叻內消化而不能在以脫與徧蘇里內消化因此故不能用司太司哇妥之法以尋常消化鹼類之料分開之設如用以脫或阿美里克醑消化其鹼類質則固拉拉仍存於其內固拉里尼合於硫養與鉀養二鉻養所成之各色與馬錢霜同惟其色之改變更遲如祇用硫養則成淡茄花色漸變為暗紅色而至末成玫瑰花色此各事與馬錢霜不同

病證　服此毒質之案尚未有詳細記錄者所有記錄之

證與動物服此質所顯之證相似先在後腿起癱瘓至末其動物臥於地面如死惟心能動耳如食其大服則心亦癱瘓如為喫血之獸其病證與冷血動物之證相似卽自主之肉筋癱瘓而呼吸之肉筋因不能行其職分而令人死其心亦癱瘓惟更遲耳間有死之前肉筋顯其瘈證其病證內有眼放淚而口津過限如動物服固拉拉而死者其溺中有糖其各證之故因其毒質先令自主動作之腦筋癱瘓其次令血管之腦筋癱瘓至末則管理動心之腦筋亦癱瘓惟此各肉筋能漲縮之性不改變如馬錢霜或布路西亞與米以脫里化合者所成之質其毒性與固拉拉者相似此為波耶與傅累瑟之說而此二種毒質合米以脫里時則令發瘈證之性與其原毒性相反而固拉拉入於胃內幾不顯病證或不覺之如徑入血中或在受傷處入血內則速顯其證此事之故大略因胃中吸此質入血遲而血中之消去能速所以血中從胃內所得之毒一時尚少不足以毒死黑爾曼云如將內腎之管縛緊則其毒不能從血中消去所以服入胃中者漸入血無路能放出必顯毒證與徑入血者同

致死之服數　固拉拉質其濃淡難於均勻普來亞云固拉里尼比尋常固拉拉更濃略濃二十倍又〇・〇〇四格

足以毒死一田雞又〇•〇一五格足毒死一兎或一幾內亞豬

治法　凡中固拉拉之毒則其治法應用助呼吸之法如動物服此質尚不足令心癱瘓則能令其久延至毒性退而能愈

上海曹鍾秀繪圖
新陽趙詒琛校字

法律醫學卷二十一

英國　該惠連　弗里愛　同撰
英國　傅蘭雅　口譯
新陽　趙元益　筆述

論停止心動之毒藥

停止心動之藥常見者有六種一輕衰二草酸三草烏頭四毛地黃五白色非辣得羅末六哥勒枝㯼

本卷所論之毒質能令人全身混亂或暈迷或停止心動此各種藥徑感動心與血之動第一與第二兩種速令人死惟其感動心之證不及別種特顯之證此兩種有相反之性顯之甚明內有一事最爲昭著即一無消蝕性一有消蝕性又如草烏頭毛地黃非辣得羅末此三質俱能感動心而爲其特顯之性故此三質可合成爲感動心之毒藥而此類又有數種他毒質即如毒性安替阿里司又名安替阿里即由巴司樹婆羅洲所產大勺樹產毒之當幾尼阿是也本書前次印者其哥勒枝㯼列於他種毒質內今改列於本卷中

一　輕衰

輕衰俗名普魯士酸苦杏仁自散油即含輕衰爲其藥性料鉀衰即輕衰之一種鹽類爲一類毒質其次第在鴉片並含鴉片各質之下凡應服此種藥者則尋常用輕衰又

有醫士與售藥材者用之爲自盡之藥又有自盡者用苦杏仁自散油又用此種毒者女人與男子其人數幾相同服此類之毒質其偶然而死之案爲多者而故意毒人之案則少

此藥性能速令人死點心內用苦杏仁自散油爲香料又工藝內多用鉀衰因此有多人用慣之知其毒性之重所以欲自盡者常用之以取其便如作藥品用者所作之輕衰用繁化學法得之卽將含此質之鹽類化分之而取其輕衰但有數種植物如羅薩西依卽薔薇科其葉花與仁含輕衰其含輕衰之質名阿米格大里尼與衣蕃辣西尼

如苦杏仁羅耳烏司櫻桃桃成叢櫻桃山阿書樹並桃仁梅仁櫻桃仁蘋果仁俱含輕衰能蒸出之俱含自散油質前有包敦爵之案所服者係羅耳烏司櫻桃水又有一種苦杏仁水爲藥鋪內常備用者其濃淡恆不相等醫士或混配在藥方內屢次令人毒死

輕衰之形有二種一爲無水者一爲含水者俱無色其無水者有猝味奇異之臭易著火加熱至八十度則沸冷至五度則凍冰尋常之熱度自能化散見光則速化分而變櫻色尋常用藥鋪內所配淡輕衰水爲毒藥其淨輕衰與醫學合律法之事無相關

淡輕衰水

形性　淡輕衰之形臭與味俱與濃輕衰同惟不見光則不多化分其質極易化散而遇空氣則失其濃其濃淡與其作法大有相關又其新者與舊者淡濃不同曾有對拉試驗之得百分內含輕衰以一·三分爲最少以六·五分爲最多如將鉀衰鐵水以硫强水化分之所得之輕衰最能耐久能存數年遇直射之光不改變

各國之人所用輕衰濃淡不等如英國藥品書所準用者每百分含輕衰二分夫格蘭所設之輕衰每百分含三·三分又西里所設之輕衰每百分含五分

以上所言輕衰形性有一種易於分別而且最靈可當爲試驗之法卽聞其臭是也

輕衰臭　輕衰水雖極淡者亦能分別其臭又有一便處不必用化學之法或靈巧之材料器具亦能分別之又如有數人嗅之俱聞得有輕衰之臭則爲可恃之全據服輕衰者生時之口氣能聞而知之死後在口內或在胃中所含之質或全體之網質內俱能聞而知之又周圍之空氣內亦能聞知但如病人服之爲治病之藥則其臭能爲別藥所掩卽如余所記之一案則合於阿魏爲外導藥又如死後不久之屍尋常能聞知之而二十四小時之後則全

散卽如佗章勒毒死之女人赫德死後十八小時有五人試聞之祇有二人能分別又伯里聖愛特門人經哈末其人死後十一小時則胃心腦之中俱能聞知又有雙自盡者爲醫士里替比所報一爲特蓋特一爲韋廉士死後十二小時口外能聞其臭而兒肥司云死後十七小時至十八小時能聞其臭

試法　聞其臭之外另有三法爲常用者易將其水與其霧依此三法試之一謂之銀法二謂之鐵法三謂之硫法

一銀試法　將銀養淡養五水加入含輕衰之流質內則結成白色質冷熱適中之時不能在淡養五內消化而沸時能消化如所結成之銀衰洗之乾之置於試管內試管之一端封密一端引長成細口用酒燈之火將銀衰加熱則放衰氣如點以火則燒成大紅色火焰外有藍色光霧

二鐵試法　將鉀養水少許加入疑含輕衰之水內再加鐵養硫養三與鐵養三硫養三之合水數滴則結成欖綠色之質再加淡輕綠水少許則變成普魯士藍

三硫黃試法又名里皮格試法　將淡輕四硫水數滴加入疑含輕衰之水內輕加熱則變爲雪白色或無色緩緩化乾所餘之質爲淡輕四硫衰爲白色不成顆粒之質如遇鐵二綠三水一滴則變櫻桃深紅色如再遇汞綠二則滅其色如此

則可與米故尼克酸用此法所成相似之櫻桃紅色遇汞綠二不變者有分別

用以上各試法分別輕衰之霧則可另用一法如左

將其發霧之定質或流質置於玻璃表面再將平玻璃片以試藥溼其面反置於玻璃表面上而待玻璃片上顯出其變化

如用銀試法須將其玻璃片用新作之銀養淡養五淡水溼之卽每水一兩含銀養淡養五一釐令遇其霧則玻璃片溼處不久變乳色待乾則有白色痕迹以顯微鏡觀之則爲柱形或長片形顆粒其各顆粒彼此相交相織畧如第一百三十三圖再將此痕迹與銀養淡養五一滴熬乾所成之迹相比則爲極淡之白色而無顯明之顆粒形

第一百三十三圖

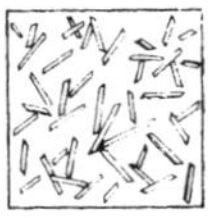

如用鐵試法將玻璃片以鉀養水一滴令溼依法遇霧之後加鐵養硫養三合鐵二養三三硫養三合水一滴再加以淡輕綠水令變成普魯士藍再將其鐵試藥合於鉀養水所成欖色之鐵養與其普魯士藍相比爲據

如用硫試法將玻璃片用淡輕四硫溼之依法遇霧後待所成白色淡輕四硫衰之痕迹已乾則用鐵二綠三水一滴試之此水必爲極淡至幾無色方爲合用再將結成之淡輕四硫衰

之櫻桃紅色與鐵綠[三]一滴乾時所餘黃色痕迹相比則可依其顏色為據此因玻璃表面內之流質能吸淡輕[四]硫之霧若干令其變白色故可待乾時以鐵綠[三]試之

以上試驗輕衰之霧內其銀養淡養[五]之法為最可恃余將蘋果子一粒搗碎以蒸水令溼置於玻璃表面上照上法試之則其料足顯輕衰之變化二十二次其銀養淡養[五]水每一次變成乳色其乾痕迹以顯微鏡觀之則顯出銀衰之顆粒其餘試法依同法用之所得之據畧次余又將蘋果子三粒搗碎令溼置於三箇玻璃表面上依同法用其三試法每法令遇其霧五分時試十次則銀養淡養[五]法屢

次不誤鐵法誤七次硫黃法誤九次但其玻璃表面之水為淡輕[四]硫之霧令變白色待乾時則成白色痕迹而遇鐵試水則其變化為合法者

生物雜質內分別輕衰　輕衰極易化散則所疑含輕衰之生物流質或定質其查驗之工以早為要

此種生物定質或流質分別輕衰用蒸法而蒸之先可用前所有之各法試其所放之霧其蒸法如左

將其流質濾之如為鹼性者則加硫養足滅其性如因腐爛而成淡輕[三]則硫養能與其化合成淡輕[四]養硫養[三]再用熱水盆加熱至一百五十度蒸之至蒸出八分之一為度則此水可用以上所言之各試藥試驗之

或駁此法云凡用加熱之法則蒸時其動物質能化分自成輕衰但此祗為空言尚未有人試驗得其證據又有人駁云數種動物植物質腐爛時如乳餅耳卧達等腐爛之時能成輕衰

凡見死屍或將死之人其口氣或其身內外大發輕衰之臭則以上駁說歸於無用又化分身體津液質如腦髓中血水則聞輕衰之臭為其確據余為學徒習醫學之時有一案其人身體各處能分別輕衰之臭而依肥里脫在其腦髓中亦得之

化分求數之法　須用所結成之輕衰每百釐配淨輕衰二〇·三三釐

試驗動物　輕衰無論形狀為何種者俱是最烈之毒藥如動物吸無水輕衰之霧立卽毒死此為沛離拉之說路巴云一秒至十秒內卽死流質無水輕衰顯其毒性其速幾與其霧相同有人將其一滴置入狗之喉嚨內其狗速呼吸二三次而死又滴入眼皮內之下其死之速亦與前同又噴入頸內大迴血管則其狗立卽跌仆而死卽與礮彈擊死電氣擊死相同此為墨眞弟之說又有人將輕衰一滴滴入兔口內三十六秒時起顯其毒性而八十三秒

時死又貓服三滴十秒時起顯毒性三十秒時死又有一貓服三滴五秒時起顯毒性四十秒時死又兔服四滴二十秒時起顯毒性三十秒時死又用一兔開其口傾入藥品內用之淡輕衰水一兩半立即顯毒性十秒時死又將貓眼內滴入三滴二十秒時顯毒性再過二十秒時即死又將貓腰開割開一處落入三滴於內則四十五秒顯其毒性而一百五秒時即死其遲死之案有最重抽筋證而速死之案初顯其抽筋證時即死頭向後彎如爲兔則背脊髓向後彎如爲貓則向前彎此爲苦里司脫生之說

可見濃輕衰依其數目與用法能立即令動物顯其毒性即從五秒至六十三秒顯毒性又從十秒至一百五秒令其死如滴入口內者則從五秒至十秒初顯毒性而三十秒至四十秒令其死

曾有多人試驗動物服淡輕衰水即如里茲之嫩尼里詳細試驗各動物大半爲狗則知其淡水之大服能令動物死與濃水之小服其速相同又略沖淡之則不惟不阻其毒性反令其顯出更早如其淡水之大服能在二分至十五分時令動物死惟是生命可以久延如所服之數適足令其死者則能活數小時或數日而死即如故倫毒死一狗受大苦十九日而死

如其服數不足令動物死者則一二分時頭暈身輭口津過限舌伸出呼吸最猛而出力面發肝色眼凸出發癇證或抽筋漸變爲癱瘓與失知覺待若干時則漸得回其知覺與運動間有少發癇證而出力呼吸間有發大癇證而大聲呼叫自後則睡而其睡間有深沈與服鴉片者同至甦時則病已退身體最輭而動物之口氣有輕衰之臭在冷血之動物如田雞等則其輕衰不令其發癇證而死

曾有人試驗動物服輕衰之病證查得數事能與醫學合律法之案有相關

癇證　前有人議論服輕衰常顯癇證或否今知在尋常之案內發此證而多試驗動物之人俱知有不發癇證之案

呼叫　此爲常見之證惟間有不叫之案嫩尼里云其叫爲最奇顯出受大苦之意與他種叫聲大不相同而特爲服輕衰後所顯如嫩尼里所試之狗有此叫聲者不過一半耳

放大小便　各案內略十分之一祇有大便又十分之一有大小二便但其大半祇有小便又五分之二大小便俱無此爲嫩尼里之說

行動之主意　間有服毒後而毒證尚未顯出時能作行

動之事卽如一狗服輕衰後則下樓梯二三級見樓底下之門巳閉則再上樓又有一狗服毒後則下一長螺絲形之樓梯再上再下又有一狗跳過他狗之身又跳過樓梯井口此亦爲嫩尼里之說

剖驗見式　所試驗之動物死後剖驗之式難於顯明特患輕衰毒之據腦髓尋常無病閒有腦髓之血管含多血發腫有一案用輕衰毒死馬一匹其腦外膜質有流血又查動物之心與大血管其式與所含之血數各不同俱依其死之遲速如猝死之案則心之左邊幾常爲空而縮緊右邊閒有含血甚多如久中其毒而後死之案心之兩邊

含黑色之血甚多因此發脹此爲嫩尼里之說閒有見其血爲紅色但尋常其色爲殷或黑卽悶死之證如田雞服輕衰而死則心脹而盛滿光紅之血此血色之故大畧因血輪形狀改變所以能回光更易如和比賽拉與普來亞云輕衰能與血之顏色料化合成顆粒形雜質然此顆粒形不能在服輕衰而死之獸內分別之施恩排納云輕衰能滅壞血輪發臭養氣之性墨眞弟云淨輕衰滅壞心與自主肉筋能受惹之性故雖加以電氣亦不能感動之但試驗貓與兔八案令服淨輕衰則死後心自行縮又用電氣等法亦令其縮惟有服輕衰二十五釐之兔並有三滴落於舌上之貓其心不縮此二案將死之時有暫時抽筋而心動停止又其兔死時立卽剖開其胸觀其心盛滿以血雖用法惹之亦不能縮此爲苦里司脫生之說其肺有空者但尋常盛滿以血所有遇輕衰之膜質尋常有血積聚而死後身體常變至甚硬

輕衰所顯之毒性尚未查究其全理如普來亞於一千八百七十年著書專論輕衰云其病之大半因第八對腦筋卽肺與心之腦筋俱受惹又以爲其痼證與悶死之痼證大同小異而有白瑪等人駁此說而其所駁之語亦爲有理雖其呼吸氣之腦筋受感動爲其緊要之證然尚不足

爲其痼證之解釋無論植物與動物俱以輕衰爲毒質

病證剖驗見式與治法

病證　人服輕衰而中毒其證各不同卽如試驗動物所顯之證亦爲不同俱依其服數之大小並年紀強弱及精神如何如其服數大則在數分或數秒時起證尋常之案內大畧有若干時能知覺猝然頭暈而失知覺呼吸極難而速死如過數杪或數分時卽有別證顯出

所有致死之案或最重而不至於死之案其證爲失知覺呼吸難吸短呼長喉內有搖鼓聲口有白沫牙關緊閉面與四肢之肉筋縮閒有發重痼證而放大小便皮膚冷而

有肝色眼珠凸出瞳人放大遇光暗不變其迴轉之腦筋不受惹厥不能覺之

如顯證更遲之案則喉覺縮緊口津過限頭暈心念不定大覺難過胸內在心前處大不平安後呼吸漸難至不省人事以上之證由漸顯出又常有癇證如能愈者則常有嘔吐

前言服此毒後能暫時知覺大畧各案內俱有之而此片刻時能自主動作有數案其人食輕衰一大服亂行數步跌仆於地不叫而似死後數次混亂呼吸四分時內死又有人作可畏之聲猝然跌仆如爲電氣擊死又有多案其人跌仆而無聲

剖驗見式　其式內難得服輕衰之證據間有面發白眼發光牙關緊閉口有白沫面與皮膚顯出肝色間有遇見悶死之式卽如常見幕苦司膜質紅而血積聚

胃與身之各處俱發輕衰之臭然間有不發此臭者卽如其人未死之時其肺能放盡其輕衰或其屍位置之法最便於輕衰之化散前有數案祇能在胃中聞其臭而他處無之又有在他處能聞其臭而胃中無之如在血或四肢能聞其臭則爲更可恃之據因前有未服輕衰之案而在胃與腸或腦髓能聞其臭之說

治法　解輕衰毒之藥其要者爲綠氣並鐵合養氣之質其綠氣能收出其毒內之輕氣其鐵合養氣之質能與其輕衰化合成不能消化之普魯士藍惟是人服輕衰尋常之案不及用解毒藥如其解毒藥無現成者則更不及配之尋常之案爲自盡而醫士至時其人已死或將死如未死者則其牙關緊閉不能服藥如能服之亦必最難

第一要事用傾冷水法卽將冷水沖其面或傾於頭與背脊待其人稍能驚甦雖不知覺或發癇證必脫其衣服揩乾卽於牀以衣被蓋護令暖用雞毛惹喉之後面令其人嘔吐將海絨或布用滅臭水撒於其面而置於近鼻孔處

用烘熱之布或佛蘭絨鋪於身令暖又用手或刷擦其全身待牙牀開而能吞物則服吐藥如鋅養硫養或芥末或食鹽等水又可用水節（普來亞設法用阿脫路比亞水噴入皮膚內能滅輕衰之毒遇第八對腦筋）

致死之服數　如爲成人服淨輕衰不及一釐卽死或英國藥品所定淡輕衰水四十五滴足令人死曾有人服淡輕衰水半錢而病證最重然有人服四十滴或八十滴而其病能愈

服後顯證之期　前言動物服後立卽顯病證而人內尙未有此案設其服數大則證速顯出而其人速死卽如胡

弗蘭所記之案其人所服之輕衰等於淨輕衰四十釐其人服輕衰後亂行數步仆於地面不發聲似立即死者又有一案其人服更小之數足令顯最重之證而從服毒起至失知覺與動力之間有片刻時而此時之內所能作自主之事在下數案內能顯明之

服後能活之久暫　食一大服之後二分時至五分時內死間有人能活二十分至半小時或三刻或一小時又有人數小時內大危險而後能愈

服後能作自主之事　食輕衰一大服之後定其能否行自主之事為審案內極有關繫者余曾見一案其患毒之

人自言能知覺而自主又有數案指明服毒之後若干時內能自主作事此事與醫學合律法之相關可將一案顯明之

英國雷塞斯德爾某藥鋪之徒傳里曼與本家之婢女私通令其有胎後有人見其婢臥牀而死其死之故因服輕衰則疑其徒令服輕衰而死但因有據得知其婢女預備行打胎之事故有人疑其改意而自服輕衰所以審問此案須定其女或為自盡或為人所毒死查此女臥於牀身直首稍偏兩手相交於胸前被之上邊平鋪於胲下而被以下在身之右邊有塞緊之玻璃瓶紙包其外最為整齊瓶內含輕衰三錢半塞外之麃皮並縛皮之線俱在尿盆內其瓶能容流質八錢故疑此女服三錢半審問此案須定其人服此許多毒質後能否將瓶塞緊以紙包之置於身傍將被整齊鋪至胲之下而將身體位置合宜（此案細說見醫學報第八本第七百五十九頁）考究此事祇能查記錄此種自盡之案有否能自主行事或查其服毒後至失知覺之間有若干時審問此案所請之醫士祇能言試驗動物之事然動物與人自有不同之處所以動物之證祇能顯其總理而不足為據

有數案能顯明以上所言之理即德國某藥鋪之徒服巴

威也拉國藥品書準用之輕衰水四兩而見其人之時已死於牀牀之左右兩邊各有含二兩之空玻璃瓶被整齊蓋於胸右手在被內伸直於外左手彎著於胸有一自盡之案係紐哈末所報其被蓋在肩上極整齊牀之後段相近處有玻璃瓶瓶有塞又有一案係對拉之徒報於對拉知之遇見其人坐於厠所之箱上已死而衣服袋內有玻璃瓶瓶有塞而所報之輕衰由此瓶出又有雙自盡之案係里替比所報二屍排列之方位顯明中毒之後有自主動作若干事

由以上之事可知食輕衰之大服稍能自主動作又可知

以上所言傳里曼之案能不定罪而釋其人爲合理之辦法

如食輕衰之大服足令人死或幾令人死則見其身體之方位略能知所爲自主之動作若干事有一案可詳細言之其人在牀上服輕衰一大服後從牀上起身走至牀前之櫃旁相離二三碼將瓶塞緊回至牀邊而上牀時不知不覺仆於地面後六小時內危險最重而後能愈

又有一件案其人不惟能自主行動尚能大聲呼救命又能與人相談

又有藥鋪之徒奉主人之命從鋪內走至窟室中取物數

分時從鋪內聞其大聲呼喚云鹿角鹿角此即淡輕四養之俗名鋪中人走至窟室內見其徒卧於樓梯之下級手握欄杆低聲云普魯士酸即死計其時不外五分查其人服巴威也拉輕衰一錢後欲得淡輕四養水服之爲解毒藥但其人已乏力不能開其瓶塞

又有嫩尼里所報二案其病人不惟能行動尚能言語有人問事尚能回答第一案所服輕衰足令其死第二案雖服大服不足令其死其第一案服輕衰後數分時能對答第二案能言語若干時至牙關緊閉而止

又有人患憂悶癡欲自盡走至房內鎖其門將輕衰淡水即每百分含輕衰三分服其七錢約一分時之後即開其鎖開門呼喊速來我處我今死其僕人立即至房內見其人仰卧於牀兩足相交不知覺而發鼾息聲立即請醫士修愛勒過二十分時纔到其人已死其情形似爲重睡兩足相交手緊著兩腰眼緊閉此案爲加拿大孟脫里哇醫士修愛勒所報又以上數案並他種案之詳說見蘭敬醫學分門半年報第二本第三百九十九頁

茲有二案爲食輕衰之大服不足令人死者而顯明其病證等事第一案在一千八百四十五年二月法國醫學總覽第二案即在前一年余所親見者

法國勒內之醫士某乙朝晨自備淡輕衰水一小調羹自

已服之隨後若干時依西里之方造成淡輕衰水服一調羹中飯後則向藥鋪夫格蘭買淡輕衰水一小調羹服之待數秒時再服一小調羹自覺夫格蘭之輕衰水太濃故與夫格蘭云濃亦無妨但出鋪門覺頭內混亂回至鋪中有數語大可駭怪猝然仆地同於電擊牙關緊閉無法能開呼吸難而發大聲手足變冷口脣變形面頸發紅而腫瞳人放大而見光不變左脈幾不顯右脈極小牙關緊閉更重暫發最猛之癇證腹大腫胸脘更腫旁人用行氣法擦皮膚用行氣之外治藥後用翎毛探喉之後面則吐出黑色暮苦司質如此待二小時半則顯能知覺之情形而

能認識在旁之人其性靈漸復原惟呼吸仍難而有搖鼓聲暫咳出黃㯹色暮苦司質此時之間其口氣大有輕衰之臭過十三日則能出門仍行醫士之職分但此時之間仍最難呼吸如在牀上轉身或早晨甦時則分外難待若干時則全愈而在首四日其溺極少

一千八百四十四年冬間余在夜中有人喚余驚甦治年輕男子已服輕衰之證此案之來歷由本人與其親戚所報明其人之父爲醫士而本人讀書擬欲學律師年十九歲其性情常快樂最認眞作事行爲極端方從未遇失望之事又從未懷自盡之念本日在學律書院大堂內食晚

餐飲酒較尋常時更多回至家中則家人見之似飲酒過多而臨睡時至其父之藥料房取輕衰瓶此瓶他人疑其含藥品書準用之淡輕衰水一二錢而本人云祗有一口入臥房後家中人聞其房內有重體猝墜之聲又有親戚經過其門口聞其嗽喉聲其父迅速至其房內見有輕衰瓶在櫃上則已知其故將冷水數桶沖其面與胸則稍能驚甦帶至隔壁之一間房平臥於牀將淡輕四養置於鼻孔令其吸之在背脊與足加熱又用含阿魏酒之外導藥余至其房內則見其人仰臥於牀勉強呼吸又發大聲有暮苦司膜質在氣管內作嗽喉之聲脈每分時一百四十至

呼吸每分時三十六次皮面最冷面有暗鉛色口脣藍色瞳人放極大牙關緊閉無法能令其開口故不能服藥如此情形畧有三小時未曾改變

其治法仍用淡輕四養置於鼻孔前用刷拭其身用烘熱之佛蘭絨加其熱迨至五小時則有嘔吐之意即用雞毛探喉而後口外揩去含血之暮苦司質不久則能咽物令其飲白蘭地酒合水並濃咖啡此時能回答他人所問之事惟祗能回覆一聲又能藉其肘以舉其身能有知覺而其心中有不清楚之狀迨至六小時則能回覆言語能自動其身欲飲檸檬水即與之飲頗多此時暮苦司膜質發嗽

喉聲不顯而呼吸與脈仍數瞳人幾歸至原分寸皮膚暖旁人觀其性情已平安而無危險所以離開任其人獨居於房內待若干時則覺胃中過滿請人給與吐藥則吐出未消化之食物頗多

其人中此毒後畧十四小時見其身已愈惟力乏耳則詰其昨夜服輕衰是何意答云必爲魔鬼所侮令服輕衰而意中以爲雖服輕衰亦無害於身所以將輕衰瓶帶入臥房內而上牀之後則從瓶內吸一口後從牀起身走至牀前之櫃旁與牀相離數碼將瓶塞緊其緊至不易拔後走回牀邊意欲再上牀然祗能坐於牀邊猝然不知人事但

失知覺之前頭不暈又身體與心內不覺有不適之事卽與吸一口冷水無異又云從來未想自盡之念而聽其言語最爲確實不能不信之後其父云所顯第一個毒證爲放大便又疑其同時放小便

櫃上所得塞緊之瓶爲空者故無法能知其輕衰之濃淡而其父與學徒俱云其瓶含輕衰一二錢其本人云吸一口所以如不立卽用沖冷水法與連用淡輕四養水並摩擦身體而加熱則其人必死皮膚極冷手與面發藍色呼吸最難氣管分支聚合薄苦司膜質此各證俱顯明治法之不誤

此案顯明食輕衰一大服並顯明特有病證之間仍能知覺並能自主此有若干時有爲自盡案奇異之一類卽心中發念幾立卽辦事此祇爲性靈暫受激動淆亂而成

服輕衰之案內有三事與醫學合律法有相關者俱從已有之案內而生如佗韋勒毒死一女赫德之案此三事內以二事爲要一服輕衰後有否呼喊之聲能顯明其起發病證或否二癇證爲常顯或爲每一案中公共之證否三輕衰食多小服能在身體內聚合與否茲將此三事一一覆明之一其服輕衰者初覺服毒之時或大聲呼人救命但試動物所有奇而悲哀之聲或高聲之呌尚未有在人服毒之案內聞之二服輕衰而令發癇證大畧與他種猝死法所發之癇證同或有或無有數案放大小便大畧同時有輕癇證又有數案如希格司所報者其人所顯之證顯出有大思慮並極難呼吸但常見其屍有平安自然之狀幾各案如此則疑不發癇證或其癇證爲輕而暫顯三至於輕衰小服能在身內由漸聚合與否如每數小時服藥品書準用之服數而死則可疑每一服之毒性尚未散之先再加一服如是多服之後所聚合之輕衰足令人死此說似爲有理然因輕衰爲極易自散之毒質又極易從身內銷去則藥品書準用之服數卽足令人死服數之一

小分無論用一服或隔時分作多服其存於身體內之輕衰不足以令人死如所服之輕衰爲多於藥品書準用之服數先食數服而無毒證顯出然身體因此而變再加數服則每一服更難銷去如是則足令人死總之足令人死之服數與不足令人死之服數其界限最小幸而此事無甚緊要故雖難於解明亦屬無妨

衰鹽類之毒

會有人服鉀衰與汞衰俱受其毒而死服鉀衰者其證與服輕衰者相似而服汞衰者其證畧與服汞綠之證相似見前汞綠一款

鉀衰　今工藝與電氣鍍金及照相等事，多用鉀衰，又銀養淡養五染於手指，可用鉀衰洗去之，又金類生鏽並金絲銀絲之帶生鏽者，俱用鉀衰洗之，而復其光色

形性　鉀衰爲能自融化之鹽類，有顆粒形，或雜顆粒形，大發輕衰之臭，味冷而苦且辣，極易在水內消化，而其水有重鹼性

試法　甲　如加以酸質，則發輕衰霧，可依其臭並前所言各試法別之，乙　合於銀養淡養五水，則成白色之銀衰，丙　加以鉑綠三，則其鉀結成，丁　如用輕衰流質試法，則其變化與輕衰者同，而因其水已含鉀衰，則不必再加鉀養

生物流質內，分別鉀衰之法，可將硫養三合於其質，足滅其鹼性而蒸之，則能蒸出其輕衰

病證　鉀衰之證，其速與猛，與輕衰者畧同，而其證大有相似處

致死之服數　服不滿五釐，足令人死，又因鉀衰每百分含無水輕衰四十分，則疑用鉀衰二釐半，足令人死

剖驗見式　其式與輕衰者同

治法　與治輕衰之毒相同，因輕衰爲最濃之惹性毒質，無論在工藝內，或洗去銀養淡養五之迹，或洗淨金類面，必最爲謹慎

植物體質內含輕衰，或能變成輕衰者，有數種，其葉或種子或根含輕衰，或搥碎令溼時，能成輕衰，卽如苦杏仁、櫻桃仁、李仁、桃仁、蘋果仁，俱含輕衰，又櫻桃羅耳烏司，能蒸之得輕衰，又產打比哇卡之草，名瑪尼喝特壓脫羅法，又名卡薩伐，其根之汁內含輕衰，苦杏仁與所成之油與水並蒸櫻桃羅耳烏司所得之水，爲含輕衰最要之質，茲故一一言之

苦杏仁　苦杏仁，可依其苦味分別之，合於水，能磨成白色之漿，此漿內有二種質，一爲衣暮辣西尼，一爲阿米格大里尼，能速成自散油而合於輕衰，如將其漿所發之霧，用試輕衰之法試之，則顯明其各變化，又因食苦杏仁在胃內能成此變化，故苦杏仁爲不可食之物，又壓出定質油之後，所餘下之苦杏仁餅，亦不可食之，其油與在醕內消化之油，俗名杏仁香料，又苦杏仁水，此各質皆爲猛性毒質，常有人服此而死之案，此三種質內，第一種爲最要，因欲自盡者，每喜用之

苦杏仁油卽苦杏仁精　此以苦杏仁磨成漿，而蒸其漿而得之，內含輕衰、偏蘇里輕養、偏蘇里尼及偏蘇里克，其毒性大半在其輕衰內，所以蒸出其輕衰後，其餘質無大害，故可出售，加入食品內，得其香味，分出輕衰之先，其油

每百分含輕衰八分半至十四分半故較英國藥品書準用之淡輕衰水濃四倍至七倍又有一種質爲杏仁香料一名杏仁醕又名桃仁精作此質之法將其油一分配合酒醕七分至八分

形性　尋常之苦杏仁油色如琥珀味奇異而秤幾分爲所含之輕衰又有苦而香之味此質較水更重而水祇能消化其一小分而能在醕與以脫內消化能染紙令其有油迹又稍有酸性之變化如遇濃硫養令發紅色

試法　其試法與輕衰同將其油數滴傾於數個玻璃表面加以蒸水數滴另將圓玻璃片以試藥溼其下面蓋於

玻璃表面上俱依前言試輕衰之法爲之或將其油數滴置於試筩內加蒸水一錢搖動之令其和勻將此合質傾於溼濾紙上而試驗過濾之水含淡輕衰或否

病證　與服輕衰者之證相同惟其顯證略遲而爲時亦長其證亦同類又中毒與顯證間所作之事亦與中輕衰毒者相同

剖驗見式　其式與服輕衰者之式相同惟以油之香代輕衰之香

治法　與前所言治輕衰毒之法同

致死之服數　大概二十滴但因其油之最濃者所含輕衰較藥品書準用之淡輕衰濃四倍至七倍而因淡輕衰不及五十滴已足令人死則可知此質十滴至十二滴能令成人中毒而死

服後能活之久暫　自數分時至半小時其令人能活之久暫或與輕衰同

苦杏仁水　將壓出苦杏仁油餘下之餅蒸之則得此水藥鋪出售者其濃淡不等間有四百分含輕衰一分者又有一百分含輕衰一分者斷不可爲藥品之用其毒性特其所含之輕衰即可用試輕衰之法試之其病證剖驗見式與治法俱與服輕衰者同

羅耳烏司水　櫻桃羅耳烏司之葉如第一百三十四圖正名櫻桃羅耳烏司梅能蒸出香水與自散油其形性與苦杏仁之水與油同而前人用此以代苦杏仁其水所含之輕衰每四百分約有一分又其油每百分含輕衰三分又四分之一此樹除葉之外他體亦含輕衰惟其果之汁不含之其水曾有毒死人之案而其各案內最可異者在一千七百八十一年屯尼蘭毒死保敦爵之案

第一百三十四圖

保敦爵係二十歲無病之人惟每若干時服輕瀉藥為其母預備而給與服者在死日之晨照常將瀉藥給與其時聞有苦杏仁之大臭服後約二分時則聞其冐與喉間有痰聲過十分時則顯欲睡之狀再過五分時則見其無知覺眼上視而呆定牙關緊閉口有沫流於外冐中大有起落喉內有痰聲而服此藥不過半小時即死死後十日有醫士初驗其身體而剖驗見式不顯明死之緣故與證據惟因其藥有苦杏仁臭且因立即顯病證與中輕衰之毒者大同小異又因其人速死而其年紀尚輕不能有中風等病故疑其死之故不外服輕衰或含輕衰之質

二　草酸俗名糖酸

草酸為訂書作皮匠作草帽等草貨家及黃銅器鋪與漂白洗衣作除墨及鐵鏽痕迹等用尋常名曰糖酸能在藥肆少購之又能在辦工藝材料家多買之其價每兩英銅錢二文常用之而易得之其重毒性眾人俱知故常有人用此為自盡之毒料又其質與鎂養硫養之形大同小異而其味極酸故如用此以毒人則有不便處除合於濃味之流質如進酒白蘭地酒勒木酒黑色苦酒濃茶濃咖啡等外不便用之

毒藥之內草酸列於第六如英國每年毒死十二人為中數即每毒死二十人內因草酸而死者居其一又每毒死十二人內略四人為男八人為女無論男女大半為自盡之案

試驗草酸可分為三事一在定質內一在水內一生物流質內含草酸

一分別其定質

草酸之顆粒透明無色或幾無色不能自融化味最酸每一分重能在熱水一分重內消化又能在冷水八分重內消化又能在酒醕內消化如在白金片上加熱則全散如在白瓷片上加熱則在一百八十度時能乾蒸凝結成白

色之質又加熱至二百八十度則融化

草酸顆粒為片形與四邊柱形其頂成兩面或成四面如從草酸水內結成則其形如第一百三十五圖其顆粒與鎂養硫養及鋅養硫養相似故閒能相混如謹慎視之則尚易分別

第一百三十五圖

草酸有極酸之味而鎂養硫養與鋅養硫養俱有苦味草酸水有重酸性變化而鎂養硫養有中立性變化鋅養硫養微有酸性變化又草酸加熱幾全化散如不淨者少有餘下之異質而此二種鹽類為定性不化散之質又草酸水中加以鉀養水則不變化而加入鎂養

硫養三水中則結成白色鎂養加入鋅養硫養三水中則結成
白色鋅養如將草酸加入鹼類含炭養氣之鹽類則發泡
而無質結成而加入鎂養硫養三或鋅養硫養三則結成白色
質而不發泡又如將草酸置於洋墨之痕迹內則滅其色
而他種顆粒不能滅其色又草酸顆粒有一定之形狀極
易與檸檬酸或果酸分別之

二　分別其水

凡水用藍色試紙則知其有否酸性又如熬乾之得長而
細之柱形顆粒則知為植物酸質或酸性鹽類將此各質
加熱化散之則知其含草酸如加以鋇養淡養五而不結成

質則知其酸質非硫養三如加以銀養淡養五則草酸結成白
色質如將淡輕四養之濃水合於草酸則成輪輻形顆粒為
淡輕四養草酸如欲分別草酸得其確據其試法有二種

一　銀養淡養五試法　如草酸水內加以銀養淡養五則結成
白色質為銀養草酸能在淡養五與淡輕四養內消化此結成
之質如在白金片上加熱烘乾則爆裂化散成白色之霧
此霧為銀之微點所成

二　鈣養硫養三試法　如草酸水內加以鈣養鹽類則結成
白色質能在淡養五與輕綠內消化而不能在植物酸質與
淡輕四養內消化

銅養硫養三合於草酸成綠白色質為銅養草酸如能消化
之鉛鹽類亦令草酸水結成白色質下欵論生物流質內
分別草酸特此性情

三　生物流質內分別草酸

草酸遇動物質或植物質不改變其形性又能服之解毒
藥甚少故分別胃內之質含草酸其事不難如生物雜貨
含草酸最簡便之試法用植物皮通膜法則其草酸成顆
粒之質能行過而散在其水內可熬其水而得之或可在
鈣養硫養水內令其散開則得鈣養草酸為八面形顆粒
極易分別之

如其酸性水已淡而稀可當時濾之否則加以蒸水沖淡
待若干時則濾之熬濃之加以鉛養醋酸至不再結成質
而止所結成之質即鉛養草酸合於蒸水調和通輕硫氣
畧二小時而通氣時必連調攪不止則結成黑色鉛硫將
此質濾去之所得之水為草酸水

如人服草酸而用鈣養炭養或鎂養炭養為解毒藥則必
改變其法分出其本質與配質其定質必先搗碎分成極
稀之漿如過濃則加蒸水令其更稀大約每二十分配鉀
養炭養一分連沸至二小時為度所得之水內含能消化
之鉀養草酸並不能消化之鈣養炭養或鎂養炭養此質

可濾出而其過濾之流質爲鉀養草酸用淨淡養五滅其本質之鹼性再加鉛養醋酸至鉛養草酸不再沈下爲度將其質聚合用蒸水和勻調之通以輕硫氣而濾出其鉛硫再將其酸性水試驗其含草酸

如其解藥在胃中未能滅盡其草酸之酸性而胃中所得之質仍有酸性則必用第一法試驗其流質用第二法試驗其定質

如大黃之梗即西人當爲蔬菜者含鈣養草酸若干分而食之甚多亦不致顯重毒性又大黃根粉藥品中用之亦含鈣養草酸所以在胃中見鈣養草酸之微數者可當爲

因食大黃梗或大黃根之故此種案之紀錄並其前時病證與剖驗見式足以分別而定案

如濃草酸水能令黑色之呢變深椶色而不蝕壞其質能令藍色植物質變紅又能滅洋墨之色如紙上寫字有墨點或欲滅去其字可用此質滅之

化分求數之法　此事可用鉛養草酸推算之每得鉛養草酸一百釐內含草酸顆粒四十二釐

試驗動物　如用此藥之大服即半兩消化成濃水則服後顯惹性毒質之證二分時至二十分時內其動物收癟而死死後在胃中見有黑色之血又顯重生炎之證其暮苦司膜質變硬或變輭不定

動物服草酸曾有安蘇末賽恩黑爾曼三人詳細查驗依賽恩所試之事如將草酸噴入兔之血管內或腹之外胞膜則爲感動心之毒藥且噴入之後其脉最輭弱而數呼吸最難發癇證而死死後剖驗則心脹而含血甚多草酸之性似徑感動心內之腦筋結（見黑爾曼所作試驗毒藥說）

病證剖驗見式與治法

病證　如人服草酸則其病證與服數及濃淡有相關如其服數大而水濃則服後立即顯出口中覺有極酸之味不久則胃中覺熱壓更重喉痛而縮小後有嘔吐吐血或

吐綠椶色或黑色凝結之質如其人能活數小時則泄瀉同色之質間有含血者其餘各證與收癟者相同身最軟面色白有大思慮皮膚冷而黏膩脉小而數呼吸最難口內痛舌生炎發腫喉嚨縮緊咽物最難而痛大渴心不平安難於呼吸有大咳嗽其足與手抽筋而木頭與背脊大痛發昏暈與癇證俱爲間有之證

以上病證常有改變或有不合常度處或不顯之證間有不痛而不服吐藥即不吐者又皮膚上發痘疹類病有一案將蜞按於胸口不久則其蜞死而脫下

剖驗見式　身體外面仍爲天然之式面發白色有平安

之狀口與喉之內膜平常發白縮成皺紋易於脫下而此形徑通至喉內喉嚨亦縮成縱橫皺紋而其衣膜成參差形之小塊脫下其下面發櫻色間有見其食管如蟲蛀蝕木料之形如前第四十九第五十兩圖胃中含櫻色或絲櫻色凝結之質其形似米故尾由末即初生小兒之黑屎此質係做成食管之裏面而通至小腸頭暮苦司膜質間有白色而無皺紋間有大生炎而皺紋顯出最明其膜質易於脫下或有自脫下者亦頗多其微絲血管含黑血如前第五十一圖惟其毒質蝕通胃質之案者甚少間有久活之案內其小腸與胃之形狀相同腹胞膜亦有生炎者

前有一案肺之右膜質生炎間有重血積聚又有一案腦髓內有生炎

中草酸毒而死之案間有不顯其尋常剖驗之式即與生時不顯病證之案同理

苦里司脫生議論中草酸之毒云如人服其顆粒形鹽類之水其味大酸服後喉嚨覺熱隨後胃中覺熱嘔吐吐血汁等質脈小至難覺身體最軟畧半小時內死在更甚者二十分十五分或十分時內死則可謂其人服草酸而死毫無可疑之處查一切相類之病俱不能如此各證猝然起首並猝然令人死者又查一切顆粒形鹽類無他種能

顯此各證之情形者查記錄各案之書內有患草酸毒十一案五案為誤服六案係自盡所有誤服者其內三案誤當為鎂養硫養另有十三案內六案能愈七案死又此十三案內三案為男十案為女其死之案內一刻內者有二案二十分者一案不及半小時者一案八日者一案前言首四案其中數為二十分有數案能顯明以上之理即如醫學報第一本第七百五十七頁第五本第七百四頁第八百七十頁第三十一本第四百九十一頁倫敦醫學彙編第六本第四百七十四頁第十一本第一二十頁第十二本第十八頁又蘭西特新聞紙一千八百二十七年十二月十五日又第九本又第十本第五百十二頁第三十二本第七百四十八頁第三十三本第二十九頁又該醫院記錄第七本第三百五十三頁又凡壹丁不爾厄內外科記錄第三十四本第六十七頁

剖驗見式亦為極易分辨者即如食管內縮成皺紋而有消蝕之處胃之暮苦司膜質色淡縮成皺紋幾分脫卸面有黑色血管細分支之形胃中所見深櫻色凝結之質俱

顯明其人服重消蝕性毒質又查皮膚上不發有色之點而從此知其人未服强水之類

服後顯證之期　如所服之草酸頗多而其水頗濃則其證幾立即顯出如其數少而其水淡則其證可在數小時後顯出

致死之服數　服之過於半兩而死者更少有一案小童年十六歲服一錢而死亦有服更少之數而顯重證者其復原之候約需調治二三時之多

服後能活之久暫　間有十分時內而死者有一案其死屍為挖克里所查驗者其人之死必在一霎時之間有人

服後能活二十三日而其服數有半兩之多
服此而死之人數　大半服草酸之案其人必死如立即用合宜之法治之而能愈者甚少
治法　最合宜之解毒藥用白石粉在水中調和服之又可用鎂養或鎂養炭養二如事急而不能得此各質則可刮下牆壁之灰合於水服之曾有人用鈣養水合於油服之而得益處各種鹼類質不合於用可任意多飲暖水而必先服解毒藥如其人不嘔吐則必服鋅養硫養三令其吐不可用水節或不得已而欲用之則必極慎恐胃內已蝕壞之皮因此脫下

鉀養二草酸（一名蘇爾愛拉鹽即草鹽又名檸檬鹽）
此質爲蘇爾愛拉等草所含之鹽類其用處爲能漂白草帽之料並銷去洋墨水之迹又有一種爲鉀養四草酸俱由藥肆出買謂之檸檬鹽價頗便宜一個半英銅錢能買半兩其毒性畧與淨草酸同閒有人誤用此物以爲鉀養二果酸因其色與味俱相似也
試法　鉀養二草酸成無色斜方柱形顆粒其味酸而有濃酸性之變化較之草酸更難消化須水四十分能消化其一分有數種形性與草酸同即合於銀養淡養五或鈣養硫養則能結成白色質又合於銅養硫養三或鉛之鹽類其各變化亦同
如將其顆粒置於白金片加熱則餘下白色之鉀養炭養二灰遇淡養五則發泡成鉀養淡養五如置於瓷板加熱至二百八十度則乾蒸如在玻璃片上凝結則得粗白色顆粒形質
病證　與草酸之毒證同前有一案係草白所報者其人服四分調羹之一則喉覺熱舌變紅大渴無腹痛二小時後嘔吐腰閒大痛小便難通腿覺無力頭疼手足抽筋
剖驗見式　與服草酸者同
治法　與服草酸者同

致死之服數　半兩
服後能活之久暫　有一案婦人產後不久服此藥八分時即死
服此而死之人數　其數與服草酸者同即大半所有之案其人必死

果酸

曾有服果酸一二案明知其爲毒質
試法　果酸所成之顆粒爲斜方底柱形其質無色其味最佳每一分在水五六分內能消化而在酒醋內消化者更少如加熱則先融化後燒成淡紅色之火而發奇異之

臭餘下炭質頗多又如合於濃硫養三加熱則有炭質結成果酸水凝結成鋼毛形顆粒又合於銀養淡養五無結成之質合於鉀養鹽類則成白色顆粒形質爲鉀養二果酸如其水爲淡者而用玻璃條磨擦器皿之邊則成顆粒更速

試驗動物　從已經試驗之事而知果酸較草酸之毒性更輕如食其大服則能在一小時內令人死又令身體最軟四肢癱瘓

病證　前有一案爲年輕之人將果酸一兩化在暖水半升內服之九日內即死顯出尋常惹性毒藥之各證而無特顯之證

剖驗見式　前節所言之案其養生路大半生炎

治法　與服草酸者同先解毒藥後用惹性毒質之治法惟服草酸者不準用鉀養能消化之鹽類而服果酸者用之無妨

檸檬酸

曾有人試驗動物得知檸檬酸之毒性較之果酸之毒性更猛如有服檸檬酸過限之案則其治法與中草酸或果酸之毒者相同

三　草烏頭　一名那不勒阿古尼低又名和尚風帽花又名狠毒又名藍色火箭

此類之草除印度雪山所產皃阿古尼低外則以那不勒阿古尼低爲其毒性最猛者此類中有數種草毫無毒性又除皃阿古尼低之外其那不勒阿古尼低不惟爲一類中最毒之一種而又爲各種毒草內之最毒者又疑此草內所含之毒性質名曰阿古尼替那爲萬物中最猛之毒藥

草烏頭屬於立尼由司所設多鬚頭三花心之類又依天然之法屬於辣能古辣西依科即鴉爪科亦即毛茛科其草最爲可觀高二尺至六尺葉深綠色其形最易分別其頂之花成麥穗形其藍色最佳產於歐洲數國山上疑爲原產於該處者花園中常種之因其花與形狀俱爲可觀

如第一百三十六圖爲其花葉之形

此草之體皆有毒性而其根之毒性最烈常有人用其根與其葉爲毒藥又已有人服其膏與酒而死者

第一百三十六圖

英國藥品書準用其葉與根其鮮葉與花頭所成之膏以一釐至二釐爲一服而其乾根浸酒每酒一升合乾根二兩半以五滴至十五滴爲一服又有其洗藥以量杯一兩合乾根一兩

其全葉分爲五分俱屬劈形每一分再分三分其分亦爲

直線形此草極易依其葉分別之因無他種草葉能相似者

種子多三邊形又爲亂紐形面有皺紋色黑或爲深椶色長六分寸之一每二十五粒重一釐如第一百三十七圖

第一百三十七圖

第一百三十八圖

爲其形狀與其分寸第一百三十八圖爲其面之皺紋以顯微鏡視之如一個種子所含之那古尼替那足令口唇舌喉嚨發木而癢

此草之根常有人誤爲辣根而食之如一千八百三十六年有布來思各特與其妻子誤以草烏頭根爲辣根此有

沸離拉詳記其案又一千八百四十二年有女人住於蘭比特其案係對拉記錄者又一千八百五十三年有兄弟二人食草烏頭根當爲辣根一死一愈又有一千八百五十六年冬季在丁華勒有二教士食此根而死此事係五人同食飯而二教士之外另有一人亦死其餘二人能愈又一千八百五十七年倫敦亦有此種案近今記錄之案甚多而有一案明知有故意毒人之據其餘之案疑而未定

如祇見其根而不見其榦與葉則難知如何能誤取草烏頭根當爲辣根因此二種根大有分別其二種根剖面之新鮮者雖俱爲白色而草烏頭根如削成細條其條脆而含多汁如爲辣根韌而有多絲紋質且無汁又草烏頭根削成之條不久變淡紅色而辣根之根其白色不變此二種根之形狀色味各不同草烏頭根圓柱形而發成捲之細絲形根甚多又常見一個或數個梨形根頭有小頸連於根本之上如第一百三十九圖又有草根者如第一百四十圖以上二圖內之四種根係在許多草烏頭鮮根內檢出可當爲尋常之形其圖之分寸與根之分寸同惟間有分外大之根能大於第一百四十圖者數倍如辣根之根形長如木棍如第一百四十一圖其根之大分支亦爲

圓柱形而其小根爲直者如草烏頭根之色外面淡椶色如辣根之根色爲淡黃色如草烏頭根在口內嚼之則令

第一百三十九圖

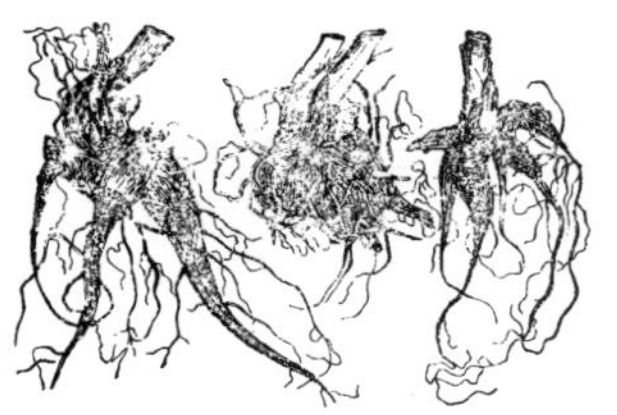

第一百四十圖

第一百四十一圖

口脣奇癢而木，又其人自覺口脣脹大，如咽之，則喉嚨閉亦如此，數小時不止，如辣根之味，則辣而甜，令人多成眼淚，而其性不能存久

令口脣之木與癢，不惟其根能成之，即葉與種子，及此草之全體俱能成之

各種草烏頭，含毒性質，其性與化學性，畧有不同之處，而那不勒阿古尼低之毒性，藉一種植物鹼類質，名阿古尼他，即阿古尼低尼，此質尋常之形，爲白色不成顆粒之粉，而有一種顆粒形者，名摩爾孫，阿古低尼，又名英國，阿古尼低尼，係從兒阿古尼低內取出，名假阿古尼低尼，即尼泊里尼

尋常之阿古尼低尼，難在水中消化，而易在醕以脫阿美里克醕偏蘇里哥囉仿等質內消化，又能與不成顆粒之酸質化合成鹽類，又能合於第十二卷末所言試驗鹼類植物總試藥，則結成質，除鉑綠二則不結成質，如在白瓷面加熱，則易融化，成黃色流質，發輕薄之霧，散成炭質一層，加熱至一百四十度，則融化，熱至四百度，則乾蒸，其乾蒸之質，不成顆粒

特顯之形性　甲　遇口脣舌，或口之內面，則發奇異之木癢，乙　加以硫養三，則先融化不變色，或發一淡黃色，漸變櫻色或紅櫻色，再成茄花色，久存不變，丙　如將阿古尼低尼，合於藥品內之燐養五水，謹慎化乾，亦成茄花色，又用淡硫强水，依同法爲之，亦成此事，惟用燐養五法，更爲可恃，因硫養三法，可用別種植物鹼類，亦得此色，凡生物流質內，含阿古尼低亞，則可用前第十二卷末所載司太司哇妥之法分出之

其鮮根內，每一兩，含阿古尼低亞四分釐之一至四分釐之三，又乾根內，每一磅，含阿古尼低亞十二釐至三十六釐

試驗動物　曾有人試過草烏頭並阿古尼替那，令動物服之，惟所記錄之事內，言其性與病證有不同處，大半恃所用之阿古尼低亞有藥性之不同，如英國所產者，比法國或德國所產者更兒，如傳勒明查驗那不勒阿古尼低之形性而記錄之云，如下等動物服之，則先令四肢軟，行路不整，呼吸加速或遲，而勉强癱瘓，其皮面，或全失知覺，或幾分失知覺，眼視物不清，或全瞎，其呼吸時愈久則愈難，再抽筋數次之後，動物悶死，海得蘭在一千八百六十七年藥品書內云，其死之故，因癱瘓而力乏，又有特古活特，在一千八百六十一年三月初二日，藥品記錄云，食其小服則死之故，因力乏與悶死，食其大服則爲力乏，惟此

二人試驗動物知其口津過限與嘔吐又其心呼吸知覺行動之各職分俱混亂傳勒明查瞳人尋常縮小特古活特亦見此事而海得蘭及他人俱云瞳人放大從此可知瞳人之大小大約不能一定或先縮小而死後放大亦未可知

草烏頭大能感動心體但試驗者疑其感動心體之法有不同查此事大約先有第八對腦筋被其行氣因此心之動稍減其速後加其速而失其力至末則全癱瘓而心脹足時停止又因心之癱瘓則呼吸難而發癎證至其感動腦筋并行動知覺之各職分或言背脊髓各腦筋之中處

先被其感動又有人言其故因徑感動其全周之上與知覺及行動之腦筋其死之故大半因心癱瘓而顯此事之證或爲力乏或難呼吸或發癎證

服草烏頭所顯之毒證內有口內木癢發熱而喉與胃亦然後有嘔吐胸前痛而拒按以後其木與癢通至徧身皮面知覺之能力減少頭暈眼視物不清或全瞎耳鳴間有耳聾口發沫喉覺縮緊身體數處覺重而脹大面與耳則更有此證肉筋最軟而振動呼吸難不能言語胸前覺欲沈下而其人大思慮懼將速死脉小軟弱亂至末則在手腕與心上不能覺之四肢先變冷後全身變冷皮面發冷而黏膩之汗至末面發白瞳人放大口脣無血色歎息數聲而死其人之性靈尋常不改變徑至於死而不失知覺惟間有昏暈或癎證其人不能睡又其死常爲猝然者

剖驗見式　迴血管聚血甚多間有腦髓與其各膜質含血過限又腦髓中層膜俗名蛛網層漏進之血頗多間有養生路受惹然以上之式非草烏頭所特有者故不足爲全據

服後顯證之期　在數分時或一二小時不定

服後能活之久暫　最少之時五刻最多之時二十小時其中數不及四小時其半所有之案在三小時以內

致死之服數　如服其根則疑不及一錢足令人死如爲其酒醋膏則四釐如爲其浸酒則一錢然已有人服更少之數而得最重之證海得蘭試驗阿古尼低尼而知三百分釐之一足以毒死一小鼠一百分釐之一足以毒小鳥在數分時內死如五十分釐之一足令小鳥中毒即死又七十分釐之一能毒死一貓又十分釐之一能在二十分時或半小時內毒死一貓海得蘭云十分釐之一足以毒死一人又希拉巴得在伯利斯多化分死人胃中之質疑其人服二十分釐之一而死如服一千分釐之一則能令舌尖癢而木又百分釐之一在酒醋消化擦入皮膚內令

皮膚失知覺久之方能復原

治法　治此毒之法必立即服吐藥待若干時必服蓖麻油一足服後用行氣藥如熱白蘭地酒合水與淡輕四養必用之頗多或用濃咖啡亦爲有益醫士傅勒明云可在脊骨與四肢用熱布與含酒醋之洗藥洗之或用熱水瓶置於胸與手足之上如發癎證則開頸内總廻血管又如呼吸最難或心難於跳動則用法助呼吸氣或將電氣通過其心

醫士福地勾勒云服草烏頭而死之田雞將其心加以毛地黃則死後能令其縮因此疑其兩種毒有彼此相克之

性近有醫士都比在一千八百七十二年十二月二十一日英國藥品記錄内載一案案内指明人服草烏頭應用毛地黃治之其案之大畧有人服傅勒明草烏頭酒一兩將死則從皮膚噴入毛地黃酒二十滴再過二十分時則服淡輕四養水合於白蘭地酒一錢又合於毛地黃酒二十滴又二十分時再照此方服一次又二十分時再服一次則其人全愈從此案可知以後凡有中草烏頭毒之案應用毛地黃治之

分别之法　間有數種案能在養生路内遇見其草質若干則無可疑之處將胃中所見之質合於酒醋消化之將其酒醋少許加於人之口脣試其發木與癢又令小動物服之試其有特顯之毒性與否

四　毛地黃正名紫色弟其大里司俗名狐狸手套草又名紫色狐狸手套草

毛地黃爲英國之本草產於泥堆或活籬笆相近處又產於含粗沙或細沙之泥土内花園内亦種之因其形最佳而其花紫色而有花點如第一百四十二圖

第一百四十二圖

此草依立尼由司之法屬於鬚頭兩長兩短有子殼之類又依天然之法屬於司苦陸夫賴里阿西依卽元參科亦卽無花果之類

此草之各體疑有毒性而人食其葉而死者不止一案其乾葉爲英國藥品書準用者其沖水每十兩合三十釐以二錢至四錢爲一服又其酒每一升合二兩半以十滴至三十滴爲一服

此草之根爲許多長細絲形者不易與常食之草根相混大葉如蛋形底收窄邊有齒形面有皺紋筋脉顯明面生極細毛下面之毛較上面者更多乾葉有暗綠色有微臭味苦而可憎

種子之分寸如前第四十五圖之四號每一千一百二十六粒重一釐色淡櫻形狀如圓柱形或蛋形或圓錐形如

以顯微鏡觀之則其面有多凹色畧與可吸煙路卑利阿子之色相似惟其體更大而以顯微鏡觀之其形大不同

毛地黃之毒性特其所含之數種毒質總名曰弟其大里尼依化學性情論之則屬於哥路哥司得之類如其水中加以樹皮酸則令結成即與別種鹼類同理所常見者爲白色而不成顆粒形或爲黃色難在水內消化有最苦之味易在酒醕或阿美里克醕或哥囉昉內消化能用以脫從其酸水或鹼水中分出之而以哥囉昉爲最合宜消化之料

如在白瓷面加熱則色漸深漸融化成櫻色之流質發多

濃霧又發腫成多黑色之灰其霧之臭與其草同熱至三百十度則發腫而乾蒸其霧所凝結之質無一定之形性

試法　甲合於硫養則變紅櫻色少加熱則色深加大熱則色更深乙其硫養消化之水合於溴之微迹則變茄花紅色即與肥由拉花瓣相似哇妥云最妙之法用水浮在溴之上而將玻璃桿插入此水內而調其硫養消化之水丙合於濃輕綠加熱則發綠色或櫻色丁用動物身體之試法即以下所言試驗田雞心之法

試驗動物　如動物食毛地黃中等之服數則令其嘔吐頭暈氣力漸蹶二十四小時內即死如食更大之服則以上各病證外有振動瘋證暈迷暈睡如噴入迴血管內則數分時感動心與肺行血之事而令其死如布類格試驗之事將其葉三錢之沖水噴入頸內總迴血管則五秒時內阻住心之行動死後則心不能動而發腫無法能令其被惹而左房滿以紅血

毛地黃之性徑感動心與迴血管先令心之動更重而令脉更遲且因迴血管縮則血之壓力增大以後則心與血管癱瘓如用極大之服則心之動速癱瘓而無預顯之行氣證

如法格與司弟分孫詳細試驗毛地黃見該公醫院記錄第三集第十二本

第二十七頁內論動物身體試驗數種生物毒質而以弟其大里尼爲最多從其所記之說內得知弟其大里尼與綠色非辣得羅末及士哇盧並一二別種毒質俱有奇法能感動田雞之心令其行動亂而又令其下房在縮而發白之時停止又心已經停止之後仍能顯自主之動畧十五分時至二十分時而止

毛地黃葉所含之弟其大里尼每百分畧有一分又疑十六分釐之一能毒死一成人

病證　如人服之而其數足以令人死者必成嘔吐泄瀉腹大痛又頭疼頭暈眼視物不清或全瞎又瞳人放大而見光不縮脉遲軟弱亂或欬止嘔吐暈迷間有不省人事

皮膚發冷汗而在直立時較平臥時病證更重常有口津過限溺短少閒有病證而其病人有若干時暈迷而失知覺前有兩案其人死於二十二小時內如服其毒而不足令人死者則待若干日能愈血之行動復原

剖驗見式　其腦髓之迴血管盛滿以血胃之暮苦司膜質發紅

閒有醫士開方內用毛地黃令人發重證而不至於死其證爲喉乾大渴嘔吐頭疼口津過限頭暈眼視物不淸目前見有火星眼珠覺有重壓四肢無力脈軟弱而數

如其毒質在身內由漸聚合則其證爲欲嘔口乾不欲食嘔吐大渴頭暈太陽血管跳動心不平安不能睡皮膚熱而溼身體無力心中最悶又尋常之案脈遲閒有泄瀉口津過限溺過多昏暈有五官之誤癇證暈睡俱爲暫顯之證

致死之服數　其數尚未定準常用毒性之藥內此藥之力爲最不可恃如生炎之病或酒狂則常用之服數大於無病時所敢用者沛離拉記數案爲小兒或成人服毛地黃酒如爲嬰兒一日服二十滴爲一服每日三服成人以半兩至一兩爲一服惟此案內其人之身已有發熱病或因酒狂而血之行動過猛所以其毛地黃之毒性不多顯出

前有一案用弟其大里尼毒死人者係醫士得辣撲墨累毒死一女子巴烏爲一千八百六十四年之事此女死時顯出毛地黃毒之各證雖死後不能以化學法顯出弟其大里尼之質然將胃中之質浸於酒醕成膏又將其女吐於地板上之質成膏將其膏試驗動物則其動物顯出嘔吐脈遲而有別種弟其大里尼之各證從此而定得辣撲墨累之罪

治法　先用吐藥後用瀉藥又多用含樹皮酸之植物沖水即如沒石子沖水或橡樹皮沖水服此各質之意欲減弟其大里尼之毒性又可用綠茶或濃咖啡俱爲有益又應用行氣藥如淡輕三水或葡萄酒或白蘭地酒而病者必平臥不可直立又脊骨磨擦之法如不及服草烏頭或將悶死用此法爲要可試爲之大畧必能得益如其證最重則可用助呼吸氣之法又通電氣過心

五　白色非辣得羅末又名白色赫勒蒲爾其鹼類毒質名非辣得里亞

白色非辣得羅末又名白色赫勒蒲爾屬於米蘭太西依即藜蘆科非英國之本草而在歐洲他國山上生產者甚多其形如第一百四十三圖此草無論何體俱有毒性而其根之粉或其粉之沖水尋常用爲毒藥其粉之色畧與

渣臘伯粉之色同味辣而苦大惹鼻孔所以將其粉合於小粉作爲取嚏藥而其大用處係在皮膚或毛內殺蝨之用

第一百四十三圖

此草之毒性在所含之鹼類質名曰非辣得里亞又有一種草含之名曰西罷第拉見英國藥品書有其細說如非辣得里亞油膏每一兩含八釐此質之淨者爲白色不成顆粒之粉無臭而大惹鼻孔味最辣而苦不能消化於水而能在醕或以脫或哥囉方或偏蘇里或甫司里油消化惟其難易不定此質少有

鹼性之變化又能與各酸質合成能消化之鹽類如用濃硫養$_3$能令其先變黃色後變大紅色如其酸質輕加熱則其大紅色猝然顯出如合於濃輕綠久加熱則成美觀紅色此爲特辣伯之說又如將非辣得里亞重一分合於糖重六分加以濃硫强水令溼則先變黃色後變綠色待若干時變藍色此爲韋本之說如在白瓷板上加熱則變暗色易融化成黃色流質又發黑散成炭質一層其霧有可憎而辣之臭如令其在淨玻璃片凝結則結成分排列似顆粒形之體即其形大畧似斜方形但間能分別八面形其顆粒之形如第

第一百四十四圖

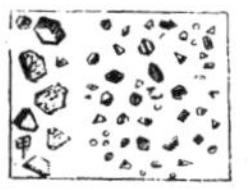

一百四十四圖以顯微鏡觀之用尋常之鏡其形如乙用分外大力之鏡其形如甲

如服白色非辣得羅末草之各體並服非辣得里亞質其諸證相同

病證　此草之粉並其鹼類質俱能惹鼻與口之暮苦司膜質令噎口津過限如咽之則胃中覺大熱嘔吐泄瀉其感動身體之事內令心難於行動脈幾不能覺皮膚白色而冷而在失知覺之間或發瘋證之間而死

試驗動物　如非辣得里亞二釐消化之令貓服之則立即發毒證口發泡全身收癟不及一分時即死將此藥三

釐令小狗服之則立即起嘔吐多次不止其放溺不能自主身體最乏二小時內即死

非辣得里亞感動心與血運動之事畧爲各動物常顯之證能令脈遲而減心之力如田雞食之則心癱瘓停止而不能用電氣等法令其被惹其感動心之事繁而不簡幾分感動心之腦筋各器具幾分徑感動心之肉筋

剖驗見式　養生路有重生炎之證

治法　須立即用水節欲令嘔吐則用鋅養硫養$_3$爲吐藥又可服含樹皮酸之植物沖水或極細木炭粉爲解毒藥如其人顯出將收癟之證則用散性行氣藥並鴉片前有

數案用鴉片得益

致死之服數　一釐之小分數曾有人服十六分釐之一而其收瘱證最爲危險此爲對拉之說

服後能活之久暫　已試過動物得知人服之必速死

綠色非辣得羅末又名綠色赫勒蒲爾其形如第一百四十五圖其毒性與白色非辣得羅末相似如英國藥品書用其酒以五滴至二十滴爲一服又在北亞美利加常用此草爲毒質俗名印度布格如食其大服足顯

第一百四十五圖

其毒性壓住心與血行動之事而令人收瘱而死或云其惹養生路之性較白色非辣得羅末更輕

布陸已化分非辣得羅末得二種鹼類質一名非里弟亞一名非辣特累弟亞曾有胡特將此二質試驗動物其事記於美國醫學記錄第一百十七本此二種毒質能感動心而非辣特累弟亞較非里弟亞更重而依活暮里之書美國非勒特非亞一千八百七十六年所作之書論綠色與白色非辣得羅末所成之鹼類毒質據云非辣特累弟亞與非里弟亞無異又布陸所得之非里弟亞與白色非辣得羅末所含之別種鹼類質名雅伐以亞相同如雅伐以亞與非辣得里亞之分別因遇硫強水之變化不同如雅伐以亞遇硫強水則變黃色或黃紅色待若干時則變光綠色

六　哥勒枝嗦又名秋時喝勒枝嗦又名草地番紅花

此草生於歐羅巴各處溼草地內春時發葉秋時開花其根分多絲形而連於地面下之根本上其果畧在夏至時熟內含數個硬而櫻色之子如第一百四十六圖甲爲其草乙爲其花丙爲其子殼其根本與種子在英國藥品書內作數種藥料其鮮根本作膏與醋酸膏其乾根本作葡萄酒而種子作浸酒其根本曾有人誤當爲葱頭而食之又其種子

第一百四十六圖

葡萄酒與酒俱有人服之過多而中其毒

哥勒枝嗦之種子爲紅櫻色小球形質最硬面縮成皺紋其分寸如第一百四十七圖每一釐有種子八個至十個或十二個

第一百四十七圖

哥勒枝嗦之毒性料爲鹼類質名哥勒枝幾尼或哥勒枝幾那爲黃白色之粉易在水中消化成濃黃色之水能在酒醕內消化而難在以脫內消化如用試驗鹼類之總試藥則令其結成又能合於酸質成鹽類但其酸性水內合於以脫則能分出其鹼類質而依此性情能與他鹼類分別之

試法　一淡養五令其變茄花色再變為椶色二硫養能令其變光黃色

試驗動物　哥勒枝幾尼能令動物養生路受惹又依施陸福云為感動心之毒藥而陸司巴格云能感動知覺之腦筋然此事究未查明

病證　其病證間有最遲而顯出間有服毒後二小時或更久而顯出間有服後幾立即顯出而在七小時內其人能死其病證為喉嚨痛而縮緊胸口痛有大嘔吐泄瀉後身體最倦而收癟皮膚冷脈微至不能覺尋常性靈不改變惟間有昏暈或癇證

服後能活之久暫　服哥勒枝噤者尋常在二十四小時以外令人死間有能活三日至四日者

剖驗見式　尋常之式為胃與腸受惹此外無別種特顯之情形

致死之服數　法國士裔醫士魯司記錄有五人因服哥勒枝噤葡萄酒各二兩因此而死其人欲服金雞那樹皮葡萄酒而誤服哥勒枝噤葡萄酒也又醫士美查云（見英國一千八百七十四年三月初七日醫學報）有盜十七人得哥勒枝噤酒若干此酒每一升含哥勒枝噤種子質四兩而此十七人內服之最少者三兩最多者十一兩其中死者七人愈者十八

治法　其治法與尋常收癟證之治法同

上海曹鍾秀繪圖

新陽趙詒琛校字

法律醫學卷二十二

英國 該惠連
英國 弗里愛 同撰
英國 傅蘭雅 口譯
新陽 趙元益 筆述

論悶死人之毒質

悶死人之毒質常見者分四大類一爲炭養氣炭養氣與燒物所成之氣二爲煤氣三爲淡養氣又名喜氣四爲輕硫氣並陰溝所發之惡氣

本卷論悶死人之毒質其意必有界限即如前各卷所論寧睡藥昏暈藥醉性藥等之有界限同以上所言各氣質如遇氣管分支則有毒性其緊要之證爲悶死又同時有

頭疼頭暈欲睡或失知覺肉筋無力間有五官之誤昏暈發狂等證俱顯出其氣徑感動人之腦筋如其氣質最濃則能令弔鐘縮緊不放因此其人即悶死然因此等氣質尋常吸入肺內常含空氣甚多已沖淡之又間有含他種惹性或有害之氣質則不足令弔鐘縮緊

一　炭養氣

炭養氣爲無色無臭之氣質但鼻嗅之則覺其猝其氣較空氣更重而與空氣和勻最遲在水中能消化而其各種變化與形性俱與酸質同又能與鈣養相合成白石粉

試法 甲 用鈣養水令炭養氣行過則變成乳色之水後有結成之白石粉 乙 炭養氣不能燒物又如合於空氣每百分含炭養氣十分至十二分或二十分則能滅火如爲小火則每百分含十分至十二分已能滅之 丙 藍色試紙遇漂白粉水則先發紅後爲空氣內之炭養氣令其變白如放炭養氣以鼻嗅之則覺其猝可以爲據

炭養氣能合於鈣養之性有大用處因能提淨含炭養氣之水井或深坑其法將生鈣養合於水成稀漿而在器皿中落至井或坑內則收其炭養氣又可將空氣或水氣噴入井或坑內亦能逐出其炭養氣

化分求數之法　空氣內所含之炭養氣可用盛鉀養水

之刻分度玻璃瓶以量其水內所含之氣而有法能取井坑等內所含之炭養氣即將玻璃瓶滿以水落至於底即在底傾之令其水盡出則炭養氣必流入瓶內將瓶取起塞之則便於用法化分求數如欲查燒木炭等而悶死之案所用之炭數可將其餘下之灰秤之大概其木炭重於灰二十倍至二十五倍

生炭養氣有數法如地坑地窖深井礦洞或火山邊之洞或作酒發酵之大桶或石灰窰等處如開煤洞已橫裂後所成之炭養氣最危險而令洞內之人死又凡動物呼吸氣並燒煤木等料俱成炭養氣如房屋內不通風氣而住

多人則其養氣漸用盡而炭養氣增多所以因此應多通風氣然另有別故動物身體內常發惡氣亦應放散尋常言之空氣中炭養氣過多則養氣過少如百分內含炭養氣十分則人已難活如百分內含炭養氣二分或不及二分而久不換新氣亦足令人死又養氣之數雖不依比例減少而炭養氣若干分亦能令人死卽如伯那得將養氣與炭養氣等分和勻以小鳥置其中其鳥卽死又有司奴將尋常之空氣每百分加炭養氣二十分令其所含養氣之比例與尋常空氣同以小獸置於其內不久卽死又百分內含炭養氣十二分則小動物不能久吸之亦必早死

病證　淨炭養氣最難吸入肺內因令弔鐘縮緊如人在淨炭養氣內則必速死其人猝然跌下臥於地面失知覺立卽悶死卽如舊井與礦洞等處有橫裂者常有工匠不謹愼而下立卽致死閒有他人不知爲何故而招此一人一併死於其處

如吸淡炭養氣則令人頭疼頭暈大不適續有耳鳴人欲睡此後則暈迷失知覺呼吸發大聲其人安靜而死閒有發癇證而死

如空氣內含炭養氣其數過限而其養氣過少之數相配則所顯之病證與悶死無異

炭養氣不惟如輕氣或淡氣能令人悶死尙能感動腦筋而顯奪睡之性

剖驗見式　其死後之式與悶死者大同小異其腦髓血積聚比較停止呼吸氣者其案更多其血係晦暗而爲流質其喜瑪格路比尼全化死後身體久不冷又其肉筋變硬之事最明顯而耐久

治法　所用之治法俱爲免其弊卽如査舊井礦洞並有常遇炭養氣之處必最謹愼如將所點之燭先試其氣其法雖粗而益處頗大但燭火不熄之處未必無炭養氣因空氣每百分含炭養氣十分其燭火尙不熄因養氣之比

例如爲合法則雖含炭養氣足令人死其燭火幾不改變如炭養氣之數爲其氣之百分之十六分則燭火必熄所以如燭火熄者可知其空氣不能久呼吸矣

如其燭火熄而知其含炭養氣則有便法能取之卽如用洋傘倒放入井內而取出多次則傘凹內能取炭養氣頗多可在井口相近處傾之或用大筩挑之與挑水同又法噴空氣或噴溼氣則沖炭養氣外出

解法　必立卽將其人從炭養氣處搬出令其呼吸淨空氣如能得淨養氣令其人呼吸之亦妙如其人已不能呼吸宜用法助之

炭養氣

炭養氣較之炭養氣更爲危險常有悶死之案人以爲炭養氣所成者而其實爲炭養氣即如燒木炭令人悶死其悶死之料或爲炭養氣而其毒料或爲炭養氣如淨炭養氣不多遇見祇能在化學房用化學法能得之

炭養氣爲無色之氣幾不能在水內消化能燒成淡藍色之火即如燒木炭所見之火焰即爲炭養氣所成者所燒之木炭已發炭養氣行過其熱炭面再收炭一質點變爲炭養而在其炭上成藍色火焰尋常燒木炭所發之霧含炭養氣百分之二至百分之三又含炭養氣百分之二十五另有炭輕若干如將木炭之霧行過鈣養水則其毒性仍存因鈣養水祇收其炭養氣

煤氣中含炭養氣若干而其毒性大半因所含之炭養氣又如石灰窑與磚窑亦常含此氣

燒木炭而吸其霧爲自盡之便法而法國人常用之又英國人常用木炭火在密室之內而不知開門或不開煙筩因此中毒而死又有火爐鐵煙通有漏氣者因此炭養氣漸聚而多足令人死

炭養氣有最猛之毒性如里替比曾試過空氣百分含炭養氣五分將小鳥置於其中三分時即死又空氣百分內含炭養氣二分足令幾內亞豬二分時即死又已試過下等動物數次而其事亦相類其動物速失知覺稍振動或跳動之外不顯他種病證

病證　人吸炭養氣若干時如兒飛等人親自試驗者則令頭痛太陽脉跳頭暈嘔吐氣力漸乏如中毒而死之案其人漸無知覺或重暈睡其人平安而死間有發癇證而死大半之證內有嘔吐

所有能愈者其病證漸退間有待久方能全解者

前有一案顯出炭養氣感動腦筋之證原爲醫士黑勃屯所傳後爲倍格記錄者其事有年輕之男子關於不通風之房內有木炭火待若干時有兩小鳥死於籠內而落於籠底後其人覺有病無奈何必開門外出及至門口則失知覺仆於地面待若干時則甦頭暈嘔吐胃痛腰痛暈迷一日不退明日小愈但至晚七點鐘猝然胃中腰中大痛嘔吐甚猛跌至地面發癇證呼吸極難後不久少愈復猝然有諸病證如前再後一小時則昏暈而旁人難阻其不起身天明時則能自主後能睡但其諸痛尚未全愈而有頭暈眼常有誤視待若干時則全愈此事記錄倍格所作醫學彙編書內其子於一千八百十八年將其父記錄之各事輯成一書第六百十六頁論倫敦韋斯他民斯他地方聖雅谷治下窮人孩童患奇異病之一章內詳言以上之案又在醫士該所作眾人保身法第十二頁載此案之大畧

曾有人中炭養氣之毒而後患溺多味甜或溺中有阿勒布門之病

剖驗見式　尋常面色發紅身體數處有紅色點大小不等血與臟腑發櫻桃紅色爲此毒特顯之證然間有血不顯櫻桃紅色者大畧因所含炭養氣過多

其血發此種紅色之故因血之色料與炭養氣化合另成一種材料其炭養氣能放出養氣而與其喜瑪格路比尼化合成難化分之材料所以血輪能運動養氣之性似乎癱瘓此爲伯那德之說

血中含炭養氣有二法能顯明之一爲分光求原鏡法

二爲化學法如用分光求原鏡則含炭養氣之血顯缺光帶兩條案此即黑色之意形狀與養氣喜瑪格路比尼相似惟其寬不等而更近於光帶茄花色之邊又含炭養氣之血不能爲淡輕四硫或別種放養氣之質照尋常之法令其放養氣和比賽拉云烙炙性鹼類遇合法之血或含炭養氣之血其變化不同即如白瓷面上將含炭養氣之血合於烙炙鈉養則發紅色如合於尋常之血則發綠色

治法　合炭養氣之喜瑪格路比尼爲極難化分之質又如令其收養氣則阻當而不收所以用法助呼吸不足以救其命曾用之而最見效之法爲放血并噴入除去非布里尼之發血

二　煤氣

煤氣含發亮之質即炭二輕氣並輕炭類質之外另含數種沖淡之質燒之不成光亮即如輕氣炭二輕四氣與炭養氣並各種異質即炭養氣輕硫氣與硫黃合炭所成之質煤氣之臭大半恃此各異質如空氣一萬分內含煤氣一分則鼻能嗅而覺之因此可免誤漏煤氣之危險

如煤氣合於空氣吸之則大有害於身如過一定之界限則令人死而其危險不惟在呼吸之事另有橫裂之性常猝然致死多人如空氣十分內含煤氣一分則其危險最

大間有房屋內通煤氣管已漏而在夜中點燈往照漏處則有橫裂之險或街道之大煤氣管初通煤氣時管中空氣尚未放盡則在點火時橫裂如一千八百八十年七月倫敦託屯哈末各特路相近處總煤氣管在地面下橫裂最猛而有數處之橫裂相離頗遠又查驗空氣內含煤氣若干分致死人之案尚未能定之而從試驗動物之事畧能明其理如士爾弟士試驗淨煤氣幾立即令動物死又空氣八分之一爲煤氣則兔死於五分時狗死於十二分時又空氣十五分之一爲煤氣則兔死於十分至十五分時又空氣三十分之一爲煤氣則兔死之時更久又如空

氣五十分之一爲煤氣則免最難久活如一千八百七十四年七月醫士對拉在壹丁不爾厄醫學記錄云有一案房屋內空氣每百分含煤氣三分已令人死

煤氣毒死人之案俱因誤事而有之閒有煤氣局存煤氣之大筒或通煤氣之總管猝然放多煤氣而工匠不及躲避則猝然致死尋常之案爲房屋內煤氣燈嘴之塞門因誤事而不關或因猝然斷煤氣而火熄再通之時不復點而又不關塞門或房屋通煤氣管漏泄或房外遠處之管漏其漏出之煤氣從陰溝而至房屋內見火卽裂

病證　如煤氣之數少適足令人聞其臭則令人頭疼如

久吸其氣則令人有病有數案令人死者其證有頭疼嘔吐頭暈欲睡由漸睡而重至暈睡面發肝色呼吸之聲甚大另有別種中風病證其人在暈睡之閒而死發癇證與否不定

此種案內瞳人之舒縮不定尋常至臨死時放大如前言對拉之案牙關緊閉而眼睛左右轉動不停

能活之久暫　能活之時在各案不等閒有病證遞更輕重或暫時不顯令人望其能愈然久之其人卽死

分別之法　嗅其衣服口氣與汗俱有煤氣之臭與否因中煤氣毒而死者移至空氣潔淨處久顯此臭所以見暈睡之人可謹愼嗅其臭而知其暈睡之故

剖驗見式　常有身體內亦含煤氣之臭如士爾弟士云尋常之情形血色甚深肺胞膜質光紅色氣管分支內有水疱舌根有血積聚腦髓與背脊髓之血管含血過限又大腿上發玫瑰色大小花點

煤氣顯毒之理　煤氣爲繁質故難定其所含之各質分成之病證惟疑其最猛之毒質爲炭養氣如煤氣內每百分含炭養氣五分至二十五分其病證大概與中炭養氣之毒者相同所以其病之緣故大略因炭養氣與血內之顏色料化合

治法　其治法與中炭養氣毒之治法相同

三　淡養氣又名喜氣

淡養氣之作法將淡輕$_{四}$養淡養$_{五}$蒸之多用之爲迷蒙藥曾有二三案其人因此而死

病證　如吸淡養氣而合於空氣則其人覺醉尋常喜悅狂笑不止故名喜氣如吸其淨氣一二分時則失知覺可作外科小事如拔牙齒等而其人毫無苦楚惟其人之面發深紅色瞳人放大如吸此氣時過久則最爲危險閒有將悶死之證

如動物吸淡養氣而死則顯出悶死之證并有淡養氣所

成失知覺之事大半因其有悶死之性並非因其有寧睡性惟其令人高興快樂亦指出不能祇爲中立性之質必另有自顯之本性

如美國非勒特非亞一千八百七十二年內外科記錄第三百四十三頁有伯西勒所報牙科用淡養氣令人死之案其人猝然而死但難定其死幾分因淡養氣之悶死幾分因驚駭而死又一千八百七十三年二月有一案載於英國醫學記錄第一百二十六頁此事在英國厄克西達而有多人爭論其死之故但因死後不許剖驗所以難定其死幾分因淡養氣之毒幾分因令腦筋忽然混亂之故

治法　其治法與治悶死者公用之法同見呵囉昉一節之說

四　輕硫氣

輕硫氣爲要質似與炭養氣同其氣在萬物中遇之亦與炭養氣同但其臭難同故人易知有此氣之臭此氣爲最猛之毒質據替那特之說空氣一千五百分之一爲輕硫則能致死一鳥又空氣八百分之一爲輕硫則能致死一狗空氣二百五十分之一爲輕硫則能致死一馬如噴入血內速令人死如噴入身之各竅則令人死或加於未破之皮膚上亦令人死間有在腸內或腐爛之瘡內發此氣因得此氣令血與徧身起腐爛之證

形性　此氣之臭最爲可憎與發臭之雞蛋畧似能與金類本質化合成各種變化甚多又能與淡輕三化合成淡輕四硫此質有淡輕三之原氣如鹿角另加輕硫之臭又其化學性情與變化亦與淡輕三同如將玻璃桿先浸於輕綠水內後置於此氣之內則多發霧與淡輕三同

試法　尋常試驗輕硫之法用鉛養醋酸令其結成棧色或黑色之質其色之深淺與此氣之多寡有相關如用濾紙以鉛養醋酸水令溼置於其氣內則變黑色此爲極細之試法

病證　如吸其稍淡之氣則令人頭暈而太陽覺收緊胸口覺有物壓之嘔吐猝然身軟失知覺不能行動間有昏暈牙關緊閉瘋證皮膚冷脉亂而疾呼吸甚難等證

剖驗見式　身體發大臭速行腐爛肉筋色深而通電氣不顯掀起其各大血管並臟腑含黑色流質之血最多而脹大又輕硫氣能令血之色料化分成綠色質又令阿勒布門與硫黃結成又能與血中韌性清汁之鹽類化合成鹼性合硫黃之質惟所有因輕硫而毒死之案死後剖驗尚未分別血中有此種大變化

治法　必先將其人移至淨空氣處隨後用行氣藥又吸

綠氣其吸法將漂白粉以淡強水令溼或各種漂白水所放之氣亦可而必慎令所吸之氣不可過濃如過濃則有大惹性

輕硫在萬物中不常遇其淨者尋常遇者合於他質在坑厠或在垃圾池內或在尋常陰溝內俱能有之

凡腐爛之糞發三種氣質一爲輕硫一爲淡輕硫一爲淡氣其輕硫與淡輕硫大有害於人而其淡氣有中立性此各氣在坑厠內或合多糞之泥土內或分開或相合不定惟間有不發可憎之臭而不能分別輕硫氣之惡臭並淡輕硫惹鼻猝性之臭而其空氣仍爲毒而有害於人凡有此種情形則其氣爲炭養氣與淡氣另有養氣少許

此合氣質所生之病證與剖驗所見之式大約與祇吸輕硫氣者無大分別又其病證顯出之遲速藉其氣質之濃淡所有猝然中其毒而大受其害後能愈者據云先覺胸口受大壓力頭上亦覺有此病即如巴黎斯大陰溝有人行過其溝中開通修理等事有患此病者

凡空氣含輕硫而欲淨之則須用綠氣又吸輕硫之人而欲治其病亦可用綠氣

凡有陰溝內不通之水及垃圾所放之氣與坑厠及垃圾池所放之氣同惟其氣幾分爲水所消化如其陰溝斜度頗大而沖水頗多則不放惡氣祇有所含糞內原發之臭而在陰溝內作工之人祇聞糞之臭不受其害

新陽趙詒琛校字

法律醫學卷二十三

英國　該惠連　弗里愛　同撰　　英國　傅蘭雅　口譯　新陽　趙元益　筆述

論植物惹性藥

惹性藥料分五大類一為重瀉藥如啞囉哥囉嘶大黃渣臘伯司卡暮尼蓖麻子巴豆油衣拉特里各色赫勒蒲爾二為打胎藥如薩肥那麰麥耳卧達三為惹性兼感動腦筋藥如撒法郎色依難弟兇惡西古大鉤吻水產非蘭特里幾那披衣掩薩幽樹扁柏之類拉波爾奴末等四祇有惹性者即阿羅末芋類米聚里恩辣能古魯司布來啞尼黑色白色者等等五有病或腐爛之植物質

一　重瀉藥

重瀉藥之類包括藥品中常用之重瀉藥或售瀉藥丸之人所用之藥並赫勒蒲爾但赫勒蒲爾今時不用昔時常用之治憂悶類之各病近今常用之瀉藥如用過多之服令年老或軟弱或有病人食之亦可當為毒藥即如以上開列此類之各藥單用之或合用之俱有令人死之案其毒性大畧在其所含之油質或松香質如啞囉與渣臘伯俱含重瀉性質一名啞囉以尼一名渣臘伯以尼

此種毒質所成之病證為惹養生路令人嘔吐泄瀉腹大痛抽筋痛裏急後重小便難通其人漸收癟間有先欲睡或發腦筋之證

剖驗見式　此種藥所成剖驗之式為養生路生炎輕重新舊不等又發紅生瘡變軟在暮苦司膜質內有滲進黑色之血

治法　多用沖淡之流質又用鴉片治其痛用行氣藥免其收癟

此類之藥有數種應特意言之

啞囉　此藥之為要因能成數種藥品如英國藥品書準用者有十種藥俱含此質又大半秘方之藥亦含啞囉如合於看尼辣粉每四分配一分則成啞囉雜散俗名海以辣配克拉即聖苦藥此藥雖為俗人喜用又有合成丸者不正之醫士勸人多服之曾有令人死之案啞囉中有一質名曰啞囉以尼分別之法合於冷硫強水能成黃色少加熱則其色更深大加熱則變綠色又合於硝強水則變橘皮色

渣臘伯　渣臘伯為重瀉性藥內含一質名渣臘伯以尼此質合於冷硫養發黃色輕加熱則變深橘皮色加更大之熱則變櫻紅色如合於硝強水則變黃色

蓖麻子　蓖麻子草之形如第一百四十八圖為常用之

藥不必詳言之其子在胃與腸內所顯之瀉性最猛較壓成之油大不相同如食其種子二三粒則爲重瀉藥曾有一案成人食其種子三粒死於四十六小時內又有年輕

第一百四十八圖

之婦服種子二十粒五日而死所顯之證爲胃與腸受最重之惹而其身體情形似乎霍亂吐瀉

巴豆油　此油爲巴豆草西名替格里可羅敦之子壓出者如第一百四十九圖曾有人服之而毒死之案其病證爲重惹性毒質所成又有收癟似乎英國與亞細亞最重

第一百四十九圖

霍亂吐瀉前有一案係醫士格連毫所記者有一老婦人誤服洗藥內含巴豆油三十滴二小時之後其形狀如霍亂吐瀉已到發冷時之前有大泄瀉而其質似米湯即與霍亂吐瀉者同又有抽筋大痛皮面冷面貌縮皮膚之藍色比較尋常霍亂吐瀉者更深脉小如線幾不能覺之呼吸勉强而有嘆息之形見一千八百六十六年八月英國醫學新報第一百四十二頁

衣拉特里　此草俗名野瓜又名噴子汁瓜如第一百五十圖其汁藥性最重而成乾膏爲英國藥品書準用者以十六分釐之一至半釐爲一服內含一質名衣拉特里尼其藥性恃此質以九十六分釐之一爲一服每乾膏四分內含此質一分如合於冷硫養則成紅櫻色水加熱則色更深加更大熱則色愈深但合於淡養則不變色苦里司脫生書中有法國醫士記錄之案此醫士在巴黎斯遇見

第一百五十圖

此草一顆而欲存之故藏於高帽內以爲便畧十二小時後頭疼而覺壓緊腹痛泄瀉嘔吐含膽汁之質發熱

赫勒蒲爾　東方赫勒蒲爾即眞赫勒蒲爾有黑色之根俗名黑根草前人用之爲數種病之瀉藥即疑依倚所生

黑色膽汁病無論爲身體或性靈之病俱用之

黑色赫勒蒲爾　此赫勒蒲爾之根亦爲黑色故取此名古時藥品書亦名曰黑根如英國等處產於遮陰樹林內

第一百五十一圖

西正月開花故俗名冬至玫瑰花其形如第一百五十一圖其葉與根有毒性而其根之粉爲重瀉藥其葉亦有瀉性俗人喜用之爲腹中殺蟲之藥最爲危險

病證剖驗見式治法　此各事俱照惹性毒質所公有者

卽腸中大瀉而明顯收癟證有人服其根之煑水二小時內卽死其證爲嘔吐昏暈與痫證

又有一種名臭赫勒蒲爾其形如第一百五十二圖俗名

第一百五十二圖

熊掌草亦爲最猛之毒性質與前者相同惟更重耳英國威斯謀蘭產之甚多俗名曰疔瘡草此草久有人用之爲殺蟲藥

二　打胎藥

薩肥那（又名薩肥那智尼柏一名沙墳）此爲小而密之矮樹產於英國

等處生紫色之小果如第一百五十三圖其臭最奇而重味辛而其惹性幾分恃自散油質能將其草新鮮之頭合

第一百五十三圖

於水蒸而得之此油並其搥碎鮮草之油膏俱爲英國藥品書所準用者其油以一滴至五滴爲一服

其葉之粉或沖水與油俱有人用之作打胎藥然尋常用此藥祗毒死其母而不致死其兒間有人用薩肥那爲殺蟲藥

病證　其病證爲惹養生路腹大痛又大泄瀉間有小便難通但成泄瀉之證甚少如口津過限與失知覺爲偶有之證

剖驗見式　其式爲養生路重生炎有在養生路中遇見其綠色之粉如將其粉作乾而磨擦之則發薩肥那之臭易於分別又其小枝之硬厚處以顯微鏡觀之則顯明產松實類樹木之紋如薩肥那之水合於鐵綠成深綠色

治法　其治法用治惹性毒質之公法

麮麥耳卧達（俗名雞距麮麥正名距形西楷里）此質爲一種蕈類所成者西名紫色苦賴肥賽布司生於數種植物之子內如麥大麥粗麥麮麥等如天多雨而泥土被溼不多開溝則生

此最多其麥之穗幾分或全分麥子生病變爲深紫色引之甚長少有彎曲形而凸出似雞距將此種粒子聚合作乾磨粉則爲藥肆出售之耳卧達接生之人常用之令子宮縮小間有歹人用之作打胎藥如第一百五十四圖一號爲無病之麥穗二號爲生耳卧達之麥穗丁爲耳卧達

第一百五十四圖

放大之形子爲剖面式顯出其蕈類小種子之房丑爲小種子庚與辛爲長足之耳卧達二粒

形性　耳卧達之粒長四分寸之一至二寸厚六分寸之

一至三分寸之一其面黑又有淡花點紋條而其內質爲紅灰色較水更輕其臭可憎味頗辣內含二種質俱爲植物鹼類一爲耳卧達以尼一爲雯克蒲里尼此二種質爲稷色不成顆粒者能在水或酒醕內消化而不能在以脫或哥囉昉內消化而此二種質或疑其非淨質

試法　甲合於鉀養水則成紅紫色又發三米以脫里阿米尼而發鱈白魚浸在鹽水內之臭乙其濾出之鹼類水亦有此色又加以硝強水或加以白礬水至有餘則結成之質其紅紫色與前同

試驗動物　如動物祗用其大服一次或屢次食其小服

則所顯之證幾分爲惹腸幾分爲感動腦筋中處惹腸則令其泄瀉感動腦筋中處則令其頭暈瞳人放大欲睡發癇證癱瘓其證內亦有放膿之瘡並四肢發死肉證

如人食此藥一大服則胃與腸受惹頭暈頭疼面色發紅身最軟無心作事脉較尋常更遲小而似線形子宮受惹而縮如婦人懷孕者則可成小產惟用耳卧達毒死人之案醫學書尚未有記錄其詳者

如麰麥等穀有發耳卧達者合於麥磨成麪粉做饅頭人食之則能成瘟疫病從前比今時更多而其病證或發癇證或生爛肉俱爲耳卧達所成者第一種病證屬腦筋者如頭暈四肢軟心不明事暈睡癇證爲最多如爲死肉證則四肢生乾爛肉此二種形狀先顯出腸受惹之證

三　惹性兼發腦筋證之藥

此類毒藥昔時屬於寧睡惹性毒藥內其感動胃腸之性能令其各質易與發癇證之毒藥分明而此類以司脫立格尼尼爲模又易與減血氣藥分明此類以哥尼由末爲模

撒法即色依難弟又名水毒芹拉克滴草　此爲英國本草而屬於傘托輻形之族常在小河或溪之濱而似與芹菜相類如第一百五十五圖其全體有毒性而其根與怕司尼潑草

第一百五十五圖

根略有相似處而人誤食之又因其毒性最重則食其少許足令人死

所有之病證略在服此後二十分時能顯出發癇證失知覺面發青色兼發腫口與鼻孔有含血之泡呼吸有大聲初顯病證以後五分時內能死然有數案其證更能延久則有腦筋重證顯出即如牙關緊閉抽筋不放大發狂或昏暈略與痛風之昏暈相似尋常瞳人放大又養生路中受重惹之證

剖驗見式　腦髓中有多血積聚又肺心與大血管聚合

黑色之血。又腸與胃顯出被惹之形

治法　立即用吐藥，後用足服蓖麻油，又因腦髓常有血積聚，則應放血，其餘治法，必觀當時所顯之證而定之

兇惡西古大（又名鉤吻，西俗名水黑暮拉克，又名牛毒草）　此爲常年傘托輻形之本草，產於溼溝與河濱，在西七八月開花，高三尺至四尺，其幹矮，其葉大，分三分深綠色，其分葉以二或三爲一副，其形窄，似戈頭形，其邊有齒形，又其葉跗連於榦處者有紅色，其花爲傘托輻形，

第一百五十六圖

而其輻數甚多，其根常有人誤當爲怕司尼潑草，但其內空而有多大膛，如蜂窩，如第一百五十六圖爲此草與花及蕚

曾有植物學家云，兇惡西古大爲英國本草內之最毒者，又有人疑古時希臘京都雅典所常用而有名之毒質爲此草所成（見司弟粉孫與尺氣勒所作醫植物學書第二本第八十九頁）如動物服此質，則令其發牙關緊閉，如人服之，則此種縮筋之證，爲病證中最顯明者，又瞳人放大，失知覺暈睡嘔吐泄瀉，間有中毒後一小時內即死

韋不法書中有二案，一案爲二個男童食其根，一案爲女子六人食之，其所食者，各人多寡不等，二個男童食之頗多，胃中不久即大痛，不能言語，失知覺，有極重之瘈證，口緊閉，無法能開，耳內流血，眼張開而可畏，服後半小時內即死，其女子發羊癲瘋之各證

又有一案，係波爾哈勿所記錄者，有德國兵丁三人食此草而死，剖驗見式顯得最明，其人亦在半小時內即死，一人之胃蝕通，其餘二人之胃，蝕去若干而未通

水產非蘭特里（俗名細葉水黑暮拉克）　此亦爲英國之本草，而爲傘托輻形，產於卑溼處，與前同，根爲圓柱形，易誤爲怕司尼潑而食之，以中其毒，高約三尺，有小而極細粉深綠色

之葉，如第一百五十七圖

第一百五十七圖

幾那披依拖薩（俗名癡人怕而司里）　此草之葉，畧與怕而司里相似，所以有人誤食之，從此得名，又有人誤食其根，當爲嫩蘿蔔，此爲一年之草，而其花似傘托輻形，生於園圃與田中，易於分別之，因其花榦下有相連之花葉，分爲三條，形長而窄，下垂，如將其葉擦之，則有可憎之臭

第一百五十八圖

或云令動物發癇證而暈迷又有人云人食之口與喉嚨內發熱嘔吐頭痛頭暈暈睡瞳人放大發癇證牙關緊閉然醫士哈來詳細試驗此草而知無害於人見哈來於一千八百七十四年所作之書論癡人怕而司里之藥性

幽樹正名結小果他客蘇司　此樹之葉與小果如第一百五十九圖俱有毒性曾有動物食其葉而死又有人食其葉與果而死其葉或葉之沖水間有人用之為殺蟲藥或打胎藥

第一百五十九圖

病證　此為惹性毒質之證另加腦筋之證如失知覺發癇證等間有其人猝然收癇而死或能耐久者養生路生炎而死曾有長足之人食其葉死於十四小時內又有五歲女子食其果四小時內即死

剖驗見式　其情形俱為養生路受惹尋常在胃中能遇見其葉或果之餘迹而能分別之其葉為醫刀形其果大如豌豆內有堅硬櫻色雞蛋形種子外有淡紅色皮中間有無色黏性之汁此汁有酸性變化並有可憎之味

拉波爾奴末正名拉波爾奴末西替蘇司　此草各體似有毒性前有案為食其子與花與皮而死者此草臭味最可憎其毒性藉其內含之鹼類質名曰西替蘇尼馬斯美云猫食此鹼

類〇·〇三至〇·〇四格則死苦里司脫生試驗其乾皮而疑拉波爾奴末之毒性頗烈數分時內成最猛之抽筋癇證令其速死而在人內則其證顯出最明內有養生路受重惹身倦欲睡四肢抽筋不能放又有癇證瞳人放大其脉數

前有二案係伯路布力支醫士賽支味克所報者有十歲之女童與八歲之男童食此根當為乾草之根所顯之證與以上所言者即尋常醫學書之說大不相同照此人所報之證則不可以為發癇證者而必當為減血氣藥而其減血氣之性已顯之後則服打打伊密的為吐藥其男童食其根一塊大如胡桃一小時又一刻則顯其證其女童略食三倍之多而其證亦略為一小時又一刻顯出二人內初顯之證嘔吐頭暈身體最軟皮白而冷脉軟弱如撲翼之狀瞳人放大待若干時其人欲睡但肚腹不痛亦不泄瀉而其人除欲睡外無別種腦髓之證見一千八百五十七年正月初三日醫學報又見會勒好司所報之案在英國醫學記錄一千八百七十年第四百七十三號又見田利所報之案在蘭西特新聞紙一千八百七十年第二本第六頁

四　祇有惹性之毒藥

阿羅末又名花點阿羅末俗名公婆草又名花點杜鵑草　此草之葉長而尖頭形其色綠而有花點如第一百六十圖之一號在英國等

處春初於活籬笆樹林或遮陰處顯出其綠色之花片形苞如圖之二號西五月內其片形苞內有紫色杵形之頭如圖之三號夏末時則有光紅色果一羣如圖之四號其

第一百六十圖

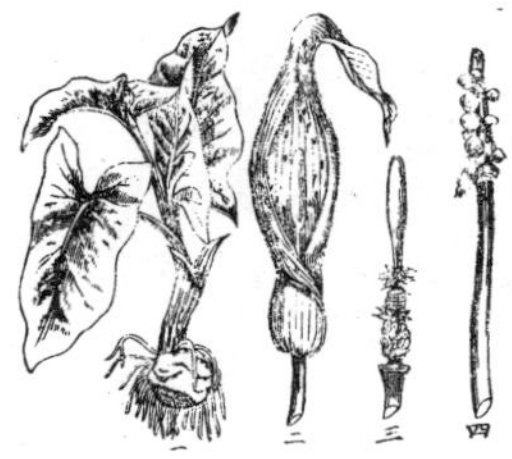

根爲頭形畧如心形其味最辣頗有惹性而其草之各體皆有此性情如將其汁與舌相遇則有大痛似用利鍼刺通者前有幼童三人食其葉則舌大發腫難咽物二死於十二日之內一死於十六日之內一全愈如將其草之各體加熱則其毒

性全散如將其根先浸於水中若干時後烘乾磨粉則成一種藕粉之類名波德蘭西穀米因在波德蘭有人設法造此物其病證剖驗見式與治法俱與尋常惹性毒質之公法同

米聚里恩 又名米聚里恩大稨尼

第一百六十一圖

此爲矮樹種於園內而結光紅色之果小兒見之則甚喜誤當爲哥蘭特果其形如第一百六十一圖內有獨卵形種子此種子之衣內有二子葉一面平一面凸此樹之惹性最重服其果五六顆足令人有大病如英國藥品

內有沙沙把列拉雜煑水含此樹皮爲配料又有一質爲米聚里恩以脫膏亦以此藥爲本其病證剖驗見式與治法俱與尋常惹性毒質之公法同

辣能古魯司 俗名鴉爪草又俗名乳油杯花 英國本草內有辣能古魯司或鴉爪草十五種產於草田內大半有惹性輕重不等尋常之人以爲最毒者爲小火焰形辣能古魯司與成根頭辣能古魯司重猝性辣能古魯司又有二種其惹性更輕者卽猝性辣能古魯司田中辣能古魯司如第一百六十二圖爲猝性辣能古魯司此草之新鮮者全體有猝性質能自散見熱則化散如曬乾之亦能全散與花點阿羅

末同如將其鮮草合於水蒸之則所得之水亦有此猝性質嘗之則口內如蜂刺胃中覺熱如重猝性辣能古魯司所蒸之水亦能成顆粒以上各種辣能古魯司之汁爲重發疱藥而斑蝥未至英國之先醫士全藉此物爲發疱藥今時乞丐與欲免作事之兵丁水手等人故意用此質令

第一百六十二圖

在足上生瘡又小火焰形辣能古魯司之沖水爲速吐藥如韋脫令最信用之藥爲速行吐淨其胃其葉搗碎亦可作發疱藥各種辣能古魯司之病證剖驗見式與治法俱與尋常惹

性毒質之公法相同

布來啞尼　有二種草俱名布來啞尼其毒性爲最著者既因其惹性之重又因本國樹林與活籬笆內常有之而此二種草英國之俗名雖同而分屬於二科其白色布來啞尼屬於苦刻比他西依即葫蘆科而英國野草中祇有此科內之此一種又黑色布來啞尼屬於對阿司苦里亞西依

白色布來啞尼（正名弟啞以楷布來啞尼亞又名野葡萄）　此草在英國樹林與活籬笆內常見之而爲籐本蔓生於樹枝或矮樹上而以其籐線圍繞之不能脫葉粗毛花小淡綠色果成叢熟時紅色內含臭而惡味之汁有種子六個其根似橄欖核形肉多色淡閒有生成頗大而厚如第一百六十三圖爲此草之一枝並其果一小叢

第一百六十三圖

此草之根昔時爲藥品之用食其大服嘔吐泄瀉又有將收癟之證閒有令人死者其果常有小兒食之則患嘔吐

黑色布來啞尼（正名尋常太暮司）　此爲樹林與活籬笆內常見之籐本草不用籐線能連於別種樹上其葉與白色布來啞尼大不相同其形如心端尖面平而光滑其果爲卵形

根之色黑其果成叢而熟時其紅色畧與白色布來啞尼同如第一百六十四圖爲此草之枝與果一叢有人用其根爲瀉藥而有小兒誤食其果以致嘔吐

第一百六十四圖

以上所言者爲尋常惹性毒質另有數種不甚緊要故此書祇言其名而不必詳論之閒有人受其惹性之毒令發重證或死又有別種試驗動物而知其有毒性此各種毒質必查專門論毒之書則知其詳即如眞孫所著英國毒草書有圖與說及其形性茲將其常見者開列如左

蒲薩替拉阿尼磨尼西俗名清明花又林中阿尼磨尼園中阿尼磨尼晃形阿尼磨尼等種卑溼地卡勒他又名卑溼地瑪里哥特大幾里佗尼由末西俗名西蘭弟尼羅耳以哇里大腹尼又名司普爾知羅耳烏司拉替里司由福比阿又名開潑司普爾知又有別種如藥品由福比阿如第一百六十五圖帆形由福比阿觀日由福比阿等藥品格拉弟由勒末寫海耶新拖司即野生海耶新拖司

第一百六十五圖

多年鬱古里阿里司俗名水銀草詩家那而西蘇司與假那而西蘇司俗名金花發根如司與毒籐如司四葉巴黎

斯如第一百六十六圖。辢性西佗末司他非薩獰里得勒非尼烏末。俗名司他非薩獰里。此草產植物鹼類得勒非尼阿。黑色。散末蒲扣。卽野黃楊。俗名阿拉大。其葉與花依苦里司脫生之說。能令腸之暮苦司膜質生炎。八日後則

第一百六十六圖

退。又有五十四歲之婦。服可食散末蒲扣。俗名矮阿拉大。其食其根之粉二大調羹。因此而死

以上諸種本國毒草之外。另有西印度列島之苦爾楷司壓脫羅法。俗名藥核曼西納拉希布瑪尼。又名曼西尼勒

又有數種同類之草。卽如非格蘭佗羅司希布瑪尼與有刺希布瑪尼。俱有重毒惹性。見苦里司脫生書所載辢性植物質論

以上各草內。大半爲惹性毒質。然其中有數種。如多年墨古里阿里司與四葉巴黎斯。能令腸受惹。同時有寧睡毒性。故照從前毒學家之排列法。應列於寧睡辢性毒質內

五　有病或腐爛之植物質

前有數案有人食已壞之菜等質而毒死者。又有人食已壞或發黴之麥或黴麥或大麥之饅頭。而顯出惹毒性。面發紅。舌乾。腹大痛。大渴。頭疼。嘔吐。泄瀉。身體力乏而欲睡

患。以上諸毒者。則其治法。須立卽用吐藥。後用瀉藥。而其瀉藥內。以蓖麻油爲最佳

上海曹鍾秀繪圖
新陽趙詒琛校字

法律醫學卷二十四

英國　該惠連　弗里愛　同撰
英國　傅蘭雅　口譯
新陽　趙元益　筆述

論動物惹性毒質

此類毒質可分爲五款而論之：一斑蝥，二有病或腐爛之動物質，三脫里幾奈阿西司，四有毒之魚，五有毒之蟲。

一　斑蝥

發疱看他里司又名西班牙蠅即發疱甲蟲，易於分別之，因其頭光綠如金類色，而其腿與翼套亦有此色。其質內有重惹性毒，能感動生溺器具與生育器具。英國藥品中

有數種藥含此質。曾有人用其粉與其浸酒作打胎之事，或作感動情慾之藥，或作戲弄人之事。又有誤食其粉與其膏之案。又有作外科藥用之，令生溺與生育之器具受大害。此蟲體內所含之毒質名看他里弟尼，每蟲粉半兩含此質一釐，如用百分釐之一足令口脣發疱。

斑蝥粉與斑蝥膏易與他質分別之，因內含光亮金色或綠色之點。又其粉可用加熱之法分別之，如將百分釐之一照前第六十五圖之法試之，加熱至二百十二度，則其圓玻璃片生白色乾蒸之質，以顯微鏡試觀之，則能分別其含看他里弟尼之顆粒。如其乾蒸之質不成顆粒形，或其顆粒不顯明，可將以脫少許加於其上，則能成顆粒。又將五百分釐之一或千分釐之一，俱能依此法分別之。如其粉少加熱而能乾蒸，又無色，其乾蒸質有顆粒形，此三事足爲其據。如英國藥品書準用之斑蝥酒每一兩含五釐半，斑蝥醋每一升含二兩，油膏每油七分配其一分，發疱膏藥每三分含其一分，暖膏每二十四分含其一分，發疱水每五兩配二兩，發疱紙每十分半配其一分。其酒以五滴至二十滴爲一服，其餘各藥爲外科之用。

病證　服斑蝥後則口與喉覺如火燒，不久則胸口亦覺有此事，如壓之則更痛，由漸至全腹。如是咽物最痛，喉與

口內乾，覺大渴，胃中放血或含血之暮苦司質，其質內能見光綠色之點，大便內亦能見此光點，惟更少耳。又有裏急後重之證，腰中大痛，小便極難而大痛，糞溺中俱有血，陽莖强舉不能縮，生育器具發腫生炎，其人心中極不平安，呼吸出力，脉疾而實，間有頭疼、昏暈、瘋證、縮筋痛，類乎狂犬瘋與暈睡，俱爲前各證外另顯出者。

所有偶顯之證，口發疱，口津過限，嘔吐黏性暮苦司質，有喉嚨爲模之形，或吐出暮苦司膜質，眼紅，多發淚，溺中有阿勒布門質。

其浸酒服四滴至五滴，則感動生溺器具而治溺不能自

主之病，間有不令人覺痛，反言之，有人食最大之服，如浸酒六兩，或其粉二錢，而不顯病證，其故必因其藥不靈，爲不合法而作者

致死之服數　如爲浸酒，以一兩爲限，如爲粉，尚未考知其數，如其粉以二十四釐爲一服，隔一日，服二服，則有因打胎而令人死之案

服後能活之久暫　尋常以二十四小時至三十六小時爲限，但間有數日大受苦楚而死

剖驗見式　養生路並生溺生育之器具，俱有生炎之情形，輕重新舊不等，其胃生炎，間有成死肉者，而其粉黏連

之處爲最多，間有胃之內面，蝕去若干，間有變軟，又有腦髓滿血至過限，與生育器具成死肉之案，又在死後多時，能於胃中見其粉之光點，如服其粉，或服其膏藥，則胃中之質內，能分別其光亮金色或綠色之點，如目不能見，可用顯微鏡分別之，此各點可取出，在以脫或哥囉㕭內消化之，熬成膏而置於口脣上，觀其能發疱與否，如巴路愛勒以此二試法，分別綽故辣得內所有之斑蝥粉，爲人故意加入作害人之事者，如加熱乾蒸之試法，更爲可恃

如胃已嘔吐，或腸因服瀉藥而放空，則養生路內，仍能有其粉之微點黏於內面，如有此種案可用波美所傳用之

法，記錄於一千八百四十二年，法國醫學年錄，第三百四十七頁，其法將腸先分出，吹氣入內，令脹而作乾之，則將數塊鋪於玻璃片，細觀其有光點與否，波美云，曾有人葬後七箇月，能查得此質

治法　此藥自然無解毒藥，祇能服吐藥，或熱流質，惹其吐，或助其吐，又用蓖麻油一大服，將其毒質從腸內逐出可多飲沖淡之流質，又從肛門或膀胱噴入油類，或潤皮之流質，又用哄吮血或放血之法，治其所顯生炎之重證所有從肛門膀胱噴入之藥，可加鴉片酒，或在肛門內加鴉片外塞藥

看他里弟尼　此質常出售者，爲光亮無色之顆粒，以顯

微鏡觀之，則爲大小長短厚薄不等片形之顆粒

如第一百六十七圖，爲出售之看他里弟尼，用顯微鏡所見之形，如用以脫或哥囉㕭消化之所結成之質，並其乾

第一百六十七圖

第一百六十八圖

蒸之質，所有顆粒，其形狀相似，但爲更細而畧有一定排列之形，如以脫所消化者，則結成之顆粒，爲長方片形顆粒，而哥囉㕭內所結成者，爲正方形或更短長方形顆粒，如第一百六十八圖，爲其乾蒸之質，常顯之二種形狀，其短片形粒，如圖之甲，而長片形粒，如圖之乙，此圖係顯微鏡照

像法而得之

看他里弟尼如照前第六十五圖之法加熱則乾蒸而無餘質或微有痕迹而落凝於玻璃片上之形如第一百六十八圖如漸加熱則能全散而不融化如猝然加熱則融化其乾蒸之熱度係二百十二度

看他里弟尼幾不能在水中消化而易在以脫內消化更易在哥囉㕑內消化又能在油質內消化如遇鉀養或鈉養則顯酸性而成鹽類如其鹽類水內加以銀綠或鈣綠則結成白色之質加以汞綠或銀養淡養則結成白色之質有顆粒形加以銅養硫養則結成灰色之質如用以脫

偏西尼阿美里克酯哥囉㕑俱能將看他里弟尼從其酸性水中分出

看他里弟尼遇硫強水則其變化與各種植物鹼類質不同而可以此分別之因加硫養不改變顏色加以小熱或大熱亦不變色又加以硝強水亦不變色以上二種不顯顏色之試法能分別看他里弟尼與各種鹼類毒質或相類之毒質

看他里弟尼又有一事與植物鹼類及哥路哥司得有不同之處即加熱燒盡無餘下之炭質又其乾蒸之熱度小與金類毒質如鉀養與汞綠各不相同

試驗看他里弟尼在動物內之法係令其發疱如將極微之數如○·○○○一四格置於口脣上則能發疱但有數種動物食看他里弟尼不中其毒即如家雞可食此而無害但將此雞之肉與貓食之則受其害

二　有病或腐爛之動物質

歐羅巴數國內有一種病在六畜內常遇見者而英國見之更少即身體上生大瘡有此種病之動物遇人之皮膚則令人受大害又食之則令人死其死法或生重霍亂吐瀉或令人生病與六畜相類又有馬生一種病名割蘭特司而人能從馬得之又剖驗死屍偶然誤刺自己之皮膚

或庖人切肉預備燒菜而遇破處則令多生炎此各事俱爲有病之動物質在人身外面害之

如腐爛動物質能成惹性毒最危險之證所有令人患毒之食物最多者爲臘腸而其含肝與血者最爲可惡又有醃豬肉火腿乳餅鵞油等物此各物之毒性似在起首腐爛時顯出而其後不顯

病證　其病證尋常在食物後三四小時之間顯出養生路受惹之外另有收癟或寐睡之證

如牧場內有毒草則其牛之乳亦有毒性食數種毒果之野禽其肉亦有毒性蜜蜂從毒花中採蜜則其蜜糖有毒

性能令人患昏暈寗睡之證

治法　以上諸毒質必先從胃中取出後依所顯之病證而定用治法

三　脫里幾奈阿西司

有一種最重之病能在人與六畜內顯出其故因胃中得一種蟲卵其蟲名螺絲形脫里幾那其入胃之法因食未熟之豬肉或臘腸德意志國患此病者甚多英國尚少德國有一處可當爲瘟疫病卽如布國之海得司他特其人數共有五千五百人患此病者畧有八十人因食臘腸而其腸內有未熟之豬肉而其豬已患此病其死者十八人

至二十人方知其故此病在德國常顯出德勒斯達醫士增加剖驗各種病之死屍每三十四人內有一人身體患此種蟲毒

第一百六十九圖

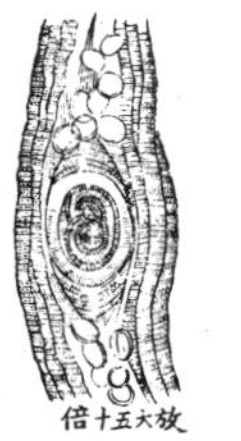

放大五十倍

第一百七十圖

人食脫里幾那蟲不久則脹大而其養生路其有雌蟲與卵甚多從養生路通至肉筋內成囊而停止如查驗肉筋在其絲紋梱之間顯明啨白色之點如第一百六十九圖爲脫里幾那蟲在囊內成捲用顯微鏡能見之又其囊之兩端有油膛如第一百七十圖爲其蟲從囊中取出之形此圖內甲爲口乙爲其養生路起首處丙與丁爲管形之囊而其囊上有黑色似顆粒形之體直通至肛門如戊（見古里非特恆夫里二人所作顯微鏡字典論脫里幾那蟲一款）

病證　尋常之案起首所顯之證爲泄瀉又有身倦乏力不欲食不能睡發熱肌肉大痛間有交節發腫而內積聚血水後四肢之筋縮而不放并大痛有數案顯虛發熱病證而其人失知覺而死惟尋常死法因肺體生炎所有死者則在食含脫里幾那蟲肉之後一月內而死

剖驗見式　肉筋有淡紅灰色其中間有小而更淡色之

點此各點爲大小脫里幾那蟲如人身能自主之肉筋並心中俱能遇見此蟲

治法　醫士尚未考究而得法以治此病凡食豬肉必最謹慎而擇其無病者又凡豬肉與臘腸如未燒熟不可食之

四　有毒之魚

有數種魚恆有毒性又有數種有時毒有時無毒又有數種魚其全身或一分有害於眾人或有害於數人而他人則無害此各種魚類內最緊要者爲淡菜此物間有毒間無毒而其理尚未全明

中魚毒後尋常所顯之證在一小時至二小時內眼皮發腫而跳眼發淚皮膚發紅似麻證發大熱而癢此證以前間有難呼吸但尋常之證爲後顯者身體覺軟最重之案有昏暈癇證與暈睡而胃之受惹非常見者惟間有嘔吐胸口痛難於咽物

治法　必多用吐藥瀉藥與沖淡藥又可服以脫而有益前有多案其人食蠣黃鱔魚鱖魚之類而受其毒又有人恆不能食多油之魚類

五　有毒之蟲

凡動物身體之毒質入人身受傷處而逼入血內無論爲

蛇之毒牙或蟲之刺或數種獸之爪如哇尼土林克司西俗名鴨嘴獸之爪或尋常蟾蜍其皮上有毒此各毒在他動物試驗之而得其據但不能成醫學合律法之案故本書祇畧言之而已

英國祇有一種毒蛇俗名阿大正名比路司非比拉長畧二尺身樱色肚腹深灰色背有斜方形之鱗而左右各有黑點一行頭有粗鱗上牙牀骨有毒牙然其色未必盡相同因司弟分孫所作醫學內之動物學與礦學書第六十六頁有二種阿大蛇之圖俱在近於山上哈羅而得者一爲樱色一爲藍黑色

病證　凡阿大蛇嚙人則其證在傷處大痛發腫又發紅色漸變紫色面速逼至相近處又在傷處周圍發疱與火湯同其痛不久而止受毒之處含血水而發紫色又在傷處之面生大而紫色之點尋常病證在蛇嚙四十分時後顯明大思慮力乏出冷汗頭暈自覺將暈迷吐膽汁泄瀉脉速小而亂呼吸難又有癇證並性靈混亂

治法　第一要事必在傷處與心之中間用綁緊血管之法用口吮出其毒其傷處應加淡輕四養且必內服之又因毒蟲刺傷處加碘酒有益則或者蛇嚙處用此法亦能見效

凡蛇類之最毒者西名疴白賴弟客伯羅此蛇嚙處之證與以上所言者同惟更重耳所嚙之處速行腐爛其人覺減血氣作嘔自覺暈迷而欲吐自後癱瘓臨死時則大小便不能自主而爲含血者又尋常先發癇證而死

布倫敦與非拉二醫士曾查得憑據而知蛇毒令背脊髓與自主動作之腦筋與肉筋俱受癱瘓又如能用法令人或動物呼吸不止則顯死證之後數小時內動物之心能數小時跳動不止然尚未有用此法救活之案

孩勒福特書中信用噴淡輕四養入血管內治蛇嚙之毒而此法久爲分坦阿所試驗而不見效者近時布倫敦與非

拉亦試驗其事而指明此法無大用曾有人試過服淡輕四養與白蘭地酒頗有效驗

如欲詳細查驗毒蛇害人之各證須觀非拉所作印度毒蛇說並布倫敦與非拉所作之論印於國家博物會記錄一千八百七十四年第一百四十九號

上海曹鍾秀繪圖

新陽趙詒琛校字

法律醫學附卷

英國　該惠連　弗里愛　同撰

英國　傅蘭雅　口譯

新陽　趙元益　筆述

論分別毒質微數法

此中有乾蒸法與顯微鏡試驗法並緊要動物植物毒質之顆粒形

凡云毒質之千分釐之一或萬分釐之一或十萬分釐之一或百萬分釐之一能分別而無可疑者則不解此事之人必有疑心因不知一釐之為何意而不能想到一釐之體積如何

茲有一便法能解人之疑即將數種極微之體如微細種子其每粒種子人目能分別視之而一釐之重必為此種種子甚多者即如毛地黃種子每重一釐有一千一百二十六粒俱為目能分別者又可吸煙路卑利阿種子每重一釐有三千一百七十六粒再有藥鋪出售背陰草種子曾有人數之每重一釐畧有五萬零九百粒又有將司脫立格尼亞（一名馬錢霜）一釐在黑色玻璃片上分而又分之則一釐分為一萬分每一分人目能分別其光點無藉乎顯微鏡又已有人將鉮養三之顆粒重二百五十兆分釐之一能以顯微鏡分別之而不誤（見比勒藥品記錄一千八百五十八年所印第三卷）故

可見如云鉮千分釐之一或五千分釐之一或萬分釐之一俱爲目所能見者又如云馬爾士之法能分辨鉮養所成之皮五十萬分釐之一至一百萬分釐之一此事亦不爲奇因將黃金一釐用器具分成四十九萬粒俱爲目所能見者又能分成四千九百兆粒俱爲顯微鏡所能分辨者且不惟目能分別微數卽鼻亦有能分別微數者如空氣三萬分中含輕硫一分或四萬分中含溴一分或一百三十萬分中含松香油一分俱爲鼻所能分別者如麝香雖爲更小之數亦能分別之則無可疑矣

分別毒質之微數有數法祇能爲一二種金類之用卽如馬爾士法之器祇能分別鉮與銻之微數又如蘭書之法祇能分別鉮汞銻三金類之微數又用鋅之法大畧祇能分別鉛錫銀三金類之微數又吹火筒法與硼砂珠法能分別金類與金類之鹽類又有別法其用處更寛茲將四種緊要之法畧而言之一乾蒸在平面上凝結二乾點上加以試藥水三用流質試藥以顯微鏡視之四分別微顆粒形

一乾蒸在平面上凝結　從前多用試筒以酒燈火加熱試驗毒藥此爲最粗之法不合於分別毒質之微數與用顯微鏡之各工數年前余設一法能在一平面收乾蒸之霧令其凝結而試驗鉮與汞綠等死物質大爲得法另用顯微鏡觀之則更可爲憑見比勒藥品記錄一千八百五十八年所印者第三卷後有美恩斯之醫士黑勒肥格設一新法見一千八百六十五年所作毒學顯微鏡說各種植物鹼類質依前法試驗之則乾蒸而凝結之質內有數種極易分別者而其形狀與變化各不同易於分辨所以余將黑勒肥格之法詳細試驗得知其法應改變又能推廣用之試驗更多之物件見西歷一千八百六十七年六月至十月之藥品記錄書又國家顯微鏡會一千八百六十八年正月俱有該醫士論此事之稿

最簡便之乾蒸法用酒燈與白金片依此法能試驗毒質之微數而所試得之事亦爲有益有數種毒質如鉮養汞綠草酸看他里弟尼能乾蒸盡而無餘質又有數種如植物鹼類改變顏色融化而結成炭質又有數種毫無特顯之變化用酒燈與試筒乾蒸之法有二種益處一爲其毒質見熱之變化俱能顯明二爲鉮養汞綠與淨鉮淨汞俱能在試筒之上邊顯明其凝結質之情形但此法太粗而所凝結之質不便於用顯微鏡觀而試之此事已在本書論鉮養之節內言明之又有指出更佳之法如前第六十圖亦能顯明遇熱改變之事較用試筒之法更佳又如有凝結之質則用平面玻璃結之

惟此法雖較用試筒之法更佳然而有弊因乾蒸而凝結

之質必有若干分在試管之邊凝結而試驗毒質之微數應在數塊玻璃面各得凝結之質便於用顯微鏡觀之並在用鏡之時用試藥故必須有一淺膛而在膛底加熱則所乾蒸之霧徑在玻璃片之蓋凝結此種器具畧與黑勒肥格查得者相似又在前論鉀之一節內有圖說見前第六十五圖

以上之法為最簡便者如能謹慎為之則其乾蒸之質毫無外散雖然試驗之質祗為微點尚能得乾蒸凝結之質若干次依此法用司脫立格尼亞萬分釐之一或看他里弟尼不及百分釐之一俱能得乾蒸而凝結之質足為試

驗之用可見此法有白金片與玻璃試筒二種法之佳處因其白瓷面上所有遇熱之變化能遇玻璃片而分明之又其玻璃片上凝結之質便於用顯微鏡觀之試藥試驗之

此法分別生物毒質與死物毒質其益處亦能用簡便之法加增之即如能用寒暑表見變形變色與乾蒸之各熱度如不用白瓷板而用紅銅板代之其板有凹能承接寒暑表之水銀泡而寒暑表能指出各熱至六百度或更多為止將所欲試驗之質置於薄玻璃片上又用玻璃圈置於其玻璃片上成凹其作玻璃圈之法將玻璃管之口用

金鋼石劃之其圈能脫下其上面亦用薄玻璃片蓋之則所成之玻璃膛置於紅銅板上如第一百七十一圖而在玻璃膛與寒暑

第一百七十一圖

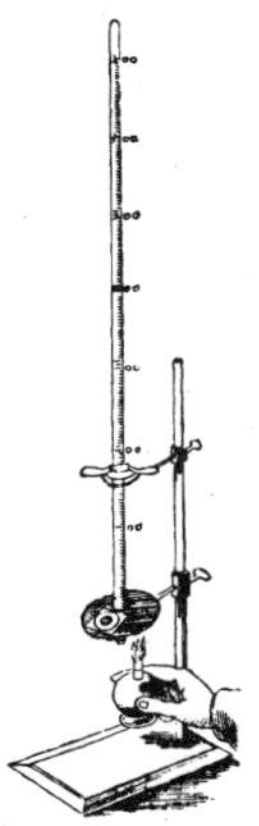

表底之中間用酒燈在板下加熱如觀本圖則易明其法茲將其法分別數種猛烈性毒質之微數即如百分釐之一或更少而用此法者先以其質磨成細粉

甲　汞綠$_{二}$遇小熱則不改變其形狀與色而熱至二百度則乾蒸加更大之熱則融化又看他里弟尼遇小熱則不變

形亦不變色熱至二百十二度則乾蒸加更大之熱則融化又汞綠$_{二}$見小熱則不變形色而熱至二百四十度則乾蒸又鉀養$_{三}$見小熱則不變形與色熱至二百八十度則乾蒸又汞綠$_{二}$看他里弟尼鉀養$_{三}$俱凝結顆粒形之質而其顆粒之形狀汞綠$_{二}$為正形成副者看他里弟尼為片形與柱形成副者又鉀養$_{三}$成八面形又汞綠$_{二}$乾蒸凝結之質不成顆粒形

乙　打打伊密的加熱至三百八十度則裂開發爆裂聲而飛散加熱至四百八十度則漸漸乾蒸熱至五百五十度則變成炭

丙司脫立格尼亞遇小熱則不變形色加熱至三百四十五度則乾蒸加熱至四百三十度則融化變黑色結成炭仍能發乾蒸之質又嘆啡啞遇小熱則不變形色加熱至三百三十度則乾蒸加熱至三百四十度則融化變黑色結成炭質仍能發乾蒸之質

以上乾蒸之法無論用寒暑表或不用之能成數要事即如將白色之粉或無色之顆粒能徑直乾蒸之如有猛烈性自散毒質合於他種粉內則能分出之假如有司脫立格尼亞一微顆粒則能得乾蒸而凝結之白色質如所取之馬錢霜百分釐之一則融化之先與後俱能發乾蒸之質若干次而從凝結質之厚者亦能再蒸而得第二次之乾蒸質又如將鉀養三一釐在蒸水一兩內消化之將此水一滴置於白瓷板上而乾蒸其已乾之餘質則能得凝結之質足為分別之用又將看他里弟尼百分釐之一乾蒸之則其凝結之質顯得最明如加以脫一滴則更能顯明又令洋槍筒變欖色之藥料一滴熬乾之則此質原含汞綠二鐵二綠三紅銅鹽類與正酒醕則熬乾之時可得顆粒形質能以顯微鏡分別之又乾蒸凝結之質為汞綠二可以其顆粒之形狀並依其用鉀養水與鉀碘微滴之各變化而分別之再將其餘質即銅與鐵之鹽類而分別之即用淡輕三水消化之則銅之鹽類變成藍色極易分別又以蒸水洗之乾之而用普魯士藍之試法分別其鐵之鹽類可見以上所言之器具能定各種毒質乾蒸之熱度雖在應分別之熱度案內有大用處然不能當為極細之法惟另有一法更為詳細而準而在英國一千八百七十八年八月化學會記錄載布來特之說

二乾點上用流質試藥　所有乾蒸之乾點或水內凝結之質作乾者常為易分辨之顆粒形但數種質能有公共形之顆粒或其顆粒之形不全成或其質竟不成顆粒所以凡見此種質可用流質試藥試之又因其乾點之質雖為極微然必最濃故所得之變化最為可恃即如司脫立格尼亞與汞綠二不顯其尋常顆粒形如加流質試藥之微滴則能顯其特有之變化而分別之又如謹慎為此事則一箇乾點上應能用各試藥分別之但凡用流質試藥之微滴可用第四十六與四十七兩圖之微滴管與刀如先用滴管取流質一滴再用尖刀分出極微之滴而任意落於乾蒸或凝結之乾點上又可用極細之白金絲連於柄上或用極細之翦子其兩端以白金為之俱為試驗微數工夫內不可少之器具

如試驗司脫立格尼亞而分別其各種顏色此等工夫顯出其法之細而可恃處如馬錢霜乾蒸而凝結之質或含馬錢霜之水結成而作乾之質置於顯微鏡下將硫強水

極微之滴、並發顏色料極微之點、卽如鉀養二鉻養三鉀三衰六鐵二、鉀養錳二養七錳養三、鉛養二等質、其微點可置於乾點之邊、先令其硫强水微滴、與乾點相遇、再加成色之料、則無論其乾點之邊、何處遇硫强水、而後加成色之料、則發深藍色、漸變成桑葚之淡紅色、依此法、馬錢霜以顏色分別之法爲最靈、而無他法更勝於此者

三　顯微鏡下用流質試藥　此法將疑含毒質之微滴、用更細滴之流質試藥試之、但必用極細之手工與器具、又必得各器具爲極乾淨、而其試藥、必用極細之法存之用之、令其毫無異質之微迹在內、所以設立第四十六與四

十七兩圖之器具、其滴瓶內、有滴管通入其流質內、其下端磨成極細之尖、上端封之、又磨其管之邊、另與瓶口相配、當爲瓶之塞子、如將滴管從瓶內取出、則能落其流質一滴、又人手之熱、能令管內之空氣漲、而其流質能滴滴從管內放出、設如用其試藥之微數、則可祇用其管、而不用瓶、其法、將管子封密之上端、用酒燈加熱、而將其嘴置於試藥內、則玻璃漸冷、必吸其流質入管內、而用之時、人手之熱、足令其試藥滴滴流出、其玻璃刀、用尋常玻璃片、成三角形、其尖磨薄而利、其三邊磨平、而連於木柄上、用處甚多、卽能從滴管上、取極微之滴、或可用其邊壓碎微

顆粒、又能從含沈下渣滓之流質一滴內、分出其明流質之微滴、又能在玻璃表面或玻璃片上、調和藥料、令其消化成流質、其試法、將疑含毒之流質一滴、置於玻璃片上、用顯微鏡詳細觀之、再加以試藥、而觀立卽所顯之變化並漸顯之變化、後將其玻璃片、以蓋蓋於其滴上、待其全乾、再試之、其變化、或立卽顯出、或速顯出、或漸顯出、或在其玻璃面、或在其流質面、或在其流質內、顯出不定、如成顆粒、或浮於水面上、或在玻璃片上平置、或在水中直立如田中之麥穗、如乾點內、其顆粒或平藉玻璃面上、或在其面上直立而凸出、故可見顆粒變化、地位方向與排列

法、用單筒之顯微鏡、不能全可恃、須用雙筒者、則其顆粒之形、並一切相關之事、能分別淸楚、又因欲作各手工、必欲得多光、並明亮之形狀、則以淸楚爲第一、而放大次之、所以一寸光距之物鏡、而用深目鏡、則合爲尋常事之用、余曾經久試驗此事、以上之說、可決定其爲合用、如用一寸光距之物鏡、而用上等第一號目鏡、則能放大五十倍徑、足爲尋常事之用

凡用鹽類流質之試藥、則有二要事、不可不愼、一、其水之濃淡、必爲一定、二、熬乾之時、所成之顆粒形、應預知之、因此種顆粒、尋常言之、必爲所成乾點之一分、如用試水、則

重百分內有一分鹽類為最合宜閒有辦案者必將其水一滴用薄而圓之玻璃片蓋之而將其試藥加於邊上

四分別微顆粒形　如分別毒質之微數無論為乾蒸得之或水中凝結得之或流質遇流質而得之或乾點加流質而得之此各事俱以顆粒之形為最要但顆粒之形無論以何法得之俱有多變化而其變化之情形與緣故不可不知之幸而毒學家所要緊查出之顆粒形甚少其最要者為八面形粒即鉀養三所常顯之形又四面形粒即如打打伊密的水所得二種顆粒形內之一種又六面柱形粒即嗼啡啞四邊柱形粒即馬錢霜與草酸片形粒即看

他里弟尼鍼形粒即汞綠二尋常言之則其八面形粒與四面形粒分開而成其餘各種合成副而其形狀各不同但其八面形粒亦有顯出方位不同而顆粒不全或不合法之事所以如不考究顆粒學之理則易有誤茲將八面形粒即鉀養三常顯之顆粒形因此為緊要之顆粒形特意論其各變化與不全之處又每若干顆粒內所常見不合法之形如能明此種顆粒之理則以下各種亦易明曉矣

如第一百七十二圖為正八面形體又如將此顆粒之玻璃樣其三邊形面對觀之則其面形如第一百七十三圖又如做兩面平行之割面則其形如第一百七十四圖其

正八面形體每面為三等邊形其各面之邊相連又如在

第一百七十二圖

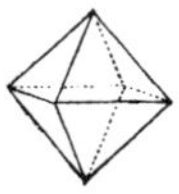

第一百七十三圖

第一百七十四圖

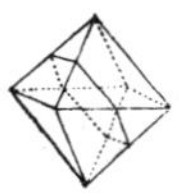

其任四邊作割線將其顆粒平分二分則其割面為正方形如第一百七十四圖之割面亦能分其顆粒成二箇等分其二分各有一面為等邊三角形而一面為六邊形又觀此各種顆粒之形狀常有不同之處俱依其黏連之處為角或為邊或為面又依其光或為直通或為回光如為不透光之顆粒樣或眞顆粒用回光視之則有四種形狀為常見者或能見二面或三面或四面不定

第一百七十五圖

第一百七十六圖

如第一百七十五圖但如其光直通進其顆粒則其形常改變不易分明因其影各不同如第一百七十六圖凡見八面形顆粒則難得八面全見即如圖之第五號有三箇三角形邊向後斜而有三箇三角形點當其六邊又有二箇平行等邊三角形為第七與第八面閒有八面形粒不以正方為根基而以長方為根基如此所成之形如第一百七十七圖

第一百七十七圖

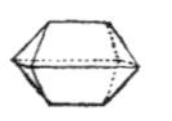

第一百七十八圖

第一百七十九圖

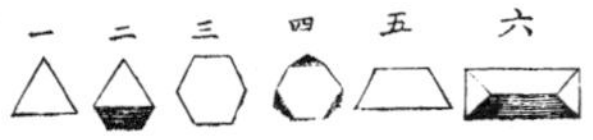

尋常見若干顆粒合成羣者則以上各形狀俱能分別但其八面形體不常爲正形而全開有各角似切斷者開有一角或數角切斷者其邊或有凹形或有齒形其角或爲鈍形或爲圓形如第一百七十八圖

又如第一百七十四圖所有割剖面成半顆粒形而其排列之法能各不同即如第一百七十九圖之一號祇見一等邊三角形又如二號見等邊三角形靠切近之半箇三角形爲底又如三號見箭便六邊形或如四號見六邊形而影內見三箇小等邊三角形或如五號見切斷等邊三角形又如六號所見之形似乎三角柱形

第一百八十圖

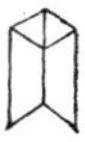

第一百八十一圖

第一百八十二圖

以上所言半顆粒形亦能相合而成雙顆粒如第一百八十一百八十一兩圖又如第一百八十二圖能合成正方柱形但此非常見之形而爲照相之法所成者

所有片形顆粒其形狀分寸與厚薄各不同亦能在數種成顆粒之料內遇見之如第一百八十三圖

如斜方面十二面形如第一百八十四圖

第一百八十三圖

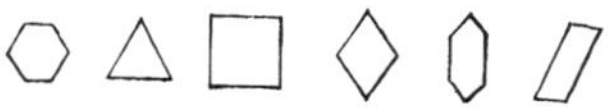

第一至第四各號爲從各方位觀之之形又如第五第六號爲其雙顆粒以上各種顆粒俱爲鉀養所能變成之形狀並其不全成或成半顆粒並從各方位所顯變化之形狀俱與立方形之體相配設有人以爲上說太畧而欲更詳考此學則可用木或瓷或玻璃之顆粒式樣則鉀養之變化更能考究至詳又可觀特難德密知勒二人所著礦學與顆粒學書而用雙筒顯微鏡觀其顆粒之形

第一百八十四圖

又有一種顆粒與醫學合律法之案有相關因開有打打伊密

的水內成此顆粒者其顆粒爲四面形體如第一百八十五圖一號爲其外形又有成別形狀者如圖之三號此原爲立方形而其各邊割去

四面形體爲四箇各等邊三角形之面合而成者尋常觀之之形如第一百八十五圖之二號

第一百八十五圖

醫學合律法之案內所須考究其餘之顆粒形大半爲植物鹼類質之水乾蒸或凝結之柱形或片形顆粒其最要者有三種一爲馬錢霜正方四邊柱形顆粒二爲嗼啡啞六邊

柱形顆粒三爲草酸與鋅養硫養三正方柱形顆粒如第一
百八十六圖
又有數種顆粒醫士應能分別之卽如立方顆粒如鉀碘

第一百八十六圖

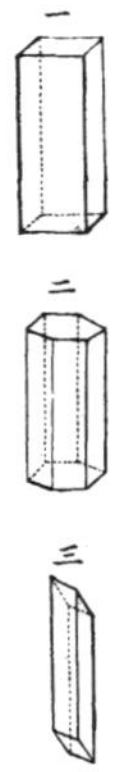

與鈉綠等如第一百
八十七圖之一號又
馬錢霜之六邊片形
顆粒卽馬錢霜在徧蘇里內結成之顆粒如圖之二號又
以同法所得五等邊形面之十二面體如圖之三號又鉀
養二鉻養與鉀衰鐵所成方片形顆粒如圖之四號又有
一種爲斜立方如圖之五號但此種顆粒與醫學合律法

之案無大相關
從以上之說可知各種顆粒無論爲生物質或死物質或
乾蒸法或各種消化之料中得之其形狀與排列法有大
不相同之處
各種顆粒之形狀藉三事爲要一爲熱度二爲材料之多
寡三爲其流質之濃淡熱度之理如鉀養乾蒸而得之顆
粒則其結成質有無顆粒形藉其熱度如何又如食鹽之
水其所結顆粒爲立方或八面形者亦藉其熱度如何材
料多寡之別尋常言之其材料之數愈少則成顆粒之形
狀愈準流質濃淡之用此事間能定雜顆粒之形狀卽如

鉀養二鉻養三在濃水內成厚片形與柱形顆粒在淡水內
成極細而美觀之樹木形顆粒見前第八十五八十六兩
圖故凡試驗之消化質並所用之試藥其濃淡須詳細言
之如用顯微鏡而觀顆粒成功之法則其流質之深淺與
顆粒之形狀有相關因流質一滴內如不動之令其流質
稍深則其顆粒比用薄玻璃片蓋之而令流質壓薄者其
形有別
如植物鹼類質之顆粒與數種生物毒質之顆粒無論用
乾蒸法得之或乾點上用流質試藥得之或將二種流質
相合而得之則其顆粒之形狀方位與排列常有大分別

第一百八十七圖

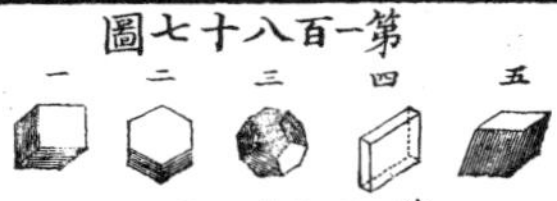

第一百八十八圖

比較死物質之顆粒分別更大但
有法能畧免分別之難處卽屢次
試驗而用顯微鏡查出其原顆粒
形而後能分別其各變化此事余
已爲之而在第一百八十八圖內
聚合多年工夫所得緊要之形狀
如圖之一二三號已在前第一百
十一百十一兩圖之說內論及之爲馬錢霜在徧蘇里內
結成之質如圖之四號爲方片形顆粒常有不全或有凹
或有縱横紋如圖中之小形而此小形亦與其九號片形

與鋮形相似、而為鉀養二鉻養三與馬錢霜猝然而成之顆粒形、並馬錢霜合於鉑綠二緩成之顆粒形、如圖之九號、長方片形顆粒、常有相交、或他種排列法、亦為馬錢霜合於鉀衰硫、猝然變成者、又嗼啡以尼合於樹皮酸、亦能成之、其馬錢霜合於鉀衰硫所成者、其顆粒成副、分外長而可觀、而嗼啡以尼合於樹皮酸所成者、更小、而平常分開、又圖之五號、為寬長方片形顆粒、其切斷之法、往往不同、而排列成副、為布路西尼與鉀衰硫所成者、或合於汞綠二所成者、又圖之六號、為樹葉形或翅形之顆粒、亦常合於第五號長方片形顆粒、此為布路西尼合於鉀三衰六鐵二速成之

顆粒、其薄而彎曲形之片、發彩色、而在水內向各方向伸出、似乎最細最佳之蟲形、如圖之七號、為方柱形顆粒、如圖之八號、為六面柱形顆粒、其方者為馬錢霜、六面形者為嗼啡以尼、又圖之七號、片柱形之顆粒、為草酸、圖之十號、箭形顆粒、為馬錢霜合於碘酒與硫養三所成之形、圖之十一號、為鋮形顆粒、從一箇心上下發出、如傘托輻形、此種形、為布路西尼合於鉀三衰六鐵二所成者、而雜在其內、有直或彎形之顆粒、如圖之五六兩號、而此種顆粒形、足為分別布路西尼、而有數種在流質之邊成顆粒、常有此種傘托輻形、即如馬錢霜合於鉀碘合碘、又嗼啡以尼合於輕綠、圖之十二號、為深滴所成之草形或苔形之顆粒、如更淺之滴、則成鋮形或細柱形顆粒、圖之十三號、為圓粒、而其面有紋形、圖之十四號、有更粗而厚之紋形、圖之十五號、有彎曲之邊、以上三種顆粒形狀、常與他種顆粒形相雜、即如圖之十五號、常在鐵二綠三合於馬錢霜所成者、圖之十六號、星魚形之顆粒、大而完全、為布路西尼合於鈉淡養五輕衰所成者、圖之十七號、篠形或樹形之顆粒、為馬錢霜合於金綠三所成者、又為馬錢霜合於加耳波阿蘇的克酸所成、其變化初顯之原形、為爪形顆粒、如圖之十八號、如含消化顆粒之水、則結成之質、常有樹枝形、如圖之十

七號、以上之各種變化、此書前次印時、初傳於人知之後屢次試驗、而與各種試藥所成之形相比、方知其各形狀為可憑信者

上海曹鍾秀繪圖
新陽趙詒琛校字

国家出版基金项目
NATIONAL PUBLICATION FOUNDATION

海上絲綢之路文獻集成

總主編　陳支平　陳春聲

科技與文化編

52

主编　王揚宗　葉　農

海峽出版發行集團
THE STRAITS PUBLISHING & DISTRIBUTING GROUP
福建人民出版社

本册目次

西藥大成十卷首一卷（卷首至卷五之二）

〔英〕來拉　海得蘭撰　〔英〕傅蘭雅口譯　〔清〕趙元益筆述

《西藥大成》十卷首一卷，英國來拉、海得蘭撰，英國傅蘭雅口譯，清趙元益筆述。來拉（John Forbes Royle，一七九八—一八五八）、海得蘭（Frederick William Headland，一八三〇—一八七五），俱英國醫士。傅蘭雅（John Fryer，一八三九—一九二八），英國傳教士，來華後長期於江南機器製造總局從事翻譯工作。趙元益（一八四〇—一九〇二），字靜涵，江蘇新陽人，曾以醫官身份隨從出使英、法、比、意四國，又與董康等創立上海譯書公會，譯有《儒門醫學》、《内科理法》、《西藥大成》、《濟急法》、《保全性命論》等。來拉所著*A Manual of Materia Medica and Therapeutics*首版於一八四七年，後由海得蘭增删補訂至第五版。是書即自第五版譯出，載西藥五百餘種，涉及化學、植物學、生藥學、藥品製備法、試驗檢查法、功用、製劑等。卷首載總論、化學工内所取藥料新舊兩式表、英國藥品書所定各種試水；卷一製藥各工；卷二藥品化學；卷三金石藥品；卷四至七草木藥品；卷八造釀發酵等質、地中挖出之植物質；卷九動物藥品；卷十藥品依性與功用分類排列、照人年數配藥之比例表、毒藥與解毒之法、地産藥性水。附圖二百六十餘幅，臨床實用性頗强。近代西藥之書，以此爲備。據中國國家圖書館藏清光緒間江南機器製造總局刻本影印。

西藥大成

增刪重印西藥大成序

醫士海得蘭助醫士來拉成藥品書第五次增修重印海君獨力成之醫學家無不誇奬其才能今又將增刪重印此書惜海君已作古人不能得其修改補全之益夫海得蘭考究藥品與病之相關處可當爲引進之人其聲名亦洋溢而不朽友朋中因其攻苦多年甚望其學問才識沾溉於人不幸中道遽殁多人失望前者印此書時畧在八年前而從彼至今醫學與藥品相關之各事有大才能之醫士多費心力考究之又在旁之各學問亦頗精進而因此藥品與醫學亦得益處甚多英書內之各藥品其取法

詳言之而應論其優劣處亦加説於內又美德法三國之藥品書亦詳細查檢而有益之藥補載於本書之內此外凡有醫學家試過而佩服之各材料亦列於書內

此次增補藥品之功用等説大畧爲余試驗者故能深信而不疑他藥品書內常言將牲畜割破其身試各種藥品功用之事本書姑不具論因用藥料者必知平人所覺之藥性並病人所覺之藥性而能知此事則爲藥品與治病之相關而用藥料試割破身體之牲畜與此事不相關如尚未考究格物學之人而欲知治病之成法則可在藥品分門類之數頁內得所需用之説也一千八百七十五年

十二月英國哈來自序

西藥大成序

或有問於余曰中國方藥之書神農本經尚矣自時厥後梁則有名醫別錄宋則有大觀本草明則有本草綱目可謂大備今滬上製造局譯西藥大成一書是亦不可以已乎余應之曰子不見東醫寶鑑刊行於中土乎夫藥以攻病病者人身之寇藥則蕩人身之寇者也今西國器械之利不妨取以蕩寇又何疑於西藥且今日之寇卽吾國吾民之病故製造一局以除戎器亦以譯醫書事異而理同也曰神農本經藥凡三百六十五品歷代附益至李時珍之綱目采至一千八百九十二種近錢塘趙學敏氏復有

本草綱目拾遺之刻何尚不足於中而必益以西乎余曰聞諸徐靈胎氏云造物之機久而愈洩後世所增之奇藥或出深山窮谷或出殊方異域乃偏方異氣所鍾能治古方所不能治之奇病博物君子亦宜識之以廣見聞西藥卽此類耳且神農本經人第以為方藥之祖不知乃上古聖人窮理盡性以至於命之書也西人論藥多兼化學苟擴而充之可以探萬物之源可以利五行之用可以知天地之化育可以輔相天地之宜雖謂其為神農氏之功臣可也曰西藥竟無異於中藥乎曰否否中力弱西力强中性柔西性剛中藥如素拊循之眾用命者慣如疲茶之卒

馴而易擾西藥則如唐借回紇之兵馬燧馭之乃拱手遵約束否則肆行殺掠矣如虞詡所募三科壯士類皆桀驁不馴易他將莫能控制矣又中以多勝西以少勝善用多者惟孫眞人千金方猶淮陰侯之將兵多多益善分數明也否則散無友紀有此病未去他病復增之虞善用少者猶世傳之單方恒獲奇效乃兵貴精不貴多之旨然或不能治奇病重病笠澤之戰越非以左右句卒鼓譟左右然後以三軍潛涉則不能敗吳垓下之圍非信越黥布皆會則漢不能滅楚此中西異同之大畧也曰書爲言藥之書而兼言病者何也余曰不識時務者不可使治國不曉軍

機者不可使治兵不博通經史洞達古今深明馭敵交鄰之道者不可使掌邦交不洞見臟腑癥結深知病源者不可使業醫藥藥譬之刃握兵手則殺賊衛民握賊手則民被賊殺若不究病證專識藥方恐刃操於賊矣然則惡可不以言病者兼之乎友人趙君靜涵博學好古兼通歧黄家言上海製造局設繙譯館譯西書也聘靜涵襄其事今譯成西藥大成十卷累致書於余屬爲之序爰舉與或所問答者應之其有當於是書之義否耶

光緒十年歲次甲申春正月桐城程祖植序

西藥大成總目録

西藥大成凡例

一○原書在西國每重印一次增刪藥品論說求臻美備茲所譯者係第五次所印之書其藥品次第遵西歷一千八百六十七年英國藥品書排列無勉强割裂之弊又有一千八百五十一年倫敦藥品書所載者加入本書則加小註曰此爲倫書之方

一○此書第六次增刪重印醫士哈來成之頗多異說藥品次第排列亦大不同茲擇其要者補譯之作爲附卷仍依第五次所印之書排列以便檢尋亦求臻美備之意也

一○原書載圖共一百十三箇尚嫌缺畧茲從西國植物學字典等書詳加採擇補所未備并合以第六次印者共得圖二百六十九箇庶幾遐方異物按圖可索其餘無可補錄者姑從闕如

一○原書間有紕謬處不敢率意改譯辨正於下加案字以別之又譯時另有餘議亦加案字別之庶不混入正文

一○凡云重率若干卽以水爲一與水較重所得之比例數

一○凡雜質大半記其分劑數原質之分劑數第二卷

設表明之故不復贅

一○凡數皆直書如單位下帶小數則加點以別之如第一卷第三頁第二行五四七釐即五十四釐又帶小數十分釐之七

一○凡云熱度若干所用寒暑表以英國法倫海所作者爲準

一○此書所言各種定質重數俱以天平爲準各種流質重數俱以量杯爲準此杯劃線作記號用以量藥水甚便中土尚無此物必向番藥房購之

一○泰西權量與中土不同如繙譯時改從中土則多

奇零數繁而難記若去此奇零則方劑不準且西藥常取其精質以少勝多有用至不及一釐者如用中權則難秤準故不如竟用英權則準便多矣

一○各種藥品有中土所有者則應用中土之名此非譯述者所能周知必詳考他書方能得其一二是書所引據者日本新訂草木圖說爲多外此如西藥略釋華英字典等書亦搜採及之有中土所無或雖有而難考得其名者則用西名而譯其音金石藥品多半用化學中藥名而註中土之名於下則原質與分劑一覽可知

一○各種藥品考得中土有名毫無疑義者則用作正名而以西名之音義註於下如卷五之一第六頁草烏頭爲正名下註阿古尼低譯西名之音和尙風帽花譯西名之義又第四十一頁野罌粟爲正名下註里阿斯怕巴甫爲西名之音穀與紅俱爲西名之義是也若雖得中土之名而疑其未必的確者則始註於下而以西名之音義爲正名如卷五之一第八十五頁阿莫賴西依爲正名即譯西名之音下註⿰米辛根即中土之名又卷五之二第四十頁印度棗爲正名即譯西名之義下註菴弭羅即中土之名是也

一○西國植物名用兩字者最多第一字爲類名第二字爲種名類名大半無意義可譯故即譯其音種名有意義可譯者即譯其意義然西文往往類名在先種名在後譯之中土文理不順故更調之如卷五之一第一頁小火焰形辣能古魯司⿰米辛性辣能古魯司其小火焰形與⿰米辛性爲種名可譯其意辣能古魯司爲類名祇譯其音種名之下作一點以別之庶不相混且一類而分兩種一覽可知

一○各種植物遷地弗良爲藥品者亦然此書所載各藥品各有原產之處必得本處所產者用之易有功

效中土藥品雖有與之同類同種者亦不可率意相
代必先考其形性功用實無歧異者方可用之

西藥大成卷首

英國　來拉　海得蘭　同撰
英國　傅蘭雅　口譯
新陽　趙元益　筆述

總論

凡習醫學者必從著名醫士講貫醫學之各門此書專論藥品與治病即醫學中一門也觀此書者能明藥品之功用與治病之理法

此書之中分為兩大類一為藥品即所用之各材料又與藥品有相關之事及藥之原性與識別之法並其化學性情與一切功用二為治病即將各種藥治病或免病一一詳論之若將此兩大類相提並論即用藥去病復精神之各法與其功益常有數種藥性大同小異故可合為一類如知所治之病大略應用某類之藥則查其一類內何種合於其人之身並合於病之各情此法最便又有數種藥此人服之與他人服之功用不同故已用一種藥而無功用或慣服一種藥而不覺其功用即易查其同類藥代之亦為最便之法也

藥品與治病兩大類非全屬於格致之學亦非全屬於工藝之學乃在兩學之間也各種學問必與他種學問有相關即如格物學與化學論萬物之性情與其相關之事並

其各種能力無論何種格物之學必以此二者爲門徑故凡入醫學者亦必以此爲門徑也又如以農牧爲業者則必考究植物學與動物學能分別種類能辨別土宜能深悉用處方能得利又如繪畫或雕刻爲業者必考究人物內外各體形狀與其功用方能作畫刻像高人一等也醫學包括外科內科與産科此三科又包括各病情形與治法無論內外或婦嬰與生育之理皆包括於三者之中此特工藝之事學習手工而特醫學之事得其各理蓋知理而不練法或練法而不知理俱屬無用又醫學中驗尸一門與前各門有相關其學爲最繁學習者必知無病之

形狀如何有各病之形狀如何各種有害於身之藥與法其性情顯出如何

習醫者不但須考究以上各門並其相關之各事又必考究能用各種藥與各種法或爲免病或爲減病或爲去病

以上三則爲英國醫士來拉講論醫學時之說

欲全知藥品者必先明各藥之形狀與其原性情及化學性情並身體內外用之有何事顯出能治何病藥品二字最寬之解說謂凡能改變或感動身體內一物或多物之各材料而藥之性情與尋常食物之養身不相關故有病時用藥能減病或能去病法國醫士拜別挨設法定某物爲藥某物不爲藥以爲凡入胃不能化分者或不易爲臟腑分取精漿者則爲藥因養身之料易於消化變成精漿也然此說亦不能包括全意因有數種植物鹽類質如含醋酸者含檸檬酸者含果酸者已過胃而變爲津液之前則放其酸質而與炭養氣化合此爲身內化分之事又如數種養身之質如非布里尼與蛋白質爲能養身之料而胃中亦不化分不能因此而謂藥可見凡養身之物能變爲血自血變爲百體而藥品非直達血內以養身添百體所需之料且藥品中有毒無毒亦難分定因有幾種藥多用之則有大毒少用之頗有功效也

習醫者必先全明藥性方知某病某法可用之欲明藥性者必知其外形與臭味及其化學之性情並取法又必知産此藥之動物或植物或金類或土類之性又必考究藥品遇身體內之各質如何顯出其功用非惟必知無病之人用之如何性情且必知有病之人用之如何性情必另知藥有何形爲便用與某物可配合與某物則畏忌以若干爲一服某時某病可用或不可用用時所宜謹慎者爲何事當有病之時或病退而未復原之時應食何物以養身應用何法以助藥以上各事必融貫於胸中方可行醫上所言者爲藥品與治病有相關之各學問但此各學問

不必全知祇須知所有相關之若干事此書不能將藥品與治病相關之格致事一一詳論即如人之性情與德行有書專論其理又如熱學光學電學鉤鐵氣空氣水水土等有格物家與化學家著書詳論之

藥品不外乎金石植物動物三大類所以論金石之書及論植物動物之書應論各種金石及植物動物所出之各藥然此等書不常論其爲藥之事祇論其外形便於分類而已植物與動物之內質惟考究植物學與動物學者能知之死物與生物惟考究化學者能知之故無論爲生物爲死物俱有專書詳論之

考究藥品者雖不必全明以上之各學問然各藥分類之法能依金石學植物學動物學之法而分之則爲最便要之醫學書中雖不能詳述金石與植物動物之學亦必得其大略而將各種各類之入藥者特詳論之

地產金石之類俱爲死物質其成就之法簡便易明故先論之已明地產各物之外形與其化學之性而後考究生物則較易地產金石類之藥有人依金石學之法分類有人依化學之法分類如依化學之法分類則天成之物與製造之料易用化學之法得其各質便於編次便於查考其益處較多

英國藥品書載化學工內所取藥料新舊兩式之表

藥名	舊式	新式
醋酸	炭$_{四}$輕$_{三}$養$_{三}$輕養	輕炭$_{二}$輕$_{三}$養$_{二}$
砒霜	鉮養$_{三}$	鉮$_{二}$養$_{三}$
偏蘇以酸	炭$_{十四}$輕$_{五}$養$_{三}$輕養	輕炭$_{七}$輕$_{五}$養$_{二}$
加波力酸	炭$_{十二}$輕$_{五}$養輕養	輕炭$_{六}$輕$_{五}$養
檸檬酸	炭$_{十二}$輕$_{五}$養$_{十一}$ 三輕養	輕$_{三}$炭$_{六}$輕$_{五}$養$_{七}$
沒石子酸	炭$_{十四}$輕$_{三}$養$_{七}$ 三輕養	輕$_{三}$炭$_{七}$輕$_{三}$養$_{五}$
鹽強水	輕綠	輕綠
輕衰	輕炭$_{二}$淡	輕炭淡
硝強水	淡養$_{五}$輕養	輕淡養$_{三}$
燐養$_{五}$	燐養$_{五}$三輕養	輕$_{三}$燐養$_{四}$
硫強水	硫養$_{三}$輕養	輕$_{二}$硫養$_{四}$
硫養$_{二}$	硫養$_{二}$	硫養$_{二}$
樹皮酸	炭$_{五十四}$輕$_{二十二}$養$_{三十四}$	炭$_{二十七}$輕$_{二十二}$養$_{十七}$
果酸	炭$_{八}$輕$_{四}$養$_{十}$ 二輕養	輕$_{二}$炭$_{四}$輕$_{四}$養$_{六}$
以脫	炭$_{四}$輕$_{五}$養	炭$_{四}$輕$_{十}$養
阿美里酸醕	炭$_{十}$輕$_{十二}$養$_{二}$	炭$_{五}$輕$_{十二}$養
白礬	淡輕$_{四}$養硫養$_{三}$ 鋁$_{二}$養$_{三}$三硫養$_{三}$ 二十四輕養	淡輕$_{四}$鋁(硫養$_{四}$)$_{二}$ 十二輕$_{二}$養

淡輕$_{四}$養偏蘇以酸	淡輕$_{四}$養 炭$_{四}$輕$_{五}$養$_{三}$	淡輕$_{四}$炭$_{七}$輕$_{五}$養$_{二}$
淡輕$_{四}$養炭養$_{二}$	二淡輕$_{四}$養 三炭養$_{二}$	淡$_{四}$輕$_{六}$炭$_{三}$養$_{八}$
淡輕$_{四}$養燐養$_{五}$	二淡輕$_{四}$養· 輕養燐養$_{五}$	(淡輕$_{四}$)$_{二}$輕燐養$_{四}$
淡輕$_{四}$溴	淡輕$_{四}$溴	淡輕$_{四}$溴
硇砂	淡輕$_{四}$綠	淡輕$_{四}$綠
銻養$_{三}$	銻養$_{三}$	銻$_{二}$養$_{三}$
銻硫$_{三}$	銻硫$_{三}$	銻$_{二}$硫$_{三}$
打打伊密的	鉀養銻養$_{三}$ 炭$_{八}$輕$_{四}$養$_{一〇}$	鉀銻炭$_{四}$輕$_{四}$養$_{七}$ 輕$_{二}$養
水	輕養	輕$_{二}$養
銀養淡養$_{五}$	銀養淡養$_{五}$	銀·淡養$_{三}$
銀養	銀養	銀$_{二}$養
阿脫路比亞	炭$_{三四}$輕$_{二三}$淡養$_{六}$	炭$_{一七}$輕$_{二三}$淡養$_{三}$
比白里樹皮	炭$_{三五}$輕$_{二〇}$淡養$_{六}$ 輕養硫養$_{三}$	炭$_{二五}$輕$_{三〇}$淡$_{二}$養$_{六}$ 輕$_{二}$硫養$_{四}$
鉍養炭養$_{二}$	二〔鉍養$_{三}$炭養$_{二}$〕 輕養	二〔鉍$_{二}$炭養$_{五}$〕 輕$_{二}$養
鉍養$_{三}$淡養$_{五}$	鉍養$_{三}$淡養$_{五}$ 二輕養	鉍淡養$_{四}$·輕$_{二}$養
硼砂	鈉養二硼養$_{三}$ 丄十輕養	鈉$_{二}$硼$_{四}$養$_{七}$ 十輕$_{二}$養

鎘碘	鎘碘	鎘碘$_{二}$
鈣綠	鈣綠	鈣綠$_{二}$
白石粉	鈣養炭養$_{二}$	鈣炭養$_{三}$
鈣養輕養	鈣養·輕養	鈣輕$_{二}$養$_{二}$
鈣養燐養$_{五}$	三鈣養·燐養$_{五}$	鈣$_{三}$燐$_{二}$養$_{八}$
鈣養	鈣養	鈣養
錯養草酸	二錯養·炭$_{四}$養$_{六}$ 丄六輕養	錯炭$_{二}$養$_{四}$ 三輕$_{二}$養
哥囉彷	炭$_{二}$輕綠$_{三}$	炭輕綠$_{三}$
膽礬	銅養·硫養$_{三}$ 丄五輕養	銅硫養$_{四}$ 五輕$_{二}$養
鐵養鉮養$_{五}$	三鐵養·鉮養$_{五}$	鐵$_{三}$鉮$_{二}$養$_{八}$
鐵養炭養$_{二}$	鐵養·炭養$_{二}$	鐵炭養$_{三}$
鐵碘	鐵碘	鐵碘$_{二}$
磁石	鐵$_{三}$養$_{四}$	鐵$_{三}$養$_{四}$
鐵紅散	鐵$_{二}$養$_{三}$·輕養	鐵$_{二}$養$_{三}$·輕$_{二}$養
鐵養燐養$_{五}$	三鐵養·燐養$_{五}$	鐵$_{三}$燐$_{二}$養$_{八}$
青礬	鐵養硫養$_{三}$ 丄七輕養	鐵硫養$_{四}$ 七輕$_{二}$養
各里司里尼	炭$_{六}$輕$_{八}$養$_{六}$	炭$_{三}$輕$_{八}$養$_{三}$
紅汞碘	汞碘	汞碘$_{二}$
綠汞碘	汞$_{二}$碘	汞碘
紅汞養	汞養	汞養
汞綠	汞綠	汞綠$_{二}$

西藥大成首　表　八

洋輕粉又名茄路米	汞二綠	汞綠	
汞養硫養三	汞養·硫養三	汞硫養四	
汞二綠淡輕三	淡輕二汞綠	淡輕二汞綠	
鋰養炭養二	鋰養·炭養二	鋰二炭養三	
鋰養檸檬酸	三鋰養·炭十二輕五養十一	鋰三炭六輕五養七	
鎂養	鎂養	鎂養	
鎂養炭養二	三(鎂養·炭養二)丄鎂養丄五輕養	(鎂養·炭養三)三鎂養·五輕二養	
番元明粉	鎂養·硫養三丄七輕養	鎂硫養四七輕二養	
錳養二	錳養二	錳養二	
嘆咈啞醋酸	炭四輕九淡養·炭四輕三養三丄輕養	炭七輕九淡養三炭二輕四養二	
嘆咈啞輕綠	炭四輕九淡養·輕綠丄六輕養	炭七輕九淡養三·輕綠·三輕二養	
鉛散	鉛養·炭四輕三養三丄三輕養	鉛(炭二輕三養二)二三輕二養	
鉛碘	鉛碘	鉛碘二	
鉛養淡養五	鉛養·淡養五	鉛(淡養三)二	
蜜陀僧	鉛養	鉛養	
鉀養	鉀養輕養	鉀輕養	
鉀養醋酸	鉀養炭四輕三養三	鉀炭二輕三養二	

西藥大成首　表　九

鉀養二炭養二	鉀養·輕養二炭養二	鉀輕炭養三	
鉀養二鉻養三	鉀養·二鉻養三	鉀二鉻二養七	
鉀養炭養二	鉀養·炭養二	鉀二炭養三	
鉀養綠養五	鉀養·綠養五	鉀綠養三	
鉀養檸檬酸	三鉀養·炭十二輕五養十一	鉀三炭六輕五養七	
火硝	鉀養·淡養五	鉀淡養三	
鉀養錳二養七	鉀養·錳二養七	鉀錳養四	
鉀養硫養三	鉀養·硫養三	鉀二硫養四	
鉀養果酸	二鉀養·炭八輕四養一〇	鉀二炭四輕四養六	
鉀養二果酸	鉀養·輕養炭八輕四養一〇	鉀輕炭四輕四養六	
鉀溴	鉀溴	鉀溴	
鉀碘	鉀碘	鉀碘	
雞哪硫養三	炭四〇輕二四淡養四輕養·硫養三丄七輕養	(炭二〇輕二四淡二養二)二輕二硫養四七輕二養	
蔗糖	炭二四輕二二養二二	炭十二輕二二養十一	
乳糖	炭二四輕二四養二四	炭十二輕二四養十二	
山道尼尼	炭三〇輕一八養六	炭十五輕十八養三	
鈉養	鈉養·輕養	鈉輕養	

鈉養鉀養果酸	鈉養·鉀養·炭八輕四養十。上八輕養	鈉鉀炭四輕四養六四輕養
鈉養醋酸	鈉養·炭四輕三養三上六輕養	鈉炭二輕三養二三輕養
鈉養鉀養五	二鈉養·輕養·鉀養五上十四輕養	鈉二輕鉀養四七輕養
鈉養二炭養二	鈉養·輕養·二炭養二	鈉輕炭養三
鈉養炭養二	鈉養·炭養二上十輕養	鈉二炭養三十輕養
鈉養硝	鈉養·淡養五	鈉淡養三
鈉養燐養五	二鈉養·輕養·燐養五上二十四輕養	鈉二輕燐養四十二輕養
鈉養硫養三	鈉養·硫養三上十輕養	鈉二硫養四十輕養
鈉養甘松酸	鈉養·炭十四輕五養三	鈉炭七輕五養二
食鹽	鈉綠	鈉綠
酒醋	炭四輕六養二	炭二輕六養
馬錢霜	炭四十二輕二十二淡二養四	炭二十一輕二十二淡二養二
鋅養醋酸	鋅養·炭四輕三養三上二輕養	鋅(炭二輕三養二)二二輕養

鋅養炭養二	鋅養·炭養二	鋅炭養三
鋅綠	鋅綠	鋅綠二
鋅養	鋅養	鋅養
鋅養硫養三	鋅養·硫養三上七輕養	鋅硫養四七輕養
鋅養甘松酸	鋅養·炭十四輕五養三	鋅(炭七輕五養二)二

英國藥品書所定之試水，依體積而用之，以試各質

每一種水，尋常每一千釐，含其質之一分劑，或一分劑之十分之一，所用之試筩，加一千釐，則至○度。

凡用試水之時，必先搖動，令其水濃淡均勻，其存貯之瓶應塞緊，所用之試筩，如傾六十度熱之蒸水至○度爲止，適容一千釐，筩面刻分度，分爲一百等分。

鈉養試水

鈉養分劑數＝三一

此水傾入試筩至○度爲止，則含鈉養三十一釐，所以凡有一本之酸質，則能滅其酸性一分劑之釐數，此爲試酸質之數而用之。

草酸試水

草酸顆粒之式爲輕養炭養三上二輕養＝六三。

此水傾入試筩至○度爲止，則含草酸顆粒六十三釐，所以凡鹼類質或鹼類合炭養氣之質，能滅其鹼性一分劑之釐數，此爲試鹼類質之數所用。

鉀養二鉻養三試水

此質之式爲鉀養二鉻養三॥一四七五.

此水傾入試筩至〇度爲止則含鉀養二鉻養三一分劑之十分之一.即一四.七五釐如加入鐵養之鹽類質先加輕綠足令有酸性則足以含鐵一分劑之十分之六即一.六八釐變爲鐵養三之質用此法將白瓷盆加鉀衰鐵水一滴又將所試過之水一微滴與前滴相和如不變藍色則知其含鐵養之鹽類已變爲鐵養三之鹽類此爲試鐵養鹽類質所用之水.

鈉養硫養二試水

此質顆粒之式爲鈉養硫養二上五輕養॥一二四.

此試水用以試不化合之碘質因與其碘化合成鈉碘與鈉養三碘養此水一千釐含鈉養硫養二一分劑之十分之二所以能配不化合之碘一二.七釐.

碘試水

碘分劑數॥一二七.

此水之用法試流質內所含輕硫或金類合於硫黃之質但其用處之大半因欲試得含硫養二或鉮養三之質此水一千釐內含碘一分劑之十分之一.即一二.七釐所以能配輕硫一.七釐或硫養二三.二釐或鉮養三四.九五釐.

銀養淡養五試水

銀養淡養五分劑數॥一七〇.

此水傾入試筩至〇度爲止則含銀養淡養五十七釐即一分劑之十分之一.如欲加入淡輕衰先加鈉養令有鹼性則初結成之質能用搖動之法令其再消化連加此試水至令輕衰之衰全與鈉與銀化合成雙質則爲鈉衰銀衰每用此試水一千釐能配淨輕衰五.四釐.

西藥大成卷一

英國　來拉　海得蘭　同撰
英國　傅蘭雅　口譯
新陽　趙元益　筆述

製藥各工

凡藥料之天成者未即預備入藥品人乃用法製煉可預備爲藥品之用其所用之法謂之製藥各工

製藥各工分爲二種一爲揀藥採藥與存貯藥二爲預備各藥以供人用又將各藥依法合幷但因各處醫士作製藥各工求其相同者實難故一國內各人所用各法不同則藥亦不同預備之法合幷之法不同則服法亦不同如著醫書各人所設之方不同則藥之功效自不同故一國中必有一定法爲準國家律例定其藥法則各處人自然佩服近今歐洲有數國數處已定藥法

一千八百五十八年英國設立醫學律法派若干人作公會定當時各藥之製法一千八百六十四年書成名曰大英全藥品書（以後省曰英書）此書未成之前英國有三處藥品書各不相同即倫敦藥品書（以後省曰倫書）蘇格蘭藥品書（以後省曰蘇書）阿爾蘭藥品書（以後省曰阿書）是也近時國內用定法備藥用定法配藥成方故無論何處醫士開方無論何處藥肆配藥豪無歧異一千八百六十七年英書重修告成令通國藥

肆遵英書配藥如有不遵者則以犯法治罪

揀藥之工必先知眞藥假藥或雜藥之分別法若不全知其法則易錯誤故藥之外形與色香味及鬆密輕重剖面式之形狀若干分能消化受若干度熱能鎔化並化學性情原質排列法俱必詳細查明又必用化學法定其雜質之有無

採藥之工必先知植物動物之質體或依時候或因他事之分別即如擇其成熟或擇其產物處之方位與方向或擇其老嫩或擇其性情或爲自生或爲人種俱屬緊要之事

藏藥之工必先知收乾生物質與死物質之各法並保護之令不遇空氣或溼氣或日光之法即如有數種藥必存於黑玻璃瓶內或綠色玻璃瓶內

預備各藥之工必有一定之衡法昔時稱藥之法與稱雜物之法有異但一千八百六十四年以後英國稱藥之法與稱雜物之法相同惟倫書之後一次印者尚存舊法所以近時之釐與舊釐同但以四百三十七釐半爲一兩十六兩爲一磅則一磅爲七千釐

一磅＝十六兩＝七千釐（按＝即相等之記號也算學化學書中常用之以昭簡明）

一兩＝四百三十七釐半

此衡法原爲一千八百五十年阿書中用之、但其錢與分仍照舊法之數、卽八分兩之一爲一錢、卽五四七釐、三分錢之一爲一分、卽一八·二二釐、此各數小於舊時之衡法、然舊法便爲開藥方之用、後將承用不廢、故此書必詳載之、所有錢與分、雖不詳於英書中、而醫士藥方內往往用之、茲將舊時衡法開列於左、

一磅＝十二兩＝五千七百六十釐

一兩＝八錢＝四百八十釐

一錢＝三分＝六十釐

一分＝二十釐

由此可知舊法之一磅、或十二兩、等於新法之十三兩、又七十三釐、

昔時流質與定質、俱用同法衡之、然流質用記號杯量之、則更便、故改用量法、舊量法、卽酒量、近時英國設立新量法、以斗（西名軋倫）爲主、茲將量法開列於左、

一斗＝八升＝七萬六千八百滴（舊法爲六萬一千四百四十滴）

一升＝二十兩＝九千六百滴（舊法爲七千六百八十滴）

一兩＝八錢＝四百八十滴（舊法爲四百八十滴）

一錢＝六十滴（舊法爲六十滴）

新量法之斗與升、較之舊量法更大、以滴數論之、有五與四之比、若以體積論之、略有六與五之比、此因滴之大小不同也、但將一升分爲二十兩、代前之十六兩、則其兩與錢與滴、與舊法略同、新法之一兩、略等於舊法之七錢又四十一滴、

所謂滴者、非任取一種流質一滴之重數、而爲一定之體積、其重亦非適當一釐、新法之一滴水重〇·九一釐、新法之一錢水重五四·七釐、

一斗水之重十磅、一升水之重一磅、又四分磅之一、一兩水之重爲水重一兩之體積、

凡各物之輕重、未必依其體積之大小、卽如鉛與軟木兩

物、大不相同、因若干鉛體積、較重於同體積之軟木、故鉛之重率、大於軟木之重率、定各物之重率、以水爲主、故各種流質定質之重、有兩法定之、一、權其分兩若干、二、得其較水之重率若干、但各種體質、加熱則漲、減熱則縮、故必有一定之熱度、方能定其重率、昔倫書以六十二度之熱爲主、近時改用六十度之熱爲主、各種藥品之體積、如酸類水或鹼類水或酒等、其重率與其含水之多寡有相關、輕於水之流質、加水後則重率加多、重於水之流質、加水後則重率減少、皆與所添之水有比例、故藥品之重率、必有法定之、如以水爲主、則各質之重率易定、尋常之法、令

水爲一更便之法，以水爲一〇〇〇，可免分數之煩也。凡欲求流質之重率，便法用重率瓶，此瓶準能容六十度熱之水一千釐盛滿，欲試之流質權之，所得之釐數爲其重率。如欲求定質之重率，先用常法權之，記其分兩數，再以髮一根懸物於水中而權之，記其分兩數，與原數相較，所得餘數爲等體積水之重數，以此餘數約原數，所約得之數即重率。如欲求氣質之重率，將玻璃器抽出其空氣，而令氣質若干體積通入玻璃器中，則可依同理，以空氣爲主，而定其重率。已有人詳定空氣之重率，每空氣一百立方寸，寒暑表六十度，風雨表水銀柱高三十寸時，重三

一·〇一七七釐。

英國化學家但尼里推算輕氣、空氣、水氣與水四物之重率，其各比例數列表於左。

	立方寸數	重釐數	重率以空氣爲一	重率以水爲一
輕氣	一〇〇	二·一三六	〇·〇六九四	〇·〇〇〇〇八四六
空氣	一〇〇	三一·〇〇〇	一·〇〇〇〇	〇·〇〇一二二七七
水氣	一〇〇	一九·二二〇	〇·六二四〇	〇·〇〇〇七六一一
水	一〇〇	二五二五〇·〇〇〇	八一四·〇〇〇〇	一·〇〇〇〇〇〇〇

備藥手工

藥料形狀之天成者，不能即用爲藥，必設多法預備之。有用手工之法者，有用化學之法者。手工之內有數法，祇爲分細之事，其分細之用，或爲令化學之工易成，或爲令人易服。有數種藥，必洗淨，或揩淨，或切平，或切片，或敲鬆，或磨成粗屑，或銼爲粗粉，或用木、鐵、瓷、玻璃等乳鉢磨成細粉，或用磨輪磨粉，或用軋輪磨粉。此各法皆有定名如左。

一曰搥粉，最韌之物用此法。二曰研末，即用乳鉢研成細粉。三曰磨粉，即用磨輪或軋輪磨成粉。四曰銼粉，即用銼刀等器銼硬物或韌物以成粉。五曰敲碎，即將物置砧上用錘擊之。六曰拌料成粉，即成粉之時加別質在內，成粉之後即篩去之。七曰帶水成粉，即不能消化於水之物，加水以助其成粉。八曰成珠，即將已鎔之金類調動之，或傾入冷水中，令成小珠。

用以上各法，其細粉中尚有粗粒，必用法去之。一曰洗去之法，即浸於水中，粗者先沈，細者隨水傾出，停若干時，則細者亦沈。二曰篩去之法，即用鐵銅等絲，或馬鬉，或粗紗或細紗等篩，或用布作袋，盛粉於袋內搖動之，受其散出之細粉。三曰取清去濁之法，即將流質令停若干時，待濁沈下，取其清。四曰取濁去清之法，即用前法，而以沈下者爲要物。五曰吸法，即分清濁之法，或用吸管，或用過山龍，俱可。六曰濾淨法，即用漏斗或濾器，內置羊毛布，或紙，或玻璃粉，或木炭粉，或砂，令流質行過，即得淨質。七曰壓汁之法，如樹與果及子等物，用壓器壓出其汁與油。八曰提

淨之法即添蛋清或魚肚膠則有皮一層浮於流質之面或沈於底內含不淨之質既去此質則爲淨流質

又有一分法凡兩種流質一輕一重不肯和合則待其一種上浮一種下沈之時可任吸其一種流質

用以上各法預備各種淨藥又另用法與他物相和即可服之即如爲散爲丸爲膏或爲糖漿爲糖片爲甜蜜爲雜水爲蠟膏爲油膏爲合口膏等

備藥化學工

用手工之法祇將藥料改變鬆緊粗細等形狀及體質之事或於雜質中分取需用之一質而不能改變其性情與

本質若用化學之工則恃化學之理改變本質成新質其形狀及原質排列之法與本質各不同茲先論改變本質之形與式而不論改變原質之排列法曰鎔化曰消化曰成霧曰流質中結成曰結成顆粒以上各事大半恃熱而成

熱度之加減用寒暑表顯之常用者爲法倫海得寒暑表三十二度爲水之冰界二百十二度爲水之沸界凡云少加熱者在九十度與一百度之間凡云用熱水盆者即用沸水或水汽凡云用加熱之器如沙盆即盛沙之盆令沙漸加熱即傳熱於欲加熱之物

鎔化　將金類或蠟或油等物漸加熱至鎔化爲度凡物體加熱則漲如不化分則至應鎔化之熱度立即鎔化已鎔之後再加熱至沸度則沸已沸之後再加熱則物體之熱不能增此因所受之熱變爲隱熱也鎔化各質可用金類器置於露天或在爐中鎔之或在鍋中鎔之鍋以泥爲之或以瓷或以銀或以鉑俱可有數質鎔化時必用鉧引以配之

消化　凡流質如水醕以脫油等能勝物體之黏力令散開收入流質之質點中而不化分者本體仍爲明流質則謂之消化已消化若干質再添若干不能消化則謂之飽

足尋常流質加熱則消化之力更大但有不合此法之質有四法可助其消化一多用流質二分細物質三常調攪搖動四加壓力凡有消化之事則必減熱此因流質放其若干熱令定質變爲流質凡令物結冰所用之藥將鹽類質在水中消化而成可將鹽類質與冰相和或與雪相和則得大冷

消化勻性之定質令成流質共有五法一用淨水消化之即如酸類水鹼類水鹽類水或動物植物質之水如樹膠水糖水小粉水直辣的尼水蛋白水等二用酒醕或準酒醕消化之即如植物鹼類質大半能在醕內消化又醚亦

能在醋內消化三用以脫消化之以脫所能消化之定質
略與酒醋能消化之定質相同另能消化數種松香類質
油類質與植物質四用油消化之即如燐樟腦並數種草
內之猝味料與令人能醉之料皆能消化之法國人常用
此法消化各質五用各里司里尼消化之此物能消化數
種定質故一千八百六十七年之英書內載數質以各里
司里尼消化之

消化不勻之雜質令成雜質亦有五法此各法之分別依
所用之熱度而定其名　一曰浸化此事不必加熱即如
水之尋常熱度六十至八十度或浸十二小時或浸數日

不等其法有五一用淨水即如欲收物之香令其不散或
欲取物之精微而棄其粗重或因加熱則另有他質化出
此各事用尋常熱度之淨水二用正酒醋或準酒醋凡化
出植物質多含松香質者用正酒醋多含膠類質者用準
酒醋所得者謂之某物浸酒然有簡質雜質之分如一種
質浸酒謂之某物簡浸酒（省曰某物酒）　如不止一種質浸酒謂
之某物雜浸酒（省曰某物雜酒）又有添淡輕三者則謂之某物浸淡
輕三酒三用以脫則謂之某物浸以脫酒四用葡萄酒此酒
能消化數種植物質即如哥枝噤葡萄酒吃啡略葡萄酒
鴉片葡萄酒等五用醋有數種植物質宜用醋浸化即如
斑蝥醋士哇盧醋等是也　二曰濾化此法與浸化略同
但更能收出消化之質此法先將體質分爲極細末而令
流質行過已過一次可再將此水行過新料至得所需之
濃爲度　三曰煖化此法亦與浸化略同但將流質加熱
自九十度至一百度　四曰沖水將植物之葉或皮或花
或根等置於器內以沸水沖之待冷時水內已有消化之
質但有數種植物質必先杵之或切之方能沖水用光滑
金類器盛水更佳因其散熱較遲也　五曰煮水已用沸
水沖之再加熱令沸若干時則能消化之質漸能化出如
欲得藥材之全力可用此法但藥品中有香料或有易散

之料者久加熱必致散去

成霧　用此法流質變爲霧質或氣質如用輕煮法祇在
水面發霧如用重煮法則全體加大熱而發沸有數種藥
可吸霧以治病一千八百六十七年之英書定用輕煮法
令病人吸其霧

輕煮法能令流質散去祇用其所餘之定質即如藥之膏
與漿皆煮去其水而得之或如鹽類煮去其水而得顆粒
海邊作食鹽法若鹹水不加熱而任其晾乾則謂之自然
煮法然此法祇恃流質之面顯露而成故盛水之盆以寬
淺爲佳凡煮流質必有減熱之事因放其熱以成霧也即

如用易化散之藥摖於皮膚則因其易乾減去身熱又如用能泄水之瓦器存水則水之熱度必減若加其熱度而減其空氣之壓力則化乾之事愈速故眞空內化乾所需之熱度小於空氣中化乾所需之熱度有數種植物汁空氣中亦不能全乾者用此法能之凡動物質或植物質消化於水內將其水熬乾謂之熬水成膏如消化於酒醋內將其醋熬乾謂之熬醋成膏但此各膏易爲熱所壞故熬時所用之熱度愈小愈佳故以眞空爲最宜

重熬法將流質全體加熱令沸沸後則流質化汽各流質之沸度不同如以脫一百度而沸醋一百七十三度半而

沸水二百十二度而沸松香油三百十六度而沸水銀六百五十六度而沸又有別故能定流質之沸度但其最要者爲壓力因各流質在眞空內之沸度較之在空氣中少一百四十度設加壓力則沸度必增而流質消化之性間有因此而亦增者凡煮藥水等事皆恃沸度之理而蒸藥之事與煮藥水之事相類也

蒸藥之事有一種易變爲霧之流質可自別質分取之無論其別質爲定質或爲更大熱度能成霧之質俱可蒸取其法有兩層工夫一加熱令所欲分取之質變爲霧二引其霧入別器中凝爲流質其器有二一爲甑一爲受器若於受器外減熱則霧質速凝甑以金類或玻璃或瓦或瓷爲之加熱之法令甑近火或用熱沙盆或用熱水盆或用水汽盆俱可所蒸之物或爲淨水或爲植物水或爲植物之自散油或爲酸質或爲淨醋或爲含植物質之醋

蒸淨水凡配藥料需用之水必用蒸水

蒸植物水或將植物質置於水中蒸之或將植物之自散油添入水中蒸之

蒸植物之自散油凡含自散油之植物質可切碎浸於水中蒸之所蒸出之油浮在水面易於收取

蒸酸質即如醋酸或硝强水或鹽强水或輕衰等質或提

淨醋亦必蒸之

蒸淨醋初成之醋謂之生醋必提淨去水後即得濃醋其重率爲〇·八三八（即正酒醋）而準酒醋之重率爲〇·九二〇提淨去水法可與鉀養炭養相和或與鈣綠相和蒸之能收其水而蒸取易散之醋

蒸植物質醋用植物浸於酒醋或準酒醋內加熱蒸之即得其無色之酒

如所蒸者爲定質則蒸之之工謂之乾蒸所得之質仍爲定質即如硫黃淡輕綠（即硇砂）碘等物皆能乾蒸

霧質凝成之事爲溼蒸或乾蒸收其霧而散其熱變爲流

質或定質有數種氣質尋常空氣熱度與尋常空氣壓力不肯凝成一物必加大壓力或大冷方能凝成英國化學家法拉待已用器具得大壓力並大冷其壓力大於空氣五十倍其大冷爲法倫海得寒暑表負一百六十六度設立此法之後前人以爲不能凝之物竟能凝成氣質亦可用他法令其凝成卽如令氣質行過一種流質而氣質與流質有愛力則流質或能收其氣質卽如淡輕水鹽强水炭養水等如氣質或流質因加大冷而變爲定質者則謂之凝冰

流質中結成　定質已消化於流質內用法令在流質中

分出甚速則不及成顆粒故不依排列之理沉下以此法所得之質大半爲細粉

結成顆粒　凡氣質或流質變爲定質之時形狀甚屬整齊面與邊俱合於一定之法謂之結成顆粒所成之物卽謂之顆粒鎔化之定質如硫黃及金類等待其漸冷卽結成顆粒又如霧質如淡輕綠及汞綠等遇冷卽結成顆粒或定質已消化於流質內漸加熱以去其水則得其顆粒凡盛流質之盆寬淺者顆粒易成如盆中另加他質則結成顆粒更易設調攪之亦能更易但結成顆粒之事須從容安靜方能整齊飽滿否則必有偏頗瑣屑之弊

顆粒大半從消化物質之水中結成當其結成之時將水若干分變爲定質合於顆粒之內設加其熱度或令遇空氣能放水若干此水謂之成顆粒水顆粒內含此水之數必爲水之分劑數若干倍英國化學家苦來哈末云此水之若干分如代本質合成則爲顆粒中不可少之質故有人謂之化合之水凡鹽類或他質與水化合者謂之含水某質如無水化合者謂之無水某質有數種鹽類質多含成顆粒水如加熱則鎔化而水散得其乾粉卽如白礬加熱則先鎔化發沸後則水散而成白礬粉又遇空氣其面成霜卽水自散而所餘者爲乾粉又有數種鹽類質原來

含水不多遇空氣則收空氣內之水氣而自能消化又有數種質成顆粒之後毫不變化謂之不變含水數之顆粒顆粒之學考究顆粒之形狀與其質點之排列此種學問近亦爲一家有專書詳論之化學書中亦載其大略此書祇將顆粒與藥品有相關處論之凡各鹽類顆粒之形狀必當詳細分別雖極細微亦當辨明然有數種鹽類其顆粒之形狀略同各種顆粒藉此相同而分類顆粒之形分兩式一爲元式一爲變式凡顆粒之外形與其內質點之排列法有相關因剖析顆粒必有一定之方向光線透過則能折光加熱則漲數有一定之次弟皆爲其據元式之

形有六種一爲立方即六箇平方面體二爲四面體每面爲等邊三角形三爲八面體每面爲等邊三角形四爲八面體其底爲六等邊形五爲十二面體每面爲斜方形六爲十二面體每面爲兩不等邊之三角形所有各變式從此六種變化而出即如其角或邊漸去若干則得各種變形如立方去其若干則得八面體或四面體已變一次者可再變一次而得各形之體

顆粒之內質雖排列整齊而與外形之整齊相同從加熱減熱所得之漲縮並折光之理以爲據然依化學家但尼里之說考究顆粒者祇恃各種試法並顆粒外形之理近時考究顆粒學之根原者以爲其原質一種或二種或三種等在顆粒內排列整齊有等式有等方向又如顆粒之一箇原面或一箇原軸有變化之事則其等式平面與等式之軸必依同法變化

各種顆粒依其等式之理而分類原爲西士韋斯與麻斯兩人所創設其排列之理但尼里化學書記之甚明此書祇記其類與形狀因與藥品有相關也

第一類爲立方體或八面體或正形類之體此類內各體有三箇方形之軸各軸俱相等內有立方體八面形體四面形體十二斜方面形體與四不等邊形面體

第二類爲正方底之體有三箇方形之軸內有兩軸相等此類內有正方底柱與方底八面形體

第三類爲斜方底之體有三箇斜方形之軸又有一軸與三軸不成正交線此類內有六斜方面形體十二斜方面形體與六等邊形底柱

第四類爲長方形底柱或斜方形底柱有三箇方形之軸皆不相等此類內有長方形斜方形底之柱長方形底八面體與斜方形底八面體

第五類爲斜立正方形或斜方形底柱有兩箇斜軸又有一軸與兩軸成正角方向此類內有斜立正方形底與斜方形底柱並斜立正方形底與斜立斜方形底之八面體

第六類爲雙斜柱形體各體有三軸各軸彼此斜接此類內有雙斜柱與雙斜八面體

以上爲顆粒學之大略而結成顆粒爲化學工之第五事

學者用以上五法能作各種藥水各種藥酒藥葡萄酒藥醋沖水煮水與膏又能作蒸水蒸酒蒸油等另有數種結成之質與鹽類質其造法大半藉化分化合之工

上海曹鍾秀繪圖
無錫徐華封校字

西藥大成卷二

英國來拉 海得蘭 同撰
英國傅蘭雅 口譯
新陽趙元益 筆述

藥品化學

凡原質之全體各處勻淨則其各體皆歸於萬物尋常之性用之如聚心力離心力等是也若以兩箇不同原質之體分之極細彼此相遇或彼此極近則能有變化即顯出愛力而兩箇體或數箇體彼此相合成一體所成之新質其性情與原各體之性情大不相同化學家因此考究萬物內所有之各質而定某物為原質某物為雜質所謂原質者化學家無法能分近所知者略六十四種但其數未定化學家每若干年考出新原質猶夫天文家每若干年考出新行星也原質內之要質大半入藥品考究醫學者必明原質與雜質之要理

化學家觀各體之外形勻淨若為一種材料而成然必用法查其能化分與否化分之法或用熱或用別體相合若別體之愛力能勝本體內一質之愛力則化分之事已成即分出雜質得原質如但求原質有若干種謂之化分求原如化分時另求各原質之數謂之化分求數又各雜質與原質或雜質化合所成之質謂之繁質化分繁質之工

分兩層一分得各雜質二雜質中分出其各原質凡物已化分而得其原質如將原質復化合成原物則爲確據可知其化分之工不差

化學家考究化分化合之工常遇難處甚多然萬物中恆有此各事自然而成即如生物恆取各原質化合爲繁質死後則化分歸原但此各事有一定之法即愛力之大小此法爲化學家所必考究者即如醋與水兩物其相合之法最寬無論其多少無論其爲何比例俱能化合又如鹽與水兩物其相合之法有限因將若干水漸加以鹽則必遇不肯消化之限觀此事即知其比例較前已窘然以上

兩事不可謂眞化合所有眞化合之物其比例或祗有一箇或祗有數箇如外乎此數則不肯化合化學中所有分劑數之說定比例之說並質點理之說俱以此爲主且已由化學家用各種試法得其確據

繁質之化合有數事能阻之或助之即如相切之鬆緊或變爲流質或加熱或減熱等此各事化學書言之甚詳此書祗言造藥當知之各理凡質之化合或有一箇定比例或有數箇定比例而其各比例皆爲整數即如或爲等分劑即一與一之比或此質之分劑爲一彼質之分劑爲二即倍比例依同理有三倍比例四倍比例以至五六七倍比例等然此物一分劑之重數與彼物一分劑之重數不同故各原質各有分劑重數凡原質而不記其若干分劑者則其分劑數爲一如其分劑數不止於一則以小字記其數於字之右下角配藥者必記得各原質一分劑之重數並各雜質之分劑式

凡原質以一字記之凡雜質將其原質幷而記之而各原質若干分劑記於其右下角茲將常見之原質爲藥品內所常用者列表於後所有各原質之分劑數爲英書中所定亦爲化學家尋常所用者此書前次印行者各分劑數爲整數近有化學家考究甚詳而知化合之分劑數未必

盡爲整數英國以輕氣爲主因水乃輕氣一分養氣八分化合而成故以養氣分劑重數爲八但此各分劑重數不過爲比例數無論何數皆可爲主其餘各數可依其數配之歐洲諸國有以養氣爲一百則他質之數必與此數有比例故輕氣之數依此比例得一二五

此書中所有各質之分劑數俱用舊法記之近時有新法爲歐洲數國所樂用者內有數種原質其分劑數比舊法加一倍一千八百六十七年印行之英書將新舊兩法並列爲表故此書第首卷第五六等頁亦用此法將各質新舊兩式並列爲表

非金類原質分劑表

養氣	八	輕氣	一
淡氣	一四	炭	六
綠氣	三五·五	碘	一二七
溴	八〇	硫	一六
燐	三一	硼	一一
矽	二一		

金類原質分劑表 分爲四類

鹼金類

鉀	三九	鈉	二三
鋰	七		

鹼土金類

鋇	六八·五	鈣	二〇
鎂	一二		

土金類

鋁	一三·七五		

眞金類

錳	二七·五	鐵	二八
鋅	三二·五	錯	四六
鉻	二六·二五	銅	三一·七五
鈊	二一〇	鉛	一〇三·五
錫	五九	鎘	五六
銻	一二二	鉮	七五
汞	一〇〇	銀	一〇八
金	一九六·五	鉑	九八·五

前言新法中有數質之分劑數倍於舊法之分劑數茲將各原質之用新法而倍於舊法者開列於左

養·炭·硫·鋇·鈣·鎂·鋁·錳·鐵·鋅·錯·鉻·銅·鉛·錫·鎘·汞·鉑

各原質之分劑數新法舊法相同者開列於左

輕·淡·綠·碘·溴·燐·硼·鉀·鈉·鋰·鈊·銻·鉮·銀·金 觀第首卷第五六等頁表

凡原質不言其數者則爲一分劑如分劑不止於一者則必記其數如二炭·三炭·或養二養三養四·等是也又有兩箇原質幷而記之如輕養指出輕一分劑與養一分劑化合間有用加號如輕上養指出輕一分劑與養一分劑化合與水相同如分劑不止於一則可加其數即如炭二養或炭養二指出有炭一分劑合於養二分劑炭養氣各雜質之分劑數爲其各原質分劑數之和即如輕養之分劑數爲一加八等於九即輕與養分劑數之和炭養之分劑數爲二十二因炭之分劑數爲六養之二分劑數爲十六故可見養之分劑數在此二物中相同無論何物有養氣在內每一

箇分劑數爲八而各原質亦有同理非惟原質如此各雜質亦然即如輕養丄硫養三或輕養硫養三其意爲水一分劑合於硫養三一分劑而其分劑數爲一箇水即九一箇硫養三即四十其得四十九設原質之分劑數非整數則推算雜質之分劑數稍難凡雜質之式上有大數目字如二炭養二等其意令上二字包括以下各質直至有加號或減號或相等號而止即指出炭倍其分劑養二亦倍其分劑也如不能知雜質分劑之比例數而欲指出雜質所含各原質之數則以百分爲率記其含若干分數即如蠟每百分含炭八一·八七四輕一二·六七二養五·四五四其得一百分又

鎂養炭養二每百分含鎂養四一·六炭養二三六水二二·四其得一百分

各質非惟有分劑數計其輕重尚有體積數顯其化合設令某質化爲氣質其體積亦照一定之比例化合或此質一體積與彼質一體積化合或二三體積化合不等各氣質合成之體積或爲各體積之和或因化合之事縮成更小之體積然所成之體積亦與原體積有比例凡論氣質之性情此理不可不知

造藥品之化學工乘數質彼此化合或彼此化分之性即如有數質含能飛散之質加熱則化分而飛散又所含之質或有能與養氣化合者加熱則與之化合此事謂之令物與養氣化合又有法令物遇純養氣或令遇空氣中養氣或令遇多含養氣之質如淡養五等凡金類質遇合淡養五之質燒之令其化合則淡養五放其養氣金類收之謂之令物收養氣法反之如加熱令物放養氣等事謂之放養氣法各種鹽類質有數法能分出其各酸類質如淡養五硫養三等謂之養酸質又輕綠輕衰等謂之輕酸質依同理能將各鹽類分出其各鹼類質如鉀養炭養二能分出其炭養二而得鉀養又各本質與各配質依一定之比例相合能成各鹽類質可用試紙試其鹼性或酸性之有無有數原質如

綠氣碘溴與金類化合成一質其性情與海中所出之鹽略同故謂之海鹽類如令含水一分劑謂之某金類之綠輕養或碘輕養或溴輕養可用鹽類之式記之如

鉀綠丄輕養‖鉀養輕綠

凡成各雜質依分劑數之理爲之大爲簡便因能知各原質必取若干方能全化合又如將兩箇中立性之鹽類質調和令彼此化分亦能成兩箇中立性之鹽類質此等事學者須記之

備藥品之化學工尚有兩種一爲發酵即成各種火酒葡萄酒與醋一爲成以脫之法即令醋遇酸質此兩種化學

工。詳於他卷中。茲姑不具論。

無錫徐華封校字

西藥大成卷三之一

英國　來　拉　同撰　英國　傅蘭雅　口譯
　　　海得蘭　　　　新陽　趙元益　筆述

論死物質（即地產金石之類並用化學之法變化而成之各質）

凡物體不外乎為原質或雜質。然各雜質能化分各原質。能化合。故考究各材料。或從原質起而後推至雜質。或將尋常雜質化分。得其各原質。先考究其原質而後推至各雜質。萬物中有兩種雜質為最多。古人以為原質。近今方知其為雜質。即空氣與水也。此兩物之原質與性情。宜先明之。為考究藥品入門之一助云。

空氣

地球之外圍以空氣。高約四十五英里。空氣之質。目不能見。無臭無味。壓之能緊。加熱能漲。其重率依英國博物士叔白克所試得之數。為.〇〇一二〇八。得此數時。寒暑表熱六十度。風雨表水銀高三十寸。此重率以水為主。然尋常定氣質之重率。以空氣為主。即以空氣為一。每空氣一百立方寸。重三一.〇一一七釐。海面等高處。每平方寸受其壓力十五磅。即空氣一條。高約四十五里。而一平方寸剖面。重十五磅。即與水銀柱高三十寸剖面式一平方寸等重。故管中有水銀高三十寸。空氣能抵之。令不落下。如在高山等處空氣條更短故壓力更小設最低處如煤井下空氣條更長故壓力更大因此能用風雨表測各處之高低每高略一千尺（實數為九百二十二尺）則水銀柱減高一寸又因空氣能壓緊愈高壓力愈小而空氣愈薄愈低壓力愈大而空氣愈厚且愈高空氣熱度愈小每高三百尺（實數為三百五十二尺）熱減一度

空氣雖為甚簡之物而成之者乃兩箇不同性之氣質即養氣與淡氣並炭養氣少許水霧少許每百分之比例如左

淡氣	七七·五 體積	七五·五五 重
養氣	二一 體積	二三·三二 重
水霧	一·四二 體積	一·〇三 重
炭養氣	·〇八 體積	·一〇 重

水霧之數各處不同有數處熱地得百分之二若不論其水霧第論其不變數目之氣即得每分體積之比例如左

淡氣	〇·七八七
養氣	〇·二一〇
炭養氣	〇·〇〇三

如不論其炭養氣則每百分重含淡氣七十七分養氣二十三分每百分體積含淡氣七十九·二分養氣二十·八分

空氣中有時含電臭氣少許此氣蓋由養氣變化而成較之養氣更覺靈活

化學家里必格考得空氣中有淡輕氣少許雷電之後間遇淡養氣有人以為空氣中含輕氣又有人云近於海濱之空氣含輕綠氣或云含碘

英國化學家没立云空氣中有地面所放之各氣質當冷熱適中之時可存其氣之形狀各處并合調和即成空氣此各物並水氣及動植物所發之各臭氣合而為地球之全空氣其原質未有人能考得極詳者且熱與光與電各氣皆不包於內也

近有化學家考知空氣所收地面之各種氣無幾時即不見用化學之法不能分出因此各處空氣之原質略同惟人煙稠密之處或密室或城中炭養氣較多昔時化學家以為空氣之二原質藉愛力而相連近時化學家知二原質祇為調和而非化合此說出於化學家多而敦又云同氣質之原點彼此相推不同氣質之原點彼此相引故一種氣遇別種氣彼此相助散開化學家苦來哈末云各種氣有化散之力各氣不同其化散之力與氣之濃數之平方根有反比例各氣之能與別種氣調和者藉此化散之力也

空氣之性情爲各原質之中性情其化學之性情亦由所含之養氣顯出又如燒物用養氣動物之呼吸亦用養氣而空氣中之炭養氣有由動物之呼吸而得者水中含養氣故魚在水中能活此因水之消化養氣較之消化淡氣更多也植物亦藉空氣而能生因能收空氣中之水氣而樹葉能收炭養氣此氣在植物內化分放養氣而存炭令變爲定質因此動物所放之炭養氣植物能從空氣中收之令空氣恆淨空氣中含水之數各處不同而水藉空氣布散於地面又因空氣常流動成風則各處能免極大之冷熱空氣又能令水化乾並能令動物出汗皆依其冷熱

燥溼之數而定之由此可見空氣與備藥之事有相關非但製藥者當知空氣之原質即人身內數事亦與空氣改變有相關有數種藥能有效與否依空氣之濃淡與冷熱也

養氣

養氣之西名譯曰酸母初考得此氣者名拉夫西愛以爲惟養氣一物能生各酸質故謂之酸母養氣雖爲萬物中最多之物古人未嘗知之一千七百四十四年化學家布里司德里始考得之空氣每重五分有養氣一分水每重九分有養氣八分地球外殼定質之重養氣略居三分之一此因地殼大半爲矽養鋁養鈣養炭養等質各質內養氣居其半又動植物內之各原質中以養氣爲首質

形性　養氣爲無色之氣質其形不變無臭無味較空氣稍重將養氣一百立方寸在寒暑表六十度風雨表三十寸時重三四·二五釐又比等體積之輕氣重十六倍重率爲一·一一一凡水之體積百分能消化養氣體積三·五分如加壓力則消化養氣更多謂之養氣水養氣不肯與弗氣化合其餘各原質皆能化合既化合之後各質性情大不相同有爲本質有爲配質有鹼性者有酸性者有數質與養氣化合甚遲有數質與養氣化合甚速有極速而猛

發光與熱即如空氣中燒物已覺甚明若置養氣中燒之更覺明亮凡動物呼吸與火燒物有同理因空氣中之養氣與血中之炭化合變爲炭養氣人呼氣時即放出此氣也空氣中之淡氣能減養氣之猛性如祇有養氣而無淡氣以和之則動物將死磨電氣器之正極點能放出一種氣其臭最奇謂之電臭氣英化學家法拉待已用法試驗此氣知由養氣變化而成此氣之愛力比尋常養氣之愛力更大如以爲空氣中之電臭氣由養氣變化而出則光之能漂白或大雷時電氣能令空氣中養氣與淡氣化合成淡養此二事更屬易明考究藥品者不可不明養氣之

性情因人之生理並取藥與用藥之法必先知養氣之性情方能明其各理也

取法　用黑色錳養乾粉置於鐵甑內燒熱至紅以筒收其所發之氣每錳養一磅應發養氣四十升至五十升或將黑色錳養粉與硫强水相和成膏置於玻璃甑蒸之亦可又法將紅色之汞養或硝加熱蒸之至暗紅色收其養氣又法將鉀養綠養五百釐置於筒或甑內加熱則得最純之養氣一百立方寸

試法　粗試養氣之法將燭點火而吹滅之餘燼尚紅置於養氣內如養氣甚純燭即着火

功用　肺吸養氣能感動人身令氣血通暢故氣悶將死等病將養氣與空氣調和吸之可以有益養氣水亦可爲行氣之藥每日可飲二三升

淡氣

淡氣爲空氣中之要質又謂之硝氣因此氣爲硝內之要質古人以爲硝藉此質而成一千七百七十二年英化學家留脫福特初考得此氣其性情與養氣之性情相反不能令物燒不能令動物呼吸動物專吸淡氣則速死此非淡氣之有害因無養氣之故也醫學家因其不能令動物生長故謂之非生氣空氣每五分內含淡氣四分其功用大半在和合養氣令其變淡其命名之意即本乎此尚有數種用處更屬緊要然化學家未能詳悉空氣中之淡輕氣並大雷後之淡養五氣皆以淡氣爲要質凡動物質皆含淡氣動物所食之植物質大半亦含淡氣

形性　淡氣之性情難言其所有易言其所無即無色無臭無味不能燒物不能供動物之呼吸幾不能在水中消化較空氣更輕重率九七五每淡氣一百立方寸重三〇一五釐能與他質化合成數種雜質有性情最猛烈者如淡養五淡輕三等是也

取法　取淡氣之法將燐一塊置於玻璃罩內燒盡之罩

中養氣收盡所餘者爲淡氣又法將極細之鐵粉與硫黃相和成膏置於玻璃罩中則漸收養氣如將所餘之淡氣令行過硫强水則所含之水與淡輕三能分出再行過鈣養水則收其炭養二氣所餘之淡氣爲極純者

功用　淡氣能沖淡養氣而無有性情顯出有醫學家云肺炎等症每吸氣一次得養氣過多宜將所吸之氣添入淡氣則因養氣已少肺不爲養氣所感動病或易治又植物內之多含淡氣者極能養身

輕氣

輕氣在萬物中無有獨成者常與他質化合即如水並數

種酸質氣質各種植物質是也又謂之水母因水爲輕氣與養氣化合而成一千七百六十六年英國化學家賈分弟詩初考得此氣從未有人能化分之然有化學家以爲輕氣是雜質而其本質爲金類此說實無確據

形性　冷熱適中之時爲無色之氣質無臭無味法拉待曾將輕氣加極大之冷不能凝爲流質輕於空氣一四四倍重率爲〇六九三每輕氣一百立方寸重二二四釐水之體積百分能消化輕氣體積一分半如以燭火入輕氣中其氣即燒成淡黃色之火若與空氣之養氣化合即成水此各氣如不着火則不能化合輕氣爲氣質中之最輕

者故以輕氣之重率爲主能量度各質而定其分劑所以化學家以輕氣之分劑爲一設令養氣之分劑等於一百則輕之分劑等於一二五輕氣與藥品雖無甚相關而輕氣能與多質化合成藥料即如輕綠輕衰並一切植物質大半動物質又水與數種輕炭質皆以輕氣爲要品

水

水爲地球面常有之物與空氣略同有之淨者無色無臭無味或少含別質其色臭味仍不改變故備藥品所用之水應用蒸水否則視之無色嗅之無臭嘗之無味或已含他質在內矣

水中有養氣但其相合之法與空氣中之養氣不同空氣中之養氣祇爲調和水中之養氣乃化合也其第二箇原質即輕氣若以養之分劑爲八則輕之分劑爲一所以水之分劑爲九凡含水之雜質其分劑式中必加水之分劑或爲九或爲九之倍數水爲最易得之物故用以定各質重率之較數最便以水之重率爲一或爲一千皆可水減熱至三十二度則凝結至四十度則體質最密若熱度更小則漲鬆故冰浮於水面加熱至二百十二度則沸而化汽汽之質點在二百十二度最爲緊密故重率爲六二五水汽中每養氣一體積有輕氣二體積配之每水一體積

化汽則漲大至一千七百倍且水成氣必有隱熱至一千度然其明熱不過與沸水相同凡水不必加熱至沸度方化爲汽無論若干熱度自能化汽而乾令空氣中含若干水氣水又能與數種定質化合所成之質謂之含水某質即如含水鉀養含水鈣養等又能與數種流質化合即如含水硫養含水淡養等又有數種顆粒含水若干分劑有數種顆粒遇空氣自能放水若干分亦有加熱而自能放水若干分者生物質之體大半爲水所有之定質大半水能消化以尋常之理論之水之熱度愈大則消化愈多水又能消化數種氣質即如空氣養氣炭養氣能消化少許

若淡輕氣與輕綠氣等能消化極多。水易消化各質，故得其淨者甚難。雨水中常含淡輕養炭養，或含鈣養炭養，因空氣中常有此二物也。每水一百立方寸，含空氣三寸半。尋常泉水含鈣養炭養、鈣養硫養與鈉綠，另含空氣如前數，有時含炭養氣少許。尋常井水含鹽類質稍多，謂之濇水，肥皂遇此水不消化而凝浮，故不能供洗滌之用。河水雖大半爲泉水，然因多遇空氣，有數種鹽類質凝結沈下，謂之渴水，能消化肥皂。西國用鉛管以引水，如其水含鹽類質，則鉛質被鏽較少於淨水。有數種泉水含鹽類質甚多，故謂之天生藥水。此水分數種，有

含炭養氣者，含硫者，含鹽者，含鐵者。觀第十卷第七十七頁之表

海水含鹽類質極多，最多者爲鈉綠，另有鎂綠與鎂養硫養。

植物動物皆藉水以養身，故配藥治病之事與水有相關。又因其有消化之性，故用以得各物消化之水，或爲蒸水，或爲沖水，或爲煮水，又可用酸類質鹼類質添入水內浸之，令其味淡，便於入口。又有數事能令水之養氣化分，與數種質化合，而其輕氣放入空氣中。凡備藥之化學工與備藥之手工所用之水，應取蒸水爲之。

凡人居稠密之處，難得合用之水。即如倫敦之馬里勒奔

有醫士湯勿生考究各種病源，查得一井，其水供人日用，每水十磅，含生物質十七釐半，死物質八十七釐，共一百〇四釐半。又倫敦之達迷塞河水，有人化分之，每水十磅含生物質三釐半，死物質十六釐半，共二十釐。英國哥拉思哥城之水，從加他里尼湖引入，每水十磅含生物質四分釐之三，死物質一釐半，共二釐又四分釐之一。案上海城外吳淞江潮滿時之水，濾去土質而後化分之，每水十磅含死物質八釐，生物質略一釐，共略九釐。以此各數與倫敦水之數相比，可見相去遠甚。

治病之事中，水爲不可少之物，因水易加熱減熱，則人身欲加減其熱，可用若干熱度之水浸身。又血之大半爲水，

故多飲水，令血更易流動，又令身內各處津液更淡，即減其辣性或減其酸性等是也。各種定質藉水消化之，方能養身，且可徑達全體。又沖淡各藥與潤內皮之藥，大半藉水質而成。

硫黃

硫黃之西名譯曰火鹽，自古以來希臘、阿喇伯、印度之人用以爲藥。動物質如蛋清等皆含硫黃，植物質如十字科、繖形科、蒜葷各植物等亦含硫黃。地產之物內有含之者，氣質、鹽類質、泉水內亦有含之者。金類礦中常遇鐵硫即自然銅硫、鉛硫、汞硫等，可將其礦燒取其硫而收之。此爲日

耳曼瑞典等國之法英國等處製硫强水之法燒出其硫變爲硫養二氣在鉛房內變爲硫養三地產之淨硫或由火山內所出有數處地中產硫可開礦掘取各西國常用者從意大里或西治里或相近之海島採運一千八百五十三年英國進口之生硫約千餘擔一百十二磅爲一擔鎔化之或乾蒸之卽成硫黃條或硫黃花或硫黃粉提淨之法用大爐中置大鍋兩行各鍋有管通外另有鍋相接底有多孔下有盛水桶硫黃從此鍋落下遇水凝結成塊則爲生硫再提淨之則爲淨硫如鎔化而傾入模中則成硫黃條

形性　硫黃爲不透光之脆質熱度小於二百三十二則

凝結成顆粒爲斜方形底八面體如炭硫等質消化之後令成顆粒則有此形狀如加熱鎔化令其緩冷則成斜方柱形之顆粒可見硫黃顆粒之形有兩種如將硫黃折斷則其面有光能見細顆粒之形尋常硫黃重率得一九八如製成條而中心竟無蜂窩則重率爲二〇八〇其霧之重率爲六五一至六九其淨者爲淡黃色亦有得檸檬黃或深黃或櫻黃依收取時之熱度而定其味極淡擦之則稍有臭氣握於手內則因得熱而自斷捻之稍覺滑潤植物類遇之其色不變水中不能消化醕內稍能消化研之極細則消化稍易或令硫霧與醕霧相遇則消化更易又

以同法令遇硫以脫或松香油與大半油類質或鹼類水或火油等硫遇火則燃空氣中加熱至三百度則着火成淡藍色之光熱度更大則發紫色之光硫黃不能傳熱但加熱至一百八十度則能自散至二百十六度則漸鎔至二百二十六度與二百八十度則爲流質其色光黃如琥珀至三百二十度則凝結而變爲紅色黏力極大將鍋倒置亦不能出也此時傾入水中能軟如蠟可用以作模或拉成細條亦有凹凸力自四百八十二度至六百度則變爲稀流質既至六百度則沸如令不遇空氣能乾蒸之而得橘皮色之霧至六百度之後如令漸冷則至各熱度其

性情與前同令其緩冷可成顆粒有時將至極冷時仍是流質但一遇定質立卽結成顆粒化學家密次可立馬掰奴司白拖來俱云硫黃之形有多種有易成顆粒者有難成顆粒者且在炭硫二中其消化之難易不等

硫爲原質尋常之硫含輕氣少許前人以硫爲含輕氣之雜質在化學中功用最大能與各金類化合又能與養氣化合成各酸質以硫養二與硫養三爲最多又能與輕氣化合成輕硫硫遇空氣而冷熱適中則不變化尋常出售之硫自鐵硫二中燒取內含金類攙質如鋅養炭養鋅養硫養三鐵養鐵硫二鉀硫三矽養二鎂養鋁二養三與鈣養炭養二又尋常硫黃花

含硫養少許此因燒硫時有硫少許與養氣化合而成有人云含硫養然此言不確凡遇此種硫花應用熱水洗數次後試其水能否令藍試紙變紅如其不能則知已淨

試法　觀其色試其能否鎔化能否飛散能否燒成藍色之火能否發硫養之臭又加熱至六百度應全化散添入沸松香油應全消化遇藍試紙應不變色如合於鈉養炭養鎔化之滴入鈉養淡養衰鐵水一滴應變成美觀之紫色

硫黃花

造硫黃花之法將硫磨成粗粉用大鐵甑蒸之引至凝結

之房則凝成細粉必用水洗之至無酸性爲度手指撚之則形如粉用顯微鏡視之能見其顆粒之形

形性　與硫黃同

試法　眞硫花加熱至六百度則全化散在水中調和不能令藍試紙變紅如與硝強水相和加熱將所得之質消化之又加多水添入鋇養炭養滅其酸再加硝強水令得酸將輕硫氣行過無有結成之黃色質則知其不含鉮如將硫花添入淡輕水調動濾之化乾之後應無餘質試其含硫養之法觀上節可也

硫黃散

取法　將硫黃花五兩與熟石灰三兩磨勻添水一升加熱用木桿連攪不停令沸一刻之久而後濾之將濾得之質添水半升用同法加熱令沸再濾之將兩次所得之水和勻待冷添入冷水二升則置煙通下將水一升添鹽強水八兩調和之漸添入前水內至發泡已盡爲止其水已有酸性待結成之質沈下則可傾出其流質而添新蒸水調攪之再待其沈下依同法屢次作之至所得之水無酸性則爲洗淨或將其水添入淡輕養草酸水至無結成之質爲度以細布濾之用蒸水洗一次加熱在一百二十度以內烘乾造此藥頗覺費工故價亦貴因此射利之徒添

入異質在內尋常出售者有人試得每三分中有鈣養硫養二分故醫家方內不敢用此而用硫花代之然此種硫如法爲之則最淨合於內科之用也

以上之法所得之水內含鈣硫與鈣養硫養添鹽強水之意令綠氣與鈣化合成鈣綠而硫凝結沈下藥肆中或用硫強水代鹽強水不但有硫沈下尚有鈣養硫養沈下因不分出故尋常賣者常雜此質

硫黃散之性情與硫黃花略同但色更白含水更少試法加熱則硫化散而所餘之質爲鈣養硫養或用顯微鏡視之其顆粒易辨

硫黃散色白手中捻之覺滑膩內少含水用顯微鏡視之其顆粒較硫花更小

硫黃油

近時藥品全書不載此油其作法將橄欖油與硫黃置於鐵鍋中加熱令沸調攪之至漸勻則得紅櫻色之稠質其臭難聞

各種硫之功用　服硫少許能令發汗可作改血藥然硫常與身內之養氣或輕氣化合如與養氣化合則成硫強水在溺中顯出與輕氣化合則成輕硫在汗中顯出有輕硫之臭因有改血之性故痛風風溼可用之治各種皮膚

之舊病其功用最大最宜於治魚鱗瘡與禿瘡等此兩病亦可用硫黃作膏敷之有人云禿瘡等病因皮中有細蟲而成用硫能殺蟲硫用大服則可為瀉藥尋常用之作輕瀉藥又可與別種瀉藥相和多服治痔瘡或可為小兒便用之瀉藥

服數　服五釐或十釐至二十釐為改血藥每日服二次至三次服二十釐至一百八十釐為瀉藥

硫黃油膏

取法　將淨硫花一兩偏蘇以酸豬油四兩二物磨勻成膏

功用　此膏能作改血藥可治禿瘡等之皮病英書之方與倫書之方相較其濃得五分之三

硫黃甜膏

取法　將硫花四兩鉀養果酸一兩橙皮糖漿四兩三物磨勻為穩便之瀉藥以一錢至二錢為一服

水銀硬膏並淡輕與水銀硬膏內皆含硫黃

硫與養合成之質

硫養$_{三}$為化學中之要品天生者亦有之但甚少耳近火山處並在酸泉水中有之尋常所有者與他質化合即如與鎂養相合為鎂養硫養$_{三}$與鈣養相合即鈣養硫養$_{三}$此物古

人已知而用之如阿喇伯波斯印度等國是也

硫養$_{三}$英國俗名皂礬油可見歐洲初得此物之法將皂礬蒸之而得硫養$_{三}$波斯國之法亦必略同撒遜國之奴陀僧地至今尚用此法其法將皂礬先煅一次燒去所含之水後置於瓷甑中加熱至紅色蒸出之霧凝結成黏色之流質遇空氣則發霧此種硫養$_{三}$每二分劑所含之水不及一分劑重率得一.九謂之奴陀僧硫強水又謂之發霧硫強水冰形硫強水

取法　將硫強水去其水得所餘之質即硫養$_{三}$作法將奴陀僧硫強水置甑內加熱所發之霧用受瓶收之瓶外必

取法　英國造硫强水之法將硫與硝并合燒之收其霧至鉛房內近時新法用大鉛房房底有水房之邊有管通硫養$_2$與淡養$_4$所成之霧與水氣成硫養$_3$霧之法將硫置爐中加熱燒之則與養氣二分劑化合成硫養$_2$成淡養$_5$霧之法將鉀養淡養$_5$與硫强水相和置鐵鍋內加熱則硫强水與鉀養相合成鉀養硫養$_3$而淡養$_5$放出每燒硫黃十二分必配硝一分另有鍋爐燒水氣通入鉛房與硫養$_2$淡養$_4$兩種氣相遇三種氣質攪和行過鉛房房內有隔自上而下令氣質上下生波更易彼此變化成硫養$_3$

此變化簡而易明淡養$_5$放養氣一分劑硫養$_2$收此養氣一

分劑即變為硫養$_3$其式為

硫養$_2$丄淡養$_5$‖硫養$_3$丄淡養$_4$

上法所成之硫養$_3$房底存水收之

化學家貝立攙云淡養$_4$遇水則變為淡養$_5$與淡養$_3$其淡養$_3$再遇水則變為淡養$_5$與淡養$_2$其淡養$_2$與空氣中之養氣二分劑化合成淡養$_4$此淡養$_4$再依前法變化而變化之時多生淡養$_5$此外並無他質能令硫養$_2$變為硫養$_3$設鉛房中之水氣不足則生一種奇異之顆粒或言此質乃硫養$_2$與淡養$_3$相合而成

鉛房底所盛之水漸濃變成稍濃硫强水重率得一·五可加大冷其霧凝成白色之定質與不灰木略同有針形之顆粒熱至六十六度則變為流質至一百二十二度即沸重率得一·九七此定質遇藍試紙不變色遇空氣則收空氣中水氣發白色濃霧遇水則化合極猛有爆裂之聲

硫强水（即硫養$_3$輕養）

形性　此為無色之濃流質其形似油無臭酸性極重消蝕各質之性極猛以手摩之則先覺如油此因消蝕外皮之故能速收動植物內之水而放出其炭用此法即謂之烙灸藥加冷至負十五度至二十九度則依其含水數若干而結冰加熱至六百二十度則沸與水之愛力更大凡

與水化合則必生熱其體積縮小將此物遇空氣則一日內收空氣之水氣為本重之三分之一一年內收空氣之水氣為本重之六倍故硫强水遇空氣愈久則愈淡化學家苦來哈末考得硫强水與水化合有數箇定比例如添水數合於其定比例則水全化合如不合定比例必有不化合之水祇調和在內也故硫强水能任添水若干令淡凡鹼類土金類與養氣合成之質硫强水能與之化合又如合於水能消化數種金類甚速即鐵與鋅等是也遇酒醕則成以脫又有數種質如炭燐銅屑等置硫强水中加熱則化分之收其養氣而放硫養$_2$氣

引至淺鉛盃內熬之以重率得一·七〇爲度過此重率則能毀鉛故用鉑甑蒸之至重率得一·八四待冷引至大玻璃瓶即爲尋常出售之硫强水若爲藥品之用必先用馬爾施之法試其含鉮與否又用試鐵之法試其含淡養與否硫强水之最濃者爲硫養一分劑水一分劑此水一分劑不能蒸出之因加熱之後硫養與水幷合而出也

試法　凡疑含硫養之質或消化後疑含硫養之鹽類質可將鋇綠水或鋇養淡養水試之如有硫養則結成白色之質爲鋇養硫養此質無論酸類質或鹽類質皆不能消化硫養水純者無色重率得一·八四三一千八百六十四

年英書定硫養水之重率爲一·八四六如熬之至乾不應有定質祇得微迹而已如將淡硫養水添入輕硫氣不應有色如有色則知有生物質消化於內英國化學家非勒白云硫强水重率一·八四三者每含無水硫養四分劑另有水五分劑即每百分重有硫養輕養九六·八而無水硫養有七十九分又英書內載每五〇·六釐添入蒸水一兩如欲滅其酸性必用鈉養試水量杯一千釐（試水釐數俱用量杯後倣此）　如將鐵養硫養水輕傾於硫强水之面則相合之處不應有紫色尋常出售之硫養水常含淡養或含淡養不等間有含鉛養硫養者如疑其含鉛養硫養則與水等體積相和稍覺渾濁因有鉛養硫養結成如用鐵養硫養水能試其含淡養或淡養若加熱而有橘皮色之霧發出則知其含淡養

尋常燒鐵硫而得硫此種礦常有含鉮之各質故將其硫造硫强水常含鉮養英國醫士里司云已試得常出售之硫强水每二十兩內有鉮養二二·五八釐化學家會脫生云曾試得硫强水每二十兩內有鉮養三十五釐半此爲最少之數試鉮養之法必將硫强水加水令淡再用試鉮養之法試之（觀鉮養節）故倫書指明所準用之硫養水添輕硫氣不可有黃色之質結成如有此質即爲鉮與硫相合而成者

提淨之法　一千八百五十年之阿書有一提淨之法一千八百六十四年之英書將此法載入能提淨又能收濃其法將硫强水十二兩盛於玻璃甑內添淡輕養硫養粉四分兩之一又加白金箔數片令其不能猛沸甑之上半用鐵皮罩之令其熱不散初蒸出者含水多棄之不用後蒸出者則收之至甑內餘一兩而止所含淡養或淡養俱爲淡輕養硫養所收如有鉛養硫養則存於甑內蒸得之質謂之含水一分劑之硫養其重率得一·八四六然此說不確因含水一分劑之硫養水其重率得一·八五而天冷

之時能凝結故不合為藥品之用化學家來得活特云用玻璃甑蒸之甑常碎裂事或難成近時用此法提淨者不甚多矣

畏忌　有數種藥不可與硫强水同用卽如各金類與養氣合成之質又如土類鹼類並與炭養化合之各質與醋酸化合之各質各種鉛水各種鈣養水以上之說須詳記之治病之事常有硫强水與鉛養醋酸欲同用者如同用之則必誤事

解法　用白石粉或提淨白石粉或鎂養或肥皂或多飲水沖淡或用潤劑

淡硫强水

取法　將硫養$_3$水七兩添水七十七兩待冷至六十度再添水共得八十三兩半又法將硫養$_3$水一千三百五十釐在玻璃瓶內權之瓶頸有指出含一升之記號漸添蒸水至近於記號則搖動之待冷至六十度加水配足一升硫養$_3$水添入蒸水之時必生熱其體積縮小若硫養$_3$水非極淨必有鉛養硫養$_3$結成沉下上節第二法與倫書略同一千八百五十一年倫書所定淡硫養$_3$水之重率為一·一〇三每百分重含無水硫養$_3$一二·四三二千八百六十四年英書所定之重率為一·〇八七卽更淡百分之十二近時準用之淡硫養$_3$水其數在兩者之間

試法　重率必得一·〇九四將三百五十九釐卽量杯內六錢能對鈉養試水一千釐每百分重內含無水硫養$_3$一〇·一四所以量杯六錢必有無水硫養$_3$四十釐卽硫養$_3$之一分劑

硫養$_3$水之功用　如食淡硫强水一大服或食濃硫强水少許則為最危險之毒藥能消蝕內皮無論遇身體何處均能消蝕之如依法服之而次數過多則能惹腸胃其正用治身內鹼類質太多或小便或汗等多鹼類卽如溺中有鹼類或有含燐之各質若令溺有酸性能得益處又治

胃不消化因此藥遇胃汁能減去其所餘之鹼類此為其第一功用第二功用能作收斂藥卽如減汗與大小便等能止流血而令全身之動筋收緊身體出汗過多或欬血或黑疸服之皆有功益又如尋常身虛無力之病可合於他種補藥服之有人云身軟而泄瀉者宜服此藥第三功用能作涼藥卽如發熱之各病所有解渴之水可加淡硫强水若干其功用與他種酸質同

服數　淡硫强水每服十滴至三十滴添水一兩或添入滑性流質內或沖水苦味藥內俱可玫瑰花酸沖水中每一兩含淡硫强水六滴

香硫强水

取法　將硫養三水量杯三兩，即重二千四百十九釐，正酒醕二升，二物緩緩調和，添入桂皮粗粉二兩，薑粉一兩二錢，浸七日，每日屢次調攪，濾淨即成。

此方載於蘇書中，與昔時醫士闔息脫所設酸類藥略同而更簡，凡用硫强水，依此法用之，頗有趣味，因以醕代蒸水，而另添香料也，有醫士疑硫强水與醕調和，必有變化而成以脫之事，但已有英國醫士敦根考得硫强水與醕依此比例調和，則無此種變化。

試法　重率得〇·九二七，量杯內六錢，即三〇四·二釐，能對鈉養試水八百三十釐，每百分重，內含無水硫養三一〇九一分，故量杯內六錢，含無水硫養三三三·二釐，一千八百六十四年之英書，作香硫强水之方，較此更濃。

服數　以一錢至三錢爲一服，秦此說誤，當云五滴至半錢爲一服

硫養二

此質與硫養三相較，少養氣一分劑，造法，燒硫黃時取其霧，即硫養二，爲無色透光之氣質，重率得二·二，臭味極辣，肺體不能當之，藍試紙遇之即變紅色，又能薰白植物之數種色，如玫瑰花之紅色是也，水能收硫養氣三十三倍體積，冷至十四度，則硫養二能變爲流質，冷至負一百〇五度，則硫養二變爲顆粒形之定質，又有一法，能作硫養二，添銅或汞於硫養三中，則金類收養氣，變爲某金養之質，此質遇其餘硫養三則變爲某金養硫養三而有硫養二氣放出，此氣能與鹼類與金類養氣合成之質化合，成能消化之鹽類質，即含硫養二之鹽類質也。

硫養水

取法　將硫强水量杯四兩，木炭屑一兩，二物置於玻璃瓶內，用玻璃管從瓶塞中通至洗氣瓶，瓶內含水二兩，又有管通至收氣瓶，瓶內含蒸水一升，而管必通至瓶底，盛硫强水之瓶底，可加熱至發霧爲度，其霧過洗氣瓶之水，而至收氣瓶之水內，瓶外必加冷，待瓶底所發氣泡漸升至水面，而泡形不變小，則知水之食氣已足，可塞緊瓶口，存於涼爽之處。

此取法之理，因硫養三之養氣有一分劑爲炭所收，成炭養二與硫養二，洗氣瓶之水，能受蒸過之硫養三所成硫養水，無色而甚臭，每百分重，含硫養二九·二分，重率應得一·〇四，熬乾後，不應有餘質，添鋇綠水，不應有結成之質，如有之，則知其含硫養三，如另添綠氣水，則應有結成之質，此因硫養二遇綠氣令水化分，而有變成之硫養三與輕綠，其硫養三與鋇綠化合，而有質結成，如將硫養添入碘質，則成輕碘，而水內

之養氣爲其所收硫養二與養氣之愛力極大故化學中用以爲令物放養氣之質英書定濃淡之法卽將硫養二水三四·七釐與蒸水一兩相和再添小粉水少許調和又添碘試水少許調和觀其變藍色與否待添至一千釐初得一定之藍色則知硫養二水之濃淡合法此因初成之輕碘不能令小粉變藍色添至一千釐之時其碘適有餘故能令小粉變藍色

功用　燒硫得其霧爲硫養二自古以來卽以此事爲滅臭之法如遇輕硫則能化分之有硫結成惡氣中之輕硫爲硫養收出凡微小之動植物遇此水則爲毒死如皮病中之禿瘡魚鱗瘡癩疥瘡等可用硫養二水洗之或浸之婦女子宮各病與肝病亦可用此水洗浸爲改血之法又如水氣合硫養二氣薰身於數種病有大益其法用不通氣之像皮布等圍繞其身坐於椅上頭面顯露椅下有水氣與硫養氣放出遇皮膚各處不能散布每燒硫半兩足爲一次之用此種病亦可服硫養二水又有一種病胃中生植物質名曰晒西尼食物不消化時欲嘔吐服硫養二水可治令其植物質死也又如鉀養硫養二與鈉養硫養二兩種水其功用略與硫養二水同因能在胃中爲酸質化分而放出硫養二氣硫養二水之服數依英書之方爲之以半錢至一錢與水相和服之

燐

此質之西名譯曰光藥其性情最奇古人不知有此物至一千六百六十九年化學家步蘭德在溺中所有鈉養燐養五中分得之或言日耳曼化學家奴開勒初得之或言英國化學家博以勒初得之既得此物之後歐洲各國所用者爲倫敦藥肆喊克韋次所造近時之法用骨灰分出之因骨灰之大半爲鈣養燐養五又有數種動植物之質亦含此物地產中亦有含燐養五之質極肥之泥土亦因含燐養五質

形性　燐爲定質軟而有韌力易於割斷半明半暗略與黃蠟相同重率得一·七七其色微黃幾極淡至無色純燐無臭無味遇空氣則發霧甚速其臭似蒜自能與養氣化合暗處發光漸燒而生熱至能着火遇空氣而熱度過大自能着火故必浸於水中稍得磨力亦能着火造自來火之舊法用燐十分黃明膠鉛三養四硝各二十五分造成之如不遇空氣則熱至一百十度而鎔化至五百七十四度而沸發霧無色冷至三十二度則結成顆粒而性脆如用熱木那普塔消化之待成顆粒則其形爲十二面體燐不能消化於水如久存水中則水若干分化分如封密之搖動

其水能發光。此爲化學家白西里由司考得之理。燐之外面。能漸生白色之皮。如多遇日光。則稍得紅色。或言此紅色之質。爲燐與養氣合成之質。又以爲燐與水合成之質。然化學家羅司曾試此物。知此皮祇變形而不變質。又有化學家司可路達云。尋常之燐。置器中封密。加熱則變成紅色之燐。性脆而有金光色。不能自生光。外形與蠟大不相同。能燒與能鎔之性。與原質亦大不相同。在空氣中。不能自變。加熱至四百六十度而令不遇空氣則復爲尋常之燐。如加熱。能在醕。以脫。定性油。自散油。那普塔火油。炭硫二等質中消化。

取法　多取之法。用硫養三與骨灰爲之。骨灰中含鈣養燐養五每骨灰一分。加淡硫養三水半分。則與鈣養化合成鈣養硫養三所餘之鈣養燐養五與所放之燐養五化合成二鈣養三燐養五將此質用水消化。濾淨熬乾。得其粉。每粉四分。添炭屑一分。又極細之砂少許。調和。加大熱。則炭收燐養五之養。變爲炭養而蒸出。又有燐發出。在水內收之。得紅樱色之定質。最易鎔化。提淨之法。將燐鎔化之。盛於麂皮袋中。壓出其燐。又法。置於玻璃筩內。熱水鎔化之。待冷則成條。尋常出售之燐。即用此法成條。而以那普塔浸之。令不變化。

試法　上言燐之各性情。可爲試法。又置於以脫或沸松香油內。應消化至盡。

功用　燐爲惹胃之毒藥。誤服一釐。即死。英國用以作藥品。乃不得已而用之。其性補火。能治腦氣筋病。身體虛弱。其根原或因猝起之痛。或因內熱肺癆症亦可用之。以四十分釐之一爲一服。又法。將燐四釐。用以脫一兩。或橄欖油一兩消化之。以五滴至二十滴爲一服。紅色之變形燐。其功用極少。

解法　多用流質。或潤劑。或服鎂養。或用鎂養一分。與綠氣水一分調和服之。醫士杜福路與倍乂極信用此方。

燐養五

一千七百六十年。化學家馬克拉夫。考得燐與養氣合成之質有數種。即如前節之取法。將所得之二鈣養三燐養五之水。以二淡輕四養三淡養五化分之。再分出其鈣養。而將餘質加熱。則淡輕三飛散。而餘質爲燐養五。又法。將燐在養氣中燒之。或在空氣中燒之。或令燐遇易放養氣之質。如淡養五等。俱可。英書內所載之法。爲淡養五之法。燐與養氣合成之各質。於化學之事有關會。故化學書中詳論之。

淡燐養五水

形性　淡燐養五水。無色無臭。重率得一·○八。其味極酸。遇藍試紙。令變紅色。每重百分。含無水燐養五十分。能與鹼類土類金類與養氣合成之質化合即成鹽類其濃者遇生物質令不腐爛如加熱熬之得椶色之流質其狀如油謂之輕養燐養再加熱飛散其水質即謂貝路燐養（貝路二字之音謂火成之意）如再加熱至紅則有水一分劑散去謂之變形燐養化學家苦來哈末之書云燐所成各酸質其分別在乎含本質之數即如眞燐養爲燐養三輕養貝路燐養爲燐養二輕養變形燐養爲燐養輕養里必格云此三種質不同各質內之輕氣與不同之各本質化合

取法　將燐四百十三釐硝强水六兩淨水至足用將硝强水先添蒸水八兩盛於有塞之甑內甑口連於里必格之凝器開甑之塞門加入燐少加熱至有流質五兩蒸過則將此五兩傾回甑中再蒸之每若干時將蒸出之質傾回甑中至燐全不見爲度將甑中之水傾於硬瓷盆內加熱熬之至餘四兩則換入白金鍋再熬略餘二兩至不發橘皮色之霧爲度添入蒸水配滿之令冷時適得一升

此法中所用硝强水必加水沖淡因濃硝强水遇燐則速燒而爆裂若用淡硝强水令其變化更遲燐漸鎔化與淡養之養氣一分劑化合其餘者合於淡養之淡氣成淡養氣化散但淡養有一分在燐未變成酸質之時蒸出故必依法傾回甑中化學家披爾孫云用紅色變形燐造淡燐

養水非如用尋常燐之有危險也

試法　燐養與鈉養合成之質爲藥品中所準用之鈉養燐養將鈣養水添入燐養水內則有鈣養燐養結成爲不能消化之質但此質與鋇養燐養鎴養燐養鉛養燐養等皆能在淡硝强水內消化又能在淡淡輕水內消化如將銀養淡養與銀養淡輕水合於燐養水則有黃色之質結成沉下爲銀養燐養如將鉀養水代其燐養水亦有結成之黃色質故難定其爲何物必另設法添入輕硫水於疑爲燐養之水中如有結成之黃質則爲鉀養如無結成之質則爲燐養所結成之銀養燐養能在淡輕水並淡硝强水內消化如燐養水不含鈣養爲異質則添鈉養炭養水不可有結成之質尋常作燐養水之法易得鈣養在內又如將燐養水添鋇綠水不應有結成之質如有之則知其含硫養爲異質若將銀養淡養水加淡養少許令有酸性添入燐養水中或用阿勒布門水（蛋白內之質）添入燐養水中俱不應有結成之質如有之則知其含輕綠爲異質除燐養之外無有一種死物酸質遇阿勒布門而不結成者如將燐養水一體積與硫養水一體積鐵養硫養水一體積調和不應變黑色此爲辨其含淡養之法又將淡燐養水六錢合於蜜佗僧粉一百八十釐將所得之水熬乾之餘

質爲鉛養燐養五加熱至暗紅色待冷應重二一五五釐

功用　服燐養五水法與他種死物酸質略同有醫士言凡溺中鹼類過多之病與血脈管變骨之病服此藥能消化其成骨之料鈣養燐養五又有醫士云凡骨腐爛或變軟之病服此藥有益又多溺味甜並內熱類之病用燐養五水添入解渴水與涼性水中皆可但無硫强水收斂之性亦無淡養五改血之性

服數　以十滴至一錢爲一服添入水中另加糖若干服之

畏忌　凡物與他種酸質不可配合者則與燐養五亦不可配合

硼

昔人俱知有硼養三質至一千八百七年英國化學家兌飛考得此質之本爲硼而分出之其法將鉀與硼養三相和加熱則得硼爲暗橄欖色之粉無臭無味遇尋常之試料不變化空氣中加熱或養氣中加熱則變爲硼養三

硼養三

硼砂內有硼養三能分出之硼砂爲鈉養與硼養三合成之質可用硫强水分出其鈉養而得硼養三因鈉養與硫養三化合其硼養三凝結沉下西國所用之硼養三大半爲地產即如多斯加納與里伯利海島地面有開裂之處常噴水汽汽中有硼養三將開裂處四面挖深以磚與灰作內面引水入其中則水汽噴入水內令水漸沸待水收硼養三飽足則取水熬至將乾待冷凝成顆粒形若魚鱗曬乾之則爲尋常出售之硼養三

形性　尋常之硼養三爲明顆粒形若魚鱗略有酸味遇藍試紙稍變紅遇黃試紙令變棕色與鹼類同冷水中難消化沸水三倍重能消化醕內易消化燒其醕則火得綠色其顆粒含水三分劑加熱則水去而硼養三鎔化待冷則脆如玻璃可做成各種顏色硼養三之各種鹽類質能令別質

鎔化故硼砂即鈉養二硼養三便爲吹火筩之鎔化料

功用　硼養三不可爲服食之藥祇可爲試他藥之用又爲硼砂內之本質昔人以爲能止痛故俗名爲安身鹽類藥或將硼養三一分合於鉀養二果酸七分所得之質謂之能鎔化之鉀養二果酸因此質助其鎔化也

砂

砂爲非金類原質與養氣化合則爲砂養二地球之面大半含此質如火石砂子石英等皆是用砂養二以取砂其法同於用硼養三以取硼但其工夫極難所得之粉爲深棕色不能消化較水重一倍極難鎔化除輕弗之外無有一酸質

能鎔化之者

火石粉　一千八百五十一年倫書內所記者爲成數種藥品之料其原質爲矽養二能與數種本質化合故謂之配質遇鹼類質若干加熱則成玻璃加多鹼類質則成能消化之玻璃火石粉爲矽養二之最淨者作法將火石加熱傾入水中自能裂開成粗粉後可磨之極細倫書內載用火石粉造各種香水之法將自散油若干與火石粉相和磨勻後漸添水則油在水中分得極細油之質點分而不合能爲水所消化蒸之則能得香水

淡氣與養氣合成之質

淡與養合成之質有數種能顯出化合之事有定比例造藥之工夫內有造成此各質者故將各質詳記於左

淡養氣　分劑數一四丄八‖二二

淡養二　分劑數一四丄一六‖三〇

淡養三　分劑數一四丄二四‖三八

淡養四　分劑數一四丄三二‖四六

淡養五　分劑數一四丄四〇‖五四

硝強水即淡養五

淡養五爲淡與養合成之要質古人奇巴之書曾載此物印度國前時或已有之初化分此物而知其原質者爲英國化學家賈分弟詩其法令電線行過空氣而空氣之下用鉀養水需電之後空氣中常有淡養五之微迹此因空氣之原質即養氣與淡氣爲電閃所成也有數國土面生一層白質如霜此質爲淡養五與鉀養或鈉養或鈣養或淡輕四化合而成又有數種土石或礦內含淡養五之質又有數種植物質如巴離拉之根等內含淡養五與鉀養合成之質

形性　曾有化學家將銀養淡養五令遇乾綠氣而得無水淡養五尋常所用之淡養五已與水化合成流質淨者無色能透光其味最酸而粹凡遇生物質與植物質能侵蝕之着人皮膚則成散的布路的以克酸令皮膚發黃而脫下淡

養五水數滴能與多水相和而其水能令藍試紙變紅其臭惡烈令人呼吸甚難遇空氣則發霧因令空氣中水氣凝結故顯霧形空氣中有淡養五則發霧更多淡養五與水之愛力極大故能收空氣中之水氣久遇空氣則漸淡其重率亦減小與水調和則發大熱其濃淡依含水之多寡而定近時英書定此物之重率與倫書所定之重率同即一·四二但一千八百六十四年英書定重率爲一·五英國化學家非勒白云用尋常蒸法所得最濃者祇爲一·五〇四又有化學家克兒温云少加熱蒸之得重率一·五五普牢司脫云得重率一·六二尋常出售之硝強水重率得一·三八

○至一·三九○又化學家苦里司脫生云不含淡養之淡養水其最濃者重率得一·五○○若含淡養者其濃能至一·五四○或有餘極淨之淡養如久遇日光則化分變黃色而放出養氣變爲淡養如欲去其淡養用加熱法則淡養變霧而散其餘略爲無色之淡養重率得一·五○之淡養加冷至負四十度則結冰加熱至二百四十七度則沸但其冰度與沸度與其水之濃淡有比例已過沸度而再加熱則化爲氣加熱至紅則化分重率得一·五之淡養則每淡養二分劑含水三分劑即每百分重含淡養八十分重率得一·四二之淡養每淡養一分劑含水四分劑即每百分重含淡養六十分如將重率一·五之淡養水每百分加水三十四分則得重率一·四二之淡養

植物質之大半如炭糖醕燐等能收淡養之養氣故淡養水爲令物收養氣之最有力者金類質遇淡養水之濃者不甚化分之但遇其淡者則其水與淡養多化分放其養氣令金類收之所得金類與養氣合成之質或不能消化或遇未化分之淡養水則成金類與淡養合成之質所化分出之淡養氣與空氣之養氣化合成紅色之霧爲淡養如所用之金類爲銅屑則水成藍綠色若將所得之紅霧引入鐵養硫養水中則水變黑色若將淡養水與輕綠水調和謂之皇強水又名合強水此水能化黃金

淡養遇嗼啡啞或布路西耶則變發光紅色又淡養添鉀養炭養至有餘即成鉀養淡養此質着火即燒如將淡養與極濃之二鐵養三硫養相和再添硫養少許令得酸性則發紅椶色

取法　用朴硝一磅置於玻璃甑內再添硫強水一磅令玻璃甑之口通入里必格之凝器加熱至蒸過者已得大半其少半必漸增熱至將乾而止又如將淡氣一分與養氣五分調和以電氣光星行過則化合成淡養

近時英書不載取淡養之方但云取淡養用鉀養淡養或鈉養淡養合於硫養與水蒸之每百分含淡養輕養七十分或無水淡養六十分其重率得一·四二

多取之法用祕魯國所產鈉養淡養置於極大之鐵甑內以前法加硫強水而多用瓦凝器受之其各器以管相連一千八百三十六年之倫書準用之硝強水濃而能發霧一千八百五十一年之倫書準用更淡之硝強水一千八百六十四年之英書準用其濃者但淡者易於存貯若濃至重率得一·五者遇光則速變紅色因生淡養之故也由是濃者亦漸淡矣

以上取法之理因鉀養淡養遇硫強水則化分而鉀養與

硫養化合成鉀養硫養所放之淡養上升合於水霧成有水之淡養如爲極濃者必配水令淡硝强水之重率一·四二者每百分含淡養輕養七十分或含無水淡養六十分

試法　硝强水之濃淡可依其重率定之如英書所定者重率得一·四二如將硝强水九十釐與水半兩調和漸添鈉養試水一千釐適能滅其酸如將淡養加熱熬乾應全變爲霧質設有餘下之鹽類質或爲硝等如淡養內含淡養其色必黃或如橘皮色少加熱則淡養散去而色不見如將淡養加水幾倍體積令淡再添銀綠水或銀養淡養水如有結成之白質卽銀養硫養則知其含硫强水若添

銀養淡養水有結成之白質卽銀綠則知其含鹽强水如能消化黃金則知含綠氣而未與他質化合尋常造硝强水所用鈉養淡養內含碘質故所成硝强水初時帶棕色可用小粉水試其含碘與否此種含碘强水如久存之則碘與養氣化合變爲碘養卽失去棕色此說爲醫士沛離拉全藥品書所載者

功用　硝强水之極濃者爲最烈之烙炙藥數種惡毒爛瘡或痔瘡或毒蟲咬刺之瘡等病皆可用之但須謹慎不可誤用若服之則爲最猛之毒藥能消蝕內皮硝强水之淡者有數病可用如身內各津液欲令其得酸則可用之但與硫强水有兩種分別一服之不能作收斂藥二有改血之性有人用以治數種疔毒病與溺中有草酸食物不消化肝病魚鱗瘡等皮病如作改血藥用之間有與鹽强水合而服之者

畏忌　鹼類土類金類與養氣合成之質金類與炭養或硫合成之質又燒料類酒醋鐵養硫養鉀養醋酸鈉養醋酸鉛養二醋酸

解法　各土類與炭養合成之質卽如生白石粉與提淨白石粉等又鹼類與二炭養合成之質如肥皂亦可解之

淡硝强水

取法　用硝强水六兩添蒸水二十四兩待冷至六十度加水配滿三十一兩卽成又法用含一升之瓶瓶頸有記號記其至一升之處將硝强水二千四百釐盛於玻璃瓶漸加蒸水將滿一升搖動之待冷至六十度則添蒸水配足一升

英書準用之淡硝强水重率得一·一〇一每百分重含無水淡養十五分但倫書準用者更淡每百分重含無水淡養十二分重率得一·〇八二如將淡硝强水六錢漸添入鈉養試水一千釐適能滅其酸

服數　淡硝强水以十滴至三十滴爲一服添水等質服

之。凡服此藥或服各種強水之藥不可遇牙齒應用鵞毛管或玻璃管吸入爲佳。否則牙遇強水恐漸枯爛也。

碘

碘之西名譯曰非由辣花色。此花之色與茄花色略同。碘之霧似之故得此名。一千八百十二年化學家古爾土阿初得此物。彼時在海濱燒一種海草將其灰分出鈉養之時在餘水中得此質。然此雖爲新得之原質而其雜質之入藥品者承用已久。海水與數種井水中含碘。又海草海絨珊瑚類數種蛤類之質亦含碘。印度國北境雪山其土人多生瘤有一種海草爲拉米那里耶之類土人取之名

曰治瘤葉。又南亞美利加有一種海草生瘤者取其梗食之名曰治瘤條。可見未知原質之時得其益者已久矣。

形性　碘之顆粒形似鱗片而有光色。又有法得其顆粒爲長八面體其底斜方其色藍灰光如金類其味辣其臭略與綠氣同重率得四.九四。其質軟手指能撚碎令皮膚染黃色。水中難消化。每碘一釐須用水七千釐方能消化。醋與以脫俱易消化成紅棱色之流質。又易在白散油內消化冷熱適中自能化散加熱至二百二十五度則鎔爲流質再熱至三百五十度則成茄花色之霧甚爲悅目。此霧性重而甚奇與空氣相比重率得八.七與輕氣相比則爲一百二十七與一之比故定其分劑數爲一百二十七。大半原質之分劑數亦與其霧之重率相同。如水中含一種鹽類質則碘更易消化。藥肆中所作之碘浸酒依此理爲之甚便。化學家特巴尼云水中添樹皮酸則碘更易消化即如水六兩添樹皮酸二釐能消化碘十釐。

碘與小粉調和則成藍色。化學家皆恃此性分別含碘之物。如將小粉用沸水調和成漿待冷如添含碘之水調和則碘與小粉化合成藍色之質。雖漿極稀亦能如是。近時化學家以所成之質名曰阿美弟尼若碘已與他質化合者則用上法不能顯出此性。故所試之質內必加綠氣水

數滴。或含綠氣之鈉養則碘隨即分出而令小粉變藍色。如用別種死物酸質添入其水中亦可分出其碘。但所試之質內除含碘之雜質並含碘養[五]之雜質兩種外不能隨即變藍色（觀鉀碘試法節）凡添綠氣在含碘之質內不過能放其碘。如用酸質則化分其含碘之質成輕碘。如加熱或久遇空氣則輕碘之輕與養氣化合成水而放出其碘。淡養[五]質內略含淡養[三]者與綠氣有同性因淡養[三]能速放碘質。此爲化學家普來司考得之據。

碘雖藏於各質之內人不難取而用之。然欲分出其純者祇有一便法故藥肆家與製造家所用之碘皆依此法爲

之其法用數種海草曬乾燒灰蘇格蘭之哥拉斯哥皆用此灰取碘化學家苦來哈末云用海草灰取碘大半從夫故思拜勒馬拖思海草之長梗得之此種海草生於海水深處故取之者必擇岸高海深之處方能多得醫士杜來勒云海草之多含碘者為離根飄至海岸邊之草大半為夫故思弟其大多思與夫故思羅里由司兩種若海濱能收割之草大半為夫故思浮息古羅蘇思與夫故思色拉徒思兩種所含之碘不多又拉米那里耶類之海草多含碘其最多者名拉米那里耶弟其打打造碘之肆云蘇格蘭之該內斯所得之海草每灰一百噸能取碘一千磅則每灰二百二十四分能得碘一分

海草灰內分碘之便法將灰之粉與水調和令水消化其能消化之質而待其不消化之質沉下取其水熬之至鈉養炭養與鈉養硫養等鹽類質結成顆粒則去之待冷時有鉀綠顆粒結成餘水色黑內含鈉碘等質再添硫強水至有餘則其水放出炭養氣輕硫氣與硫養氣再待一二日則將所得之水添入錳養盛於甑內加熱則有水與碘蒸出用受瓶受之

此法之理因含碘之水中尚有含綠氣之質在內故加硫強水與錳養令其其遇含綠氣之質則放其綠氣觀輕綠節依

前說綠氣遇含碘之質能令其放碘依尋常之解說錳養之養氣一分劑與水中之鈉化合而放出碘質其硫養與鈉養及錳養化合成鈉養硫養與錳養硫養

試法　試碘之法有三發露現茄花色一也遇小粉則變藍色二也能在鹼類水中消化三也三法合試則物無遁形但藥肆出售之碘每含炭或筆鉛或錳養其常有之雜質為水每百分有含水十五分至二十分者此種碘外觀似溼黏於瓶邊凡碘在以脫內應全消化又取碘常用海水或海草每含碘衰或溴衰得碘之後此二質尚未分出故英書中另有試法能定其純與否法曰乾蒸之應無餘質初蒸過者其中無細而無色之顆粒嗅之應無綷氣試碘求數之法用鈉養硫養此質收水之養氣而放其輕氣輕氣遇碘令變為無色之輕碘故將鉀碘十五釐以水一兩消化之再添所欲試之碘一二七釐消化之漸添鈉養硫養試水至一千釐適能全滅其色則為純碘

曬乾碘質便於造各藥品之用蘇書定法將碘盛於淺盆內相近處置新石灰重十倍至十二倍關於小箱中令箱內空氣容積極少則石灰收其碘內所含之水後將碘取出盛於乾瓶內若不與瓶相黏則知其已乾

功用　昔人用海絨灰治瘤病而不知此灰之功用因何

而得後考知此灰因含碘而有功用故近來以碘代其灰如服之則碘入血中久服之則血漸淡故血流行全體必收肉類之質以補之曾有人用之過多女子乳頭漸小至無丈夫外腎漸小而無此為其據疔毒與瘰癧兩種病用碘有改血之大功即如第二等疔毒或第三等疔毒可用碘與鉀碘但第一等疔毒用碘無大效瘰癧病各節腫脹諸核腫大等病用碘有大效如濃碘雜水可用毛筆搽於患處又可作引病外出之用大略為皮膚收進散入各處之肉與水內又有一功用能為水腫病之利小便藥服之者用化學之法試其溺可知其含碘但用碘過多則生一

種病名曰碘病其要症久發熱腦氣筋不平安煩惋善怒眼多淚鼻多涕面腫或發泡

服數　以一釐至五釐為一服必與柔輭之膏相和服之

解法　先服小粉水極多再服吐藥又服小粉水另必用法免腸生炎之病

小粉碘

此藥英國醫士布該南創為之其法用碘二十四釐加水少許磨勻後漸添極細小粉一兩磨勻少加熱令乾將藥粉盛於瓶內塞密令不遇空氣

服數　初服半錢後漸加多曾有醫士用此藥成大服

碘雜水

取法　用碘二十釐鉀碘三十釐添入蒸水一兩消化之此方一千八百六十七年載入英書中每二十四釐含碘一釐鉀碘一釐半內服外敷皆可無烙炙之性碘洗藥常有烙炙之性也

服數　以五滴至十滴為一服

碘雜酒

取法　用碘半兩鉀碘四分兩之一正酒醕一升消化之此方與倫書之方相比碘之數同但鉀碘數為其四分之一每六十滴即一錢含碘一釐鉀碘半釐凡服碘者以此

雜酒為最便可與水相和服之或與舍利酒相和服之

服數　初服十滴漸加至半錢為度

碘霧

取法　用碘雜酒一錢水一兩盛於吸霧器內少加熱則所發之霧吸入肺中

一千八百六十七年英書載入此方同時有他種吸霧之方補載英書之內如牙牀骨肉久生炎用之有效如因疔毒而得此病者用之更效有人用此治肺癆病

碘油膏

取法　用碘三十二釐鉀碘三十二釐準酒醕一錢磨勻

再加熱豬油二兩。

功用　如因瘰癧而核腫大，或瘤或結喉下核變大等病，可搽於患處。

碘洗藥

取法　用碘一兩，又四分兩之一，樟腦四分兩之一，鉀碘半兩，加正酒醕十兩消化之。此方之濃得一千八百六十四年英書準用之半。

此藥與雜酒不同，雜酒每四十分含碘一分，此藥每八分含碘一分。雜酒可內服，此藥宜外敷。一千八百六十四年英書準用之洗藥太濃，故近時定用淡者。此洗藥可代累

撾勒所設之碘浸酒，可為外科之用，能散瘰癧與瘤等，而有烙炙之性。醫士有因尋常之碘洗藥速收而乾，不能由皮膚引進，故不用酒醕消化碘質，而用各里司里尼消化碘質。各里司里尼化散甚遲，皮膚久得其功，益不致停頓

碘與硫合成之質

碘硫

取法　用碘四兩，硫黃花一兩，二物置於瓷乳鉢，磨極勻，盛於玻璃瓶內，鬆塞瓶口，少加熱，至其內質漸變黑色，待各處之黑色平勻，增熱令鎔，則將瓶向各方向平置，如有分出之碘黏於瓶邊，則為鎔質收回，後漸退熱，待流質凝結，則擊碎玻璃瓶而取其料，擊成小塊，存於瓶中，塞之甚緊。

碘硫為灰黑色之定質，其顆粒內有半徑線之式，其臭與碘略同，遇皮膚令染成黃色。每碘硫一分，能用各里司里尼六十分消化之，但不能在水中消化。如在水中加熱令沸，則能化分。將碘硫一百釐與水相和，加熱令沸，則碘變霧而餘下硫黃二十釐。此藥於一千八百六十七年載入英書，由昔時之倫書錄出。又有法作碘硫，因無大用，故不詳焉。

功用　此藥外科家常用之，用法與油調和作油膏。

碘硫油膏

取法　用碘硫三十釐，熟豬油一兩，先將碘硫在乳鉢內研極細粉，後漸添油，至膏極勻淨，以手撚之無細屑，即成。此方由一千八百五十一年之倫書載入英書，其功用能治數種皮膚之病，如瘰癧等是也。

溴

溴之西名譯曰臭質。一千八百二十六年化學家把拉台初得此物，所用之法，將海水熬鹽，在餘水中分出此質。海水每百磅含鈉溴或鎂溴五釐，實含溴三．三釐，可知溴非常見之物。地產石鹽鹹井之水，數種井水，海菜海草海中

動物海絨灰皆含溴質、但其數極微、

形性　溴為深紅色之流質、如分為極薄層、則變為紫紅色、最易化散、存於瓶中、必塞之甚緊、溴之上面、應加水一層、其味辣而惡、其臭難當、能止肺之呼吸、與綠氣略同、重率得二．九六、其霧重率、以空氣為主、則得五．四、每霧一百立方寸、重一百六十八釐、加冷至負四度、則凝為定質、顆粒甚脆、色灰似鉛、光若金類、有含水者、則結成八面體、冷熱適中之時、自變為紅棕色之霧、與淡養$_{4}$略同、加熱至一百十七度則沸、能令皮膚染黃色、不久即滅、又有烙炙之性、遇植物之色即滅之、遇火亦能滅之、火將滅之先、上半

變紅、下半變綠、有數種金類如銻等、置於溴內、隨即着火、溴在水中難消化、在醕內易消化、在以脫內更易消化、遇油類之質則化分之、成輕溴質、

取法　凡化分含溴質之法、先消化之、而令綠氣行過、或將海水熬鹽、在餘水中添入輕綠與錳養、或將日耳曼鹹井之水熬鹽、將其餘水、用同法分取、其理因輕綠之輕、與錳養$_{2}$之養化合成水、而其綠氣之一分、與錳化合、又一分與溴化合之本質化合、則溴放出、可蒸之與水同出、用凝受器受之、

試法　試溴之法、觀其流質、視其色、權其重率、察其臭味、

消化於水難、消化於正酒醕易、消化於以脫更易、易於自散、遇金類能着火、遇小粉變橘皮色、遇銀養淡養$_{5}$結成黃白色之定質、為銀溴、

功用　溴能感動人體、引炎外出、又可作烙炙藥、又能感動吸液各管、藥方中用溴常與鉀、或鈉、或淡輕$_{3}$化合、造藥之工夫內、有用溴者、取藥與試藥之工夫內亦用之、與鈉養水相和、則純者無色、如再添碘少許、而添小粉水、則不變藍色、

藥品中有鉀溴、淡輕$_{4}$溴、鐵溴、等含溴之質、

服數　用溴一分、添入水四十分、或正酒醕四十分、調和

之、以五滴至六滴為一服、如作洗藥、或置於軟膏藥、令溼、則用溴一分、水或酒醕十分、與服方相較、其濃得四倍、

解法　與碘同、

綠氣

一千七百七十四年、化學家西里考得此物、以為雜質、拉夫西愛謂之含養氣之鹽強水、自脫里謂之養鹽強水、該路撒克與替那特、疑為原質而無憑、因其色黃綠、故謂之綠氣、一千八百九年、化學家兌飛、定為原質、萬物內不能遇獨成之綠氣、俱與他質化合、死物質內、有此質頗多、俱與金類化合、如鈉綠即食鹽、海水中含之不少、生物質內

亦有含之者醫士普牢脫云動物胃中消化食物之時有輕綠氣發出不與他質化合

形性　綠氣之色綠黃重率二五每一百立方寸重七十七釐受空氣壓力四倍或受極大之冷則化爲光黃色之流質其味極澀其臭極猝令人不能呼吸雖與空氣調和已淡人尚不能呼吸滅植物之色最易而因滅色之事必藉水與光故化學家疑其綠氣令水化分新分出之養氣與有色之料化合而放出之輕氣與綠氣化合成輕綠如將綠氣行過水中能收其兩倍體積之氣又醋與數種生物質亦能收綠氣然尋常爲綠氣所化分所放出之輕氣

與綠氣化合成輕綠綠氣能與大半原質及金類化合又能與養與輕化合成酸質綠氣不能燒但綠氣中略能燒物如燒燭置於綠氣中其火變紅色而發焰較之在空氣中已甚小矣如將燐與銻之極細粉添入綠氣內俱能自着火綠氣不能通電氣而能漂白能滅臭凡動植諸物質所放出之惡臭綠氣俱能滅之其滅臭之理將臭氣中之輕氣與綠氣化合成輕綠則臭氣內失去輕氣化分而變爲無臭取綠氣而爲漂白等用宜用多造之法若任取含綠氣之質令綠氣分出則用試造之法可也

取法　將尋常食鹽四分錳養三分硫強水七分又水七分各物置甑內加熱收其氣又法將錳養與輕綠氣調和則錳養之養與輕氣化合成水放出綠氣一分剩又有一分剩與錳化合成錳綠或將含綠氣之鈣養或鈉養添酸質則綠氣易放出可收之收綠氣之罩內必用暖水如用冷水則水收其綠氣用水銀則綠氣與水銀化合

試法　試綠氣之法以色別之或以臭別之或以其漂白之性別之水中含綠氣如添銀養淡養則有結成之白色質形如豆腐名銀綠此質遇光則變黑色淡養水中不能消化加熱則鎔成明質如牛角故西國俗謂之角銀如將金箔在綠氣水中浸之能消化至盡

功用　能令皮膚發紅能滅臭人若吸此氣則氣管閉而死

解法　吸淡淡輕氣與水氣觀綠氣水節之解法

含綠氣之藥品　鈉養綠氣水與鈣養綠

綠氣水

用上取綠氣之法令綠氣行過水中則得綠氣水甚易此水易爲日光所化分其化分之故因水化分而放出養氣其輕氣與綠氣化合成輕綠

形性　此水有淡黃綠色其臭與綠氣相同其味澀遇植物顏色料隨即滅壞遇腐爛動植物質之臭即滅之如令

此水遇空氣則能滅色與臭或用含綠氣之鈉養與鈣養亦可

取法　用極細黑色錳養粉一兩盛於受氣瓶內另用輕綠六兩水二兩調和添入瓶內少加熱而用玻璃管引出所發之氣至洗氣瓶此瓶含水二兩必用管自洗氣瓶引氣至容三升之瓶底此瓶必含蒸水三十二兩瓶口用生麻鬆塞之待綠氣發盡將瓶取起仍鬆塞之而搖動令綠氣全為水所收將所得之水傾入綠色玻璃瓶內用玻璃塞塞之極密存於無光而涼爽之處

用上法所得之綠氣為極純者每綠氣一體積消化於半

體積之水內每水重千分含綠氣六分即每水重一百六十五分含綠氣一分如將此水添入靛藍硫養之淡水中則藍色亦滅綠氣水之重率得一·○○三如將鉀碘二十釐以水一兩消化之再添所作之綠氣水一兩即四百三十九釐則成深紅色再添鈉養硫養試水七百五十釐則紅色全滅知綠氣水一兩含綠氣二·六六釐

試法　觀綠氣試法節

功用　綠氣水為惹胃之毒藥亦可為烙炙之用如多加水沖淡而服之可為補火藥或用為洗藥或用為漱喉藥此藥有補火之性又有改血之性有醫士云合强水之大功藉所含之綠氣如有人誤服輕衰或輕硫可用淡綠氣水為解藥但用之宜謹慎

綠氣水可用以試碘又可用以試嗼啡啞與雞那霜如將雞哪霜水添新綠氣水再添淡輕養水則變綠色又將嗼啡啞醋酸以同法試之則變椶色再加綠氣至有餘則色盡滅

服數　以一錢至四錢為一服必加水或別種流質八兩調和服之如用作洗藥或漱喉藥則每綠氣水一分加入別種流質八分

解法　鎂養白石粉肥皂阿勒布門蛋清皆可解之或飲

多水令淡亦可

綠氣霧

取法　用含綠氣之鈣養二兩盛於吸霧器內以水溼之吸其所發之霧

此藥於一千八百六十七年載入英書中所吸之綠氣能治臭爛之喉痛或爛喉痧症或口臭之病

綠氣與養氣合成之質

綠氣能與養氣化合成數種質各質內養氣之分劑數不同因各種藥品書不詳載故此書祇記有此物不必記其名即如綠養為養氣最多者與本質化合成數種鹽類其

鹽類中有鉀養綠養爲藥品書中所準用者觀鉀節

輕綠氣

輕綠氣俗名鹽强水爲輕氣一分劑與綠氣一分劑化合而成天成者近於火山處有之又火山噴出之鎔料中其分裂處遇輕綠氣與淡輕化合又印度國之磚窰在涼爽處者亦遇見之

純者爲無色之氣質其臭辣令人不能呼吸其味酸遇植物質之藍色變爲紅色如遇薑黃試紙令變棲色加大冷能凝爲流質加四十倍空氣壓力而熱度爲五十度能變爲流質祇加熱則無變化之事凡着火之物置於其中火即立滅與水之愛力極大能吸空氣中之水而成濃霧每一百立方寸重三九七七釐重率得一二八三水冷至四十度每一體積能收輕綠氣四百八十體積既有此性故能作鹽强水取法令綠氣與養氣相遇而成或用下數節所記之各法亦可

功用　人吸此氣即死有人用之爲滅臭藥

尋常鹽强水

尋常出售之鹽强水將輕綠氣收於水中古時化學家奇巴並阿喇伯國人略知有此質而印度國早已知之謂之鹽酸水常出售者色黃內含異質如硫强水淡養鐵綠綠

氣與溴等取法用尋常出售之硫强水傾入尋常鹽類中用瓦器或鐵器作之近時製造之事常用鈉養炭養而造此物必用鈉養硫養造鈉養硫養之法即用硫强水與鹽調和所發綠氣霧有法收之變爲鹽强水重率略得一二八〇其性情與試法觀純鹽强水節

純鹽强水又名濃輕綠水

形性　此水發濃霧吸之有毒純者無色尋常見者少含淡黃色此色與稻草相似此因久存於有光之處化分時有綠氣分出味酸惹口有焰炙之性其臭與輕綠氣同加熱至一百十二度則沸因多放輕綠氣故也加冷至負六十度則結冰與水化合不依比例化合時必生熱重率得一一六每百分重有輕綠氣三一八分此質遇數種金類或金類與養氣合成之質其變化須考究甚明即如鋅與鐵遇鹽强水則化分而放出輕氣而綠氣與鐵或鋅化合又如遇金類與養氣合成之質則不發輕氣此因輕氣與養氣化合成水而金類與綠氣化合然淡輕爲不合養氣之質故遇淡輕則與之化合成淡輕輕綠如遇植物鹼類質雖屬不合養氣亦依同理與之化合但植物鹼類質與輕氣彼此不相關所以輕綠徑與鹼類化合如嗎啡啞輕綠等質是也

取法　用乾鈉綠四十八兩。另將硫養三水四十四兩。傾入冷水三十六兩中。待冷。傾入容八升之瓶內。添入鈉綠。用管與軟木塞。令所發之氣引過三口洗瓶。此瓶必插一管。似萍門之意。以防氣滿而瓶裂。內含水四兩。三口瓶亦必有管通至含蒸水五十兩之瓶。其管至水面下略半寸。將含料之器加熱。則所發之氣。必過洗瓶。爲蒸水所收。待蒸水體積至六十六兩。或重率得一·一六而止。其含蒸水之瓶。必用法加冷。否則水不肯收綠氣。

以上取法之理。因鈉綠與水俱化分。鈉綠之綠與水之輕合爲輕綠。而水之養與鈉綠之鈉合爲鈉養。硫養三遇鈉養成鈉養硫養三。如鈉養少。則與硫養三二分劑化合。成鈉養二硫養三。

試法　凡濃輕綠水遇淡輕三水。所發之霧相遇成濃白霧。此爲其據。含輕綠之水中。添銀養淡養五水。則結成白色之質。形如豆腐。爲銀綠。遇空氣則變爲黑色。置於淡輕三水中。能消化。置於淡養五水中。不能消化。重率得一·一六。即與倫書所定者同。較之一千八百六十四年英書所定者更淡。因此書所言重率爲一·一七。每百分重含輕綠三四·二分。輕綠水純者無色。置金條於內。雖加熱亦不消化。添入靛藍硫養三不滅色。從此可知其含不化合之綠氣與溴或否。

用金箔試之之後。可添錫綠水。如金箔稍有消化者。遇錫綠水則結成黑色之質。又純輕綠水熬乾之。應無分毫餘質。如輕綠水添蒸水令淡。再添銀綠水。若無結成之質。則知不含硫養三。並不含含硫養三之雜質。又輕綠水令輕硫氣行過。若無結成之質。則知不含金類。並不含金類與養氣合成之質。如將光亮紅銅薄片置於輕綠水中。加熱令沸。如銅光不變。則知不含鉮。觀鉮節　沛離拉藥品書云。可用鐵養硫養三試其含淡養四或淡養二否。每一一四·八釐重之純鹽强水。添入蒸水半兩。漸添鈉養試水至一千釐。適能滅其酸。

功用　鹽强水爲烙炙之毒藥。外科用以殺浮肉。如加多水沖淡。可用作漱喉藥。可治會厭寬鬆。或喉腐爛之病。又可服其淡者。作酸性之劑。但無收斂之性。胃中常有輕綠氣。故醫家用以治胃汁不合之病。如胃汁中少輕綠。服之自得其益。又溺中有燐質。亦可服之。又治數種發臭之熱病。亦有人用之。或應用硝强水爲改血藥。可用此藥代之。或與硝强水同用。亦可。凡內科方中用鹽强水。必爲淡鹽强水。而藥肆出售之淡鹽强水。尚嫌其濃。必加水或別種流質。方可服之。

解法　鎂養肥皂水。鈉養二炭養二。鉀養二炭養二。乳。或潤腸

之劑俱可用之白石粉不可用因綠氣與鈣化合成鈣綠爲毒藥

淡鹽强水

取法　用鹽强水八兩添蒸水十六兩待熱度略至六十度則加蒸水至準六十度熱其得二十六兩半又法用鹽强水三千〇六十釐傾入量瓶內此瓶頸有一升之記號添淨水至將及一升則搖動之待熱準六十度配滿一升此方與蘇書所載之方同較之倫書阿書之方稍濃重率得一·〇五二

如將此水重三百四十五釐漸添鈉養試水至一千釐適

能滅其酸卽每百分內含輕綠一〇·五八分每重六錢卽三百四十五釐含輕綠一分劑卽三六·五釐卽與他種淡强水同法配成

服數　以十滴至二十滴爲一服添入潤性流質內或糖漿內或苦味藥類內服之如喉間生潰瘡可用淡鹽强水一錢與蜜糖一兩調和用毛筆搽患處

畏忌　鹼類質與大半土類質含養氣之質含炭養氣之質又鉀硫與鉀養果酸及銻養果酸鉀養果酸又銀養淡養五與鉛養醋酸俱不可同用

淡養五輕綠强水　又名合强水

作此種强水之法將鹽强水合於硝强水此種强水承用已久古時阿喇伯人能用藥水消化黃金必已知此强水矣

形性　合强水色黃如金臭與綠氣略同不能呼吸其霧能惹皮膚有烙炙之性與他種强水同

取法　用純淡養五水一分純輕綠水二分盛於綠色玻璃瓶內瓶塞必配之甚準宜置涼爽處此爲阿書中準用之方

兩種强水相合則各强水化分其淡養五放養氣一分劑與輕綠之輕化合成水所放出之綠氣有一分飛散其餘與

淡養四在水中消化但所用之兩種强水如不合一與二之比所多者其餘質不化分化學家該路撒克云合强水爲淡養與綠氣化合而成其比例爲淡養一分劑綠氣二分劑如多遇日光則水之一分再化分而成輕綠

試法　分別合强水之法可先試其化金與否其化金之理因含綠氣也如添銀養淡養五於此水內則有結成之質爲銀綠此物能消化於淡輕水內而不能消化於淡養五水內如合强水內添一鹼類質則有兩種質結成一爲含綠氣之鹼類質一爲含淡養五之鹼類質

淡合强水

取法　用淡養水三兩，輕綠水四兩，與蒸水二十五兩相和。一千八百六十四年英書之方，較之一千八百六十七年者更淡，故前用淡養水二兩，今用三兩。

試法　重率得一・〇七四。如將淡合强水六錢，漸添鈉養試水至九百二十釐，適滅其酸性。

功用　合强水爲烙炙性之毒藥，如加水沖淡而服之，能感動皮膚與肝。如溺中有里的酸或草酸結成之質，則可服之，但此種病，如祇用一種强水，非徒無益而有大害。合强水之功用，大約因有未化合之綠氣在內也。

服數　以五滴至二十滴爲一服，必加水調和令淡。外科中用法，將海絨醮於淡合强水內，令溼，揩其全身，或用洗足盆盛暖水，每水八升，加濃合强水一兩至二兩。

炭

炭爲萬物中最多之物，如硬煤、軟煤、筆鉛等物，大半爲炭質。其最純者成顆粒，即金鋼石也。大半植物動物質，亦爲炭質與養氣化合，則爲炭養氣。空氣中必含之，又數種井水亦含之。石類內亦有此質，如白石粉、大理石、灰石等是也。

筆鉛。此由山中挖取，其材料幾爲純炭質，或以爲鐵炭，但化分所得之質，其迹極微，間有每百分含鐵五分者，有數處遇六面形之顆粒，重率略得二・五，不能透光，其色鋼灰，其光如金類，磨之極滑，能造筆寫字，故謂之筆鉛。英國岡比爾蘭省之博羅待拉有一山，所產筆鉛最爲著名。昔時醫士皆用筆鉛爲藥，內科用之，如木炭；外科用之，如炭油膏。近時醫家皆用木炭矣。

木炭

取法　木炭爲炭質，尋常遇見之形色黑，無臭無味，不能化分，不能鎔化，不能消化，不能改變，其重率不定，傳熱甚難，通電氣甚易，能滅臭，能去物質之臭與色。此因能收各種臭質並數種氣質，如輕硫與炭養是也。炭易在空氣中燒，能發光與熱。燒時與空氣之養氣化合，成炭養氣。如燒炭若干，較之等重之木，更能發熱。此因木中水多之故也。炭之形與質紋，略與原木同。如將煤置鐵鍋內蒸之，則變炭質，即枯煤也。

取法　尋常取法，將木料成堆，用泥沙等物蓋之，燒時不遇空氣。英書云，取木炭法，將木加熱至紅，不遇空氣，即成無論用何法，因少遇空氣，則木之炭質不能多燒，但其養氣、輕氣與淡氣俱放出，而放出之先，已化合，然化合之比例各不同。所餘之炭質，自含其木之灰，即鉀養炭養、鈣養炭養等。此等灰質，不可謂多於百分之二。凡木百磅，應成炭十四磅至二十三磅若將油類或松香類燒之所用之養氣少則自散之質化盡之後所餘之質即炭之細粉謂之煙炱如爲藥品之用則無論何法所成之炭俱可用之必先將炭質封於器內加熱至紅令其自散之質散盡待冷存於瓶內塞緊如與麪粉調和作餅則爲服法之最便者

功用　炭能治物腐爛而滅其臭又如食物不消化或赤白痢等所有口臭或大便臭惡病俱可治之近時醫學家司對納好司用木炭粗粉置於吸氣罩內凡人常遇臭惡之氣者應帶之而免臭惡之害因木炭不第能收其臭惡

令不至肺中又能令其化分免其臭之害也

服數　以十釐至一錢爲一服外科中用一錢或二錢與熬豬油一兩調和作油膏

炭軟膏

作此膏之法用木炭粉四分兩之一饅頭二兩胡麻子粉一兩半三物調和依法爲軟膏再將炭粉四分兩之一散於其面乘暖時敷於臭瘡之上能滅其惡臭

動物炭

取法　用動物之骨與動筋等質盛於鍋內封密之加熱至紅至霧已發盡爲度所得之質磨成細粉謂之骨炭又謂之象牙炭每百分重含鈣養燐養五與鈣養炭養二八十八分（觀鈣養燐養五節）另含鐵炭與鐵屑二分並含硫與金類化合之質極微其味稍苦與木炭易於分別其法將炭少許置於紅熱之鐵塊上燒之餘質多者爲動物炭餘質少者爲木炭動物炭之灰大半爲鈣養燐養五遇硫養三無甚變化木炭之灰大半爲含炭養之質遇硫養三則消化而成苦味之水動物炭爲藥肆中之正藥其大用處能收去生物質之顏色料有此性情之故因炭質在其鈣養燐養五等質中分開極細故其面積變大所過之流質其色料易收即如欲燒成植物炭之料中添白石粉或火石粉則成炭之後其性

略與動物炭之性相同但究屬相差甚遠工藝中用動物炭提淨生糖去其顏色料而得白糖又可造檸檬酸果酸植物鹼類與其鹼類所成之鹽類如雞那鹼嗎啡啞非辣得里亞是也動物炭做此各用可屢爲之每用一次其性已失可曬乾或烘乾散出其水置器中封密加熱至紅待冷可復用之其法將所欲滅色之料與此炭調和或與炭同煮令沸或將流質在炭中濾過數次俱可化學與醫學中所用之動物炭必先提淨而後用之

純動物炭

取法　取純動物炭有一簡法即將牛血加熱至紅將所

得炭質以水洗淨此法載於倫書中英書之法將尋常骨炭十六兩加蒸水一升再加輕綠一兩少加熱兩日則以多水屢次洗之烘乾置鍋中封密加熱至紅待冷可用此取法之理因輕綠能消化其燐養能化分其鈣養炭養二並含硫之質又能放出其炭養氣與輕硫氣少許水中亦收其鈣綠將所得定質屢次洗之祇餘鐵炭少許並矽養二少許和合於炭中醫學家司對納好司云不可依上法將所得之炭置於鍋中封密加熱至紅因此事能令炭粉合成硬塊而減其滅色之性

提淨之動物炭能滅力低暮司(又名里低毋司)之顏色料如在空氣中燒之則餘質極少

功用　動物炭之功用大於植物炭之功用其故略因炭之質點相距更遠能收數種氣質於內不致放出生物質腐爛所發之臭惡收之極易故病人房中有臭惡之氣動物炭能收之如腐爛臭瘡等症用動物炭收其臭治之更易又如食物不消或赤白痢或大便有血等病服之可收去腸中之猝質或酸質令腸之內皮不爲其所惹藥肆中用之大半爲減質體之色因動物炭能與生物質之顏色相合甚緊故造鹼類植物藥等用此減其色但有一大病因不第能收其顏色料間有收其鹼性之植物質故用之不便(觀草烏頭節)然此雖爲造藥家之弊亦爲解毒之便法因鹼類之毒性在胃中遇動物炭則爲其所收而不肯放出可爲治毒之料誤服鹼類毒性之最重者速服動物炭甚多其毒可解如輕衰等是也又如嗼啡啞司脫立克尼尼每誤服一釐服動物炭半兩足以滅其性但金類之毒如用動物炭治之其功用不大

炭與養合成之質

炭與養合成之質有數種有入藥品者有不入藥品者茲言其各質之性情與其理之大略

炭養氣

此爲無色之氣質無臭無味吸之有大毒重率九七二作法將炭與養氣少許合而燒之此氣雖能滅火然能燒成淡藍色之火卽如燒煤爐中常見藍色之火焰卽此氣也凡木炭緩燒亦有成此氣者若將門窗關閉燒成此氣則有害於人有人用此法自盡化學家都買司云此氣較之炭養氣更毒每空氣二百分含此氣一分足以毒死解此氣之毒必令其人呼吸新氣或令其人呼吸養氣

草酸

草酸爲炭二分劑養三分劑合而成者醫學家或謂之炭酸在此節論之亦無不合惟因其質藉生物質而得之其

性與別種酸質略同故詳列於生物酸質之內

炭養氣

此氣昔人已知之而明其性情但未知其原質一千七百五十七年英國化學家布拉格考得萬物中處處有之因空氣每千分中有炭養氣一分有數處地面發出此氣如意大里國之犬洞容此氣甚多犬暫入其中已中毒迷蒙吸新氣即醒若數分時不出則已死又如噶囉巴有山谷謂之死谷凡動物行過此谷因吸谷底所發之炭養氣即死日耳曼國有一處近於拉克湖每日放出炭養氣六十萬磅又日耳曼國之布路他勒放炭養氣極多足供化學

內數事之用又有數處發出之泉水多含炭養氣故取出時發泡即如鈣養炭養鎂養炭養鐵養炭養爲數種水所含者因其炭養氣無有餘能在水中消化而不分出又如燒木炭等質成炭養氣甚多又發酵之物亦多成此氣而放出凡動物呼氣有炭養氣在內植物於夜間或於陰處常發此氣其數極微地球之料多含炭養與本質化合或與金類礦化合即如大理石灰石白石粉等成大山之材料亦有之

形性　炭養氣冷熱適中之時爲無色之氣質水中消化之其味酸較空氣更重其重率得一·五二每一百立方寸重四七·二五釐尋常水一體積能消化炭養一體積如用加大壓力則能收之更多能令植物之藍色變紅但變紅乃暫有之色不久而炭養散去即復其藍色如加極大之壓力能變爲流質如加極大之冷至負一百四十八度則變爲定質凡火與燒物之火焰炭養能速滅之惟鉀火不能爲其所滅凡動物吸此氣依同理亦必死

取法　將白石粉磨成細粉與水調和成濃漿另將硫養一分與水一分相和傾入濃漿調之所發之氣即炭養氣又法用大理石磨成細粉或別種含炭養之質亦可用淡鹽強水或別種酸水亦可但爲藥品之用而取炭養氣應

用硫養因較別種酸質更難自散也

試法　試炭養之法可用藍試紙令變紅之後不久即復藍色又添入石灰水則變白色如乳因成鈣養炭養在內也又添入鈣養水或鋇養水則有結成之鈣養與鋇養若分出其結成之質置於醋酸內再消化而發泡

功用　炭養氣在胃中則有補火之性吸入肺中人必毒死用炭養氣爲藥之法或用發泡之鉀養水或發泡之鈉養水或各種發泡之藥水或尋常荷蘭水即含炭養之水此水內含鹼類少許但尋常出售者不添鹼類在內也有數處泉水多含炭養氣可以服之另含異質如鐵鎂等故

必擇何處之水合用即用之地洞井礦等處常發炭養氣誤入其中則死又如造酒之大桶或燒石灰之窑或養花木之玻璃房或多人居小房內而不通氣或船上燒木炭而窗內無通風之法此各事內常有人因吸炭養氣而死者人吸此氣似醉似蒙又能令弔鐘塞住氣管而不動也人身外皮遇炭養氣則有止痛之功用故歐洲各國醫士用炭養氣圍病者之身治乳癰與經閉等大痛之病

輕硫氣

此氣有兩種性情一爲惡臭一爲傷人

形性　輕硫爲無色之氣質每一百立方寸重三十六釐

重率得一·一七七加壓力得空氣之十七倍則能成流質此氣能着火燒時成硫養與水凡水一體積能收輕硫兩倍半體積水得其臭味而遇藍試紙令變爲紅色即其酸性也此水不封密則輕硫放出又有輕硫化分其硫結成沉下令水變濁

此氣能與本質化合即如與淡輕化合成淡輕硫又能與數種金類化合如鉛銅鉍銀其各質皆爲黑色銻爲紅色鋅爲白色鉀爲黃色故試各質之工內用輕硫大有益處可用含輕硫之質如淡輕硫或鉀養輕硫俱可凡鹼類或土類之金類不能爲輕硫所結成炭質能收輕硫氣極多

又如腐爛動物質與數種植物質如十字形花瓣之植物質並含硫養之腐爛植物質皆發輕硫氣此因植物質之炭質遇硫養質在水中化分之令放輕硫氣又有數處地中發出之水亦含此氣

取法　用硫養七分加水三十二分再加鐵硫五分則有輕硫氣發出尋常取輕硫之法將鐵硫與水相和盛於瓶內欲令發輕硫時則添硫養水少許足得需用之氣爲限

功用　此氣甚毒雖吸其極淡者亦有害於人但如地中發出含輕硫之水如英國哈羅該特之水並醫士配成之輕硫水或服之或浸身則有補火之性能治皮膚與便溺

之數種病試各藥時多用輕硫故英書之附卷記之凡用者應隨時作之令其氣先行過洗氣瓶後徑通至欲試之水內而所欲試之水應先加强水令得酸性否則所有鋅或鐵或錳含配質最小分劑之質不能凝結其流質含銅鉛錫汞金銀鉍則有結成黑色或深棕色之質如其水含鐵與坡多分劑之配質合成鹽類質則結成白色之質如含鉀則結成黃色之質如含銻則結成橘皮色之質但含土類本質或鹼類本質則無結成之質

解法　吸綠氣或服酸類之質

輕與炭合成之質

凡輕與炭合成之質入藥品者甚少因其有害於人故雖不入藥品亦當考其理以免其害卽如炭輕與炭輕爲煤氣中之要質煤氣中另有炭硫與淡輕及徧蘇里其所發之臭大半藉此各質而得之

炭輕氣

此氣爲炭一分劑與輕二分劑化合而成如久不流動之水常發此氣故水面有小泡又如將水下臭泥挑動之水面亦能發泡依此法所得之氣大略爲植物質腐爛而成開煤洞中常有裂處多放此氣遇空氣中之養氣與之調和成極危險之氣見火則爆裂工人因此而死者甚多如

欲試造可將含醋酸之質化分之能燒成黃色之火人吸之亦無大害如燒之則所成之質爲炭養氣與水故令空氣有含炭養氣之弊

炭輕氣

此氣亦在煤井中發出與前氣略同其造法可用極濃酒醕一分與硫養水五六倍重相和卽得此氣不可吸入肺中遇火能滅之燒此氣能得極亮白光凡蒸煤時能得一種油名巴辣非尼化學家好夫門云此油爲炭輕氣變成流質近有人用以點燈得光略與火油同別種含炭與輕之質或爲定質或爲流質卽如尋常火油前入藥品近時

英書廢而不用但那普塔無論爲人造爲天成常用以入藥然此各質之天成者大半由地中植物質化分而成人造者亦用植物質化分而得之故各質與其原材料同論之爲便觀松香油與他爾（卽黑油）與蒸煤所得之各質數節又觀松樹類節

苦里亞蘇脫亦爲炭與輕與養合成之質能令肉等生物質不腐爛因此質用他爾爲之故詳論於他爾節

炭與淡合成之質

炭與淡能合成一最奇之質西名衰安揺眞譯曰藍毋省文曰衰今普魯士藍以衰爲要質觀鉀衰鐵節

衰

此質爲炭二分劑與淡一分劑化合而成最簡之造法用汞衰加熱放出衰質爲無色之氣其臭最奇最辣與桃仁略同燒成紫色之火易爲水所收易凝爲無色之流質此質之性之最奇者雖爲雜質而能與金類化合理與原質相同又能與輕氣合成一酸性之質名輕衰此質之性有大毒人不可不知之食之極少亦爲良藥然衰爲生物化學內一種雜本質又因輕衰爲數種花草自然而生故詳見於杏仁節

三原質之雜質

生物內有數種三原質之雜質，可入藥品者，炭輕養三箇原質所成之各雜質，如小粉與糖，可與所產之生物質同論之。又有三原質所成之雜質，如酒與酒醕等，可與糖發酵同論之。然其質既非生物質，亦非死物質，乃生物質所成之料也。本書之末，另有一卷論及之。又如以脫爲酸質遇醕所成，故在酒醕節內論之。又如發醋酵，並成醋之工，亦與發酵之事有相關，故在發酵節內論之。

植物酸質

凡論鹼類土類金類之各說內，必論其與各植物酸質合成之鹽類，若將植物酸質論列於此，亦爲甚便。然因各鹽類亦便在酸質之各說中查之，而酸質在其產之之植物內便查，故各酸質詳於植物質內最便，即與植物鹼類同法排列，如

檸檬酸，詳論於橘科之檸檬節
果酸，詳論於葡萄科之葡萄節
草酸，詳論於酢漿草科
偏蘇以酸，詳論於司土辣克西依科之偏蘇以尼節
色克西尼酸，詳論於地產類之琥珀節
沒石子酸與樹皮酸，詳論於阿門達西依科沒石子節

淡與輕合成之質 即淡輕

淡輕，亦謂之淡輕養，古人布里尼已考得之，其書云，將石灰與一種硝類相和，則發極大之奇臭。所云硝類，大約即硇砂，又名淡輕綠。然古人不甚明其功用，不知其爲何原質而成。如印度國人從前亦知造淡輕養炭養，其法將硇砂一分，白石粉二分相合而成，西名阿摩尼阿，即硇砂也。因原從此物得之，故仍其名。古時化學家亦知淡輕水，謂之自散鹼類質。英國化學家布里司德里先考得淡輕氣，一千七百七十四年，試驗各種氣之記錄簿中論之。一千七百五十六年，英國醫士布拉格將淡輕與淡輕養炭養分別甚明，白脫里初知淡輕爲何原質而成，該路撒克初証其爲淡與輕合

成之質。空氣中常含淡輕養炭養少許，每空氣十萬分，含淡輕養炭養一分。雨水中亦含少許。又如大半植物質之汁，如樺木胡蘿蔔甘蔗等汁，亦含之。植物質所含之淡氣，大約藉空氣中之淡輕氣得之。植物腐爛之時，則發此氣。動物腐爛之時，發此氣更多，溺中亦含之，與燐養或輕綠化合，而尿酸與淡輕養衰爲同原之質，如受熱與溼氣，則化分成淡輕養炭養。又有數處之泉水，含淡輕之鹽類質，即淡輕養炭養、淡輕養淡養等。又如日耳曼國故來思瓦特與格星眞或火山相近處，或近於地內着火之煤層間，能遇淡輕綠或淡輕養硫養。英醫士奧斯丁考得凡初生

之輕氣遇淡氣則自成淡輕三化學家古拉特曾言初生之輕氣與淡氣相遇又有空氣與水同時相遇則能成淡輕三故化學家以爲地球面常有此事每日自生淡輕三極多而淡輕三更收空氣之養氣成淡養五之各雜質植物質吸之可大得其益

取法　淡輕三之純者爲無色明亮之氣質其臭辣人不能嗅之有鹼類與烙炙之性黃試紙遇之則變櫻色植物之藍色已爲酸質變紅者遇此氣則復其原色但此種變化祇爲暫有之事因淡輕三極易自散故其色仍變如前如將鈣養或鉀養令遇淡輕四綠則發淡輕三氣可取之如將淡輕三

水加熱用水銀盆收其氣則可作淡輕三之各用此氣之重率得〇五九每一百立方寸重一八二八釐加空氣五倍半之壓力得五十度之熱能成無色之明流質重率得〇七六此事爲英國化學家法拉待創成之淡輕三氣遇水則爲水所收極速而多（觀淡輕水節）酒醕與以脫亦能消化甚多淡輕三氣遇見能化散之酸質如輕綠等則二氣相合成濃白霧淡輕三與酸質化合成鹽類質若其酸質能自散則間得其鹽類質能乾蒸之若其酸質不能自散則鹽類質受熱祇化散其淡輕三淡輕三氣人不能吸之亦不能在其氣中燒物如將淡輕三氣二體積與養氣一箇半體積相和令電

氣光星行過則氣能爆裂成淡氣與水可知其淡氣原與輕氣化合

淡輕三與水化合爲淡輕三輕養即淡輕四養若以淡輕四爲金類原質則淡輕三輕養爲金類與養氣合成之質但淡輕三未有人能分取之祇有說而無憑也

如將汞與鉀兩物調和成膏置於淡輕四綠水內則汞離鉀而與淡輕四化合能得極大之體積此因汞與金類質淡輕四化合成膏與汞與金類質化合成膏有同理凡淡輕三之鹽類質與淡輕四有相關同於鉀養之鹽類質與鉀養有相關即如淡輕三輕綠同於淡輕四綠其式爲

淡輕三輕綠＝淡輕四綠

淡輕三與硫養三等合成之質皆含水一分劑所以

淡輕三硫養三丄輕養＝淡輕四養丄硫養三

英國醫士開那以爲阿美弟即淡輕三爲淡輕三之根原與輕氣一分劑化合即成淡輕四

淡輕三與其各雜質之功用　淡輕三氣能感動人身之各處如專吸之則人必死濃淡輕三水搽於皮膚有烙炙之性能令皮發泡服之則爲消蝕內皮之毒藥但依法服其淡者速爲血質所收有鹼類之性並有補火之性即如胃痛吐酸或溺中有里的酸等病可服之爲滅酸藥凡病不省人

事或疑其將有此病可服之爲補火藥服後顯出其補火之性令人覺有精神又可嗅其水中散出之氣或淡輕養炭養所散之氣若其人已屬不省人事則必謹愼吸此氣恐多嗅亦有害如中輕衰之毒必速服淡輕水又如羊癲瘋與婦女妄言笑腸中或胃中發氣或臌脹可服之爲止痛補火藥又如發狂由他病而來或頭痛或身虛發熱皆可服之能感動腦髓令其不失功用如服之過限則脉數汗多頭腦覺太滿溺中有鹼性服太多則惹胃而吐其含炭養者性與淡輕略同然其各鹽類之性情與淡輕不同即如淡輕養醋酸與淡輕養檽檬酸與別種鹽類質俱有

減血之性後在血中化分變爲含炭養之質在溺中顯出令溺有鹼類性與他種鹼類藥同淡輕養醋酸爲發汗之要品而淡輕綠服之無有在血中變化之性此質亦與尋常鹽類藥不同因有改血性情與定質鹽類之含綠氣者相同有醫士云淡輕水治肝之久病頗有功用

解法　凡吸淡輕氣而中其毒者必用醋加熱吸其氣或吸輕綠氣亦可

淡輕水

此水收淡輕氣英書中有濃淡兩種

形性　淡輕水無色其臭甚烈其味亦烈有鹼類之味重率小於水與其濃淡有比例水含淡輕氣愈多則重率愈小英國化學家兌飛考得水熱五十度尋常空氣之壓力每水一體積能收淡輕氣六百七十倍體積重率得〇·八七五每百分重略含氣三二·五分即略爲全重三分之一化學家多而敦云最小之重率爲〇·八五其濃者加冷至負四十度則凝結其沸度與水之濃淡有相關此因其氣之易散也淡輕水過空氣則多放淡輕又能收空氣之炭養氣與鈣養水同能與酸質合成鹽類能與油合成肥皂數種洗藥中用之又能化分數種含土金之鹽類質並含金類之鹽類質令其含養氣之質沉下有數種結成之質

加淡輕至有餘則再能消化又有數種結成之質與淡輕化合成雙鹽類質即如汞綠淡輕鐵綠淡輕等是也

濃淡輕水

此水製造之工內多用之大造之法用煤氣水或骨酒等質（觀淡輕綠節）所分出之粗淡輕養硫養或別種含淡輕之生鹽類質以鈣養調和令其化分英書中有造此水之方重率得〇·八九一此爲濃淡輕水較之尋常淡輕水更濃故必將每一兩添水二兩即得英書所準用之淡淡輕水重率得〇·九五九即藥肆出售之淡淡輕水也

濃淡輕水每百分含淡輕氣三二·五分每重五二·三釐添

草酸試水一千釐適能減其鹼性

取法　用熟石灰四磅淡輕綠粗粉三磅調和置於鐵瓶中此鐵瓶置於金類盆中外以砂圍之用鐵管等件通入能容一升之三口瓶又用管通過第二箇同大之三口瓶又通過含三升之受瓶此瓶必先盛蒸水二十二兩再通至第四瓶內盛蒸水十兩其第一第二兩箇三口瓶必爲空者第二箇瓶與受瓶必用一彎吸管內有小水銀柱則其金類盆之外可漸加熱至受瓶之管有氣放出爲度受瓶內含所成之濃淡輕水四十三兩

第一與第二瓶內亦有含淡輕之流質此爲有色者因此

質隨氣蒸出必將此水加熱至體積少四分之一而在第四瓶之水中收之此水所收之淡輕氣其多寡可算爲淡

淡輕水

此取法之理因淡輕綠之綠合於鈣養之鈣成鈣綠存於甑內不出而鈣養之養合於淡輕成淡輕氣與水

大造淡輕水之法用生淡輕養硫養與鈣養水相和蒸之其熱漸加漸大至後必極大化學家羅生云甑內含淡輕養硫養一擔共蒸二十四小時能得重率〇·八七五之淡輕水六十磅至七十磅內含淡輕氣每百分有淡輕氣三二·五分然此說與英書有異

功用　濃淡輕水能惹皮膚成泡或爲烙炙之用或將鹽類質收其水在內置於瓶中以嗅其香意與鼻煙略同

淡淡輕水

作此水之法將濃淡輕水一分添水二分此水之重率應得〇·九五九每百分略有水九十分淡輕十分觀化學家楷立由司書所記淡輕水濃淡之說

淡淡輕水八十五釐漸添草酸試水五百釐適能減其鹼性

試法　淡淡輕水其臭味性情與淡輕氣同如加熱則化散成霧速減其性故將黃試紙置於霧中則變棕色遇空

氣不久卽復其原色如將鈣養水滴入有結成之質爲鈣養炭養則知其水含炭養氣之質或用鈣綠代鈣養試之亦可如添淡酸質則不發泡又如添淡養至有餘再添二淡輕三炭養或添銀養淡養皆無結成之質則知其不含土質不含輕綠並不含含綠氣之質如添鋇綠水而無結成之質則知其不含硫養尋常之淡輕由煤氣水而造之故常含煤氣油質卽如最多之質含貝路里試含此質之法添硫養至有餘如變紅色則爲含貝路里質又加硫養至有餘如含煤氣油質則發煤氣之臭如添草酸水而有結成之質爲鈣養草酸則知其含鈣養

畏忌　各種酸質、酸性鹽類質、大半金類鹽類質、

功用　淡輕三並其與炭養二合成之各質性情略同、其濃者有烙炙之性、服之過多、則爲消蝕內皮之毒藥、外科中用之、能令皮發紅、可治蚊蝎等所傷之病、又可治數種毒蛇齩傷之病、吸其淡霧、或服其淡水、俱能速顯其補火之性、又能感動腦與腦氣筋、故人將昏迷不省、或將發癇症、服此藥可免、性與輕衰相反、故能解輕衰之毒、舍此藥之外、無他藥可解其毒也、由此可知淡輕三第一功用爲補火、第二功用爲減酸、服之能治胃或血或身內津液如汗與大小便之類多酸之病、如欲久用鹼類之藥、則此藥之弊小於鉀養鈉

養等質、然服之過久、能令筋肉漸瘦、因消化其蛋白質、凡胃與腸中有氣、而同時有酸與內熱、則服淡輕三水爲最妙之藥、又如溺中有里的酸、或痛風、或風溼、亦可服之、得其功益、淡輕三水亦有化痰與發汗之性、但發熱身弱等病、其體中鹼質太多、或血太淡、則不可服、又如水手身虛泄血之病、與流血各病、亦不可服之、

服數　十滴至三十滴爲一服、添入水中、或樟腦雜水、或乳、或潤劑、俱可、

解法　醋酸、檸檬酸、或植物酸質、俱可解之、

用淡輕三配成之藥　淡輕三汞、與樟腦雜洗藥、用濃淡輕三水、汞洗藥用淡淡輕三水、

淡輕三阿魏酒

取法　用阿魏一兩半、濃淡輕三水二兩、先將阿魏杵碎、置於有蓋之壺內、用正酒醕十五兩浸之、以二十四小時爲度、再蒸去其酒、將所得之餘質與淡輕三水調和、則添正酒醕足滿一升、

此方原載於英書中、一千八百六十四年之書去之、六十七年又補入倫書中、有一相類之方、含淡輕三養炭養二、能治婦女妄言笑與腦氣筋病

服數　以半錢至一錢爲一服、

蘇書與阿書之淡輕三養香酒、以淡輕三水爲之、與前方所用者同、俱不用炭養二之質也、但英書之淡輕三養香酒用濃淡輕三水並二淡輕三三炭養二、

外科中用淡輕三爲洗藥、或爲油膏、

淡輕三洗藥

取法　將橄欖油三兩、淡輕三水一兩、二物調和、有人喜用杏仁油代橄欖油、言其藥性更佳、

功用　令皮發紅、又能補火、

淡輕三油膏

此膏將豬油與淡輕三水調和、其比例之大小、依其治法之

應用濃淡如搽於皮上不蓋之令遇空氣則淡輕自散而皮發紅若以油布等物蓋之則能令皮發泡

淡輕與炭養合成之質

古書中所言淡輕與炭養合成之質因分劑數未明故難定其所言者為何種此書中祇可并論之前言空氣中常有淡輕養炭養凡動物質腐爛則放淡輕氣又數處泉水並花草之汁內亦有之印度人亦知造此質前有英國醫士恩司里久居印度從土人得一方將硇砂一分白石粉二分兩物調和加熱此物為淡輕與炭養合成質之一種沛離拉全藥品書云天方國人亦知造此物格致家勒立

用人尿令其變臭而得雜淡輕養炭養之水化學家伐倫他呸書中亦云溺中之鹽類亦必為此質

淡輕與炭養合成之質所已知者有三種一為淡輕養炭養即倫書之淡輕養炭養香酒與阿魏淡輕養酒二為淡輕養三炭養此為定質鹽類面上常生白粉如霜三為淡輕養二炭養

淡輕養炭養

此質為淡輕一分劑其數為十七炭養一分劑其數為二十二兩物相和共得分劑數三十九如另合輕養一分劑則其得分劑數四十八造法令炭養氣與淡輕氣相遇或將淡輕綠以鹼類與炭養合成之質調和或將土類與炭養合成之質與流質調和蒸之令化分或將淡輕養炭養水令漸自收乾得其顆粒觀後節便知其詳

淡輕養炭養香酒

形性　此為無色而香之流質有補火之性內含自散之油類質

取法　用二淡輕養三炭養八兩濃淡輕水四兩肉豆蔻自散油四錢檸檬油六錢正酒醕六升水三升各物調和蒸得七升為度其重率得〇·八七〇

倫書作此藥之法將淡輕綠鉀養炭養桂皮丁香檸檬皮

酒醕各物調和蒸之此藥含丁香油故變櫻色又含淡輕養炭養與鉀綠英書之方祇有淡輕養炭養在內而因尋常所得之質為二淡輕養三炭養故方內另配淡輕水一分劑則所成之質含淡輕養炭養此方較倫書之方更清而功用更大其濃加半倍且所用者為香油較之用生香料更佳

服數　以半錢至一錢為一服可與鎂養硫養同用之

二淡輕養三炭養

此質在英書名曰淡輕養炭養謂之嗅鹽或謂之鹿角鹽又謂之溺鹽此各名指出其性情或其根原近時造法用

鹼類含炭養之質，或土類含炭養之質，與淡輕綠調和而成，或將淡輕養硫養代淡輕綠。

形性　尋常所得者，爲無色透光之片，其剖面有直紋，略如細絲，其味辣，有鹼類之性，得淡輕之味，其臭亦辣，能直達肺中。多遇空氣則不能透光，其質變脆，面生白粉一層，此粉卽淡輕養二炭養，此質辣味更輕，故又謂輕性淡輕養炭養，而上成粉之理，因淡輕氣有若干分化散，如用黃試紙則易見其散氣之據，因二淡輕養三炭養加熱則全散，用冷水消化則不及四倍已能消化，化學家白西里由司云，冷水兩倍能消化之，若用沸水則自化分，發炭養氣

與淡輕氣準酒醋能消化，正酒醋稍能消化。已有化學家非勒白考得此質之原質各數，茲開列於左。

炭養三分劑，每分劑二十二，共六十六，卽每百分有炭養五五.九三。

淡輕二分劑，每分劑十七，共三十四，卽每百分有淡輕二八.八一。

輕養（卽水）二分劑，每分劑九，共十八，卽每百分有水一五二六

英國醫學家沛離拉云，依多而敦與司堪倫兩人之說，此質非全爲二淡輕養三炭養質，而爲淡輕養炭養與淡輕養二炭養和合之質，其據因用冷水少許消化之，卽得淡輕養炭養水，而其餘質之形狀與體積尚未減小，此不消化之質卽淡輕養二炭養。沛離拉又云，觀其質極勻淨，有顆粒之形狀，不可謂兩質調和而成，必爲化合而成，卽無水淡輕炭養一分劑，得三十九，與淡輕養二炭養輕養一分劑，得七十九，相合而成，卽二淡輕養三炭養，其得分劑數一百十八。

取法　用淡輕綠一磅，白石粉一磅半，兩物磨成細粉，調和而乾蒸之，其熱必漸加大。

此取法之理，因鈣養炭養與淡輕綠兩物之本質與配質

更換，卽淡輕與炭養化合，輕綠與鈣養化合，成鈣綠與輕養，此鈣綠存於甑內，而淡輕養炭養與水同時蒸過，此變化易明，然尚有一層變化則難明，因所得之質非淡輕養炭養，而爲二淡輕養三炭養，卽含水二分劑，此因每蒸過淡輕養炭養三分劑之時，卽有淡輕一分劑與水一分劑同時行過，其變化之式爲

三（淡輕養炭養）＝二淡輕養三炭養⊥淡輕養

輕二炭養二輕養

此質久遇空氣則散去淡輕養炭養一分劑，而餘質爲淡

大造二淡輕養三炭養之法，用生淡輕養硫養與鈣養炭

養兩物調和而乾蒸之。其理與前同。甑內所餘之質為鈣養硫養。取淡輕養硫養之法。用煤氣油。或骨酒中之生淡輕養炭養。令遇硫養。或令遇鈣養硫養。則得淡輕養硫養。此質常含雜質。故必提淨之。如多斯加納出硼養水之湖。常含淡輕養硫養。近時俱用此質造二淡輕養三炭養。

試法　含淡輕之鹽類。易於分辨。即如與鉀養磨勻。則發淡輕濃霧。可以其霧之臭與其試霧之法辨之。如加淡酸質。觀其發沸。則為含炭養質之據。如添鈣綠或鋇綠。則有結成白色之質。為鋇養炭養。如分出此質而添淡輕水。再有結成之質。則依此法能分辨二淡輕養三炭養與淡輕

養炭養。此事之理。自其質之性情易知。淡輕養二炭養。不能令土類本質結成。但再添淡輕水。則變為淡輕養炭養。如用前第一法為之。則稍有異質在內。其塊能透光。空氣中易成粉而散開。如乾蒸之。則可蒸盡無餘質。能在水中消化。能令黃試紙變椶色。如加淡養水至有餘。再添鋇綠。則不令結成。又添銀養淡養。亦不令結成。如觀其塊不透光。或外面白色如霜。則知有一分變為淡輕養二炭養。其性更和平。如以水消化之。而內有不消化之質。則為異質。如乾蒸之而有餘質。亦為異質。如用鋇綠則能辨其含淡輕養硫養等有硫養之質。又如用銀養淡養水。而有結成之白質。則知其含淡輕綠等質。

如將二淡輕養三炭養五十九釐。以蒸水一兩消化之。添草酸試水一千釐。適能滅其鹼性。

功用　能滅酸。能補火。能治腦氣筋忽發之痛。又能發汗。凡不知人事而身極虛。或胃中有酸而食物不化。或有痛症。均可服之。

英書用二淡輕養三炭養半兩。添蒸水十兩消化之。為試水。

服數　以二釐至十釐為一服。或為丸。或與水調和服之。

畏忌　各種酸質。酸性鹽類質。鹼類質。鈣養水。鎂養。數種

金類之鹽類。惟鉀養果酸。鐵養檸檬酸。淡輕檸檬酸。不在畏忌之列。即鎂養硫養。亦可同服之。

醫家或用二淡輕養三炭養為發泡藥。凡用此藥二十釐。可配檸檬汁六錢。或檸檬酸顆粒二十四釐。或果酸二十五釐。俱可。

淡輕養二炭養

凡二淡輕養三炭養。久遇空氣。則變此質。但其真式為淡輕養二炭養輕養。又謂輕性淡輕養二炭養。因其所發之霧。炭氣更多。則臭味更少。能結成六面柱形之顆粒。為尋常之式。每一分。必配水八分消化之。

取法　用尋常之二淡輕養三炭養磨成細粉散於紙上過一周時則自變爲淡輕養二炭養存於玻璃瓶內須密塞之

試法　添鋇綠或鈣綠水初無結成之質久之則發炭養氣而有白色之含炭養質結成沉下但此質不能在鎂養硫養水內有結成之質

功用　能減酸能發汗因其性較之二淡輕養三炭養更輕故凡病之須輕用減酸藥者則用此藥更佳

服數　以五釐至二十釐爲一服冷水消化之如欲用以作發泡藥則用二十釐配檸檬酸十八釐或果酸十九釐

淡輕養醋酸水

此質之分劑數共得七十七各藥品書祇論其水不論其顆粒因其顆粒難存瓶中必在抽氣罩中方能得其顆粒一遇空氣卽消化故此書亦不論之

形性　此爲無色之稀流質稍有臭味味亦不甚適口有中立性者遇藍試紙或黃試紙不變色如用之爲洗藥稍有酸性更佳如爲內服之用稍有鹼性無妨

取法　用醋酸十兩淡輕養炭養三兩又四分兩之一磨成細粉添入醋酸至有中立性爲度後加水二升半

此取法之理因醋酸合於淡輕養而炭養則發泡散去

此方與一千八百五十一年倫書所載者略同一千八百六十四年英書所準用者重率得一・○六較近時準用者濃五倍古人亦知作此藥用鹿角蒸酒與濃醋調和所得者爲淡輕養醋酸另有淡輕養遇蒸酒內之油質合成肥皂質法國醫士舍西阿云因有此質故其功力更大

試法　重率爲一・○二二卽與倫書所載者同遇藍試紙或黃試紙可試其酸性或鹼性之有無添輕硫氣不變色則知不含金類與養氣合成之質此以銅與鉛爲最要如添水令淡後添銀養淡養或鋇綠不應有結成之質如有之則添銀養淡養者爲輕綠添鋇綠者爲硫養如將其水加熱則水

汽散盡後所餘之質爲淡輕再加熱則化散如有不化散者則爲異質藥肆尋常出售者有或濃或淡之弊須以其重率定之

畏忌　遇濃强水則化分鈉養與鉀養或鈉養炭養與鉀養炭養或鈣養與鈣養水或鎂養與鎂養硫養又有數種金類鹽類質卽如銻之鹽類質並鐵綠與鐵養硫養等

功用　可作涼性鹽類藥治發熱與生炎之病又可爲發汗藥又可爲涼性洗藥與洗眼藥

服數　二錢至六錢爲一服每三四小時服一次或與水調和服之或與樟腦雜水等調和服之

淡輕[三]養𣏌檬酸水

此藥之式為三淡輕[四]養・炭[二]輕[五]養。

取法　用𣏌檬酸三兩，以蒸水一升消化之，再添濃淡輕[三]水二兩又四分兩之三，或適能滅其酸性，以試紙試之，配其料至得中立性為度。

此為倫書之方。一千八百六十四年之英書不載此藥，近時補入之。其化學性情，淡輕[四]養與𣏌檬酸俱有之，可為鹽類發汗藥，治發熱與傷風病，其功用與服數與上藥同，但其味更佳，惹胃之性更小。

淡輕[四]綠　又名硇砂

此質之式為淡輕[四]綠，或記之為淡輕[三]輕綠。古人奇巴已知此藥，而阿非色那與賽拉披恩兩人之書亦論及之，名曰硇砂多爾。波斯國書云，希臘名謂阿米耶，梵語謂奴凹砂多爾。醫士來拉在印度買得此藥，俱用此名，在燒磚窑內得之（觀印度藥書第四十頁）。埃及國用駱駝糞取之，古時羅馬人亦知此藥。布里尼書云，用一種硝與石灰相和，其香頗烈，所言之硝，必是淡輕[四]綠。

形性　尋常出售之淡輕[四]綠為半球形之塊，色白無臭，有極猝之鹽類味，質有多紋，紋皆自心向周，稍韌而能引長，或不透光，或有顆粒之形狀，或半透光而不明。在空氣中不甚改變，稍收水氣。有數種生淡輕[四]綠凝結成圓柱形之顆粒，遇空氣則消化。淡輕[四]綠之重率得一・四五〇，能在等重之沸水中消化，若六十度熱之水，須三倍又四分之一方能消化。消化之時生大冷，故平常發凍藥加此質於其中。用酯五倍重能消化之，用正酒酯尚可更少。如加熱則可乾蒸之而不化分。尋常之淡輕[四]綠已用乾蒸法而得之。沸水消化之後加冷則成顆粒，其顆粒之形或為四面體，其面皆平，或為八面體，或為鋼毛形之式，仔細觀之為極細八面形之顆粒，藉其兩端而黏合。

淡輕[四]綠遇酸類質，或鹼類質，則化分。其硫養[三]或淡養[五]與其淡輕[三]化合而放其輕綠。如用鉀養，或鈉養，或鋇養，或鈣養，或鎂養，則放其淡輕[三]，可用尋常之試法試之，而與其酸質化合，成含綠氣之鹽類質。含炭養之鹽類質亦能化分成淡輕[四]養之各分劑質。如用銀養淡養[五]，即結成白色之質，為銀綠，能為淡輕[三]所化分。如用鉛養醋酸，即結成鉛綠，亦為白色之質。如用鉑綠[二]，即結成黃色之質，為淡輕[四]鉑綠[三]。將此質濾出，烘乾燒紅，即得白金絨。又汞綠雜水中，有淡輕[四]綠。假如以淡輕[四]為金類，而令淡輕[三]之各鹽類質與各種金類之鹽類相配，則淡輕[四]綠不可謂淡輕[三]與輕綠兩物合成，祇可謂淡輕[四]與綠兩物合成。英國醫士開那云，此質為輕與

阿美弟弟綠相合而成

取淡輕綠之法將淡輕氣令遇輕綠氣火山內大約有此兩氣相遇而化合故常在火山內得此質埃及國之取法因砂漠內有一種獸食鹽類性情之花草將其糞燒之即得其炱中有淡輕綠又印度之西北在石灰窑中燒獸糞等或以腐爛稻草等為燒料窑中所有火不到之處即有淡輕綠又燒骨成動物炭為提糖之用必先取其油與髓為造肥皂之用用後所餘之質內有淡輕綠骨內之直辣的尼（即黃明膠）類與脆骨之類先化分其淡與輕合成淡輕而其炭與養合成炭養與其淡輕化合而成淡輕養炭養此

質收於水中俗謂之骨酒又有取法在煏煤氣之處令煤氣行過水中則水含淡輕謂之煤氣水同時有別種鹽類造成如將輕綠傾入煤氣水中則成粗淡輕綠如令成顆粒而乾蒸之則得淨淡輕綠又有造淡輕綠之肆將造鹽廠內所出粗鈣綠添入煤氣水內則有鈣養炭養結成而其流質中有淡輕綠將此流質熬乾而乾蒸之即得其淨者或有法將其淡輕養炭養添入硫養水則結成淡輕養硫養凡煤氣水八升能造淡輕養硫養顆粒半磅至一磅凡造淡輕之雜質皆以淡輕養硫養為本故欲作淡輕綠必將淡輕養硫養添鈉綠加熱即有雙化分之事而成淡輕綠與鈉養硫養烘乾或熬乾將所得之質乾蒸之則淡輕綠蒸出而鈉養硫養留於甑內如欲考究大造淡輕與其各雜質之法必觀記錄化學藥料書第十三冊第六十三頁以下可知其詳

試法　萬物內所有自成之淡輕綠常有鈣綠在其中遇空氣易於消化可用試鈣綠之法試之人工造成者常含鐵或鉛其試法以水消化之有不消化者或乾蒸之則有不能蒸出之質留於甑內淨者無色而透光如加鋇綠水無結成之質則知其不含淡輕養硫養如乾蒸時其受瓶以鉛為之則其變色之凸面能辨其所含之鉛或鉛綠與

淡輕綠合成之質如將淡輕綠水令輕硫行過如含鉛則有結成之黑質為鉛硫如用鉀衰鐵與淡養數滴能試其含鐵與否如含鐵大約由所用之鐵甑而得之

功用　為改血之鹽類藥與發汗藥又可為涼性洗藥因消化時本能生冷又可為散瘤藥肝之病可服之舊炎症亦可用之

服數　以五釐至三十釐為一服一日二三服合於糖與香料食之如欲作涼性洗藥可將朴硝一分淡輕綠一分在水中消化則水甚冷如將淡輕綠二兩朴硝五兩用水少許消化之則能減水之熱約四十度英書中載一種試

藥用淡輕綠一分水十分消化之

畏忌　濃强水又鉀養鈉養鈣養三質並其與炭養化合之質及鉛養醋酸

一千八百六十四年之英書用淡輕養硫養爲提淨硫養法內需用之料觀硫養節

淡輕溴

淡輕碘之質與鉀碘略相類日耳曼等國用以爲藥者已數年矣英國各藥書尚未採入而淡輕溴已載入英書中有醫士喜用之以代鉀溴其形性功用與鉀溴小異而大同

取法　英書中不載其取法尋常之法用細鐵屑一分水五分調和乘其未沉時漸添入溴三分調和加熱至全消化成綠色之流質再添溴一分半待和勻之後加淡輕水至無有結成之質爲度濾去結成之質將其水蒸乾令成顆粒

此取法之理因溴與鐵各一分劑即八十與二十八合成鐵溴其得分劑數一百〇八再加溴一半則成鐵溴後添淡輕即三分劑等於三淡輕養即得淡輕與溴化合之質而其三養與二鐵相合成鐵養爲結成之質淡輕溴爲無色之顆粒遇空氣稍變黃色味辣而有鹽類之性加熱則能乾蒸之水內易消化醕內難消化將淡輕溴在水中消化之合於小粉漿並溴水或綠氣水一滴如不變藍色則知其不含碘質

功用　爲改血藥與安肚腹腦氣筋藥其功用略與鉀溴同但其性稍輕治瘰癧妄言笑子宮內脹又治男子陽物或婦人陰戶之病或因手淫等所成之病又腦氣筋不安亦可用之有醫士云此藥能治痛能安腦因此能減腦髓之感動令人安睡

服數　以五釐至二十釐爲一服此藥於一千八百六十七年載入英書中

淡輕養燐養

取法　將淡燐養水二十兩濃淡輕至足用添淡輕於燐養水中至少有鹼性爲限將其水熬之每若干時添淡輕水令其鹼性少有餘待冷見有已成之顆粒則置於濾紙上令其速乾此濾紙必先鋪於乾瓦以收水既得顆粒必盛瓶中密塞之

淡輕養燐養爲柱形之明顆粒久遇空氣則放水與淡輕氣故面上生霜其原質爲燐養二淡輕養輕養其燐養本爲與三分劑本質化合之配質此質內與淡輕養二分劑並水一分劑化合如將淡輕養燐養與鉀養和勻加熱則

發淡輕霧，如與銀養淡養相合，則結成淡黃色之質。如加輕綠，令有酸性，再通輕硫氣，若無金類之雜質，則無有結成之質。其顆粒最易在水中消化，其味不辣。如將此藥二十釐，以水消化之，再添鎂養與淡輕與硫合成之質，有結成之顆粒，則爲鎂養與淡輕並燐養合成之質。將此質以淡輕水洗之，再烘乾，加熱至紅，所餘之質爲鎂養燐養，重一六八釐，則知確爲淡輕養燐養而無差。此爲英書之試法。一千八百六十四年英書之取法，與上說不同，乃三淡輕養燐養，有中立之性，用上法試之，所得鎂養燐養祇一一四四釐。

功用　淡輕養燐養，有醫士用以治溺中有里的酸，又治痛風與風溼，或言能化分身中所有鈉養鋰養，成淡輕養鋰養與鈉養燐養，或又言痛風病結成之質，惟此質能散之。又有人云，能治砂淋。

服數　以十釐至二十釐爲一服，或稍多亦可。

淡輕養偏蘇以酸

取法　將淡輕水三兩，蒸水四兩，調和，加偏蘇以酸二兩，令消化，少加熱而熬之，將乾，待冷，取其所成之顆粒。此藥與淡輕養燐養俱爲英書初用之，其原質爲偏蘇以酸一分劑，淡輕一分劑，其式爲淡輕養炭輕養加輕養，爲無色片形顆粒，能在水與醕內消化。如與鉀養相和，加熱，則發淡輕氣。如添輕綠水，則有偏蘇以酸結成。如添鐵與多分劑配質合成之鹽類質，則有黃色之質結成。如加熱，則應乾蒸至盡，若有餘滓，必爲異質。

功用　此藥能利小便，而令溺有酸性，服後則在人身內改變其化學性情，其偏蘇以酸與淡輕之原質，先化分而後合成別質，卽屬別種生物質，名曰希布由里酸，其式爲炭輕淡養，或以爲含偏蘇以酸之鹽類質，能化分由里酸並由里酸之雜質。膀胱生炎之病，內有消蝕之皮質放出，溺有鹼類性，內有土類之含燐養質結成，此藥治之，功用頗大。

服數　以五釐至三十釐爲一服。

淡輕養草酸

此藥有顆粒之形狀，英書之附卷曾論及之，其式爲淡輕養炭養，分劑數共得六十二，其草酸卽炭養。取法，用淡養令糖或小粉收其養氣，已得草酸，則將二淡輕養三炭養水內，添入草酸，至滅其鹼性爲度，熬濃，待成顆粒。此藥性毒，用半兩，以水一升消化之，則爲英書詳試含鈣養之法。故欲試水之含鈣養與否，可用此藥之水。所欲試之水，必先加淡輕，令無酸性，再加淡輕綠水少許，後添淡

輕$_{四}$養草酸試水如含鈣養則有白色之質結成如含鎂養則無甚變化

淡輕$_{四}$硫

作法用淡輕$_{三}$水令輕硫氣行過爲水所收以飽足爲度其重率得九九九

此藥醫家用以治多溺味甜等病其功用之最大者大半爲試水卽如有酸性之水內含金類爲本之質通輕硫氣不肯結成則用此質爲添入中立性之水能令其結成如鐵鈷鎳三質有含少分劑配質鹽類質之水遇淡輕$_{四}$硫結成黑色之質如爲鋅與鋁結成白色之質如爲錳結成淡紅色之質如爲鉻而含一箇半分劑配質鹽類質則結成綠色之質但土類與鹼類本質之鹽類質遇淡輕$_{四}$硫不變化惟鋁不在此例

無錫徐華封校字

西藥大成卷三之二

英國　來拉　同撰　　英國　傅蘭雅　口譯
英國　海得蘭　　　　新陽　趙元益　筆述

鉀　以下三種爲鹼金類

鉀爲鉀養之本質萬物之內鉀養甚多或與酸質土質化合或與碘質溴質化合然從植物質而得者居大半也英國化學家兌飛所考得金類本質此居其首所用之法將鉀養令稍溼用正負電氣線入其內而不相切則負電氣線之一端有細圓粒結成卽鉀也尋常取法將鉀養合於鐵屑或合於木炭加大熱則鉀養放其養氣爲鐵屑等所收鉀可取出

形性　在五十五度之熱內其定質尚軟能打薄之能令結成立方形之顆粒冷至三十二度則脆熱至一百五十六度則鎔熱至六十度其重率得〇八六故能爲水面之浮金此質色白如銀遇空氣不久卽變暗色因鉀與養氣化合之愛力極大置於水中卽速收水之養氣浮於水面時發熱發光變爲鉀養水所餘之輕氣自化散如欲存此質而不變化則必用不含養氣之質如火油或那普塔等化學家所知與養氣愛力極大之質而遇養氣必收之者以鉀爲最也

鉀養

鉀養爲養氣與鉀合成之質西國俗名布塔司譯曰鍋灰因燒木柴所得之灰皆含此質故也從前所用之質乃鉀養與炭養合成之質一千七百五十六年英國化學家布拉格指出鉀養炭養與鉀之分別鉀養名曰里克細非阿因古時羅馬人布里尼書中有此名也後有人謂之鉀里從木灰內初得之質爲鉀養炭養其性較鉀養甚輕如欲用以造肥皂等物必用法去其炭養古人能造肥皂必有法去其炭養也

取鉀養之法甚易因鉀與養氣之愛力甚大令鉀遇乾空

氣或養氣即成尋常造鉀用洋槍筒子造鉀既畢則筒內常有鉀養但鉀養與水之愛力極大遇空氣即收空氣中之水氣故尋常出售之鉀養含水一分劑即爲鉀養輕養其分劑數得五十六

形性　鉀養之淨而已鎔化者色白成塊稍有顆粒之形間成四面形或八面形之顆粒其質硬脆重率一·七〇造之時傾入模內成小條略帶灰色味極辣有烙炙之性無臭溼而揉之覺滑膩此因消蝕外皮之故與水有大愛力而收空氣中水之時月收炭養氣能在水中消化如消化其已鎔化之鉀養則生熱如消化其顆粒則減熱又能在醕內消化但所含雜質不肯在醕內消化故欲分出鉀養炭養所含雜質則用酒醕消化之濾去其不消化之異質如將鉀養置於冰內冰能鎔但必減熱極多鉀養遇極大之熱不肯化分加熱至不及暗紅則鎔化加熱至光紅則發白色辣霧能令植物之藍色變綠然變綠之後漸能滅壞之因收出其水質可見其烙炙性情恃與水有大愛力鹼性極重能與定質油或流質油化合成肥皂又能與酸類化合成鹽類與燐或硫化合甚猛如合於含矽之土質則成玻璃如含矽之土質少而鉀養多則所作玻璃能在水中消化如與他種土質化合則成瓷面外之料即釉也

又可作法藍之料而鉀養水能消化鋁養與鉛養鉀養之鹽類質能消化於水中大半能成顆粒如添入鋁養硫養則成白礬顆粒如鉀養水中添果酸至有餘則成鉀養二果酸如添鉑綠則成鉑綠與鉀綠爲紅黃色之質凡鉀養之鹽類質火中燒之令火得茄花色依此法能與鈉養之鹽類質分別因鈉養之鹽類以火燒之得黃色也

尋常取法用價廉之鉀養鹽類質如鉀養炭養以水消化之再添石灰則石灰收其炭養將餘水熬乾即成

取法　取作藥料將鉀養水二升置於銀鍋或極淨鐵鍋內加熱令沸連加熱至不發泡爲止所得之流質其濃如

油用煖玻璃條插入取起滴於玻璃或瓷器之面待冷如結成定質即爲已成傾於小模內待已凝結乘其未冷速置瓶中密塞之所用鉀養水必須最淨者應臨用時作之如欲預存備用必用法令不收空氣中之炭養氣造時連加大熱令沸則不能收空氣中之炭養氣如用鐵器必令得極淨凡生物質切不可遇之

日耳曼化學家胡拉云有法能造最淨之鉀養即將鉀養淡養置於鍋內再添紅銅屑重二三倍調和加熱至紅則將鍋內之質在水中消化之銅質不消化惟得鉀養耳

試法　英書之試法云鉀養爲硬而色白之條形圓如筆

最易自鎔鹼性極大烙炙之性極重如消化水中添淡養令得酸性再添鉑綠則結成黃色之質此爲試流質含鉀養之法如加銀養淡養或銀綠水則稍結成白色之質此亦爲英書之試法可見英書準此藥內含綠氣質與硫養質之微數蘇書云鉀養常含鐵養以沸水消化之則鐵養因不化而分出每百分內含鐵養一·二五分不可謂不合用其得鐵養之故因成條時用鐵模也

將鉀養五十六釐水中消化之所餘不消化之質必爲微迹又添草酸試水九百釐適能滅其鹼性此爲英書之試法

功用　有烙炙之性服之則爲烙炙之毒藥又可爲解酸藥觀鉀養水節

鉀養與鈣養合成之質 此爲倫書之方

鉀養輕養本作烙炙藥之用其大弊因自能鎔化故用添鈣養之法以免其弊

取法　將鉀養輕養一兩鈣養一兩磨勻置於瓶中密塞之

試法　如與水相和則化與生石灰同如添酸質不可發炭養氣泡

功用　可爲烙炙藥其用法在所欲烙炙之處依其尺寸

形式在合口布膏藥割成一孔貼於皮上後用正酒醋與此藥相和成濃漿搽之

鉀養水

取法　將鉀養炭養一磅以水八升消化之置於淨鐵器中加熱令沸後漸添熟石灰十二兩調和再令沸十分時必連調攪不止離火待不消化之質沉下則水變清用過山龍引至綠色玻璃瓶內密塞之重率一·〇五八如不準則加蒸水配準之

此取法之理因鈣養與炭養有大愛力既與鉀養炭養之炭養相合則結成鈣養炭養而沉下鉀養消化於水中此

取法不用紙濾因濾時甚久而鉀養能銷毀紙質且取此藥所遇空氣之時應最短恐其收空氣中之炭養氣也所用鉀養炭養與鈣養必爲最淨者所用之水必爲蒸水英國醫士苦里司脫生云加熱令沸之工夫令其化分化合更速也

形性　此爲無色明亮之流質略如油形無臭味極辣有烙炙之性英國化學家多而敦初作表以定各重率之鉀養水內含鉀養若干分數此書鉀養水重率得一·○五八倫書鉀養水重率得一·○六三多而敦之表如水每百分含鉀養四·七分則重率得一·○六如將手指在鉀養水中

撚之滑膩似肥皂大有鹼類性情能速收空氣中之炭養必存綠色玻璃瓶中密塞之其必用綠色之故因白色玻璃（即火石玻璃）能被鉀養水消化也又能與流質油或定質油化合成肥皂能化分數種鹽類質如阿摩尼阿之鹽類質土類之鹽類質金類之鹽類質令各原質與養氣化合之質結成沉下然沉下之質如再添鉀養至有餘能爲鉀養再消化如遇動物質與植物質能銷毀之又如添於植物質水中能令其鹼性之質或中立性之質結成沉下而鉀養與其酸質化合

試法　英書定重率一·○五八遇薑黃令變棕色如添鉑綠水則有結成黃色之質不能在醕內消化如添淡養不宜發泡如添鈣養水不宜變白如乳如見此白色則知其含炭養如加淡養至滅其性而有餘再添淡輕養草酸所結成之質應祇有微迹如太多則知其含鈣養如添鋇綠水有結成之質則知其含硫養之質如添銀養淡養有結成之質則知其含綠氣之質如添淡輕有結成之質則知其含鐵之質如添以上之三質而結成之質祇極微則不可謂含以上所言之雜質

如將鉀養水一兩添草酸試水四百八十二釐適滅其鹼性凡鉀養水一兩含鉀養輕養二十七釐即每百分含鉀

養輕養五·八四分

沸離拉全藥書云鉀養水中常含鉛其得鉛之故因存於火石玻璃瓶中此種玻璃料常含鉛質或存於瓷瓶中而瓷外之漆亦含鉛質爲鉀養所消化如欲試其含鉛與否可通淡輕硫氣行過水中或將含此氣之水一滴滴入其中顯出棕色即其據也

畏忌　酸性之質含酸之鹽類質含淡輕之鹽類質土質之鹽類質金類之鹽類質汞綠與汞綠等

解法　油酸質醋檸檬汁俱可

功用　鉀養與其各鹽類之功用鉀養爲銷蝕動物質之

重藥外科用之作烙炙藥如皮膚上欲用烙炙法或欲成放膿汁之瘡等俱可用之但因其能自速銷則烙炙處必散開故必用法令其不散得一定界限鉀養水加多水調和令淡可作鹼類藥服之能治數種需用鹼類之病即酸質過多之病如胃中多酸胃脘作痛石淋溺中有由里酸結成而溺中之酸過多痛風與風溼等病鉀養水可作減熱之藥治生炎之病其減熱之故或因能消去血中非布里尼令血中不生黃料又依同法可用鉀養水治肺體都比迦力類之病又有醫士用此藥治瘰癧病與疔毒病有效

凡服鉀養後自胃中行至全體用久則在溺中顯出令血更淡鉀養之含炭養氣者其鹼性輕於鉀養炭養之分劑數愈多則鹼性愈輕鉀養並其含炭養氣之各質皆能利小便

鉀養與淡養或綠養或硫養等酸合成之鹽類質俱有減熱之性各種炎症皆可用之凡鹼類之鹽類俱有此性此各藥內以硝居首醫士或用以治水手身虛泄血之病並風溼之病如含硫養或果酸或檸檬酸或醋酸之鹼類鹽類質食大服則能大瀉食小服則利小便含醋酸或果酸或檸檬酸之質其配質在身內與養氣化合成含炭養之鹽類質在溺中顯出鹼類性情惟鉀養二果酸則無此變化

服數　以十滴至一錢為一服漸增多可與橙皮等沖水相和服之

鉀碘

一千八百十二年法國人古爾土阿考得此質海水並數種地出之水及海菜海絨皆含此質醫士科恩台初用以為藥

形性　鉀碘為無色之鹽類質味辣有鹼類之性尋常見者不明如依法取之則為明亮之質顆粒之形或為立方

或為長方其邊常成凹形而有料成小條甚多其各角皆為正形而材料亦全不含成顆粒之水但顆粒各層內常少含水故加熱則裂開而發聲加熱至暗紅色則鎔乾蒸之能不改變在乾空氣內無有變化如將鉀碘三分用水二分能消化之英書論其性情云無色尋常為暗顆粒易在水中消化醕內消化則甚難如鉀碘一分能在醕六分或八分內消化尋常鉀碘稍具鹼類化學性情鉀碘水與小粉漿調和而後添綠氣少許則得藍色將鉀碘水添果酸則成顆粒為鉀養二果酸如將鉀碘水另添果酸與小粉漿則不變藍色此試法之用處以後尚須詳言也鉀碘

水內添銀養淡養五水、至有餘則結成黃白色之質、將此質與淡輕四養調和、待其再沉下、即得明流質、此流質加淡養五至有餘、尚不變濁、如將鈣養添入鉀碘水中、則稍有結成之質、

如欲証某質含碘、則用小粉漿添入、而同時添綠氣、則得藍色、如將鉀碘水添淡養三、則因淡養三水、常含淡養四淡養三等質、而此質能分出其碘、觀硝強水節　如加果酸而有結成之質、亦為含鉀養之確據、

此藥之試法有五、能證其不含各質、詳論於後、即薑黃試法、鈣養水試法、鋇綠試法、果酸與小粉試法、銀與淡輕三試法、凡鉀與碘化合、能令碘在水與醋內更易消化、如將鉀碘鎔之、再加鉛養醋酸水、則結成黃色之質、為鉛碘、如加汞養淡養五水、則結成綠色之質、為汞碘、如加汞養淡養五或汞綠水、則有結成灰紅色之質、不久即變成光紅色之質、為汞碘、如鉀碘有餘、或加汞綠、則其結成之質再能消化、

取法　英書之取法、同於製造之肆歷年所用者、其法於鉀養水內、加碘消化之、將所得之水熬乾、其乾質與炭屑調和、加熱至紅、投於冷水中、令能消化之質、消化於水內、將所得之水熬至將乾、待冷則成顆粒、各料之數、必依分劑而配之、即如碘一百二十七分、必配淨鉀養四十七分、

即鉀養水八升、配碘二十九兩、其各質每六分彼此相化之法、詳論於下、碘五分劑、能合於鉀五分劑、而放養氣五分劑、所放之養氣五分劑、與所餘之碘一分劑相合、成碘養五、此質與其餘之鉀養一分劑化合、成鉀養碘養五、其式為

六碘丄六鉀養‖五鉀碘丄鉀養·碘養五

如合於木炭而加熱至紅、則鉀養碘養五之養氣六分劑、與炭化合、變為炭養二、因此鉀碘多得一分劑、如有所餘之鉀養碘養五在其鉀碘內、則為雜質、

一千八百三十六年倫書之取法、將鐵碘以鉀養炭養二化分之、

藥肆出售之鉀碘、尋常所含異質有六種、即水、鉀養、鉀養炭養二、含硫養三之質、鉀養碘養五、鉀綠與鈉綠、其六種試法、開列如左、

試法一　鉀碘內含水、或為成顆粒時收入、或因久遇空氣而收空氣中之水氣、如加熱後權之、與原數相符、則為不含水之據、

試法二　取此藥時、不能謹慎合法、則含鉀養、此鉀養未與他質化合、遇薑黃試紙、即變棕色、如添鈣養水、或有結成之質、顧未能一定、英書云、鉀碘略有鹼性、亦無妨害、

試法三　鉀碘內常含鉀養炭養二、既含之顆粒不整齊、遇

空氣則收其水氣而自化此種鉀碘浸於醋內不全消化所餘之質即鉀養炭養如添鈣養水則結成白質添銀綠水亦結成白質此質能在硝強水中消化如將含鉀養炭養之鉀碘添入碘酒內能滅其色

試法四　鉀碘中有含硫養之質如鉀養硫養鈣養硫養鈉養硫養等則添銀綠水時有結成白色之質此質不能在硝強水中消化如鉀碘合法取之則含硫養之質祇有微迹藥肆內常和他物而取利故添鹼類與硫養合成之鹽類質如含此各物添銀綠水皆結成白色之質

試法五　鉀碘中含鉀養碘養其故或因取鉀碘時加熱

不足而鉀養碘養有若干分尚未化分如鉀碘水中添入綠氣水則有碘分出用小粉漿之法能證之如鉀碘甚純添入淨硫養或淨淡養則放輕碘如用小粉漿初時不變色待久方變色但硫強水與硝強水常含淡養少許此質遇鉀養其變化略同於綠氣觀碘之試法節

因上所言之事試鉀碘含鉀養碘養之法必用果酸此果酸祇能放出輕碘此質與淨鉀碘及小粉相合不變藍色設鉀碘已含鉀養碘養則變藍色其故因輕碘與碘養同時放出彼此化合成碘而輕與養相合成水其式為

五輕碘丄碘養‖六碘丄五輕養

此試法最巧最靈如鉀碘內含鉀養碘養則立顯藍色

試法六　鉀碘中常含鉀綠或鈉綠如添銀養淡養在其水中有結成白色之質為銀綠此質能在淡輕水中消化惟銀碘不能故含綠氣則將此質以濃淡輕水消化之再添淡養足滅淡輕之鹼性則所有在第一次結成質內消化之銀綠必再結成設鉀碘為淨者則其消化於濃淡輕水內之質不再結成

鉀碘內間含鉀溴或鉀養散的尼或鉀衰等異質然此各質非常見之物也

畏忌　酸質酸性鹽類質鹼性鹽類質

功用　有感動之性又能感動吸液管令多收精液能利小便能治因疔毒而腫或有瘡或有喉症能治風溼其功用略與碘同觀碘節

解法　用吐劑或用水節吸出此藥令胃中空虛另服潤性之劑用法免其生炎又治其感動腸胃之病

服數　以三釐至十釐為一服有醫士用一錢至二錢

鉀碘油膏

取法　將鉀碘六十四釐鉀養炭養四釐蒸水一錢消化之加提淨豬油一兩磨勻成膏

此膏最為簡便無色如搽於皮膚不變別種顏色內含肥

皂少許爲鉀養與油相合而成此膏尚淡如欲更濃者亦可配之

鉀碘肥皂洗藥

取法　將軟肥皂一兩半切成細塊鉀碘一兩半各里司里尼一兩檸檬油一錢蒸水十兩先將蒸水七兩用熱水盆加熱令消化肥皂將其餘水三兩化鉀碘與各里司里尼則將兩種水調和待冷加入檸檬油調和極勻

此藥於一千八百六十七年載入英書中無色其功用與前藥同能治諸核腫大並身體一處之炎症

碘雜水

此藥爲鉀碘與碘合成之料消化於水中觀碘節

碘雜酒

此藥亦爲鉀碘與碘合成之質觀碘節

用鉀碘與碘相和令碘能消化更多存於酒內不致結成故添入水中不化分或添入葡萄酒中亦可或言鉀碘與碘相和能成鉀碘顧不知其究能化合與否

碘油膏碘洗藥

此兩種藥亦用鉀碘與碘相和而成觀碘節

鉀碘硬膏藥（此爲倫書之方）

取法　用乳香六兩與白蠟六錢相和加熱至鎔另將鉀碘一兩與橄欖油二錢磨勻與前藥相和連調攪至凝結爲度

此膏必攤於淨麻布上或將此膏攤於鹿皮者其法不妙不可從也

功用　此膏可敷於久腫之核上並治瘰癧英書中不載此藥

鉀溴

一千八百二十六年化學家把拉臺考得此藥一千八百三十六年載入倫書一千八百五十一年除之近時又載入英書中

形性　色白無臭有辣味之鹽類性能成明立方形顆粒或方片形顆粒不含成顆粒之水水內易消化醕內難消化加熱則顆粒散開有爆裂之聲用綠氣易化分之因綠氣令其溴放出也又用金類酸質或酸性鹽類質或金類鹽類質依同理俱可化分之鉀溴每百分含溴六六·一分含鉀三三·九分觀鉀與溴之試法節

取法　此藥取法略與取鉀碘之法相同其變化能依同理明之每用鉀養水二升配溴四錢（案原書錢字誤應改作兩字）

試法　其顆粒應無色應在水中全消化遇力低暮司藍試紙或薑黃試紙皆無變化因其性非酸非鹼也綠氣水

與小粉漿同時添入鉀溴水中則令其變黃色此為含溴之據如以後添以脫而搖動其瓶則溴化分與以脫同浮於面顯出紅色此為把拉臺之試法如將鉀溴加熱顆粒之重率不減小因顆粒不含水也如添銀綠而無結成之質則知其不含含硫養之質如將鉀溴十釐添入銀養淡養一四·二八釐則全變化結成黃色之質為銀溴將其銀溴添入濃淡輕水則全消化如添淡養則少消化英書有試法分別其含碘與否因此質常含鉀碘為異質也其法將鉀溴水與小粉漿調和並添溴水或綠氣水一滴如不顯藍色則知鉀溴不含碘如含碘則遇溴或綠氣化分其碘而碘遇小粉漿令變藍色如將鉀溴十釐添銀養淡養試水八百四十釐足令全化分

畏忌　酸質酸性鹽類質金類鹽類質

功用　為改血藥與瀉藥其用處略與鉀碘同其特具之性能安全身之腦氣筋又如情欲之病與婦女妄言笑之病服之俱能平安醫士用以治羊癲瘋症者甚多如食其大服則能令人安臥

服數　以五釐至三十釐為一服每日三服

鉀養炭養

此質得於植物質之灰內自古以來即有此物古人代司可立弟司云將葡萄樹籐燒灰用水沖而淋之能得一質（觀古時布里尼書第三十八卷第五十一章）謂之甲里天方國人繙譯印度國之書得知各種格致之學然印度人祗知用植物之灰並鹼土屬之地產物如雲母石非勒特司怕耳留昔得那可來得（來得即石之意）又有數處地中所出之水內含鉀養炭養又有數種花草汁內亦含此質鉀養常與別種酸質化合即如醋酸萍果酸（又名瑪里酸）草酸果酸等是也

如將鉀養與各酸質所成之質加熱至紅則其植物酸質散去其鉀多收養氣放輕氣而炭養與鉀養化合成鉀養炭養此為最粗之鉀養即尋常出售者取鉀養炭養之法將陸地所產之各種植物擇樹木最多處聚而燒之即如北亞美利加俄羅斯瑞典波蘭等國取此藥者擇一遮風處將柴料排成大堆舉火焚之所得之灰有能消化之質有不能消化之質其能消化者為鉀養炭養鉀養硫養鉀養燐養鉀養矽養鉀綠鈉綠其不能消化者為鈣養炭養二鈣養燐養鋁養矽養鐵養錳養並未燒盡之含炭養之質少許

粗鉀養炭養

大造此質之法用美國大樹林處所產之黑灰鹽又謂之

黑鉀養令遇火焰尋常出售之粗鉀養將此黑質加熱鎔之此法即將黑質置於倒焰爐中令火焰行過其上爐旁有人時時調攪則炭質（即黑色之質）漸燒出而所餘之質爲白色之鹽類略帶藍色有烙炙之性即尋常出售之珠灰也近有化學家浮扣林將美國所產生鉀養與此珠灰化分之每種取一千一百五十二分其各質開列於左

鉀養輕養	八五七	七五四
鉀養硫養	一五四	八○
鉀綠	二○	四
炭養氣與水	一一九	三○八
不能消化之質	二	六
	共一一五二	共一一五二

俄羅斯國所產之鉀養炭養能得鉀養輕養七百七十二分昔時英國出售者質頗不純近因造法更靈質稍純矣凡通商之事有將此物交易者最宜得公便之法定其所含鉀養之數故設立度鹼類法考之甚詳

功用　此質不入藥品惟在製造藥品之工內用之

淨鉀養炭養

此質之常見者爲白色之圓粒有時將其濃水減熱極遲而得顆粒爲長八面形體其味鹻有鹼性之味無臭易自消化成流質如將鉀養炭養一分合於水一分則全能消化醕內不消化遇薑黃則顯出鹼性添入紅菜沖水中亦顯出鹼性添入酸質內則發沸如將鉀養炭養水中稍添鉑綠則結成黃色之質尋常出售之鉀養炭養每二分劑含水三分劑

取法　造鉀養炭養有數法有得淨者有得粗者一千八百三十六年倫書取法將生珠灰滴於水中去其不能消化之質令成顆粒則能消化之質尚存於內蘇書取法將鉀養二炭養置鍋中加熱至紅則有炭養一分劑散出其餘質爲淨鉀養炭養阿書取法將鉀養二果酸置鐵鍋內

加熱至不發霧爲度所得者爲黑色之料內含鉀養炭養與炭與鉀養此質滴於水中濾之又添二淡輕養三炭養之水令所有不化合之鉀養變爲鉀養炭養將此水加熱熬乾再加熱至暗紅色則淡輕散出

布國藥品書之取法將鉀養二果酸二分與鉀養淡養一分相和加熱燒之即得淨鉀養炭養

試法　加熱至紅則每百分重減去十六分將其水添銀綠或銀養淡養則少有結成之質如將鉀養炭養八十三釐必用草酸試水九百八十釐方減其鹼性蘇書指明滴水之珠灰與淨鉀養炭養之分別淨鉀養炭養不含硫

養之質或含綠氣之質可用尋常之法試其含此質與否如加淡養或輕綠至滅其鹼性生不清之點若雲彩之狀則爲含矽養如熱乾將餘質加熱至紅後將所得之質以水消化之如含矽養則不消化英書準此藥含矽養之微數如疑不含炭養可加酸質水觀其能沸與否或添入鈣養水觀其水能發白如乳否如分出其所成之鈣養炭養在醋酸內消化之能發沸消化至盡如添入鎂養硫養水則結成白色之質爲鎂養炭養但如將鉀養二炭養依此法試之則不結成白色之質依此法能分別鉀養炭養與鉀養二炭養如將鉀養炭養水添汞綠水則結成暗紅色之質爲汞養

畏忌　各酸質與酸性鹽類質淡輕綠與淡輕養醋酸鈣養水鈣綠鎂養硫養白礬又有數種鹼性或土性或金類之鹽類

功用　能消蝕內外皮能滅酸而有毒性與鉀養水略同不過更輕耳能利小便能改血能消石淋與砂淋又可作發泡涼性藥水每鉀養炭養二十釐配檸檬酸十八釐或果酸十八釐或檸檬汁四錢

服數　以十釐至半錢爲一服

解法　醋或油或檸檬汁

鉀養二炭養

此鹽類質爲鉀養二炭養加水一分劑一千七百五十二年化學家楷特瑟考得之後有化學家罷格門考究其性情且設多法以取之古時之取法將鉀養炭養令遇空氣數月或令炭養氣行過其面至收炭養氣一分劑爲度英書之取法將鉀養炭養水令炭養氣行過至飽足爲度將其水熬乾之

形性　此爲無色明顆粒之鹽類質其顆粒爲斜方柱變化之形其辣味較鉀養炭養更輕所顯之鹼性更小遇黃試紙略變色每鉀養二炭養一分加六十度熱之水四分

能令全消化又將熱水六分能消化此質五分如用沸水不久能化分令放炭養氣所餘之質爲二鉀養三炭養醋內不能消化如加熱至紅則放炭養氣一分劑又放顆粒內所含之水變爲鉀養炭養有人即用此法而得淨鉀養炭養辨其含炭養之法可加酸質觀其發泡甚猛又可添入鈣養水或鋇養水則有不消化之質結成但鉀養二炭養水之不甚淡者加鎂養硫養或加汞綠均無結成之質故發泡之藥可將鎂養硫養與鉀養二炭養并而用之或言加汞綠則祇有結成白色微質鉀養二炭養每百分內有鉀養四七·五三分炭養四三·五六分水八·九一分共得

一百分。

英書之法、將炭養氣、行過鉀養炭養水至飽足、取炭養氣之法、用輕綠之淡水、與大理石塊調和、所得飽足之水、置於涼爽之處、待成顆粒、令顆粒遇空氣至乾爲度、存瓶中塞密之、所餘之水、加熱不大於一百十度、至將乾則結成顆粒可多。

鉀養炭養多收炭養氣一分劑、變爲鉀養二炭養、收此氣時須加壓力、方能合法收之。

試法　此鹽類質所含異質、爲鉀養炭養與鉀養硫養、以水消化之、遇黃試紙略變色、設少含鉀養炭養、則大變其

色、加鎂養硫養、則無結成之質、若加熱、則有結成之質、醫學家苦里司脫生云、鉀養二炭養內、雖加鉀養炭養一半、調勻極緊、則鎂養硫養亦不能分出、水四十分、能化鉀養二炭養一分、鉀養二炭養、每百分中含鉀養炭養祇一分、如添汞綠水、必有結成之紅色質、又如鉀養二炭養水、加淡養至成酸性之水、再加鋇綠水、或鋇養淡養、如不含硫養之質、則不結成、或加銀養淡養水、如不含綠氣之質、亦不結成、卽結成者亦極少、設加熱至紅、每百分放出炭養氣與水三〇・七分、如其顆粒本溼、則所放之水更多、如所含炭養不及應有之數、則加熱後、所減之重數更少、如將鉀養二炭養五十釐、加熱至暗紅色、則所餘白色之質、應得三十四釐半、加草酸試水五百釐、適足滅其鹼性

畏忌　此質畏忌之藥、略與鉀養炭養相同、卽酸質、酸性鹽類質、淡輕養醋酸、淡輕綠、鈣養水、鈣養綠、鹼性鹽類、土性鹽類、金類鹽類等。

功用　能滅酸、能消石淋與砂淋、能利小便、能散炎症、而收癍、其性較鉀養炭養更輕、風溼症以此質爲要藥、新患風溼者、可多服此藥至溺顯中立性爲度。

服數　以十釐至半錢爲一服、或至一錢爲一服、如作發泡藥、則每二十釐可配檸檬酸十四釐、或配檸檬汁三錢

半。

發泡鉀養水

取法　取此藥須用取炭養氣特設之器具、取炭養氣法用白石粉與硫強水、所得之氣、必先過清水洗之、而加空氣七倍之壓力、其器已備、將水一升、鉀養二炭養三十釐消化而濾之、置於器內、通入炭養氣、加空氣七倍之壓力、盛於堅固之瓶內、密塞之、以鐵絲絆住、不令其塞被氣壓出。

此質爲鉀養二炭養、與炭養多分劑相合、其性略與尋常之鉀養水同、蘇書中有此品、一千八百六十七年之英書

亦有之開瓶塞時發泡甚多所放者即炭養氣此水明而發泡味酸而適口將十兩加熱令沸五分時加草酸試水一百五十釐適足滅其鹼性如將此水五兩熬至原體積五分之一加果酸水十二釐則結成顆粒將其顆粒曬乾不應重過十二釐

功用　鉀養水作發泡藥爲服法之最妙者能止嘔吐能減發熱與生炎又如別藥內宜配用鉀養二炭養則用此發泡鉀養水最爲合宜

服數　以五兩至一升爲一服

鉀養二炭養檸檬酸發泡藥

作此質之法用白糖細粉乾檸檬酸細粉鉀養二炭養細粉相合而成

又法用果酸一兩鉀養二炭養一兩白糖一百六十釐各物分開磨成細粉各分爲十六包酸性者以白紙包之鹼性者以藍紙包之臨用將兩包分開消化於水後以兩種水調和則發泡甚多又可將檸檬酸代果酸依比例用之又可將鈉養二炭養代鉀養二炭養但其數必用之更少

鉀養含硫之質 又名鉀硫

此質之色略如動物之肝故西國俗名硫黃肝古人奇巴云硫黃與鹼類相合則能消化化學家阿白陀司馬克奴司初設法將鉀養與硫鎔化而成鉀硫

形性　依法取之則爲硬脆之定質其色略如動物之肝乾者無臭無味溼者發輕硫氣之臭味辣而可惡消化水中則變橘皮色而臭甚久遇空氣則變溼而發臭後變白色無臭此因遇養氣而變爲鉀養硫養之質有硫若干分凝結沈下易爲酸性之質所化分如輕綠是也所放出之氣即輕硫氣此氣合於鉀養與硫黃凝結沈下又能爲金類鹽類質所化分而金類與硫化合沈下化學家白西里由司云此質爲鉀硫三分劑與鉀養硫養一分劑化合而成但依化學家溫克拉化分所得之數含鉀硫與鉀養硫

養與鉀硫養與鉀養硫養各質化學家非勒白云查福特司幾立司之書中俱言此質爲鉀硫二分劑與鉀養硫養一分劑相合而成

取法　將鉀養炭養粉十兩硫黃花五兩置於溫暖乳鉢內磨勻盛於或瓦或瓷之鍋加熱先漸加熱至不復發泡後加熱至暗紅色令能全鎔化傾於平面石上而以瓷碗蓋之令不遇外空氣待凝結而冷則敲碎速置綠色玻璃瓶內密塞之其塞宜緊不可通空氣

蘇書定取此質之方每鉀養炭養四分配硫一分因其鉀養炭養過多則有未化分者故近時取法用硫加一倍化

學家傅尼士云如欲造鉀硫用硫與鉀養炭養重數必同如硫一分鉀養炭養二分則所得者爲鉀硫

此取法之理凡鉀養炭養與硫黃相合鎔化之則放出炭養氣鉀養之養氣有三分之二與硫二分劑相合成硫養此質與不化分之鉀養相合成鉀養硫養一分劑又鉀與硫化合成鉀硫其式爲

三鉀養炭養丄十二硫‖鉀養硫養丄二鉀硫丄三炭養

依此式所得之質爲鉀硫合於鉀養硫養如久遇空氣或藏之甚久因收養氣變爲鉀養硫養

試法　其塊帶綠色新擘開處有橄黃色水中能消化酸質大半能消化之又放輕硫之臭水中消化之則變爲橘皮色正酒醕四分能消化此質三分如加鉛養醋酸所得之質先變紅色後變黑色醫學家沛離拉云含硫一分劑之鹼類質加鉛之各種鹽類水結成黑色之質如含硫不止一分劑者則結成紅色之質如鉀硫質存之甚久而變化則無此性情顯出

畏忌　酸質金類鹽類質

功用　能感動腸胃內皮能補精神發汗皮膚之病可用此爲改血藥外科中用此藥洗臭惡之瘡

服數　以三釐至十釐或至十五釐爲一服與蜜或肥皂相和作丸服之外科中用之與豬油相和成膏或與肥皂水相和作洗藥或添入浴水內化之每水千分配此藥一分

鉀硫油膏

取法　將鉀硫三十釐熟豬油一兩先將鉀硫在瓷鉢內磨成極細之粉漸添豬油兩物磨極和勻手指撚之極爲細膩

此膏以新作者爲佳能治禿瘡等皮膚舊病

鉀養硫養

鉀養硫養之天成者近於火山處得之又從數種金類質並礦如白礬與布拉來得（來得即石之意）數種地出之水數種植物並動物全體津液得之又用鉀養淡養以取淡養之工夫內亦能得鉀養硫養

形性　鉀養硫養爲無色無臭之質其味苦鹹尋常之顆粒硬而最小爲六面底柱形體兩端爲六面錐形間有兩六面錐形相接而無柱形間有角變化或顆粒成雙其原形爲斜方面柱形或爲斜方面之八面形在空氣中不變化醕內不變化六十度熱之水十六分能化其一分二百十二度熱之水四分能化其一分無成顆粒之水但顆粒間之空處稍含水

第十圖

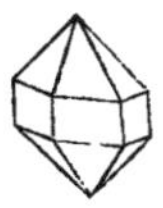

故加熱則發爆裂聲。加熱至紅。則全鎔化。如將此質與炭相和而加熱。則變爲鉀硫。

取法　一千八百六十四年英書之法。將造硝强水時所得餘質一磅。沸蒸水四升消化之。漸添熟石灰。以紅試紙置其中。變藍色爲度。以麻布或洋布濾之。加熱令沸。添鉀養炭養二至絕無結成之質爲度。再濾之。而添淡硫强水滅其鹼性。或令其稍有酸性。將此質熬之至浮面結皮一層爲度。待二十四小時結成顆粒。用生紙收水令乾。存於瓶中密塞之。

此取法之理。因作硝强水所得之餘質爲鉀養硫養三。常另

含硫養三。故加鈣養收其所餘之硫養三。其餘各工夫極繁而無大用處。其流質所含之鈣養硫養三。或鈣養水。如加鉀養炭養則結成。恐有鉀養或餘多之鉀養炭養二。故添硫養三令變爲鉀養硫養三。

試法　此鹽類質之含雜質者甚少。最要之性。爲不易在水中消化。在醕內竟不消化。如鉀養硫養三水內加鉑綠水。則有結成黃色之質。爲鉑綠與鉀綠。如加鋇綠水。則有結成白色之質。爲鋇養硫養三。不能消化於硝强水內。此鉀養硫養三水內。如加藍黃兩種試紙。無變化之色。又如添淡輕四養草酸水。無結成之質。如將鉀養硫養三水一百釐加鋇綠水令結成鋇養硫養三至盡。令乾應重一百三十二釐。此倫書之試法也。

畏忌　果酸鋇綠鈣綠鉛養醋酸鉛養二醋酸銀養淡養五。

功用　可爲重瀉藥。又爲散炎與收瘤藥。

服數　以十釐至二錢爲一服。

合此質之藥品　吧嗶喏雜散哥囉噺丸。

鉀養二硫養三

此質爲鉀養二硫養三加二輕養。自造硝强水所得餘質內造成之。其法。加硫養三至有餘。熬成顆粒。此質昔人已有知之者。然其取法。略在一千八百年化學家林克所設立。英

書中不載此藥。

形性　無色無臭。其味極酸而辣。如含硫養三至有餘。則其顆粒爲小平面之柱形。在水中極易消化。醕內不能消化。乾空氣內不變化。加熱不大。則顆粒化成油類形之流質。加熱至紅。則成顆粒之水散去。又硫養三之一分劑亦散去。所餘之質。祇爲鉀養硫養三。此質之水。能令植物質所成藍色染料。變爲紅色。如添含炭養二之鹼類質。則發泡甚多。

第十一圖

試法　試其含硫養三或試其含鉀養爲雜質。可用尋常試此兩質之法試之。又分辨鉀養硫養三之法。可用前言顯出

酸性之法試之。

畏忌　驗類質、土類質與其含炭養之質，又有數種金類並其與養氣合成之質。

功用　可作瀉藥，如將此藥一分與鈉養炭養顆粒一分相和，即成發泡之瀉藥。

服數　以二十釐至二錢爲一服，必消化於水中，令極淡，然後服之。

鉀養硫養　含硫黃之質　又名古拉雖鉀養硫養

作此質之法，將紅熱之鍋添硫黃一分、鉀養淡養一分，加熱鎔化，待冷，所得之質含鉀養硫養與鉀養硫養，其性輕瀉，又可與等重之鉀養二果酸相和，昔時俱用以治胃不消化之病，並數種皮膚之舊病。醫學家敦根云：其功用與含硫養之各種藥水略同，服數半錢至一錢。

鉀養淡養　即朴硝

此質之天成者甚多，古人當已知之，考印度與中國古時已有爆竹，諒在當時已知取硝，而印度舊法從硝中取淡養。天方國奇巴等化學家恃印度而得此法，西國聖書中所言鈉得，又有古書中所言鈉得路末，其原意即爲鈉養炭養，然此時各種鹽類質俱未分清，故以此爲鹼類各質公共之名。

印度國地面常見天成之硝，其土內本無各種動物質，如洗去其所產之硝，過數年又復產硝，土中含砂，間有雲母石，其能連年產硝之故，因本有鉀養在內，而其淡養藉空氣中之養氣與淡氣相合而成。化學家里必格云：爲空氣中之淡輕氣收空氣之養氣而成。查伯靈西伯記錄書第二章第二十三頁，有司弟分孫論此天成之硝云：其土內原含數種能在水中消化之鹽類，如鈉養硫養、鈉綠、鈣養淡養、鉀養淡養等，其鈣養淡養易變成鉀養淡養。其法將土質鋪於木灰之面，用水淋之，則木灰中之鉀養炭養內之炭與鈣養化合，而其淡養與鉀養化合，則有鈣養炭養結成，而餘水中有鉀養淡養，蒸至將乾，待冷則成顆粒，所得之顆粒每百分含淨鉀養淡養四十五分至七十分，再消化一次，令成顆粒，則更得淨者，惟尚存雜質在內，依每百分之含雜質若干，而定其高下，粗者謂之生硝，細者謂之朴硝。蘇門答臘海島間大洞頗多，洞底有蝙蝠禽鳥之糞堆積變化，成含硝之土，川前法爲之，可得其硝。歐洲各國作硝堆以取硝，其法用各種土與腐爛之動植物、石灰等相和，而傾動物之尿或坑廁之垃圾，其堆面一邊直立，而有結成之白質如霜，帶土刮下，滲於水中，所得之水爲硝水，其理因腐爛生物質有淡氣收空氣之養氣與其各本質相合，成含淡養之質。日耳曼國化學家來肯拔克云，此種變化，先成淡輕，而後變淡養，故不必作硝堆，費時費事而後成硝，但將含鉀養之土質，或木灰質，成堆，徑置淡輕於其上，則化成更速。

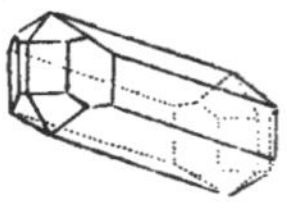

第十二圖

形性　鉀養淡養之最淨者，無色無臭，半透光，其味少辣而可惡，令口中覺涼，與食鹽略同味。其顆粒長而有紋條，爲六面柱形，其兩端或爲兩面形，或爲兩箇或六箇漸近面，間有顆粒爲十二面形者，即兩箇六面錐形體相連而成。其顆粒不含水，在空氣中不改變，重率得一·九二，六十度熱

之水四分，能化硝一分，化時必減熱，沸水一分，能化硝一分，醕內不能消化，含水之醕內消化甚難，加熱至六百六十度，則鎔成明流質，待冷，即成白色之半明半暗質，傾入小圓形模內，成球形者，爲尋常出售之硝式，即已鎔化者，加大熱，則硝化分，先放養氣，後放養氣合於淡氣，所餘之質，爲鉀養淡養，其顆粒各層之間，常含水質，故用硝作火藥，宜用小粒者，因其含水較少，如將易着火之物與硝和勻，加熱則化分極速，發光與熱，又有數種雜酸質，亦具此性，此雜質之內含炭質。

取法　尋常製火藥，須用極淨之硝，如用以作藥品，即用此種已可，如英書內所言消化之再成顆粒，並洗其顆粒之各工，俱非常爲之事。

試法　試硝含淡養與鉀養，可用試此兩物之法試之。英書云，將硝投於火中，則燒甚猛烈，如將硝與硫養與銅絲置試筒內，加熱，則發紅色之霧，爲淡養，凡硝應全能消化於水，硝水中添鋇綠水，無結成之質，則知不含硫養之質，如添銀養淡養水，無結成之質，則知不含含綠氣之質，生硝中有含石灰者，如欲試得其據，可加淡輕養草酸，有結成白色之質，爲鈣養草酸，近時所造上等之硝，不常含鉀養硫養，且鉀綠或鈉綠，亦不常含也。

畏忌　硫養，白礬，鹼類，及金類之含硫養者。

功用　爲涼性藥，能利小便，服過限，則爲惹胃之毒藥，或有用以治皮膚之病，與新發風溼症，外科中用之能令清涼，又能洗去外皮臭惡之物。

服數　以十釐至三十釐爲一服，或與糖，或與水，或與含樹膠之藥水，相和服之。

解法　先用吐法，吐去胃內所存之硝，又用法安其腸胃，減其生炎。

鉀養綠養

昔人將此藥混於他種鹽類質，後有化學家白脫里分別

甚清近時製造各種爆藥與自來火等俱用此物。

形性　鉀養綠養為無色之質，其顆粒成片，或如魚鱗，或為方片，極明亮，略如眞珠之光色，略同於硝養之顆粒，味涼而能直達舌中，少猝如硝。顆粒遇空氣不變化，亦不含水，亦與硝同重率得一·九八三。十二度熱之水三十分能化其一分，六十度熱之水十八分能化其一分，二百十二度熱之水不及二分能化其一分。醕內消化甚少。將其顆粒在暗室中磨擦，則發光亮，有爆裂之聲。加熱則每百分放水二分，此非化合之水，而為顆粒中間所含之水。加熱至暗紅色，則鎔化發養氣，每百分略有四十分。其鉀養與

綠養皆化分而散去，所餘之質惟鉀綠而已。如爐中已有紅熱之炭，投入鉀養綠養，則燒時猛烈如硝。設與硫或炭或燐等易燒之物相合，則爆烈甚猛。

取法　先依法取綠氣，即用錳養與輕綠之法，再將鉀養炭養與熟石灰，每鉀養炭養二十分配石灰五十三分，另加水少許成漿，已令綠氣過此質若干時，則加水於漿，加熱令沸，再濾之，將所得之水熬至將成顆粒，待冷則顆粒自成。

所用石灰之數足令其鉀養炭養全化分，成鉀養與鈣養炭養，則所餘之鈣養或多，而綠氣令鉀養與鈣養之變化如左。

造鉀養綠養之舊法，用鉀養炭養水，令綠氣行過，則炭養氣放出，每鉀養五分劑，放其養氣為綠氣一分劑所收，所成之綠養氣與鉀養另一分劑相合成鉀養綠養，另須綠氣五分劑與所餘之鉀相合成鉀綠，此質存於水中。觀以上之取法，糜費甚多，因作鉀養綠養一分劑，需用綠氣六分劑與鉀養六分劑也。

用鈣養之新法，創始於化學家苦來思楷法，得其綠氣仍用錳養與輕綠成之，令行過鉀養鈣養與水合成之漿，其比例用綠氣六分劑，鈣養五分劑，鉀養一分劑，則有綠氣

五分劑合於鈣養五分劑成鈣綠五分劑，而放養氣五分劑，此養氣與所餘之綠氣一分劑相合成綠養，此質與鉀養一分劑化合。用此新法，無有糜費。其水熬至將乾，結成鉀養綠養之顆粒。

試法　鉀養綠養應在水中全消化，所含之異質常為鉀綠與鈣養。如添銀養淡養水，有結成之白質為銀綠，則知其含鉀綠；不結成者，不含此質。如添淡輕養草酸水，有結成之質，則知其含鈣養。將鉀養綠養一百釐加熱至紅，則放養氣三十九釐。

功用　為鹽性改血藥，能減生炎症而有涼性，如疹子或

熱症或霍亂吐瀉等病服之能令身內流質不發臭又如口中喉間生白點瘡用此藥敷之收其惡氣能愈

服數　以十釐至三十釐化於水中服之或作糖片服之

鉀養綠養五糖片

取法　將鉀養綠養五細粉三千六百釐提淨白糖二十五兩阿指西耶樹膠粉一兩阿指西耶樹膠漿二兩蒸水一兩許依其藥料之稠稀而配之先將各粉調和而後加漿與水所得之質分爲糖片七百二十塊置於熱空氣箱烘乾之所加之熱度不可過大

依上法爲之每一糖片含此藥五釐一千八百六十七年之英書載入此品

服數　以一片至六片爲一服

鉀養果酸

此藥之原質爲二鉀養炭八輕四養十共得分劑數二百二十六

萬物中未見其天成者一千六百餘年化學家勒陌里考知此物

此質之原質甚難定準化學家尋常所用之式爲每本質二分劑配果酸一分劑故爲兩本之鹽類質化學家非勒白云其本質鉀養爲一分劑所配果酸爲半分劑如此則爲一本之鹽類質

形性　此鹽類質無色無臭其味鹹而辣尋常出售者爲極細顆粒之粉因熬乾時常調攪之故顆粒不大也如特取其大顆粒則可得四邊或六邊之柱形其兩端有兩面成稜依化學家湯勿生之說其大顆粒含輕養四分劑重率得一·五五遇空氣能自化散水一分能化其一分醕加熱令沸則二百四十分能化其一分加熱則發腫而變成鉀養炭養英書云如與硫養三相和而加熱變爲黑色之流質形如煤黑油發能燃之氣其臭似燒糖此因果酸化分之故其水易爲硫養三所化分或他種强水或酸性鹽類質亦可化分之化分之時有鉀養二果酸之顆粒結成如將其水添能消化之含鋇養之鹽類或含鈣養之鹽類或鈣養水或鈣綠水或鉛養醋酸水或銀養淡養五水等俱能結成白色之質此爲含果酸之鹽類質俱能在淡養五水中消化而鉀養二果酸依同法試之亦復如是

第十三圖

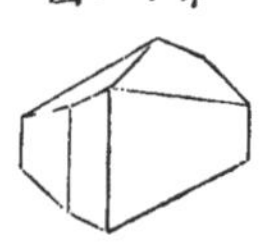

取法　英書之法將鉀養炭養九兩加沸水二升半待全消化須以或多或少消息之再添鉀養果酸細粉二十兩亦以多少消息之以滅其酸性爲度再加熱令沸而後濾之濾畢再令沸至面上之泡能浮水面而不散置於涼爽處待成顆粒所餘之水再加熱熬之更濃待冷則再成顆

粒。

此取法之理因放炭養二氣故能發沸鉀養一分劑合於鉀養果酸一分劑成二鉀養果酸一分劑其式為

鉀養果酸丄鉀養‖二鉀養果酸

作果酸之工夫內亦成此質（觀果酸節）可熬取之。

試法　如為淨者投水中最易消化以藍試紙或黃試紙試之顯出中立之性大半所有酸質並檸檬酸添於其水內則與鉀養之一半化合結成鉀養二果酸之顆粒如將鋇綠或鉛養醋酸添入其水中所結成之質應能在淡硝強水內消化如將此質一百十三釐加熱至紅待至竟不發氣為度則餘下者為鹼性之質加草酸試水一千釐適滅其鹼性。

畏忌　各種酸質並檸檬酸及酸性鹽類質鈣養或鋇養之能消化之鹽類質鉛養醋酸銀養淡養五。

功用　為重瀉藥或為鹽類藥能感動內腎與鹼類藥同。

服數　以二錢至半兩為一服。

鉀養二果酸

鉀養二果酸實為鉀養輕養果酸其得分劑數一百八十八果酸西國古名打打其天成者見於葡萄果內凡作葡萄酒即成此物古人既能作酒必知此質矣葡萄汁發酵之時則糖不見而有醕結成而其打打不能在酒醕內消化故凝結沉下或凝結桶旁成顆粒形之皮白葡萄酒所成者為白色之皮紅葡萄酒所成者為紅色之皮古人之書記此料極明又謂之酒渣滓一千七百六十九年化學家西里考究其性情而定準之法國之莽那丕力阿意國之緋逆司皆聚此物而提淨之每鉀養一分劑配果酸一分劑欲減去果酸一分劑須用鉀養二分劑故鉀養二果酸為酸性之鹽類質非勒白書中云此質實為果酸二分劑與鉀養一分劑化合然非勒白所定果酸之二分劑等於各化學家所定果酸之一分劑。

取法　尋常出售之粗鉀養二果酸為白色之顆粒黏連似皮細觀之能分出其小顆粒置口內試之其硬如砂在口中消化甚遲味酸而稍佳其顆粒半明半暗成無法六面柱形體或為三角形底柱形體兩端有兩面成稜重率得一·九五空氣中不變化醕內不消化六十度熱之水六十分能化其一分二百十二度熱之水十八分能化其一分鉀養二果酸水有酸性能令藍試紙變紅遇含炭養氣之鹼類質則令發泡若將其水久存則發黴而化分此因有植物質阿勒奇（即海菜）之類生於水中用顯微鏡視之其形如線植物學家

第十四圖

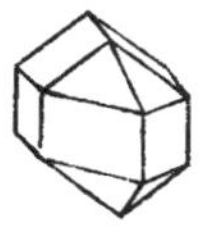

名曰西路克路息司打打里格此質亦生於他質含果酸之水內將鉀養二果酸之顆粒加熱則腫脹而放水一分劑後則化分放能燃之氣質其臭與燒糖略同餘下之質爲鉀養炭養與炭化合西國俗名黑色化料若將鉀養二果酸一分與硝一分相和加熱燒之所得者爲鉀養炭養西國俗名白色化料鉀養二果酸不易爲酸質化分而果酸能化分中立性之鉀養鹽類質仍得鉀養二果酸（觀果酸節）如將鉀養二果酸之水添鋇養水即成鋇養果酸添鈣養水即成鈣養果酸或添鉛養醋酸水即成鉛養果酸此各質俱爲白色不肯消化如遇能合於果酸而成能消化之

鹽類本質則成雙鹽類質內有數種入藥品即鉀養鈉養果酸鉀養銻養果酸（觀鈉養銻鐵三節）又如用硼養或鈉養二硼養能令鉀養二果酸更易消化所得之質爲鉀養硼養果酸又謂之能消化之鉀養二果酸化學家里必格成此質之方用鉀養二果酸四十七分半與硼養顆粒十五分半相和令全消化將其水熬乾即得此質

試法　鉀養二果酸常含鈣養果酸百分中得二分至六分間有含十四分者亦有含白石英粉或砂粉沸水四十分應全消化其一分如含白礬或鉀養二硫養可用鋇綠試法分辨之如將此質一百八十八釐加熱至紅待至不再發氣爲度將所餘之鹽類質添草酸試水一千釐適滅其鹼性

畏忌　濃酸質含炭養之鹼類質含鈣養之鹽類質含鉛之鹽類質

功用　爲涼性藥能利小便能微利

服數　以半錢至二錢爲一服能利小便四錢至六錢爲一服能微利

含此質之藥品　渣臘伯散硫黄甜膏俱含此質

鉀養檸檬酸

取法　將檸檬酸顆粒約六兩以水二升消化而消息之

漸添鉀養炭養約八兩消息其鹼性或酸性之有無以得中立性爲度濾而熬乾之觀其面生皮一層則調攪不止以全成顆粒爲度置於温暖乾燥乳鉢內磨細盛於瓶中密塞之

其炭養氣發泡散去其檸檬酸原爲三本之酸質合於鉀養三分劑成中立性之鉀養檸檬酸

此鹽類質甚佳一千八百六十四年載入英書其原質爲三鉀養$炭_{六}輕_{五}養_{七}$其得分劑數三百〇六爲白色之粉再易自化故必盛於瓶內塞之甚密水中極易消化味鹹或帶酸味添入酯內全不消化如用尋常粗鉀養炭養爲之則

含其雜質在內。如用檸檬汁爲之。因此質常含瑪里酸。即蘋果酸故所成鉀養檸檬酸。必含鉀養瑪里酸。如用鈣養鹽類質添於水中。令其鉀養檸檬酸。凝結沉下。則因鉀養瑪里酸。本能消化。仍在水中。

試法　此質必將試鉀養與檸檬酸之法。分而試之。試檸檬酸之法。與試果酸之法略同。即加熱之法。或用濃硫養水之法。如將濃鉀養檸檬酸水。再添檸檬酸。則無結成之質。鉀養果酸水內。如添鉀養檸檬酸。則有鉀養二果酸結成。鉀養檸檬酸水內。如添鈣養或添含鈣養之鹽類質。則有鈣養檸檬酸結成。如將鉀養檸檬酸水。與鈣綠水相和。

若不加熱。則無結成之質。鈣養檸檬酸。在熱水內更難消化。故加熱令沸。則分出白色之質。易在醋酸內消化。凡檸檬酸之鹽類質。或果酸之鹽類質。如加熱。能令其酸質變爲草酸醋酸等質。如與硫養相和而加熱。則化分之質內。有一種易着火之炭輕類之氣。如將鉀養果酸。與硫強水相和而加熱。則成棕色之流質。放出易燃之氣。發醋酸之臭。如將鉀養檸檬酸一百〇二釐。加熱至紅。待至不再發氣。所餘之質。用草酸試水一千釐。適減其鹼性。

功用　此爲微涼藥。又能發汗。利小便。此三者之服數。以二十釐至六十釐爲一服。如服之更多。則爲輕瀉藥。發熱之病。可將此藥與檸檬汁相和。成涼性水。以解渴。其鹼性在溺中顯出。故石淋砂淋等症可用之。胃中多酸。或痛風亦可用之。

鉀養醋酸

此物之原質爲鉀養炭輕養。其得分劑數九十八。當一千二百餘年時。格致家勒立考知此質。或有人早得此質亦未可知。數種植物之汁內有之。即如燒植物所得之灰。能取出鉀養炭養者。其汁是也。

形性　此質無色少臭。味辣而鹹。尋常所見者。其體光亮成層累。爲細明鱗片相合而成。如取時加熱極遲。則成針

形。遇空氣即自化變爲油形之流質。添入等重水內。能全消化。亦能在醕內消化。加熱則先鎔而後化分。放出輕氣與炭養氣。所餘之質。爲鉀養炭養。此變化之事。略與含果酸之鉀養質相同。如將鉀養醋酸加硫養。或他種濃強水。則化分而放出醋酸之臭。又有數種鹽類質。能令其化分。每鉀養醋酸一百分內。含鉀養四八·五分。醋酸五一·五分。共得一百分。

取法　將醋酸二升。置於薄瓷鍋內。漸添鉀養炭養二十兩。先熬之而後濾之。如尚顯鹼性。則加醋酸少許。以得中立性爲度。熬乾後。漸增熱。令其質鎔化。既鎔化後。則待鍋

冷而鹽類質已凝未冷之時。敲碎置瓶中。塞之甚密。
此取法之理。因醋酸與鉀養相合。則放出炭養氣。而成鉀
養醋酸。
或用淡醋蒸之以代醋酸所得之質帶櫻色最妙之法。用
淡醋酸之淨者。因多用鉀養。故所得之質常帶櫻色。可多
加醋酸。至少有餘而得酸性。可免櫻色之弊。又有一取法。
用鉛養醋酸與鉀養硫養三。令兩物彼此化分化合而成。然
用此法。其質常含鉛。此為其弊。
試法　將硫養二添入此質之水內。則放出醋酸之霧。加熱
至紅。則變為鉀養炭養二。鉀養醋酸在水或醕內能全消化。

遇藍試紙或黃試紙。應不令其變色。尋常出售者。稍有鹼
類之性。如添入鐵綠二淡水。即變大紅色。如血。如添鋇綠或
銀養淡養五。則能知其含硫養三或綠氣之質與否。但鉀養醋
酸水為極濃者。則添銀養淡養五。間有結成之質。故可將所
得結成之質置水中或淡養五水內。如能消化。則知其非因
含含綠氣之質而結成也。如含鉛為異質。則添輕硫氣結
成黑色之質。如含銅為異質。則添鉀二衰三鐵之水。結成櫻色
之質。
畏忌　各種酸性之質。鈣養硫養三。鎂養硫養三。數種土性鹽
類質。金類鹽類質。

功用　能利小便。多用之則為瀉藥。醫學家胡拉云。久服
令溺中顯鹼性。與鉀養炭養二同。因在人身內易收炭養氣
而變為鉀養炭養二。又有別種鹼性鹽類質。遇植物酸質有
此性者。
服數　以十釐至一錢為一服。能利小便。二錢至三錢為
一服。能令人大瀉。

鉀養錳養七

此質為鉀養與錳之多含養氣之質相合而成。其顆粒為
方柱形。其色深紫。易在水中消化。其味甜而澀。
取法　將鉀養綠養五三兩半。磨成細粉。與錳養二四兩。磨勻

置瓷鍋內。另將鉀養五兩。以蒸水四兩消化之。添入鍋內。
用熱砂盆加熱。熬乾。化時須連調。令不噴至鍋外。將所得
之質磨成細粉。置瓷鍋或瓦鍋內。蓋之。置爐中。燒至暗紅
色。約一小時之久。或至半鎔為度。待冷。敲碎。磨成細粉。與
蒸水一升半相和。加熱令沸。令不肯消化之質沉下。傾出
其流質。再將其定質與水半升相和。加熱令沸。待定質再
沉下。將其流質傾入前流質內。而添淡硫強水。至準滅其
鹼性為度。熬至其水面生薄皮一層。待冷。則水內成顆粒。
取出其顆粒。待其水已流盡。與蒸水六兩相和。加熱令沸。
則將玻璃漏斗用不灰木分成細條。輕塞漏斗之孔。將此

流質傾入所有濾下之流質待冷則成顆粒自水中分出之待其水已流盡則置於盛濃硫養水盆上用玻璃罩蓋之則硫養收取其水而顆粒得乾

此取法之理因將黑色錳養與鉀養綠養相和加熱則綠養之養氣放出而錳養變爲錳養與錳養此兩物與鉀養相合鍋內所得之質含鉀養錳養鉀養錳養與鉀綠及錳養少許餘下鉀養若干以熱水消化之則鉀養錳養化分成鉀養錳養與錳養傾出其流質其流質內不含錳養加入硫強水則令其鉀養得中立性待其鹽類質成顆粒分出水中所餘之質爲鉀養硫養與鉀綠六十度熱之水十

六分能消化其顆粒一分英書云將此質之細顆粒以水一兩消化之則水得深紫色其顆粒加熱至紅則爆裂放養氣而有餘下黑色之質爲錳養與鉀養鉀養錳養最易放出其養氣故其質之性情易於分別如遇含鐵之鹽類質或生物雜質則化分甚速如添入能收養氣之材料則收此質之養氣三分劑所餘者爲黑色之錳養即沉下之質水中又有鉀養其水本爲大紅色因此變爲無色其變化之式爲

鉀養錳養丅三養‖鉀養丄二錳養

鉀養錳養之水原爲綠色如加能收養氣之料則亦放出其養氣頗不及鉀養錳養之多耳此種水能令輕硫氣化分故能去臭惡而令空氣得淨或謂之滅臭藥英書之試法將鉀養錳養五釐水中消化之另將鐵養硫養顆粒四十四釐添淡硫強水二錢和勻傾於前水中適能滅其色其材料化合成鐵養三硫養所結成之錳養可用尋常試法試之

功用　此藥外科中多用之若內服則爲胃中各流質化分甚速而失其功力有醫士用以治多溺味甜之病因其能放出養氣而令身內之糖質變爲他質不從溺中出也

服數　以三釐至五釐爲一服用水消化至極淡服之其

粉可與白石粉磨勻鋪於臭惡瘡爲滅臭之用

鉀養錳養水

取法　將鉀養錳養四釐蒸水一兩消化之

此水與根狄滅臭藥功用略同病人房中用此藥以滅臭最爲合宜又身體生瘡或潰爛用此藥水再加水令更淡洗搽患處口臭或喉間有臭爛之瘡可用之爲漱喉藥有人用以治多溺味甜等病

服數　以二錢至四錢爲一服

鉀衰鐵

此藥詳述於鐵雜質節內茲不復論

鉀養二鉻養

此藥不常用以治病顧考其化學性情頗有趣味取藥法中用之令他種藥收養氣亦用之又可用以作試藥

鈉

鈉爲鈉養之金類本質一千八百三十七年英國化學家兒飛考知此質其軟如蠟能打薄如鉛成極薄之片重率○九七二不透光外面之色光亮如銀能浮於水面發嘶嘶之聲令水發泡若遇紅熱之鐵也此因水之養氣與鈉化合所放之輕氣發泡散去有時變化極猛而有爆裂之事所成之鈉養消化於水內加熱至一百九十度則能鎔化加熱至白色能化散能傳熱與電氣海水中含之極多皆與綠氣化合成鹽地中挖取之石鹽亦爲同質所成遇空氣則速收養氣變爲鈉養故必存於無養氣之材料內如火油與那普塔等是也凡鈉之各雜質以火燒之用光色分原鏡視之則有極明黃色線在太陽光帶黃色之一分內如依同法燒含鉀之各雜質則有極明紅色線在太陽光帶紅色之一分內又有極明紫色線在太陽光帶淡紫色之一分內又依同法燒含鋰之各雜質有極明紅色線與更淡黃色線在太陽光帶紅色與紫色之各一分內

太陽光帶之圖在光色分原西書中

鈉養

作鈉養之法將鈉養炭養水添生石灰結成之質爲鈣養炭養水中有鈉養熬乾之則得鈉養輕養其分劑數共得四十數種礦質含鈉養如鈉養礦等是也常見者與數種酸質相和其顆粒爲四面形兩間亦是四面其色灰白其味辣有烙炙之性水與醕俱能消化之加熱至紅則鎔化空氣中能生白質如霜其性情與鉀養大同小異但此質收空氣中水氣之性較鉀養更小因其外面先變溼而後收空氣中之炭養氣如是生霜形之質如用鈉養作玻璃與肥皂較之用鉀養者更硬鈉養各鹽類質之形狀與鉀養之相配之質亦不同且鈉養與酸質相合成鹽類所需用鈉養之數較鉀養更少鈉養各鹽類質較配以鉀養各鹽類質更易消化如將鈉養鹽類質添入鋁養三硫養則不成白礬顆粒添入果酸不成不消化之鈉養二果酸質添入鉑綠水亦無結成之質如鉀養鹽類質加入鉀養炭養或鈉養炭養無有結成之質而鹼土金之水內加此物則有結成之質故可依此法分別之又如將各種鹼質與鐵衰或輕硫所成之質相和添入鈉養鹽類質中無有結成之質設添入金類鹽類質中則有結成之質故可依此法分辨之

試法　徑捷之試法有二能辨其爲鈉養並其各鹽類質與他物即消化於醋內以火燃之能顯深黃色如將此質之水添鉀養銻養水則有結成之質又用光色分原鏡能分別其含鈉與否

功用　鈉養與鉀養其藥性大同小異鈉養之鹽類質與配以鉀養之鹽類質其性亦略同所有之分別因鈉養各雜質其烙炙之性較鉀養各雜質更輕鹼性亦更小入溺內之性及改血之性亦較鉀養者更輕惟瀉性較鉀養者更重耳砂淋石淋等症不常用鈉養與其各鹽類質因鈉養鋰養較鉀養鋰養消化之性更小但胃中多酸食物不

消化用鈉養炭養或鈉養二炭養更屬合宜瘰癧等病用鈉綠則得其改血輕性又如鈉養硫養與鈉養鉀養果酸爲尋常瀉藥醫士或用鈉養燐養散砂淋石淋之病含綠氣之鈉養可令其放出綠氣作綠氣之各用

鈉養輕養

此質之取法略同於鉀養輕養之取法性亦略同

取法　將鈉養水二升置於銀鍋或淨鐵鍋內加熱熬之甚速至其質略似油形而用熱玻璃條挑取一滴待冷而凝結則知熬已合度傾於銀板或淨鐵板上待凝結則敲碎置於綠色玻璃瓶中塞密之

此質爲灰色之塊鹼性與烙炙之性極重英書云如化於水中而水內稍有淡養能令水有酸性如添銀養淡養水或鋇綠水即結成白色之質少許由此可知英書準此質微含含硫養或綠氣之質如將此質以水消化之則所得之渣滓應極少如將此質四十釐用草酸試水九百釐適能滅其鹼性

功用　其功力與鉀養輕養同但烙炙之性更輕空氣中自化之性亦更小

鈉養水

取法　將鈉養炭養二十八釐以水一升消化之置淨鐵器中加熱令沸沸時漸添熟石灰粉十二兩必調攪不停再令沸十分時離火待定質沉下水已清則用過山龍吸至綠色玻璃瓶內塞密之

此取法之理將鈣養與其炭養相合與取鉀養水之理相同設取時不甚合法則或含炭養其試法可添輕綠之淡水則發沸添鈣養則有結成之質如加淡輕養草酸水有結成之質則知其含鈣養重率得一〇四七每水重一百釐含鈉養約四釐如將此水一兩即四百五十八釐用草酸試水四百七十釐適能滅盡其鹼性

用尋常之鈉綠造鈉養炭養則分出鈉養炭養之後常有

不淨之鈉養輕養水。餘下此水中含鐵，故謂之紅水。大造藥料之肆，用此水造粗鈉養輕養。

鈉養輕養水與鉀養輕養水，其性大同小異，所有之分別在其水內添鉀養銻養，則有結成之質，如添果酸或矽弗或鉑綠，則無結成之質。化學事內之用與治病之用，與鉀養者略同，惟其性更輕，爲本之性更軟。

功用　大半預備作他藥之用。英書中用以造鈉養或銻硫，或鈉養發里里阿尼酸，又化分求質之事亦用之。（觀英書之附卷）

粗鈉養炭養

古人已知此質，謂之鈉得，印度國人早知有此物，謂之薩其奴納，意謂鈉養之鹽類也。古時波斯國化學家謂之薩其磨納肥脫立。古時埃及國有一湖，水中含此質，用以作玻璃等物。

粗鈉養炭養所含雜質，依其取法與造作之處而分其多寡。有取於湖水中者，有取於海菜中者，有從化分鈉養之他種鹽類質而得者。此粗鈉養炭養可用之以取淨鈉養炭養。

有數種海邊之菜，其灰中有一質名巴里拉，此菜大半產於地中海、紅海及印度洋之邊。採取曬乾，而屬幾奴布提依藜科即鵞掌菜之意也。大半爲薩勒蘇賴類，或薩里殼尼阿類，或蘇阿以大類與幾奴布提由末類。其灰每百分含鈉養炭養二十五分至四十分不等。其灰內成此質之故，因菜內有植物酸質之鹽類，燒時即變化而成。其所含鈉養，大約自土中得之。化學家哈米勒曾將含鈉養炭養之菜，自海邊移往內地種之，長大後燒得其灰，祇含鉀養而無鈉。如將薩勒蘇賴菜浸於冷水中，化乾之，得兩種鹽類，即鈉養炭養與鈉綠。想燒成灰時，必有鈉綠若干分變成鈉養炭養。

又有克勒伯海草灰，產於蘇格蘭、阿爾蘭、威勒士海邊及

各海島，並法國諾滿的省海邊，皆聚海草燒灰而得此質。其灰待冷時，成蜂窠形硬塊，其色藍灰，味如鹼而可惡，謂之克勒伯。每百分內含鈉養炭養三分至八分半，另含他種鹽類質與巴里拉所含者略同，另含鉀養與碘若干分。觀碘節。

近時取鈉養炭養之法，與昔時不同，其法最爲便宜。所用之料爲鈉綠，即食鹽也。先加硫養水，令變爲鈉養硫養，與煤屑及白石粉相和，置倒焰爐中，加大熱，常調攪之，則其炭質收硫養與鈉養之養氣，而成鈉硫。此質爲鈣養所化分，所成之質爲鈉養炭養並鈣硫、鈣養、鈉養炭質，其內所

有不能消化之質惟沖水之時沉下分出後加熱則燒去其硫所有鈉養全與炭養化合所得之質每百分含鈉養五十分再消化於水中分出其定質熬乾其流質則得大顆粒爲鈉養炭養凡巴里拉與粗鈉養炭養等質俱不入藥品必消化水中熬其流質而得顆粒則各處醫院中方準用之

鈉養炭養

用前法而得鈉養炭養每一分劑含水十分劑其分劑數共得一百四十三顆粒大而明無色無臭其味有鹼性而可惡遇黃試紙顯出鹼性之變化其顆粒爲斜立方體或

爲斜方八面形體或爲整顆粒或爲碎顆粒在空氣中外

第十五圖

面生霜加熱時則在自成顆粒之水中鎔化水既化盡即得白色定質爲乾鈉養炭養中不含水六十度熱之水二分能化鈉養炭養一分二百十二度熱之水一分能化鈉養炭養一分醋內不能消化遇酸質與土類質顯其含炭養質之性情此質與鈉養二炭養分辨之法即加汞綠能結成紅色之質加鎂養硫養有結成白色之質爲鎂養炭養鈉養炭養之用處可與定質油或流質油相和成肥皂每鈉養炭養百分含鈉養二二·二分炭一五·三分水六二·五分共得一百分

試法　尋常作淨鈉養炭養用鈉養硫養與食鹽故間含鈉養硫養少許或鈉綠與鉀綠少許其試法觀之無色而光明空氣中能生霜水內能全消化其水能令薑黃變棕色如加輕綠至有餘再添鋇綠水如無結成之質則知其不含硫養之質如加銀養淡養無結成之質則知其不含綠氣之質如加鉑綠無結成之質則知其不含鉀養將鈉養炭養一百釐加熱至紅則放水六二·五釐英書云六十三釐又將一百釐添淡硫養水至有餘則放炭養氣一五·二八釐又加將一百四十三釐添草酸試水九百六

十釐適能滅其鹼性

畏忌　各種酸質酸性鹽類質鈣養水淡輕綠土性鹽類質金類鹽類質

功用　爲減酸藥服之過限則爲惹胃之毒藥其性能利小便能化砂淋

服數　以十釐至半錢或一錢爲一服作發泡藥用此藥二十釐配檸檬酸十釐或果酸十釐或檸檬汁二錢半又作雖得立次散亦用此藥

解法　不自散之流質油淡醋檸檬汁鉀養二果酸

無水鈉養炭養

作此質之法將鈉養炭養加熱令水質散盡則無水鈉養炭養五十三釐可代尋常鈉養炭養一百四十三釐每百分內含鈉養五九·三釐炭養四〇·七釐燒時必全加熱至紅否則有濃淡不勻之弊

取法　將鈉養炭養置於瓷鍋內再置於熱砂盆中加熱至顆粒鎔化而後變成軟定質磨成細粉存於瓶中塞之甚密如用鈉養二炭養加熱至紅所得之質更易磨粉

服數　以五釐至十釐為一服或為粉或為丸俱可

二鈉養三炭養

此質含水四分劑其得分劑數一百六十四天成者有之

即如阿非利加近於的黎波里所得者謂之脫羅那埃及國之尼羅河口西邊有產此質之湖印度國德干之老那湖亦產此質英國醫學家馬可磨生考得其質將其料送至英京倫敦書院中存之皆為炭養三分劑與鈉養二分劑相合而成每百分內含鈉養三八·五五分炭養三九·七六分水二一·六九分如將鈉養二炭養之水加熱至二百十二度則能變為二鈉養三炭養倫書所稱為二鈉養三炭養近有化學家依肥里脫考得其據實為鈉養二炭養醫士沛離拉之書云依倫書之法為之常得鈉養二炭養而不得二鈉養三炭養但各處湖水中所得之二鈉養三炭養恐亦非淨者疑為鈉養炭養與鈉養二炭養相合而成前言二淡輕養三炭養變成之理亦猶是也

鈉養二炭養

此質含水一分劑其得分劑數八十四常見者俱屬淨質間有含鈉養炭養少許者天成者有之即如法國之斐希泉水即鈉養二炭養水另含炭養氣其味酸

形性　尋常出售者為無色之質或為粉或為細鱗片形顆粒其味鹹少有鹼性空氣中不多變化六十度熱之水十三分能化其一分此數為化學家羅司與瑎茄所定者如用沸水則能消化更多熱水所化者待冷則多成顆粒

此質加熱則先放水若干後放炭養之一半又放盡其水變為無水鈉養炭養分辨鈉養二炭養與鈉養炭養之法察其鹼類之味更輕消化於水更難其水內添鎂養硫養水則無結成白色之質如添汞綠水則無結成紅色之質祇能略變暗白色如乳而已

取法　大造此質之法將鈉養炭養顆粒令炭養氣行過之為時甚久則漸收炭養而放熱與水霧英書之法用鈉養炭養一分無水鈉養炭養一分半和勻水內消化至飽足另將白石粉與大理石塊用輕綠水傾於其面令發炭養氣行過此水中即成欲提淨之將粗鈉養二炭養一分

加蒸水半分調攪多時將所得之質置於生紙之面下鋪乾磚以收其水

試法　此質在水中應全消化如其水中添鉑綠不應有結成之質又如加鉀養之一種試水亦不應有結成之質如有之則知其含鉀養如加淡養至有餘再添銀綠水或銀養淡養水如有結成之質則知其含含硫養之質或含綠氣之質願英書準加此各料之後得其微迹常含之雜質爲鈉養炭養少許如有此質則其鹼性更重而其味更惡試此質之法添鎂養硫養如有結成白色之質則知其含此質若不含此質除加熱外必不結成如加汞綠水結

成之質如色白卽純色不白卽雜將水四十分鈉養二炭養一分添汞綠水當時結成紅櫻色之質則鈉養二炭養內必含鈉養炭養如百分內有此質一分依此試法能顯明之若不含此質雖調攪甚多或久待或加熱祇能結成橘皮色之質也如將鈉養二炭養一百釐添淡硫養水則放炭養氣五一·七釐如加熱至二百十二度則放炭養氣若干加熱至紅則變爲無水鈉養炭養如用此質八十四釐加熱至紅則得所餘之鹼類質五十三釐添草酸試水一千釐適能滅其鹼性

畏忌　此質之畏忌與鈉養炭養相同惟鎂養硫養不在此例故藥方中可配用之

功用　能滅酸能消砂淋利小便能治胃痛而食物不化又治痛風與溺中結成里的酸之病

服數　以十釐至半錢或一錢爲一服如作發泡藥則用此質二十釐配以檸檬酸十七釐或果酸十八釐

鈉養二炭養糖片

取法　將鈉養二炭養細粉三千六百釐淨白糖粉二十五兩阿指西耶樹膠粉一兩阿指西耶樹膠漿二兩蒸水一兩先將諸粉調勻後添膠漿與水和勻成膏依法分爲七百二十片置於熱空氣箱內烘乾第所加之熱度不可過大也

蘇書中本載此方一千八百六十七年載入英書每片內應含鈉養二炭養五釐

服數　以一片至六片爲一服

鈉養炭養發泡雜散 又名發泡雜散

此藥無定方可將鈉養二炭養二十釐以蒸水一兩半至三兩消化之再用檸檬汁半兩或用果酸十八釐或檸檬酸十八釐以水少許消化之添入前水中乘其發泡時飲之水內所成之質爲鈉養檸檬酸或鈉養果酸所放出者卽炭養氣如用路式里鹽或鎂養硫養一錢或二錢以水

消化之，添入前水中，則為發泡之瀉藥，最為便用。但服此藥者，必知含橘檬酸，或果酸之鹽類質，在胃中變為含炭養之質，如久服之，能令津液便溺等，變成鹼性。

鈉養炭養發泡水 又名荷蘭水

取法　將鈉養二炭養三十釐，水一升，消化而濾之，置於堅固瓶中，另用取炭養氣之器，即用硫養與白石粉為料者，所生之炭養氣，必過水洗之，然後噴入前水中，至壓力大於空氣七倍為度，塞之甚緊，以鐵絲縛定，令氣不散出，此水開瓶時，發泡甚多，放炭養氣甚速，其水明淨，發水泡上升，味稍酸而適口。其試法，將此水十兩，加熱令沸五分時，加草酸試水一百七十八釐，適滅其鹼性，此為蘇書之方，一千八百六十七年載入英書中，乃真荷蘭水之作法也。

尋常出售之荷蘭水，不用鈉養二炭養，而用炭養氣與水相和，此水每升，必另添鈉養二炭養三十釐，方可作此水之用，此兩種水，在胃中所顯之功用不同，真荷蘭水在胃中放出炭養氣，能感動胃之內皮，而鈉養亦顯出其性情，此種水，可用鉀養二炭養，代鈉養二炭養，功用略同。地中發出之水，有含炭養氣者，故其味稍酸，而發炭養氣，有數處所得者，含鈉養炭養，或鈉養二炭養，間有含鐵者，醫者可依其所含之質，分別各處之水，以供治病之用。

鈉綠

鈉綠，即尋常之食鹽也，萬物內常遇見之，食物中不可少此質，此為古人所當知之者，數種動物之定質與流質，有之，數種植物之汁內亦有之，地產石鹽，含之極多，有消化於水成鹽水泉者，海洋之水，俱含此質，可熬其水而得之，結成顆粒，形各不同，依水之化散遲速而異也，售鹽者，各定名以別之，即如乳油鹽、石鹽、篋鹽、海鹽等是也，大顆粒者，謂之磨勒登鹽，非刷里鹽、海灣鹽，凡出售之鹽，大半不淨，必先提淨之，其法令消化於水，再成顆粒，尋常之鹽，含各種鹽類質，即如含鹼類或土類之含硫養，或綠氣之質，此種鹽類，大半以鈣與鎂為本。

形性　食鹽之質，無水透明，其顆粒為立方形，間有數顆粒相連成截方錐形，其面疊層如階級，重率得二·一七，淨者無色，味鹹無臭，不能令黃試紙或藍試紙變色，不能供漂白之用，水二分半，能化此質一分，無論冷熱，消化之數並同，醕內不消化，正酒醕內稍能消化，如將含鹽之酒燒之，則得黃色之火，鹽質最易傳熱，加熱則散開，而有爆裂之聲，加熱至紅，則能鎔化而乾蒸之，淨者，遇空氣至久不變化，不淨者遇空氣不久即變化，硫强水與硝强水能化分之。硫養或燐養亦能化分。但須加熱耳。銀養淡養、鉛養、汞養、鈣養、鉀養俱能化分之。鉀養炭養亦能化分。但必加熱耳。如鹽水中加銀養淡養。則有銀綠結成。此質能在淡輕水內消化。不能在淡養水內消化。如加鉑綠。無結成之質。可用此法分辨含鉀養之鹽類質。化學家或言食鹽消化於水。變爲鈉養輕綠。因水質化分養氣與鈉化合。而輕氣與綠氣化合。果如此。則食鹽之原質。其式爲鈉養輕綠。每百分內。有鈉四十分。綠六十分。

試法　如添鈉養炭養或鋇養淡養。不應有結成之質。或衹有極微之數。則知其不含土類之鹽類與炭養之質。及含硫養之質。尋常食鹽。微含鎂養硫養。或微含鎂綠。因此能自消散。如將鹽水。添入淡輕養炭養水。無結成之質。則知其不含鈣養。再添鈉養燐養水。無結成之質。則知其不含鎂養。

功用　外科用之。能感動皮膚。服之則爲改血藥、吐藥、瀉藥。或用以治瘰癧、瘧疾、霍亂吐瀉。

服數　爲改血之用。以十釐至一錢爲一服。爲瀉藥之用。以四錢至一兩爲一服。爲吐藥。以一兩半至二兩。暖水消化之。爲一服。每水三斗。加鹽一磅。則與海水略同。可爲洗浴之用。

含綠氣之鈉養水

法國化學家拉不拉克。於一千八百二十二年考知此質。能爲滅臭等用。此時法國有一公會。專理國內一切有益於人之事。見拉不拉克設此藥可爲滅臭等用。賞賜甚厚。且勸人用之。

形性　此水乃鈉養綠養、鈉養二炭養、鈉綠三質相合而成。將其水緩熬之。則得顆粒。若再以水消化之。所成流質。與原料略同。其色淡黃。（英書云無色）微帶綠氣之臭。味辣而微澀。黃試紙遇之。則先顯出其鹼性。此因含鈉養二炭養之故。後其色全滅。因含綠氣之故也。又用靛藍硫養試水試之。其色亦滅。遇空氣則化分而放綠氣。所餘之質。爲鈉養炭養。如添各種酸質。則放綠氣與炭養氣。水內所餘之質。爲鈉綠。如添鈣養水。則結成白色之質。此因含炭養之故。如加鉑綠。無結成黃色之質。此法可與含綠氣之鉀養水分辨之。如添淡輕養草酸水。無結成之質。此法可與含綠氣之鈣養水分辨之。化學家或謂之鈉養綠水。此名不可用。蓋綠氣苟能與鈉養化合。則所成之質。化學中所知各質內。無有相配者。至今化學家尚不能確定其原質。尋常化學家以爲鈉養二炭養二分劑。加鈉養綠養一分劑。加鈉綠一分劑。合而成之。沛離拉書中亦謂如是。

取法　將鈉養炭養$_{二}$十二兩蒸水三十六兩消化之另將錳養$_{二}$四兩鹽強水十五兩盛於玻璃瓶中瓶塞內插一彎玻璃管通入含水四兩之瓶內從此瓶再用玻璃管通入鈉養炭養$_{二}$水將前瓶加熱待綠氣放盡為度將鈉養炭養水傾於瓶中密塞之置於光少而涼爽之處

成此質之變化或可明之其式為

四(鈉養炭養$_{二}$)丄二綠＝二(鈉養二炭養$_{二}$)丄鈉養綠養丄鈉綠

試法　重率得一·一〇三加淡輕$_{四}$養草酸水應無結成之質每用七十釐加鉀碘二十釐水四兩另加輕綠二錢則

變成櫻色之水添鈉養硫$_{二}$養$_{三}$試水五百釐適足以滅其櫻色

如用鉀養炭養$_{二}$代鈉養炭養$_{二}$依上法取之即得含綠氣之鉀養水一千七百八十九年始用以漂白各物藥品中不常用之

功用　能滅臭能令物不腐爛因內含綠氣故瘰癧與疔毒病服之可為改血藥

服數　以十滴至二十滴為一服

含綠氣之鈉養軟膏

取法　將胡麻子粉四兩添入沸水八兩後添含綠氣之鈉養水二兩必調攪極勻而後依常法作軟膏攤於布上

功用　此膏可治舊瘡之臭爛者如喉中腐爛發臭可用此為漱喉藥以滅其臭

鈉養二硼養$_{三}$　即硼砂

此質內含水十分劑其得分劑數一百九十一此質古人

第十六圖

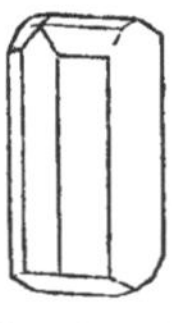

必當知之古時羅馬人布里尼名曰苦里蘇刻賴印度人名曰蘇哈加梵語謂之丁乾那天方國謂之婆羅格之類一千七百三十二年化學家遮弗離考知此質西藏有數湖湖邊產此質凝結成塊與麝香大黃並運至遠處銷售其

運至印度國者必過雪山謂之丁乾緈又謂之生硼砂西國取此藥之法將多斯加納所產之硼養與鈉養炭養$_{二}$相和至飽足為限　觀硼養節

形性　生硼砂塊其色淡綠外皮有土質摩之覺滑西藏土人將其塊以油質護之令不遇空氣不致生霜提淨之法須加熱煆之滅去其油類質或用鹼類水洗之令其油變成肥皂再消化之待成顆粒為無法六面柱形體其兩端常有二箇或四箇漸近之平面重率得一·三五無色透明味微緈微澀且有輕鹼類之味黃試紙遇之顯出鹼類之性其顆粒遇空氣則生霜冷水十二分或沸水二分能

消化此質一分正酒醋內不能消化加熱則放水發腫成鬆定質謂之煆硼砂加熱至紅則鎔如玻璃謂之玻璃硼砂此質可作銲藥之用又有一種硼砂工藝中尚之其質含水五分劑其顆粒爲八面體遇空氣不變化如欲消化鉀養二果酸加硼砂少許則易於消化觀鉀養二果酸節又添入石蕊漿內如木耳等是也或薩里伯漿內能令其變成濃膏硼砂每百分內含鈉養十六分硼養三三五·七九分水四七·三七分共得一百分

試法　此藥僞者甚少亦不常含雜質水中全消化能令酒醋之火變綠色如將其極濃水加熱而添硫養能令硼養三結成鱗形顆粒水內所餘之質爲鈉養硫養三如硼養三添入酒醋內燒之其火亦爲綠色將硼砂一百九十一釐蒸水十兩消化之用草酸試水一千釐適能滅其鹼性

畏忌　酸質酸性鹽類質鉀養鈣養綠鎂綠

功用　微有收斂之性能洗去皮膚上污穢能利小便能調經

服數　以五釐至半錢爲一服如作洗藥用二錢以水六兩消化之

硼砂各里司里尼

取法　將硼砂一兩磨成細粉加各里司里尼四兩磨勻以全消化爲度

此藥於一千八百六十七年載入英書中可敷口瘡或皮膚之各種瘡及發出之點涼洗藥中亦可用之

硼砂蜜

取法　將硼砂六十四釐磨成細粉加淨蜜一兩調和之

功用　微能收斂能洗去皮膚之垢污口中生瘡或生白點亦可搽之

鈉養硫養三又名古魯龍鹽

此質含水十分劑其得分劑數一百六十一有數處地面見之形色似霜印度人謂之揩里尼磨克又謂之揩里奴

納西班牙國尼波羅河山谷內有此質近於阿環如子亦見之海水中含之數處湖水與泉水亦含之又有一種礦謂之古魯龍來得大半爲古魯龍鹽又有數種植物質之灰並動物之津液內亦含此質

形性　新者透明無色無臭味苦而惡其顆粒爲四面或六面之斜柱形體其頂有兩面又有一種不含水者其顆粒爲八面形六十度熱之水三分能化其一分加熱至九十二度則消化愈多過此熱度則消化漸少至二百十五度爲止此熱度內消化之數與八十七度略同沸水一分能化其一分醋內稍能消化在空氣中顆粒生霜加熱則

先在成顆粒之水內消化後即失其半重再成白色細粉
鈉養硫養三水如添鋇養或鈣養或鉛養之各鹽類質則令
此質化分成不能消化之含硫養三之質每百分內含鈉養
一九七五分硫養三二四六九分水五五五六分共得一百
分
大造此質之法用食鹽與硫養三（觀粗鈉養炭養節）化學事中有從
餘剩之質而得之者（觀鹽強水與淡輕綠兩節）或設便法用食鹽減熱
至三十二度而將煅鐵硫礦所得之鐵養硫養三與鹽水相
和而成之
取法　取輕綠之法用硫養三與鈉綠相和變化之時則於

輕綠所餘之質即鈉養硫養三但因其酸質常有餘故用鈣
養炭養二滅其餘酸而炭養二氣即放出又有不能消化之鈣
養硫養三結成而鈉養硫養三易於分出即能消化之質也
試法　此質不常含雜質遇空氣則先生霜而後化成粉
加大熱則每百分散去水質五五五分水內全消化醋內
稍能消化化學家非勒白云醋內不能消化藍試紙或黃
試紙遇之不變色如將此質之淡水加銀養淡養五水略無
結成之質如含綠氣或異質必有結成之質如將此質五
十釐以蒸水消化之添鋇綠與輕綠至有餘則結成之質
為鋇養硫養三加熱烘乾應重七二三二釐如疑鈉養硫養含

鐵以鉀衰鐵辨之或以沒石子酒辨之如疑其含銅則添
淡輕三水如顯藍色即其據也
畏忌　鉀養炭養二鈣養綠含鋇養之藥水鉛養醋酸與鉛
養二醋酸
功用　為瀉藥
服數　以四錢至一兩或二兩為一服其生霜者即無水
之鈉養硫養三以三錢至四錢為一服
鈉養硫養二
此質為能消化之鹽類作法用硫養二氣過水洗之通入鈉
養炭養二水以飽足為度熬乾其水并成顆粒醫士或用之

為改血藥並輕瀉藥又有一種為鈉養二硫養二取法與此
質同多收硫養二氣一分劑此質與鈉養硫養二醫士有用之
以治一種食物不消化之病此病根原胃中生植物質西
名矖西那服此藥後在胃中遇各酸質則化分而放出硫
養二氣植物質遇之則死
服數　以半錢至一錢為一服可為改血藥一錢至半兩
為一服則為瀉藥
鈉養硫養二
此質照像家皆用以為定形藥水英書中用以為試藥又
化分求數之事亦用之此質極能令物放養氣即如傾入

碘水中，則滅其色而成輕碘。取法，將鈉養硫養水，加以硫黃少加熱，如是數晝夜，即成其式爲

硫養丄硫川硫養

用此法所得之水，加熱輕熬之，即結成顆粒。如將鈉養硫養水，添强水類酸質，則化分其硫養，令成硫養與硫。近時法國醫士，俱用鈉養硫養，以治數種皮膚之病。

服數　以十五釐至半錢爲一服。

鈉養淡養（又名鈉養硝）

鈉養淡養之天成者，智利國產之甚多。用法提淨之，即合用。水二分能消化其一分。其性情與鉀養淡養大同小異，分別之法，須用果酸試之。其淨者全能在水中消化。添銀養淡養，或鋇綠，不應有結成之質。

功用　大半用以取藥料，亦可用之作硝强水。英書中用以造鈉養鉀養。

一千八百六十四年所印之英書，用鈉養淡養造硝，以脫酒。其造此鹽類質之法，用鈉養淡養與炭相合，磨勻而燒之。所得之質爲雜質，其眞鈉養淡養間有得四分之一者。

鈉養燐養（又名二鈉養輕養燐養）

燐養，本爲三本之配質，故與鈉養二分劑，水一分劑，化合而成此質。其原水之外，另含成顆粒之水二十四分劑，故爲二鈉養燐養·輕養加二十四輕養。其全分劑數，共得三百五十八。製造金類之工，常用此質。一千八百年，英國醫學家皮爾孫，始用以入藥品。一千七百三十七年，化學家馬喝羅脫化分溺質而得之。一千七百四十五年，化學家馬克拉夫化分此質，而知其原質血內之黃流質含之，動物之精液含之，骨灰內亦含之。尋常所用者，即從骨灰中取出。

形性　此質無色透明，味涼而鹹。其顆粒爲大斜方柱形，兩端有四箇漸近之平面。重率得一·五。冷水四分，能化其一分；沸水二分，能化其一分。䤃內不消化。其顆粒遇空氣，

則外面生霜。加熱，則先在所含之水內消化，後放水若干。加熱至紅，則化成綠色似玻璃。熱時則明，冷時則暗。鈉養燐養稍有鹼類性。如將鉛養醋酸水，或鋇綠水，添入其水內，則有結成白色之質，即含燐養之質也。如添銀養淡養，有結成黃色之質，爲銀養燐養。若其鈉養燐養加熱至紅，已變爲二鈉養燐養，則不結成黃色之質，而結成白色之質，爲銀養貝路燐養（貝路譯見火之意）。以上結成之質，俱能在淡養水中消化。其結成白色之質，即銀養貝路燐養，能在淡輕水中消化。凡鈣養能消化之鹽類質，並鎂養能消化之鹽類質，俱能化分鈉養燐養。但用鎂養鹽類質，而另含淡

輕則結成之質最難消化即鎂養淡輕養燐養溺內砂淋等質即此物所成如將含淡輕之銀養淡養添入此質之水內（水不可太濃）則不變化依此法能分辨此質之水與鈉養燐養鹽類質之水化學家苦來哈末之書云此物之原質燐養一分劑為本之水一分劑鈉養二分劑成顆粒之水二十四分劑故謂之三本之鹽類質如加熱至紅則減重百分之六十三而其為本之水亦散去所餘之質為燐養一分劑鈉養二分劑即二鈉養燐養又名鈉養貝路燐養再加熱則化成玻璃

取法　將骨灰細粉十磅置於大瓦器或鉛器中加硫強水五十六兩用玻璃箸調攪之令和勻濆溼待二十四小時後少加熱漸添入蒸水一斗添水之時必調攪不停則在四十八小時之內少加熱屢添蒸水以補其所缺如是又添蒸水一斗添時仍調攪不停一小時之後再少加熱而後用細洋布濾之所濾出之渣滓以蒸水洗數次至幾無酸性而止將所共得之水熬之至一斗為度待二十四小時之後再濾之又將所得之流質加熱至將沸之度另將鈉養炭養十六磅水二斗消化之添入其內至無有結成之質為度即其水稍有鹼性也又用細洋布濾之所得淨流質熬之至面結皮一層為度置涼爽處待成顆粒取

出顆粒後將餘水再熬一次又得顆粒若干如熬時察其水之鹼性已滅可再添鈉養炭養水既得顆粒宜速晾乾其法將顆粒鋪於生紙上下置乾磚不可加熱已乾則盛於玻璃瓶中密塞之

此取法之理因硫養遇骨灰則成二鈣養三燐養前於燐之取法內已詳言之同時又成鈣養硫養濾之之工即分出此質加熱近於沸度之故欲令其含燐養酸性之質易於化分後將鈉養炭養水添入二鈣養三燐養水內則成鈉養燐養消化於水而炭養氣放出其二鈣養燐養結成沉下其式為

二（鈣養·二輕養·燐養）⊥二（鈉養·炭養）‖二（鈉養·輕養·燐養）⊥二（鈣養·輕養·燐養）⊥二炭養⊥二輕養

試法　將銀綠水添入此質之水中如有結成之質而其質在淡養水中不消化則知其含含硫養之質可定其為鈉養硫養如添銀養淡養水而結成之質能在淡養水中消化則知其含含綠氣之質造此鹽類者用鈉養炭養常有餘如此能得大顆粒故常含鈉養炭養試法添酸質在內如發泡者則知其含此質

畏忌　鈣養與鎂養之鹽類質數種金類鹽類質如鉛養醋酸等是也

功用　此爲鹽類瀉藥，較他種瀉藥其味更適口。取鐵養燐養之工內，亦用此質。

服數　以四錢至六錢爲一服。英書用此爲試藥，以水十分化此質一分。

鈉養燐養

此質含水十一分劑，與鈉養燐養含水二分劑之質略同。此兩質皆爲能消化並顆粒形之鹽類質。取法，將鈣養燐養或鈣養燐養與鈉養炭養相合而成。觀鈣養燐養與鈣養燐養兩節醫士或將此兩種鈉養鹽類質感動腦氣筋，顧其功用，不知究屬如何。或又用以治肺癆病與瘰癧病。服數，如用鈉養

燐養，以十五釐至三十釐爲一服。如用鈉養燐養，以五釐至十釐爲一服，用水或糖漿消化服之。

鈉養鉀養果酸　又名路式里鹽

鈉養鉀養果酸之式爲鉀養鈉養炭輕養加八輕養，共得分劑數二百八十二。法國路式里之藥肆名賽納得，於一千六百七十二年考得此質，故謂之路式里鹽，又謂之賽納得鹽。各醫院命名之意不同，醫學諸書俱稱爲含鈉養之鹽類質。

形性　無色無臭，味鹹微苦。顆粒明亮，間有甚大者，爲柱形體。其邊或十或十二不等，如第十七圖爲常見者，剖開

第十七圖

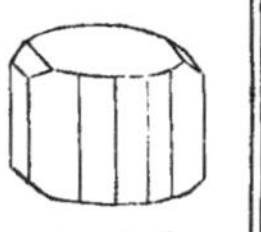

第十八圖

之顆粒，有六個不等邊，如第十八圖。其原形成斜方柱體。顆粒遇乾空氣則生霜，加熱則在成顆粒之水內鎔化，水散之後則果酸化分，所餘之質爲鉀養炭養與鈉養炭養及炭質少許。英書云，加硫養而加熱則變黑色，放易燃之氣質，其臭似燒糖也。六十度熱之水五分能化其一分，沸水不及五分能化其一分。酸質與酸性之鹽類質，大半易於化分之，惟鉀養二果酸不能化分之也。化分之理，因酸質與其鈉養化合，而令其鉀養二果酸凝結。但所用之水必極濃，方易化分。又能爲鉛養醋酸與鉛養

二醋酸所化分，鈣養與鋇養之能消化之鹽類質亦能化分之。但所用之水不濃則此事不能顯出。如以銀養淡養添入此質之濃水內，則結成白色之質；如再加水令淡則結成之質再消化。設原試之水本太淡，亦不能結成。此質所含之鉀養，可以鉀養之試法試之。結成鉀養後，所含鈉養，可以鈉養之試法試之。

取法　用酸性鉀養果酸十六兩，鈉養炭養十二兩，水四升。消化之，或加酸或加鹼，以消息之，令得中立性。熬之而得顆粒，其法與取鉀養果酸同。

果酸爲二本之配質，所以酸性之鉀養果酸內含鉀養一

分劑水一分劑果酸一分劑名曰鉀養二果酸此質內添鈉養炭養則水之一分劑代以鈉養之一分劑而炭養氣放出又因鈉養炭養與鉀養二果酸兩物之濃淡或不相等故用鉀養二果酸至有餘然用鈉養有餘較之用酸質有餘更佳

試法　常售者成顆粒故不常含異質間含鉀養二果酸或鈣養果酸沸水五分能消化此質一分遇藍黃兩種試紙皆不變色如將此質之濃水添以硫黃或輕綠或醋酸俱能令其結成顆粒爲鉀養二果酸如用路式里鹽一百四十一釐加熱至紅至無氣發出則所餘之鹼類質應用

草酸試水一千釐適足減其鹼性

畏忌　酸質與酸性之鹽類質鉛養醋酸與鉛養二醋酸等質

功用　爲輕鹽類性之利小便與瀉藥又能散生炎之症在血中能變爲鉀養炭養與鈉養炭養

服數　以二錢至半兩爲一服或作發泡藥觀後節

鈉養檸檬果酸

取法　將鈉養二炭養細粉十七兩果酸粉八兩檸檬酸粉六兩各分磨勻置於盆內加熱二百度至二百二十度則粉漸黏合而成小粒必調之令成粒較速篩出其小粒仍以同法令成大粒既成必盛瓶中塞密之

此藥於一千八百六十七年載入英書中謂之鎂養檸檬酸發泡藥但此名是假者實與雖得立次散略同即鈉養二炭養與鈉養果酸及果酸依上法爲之則成顆粒之水大半散出材料極乾則兩種酸質不能化分其鈉養二炭養故添入水中立卽發泡而發泡之故因放出炭養氣所得之質爲鈉養果酸與鈉養檸檬酸依上法令成顆粒較之用細粉更便因用粉必沉於水底須調攪之其氣方散也

功用　爲鹽類瀉藥性輕而不惡食其小服能利小便在

體中顯出鹼類之性

服數　以六十釐至四分兩之一爲一服置水中乘其發泡時飲之

鈉養醋酸

此質之原質爲鈉養炭輕養加六輕養其得分劑數一百三十六化學家湯勿生云當一千七百四十七年時巴倫初詳考此質所有植物之灰內能含鈉養炭養者大半亦含鈉養醋酸故造木醋酸之肆能多取鈉養醋酸（觀木醋酸節）

形性　淨者爲無色之鹽類質味辛而鹹微苦所成顆粒爲明光之斜方柱形或爲針形間有成塊如片形者重率

得二·一·六十度熱之水三分能化其一分沸水一分能化其一分醕二十四分能化其一分遇乾空氣則外面生霜減其全重至百分之四十漸加熱則能散出其成顆粒之水加熱至六百度則化分加熱至紅則變爲鈉養炭養$_2$與炭鈉養醋酸每百分內含鈉養二三·三六分醋酸三七·二二分水三九·四一分共得九九·九九分

取法　大造此質之法將生木醋酸加白石粉或熟石灰至有餘所成之鈣養醋酸用鈉養硫養$_3$化分之則成鈣養硫養$_3$凝結沉下水中含鈉養醋酸

試法　依上法造鈉養醋酸含雜質者祗偶有之能在水

中消化醕內消化甚少添硫養$_3$則發醋酸臭加熱至紅則變爲鈉養炭養$_2$

畏忌　各種濃强水

功用　能利小便又可爲瀉藥可與鉀養醋酸同法用之英書中用以爲試水又用以造冰形醋酸

服數　爲利小便之用以二十釐至二錢爲一服爲瀉藥之用以一錢至四錢爲一服

鈉養發里里阿尼酸（即鈉養甘松酸）

此質之原質爲鈉養炭$_{10}$輕$_9$養$_3$其得分劑數一百二十四英書用以作鋅養發里里阿尼酸取發里里阿尼酸可用發里里阿尼（即甘松根）之自散油而成之（觀發里里恩草節）或用甫司里油作之作番藷酒將蒸盡之時可得甫司里油英書取發里里阿尼酸即用甫司里油作之

取法　將阿美里酸醕即甫司里油四兩鉀養二鉻養$_3$九兩硫强水六兩半鈉養水足用爲度預備蒸水半斗先將硫養$_3$水添蒸水十兩其餘下之水添入鉀養二鉻養$_3$加熱消化之待兩種流質已冷則傾入甑中與甫司里油調和待冷至九十度則將甑與凝器相接加熱至收得四升爲度將此流質添入鈉養水至僅有餘或面有浮油則去之再加熱熬之至不放水霧爲度再漸加熱令所成之鈉養發里里阿尼鎔化爲度待冷而凝結擊成碎塊速置瓶中

塞密之

甫司里油之原質爲炭$_{10}$輕$_{11}$養輕養而爲生物本質阿美里其原質爲炭$_{10}$輕$_{11}$與養及輕養化合而成其化學性情與發里里阿尼酸之相關略同於醕與醋酸之相關

發里里阿尼酸之原質爲炭$_{10}$輕$_9$養$_3$輕養取法用甫司里油令放其輕氣二分劑加養氣二分劑用鉀養二鉻養$_3$與硫養$_3$與甫司里油相和蒸之則添養氣其式爲

鉀養二鉻養$_3$丄四硫養$_3$‖鉀養硫養$_3$丄鉻$_2$養$_3$三硫養$_3$丄三養

依此法放出養氣初發之時，遇甫司里油，則成發里里阿尼酸，與水，其式爲

炭輕養·輕養丄四養‖炭輕養·輕養丄二輕養

酸質蒸過之後，則用鈉養輕養變成中立之性，所餘之水熬乾，既得鹽類質，擊成小塊密封之，令不遇空氣。

形性　依上法取之，得白色之質，頗有甘松之臭味，加入硫養則發臭更甚，空氣內能自化散，水與正酒醕俱能消化之。

功用　能安肚腹腦氣筋痛，又可用以取含發里里阿尼根之各鹽類質，阿書中有方，可作鐵與雜那與發里里阿尼根之鹽類質。

服數　以一釐至五釐爲一服，治婦女妄言笑。

鈉養鉀養各觀鉀養雜質節

鋰

鹼性金類第三種，即鋰，性有略同於鉀與鈉者，化學家阿夫活生，於一千八百十七年考得之，名曰比大來得，比大來得即石之意，與立必陀來得，如瑞顛國所產之兩種石，與數種地出之水，俱含此質。

鋰養

此質色白，有烙炙之性，較之鉀養或鈉養，更難消化於水，遇空氣亦不化散，惟收空氣中之炭養氣，成中立之性，所需用酸質之數，較之別種鹼類質更多，添入鉑絲，則無結成之質，用此法可與鉀養分別之，其各鹽類質，以吹火法試之，則變紅色，用此法可與鈉養分別也。

鋰養炭養

此質或有顆粒之形，或爲白粉，有鹼類性，六十度熱之水一百分，能消化其一分，可見比鉀養炭養、鈉養炭養，消化更難，醕內亦不能消化。

取法　先將比大來得，或立必陀來得，與濃硫養相和，加熱至紅，將所得之質，以水消化之，則水中含鋰養硫養，將

此質之濃水，添入淡輕養炭養，則變爲鋰養炭養，結成沉下，所得之質，以熱水消化之，待冷，則得其顆粒。

此鹽類質，能在輕綠水內消化而發泡，將此水熬之，即得鋰綠，又以水消化之，添入鈉養燐養，再有結成之質，依此法，能分別鋰養與別種鹼類質，因鋰養炭養難消化於水，易與鹼土金類分別也，鋰養之各鹽類質，與淡輕養草酸水，或鈣養水調和，俱無結成之質，英書之試法，將鋰養炭養十釐，與硫養相和，足滅其酸，加熱至紅，得乾鋰養硫養一四·八六釐。

功用　凡病須用鹼類藥者，即可用鋰養炭養，因其烙炙

之性更輕故勝於別種鹼類含炭養之藥然有一弊因鋰養燐養不能消化故含鋰養之鹽類質難於流動至離心甚遠之處如手指足指是也鋰養之含由里克者較別種鹼類含由里克之鹽類質更易消化故醫家治痛風並溺中有里的酸之病其方中用鋰養之鹽類質

服數　以十釐至三十釐爲一服可消化於炭養氣水中服之用此水較用別種水更易消化也曾有人膀胱內生由里克料石淋用鋰養炭養煖水屢次噴入膀胱中石淋消化至盡

發泡鋰養水

取法　將鋰養炭養十釐水一升在便用器具內和勻另將白石粉與硫強水照常法成炭養氣必先洗之極淨用器壓此氣入前水中所用壓力得空氣之七倍至水飽足爲度存於瓶中塞之甚密則氣不散出

此藥於一千八百六十七年載入英書中或疑爲鋰養二炭養水遇空氣則放炭養氣一分劑開其瓶塞發泡甚多亦因放炭養氣也水清而發光泡味稍酸而適口將此水半升熬乾之應得鋰養炭養五釐此水功用略同於鋰養炭養亦能治溺中有里的酸等病

服數　以五兩至十兩爲一服

鋰養檸檬酸

此藥原質之式爲三鋰養炭輕養是中立性之鹽類質亦爲三本之鹽類質凡含檸檬酸之鹽類質俱如是其形爲白色之粉易自化散水內能消化能成大顆粒加熱至紅則變黑色而發能燃之氣含檸檬酸之鹽類質大半如是燒完後所得餘質爲鋰養炭養與輕綠水調和則消化成鋰綠將所得鋰綠以正酒醕消化之能燒得大紅色之火此爲辨鋰養之據英書之試法將鋰養檸檬酸二十釐加熱至暗紅所餘白色質重一〇六釐

取法　將檸檬酸顆粒九十釐煖水一兩消化之用鋰養

炭養五十釐分爲數分每過若干時添入一分於前水內加熱至不發沸而全消化爲度將所得之水置水汽盆或熱沙盆內加熱至不發水汽爲限所得餘質爲韌而有黏力之稠質置爐內或熱氣箱內加熱至二百四十度乾後速即磨成細粉裝入瓶中密塞之

所用檸檬酸與炭養之數即爲化合之分劑數其炭養俱放出鋰養檸檬酸不易成顆粒故少加熱烘乾即置瓶中密塞之免其遇空氣而化散也

功用　此質較鋰養炭養更合用因易消化而味適口也既服之後則檸檬酸收養氣變爲鋰養炭養故其功用與

鋰養炭養₂大同小異，

服數　以十釐至三十釐為一服

上海曹鍾秀繪圖
無錫徐華封校字

西藥大成卷三之三

英國　來拉　海得蘭　同撰
英國　傅蘭雅　口譯
新陽　趙元益　筆述

鋇（以下二種為鹼土金類）

鋇之西名，譯曰重。一千七百七十四年時，化學家該呱與西里考得鋇養以為原質，後有化學家兌飛查此質為金類與養氣合成之質，用法分之而得鋇質。

鋇為白色之金類，其光如銀，重率得二而有餘，加熱則在空氣中燒成紅色之光，遇水則令水化分，收其養氣成鋇養。

鋇養

鋇養為灰色之質，能滲水，無臭，烙炙之味極重，有鹼類之性，能消蝕動物質，重率得四，與水有大愛力，化合時發熱，變為鋇養輕養，此質加熱至紅不能化分，最難鎔化，醋內不消化，沸水三分能化其一分，冷水二十分能化其一分，所成者即鋇養水。

試法　鋇養可依其有鹼性辨之，又添硫養₃或添能消化之含硫養₃之質，則鋇養與硫養₃化合成白色之質沉下，所成之質，水中不消化，淡養₅水中亦不能消化。

功用　鋇養為辛味烙炙藥，服之則有毒。

鋇養炭養$_2$

鋇養炭養$_2$之分劑數。共得九八·五。當一千七百八十四年化學家韋脫令書中言及此質。後有地學家韋那。即名之曰韋脫來得。英國蘭加斯德等處。在地中掘得此質。有便法取其粉。即將鋇綠合於鹼類含炭養$_2$之質。則彼此化分化合。成鋇養炭養$_2$。天成者有大塊。內有成細條之紋。或成亂形顆粒。略為球形。或成六邊形之柱形。或成四面錐形。

形性　鋇養炭養$_2$質硬。色白。或為灰色。無臭無味。光如玻璃。能透光而不能透明。重率得四·二九至四·三。水中極難消化。惟入炭養$_2$氣有餘。則消化稍易。天成之鋇養炭養$_2$加熱至任何熱度。不肯鎔化。人造者。加熱至白色。令遇含炭之質。則能化分。每百分含鋇七七·七分。含炭養$_2$二二·三分。共得一百分。

功用　鋇養炭養$_2$雖不能消化於水而成味。但入人胃中。則有功用。意者遇胃中數種酸質。變為能消化之鹽類質。造藥之肆。用之以造鋇綠。

鋇養硫養$_3$

鋇養硫養$_3$之分劑數共得一一六·五。其天成者。較鋇養炭養$_2$更多。英國岡比爾蘭特福墩所產者為最佳。余曾見此礦。在印度雪山。近於蘭陀爾地方之公病院。觀雪山植物學第三十三章。便知其詳。

形性　鋇養硫養$_3$西國俗名重礦。天成者。或為大塊。或為顆粒。其質點之排列。或成鱗形。或為多層頁形。其色白灰間帶紅色。又有能透光者。重率得四·四一至四·六七。無臭無味。水中不消化。常遇見之顆粒。為斜片形。或為六面形之短柱形。能分成斜方形邊之柱形。凡鋇養遇硫養$_3$。必成鋇養硫養$_3$。無論含鋇者為何土質。含硫養$_3$者為何雜質。兩質相遇。必成鋇養硫養$_3$。此質不能在淡養$_5$水中消化。故用淡養$_5$水試驗鋇養硫養$_3$。凡含鋇養之土質。或能消化之鹽類質。用以試硫養$_3$與含硫養$_3$之質。最便。鋇養硫養$_3$有歧光之性情。用吹火筒試之。則散開而發小爆裂之聲。極難鎔化。如能鎔化之。則變為白色硬玻璃質。此質遇各種強水。無有變化。如將鋇養硫養$_3$。合於含炭之質。加熱。則硫養$_3$化分而成鋇硫。可用之與數種酸質相合。作數種鹽類質。又可將鉀養炭養$_2$三分。鋇養硫養$_3$一分。和勻。加熱至紅。變成鋇養炭養$_2$。鋇養硫養$_3$。每百分含鋇養六十六分。硫養$_3$三十四分。

功用　此質無功用。祇用之以造別種鹽類質。淨者居多。價亦不昂。

鋇綠

銀綠含水二分劑其得分劑數一百二十二昔名重土鹽又名鋇養鹽一千七百七十五年化學家西里考得之或用鋇養炭養或用鋇養硫養俱可造成此質用鋇養硫養之法將鋇養硫養與木炭相和加熱則得鋇硫再合於輕綠即成鋇綠

形性　將鋇綠水熱之則其顆粒成斜方形之片或成長方形之片其片之邊斜而有稜重率得二·八二無色能透光味辣而苦殊不適口空氣最乾時面生一層白色之質其形似霜尋常遇空氣不變化遇植物之顏料亦無變化將其顆粒四十分與六十度熱之水一百分相和則消化

至盡加熱至二百二十二度則水一百分能消化七十八分其顆粒在正酒醕內稍能消化無水醕四百分能消化其一分若將此酒醕燒之則得綠黃色之火用此法能分辨含鎴之鹽類質因含鎴者燒成紅色之火也將鋇綠加熱而不甚大則顆粒爆裂而放出成顆粒之水

試法　鋇綠水內添硫養或添含硫養之質則所成鋇養硫養不消化而沉下凡含燐養或炭養或果酸之能消化之鹽類質添入鋇綠水中有結成之質又如將銀養淡養添入鋇綠水則有結成之質為銀綠此質能在淡輕水中消化不能在淡養水中消化如用鋇養硫養造鋇綠較之用鋇養炭養者其質更淨試法亦同

功用　性辣能惹皮膚能行氣能通行身內流質將鋇綠一分以水十分消化之則可為試藥能分別硫養及含硫養之質鋇養淡養亦可用之為試藥

鈣

鈣為原質古人未嘗知之各國之人以鈣養作石灰之用自古已然如埃及與印度等是也化學家兒飛考得石灰為金類與養氣化合分出其金類質即鈣也西名鈣西啞末譯曰石灰鈣色白而有光加入水中令水化分少加熱能在空氣中自燒變為鈣養即石灰也

鈣養 即石灰

鈣養之淨者色白而帶灰其形似土不甚硬而脆重率不定輕者二·三重者三·〇八味辣如鹼類遇動物質則顯烙炙之性新燒成者收空氣中之水氣與炭養氣所有含水各質大半能收取其水故化學家常用以為收水之料每百分內含鈣七一·四二分養二八·五八分共得一百分尋常之石灰不淨故不合於作藥品之用尋常造法將鈣養炭養燒之如白大理石灰石及灰石內所有蛤殼等質俱可燒取上等石灰此各種石受熱化分放出炭養氣每百分略得鈣養五十六分幾為淨者如用蛤類等燒成之

石灰內含鈣養燐養少許並鐵養少許凡藏鈣養宜封密之否則收空氣中之水氣與炭養氣

試法　將鈣養三分加水一分則鈣養塊裂開變爲白色之粉發熱極大變成熟石灰卽含水之石灰能試其所含之異質

鈣養輕養（卽熟石灰）

此質之分劑數其得三十七凡生石灰遇水卽成此質變化之時發嘶嘶之聲其鈣養塊裂開成乾而白色之粉爲鈣養輕養

取法　將新燒鈣養二磅置於金類鍋中用蒸水一升傾

於其上卽發霧生熱待霧已散則蓋其鍋置旁待冷察其熱度等於空氣之熱度用鐵絲篩篩之置於大口瓶內軟木塞密之凡用鈣養輕養以新者爲佳

鈣養每百分能收水三十一分且能發熱足以燃木

如將熟石灰加熱則放水若干鈣養最難鎔化如合於土質並含養氣之質可成最便鎔化料如用輕養吹燈之火噴射於鈣養之面發光極明西名得勒門燈各種配質能與鈣養化合間有成易消化之鹽類質如輕綠醋酸又有成最難消化之鹽類質如草酸與燐養如欲試流質內含鈣養與否將炭養氣行過之如含鈣養則水變色如乳或添鹼性之含炭養之質與鹼性之含硫養之質或添草酸必有結成之質含鈣養之鹽類質添入濃鈣養硫養亦不結成依此法可與含鋇養之鹽類質含鍶養之鹽類質分辨之鈣養硫養稍能消化於水鈣養水之淡者添入硫養亦無結成之質鈣養之各鹽類質消化醕內而燒之則火變橘皮色鈣養稍能消化於水而成鈣養水鈣養輕養遇空氣則收炭養氣變白如乳

試法　如將鈣養輕養與蒸水調和則得明水有鹼類性添淡輕養草酸則結成白色之質將鈣養輕養添入輕綠

水內消化而不發沸將此水添入淡輕水無有結成之質則知其不含鋁養鎂養鐵養矽養等質英書云前法所成之水如添鈣養糖水而不結成則知其不含鎂養並不含土質

功用　印度國土人將鈣養輕養合於蔞葉等物置口中嚼之鈣養輕養可用以滅臭又可用以作烙灸之料

鈣養水（卽石灰水）

取法　將鈣養輕養二兩蒸水一斗同盛瓶內搖動二三分時卽塞瓶口待若干時則未消化之石灰沉下將其淨水傾出或用過山龍吸取之再添蒸水調和得第二次鈣

養水、

此水存於瓶中、塞密備用、瓶內之水必加滿、否則水面之鈣養收空氣之炭養氣、成鈣養炭養、浮於水面成薄層、以後凝結沉下、爲白色之粉、瓶內之鈣養尚有餘、則因成鈣養炭養而少者、可常補之、英書云、必存綠色玻璃瓶中、密塞之、化學家多而敦云、鈣養消化於水之理、有與常理相反者、冷水消化之鈣養較之熱水更多、六十度熱之水七百七十八分能消化鈣養一分、二百十二度熱之水一千二百七十分能消化鈣養一分、化學家非勒白云、極冷之水近於三十二度者、所消化鈣養之數較六十度熱之水所消化者多七分之一、較沸水所消化者多一倍、如將水一升、則三十二度者能消化鈣養一三·二五釐、六十度者能消化鈣養一一·六釐、二百十二度者能消化鈣養六·七釐、

試法　此水甚明、無臭、有鹼味而不適口、能令植物藍色變爲綠色、能與油質化合成肥皂類、如將鈣養水、置於抽氣筒所得眞空內、令自化乾、則得鈣養輕養顆粒、得六面形、無有完全者、如將鈣養水置於杯內、用玻璃管噴入口氣、則口氣中之炭養氣與鈣養化合、成鈣養炭養、水白如乳、英書云、鈣養水十兩、添入草酸試水二百釐、適足滅其

鹼性、

畏忌　酸質、酸性鹽類質、鹼性含炭養之質、淡輕鹽類質、金類鹽類質、硫養鹽類質、濇性植物質沖水等、

成藥之用　鈣養水、常用之作黑色洗藥、與黃色洗藥、

鈣養與其各鹽類之功用　鈣養着於皮膚、稍有烙炙之性、與油相和、可爲洗藥、治湯火傷、服鈣養水能滅酸、治胃不消化、泄瀉、溺中有里的酸等病、鈣養消化於糖水中、爲服法之最便者、膀胱有石淋、以鈣養水治之、爲常用之法、其消蝕物質之性、較他鹼類質更輕、鈣養炭養、卽白石粉、爲最妙之滅酸藥、泄瀉病用之、爲收水之料、又可滅去腸內之辣質、石粉雜水、另配濇性之藥或香料、

服數　鈣養水以二兩至八兩爲一服、一日三四服、

鈣養糖水

糖水消化鈣養、較之用淨水更多、鈣養與糖化合、成一種鹽類質、鈣養爲本質、而糖爲配質、英書載此藥水、爲服鈣養之便法、所含鈣養、較之鈣養水多十三倍、

取法　將鈣養輕養一兩、淨糖細粉二兩、乳鉢內磨勻之、用蒸水一升、盛於瓶內、將磨勻之料、添入、軟木塞之、數小時內、屢次搖動、用過山龍吸取其水之清者、存於瓶中塞

密之

此水之重率得一·〇五二每水一兩內含鈣養七二一釐英書云此水一兩用草酸試水二百五十四釐適足滅其鹼性鈣養在糖水內易於消化如欲作更濃者則可令其消化更多

功用　此糖水爲用鈣養得鹼性之便法可治胃中有酸食物不消化泄瀉痛風風溼砂淋石淋等症

服數　以一錢至二錢爲一服必沖水令淡服之

鈣養洗藥

取法　將鈣養水一分橄欖油一分調和搖動良久或用胡麻油亦可

此兩種油質乃各里司里尼與哇里以克瑪加里克相合而成如合於鈣養水則成鈣養哇里以克鈣養瑪加里克西國俗名石灰肥皂質用以治湯火傷英國卡倫鐵廠常用此水治工人之湯火傷故俗名卡倫油或另加以松香油言功用更大醫學家普里司脫生云此洗藥爲鈣養肥皂內含胡麻油有餘尚未化合久不搖動則其質自行分開上有淨油質下有白色肥皂質

鈣養炭養二（即白石粉）

鈣養炭養二之分劑數其得五十爲金類質之最多者古人工藝內並醫方內必用此質天成者形狀與質體有大不相同者成大塊而爲山成顆粒而爲大理石密質者爲灰石成層累之土石有之排列亂形之土石亦有之又有數處白石粉成厚大之層卽爲土石第二類最新變成之質各處土質常見白石粉散於他質之內或聚成圓塊或數圓塊聚合成一毬葡萄之形或在水內消化而炭養二氣存於水中泉水內有含之者山洞內泉水恆有滴落之處成石鍾乳植物灰內亦含此質因鈣養在植物內與酸質相合燒時其酸質變爲炭養二與鈣養化合凡有脊骨之動物骨內以此質爲要品螺蛤類珊瑚類其殼與質俱含鈣養炭養二故自昔以蠣殼蟹鉗蟹眼（俗名如是實非眼也）珊瑚爲藥品昔有人用地中挖起海刺猬之脊骨爲藥此各質大半爲鈣養炭養二又含動物質間有含鈣養燐養五者鈣養炭養二天成之顆粒形各不同其原形爲鈍斜方面體又有一種鈣養炭養二礦名哀來果奈脫（奈脫二字之音卽石之意）成長方形顆粒又如冰地斯罷（斯罷二字之音卽石類礦之意）等其質透明有歧光之性化學家但尼里曾將鈣養炭養二令成顆粒每百分含水五分此質極難消化於水每水一千六百分能化其一分設含炭養二至有餘則易消化故有處地中所出之水多含鈣養炭養二所餘之炭養二化散之後則鈣養炭養二結成鈣養炭養二水

能令藍試紙變紅令黃試紙變棕如於空氣中加熱則鈣養炭養每百分放出炭養四十四分所餘之質即鈣養如將鈣養炭養置於堅固之器內封密加熱則炭養氣無路可出待冷則變爲大理石此爲化學家和勒考得之事又有化學家布可士有法鎔化之即不加壓力令其鎔化所鎔化之處阻空氣不得流通鈣養炭養合於各酸質則化分而發泡甚多與淡養化合所成之鹽類能鎔化與輕綠化合所成之鹽類亦然與硫養化合所成之鹽類不消化造鈣養炭養有數法即如將炭養合於鈣養水或將鈣養鹽類質之能消化者與鹼類與炭養合成之鹽類質相和

或將鈣綠與鹼類與炭養合成之鹽類質相和俱可此質每百分含鈣養五十六分炭養四十四分

硬鈣養炭養 即白大理石

造藥之工內欲取炭養氣之淨者用白大理石與强水觀炭養氣節

此質之色發光點因質內有極微顆粒成層各層周圍相交西國所有硬鈣養炭養以意大里國楷拉刺所產者爲最淨俗名人物像石

試法　白大理石加入輕綠水中應全消化如有餘質則爲矽養或別種雜質將此水與淡輕相和不應有結成之質如將此水加熱令沸亦不應有結成之質如有之則知其含鎂養或鋁養或鐵養此爲灰石大理石常含之雜質如將大理石添入鈣養硫養水不應有結成之質如有之則知其含鋇養硫養或鍶養硫養

第十九圖

第二十圖

軟鈣養炭養 即白石粉

軟鈣養炭養爲土石第二類變成之質色白而不發光其形似土無味黏於舌上常見者質軟而脆間亦遇硬者重率得二·三軟硬兩種俱可爲藥品之用但造藥之肆常用軟者其化學性情與大理石略同工藝中用之將天成之白石粉磨成細粉浸入水中粗者先沉下細者與水相和數日之後細者亦沉下去其水將粉壓成圓塊便於出售

藥材內所用者其法亦同第工夫更細耳壓成圓柱形小塊出售也

提淨白石粉

取法　一千八百六十四年英書之方將白石粉磨成細粉在乳鉢內加水磨成膏磨勻之後再添多水將杵旋轉攪動數分時忽停待過十五秒時將白色之水傾入大器內乳鉢底所沉下之膏依同法加水如前攪動之再停十五秒時傾出其水如法爲之數次如白石粉太少再添若干將器內之水傾出其沉下細粉置漏斗內生紙上濾之

加熱至二百十二度令乾。

依上法所得白石粉應爲淨者，尋常藥品內所用成圓柱形塊，易於擊碎得白色之粉，手指撚之不覺有細粒，如合於輕綠則發沸而消化，無餘下之質，將其水添入淡輕$_{四}$養至飽足而有餘，又加淡輕$_{四}$養草酸則多結成白色之質，其加輕綠所得之水內添鈣養糖水結成之質甚少。

畏忌　酸質、酸性鹽類質，此畏忌即與他種含炭養$_{二}$之質相同。

功用　滅酸收酸味等質，又能收乾，因能減惹腸胃之病，故疑其有收斂之性，泄瀉病用之最爲合宜，如久用之則

必察其能否在腸胃內凝結成塊。

服數　以十釐至一錢爲一服，獨用者甚少，常合於他種藥用之。

含此質之藥品　水銀與白石粉相和，即水銀散白石粉雜水、白石粉香散、含鴉片之白石粉香散

白石粉散

此質較提淨白石粉更細，略具顆粒之形，取法將鈣綠水與沸鈉養炭養水相和，結成者即此質。

含此質之藥品　鉍養$_{三}$三淡養$_{五}$糖片

白石粉雜水

取法　將提淨白石粉四分兩之一，阿拉伯樹膠粉四分兩之一，桂皮水七兩半，糖漿半兩，調和。

功用　滅酸潤腸胃內皮，泄瀉病之因酸而得者宜多服之。

服數　以半兩至二兩爲一服，每三四小時服一次。

白石粉雜散　此爲倫書之方

取法　用提淨白石粉半磅，桂皮四兩，掩門替辣根三兩，阿拉伯樹膠三兩，長粒胡椒半兩，各料分開磨成細粉，然後并合磨勻之。

功用　滅酸行氣收斂，泄瀉病之虛弱者可服之，英書中

未載此藥。

服數　以五釐至二十釐爲一服。

白石粉香散

取法　用提淨白石粉十一兩，桂皮粉四兩，肉荳蔻三兩，番紅花三兩，丁香一兩半，白荳蔻一兩，提淨白糖二十五兩，各料分開磨成細粉，再和勻而篩之，又置乳鉢內輕磨，盛於瓶中密塞之。

功用　滅酸提精神，泄瀉病用之最宜，凡幼孩所服藥散如大黃鎂養等散與此藥相和服之甚妙。

服數　以五釐爲一服，或十釐至一錢爲一服。

鴉片白石粉香散

取法　用白石粉香散四十釐，加鴉片一釐，磨勻之（觀鴉片節）

含綠氣之鈣養（一名鈣養綠，一名鈣綠，又名漂白粉）

此藥於一千七百九十八年特難德與馬根德司造成之，其法將熟石灰令收綠氣至飽足，然此質之原質尚未定準，所謂鈣綠者，乃尋常之名，實非鈣綠也。

形性　鈣綠為乾質，易於成粉，色白而帶灰，味劣而苦，直達舌內，少發綠氣之臭，搖動其粉，則發臭更甚，如合法為之，則易在水中消化，尋常造成者，有鈣養若干分不能消化，遇空氣則炭養氣能放其綠氣，或遇綠養酸質，亦能放

其綠氣，成鈣養炭養與真鈣綠若干，因此自能融化，又加將含綠氣之鈣養加熱，則綠氣與養氣俱放出，如以水消化至飽足，則水之重率得一.〇四〇，水色淡黃，少發臭，或謂是綠氣之臭，或謂是綠養之臭，其漂白滅臭之性甚重，設少加以酸質，則其性更重。

此藥之原質尚未定準，化分之而得分劑數，往往不同，難知其何數為準，化學家尤而與湯勿生俱以為綠氣與鈣養化合所成之質，其式為鈣養綠，但此式在化學內無有相配之式，故人皆疑之，化學家非勒白與沛離拉論此質之理，似更有憑，即與其論含綠氣之鈉養有同理也，此兩人與把拉台及該路撒克俱以此質為鈣養綠養合於鈣綠一分劑而成之，所含鈣養常有餘，但此餘質與其所成之質無關，造含綠氣之鈉養方，用鈉養炭養四分劑，綠氣二分劑，合而成之，所得之質，為鈉養二炭養二分劑，鈉養綠養一分劑，鈉綠一分劑（觀含綠氣之鈉養水節），造此質之方，不用鈣養炭養，祇用淨鈣養二分劑，與綠氣二分劑，所得之質，為鈣養綠養一分劑，鈣綠一分劑，無鈣養二炭養，列相比之式如左。

含綠氣之鈉養＝鈉養綠養丄鈉綠丄二（鈉養二炭養）

含綠氣之鈣養＝鈣養綠養丄鈣綠

觀上式，可知兩質相似而不同。

尋常取鈣綠作漂白之用，其法用砂石築室一間，又用栢油、松香、乾石膏三物磨勻成膏，填補石塊接縫處，室中置架，上置淺木盆，盆內盛熟石灰，封密門戶，用管通綠氣入其內，令石灰收綠氣至飽足，每過若干時，灰內添水，至石灰每百分添水十五分，每若干時，另有器挑動石灰。

依上法為之，則鈣養必放養氣，為綠氣所收，成綠養若干，有此質即成鈣養綠養與鈣綠，其式為

二鈣養丄二綠＝鈣養綠養丄鈣綠

英書云含綠氣之鈣養，其鈣養常有餘，此質較之含綠氣

之鈣養更難消化化學家㡽里西尼由司化分尋常出售含綠氣之鈣養每百分內含鈣養綠養二六·七分鈣綠二五·五分鈣養二三分水二四·八分共得一百分

試法　如將淡輕四綠水添入此質內則發綠氣其色白灰其質乾將此質五十釐加水二兩幾能全消化所得水之重率爲一·〇二七將此水添草酸至有餘則放綠氣而結成鈣養草酸化學家苦里司脫生云試含綠氣之鈣養最便之法添濃酸質觀其放綠氣若干此法原爲尤而所設無論何種濃酸質如硫養三等其酸質將鈣養綠養放出其綠養又將鈣綠放出其輕綠此兩種酸質即綠養與輕綠

彼此化分化合其輕與養化合成水而綠氣二分劑放出英書載一試法能求其原質之數其法用含綠氣之鈣養十釐鉀碘三十釐以水四兩消化之添輕綠二錢令其有酸性所成之水帶紅色因內含碘故有此色也添鈉養硫養試水八百五十釐適能全滅其色

功用　滅臭能令物不腐爛其水可爲洗藥與漱喉藥服之則其性與含綠氣之鈉養略同

服數　以一釐至五釐爲一服擦牙散內用之或作糖片或作膏作膏者每此藥一錢配豬油一兩

含綠氣之鈣養水

取法　將蒸水一斗加含綠氣之鈣養一磅在大乳鉢內磨勻之盛於有塞之瓶三小時內屢次搖動之另將濾斗內鋪細洋布瓶內之料傾於布面濾之所得之水盛於瓶中塞密之

此方之比例含綠氣之鈣養每一分配水十分所有未化合之鈣養大半不消化此水之重率應爲一·〇三五每用此水一錢略同於用鈣綠五六釐其功用與含綠氣之鈉養水略同能滅臭能洗腐爛之瘡能作漱喉藥治喉炎等重病

鈣綠

此鹽類質前人謂之鈣養輕綠西士杜勒格於一千四百餘年時考得之沛離拉之書亦嘗云及古名定礠砂因古人造法將淡輕四綠以鈣養化分之而成鈣綠故得此名海水中含此質之天生者有數處泉水中含之間有與鉀養淡養五相合者尋常與鈉綠及鎂綠化合又造含淡輕質之事內得鈣綠爲餘下之質即如造淡輕水或造淡輕酒或造淡輕四養炭養二能得此質又將大理石添輕綠水取炭養二氣之工內亦得此質

形性　此質之分劑數其得五五·五其形質有二種一爲無水鈣綠質硬而色灰半透光因不含水故其顆粒較尋

常鈣綠顆粒略多一倍加熱至紅則鎔化而發光如燐最易自鎔化其顆粒亦然變成之流質昔人謂之石灰油其乾者常用以爲收水之料即如收空氣中之水氣又能引水即如鋪於泥土之面能引空氣中之水入泥土中正酒醕內能消化水內亦能消化鈣綠水之性情如爲鈣養輕綠之性情或疑鈣綠本爲鈣養輕綠其是否不能定準一爲有顆粒形者每鈣綠一分劑含水六分劑無色無臭味辛而苦成六面形顆粒面有細紋條兩端有鋒利之稜三十二度熱之水能化其同重數而少有餘六十度熱之水可化其三四倍加熱則其顆粒融化將其顆粒化於水

中能至極冷故尋常凍冰藥中用此質又用鈣綠收酒醕之水令變爲無水醕

取法　將輕綠水添入鈣養炭養適足減其酸又添含綠氣之鈣養水少許並熟石灰少許濾之熬成定質再加熱至四百度令其全乾

其鈣養炭養化分則炭養氣放出輕綠之綠合於鈣養之鈣成鈣綠輕綠之輕合於鈣養之養成水後加熱則成顆粒之水散出

試法　用試鈣之法証其含鈣用試綠氣之法証其含綠此質應白而無色少能透光質硬而脆易於成粉全能消化於水如其水內添淡輕養而無結成之質則知其不含鎂養或添鈣養或鋇綠而無結成之質則知其不含含硫養之質如添多水令淡再添鉀衰鐵而無結成之質則知其不含鐵鈣綠最易自融化水二分應全消化其一分

功用　可爲改血之劑有數處地中所出之水含此質瘰癧病間有服此而得益者

服數　以十釐至三十釐爲一服鈣綠試水之方將鈣綠一分水十分消化之又化學工內用乾鈣綠爲收水之料作嗼啡啞輕綠之工內亦用鈣綠

鈣養燐養

鈣養燐養又名骨燐養動物之骨齒角內所含之土質即鈣養燐養又動物之棄質如齒旁所生之鏞與鈣養石淋俱爲此質所成麥與大半植物質俱含之尋常取法將骨或角燒成之（觀鹿角節）其用處或爲取燐或爲取鈉養燐養（觀燐與鈉養燐養兩節）

鈣養燐養爲白色之粉味甚淡不能消化於水如內含腐爛生物質則水能消化若干分胡拉書中曾記之故骨粉或含骨粉之土用以肥田最妙鈣養燐養加大熱則鎔化變爲不透光之玻璃料凡骨灰爲鈣養燐養質所成內含鈣養炭養少許即如牛骨灰每百分含鈣養炭養六分骨

燐養五含三本之燐養五一分劑鈣養三分劑其式爲三鈣養燐養五其分劑數共得一百五十五。

取法　英書之法將骨灰以輕綠浸之同時能消化其所含之鈣養炭養二與他種異質則鈣養炭養二化分放出炭養二而成鈣綠又添淡輕三水至飽足將結成之質取出而洗淨烘乾此結成之質爲淨鈣養燐養五其鈣綠爲淡輕三所化分所餘之質爲鈣養此質消化於水而不結成所得鈣養燐養五其質極細。

功用　此質在人身之功用尚未定準昔有醫學家用此藥治骨軟之病銻養雜散與加密士散俱含此質。

服數　以十釐至半錢爲一服。

鈣養燐養

此鹽類質成片形顆粒其光似眞珠水六分能全消化其一分正酒醋內不能消化造法將燐與鈣養水相和此鈣養水將鈣養調和水中色白如乳至不發燐輕氣爲度每燐一分配鈣養四分其水化分其養氣合於燐之一分成燐養五與燐養此兩質與鈣養化合所成之鈣養燐養結成沉下鈣養燐養存於水內水之輕氣合於燐若干成一種氣質能自着火。

功用　能行氣能作補藥醫士或用以治肺體都比迦力病。

服數　以二釐至五釐爲一服加糖蒸服之造他種含燐養之質亦用鈣養燐養。

上海曹鍾秀繪圖
無錫徐華封校字

西藥大成卷三之四

英國　來　拉
海得蘭　同撰　英國　傅蘭雅　口譯
新陽　趙元益　筆述

鎂 以下二種爲土金類

取鎂之法，將鎂綠與鉀或鈉相和，令其化分。鎂爲鐵灰色之金類，能有光，色質硬而能引長之，重率得一·七五，化散之熱度略與鋅同。遇水與空氣不變化，惟受大熱則變爲鎂養。鎂與綠氣化合成鎂綠，海水中含之，並有鎂與養化合之質。鎂養與數種酸質合成之質，數處地中所出之水亦含之。又有地產之鎂養輕養或鎂養，有數種金石類俱

含鎂養，如賽奔弟尼石、肥皂石、千層石、雲母石等。又有數種植物，如麥柴等亦含之。動物體內亦含少許，如溺與數種石淋內有之。取鎂養之法，將鎂養炭養燒而得之，與將灰石燒成鈣養之理同。又可用鎂養鹽類質以水消化之，添鉀養或鈉養，則鎂養分出。

鎂養

此質古人奇巳之書曾言及之，後有數種化學書亦有此名，顧所言之物未必爲鎂養。一千七百年之時，始以眞鎂養爲藥品，名曰鎂養白。初用之人以爲此質與鈣養炭養略同，格致家好夫門曾考究此質，論明與鈣養有分別。一千七百五十六年，化學家布拉格亦考究其理。

形性　鎂養之質色白而輕，其狀如粉，其粒最細，無臭味如土，重率得三·三。如澆水於其面令溼，僅能令堇葵花糖漿變綠色，令薑黃試紙變棕色。水內幾不能消化，冷水五千一百四十二分能化其一分，熱水三萬六千分能化其一分，此爲非弗之書所記者。如將水撒於其面，每百分能收水十八分，當收水時亦不生熱。醋內稍能消化，能收空氣中之水氣與炭養氣，漸變爲鎂養炭養。加熱不鎔化，若用輕養吹燈之火强能鎔化。每百分內含鎂六十分、養四十分。

鎂養易與酸質化合成鹽類質，能消化者味苦，故易與他種土質分辨之。此質之各鹽類質俱能爲淨鉀養水所化分，令鎂養沉下，其鎂養含水四分之一，成稠質如膏。鉀養炭養水或鈉養炭養水添入鎂養，則結成鎂養炭養。如鉀養二炭養水或鈉養二炭養水添入鎂養，則成鎂養二炭養，爲能消化之質，須加熱後方能結成。如不加熱而添二淡輕養三炭養調和之，再添鈉養燐養水，能多得結成之質，爲燐養一分劑、鎂養一分劑、淡輕養二分劑。凡鎂養之鹽類質添入淡輕養燐養，亦能如是。分別鎂養與鈣養之法，將二淡輕養三炭養水添入其內，如有結成之質爲鈣

養無結成之質為鎂養或添入淡輕養草酸水如有結成之質為鈣養無結成之質為鎂養含鎂養之中立性之水添入淡輕水如有結成之質為鎂養無結成之質為鈣養

取法　將鎂養炭養盛於瓦鍋或瓷鍋內蓋之不必甚密加熱至暗紅以炭養氣全散為度試其全散之法將鍋心之粉取出若干待冷添入淡硫強水如不發水泡亦不發沸則知炭養氣已盡所得之質存於瓶中以軟木塞密之依上法取之所有炭養氣與水全能化散即與用鈣養炭養取鈣養之理同所餘之質為原質每百分之五十分至六十分即為淨鎂養取時所加之熱愈大則所得之質愈

密而重

如將尋常鎂養炭養即重鎂養炭養取鎂養所得之質亦密而重如用輕鎂養炭養取鎂養所得者質輕而體積大

輕鎂養即煅鎂養

取此質之法與上節相同但其體積較重鎂養大三倍半醫家以為此質在胃汁內更易消化故大黃雜散內用之

試法　此種鎂養如用鎂養炭養所造者則常含其異質如鈣養或鋁養或矽養等又如存之過久則含鎂養炭養將輕綠水與鎂養相和如全消化不發泡不發沸則知其不含鎂養炭養此試法將鎂養五十釐添入淡輕綠水一

兩為之如含矽養則有不消化之質若將上試法所得之水添入淡輕合於淡輕綠之水再添鈉養燐養則多結成之質為二淡輕鎂養燐養此為英書之試法如將淡輕綠合於含鎂養之水則不結成如將含鎂養之水添入輕綠水至有酸性再添淡輕至有餘則不結成惟含鋁養則有結成者如將鎂養以輕綠水消化之令有中立性再添淡輕養草酸水無結成之質則知其不含鈣養又如添鋇綠水無結成之質則知其不含鎂養硫養與鈉養炭養將薑黃試紙置於鎂養水內應稍變棕色

畏忌　酸質酸性鹽類質金類鹽類質淡輕綠

服數　為滅酸之用以十釐至三十釐為一服為微利藥之用以二十釐至一錢為一服小兒用之則以二釐至十釐為一服

鎂養與其各鹽類質功用　淨鎂養與淨鎂養炭養服之之後其功用略同有若干分為胃中酸質所消化分布於身內如含炭養則消化之時炭養氣俱放出故胃中發氣之病不宜服鎂養炭養

鎂養有滅酸之性又有微利之性如久用之則易在腹中聚合成塊而永不消化頗有危險如因酸而覺胃熱西國俗名心燒或因酸而不消化或泄瀉或痛風及各種石淋溺有酸

性等病俱可服之如用以作小兒之瀉藥與大黃相合服之更妙獨用之亦可

鎂養二炭養能消化於水此水爲最妙之減酸藥

鎂養硫養能消化於水有顆粒之形狀常用之爲引水瀉藥能令人多溺在血中有減熱氣之鹽類性故生炎與發熱之病俱用之

鎂養炭養

此質之分劑數共得四十二古人謂之鎂養白又謂之把拉瑪爵散因把拉瑪爵信用此藥也又名羅馬白粉因其住於羅馬城也西士好夫門始用以入藥品有數處地中

所出之水含之但含此質之水疑其爲鎂養二炭養又有鎂養炭養石爲天成者有數處大山全爲此石所成但常含他質在內印度國有山幾爲淨鎂養炭養將此山之石化分之每百分得鎂養四十六分炭養五十一分不消化之質一·五分水〇·五分化散不見之質一分共得一百分

形性　鎂養炭養之天成者顆粒得斜方而形其質甚淨尋常所見者色白而質輕摩之極軟滑無臭如合法爲之則少有土類之味遇空氣不變化水內幾不消化冷水中消化較熱水稍多如炭養有餘更易消化即水四十八分能化其一分如含有餘之炭養氣則變爲鎂養二炭養消化於水有炭養氣一分劑化散則中立性之鎂養炭養結成沉下此質能被酸質化分如加大熱亦能化分放出炭養氣尋常出售之鎂養炭養爲雜質化學家非勒白與傅尼司化分之得鎂養二輕養一分劑鎂養炭養輕養四分劑英書云含鎂養二輕養一分劑鎂養炭養輕養三分劑其式爲

鎂養二輕養丄三(鎂養炭養輕養)

取法　將鎂養硫養十兩鈉養炭養十二兩各用沸蒸水一升消化之後以兩種水調和熱砂盆烘熱令乾將其餘質合於沸蒸水二升加熱兩刻許用布濾之所得之質屢

次以蒸水洗之以洗過之水添鋇綠水於內無結成之質爲度再將所得之質烘乾之所加之熱不可大於二百十二度

大造此質之肆有用生鎂養炭養爲之者有用煮海水成鹽後得餘質鎂綠爲之者又有用含鎂養之灰石爲之其法將此石置於含炭養之水內則鎂養消化而與炭養化合

前法所用鎂養硫養與鈉養炭養彼此化分化合硫養合於鈉養成鈉養硫養此質消化於水炭養合於鎂養成鎂養炭養結成沉下因其炭養散去若干分所得之質非眞

中立性之質，化學家苦來吟末云，用鈉養炭養造鎂養炭養，不及用鉀養炭養者為善，因有鈉養炭養合於鎂養炭養結成沉下也。設鎂養硫養能有餘，用鈉養炭養亦無妨害。加熱之故，欲令其鎂養炭養全化分，有散出之炭養氣，與鎂養炭養一分化合，冷時成鎂養二炭養，為能消化之質。加熱令沸之時，此質化分，依此法所得之鎂養炭養，可乘其溼時壓成小立方體，亦有不壓之者。尋常之鎂養炭養，各處所造者，體質疏密不同，因取法之有異也。

藥肆出售者，分為輕重兩種。沛離拉之書云，如用極濃之水，加大熱，而用鈉養炭養至有餘，所得之質為重鎂養炭養；如用不濃之水，不加熱而調和之，用鎂養硫養至有餘，所得之質為輕鎂養炭養。大約欲得重者，藉用濃水與大熱度。英書之法，用鎂養硫養與鈉養炭養重數相等，則鎂養炭養之輕者，徐徐結成沉下，用顯微鏡視之，其顆粒成極細之長方柱形。如用顯微鏡觀重鎂養炭養，其顆粒成圓形。大粒者有大極光之性情。依本節之取法為之，所得者為重鎂養炭養。

輕鎂養炭養

取法　將鎂養硫養十兩，鈉養炭養十二兩，各用冷蒸水半斗消化之，將兩種水調和，盛瓷鍋內，加熱令沸一刻許，將所得定質以布濾之，屢次傾沸蒸水於其上洗之，以洗得之水添鋇綠而不結成為度，再加熱在二百十二度以內烘乾，即成。

試法　鎂養炭養所含之異質，與鎂養所含者略同，即如鹼類與炭養合成之質，或鈉養硫養，間含鈣養硫養，鈣養與鋁養。如將鎂養炭養添入水內，加熱沸之，用薑黃試紙試之，若不變色，則知不含鹼類與炭養合成之質。如添鋇綠水於內，無結成之質，則知不含鈉養與硫養或炭養合成之質。如添銀養淡養，無結成之質，或雖有結成之質，不能在硝強水中消化，則知不含合綠氣之質。如將鎂養炭養以輕綠水消化之，令輕綠有餘，再添淡輕水至有餘，則所結成之鋁養質應極微，濾得之水內添淡輕養草酸，或添鉀養二炭養，如無結成之質，則知不含鈣養鹽類質，並不含鋁養。將鎂養炭養百分，以淡硫養水消化之，則散出炭養氣三六·六分。英書云，分辨輕鎂養炭養與重鎂養炭養之法，或仔細觀其體質，或用顯微鏡觀之，其輕者有細亂之點，間顯長方形顆粒。

畏忌　酸質，酸性鹽類質，金類鹽類質，淡輕綠，鈣養水。

功用　滅酸，微利，與鎂養大同小異，入腹中遇酸質，則放出炭養氣，或有添酸質乘其發泡時服之者，久服此質恐

胃中結成大塊有永不消化之弊

服數　以五釐至二十釐爲一服能減酸以十五釐至六十釐爲一服能微利與水或乳相和服之如用十四釐配以檸檬酸二十釐則爲發泡藥水依此比例記之

鎂養炭養水

取法　將鎂養硫養二兩鈉養炭養二兩半各以蒸水半升消化之將鎂養硫養水加熱至沸度再添鈉養炭養水兩種水調和加熱令沸至不發炭養氣爲度細布濾之所得之質以蒸水洗之至所得之水添以鋇綠水無有結成之質爲度將此質加入蒸水一升調和用噴炭養氣之器

噴入淨炭養氣作炭養氣可用白石粉與硫養之法爲之必至有餘此噴氣之壓力約一晝夜不停再濾之分出未消化之鎂養炭養再用炭養氣噴入濾過之水內存於瓶中塞之甚密不使炭養氣散出

此藥於一千八百六十七年載入英書每水一兩含鎂養炭養約十三釐醫士丁尼福特與沒立所造之鎂養二炭養水與此相同或內含鎂養二炭養開瓶之時稍發泡間有不發泡者既開之後漸放盡其炭養氣而有鎂養炭養結成其味不苦英書云將此水一兩㸐乾之將所得之質加熱至紅所餘之質應重五釐

法國等處地出之水含鎂養二炭養其分劑數共得六十四凡有鎂養炭養與水噴入炭養氣於內則令鎂養炭養消化一千八百二十一年法國京都設法造鎂養炭養水所含之鎂養炭養較英國所造者多六倍曾有人化分英國出售之鎂養炭養水每瓶內衹得鎂養炭養三十六釐化學家美拉言有化學家羅倫士能在水一兩內消化中立性之鎂養炭養十五釐法國藥肆造藏氣之鎂養水每瓶其重二十二兩含鎂養一錢此質爲鎂養二炭養另有餘下炭養氣甚多法國又造一種飽足鎂養水此水不發泡每水一升含鎂養半兩即每水一兩含鎂養九釐

化學家苦里司脫生云容此水八兩之瓶可含鎂養炭養七十二釐最少者亦含二十釐近時丁尼福特造此水之方與英書之方同苦里司脫生將丁尼福特出售之水化分之每兩內含尋常鎂養炭養八九六釐化學家開那但尼里兒飛三人各將沒立之鎂養水化分之每兩內含淨鎂養炭養十三釐

沛離拉設一便法自造此藥水其法將鎂養炭養置於玻璃杯內將尋常荷蘭水傾入杯中調和服之此法必有未消化之鎂養炭養又法將鎂養硫養細粉一百二十三分鈉養炭養細粉一百四十三分調和添入水內則成鎂養

二炭養與鈉養硫養。此質之性情雖與鎂養炭養水有不同之處。然可代用之。如藥肆出售者名曰消化之鎂養實與此便法所作者大同小異。

功用　此藥之功用與鎂養炭養略同。如胃不消化或溺中有里的酸之病。服此水較之服尋常鎂養炭養更佳。

服數　以一兩至二兩為一服。

鎂養硫養 即番元明粉

英國醫士割羅於一千六百七十五年初考得此藥。由愛補生之泉水內得之。故俗名愛補生鹽。有數國地面產此質。其形如霜。又有含硫養或硫與別質化成之石。外面亦生此霜。因其顆粒之形細而長。故俗又名髮鹽。因其味苦。故俗又名苦鹽。數處地出之水內有之。海水每一升含此質十五釐半。一千七百五十五年化學家布拉格初考此質。知其原質與性情。

鎂養硫養含水七分劑。其分劑數其得一百二十三。尋常所得者為長細之顆粒。其形如針。然可用法令其顆粒為長方形或為六面柱形。其兩端或為兩面或為六面不定。然其顆粒之原形為直柱形。有斜方底。鎂養硫養無色。能透光。且有光點。味苦而可憎。空氣乾時。面稍生霜。尋常空氣

第二十一圖

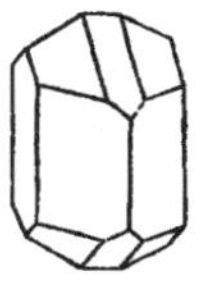

內不變化。如含雜質間亦有自融化之性。醕內不消化。六十度熱之水一分能化其一分。二百十二度熱之水三分能化其四分。遇熱則顆粒鎔化。再加熱則放水六分劑。變成玻璃。不復化分。如將已放水之質令其遇水。則能收水而增熱度。凡鎂養硫養與鉀養或鈉養或鉀養炭養或鈉養炭養相和。則被化分。用本質者結成鎂養之質。用與炭養合成之質者結成鎂養炭養。鎂養硫養與鉀養二炭養或鈉養二炭養或二淡輕養三炭養和勻。無有結成之質。因變成之鎂養二炭養能消化於水。除加熱令炭養若干散去外。不能結成。又如將鎂養硫養合於鈣養或鋇養或鈣養能消化之鹽類質或鋇養能消化之鹽類質。則能化分之。所結成者為鈣養硫養或鋇養硫養。如將鎂養硫養合於淡輕而加熱則易化分。如不加熱則幾分化分。所成之質為三本之硫養質。如將鎂養硫養水加二淡輕養三炭養。再添鈉養燐養。則結成之質為二淡輕養鎂養燐養。

鎂養硫養每百分內含鎂養一六·三三分。硫養三二·五分。水五一·二二分。其得一百分。

取法　尋常取法貴海水成鹽後。將餘水熬之則能結成鎂養硫養。然此水含鎂養硫養與鎂綠。故可先添硫養若干。令其鎂綠變為鎂養硫養。後熬之。所得之質更淨而多。

英國之含脫斯省之來明敦曾有人作兩種鎂養硫養第一種謂之單工鎂養硫養此質將流質熬濃傾入木槽內待冷結成顆粒即生鎂養硫養遇空氣自能融化因內含鎂綠故也將此質以水消化之熬之令結成顆粒謂之雙工鎂養硫養遇空氣不變化又有人從含鎂養之石分出其鎂養令與硫養化合此種石爲鈣養炭養與鎂養炭養相合而成加熱後用淡硫養水化分之所成之質爲鈣養硫養與鎂養硫養其鈣養硫養不能消化於水故所得之水即鎂養硫養水熬之令結成顆粒即成又法將其石加大熱煅之炭養氣放出即得石灰將此石灰與水相合即

變爲熟石灰即鈣養輕養與鎂養輕養添輕綠水若干其數必適足令鈣養輕養變爲鈣綠其鎂養輕養與輕綠之愛力小故讓鈣綠收盡之鈣綠易在水中消化故濾其質即得鎂養輕養再合於硫養或鐵養硫養則成鎂養硫養又法將煮海水成鹽後所餘之水添入上所言煅過石後所得之鈣養輕養與鎂養輕養兩質加熱令沸則水內之鎂綠爲鈣養化分而成鈣綠此質消化於水分出水內之鎂養幾爲淨質又石灰內之鎂養自能分出將所分出之質依前法合於硫養即得鎂養硫養由此可見取法有三俱可選用一千八百十六年英國曼支斯德之恆里醫士將此法報明國家給憑準其獨造此藥製造家取鎂養硫養之法即將地產之鎂養炭養合於硫養或將意大里所產含鎂養之頁形石合於硫養俱可爲之又有人將造白礬所得之餘質令變化而得鎂養硫養一千八百六十二年在由皮亞海島用鎂養炭養造成鎂養硫養共八百噸每年約有此數英國之約爾克省造白礬所得之餘質運至於南希爾特作生鎂養硫養每年約得一千噸

試法　鎂養硫養常含鎂綠鈉養硫養等異質間有含鐵少許者尋常出售之鎂養硫養稍含異質亦可作藥品之

用如鎂養硫養外觀似溼可疑其含鎂綠鎂養硫養最易在水中消化如將硫養添入其水中不放輕綠氣可知其不含鎂綠即含之其數必極少如添銀養淡養水無有結成之質亦可知其不含鎂綠等含綠氣之質鎂養硫養水在尋常熱度添淡輕養草酸水無有結成之質可知其不含鈣養如將此質一百釐以水消化之再將鈉養炭養沸水與前水和勻濾出結成之質得鎂養炭養三十四釐將此質加熱至紅而後權之得鎂養一六·二六釐凡得其質能符此數者則知其不含鈉養硫養昔時鎂養硫養價貴故有人將鈉養硫養和於其內又因鈉養硫養之形與鎂

養硫養三不同故將鈉養硫養三濃水加熱熬乾調攪不止所成顆粒略與鎂養硫養三相似相和之後最難分別尋常鎂養硫養三稍含鐵故消化此質之水帶紅色觀鐵之試法節

畏忌　鉀養鈉養並鉀養與炭養二合成之質鈉養與炭養合成之質鈣養水鈣綠鋇綠鉛養醋酸

功用　為重瀉藥能利小便黑瀉藥水中常含此質

服數　以二錢至一兩為一服

含此質之藥品　鎂養硫養三外導藥辛拏葉雜水

鎂養硫養三外導藥

取法　將鎂養硫養三一兩添入小粉漿十五兩再添橄欖

油一兩調和之

此藥之功用令直腸內推陳致新能潤內皮而令泄瀉又能令穀道中涼爽凡不便服藥而欲令泄瀉者亦可用之

鎂綠

此質俗名鎂養輕綠數處泉水內含之海水中亦含之每海水一升略含此質二十三釐

鎂養檸檬酸

近時醫家俱盛稱此藥之功用然造時欲求合法為之頗不容易因所得之質易變成不消化之形法國醫士羅皮該之取法將鎂養炭養二六十三分檸檬酸一百分冷水少許消化之必謹慎不可得熱將所得之質用爐火烘乾得輕脆之白質如絨在水中應易消化服之則有輕瀉之性並有鹽類之性如欲自造此藥可將乾檸檬酸十四分鎂養炭養二十分和勻添入水內乘發泡時飲之醫家有出售鎂養檸檬酸發泡藥者並不含鎂養實與一千八百六十七年英書所載鈉養檸檬果酸發泡藥相似

鋁與鋁二養三

鋁為金類原質英國化學家兒飛考得之後一千八百二十八年胡拉考究此質最詳近有法國化學家特肥勒設法多取此質鋁與養氣化合祇成一質可與鐵養相配即

鋁二養三也其分劑數共得五一.七五此質之天成者與矽養化合多種土石內有之凡泥質內以此為要品其最純者惟薩非阿寶石藍色內有之寶砂石塊及其細粉內並數種礦質內所見者稍合異質取法將白礬水加淡輕水至有餘則結成白色之質如膠即鋁二養三輕養又如白礬水內添鹼類與炭養二合成之質亦結成此質

鋁二養三無臭無味置口中則黏於舌上難於融化與水有大愛力每重三分能收空氣中之水略一分如合於水則為軟而韌之泥質故天生者自古至今用以造瓷器與瓦器又與數種生物質有大愛力即如與有色之質其愛力甚

大所以含鋁養$_{三}$之鹽類質自古以來用之染各種呢與布並印花布鋁養$_{三}$輕養能在鉀養或鈉養水內消化又能在數種淡酸質水內消化所成顆粒為八面形依此形易分辨其質如將淡硫强水合於鉀養硫養$_{三}$少許消化之再將白礬消化於內所得顆粒整齊可觀

白礬

古時羅馬國格致家布里尼之書第三十五卷第十五章記此物謂之阿鋁門希臘國格致家弟啞司克之書第五卷第一百二十二章論此物謂之司土白弟里阿然所論之礬恐有數種而鐵養硫養$_{三}$即靑礬亦在其內天方國有

數種礬名曰希白此乃礬類之總稱白礬亦在其中布里尼書云能令羊毛之顏色變清明能令濁水變淨此所論者大約為白礬埃及國與印度國自古以來用白礬染物與印花布為工藝之事印度人俱用鉀養白礬提淨濁水並為工藝內之用所有雜貨鋪俱備此質出售即在印度西陲格止地方造之歐洲初有之白礬在敘利亞國以弟薩古城後更名綠卡此處所造之白礬勝於他處故謂之綠卡礬此處近於士麥拿城而熱那亞邦之民往此城購買運至歐洲各國約一千四百五十年時意大里國設造白礬之廠後日耳曼國與西班牙國亦設造白礬之廠英

國以利撒畢女主時在韋脫皮設造白礬之廠

白礬類甚多化學家分之最詳如鉀養白礬為鋁養$_{三}$合於硫養$_{三}$分劑再合於鉀養硫養$_{三}$其鉀養可以鈉養代之又可以淡輕$_{四}$養代之若將其鋁養$_{三}$以鐵養代之則得鐵白礬此各種白礬顆粒之形略同俱有收斂之性醫學內之功用大同小異古人所用者為鉀養白礬近時造煤氣所得之煤氣水俱含淡輕$_{四}$養硫養用此質造淡輕$_{四}$養白礬最便工藝內之功用與鉀養白礬相同故近時鉀養白礬不多用之一千八百六十七年以前英書以鉀養白礬為藥品此年以後之英書以淡輕$_{四}$養白礬代之

形性　淡輕$_{四}$養白礬為鋁養$_{三}$硫養$_{三}$合於淡輕$_{四}$養硫養$_{三}$之質其式為淡輕$_{四}$養硫養$_{三}$加鋁養$_{三}$三硫養$_{三}$加二十四輕養其分劑數共得四六三五淨者無臭無色能透光味甘酸而甚濇遇藍試紙令變為紅色遇他種植物顏色亦然添入堇葵花糖漿內則變為綠色極為可觀其顆粒正形為八面

第二十二圖

體間有四面方錐形者或為亂形之大塊尋常出售之鉀養白礬謂之綠卡礬為小片形顆粒不甚透明稍帶紅色重率得一·七一將其大塊浸水中數日則面生八面形或三角形或長方形之顆粒六十度熱之水十八分能消化其一分沸水三分

能消化其四分味微甜而濇空氣乾時顆粒外生霜熱不甚大如九十二度之熱自能融化因原含水質甚多且能發泡再加熱則每百分內熬出水四十七分所得者爲輕而白色之粉即煆白礬如加熱更大則其酸質幾分放出幾分化分如爲淡輕養白礬則淡輕養分出其餘者在水中不消化如爲鉀養白礬則其餘者爲鋁養合於鉀養硫養之質將白礬與含炭之質相和加大熱則化分所得之質名貝路夫路司此質爲化學家烘白格與勒陌里兩人所考得白礬能被鹼類質化分又鹼類土質鹼類與炭養合成之質能與其酸質化合而令其鋁養結成者所結成

之鋁養如合於定質鹼類水則能消化如將淡輕養白礬合於定質鹼類加熱則能放出其淡輕養依此法能與鉀養白礬分辨之白礬之原質爲鋁養三硫養一分劑鉀養硫養一分劑或淡輕養硫養一分劑水二十四分劑

每白礬一分劑含硫養四分劑即鉀養或淡輕養與其一分劑化合而鋁養與其三分劑化合依化學之公理本質與養氣若干分劑化合則鹽類質與配質亦若干分劑化合即如鐵養合於硫養三分劑又有雙鹽類質白礬即合鉀養與淡輕養之白礬也

取法　英國每年造白礬極多或作藥品之用或爲工藝之用造白礬之處必近於含鋁養之土石此土石亦必含金類與硫黃合成之質如鐵硫等如含鉀養鹽類質更佳將造白礬之料令遇空氣或加熱或不加熱依其料之性情定之硫黃收空氣之養氣變爲硫養此質合於鋁養又合於與鐵化合之養氣質則有鐵養硫養分出而將鉀養鹽類質或淡輕鹽類質合於含鋁養水內即成印度西陲格止地方將本處藍色之泥浸於水中加熱令沸此泥先遇空氣五箇月又傾水於泥面十日或十五日將所得之沸水添鉀養炭養熬乾之將所得之質再浸於水中加熱令沸熬乾之能得白礬顆粒

英國造白礬有兩處可論及之一近於卑思里名喝立得此處所用之法令泥久遇空氣一在於約爾克省之韋脫皮此處將含鋁養之石合於燒料排堆煆之英人司奔司將哥奴瓦所出泥板石先煆之後浸於淡硫養水內又有一處用蘇格蘭之加尼里煤燒成煤氣之後所餘之灰造白礬然無論用何法得其鋁養三硫養必再添一質如鉀養硫養則成鉀養白礬或淡輕養硫養則成淡輕白礬如將燒煤氣所得之水合於硫强水即得淡輕養硫養此爲近時常用之法此兩質和勻之後熬其水而得淡輕白礬顆粒

試法　白礬無色在水中應全消化爲不含未化合土質之據如白礬水內添淡輕或鉀養則結成無色之質爲鋁養如再添鉀養至有餘結成之質再能消化所含鋁養可用尋常之法試之如添鉀衰鐵或鉀衰鐵不應有結成之質亦不應變藍色如有之則爲含鐵白礬之據如添輕硫亦能試得含鐵之據設加淡輕硫應有鋁養結成如合於鈉養或鉀養加熱則淡輕白礬多發淡輕氣如將白礬水合於淡輕水濾出結成之質將其水熬濃所得之質爲淡輕養硫養加熱能全化散凡試白礬必知二事一爲無色一爲全消化其含鐵與否有法能辨之卽添沒石子酒若

含鐵白礬其水變成藍綠色

畏忌　鹼類質與鹼類含炭養之質鈣養與鈣養水等鉀養果酸含燐養之鹽類質鉛養醋酸含汞之鹽類質沒石子酸沒石子沖水金雞那樹皮沖水

功用　上言兩種白礬磨成細粉稍有烙炙之性白礬水有收斂之性無論在身之一處或全體俱有此性外科用之能止血又能作收斂性之洗眼藥漱喉藥與外導藥等服之則爲胃膌所收傳入血內令身內之各津液減少又能令離身遠處如手指足指之類亦不流血溺血吐黑血欬血等病服之可得益但其功效之大小無一定便血之病亦可

減之又如因鉛毒而腹痛食其大服有益或能泄瀉而滅鉛毒之害因鉛毒能被含硫養之質化分也造饅頭鋪常加白礬於內因能多含水而色白

服數　以十釐至二十釐爲一服

煆白礬卽枯礬

將白礬加熱漸放鬆而發沸放其所含之水變白色之質如絨不能透光然不失其原有之性每燒白礬一百分得煆白礬五十三分

取法　將白礬置瓷鍋內少加熱至消化加大熱在四百度以內至不放水氣爲度所得之質磨成細粉初必留意

所加之熱不過其限否則淡輕與硫養之一分俱放散

功用　此質有烙炙之性間有病宜服此者

服數　以五釐至十五釐爲一服

白礬雜水此爲倫書之方

此水收斂之性極大昔名排的司白礬水

取法　將鉀養白礬一兩鋅養硫養一兩以沸水三升消化而濾之

功用　爲收斂止血之洗藥如沖玫瑰花水令淡可爲洗眼藥與外導藥

無錫徐華封校字

西藥大成卷三之五

英國　來拉　海得蘭　同撰
英國　傅蘭雅　口譯
新陽　趙元益　筆述

錳以下十一種為賤眞金類

錳為眞金類質其原質不入藥品惟與養氣化合者有一質入藥品用之錳為硬脆白灰色之金類如以手摩擦之令遇溼空氣能發奇臭重率得八其淨者遇空氣則易收養氣故必藏於火油或那普塔之內遇淡硫強水則易消化與養氣化合則成數種質但各質內祇有一種為藥品即黑色之錳養二也

錳養二

錳養二之分劑數共得四三五其形即為萬物內尋常錳質之形然所得者形有數種間有成顆粒如針又有成大塊如石尋常所得者即欖黑色之粉其形似土尋常出售者為極細之粉無臭無味重率得四八水內不消化加大熱幾不能鎔祇能放養氣如合於輕綠則放綠氣又如合於鈉綠與硫養三亦放綠氣此氣與錳化合成錳綠又有養氣一分劑收輕綠之輕一分劑成水即有綠氣放出其式為

錳養二丄二輕綠‖錳綠丄二輕養丄綠

所以錳養二每一百分含錳六三·七五分養三六·二五分

試法　錳養二之純者甚少尋常所見者含鐵養或鈣養炭養二或鐵養炭養二或鋇養硫養三或泥如合於輕綠而加熱幾能消化至盡而放綠氣加大熱則放養氣尋常之錳養二俱含錳二養三試之之法量其所發養氣之數或量其所發綠氣之數或令遇輕綠與草酸試之

功用　造藥之工內用此令鈉綠放綠氣觀綠氣節又用以取鉀養錳二養七又用以為玻璃或瓷器之顏色料作藥品服之者間亦有之化學中取養氣之料即用此質

近有醫學家用錳養二所作數種藥水食其小服能改血補身食其大服能令人瀉醫士尤而與漢能云服此藥肝能多生膽汁錳養硫養三與錳養醋酸俱能消化於水皮膚之病與痛風病以五釐至十釐為一服有改血之功以一錢至二錢為一服可作瀉藥如肝不生膽汁服之有益此兩質亦無收斂之性錳養硫養三與鐵養硫養三為雙鹽類質而錳養炭養二與鐵養炭養二亦然此兩種雙鹽類質服之則得錳與鐵之兩種功用所有鉀養錳養三與鉀養錳二養七前在鉀養錳二養七節內論及之

鐵

鐵之自然獨成者大約為隕星石尋常所得者原與養或硫化合或與配質如炭養二硫養三等化合成鹽類此各鹽類

或純或雜俱有之所含之異質或爲土或爲金類植物之質內有之動物之血內亦含之日用之鐵從鐵礦內取出鐵與養氣合成之礦有數種如磁石與光點鐵礦祇須合於炭而加熱則鐵分出即如瑞典國與易北島與印度等用炭合於礦所含之養氣則鐵自鎔而分出所有鐵養炭養礦鐵硫礦泥鐵礦紅血色礦梭血色礦（西名喜瑪替得）司巴陀司鐵礦等先煆之後合於木炭枯煤或煙煤墨再加一種料令其鐵能分出鈣養或泥所用之料必配礦之性即如含鈣養或含泥必配其性之相反者爐內加熱則炭養氣或硫散去而其養亦合於炭成炭養而放出其土質化成

玻璃形之料浮於面而成渣滓鐵質重墜自爐底開門放出引入砂內之模則成豬鐵即生鐵也此生鐵含炭硫與矽鋁等異質凡鍊熟鐵必去此各異質其法先鎔而提淨之再入掉鐵爐令多遇空氣受極大之熱則炭與硫燒出其餘雜質變爲渣滓而分出近時別色麻所設之法將已鎔之生鐵傾入鍋內鍋底噴空氣所含之炭燒盡其餘者爲熟鐵可打之或壓之成條與板即尋常出售之熟鐵也

淨鐵

造藥品內所用之鐵尋常用鐵絲或鐵釘因非淨鐵不能作鐵絲與鐵釘也極細鐵粉亦可服之作法或用鐵絲或用尋常熟鐵銼得細粉以攝鐵分取得其淨鐵去其異質

形性　鐵性之堅韌人皆知之故用處極廣其色白灰其質硬打之能薄引之能長能受之牽力較他種金類更大磨之能鋒利而明亮重率得七八能引攝鐵又能爲攝鐵所引變爲攝鐵又有數種鐵含鐵之雜質亦有攝鐵之性加大熱則軟加熱至白色則兩塊鐵能并合加熱至光白色即一千五百八十七度則能鎔化但不能自散（上所言熱度爲但以理量熱器之度數）如加熱令遇空氣或令遇水則收養氣而鐵面生鏽一層爲鐵養在養氣中燒之則發光亮之點極多鐵與養一分劑化合爲鐵養與養一箇半分劑化合爲鐵

養凡鐵在水中生鏽則漸收水之養氣而放出輕氣設以淡硫強水傾入鐵屑內則鐵與養化合而令水放出輕氣其鐵養即消化於強水內如添鹼類於內其結成者爲鐵養輕養其色綠白將此質多遇空氣則收養氣變爲紅色之質爲鐵養觀含鐵之藥品亦有此色如將鐵養或含鐵養之鹽類質加硝強水少許加熱令沸則鐵養變爲鐵養如欲試水含鐵與否可添鉀衰鐵結成之質變藍色或添没石子酒或没石子水結成之質變黑色

鐵之各雜質功用　含鐵之各種藥品俱謂之補藥然身虛各病服鐵劑無效惟面無華色而血虛者服之有效因

患血虛者其血之紅點過少此紅點原爲鐵質所成也凡服含鐵之藥或全收入身內或數分收入身內依其消化之難易而分入血之後則血輪加多凡血虛病及其同類之病即如克路西司（此病血不足身弱皮膚顯淡綠色心跳甚速又名病色血虛）經閉等病可用鐵劑徑治之

數種鐵雜質有收斂之性並稍有惹胃之性即如鐵綠與鐵養硫養是也康弟羅馬塔（此病內皮生餘肉平軟含溼質常發於肛門陰戶溺管口等處其根原爲疔毒）可用含鐵綠之水洗之無論內外科俱可用之然鐵綠與鐵養硫養俱不可多服含鐵之輕劑爲鐵養去養氣所餘之鐵粉又鐵養炭養鐵養燐養此各質不能消化於水能在胃中消化其若干分又鐵養淡輕養檸檬酸並鐵養鉀養果酸此兩質易在水中消化其功用頗大鐵碘有鐵與碘兩質之功用如瘰癧兼血虛病食其小服頗有功效

鐵粉（又名可浮納鐵粉）

此粉爲極細之鐵質取法將鐵養令輕氣行過加大熱即將鐵養裝入洋槍筒內外加大熱爲便取之法其輕氣合於養氣成水餘爲極細之鐵粉

德意志國化學家長搿賴設一取鐵粉之法將鐵養草酸五分乾鉀養鐵六分無水鉀養炭養一分又四分之三和匀加熱至紅待不發氣霧爲度冷時洗之又烘乾之（觀德國藥品新書第六章第二十七節）

或言藥材肆常將磁石粉代可浮納鐵粉然磁石粉常含養氣十八分至二十分諒從空氣收而得之英書以此質爲鐵質內含磁石粉若干分又因鐵養結成之時恐成二鐵養硫養則又疑其含鐵硫若干分故服此質者胃中變成輕硫氣噯氣時其臭難聞不便作藥品

試法　此質爲極細灰黑色粉能爲磁石攝鐵所引其引力甚大在乳鉢內磨之應在乳鉢之面顯出金色之紋條輕綠水內能消化而放出輕氣所消化之水有含鐵養鹽類質之性情如加鉀養鐵則結成藍色之質極細之鐵粉能消化於鉀碘與碘相和之水內英書云將鐵粉十釐加入碘五十釐鉀碘五十釐消化於水中少加熱不消化者祇有五釐而此不消化之質全能在輕綠水內消化前此不肯消化之故因碘水本不能消化磁石粉也

功用　純鐵或鐵屑在人身內本無功用然因在胃中能收養氣其變成之質有補身之性情魚肝油內亦能消化其若干分

服數　以五釐至十釐爲一服合於蜜糖或糖漿作雜膏或與苦味藥膏相和作丸服之

鐵粉糖片

取法　將鐵粉七百二十釐淨白糖粉二十五兩阿捕西耶樹膠粉一兩阿捕西耶樹膠漿二兩蒸水一兩或多或少以藥之稀稠配之將其鐵與糖與膠粉先磨勻再添膠漿與水成膏分為七百二十糖片用熱氣箱微加熱而烘乾之

此藥於一千八百六十七年載入英書每片含鐵粉一釐

服數　以一片至六片為一服

鐵養

鐵養之分劑數共得三十六凡將鐵在養氣中燒之即得

此質又如將鐵養硫養水合於鉀養或鈉養結成之質亦是初結成者為白色後變灰色又變藍綠色然此質實為鐵養輕養能收空氣中之養氣變為紅色而成鐵養鐵養為藥品中鐵鹽類之本質如鐵養硫養是也此鹽類質大半為綠色有金類之味醫學家以為含鐵養之鹽類質較含鐵二養三之鹽類質在藥品中更有功用

鐵二養三輕養　又名鐵紅散

此質別名甚多大半依取法而定名但其各質大同小異天成者有之紅色土質內大半為此質顆粒之形斜長方體或八面體如易北島之光點鐵礦歐洲數國有之印度國之新口亦有之又有紅色鐵礦並紅血色鐵礦成重大之塊內含異質將此各礦之片劃於硬紙之面顯出紅櫻色之條如用吹火筒加硼砂試之則得綠色或黃色之玻璃略具攝鐵之性但不能如磁石之能攝鐵屑耳

形性　此質之分劑數共得八十九人所造者為紅樓色之粉無臭略有鐵味如依煆法為之英書云無味水中不消化不能引攝鐵惟少含磁石粉者能之重率得三加入輕綠水中應消化而不發泡尋常含炭養氣少許依化學家非勒白之說每百分含二分至五分間有含十五分者故昔人稱為鐵養炭養或二鐵養炭養然昔時用此質者

實為鐵養其消化於輕綠水者加入沒石子酒或沒石子水則結成黑色之質若加入鉀衰鐵則結成藍色之質化學家曾設數法取此質此各法俱可用之因鐵已收養氣一分劑令其再收養氣事屬更易舊法將鐵養硫養煆之令先放盡其水後放其硫養而硫養之養氣一分與鐵化合變成紅色之鐵養又法將鉀養炭養水或鈉養炭養水添入鐵養硫養則有結成之鐵養炭養在空氣內晾乾之則炭養早已放散殆盡而鐵養收空氣之養氣先有白色繼有綠色後變為紅色之鐵養英書之取法將鐵養三硫養合於鈉養水將所結成之質令其水放盡即成

取法　將溼鐵養觀後溼鐵養節加熱至二百十二度以其重數不減爲限磨成細粉存於瓶中塞密之

試法　此質含雜質者少然取之不合法以輕綠消化之有不消化者爲土質如疑其含他種金類可用尋常試法試之含輕養之鐵養常含二鐵養硫養消化於輕綠水內添入銀綠水不應有結成之質如用成鐵養炭養之法取之則間含鐵養爲本之鹽類質果如此則消化於輕綠水內加入鉀衰鐵必有結成之質

畏忌　酸質與酸性鹽類質

功用　爲含鐵之補劑

服數　以五釐至三十釐爲一服腦氣筋痛病以三十釐至六十釐或至半兩爲一服一日二三服

硬膏藥內有含此質者因硬膏爲外科中有益之法而其料具行氣之性故醫士常用之作補身力硬膏

鐵硬膏

取法　將蜜陀僧硬膏八兩白更弟柏油二兩先融化之加鐵養一兩調和以冷爲度

功用　此膏內之鐵養其功效亦難定準如肉筋鬆軟此膏能輔助之身弱者用此膏能暖和因不爲冷風吹襲也

溼鐵養

蘇書初載此藥治鉮養之毒一千八百六十四年英書謂之鐵養輕養但現所稱鐵養輕養實非此質因眞鐵養輕養其水爲化合之質此質內所含之水有未化合者故謂之溼鐵養每百分含水八十六分

形性　此質得黃梭色必常澆水以補其化乾者其溼者極易與鉮養化合化學家苦來哈末設便法以證之將鉮養水一分與溼鐵養十二分調和搖動而濾之所濾得之水原爲鉮養水然竟無微迹因鉮養與鐵養化合變爲鐵養鉮養不能消化於水卽治毒之據也

取法　將鐵養三硫養水四兩加蒸水一升和勻之傾入

鈉養水三十三兩或多或少以全結成爲限調攪數分時將布濾取結成之質又以蒸水洗之以濾出之水加銀綠而不結成爲限然後將濾取之質存於瓶中塞之令水不化散此藥以新作者爲佳

英書另有法取鐵養三硫養爲取鐵養之用蘇書之舊法用淡輕令其結成其淡輕合於硫養成易消化之質則有鐵養結成但依此法取之必謹愼洗淨否則鐵養內必有黏連之鐵養硫養設用鐵養硫養爲之則更有此弊

設鐵遇水與空氣甚多結成黃色之鏽其原質與上所言者略同惟治鉮養之毒不能以此代用

試法　在輕綠水中易消化至盡而不發泡其已消化之水合於鉀衰鐵結成藍色之質如用鉀衰鐵則不結成此質設加熱至一百八十度烘乾之後再加更大之熱則每百分放水十八分此質之內不應有堅硬之粒每百分應含鐵養十二分遇攝鐵則不爲其所引

功用　此質可代乾鐵養用之中鉀養之毒用此藥解之最妙

服數　以十釐至三十釐爲一服作補劑服更多能治鉀養之毒

磁石 一名黑鐵養又名鐵養

此質之分劑數其得一百十六自古以來爲鐵劑之要品

第二十三圖

舊法將鐵屑澆水於上而得之又法將鐵工處之鐵落浸於水中取其粉化學家以此質爲鐵養一分劑與鐵養一分劑化合而成故得分劑數一百十六英書云此質爲磁石含水百分之二十並餘鐵養少許成棱黑色之粉無味攝鐵之性極大

取法　將鐵養硫養二兩蒸水二升加入鐵養三硫養水五兩半將此水合於鈉養水四升各物調和加熱令沸待二小時屢次調之置於布面濾之待水漏盡將所結成之質以蒸水洗之以洗過之水加鋇綠水而無結成之質爲度將前次結成之質以一百二十度以下之熱烘乾之即成取此質所用之鐵養三硫養水五兩半先與鐵養硫養四兩相配

化學家苦里司脫生云上法之意欲得一種雜質半爲鐵養半爲鐵養其成法將鐵養硫養與鐵養三硫養依分劑之比例調和後加鈉養或淡輕至有餘能令結成蘇書所載之方內用鐵養硫養之數即合於淡養令變爲鐵養者等於所用之鐵養硫養英書之方所令變爲鐵養者比其餘所用鐵養硫養之質加一倍故所得之質近於能攝鐵

之鐵養此質內鐵養與鐵養之比若八十與三十六之比蘇書之法係化學家胡拉所設依胡拉之說所得之質爲鐵養二分劑鐵養一分劑水二分劑兩種質化分之時彼此相和變成暗灰黑色之粉遇空氣無論溼氣之有無其收養氣之性不再顯出

試法　其色棱黑攝鐵能引之加熱則放水添入輕綠一體積水半體積則消化成鐵綠與鐵綠之水此水內添鉀衰鐵則結成藍色之質依此法可証其含鐵綠如添鉀衰鐵則結成藍色之質可証其含鐵綠若將磁石二十釐與硝强水相和加熱至暗紅煆之則所餘者爲鐵養一五八

釐其淡養水能令其鐵全變爲鐵養如將鐵養二十釐以輕綠消化之則添鉀養二鉻養八百三十釐之先如添入鉀養鐵應有結成藍色之質所添鉀養二鉻養能令鐵綠變爲鐵養

功用　爲令鐵之補劑

服數　以五釐至二十釐爲一服一日二三服

鐵碘

英國化學家湯勿生初用以入藥品著書論鐵與碘合成之藥及其取法與用法頗爲詳備

形性　鐵碘含水四分劑其得分劑數一百九十一此質

爲灰色或綠欖色稍有金類之狀其味辣而澀化學家尋常造者成薄片形片內之紋自心向外新剖之面爲淡灰色如消化於水而將所得之水令遇空氣極少則結成綠色片形顆粒易於融化水中消化甚易醋內消化亦易所消化之水亦得綠色如加水沖淡味不甚可憎加熱則易融化而自散故易於化分其碘變霧而化散其鐵餘下與養氣若干化合如令鐵碘遇空氣則因收養氣其變化之事亦同既收空氣中之水變爲黑色流質內有鐵碘少許並碘少許爲消化之質而有鐵養結成英書準此質內含鐵養少許然鐵碘水難於久存醫學家司快兒云應將鐵絲繞成螺絲形浸入盛鐵碘水之瓶內水內有分出之碘與鐵絲之鐵化合仍變爲鐵碘此法雖能令其水甚淨而不免有鐵養結成如鐵碘水內加糖若干亦能令其不化分可久存之

取法　將碘三兩極細鐵絲一兩半蒸水十二兩盛於燒瓶內少加熱約十分時加大熱令沸以所發水泡有白色爲度將此水傾於溼洋布濾之布下受水之盆必用鐵質而磨之甚光者濾得之質以水三兩沖洗之再加熱令沸以鐵絲挑取一滴待冷能凝結爲度傾入瓷盆內待其凝結敲碎置於瓶中塞密之

此方所用之鐵爲碘數之半然因需用之鐵爲碘之四分之一可見此數尚有餘其確實之比例爲二十八與一百二十七之比加熱之故欲令其易化合察其紅色已散而不見知無未化合之碘而工夫已成用鐵盆之故欲令熬時不化分設獨用一鐵盆不久即銷毀

英國司米德藥材肆造鐵碘之方將淨鐵屑六兩碘二兩又四分兩之一冷蒸水四兩半盛於燒瓶內加熱令沸察紅色不見即濾之將所濾得之水通入乾淨燒瓶內加熱至沸而熬之或得其顆粒或熬至得無水之鐵碘立即添入小瓶內塞密之化學家高潑所設之法用碘四分水二

分盛鉛盆內磨勻之再添極細鐵屑一分調攪良久即成此水為綠色與含鐵養鹽類質之水同色如將此水速濾而熬之令少遇空氣則其質不甚變化但其鐵易變為鐵養因所成之定質易於改變故司米德之法令其成無水鐵碘從燒造之瓶取出立即磨成細粉合於淨白糖重二倍加蜜糖調和成膏每四釐內含鐵碘一釐盛於鉛瓶內塞密之面加細粉一層

試法　其質有顆粒之形色綠略帶棧色無臭易自融化易消化於水或全能消化所得之水為淡綠色放出之霧為茄花色餘下之質為鐵養設所盛之瓶封之不密即有

鐵養結成如欲得淨者必用鐵絲一圈存於瓶內試此藥之含碘與鐵養應顯此兩質之性情即加鉀衰鐵結成藍色之質又用小粉漿與綠氣水亦結成藍色之質

畏忌　酸質鹼類質與鹼類含炭養之質鈣養水並所有鐵養硫養畏忌之藥如植物質之收斂藥是也

功用　有含鐵之補性並碘之改血性小兒患瘰癧而兼血虛者服此藥有益

服數　以一釐至五釐或十釐為一服化於水內服之每水一錢化藥三釐濃淡得中又可合於糖漿服之或加白糖作丸或用魚肝油消化之每兩化四釐至八釐可治瘰癧病

鐵碘糖漿

取法　將淨白糖二十八兩與蒸水十兩相和加熱令消化另將碘二兩與細鐵絲一兩置於燒瓶內再添蒸水三兩少加熱以所發水泡白色為度預備漏斗生紙乘熱時置於盛糖漿瓶口濾其碘水入糖漿內調和之所得之質應其重二磅十一兩重率得一·三八五

碘與鐵相合與前方之法略同而水泡變白色即成倫書之取法每一錢含鐵碘五釐本書之取法每一錢含鐵碘四·三釐倘嫌太濃小兒服此應加水沖淡之

用糖之故令鐵養不變為鐵養即與鐵養炭養加糖同意用糖之後則鐵碘不化分日耳曼國醫士布格那初設用糖之法載於一千八百三十九年所著藥書中蘇書初用司米德之方此方載於英國醫士湯勿生藥品公會簿中第一章第四十七節此糖漿存之甚久不甚變化其色應白或稍帶淡黃綠色不應有渣滓沈於瓶底化學家苦里司脫生云如用英國尋常之碘應查其含水若干而因此含水之數配碘更多此糖漿臨服時可加水沖淡不可早為之

服數　半錢至一錢為一服醫家或喜用更淡者間亦有

效

鐵碘丸

取法　將極細鐵絲四十釐，碘八十釐，蒸水五十滴，盛於堅固玻璃瓶內，此瓶能容水一兩，必極其堅厚能塞之甚密者，既盛於瓶，必搖動之，以水泡變白色爲度，另備白糖粉七十釐，乳鉢內磨勻之，將瓶內之流質傾於乳鉢內，立即磨勻，漸加甘草粉一百四十釐，再磨勻之即成，

依上法爲之，其得質三百六十釐，待乾則更輕，內含鐵碘略一百釐，此丸每三四釐含鐵碘一釐，

服數　以五釐至十釐爲一服，此丸以新作者爲佳，

鐵溴

取此藥之法，與取鐵碘之法相同，惟以溴代碘耳，即如造鉀碘與鉀溴之法，亦有相同之理，醫學家司快兒云，應將鐵絲成圈，浸於此質之內，令得中立性而勻淨，醫家或言用鐵溴糖漿，以爲較鐵溴水更佳，或用以爲有功力之補藥，又爲治月經難通之改血藥，婦女血聚子宮之病，亦可服之，

鐵綠

此質之分劑數，其得一六二五，爲鐵劑中之最有功力者鐵與綠氣化合成兩質，一爲鐵綠，一爲鐵綠鐵綠爲白色小片粒，形如魚鱗，此質易在水與醋內消化，成綠色之流質，然因鐵收養氣之愛力甚大，故極易變化結成之質，爲鐵養，所餘之綠氣與鐵綠化合，變爲鐵綠，鐵綠酒，歐洲他國俱用之，昔時英書所載造鐵酒之法，內有兩種，即鐵綠與鐵綠，所用之鐵料，即鐵養，鐵綠，加熱至紅能化散，將其水熬濃，則成橘皮色之顆粒，其形如針，自心向外排列，或成暗黃紅色大顆粒，如加熱令化散則成極明之鱗片，其色可觀，易在水中消化，在酒醋與以脫內，亦易消化，

濃鐵綠水

取法　將淡鹽强水八兩，蒸水八兩，鐵絲二兩，少加熱而

消化其鐵絲，濾取其水，水中加硝强水九錢與鹽强水四兩，速加熱，至忽有紅霧發出，而其水變爲橘皮椶色，則以熱水盆熬之，以得十兩爲度，此水之濃同於一千八百六十四年英書濃鐵綠水之方，此年所設之方，不甚合法，因所用輕綠，祇有十兩，不足以令其鐵全變爲鐵綠，一千八百六十七年英書新方，所用硝强水，與前者濃淡不同，故用九錢代前之六錢

依上法取之，先變成鐵綠，其輕綠之輕放出，而綠氣與鐵化合，第二層工夫內，淡養放其養氣與輕綠之輕化合，又有綠氣一分劑，與鐵綠二分劑化合成鐵綠，照新方所得

之水每十兩含鐵綠約六兩即每一錢含鐵綠三一・七釐

試法　其色應如橘皮檄色其味甚澀水與酒醕內俱能和勻無論多少皆可但此水中含餘酸質如用銀養淡養結成白色之質爲銀綠如加鉀衰鐵結成藍色之質如加鉀衰鐵不應有結成之質如有之則爲含鐵綠之據如加收斂性植物水質則變黑色重率得一・四二昔時英書所定重率爲一・三三八此數未確如將此水一錢加入淡輕則有鐵養結成濾之洗之燒之應重一五・六二釐

功用　此水爲收斂之補藥以五滴至十滴沖水服之外科中用以止血如噴入血管中能令血結成膏醫士或以此法治極痛之瘤製藥之工內用此濃水作淡鐵綠水並鐵綠酒

鐵綠水

此水之濃與鐵綠酒相同

取法　將濃鐵綠水五兩蒸水十五兩調和之此水之濃得一千八百六十四年英書鐵綠水之四分之一故前者謂之濃鐵綠水

服數　十滴至三十滴爲一服

鐵綠酒

取法　將濃鐵綠水一分加正酒醕（重率〇・八三八）三分調和盛於瓶內塞密之

此酒之重率得九九二應與倫書之方所作者相同將此酒一兩以淡輕令結成應得鐵養約三十釐倫書作此酒之法將鐵養以輕綠消化之再加正酒醕所得者含鐵綠若干又含輕綠有餘依英書之方作之未必含輕綠有餘

此酒常發輕綠以脫之臭因其酸質合於醕而成以脫也其色黃紅其化學性情與鐵綠水略同英國醫士非勒白將尋常出售者化分之每一兩得鐵養九釐又十分釐之八至二十釐照上方作之則每一兩含鐵養約三十釐此酒可用尋常試含鐵之法試之如將收斂性之植物質與

之相和則色黑如墨如添銀養淡養則有銀綠結成如添阿拉伯樹膠水亦能令其化分醫士或將鐵綠在好夫門水中消化之謂之白司杜出弗酒（好夫門水取法用硇砂硫黃石灰同蒸之成極淡黃色水將此水一分加酒醕三分）

試法　欲試此酒之濃與淨必依上所言之性情辨之又此酒每一兩添鉀養水令結成則得鐵養三十釐

畏忌　鹼類質土質與其含炭養之質並收斂性植物質

功用　爲重收斂性之鐵劑血虛等病及不仁病可服之若易惱怒者不宜服此

服數　以十滴至三十滴爲一服間亦用一錢至二錢用水或別種流質沖淡服之

鐵綠淡輕此爲倫書之方

此藥約在一千三百年以後化學家伐倫他亟得之後用以入藥品諸家命名不同

形性　此質爲橘皮色之粉由多小粒而成其味鹹而澀其臭極微易自融化水與酯內俱能消化化學家以爲每百分內含鐵綠十五分淡輕綠八十五分不爲化合而爲和合分辨之法加鉀養或鈣養則放淡輕氣其鐵與綠可依常法分辨之化學家非勒白云考此質每百分含鐵養七分

取法　將鐵養三兩鹽强水半升盛於合式之器內令消

化置熱砂盆內約二小時加淡輕綠二磅半此質必先用蒸水三升消化之將和合之質濾取熬乾所得者磨成細粉

依此法取之先成鐵綠後加淡輕綠則兩種鹽類質和勻化學家密攷可立云此爲雙鹽類質有鐵綠一分劑合於淡輕綠二分劑另有水二分劑此藥中或竟如是化合亦未可定化學家將此兩種鹽類質依比例和勻消化於水而後熬乾之即成昔時取此質之法加熱而乾蒸之英書中不載此藥

試法　準酒酯或水內能全消化如添入鉀養則因鉀與綠化合而養氣與鐵化合水內結成之質爲鐵養如添鉀養至有餘則因化分其淡輕綠必有淡輕氣散出

忌　鹼類質與其含炭養之質鈣養水收斂性植物質

功用　可爲補劑

服數　以三釐至十釐加糖漿服之或用苦味藥之膏相和服之收斂性之藥不宜同服

鐵綠淡輕酒此爲倫書之方

取法　將鐵綠淡輕四兩準酒酯蒸水各半升消化而濾之加水之故欲令其質全消化

此藥最合於內科之用每一兩含鐵養五·八釐司米德云

含六·八釐此質之濃等於鐵綠酒濃之四分之一或五分之一

服數　以一錢至二錢爲一服

鐵硫

鐵與硫合成之質有數種所常見者爲鐵硫其色黃古人已知此物

形性　天成之鐵硫分劑數共得六十西名倍來底斯又名們的礦其色如黃銅爲立方形之硬顆粒即自然銅也除硝强水外無有强水能化之者重率得四·九八或常用以取硫黃如令其溼而多遇空氣則能收養氣而鐵硫漸

變爲鐵養硫養

藥品內所用之質爲鐵硫其取法有數種玆檢兩法述之

第二十四圖

第一法爲粗法所得之質可爲藥品之用此質易在硫養與輕綠內消化放出輕硫氣而水內有鐵養硫養鐵硫之分劑數其得四十四鐵硫之分劑數共得一百零四鐵硫之分劑數共得六十

取法　將硫黃花四分鐵屑七分置於罐內入尋常之爐待加熱至紅取出蓋之能自生大熱第二法將鐵條即用鐵匠之爐加熱至白色再將深桶盛水至滿用硫黃一條與白熱之鐵相磨則有化合之質爲鐵硫令落於桶內用第一法而成鐵硫其鐵屑與硫黃化合甚速熱至將紅則有硫養霧放出如將罐從火中取出則自能生熱然依此法所得之質含鐵過多第二法所得者爲更淨但其鐵必加熱至白否則不成鐵與硫化合之時發光火星落於水內成淡欖色之小粒每百分內含鐵六三四分硫三六六分

試法　能在淡硫養水中消化幾能消化至盡放出輕硫氣

功用　能解汞綠之毒化學工藝內常用此以取輕硫氣

其法添硫養或添輕綠

鐵養硫養　即青礬

鐵養硫養爲古人所已知者印度古藥品書第四十四頁記此質印度人俱用此質以造墨水古時羅馬人布里尼書中亦言此質能造墨天生者有之俗名皂礬其鐵硫收空氣之養氣則變爲鐵養硫養此質常變爲二鐵養三硫養鐵養硫養易於消化故數處地中所出之水內含此質大造之法將鐵硫加多水於上令久遇空氣則變爲鐵養硫養然依此法所造者硫養常有餘此有餘之硫養或爲泥中之鋁養所收或爲增鐵而化合者如將生鐵養硫養消化於水令結成顆粒則得其淨者

鐵養硫養與水七分劑化合共得分劑數一百三十九其

第二十五圖

顆粒能透光其色藍綠其味濇顆粒之式俱從斜立方形變化而出重率得一八二冷水一分能化其一分沸水三分能化其四分正酒醕不能消化之在空氣內外面生霜其質收養氣變爲鐵養三硫養如將鐵養硫養加熱則因本質含水而消化水既漸散則變白色乾粉謂之煆皂礬如加更大之熱則硫養亦散去此散出之硫養如以受瓶收之則得冰形之質爲無水硫養所餘者爲鐵養其色紅古

人名曰夺故他爾鐵養硫養不能在醋內消化以水消化之能令藍試紙變紅色如將鹼類質添入其水中則鐵結成沈下為鐵養輕養加鹼類土質亦然若將此與炭養合成之質加入其水中結成之質為鐵養炭養待若干時變為鐵養（觀鐵養輕養節）如將鉀衰鐵加入淨鐵養硫養水中結成白色之質如不淨而含鐵養則結成藍色之質若已加鉀衰鐵而得白色之質又令久遇空氣亦變為藍色之質如將鉀衰鐵加入含鐵一分劑之鹽類質水中則結成藍色之質鐵養硫養水合於鋇綠結成白色之質如將其水令久遇空氣則漸變濁而有紅鏽色之粉結成即鐵養加鐵

養硫養內含鐵養若干則將其水加入沒石子水或酒或他種濇性植物質則結成黑色之質即鐵養沒石子酸等每百分含鐵養二五·九分硫二八·八分水四五·三分共得一百分

取法　尋常出售者提淨之法在極淡硫養水中消化之後熬成顆粒英書之方將極細鐵絲以淡硫養水消化之後將所得之質熬成顆粒

淡硫養水不能令鐵消化然淡硫養水遇鐵則其水化分養氣為鐵所收輕氣放出所成之鐵養合於硫養則成鐵養硫養

試法　此質顆粒有淡藍綠色而不生霜或雖有霜而極微水中能全消化將鐵一塊置於其內無銅質凝結於其面如先合於淡養加熱令沸後加淡輕至有餘令結成而濾之所得之水應無色或為極淡之藍色如見深藍色則知其含銅此因淡輕能令其鐵養全結成如有銅養不能令結成尋常皂礬含鐵養三硫養所以其鐵養可用尋常所定之試法得其憑據但因欲得鐵養極準之憑據則必較鐵養之憑據更顯明其法將皂礬水合於淡養令沸則全變為鐵養如欲試其含鋅與否則其水中必添淡輕至有餘濾之之後加熱令其餘淡輕化散如含鋅必結成白

色之鬆片為鋅養

畏忌　鹼類質與其含炭養之質鈣與鋇之鹽類質鉛養醋酸或鉛養二醋酸銀養淡養收斂性之植物質

功用　此為惹胃而兼收斂之鐵劑又可為行經藥

服數　以一釐至五釐為一服可合於苦味藥膏或香味雜膏成丸服之又可與雞哪霜或高林布或苦白木冲水服之

化學家非勒白云凡造鐵養硫養之水應加熱令沸逐去其空氣否則水內空氣之養氣必合於鐵養令變為鐵養

煆皂礬

取法　將皂礬置瓷礶內加熱自二百十二度漸加至四百度至不發水霧爲止磨成細粉存於瓶中塞密之

此藥用以作丸最便因鐵養硫養$_{三}$之水有六分已化散故較之未煆之皂礬更濃

服數　以半釐至四釐爲一服

鐵養硫養$_{三}$砂

此爲極小之顆粒形如細砂其造法將極濃淨鐵養硫養$_{三}$熱水傾入正酒醕內因不能消化卽成極細之顆粒

取法　將蒸水一升半鐵絲四兩同盛於瓷礶內加硫養$_{三}$四兩待發霧幾盡則加熱令沸十分時再用含正酒醕八

兩之礶礶口上置一漏斗中有濾紙傾入沸鐵養硫養$_{三}$水自漏斗濾下將其酒連調攪不停自成極細之顆粒待若干時顆粒沈下傾去其酒鋪於生紙上置露天令多遇風氣自乾藏於瓶內

此藥爲阿書中所設者醫家或以此質爲極細之造法較尋常鐵養硫養$_{三}$更合用因在胃中不多與養氣化合其功用與服數同於尋常鐵養硫養$_{三}$此質可合於啞囉或大黃作丸蘇書中曾載其方

英書內用此質十釐消化於水一兩內爲試藥之用

鐵$_{二}$養$_{三}$三硫養$_{三}$

此質之本質爲鐵$_{二}$養$_{三}$而其配質之分劑數與其本質養氣之分劑數相同故欲成此質必將鐵養硫養$_{三}$二分劑合於硫養$_{三}$一分劑與養氣一分劑令此質與養氣化合之法加淡養$_{五}$水則放出淡養$_{四}$故成鐵$_{二}$養$_{三}$三硫養$_{三}$之法將尋常鐵養硫養$_{三}$水合於硫養$_{三}$與淡養$_{五}$加熱待乾時則得黃棕色之質水與醕俱易消化之此水收斂之性極重並有烙炙之性其色黃空氣中不自變化顯出鐵含配質多分劑鹽類質之各性如與鉀養硫養$_{三}$或淡輕$_{四}$養硫養$_{三}$相合則成有顆粒之鹽類其形狀與原質之排列與白礬同卽白礬內之鋁$_{二}$養$_{三}$三硫養$_{三}$可以鐵$_{二}$養$_{三}$三硫養$_{三}$代之成同形異質之鹽類造

藥品之工內常用鐵$_{二}$養$_{三}$三硫養$_{三}$水造鐵含配質多分劑之鹽類質

鐵$_{二}$養$_{三}$三硫養$_{三}$水

此水之重率得一·四四一色紅而質稠水與酒醕俱能消化之

取法　將硫養$_{三}$六錢沖蒸水十兩加鐵養硫養$_{三}$八兩加熱令消化另將淡養$_{五}$六錢沖水二兩添入前水中加熱令沸而熬之至忽然不發紅霧而質之黑色變爲紅色爲限將此水一滴以鉀$_{三}$衰$_{六}$鐵$_{二}$試之如結成藍色質必再添淡養$_{五}$數滴加熱令沸則鐵養硫養$_{三}$必全變爲鐵$_{二}$養$_{三}$三硫養$_{三}$待冷傾

入量杯量之如不足十一兩必加蒸水補足此數如將此質加水兩體積添入銀綠則結成白色之質加鉀衰鐵結成藍色之質如加鉀衰鐵而不結成藍色之質則知不含鐵養硫養將此質一錢加水二兩並加淡輕水至有餘則所結成之質爲鐵養洗之煆之應重一一·四四釐此水爲造數種藥品之料卽如鐵養鐵養鉀養果酸鐵養淡輕養檸檬酸鐵養雜哪霜檸檬酸

鐵炭又名筆鉛

此質英國俗稱爲黑鉛因有鉛之光色也化學家謂之鐵炭其最淨者幾全爲炭質前炭之一節內曾詳論之如由

地中挖取而含鐵較多則必有鐵之性情生鐵爲含炭之鐵鋼爲含炭極微之鐵

鐵養炭養

藥品中久有鐵養炭養之名然倫書中所稱鐵養炭養實爲鐵養因此質照前時之方爲之則每百分含鐵養炭養約四分近時英書雖未將鐵養炭養分別用之然有三種藥配此質卽鐵養炭養糖鐵雜水鐵雜丸

此質之分劑數其得五十八其造法用含鐵一分劑鹽類質之水如鐵養硫養等與鹼類含炭養之質相和所得之質爲鉀養或鈉養之與硫養化合之質所結成者爲鐵養

炭養初成之時爲綠白色遇空氣則變爲紅櫻色卽爲鐵養觀前數節醫學家以爲鐵養爲本之鹽類質在藥品中之功用較鐵養爲本之鹽類質更靈故令服鐵雜水之人服其新者卽爲綠白色而未變色之質也醫家常將鐵劑配以白糖卽如古人所用之鐵糖與近時之鐵養炭養糖鐵雜水鐵雜丸及鐵碘糖漿鐵養燐養糖漿等蘇比蘭云鐵劑中加別料其意令鐵養炭養不與養氣化合能久不變質此爲化學家白格初得之理始用此法者爲日耳曼國墨勒好森之藥肆名可陸爾先試得糖質能令鐵養不收養氣而變爲鐵養故又試用於鐵養炭養化學家苦賴格與苦里司脫生亦試糖能令鐵碘鐵溴與鐵綠及鐵屑等不收養氣可久存之

鐵養炭養糖

取法　將鐵養硫養二兩沸蒸水四升消化之另將淡輕養炭養一兩又四分兩之一沸蒸水四升消化之預備一深甑其蓋甚密者將兩種水傾入甑內調和而蓋密之待二十四小時用過山龍取其水再將沸蒸水八升傾入所餘之定質內調和之待若干時仍用過山龍吸取其水將其餘質以細洋布濾之又壓去其水盛於瓷乳鉢內加淨糖一兩磨勻後加熱至二百十二度爲限烘乾之

一千八百六十四年之英書用鈉養炭養令其結成現用淡輕養炭養代之

試法　其質爲灰棕色味甘而濇易在輕綠水中消化而發沸如鐵養炭養結成之後壓出其水立卽與糖調和加熱至二百十二度烘乾不致多變鐵養加糖之故令其鐵養不與養氣化合但初用糖之人可陸爾以爲糖質化合於內所得之質爲鐵養鐵養炭養糖與水又試得每鐵養八十分有鐵養二十分配之如將此糖質五十釐以酸質化分之應成氣質七五立方寸

英書云將鐵養炭養糖以輕綠消化之加鉀衰鐵不甚改變如加鉀衰鐵則多結成藍色之質每百分內含鐵養炭養五十七分又鐵養若干

如將鐵養炭養糖二十釐加輕綠至有餘消化之再冲水若干分令淡後添鉀養二鉻養試水三百三十釐未滿此數之時應能令所添之鉀衰鐵結成

功用　此質功用與鐵之他種藥同卽如血虛病與其同類之病服此藥爲最便之鐵劑

服數　以十釐至三十釐爲一服

鐵養炭養丸

取法　鐵養炭養糖一兩玫瑰花膏四分兩之一

此丸以不變質鐵養炭養重約居其半倫書之鐵雜丸方將鐵養硫養與鈉養炭養沒藥糖漿相和但其糖質不足以令其不化分

服數　五釐或十釐至三十釐爲一服一日二三服

法國之巴黎勒丸與倫書之方所作者略同布雜特丸用鉀養炭養與阿拉伯樹膠與下方大同小異

鐵雜水 又名古里非特補藥水

取法　將鐵養硫養二十五釐鉀養炭養三十釐沒藥與淨糖各六十釐肉豆蔻蒸酒四錢玫瑰花水九兩半先將沒藥磨爲細粉再添鉀養炭養與糖加玫瑰花水以成稀膠爲度後漸添玫瑰花水與肉豆蔻蒸酒磨勻至共得八兩將其餘玫瑰花水消化其鐵養硫養兩水調和封密之令不遇空氣

此水與倫書之方所造者通用惟一千八百六十四年英書之方含鐵養硫養五分之一

此藥內之鐵養硫養化分因用鉀養炭養故水中有消化之鉀養硫養又有鐵養炭養在水中而沒藥與肉豆蔻令其不沈下所用之糖令鐵養不變爲鐵養化學家步蘭弟云作此水最便之法將極細之沒藥與玫瑰花水相和磨成漿再添鉀養炭養肉豆蔻蒸酒與糖然後以鐵養硫養

消化於其內如用瓶滿盛之令無空氣藏入不變故此方作此藥水最為便用

畏忌　酸質與酸性鹽類質收斂性之植物質

服數　以一兩至二兩為一服一日二三服

蘇比蘭之書第二卷第四百三十四篇載鐵養炭養之別種藥即如鐵散之方用鈉養二炭養與鐵養硫養加糖磨勻又有發泡之鐵散其方如左

取法　將鐵養硫養三三釐加糖二錢半磨勻添鈉養二炭養五十四釐果酸小粒一錢盛於荷蘭水之瓶瓶內先盛蒸水將滿立即塞密搖動之

此質味微酸而甘又因炭養氣能發泡則飲之有趣所用鐵養硫養三三釐能成鐵養炭養二一釐又四分釐之一故鐵養硫養三雖多加之亦可

英國醫士必由里與阿番司所作之鐵水亦為服鐵之便法觀鐵檸檬酸節

鐵二養三三淡養五水

將淡養五水四兩半加蒸水十六兩加細鐵絲之不生鏽者一兩調和之如見變化過猛則加蒸水少許待鐵絲消化已盡即濾取其水再加蒸水共得一升半

形性　此質之分劑數共得二百四十二其水之重率得一·一○七因其含鐵二養三則與鐵二綠三酒略相似依上法取之則淡養五之一分養氣與鐵化合成鐵二養三其餘者與鐵養化合

此水能透光其色紅櫻稍有酸性與收斂性如加鉀衰鐵結成藍色之質加鉀衰鐵則不結成如將此水兩體積淨硫養三水一體積在試筩內和勻添入鐵養硫養水則變黑色因成鐵二養三三硫養三也如將其水一錢加淡輕三水至有餘所結成之質洗之濾之烘乾之其質應重一·六釐

功用　此質為重性之鐵劑有收斂性並烙炙性與鐵二綠三相似或言其功用更大英書內此藥之方從阿書採入之

服數　以半錢至一錢沖水令淡服之或用苦白木沖水相和服之或用高林布沖水亦可

鐵養醋酸酒

取法　將鐵二養三三硫養三水二兩半鉀養醋酸二兩正酒醕若干各物備齊將酒醕十兩消化其鉀養醋酸另將酒醕八兩消化其鐵二養三三硫養三將兩種流質傾入含二升之瓶搖動之每一小時中搖動數次後將所得之質以紙濾之待其流質俱下之後即在漏斗內添正酒醕足令所得之鐵養醋酸酒滿一升為止

此為鐵劑之佳者一千八百六十七年自阿書採入英書

內含鐵養三醋酸其功用與鐵養三並醋酸合用者略同

服數　以五滴至三十滴爲一服

三鐵養燐養五

此質久存則與養氣化合其原質爲三鐵養燐養五爲三本之鹽類質亦爲中立性之鹽類質鐵與燐養五化合又成別質數種內有入藥品者化學家普牢脫初考得此質其色藍近採入英書中英書云此質幾分與養氣化合其藍色中帶深灰色爲極細之粉不能在水中消化能在輕綠中消化如將其水添入鉀衰鐵則多得藍色之質加鉀衰鐵在其水內則因常含鐵養少許稍有結成之藍色質試其

含燐養五之法先加果酸水後加淡輕三水至有餘又加鎂養淡輕養硫養三水則結成明顆粒爲三本之燐養五質

取法　將鐵養硫養三三兩沸蒸水二升消化之另將鈉養燐養五二兩半鈉養醋酸一兩沸蒸水二升消化之將兩種水調和所結成之質以細洋布濾之熱蒸水洗之至所洗得之水加以鋇綠水而不結成爲度再置於乾磚上加熱在一百度以內烘乾既乾之後置於瓶中塞密之觀鈉養燐養五節每鹼類質二分劑有水一分劑配之如將鈉養燐養五質添入鐵養硫養三水中所結成之質爲二鐵養輕養燐養五此質白色久遇空氣則變藍色如將鈉養醋酸合於鈉養燐養五則結成之質多含鐵養一分劑因鈉養醋酸之鈉養合於其餘硫養三一分劑而放出鐵養一分劑其式爲

三鐵養硫養三丄二鈉養輕養燐養五丄鈉養醋酸＝三鐵養燐養五丄三鈉養硫養三丄醋酸丄輕養

近今化學家尚未能定準鐵養燐養五之原質即如化學家開那照上法爲之得其藍色之質爲鐵養燐養五合於三鐵養燐養五化學家格米林云此質與天生之鐵養燐養五大同小異其原質爲三鐵養燐養五加入輕養

試法　其原質變易之法前已述及然有含鉀爲異質者將輕綠消化之帶入淨紅銅一薄片如含鉀則其紅銅面

生黑皮一層

英書云將此質二十釐以輕綠消化之再添鉀養二鉻養三試水二百五十釐當未添足之時凡加鉀衰鐵應有藍色之質結成

功用　此爲輕性之鐵劑服後不甚顯其藥性因不能消化故也醫學家以爲易於收入血內普牢脫醫士用以治多溺味甜之病因其含燐養五與鐵故醫家用以治腦氣筋病瘰癧病骨軟不能行病但用此藥依化學之理配之非藉醫學之理用之也

服數　以五釐至十釐爲一服如將此藥合於燐養五則能

消化於水而成糖漿一千八百六十四年英書之前已有書載其方又有相類之藥之方

三鐵養燐養五糖漿

取法　將鐵養硫養三砂二百二十四釐蒸水四兩消化之另將鈉養燐養五二百釐鈉養醋酸七十四釐蒸水四兩消化之將兩種水調和用細布濾取其結成之質以蒸水洗之以所洗出之水添鋇綠而不結成為度再將結成之質以生紙數層夾之用大力壓之又將所得之質與淡燐養五水五兩半調和待其盡消化則濾之加淨糖八兩不加熱而消化之所得之質應有十二兩

照上方為之亦得藍色之質後加燐養五水則變為二鐵養三燐養五此質能消化於水而其內有燐養若干尚未化合其味極酸每重一錢含鐵養燐養五一釐又含淡酸質約半錢此法為化學家茄勒所設

服數　以半錢至一錢為一服小兒服此自必更少且須用水等流質沖淡服之英國藥肆薩夫里與磨爾曾設一方作此糖漿每一錢內含淡燐養五水十六滴較上方更為便用

鉀二衰三鐵

此質在藥品內用以作淡輕衰水又用以試含鐵二養三為本之鹽類質尋常出售者無雜質其式為鉀二鐵衰三加三輕養其分劑數其得二百十一

形性　此為淡黃色之鹽類質與檸檬皮相似其顆粒能透光無臭有涼鹽類味其顆粒大而有方角其邊有切斷之處原形為八面體其質韌而能彎重率得一·八三冷水四分沸水二分俱能消化其一分醕內不消化加熱至二百十二度則每百分散去十三分即所含之水三分劑變為白色之粉加熱至紅則化分而放出淡氣所餘者為鐵炭與鉀衰久遇空氣則鉀衰收養氣變為鉀養衰養將鉀衰鐵與鹼類水相和無有結成之質設合於輕硫或合於

沒石子酒亦然可見其鐵並非和合實為化合且與鐵之與別質化合法不同如合於鐵養三之鹽類質則成普魯士藍合於鐵養之鹽類質則成白色之質久遇空氣則變藍色如合於鉛或鋅或銅等則結成各種顏色之質觀其何色能定其為何質如與淡硫養三水相和而加熱則成輕衰如與汞養相和而加熱令沸則成汞衰水化學家以為鉀二衰鐵質為鐵衰一分劑與鉀衰二分劑相合而成然里必格所定之理近時化學家俱信從之此因其有相似之別質又因其性情而定之其原質即鉀二衰三鐵內有鐵與衰化合成鐵衰此質有原質之性情不能以尋

常試法令其結成此爲二本之配質故能與鉀二分劑化合

大造此質之法用動物質如六畜之體角皮肉腸乾血等或造燭所餘之油渣滓等廢質與鉀養炭養相和置鐵鍋中鍋外加以鐵條常能挑動內質加熱煆之後將所餘之質消化於水濾之熬之令成顆粒屢次爲之至盡爲度

試法　能全消化於水如稍加熱則每百分能化散其一二六分稍能令薑黃試紙變色亦有不變色者如合於含鐵養之質所結成者爲藍色之質如合於含鋅之質所結成者爲白色之質如合於鐵養硫養所結成者先成白色

後變藍色如與銅養硫養水相和則結成椶色之質如燒之所餘之質能以輕綠消化之再添淡輕則令其結成每百分應得鐵養一八七分

功用　能平火安心其性情最輕靈易爲血所收通至全體津液英書將此藥作試水之方用四分兩之一加蒸水四兩消化之

服數　以十釐至十五釐爲一服酌加其數亦可

鉀衰鐵

此質內亦含衰與鐵合成之質即鐵衰其色紅其性情與鉀衰鐵有相同之處然有幾種緊要分別即如合於含鐵養之鹽類結成之質爲藍色合於含鐵養之鹽類無有結成之質故化學家俱以此質分別鐵養與鐵養兩種鹽類質

取法　將鉀衰鐵水令綠氣行過則每鉀衰鐵二分劑放鉀一分劑所得之質爲鉀衰鐵

其顆粒不含水而成斜方形其色紅與紅寶石相似水四分能消化其一分英書作此藥試水之方用四分兩之一以蒸水五兩消化之

四鐵三衰鐵 又名普魯士藍

此質俗名普魯士藍當一千七百十年布國京都作顏料

之肆代司拔克偶得之故有此名

普魯士藍易得其淨者爲尋常小事之用其法用鉀衰鐵與鐵養三硫養酸水相和或與鐵綠酸水相和結成之質即是工藝中大造之法將鉀養與動物質相和加熱煆之所得之質每重一分配水十二分或十五分消化之將所得淨水加白礬二分鐵養硫養一分則結成普魯士藍此質現未入藥品然因試輕衰之一法有此質結成故必論及之

化學家白西里由司不以鐵衰爲化合成新質而以爲鐵衰二分劑合於鐵衰三分劑即二鐵衰加三鐵衰又有化

學家觀其原質能變成鐵$_{七}$衰$_{九}$，故以為此質鐵與多分劑衰相合。然里必格之意，以為此質鐵與衰之分劑不同，而其比例不為二與三，而為四與三，因鐵衰$_{三}$原為二本之配質，故其式為四鐵加三鐵衰$_{三}$，其分劑數得四百三十。

試輕衰之法，用鐵養、硫養$_{三}$水之久存者，即含鐵$_{二}$養$_{三}$三硫養$_{三}$之水，先加鉀養至有餘，後添疑其含輕衰之質，如有之則輕衰合於鉀養與鐵養硫養$_{三}$，成鉀$_{二}$衰$_{三}$鐵與鉀養硫養$_{三}$，其式為

鐵養、硫養$_{三}$丄三鉀養丄三輕衰＝鉀$_{二}$鐵衰$_{三}$丄鉀養硫養$_{三}$丄三輕養

其鉀$_{二}$鐵衰$_{三}$與水中所含之鐵$_{二}$養$_{三}$三硫養$_{三}$相合，結成普魯士藍，其式為

三（鉀$_{二}$鐵衰$_{三}$）丄二（鐵$_{二}$養$_{三}$三硫養$_{三}$）＝（四鐵丄三鐵衰$_{三}$）丄六鉀養硫養$_{三}$

如加淡硫養$_{三}$水，則所結成之鐵養能消化，而其藍色不變。此試法為化學中之要事，因無他質能得此變化也。

鐵$_{二}$養$_{三}$鉀養果酸

形性　此質之式為鐵$_{二}$養$_{三}$鉀養炭$_{八}$輕$_{四}$養$_{一〇}$加輕養，成綠欖色之粉，無臭，有平和之鐵味。尋常所得顆粒片片如鱗，為深紅色，光亮而脆，遇溼空氣則自融化，水重四分能全消化其一分，醋內消化甚少，葡萄酒內消化稍多。此質消化於水內，得淡欖色，藏久不變。淡輕$_{三}$水與淡輕$_{四}$養炭養$_{二}$水俱不能化分之，無論熱至若干度，不能鎔化別種鹻類及鹻類含炭養$_{二}$之質。如不加熱，亦不能化分之。與鉀$_{二}$衰$_{三}$鐵相和，亦不能變化。如添強水數滴，則得淡藍色水，知已化分。由此可知其變化與鉀$_{二}$衰$_{三}$鐵略同。化學家沛離拉以為其配質內含鐵，如加濇性之植物質，則有黑色之質結成，與別種鐵質同。此鹽類質為果酸一分劑、鉀養一分劑合於鐵$_{二}$養$_{三}$一分劑。非勒白云果酸之式為炭$_{四}$輕$_{二}$養$_{五}$，故以為此質每一分劑含果酸二分劑。

英書造此質之方與倫書之方大同小異，但英書之方造成鱗形之顆粒，倫書之方可任意或作粉或作鱗形。近今英書之方得鐵$_{二}$養$_{三}$之法，徑從鐵$_{二}$養$_{三}$三硫養$_{三}$之水得之，用淡輕$_{三}$令其結成，即與倫書同。

取法　將淡輕$_{三}$水十兩，加蒸水三升，漸添鐵$_{二}$養$_{三}$三硫養$_{三}$水五兩半。但此鐵水必先加蒸水二升，令淡，添入前水時，必用力調之，在二小時內屢次調之，以細洋布濾之，待流質濾盡之後，用蒸水洗其定質，至所洗過之水合於鋇綠水而無結成之質為度。將所得之質置瓷鍋內，加鉀養果酸粉二兩，磨勻之，待二十小時，漸加熱在一百四十度以內。

後添蒸水一升漸調至不再消化爲度濾之加熱在一百四十度以內熬之成漿後傾於瓷板或玻璃板成薄層在熱氣箱內加熱一百二十度以內烘乾得其薄片盛於瓶中塞密之

一千八百六十四年之英書所用鐵養三硫養三水較上方更少而用錏養令其結成定質

鐵養三一分劑合於鉀養果酸輕養則放其輕養而以其鹽類質內之輕養代之所以其酸性之鹽類質變爲中立性之鹽類質其得分劑數二百五十九英書云所加之熱不可大於一百四十度恐有數分變爲含鐵養而不能消化也遣藥之肆云依此方爲之加熱不外於一百四十度不能成鱗形之顆粒

此質每作一次所得之質常不同如依質點之比例配其各材料則全化合不能含異質於內但令成鱗片形則再有若干化分化學家蘇比蘭與近時巴司弟克化分此質之後定以上之式爲最合之方

試法　將此質消化於水加輕綠令得酸性又加鉀衰鐵則多結成藍色之質設添鉀衰鐵則無結成之質如合於錏養水加熱令沸則有鐵養分出如用淡輕則不能分出如將濾出之水稍加輕綠令酸待冷時結成明顆粒即鉀

養二果酸

如將此質五十釐加熱至紅將所餘之質洗之再加熱至紅所得餘質即鐵養其重十五釐此爲英書之試法

畏忌　濃酸質鈣養水鉛養醋酸輕硫收斂性之植物質

功用　爲含鐵之補藥其味平和易消化功用頗大如血虛經閉妄言笑瘰癧乳癰等病可服之

服數　以十釐至三十釐爲一服或成丸服之或合於香料水服之

鋼葡萄酒

取法　用極細鐵絲一兩約爲第三十五號者用黃色葡萄酒即舍利酒一升盛於瓶內令鐵絲頭少出酒外一月之內每日搖動數次每搖動之後必暫去其瓶塞過一月後則濾之

此酒與舊時倫書所作之酒略同近時所作者較一千八百五十一年倫書之法濃一倍

一千八百六十四年英書之法將鐵養果酸一百六十釐浸化於舍利酒一升內如用此法則含鐵之數能定準較前時之法更便因將鐵絲或鐵屑浸於酒內數十日所得之質不能定準所含之鐵有若干與養氣化合變爲鐵養而酒中所含之鉀養二果酸或別種植物酸質可令消化

而變爲鐵養鉀養果酸鐵養莽果酸鐵養醋酸等質各種葡萄酒能消化之鐵不同卽如阿非利加好望角之酒較尋常乾舍利酒消化鐵質更多醫士或喜用酸葡萄酒造藥材肆所用之法與一千八百六十四年英書之法略同所得之酒含鐵有定數

一千八百六十四年英書之鋼酒每兩含鐵養鉀養果酸八釐卽每錢含一釐故此酒較一千八百六十七年英書之鋼酒更濃因此時之鋼酒照方爲之每兩含鐵養鉀養果酸約六釐倫書法所作之酒祇得一千八百六十七年英書之濃之半

功用　爲最佳之含鐵行氣藥曾有多人用之於小兒與少年人大得其益

服數　以一錢至半兩或加多爲一服照年紀酌用

鐵香雜水

取法　將淡色金雞哪樹皮細粉一兩高林布根粗粉半兩敲碎丁香四分兩之一細鐵絲半兩白豆蔻雜酒三兩橙皮酒半兩水蘇水以足用爲度先將金雞哪皮高林布根丁香與鐵用水蘇水十二兩調和之盛於瓶內三日屢次搖動之濾取之後在漏斗內添薄荷水濾下足滿十二兩半爲度後加白豆蔻雜酒與橙皮酒存於瓶中塞密之

此藥於一千八百六十七年自阿書採入英書其鐵之幾分與養化合卽消化於酒之酸質內

服數　以一兩至二兩爲一服

鐵養淡輕果酸

鋁養硫養能合於鉀養硫養或鈉養硫養或淡輕養硫養能成鉀養白礬或鈉養白礬或淡輕養白礬依同理有數種質能合於鐵所成之鹽類此鹽類能合於檸檬酸與果酸成雙鹽類質卽如鐵養淡輕果酸是也已久用此質代鐵養鉀養果酸其色深棕片片透明或爲角形之粒與幾奴略同其粉爲棱色卽與鐵鏽略同其味平和有鐵味將

其一分以六十度熱之水消化之須水一分有餘如用沸水則不能消化醕與以脫俱不能消化之此質內含果酸一分劑鐵養一分劑淡輕一分劑水四分劑美國藥品月報書中有普牢割特所作之方將淡輕養果酸與新造鐵養輕養相和（觀藥品月報第一本第二百九十一篇）此爲服鐵便用之方以三釐至八釐爲一服或化於水中或作丸料或合於雜膏俱可

鐵檸檬酸

西歷一千八百三十一年法國醫士畢賴勒創立數方令鐵與檸檬酸化合作三鐵養檸檬酸之法將檸檬酸四兩

蒸水十六兩消化之加熱令沸乘沸時添入鐵養輕養約八兩將所得之水傾於大玻璃片上令成薄層待乾時則成紅色明亮之片若紅寶石味酸而濇不甚適口消化於冷水遲消化於熱水速畢賴勒有方造鐵養檸檬酸爲白色之粉鐵味極重又有鐵養檸檬酸然近時所謂鐵檸檬酸與上所言者不同其餘酸質爲淡輕所滅而另變爲一質觀下節

鐵養淡輕養檸檬酸

此質久入藥品一千八百五十一年倫書初載造此質之方

檸檬酸之原質爲炭輕養爲三本之質即必得本質三分劑方滅其酸性然此鹽類質之原質尚未定準醫士或以爲三淡輕養檸檬酸一分劑合於三鐵養檸檬酸一分劑然考一千八百六十四年之英書其檸檬酸有餘而其鹽類質爲淡輕養檸檬酸合於水與鐵養其水亦當爲本質一千八百六十四年英書有此質之式即

鐵養淡輕養輕養炭輕養上二輕養

形性　取此質而照下方爲之應得美觀之明片形若魚鱗其色淡紅稍帶橄欖綠色易消化於水所得之水有中立性或稍能令藍試紙變紅其味初甘後濇酯內幾不能消化其消化於水者則其水與鐵養鉀養果酸有相同之處即與淡輕養相和而不結成者與鉀衰鐵相和亦不結成設先添酸質而後加鉀衰鐵則結成藍色之質化學家非勒白云此鹽類質之原質往往不同每試一次必稍有分別

取法　將淡輕水十四兩蒸水二升調和之漸添鐵養三硫養水八兩此水必先以蒸水二升調和令淡屢次調攪幾不停手待二小時後用細洋布濾之將濾得之質以水洗之至所洗得之水合於鋇綠水而無結成之質爲度又用檸檬酸四兩蒸水八兩消化之用熱水盆加熱而添前

所得之鐵養各物調和至鐵養全消化或幾盡消化爲限待冷加淡輕水五兩半調和之用佛藍絨濾之熬濃似糖漿傾於瓷板或玻璃片成薄層加熱至一百度烘乾得小片形鹽類質存於瓶中塞密之（此方與一千八百六十四年之方相同）

此取法之上半節先得溼鐵養將此質合於檸檬酸水加熱則消化成鐵養二輕養檸檬酸加淡輕水五兩半足以滅其酸而化合於內放出爲本之水一分劑而成此鹽類質依上所定之式但加熱至一百度似尚不足因難乾之故設加熱更大則淡輕能飛散而檸檬酸亦化分倫書之取法用鐵養炭養令久遇空氣變爲鐵養所得鹽類質內

含鐵養檸檬酸少許因其鐵養炭養有一分尚未與養氣化合

試法　英書試法將此質合於鈉養水必放出淡輕而有鐵養結成既結成之後所餘之水有鹼類性如加輕綠至有餘不應有結成之顆粒即鈉養二果酸故可用此法辨其含果酸與否如將此質之水加輕綠令得酸性再加鉀衰鐵則結成藍色之質若加鉀衰鐵不應有結成之質如有之則知其含鐵養將一百分置罐內不蓋而加熱至紅則所餘之質應重二六五分即鐵養

畏忌　鉀養水鈉養水濃酸質

功用　性平和而味適口小兒與身弱者服之有益或合於淡輕服之或合於含炭養之鹼類質服之此質不感動腸胃且不收斂

服數　以五釐至十釐為一服

藥材肆作鐵檸檬酸常與鋅鈉養鉀養鎂養等質相合又有鐵養雞哪霜與檸檬酸相合觀金雞哪皮節

鐵養檸檬酸葡萄酒

取法　將鐵養淡輕養檸檬酸一百六十釐橘葡萄酒一升消化之盛瓶中塞密之三日內屢次搖動可濾取清者用之

此方於一千八百六十七年載入英書中

服數　以一錢至四錢為一服

鐵發泡水

此為用鐵劑最便之法近時藥材肆必由里阿番司所造鐵發泡水或謂之鐵湘賓酒其所用之料為鐵養檸檬酸合於橙皮英國化學家尤而與步蘭德考究此水報明所含之原質為鐵養檸檬酸水內浸入橙皮得其佳味多納炭養氣裝於荷蘭水瓶內每瓶能容六兩內含鐵養七釐又十分釐之九即與鐵養檸檬酸十三釐半相配如用二兩為一服一日二三服其味最佳身弱之人與小兒俱宜用之且得補藥之性

鐵養乳酸

此質為和平之鐵劑成條白色之粉或為綠色針形顆粒其作法令淡乳酸水徑與鐵屑相合將此質消化之則鐵與多養氣化合而其水變黃色近有人又設一法將鐵養硫養合於鈣養乳酸即成此質可為糖片或為糖漿法國人常用此藥為服鐵之便法英國各藥品書尚未載入

鐵養蘋果酸

作此藥之法載於布國藥品書中其方將鐵絲或鐵釘一分浸於蘋果汁四分內待數日則熬至一半體積而濾之

再熬成膏

鐵養鉀養五

此藥在鉀之雜質內詳論之觀鉀節

鐵礬

此將尋常白礬以鐵養三代其鋁養三近時司密得醫士用此質之粉作收斂之藥

鐵養發里里阿尼酸 即鐵養廿松酸

此質爲紅棧色之粗粉其臭甚奇但與發里里阿尼油稍有不同不能以水消化之醕內能消化如加熱或以輕綠消化之則放出發里里阿尼酸

取法　將鐵養三硫養三水與鈉養發里里阿尼酸水相和濾取結成之質烘乾存於瓶中塞密之

此藥於一千八百五十年初載入阿書近時英國各藥品書不載此藥

有人假造此質將鐵養檸檬酸與發里里阿尼油相和當爲此質之用但因其易消化於水故與眞者易於分辨之

功用　經閉或血虛兼腦氣筋病均可治之

服數　以半釐至一釐爲一服日服三次觀鈉養發里里阿尼酸節

鋅 即倭鉛

西國自伯拉色勒蘇司之時以後知鋅爲原質之一然自古以來即有此質自中國運往印度中國之鋅在印度國謂之土脫那哥此必爲印度國之梵字前人謂之印度錫古人造黃銅必知用鋅或鋅礦爲之

尋常所見之鋅與養氣化合或與硫黃化合或與炭養三等質化合用鋅硫礦或鋅養炭養三礦取鋅必先加熱煆之燒出其硫或炭養三後用炭燒成金類之形狀而得其鋅能鎔之或乾蒸之如不蒸兩次則必含別種金類爲雜質即如鐵銅鉀等

形性　鋅爲白色金類質稍帶藍色新剖之面甚光明生鏽甚速重率六·八至七·二冷熱適中不甚能引長或打薄其質硬而韌如加熱二百十度至三百度則能引長成絲或打之或軋之成鋅箔然其最淨者雖不加熱亦可如是熱至四百度即脆可磨成粉熱至七百七十三度則鎔待冷則凝結如令其運冷則成四邊柱形之顆粒擊開其顆粒能見多層之鋅結疊而成加熱至白則能乾蒸之必封密其甑而不遇空氣設鍋中加熱至白而未封密則鋅能燒而發大亮四面散白霧即鋅養如將鋅多遇空氣或存於水中不久生鋅養一薄層能護其內質不致生鏽

鋅砂

英書用鋅砂作數種藥其法將鋅鎔之傾入冷水成砂

試法　鋅砂幾能爲淡硫養水全消化所化得之水無色有鋅養硫養之各性情觀鋅養硫養節鋅砂含硫或鉮則在硫養水中消化之時可試其所放之輕氣辨之如含硫則所放之氣爲輕硫將鉛養醋酸之試紙置於近處放出之氣令紙變黑色如含鉮則收其輕氣而燒之用白瓷插入其火內有黑色變成此爲英書之試法

鋅之各雜質功用　鋅不與他質化合者藥品中不用之如鋅養與鋅養炭養外科中用之作收水之粉可敷於皮

膚破爛處或火傷處與瘡此藥性涼可作涼性油膏鋅養硫養爲易消化於水之鹽類質其水有烙炙之性如沖水令淡則有收斂之性洗眼藥漱喉藥外導藥與洗藥等俱用鋅養硫養爲要質

內科中用之則有收斂之功並能安肚腹腦氣筋又治羊癲瘋妄言笑流白濁服之過限則爲吐藥之最平和者數種中毒之病服之能吐去其毒而病可解鋅養醋酸與鋅養硫養略同其性更平鋅養發里里阿尼亦能安肚腹腦氣筋鋅綠與水有大愛力爲烙炙重藥或用之於外科治狼癰此從西名譯其意謂蝕肉甚速如豺狼之噬人也或癰疽又用以作白尼得水爲滅臭藥與解病人毒氣之藥

鋅養

鋅養一物久有人知之其生者西名脫替此名約爲印度國之言而鋅養硫養名曰薩非特脫替即白色脫替之意而鐵養硫養名曰綠色脫替銅養硫養名曰藍色脫替觀印度國藥品書第一百頁鋅與養氣之愛力甚大所以數種金類與養氣化合之質消化水中加鋅於內則鋅與其養化合而他金類則結成

形性　鋅養之淨者其質輕鬆爲白色之粉無臭無味水與醕俱不能消化能在酸質內消化又定性烙炙鹼類亦

能消化之加熱至暗紅即得黃色待冷仍復白色設內含鐵質則不復白色加熱至暗白則鎔加熱至全白則化散如鋅養鹽類質之水中加鹼類質則成鋅養輕養鋅養之淨者用酸質消化之得中立性之質加以輕硫或鉀衰鐵則結成白色之質如其水有酸性加以輕硫則不結成藥品中所用之鋅養用鋅養炭養燒而取之此質不含水不能消化於淡輕水內如用別質令鋅養在水中結成則必含水能在淡輕水中消化

昔人取鋅養之法將鋅置於礶中令收熱而遇空氣則收空氣中之養氣然依此法取之常合小粒手撚能覺之與

水調和則粒先沈下如是則粗者分出倫書之法將鋅養硫養與淡輕養炭養相和先得鋅養炭養再加熱令放出炭養即得鋅養英書之方亦同

取法　將鋅養炭養置於瓷罐中蓋之不宜極密加熱至在罐中取少許置於硫養水中不發泡為度

尋常出售者常含鋅養炭養或大半為鋅養炭養

試法　此質之色應白而帶黃無臭無味全能消化於淡硝強水中而不發泡所得之水合於鉭綠應無結成之質如合於淡輕或合於淡輕養炭養則結成白色之質設多加淡輕質亦不再消化藥材肆常將鋅養炭養代鋅養出

售英醫士來得活特云有一種出售之鋅養乃鋅養硫養合於鋅養輕養而尋常出售之鋅養或含鋅養炭養或合分試鋅養硫養用淡輕令其結成如欲試鋅養之含鋅養鋅養硫養若干分每百分實得鋅養六十四分至六十七硫養則以淡硝強水消化之加入鉭綠其淨者應無結成之質如疑其含綠氣加入銀養淡養其淨者應無結成之質如見其色過黃則知其含鐵如加淡輕養炭養而有結成之質再加淡輕養炭養至有餘令其質消化若帶綠色則知其含銅如鋅養中含鈣養炭養或含鉛養炭養則以酸質消化之必發泡又如以淡輕消化之則鈣養鉛養俱不消化如另含鐵亦不消化

畏忌　酸質與酸性鹽類質並焙炙鹼類質

功用　外科用之以收水內科中用之為補藥與安肚腹腦氣筋藥

服數　以一釐至五釐或加多為一服日服兩次或為丸服之

鋅養油膏

取法　將鋅養八十釐偏蘇以酸豬油一兩磨勻之

此為輕性收水油膏化學家來得活特云豬油與偏蘇以酸相和則不發酸倫書作此膏之方祇用尋常豬油一千

八百六十四年英書作膏之方用尋常油膏與鋅養相和

鋅綠

歐洲他國醫士言鋅綠於烙炙中大有功用英國醫士利司敦亦信此說此質能消化於水與醕內易收空氣中之水氣而自融化加熱至二百十二度則鎔加熱至紅則自散照下方取之得雪白色之片或條無臭有金類之重味

取法　將鋅砂十六兩置於瓷罐內另將鹽強水四十四兩添蒸水一升調和之漸添入罐中用熱砂盆加熱至不發氣為度再加熱令沸兩刻許散水若干必加水以補之復置於熱砂盆熱少處約一晝夜必屢次調之所得之質

濾入瓶中其瓶必足以容八升再添綠氣水屢次搖動之至水有綠氣之定臭（定臭者其臭不散也）為止又添鋅養炭養半兩或至足用每添一次必加少許而搖動之至見有棱色之質結成為止生紙濾之瓷盆收之加熱熬之至用玻璃條挑取少許待冷得不透光之白色定質為度傾入模內待凝結而未冷則置瓶中塞密之

輕綠化分時其綠氣與鋅化合而輕氣放出鋅常含鐵為異質必與綠氣化合成鐵綠加綠氣之後則鐵與綠氣化合成鐵綠再添鋅養炭養則鐵綠化分而有鐵養分出又有鋅綠結成而炭養散出濾去鐵質之後鋅綠易於熬濃

至將凝結傾入模內成條可為烙炙之用又因其與水之愛力甚大必盛瓶中塞密之令不收空氣中之水氣

試法　鋅綠無色空氣中易自融化易在水與正酒醕內消化可成條或成片如已消化於水而加輕硫或鉀衰鐵俱能結成白色之質如加淡輕或鉀養亦結成白色之質如再加至有餘則再能消化設加鉀養炭養於內結成白色之質如再加至有餘則不能消化鋅綠水內添鋇綠或淡輕養草酸不應有結成之質不應變藍色如有之則為含鐵之據

功用　此質為重烙炙之藥能除狼癰血痣並數種癰疽

又如其瘡發臭則能滅其臭凡用鉀與鋅綠等作烙炙藥必用布膏或絨膏圍之令不散至別處或先合於豬油成膏或與麵粉或石膏相和成條用之一千八百五十七年倫敦公病院久施此藥以治癰疽未見其大有功益醫家或用以治羊癲瘋病

服數　以半釐至二釐為一服

鋅綠水

取法　將輕綠水四十四兩蒸水一升調和之盛瓷罐內加鋅砂一磅稍加熱至不復發氣為度後加熱令沸兩刻許所散之水必以蒸水補之待冷濾入瓶中漸添綠氣水

屢次搖動至得綠氣定臭為限又添鋅養炭養半兩或至足用每加少許必搖動之如是連加至有棱色之質結成沈下為止生紙濾後盛於瓷盆熬之至得二升為限此方與阿書之方相同

阿書方之鋅綠水重率得一．五九三又有一種名白尼得滅病氣水亦為鋅綠水重率得二．〇初用此水者令衣服木料不被蟲蛀若為滅臭等用其鋅能與輕硫之硫化合而綠能與輕氣化合因此滅去臭輕硫氣所成之質為鋅硫與輕綠化學家沛離拉云想此水遇臭輕硫氣未能盡化分之設其輕硫消化於他質內又合於淡輕之後則鋅

綠水能滅之、如阿勒布門與直辣的尼合於鋅綠水、則令凝結、故欲存動物質令其不壞、可用鋅綠水

鋅養炭養礦

鋅養炭養各國產處頗多、然有兩種礦、必當分別之、一為鋅養矽養、一為鋅養炭養、其眞者為堅硬大塊、與土相合、易於用刀挖取、折斷之處、土形顯露、間能遇見其顆粒、重率得三四至四四、其色不定、尋常見者、為灰色或淡紅色或黃紅色、能在硝强水等强水中消化、消化之時必發泡、加熱之時、不生電氣、能依此性與鋅養矽養分別之、因鋅養矽養有發電氣之性、故化學家謂之電性鋅礦、鋅養炭

養可用尋常試法、顯此兩質之性、其顆粒形之礦、不含水質

如將其礦鎔之、磨成粉而洗之、則得生鋅養炭養、倫書用之作鋅養炭養之膏

將鋅養炭養礦煆之、則炭養與水同時放出、又成鋅養若干、如置水中、則粗重者沈下、與白石粉相同、故此質常有圓柱形小塊、與提淨白石粉同式、尋常出售者、含數種異質、即鐵養並他金類與養氣合成之質、又常雜錏養硫養鈣養炭養等、用以取利、近時化學家湯勿生醫士麥度克將尋常鋅養炭養礦化分之、間有毫不含鋅者、乃錏養硫養合於紅色之土也、一千八百五十六年藥品記錄云、出售之鋅養炭養礦、大半為錏養硫養

鋅養炭養

近時英書有法得結成之鋅養炭養、代倫書所用之生鋅養炭養、然為藥品之用、如作膏等、無甚勝於生者之處、且其價更昂

取法　將鋅養硫養沸水十分、鈉養炭養沸水十分半、和勻、將所結成之質洗之、至所洗過之水、合於錏綠水而不結成為度、稍加熱令乾

照上法取之、得鈉養硫養、能於洗時去之、加熱之故、因冷

時結成之質、常令鋅養硫養含幾分鈉養、然雖加熱令沸、亦不能得淨鋅養炭養、因有多鋅與養氣化合、而炭養發泡散去、英書中有式為鋅養炭養輕養加二鋅養輕養、由上法取之而變化、又云所得之質、有鋅養炭養一分劑、鋅養二分劑、鋅養炭養為白色無臭無味之粉、不能消化於水、加入淡硫養水內、則發沸而消化、無餘下之質、其水內有消化鋅鹽類質之各變化

試法　此質常含鋅養硫養與鋅綠並銅少許、然依上法用淨鋅養硫養為之、不應有此異質、如以淡淡養水消化之、與錏綠水相和、不應有結成之質、又與銀養淡養相和

亦不應有結成之質如與淡輕養炭養相和則結成白色之質設加至有餘則消化得無色之水

功用　此質功用與鋅養相同可合於豬油成護皮之膏或將其細粉鋪於皮膚破爛之處令不受傷

鋅養硫養

此質有數處能得其天生者印度人久知之名曰薩非特脫替即白礬之意

形性　鋅養硫養含水七分劑無色無臭有金類之劣味服之可慴性能收斂其顆粒能透光或大或小不定成正方柱形其兩端間成方錐形間成六面錐形又有顆粒與

硝之顆粒相似間有小而正形者如鎂養硫養所含之水七分劑其數即與鐵養硫養鎂養硫養相同遇空氣則外面生霜冷水二分半能消化其一分沸水一分能消化其一

第二十六圖

分有餘醕內不能消化之如加熱則在其所含之水內消化其水即散惟有一分劑之水必加熱至二百六十六度至二百八十四度方能散去再加其熱度則硫養亦散去所餘者為鋅養如將鋅養硫養化於水中加烙炙性之鹼類質則有鋅養結成如再加鹼類至有餘則鋅養能消化合炭養之鹼類質加於其水內則有鋅養炭養結成又鋅養硫養水中添鉀衰鐵則結成白色膠形之質如加輕硫則結成鋅硫又如加鋇綠水則結成鋇養硫養加鉛養醋酸則結成鉛養硫養鋅養與硫養相和者有數種質依其硫養分劑之多少定之藥品內所用者每百分內含鋅養二十八分硫養二十八分水四十四分

如將鋅硫礦加熱煆之則能成鋅養硫養或令其礦多遇空氣自變為鋅養硫養其鋅硫收養氣四分劑故能變成此質將所成之質以水浸之則鋅養硫養消化於水加熱熬之令成顆粒即尋常出售之鋅養硫養欲提淨之必再消化一次令成顆粒

取法　尋常出售者合於尋常事之用英書有方能取其淨者其法將鋅砂以硫養水消化之常含鐵質在內去之之法即加綠氣水又加鋅養炭養其理曾在鋅綠一節內言之將所得之水熬成顆粒所含鋅綠不結成仍消化於水中

尋常出售之鋅養硫養消化於水將鋅皮一條置於水中待若干時所含銅鐵等金類結於其面

試法　鋅養硫養之生者常含數種金類為異質如銅鐵鉛等最難分出者為鐵雖數次提淨之尚有鐵之微迹然依上法取之則不含鐵此質能全消化於水如將其水與

淡輕水相和則結成白色之質再加淡輕水至有餘結成之質再消化如將其水加硝强水少許加熱令沸而添淡輕水不應有黃色之質結成如有之則爲含鐵養之據如含鎂養質或鐵質則可以消化與否分辨之如含銅則加淡輕水變藍色如加沒石子酒則不應變紫色如疑其含鎘養鉀養則其水中可加硫養至有餘後通入輕硫氣則從結成之質能辨之因鉀與鎘與硫化合結成定質又鋅養硫養水合於酸質而通輕硫氣不應有結成之鋅

畏忌　鹼類質與其含炭養之質鈣養水鋇鹽類質鉛鹽類質收斂性之植物質

功用　外科用之作收斂藥內科中用之爲收斂藥治癇症藥服之過限則爲吐劑觀上數節

服數　以一釐至二釐爲一服日服二三服如治羊癲瘋病可漸加多服至五釐有餘尚不致吐用十釐至二十釐消化水中則爲穩便之吐藥

鋅養醋酸

鋅養醋酸之式爲鋅養炭$_4$輕$_3$養$_3$加三輕養內科用之爲補藥又能安肚腹腦氣筋外科用之爲收斂之洗藥常見者爲斜方柱形或爲薄片粒光色似眞珠易消化於水與醕內遇空氣則稍生霜味苦得金類之味其顆粒加熱則先鎔而後化分如加硫養則能放出所含之醋酸可以其臭辨之其顆粒化於水中可用尋常之法試其含鋅

取法　將鉛養醋酸顆粒一百九十釐以水消化之另將鋅養硫養顆粒一百四十三釐亦以水消化之兩種水調和得結成之質爲無水鋅養醋酸九十一釐其不消化之鉛養硫養一百五十二釐可濾出之

英書取法將鋅養炭養二兩醋酸五兩或稍加減至足以消化爲度將所得之質熬成顆粒

又有一取法將鋅皮浸於鉛養醋酸水中則醋酸與養氣及鉛相離與鋅化合鉛即結成沈下而得鋅養醋酸水

試法　將此質消化於水加以輕硫則能試其含鉛與否加以鉀衰鐵則能試其含鐵與否如有之必得藍色之質如添鋇綠而有結成之質不能以硝强水消化之則知其含硫養又可用淡輕試法辨其含銅與否

功用　服之能安肚腹腦氣筋之痛以一釐至五釐爲一服外科用以作收斂洗藥外導藥治眼炎白濁潰瘡等病將十釐至二十釐用水一兩消化之

醫士或作一質爲鐵養檸檬酸合於鋅養此質爲補藥又爲收斂藥其性質與鐵養淡輕養檸檬酸相似觀鐵養淡輕養檸檬酸節

鋅養發里里阿尼酸 即鋅養甘松酸

此質之式為鋅養炭輕養其作法用鈉養發里里阿尼酸合於鋅養硫養成白色片形顆粒光似眞珠冷水幾不能消化熱水能消化之以脫幾不能消化醋能消化之如合於濃酸質或加熱令沸則自能化分而有發里里阿尼酸放出可以其臭分辨之此鹽類質亦有發里里阿尼酸之臭加熱至紅則其發里里阿尼酸化散所餘者為鋅養

取法　將鋅養硫養五兩又四分兩之三鈉養發里里阿尼酸五兩各以蒸水二升消化之將此兩種水加熱近於沸度和勻待冷則將結成之顆粒分出再將其水加熱在

二百度以內熬之至僅餘四兩待冷又取其顆粒兩次所得之顆粒用紙濾去其有餘不盡之水後以冷蒸水少許洗之至所洗過之水加以鋇綠水結成微迹為度可令其自乾置生紙上收去其水

所餘之水中有鈉養硫養因結成之顆粒外面有此水故用冷水洗之加熱時不可熬至少於四兩恐有鈉養硫養顆粒結成也

加熱不可過於二百度之故欲令其發里里阿尼酸不化散阿書原有此方言令其顆粒得乾其熱不可過於一百度英書云不可加熱祇用空氣尋常之熱度令乾

試法　藥材肆常將鋅養硫養或鋅養醋酸加以發里里阿尼油代此質不知者難於分別如將其假者以水消化之其面必浮油一層如疑其為鋅養硫養則可用鋇綠辨之又合於酸質加熱則發里里阿尼酸不能蒸出又有用鋅養布低里酸造假者此質與發里里阿尼大同小異難於分別然其眞者令發里里阿尼與銅化合則能消化如為布低里酸與銅化合則不能消化其法與淡硫強水相和加熱蒸之將所蒸出之質合於銅養醋酸水不能立即變化其水仍為明過若干時有小滴如油漸漸顯出變為藍白色之顆粒此蒸出之質應為發里里阿尼酸如有布

低里酸則同時蒸出如將銅養醋酸一分加水十分消化之加布低里酸立即結成綠色之質其發里里阿尼酸則照以上所言之變化其含鋅之據可用尋常試鋅法得之

功用　為補藥與安肚腹腦氣筋藥可治婦女妄言笑並羊癲瘋

服數　以一釐至三釐成丸為一服或言此質兼鋅與發里里阿尼兩物之功用

銅

銅與金銀自古以來即知其為金類質萬物中常遇見之常與養氣或硫黃或硫養或炭養或鉀養或燐化合

將此質擦之則其臭可惡嘗之則其味可憎重率得八八五至八九五易於引長易於打薄牽力頗大化學家但尼里云加熱至一千九百九十六度則鎔待冷結成顆粒爲斜方形天生者其顆粒爲立方式八面形銅遇空氣則漸收養氣生綠色之衣一層爲二銅養炭養加熱至光紅能令水化分有數種酸質令銅與養氣易化合卽如硝強水等又涼性酸質遇空氣亦有同理鹼類質與油類質亦然銅與養化合所成之質有兩種一爲銅養卽紅銅散天生者其顆粒爲八面形如合於輕養則得光黃色二爲銅養卽黑銅散如與輕養化合卽變藍色銅易與酸質化合爲

尋常銅鹽類質之本此各鹽類質之含水者其色或藍或綠不含水者則白

凡銅質易將其臭或味或色分辨之擦之更能辨別如消化於硝強水內則便於試驗銅養硫養水亦易分辨之

銅之純者服之無有功用然如合於養氣或合於酸質服之則爲大毒英書中所須用之淨銅爲銅絲之二十五號者尋常出售之銅此爲最淨

功用　淨銅片英書用以作試藥試鉮之事以此爲要質

觀鉮節　如將磨光銅皮條插入銀養淡養水中則淡養與銅相合而銀附於其外凝結成白色之粉又依同法能試汞之鹽類質其銅皮外面所凝結之質爲白色以手指擦之則成小圓粒卽汞故銅面之光色如銀

解法　先服吐藥令胃中吐淨再服雞蛋白與乳並溫流質又用藥治其生炎

銅之各雜質功用　銅之鹽類質在藥品中與鋅之鹽類質大同小異外科中用其塊粒或其濃水有烙炙之性設其水已沖淡則有收斂之性食其小服則能收斂又能安肚腹腦氣筋服過限則可爲吐藥銅養硫養可治流白濁爲收斂之藥或用其小塊搽皮膚除其小粒此卽皮所生之芝栭類也內科中用一小服可治泄瀉爲收斂之藥可

治羊癲瘋爲安肚腹腦氣筋藥又可作吐藥與鋅養硫養略同銅養淡輕養硫養亦可治羊癲瘋二銅養醋酸可用爲洗藥能洗淨潰瘡與生炎之處

銅養硫養（即膽礬）

開礦之洞內偶有所出之水內含銅養硫養太古之人亦知此質阿喇伯與印度人俱用以爲藥印度梵字之音名曰泥辣脫替卽藍色礬之意

形性　銅養硫養每分劑內含水五分劑色藍而無臭味濇而可憎尋常見者其顆粒成斜柱形重率得二二八遇空氣則外面生霜因內含之水化散若干分冷水四分能

消化其一分沸水二分能消化其一分將其顆粒加熱則先鎔化後放出所含之水變成藍白色之粉再加大熱則硫養化分而放出硫養氣餘下之質為銅養其色椶銅養硫養水其藍色之深淺依其質之濃淡

第二十七圖

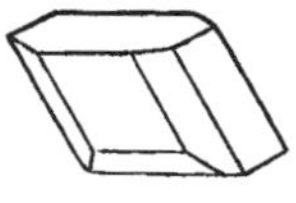

如將鹼類添入其水內所結成之質帶藍綠色如少加鹼類所結成之質稍含硫養如多加鹼類所結成之質為含水之銅養如加淡輕則結成淡藍色質再加淡輕至有餘結成之質仍消化如加輕硫則結成椶黑色之質為銅硫如加鉀衰鐵則結成紅椶色之質為銅衰鐵如加鹼類質少

許如淡輕等同時加鉀養則結成綠色之質為銅養鉀養其色似青草如將磨光之鐵板或鋅板浸於銅養硫養水中則外面生銅皮一層以上各法可試得其含銅之據所含硫養可用常法試之

取法　將紅銅置淡硫強水中加熱令沸至全消化為度因其硫養化分則放出硫養氣而有養氣一分劑與銅化合為銅養此銅養與其餘硫養化合即成銅養硫養尋常取法將銅硫久遇空氣與熱則硫與銅各與養氣化合成銅養與硫養後此兩質化合即成銅養硫養地產之銅硫含鐵與銅故用天生之銅硫為之所得之質為銅養硫養合於鐵養硫養如令久遇空氣與熱則質內之鐵養硫養化分其大半而其鐵變為鐵養所以消化其質令再成顆粒即生銅養硫養亦即尋常出售之膽礬也一千八百六十四年之英書有提淨法用沸水消化後濾之熬之令結成顆粒

試法　此質能全消化於水遇空氣則外面生霜稍有成粉者如將淡輕添入此質之水內則有結成之質再加淡輕至有餘則其質俱消化如含鐵則遇空氣變綠色而不能消化於淡輕內如加綠氣水令其鐵變為鐵養則加淡輕至有餘其鐵立即結成

畏忌　鹼類質與鹼類含炭養之質其餘鹽類如硼砂鈣綠鉀養果酸鉛之鹽類質銀養淡養收斂性植物質之水

功用　為惹胃藥令皮肉爛藥收斂藥治癎病藥服之過限則為吐藥

服數　作收斂藥以半釐至二釐為一服作吐藥以四釐至十二釐為一服

銅養淡輕養硫養　此為倫書之方

此質為淡藍色之粉其色甚豔其味似銅而可憎發淡輕之臭作此質之法將銅養硫養合於二淡輕養三炭養而因其二淡輕養三炭養有一分為餘質而不化合故此藥

有淡輕三之臭以試紙試之則顯出鹼類之性因淡輕三之性最易自散故遇空氣或受大熱則化分或淡輕三散出若干由是其性情難定然能依法爲之則應能全消化於水設其二淡輕四養三炭養二太少則不惟不消化尙能再化分於水中即有結成之二銅養硫養此質之性情與銅養硫養三略同如與鉀養水相和則變爲綠色此因與銅養化合而成銅養鉀養爲綠色之質不能消化於水英書中不言此質入藥品惟用以爲試他質之水

取法　將銅養硫養三一兩二淡輕四養三炭養二一兩半磨勻至不發炭養二氣爲度所得之質以生紙包藏即在空氣中曝乾之

銅養硫養三與二淡輕四養三炭養二磨勻則自能發泡此因炭養二之大半放出也其合成之質變爲深藍色又因其兩箇鹽類俱含水故其質稍溼然化學家頗疑此質之原質大半以爲屬於雙鹽類其式爲淡輕三銅養加淡輕三硫養三輕養另有餘賸之二淡輕四養三炭養二尚未化合間有二銅養硫養三少許如將鐵養硫養三水依分劑而合於二淡輕四養三炭養二之水熬乾之得其顆粒自無餘質若爲銅養自當配質之一分造此質之大要須兩箇鹽類質各一分劑而二淡輕四養三炭養二一分劑含淡輕三二分劑炭養二三分劑所有炭

養二俱已散盡其銅養硫養三化分其銅養合於淡輕四養之一分劑而其硫養三合於其餘之淡輕四養一分劑所以成淡輕四銅養與淡輕四硫養三其式爲

銅養硫養三丄五輕養丄二淡輕三三炭養二二輕養‖銅養淡輕三丄淡輕三硫養三輕養丄三炭養二丄六輕養

試法　加熱則變爲銅養而放出淡輕三以水消化之能令薑黃試紙變色如合於鉀養水則變爲綠色此倫書之試法也

畏忌　酸質鉀養與鈉養鈣養水

功用　爲惹胃藥收斂藥安肚腹腦氣筋藥吐藥可治羊癲瘋可爲明角罩生瘡之洗藥又可爲流白濁之外導藥

服數　以四分釐之一爲一服可漸加至五釐

英書用此鹽類質爲試水其作法用銅養硫養三半兩淡輕三至足用爲度水十兩調和之

二銅養醋酸

此質古人必當知之因古人已用銅器又有醋與酸酒不能不生此質古希臘國人用以爲藥阿喇伯人亦然埃及國人想亦用以爲藥西國古名以羅攄乃二銅養醋酸與銅養炭養二之總名也

形性　此質尋常出售者或爲粉或爲軟塊或爲淡藍綠

色或爲光藍色其臭似醋其味似銅大爲可憎空氣中不變化加熱則先放水後放醋酸所餘之質爲銅養並銅少許此質不能消化於醋內能化分於水中變爲能消化之質並不能消化之深綠色粉此粉後變黑色而爲三銅養醋酸如加硫養三則化分而發澈醋酸與銅合成數種雜質藥品中所用者爲二銅養醋酸其色綠化學家非勒白云化分此質得銅二分劑合於醋酸一分劑水六分劑即二銅養加醋酸加六輕養然此質如爲綠色者則內含三銅養醋酸並三銅養二醋酸藥品所用之二銅養醋酸二分劑等於中立性之銅養醋酸一分劑能消化於水與三銅養醋酸一分劑不能消化於水所以將尋常之二銅養醋酸以水消化之則變成此兩質其式爲

二〔二銅養醋酸〕川銅養醋酸丄三銅養醋酸

取法　將紅銅板浸於醋或醋酸內則自生此質此因銅與空氣中之養氣化合又與其醋酸化合成二銅養醋酸可屢次刮銅皮而取之法國南陲多造葡萄酒將餘賸之葡萄皮等質與銅皮相疊成層待一月至一箇半月則葡萄皮內生醋酸與銅化合成二銅養醋酸一層刮去其質仍依法爲之所得之二銅養醋酸其形如漿以木杵搗之藏皮囊內出售

試法　此質與淡硫強水相和加熱則幾能全消化於水如加淡輕三至有餘則其水內不應有結成之質雖含銅養亦能消化於其內如將此質與輕綠相和則能消化其大半略餘百分之五爲餘質其藍色即銅以硫養三消化之得藍色之水以輕綠消化之得綠色之水又浸於醋酸水內亦能消化即成銅養醋酸

畏忌　濃酸質鹼類質與鹼類含炭養二之質

功用　能洗去皮膚惡物又能令皮肉爛亦可爲吐藥皮膚上生芝栭類之點與楊梅瘡可搽此藥治之

服數　尋常爲外科之用間亦服之以半釐爲一服

英書用銅養醋酸爲試水其方將二銅養醋酸半兩醋酸一兩加水配成五兩

二銅養醋酸洗藥此爲倫書之方又名埃及國膏

取法　將二銅養醋酸粉一兩醋七兩消化之以麻布濾之加提淨蜜糖十四兩調和加熱令沸熬至所需之濃爲度

功用　服之能行氣外科用之稍能令皮肉爛可用駱駝毛筆醮此藥搽瘡如加水令淡可爲漱喉藥

鉛

此質自古以來人皆知之天生者尋常與硫相合即鉛硫

礦又有與養氣化合者亦有與數種酸質化合者

形性　鉛爲藍灰色之金類新剖者色甚光亮不久生皮一層即暗稍有味可辨擦之則有奇臭其質軟能在紙面劃線牽力小能打成薄皮重率得一一·四三五加熱至六百十二度則鎔加熱至紅則沸而化氣冷而凝結則縮又能令成顆粒得八面形者遇空氣則外面生灰色衣一層設浸於淨水內能存其原光而不鏽如水中含空氣則鉛與其養氣化合所成之鉛養與空氣之炭養化合成鉛養炭養又成鉛養輕養如遇雨水或用井水存於鉛箱內或以鉛管通水亦有此各事不久其鉛面生白皮一層光色

似眞珠其細顆粒浮於水面有消化於水中者即爲毒水不可飲醫士磨爾浮言如有中立性之鹽類質最要者爲鉛養炭養與鉛養硫養餘爲硫養燐養之微迹即河水井水常含之質則可免鉛因鏽蝕而消化於水化學家苦里司脫生考之亦有此據因所生之鉛養與鉛養炭養在水中凝結黏於鉛面其餘不消化之鹽類質如鉛養硫養鉛養燐養鉛養炭養等亦黏於鉛面生皮一層爲水所不能消化者化學家但尼里考得水中含炭養氣而其氣與他質未化合者則易消化其鉛故此種水不可存於鉛箱內亦不可用鉛管通之苦里司脫生之書云水含鹽類質即炭養之鹽類質或硫養之鹽類質每水八千分不及一分則不可用鉛管通之又每水四千分所含綠氣鹽類質不及一分亦不可用鉛管通之有一法可除其弊用管或箱盛滿此種水待三四月不動或用鈉養燐養一分配淨水二萬五千分用箱或管盛滿此水若干時亦可由此可知最淨之水遇鉛無有變化之事雨水河水雖亦甚淨然因稍含炭養則與鉛合成鉛養炭養此質再遇炭養則能消化於水但尋常之水含鹽類質故鉛皮面有結成之質不能消化於水不中其毒冷熱適中之時鉛不多與養氣化合如爲極細之粉則遇空氣能着火鉛易收淡養之養氣

而消化（觀鉛養醋酸與鉛養淡養兩節）鉛能與養氣合成數質又與硫燐碘綠氣能化合與數種金類能化合鉛養能與酸質油類質合成數雜質鉛之雜質消化於水加鋅條於內鉛即分出黏於鋅面如用鉛養淡養分出其鉛則爲淨鉛大造之法將鉛硫礦煆之則成鉛養硫養與鉛養將此兩質合於鈣養與含炭養氣之質則鈣養能化分其鉛養硫養而炭養氣之質能與鉛養之養氣化合由是鉛養與鉛養硫養俱能化分可得淨鉛

試法　尋常取得之鉛可爲藥品之用常含鐵或銅如用淡硝强水消化之加硫養至有餘則易在結成質內分辨

之所濾出之水內加入淡輕而變茄花色則知其含銅如變黃色則知其含鐵如將鋅一塊浸於含鉛之水內則鉛凝結於鋅面如古樹之形頗有可觀如加鹼類質可與其鹽類之酸質相合而有鉛養輕養結成如加硫養並其各鹽類質則結成白色之質爲鉛養硫養如加鉀養鉻養則結成黃色之質爲鉛養鉻養如加輕硫並其各鹽類質則結成黑色之質爲鉛硫如加鉀碘結成黃色之質爲鉛碘如加鉀衰鐵結成白色之質爲鉛衰鐵

鉛之各雜質功用　鉛之各質俱毒或輕或重不能一定鉛養不消化於水內科中不用之外科中用以作膏藥或爲油膏或爲蠟膏因鉛易與油內之酸質化合故用以作膏爲最便

鉛雜質之能消化者可爲收斂之藥內外科俱可用之醫家或用以爲平火安心之藥治數種抽筋之痛能有功效鉛養醋酸鉛養二醋酸外科用之爲眼炎之洗藥流白濁之外導藥與涼性洗藥爲內科之用則鉛養醋酸最爲合宜即如欬血與數種流血之病並久泄瀉之病可用之然用之不可太久恐有鉛毒之病顯出也初得鉛毒憑據在牙肉邊生一帶藍色一見此據即宜停止不可再服醫家或用鉛養醋酸治羊癲瘋而得效或用鉛碘治瘰癧發腫

之病爲洗藥能消化其瘰癧之質

鉛與養合成之質

鉛與養氣合成之質有數種一爲鉛養其色深灰白西里由司以爲凡鉛面生鏽一薄層即此質二爲鉛養其色黃西名瑪西各特即密陀僧也三爲鉛養又謂之鉛丹或言此質乃鉛養與鉛養相合而成四爲鉛養其色棧

鉛養

鉛養之分劑數得一一一·五古人已知此質其作法將已鎔之鉛久遇熱空氣則鉛面速生黃色之鏽其形如鱗取得其鏽爲結成之鉛養西名瑪西各特即密陀僧也如加熱至光紅色則有鉛分出而鉛養鎔化然其鎔亦非全鎔待冷凝結成塊易分爲鱗形顆粒其色灰紅即尋常出售之密陀僧也此質分爲兩色一爲金色者其色略紅因含鉛養少許一爲銀色者其色淡此兩質爲提金提銀工內所用又鉛中分銀之工內亦用之

形性　密陀僧幾全能消化於水無味重率得九·四二易鎔成玻璃如遇炭質易化爲鉛又能收數種植物質之色此爲其獨具之性易消化於硝強水或醋酸內又能消化於別種酸質內亦能收空氣中之炭養氣此質每百分內含鉛九二·八五分養七·一五分

試法　尋常出售之密陀僧常含鐵少許又含銅鉛養炭養二矽養三與土質等置淡硝强水內應幾能全消化此水加輕硫後變黑色如加鉀養則結成白色之質設加鉀養至有餘則再消化如將鉛養一百釐以淡硝强水消化之添鈉養硫養三則結成鉛養硫養三一百三十五釐如全能在硝强水內消化可知其不含鋇養硫養三與鉛養硫養三如消化而不發泡可知其不含鉛養炭養二如含銅與鐵可用尋常試銅鐵之法試之英書云將鉛養以淡硝强水消化之加淡輕三至有餘濾取其水如不顯藍色則知其不含銅

功用　鉛養之毒與鉛之別質相同匠之以鉛爲業者易

受其害藥品中用此爲取鉛養二醋酸之料又與流質油相和成密陀僧膏藥可爲數種膏藥內之要質

鉛膏 即密陀僧膏藥

取法　將鉛養細粉四磅橄欖油八升水三升半用水汽盆之熱令三種料和勻加熱至沸必連沸四五小時調攪不停察所得之質濃淡合宜爲止如太濃則加水此方所用之鉛養較倫書之方所用者少三分之一

所用之橄欖油爲兩配質一本質合成其配質爲哇里以酸與瑪加里酸其本質爲各里司里尼鉛養能令其各里司里尼放出而與哇里以酸合成鉛養哇里以酸又與瑪加里酸合成鉛養瑪加里酸此兩質爲肥皂之類即油質之鹽類和勻成膏不能消化於水放出之各里司里尼原能消化於水故能爲所用之水收盡

功用　此膏之性平和攤於布面成膏藥鋪於受傷之處亦可護傷口令不張開

鉛膏所作膏藥　松香膏肥皂膏令皮發熱膏加勒巴奴末膏鐵膏水銀膏

松香膏藥 又名合口硬膏藥

取法　將鉛膏兩磅松香四兩硬肥皂二兩先以小熱度鎔化鉛膏後另將松香與肥皂鎔化之而調和於膏內此

膏較倫書方所作之膏惹皮膚更輕因倫書之方含松香更多而無肥皂也

功用　此膏之用處略與鉛膏同但黏力更大故常用之其惹皮膚之性較重於鉛膏故外科內亦有不可用之時潰瘡魚口毒等可敷此爲合口膏藥

松香膏所作膏藥　啤啦吔喲膏令皮發熱膏鴉片膏鉛碘膏

肥皂膏藥

取法　將硬肥皂六兩鉛膏二磅又四分磅之一松香一兩先將鉛膏鎔化之另將松香與肥皂鎔化添入其內調

攪不停至所需之濃而止

功用　此膏較松香膏惹皮膚之性更輕黏力亦更小膏中肥皂多而松香少其功用能益護皮膚破爛之處令不遇空氣

肥皂膏所作膏藥　令皮發熱膏鉛碘膏

肥皂蠟膏藥

此膏於一千八百六十七年載入英書與倫書之肥皂蠟膏同但不含鉛養醋酸

一千八百三十六年之倫書用鉛養輕養作雞那霜又用鉛綠作嗼啡啞輕綠近今作此兩藥不用鉛養輕養等而

用別料

鉛養即鉛丹

鉛養古時阿喇伯人曾用以爲藥當時阿非色那書中謂之蘇蘭智尋常譯此字謂之銀硃即汞硫礦有誤印度國取之謂之生度爾古時化學家代司可立弟司之書辨明鉛丹與銀硃不同又有人謂之鉛養

形性　鉛養爲光紅色之散其形如鱗重率約得九不能消化於水加熱則鎔放養氣而變爲鉛養如置於木炭加熱則放其養氣因受吹火筒之火焰成鉛之小圓粒不能全消化於淡硝強水內然能變爲兩種含養氣之質一爲鉛養其色棕一爲鉛養消化於此水內鉛養之原質尚未定準化學家以爲尋常出售之鉛丹無有一定之原質數其尋常之比例爲鉛養二分劑鉛養一分劑

取法　將瑪西各特即鉛養久遇空氣與熱其熱度必小於鎔鉛之熱度則多收養氣而黃色之鉛養變爲光紅色之鉛丹

試法　尋常出售之鉛丹含異質者少間有磨刀所用之砂或紅色之土西名蒲勒雜於其內然此兩質不能在淡養水中消化故可用此法辨之間亦含鐵紅散以硝強水消化之加沒石子酒則能分辨之

功用　鉛丹之功用與鉛養略同昔時蘇書用鉛丹提淨醋酸又用之取綠氣水

鉛碘

此藥原爲倫書之方一千八百六十七年載入英書中此質可令碘徑與鉛化合而成或用下法取之尋常出售者爲極細黃色粉無臭無味冷水中不能消化沸水中能消化成無色之水但此水漸冷則結成金黃色之顆粒爲鱗形而極明亮者出售之質如有此形則爲最淨如加熱則先鎔而後化分其碘散出成茄花色之霧鉛碘能消化於醋與醋酸及鉀養水之內

取法　將鉛養淡養四兩蒸水一升半消化之另將鉀碘四兩蒸水半升消化之將兩種水和勻濾取結成之質稍加熱令乾

此取法之理爲兩質彼此化分化合而成鉛碘其鉛養之養與鉀化合成鉀養其淡養與鉀養化合成鉀養淡養而鉛碘卽結成沈下

試法　能全消化於沸水內如漸冷則化分成光黃色鱗形之片加熱則鎔化而散其大半先成黃色之霧爲鉛碘之霧後成茄花色之霧卽碘之霧也如將鉛碘一百釐另將淡養一分沸水二分和勻將鉛碘消化於內待碘放散之後加鈉養硫養則有鉛養硫養結成應得六十六釐

功用　外科中用之內科中間用此質爲改血藥

服數　以四分釐之一至二釐爲一服

鉛碘膏

取法　將鉛碘六十二釐尋常油膏料一兩磨勻

鉛碘膏藥

取法　將鉛碘一兩肥皂膏四兩松香膏四兩先將兩種膏加熱鎔化和勻再添鉛碘和勻之

交節久腫之病或瘰癧發腫之處用此膏藥引之外出

鉛養炭養　卽鉛粉

此質自古以來人皆知之有數處產鉛多者能遇天生之鉛養炭養在其中名曰西魯司卽鉛粉

形性　此質色白無味質重有成粉者有爲軟塊者天生者其顆粒與其原斜方形大有改變重率得六·二五不能消化於水加熱則炭養放出所餘者爲黃色之鉛養如置木炭上用吹火筒加熱則變爲小粒之鉛如添入醋酸或淡養內則發泡而消化成鉛養醋酸與鉛養淡養此兩質可用尋常試鉛質之法辨之

如令鉛久遇空氣或井水或令炭養氣行過鉛養二醋酸水俱能成鉛養炭養舊時取法卽油漆匠近時所用之法

得上等鉛粉其法用鉛皮令久遇醋霧或醋酸濃霧其鉛置於瓦器內器底盛醋或將鉛皮繞成圈或用鉛條俱可此瓦器爲鍋形有蓋排成多行以用過橡木樹皮擁蓋之此樹皮因久浸水中製牛馬皮等用取出時已溼排成堆則漸發酵生熱放霧令藏於堆內之瓦器得熱一百四十度至一百五十度或更多其醋酸漸化散而其霧行過鉛圈空處令鉛與醋酸化合成皮一層此皮爲醋酸再消化變爲鉛養炭養此炭養卽由發酸之樹皮粉放出所得鉛粉塊搗碎磨成細粉加水成膏洗之烘乾之尋常出售者合鉛養輕養英書定此質之式爲

二鉛養炭養二輕養鉛養

試法　將此質以淡硝强水或醋酸添入則消化而發泡如所得之水內加鉀養則結成白色之質再加鉀養至有餘則其白質再消化如加輕硫氣則變黑色如將鉛養炭養二加熱則變黃色如合於木炭加熱則化分而有鉛分出如加熱至二百十二度亦不減其重如將淡養五水或醋酸消化之再加鉀碘則結成黃色之質為鉛碘如加硫養三則得白色之質為鉛養硫養三尋常出售者含鋇養硫養三此質在淡養五水中不能消化如含白石粉為異質以醋酸消化之用輕硫分出其鉛又用淡輕四養草酸分出其鉛養

功用　能收水又能收斂外科中用之即如皮膚潰爛處可敷於外面以為收水等用化學家湯勿生以為此質之外無有鉛之別種鹽類質有毒性者惟鉛與鉛之鹽類質易變為鉛養炭養二而顯其毒性

鉛養炭養二膏

取法　將松香白膏一兩鉛養炭養二細粉六十二釐磨勻之

功用　如皮膚潰爛或火傷用此膏得其涼性並收水之性凡皮膚潰瘡或痘疹類之病覺皮膚惹動發癢搽此膏亦可

鉛養淡養五

鉛養淡養五成八面形之顆粒並十二面形之顆粒水四分能消化其一分如投入燒紅炭質等料能燒甚猛烈而分出其鉛如加熱則發淡養五霧而餘下之質為鉛養一千八百六十七年之英書載此質

取法　將淡硝强水一升漸加鉛養至四兩半為度則濾之待其在水中自成顆粒取出顆粒之後加熱熬其水至再能成顆粒為度

功用　此質之功用與鉛之別種藥品略同如法國勒度英滅臭水含此質於內英書云可用此質作鉛碘

鉛養醋酸　即鉛散

鉛養醋酸之式為鉛養炭四輕三養三輕養其分劑數其得一八九五西國數百年前已用此質

形性　其色白其味甜而澀其臭似醋其顆粒光明而成正形亦有成四面柱形者其兩端為兩面常有多顆粒聚合成大塊在空氣中不甚改變惟空氣極乾時則面稍生霜水四分能消化其一分醕內亦能消化此質既消化於水

第二十八圖

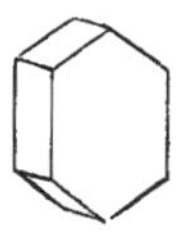

另能消化鉛養若干而變為二鉛養醋酸如加熱則在成顆粒之水內鎔化加大熱則水化散至盡得白色之質再

鎔化之,卽放其醋酸與貝路醋酸,至末則得鉛一小粒,此質內醋酸,能被空氣之炭養氣化分若干分,水中所含之炭養氣,亦可化分之,故將此質消化於水,則水不淸,惟少含醋酸,方能變淸,鉛養醋酸有數種酸質能化分之,如合於硫養,則發臭似醋,又鹼類質數種鹽類質,沒石子沖水大半植物質,牛乳阿勒布門等,俱能化分之,每百分內,含鉛養五八·九分,醋酸二六·八分,水一四·三分,共得一百分

取法　將醋酸二升,消息其多少,以飽足為度,合於蒸水一升,加鉛養細粉二十四兩,少加熱,消化而濾之,熬之至面生衣一層為度,待成顆粒,如試其流質,無有酸性,必少

加醋酸,至顯出酸性為度,取出其顆粒,置於生紙上晾乾此法內,加醋酸令有餘,欲令其不生二鉛養醋酸,因此質較鉛養醋酸含養氣多一倍,或將鉛皮成捲,浸於醋酸之內,一半透出醋酸之外,令遇熱與空氣,鉛收養氣,變為鉛養,或鉛養炭養,落於醋酸之中,變為鉛養醋酸

尋常出售者甚淨,間有含鉛養硫養者,因作此質所用之醋內,含硫養,為異質也

試法　此質在淨水中,應全消化,如加鈉養炭養,則結成白色之質,為鉛養炭養,如加鉀碘,則結成黃色之質,為鉛碘,如加輕硫,則其水變黑色,卽結成鉛硫,如加硫養,則發醋酸之霧,加熱則先鎔化,後變成鉛,如將鉛養醋酸一百釐消化於水,加鈉養硫養,至有餘,應結成鉛養硫養八十釐,英書云,將鉛養醋酸三十八釐,消化於水,加草酸試水二百釐,應令其質全變為鉛養草酸,此鉛養草酸,為不能消化於水之質

畏忌　硫養,輕綠,炭養,檸檬酸,果酸,鈣養水,鉀養,鈉養,並各種濇性之水,俱不可同用

功用　為毒藥,又有收斂之性,與平火安心之性,能治身內津液放出過限,或流血過多之病,觀鉛節 如作洗藥,用一錢在水中,或別種流質五兩或八兩內消化之,外科中用

之,作收斂洗眼藥,並常用之收斂洗藥

服數　以一釐至二釐,或多至十釐為一服,一日二三服合於淡醋酸,或蒸過之醋服之更佳

解法　用鎂養硫養,合於暖流質服之,吐盡胃中之物,又服鈉養硫養,鎂養硫養,鈉養燐養,此各質與鉛化合,所成之質在胃中,不能消化

鉛鴉片丸

取法　將鉛養醋酸細粉三十六釐,鴉片細粉六釐,玫瑰花膏六釐,磨勻之

此丸料,每八釐內含鴉片一釐,則每丸重四釐,含鉛養醋

酸三釐鵶片半釐此丸之方載於蘇書中而作丸之料能彼此變化成嘆啡啞醋酸並鉛養米故尼酸此爲不能消化之質觀鵶片節

功用　此丸有重性能治流血並身內津液放出過多之病如泄瀉病服此丸試鉛之收斂性與鵶片之濇性幷合顯出

服數　以四釐至八釐爲一服

鉛養醋酸膏

取法　將鉛養醋酸細粉十二釐偏蘇以酸豬油一兩磨勻之

功用　能治火傷發泡並皮膚潰爛惹動痛癢之處此方載於倫書中

鉛雜外塞藥

取法　將鉛養醋酸三十六釐鵶片細粉十二釐偏蘇以酸豬油四十二釐白蠟十釐晳哇布路米油八十釐將白蠟與晳哇布路米油少加熱融化之將其餘各料另置一乳鉢中磨之兩料和勻之後乘其爲流質傾入容十五釐之圓錐形模內待冷則合用或可先待冷後分爲若干塊每塊得十五釐團成圓錐形爲外塞藥

此藥於一千八百六十七年載入英書中如痔瘡久延赤白痢血溢直腸寬鬆須收斂者俱可用之

二鉛養醋酸水

二鉛養醋酸之式爲二鉛養炭^{四}輕^{三}養^{三}俗名古賴特膏原名土星膏因古時西人以爲鉛屬於土星也化學家伐倫他匝以後之人俱知此物其得之之法因有鉛養醋酸水消化鉛養更多即變爲二鉛養醋酸之水

取法　將鉛養醋酸五兩鉛養細粉三兩半消化於淨水一升內加熱令沸半小時內屢次調之待冷則加淨水足滿一升而濾之

形性　無色味甜而帶澀遇試紙則顯出鹼性如令不遇

空氣而熬之則能得片形顆粒或得未成顆粒之定質謂之古賴特乾膏遇空氣則收炭養氣若干結成白色之鉛養炭養如令炭養氣行過其水亦有鉛養炭養結成有人用此法造鉛養炭養觀鉛養炭養節二鉛養醋酸能消化於尋常之水內能令膠水並大半植物顏料結成英書云與阿拉伯樹膠相和則成暗白色之膏

試法　重率得一·二六〇即與倫書之方所作者同濃如用玻璃管噴口氣入其水中漸有結成之質遇空氣則漸變濁又能與阿拉伯樹膠合成暗白色之膏其餘各性情與鉛養醋酸同如以下等之醋作之則得棕色之質英書

之試法將此質六錢加草酸試水八百十釐應能全結成

畏忌　酸質鹼類質土質白礬硼砂鐵養果酸銻肥皂井水濇水輕硫各種膠水並含膠之觳物

功用　能收斂而有涼性外科中用之可加水令淡或可照下節方法用之

二鉛養醋酸淡水

取法　將二鉛養醋酸水二錢蒸水十九兩半正酒醕二錢調和之此水十兩含前水一錢

功用　可為安慰與收斂之洗藥或為洗眼藥

二鉛養醋酸雜膏

取法　將白蠟八兩杏仁油十六兩用熱汽或熱水盆融化之取出待將凝結時漸加二鉛養醋酸水六兩調攪不停以冷為度另用樟腦六十釐在杏仁油四兩內消化之與前之各質調和

功用　此藥俗名古賴特蠟膏能安慰又能收斂皮膚痛癢不安並舊眼炎病俱可用之

鉍

此質於一千五百二十年化學家阿格里哥賴書中初言之此時之前化學家俱以此質為鉛尋常見者甚淨間有得其合於養氣之質並合於硫黃之質

形性　鉍為紅白色之金類無臭無味其質脆成片頁疊層易於凝結成立方形顆粒或八面形顆粒重率得九五三至九八八加熱至四百九十七度則鎔或言熱至五百〇七度而鎔加熱至紅則化散遇空氣則色變暗但不收空氣中之養氣如加大熱則燒成藍色之火成鉍養三其分劑數共得二百三十四為白色之霧鉍遇輕綠或淡硫養三則難於消化若遇淡養五則易於消化觀下節尋常出售者其質不淨英書有提淨之方即成下節之藥品

提淨之鉍

取法　將鉍十兩鉀養淡養五細粉二兩先將其鉍與鉀養淡養五一兩置鍋中加熱足令其兩質鎔化鎔化之後連調十五分時或竟連調至鉀養淡養五盡於鉍之面成玻璃形之料為度去此玻璃料再加其餘鉀養淡養五一兩依前法為之乘鉍鎔時傾入模中待冷

用以上之法則鉍內之硫與鉀與養氣化合即在所去之硝內合而帶出

試法　重率得九八如與淡養五相和加熱則消化而其水無色如將淡輕水添入此水內則有鉍養淡養五結成而餘水仍無色設加水過多令其甚淡則結成白色之粉

鉍養三淡養五

此質為光白色之粉無味以顯微鏡觀之能見極細針形顆粒化學家定此質之原質與排列之法及分劑若干尚不能同一千八百六十四年之英書謂之鉍養三淡養五而六十七年英書謂之鉍養三淡養五

取法　將淡淡養五水四兩加蒸水三兩又加鉍之粗粉二兩分作數次加入其發泡之事已停則加熱十分時候其將沸為度將所得之流質傾出瓷器底有鉍之未消化之粒可棄之將其流質熬之至餘二兩傾入蒸水四升待結成之質沈下後將流質傾出再加水四升調和待二小時之後傾出所得之水將其餘質以紙濾之加熱在一百五

十度以內烘乾之

以上之取法能得鉍養三與淡養五合成之質三種一為藥品中所用之鉍養三淡養五水即每鉍養三一分劑與淡養五一分劑化合二為鉍養三三淡養五即每鉍養三一分劑與淡養五三分劑化合三為鉍養三九淡養五即每鉍養三一分劑與淡養五九分劑化合如將鉍養三三淡養五與水相和則能變成鉍養三淡養五並鉍養三九淡養五

如鉍遇濃淡養五則先成鉍養三三淡養五此因淡養五一分劑能放養氣三分劑為鉍所收故有淡養四放出其式為

鉍丄四淡養五川鉍養三三淡養五丄淡養四

將此鹽類質傾入多水中即變成不消化之鉍養三淡養五此質結成沈下而其鉍養三九淡養五仍消化於水

如鉍養三三淡養五四分劑能成鉍養三淡養五三分劑並鉍養三九淡養五一分劑其式為

四（鉍養三三淡養五）丄三輕養川三（鉍養三淡養五輕養）丄鉍養三九淡養五

試法　此質為重而色白之粉成極細之顆粒不能消化於水遇輕硫氣則變黑色在淡養五內能消化而發泡所得之水無色加淡硫養三於其水內無結成之質如加淡養五而不發泡則知不含炭養二為異質如加淡硫養三無結成之質

則知不含鉛如將淡養五消化之而得其質傾入多水中則結成白色之顆粒

鉍養三淡養五所含之異質最宜分辨者為鉮尋常出售之鉍常含此質而用此鉍所作之鉍養三淡養五試驗疑中毒而死者之尸往往因此試料含鉮而誤以為其人因鉮而毒死英國醫學家希拉巴得考得出售之鉍養三淡養五間有一千分中含鉮一分者亦有四百三十三分中含鉮一分者有法能去其鉮若干分即將所用之鉍先加熱煆之而後用淡養五消化之然用此法不能去盡又英書之法將其鉍合於硝鎔化之亦不能去盡希拉巴得設立一法將鉍養三淡

養與無水鹼性料相和，加熱令沸，則能去其鉀，令鉍變為不消化之鉍養，將此質仍以淡養消化之，造鉍養淡養，或將鉍養炭養或鉍綠二鉍養代鉍養淡養，或與鉍養淡養相和，其鉍綠二鉍養之用，能作法藍器，又能敷面得白色，俗名眞珠白，又用之為白火漆，其作法用合強水代硝強水，其鉍養炭養之作法，將鉍養三淡養傾入鈉養炭養水，以代傾入淨冷水，依此法則鉍無糜費，故有人喜用此法造之，而得便宜，鉍養炭養之顆粒形較鉍養淡養者更小，此質與酸質相和則發泡，或以為能被胃中之汁消化，又能代白石粉作滅酸之用，或言此質較鉍養淡養更合

用，因含鉀更不常有也，觀鉍養炭養節

此質內如含鉀，或為鉍養鉀養，或為鈣養鉀養，可用馬爾施之法分辨之

功用　鉍養淡養大約不能在動物胃中消化，尚未有人得其收入身體流質內之憑據，可食其大服而無害，如胃痛久吐，因胃之內皮受他物之感動者，服此藥往往得補胃之益，又如因此病而患泄瀉，亦可服之而得效，海得蘭以為此種病胃內皮極細嫩之處，由所服之鉍養淡養補一層白色之料，令此處不遇尋常食物而受其惹，後則漸愈，白色料自然脫下

服數　以五釐至二十釐為一服

鉍糖片

取法　將鉍養淡養一千四百四十釐，鎂養炭養四兩，提淨鈣養炭養六兩，淨白糖二十九兩，阿拉伯樹膠細粉一兩，各料磨勻後，再加阿拉伯膠水二兩，磨勻之，加玫瑰花水足以令其質團成濃膏，分作七百二十片，用熱氣箱烘乾，所加之熱不可過限，每片內含鉍養淡養二釐

此藥於一千八百六十四年載入英書，為服鉍之最便最妙之法

服數　以二片至十片為一服

鉍養炭養

此質之外形與鉍養淡養同，即為無味白色不能消化於水之粉，一千八百六十七年載入英書中，初用此質入藥品者，乃布國京都醫士漢能，其作法與下法略同，其功用與尋常之鉍養淡養亦略同，惟漢能以為其功用更大，英書云其原質為二鉍養炭養加輕養，漢能云其質為本二分劑與配一分劑合成

取法　將提淨鉍之小塊二兩，淡養水四兩，淡輕養炭養六兩，蒸水至足用為度，將其淡養與蒸水三兩調和，屢次加鉍若干分至盡為度，待其發泡已畢，加熱至將沸，約十

分時傾出其流質而不去器底所有不消化之質將此流質熬之至餘二兩另將淡輕養炭養以淨水二升消化而濾之將所得冷水置於深器內又將熬得之流質分多次添入其內屢次調之至添盡爲度以布濾之以蒸水洗之至所洗出之水無味爲度所得之定質以手按壓之令其水散出加熱在一百五十度以內烘乾之

依此法取之則先成鉍養三淡養此爲能消化之質而爲淡輕養炭養所化分變成不能消化之鉍養炭養此爲結成之質烘乾時不可用過大之熱度恐炭養化散所餘者祇鉍養也

試法　不能消化於水如添入淡養水中則消化而發泡如遇輕硫則發黑色如用靛藍硫養加入硫養水中令變藍色用此質不能滅其色則知其不含綠氣如將淡養二分合於水一分加此質至不能消化爲限則所得流質一分合於水二十分則結成白色之質以淡養消化之所得流質加以淡硫養而無結成之質則知不含鋇養或鉛加以銀養淡養而無結成之質則知不含綠氣

功用　如胃中熱而吐酸水胃中痛綠病可用此以代鉍養淡養此質或爲胃中酸質化分而爲補胃藥放出其炭養氣果如此所得之水必再結成故恐其質不收入身體之流質內

服數　以五釐至二十釐爲一服

鉍養淡輕養檸檬酸水

取法　將提淨之鉍四百三十釐淡養水二兩檸檬酸二兩淡輕水與淨水俱以足用爲度先將淡養加蒸水一兩將鉍分數次添入待發泡已畢加熱至將沸約十分時爲度傾出所得之流質而臏其器底所有之定質將此流質熬之至餘二兩爲止再將檸檬酸以蒸水四兩消化之添入熬得之水中再加淡輕水每次少許至所結成之質全消化而其水或有中立性或遇試紙少顯鹼性爲止再加蒸水配滿一升

此藥於一千八百六十七年載入英書而與英國司揩克得所得之鉍水不同與一千八百六十四年司快兒所設之鉍養淡輕養檸檬酸水亦不同照上方爲之先得鉍養三淡養水此質易爲淡輕所結成其結成之鉍養易爲淡輕養檸檬酸所消化司快兒之法將所結成之質再消化之英書之法存於淡養內故疑用英書法所得之質其水含鉍養淡養鉍養檸檬酸淡輕養淡養淡輕養檸檬酸四種質或以爲有鉍養淡輕檸檬酸之質尚不能分取其定質故不能謂之鹽類

醫家有喜用此水者因得鉍之能消化之質而便用也此水之重率得一·一二二兩錢合鉍養三釐其味鹹帶金類之味用試紙試之或有中立性或少有鹼性能與水和勻而不變化如合於鉀養而加熱則有結成之質且放淡輕三氣如合於輕綠則結成白色之質如加至有餘則結成之質能消化英書云將此質三錢合於輕硫則結成黑色之質烘乾之應重九九二釐

功用　此質之功用與鉍養三淡養五鉍養三炭養略同凡遇酸質或鹼類質則化分如能收入血內則必先有化分之事故疑其功用與鉍之他藥品相同祇能安胃之內皮

服數　以半錢至一錢爲一服

錫

此質古人即知其爲金類如舊約全書摩西論此金類謂之肥特辣埃及國人用此質或從東方各國得之因常與印度有貿易之事也希臘人與羅馬人所用者爲非尼司人自英國運出英國南方哥爾奴瓦里斯省產錫最多印度之東美爾古意至邦加島俱有產錫之處所得錫礦或爲錫養二或爲錫硫然其大半爲錫養二如合於木炭而加熱則木炭收其養氣得鎔化之錫常出售者紋錫並塊錫東方各國所產者一爲瑪來錫一爲邦加錫近時另加一種爲瑪格肥錫

形性　塊錫之色藍白少能生鏽擦之則發奇臭易於打薄故能打成錫皮與錫箔質軟而易鎔重率得七·二九尋常之錫重率更大因含異質也加熱至四百四十二度則鎔生灰色之皮一層即錫養二加熱至紅則燒加熱至白則化散

試法　將錫與輕綠水相和沸之幾能全消化成錫綠此爲無色之流質如加金綠則變爲深紫色如加鉀養則結成白色之質如加至有餘則結成之質能消化如加輕硫則結成棕色之質英書用錫之小粒爲試物之料又錫綠

爲試驗黃金所用之料將錫磨成細粉可爲殺蟲藥以一錢至半兩爲一服合於糖漿服之其殺蟲之法錫粉與蟲相磨而蟲死藥材肆常用錫箔包易於自散之料又用以貼於瓶塞之外瓶內之質不能與外空氣相遇然用此質者不知此錫箔乃錫與鉛相合而成每百分含鉛二十五分至七十五分故用之者必謹慎因鉛易消化而人誤食之即爲中鉛毒也此種錫箔易與眞錫箔分辨其法浸淡養五內則鉛消化而成鉛養淡養五所餘之質爲不能消化之錫養二此法從一千八百六十一年十二月藥品月報中錄出

編

西厯一千八百十七年司脫路米耶初得此質彼時先得黃色鋅養礦細考之而得鎘之原質至今鎘之大半藉鋅礦而得之如英國之鋅養炭養礦不威迷亞邦之黑色鋅硫礦又尋常出售之鋅俱可得之其與鋅分開之法先以輕綠消化之再加淡輕養炭養至有餘則初時結成之鋅與銅全消化而鎘養炭養不消化存於器底此質易化分之得其鎘之原質其法將木炭或炱與此質相和加熱則鎘化散遇冷面則凝結成小圓粒鎘與錫有相同之性第更硬更韌彎之有聲重率得八六易於鎔化加熱不至紅則已化散其霧無臭如不加熱令遇空氣則不變化但久

加熱至將鎔則外面生橘皮色之鎘養質不能化散鎘能在淡硫養或輕綠內消化而消化之時放輕氣如將此水與鹼類質相和則結成白色之質爲鎘養輕養如用淡輕至有餘則能消化如用定性之鹼類質或淡輕養炭養至有餘則不能消化如合於輕硫則結成黃色之質於淡輕內不能消化

鎘之鹽類有收斂之性與鋅之鹽類略同或言有改血之性疗毒病服之有益鎘養硫養亦能治羊癲瘋與鋅養硫養同又醫家奇布特與他人用之治眼久生炎並明角罩生點之病所用之水以鎘養硫養二釐蒸水三兩消化之

鎘碘

此質之分劑數共得一百八十三作法將鎘屑與碘相和加熱或用鎘屑五十六分碘一百二十七分在水中調和之如將酒醕或水消化之而熬乾其流質則得六面形之片粒尋常出售者爲平塊外形似雲母石色白發光如眞珠略同於司巴瑪息的油加熱至一百度化成琥珀色之流質加熱至暗紅則放茄花色之霧卽碘鎘碘顆粒內不含水易在水與酒醕內消化其消化之流質能令藍試紙變紅如合於輕硫或淡輕硫則結成黃色之質雖加至有餘亦不能消化如合於鉀養至有餘則結成白色之質所

濾得之水合於淡輕硫無有結成之質則知不含鉛如將鎘碘十釐添入銀養淡養則結成銀碘應重一二五釐

功用　有改血並收斂之性服之過限則爲吐藥並毒藥內科中不常用之

鎘碘膏

取法　將鎘碘六十二釐磨成細粉加尋常油膏一兩

此藥於一千八百六十七年載入英書中醫家加路特等勸人用此藥治瘰癧腫大之病並節腫之病搽於外皮不致染色又如眼久生炎可作更淡者點入眼皮之邊

銻

藥品中不用銻而用銻之雜質故應先論及之古時化學家略知有此金類而伐倫他吸初傳其取法銻硫自古化學家俱知之（觀銻硫節）銻之原質在法國與日耳曼國中能得之其餘之礦爲銻養即白色之銻又銻硫即灰色之銻又銻硫二銻養即紅色之銻而常見之礦爲銻硫各國所用之銻大半從此礦得之前人以銻之原質爲熟銻而以銻硫爲生銻令生銻變熟銻之法將銻硫二分加鐵屑或小鐵釘一分加熱則硫與鐵化合而銻鎔化放出其銻聚合於鍋底可傾入模中成錠

形性　此爲藍灰色金類其質紋成層其性脆重率約六

七加熱約八百度則鎔大於此熱度則化散其霧凝成斜方形顆粒在空氣中不甚改變但其面略變暗少與養氣化合加熱至白令忽遇空氣稍成白色之光所放之霧凝成白色針形顆粒即爲銻養古人謂之銻花銻與輕綠相和加熱能消化而放輕氣其銻綠水傾入淨水中則結成白色之質古人謂之阿里加羅特粉如將銻硫水合於輕硫或鹼性含硫之質則結成橘皮色之質爲銻硫如將銻置於淡養內則變爲銻養不能在强水中消化銻與養合成之質有三種一爲銻養一爲銻養一爲銻養

銻之雜質功用　觀打打伊密的即銻養鉀養果酸節

銻養

此質之分劑數共得一百四十六不威迷亞邦與匈牙利國俱有其天生者謂之銻白礦凡銻在空氣中燒之亦成此質

形性　照下法取之則得銻養無色無味遇空氣不改變受熱則變黃色待冷則復白色加熱至暗紅則鎔加熱至明紅則能鎔化成黃色之流質與天成之銻養同後能化散如用吹火筒試之則結成針形之顆粒如鎔化之令遇空氣則收養氣更多而成銻養此質不易化散更難鎔化而其藥性更輕銻養不能消化於水而能消化於輕綠果

酸醋酸之內又能消化於鉀養二果酸內成打打伊密的

取法　作銻養最妙之法爲化學家和爾能所設立倫書之法與之略同載入打打伊密的取法內

取法（英書）　將銻綠水十六兩加水十六升調和極勻待結成之質沈下用過山龍引出其上之流質再加蒸水八升調動之待其質再沈下又用過山龍引出其水再加蒸水八升如前將所得定質合於鈉養炭養水此水用鈉養炭養六兩蒸水二升消化之屢次調和約半小時將所結成之質以布濾之用沸蒸水洗之至所洗出之水用銀養淡養水加淡養令有酸性與之和勻而無結成之質爲度加

熱在二百十二度以內烘乾之

錫綠水傾入淨水則大半化分其綠氣與水之輕氣化合成輕綠而水之養氣放出與錫化合成錫養此質因不消化所以能結成另有未化分之錫綠同時沈下成錫綠二錫養即阿里加羅特粉此質濾出用淨水洗去其酸質又用淡鈉養炭養水洗之則錫綠化分有鈉綠結成而有炭養放出祇有餘下之質爲錫養用熱水盆烘乾之此爲蘇書之取法

倫書取打打伊密的之法內所得之二錫養硫養亦可用同法以鈉養炭養化分之而得錫養

試法　易消化於輕綠水內將已消化之水傾入淨水中則結成白色之質如加輕硫則成橘皮色之質如置小試筩內加熱而未發霧在冷處凝結者則知不含鉮如合於酸性鉀養果酸至有餘加熱令沸則全能消化

功用　爲吐藥發汗藥化痰藥又可用以代加密士散

服數　以三釐至十釐爲一服或作散或作丸服之

含此質之藥品　錫養爲數種藥品中之要質即如加密士散錫硫二錫養打打伊密的錫之玻璃克密士金色之錫硫克密士前人用以作藥品其分劑數無定觀本卷一百十一頁

錫雜散即加密士散

此藥爲加密士醫士所設又名治發熱散原爲私設之秘方而加密士納銀得國家憑據准其一人獨賣此藥然其所報明國家之方不能造成此藥有化學家化分其藥得錫養並鈣養燐養此藥已著名故醫家俱用爲正藥倫敦醫學院收皮爾孫醫士所設之方作一種藥以代之

取法倫書　將錫硫粉一磅牛羊等角薄片二磅將鍋燒熱至白將此兩料添入調和至不再發霧爲度將所得之質磨粉置合式之鍋中漸加熱至得白熱二小時爲度將所得之質磨成極細之粉

此錫硫並角之薄片即含鈣養燐養之質因受熱而變化

其硫收空氣中養氣變爲硫養氣而放散其錫亦收空氣之養氣變爲錫養又有一小分約爲百分之四變爲錫養其角料之動物質燒去而其土質即鈣養燐養並錫養炭養少許與錫養相合第二次加熱則有錫養若干分變成錫養又有錫養少許與鈣養炭養之鈣養相合成鈣養錫養

取法英書　將錫養一兩與結成鈣養燐養二兩調和之

依英書之方所成之質其原質之數有一定即每三分中有錫養一分然倫書之方所含錫養數無一定竟有含之甚少而無功用者

形性　此爲白色之粉，不能消化於水，無臭無味，如消化於輕綠內，再加輕硫，則多結成橘皮色之質，其輕綠能消化其銻養，並鈣養燐養，少許銻硫結成之後，如濾出之，將其水加熱令沸，逐出所有之輕硫氣，如加入淡輕，則結成白色之質，爲二鈣養燐養，所有加密士散並倫書之皮爾孫之方，含銻養（此質無功用），無並鈣養銻養，如置水中沸之，則鈣養銻養消化，將此水與輕硫相和，則結成橘皮色之質，如與淡輕養草酸相和，則結成白色之質

舊方銻雜散之功用，如藉其銻養，則可知英書之新方，不但更有益，且其性更重，依化學家非勒白之說，倫書之方，

斷無銻養，祇含銻養，每百分三十五分至三十八分，並含鈣養燐養，又云加密士散，每百分內含銻養五十六分，因加密士散已著名，能治發熱等病，故疑銻養必有功用，醫家言其無功用者，誤也，然此事亦未可定，化學家馬可喇根云，化分倫書之方所作之銻雜散，得銻養三·九八分，又步蘭弟化分之，得百分之五，然英書之方所作者，每百分得三三·三分，而其鈣養燐養，幾無功用，不能治發熱，祇能令銻養更淡耳

功用　可爲發汗藥，服過多，則爲吐藥，較打打伊密的消化更遲，所以銻養惹胃令吐之性更輕

服數　以二釐至五釐爲一服，其性較加密士散更重，曾有醫士令病人服至一百釐，而毫無功力者，可用打打伊密的一小服代之，有時其功力較此散之功力更大

銻綠水

此質之分劑數，其得二三八·五，古人謂之銻油，因其質少加熱則鎔，與定質油同，或用此質取銻養，或勸人用之作烙灸藥，一千八百六十七年之英書，名謂銻綠與銻養兩質，而不指出其分劑數

英書用此質之濃水，如再加淡水，則有結成之質，觀銻養節

取法　將黑色銻硫一磅，用尋常出售之輕綠四升消化之，漸加熱至沸，則能消化，將此流質濾之，得其清者，換置他器內，加熱令沸，熬之至餘二升，待冷，存於有塞之瓶內，此流質重率得一·四七〇

此銻硫爲輕綠所化分，輕綠之綠氣三分劑合於其銻成銻綠，而輕氣三分劑合於其硫成輕硫氣，此氣放散，如將其器置於爐上，有多風行過之，則輕硫氣自煙通散出，其式爲

銻硫上三輕綠＝銻綠上三輕硫

中立性之銻綠，能爲淨水化分甚速，此爲韋脫司退納之

意因此所用之輕綠有餘而其鹽類質能在此多水中不化分而消化英書用銻硫二分輕綠十分葦脫司退納之法用銻硫二分輕綠八分另加淡養一分英書所用消化輕綠之水之半亦能消化其銻綠如更蒸去其水則得銻油英書所定銻油爲黃紅色重而濃之流質將此質少許滴入水中則結成白色之質爲銻綠二銻養將此質合於輕硫則變橘皮色如將此質與果酸相和則結成之質再消化將此水一錢加果酸四分兩之一水四兩則成明流質此質與輕硫相和則成橘皮色之質爲銻硫洗之用二百十二度之熱烘乾之應重二十二釐此爲英書之試法

功用　銻油爲重性之烙炙藥能在皮膚散開與鉀養同故用之亦必宜慎或勸人用此治毒蟲毒蛇等所傷又能治眼明角罩全凸之病

銻綠水爲取銻養並打打伊密的所用

銻硫 俗名黑銻又名生銻

此質之分劑共得一百七十七產處甚多如匈牙利國婆羅洲島印度之木爾門納與北峨又波斯國與喀布爾俱產之亞細亞洲各國自古以來用之婦女用以染眉毛與睫毛令得黑色古人名曰司替米又名曰司替皮由墨如將其天成者置鍋中加熱鎔化之則分出異質甚多謂之生

銻

形性　尋常出售之生銻爲圓錐形暗色之塊搗碎之則其質紋最奇而有光亮其色深灰間有多邊柱形之顆粒重率得四六易磨爲粉此粉色黑無臭無味如所含之異質極微則稍帶紅色不能消化於水遇空氣不改變加熱不甚大已鎔化在甆密之器內能自化散如在空氣中加熱則成硫養氣又成銻養之淨質與雜質銻硫能在鉀養或鈉養水中消化觀銻硫二節銻養又能在輕綠中消化在淡養水中亦能消化其淡養放其養氣爲銻與硫兩質所收而銻變爲銻養硫變爲硫養此兩物合成銻養硫養爲其餘

淡養所消化

試法　尋常出售之銻硫常稍含異質所含之異質爲鐵硫或鉀硫或鉛硫或銅硫英書之試法先鎔化之提出含砂之質後磨成細粉如其粉能全在輕綠中消化則知其質爲淨而可用者所消化而得之質如合於淡水則結成白色之質爲銻綠二銻養其明流質內倘含銻如加輕硫則結成橘皮色之質如含鐵或鉀則依英書取法之各方此兩質必能分出又如含鐵則以輕綠消化之所得之質必帶黃色如含鉛或銅則銻結成之後可以鉛與銅之試法試之如含鉀可合於木炭並鈉養炭養加熱其鉀化散

而出能試而知之或將錦硫三合於鉀養二果酸三小時連加熱則鉀與錦化合將此質置水中則能化分其水如含錦則放輕錦氣而不見用化學家馬爾施之法試之可得含錦之實據

功用　錦硫三在胃中幾不變化且亦難定其如何因與胃中酸質之多寡有相關也

錦硫二錦養

藥品中久用錦與硫合成之質即如錦硫三二錦養為化學家伐倫他呧考得者又如克密士化學家以為古魯龍考得者有古魯龍之門人傳於拉里其里而拉里其里傳於

法國家因在一千七百二十年時法國家出銀若干向此人買得其取法

錦硫三二錦養有數種取法一將錦硫三與鉀養炭養或鈉養炭養相和加熱令沸二與烙炙性之鹼類質相和加熱令沸三將錦硫三與鹼類合於炭養之質相和加熱至紅鎔化時則置沸水內如將錦硫三在鹼類水中加熱令沸則消化但冷時結成紅櫻色之粉疑為古書所言之克密士但如未冷而結成質之先加酸質於內則得橘皮紅色之質為藥品中所用者疑即古時藥品書中所名金色之錦硫五英書有此質為錦硫三與錦養相合而其分劑不定等語然如其原質不能定當不論其舊書所言之分劑而用一定分劑之式代之即如錦雜散即加密士散因舊書之法不能定其分劑則設一定之分劑代之英書取此質之方與倫書之方同

形性　此為橘皮色之粉無臭稍有味不能消化於水但在鹼類中而加以熱則能消化如遇輕綠或合強水則消化惟硫黃少許則不消化如置管中加熱則能化散在空氣中加熱則燒成藍色之火放出硫養氣所餘之質為錦養大略此質為錦硫三合於錦養而其比例尚未定化學家沛離拉疑不含錦養因用顯微鏡細觀其質無有錦養之

顆粒在內化學家非勒白將倫書之方所取者置鉀養二果酸水中加熱令沸則消化得錦養三十二分又云此質有錦養一分劑錦硫三五分劑水十五分劑此鹽類質內水之分劑與硫之分劑相等亦為奇事

取法　將黑錦十兩鈉養水四升半加熱令沸二小時屢次調之添入蒸水補足化散之水數濾之漸傾入淡硫養水至少有餘用細洋布濾取其結成之質以蒸水洗之至所洗出之水合於鋇綠而不結成為度加熱在二百十二度以內烘乾之

此錦硫三與鈉養水相和沸之則有互換原質之變化而成

銻養三並鈉硫其鈉硫能消化若干未變化之銻硫三即先與其化合成能消化之質又有未化分之鈉養令銻養若干消化而與之成一種鹽類但此所成之各雜質俱在加硫養三之後而化分

鈉養硫養銻養三二銻硫三之合輕養者又或有輕硫俱為所成之質而銻養三二硫養為結成之質其式為

銻硫三鈉硫丄硫養丄輕養‖鈉養硫養丄銻硫丄輕硫

銻養三鈉養丄硫養三‖鈉養硫養三丄銻養

試法　如將此質一分合於輕綠十二分加熱幾全消化成無色之水惟硫黃少許則不消化此質又能在沸鉀養水中全消化如將此質六十釐以輕綠消化之滴入水中則結成白色之質洗之烘乾之應重五十三釐此為英書之試法

功用　此為改血藥其功用究未能定服過多則為吐藥

服數　以一釐至五釐為一服

含此質之藥品　水銀丸汞綠雜丸或普勒瑪丸

銻養鉀養果酸又名打打伊密的

醫家言此鹽類質為化學家闔息脫考得者此為漢白克於一千六百三十一年書中所記之說此質為鉀養果酸與銻養三相合而成初造之法用鉀養二果酸與所色之銻相和此鹽類有一定之原質故不必用無意之虛名如英書所記者

形性　此質為銻養三鉀養果酸含水二分劑故其分劑數共得三百四十三又名打打伊密的即果酸吐藥之意常見者為白色之粉如用其極濃之水令成顆粒則成四面形或八面形而有斜方底無臭而有明光無色其味少酸而

第二十九圖

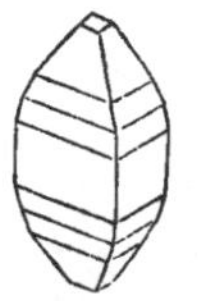

澀大為可憎久遇空氣則變暗外面生白色之粉減重百分之四或百分之五其顆粒不能在醕內消化而能在準酒醕並葡萄酒內消化每重一分能在冷熱適中之水十四分內消化沸水二分內消化其消化之水能令藍試紙變紅其淡者化分甚速加熱則顆粒爆裂發聲久之變黑有成炭質者所餘之質為銻與鉀有經火之形狀其消化之水能被鹼類與鹼土類所化分又鹼類與鹼土類含炭養之質亦能化分故與尋常之水相和因水中含鈣養炭養三或鎂養炭養能令其銻養三結成沈下又與濃強水相和亦能化分如先與果酸相和而後加輕綠則無結成之質此為英書之試法輕硫能令其銻結成橘皮紅色之質為含水銻硫三如加淡輕硫或鉀養輕硫所結成者亦同又數種花草之汁並濇性植物質煮水能與其銻養三化合成不能消化之雜質此等質之性甚重故金雞哪樹皮粉沒石

子粉。或此兩質之養水。與此質合服之。則減其吐藥之性。但金雞哪幾奴拉搭尼根三種藥之養水合服之。第能減其吐藥之性

此藥原質分劑數之比例如左

果酸一分劑即炭輕養 ‖ 一百三十二

鉀養一分劑 ‖ 四十七

鍗養一分劑 ‖ 一百四十六

水二分劑即二輕養 ‖ 十八

共三百四十三

鍗養在此鹽類內。似鈉養在鉀養果酸之內。又似鐵養在

鉀養果酸之內。觀鈉養鉀養果酸並鐵養鉀養果酸兩節

取法　將鍗養五兩。鉀養果酸細粉六兩。加蒸水足以成漿。和勻。待二十四小時。加蒸水一升半。加熱令沸。約一刻許。屢次調和。濾之。將其明流質置平穩處。待成顆粒。傾出其流質。熬之至餘三分之一。再置於平穩處。待成顆粒。將所得顆粒置生紙上。不加熱。即在空氣中晾乾

鍗養代鉀養二果酸內之水一分劑。因鉀養二果酸實有果酸一分劑。水一分劑。其式爲鉀養輕養炭輕養。英書取鍗養之法。用鍗綠令結成。觀鍗綠節但和爾能所設之法。更能省費。倫書之法。即本乎此。造藥之肆亦常用之。其法。將鍗硫合於硫養。加熱。則成鍗養三硫養。將此質置水中。結成二鍗養硫養。加入果酸水內。則成打打伊密的佚顆粒。盡成之後。所餘之水含硫養

試法　尋常出售之打打伊密的粉。常含異質。應買其成顆粒者。自磨成粉。則淨。常加之異質。爲鉀養二果酸與鐵養。但加鉀養二果酸者多。因加鐵養。其色變黃。其眞者。將顆粒加熱。則爆裂變黑。消化於水。則無不消化之質。加入鉀衰鐵。則無結成之質。如加輕硫。則結成橘皮色之質。爲鍗硫。如加淡養。則結成鍗養之質。如加淡養至有餘。則結成之質再消化。如加銀綠而不結成。或結成之質多加水。

再能消化。則知不含硫養之質。又依同理。加銀養淡養。則知其含綠氣之質與否。將打打伊密的二十釐。用六十度熱之蒸水一兩消化之。不應有餘質。此水與輕硫相合。則有結成者。濾之。烘乾之。應重九九一釐。此爲英書之試法

畏忌　酸質。鹼類質。並鹼類含炭養之質。數種土質與金類質。並其與養氣化合之質。又鈣養水。鈣綠。並鉛養醋酸。植物沖水。養水。即如金雞哪樹皮。兒茶等是也。如將此藥消化於水而久存之。則能化分成一種芝栭類之物。加酒於內。則不生此物。

功用　打打伊密的在外科中用之能令皮熱並能引病外出如用其油膏擦外皮亦能引炎依此法用之可治胸膛並交節久痛之症引病外出

內科中用之則爲含銻藥之最靈者但其功效與服數多少有相關食一小服則能發汗化痰服稍多則胃中覺欲嘔吐精神委頓身發冷汗肉筋放鬆脈遲而軟服過多則爲吐藥吐之先與吐之後腦氣筋肉筋大覺不安無精神間有大瀉者如服之甚少而漸加多久之則能食大服而不吐醫士連尼克等勸人依此法服之治肺本體生炎並別種新炎症爲減熱之藥此藥又能治數種病即如欬嗽

傷風並風溼病食小服則能感動皮膚與肺又如脘骱或小腸疝氣可服之爲令人欲吐之藥放鬆肉筋便於上骱收疝因肝汁而生發熱病可先服之爲吐藥或身內一處初生炎用此藥可早止之眼蓄內皮生炎其功用最大瀉藥中少加此質則增其瀉性發熱病服此能減其熱氣能令皮膚解鬆令脈更小新風溼病亦可用之肺本體生炎並哮欬病爲必不可少之藥然腦生炎中風中毒而醉並肚腹胞膜生炎等病不可用之恐令嘔吐而致危險也

服數　爲改血之用以十六分釐之一至八分釐之一爲一服爲解表與化痰之用以八分釐之一至六分釐之一爲一服爲發汗與吐劑之用以四分釐之一至半釐爲一服如用一釐至二釐加水服之則爲吐藥以一釐至三釐爲一服每二三小時服一次則爲與行氣相反之藥

解法　以雞毛探喉令吐或服多煖水令吐或用水節抽出之其解藥爲濇性植物質沖水或煮水即如沒石子或金雞哪等此各質與其銻養相合成銻養樹皮酸爲不能消化之質

打打伊密的葡萄酒　即銻養鉀養果酸葡萄酒

取法　用銻養鉀養果酸四十釐消化於舍利酒一升之內此與倫書之方所作者同濃

功用　爲改血藥發汗藥並吐藥

服數　以十滴至二錢爲一服每三小時服一次每一兩內含打打伊密的二釐如作吐藥則以一錢爲一服每五分或十分時服一次其服半兩或一兩以吐爲度

打打伊密的膏　即銻養鉀養果酸膏

取法　將銻養鉀養果酸細粉四分兩之一尋常油膏一兩磨勻此與倫書之方所作者同濃

功用　爲引病外出之藥如將三十釐每日兩次擦入皮膚內則生小泡即如痧症肚腹胞膜舊炎並他種胸腹炎症以此爲要藥

鉀

鉀之原質常與鉀與養氣合成之質相混古人書中論鉀與鉀養亦不分明希臘國古書中有化學家代司可立弟司命其黃色之鉀硫為散達拉格阿喇伯國人命鉀硫為申尼格助特（助特二字之音卽黃色之意）命鉀硫為阿申以根命其紅色之鉀硫為申尼格助而克（助而克三字之音卽紅色之意）格致家司百倫撾以阿喇伯國之申尼格卽為希臘國之阿申以根變其字而得其名此說實無確據阿喇伯國人亦知鉀養謂之色瑪法卽鼠毒之意又名施克又名土拉白阿呼先卽氣管土之意又謂之土拉白阿開卽吐土之意以上三物之名惟印度國人俱知之鉀硫謂之合他穛鉀硫謂之慢西勒而鉀養謂之信幾亞依化學家韋勒生之說印度人初用此質於內科卽如麻瘋與瘧病至今仍用此治之歐羅巴各國於一千七百三十三年初知鉀為金類之原質為化學家步蘭德考知之而阿喇伯國奇巴之書中所言之一物似必為鉀

鉀之獨成者間亦有之尋常所見者與他金類相合卽如與鐵鎳鈷銅等化合是也分取鉀質之法在倒焰爐內煆其礦將所蒸出之質在並排列之長煙通內令其鉀結成或用短煙通隔開成彎曲之爐依此法則鉀與養氣化合

而分出變為鉀養此為粗質卽生鉀養也故必蒸之而提淨之其法與炭相和加熱則收其養氣令鉀分出可蒸而得之

取淨鉀之法將鉀養以木炭蓋之置硬玻璃試筒中卽在筒之一端加熱則鉀在冷之一端凝結可取得之

形性　鉀為灰色之金類其光如鋼其質體有顆粒形甚脆重率得五·八置礶中封密加熱至暗紅則易蒸之而凝結成鋼光色之皮其霧之臭似蒜如遇空氣則生鏽甚速此鏽為灰色之粉乃鉀養與鉀合成之質歐洲他國用此粉謂之蠅粉因有人用以毒蠅也在水中易收養氣在醋內亦然在空氣中加熱易燒成白色之霧或謂之鉀花實因與養氣化合而成鉀養（觀後節）

鉀為金類配質卽與養氣化合所成之質為配質不為本質鉀與養氣化合者成兩種配質一為鉀養藥品中用之二為鉀養此質所成之兩種鹽類亦入藥品

鉀雜質之功用　觀鉀養鉀養節

鉀養（卽砒霜）

尋常所謂砒霜卽鉀養久有人知之（觀前節）天成者有之但大半所用者將金類礦之餘質蒸而得之不威迷亞邦與撒遜國多產此質英國之哥奴瓦勒亦用此法取之

如細勒西亞邦哥奴瓦勒之取法將含鉮之鐵礦即鐵硫鐵鉮礦入爐煆之則鉮與養氣化合成鉮養三而飛散所餘之質爲鐵硫將所收得之鉮養三用圓柱形鐵器蒸之則得其淨者可作藥品之用

鉮養三之分劑數共得九十九色白嘗之幾不覺有味或試嘗之後不久則少覺有甜味或言味辣而可憎蘇比蘭亦有此說化學家哇非拉云依苦里司脫生之說鉮養三味粗無烙灸之性少有濇味此味久不散令口中多生口津苦里司脫生與其數友試之俱言幾爲無味或如有味則試嘗之後漸顯出甜味如湯勿生對拉非勒白三人亦有此說然恐此各人所嘗之味非鉮養三之本味而爲鉮養三已顯其毒性後所生之味鉮養三之定質與霧質俱無臭尋常出售者成塊形其新剖者能透光如玻璃但久之則變半透光間有將其大塊擊碎其外面白而不透光其內面仍透光然所得新剖面不久變暗而脆如將鉮養三消化於沸水內熬之至將成顆粒待冷時可得眞八面體或蒸之亦能如是其初明而透光後變爲暗之故大約非改變其質祇因改變其質點之排列化學家非勒白云其不透光之故必因收空氣中之水氣然此兩種質其疎密不同化學家奇布特非勒白對拉三人所試得重率之數如左

奇布特	透光質三·七三九一	不透光質三·六九五
非勒白	透光質三·七一五	不透光質三·六二〇
對拉	透光質三·七九八	不透光質三·五二九

此兩種質在水中能消化之數不同奇布特云百度表十五度即法倫海表五十九度熱之水一百零三分能消化其透光者一分沸水九·三三分能化其一分又以同熱度之水八十分能消化其不透光者一分沸水七·七二分能化其一分英國大公病院記錄第四本第八十三頁載化學家對拉之說曰化學家論鉮之消化於水之數各不同故詳細試驗而知其透光者與不透光者消化之數同冷熱適中之水能消化其本重之千分之一或五百分之一依其事而有分別如將二百十二度熱之水傾於其上而待冷則能消化其本重之四百分之一即每水一兩能消化其一釐又四分釐之一設將鉮養三置於水中加熱令沸約半時許則能消化其本重之二十四分之一即每水一兩能消化其二十釐此水待冷時所含之鉮養三爲其本重之四十分之一即每水一兩內含十二釐又有一奇事如在水中令沸若干時後待冷所含鉮養三之數較冷水所能消化者或較沸水所能消化者更多約爲十倍至二十倍又云苦里司脫生所言凡流質內含生物質則不能消化鉮養三確有

此理但膠類質與稠質如粥等雖不能多消化而能存若干於內目不能見也故凡含生物質之流質欲辨其含鉮養與否或腸胃之內欲究其有鉮養與否必先加多水令其質極淡後將其流質加熱令沸約二三小時即可辨之鉮養水能令藍試紙變紅又能消化於油內與醋內每醋一兩能消化其二釐尋常之白蘭地酒不加熱每一兩祇能消化其一釐如將鉮養加熱至三百八十度則化散而不顯出鉮之蒜臭再凝結則成八面形顆粒如封窗之而

加熱則鎔成玻璃形之質內與炭質相和加熱則化分此因炭收其養氣放出其鉮此放出之鉮發臭似蒜有數種酸質能消化之設與淡養相和加熱則淡養化分而鉮養收其養氣變為鉮養此質易與鉀養鈉養化合成能消化之鹽類質又易與鈣養或數種金類合於養氣之質化合成不能消化之鹽類質其性情最奇可恃此奇性而試其含鉮此質每百分含鉮七五·七二分養二四·二一分共得一百分

試法　鉮養白色或稍帶黃色常見者不透光之質間有新剖開者為透光之質磨之得重而白色之粉置於玻璃筩中加熱則蒸得白色之質待冷成八面顆粒無色如與炭質相和加熱則變為鉮而化散發臭似蒜待冷時則黏於管上有金類之光鉮養能消化於沸水內待冷又凝結成八面顆粒如在其消化之水內加入輕硫則有黃色之質結成如加銀養淡輕養淡養則有檸檬皮色之質結成如加銅養淡輕養硫養則有綠色之質結成其加銀養淡輕養淡養所結成之質能消化於淡輕水內並能消化於淡養水內如將鉮養四釐以沸水消化之加鈉養二炭養八釐令消化再加碘試水八百零八釐能被此水滅盡其色此為英書之試法初成之質為鈉養鉮養而與碘相合成鈉養鉮養與輕碘

鉮與其雜質之大半俱有毒性故欲自盡者欲害人者常用此藥必當試驗而知之凡疑有鉮毒之事則在胃中之內皮見有粉或在所用之器具見有粉必分取而存之而胃與其內質用沸水浸之加熱令沸或在身內之血與定質內亦可試驗其含鉮與否昔有化學家哇非拉以為身之血肉與骨本含鉮養後人考知並不含此質所以試驗含鉮之質或試其定質或試其流質或為淨質或合於生物質如用蘭書之法易試其含鉮與否其法將所疑其含鉮之質少許合於銅與輕綠加熱令沸如含鉮則必在銅面結成而銅面之形狀如鍍鋼質一薄層

茲將試鉮養之各法分為九則論之三種為乾試法可試

其定質六種爲溼試法，可試其流質，先將乾試法詳列於左。

一蒸法　將鉮養盛於小玻璃筒內，加熱則能全化散而在筒中冷處凝結成八面顆粒。

二去養氣得鉮法　此爲最便最可恃之法，於驗尸定案之事可用之。其法，將含鉮養之質與木炭相和，加熱。如其質不多，可將其質與木炭相和，盛於小玻璃筒內，加熱。其筒之徑以八分寸之一爲合式。如所欲試之質多，可用鈉養融化藥。苦里司脫生所設之法，用鈉養炭養顆粒八分與木炭一分相和，漸加熱至紅。對拉所設之法，用果酸水與鈉養炭養水相和，滅其酸性，熬乾而入白金鍋，蓋密而煅之，將做成之融化藥與鉮養相和，盛於筒內，用酒燈之火加熱，先加熱於筒之上面，後加熱於筒之下面，初時有水少許放出，此水可用濾紙成捲入筒中收盡之，後將其筒入火中加熱，至鉮蒸出，得光而色白之皮，凝結於筒之內面。用此法雖祇含鉮三百分釐之一，亦能顯明。或所蒸出鉮養之數多，則有鉮之臭顯出。

三試得之鉮令與養氣化合法　此法將管中稍冷處所凝結之皮，依對拉所設之法令變爲鉮養。其法，將管內面生光皮之處用酒燈加熱，而管在火中移動，令鉮不能凝結，則全變爲白色之粉，用顯微鏡觀之，則鉮養之八面顆粒易於見之。此顆粒形之粉，可用蒸水數滴消化之，或將管中結成質之處，鋰斷一節，置試筒內加熱，令沸後應用以下各溼試法。

在蒸水中消化鉮養而得其明水，則用溼試法，開列於左。

一鈣養水試法　如將以上之明水與鈣養水相和，則結成白色之質，爲鈣養鉮養，但不可有配質過多，亦不可有未化合之鹼類質在內。然此試法尚不足恃，故考驗毒物者不多用此法。

二銀養淡輕養淡養試法　如將銀養淡養一分與水十分相和消化之，加入含鉮養之水內，無有結成之質。設先加鹼類質少許，如淡輕等，則合於銀養淡養水，即成銀養淡輕養淡養，則含鉮養之水內結成檸檬皮黃色之質，多見光即變棧色，此質即爲銀養鉮養，而其水中含淡輕養淡養。但因此結成之質能消化於淡輕水內，又能消化於淡輕養淡養水內，所以取此料以試鉮養，必慎之。其淡輕必漸加入，則初結成之銀養，幾能消化盡而尚未盡。如用淡輕太少，則水內設含燐養，亦有結成之質；如用淡輕太多，則銀養鉮養再消化而不見。

三銅養淡輕養硫養試法　此試料照前法預備之，如無鹼類質則銅養硫養三水內不結成鉮養三所用之鹼類常爲淡輕三如所用淡輕之數適足以令初結成之銅養再消化則成銅養淡輕四養硫養三觀銅養淡輕養硫養節　如將此質與含鉮養三之水相和即結成青草色之質爲銅養鉮養化學家對拉云將此結成之質洗之烘乾之再將其少許磨成細粉置小試筒內用酒燈之火漸加熱則顯出鉮養三八面形之小顆粒

四輕硫試法　加將輕硫行過含鉮養三之水內而其水先加輕綠數滴令有酸性則結成光黃色之質爲鉮硫三此質能消化於淡輕三水內其鉮養三之養與輕硫之輕化合成水如用輕硫過多則可加熱令其化散而所用之輕硫應行過盛水之雙口瓶洗之有人用淡輕硫而後加酸質少許滅其淡輕之鹼類性但此法不足恃除試藥品外不可用之

此輕硫試法最靈如在十萬分水內含鉮養三一分亦能顯出化學家福里西尼由司在一千八百四十四年六月七月醫學新報內各有一則言此法幾可全恃而無憾又往往行之無誤將所結成之質與黑色之鎔化藥相合或與乾鈉養炭養二及木炭相合入小試筒中加熱則其鉮凝結於筒內成皮可加熱令變爲鉮養三之八面顆粒如此可與他種黃色結成之質分辨之

第四第五第六各試法如同時用之而所試之水各顯出含鉮養三之據則無可再疑又可將結成之質分出其鉮此爲更可恃之據

五蘭書試法　此試法能定準含鉮養之水由蘭書所設通行各國醫學新報第三十一卷載化學家對拉報明此法之原稿其法將銅箔翦成條長約一寸寬約八分寸之一或用細銅絲紗亦可加淨輕綠約十分之一加熱令沸如其水中含鉮養則化分而有鉮之薄層結於銅面其光色如鋼可分取之分取之法用淡養消化之或置筒內少

加熱則筒內成金類光色之圈或有鉮養二之顆粒其顆粒可用蒸水少許消化之又可用他種溼試法試之此法最易於用亦爲最靈如在二十萬分內含鉮一分或二十五萬分內含鉮一分俱可顯出而分取之又鉮已分出之後用馬爾施試法試之不能得鉮之微迹然此法不能爲全試法而爲水中分取鉮之便法所分得之鉮可用便法試之

六馬爾施試法　英國胡里知馬爾施設此試法最爲靈準自設此法以後各國俱用之此法所恃之理爲初發之輕氣能收鉮養三之養氣其鉮合於輕氣則變成鉮輕三氣可

以燒之而得其鉮或得其鉮養或可令其氣行過溼試法所用之水

法將疑其含鉮之水盛於合式之器內加入鋅塊與淡硫養水其器之式如後圖則因有水化分自有輕氣放散如含鉮則有鉮輕氣與輕氣同出如用極細之管作嘴令氣過此嘴而燒之將玻璃一塊或瓷一塊入於火內則有結成之鉮質如黑色之皮黏於其面可用合強水消化之設如其瓷塊置於火上則面生白色之皮一層即鉮養或用一管徑四分寸之一至半寸長十寸將其口置於火上同時能得鉮與鉮養凝結之質此爲沛離拉所設之法又如

將千層紙加水數滴令溼置於火上則能得其鉮養消化於水觀醫學新報第十八卷第八百八十九頁希拉巴得所作一則或可令其氣質行過銀養淡養水中此爲醫士苦賴格所設之法此試法之理易講明之所含鉮養被初發之輕氣化分則放其養氣其發輕氣之故因有鋅遇硫養同時有鉮輕與水變成其式爲

鉮養丄六輕川鉮輕丄三輕養

鉮輕在嘴口燒時其火心所燒之料不盡故祗有輕與養化合而其鉮放散遇瓷面則能凝結其式爲

鉮輕丄三養川鉮丄三輕養

如在火之端則已燒盡而其鉮變爲鉮養此質亦能凝結而可試之如未燒盡之氣行過銀養淡養水中則銀養放其養氣而此養氣合於鉮輕之鉮成鉮養又合於輕成水其銀結成黑色之粉而水中有淡養與鉮養如此可將所得之水試其含鉮養

如將鉮養與數種生物質相和尋常以毒害人之事往往如此則欲分辨之其事稍難按化學鑑原試驗砒毒節有一法能驗含鉮之水內多雜生物質者即蘭書之試法也各試法未周之處詳細之論另有專書載之如用蘭書與馬爾施之法或輕硫之法必謹慎爲之所宜極慎者因試法中所用之料如硫養與鋅等常含鉮質不可不察之觀苦里司脫生毒論對拉毒論沛離拉藥品書司脫路勿之書第十三本第八十二頁

如第三十圖即爲馬爾施試鉮之器甲甲爲彎管盛所欲試之流質另加硫養與鋅乙爲塞門與噴氣嘴丙爲收鉮之玻璃片丁戊爲托架第三十一圖爲化分含鉮定質之器乙爲炭與鉮相合處甲爲鉮之光皮痕迹其氣可引過平置之長管爲硬木所成者酒燈加熱則其鉮化分可取得之

第三十圖

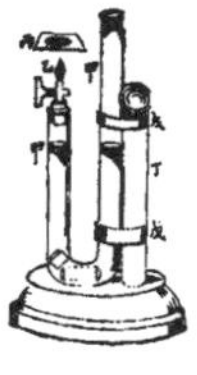

第三十一圖

功用　此爲惹胃毒藥之重者服之令人吐瀉並發腦氣

筋數病，如服一釐至二釐，則必毒死。如食其最小之一服，則爲改血藥，並能治依時而作之病。外科中用之作烙炙藥，治癰疽與癰疽類之病。觀鉀養鉮養三水節

服數　以十六分釐之一或十二分釐之一至八分釐之一爲一服。將鉮養三一釐、白糖十釐，磨勻，加嫩饅頭若干，作成十六丸。印度人常合於胡椒等物爲服此藥之法。西國之服法常用鉀養鉮養三水。

解法　先收盡胃中之物，用摩探喉嚨等法令吐，又可用鋅養硫養三一服令吐，又可用水節抽出胃中之物，亦吐之人可食牛乳，但不可過多。已吐之後，亦食牛乳，或服潤性之流質，或服小粉煮水。或有人設法多服木炭粉，得其益處。然最合用之料爲涇鐵二養三，務必多服之。醫士馬可喇根云：每涇鐵二養三十二分，配所服之鉮一分，每五分至十分時，必服涇鐵二養三約一錢，又必屢用蘭書試法，試其吐出之物鉮毒吐盡與否。如無涇鐵二養三，可用含水鎂養代之。醫士司可拉夫等以爲此藥勝於涇鐵二養三，每服此藥八分，可解鉮毒一分。胃中毒已出盡，必用放血之法，免其生炎，又必用利小便之藥，或服鴉片，助其精神，又可暫用萆蔴油一服。

昔時英國之人欲自盡者、欲害人者，常用鉮養三，故國家特設律法管理藥鋪賣鉮及其各雜質之事，業有四款

詳述於左：

一　凡有買鉮之事，則賣此物之鋪必在簿中記錄其人買此作何用度，又記買者之姓名、住處及其行業，並其年月日。如是兩造畫押於簿爲憑。

二　買者必爲賣者所認識，如不認識，則必有中人。此中人必認識賣買兩人，又必在簿中畫押爲憑，且買者之年紀必爲已成人者。

三　凡買鉮，其數在十磅以內，則必加黑炱或碘和勻至極深。每鉮一磅，必用炱一兩或碘半兩。

四　凡有憑據之醫士藥方內所用之鉮，不在此例。如有藥肆家犯此律法，則受重刑。

設此律法之後，用鉮作惡事者甚少，故近時有人用鴉片、馬錢霜（西名司脫立格尼尼）、草烏頭等生物質爲毒藥，故應另設律法管理賣此各物之業（按近年英國已增設律法管理售此各物之業極嚴）。

取法　鉀養鉮養三水（即砒霜水，又名無味瘧疾藥水）　將鉮養三粉八十釐、鉀養炭養二八十釐、蒸水半升，消化之，待冷，加臘芬大雜浸酒五錢，再加蒸水足滿一升爲度。

此取法之意，將鉮養三與鉀養炭養二加熱，則炭養二氣散出，而鉮養三合於鉀養，成鉀養鉮養三，消化於水內，加臘芬大浸酒

之意，令其有色，易於分別，每水一兩，含鉮養四釐，每水一錢，含鉮養半釐，此水之重率得一·○○九，如前鉮養節所言試鉮養四釐之法，可用此水一兩試之，

功用　鉀養鉮養水為含鉮藥之常用者，但用之宜慎，如察其惹胃過重，或面皮因有水而腫，或身之皮膚有發泡之狀，則當暫停而不服，此藥能治依時而作之病，又可為改血藥，凡瘧病或內部腦氣筋痛，或胃痛，並一切依時而作之病，服此有效，其治瘧疾，除雞哪外，此藥為最靈，然有兩種不同之處，一雞哪可食一大服，此藥必不可多，二瘧發之時，不可服雞哪，而此藥可服，凡服鉮劑，宜在飯後，如

癇症，服之常得大益，臟燥病亦可服之，皮膚病用之，亦有功效，即如麻瘋、癩泡瘡、舊膿瘡等，均可治之，如作改血藥之用，則初服之時必極少，後漸加多，醫士或查此藥開收入血中，而在血內能治上所言三種血壞之病

服數　以三滴至五滴為一服，漸加至二十滴為一服，一日二三服，

鉮養

此為鉮與養氣多分劑相合之質，其分劑數共得一百十五，作法，將鉮養以熱輕綠水消化之，加淡養至不發紅霧為度，所成之鉮綠收淡養之養氣，而淡養與綠氣俱放出，熬乾之，得白色之粉，能消化於水，成極酸而毒之水，此為三本之質，其化學性情與燐養略同，所成之鹽類與燐養同形而異質，所消化而得之水，與銀養淡養相和，則結成櫻紅色之質，鉮養之鹽類質有兩種，為英書之正藥，一為鈉養鉮養，一為鐵養鉮養，其藥性與鉮之他種雜質略同，

鈉養鉮養

此質之正式，為二鈉養輕養鉮養，加十四輕養，即與二鈉養輕養燐養，加十四輕養同形異質，其性亦烈，或有醫士應用鉀養鉮養之時，喜用此藥治皮膚病有功效，法國與日耳曼國久已用之，一千八百六十四年始載入英書中，

鈉養鉮養為無色透光之顆粒，能消化於水，所得之水有鹼性，如與鋇綠，或鈣綠，或鋅養硫養相和，則成鋇養鉮養，或鈣養鉮養，或鋅養鉮養，如與銀養淡養相和，則結成紅色之質，為銀養鉮養，此等結成之質，俱能消化於淡養水內，

取法　將鉮養十兩，鈉養淡養八兩半，乾鈉養炭養五兩半，其成極細之粉，須在瓷乳鉢內磨勻之，所得之質盛於火泥礶內，蓋密之，加熱至紅，至不再發沸，而全鎔化為度，乘熱時加入沸蒸水三十五兩調攪之，消化已盡，則以紙濾之，待成顆粒，將所得之顆粒置於斜面，令水流下，用生

紙速收其面之餘水盛於瓶中塞密之

此法與科脫魯所設之法相似科脫魯之法用鉀養$_{三}$一百分鈉養淡養$_{五}$一百十六分入倒焰爐中加熱所成之鹽類消化於水中而用鈉養炭養$_{二}$滅其性則鈉養淡養$_{五}$之淡養$_{五}$化分而其養氣一分劑爲鉀養$_{三}$所收變爲鉀養$_{五}$此質與鈉養淡養$_{五}$相合但鉀養$_{五}$之一半不化合其式爲

二鉀養$_{三}$丄二(鈉養淡養$_{五}$輕養)＝(二鈉養輕養鉀養$_{五}$)丄鉀養$_{五}$丄二淡養$_{三}$丄輕養

試法　此質一分能消化於水二分內加熱至三百度則其鈉養炭養$_{二}$遇未化合之鉀養$_{五}$合成鈉養鉀養$_{五}$一分劑放盡其所含之水而每百分減重四〇·三八分如將其餘者十釐合於鈉養試水五十三釐再加銀養淡養$_{五}$漸加至一千六百十三釐之先其凝結成質之事不停此爲英書之試法

功用　此質功用與鉀養鉀養$_{三}$略同或言其性較輕而惹胃亦較少

服數　以十六分釐之一至八分釐之一爲一服再妙服法作鈉養鉀養$_{五}$水服之

鈉養鉀養$_{五}$水

取法　將無水鈉養鉀養$_{五}$四釐以蒸水一兩消化之其作乾鈉養鉀養$_{五}$之法加熱至不及三百度

此水每一兩含鈉養鉀養$_{五}$四釐與鉀養鉀養$_{三}$水同不加臘芬大浸酒令其有紅色其服數與鉀養鉀養$_{三}$水同或言其性更輕而惹胃內皮與眼罩睛皮亦更輕

服數　以三滴至六滴爲一服漸加至二十滴爲一服

三鐵養鉀養$_{五}$

作此質之法將鐵養硫養$_{三}$水與鉀養鉀養$_{五}$水或鈉養鉀養$_{五}$水相和結成者即此質也此爲綠色無味之粉不能消化於水漸乾之時則鐵養之一分變爲鐵養$_{三}$英書亦有此說能消化於輕綠水內此水與鉀$_{二}$衰$_{三}$鐵或鉀$_{三}$衰$_{六}$鐵$_{二}$相和俱應結成藍色之質如與鈉養相和加熱令沸則成鈉養鉀養$_{五}$如將其消化之水與淡養$_{五}$相和滅其鹼性再加銀養淡養$_{五}$水則結成紅色之質此藥歐洲他國醫士久已用之法國醫學院查明其功用而表著之一千八百六十四年初載入英書中

取法　將鈉養鉀養$_{五}$加熱在三百度以內逐出其水後取其四兩鈉養醋酸三兩在沸蒸水二升內消化之又將鐵養硫養$_{三}$九兩在沸蒸水三升內消化之後將兩種水調和則結成白色之質可用細洋布濾之以水洗之至所洗得之水加淡鋇綠水不結成爲度將結成之質以堅固之麻

布包之用螺絲壓器壓之令放盡其水再將其質置於能收水之磚上入熱汽房內烘乾其熱以一百度為限

依上法取之則有鐵養硫養三分劑化分其鉀養合於三鐵養成三鐵養鉀養其三硫養合於鈉養鉀養之鈉養二分劑又合於鈉養醋酸之鈉養一分劑成鈉養硫養三分劑此質消化於水內而醋酸亦存於水中

試法　如於輕綠內消化此質沖水令淡後加鋇綠水不可有結成之質如有之則知其含硫養如將此質二十釐在淡輕綠水中消化之加水令淡則加鉀養二鉻養水一百七十釐之先加入鉀衰鐵結成藍色之質此為英書之

試法此鹽類質中之鐵養易變為鐵養如不速烘乾則更易有此弊依英書之方得鐵養至少之數須配鉀養二鉻養一百七十釐方能令變為鐵養

功用　此質作外科之用有烙炙性內科中用之在胃中消化其性與鉀之他種雜質相似如癰疽與瘤之腐爛處用此作烙炙藥令成痂數日能脫此為醫士康瑪可所設之法此質一分可與三鐵養燐養四分相和即三鐵養鉀養三十釐可合於三鐵養燐養一百二十釐

醫士加司拿勿與彼愛脫用此藥治大水蠱癩並皮鱗之病又杜龍爾醫士云此質之性較鹼類合於鉀之質更輕無甚不便用之處

服數　以十六分釐之一至八分釐之一成丸為一服外科中用之以三十釐合於豬油一兩磨勻成膏但外科中用之極危險必慎之

鉀綠水

此質久用之為藥約於一千八百年醫士伐蘭徑初用之其作法將鉀養與鹽相和蒸之將所蒸得之質以淡輕綠水消化之但與鹽相和而蒸之無有變化之事祇蒸得淨鉀養而已故近時不用蒸法一千八百六十七年之英書仍用倫書之法

取法　將鉀養八十釐磨為細粉加輕綠二錢蒸水四兩加熱令沸至全消化為度再加蒸水足以配滿一升此質較倫書之方所作者濃三倍而與鉀養鉀養水同濃重率得一·〇〇九

此水每一兩內含鉀養四釐化學家疑其水含鉀綠即如輕綠三分劑遇鉀養一分劑則養與輕化合成水三分劑而其綠氣三分劑與鉀化合成能消化之質即鉀綠其式為

鉀養丄三輕綠‖鉀綠丄三輕養

將其水熬乾似再化分而鉀養分出成小顆粒化學家非

勸白云先用輕綠消化之則不再化分此水可用前述之試法定其含鈾如與銀養淡養水相合則結成銀綠不能消化於淡養水內而能消化於淡輕水中

依近時所設之方取鈾綠水即與鉀養鈾養水同濃有人喜用此水而不用鉀養鈾養水

功用　此藥爲含鈾藥之最佳者功用與鉀養鈾養略同或言其惹胃之性更輕醫士卑德門與法拉信用此藥治皮膚之病

服數　以二滴至五滴爲一服漸加多

鈾硫即雄精

古人用此質爲藥品印度近時亦用之並用鈾硫此鈾硫質其色紅爲天生之質又可用法取之鈾硫之分劑數其得一百零七地中所產者爲紅色之塊其面光如玻璃或遇見爲紅色之粉其用處在乎作顏料其性毒有一分在胃中變爲鈾養但人已死之後其鈾硫與鈾養俱可變爲鈾硫此因胃中消化腐爛之事發輕硫氣而得此變化也

鈾硫

此質之分劑數其得一百二十三地產者有之亦可用法取之即將輕硫氣行過含鈾養之水內尋常出售之鈾硫礦爲鈾硫與鈾養相合者故較鈾硫更毒有一種名雄黃其最佳者從東方各國運進化學家苦里司脫生云化分此質而知其大半爲鈾硫另有鈣養若干每百分內約含硫黃十六分

鈾碘

此質爲橘皮紅色之粉無臭無味易於化散其取法將鈾一分與碘五分相和加熱即成有數種皮膚之舊病如麻瘋與魚鱗癬以八分釐之一爲一服漸加至四分釐之一爲一服可得大益觀下節含此質之藥品

鈾碘合汞碘之水此爲阿書之方

阿爾蘭京都醫士得納分於一千八百三十九年初用以爲藥而阿書中即載其取此藥之方以後阿書略依得納分之法而另設一方

取法阿書　將鈾之細粉六釐淨汞十六釐淨碘五十釐半酯半錢各物磨勻至得乾質漸加蒸水八兩而連磨之傾入玻璃瓶內加熱令沸待冷加蒸水足以配滿八兩六錢爲度

用酯之意令其三質化合所用之碘略足令其鈾變爲鈾碘此質之分劑數其得四百五十六又令其汞變爲汞碘其分劑數其得二百二十七依上設之比例爲之略得鈾

碘三一分劑，汞碘二分劑，如欲得其兩質準有此比例，應用鉀七十五釐，汞二百釐，碘六百三十五釐，如依此比例取之，則此藥可謂鉀碘三合於汞碘之質，此水每量杯中一兩含鉀養三一釐，汞養二釐，碘六釐。

此水之色得綠黃色，其味濇，如水中含嗼啡啞或鴉片，則令其結成，所含之汞與碘與鉀，俱可用其特設之試法試之。

蘇比蘭設法分取其鉀碘與汞碘，後以水消化之，令每水一百分含鉀碘三一分，汞碘一分，此水較得納分所作之水稍濃。

功用　此質有鉀與汞與碘三質合成之功用，或用以治疔毒，又用以治麻瘋與皮膚之病。

服數　以十滴至半錢為一服，必謹慎漸加多服之，與鉀之他種藥同。

錯

化學家白西里由司於一千八百零三年考得此質，得此質之礦在瑞典國，西名昔來得，譯曰重石，取法將此礦與輕綠相和，再加淡輕三養福蘇以酸，分出其水所含之鐵，又加淡輕三至有餘，令錯養結成，將此結成之錯養再用輕綠消化之，則得錯綠，烘乾之，與鉀相和，則成鉀綠，能消化於

水中，所餘之質為錯粉，其色灰，加熱則燒而成錯養。錯常與兩種金類和合，即鑭與鏑，難於分開，即如錯養與錯養三含鏑養，令其色為黃或櫻，但其原有之色為白色。

錯之能消化之鹽類質，其味甜而濇，如加鹼類或鹼類含炭養氣之質，則結成黃白色之質，如加至有餘，亦不能消化；如合於鈉養燐養五，則結成之質能在淡養五水中消化；如合於草酸或淡輕四養草酸，則結成之質能在淡養五水中消化；如合於鈉養硫養三或鉀養硫養三之濃水，則結成鈉養硫養三或鉀養硫養三與錯養相合之質，試法易於分辨；將含錯之質與輕硫或沒石子沖水相和，無結成之質，如與鉀二衰二

鐵相和，則結成白色之質。

錯養草酸

此質之原質為錯養炭養三，為不能消化之鹽類質，取法將錯之能消化之鹽類質，如錯綠等，與淡輕四養草酸水相和，令其結成，即此質也，此為白色成顆粒之粉，不消化於水，加熱至紅則化分成紅櫻色之粉，為不淨之質，在輕綠水內消化而不發泡，所得之水可用試錯之法試之。英書云：如將此鹽類質與鉀養水相和，加熱令沸而後濾之，則所濾得之質遇淡輕四綠水，不應有變化之事，如有結成之質，則知其含鉛或銀，如加醋酸至有餘，再加鈣綠，則結成白

色之質爲鈣養草酸能消化於輕綠水內如將此質十釐
加熱煆之則減重五釐至二釐
功用　此質功用與銀略同英國醫士辛伯生初用以爲
藥治婦人懷孕或妄言笑等病之嘔吐
服數　以一釐至二釐爲一服可合龍膽草膏成丸服之

上海曹鍾秀繪圖
無錫徐華封校字

西藥大成卷三之六

英國　來　拉
英國　海得蘭　同撰
英國　傅蘭雅　口譯
新陽　趙元益　筆述

汞以下四種爲貴質金類

汞之分劑數得一百俗名水銀西國俗名活銀自古以來各國俱有之羅馬人與阿喇伯人用以爲外科之藥印度人初用以爲內科之藥中國數處產之西班牙國之阿勒瑪墩與地利國之以特里耶嗒爾尼由勒南亞美利加數處俱產之舊金山近得水銀極多天成者有數處產之但尋常所得者爲汞硫即硃砂間有與銀相合者又有與綠氣相合者俗名牛角汞其取法將汞硫合於鈣養或合於鐵而蒸之則其質與硫黃化合而水銀分出

形性　汞爲金類之流質即在冷熱適中之時爲流質光色如銀無臭無味重率得一三五六八減熱至負四十度則凝成八面體能打薄如鉛因減熱而縮則重率加大至一四加熱至六百六十度則沸變爲無色之霧此霧濃而重英國化學家法拉待云冷熱適中時能自變爲霧在空氣中不加熱則不改變如加熱則與養氣化合成紅色之粉爲汞養又成灰色之粉爲汞養俗名黑汞養若加熱更大則放出其養氣汞與綠氣與溴化合之質各有二種與

磺化合之質有三種，與硫化合之質有兩種，一爲黑色，一爲紅色，又能與數種金類化合，即如金銀鉛錫鉍鋅能與之化合成膏，衰能與之化合成汞衰，汞與養合成之質，能與各種酸質化合成鹽類質，最易與淡養化合，雖用其淡者而不加熱，亦能化合，含汞之水內浸入紅銅片之光面者，則有汞一薄層凝於其面，如加輕硫，則成黑色之汞硫，如將鉀養或鈉養加入汞養所成鹽類質之水，則成灰色之質，如加入汞養鹽類質之水，則成紅黃色之質，如加淡輕，則結成雙鹽類質，即如汞養淡輕綠，凡汞所成之鹽類質大半在後數節詳論之

試法　汞所含之異質有鉛錫鉍等，既含異質，則減其光，如搖動之則其光更減，將汞之小球移動於白紙面，其行過處不應有痕迹，如有之則知其含異質，但淨汞之溼者亦常有痕迹，尋常出售之汞應先濾之，去其所含異質之小塊，其重率應得一三五，加熱則應全化散，將淨汞傾入冷硫强水中，或沸輕綠水中，則不消化，故將所欲試之汞加入此兩種强水中，再將其强水熬乾之，不應有餘質，所含之鉛錫鉍等金類，可用尋常試法試之。

近時將尋常出售之汞作藥品之用，一千八百六十四年之英書有提淨汞質之方。

取法　將尋常出售之汞三磅，少加熱，蒸出二磅半，後將蒸得者合於淡輕綠水三錢，即加蒸水九錢者，加熱令沸，洗之，烘乾之

化學家疑汞之分劑數尚未定準，其故因汞與他金類同形異質之相關，難於得之，有多化學家，如步蘭德沛離拉傅尼司俱云，紅色之汞養爲汞與養合成質之最難變化者，故疑其爲養一分劑汞一分劑相合而成，其灰色者，疑爲汞二分劑養一分劑相合而成，或爲汞一分劑養二分劑相合而成，而汞與綠合成之質亦有同理，即有汞綠常名汞綠，又有汞綠，依此理則汞之分劑數得一百，此爲英書所定之數

反之，如從含金類最少之雜質爲起，則灰色之汞養必記之爲汞養，其紅色者爲汞養，又汞綠爲汞綠，其汞綠仍爲汞綠，依此理而計之，則汞之分劑數爲二百，此是倫書所定之數，化學家多信從之，然近時化學家以爲此事尚未查明，不應改一千八百六十四年英書之名目，因改之之後，則汞鹽類質之名目俱混

汞雜質之功用　汞之雜質用處甚廣，如欲得汞之輕性，可用水銀丸，俗名藍汞丸，此丸內所含之汞分爲極細之點，又含汞養若干，或可用汞綠，爲不能消化於水之質，然

汞綠為重性之藥服之最為危險因其性大毒然亦不能消化於水凡汞之藥品在胃中或腸中消化而入血內含汞之藥能令血淡能減其非布里尼與血輪因此能減生炎之事又因同緣故能收酸味等質如為新炎症則能止之如為舊炎症則能助血收其結成之料若病已甚重則汞不及鉀因顯其功力更遲然用汞所得之益處更能耐久如肺胞膜肝腦生炎其功用甚大痛風風溼病服之亦得大益如連服汞劑至齦肉紅腫或略痛則知汞已滿量不必再用

汞不但能治各種炎症又能治各種疔毒病大有功用因

徑能專治此病也如初患此病瘡處不加深身力不甚減則汞為各種藥品中之最佳者服法必先與鴉片相合則無從大便瀉出之弊即如因疔毒而眼簾生炎為必不可少之藥又如骨衣生炎等病服汞劑其功用不及鉀碘汞入血中有感動血之性情謂之改血藥而改血藥中汞居其首

汞入血中若干時後則行過核而出能感動所有之津液又為發汗藥利小便藥生津藥又為逐膽汁藥與瀉藥如用為瀉藥則必先因感動肝臟而得泄瀉此為常用之法而汞劑可獨用之又可合於他種瀉藥服之如其人體胖而血多或有不消化之病或痛風病可服此令瀉大有功效小兒服之亦最平穩汞綠等劑可用於霍亂吐瀉病醫士或多用之或疑其無大功用凡瘰癧病瘧病血虛病服此藥或能感動肝臟令身得益

各種汞藥亦可於外科中用之即如疔毒瘡楊梅瘡可用汞與養合成之質為黑色洗水或黃色洗水又水銀油膏內含汞養少許並含多汞可搽於皮外為行血改血之用或由皮膚收進而顯出汞藥之性汞綠可為洗藥能惹皮膚而有收斂之性如用其更淡者可為楊梅瘡洗藥汞養油膏可搽舊瘡之不改變者為感動之之用汞養淡輕綠油膏為輕弔炎藥汞養淡養油膏為行血之藥可治眼蓋內皮生炎

含汞之藥

汞有金類之形常言其無功用然有數種藥用水銀原質合於其內雖未變化可服之而得其大益此各藥內或將水銀合於乾粉或合於膏質或合於油質磨之極勻則水銀不能分辨因其粒甚小目力不能見也用尋常顯微鏡亦不能見之惟用最深顯微鏡能見其小圓粒此各藥內之水銀謂之死銀其藥大半為深灰色其汞少許與養氣化合然其大半人目雖不能見仍為汞之小粒如將此藥

少許置於黃金或銀之面以手擦之則易顯出水銀之痕迹

水銀散 俗名銀灰散

形性　此散重而色灰無臭少有金類之味又有白石粉之味不能消化於水但其白石粉遇酸質則放炭養氣

取法　將水銀一兩提淨白石粉二兩在瓷乳鉢內磨之極勻至目不能分出水銀之原粒其料之色勻淨全爲灰色

大造藥材之肆用大桶盛料以汽機磨勻轉動極速依此法爲之極易勻淨

此散每重三分含水銀一分此水銀成極細之點服之有感動之性依倫書之方取之每重八分含水銀三分如加大熱則水銀飛散所餘者爲白石粉如浸於醋酸內則消化其白石粉所餘者爲水銀磨勻之時或有水銀少許與養氣化合如依非勒白所設之取法則將白石粉先加水若干或依舊阿書之方將水銀先合於瑪那用此二法所有與養氣化合之汞更多化學家納分司查得含汞養少許之據每百釐內約含半釐納分司之查驗法將白石粉以輕綠消化之如含汞養則必變爲汞綠將其餘質洗之以淡淡養消化之化盡其水銀則餘下者有白色之粉爲汞綠將此質令遇鉀養水等變爲黑色此爲其據見藥品記錄第四本第四百十二頁

試法　加熱則化散其若干分餘者無色浸於醋酸內能發泡能發沸而全消化所有消化之水合於輕硫不變黑色然此藥極難磨勻尋常出賣者間能見水銀之小粒

畏忌　酸質酸性鹽類質含硫養之質鉛養醋酸

功用　爲輕改血藥與瀉藥又可爲滅酸藥

服數　以五釐至半錢爲成人之一服二釐至五釐爲小兒之一服必與粉或糖或膠等質相和服之

水銀丸 俗名藍汞丸

此藥色藍質軟內含水銀分爲極細之點惟有少許與養氣化合

取法　將汞二兩玫瑰花膏三兩磨勻至不能見水銀之小粒爲度再加甘草細粉一兩磨勻之

大造藥材之肆俱用汽機之力磨勻藥料大得其益因其功用與磨勻藥料之工夫有相關有人設法先加司替阿里尼後加玫瑰花膏司託大所設之法見藥品記錄第十五本第三百二十二頁將水銀先與甘草粉磨勻凡水銀丸磨於紙上其迹內不應顯水銀之小粒每重三分含水銀一分納分司曾化分此丸云每丸一百釐內含汞養約四分釐之三見藥品記錄第

四本第四百十二頁如將此丸以沸水消化而洗之再加鉬綠不應顯出含硫養之據間有貪利藥材肆因出售玫瑰花膏以色深為要則加硫養水得更深之色此質與水銀相合成二汞養硫養為大毒之藥易以鉬綠試法分辨之

功用　為改血藥瀉藥用此藥能令體內多含水銀如疔毒與數種生炎之病可服之

服數　三釐至五釐或多至十五釐為一服為瀉藥用五釐者朝晚服之以齦腫為度間有加鴉片少許令水銀無瀉性此丸每三釐含水銀一釐

水銀油膏　俗名藍汞膏

水銀膏古時羅馬人曾用之布里尼云汞有毒性但用以作膏摩於肚腹之上能得其益可止便血後阿喇伯國人用之復從阿喇伯國傳回歐洲各國用之

取法　將汞一磅提淨豬油一磅提淨牛羊油一兩磨勻至水銀細粒不見為度

磨勻之後能令水銀細粒隱而不顯另有水銀若干與養氣化合然化學家詳細化分此藥云並不含汞與養氣化合之質而因此藥之功用與其磨細之工夫有比例如磨勻之工不足則無含養氣之質在內或言用乳鉢磨勻其工力不敷用顯微鏡能見其小粒須用汽機之力磨勻而每磨若干時將其料置於多風處共需數十日方成造藥之肆或設法將其料先與舊水銀膏相和又蘇比蘭設法將豬油鋪於窟室中成薄層或半月至數月俱可復取出與水銀相和近時有人考得便法用鉀養硫養或鉀養淡養少許添入其內則水銀早能隱而不顯

化學家奇布特夫苟勒婆來俱言屢次試驗水銀膏其水銀大半不變化祇成細點而已奇布特言查此水銀膏每二百分有汞養一分與油類之酸質相合然苦里司脫生言曾化分此膏得汞養之數頗多如用長玻璃筒化此水銀膏則水銀分出沈於筒底油浮於上成黃色之質幾能

透光如將輕硫氣通過此油則變為深黑色雖濾之其色仍存或將此油與淡醋酸相和加熱至一百五十度置瓶中搖動之換入醋酸數次依前法為之再通過輕硫氣則多有黑色之質結成為汞硫可見其油內必含汞養與油中之酸質相合苦里司脫生又言每水銀膏一百分含汞養一分即所用之汞之五十分之一有此變化化學家得納分於數年前設法如融化之水銀膏其上層含原水銀之五分之一然其能顯水銀粒之性仍存故以為此膏之上層幾分為豬油與不變化之水銀相合又有幾分為汞養與豬油相合之質又言其為藥之功用恃此一分醫學

家巴黎司於舊時藥品書言明用汞養作此膏較之用汞更佳苦里司脫生言水銀膏有功用之一分或爲原合之汞養或爲搽於皮膚時所成之汞養醫學家貝倫司布倫云膏內之油質變酸俱因所成之汞養此質爲膏內有功用之一分見藥品記錄第十本第五百五十四篇

試法　尋常出售之水銀膏其製合之法太粗或用水銀太少分辨之法可與上等水銀膏比較其顏色又可權其重率應得一．七八擦於紙面不應有小圓粒顯出用第四號顯微鏡觀之亦不應顯出惟用極大力之顯微鏡觀之能見其無數小圓粒見藥品記錄第三本第三百九十九篇如將此膏浸於

沸水中則油與水銀自然分開浸於以脫中亦然將所分出之水銀權得其輕重能知配膏之料合比例與否有貪利藥材肆因用水銀太少嫌其青色太淡則加普魯士藍至與眞水銀膏同色爲度

功用　或搽皮膚或服之俱能令身體收水銀至飽足而鼬腫如瘡之由於疔毒者可用此膏搽於患處令所蓋之布不致黏連

服數　此膏內水銀與豬油等重將半錢至一錢朝晚搽於腋下或腿彎或別便當處不久則身內含水銀飽足牙齦浮腫病者不可着冷亦不可換衣服搽此膏者必用膀胱皮一層襯手爲要歐洲他國醫士用此膏二釐至五釐與甘草膏相和成丸病者服之則身內含水銀易於飽足凡欲急用水銀之劑可用此法如在熱地亦可用之

水銀雜油膏

取法　將水銀油膏六兩黃蠟三兩橄欖油三兩樟腦一兩半將蠟先加小熱與油調和待冷將凝結時加樟腦細粉並水銀油膏調和至極勻爲度

此藥於一千八百六十七年載入英書較水銀膏更淡因前膏內水銀約居其半且此膏有香氣可聞也

水銀雜洗藥

取法　將水銀油膏一兩樟腦洗水一兩漸加熱調和漸添淡輕水一兩盛於瓶內搖動而調和之

功用　此爲流質水銀油膏與感動皮膚藥相和較之前兩種功用略同能令久不能愈之瘤散開又能令生炎處餘料爲血所收間有用以令身體速收水銀至飽足因能感動身內之清汁也此藥內豬油與淡輕相合成肥皂類此物能收水銀令不沉下

水銀硬膏

取法　將水銀三兩橄欖油一錢硫黃花八釐鉛膏六兩先將油加熱漸添硫黃連調至和勻再加水銀在乳鉢內

磨至不見水銀小粒為度又將鉛膏另融化之添入前藥中調和之倫書作此膏之方汞居其五分之一英書之方汞居三分之一

一千八百六十四年英書作此膏之方與上方異因含硫黃稍多與倫書之方所作者略同

功用　作硬膏鋪於患處則能感動血內清汁而分之無論交節久腫或核腫或肝脾久病俱可用之

水銀阿摩尼阿古末硬膏

取法　將硫黃八釐橄欖油一錢少加熱漸添入調和極勻再加入水銀三兩在乳鉢內磨勻至不見水銀小粒為

度另將阿摩尼阿古末十二兩融化之與前料相合磨至極勻為度

功用　其功用與前膏略同醫家以為較前膏之性更重如核與交節腫脹或瘤久不散用此膏可治

水銀外塞藥

取法　將水銀膏六十釐偏蘇以克豬油二十釐白蠟二十釐替亞布路瑪油八十釐先將豬油蠟與替亞布路瑪油少加熱和勻後添水銀膏與各料和勻乘其未凝結時傾入模內每模能容十五釐或待冷將其料分為十二等分每分搓成圓柱形或別種形以便作外塞之用

此藥於一千八百六十七年載入英書如肛門瘻管痔瘡赤白久痢等病俱可用之

汞養　又名汞養又名煆汞養

汞養之分劑數共得二百零八為深灰色之粉無臭無味其質重重率得一〇·六九不能消化於水見光則易化分熱至二百十二度亦能化分其大半變為汞餘者與養氣化合其色變黃或變為橄欖色加熱至六百度則全化散加入醋酸內或淡硝強水內則易消化再加鹼類則結成沈下如在其鹽類質水中加輕綠或能消化之含綠氣之質則結成白色之質為汞綠如加鉀養或輕硫則結成黑

色之質如加淨紅銅一塊則其汞結於銅面取此質之法將汞綠與鈣養水相和則水內有鈣綠而汞養結成沈下加熱烘乾熱不可甚大亦不可見日光水銀散水銀丸水銀油膏各藥內有自成汞養少許每百分內含汞九六·二分養三·八分近時汞養不列於正藥品內

功用　為輕性之水銀劑其原質不定故內科中不用此藥即用之亦必極少化學家得納分云水銀油膏應用汞養為之

服數　以一釐至五釐為一服或用之為滅臭藥外科中用以作油膏將汞養一分豬油三分或五分和勻之又用

以作黑色洗水。

水銀黑色洗水　俗名黑洗水

取法　將汞綠三十釐，鈣養水十兩，和勻之。

此藥於一千八百六十七年載入英書，各處醫院久已用之，又用爲洗疳毒瘡之水。

汞養　又名紅色汞養，又名汞養，又名汞養淡養五，又名煆汞養。

汞養之分劑數共得一百零八，久用之爲藥，古人奇巴能作此藥而用之。

形性　汞養爲橘皮紅色之粉，無臭味，似金類而可憎，重率略得一一·○，幾不能消化於水，惟沸水中稍能消化，每水十六兩能消化其一釐，卽水七千分能消化其一分。醫士拜加云，查此質消化之數，每水一千分能消化其○·六二分。光與熱俱能令其化分而變色，加熱至不及紅色，卽放養氣，而水銀化散。易在淡養五或輕綠內消化，又易在醋酸或輕衰酸內消化。每百分內含汞九二·七分，養七·三分，共得一百分。

取此質之法，將水銀盛於小口瓶內，加熱至六百度，連加熱若干時，變成汞養，爲紅色鱗形之粒。又法，將汞綠水與鉀養水相和，所結成之質爲汞養，取出，少加熱烘乾之。其式爲

汞綠丄鉀養〢鉀綠丄汞養

又有法，將汞養淡養五加熱，則漸化分，變爲汞養。此爲英書之法，卽與倫書取汞養淡養五之法相似。

取法　將水銀八兩，硝強水四兩半，水二兩。先將水與硝強水相和，滴入水銀之半，熬乾其水，將所得之乾粉置乳鉢內，加其餘水銀，磨勻，所得之質盛於瓷鍋中，加熱連調之，至不發酸性之霧爲度，待冷，盛於瓶中，塞密之。

依此法取之，初成者爲汞養淡養五，其淡養五之一分放養氣一分劑，爲汞所收，卽有淡養四放出。其式爲

汞丄二淡養五〢汞養淡養五丄淡養四

再將水銀之一半，合於前所得之汞養淡養五，磨勻，加熱，則汞養淡養五爲水銀所化分，卽得汞養，爲橘皮紅色之粉。其式爲

汞丄汞養淡養五〢二汞養丄淡養四

所得之質未免含汞養淡養五若干，如用淡養五過多，則必含此質。其汞養淡養五受熱之時，則放淡養四氣，所以將紅色汞養置試筒內加熱，所放者應爲養氣，如放橘皮紅色之霧，則爲淡養四氣。

化學家步蘭德云，大造此藥之法，用水銀一百磅，配重率一·四八之淡養五四十八磅，應造成汞養一百十二磅。

將汞養以輕綠消化之則可用汞綠之試法辨之觀汞綠節

試法　加熱則放養氣餘質爲汞之原粒或汞全化散藥肆中或加紅色之土或磨刀粉或鐵養或鉛養用加熱法試之此各異質不能化散如將汞養加熱應不放淡養[四]之霧又應全消化於輕綠水內如將汞養浸於水中加熱令沸或在水中洗之加銀養淡養[五]水如無結成之質則知其不含汞綠

功用　爲引病外出藥行氣藥久不愈之瘡將此藥粉敷之可愈皮膚生小粒可用此作烙炙藥去之又有一種藥俗名黃色洗水此水內有消化之鈣綠另有黃色之汞養

輕養亦可用之其功力略同但用時必摇動其瓶令其不消化之料和勻或將汞養成丸以八分釐之一至一釐爲一服然此藥之性情究未定準勿用爲妙

水銀黃色洗水俗名黃洗水

取法　將汞綠十八釐鈣養水十兩調和之

此藥於一千八百六十七年載入英書可洗疔毒瘡與久不能愈之瘡

汞養油膏又名紅汞養油膏

取法　將紅汞養細粉六十二釐黃蠟四分兩之一杏仁油四分兩之三先將蠟少加熱融化與油和勻將凝結時加汞養和勻之此膏之濃比阿書之方所作者得四分之一

此膏之新作者得光紅色但因汞養易變化而放養氣則其膏先變爲灰紅色後變爲藍灰色

功用　爲行血氣藥久不能愈之瘡可用之眼瞀炎症亦可點之

汞碘又名綠色汞碘

汞碘之分劑數共得三百二十七近時列入藥品初用者爲法國醫士科恩台也此藥成重而綠黃色之粉加熱則化散不能消化於水與醕內亦不能消化於鈉綠之淡水

內但易化分而放其碘能消化於以脫與酸質內見光能化分加熱則變紅待冷則變黃色加極大之熱則化爲汞與紅色汞碘此藥每百分內含汞五五·五分碘四四·五分共得一百分

取法　將水銀一兩碘二百七十八釐磨勻漸加正酒醕至水銀小粒不見全變綠色爲度將其粉置暗室中多遇空氣至乾存於暗色玻璃瓶中塞密之

汞與碘照以上之比例配合磨勻則生大熱故備此藥者必慎之因其熱過大則有扯裂之危險也加醕之故因欲消化其碘令碘與水銀易相合而水銀即變化而不見初

時有汞碘變成其醋能令此汞碘與汞相合即成汞碘又有作汞碘之法將鉀碘水與汞養淡養水相和其淡養必有餘所結成之質即是觀蘇比蘭書第二卷五百十五篇

試法　此藥得暗綠色之粉不易消化見光則變更暗之色置試筩內漸加熱則化散成黃色之粉爲汞碘將此粉磨之則變紅色而有水銀之小粒分出此藥不能消化於鈉綠水內如含異質則用上法試之其異質必顯出如見熱或光則令化分成汞與紅汞碘

功用　爲惹胃之毒藥如人有瘰癧病而同時有疗毒服之能改血而行氣汞碘與汞碘久服之能顯出汞之性情

服數　以一釐至三釐爲一服如將其一分合於豬油八分磨勻成膏可搽瘰癧所成之瘡

汞碘　又名紅汞碘

此質之分劑數共得二百二十七成大紅色粉不能消化於水漸加熱則化散再凝結成鱗形顆粒不久即變黃色待冷則變紅色沸正酒醋內能消化其若干分待冷即結成顆粒能消化於鉀碘熱水內與汞綠熱水內待冷再能凝結能全消化於鈉綠濃水內此水每百分必含鈉綠四十分有二百十二度之熱方能消化待冷再凝結成美觀紅色顆粒可用此法與汞碘分辨之因汞碘不能在鹽水中消化也此藥有一奇性因所成之顆粒與加熱令其化散之熱度有相關且其顆粒原爲黃色將硬物捶之立變紅色

取法　取此質之法即與取汞碘之法同但所用之水銀必爲其一半英書之取法用結成法取之阿書之舊方亦然

英書之取法將汞綠四兩以蒸水三升消化之另鉀碘五兩以蒸水一升消化之將兩水調和自能生熱待冷至同於空氣之熱度將其上面之水從其結成之質傾出以紙濾取其定質用淨冷水洗兩次加熱在二百十二度以內烘乾之

兩水和勻時必自生熱其汞綠與鉀碘彼此化分結成者爲汞碘消化於水者爲鉀綠所成之粉爲紅色而有細顆粒之形

試法　稍加熱則變黃色幾不能消化於水稍能消化於醋內易消化於以脫內又能在沸鉀碘水或鈉綠水內消化如浸於鈉養水中則能化分變爲紅櫻色而有鈉碘變成如濾其水加淡養令得酸性再加小粉水則變藍色如將汞碘加熱至紅應能全化散沛離拉云如含汞硫爲異質可與鉀養相和加熱鎔化再加强水則有輕硫放出如

與鉀養炭養相和，置鍋中加熱，則先有水銀化散，而後結成，所餘之質爲鉀碘，可用試鉀碘之法辨之。

功用　爲惹胃之毒藥，瘰癧病之人服此則爲改血藥，然內科中不常用之，外科中用之作烙炙藥。

服數　以十六分釐之一至八分釐之一爲一服，或成丸服之，或消化於醕內服之。

紅汞碘油膏

取法　將紅汞碘細粉十六釐、尋常油膏一兩，磨勻，此膏之濃比阿書方所作者得四分之一。

功用　爲瘡類之行血氣藥。

汞二綠　又名輕粉

汞二綠之分劑數共得二三五五，在西班牙與喀爾尼由勒能得其天生者，俗名牛角汞，印度國自古以來能作此藥而服之，英國醫士傳勒明與恩司里俱論及此事，於一千六百零八年，歐洲諸國初用之爲藥，一千八百六十四年作英書之人依沛離拉步蘭德等化學家之說，命汞之分劑數爲一百，故性平和者謂之汞二綠，而其性烈而毒者謂之汞綠，但名目既改之後，大爲不便，易生危險之事，故後來稱其毒者爲多綠之質，而依此法分辨之，一千八百六十七年英書云，凡醫士與藥肆必愼記前人所謂汞綠近改爲汞綠，前人所謂汞綠近改爲汞二綠，又謂之多綠之汞質，此爲要說。

形性　汞二綠之顆粒成四邊柱形，兩端有四邊錐形，如依法取之，則得方柱形顆粒，內含明質，有明顯之質紋，能發光點，半透光，略有牛角之形，稍有凹凸力，此爲步蘭德書中之說，重率得七二，如刮之則顯黃色之痕迹，尋常所見之汞二綠爲重粉，嘗之無味，但其粗細與白色之深淡不定，如用浸水之法取之，則得淡黃色或黃紅色之粉，如令在空氣中凝結，則得雪白之粉，以手撚之，不覺有小粒，如置於

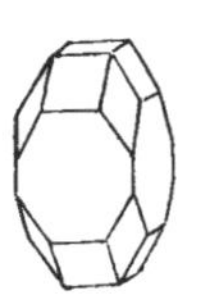

第三十二圖

小器中加熱蒸之，則變爲韌質，如牛角，磨成粉，則帶黃色，見光則變更深之色，加熱則變正黃色，加大熱則化散，不能消化於淨水、醕與以脫之內，如加入水內沸之，另加鹼類或綠氣之質，則能消化其若干分，如加入鹼類水中或鈣養水中，則立變黑色，此因汞養結成而與綠氣化合，如令遇綠氣，則變成汞綠，如遇沸輕綠，亦變爲汞綠，如加入硝強水或硫強水，則汞之半分變爲汞綠，其餘一半變爲汞養淡養五，或汞養硫養三，即有淡養四或硫養二放出，如消化於錫綠水中，則有水銀結成，而其錫與綠氣化合，如將汞二綠與鈉養炭養二相和加熱，則有水銀化散分出，此質每百分

內含汞八十五分綠十五分

取法　將汞養硫養十兩沸蒸水足以消化爲度加水銀七兩磨勻至水銀細粒不見爲度加乾鈉綠五兩在乳鉢內磨勻至久必將此料置甑中蒸之其甑必通至凝房此房之尺寸必足以令所進之霧在房中凝成細粉落下不黏於房之牆上成皮後將所成之粉以沸蒸水洗之數次至所洗過之水加入淡輕硫一滴不變黑色爲度加熱在二百十二度以內烘乾之存於不透光之瓶中塞密之

汞養硫養（觀後汞養硫養節）載於倫書者謂之汞養二硫養近時化學家定其爲中立性之鹽類質其原質爲汞養硫養與鈉綠相和加熱則化分設令其徑化分則鈉綠之綠合於汞成汞綠而其鈉合於養氣再合於硫養成鈉養硫養故必有繞道之法成之將汞一分劑與汞養硫養相和磨勻則成汞養硫養其式爲

汞養硫養丄汞ㄦ汞養硫養

將此質與鈉綠相和蒸之則綠氣與汞二分劑相合成汞綠所餘者爲鈉養硫養其式爲

汞養硫養丄鈉綠ㄦ汞綠丄鈉養硫養

蒸時常有水銀少許分出又有汞綠發出或所成之汞綠凝結之時分爲汞與汞綠故用法洗之數次設偶有此兩

物在內能去之至盡英書之法用沸水洗之最妙之法先用冷蒸水洗之後漸易更熱之水有數處地出之水因含鹽類質則用爲洗此質之水能令其汞綠化分此質內之汞綠易於消化故用洗過之水加入錏養水少許則結成黃紅色之質或加淡輕水則結成白色之質

依上法造汞綠洗時不可粗忽須得白色之粉而以手指撚之幾不覺有細粒爲要化學家瞿韋勒設法令其凝房滿足水氣或滿以水即得上等之汞綠而得國家準其獨造之據不許他人效法後有法國京都化學家恒里加益於此法法國藥品書曾載其法名此藥謂汽內所成之乾汞綠英國有數化學家造此藥久用大凝房內滿空氣（觀藥品記錄第二本第五百八十六頁與六百五十七頁）後有蘇比蘭亦用此法第房中所進之氣爲冷氣此法即斯都德加得之化學家但那所用者英書之法用大凝房造此藥

如在水中可凝結則得極細之粉阿書用此法然醫士喜用空氣中凝結者此質又名西里汞綠法人謂之白結成取之之法將汞養淡養水合於鈉綠水將所結成之質以水屢次洗之又化學家胡拉與薩士里由司用極濃汞綠水加熱至一百二十二度令硫養氣行過則結成汞綠爲美觀之顆粒

化學家湯夘生設法令汞與綠徑化合其法令綠氣與汞之霧化合於一器內其數與汞綠之分劑數相合則含汞綠與汞綠之分劑數相合則含汞綠

試法　加熱蒸之不應有餘下之質其色白置乳鉢內磨之則變黃色如與鉀養相和則變色再加熱則有汞之細粒分出如用蒸水洗之將洗過之水加銀養淡養或鈣養水或輕硫不應有結成之質設其水內有消化之汞綠則加銀養淡養有銀綠結成加鈣養水有黃色之汞養結成加輕硫有黑色之汞硫結成如將硫養以脫加熱盛於瓶內加汞綠而搖動其瓶再濾之將其以脫熬乾不應有餘

質如含汞綠則爲以脫所消化所結成之質爲汞養凡白色之汞綠未必爲極細者因有數種成顆粒者其色最白又有數種用顯微鏡能見其顆粒之形者其色亦最白或將汞綠淡輕（觀後本節）與銀養硫養相和以代汞綠出售歐洲各國皆有之又有人將汞綠多加鋇養硫養出售俱爲貪利起見易爲所誤（觀藥品記錄第二本第七百二十八頁）此質之最佳者成於空氣之內或凝結於冷風之中服之則較別法造成者更能有效

畏忌　鹼類質與其含炭養之質鈣養水鹼類含綠氣之質淡輕綠強水類金類並金類與硫化合之質

功用　爲改血行氣重瀉等藥能減熱氣能治疔毒醫家喜用其凝成者然其結成者因得極細之粉其功用亦同

服數　爲改血之用以一釐爲一服爲瀉藥之用以三釐至五釐爲一服用此藥三釐加鴉片少許相和一日二三服則能令身內速收水銀至飽足有數種病服十釐至二十釐爲平火安心之藥

汞綠雜丸　又名普勒瑪丸

取法　將汞綠一兩銻硫二銻養一兩磨勻加古阿以苦末膠粉二兩蓖麻油一兩或加或減以足用爲度磨勻成膏作丸每丸重五釐內含汞綠一釐

此丸如存之過久則化分而成汞硫與銻綠

功用　爲改血與發汗之用以五釐爲一服爲瀉藥之用以二十釐爲一服醫士普勒瑪云凡作此丸其材料必久磨至極勻爲要否則其功用必減

汞綠鴉片丸（此爲蘇書之方）

取法　將汞綠三分鴉片一分紅玫瑰花膏以足用爲度相和成膏分作丸每丸內含汞綠二釐

功用　爲發汗藥與減熱氣藥每三四小時服一丸則令身體速收水銀至飽足

汞綠油膏

取法　將汞綠八十釐提淨豬油一兩磨勻之數種皮膚生點之病用此膏頗有功效法國有方每汞綠一分或二分配豬油八分另加橄欖油之類沸離拉云每汞綠一錢應配豬油一兩湯勿生云此油膏內加柏油西名他爾之油膏四錢可治痳瘋與皮膚乾病並別種皮乾生鱗形之病

汞綠又名汞綠

汞綠一物印度人久知之梵語謂之勒思揩婆爾觀印度藥品書第四十五頁中國亦久有此藥阿喇伯國奇巴於西歷八百年以前有法能取之此質不但藥品中多用即工藝中用處

亦不少

凡醫士開方必知前名汞綠即倫書中之名現改為汞綠又謂之多綠之汞此為英書之名

形性　汞綠之分劑數其得一三五五色白味辣有金類之味在口中甚久不散無臭或成小顆粒或成半透光重顆粒重率約得五二結成之顆粒為斜方柱形間有兩端

第三十三圖

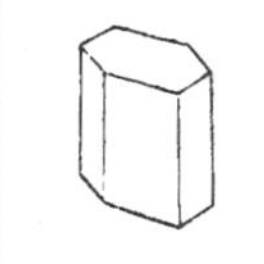

成斜平面其顆粒易於成粉久遇空氣則在角處生霜形之質加熱則先融化而後飛散能消化於水醕與以脫之內沸水三分或冷水十六分俱能消化其一分水中加鈉綠或淡輕綠則消化更易觀後節醕三分能消化其一分以脫消化之數較醕更多所以水內含汞綠或生物質加汞綠可用以脫收之如遇生物質又見日光則化分成汞綠與汞用淡養或輕綠能消化之而不變化如加鉀養或鈉養或鈣養則有黃色汞養結成沉下後變為紅色如加淡輕則結成白色之質為汞綠淡輕觀後本節如加鹼類與炭養合成之質則結成紅色之質為汞養炭養如加輕硫則先結成灰色之質後變黑色之質為汞硫如加鉀衰則結成白色之質為鉀衰汞如加鉀碘則先結成黃色之質後變光紅色之質即汞碘如與錫綠相和則收汞綠內綠氣之半

變成錫綠而汞綠變為汞綠如加錫綠更多至有餘則多收綠氣而汞分出成細粒沉下所以加錫綠先成白色之質後成黑色之質如令汞綠過數種金類如銅與銀即能化分之與綠氣相合而放出其汞近時醫家夫蘭布敦用銀化分之將汞綠一釐與銀數釐相和成黑色之粉將此粉置小試筒內筒底有泡形加熱則泡內有汞之細粒成彎形黏於泡內汞綠能與汞化合變為汞綠昔時成汞綠即用此法如將汞綠與黃金相合再通電氣則速化分汞即合於金成膏小試之法用以辨別水內含汞綠與否為最便其法將金器之面擦光如金錢等將所欲辨別之水

一滴滴於其上用小刀之尖醮於水內或用小鐵鎖匙與鐵相合同時切金與水如其水爲汞綠水則汞綠化分而金面有銀之痕迹爲水銀所成其鋼與金與汞綠水相遇成電氣因此汞綠易於化分此爲極細之試法人有誤食汞綠者則有醫士白可辣之法將極細之鐵屑與金粉并合吞下則遇腹內之汞綠令其化分成汞與綠此兩物無害於人如將汞綠水與銀養淡養五相和有結成之質此質不能消化於淡養五水內則爲銀綠可知其水中含綠氣此法可辨別汞綠之含綠

如誤食此藥在胃中能遇植物質與動物質故必查考汞綠與此各質化合之性情如何大半藥品中植物質沖水煮水及尋常之食物遇汞綠則化分之如同時見日光則化分更易又如將汞綠與定質油或自散油磨勻則能化分與糖水相合令沸亦能化分又與數種植物質之料相遇能與之化合即如漬汞綠水之木是也如汞綠遇麥內之哥路登則化分之性更猛略與動物質相同化學家俱試汞綠與蛋清相和所得之變化法將蛋清消化之用汞綠水滴入其中則結成白色片形之質此質烘乾則硬而脆略似牛角如將此硬脆之質與淡輕水相和磨勻之則不變黑色如與醋酸相和則無色白而不消化之餘質此

二法能証其不含汞綠化學家辣西納會化分此結成之質每百分得汞綠六四五分阿勒布門（即蛋白內質）九三五五分又如將此質加入多含阿勒布門水內則能消化加入汞綠水中亦能消化醫家俱以爲此結成之質不能消化在胃中無有藥性顯出故誤服汞綠者可多服蛋白解之又有醫士云汞綠與生物質相遇則放其綠氣半分變成汞二綠

取汞綠之法令其原質相遇自能變成化學家湯勿生設法多造將水銀加熱三百度至四百度令綠氣行過之又有設法造之者但尋常取法用汞養硫養三合於鈉綠

取法　將汞養硫養三二十兩乾鈉綠細粉十六兩磨勻之再加錳養二細粉一兩置乳鉢內磨之極勻將其料置甑中加熱足以令汞綠之霧升至器內冷處凝結汞養硫養三與鈉綠彼此化分其綠與汞化合而硫養三與養氣爲鈉所收成鈉養硫養三此質存於瓶中其式爲

汞養硫養三丄鈉綠‖汞綠丄鈉養硫養三

錳養二放養氣則助鈉綠化分且令其不成汞二綠

試法　汞綠之性情前已詳述如欲考其質之淨否可用下法試之加熱則先融而後化分能全消化於水內又能全消化於正酒醕硫以脫之內如含定質爲異質則加熱

令化散其餘異質即存而不散如含汞綠則此質不能消化於水每汞綠一分與以脫五六分相和則能收盡其汞綠

異忌　鹼類與其含炭養之質鈣養水肥皂打打伊密的銀養淡養鉛養醋酸鉀碘鉀硫數種金類質苦味或收斂植物質之沖水數種動物植物質消化之水

功用　爲消蝕物質藥惹胃毒藥服數釐足以毒死令腦氣筋呆滯且多顯水銀之性服之極少則爲上等改血藥如疔毒與第二等疔毒並皮膚久病均可治之如依尋常之法服之不令牙齦腫脹

服數　以十六分釐之一至六分釐之一成丸爲一服或先消化於水然後服之節(觀後)外科中用作洗藥以半釐至二釐消化於水一兩之內

汞綠水

取法　將汞綠十釐淡輕綠十釐消化於水一升之內此爲倫書之方一千八百六十七年載入英書

加淡輕綠之故欲令其易消化於水與昔人加鹽之意相同如不加淡輕綠亦能全消化於水第爲時稍久耳

服數　以半錢至二錢沖入潤性流質中服之每一兩內含汞綠半釐凡用汞綠一小服極難秤準用此水則易於量準故一千八百六十四年之英書漏去此方大爲不便

解法　阿勒布門即與蛋清相和之質服後即服沒石子沖水或兒茶沖水又乳麥內之哥路登麪粉鎂養輕養鐵硫然鐵硫一質必速服之不可在服汞綠後十五分時以外服之鐵屑或鐵屑合於金屑同時必用減熱氣藥與解別種毒藥之法同用鴉片亦能平火安心但各法內用蛋清內之阿勒布門爲最佳因一箇蛋之蛋清足以滅汞綠四釐令其不能消化

汞綠淡輕

此質之分劑數共得二五一五化學家勒立於西歷一千

三百年以前考得之其作法將汞綠與淡輕相合或成大塊或成重而色白之粉無臭有金類之味不能消化於水醕與以脫之內加熱則化分成汞綠與淡輕與淡氣如加入沸水內則化爲淡輕綠與黃色之汞養如與硫養或淡養或輕綠相和則消化而同時化分如合於鉀養焰炙水加熱則放淡輕而成鉀綠此質亦消化所餘之質爲不淨之汞養化學家尚未能定此藥之原質並其變成之理惟醫士開那論此物之理最簡最妙故化學家大半信從之淡輕西名阿美弟真其分劑數得十六此爲虛而無憑之質與淡輕之意略同能與金類化合與養氣綠氣與等相

同所成之質謂之阿美弟類若以淡輕與汞綠水相和則淡輕之一分劑化分而變為淡輕與輕其輕收綠氣一分劑之綠成輕綠與淡輕第二分劑化合又同時其淡輕放其綠氣與汞綠第二分劑化合成雙鹽類質為汞綠淡輕此質即本欵所論者其式為

二淡輕丄二汞綠‖汞綠淡輕丄淡輕輕綠

可見其淡輕代汞綠之綠而所成之汞淡輕合於未化分之汞綠前言汞綠淡輕能在沸水內化分而成汞養與淡輕綠其式為

汞綠淡輕丄二輕養‖二汞養丄淡輕輕綠

取法　將汞綠三兩以蒸水三升少加熱消化之將所得之水與淡輕水四兩相和必調攪不停有結成之質以紙濾之用冷蒸水洗之至所洗過之水滴入銀養淡養水之加硝强水令得酸性者無有結成之質為度加熱在二百十二度以內令乾

此取法中之變化前已言明而必洗其粉者因欲去其淡輕綠與汞綠也

試法　藥材肆常將此質加入別種白粉以謀利常用之粉為鈣養炭養鉛養炭養汞綠小粉鈣養硫養鋇養硫養如加熱應全化散如加入輕綠水中應全消化而不發泡如發泡則知含有炭養氣之鹽類質如消化於醋酸內加入鉀碘不應有結成之質如結成黃色之質則知其含鉛如結成藍色之質則知其含小粉如將此質加入鈣養水而磨勻之不應變黑色如變黑色則知其含汞綠如將此質與鉀養水相和加熱則變黃色而放出淡輕無有別種白色之質有此性者

畏忌　酸質鹼類質酸性鹽類質金類鹽類質等

功用　化學家以為其功用與汞之他種藥品相同如汞綠是也然此藥專作外科之用

汞綠淡輕油膏

取法　將汞綠淡輕六十二釐尋常油膏一兩磨勻之

功用　為改血行氣之油膏可治皮膚病與久不愈之瘡

汞硫即硃砂

汞硫礦為希臘國人所知之藥古之埃及國人用之為顏料中國與印度自古以來用以為藥又中國所產之硃砂在西國久已著名西國古名葛尼罷里又謂之鉛丹因此為紅色鉛養之古名昔時化學家常混而為一不能辨別之天生者有結成大塊或成顆粒形者如奧地利國之以特里耶西班牙國之阿勒瑪墩與中國俱用此礦取水銀然藥品中與工藝內所用者俱屬依化學之法為之

形性　汞硫之分劑數共得一百十六昔時化學家謂之汞硫其成塊者爲暗紅色重而有質紋刮之則有光紅色之痕迹磨成細粉則得光紅色俗名硃砂重率得八·一無臭無味不能消化於水與醕內亦不能消化於大半酸質內遇空氣不變化加熱則變爲櫻紅色在空氣中燒之得藍色之火分出硫養氣與汞如令其不遇空氣而蒸之則不變化如與鉀養相和加熱則成汞之小粒如加入輕綠則放輕硫氣

取法　將硫黃五兩水銀兩磅和勻鎔化加熱至腫立即離火而葢密之免其著火後磨成粉而蒸之其材料因加熱而能化合如不離火而葢密之則能扯裂初成之質爲黑色蒸之則得其顆粒形之粉其色深紅其質未改變

試法　如加熱則全化散而不成汞之小粒如合於鉀養加熱則成汞之小粒不能消化於淡養$_{五}$或輕綠之內而能消化於合强水內如與正酒醕相和加熱令沸則不應有紅色如有紅色則知內加血竭等爲紅料如傾醋酸於其面待艮久將其醋酸與鉀碘相和不應有結成之黃色質如有之則知其含鉛硫如疑其含錪硫可用試錪之法試之觀錪養節

功用　爲改血藥內科中不多用之印度人焚之爲滅臭藥然用灰色之汞$_{二}$養作此藥更佳

服數　以十釐至三十釐爲一服如作滅臭藥以三十釐作一次之用但所發之硫養$_{二}$霧如人吸之則能惹肺倫書有舊方將汞一分硫一分磨勻至汞之小粒不見爲度所成之質爲黑色之汞硫與多硫黃相和然此質無功用久已廢之不列於藥品之內

汞養硫養$_{三}$

汞養硫養$_{三}$之分劑數共得一百四十八不載於英書藥品之內此爲白色顆粒形之鹽類質與水相和則化分成能消化而有配性之含硫養$_{三}$質又有黃色之質結成沈下爲二汞養硫養$_{三}$

取法　將水銀二十兩盛於瓷礶中加硫强水十二兩連調至水銀不見爲度又連加熱熬乾至得白色之鹽類質其硫養$_{三}$化分爲硫養$_{二}$此質放散而養氣分出與汞相合所成之汞養與硫養$_{三}$第二分劑相合成汞養硫養$_{三}$如不加熱則硫養$_{三}$不化分而汞亦不變化

功用　其功用大約與別種水銀藥同雖不列於藥品內然作汞綠$_{二}$與汞綠以此爲料

汞養淡養$_{五}$酸水

取法　用水銀四兩與硝強水五兩相合此硝強水先加蒸水一兩半令淡不加熱而消化之消化之後加熱令沸以十五分時為限待冷存於瓶中塞密之

依上法取之先加熱則水銀變為汞養此養氣從淡養五而得之其汞養又與淡養五化合成汞養淡養五如加水過多則此質化分成二汞養淡養五與汞養淡養五為能消化之質依上法取此質則其淡養五有餘所以其汞養淡養五消化而不分出所成之水其重率應得二·二四六

功用　此藥有烙炙之性法國醫士常用之

汞養淡養五油膏

汞養淡養五油膏為大有功用之藥西國用之者多昔時藥品書內有一種治眼油膏俗名眼症金油膏近時用此膏代之如合法取之其質軟其色光黃或為檸檬色而其臭為淡養四之臭此膏間有改變者惟不合法而取之則更能改變先變硬而脆後易成粉其色變藍灰色或綠色或有花紋其汞則漸化分

取法　將汞四兩硝強水十二兩提淨豬油十五兩橄欖油三十二兩先將汞與淡養五相和少加熱消化之又將豬油與橄欖油相和盛於瓷礶用熱水盆加熱消化之但此瓷礶必為容此數之六倍乘油質與消化之汞兩物俱熱之時則將消化之汞傾入油內調之如不發沸則增其熱至發沸為度發沸之後調攪不停至冷而止

一千八百三十六年倫書之方每汞一兩配硝強水十一兩然依倫書之方作此膏最難所得之油膏不久即壞如遇鋼面或他種油膏則能令其放養氣而水銀分出又多遇空氣亦有此變化其油膏變暗色而成粉有人用他種油以代橄欖油化學家阿索白設法用一百九十度之熱為之（觀藥品記錄第一本第一百頁）後人考知用淡養五更多則改變更少

一千八百五十一年之方每汞一兩配硝強水二兩但英書中加半即用硝強水十二兩配汞四兩所用強水其重

率一·四二又一千八百六十四年英書之方用硝強水八兩其重率得一·五者則與本書之方略同英書之方較倫書之方多用豬油三分之一多用橄欖油一倍醫士俱言此方較前時之方更佳即與醫士敦根所設之方略同

汞與淡養五合成之鹽類質恃兩物所配之數又與所用強水之濃淡有相關如用淡硝強水則成汞養淡養五如用更濃之硝強水則其汞變為汞養而成二汞養淡養五如用極濃之硝強水則成汞養淡養五而硝強水之一分化分放養氣為汞所收其式為

汞上二淡養五＝汞養淡養五上淡養四

如用淡養之數不足則成淡養而不成淡養依英書之法配之則有多淡養不化合而存於油內令其油變化近時之法將消化之汞傾入融化之油質內則變化之事可分作兩層

第一層變化有成以拉以的尼之質因豬油與橄欖油俱含哇里以尼此爲流質油類而爲哇里以酸與各里司里尼相合而成既遇淡養則哇里以酸變爲以拉以的酸此爲更稠之質但其原質相同卽炭輕養此酸與各里司里尼相合則成以拉以的尼設所用之淡養不足則有以拉以的酸若干分與汞相合成汞養以拉以的酸而有各里

司里尼放出觀法國藥品書第八本醫士蒲代之論

第二層變化有油類質若干分與養氣化合其硝强水之有餘者令其油質若干與養氣化合成紅色而有膠性之流質能消化於醕內但其原質化學家尚未查明此油膏所得之黃色藉此紅色之流質而成在此各變化之中則有發沸之事其發沸之故因有淡養淡養並未化分之淡養放散蘇比蘭云同時有炭養氣放出有人疑此說未確依法得此油膏其質應軟其色光黃久存之不應變硬亦不應變色

功用　可爲行氣藥與改血藥可治眼內皮舊炎皮膚生

癤並久不愈之瘡如久用之則與服汞劑無異然此油膏已化分則不宜用因其感動之性甚大也

汞養淡養之淡油膏此爲倫書之方

取法　將汞養淡養油膏一兩豬油七兩調和之此膏以新作者爲佳

功用　爲治眼淡油膏凡用濃者覺惹眼則改用此淡者

汞養淡養洗藥

取法　將汞養淡養油膏二兩半尋常蠟膏七兩半橄欖油五兩調和曼支斯德醫院中盛行此藥頗有功效

汞養醋酸

此藥化學家久知之約一千七百五十年時法國家買作此丸之方與設此丸之人名該撒因此藥丸又有能治疛毒之名也從此卽收入藥品內化學家以爲作藥丸之料爲汞養醋酸與汞養相合或以爲祇用汞養醋酸然此藥不載於英書其顆粒之形如魚鱗能彎之色白無臭有金類辛味稍能消化於冷水在沸水內能化分幾分在沸醕內亦能化分幾分如見光則化分而變黑色如加熱則化分因醋酸與炭養氣與水銀分離如與硫養相和則放醋酸之臭如與鹼類質相和則其水內有結成之黑色汞養如爲汞養醋酸則結成黃色之質

取汞養醋酸之法將二汞養淡養之熱水與鉀養醋酸之熱水調和則有雙化分之事其汞養醋酸因難於消化則水漸令結成顆粒此藥有輕水銀之性但有人服之得其性之過重者此必因取之不合法或因合法取之之後而變化也

服數　以一釐至五釐爲一服

汞衰

化學家西里考得此質近時藥品書中俱不爲正藥色暗白無臭味極可憎結成顆粒得四邊柱形其兩端爲斜方形內不含水在空氣中不改變醕內能消化幾分熱水八

分能消化其一分沸水不及八分能消化其一分能爲淡養所消化而遇硫養與輕硫則能化分如遇輕硫則其水成黑色之汞硫如將輕綠水傾入其水中則成輕衰可以其臭辨之如將玻璃條先醮銀養淡養水令溼後置於其上則在其面結成銀衰能在沸淡養水中消化如加熱則放衰而結成汞之顆粒

取汞衰之法將尋常輕衰合於汞養至飽足而熬乾之令成顆粒汞衰爲甚胃之毒藥或有人用之以代汞綠因其功用略同也

服數　以十六分釐之一爲初服之數漸增至半釐或作丸或消化於水服之

銀

銀爲自古至今常知之金類地產者或爲純銀或爲銀硫合成之礦又有與綠氣相合或與他金類相合者如鉛金銻鉮銅等是也含銀之物有多種近有人化分海水而得銀之微數從礦分銀之法或從水銀取之或從含銀鉛硫礦分得之先煆其礦逐出其硫後將含銀之鉛用分銀法爲之西書云初用銀爲藥者爲阿喇伯國人服銀之後在胃中不甚改變遇尋常酸質亦不消化故外科之器具並化學之器具常以銀爲之

形性　銀色白而有光易於打薄重率得一〇四七在空氣中不甚改變惟面生銀硫一薄層因此減其光色加熱至光紅則鎔但尼里云加熱至一千八百七十三度而鎔伯靈西伯云加熱至一千八百三十度即鎔但無論加熱至若干度在空氣中不收養氣然合於能鎔化之含矽之質而加熱或令遇淡養則能收養氣若將銀養加熱則能化分而得銀如將銀置於沸硫養水中則變爲銀養硫養如遇輕綠亦不甚改變惟能與綠氣化合又能與衰與硫化合英國家準用之銀幣每銀二百二十二分配紅銅十八分

試法　銀間有與金相和者常含銅少許又常含鉛用淡硝强水則能全消化如內含金則不消化卽得暗色之粉爲金粉如將消化之銀水合於淡輕至有餘所得之質不應有色亦不應變濁如在淡養水中消化之而加鈉綠至有餘卽結成白色之質爲銀綠再加淡輕至有餘則消化惟所含之鉛爲淡養所消化又爲鈉綠所結成而在淡輕水中不能消化銀綠已分出之後水中加入輕硫則不變色且無結成之質知其不含鉛與銅如得鉛綠則冷水中稍能消化熱水中消化更多如含銀水中加鐵或銅或汞則能分出其銀

功用　藥品中用銀作銀養淡養銀之極薄片卽銀箔能試醋酸中所含之淡養將銀箔一片久浸於淨醋酸中消化之再加輕綠不應有結成之質純銀能在硝强水中消化不能在醋酸內消化故有結成之質卽知其含淡養

銀養

銀養之分劑數其得一百十六取法將銀養淡養水加鉀養於內卽將鉀養二錢合於銀養淡養四錢則成銀養三錢銀養爲欖色之質能消化於淡輕水內淨水中稍能消化令其水有鹼性有藥肆家出售銀養炭養合於鉀養炭養以代鉀養焫炙藥銀養應全消化於淡養水中而不發氣所成之水應有銀養淡養之性情如將其二十九釐加熱至紅應得銀二十七釐此英書之試法也

法國醫士西門的尼云銀養淡養能安肚腹腦氣筋恃其所含之銀養（觀藥品記錄第八本第九十三頁）醫士雷那云銀養淡養在胃中變爲銀綠而銀綠在血中行至皮膚之面則因光與阿勒布門之愛攝力變爲銀養如醫士用銀養代銀養淡養此質不能行過微絲血管故不能過至皮膚因此皮膚不變藍色凡久服銀養淡養者常有皮膚變藍色之弊也如此得銀養淡養之平火安心之益而無其焫炙性之弊

（觀一千八百四十年之外科記錄書）然上說有不合於理者數端總之銀養在胃中成一能消化之雜質如是行入血中又有人久服銀養皮膚變藍色與服銀養淡養同

取法　將銀養淡養之顆粒半兩以蒸水四兩消化之將鈣養水三升半傾入瓶中又將銀養淡養水與瓶中之水和勻搖動頁久待若干時則銀養沈下可濾出之將濾得之質以蒸水六兩洗之加熱在二百十二度以內令乾盛於瓶中塞密之

服此質之法用半釐至一釐與饅頭或樹膠或糖相和成丸爲一服每日二三服醫士司對納好司云此丸受熱則

其銀化分而出

功用　銀養可代銀養淡養用之有時更能有益

銀綠

銀綠之分劑數共得一四三五取法用鈉綠等含綠氣之水與銀養淡養相和故欲試水中含鈉綠等之綠氣質與否可加銀養淡養觀其有無結成之質如有結成之銀綠初時爲白色之質形如豆腐多遇光與溼氣則漸變黑色不能消化於水亦不能消化於淡養水內祇能在淡輕水中消化美國醫士潑里云銀養淡養在胃中可變爲銀綠代銀養淡養爲內科之用可得其改血補血力之益處然

此說所恃之理以爲胃汁原含輕綠酸質潑里所定之服數以半釐至三釐多至十二釐爲一服一日食三服又云服數不及三十釐可不顯其惹胃之性如服數過於三十釐則能惹胃令吐（觀英國並各國藥品記錄書第十二卷第五百六十七頁）

銀養淡養（一名各息的）

銀養淡養分劑數共得一百七十阿喇伯國人奇巴已知此藥久有人用之此物有兩形一爲成顆粒者一爲鎔化成塊者昔人以爲此兩種之性情不同其實分別祇在質點之排列不同耳銀養淡養之顆粒白而透光或爲六面形之片或爲斜方柱形大有金類之味極苦故古時俗名

金類苦藥其質重不含成顆粒之水在空氣內久不改變六十度熱之水一分能消化其一分沸水半分能消化其一分易消化於熱醋內但至冷時則大半結成加熱至四百二十六度則鎔可引入模內加更大之熱則化分如將

第三十四圖

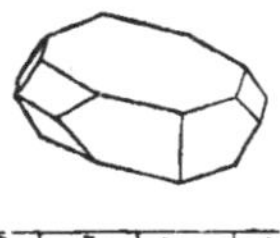

銀養淡養一小片在木炭之面用吹火筒加熱則先鎔後燒所餘之質得暗白色之皮一層常出售者爲深灰色之圓條其新作者爲灰色而有條紋自心向外周其變色之故大約因其面有若干化分而收空氣中之生物質或以爲遇濃光則能化分然有化學家司堪倫將此質置

乾淨玻璃瓶內塞密之令久遇日光竟不改變可見其變化之故與光不相關此質能令人皮膚變黑色又能令各種生物質變黑色無論定質或化於水中之質俱如是又遇定質則顯出烙炙之性如在銀養淡養水中加鈉綠等含綠氣之鹽類質或輕綠則結成白色之質如豆腐爲銀綠如將此結成之質令遇光則變黑色如合於淡輕水則消化如合於淡養則不消化此質爲試藥品所常用者能試含綠氣之質又與淡輕相和則能試含鉀養之質如合於鉀衰鐵水則結成白色之質如合於輕硫則結成黑色之質如合於鹼類水或鈣養水則得暗欖色之質爲銀養

能消化於有餘之淡輕水內如合於鈉養燐養水或合於鹼類含鉀質之水則結成黃色之質銀養燐養能在淡輕水中消化又其含鉀之質能在有餘之淡輕水中消化此質每百分含銀養六八·二四分淡養三一·七六分共得一百分

取法　將淡養二兩半蒸水五兩提淨白銀三兩盛於玻璃瓶內加熱至全消化為度如有餘賸之藍色質則傾出其清水入瓷鍋中熬至將乾待成顆粒取出其顆粒之後再熬之又待成顆粒將其顆粒置玻璃漏斗中令其面上之水漏下後在空氣中晾乾但不可令遇生物質如欲得此質之圓條須備其條之模用白金鍋或薄瓷鍋鎔其顆粒傾入模中銀養淡養必存於瓶中塞密之

此取法之理因淡養與銀相和則自能化分其養之一分與銀化合所成之銀養與其餘之淡養化合成銀養淡養所有化分淡養之淡氣合於養氣二分劑成淡養此質如與空氣之養氣相合則收其若干分故能見淡養與淡養之紅霧其式為

三銀丄四淡養＝三銀養淡養丄淡養

如燒盡其所含之水再加熱令鎔則可傾入模內成圓條

試法　此物常合化分出之銀少許並銅養鉛養鋅養鉀養之含淡養者其色應白應消化於蒸水祇有黑粉少許不能消化於水即所化分出之銀質也銀養淡養水中加入淨銅則令銀凝結將其質十釐消化於蒸水二錢內合於輕綠所結成之質洗之烘乾之應重八·四四釐此為英書之試法亦即求數之法也不應遇光與空氣其他種性情已詳論於銀之一節內如銀養淡養內含銅則合於淡養其色變綠或變黑如合於淡輕水則令其水變為藍色如加鈉綠則令其所含之銀全變為銀綠易消化於淡輕水內

銀養淡養水中加入含綠氣之質取其銀綠之後再加輕硫其水不應變色如含鋅則有鋅硫質結成如含銅則有銅硫質結成為黑色之質將其餘水熬之不應有餘賸之質如含鹽類質則鹽類質餘下可用試法而知之

畏忌　硫養燐養輕綠果酸輕硫並含此質之鹽類質又鹼類與其含炭養氣之鹽類質與鈣養水如加淡輕少許則有結成之質如加多則所結成之質復消化凡泉水河水內含以上之各質則不可配用凡收歛藥沖水並別種生物質如阿勒布門牛乳等亦不可合用

功用　銀養淡養之定質有烙炙之性令皮膚變黑色凡皮膚有贅疣之類可用此藥去之又瘡與毒物所傷之處

亦可用之合於水則成收歛洗藥與洗眼藥治皁睛皮生炎如外皮生炎處加銀養淡養五水能得益處內科中用其少許能治癇証並羊癲瘋必久用之方有效而久用之則令皮膚變黑色或變銅色此色永不能去醫士或用以治胃熱並胃痛其故略因徑能感動胃之內皮銀養收入血中之後則其功用與銀養淡養五略同故可治肚腹腦氣筋痛之病銀養淡養五斷不可與含綠氣之質或樹皮酸等質相和用之因其能自化分也無論何種生物質遇銀養淡養五亦有令其化分之事最妙服法獨用之或合於淡養五少許服之英書用此質爲試藥能試知物質內含綠氣與否

即如淡輕三水鉀養淡養五水等又能試含燐養五與鉀養三又能試含鉀碘又能試含輕衰水而得其多寡之數

服數　以四分釐之一至二釐或稍多成丸爲一服在胃中易爲輕綠或綠氣等化分斷不可與樹皮酸和合成丸因兩物化分所得之質爲銀與加里酸與炭養二而其炭養二在丸內則發脹外科用以作洗藥濃淡無一定

解法　用含綠氣之質牛乳阿勒布門又可用法取出胃中之物並用藥減其熱氣

英書所用銀養淡輕三養淡養五試水之作法將銀養淡養五顆粒四分兩之一淡輕三水半兩或至足用爲度加蒸水足配滿十兩即成

金

此質地中取得者甚純爲古人早知之金類因其性情純美故人皆貴重之化學家以爲希臘國人初用爲藥品或言阿喇伯國人初用爲藥品古時鍊丹家詳考金之性情以爲是長生不老之藥並治萬病之藥印度之古書中亦有試此各事之說

形性　金爲金類之最易打薄最易引長者其鎔之熱度較大於銀加極大之熱度稍能化散燒成綠色之火重率約一九五金養加熱則能化分而得其金金在空氣中不

變化强水不能消化之惟合强水能消化之此因水內有化分之綠氣也養氣與金相合能成數種質如將錫綠合於金綠水則結成紫色之質如將鐵養硫養三合於金綠水則結成棧色之質此質用吹火筒之火燒之則分出金之小顆粒

功用　英書用金祇作金綠三用以試阿脫路比尼與別種鹼類藥倫書用金箔試輕綠水內有不化合之綠氣與否因輕綠之純者不能消化金箔惟含綠氣者能消化之尋常出售之輕綠與淡養五常含有餘之綠氣因作此質之料有鈉綠而得之也所以凡作此兩種强水每有相混者成

綠氣並淡氣與養氣合成之質

金粉

將金箔與蜜糖相和磨勻之或依法國之法合於鉀養硫養三磨勻用水洗之則得櫻色之細粉法國化學家苦里替恩與拉勒曼特試此質知其性輕而有一定之功用大有益於疔毒之病並能助身內之清汁有感動之性服數以四分釐之一至一釐為一服一日二三服或擦在舌上服之亦可

金與養氣合成之質

金與養氣合成之質有數種金養與金養三俱入藥品有一

種紫色之藥為金養錫養錫養二錫養二俗名楷昔由司紫粉久有人用之或疑其內含金養而恃其金養得其功用取法用金綠水與錫綠相和所得之質疑是金養錫養錫養錫養古人所用金養數種藥最要者為金渣滓等

金綠三

如將金消化於合强水內則得金綠三此質易自化分其毒性與汞綠相同易與別種金類含綠氣之質化合英書作金綠試水之法用金箔六十釐消化於合强水中將所得之金綠三消化於蒸水五兩內

鈉綠金綠三

此質含水四分劑尋常代前藥用之因其性更定而不變價亦較廉成深黃色之長顆粒在空氣中不改變能消化於水此質內含鈉綠一分劑金綠三一分劑成顆粒之水四分劑為金藥之最可恃者可與甘草粉或小粉相和成丸服之或消化於水服之有一服法先將一粒分為十五分每日朝晨服一分至服盡又將一粒分為十四分如前法服盡又將各粒分為十二分十分等服法如前有人以四分釐之一為一服或以半釐為一服或將此藥一分與以里司根粉三分相和擦於舌上服之觀法國米拉與特倫司兩人所著藥品全書內有一款特論此藥

鉑 又名白金

鉑之產於地中者與他金類相合色灰白能打薄引長重率得二〇·八〇除輕養吹燈之外無火能鎔之遇空氣或水不能改變各種强水不能消化之惟合强水因含綠氣故能消化之如將鉑之鹽類加熱則能得其鉑養再加熱則能化分而得其鉑或可用鋅與硫養三水合成輕氣而初生之輕氣入於鉑鹽類之水能令其結成得極細之粉謂之鉑絨將養氣合於輕氣入罩內如罩內有鉑絨則輕養化合生熱成水

鉑綠

鉑綠之分劑數共得一六九五取法將鉑置合强水中加熱熬成稠質待冷結顆粒形之塊易消化於水與酯內消化於水者加入含鉀養或淡輕之水結成黃色之質即爲鉀鉑綠或淡輕鉑綠但用鈉養則無結成之質大半植物鹼類質之水加入鉑綠能有結成之質

鹼類與鉑綠合成之質極難消化於水更難消化於酯內故常用此鹼類質消化於酯內爲試藥英書作試水之法用鉑綠與蒸水五兩化合得此鉑綠之法用鉑箔或極細之鉑屑四分兩之一以合强水消化之

上海曹鍾秀繪圖
無錫徐華封校字

西藥大成卷四

英國　來拉
海得蘭　同撰
英國　傅蘭雅　口譯
新陽　趙元益　筆述

論植物類即草木藥品

最有益之藥品多半從各國植物所出自古及今無不皆然其中有產於本國者有交易於他國者各植物自有合宜之水土能生長茂盛所成藥料極濃極純有若干種植物全體俱可入藥又有若干種植物獨用其根皮花葉子等又有數種不用其生質必分取其體內精質而去其餘質可見考究藥品者必知植物各體並所能分取之質且必知儲藏預備等法

植物各體爲藥品所應詳知者開列於左此分列之法即依植物之各體也

開花植物

一令植物生長之體

根　植物之根尋常入土令能定而直立又能收料以養其體收料之事藉細根之端所有之細管譯曰微水綿有若干根能存養體之料爲明年之用然大半有此存料之物祇可謂根本實非根也

榦　植物之榦在根與葉之間榦固則枝條不易傾欹各

植物之榦。分爲數類。各類另有定名。有依其時之久暫。而分爲一年者二年者與多年者。其生法亦不同。一爲外長類。歐洲所有之樹。大半如是。每年在外加新木一層。故樹心之料老而熟。外皮之料新而軟。二爲內長類。每年在中生新料。擠其舊料向外。故內軟而外堅。如椶櫚等科是也。西名巴勒末依科。三爲上長類。每年葉落後。其榦增一節。如背陰草是也。四爲通長類。全體之質日長。不生葉亦不生芽。

外長之榦。分爲四物。一爲榦心。此質用以爲藥者甚少。惟沙沙法拉司之榦心。能入藥品。二爲榦心套。此套圍於榦

心之外。三爲木質。卽依同心之圈而成各層。四爲榦皮。此分爲四層。一爲外皮。二爲眞皮。三爲內皮。四爲近木之皮。

根本　根本與根之方位大不相同。昔人以爲根類。考究植物者。知其爲根本。上面發葉。下面生根。昔時藥品書所名爲根之藥。近時改爲根本。卽如薑等是也。有數種植物。其出土之物。橫卧於地面。前人謂之根。實爲根本類也。

根團　此物原爲榦類。但伏於土中。成圓形或橢圓形。其外形與葱蒜頭略同。其內質不分層數。卽如番紅花之根團是也。卽哥勃枝嘌。譯曰。草地番紅花。

頭（西名蒲勒白）　此物或爲圓形。或爲橢圓形。或爲卵形。或爲無法之形。根生於下。上成多層軟皮。內包芽等。其各層相切之法有二。一爲瓦背排列法。二爲包裹法。有若干種入藥品。如葱蒜士哇盧等。

芽　葉芽爲新枝之原。或爲裸者。或有衣蓋之。謂之芽鱗。近時藥品書雖不載此種。而前人書中有代耶橡樹葉芽。此種芽因病變壞。故成爲藥之料。俗名死芽。今名沒石子。

葉　尋常之葉。爲寬薄之植物質。色綠。然其形式各不同。間有厚者。亦有成厚片者。凡葉分爲兩體。一爲葉面。上有司呼吸之微孔。或上下兩面俱有之。二爲葉莖。卽連於榦之條。有若干種植物。在葉莖連榦處。另有兩小葉托之。名

曰副葉。葉有簡有繁。其繁者。爲數塊合成。有副葉連之。其葉之脉（俗名葉筋）。或爲平行排列。或爲網形排列。各種植物之葉。俱有不同之處。有數種植物。成藥之質俱在葉內。卽如辛拏葉。揩耶菩提葉等

此書不及備載植物之質體若何而成。亦不詳述膜絲紋聚胞體木質之形性。又不細論微管引汁管等質。因此爲植物學之要事也。

二令植物傳種之體

花　花芽亦有芽鱗蓋之。與葉芽相同。花芽原爲一小點。其質係聚胞體合成。從葉莖相連成角處而苗。有成葉之

胚形圍繞之花內有鬚與心、即爲傳種之物、然尋常言花即指萼與瓣、此爲花之苞、常有花葉輔之、其花從花葉凹心生發、其花莖之頂、即分隔植物體而連於花、謂之子房座、西國有時合於他字內、謂之他辣米、即如他辣米花部是也、凡花在植物體排列之法、謂之秀法、花之各體、分而用之、或合而用之、俱可爲藥、花葉可獨用之、又可用植物之小枝並植物之全體、即如薄荷類與脣形科植物是也、又有數種、用其楷苦米那、即植物之頂、即如咾士須釐吅道尼格是也、

萼　萼與瓣尋常爲花苞之兩層、萼之色多綠、設有一苞

而無瓣、則其苞謂之萼、如難辨其單爲萼或爲萼與瓣相合而成、則謂之圍鬚苞、萼之出數、或分或不分、分者謂之萼瓣、萼分上下、在外者、自然爲下萼、如連於內體、則謂之上萼、因其下面連於子房、而上面伸出於外、此爲自成之體、凡花之外體、統謂之萼、

瓣　瓣爲花苞之內層、尋常之色豔而動目、其質極細、其出數、或爲兩、或更多、即謂之多瓣花、或全而不分、則謂之獨瓣花、植物學家特看杜辣謂之合瓣花、藥品中所用者、如玫瑰花瓣是也、

鬚　鬚爲花內之雄物、鬚之末有囊、謂之鬚頭、頭內分多膛、膛內含粉、西名破林、此爲細粒合成、可謂之花精、鬚頭或無托線、或有托線、有托線者、鬚與線略相連、所用之名目、如鬚黏附於萼之邊、則謂之圍子房鬚、如黏附於萼與子房、則謂之子房上鬚、如不黏附而分離者、則謂之子房下鬚、

花心墊　此物在數種植物花內有之、凡鬚與子房間所有之物、統謂之花心墊、昔人謂之蜜膛、其形或如圈、或如葉、或如板、或如小核、在尋常花內、略如未變成之花瓣、

心　心爲花內之雌物、有鬚與瓣與萼圍之、其子房內或爲一膛、或分爲數膛、膛內含一胚珠、或數胚珠、其向上之

口、謂之子房口、其質軟而溼、易受鬚頭落下之粉而能黏合、此口或附於子房之上、或有莖托之、所托之莖、謂之花心莖、若花萼黏附於子房之上、則子房在下、謂之下子房、若萼不黏附而在下者、則子房在上、謂之上子房、

子房未全成者、除番紅花之外、俱不入藥品、

花體內缺少何物、則花之形狀大有分別、各以名目記之、即如不生花瓣、則謂之無瓣花、或鬚不成、則謂之雌花、亦謂之結實花、或花心不成、則謂之雄花、亦謂之不結實花、

果實　果實即已熟之子房、有數種植物、其花體合於子房、果分爲皮與種子、間有數種植物、其種子似無皮護之

謂之裸子果亦分為簡與繁兩種簡者祇有一子房繁者則有多子房植物學家以為花心由一葉或多葉變化而成名之曰瓤其果亦依同理分為數瓤而果之瓤數與子房之膛數自必相同然間有房內胚珠或癟或死或有數箇過大而壯故膛數有缺少者凡考究果實應有之瓤數須分開其小子房而計其膛之原數又果為已長成之花心故其頂常有花心莖之痕迹且自然為種子與皮合而成者無論小至若干不可謂之種子昔人誤以為種子英國藥品書改為果實有數物可入藥品用之即如果殼與果肉是也又有兩種植物將其果實外之毛刺為藥品即

如狸豆毛與卡瑪拉是也

種子　種子即長成之胚珠內含本類植物之原有子連線連於子房之內其體可分為三物一為胚胞即胚珠外套二為阿勒布門即胚乳三為仁有數種種子無胚胞即如裸子之類又有數種其胚胞不全者然各種子有痕迹與動物臍眼相似即其種子與原植物相連處之痕迹謂之子連痕又常有子微門即令胚珠通至子房之小孔所有外衣合法之種子其外面常見子連衣此為子連線或子胞衣伸長而成即如肉豆蔻之子胞衣入藥品內謂之肉豆蔻衣有數種種子外生毛形之質即如木棉等其棉花入藥品中造成貝路阿客色里尼即棉花藥

仁　果實之仁可分為胚與胚乳間有無胚乳者其胚乳亦謂之仁肉在胚與種子外衣之間而為聚胞體合成內有生物質當發芽時能養其所發之芽並初生之植物質

胚　胚含子瓣其數或單或雙或更多其子瓣即為嫩植物之子葉其嫩植物有向上之芽與向下之根俱藏於胚其胚或直立或倒垂

無花植物又名暗生植物

此種植物分為五類一背陰草類二蘚苔類三石蕊類西名里真四蕈類西名分其依五海帶類西名阿勒奇其生長之法及傳種

之法與他種植物大不相同故有書分論之所有入藥品者則依其次第列入本書中其質體大半為小膛質即聚胞體因無傳種之體則不能有心與鬚其種子為袋形之點其內無胚故名無胚子西名司破爾此類種子其面任處能發芽而其小點生於凹內與凹亦不相連

植物分列法

考究藥品者已知植物內所有入藥品之質又必知各種植物分列之法則能明自然之分列法與其用而有益之處自然之分列法數年內始屬意考求英國久用植物學家立尼由司之分列法然此多不便之處一千七百八十

九年法國植物學家珠西亞著書名植物類依自然之法分列有此書以後人俱知自然分列法之益處而珠西亞所設分列各植物之理與後人所設之理無甚大異一千八百十年植物學家波郎重校加增令臻美備然近時常用之分列法爲荷蘭國人特看杜辣所設而多人用之之故非因其盡美盡善而因其所作之植物目錄內載植物之數較他人更多故他人所作植物目錄書亦用之假如欲查檢一植物則依其分列法易於得之又考究植物質之形性與其相似之處此法亦最便

以上論植物質各體俱爲人目能辨別能細察者而其成

體之料與其料之排列法尚未論及植物學家用顯微鏡詳細查驗又用小刀剖開各體試知其質如何生成將其質分爲膜與絲紋此各質變成膛與管形之各質又成木質微管質與引汁管質

特看杜辣於一千八百三十三年作書論植物分列之法內有一款論用何法能知分列之法合於自然與否如依傳種之體分列之又依養植物之體分列之其分列相同卽爲自然之分列法

特看杜辣之法先依立尼由司之法將各植物分爲兩大類一爲有花之類一爲無花之類亦謂之明生植物類與暗生植物類凡明生植物俱有傳種之體並圍傳種體之苞其分列法俱有定理有極整齊者有略參差者而暗生植物其傳種之體斷無整齊之分列法其所生之小點外皮雜亂而無定法如再詳查植物質之體則知明生植物俱有微管質與微孔而暗生植物祇有聚胞體或恒有之或初發葉之體有之

明生植物可分爲兩類一爲兩子瓣卽子瓣並列成對或有數箇子瓣而不並列一爲獨子瓣卽有一子瓣或有多於一箇者則交錯而排列其兩子瓣之植物生長法在木質之外加新料故謂之外長類其獨子瓣之植物生長法

在其中心加新料故謂之內長類

暗生植物亦可分爲兩類一爲奇生者一爲無法生者其奇生者用顯微鏡能見其雌雄具但其生法最奇且各不同其無法生者內有生法未定並用顯微鏡不能別其雌雄具大約其無胚子已在膛內有能生之變化

上言暗生植物或爲半微管質或全爲聚胞體大略從此分別近時植物學家將暗生植物分爲兩部一爲上長部二爲通長部其上長者與奇生者相同其初發之葉不過爲聚胞體而無微孔至後則有汁管與微孔然全爲聚胞體者恒無汁管與微孔而爲勻和之體不能分榦葉根祇

能以比較之法得之此兩類尋常包無子瓣類於內由此可見依傳種之體分列之或依生長之體分列之其理法相同據特看杜辣之説此爲証據能知其爲自然之分列法每類能分若干部每部能分若干科依自然之法分列之列表於後

植物質體

在植物質體內包括之事甚多即如植物各體之質紋若何而成若何而生長若何而傳光熱空氣水氣并泥土內物而成其各料等依格致之學論之大有佳趣如爲農事或種植花果或培植藥品而考究植物學則此各事必當

詳知又如考究各種植物何時可種何時可採而得其藥品之最佳者亦必講求此質體之理

植物不能自行動而體中無內竅等存養身之料故全恃本處之泥土并空氣而能生長根端之微木絨因能進膜和勻（即沁入之意）而收養植物之料其料由外膛傳於內膛或行過根中微管質則恃微管吸力並葉面等處化水成真空之事由幹內上升大半從幹之嫩木而行春初則令全體滿發其膛絲紋汁管俱不空至夏末秋初大半從膛內升上其所吸流質有水之形而能消化各植物木所存之生物料則謂之汁此汁行至嫩芽并葉面則從其微孔能收光熱空氣之各變化所吸流質約化爲氣而放散者有三分之二其餘因此成濃稠質又從空氣收炭養氣而根亦收炭養氣少許此炭養氣化分其炭質存於植物體內而養氣放散（此爲日間之事若暗處並夜間植物放炭養氣而收養氣又其種子發芽之時與花放之時亦放炭養氣即如芋之類是也）又有水疑其化分而放養氣存輕氣於植物體內又泥土內所有含淡輕養之鹽類質吸入植物體而化分其淡氣存於植物體內又有別種化分之事並新化合之事在空氣與水之原質內即所成之汁爲極細之顆粒浮在其水質內從葉之下面並樹皮之面落下時則因行過之質爲聚胞體木質並長絲紋與引汁管

質則必有化分與化合之事而此事從葉面起而汁向下流或直行或繞行不定其汁在樹皮內凝結或藉其髓輻管平鋪至心如此成木兩種一爲嫩木又名軟木一爲心木又名硬木或其汁之大半流行至下直達其根而止

植物內變成之質其形性雖大不相同而其原質祇有數種以炭養輕淡爲最多惟其比例數甚繁而所成之分劑數亦大茲將植物內所成各質列表於左可一覽即知其總意也

（一）含炭養輕三質而養與輕之分劑數與水之分劑數如小粉對格司得里尼糖

同謂之炭含水之質又謂葡萄糖樹膠寫留路司之三原質之質

二中立性含淡之質植物內常有之謂之四原質之質

如非布里尼不能消化於冷水中又加西衣尼能消化於冷水中阿勒布門能受熱而凝結哥路登爲有黏力與凹凸力之質乃非布里尼與含淡氣之質合成

三含三原質而能着火之質俱不含淡氣而其輕氣之數有餘

木膜質不自散油司替阿里尼瑪加里尼以拉以尼自散油此種油有不含養氣者亦有含硫黃者樟腦波勒殺末油香類松香類膠香類黃蠟

四植物鹼類並中立性之質爲炭養輕淡四質所成故謂之四原質之質

嗼啡啞那而苛弟尼苛弟以亞雞那霜金雞那以亞弟其大里尼馬錢霜阿古尼低亞非辣得里亞阿脫路比亞等

五植物酸質含養氣有餘卽較水之分劑數更多者謂

檸檬酸果酸貝格的酸蘋果酸醋酸樹皮酸沒石子酸草酸米故尼酸等輕衰酸爲輕

之三原質之質

與衰合成之雜質在生物與死物之間

有數種酸質爲數種植物所獨有者卽與以上之鹼類相同又有數種植物質更多見者然非植物全有之質卽如顏色料是也又有數種植物質爲植物變化而成者卽如發酵而成或遇熱而成或遇化學之料而成也

此各植物質內有數種能徑養植物令其生長卽如寫留路司小粉對格司得里尼三質其原質大同小異又能彼此互變卽如小粉不能消化於水而能變爲對格司得里尼爲能消化之質又能變爲糖變時所用之料爲含淡之質名對阿司打西能在發芽種子內見之又能近於番薯發芽之處見之其小粉尙未能在植物內定其在一處之先可變爲易消化之糖漿或鋪散成木爲膛與汁管之邊其含淡之質因常在植物內亦能助養植物之事而此含淡之質與動物之血與乳內所有之質其性情與原質俱同又如此各植物質內其原質之分劑數或加或減則可令有餘者或養或輕或炭或淡卽如木膜質能加其炭與輕之比例數故較寫留路司更易於燒又植物遇光之時呼吸氣質令炭定存於內而放其養因此輕能有餘卽如樹皮所有流下之汁內有數種質其性情因此而得卽如

克羅路非勒（即葉之綠色）拉的克司松香類能蒸油類黃蠟等所有不自散之油大半為果實內所成即如橄欖米里亞並數種椶櫚科內之果肉有之然尋常所得不自散之油從種子得之

養氣之分劑數加大則有成酸之事因此變成數種植物酸此酸質內有數種為多植物質所含者有數種為一植物質所含者然令成酸質非全因養氣之故即如死物質中有數種酸質能以輕氣為之如輕綠（即鹽強水）在植物內則有輕衰酸植物學家以為夜間植物呼吸能全收養氣因此成養氣為本之酸質即如遇光而非綠色之處在數種

果實與根有此事又有人查得植物含淡氣之質在初發芽之處有之種子雖含淡氣若干而此質因植物長大時速用至盡故必從泥土中得新者得之之法即根所收進之水有含淡輕三之鹽類質另有泥土所含之金類質與植物大有關係又泥能收水令其不散砂能令水流下而不存又能通空氣故砂泥相和則令水不散且通空氣又有數種金類質如石膏鐵養鋁養植物多用之因能定其炭養與淡輕三令不能散又有數種鹽類質易為水所收而與尋常植物酸質化合若將植物燒之其灰內有鹽類質必從此根原而得之有數種死物質為植物所不可缺者即如穀類須有含燐養五之質而草類須有含矽之質

由此可見根能收泥土中養植物之質其每日所收之數恃泥土之燥溼空氣之燥濕冷熱又可知植物各體俱藉光熱空氣水而長養植物以水與空氣為主故考究植物各體之質紋非惟得佳趣又與藥品有相關因植物之體若不依本分而行者則不成合用之藥并不宜為動物食用

植物地理

上言植物體生長及變成之理必藉光熱水空氣泥土等而因地球各處有不同之情形則各種植物必有合宜與

不合宜之處如赤道南北熱帶內其光與熱與溼較多此為植物所不可缺少者故能令其茂盛所以熱帶內植物頗高大葉最多而佳花最豔而麗地球上所有之香質大半從熱帶而來然熱帶內植物能向赤道南北過其界限在溫帶內合宜之處生長凡地球面愈高則生長之植物愈近於向北地所產者故熱地之高山其麓產本處之植物至上山若干高則植物漸稀而小至永雪界則不見有植物然植物之茂盛者不惟在熱帶中即溫帶內常有樹木茂盛之地且有數種樹木宜於北地如松樹等又橡樹并他種狗尾形花之樹其木最佳又臀形科內之樹為熱

帶所產若出香料之樹產於南北之間即極熱極冷兩處之間且地面冷熱燥溼等情形各處不同此與植物體生長并植物質變成大有相關即如有數處在熱帶之外天時冷熱適中空氣乾而清而其地面幾無所產然有所產者亦爲緊要之藥品如波斯阿喇伯阿非利加產數種要藥所以往各國遊歷之人如知植物在地面分列之理則知某處應得何種植物又知某處應種何種植物又本國內可依同理而知某土某方向便於種何種藥品又知某處可採尋何種藥品

植物藥性

植物之藥性與其成質體之法所有之相關植物學家賽薩比奴司楷米拉里由司白替浮立尼由司俱論及之近時有特看杜辣之書論此事最詳其書名植物藥性論指明各種藥品在身體內之功用或藉其質體之形性或藉其化學之形性又依同理此兩種形性必特植物質體之排列法而因藥品所需之質必特養植物之各體而成故藥性與養植物之體必有相關然因植物依傳種之體而定分類之法不依養之之體而分類所以似難用養植物之體之形狀與排列之法以定所成藥品而分類或駁曰雖不用自然之法亦能分各類之性情從體之最小分料

之然用自然之法更妙其分類之法所恃之形性愈全則其法愈美所以傳種之體愈有相似處之各類則養之之體亦必有此相似之處所成之藥品大半在養植物之體內而成即如植物依其種子能分爲無子瓣獨子瓣兩子瓣此分類之法合於微管質之排列法故察植物傳種之體知其形狀與性情亦可知養植物之體之形狀與性情而因植物所成之質其形性亦藉養植物之料之形性故可知植物所成之藥品質可與自然分類之法相合

即如五穀科之植物俱生穀類又椶櫚科之植物能成小粉與糖與油又松柏科之植物無論產於何處俱能得松

香脂松香柏油又脣形科之植物能出自散油又茄科又名淡巴菰科植物能爲安神藥又喇叭花之植物可作瀉藥龍膽科之植物俱爲苦味藥無論冷熱之地所產者俱如是又有他科亦有其相配之性情觀後各卷所言者自明然此爲大概之說自有不合之處惟藥品之性情與產此植物質體之分列法相配者多而無他分列法有如是之便者故欲考究藥品之理或欲求一藥以代他藥之用則可於質體同科之植物中求之爲便無論在何國欲求某種藥品之相近而能代用者可依此分科之法爲最便如英國屬地廣大各處水土不同常有隨軍之醫士或兵船之醫

士或商船之醫士至各口岸能以本處之藥品代英國之藥品最爲有益之事

植物採取烘曬法

凡生物體之藥性與其別性不惟恃各種各類所變成之質又恃成此[illegible]法何時何處而成故採植物爲藥必須考究其種類不差又須察其老嫩高矮粗細月分地位並地面之方向又必究其爲野生或園種更須試其所成之質不遇溼氣又不多受光熱空氣等英書未嘗定準取各植物爲藥料之法倫書中有論此事者數則開列於左

爲藥品之植物應在天晴時採之不可爲雨或露水所沾溼且必每年採之如藏之已過一年者則棄而不用　此說在花草類應乘其體長足時取之則所成之藥品最濃顧取之之時亦與所欲得之質有相關卽如求其膠性之藥或求其鹼性之藥其採取之時有不同

取植物之後若非用其新鮮者必輕鋪散於板面或盛於紙袋少烘熱令其速乾而作此工之處必爲暗而通風者必留意其綠色不可因過熱而烘壞既烘乾後如欲用其末則磨成細末存於瓶中不可過日光與溼氣凡花草所成油質或蒸出之水質應採取之後卽速爲之

植物之根與根本大半待其葉榦枯萎而新葉未發時取之凡欲存以備用者必在採取之後卽曬乾之其大根必將其整塊曬乾不可先切片而後曬乾含汁甚多之根此事更宜留意因切碎者遇空氣卽能變化凡欲乾根久存可藏於乾砂中

凡樹皮必在其與木易分開時剝之尋常樹皮春時取之爲佳卽如橡樹春時取其皮則所有之樹皮酸比他時取者更多而他樹之皮應亦略同

凡草與葉之類應在花已開而子未熟時取之　植物學家拜得里云採葉必先兼取其條而後可爲末成藥然有

數種可不兼取其條而令乾其法用柳條去皮作筐將葉鋪於筐內置熱房中烘乾之其房必爲暗者應有熱一百三十八至一百四十度約六小時或八小時之久葉已收縮則取出反轉之再置熱房內至全脆手指能撚粉爲度依此法烘乾則葉之綠色未變藥性不失可存於乾淨瓶內密塞之臨用時磨成細末醫士胡勒登云葉之汁如在其本葉內熬乾之則較之熬出其膏而存之者更佳其變壞之弊更小

花應在初開時採之惟紅玫瑰花之瓣必在將開時採之果實與種子正在熟時摘之

果肉與果汁如不熟或不熟而未乾必存在溼處令嫩後壓出其汁用馬騣篩壓取其汁盛於鍋內置爐火上不多加熱令沸再用熱水盆加熱至其汁熬成所需之濃如爲熟而新鮮之果必壓出其汁過篩而不用沸水即如加西耶果殼搗碎者是也

乾汁即漿取之之法將其植物質壓之令其汁流出英書之法將其汁加熱至二百十二度令其阿勒布門凝結而以濾取之法得其淨者再加熱至一百四十度或一百六十度徐徐熬乾然英書內所有草烏頭啤啦吖嘞嘀枝襟黑暮拉克羊躑躅蒲公英等乾汁其名字與膏相混而其各膏分爲水膏與酒醕膏其作法將其植物質或冲水或煑水或浸酒得之若取乾汁惟將其原汁熬乾而已故其名應分別之

植物依本性分類

茲依自然之法將藥品植物排列成表若專論植物學之書則將各植物性情形狀等言之甚詳此書專爲藥品而設故祗將藥品植物質論其分別之法作成一表則簡便易明且於藥品之各要事三致意焉

植物藥品依次分類部表

第一類　外長　兩子瓣

第一部　他辣米花　有萼與瓣　花瓣分開　花鬚在子房下

第二部　萼花　有萼與瓣　花瓣分開　花鬚圍子房或在子房上

第三部　瓣花　有萼與瓣　花瓣合而爲一　花鬚黏附於瓣

第四部　無瓣花　俱無瓣　間有無萼

第二類　內長　獨子瓣

第三類　暗生　無子瓣

第一部　上長　向上生發　其質有膛與汁管

第二部　通長　周圍生發　其質祗有膛

第一類外長第一部他辣米花分甲乙兩門共

甲　子胞衣似葉或在軸內即與瓤向內捲而其邊黏連者相配

- 一　胚小阿勒布門大
  - 子房多而分開　鬚無限
    - 花大半有五朵阿勒布門硬如牛角種子無子連衣　毛茛科
    - 花有三朵阿勒布門軟如肉種子有子連衣　辛夷科
  - 子房獨而繁
    - 鬚等於花瓣而相對　蘅蔔科
    - 鬚無限　看尼辣西依科
- 二　胚與阿勒布門畧同大
  - 萼瓣瓦背排列法
    - 花分雌雄　萼瓣與花瓣同式其數不等爲籐木植物　新月形種子科
    - 花不分雌雄
      - 鬚不連
        - 子房分開葉有明點　臭草科
        - 子房相連葉面無點　齊果非拉西依科
      - 鬚相連
        - 花合法
          - 花瓣紐轉子房多聚胞體其隔衣爲假者　麻科
          - 花瓣紐轉子房多聚胞體其隔衣無假者　酢醬草科
          - 花瓣不紐轉裸果　楝科
        - 花不合法　萼瓣五出內兩出在下而似花瓣花成蝴蝶形　遠志科
  - 萼瓣外套　鬚下相合花精半滑　白脫那依亞西依科
  - 萼外套　鬚無限下相合子房成一圈花瓣紐轉花精粗糙　錦葵科
- 三　種子內無阿勒布門
  - 萼瓦背排列法
    - 鬚無限
      - 葉遞更　副葉大而捲合萼行遞恒不落　雙翅果科
      - 排列　副葉無或最小萼無遞不多時即落　茶科
      - 葉相對　葉無如皮無副葉萼瓣恒不落子房口無托線　成香脂科
    - 鬚有限
      - 葉有花點
        - 果實之瓤合成一體花鬚二分附或附幾筒并成一叢　橘科
        - 果實順其長軸無瓤以果皮分爲兩層　弟呢司述依科
      - 葉無花點
        - 花瓣合法果實順其長軸無瓤　苦白木科
        - 花瓣不合法果實分兩膛瓤合成一體　濇性根科

二十四科

（乙）子胞衣爲邊生者即與瓤伸開而其邊黏連者相配

子胞衣與瓤相對　鬚五箇其托綫伸開胚直立有阿勒布門　莧菜科

鬚之數不定胚曲有阿勒布門　西司替尼依科

子胞衣與瓤　子胞衣在子房口分開處相對鬚六箇花分四出種子無阿勒布門　十字科

邊更排列　子胞衣在子房口分開處邊更排列鬚無限種子有阿勒布門花蕚常分四出　罌粟科

第二部蕚花分甲乙兩門共十二科

（甲）子房在上鬚圍子房

無阿勒布門　果實莢形　果實莢形花蝴蝶形或正形另有下蕚瓣花鬚合成若干叢或不相連　荳科

果實　獨子在殼內不相連或一邊裂開花正形另有上蕚瓣鬚常無限　薔薇科

鬚在上　獨核內有仁外有肉花合法另有上蕚瓣鬚約二十箇　杏科

多　果實有肉圍之　子殼外有肉花合法另有上蕚瓣鬚無限　蘋果科

鬚少　獨子房一腔一種子蕚瓣花瓣鬚常爲五箇　脫里平他西依科

多子房分開或相連植物體嫩而多汁可食鬚數爲花瓣數之倍　景天科

有阿勒布門鬚有限在花瓣之對面子房有二腔或多腔種子少　棗科

（乙）子房在下鬚在子房上

花無阿勒布門　果有多腔成一行排列葉有明點葉脈在邊內鬚繁　番石榴科

不分布門　果有多腔成兩行排列葉無明點葉脈不在邊內鬚繁　石榴科

雌雄有阿勒布門　果變花莖如傘之托輻鬚與花瓣各五箇花心莖二葉大半分開　繖形科

雌雄布門　果有三腔或多腔花莖常如傘之托輻花心莖三或更多葉常全而不分　五加科

花分雌雄　藤本植物花瓣五出鬚頭彎曲果有嫩肉一腔三箇子胞衣內有多種子　葫蘆科

西藥大成四　分類部表　三十三

第三部瓣花分甲乙兩門共十五科

（甲）子房在上

鬚在子房下葉恒青鬚頭兩腔有做孔通入子房多腔種子有阿勒布門　石南科

鬚圍子房

花合法　無阿勒布門　葉遞更排列蕚瓦背排列法花瓣瓣形鬚五箇子房二各有四腔　旋花科

有子胞衣邊生　葉相對子房一腔子胞衣兩箇種子多　龍膽科

阿勒布門　子胞衣在軸　鬚二或四　葉相對花瓣四出子房兩腔　橄欖科

鬚五或　葉遞更排列花瓣五出子房兩腔　茄科

相連更多　葉相對花瓣五出子房兩腔　木鼈子科

門內　鬚相連葉遞更排列蕚圓果恒不落子房二各有五腔　司土辣克西依科

花不合法　無阿勒布門鬚四箇分長短兩對子房四花唇形葉相對　脣形科

有阿勒布門鬚四箇分長短兩對獨子房分兩腔花形不定　玄參科

（乙）子房在下鬚在子房上

鬚葉圓形　花瓣輪形果分兩腔種子二有阿勒布門　茜草科

頭葉　副葉在葉對間花瓣合法鬚與子房分開處遞更排列有阿勒布門果多兩腔　金雞哪科

分相　無副葉　無細毛花蕊長短頭齊平果一五腔有阿勒布門　忍冬科

開對　蕚有細毛花瓣三出每出六節果三腔種子一無阿勒布門　敗醬科

鬚頭相連　花分偏花瓣不合法分五節鬚五箇果一三腔種子多無細毛有阿勒布門　山梗菜科

花相連成圓頭花瓣或裹帶形或管形果一腔種子一上有細毛鬚五箇無阿勒布門　菊科

第四部無瓣花分甲乙兩門共十二科

（甲）花完全

子房在上　鬚在子房下種子有阿勒布門　副葉管形蕚瓦背排列法花大半串形子房一腔種子三角形　蓼科

無副葉無蕚穗分若干節花在莖上遞更排列子房一腔種子一圓形　胡椒科

鬚圍子房無阿勒布門　子房鬚頭有做孔通入其有兩孔各分四腔子房口或各分三節此爲木本　樟樹科

一腔鬚頭順入縱分開兩腔子房口不分蕚有色此爲矮樹　太麗里依科

子房兩腔　此爲木本蕚膜形果有翅形子瓣葉形　榆科

子房在下木紋無同心圈蕚大而不合法鬚常入花心子房六腔　馬兜鈴科

（乙）花分雌雄

種子在子房內　花狗尾形無阿勒布門子房一兩胞種子一或更多雌花間有獨生者此爲木　阿門達西依科

花狗尾形　子房　胚小種子一有阿勒布門蕚分三叉杯形鬚常相連果爲裸者　肉豆蔻科

尾形　子房一腔　胚大種子一或二有阿勒布門果無定　蕁麻科

在上子房平常分三腔總花葉花蕚形常無蕚種子少有阿勒布門　大戟科

裸子　榦分多枝葉如線鬚狗尾形下相合種子在鱗葉角內其葉排列成尖圓形　松柏科

榦箇而不繁葉如翎雄花在枝頭榦長圓形　西楷弟依科

西藥大成四　分類部表　三十四

第二類內長分甲乙兩門共十科

（甲）有圍鬚苞

子房在上　圍鬚苞皮分爲六分　木本葉大半如翎花分雌雄在杵形分枝上排列　棕櫚科

圍鬚苞有色分爲六分　花心莖相連鬚六箇鬚頭向內捲子房三腔　百合科

花心莖一鬚六箇鬚頭向外捲子房三腔分三節　藜蘆科

分開　鬚六箇鬚頭向內捲子房三腔葉如網　土茯苓科

子房在下　鬚三箇能結實鬚頭向外捲子房三腔花心莖一花葉合於花外　鳶尾科

鬚頭一　果囊內腔一蕚瓣三花瓣三不合法花鬚托綫似花瓣　曇華科

大半有托綫　果囊內腔二蕚瓣三花瓣不合法花鬚托綫不似花瓣　薑科

不完全　鬚頭一或二入花心　蕚瓣三花瓣三不合法子房一腔子胞衣三邊生種子多　蘭科

（乙）無眞圍鬚苞

花在杵形上不分雌雄有鱗圍之子房在上腔一或更多　菖蒲科

花完全或分雌雄在分枝上遞更排列每相連處有二三

花有似花葉　箇瓦背排列法之花葉子房在上種子一有阿勒布門　五穀科

西藥大成卷五之一

英國　來　拉　海得蘭　同撰　英國　傅蘭雅　口譯　新陽　趙元益　筆述

第一類外長又名兩子瓣

第一部他辣米花卽花鬚連於子房座者

毛茛科西名辣能古辣西依此爲珠西亞之名西俗名鵶爪

毛茛科之植物，在天下冷熱適中，不過乾之水土處生長，故似乎必有濕土并溫和之天氣，方能茂盛。

形性　毛茛科內之植物，間有含苦味之質，而大半含辛味之質，能自散而爲熱所減，所以有數類，其葉與根，在外

科用之，則爲引炎藥與烙炙藥，在內科用之，則有惹胃之性，亦有數類含鹼性之質，可爲平火安心之用，食其大服，則爲毒藥，毛茛科中，有數類當爲藥品之用，因其有辛性，並有引炎性，卽如小火焰形辣能古魯司與辛性辣能古魯司兩種是也。

藜蘆西名赫勒蒲爾倫書所載之藥用其根本與根立尼由司名黑色赫勒蒲爾

黑色藜蘆，因其根黑色，故有此名，冬時開花，故謂之冬至玫瑰花，歐洲多處低山深林中，見其天生者，近時不甚用之，英書中不載此藥。

植物學形性　此爲草本植物，其根本黑色而存多年，面生凸點與鱗，並有許多厚小根向下而發，其葉偶有在發花幹之後而發出，俱爲從根而發者，有長而圓柱形之葉跗，面有花點，其葉似足指形，分成七箇分葉至九箇分葉，

第三十五圖

形長而尖，間有劈形者，其端平，向頂處多成齒形，如鋸似平順，葉跗之乂端而排列，葉質韌似皮，色暗綠，正面平滑，背面之脈網形排列，其無葉之花幹，比葉莖更短，有二箇或三箇橢圓形之花葉，間爲箇者，開一花，間爲乂形者，開雙花，其花大，在幹之端，色白，

少帶淡紅，其萼似花瓣形，易於分辨，其萼瓣五出，似蛋形，久不落，其花瓣八出至十出，形小，略爲綠色，似管形，向下而尖，其瓣足爲管形，又爲雙唇形，外邊之端，似舌形之唇，鬚多，較花瓣更長，子房六箇至八箇，子房口爲花之端，而成圈形，子在殼內不相連，一邊裂開，殼質如皮，種子多，爲橢圓形，有臍帶，分兩行排列，如第三十五圖。

藜蘆根，大半從昂不爾厄至英國，或裝袋，或裝桶，間有從馬塞里運至英國者，法國書云，似亦從痾威納並瑞士國得之，所謂根者，實爲根本與小根，爲藥品者，用其小根爲妙，其根本長數寸，厚半寸，或爲直，或爲彎，面有橫凸紋，爲

葉跗相連處之痕迹下面有長絲紋大約爲深櫻色其中心向內有白色點乾根之臭淡醫士稱茄云其臭略與遠志根相似其味初覺甜繼覺苦後覺辣而可憎苦里司脫生云西國二月內其根不覺辣又云其乾根不辣

形性　藜蘆根尚未有化學家詳細化分之醫士弗奴微勒與卡布侖二人化分之得自散油並定質油又得自散之酸質松香類質蠟質苦性之質暮苦司烏勒米尼鉀養沒石子酸鈣養與若干沒石子酸並淡輕三鹽類質又云藜蘆之功用因其內有雜性之油類與白散之酸質化合其根曬乾之則失其性若干分又久存之亦然故應常取新者而不存至久浸於水中則能化出數種有功用之質若浸於酒醋更佳

又有數種藜蘆應特論之如藥品藜蘆如第三十六圖爲醫士西白托曰在希臘國與地中海東岸數處之山上得之而在希臘國植物書印其圖西白托自以此物確爲代司可立弟司書中所言之黑色藜蘆應爲近今土爾其國常用之物名曰助布地埋希臘人謂之意揩可非如第三十六圖甲爲萼瓣並相連之

第三十六圖

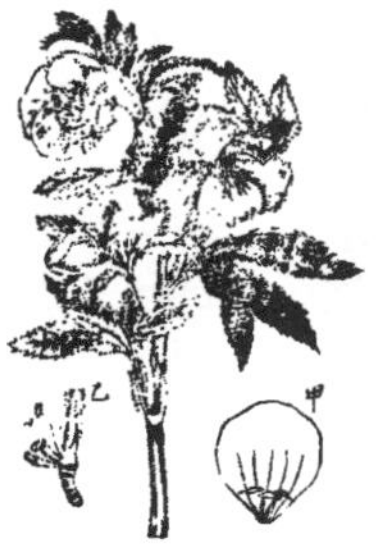

花瓣乙爲去萼瓣等之形以顯花心并一箇鬚與花瓣

綠色藜蘆　歐洲尋常出售之黑色藜蘆內常有綠色者之根雜於其內或云可以代用又有一種臭藜蘆又名熊掌藜蘆美國用其葉爲藥料此葉有辣性能令人吐瀉前時用之爲殺蟲藥尋常出買之藜蘆內有誤取之刺阿格替耶之根如格布勒與根茲兩人之書中有此物之圖與藜蘆相似

功用　藜蘆之鮮根置於皮膚則能引炎而發疱如服之則惹胃腸令吐瀉間令直腸生炎其性能瀉並調經

服數　醫士或用新作之藜蘆粉十釐至二十釐爲重瀉

藥而用三釐至八釐爲輕瀉藥其沖水者用根一百二十釐與沸水一升此沖水以一兩爲一服每四小時一服有人用酒醋做成藜蘆膏此膏亦爲有功力之藥

藜蘆酒（此爲倫書之方）

取法　將藜蘆搗碎五兩浸於準酒醋二升內七月之後則壓之濾之

服數　以半錢至一錢爲一服可合於他藥用之然近時不多用此藥

司他非薩稱里（倫書所載之藥用其種子立尼由司名曰得勒非尼烏末司他非薩稱里列於多鬚三箇花心）

司他非薩辯里爲歐洲南方與地中海之島所產醫士西白托白將此植物與希臘國所用者相對則知相同此物常混於華美得勒非尼烏末又混於里幾恩得勒非尼烏末英書中不載此物

植物學形性　如第三十七圖存二年有多毛其榦高係

第三十七圖

草本葉濶如手之分指形其有五分至九分每分或全或分爲三叉花莖之底有三花葉花在鬆穗內有五箇似花瓣之萼瓣上者少有短距形花瓣四出與萼相連無毛其上二箇花瓣伸至距形內爲距形所包下兩箇花瓣似葵

扇形子殼三箇蛋形又似肚腹種子多觀希臘國花草書第五百八頁

形性　司他非薩辯里種子從歐洲之南帶至英國或云日耳曼國所產者最佳俱爲亂三角形面毛糙不平滑色棧其臭甚少嘗之味苦而辣口內似燒其種子之性情藉兩種藥料一爲鹼性者名得勒非尼阿一爲自散之酸質此酸質有人以爲與毛莨科別種之辣性質相似有人疑爲蘋果酸合於白散油質其他原質爲定質油膠小粉含淡氣之質阿勒布門又有數種鹽類質

古爾白初得得勒非尼阿之法用沸水傾於種子之酒醋膏其沸水先加硫強水令得酸性在後用淡輕令得勒非尼阿從其水中結成又法將水成之膏合於鎂養沸之濾之合於酒醋將所得之質熬去其水此法所得之得勒非尼阿合於尋常藥品之用但另含他質名司他非西尼所有得勒非尼阿白色似粉形然其成顆粒之質最苦而辣能融化如蠟幾不能消化於水能在酒醋與以脫中消化與配質合成鹽類質俱爲最有辣性者

功用　司他非薩辯里種子并得勒非尼阿爲辣性之毒藥或用其種子以殺蝨子將其種子浸於醋內將其酒搽於皮上則發熱而癢故有醫士用此爲引病外出藥內科中用其種子則爲吐藥與瀉藥然其性過猛間有沖水服之爲殺蟲藥食其大服能令人甯睡

得勒非尼阿酒

將得勒非尼阿四十釐在準酒醋二兩中消化之如腦線痛並久延風濕病用此藥揩擦又下法所作油膏亦略同

得勒非尼阿油膏

將得勒非尼阿三十釐合於橄欖油一錢豬油一兩後截草烏頭藥料更爲合用

草烏頭西名阿古尼低葉與根爲藥品又名鴛鴦菊吳俗名僧鞋菊西俗名和尚風帽花海狼草立尼由司列於多鬚三箇花心

阿古尼低爲希臘國之膏古人替啞弗辣司佗司云爲最毒之藥又古人代司可立弟司云有三四種內有一種詳細論之與意大里國及希臘國山上所見阿古尼低類其本處名曰阿古尼低納想此物係那布勒阿古尼低即常用之阿古尼低也此物在歐洲數處山上養六畜之處或冷處得之如英國內間亦有之生於河溪之邊但不能指定英國原有此物此種爲尋常見者而藥肆家難得其別種故英國藥品書以此爲準而昔時倫書與阿書所用者爲密頭形阿古尼低又有一種名司土爾刻阿古尼低來肯拔克書中所言者特看杜辣書中謂之居中阿古尼低

又韋勒特所謂尼啞門但阿古尼低想此物爲司土爾刻於一千七百六十二年所初試之物又有人以爲此物係密頭形阿古尼低之一種但密頭形阿古尼低依傳勒明所試得之理爲最淡之性幾乎無功用

植物學形性　那布勒阿古尼低之形性常有不同之處故有人無故而分爲多種其根本似錐形有一箇或多箇凸頭在其傍其榦直立而簡其葉分至葉莖成五箇劈形之分葉各分葉再分爲尖而

第三十八圖

有線形之小分所開之花在榦上遞更排列似穗形其色深藍萼瓣五出似乎花瓣上者似盔形其盔如半圓而漸變尖至末成尖頭花翅內面生多毛花瓣五出上兩出似小囊形平排列有長花莖托之藏於盔形內外不能見其餘者小而似線形間有不見者鬚線外面生毛有尖頭之翅子房有三箇小時則向外分離種子在子殼中不相連爲多三邊形之體背面有摺皺紋如第三十八圖

密頭形阿古尼低與以上之物易分別之因其花更多而散開又其花之盔形更長

英國種那布勒阿古尼低即黑爾德佛省之喜欽等處其

根亦從日耳曼國取來

又有一種名美觀阿古尼低即來肯拔克所記者俗名和尚魁風帽在英國蘇勒省之米綽末多種之又種尋常阿古尼低數種

又有一種名兇阿古尼低在印度之雪山產之比歐羅巴各國所產者功力更大

又有一種名亂形葉阿古尼低亦爲印度國所產者有補性而不毒

形性　阿古尼低根尋常出售者爲錐形與胡蘿蔔略同其色外深櫻內白或言其名那布勒即蘿蔔之意因其根

與法國之蘿蔔相似間有旁面凸頭連於根而不相離其色更淡外面平滑其質如肉初嘗之其味覺苦繼變辣後每與舌覺癢而麻木再後喉中亦然所言之凸頭爲來年之根或根本開花已畢則凸頭又能長養其葉花種子等俱有同性情加於舌面則覺熱癢而木從發葉之時至結實其葉有此性至其子初結成之後則散此性子已熟則其葉竟無此性其種子甚辣作阿古尼低膏可用其葉觀其花略三分之一已開則取其葉作膏其根必在冬春未發葉之先取之其葉用鮮者其根可用乾者

化學形性　阿古尼低根與葉其功用在乎鹼性之毒質名阿古尼低亞此爲毒藥中之最烈者初爲步蘭德士查出後有掰茄與黑司亦查明而佩服前人之說又有醫士希拉巴得已詳細化分野生那布勒阿古尼低根查其含阿古尼低亞之數所用之法即海得蘭之法稍改變而得之每取阿古尼低開花後之根重一磅能得阿古尼低亞質八·五八釐如取其乾根則每磅得三五·七二釐如在開花之前而取之則其鮮根每磅得三五釐其乾根每磅得一二·一三釐以上之數爲試數次所得之中數又有醫士赫多用法國所產者每磅得四釐爲中數（觀一千八百六十四年四月藥品記錄書）如兒阿古尼低之根所含阿古尼低亞比英國者多

含二倍觀下論則得其詳此類之阿古尼低根在印度國曬乾可寄至英國若有未乾之根裝好寄至英國則其性已遜阿古尼低含一種辣性而能自散之質醫家尚未詳知沛離拉以爲此質由阿古尼低亞化分而成者又含別種鹼性之質與阿古尼低亞不同之處因能成顆粒磨爾孫名曰那布勒那又有一種植物酸質名阿古尼低克酸此物係沛西挨在其根內得之又含多小粉開花以前取之則其小粉更多其根粗而重又有成膏之料阿勒布門綠色之蠟質瑪內得有數種植物配質與鹽類質內有一種名鈣養阿古尼低克酸

西人常用一種根當菜蔬食之謂之辣根此根用刀刮成花條而與阿古尼低易相混然觀其所刮之花條其口不久變淡紅色其味亦不甚辣令舌痛甚而麻所以一覺此事則知其誤必戒之近時有多人因誤食此物而死者

功用　阿古尼低有最烈之毒能徑平知覺腦筋如欲用減熱氣之藥則此物有大用如嚼其一小片則多發口津口中覺熱而癢後覺木如用之爲毒藥則令眼內瞳人縮小又令人昏懞癱瘓因暈絕而死然與腦體無關如腦筋痛風濕與心病俱有功用觀阿古尼低亞一節

解法　凡有人疑中阿古尼低亞之毒可迅速多用動物

炭合於水服之此後不久即用鉼養硫養一大服令吐再以淡輕與白蘭地酒服之扶其人行動不停

服數　阿古尼低葉曬乾之則減輕六分之五可將其粉用一釐至二釐爲一服漸漸加多然其葉之性情不能定間有不毒者

阿古尼低膏

取法　將阿古尼低鮮葉及開花之莖頂二百十二磅在石乳鉢研之壓出其汁加熱至一百三十度用洋布濾出其綠色之料將所餘之流質加熱至二百度令其阿勒布門凝結再濾之將所濾得之水以熱水盆加熱熬成稀漿

再加前所分出之綠色料調和至極勻連加熱不可過一百四十度熬之至所得之膏合於作丸之用

倫書之法將所壓出之汁熬之而不依上法分數層工夫然用上法所得之膏更佳其阿勒布門原爲易發酵之物去之爲妙所分出之綠色汁名克羅路非勒再添入膏內能令其質多而有定質之形並存綠色此膏比舊法所作之膏稍烈然其爲藥之性不能定因其葉常有濃淡之別也

服數　一釐至二釐爲一服

阿古尼低爲藥之質易爲正酒醅所收故將前法所研成膏之葉用過濾之法則所得之酒醅膏最猝而烈蘇書即用此法阿古尼低之性情原爲日內瓦人郎巴特所查出勸人用其浸酒與酒膏有多人造阿古尼低乾汁其作法將葉壓出其汁而合於正酒醅又有人將其浸酒熬乾之成一種酒膏

阿古尼低浸酒

取法　將阿古尼低根之粗粉二兩半正酒醅一升浸於酒醅十五兩內二十八小時必蓋密之暫時搖動則添入過濾之器至其流質不再落下加其餘酒醅五兩已濾盡將濾器內所有之質壓之所出之汁濾之將二種流質和

勻加正酒醅足滿一升此浸酒之濃得阿書方浸酒之四分之一亦爲倫書方浸酒之三分之一又有一種謂之傅勒明阿古尼低浸酒較英書方所作者濃四倍

此浸酒最爲光明其色與舍利酒略同服之以後令口內覺癢而木

服數　五滴至十五滴爲一服一日食三服不可驟增其服數必漸加之

各藥肆家出售之阿古尼低浸酒其濃淡不等此爲不便之事尋常藥肆備傅勒明法之浸酒因間有醫士喜用之然斷不可用此酒而誤與英書之法所作者服數相同其

濃酒為外科之用而與英書之洗藥相似每一升用阿古尼低根二十兩而英書不過用其二兩半然無論何種浸酒不免有濃淡不等之弊此因其根所含之阿古尼低亞多寡不等也

阿古尼低洗藥

取法　將阿古尼低根粗粉二十兩樟腦一兩正酒醕足用將阿古尼低根合於酒醕若干先令其濕後浸七日將其樟腦置於受器內用過濾之法令其浸酒濾至受器內足有一升

此洗藥最濃為外科之用如用上等之根有大功力能止

一處之痛即如面部腦筋痛并他種痛病然必慎用此洗藥不遇皮膚破碎之處又不可近於口而用之可用手指搽於患處或用海絨或牙刷上之至覺麻木為度

常有醫士用阿古尼低汁與浸酒不能得其功用反之有人用其浸酒之微服而毒死者此因阿古尼低根之藥性濃淡不等而阿古尼低之藥性俱藉其鹼性之毒質即阿古尼低亞為此藥中最烈之質其濃淡永不變顧取阿古尼低亞之法最難因此英國與歐洲他國所出售之阿古尼低亞無功用應作為廢料倫敦醫學院因一千八百六十三年倫書之取法有差誤而改之然倫書不設更妙之法去其阿古尼低亞不列於藥品中而以浸酒代之惟有一藥肆家名磨爾孫所取阿古尼低亞為極淨者其價最貴其取法祕而不傳

海得蘭於數年前書中言一千八百四十九年所得取阿古尼低亞之法最為有益茲錄本文如左

欲得取淨阿古尼低亞之便法須易得其質甚多先須查明何種阿古尼低根能取其最多者故余往醫士來拉處得兒阿古尼低之根為印度國所產者於倫敦大書院化學房內詳試之得一取法最為便捷勝於所試之他種取法也

其法曰將兒阿古尼低根二磅搗碎置於甑中合於正酒醕一斗配合式之受器加熱令沸略一小時將甑中所餘之醕傾出加正酒醕一斗並受器中所得之料再照前法加熱令沸將所餘之酒醕傾出再加正酒醕一斗並所蒸過之物加熱令沸蒸之將所餘之根壓之而將三次所得之浸酒和勻濾之將此浸酒蒸之成稀漿為度從甑中傾出每一體積合於蒸水二體積加硫強水至有酸性為止則有結成之質必濾出至清為度再置於熱水盆輕蒸之至成漿此漿不可多於二兩體積傾入有塞之瓶其瓶必能多容二倍料後加濃淡輕水至有鹼性為止輕輕搖動

則得白色之質將此白色質每一體積加醋以脫一體積將塞塞緊用濕布包於瓶外以手指壓瓶塞令其緊密出力搖動數分時有若干以脫升至水面待其全分開則去其塞用吸管或小吸水筩收去其以脫傾於大碗內不必葢之將其瓶中之餘質再與以脫同數和勻以同法搖動之將其以脫用同法收去再做一次後將所得之以脫令自行化散而不加熱則碗中所得之質為阿古尼低亞

此法易而且速為一定者但必最謹慎為之因成質之時最險其取法之理易明因揣度阿古尼低根中有阿古尼低克酸與阿古尼低亞化合而酒醋所消化而出之質為

阿古尼低亞與阿古尼低克酸化合而成者所得之浸酒熬乾之加水少許則所結成之質為水中不能消化之松香類等質同時加硫強水則成阿古尼低亞硫養此質比阿古尼低亞合阿古尼低克酸所成之質更易消化後加淡輕三則其阿古尼低亞結成如多含阿古尼低亞其水不透光因有結成之質故變為半定半流之質後加以脫則消盡所結成之阿古尼低亞而與以脫同升至水面水中所存之質祇為淡輕四養硫養三等質

依此法所成之阿古尼低亞為淡黃色能透光如玻璃或如上等之阿拉伯樹膠如能得其極淨者則無此黃色如將其黃色者再照前法用強水與水少許消化之用淡輕三令其結成又用以脫分出之則能得其白色透明質但用此法變白不免糜費且其為藥之功用與黃者無異依此法所得之藥其功力最大而具有以下所言阿古尼低亞之性情如將此法與一千八百三十六年倫書之法相比則每一套工夫之理與必謹慎之處易於明曉設用那布勒阿古尼低其取法相同所得之阿古尼低亞甚少故用印度國之兇阿古尼低更為省儉印度國雪山之阿古尼低因其性最猛而毒故謂之兇即猛烈之意此物所含阿古尼低亞之數更為可恃但其根每有若干重所含阿古

尼低亞相比甚少如取法不靈則全不得此質印度所產阿古尼低根厚實似圓柱形無小根外棱內白分為兩色易於分辨一為新生之色料其質密略如牛角質且較重內含多小粉二為輕脆之色料其形略如白石粉此兩色所含之阿古尼低亞略同體積而因其重率小則更能值錢已試數次所得之數相近其牛角質之根一磅能含阿古尼低亞五十四至五十六釐若其輕脆之根一磅含阿古尼低亞八十八至九十二釐所以此兩色所含阿古尼低亞之比略為三與五之比

取法　一千八百三十六年倫書之取法將阿古尼低乾

根二磅搗碎置瓶中加正酒醑八升加熱令沸一小時傾出瓶中所餘稠質再加正酒醑八升并所蒸過之酒醑沸一小時後再照前法為之又第三次亦然將阿古尼低根壓之將壓出之汁并每次所得之質和勻濾而蒸之將其餘質熬成膏此膏在水中消化之再濾之將其流質少加熱熬之至成漿形之質加淡硫强水合於蒸水作為消化之阿古尼低亞又添淡輕水至足用即足令淡硫强水所結成之阿古尼低亞消化再加動物炭至足用略在一刻時內連搖之不止再濾之加淡輕水足令阿古尼低亞結成為度洗之令乾

依上法取之雖為妙手巧工往往不得其質若觀余所言之法與倫書之法有數不同之處如左

一酒醑所消化之質熬成稀漿不熬成膏

二可免將阿古尼低亞令其結成並濾洗之工此工在倫書之法連另作兩次

三不用動物炭

以上三事之理如左

一用更大之熱恐燒壞或化分其質又阿古尼低亞受熱或比別種鹼類質更易於燒壞而化分或以為酒醑令沸其熱能化分之因此取之之人往往不合法然此非為一定之理曾經用別法取之即加將其根在以脫內加熱令沸又浸於酒醑內連加熱至一百八十度數日不停無論以何法取之無論查其化學性或藥性所得之質與前法之阿古尼低亞同又在水中加熱令沸數小時其質亦不變

二舊法常誤事之故大半因用水太多并屢次消化阿古尼低亞一分能在水一百五十分內消化依舊法取之雖用水屢次洗所結成之質常有淡輕養硫養連於其上而其阿古尼低亞因此易自融化如以酒醑洗之亦不能去其質故不得已必再用水洗之而因用水多則有大靡費

如余所設之法用以脫則無靡費所含阿古尼低亞結成之水必為極少至於添淡輕水其質變為稠質如此則用水少而水所消化之阿古尼低亞甚少然用水四兩已能消化阿古尼低亞十二釐此俱為靡費者如用那布勒阿古尼低之根則阿古尼低亞可全為水消化故無所得余用以脫之法非惟能消化所結成之阿古尼低亞即已消化之阿古尼低亞可收其大半所以第三次用以脫之後其餘水所存之阿古尼低亞祇為微迹又因淡輕養硫養不能消化於以脫中故所得之阿古尼低亞為乾者不能自融化

三如用舊法卽使實有結成之阿古尼低亞則因用動物炭滅其色其動物炭不惟能滅其色且與植物鹼類質大有愛攝力故必從水中收盡其阿古尼低亞而不放出又動物炭與阿古尼低亞之愛攝力比在尋常之鹼類質更大所以用倫書之法得數極少或無亦不爲怪如將未漂白之阿古尼低亞十釐和於水中加硫强水足令其有酸性再加動物炭足令其滅色待若干時濾之將其水熬之加淡輕三至有餘則所結成之質與原數相比甚少余數次依此法試之竟無所餘者

昔時之法往往誤事其故因凝結之事與洗盡之事用水甚多又滅色用動物炭或熬膏用熱太多亦爲誤事之故

形性　依上法所作之阿古尼低亞提淨之則色白而無臭如水中所結成者待乾則質脆如白石粉但以酒醕或以脫消化熬乾之則爲明質如牛角尚未能令其結成顆粒每一分能消化於水一百五十分醕內最易於消化以脫內更易於消化消化之質味苦少有甜味後覺熱而癢舌覺木少有鹼類之性其爲本之性不甚大而能合於死物與生物之配質成鹽類其鹽類亦不成顆粒在水中消化則比阿古尼低亞更易此鹽類在水中消化如加鋇綠則結成白色之質如加金綠三則結成黃色之質如加碘則

結成欖黃色之質如將阿古尼低亞加大熱則化分發淡輕三之氣漸散至盡

非勒白司云尋常所得阿古尼低亞內含一質其性情比阿古尼低亞更淡此質謂之阿尼磨尼尼比阿古尼低亞更易消化於水然余所設之取法其阿古尼低亞不含此質於內曾用水中凝結之法濾之洗之將此質令遇多水則如非勒白司之言不差應多含其質之不消化之一分而因此較以脫法所取者更烈然余已將兩種質試之無論爲毒死動物或感動皮膚所需用之數略同

英書所設之取法與海得蘭之取法略同因其法內亦用

以脫也然有不同之處因消化其阿古尼低亞硫養三所應用之水數不指明如所用之水過限則所得之阿古尼低亞必極少而其用水之限本爲極少者

阿古尼低亞　又名阿古尼替那　又名阿古尼他

取法　英書　將阿古尼低根粗粉十四磅正酒醕蒸水淡輕三水以脫與淡硫强水各預備若干至足用先將酒醕二十四升傾於阿古尼低根上磨勻加熱至初起發沸爲止任其自冷停四日置於有吸力之漏器令其過濾再加酒醕若干至其根之藥性已放盡將所得之質蒸之至大半已蒸過將其餘質用熱水盆熬之令酒醕全散將所得膏質

一分合於沸蒸水二分待冷至與空氣之熱度等用紙濾之將濾得之水合於淡輕水至少有鹼性用熱水益漸加熱將所結成之質濾之曬乾之磨成粗粉而合於以脫搖動數次再換以脫搖動數次將各次所得之以脫和勻而蒸之即至餘下之膏已乾爲度將其乾汁以溫蒸水消化之而其水中必先加硫强水至少有酸性待冷時將淡輕水一體積蒸水四體積和勻漸加此水在內將所結成之質濾之用冷蒸水少許洗之又用生紙夾之少加壓力令乾

依此法先得阿古尼低根之酒膏不含小粉與他種植物

質因此各質不能消化於醋內後在水中消化而濾之則分出其松香類之質其水含阿古尼低亞之天生鹽類質加入淡輕則與阿古尼低克酸化合而因所用之水數不過膏之兩倍故阿古尼低亞大半結成再將結成者晾乾之如有含淡輕之鹽類質黏連之則用以脫之時分出而其餘異質不能消化於以脫中而存於水中所得之以脫膏幾爲淨阿古尼低亞而因英書之法後作之工有誤則其阿古尼低亞大半糜費其方曰以溫水消化之其水必加硫養有酸性而不言溫水應用若干設如其乾根每磅有阿古尼低亞二十釐則十四磅應含二百八十釐能在

熱水五十倍體積中消化所以熱水一升半或冷水四升半能消化至盡再加淡輕則無結成之質如其根所含阿古尼低亞更少則水數更少已足以收盡阿古尼低亞無論如何其糜費必極大除用水極少外英書之方不可用

阿古尼低亞原質之式尚未定一千八百六十四年英書之式爲炭六十輕四十七淡養十四又言爲白色之質尋常無顆粒之形遇紅色試紙則顯其鹼類之性能滅酸質如加烙炙鹼類質則能從其酸水內令結成然淡輕養炭養或鉀養二炭養或鈉養二炭養不能令其結成加熱則融化燒時其火焰發煙擦於皮膚則癢而久木如服之爲最烈之毒藥

試法　以淨以脫消化之則應消化至盡燒之則應燒盡惟有一穩法分辨之即試其與動物所顯之性而依此性分辨之

功用　阿古尼低亞之性情與其根相同惟更猛烈耳其爲藥品之用藉其令近於皮膚之腦筋呆木所以腦筋痛病如面部腦筋大痛等病則將阿古尼低所成之藥擦於其處不久則止其痛醫士或令人服其微數以治風濕之大痛能令其平火安心服其大服爲最毒之藥海得蘭曾試過動物食若干足令其死而推算成人服其十分釐之一則必毒死觀藥品功用書第四章阿古尼低一款

阿古尼低油膏

取法　將阿古尼低亞八釐正酒醕半錢消化之加提淨豬油一兩和勻

此油膏較海得蘭所設者濃四倍又較海得蘭所設之濃油膏濃二倍所用之酒醕係空費之料

如傅勒明所設之阿古尼低亞油膏每豬油一兩配阿古尼低亞十六釐飡捺蒲拉與非勒白司俱用八釐海得蘭用二釐海得蘭另設阿古尼低二種藥如左

阿古尼低水

取法　將阿古尼低亞一釐正酒醕一錢消化之加蒸水

九錢消化之則每錢含阿古尼低亞十分釐之一每滴含六百分釐之一

阿古尼低亞洗水

取法　將阿古尼低亞水十錢各里司里尼二錢此方之數應用淨阿古尼低亞

凡腦筋痛或面部腦筋痛將其洗水或油膏擦於痛處之外則令其呆木數小時或一日其木不減其阿古尼低亞水爲內科之用較尋常阿古尼低亞之藥更爲可恃如風濕大痛或心之病以五滴至十二滴爲一服即有阿古尼低亞一百二十分釐之一至五十分釐之一爲一服

布道非路末根 西俗名五月蘋果美國俗名野檸檬又名美國曼陀羅花

此瀉性之根實爲根本英書自美國藥品書收錄之美國南北幾各處俱有之大半在遮陰處與卑濕地其根本四向生長不久能自鋪滿地面一大塊其果美國俗名野檸檬少有酸味頗適口而不覺有害其藥性在其根本與小根美國土人原用此物爲藥一千八百二十年美國初成藥品書內載此物俗又名五月蘋果將其根本熬成膏少有松香之形性謂之布道非里尼美國用之代輕性之汞綠在倭海阿省內辛辛那第城一年內成此膏四萬餘兩特看杜拉將此類另爲一科名布道非拉西依科又有大

爾皮名曰伯爾白離弟依科其俗稱蘋果檸檬或曼陀羅俱爲無理之名與此三物無涉或云其葉有寧睡之性與曼陀羅葉同尋常植物家列於自然分類法之辣能古辣西依科即毛茛科

布道非路末總形性萼瓣三出俱能自落花瓣如蛋形尖向下自六出至九出花鬚十六箇至十八箇鬚頭線形子房口大無托線子房即果實熟時不自裂其果有肉種子數多在旁之子胞衣內排列

楯牌形葉布道非路末如第三十九圖此爲立尼由司分種之名其根本平排如簾形長數尺能存多年其榦簡高

第三十九圖

十二寸至十五寸其端有兩葉與一花其葉似篠牌形分五箇至七箇分葉每一分葉在其尖或成齒形或有剖開形其花獨生於葉間大而色白少向下彎果大如雞卵形亦如之果上存子囊口果熟則色黃內有一膛膛內種子十二箇另有甜酸味之嫩肉

布道非路末根常出售者成條長一寸至六寸厚二分至四分尋常略與鵞毛管同外有皺紋另有小凸處即發幹

之所其色外紅櫻內白折斷之則其斷面略平每若干相距有櫻色細小根爲淡櫻色間有合於其根本者其磨爲粉者色黃其臭稍香而奇味苦少辛而可憎

化學形性　布道非路末內含苦味之質能成顆粒又含松香類質二種不成顆粒又有膠小粉阿勒布門立故尼尼没石子酸定質油與自散油如非勒特非亞八哈知孫將布道非路末根合於生石灰與水而沸之將所得之水濾之加鋅養硫養合結成將其餘質在醋內消化之再用沸水消化之待冷則結成之質爲根內苦味之質此質無瀉性因其瀉性在二種松香類質而此松香質不能在淨水中消化祇能消化於鹼類水中此松香類質之第一種其數多於第二種能在正酒醋與以脫中消化而第二種能在醋內消化而不能在以脫中消化第一種之性較第二種更烈化學家阿林云其瀉性俱恃松香類質之第一種如將布道非路末浸於水中則少有酸性如合於含鈣養或鉏養或錛養鉀養果酸或直辣的尼之各水則結成白色之質如合於鐵與多配質之鹽類則合其變黑此爲含没石子酸之據如加碘則變爲深茄花色此爲含小粉之據如將布道非路末之沖水合於酸質則無變化合於鹼類質則結成二種松香類質

功用　布道非路末有瀉性似乎渣臘伯如用正酒醋成膠則有重瀉性其最便之用法取其松香形之質

服數　將根之細粉以十釐至二十釐爲一服

布道非路末松香類質又名布道非里尼

此質之取法將其根以正酒醋成浸酒再加酸性之水合其質結成如祇加水亦能有結成惟加酸水則結成更易更全且加酸水亦能合伯爾白離尼質結成美國之布道非里尼亦含此質

取法　將布道非路末根粗粉一磅合於正酒醋三升或至足用用過濾之法收盡其質將所得浸酒置於甑中蒸

之收出其酒醋、又將蒸水二十四分合於輕綠一分、將此酸水三體積合於甑內所餘之質一體積、漸漸傾入、屢次調和、待二十四小時、則其松香類質沈下、可濾取之、以蒸水洗之、在熱汽爐上烘乾之、

依上法取之得淡綠櫻色之粉、此粉不成顆粒、每用根一百分得此質三分至四分、此爲松香類之雜質、能在正酒醋與淡輕內消化、如以正酒醋消化之、再加水、則凝結、以淡輕水消化之而加酸質、亦能結成、英書云、幾全能消化於淨以脫中、然布道非路末所含之松香類質內有一種不能在淨以脫中消化、此質略爲全質之五分之一至四

分之一、依滿里由司司密得之說、此松香類質之淨者爲白色、以二釐至三釐爲一服、大有瀉性、

功用　胡特與巴格之書云、此質爲重性之瀉藥、服之必瀉、令大便多成流質、不令人腹痛、亦無不穩之弊、如肝病中、此藥大有功用、故美國內用之甚多、俗名植物茄路米、或獨用、或合於藍汞丸藥服之、或合於汞綠或大黃或渣臘伯或鉀養二果酸、俱可、如有生炎病而應瀉之、用此藥最合、又痛風、風濕、肝血積聚、水腫等病、亦可用之而得益、

服數　以半釐至二釐、或更多爲一服、

毛茛科之植物、又有數種在產之之國內作藥材、即如北亞美利加有串形阿格替耶、又俄國之北方西伯利產串形阿格替耶與西米西傅茄、阿格替耶俱含猝性之質、可爲化痰藥與發汗藥、其串形阿格替耶似乎黑色藜蘆、代以出售、如風濕之病、則多用此藥作浸酒、每準酒醋一分配其根一分、服數半錢至二錢、

加拿大海特拉司弟之根、即產於加拿大與亞美利加之西北、謂之黃色布故納、其土人自古以來用之爲藥、美國醫士亦言此根能爲瘧疾或重病初愈之補藥、大有功用、醫士伯靈士亦言此根含伯爾白離尼並奇性鹼類質、名海特拉司弟亞、此質大有爲本質之性、觀藥品記錄第二分第三本第五百

四十六頁

蜂藥散特里薩、西俗名美國黃根、爲苦性之補藥、美國中多用之、伯靈士曾在此根內查得有伯爾伯離尼之質、又有人從此根內取黃色染料、此根可與高林布或苦白木更易而用之、

辛夷科　西名瑪格奴里阿西依　此爲特看杜辣之名

此科植物在亞美利加中國日本國新金山與新西蘭各處散布、大半含自散之油質、因其香性而用之爲藥、即如東方各國有一植物名八地恩、西名星形阿尼司、其子排列如星之芒、即八角茴香、其味與臭與大茴香略同、歐洲

各國將八地恩名目收入各藥書內、故另加數字曰八地恩依非辣、其星形阿尼司、爲中國植物之果實、西名阿尼司依里西由末、但有西人西蒲特與如格兩人云、此果實爲敎內依里西由末、然疑其爲上所言之一類、

温弟里得立密司 特看杜辣之名又名温弟里樹皮立尼由司列於多鬚四箇花心

温弟里樹皮爲温弟里得立密司樹所產者、如第四十圖、係英國船主温弟里於一千五百七十九年往麥坼倫海峽處得此樹、帶至歐洲、其皮有香味、又有行氣之性、故有醫士用之當桂皮、又有補性、似乎看尼辣樹皮、今時不多用之、

第四十圖

新月形種子科 西名米尼司卑麻西依爲特看杜辣之名西俗名月草

新月形種子科之類、間有與他類相同者、醫士林特里以爲與內長類之土茯苓科相近、此科之植物、大半在熱帶內、即熱地內所生者、在亞細亞與亞美利加俱有之、間有在此界外而見之者、即如阿非利加海邊等處是也、

形性　新月形種子科之類、生一種苦質、並多小粉、其根與幹內俱有之、多有內質黃色者、間有生辞性質者、其果實內含辞性質較多、故有數種能爲補藥潤內皮藥與利小便藥、有一種植物名印度告故羅司、是爲毒藥、

沛離拉根 立尼由司名沛離拉西散比路司列於分雌雄合鬚之花西俗名絨葉

沛離拉爲籐本之根、產於巴西國、又名沛離拉布拉發、即野葡萄之意、又西印度各島內、謂之剪絨葉、西人初論此物、在馬克古拉弗與秘瑣於一千八百六十四年所著萬物略說之書內、名之曰楷比罷、葡萄牙國人俗名天母之稗、又有醫士雷於一千六百八十八年之書中、言此物治石淋有效、其根與幹俱可用、久有人用之、且不惟此類、尚有他類亦用其根與幹、如奧蒲來言法國之加夜那有略紅阿蒲他之根、當白色沛離拉用之、又有一種所生之質、謂之紅沛離拉、又有西人孫希累爾云、巴西國產原沛離拉樹、爲故拉白里瑪西散比路司之樹、又有馬督由司言其名爲楷比罷、又名西巴地可臼拉、

沛離拉西散比路司、如第四十一四十二兩圖、爲分雌雄之植物、其幹圓而平滑、或生毛、籐本、與此科之別植物略

第四十一圖　第四十二圖

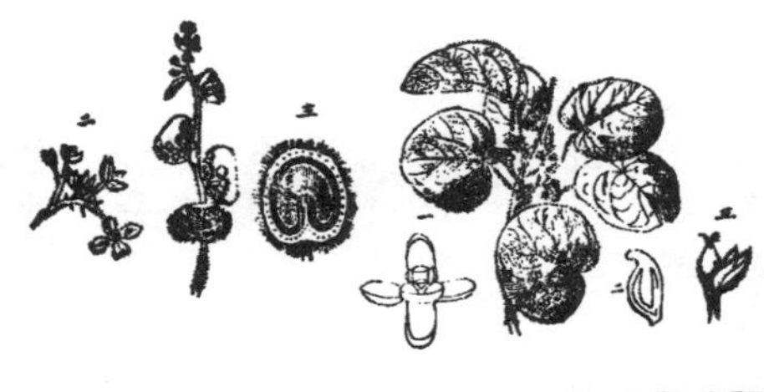

同其葉圓如楯牌形又略爲心形其心底向內邊生刺上面平滑下面生細毛如絲花小成穗形如第四十一圖其穗形分义有小花葉其莖或單或雙其花多生細毛如第四十一圖之一號第四十二圖之二號萼瓣四出花瓣亦四出合成杯形鬚在下相合鬚頭二箇在頂平而開如第四十二圖之一號其花穗

形爲單者有寬葉形之花葉其萼有一在旁之萼瓣又有一萼瓣在此萼瓣之前如第四十一圖之三號單子房子房口分爲三果外生細毛大紅色而有斜內腎形無壓平形有皺紋圍其邊種子一箇其端如鉤形其胚如第四十一圖之二號與第四十二圖之三號長而圓有阿勒布門肉質圍之

尋常出售沛離拉根其塊長數寸至一尺厚薄不等有彎曲之形略爲圓者色深褸有直槽紋其横剖面有同心之圈然有心大不同者從心有幅通至外皮根無臭味稍甘初少覺香後覺苦藥肆常出售者間有無甘味大半從巴

西國運至本國

化學形性　此根內含松香質黃色苦味質褸色之質植物暮苦司即膠形之質小粉鉀養淡養五並他種鹽類質以上爲弗奴微勒書中之說韋搿司書云有一種奇性植物鹼類質其味有甜有苦名曰西散比里尼其功用與性情大略藉其苦質小粉與鉀養淡養五

服數與功用　其根粉以二十釐至四十釐爲一服舊法用其沖水醫士布路弟初用其煮水苦里司脫生云用冷水以過濾之法得其浸水即與蘇書之取膏法略同因以冷法所取之質不含小粉於內故不易於腐爛外科用沛

離拉治膀胱傷風之病

沛離拉煑水

取法　將沛離拉根切碎一兩半蒸水一升加熱令沸略一刻之久濾之再加蒸水補足一升

服數　以一兩至三兩爲一服

功用　爲輕補藥又爲潤內皮利小便藥

沛離拉根膏

取法　將沛離拉根粗粉一磅沸蒸水八升或足用爲度先將水一升浸沛離拉在內少加熱二十四小時則盛於過濾之器再加水令其由漸行過以至得水八升或至其

根內藥質放盡為止將其水用熱水盆熬之至所得之膏合於作丸為度

此方原在倫書中英書中亦載之

服數　十釐至二十釐為一服

沛離拉根水膏

取法　將沛離拉粗粉一磅置於沸蒸水一升待二十四小時盛於過濾器加沸蒸水至共得八升或至其根內藥質放盡為止將此水以熱水盆熬之至餘十三兩待冷加正酒醋三兩以紙濾之

此膏每一兩與根一錢相配

服數　半錢至半兩為一服

高林布根其根切碎曬乾特看杜辣名櫻櫚形告故羅司又名楷倫伯立尼由司列於分雌雄六箇花鬚

高林布根係里弟於一千六百七十七年初傳此藥於人又一千七百二十二年以前有西米陀司將此藥列於印度國本草內如印度藥品書名曰楷倫伯醫士白里初查得阿非利加東方莫三鼻給與哇以布二處海邊樹林中有此植物而將其雄樹畫一圖然此處所見者俱為野生一千八百三十年虎客從相近之海島名毛里西得其雌雄兩樹畫其細圖此物由船主倭溫初帶至毛里西島種之如第四十三四十四兩圖

高林布之根存多年發出數箇圓錐形之分根如第四十四圖之七號內有直絲紋外櫻色有橫凸頭如千日瘡形

第四十三圖

第四十四圖

內深黃色無臭味甚苦其榦每年枯萎係草本與籐本外有毛毛根如核其下生更長之毛其葉遞更排列幾為圓形或為心形其心底向內葉分五分

至七分其分葉不再分其面與邊有溷形其端尖形面生多小毛葉莖甚長似串形而順軸花小分雌雄色綠萼六出萼瓣分兩幅而有小花葉花瓣六出似蛋形尖向下一半包圍其六箇相對之鬚觀第四十四圖一二兩號其鬚頭在鬚之端分兩膛自上至下直裂開其子房有三箇觀圖之三號在底相連果實略與指甲同大外有長毛觀圖之四號其尖有黑色長方形凸處種子之形觀圖之五六兩號觀植物記錄二千九百七十頁至七十一頁

高林布之入藥品者為其根與分根橫切之片如第四十四圖之八號其片圓而平厚四分寸之一至半寸徑半寸

至二三寸其殼厚二分至三分外有櫻色薄皮其面灰黃色內質有同心圈紋易與其殼質分辨內質似海絨向心更薄此因縮小之故其質脆易磨為粉得綠黃色其味苦與樹膠略同少有香氣

化學形性　高林布根略三分之一為小粉另有黃色苦質名高林布以尼又有中立性之質名伯爾白離尼此因其質從伯爾白離果（即枸杞子）而得之也又有配質名高林布以克酸又有與碁苦司相似之質此為波蘭智書中之說又有松香類質之膏為布格那書中之說又有自散油之微迹等高林布以尼初為韋子獨格得其淨者其淨者無

色其味甚苦能成長方形顆粒又能融如臘水內難消化醋或以脫能消化又酸質與鹼類質亦能消化之最佳之化料為醋酸依化學家之說其原質為炭輕養

高林布之佳質脆而易斷又因小粉質多則合於碘酒成深藍色如加鐵綠或鐵養硫養則不變色因不含樹皮酸如加錳養鉀養果酸或直辣的尼無有變化則知其不含沒石子酸如加沒石子沖水則結成灰色之質英書云高林布煑水待冷時合於碘水則變黑色

高林布根間有亞美利加高林布相雜即假高林布此為賣藥家偽充以獲利如將其水合於鐵綠則變深綠色又有人加布來亞尼根此根置口中有不散之苦味與辣性略二年前有人從印度錫蘭島帶回一質名高林布木此質有新月形種子科植物榦之內外形狀然眞高林布不產於錫蘭島而此木係開明米尼司卑耳摩此為茄脫納之名而苦勒婆羅格名曰酷司西尼由末又西士恩司里云錫蘭土人常用此木為補藥內有一種鹼性之質即伯爾白離尼

功用　為補胃藥與微補藥其服數以十釐至三十釐為一服一日二三服

高林布膏

取法　將高林布根切碎一磅蒸水四升先將高林布浸於水二升內十二小時為止濾之壓之再浸於水二升內十二小時後濾之壓之將兩次所得之水和勻濾之用熱水盆熬之至所得之膏合於作丸為度如一千八百六十四年英書用準酒醋為之

服數　以五釐至十釐為一服

高林布水

取法　將高林布半兩冷蒸水十兩共置於器內蓋密之略一小時則取出濾之

服數　以一兩半為一服每日二三服此水速壞而化分

如以熱水爲之、則多含小粉、如合於碘用之、則成深藍色之水、如以冷水浸之、則冷水收其阿勒布門、不久即發莓而臭、如以熱水沖之、則其阿勒布門結成、來得活特意欲用其根之粉、大爲差誤、即一千八百六十四年英書之法、

高林布酒、

高林布根切碎二兩半、準酒酯一升、其取法、與阿古尼低浸酒同、

服數　以一錢至二錢、合於苦味藥服之、

告故羅司　又名印度告故羅司、又名小子殼、阿尼没他、爲韋得與阿那脱書中之名、特看杜辣名醬痕、告故羅司、立尼由司列於分雌雄合鬚之花

告故羅司、係籐本植物之果、生於印度之馬拉巴爾、英國每年運進者甚多、俱從印度之孟買麻打拉薩與錫蘭而來、昔時此果過紅海與地中海而至英國、因此一千五百三十六年羅以立由司書、謂之東方果粒、又剥美書、謂之地中海殼、想阿喇伯國人必知此物、然無一定之據、即如拉西司、塞拉披恩、阿非色那各古書中所言馬以蘇拉藥、即魚毒之意、近有司百倫加勒云、想是告故羅司、實爲草身與草皮而非果、而塞拉披恩云、能治瘡癤之痛、手指之抽筋、又有波倫比由司、設名爲魚毒之意、而陸克司白格醫士、初查得生此果之樹并其形性、而苦勒婆羅格謂之小密頭、阿尼没他、後有韋得與阿那脱謂之小子殼、阿尼没他、而立尼由司謂之告故羅司、米尼司卑耳摩西名告故羅司、想謂印度之方言、告告苦里、即殺鴉之意、又印度之梵音、謂告刻馬里、亦爲同意、

告故羅司、乃籐本之植物、如第四十五圖、能蔓延甚高、其榦之外皮灰色、有深裂紋、略與軟木質同、故名曰醬痕、告故羅司、即生軟木樹之意、其葉大、有長葉跗、形似鈍雞卵、或略圓、其底略有翦斷形、或略有心形、其頂尖、其質結實、初生者軟、而生細軟毛、其脉五、與手指排列同、葉莖較葉略短、兩端似腫大形、花分雌雄、列成摺串形、在旁排列、萼

第四十五圖

分六出、萼瓣成雙幅而排列、有兩箇遍繫之小花葉、無花瓣、其雄花之鬚在中合成柱形、在其頂散開、鬚頭多、蓋密其柱形之球頂、其雌花、尚未有植物家定名、其果一至三、一膛、一種子、其種子似球形、在臍眼有深凹、有阿勒布門質、其形如肉、子瓣最薄、有分離之形、而在容胚凹之兩邊、各有一子瓣、

代勒云、告故羅司之果、形似內腎、似乎羅耳烏司子、即涪

樹果但更小其形略似卵或幾爲圓較青豆更大其色黑椶外有皺紋外殼薄而乾內殼白色似乎木質分兩半內有白色之仁形如半月質有油種子之味最苦其仁不鋪滿其內膛久存之間有空膛無種子者其種子之體積應居膛之三分之二爲最佳

化學形性　印度告故羅司之仁醫士婆來化分之近有古爾白與百勒替耶二人化分之得一種質名比割路毒西尼卽苦毒之意又得松香樹膠油酸類臘質蘋果酸蓉苦司小粉鹽類質又化分其殼得兩種鹼類質惟其數甚少一種名米尼司卑耳摩依亞二種名巴辣米尼司卑耳

摩依亞然因不用其殼祇用其仁則殼之兩種鹼類質可不論之其比割路毒西尼質結成無色針形顆粒間有成絲紋形之線或成片或成斜方柱形其味最苦每一分能以五十七度熱之水一百五十分消化之或沸水二十五分或以脫二分或酒醕三分俱能消化之若定質油與自散油俱不能消化不能與酸質化合而能在醋酸內消化又能與鹼類質化合故化學家以爲必有配質之性其原質爲炭輕六養四苦里司脫生云得此質之法先將其仁壓出其油質將餘質用過濾之法以正酒醕收其餘質再將其酒醕蒸之而將餘質合於沸水與輕綠少許則如其水略濃待冷時其比割路毒西尼能結成顆粒

功用　此爲惹胃之毒藥捕魚與野獸用此質又有造黑苦酒之肆用以合於酒內藉其苦味能少用霍布花（卽葎草花）又因其有混腦之性則飲之者能醉以爲此酒甚濃有翠勒得與磨里司兩人作書論苦酒之作法指明可用此藥以得利似爲正法而不以爲差其罪大矣所用之質爲苦味黑色之膏人謂之黑膏原爲製造獸皮之用而造此膏者云名謂造皮家之用實爲作苦酒之用（觀配料成物書言明此理）此藥能令人頭暈而抽搐不知人事外科用其粉則能殺蟲亦能治乾疥瘡禿瘡怕拉撾（卽髮窠內小圓膿瘡）等皮膚之病

告故羅司油膏（一千八百六十四年英書所載之藥）

取法　將印度告故羅司種子八十釐在乳鉢中沖水成膏合於豬油一兩磨之極勻此膏之功用可殺蝨子又有數種皮膚之病可用之感動皮膚

如將比割路毒西尼十釐合於豬油一兩磨勻亦能成膏藥性與前者略同

罌粟科（西名怕巴甫拉西依硃西亞之名西俗名罌粟草）

罌粟科之植物產在赤道北溫和之地間在亞細亞熱地新金山好望角與亞美利加熱地見之大半有乳形之汁味辛服之令人甯睡

罌粟（立尼由司名怕巴甫列於多鬚一花心）

此為草本植物內有白色之汁其莖開一花顯呈於上花未開時則向下垂萼瓣二出凸形不多時即落花瓣四出如第四十六圖鬚多如圖之一號花心莖無子房口四箇至二十箇不定有輻形無托線依子房口之圓蓋其子殼似蛋形尖向下內有一膛有四箇至二十箇瓤相連在子房圓口下面有小門相通其門為子房口所成子胞衣在鬚之對面排列

第四十六圖

通至殼內成假而不全之膛隔衣種子多似內腎形如圖之三四兩號

野罌粟花瓣（西名里阿斯怕巴甫又名穀罌粟又名紅罌粟）

此植物在歐羅巴五穀田內又在路邊常見之或所種麥內偶有其種子混入於中因此則傳種此種正名可疑怕巴甫想即為希臘古書中所言之來阿斯其殼似橢圓形其根分極細多紋幹上開多花其幹與莖多生毛葉為單翎形或雙翎形分葉似橢圓形或長而尖邊有亂齒形花瓣光紅色近於地者幾如黑色花鬚之托線似椎形子殼似蛋形尖向下其蒂略圓而平滑而有八箇至十箇子房口之邊附於其上其花開於西六月或七月（觀蘇格蘭藥品書第六百四十五頁）

此花之紅色瓣入藥品者不過取其色乾時變暗紅色其新鮮之花有臭略與鴉片同其乾花無臭令乾之法應少加熱而有多風氣行過如浸於水中則令水變紅色所以紅罌粟糖漿有此紅色有人以為此糖漿少有寧睡之性然其用處大略為得其色如合於鹼類質則變黑如合於鐵綠則變深茄花色或櫻色其花瓣每百分含黃色油質十二分紅顏色料四十分膠二十分立故尼尼二十八分此為沛離拉書中述里伯特之說

紅罌粟糖漿（即野罌粟糖漿）

取法　將紅罌粟花瓣十三兩水一升糖二磅又四分磅之一正酒醋二兩半將其花瓣漸添入水中用熱水盆加熱屢次調之則離熱水盆待十二小時壓出其汁濾之加入糖加熱消化之待將冷時則添酒醋與蒸水令其漿重三磅十兩即得重率一·三三〇此糖漿祇用以令藥得美觀之紅色少加酸質則其紅更明

罌粟殼（立尼由司名睡性怕巴甫又名園中白罌粟為藥品者已熟乾殼去盡其子又名罌粟頭）

罌粟之殼並所結成之乾汁名鴉片為藥品中要質西國久種於園內希臘古時詩人和瑪其詩中所言之一種草

想爲此物又有古醫家希布可拉弟司（案此爲西國古時著名醫學家希臘人生於西歷以前四百六十年其書有六十餘部傳至於今）書中言罌粟有二種一爲黑者一爲白者又阿喇伯國波斯國醫書中亦言有兩種一名苦司楷式阿皮由司即白罌粟之意一名苦司楷式阿司懷特即黑罌粟之意近時印度大平原中多種白色罌粟而雪山有一種黑色者即深紅色英人哈暮敦遊歷印度波斯等處其書云鴉片大半爲白罌粟所出者間有紅色與紫色者惟較白色者更少常有一大處俱爲白色之花間有一本爲雜色者尚未見一塊地面有雜色相間者此草高約三尺等語埃及國早已種之又印度波斯土

爾其等國並歐洲他處亦種之

如第四十六圖爲園內之罌粟疑爲波斯國初產者然已在各國多年種之其子亦易散至遠處故所見野生者亦多歐洲南方遇見其野生者甚多

此植物高二尺至四尺幹圓而直其面平滑有細粉淡綠如海水色其端尖而白而近於端與莖有毛葉大在莖之下內端略包圍幹莖有細粉淡綠如海水色其面平滑邊有凸形如海濵有劈開之形與齒形花大爲幹之頂未開時則低垂開時則直立萼瓣平滑而凹花瓣四出俱大而略圓其色白或稍帶紫色而近足處有一深色之點子殼橢圓形或幾爲球形其面平滑其體大子胞衣在其邊排列其數等於子房口之數子胞衣面有多種子形如內腎色白或少帶櫻色西六月與七月開花八月至九月則殼熟（觀蘇書第二千一百四十五頁）

化學家或以爲罌粟有兩類而非兩種故白罌粟花依格米林書謂之藥品罌粟其形大細粉之色不甚似海水之淡綠花瓣與種子白色子殼似蛋形或幾似球形而在子房口之圓瓣下不能自裂（觀四十六圖之一號）又有黑色罌粟謂之睡性罌粟花似茄花色或紅色種子黑色其殼略如球形而在子房口之下有胚珠微門能通至外（觀四十六圖之二號）

罌粟未熟之殼

其殼徑二寸至三寸略如球形其上有星形子房口蓋之罌粟頭必在未熟時取之因此時所含睡性之質更多法國人云地中海東邊所產者與法國南邊所產者較之法國所產者更佳功力更大其種子在割下未熟之殼內能自變熟其子多含油所以倫書之法用其子與殼同煮水而其油質能令其水有潤皮性此物爲下數方之藥料其功益大半藉所含之嗼啡啞如乘其未熟而取之則其性更重如待熟而取者則不惟含嗼啡啞尚含苛弟以亞比鴉片更多又含中立性之質化學家尚未考究而得之（觀藥

品記錄書第十四本第二百三十篇

罌粟殼煮水

取法　將罌粟殼二兩搗碎浸於蒸水一升半內加熱令沸連沸十分時則濾之再加蒸水補足一升

功用　爲止痛之熱洗水有潤皮安神之性如身體有腫大處或痛處或生炎處即如眼睛肚腹交節等處俱可用之

罌粟殼糖漿

取法　將罌粟殼搗碎去子三十六兩置於沸蒸水二十升內在熱水盆中加熱十二小時爲度再熬所有之餘水而留其碎殼內之水將其碎殼質加大壓力壓之而後濾之將所得流質熬之至餘三升待冷時則加正酒醋十五兩調和再濾之將所得流質蒸出其酒醋而將其餘質熬之至餘兩升加提淨白糖四磅則其質應得六磅半重率得一·三二○

此法係割羅勿所設比舊法更善用酒醋之法能令其膠質與阿勒布門結成沉下後蒸之則酒醋放出倫書亦用此法如不用酒醋則糖漿易發酵而壞

此糖漿如合法取之則爲最佳之止痛安神藥顧下等粗魯之人喜將此藥與小兒食之令其安適又以價廉爲要

故有下等藥肆家不合法爲之或用罌粟膏合於糖漿或用糖渣滓合於鴉片酒以代之其濃淡不定所以小兒常因此藥而受害醫士或言用冷水而用過濾之法爲最妙因能令其不發酵而壞惟恐其爲藥之性因此而更輕

服數　以二錢至半兩爲成人之一服十滴至十五滴爲小兒之一服

罌粟殼膏

取法　將罌粟殼之乾者去其子搗爲粗粉將此粉一磅正酒醋二兩沸蒸水至足用將其罌粟殼與水二升和勻而浸之約二十四小時屢次調之再盛於過濾器中添水令其流質漸漸過濾至約得八升或至罌粟殼之藥質化盡爲度將其水用熱水盆熬之至餘一升待冷則加酒醋待二十四小時則濾出其淨質用熱水盆熬之至所得之膏合於成丸之用此方原在倫書一千八百六十七年收入英書

此膏在西國久已用之如古時希臘人謂之米故尼恩有數病內可當鴉片之用而比鴉片更合宜因能止痛安神不令人吐不惹胃醫士布格那云熟罌粟頭較之未熟時之罌粟頭更有安神之性然不能從熟罌粟頭而取鴉片故無論何時應用鴉片可用罌粟熟殼代之熟罌粟殼之

膏與鴉片質大不相同因鴉片不惟爲生殼之汁而爲罌粟草全體之汁俱從割傷之處流出也

服數　二釐至五釐爲一服

鴉片此爲土爾其等國所產睡性怕巴甫即白罌粟未熟之殼割裂時流出之汁成乾膏

鴉片從古以來即知其形性與功用其作法將罌粟未熟之殼割裂而收其所出之汁熬乾之醫士疑希布可拉弟司能用之又弟阿古拉司書中勸人勿用以治眼耳之病又有西人代司可立弟司書中論及之然古人不多用此至阿喇伯國興起時則用之更多古醫科內有三種膏一名未脫里達的克一名替里阿楷一名非路尼由末阿喇

伯國名曰阿非恩印度名曰鴉片末中國人謂之阿片又謂之阿芙蓉此各名俱從希臘國之名得之希臘國名曰阿破司即汁之意印度之古音曰阿背能想亦從希臘國名得之

鴉片之取法最爲簡便夜間以小刀劃破罌粟殼而作此事必在花瓣方落下時又必留意用刀不至其殼內則白色之汁流出凝於殼外成滴第二日早取之則已軟緩一時取之則已乾其粒子能合連成塊或久不連而成沙形之粒俱依其取時之早晚依此法取之則其鴉片運至暖和而通風之房自變棕色折斷之處光亮其臭大而奇來

拉於一千八百二十八年至二十九年在印度之薩哈倫波爾種藥園內照上法取若干鴉片送至孟加拉醫院院中查驗回覆云此鴉片與土爾其之鴉片相同雪山所作之鴉片亦以此法取之其成色最佳一千八百四十四年哇白其也在法國試種罌粟鴉片得知長圓形之殼較圓形之殼出鴉片更多西七月初一日之後其殼始變黃所出鴉片含嗼啡啞之數更少而用刀不可割通其殼之故因割通則壞其種子而不能熟即不能壓出其油而此油爲種罌粟得利之要物又有比倫與哇利非亞云土爾其所產鴉片爲其殼內結成汁之小粒相合而成又有代司

可立弟司云其取法乘露水已乾在殼面割裂用蛤殼收其汁將各殼之汁聚合於乳鉢中磨勻又有剛伯法云此爲波斯之法又特克西耶云土爾其亦用此法印度之巴哈爾與伯那利斯兩省每年所產者極多亦爲此法所成亞細亞博物會記錄書中一百三十六篇論此法最詳依此法成鴉片則其汁甚淨如用他法則其質有黏連小粒之形尋常出售之鴉片有此兩種形狀俱可通用

如土爾其鴉片即士麥拿鴉片英國藥品書講明而用之如印度等他處之鴉片歐洲各國不用之英書云鴉片爲亂形之塊重二兩至二磅不等用罌粟葉包之其團有羅

米克司（即羊蹄類）類之麥皮形果黏於其外。其新鮮者，軟如泥。剖開之，則有亂形而少濕之面，色褸如栗。如以手指研之，則平滑而光，其臭奇怪，其味苦等語。然以上之說未可盡信。因土爾其之鴉片，間用其花包其團，間亦無之。

歐洲尋常出售之鴉片，有奇布特分類，即土爾其國亞那多里亞邦所產者，謂之土爾其鴉片，大半從士麥拿之口岸運出，間有帶至土爾其京都，再發至歐羅巴他處。英國又用埃及國之鴉片，如波斯國之鴉片，英人幾不知之。印度所產者，俱運至中國出售。

士麥拿鴉片　又名土爾其鴉片，即勒凡特鴉片，爲地中海東邊之名。其團大半爲扁者，無一定之形。此因其質本軟，自能塌扁。其塊半磅至二磅，其面有羅米克司類草之皮。新鮮者其質軟，色褸，乾時變黑而硬，乃自放水而變乾，自減其重數。而鴉片之臭更大，如用顯微鏡觀之，可見爲黃色小粒黏連而成。此爲鴉片之最淨者，每百分中含嗼啡啞八分，那而苛弟尼四分，又可造成嗼啡啞輕綠十二分。

另有次一種者，亦由士麥拿運來，常含異質在內，其色更黑，以顯微鏡觀之，其質勻淨，或有羅米克司類之殼裹之，或有罌粟葉包之。

士麥拿鴉片，在數處出產，其各處離士麥拿口往內地十日至三十日之程。惟有一處，離士麥拿六百英里，地名該撒爾，其鴉片之質最淨，其成色最佳。哈暮敦云，在波茄弟閒，亦多出鴉片，成團，徑四五寸，以其葉包之。

又有蘭特拉云，士麥拿鴉片，產於亞細亞洲土爾其內地，大半在卡拉該撒爾（即該撒爾），又近於美格尼西亞，而爲雜質。其罌粟殼割裂時流出之汁，用小蛤殼收之，日光內曬之，此爲上品鴉片。另將罌粟葉合於水煑之，將其水熬成膏。此膏與鴉片調和，將所得之質做成餅，用鮮罌粟葉包之，置於疊架之板上。或云應在晚間與朝晨在露天收其露水。又云，士麥拿常出售之鴉片，合於含勒伯粉，令其變硬，故以此鴉片作鴉片酒，則常有膠類或小粉類之質在其內顯出。（觀藥品記錄第十卷第四百七十四頁）又馬大司論士麥拿鴉片之取法，最爲詳細。（觀藥品記錄第十四卷第三百九十五頁）

康士但丁奴不爾（即土國京都）鴉片　奇布特云，此鴉片想從亞那多里亞之北地能得之。一種爲小塊，徑略二寸，重四兩至八兩，其形如豆，常用罌粟葉一張包之，而葉中筋痕常見於塊面之中。又有一種爲大而亂形之餅，俱比士麥拿類更有膠性，其成色雖佳，而所含嗼啡啞多寡不勻，間有較上品鴉片所含之嗼啡啞更少者，間有相同者。

埃及國鴉片　此為三寸徑之圓餅外面所包之葉不能辨其為何葉外觀頗佳其質勻淨少帶紅色久存之不變黑遇空氣則變軟其臭略似發莓之臭奇布特云較遜於士麥拿鴉片所含之嗼啡啞不過七分之五

波斯國鴉片　沛離拉醫士亦謂之德勒比孫達鴉片因為其所試者俱從德勒比孫達運來如倫敦大醫學院所有存鴉片之式由磨爾孫寄來而奇布特所查鴉片之事間有磨爾孫相助者其色黑其質勻淨成條形每磅長數寸每條另包於紙內以棉線縛之

有人在法國屬地阿爾齊亞取若干鴉片又有磨爾孫在土爾其國得新式之鴉片見藥品記錄第四卷第五百零三頁與康士但丁奴不爾所出者略同惟其質軟而色淡內亦含蠟與像皮質又每百分含嗼啡啞六分半

以上各種鴉片之外常遇歐羅巴各國所作者如英國亦能產之第夏時之熱不勻而罌粟殼因此易壞如歐洲之南夏日燥熱過甚又如印度祇能在天冷時種之曾在英國種過鴉片而其濃淡各處不同又法國鴉片與日耳曼鴉片所含之嗼啡啞甚多曾有人化分之云每百分得嗼啡啞十六分至二十分

印度鴉片在歐洲各國不出售如薩哈倫波爾藥園所產之鴉片原為來拉所種者其色椶其剖面光亮有鴉片之臭與味前有化學家但尼里化分此鴉片每百分得嗼啡啞八分其雪山鴉片外形性情略同如不添雜質在內則為最佳如馬爾窪所產鴉片為平圓之餅每餅重一磅半椶色略如鐵鏽其臭大其味極苦而其成色常有不同之處近有人得馬爾窪鴉片每百分祇有嗼啡啞二分其質如油與樹膠疑此鴉片非依正法取之而將其殼以平常壓器壓得其汁又有孟買查鴉片之員司米登化分數種鴉片每百分得嗼啡啞三分至五分又化分別種更細者每百分得七分半至八分又有蘇利化分根的士鴉片每

百分得能消化之質七十二分嗼啡啞七分如印度國之鴉片又名孟加拉鴉片大半在巴哈爾與伯那利斯兩省所產者間有干堡爾所產者其成色各不同如代印度國各醫院所作者其成色最細其味最佳其色椶成二磅與四磅之方塊包之最費工夫外加千層紙若干層此外加椶色之蠟略厚半寸又有八的拿藥園所產鴉片特供藥材肆之用每百分含嗼啡啞七分至八分間有含十分半者苦里司脫生云此種鴉片曾查數塊其所含之嗼啡啞與土爾其國之中等者不甚分上下

醫士伯德云每一罌粟殼所產之鴉片與泥土質澆水加

肥之法並露水之數俱有比例每劄裂成四分得鴉片略一釐所得鴉片之粒外面稍帶紅色其內爲稠質其色紅白其汁常含露水在內又有人添水若干令其汁更重而得利因此自分流質與定質其流質名帕西化此質含鴉片之嗼啡啞二·一米故尼酸每日所收之鴉片置乳鉢內磨勻之則得一勻淨之稠質應在陰處晾乾之已乾則謂之百揩即熟之意其未乾者謂之故差即生之意因土人常加水令其質重而得利故凡有運鴉片至其處出售則先用少許用熱汽之汽烘乾而覆稱之依此法能知其含水之數如代中國所作之鴉片每百分略含水三十分在印度國作藥品之用則爲乾者

印度之巴哈爾有辦理鴉片之員名以脫肥辣作書一則論種罌粟與取鴉片之法最爲詳細另有細圖俱在一千八百五十一年藥品記錄書中載之其書云伯那利斯所產之鴉片每百分含嗼啡啞三·二一分那爾荷弟尼四·○六分其鴉片之質原軟令其流質自行流出即名帕西化觀藥品記錄書第十一卷第三百六十一頁恐其嗼啡啞有若干分含在水中流出

爲中國所作之鴉片華人最喜用之或成餅或成球重約四磅用罌粟花瓣一厚層包之所令其花瓣黏連之料爲帕西化合於下等鴉片與水其色深櫻初剖開者則如尋常之膏每百分含定質七十分含嗼啡啞二分半

形性　上等鴉片成後若干時其外質深櫻或略爲黑色其質或勻淨或爲小粒合而成者重率約得三·三六其味苦而不變少有辣味與香其臭大而奇其質硬間有脆者其脆者剖面光而密易磨成櫻黃色之粉間有數種內質軟又有數種常不肯乾英書所有用鴉片之各方俱必爲乾者否則所成之料濃淡不定惟鴉片膏則不必用乾者如士麥拿鴉片十四磅成乾鴉片十二磅或成鴉片膏七磅此醫士司快兒書中之說鴉片加熱則軟加大熱則燒

尋常化學材料所有與鴉片之變化如下如合於水無論爲温水或暖水每鴉片三分能消化其二分其水之性情最烈味苦色紅櫻如用正酒醕則每鴉片五分能化其四分而此四分內有鴉片內最要之藥質又水所不能消化之一分合於以脫則能化其大半又淡强水亦能收其大半爲藥之質如用鹼類質合於已消化之鴉片則先令其結成設加鹼類至有餘則結成之質再消化如加銀養或鈣養或鎂養並其各鹽類質或加鉛之鹽類並別種金類之鹽類能消化者或樹皮酸並收斂性之植物質俱能令其結成故凡與鴉片合用之藥必須謹慎不配以上之各

質、否則恐其所成之藥、鴉片結成沈下、而其水並無鴉片之性、然用淡輕二或鉀養炭養二至有餘、則結成之質能消化、或所用之鹽類質、能放若干酸質、而此酸質可收鴉片結成之質令消化、願欲配合他藥、與鴉片同用、並知鴉片遇各藥之變化、必先指明鴉片之原質、

前人化分鴉片、尚未知其原質、即如一千八百零三年、弟陸士尼化分之、祇得鹽類性之質、又如一千八百零四年、亞諾威爾薩土那與法人西撾恩查出鴉片中有能成顆粒之質、而鴉片有安神之性、俱恃此顆粒之質、又如一千八百十七年、薩土那又作一書、言已查得嗼啡啞質、合於

米故尼酸、又有羅皮該試此兩質、與薩土那所查者相同、自後有𤨏茄皁勒智百勒替耶古爾白、瑟密此莫勒大等人將鴉片化分之、得知含數種質、內有三種鹼類性者、即如嗼啡啞、苛弟以亞、替巴以亞、又有一鹼類質名那而苛弟尼、遇試紙與試水、則不變色、而能合於酸質成鹽類、此質在鴉片內大半不與別質化合、用以脫徑收之、其餘質與嗼啡啞與苛弟以亞、俱與米故尼酸並硫强水少許化合、又有兩種中立性之質、名那而西以尼與米故尼尼、另有三四種本質、為化學家尚未詳知者、間有鴉片不含此質者、一為鴉比恩以亞、一為帕帕甫里尼、一為假嗼啡尼、一為帕非陸克西尼、又有人云鴉片另含樱色酸性之膏質、並松香類與定質油類、

又有自散油之痕迹、疑鴉片之臭藉此油、又有樹膠巴蘇里尼（赤膠中之質）阿勒布門、古得止格（即軟像皮）立故尼尼、與死物本質之鹽類、

試鴉片之法、祇有一種可恃者、即分出其嗼啡啞而定其數、其分出之法、觀下欵嗼啡啞取法可知之、每鴉片一百分、應含嗼啡啞六分至八分、

嗼啡啞（法語嗼啡呢、其簡寫法嗼此為鴉片內之要質）

嗼啡啞之分劑、或為炭三四輕三八淡二養六、鴉片每百分含二分為最

少、八分至十分為中數、鴉片之藥性、大半恃所含之嗼啡啞數、（化學家尚未定鴉片內所有嗼啡啞等質之分劑數、然以上所言者、多人佩服之、）嗼啡啞成六邊片形顆粒、多發光亮、尋常所見者、極白色之粉、無臭、味極苦、冷水不多能消化、沸水中幾不能消化、酒醕中易於消化、即如無水冷酒醕四十分、能化其一分、又尋常酒醕、加熱至二百十二度、則三十分能化其一分、以脫定質油與流質油、幾不能化之、在酒醕內消化者、以黃試紙試之、則少有鹼類之性、如蒸出其酒、則餘下顆粒、加熱能全滅之、初加熱時、每百分放水六・三三分、再加熱則化成黃色流質、在空氣中燒、而少成光色之火、如合於硝强水、則

先變紅色後變黃色如合於鐵綠酒則變藍色如將綠氣與淡輕依次合於嘆啡啞之鹽類質則變爲櫻色再添綠氣此色即滅如流質中含碘養而合於嘆啡啞則放其碘而變櫻色如嘆啡啞之鹽類質合於鉀養水或淡輕水或鈣養水則其嘆啡啞結成再加至有餘則再消化如加沒石子酸沖水或加樹皮酸沖水則結成之質爲嘆啡啞樹皮酸又嘆啡啞合於硫養或輕綠或醋酸能成鹽類此各鹽類俱能成顆粒淨者無色其味苦

取法　嘆啡啞本與米故尼酸在鴉片中相合故將鴉片在水中消化之再加淡輕或鎂養則所加之質與米故尼

酸化合而嘆啡啞結成沉下但另含他種不消化之質分開之法用酒醕化之或將其含鹽類質之水合於鹼類令其結成嘆啡啞之淨者不列於英書藥品內

取法　又有一取嘆啡啞之法用嘆啡啞輕綠合於淡輕令其結成如此鹽類含苟弟以亞則苟弟以亞不能結成即將鴉片合於鈣養與水則嘆啡啞與鈣養相合沉下再加輕綠則合於鈣養與嘆啡啞再加淡輕令嘆啡啞結成此爲英書分鴉片中嘆啡啞之法即以此法辨鴉片之濃淡其法曰將鴉片一百釐熟石灰一百釐蒸水四兩將鴉片磨細浸於水一兩中屢次調之約二十四小時爲度在後盛於過濾器將其餘水三兩分數次傾於其上而以此法收盡其鴉片將所得之水置於玻璃瓶中加入鈣養加熱令沸至十分時爲度有不消化之質置於濾紙上再加沸水一兩濾之將所得流質少加淡鹽强水足令其有酸性熬之至得半兩體積待冷則以淡輕水漸漸添入滅其酸性爲度將所成之櫻色質濾出以熱水一兩洗之將所洗得之水合於前水將其一切之水熬至半兩體積而加淡輕水至少有餘待二十四小時將濾紙一張詳細權其輕重則濾出所成之嘆啡啞以冷水洗之加熱至二百十二度烘乾之再權之應重六釐至八釐

英書取嘆啡啞輕綠之法內亦先取嘆啡啞觀嘆啡啞輕綠一節

試法　嘆啡啞形性已在前款言之除淨嘆啡啞之外其性情不能全顯間有含那而苟弟尼者此質不能在鉀養水中消化

功用　嘆啡啞之藥性略與鴉片同惟其行氣之性更輕幾不能在冷水中消化故尋常用之則用其鹽類因其鹽類更穩而可恃嘆啡啞與嘆啡啞之鹽類質在歐洲各國常用之爲皮膚洗藥

服數　四分釐之一至一釐爲一服漸漸加多如皮膚有

無皮之處則用其細粉一釐。

嘆啡啞輕綠

此質爲嘆啡啞輕綠含水六分劑。於一千八百三十一年初有人用之。卽醫士哥來格里取嘆啡啞之時。先得此物。故有人試用而得其功益。然另有一質。俗名哥來格里鹽。必與嘆啡啞輕綠分別之。因哥來格里鹽另含苛弟以亞也。嘆啡啞輕綠。無色無臭。味甚苦。尋常出售者。爲極細之粉。或爲針形顆粒。聚合成細網毛形。每一分在冷水十六分內能消化。在沸水一分內亦能消化。故以沸水消化之。則冷時變成顆粒質。又能在正酒醕內消化。設合於淡硫强水或合於鹼類質。則能化分之。如合於硝强水。則成紅黃色流質。又如合於鐵綠。則成藍色流質。倫書中將嘆啡啞輕綠列入藥品內。然不定以何方可取之。每百分。含嘆啡啞七六·二四分。輕綠九·六六分。水一四·一〇分。

取法　如將嘆啡啞合於輕綠。則爲徑取之法。或將鴉片內之嘆啡啞米故尼酸。用別種鹽類令其化分。此鹽類必收其米故尼酸而成不能消化之質。則所成嘆啡啞輕綠能消化。可從水內分出之。前時倫書之方。所定取法。用鉛綠。而湯勿生用鋇綠取之。英書與蘇書用鈣綠。卽依哥來格里原法取之。

取法英書　將鴉片塊切片一磅。蒸水至足用。鈣綠四分兩之三。淡輕三水至足用。提淨動物炭四分兩之一。淡鹽强水二兩。或至足用。將其鴉片合於水兩升。浸二十四小時。傾出其水而存之。再加水兩升。浸十二小時。再傾出其水而存之。加水二升。將所餘不消化之鴉片。加大壓力壓之。後將三次所得之水相合。在熱水盆熬之。至體積得一升爲度。用洋布濾之。又將鈣綠在沸水四兩內消化之。加入而熬其水。至冷時變定質爲度。將所得之質用雙層洋布包之。加大壓力。所有壓出之黑色流質存之。將其定質。合於沸蒸水半升磨勻之。以紙濾之。將濾出之質置紙上。以沸蒸水洗之。將過濾所得之各水。照前法熬之。至冷時能凝結爲度。待凝結後。則照前法壓之。如壓出之水。仍多黑色。則再壓之。而每壓一次所得之流質。必存之。將所壓之定質。以沸蒸水六兩消化之。再加動物炭。令沸。加熱略二十分時則濾之。將所濾得之質。以沸蒸水洗之。再將所得之水。合於淡輕三水。至少有餘。待冷時。將所結成之淨嘆啡啞顆粒。以紙濾而分出之。再加冷蒸水洗之。至所洗得之水。添入銀養淡養五合於硝强水令有酸性者。不結成質爲度。上法所得壓出之黑色流質。合於蒸水令淡。加鉀養水令其結成。其鉀養水應有餘。再濾之。將所濾得之質合於鹽

强水至飽足而有餘將所得之酸水合於動物炭少許加熱再濾之加淡輕三少許亦得淨嘆啡啞若干

將上法所得淨嘆啡啞置於含沸蒸水二兩之瓷碗其碗必設法能連加熱必屢次調之再添淡鹽强水此必謹慎加之至其水有中立性而嘆啡啞全消化爲度置於安穩處待冷自成顆粒將其顆粒置於濾紙上令乾再將其餘水熬之令其再冷則再能成顆粒

其冷水消化之質含嘆啡啞米故尼酸質與鴉片内別種能消化之質加入鈣綠成鈣養米故尼酸並嘆啡啞輕綠與苛弟以亞輕綠如熬時所得稠質含此各鹽類質加壓

力則有顏色料並含輕綠之質俱出再消化於水熬乾而再壓一次則得含輕綠質更淨之鹽類如尚欲壓一次則爲第三次再消化於水合於動物炭加熱則滅其色再加淡輕三則結成嘆啡啞顆粒而水中有淡輕三綠與苛弟以亞將其嘆啡啞洗之壓之再將壓定質所得黑色流質分出嘆啡啞若干而將全嘆啡啞合於輕綠熬之至成顆粒

如不用動物炭可將其鹽類質屢次消化令成顆粒包布中壓之苦里司脱生云不可用水太多約重於鴉片四倍已足又云其鈣綠應在熬水之先加進不可在熬水之後加入又云熬時加熱以速爲要其熱度不可大於二百十二度依此法爲之在蘇格蘭造藥之肆用新軟土麥拿鴉片每百分能得最淨白色之嘆啡啞輕綠約十三分

試法　嘆啡啞輕綠色白如雪其顆粒如針如絲在正酒醋内能全消化又能在水中消化至盡其水無色如將嘆啡啞輕綠加熱至二百十二度則每百分化散者在十三分以内加更大之熱則全化散而不見合於鉀養水則結成白色之質加鉀養水至有餘則再能消化如將暖水半兩消化此質二十釐合於淡輕三至有餘則結成嘆啡啞烘乾之重一五·一八釐其水中加銀養淡養五則所結成之質不能爲輕綠或淡養所消化而能在淡輕三水中消化如含

那而苛弟尼則前加鉀養至有餘不能化盡嘆啡啞輕綠之化學形性以嘆啡啞之試法可試之間有出售者合於薩里西尼則加淨硫强水必變紅色可用此法分辨之

功用　可代鴉片用之爲平火安心止痛之藥或發汗藥

服數　以四分釐之一至半釐爲一服如以五釐至十釐爲一服則爲寧睡毒藥

嘆啡啞輕綠水

取法　將嘆啡啞輕綠四釐淡鹽强水八滴蒸水六錢正酒醋二錢和勻消化每一錢含嘆啡啞輕綠半釐

服數　十滴至一錢爲一服其濃較阿書之法所作者得

其半。

嗼啡啞輕綠糖片

取法　將嗼啡啞輕綠二十釐蒸水半兩消化之另將到會酒半兩此酒先合於阿拉伯樹膠水二兩或足用再加阿拉伯膠粉一兩淨糖粉二十四兩各料相和極勻然後將兩種料和勻分爲七百二十糖片加不過大之熱在熱汽房內烘乾之每片含嗼啡啞輕綠三十六分釐之一

功用　爲平火安心等用之藥近時多用此糖片或用此糖片料合於叱嗶格爲止咳嗽藥觀下節

服數　以十片至二十片在一日內分數次服盡此方并

以下各方從阿書錄出

嗼啡啞輕綠叱嗶啫糖片

取法　將嗼啡啞輕綠二十釐蒸水半兩消化之另將到會酒半兩此酒先合於阿拉伯樹膠二兩或足用又加叱嗶啫細粉六十釐阿拉伯膠粉一兩淨糖粉二十四兩此各分和勻然後加入其流質調和再與前所作之水和勻合於成片即分爲七百二十糖片在熱汽房內加不過大之熱烘乾之

每一糖片含嗼啡啞輕綠三十六分釐之一又含叱嗶啫十二分釐之一

服數　以十片至二十片一日內分數次服之治激動之咳嗽

嗼啡啞輕綠外塞藥

取法　將嗼啡啞輕綠六釐合於偏蘇以克酸并豬油六十四釐白蠟二十釐哲哇布路米油九十釐將白蠟少加熱足與其哲哇布路米油融化和勻另將嗼啡啞輕綠與偏蘇以克酸豬油在乳鉢內和勻然後以兩料和勻將所得之物乘其未凝結時傾入小模每模能容十五釐或待冷時分爲十二等分每分作爲圓錐形或他種便用之形

每一塞子含嗼啡啞輕綠半釐

此藥於一千八百六十四年收入英書中

功用　如將此塞子納入肛門則其嗼啡啞輕綠消化而能止痛與收斂如直腸或膀胱或子宮之痛病或難產或已取出石淋或赤白痢俱可用之

嗼啡啞硫養$_3$

此質間亦作藥品之用鴉片內本有嗼啡啞硫養$_3$少許又如用淡硫强水合於嗼啡啞則易成嗼啡啞硫養$_3$如美國藥品書有一種藥爲嗼啡啞硫養$_3$水凡用嗼啡啞硫養$_3$以八分釐之一至四分釐之一爲一服然英國不多用之因與嗼啡啞輕綠無有較勝之處歐羅巴他國常用之而爲

皮膚之用，較內服者更多。

嗼啡啞醋酸

此藥之式爲炭輕淡養炭輕養加輕養，化學家久用醋以消化鴉片內之要質，而嗼啡啞醋酸之淨者爲醫士墨正弟初造之，傳其法於人。其淨粉色白如雪，味極苦，顆粒形不全，易於化分，因其酸質若干放散，餘有嗼啡啞，爲不能消化之質，故凡用嗼啡啞醋酸，必另加醋酸數滴於其水中。此質能在正酒醕內消化，又能爲熱所化分，又遇淡硫强水，亦能化分而有放醋酸之事，如加淡養則其水變爲紅黃色，加鐵綠則變爲藍色。

取法　將嗼啡啞輕綠二兩，淡輕水、醋酸、蒸水各備至足用。將嗼啡啞輕綠用蒸水一升消化之，加淡輕養水，至嗼啡啞全凝結，其水略有鹼性，用過濾器分出其結成之質，用蒸水洗之，再換入瓷盆中，添蒸水四兩，並醋酸至足以滅其鹼性而消化之，用熱水盆熬之，以冷時能結成爲度，再少加熱令乾，磨成細粉。

試法　水中能消化之至盡，加硫養則放醋酸之霧，其餘各性情與嗼啡啞之他鹽類相同。

功用　此藥易於自化分，然有醫士喜用之，以爲較嗼啡啞他種鹽類更佳，以八分釐之一至四分釐之一爲一服。

醫士福而射云，此藥治氣管舊炎，大有功效，以十五分釐之一，合於糖漿爲一服。

嗼啡啞醋酸水

取法　將嗼啡啞醋酸四釐，淡醋酸八滴，正酒醕二錢，蒸水六錢，先將醋酸與酒醕與水和勻，然後加入嗼啡啞醋酸消化之。

服數　以十滴至六十滴爲一服。

嗼啡啞檸檬酸

此爲英國醫士布爾遊所作之水，其方用鴉片四兩，檸檬酸二兩，蒸水一升，浸之濾清。然此藥與嗼啡啞他種鹽類

無有更勝之處，故不必另設此藥。

嗼啡啞二米故尼酸

醫士司快兒以爲嗼啡啞在鴉片內，本與米故尼酸化合，如能分出此天生之鹽類，則其功更大，故預備嗼啡啞二米故尼酸水，其濃淡與鴉片酒相同，而可代鴉片酒之用。醫士或言此質惹胃之性，較鴉片酒更輕，而其功用較嗼啡啞他種鹽類質或可更多。

苛弟以亞

一千八百三十二年羅皮該初查得此物，如從水中令其結成，則其式爲炭輕淡養加二輕養，如前六十一頁取嗼

啡啞輕綠之方內有苛弟以亞輕綠與嗼啡啞輕綠同時
結成顆粒而因苛弟以亞淡輕不能令其結成則已結成
嗼啡啞之水可熬之而得苛弟以亞此質結成顆粒爲針
形或正立方形有鹼類之性與酸質化合成鹽類能在水
與醋內消化更易於在以脫內消化在鉀養水中不能消
化加鐵綠不變藍色鴉片每百分含苛弟以亞半分至一
分幾無味醫士或言有惹胃性或言有令人寧睡之性要
之其功用與嗼啡啞相似惟必多用三四倍方可
替巴以亞又名巴辣嗼啡啞
此質之式爲炭輕淡養有鹼類性能與淡酸質合成顆粒

形之鹽類其性大半與那而苛弟尼相同惟其顆粒形則
絕不相同能成短針形顆粒加熱至三百零二度則融化
在酒醋內更易消化其味辣而不苦水中難消化之
鴉比恩以亞
一千八百五十二年在埃及國鴉片內查得此質其藥性
與化學之變化與嗼啡啞大同小異在酒醋內少能消化
能結成極細針形顆粒
那而苛弟尼又名阿拿爾苛弟那此爲孟買藥品書中之名
其式爲炭輕淡養於一千八百零三年弟陸士尼查得此
藥一千八百十七年羅皮該查得其性情鴉片內多含此

質與他質不化合惟用以脫則易消化而分出之鴉片每
百分含此質一分至八分如以酒醋消化之則成斜片形
顆粒如用以脫消化之則成正斜方柱形顆粒其質色白
無味無臭冷水中不消化鉀養水中亦不能消化用以脫
或酒醋或自散油則易於消化如遇植物顏色料則顯中
立之性又能與淡强水化合成鹽類質即如那而苛弟尼
輕綠與那而苛弟尼硫養等此質易於消化味極苦其淨
者遇鐵綠不成藍色之水又遇綠氣或淡輕不成欖色之
質遇淡養不變紅色如遇硫養而硫養內含淡養之微數
則變紅色又如將那而苛弟尼在濃硫强水中消化之加

鉀養淡養少許則得大紅色之水如化分那而苛弟尼所
得之質爲鴉比恩以克酸此質與淡輕之愛攝力甚大又
得數質如哥他而尼尼等質此爲里皮格之說又有法能
取那而苛弟尼即將前言用淡鹽强水或木醋酸合於冷
水取嗼啡啞輕綠所餘之鴉片浸之而加鉀養令其結成
又如用以脫或鉀養能與嗼啡啞分開因以脫能消化那
而苛弟尼而其餘質爲嗼啡啞又因鉀養能消化嗼啡啞
而其餘質即那而苛弟尼
功用　此質無止痛安神之性醫士羅脫司用那而苛弟
尼硫養代雞哪硫養治瘧疾其服數以二十釐爲限又有

人在印度國用之治瘧疾與似瘧之病即如阿㺯納西等醫士是也

那而西以尼

此質之式為炭輕淡養百勒替耶查得此藥為極細針形顆粒如絲其味少苦能在水中消化而熱至水沸之度則能融化遇試紙則顯中立之性添入酸質內不能滅其酸令有中立性如合於淡强水則成淡藍色惟用淡養令其成黃色又碘亦能令其成藍色

米故尼尼

其式為炭輕養亦為白色之質其所成顆粒為六面柱形

其味辣加熱至一百九十四度則融在水中能消化遇强水則顯中立之性如融化之令遇綠氣則變紅色流質如血待冷則成顆粒此質不含淡氣而生物質之不含淡氣者甚少

怕怕甫里尼

一千八百四十八年達拉摩斯達城醫士没克查得此藥與那而苛弟尼相似其原質為炭輕淡養如用濃硫强水令其濕則變藍色

鴉片內尚有他質數種前已言及之而其形性功用俱未考之極詳

米故尼酸

其式為炭輕養加三輕養等於二百分劑薩土那查得此質而羅皮該查準其形性其質白色而明光有干層紙形並鱗形能消化於水將其消化之水加熱令沸則化分為炭養氣與米塔米故尼克酸成硬顆粒形如將米故尼克酸加熱蒸之則成貝路米故尼克酸米故尼克酸易成鹽類質如合於鐵之多配質之鹽類則成深紅色如合於銅養硫養淡輕則結成綠色之質為銅養米故尼克酸又如將鉛養米故尼克酸或鈣養米故尼克酸用淡鹽强水化分之則得米故尼克酸觀前五十九頁

鴉片中有一種膏質謂之棱色酸膏化學家尚未詳考大約含數種雜質在化分鴉片時所成有人疑其含鴉片數種令人寧睡之性又有一質為鴉片松香類含淡氣之質其色棱無臭無味加熱則軟醕內能消化鹼類水內亦能消化而其附電氣之性最奇又有一質為鴉片油其淨者疑為無色常見者為黃色或棱色其性酸在醕內消化之則令藍試紙變紅又能與鹼類化合成肥皂如用酸質即在肥皂內分離而不變形性又有一質為鴉片內發香氣之質此質尚未分出不知其形性疑為自散油如將鴉片浸於水中蒸之則所蒸得之水有油類浮於其面想即此

油（觀蘇比蘭藥品第一本第三百六十四頁　又觀脫那化學書一千一百五十九頁）

鴉片所含之異質　此謀利者添入之鴉片之淨者本有貴賤之別大約依其所含嘆啡啞數爲主間有加異質於內可減其所值之價間有加水過多然此水未必故意添入因取鴉片時或露水過多則鴉片之水亦過限可熬乾其鴉片而知其含水之數最可惡之謀利法將鴉片洗出其要質而將其餘渣滓作鴉片出售有化學家白德云此種鴉片不明顯紅色亦減少又其黏力亦失又有人加砂泥土糖汁牛糞薩里伯醉仙桃葉盃加拉木瓜膠形汁間有將罌粟子搗碎合於其內又如馬爾窪鴉片常合油與他質爲壓罌粟殼而得者歐洲出售之鴉片間有收盡嘆啡啞而將餘質出售故可見分辨鴉片之人必知各種鴉片之色味形性并燥濕又濾其消化之質不應有異質分出有多人設法取得鴉片所含嘆啡啞數而以前六十頁內之法爲最便即英書所設之法也（化分此質之事有醫士奇亞孟特云嘆啡啞從鴉片分出之法將鴉片十五分合於正酒醕一百分磨勻至細濾之在濾得之酒中加淡輕至有餘待十二小時則酒中結成嘆啡啞與那而苛弟尼之顆粒取其顆粒洗之則淡輕養米故尼克酸洗去再將其質用以脫消化之則那而苛弟尼消化而嘆啡啞顆粒不消化可取而烘乾之）

試法　凡服鴉片以自盡者所顯之病證必與所服鴉片爲定質或流質或淨嘆啡啞有相關如爲鴉片之定質或

流質則其樱色苦味奇臭足可辨其爲鴉片間有胃中之鴉片消化至盡而無形迹然初剖其胃能辨其臭又如胃中有含此之流質加熱至不及沸度則其臭更易分辨如至沸度則有化分之事不能辨別極清其餘各試法恃化學之理已在鴉片所有能成顆粒之質內言明之即如含鴉片之流質中添硝强水與鐵綠酒則能令含鴉片之流質變紅色因硝强水能分其嘆啡啞而鐵酒能分其米故尼克酸凡鴉片與他生物質和勻則必先將胃等所含之質以水浸之熬之而以酒醕消化之苦里司脫生云生物質中含鴉片之據如所浸酒醕得鴉片之苦味則其據不

得有差又如其浸水中漸添淡輕令不得有餘則有結成之質爲嘆啡啞加硝强水則變黃色又分出結成質之後其餘水含淡輕養米故尼克酸再加鉛養醋酸則結成鉛養米故尼克酸此物在水中用輕硫化分之則結成鉛養硫養而消化米故尼克酸其水內再添鐵綠則變深紅色對拉云如水三百分含嘆啡啞輕綠十五分釐之一添淡養一分則其色顯明又如水二百三十一分含嘆啡啞輕綠十一分釐之一加鐵綠一分亦能顯其色又如水一千三百分含嘆啡啞輕綠一百分釐之一加碘養一分其色亦顯明顧碘養之試法在數種生物質中不可恃如以鐵

試法試米故尼克酸較之用硝强水等法試嘆啡啞更靈

鴉片功用　鴉片爲安神藥之首而各安神藥與其有相似處初服之則大感動腦線然以後減腦線之知覺又能特意感動腦髓令睡如爲外科之用則初時能行血氣令其覺痛即加用於眼睛先覺痛後覺平火安心爲內科之用食一小服則先行血氣令脈加數皮膚加熱不久則知覺減少心中安穩則人欲睡而其痛減輕身體內失生津液（即暮苦司）之功用惟皮膚則仍如故如服不過多而人不願睡或有人不令其睡則腦覺大感動身體欲多出力然服久成癮之人則非大服不得有此待若干時身體軟而無

精神心中極不適如食過大之服數則爲令人甯睡之毒藥常用之爲止痛令寐平火安心或放出津液過限如泄瀉與霍亂吐瀉病能令其停止又可用爲發汗藥治轉筋藥治發熱藥又酒狂病食其大服能有益處生炎之病可合於汞綠或吐嚾啉服之依尋常而論生炎或發大熱服此爲相反之治法鴉片爲各種藥品內之最要者或較他種藥品用之更多

服數　鴉片可服其定質或流質或服其鹽類或爲外科之用或噴入皮膚內尋常以一釐爲一服間有用更少而得益又有加用若干倍方有效驗又可作爲流質外導藥或外塞藥外科用之可噴入皮膚內或作藥水擦皮膚或加入洗水或洗眼水或膏藥等而可取以下各方含鴉片藥內之合宜者

鴉片膏

取法　將鴉片一磅切爲薄片用蒸水二升浸之待二十四小時壓之令其汁放出將鴉片質磨勻用水二升再浸二十四小時仍壓之又第三次浸水二十四小時亦壓之將三次流質相併以佛蘭絨濾之用熱水盆熬之至合於成丸

此膏櫻色味甚苦無臭能消化於水之鴉片質並松香類

少許亦收在其內（見前鴉片一節）所有不能消化之質並數種別質留於渣滓內此膏之性較淨鴉片之性感動更小故常用之以代鴉片或嘆啡啞鹽類之用然此質之性情不能定如欲免混亂身內功用之弊應用嘆啡啞之鹽類如爲極要之事則用生鴉片或鴉片酒爲宜

服數　半釐至三釐爲一服

鴉片流質膏

取法　將鴉片膏一兩用蒸水十六兩浸一小時屢次調之加正酒醕四兩所得之質應有一升

此藥每二十分含膏一分每一兩含膏二十二釐其性與

拜得里之鴉片水略同惟其質更濃

服數　十滴至三十滴爲一服

肥皂雜丸一千八百六十四年英書謂之鴉片丸

取法　將硬肥皂二兩磨成細粉鴉片細粉半兩加蒸水足以和勻成丸料此丸之名爲倫書之原名近承用之

此丸每重五釐含鴉片一釐以一丸至二丸爲一服

蘇合香雜丸觀蘇合香一節

此丸每五釐含鴉片一釐以五釐至十釐爲一服

鉛鴉片丸觀卷三之五第八十八頁

此丸含鉛養米故尼克酸與嗼啡啞醋酸每八釐含鴉片

一釐

吧嗶喀士哇盧鴉片丸觀吧嗶喀一節

此丸每五釐含鴉片十分釐之三

鴉片糖片

取法　將鴉片膏七十二釐到魯酒半兩提淨白糖粉十六兩阿拉伯樹膠粉二兩甘草膏六兩蒸水至足用先將鴉片膏合於水少許令軟再合於到魯酒另將甘草膏用熱水盆加熱而與前兩質和勻待其濃淡合宜則傾於平面石板或玻璃板其糖與膠粉先和勻而後加入和至極勻分爲七百二十糖片在熱風箱內加不過大之熱烘乾之

每片內含鴉片膏十分釐之一藥肆常出售者含鴉片六分釐之一無論用何種俱能治咳嗽與嗼啡啞之糖片同

鴉片白石粉香散

取法　將白石粉香散九兩又四分兩之三鴉片粉四分兩之一和勻以細篩篩之又在乳鉢內磨勻之盛於有塞之瓶內不令遇空氣

此香散與倫書之白石粉鴉片散功力相同每四十釐含鴉片一釐另含桂皮粉番紅花肉荳蔻粉丁香粉白荳蔻粉與白石粉每白石粉四分配此香粉一分

功用　此散滅酸收斂行氣安神有數種泄瀉可服十釐

至三十釐得其功益

吧嗶喀雜散觀吧嗶喀一節又名度法散

此散每十釐含鴉片一釐

幾奴雜散觀幾奴一節

此散每二十釐含鴉片一釐

鴉片雜散

取法　將鴉片粉一兩半黑胡椒粉二兩薑粉五兩芫茜果粉六兩脫辣茄肴得粉半兩和勻以細篩篩之乳鉢內磨勻存於瓶中塞密之

此散與倫書所載作鴉片甜膏之乾料略同一千八百六十七年設此方

服數　以二釐至五釐爲一服

鴉片甜膏

取法　將鴉片雜散一百九十二釐糖漿一兩和勻之

此藥於一千八百六十七年載入英書而與倫書所載鴉片甜膏略同可代前時糖渣滓合鴉片之用每三十六釐含鴉片約一釐此藥行氣止痛如久泄瀉等病用之合宜以十釐至六十釐爲一服

鴉片酒

取法　將鴉片粗粉一兩半浸於準酒醋一升內七日篩之壓之再以紙濾之添準酒醋補足一升

鴉片酒深櫻紅色其臭與味與鴉片同浸酒法須七日如用過濾之法可以更速英書所言之量較倫書所言之量更小故此酒較倫書法所作者略淡每一兩含鴉片三十三釐每十四滴半即量杯十四釐半含鴉片一釐如倫書之法則十三滴內含鴉片一釐如將倫書法所作之鴉片酒十九滴熬乾應得定質一釐苦里司脫生云上等鴉片酒每一兩熬乾應得乾定質十七釐至二十二釐浸鴉片成酒之後其餘質內尚含嗼啡啞沛離拉醫士曾用法分出之又有哈登設一法將其餘質浸於果酸而得平火安心之鴉片水化學家馬爾聽將其渣滓合於糖令發酵則成膏質有甯睡之性

功用　鴉片浸酒爲大力之止痛安神藥無論外科內科欲用鴉片則以此酒爲簡便有功力之藥

服數　十滴至半錢爲一服有數種病內可用之更多小兒服此必極謹慎有人將四滴給與嬰兒服之因此致死又有服二滴者令睡最深頗屬危險

淡輕鴉片酒　又名蘇格蘭拜里掲里克酒即鴉片雜酒

取法　將鴉片粗粉一百釐番紅花切碎一百八十釐徧

蘇以克酸一百八十釐濃淡輕水四兩八角油一錢正酒醋十六兩置於瓶內封密每日搖動其瓶七日後篩之濾之壓之再以紙濾之加正酒醋補足一升

此爲蘇書之方於一千八百六十七年初載入英書每一兩含鴉片五釐

服數　以半錢至一錢爲一服

鴉片葡萄酒　一千七百二十年倫書謂之西屯哈末鴉片水一千七百四十五年倫書謂之替巴以克酒

取法　將鴉片膏一兩桂皮搗碎七十五釐丁香搗碎七十五釐舍利酒一升盛有塞瓶內屢次搖動七日後以紙

濾之。

此酒每一兩含鴉片膏略二十二釐。此酒較一千八百六十四年英書之鴉片葡萄酒加濃四分之一。又較阿書與蘇書之酒更濃。又較倫書之鴉片葡萄酒減濃五分之一。又與英書之鴉片膏水略同濃。

一千八百六十四年英書所有西可哈末鴉片水。即鴉片葡萄酒與鴉片酒之分別。前時所浸者爲鴉片質。近時此酒用鴉片膏爲之。即與倫書之方同。另加香料。其味與臭更佳。大半用鴉片酒之事。可用此酒代之。醫士巴黎設一法在成葡萄酒之處。有令酒發酵之事。加鴉片在內。以爲

此法更妙。

服數　十滴至一錢爲一服。如眼生炎病。有醫士將此酒滴入眼內。

樟腦雜酒（又名樟腦鴉片雜酒又名拜里揭里克又名蘇格蘭拜里揭里克酒）

取法　將樟腦三十釐。鴉片粗粉四十釐。徧蘇以克酸四十釐。八角油半錢。準酒醋一升。浸三日。屢次搖動而濾之。加準酒醋補足一升。

此藥雖謂之樟腦雜酒。而其中最有功力之藥爲鴉片。所以與鴉片之各藥同列。其舊名不指出有鴉片在內。則醫者開方。病者不知令服鴉片。故今仍用舊名所配之別種行氣料。能阻當鴉片激動腸胃之性情。又其徧蘇以克酸能往各氣管生內皮汁之面。令其不多變成痰質。而鴉片令肺與氣管不覺惹動。故能止咳嗽。由此可見用此藥止咳嗽大有功用。又數種泄瀉之病。亦可有益。每半兩。即二百四十滴。含鴉片一釐。

服數　半錢至四錢爲一服。此藥常加入治咳嗽藥內。

鴉片醋酸

此質在各藥品書中。濃淡不等。又與鴉片之他種藥料無有更佳之處。故英書中不載之。

黑滴藥

此爲有大名而不正之藥。其取法。將野蘋果汁。加入鴉片與香料。加熱令沸。後添白糖。待其全質發酵。則變成此藥。或言一滴等於鴉片酒二三滴。然以上所載各種含鴉片之藥。或嘆啡啞藥。較此更佳。必可代之。

拜得里平火安心鴉片水（又名秘方藥）

醫士久用以代鴉片酒。因其無鴉片酒之各弊也。此藥爲鴉片水質。而與英書之鴉片流質膏相似。化學家古里云。此藥含嘆啡啞米故尼克酸合於鴉片膏質並暖蒸水所能消化之質。又設方以作之。其法如左。

取法　將乾鴉片粉一分（士麥拿鴉片爲佳）又用最淨砂子二分。

和勻加水令濕盛於過濾之器將六十五度至七十度熱之蒸水行過其料中至流出之水無臭無味爲度將此水以熱汽盆或熱水盆熬之至成硬膏與作丸之硬膏同濃將此硬膏三兩蒸水三十兩和勻加熱令沸二分時爲止待冷濾之加正酒醋六兩又加蒸水足成四十兩即二升

服數　五滴至二十滴爲一服每二十滴略等於鴉片酒三十滴

鴉片外導藥

取法　將鴉片酒三十滴小粉漿二兩和勻之

功用　依此法用鴉片酒則能治腸與生殖器具之痛

鴉片洗藥

取法　將肥皂洗藥與鴉片酒各二兩和勻此藥與上藥較倫書之方所作者濃一倍

功用　皮膚外擦鴉片酒不惟能治擦處之痛又能顯出鴉片安神之性

鴉片硬膏

取法　將松香硬膏九兩用熱水盆融化之加鴉片粉一兩必出漸添進調和極勻

功用　此膏貼於皮膚能治風濕與他種痛病

鴉片油膏　此爲倫書之方

取法　將鴉片粉二十釐合於豬油一兩此油膏尋常用之搽於皮膚止痛有效

沒石子鴉片油膏

此油膏爲收斂之藥每膏一兩含鴉片略三十釐其取法觀沒石子一節

鴉片畏忌　有數種金類能化分鴉片故不能與鴉片並用即如鹼類質極小分是也然用鹼類至有餘則所結成之嗼啡啞能再消化尋常藥中所有不配者爲鹼類含炭養二氣之質鈣養水含樹皮酸之收斂藥鉀養硫養三紅銅鐵鉛與硫養三合成者銀養淡養五汞綠等

解法　如服鴉片或鴉片酒欲自盡者解之之法必先令肚腹吐盡其質即用探喉之法或用隨手所得之吐藥如鹽或芥末等或用水節抽出胃中之質吐藥中之最妙者爲大服鋅養硫養三間有人用打打伊密的合於吃嗶咯如事已危急則用打打伊密的一釐用器噴入血管內須謹慎不令空氣入內又必設法令其不睡或以大聲呼之或以手搖動其身或左右各一人扶之而行用淡輕三或醋酸置鼻孔前令嗅其霧其頭與胸令水淋之或服濇性藥之沖水即如金雞哪樹皮或沒石子之沖水多服之令肚腹腫起則令鴉片化分而得益胃中之毒已盡可用植物酸

質與放血之法、又可服行氣之藥、如淡輕養炭養、或白蘭地酒或濃咖啡、不惟能令其清醒、尚能補其精神、足上敷芥末膏或別種惹皮膚之料、又用法令其呼吸。

若夫亞美利加所產罌粟科之植物、有兩種已在英國著名、故應論列之。一名散其那里耶、為加拿大所產者、俗名血根、又名紅布故納、為土人所久用之藥、後西人住於彼處亦用之、所用者為其根本、在英國出售者、為小塊、每塊長一寸至二寸、徑半寸、面有皺紋、并有鱗形如串珠之狀、內質橘皮紅色、味辛而苦、少有寗睡藥之臭、如合於硫養、或輕綠、則其水變血紅色、內含松香類並似鹼類之質、名

散其那里那、其性有大毒、其散其那里耶為吐藥、又能化痰發汗、食其大服、則為辛性安神之藥、各種生炎病、多有人用之、或用以試治各種癰疽病、自然毫無益處。

服數　用其沖水、半兩至一兩、作此水之法、用其乾根半兩、以沸水十六兩沖之、或用亞美利加人所作含松香類之散其那里尼、四分釐之一至一釐、或用其淨鹼類性之質、名散其那里那、三十分釐之一至十分釐之一。觀藥品新記錄書第一本與第四本其蒲與本得里兩人論此事之說

一名紫色薩拉西尼亞、俗名印度杯、又名印度水壺葉草、美國土人俱謂之印度、因初查得之地、誤為印度地、至今存此名、其葉之形、如杯或如壺、故有此名、如第四十七圖。

第四十七圖

於一千八百六十一年十二月初七日美國醫學新報中載醫士米里士所作之論、言此藥善治痘瘡、見土人內有一族、名密瑪族、內有一女人、用此藥往往得效、此物之根本、生多凸頭如節、俱為亂形、厚半寸、長二寸至七寸、葉落之處有痕迹、一端有葉芽乾縮之痕迹、此根所作之藥、少有辛性而利小便、而其各功用甚少、米里士與摩里士云治各種痘瘡一定無疑、又先服此藥、則不

患此病、但他處醫士用之不得法。觀一千八百六十二三年英國各處醫學新聞、論此事最詳。

十字科　此科花如十字形西名克路西非里依為珠西亞之名俗名水芹菜類

十字科植物、與罌粟科植物相似、又與楷帕里弟依科植物相似、大半在赤道北之溫帶內見之、又有數種在地球多處遇見之、俱含膠類質、間有含糖質、有數種其種子含油質、有數種其種子含硫黃、大半多含辛性之質、所以為香料、或為引炎料、或為行氣之料、俱屬合宜。

藥品酷里阿里阿　俗名身虛泄血草

此草久以為能治身虛泄血、又有草地揩大米尼西俗名

子規花昔時以爲其花有行氣之性俱爲英國土產之花近時藥品中不列此藥

阿莫賴西依根　立尼由司名阿莫賴西阿殼克羅阿里阿西俗名馬蘿蔔中國謂之辣根法國謂之玻里但尼耶之可蘭根

醫學家或言此物爲古時之代司可立弟司所言之野蘿蔔又爲布里尼所言之阿莫西阿此物於一千五百三十年不倫司弗司查得之而言定其形性歐羅巴大半有小山處產之英國多種之約在西五月開花

植物學形性　其根存多年色白長尖形味辣發出大葉爲莖形者邊有齒形其齒長而尖面平滑色深綠面上多

脈與水內酸草相似其小葉中有直立之幹高二尺至三尺近頂有皺紋並有分支其幹葉小無托線其下數葉之

第四十八圖

邊亂形其上者爲刀形其邊齒形開花成穗其萼伸開而相等花瓣白色似蛋形尖向下而不分開托線無有齒形在旁而上爲直者其短子殼與藥品酷里阿里阿所有不同之處因殼無背筋腫大幾爲球形常見其有不生種子者因其殼無背筋故活脫羅等人不列於酷里阿里阿之類內而另設一類名阿莫賴西阿而此種謂之鄉間阿莫賴西阿

如第四十八圖一爲葉二爲花穗三爲去瓣萼之花四爲花心五爲短子殼

新取之根作藥品之用形厚而長色白而嫩刮之則發香辛辣能自散其味辣而惹口少有甜味內有一種自散油烘乾之則散曬乾之亦然所以用之必取新鮮者浸於水內則少得其性浸於酒醅內則能收其全質敦根云每千分能得油四分古得來云其數更少其油淡黃色較水更重最易化散嘗之則初覺甜不久則變辣而惹口令脣與

舌生炎着於皮膚則能發疱其根之浸水者合於鉛養醋酸則變櫻色又合於銀養淡養則變黑色其故因油內含硫黃而硫黃與金類合成含硫養之質此根所含其餘之質爲苦松香質膏質糖樹膠小粉阿勒布門立故尼尼與鹽類質

此根之形狀有人誤爲阿古尼低又以阿古尼低誤爲此根然此兩種根不難於分別因馬蘿蔔之根更大更長而不多有分支

功用　外科用之令皮發紅成疱感動皮膚內科服之爲行氣藥增涎藥利小便藥倫書載此根浸水之方

阿莫賴西依雜酒

取法　將其根刮成細絲二十兩苦橘皮切碎擣之二十兩肉荳蔻擣碎半兩準酒醅八升水二升各物置於甑中加不過大之熱蒸之得酒八升爲度

功用　爲行氣之藥常合於他種行氣藥用之利小便藥內常加此藥

服數　一錢至四錢爲一服

芥子　西名西那比司有黑芥子與白芥子或用黑白芥子相和或磨成末用之立尼由司名曰有莢推脫拉弟那彌耶

尋常出售之芥末係黑芥末與白芥末相和壓出其油而磨粉其兩種在藥品中用之已久即如古時希布可拉弟司書中記之名那布又如羅馬人謂之西那比其黑色與白色者在歐洲各處俱產之兩種性情大同小異想此兩種古時希臘人俱知用之

第五十圖　第四十九圖

植物學形性　黑者根厚而嫩如肉幹高二尺至三四尺下段多毛上如指圓而滑其下各葉大而有毛形如琵琶分葉與齒形不定其上葉窄而似刀形面平滑似懸於幹上其萼黃色相等而伸開花瓣似蛋形尖向下其色黃亦伸開子殼小而直立或近於幹爲四个鈍角形幾平而滑其端有四角短心莖惟無此類之嘴形此嘴常有種子在內而屬於此類者則應有之分殼爲凹形而有一直筋在其背又有數个旁通之脉種子多排列一行俱小而圓黑棲色如第四十九圖

白者根尖而小幹高一尺至二尺圓形或平滑或少有毛葉似琵琶形分葉或亂形或翎形其面稍毛萼瓣似綠色綠而平置花大而色黃子殼多毛稍似伸開其殼足幾爲平排列其殼短而有凸處與種子相配而殼體比刀形之

嘴更短其分殼有五个直而堅固之脉種子排列兩邊其數少其形稍大而圓色淡黃內有黃色之質此質包於薄衣內疑爲極濃之膠質如第五十圖

一千八百三十六年之倫書獨論黑芥尋常出售之芥末內雜野芥子俗名扯六格正名田中西那比司此物之殼有長尖之嘴與白芥同而其各分殼有三箇筋惟白芥各分殼爲五筋然黑芥無筋無嘴故不應爲此類之一種有植物家酷克等改列於布拉西卡類之中

芥子爲藥品內之要物磨之得其末合於各種肉菜食之其初生之芥菜亦可當蔬類食之沛離拉云作末之最佳

者將黑白兩種芥子軋輪碎之再置乳鉢內研之又用篩篩之兩次即得淨芥末苦里司脫生云尋常出售芥末含異質在內因黑芥子味過辣人難食之如將黑芥子八斗白芥子二十三斗磨粉則成末一百四十五磅然恐太辣則加麪粉五十六磅鬱金二磅又恐太淡再加花椒殼一磅乾薑半磅則味能適口然藥品中必須用淨芥末

黑芥與白芥已有化學家考究之尚未極詳黑者含定質油膠類質糖類色料與奇異絲色之質又有油類質色如眞珠又含美洛尼克酸合於鉀養即鉀養美洛尼克酸又含美洛西尼內那比西尼並數種鹽類質芥子之定質油

略爲全體一百分之二十八此油味淡少有臭其色黃重率○九一七比橄欖油更濃不易發酸又能成上等肥皂間有代菜油之用間有化學家白西用之爲燈油又有化學家孫大比在黑白兩種芥子油中得一新油類酸質名曰衣魯西克酸加熱至九十三度則化其式爲炭輕養又如西門所作之西那比西尼爲白色光明易自散之顆粒其形如干層紙能在酒醕以脫與尋常油類質中消化而不能在酸質鹼類質中消化美洛西尼與植物阿勒布門並苦杏仁漿相似美洛尼克酸之原質爲炭輕養淡硫五種味苦無臭不能成顆粒能用酒醕分出其不純者然必

先用以脫或壓出之法去其定質油方能取此質

査以上之各質俱非辣性者而芥特此性能與別質有分別實因種子內原無辣質而其辣味因種子中之材料遇水其水之熱度不過二百度則變化成一種自散油類質謂之自散芥油白西云美洛尼克酸遇美洛西尼與水則有此油變成如將芥粉之乾者令遇乾熱或令遇酒醕則無辣性顯出設先加水而後加熱則其辣質變成可蒸出之凡強水等金類酸質能令此自散油不能成又鉀養炭養亦有此性又凡植物酸質其重率不小於一·○二二者亦然如其油已變成則强水并各酸質不能滅其辣味

芥末之自散油其色白或爲檸檬色味最辣令眼流淚加熱至六十八度則重率爲一·○一五加熱至二百九十度則沸在酒醕與以脫內俱能消化水內少能消化已消化者難於分開此因其重率與水幾相同也如合於淡輕則成顆粒形之雜質名曰弟哇西乃米尼此質中之芥油全滅如將黑芥子末浸水添鐵絲則成橘皮色之質芥子油之原質爲炭輕淡硫化學家白替路已設法用別材料造成此自散油其法將各里司里尼合於燐碘成炭輕碘將此質添入管中再加鉀養硫封密加熱則得之

白芥子每百分含定質油約三十六分浸於水中則成膠

形之濃水幾無味設將黑芥子浸於水中所成膠質甚少而令其水有辛味化學家約翰化分黑芥子得八種緊要之質一為辛味自散油二為黃色定質油三為櫻色松香類質四為熬出之膏質少許五為膠質少許六為立故尼尼七為阿勒布門八為燐養與含燐之鹽類質又化學家恒里與茄羅查芥子內另含一質初名硫西那比西尼後柏西里烏司簡其字名西那比尼此質色白而輕無臭初嘗味覺苦後覺辛如芥末能在水與醕及以脫內消化又能成顆粒每百分含炭五七九二分輕七七九分淡四九分養一九六八分硫九六五分如遇酸質或含養氣之質

或鹽類質則易放衰硫此質遇含多鹽類之質即如鐵綠等則成紅色又如添含鐵之銅養硫養水則結成白色之質然白色之芥子無有此自散之油質惟有數事與黑芥子相同能成定性之辛味料然其子中原無此材料與黑芥末之自散油相同

其定性之辛質為紅色油類形之質無臭惟有辛味與辣根相似內含硫黃化學家弗爾云如將黑芥子浸於水中亦成此質少許又有化學家西門查得一質名衣魯西尼此質不合鐵之鹽類變紅亦不含硫黃

試法　尋常之芥末含異質在內即如麵粉等而醫士尋常將此種芥末為外科之用若為內科之事而用芥末則必用淨者有一法易於分辨知其含麥粉與否即將其浸水待冷時添碘酒如變藍色則為含麥粉之據

功用　有大辛性如將白芥子不磨粉而服之則其膠形之皮質在胃中消化至盡可得芥末之行氣性昔時用此芥子以二三調羹為一服一日兩三服治胃不消化之病各西國食品內添芥末又食其小芥葉為人人皆知之物芥有行氣性又如沖之飲其水能利小便外科用之能令皮膚發紅常用此質為芥末外敷膏觀下節又如將芥末一小調羹至一大調羹合於水半升服之則為有效之吐藥

芥末軟布膏

取法　將芥末二兩半胡麻子粉二兩半或至足用為度將胡麻子粉以沸水十兩漸漸和勻再加芥末屢次調勻所用芥末應取淨者如用含麥粉者則太淡又可以饅頭屑代胡麻子或可用別種外敷藥法而將芥末散於其面昔人將醋若干添入其料中然此不惟無益反能有弊因令其不成辛性自散油惟含花椒為異質者則能令花椒顯其辛性醫士脫魯蘇與秘駝二人查用沸水未必更佳因冷水所成者有同性情而用此敷藥之工夫更久則功

用更大
英國有一種外敷藥名曰芥膜又謂之芥紙爲古白所設之法其大略爲芥子定性酸質在酒醕內消化

芥子油

此油之作法將黑芥子壓出其定質油將其餘質合於水而蒸之或爲無色或爲淡黃色其重率一·〇一五易在酒醕與以脫內消化稍能在水中消化其臭最易化散通至房屋內各處味極辣如火遇皮膚則立即發疱如用其一分合於準酒醕二十分則爲大力引炎藥與發疱藥一千八百六十七年英書用之作他藥如下節

芥子雜洗藥

取法　將芥子油一錢米聚里恩以脫膏四十釐樟腦一百二十釐蓖麻油五錢正酒醕四兩先將米聚里恩膏與樟腦在酒醕內消化之後添入芥子油與蓖麻油和勻此藥設於一千八百六十七年爲最妙之引炎藥能治舊風濕或胸腹之痛

堇菜科 西名非由拉西依此爲珠西亞之名

此科之草木生於赤道北之温和帶內而生於赤道南與熱帶中者甚少其小樹木類產於南亞美利加與印度其榦與葉內含膠質又含非由里尼此質之性情功用與伊密的尼略同此質亦有人在依亞尼弟由末之小樹內得之有數種可當吐嗶嗒之用觀醫士馬替由司巴西國藥品書之說如吐嗶嗒依亞尼弟由末之根爲巴西國所產之假吐嗶嗒化學家百勒替耶化分之每百分得伊密的尼五分又如小葉依亞尼弟由末之根亦有相同之性情英國幾囿圜之博物院內藏司脫蘭犿微司所寄此物之根可觀之

堇葵 西名非由拉立尼由司名香非由拉又名新鮮花瓣又名三月非由拉又名甜非由拉立尼由司列於五鬚一花心

此花希臘古書曾論及之產於邊地空曠之處歐洲有數

處遮陰之地見之各國之人喜種於園中以觀其花因其香最可聞其色最可觀又可作藥品之用

植物學形性　此花草不生榦爲蔓草之類其葉如壓鈍心形生細軟毛萼瓣鈍形其下一花瓣爲其尖之邊間有齒形其上四花瓣鈍而帶圓形比下者更窄子房口鉤形而光滑結果之莖向下彎其尖爲直者如第五十一圖

第五十一圖

其花已開則須摘之如畱意曬乾則色久不退如存於糖

漿內則色久不變其顏色料遇酸質則變紅遇鹼類質則變綠故常用之以分別鹼類與酸類之各質與尋常試紙試水同

功用　將壓出之汁與其糖漿作爲微利藥則有輕瀉之性故可以爲小兒之瀉藥其香可聞其味可嘗故小兒喜食之最合於新生嬰兒之用每一分可配杏仁油一分以一小調羹至二小調羹爲一服

歐洲他國用尋常非由拉花並他種非由拉花即如三色非由拉等爲潤皮化痰之藥醫士比沙等云其種子可爲瀉藥與吐藥其根亦然而英書不列堇葵於正藥品內

堇葵糖漿此爲倫書之方

取法　將新鮮堇葵花瓣九兩浸於沸蒸水一升內約十二小時爲度壓之濾之待若干時則有渣滓沈下將其浸水中渣滓分出加提淨白糖三磅或至足用少加熱融化之待冷則每一兩配正酒醑半錢

此糖漿爲淡藍色其味適口其香與其花相同重率有一三三藥肆常出售者或作假或雜他物於其內即如以班西花代之即三色非由拉花又有更不誠實之藥肆以靛草粉或靛硫養或紅菜水或紅罌粟花等物代之醫士更特拉欲試此事曾往十二家各買此物無有一家得眞者

遠志科西名普里軋里依此爲珠西亞之名

遠志科之植物地球溫帶與熱帶俱有之內有數類有苦質如尋常普里軋里依與苦味普里軋里依兩類是也又含一質專爲此種所出者謂之普里軋里尼有數類在巴西國與印度等處作藥品之用

遠志根西名辛衣格根立尼由司名辛衣格普里軋拉又名辛衣格蛇根

此根爲英國醫士特難德於一千七百三十五年在亞美利加勿爾吉尼阿邦得之因聞土人內辛衣格羅屬云此根能治蛇毒即亞美利加尾響之蛇此草爲美國之本草大半在西南兩方得之每年用此根之數甚多

如第五十二圖爲此草之榦葉花實之圖其本體小根分又爲存多年者每年發數直榦面平滑不分又形圓而多

第五十二圖

發葉葉之下半間帶紅色無托線左右遞更排列形長而尖上面光綠色其花小在榦端成羣排列萼瓣五出內有兩出爲大者形如翅色白花瓣三出形小而收束不開下瓣不甚毛子殼橢圓形尖之邊有齒形而與萼瓣相連不落觀巴散所作美國植物藥品書第十一卷第三十六頁　如第五十二圖一爲萼瓣開放之形花瓣

相壓二爲中花瓣，即下花瓣花鬚黏於其上，三爲種子。
尋常出售之遠志根，縛成梱，每梱五十磅至四百磅不定，其塊之小者，細如鵞毛管，大者粗如小指，生多凸頭，其凸處有前時生幹之痕迹相連，又分叉形，又有紐形而順其根之面有凸條，如洋船之龍骨形，所有樹皮形之處成皺紋，有多裂縫，而在小根，此處爲黃樓色，若爲老根，此處爲樓灰色，內含松香類質，而爲藥之質在其內，其根之中心質色白而含木質，毫無藥性。見格布勒書第二卷第二十款 其根之臭頗奇，在新鮮之根其臭更甚，此爲胡特書中之說，其味初淡後變苦與辣，惹喉，令口內多生津，遠志根有多化學家化

分之，近有科物納化分之，得普里軋里克勿爾吉尼亞克，貝格的酸，樹皮酸，蠟，定質油，黃色顏料，樹膠，阿勒布門，木紋，數種鹽類質，所得之普里軋里克，又名普里軋里尼，又名辛衣格以尼，即搿倫所定之名，爲樓色定質，其淨者白色，能透光，無臭，初嘗之味淡，如嗅其粉，即令人嚏，又嘗之口中覺可惱，喉內覺收緊，能在以脫與油內消化，幾分能在水中消化，最易於在酒醕內消化，如以六釐至八釐爲一服，與狗食之，則令吐而喘，三小時內必死。

功用　遠志根有行血氣之性，蓋辣味之物多半如此，能令大半津液多生，又能生口津，化痰，發汗，利小便，調經，食其大服，則爲吐藥與瀉藥，藥品中用之，大半治咳嗽，間有五葉巴拿克司根，即人參之根，雜於此根之內。

服數　其粉以十釐至二十釐爲一服，最妙之法用其沖水或煑水。

遠志根沖水

取法　將遠志根搗碎半兩，沸蒸水十兩沖之。

服數　一兩至三兩爲一服，每日三四服。

遠志酒

取法　將遠志根搗碎二兩半，準酒醕一升，其作法與阿古尼低浸酒之法同。

服數　一錢至三錢爲一服。

美國藥品書中有一方，作遠志根之糖漿，此糖漿爲士哇盧雜蜜糖內之一種料。

濇性根科 西名架拉美刺阿西依

架拉美刺阿根 此根用乾者，又名三鬚頭，架拉美刺阿爲羅依士與巴文所設之名，又名拉搭尼根

拉搭尼樹，爲秘魯國植物，而產於沙土山邊，如該國之華奴哥等處產之最多，一千七百七十九年，羅依士在此處初得之，彼處婦女常用其根擦牙齒，令牙肉堅固。

如第五十三圖，小樹有多支，嫩者有毛如絲，其榦向外彎

第五十三圖

下其根平生或附於地面土名拉搭尼即是此意其根常分多支皮爲黑紅色葉無托線似長蛋形其端尖而生毛如絲花爲單生者在上葉之葉腋間角內發出花莖短萼有散開四出之萼瓣外亦生毛如絲內光滑有深紅色但在乾花內其紅色退去花瓣五出大小不等上兩出分開如葵扇形其旁兩出略爲圓凹形其前三出似爪形其爪相連花瓣之外分小間有爲胚胎而不成

者後兩出花瓣無托線其質厚鬚三箇鬚頭在頂上有雙微孔果實似球形靭如皮熟時不自裂大如豆外有紅櫻色之刺刺端有鈎形子房有一膛內結一種子其餘常爲胚而不成種子倒置懸於殼內不含阿勒布門觀秘魯國植物書第一卷第九十三頁

拉搭尼根木質而分叉形其塊之徑不等自一寸起至鵞毛管形止其皮稜紅色有絲紋易與內之紅黃木質分開其根無臭其味甚澀而不苦令口津變紅色其皮所含爲藥之質較內質更多故用其小塊則其皮積較大塊者更多而以之爲藥更能得益西國所用者俱爲南亞美利加所出採根之外另預備其膏便於運載

化分拉搭尼根有三分之一易在水中消化之質即每百分能消化之質內有樹皮酸四二·六分沒石子酸〇·三分樹膠膏質與濟料五六·六分架拉美里阿酸〇·五分其性情大略藉其樹皮酸沛西挨云亦藉架拉美里阿酸又云此酸之性最濇不能成顆粒能與鹼類質合成鹽類而此鹽類能成顆粒又有什伐里耶照其法以取架拉美里阿酸分毫不得用水與酒醕俱能收其爲藥之質變爲紅色

畏忌　鐵與他金類之鹽類直辣的尼強水類金雞哪沖水銻養三鉀養果酸

功用　收歛藥補藥

服數　其粉以十釐至三十釐爲一服

架拉美剌阿膏又名拉搭尼膏

取法　將拉搭尼根粗粉一磅蒸水一升半浸二十四小時則盛於過濾器再加蒸水至得十二升爲度或至拉搭尼根汁出盡爲止再用熱水盆熬乾所有之水

服數　十釐至二十釐爲一服

此膏紅櫻色乾者形似玻璃折斷之其剖面光滑所成之粉紅如血與幾奴相似南亞美利加運售此膏常用之作假紅色酒

架拉美刺阿沖水又名拉搭尼沖水

取法　將架拉美刺阿根半兩沸蒸水十兩置於器內渝之蓋密待一小時則濾之

服數　一兩半至二兩爲一服每日二三服其煑水亦可用之其味澀其色紅

架拉美刺阿酒又名拉搭尼根浸酒

取法　將拉搭尼根粗粉二兩半正酒醕一升其取法與阿古尼低浸酒之法同

服數　一錢至三錢爲一服

美國有拉搭尼根雜浸酒其方將拉搭尼根磨粉三兩橙

皮二兩色噴他里半兩番紅花一錢正酒醕一升此爲適口之收歛藥

麻草科西名里那依特看杜辣之名

此草在地球温和之處能得之間在熱地內有之此科植物內皮之絲紋最韌難於扯斷種子外有膠類質種子內有油類質間有苦味者又有令人泄瀉者

胡麻子又名尋常麻子立尼由司列於五箇鬚五箇花心又用其粉爲胡麻子粉取其油爲胡麻子油案此即亞麻又名壁蝨胡麻非眞胡麻也瀛環志略亦言形似壁蝨可以爲油非脂麻也

埃及國最古之時即有人種麻又從歐洲之北至印度之南各處俱種之故難言何處爲其本土

麻草之幹爲一年者根細小而簡幹直高一尺半向頂分枝葉遞更排列無托線面有線形長而尖其面平滑花藍色排列於成串形之密穗萼瓣似鋭角蛋形少有毛邊如睫無核長略與子殼同花瓣少有齒形其色紫藍大而不多時即落子殼略爲圓形大略如豆內含

第五十四圖

種子十箇其子小似橢圓形而扁面平滑而光色棕內白色外皮有膠質其仁含油與麪質如第五十四圖

將麻草之幹浸於水內後剥去其皮而搗之則其絲紋能

分開自古以來各國有以此爲業者將其絲紋放線織布或粗或細不定種麻愈密則絲紋愈細所織之布自然亦細麻布比綿布更涼因傳熱更多顧人身出汗則以麻布爲衣覺其冷較綿布更甚又冬時之冷着麻布之衣者知較棉布更冷考麻之絲紋以顯微鏡觀之則爲直管形觀棉花之絲紋則爲絞管形故麻布比棉布惹皮膚更輕所以醫士作布絨爲外科之用將麻布以刀刮之而不用棉布梳麻成絲紋之時所得過短者存之作亂麻爲揩抹等事之用

胡麻子

此藥爲胡麻草之種子形小而扁兩端橢圓形其邊銳利色略櫻外面光而平滑內白無臭嘗之有樹膠之味因種子皮外有樹膠類之質種子內之白色質卽子之仁有油類之味此因其內含定質油可壓而得之

化學家梅耶化分種子每百分得植物膠質一五二二分大半從種子之皮衣得之此膠質含淡氣合於醋酸與鹽類又在仁內得油類質一一二六分在殼內得衣暮辣西尼四四三八分蠟質○一四分粹性軟松香類質二四八分小粉與鹽類質一四八分仁內不惟含油另含膠質六一五分阿勒布門二七八分哥路登二九三分松香類色

料○五五分黃色膏質合於樹皮酸與鹽類質卽鉀養淡養五錏綠鈣綠等一九一分甜味膏質合於蘋果酸與數種鹽類質共一○八八分

種子外皮所含膠質最濃遇熱水則易腫大成有黏力之膠類流質此膠類爲兩種質所成一種全能消化而似乎阿拉伯膠卽阿拉比尼又一種并於其內而不化合栢西里烏司云第二種質似乎巴蘇里尼胡麻子植物膠質內加以酒醋則結成白色片形之質如加以鉛養醋酸則結成之質甚密

功用　爲潤外內皮藥可用其沖水

胡麻子雜沖水

取法　將麻子一百六十釐新鮮甘草根切片六十釐沸蒸水十兩盛一器內蓋密之待四小時用細布濾之

又有簡法可將胡麻子半兩以沸水一升淋之添糖與香料如薄荷檸檬皮等令其味適口如作外導藥或外敷藥則用其煮水爲佳因分出其子之油更多然因其味不適口故其煮水不甚服之

服數　以一兩半爲一服一日內任意服若干次能治咳嗽等

畏忌　酒醋與金類之鹽類質

胡麻子油此油爲冷取者

此油從種子仁內壓出有二法取之一爲冷取之法一爲炒取之法炒之熱度略爲二百度冷取者色更淡無臭無味與蓖麻油之炒取者分別相同如先炒其子則所得之油爲深黃色或櫻色其臭味可憎重率○九三二酒醋與以脫俱能消化之能漸收乾質硬而明可以髹飾與別種油類不同如將其油沸之則此性更大又如合於鉛養等質沸之則其髹飾之性最大

胡麻子油與尋常麻子油與重率一四七之硫強水和勻則油變綠色故可用此法試別種油類假添此油在內與

否又有法能分别胡麻子油與尋常麻子油用重率一·一八之硝强水合於尋常麻子油則變緑色合於胡麻子油則毫不變色所以疑胡麻油內加尋常麻子油爲假充者則用硝强水能分别之此爲苦來思揩法得所設之法

醫士沙四之書云胡麻子油乃瑪加里尼與哇里以尼略等分劑合成顧胡麻子所出哇里以克酸與他油類質所出者不同其無水哇里以克酸之式爲炭輕養尋常者之分劑爲炭輕養而其瑪加里克酸與尋常者相同即炭輕養又胡麻子油所出各里司里尼甚多與别種油質所出者相同

功用　爲潤外皮藥與瀉藥大半在外科中用之觀鈣養洗藥節

服數　四錢至一兩爲一服

胡麻子粉

將胡麻子壓出其油則成胡麻餅將此餅研粉則成胡麻子粉合於作胡麻粉軟布膏

胡麻粉軟布膏

取法　將胡麻子餅之粉四兩橄欖油半兩沸蒸水十兩必漸漸添下且須調攪不停

其油質與膠質和勻而其膠質爲熱水化開故最合於作軟布膏之用假如不用胡麻子餅粉而用麻子磨成之粉則不必加橄欖油

法國尋常出售胡麻子餅之粉常雜别種壓油種子之粉於內又常含麩皮少許或粗麥粉或杏仁粉或作小粉廠之餘質與發酸等類之油質

又有一種麻子俗名泄瀉麻子其草本小英國乾燥山邊多產之昔時多用此草爲瀉藥近今不列於正藥品內

錦葵科　西名馬勒伐西依波即之名又名馬勒草

查此科草名疑此物爲歐洲獨產者然熱地內亦產之甚多或爲木本或爲草本愈向北則其種類愈少其體亦愈

小約共分六百類大半有膠質在內其榦之絲紋韌而堅固又有數種可作蔬菜食之

錦葵　西名野馬勒伐又名尋常馬勒立尼由司列於合鬚之花多鬚

錦葵歐洲各國內多遇見之產籬笆或路旁或野田內自西六月起開花至八月止古時希臘國博物家代司可立弟司書論此草謂之馬勒幾本低近時不列於正藥品內

其根存多年分叉榦直立或向上排列而分叉葉莖與花莖生毛葉五尖至七尖有凹凸之處其邊有齒而鋭利花莖發於葉榦間角亦爲密而直立者開花之後存其花萼常有窄小花葉三出圍之較之花瓣甚小其花瓣有玫瑰

色中有紫色脈紋其瓤之分殺成邊形待熟時面之筋脈成網形且有皺紋尋常錦葵如第五十五圖

第五十五圖

形性　尋常錦葵并圓葉之一類無臭其味平和有膠類之性如浸於水中則其膠質化出其質之大半為此膠質又含苦味膏質少許古時羅馬人以錦葵作蔬菜食之然不知其為尋常錦葵抑為圓葉錦葵

功用　為潤內皮藥將其沖水合於糖飲之則於數種病有益其煮水亦可飲之或為洗藥或為外導藥或將其草煮熟作軟膏之用

扶桑　西名阿勒替耶又名澤馬勒其根入藥品立尼由司列於合鬚之花多鬚

此草之形如第五十六圖英國與歐洲他國卑濕之處常見之希臘國之代司可立弟司謂之阿勒替耶法國謂之基馬勿英國不常用之英國藥品書亦不載之

其根存多年尖形色白榦直立軟而生毛葉軟兩面生毛邊之齒形左右不相對葉似心形或為蛋形下葉分五尖

上葉分三尖其莖從葉榦間角發出花多莖較葉更短花為淡藍色萼為偶者其外層如圖之四號其分花葉有六分至九分其內

第五十六圖

層如圖之三號有五分其鬚如圖之二號頗多其托綠合成一管花心莖如圖之一號亦甚多莖與萼相連其瓤之排列法與錦葵相同

形性　尋常出售之澤馬勒根已剝去外皮色白其外面原為暗黃色內質白形長如梭內形似肉無臭卽與葉同其味平和與樹膠略同

化學形性　曾有化學家布格那化分此根得植物膠質與小粉甚多故加碘變藍色又將其煮水加入鐵綠則內成椶色半明半暗之質法國化學家倍根在根內查得一質謂之阿勒替以尼又有化學家普里生查此質與阿司叭拉故尼同但阿司叭拉故尼為顆粒形之質無臭幾無味能消化於水與準酒醋內而不能消化於無水酒醋與以脫內

功用　為潤內外皮之藥可用其煮水與糖漿並糖片

扶桑糖漿　又名澤馬勒糖漿

取法　將扶桑乾根切片一兩半浸於冷蒸水一升內十二小時爲度將其水壓出以麻布濾之加淨糖三磅或照濾得之水加糖一倍少加熱令全消化待糖漿冷則每一兩加正酒醋半錢

服數　一錢至四錢爲一服其用處大半添入治咳嗽之藥中

棉花　西名古西比由末俗名哥登此爲木棉等實外包之衣去其子而彈其衣即成棉花

棉花印度自古以來即種之如舊約書以士帖記第一章第六節曰以枲爲幬其本文曰揩拜司即印度之方言又古時希臘國喜羅獨佗斯與司替西亞司二人亦論及之

然希臘人雖知有此物尚未用之後希臘王亞勒散得帶兵攻印度擊敗之方知棉花之用處又閱替啞弗辣司佗司與布里尼二人之書可爲其據歐洲所用之棉花大半從美國運進在亞美利加有兩種爲本土之物一種名巴巴多棉花即美國所產者又一種名秘魯棉花即南亞美利加所產者第二種亦名鋭形棉花印度亦有兩種一名印度棉花又名草棉爲印度尋常所產之棉一名木棉此棉花不常出售印度棉花已在歐洲數處種之而得利其木棉不可混爲本拔克司類之樹此俗名棉花樹又名棉絲樹前美國南北交戰時種棉甚少故印度種棉更多

棉花一類內有大小草本一種爲木本俱有遞更排列之葉其葉有分或多或少不定而葉與小支尋常有小黑點

第五十七圖

其下面之筋有核一箇或兩箇萼爲偶者其外分葉比內者更大再分爲三箇大分葉向底似心形爲渾全者其邊或爲齒形或有深凹處其內萼即爲眞萼祇有一葉似杯形其邊有五箇鈍齒形花大可觀或紅色或黃色不定在底有五箇相連之花瓣少似心形面平而向外伸鬚多托線在下相連而

黏於花瓣其上不連鬚頭小似內腎形子房爲上者橢圓形兩端或圓或尖其端成花心莖此莖通過花鬚底所連成之管而近於頂處有三箇或五箇皺紋分爲三箇或五箇子房口子殼圓形或橢圓形或尖形分爲三箇或五箇膛其頂分三箇或五箇分殼而其自裂之法係果囊內膛自裂每膛含種子三箇至七箇其種子外衣即成棉花其衣圍種子之面相連成棉亦有常見之子衣其絲紋更短西國種棉者俗稱弗士即微細之意如第五十七圖

功用　棉花爲含膠質之植物故間有人用之以潤內皮種子有油能壓出之間有用其油以點燈又可用以養六

畜又可用壓成之餅鋪於棉花地以肥土其棉花質為立故尼尼所成又名寫留路司其原質為炭輕養棉花為管形之毛所成烘乾時則成扁管形能透光而無汁自繞成螺絲形如浸於水中用顯微鏡觀之則似窄帶形間有橫線即一膛之端棉花之絲紋因其旋繞故在外科中用之棉布絨不及麻布絨有益然棉布較麻布傳熱更遲故作裏衣之用能令身之熱度不多改變令其熱不散空氣令於人身則護身之熱不散空氣熱於人身則令外熱不易進身然較麻布更能令汗氣凝結惟已凝結成汗則收其汗較麻布更多所以兵丁宜用厚麻布汗衫為妙棉花亦

可用以治湯火傷醫士安特生於一千八百二十八年蘇格蘭醫院記錄內云以棉花極薄一層鋪於湯火傷處數層之外加帶或布輕包之則痛減少皮膚不激動而所生之疱或為最少或竟無又令人身體功用因此不多混亂法國醫士來那特用棉花治熱瘡又有美裀用之合於汞綠以治眼蓋內皮生炎

貝路阿客色里尼（即棉花藥）

前言棉花之絲紋為立故尼尼即寫留路司所成者其原質為炭輕養如令此質遇濃硝強水合於硫強水之流質則大改變以顯微鏡觀之則與原棉花無異若權之則每

百分加重七十分遇火則有大爆裂之性如受熱至三百度則着火而爆裂不見藉此性情用之作火藥然因見火而忽然爆裂變為氣質則槍礮難當其忽顯之力易於炸開如將棉花火藥與原棉花依化學之法比較之可見寫留路司內輕氣若干分劑有淡養代人其中所放出之輕氣合於淡養之養氣一分劑成水則其餘質為淡養為棉花所收其式為

炭輕養 ⊥ 淡養 ‖ 炭輕（淡養）養 ⊥ 輕養

用硫強水之故欲令其硝強水不變淡又令所成之棉花藥不能為淡養所消化其貝路阿客色里尼有數種俱依

其棉花有輕氣若干分劑為淡養所代而定其名第一種用極濃之強水則棉花收淡養最多化學家論此質所含淡養之分劑各不同而其原質之大略為炭輕（淡養）養此種棉花藥其爆裂之性甚猛能消化於醋酸以脫之內而不能消化於以脫合於酒醋之內不能用於照相之事及醫學之各事第二種用濃硫強水並稍淡之硝強水即其重率略為一·四二者其爆裂之性更小能消化於醋酸以脫之中又能消化於以脫合酒醋之內如將此棉花藥在以脫合酒醋之內消化之則化散之後餘下光明薄皮一層又因銀碘亦易在此質中消化則照相家依此法作照

相之銀料傾於玻片令成薄皮一層鏡箱中見光則成像此料謂之哥路弟恩與照相家所用者略同此種貝路阿客色里尼之原質爲炭輕（淡養）養第三種之作法用更淡之强水所含淡養之數更少無爆裂之性用以脫消化之化盡之後所餘之皮不透光故照相者用之無益且爲藥之性亦不及第二種如英書成貝路阿客色里尼之方如左

取法　將淨棉花一兩硫强水五兩硝强水五兩先將二種强水在瓷乳鉢中和勻投入棉花用玻璃箸調攪三分時以全濕爲度將棉花取出置於含多水之器中以玻璃箸調之傾出其水換清水再調之依同法爲之至若干次至所得之水合於鋇綠不結成爲度將所得之棉花質置於濾紙之面待水散盡則以熱水盆烘之

試法　此質易在以脫合正酒醕內消化如加熱令爆裂則無餘質

一千八百六十四年英書之方往往不靈因其硝强水過濃即重率爲一·五者所成貝路阿客色里尼爲前所言之第一種其爆性甚大而不能在以脫合酒醕內消化近時英書之方所用硝强水重率一·四二者即與倫書之方同故所成之質能消化而能成哥路弟恩

哥路弟恩即貝路阿客色里尼消化於以脫酒醕之內

取法　將以脫三十六兩正酒醕十二兩貝路阿客色里尼一兩和勻待數日如有渣滓沈下將其淨者傾出存於有玻塞之瓶中

如依一千八百六十四年之英書爲之則其棉花藥不肯消化因英書所設棉花藥之方爲炭輕淡養養依此方則其質在以前所設第一與第二兩者之間而作哥路弟恩所用之棉花藥必用重率一·四二之硝强水方可或重率更小者亦可所得哥路弟恩無色有黏力之流質易着火燒盡遇空氣收乾甚速因其以脫與酒醕同時化散而貝路阿客色里尼成薄而光明之皮不消化於水又不消化於正酒醕內

功用　哥路弟恩外科中多用之可包護刀傷或潰爛處或生炎處令不遇空氣又變乾時令皮膚縮小又如冬時裂坼與乳頭裂破等病亦可用之又有作哥路弟恩之韌而易摺者可加蓖麻油少許或即用下方爲之此種哥路弟恩激動之性更小又合於治皮膚病並不欲皮膚收縮者可用之作哥路弟恩用酒醕之數愈少則乾時之收縮亦愈少然不能不用酒醕因祇用以脫則貝路阿客色里尼不能消化

瓢哥路弟恩即瓢而可揩者

取法　將哥路弟恩六兩加拿大樹膠一百二十釐蓖麻油一錢三物和勻盛於瓶中塞密之

此藥於一千八百六十七年載入英書然已多年有人造此質用此質之益處能在皮膚上無論何處任意伸縮而不破裂

白脫那依亞西依科波郎之名

卡高替亞布路瑪立尼由司之名又名卡高木又名荀荀又名卡高乳油案瀛環志略名可可

卡高樹之子西人多用為食物其樹原生於墨西哥國又

在西印度羣島亦多種之如第五十八圖子殼略與黃瓜形相似挂於樹枝與樹身其色黃略似橢圓形分為五膛每膛有八箇至十箇卵形種子係疊置者外面之子連衣即膜略有甜味其種子常出售者有數種人皆貴重之或多或少不定如將其子之仁

第五十八圖

壓之則每重二分能壓出油一分此油謂之卡高乳油昔時有多醫士言此油為藥之功大而一千八百六十七年之英書有數方用此油為藥即如樹皮酸汞嗅啡啞鉛等物之外塞藥是也英書論此物云用壓力與熱從磨粉之種子取之又云其質與牛羊油略同形色少黃臭似綽故辣此即卡高子所作之食物其味平和而適口如破裂則其處乾淨而不顯奇形之質久遇空氣亦不變酸而壞加熱至一百二十二度則融

將卡高種子搗碎漸軟在水中加熱令沸取面上浮油加糖與牛乳則為適口而養身之飲物但藥鋪內常出售之荀荀或以其仁與殼合而磨之或祇將其殼磨粉出售間有人將種子壓出其油將所餘之卡高餅磨粉出售西國尋常出售此物其價廉者常雜麪粉或番藷粉合於羊油

各物與磨粉之壞子或壓油之餅相併磨而成之故其價可廉又有一種為卡高片其作法用模壓成薄片又有一物名綽故辣得為南亞美利加土人之語其作法將炒過去殼種子十磅糖十磅發尼拉一兩半桂皮一兩磨成漿出售英國常出售之綽故辣為壓子去油所成之餅合於豆粉與眞珠米粉或番藷粉再添生糖並糖渣滓與牛羊油令其黏連

功用　卡高與綽故辣得為數種適口而能養身飲物之根本故謂之替亞布路瑪即神享之意此物與茶與咖啡不同因無行氣之性然有人不能飲之因胃中不消化又

有人原有胃不消化之病不能飲之因內含油類質甚多也

西司替尼依科 特看杜辣之名

此科之花即石玫瑰花內有數種花草昔時用以爲藥因其能成一種香松香類名拉打奴末前時此質在西國內有大名近時用之者少今地中海東邊數國內產之所有西司替尼有數種即如革哩底西司替尼又香西司替尼而除原產此物之處外不能得其真者其香可聞因內含自散油昔人多用之爲行氣藥後用之爲化痰藥今土爾其國最貴重之用爲香料又爲滅臭藥

雙翅果科 西名第不得露揩披衣布羅瑪之名

此科之西名即有翅之意因其花萼有數分引長如長翅內有一類名香得來亞罷辣奴布司有人誤以爲產西國尋常出售之樟腦而因此誤其名爲樟腦得來亞罷辣奴布司然歐羅巴出售之樟腦爲桂樟科之樹所產謂之藥品看夫拉即樟腦而此樹在桂樟科中論之西國常出售之樟腦外又有龍腦即冰片又名蘇門答臘腦亦名婆羅腦因在此兩海島產之故有此名又有一種謂之流質龍腦俱爲得來亞罷辣奴布司樹所產者此樹爲蘇門答臘島最大之木或云其小樹斫之得龍腦油其老樹斫之得冰片此冰片中國貴重之其價比樟腦貴八十倍至一百倍所以龍腦不發至西國出售前有西國女子馬司屯將龍腦片與流質龍腦從婆羅洲處各送若干往倫敦存於博物院而藥會記錄書第十二本第一與第六欵記之功用　所有流質龍腦亦謂之龍腦油其用處略與揩耶菩提油草油相同而龍腦比樟腦更佳之處不能得其實據

又有數種植物亦屬於雙翅果科即如木油內含一質與哥拜把膠略同又有一樹名堅壯舍利阿所產松香類質名大瑪爾又有印度哥巴辣此質間有合於琥珀爲雜質

以射利此哥巴辣爲松香類之乾汁其樹名印度發的里亞其果實浸於熱水內則得一種質俗名加拿辣植物乳油爲印度最貴重之物

茶科 西名替以西依麥白勒之名又名揩米里依特看杜辣之名此爲脫納司脫里遞阿西依之分科

替以西依科與揩米里依科原爲同類即中國所產之茶葉亦爲此類之樹所生如第五十九圖昔時西國議論各種茶葉或爲一種樹所成而功夫不同或爲數種樹所成而功夫無異又論茶分爲兩大類一爲黑色茶一爲綠色茶究其是否一種樹所出有人以爲其樹原同而因水土

第五十九圖

或地氣或種法不同所以其茶亦不同來拉以爲其樹不同在印度植物書並雪山植物書俱論及之西國所種各國植物之園內祇知有二類

一類謂之綠茶能分數種內有五種一爲官茶二爲圓珠三爲熙春四爲雨前五爲屯溪此類茶樹能耐冷所以英國種此樹冬時不枯即如幾圍花園皆種之此種茶大半在英國北邊產之有數種綠茶中國人將靛與鈣養硫養等物染其色西人挖令登查考常出售之綠茶有加色料

者有不加色料者不加色料者爲橙黃色在稍磨去之處略帶黑色毫無綠色與藍色而上色料者有普魯士藍石膏或高嶺泥間有黃色植物質疑爲薑黃如印度之東阿薩密地方近時多種茶僱華人數名料理此事其人亦用靛與石膏所有不加色料之茶亦常有石膏少許黏於外面或因欲收濕氣或因欲令其茶有尋常美觀綠色之形

第二類謂之武夷茶西國以爲此樹出各種黑茶即爲白毫臘生小種工夫武夷等又以爲武夷茶爲次者而白毫爲上者又有西人在舟山所查之茶葉略在黑茶與綠茶之間又如印度阿薩密所出之野茶疑爲另一種又有英人波辣之書云黑茶與綠茶俱能從同樹之葉做成又有西人福珠納往中國產茶之處親見黑茶與綠茶俱爲綠茶樹之葉所成大半在中國之中與北得之惟黑茶大半在中國之南如廣東等省出之而黑茶與綠茶之分別因黑茶先置露天若干時少有發酵而後加熱烘之因此變黑色

如印度東邊古馬安國家茶園中有人種中國之茶子所得茶樹之葉依中國法烘之請茶客之有大本領者與中國安徽上等烏龍茶比較不分上下又一千八百四十五年在兌拉駝勒茶園內所作之茶亦爲上等者而與菊花

香白毫茶不分上下又有一類其葉甚大者爲阿薩密茶亦爲印度茶之有名者

茶之性情幾分藉樹皮酸與自散油并替以尼質此質之式爲炭$_{八}$輕$_{五}$淡$_{二}$養$_{二}$查此質與加非以尼相同而爲能成鹽類之本質能得此質有白色之顆粒其形如鍼其色如絲其味微苦能在熱水中消化而冷水與酒醕內難於消化合於硫強水與鹽強水則成顆粒之形化學家以爲在茶葉中合於樹皮酸步蘭德查定茶葉所含樹皮酸之數又有莫勒大化分各種茶言綠茶內之樹皮酸比黑茶內者更多然兌飛等化學家云黑茶含樹皮酸較綠茶更多而所

含自散油綠茶比黑茶更多

茶之性情收斂而少行血氣大半感動腦筋令人覺爽適又如辛勞乏力時飲之則能補精神如不常飲茶之人飲其濃者即不能睡而飲綠茶更甚於黑茶或云茶能令心與血管平和醫士比林云茶與咖啡俱爲平火安心之品若已飲行氣之質而覺昏或因辛苦而欲睡或因別故而腦內之血過多則可減其血令平和而腦髓能復原里皮格又云茶如常飲之可令腹內成托而以尼即膽汁所含之質茶亦可用以爲沖淡之料亦可飲之爲適口而補精神之流質間有用其濃者能感動腦筋又有用其更淡者則可平火安心

橘科 西名啞蘭替亞西依爲可里亞所設之名

啞蘭替亞西依科之名原爲亞細亞南方之果又馬達加斯加爾島有數種有一種名羅耳烏哇拉里暮尼阿近時改名爲羅耳烏哇拉司抑米亞在雪山冷處得其自生者然有數種在地球各處有人種之其果內有自散香油質果之皮內有苦汁果汁內有酸味或甜味之質有一類爲西脫羅司即橘類內有數種可作藥品之用

西脫羅司 並尼由司之名而列於花鬚成多叢多鬚

橘類花之各體尋常分五分排列花萼瓶形分三分至五分花瓣五出至八出間有四出者鬚二十箇至六十箇鬚之托線不伸出而在下連成數叢間有四五箇鬚不連於叢內鬚頭長花心莖圓上有半球形之頂所結之果有軟肉包其子內分七箇至十二箇膛每膛內有種子四箇至八箇另有含肉與汁之小囊若干種子內無阿勒布門子衣似膜形子外之紋有裂縫形即胚珠與子胞衣相連縫之痕迹內有胚珠相連臍大成頭之痕迹其子瓣似小耳形葉甚短此爲木本植物大小高矮不定其刺從葉幹間角發出其葉爲繁者常有收小成一箇於頂小葉連於葉莖又間有翅形者觀第六十二圖

枸橼 西名皮格拉弟西脫羅司又名尋常橘子又名西維里橘子此爲西班牙產此橘之城名又謂之苦味橘

橘皮即果之殼

橘花水即橘花蒸出之香水

橘油即橘花蒸出之自散油亦謂之尼羅里油

植物家都哈米勒書中名此果謂皮格拉弟西脫羅司又里蘇有論橘之書亦存此名以爲此果由阿喇伯人帶至西國此因西班牙國所有最古之橘園如西維里等處者俱爲摩爾人所種此類之人原爲阿喇伯國回教人數百年前侵入西班牙國踞地數處住居若干年

此樹直立較甜橘更小其花更香其樹枝成翅葉似橢圓形而尖少有齒形其葉莖亦有生翅之形或大或小不定花大而白色果之皮不平略爲圓形色深黃皮內有凸形微泡內含自散油質此橘內之肉汁味酸而苦此爲里蘇書中之說

橘皮 即苦橘之殼

西維里橘之皮作藥之用因其味苦且有自散之油則其香更多然因其苦與香俱在皮外面之小泡內則凡用苦橘皮爲藥應削其皮之外面用之而去其內之白質無論用其鮮者或備用而烘乾者俱宜削其皮用之

橘皮沖水

取法　將乾苦橘皮半兩置於有蓋之器內沖沸蒸水半升待一刻之久則濾之

橘皮雜沖水

取法　將切細苦橘皮四分兩之一又將切碎新鮮檸檬皮六十釐搗碎丁香三十釐盛有蓋之器內沸蒸水十兩沖之略一刻之久濾之此方原在英書之內後去之載入倫書之內一千八百六十七年又收入英書

功用　此兩種沖水爲暖性補藥凡酸藥或鹼類藥或鹽類藥俱可添入此沖水中服之以一兩半爲一服每日二三服

橘皮糖漿

取法　將橘皮浸酒一兩糖漿七兩二物和勻

功用　此爲適口而補胃之藥凡無味之藥或不適口之藥可合於此糖漿服之爲便

橘皮酒

取法　將苦橘皮切細搗碎二兩準酒醕一升浸七日濾之加準酒醕補足一升

功用　凡流質之藥可添入此酒於其內令有補性以一錢至四錢爲一服如英書之鐵香雜水並雞哪浸酒俱加此酒於內

橘酒

英人將含糖質之水內添苦味鮮橘皮令其發酵成酒此酒於一千八百六十七年初載入英書而屬於酒類其色如深色之舍利酒其味與香從苦橘皮得之每百分含酒醕十二分用試紙試之少有酸性之變化

含此質之藥品　鐵養檸檬酸葡萄酒雞哪葡萄酒

橘花水 此水可用苦橘花或甘橘花取之

取此水之法與取橘花油之法同意大里與法蘭西兩國取之甚多含自散油之外另含醋酸若干如將橘花油合

於蒸水搖動若干時濾之則為成此水之便法英國常用者從他國運進不自作也

英國藥品記錄書第一本第十五頁醫士司快兒云法國運來之橘花水盛於鉛器或銅器內以鉛銲成之所以常含鉛質若干其試法將能消化之含碘質添入其內則有結成之鉛碘黃色顆粒又設一法去此水所含之鉛即將鋅絲一條置此水中若干時則鋅收其鉛後將其水少許加入鉀碘如無結成之質則可知無餘下之鉛質此水之真者不應有色或幾為無色又通輕硫氣在內不應變色如變色則可知含鉛或銅而有黑色之質結成

法國人以為橘花水能治痛又能治轉筋所以腦筋不安並妄言笑等病常用之以一兩至二兩為一服

橘花糖漿

取法　將橘花水八兩提淨白糖三磅蒸水十六兩或足用先將糖加入蒸水內加熱融之濾之待將冷則添入橘花水並蒸水足為四磅半其重率應為一.三三

此藥適口可增入別種藥料內令其味適口

服數　以一錢至二錢為一服

橘花油　又名尼羅里油

無論苦橘與甘橘之花與果皮內有一種自散油可合於水而蒸之法國謂之尼羅里其香與橘花不同蘇比蘭以為此油為原油蒸時少變化而成此油內另含一種能成顆粒之油係普里生所考得者謂之啞拉特然苦橘花中所得之油比甘橘花之油更佳更香又有一種油名橘油用橘樹之葉蒸而得之或用橘皮磨碎壓而得之

功用　此油有行血氣與治轉筋之性

橘　西名啞蘭哲烏末西脫羅司此為里蘇之名即尋常甘橘又名甜橙

橘水即橘花水

橘油即橘花蒸出之自散油亦謂之尼羅里油

橘分多種其甘橘亦謂之橙又有酸橘謂之櫞檬此二物原產於印度如西來德交界樹林內並尼克里山上有其天生者或中國亦有之梵語謂之那[illegible]倫咖天方國音謂之那隆咖西班牙謂之那蘭遮意大里謂之啞蘭咀阿臘丁文謂之啞蘭替烏末英法等國音謂之啞蘭知然西國古書內並阿喇伯古藥書內概不載之大概西國有此果不過數百年前人未嘗知之

橘樹高十六尺至二十尺結果甚多如第六十圖其樹有奇事即一樹上有花與大小果同生雖為印度本土之樹而在印度內亦待冬時其果方熟因此能移向北方各國種之頗能茂盛葉韌如皮為長蛋形其尖銳其邊常有

第六十圖

細齒葉莖亦有邊間有翅形花瓣五出色白鬚約二十箇間有五箇尋常與他鬚不連而着子房口其餘鬚成五叢與上五鬚遞更排列果球形皮薄皮面有小油泡凸出其皮與果內之肉黏連不甚緊其肉之味有甜者橘在歐洲之南多種之又在亞索利島種之甚多從此各

處運至英國出售其花之蒸水在英國入藥而橘花水並尼羅里油亦能從苦橘之花得之觀苦橘花節

甘橘之果並苦甘兩種橘之花與油一千八百三十六年倫書載之以後漏失不載

啞蘭替烏末果即甘橘之果

橘樹之熟果味最適口其汁能補人之精神所以病人喜食之又發熱等病食之取其涼爽常有小者從樹上摘下即烘乾之成小乾橘又謂之古拉梭橘因古拉梭酒加此橘於中得其香味其更小者外面車平磨平則可爲外科割皮入物鈎膿之用又有人常將此果之皮當苦橘皮之用或將其花與其自散油並其磨粉之皮所壓之油及其花蒸出之水俱當用苦橘所作者之用

里暮塔西脫羅司此爲里蘇所設之名此樹有一種布而格莫由末名布而格莫特油亦謂之布而格香此爲其果皮所出之自散油法諾謂之里没得又謂之布而格莫香

此樹所生之果有香油名布而格莫特油而屬於酸質類即陸克司白格所謂酸味西脫羅司此類內包數種酸橘並印度國所有數種甜橘近時里蘇與布阿拖二人分之爲兩類一名里暮塔西脫羅司一名布而格莫西脫羅司布而格莫西脫羅司之葉爲長形者或鈍或銳不定其下面稍似蛋式葉莖或有翅形並有邊其花尋常小而白色

其果淡黃色或爲梨形或爲壓扁形皮有凸出之泡內含自散油其內汁之酸味或濃或淡不定

此樹之果皮摩之則最香不能蒸之得自散油即布而格莫特油歐洲之南多種之法國尼斯種之極多法人來蒲得云將此果一百箇壓之能得油二兩半其重率得○八八色淡黃而最香此油與同類之油所有之分別在乎含養氣化學家以此油爲雜油其原質爲西脫里尼合於此質並輕養所成之質又合於含養氣之質而遇空氣令其變化而成其香大有趣味所以配香料者多用之以配各種香料一千八百三十六年倫書列於正藥之內爲合於

雜藥與油膏等質之用此可以檸檬油代之亦可將此油代檸檬油

藥品西脫羅司此爲里蘇之名又名西脫倫法語謂之西特拉特

此果植物學名曰藥品西脫羅司如第六十一圖其果大

第六十一圖

而似蛋形其皮最厚而酸汁最少其皮外有多微管與點即含自散油之泡此油謂之西脫倫油其皮厚肉有海絨之形種此果之處先分出其自散油再合於糖糞之即成

西特拉特糖皮其果之汁可代檸檬汁用之

檸檬西脫羅司此爲里蘇之名亦謂之檸檬果法語謂之西脫倫又謂之里檬

檸檬即檸檬果

檸檬汁即其熟果壓出之鮮汁

檸檬皮即其新果之外層皮

檸檬油即爲檸檬皮壓出或蒸出之自散油

古人不知有檸檬又古時阿喇伯國之藥書亦不言之波斯國書言有此物第言爲印度國原產者所取之名謂里蒙與檸檬近時印度國稱此果尙用此名來拉查此樹在雪山之麓樹林中似爲野生者如第六十二圖爲所得野樹之圖又有一種果名里蒙其樹屬於酸味西脫羅司之類蘇書言檸檬西脫羅司所產者此語不確

第六十二圖

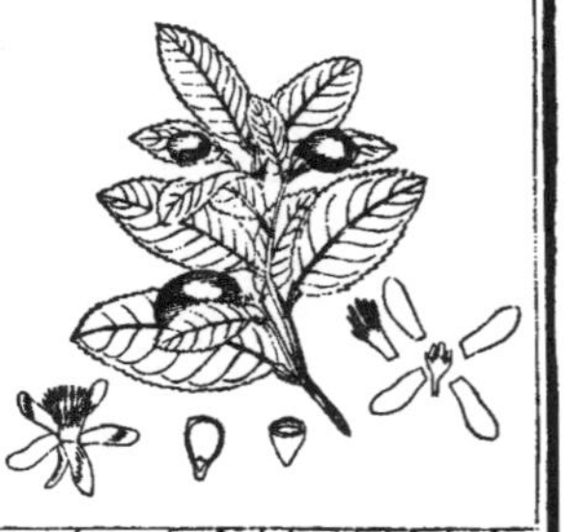

如第六十三圖樹高十尺至十五尺生枝甚多枝上有錐形之刺葉似橢圓形或似橢圓蛋形其邊有齒或少有齒形葉莖有窄邊如小葉或僅有邊者亦有之其花間有五出尋常四出鬚二十箇至三十箇成四五叢其果初時綠

第六十三圖

色待熟時則變淡黃色形略似卵其頂有小凸處如乳頭或大或小不定其皮薄而外有含多油之小泡皮與肉汁黏連甚緊其肉汁之味甚酸

檸檬果雖爲印度國之土產近時歐洲之南與亞索利島俱產之英國所用者俱從此各處運來每一檸檬用紙包裹裝箱運載而運檸檬果最穩便之法必將大口瓶或小口甕裝之加新化之石灰粉補滿其空處以軟木塞與火漆封密之

檸檬皮

檸檬皮淡黃色乾時變棧色味苦而香內含苦味膏質不能消化於以脫內而能消化於酒醕內又多含自散之香油此油存於皮內小泡中其皮可添入浸酒與沖水之數種藥料內又可作檸檬糖漿與檸檬酒

檸檬油

此油與橘油可用同法作之即蒸之或壓其擦碎之皮其壓皮所得者最細其色淡黃味如檸檬稍苦令口內覺激動且能佈散無處不到其重率為〇八四八至〇八五或更多加熱至三百三十度至三百五十三度則發沸此油

為兩種油質相合而成第一種為西脫里尼其重率為〇八四七至三百三十度而沸第二種為西脫里里尼其重率為〇八八加熱至三百四十五度至三百五十三度則沸此為里皮格論此物之說此兩種油之原質與松香油同而檸檬油亦然其式略為炭輕所以檸檬油之淨者為眞炭輕質而檸檬油遇空氣則收養氣又如遇輕綠則成兩種質一為流質一為樟腦之類其原質為炭輕加輕綠又橘油與西脫倫油之原質俱與檸檬油原質相同英國所用之檸檬油大半從西西里島運入如淡輕香酒並鉀碘合於肥皂之洗藥俱加此油於內

檸檬汁

檸檬汁之作法將其熟果去殼與子而壓之無論多少俱如此壓出之後置於涼爽處數日則傾出其清者而濾之然雖濾之未免少有不清其味極酸有檸檬之味與香此汁每百分含檸檬酸五分至六分另有水與膠質與膏質其重率之中數為一〇三九每一兩含檸檬酸以三二五釐為中數其汁易於化分如為之極謹慎則可存多日不壞即如將瓶裝滿塞密之或將杏仁油一層傾於其面有人加熱令沸為存久之法有人減熱或令其凍冰如英國兵船所帶者每十分內合濃白蘭地酒一分即可不壞英

國藥肆家合酒醕十分之一而濾出結成之膠質又有法能成假檸檬汁與眞者略同即將檸檬酸一兩半在蒸水一升內消化之添檸檬油少許即得

功用　此為涼性藥能減鹼類能治身虛泄血病如合於水令淡則為熱地內最合宜之飲物又如發熱或生炎之病可將其淡汁合於糖而飲之或加入大麥水或米粥等之內又有人以檸檬水治風濕之病又有醫士用之作發泡之飲水又有作荷蘭水之肆有法作發泡之檸檬水凡含檸檬酸與果酸之鹽類在胃中變為炭養之鹽類令其溺有鹼類性又如水手出海多日不食新鮮水果則生身

虛泄血病船主令每人每日飲其汁一兩至二兩此爲免病之法或已有此病則飲其汁四兩至六兩間有人將檸檬酸化於水內代之

有作假檸檬汁之法將檸檬酸或果酸二兩半膠水半兩新檸檬汁六錢提淨白糖二兩熱水二升待冷則濾之

又法作檸檬水將檸檬二個切碎糖二兩熱水一升泡之待冷則濾之

發泡檸檬水將檸檬糖漿二兩含炭養五倍體積之水一升和勻

檸檬皮酒

取法　將新檸檬皮切成薄片二兩半準酒醋一升浸七日濾之加酒醋補足一升此藥之味適口含檸檬皮之油與苦質爲香補藥

服數　一錢至三錢爲一服

檸檬糖漿

取法　將新檸檬皮二兩濾淨檸檬汁一升淨白糖二磅又四分磅之一將檸檬汁加熱至將沸盛於有蓋之器內合於檸檬皮待冷再濾之加糖少加熱至糖融盡爲度所得之質應重三磅半而重率應爲一·三四

此糖漿與倫書之糖漿不同因用檸檬之皮與汁兩物也

功用　此糖漿可加入沖淡之藥水內或尋常之藥水內以一錢至四錢爲一服

檸檬酸　此酸有顆粒之形而爲檸檬西脫羅司或里蓉塔西脫羅司所成

檸檬酸爲檸檬汁內之酸料故謂之檸檬酸然另有數種果實含此酸即如酸葡萄印度棗鵞果紅色古蘭特果刻蘭果烏櫻桃等此各果內另含蘋果酸若干與此酸化合或合於鉀養或鈣養等若在檸檬汁內此酸更多而不與別質化合祇與植物膠等質調和因此不成顆粒一千七百八十一年化學家西里初分出此酸得其定質分出之法可先加鈣養則檸檬酸與鈣養化合結成鈣養檸檬酸

再用淡硫强水合於此質而得鈣養硫養爲不能消化之質水中祇含檸檬酸可熬乾而得之英國常從他國運進檸檬汁因較檸檬更易運動又有數處先成鈣養檸檬酸而後運入英國出售此質更不易壞觀下論可知之

取法　將檸檬汁四升提淨白石粉四兩半硫强水二兩半蒸水至足用將檸檬汁加熱至沸度漸加入白石粉至不再發沸爲限以細布濾之將所濾得之質以熱水洗之至所洗出之水無色爲度則以濾得之質合於蒸水一升漸添硫强水而此强水必先合於蒸水一升半令淡再將其合成之質輕加熱略二刻將其合料連調和不停再濾

之將所濾出之質用蒸水洗之將洗得之水合於濾出之水內將其合水熬至重率一・二一為度待令停二十四小時則水內結成鈣養硫養顆粒傾出其水再熬之至外面成一層薄皮為止置於涼爽處待成顆粒如其顆粒不淨再用水消化之待成顆粒

如在鮮檸檬汁內徑加鈣養質則汁內之膠質與所結成之鈣養檸檬酸黏連不離則有礙於成顆粒之事先將其汁加熱令沸則其膠質若干分分出又如用一千八百六十四年英書之法令檸檬汁先發酵則其膠質分出更多且發酵之時其汁內之糖成酒醋而其膠不能在此質內

消化

如在其淨汁內加白石粉則檸檬酸合於鈣養所放之炭養氣令其發泡成鈣養檸檬酸為不消化之質再加硫養則合於鈣養放出檸檬酸其鈣養硫養祇有幾分凝結其餘存於水中後加濃至重率一・二一則大半分出成顆粒凡大造檸檬酸之處其白石粉所放之炭養有法收取造鈉養二炭養用之又餘下之鈣養硫養亦作數種製造藥材之用即如作果酸等觀果酸一節

去其植物膠質用普來司所設之法其法添鹼類質如淡輕或鉀養等至汁之酸性已滅為止所得者為能消化而含檸檬酸之質可熬之得其顆粒再將其鹼類合檸檬酸之質消化之加鈣養之鹽類質令其結成

鈣養檸檬酸之不淨者存久則化分其檸檬酸成醋酸布低里酸炭養並有不化合之輕氣此拔爾孫書中之說

如巴哈瑪與西印度列島等處檸檬果之類結成甚多每年留於樹上不摘則腐爛而壞或言將其汁壓出合於白石粉得鈣養檸檬酸運至英國作檸檬酸可大得其利然此說與易於化分之事不甚相合

檸檬酸之式為炭輕養加三輕養此為無色明顆粒之質無臭其味甚酸而適口結成短斜方形顆粒其顆粒之端

成四個平面在濕空氣內則收水而自消化如將其四分以冷水三分消化之足以化盡或用熱水二分亦足以化盡其消化之水存久則變壞內成絲紋形之質因自化分之故檸檬酸亦能在酒醋內消化又合於硫強水加熱則化分成炭養炭養醋酸與水如合於硝強水則變為草酸如合於鉀養而融化之則成草酸醋酸與水如加熱則因其含成顆粒之水自能融化加更大之熱度則化分如不加熱而取之則成顆粒含水五分劑內有兩分劑為成顆粒者如將檸檬酸在沸水中消化之待冷時含水四分劑內有三分劑為本質此為英書之說檸檬酸加熱所有各

種變化有數化學家考之已詳如脫那化學書第一千零五頁有里皮格之說論其各種變化之法又化學家苦辣蘇詳細查驗之得其實據云檸檬酸顆粒受熱時有四種變化成級第一級放出成顆粒之水而其餘質仍為檸檬酸第二級成白色之霧又得阿西多尼炭養與炭養而其餘質為含水之阿古尼低克酸此為奠貝路檸檬酸第三級因阿古尼低克酸不能飛散則自化分成炭養與油類質與西脫里西克酸此為波潑所設之名苦辣蘇謂之以脫哥尼克第四級則成燒油質餘下之燼甚多檸檬酸能成數種鹽類即合於鹼類而成之鹽類醫士常用之為發泡藥鐵合檸檬酸所成之質亦能消化已在鐵之一節內論及之鋇養鎴養鈣養鉛養銀養合檸檬酸所成之質不能消化又如鈣養水中加檸檬酸至有餘冷時不結成待加熱則結成凡檸檬酸六十釐能滅鈉養炭養一百二十釐之鹼性

試法　檸檬酸常含果酸因果酸之價值更賤故藥材肆用以偽充而得利設用能消化之鉀養鹽類試之易於分別

淨檸檬酸無色遇熱則全滅能在水內與醕內消化如加鉛養醋酸則所結成之質應在硝強水內能消化如加鉀養之各種鹽類無有結成之質惟鉀養果酸則不然因加鉀養果酸則有鉀養二果酸結成如將檸檬酸添入冷鈣養水內則不變色不成形如白雲又如將鈉養試水一千釐添入檸檬酸七十釐消化之水內適足滅其酸

畏忌　鹼類與土類含炭養之鹽類又含醋酸之大半鹽類鉀養果酸

功用　涼性藥治身虛泄血藥治鹼類病藥可代檸檬汁用之又可作發泡藥茲將其滅各鹼類之分兩開列於左便於配發泡之藥料

鹽類二十釐能滅酸之數	檸檬汁或檸檬酸水	檸檬酸	檸檬酸二十釐能滅鹼之數
鉀養二炭養	三錢半	十四釐	二十九釐
鉀養炭養	四錢	十七釐	二十四釐
二淡輕養三炭養	六錢	二十四釐	十七釐
鈉養炭養	二錢半	十釐	四十一釐
鈉養二炭養	四錢	十七釐	二十四釐

卑利果 又名木瓜形依撕里可里亞之名又名孟加拉木瓜此為其半熟之果烘乾者

此藥於數年前從印度運入英國第因其為無大益之藥似不必列於英書藥品內醫士用此樹之根並其半熟曬乾之果為收斂藥如便血病用之者多此果與皮與石榴相似故可觀石榴之一節服法略同其為藥之性情亦略同

植物學形性　此類之樹蕚有四五箇牙齒形花瓣四五出俱伸開花鬚三十至四十鬚之托線各分開鬚頭長圓形如線子房有八膛至十五膛胚珠甚多花心莖短子房口有頭形果有肉汁有硬皮種子外衣生毛如極細棉花外面有黏膩之流質樹有卑刺葉如翎毛其分葉有三箇或五箇花莖從葉榦間角發出花不多開放甚大

木瓜形依辨里

此樹直立頗大皮灰色枝少而參差其刺從葉榦間角發出堅固而鋒利葉分三分葉成密頭而小或發於榦頂或發於枝榦間角內花大而白色稞子大而形圓面平滑而

殼硬分十膛至十五膛膛內含種子之外另有韌而明之膠質甚多乾者甚硬能透明每膛含種子六箇至十箇長方形稍扁外面生毛似細

第六十四圖

棉花如第六十四圖

此樹產於印度之馬拉巴與科羅曼代耳屬於橘科其果圓形內有多膛殼硬未熟時摘下其大如橘切片曬乾則得其皮與乾肉汁與子皮厚略八分寸之一外面淡樱色或灰色皮內與乾肉汁爲橘皮色或爲樱桃紅色如將其乾肉汁浸於水中則化成膠形而味濇然其殼味更濇因含樹皮酸之類此樹之熟果能養身甚香少有瀉性可浸於水中飲之爲涼性之品

功用　醫士或用卑利果治久延赤白痢爲收斂之料又泄瀉病而腸有激動者亦可服之有醫士云此藥能勝於他種收斂藥因其收斂之性已過則大便仍通他種收斂藥則不然凡用此藥者飲其水膏爲最便而合宜

卑利果水膏

取法　將乾卑利果一磅在蒸水四升內浸十二小時傾

出其淨水存之再加水四升浸一小時傾出其水而存之如法兩次共得水約十二升將其餘質壓之而將壓得之水與前水相和以佛蘭絨濾之蒸之至餘水十四兩爲限待冷加正酒醕二兩調和之

其殼硬而韌故用冷水浸之必有若干質不消化而存在餘質內所以馬拉巴之醫士賁其水若干時則所得之水含膠質與小粉此膏每兩含卑利果一兩

服數　一錢至半兩爲一服

成香脂科　西名格替非里依珠西亞又名糾羅西亞西依之名

格替非里依譯即成脂之意此科之樹產於亞細亞與亞

美利加熱地此科中有多樹出一黃色松香類之汁從皮滴滴流出如籐黃是也此物能作色料又能作藥此科之樹所產之果內有可食者種子含油其木硬可當為各材料之用

籐黃　此為膠香類之質產此質之樹謂之磨來拉加西尼亞戴色蘆蘇之名而產此香之樹祇有一種謂之拜弟色拉得為暹羅國所產者

據沒立之藥書第四本第一百十頁云西國初得此物為苦羅西由司由中國帶至西國此為西歷一千六百零三年之事印度土語謂之凹薩來離魂特即大黃汁之意波斯國藥書亦論記之第不知西國在何時初用籐黃代眞

大黃膏英國醫士法可那云遊歷西藏得此物土人謂之大黃膏尋常出售之籐黃有兩種一產於暹羅一產於錫蘭暹羅者成柱形之條或空心或實心不定昔時印度總督之文案官蘇渾敦將兩種各若干送於來拉此物原為暹羅國京都發至印度總督處為禮物其為圓柱形之故大約因其汁收於竹內待凝結時則取出武弁韋脫亦有此說來拉亦有數條乃沛離拉所贈亦為暹羅所出又西人記尼爾聞於久住暹羅國之天主教神甫云籐黃之作法將其樹摘斷葉或小枝流出之汁用竹或椰子殼收之又云暹羅國王所收貢物內有籐黃意想此樹甚多有人種之而不恃野生者

久有人疑暹羅所出之籐黃為加西尼亞類樹一二種內所產者然其樹名有多故不能定之黑爾曼云有二種樹一為乾蒲幾耶加西尼亞一為磨來拉加西尼亞印度國又有一種名繪畫加西尼亞亦能成籐黃來拉昔時以為暹羅籐黃為越南國加西尼亞樹所產因此樹在越南國甚多且有倫弗遊覽此地云割傷此樹則放出黃色之汁能速烘乾成乾膏又暹羅國之剌郡有西醫馬可磨生將此樹一顆送與來拉其樹有黃色之汁滴滴流出而有瀉性

一千八百四十九年苦里司脫生從新加坡西醫阿勒米達收此樹有為本處所種者有徑從暹羅產籐黃處所得者此必為眞產籐黃之樹此樹為代以西亞即分雌雄之植物而似乎加西尼亞類即韋得所言產籐黃樹之總名其葉似乎橢圓形加西尼亞又似乎磨來拉加西尼亞即戴色蘆蘇所定之名而其花與果與以上兩種樹有不同之處因俱有花莖又一千八百六十四年漢白里從新加坡得此樹若干顆送至錫蘭島國家植物院內交與管理之人士微脫司則認識其為磨來拉加西尼亞類拜弟色拉得種其磨來拉加西尼亞之舊名為苦來哈末所定謂之產籐

黃希白拉屯特倫、一千六百年後、黑爾曼書中所記錫蘭之本草、有此樹焉、

常用之籐黃、爲暹羅國所出者、倫書與一千八百六十四年之英書云、其樹爲加西尼亞樹之類、第不知確爲何種、近時方知爲磨來拉·加西尼亞、如一千八百三十六年之倫書、載一種樹、謂之產籐黃司他拉格米低司、此樹祇得一顆植物家疑其即生籐黃者、現尙存於英國博物院中、前有西人波郞詳查此樹、得知爲兩種樹用火漆相連作假騙人、一爲橢圓形葉散特扣密司、一爲產籐黃希白拉屯特倫、即磨來拉·加西尼亞、

錫蘭籐黃在印度街市出買、歐洲人不多見之、里味不人割羅勿、於一千八百三十二年告於來拉云、昔在錫蘭作客商時、將該處之籐黃送至倫敦、因其爲下等之料、故不能售盡、一千六百七十年黑爾曼之書云、錫蘭有樹兩種、所產之物、與籐黃相似、一名各拉加、即乾蒲幾耶加西尼亞、一爲看那（即可食之意）各拉加、即後人謂之磨來拉·加西尼亞、又磨那之目錄書內、謂之司他拉格米低司、苦來哈末謂之產籐黃希白拉屯特倫、此名爲蘇格蘭苦來哈末所定、其故因有英國都統我指之妻在錫蘭數處看此樹、將其乾枝與圖送與苦來哈末、從此定名、我指亦寄書與英國醫士韋得云、錫蘭東西兩岸近於扳他果拉地方、又在內地低砂土內、近於看特蘭尼尼根波與氣羅等處、又在內地離海邊一百英里、又離海面高二千尺之處、俱產之我指夫人信中云、朝晨在樹身刺開一孔、或去樹皮如手掌大一處、則樹汁流至外面、有半定質半流質之狀、第二日有人刮去而收之、又云、此籐黃最光、爲上等之料、已用之作畫、尙未見更佳者、苦里司脫生云、此籐黃與暹羅國之籐黃、原質似相同、又錫蘭醫士皮脫指納云、其爲藥之性、與暹羅者相同、又蘇格蘭之苦來哈末與苦里司脫生、亦有此說、印度街市出買者、其汁鬆如海絨、來拉在印度

時、作管理通商公司繪畫官之時、用爲色料、大不及暹羅國者、又在印度薩哈倫波爾醫院中、用之爲瀉藥、亦不及暹羅國者、苦來哈末云、此種不及之處、想因造者之手工太粗、而非因料之原爲次者、

第六十五圖

如第六十五圖、爲磨來拉·加西尼亞之小枝、其樹高矮適中、葉似銳蛋形、略有橢圓形、但其端絕然變銳、雄花在葉莖角間聚合、花莖短、祇開一花、萼瓣在內黃色、在外黃白色、花瓣黃白色、

在內近蒂處爲紅色果大與櫻桃同如圖之五號形圓而結實外皮紅櫻色內肉汁味甜西七月熟此爲苦來哈末所謂產籐黃希白拉屯特倫

苦來哈末所定希白拉屯特倫之附類其花分雌雄其雄者花萼有膜如圖之一號萼瓣四出恒不落花瓣四出花鬚如圖之二號在下相合其托線爲四邊形鬚頭即爲鬚之端如圖之三號鬚頭原有平盞似臍帶形如圖之四號自剖裂則鬚頭顯出雌花與雄花略同其色白較雄花稍大又有小芽在內爲果之胚胎約有十箇鬚圍之此鬚不能成熟其小芽頭有無托線之子房口上有多刺並有多

分其裸果如圖之五號或爲多膛或爲四膛每膛一種子子瓣肉形而相連小根在中似線形葉爲全形

此種之外又有一種屬於此附類內或屬於此科內即加西尼亞等所產之籐黃亦屬合用可代錫蘭所產者或暹羅所產者即繪畫加西尼亞（觀印度植物書第二本第六百二十七頁）陸克司白格云打拉者里之醫士代耶常寄此樹之籐黃其生者如爲新鮮則其色更好於他種但不能如中國所產者之耐久又代耶至倫敦時面言用此籐黃作色料或爲瀉藥俱勝於他種苦里司脫生云試過科爾噶籐黃即韋那脫籐黃疑必爲此樹所成者而佩服代耶之說代耶亦寄此

第六十六圖

樹之果葉與細圖如第六十六圖可見與前所說者爲同類又林特里所作藥品書一頁十四頁內亦存陸克司白格之說一千八百五十一年英國博物院有人贈此種籐黃若干又五十五年法國博物院亦存印度賣索爾所產之籐黃亦爲甚佳

如第六十六圖爲繪畫加西尼亞其樹高其皮頗厚內有籐黃多塊葉有短葉莖而似長方肚腹形稍銳長三四寸

寬一寸半至二寸花黃色從葉幹間角發出而爲單生者萼如圖之二號恒不落而有凹形鈍萼瓣兩對花瓣四出花鬚自十箇至十五箇其托線聚合成四叢其叢在底聚合成窄圈雄花之鬚頭似楯牌形雌花之鬚頭分兩分似能結子子房在上圓形分四膛如圖之三號每膛內有一胚珠連於軸上較中稍高子房口分四分恒不落其裸果如圖之一二三各號大如櫻桃似蛋形平滑少有分爲四分之痕迹上存子房口無托線分爲四分面生小凸頭其皮縠略如熟皮色紅其種子如全能成熟則有四箇如圖之四五六各號而似長內腎形雄花多托線鬚似楯牌形

此樹產於印度之馬拉巴與韋那脫兩處密樹林內又產於賣索爾山又產於達歪近於美爾古意有一種為橢圓形加西尼亞為西來德之原產之物亦產於達歪有人見之亦成籐黃之一類

醫士韋得已詳考成香脂科之各類各種而在印度植物書一百二十六頁內載以上兩種樹為加西尼亞類內乾蒲幾耶種又上節所言橢圓形加西尼亞想為不同種者而觀陸克司白格所畫之圖與說不能論定之觀雌花之鬚頭最易分辨其種因上所說者其雌雄鬚頭俱為楯牌形此種則分兩分與兩膛從此可知其種類難分

苦里司脫生云暹羅籐黃似錫蘭所產者原質與形性亦略同想佛教行至暹羅時有人帶此樹至錫蘭種之然佛教起於錫蘭與印度而從錫蘭傳至暹羅故反言之可云此樹從錫蘭至暹羅與佛教同

形性　一暹羅籐黃尋常為柱形之塊故俗名籐黃管或空心或實心不定長短亦無一定其厚自半寸至二寸外面有直紋大約因用竹管為模故有竹管內面直紋形間有彎成雙條者又有自黏連成雙條者其成色多半極佳二籐黃塊或籐黃餅成圓餅或塊重數磅尋常較管形籐黃更粗含異質如小粉類或木紋質三粗籐黃為以上兩種籐黃之碎塊又常含異質不能全消化於以脫或水內此三種從暹羅國運來

錫蘭籐黃歐州各國不當為貿易之物其塊不整齊有蜂窩形或有多孔似海絨似其汁為亂流出者色黃遇光之處更黑其質脆淨者不難得之故應為錫蘭貿易之物苦里司脫生化分其淨者則原質與瀉性與暹羅所產者相同如倫敦國王書院內之博物院有此籐黃一塊係馬可磨生送與麥拉香

籐黃無臭幾無味但服後若干時則喉內覺辣而不適又搗碎時所成細粉能惹鼻流涕其質最脆其柱形塊折斷

處平滑有凹凸形且光亮其色深黃如合於水磨之則變淡黃色其味辣如沖沸水待冷再加碘水不變綠色則知其質不含小粉此質數分能為水所消化其餘成膏濾之難去其色如用正酒醕則能消化其大半用以脫則能消化五分之四餘下者為膠質謂之阿拉伯尼因阿拉伯樹膠為此質所成原質為炭輕養其以脫所消化之松香類質謂之乾蒲幾阿克酸此正斯吞所定之名又化學家布格那云其性情與油類酸質同能得其淨者為紅黃色之細質得之之法將以脫蒸去而取其餘質如將其重一分合於酒醕或水一萬分則能顯其色最為明亮此松香類

質能爲鉀養水所消化與他種松香質同成鉀養乾蒲幾阿克酸其色深紅又用他種鹼類質亦得同變化可用酸質再分出之其原質爲炭輕養爲正斯吞之定式又含紅黃色顏料能消化於水與醕內

如加熱則燒成白色之火發多煙餘下之炭質如海絨形

化學家布拉克奴化分之每一百分得樹膠一九五分異質○五分紅色無味松香質八○分此質亦光亮磨之則變黃色

茲將苦里司脫生化分各種籐黃所得各數開列如左

暹羅管形籐黃		暹羅籐黃餅		錫蘭籐黃	
松香類	七二二	松香類	六四八	松香類	七五五
阿拉伯尼	二三○	阿拉伯尼	二○二	阿拉伯尼	一八三
水	四八	小粉類	五六	西辣西尼	○七
		立故尼尼	五三	水	四八
		水	四一		

試法　上等籐黃之形性已在上論及之如含小粉則可用碘水試法分辨之因令其水變綠色如含異質目力可分辨之其外形祇與成香脂科他種黃色松香質相混即如乾蒲幾耶加西尼亞之乾汁爲軟者係淡檸檬黃色用手指令濕磨之則不能成膏又有一樹名繪畫散特抑密司其乾汁淡黃綠色略爲明亮而不能與水合成膏沛離拉書中云可與新荷蘭所有戈形散特里亞樹之黃色汁相混如他質內含籐黃則可以水或醕或以脫或烙炙鉀養各法辨之如將鉀養乾蒲幾阿克酸令其鹼性不過大合於酸質則成黃色質爲乾蒲幾阿克酸又合於鉛養醋酸則成黃色質爲鉛養乾蒲幾阿克酸又如合於銅養硫養成櫻色質爲銅養乾蒲幾阿克酸又如合於含鐵之鹽類則成深櫻色質爲鐵養乾蒲幾阿克酸

功用　爲重性水瀉藥瀉藥殺蟲藥如大便久不通經閉水腫等病用之俱有益然獨用此藥不及合於他藥用之

即如福台司醫士所設之丸此丸與摩里生所設之丸略同然摩里生之丸加鉀養二果酸爲不配之藥此摩里生設丸得國家保其一人專做之據後有哈瑪與彼拉仿其方造丸所以摩里生與之涉訟審問時請化學家但尼里化分摩里生丸言明爲何物將十二个丸化分之即以其第二號丸化分十二个得啞囉松香類質五六釐籐黃松香類質四一釐搗碎哥囉嘶二釐樹膠類四七釐鉀養二果酸六七釐

歐洲他國用籐黃以鹼類水消化之爲利小便之藥

服數　以二釐至五釐爲一服必合於汞綠或司卡暮尼等服之

籐黃雜丸

取法　將籐黃一兩拜貝徒司啞囉一兩桂皮雜散一兩

硬肥皂粉二兩糖漿足以成膏將其各散先合而調和之再加入糖漿磨之極勻

服數　以五釐至二十釐爲一服

看尼辣西依科馬替由司之名

白色看尼辣没立之名用其樹之外皮爲藥品立尼由司列於十二箇鬚一花心

看尼辣之名與看尼相近看尼即篠或蘆葦之意看尼辣即小篠或小蘆葦之意前人以此名稱桂皮條故法國語名桂皮曰看尼辣此爲藥之看尼辣初在南亞美利加查得之時以爲桂樹故以桂樹之看尼辣名名之即如摩那弟士書中云西歷一千五百四十年比閘羅西班牙國將軍泒人

第六十七圖

查古麻哥省之情形而有人言在此處得看尼辣樹又有此時以前之書亦論記之第無此書之詳藥肆家常以此樹皮混充溫弟里樹皮亦謂之小管形溫弟里阿那又名假溫弟里樹皮然此兩種樹已有格致家司奴勒分辨之於一千六百九十二年論記於格致記錄書觀第六十七圖

白色看尼辣樹在西印度羣島常見之又在南亞美利加海邊亦常見之高十二尺至十五尺內地樹林內產之更高野鴿食其果胃中不消化故由其糞內散種至各處即有人種之因此散開甚速樹爲直榦頂分多枝而似乎比門層樹

其皮白色故在樹林中易與他樹分別其葉有莖遞更左右排列而其法不準葉似長蛋形尖向下其嫩者有透光之點老者平滑而光厚無氣筋無分開處並無副葉花在榦頂各花莖有長短而頭平齊花小似茄花色不多見其開者萼瓣三出爲瓦背排列法形略圓花瓣五出爲子房下鬚長形爲纏花瓣排列法花鬚合聚在下成一管如圖之一號鬚頭二十一箇似線形在其管之外面排列如經

線子房不相連而藏於鬚所成之管內分爲三膛花心莖似圓柱形子房口分兩分如圖之二號裸果因成熟者少祗有一二膛膛內有種子二三箇其種子疊起如圖之三號略似內腎形有尖如鳥喙色黑而有光胚在種子鳥喙形處之阿勒布門內形彎略帶圓子瓣線形向上發葉先在底伸長後在頂伸長觀司奴勒司哇子茄脫納等人之書

形性　此樹之皮可作藥材以鐵器取之去其外層陰乾之大半在乾時自捲成管形其塊愈薄則愈易捲成管形觀格布勒書第三表第一至第三圖其塊似淡古銅色愈向內則其色愈淡其臭香其味辛而熱質脆可磨成黃白

色之粉，如以沸水沖之，可收其皮內藥性若干，用酒醋祇能消化其香質，變爲光黃色，如合於水而蒸之則成紅黃色香油，其味最猝且能自散，有人將此油合於丁香油出售，又有人將此油代丁香油出售，此爲波郎書中之說。化學家比脫羅司羅比奈兩人從此樹皮內得香松香類質、苦膏質與奇異之糖質，此糖質不發酵，謂之看尼辣尼。又得阿勒布門樹膠小粉立故尼尼鹽類質，此皮與溫弟里樹皮分辨之法，將鋇養淡養加入其水中，而不結成，又加没石子水亦不結成，又因不含樹皮酸，故加鐵養硫養亦不結成。

功用　爲香料與行氣藥、補藥與瀉藥內，可加入之。西印度人用爲香料，大黃酒中亦加此藥。

服數　十釐至三十釐爲一服。

以布揩思他尼依科

此科內有一種謂之馬栗，以思苦羅思，俗名馬栗子。此樹之果苦而有收斂性，昔時當爲藥品，爲補藥與治發熱之藥。

楝科（西名米里亞西依）

此科植物大半產於熱地，花鬚托線合成管形，內有數種有藥性，即如治發熱蘇以迷特，梵音羅亨那，昔時爲蘇書中之治發熱藥，產於印度，又有數種，一名架耶，一名西特里拉，即香椿，一名米里亞，一名海尼亞，俱在產之之處當爲治發熱之藥。

葡萄科（西名安彼里弟依公特之名，又名肥尼非里，即產葡萄之樹）

安彼里弟依科，其原名爲希臘語安被羅司，即葡萄樹之意，又有別名謂之肥替司，與肥他西依然，此兩名與肥替客司、肥替西司音近易混。其樹多生於熱地亞細亞最多，又向北至緯度三十度處亦有之，在北亞美利加更向北亦有之。此種樹之果酸質甚多，另有收斂性之汁與有色之汁，食之大爲適口，又葡萄所含之糖等質最有益於人身，故葡萄可謂要品。

葡萄樹（西名肥替司肥尼非里立尼由司之名，其果可食，而其乾果入藥品內，謂之葡萄乾，立尼由司列於五箇鬚一花心）

葡萄樹最古之時在埃及猶太希臘俱種之，植物家疑此樹原產於波斯國，近時有一處在揩司比恩海（即裏海）南岸，約北緯三十七度處，待羅没之聽喀婁納相近處，並地理家洪波特云，在揩司比恩海之邊亞美尼亞、揩拉瑪尼亞各處俱有其野生者。

葡萄樹身之大小與果之美劣，各處不同，與人家所種別物同理，間有生長甚大者，能蔓延至最高之頂，如意大里

國與印度之克什米爾常有之此樹能活多年如意大里國等處有葡萄園其樹老至三四百年者有之

如第六十八圖葡萄樹與葡萄科別種樹之分別因其葉有分開處又有彎邊而加齒形又爲光滑或生細毛其萼

第六十八圖

有五箇齒形第不甚顯明花瓣五出在頂上相連又似青苔初生之殼在下自裂開而盡行落下鬚有五無花心莖而祼果有兩膛內有四種子而其膛與種子常有不成熟者

特看杜辣將此類之樹所有形狀不同處總括數言以盡之云其葉或分多或分少或平滑或生粗細毛或平或捲或爲淡綠色或爲深綠色枝或伏於地面或爲籐本而延於架上或樹上或爲自立或硬或軟其葡萄串或鬆或密或似卵形或似柱形其果或紅或綠或白或肉多水少或水多肉少或略爲球形或略爲蛋形或爲長柱形其味或甜或少似麝香或澀其種子之數不定間有多或少或無

各國所種葡萄樹分爲多種如英國則常用玻璃房養之令時用火爐加熱其果之未熟者最酸此因含檸檬酸少許又含蘋果酸果酸與鉀養二果酸又含樹皮酸與膏質並鉀養硫養鈣養硫養鈣養蘋果酸鈣養燐養昔時醫學家以此果之汁爲藥常有人用之作糖漿與解渴之酸水

英國武弁伯尼司云波斯等國造葡萄粉而合於水飲之即如喀布爾將其未熟之果曬乾磨粉即可用之

葡萄變熟之時則失其酸味因此甜而適口作水果食之則有大益即病者亦可食之如發熱病食之能解渴又爲養身適口之食物內含檸檬酸與蘋果酸故少有酸味又含鉀養二果酸與鈣養果酸少許其成甜味因其酸質有改變成葡萄糖即哥路哥司此糖與蔗糖不同因所成之小粒無合法之顆粒面且甜味更輕在水或酒醋內消化

之亦更難其折光之情性亦不同其原質爲炭輕養加二輕養如將葡萄汁令發酵則其糖變爲酒醋與炭養葡萄汁中亦含樹膠膏質色料與哥路登類之質此質之性與酵略同壓出之葡萄汁西名磨司土末

葡萄乾

葡萄乾各國常用之其作法或將葡萄在日光內曬之或置爐中烘之或將其籐燒成灰將灰浸於水中得鹼性之水加熱令沸將葡萄浸於此水內數秒時取出曬十四五日即成有人將葡萄串之莖乘其將熱時割至將斷則葡萄在樹上自乾如西班牙國之瓦稜薩等處與地中海東

邊士麥拿等處、如是作之、又阿富汗國作之運往印度出售、最佳者謂之磨司措特辣、此爲其一種葡萄之名、又有二種、一名蘇他那、一名皮達那、俱無核、有一種名馬拉牙葡萄乾、大而肉多、其色紫櫻、又有加喇蒲利亞、亦略相同、士麥拿所產者、爲黃紫色、少有麝香之臭、其味不及前言數種之佳、又有一種、爲希臘國哥林多所產之葡萄、即謂之哥林多果、其色黑、其味有趣、以阿尼耶海島產此果甚多、

乾葡萄與熟葡萄之分別、因少含水與酸、而多含糖、非惟爲食物之用、又有潤內皮之益、又可用之添入數種藥品、

如下各方、又可作潤內皮之飲物、然此雖能養身、間有難於消化之弊、

葡萄汁壓出、令其發酵、則成葡萄酒醕與醋、此各物在植物藥品之後發酵所成之物內論之、而其酒內之渣滓、西名打打、即不淨之鉀養二果酸、

前在鉀之一節內、論及鉀養二果酸、而言爲葡萄汁內所成之物、又云、其汁內之糖質、愈變爲酒醕、則其鉀養二果酸、因不消化於酒醕內、則凝結沈下、謂之打打、爲常出售之植物質、此質之生者、含鉀養二果酸並鈣養二果酸少許、其用處在鉀養二果酸節詳言之、而果酸從此質而作之、

果酸

果酸、西名打打酸、葡萄汁與印度棗及別種酸性之果俱含之、其汁含鉀養一分劑、果酸二分劑、另含水一分劑、已在鉀養二果酸節內言之、成此物之工夫、分爲兩層、第一層、令鉀養二果酸之一半成鈣養果酸、第二層、將又一半成鈣養果酸、

取法　將鉀養果酸四十五兩、蒸水十六升、再添白石粉十二兩半、屢次調之不止、待不再發沸、則添鈣綠十二兩半、此在水二升內消化之、後所成之質、爲鈣養果酸、

待已沈下、則將其流質傾出、而將所得之鈣養果酸、以蒸水洗之至其水無味爲度、再將硫強水十三兩、合於水三升、傾於鈣養果酸之面、然後將其料和勻、加熱令沸半小時、屢次調之、以布濾之、將所濾得之水、少加熱熬之、至重率得一・二一爲度、待冷、則分出所成鈣養硫養之顆粒、將其明流質再熬之、至面生薄皮一層、待冷、自成顆粒、再將其顆粒消化之、濾之、又成顆粒、尋常成果酸之工內、須消化而成顆粒二三次、又用動物炭提淨之、方爲淨者而無色、

此取法之理、因初添白石粉時、則鉀養輕養果酸二分劑遇鈣養炭養二分劑、化分之、則果酸一分劑、合於鉀養二

分劑成中立性之鉀養果酸此質消化於水中又一分劑合於二鈣養成鈣養果酸亦爲中立性之質而不消化所以沈下白石粉所含之炭養在水中發沸而散其式爲

二鉀養果酸輕養丄二鈣養炭養‖二鉀養果酸丄二鈣養果酸丄二炭養丄二輕養

第二層工夫加鈣綠水則其二箇分劑遇消化之二鉀養果酸二分劑令其化分而有二鉀合於二綠成鉀綠二分劑亦消化於水又有鉀養之二箇養合於二鈣成二鈣養此質與果酸化合成第二次之鈣養果酸此亦結成其式爲

二鉀養果酸丄二鈣綠‖二鉀綠丄二鈣養果酸

其鈣養果酸分出之後爲硫强水所化分成鈣養硫養而一切果酸消化於水內

大造果酸之法將白石粉與葡萄汁所分出之鉀養二果酸與水若干在大桶內調和噴汽入內令其生熱又用鐵器連調攪之其炭養氣設管在桶上引出之引至别處造鈉養二炭養第二層工夫用鈣養硫養代鈣綠因鈣綠之價太貴也再加熱而調攪之則其變化與前同惟水中消化之質爲鉀養硫養後可取之作别用第三層工夫用硫强水化分其鈣養果酸則仍得鈣養硫養此質在下次再作第二層工夫用之

一千七百七十年化學家西里初查得果酸爲無色無臭之酸質顆粒大而明係原形之變形即斜長方底柱在空氣中不改變如將其一分在六十度熱水中消化之則水五六倍已足如用二百十二度熱之水則兩倍已足酒醕內消化較水內消化者更少如將其水存之若干時則化分成輕薄之膜質於其面如加熱或合於各强水等則成數種質即如加熱至四百度則融化放其水之四分之一變爲流質謂之打打阿里克如加熱更大則成無水之果酸謂之打打愛里克此質不能消化於水成粉之形又如

加熱蒸之則放其炭養與水而得兩種火成之酸質內有一種謂之貝路果酸似油類形第二種爲顆粒形之質如將果酸水加入土性之鹽類質如鈣養鏂養鋇養等則結成白色之質如多加果酸至有餘則再消化如合於鉛養醋酸或銀養淡養則成此兩金類合果酸之鹽類果酸與別種酸質有便易之法分辨之即將鉀養能消化之鹽類質如鉀養醋酸等加入其水中則成鉀養輕養果酸或爲粉或爲顆粒依其水之淡濃而定此爲兩本之酸質能成雙鹽類質而藥品中所用之雙鹽類質有鉀養果酸鈉養果酸鉀養果酸銻養果酸鉀養果酸鐵養果酸等果酸之

原質爲炭輕養加二水此爲里皮格所定之式蒲桮蓬云果酸投入燒熱之煤炭內則發出卡拉末辣之臭如置乳鉢內在黑暗中搗之則發光如電又如令極光行過其質則令其動之平面轉此各事與糖相同而檸檬酸無此事

試法　果酸常含鉀養二果酸或鈣養爲異質淨者無色如加大熱則幾分減壞或全減壞水中能消化如將果酸水加入鉀養之任一種中立性之鹽類質則水中結成鉀養輕養果酸如用檸檬酸等酸質則無此變化如加輕硫則毫無變化如加銀綠而不結成則爲不含硫養質之據又如加鈣養硫養不結成質則知不含草酸又如加淡輕養草酸無結成之質則知不含鈣養英書試法將果酸七十五釐加入鈉養試水一千釐適足減其酸

畏忌　鹼類質土質并鹼類與土質含炭養之質鉀養鹽類質鈣養與鉛之鹽類質銀養淡養

功用　爲涼性藥常用以代檸檬酸作發泡藥其能減鹼類之性與檸檬酸略同尋常鈉養炭養之發泡藥用果酸二十五釐鈉養二炭養三十釐二物各用紙包之臨用時分化於水中將兩水相合乘發泡時飲之又有一種謂之雖得立次散作法將鉀養果酸鈉養果酸即路式里鹽一百二十釐鈉養二炭養四十釐消化於水內臨用時加果酸三十釐乘發泡時飲之有一種發炭養氣之器爲家中便用者其發氣之藥應用果酸或用鈉養二硫養代之即爲僞充之法

酢漿草科　西名亞克蕯里第依

酢漿草科之植物美國屬地甚多又在好望角及數處溫地亦遇見之即如東西印度有一類名阿勿路阿即陽桃類又有數種其葉與各體之軟處並數種果實因含鉀養二草酸故有酸性所有不發賖之一類綠葉甚多亦可食之

酢漿草　西名酸味亞克蕯里司立尼由司之名西俗名野蘇里辣木

此草之形狀可觀如第六十九圖爲夜間之形歐洲各國內遮陰處產之甚多加爾祿馬哥奴王之時有人記於書

第六十九圖

中又埃及國之亞勒散得黎亞書院中亦有人知之又植物家比希奴以此草爲古之阿愛蘭人所謂舍暮六克草其名傳至於今然其草誤謂別草近時此草不列入藥品內

此草之古名謂之亞克蕯古時羅馬人布里尼書中用此名即酸咊之意其酸味有趣然嚼其葉則牙齒少覺辣而

不適此因含鉀養二草酸之故此草與別種草含此質又有酸羅米克司（卽酸摸）卽大黃之類又有一種名雄羊頭形西薩俱含此質甚多此藥有涼性並治身虛泄血病

草酸（又名糖酸）

草酸之式爲炭養二輕養二加二水等於六十三此爲成顆粒時之方其西名從哑克薩里司而得或云雄羊頭形西薩內含其淨者不與他質化合然想其物必爲本質與草酸二分劑化合而成凡多種此草之處穿皮靴行過則不久而其皮改爲白色此因傷草令其放汁沾靴皮也有數種石蕊類含鈣養草酸甚多尋常作草酸之法用硝强水合

遇糖與小粉或與糖與小粉同類之質故有人謂之糖酸其淡養五化分之後則其糖或小粉放其輕氣與養氣化合變爲酸質此酸質爲炭二分劑合於養三分劑如將草酸重一分在熱水一分中調和則全能消化如用冷水則須重八倍方全消化所得之水最有酸味此酸易成方形顆粒無色能透光其形長而有六面間有壓平之形其端有兩平面或四平面而其顆粒形爲斜方底柱形變化而成如遇乾空氣則外面生霜又因含成顆粒之水故自能融化遇熱則化散加更大之熱則化分又如遇硫强水則化分爲水炭與炭養氣其酸力甚大味辣能消蝕肉故此酸爲最重之毒藥其顆粒因與番元明粉相似常有人誤服之然有一法易於分辨卽在水中消化時可聞其小爆裂聲又其水之味與性最酸又合於鹼類含炭養二氣之質則發泡若爲番元明粉則結成白色之質（觀元明粉之一節）又元明粉之味苦而可慣草酸之顆粒又與鋅養硫養三之顆粒相似（觀鋅養硫養三之一節）草酸與鈣養之愛攝力甚大故凡含鈣養之質雖與硫養三化合者亦可與硫養三相離而與草酸化合所成鈣養草酸遇酸質過限不能消化又如將中立性之鈣養鹽類質水或鉛養鹽類質水合於能消化之含草酸質則易分辨之其草酸與鉛可用輕硫氣分之再濾之化散

之則成顆粒凡不能消化之含草酸質其本質如能合於硫養三成不能消化之質則用硫養三化分之草酸由此分開

功用　草酸爲最重之毒藥服之之後毒性速顯其人卽覺大痛而吐血之行動漸遲又有腦筋病證如身體無力或麻木等間有發癎証者如食其大服則其死最速最多之時爲一小時故其病証尚未有人查之甚詳然有兩事爲常見者卽胃中惹動而受烙炙也

解法　將白石粉或鎂養合於水而速服之以多爲要又必用法收出胃中所有之物須多飲水

鉀養二草酸其式爲鉀養二炭二養三加二水等於一百三十

七此爲酢漿草等所含之鹽類質故俗謂之酢漿草鹽類又有人謂之檸檬蒸鹽此名不合因不知者或以爲無害而誤服之也自後應不用此名其作法將其草汁熬乾之消化之令成顆粒或將草酸若干用鉀養炭養滅其性而添草酸等數則成無色斜方形顆粒其味酸須加水四十倍方能消化此鹽類可當酢漿草之名用如多服之則有毒性

鉀養四草酸其式爲鉀養四炭養三加七水等於二百五十四尋常藥肆出售代鉀養二草酸之鹽類質尋常之用因白布有染鐵鏽之迹可用此鹽類去之其造法與造鉀養

二草酸同惟另加草酸三倍

淡輕養草酸

取法　將草酸消化於水中加淡輕養炭養至足滅其酸濾之待冷能自成顆粒

其原質爲淡輕炭養加二輕養

此質祗爲作試水之用此種試水能分辨鈣養如英書所定試水之方每一升含此質半兩

齊果非拉西依科波郎之名西俗名荳果樹

此樹產於近熱地等處有數類名古阿以苦末西藥略釋作圭厄檪其皮與其木含松香甚多有行氣之性又有數類其味最臭

藥品古阿以苦末立尼由司之名又列於十箇鬚一花心

古阿以苦末木

古阿以苦末脂卽松香類質　卽樹榦之脂因熱或因受傷而流出

古阿以苦末略在一千五百八年西班牙國人從南亞美利加與西印度列島帶至歐羅巴觀麻那弟士書第二十章有此說其土人早用之爲藥而其樹原爲該處所產土人名曰古阿以指那

如第七十圖爲藥品古阿以苦末樹其葉凌冬不凋樹高

第七十圖

四十尺至六十尺根入地深葉深綠色故樹不甚佳木硬而重綠色而其木紋與平常之樹相反係橫排列其排列之法亦奇略如又形卽與樹身之軸略成三十度葉左右相對似翎毛形分葉有二對間有至三四對其面平滑似鈍蛋形或似鈍橢圓形其脉最細花有長莖每莖一花而上葉之間尋常共有八朵至十朵花在葉榦間角發出萼分五出各出爲鈍形面略有剪絨形花瓣五出形長而伸開色淡藍鬚有十根如圖之一

號其鬚之托線向底稍放大花心莖與子房口爲草者其果爲有肉之子殼色紅黃少有小花莖在其頂上幾有割斷之形成五角內分五膛如圖之三號間有因不成熟祇有二膛至三膛種子在各膛內掛於軸上如圖之二號其子之小根向上而發子葉少有肉其阿勒布門質硬如脆骨此樹產於西印度羣島古巴與桑多明各并牙買加最多西四月開花六月種子能熟觀司奴勒書並英國新印植物學書

又有一種謂之聖古阿以苦末爲立尼由司所定之名產於波多里各又有樹形古阿以苦末爲洪波特與本布蘭特所定之名古麻那加爾達日那兩處之土人謂之古阿

以指那此各樹爲尋常出售古阿以苦末之木卽最硬而最耐久之木又在南北亞美利加之間大利俺頸產之

古阿以苦末木

此木能耐久故俗名活木從西印度羣島運至歐洲各國出售其塊大間在外面有平滑灰色之皮常產此木之海島名牙買加古巴桑多明各等此樹之木最重其重率得一·三三其質最硬而韌所以多用之作機器軋器與乳鉢等此木易於分辨因其木質之紋斜卽如前言之式外有新木卽與樹皮相近之木其質平滑而硬色黃如黃楊木樹心之木暗欖綠色內含古阿以克甚多尋常出售爲藥者或爲刨花或爲車木所得之木屑難得其淨者因木工成此木花與屑常雜別種木故其內或有黃楊等木之花與屑里义特云古阿以苦末鋸下之木屑遇空氣久之則變綠色如遇硝强水或硝强水之霧則變藍綠色分辨之要法查其木質之斜紋可也

其樹皮深綠色面有灰色之點間有人用以爲藥其味辣或言其藥性與其木之藥性相同

此木無臭如擦之或加熱則發臭其味少苦而辣大約令喉覺不適其木易燒如將木塊之角置於火內則易着火而其火能燒盡木塊浸於水中則易放其質若干分如煑

於水中則水變黃色而味辣化學家獮茄將此木一磅然出其水膏二兩又有化學家哈根將其木一百分分出古阿以苦末香三分其木內含辣質與松香類質外層之木多含辣質少含松香類質內木多含松香類質少含辣質爲藥品者用其外層之木應更佳

化學家波郎云此樹無論何處俱有猛烈之藥性其新鮮之皮爲輕瀉藥而能改正血質其果內之肉汁或爲吐藥或爲瀉藥其葉能當鹼與肥皂之用可以洗衣並可洗地板

含此質之藥　沙沙把列雜煑水

古阿以苦末脂又名古阿以苦末樹膠

此爲其樹凝結之汁醫士以爲其木之藥性俱恃此質普牢納云此香常從樹內自流出而週年可在樹皮外得之如其皮受傷之處得之更多又有一取法將大木塊先順其樹身之軸鑽孔用火加熱則古阿以克流出可用小盆受之又有法用鹽水將其木柎在水內煑之則古阿以克質浮於上面而可取之

出售之古阿以克爲小粒形間有黏連尋常合成塊形其重率一·二至一·二三間有木與皮之小塊雜於其內其色欖綠間有帶紅色如折破之則破處發光如玻璃或松香

其質脆磨成粉則初爲灰色見光則變綠色在口中化軟初不覺有味繼覺苦後覺辣在喉內覺熱其臭小搗之則臭大加熱則其臭更大且能融化其香可聞如用水能消化百分之九爲膏質如用定質油或自散油則能消化甚少醋能消化百分之九十一所得之質爲松香類名古阿以克其色深欖如加水則有古阿以克結成或加硫養或輕綠亦有此事又以脫能消化其松香類質然此質有酸具配質之性故謂之古阿以克酸而可與鹼類合成能消化之鹽類質又鉀養水與鈉養水易於消化之又含淡輕之醋亦能消化之如加硫養則變深紅色如加綠氣則其浸酒大有變色之事原爲綠色後變爲藍更後則變欖至末則其古阿以克變爲草酸如用硝强水其變化亦同觀以上變色之事似恃所收之養氣

施密得云可用此變色之性情查明司卡暮尼香與渣臘伯香曾否添古阿以苦末香爲假料如將此兩種松香料之鹼性消化水添入鈉綠水內如含古阿以苦末則變綠色雖含古阿以苦末三百二十分之一其綠色亦能顯明如將其浸酒加入哥路登或含哥路登之質內則變藍色又如添入冷水消化之阿拉伯膠內則令其變藍色又有數種根其橫剖之處加此浸酒其變色同故英書試之之

法用生番藷切片而近其成眼處並近其皮之處更顯此色因在此處含哥路登或阿勒布門質較他處更多設如祇有小粉則不能得其變色

古阿以克爲膏形之質能爲水所消化又有酸性松香質此質因爲特顯之性故謂之古阿以克酸化學家恩弗杜朋云此質爲兩種松香質所成一種能消化於淡輕水中而其又一種大半祇能在淡輕水中和勻而不消化又化學家替阿里用以脫從古阿以苦末水膏中分出一種似松香之質內得一酸質謂之古阿以克酸此酸與偏蘇以克西捺米克兩酸相似所有不同之處因不能消化於水

此似松香質之外又有一種松香類質能在淡輕水中消化此說與前人之言大同小異

化學家尤而曾化分古阿以苦末云內含炭六七八八分輕七〇五分養二五〇七分此爲每百分所含之數又正斯吞以爲此松香類之原質爲炭輕養而其分劑數等於三百四十三

試法　其新剖面紅色漸變爲綠色如將其浸酒傾於生番藷剥去皮之內面則漸令變成明藍色

功用　爲辛性行氣藥與改血藥又爲發汗藥食大服則激動小腸之路又如久延風濕第二等疔毒瘰癧並皮膚

之久病亦可用之

服數　十釐至三十釐磨粉或爲大丸或作古阿以苦末雜水如下方

古阿以苦末雜水

取法　將古阿以苦末脂磨粉半兩糖半兩阿拉伯樹膠粉四分兩之一磨勻之漸加桂皮水一升

此方之理將糖與樹膠成濃漿則古阿以苦末質可和於內而不沈下每日食二三服每服半兩至二兩

昔時蘇書有一方爲古阿以苦末木煑水此方與前時煑木之方相似又沙沙把列拉雜煑水載於英書內者大爲

相似如以二兩至四兩爲一服能治久延風濕病因有發汗之功用然服藥之後必令其身暖和則皮膚易於出汗

法國藥品書有一方成古阿以苦末膏依此方將其木在淨水中煑二次待十二小時則傾出其清者熬之至得軟膏再將沈下之質合於其膏後每膏八分加酒醕一分與其質和勻即成

古阿以苦末淡輕酒

取法　將古阿以苦末脂細粉四兩淡輕養炭養香酒十五兩和勻浸七日濾之再加淡輕養炭養香酒補足一升

功用　古阿以苦末易在含淡輕之酒醕內消化故乘此

性得便用之藥治風濕等病功用最大然必用膠性之濃流質合而服之

含古阿以苦末質之雜藥　汞綠雜丸觀汞綠之一節　又古阿以苦末木在沙沙把列拉雜煑水用之

臭草科　西名而烏大依珠西亞之名

臭草科之植物產於地球赤道北之溫地內有自散之油質並苦性之質

而烏大　俗名而烏立尼由司名臭惡而烏大列於十箇鬚一花心

尋常而烏草並窄葉而烏大草俱爲歐洲南方各國所常種亦有野生者古人最喜之近今亞細亞各邦之人亦喜

用之
臭惡而烏大如第七十一圖係小樹略高二尺至三尺其榦直少成紋條色暗綠其葉淡綠有極細之粉在上極繁分葉略厚面有點似長橢圓形向底斜而榦端者爲長蛋形花在枝端莖有長短而頭平齊萼小萼瓣分四出間有五出花瓣四出在上之花瓣五出色黃似橢圓有指甲形或爲全或爲齒形其頂向內彎鬚有八根至十根子房有二箇十字形之槽子殼似球形成四箇或五箇鈍分其面有千日瘡形而各分能分兩半種子之面有小點

第七十一圖

而烏草葉榦皮根花子俱有極苦之味奇異之臭最爲可憎間有極猝之味其子殼已成尚嫩而未乾時則葉香最大曬乾之則其性自然散去數分其未熟之果便成而烏草油因其子殼之外有多含油之泡

功用　引炎行氣治轉筋調經殺蟲古人以爲此藥能加眼力又以爲能解黑暮拉克草之毒

而烏草油 此油在英國用新鮮之而烏草蒸出

其蒸法將此草之花與未熟之子房合於水而蒸之其色淡黃其味猝其臭最可憎

功用　爲行氣等藥又治轉筋之痛能調經

服數　二滴至五滴爲一服可合於水與糖調勻服之

而烏草甜膏 此爲倫書之方

取法　將新鮮而烏草擣碎芫茜倍樹果各一兩半黑胡椒二錢磨成極細之粉另將薩格比奴末樹汁半兩提淨塞糖十六兩加蒸水足以融化之又必少加熱至化盡再添各粉和勻

乾而烏草較新鮮者藥性更淡此方內各料俱有略同之性故常用之治胃中氣痛之病以二十釐至六十釐爲一

服

又有而烏草糖漿雖不列於正藥品中而藥肆家大半作之出售其作法將而烏草油十二滴正酒醕四錢先沖化其油而後加糖漿一升調和之

服數　小兒因胃中有氣而腹痛則以半調羹至二調羹爲一服兩服即愈

弟啞司迷依科 珠西亞之名

此科之植物與花椒科之植物相似又與臭草科之植物相似故尋常植物書內不分之其所有分別之處大半因其熟果之殼內有瓤南阿非利加與新金山常見之亞美

利加之熱地亦有之亞細亞温地間亦有之而亞細亞之北與歐洲之南祗有一類名弟克他母奴司此科之植物結成自散油與松香質又有一種苦味之質

布故

布故葉即樺木質巴路司瑪之葉此為巴特里與温特里之名又名齒形葉巴路司瑪為韋勒特之名又名細齒形邊巴路司瑪又謂之弟啞司迷立尼由司列於五箇鬚一花心

英國白扯拉遊覽阿非利加查得土人用此藥治傷並治生溺器具之病略一千八百二十三年將此植物之一二種初用其葉於英國而存土人之名謂之布故阿書先收入藥品倫書後收入藥品謂之齒邊葉弟啞司迷葉而虎客在植物記錄書內三千四百十三款言常用者謂之細

齒形邊弟啞司迷又藥材貿易內有齒形葉弟啞司迷而此各種原屬於巴路司瑪之類而暫當為弟啞司迷依之類近今仍用原名阿非利加南方土人據間屯白格之說常摘數種巴路司瑪之葉為藥內以樺木質巴路司瑪略美巴路司瑪為多間有人將獨花阿弟南特拉並阿務土司瑪等葉雜於其內此為林特里植物藥品書之說而特看杜辣將以上各植物歸於弟啞司迷依科之內觀其書第一本第七百十三頁此葉從好望角帶至歐洲各國用之

巴路司瑪

此類植物萼分五出觀第七十二圖之一號花瓣亦五出

第七十二圖

連於萼下圓瓣形之底此圓瓣有短而少凸之邊花鬚十箇與花瓣聚排列而與花瓣等長內有五箇為結實者與花瓣遞更排列其托線似圓線形又似圓錐形其鬚頭尋常有小核為其端間有彎曲者又有五箇花鬚與花瓣相對而比花瓣更短俱不生長似乎花瓣形其頂上少有核形而不明顯子房五箇合而為一分為五分頂上為耳形尋常有核形凸點花心莖較鬚更長子房口分為五小分如圖之二號其果如圖之三號

為五箇收緊之子殼膛相合而成向外似耳形其面有核形之點種子如圖之四號為長圓形此植物在好望角成矮樹其葉或相對或遞更排列其質韌如皮面平而有花點如圖之五號近於葉之邊更多形狀各不同花從葉榦間角發出或為單者或有三箇成穗或成叢每花另有莖

樺木質巴路司瑪如第七十二圖依特看杜辣之書謂之齒邊葉弟啞司迷葉似長橢圓形與卵形其端銳邊有齒近於其邊有凸點花色淡紅或為單者在邊或在頂俱有之小花莖似葉形觀陸弟智植物書第一章第四百零四頁

齒形葉巴路司瑪特看杜辣與陸弟智植物書第三百七

十八頁謂之齒形葉弟啞司迷葉有線形並似劍形邊有極細齒形其面平滑多花點近於邊有多小核葉內氣筋三條花白色各有單小花莖從其邊發出在其上半有二小葉

細齒形邊巴路司瑪此爲韋勒特之名虎客植物書三千四百十三頁內論及之又謂之齒邊葉弟啞司迷爲立尼由司之名又謂之香弟啞司迷爲特看杜辣之名其葉每對有正角之方向卽上者與下者相交又似卵形與長橢圓形葉莖最短最鈍其邊少有齒形面平滑上爲深綠色下爲淡綠色又有數箇斜排之筋不甚顯明葉面有多點

係藏油之小泡其有齒之處有顯明小核能透光葉之全邊有透光之質花莖從葉榦閒角發出又從榦頂發出而大半從榦之上半葉閒發出花爲單者而花莖之上半常有小花葉一對彼此相對又花萼之下有兩雙或三雙小花葉成瓦背排列法

布故葉面平滑韌如皮爍爛邊有齒形面有多小點其點爲含自散油之小泡此油有淡黃綠色有人以此油香爲可憎葉之形狀不定因其樹有多種所有卵形者或橢圓形而不過窄者名樺木貲巴路司瑪其長而線形者如刀口名齒形葉巴路司瑪其鈍而橢圓形者名細齒形邊巴路司瑪尋常出售之布故葉此各種形俱有之內含自散油爲黃櫻色味辛而香多能通鼻含苦味膏質爲弟啞司迷尼又含松香膠類與立故尼尼等

功用　爲行氣藥與補藥治生溺器具久延病因發蕃苦司質過多者將其粉二十釐至三十釐爲一服

布故沖水

取法　將布故葉搗碎半兩用沸蒸水十兩沖之盞密其器待一小時濾之

功用　爲補藥與利小便藥以一兩半爲一服每日二三服

布故酒

取法　將布故葉搗碎二兩半準酒醕一升作法與阿古尼低浸酒之法同

準酒醕能化出布故葉內有藥性之質

服數　以一錢至四錢爲一服

克司配里亞皮　特看杜辣謂之克司配里亞加里此亞又名安故司拖勒

西歷一千七百八十八年英國初用此樹皮不知何處所產後知產於南亞美利加疴里諾哥河之安故司拖勒繼有洪彼特與本布蘭特二人遊覽南亞美利加因至產此藥之處問土人爲何樹卽得土人之名曰克司配里亞故

設名為治瘧疾之克司配里亞、因不知此樹應屬於何類、後將此樹送與韋勒特奴植物家、定名曰三葉蒲那普蘭地亞、即三小葉之意、後有植物家孫希累爾查此樹不為新類、而屬於加里比亞之類、故謂之克司配里亞加里比亞、此名傳至於今、後有醫士漢酷克於一千八百十六年住於產克司配里亞樹之處數月、言洪波特與本布蘭特兩人遊覽此處之時、並未親見此樹、第請土人往樹林內摘其小枝與觀、而其小枝無花、後在大樹林內遇見一樹、以為此樹、其實卻非、祗為同類異種之樹、故將其為藥之樹、謂之藥品加里比亞、

加里比亞 與蒲來之名立尼由司列於五箇鬚一箇花心

此樹之萼似杯形、分五齒、常有五角、花瓣五、出在下相連成管、其管常為五角形、鬚有五箇、間有六七八箇或四箇、其托線連於花瓣之管、常有不結實者、而有鬚頭二箇至四箇為不成熟者、子房五箇、相連、各有一膛、為花心墊托住、此墊似水瓶形、花心莖五箇、在底或相連或不相連、各有鈍而五角形之子房口、子殼祗有一二箇成熟者、餘皆不成熟、樹之高矮不定、其葉簡分為三分葉、其樹產於亞美利加之熱地、

藥品加里比亞 漢酷克之名又名克司配里亞·加里比亞·特看杜辣之名

樹高十五尺至二十尺、皮平滑、葉遞更排列、分為三分葉、葉莖略與葉等長、葉為橢圓形、向頂與底略有尖形、長六寸至十寸、面平滑而光、搗之則有煙草之臭、花成齒頭、似圓柱形、又有束緊形、有莖者比葉更長、其枝略開三朵花、萼生小毛、花瓣白色、面生極細之軟毛、內有兩瓣稍大、鬚有七箇、祗有兩箇能結實者、其瓤在變熟時生細毛如呢、殼內有二箇種子、常有一箇不成熟、此樹產於南亞美利加之痾里諾哥河相近處、即北緯七度與八度之間、土人名曰啞拉由里、其皮謂之揩路尼、即克司配里亞皮、從安故司拖勒卩、運至各國

克司配里亞·加里比亞 此為孫希累爾之名

樹高六十尺至八十尺、生細軟毛、有成叢之形、葉遞更排列、分為三分葉、其榦長、分葉無葉莖、大小不等、有參差形、亦為刀及形、頭尖、其香可聞、面有多小點如核、能透光、花在葉榦間角發出、成羣、幾高至榦頂、萼與花瓣白色、有細毛成叢、其毛在外面之小核發根、鬚有六箇、祗有二箇能結實、鬚頭有二箇短相連之體、在上、種子祗有一箇、此樹產於亞美利加熱地之樹林內、在古麻那與新巴塞羅那之間為最多、此樹之皮謂之克司配里亞皮、又謂之安故司拖勒皮、而依洪波特與本布蘭特兩人之說、土人稱其

樹曰克司配里亞。

克司配里亞樹皮（又名安故司拖勒樹皮）其塊長數寸、寬半寸至二寸、厚十二分寸之一至十二分寸之二、間有捲成管、亦有略平者、面有黄白色薄皮、軟如粉、或平滑、或有皺紋、內面略平滑、易分爲片、有暗櫻色、皮質細密、色如深桂皮色、其質脆、折斷之、則其折面短、並有松香形、磨成粉、則爲灰黄色、臭甚而奇、味苦、存久不失其味、微香、浸於水或準酒醋內、則可消化、其爲藥之質、內含樹膠、松香質、自散油、並奇異之苦質、其松香質少粹、自散油亦然、此油有克司配里亞皮之香、其苦味膏質、謂之安故司拖里尼、又名克司配里尼、此質有中立性、成四面形顆粒、易於融化、能消化於正酒醋與酸配質及鹼類水之內、如合於没石子酒、則結成白色之質、不易消化於水、不能消化於以脫與自散油之內、味苦微粹、

試法　克司配里亞皮與別種爲藥之皮、易於分別、又近時不常有假者出售、將其皮之內面以硝强水一滴擦之、則不變紅色如血、此爲英書之試法、數年前、歐洲數處有人中此毒而死、因服假安故司拖勒皮、實爲木鼈子樹皮、近時醫士納里根在阿爾蘭之都伯林城、往藥材肆購安故司拖勒皮所得者、亦爲木鼈子樹皮、然此假者、其塊較

克司配里亞皮更厚、其質更密、外面發霜形之質、如鐵鏽、間有黄灰色、有凸出之白點、無臭、味最苦、如將硝强水擦於內皮、則變光紅色如血、在其折破之面、加硝强水、亦然、此因其內含布路西亞質、又面生鐵鏽形質、以硝强水擦之、變爲綠色、故易分別之、

功用　爲行氣補藥、能治發熱與赤白痢、

服數　其粉以十釐至三十釐爲一服、其膏以五釐至十五釐爲一服、

克司配里亞沖水

取法　將克司配里亞粗粉半兩、在一百二十度熱之蒸水十兩內浸之、盖密其器、待二小時濾之、

此爲行氣藥與補藥、身體軟弱者可服之、以一兩半爲一服、其水爲暗橘皮色、如加入鐵綠或鐵養硫養、則結成深灰色之質、如加没石子酒、則成端石色之質、如加鉀衰鐵、則無變化、

花椒科（西名散特克西里依哩）

此科之植物、大半在特看杜辣所設臭草科與脫里平他西依兩科之中、分別之法、因其花不分雌雄、蕚不相連、花瓣爲子房下鬚、其鬚數等於蕚之出數、其子房或相連或一半分開、各有兩箇胚珠、果熟時不自裂、瓤有直縫而張

開、胚在阿勒布門之軸內、此一類內結成奇異苦質、謂之散特比克里尼、又有香辣自散油、故此類有數種、作為行氣藥、有一種、阿非色那名曰法格呼里、又有一種名甫辣克西尼散特路啞克西里、如第七十三圖、俗名有刺阿書樹、北亞美利加人用為香補藥、又有三葉督里亞樹根之皮、俗名三葉樹、亦為該處所用為似瘧病內之補藥、觀本得里藥品記錄第二部第四本又有替里亞與托大里亞兩種、為治發熱之苦味藥、又有布路西亞兩種樹、亦為苦性

第七十三圖

之補藥、內有治赤白痢之布路西亞、即遊覽之人布羅司所名曰胡猻奴司、西人俱知而用之、此因昔時之人以此樹之皮為假安故司拖勒、而布路西亞鹼類質從此樹皮得之、近時方知其實為木鼈子之樹皮、

西馬羅被依科里又特之名又名刮細阿特

西馬羅被依科之植物、在亞美利加熱地見之、惟有一種在雪山之麓見之、又有數種在亞細亞熱地與馬達加斯加島見之、其葉為簡者、此類之樹、俱有苦性、另有一種樹皮名馬倫波、有人疑為喇細阿之類、

喇細阿木俗名苦白木、又名高品比克里那木、林特里之名

西歷一千七百四十二年、歐洲初用苦白木為藥、至一千七百五十六年、遊覽家羅蘭特從南亞美利加蘇利南沒同至本國、將此木送與立尼由司、以後各國俱用之、其初用者[illegible]南沒歪阿那巴那馬三處所來者、謂之蘇利南沒苦白木、然其樹小而不多見、故用同類之樹、高品比克里那木代之、西人蘭斯在蘇利南沒居住十年、告於林特里云、此時內蘇利南沒未嘗有苦白木出口、因近時此木從牙買加島運至歐洲出售、沛離拉所收之木、係圓柱形之塊、徑略二寸、其質最輕、外有灰白色薄皮、其皮與木俱為最苦、葉有翎毛形、葉跗亦有翅形、又其紅色花穗似

丁形、最為可觀、故西印度列島之人、常種於園中、

高品比克里那林特里之名又名牙買加苦白木立尼由司列於花多同樹有雌雄

樹高五十尺或六十尺、多至一百尺、在牙買加與西印度列島矮山樹林內產之、俗名苦阿書木、又名苦木、此木近時當為蘇利南沒苦白木之用、林特里將此樹另設一類名之、因其樹之形性、不與喇細阿西馬羅被相同、

此樹高而直、徑常有三尺者、皮平滑、暗灰色、木白色、其質紋少有斜形、無臭、味苦、皮頗厚、色暗、有皺紋、葉有翎毛形、鬚為單者、分葉彼此相對、從四雙至八雙、葉有莖形、長而尖、在底處不等、花小、淡黃綠色、繁多、排列成丁字形、尖串

第七十四圖

近於樹枝之端發出，又在葉幹間兩發出，萼瓣五出，俱爲小者，花瓣五出，爲更長者，花鬚五箇，與花瓣等長而生毛，鬚頭略爲圓形。其雄者祇有子房之粗形，其雌者有三箇子房，着於一發腫圓形之上，花心莖似三角形而分三叉，子房口簡而伸開，果有三箇核，內有仁，外有肉，祇有一箇能成熟，略爲球形，有一膛，分爲兩分，各分不通，着於半球形而寬之子房座，熟時則與子房座同大，面黑而光，且爲獨者，略爲球形，其殼脆，此爲林特里之說，觀第七十四圖。

苦白木運至歐洲者，其塊大嫩者有深灰色光滑之皮，大塊者粗而亂形，內質黃白色，並有摺紋，易於辨明，其木黃白色，光亮無臭，味極苦，質最韌，故難於搗碎，內含苦味中立性質，謂之嘞細尼，其式爲炭[二]輕[六]養[三]，味最苦，能成顆粒，不易在水與以脫內消化，而易在醕內消化，又含樹膠與自散油少許，並立故尼尼，鈣養鹽類質，淡輕[三]鹽類質，鉀養淡養[五]。

功用　爲苦味藥，能補胃，亦爲補藥。

苦白木沖水

取法　將苦白木片六十釐，冷蒸水十兩浸之，蓋密其器，待半小時，濾之。

服數　以一兩半爲一服，一日二三服，可與各種鐵藥配合用之。

苦白木膏

取法　將苦白木以粗銼刀銼爲屑一磅，用蒸水八兩浸十二小時，盛於過濾器內，加蒸水至苦白木之苦質化盡爲止，則熬之，將濃之先濾之，再用熱水盆熬之，至合於成丸爲度。

服數　成丸者以五釐爲一丸，亦可合於金類補藥等服之。

苦白木酒

取法　將苦白木片四分兩之三，準酒醕一升，浸於蓋密之器內，七日爲限，數次搖動之，則以粗紙濾之，壓之，再以細紙濾之，添準酒醕補足一升。

一千八百六十七年從蘇書收入英書。

服數　以半錢至二錢爲一服。

西馬羅被　又名樹根皮與蒲來明之苦西馬羅被，立尼由司列於十箇鬚同樹分雌雄

此樹之根皮於一千七百十三年初在西國用以為藥品產於南亞美利加之歪阿那加夜那兩處牙買加島之山內亦有同種之樹謂之山梅

樹高五十尺至六十尺其身頗厚根長而平排列其嫩皮平滑灰色老皮黑色少有皺紋葉遞更排列似翎毛形分葉左右遞更排列一邊有二葉至七葉不定其小葉若無莖似橢圓刀口形其端尖向底變小而平

第七十五圖

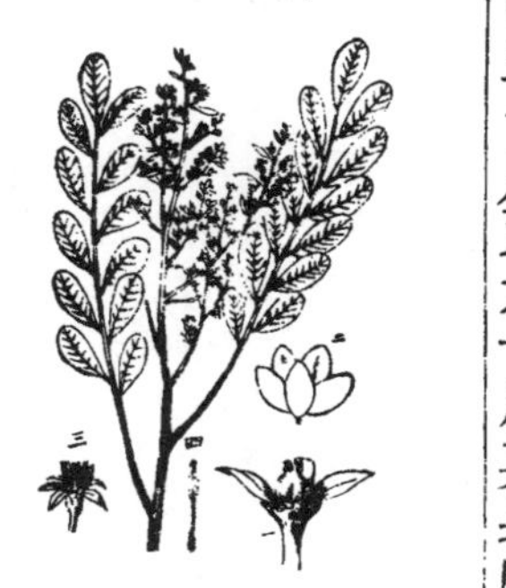

滑而不分質堅固韌如皮色深綠葉莖長間有長至一尺半者花在同樹有雌雄排列成一箇雜密頭從葉榦間角發出萼短似杯形或成五齒或分為五分不定花瓣五出其排列法如瓦背較萼更長而有繞形如第七十五圖之三號為雄花有十箇鬚與花瓣遞更相對而稍短其托線各通入有毛之鱗如圖之四號有一短圓之物托住子房其上有似子房之痕迹間有無此物之花其陰花如圖之一號有十箇鱗形之鬚子房五箇俱在其托子房之物上各有一膛內有一胚珠掛於內軸花心莖五箇在底分開在中相連在上再分開成五箇子房口其果有五箇內有仁外有肉如圖之二號間有不成熟者其色近黑伸開排列內有一膛膛內一種子子有木質之殼其胚直小根在種子之上而收於子瓣內觀奧蒲來書第二本第三百十一三百十二兩頁又觀尼斯芬伊孫白格之書三百八十二頁

此樹根之皮從牙買加島運至歐洲其皮從根剖成之塊長數尺而成捲間有平者或略成管形厚十二分寸之若干分質輕而韌質紋易分明難於搗碎淡灰色其皮之外面少成凸紋無臭味甚苦水與酒醕易收其為藥之質此質似與咧細尼相同又含自散油松香類質烏勒米尼與數種鹽類質

功用　為苦性之補藥如赤白痢與泄瀉等已重而久延則用之得益此物英書不收入藥品內

西特論種子

西特論西馬巴樹屬於西馬羅被依科內產於南亞美利加新加拉拿大而亞美利加中間各邦之人以為其種子能治毒蛇咬人之証因此其名甚著味極苦補性亦大然其治毒蛇之患無可恃之據故必列入俗人疑治蛇毒之假藥草內即如色噴他里遠志根古阿古等是也觀藥品記錄書第十本第三百四十四頁

西藥大成卷五之二

英國　來拉　同撰　英國　傅蘭雅　口譯
英國　海得蘭　　　新陽　趙元益　筆述

第一類外長又名兩子瓣

第二部萼花

棗科　西名拉磨尼依波郎之名又名拉磨那茲

棗科之植物在地球熱帶與温帶俱能遇見之各種類之性情不同內有成苦味之質間有含辞質者故有行氣之性能感動人身有數種合於石灰或鹼類則成美觀之顏料俗名樹汁綠有數種其果可食即如棗陸陀斯即蓮與印度國之比爾果

拉磨尼果汁　立尼由司名瀉藥拉磨奴斯又名尋常瀉性棘列於五箇鬚一箇花心

此樹常在樹林或樹籬笆內遇見之歐羅巴各國幾盡有之西五月或六月開花秋時果熟西國久用爲藥或以爲古時有代司可立第司書中所言之拉磨奴斯即爲此樹然此說無可考證

植物學形性　如第七十六圖矮樹四面散開高八尺至十尺其老枝成尖刺於端即棘葉上下相對似卵形底爲心形其端尖有齒形其中脈之外另有平行之脈四條至六條漸向中而斜副葉如線花爲普里軋米亞類即繁生

第七十六圖

之意間有分雌雄者花在葉之中成穗花小黃綠色萼分四出蒂有管形連於果而不落花瓣四出稍有黃色其雄花有花鬚在各瓣相對另有初生之花心其雌花之子房球形有四膛每膛祇有一種子又一子房口劈成四分果小而圓熟時變黑色尋常含四箇種子面滑而硬略爲卵形又爲三角形有鋒利之凸線

在其中

果實熟時小圓黑色外面光滑內含綠色汁味苦可憎臭不可聞內有綠色顏料並醋酸植物膠糖含淡氣之質此爲化學家夫荀勒所查得者依胡臼特之說其瀉性藉所含之一種質名楷他替尼然此人查驗之事蘇比蘭不甚佩服之此樹之內皮亦有相同之性

功用　引水瀉藥常令人嘔吐與腹痛倫書原載此藥英書收入而後去之一千八百六十七年又載入英書中

拉磨奴斯糖漿

取法　將拉磨奴斯果汁四升香薑搗碎比門屑各四分

兩之三提淨白糖五兩或至足用正酒醕六兩先將其汁熬之至餘二升半後加薑與比門層少加熱四小時令其稍化則濾之待冷則加酒醕調和待兩日傾出其淨者取之加糖於內少加熱消化之重率以一·三二為度如不得此重率必加糖配準

服數　尋常用此藥代其果或汁以一錢至二錢為一服

脫里平他西依科　珠西亞之名

珠西亞所設脫里平他西依科近時植物學家分為數科即如阿那指弟依（即槚如科）勃色拉西依阿米爾依弟依苦那拉西依各科此各科之植物甚為相似其性情大同小異而出產之處亦略相同故不必分論之可合為一科謂之脫里平他西依然因此科內祇有一種發松香油之樹其餘者歸入可尼非里依科內即松柏科內故所設之名曰脫里平他西依即松香油之意其名不甚合宜

法國化學家費云凡脫里平他西依科所出之材料分為四種一為種子仁內之不自散油二為自散油即如比司他西亞類其松香油內有自散油與松香和勻三為松香類或從樹皮自流出或用刀割其皮而放其汁此松香尋常亦含自散油少許四為膠質不常得其淨者惟合於松香類如沒藥等是也

第一分科　阿那指弟依（即槚如科又名阿那指弟類波耶之名）

此分科之分別在乎有生獨子之子房房中有一膛膛內一種子此為真脫里平他西依之類

阿那指弟依科之樹熱地甚多又有數種如鹽麩子等在歐洲與北亞美利加溼地內見之阿那指弟依科之樹多含松香類之汁自散油或辛性之質可用以作各種漆汁如用以作藥品則有行氣之性或其辛性足以成毒有數種其子多含油有數種其皮有濇性有數種其果可食

比司他西亞　（立尼由司列於五箇鬚花分雌雄）

第七十七圖

其花分雌雄無花瓣其雄花成帶形之串每串有魚鱗形花葉托之萼極小分五出鬚五箇與萼之各分相對幾無托線而有四角其雌花之串更鬆萼分三四出子房一箇偶有三膛子房口三箇厚而鋪散有角形果實乾似卵形核硬如骨尋常內含一仁間有在旁生兩箇未成熟之膛種子為獨者直立而無阿勒布門子瓣有肉形內含油向上有旁發之小根樹葉如翎毛產此樹之處從地中海起至阿富汗

國止此科植物之性情與勃色拉西依科大同小異如第七十七圖甲為雄花乙為雌花丙為熟果丁為種子之剖面

比司他西亞果

比司他西亞樹從敘利亞邦起至布哈爾與喀布爾止更向東之國亦有之移至歐洲南方各國種之已屬多年其仁綠色其仁衣略為紅色子連線易於見之仁內含油昔人壓出其油作數事之用其味適口間有食之作點心或食其生者或合於胡椒與鹽煎而食之又有人磨成漿作潤內皮之藥

脫里平他以那比司他西亞（此用其樹身刺孔流出之松香類質）

古人俱知比司他西亞類之一種樹名脫里平他而基阿海島多產之故謂之基阿脫里平他以那即舊約書所稱阿拉（即橡樹）英國譯為橡樹又譯為脫里平他樹希臘人謂之脫孟佗斯阿喇伯國謂之婆多末在歐洲之南見之甚多又在小亞細亞敘利亞與阿非利加之北亦見之

樹高二十尺至四十尺葉似翎毛形而其數常為奇數分葉七箇或九箇似卵形又為戈形在底略圓其端略尖而漸成利尖嫩時少帶紅色後變深綠色其花成大而繁之密頭雄花之鱗外面有櫻色之毛鬚頭黃色子房口大紅色果為紫色圓形略如大豆此樹成沒石子之類形略如牛角

基阿海島產此樹甚多在樹皮上用刀橫割之每樹祇能得松香油數兩而一海島一年約能產一千磅從西七月起至十月止可收之樹下鋪石甚平滑令所出之汁落於石面用刀刮下再以日光化之提淨之濾入瓶內蒸之昔時帶至緋逆司出售此處用之作一種有名之替里阿楷膏藥（秦藥名緋逆司合於蜜糖成替里阿楷膏藥有六十四種藥在內）基阿島所出之松香酯為明流質略帶黃色其濃略如蜜糖有黏力其臭如松香油頗有趣味稍猝久遇空氣凝結而變硬此因其自

散油散去之故比倫云此樹亦產一種松香類又云其小核內之仁可食之然因其產松香油甚少其價貴故常有人加他種松香類於內因其性情與別種松香酯略同

功用　行氣利小便與他種松香酯同觀可尼非里依科即松栢科

瑪司的克（立尼由司名小扁豆形比司他西亞此為刺樹身所出之松香質產於基阿海島）

古人指明瑪司的克並產之之樹希臘人謂之司幾奴斯因產於希臘列島與地中海列島內

產瑪司的克之樹甚矮高十尺至十二尺此樹與脫里平他樹之分別因其葉似翎毛形其數為偶數分葉八箇至

十箇尋常彼此相對小而似橢圓形戈形葉莖有翅形雄花與雌花俱小從近於枝頭處之葉榦間角發出成穗形果小圓形熟時變櫻紅色

此樹在基阿海島有人種之西七月內橫割其樹身與大枝所流出之汁有黏於樹皮者成滴亦有落至地面者西八月內有人收之其最佳者似小球形或橢球形之滴色淡黃能透光質乾脆故存此物或轉運之外面成白色之粉如置於口內嚼之則變軟而有牽力如將其滴折斷之其斷處光如玻璃其味略與松香同其香可聞如擦之或加熱則其臭更甚其稍次者滴俱相黏成大塊色更深常含異質於內

瑪司的克加熱則融化加大熱則燒成有趣味之香不能消化於水而能全消化於以脫內如浸於冷酒醕內則能消化十分之九所消化之質為松香類配質謂之瑪司的克克其餘不能在冷酒醕內消化祇能在熱酒醕內消化此質謂之瑪司的克以尼而瑪司的克溼時有牽力俱藉此質以上兩質之外另有自散油之微迹

功用　此物不多用為藥品東方數處之人用為嚼以增涎之料間有用為發香滅臭之料醫士用以塞有孔之牙齒又在倫書之方有淡輕類雜酒以此為一種料而以此酒常前人所用之光水瑪司的克尋常之用處為作漆料以酒醕或松香油消化之俱可

毒籐如司　立尼由司之名西俗名毒橡樹立尼由司列於五箇鬚三箇花心

如司之類俱有濇性與松香類之性間有毒性者一千七百九十三年英國喝勒人阿勒突生將此樹帶至英國用之前在法國伐倫西恩杜福累斯內於一千七百八十八年試驗此藥查知其數要事英國阿勒突生藉以考求之植物學家難定此樹與別數種相同或否有一種名發根如司俗名毒葡萄又名毒長春籐西名愛肥不知為相同與否然毒籐如司為數尺之矮樹分葉有亂齒形又甚彎曲似橡樹之葉故謂之毒橡樹其分葉或囫圇或有小齒形葉莖長分為三分葉旁分葉無托線末分葉有托線葉寬而似卵形兩端尖銳似斜長方形之角分葉平滑間有少生毛者其邊不成凹凸與齒形或為亂凹凸與齒形花小綠白色可分雌雄尋常在旁成密頭從葉榦間角發出雄花有小蕚分五出各出直立花瓣五出略為長方形而向外彎鬚五箇略具花心莖雌花更小鬚五箇俱不成熟有一球形之子房內有一膛又有短而直立之花心莖其端有三箇子房口果略圓色淡綠內無汁有一膛內有硬而不成熟之核核內一種子觀皮搿羅植物藥品書第二本第四十二頁

此樹今不入正藥品前時列於一千八百三十六年倫書內此藥有惹胃之性能感動肉筋略與馬錢霜同其葉前人亦用之內含奇異之粹質而其藥性大略恃此粹質也

功用　爲粹性行氣藥即如癱瘓証用之則患處有不自主之跳動又覺麻而如刺

服數　一釐至五釐爲一服至覺麻而如刺爲度將其新鮮之葉作浸酒或膏最妙

第二分科　勃色拉西依公特之名又名波勒殺末類

勃色拉西依之類易與脫里平他西依科之植物分辨之因其子房內有多膛胚珠爲成對而懸者子瓣似螺旋形打成辮此樹在地球熱帶遇見之其汁有波勒殺末類之香又有行氣之性即如基列波勒殺末乳香沒藥特里由末香以里米香等

乳香西名啞里白奴末又名膠香類又名產香料蒲司肥里阿苦勒婆羅格之名

此種膠香類前時倫書與阿書俱載之今不入正藥品西名啞里白奴末大略從希臘語里罷奴司得之而希臘之名大略從猶太語里罷奴得之此字似乎阿喇伯國之羅罷奴即乳之意或爲樹汁之意古人謂之土斯今人俱謂之啞里白奴末貿易內有兩種啞里白奴末一出於印度一出於阿非利加

印度所產之乳香大半從孟買裝箱運送又從加爾各搭運出然產此藥之地尚未查明印度國醫士賁捺蒲拉在末薩不爾得薩來樹之松香類質送至倫敦在藥肆中識別爲啞里白奴末又前有苦勒婆羅格查明羅罷奴即乳香爲薩來樹所產者來拉在印度東北查出一樹名薩離此樹所出之松香類質與尋常乳香大同小異此樹陸克司白格之書名曰面不生毛蒲司肥里阿而薩來樹苦勒婆羅格之書名曰產香料蒲司肥里阿又有人謂之齒形蒲司肥里阿但韋得與阿那脫之書云不敢附從司他克書第十九卷第三頁所稱此樹曰齒形蒲司肥里阿之說因其葉似卵形略爲長方其端尖銳英國都統賽克司在印度德干得其兩種樹之松香質以爲眞啞里白奴末樹又醫士阿羿納西云從印度之哈巴特得上等乳香土人名曰薩離根特又在商德爾那哥耳謂之根特拜羅薩

此樹名產香料蒲司肥里阿如第七十八圖在有山之處生長甚大從印度之科羅曼代耳海邊起至印度中間之地止其樹多枝樹之下面發葉甚大上面甚密在樹枝之端遞更排列成翎毛形而不等分葉長圓形其端鈍邊有小齒其面少生翎毛無副葉花近於樹枝之端在葉榦間角發單穗形之花其穗較葉更短花連於短莖色紅白不

第七十八圖

分雌雄觀圖之一號萼小分五出如牙齒形花瓣五出似卵形尖向下通至花心墊邊下相連花瓣排列法略如瓦背花心墊圍子房之底形如杯質如肉有細摺紋齒形邊鬚十箇連於花心墊之下子房無托線有三膛每膛內有兩箇胚珠連於軸上花心莖之頭分爲三分頂果有子殼形爲三角內有三膛又分爲三箇分殼其本殼在各角處自裂開成三箇分殼每膛有一種子有膜形之翅圍之子瓣向內摺而繁

分爲多分

印度乳香較之阿非利加者更貴重成圓粒或長圓粒色紅或淡黃尋常有白色粉蓋之此因其粒彼此摩擦之故其內透光味少猝而苦其香如波勒殺末類之香如加熱或燒之則其香更甚重率得一·二二阿㽷納西將上等乳香一大塊化分之得松香類質三十七分自散油二十八分樹膠四分哥路登十一分共得一百分尋常出售之乳香因久遇空氣自散油更少化學家布拉克奴化分乳香得自散油八分松香類質五十六分樹膠三十分似樹膠之質五·二分耗去八分共爲一百分

阿非利加之乳香從蘇士運至緋逆司與馬塞里此乳香產於阿喇伯並阿非利加之東邊沛離拉書稱此乳香爲阿非利加或阿喇伯乳香又云其粒比印度者更小其色或黃或紅內常含鈣養炭養之顆粒阿非利加之乳香有一種產於索某利山近於海邊而在瓜達夫角之西邊大半從馬古拉海口用本處船運到阿喇伯海邊出售英國兵船武官克沒托納查明此樹言其大略後有英國博物院內人白尼德云此樹前有安特里克名曰花圈形布勒司里亞來拉云此樹祇爲蒲司肥里阿樹之類故欲名曰花圈形蒲司肥里阿所送之樹樣外面多發松香類小點

又有武官韋斯台特在索哥德拉海島查得一樹葉面亦多發松香類之小點以爲此樹亦爲蒲司肥里阿之類

功用　爲行氣藥間有醫士用以治內皮舊病尋常用以作膏藥又用爲發香滅臭之藥

沒藥　西名成沒藥·波勒殺末騰凸倫依倫白掰與尼斯之名此爲樹幹流出松香類之膠質又名沒辣立尼由司列於八箇鬚一箇花心英書所準用者聚於阿喇伯與阿比西尼兩處

沒藥初載於古書內者爲舊約書出埃及記第三十章第三十三節其本文之音曰摩爾又謂之母爾阿喇伯國音謂之母爾希臘人謂之沒辣又謂之斯沒勒那古之作史家喜羅獨佗斯云此藥在南方產者與乳香同處得之又

有代司可立弟司書云没藥有一種謂之拖陸犿羅弟替楷爲最佳者又有古人阿離恩所作紅海志云没藥與乳香俱在巴巴黎亞海邊產之近時名其地曰白勃拉又有遊覽家布羅司云此藥與乳香俱產於阿塞婆山之陰或在丹揩里又有英國派往阿比西尼國之公使名哈里斯在阿比西尼與紅海邊之間平原內見之即從杜米山谷起至哈懷施河邊止又有正斯吞遊覽記第一本第二百四十九頁云在此相近處遇見之兩人俱言没藥爲樹皮刺孔流出之質西正月二月能得之大半在西七月八月得之又據正斯吞云週年俱能得之惟甚少耳作此貿易

者大半與白勃拉往來爲商帶煙葉而易没藥又從白勃拉運往阿喇伯海邊各口

英國醫士馬可磨生從亞丁寄信與來拉云没藥從紅海各口用本處船運出大半從白勃拉隨拉馬蘇華等處得之又云阿喇伯國從未產没藥

近時歐洲各國所用没藥大半從孟買運來即從阿喇伯與波斯兩處海灣運至孟買然阿喇伯國亦有產没藥之處因依倫白犿與安蒲列克兩人在阿喇伯國近於盎孫處見一小没藥樹而從此樹得最佳之没藥然西人尚未全知没藥爲何樹所產或爲一種樹或爲數種樹不定然其樹之大半必屬於波勒殺末騰凸倫之類

波勒殺末騰凸倫 公特之名又名阿米里斯又名布羅替由末韋得與阿那脫之名

其花常分雌雄萼分四出齒形不落花瓣四出面有線紋爲長圓形其花瓣排列法向內摺成雙形鬚八箇在其圈形墊之邊下相連似與花瓣之連法相同其圈形之墊略似杯形其質如肉邊有多深齒形子房兩膛花心莖短而鈍分爲四分果或似球形或似卵形核厚而硬其質如骨核內有兩膛常有一膛因不成熟而消滅不見膛內含一種子此類之樹俱爲波勒殺末之料其葉有分葉三至五而無葉莖葉面無點

基列波勒殺末騰凸倫 公特之名

此樹無刺葉分三分葉形如椶櫚類樹之葉即分爲指形有葉莖面平滑分葉似卵形尖向下而長不分成小分面不生毛小花莖短開單花萼寬而淺似鐘形此說包括阿米里斯嗌普波勒殺末即福司楷勒所設之類然此樹與布羅司所查之波勒三樹是否相同不能確知必覆查此兩樹之式比較而知之印度又有數種樹俱爲生刺者前以爲貴於此種而近時阿那脫以爲不同類不列於布羅替由末之類內即如印度植物書所論記者因與布羅替由末之類形狀粗細大不相同本樹所生之波勒殺末常

名基列波勒末

布羅司所査得之波勒三樹先在阿塞婆得之又云從該處起徑至巴白曼德海峽止一路俱有之又有掰陸克云此樹在白特湖常得之此爲阿喇伯國之麥加與麥地拿之間又有福司楷勒在阿喇伯國孩斯得啞普波勒殺末又在亞丁有人謂之白杉又有羅脫在哈里斯所作阿比西尼志附卷第二本第四百十四頁云在阿地立與哈懷施密樹林內常見啞普波勒殺末波勒殺末騰凸倫與没藥樹同遇見之如刺其樹皮則流出之料最香其名最著尋常謂之基列波勒末然此樹不種於基列山祗在猶太

之耶利哥城相近處名巴里斯的納歐洲得此藥不能常有淨者所得者常含不配之異質故歐洲不多作藥品之用然其藥定有行氣之性

成没藥波勒殺末騰凸倫

第七十九圖

觀第七十九圖此樹之身有矮密之狀而爲木形非草形樹枝面粗毛似鬆魚鱗有生刺者葉分三分葉其分葉似卵形尖向下其狀等其尖生鈍齒形其邊葉平滑果實似箭鏃形此爲尼

斯之說

樹皮淡灰色似乎白色木爲黃白色其木與皮各有奇異之臭味葉有短莖其花歐洲人不知如何果實似卵形面平滑色稷略大於豆莢分四出如齒果莖最小

以上之說沛離拉緇譯之列於其藥品書內其本文爲尼斯所作其原書內又云依倫白掰從此樹摘上等之没藥又云其書內之說藉依倫白掰在阿喇伯之蓋孫所得樹枝之樣爲其說之根原

依近時遊覽家之說大約阿喇伯國不多產没藥然必有没藥若干產於阿喇伯而其樹與阿非利加產没藥之樹

爲同類查羅脫在哈里斯所作遊覽阿比西尼書附卷第二本第四百十四頁內云成没藥波勒殺末騰凸倫樹生於依法特交界之地又在哈懷施密樹林內阿地立曠野之地亦產之其土人名此樹曰楷爾比達而所產松香類之膠謂之和伐離此膠聚合出售又倍含末云啞普波勒殺末波勒殺末騰凸倫常與前樹同產又云亞丁角亦有產此樹者惜遊覽家尚未將此樹帶至英國存於印度植物院內令英人知此樹形

英國博物院內有啞普波勒殺末波勒殺末騰凸倫並基列波勒殺末騰凸倫近時植物學家合爲一種然查其兩

種可知應更詳細查其小異之處又多種此類之樹方能定準分為種類即知產沒藥波勒殺末騰凸倫與前兩種之分別難定其為另設一種之故如尼斯繪圖即第七十九圖極似阿喇伯國所產啞嗇波勒殺末波勒殺末騰凸倫然以上各種與楷他弗波勒殺末騰凸倫即本圖一二三號其葉與花大不相同遊覽家福司楷勒有此樹之一種存於英國博物院中考羅脫書中所言者似與正斯吞書中所言者相同

查正斯吞遊覽阿地立至阿比西尼之書第二本第二百四十七頁云產沒藥之樹在阿地立國有兩種一種為矮樹有多刺其樹形參差葉光綠色分為三分葉邊似浪形此樹似乎依倫白掰所說者（觀第七十九圖）此樹所產之沒藥為英國藥肆出售沒藥之最佳者或為產沒藥波勒殺末騰凸倫或為啞嗇波勒殺末波勒殺末騰凸倫又阿地立國所產之第二種樹其葉更多其形似英國常見之野山楂樹葉深綠色有大齒形而發葉之處常有四五葉在同處發根花小淡綠色在葉底成對而掛起其尺寸與形狀極似英國古司白離果樹之花其花屬於八箇鬚一箇花心之類其八箇鬚邊更長短其長者與蕚邊所成分凹相配其果為軟肉棵果類熟時則脫去硬殼成兩塊所含之兩

種子放散樹之外皮薄而透明易於分開其內皮厚而似有木形如刺之則有黃色濁流質立即流出此為沒藥如不刺之則有自然流出者即從近根處樹皮內自裂之處流出此質流下即凝於樹底所有之石上其土人用利石敲其樹皮而傷之則有沒藥流出

查正斯吞將此樹帶至英國存於博物院內與遊覽家梭勒突從阿比西尼帶至英國者大同小異而波郎所作之書命梭勒突之樹曰古阿波勒殺末騰凸倫梭勒突云從此樹得膠類之質與沒藥大同小異

阿非利加波勒殺末騰凸倫（阿那脫之名又名阿非利加喝特羅替亞幾勒與伯里之名）

摩古勒波勒殺末騰凸倫（虎客之名）又發紅波勒殺末騰凸倫（司他克司之名觀司他克司所作論印度信地之波勒殺末書）此各樹產特里由末香第一種在阿非利加西邊見之而從阿比西尼邦帶回英國之草木內有此種樹從阿地立國之平原內得之（正斯吞初觀此樹之時則知為產松香膠類之樹其分葉與古阿波勒殺末騰凸倫同）此樹產阿非利加之特里由末香即法國從幾內亞與塞內加爾所得者此伯路第之說又有阿旦生在塞內加爾遊覽作書云此樹土人謂之尼亞土而產特里由末香或阿非利加西邊所出特里由末亦為此樹所產者又醫士馬可磨生致書與

來拉云茲送特里由末若干爲樣阿非利加產此料之樹似乎没爾他樹而阿喇伯不產此樹此質與没藥相似故常有人混爲一物

特里由末有一種產於印度者或告來拉云產此料之樹土人謂之故故勒觀雪山植物書一百七十七頁此樹即陸克司白格書中名曰果膛縫連阿米里斯即韋得與阿那脫兩人所定波勒殺末之類又虎客名曰摩古勒波勒殺末騰凸倫又有醫士我楷作書論印度痾隆加巴相近處之藥品云有一種松香膠類質土人謂之故故勒在暗白爾相近處產此樹此在痾隆加巴之西相距二十英里陸克司白格云

故故勒與没藥略相同

以上各種波勒殺末騰凸倫類之樹與料應詳細查明之得各處所產者詳細比較則所有疑似之處能解之

形性　没藥從印度孟買得之常見者爲亂形之塊大小不定尋常爲黏連凝結之滴形質乾而面有細粉色紅椶質脆折斷處參差似蛤類之殼剖面光滑有自散油之細點間有不透光白色半球形之點其小塊似角形光滑半透光味苦而香其臭奇有波勒殺末類之臭又有別種大約從同根原而來英國所得者常有各種相雜故謂之雜没藥間有分出其細者謂之土爾其没藥又謂之揀没藥

如在英國揀之則其物可恃如在他國揀之則常有不淨者其粗者常與他種松香類質膠類質雜合最多特里由末香雜於其內此因揀擇此物之土人亂取之而混於一處從阿比西尼帶至英國者其顆粒形有兩種一爲圓粒者一爲平面顆粒形者間有一顆樹之皮有尋常色之没藥另有少帶白色之没藥所有不遇空氣之粒色更深質更濕其香更大而有趣

藥肆家或以印度所產特里由末香爲次等之没藥其質爲圓塊色暗椶比没藥更溼而無没藥之脆如以手握之則因手之熱而融味苦而少辣其香不及没藥之佳間得

塊面有樹皮小塊黏連似樺樹之皮

如將没藥加熱先變軟而後燒成黑色之灰似絨形如合於水研之則成漿如以酒醋消化之則透光如加以水則變暗色此物爲松香類膠質內含自散油又有數種酸質鹽類合於鉀養與鈣養其膠質爲每百分之六十三分係兩種質相合而成一半名曰巴蘇里尼爲不能消化之質其餘爲阿拉伯尼即能消化之質如將此質在水內消化之則其松香類與油類之質能分出其松香略爲其百分之二十八亦有兩種一種質軟無香能在以脫內消化其餘爲硬而無香之質能在鹼類質內消化其自散油略爲

全質百分之二五分如合於水而蒸之卽可蒸出初時無臭變爲黃色其臭與味與沒藥相同而能在酒醕以脫與自散油內消化沒藥之功用恃此自散油與其松香質

功用　補胃行氣化痰治轉筋調經

服數　十釐至三十釐爲一服尋常與他種補藥或瀉藥相配用之

沒藥酒

取法　將沒藥粗粉二兩半正酒醕一升其取法與阿古尼伭浸酒之法同

功用　正酒醕爲消化沒藥之松香與自散油最佳之質

故欲用沒藥者用其浸酒最佳以半錢至一錢爲一服尋常用此藥祇爲助別種藥或治臭而不易愈之潰瘡爲外治之行氣料

含此質之藥品　鐵雜水倫書之鐵雜丸倫書之加勒巴奴末雜丸啞囉沒藥丸啞囉雜煑水大黃雜丸阿魏雜丸

以里米香（此爲樹中流出凝結之松香類質其樹或爲尋常橄欖立尼由司之名大半從呂宋得之）

以里米爲藥品書所久載者第產之之國與樹各人之意見不同所以有疑似之處保希捺云此質謂之以里米又謂之藥品以里米尼又有同姓之人在一千六百五十年所作之書云此藥爲圓柱形之塊其質之色與濃與黃蠟略同其香似弗尼里（卽似茴香）每塊用葉包之此葉似乎印度看拿（卽山薑）又有雷於一千六百八十八年云有多人疑此質爲義的約比刻人（阿非利加黑人一族之名）橄欖油之膠又以爲以里米卽以里阿卽西國稱橄欖之音少改變而得之又言前人安特羅拔加之書最爲可恃其第五卷論阿布里亞之酒類曰該處橄欖生長最大因地氣久熱則流出最佳之膠質醫士謂之以里米膠然以里米與代司可立弟司書中所稱義的約比阿橄欖大約不相關而亦無證據得知其質從義的約比阿得之又一千六百五十年保希捺所

作之書論以里米不指明某處某樹得之

亞美利加早有人得一松香類質其性情與以里米大同小異卽如馬克古拉弗云巴西國有樹一種名依幾指里比此樹自流出之松香類最香其香似新搗碎之阿尼士末子（卽蒔蘿子）代馬克古拉弗作書者特來脫云此種松香質從新西班牙洲運來又有人從巴西國取之出售昔時歐洲各國所得之以里米俱從亞美利加運來而常有假者其材料用黃松香並松香油與司配克油有薩弗里設方作此物又有奇布特與陸替兩人云兩種以里米從亞美利加來一種從巴西國來遮弗離以爲假物而近時用以

里米者最喜此種、因其香多而有趣、此因其自散油多、如此以里米實從巴西國而來、則想爲馬克古拉弗所說之依幾楷里比樹所產、即特看杜辣所稱爲依幾揩里比依幾揩、又如馬替奴司所著巴西國藥品書第一百十八頁內云、西方所產以里米、其行氣之性與治病之功用、較巴西國別種波勒殺末松香類更佳、亦爲此樹所產、又云此處又有數種依幾揩類之樹、爲天生者、其所產波勒殺末乾時謂之以里米與阿尼米、

數年內倫敦出售之以里米、從呂宋而來、其質塊形、其色淡黃、內質軟、而其質大略與濃蜜糖同濃同形、其香與弗

尼里同、即與墨西哥國所來者同香、有人疑此質從墨西哥國西口亞加補可運至呂宋、在呂宋出售伯路第在呂宋列島內從脫里平他西依類之樹得一種質、與以里米大同小異、

有一種尋常橄欖樹、即倫弗之書中名曰西風看拿里由末、在產香料之各海島內種之、得其仁、此樹在錫蘭亦種之、所產松香類質、據倫弗之書、白色而有黏力、其濃略與牛羊油同、漸變黃色、其新鮮者發大香、又言其野生者其體與色與臭俱與以里米膠相似、可代用之、英書云以里米大半從呂宋得之、

英國亦有從墨西哥徑得以里米、即如爵人科子活特從墨西哥自運此物、將若干送與英國醫士蒲特蒲特交來拉查驗、另送樹身與枝葉及果、而其葉與果惜已從樹枝落下、難知其原在何處、此爲可疑之事、從此各物能定其樹爲依拉夫里由末類、又知此樹爲新種、所以來拉命名曰產以里米依拉夫里由末、大約昔時所言新西班牙所產松香類質、似乎以里米者、係此樹所產、

產以里米依拉夫里由末 來拉之名

樹高十二尺、榦徑三寸、其木白色、鬆如海絨、其皮略厚十二分寸之一、面有皺紋、色紅櫻、外面有灰色薄皮一層、常

有石蕊類生於外面、樹枝不直、多彎曲之形、小枝平滑、稍有成角之狀、有細線紋、又多彎曲之形、葉從副葉處發出、似翎毛形、各葉不等、其通花串之榦似齒形、分葉三對至十對、相對排列、面無點、形狀各不相同、大略爲卵形、其尖或鈍或圓或全、或似尖卵形、其邊有參差牙齒形、其末者尋常長而銳、其旁者間有分開、或分三分葉、或分如翎毛、葉莖亦似齒形、而其下一對分葉最爲相似、又有分葉爲長方形者、又分成極銳之分、第其葉俱爲平滑、上面發光、其花尚未見之、果似卵形而略銳、外皮厚而韌、自能劈開成兩分、顯露種子、黑色之頂、其子之下半有紅黃色之體

圖之其形似子連衣即若干書中所謂薄膜包其軟質此膜刮之則發以里米香甚大其種子爲獨者似卵形常有一箇不成熟子瓣螺旋形摺疊排列根芽向上發此樹產於墨西哥國近於華沙加

醫士苦里司脫生將錫蘭島所產生波勒殺末看拿里由末之松香類質寄與沛離拉其香與形狀與以里米大同小異又有一種松香類質呂宋謂之阿婆辣白里亞此質與以里米相似波潑以此質爲白色看拿里由末樹（即白橄欖）所產者此樹在呂宋列島常見之

如摩鹿加列島所產松香類質爲行貿易之貨則可明英國多年從荷蘭國收一種以里米之故此事爲昔年剝美所說者而沛離拉查此事不誤以爲其以里米必從荷蘭屬地運出者

由此可知以里米可分爲三類依其產處而名之如左

呂宋以里米此質大略爲尋常橄欖樹所產者此爲立尼由司之名觀倫弗之書第二卷第四十七頁又記尼榦之書第七卷第二頁

巴西國以里米產此質之樹爲依幾指里比依幾指觀馬克古拉弗之書第九十八頁秘瑣書第五十九頁馬脊由司書第二十二頁

墨西哥國以里米爲產以里米依拉夫里由末樹所出者此爲來拉之名

以里米之成色與形性自與出處有相關故常有不同之處而其形大略如蠟色淡黃久之則變深黃間有帶綠色者其質或軟或硬或乾或濕與其新舊或化散自散油之數有相關其香亦各不同有難聞者有可聞者間有似弗尼里之香其新者香愈分明間有檸檬香者以里米幾全能消化於正酒醋內其假作者係深黃色與黃松香略似其香似脫里平他西依之類化學家曾那司特化分以里米得松香類質六十分顆粒形質名以里米尼二十四分

能在冷酒醋內消化又得自散油一二·五分苦膠質二分雜質一·五分近時所得者其自散油之數必更多於此數

功用　行氣藥前時阿却由司油膏中用此質

以里米油膏

取法　將以里米四分兩之一尋常抽膏一兩融化之以佛蘭絨漉之連調之至結成爲度

荳科（西名里故米奴西依殊西亞之名俱爲成莢爲果之植物）

里故米奴西依科其西音從里故末得之即有莢之意而爲植物內大類之一可分爲數科尋常排列之法分爲三分科一名含羞草科二名蘇木科三名蝴蝶形科

第一分科　含羞草科西名米摩薩依波郎之名又名米摩薩茲

此分科內之植物其花合法而成尋常在榦上遞更排列或成頭形萼瓣與花瓣四出至五出有外套形鬚多或不相連或在下相合

含羞草科之植物地球熱地遇見甚多北溫帶更少南溫帶甚多地球面熱乾之處常有此科之樹有數種流出樹膠而其皮或木或果成收斂性之料

阿指西耶特看杜辣之名立尼由司列於繁生同樹有雌雄

其花爲繁生者萼分四出至五出有齒形花瓣四出至五出或相連或不相連成四箇或五箇花瓣花鬚之數不定

少至八箇多至二百箇或分開或合成叢不定其莢無汁而乾分爲兩片種子無濃漿其樹或矮或高或無刺或有刺或有似副葉之刺或有散於各處之刺花黃色或白色間有紅色成球形之頭在榦上遞更排列有數種放出膠類質又有數種其木或皮或莢內存收斂性之料

阿指西耶樹膠此爲樹身流出之膠質然不能定其樹屬阿指西耶之何種又名阿拉伯膠

樹膠有多樹出之乾暖地土之樹有之者多自古以來各國必當知之即如希臘古時詩人常言之近時阿非利加人將此物運至歐洲各國出售古時亦略如此因歐洲工藝與藥品準用多樹膠故阿非利加東西兩岸並埃及阿喇伯印度新荷蘭好望角等處出此物甚多一千八百六十四年之英書云此膠大半在阿非利加之東邊哥爾多番聚合而從亞勒散得黎口岸運往歐洲

第一種阿拉伯膠此藥眞定此名以爲阿喇伯所產之物從阿非利加運至亞丁出售者甚多然依馬可磨生之說在阿喇伯產者甚少前時在上埃及與努比阿產此膠又有法國人伯勒末云此膠在哥爾多番內取之甚多最多者在罷拉地方於西歷十一月十二月正月取之此膠爲上等者而誤爲阿拉伯膠每年從罷拉用駱駝帶至尼羅

河唐加拉而從唐加拉運至改羅又從改羅分運至歐洲各國其曠野之地多產阿指西耶類之樹所以從紅海之各口送至對岸即阿喇伯各口又從阿喇伯運至孟買從孟買運至英國此膠大略爲數種樹所產即如西亞勒阿指西耶依倫白爾阿指西耶絞形阿指西耶又眞阿指西耶與阿喇伯阿指西耶所產之膠甚少

伯勒末云哥爾多番所產之膠樹其樹與葉與刺之形狀與眞阿指西耶即尼羅河米摩薩之形狀大不相同

遊覽家正斯吞近於哈懷施之時有人送與軟阿拉伯樹膠一塊重約一磅其味最佳似新鮮之麥穗又云產此膠

之樹俱爲長刺米摩薩樹此樹之高足容人騎馬行於下疑此樹爲綾形阿揩西耶或西亞勒阿揩西耶

第二種塞內加所產之樹膠此膠從泡唐狄克與塞拉勒窩內並塞內加河邊之法國屬地而來大半在塞內加北面曠野處產之

前有一書論塞內岡比亞之植物內言其淡色上品之膠爲羞性阿揩西耶所出又其粗而紅色者爲略白色阿揩西耶所出即韋勒特奴所謂塞內加阿揩西耶並阿但孫阿揩西耶所出但塞內岡比亞亦產西亞勒阿揩西耶眞阿揩西耶阿喇伯阿揩西耶三種故疑西邊所產之膠質

亦有數分爲此種樹所出者

第三種巴巴黎樹膠爲阿非利加西岸麻加多所產者產此膠之地面與產前種之地面略爲同形然此膠爲次等者係數種膠雜合而成

有一樹名成膠阿揩西耶即產膠者或以爲阿拉伯膠亦爲此樹所產有遊覽家綽克生云產膠之樹土名阿他來

第四種印度膠此膠大半從孟買運往歐洲而從阿喇伯運至孟買又從阿非利加運至阿喇伯但孟買與加爾各揩亦有一種膠出口係印度所產者此種土名罷婆勒膠又名加的膠此膠爲阿喇伯阿揩西耶樹所出者其成色最佳印度又有一種樹名色里薩阿揩西耶又有一種名代扣里亞阿揩西耶又名代尼西亞捺阿揩西亞俱出樹膠

第五種阿非利加好望角亦產一種膠或言爲楷羅阿揩西耶所出者醫士巴潑論好望角植物藥品書云好望角之膠爲粗惡阿揩西耶所出者住居本處之人名曰杜爾捺布米又云有一種上等之膠爲其拉夫阿揩西耶所出者本處之人謂之楷米勒杜爾捺此樹在好望角之界外產之

第六種新荷蘭所產之膠係蔓形阿揩西耶所出者

由此可見出膠之樹甚多不能一一論之祇能將其產上等膠而多人所知之樹詳細論之如左

眞阿揩西耶（韋勒特奴之名立尼由司名曰尼羅河米摩薩）

此樹高矮適中如第八十圖其刺成對排列形直而尖長約四分寸之一至半寸葉分雙翎毛形面平滑樹枝亦平滑有紅棧色皮有兩對翎毛形之葉分葉小八對至十對形長面有線每對之間有核形花成黃色球形之頭在葉榦間角發出其

第八十圖

數自二至五有花莖莢似串珠形直而短內含種子少此樹產於埃及國而遍通阿非利加至塞內加止古人用一種收歛性之膏謂之阿指西耶係此樹與同類樹之莢所成來拉在印度街市內向土人購阿指西耶所得者即為此膏

如將樹膠以水消化之成膠漿此漿為數種植物所含者如阿指西耶類之樹放流質膠遇空氣不久即硬在一樹上可見無色者並各種深淺黃色者其塊乾半透明略為圓形大如小豆或有更大者間有成碎末者面有皺紋質脆易斷成粉其折剖面如玻璃光色無臭味淡少甜而有

膠味重率得一·三一至一·五二能消化於水又能令藍色試紙變紅其細塊常有人揀出其價更貴謂之上爾其膠又名揀膠其次等者塊更大而參差色更深所含異質更多更難融化樹膠加熱則每百分放水一七六分如燒之則每百分成灰三分其灰大半為鉀養炭養與鈣養炭養另有鐵養少許此膠每百分含能消化之膠質七九·六分此質謂之阿拉伯尼有淨膠之性情其式為炭輕養或為炭輕養此為果皮格之式此質之式與蔗糖之式相同不能消化於酒醕內如在水中消化之膠合於酒醕則其膠結成沉下又如將鐵綠與其膠水和勻則成櫻色之膏質

如合於二鉛養醋酸或鉀養矽養則成白色之質英書云此膠合於二鉛養醋酸則成不透光之白色膏如合於硫強水加熱令沸則成糖類之質如合於硝強水加熱令沸則成茂雪克酸與草酸近有化學家化分之云阿拉伯尼有酸性能合於鹼類鈣養鎂養與鉛成質謂之鹽類質阿拉伯尼合於鈣養所成之質有黏力化學家牛包耳云塞內加膠並他種膠含此質

分辨真假　下等之膠常有阿非利加細膠在內如磨為粉者更有此膠間有人加小粉者然小粉可用碘之試法證之英書云如將此粉合於碘水不變藍色則知其不含

小粉

化學家比克亞士設法提淨黃色與不淨之膠其法用極淨硫養水消化之則其色能銷滅再用鋇養炭養收其硫養令變為鋇養硫養為不能消化之質可濾之熬乾之而得其淨膠觀藥品記錄第九卷第十二頁

功用　潤內外皮或用定質或用粉或用膠水即如白石粉雜水古阿以苦末之雜散與水杏仁雜散脫辣茄看得雜散並英書所載一切糖片俱用之

阿指西耶膠水

取法　將阿指西耶膠小塊四兩蒸水六兩置於瓦瓶內

以盞盞之屢次調和至全消化為度如有異質或雜質在內則用細紗布濾之

功用　潤內外皮可任取若干如藥方內用此物因欲合藥粉和勻而不沉下或欲合含油之質或含松香類之質與他藥和勻而不分開作此工夫時如加熱則有妨害

黑色兒茶　西名黑色加的主一千八百六十四年倫書與英書俱載之又名兒茶阿揩西耶韋勒特奴之名此料為其樹心之木所出

兒茶之源流不甚清楚然自古以來印度人必知之因印度人用檳榔椒時必將兒茶合於檳榔椒同食然印度國所有波斯國藥品書不載阿喇伯與希臘語之名然前有植物學家加西阿司阿薄拖以此藥為古時代司可立弟司書中所稱為里西由末而來拉已詳查里西由末藥得知為枸杞根之膏見來拉所作代司可立弟司之里西由末論在立尼由司會記錄第八本第八十三頁

近時各國有同類收斂性之膏數種係用數種草木所成或用其木或用其樹皮或用其果葉為之除兒茶阿揩西耶木膏外又有兒茶阿里楷種子即檳榔之子成膏質又有淡色兒茶即兒茶烏納揩里阿從此樹之葉作一種膏名曰日本泥土又名曰兒茶常出售者為方塊觀金雞那西依科之說一千八百六十七年之英書衹準用淡色兒茶而工藝

中最喜用其黑色者因其收斂性更大阿揩西耶樹之類其名大半恃木質樹皮與殼內所含收斂性之料此料為貿易中之要物又製熟皮工內多用之而作此工內最可貴之一種名黑色兒茶

兒茶阿揩西耶韋勒特奴之名

如第八十一圖樹高十五尺至二十尺間有高三十尺者其木硬而重內木深紅色或褸色外木白色樹枝有刺在副葉處葉似雙翎毛形共有十對至十五對分葉有三十對至五十對葉為長形面有線長短不等而在底之下邊成小耳形葉葉莖似角形如在乾土生長者下面常有小

第八十一圖

刺一行而最低一對葉之下有一大瓶形之核又在其末二對至四對之間有小瓶形之核花在榦上遞更排列或一朶至三朶在一處葉榦間角發出花多而色白萼生細毛分五出花瓣相合其邊分五分鬚多不相黏附其長較瓣多一倍子房稍有托線子房口與鬚等高莢直而薄平而光滑內含四箇至六箇種子此樹在印度國數處密樹林與矮山上為天生者觀陸克司白格所作印度科羅曼代耳植物書第十一本第一百七十五頁

兒茶在東方各國名曰古特或名曰古茶此質爲兒茶阿揩西耶木分出之膏質然因別種樹所成之膏與此有同性情亦以此名名之然其名不應用於樹身自流出之料如幾奴等與之混淆作黑色兒茶之法將其內樱色之木劈成薄片浸於水中沸之將水熬成膏西人可見初見此法係印度巴哈爾土人用之又在尼泊爾交界處亦用之又在印度西北見此法又在馬拉巴爾與暹羅國亦用此樹依同法造其膏一千八百六十四年之英書云黑色兒茶由印度北峨運至英國

兒茶阿里揩種子或作收斂性之膏觀檳榔一節又有兒茶名曰淡色兒茶西名加没比爾此爲兒茶烏納揩里阿樹之葉所作之膏觀兒茶烏納揩里阿一節

兒茶阿揩西耶尋常爲方塊或圓塊外面之色黑樱其新剖面或似土形或成層或爲光滑有數種極脆各種俱無臭味苦而濇後稍覺甜其塊之色外面較內面更深有數種用糠護之有數種用葉護之沛離拉查此葉係巫來由國之樹名波羅奴尼拿苦里阿所生

有一種兒茶阿揩西耶色淡然其深色與淡色者俱在印度加爾各搭街市出售其淡色者係北數省所產其深色者係北峨所產又有從孟買得深樱色兒茶然其兩種顏

色者或從一樹內能得之因極熱時或久有熱或久遇光能令其色更深而深色者較淡色者更重其質更密剖面更有松香類之形英書云淡色兒茶係兒茶烏納揩里阿樹所產又云新加坡與太平洋東邊列島亦產之

上等兒茶木其兒茶之大半能用水浸出之如沸之則更能多得其水或爲淡色或爲紅樱色依其濃淡爲主能令藍試紙變紅其味最濇如合於鋁養之鹽類則有結成之質又如合於鉛養醋酸亦有結成之質又如合於鐵養之鹽類質則成黑綠色之質又兒茶遇直辣的尼則結成一種質如豆腐之形所以此質在製熟皮工內多用之

英國兌飛化分淡色與黑色之兒茶當時謂之孟加拉兒茶與孟買兒茶所得各質之數合二百分如左

黑色兒茶	樹皮酸	一〇九	膏質	六八	膠質	一三	不消化餘質	一
淡色兒茶	樹皮酸	九七	膏質	七三	膠質	一六	不消化餘質	一四

兒茶所含樹皮酸質與没石子內所含者性情相似兌飛所得之膏質化學家謂之加的主依尼又名加的主依克酸取此物最易之法將兒茶浸於冷水內則樹皮酸質消化後其餘下不消化之質即加的主依尼其質不淨用酒醕消化之令再成顆粒其質即淨變成白色之粉細觀之則其顆粒如鍼形如絲紋其味少辣如合於鐵之鹽類質

則變爲綠色，其原質之式爲炭[二十六]輕[二十六]養[二十六]。

蘇比蘭詳考兒茶之形性，所考得之理云，黑色兒茶，卽北峨兒茶，爲各種植物收斂性質內之首，第二爲牙買加幾奴，第三爲安汶幾奴，第四爲淡色兒茶，卽印度兒茶，第五爲拉搭尼膏。其北峨兒茶八分所含樹皮酸質，與牙買加幾奴十分、安汶幾奴十二分、淡色兒茶十四分、拉搭尼膏十五分之樹皮酸質各相等。又此各種收斂性料，合於鐵綠水，所成顏色各不同，卽北峨兒茶變綠色，印度兒茶、或幾奴變欖色，拉搭尼變暗灰色，拖門替拉，或橡樹皮，或拳參西俗名蛇草變藍色。

試法　兒茶成色不同，常含異質在內，淡色兒茶應能全消化於沸水內，其消化之水，如添碘水，不變顏色，則知其不含小粉。如將黑色兒茶，卽重兒茶，以水消化之，則更難於消化。又如將以脫合於任一種兒茶一百釐，則所消化之質，烘乾之後，應得四十釐，能在冷水內消化，從此能知其含樹皮酸質之數。然最細兒茶，如用硫以脫，應得五十三釐，而最次者，應得二十八釐。此所得之樹皮酸質，必用二百八十度之熱烘乾，而後權之。

功用　爲重性收斂藥，在外科中用之，或服之俱可。

服數　將其粉以十釐至三十釐爲一服。

黑色兒茶雖其功力較淡色兒茶更大，而一千八百六十七年之英書不載此藥，不解何故。

審定以里脫路甫里由末樹之皮，卽阿非利加之塞拉勒窩內山所產之樹皮，土人謂之薩西樹皮，有令人嗜睡之性，又有惹胃之性，土人用此水試人有罪或否，如試此樹皮而無害，則其人無罪。此樹屬於含羞草分科。

第二分科　蘇木科西名西篩勒比尼依，又名西篩勒比尼阿茲類波耶之名。

此科內之樹，其花瓣幾爲合法之形，或稍似蝴蝶形，共有五箇不相連之花瓣，排列法如瓦背，鬚十箇，間有更少者，尋常不相連。

蘇木科之各種樹，在地球溫帶或熱帶遇見甚多，間有數類在更冷處見之，卽如粹草色爾西司，有數種其樹最爲可觀。又有數種其木色紅，有收斂性。又有一種產松香類之質，名曰苦爾罷里勒海密納，依亞所出之松香質，爲藥肆中常出售者，謂之阿尼米膠，有數種其葉與果有瀉性，卽如辛拏、加西耶，與印度棗等。

洋蘇木西名喜瑪托客西里木，又名堪比支喜瑪托西倫立尼由司之名，此爲其樹心之木切片者，立尼由司列於八筒鬚獨生

古人麻那弟士書中，言洋蘇木可爲藥品之用，自古以來用以爲染料。此樹原在堪比支海邊多遇見之，今西印度

列島並印度國內常遇見之西國所用者從堪比支與都拉斯牙買加三處得之

洋蘇木樹不大其樹枝之形如第八十二圖樹身不直生於乾燥處者有多刺生於濕處者無刺葉有兩箇至四箇

第八十二圖

從同處發出形如翎毛分葉或爲兩對或爲四對似鈍蛋形或似鈍心形尖向下花成穗莖短色黃萼瓣五出在下相連成杯形葉面紫色不多時即落花瓣五出似卵形尖向下而較萼瓣稍大鬚十箇底生毛莢如圖之二號小而薄如戈形其端尖內含兩種子莢之縫熟時自裂其分裂正在中間自行直裂觀司奴勒藥品書第二卷第十章第一至第四頁

此樹之外木其色淡去之不用內木紅色成大塊運至各國出售大半作染料木塊外面似乎黑色其內黃紅色木質硬紋細密而靱尋常出售者成片其重率得一·〇五七故不能浮於水面其大塊少有香味似馬蔺之根味少苦而澁微甜如合於水或酒醕則能收其有藥性之質如合於强水與酸質則其色更變光紅又有結成之質如合於鹼類質則成紫色如合於白礬鉛養醋酸或鐵之鹽類質

則有結成之質而鐵鹽類所成之質爲藍黑色如合於直辣的尼則結成紅色之片化學家舍夫羅勒化分其木得自散油質定質油或松香類質並櫻色之料內含樹皮酸又得膠性之質並數種鹽類質又得含淡氣之奇質有顆粒形謂之喜瑪替尼間在其木質內遇此顆粒又有用此木作紅色寫字之水此水化乾之時間亦有此顆粒顯出其味少澁微苦

功用　輕收斂藥又爲補藥

洋蘇木煎水

取法　將洋蘇木片一兩蒸水一升令沸十分時將畢加桂皮粉六十釐濾之加蒸水補足一升

功用　爲收斂藥治泄瀉病以一兩至二兩爲一服

洋蘇木膏

取法　將洋蘇木細片一磅沸水八升浸二十四小時再加熱合沸至化散一半爲度將其水濾之熬至將乾而以木刀調攪之作此工夫不可用鐵器

功用　爲收斂藥以十釐至三十釐爲一服

鬚三箇鬚

印度棗即菴弭羅西名他瑪印度用其棗肉所成之膏大半產於西印度列島並尼由司列於合

此種棗原爲印度所產自古以來用之爲食物又爲藥品

阿喇伯國人初得此物稱爲他瑪印度即印度棗之意西國之名從此得之

如第八十三圖樹高枝彎曲葉色嫩而可觀形短似翎毛

第八十三圖

形有分葉十對至十五對小窄而長其端鈍副葉小不多時即落花在樹枝之旁與端成穗形色黃間有紅點萼似圓錐形尖向下在其底萼瓣之外分爲雙脣形向內彎上脣分爲三分下脣寬有兩齒形花瓣三出生於一邊其中者似風帽形鬚兩箇至三箇相連且爲全者另有七箇甚短者無鬚頭子房有托線子房口圓錐形莢有細莖掛之寬而厚有或大或小彎曲形外有硬脆痂形凸點皮不分成分殼而皮下有木紋又有酸而紅櫻色之果肉種子三箇至十二箇不等子外有膜其形如片四箇鈍角面光滑硬而色褸在莢之凸面前人將此物分爲兩種一爲東他瑪印度其種子疑有六箇至十二箇又有西他瑪印度其種子疑有三箇至四箇然其子數不定不能依其子數分爲兩類

印度棗間有從印度國運其乾者因印度有兩種一爲深色者一爲淡色者如西印度列島內之人去其外殼存於溼糖或存於糖漿內至久不壞有人在印度將此果合於糖成數種可飲之質又用以陳魚故其魚謂之他瑪印度魚然藥品內所用之質係種子與莢中間之漿而種子與莢無功用

印度棗酸味甚大存久則變甜而少酸成暗色之塊內含其漿與繩形之條並種子與糖化學家夫格蘭初化分印度棗得檸檬酸九·四分果酸一·五五分蘋果酸〇·四五分鉀養二果酸三·二五分糖一二·五分膠質四·七分貝格的尼六·二五分海絨形質三四·三五分水二七·五五分共得一百分

英國運入之印度棗間有含銅質者故英書所設之試法將磨光之鐵置於其膏內略一小時之久如含銅必在鐵面見其痕迹

功用　印度棗爲涼性藥瀉藥如將印度棗之糖漿加以水則爲最佳之涼性飲物又可將印度棗膏以熱水沖之待冷時飲之其功用略同又法將印度棗漿二兩牛乳二升和勻沸之而分出所成之水

含此質之藥品　辛拏葉甜膏又倫書加西耶子甜膏

加西耶樹立尼由司之名列於十箇鬚獨生

其萼五出萼瓣在下相連大小不等花瓣五出亦大小不等鬚十箇不相連其上三箇爲短者不能常有花精其餘七箇俱有鬚頭長短不等鬚頭之頂有兩孔放出其花精子房有托線尋常似弓形莢似壓扁而薄內含種子甚多在熱地內或爲高樹或爲矮樹或爲草本葉成單翎毛形其端鈍分葉彼此相對葉莖常有核形花黃色

加西耶果肉又名常形加西耶立尼由司之名其肉從加西耶莢內得之又名瀉性加西耶

此物之西名易與桂皮類樹相混因其字相同爲羅耳烏司之類此樹與羅耳烏司之類毫無相關此樹產於印度

古時印度人用以爲藥從此阿喇伯人得之後帶往西印度列島種之今產此樹甚多其莢爲貿易之物又印度與阿非利加之北亦產此貨運至歐洲出售蘭特拉之書云埃及國所產管形加西耶生於阿甫替相近處離亞勒散得黎約兩日之程該處有此樹之小林人俱以爲最古者又言埃及國人喜摘其未熟之果

此樹最爲可觀其葉似阿書樹之葉其花似拉波爾奴末之花葉長十二寸至十八寸小葉四對至八對似卵形端少尖葉相對排列兩面平滑淡綠色長二寸至六寸闊一寸至三寸副葉極小葉莖圓而無核花串長一尺至二尺係倒掛者無花葉林特里云其下三箇花鬚之托線比其餘者更長鬚頭長形面有兩根線爲鬚頭分開處其餘幾箇鬚杵形其小端有放花精微孔子房細而平滑有一膛多種子無橫分開之處其莢圓柱形長一尺至二尺外面平滑少鈍熟時不自裂外面有直紋三條一箇與其餘二箇相對而有多橫隔分爲數假膛有子之膛祇有一種子有黑色之肉圍之此莢最爲奇異故有植物學家另設一類名曰加他安加婁司即瀉性莢之意然此樹原不必另作一類

其莢爲藥之幾分即其內之肉故以重而搖之不響者爲佳其肉略爲黑色有黏力味甜而不甚適口香小而不甚

惹鼻間有在出產處開其莢而取其肉成加西耶膏所以其膏內常雜種子與莢內之隔皮蘇比蘭之書云其莢每四兩含果肉一兩夫格蘭化分其肉得糖膠膏質植物直辣的尼哥路登海絨形質與水等恆里云其糖之味亦與肉味同不適口又言有一質有樹皮酸大半之形性

功用　爲微利藥如食其大服爲瀉藥

服數　半兩至二兩爲一服作微利藥然此藥有一弊常令胃中發氣尋常用此藥合於他質即如辛拏葉甜膏又爲加西耶甜膏

加西耶甜膏（此爲倫書之方）

取法　將甘露蜜二兩用玫瑰花糖漿八兩融化之添加西耶淨膏六兩印度棗淨膏一兩和勻熬之至合式之濃爲度

功用　爲微利藥以六十釐至一兩爲一服

辛拏葉（有一種名亞勒散得黎辛拏其樹名戈頭形加西耶亦鈍蛋形加西耶又有一種爲印度辛拏又名替納勿里辛拏爲印度替納勿里所産其樹爲長葉加西耶）

辛拏自阿喇伯人與歐羅巴人有往來以後方知之然所知者祇爲其莢而非其葉在印度等東方之國久用其葉爲藥尋常出售各種辛拏葉尚未定準何種樹所産其故因産辛拏葉之處尚未有西人遊覽查考之又因分種類以考出售之辛拏葉所得之葉雖分種類而不知其樹之種類相配與否第有數種其證據可恃即如福司指勒所設之名戈頭形加西耶即長尖如刀形之葉此名不甚合宜因阿喇伯與埃及等國所産之辛拏葉長而尖易於混淆故改其名曰福司指勒加西耶其舊名曰藥品加西耶

一千八百五十一年之倫書仍用此舊名

第一種戈頭形加西耶一千八百五十一年之倫書謂之藥品加西耶如第八十四圖從來拉所作雪山植物書得之此爲矮樹似樹之植物存一年即枯萎者高二尺至三

尺葉甚多種於圍內花開甚繁其榦直圓平滑向頂略有彎曲形葉遞更排列似翎毛形其端有切斷之象分葉五對至八對葉莖短而在上半樹分葉之形尖如刀在下半樹分葉之形如尖卵又稍有長尖銳形上面平滑下面少有細毛嫩葉之細毛更多其脈向內排列而成彎形之內邊線葉莖無核副葉有嫩刺形又似不全戈頭形又似伸開而形甚小花串從葉榦間角發出而生於樹梗之端花直立而較葉稍長子房綫形外面有細絨毛又似鐮刀形子房口平滑而彎莢如圖之三號爲掛者其皮如膜而平惟有種子處則凸形長間有橢圓形似乎直其上邊稍有彎形而向底忽然少成尖形頂上有圓形色椶內含種子五箇至八箇色白面有皺紋如圖之二號植物學家葩脫納書第二本第一百四十六頁有此種樹之圖然疑其樹爲福司指勒書中第一百十一頁所記之藥料加西耶其圖合於此辛拏葉之式其論此辛拏葉云所有麥加與羅昤基之辛拏樹其葉有五對至七對分葉似長刀形此爲其書第八十五頁之說福司指勒又云此種葉

第八十四圖

每年從阿婆阿里施送到熱他口出售者甚多、皮司酤酉謂之輕瀉性加西耶、又謂之藥材加西耶、此辛拏葉可分爲數種如左

（甲）　戈頭形加西耶、此爲大半植物學家所用之名、然海納書第九章第四十一頁內、謂之銳葉加西耶、又有尼斯與依不没所作之書第三百四十五頁、亦有此名、而司弟分孫與尺氣勒兩人之書內、第三十圖謂之辛拏加西耶、其圖之形狀、似乎亞勒散得黎辛拏、觀第八十五圖之甲、其葉小、又似英國博物院所存之葉、爲塞那爾地方所出

此爲各智此樹在西愛尼郎阿蘇恩之南與東曠野地山氣之說

谷內見之、聚合送至改羅口出售、所謂亞勒散特黎辛拏、每五分內有此葉三分

（乙）　銳葉加西耶、此爲特里勒伊孫白格依不没之書第三百四十六頁所用之名、觀第八十五圖之丙、其葉比前者更窄、而向頂更尖、大約因地氣乾而水土不肥、應有此形、此葉與孟買所產之辛拏、大同小異、如陸脫拉醫士所作植物書、內載數種印度所產辛拏、亦與此不甚懸殊、又有阿非利加從他潮拉起、至巴白曼德海峽止、所產之辛拏、亦有大相同之處、

（丙）　長葉加西耶、此名爲印度督納勿里所產之辛拏、係

猶士所種而定名、又來拉在薩哈倫波爾所種者、謂之戈頭形加西耶、觀來拉所作雪山植物書第三十七頁、又在孟加拉有韋得所種者、觀第八十五圖之乙、又觀英國博物院所存之樣、又有茄脫納與陸克司白格兩人所作印度植物書第二本第三百四十六頁、謂之藥品加西耶、又有醫士奇蒲生、在印度埔拿種之、

醫士波郎云、在印度古塞拉德、見戈形辛拏葉、此近於開拉、其園內所種辛拏葉、如送至西國出售、則爲上品辛拏、來拉查倫敦各植物院內所有此三種辛拏葉、不能分辨、清楚、又將薩哈倫波爾之辛拏葉、與孟買之辛拏葉、即印

度運至英國之辛拏葉比較之、無有分別、又有亞丁之馬可磨生醫士將該處出售之辛拏没扣葉、與印度者相比、無有分別、又云、此葉雖爲阿非利加所產者、而與阿喇伯所產辛拏葉、無有分別、在街市出售、此兩種葉不分開價、亦相同、

第二種蛋形葉加西耶、此種葉在米拉藥品字典第六百十三頁論之、又奇布特謂之古賓加西耶、此種或謂與前者不同、因有人言其葉莖之底有一核、又每對分葉間亦有核、分葉三對至五對、其葉正爲銳橢圓形、下面少生毛、其氣膛薄而淡黃色、而較鈍蛋形加西耶之葉小三分之

一或言此樹在努比阿與非三兩處遇見者甚多而的黎波里所用之辛拏全為此樹所產其葉最似藥品加西耶之一類又司弟分孫與尺氣勒之藥品書第三十頁所有辛拏加西耶之圖在沛離拉書內云與蛋形葉加西耶極相似而林特里云其圖與特里勒書所謂銳葉加西耶大同小異米拉與特倫司兩人云除常出售之葉與果外無別法能知其樹但奇布特書中云此為古實加西耶然其書中不提及哥拉屯書第十五頁戈頭形加西耶之已戌兩圖反言此辛拏葉正與納克士書第二頁所謂拏比阿之辛拏相同

第三種福司指勒加西耶此種葉在福司指勒與林特里植物藥品書第二百五十九頁謂之戈頭形加西耶分葉四對至五對未有更多者形長其端或銳或鈍不定斷無有蛋形或戈形面不生細毛最嫩時亦無有之葉莖常有小圓櫻色核在其底稍向上之處莢直立而長向底斜形鈍發腫長尖銳稍似鐮刀形嫩時更如此少有粗毛排列甚稀觀林特里書丑內兩圖醫士非沙在發脫美山谷所有櫻櫚類樹園內得此種辛拏葉而在西二月底開花福司指勒書中云分別此種葉之植物為葉莖底之核又在蘇爾佗特與摩爾兩處亦得此葉阿喇伯人謂之辛拏葉

或者阿喇伯出買之辛拏葉係此樹所產拔脫指以此樹為舌形加西耶此葉較別種所作藥材之辛拏葉更佳

第四種鈍蛋形加西耶此名係哥拉屯所設在海納書第九卷第四十二頁亦論之又在尼斯與依不沒之書第三百四十七頁中論之此為纖形之植物葉似相等翎毛形無核分葉四對至六對其面間生細毛如呢此為陸克司白格之說其形如蛋尖向下而鈍其端稍成長尖在底各葉不等其末一對更似劈形而更大副葉為三角形窄而尖少硬而伸開花黃色成串形花葉蛋形心形尖形其面凸每花葉祇有一花莢寬而為膜平滑新月形兩端圓在兩箇分殼之兩面有一雞冠形凸體則各分殼之中成凸邊而不斷種子數六箇至八箇其形如劈面有皺紋與藥品加西耶相同此樹產於阿非利加自塞內加爾起至尼羅河止（觀塞內岡比亞植物書）又在非三有醫士烏突尼見之（觀波郎之書）又在埃及國從改羅起至阿蘇恩努比阿蘇勒他里相近處阿地立止（見阿比西尼遊覽書）又在蘇士曠野叙利亞印度乾燥處開拉（觀本斯之書）又在印度古塞拉德與德干（觀賽克司之書）又近於德列與倫古施山谷近於排紹嘰（觀法可那之書）又在賓索爾之高燥地（觀陸克司白格與韋得之書）又有人在意大里種之謂之意大里辛拏又常出售之亞勒散得黎辛拏常有此辛拏

葉雜於其內。
此種辛拏與他種大有分別，其葉爲鈍蛋形，尖向下，莢有雜冠形凸邊，俱爲易與前所云尖葉者分辨之。陸克司白格名曰鈍葉加西耶，或爲見嫩莢而論之。因來拉與林特里俱將印度賣索爾所產者與阿非利加所產者相比，又如第八十五圖之辛爲略鈍葉加西耶，係海納所定之名。此種與其名曰鈍蛋形加西耶者，如第八十五圖之庚，分別極小，不足爲另一種，但恐阿非利加有兩種樹，極爲相似。醫士活立施云，印度辛拏與埃及辛拏大不相同，意欲命名爲白曼尼加西耶，尚未能定。又有前在印度公司之

人古蘭特在二月內於菲里查得此樹之葉與花，此樹有蛋形尖向下之分葉，如第八十五圖之辛，又有蛋形其端鋭，如圖之庚。又武弁韋斯台特在阿喇伯海邊摘辛拏葉，爲鈍橢圓形，面生毛，疑此樹爲特里勒所謂細密毛加西耶，或司拖大勒所謂辛没比里加西耶。此樹係拔脫措在麥加所產辛拏葉之內見之。
尋常出售之辛拏葉分爲數種如左。
第一種亞勒散得黎辛拏　此種辛拏如揀出其戈形之葉，則爲最佳者，然尋常於英國出售雜別種加西耶樹葉於內，即如戈頭形加西耶與鈍蛋形加西耶等葉，俱爲碎者，另有莢與碎葉足以相混，所以此種辛拏葉必揀出其眞者而去其假者，並去各異質，方可用之。其揀成之亞勒散得黎辛拏色淡綠，少有香，葉爲寛戈形，兩邊不等，而較印度所產者更厚而更短。
如上埃及國努比阿塞那爾三處所產戈形葉辛拏樹，每年能採葉兩次，其法在春秋兩季折其樹枝，置於日中曬之，後將葉摘下成包，送至聚會之處，以後送到改羅相近處婆辣出買。昔時作辛拏葉貿易者，常將戈形辛拏葉五分合於鈍蛋形加西耶葉三分，此葉從埃及他處與叙利亞邦得之，又雜阿爾搿勒盎難苦没葉即蘇勒奴司脫瑪

二分雜於其內，後從亞勒散得黎發至歐洲出賣。販藥材之人另加成樹形可羅替亞並没爾他葉苦里阿里亞兩種葉在內，有人常言此事之弊，勸人不買此種假藥，故近今出買者大半不過雜鈍蛋形加西耶與戈頭形加西耶。沛離拉云，已見出售之一種葉[illegible]重辛拏葉，其實非辛拏葉，而爲阿爾搿勒之葉，然其價比辛拏葉更貴。又苦里司脫生云，所有出售之揀淨亞勒散得黎辛拏葉亦常合阿爾搿勒葉。
亞勒散得黎辛拏葉有人謂之巴勒脫辛拏。
第二種印度辛拏　又名替納勿里辛拏，英書謂之長葉

加西耶（此爲物美爾之名）此葉初在印度替納勿里北緯十二度之處有西人猶士種之其種子或從阿喇伯得之或將阿喇伯所產辛拏没加葉揀出其種子而種之即如來拉在薩哈倫波爾種辛拏亦照此法得其種子（觀雪山植物書第三十七篇第一百八十六頁又加爾各搭醫學公會書第五本第四百三十三頁）來拉亦有替納勿里辛拏種子從英國送至薩哈倫波爾送往之人係英國墨脫揩弗伯而此種子與前得之種子以同法同處種之其葉無有分別其替納勿里辛拏尋常種之合法如有異質則在本處揀出而後出售其葉爲美觀淡綠色雖大而質薄長一寸至二寸其形眞爲戈形韋得云其色較青豆色更

淡質最薄有膜質形不脆彎之不斷其臭酸如醋即似在烘乾時發酸而成醋酸等質如存之甚久則漸減輕甚多苦里司脫生云英人最喜此種而不肯購別種即如本城（蘇格蘭會城）用此種辛拏葉比別種更多醫士湯勿生云此辛拏葉不惹人腸胃其瀉性最爲可恃又不令人腹痛而替納勿里初種此物之人已没有接手之人仍在彼處種之薩哈倫波爾辛拏該處所種之辛拏較前者無大分別惟其葉更小此因種之之處更向北即略北緯三十度故應更小來拉在薩哈倫波爾醫院內常用之凡人服之定有瀉性而不令人吐又不令人腹痛又有醫士土愛凝在加

爾各搭公醫院內將此葉與四十五箇人服之報於醫學公會中云此辛拏葉已屢次試之從未用過比此更佳者如第八十五圖甲爲戈頭形加西耶乙爲替納勿里辛拏

第八十五圖

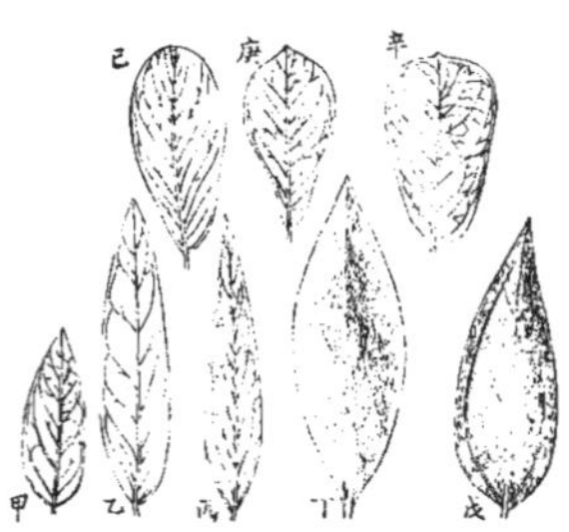

丙爲鋭葉加西耶丁爲阿爾毎勒蓋難苦没即蘇勒奴司脫瑪戊爲没爾他葉苦里阿里亞己爲阿普里替勿路西亞庚爲鈍蛋形加西耶辛爲略鈍葉加西耶

孟加拉辛拏　近有人在孟加拉種辛拏一千八百四十三四十四兩年內所出之葉共有一萬一千五百三十六磅此辛拏原爲替納勿里之種子土人種之其性與猶士所種之辛拏略同向來不甚著名又揀去異質之工不能認眞苦里司脫生云其葉較孟買辛拏葉更長而無有孟買葉之長尖其分別祗因存貯之法更善其瀉性更大故人更喜用之

醫士賽勒寄書於印度公司云孟加拉國家醫院用本處所產辛拏葉余觀之與亞勒散得黎辛拏相同又云印度辛拏葉俱爲戈形者

以上三種辛拏葉俱爲戈頭形加西耶之一種謂之長葉加西耶而其葉長短之故在乎種法與地位有分別

第三種阿喇伯辛拏　此又名阿非利加辛拏又名孟買辛拏亦謂尋常印度辛拏土人謂之辛拏没扣此葉先從阿喇伯運至孟買而從孟買運至歐洲各國此辛拏葉係英國所用辛拏葉之大半其據不惟看進口各貨之賬而知之又可觀沛離拉書將各種辛拏葉之數比較而知之此辛拏有幾分產於阿非利加即前醫士馬可磨生之說亦有此意然其大半爲阿喇伯所產其樹或爲戈頭形加西耶之分種名鋭葉者或爲福司指勒加西耶所產其分

葉薄而似戈形尋常不碎爛長一寸至一寸半較晉納勿里與薩哈倫波爾所產之辛拏葉更窄其故因產此之地土更瘠地氣更乾其色淡綠常有深欖色葉雜於其內又有莢或葉莖或他異質然此辛拏葉之上等者更佳如能揀選之則功用更大而出售之價更貴印度各醫院常用此辛拏葉且有多人信用之

第四種的黎波里辛拏　此辛拏產於非三運至的黎波里出售此與亞勒散得黎辛拏大同小異然雖其葉更淨而其名差遜其故或因葉更碎爛又葉莖常存於內其葉較戈頭形辛拏葉更短其尖更鈍即更爲卵形者故或言此辛拏爲蛋形葉加西耶樹所產即古賓加西耶然另含鈍蛋形加西耶之葉此樹係醫士烏突尼在非三查得之

第五種亞拉波辛拏　近時英國不多用此葉此辛拏葉內雜鈍蛋形加西耶葉又有他種辛拏亦雜此樹之葉如意大里辛拏葉等醫士恩司里云印度所有辛拏葉爲印度所見之獨一種孟加拉之辛拏葉非此種又依賽勒之說孟加拉今常用之辛拏葉並非此種此亞拉波辛拏之瀉性更不足恃又令人欲嘔而腹痛

辛拏葉所含異質　尋常出售之辛拏葉揀出其葉而去其葉莖與他種樹葉及夾雜之物如土與棗核等件其莢

亦有瀉性惟不及葉之重前阿喇伯人專用其莢而不用其葉又其葉莖疑亦有瀉性惟夾雜之物大半爲他樹之葉即如阿爾猝勒葉如第八十五圖之丁其葉之形易於分辨形如戈頭左右兩邊相等質厚如皮而其色較貢辛拏葉更淡其瀉性不定間有令人腹痛而瀉又如阿普里晉勿路西亞如第八十五圖之己似蛋形尖向下其葉之脉從其葉心橫達至葉邊而不成葉邊之脉又有一種成樹形可羅晉亞又名膀胱辛拏葉似蛋形而在葉之底左右相等又有没爾他葉杏里阿里亞其葉有濇性尋常爲碎爛者葉心兩邊有一堅固之旁脉如第八十五圖之戊

昔時埃及國有人常將辛拏葉與他種葉相雜後因各國醫士常指出其差故近時不常有此弊在印度有一種葉名爾愛蘇拏葉觀菊科

形性　辛拏葉香淡鼻不喜聞其味稍有膠味又苦而可憎化學家拉寫尼與弗奴微勒化分亞勒散得黎辛拏得膠質阿勒布門克羅路非勒定質油自散油少許黃色植物顏料又數種鹽類質其性情大半藉一質名加他替尼醫士言此質能自融化不能成顆粒其萊亦有同性之質惟不含克羅路非勒又有化學家黑勃來納已試驗加他替尼言爲暗欖色明光之膏其臭可憎其味酸苦而可惡

在酒醑與水中俱能消化此膏質化分之得植物配質與鹼性本質之鹽類及欖色苦味膏質又云此質無有辛拏葉之瀉性自將辛拏葉一百二十釐成膏五釐與人服之毫不泄瀉又將十釐與人服之亦無功用後將此膏二十釐自服之亦不泄瀉待一小時半之久再服二十釐如是者四次竟不泄瀉故以此爲據

辛拏葉有藥性之料用正酒醑與準酒醑俱能收之又可用冷水或熱水收之如煑之而沸時太多則其有藥性之料已壞弟那已試辛拏葉何法得其最大之益處則知最妙之法將辛拏葉浸於淡酒醑內如用冷水則能分出其能消化之質與熱水略同又如用亞勒散得黎辛拏葉之上等者則所出有藥性之料其數較別種更多又查印度所產者則以替納勿里所產爲最佳又尋常印度辛拏葉比小葉之亞勒散得黎辛拏葉更佳其葉之瀉性未必與其含膏質之數有比例因將寶物權稱得辛拏葉七兩半用酒醑一分水五分共用二十流質兩浸之則其瀉性之料盡收於內所得辛拏浸酒較辛拏沖水之濃加四倍然有黑勃來納云用酒醑消化辛拏葉爲藥之料最不合宜又如將辛拏葉浸於酒醑內收盡其瀉性之料再以熱水沸之則仍有大瀉之性觀藥品會記錄第八本第四百頁

功用　有瀉性最穩而其功力最可恃大約感動小腸令腹多瀉以三十釐至一百二十釐爲一服可合於他料服之如下各方或合於武夷茶或合於咖啡飲之如法國人所作辛拏合咖啡之水

辛拏葉沖水

取法　將辛拏葉一兩薑片三十釐置於有蓋之器內沖沸蒸水十兩待一小時濾之此沖水與倫書之方同較一千八百六十四年英書濃一倍

此沖水之臭味與辛拏葉相同明欖色常用爲瀉藥以一兩至二兩爲一服又常合於鹼性瀉藥或合於暖性或瀉

性之浸酒所成之藥俗名黑色藥水

辛拏雜水又名黑色藥水

取法　將鎂養硫養四兩甘草膏半兩辛拏浸酒二兩半白荳蔻雜浸酒十錢辛拏沖水至足用先將其鎂養硫養與甘草膏用辛拏沖水十四兩消化之少加熱亦可再添其兩種浸酒後添辛拏沖水足成一升

此爲一千八百六十七年所設之方前時所用之黑色藥水亦有相同之處

服數　一兩至一兩半爲一服

辛拏酒

取法　將辛拏葉二兩半搗碎之葡萄乾去子二兩芫茜半兩胡荽半兩準酒醋一升其餘作法與阿古尼低浸酒之法同

此爲熱性行氣之瀉藥尋常用此藥加入辛拏葉沖水每日一服加此酒一錢間有獨用其浸酒以半兩爲一服

辛拏糖漿

取法　將辛拏葉十六兩沖水胡荽油三滴提淨白糖二十四兩蒸水五升或足用正酒醋二兩先將辛拏葉在其蒸水七十兩內加熱至一百二十度浸至二十四小時爲止其熱度不可減少將其葉壓之其水濾之再將其葉與濾出之質合於蒸水三十兩以同熱度浸至六小時工夫再壓之而濾之將兩次濾出之水熬之至餘十兩爲度待冷加正酒醋合胡荽油再濾之而將其濾出之料以蒸水洗之至共得水十六兩再加糖少加熱融化所得之糖漿應有二磅十兩其重率應爲一·三三一〇

倫書用似茴香種子合於糖渣滓與甘露蜜代今所用之胡荽油與白糖

此料之味所存辛拏葉味最少服之則不覺嘔腹亦不痛定有瀉性倫敦數年內出售辛拏葉濃糖漿較以上者更濃又有一種謂之辛拏葉水膏係苦里司脫生最信用者

觀藥品記錄第三本一百十五與二百四十八兩頁此藥有數藥肆家作之出售

取法　將替納勿里辛拏葉十五磅以沸水用過濾之法收其藥性每辛拏葉重一分配水重四分即足置於真空器內熬之至十磅加糖渣滓六磅此渣滓必先熬之在水汽盆內至取出少許速變乾爲度已消化後則加正酒醋重率八三五者二十四兩如所得之料不足十五升則加水配滿其數每水一兩配辛拏葉一兩

服數　以二錢爲成人之一服其味如糖渣滓而辛拏葉可憎之味不顯又令人瀉而不致有腹痛或吐苦里司脫生告於來拉云有一患病者常服替納勿里辛拏葉所作

之糖漿食慣之後偶然誤用亞勒散特黎辛拏葉所作之糖漿則腹大痛欲瀉而不行其服數與他種辛拏葉之服數相同可見替納勿里等淨辛拏葉較他種辛拏葉更穩妥

辛拏甜膏

取法　將辛拏葉細粉七兩胡荽細粉三兩無花果十二兩印度棗九兩加西耶果肉九兩乾梅六兩甘草膏四分兩之三淨糖三十兩蒸水二十四兩各料備齊之後將其無花果與乾梅合於蒸水二十四兩置於有蓋之器內加熱令沸以四小時爲限後再加蒸水足以補滿其化散之

水再加印度棗肉與加西耶果肉調和加熱兩小時用細馬騣篩篩之而壓其果肉之細者過篩將其不過篩之質去之再加糖與甘草膏少加熱令其消化而乘其料暖和漸添辛拏葉細粉與胡荽細粉各物調和稱之如多於七十五兩則熬之至得此數如不足則加蒸水補滿其數

功用　爲輕瀉藥最爲穩妥以六十釐至半兩爲一服

無刺安弟拉樹皮又名茱頭樹

此樹產於西印度羣島其皮久有人用之爲殺蟲藥與吐藥前時阿書載此藥近時英國各藥書俱不載之

噚拜把　此藥爲多連噚拜菲拉樹刺其身流出之油香類質其樹之類海納書中所言者又有數種同類之樹亦產之又名噚拜把波勒殺末質

此藥爲馬克古拉弗與秘瓆兩人於一千六百四十八年初查出之然因秘瓆不畫其樹之圖而馬克古拉弗祇畫其果之圖則難定其兩人所查得者爲何種或疑爲雙連噚拜菲拉此爲韋勒特奴之名至一千七百六十三年有西人若干云西印度之馬的尼島有一種樹名藥品噚拜菲拉而西印度產噚拜把甚少大約俱爲此樹所產者然尋常出售之噚拜把係數種樹所產又有雙翅果科內有數種樹產一油質俗名木油與噚拜把極相似

尋常出買之噚拜把波勒殺末常在巴西國亞馬孫大河

邊之谷內而歪阿那與西印度列島所出售者甚少有數種樹產之

噚拜菲拉　立尼由司之名又列於十箇鬚獨生

其蕚無花葉分爲四分各分俱小散開無花瓣鬚十箇分開略等長向下彎子房壓平形有兩胚珠果成莢而有莖

第八十六圖

形爲斜橢圓韌如皮少有壓平之形有兩分殼祇有一種子其子橢圓形包於有一邊之子連衣其胚直小根略從傍發出此樹在亞美利加產於熱地其葉

遞更排列或爲相等翎毛形或不相等分葉或相對或遞更排列韌如皮不相等者甚少似蛋形間有有點者間有無點者此爲林特里之說尋常無副葉花葉張開時卽落其花在葉榦間角並在榦之端成遞更排列之繁花如第八十六圖

第一種滾司杜弗噚拜菲拉此戴分戴那書中所言者如第八十七圖分葉三對至五對兩邊相等其形鈍面有透光點葉似蛋形上端爲橢圓形葉莖與花莖少生毛生於聖保羅與迷那兩處

第八十七圖

第二種多連噚拜菲拉此爲海納之名其葉左右相等翎毛形分葉六對至十對間有向內彎者左右兩邊不等端長而尖面有透光點下葉爲長蛋形上葉爲戈形此物產於巴拉

第三種皮形噚拜菲拉此爲馬替由司之名產於聖保羅與迷那兩處

第四種歪阿那噚拜菲拉此戴分戴那之名產於里約內哥羅與巴拉等處

第五種瑪爾替噚拜菲拉此爲海納之名產於巴拉與馬拉恨

第六種光亮噚拜菲拉此爲馬替由司之名產於迷那日來斯與痾阿斯

第七種倍里起噚拜菲拉此爲海納之名產於里約與厄

斯脫勒拉

第八種藥品噚拜菲拉此爲立尼由司之名又者幾尼噚拜菲拉此戴分戴那之名產於西印度與委內瑞拉

噚拜把尋常雖以爲波勒殺末類實非波勒殺末因其內不含偏蘇以克酸或西捺米克酸其質爲油香類其色臭重率藥性俱依其屬於何種此爲馬替由司之說第一與第三兩種產聖保羅內最好之噚拜把第四種在歪阿那第二與第五種在巴拉第六種在迷那日來斯第七種在厄斯脫勒拉與里約第八種在委內瑞拉西印度此各種在其各處產最佳之噚拜把又有別數種所產之噚拜把

甚多而常出售之嘚拜把大略有數分係別種類所產大半出售之嘚拜把爲巴拉與馬拉恨兩處所產者而產之之樹大半爲多連嘚拜菲拉英國藥品書亦有此說苦里司脫生云有一種嘚拜把在英國屬地歪阿那出售者而產之之樹除第八種不在此內較以上各種更向北又近於痾里諾哥河然從未有植物學家往該處查其樹之歸於何種又有數種生於巴西國熱而濕之處其樹大所生嘚拜把最佳但在向內乾燥地如迷那日來斯等處所產者樹矮而小所產之嘚拜把松香類性更大西印度列島所產者色更深質更濁味更辣而其臭更與松香油相似

在此各處得嘚拜把之法在樹身鑽孔尋常在下雨時之後則其樹汁流出甚多秘瑣云數小時中在一樹內得其十二磅

形性　嘚拜把爲流質重率〇·九五質如油能透光而似淡麥紫色其臭大味可憎而辣如久遇空氣則變濃色變深在酒醕與以脫及油質內能消化而不能在水中消化此性情與別種油香類同如合於鹼類質則成肥皂如其肥皂在多水內消化之則凝結沉下化學家司拖司與掰罷化分之得自散油三十二分至三十四分黄色松香質即嘚拜把克酸三十八分至五十二分膠性松香質一·六五至二·一三分其餘爲水與耗散之質共合一百分其自散油可用水蒸出謂之嘚拜把油其松香質爲兩種料合成一爲嘚拜把克酸其質硬脆能成顆粒遇力低暮司植物顏料則顯酸性又能與本質合成雜質其原質爲炭$_{40}$輕$_{30}$養$_{4}$即與穀路夫尼或貝尼克酸同其餘質爲軟而棕色膠性松香質在陳久嘚拜把較新鮮者更多與本質之愛攝力更小亦不能在那普塔內消化易與前質分開化學家勞云濃硫强水合於嘚拜把成紫色略與魚肝油所成之色同又云此樹內大半所成之嘚拜把每百分合於硫强水二分或合於鉀養二鉻養成藍色自散油此疑其硬松香質

與養氣化合之故

嘚拜把尋常能在正酒醕內消化又能在等體積之徧蘇以內消化又如將嘚拜把四分則能消化鎂養炭養$_{2}$一分仍能透光

尋常出售之嘚拜把合於鉀養水或淡輕$_{3}$水俱能消化而成透光之水又在酒醕內亦易於消化一千八百四十九年法國人波西脫云有新嘚拜把一種亦在巴西國得之不能與鹼類水調和又不能全在酒醕內消化然在彼時所得者無有上等嘚拜把之香與臭又無其形狀與性情數年中有人將雙翅果科之樹數種所產木油帶至英國

出售其大半在緬甸之木爾門產之又從印度數處運出即如印度孟加拉有地鈴形弟不得露指披並同類之樹可得之其形性有數種與眞嘐拜把相同惟其色更深如置於瓶內塞密之加熱至二百六十六度則變定質此爲奇異之性情

試法　嘐拜把質應透光能在徧蘇以中消化應能消化鎂養炭養有一種次等者出售又有一種含松香油或數種定質油試之之法將少許滴於生紙之面如含油質則其油在紙內鋪散出售此物假者甚多英書所定之試法不準其面生霜又不準熱至二百七十度而變成直辣的

尼類之質

功用　此藥能感動內皮與胃內之襯衣即如在溺管其感動之性最重如食其大服則令人瀉並利小便又如於襯衣料之病如流白濁等亦可用之令其發出之質更少

服數　十五滴至三十滴或多至六十滴爲一服一日兩三服可滴於流質面服之或與他質合成漿服之或可用直辣的尼一薄層包於其外而吞之又可每十六分配鎂養炭養一分成丸服之此爲美國藥品書之方

嘐拜把自散油

取法　將嘐拜把一兩合於水一升半蒸之分出其油質

功用　此油無色味辛香如嘐拜把能在酒醕與以脫內消化其原質與松香油同即炭輕有人喜用之較別種嘐拜把料更佳以十滴至三十滴爲一服

第三分科　蝴蝶形科 西名巴披里啞那西依立尼由司之名又名巴披里啞那茲

花不整齊形如蝴蝶花瓣五出上兩出相連其下者有凸線形鬚十箇或合成一叢或分爲兩分一叢有九箇而其餘一箇獨立

蝴蝶形科之花易與別種花分別因其花形不整齊又可觀鬚數與排列之法果實有長莢樹之形狀又有法易與薔薇科之花分辨之因其花萼之獨一分常向前此科植

物天下各國俱遇見之而在地球排列之法可在各種類之說內特意言之其用處各不同

秘魯波勒殺末 此爲刺樹身所得之料大半產於亞美利加危地馬拉邦薩瓦多耳其樹名沛離拉米羅司卑麻末此爲來拉之名又名沛離拉米羅克西倫爲苦羅次書之名

到魯波勒殺末 此爲刺樹身所得之質產於南亞美利加新加拉拿大其樹名產到魯香米羅克西倫

秘魯與到魯兩處所產之波勒殺末初在一千五百八十年麻那弟士送至歐洲而言明之又於一千七百八十一年幕替司將此樹已開花之一枝送與立尼由司年少者以爲此樹產秘魯波勒殺末

到魯波勒殺末質據羅依士之說與秘魯波勒殺末質同
樹所出後多年有人以爲如是至密蠟在到魯迦大其拿
地方後面得其樹之種子方知其樹不同所以仍名曰到
魯波勒殺末又有洪波特與本布蘭特兩人在到魯取之
帶至歐洲而有公特定其名曰產到魯香米羅克西倫
又有里乂特詳細查此各種樹之性情云俱歸於若干所
言米羅司卑麻末之類後植物學家亦列於此類內又有
德國伯靈植物學家苦羅次書詳查已知之各種而言所
有產秘魯與到魯波勒殺末之樹俱爲公特所設米羅克
西倫之類此類內其鬚之凸線俱爲自落者而米羅司卑

麻末之類內其凸線不落然因以下所言沛離拉米羅司
卑麻末之花尚未有人詳細查之又因其樹與已知之米
羅司卑麻末之類相似故須仍存此樹原設之名觀苦羅次書之
書論本布蘭特之一章係一千八百六十七年九月十五日在亞諾威爾所作

米羅司卑麻末若干之名立尼由司列於十箇鬚獨生

其萼似鐘形稍分五齒形之面花瓣五出略有蝴蝶形上
花瓣最大鬚十箇不相連子房有托莖長形其質如膜胚
珠二箇至六箇其端有傍線形花心莖子殼之莖兩面有
凸邊如翼其頂最寬莖上有斜形之果熟時不自裂內有
一膛膛內有種子一箇或二箇種子如飛蟲形並有波勒

殺末形之質子瓣有肉形胚彎其樹之葉爲奇數而一箇
爲其端分葉有圓點間有線形之點

產秘魯香米羅司卑麻末此爲特看杜辣之名前人以爲
秘魯波勒殺末係此樹所產然其樹大約非眞產秘魯波
勒殺末之樹因其眞者土名幾奴幾奴常有人論此種樹
之說各不同又有一種樹爲羅依士書中所名曰產秘魯
香米羅司卑麻末其實非此樹而公特名曰生細毛米羅
司卑麻末又有珠西亞在秘魯國見一種樹謂之小花梗
米羅司卑麻末言此樹產秘魯波勒殺末
查秘魯波勒殺末樹最新之說爲沛離拉所作載於藥品

記錄書第十本第五第六兩卷一千八百五十年十一月
有南亞美利加危地馬拉之客商司根爾將樹之葉與果
送與沛離拉而言此樹即桑薩爾瓦多耳孫孫那德海邊
所生者而秘魯波勒殺末質係此樹所產初時以此樹爲
生細毛米羅司卑麻末即公特所設之名後知其樹不同
而與當時指出之同類樹俱爲不同又本書第三次印者
將此樹以沛離拉之名名之因來拉原與沛離拉交好而
沛離拉之書初論及之

沛離拉米羅司卑麻末此爲來拉之名而苦羅次書名曰
沛離拉米羅克西倫其樹枝爲桂形上小下大外面生子

日瘡形，無此形之處，則平滑而灰色，葉遞更排列，有莖奇數，一箇爲其端，尋常之葉莖似平滑而面有極細之毛，必用顯微鏡能見之，分葉五箇至十一箇，遞更排列，有短葉莖，分葉長略三寸，寬一寸又四分寸之一，尋常爲長形，或爲長蛋形，底或少圓，或少斜而忽收小，在邊外成一細尖如在大光內，用顯微鏡觀之，則有圓或長之明光點，其長而線形者，向其遠脉之方向排列，其葉脉之一分，並其葉之中脉，亦有細毛，用顯微鏡能見之，其花未知如何，其果有一膛，膛內一種子，子殼外有翅形，其殼熟時不自裂，果莖在底不生毛，在上有大凸邊如翅，其果與莖共長三寸

又四分寸之一，其連於花莖之端，圓而左右不等，在其頂上大而腫，且圓，其邊有一小凸點，爲花心莖之痕迹，子殼皮之中層，有絲形質紋，子殼內皮之外面有凹，內含黃色油香類質，久之則變硬，殼內種子，不連於殼之上，係乾者子瓣黃色，內含油，其香可聞，此種樹產於南亞美利加之孫孫那德海邊，

沛離拉得此樹之葉與果時同時寄書說明秘魯波勒殺末，係何法何處所產，前人以爲南亞美利加西邊數處產之，近時俱知秘魯國內斷無此物，而產之之處名曰波勒殺末海岸，在危地馬拉邦桑薩爾瓦多耳省之孫孫那德

相近處而產此樹之海岸，從阿梢由他拉海口起，至里白太特海口止，其土人將波勒殺末質，照時取之，帶至孫孫那德出售，土名黑波勒殺末，其取法，在應取之時割其樹而用火燒其樹皮，在所割之孔內，塞進爛布，則布能收其波勒殺末質，後將其布置於沸水內沸之，則波勒殺末浮於水面，用器收取，然所得之波勒殺末質，必須濾淨，方可出售，每年所出波勒殺末約二萬五千磅，爲中數，又有人將此樹之種子與果之內殼壓之，所壓出之稠質爲白色，謂之白色波勒殺末，或將此質與到魯波勒殺末相混，然其質大不相同，無有到魯波勒殺末之香，以上兩質之外，

又有一質，謂之波勒殺末，以拖爲香流質，中亞美利加有多人用之爲行氣治傷之藥，其作法，將此種米羅司卑麻末樹之果，取其內分，浸於勒木酒內，即成，

秘魯波勒殺末，爲濃而有黏力之質，如糖漿，重率得一·一五，其色紅機，幾似黑色，有波勒殺末之大香，味苦而少辣燒時多發煙，如在水中沸之，則分出一配質並自散油少許，其質全能在酒醕內消化，又正酒醕五分能消化其一分，如化分之，則得三種質，一爲西捺米以尼，又名司台辣西尼，爲奇性之辣油質，較水更重，每百分含水七十分，如與鉀養相合，則自能化分成兩種質，一爲西捺米克酸，與

其鉀養化合。一爲輕油類質。名秘魯非尼。其西捺米克酸爲拔勒殺末質之六四分。無色。有顆粒之形。能消化。又有一取法。將桂皮油露於空氣內多時。即成。又可將西捺米以尼。照前言之法化分之。其式爲炭輕養輕養。其新鮮之波勒殺末質內有秘魯松香質。每百分約有二十四分。此質之作法。祇令西捺米以尼合於輕養。故可謂之西捺米以尼輕養。此質久存之。則其油變化。令其質之數更多。而波勒殺末質漸變硬。

秘魯波勒殺末質。常合於蓖麻油與哥拜把等流質。作假以獲利。如將其眞者重一分。合於濃硫強水重二分。少加水。令淡。則應成脆松香形之質。

米羅克西倫公特之名

花鬚不多時即落。其餘各件與米羅司卑麻末相同。故另分爲一類。

產到魯香米羅克西倫。此爲洪波特、本布蘭特、公特三人所定之名。又有里乂特名曰產到魯香米羅司卑麻末。此樹與產秘魯香米羅司卑麻末極相似。其枝之面有干日瘡形。平滑。分葉爲等邊形。有七箇至八箇。葉薄如膜。似蛋形而長。其端尖。其底圓。面光滑而平。其通花串之莖亦然。伊孫白格書第三百二十二欵有此樹葉之圖。其葉與產秘魯香米羅司卑麻末極爲相似。故可以爲此樹所產。如迦大其拿之相近處土爾拉哥山。又馬加他勒那河與到魯之高平原。俱產之。

到魯波勒殺末。想爲上言之樹所產者。即從迦大其拿等處出售所裝之器具各不同。間有小卵形之葫蘆。羅依士云。所出買之質。祇爲秘魯波勒殺末。而其質已乾。又有醫士韋弟勒查得一質。在玻利非亞國之產秘魯香米羅司卑麻末樹之足以此質爲到魯波勒殺末。然其兩種波勒殺末質。產於何處。尚未能定。第常出售之秘魯波勒殺末。非秘魯國內所產。亦非玻利非亞國所產。又有化學家傅

里米云。到魯波勒殺末之原質。與秘魯波勒殺末原質相同。如用各法試之。則所顯之性情亦同。尋常出售者爲定質。其質乾脆。其色黃紅或紅櫻。新鮮者質軟。與濃蜜糖同形。所含之油更多。其香更大。味甜而微辣。

功用　能行氣化痰。其秘魯波勒殺末常用以數於久不愈之瘡。或能收其腐爛之料。又治久傷風。爲行氣與化痰之藥。以十五滴至三十滴爲一服。可合樹膠或雞子黃磨成漿。其到魯波勒殺末。較秘魯波勒殺末用之更多。

到魯酒

取法　將到魯波勒殺末二兩半。用正酒醕十五兩浸之。

約六小時或待其波勒殺末質全消化爲度後濾之再加正酒醋補足一升此浸酒較用倫書之方所作者濃一倍

服數　以十五滴至半錢合於應用之料成漿服之

到魯糖漿

取法　將到魯波勒殺末質二兩又四分兩之一提淨白糖兩磅蒸水一升或至足用將其波勒殺末質與水盛於合式之鍋內以蓋蓋之不可過密加熱令沸半小時屢次調攪之後離火加蒸水足得十六兩待冷則濾之加糖用熱水盆或水汽盆加熱令其全消化所得之質應重三磅其重率應爲一·三三〇此糖漿較用倫書之方所作者濃一倍

功用　以半錢至一錢爲一服則有行氣之性有醫士將此藥加入他藥內令其味能適口

含此質之藥品　徧蘇以捺雜浸酒鴉片糖片嗼啡啞糖片嗼啡啞合吃嗶喀糖片

替路楷蒲司　立尼由司之名又列於十箇鬚分兩叢

蕚分五出如齒形稍似雙唇形花瓣五出似蝴蝶形其花下一半之瓣不相連花鬚十箇花鬚托線相連之法無定子房有托莖胚珠少兩箇至四箇子殼略圓有壓平之狀熟時不自裂有膜形之翅圍之尋常中有皺紋其膛一箇至三箇每膛內有種子一箇至三箇似內腎形其樹或高或矮不定葉爲不等翎毛形花串從葉梗間角發出或從枝端發出花繁成密頭產於印度熱地阿非利加西岸亞美利加熱地其樹能放出紅色之汁此汁尋常有收歛性遇空氣即乾

替路揩蒲司木　俗名紅檀木又名散拖里尼替路揩蒲司立尼由司之名其樹產於錫蘭

阿喇伯國藝拉披恩等人之書中所言檀木分爲三種一爲白色者一爲黃色者一爲紅色者其黃色者最香即爲檀香木其紅色者無香貿易之人名曰紅色散拖木印度人名曰羅苦他稱屯然不惟散拖里尼替路揩蒲司樹產

此木即孔雀色阿弟暖替拉亦爲同類可通用之古時亦有人用此木謂之帕夫那木又有人言大勒罷各替路揩蒲司亦產紅色之木即安達曼島之紅木

散拖里尼替路揩蒲司樹　立尼由司之名又記尼所書中謂之紅色散拖羅木

如第八十八圖樹高分葉有三箇間有四箇或五箇遞更排列其形稍圓端鈍而有凹上面平滑花串從葉榦間角發出或爲簡者或爲分指者花瓣長似爪形有細摺紋齒形邊淚形之面其蝴蝶形花之上瓣爲黃色有紅色紋條鬚之托線有十箇分爲兩叢然據韋得與阿勒突生兩人之說分爲三叢一爲五箇一爲四箇一爲一箇子殼似圓

第八十八圖

形而有莖內有一種子一子殼之翅少有膜形與淚形此樹產於印度波勒加的山並錫蘭兩處

記尼𤙖書言此樹產紅檀木木色深紅又有更深紅色之脉質重而密磨而上漆可得光亮如將其木浸於水中則成美觀之紅色其樹皮中生紅色之汁記尼𤙖以此汁為常出售之龍血（即血竭）英國出售之紅檀木無臭味淡在水中能沉從科羅曼代耳與錫蘭兩處得之為最重之木塊與木片酒醋與以脫俱能收其色料而鹼類水亦有此性百勒替耶查此木內含四種質一為木紋質一為膏質一為沒石子酸一為散他里尼此質與松香類之形性有相同之處

功用　此木專為染料之用藥品中在臘芬大拉雜酒內用之得其顏色

幾奴（又名袋形替路措蒲司特看杜蕀之名此為刺樹身所出之汁熬乾之）

幾奴為常用之收斂藥常出售者為深櫻色角形小片質脆面光亮觀其形可知為一種樹內流出之質常出售者有數種而藥品書亦記錄產此質之樹有數種即如印度所產多綠葉波替亞所出之幾奴即為前阿書所載者而間有人出售當藥品之幾奴又有一種為新金山婆達尼海灣所產之樹名產松香類由措里普陀司俗名櫻膠樹為前蘇書所載之藥又牙買加所出幾奴與可侖比亞所出幾奴或將拉搭尼膏列於幾奴之類內又有人以為真幾奴由阿非利加西岸而來然近時所用幾奴之最佳者由印度國之孟買而來此事易查得其證據

查西國用幾奴之源流則知一千七百五十七年醫士福

地勾勒初用之藥品新報第一本第三百五十八頁云初知此藥係英國醫士哇勒非勒特告知之而得此質之處在阿非利加之岡比亞河故謂之岡比亞紅色收歛膠第在此時以前有磨那遊覽阿非利加之時得一種紅色膠係刺樹身而得者誤以為龍血又有遊覽家孟古龍克在阿非利加查一種樹為出幾奴者而住居彼處之葡萄牙人謂之血樹其帶回之樹枝等件有植物學家波耶詳細查之得知為刺猬形替路措蒲司樹此樹已在塞內岡比亞植物書內畫其圖而詳論之

幾奴之名之根原尚未查知極詳一千七百七十四年蘇

書謂之幾奴膠又一千七百八十七年倫書謂之幾奴松香來拉之意以爲得此名之根原由印度梵音居尼或幾尼印度所產多綠葉波替亞樹皮流出之質其梵音曰幾那蘇克（觀雪山植物書第一百九十五頁又一千八百三十八年五月亞細亞博物會書一本第五十頁）此會有孟買寄到之幾奴亦爲波替亞樹之膠沛離拉在倫敦老藥材肆賬房內查得一包藥料包外有紅色收斂膠字樣問爲何物答云此爲前時有名之藥其價最昂來拉查此質亦爲波替亞樹之膠而與尋常出售之幾奴大不相同因尋常幾奴想必爲袋形替路指蒲司樹所出者沛離拉云常出售之印度幾奴實爲眞幾奴膠有印度作

此貿易者云此膠爲馬拉巴爾海邊所產又云從孟買並印度西岸打拉者里出售又有孟買貿易記錄書言明孟買出售之幾奴俱爲馬拉巴爾岸所產者來拉在倫敦之印度公司館內查得幾奴爲安查拉看弟所產與今常出售之幾奴無所分別第不能查得其地在何處後有代耶云在打拉者里相近處之田園即前時沛離拉所查印度幾奴出產之處（從此時以後即查出此田園前爲印度公司之地而屬波郎管理者一千八百零一年有布該南曾往查之觀米蘇兒植物書第二章第五百四十四頁內論此田莊試驗數件最緊要之事）其地已定則查何樹產此種幾奴又查其如何取法先寄信問韋得當時住在哥英巴都爾雖初時查不得法而後有醫士肯尼弟送花葉與果並木與膠章得詳細查此各物即言所收樹之各件蓄疑已解可知馬拉巴爾所產幾奴爲袋形替路指蒲司樹所產者

肯尼弟云安查拉看弟人波郎曾告我云其樹開花時則圍其身之樹皮割孔放出其膠其孔下有寬葉連於樹皮接受其膠則不落至地面葉下置一器皿受其膠此器皿已滿則持去而以膠置日光內曬之至成碎塊爲止裝於木箱出售

醫士奇蒲生亦於前言亞細亞博物會書第五十九頁內云幾奴爲袋形替路指蒲司樹所產者土名蒲以辣又名

比阿此樹在加的斯山下產之甚多又云馬拉巴爾海邊多有幾奴出售而醫士陸克司白格初論此樹甚詳而言樹有紅色汁流出硬時則爲收斂性脆膠香類其色甚紅而與多綠葉波替亞大同小異故化分之所得之質略相同又言英國班克西亞藥園內所有幾奴樹名刺猬形替路指蒲司與此樹大同小異又印度與阿非利加之幾奴爲兩箇不同種之替路指蒲司所出即前所言者

袋形替路指蒲司爲陸克司白格書中所記者如第八十九圖此爲高樹其皮外層櫻色內層紅色有絲紋形與收歛性其葉在一平面內左右似相對遞更排列分葉五箇

第八十九圖

至七箇亦爲遞更排列橢圓形尖之邊齒形上面光滑色深綠長三寸至五寸花成密頭而在樹枝之端花瓣白色少帶黃色有長爪形其邊俱爲浪形或爲雞冠形鬚十箇在近底處相合向上分開成兩叢每叢五箇子房尋常有兩膛子殼之莖長下面有四分之三爲平圓形上面爲直者子殼外有膜質如翅面有脉形且有浪形又有皺紋向中少硬如木尋常爲一膛間有兩膛者種子獨一箇形如內腎（觀陸克司白格書論印度科羅曼代耳第二本第一百十六頁又印度花木書第三本第二百三十四頁）此樹產於西爾加耳山並馬拉巴爾海岸樹林內又在雪山之麓刺日馬勒山亦有之

致土美生云緬甸國之木爾門有許多幾奴膠出口此質爲印度德那薩靈各省之樹所產美生以其樹爲活里起替路指蒲司並印度替路指蒲司此兩種樹緬甸國土人名曰怕度克（觀藥品記錄書第八本第三百八十七頁）而苦里司脫生以爲其幾奴必爲上青袋形替路指蒲司所產

幾奴形小似卵爲有角而發亮之片其色深櫻或紅櫻質脆如成粉則比塊之色更淡無臭味苦而極濇久之則口內覺甜嚼之則口津變紅色加血加熱不變軟用冷水則能消化幾分用沸水則能消化更多如以沸水煑之至不能再消化而飽足至冷時則濁有紅色之質結成如用酒醋則能消化其大半其質大半爲樹皮酸變化而成另有膏質有數種幾奴內有松香質少許依浮扣林書之說則不含沒石子酸而每百分含樹皮酸合於奇異之膏質七十五分紅膠質二十四分不消化之質一分如以水消化之加直辣的尼若結成而成綠色因內含加的主依尼少許又如加能消化之鐵鹽類或銀或鉛或銻或汞綠或硫養或淡養或輕綠俱能令其結成定質而沉下如含鹼類之水消化之較淡水消化之更易然能改其性情而全滅其收斂之性

蘇比蘭云幾奴所含樹皮酸較印度兒茶所含者更多而較北峨兒茶所含者更少又云幾奴之沖水與印度兒茶沖水合於鐵綠水則變櫻色設爲北峨兒茶沖水則成綠色黑令云幾奴紅色料有酸性故名曰幾奴以克酸但因幾奴樹新出之汁其色淡疑其紅色酸質爲他種質由化學之變化而成

功用　爲大力收斂藥如身內瀉出暮苦司質等病可止之

西藥大成五之三　幾奴　全

幾奴酒

取法　將幾奴粉二兩正酒醕一升浸七日而後濾之再加正酒醕補足一升

功用　添入白石粉雜水等料內為收斂藥以一錢至二錢為一服

幾奴雜散又名幾奴鴉片散

取法　將幾奴粉三兩又四分兩之三鴉片粉四分兩之一桂皮粉一兩用細篩篩之盛於有塞之瓶內

功用　為收斂與治痛之藥如久泄瀉與赤白痢以十釐至二十釐為一服每二十釐內含鴉片一釐

兒茶雜粉每五分內含幾奴一分

多綠葉波替亞

此樹照前言刺其皮則能得收斂性之膠前人以此膠為常出售之幾奴其性情有相同之處而在印度常作幾奴之用又治泄瀉與久赤白痢其功用略同亦可以製生皮變熟皮有人誤送此物至英國當為幾奴又醫士沛離拉在倫敦老藥材肆查得此物一包包外有紅色收斂膠字樣印度梵字曰幾那蘇克印度俗名曰幾尼依公特又名曰苦末苦司其化學形性與替路指蒲司樹所產之幾奴大同小異弟取此葉之工夫不謹慎為之常有異質在內其膠內有美觀紅色料此質最難分開化學家蘇利云已試驗其生者每百分得樹皮酸五十分如以水消化之提淨之則每百分含樹皮酸七三二六分又難消化之膏質五〇五分膠質二一六七分另有沒石子酸與能消化之質其樹皮酸之色與分數與取幾奴時並露於空氣時有相關觀陸克司白格印度花木書第三本第二百四十五頁又觀亞細亞博物會一千八百三十八年五月記錄書

司苦罷里樹頭又名司苦罷里曬露他母奴司苹瑪之名此為尋常布羅末之樹頭或新鮮者或曬乾者立尼由司列於十箇鬚分兩叢

前人以為代司可立弟司書中所言亞巴弟恩樹為尋常布羅末樹又有人以此樹為西班牙國之布羅末樹此樹在西國書內久論之名曰司苦罷里西替蘇司

加第九十圖樹身矮樹枝角形而不生刺葉分三分其上者形簡有莖分葉長形花黃色從葉榦間角發出為獨生者有莖萼似雙唇形上唇常平下唇分成三箇齒形上花瓣長似蛋形下半最鈍內包鬚與花心鬚各相連子殼暗櫻色面平似壓平之形邊生毛內種子略十五

第九十圖

箇在歐州砂地並空地產之甚多

布羅末樹頭並樹之全身有苦而可憎之味，如擣碎之，則有奇臭，英書云，其小樹枝直而有角形，深綠色，面平滑，味最苦而可憎，擣碎則有奇臭，其藥性大略藉内所含之一種質，名西答蘇尼，而種子之藥性較別質更重，其灰每百分含鉀養炭養等鹽類質三十分。

功用　食其大服則爲吐藥與瀉藥，食其小服則爲利小便藥，如水腫病可服之，或用其粉，或用其膏，俱可以十釐至三十釐爲一服，或將其樹頭以水煑之亦可。

布羅末樹汁

取法　將新鮮布羅末樹頭七磅，正酒醕至足用，將其樹頭用石乳鉢擣之，壓出其汁，每三體積加酒醕一體積，待七日則濾之，必存於涼爽之處，否則變壞。

服數　半錢至一錢爲一服，能治水腫，此藥較布羅末樹頭煑水更靈。

布羅末樹頭煑水

取法　將乾布羅末樹頭一兩，蒸水一升，盛於有蓋之器中，煑十分時則濾之，再於濾器内添蒸水補足一升。

服數　以一兩至二兩爲一服。

甘草根　西名光滑各里色里薩立尼由司之名，其根入藥品，或地面下之幹亦入藥品，新鮮者或乾者俱有之，立尼由司列於十箇鬚分兩叢

古人知甘草不止一種，希臘謂之各里色里薩阿喇伯人用之，東方各國亦常用之，印度木耳丹產之甚多，英國亦種之。

甘草　立尼由司名各里色里薩，列於十箇鬚分兩叢。

花萼光而有管形，分五出，似雙唇形，其上兩唇較其餘者更相連，上花瓣似蛋形並戈形，而爲直者，其花下半爲兩箇花瓣合成，或分兩分而成形，直而銳，花鬚合爲兩叢，花心莖似線形，子殼卵形，或爲長者，有壓平形，内有一膛，膛内種子一箇至四箇，此物存多年，係草本，其類屬於蓮族，

根最甜，葉似不等翎毛形，花串從葉幹間角發出，花藍色或茄花色，或白色，產於歐洲之南並亞細亞之北數處，如第九十一圖。

第九十一圖

光滑各里色里薩，立尼由司之名，其根在下伸開甚遠，分葉約有十三箇，俱爲橢圓形，其邊少有齒形，下面有黏料，無副葉，花串從葉幹間角發出，而爲直立，較葉更短，花朶離開，似淡茄花色，子殼有壓平之形，亦平滑，内含種子三箇至四箇，產於歐洲之南，又在敘利亞與高加索山之麓。

英國蘇勒省米綽末亦有之（觀司弟分孫與苦里司脫生書第一百十一與一百三十四兩篇又觀尼斯書第三百二十七篇論甘草之數）有刺各里色里薩立尼由司之名分葉橢圓形亦為戈形端有利尖面不生毛副葉長形亦為戈形花串成叢花莖最小子殼橢圓形端有利尖內有種子兩箇外有刺如刺猬此種甘草俗名俄羅斯甘草在希臘國與南俄羅斯常遇見之通至滿洲與中國之北俱有之（觀西末士植物彙編第二百五十二頁又觀尼斯書第三百二十八頁）

又有數種甘草產於阿富汗者從該處有甘草根運至印度出賣土名箕低毋特然此各種與前者或不相同

西國所用甘草大半為光滑各里色里薩所產此物在米綽末種之甚多生長四年之後則用大叉挖起其根排成大堆以待用每一英畝（即四萬三千五百六十平方尺）每年能產此物一噸（觀藥品記錄書第十草第二百九十八頁）

甘草之根或其地面下之榦新鮮者為長而分叉之塊徑一寸為最大質韌彎之不斷形圓肥平滑如存於乾砂內則久不壞待乾時面生皺紋外面棕色內質黃色有絲紋味頗甜如磨成粉則其甜味更顯然無論嘗其塊或粉俱少有辛味藥品中用其鮮根與乾根其根所含之質為立故尼尼小粉阿勒布門蠟阿司叭拉故尼松香油質顏色料鈣養燐養鈣養磺果酸鎂養燐養鎂養磺果酸又有一種奇異之質名各里色里壺又名各里色恩俗名甘草糖其甘草甜味俱藉此糖質而其辛味藉其松香油質各里色恩之原質為炭輕養味最甜色黃而透光不能成顆粒有幾分酸性幾分鹼性在水與酒醋內俱能消化又有數種甜味之根亦含各里色恩質

功用　治傷風並生溺器具與腸內各病可作潤內皮藥又加入他種藥料內令味甜而適口作藥丸可用其膏為丸之黏料又可用其粉於丸外令各丸不相黏連

甘草膏

取法　將甘草根粗粉一磅蒸水至足用將其根之粉在水八兩內浸十二小時則盛於過濾器再加蒸水至其根內之藥料收盡將所得之水加熱至二百十二度用佛蘭絨濾之熱水盆熬之至其濃合用為度倫書用新鮮之根為之

如依法為之則其膏棕色最甜而不辛苦里司脫生云倫書言沸之不惟無用反有害因如用冷水與過濾之法每百分能得上等之膏四十分至五十八分

尋常甘草膏

此膏尋常出售者謂之甘草精或謂之甘草汁西班牙國

之南並意大里國與西西里產之甚多、其作法、將甘草煑在水內、而將其水在銅器中煮之、將所得之膏、成圓扁之條、其色櫻黑、常有倍樹葉蓋之、其最佳者名曰蘇拉西甘草膏、所謂提淨甘草膏、爲甘草合於膠或直辣的尼成黑色光滑之條、如筆餘然、此質常有麪粉小粉粗糖等異質在內、甘草膏爲常見之物、故不必詳細講其形性、

含此質之藥品　胡麻子沖水、大麥雜煑水、此爲倫書之方洋土茯苓雜煑水、辛拏甜膏、脫里平他以那甜膏、啞囉雜煑水、啞囉酒、鴉片糖片、

脫辣茄看得此爲眞阿司脫拉茄路司之汁、哇里非耶之名、或有他種樹亦出此汁、此樹產於小亞細亞、其汁從樹身發出、有膠之形性、

古時代司可立弟司所言之脫辣茄看得、大約必爲此樹之類、而西白托白以爲勒愛而脫書中所言小芒形阿司脫拉茄路司、即代司可立弟司書中所言者、又有阿喇伯人書中名曰苦息拉、又名苦替拉、而印度人謂之苦替拉、此樹產於印度東北、其樹謂之棉花形㲉克羅司巴瑪、又有土納福特云、勒馬克書中所言革哩底阿司脫拉茄路司、即革哩底海島伊大山所產之樹、出脫辣茄看得者、又有拉皮辣弟阿云、敘利亞之利巴嫩山、有一種樹名成膠阿司脫拉茄路司、即出脫辣茄看得之一種樹、又有哇里

非耶云、眞阿司脫拉茄路司、產於小亞細亞與亞美尼及波斯之北、出脫辣茄看得最多、又有弟刻生爲的黎波里領事官之醫士、在古爾的斯丹阿富汗相近處遊覽時、聚合此類之樹、俱能出脫辣茄看得、將其樹送於黑爾斯倫所駐英國領事官步蘭特、步蘭特又送於醫士林特里、林特里定其爲脫辣茄看得樹膠之最佳者、即白色膠爲成膠阿司脫拉茄路司所出者、而紅色膠、即次等者、其樹名松實形阿司脫拉茄路司、而弟刻生告於來拉云、以上兩種之外、又有第三種能產脫辣茄看得膠之樹、已取其樹樣、後在哈生揩里刻、行李爲盜所刼、失去此樹、其古爾的斯丹之山有數種出阿司脫拉茄路司樹、生長甚密、故想以後或有此類樹之別種、產脫辣茄看得、而能有人查出之、

阿司脫拉茄路司特看杜辣之名、立尼由司列於十箇鬚分兩叢萼分五齒形、花瓣有鈍底、鬚合成兩叢、子㲉有兩膛、或一半分爲兩膛、此因其背縫即下縫向內捲、此爲特看杜辣之說、

產脫辣茄看得之類、葉莖久不落、有刺形、副葉與葉莖相連、

眞阿司脫拉茄路司圖補於百七此爲哇里非耶之名、如第九十二圖、乙爲花萼、甲爲花旗、己爲翅、戊爲蝴蝶形花之下半、丁

為鬚丙為花心花黃色從葉榦間角發出以二箇至五箇成一串無托線萼生細毛有五箇鈍齒形分葉八對至九對有線形之毛此樹產於亞那多里亞美尼與波斯國之北此樹出脫辣茄看得在西七月至九月聚合之波斯國多用此物又運至歐羅巴與印度觀吐里非耶遊覽書第二本第四百四十四頁又觀尼斯書第三百二十九頁

成膠阿司脫拉茄路司　此為拉皮辣弟阿之名花有三朵至五朵從葉榦間角發出無葉莖萼分五出面生毛長如絨分葉四對至六對長如線形面平滑此樹產於利巴嫩山與古爾的斯丹因在此處即成白色脫辣茄看得而拉皮辣弟阿云其脫辣茄看得如條蟲形

革哩底阿司脫拉茄路司　此為勒馬克之名花從葉榦間角發出無葉莖二萼多花萼分五出而各分有鍘毛形面有硬毛萼較花瓣少大分葉五對至八對長形尖銳生細毛此樹產於革哩底島伊大山此處少出脫辣茄看得

小芒形阿司脫拉茄路司　此為勒愛而脫之名花莖最短尋常花有六朵萼瓣長而生毛分葉六對至九對長綫形端有利尖面有長毛子殼幾為一半分兩膛歐羅巴亞卑斯山並希臘國產此樹西白托白云此種樹所產之膠在希臘國謂之脫辣茄看得送至意大里國出售蘭特拉

云近時查明脫辣茄看得係希臘相近處巴苔辣斯山產此種樹發至意大里國之緋逆司與的里斯德出售或送至法國馬塞里與安故那兩處出售

弟刻生阿司脫拉茄路司　此為來拉之名又名松實形阿司脫拉茄路司林特里之名而非來拉雪山植物書第一百九十九頁所言之樹其花成松實形之頭此為卵形無莖花葉互背排列法又為鍘形面生細毛萼亦為鍘形分五出花瓣各出相等分葉三對面有絨形橢圓其尖有芒其底尖此為林特里之說然因林特里設此松實形阿司脫拉茄路司名時不知尚有一樹亦有此名所以來拉將初查得此樹之人弟刻生之名命之因弟刻生亦查得此質能出紅色脫辣茄看得

以上各樹俱出脫辣茄看得或其皮自裂而流出或剖其樹身令汁流出硬時之粒塊各形俱有之此膠從士麥拿與地中海東岸並希臘國運至英國出售而在希臘出售者甚少

馬大司已查明常出售之脫辣茄看得在亞那多里產之最多者在該撒爾即古名該撒利亞其最佳者為成片形之粒即西七月內近於樹身底處割孔而得之又有次等者自能流出所聚合之膠常與別兩種膠相和一為掯拉

瑪尼亞二一爲賽薩勒其將拉瑪尼亞膠從揩拉瑪尼亞省運至士麥拿邦而疑爲成膠阿司脫拉茄路司樹所產其色深常有人將鉛養炭養之塊加入其內爲謀利之法其賽薩勒膠從亞美尼邦而來又有奇布特以爲此膠與波斯印度之苦替賴膠相同此膠係𣪍克羅司巴瑪與梧桐兩樹所產

尋常出售之脫辣茄看得或爲白色或爲紅黃色成寬薄之片或爲彎曲形之條如蟲白色者最佳英國常出售者其色或白或灰半透光質韌如牛角無味少有凹凸力難磨成粉必先加熱至一百二十度後易成粉遇冷水即收

其若干而發腫則有黏力而能散在水中設用沸水不能全消化已消化後則大半再凝結而分出不能在酒醕中消化又脫辣茄看得之質略爲兩種膠質相合而成有化學家布可士與格林伐里化分之得尋常膠質即阿拉比尼五十三分至五十七分又巴蘇里尼三十三分至四十三分又得水與小粉其小粉用碘之試法能得其據其阿拉比尼與阿拉伯膠相似而不相同即如敦根云其膠遇鉀養矽養不結成質其巴蘇里尼與巴索拉所產之膠相似又有別種不消化之膠與之略同化學家或謂之脫辣茄看得以尼爲無色之定質無味不能在水中消化第能

收其水而發腫如遇淡養則變爲草酸與茂雪克酸如遇硫養則變爲糖類之質不能發酒酵奇布特以爲脫辣茄看得含一奇異膠性質並小粉與木質少許

功用　爲潤內皮藥又因其有黏性則水內所含重物質不能分開而沉下

脫辣茄看得膠水

取法　將蒸水十兩盛於含一升之瓶內加脫辣茄看得膠粉六十釐將瓶搖動數分時即止後每若干時搖一次至脫辣茄看得全消化爲度至末則成膠性之水昔時之方用沸水近時準用冷水

功用　爲潤內皮藥可雜於丸內又重散合於水加此膠令其散不沉下

脫辣茄看得雜散

取法　將膠粉一兩提淨白糖粉三兩脫辣茄看得粉一兩阿拉伯膠粉一兩各物在乳鉢內磨勻

功用　如以三十釐至六十釐爲一服則爲潤內皮藥可用之合於他藥料又可用此散作脫辣茄看得糖漿每脫辣茄看得六十釐可配糖漿兩升有醫士最信用之

狸豆毛　西名發癢暮古那特看杜辣之名其毛爲子殼上所生者西俗名考以智立尼由司列於十箇鬚分兩叢

有一種植物在印度國謂之幾懷智又有一種謂之成染料陸脫里拉其所生之毛在印度久用之以逐出腸內之蟲而西國從印度得此法英國俗名考以智大略從印度國之幾懷智混名而得之植物學家虎客已分別西印度列島所產之暮古那與印度所產之暮古那即以西印度所產者謂之發癢暮古那而以印度所產者謂之作癢暮古那

貍豆（西名暮古那阿伯司之名又名司替蘇羅比由末韋勒特奴之名立尼由司列於十箇類分兩叢）

暮古那類萼有兩箇能自落之小花葉萼爲鐘形而有兩脣上者完全下者分爲三分其上花瓣俗名花旗比左右兩花瓣與下花瓣更短花瓣之端有光滑而銳之喙花鬚合成兩叢遞更長短子殼有多毛長形種子少而種子之中有成膛之料分隔之種子橢圓形間有似圓者或似內腎形者面有長窄之線即臍眼此類之植物係籐本而屬腰子形豆科葉分三分葉其分葉在下面生毛其花串從葉幹間角發出而有大而紫色或白色或黃色之花

發癢暮古那　此爲特看杜辣之名如第九十三圖其分葉橢圓形端銳其中略爲斜長方形其餘兩箇在底稍鈍花串鬆散開花甚多分花串大小相間花串共長一尺至

第九十三圖

一尺半花有可憎之臭如蒜上花瓣有人皮色左右花瓣或紫色或茄花色下花瓣爲綠白色萼生毛色淡紅萼瓣爲戈形殼略長三寸圓形又與手指同厚分殼之縫少有凸邊殼面生堅固櫻色硬毛其毛尖甚利產於西印度（觀一千八百三十八年植物記錄書第十八頁又觀司弟分孫與尺氣勒之書第三本第一百七十九頁）

作癢暮古那　此爲虎客之名此樹之分葉較上言者更

小形更鈍中間者爲眞斜方形傍者在上邊張開花串似卵形而緊密常開三朵花深紫色萼有短三角形之翅子殼長較上所言者更寬又爲彎形而壓平者分殼縫背面無凸邊形子殼面有尖利硬毛排列甚密嫩時則色白而軟老時則色櫻而硬此樹產於印度（觀虎客植物雜說第二本第三百四十八頁又附卷第十三頁）

印度所稱幾懷智子殼嫩時爲常用之食物熟時變櫻色而其毛硬而尖利能刺皮膚而入之

功用　此毛服之則能逐出腹內之蟲因在腹中遇各種蟲類即如倫白里氣與阿司指來弟司等（即圓蟲）其尖過腸

之時刺痛蟲體惹之令其逃出
服數　以其殼醮在糖漿或蜜糖內則刮之至成膏質將一大調羹爲成人之一服一小調羹爲小兒之一服卽以蓖麻油一服從之

豆形非蘇司替格瑪他又名毒性非蘇司替格瑪他拜勒夫爾之名西俗名加喇巴豆產於阿非利加之西邊

毒性非蘇司替格瑪他爲蝴蝶形分科之一種成子殼之植物其殼內之豆謂之加喇巴豆該處之人前時疑有罪者令試食之如無罪則以爲不受其毒約九年前苦里司脫生云有一種大而子殼內所生之子爲阿非利加幾內

亞海灣舊加喇巴土人所用定人罪之毒藥其土人名曰愛賽累將此豆浸於酒醋中則得其毒性質每豆一百分得此質二七分一千八百五十九年湯勿生從阿非利加海邊將此樹送與蘇格蘭壹丁不醫士拜勒夫爾卽詳細查之記錄於書內此樹之類與腰子形豆之類大相似子房口似新月形另有相連之套而其西名藏此意於內

毒性非蘇司替格瑪他爲拜勒夫爾之名如第九十四圖係大藤本植物略似矮樹根有絲紋形常生小豆莢在最厚之處徑二寸常有長五十尺者爲圓柱形其枝常有彼此相絞而上或纏於本枝上木質有多孔其汁有收歛性

第九十四圖

並粹味其枝纏成之叢爲劈形葉遞更排列有葉莖又有似副葉在其邊有三箇分葉似翎毛形分葉似卵形而銳有似副葉其左右者在底有斜形花成串在葉餘間角發出其通花串之幹彎曲形生小頭花從頭中生發花有小花莖長一寸有節相連萼爲鐘形分四出上者有齒形花瓣蝴蝶形其色爲美觀淡紅色少帶紫色彎成新月形上花瓣卽花旗大而蓋花之其餘各分在頂

分爲兩分而其頂全彎左右瓣卽花翅大而色深下花瓣與翅瓣同寬而更長彎成四分圈之三鬚十箇九箇相連成叢一爲獨存花心長一寸半花心莖彎形在其四面有翎毛一行子房口有一奇異形之套似傘形蓋其花心莖子殼嫩者綠色而形彎熟者櫻色而形直有彎曲之頂長七寸有莖熟時自裂種子二箇至三箇長一寸寬四分寸之三此樹產於阿非利加舊加喇巴

子殼含種子二箇至三箇其子或爲長方或似內腎形長一寸至一寸半寬四分寸之三凸邊有長槽爲臍眼外面粗少有光滑之處乾時重約六十釐其兩箇子瓣硬而色

白易於磨粉無臭無味去其殼則重約四十六釐其子內有奇異毒性之鹼類質謂之非蘇司替格瑪以尼

加喇巴豆爲平火安心最烈之毒藥令人癱瘓不久而死然在眼科內爲最有益之藥如點入眼內則令瞳人縮小其性與啤啦啲蜹相反功用有一定如瞳人放大因此眼睛變遠視則能止之一千八百六十七年英書初載此藥

非蘇司替格瑪膏　又名加喇巴豆膏

取法　將加喇巴豆粗粉一磅正酒醅四升先將其豆粉浸於酒醅一升內盛於封密之器具必屢次搖之添入過濾之器待其酒醅漏下之後則將其餘酒醅漸添入餘下

之豆粉壓之將壓出之酒汁與前之濾下者相合再濾之蒸出其酒之大半瓶內餘下之質用熱水盆熬之至成軟膏爲度此爲一千八百六十七年英書之法

服數　以十六分釐之一至四分釐之一爲一服尋常爲外科之用如搽於太陽處則令瞳人縮小如將以上之數化於水半升內則每滴可當豆二釐如將此水一滴添入眼皮內或將軟紙或直辣的尼之小方浸於其水內則與阿脫路比尼依同法用之觀阿脫路比尼一節

美國之北有一種野藍草正名染料伯布弟西阿此爲蝴蝶形花而屬於蝴蝶形分科用之得藍色染料而美國有一會西名愛克來克替克即揀選藥品之意此會之醫士作爲藥品用其根則分得一松香膏質名伯布弟西尼其法先用濃酒醅成浸酒而後加水令其質結成以一釐至二釐爲一服食其小服則有行氣之性食其大服則令人嘔吐或言赤白痢臭發熱病與死肉炎証可爲免腐爛之藥然不知其實有用與否必再試驗方可定之

豆科之內另有數種植物或爲食物或在工藝內用之內有一物雖不爲藥品而爲試驗藥品所用之料即靛應在此處論之

靛　英書附卷

此爲代司可立弟司書中所謂奄的故司又布里尼書中所謂奄的故末爲藍色之染料數種草木產之印度國所產者有兩種草一爲染料奄的故非辣一爲染料來替亞又阿非利加努比阿國有阿普里替勿路西亞又尼日河邊有毒性替勿路西亞尋常出售之靛爲染料奄的故非辣所出者而產於孟加拉與替爾胡脫並印度他處如第九十五圖甲爲莢乙爲出售之塊其種子大約從西北各

第九十五圖

省帶來、其草嫩、在未開花時摘下浸於盛水之大桶內、則草汁發酵而成靛藍、變化之時、收養氣而放炭養二氣、桶內之草、加熱至八十五度、約七小時至十五小時、而用木料加於水面、令其草不浮、則有氣泡浮於水面、初次所出之泡、每百分有炭養二氣八分、餘爲空氣、然此空氣所含之養氣、較尋常之數少四分之一、其氣泡將放畢時、則其氣泡每百分、含炭養二氣四〇·五分、養氣四·五分、淡氣五五分、如與外空氣關閉而隔絕、則常有炭養二氣八十六分、發酵已畢、則見黃色之水、面帶綠色、於是放出、在其底用盆受之、在此盆擊之搖動之、約兩小時、則再放炭養二氣而收養氣、

其靛結成粒、如成粒太遲、則必加料令其結成、如鈣養水等是也、收取所成之靛、乘其軟時、切成立方塊、則搬入烘房烘乾之、

靛爲深藍色染料、如將其塊刮之或磨之、則有紅銅色、不能消化於水酒醋、以脫油質淡强水鹼類質之內、曾有人化分之、得靛藍精、西名奄的故丁、七九五〇分、鐵養五·七五分、鋁二養三〇·七五分、鈣養〇·九〇分、綠色植物質八·八〇分、紅色松香類質二·〇分、糜費二·三分、共一百分、如用放養氣之料、則能滅其色、而成白色之靛、此白色之靛、遇空氣則收養氣、變藍色、此白色之靛、能消化於水、所以染布

之工內、用之最多、因能變爲不消化之藍色料、如將淨靛一分、在濃硫强水十五分內消化之、則成深藍色之水、此水能在淡水內消化、工藝中大有用處、尋常出售之靛、內含靛藍精、另有數種異質、其靛藍精之式爲炭八輕五淡養、其白色之靛、較藍色之靛、多含輕氣一分劑、如將其不能消化之靛藍精、令遇放養氣之料、則變成衣曬丁、爲黃色成顆粒之質、能在水內消化、又能在酒醋內消化、其式爲炭八輕五淡養四、如合於鉀養濃水消化之、則其靛藍精有數種奇繁之變化、

靛在硫强水內消化之成一奇性之質、其式爲炭八輕五淡養二、

加二硫養三、名曰硫養三奄的里酸、此物在英書附卷內記之、名曰靛硫養三水、其作法、將靛五釐、硫强水十兩、消化之、如遇不化合之綠氣、則脫其色、所以如欲試各種質含不化合之綠氣與否、則以此水爲最靈、又如試輕綠、不應有未化合之綠氣、而試鈉養綠養五、應顯出不化合之綠氣在其水內

薔薇科　西名羅薩西依此爲成玫瑰花之各種樹

薔薇科、西名羅薩西依、爲特看杜辣之名、分爲數分科、有植物學家不當爲分科、而名爲原科、卽如杏科西名阿米格大里依薔薇科西名羅薩依蘋果科、西名普瑪西依各科內有爲藥品之種、此

各科與豆科之分別因其萼有奇數之瓣在花之前面。薔薇科植物在北半球暖地及冷地生長故在熱地平原遇見者甚少有數種內含收斂之料又玫瑰花之類有極香自散油又有他種其瓤為有肉之果形或其殼內有肉其果味最為適口。

拖門替辣 又名拖門替辣布登替辣用其根本為藥品又名尋常拖門替辣立尼由司列於二十箇鬚多花心莖

拖門替辣西國用之已久或以為希臘國人已知而用之如第九十六圖根大存多年亂形榦細而散開間有向外彎下或散開甚亂葉無托線或有短托線分三分葉其下

葉分五分葉有長葉莖分葉長形端銳傍有深齒形少生毛副葉更小而有深凹宛如翦者花黃色萼凹形間有分為八分者排成兩行其外行較小花瓣四出間有五出花鬚多花心莖從

第九十六圖

傍發出果實為數箇小核在平而乾之子房座排列本種內之核有縱皺紋種子懸於核內歐羅巴曠野並草地內常遇見之

其根本成多凸頭如結形根頗多外面深棲色內黃色其臭甚少味稍濇每百分含樹皮酸十七分另有色料樹膠與自散油少許北方有數處用此根以代樹木皮成熟獸皮之用

功用　為收斂藥泄瀉或久赤白痢用之得益以三十釐至四十釐為一服

拖門替辣煎水

取法　拖門替辣二兩搗碎置於蒸水一升半內沸之至餘一升為度濾之

功用　為收斂藥以一兩半為一服一日二三服又可作收斂之洗藥

薔薇科 西名羅西依土納福特之名立尼由司列於二十箇鬚多花心莖

萼似瓶形在口收小其端有汁萼瓣外分五出各為瓦背排列法間有分如翎毛花瓣五出為尖向下之心形不多時即落花鬚頗多合於花瓣連於花萼管之邊瓤多連於蒂萼肉形管之內每瓤生多毛其內面有一傍發之花心莖所有合花心莖從蒂萼收小之口發出向外果實或為球形或為卵形而為蒂萼肉形管放大而成內有生硬毛之硬小核頗多核內有倒置之種子此類俱為矮樹形間有能蔓延者其葉尋常為奇數一箇為其端分葉邊有齒形副葉連於葉莖之邊

有數種薔薇花原生於希臘國內故疑爲希臘人所考究者卽如希臘語名曰看奴羅屯卽狗羅薩俗名野薔薇又有百葉羅薩與深紅羅薩原爲東方所產然古時希臘國亦有種之者最爲貴重希臘語所謂羅屯似爲夾竹桃卽薔薇倍樹前人謂之石南薔薇科內有三種爲藥品者

野薔薇 西名狗羅薩立尼由司之名其熟果入藥品

此樹在歐羅巴空曠處產之人家種之爲活籬笆疑卽希臘人所謂看奴羅屯

此樹分多種有數種尚未定名其所發之枝彎而向上其刺鉤形排列甚勻大半無硬刺葉上無有核形處少生毛

第九十七圖

或無毛葉邊之齒或簡或繁者卽有分齒花紅色如玫瑰花萼瓣翎毛形不多時落下花心莖存於其上而不相合如第九十七圖

其果實卽蒂之下半有若干汁變成在內果似卵形其色深黃內含其眞果爲生毛之瓤此必先去之因其面硬毛服之則惹胃最重其軟而濃之質少有甜酸之味比勒士烘乾而化分之每百分得樹膠二十五分不成顆粒之糖質三〇六分橣檬酸二九五分蘋果酸七七七分又有數種鹽類質並樹皮酸少許自散油少許

野薔薇甜膏

取法　將野薔薇果去其種子用一磅在石乳鉢內搗成漿將其漿以篩篩之壓其漿過篩加淨糖二磅磨勻之

功用　爲酸味之涼藥大半合於他藥用之卽如雞哪霜丸是也

法國玫瑰花 立尼由司名法國羅薩卽紅薔薇英國多種之用其花瓣或新鮮者或乾者爲藥品

此種玫瑰花名紅薔薇又名法國玫瑰花又名日耳曼玫瑰花又名奧地利玫瑰花爲歐羅巴中與南之各國所產

者苦里司脫生云一種眞紅玫瑰花卽英國爲藥品者爲紅薔薇花內之一種與他種不同另設名爲普路分西羅薩其原產處在阿非利加之北巴巴黎邦係古盧薩特人帶至歐洲者英國有一處名米綽末多種藥品特種此種玫瑰花甚多

如第九十八圖樹矮枝短而韌其枝之刺勻排列有核形硬毛彼此相間分葉亦韌成橢圓形面有皺紋花有數朵成一叢直立而大花葉有葉之形狀萼瓣似蛋形亦有莖形且爲繁者果實似橢圓形

第九十八圖

第九十二圖補第九十頁

藥品所用者爲花瓣新鮮者面軟加翦絨色紅少帶紫面有極細白色軟毛新鮮者香少乾時則多香英書所準用者爲半開之苞先去其蒂萼與爪則速令乾篩之去其異

質存於瓶中封密之不見日光則其香最佳久不變色其味微苦而濇化分之得樹皮酸少許沒石子酸顏色料自散油少許並他種植物質與數種鹽類質又鐵養微迹加將其沖水合於含鐵之鹽類則變黑色

玫瑰花酸性沖水

取法　將淡硫强水一錢在沸蒸水十兩內調和之將乾紅玫瑰花瓣四分兩之一撕碎之添入沸水內蓋密其器待半小時濾之

功用　此水少有收歛性與補性其加酸之故令其水色更深如鹽類瀉藥並雞哪等藥常用此種水消化之凡用此水者不可忘其含硫養而與不配用之藥相合也

服數　以一兩半爲一服每三小時一服又可合於酸質或白礬或蜜糖成漱喉藥

紅玫瑰花甜膏

取法　將新鮮紅玫瑰花瓣一磅置於石乳鉢內搗成漿加淨糖三磅各質磨勻

功用　少有收歛性以六十釐至一百二十釐爲一服藥品內大半用之以作丸料

紅玫瑰花蜜糖此爲倫書所載之藥

取法　將乾紅玫瑰花瓣四兩先以手扯鬆置於沸蒸水

十六兩內待二小時則以手輕壓而濾之將所濾得之質合於沸蒸水八兩待片刻將其水傾出存於他器內則加前水之一半後加蜜糖五磅熬之得過濃即加其餘一半則其濃適合於用

功用　有輕收歛性其味最佳故口內白點生炎可搽之又可合於他藥作漱喉藥

紅玫瑰花糖漿

取法　將乾紅玫瑰花瓣二兩置於沸蒸水一升內待二小時則用棉布絞之將其水加熱至沸濾之加提淨白糖三十兩加熱令其消化所得者應重二磅十四兩其重率

應一·三三五

功用　少有收歛之性其大半用處爲配合於他藥令其色美觀味能適口

大玫瑰花 西名百葉羅薩立尼出司之名又名菜形玫瑰花藥品用已開而新鮮之花瓣英國多種此花

此種玫瑰花歐羅巴各國多種之原由東方而來或云高加索山原產之波斯國有百葉玫瑰花土名蘇特罷爾卽百葉之意古人亦將多瓣玫瑰花記於書中然此類玫瑰花亦分爲多種

樹矮枝直立多刺其刺略直底稍放大刺之間有核形硬毛其式與尺寸各不同其大者間有鷹爪形分葉五至七或爲長形或爲卵形其邊有核形花數朶成一叢向下彎花芽短卵形花萼似葉形萼瓣在開花時不向下而伸彎形如葉似乎翎毛或多似或少似不定花莖有膠質如核形果實似卵形此花在英國米綽末等處多種之

此種花瓣最香故各國多種之其花最爲可觀從此有多種最難分別或爲類或爲種如印度國多處種大紅色玫瑰花產玫瑰花油土名阿他爾又可作玫瑰花水如印度國內玫瑰花之類少故想印度之加齊不爾卽有玫瑰花園之處多作玫瑰花油之貿易則必多種此花在其花初開時取其瓣速乾之香可久存如合於鹽而存之則其香更能耐久其含自散油之外亦有瀉性之質在其花瓣內另有他種玫瑰花所含之各質

玫瑰花水

取法　將大玫瑰花十磅或用其新鮮者或用相配之重數存在鹽內而乾者每加水兩斗蒸出一斗爲度又有一法將玫瑰花自散油二十滴合於蒸水四升搖動而濾之

功用　洗藥與重性之藥可用此水化之爲有趣之料

玫瑰花油 又名阿他爾卽自散油

此油從印度國並地中海東方運至西國出售其香最佳蒸此油一百八十釐須用玫瑰花十萬朶顏色不定略在八十度以內變爲定質如九十度則其重率得○八三二能在醕內消化有若干分能在水中消化卽如玫瑰花水是也此油可分得兩種質一爲定質一爲自散油質其定質難在醕內消化英國蒸玫瑰花水常有得其自散油之顆粒作香料之肆常將此質添入香料內又數種油膏與洗水亦可含此質令其香可聞

古蘇 特看杜辣名殺蟲布類以拉產於阿比西尼國花與樹頭入藥品

近時多用古蘇爲殺蟲藥大得其益常用者爲其花公特定名曰殺蟲布類以拉花屬於薔薇科又依特看杜辣植

物排列法，則屬於得來亞弟依科，花無瓣而分雌雄，法國初得此花之人名阿里可爾脫，法國與英國多用之，治腹中之扁蟲，而阿比西尼國土人，早以此花作此用，藥品記錄書第十本第十五頁，載醫士沛離拉詳論此花之說，又晒夫里從亞丁買此花試之，又有醫士蒲特從亞丁帶古蘇花藏於山羊皮袋內，海得蘭查考之，其花與花幹，與阿里可爾脫從阿非利加運來者相同。

殺蟲布類以拉花，如第九十九圖，樹高二十尺，樹枝圓，有生鏞之形，生細毛如呢，其面有落葉之圈形痕迹，葉遞更排列甚密，而爲奇數一箇爲其端，端之分葉，常有亂排列

第九十九圖

者，葉底相連處，如包抱之形，分葉長形，或爲橢圓刀形，端尖，葉面有齒，邊生小毛如呢，下面之筋亦然，副葉與其葉莖連生，葉莖在底放大，而其底略包圍其莖，花分雌雄，小而色綠，漸變紫色，常爲雙排列，小花幹之底有蛋形花葉，其雌花萼外各分並內各分大四五倍，幾無花瓣，花鬚爲初起變成之形，所稱雌花，含已成之瓤，此樹原產於阿比西尼國，後有比克遊覽阿非利加阿背河發源之處，見此樹生發甚茂，又有布羅司將此樹在本處繪圖而詳言之。

其雌雄兩種花，摘下裝箱，或裝於熟皮袋中，色櫻，幹有毛，其香如波勒殺末類，味苦，內含苦而酸性之松香類質，又含自散油與顆粒形之質，化學家馬爾聽名曰古蘇以尼，每百分含樹皮酸略二十五分，少有改變之狀，想其殺蟲之性，不在以上之任一質內，而在乎各質相合。

功用　花能殺扁蟲而逐出之，服此藥之法，與平常服藥之法不同，其法將此花約半兩，浸於暖水一杯內，空腹連花服盡，服後若干時，可食輕瀉藥一服，如蓖麻油等，依此

法服之，功用最大。

古蘇沖水

取法　將古蘇花半兩，磨成細粉，浸於沸蒸水八兩內，蓋密其器，待一刻許，不濾而服之。

服數　以四兩至八兩爲一服，此法與上法相較，無有更勝之處，其水不清，而體積多，故服者畏之，其功用頗大，如另服蓖麻油，則易逐出其蟲。

阿比西尼國又有數種樹，能產殺蟲之藥，即如公達，有暮息那樹皮，或言本處土人，用此藥以殺蟲者甚多。

蘋果科　西名普瑪西依，珠西亞之名。

植物學家以蘋果科屬於薔薇科，大半產於地球北溫帶並印度之大山，園內所種者果實可食，內含糖質，其味之酸，最能適口，野生者或過酸而有收斂性，不能食之，如將蘋果科果之種子蒸之，則少能得輕衰質。

木瓜　西名幾佗尼亞，用其種子爲藥品，立尼由司列於二十箇鬚五箇花心，此爲倫書所載之藥。

西國古人並阿喇伯古人已知木瓜，希臘名幾佗尼亞，印度國用其子爲藥，土名曰必歇旦拿，從喀布爾與克什米爾出售，運至西國，該兩處種此樹甚多。

此樹頗大，枝多而彎曲，葉似卵形，底鈍，不分邊無齒，其下面與萼及花莖俱有細毛，花少，或爲白色，或爲玫瑰花色，

其莖如傘之托輻，果或爲球形，或爲長圓形，內分五膛，膛內含多子，其成膛之料，硬如脆骨，其子有濃膠類質包圍之，如第一百圖。

第一百圖

木瓜樹之果黃色，外生細毛，其香可聞，古人用爲藥品，近時西人常用之，與他果同煮，令其味更佳，或合於糖燒成糖果，內含濇料若干，又有蘋果酸糖質與含淡氣之質，種子長而尖，向外之面爲凸形，向內有一箇或兩箇平面，其平面之數依相近子數之多寡，子之外殼頗厚，外面有濃

膠質，化學家皮司酷否云，此膠質存於極細之膛內，遇沸水則易消化而分出，沸離拉書中亦有此說。

木瓜子煮水　又名幾佗尼亞子煮水

取法　將木瓜子二錢，置於沸蒸水一升內，加熱令輕沸十分時，濾之。

功用　潤性之藥，內科中用之，與胡麻子膠水或胡麻子煮水相似，其質有黏性，味淡，有醫士設法將其膠熬乾磨粉，至臨用時，則合於水以成膠。

沸離拉書云，木瓜子膠與他種膠之性不同，故另設一名曰幾佗尼尼。

杏科　西名阿米格大里依，立尼由司列於十二箇鬚，一箇花心。

植物書常將此科之樹，列於薔薇科內，其樹產北溫帶內有山之處，爲野生者，今溫地各處有人種之，其樹所生之果，尋常爲可食者，仁內多含油，間有數種放膠質，又有數種仁內成輕衰。

尋常杏仁　杏仁分兩種，一爲甜杏仁，一爲苦杏仁。

杏仁一物，新約舊約書常言及之，從敘利亞國起至阿富汗止，俱種此兩種，古人與阿喇伯人亦知此兩種，一千八百六十四年英書祇載甜杏仁爲藥，一千八百六十七年英書將苦杏仁列於藥品內。

樹小葉有戈形邊生齒形齒上略有核其葉之嫩者爲平摺形葉莖有核形長或等於葉之橫徑或大於葉之橫徑花幾無托線爲獨生者而發花時較發葉時更早花萼成管爲鐘形果實乾內有仁外有肉其形似壓平之卵外面生細毛熟時則破裂果內有硬脆之殼殼內有仁入藥品即杏仁

有數植物學家以爲苦杏仁與甜杏仁不同類然大半植物學家以爲一類內分兩種植物學家尼斯芬伊孫白格云一樹內能生甜苦兩種杏仁特看杜辣云有數種各有小分別與他植物同理

甜杏仁如第一百一圖此樹之葉灰綠色其葉之底與其下各齒有核形花心莖較鬚更長殼硬然有數種甜杏仁有軟脆之殼東方數處土名揩巨齊即紙殼杏仁之意

第一百一圖

苦杏仁如第一百二圖此樹之葉莖有多小核在其面排列花心莖與花鬚等長而其殼或硬或脆

第一百二圖

甜杏仁 又名約但杏仁

甜杏仁常出售者外有脆殼俗名殼杏仁從西班牙國與意大里國運至英國出售大半產於西班牙國之馬拉牙相近處謂之約但杏仁又名瓦稜薩杏仁意大里杏仁即度所用者或產於波斯國或產於阿富汗其杏仁似卵形一端圓一端尖又似乎壓平形色似桂皮仁之衣略皺炒之去其衣則得兩子瓣色白無臭味頗佳如爲陳者或有蟲食之則其味不佳化學家婆來化分之每百分得定質細油五十四分衣暮辣西尼二十四分流質糖六分膠質三分水三五分立故尼尼四分醋酸〇五分其仁之衣每

百分內有五分含樹皮酸少許其衣暮辣西尼又名西那普太西又名杏仁之植物阿勒布門其色白因有此質則杏仁酪內有油質散在水內而不分出如將其仁壓出油質則其餘質爲杏仁餅與胡麻子壓去油所得之餅同意此餅作乾磨粉謂之杏仁粉約但杏仁毫無苦味英書云如合於水搗之則不發苦杏仁油之香

功用　可作食物有潤性可作柔軟之藥

杏仁雜散 又名杏仁甜膏

取法　將約但杏仁即甜杏仁八兩提淨白糖粉四兩阿拉伯膠粉一兩先將杏仁浸於冷水中至其衣易去去衣

之後用軟布揩乾置於乳鉢內輕磨成漿再加阿拉伯膠與糖輕磨勻成粗粉存於瓶中盎之然不可過密此粉可合於水成漿又可合於他藥用之又可作杏仁雜水

杏仁雜水又名杏仁酪

取法　將杏仁雜散二兩半蒸水一升將此散合於其水少許成稀漿再加其餘水用細紗濾過之

沸離拉設方用甜杏仁四錢阿拉伯樹膠粉一錢白糖二錢水六兩半先將杏仁去衣合於糖與阿拉伯膠磨勻後漸加水即成

功用　有潤性可作柔軟之藥又可與他藥同用

杏仁油此油可用甜杏仁或苦杏仁壓而成之英國常作此油

此油之質最細然易化分而壞色淡黃易燒重率得〇九一七至〇九二〇每百分內含瑪加里尼二十四分以拉以尼七十六分

功用　為微利與潤性之藥與橄欖油及他種定質油相同用此油作簡便油膏又作鯨魚油膏紅汞養油膏並二鉛養醋酸雜油膏

苦杏仁

尋常出售之苦杏仁其殼已去較甜杏仁更小在印度麻加多出售無臭與甜杏仁同其味甚奇辣而苦又含細定質油與衣暮辣西衣又易合於水成白色乳形之質與甜杏仁同又含一種蛋白類質少許此質最奇謂之阿米格大里尼此質能在水中消化又能在沸酒醕內消化無色能成顆粒內含淡氣味苦無臭其式為炭$_{二〇}$輕$_{二七}$淡養$_{一一}$苦杏仁內原不含自散油與輕衰化學家已詳細化分知其不含此兩質但易令苦杏仁內變成此質其變成之理因一質為衣暮辣西遇又一質為阿米格大里尼而有水在其旁則彼此相變即與對阿司打西遇小粉或酵遇糖同理其兩質已變之後即能聞其香所成之質為苦杏仁油即為自散油與輕衰

功用　能平火安心又為毒藥有人食苦杏仁之微數則其胃難消物而皮膚發麻子之類即發紅而癢又有人食一小服而無害常有成人或小兒或小獸服此而死故用為藥品甚少顧常在點心內或糖膏內用其少許得佳味如將苦杏仁壓之所得杏仁油食之不害者為其定質油苦杏仁油雖不入正藥品應在藥品書中論及之因常有人用以為藥其毒性最重此油尋常為黃琥珀色其本香之外另有輕衰香聞之有趣味苦而辣因含輕衰每百分含輕衰八五分至一四三三分重率常不同無一定之數藥肆家常將酒醕雜於其內來得活特云不能依其重率

而辨其含醕與否、其油內自散之質、爲偏素里輕、此質之淨者、重率爲一・〇四三、無色、極稀、味與杏仁同、其淨者不毒、然尋常出售之苦杏仁油、另含輕衰偏蘇以克偏蘇以尼等質、其偏蘇以克與偏蘇以尼兩質、爲偏素里輕化分而成者、其式爲偏素里輕、等於炭四輕五二養加輕、其偏蘇以克、常在久存之杏仁油內、結成顆粒沉下、此油內之輕衰可用銀養淡養五水分出之、令其油少能在水內消化並易在酒醕與以脫內消化、來得活特有法能辨其加酒醕與否、其法、每油一體積、加重率一・五之淡養五一體積、如其油爲淨者、則無變化之事、如含酒醕、則不久發沸甚猛、而放出淡養霧、

功用　此油有毒性、與輕衰同、因其內含輕衰若干、間有人用以代輕衰、以四分滴之一至一滴爲一服、又用之爲香料、添入飲饌之內、設如去盡其輕衰、則用此油無害、沛離拉云、此油之濃淡不定、尋常出售者、較爲藥品之輕衰濃四倍、可將其油二錢、合於正酒醕六錢、成香料、

梅　西名普羅奴斯、藥品內用其乾者、又名家梅

植物學家以梅爲古時希臘國人代司可立弟司所謂古苦米拉、疑此樹爲特奴里所言之古苦米拉、梅爲加喇蒲利亞園中所產者、或以此樹爲家梅之根原、野生者有刺、汁有濇性、英國語名思羅、即野梅、其汁可當古人所用阿指幾亞藥、

梅樹小、枝平滑、葉橢圓形、花芽有一箇或二箇、合成花瓣白色、似長蛋形、果核內有仁、外有肉、亦爲長蛋形、其核平滑、或有槽面、無小孔、歐洲各處所種者、分數種、有數處生野者、有人疑此樹原產於亞細亞、

英國所用之乾梅、俱產於法國者、其梅有兩種、一爲黑色、土名桑加他隣梅、一爲綠色、名綠加主梅、葡萄牙國亦有產此梅之處、大半在幾瑪蘭斯運來、故依此地名爲梅名、又一種產於日耳曼者、土名開脫施、又有一種名黑梅、爲小黑色者、味更酸、有瀉性、亦謂之大紅色梅、醫學家米拉與特倫司兩人書中言及之、乾梅之質、大半爲水、與此科之果略同、每百分祇含定質二十分、此定質內有糖質、膠質、蘋果酸、含淡氣若干之質、貝格的尼木紋等、

功用　有潤性、爲有益於人之植物、又爲微利藥、可食其乾者、或飲其糞水、或飲其漿、辛拏葉甜膏、用以爲配藥、

羅耳烏司、櫻桃　又名櫻桃羅耳烏司、普羅奴斯立尼由司之名、西俗名羅耳烏司、櫻桃藥品中用其新葉、

此樹在英國園中常見之、原產於小亞細亞、近於德勒比孫達最多、一千五百七十六年、西人苦羅西由司自此處

移至歐洲種之

樹小而矮葉平滑凌冬不凋葉莖短而葉長尖其邊微有齒形上面發光下有核兩箇至四箇葉韌如皮花串從葉幹間角發出爲單者花串之長略與葉等花瓣白色略爲圓形四面伸開鬚二十箇果之外面無細粉形圓色黑略與小櫻桃同大

如第一百三圖西俗名羅耳烏司英國園中常有之其名易與眞羅耳烏司相混即甜葉倍樹此倍樹葉之性無毒而羅耳烏司櫻桃之葉最毒又有一種樹亦易相混即葡萄牙羅耳烏司樹正名曰羅西旦尼櫻桃羅耳烏司櫻桃

第一百三圖

之葉爲藥品乾者味苦有收斂性無臭其新者亦然搗碎則發香如辣替非耶即杏科之植物大半有此香而發此香之理或與苦杏仁之發香同即內有數質彼此相遇則成新變化大略成自散油質與輕衰化學家苦里司脫生已查此樹在西五月或六月所發之葉芽或嫩葉每千分有油六三三分至西七月之葉每千分祇含油三二一分此後每月之油數更小至第二年五月每千分祇有油〇六分此時已在樹上一年而以後之油數不變即爲新葉油數之千分之一如合於水而蒸之則成自散油與苦杏仁油之性相同然其油不用祇用其蒸水

功用　爲毒藥平火安心藥其葉磨粉以四釐至八釐爲一服又合於麵粉或胡麻子粉成膏藥敷於皮膚瘡痛之處

羅耳烏司櫻桃水又名櫻桃羅耳烏司水亦名羅耳烏司水

取法　將尋常羅耳烏司樹之新葉一磅水二升半先將葉以刀切碎在乳鉢內磨之浸於水內二十四小時再蒸之得水一升爲度將此水搖動良久以紙濾之存於瓶內塞密之

功用　有毒性能平火安心其服數與淡輕衰水同即十滴至三十滴爲一服然其所含輕衰之數不定因其數之多寡與取葉時有相關因此不足恃用之危險倫書去之甚是

亞美利加之北有此樹名勿爾吉尼阿櫻桃俗名野櫻桃樹該處用其皮爲藥內有一種苦味質又有阿米格大里尼與衣暮辣西尼此兩質成輕衰與苦杏仁同所以此樹皮爲補藥又能治依時而作之病食其大服能平火安心又瘧疾與肺癆病可用之以三十釐至四十釐爲一服其沖水不含輕衰即用其皮半兩以水十六兩沖之如以一

兩至二兩爲一服則爲補藥其松香性之膏名普羅尼尼亦爲簡便苦味藥以一釐至二釐爲一服英國醫士不用野櫻桃樹皮然亦知爲有益藥品應收入正藥內

淡性輕衰水　此水每百分含輕衰兩分俗名普魯士酸德國俗名藍酸

輕衰爲輕與衰兩質相合而成俗名普魯士酸者因從普魯士藍而成也觀四鐵三衰鐵一節化學家西里於一千七百八十二年初用其淡者一千八百十五年化學家該路撒克得其淨者一千八百零九年布里拉初用爲藥品一千八百十七年墨正弟初用之英國於一千八百十九年醫士湯勿生初用之然西國早已用羅耳烏司樹等含輕衰之物得其藥性之益處

輕衰係植物質所成前已言在苦杏仁與櫻桃羅耳烏司樹所蒸之水或油中得之又有數種質卽杏科內之數種樹如桃仁數種梅與櫻桃之仁數種花與蘋果子等物俱含之尋常取輕衰之法將衰之雜質化分得之

衰

此質之式爲炭二分劑淡一分劑相合而成其分劑數共得二十六西名衰阿奴真譯曰藍母此因普魯士藍之顏色料以衰爲要質衰雖爲雜質而與別質化合與原質相同故化學書中常以衰爲生物底質之模觀炭與淡合成之質一節此質依化學理論之則爲炭一體積與淡一體積相合而成卽炭二分劑淡一分劑相合而成故可名曰淡炭如與他質分開則爲無色定性氣質其香最奇無所不到其雜質甚多如數種動物身體中所成之料內有含此質者如將含淡氣之生物質合於爲本之質加熱則能成衰之數種鹽類質衰在藥品內自然不用其純者因能合於輕氣成輕衰爲有用之藥品故特言之間有配數種藥存久則漸變成輕衰在內卽如醫士設方配藥用鉀養炭養與羊躑躅浸酒久存則自變成輕衰在內

輕衰之分劑共得二十七該路撒克初得其淨而無水者法倫海寒暑表○度時則凝結遇熱則易變爲明而無色

之流質重率略爲○六九七此爲六十四度之熱其味初涼後辣然試其味易受其害最爲危險其香大而奇與苦杏仁油不同如將輕衰數滴置於紙上則有若干分化散甚速令其餘者冷至結冰如加熱至七十九度或八十度則沸變成霧質此霧遇火卽着如合於養氣則爆裂甚猛輕衰能速化分變爲棧紅色至末則發淡輕之臭苦里司脫生云三十二度之熱存輕衰二十一日尚未改變其配性最次所成鹽類質極易化分易在水與醋內消化其在水中消化者爲藥品所用之輕衰水

淡輕衰水　此水之味與臭與輕衰相同祇爲更淡其香

易與他香分別所以試驗輕衰之法聞其香爲要然有人聞此香易誤爲苦杏仁油之香如謹愼聞之則易分辨因苦杏仁油有自散油質在內而輕衰之香稍次其質更易存如用鉀衰鐵合於硫養$_3$成之則更能存久或有他種酸質合於其內亦能令其存久或存於暗色玻璃瓶內或將紙護於瓶外以遮光而塞密之亦能令其存久不變藥肆常出售之輕衰水所含輕衰之數常有不同每百分含一·四分者爲最少含五·八分者爲最多英書所準用者每百分含輕衰兩分倫書亦準用含兩分者前蘇書準用含三·八四分阿書亦準用含兩分者此藥在藥品中最宜愼用

因其濃淡不同常有誤毒人之事故英書設一便法試驗此水者可用之（觀卷首之表）

淡輕衰水之功力幾藉其重率定之因重率愈小則水愈濃如英書準用之淡輕衰水重率得〇·九九七倫書之試法將淡輕衰水一百釐置於器內加入銀養淡養$_5$水至不再結成爲度而所加之水如含銀養淡養$_5$一二·五九釐則準用之所結成之質易在沸硝强水內消化五分內配輕衰一分一千八百六十七年之英書亦有同試法苦里司脫生云如依上法試之則英國極著名之藥鋪出售此質每十家必有九家差誤又云如其水之濃淡差不外若干界限則無礙於爲藥之用然此水因有大毒性其濃淡應歸一律不可有微差今英國律法定用淡輕衰水每百分必含輕衰二分不可或多或少英書有法求淡輕衰水所含之輕衰數法將其水二百七十釐合於鈉養水令有鹼性須加銀養淡養$_5$試水一千分方結成不散之質所結成之質必配無水之輕衰一百分之二所加銀養淡養$_5$水已至一千分結成之質爲銀衰即其輕衰合於鈉養成鈉衰又合於銀養淡養$_5$則成鈉養淡養$_5$與銀衰但其水內有若干鈉衰則不能再有結成因其兩種含衰之鹽類相合成雙鹽類如水內之鈉衰已無餘則其餘銀衰結成醫士尤

而另設一法將輕衰水一百釐消化紅色之汞養而從消化之汞養數得知輕衰之數茲設一比例因汞養之分劑一百〇八與汞衰一分劑之輕衰數二十七之比若四與一之比所以將輕衰水消化之汞養數以四約之則約得數爲所含之無水輕衰數

又有簡便之試法用已知濃淡數之碘試水加入含輕衰之水滴滴添入則成無色之碘衰此法必滴滴連加至有不化合之碘在水中則水顯微黃色每加碘一百二十七分即一分劑必已有輕衰二十七分亦一分劑從此能推算輕衰水每百分含輕衰之數

取法　將黃色鉀衰鐵二兩又四分兩之一在水十兩內消化之加硫强水一兩合於蒸水四兩待冷時將兩種水置於燒瓶或玻璃或瓷之蒸器必配凝水器與受器再將蒸水八兩傾入受器內必用法令其凝水器與受器不收熱再於燒瓶或蒸器下少加熱至其受器內之水共有十七兩再添蒸水三兩或足令其輕衰水之濃能合數再將此水試之法將此水一百十滴即重一百釐用銀養淡養水依前所言之法令結成銀衰則所得之乾銀衰應重十釐如準此數則所得輕衰水爲合法否則必配準此數

此方與倫書之方相似倫書之方用鉀衰鐵二兩硫强水

七錢得輕衰水二十兩

有一簡便之法原爲依肥里脫所設能任意得淡輕衰水可用便有之材料與器具其法將銀衰四十八釐半合於蒸水一兩此蒸水必先合於輕綠三十九兩半在小瓶內搖動之加銀衰之後則輕綠之輕合於銀衰之衰成輕衰水每百分含輕衰二分所放之綠氣合於其銀成白色之銀綠待若干時將其清水傾出存於無光之處

又有一法將輕綠合於汞衰而蒸之然此法近不多用前有藥肆公會用相似之法得之所得之水重率〇九九五即每百分含輕衰二九分又有化學家該路撒克設法得無水輕衰法將輕衰行過白石粉與鈣綠

前在鉀衰鐵一欵內言鉀衰鐵爲兩本之底質即鐵衰合於鉀二分劑所成以上之法內此鹽類質爲硫强水所化分所存之質有三種一爲蒸過之輕衰二爲鉀養二硫養此質存於甑內三爲黃色鹽類質亦存於甑內其鉀衰鐵每一分劑含水三分劑而鉀衰鐵每兩分劑遇硫養輕養六分劑則有水三分劑化分其衰六分劑內有三分劑合於輕三分劑成輕衰三分劑又水內養氣三分劑合於鉀三分劑成鉀養三分劑此質合於硫養六分劑成鉀養二硫養三分劑其餘下者爲鉀一分劑與衰三分劑此兩質

與鐵二分劑化合成黃色鹽類質一分劑此黃色質爲鐵衰鉀而其鉀與鐵之分劑與鉀衰鐵之分劑相反又有水九分劑爲餘下者以上各變化可作一式以明之

二(鉀衰鐵)丄三輕養丄六(硫養輕養)＝三輕衰丄三(鉀養二硫養)丄(鐵衰鉀)丄九輕養

黃色鹽類質已有該路撒克與依肥里脫兩人考其原質惟該路撒克專考其理而依肥里脫專考其數所以化學家以爲依肥里脫之說最合於理英國化學家非勒白佩服而用之沛離拉書中云已照法成此質得色白者與該路撒克所得者同而依肥里脫所得者爲黃色沛離拉云

其黄色之故因在其成質之工內近於空氣如不遇空氣所結成者爲白色

化學家白西里由司論裛鐵之各鹽類云已蒸過之各質必將鉀裛鐵二分劑合於硫强水六分劑蒸之所得者開列於左

蒸質

硫强水六分劑二百四十分

鉀裛四分劑二百六十分

鐵裛二分劑一百零八分

硫强水內之水六分劑五十四分

鹽類質內之水六分劑五十四分

共蒸質七百十六分

蒸得之質

鉀養二硫養三分劑三百八十一分

輕裛三分劑八十一分

鉀裛一分劑六十五分

鐵裛二分劑一百零八分　成黄色鹽類質一百七十三分

水九分劑八十一分

共蒸得質七百十六分

試法　查輕裛濃淡之外又應查其滓否

淡輕裛水無色全能化散其臭最奇少能令藍試紙變紅不久則仍復爲藍遇輕硫而不改變可知不含汞裛等質如加鋇綠水而無結成之質可知不含硫養如含他酸質則合於汞裛碘裛合鉀裛碘裛則變紅色因成汞碘如將輕裛合於銀養淡養成白色之質全能在沸淡養水內消化可知其不含輕綠又遇藍試紙不多變色遇鋇綠不多結成質亦可知不含硫養或輕綠

如有人因服輕裛而死則聞其香最易分辨欲得其證據法將其胃內之物洗之濾之如有數種流質相合者則合於動物炭粉不加熱如因腐爛而生淡輕養至有鹼性則

必加硫養足滅其鹼性再將其流質八分之一以熱汽盆加熱蒸之將所蒸得之質用下三法試之

一　將蒸得之水合於鉀養水至有餘再加鐵養與鐵養鹽類質之水即如青礬水或鐵酒等則有結成之灰綠色質再加硫養少許則變深藍色因成普魯士藍故也觀鉀裛鐵一節則易明此試法之理

二　加銀養淡養水則結成銀裛此質在沸硝强水內能消化

三　將銅養硫養加入已加鉀養至飽足之輕裛水則結成綠色之質再加輕綠少許則綠色之質變爲次白色

試驗輕衰之細說西國洗寃錄內詳細述之如苦里司脫生與對拉兩人之書是也

功用　爲平火安心藥與止痛藥然服之過限爲最猛之毒藥如久咳與心病面部腦線痛胃病如胃痛等俱爲有功力之藥又數種皮膚之舊病可用之爲治痛與癢之洗藥

服數　以二滴至五滴爲一服加水一兩或更多或加膏亦可如作洗藥則以二錢加玫瑰花水半升或尋常蒸水半升

解法　凡服輕衰則其毒性最速幾無法能及用之然有數法如能立刻用之可得益處其法如下一傾冷水於身大半連傾於頭與背脊上此爲隨處可用之法二嗅淡輕養或淡輕養炭養然不可過多或服其水或將其水擦皮膚俱能得其感動行氣之益處三用極淡之綠氣吸之或服綠氣水以一錢至二錢爲一服或用鈣綠水或鈉綠水服之最要之事必用法令其呼吸氣如尙及服溼鐵養或鉀養炭養水後立即服鐵養硫養合鐵養硫養水

英國有醫學新報以外科放膿刀爲名於一千八百四十四年十月初五日所發之報內有壹丁不城司密得公司設一方治輕衰之毒其方要令其輕衰在胃中遇鐵之酸

質而與鐵化合成普魯士藍爲無害之質後此公司印於藥品記錄書內即一千八百四十五年七月第五本第三十五頁設方如左

將鉀養炭養二十釐在水一兩至二兩內消化之存於瓶內再將鐵養硫養十釐與水一兩在乳鉢內磨勻而消化之加鐵綠酒一錢另存一瓶內凡藥肆家應親自赴往中毒者之處令其先服鉀養炭養後即服鐵之鹽類如令他人去恐有先後倒用之誤然雖有此方必在服毒後不多時服之否則其功用難顯所以服輕衰而能挽回者甚少此因藥到已遲之故

輕衰霧

取法　將淡輕衰水十滴至十五滴冷水一錢置發霧器內吸其所放之霧

此藥於一千八百六十七年英書初用之如氣管出聲處或牙齦肉大痛可用此治之必最謹慎

番石榴科 西名沒爾他西依波耶之名俗名沒爾土

番石榴科之樹最爲可觀在新金山與亞美利加之熱地甚多在亞細亞與阿非利加更少歐羅巴之南不多見之此樹內收斂性之質甚多又有自散油最爲可聞所以有數種可作收斂藥又有數種可作香料有數種結果其味

酸甜最爲適口食之亦有益處

第一族　小種族西名勒浉拖司把瑪西依特看杜辣之名此族之果有殼形依此辨之

分種　米拉留格依色即黑白之意

揩耶菩提油又名小米拉留格特看杜辣之名其油從葉中蒸出立尼由司列於花鬚多於三叢二十箇鬚此油產於巴達維亞與新加坡

揩耶菩提係印度之土語即白色樹之意從植物學家倫非由司著書以來西人方知之其書云此樹有兩種一爲大白樹二爲小白樹一千七百九十八年印度京都加爾各搭植物院中派司密得往摩鹿加海島查覓揩耶菩提樹將數顆帶回印度種於本院內後從此院分至印度各

處種之然此種樹雖爲摩鹿加海島最熱之地所產亦能耐印度西北之冷此因其樹皮厚之故司密得又送此樹若干顆至英國醫士馬敦查之得知爲倫非由司書中所說之第二種一千八百零九年倫書內謂之揩耶菩提米拉留格後有醫士司米得改名爲小米拉留格樹如巫來由人所謂揩耶菩提樹者爲另一種正名白樹米拉留格其葉更大更似鐮刀形中有脉五條面平滑其香或少或無不能蒸自散油

如第一百四圖係特看杜辣書中所論小米拉留格樹此樹小榦直立而彎榦外有皮厚而稍軟淡色枝散亂小枝

第一百四圖

極細向下彎如垂楊葉遞更排列似戈形尖銳少彎似鐮刀形其脉三至五嫩時面光如綠搗碎之則發大香花莖爲樹枝之端從離根最遠之葉榦間角發出花莖萼小枝俱生細毛開花時莖端有一圓錐形之芽面有魚鱗形花已開則此芽變成小枝放數葉其花莖爲獨者開三朶花萼似瓶形如圖之三號其體分五分花瓣五出白色無臭花鬚三十箇至四十箇合成五叢其托線較花

瓣長三倍至四倍鬚頭中腰連於托線頂上有黃色核花心莖長子房口分爲三分但其分顯出不甚明花子房卵形分三膛子殼亦然如圖之一號與二號種子數多其下半連於花萼之厚管子殼亦爲此管所包陸克司白格名曰揩耶菩提米拉留格此樹原爲摩鹿加列島所產武羅島與馬尼比島產之最多又在婆羅洲之南邊亦有其天生者本處土名曰多捺起炏幾勒

其葉在秋時暖乾之天氣摘之盛於乾袋內不久則自生熱而變溼自後切碎浸水中一宿蒸之每葉兩袋所蒸之油祇得三錢其油明而稀色淡綠極易化散發香甚大味

香而少辛似樟腦之味後合舌覺涼重率得○.九一四至○.九二七能消化於醕內加熱至三百四十三度則沸合於水蒸之則先得淸而無色之油質後得綠色更重之油質此油質之香更小而其辛性更重化學家白蘭起得化分之得原質之式爲炭輕養等於分劑數七十七此油昔時價貴或加他料在內卽如咾土孖釐油與樟腦油等近時價值更賤故其質更淨有人疑其含銅質此說無確據

功用　揩耶普提爲易散行氣藥治轉筋藥如風濕病可作洗藥有人在印度用揩耶普提油治霍亂吐瀉病傳此說者多人以爲奇事因與薄荷油在印度治此病有益相同

服數　三滴至五滴滴於洋冰糖服之

揩耶普提酒

取法　將揩耶普提油一錢正酒醕四十九兩消化之此油較一千八百六十四年英書所定者其濃得五分之一

服數　以半錢至一錢爲一服

第二族　番石榴族西名没爾他依此族之果有瓤囊形依此辨之

丁香西名加里由非由木藥品中用其未開之花芽立尼由司列於二十箇鬚一箇花心

古人知丁香與否尚未能定阿喇伯國書中記之謂之可兒非倫指明爲希臘語又有古藥品書一爲依幾尼他保羅司所作一爲埋里波西由司所作俱論記之來拉之意觀古人所知之藥品除孟加拉海邊之西他處所產者甚少因與其東邊各國往來無一定

產丁香之樹凌冬不凋如第一百五圖甲爲花芽其形狀較番石榴科之別族更佳其形與比門屠相似木質硬外面有平滑灰色之皮葉彼此相對相交成正角似長戈形兩端尖銳長約四寸質韌如獸皮面光滑有多點擣碎之則發香與丁香

第一百五圖

同花成短密頭分爲三分每分處有節花萼之管爲圓柱形色深紫而與子房黏連分四箇凹形之分其各分爲蛋形花瓣四出各出相掩發芽之時似球形後則伸開爲圓形色略白或言發最佳之香花萼內並子房口上有方形之瓣圍住其短而鈍之花心莖底而不包之花鬚合成四叢托線長色黃子房幾爲圓柱形分兩膛每膛內有多小胚珠連於隔衣之邊果大似橢圓形有肉形質內含一種子此種子長大時則滅去其第二膛並其各胚珠子胚大似橢圓形面有點子瓣不等有彎曲形其大者幾分包其小者並其上　小根查植物類編第二本第七百四十九頁有詳細之說又查格致字典植物門內

有其分圖。此樹原爲摩鹿加列島所產，荷蘭人在安汝屬地與德拿島兩處專種之。近來毛里西島、印度國、西印度列島、歪阿那俱種之。又在檳榔嶼與蘇門答剌島之茫古魯亦種之。

尋常出售之丁香，爲未開之花芽，用手或長蘆摘之，置於無日光處速乾之。最佳者爲摩鹿加列島所產。出售之海口爲檳榔嶼、茫古魯與安汝等處。其形狀與釘形大同小異，故數國方言內以釘式命名，即如法國語謂之幾羅甫花釘。色深櫻，香最佳，食之頗有辛香味，而辛味存於口內久不散，質頗重，其最佳者壓之則少放油，刮之亦然。如浸於水內或酒醋內，則能收其藥性。脫落没司托弗化分丁香，每百分得自散油十八分，奇性樹皮酸質十三分，樹膠十三分，松香質六分，膏質四分，立故尼尼二十八分，水十八分，共一百分。其油爲藥品。其松香性質謂之加里由非里尼，能分出之，得光明緞色顆粒，無味無臭，能燒，能自化散，不能在水中消化，能在酒醋內消化。化學家云其原質與樟腦相同。其乾果名曰母丁香，多運至中國出售，他國不常用之。

功用　行氣，去風。食物內常用爲香料，或能掩食物之味。又藥品內用之，令藥適口。

丁香油 英書所準用者爲英國內所蒸之油

尋常所用丁香油，爲德國屬地安汝運出者。美國所用者或言爲法國屬地加夜那所產之丁香蒸出者。英書準用之丁香油，係英國內所蒸者，或言已蒸出油之丁香，乾之再行出售。凡購丁香者，必慎此事。其油之新蒸者，明而無色，但漸變爲深櫻色，尋常之色如此。其香大，其味少辛，而香間有大辛性者，重率自一·〇五至一·〇六，故傾於水中則沉下。所以蒸此油應用鹽水，即與蒸他種重油質之法同。又必屢次將蒸出之質傾回甑內，和於原料再蒸之。蘇比蘭書中云：愛脫林查此油爲三種質合而成者，一爲合輕與炭之質，與松香自散油同，此質較水更輕；二爲合養氣之油質，其重率一·〇七九，有酸質之數性情，其原質爲炭輕五養五，化學家妥貫司謂之由幾尼克酸。如將丁香油合於鉀養，則其重油中可蒸出輕油，而其重油與鉀養化合。再將所成鉀養合重油之質合於硫強水而蒸之，則能分出其重油；三爲司替阿里布低尼，此質常在丁香蒸水內見之。如將丁香油在酒醋內消化之，再加鐵綠水，則成深靛藍色，此色爲此油所成者，他種油不成此色。此爲化學家烏里刻司之說。

此油內常有人加比門脂油與桂皮油。

功用　香行氣藥去風藥又用以掩味以二滴至五滴爲一服

丁香沖水

取法　將丁香搗碎四分兩之一沖沸蒸水半升蓋密其器待半小時濾之

功用　此水明亮有丁香之臭與味與各種含鐵之藥有忌藥品用之爲暖性去風藥或合於他藥令有香味以一兩半爲一服

含此質之藥品　鐵香雜水鴉片葡萄酒桂皮雜沖水司卡暮尼膏哥囉嘶雜丸哥囉嘶合羊躑躅丸

比門層　立尼由司名由幾尼亞比門層列於二十箇鬚一箇花心藥品所用者爲其未熟之乾果

此樹產於南亞美利加與西印度列島如西印度產此樹種成行行中作路便於遊步英國俗名眾香其樹又名倍果樹

如第一百六圖樹高約三十尺形狀甚可觀葉密凌冬不凋大枝圓小枝似壓平嫩枝與小花榦生毛葉有莖或爲橢圓形或爲蛋形面有明光點而平滑花莖發於葉榦間角排列成三分歧頭爲樹枝之端花萼與花瓣分四出花瓣之色爲回光綠白色花鬚甚多子房分二膛至三膛膛內有多胚珠裸果球形外面有花蒂圓形未落之底熟時

第一百六圖

則平滑發光有深紫色其膛頂上有一箇有二箇者不多見種子兩箇胚珠圓形子瓣合成一塊其小根難於分辨查尼斯書二百九十八頁載香比門層即番石榴族內樹之說而其圖在二百九十七頁此種比門層爲橢圓形常出售者則爲圓形

植物學家波郎在牙買加動植物書內言此樹之果必乘其未熟而摘之如待至熟則其香味已滅而其味改變如

栢樹子鳥俱食其熟者摘之後日光內曬乾形圓面有皺紋大小不等棲色藥性大半在子殼內內有兩箇黑棲色種子其臭最香味暖而有香此味特所含自散油質如蒸之則其油能蒸出又含定質油猝性松香類質膏質樹皮酸没石子酸等

功用　爲行氣之香料以十釐至三十釐爲一服爲行氣藥

比門層油

如將乾比門層子合於水蒸之則每百分能得油一分至四分英國作此油較他處更多此油與丁香油相似常有

人將此油雜入丁香油內或代丁香油出售沛離拉云此油爲兩種自散油質所成一爲輕者即含輕與炭之質一爲重者即爲比門屠克酸此油新作者無色不久少變紅存多時則變櫻色較水更重故傾於水內即沈下合於硝强水則成紅色合於鐵綠酒則變藍綠色此變化之性與嘆啡啞變化之性同

功用　爲行氣去風之藥以三滴至六滴爲一服外科用之擦於皮膚能引炎

比門屠蒸水

取法　將比門屠搗碎取十四兩合於蒸水十六升蒸之

得一升爲度

功用　有行氣之性常配於他藥內得其美味以一兩半爲一服

石榴科西名苛拉那替依

此科爲植物學家杜那所設爲石榴之科前植物學家將石榴科合於番石榴科內如植物學家林特里現亦將石榴科合於番石榴科內此科之樹葉面無點葉邊不生脉果形奇異種子爲瓤所包其子瓣捲合此樹之葉花果等俱無香又產於温帶內而番石榴科大半產於熱帶內林特里云此樹與番石榴科樹之分別不大而有數科內各族之分別較石榴科與番石榴科之分別更大故石榴不可爲一科之名祇可爲一族等語

石榴根皮西名苛拉那替根皮立尼由司名曰曾尼揩苛拉那替又列於一十箇鬚箇花心

石榴產於叙利亞印度北並向東西各方自古以來書中言及之新舊約書名之曰里門阿喇伯方言謂之榴門古之希臘人與羅馬人俱知之

如第一百七圖樹之身木本亂形如生於乾處則少有生刺之形葉幾相對間有成叢者長形少似刀而不分面無點平滑有光色深綠花爲單生者光紅色花萼厚而有肉形與子房相連又有圓錐形尖向下分爲五分至七分花

第一百七圖

瓣五出至七出有深皺紋花鬚多常有雙者花心莖似線形子房口成頭形果大如大蘋果皮厚而韌頂有花萼管形之體膛有數箇分上下兩層排列而有參差橫隔膜分隔之下層三膛上層五膛至九膛膛內種子數多有明瓤包之子葉似葉形而捲觀尼斯書三百零頁

此樹之花與果肉果皮樹皮今用於東方各國與古時同其花古人名巴榴司登近時印度名千葉者曰波榴司登

此爲仿希臘國之名花無香味苦而澀食之則令口津變紅色內含樹皮酸如合於鐵之鹽類則變爲黑色近時英國不入正藥品

其果之皮東方多用之爲收斂藥與染料野生者較園中所種者其性更重其色外紅櫻而內黃面平滑尋常所見出售者係亂形之塊質硬而乾似皮形味甚澀每百分含樹皮酸一八·八分膏一○·八分植物膠一七·二分其餘質不計有數國將此果之皮爲製熟獸皮之料

其根之皮古人代司可立弟司與賽勒蘇司常用以殺蟲今印度人仍用以殺蟲英國醫士布該南與安特生依古

法仍用之英國出售者係歐洲南方各國所產根重有結頭色黃其皮或爲條形或爲鵝毛管形或爲片形間有根質連於其上外面灰黃色內面黃色即略與枸杞根同幾無味如在口中嚼之則令口津變黃色味澀而無可憎之苦化學家密土阿與臘土爾特脫里等人化分之其有殺蟲之性尚未知其根原每百分含樹皮酸約二十分另含沒石子酸松香質蠟定質油瑪內得如將其沖水合於鐵之鹽類則結成深藍色質如合於魚肚膠水則結成黃白色質如合於汞綠則結成灰黃色質如合於鉀養或淡輕養則結成黃色質臘土爾特脫里所分出之一質謂之苛拉那替尼以爲此質專在此根皮產之後有化學家化分之知爲瑪內得質近有人化分之在其新鮮皮內得一種奇性之鹼質謂之普尼楷以尼有爲本之性

此根皮常有黃楊與枸杞之根皮雜於其內黃楊者色白而味苦其質無收斂性枸杞根皮色黃而味極苦遇以上四種藥試之則其變化與眞者不同

功用　此樹之全體俱有收斂性其野樹之果皮有重收斂性如泄瀉與久赤白痢服此藥有大功其花之沖水少有收斂性其根皮有收斂性而其根皮之最大用處爲殺蟲藥腹中帶蟲最易被此根皮逐去之

服數　如腹有帶蟲可用下節之法作煮水早起食物之先若干時服二兩至四兩後每二小時服之至三四服爲度如第一日無功則第二日仍照法服之又必暫時服蓖麻油蒲特告於來拉云常用石榴根皮作殺蟲藥較松香油之酒更有功用腹中祇覺有重物在內或欲嘔吐此想是所服之藥體積已大蒲特又云所用者必爲其新根不可用乾者他人亦有此說

石榴根煮水

取法　將石榴根皮切片二兩置於蒸水二升內熬之至得一升濾之加水配足一升

此煮水有收斂之性且常用以殺蟲必依上所言之法服之其新鮮之皮較陳者更佳

石榴果皮煑水（此爲倫書之方）

取法　將石榴果皮二錢在蒸水一升半內煑之至餘一升爲度濾之

功用　收斂藥以一兩至四兩爲一服

瓜科（西名苦刻比他西依珠西亞之名即壺盧科）

此科植物大半在熱地內產之間亦在溫和之地見之有數種內生苦性之質間亦生瀉性之質有數種園中種之所結之果爲可食者然其肉雖可食而其皮甚苦種子含定性油此油之質亦爲極細

哥囉嘶得（又名哥囉嘶西脫羅羅司施拉特之名又名哥囉嘶古刻米司立尼由司之名列於

同樹分雌雄一箇花心藥品中用其果汁必去其皮與子）

哥囉嘶得古之希臘人名曰哥囉肯晳司阿喇伯人名曰狠薩勒自古以來各國用爲藥品如舊約書名曰拜扣由脫即野壺盧之意

哥囉嘶爲一年之草本根厚而色白榦附於地面有稜角並有多毛葉似心形與卵形分爲多分其分鈍立尼由司書中之圖並在地中海送至英國勅勒西植物院內所種者書中畫其圖亦少有鋭形如第一百八圖爲此院內所產之哥囉嘶形葉上面有光綠色下面少有白色有利刺其刺有白色小毛形間有生毛之凸點葉莖與葉面略等

第一百八圖

長其蔓鬚短花從葉榦間角發出有單花莖萼五出各似錐形其雌花並花帶之管球形少生毛花體似鐘形分尖花瓣小色黃有綠色脉紋彼此略相連又略與花萼相連果實球形面平大與橘同皮薄而質密分六膛其汁味最苦種子似卵形而無邊色略白間有櫻色者味苦自歐洲之南至敘利亞與印度之南各處俱有之阿非利加之北如埃及與努比阿國亦有之尋常植物書云產此藥之處其哥囉

嘶爲假類與眞哥囉嘶類相似

哥囉嘶在印度國數處產之即如科羅曼代耳沙地陸克司白格書言之又在印度隅醫士韋得言之又在德干醫士賽克司言之又在古塞拉德海邊奇蒲生書言之又在開拉相近處本斯書言之又在德列相近處馬根德司與蘭肯言之覲孟加拉藥品書醫士法司那之說來拉在印度常聞人言有此草託人往購用阿喇伯與印度之名曰因特拉恩曰比色羅沒罷所得之物類乎哥囉嘶其果卵形而眞者應爲圓形所以定名曰假哥囉嘶而在雪山植物書第四十七卷第二圖言之故可見哥囉嘶從印度運

至西國出售、亦可合用、近有醫士司他克司從孟買送哥囉噺膏至英國出售、

哥囉噺之出售者有兩種、一爲未去皮者、果之外面有黃色硬殼、此爲麻加多所產者、一爲已去皮者、產地中海之東、士麥拿與的里斯德兩口運出最多、阿非利加之北、法國辦理其事、又西班牙南邊此各處所出者、皮已剝去其汁已乾、此必乘其果熟時爲之、形似白色小球、質輕有多孔如海絨、其質韌、種子略爲其全重四分之三、小塊者最佳、間有去種子而出售者、用此物之先、必去其種子、藥品所用者、爲其去皮去子之乾汁、子有苦味、屢在水中洗之、

則其苦味之大半可在水中洗去、乾汁無臭、味苦而可憎、不能放散、難於磨粉、故藥肆家用其粉作丸、用顯微鏡易見其粒、應用其膏爲便、如水與酒醕俱能化出其爲藥之質、化學家埋斯那化分其乾汁、每百分得定質油四·二分、苦松香類一三·二分、苦質即哥囉噺得以尼、一四·四分、膏質一〇分、樹膠類質三〇分、鈣養燐養五合於鎂養燐養五七分、立故尼尼一九·二分、所得之哥囉噺得以尼恐非淨植物原質、化學家合白加與布拉克奴兩人細查之、得紅黃色之塊、磨爲粉則變黃色、其質光明而脆、味最苦、能燒如松香、每一分能在冷水五分內消化、沸水用之更少、亦能消化、又能消化於酒醕與以脫內、如遇酸質或自能化水之鹽類質、俱能令結成膠形、有黏性之質、如遇鹼類不令其結成、又如其質爲淨者、則沒石子亦不能令其結成、內含淡氣、又依布拉克奴之說、能令紅色力低暮司試紙變爲藍色、此爲蘇比蘭書中之說、

功用　哥囉噺爲最重引水瀉藥、如服過多、則爲惹胃毒藥、

哥囉噺膏此爲倫書之方

取法　將哥囉噺去子乾汁、切成塊、三磅、置於冷蒸水四升內、待三十六小時、當浸水時、常用手壓之、後用大壓力

壓出其水、濾之熬之、得所需之濃、

一千八百三十六年倫書之法、用水太多而沸之、所以其水得膏形之質甚多、存之不久則發霉、一千八百五十一年之法、用水太少、第所成之膏、較前方所作者更濃、醫士克弟司依上倫書之方而作其膏、每用哥囉噺一百分、祇得膏十二分、又其苦質存於塊內者甚多、如再浸於水內、可收出之、其水亦收松香性之質、後在熬乾時沉下、化學家司快兒云、此膏應用準酒醕爲之、

功用　此膏有瀉性、醫士不多獨用之、可以五釐至十釐爲一服、

哥囉噺雜膏

取法　將哥囉噺塊六兩，置於準酒醋八升內，浸四日，壓出塊內之酒，而將酒蒸之，將所得之膏質合於索哥德拉啞囉膏十二兩，司卡暮尼四兩，硬肥皂粉三兩，和勻，用熱水盆加熱熬之，至將濃，再加白荳蔻細粉一兩，調和，再熬之，至其濃合於作丸為度。

此膏與一千八百三十六年倫書所設哥囉噺雜丸相似，此丸每哥囉噺膏一分，配啞囉膏六分，司卡暮尼四分，用軟肥皂，不用酒醋。見藥品記錄書十二與十四兩卷

服數　以五釐至十釐為一服。

哥囉噺雜丸

取法　哥囉噺粉一兩，拜貝徒司啞囉粉二兩，司卡暮尼粉二兩，鉀養硫養粉四分兩之一，丁香油二錢，蒸水至足用。先將各粉和勻，再加丁香油，後加水至足用，和勻成丸。

此丸與阿書哥囉噺雜丸相似，如其膏較哥囉噺之乾汁濃三倍，則所含司卡暮尼比哥囉噺膏多六倍，又哥囉噺膏所含者祇為兩倍，所加鉀養硫養祇少增其瀉性。

功用　如獨服哥囉噺，則惹胃而覺腹痛，須合於他種瀉藥為佳，所以其雜丸為極穩之重瀉藥，如另加汞綠少許，其功力更大。

服數　以五釐至十釐為一服。

哥囉噺合羊躑躅丸

取法　將哥囉噺雜丸二兩，羊躑躅膏一兩，和勻成丸。

功用　此丸藥所加之羊躑躅，為其質之三分之一，其功用能令其丸不惹胃致痛，故此丸可作哥囉噺雜丸之用。

歐洲他國作哥囉噺浸酒，並哥囉噺葡萄酒，如將其浸酒少許，擦於腹外，或將其粉二十釐，合於豬油代之，可令其瀉，與服藥同。

愛刻罷里果又名藥品愛刻罷里，里又特之名。藥品中用其將熟之果

衣拉特里立尼由司名瑪瑪弟揩衣拉特里，西俗名噴子汁瓜。藥品中用其果汁結成之質。

此植物係古時希臘人所知者，謂之齊故司阿猗里由司，又謂之衣拉特里恩，其果汁結成小粉形之質，亦用同名，里又特名此物，另作一類，為愛刻罷里類，而此種名曰藥品愛刻罷里，又植物學家來肯拔克謂之田中愛刻罷里，如第一百九圖，為存一年者，餘生毛，有痂形凸點，蔓延於地面，又有淡綠似海水色之粉，無蔓鬚，葉如心形，少有分開之形，邊齒形，面多皺紋，葉莖長，有硬刺，花在同體分雌雄，雄花之萼分五齒，花瓣黃色，分五出，花鬚分三叢，鬚頭有合生者，雌花之凸線有三箇，不能生子，花心莖分三分，子房口分兩分，子房有三膛，內多胚珠，果卵形，長約一

第一百九圖

半面有利刺熟時與其葉莖不連因有凹凸力縮小而噴其汁與子從底處之孔而出種子櫻色面有壓平形並有網形之紋

此物產於歐羅巴之南爲其原處英國多種之

倫書所載衣拉特里爲此草未熟之果而英書將此名屬於果汁待若干時結成小粉類質之名然此質倫書名之曰衣拉特里膏醫士苦勒脫白格查此小粉類質祗在圍種子之汁內有之此汁之濃如膠果之其餘各質幾無藥

性將其果切片置於篩上則流出稀而無色之汁待若干時變濁有質結成所結成之質作乾之輕而似粉形色淡黃白少帶綠色此爲眞衣拉特里苦勒脫白格將其果四十箇分出其衣拉特里祗得六釐其質性極猛約八分釐之一爲一服足令人大瀉英國米綽末多種衣拉特里果每果四十磅略得衣拉特里膏半兩近時作衣拉特里膏之法依苦勒脫白格之法必摘其將熟而未熟之果如已熟則噴子時必有若干汁隨子而出

取法　將噴子汁瓜之將熟者一磅以刀縱切之輕壓出其汁用馬騣篩篩之置安穩處待其結成質將其餘水謹慎傾出而將結成之質傾於麻布濾袋內置於鬆質瓦面輕加熱乾之所傾出之水待若干時或再結成若干質用同法乾之此爲應用之取法英國米綽末藥院中用大力壓出其果汁故得汁更多所結成之衣拉特里粉其性更輕如西九月初七至十五日起收此果爲最合宜

試法　衣拉特里膏應爲淡綠灰色如用正酒醕化盡其質而熬濃之傾入熱淡鉀養水則待冷時結成細而無色顆粒其形如絲每衣拉特里膏一百分得此顆粒二十六分英書云不可少於二十分其酒醕消化有藥性之質謂之衣拉特里尼另有克羅路非勒若干此質存於藥內如

將衣拉特里粉重二分以沸正酒醕化之以能化其質之半爲據如合於酸質不發泡可知其不僞充白石粉常出售之衣拉特里爲淡灰色或綠灰色之薄片常顯出烘乾面紋質輕脆不多發臭味辣而苦此草之他體如葉等亦有此味又有稍次者質更密色更暗或爲櫻色或爲橄欖綠色大略因將其汁全壓出而化乾之故如此沛離拉云有一種爲馬里他島所產者片更大色更淡常雜白石粉在內或雜小粉如合於酸質發泡則知其含白石粉合於碘而變藍色則知其含小粉設能合法爲之則其粉祗爲遇空氣後而結成者大略遇空氣時有變化之事如

欲消化之可用酒醅每百分應化出五十分至六十分化學家巴黎初化分衣拉特里得其一質謂之衣拉替尼後有蘇格蘭人摩里士與恒尼里化分衣拉替尼質得兩種質一爲衣拉特里尼一爲綠色松香類質衣拉特里又含苦質小粉木質鹽類質然其所含衣拉特里尼之數不定每百分最少五分最多四十四分依其取法並果之高下而定如用蘇書之法試驗衣拉特里質爲淨與否則能成衣拉特里尼

苦里司脫生見司脫零試此質云衣拉特里尼爲極細無色顆粒面有細線紋色如綴柱形其底爲斜方形空氣內

不改變無臭味極苦頗辣加熱至略多於二百十二度則融化加極大之熱則化分而放出淡輕霧能在正酒醅以脫定質油淡酸質內消化但不能在水與淡鹼類質內消化

功用　此質爲重引水瀉藥服之則常令人吐或作嘔食其大服則爲惹胃毒藥令腸生炎如水腫病服之能使大便內多水又腦髓之病可作移病藥

服數　上等衣拉特里以八分釐之一爲一服或十六分釐之一爲一服俱有瀉性可合於苦膏質間日服之如尋常衣拉特里質其服數可稍加多如用衣拉特里尼在正酒醅內消化之則以十六分釐之一爲一服

繖形科　西名暗白里非里依珠西亞之名立尼由司列於五箇鬚雙花心

繖形科與五加科虎耳草科毛茛科山茱萸科相類此各植物大半在赤道北至向北各處產之第有數族產於波斯國與雪山此科所產之物自散油爲最要此油在果內最多其果尋常誤稱曰子常用爲去風藥如其油在幹與葉則當香菜之用如波斯國乾暖處有數種能放膠香類質又有數種生於濕地則有毒性此種毫無香故可依此法辨之依植物學而論其各果觀第一百十圖則可明之如第一百十圖爲繖形科內紅蘿蔔之圖舉此圖以例其

餘丙爲花之平圖乙爲上視圖戊爲花之直剖面己爲花瓣戊爲花鬚辰爲子房與花萼相連申爲花心莖與子房曰庚戊爲花心墊丁爲果之直剖面己爲果皮辰爲種子己爲阿勒布門

第一百十圖

質戌爲胚甲爲果之平剖面其稜上有角角端有利刺角中有毛叢

第一族　阿米尼依　此族之果或爲壓平形或爲雙者

芫茜果　西名揩羅衣立尼由司名曰芫茜揩羅未好品用其果誤稱曰子英國與日耳曼國多種

之

芫茜古之希臘人俱知之因歐洲各處幾盡有之

如第一百十一圖高約二尺根似梭形葉似雙翎毛形分葉割成線形之分總花葉或無或祇有一葉無分花葉萼

第一百十一圖

不顯明花瓣鈍心形其尖窄銳向下彎果有香味形長少彎似新月色略椶其瓤有五箇線形之稜裂縫中有單油膛花心莖底之凸圈凹形常見野生者在草地等處英國

厄塞斯省多種之

芫茜果俗名芫茜子其臭有趣味辛而香此因每百分內含自散油約五分可用酒醋消化之或可用水蒸出之

功用　為行氣去風之藥西國點心內用之其油與酒為掩味之物而其水可為消化他藥之用

芫茜油（英國多作此油其法將芫茜果合於水蒸之）

此油或無色或為淡黃色臭味俱香

芫茜水

取法　此取法與阿尼的（即蒔蘿又名小茴香）之取法同

大茴香（即八角西名阿尼司立尼由司名阿尼司日品比餒搽）

古之希臘人知此植物謂之阿尼司恩近時希臘相近各海島亦產之

此植物之榦高約一尺面平滑從根發出之葉似心形略帶圓分若干分邊似鋸開從榦發出之葉雙分三分葉其分葉長形如線又似戈形少有劈形端尖纖形內之每輻為長莖輻數甚多無總花葉花小白色花萼不顯明花瓣似鈍心形尖向下彎果似卵形長八分寸之一外面有散開之毛數根其瓤有五箇相等線形之稜其縫有三箇或多箇油膛花心莖底凸圈似發腫之形其果所存之花心莖向外彎

此果尋常誤稱阿尼司子形似卵色綠灰面少有細毛味暖而微甜有香能遠散而有趣微辛即與辛夷科內所言星形阿尼司相似此植物在歐洲之南如馬里他島與西班牙南方種之又在日耳曼國種之其仁每百分含定性油三五分其內子衣每百分含大茴香自散油略三分其香與藥性俱恃此自散油

功用　此植物之果為有趣去風藥又點心內多用之以得香味

大茴香油（即八角油）

作此油之法將大茴香合於水蒸之色光黃其味與臭與

大茴香同，從他國運至英國者甚多，而中國與印度來者非歐洲大茴香所產。此物西俗名星形阿尼司，正名阿尼司依里西由末，英書內亦論記之。其油在五十度熱之時容易凝結，此因含司替阿里布低尼質甚多之故。

功用　爲香行氣藥，補胃藥，如因有氣而腹痛，以五滴至十五滴爲一服。

大茴香油酒（即八角油酒）

取法　將大茴香油一兩，正酒醅四兩，和勻即成。

此油酒甚濃，每酒五分含油一分，此爲阿書所設之法

服數　以十滴至二十滴爲一服。

第二族　邪蒿族（西名西西里尼依果之剖面或爲圓或近乎圓）

蘹香（西名弗尼苦里，甜味者入藥品，俗名甜弗尼里，其果俗誤稱謂子，大半從馬里他島運出。）

蘹香古時希臘人已知之，希臘語謂之馬拉脫倫，歐羅巴各國俱有之。

第一百十二圖

野蘹香如第一百十二圖，味烈可憎，辣而有香，藥性恃其自散油。此油淡黃色，尋常蘹香不作正藥品之用，其子間用之治小兒因氣而腹痛，作外導藥，內科中衹能用甜蘹香。植物學家以爲甜蘹香衹爲野蘹香在園中種之，令其改性，又有植物學家以爲其種不同。

甜蘹香

此草之榦在榦底少有壓平之形，其根所發之葉左右平排列，分葉似髮形，其莖之輻有六箇至八箇，此爲特看杜辣之說。甜蘹香比野者更小，每年自落，其果更大，間有長十二分寸之五，其壓平之形更少，又少有彎形，其色更淡，少帶綠色，係歐洲南方各國所產，種於園中當菜蔬，或插於食物中作美觀。沛離拉久已指明有兩種，而甜者之味與香更屬有趣，故以下之方必謹擇所用者爲何種。

功用　爲行氣去風藥，間用之治腹內有氣而暴痛之病。

蘹香水

取法　此取法與蒔蘿水之取法同。

功用　蘹香水暫用之合於他藥作香料。

第三族　安直里刻依（果之背面有壓平形，其兩邊有雙翼形。）

安直里刻（又名藥品阿刻安直里刻）

此植物久用之爲藥，想非英國原產者。

如第一百十三圖，爲存兩年者，根大有辣香味，榦高三尺至五尺，空心，面有細線紋，有淡綠如海水色之[illegible]，葉[illegible]與花俱爲光綠色，葉寬二三尺，似雙翎羽形，可分爲二三分，葉

第一百十三圖

分葉似蛋形與戈形邊有多利齒分葉俱無葉莖而其下端順幹而抱護之頂葉分三分葉莖在底多放大花莖似托輻爲幹之端略如球形有聚密之次托輻總花葉爲兩箇或三箇線形分花葉所成其次者略有八箇線形戈形之分葉萼有五箇極微齒形花瓣蛋形不分開其端銳向內彎果熟時不自裂硬殼果瓢或果自成之半分其背面有三箇厚凸線形之稜邊有兩箇凸稜放大成寬葉形裂縫

內無油膛種子不相連有多油膛此草生於歐洲北方水澤之處

安直里刻草擣之則發大而可聞之臭如在春時傷其根則放香而黃色之汁其根乾時則成皺紋其外灰檖色內白色味暖而苦其幹與葉莖如在西五月內取之則嫩可合於糖責之成膏其果臭味與此膏相同因內含自散油松香質與苦膏質根內之別料爲膠質小粉水木質存此草最合宜之法磨成細粉緊裝於瓶內塞密之

功用　此爲芳香行氣藥英書不載之內科中不多用然能補胃將其根或果一百二十釐沖沸水一升任意服之

第四族　防葵族西名伯西但尼依果之背面壓平形兩邊獨翼形其翼近於邊處平而厚

蒔蘿西名阿尼土未立尼由司名臭阿尼土未英國俗名弟勒

蒔蘿原產於歐洲之南東方各國亦有之古人俱知之希臘語謂之阿尼土撩

此草爲存一年者高一尺至二尺各處平滑有淡綠如海水色之細粉幹有多線紋葉有三箇翎毛形分葉似細髮與蘐香同葉莖寬在底包幹如套花莖似傘之輻而爲長者無總花葉亦無分花葉萼之邊不顯明花瓣光如漆色黃形圓而不分向內捲成螺旋形果爲兩凸面圓形其凸處幾近於平其背微有凹形光檖色其周有邊質如膜色淡其瓢即爲果自成之半分有等相距之線稜背面三稜

似尖凸線形旁面三稜更難分明而與其邊幾連合油膛寬爲獨生者補滿稜間之縫其邊亦有兩箇油膛此草在東方多種之英國亦有種之者

其略平橢圓形之果尋常謂之弟勒子背面檖色頗凹邊淡色有膜形從此可易與他種藥品分辨之其草與果東方人常用爲香料與食物又在新約書常言之爲納餉之料英語譯之曰阿尼司香有誤其瓢有苦而香之味此因油膛內含自散油而其香性俱恃自散油故爲去風之藥英國多種蒔蘿而從歐洲之中與南亦多有運至者

蒔蘿油

此油在英國蒸之，卽用本國或他國所產之蒔蘿果，

油色淡黃，其味與臭有大香

功用　爲去風藥，以五滴爲一服，

蒔蘿水

取法　將蒔蘿果二十兩，搗碎之，合於水十六升，蒸出八升，或將蒔蘿油二錢，合於火石粉二錢，速磨勻之，合於蒸水八升，以紙濾之，此爲倫書之法，

功用　此爲香藥，小兒可服之，去其胃中之氣，又可將重性之藥，以此水消化或和勻之，

臭松香膠類

臭松香膠類，如啞坡巴拿克司、阿魏、薩格比奴末、加勒巴奴末、阿摩尼阿古末，俱在波斯國植物學家所知植物之界限內，生此名物之草木，雖不能詳知，而植物學家以爲俱屬繖形科內，而爲藥品之加勒巴奴末，屬於防風科，

啞坡巴拿克司

此物爲代司可立弟司書中所言者，產於布以西阿與亞加地兩處，希臘人謂之巴拿克司，依拉克里恩，近有植物學家司百倫加勒查此樹，與今之起羅尼啞坡巴拿克司同而歸於非羅拉等類之草（卽產阿魏）之類，如法國之南意大里西西里希臘田內常遇見之植物，學家米拉與特倫司兩人云叙利亞東方亦有之，又植物學家杜騰司初種此草於西國，所得種子，連於出售之啞坡巴拿克司香，且云天熱時刺此樹，則有汁流出，若近根刺之，則其汁更多，結成時所得之膠，與啞坡巴拿克司相似，然無一定之據，能知此草產常出售之啞坡巴拿克司，西國所賣之膠，俱從印度運來，而產於波斯國海邊或阿喇伯國海邊，土人名曰由阿希爾，卽植物學家塞拉披恩所謂由阿樹乳是也，林特里在植物藥品書第一百頁內，論非羅拉內之一種草名呼希非羅拉，此草所產之膠，不聚合出售，有植物學家馬

克尼勒之信云，此膠與啞坡巴拿克司相似，今英國所售之啞坡巴拿克司，爲土爾其國運來者，又前瑪替由里之時英國從亞勒散得黎得之，

啞坡巴拿克司爲參差形之膠塊，色紅黃，常有生角之處，間有新剖面，有白色點，味烈，稍臭苦辣，重率得一·六二，大半爲松香與膠質所成，每百分內有自散油五·九分，能蒸出之，亦可合於水磨成膏，

功用　能治轉筋，昔時爲藥之名甚著，而爲古時有名醫里阿楷藥膏內之一物，今不入正藥品，

薩格比奴末（出此質之草不能定名，其質似阿魏，爲松香膠質，）

薩格比奴末與啞坡巴拏克司從古時希臘國以來西人俱知之代司可立弟司云此質係印度國所生非羅拉類草所產者而從彼時以後無有更新而可據之說阿喇伯國書中記之名曰薩格比奴智又言其希臘名曰薩格非恩此質之至印度者為波斯國或阿喇伯國海邊運出又查藥材價值書或貿易書則難知幾值少用之物從何路而至如歐洲所用者為地中海東邊各方並亞勒散得黎各方運來或為波斯國所產葦勒特奴云疑此質為波斯非羅拉草所產又有哇里非耶云此草產阿摩尼阿古末質醫士胡伯云此草所產之物為阿魏又有米畬將其種

子從波斯國寄至英國言為阿魏之種子故可見至今不能確知此草為何種何類而無憑據之說不可論定之薩格比奴末係橤黃色或橄欖色之質至西國者為杏仁形之塊間有滴成之塊其質或明亮或軟而似蠟其味與臭辣與蒜略同又與阿魏略同惟其臭更淡百勒替耶化分此質得松香質與膠質又每百分得自散油一一八分而化學家步蘭德士所得者祗有三七分

功用　能治轉筋惟其性較阿魏更輕以五釐至二十釐為一服

英書不載此藥倫書載之

阿魏又名阿魏那替克司法可那之名又名非羅拉拉尼由司之名求阿魏之法將其活根刺之產於阿富汗與五河等處

阿魏產於波斯與阿富汗古時梵文謂之阿米拉苦薩古人亦喜用一種松香質謂之拉色爾希臘人謂之啞坡古里奈即古里奈所產之汁產此質之植物名曰西勒非恩而為織形之花古里奈古時所作之錢有此草之形刻於面為記號近有植物學家在彼處查此草謂之西勒非恩他坡西阿古時羅馬人所用拉色爾汁頗多但至布里尼之時已為不常見者布里尼與代司可立弟司書中云另有一種為波斯國或印度國或亞美尼所產而此質或為

印度人所知又阿非色那云烏勒弟脫質有兩種一種為香質係幾羅阿那所產疑其為古利奈第二種為臭質即今所用之阿魏西國名臭阿薩此二字之音必為東方之名略為松香膠類公共之名即如偏蘇以捺香即安息香謂之阿薩羅朋西國古名甜阿薩又植物學家林特里自東方收非羅拉類草之子土名阿薩又有一種果或種子名阿其但希臘語名富倫尋常所用之名曰拉色比替由末阿喇伯方言謂之安故隨又有古時詩人名阿離恩云帕羅帕米薩恩山上牛羊甚多食西勒非恩之根

阿魏產於波斯國南方乾燥之地又產於法爾斯與俾路

芝山而產之最多者在哥剌森與阿富汗又在印度固斯山之北伯尼司在該處遇見之又有胡特往阿毋河遊覽亦得之又印度國薩哈倫波爾植物院內種此草原為法可那在阿司士爾遇見之移至彼處種之其事記於來拉所作印度物產書第二百二十三頁此處所產之阿魏已送少許至英國又送種子頗多分與英國數植物院內種之今阿富汗與五河兩處種阿魏最多用駱駝負過五河與罷胡勒波爾而在胡特話爾貿易會中出售者甚多又裝於船上由印度河並波斯海灣送至孟買出售

有數處存種子或果而言為出阿魏之草然尚未得確據

知產此質之草非一種法可那原為著名植物學家詳細查英國植物院所產者言與阿司士爾所見並剛伯法所繪之圖俱為相同又醫士古蘭特在賽干見此草其根與葉及開花之莖與剛伯法之圖相同惟其根多分支似手指苦里司脫生書亦有相同之說醫士司他克司云在俾路芝所見者其根簡而尖蘇書云非羅拉白息客疑為產阿魏者而此植物之種子已有人從波斯國之西北送至英國當為產阿魏之種子然尚未得可恃之據得知常出售之阿魏係此樹所產與否大約此繖形科之草所產松香膠質大有相似之處故除精明藥品家之外不能分辨下品之阿魏與薩格比奴末或他種松香膠質

來拉在印度薩哈倫波爾總理印度公司植物院辭此任之後有法可那接此任細查產阿魏之草不惟為取阿魏所種者又在其原產處考究之數年前寄書與來拉言明此草詳細之事而定其草不為非羅拉之類而為與非羅拉相似之類

那替克司　醫士法可那之原稿

此草之萼邊不顯明花瓣之形尚未定花心莖底凸圈似摺瓶形花心莖線形而少彎果之背面少有壓平之形其邊伸開作凸邊如帶其果之半分原稜有五箇中有三箇

線形稜邊有兩箇不顯明之稜與其邊合連其背面稜間之凹容滿油膛自頂至底尋常為單者但間有在中間之凹處為雙者或一箇半其果兩半相連處之縫所有油膛四箇至六箇大小不定常在外分開成網形其種子平花中托果之莖分兩分其繖形之花莖為繁者總花葉間亦無之其類應在防葵族之內因其花萼邊有翅形果之油膛大裂縫不等總花葉或有或不顯明其名那替克司為希臘語而代司可立弟司列於非羅拉類內

如第一百十四圖為阿魏那替克司此為印度薩哈倫波爾公司植物院內所種草之圖其榦為簡柱形葉莖伸長

腫大而不發葉合成叢分爲三分每分爲雙翎毛形葉爲長鈍戈形其寬各處不等邊有凹凸形剛伯法名曰弟司故能阿魏觀外國植物書五百三十五頁立尼由司名曰阿魏非羅拉觀其藥品書第七十頁又特看杜蕀書第四本第一百七十三頁又林特里植物藥品書第四十五頁第六十九至七十一圖

第一百十四圖

此草產於印度與克什米爾阿司土爾與呼蘇拉山谷中有石之處最多達拉杜里斯人名曰西白或蘇白蒲司土

納云觀此花取果之時在一千八百三十八年九月二十一日

阿魏草之細說　此草高而存多年尋常高五尺至八尺根爲梭形或尖或分長一尺或尺餘根頂徑約三寸其面深灰色有横皺紋其根頂出土外有深色毛形之包衣即前若干年脫下而未落之衣根之外皮厚而靭剖面白色或灰色易與其心分開其皮與心俱含白色不透光之汁形似乳臭極難聞與蒜略似葉在根上聚合成叢葉多大而伸開已長大之草內長略十八寸上面淡綠色下面色更淡質如乾皮葉莖柱形葉略包圍其莖在底有槽少在葉底之上分三叉各分相合之處成一定之角度如三足架形其各分再分爲雙翎毛形其葉之分爲線舌形端略鈍或多或少不定或爲全或其邊有彎線所成之分排列之法或遞更或相對大半爲不等邊順葉莖之分處包其榦即在葉莖面成一箇窄翼形之槽葉之中筋在下面凸出其脉細有多網形接連如第一百十四圖爲嫩阿魏草尚未長足葉約長九寸分葉長二寸至四寸寬三分寸之一至半寸其榦直立爲筒圓柱形面有絲紋在底徑約二寸全爲實體其髓似絨形有靭而絲形散亂之梱横交其髓榦上有遞更排列包榦之套腫大而不發葉之葉莖榦

端有雜形傘形之托輻輻數甚多全無總花葉並分花葉托輻或十箇至二十箇不定而以尋常花莖腫球形之頭爲心輻長二寸至四寸其分托輻係最短之輻聚成圓頭其生種子之花略有十箇至二十箇分托輻其不生種子之花有二十五箇至三十箇分托輻花小其不結子者尋常與結子者相間然此說未可盡信萼邊不顯明祇有極微齒形點其不生種子之花瓣小而斜形不等邊形銳而無引長之尖此說亦未可盡信花心莖底凸圈似品字形爲摺者其邊彎花心莖線形在其熟果內彎形細而不長有寬底連之果有七箇至十五箇在其分托輻上成熟有

短莖托之其果之半分自寬橢圓形至橢圓鈍蛋形長十二分寸之五至半寸寬四分寸之一至三分寸之一其面平形薄如葉其中少凹邊稍腫尋常不等邊向心爲暗紅稜色近邊之色更淡平滑面稍有光其背面之原稜有五箇中三箇似線形而稜與頂之相連處少似雞冠形其旁稜更不顯明近於其半果之邊與其邊之質相合但在裂縫之面易於看明又與其裂縫中間之筋和勻其發腫形之邊寬與中間三箇稜之容積相等其背面稜間槽內油膛大而寬而容其凹之全寬自頂至底尋常爲單者間有中間爲雙槽其邊最寬之面尋常爲雙者或分爲二分者

有一小分又內含多稠汁令腫其裂縫之油膛四箇至六箇大小與多寡不等其中筋左右有一箇極細油膛常分爲兩箇細線形此線在頂上相合而在其中筋左右相近

第一百十五圖

排列又有一油膛與其背面之一油膛等大更向外排列又有一油膛在其腫邊之內面而在種子之邊上此油膛更細而常分開令其邊有可觀之網形各線接連而合以種子片形有阿勒布門簡質

其花中托果莖分二分而不落較小花莖長兩倍其花疑爲白色如第一百十五圖九爲花子房花心莖與花心莖底凸圈放大之形十爲分托輻並生種子之花十一爲不生種子之托輻十二分托輻結果又有不落之花中托果莖

以上所言之草余以爲必是眞弟司故能阿魏即剛伯法書中所謂恒其息想是剛伯法於一百五十年前在印度查此草記於書中以至於今未有西國植物學家見此草可見剛伯法於查考植物最爲謹愼

余已將從阿魏草所得各材料與剛伯法之圖與說詳細

比較又與剛伯法帶回存於英國博物院之草詳細比較無有不合之處其圖說曰葉與牡丹葉伸開相似其分葉比余所有之圖邊更鈍更有彎形其排列更爲遞更排列剛伯法云形狀常有不同之處而其所存乾草之葉與余所存之草相同剛伯法云其分托輻祇有五箇至六箇而余所查出者其不生種子之花頭有二十五箇至三十箇而其生種子者有十箇至二十箇剛伯法又云未見此草開花故想其所見者祇爲已熟之果而現所有分托輻之熟者不常有多於七箇結種子之分輻剛伯法之乾料內有二箇果之半分如第一百十六圖之五號其形狀並背

面連合處與余在阿司土爾所得者相同。但剛伯法帶回用膠連於紙上，存之年代已久，則變壞，油膛似空，故難定其數與尺寸，而其背面稜中凹油膛似爲獨者，又不見面上有線紋如外國植物書中所有之圖，故想植物學家因此以爲剛伯法阿魏草屬於非羅拉類，此意存至於今。此果之半分外面平滑，毫無外國植物書五百三十八頁所言之硬毛或刺。又林特里在藥品植物書內第四十五頁先將剛伯法之說錄其要者，又云其背面油膛有二十箇至二十二箇，彼此分開而折斷，各油膛分網形，其分各接連，而因多含阿魏則發腫。又云縫上之油膛有十箇。此說

合於非羅拉類果之用，而不合於剛伯法在波斯國查驗阿魏草之果，又不合於余在阿司土爾查驗者。

剛伯法之書言其葉在春時從頂上生長，或爲六箇，或爲七箇，而其葉與根處發出之葉比較之，或大或小不定，其發出之枝葉最爲茂盛，至冬時則全枯乾等語。從我在本處查考之事，後在薩哈倫波爾植物院所觀彼處生長之草，得知阿司土爾所產阿魏草發葉在春不在秋，凌冬不凋，則與剛伯法言波斯國之阿魏草不同。此數小事之外，剛伯法所記波斯國阿魏草之說與余查阿司土爾之阿魏草相同。

如第一百十六圖之一二三四各號爲果之半分之圖，與

第一百十六圖

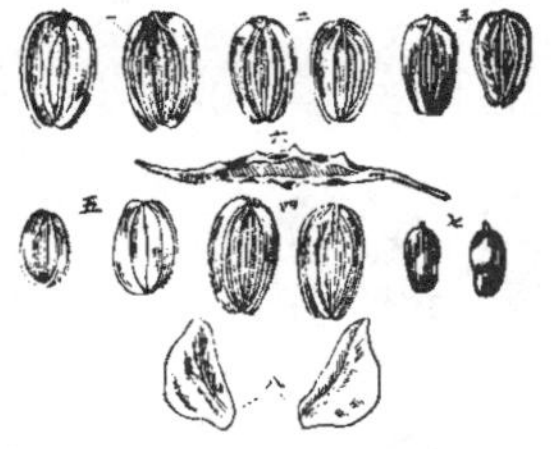

本物之尺寸相同，各圖左爲其背面，右爲其裂縫。如圖之五號爲剛伯法草樣書內所繪果之半分之背面，第六號爲果半分之橫剖面，第七號爲其種子，與本尺寸相同，第八號爲不生種子之花兩箇花瓣放大之圖。

阿魏那替克司之果與花與其葉似牡丹葉之說，俱與已知之非羅拉類大不相同，所以應爲不同之類。

達爾杜土語，又名丹架里土語，即阿離恩所謂特拉弟人稱此草曰西白或蘇白，其榦之嫩芽與嫩葉爲最佳之蔬菜，本處之人最貴重之。

此類阿魏最多在波斯國之哥辣森與拉利兩處，從此兩處起，一面通至阿毋河之西域平原，即印度固斯山之北。該處有英人伯尼司遇見之，而言其草爲一年者，此因其榦每年枯萎之故。又云羊喜食其嫩葉。又一面從俾路芝起，過阿富汗堪達哈爾等省，至印度河谷東邊止，即至阿司土爾而止，而在阿司土爾所產者甚少。以上所言各處係繖形科植物產松香膠類之首處，其地氣最乾，如正斯

吞所著地面天成事之圖說內有白高司之燥溼圖此各處俱為白色顯出最乾之據

阿魏那替克司草出松香膠質之外有人將其果從波斯與阿富汗帶至印度出賣名曰阿知屯而印度本處醫士多用為藥品古時植物學家阿非色那以此名稱恒其息或弟勒之子剛伯法書中亦論記之印度波斯阿喇伯各國之書稱阿魏草俱曰阿知屯又有一種繖形科內草之果與阿魏草之果常同出售名曰多哥此字樣與希臘國之多哥相似本處醫士云此多哥子可代阿知屯子用之其形亦大同小異余查此果係眞非羅拉草之類來拉亦

言印度北市有此種似阿魏草之果出賣另有別種生此果之非羅拉類草或能生波斯所產似阿魏之松香質而植物學家尚未詳細查考之

余亦查來拉所存阿魏草樣內別種繖形草之果其種子之包外寫馬克尼勒從波斯帶至英國之野阿魏草種子想此果與那替克司果非羅拉果大不相同而屬於他類之草以上俱為法可那之說

近有蒲西遊覽波斯國其書記錄取阿魏之法其言與一百六十年前剛伯法所述取阿魏之法正相同其取法在根上用刀切平則其汁聚合流出可取之再以刀切成新

面屢次依此法為之初時所得者頗軟而新折斷處有暗白色不久則變黃色或紅樱色折斷之則有參差形色略白而面光滑不久則變紅色其塊為亂形小塊相合而成間有滴形小塊壓連其小塊間有更深色松香膠質黏連間有蜂窩形之塊阿魏遇空氣新剖面變紅色其蒜臭難聞為容易分辨之法味苦而辣與蒜略同存貯最妙之法用膀胱皮包之其質難磨粉雖已變硬亦難磨粉見熱則變軟見火則燒成明火百勒替耶化分之每百分得松香六五分自散油三六分膠質一九四四分巴蘇里尼一一六六分鹽類質〇三〇分又有步蘭德士化分之得松香

質更少得自散油四六分又得各種鹽類質與異質一〇五分所得自散油初時無色後變黃樱色速發難聞之臭味苦而辣內含硫黃若干化學家辣西懷茲已化分之求其化學式得炭輕硫然久存之令遇空氣則原質改變阿魏內之膠質能在水中消化而與其餘質合成漿又在酒醕或正酒醕內易於消化英書云全能在正酒醕內消化如將其消化於酒者合於水則成漿如用以脫消化之則其油與松香質全消化除奇異松香質略居百分之二不能消化又用淡輕養消化之亦能收其有藥性之各質

功用　行氣藥治轉筋藥醫士或疑其為調經與殺蟲藥

東方各國俱用為食物內香料可治腦筋病與驚癇病即如婦女妄言笑臟燥哮喘腹內因氣而暴痛久咳嗽等

服數　以五釐至二十釐為一服或作丸或合於他質作雜丸每三四小時服一次其漿之藥性更速可將其酒合於櫰香水而成漿

阿魏酒

取法　將阿魏折碎成小塊二兩半置於正酒醕十五兩內浸七日濾之加正酒醕補足一升

功用　治轉筋如婦女妄言笑病服之合於淡輕阿魏酒觀卷三之一第八十一頁以一錢至二錢為一服

阿魏外導藥

取法　將阿魏三十釐置於乳鉢內加蒸水四兩漸加熱磨勻成漿一千八百六十四年英書之方將阿魏酒六錢合於小粉漿六兩

阿魏雜丸

取法　將阿魏二兩加勒巴奴末二兩沒藥二兩糖漿一兩用熱水盆加熱調和至其質極勻為度此丸與倫書加勒巴奴末雜丸相似

功用　治轉筋

服數　以五釐至二十釐為一服

含此質之藥品　啞囉阿魏雜丸淡輕養臭酒又倫書加勒巴奴末雜丸

阿摩尼阿古末　杜那之名為松香類膠質產於波斯與五河兩處又名阿摩尼阿古末膠

代司可立弟司之書第三卷第八十八頁或九十八頁言阿摩尼阿古末為阿加西里司草所出者又布里尼書中謂之米土披由末生於阿非利加古利奈近於出比大阿摩尼大廟而從此廟之名謂之阿摩尼阿古末而杜那以為其名原為阿爾摩尼阿古末年代已久則脫去爾字之音緯克生遊覽摩洛哥記錄內言摩洛哥邦近於阿拉阿來依施有一種草土名非施克產阿摩尼阿古末膠又司

脫蘭瑚微司在阿非利加北之旦齊耳得非羅拉類之草土名夫施瑚此草出阿摩尼阿古末膠將其果若干送與林特里與來拉又有數箇果實送與法可那種於薩哈倫波爾植物院內所生之草與有色非羅拉相同林特里亦查其果知為此草之果而其植物藥品書內云緯克生所言之非施克疑為東方非羅拉草然有英醫士司他克司在印度之信地所得此草之膠與英國貿易中常見者大不相同韋勒特奴以為阿摩尼阿古末為生膠希拉苦里所產者此為差誤

近時出售之阿摩尼阿古末膠大半為波斯國所產者從

孟買口運至西方出售而從波斯運至孟買大約裝船過波斯海灣又有若干分送至紅海從此至地中海之東而至英國又有赫德在印度加爾各搭醫學會第一本第三百六十九頁云遇見此草在波斯國希臘斯城與以斯巴罕城間之路邊亦士特揩斯特與苦米耆兩處中間之平原即在法爾斯與以辣亞日迷爾省交界處又有武官正斯呑在該國之美爾與亦士特揩斯特兩處之間取其草之果與膠樣又有武官來脫在此處亦取其樣送與立尼由司植物會而有植物學家杜那細論之此草爲阿摩尼阿古末佗里瑪又有米拉與特倫司書第一本第二十五

頁云分坦尼阿在波斯法爾西斯丹省之亦士特揩斯特得此草與前人所得之處相同又有武弁韋落克告於來拉云烏刷克草祇能在波斯以辣省內產之其產處爲多砂乾平原即遇日光甚濃之處又有馬克尼勒在近於希拉之矮山遇見之古蘭特在賽于卽龍米菴之北見之該處地氣亦爲最乾又法可那在此方稍向東見許多繖形科之草爲阿魏那瞀克司與養畜曾蘭瘠司又有遊覽者哇克衣來遊此各處而在亦士特揩斯特得一種草之碎塊植物學家由白特與司柏克兩人在東方植物書中名曰生膠爲遜納司士末又云此草與防風族並與阿加西

里司草相似所以話勒帕植物書第二本第九百三十九頁將此草列於防風族中而來拉以爲其所得之草祇爲阿摩尼阿古末佗里瑪草得其未成而不全之樣論之其草頗高嫩者生細毛老者平滑下葉頗大而爲雙繁形其分托輻形或無莖或在不生葉之花密頭生花莖其松香膠質大半在分托輻形葉莖角內花瓣白色花心墊似杯形又有齒形邊而爲揩者果似卵形背面有壓平形並有側翅形其果之半分有六箇至九箇凸稜油膛細

近有遊覽家蒲西云在波斯見阿摩尼阿古末草生於大没加墨之南鄉村內高於海平面約三千尺又云此草土

人名曰韋施克想爲啞克以里佗里瑪所見者祇爲其葉疑此草祇爲阿摩尼阿古末佗里瑪而其阿摩尼阿古末膠亦爲別種相類之草所產醫士司他克司在俾路芝查得之松香膠質係金色佗里瑪所產而與貿易常見之阿摩尼阿古末大同小異又有分坦尼阿書中云阿摩尼阿古末膠在傘托輻形莖之根處卽葉幹間自露出又在花莖發出之頭流出

其根大樹存多年幹高七尺至九尺在底處徑約四寸外面有嫩毛以小核形爲毛根此爲杜那之說而分坦尼阿云面平滑外面有細粉色淡綠如海水其草之式樣與起

羅尼啞坡巴拿克司相同葉大而有莖少分兩箇翎毛形長約二尺其翎毛形葉尋常有三對每對稍相離其下分葉明顯而上者常相合爲雙分翎毛形各分之形長又爲長尖銳或不分或間有少成分者葉韌如皮下有脉紋長一寸至五寸寬半寸至二寸葉莖有凸線如稜面生毛形似發腫葉莖底與榦相連處包如套其傘托輻形頗繁而分小托輻成串形其分托輻花略成球形花莖短尋常在莖上左右遞更排列如麥穗形總花葉與分花葉俱無之花莖柱形其面之毛似細羊毛花無托莖藏於羊毛形之內此爲林特里之說其萼邊分五齒形其齒銳而如膜花

瓣白色蛋形尖向內彎花心墊大而厚形如杯邊有摺紋少有分開之小分花鬚與花心莖黃色其各花心莖有切平形在頂向外彎子房口似切斷形其子房有密羊毛形果橢圓背面似壓平其圍住之邊有寬平之凸邊果之半分有三箇不通之線形稜近於其中又與四箇鈍副稜遞更排列其原稜有兩箇與邊連合每副稜有一油膛在邊每原稜亦有一油膛裂縫處有四箇油膛向外之兩箇更小此爲杜那與林特里之說

此草之汁甚多故刺一小孔所得之汁不少分坦尼阿云其汁能不刺而自流武官赫德云其草已長足即西六月中旬有無數有甲之蟲在其全身刺之則汁流出不久變乾人往收之其最佳之塊另存之即出售阿摩尼阿古末之滴形塊大小不定外面黃色折斷之則白如車𤦲色或白蠟色其滴形之塊合連則成杏果形阿摩尼阿古末塊內有滴形塊有更軟之料令其黏連間有合於更深顏色料其次等塊內滴形塊更小另有異質如砂子與其草之果實等合於其內

阿摩尼阿古末爲稍硬之質加熱則易軟臭大而奇味苦而猝重率爲一·二〇七化學家布可士化分之每百分得樹膠二二·四分松香質七二分巴蘇里尼疑爲哥路登

一·六分自散油四分又有化學家化分之得自散油更少間有化分之毫無油質阿摩尼阿古末合於水磨之能成漿酒醋能消化其松香質與油質若在酒醋內加以水則變白如乳

功用　爲行氣化痰藥又爲治轉筋藥如久延傷風服之則功力最大

服數　五釐至二十釐爲一服尋常合於士哇盧服之或合於水成漿服之

阿摩尼阿古末雜水或漿

取法　將阿摩尼阿古末粗粉四分兩之一合於蒸水八

兩磨勻其水必漸加至其水有乳形爲度用細紗布濾之

功用　其水能令其膠質消化而松香質因此散在水中而成漿如加醋少許則其漿更能調勻如久傷風等用此爲行氣化痰藥以半兩至一兩半爲一服

阿摩尼阿古末膏（此爲倫書之方）

取法　將提淨阿摩尼阿古末五兩置於醋酸八兩內加熱至成流質則熬之屢次調攪之不停其火力必小熬至其濃合式爲度

所用之醋酸不消化其阿摩尼阿古末惟令其質軟合於作膏藥之用其膏有黏性並有散炎阻膿之性如身有發腫之處久不肯消散用此藥大有功益

含此質之藥品　士哇盧雜丸士哇盧合叱嗶咯雜丸水銀阿摩尼阿古末硬膏（見卷三之六第十二頁）　加勒巴奴膏藥

加勒巴奴末（此爲松香膠質出此質之草爲繖形科內植物即開傘托輻形之花產於印度與地中海之東）

加勒巴奴末疑即舊約書所謂嚇吡嗱此音與古時希臘國藥品加勒巴尼之音相似而古時醫士希布可拉弟司亦知之又代司可立弟司書中亦言之另設一名曰米土弟恩又有醫士曾言此質爲敘利亞邦人參類草所出者代司可立弟司云係敘利亞邦非羅拉類草所出者而敘利亞邦之界限在古書中最難定準因周圍多處包括於其內阿喇伯書與波斯國書俱論及此草設名竟宜與那非勒又疑松香膠質名曰巴爾座特植物學家特爾比嘗云此松香膠質與波斯國所稱比爾座特相同而其草名幾阿古思特然無論其草如何西國植物學家尚未詳知植物學家羅比勒將出售加勒巴奴末膠上黏連種子種之所生之草爲非羅拉哥非羅拉此草產於阿非利加之北與小亞細亞尚未知其能產加勒巴奴末又有植物學家云產此膠之草名產嚇吡嗱蒲盆此草產於好望角杜那得加勒巴奴末膠黏連種子種之所生之草謂之藥品

加里巴奴末草此草屬於防風族倫書記此說指明有疑似之意顧以上所言草之果其是否爲加勒巴奴末草所出者未能定之故林特里另有一草疑爲產加勒巴奴末者其草產於波斯國之哥剌森近於尼薩不爾特城之杜羅特所產膠香質係馬克尼勒寄送之種子而所產之質爲沛離拉所查看者與近時所知各膠香質不相同來拉所存植物樣內有此松香膠質數種又林特里名此草曰產嚇吡嗱啞拜弟亞令屬於士麥拿依族

近有遊覽家蒲西在波斯國查產加勒巴奴末松香膠之草其說似可信其言曰在波斯國德瑪分得山之斜面遇

見產加勒巴奴末之草與發紅非羅拉相似然有一不同處卽其果之裂縫處無油膛又言此草定非加勒巴奴末類亦非啞拜弟亞類土人名其草曰揩蘇智又有植物學家觀波斯所產加勒巴奴末與地中海東方所產者大不相同故產之之草恐亦不相同

西國所用加勒巴奴末從印度與地中海之東運入常見者棱黃色之塊其透光並其面之光彩多寡不定間有成小粒者色更淡幾爲黃色其常見者滴形之塊爲紅黃色常有更深色料黏連之另有其榦之塊或果與砂等異質在內其質軟惟令時方能搗碎味苦而少辣其香奇與蒜

不同每百分含松香質六五八分膠質二二六分巴蘇里尼一六分自散油三三分另有蘋果酸等之微迹此質之性幾分恃其自散油質如合於水蒸之則能蒸得此油色黃如不合於水而蒸之加熱至二百五十度則所蒸出之質爲藍色之油加勒巴奴末合於水磨之則成漿又能在準酒醋內消化之

功用　治轉筋其功力較阿魏更小又爲化痰藥

服數　十釐至二十釐爲一服或合於他料或合於水磨成漿用之

加勒巴奴末雜丸（此爲倫書之方）

取法　將提淨加勒巴奴末二錢沒藥三錢提淨薩格比奴末樹汁三錢提淨阿魏一錢軟肥皂二錢磨勻加糖漿足以成丸

功用　治轉筋如以十釐至二十釐爲一服則爲調經藥

加勒巴奴末膏藥

取法　將鉛膏八兩阿摩尼阿古末一兩加勒巴奴末一兩黃蠟一兩磨勻之

功用　如久不能散之瘤用之則能行氣又能散身內凝結之質

含此質之藥品　阿魏雜丸

第五族　紅蘿蔔族（西名獨苦司以尼其果之背面少似壓平或圓形其瓤有五箇圓稜其旁稜在內另有四箇副稜成刺其刺成行而排列）

胡蘿蔔（西名揩羅他立尼由司名揩羅他獨苦司所用之一種原產於印度藥品所用者爲其新根卽紅蘿蔔）

東方各國種紅蘿蔔歷年甚久名曰猶加爾又名曰加猶爾阿喇伯國書言其希臘名曰意司杜勿林此名略爲代司可立弟司書中所謂司他夫里奴斯略改變其音得之此草之榦高二尺至三尺面生毛葉分三箇翎毛形上葉之分葉線形又爲戈形其尖銳分葉亦分線形之分間有分葉完全者或分三小分其萼如第一百十圖丙有五箇

齒形花瓣白色惟在中之一朶花不為陽亦不為陰此花色紅花瓣鈍心形如圖之丁有向內彎之線分之其外尋常有似光線形分二分其傘托輻形莖初為平面後變凹形因其花莖向內彎之故果之背面似壓平形如圖之甲其瓢之圓稜如圖之甲丁生刺其副稜生翅其翅尋常分成簡刺一行至底而止其長短與果徑略等此草在歐洲與東方各國路旁草地內常見之如第一百十圖為其果與草與花之剖面係圭斯所作其圖下另具各物之圖說

園中所種胡蘿蔔其根無人不知之形如圓錐色深黃或紅或淡紅味少甜性能養身不必細論之其為藥品作外

敷膏頗有行氣性

野蘿蔔亦有圓錐形之根其根小黃色質少硬如木味苦而辣其香與園中蘿蔔略同其果俗稱為子其香較根更甚因其生子之法最合於聚成油質果內自散油雖多而草之全體俱少有之園中所種者其根亦有之前藥品書以其子為藥品今不用之

功用　為潤內皮藥常用之作外敷膏

第六族　馬芹族（西名古米尼依其果之旁有壓平形其稜無翅形）

馬芹（西名古米尼此為倫書所載之藥立尼由司名曰幾米奴末古米尼）

古米尼阿喇伯書謂之古母尼疑為亞細亞原產之物而希臘國人從埃及國得之東方各國俱種之歐洲之南多年亦種之英國所用者大半為西西里與馬里他兩島所產

馬芹為存一年之植物如第一百十七圖甲為果實乙為果之剖面高一尺至二尺其葉多分分葉長而有硬刺其

第一百十七圖

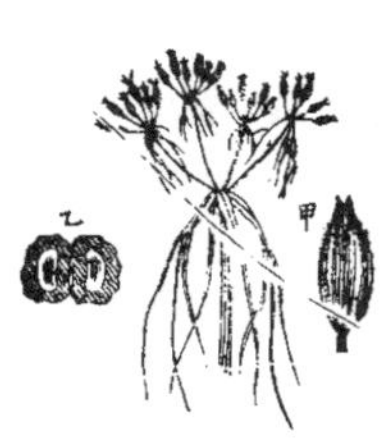

傘托輻形莖有總者亦有分者其輻數三至五總花葉有二箇至四箇或簡或分不定分花葉分為二分每分二箇至四箇葉其端回彎較果更長果生軟細

毛花或白或淡紅萼有五箇戈形生刺似翅形而不落花瓣長尖之邊齒形尖向內彎果之邊有縮小之狀果之半分有不生翅之稜其五箇圓稜有微利之刺四箇副稜有更大之硬刺稜中之凹長而有線紋而在副稜下皮生微刺每凹有油膛一箇種子前面少有凸形背面少有凹形

馬芹果俗誤稱種子淡棕色其臭甚香其香恃其子衣所存之自散油味暖少苦而香不及大茴香香之有趣其阿勒布門質淡而無味其果每十六担能成油略四十四磅油之重率為〇·九四五色淡黃質稀其臭可憎而辣

功用　行氣去風之藥在印度國用為食物中之香料藥

品內不多用之．

服數　十五釐至三十釐爲一服．

馬芹膏藥

取法　將提淨不干的栢油三磅蜜蠟三兩加熱融化和勻再加橄欖油一兩半水一兩半馬芹三兩芫茜三兩羅耳烏司子三兩此三物必先磨成細粉而後加入各料和勻加熱熬至其濃合宜爲度．

功用　舊瘡或瘤久不散者以此爲行氣膏藥．

第七族　士麥拿依其果有腫大之形旁有壓平形其瓤祇有原稜而無副稜．

哥尼由末葉立尼由司名花點哥尼由末俗名黑暮拉克又名生點黑暮拉克藥品所用者

爲其新鮮之葉與嫩枝亦用其乾葉英國取野生者乘其草初結果時取之．

哥尼由末果藥品中用其乾熟之果

此草必爲希臘人所稱哥尼由納羅馬人謂之西古大此事沛離拉書論之最詳故無可疑之處然此草不能與花點西古大相混又有一種不可混者即印度克什米爾所產之兇惡西古大即鉤吻土名細爾故故勒即毒蘿蔔之意波斯國謂之魔鬼薩里伯或駁曰此草之細說不足與他種繖形科草作分別故不可另設一科然此說有多種草木亦可以此說駁之此草在阿喇伯書中謂之俗可蘭又言其希臘語曰稱尼恩或古尼恩又言土爾其國音謂之奔知羅米或本知而羊躑躅亦稱本知醉仙桃亦稱本知佗斯替西國廢棄此藥多年不用後有醫士司土爾刻則又收入藥品

其根存二年圓柱形色白質軟如肉榦高二尺至五尺直立形圓面平滑有暗紫色之點葉大有光彩色深綠分三箇翎毛形葉莖長而有槽紋葉莖底包榦如套分葉似戈形分如翎毛其下各分似翦開其餘各分有齒形其傘托輻形多爲枝之端而爲多總托輻並分輻所成總花葉分三箇至七箇分葉頭尖硬如刺邊質如木其分花葉分三箇分葉俱在一面爲蛋形與戈形而較其傘托輻形之莖

第一百十八圖

更短萼邊如圖之丙不顯明花瓣如圖之丁有五出色白似鈍心形尖向內彎鬚如圖之丁有五箇子房似卵形分兩膛花心莖如圖之丙有兩箇而分散果實如圖之丙似卵形旁有壓平之形其瓤爲果之半分如圖之丙乙有五箇凸原稜各相等面彎如浪形其旁稜成果之邊概無副稜稜中之凹有多線紋而無油膛歐洲之活籬笆或空地常遇見之醫士西白托曰在希臘國遇見

之。又法可那在克什米爾亦見之。此草在西六月七月開花，八月至九月則果熟，如第一百十八圖丁爲花，丙爲果，乙爲果之橫剖面，甲爲果之立剖面。

作藥品之黑暮拉克正名哥尼由末葉，待其果初顯出，則摘其野生之新葉與枝，其葉亦可與枝分開而晾乾。果之熟者亦可曬乾爲藥品，名曰哥尼由末果。

此草第一年有長細之根，有幾箇葉爲根所發，第二年則生榦，榦面多點而平滑，所發之臭大而可惡，與小鼠之臊臭略同。此草能照以上形性分辨之，又可觀其總花莖生在一邊而不全，又其果之稜彎如浪形而有齒形面。有數種草易混爲黑暮拉克草，即幾那披依拖薩，俗名擬人怕而司里草，又有一種爲詩常安特里西苦司與林內安特里西苦司，又醉沒離司與香沒離司，其餘有毒性之傘托輻形花，有兇惡細古大，即水黑暮拉克，又撒法郎色依難弟與蜜蜂形葉依難弟。

英書與各藥書云，採葉最合宜時爲開花或將結果之時。然苦里司脫生已考究此事極詳，而言此事大可疑。因其草第一年十一月與三月毒性亦頗大，又有人言作膏需用之葉，必在初開花時取之，其果之藥性較葉之藥性更重，而輕而生者較熟而乾者藥性更重。其葉必謹慎烘乾，烘房內之熱應得一百二十度，應暗而多通風，存其質之器應益密，不通光，且爲乾者，其葉應存其深綠色之大半，味可憎而頗辣，臭與小鼠臊臭略同。如將此草之葉等件合於鉀養輕養磨勻之，應多發此臭。

哥尼由末已有多人化分之。一千八百二十七年化學家奇息客用硫養三求其有藥性之質，得其濃者。又一千八百三十一年化學家辨茄分出此質，爲能自散之鹼類，其形如油，毒性最重。辨茄試驗之事，後有苦里司脫生亦試而信之。此兩人已試其自散油合於蒸水，令略收其臭，其水無毒性。若將其長大而未熟之果合於水與鉀養輕養少許蒸之，則得極濃而毒之鹼性流質，即爲哥尼阿。此質在其果與葉內遇見之，係鹽類質，但尚未知此鹽類質係何配質所成。分出此鹽類可用酸質如硫養三等，與其哥尼阿相合。此質遇鉀養則能與配質分離，可合於水，加熱至二百十二度蒸出之。哥尼阿係無色明光油性質，較水更輕，其臭大，如小鼠臊臭，味最辣，鹼性最大，水能消化甚少，每四分與水一分化合成哥尼阿輕養酒醋與以脫，易令其消化，而淡酸質亦有此性，又能與之化合。其霧合於輕綠霧則成白色之霧，其霧質即哥尼阿輕綠。如遇空氣則變櫻色，成松香質與淡輕四養質。加熱至三百七十度則沸。其式爲炭輕淡五。化學家布拉脫那已試驗此質，而言爲兩種不同之本質相合而成，此質不含養氣，與淡輕三同。如加極大之熱化分之，則成燒油質，最毒。作此質之法，用鈣綠益。

蒸其生果之酒醕膏合於烙炙鉀養水見蘇格蘭博物會一千八百三十六年之記錄所載苦里司脫生之論又有化學家活爾太末化分哥尼由末另得一種鹼類質名哥尼得里阿此質有自散之性與哥尼阿同而能令淡輕養從其雜質分出第其形狀與哥尼阿不同係爲顆粒形定質

試法　哥尼由末易於分辨之其草與果之形性上已言明其葉之烈性與其各藥料之濃淡俱可用鉀養水在乳鉢內合其料磨勻之應發哥尼阿之大臭或依此法試驗出售之哥尼由末藥料間因作時不合法或後自改變者所以其藥性極少或無醫學家有信用哥尼由末可爲藥品者有言毫無藥性者從此可知其故矣

功用　哥尼由末爲令人甯睡之毒藥能發痲証並暈睡苦里司脫生曾試驗此事云哥尼由末用盡背脊髓腦筋之力並自主肉筋之力所以令人振動如痲証另有跳動至後令其肉筋概不能動如癱瘓至末則不能呼吸而死已有人多年用哥尼由末在諸核腫大並五臟腫大之病內爲散炎收瘤並改血之藥或用哥尼由末治瘰癧癰疽硬癰疽大得其益醫士倍勒之書論此甚詳又可用之治轉筋並小兒哮咳與咳嗽等病又有醫士用之治牙關緊閉又可用爲止痛藥與睡藥能治痛與激動之病令人安睡

服數　將其新鮮乾粉三釐至五釐爲一服每日二三服

哥尼由末汁　又名黑暮拉克汁

取法　將哥尼由末鮮葉七磅在石乳鉢內撞之若干時壓出其汁每三分體積加正酒醕一體積待七日則濾之必置於涼爽處

服數　半錢至一錢爲一服

哥尼由末膏　又名黑暮拉克膏

取法　作此膏之法與作阿古尼低膏之法同此膏綠色因含其汁之綠色料與英書之綠色膏同然其

阿勒布門質即令發酵之質分出之倫書取法所得之膏祇爲濃汁阿書則將其克羅路非勒與阿勒布門俱分出之所得之膏幾能在水中全消化如將其膏質合於鉀養水磨勻之則應多發哥尼阿之臭即與作哥尼阿霧之臭同其膏如合法爲之則得美觀深綠色可久存而不壞如將其浸酒熬乾之亦得最合用之膏

服數　以三釐爲一服每日二服至三服由漸加多

哥尼由末果酒　又名黑暮拉克果酒

取法　將哥尼由末果搗碎二兩半準酒醕一升用過濾

之法與作阿古尼低浸酒之法同倫書之浸酒用其乾葉爲之

功用　苦里司脫生云用過濾法所得浸酒最合爲藥品之用又有阿爾查消化哥尼由末中爲藥品之料最合宜者用正酒醅因收出其有藥性之質而不收其無用之植物質

服數　以二十滴至三十滴爲一服此浸酒較倫書之方所作者更濃因倫書之方所作者更近於哥尼由末汁

哥尼由末雜丸 又名黑暮拉克雜丸

取法　將哥尼由末膏二兩半吧嗶喀粉半兩糖渣滓至

足用此方原載於倫書於一千八百六十七年收入英書

功用　如因腦筋不平安而咳嗽服之則能治痛而化痰以五釐爲一服

哥尼由末油膏 此爲倫書之方

取法　將新鮮哥尼由末葉一磅置於淨豬油一磅內至脆爲度以麻布壓而濾之

功用　定質油與流質油俱能收哥尼由末之藥性質發臭而大痛之瘡可用此膏

哥尼由末軟膏 又名黑暮拉克軟布膏

取法　將哥尼由末葉粉一兩胡麻子粉三兩漸添沸水

十兩連調攪之不停即成

功用　此膏可敷癰疽與潰瘡得安慰之益處

哥尼阿霧

取法　將哥尼由末膏六十釐鉀養水一錢蒸水十錢和勻將此料二十滴滴於海絨上置於發霧器內令沸水行過其絨則可吸其所成之霧

此藥作於一千八百六十七年其鉀養放出自散鹼類質名哥尼阿如喉嚨或喉嚨口有大痛之病可吸之

第八族　胡荽族 西名可里安特里依此族之果從邊縮小或爲雙生者或爲球形其稜翅形

胡荽 西名可里安特立尼由司名印度可里安特入藥品者爲其乾熟之果

胡荽油 此油在英國內用可里安特子蒸出

可里安特自古有之希百來人謂之哥特希臘人謂之哥里安東方各國久種之今歐洲亦多種之英國內亦有之此草之榦每年自萎如第一百十九圖高一尺至二尺形圓面有細線紋平滑葉分雙翎毛形有翦開之狀其下分葉似劈形其餘分爲線形之條萼瓣五出齒形花瓣白色常微帶紅色似鈍心形其瓣之分向內彎其外各瓣係

第一百十九圖

輪輻形排列分爲二分果似球形如圖之甲爲放大之形乙爲橫切之形瓤之原稜不顯明四箇副稜凸出似線形稜中之凹無油膛裂縫處有兩箇油膛種子前面有挖凹形外面鬆皮如膜英國內不常見其野生者如有之必爲稜中散出之種因本國原無此物也

胡荽一物在各國爲必用之香料其果俗誤稱爲子東方用之甚多卽如印度所食之咖哩等肴其料以此爲要品歐羅巴作各種點心鋪與蒸各種香酒肆亦用之不少胡荽之果爲球形其兩箇瓤彼此黏連甚緊其果略帶灰色與白色胡椒略同形臭最奇味猝而暖此味藉所含黃色

自散油此油有胡荽之各藥性化學家指華里阿化分此油知爲加聿非尼之類其原質爲炭輕九養

功用　行氣去風之藥以十釐至六十釐爲一服平常合於他藥用之

含此質之藥品　辛拏甜膏辛拏浸酒

此一族內另有他種草在各國久用爲行氣去風之藥茲將其最要者論之係新在英國用之忽有大名者因此爲奇事而其藥性未必爲要品

蘇末蒲勒根西俗名麝根

產此根之植物英國人尙未考究之所用者從俄羅斯與印度運來係其乾根橫切之片

蘇末蒲勒醫士古蘭肥勒書中先論記之其根約在中亞細亞洲所產近時運至英國頗多幾分從孟買口幾分從俄國運來第不知爲何草之根而植物學家以爲其草必屬於繖形科卽如蘭書與布格那俱有此說

蘇末蒲勒又名蘇捺蒲勒又名孫蒲勒爲波斯與阿喇伯兩國藥品書內之總名目卽如阿非色那書譯臘丁文曰司舅揩又曰那爾佗末又古拉特溫譯波斯藥品書第一千零四十二一千零四十八一千零四十九三號內謂之孫倍拉來拉在印度曾見此根土名蘇末蒲勒阿勒替白

卽香蘇末蒲勒之意其草爲亞他曼西那佗司他起斯卽古人所言那佗又言司配克那佗卽甘松香或言蘇末蒲勒路迷與那佗烏克路替同又有植物學家以此草爲開勒替發里里阿那又有人名爲蘇末蒲勒其蒲里卽山產之那佗有人疑此爲成根頭發里里阿那又有一種名波斯蘇末蒲勒植物學家或以爲此草與美人髮向弟安拖末同然代司可立弟司書中論此草與海耶新拖司卽洋水仙同在印度國內用凸頭分根波里暗拖司代之其書中又名喀退蘇末蒲勒此種蘇末蒲勒或與英國近所用者相同卽爲一千八百六十七年英書中所記者

此根爲黃灰色片其徑三四寸厚半寸至一寸半皮櫻色外面常生毛內有絲紋即與下等大黃塊略同所見之塊俱有麝香之大臭此因其含奇異自散油質其味初時甜後變苦而與波勒殺末同或言在波斯國常用爲保護人身不受臭惡之害英國用之治氣喘妄言笑羊癲瘋尋常用此藥之浸酒爲治轉筋藥與行氣藥

蘇末蒲勒酒

取法　將蘇末蒲勒根粗粉二兩半準酒醕一升其取法與阿古尼低浸酒之法同

服數　以十滴至三十滴爲一服爲治轉筋藥

又有數種繖形科之草有治發熱與補性即如尋常帕而司里子與賽拉里子即旱芹菜有醫士周來與呼暮勒用帕而司里子其正名曰比脫羅司里奴末阿比由末作一種藥料可代雞哪之用

此藥名阿比哇里其作法將帕而司里子浸於酒醕內再蒸出其酒之大半後用以脫或哥囉昉收其餘質內之藥料此爲重而油形之流質其味與臭辣不能在水中消化亦不能自化散如瘧疾以五滴至十五滴爲一服或成丸服之或合於膠質服之觀一千八百五十五年法京巴黎所印論阿比哇里之書

印度國亦有小繖形科之草名亞細亞海特羅哥替里即積雪草其土人用爲利小便與發汗之藥如第一百二十圖近

第一百二十圖

有法國醫士勒皮尼勸人用此藥治皮膚久病以其乾草磨成粉以五釐至十釐爲一服或以酒醕成膏以半釐至一釐爲一服

五加科西名阿拉里亞西依

此科與繖形科大同小異然因此科內之草俱不入正藥品故此書不必詳論之即如五葉巴拿克司如第一百二

第一百二十一圖

十一圖其根名人參中國貴重之以爲能治百病其上等者價與黃金相埒其臭淡味甜而微香內含多小粉所以服之祇能爲養身潤內皮之藥與小粉略同此草在中國之北並高麗與亞美利加之北俱有之又有一種與上者大同小異名曰假人參巴拿克司醫士活立施在雪山遇見之又有一種係北亞美利加所產名曰光梗阿拉里亞其根微香其味甜而微香有人謂之假沙沙把列拉又有一種北亞美利加所產名曰有刺阿拉里亞俗名安直里刻又名牙

痛草可爲行氣發汗藥.

山茱萸科 西名殼爾那西依

此科之內有數種草具苦味與收斂性第英國藥品書不

第一百二十二圖

載此科之植物爲藥品醫士蘭特拉云土爾其人將堅强殼爾奴斯之果如第一百二十二圖治血溢之病又

治泄瀉與霍亂吐瀉又用以作發泡涼性藥水.又日本國常用藥品殼爾奴斯爲發熱時所飲涼藥有一種名圜環殼爾奴斯即圜葉殼爾奴斯在美國用爲收斂補藥而代金雞哪治瘧疾用之.

景天科 西名苦拉蘇西依

此科之草汁味最辣間有另具收斂性者即如有臍帶苦替離屯在英國西陲石塊與古墻上生最茂盛少有利小便性常有人用之治妄言笑病又用之治足上雞眼與手上千日瘡近時布勒地方醫士梭勒突將此舊藥重爲與用梭勒突與他醫士俱云此藥治羊癲瘋功力最大壓出其草汁熬乾之以半錢或更多爲一服久用之則得益處.其嫩葉之汁爲最佳又好望角醫士巴潑在好望角植物藥品書中云此處所產圓形苦替離屯亦能治此等病已久用之得功用之證據本處之蒲爾人與居於該處之旅人又用之作外科藥治雞眼與千日瘡與英國所產之一種相同

国家出版基金项目
NATIONAL PUBLICATION FOUNDATION

海上絲綢之路文獻集成

總主編　陳支平　陳春聲

科技與文化編

53

主編　王揚宗　葉農

海峽出版發行集團
THE STRAITS PUBLISHING & DISTRIBUTING GROUP
福建人民出版社

本册目次

西藥大成十卷首一卷（卷五之三至卷一〇）

〔英〕來拉　海得蘭撰　〔英〕傅蘭雅口譯　〔清〕趙元益筆述

西藥大成卷五之三

英國來拉、海得蘭同撰
英國　傅蘭雅　口譯
新陽　趙元益　筆述

第一類外長又名兩子瓣

第三部瓣花

忍冬科 西名措坡里夫里阿西依

忍冬科植物在溫和與冷地遇見之然其藥性不甚重

野黃楊 西名散末蒲扣立尼由司名曰黑色散末蒲扣列於五箇鬚三箇花心其花入藥品英國俗名呵拉大木

此木原為歐洲所產希臘國人俱知之又代司可立弟司

書中名曰阿客替

此物略有樹之形狀其枝甚多常左右相配其嫩枝常含輕鬆樹心料如燈草之料葉似翎毛形分葉有兩對另有一箇略似蛋形又為鋸形頭尖硬如刺其花每叢有若干朵合成一平頭在枝之端分為五箇總花榦萼分五出花瓣似乳皮色有輪形分五出其端向內彎其臭小花鬚五箇子房口三箇無托線裸果球形黑色種子三箇至四箇如第一百二十三圖

第一百二十三圖

野黃楊樹之各體曾有人用為藥品第其有藥性者少其花之香精自散油質可蒸取之沛離拉云尋常出售之野黃楊油前時為藥品者非野黃楊花所作其作法將野黃楊葉在菜油內沸之而成其花之香最佳因含自散油前時有人用其木之內皮為瀉藥

野黃楊花水 西名散末蒲扣花水

取法　將野黃楊花去其莖共得十磅合於水十六升蒸之至得八升如將其新鮮之花合於食鹽可久存之蒸此花取其香水與用鮮者相同

功用　此藥能加入他藥內令得佳味或可合於他藥用

之

金雞那西依科 此為林特里之名

此科為珠西亞所設茜草科內之一族近將珠西亞所定之族分為兩科一為黃精 西名加里阿西依 科又名司脫拉替依科一為金雞那西依科

黃精科之植物其葉為圈形金雞那西依科之植物葉相對排列副葉在葉莖中排列地球面各熱地俱有之內含苦味收斂性之藥如雞那金雞那樹皮酸等俱為治發熱病之藥又有數種內含伊密的尼作吐藥之用此植物產於地球熱帶內即如秘魯國安達斯山又產於印度國之

山高至熱帶中植物所能生長處而止

𠮧嗶略苦阿那（又名𠮧嗶略西發以里斯特看杜辣之名藥品中用其乾根從巴西國運來或名𠮧嗶略苦恩又名𠮧嗶略苦阿那）

𠮧嗶略苦阿那爲南亞美利加士人之語又名披來亞特瑪士此爲數種吐性樹根之總名而藥品書中以此名專屬於本節西發以里斯樹根論之如一千六百四十八年秘瑣論巴西國動物植物之書言明此事又馬克古拉弗書一百零一頁與十七頁亦論記之言爲櫻色𠮧嗶略苦恩必與白色者分別之此草之形似乎披里其由末草（即薄荷之一種）此草之根初爲黑勒肥西由司帶至歐洲各國略爲

一千六百八十六年之事產此根之草久不知爲何種一千八百零一年醫士哥密士著論一篇爲巴西國之𠮧嗶略苦阿那草圖說哥密士將其草送與葡萄牙國固英巴拉之植物學家波羅替羅而波羅替羅交與法國難得斯植物學家士薩客後波羅替羅在一千八百二年立尼由司會之記錄中第六卷第一百三十七頁講論此草並不提及哥密士帶此草至歐洲之事而言此草爲揩里可揩之類然本類之草植物學家司哇子名曰西發以里斯士薩客亦指明爲此類而在一千八百十三年戴符植物記錄書內第四本第二百零四頁詳細論之近有植物學家

米拉里义茲馬替由司孫希累爾等人俱考究之即如米拉與奇布特分𠮧嗶略苦阿那爲三種一爲櫻色者一爲紅色者一爲灰色者此各色俱藉草榦皮色得之如第一百二十四圖爲𠮧嗶略西發以里斯其根存多年形簡或多彎曲或爲數箇分支長數寸厚與鵞毛管略同其面生頭如節有橫圈形新鮮者外面淡櫻色其榦爲木本之形多年不枯直向上而不彎常有近地面處另發根

第一百二十四圖

而在發根處以上則直立近榦之上端略生毛每榦有葉四箇至六箇或八箇相對排列形長圓略爲鈍蛋形其端尖上面略毛下面生細毛副葉直立分四分至六分花莖爲獨者從葉榦間角發出面生細毛開花時則直立結果時則下垂其花聚成密頭而有大總花葉一張抱護之此總花葉分四分至六分其分之間甚深各分係鈍蛋形每花有一花葉似鈍蛋形而長萼小有五箇短鈍齒形花瓣白色似喇叭形管外與口生毛管體有五箇蛋形同彎之分鬚五箇其凸爲線形鬚頭亦長如線少伸出花瓣之外花子房上有肉形厚花心墊子房口分二分所結裸果略

與咖啡同大其色似深茄花色上有蕚之痕迹果分兩膛內有兩種子膛之隔衣係直排列其質厚其仁一面平一面凹在平面有槽紋自西十一月至三月開花五月結果產於巴西國樹林內遮陰處自里約熱內盧起至伯能不各止又在近於維拉米捺之樹林內有韋弟勒查得之

此草所產叱嗶喀苦阿那櫻色或灰色又名圈形或眞叱嗶喀苦阿那又名巴西國或里斯本叱嗶喀苦阿那大半在西正月至三月取之從巴西國里約熱內盧巴希亞伯能不各等口運至歐羅巴韋弟勒之書云此草巴西國土名坡阿亞產之最多近時出售者大半爲馬的嚧羅索省所產常見之處在里約巴拉圭與其支河左右平原樹林中遮陰之下惟河漲時能淹沒之地不遇見之祇在稍高處有溼砂土而土中有腐爛植物質者此各處所見西發以里斯成叢而生取其根之土人名曰里陀里羅司

圈形叱嗶喀之根爲尋常出售者或爲淡櫻色或爲灰色間在其上端有相連直圓之一分即與幹相連處長二寸至四寸其支或尖或分叉彎曲形不定其厚略與小鵞管同大似爲不等之圈橫相連而成圈間之凹幾平行所以根之外形似多結之繩其圈之外似樹皮其質似牛角質脆中有細縠白色木質而圈似穿於木質之上此木質謂

之根中心質略爲上等叱嗶喀根五分之一此中心質無臭無味然根之外殼有可憎之臭少有苦辞之味或言新鮮之根其臭更大而乾根磨成粉者其臭爲尋常人所難當其有藥性之質能在水或酒醕或準酒醕或葡萄酒內俱能消化出之化學家百勒替耶化分叱嗶喀苦阿那根在其殼質內得一奇性之質謂之伊密的尼然此質實爲吐性膏質每根一百分含此質十六分香油類質二分此油類質爲香自散油與無香定質油相合而成又有蠟質六分樹膠質十分小粉四十二分立故尼尼二十分耗去四分共得一百分紅色叱嗶喀根每百分含吐性膏質十四分其根之中心質每百分含吐性膏質大約不過一分又含木紋質約六十七分

吐性膏質初名曰吐料後有化學家細化分之得知內含他質頗多故知上等叱嗶喀苦阿那之根每百分含淨伊密的尼大約不過一分此淨伊密的尼質無色不成顆粒有鹼性無臭幾無味加熱至一百二十度則融化水中難消化惟在無水酒醕或準酒醕內最易消化又能合於配質成苦性之鹽類其已消化者如合於沒石子浸酒則結成又如將叱嗶喀苦阿那根在水中煑之加鐵綠則變綠色其眞伊密的尼之原質爲炭輕養淡不淨之伊密的尼

常出售者爲黃白色之質
化學家葦落克亦化分吃嗶咯苦阿那之根而在伊密的尼之外另得一質有酸性者謂之西發以里克酸此酸與沒石子酸大同小異其原質爲炭輕養加輕養能在酒醋或水中消化又在以脫中亦能消化惟能消化者更少如合於鐵綠水則變綠色與前所言者同如合於淡輕養則變茄花色設其淡輕養大有餘則變深黑色
有一種吃嗶咯俗名綠紋吃嗶咯又名黑色吃嗶咯即秘魯國吃嗶咯生此根之草與上言者不同種其節更大此草正名吐性賽可特里亞屬於咖啡依科而產於新加拉

拿大前時以該處所產吃嗶咯爲眞者化學家百勒替耶查此草根每百分含不淨伊密的尼略九分
又有一種吃嗶咯爲秘瑣書中所言者色白性與小粉略同外面有浪形彎條生此質之正名曰毛糙里叉特孫有數植物學家名曰巴西國里叉特孫此草屬於司阜瑪可扣依科而產於巴西國新加拉拿大委拉古盧斯等處又有一種爲玫瑰形里叉特孫所產之質與此質相同每百分含不淨伊密的尼略六分
茜草科植物另有數種亦具吐性又他科中亦有之即如遠志科白前科大戟科堇菜科與吃嗶咯依亞尼弟由末

又有一種名小花依亞尼弟由末所產之藥名蓋成可立杜可恩
功用　吃嗶咯有惹胃之性爲可惜之吐藥又爲化痰發汗平火安心之藥如重傷風則爲有效之化痰藥與發汗藥又如各種發熱病用爲發汗藥泄瀉與赤白痢用之合血多行於皮膚瘧疾寒冷時用爲吐藥令其速熱胃中有不合之物可令其吐出或欲全身活動俱可用之又如流血等病爲吐性平火安心藥
服數　將其粉以十五釐至二十釐或多至三十釐爲一服爲吐藥常與打打伊密的一釐相和用之同時服暖水

或野菊花茶即指暮米辣茶此藥以二釐爲一服則令人有嘔性以一釐至二釐爲一服爲化痰發汗藥以半釐爲一服爲胃不消化之改血藥又可用伊密的尼以十六分釐之一爲一服
吃嗶咯葡萄酒
取法　將吃嗶咯苦阿那根搗碎一兩置於舍利酒一升內浸七日屢次搖動粗布濾之壓出根中之汁再濾之加舍利酒補足一升
功用　以十滴至三十滴爲一服則爲化痰與發汗藥以二錢至四錢爲一服則爲吐藥如小兒服之以二十滴至

一錢爲一服此酒較倫書之方所作者淡四分之一

吃啤嗠雜散 又名吃啤嗠合鴉片散又名度法散

取法　將吃啤嗠粉半兩鴉片半兩鉀養硫養四兩各分和勻用細篩篩之置乳鉢內輕磨勻盛於瓶內塞密之

功用　每十釐含鴉片一釐如以五釐至十釐爲一服則爲發汗藥間有每若干時服一次此爲發汗藥中最可貴者鴉片似能令血與汗通至皮膚吃啤嗠令皮膚放鬆醫士度法設此方令人另合於溫乳與酒一杯服之又用衣被護身令暖出汗之後則再飲其溫乳與酒二升尋常服此藥之後不可早飲多流質恐令人吐 案此乳與酒英國鄉人臨睡時常用之西名樸西脫作法用乳若干加酒或他種稍酸之流質足令其乳分出其腐加糖令甜乘其熱飲之尋常之方用新乳半升舍利酒二兩糖霜一兩至二兩置於鍋內加熱令乳成腐調和而服之有人用檸檬汁或醋以代酒再加薑粉或肉果粉食之

吃啤嗠合士哇盧鴉片丸

取法　將吃啤嗠雜散三兩新磨士哇盧細粉一兩阿摩尼阿古末膠一兩糖漿至足用將各質和勻成丸此藥係倫書所載者英書前載之而後刪之至一千八百六十七年又收入英書

功用　爲發汗與化痰藥

服數　以五釐至十釐爲一服

醫士或將吃啤嗠與伊密的尼作洗藥或油膏擦於皮膚則能收入血內

吃啤嗠糖片

取法　將吃啤嗠粉一百八十釐提淨白糖粉二十五兩阿揩西耶樹膠粉一兩阿揩西耶樹膠水二兩蒸水一兩或足用先將各粉和勻添入樹膠水與水成合爲糖片之料分爲七百二十糖片置熱氣箱內加不過大之熱烘乾每一糖片含吃啤嗠四分釐之一

服數　以一片至三片爲一服此載於一千八百六十七年之英書

含此質之藥品　嗼啡啞合吃啤嗠糖片哥尼由末雜丸

阿喇伯咖啡

此樹爲咖啡依科即咖啡依分科內之要質原產於阿喇伯國並阿比西尼國交界處土名苦華而從阿喇伯國徑移往各國種之如第一百二十五圖甲爲花瓣與鬚乙爲花心莖與子房口丙爲裸果丁爲裸果內種子兩箇西國用咖啡甚多故不必詳言惟東方用茶之處則無之咖啡內

第一百二十五圖

合一種質名加非以尼此質之性與替以尼同（觀茶科）此質有行氣性大能感動腦髓如不慣用者服之則其性更重故醫學家用爲感動腦髓之行氣料又用爲省睡藥即如鴉片等睡迷之毒用咖啡即可止之如蘇門答剌島人常用其炒過之葉沖水飲之

金雞那樹皮（此皮有淡色黃色紅色三種俱爲不同種之金雞那樹所產）

金雞那係立尼由司所定之名因於一千六百三十九年秘魯國總督夫人患病用此藥治愈回至歐洲帶此樹與皮送與立尼由司觀之夫人原名曰金雞那故名曰金雞那樹皮然本處土人原稱此樹之名其音與金雞那略相似此爲偶台之事亞美利加土人又名曰楷思楷里拉秘魯國內查得此樹之藥性不知在何時植物學家或言土人原不知此樹之藥性於一千六百九十六年與一千七百三十九年有西人在秘魯國查得馬拉楷安之土人已知之又有植物學家以爲其樹之藥性爲天主敎中耶穌會人所查得者早已傳於歐羅巴然生此皮之樹歐洲多年無人知之祇在近數年內能知其詳細一千七百三十七年醫士阿爾髙在格致會記錄書中記此樹之形式與其用處此書以前無人論記之此年有法國醫士拉康太米尼往秘魯國之羅沙查此樹最詳作書寄與法國博物會又將最好之皮名曰羅沙上等揩思揩里拉畫其圖從此時以後此種金雞那名曰康太米尼金雞那一千七百三十九年珠西亞往秘魯國羅沙省又往上秘魯國至近於巴西國交界詳查此樹之形性而畫其圖其圖說多年無人理會惟近時有植物學家查考之約一千七百七十二年植物學家暮替司與其徒齊亞將金雞那樹皮從新加拉拿大之山上送與立尼由司第此兩人傳論金雞那樹皮之說大有錯誤初時西國祇知有一種樹皮爲羅沙省所產者後於一千七百七十五年暮替司另送數種至歐洲而其貿易之名各不同故植物學家以爲祇有一種樹產藥品金雞那故命名曰藥品金雞那然其爲藥品者亦爲數種樹所產故植物學家不用此名而各種金雞那之圖說載於藥品大書甚詳西班牙國派暮替司查驗之後另派他人細查秘魯國金雞那樹林並各種花草樹木一千七百七十七年派羅依士與巴文兩人此兩人臨行時有植物學家達法拉與曼沙尼拉同往自一千七百九十八年起至一千八百零二年止所印售之書內論數種金雞那樹最爲詳準即如秘魯植物書金雞那論與附金雞那論是也

以後有洪波特與本布蘭特兩人往秘魯國考究各種植

物所作之書名熱地植物書言明此樹之數種而畫其圖又有薄必克遊覽智利與秘魯等國細查華奴哥與古知羅兩處之金雞那樹皮印其說於書中一千八百四十六四十七兩年之間韋弟勒細查玻里非國與秘魯國之一分在赤道南十九度至十三度之間所有出金雞那樹之處查得一種名楷里繖亞金雞那此樹產英國出售之黃色金雞那樹皮查驗之事記錄於大書內一千八百四十九年印於法國京都名曰金雞那樹圖說此書之體例盡善多人佩服之

韋弟勒以前所有遊覽家與植物學家已知金雞那樹之

種記於書中者有蘭白特論金雞那樹類之書又有特看杜辣著書名坡羅特羅母司亦論記之最多者係林特里在植物藥品書內言之甚詳因已查出前人之書另有湯勿生所存乾枝之樣甚多能查看之此乾枝之樣係碁替司於一千八百零五年在近於羅沙與三達非波哥達查得之載於西班牙國之船送回本國途中適值交戰之事為英國兵船奪取帶至英國為醫士湯勿生所得又蘭白特在英國博物院中所藏金雞那樹之樣此樹之樣較在秘魯國植物全書所論金雞那樹之樣更為完全所以從此各處得知金雞那樹有二十四種後記錄於植物書中

然韋弟勒已見其樹在生長之處知前書內所記之二十四種實不過十一種又另得新者八種故依韋弟勒之書金雞那共有十九種其排列之法似為天然之法因用化學之法求其原質與植物排列法相配僅有真金雞那樹之類能產雞那以尼與金雞那以尼而楷思楷里拉類中祗有收歛性之藥

有數種樹昔人以為金雞那之類後人列於楷思楷里拉類內此為可恨之事因其名目混淆也又有他種為植物學家韋弟勒等列入金雞那相類之樹中即如愛刻蘇司脫瑪勒米以亞蒲以那品刻內亞但奈斯拉西由尼瑪拉

屯白其阿羅苦里阿穀司密蒲依那海密奴弟克替思奇木甫西阿

金雞那類之樹如第一百二十六一百二十八兩圖其萼圓錐形尖向下依此以分別之又其萼與子房相連分五齒形花瓣似極長酒杯形其管略圓分五出分列之分長而尖似戈頭邊生毛外面亦生細毛與管相同花瓣排列法為外套形花鬚五箇遞更排列花鬚托線連入花瓣管之下半鬚頭或在花瓣管內或伸於外不定子房有厚實花心蕊胚珠多似瓦背排列法又為倒置者花心莖簡子房口或藏於花瓣內或伸於外不定子殼似長卵形或為

長線形似戈頭兩面有槽頂有萼體所存之餘質面平滑或生細軟毛內有兩膛種子甚多而殼之分自頂至底分開種子多連於子胞衣似楯牌形其式壓扁種子中心長形外有膜形之翅邊有齒形胚在厚阿勒布門質之邊直排子瓣蛋形而完全小根圓而向下此樹之各種或為矮樹或為凌冬不凋之小樹榦與枝俱圓其木質之膛處含金雞那以尼最多而木紋質之處含雞那以尼最多外皮各不同間有厚者間有薄者外圍皮略帶白色久之則變黃色其中有假髓輻管此為韋弟勒之說樹葉相對排列有葉莖面平滑生細毛或微有毛面之回光甚奇此由其

葉外皮質膛之排列法而來副葉在葉莖中排列常為不相連者能枯落或在其底少合連其內面有多微核此核在底變成松香膠類質花多合成平密之頭色白間有人皮色或紫色極香其花密頭為枝之端小枝與花莖在其底處有花葉之形

眞金雞那樹俱在安達斯山生長大半產於此山之分山告提抹辣山之東該處山上之樹林連成一帶有數處高於海面四千尺至一萬二千尺間在山之西面有樹林處見之其金雞那樹不常成樹林而常有多樹成叢土名曼乂間有分開生長者又有在無遮蔽之處生長雖其處祇有矮樹而不能長大處亦有之金雞那樹最多之林俱為熱地即如各處有機櫚類樹此為林中之要樹而最多者間有背陰樹木並極大籐本竹芭蕉阿來弟依西刻路比阿米拉司拖瑪西依即果[illegible]屬果科橡樹楊梅樹等類此各樹亦在雪山之南並下雪山之上又在印度國尼克里山亦有此種樹此各處空氣含水甚多週年熱度之中數約為六十二度

產金雞那樹之地略為大平原周一分所成之弧其凹面向西凸面向東弧之最向西之處即近於其弧之中即與羅沙相近此處離海邊不遠弧之北面近於加拉架略為

赤道北緯十度其南面近於玻里非國山相近處之三達古盧斯塞拉城略為赤道南緯十九度韋弟勒在該處相近查得金雞那樹之一種謂之南方金雞那又有一種昔人以為屬於金雞那類名曰羅拿以瑪金雞那今改列入指思指里拉類內又有一種前人以為產紅色金雞那皮者名曰大葉金雞那今亦改列入指思指里拉此種樹尋常在山谷之底還見之然其眞金雞那樹俱在更高處遇見之

求金雞那樹皮之法先派明此事之人查樹林內有金雞那樹之處已查得一合式之處則派一員帶糧食至林中

收土人所剝之樹皮而細查之尋常在西五月時剝皮最多然他時亦可剝之惟多雨之時則不可剝此有兩法一法不斫其樹祇剝其皮二法在其根以上不高之處斫其樹而剝其皮此法最合宜因在樹根周圍另發小樹不多時又可斫樹而剝皮其剝皮之法尋常用錘搗去外層皮間有用刷拭淨外層皮後用刀劃其皮成塊每塊長十五寸至十八寸寬四寸至五寸小枝薄皮曬數日則捲成管形名曰金雞那皮管大樹身皮成板形乾時必壓平之所派之員將其上等皮令人封於粗布內成包如有次等者或壞者則不收之帶至各城之棧房內每包另加獸皮作

外套此包名曰細倫司而一包內祇藏一種皮凡斫樹剝皮為最大浪費之法因久如此則金雞那樹幾盡今近城或海口處產上等金雞那皮之樹幾無之再照此法則原處樹林之金雞那樹亦將無之玻利非國已數次特設律法禁揩里織亞亂斫金雞那樹林之事恐以後其樹竭盡也然人之業此者俱不服欲強為此事至後國家無奈何必弛其禁而準人斫樹

今所稱為金雞那類之樹其皮俱合為藥品之用其揩思揩里拉等類樹之皮與金雞那樹皮有相同之處然不合為此藥品之用出售之金雞那樹皮常雜此種皮在队所以應詳細查考各種皮之形性分辨其真假冒有多種金雞那記錄書並貿易內將其皮分為多種尚未能定何種皮係何種樹所產法國植物學家巴文將秘魯國所產金雞那樹皮四十四種並其各種之名送與蘭白特然此各種前時不多用又有植物學家薄必克查得其樹皮並其樹之樣同時送與植物學家里其勒查驗之又韋弟勒用此法查得種數更多前暮替司與齊亞兩人誤以為產北邊各種皮之樹必與南邊者相同即北邊加爾達日那所產黃色與紅色之金雞那皮必與南邊利馬所產黃色與紅色皮相同因有此誤後洪波特信其說亦誤後有蘭白

特亦誤一千八百三十六年之倫書亦誤

各種金雞那樹皮貿易內之名不清楚故不能從其名目而知皮之根原與形性有一二種依其出售之口為主即如加爾達日那皮實近於三達非所產又如利馬皮實非利馬所產而為華奴哥與上秘魯國所產又一種名阿利加皮此皮係內地甚遠處所產又有數種皮以其出產相近處為名即如羅沙華奴哥華瑪里司倭音揩拉罷亞古斯各等是也此各皮之名不過為各處所產之最佳者而各處另產數種金雞那樹皮故難定其是否又有法依其形性顏色命名即如英書內有淡色黃色紅色各皮蘇格

蘭醫學院將其淡色者分爲晃號與銀色號此各名目白爾根之書內用之醫士敦根提及此書而言此爲藥品書之最佳者後奇布特藥品源流書中用之以後沛離拉藥品書中亦用之想此各名目爲藥品而設最合然有一弊因產金雞那之處用此各顏色之名爲他種金雞那樹皮之用暮替司與齊亞兩人以三達非所產金雞那樹皮依其皮之粉色而命名而秘魯國依其皮之外色而命名或從其皮外所生白色苔或黑色苔名之此苔之色各處不同各處之水土或遮蔽或顯露而定所以好阿特云三達非植物學家依其皮粉之色命名雖有不合之處亦可爲

公用秘魯國之法依其外皮之色命名不能有大誤若依其面生之苔命名則爲大謬

韋弟勒已查常出售之淡色皮爲數種樹之嫩皮而其黃色或紅色者或別類樹之老皮或同類樹之老皮化學家格布勒與蔣茄已將其皮依化學形性而排列之然以上各法非植物學之正法因各種皮應依其各種樹之名而分別之待若干年必歸此法近時尚未定何種樹產何種皮不得已必依藥品書之排列法並貿易內所用之名目因此法爲尋常事之用亦有益處

各種金雞那樹皮其原料之排列法與他種植物質有不同之處前已言各種樹木之皮在其外皮以內分爲兩層俱爲聚胞體所成內層爲皮之絲紋與汁管外層漸從內層擠出而死摩勒名此外層曰眞皮其內層曰近木之皮金雞那樹作藥品者爲其近木之皮而雞那鹼類質存於此層內此層或獨爲絲紋質或與其聚胞體質若干相連而其雞那不在絲紋又不在汁管祇存於小膛內而其膛排列於絲紋質之間設金雞那樹內其聚胞體質頗多者如細毛金雞那或在淡色樹皮內卽爲樹之嫩者其絲紋質尚未全成又如皮之內半或多絲紋而合成叢之處則俱少含雞那以尼而多含金雞那以尼

其絲紋與聚胞體兩物多寡之比例最合於成雞那以尼者大約其絲紋短而幾爲等長者且其聚胞體勻排列而多含松香質之料此料在絲紋中隔開鋪平卽如將揩里纖亞金雞那橫剖裂則可見之又有數種皮質其絲紋與此種相同而排列法不同因其絲紋更長而不等其端彼此相連尋常聚合成叢最多者在向內面之處如此其皮加厚而中間所隔之聚胞體更少卽如觀小槽紋金雞那之皮內此理易於明之

由此可見將金雞那皮摘破之用顯微鏡觀其質紋則應知其爲藥之性之大小卽其絲紋質內含雞那以尼若干

而其軟木形皮中含金雞那以尼若干其大管形塊含雞那鹼類質較其大半為外層管形者更多韋弟勒云皮內樹皮酸大半在其皮之聚胞體內所以將其皮質分為三種一為似軟木者二為有絲紋者三為線形者又言各種金雞那皮其質必歸此三種內而溫克拉未能全信此說白爾根所作之書將各種金雞那皮分九欵論之其各欵依其形性而分定又奇布特分列五大類即灰色黃色紅色白色與假者各類內又分種數甚多沛離拉亦佩服此分類法而用之在其藥品書中另載白爾根論說甚多又將其樹樣與白爾根奇布特所有之樹樣彼此調換如此

日耳曼國法國英國之各名能比較定準苦里司脫生亦查得此等皮而大半信從以上三人之說前言薄必克在秘魯國往產金雞那樹皮之林中細查其樹帶回本國而與里其勒同將尋常出售之皮比較之韋弟勒之書中亦照此法為之所載之圖說與格布勒根茲兩人所作者難分上下又有好阿特與沛離拉兩人將出售之金雞那樹皮與英國博物院等處所存秘魯國金雞那樹與木及小樹樣詳細比較而在其書中言明之觀藥品會記錄書第十一第十二兩本並好阿特所作金雞那新論茲將常出售之金雞那皮開列一表此與韋弟勒之表大同小異表中指明何種樹生何種皮表後細論皮之形性等則依英國藥品書之法排列

尋常出售金雞那樹皮之表並疑產此各皮之樹名表

第一類　灰色金雞那樹皮

第一處羅沙金雞那樹皮英國名淡色皮又名冕號皮

羅沙金雞那樹皮色灰質密	樹名康太米尼金雞那
羅沙金雞那樹皮色櫻質密	樹名小槽紋金雞那
羅沙金雞那樹皮色紅如栗又名淡色揩里繳亞	同上
羅沙金雞那樹皮色紅多絲紋為西班牙國王者	
羅沙金雞那樹皮色黃而多絲紋	樹名長橢圓葉金雞那

第二處利馬金雞那樹皮又名華奴哥金雞那樹皮英國名銀色皮又名灰色皮

利馬金雞那樹皮色灰棱	樹名小蠖頭金雞那或名戈頭形金雞那
利馬金雞那樹皮色尋常灰色	同上
灰色金雞那樹皮又名上等灰色皮	樹名光亮金雞那
利馬金雞那樹皮色白	樹名紫色金雞那
利馬金雞那樹皮面皺紋甚多與揩里繳亞相似	樹名面生小核金雞那
金雞那樹皮色紅或為倭各或為羅沙者	樹名未定

第二類　白色金雞那樹皮

阿書不皮色羅沙金雞那樹皮英國名阿書皮	樹名蛋形葉金雞那
灰色金雞那樹皮又名淡色金雞那樹皮	同上
白色羅沙金雞那樹皮	同上
白色絲紋倭各金雞那樹皮	同上
古斯各金雞那樹皮	樹名細毛金雞那或心形葉金雞那
阿利加金雞那樹皮	同上
淡黃色加爾達日那金雞那樹皮又名硬加爾達日那樹皮	同上
橘皮黃色加爾達日那金雞那樹皮	同上
比他耶金雞那樹皮又名假比他耶金雞那樹皮	樹名尖利司替奴司佗摩末

第三類　黃色金雞那樹皮

西班牙國王黃色金雞那樹皮	樹名揩里繖亞金雞那
揩里繖亞金雞那樹皮又名王家黃色樹皮英國名黃色樹皮	同上
橘皮黃色金雞那樹皮又名桂皮形金雞那樹皮又名堅金雞那皮	樹名小鬚頭金雞那
比他耶金雞那樹皮	同上
木質加爾達日那樹皮	樹名疑爲青虎金雞那又名康太米尼金雞那
舊名橘皮色金雞那樹皮又名海絨形加爾達日那樹皮	同上

華瑪里斯金雞那樹皮、英國名鏽色樹皮、分爲五種、

華瑪里斯金雞那樹皮色暗灰	樹名粗毛金雞那
華瑪里斯金雞那樹皮質薄色紅	樹名疑爲紫色金雞那
華瑪里斯金雞那樹皮色白	樹名未定
華瑪里斯金雞那樹皮含鐵者	樹名小鬚頭金雞那
官加黃色金雞那樹皮	樹名橢圓葉金雞那

第四類　紅色金雞那樹皮、英國名紅皮

紅色金雞那樹皮爲藥品者	樹名紅汁金雞那又名寬形葉金雞那
利馬紅色金雞那樹皮	樹名光亮金雞那
紅色金雞那樹皮眞者面不生凸點	同上
紅色金雞那樹皮眞者面生凸點	同上
橘皮紅色金雞那樹皮面生凸點	樹名未定
淡紅色金雞那樹皮面白色	同上
櫻色加爾達日那樹皮	同上
紅色加爾達日那樹皮	同上

奇布特書中云、藥性最重之金雞那樹皮分八種、一、揩里繖亞金雞那樹皮、二、橘皮黃色金雞那樹皮、三、比他耶金雞那樹皮、四、有凸點眞紅色金雞那樹皮、五、無凸點眞紅色金雞那樹皮、六、紅色利馬金雞那樹皮、七、灰色利馬金雞那樹皮、八、有凸點白色華瑪里斯金雞那樹皮

西藥大成五之三　金雞那樹皮　卅三

茲將各種金雞那樹皮依英書之法、分淡色黃色紅色三大類、以甲乙丙三號分別之

甲　淡色金雞那樹皮、即奇布特所謂灰色金雞那皮、大半捲如鵝管、綵紋頗多、其性大半收歛、少有苦性、其粉尋常爲灰黃色、間有灰色、皮不惟爲不同種之樹所生、又常有同樹所生之皮、其嫩枝爲淡色皮、而老枝與身、爲黃色或紅色皮、此皮內多含金雞那以亞、少含雞那以亞、或竟無之、至於化分其皮所得原質、化學家尚未定準、因一種樹所生之皮、原質常不同、此因其皮有老嫩生產之處、地氣或泥土有分別、如將淡色樹皮沖水、再加鈉養硫養水、無鈣養硫養結成

一、淡色金雞那樹皮、此皮係康太米尼金雞那樹所產、又名脆皮、晃號皮、羅沙皮、此皮在厄瓜多、與羅沙相近、聚合出售

此種樹皮、係歐羅巴初用者、尋常爲管形、捲甚緊、常爲單層、間有雙層者、長六寸至十五寸、徑二分至一寸、厚半分至二分、外皮全色淡灰或深灰、間有櫻色者、尋常有白色硬殼之苔、在其外面、其外面有多直皺紋而不深、或有核裂紋圍其皮、分爲圈形、其圈之邊、間有凸出者、內面平滑勻淨、似桂皮櫻色、其粉亦有此色、其中等之質、略爲最佳

西藥大成五之三　金雞那樹皮　卅四

其味苦澀少有香依白爾根書中之說其香似沖過水之獸皮即預備製牛馬等皮之料其樹皮或裝箱或作包在秘魯國羅沙並相近處之山上取之此樹皮定爲康太米尼金雞那樹所產

如第一百二十六圖爲康太米尼金雞那樹高三十尺至四十五尺枝相對排列在下半爲平排在上半其枝與身成銳角枝面平滑至開花處而止葉似戈頭形略似蛋形或少有圓形端尖上面極平滑而光亮下面在末相連成角處間有小凹紋萼瓣似齒爲三角尖形或爲戈形花鬚托線或爲鬚頭長之半或較鬚頭更長俱有之子殼似長

第一百二十六圖

卵形其長略爲徑之兩倍花莖密頭發於上葉角內莖有長短而頭平齊成懸大卵形花頭花莖外面有厚短軟細毛萼管亦有軟細毛與小花莖相同花體最短似瓶形分五出面生小毛瓣管細較萼管長略四倍面生細毛體之外面最不平滑見好阿特之圖第一與第二兩頁其圖內名曰乂呼阿爾故阿金雞那與摺面葉金雞那

葦弟勒另有數種金雞那樹列於淡色皮內其名係植物學家所定即如眞金雞那產於羅沙又看杜辣金雞那產於官加又羅古瑪葉金雞那產於羅沙又戈頭形葉金雞那產於秘魯厄瓜多與新加拉拿大又比他耶金雞那產於新加拉拿大故植物學家久議新加拉拿大與近於羅沙所產之金雞那樹爲同類與否已說定葦替司所名曰戈頭形葉金雞那樹在三達非相近處生橘皮色樹皮此樹同於近於羅沙之樹生上等晃號皮即洪波特所謂康太米尼金雞那然葦弟勒書中云尙未見其樹產於樹林內者故云後人應詳細將各種皮用同年數之各種樹相

較方能確知其康太米尼金雞那樹在山上高於海面五千七百尺至七千七百尺處生長其週年熱度之中數爲法倫海表六十四度至六十八度此爲揞勒大司所記者如戈頭形葉金雞那間有在高一萬尺之處生長所以在其生長處夜間偶亦凍冰曾有巴文抄本書與達法拉之書明分乂呼阿爾故阿與摺面葉兩種好阿特之圖內亦言明之

此種金雞那樹初時名藥品金雞那秘魯國人初知金雞那爲藥之功用於一千七百七十九年以前亂斫此樹甚多尙未多種新者故此種羅沙樹皮之最佳者名猶里土

新阿皮貿易中不多見之
昔時西班牙國王設立藥品部以猶里土新阿樹皮爲最佳者故以國王之晃爲號產此皮者亦有數種樹而大半多含金雞那以尼而少含雞那以尼奇布特化分各種金雞那樹皮云含雞那以尼最多者爲比他耶樹皮其皮大半與奇布特所謂羅沙灰櫻色樹皮相配間有與常出售之晃號皮相似又有灰櫻色或鏽櫻色或珠西亞所名結頭形樹皮亦在此種內又羅沙又呼阿爾故阿樹皮亦在內疑此卽白爾根所謂華瑪里斯皮
好阿特將晃號樹皮化分之其皮雖老每百分含雞那以尼七一四分雞那以弟尼五一四分金雞那以尼○四分其小管形者有此數而大管形者含之更多故好阿特疑晃號老樹皮多含雞那以尼等鹼性質又云其皮所含金雞那以尼多而指里織亞皮所含者少故此種皮所含鹼類質之總數略與上等指里織亞樹皮相同
好阿特又將近時所用上等晃號樹皮化分之每百分祇得雞那以弟尼五七分此質從以脫中成顆粒而分出又得金雞那以尼○六分又將最佳晃號樹皮一種卽尋常出售者每百分得雞那以弟尼一○五分此從以脫中成顆粒而分出者又得金雞那以尼○八分

近時常用之晃號樹皮前人以爲小槽紋金雞那樹所產今韋弟勒查此事之說內不能信從此說然洪波特云近於羅沙口與帕燮塔口所出樹皮甚多相近處有小槽紋金雞那大樹林
近時印度國多種金雞那樹派人往各處查驗與此樹相關一切之事在波巴焉處得比他耶金雞那種子送至印度國云此種子所出之樹卽產紅色比他耶樹皮爲各種金雞那樹內之最佳者所送之皮有醫士哲米孫將此與新加拉拿大所產樹皮相較知其相同又在英國幾囿植物院內種此樹之一種與暮晢司所言戈頭形葉金雞那大不相同好阿特已將此樹皮化分之每百分得鹼類質八六分俱能在以脫中消化此數多而甚奇
薄必克查得秘魯國所謂指思指里拉尼古來拉樹皮爲該處所貴重者實爲面生小核金雞那所產而生於華奴哥與古知羅之高山前從利馬移至該處而與羅沙所產上等皮相等好阿特將此皮數塊與英國常出售之晃號皮相較言確爲相同又有一種其成色稍次亦爲此樹所產惟其樹生於低熱山谷內
此樹所生之皮爲羅沙上等樹皮近有人運至英國出售前有沛離拉與好阿特查金雞那樹皮六百十三箱內有

十四箱係此種皮其餘者大半爲銀色冕號與豹冕號樹皮又有一種亦名銀色冕號皮其皮外層如軟木而外皮有銀色此種或爲羅古瑪葉金雞那所產又有數種上等者常從帕愛塔口運出此種與銀色冕號樹皮之料相離頗遠而與銹色冕號樹皮之料相近其黑色金雞那樹皮近有人運至英國出售雖爲此等樹皮之一種而藥性較次又有一種名羅沙愛司土蒲薩皮即麻形樹皮此皮屬戈頭形葉金雞那有多絲紋又與絲紋形加爾達日那皮大爲相似近有樹皮從帕愛塔口而來與灰色冕號樹皮相雜其康太米尼金雞那之各種樹皮並戈頭形葉金雞

那之各種樹皮俱爲上等者因含鹼類質較他種更多近因玻里非國上等樹皮之價貴多用此種樹皮取雞那以尼並金雞那以尼

英書試此皮之法將淡色金雞那樹皮二百釐照試驗黃色金雞那樹皮法試之惟以哥囉仿代以脫所得鹼類質不可少於二釐上等羅沙哥皮含雞那以亞並金雞那以亞每百分略有半分其金雞那以亞不能在以脫中消化然此兩種質俱能在哥囉仿內消化

二灰色樹皮又名銀色樹皮又名灰色金雞那此皮爲小鬚頭金雞那與光亮金雞那兩種樹所產又名華奴哥樹皮白爾根名曰華奴哥金雞那奇布特名曰利馬金雞那此種淡色樹皮約於一千八百年初運至英國出售名曰利馬金雞那因從利馬口運至英國也又名曰華奴哥金雞那因出產之處與華奴哥城相近也此皮之塊形狀與第一種相似惟更長而粗其塊大半爲捲形外皮略爲灰色小塊者略有螺絲形而其全捲之邊大半有大斜裂縫其直皺紋較冕號樹皮更少而橫裂縫尋常圍其捲縫口不凸出內面色更紅或多或少不平而有絲紋其粉略爲同色即橘皮棧色臭與味亦爲相似白爾根云其皮之臭與泥土略同因此可與他類有分別

小鬚頭金雞那如第一百二十七圖葦弟勒書第十四十五兩卷內論及之葦弟勒云該樹最喜遮陰而濕之處較他種更甚又在揩拉罷亞省近於山溪處最能茂盛貿易內名其皮曰華奴哥樹皮有一種與揩里繖亞皮相似又與暮替司所謂橘皮色金雞那略相似又有數種名曰華奴哥粗皮與

第一百二十七圖

華奴哥次皮內有一種似乎薄必克在古知羅樹林內從小鬚頭金雞那高嫩之枝所得者土名帕他弟軋里那查又從其大枝所得者土名曰揩思揩里拉坡路文西阿那此華奴哥樹皮常雜於以下所言光亮金雞那灰色樹皮內好阿特云秘魯國之次等灰色樹皮係小鬚頭金雞那所產又於玻里非國內此樹產次等之揩里繖亞在貿易內此皮當爲玻里非國淡色薄皮有人化分其次等灰色樹皮每百分得雞那以尼二四三分雞那以弟尼二一八分金雞那以尼一·二五分卽每百分共得一·七七三分

光亮金雞那樹皮較小鬚頭金雞那樹皮其質更鬆含松香類質更多其外皮有此兩性較康太米尼金雞那更甚好阿特云光亮金雞那樹皮係羅白特所稱爲眞灰色樹皮仍爲上等者英國貿易內最易消售近有暢銷金雞那皮之處者此皮三十箱係光亮金雞那不雜他種在內又有一百箱係光亮金雞那與小鬚頭金雞那相混又三十至四十箱幾全爲小鬚頭金雞那此皮全作灰色皮出售其中所有光亮金雞那當爲其上等者

奇布特以爲光亮金雞那樹皮與利馬紅色皮相同所含金雞那以尼與雞那以尼較尋常更多而尋常出售紅色樹皮亦如是好阿特化分之每百分得雞那以尼五七一

分雞那以弟尼顆粒二四二分金雞那以尼一四分共得二·一一三分

三阿書金雞那樹皮又名倭音金雞那樹皮似爲蛋形葉金雞那所產外皮薄而輕易磨碎裂縫少其管大半不直有彎曲形其色爲深桂皮欆色此爲白爾根之說此皮貿易之名曰倭音疑近於桑倭音蒲拉苦木拉而來

蛋形葉金雞那尋常植物學家以爲心形葉金雞那之一種此爲暮瞀司之說又以爲細毛金雞那卽西人伐勒之意然除康太米尼金雞那之外無有一種更因其水土之改變而其皮亦有改變之處秘魯國名曰揩思揩里拉揩拉罷亞而取此皮雜於揩里繖亞樹皮內爲貿易謀利之法又疑羅沙與華奴哥樹皮有數種爲此樹所產奇布特將此皮與灰色絲紋利馬樹皮相較知爲相同韋弟勒以爲此皮能產眞紅色金雞那樹皮又有一種名揩拉罷亞樹皮面有花點色其形性與灰色樹皮相似近時運至英國出售常有此種皮雜於其內日耳曼名曰華瑪里司樹皮有一種樹皮與阿書木色皮略相似好阿特將阿書木色樹皮一種下等者化分之得雞那以弟尼顆粒○·六一分金雞那以尼顆粒○·八六分可見人之不肯用此皮疑其形性不合者則爲有差有一種皮英國貿易內謂之阿

書木色晃號樹皮近時出售甚多又名灰色羅沙樹皮係心形葉金雞那所產好阿特化分此皮每百分得雞那以尼並雞那以弟尼酉五七分又得金雞那以尼〇三分可見此樹皮略爲合用近時英國多購之作藥品之用

四華瑪里司樹皮又名鐵鏽色樹皮此爲奇布特所設之名產於利馬樹名細毛金雞那此爲伐勒所設之名秘魯植物書中謂之紫色金雞那此皮能依其外衣分別之又因其皴紋薄直排列有海絨形面有凸點如千日瘡此凸點向下通至軟木層下面平色紅櫻有格布勒與根兹化分之每百分得金雞那以亞三八分雞那以亞二八分

華瑪里司樹皮爲上等有功力之樹皮質可列於紅色樹皮內華瑪里司之處尚未有人查驗所以產此皮之處與樹之形性未能全知好阿特以爲華瑪里司樹皮與秘魯國之叉呼阿爾故阿樹皮大同小異或竟相同亦未可定此樹化學家名曰康太米尼金雞那之分種

五白色羅沙樹皮常雜於晃號金雞那皮或利馬金雞那皮內然易於分辨之因其皮色之白也

乙　黃色金雞那樹皮

六黃色金雞那樹皮又名揩里繖亞金雞那皮韋弟勒所設之名又名國王黃色樹皮此皮產於玻里非國與秘魯國之南

貿易內之黃色樹皮略於一千七百九十年初運至歐洲用之產此質之樹當時不知近時方查知之尋常言此皮爲暮晢司所言心形葉金雞那樹所產大爲錯誤黃色樹皮從秘魯南陲各口出售卽如可氣磨蒲等美國藥品書內原有此說而大半從阿利加口出售間有從阿利加運至利馬出售黃色樹皮產於熱地樹林內生於五千尺至六千尺高之山面山形不整而多崖石在赤道南緯十三度與十六度之間在玻里非國內拉巴斯省東之各省又在秘魯國揩拉罷亞省此各省土名揩里繖亞揩里揩里

亞而薄必克名曰可里薩拉裝於箱或皮套內運至各處出售分爲兩種一種爲管形黃色皮一種爲平面黃色皮管形黃色皮又名揩里繖亞捲皮其塊長三四寸至十八寸徑四分寸之一至二三寸厚八分寸之一至三分寸之一尋常祇爲一寸外衣櫻色常有花點有白色或黃色苔痕迹又有縱橫裂縫在其苔上易從眞皮之質分出之間有大塊內因其裂縫與槽大則面不平內面平滑有絲紋顯出色似黃桂皮色如橫折斷之則其折斷處短有牙齒形之片粉內有小刺形之質能惹皮膚其平面揩里繖亞皮又名揩里繖亞板略從樹身與大枝所得其面或平或

少彎無外衣兩面黃色較管形者絲紋質更多粉爲橘皮黃色味較淡色皮更苦其澀更小其平面樹皮較管形樹皮味苦更小黃色樹皮含雞那以亞頗多而含金雞那以亞最少以鈉養硫養添入其沖水內則令鈣養硫養結成近時好阿特查玻里非國運入英國之揩里繖亞樹皮內含其根之皮頗多此根皮不直常有彎曲可從此分辨之如取其根則金雞那樹林將盡又以根皮代身皮衹爲貿易內欺人之法好阿特化分其根皮之上等者每百分得鹼類質○八一分此鹼類之一半爲雞那以弟尼因此其樹身之皮比其根之皮價值大十倍醫士特甫里於一千

八百六十四年六月在藥品記錄書議論此事疑以上之說未可信從

黃色樹皮每百分含雞那以亞二分至四分英書有試驗之法用輕綠分出其鹼類而漸添鉛養醋酸令其色料結成再加鉀養質幾足令其結成之質再消化又合於以脫搖動之則其雞那以亞從以脫分出每樹皮一百釐應得雞那以亞二釐此雞那以亞應易在淡硫强水中消化

揩里繖亞金雞那樹其葉爲長形或爲鈍卵形與長頭形近底處則薄兩面鋭者不多見之面平滑下面生細毛葉脉與中筋相遇處有槽紋花鬚托線尋常爲鬚頭長之半子殼似卵形其長幾不及花之長其種子尋常在邊有齒形似鬚邊

此樹有兩種因其產常出售之黃色樹皮則爲金雞那樹中之最有益於人者故分爲甬亢兩種論之

甬　眞金雞那揩里繖亞樹身高葉鈍而長圓又似鈍卵形或長圓戈頭形樹身或直或彎身無小枝較人身厚一倍樹頂發葉甚多尋常高於樹林中之他樹樹身之皮厚而外圍皮較此類樹他種之大半者更厚易從近木之皮分開已分開後則其近木之皮面有槽紋等似用刀刻就者外皮有直平行裂縫又有橫捲形之紋其色或黑或白

樹枝外皮因苔之痕迹或爲白色或似大理石之雲彩形又有頗深之裂縫亦有更窄之花紋小枝之皮薄而平滑似櫻橄欖色或黑色此樹生於山中石崖與亂石面高五千尺至六千尺之處在玻里非山谷與秘魯山谷最熱樹林內即赤道南緯十三度與十六度三十分之間又在格林會知西邊經度六十四度至七十度之間又在玻里非國恩扣細肥省之拉巴斯容加斯省拉里揩亞省即蘇拉打省各玻里看省即阿坡羅半巴省又在秘魯國揩拉罷亞省俱有之西四月與五月開花

如第一百二十八圖爲揩里繖亞金雞那之圖甲爲結果

第一百二十八圖

之枝係韋弟勒在秘魯國揩拉罷亞省內摘下者乙爲花丙爲剖開之花瓣放大若干倍丁爲子殼依同比例放大戊爲種子亦依同比例放大己爲揩里織亞約瑟金雞那之葉此葉係玻里非國容加斯省內摘下者

六　揩里纖亞約瑟金雞那樹身不高葉頗銳似長戈頭形或似歪式戈頭形樹高六尺至十尺其身多枝厚百分枚之三至一百分枚之五樹枝直立皮與木黏連甚固樹

身與樹枝之皮色黑似黑頁形石面平滑或有數種苔質成槽形而有圈形之紋此圈爲窄而相離不遠之劃紋所成小枝之皮紅櫻色

此種樹土名依古揩思揩里拉又名揩思揩里拉突辣帕由那勒此兩名之意即草形金雞那韋弟勒細查此樹知爲揩里纖亞金雞那之一種常見此樹於替波阿尼山上間亦在草地內見之從此講之帕由那勒即草地之意間在已鏟去樹之樹林內遇見之間在密樹林內遇見之其樹在各處之形狀不同而樹體之各件能顯出在何處生長間有葉皺如皮莖色甚深葉莖亦皺間有軟而綠色之葉面如翦絨葉莖鬆而軟此種謂之揩里纖亞金雞那又如其長大之樹頂高於周圍之雜樹樹身之各件亦與依古揩思揩里亞相同皮之外層在孔鉢中搥碎之則放黃色膠松香質味苦而收歛其皮之膛俱有此質裝滿如剌其嫩皮則放出之汁亦爲此質其皮初從樹剝下時則脆如菌易於折斷無論縱橫俱可其皮已乾而出售面有多小剌剌入人之皮膚則甚癢而上等黃色皮可依此法分辨之

他種黃色樹皮

七加爾達日那硬樹皮俗名黃色硬皮暮晳司名曰苦味

金雞那皮又言爲心形葉金雞那所產生於新加拉拿大樹林內常有植物學家以此與前言之黃色揩里纖亞樹皮相混外皮面軟如絨色灰白質薄而軟或生似千日瘡形其縱槽紋爲亂形橫裂紋甚少下面不平或有多片其色似暗橄欖黃色格布勒與開爾司脫化分此皮一磅得雞那以亞五十六釐而在第八種內亦得此質五十六釐又得金雞那以亞四十三釐而第八種內毫無此質

八絲紋加爾達日那樹皮此皮與前一種皮常在同處遇見之故沛離拉以爲其皮係同類之樹所產或在不同時不同處遇見之皮之外衣薄軟或頗厚或已擦去俱不可

定下面平摩之則覺毛其色黃如淨黃土

暮替司所定心形葉金雞那包括蘭白特與林特里所定圓葉金雞那此樹在新加拉拿大與秘魯兩國遇見之生產之處係濕而密之樹林在山上高四千尺至七千尺之處凡產金雞那之地土幾能各處遇見之此樹較他樹更能向北生長或在近於加拉架見之有人在近於三達非特波哥達遇見之在該處所出樹皮英國貿易內名曰加爾達日那硬樹皮戈頭形葉金雞那與心形葉金雞那之皮又名加爾達日那硬樹皮又如戈頭形金雞那在太平洋海口出售者因與戈頭形葉金雞那樹皮相似故亦謂

之加爾達日那硬樹皮近時玻里非國所產金雞那皮價值最貴故藥肆家多試暮替司所言各種加爾達日那樹皮知其藥性重而易分出金雞那樹皮內各種鹼性藥質指里繖亞之樹林漸少故想此種皮逐年用之較多觀以下論試驗金雞那樹皮之法內可見有數種皮含雞那以亞較雞那以弟亞更少揣度以後醫士必以爲雞那以弟亞爲藥之功用與雞那以亞略同美國醫士卑利云一千八百四十九年以前在紐約克口代國家查驗進口之藥料其將假金雞那皮三十萬磅毀壞之俱爲加爾達日那與馬拉該波樹皮當時不知爲有用之藥近時新加拉拿

大所產金雞那樹皮有數種而造金雞那霜之廠大爲得利查特倫德與蒲指達兩人所作中亞美利加金雞那論最爲詳細

九三達非橘皮色金雞那樹皮又名海絨形加爾達日那皮暮替司所名戈頭形葉金雞那樹係產此皮者植物學家或言其淡色皮專爲此樹所產此說不確

十古斯各樹皮奇布特在其書內初論此皮或誤將此皮爲黃色指里繖亞樹皮外衣光亮淡灰色無裂縫其光面爲橘皮紅色沛離拉設一法分辨之因其冲水內加鈉養硫養三則無結成之質奇布特將此樹皮一磅化分之得金

雞那以亞略六十釐

秘魯國所名爲古斯各樹皮實爲小槽紋金雞那所產不多值錢又有一種爲細毛金雞那分種即韋弟勒名曰白勒弟里阿拿所產而英國貿易內之名古斯各樹皮爲細毛金雞那之另一分種名潑爾波里亞所產

細毛金雞那雖其形狀與心形葉金雞那相似實不相同昔時此樹包於藥品金雞那名內產於秘魯國與玻里非國山麓樹林在南緯四度與十六度之間初產之處爲近於三達阿那古是可又在指拉罷亞省內

細毛金雞那之分種名潑爾波里亞即巴文名曰紫色金

雞那樹皮為淡灰色或深櫻色其面生若干千日瘡形外衣有皺紋此皮間在貿易內見之然價值最小故常雜於他種皮內以謀利韋弟勒在揩拉罷亞省內見此皮名曰揩思揩里拉又名曰苦味雞那即暮替司以此名稱心形葉金雞那此兩種樹皮最為相似故易於混淆有人查此樹皮係前人所得鹼類質阿里西拿之根原又有人以為此鹼類質祇是金雞那以尼用他法取之故其質不同奇布特書中名曰古斯各金雞那樹皮內含雞那以尼與金雞那以尼惟其數少耳

又有一種樹皮名擬人揩思揩里拉化學家里其勒查薄必克所帶至歐羅巴樹皮誤以此皮為華瑪里斯樹皮此皮係康太米尼金雞那之一種所產

丙　紅色金雞那樹皮

十一紅色金雞那樹皮巴文名曰紅汁金雞那或名蛋形葉金雞那生於正波拉蘇山之西面

紅色金雞那樹皮英國人早知而用之然在一千七百七十九年以前無人分別論之此樹皮從利馬運至英國裝於箱內而產此皮係何種類之樹久不知之有一種樹名大葉金雞那即暮替司所名曰長橢圓葉金雞那近名曰揩思揩里拉所生之皮與紅色金雞那樹皮不同且為次者即三達非紫紅色金雞那樹皮見第十二號

紅色金雞那樹皮尋常從瓜亞基爾運至英國間有從帕愛塔運來者產此樹之地近於瓜亞基爾亦有近於倭音者此更向南奇布特想其紅色非專在一種樹皮有之係藉其曬乾等法而成韋弟勒試驗此事亦有同意曾查蛋形葉金雞那小槽紋金雞那細毛金雞那揩里纖亞金雞那各種樹皮亦有帶紅色者又想羅沙之黃色皮與紅色皮為同樹所產拉康太米尼珠西亞揩勒大司洪波特等人之書亦有同意故可見金雞那之各種樹難以皮之顏色分別之沛離拉與好阿特查驗秘魯國之各種金雞那

皮得第四十五號之一包外面寫巴文名紅汁金雞那樹所產此皮與尋常出售紅色皮相同其外皮與康太米尼金雞那之類相同第易於剝去又有數塊外皮已剝去皮面有凸點形如火山而紅色皮亦有此形其皮料為櫻色或紅色或紅磚色其橫裂紋相離頗遠好阿特云紅汁金雞那無論其樹歸何種何類必為產尋常出售紅色樹皮之樹

巴文書中言明尋常出售之紅色樹皮為紅汁金雞那所產此樹產於厄瓜多之正波拉蘇山麓樹林內好阿特曾言此樹之皮為真紅色樹皮一千八百五十五年好阿特

至幾圍植物院內查羅依士與巴文所送之金雞那樹定爲蛋形葉金雞那如第一百二十九圖爲好阿特書內所載之圖

第一百二十九圖

紅汁金雞那巴文書中論及之此樹有獨直立之身間有兩三箇樹身自同根發出樹枝與葉甚多木質甚密皮樱色面有白點並有横槽紋葉莖相對排列葉似蛋形不分開端有小尖面不生毛少有光亮葉脉最爲顯明其嫩葉在邊有回彎副葉略包圍其莖而爲長形無莖能自落花成密頭穗形最爲可觀色淡紅花瓣邊有睫毛在西七八月開花子殼長形少彎分爲二分在其底分開

此樹生於山麓涼爽處如甚多之桑安度尼山上古阿蘭達路邊如將其皮或木剝之或割之則流出白色之汁不久變爲紅色故此樹皮俗名變色揩思揩里拉

一千八百五十三年韋弟勒遊覽玻里非國北邊記錄書中云近於瓜亞基爾口之樹林產眞紅色樹皮又在阿蘇阿與正波拉蘇兩山之西面在幾蘭尼司與古阿蘭達兩處之中亦有此樹一千八百五十六年有人從此處將其樹之身葉皮送與英人好阿特觀藥品會記錄第十六本第二百零九頁之圖說似乎蛋形葉金雞那即韋弟勒所謂紅皮金雞那

紅色金雞那樹皮常出售者爲鵞管形或爲平面塊或爲少彎之塊其長自數寸至二尺爲止寬一寸至五寸厚四分寸之一至四分寸之三其塊尋常有外衣一層灰色或紅樱色間有紫色或白色之點因面上有苔類黏之但此種樹皮之苦質較他種樹皮更少間有外面粗而有皺紋有千日瘡形痕迹即奇布特所謂千日瘡形金雞那樹皮

其內面絲紋爲粗者色似深桂皮樱色設如置在他種樹皮相近處則色更紅其厚塊更有此色折剖面短有絲紋且有片形粉爲紅樱色味極苦微有香此皮較他種樹皮更少其內能分出雞那以亞與金雞那以亞兩質英書試法將此皮一百分依試淡色金雞那樹皮之法試之應得鹼性藥質二分

十二三達非紅色金雞那樹皮又名新金雞那樹皮土名阿薩哈爾此皮爲加爾達日那樹皮之下等者色紅外衣白色內含雞那以亞與金雞那以亞極少或竟無生此皮之樹近時名大葉揩思揩里拉前名大葉金雞那蘇替司

名曰長橢圓葉金雞那而韋弟勒將金雞那與揩思揩里拉分爲二類因此其名必從新定之法

十三紅色金雞那樹皮外衣白色如千層紙之形此樹在奇布特與沛離拉兩人書中俱論及之

金雞那樹移種於各國

荷蘭國屬地種金雞那樹　韋弟勒回至歐洲數年之後荷蘭國設法在其屬地噶羅巴多種金雞那樹所以噶羅巴總督派植物學家哈思揩勒往秘魯國與玻里非國細查金雞那樹之各事住居該國二年半之後將揩里繖亞金雞那小樹四百顆從意斯累口運至噶羅巴島一千八

百五十三年種之在叭噹相近處之山上有該國化學院之官於一千八百六十年報於國家云其樹最爲茂盛已有五十餘萬顆種於合式之地高十六尺半所結之果極多其種子俱能生長另在院中養小樹無數將其皮化分之則每百分得鹼性藥質四分近時另在荷蘭國他處屬地內多種此樹大得其利

英國屬地種金雞那樹　荷蘭國雖創法以金雞那樹種於屬地內較他國更早而英國亦不惜工費在印度種之雖初時不得法而今在印度尼克里山等處生此樹極多一千八百五十六年來拉在印度總理國家藥品植物院報於國家云印度各山其水土與秘魯等國之山相同處必能生長金雞那樹故應多用法種之一千八百五十三年福珠納將英國幾個植物院與蘇格蘭壹丁不植物院所種金雞那樹若干運往印度種之無一不死所以一千八百五十九年國家派植物學家瑪爾揩没往秘魯國購揩里繖亞金雞那等樹一千八百六十年三月十二日自秘魯國之阿勒基巴口往內地查驗遊覽多時備嘗艱苦該處不能通玻里非國祇在秘魯國交界處東面告提抹辣山得嫩揩里繖亞金雞那樹五百顆運至巴拿馬口上船運至英國蘇當波敦此五百顆內送過安達斯山至意

斯累海口路上損傷死去七十三顆其死於船上者約有一半其餘置放玻璃箱內過地中海送至印度已至印度其箱內之樹無一生者瑪爾揩没不能在玻里非國得其種子因其國人妬忌恐他國多種此樹則有碍於本國之貿易又不能在秘魯得其種子因當時種子未熟之故但與秘魯國與厄瓜多通商之人約定代辦樹與種子若干送至印度故於一千八百六十一年春時寄樹與種子至印度國在烏大揩門特之植物院內種之而託麥意復管理其事至一千八百六十二年有樹十萬顆生長茂盛至一千八百六十三年有樹二十五萬顆觀瑪爾揩没遊覽秘魯與印度之記

錄一千八百六十二年所作又藥品記錄書一千八百六十一年至六十三年所作英國幾圓植物院曾將小金雞那樹送至印度而今在印度尼克里山上所生之金雞那樹有揩里繖亞金雞那康太米尼金雞那小鬚頭金雞那光亮金雞那紅汁金雞那其紅汁者爲紅色樹皮係司奔司從正波拉蘇山運來者近時在孟加拉哲孟雄之大爾奇領藥品植物院內種之曾用其樹皮治瘧疾與發熱病又土徽脫司在錫蘭多種此樹所種者爲紅汁金雞那揩里繖亞金雞那小鬚頭金雞那三種其植此樹大爲得法醫士特甫里將印度所種紅汁金雞那樹皮化分之每百分得鹼性藥質二八分好阿特亦將印度

總理文案官所寄金雞那樹皮化分之每百分得鹼性藥質三三〇分至三四〇分

一千八百六十三年以後印度有多處種金雞那樹大得其利故今印度所產之雞那霜數與中亞美利加及南亞美利加所得之數難分上下

近時英國屬地牙買加醫士但尼里亦多種金雞那樹今法國家請英國幾圓植物院將小樹若干送至法國屬地阿爾及耳種之

查金雞那樹大有益於人故應在地球能種之處多種之凡卑濕之處或常生瘧疾與發熱病之處如不用金雞那則其人之病難愈故爲不可少之物前時各國得此樹俱爲亞美利加數處樹林所產而其樹因常亂斫故逐年更少又產之之國妬忌他國得種子種之可見他國能種此樹得事理之當然也

金雞那化學

金雞那樹皮形性之最宜詳究者即能作藥品之料或多或少一千八百二年時西人俱不知其藥性爲何種質有植物學家西撾恩以爲其有藥性之質與直辣的尼略同性一千八百三年醫士敦根查得一新質名金雞那以亞後在一千八百十年有哥密士能分而取之一千八百二

十年法國百勒替耶與揩分士兩人查得雞那以亞且得証據知雞那以亞與金雞那以亞兩質俱有鹼性而與幾尼克酸相合又查出各種樹皮之化學形性後有化學家百勒替耶與可里哇勒另查出一鹼類質名阿里西拿在古斯各樹皮內又數年前化學家溫克拉另得一質名雞那以弟亞在一千八百三十二年有恆里利指明此質爲金雞那樹所含者惟未嘗分出而詳論之

茲將金雞那樹皮所含藥質之緊要者逐一言之共有鹼性質四種酸質五種另有他質七種其鹼性質即名雞那以亞金雞那以亞雞那以弟亞金雞那以弟亞又其酸質

名曰幾尼克硫强水，一種樹皮酸名金雞樹皮酸，又一種酸名金雞夫路肥克酸，即紅金雞那酸，幾奴肥克酸，此各質之外，另有油類質，自散油，鈣養鹽類，松香質，小粉，樹膠絲紋木質

雞那以亞，又名雞那以尼，在黃色金雞那樹皮內最多，紅色樹皮內亦有之，惟在淡色樹皮內最少，據里必格之書其式爲炭四〇輕四四淡養四，有來格奴脫等人，佩服此式，又有羅倫特等人，不信此式，里必格原所設之數爲以上數之半，而尋常出售之雞那霜，其本質爲最小分劑者，故其式必倍之，此本質在金雞那樹皮內，尋常爲雞那以亞，幾尼克，又

有數分合於金雞那之別種配質，尋常出售之雞那霜，爲雞那以亞合於硫養三，如將此質之水，合於淡輕四養，則所結成之質，爲雞那以亞，其質爲白色之粉，如用酒醕消化之，而謹愼令其成顆粒，形如極細之針，光色如絲，又如金雞那以亞與雞那以弟亞兩質，更易成顆粒，因此能分開之，又因在以脫內消化更難，亦可藉此性而分開之，雞那以亞質無臭，味最苦，無論爲顆粒形者，或無顆粒形者，俱含水質，加熱則放水而融化，久加熱，則全消滅，雞那以亞在冷水中易消化，沸水二百分能消化其一分，在酒醕與以以脫中最易消化，其消化流質有鹼類性，其質能與配質

合成鹽類，其鹽類能在水或酒醕或以脫中消化，惟其消化之數多寡不等，而各有法能試之，其鹽類質之大半，含本質一分劑，配質一分劑，如將雞那以亞鹽類質之水，合於淡輕四養或鈉養炭養，則有雞那以亞結成，又如將雞那以亞鹽類質，合於含樹皮酸質之水，則結成雞那以亞樹皮酸質，化學家步蘭德士，查出用綠氣之試法，爲易於分辨雞那以亞與他質之法，如在雞那以亞之水內，先添綠氣水，後添淡輕四養，則變明綠色，與明綠寶石同，然如將金雞那以亞鹽類質之水，依同法試之，則結成白色之質，又如將雞那以弟亞水，依同法試之，則其色不改變，醫士夫

苟勒已查驗雞那以亞之別種變化，可與各別質分辨之，即將雞那以亞水，合於綠氣水，再加以鉀養，則變成黃色，與硫黃之色略同，又如以鉀衰硫鐵代鉀養，則其水變成深紅色，待若干小時，則其水變綠色，而金雞那以亞依此法試之，則無此變化，醫士希拉巴得所設之試法，將雞那以亞在熱醋酸數滴內消化之，此醋酸含硫養三少許，將所得之水，合於酒醕消化碘之淡流質一二滴，待冷時，則成綠色微顆粒，能令光線偏差，此顆粒爲雞那以尼碘硫養三（見雞那以亞硫養三一節）

化學家凡海凝眞用淡輕四養草酸，分別雞那以亞與金雞

那樹皮內他種鹼類質即將雞那以亞合於淡輕養草酸
待若干時則離其水最淡約八百分含其一分亦可結成
顆粒又如金雞那以亞濃水內亦能令其結成質而雞那
以弟亞或金雞那以弟亞兩種水內無結成之質
金雞那以亞又名金雞那以尼為淡色灰色紅色三種金
雞那樹皮內所生者其式為炭輕淡養此質與雞那以亞
之分別因含養氣少二分劑其色白不雜他色與雞那以
亞同亦有鹼性之變化其味苦而合於水一分劑成含水
之顆粒又能合於酸質成顆粒形之鹽類此質較雞那以
亞更難消化於水略每重一分須冷水二千五百分方能

消化又須沸水一千五百分方能消化在以脫中幾不能
消化然其鹽類質較雞那以亞鹽類質更易在水中消化
又有一事與雞那以亞鹼類質不同因在酒醕中消化之
令成顆粒則為四面柱形用綠氣試之則變化與雞那以
亞亦不同又可將鉀三衰硫鐵分別金雞那以亞與雞那以
亞在雞那以亞水內結成之質再加鉀三衰硫鐵則能再消
化若為金雞那以亞則不能再消化如將此金雞那以亞
結成之質在本水中加熱則其質能消化待冷則多結成
片形顆粒
雞那以弟亞又名雞那以弟尼又名倍撻雞那以尼此質

係化學家溫克拉在似乎華瑪里斯金雞那樹皮並馬拉
該波樹皮內查得之近時新加拉拿大運至歐洲出售之
下等樹皮亦含之甚多又加爾達日那樹皮之有絲紋形
者為心形葉金雞那樹所產亦含此質甚多而秘魯與玻
里非爾國樹皮之大半亦可得之惟其數少耳又有一質
常含雞那以弟亞者即已結成雞那以亞硫養之水至不
能再結成者後熬其水所得之質變為無顆粒形之雞那
以尼又名雞那阿以弟尼化分此質則得金雞那以弟亞
松香類質並雞那以弟亞
凡海凝眞云此質與雞那以亞為同原異物其味相似即

有鹼性而味苦每一分能在冷水一千五百分內消化或
在無水酒醕四十五分或以脫一百分內消化如加熱至
沸則能在水七百五十分或在酒醕三七分內消化然已
消化而再冷則又結成從雞那以亞分開之法乘其能在
酒醕或以脫流質內結成大斜方柱形顆粒其鹽類質與
雞那以亞者大同小異又能成為本之硫養鹽類與雞那
以亞硫養相似但其分別或因含成顆粒之水其分劑數
不同此質較雞那以亞硫養之質更軟而其形更似棉花
又有一法能分辨之因在沸水中所能消化之數較雞那
以亞硫養多八倍觀雞那以亞硫養一節

金雞那以弟亞爲金雞那樹皮內第四種鹼類質而與金雞那以亞同質異形如一千八百五十三年化學家巴司得化分尋常出售之雞那以弟尼得兩種不同之鹼類質一爲雞那以弟亞與雞那以亞同質異形如其水合於綠氣與淡淡輕水則變綠色如通過極光鏡之平面則能向右邊轉動二爲金雞那以弟亞照以上法試之則不變綠色而通過極光鏡之平面則向左邊轉動又查出雞那以弟亞爲凡海凝眞所謂倍揑雞那以尼雞那以弟亞輕碘每一分須用水一千二百五十分方能消化所以金雞那樹皮浸酒內如含雞那以弟亞則加輕碘必結成雞那以

弟亞輕碘之微顆粒然必謹愼加以輕碘不可過多常出售之金雞那以弟亞亦有以上之性情巴司得云有兩種人造之本質一名雞那以西尼一名金雞那以西尼其造法將雞那以亞與金雞那以亞照一定之法加熱則所變成之質與其原兩種質爲同質異形

化學家百勒楷耶云古斯各樹皮內含阿里西拿又名古斯各尼阿奇布特云此質不能分得其本質而疑阿里西拿祇爲不淨之金雞那以亞或言其式爲炭輕淡養而含養氣較雞那以亞多二分劑能在以脫中消化如合於硝強水則變綠色好阿特已化分百勒楷耶金雞那樹皮而得此質以爲與金雞那別種鹼類質不同

以上各鹼類質形性大同小異所以化學家已設一理卽必有一本質而各質爲此本質所成又名此虛本質曰雞那吡眞其原質爲炭輕淡則金雞那以亞爲其含一分劑養氣之質雞那以亞爲其含二分劑養氣之質又阿里西拿爲其含三分劑養氣之質然恐有人駁此說曰阿里西拿質尚未定所以其理難得其據又近有羅倫特與里爾司化分金雞那鹼類質所得之數與上理不合故必另設相等式茲將其各式相比如左

	里必格與凡海凝眞之式	羅倫特與里爾司之式
雞那以亞	炭輕淡養	炭輕淡養
雞那以弟亞	炭輕淡養	炭輕淡養
金雞那以亞	炭輕淡養	炭輕淡養
阿里西拿	炭輕淡養	

照下層各式可見金雞那鹼類質化學形性與原質排列法必與尋常所設之理不合而其爲本之鹽類質必當爲中立性者而化學家司脫來克極言里必格所設之式毫無差悞

如將金雞那鹼類質合於鉀養而蒸之則得自散油類本質名雞那哇里以尼此質與哥尼阿少有相似之處其味甚奇不含養氣其性亦無鹼類性而能與酸質化合

幾尼克酸在樹皮內想與其鹼類之大半化合此質略與

醋酸相似能在水二分內消化又能在酒醕與以脫內消化而成顆粒與果酸同其式爲炭輕養加二輕養大半金雞那樹皮內含硫强水之微數

金雞那樹皮酸爲尋常樹皮酸變化之形其性與尋常樹皮酸亦有相同之處卽能令鐵質或打打伊密的或直辣的尼各質之水結成但其式與尋常樹皮酸不同化學家云其式爲炭四輕六養七加二輕養又其鹽類質較樹皮酸者稍易消化又有一奇性能收養氣而變爲不能消化之紅色質名曰金雞那夫路肥克酸又能在含鐵之水內合於其鐵令結成綠色質

金雞那夫路肥克酸又名紅金雞那幾不能在冷水中消化而少能在酒醕與以脫內消化其水能令打打伊密的結成而合於直辣的尼水不能結成大半金雞那之紅色俱藉此質又能在各種鹼類質內消化成極深紅色之水其原質之式爲炭輕養

幾奴肥克酸之式爲炭輕養初在新金雞那內得之拔脫揩以爲此質在蒲以那樹類內之假金雞那皮中得之而化學家施我次與温克拉亦在眞金雞那樹皮中得之此質與司替阿里克酸少相似又不能在水中消化亦與司替阿里克酸同在酒醕與以脫中極易消化其鹼性鹽類質之水能令鉛養醋酸或汞綠結成

如將此皮質在水中久沸之則其鹼類質全消化而分出卽幾尼克酸與金雞那樹皮酸亦消化而出此各質已消化後再將其皮加入淡輕養水則金雞那夫路肥克與幾奴肥克酸兩質亦消化而出如將此水合於輕綠則此兩酸質結成沉下如欲分此兩質則必合於鈣養水沸之其鈣養幾奴肥克能在水中消化而鈣養金雞那夫路肥克不能在水中消化此爲温克拉之說

金雞那樹皮含酸質與鹼類質之外另含數種植物質卽濃自散油其味辣其臭與金雞那樹皮同又有定質油類

能合於鹼類成肥皂產雞那以亞最多之樹皮亦含鈣養鹽類質最多如揩里織亞樹皮是也又如產金雞那以亞最多之樹皮亦含膠質最多如淡色皮是也又黃色與紅色樹皮含膠質最少所以疑黃色與紅色樹皮爲其樹之老枝與身所成其質又含松香質與小粉質其樹皮之餘質爲木絲紋質

如將金雞那樹皮乾蒸之得尋常乾蒸料之外另有松香類之粉其色光紅化學家古槼以此粉爲此皮獨有之質而能有幾分顯出樹皮內鹼類藥質之數如將金雞那以亞合於汞綠加熱則成櫻紅色質能在酒醕內消化此法

係化學家該智林所設

測度金雞那法

金雞那樹皮中能定準其有藥性質數而不差之各法謂之測度金雞那法此事最難然在醫士與藥肆家此兩法必不可少粗測之法有數種不用繁器與化學之深理亦可爲之如英國造雞那以尼之人俱知產鹼性藥質最多之皮如揩里繖亞樹皮含鈣養最多所以如將其濃沖水合於鈉養硫養水則必有多結成之質故尋常依此法定金雞那樹皮所含雞那以尼之多寡又上等金雞那樹皮含樹皮酸最多即金雞那樹皮酸此爲收歛性之藥料能

合其藥之功力更大故試樹皮酸之數則知其皮之高下如瑞典國律法內凡進口之金雞那樹皮必用直辣訥尼水試之又必用打打伊密的試之又有第三種粗試法用沒石子沖水加入濃金雞那樹皮水則能合其鹼類藥質結成

照以上各法觀其結成質之多寡則能知其鹼類藥質之數然另有鹼類質在其皮內有不能消化之形狀而不與幾尼克酸化合又有第四種試法亦不查其不能消化之質爲雞那以亞或金雞那以亞與金雞那樹皮酸或幾尼酸或金雞那夫路肥克酸化合者此法將樹皮一百釐用水二兩鈉養炭養濃水一兩煮之用此法試上等黃色皮應得雞那以亞二釐

金雞那樹皮中求其鹼類藥性質之細數有二要法

一結成之法即醫士布格那所用之法將此樹皮置於淡硫強水內沸之後熬濃而加淡輕養至有餘令其結成所得之質爲其皮內鹼性質稍帶別顏色爲稍不淨者曾用此法試揩里繖亞樹皮一百釐得雞那以尼二·一八七釐又有一法用鈉養炭養收得其皮內之各酸質即如蘇書內取雞那以亞硫養之法凡取雞那以亞內含金雞那以亞則可用以脫消化其雞那以亞而分開之

二用哥囉昉之法此爲法國化學家拉布而丁所設用此法所得之數最準其法將黃色皮或紅色皮五錢或用灰色皮須更多用過濾之法以淡輕綠水收出其鹼類藥性質此輕綠水每水二升半用濃輕綠五錢再將其水合於烙炙鉀養九十釐與淨哥囉昉五錢搖動之其鹼類質遇其鉀養則與酸質分開而消化於水內後爲哥囉昉從水內消化而出因哥囉昉與鹼類質之愛攝力甚大待若干時則哥囉昉成一層流質浮在其水上而在紅色流質之下必謹愼分開之其鹼類質必用熬乾之法分取後用以脫分出雞那以亞與金雞那以亞或將其質置於沸酒醋

少許內消化之待冷時其金雞那以亞成顆粒
英書亦有同類之法能查金雞那樹皮少許內所含鹼類質其法將其皮在輕綠水中消化之再加鉀養至有餘後將其流質合於以脫合其雞那以亞消化而出此為黃色樹皮合用之法如為淡色或紅色樹皮則必用哥囉昉消化其合鹼類質查英書之說曰將樹皮一百釐磨成極細之粉置於蒸水一兩內加輕綠十滴沸一刻許後浸二十四小時再將其質置於小過濾管待其水落下之後另加淡鹽強水一兩半與前者同分為數次而加之每加一次之間必待若干時連為之至所落下之水無色而止將二

鉛養醋酸添入其過濾之水內至其顏色料全結成必慎度其水之性仍為酸者再濾之而以蒸水少許洗之又將烙炙鉀養三十五釐添入其濾得之水內或添若干鉀養足合其初時結成之質幾能全消化為度後添淨以脫六錢或用哥囉昉亦可再將其瓶用大力搖動收出其以脫之後再加以脫三錢連作兩次或至所用之以脫一滴熬乾而無餘下之質至末將所得各以脫流質和勻而置於化鍋內熬之所熬得之質幾為淨雞那以亞待乾時重應不少於二釐又應易在淡硫強水內消化
如將淡色樹皮一百釐用此法試之而用哥囉昉消化之則應得合鹼類質不少於半釐
如將紅色樹皮一百釐用此法試之而用哥囉昉消化之則應得合鹼類質不少於一釐半
若里司脫生藥品書中設一表有此各種樹皮所含鹼類質之數俱為前化學家求得者如蘇比蘭與芬三屯等人是也各人之數不惟各不同即各數亦太少所以其表不必論之茲另有表為德國加爾斯盧醫士里爾勒試驗而得者此人將兩法詳細試之所得之數大同小異設用拉布而丁之法稍能更準此表為各種金雞那樹皮一百釐所得各質之數

樹皮名	雞那以亞	金雞那以亞	雞那以弟亞
上等揩里織亞	三·八		
約瑟揩里織亞	三·二九		
中等揩里織亞	二·五		
細毛金雞那	一·七		
絲紋加爾達日那		一·○四	一·○四
硬加爾達日那	一·○四	一·三五	
上等紅色皮	二·六五	一·五一	
大紅色皮	二·五○	一·三五	
假紅色皮	五二	·七三	

王后紅色皮	二八七
重華奴哥	二四
厚管華奴哥	一八七
上等晃號羅沙	五二　四二
尋常羅沙	七三
華瑪里司樹皮	一四六
厚華瑪里司	九三
倭音樹皮	六一
新蘇利南末樹皮	

古斯各樹皮每百分含阿里西拿一·二五分

此表之數大略與今化學家所得之數略同所有好阿特化分所得各數在前屢次言之故不再述

金雞那樹皮成各藥

藥品中用金雞那樹皮之藥甚多其價值與取法較其淨藥性如雞那以尼等更廉而易造其皮質所含鹼性質之外另含其皮之收斂性酸質若干故不惟有補性又有收斂性此為有益者然另有弊端因每一服體積較大胃已有病難於消化又其濃淡不定因其皮所含之質其數常不定又其為藥之質在數種質內則易消化在他種質內難於消化

黃色金雞那樹皮沖水

取法　將黃色金雞那樹皮粗粉半兩沖沸蒸水半升蓋密其器待二小時則濾之

淡色金雞那樹皮沖水　此為倫書之方

取法　與前法同惟以羅沙樹皮代黃色樹皮

功用　此各種水內其鹼類合幾尼克酸並金雞那樹皮酸之大半消化於水惟有與幾尼克酸不化合之藥性質不能消化於水所以此沖水必至於淡如胃病難消化則以上兩種沖水為最妙之輕補藥每四小時以一兩至三兩為一服

黃色金雞那樹皮水膏

取法　將黃色金雞那樹皮粗粉一磅預備蒸水至足用正酒醋一兩將金雞那樹皮粗粉置於水二升內浸二十四小時屢次調之後置於過濾之器再添水至得十二升或至水不能再消化其皮質而止將其水置於化鍋內加熱至不外一百六十度熬之得一升以紙濾之連熬之至得三兩為止或熬至其水之重率得一·二〇〇待冷則添酒醋連調之不停其重率應略為一·二〇〇

功用　此藥與一千八百五十一年倫書所載金雞那濃沖水略似而可代藥肆家出售之金雞那皮水此水內所

添酒醕能令其不壞故可久存淡色與紅色金雞那樹皮亦可照此法作水膏

服數　以十滴至一錢爲一服

黃色金雞那樹皮煑水

取法　將黃色金雞那皮粗粉一兩又四分兩之一在蒸水一升內煑之至十分時爲度煑此質之器必蓋密待冷而濾之在濾時加蒸水補足一升

淡色金雞那樹皮煑水此爲倫書之方

取法　其方與前同惟用羅沙樹皮代黃色樹皮

紅色金雞那樹皮煑水此爲倫書之方

取法　其方與黃色金雞那樹皮煑水同惟用紅色樹皮代黃色樹皮

功用　以上各種金雞那樹皮煑水能收其皮內藥性質之大半惟冷時其質結成此因金雞那夫路肥克酸與鹼類質和勻而成不能在冷水中消化之雜質近有化學家施陸脫非特將已作煑水之皮之餘質多分出淨雞那以亞故可見作煑水之法有糜費如以酸性之水作其各種沖水與煑水則其爲藥之鹼類質不能結成仍存於水內其各煑水可代各沖水之用服數亦同

黃色金雞那樹皮酒

取法　將黃色樹皮粗粉四兩準酒醕一升其作法與阿古尼低浸酒之法同

淡色金雞那樹皮酒此爲倫書之方

取法　與上浸酒法相同惟以羅沙樹皮代黃色樹皮

功用　此兩種浸酒爲補藥可合於其煑水或沖水以一錢至三錢爲一服準酒醕能消化金雞那樹皮內有藥性之質如用過濾之法則爲更佳又如將其浸酒熬之則得最佳之膏

金雞那樹皮雜酒

取法　將淡色金雞那樹皮粗粉二兩苦橘皮切小塊搥

碎一兩色噴他里根搥碎半兩番紅花六十釐呀嘯米粉三十釐準酒醕一升其取法與阿古尼低浸酒之法同

功用　爲行氣補藥較簡便之浸酒更有趣味因其含行氣藥故也或謂之胡克薩末金雞那樹皮浸酒功用與前同以一錢至四錢爲一服

藥品記錄書第四本第一百二十五頁有得納分所設之方作金雞那皮糖漿此糖漿內有藥性之料爲雞那以亞幾尼克亞本皮內之金雞那樹皮酸藥味適口功用亦大

倫書內有以上三種金雞那樹皮膏其水膏最合於作丸以五釐至半錢爲一服最妙在眞空器內取之而其功用

不及同服數之酯膏

畏忌　淡輕養、鉀養、並其合於炭養氣之質、鈣養水、鉀養鉀養、打打伊密的鐵含多分劑鹽類質鉛養醋酸汞綠銀養淡養、沒石子酒或沖水含樹皮酸之水、直辣的尼

取金雞那樹皮各鹼類藥之法

此各鹼類藥為金雞那樹皮中有功用之料、而較用樹皮更濃更淨更佳、其功力更大、其濃淡有一定、故尋常用之較用皮更多、然其皮另有數種收歛藥質與一種自散油質、間用之而有益

雞那以亞硫養　又名雞那以亞二硫養、亦名雞那霜、尋常為黃色金雞那樹皮所作、又為暮替司所名戈頭形葉金雞那樹皮所作

此鹽類之式為炭輕淡養加硫養加八輕養、各國內幾專用此質、而不用金雞那樹皮之別藥、俗名雞那以尼、又名雞那、凡金雞那樹皮內所含之雞那以亞俱與幾尼克酸化合、故必先令其與幾尼克酸分開、而分開之後必與硫養化合成此事有數法、作雞那以亞常用者為黃色樹皮、因其含此質最多、而其質與他種鹼類相雜者更少、有人用絲紋加爾達日那樹皮、亦即戈頭形葉金雞那所成者、其取法之大略、將樹皮浸於含硫強水或輕綠之水內、收出其苦質後加別種本質與其硫養或輕綠化合、則其雞那以亞質結成、將此結成之質提淨之、令其與硫養化合

取法　將黃色金雞那樹皮粗粉一磅、輕綠三兩、蒸水足用、鈉養水四升、淡硫強水足用、將其輕綠合於水十升、將金雞那樹皮先置於瓷盆內、添淡硫強水、足令其質全溼、二十四小時內屢次調之、後將其樹皮置於過濾器內、用淡鹽強水加入濾器內、至所濾出之水、無苦味為度、再將鈉養水傾入其內、調和之、待其結成之質全沉下、後傾出其清水、而以濾紙濾出其結成之質、以冷蒸水洗之、至洗得之水無色為度、將其結成之質置於容水一升之瓷盆內、用水汽盆加熱、漸添淡硫強水、至其結成之質幾全消

化、而其水有中立性為止、乘其水熱時、以紙濾之、將濾得之質以沸水洗之、再熬濃至水面生薄皮一層為度、待令則成顆粒、其顆粒必置於生紙令乾、不可加熱烘之

此取法、令其皮內之雞那以亞消化而與硫養並輕綠化合、其幾尼克酸即放散、後其鈉養合於硫養並輕綠與雞尼克酸成易消化之鹽類、而令雞那以亞結成、將雞那以亞洗之、在淡硫強水內消化之、所得之水熬乾、得硫養鹽類顆粒、如欲得其淨而無色之雞那以尼、必再消化之、以動物炭滅其色、再成顆粒

大造雞那以亞之肆、用鈣養令其酸性樹皮水結成所結

成之質用布壓成餅再用正酒醕消化其餅內之雞那以亞

蘇格蘭醫院內用鈉養炭養消化金雞那樹皮中之酸質將其餘質以硫養水消化之而阿書亦照此法爲之取此質用酒醕之費每雞那以亞一兩祇費英國銅錢一文

近有造藥料者黒令設一法作雞那以亞而得國家保其專造此法與蘇書之法所有不同之處惟以鉀養或鈉養代鈉養炭養

醫士希拉巴得亦設一法得國家保其專造其法先用鈉

養炭養與蘇書之法同後用輕綠分出其金雞那鹼類質再將其酸性之水合於鈣養水加熱則所結成之雞那以亞用甫司里油或偏蘇里令其消化調攪之則浮至水面而帶出其鹼類質

一千八百三十三年化學家百勒替耶設一法用松香油消化雞那以亞從前法所得之鹼類質與鈣養之乾質

雞那以亞硫養近時化學家倍其式故名曰雞那以亞二硫養倫書有此名而英書仍名曰雞那以亞硫養前人以其爲爲本之鹽類質今化學家以其爲中立性之鹽類質尋常出售者爲輕鬆白色針形顆粒成小團如棉花光色

如絲顆粒少有凹凸力彼此相交成小團其形如星無臭味最苦遇空氣則顆粒外面成霜放出其成顆粒之水八分劑內之六分劑加熱至二百十二度則發亮擦之則更亮加熱至二百四十度則融化再放水二分劑後變紅至末則燒盡而無餘質化學家波潑云每雞那以亞硫養一分須冷水七百四十分方能消化或沸水三十分亦能消化其消化之水有藍色每重一分須正酒醕六十分不加熱則消化在淡酸質內能易消化最易在淡硫强水內消化

雞那以亞硫養之價貴故常有謀利之人用金雞那以亞

鹽類質或雞那以弟亞鹽類質或他種苦味鹼類質或顆粒形之油質或鈣養硫養或糖或小粉等僞充之英書所設試驗法查其顆粒似線形色白如雪光色如絲味最苦而淨難在水中消化令水有藍色易於分辨如將其消化之水合於鋇綠則結成白色之質難在硝强水中消化又如先合於綠氣水後合於淡輕養水則變爲最光亮之綠色與明綠寶石同又能在淨硫强水內消化令其水有淡黃色如輕加熱其色不改變如將此質十釐合於淡硫强水十滴水半兩則全能消化如再加淡輕養則結成白色之質再加淨以脫半兩搖動之則結成之質又消化而停

若干時所分為兩層流質之下層內無顆粒顯出如將其上層流質用吸管取出熬乾之得白色之質在空氣中不加熱而自乾則重八六釐

雞那以亞硫養價極貴為藥之功力極大故應有便法分辨眞僞與雜質茲將尋常謀利者添入之假料分為八款言明分辨之法

一　金雞那以亞硫養此質較雞那以亞硫養價值較賤雖能成大顆粒然將其濃水在減熱時之間連調之不停則其顆粒為極細之粉凡造雞那以亞硫養之工內其質已成顆粒則其餘水內常含金雞那以亞硫養因此質更

易消化也然因黃色樹皮內常含金雞那以亞則所成之雞那以亞硫養每百分能含此質一分半至二分如其大於此數則可疑其不用黃色樹皮而用紅色或淡色樹皮為之或故意加入其料如欲試之可將所疑之雞那以亞硫養少許合於許多鈣養水搖動之則雞那以亞硫養能消化而金雞那以亞硫養不能消化或將雞那以亞硫養在水中消化之加淡輕養令其合質分出將其質合於酒醕少許沸之待冷時則金雞那以亞硫養成顆粒而其雞那以亞仍消化又有更準之法係里必格所設其法藉雞那以亞能在以脫中消化而金雞那以亞幾不能在以脫中消化將含此兩種鹽類之水用淡輕養至有餘令其質結成再合於以脫若干則以脫消化其雞那以亞質而浮於水面如取其以脫而熬乾之則得其雞那以亞所有糜費即為金雞那以亞

二　雞那以弟亞硫養此質之形與雞那以亞硫養之形相似近時玻里非國封禁揩里撒亞樹林以若干年為限所以黃色樹皮價騰貴而造雞那以亞硫養之肆不得已而用秘魯國與新加拉拿大國之下等樹皮內有一種為絲紋形加爾達日那樹皮所成之料為雞那以弟亞硫養而非雞那以亞硫養所以出售之雞那以亞硫養常含此

質在內分辨之法有二。一因雞那以弟亞硫養在沸水內消化較眞雞那以亞硫養在沸水內消化更易二雞那以弟亞硫養在以脫內消化較雞那以亞硫養消化更少好阿特設一法將雞那以亞硫養一百釐在沸蒸水七兩內能消化然如將沸水七兩消化雞那以弟亞硫養則能消化八百釐所以試驗之便法將雞那以亞硫養一百釐先查知其不含糖等雜質而合於蒸水五兩沸之如全消化則不全為雞那以亞硫養大約必含雞那以弟亞硫養又可在以脫內試其質消化之性如將淨雞那以亞硫養十釐合於淡輕養水二十滴則其雞那以亞分出再加以脫六十滴應全消化如不全消化則必因含雜質之故如全爲雜那以弟亞硫養則祇能消化一釐故可依其能消化若干分而知其含雜那以亞硫養若干分如欲求其含雜那以弟亞硫養之眞數則有兩法一將其雜鹼類質用淡輕養分開後用酒醑或以脫消化之待其流質自放散則雜那以弟亞成大而明之顆粒而其雜那以亞仍消化於內二將其雜鹼類質置於消化雜那以弟亞飽足之以脫內則祇有雜那以亞能消化此爲簡便之法係盡瑪所設

三　鈣養硫養此質並以下各質較上兩種更易分辨將所疑之雜那以亞硫養少許燒之如有餘質不能在水或

酒醑內消化則疑爲鈣養硫養然此不常見其爲雜質

四　司替阿里克等油酸質如含此種雜質則以沸水消化之水面必有油類薄衣一層此質亦不常見

五　能消化之生物質如樹膠糖小粉瑪內得乳糖等質此各質俱能在沸水中消化如加濃硫强水則其水變爲黑色又如用淡輕養分出其雜那以亞將其水熬乾之則各雜質分出

六　薩里西尼此爲苦味鹽類顆粒係從白楊與榆樹之皮內取出間有雜那以亞硫養含此質甚多如將此質合於濃硫强水則變紅色又如合於硫養與鉀養二鉻養則

放出司配里耶油之香

七　夫路力得西以尼此質與薩里西尼略似而從蘋果與櫻桃樹根之皮內得之近有謀利之人將此質雜於雜那以亞硫養內如疑其含此質可將其水合於硝强水數滴則先變黃色後變綠色至末則變深櫻色

八　淡輕養鹽類如淡輕綠等質試之之法將其水合於鉀養加熱則放出淡輕氣

曾有人在德國所作之雜那以尼內得鈉養硫養質不知英國亦有人用此質以謀利否

雜那以亞雜酒

取法　將雜那以亞硫養一百六十釐在橘皮酒一升內輕加熱消化之置於封密之器內待三日屢次搖之後以布粗濾之再以紙濾之

此藥爲倫書後一次印者所載而爲最佳之補藥與香料或言其雜那以尼不能消化至盡又因其浸酒內含樹皮酸必爲此質而結成化學家希明惠已查知不加熱亦能全消化惟有少許結成之質不消化其能消化雜那以尼之故因橘皮酒內少有酸質或爲皮內天生植物酸質或因皮未乾時遇橘內酸汁而後變乾

服數　以一錢至三錢爲一服每錢含雜那以尼一釐

雞那以亞丸
取法　將雞那以亞硫養三六十釐野薔薇果甜膏二十釐磨勻每丸四釐含雞那以尼硫養三釐此藥於一千八百六十七年收入英書
服數　以二釐至十釐爲一服

雞那以亞酒
取法　將雞那以亞硫養三二十釐檸檬酸三十釐橘酒一升置於封密之器內待三日屢次搖動之濾之此酒每一兩含雞那以亞硫養三一釐此爲服雞那以尼之便法藥肆中久有此酒出售近時收入英書內尋常含利酒亦能消化雞那以亞不必加檸檬酸
服數　以半兩至一兩爲一服

雞那以亞二硫養三
醫士開方用雞那以亞硫養三其方指明以淡硫強水少許消化之約每重一釐用此水一滴此因欲令其消化然其雞那以亞硫養因此與硫養三一分劑化合故所服之藥爲雞那以亞二硫養三此鹽類每一分能在六十度熱之水十分內消化如將其水熬乾之則能得斜長方形顆粒

雞那以亞輕綠
作此質之法將雞那以亞硫養三之熱水一兩合於鋇綠一百二十三釐在水中消化之則有鋇養硫養三結成可濾出之將其水熬之則結成雞那以亞輕綠顆粒其性情與功用與雞那以亞硫養三相似更易在水中消化

雞那以亞輕碘
此質常有人誤稱曰雞那以亞碘其中立性之輕碘鹽類能得其黃色柱形顆粒其法將雞那以亞硫養三在淡硫強水消化之而以鉀碘化分之節洗之洸去所成鉀養硫養三化學家司噴色爾又設一法將淨雞那以亞硫養三在輕碘暖水內消化之待冷則成顆粒而洗之之工內亦無糜費此輕碘鹽類每一分能在六十度熱之水二十分內消化

此藥最合於用如身體軟弱而有瘰癧病用此應有大效醫士應多試用之

雞那以亞發里里阿尼克酸
此藥在阿書爲正藥品曾有醫士最信此藥在瘧証內爲治轉筋之補藥又有醫士以爲其原料合成之藥有其兩種原料之性情又有醫士用以治依時而作之病
服數　以一釐至三釐爲一服

雞那以亞鉮養
近時醫士多用雞那以亞鉮養三治皮膚之病他國用此較英國更多其作法令雞那以亞硫養三與鉀養鉮養三彼此化

分而蘇比蔔另有一法或言較前法更佳

取法　將雞那以亞硫養一百分蒸水含硫養者足令其消化用淡輕養質令其雞那以亞結成洗之以生紙壓之而用正酒醕六百分消化之再加鉮養一四四分加熱而濾之待其流質變冷則其雞那以亞鉮養分出結成針形顆粒

雞那以亞鐵養檸檬酸

此雙鹽類最佳已用之多年為補藥與鐵藥初於一千八百六十四年英書內有取此質之方化學家來得活特設法為之將鐵屑置檸檬酸水內加熱消化之添新結成之

雞那以亞而熬之依此法為之或用一千八百六十四年英書之法為之俱含雞那以亞檸檬酸合於鐵養檸檬酸與鐵養檸檬酸若以一千八百六十七年英書新法為之則祇含鐵養此為雙鹽類藥而與鐵養檸檬酸淡輕養檸檬酸相似亦成片形顆粒

取法　將鐵養三硫養水四兩半雞那以亞硫養一兩淡硫强水十二錢檸檬酸三兩又淡輕養水並蒸水至足用將淡輕養水八兩合於蒸水二升再將其鐵養三硫養水合於蒸水二升添入前水用力調和之在兩小時內屢次調之則置於濾布內待其流質流散將結成之質以蒸水洗之至所洗得之水遇銀綠而無結成之質為度再將雞那以亞硫養合於蒸水八兩添入淡硫强水待其鹽類質全消化則加淡輕養水至少有餘令其雞那以亞結成用濾紙濾出結成之質以冷蒸水一升半洗之再將其檸檬酸在蒸水五兩內消化之後用熱水盆加熱而添入已濾乾之鐵養質將其各質調和待其鐵養已消化則添入結成之雞那以亞必連調攪之至全消化為度待其水已冷則添淡輕養水十二錢合蒸水二兩每一次加入此水少許必用力調之每加淡輕養一次必待結成之雞那以亞消化方可再添一次將其水濾之熬成稀漿置於平瓷板

或玻璃片成一薄層加熱至一百度而乾之將其已乾之片取下存於瓶內塞密之

其鐵養二硫養水用淡輕養令結成則成鐵養此質在檸檬酸水中消化之成鐵養三檸檬酸所用檸檬酸必有餘之故因添結成之雞那以亞其質能消化而成雜檸檬鹽類第此藥內其檸檬酸鹽類或為調和或為化合尚未能定其鹽類成薄片形顆粒與鐵與檸檬酸所成之他種鹽類同

此鹽類之性大約與其取法有相關英書論此質形性之說與藥肆家常出售之鹽類質相同其說曰顆粒薄片形

有綠金黃色，少能自融化，能在冷水中全消化，其水少有酸性，合於鈉養水，則結成紅櫻色質，又如合於淡輕四養水，則結成白色之質，又如合於鉀二衰三鐵並鉀三衰六鐵二，則結成藍色質，又如合於樹皮酸，則結成灰色質，其味苦，有鐵味，如在空氣中燒之，則有餘下之質，爲鐵二養三，此質合於水，不能消化，如將此藥五十釐，在水一兩內消化之，再添淡輕四養，至少有餘，則結成白色之質，爲雞那以亞，濾之，晾乾，應重八釐，其結成之質，全能在淨以脫中消化，又燒之，則餘下之質，祗有微迹

服數　以二釐至五釐爲一服

金雞那以亞硫養三

此質以淡色樹皮爲之，其作法，與將黃色樹皮作雞那以亞硫養三之法同，其原質亦相似，紅色樹皮內含此兩種鹼類質，略同，故能成此兩種鹽類質，惟金雞那以亞鹽類每一分，能在冷水五十四分，或酒醕六分內消化，則較雞那以亞鹽類消化更易，結成之顆粒，爲短斜柱形，沛離拉等人，以爲其藥性，與雞那以亞硫養三同，服數相同，所治之病亦相同，故以後黃色樹皮已盡，或難得，則可以此質代之，醫士尋常喜用雞那以亞硫養三，故用金雞那以亞硫養三甚少

金雞那以亞輕綠

此質與尋常雞那以尼硫養三之形狀相似，第因其取法最易，祗將紅色或淡色之價廉樹皮，合於輕綠而得之，故其價略爲四分之一，此質亦爲大有用之補藥，能治依時而作之病

雞那以弟亞硫養三

尋常出售之雞那以尼內，夾雜此質，爲謀利之法，其形性與原質，亦與雞那以尼大同小異，化學家薄杜恩試之最細，言明其藥性與功用，與雞那以尼眞相同，故可任意代雞那以亞硫養三之用，然此藥並以上之各藥，雖與雞那以亞硫養三大同小異，而因價值極賤，凡作雞那以亞硫養三者，不可夾雜此等質，以謀利，爲犯法而不誠實之事

金雞那樹皮與雞那以亞各種藥之功用○金雞那樹皮，稍有收歛性，而大有補性，並能治依時而作之病，如人身軟弱，或曾發重病而已退，則以此爲補藥，又如瘧疾並似瘧之各種發熱病，又依時而作之腦筋痛與風溼病，服此藥其益處最大，或用其皮之粉，以十釐至三十釐爲一服，或用其沖水煑水膏浸酒，亦可間有其沖水與煑水內，將其膏與酒相合，其藥之功力，大半藉鹼類質，少半藉收歛質，所以尋常用者，爲其鹼類質，以雞那以亞硫養三爲最多

如金雞那以亞硫養其功用亦略同故用之爲省儉之法如雞那以亞硫養尋常以五釐爲一服常合於硫養數滴合變爲雞那以亞二硫養有醫士曾用至二十釐爲一服治依時而作之腦筋痛與瘧疾之重病

淡色兒茶西名淡色加的主又名加沒比爾又名日木泥上陸克司白格名曰兒茶烏納揩里阿所用者爲其葉與嫩根之膏大半從新加坡運來

英書內所載兒茶祇有此一種昔時所有兒茶阿揩西耶即櫻色兒茶近時不用今所用者亦爲收斂性之膏內含樹皮酸但所含樹皮酸較黑色兒茶所含樹皮酸之數更少其取法將兒茶樹之葉與嫩枝煮之而熬成膏此樹與金雞那樹類略同而生於巫來由列島化學家恒德爾名此樹曰兒茶拿苦里阿即鈎藤在立尼由司會記錄書第十九本內言之後有陸克司白格定歸烏納揩里阿之類兒茶烏納揩里阿又名兒茶拿苦里阿如第一百三十圖

第一百三十圖

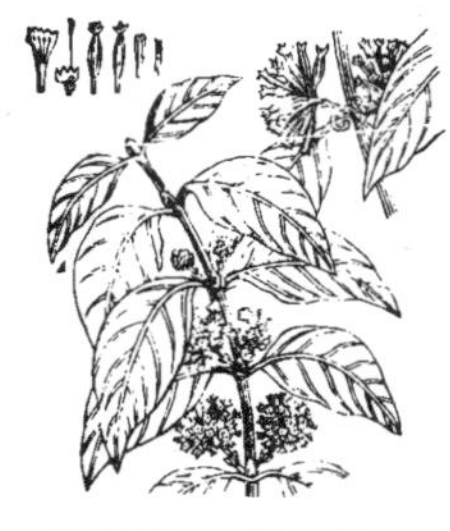

爲短樹喜繞於他樹而生皮粗糙而色櫻樹枝密而圓面平滑小枝相對排列伸開葉相對排列有葉莖形略如蛋邊彎曲似淚形下面有橫平行脉副葉兩箇能自落花莖從葉榦間角發出爲獨生者其形尖花落後花莖成鈎形之刺花葉四箇小而似卵形能自落花成穗分花聚合成球形之穗萼爲一瓣所成長方形分五出而不落花瓣似極高酒杯形分五出花鬚五箇托線最短子殼有莖形長其頂即萼向下收小成尖內分兩膛每膛分兩分其分膛在頂與子殼相連在邊裂開種子甚多形長俱極小兩端有膜形細毛質產此質之處在麻刺甲與蘇門答剌

西曼云新加坡有華人多種此樹又與胡椒同處種之又言將其葉在水中煮之收盡其收斂性之質再將其煮水熬至成膏後將其膏切成方塊曬乾之依此法所得淡色兒茶爲小立方塊間有壓成大包重略二擔用布包之其小立方塊徑略一寸其色外紅櫻內淡紅或少帶黃色質脆有多孔折斷之形似泥土較水更輕故能浮於水面全能在水中消化味初覺澀後覺甜其煮水待冷時合於碘如變藍色可知其雜小粉於內此質每一百分含樹皮酸三十六分至四十分此爲伊孫白格之說又含加的主依尼即加的主以克酸此爲樹皮酸變化之質能令鐵鹽類變綠色如用顯微鏡觀之則其質之大半爲無數細微顆粒所成

有數種兒茶成小片形之塊又有成方柱形或圓柱形之

塊如南洋羣島並麻剌甲種此樹甚多然其上等者爲檳榔嶼里由所產白尼德云此島內共有六萬餘田莊專種此樹

淡色兒茶可作內外兩科之用前人多用櫻色兒茶近時藥肆家出售淡色者其櫻色者含樹皮酸更多而製獸皮者喜用之（觀兒茶阿揩西耶一節）

兒茶雜散（即加的主雜散）

取法　將淡色兒茶四兩幾奴二兩拉搭尼二兩桂皮一兩肉荳蔻一兩各物另磨成細粉後和勻以細篩篩之存於瓶內塞密之

功用　爲香收歛藥以半錢爲一服

兒茶沖水（即加的主沖水）

取法　將淡色兒茶粗粉一百六十釐桂皮搥碎三十釐沸蒸水十兩沖之盛於蓋密之器內略半小時濾之

功用　爲重收歛藥以一兩半爲一服每日三四服

兒茶酒（即加的主浸酒）

取法　將淡色兒茶粗粉二兩半桂皮搥碎一兩準酒醋一升浸七日濾之加酒醋補足一升

功用　準酒醋能消化其收歛性之質與松香性之質故此浸酒有重收歛性能配入白石粉雜水等以一錢至二錢爲一服

兒茶糖片（即加的主糖片）

取法　將淡色兒茶粉七百二十釐提淨糖粉二十五兩阿拉伯樹膠粉一兩阿揩西耶樹膠漿二兩蒸水至足用先將糖與阿拉伯膠和勻後加兒茶與阿揩西耶樹膠漿添蒸水足配其質合於成糖片再將其質和之極勻分爲七百二十糖片用熱氣箱加不過大之熱烘乾之

功用　每一糖片含兒茶一釐作此片用淡色兒茶之故因較櫻色者在口內更易消化如服此糖片六片至十二片則等於其粉尋常之一服用此糖片能治泄瀉胃吐淸水或食物不消之病

敗醬科（西名發里里阿那西依）

此科之樹所有存多年者生極香自散油而其體有行氣性俱生長於溫和之地

甘松根（西名發里里阿那根又名藥品發里里阿那此爲野生或人種之發里里阿那根立尼由司列於三箇鬚一箇花心）

發里里阿那之類自古以來用爲藥品代司可立弟司書中言三種發里里阿那或那爾佗之質俱在其甫那質之外古人所用甘松香爲亞他曼西那佗司他起斯所產近在東方各國用爲香料（觀雪山植物書第四十五頁）近時地中海邊之

人亦從奧國運開勒沓發里里阿那與薩里恩揩發里里阿那爲浴水中所加之香料觀雪山植物書二百四十二頁又有一種爲代司可立弟司書中所名曰甫那正名代司可立弟司發里阿那因其價貴疑早用藥品發里里阿那或野發里里阿那代之

如第一百三十一圖其根存多年成頭形榦高二尺至四尺面平滑有槽葉俱爲翎毛形或似翦開翎毛形小葉似戈頭齒形成七對至十對其末一葉卽向外之

第一百三十一圖

一葉較他葉等大或略大花莖長短頭平齊久之則少變爲密頭花葉似卵形與戈形萼之體在開花時向內捲成螺旋形開花不多時成細毛頭卽落而未落下時成多翎毛形之硬刺花瓣紅色如玫瑰花所成之管似漏斗形在其底凸似發脹花瓣分五出花鬚三箇果實平滑有壓平形內有一膛膛內一種子果頂有萼之餘質張開成翎毛形之細毛頭此草產於歐羅巴各國溝渠卑溼處

此草之根本並其各小根俱入藥品產於乾草地者其香更大又野生者較人種者香亦更大應在秋時採取曬乾之如能得其野生之根在乾泥土內者則更佳此爲英書之說味辛而苦臭大而散至遠處尋常人不喜聞之少有喜聞之者案貓鼠最喜聞其香其根每百分合自散油一分松香質六分膠香質一二五分膏質九四分木紋質七一分此爲脫落司托弗考得之數發里里恩之藥性俱藉其自散油此油綠色其香能遠散其味亦香少似樟腦其新鮮者含油類質名發里里阿里此質能成顆粒遇空氣則收養氣若干變爲發里里阿尼克酸其根內含一種輕炭質名北爾尼以尼其原質之式爲炭輕此與龍腦蒸出之油相同又含一種質與龍腦原質眞相同此爲掰哈特之說如將其根合於水而蒸之則有酸性油質與自散油同蒸出

名曰發里里阿尼克酸此爲流質油其臭可惡重率得〇九四四加熱至二百七十度則沸能合於本質成甜味能消化之鹽類又有法能成此酸質卽將阿美里養輕養番薯酒之油令收養氣而成觀鈉養發里里阿尼克酸一節此質能用之作鈉養發里里阿尼克與鋅養發里里阿尼克如蘇格蘭壹丁不司密得藥肆已設一方成此質法將其根合於鈉養炭養水沸之後加硫養二蒸出放散之發里里阿尼克酸卽成發里里阿尼根之藥性質用鹼類水或酒醋或淡輕養四炭養二酒收出之

功用　爲散性行氣藥與治轉筋藥其自散油質有多醫

士信用之其鉡養或鐵養或雜那以亞之合於發里里阿尼克酸質近時多用爲治轉筋之補藥

服數　其根之粉以二十釐至四十釐爲一服其自散油以三滴至五滴爲一服

甘松冲水

取法　將甘松搗碎一百二十釐沸蒸水半升浸一小時蓋密其器後濾之

功用　爲中等行氣藥以一兩至二兩爲一服

甘松酒

取法　將甘松根粗粉二兩半準酒醋一升其取法與阿

古尼低浸酒之法同

功用　爲行氣藥可添入他種藥水內以半錢至四錢爲一服

甘松淡輕養酒 又名發里里阿那雜酒

取法　將甘松根粗粉二兩半淡輕養炭養香酒一升置於器內蓋之甚密待七日濾之添淡輕養炭養香酒補足一升

功用　治轉筋又因其含淡輕養故增大其行氣性以半錢至二錢爲一服

菊科 西名加末普西普依阿但司之名又名西雜替里依哇克特之名又名阿司脫拉西依林特里之名

第一分科　蓋雜羅西發里依

其分花俱不分雌雄俱爲管形有五箇相等齒形間有四箇齒形頂上形凹或爲半球形子房口及花心與花心莖相連有數種味苦名散拖里散拖里阿又少有香者名麝香散拖里阿又有一種名桀料指爾他碁司俗名紅藍花其花中所得之顏料以爲寶物

又有一種名輕補性尼古司即薊類之一種產於歐羅巴之南並亞細亞內含苦味質又更小阿爾克替由末爲英國常見之野草亦含苦味質此兩種已多年用爲改血之補藥今不列於藥品內

第二分科　可令比非里依

此花之圓墊所生分花俱爲管形其頂平所有邊葉之分花俱爲紮裏帶形子房口不連於花心莖

又有一種野草名發爾發拉土西拉哥西俗名小馬足即款冬如第一百三十二圖其葉與花之冲水與黃水等常用之治咳嗽爲潤內皮藥似爲古時希臘人所討比克西恩其質有膠性味少苦

第一百三十二圖

土木香西名以奴拉又名希里尼以奴拉立尼由司之名又名以里乾班尼根為倫書所載之藥

土木香根從古時醫士希布可拉弟司以來西國醫士俱用之如第一百三十三圖其根存多年厚而長外面棕色內白色榦直立高三四尺形圓葉甚多葉大似心形與卵形其尖鋭其莖包圍其榦葉邊之齒大小不等葉下生細軟毛小根所發之葉有莖莖似長卵形花頭有數朵花成叢或為獨者大者色光黃總花葉成多行係瓦背排列法其外鱗卵形內鱗為鈍卵形邊之小花為雌者舌形有三箇齒形少似管形花心墊上之小花不分雌雄為管形有五齒鬚頭在底處有硬毛兩條子房座平有網形之紋其不自裂之硬子殼四方形面平滑其細毛頭平勻排成一行俱為粗糙之刺所成此草生於歐羅巴在西七八月開花

第一百三十三圖

將其根在口中嚼之初覺有黏性如膠後覺苦而香至末稍覺辣薵常切成片便於乾而久存之每百分內含苦性膏質三六七分又有一種奇異小粉類名以奴里尼三六七分又希里尼以尼即中立性顆粒形質與樟腦少相似〇·三分蠟〇·六分粹性松香質一·七分膠質四五分另有立故尼尼阿勒布門鈣養鹽類鉀養鹽類鎂養鹽類等質其以奴里尼亦能在他種根內得之化學家曾取別名甚多質色白如小粉然其形性有數端與小粉不同即如以水沸之成漿待冷時有若干分結成又合於碘則變黃色又稍能在沸酒醋內消化

功用　為行氣藥補藥化痰藥發汗藥如胃不消化並久傷風亦可用之

服數　其粉以二十釐至一錢為一服其煮水或沖水每水一升配根之半兩以一兩半為一服

含此質之藥品　黑胡椒膏此為倫書之方歐羅巴他國多用之於藥方內英書不載此藥

前辛拏葉合異質之一節內言有一種葉為菊科內植物所生者可代辛拏葉之用土人名曰爾愛蘇拏其正名曰戈頭形白替羅替亞醫士法可那查其葉出於印度之西北真為此樹之葉而特看杜辣另加印度於正名上以分別之來拉所作雪山植物書第三百十九頁言有人送此葉若干言明為印度薩法度拉然其葉相似而不同其生產之處亦從冏母那江邊起直至印度之中為止法可那云此樹之葉可代辛拏葉之用又云在樹上之葉為側排列兩邊生細毛此為植物內不多見者

安替米司花又名貴品安替米司立尼出司之名俗名揩暮米辣即野菊花其乾花頭或單臺或重臺俱入藥品

查此花初在古時替哂弗辣司作司書中言之名曰安替米司又代司可立弟司書中名曰阿暮米倫今植物學家以爲代司可立弟司所言者爲幾亞安替米司又有一種花在印度國代用即甜油瑪脫里揩里亞前時植物學家以揩暮米辣瑪脫里揩里亞爲尋常揩暮米辣而甜油瑪脫里揩里亞爲貴重揩暮米辣又名羅馬揩暮米辣近今名曰貴品安替米司

其根存多年有長小根如絲野生者其梗常依地面圓中所種者梗直立長約一尺有多小枝上有多葉其梗圓而有多槽紋爲空心者葉似雙翎毛形分葉似線形其端似圓錐形略爲空心花頭在枝之端獨生有凸出黃色花心墊其邊之花瓣爲管形之分花不分雌雄而爲管形其成邊之分花白色或向外伸或向內彎而有雌分花成一行子房座爲圓錐形如第一百三十四圖之二號面有膜形之鱗總花葉成數行係瓦背排列法其鱗鈍其邊光如玻璃果爲鈍四角形平滑頂有不顯明之邊無細毛頭

第一百三十四圖

此花常用者有兩種一爲單瓣者如第一百三十四圖之甲二爲重臺者如第一百三十四圖之乙此種花之花心墊其分花變爲白色紫裏帶形此花產於英國粗砂土內係野生者又在歐羅巴他處能得之西七八月開花英國蘇勒省米緯末種之該處另種重臺者能蒸得藍色之油此草之臭大而香味苦而少香花心墊之分花有此性較他處更大又多生自散油故其單瓣花爲藥之功力較其重臺者更大惟重臺之花更可觀故常人喜用之以爲較單瓣者更佳種花之人不得已多種重臺者售與尋常之人又種單瓣者售與作油作膏之人用之其爲藥之性俱藉自散油苦膏質樹皮酸少許其爲藥之質俱能從酒醋與水消化而出之

功用　爲行氣補藥與治發熱藥

揩暮米辣沖水

取法　將揩暮米辣花半兩用沸蒸水半升沖之蓋密其器待十五分時濾之

功用　爲補藥

服數　以一兩半爲一服此沖水若乘熱時飲之能助吐藥之力

揩暮米辣膏

取法　將揩暮米辣花一磅蒸水八升煑之至其水散去一半以布濾之在布內壓之再以紙濾之用熱水盆加熱熬至成膏至末加揩暮米辣油十五滴和勻之

功用　爲苦味補藥與香藥熬時其自散油化去故必加其油此膏以十釐至二十釐爲一服

揩暮米辣油

取法　如將其花合於水而蒸之則得自散油質爲黃櫻色臭大味猝此油大半在花心墊內英書云其色淡藍或黃綠漸變黃色

步蘭弟云其單瓣花每一百磅能蒸得油二磅十二兩辨哈特曾化分此油得兩種質一爲流質輕炭質一爲含養氣三分劑之質與發里里阿尼克酸大同小異或眞相同亦未可定

功用　爲補藥與行氣藥又能治轉筋如其膏或丸可加此油一滴至五滴爲一服

伯里脫里根　又名菊形阿那西苦羅司特看杜辣之名

古時代司可立弟司書中言及此藥之根名曰伯里脫里恩東方各國亦用之爲藥名曰阿苦爾苦爾哈此草原爲阿非利加北邊所用今從阿非利加之北運至歐洲之南用之海納云有一種根與此根稍有不同處幾爲同種設名曰藥品阿那西苦羅司而在德國土林茄產之並有八種之

菊形阿那西苦羅司如第一百三十五圖有長梭形之根其梗多而靠地面生多枝面有毛小根所發之葉伸長有葉莖面少平滑分如翎毛各分葉亦爲翎毛形而有線形管形之小分梗上之葉無葉莖其枝祇生一花頭每一花頭有多花總花葉成數行短稍似杯形其鱗成戈頭形而尖邊櫻色子房座凸有長鈍卵形鈍子房座上花葉邊上分花爲雌者不能生子上面白色下紫色花心墊上之分

第一百三十五圖

花黃色片形有五箇齒形硬翻皮質各花瓣有壓鈍形並有兩翅形之管而屬於此之各件俱無之花心墊之莖有外加另枝若干其不自裂之硬子殼成片而有壓鈍形邊有寬合之翅形其細毛頭短而參差有多小齒形幾分與其內面之翅相連

植物學家戴分對那云其根之新鮮者似梭形有多根肉

厚如手指外棱色內白色如以手握之則初覺冷後即覺熱無臭而有極烈辣味令多生口津此根從地中海各方運至英國法國人從阿非利加之北運入德國土林茄與馬得不爾厄兩處種之其爲藥之質能以酒醋或以脫消化出之此係三種質所成一爲辣味定性松香質名伯里脫里尼此質不能在鉀養水內消化又有一種松香類質能在鉀養水中消化又有黃色辣性油質亦能在鉀養水中消化此爲克依尼之說其根內又含以奴里尼樹膠樹皮酸少許植物顏料數種鹽類木紋質

功用　能惹內外皮又爲生津藥間有用以治牙痛或舌癱瘓爲嚼以增涎之藥又治吊鐘放鬆爲同用之藥一千八百六十四年英書刪去此藥一千八百六十七年收入英書

伯里脫里酒

取法　將伯里脫里根粗粉四兩正酒醋一升其作法與阿古尼酊浸酒之法同將此酒數滴擦於棉花一小塊置於口內能治牙痛

艾 西名阿替米西亞立尼由司之名

其花頭似乎花心墊圓板形或分花俱不分雌雄或分花分雌雄邊上分花排成一行尋常爲雌者有齒形花心莖伸長而分叉花心墊之分花有五齒形有雌有雄或因花子房不成熟則變爲不能生子者或變爲雄者總花葉之鱗似瓦背排列法面乾而其邊韌而薄半透光子房座上無花葉或爲平或爲凸其邊或光或有細毛硬子殼不自裂似鈍卵形其面光有微鬚在子房上此爲特看杜辣之說

艾之類在歐洲以至各熱地俱有之大半有大臭與苦味自古至今爲藥品即如阿白羅坦阿替米西亞即茵蔯蒿又有尋常阿替米西亞即蓬歐洲又有一種俗名太拉艮正名龍草形阿替米西亞即青蒿歐洲數處之人用爲食物內香料

林特里云中國所用之艾粉爲莫克篩阿替米西亞之葉此葉之面多生軟毛而歐羅巴人以樹心質或棉花等成小管或小頭加艾粉在皮膚上燒之西俗名莫克篩即烙灸之意前時多用此法代徑用火燒之法因其性更緩而能大熱皮膚治數種腦筋痛病又治交節與五臟之病今西國不常用之如雪山土人將棉花形扯蒲大里阿之軟細毛頭代絨用之亦可作莫克篩見雪山植物書第二百四十七頁

山道尼格

此係艾類內一種未開之花頭尙未定準爲何種其藥從俄羅斯國運至英國出售

此藥有數別名即如聖種子與反種子又名呬道尼格阿替米西亞殺蟲種子此藥在西國久用為殺蟲藥大半從俄羅斯國運來然另有從巴巴黎亞拉波埃及地中海東各邦出售者其質或為碎爛之花莖花葉或半開之花或未開之花頭此為數種艾類之花摘下者未知其為何種花頭長八分寸之一少有餘寬十六分寸之一圓柱形兩端鈍淡綠褸色面平滑形如種子而為若干瓦背排列之花葉似鱗形之質有綠色之中筋內包四箇或五箇管形之花臭大而味苦少有樟腦之香其眞者不應為圓形如為圓形則疑為尋常艾類之花如為生毛者則疑為阿蒲星弟阿替米西亞呬道尼格花之性藉一種自散油類又有一種奇異之質名呬道尼尼

呬道尼尼

此為中立性顆粒形質從呬道尼格中得之

此質從呬道尼格中分出其味不及阿蒲星弟尼之苦而阿蒲星弟尼為同類之草所出之質有人亦用以殺蟲呬道尼尼之原質為炭輕養

取法　將呬道尼格未開之花頭若干合於水與鈣養沸之加輕綠令其質結成將其結成之質以水洗之去其酸質又用淡輕水少許洗之分出其松香類與顏色料再合於正酒醕與動物炭加熱減其色熬去其醕則得顆粒

呬道尼尼為無色成片斜方形顆粒味微苦易融化又如不過大之熱能乾蒸之不能在金類酸水中消化幾能在冷水中消化少能在沸水中消化而在鹼類或鈣養水內能消化又能在正酒醕與哷囉昉內消化見光若干時則變黃色

功用　此為殺蟲藥如小兒或成人腹中有圓蟲西名阿司掯里司倫蒲里可愛弟司用此藥最宜

服數　如用呬道尼尼在小兒以一釐至三釐為一服在成人以五釐至十釐為一服如為呬道尼格則以六十釐

至一百二十釐為一服

阿蒲星弟阿替米西亞　立尼由司之名以其花之全體或花頭為藥品此為倫書之方

古時希臘國人用此藥名曰阿蒲星弟恩東方各國名曰阿富生與又有他種艾類代此用之

如第一百三十六圖其根似木質分支梗多而密面有槽紋生葉頗多而全草面有密細毛如絲葉遞更排列面亦如絲特看杜辣云分為三箇鬫毛形其分多而深戈頭形鈍下葉有長葉附上有短寬之葉附花葉簡花頭為多葉成叢之密頭少向下彎形如半球分花分雌雄總花葉外

第一百三十六圖

鱗有線形面有絲紋形細毛內鱗圓形質韌而薄半透光分花淡黃色其外行之分花為雌者花心莖似劈開而甚深子房座凸面生細毛如絲歐羅巴與亞細亞北空曠地常見此草應在西七八月取之此時開花

其乾草或花頭灰色外有細毛如絲其臭微香而稍惡味極苦故西國俗語曰苦如阿蒲星弟即最苦之意如浸於水或酒醕內俱能收其為藥之質化學家布拉克奴化分

之每百分得深綠色自散油一五分其臭藉此油又得苦味含淡氣之膏質三〇分最苦松香質二五分綠色松香質五分克路羅非勒與阿勒布門及鹽類各若干其鹽類質內有一種為鉀養阿蒲星弟燒此草時則變為鉀養炭養此鹽類前人名曰阿蒲星弟鹽其苦膏質內含一種奇異中立性質名曰阿蒲星弟尼勒克醫士將此草浸於酒醕得其濃浸酒合於以脫搖動之則其質消化於以脫內再蒸出其以脫而浸於淡淡輕四養水內則分出其松香類質所得阿蒲星弟尼之式或言為炭六輕一五養此質之藥性最重而不惹人身其自散油之原質為炭二〇輕六養六此為化學家拉蒲淚求得之數其不淨自散油為深綠色加熱至三百五十六度則始沸漸濃而將凝結時其沸度加多至四百零一如合於鈣養而蒸之則能得其淨者而沸度仍為四百零一度無有改變其味辛其臭能散至極遠重率在七十五度之時得九七五

功用　為香苦補藥或加於酒內飲之能治胃不消化之病又能殺蟲故西俗名殺蟲草

又有一種同類之草俗名坦捺西正名尋常坦捺西低即艾類為英國所產之草味苦臭大而奇久用為補藥與殺蟲藥然其藥性太輕故易之而擇用更重者

亞尼架根　又名山亞尼架又名山淡巴菰所用者為其乾根

亞尼架入藥品已久焉替由里以為古時希臘人知之然此說無可恃之據醫士多年在書中述其為藥之功自一千七百十九年拉馬施作書起至今常有人論及之

山亞尼架如第一百三十七圖為存多年之草幹生多毛

第一百三十七圖

高畧一尺其根所發之葉為鈍卵形完全內有五箇氣筋其幹所發之葉有一對至兩對幹成之花頭有一箇至三箇其頭開花甚

多不分雌雄，分花黃色，稍帶櫻色，邊上之花成一行，俱爲雌者，似紫裹帶形花，心瓣之花不分雌雄，管形，俱有五齒總花葉面粗糙，略似鐘形，排成兩行，而有線形戈頭形不等之鱗與核，子房座有鬚邊，面生毛，花瓣管有不平之毛花心莖凸線有長指而生細毛，似切斷形，其不自裂之硬子殼圓柱形，外面生毛，其細毛頭排成一行，係密數之毛所成。此草產於歐羅巴之中與南草地並矮山之處

此草之新鮮者，如擦碎之，其臭頗香，聞之能令人嚏。其葉花之味苦而辣，根本之味濇辣而苦，居山之人常用其葉代煙草。化學家勿司曼將亞尼架花沖水，所得之水有酸

性。初時味苦，後大濇而辣，此味藉所含五倍子酸，如將動物膠水合於亞尼架沖水，則變最濁，又如合於鐵綠，則變黑色，又多加水沖淡，則變綠色，又將其沖水合於鎂養或鎂養炭養，則數小時後其水變爲最明深綠色

醫士用亞尼架花爲藥品，英書內專用其根，因其功力更大。然其根實爲根本，尋常見者爲圓柱形扭形之塊，長一寸至四寸，厚四分寸之一，面有發葉處痕迹，其面發長細小根，味濇辣，臭小而奇

化學家勒波爾待初在亞尼架中得一奇異鹼性質，名曰亞尼架以那，又有化學家巴司弟克作此質與作路卑利那阿觀路卑利一節之法同，而其性與此質大同小異

功用　爲濇辣性行氣藥，能惹養生路，然其質多能令陰瘡透發，又能治外傷烏青迹，所以醫士費爾設名曰萬應墜傷藥。用法或將其葉成軟膏，或用其浸酒，擦於患處

服數　其粉以五釐至十釐爲一服

亞尼架酒

取法　將亞尼架根粗粉一兩，正酒醕一升，其作法與阿古尼低浸酒之法同

此酒必合於水若干沖淡之，能洗外傷烏青迹與發腫之處，令其不痛。或駁曰，祇用正酒醕功用相埒，亞尼架之能

在身體任處有行氣之性，與布來啞尼根相同，故可用亞尼架代此根治眼傷青黑色

第三分科　苦菜科西名氣可里依

此分科之植物，其分花俱爲紫裹帶形，花心莖在上圓柱形，生毛，其莖之長鈍叉亦如之，子房口上之線凸出而窄

凡苦菜分科之各植物俱含白色之汁，如乳汁，有苦味，間有令人瞓睡之性，如用法令不見光而生，則其葉變白而嫩，可生食之

因替蒲司，氣可里即野苦菜，如第一百三十八圖，甲爲花乙爲根。歐羅巴空地有野生者，有多人喜將其乾根炒之

第一百三十八圖

沖水以代咖啡之用或加入咖啡內此草之藥性與蒲公英根略同又有謀利之人加入咖啡中出售更有謀利之人將異質合於野苦菜出售觀藥品記錄書第四本第一百十九頁哈薩勒之說

蒲公英根西國俗名獅牙草特看杜辣名曰獅牙他拉格薩故未藥品內用其鮮根與乾根

蒲公英爲歐羅巴野生之草故已多年爲藥品如第一百三十九圖其根似樱形內有白色之汁如乳外

第一百三十九圖

面平滑深樱色內質白色易於折斷葉多從根發出兩邊有向內之齒如鋸面不生毛明光綠色其根發托花子之莖有一箇或多箇俱直立而脆分花成一花頭朝開深黃色總花葉雙其外鱗或伸開或向內回彎其內者成一行而直立無硬尖子房座光滑其不自裂之硬子殼長形面有細線紋在其頂有利刺而頂端爲長喙形細毛頭其毛成多形而排列周圍伸開成輕球歐羅巴各國草地與空處俱有之雪山之外亦有之

有一種根名硬毛阿巴其亞俗名硬毛霍克比特取蒲公英根者常將此根誤收在內然易分別之因蒲公英之根脆深樱色易於折斷而折斷之處放汁如乳硬毛阿巴其亞之根有皺紋淡色其質韌較蒲公英根更大植物學家本德里在倫敦查出售之蒲公英根內有人參根龍膽草根苦菜根拖門替拉根又有羊蹄根猝根與阿巴其亞根亦爲常雜者本德里又言蒲公英根之外殼厚其根分數箇同心之層又合於硫强水則變爲淡紅玫瑰花色依此各故易於分別之

葉之嫩者在歐羅巴各國遮蔽之不令見光必爲白色當生菜食之而葉之性情必常有不同之處依其老嫩而分英書云在英國草地內九月與二月之間採根或言其草將開花時則其汁最佳化學家胡勒登與司快兒云搥碎其根壓出其汁在西三月內淡而多水在夏時之末則濃如乳皮其味苦司快兒又查出西十一月與十二月內其汁四磅熬得膏質一磅又三月至五月其汁六磅至九磅能成膏一磅六七八各月內用汁六磅至七磅能成膏一磅可見十一月與十二月之間所含定質較他時更多而本德里又言應在西三月內取之爲佳不解何故又有醫

士稱茄云其汁在夏至時極苦春秋之末其汁味甜司快兒疑爲涑令之故其汁內含樹膠糖質以奴里尼阿勒布門哥路登與一種香質與膏質另有奇異苦味成顆粒之質名曰他拉格薩西尼能在酒醕與水內消化

用此根最合宜之法將其汁熬成膏有人將其根炒之代咖啡之用又有人將其乾粉與咖啡相雜

功用　爲輕瀉藥散炎收瘤藥改血藥利小便藥如肝與內腎之病並皮膚久病等可用之然蒲公英爲藥之性最輕故其功用常極小幾不能覺之即如沙沙把列拉亦爲輕性之藥

蒲公英根汁

取法　此取法與司苦罷里取汁之法同

此藥質之四分之一爲正酒醕故可久存而不壞如其賣水不久即壞

服數　以一錢至半兩爲一服

化學家韋杜那曼與甫里肯葯在蒲公英汁內查得瑪內得質壹丁不司密得藥肆已查此新鮮根汁內不含瑪內得而德國數植物學家亦疑此事在其沖水或汁內發酵而成之此種發酵名曰發膠形之酵此變化之理略因葡萄糖即炭輕養化分變爲瑪內得一質點即炭六輕七養六與乳酸一質點即炭六輕三養三其餘養氣一質點爲其內他種化分之阿勒布門質所收又有化學家羅突肥格在其汁內查出乳酸

蒲公英煮水

取法　將蒲公英乾根一兩切片搥碎置於蒸水一升內沸之略十分時濾之再加水補足一升

功用　其苦味之質能爲沸水消化則可合於應用改血藥病用之以一兩半至三兩爲一服

蒲公英膏

取法　將蒲公英鮮根四磅壓碎之後壓出其汁待其定

質凝結沉下加熱至二百十二度至十分時爲限濾之用熱水盆加熱不外於一百六十度熬之成膏

功用　以十釐至半錢爲一服其味應苦其色應櫻如將其根之汁壓出之而任其自化乾或在眞空內令其化乾則其功用更大齋立士云此法不善應將其根作乾而磨粉後浸於冷水內而將其水熬成膏觀藥品記錄第十四本第二百五十八頁

萵苣立尼由司名拉克杜加

花頭所開之花甚少總花葉似圓柱形排列二行至四行係瓦背排列法其外行更短而其鱗有膜形之邊子房座光滑其不自裂之硬子殼爲壓平形而不生翅形其端不

引長而生一鈍而線形之體形如鳥喙
撒種拉克杜加（即萵苣英俗名園內拉杜司倫書所載之藥）
古時希臘人知此種菜名曰脫里大斯當爲藥品之用近今東方各國亦用爲藥歐羅巴各國並屬地內亦種之爲生食之菜
尋常拉杜司爲存一年之草幹直立而平滑高約二尺下形簡而上分枝分葉或爲圓或爲橢圓大而直立其底窄其凹葉筋之外面平滑又其葉之半包圍其莖常有多皺紋其花開於西八月黃色而較兇惡拉克杜加之葉更小萵苣葉之嫩者含一種明而美味之汁內有植物膠與糖

其開花之幹初顯出時其汁變白色如乳味苦臭大與鴉片略似從彼時起至花已開後其汁有此性情如將其幹切片或在其外皮剖通則其乳形汁流出待乾時變爲棕色所成之質與鴉片同形名曰拉杜司鴉片又名曰拉克杜加里由末此質有美國非勒特非亞醫士酷克司與蘇格蘭壹丁不醫士敦根初在書中言之後有化學家法耶賽考究此質最詳名曰脫里大斯
功用　萵苣汁之膏能治痛發汗少能利小便以二釐至五釐爲一服亦能治咳嗽與腦筋激動之病又能治風溼等病令人安睡一千八百六十四年英書不載之一千八百六十七年英書有一方作兇惡拉克杜加膏
萵苣膏（此爲倫書之方）
取法　將園中所種萵苣之鮮葉撒水於葉面在瓷或石之乳鉢內搗之壓出其汁熬至所需之濃爲度
功用　此膏所含之藥性質較前一種更少然其色香味亦相似
兇惡拉克杜加（又名大臭拉杜司此爲開花時所取者）
植物學家想此種拉杜司係代司可立弟司書中所謂脫里大斯阿𦕀里亞醫士西白托白云必爲刺汁拉克杜加其葉直立有淡綠如海水色之粉性情與前所言者相同

野拉杜司有辣味之汁其色如乳根圓柱形有圓直立之細幹外面亦有淡綠如海水色之粉幹高二尺至四尺其下少有刺之形狀上有密花頭葉平排列而葉中筋之凸面有刺其餘各處幾爲平滑有細齒形小根所發之葉鈍卵形不分開幹所發之葉更小常分開有小耳形體略半包圍其幹花多成密頭花葉多而小心形而尖分花淡黃色其不自裂之硬子殼有細托線其鳥喙形體白色長與黑色之果相等此草產於歐羅巴各國之乾泥堆與田旁約在西八月開花
兇惡拉克杜加之臭大梗上有紅色點所含之拉克杜加

里由末較野生者更多苦里司脫生云壹丁不之敦根醫士已告知用此草所得之拉克杜加里由末質更多更佳又其開花時之中與前生此質最多最佳又有德國施子云撒種拉克杜加一顆所出拉克杜加里由末祇有十八釐而兇惡拉克杜加所出者能得五十六釐有餘

萵苣膏 西名野拉杜司之拉克杜加里由末又名拉杜司鴉片

取法　其取法與作阿古尼低膏略同其膏為綠色軟質尋常出售者係乾膏質成圓形頗硬之塊色櫻臭似鴉片味苦而稍酸易收空氣中之水質近於蘇格蘭壹丁不所作者塊大如豆其面粗糙參差色櫻如木面生灰色之霜質脆其粉紅櫻色臭與常出售者略同味更辣更苦化學家話勒士化分之得一種自散油質又得黃紅色無味松香質綠黃色辣味松香質又得能成顆粒與不能成顆粒之糖質樹膠貝格的克酸阿勒布門數種膏質定質油或蠟質此油一分能在以脫中消化而一分不能在以脫中消化與軟像皮略同又有草酸與鹽類又有中立性質名拉克杜加以尼此質成針形顆粒無色無臭味最苦易融化每一分能在水七十分內消化又在以脫酒醕與淡酸質內更易消化其消化之水最苦而有中立性不知為何質能令其結成觀話勒士藥品記錄書第三十二卷

功用　為甯睡藥能止痛而令人睡略與羊躑躅同凡不能用鴉片之時可用之以五釐至二十釐為一服又可將拉克杜加里由末作糖片與鴉片糖片同能治哮欬法國化學家哇白其也作一種拉克杜加里由末酒醕膏其藥性俱存於內可作丸服之或可將其膏一分合於糖漿五百分服之

山梗菜科 西名路卑利阿西依珠西亞之名又名路卑利阿茲

山梗菜科與苦菜科並桔梗科相似此在地球熱帶與溫帶內遇見之俱有白色之汁如乳間有最辣而甯睡之性

路卑利 又名可吸煙路卑利阿俗名印度煙立尼由司列於五箇鬚簡花入藥品者為其開花之乾草產於北亞美利加

此草初為亞美利加土人用之後有美國醫士用之至一千八百二十九年初在英國用之

如第一百四十圖此草存一年或存二年其根發多絲紋

第一百四十圖

榦直立角形上半分枝而平滑葉邊鋸形而不整齊邊又有利齒而生毛其下各葉為長形或鈍形有短葉莖向中者似銳卵形無葉莖花成自萼平滑所成之管似卵形分五出各出似線形而銳花瓣淡綠色自上直劈開而成雙

脣形上脣窄下脣更寬而分三分鬚頭合成長彎曲形之體其下兩箇鬚頭在其尖成箭頭形花心莖似線形子房口彎而被鬚頭闔住子殼有兩膛似卵形生十角如吹氣發腫項存萼之痕迹種子多而小色櫻以顯微鏡觀之似平卵形上有縱橫之槽與稜如柳條籃面易以此形分辨之前有酷分出售一種秘方之散數年前有服之而毒死者數人化學家克弟司查此散內含路卑利種子而依此形分辨之美國自北至南各邦常見此草

南亞美利加亦有數種路卑利草即如秘魯國用伏地路卑利阿為吐藥

如將此草打傷之任為何處有白色之汁流出如乳全體有藥性醫士依白勒云其根與吹氣發腫形之子殼藥性最重其乾草為淡綠黃色臭小而可憎味辣令口內如火燒而在喉嚨覺最重如美國紐約克省新利巴嫩山所有振動教內之人多種此草壓成長方形餅出售可用準酒醕或以脫化出其有藥性之質倘未有人化分之得可信之原質式或從其內得兩種奇異之質美國人曾牢割特將其煮水合於銅養硫養再遇輕硫氣令其質化分得一種奇異酸質名曰路卑利克酸為顆粒形之質能在水中消化又能在酒醕與以脫中消化如合於銅養硫養則結成淡綠色質如合於鐵養三硫養水則成橄欖櫻色質如合於鉛養醋酸或銀養則成黃色質又合於汞養淡養則成灰白色質見藥品記錄第十本第四百五十六頁

化學家揩勒呼納與沛離拉等人查出一奇異藥性質名曰路卑利那巴司弟克云此質為自散之流質本質能在水酒醕或以脫中消化又遇鹼類質則能化分而不結成鹼性大味辣臭小又因其遇鹼類而滅壞則不能照哥尼阿與尼古低阿之取法取之巴司弟克設法取之如左

將路卑利二磅以酒醕八升消化之約四十八小時其酒醕內必先加硫強水三兩則傾出其酒醕質而濾之合於

生石灰粉調和之至其水有鹼類性之變化濾之而加硫強水至少有餘再濾之而輕加熱熬之至得原質之四分之一添水少許而熬之至其酒醕之迹全滅為度再濾之而取松香質後漸添鉀養炭養至有餘如有結成之質則濾之屢次加以脫而搖動至再不能消化其質為度謹慎分開其以脫令其自化散則得略淨路卑利那質如在酒醕內消化而用動物炭等法則能提淨其質

功用　路卑利為甯睡辣味治轉筋之藥其性情與淡巴菰略似食其大服則為吐藥與瀉藥醫士用之治癇証氣喘或食其大服令吐或屢次食其小服至吐為治法

服數　如爲化痰藥以一釐至五釐爲一服如爲吐藥則以十釐至二十釐爲一服

路卑利酒

取法　將路卑利粗粉二兩半準酒醋一升其作法與阿古尼低浸酒之法同

功用　以十滴至一錢爲一服爲化痰藥以一錢至二錢爲一服爲治轉筋藥每二三小時服一次如氣喘等病可以四錢爲一服作吐藥用之

路卑利以脫酒

取法　將路卑利粗粉二兩半以脫酒一升置於蓋密之

器內屢次搖動壓之濾之添以脫酒補足一升

功用　此藥與萆脫羅所設路卑利以脫相似其用處大半在治轉筋內含路卑利那質若干

服數　以十滴至四十滴爲一服

石南科西名以里恰西依科

此科植物在赤道北冷地與溫地生長又在阿非利加之南亦產之有數種有收歛性又有數種有行氣性故有人用以代茶葉卽如垂下各勒弟里阿與寬葉里佗末是也有數種所結之果可食有一種名金色鬚頭陸杜屯特倫卽石南爲俄羅斯人用爲治風溼病之發汗藥又有一種名

小鐘形陸杜屯特倫在雪山之人多用以作鼻煙

此科內有一分科西名以里西依果有子殼鬚頭有兩膛花心墊在子房下種子外衣緊密

烏伐烏爾西葉又名烏伐烏爾西阿克土司他非羅司司北爾之名其乾葉入藥品英俗名伯爾白離卽熊果之意立尼由司列於十箇鬚一箇花心又名籐本阿爾蒲土司生於英國等處

此草不知於何時初入藥品苦爾云初知其能治內腎生炎之病係西班牙國之醫士也

此爲䔖冬不凋伏於地面之矮樹葉韌如皮似鈍卵形而不分其面光滑上面深綠色下面綠色更淡有多脈成網形花在枝之端八朶至十朶爲一叢每朶花有三箇小花

葉托之萼分五出淡紅色花瓣似玫瑰花色蛋形瓶形分五出邊向外捲鬚十箇包於花瓣內托線有壓平形鬚頭亦有壓平形頂有兩箇微孔旁有兩箇回彎之指如第一百四十一圖之二號子房球形有三箇鱗形托之花心莖短子房口鈍其裸果球形紅色五膛每膛內獨生一一種子產於歐羅巴阿喇伯等山空處草地內又生於亞細亞與亞美利加之北

第一百四十一圖

其葉入藥品尋常秋時採取常有謀利者將以弟阿葡萄伐克西尼由末俗名華脫勒果樹之葉混於其內然此葉易於分辨之因其葉下面有點其葉邊向外捲少有齒形又有人用黃楊木之葉雜於其內然此葉毫無收斂性眞烏伐烏爾西葉乾而磨粉臭與乾草略同味苦而收斂其爲藥之質能用酒醋或水化出之其水合於直辣的尼則有結成之質又如合於鐵綠則成藍黑色質

此葉內每一百分含樹皮酸三十六分化學家搭華里阿化分之另得沒石子酸油質蠟克羅路非勒糖與自散油少許另有一奇異之質名阿爾蒲替尼此葉爲藥之功用

大約必藉此質並樹皮酸此質能結成長薄無色柱形顆粒能在水或酒醋或以脫中消化其式爲$炭_{三二}輕_{二四}養_{二}$爲中立性之質又如薩里西尼質遇水與衣蒪辣西尼則變成薩里治尼尼依同理阿爾蒲替尼能變爲葡萄糖與別種中立性之質名曰阿耳各土肥尼（觀德國藥品記錄書一千八百五十二年五月一卷）

俄國有數處用烏伐烏爾西葉作製獸皮之用

功用　爲收斂補藥輕利小便藥尋常之用治膀胱放內皮汁過限之久病以其葉之粉十釐至三十釐爲一服

烏伐烏爾西葉沖水

取法　將烏伐烏爾西葉半兩在沸蒸水十兩內浸兩小時濾之

功用　爲補藥與輕利小便藥以一兩半至三兩爲一服一日三服

烏伐烏爾西葉膏（此爲倫書之方）

取法　與葎草花膏同法取之

功用　爲補藥以五釐至十釐爲一服一日二三服

此科內又有一族名曰伐克西尼依果小而軟爲下品果類花心蓋在子房上此分科內有克蘭果比勒果華脫勒果等

又有一族名鹿蹄草族西名伯羅里依果有殼形而乾種

子有寬鬆之外衣無花心蓋鬚頭有微孔

奇瑪非拉（又名織形奇瑪非拉納托勒之名西俗名冬青樹立尼由司列於十箇鬚一箇花心）

亞美利加土人初用此物爲藥品土名披潑息西懷後有歐羅巴人至該處居住亦用之一千八百三年醫士密知勒初將此藥之功用傳於各國醫士後有指爾他與蘇末肥勒兩人亦在書中論記之（觀醫學記錄書第五本）

奇瑪非拉如第一百四十二圖爲矮小之樹葉凌冬不凋根本近地面而伸開葉韌如皮葉莖短葉似劈形戈頭形葉邊有粗鋸齒形面光而平滑花向下墜成小花頭莖長短而頭平齊花葉線形與錐形萼分五出花瓣五出白色

第一百四十二圖

少帶紅色伸開鬚十箇鬚之托線平滑中少有發腫之形子房略圓有鈍角面有臍帶花心莖短藏於子房臍帶內子房口球形分五分子殼之膛在頂能自裂而殼之各分無軟細毛頭相連此物產於亞美利加歐羅巴亞細亞各洲赤道北樹林內在青苔與草地處生長在西六月與七月開花

新鮮之葉搗碎之則發奇異之臭味苦而濇少能適口其幹與根或言其味甚辣葉內含樹膠又含樹皮酸少許苦膏質松香質鹽類質立故尼尼湯勿生化分之查得沒石子酸之迹

功用　為辣性補藥新鮮之皮擦於皮膚即發紅如服其沖水或煮水為利小便藥與補藥醫士或用以治水腫身弱之病並治生溺器具之病又用以治瘰癧

奇瑪非拉煮水 此為倫書之方

取法　將奇瑪非拉一兩在蒸水一升半內煮之至餘一升為度濾之

功用　此為利小便藥與補藥其煮水合於鐵之鹽類質則變深綠色以一兩至三兩為一服每三四小時服一次

司土辣克西依科 里义特之名

此科之樹在亞細亞與亞美利加熱地生長有一種在地中海東各邦生長者又有一種產於日本國此樹所生之司土辣克司 郎蘇合香 與偏蘇以尼 郎安息香 內有偏蘇以克酸與西拺米克酸

司土辣克司 立尼由司之名列於十箇鬚一箇花心墊

其萼稍似鐘形幾全而不分或有五箇齒形花瓣在底有鐘形分三箇至七箇深分鬚六箇至十六箇間有十箇從花瓣外伸托線在花瓣管上相連開有在其底相合成圈鬚頭似線形分兩膛而開膛之法有內直裂縫子房為下者花心莖箭花心頂鈍少有分開之形果乾自能分開成兩分或三分惟其分開不全內有一核至三核不定種子獨而直立子胚大而薄藏於阿勒布門軟質內形狀如葉有下小根此為林特里之說其藥品司土辣克司與偏蘇以尼司土辣克司俱成為藥品

司土辣克司 又名藥品司土辣克司此為定質又有一種係英書所載者為流質司土辣克司又名東方流質琥珀為樹皮內所成之波勒殺末質產於小亞細亞即蘇合香

司土辣克司熟料

古時希臘人知用司土辣克司代司可立弟司云產此質之樹略似木瓜樹東方之人名曰阿司替路克

藥品司土辣克司為小樹如第一百四十三圖皮光滑小

第一百四十三圖

枝與葉莖生細毛葉似銳卵形色綠上面光亮下面白色生細毛似木瓜樹之葉花白色在枝端成頭每頭有花數朶花與橘花略同萼生細毛如圖之二號杯形有齒五箇至七箇花瓣外面生毛分五出至七出鬚如圖之二號有十箇至十六箇

果與櫻桃同大質韌如皮面生細毛有核一箇或二箇原生於小亞細亞與敘利亞又在歐羅巴之南有人種之然此各處所生之樹不產流質司土辣克司植物學家杜哈米勒云曾在門脫里由相近之沙脫羅司見其樹身有汁流出

此樹在小亞細亞為常見者福彌士遊覽該處言常用之司土辣克司為此樹所產貿易內有數種司土辣克司質而沛離拉等人書中所言者亦有數種今英國貿易內祇有兩種一為定質司土辣克司又名蘆葦形司土辣克司一為流質司土辣克司為英書所準用者此兩種俱為的里斯德口運出之貨其定質者含異質甚多即如含波勒殺末松香質木屑偏蘇以尼閒有松香油此各質合成櫻色脆餅出售又米拉與特倫司兩人云在地中海東各邦並馬塞里常作之而雜各料於內如久遇空氣則變白色而面生霜疑此霜即為偏蘇以克酸昔時定質司土辣克司亦作為藥品今棄之不用而用流質司土辣克司其質或不透光或少透光有膠性如麵筋色灰味暖如波勒殺末質其臭奇與發尼拉相似

藥品司土辣克司所產之料即古人所言司土辣克司前時出售者為滴形小粒裝於蘆葦內故名曰揩辣米脫即

蘆葦之意近時出售者與前時大不相同其形似木屑一千七百八年化學家白替浮書中有令此樹產流質司土辣克司之法然其所言地中海內之小海島產此樹不確因地中海內並無此島又一千八百三十九年蘭特拉云羅底有人將生司土辣克司變成熟者此說亦不確因流質司土辣克司為波勒殺末阿西依科內之流質琥珀類內之一種樹所生如中亞美利加與墨西哥及美國之南有一種流質琥珀樹如第一百四十四圖名曰泄司土辣克司流質琥珀樹此質在亞美利加出售有定質亦有流質英國常出售之流質司土辣克司係地中海之東所產

第一百四十四圖

而在的里斯德出售近有奇布特與林特里兩人查考此樹又有漢白里等人俱言為東方流質琥珀樹所產此樹名係蜜蠟所定又有馬大司在士麥拿口寄信與漢白里云其樹在小亞細亞近於客辣蘇又在熱那亞海灣又在羅底相對之岸各處俱生此樹甚多而有一族之土人名土爾苦門在西六月與七月收其汁其法先剝其樹皮存之為屋內燒而滅臭之用後將其澀內皮剝下置於馬鬃袋內加大力壓之或置於水中沸之將所

得之汁流入木桶內存之此質常含砂與灰為謀利之人加入者提淨之法用正酒醋消化之濾之熬之定質司士辣克司亦可用同法去其異質

化學家西門化分流質司士辣克司得數種奇異之質第一種自散油名司士辣哇里其式為炭八輕八其質最易自散如點火則燒成有炱之火且發臭藉此則易分辨為司士辣克司之臭第二種西捺米克酸即與秘魯波勒殺末所產者同其質之形狀又與偏蘇以克略同然有法能分辨之即合於硫養三與鉀養二鉻養三加熱所發之臭為苦杏仁油之臭第三種司士辣克西尼為能成顆粒形之中立性質能在酒醋與以脫中消化不能在水中消化第四種為兩種奇異松香類質司士辣克司浸於水中幾不能消化祇令水少得其臭在正酒醋內大半能消化

功用　治久咳嗽為行氣化痰藥以十釐至二十釐為一服如偏蘇以尼雜酒含此質在內

司士辣克司雜丸此為倫書之方即蘇合香雜丸

取法　將司士辣克司熟料六錢合於鴉片粉二錢番紅花二錢和勻成丸

功用　醫士依此法用鴉片每丸五釐含鴉片一釐

偏蘇以尼即安息香又名偏蘇以尼司土辣克司此為得來暗特之名又名便雅悶樹膠此為樹身流出之松香類質產於暹羅與蘇門答剌

東方各國用安息香為藥與燒之香料為時已久如孟加拉士名曰羅罷奴而印度西北用此名稱乳香觀卷五之二第十頁又波斯國藥品書名曰虎西羅罷奴又名虎西阿拉者肥觀雪山植物書第二百六十一頁其名虎西疑為阿薩變音而得之觀阿魏一節而古書內名偏蘇以尼曰甜阿薩馬司屯查產此質之樹為偏蘇以尼司土辣克司樹此名為得來暗特所設又有植物學家海納士疑此樹以為宜另設一類名曰偏蘇以尼類而布羅瑪巳早名此類曰里士揩蒲司

此樹頗大如刺其身令汁流出則爲矮樹生長甚速其枝與葉跗圓生細毛葉長而銳上面平滑下面白色生軟細毛其穗形之花甚繁從葉榦開角發出幾與葉等長一面之花有短小花莖萼鐘形有五齒不顯明之齒形花瓣五

第一百四十五圖

出色灰白或在底相連其長爲萼之四倍鬚十箇連於子房座子房爲上者卵形生軟細毛花心莖線形子房口簡如第一百四十五圖甲爲

花瓣乙爲花心丙爲花鬚此樹產於噶羅巴蘇門答剌暹羅南掌與婆羅洲等

加蘇門答剌島人取此質之法待其樹生長七年之後則以刀刺之初流出之汁最淨最香遇空氣則變硬後流出之汁爲櫻色又斫其樹而劈開之亦能刮取此質若干其樹刺孔取偏蘇以尼數次之後即死斫去而劈開之所得之質分上中下三等貿易中以上等者爲首中等者爲腹下等者爲足所值價之比例如一百零五四十五十八之比依其色白與半透光及不含雜質而分辨之又在暹羅國出產者運此物時年代已久來拉得此質一塊送與沛離拉爲暹羅國京都曼谷出售者名曰透光偏蘇以尼此處之偏蘇以尼或爲分來生司士辣克司所出者而因暹羅內地多密樹林地氣最溼則與熱地之海島略同故易生此質如滴形小粒偏蘇以尼爲最佳者惟不常見常出售之最佳者係成大塊有多白色或紅色小粒黏連而成令其黏連之質爲同類之櫻色質此種質之形名杏仁塊偏蘇以尼又有次等者係深櫻色或名之曰加爾各搭偏蘇以尼有數種偏蘇以尼其來歷尙未查清而在加爾各搭出售者必爲他處所產大約從印度東邊運至加爾各搭孟加拉孟買各處出售偏蘇以尼質雖硬而亦脆其折

剖面似松香而有花紋味有趣其臭香加擦之則香更顯明味頗甜如各種波勒殺末質口中多嚼之則惹喉嚨嗅其粉則嚏重率得一○九二加熱則融化而放白色之霧即偏蘇以克酸能惹肺又放乾蒸之油質至末則燒盡偏蘇以尼能在酒醕與以脫中消化如添以水則再結成而成乳酪形有數種酸質能令其消化如化分之則得自散油微迹又得偏蘇以克酸每百分略有十二分至二十分另有松香質七十八分至八十分其松香質內有若干分能在以脫中消化另有若干分不能在以脫中消化又含木質與水白色與櫻色偏蘇以尼所含偏蘇以克酸之數

略同惟其櫻色質含能消化之松香質祇爲百分之八而白色者含不能消化之松香質甚少

功用　爲行氣化痰藥前時多用之治久延傷風並爲滅臭之燒料

偏蘇以尼雜酒 即安息香雜酒

取法　將偏蘇以尼粗粉二兩司土辣克司熟料一兩半到魯波勒殺末半兩索哥德拉哑囉一百六十釐正酒醕一升各質置於一器內蓋密之屢次搖動七日爲限濾之加正酒醕補足一升

功用　爲行氣化痰藥以半錢至二錢爲一服間有合於

水成酪或添入治咳嗽藥內令其味更佳前人用之成一種膏名曰富來雅司膏

偏蘇以克酸 即安息酸

偏蘇以克酸之式爲$炭_{14}輕_{5}養_{3}$加水其分劑數等於一百二十二其名雖從偏蘇以尼得之其實數種植物質俱能變成之即如苦杏仁油遇放養氣之質則能成之化學家以爲有一種植物本質名曰偏素里或偏腮里其式爲$炭_{14}輕_{5}$養其分劑數等於一百零五此質已在苦杏仁之欵內詳細言之而化學家疑此質收若干養氣而成偏蘇以克又苦杏仁油之淨者疑爲偏素里合於輕氣之質因將此油

久遇空氣則收養氣變爲偏蘇以克酸若干有數種食草之獸其尿中之希布由里克酸化分而成偏蘇以克尋常之法用偏蘇以尼成之或將偏蘇以尼加熱或令偏蘇以尼與本質化合後用更强之配質令其化分而得之昔人以爲偏蘇以克酸爲秘魯波勒殺末與到魯波勒殺末內所含之質又以爲司土辣克司亦含之近時知此各質所含之配質非偏蘇以克酸而爲與偏蘇以克酸相似者即西捺米克酸如人服偏蘇以克酸則其變化與前言食草獸類尿中之變化相反因其偏蘇以克酸在人尿中變爲希布由里克酸

取法　一千八百六十四年英書所設之取法將偏蘇以尼四兩置於鐵皮所作圓柱形鍋內鍋口必有折邊再將厚紙一張割成一圓孔其徑與鍋之圓徑正相配又將麻作成圈形之墊亦與鍋之圓周相配先將麻墊套於鍋上與折邊相切再將厚紙套於鍋上與麻墊相切至僅不洩氣再將厚紙作柱形管高十八寸其徑比鍋徑大一倍紙管上加紙蓋以漿封密將紙管套於鍋外之厚紙上用紙與漿封密再將馬口鐵板割孔與鐵鍋外徑相配套於鍋外至離厚紙不甚遠以等長之軟木數塊令其相離若干再於鍋底用煤氣燈或別法加熱適足以令偏蘇以尼融

化爲度連加熱六小時則其偏蘇以克全分出而存於紙管內開紙管取其質如不全爲白色則壓在濾紙數層之間再照上法蒸之

偏蘇以尼遇熱化出之質除自散油之微迹外則偏蘇以克酸爲獨蒸出之質

又法　將偏蘇以尼粉合於鹼性炭養鹽類之水或合於鈣養輕養而沸之所得流質含能消化之偏蘇以克鹽類如加輕綠則偏蘇以克酸再能結成

偏蘇以克酸如蒸而得之則爲軟鬆而韌之顆粒形如極鬆之鳥羽光色如珍珠淨者無色設如用上法加熱而得

之則常含燒成之油質少許因此其香更大而藥性不減輕如在其消化之水內令成顆粒則得明光方柱形顆粒味暖辣而少酸冷熱適中之時常有自化散者少許加熱至二百十二度以內則融化如加更大之熱則全化散至末燒盡偏蘇以克一分能在沸水二十五分內消化又能在冷水二百分內消化用酒醋則消化甚易又能與鹼類質並金類合養氣之質化合其原質爲偏腮里一分劑即一百十五加養氣一分劑即八共得一百十三如成顆粒者則含水一分劑

試法　其色白或幾爲白色如漸加熱則能化散至盡而無餘質發臭甚奇如浸於水中則消化者不多惟正酒醋則易消化之又鉀養水或淡輕養水或鈉養水或鈣養水能令其消化至盡用輕綠能令其在水中再結成

功用　爲行氣化痰藥以五釐至二十釐爲一服尋常用此質之法與他質配合成樟腦雜酒

畏忌　鹼類質鹼類合炭養氣之質金類合於養氣之質

含此質之藥品　淡輕養偏蘇以克樟腦雜酒淡輕鴉片酒

橄欖科 西名哇里阿西依科

橄欖科之植物在赤道北溫和之地生長又在印度國多山之處產數種其木硬其花佳其果可食其油可用可食內有一類名甫辣克西尼烏司即阿書樹類產甘露蜜因有此各種益處故貴重其樹

此科分爲兩分科一爲哇里以尼其果內有核與仁外有肉或爲小軟果形二爲甫辣克西尼依其果爲殼形不能自裂而似飛蟲形

橄欖油又名歐羅巴橄欖油立尼由司之名此油在歐羅巴之南用熟果壓出立尼由司列於二

簡蕊一
簡花心一

橄欖樹古人俱知之希臘人名曰哇里以亞舊約書名曰薩以特阿喇伯人名曰薩以土納此爲古今最有名最有

用之樹內之一種
橄欖樹如第一百四十六圖尋常爲小樹凌冬不凋其形

第一百四十六圖

不佳木硬葉有短莖或爲蛋形戈頭形或僅爲戈頭形端有利尖上面灰綠色下面白色如生霜之形花白色成短穗從葉榦間角發出萼如圖之二號小有四箇齒形花瓣有短管其體分開四分如圖之一號鬚兩箇少從花瓣外伸花心莖短子房口如圖之二號分爲兩分尖有齒形子房分兩膛每膛內兩箇種子

果如圖之三號內有核與仁外有肉其形略與鳥卵同大色紫內含一核其兩端甚尖此樹原產於亞細亞已早移至敘利亞與希臘種之橄欖之分種甚多其長葉者種於法蘭西與意大里之南邊名曰長葉橄欖又種於西班牙者名曰寬葉橄欖

橄欖樹之葉與皮多年用爲藥品今不用之其樹流出松香類質名曰哇里非里又名橄欖膠或將其皮代金雞那樹皮之用

橄欖樹之果其生者先浸於鹼類水內後存於鹽水內作爲鮮果之用其果之大用處因其含定性油取油之法用其將熟之果用磨加不過大之壓力壓碎之而取其流出之油此爲原橄欖油或用沸水與大壓力取之或將橄欖成堆令發酵而後取其油照此法所得之油爲尋常下等之用其最粗者爲作燈油與肥皂之用最佳之油出於愛斯莽那丕力阿尼斯熱那亞盧加佛羅稜薩橄欖油又多出於那不勒邦又出於塔倫他灣之東岸加利波里城因此其油常謂之加利波里油

橄欖油可當爲各種定性油之模又名壓成之油其色淡黃或淡黃綠新鮮者無臭味淡而少甜例定性油其質最稀其重率在七十七度熱之時○九一○不能在水中消

化易在自散油內消化又每一體積能消化於以脫兩體積內如用酒醕更須加多淨橄欖油在酒醕內幾不能消化設如將淨橄欖油合於蓖麻油兩體積或更多則全能在正酒醕內消化此爲沸離拉之說橄欖油遇空氣則收養氣而變酸但不如胡麻子油能自化散所以機器擦之最佳減熱至三十六度則始凝結減熱至二十度則分爲兩種質一爲流質名以拉以尼又名哇里以尼一爲定質名瑪加里尼即珍珠之意因其形與珍珠略似也凡存此油之瓶或桶內常有此質結成尋常橄欖油含以拉以尼七十二分瑪加里尼二十八分如將橄欖油合於淡養水則成油性之質名以拉以的尼此質已在卷三之六第三十八

頁內言之如將橄欖油或別種定性油合於鹼類水或合於鉛養加熱則其質大改變在作肥皂並作鉛膏兩節內言及之觀下節並卷三之五第七十九頁

試法　橄欖油常含罌粟油等爲謀利而加入分辨之法觀其凝結之熱度較橄欖油凝結之熱度更小又如搖動之能存空氣於內較之淨橄欖油所存者更多又淨橄欖油能用冰令其全凝結蘇書云如將橄欖油十二體積合於汞養淡養五水一體積此汞養淡養五水依汞養淡養五油膏之方備之見卷三之六第三十六頁調和極勻待三四小時變爲定質油形之質而不分出流質油橄欖油如含他種油類以一百分之五爲限則凝結之事更遲而所得定質油更軟設如含他種油類以一百分之十二爲限則其他油質浮於其面數日如罌粟油芝麻油茶油椰子油等俱可用此試法試之化學家各蒲里已設一器用此法求橄欖油之異質名曰量以拉以尼器觀藥品記錄書第三卷第二百九十三頁

功用　橄欖油能養身而柔軟又能解惹胃毒藥擦於皮膚外則放鬆皮膚故擦藥與洗藥俱用之又添入蠟膏或油膏或合口硬膏又可搽髮令滋潤不易乾如服一兩則有瀉性醫士或用以加入外導藥得其潤皮之益又可放出肛門內之蟲

含此油之藥品　鈣養洗藥樟腦洗藥又有數種油膏與合口硬膏

硬肥皂

又名西班牙肥皂又名加斯德肥皂此肥皂用橄欖油與鈉養爲之

作肥皂之法羅馬人已知之在印度久能爲之作肥皂之理藉鹼類質與鉛養遇定性油質所有之變化作硬肥皂法將橄欖油合於鈉養水加熱其化合之工由漸而成所成之質爲膠形易在水中消化如此水內添濃鹼類水或鹽類水則其肥皂能結成上等肥皂白色紙遇之無油迹無臭能全在正酒醕內消化如存於乾暖之器內則變硬如牛角形又能磨碎之加熱則融化易在模內成各種形有一種其面有花形如大理石此種色用鐵養硫養三加入其內即成此質化分而成黑色鐵養又此質遇空氣中養氣則變爲紅色鐵養三大半定性油類含哇里以尼與瑪加里尼兩種配質俱與一種本質化合名各里司里尼成肥皂工內此兩種雜質爲鹼類所化分故所成肥皂爲其鹼類合於兩種配質成鈉養哇里以克與瑪加里克或鉀養哇里以克與瑪加里克又其各里司里尼能在水中消化所以放出其肥皂從其各里司里尼與鹼類水分開加熱則變濃或添食鹽水令其浮在面上而用大匙取之有數種流質油類與動物定質油類含一種質名司替阿里尼

與瑪加里尼大同小異如含此質則其肥皂亦含司替阿里克酸凡肥皂類之質少有鹼性摩之則軟滑又能洗物肥皂水易為酸質所化分又易為土質與數種金類鹽類所化分故水中含此種質合於肥皂時則肥皂不消化於水而反為水所化分此種水謂之濇水而淨水謂之滑水如硬肥皂一百分含鈉養九分至十分半哇里以克酸與瑪加里克酸七六·五分至七五·二分又含水一四·三分至一四·五分此為格致韻編之說如尋常肥皂係牛羊油與鈉養所成又黃色肥皂係牛羊油松香鈉養所成此兩種為藥品之用俱不及硬肥皂

軟肥皂 此肥皂用橄欖油合於鉀養為之

軟肥皂工藝中用之為鉀養與魚油及牛羊油相合而成其質半透光其濃略如蜜糖色微味可憎尋常出售之軟肥皂為鉀養合於橄欖油並數種異質所成沛離拉試過數處出售者俱不淨尋常出售淨軟肥皂為藥品之處常用其雜者其淨者即以橄欖油為之黃白色無臭其濃如蜜糖全能在正酒醕內消化紙遇之無油迹此為英書之說

功用　肥皂為滅酸之質故間有用以治膀胱內石淋又因其鹼類質易放散故常用以解酸質之毒可食一大服而不惹胃又服下之後其油類質放散而有瀉性如合於大黃服之則更佳合於啞囉或合於哥囉噺膏則更有瀉性數種皮病可用為洗藥又因其有滑性常加入擦藥或洗藥等

肥皂雜丸

此丸每五分含硬肥皂四分其取法已在鴉片一節內言之每丸五釐含鴉片一釐以一丸至二丸為一服觀鴉片節

肥皂洗藥 又名樟腦洗藥

取法　將硬肥皂切碎二兩半樟腦一兩又四分兩之一咾士珼蘧油三錢正酒醕十八兩蒸水二兩將其水先合

於酒醕再添入咾士珼蘧油肥皂樟腦和勻加熱不外七十度七日內屢次搖動之後濾之一千八百三十六年倫書之法用肥皂過多故其洗藥在冷時凝結或在温和時成稠質藥肆家以軟肥皂代硬肥皂以免其弊

此方與一千八百五十一年倫書所載之法略相似惟用正酒醕與咾士珼蘧酒代倫書之咾士珼蘧油化學家司快兒云此各料不全消化故所成之物常有沈下之質

功用　為行氣之擦藥又可為服鴉片之配料

含此質之藥品　鴉片洗藥內含肥皂洗藥

肥皂蠟膏藥 即肥皂與蠟合口硬膏

取法　將硬肥皂粉十兩黃蠟十二兩半橄欖油一升鉛養十五兩醋八升將醋與鉛養用水汽盆加熱連調攪之至鉛養與醋全化合後添肥皂再沸之至其水大半化散爲度另將蠟與油融化之添入鉛質內調攪不停連加熱熬至得所需膏藥之濃倫書之法不熬之故所成之質太稀

初時所成之質爲鉛養二醋酸繼則鈉養與醋酸化合後其肥皂內之油酸質與鉛養化合再後其油與蠟令其質變濃如已有其軟質而欲變成硬質祇須熬出其醋即得見藥品記錄書第三卷第三十六頁但加熱則油內之各里司里尼易於化

分成阿克羅哇里以尼爲粹霧質令其膏成暗色而有粹性

功用　如瘰癧等瘡以此爲輕性蠟膏醫士胡勒登云其硬者較其軟者更合用因其蠟膏與皮膚連緊不能移動

肥皂膏藥即肥皂合口硬膏鉛養下數節

功用　此膏能散身內凝結之質故尋常之瘡可用之又能保護皮膚而不多惹動

含此質之藥品　鴉片洗藥鉀碘肥皂洗藥大黃雜丸篠黃雜丸士哇盧雜丸拜貝徒司亞囉丸亞囉阿魏丸索哥德拉亞囉丸哥囉噸雜膏此各藥俱用硬肥皂又脫里平他以那洗藥用軟肥皂爲之

各里司里尼此爲定質油類與定性油類內所得甜味之質

前言此質爲定質油類與定性油類之本質因此各種油爲各里司里尼與哇里以克瑪加里克司替阿里克相合而成其各質比例多寡不定

取法　欲得其淨者將作肥皂廠內所得餘下之水熬之至濃合於酒醕則其各里司里尼消化其酒醕蒸出將各里司里尼用水沖淡而合於動物炭沸之必如此爲之數次其顏色與臭俱滅爲度又有法可將作鉛膏餘下之水熬之然必通輕硫氣令其鉛質結成

各里司里尼之淨者爲無色而稀之流質摩之則滑如油能在水中消化無論多寡俱可又能在酒醕或以脫內消化其原質爲炭輕養其味甜故取名各里司里尼即甜之意無法能令其結成遇熱初發沸後即化分放出粹霧質此質名阿克羅哇里以尼

功用　各里司里尼祇爲作外科之用因其柔軟之性最大有人用之治耳膜之病其法用棉花醮各里司里尼塞入耳中又可用以擦皸瘃裂坼等皮病化學家揩普與茄羅兩人設法用作消化數種藥材之料按今各國醫士亦漸作內科之用治欬嗽與口喉之病

如一千八百六十七年英書有數方內含各里司里尼名曰各里司里哇里即合於加波力酸或樹皮酸或沒石子酸或硼砂等質以一分配其四分又用各里司里尼合於小粉以一分配其八分

甘露蜜 西名瑪那其樹名美觀甫辣克西尼烏司立尼由司之名又名圓葉甫辣克西尼烏司特脊杜辣之名此為刺樹身流出凝結之質產於西西里島與歐羅巴之南又名開花阿書又名圓葉阿書立尼由司列於二箇鬚一箇花心

瑪那之名原從阿喇伯國之名摩捺得之然因有數種樹能流出甜料難知其用此種瑪那始於何時又歐羅巴常用之瑪那亦未定何種樹所生而古人所言甫辣克西尼

烏司為開花阿書樹而古意大里詩人勿其勒之詩中所稱美觀之樹即為尋常阿書樹如第一百四十七圖美觀

第一百四十七圖

甫辣克西尼烏司樹即植物學家貝爾孫名曰歐羅巴美觀樹高約二十五尺葉為奇數一箇為其端分葉七箇至九箇分葉有葉莖形長而鋭其邊成齒形如鋸下面中筋底生毛所發之芽軟如翦絨其花頭蜜即為樹枝之端而少垂萼最小分四出花瓣直分至底成線形之分此各分色白而少垂果皮為窄長之子殼不能自裂其端有一鈍而平之齒形此樹生於歐洲南方多山之處加喇蒲利亞與阿布里亞兩處最多又在西西里島亦產之

圓葉甫辣克西尼烏司為勒馬克與特脊杜辣之名又名圓葉美觀樹為貝爾孫之名此樹分葉生兩對至四對面平滑或為圓形或為卵形邊有鈍鋸齒形其葉幾無葉莖植物學家以為此樹祇為前樹之一種產於加喇蒲利亞並東方各國

植物學家特奴里云瑪那係圓葉甫辣克西尼烏司所出因此有多人種之而得其瑪那又有一種名茄爾茄尼指

甫辣克西尼烏司亦生此質植物學家古孫告知米拉與特倫司云瑪那祇為圓葉甫辣克西尼烏司所出此樹常接於美觀甫辣克西尼烏司樹上俱產於加喇蒲利亞阿布里亞西西里三處英國所用之瑪那大半從該處得之然另有他種甫辣克西尼烏司樹或云能產瑪那即如歐羅巴之南所生高品甫辣克西尼烏司與尋常阿書樹是也

取瑪那之法割通樹皮而將其葉置於割處之下以收其汁在夏時之中與秋時之初為最合宜所出之汁為明流質不久在樹身與葉上凝結間有人用稻草插入所割之

孔內則其汁在草之外端凝結成凌或成瑪那片又有人將器皿收其汁常出售者有數種即滴形顆粒瑪那爲極淨者其粒光圓色白然瑪那片爲英國常用而貴重者從意大里之加喇蒲利亞與西西里得之成塊長五寸至六寸質輕有多孔其形如凌常在一邊有凹色淡黃白質脆易於折斷臭小味甜不甚適口既嘗之後舌上稍有澀味久存之則色變黃紅次等者成小塊其形參差質軟有黏性色紅黃或櫻味甜而不佳常有雜質相合藥肆家分爲數種如肥瑪那拖勒法瑪那等如敘利亞波斯阿喇伯亦產別種瑪那質然此各種在歐羅巴不出售如將瑪那質

加熱則融化燒之則成藍色之火其淨者每一分能在冷水三分內消化或沸水一分內消化又能在正酒醕內消化瑪那每一百分含瑪內得六十分又含糖質此糖有能成顆粒者有不能成顆粒者又含樹膠少許並數種黃色可憎之膏質或松香類質化學家以爲此膏質能令瑪那有瀉性其瑪內得質能成顆粒形如針有四邊味甜無臭能在水中消化在酒醕少能消化不能發酵

功用　爲微利藥定有瀉性不惹胃與腸其新鮮者之瀉性較陳久者更小第服之常令胃中發氣

服數　以一兩至二兩爲一服因其味甜故最合於小兒食之以六十釐至一百二十釐爲一服

合此質之藥品　加西耶甜膏辛拏葉糖漿俱爲倫書之方

又有夾竹桃科西名阿布西尼依科內有數種植物具有益之藥性然俱不入藥品內前人以爲木鼈子樹歸此科內今另立木鼈子科

白前科 西名阿司可里比阿弟依

此科與夾竹桃科最相似內有數種植物爲藥品中有益之物又有一種先在辛拏葉之一款內言之名阿耳古勒蓋雖苦沒又名阿耳古勒蘇勒奴司脫瑪謀利者添入辛拏葉之內又有孟司別里亞蓋雖苦沒與西卡暮尼伯里

布羅指或言謀利者常用之與司卡暮尼相合又有吐性西卡暮尼與苦辣薩肥克阿司可里比阿俱爲吐藥之用又有一樹名治喘脊路甫辣或當爲吧嗶略之用又用之治赤白痢爲最靈之藥又有一種名高指辣脫魯蒲司印度土人名曰阿指又名磨大爾多年用之爲皮病之改血藥又在初生麻瘋病亦有人用之來拉在印度西北得此植物之一種名哈末屯指辣脫魯蒲司當前言者之用此爲醫士韋得所設之名土人用此甚多如初生麻瘋等皮膚病用其根之新鮮皮或其乾皮之粉俱在薩哈倫波爾醫院內用之而得益

希密特司摩司根又名印度希密特司摩司根特看杜辣之名英國所用者從印度運入

此根在印度用之多年治疔毒瘰癧等皮膚之病與沙沙把列拉同用英國初名此藥曰粗糙司米辣西然此草與司米辣西依科即土茯苓科毫不相類故决其有誤英國初用時阿書中載之後英書從阿書收入之

印度希密特司摩司波郎所設之名又名假沙沙阿司可里比阿陸克司臼格所設之名此係籐本植物幹平滑葉相對排列有心形者有卵形者間有窄如線形者或銳者或戈形者或尖硬頭形如刺多花合成平頭繖無托線或

有花莖花小花瓣輪形分五出鬚五箇托線在底相合在上分開鬚頭黏連而與子房口不相遇花精分二十點而落於子房口奇微之體爲此科植物所俱有者此植物產於印度如第一百四十八圖

第一百四十八圖

希密特司摩司屬於波郎所設伯里布羅指依分科內此分科內植物之托線或全分開或幾分分開

此根從印度孟加拉運至英國出售其塊長十寸至十二寸粗如大鵝管外皮麤紅色內皮黃色其心淡色而有木質形皮多槽劈開成圈形裂紋味有趣臭香略與唐加豆相似如浸於水中則味與臭爲水所收有人得其一種自散顆粒形質名曰希密特司摩克酸

功用　印度國有西醫數人喜用此藥以爲較沙沙把列拉更佳爲補藥改血藥發汗藥然不多獨用宜與他種重性之藥同用之

希密特司摩司糖漿

取法　將希密特司摩司根搗碎四兩提淨白糖二十八兩沸蒸水一升先將希密特司摩司浸在水中盛於有蓋

之器內待四小時濾之待其結成之質全沉下傾出其清水加入糖輕加熱令糖消化所得之質應重二磅十兩重率應得一·三三五

服數　以一錢爲一服以水沖淡服之其香有趣可加入他藥內以求適口

木髓子科西名路乾尼阿西依安特里克之名又名路乾尼阿茲

此科植物與茜草科植物之分別第因其子房在上又在熱地生長

第一分科　司披其里依密司没之名植物學家或列於龍膽草科內而更近於茜草科葉有小副葉其花同分花瓣排列法似外套形子殼雙者種子甚多種子無翅

胚小子葉不甚顯明產於亞美利加澳大利亞又有數種產於亞細亞熱地

司披其里阿根　又名馬里蘭特司披其里阿立尼由司之名又名喀爾勒那尼格又名殺蟲種子又名多年殺蟲草立尼由司列於五箇鬚一箇花心

此草之藥性係北亞美利加土人出羅氣族查出者約一百年前初入歐羅巴藥品內今英國不多用之故英國藥品書漏失不載

此草之藥性大半在根而其根爲許多縮小細絲紋質所成連於結形之頭外色椶臭小味微苦而不甚可憎如藥肆中出售之根與梗葉相連化學家弗奴微勒化分之得定性油白散油並松香少許苦性膏質疑此膏質爲有藥性之料又有植物膠質糖質數種鹽類質化分其葉亦得以上各料惟其苦味膏質更少

功用　爲殺蟲藥北亞美利加人多用之食其大服則爲惹胃之瀉藥服之過限則爲啓睡毒藥如小兒三四歲可服其粉十釐至二十釐如爲成人可服其粉六十釐至一百二十釐如作沖水將此根半兩以沸水一升沖之以四錢至一兩爲小兒之一服尋常每用司披其里阿一分配辛拏葉一分令其瀉性更有一定此爲胡特與巴格兩人之法又一種名殺蟲司披其里阿歪阿那與西印度人用爲殺蟲之藥

第二分科　木鼈子科　西名司脫立格尼依其花合法排列花瓣排列法似外套形胚頗大或爲大樹或爲矮樹不定

第二族　由司脫立格尼依　其果或爲小軟果或內有核與仁外有肉分兩膛種子多間有因不成熟祗有一膛一種子其子似楯牌形而無翅

木鼈子　西名吐性奴克司立尼由司名吐核司脫立格尼用其種子爲藥品從印度運至歐羅巴出售印度土人名曰古之賴立尼由司列於五箇鬚一箇花心

木鼈子印度人早作爲藥品之用土名曰古之賴梵音曰苦羅指又名喀達指此樹產於印度先在印度查得藥性而後傳於歐羅巴波斯藥品書名曰以薩賴幾而阿非色那書內之名難於定準阿喇伯人名曰指奴克阿拉指奴白即毒狗之藥又名番羅司木幾即魚鱗之意來拉在印度欲向土人買此藥所問之名曰土核即土語云猶司阿勒居而土人所與之物係茜草科內之果沛離拉想古時塞拉披恩藥書內所言之奴克司木幾勒實爲木鼈子而波斯藥品書內亦有此名稱醉仙桃一類之樹

如第一百四十九圖甲爲花心乙爲花瓣與鬚丙爲果此樹頗大身短而多彎曲樹枝參差嫩枝長而多彎曲皮平滑深灰色木白色質密味苦葉相對排列葉莖短葉形橢圓面平滑而光亮氣筋三箇至五箇大小不等花小綠白色在樹枝之端莖長短而頭平齊萼有五齒形花瓣似漏

斗形體分五出而成外套鬚五箇托綫短在花萼分處之底上向內彎鬚頭長方形一半從花瓣外伸子房兩膛每膛內有多胚珠俱連於隔膜中之厚處花心莖長與花瓣

第一百四十九圖

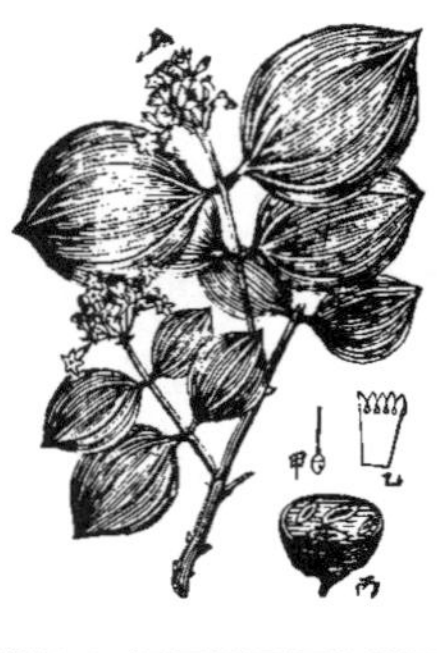

等子房口圓頭形祼果圓而平滑大似橘外有平滑稍硬之脆殼熟時有深橘皮色內有軟白色膠形之汁種子藏於汁內而連於中間子胞衣其子似楯牌形一面少凹一面少凸徑約四分寸之三

厚約六分寸之一外面有多毛爲灰色絲形此連於種子絲紋質之外衣此衣包護其仁仁有苦味牛角形之阿勒布門質其形與種子之形相同仁之邊有一小凹而胚卽藏於此小凹內此樹產於印度並印度東列島樹林內如孟加拉之南近於迷特那不爾產之甚多

有一種木名立故奴末殼路布林土人以爲能治毒蛇咬人之病並治瘧疾此木爲里故司脫林司脫立格尼與蛇司脫立格尼所產又有一種爲替由脫司脫立格尼產於爪哇土人將其皮合於水成膏名五怕司替由脫又名幾的格又有一種名成毒司脫立格尼如第一百五十圖能成一種毒藥名烏拉里又有一種名假雞那司脫立格尼在巴西國當金雞那樹皮之用

又有一種名澄清司脫立格尼其種子印度土人名曰尼爾木里合於濁水令其澄清

第一百五十圖

又有一種樹之子俗名桑依故那弟阿豆亦含馬錢霜類質植物學家言此豆爲依故那弟阿司脫立格尼樹所生者此樹又名苦味依故那弟阿化學家本他末云依故那弟阿樹是無有者而爲立尼由司之子誤設爲一類又言此豆俱爲木鼈子類樹所生此豆卵形略有三角形其色

紅灰殼之形狀如沙梨每殼略含豆二十箇產於非里比納島在印度久用之土名怕披他又印度有一藥品書名他里弗失里弗內言此豆最苦而含馬錢霜類質較木鼈子更多

苦里司脫生言木鼈子樹之木常有人用以代前言之立故奴末殼路布林木俗名蛇木此樹皮在印度加爾各搭藥肆家常誤買與人作爲羅亨那樹之皮此樹又名治發熱蘇以迷特卽能治發熱之樹皮見孟加拉藥品書二百四十七與四百三十七兩頁陸克司白格醫士初在英國論記之後於一千七百九十四年有敦根醫士論記之收入蘇書之內大約初用此

樹皮之根原即在上說之內然在英國內不能盡售此樹皮故作貿易者運到荷蘭國代安故司拖勒樹皮售去之(觀安故司拖勒一節)前有人誤將此樹皮為鐵色布路西亞樹所生一千八百四年荷蘭國昂不爾厄城醫士羅納罷克觀用此樹皮者往往顯出服毒之據又有數人因服此樹皮而死故歐羅巴數國禁此樹皮入口而不知其為假者後有化學家拔脫揩化分此樹皮以為木鼈子樹皮或為同類樹皮後沛離拉查印度草木內所有木鼈子之樹樣得知此皮實為木鼈子樹皮又有苦里司脫生告於來拉云已將木鼈子樹皮與法國所售假安故司拖勒樹皮相比亦

知其為同樹所生

印度加爾各搭醫士阿猶納西將假安故司拖勒樹皮與木鼈子樹皮相比知其實為相同(見一千八百三十七年正月加爾各搭醫學書)初觀此皮以為治發熱蘇以迷特樹之皮化分之得一種鹼類質為此樹皮所不能有者故疑為木鼈子樹皮後詳細查考得其證據由此可見醫士務能分辨各種藥品如有假者即能知之以免誤用害人之物

木鼈子樹皮出售者為扁而少彎之塊其質厚而硬密其剖面暗而色櫻外衣間有生霜形之質或似鐵鏽而有海絨形易於脆斷之質間有黃灰色質面有凸出灰白色之點此兩種形狀俱因其外衣改變而非因其面生苔之故因其面之苔為不常見者其皮內面光滑粉黃白色無臭味苦而重久不改變如將硝強水一滴滴於其外鐵鏽色處則變深綠色又如將硝強水一滴滴於其橫剖面或內面則變深紅色之點化學家百勒替耶與揩分土化分之得布路西亞質苦里司脫生云可用此皮分出馬錢霜此皮之冲水能令力低暮司少變紅又遇硝強水則變紅遇鐵養硫養則變綠遇沒石子冲水則變灰白色之質

木鼈子圓片形略如楯牌一面少凸而有臍帶色淡灰外面有厚韌之衣極細之毛如絲所以欲分辨其細粉可用

顯微鏡觀其細毛為據其子之臭少味重而苦久不散又其子極韌故英書特設一法磨碎之(見後木鼈子膏一節)如折斷之則內面少能透光其粉為古銅黃色常含異質或在磨粉時添入令其易成粉如將其粉浸在水中則能消化其藥性之質若干分若在準酒醋或正酒醋內則能全消化其為藥之質化學家百勒替耶與揩分土兩人化分之得兩種鹼質一為司脫立格尼阿一為布路西亞此兩種鹼類合於一奇異之酸質名曰衣加蘇里克酸又名司脫立格尼克酸又有黃色料定質油質樹膠小粉巴蘇里尼並蠟質少許又有化學家另查得一本質名曰衣加蘇里亞觀

後數節

功用　此藥大能感動背脊髓相屬之腦筋其性最毒令人身發搐証而不累及於腦如癱瘓病用為腦筋之行氣藥以五釐至十五釐為其粉之一服或可用以下各料更為合用

木鼈子膏

取法　將木鼈子一磅準酒醋至足用將木鼈子置於蒸氣內以全軟為度後速烘乾磨成細粉將其粉合於正酒醋屢次換酒醋沸之至所得酒醋幾無苦味為度濾之而用甑蒸出其酒醋至得軟膏為止此為酒醋膏而與倫書之方所作者相似

功用　此膏為重性苦味之藥以半釐為一服合於他料成丸可漸增多至三釐為一服

木鼈子酒

取法　將木鼈子粉二兩照前法為之用準酒醋一升其取法與阿古尼低酒之取法同

此法於一千八百六十四年收入英書而其濃大不及前所用者此酒為用木鼈子最佳之料以五滴至十滴為一服為補藥十滴至三十滴為一服為腦筋行氣藥

馬錢霜　西名司脫立格尼阿又名司脫立格尼尼此為木鼈子中之鹼類質

取法　將木鼈子一磅鉛養醋酸一百八十釐淡輕四養水至足用準酒醋與蒸水均至足用將其木鼈子置於便用之器內令遇極熱水汽兩小時切碎用熱汽盆或熱氣盆令乾立刻用磨磨成粉所用之磨與磨咖啡之磨略同將其粉置於準酒醋二升水一升輕加熱十二小時為度以麻布濾之大力壓之存所壓出之流質而將其粉仍依前法浸之兩次將三次所得之流質和勻蒸出其酒醋將其餘流質熬之至略得十六兩待冷而濾之再將其鉛養醋酸合於蒸水消化之添入濾得之水至不結成質為止再濾之而用冷水十兩洗其濾得之質將此洗水添入濾得

之水內將其明水熬至餘八兩為度待冷時漸添淡輕四養至少有餘此時連調攪之不停後置於冷熱適中之處十二小時濾之而在濾紙上用冷蒸水數兩洗之用水汽盆烘乾合於準酒醋沸之數次至所換之酒醋幾無苦味為度再蒸出其酒醋之大半而將其餘質熬之略得八兩則待冷所有黃色母水即含木鼈子之布路西亞質者謹慎傾出其器具內所黏連之白色皮質為馬錢霜將此質傾於漏斗內濾紙上另將準酒醋一分水一分洗之至所洗得之水合於淡養五不變紅色為度再合於準酒醋一兩沸之令消化置於安穩處待成顆粒如將前所得黃色母水

熬之亦能成顆粒

此取法之理先將木鼈子遇熱汽令其質變脆便於磨碎所用之磨應特爲此事而設因前有人用咖啡磨磨之後未拆卸而洗之卽磨咖啡售與人用誤中毒而死所用之酒醕消化木鼈子內含衣加蘇里克鹽類卽司脫立格尼克鹽類質又消化布路西亞質若干並顏色料與樹膠質若干加鉛養醋酸之意令此異質結成而其馬錢霜不結成其濾得之水熬濃而用淡輕養令其質結成所結成之質爲馬錢霜並布路西亞少許此布路西亞質之大半消化於水又有洗時洗出者其結成之質作乾時用準酒醕

消化之而熬至水體積旣小則馬錢霜質結成而布路西亞因更易在酒醕內消化故存於流質內其餘布路西亞質用淡酒醕洗出依此法所得之質極淨但因此法極細極煩故所耗之質必多

一千八百三十六年之倫書用鎂養令其結成蘇書用鈣養令其結成又阿書用動物炭去其色料而同時有馬錢霜若干放散

用此法則得顆粒形之粉依對拉之說爲木鼈子每百分之〇五分化學家和司里試過木鼈子一磅得馬錢霜六十八釐觀藥品記錄第十六卷第一百七十九頁如依故那弟阿豆每百分能得馬錢霜一二分如酒醕內令成顆粒則因馬錢霜爲其兩質內之難消化者故成顆粒而其布路西亞消化於流質之中

馬錢霜之淨者白色成光明斜八面形顆粒或成長四面柱形或參差形之粒味極苦如將其一分重在水百萬分內消化之其苦味易於分辨而其質最難消化每百分須用暖水七千分或沸水二千五百分方能消化惟在沸正酒醕或以脫或哥囉方或定性油或自散油內俱能消化而在酒醕與以脫亦難消化然與動物炭之愛攝力最大故在其極淡之水內加動物炭沸之或浸之則能收盡又

如將其動物炭浸在酒醕仍能消化而出之如加熱則先融而後化分遇藍色試紙則顯鹼類性又能與酸質化合成能消化而有苦味之鹽類質如用鹼類質或樹皮酸添入其鹽類質之水內結成白色之質若加沒石子酸則無改變加淡養五變爲黃色尋常出售之馬錢霜常含布路西亞少許加淡養五之時則變紅色馬錢霜之原質其式爲炭輕淡養四

試法　馬錢霜常含異質藥肆出售者總不能極淨內含司脫立格尼阿布路西亞顏色料若干如合於硝强水而變紅色則知含布路西亞如合於硫强水而變紅色則知

含薩里西尼如令不遇空氣而燒之則不應有灰其大而奇之苦味為最易分辨馬錢霜之法

將淨硫養與馬錢霜和勻則成無色之水如加鉀養二路養則成極深之紫色此色速變紅後變黃此為英書之試法而用此法可將含馬錢霜之水傾於白瓷板上添濃硫強水數滴後將鉀養二路養之粉置於水之一端則立即生深藍色或紫色此色遍通水面漸變紅黃至末變櫻色化學家特甫里用此試法每水六萬分內含馬錢霜一分即能顯出尋常用此法易分別千分水內含此質之一分他種植物鹼類質用此法試之則大半生深綠色如草色

此為化學家依波里之說如將馬錢霜合於碘養水則成紫色又合於汞綠則結成白色之質合於樹皮酸或鉀衰硫亦結成白色質合於鉀養鉻養則結成黃色質觀藥品記錄新書第二第三卷有醫士該所設變色分辨馬錢霜顏色料之各法

布路西亞　此質與馬錢霜有數相似之處尋常結成明光顆粒或成珍珠色之片如魚鱗苦味較馬錢霜更輕每一分能在水五百分內消化又在無水酒醕或正酒醕內易於消化其質有鹼類性能合於酸質成顆粒形之鹽類如將淡養合於布路西亞則成深紅色如加錫綠水則其紅色變為紫色觀化學新聞紙新印者第二卷第二十七頁有化學家司脫來克論其遇錫綠水所有變化之各理如添放養氣之質如硫養或輕硫則其色銷滅此物之原質為炭輕淡養其顆粒內所含之水每百分有十七分沛離拉書云醫士傅司以布路西亞與黃色料為馬錢霜中原有之一質而布路西亞之藥性更輕如加其服數則可代馬錢霜之用然必加其服數至十二倍即以四分釐之一至五釐為一服

化學家特司奈云馬錢霜與布路西亞已結成之後另有第三種本質存於其母水內名曰衣加蘇里亞此質成絲色針形顆粒味極苦每一分能在沸水二百分內消化而布路西亞質每一分須用沸水五百分方能消化又如其

水中含果酸再加鉀養二炭養則其質結成若為布路西亞則不結成見藥品記錄書第二十五卷第二百零二頁又有化學家書村白爵曾言衣加蘇里亞質含數種本質而各本質之原質不同又其能消化於水之數亦不同此鹼類質至少九種俱在衣加蘇里亞之內

功用　馬錢霜之功用與木鼈子之功用真相同而可代之惟其服數必極小略三十分釐之一至二十分釐之一為初用之服數後可加多至十二分釐之一為一服初用之時常在四肢端之筋內有自主之跳動睡時則較甦時更多如身有癱瘓處則初在此患處顯出又食物更覺易

於消化如食其大服則發重痾証而常有牙關緊閉等証顯出每數分時則稍退而復來故常服此藥之人覺筋有痾証則必暫時不用此因身體不能慣受此藥與砒霜等藥同閒有服此藥者其力增於身內而不散曾有一女子年十三歲食馬錢霜四分釐之三分爲三箇藥丸約一小時後卽死觀蘇格蘭醫學記錄書

馬錢霜之藥性易於用化學之法分辨之又人服之或動物服之所顯出痾証之據與他藥不同故凡用此爲毒藥者最易分辨此爲幸事前常用砒霜爲毒藥故英國特設律法以禁之後凡欲用毒藥之人常用馬錢霜代砒霜化

學家和勒設一法最易分辨馬錢霜卽將田雞置於含馬錢霜之水內如其水含馬錢霜千分釐之一則田雞必有重痾証

解法　最妙之解法卽多服動物炭能收馬錢霜而定於炭質內化學家苦爾薩言用樹皮酸爲最善之解法

馬錢霜水

取法　將馬錢霜顆粒四釐淡鹽强水六滴正酒醕二錢蒸水六錢將其鹽强水合於水四錢加馬錢霜在內加熱令消化後加其酒醕與其餘水

英書所設作此水之法爲馬錢霜輕綠而爲服此小服驗類之簡穩法見阿古尼低水每此水二錢含馬錢霜一釐每此水一滴含馬錢霜一百二十分釐之一每此水十二滴含馬錢霜十二分釐之一

服數　二滴至五滴漸加至十滴或更多

凡藥肆家存此藥必最謹慎不可與相似之藥同處排列卽如雞那以尼或薩里西尼等質是也又此毒性無色水亦不可與他種水同處排列應另擇一穩當之處而常置之可免誤中其毒

龍膽科　西名禽西阿尼依來西亞之名又名禽西阿尼茲

龍膽科植物在冷地與暖地遇見之又在有山之處亦遇

見之其內所含苦味之質爲有益之藥所以有數種常作補藥之用分爲兩分科

一　眞禽西阿尼依　此分科之花瓣未開時之排列法向右扭轉葉相對

二　米尼安替依　此分科之花瓣未開時之排列法成辮形葉遞更排列產於卑溼之處

散拖里由末　又名散拖里以里脫里阿坡爾孫之名藥品內用其將開之花頭俗名散拖里立尼由司列於五類一箇花心

此草爲代司可立弟司書中所名小散拖里而爲上等之補藥產於英國內而英書不載此藥

此草爲小草本葉相對排列榦直立有淡紅色花成花頭於枝端英國草地常見之自西六月開花至八月止

此草之各體有淨苦味惟其花之苦味較他處更淡凡應用苦味補藥可用此種如用水或酒醕俱能消化其有藥性之質

功用　爲補藥將其粉以三十釐爲一服其沖水即水一升內用此藥半兩以一兩半爲一服

龍膽草根　西名禽西阿尼根又名淡黃色禽西阿尼亞立尼由司之名藥品內用其乾根俗名黃色禽西阿尼亞立尼由司列於五箇鬚二箇花心

希臘國書中言及此草名曰禽西阿尼亞阿喇伯人書中亦名禽西阿尼亞

此草之根厚直立常成叉形內櫻色外黃色榦直高二尺至三尺其從根發出之葉似長卵形有五箇氣筋其梗上之葉無氣筋似銳卵形托花之葉似心形而略包圍其梗葉形凹俱有淡綠如海水色之粉花如第一百五十一圖成接連麥穗形其花每層成圈形花大光黃色萼爲膜形之質成片形苞分三分至四

第一百五十一圖

分花瓣似輪形底有綠色核五箇至六箇花瓣五出至六出尋常分兩分銳而有筋花鬚五箇鬚頭直爲圓錐形無花心莖子房口兩箇向外捲子房與子殼似梭形有一膛種子圓形似壓扁有膜形之邊此草產於亞卑斯山亞卑尼奴山比里尼山與歐羅巴他處之山

又有數種產常出售之龍膽草根即如亞卑斯山所生紫色龍膽草有點龍膽草藍縷形龍膽草又在雪山有苦爾烏龍膽草所產之根亦作藥品之用植物學家或以爲紫色龍膽草根爲藥肆常出售之紅色龍膽草之根

英國出售此藥根從日耳曼國與瑞士國運來而在歐羅巴亞卑斯山亞卑尼奴山等處聚會而用根之外其餘不作藥品法國所用者從疴威納等有山之省內得之其根之塊大小粗細不等尋常大如大指長數寸常有捩形與皺紋外櫻色內略黃色質頗軟而韌其臭淡味初甜後變淨苦味極重如浸於水或酒醕或葡萄酒或以脫俱能得其藥性之質如化分其根則得一種苦膏質名禽西阿尼又有樹膠糖質自格的尼蠟質古得止格定性油質黃色染料自散由徵迹又有一種酸質名曰禽西阿西克此質之淨者無色無味能成顆粒有淡酸性又因其根含糖等質如將其沖水合於膠質則發酵成一苦味之酒如蒸

此酒則得苦味酒醕瑞士國人與的羅爾邦人喜用此爲補胃藥

功用　爲苦性補藥胃不消化並病方退而欲補其精神此爲有名之藥間有人用以治依時而作之病並爲殺蟲藥與他種苦性藥相同

服數　其粉以十釐至三十釐爲一服一日三四服

龍膽草雜沖水

取法　將龍膽草根切片六十釐苦橘皮六十釐新鮮檸檬皮四分兩之一此三物須切碎至極細盛有蓋之器內用沸蒸水十兩沖之約一小時則濾之此方與倫書之方

相同英書原載此藥後去之一千八百六十七年又收入英書

龍膽草水

取法　將龍膽草根切片四分兩之一苦橘皮切細三十釐胡荽搥碎三十釐置於一器內傾入準酒醕二兩蓋密之待兩小時添合蒸水八兩再待兩小時以布濾之此即一千八百六十四年英書所名龍膽草雜水

功用　爲香補藥胃不消化之病可用之又加服酸質可以此爲配藥以一兩半爲一服

龍膽草雜水（此爲倫書之方）

取法　將龍膽草雜沖水十二兩辛拏葉雜沖水六兩白荳蔻雜酒二兩各質和勻

功用　爲輕瀉藥與補藥以一兩半爲一服一日兩三服此爲最便用之藥存於家中隨時用之

龍膽草雜酒

取法　將龍膽草根切片搥碎一兩半苦橘皮切片搥碎四分兩之三白荳蔻搥碎四分兩之一準酒醕一升其作法與作阿古尼低雜酒之法同

功用　爲補藥與開胃藥又可添入苦味沖水內以一錢至二錢爲一服

龍膽草膏

取法　將龍膽草根切碎一磅沸蒸水八升浸兩小時後沸一刻之久即傾出壓之濾之用熱水盆熬之至得其濃合於作丸爲度

功用　爲補藥以五釐至二十釐作若干丸爲一服常合於金類鹽類質服之

奇勒大（又名奇勒大哇非里阿格里司羅克之名即獐牙菜類印度之北取其全草爲藥品立尼由司列於三箇鬚一箇花心）

印度國孟加拉邦內用奇勒大爲苦味補藥即與歐羅巴用龍膽草同意此草印度人久作爲藥品或疑此草即古

人所謂香蘆即香指辣暮司（即香菖）然此說無憑（見雪山植物書第二百七十七頁）英國傳勒明初論此草在亞細亞查考記錄第十一卷第一百六十七頁言明此草歸龍膽草類內有植物學家歸於蘇阿爾弟亞類內又有植物學家歸於阿茄土替司類內又有植物學家格里司罷克云應歸哇非里阿類內常有人將奇勒大與印度所產苦藥名密頭形朱司弟西亞土名苦來亞他相混然印度有數種草與奇勒大極相似可以通用即雪山植物書第二百七十七頁所載者即如有一種名窄葉哇非里阿即化學家話辣所名蘇阿爾弟亞在印度之北土名布哈里奇勒大即山產之意另有一種眞奇勒大土名侘苦尼即南方之意此山產奇勒大從尼布辣運來又有一種草名四角形變克節苦末土名五大奇勒大即紫色之意

第一百五十二圖

奇勒大草如第一百五十二圖存一年高二尺至三尺餘獨直立圓平滑其枝尋常成對相交成正角幾爲直立葉相對排列略包圍其梗葉似銳戈頭形面平滑氣筋五箇至七箇花甚多而有花莖其上半成最佳繖形平頭又成對排列每分有兩箇花葉萼分四出其分似戈頭形而不落較花瓣更小花瓣黃色鱗形分四出而伸開花開放時則變枯乾花瓣未開時向右轉每分有二箇核形之凹有鬚邊鱗形質包圍之鬚四箇花鬚托線圓柱形各鬚在底少相連鬚頭在底劈開花心莖單子房口大分兩分子殼似圓柱形而較不落之花萼與花瓣更短有一臍分兩分在頂稍開種子多連於兩箇子房座此兩座黏連於子殼分之邊此草產於雪山之尼泊爾爲此山之一谷常出售之奇勒大爲乾者縛成捆榦櫻色長約三尺厚如鵞管根亦相連在花已開時取之草之全體最苦化學家拜得里云內含三種要質一爲不化合之酸質二爲最苦之膏質內含松香質與膠三爲鈣養與鉀養合於輕綠與硫養拜得里以爲酒醋所成之膏較淡黃色禽西阿尼亞更香而淡黃色禽西阿尼亞所含之膏質與膠質更多奇勒大浸於水內或酒醋內俱能消化其有藥性之質

功用　爲苦味補藥如胃不消化服之能開胃又病退時可爲補藥其冷沖水與熱沖水俱可通用惟熱地內用冷沖水較熱沖水更能合於胃不消化者又不令人嘔吐間有人將橘皮少許或白豆蔻少許添入其沖水內其浸酒

亦為合用之藥
奇勒大沖水
取法　將奇勒大切碎四分兩之一用一百二十度熱之蒸水十兩沖之蓋密其器待半小時則濾之
功用　為開胃藥以一兩半至三兩為一服食中飯前一服或一日兩服
奇勒大酒
取法　將奇勒大切片搗碎二兩半準酒醕一升用阿古尼低浸酒之法為之
服數　以一錢至三錢為一服

睡菜（西名米尼安替司又名三葉米尼安替司立尼由司之名以其葉為藥品西俗名白克豆又名三葉陽草立尼由司列於五箇鬚一箇花心）
睡菜雖久用之為藥然近時歐羅巴各國不常作為藥品此草之形甚佳或浮於水面而生或產於卑溼之地如英國或印度之克什米爾並歐羅巴與北亞美利加多處產之葉大梗長葉分三分花單紫色花頭花瓣內面生毛如鬚
如第一百五十三圖其梗與葉平滑臭小味苦而稍可憎依脫落沒司托弗之說其壓出之汁含最苦之質質內含淡氣若干名曰米尼安替尼又有櫻色膠質以奴里尼綠色小粉鉀養蘋果酸鉀養醋酸每百分含水七十五分浸於水或酒醕之內則能收其有藥性之質

第一百五十三圖

功用　為苦味補藥食其大服則有瀉性或吐性如食其磨粉之葉以二十釐為一服如服其沖水即葉半兩用水一升沖之以一兩半為一服一日兩三服

旋花科（西名康弗勿拉西依波郎之名西俗名縛草）
旋花科之植物與布里磨尼阿西依科茄科布拉其尼依科相類此科之草生於熱地平原與山谷間有產於極乾之處者又有數種其梗存一年故在溫和之地夏時生長茂盛有數種含瀉性之藥即如渣臘伯司卡暮尼得必得蔚藍色衣布米阿等是也
渣臘伯（又名瀉性愛刻蘇哥尼由末本他末之名其乾根頭入藥品產於墨西哥國渣臘伯城內之人謂之普爾茄即瀉性之意）
渣臘伯自一千六百九年歐羅巴人即知之初時從墨西哥國渣臘伯城運至英國由是名渣臘伯而英國語謂之渣臘初時以為此藥係渣臘伯米辣皮里（即紫茉莉）所生後有

人以爲渣臘伯康弗勿路司所生此爲立尼由司之名又名大根本依布米阿此爲米舍之名然此各草生於熱地而依洪波特書之說渣臘產於溫和之地幾爲冷地或有遮陰之山谷或山之斜面名曰沙拉巴普爾茄見洪波特新西班牙記第三本二十六頁然眞渣臘草係醫士好司登初自墨西哥送至英國所送種子生渣臘草有植物學家蜜蠟詳細查驗而記於種植字典第六次印者其葉平滑而渣臘伯康弗勿羅司之葉即現名渣臘伯巴他他之葉俱生細密之毛下面最多一千八百二十七年美國賓夕瓦尼邦藥品教習酷克司有土人自墨西哥送與活渣臘伯草連根者數顆

又有納托勒在美國醫學記錄書一千八百三十年二月之卷內講明之名曰渣臘伯衣布米阿後酷克司將其活根送與英國醫士湯勿生而於一千八百三十一年藥品書言明之又有杜那於一千八百三十六年倫書內言明此草約在此時或稍後若干時有植物學家勒丹奴哇將其活根送至法國巴黎種之又有施愛特往墨西哥國遊覽在安達斯山東面高六千尺之處氣岡奇阿拉地方取其眞渣臘伯活草與種子送至日耳曼國種之植物學家溫特羅脫與尼斯兩人名曰瀉性衣布米阿又有植物學家蘇揩里尼名曰施愛特衣布米阿法國植物學家百勒

旦名曰藥品衣布米阿又本他末名曰瀉性愛刻蘇哥尼由末醫士林特里云倫敦種植會有信一封係植物學家遮爾凡替之徒名屯由恩特哇必哥蘇住於哇里薩罷者信中指名常出售之渣臘爲此草所生近時歐羅巴數國在空曠處種之種植會園內並藥園內俱種之種植會人並醫士拜勒夫爾將其活根若干送與來拉運往雪山種之

如第一百五十四圖爲瀉性愛刻蘇哥尼由末又名瀉性衣布米阿其眞渣臘草根本係厚而生多頭者其頭似沙梨形外面櫻色內白色有多而長之絲紋幹爲籐本蔓延

頗高色櫻形圓平滑不生細毛葉莖長葉有心形其下葉略變爲三叉戈頭形葉底成深彎其尖銳不成分葉面平滑花莖從葉幹間角發出花兩朶尋常先開一朶既萎而後第二朶再開萼無副葉萼瓣五出鈍形端有利尖而有兩萼瓣在外花瓣大紅色或淡紅色有長杵形之管較萼長四倍花瓣之體似泿形有五瓣花瓣各分鈍形尖之邊少有齒形鬚五箇托線平滑長短不等而較花瓣之管更長鬚頭白色線

第一百五十四圖

形從花瓣外伸子房口成圓頭面有深槽子殼分兩膛膛內兩種子此草生於墨西哥國安達斯山之東高六千尺之處該處下雨甚多冬時有冰西八月九月開花其根頭大半在春發嫩芽時取之

又有一種名米斯荅蘭弟衣布米阿為初哇西之名又名哇里鬧罷衣布米阿為百勒旦之名與前者大為相似而產於墨西哥國華沙加邦內化學家林特里云疑此草為百勒旦所謂哇里鬧罷康弗勿路司即醫士施愛特在墨西哥國聞其土人所言用西班牙之名曰渣臘伯馬可或普爾茄馬可即陽渣臘之意然所見者祇為其根而此根

與瀉性愛刻蘇哥尼由末大為相似又有遮爾凡替之徒屯由恩特哇必哥蘇在林特里書中言作藥材貿易者以為其兩種渣臘伯根形性與成色大同小異又有數處此種更多而更大故疑常出售之渣臘內不分此兩種而沛離拉言此草所產之渣臘為大等者又名輕渣臘梭形渣臘陽渣臘

渣臘根頭大者如橘小者如胡桃其形尋常如梨或如蘿蔔其面常凸出角形小頭面平滑有皺紋或有小槽外面黑灰色渣臘根頭重而密剖面櫻色其臭可憎味辣而澀小頭囫圇大頭或分半或分四分或切成片又有或直或

圓刀割之痕在內此因欲令易乾而為之如橫割之而將其割面磨光似其質甚密又似深色磨光之木有更深色同心圈紋又有發光點線紋如將渣臘之根切碎或磨粉則臭大而惹鼻粉色淡櫻

尋常出售渣臘根或加假根於內以謀利歐羅巴他國出售者較英國更多即如哇里鬧罷衣布米阿即名輕渣臘又名榦渣臘奇布特名曰梭形渣臘又有一種假渣臘有玫瑰花香又有初哇西所名渣臘伯巴他他之小根即他人名曰大根本康弗勿路司又有人名曰渣臘伯康弗勿路司又有人將布來亞尼亞類司米辣西類米辣皮里類

之根雜於其內

化學家奇布特化分渣臘根不查盡其各鹽類與各原質每百分得松香質一七·六五分又得流質糖為酒醋所化出者內含自融化之鹽類質若干一九·〇分又有櫻色糖性膏質為水所化出者九·〇五分又得樹膠一〇·一二分小粉一八·七八分木質二一·六〇分糜費三·八〇分共得百分奇布特言依此法所得各數與前人所得者大不相同其內含之糖質疑與蔗糖同性因此真渣臘根與渣臘伯巴他他及玫瑰香渣臘伯等同類之根相似因此各根俱含糖其瀉性藉其松香質故用準酒醋消化之更佳如

以水消化之則得其膠與小粉而得其爲藥之質甚少渣臘根常有蟲蛀之而蟲所食者非其松香質故雖有蟲蛀亦不妨此松香質色灰不透光脆味辣能在酒醕內消化難在以脫中消化易在硫强水或醋酸內消化又易在鉀養水內消化如合於鹼類能成酸性質能在水中消化渣臘松香質在鹼類水中消化之再加硫强水不可有結成之質此爲試其純雜之要法近常有謀利者將渣臘松香質合於古阿以苦末如通入淡養氣至其水內則變綠色不能依此分辨之又能在以脫內消化而渣臘淨松香質不能在以脫內消化醫士益撒名此松香質曰羅弟哇里晳

尼即玫瑰色之意因合於濃硫養即變爲紅色也又擬其原質爲炭輕養又有化學家云渣臘根內含一種奇異酸質名渣臘巴克與定性油類配質相似

渣臘伯雜粉

取法　將渣臘伯粉五兩酸性鉀養果酸九兩薑粉一兩調和用細篩篩之至末用乳鉢輕磨勻

功用　爲引水瀉藥在大便久不通等病可用之以二十釐至六十釐爲一服

渣臘伯酒

取法　將渣臘伯粗粉二兩半準酒醕一升其取法與阿古尼低浸酒之法同

此浸酒含渣臘松香質並其數種藥性質消化於水中

功用　爲瀉藥常加入瀉藥水內以一錢至二錢爲一服

渣臘伯膏

取法　將渣臘粗粉一磅準酒醕四升蒸水八升先將渣臘在酒醕內浸七日後壓出其酒濾之蒸出其酒醕則餘軟膏質再將其渣臘在水內浸四小時壓出其水以佛蘭絨濾之而以熱水盆熬之至成軟膏將兩種膏和勻加熱不大於一百四十度熬至其濃合用爲度

此膏之方與倫書所設之方相似內含渣臘中所能消化

在水內之質如糖質與膠質等又含能在酒醕消化之質即如松香類等所有立故尼尼與小粉等質存於渣滓內

功用　爲瀉藥以十釐至二十釐爲一服

渣臘伯松香質

取法　將渣臘伯粗粉八兩準酒醕至足用蒸水至足用將其渣臘先置於有蓋之器內合於酒醕十六兩輕加熱浸二十四小時後全傾入過濾器內待其酒全濾出之後將酒醕若干添入過濾器內至渣臘藥性質全收出爲度又將水四兩添入其酒內而用熱水盆蒸出其酒醕乘熱時將其餘質傾於盆內待冷將其面上之水傾出而將其

餘下松香質以冷水洗兩三次後安置瓷板上用火爐或熱水盆加熱令乾

功用　此質內含渣臘之藥性質即渣臘松香質而較前藥之瀉性更大

服數　以三釐至五釐或十釐爲一服此方與今蘇書所設之膏方相似

化學家克勒名此質曰康弗勿里尼定其式爲炭輕養又想此質爲哥路哥司質所成另有一質名康弗勿里尼哇里

司卡暮尼根又名司卡暮尼康弗勿路司立尼由司之名藥品中用其乾根從敘利亞與小亞細亞運來又用其膠香類係刺其活根所得者

西國古時醫士希布可拉弟司以來即用司卡暮尼爲藥品阿喇伯人名曰司卡暮尼亞貿易內有數種常出售者司卡暮尼康弗勿路司之根爲存多年者形尖長三尺至四尺周九寸至十二寸質厚內含濇辣性之汁如乳其梗數多祇存一年形圓質細面平滑能在相近之草內纏繞又在地面亦繞轉葉有葉莖面平滑不分開長似箭頭形又似切斷形底有角而其分銳而散開花莖從葉幹間角發出獨生花三朶較葉長一倍萼瓣略鬆而平滑鈍卵形尖有回彎花瓣鐘形而多張開色淡黃如硫黃較萼略長三倍鬚五箇直立漸相近其長略爲花瓣三分之一花心

第一百五十五圖

莖略與鬚等長子房口白色形長直立平行而相離排列子房分兩膛每膛內有種子四箇子殼六分兩膛如第一百五十五圖甲爲萼瓣與花鬚乙爲花心莖與花心頂此草在希臘國並地中海東邊各邦爲常見之草

英國武官特爾肥勒在哥士島見一種康弗勿路司之類

亦名司卡暮尼康弗勿路司開黃色花面有紅色之條疑此草爲生司卡暮尼者又有士納福特云亞那多里亞生下等司卡暮尼運至士麥拿口故名士麥拿司卡暮尼西白托白云司卡暮尼係兩箇不同種之康弗勿路司草所產者一種名司卡暮尼康弗勿路司一種即前言之司卡暮尼疑即立尼由司所名成小粉康弗勿路司而林特里云成小粉康弗勿路司係馬德拉島所產之草而與司卡暮尼毫不相關疑其實爲粗毛康弗勿路司

司卡暮尼康弗勿路司之根本從敘里亞邦運至英國爲已乾者其瀉性略與渣臘根相似其根圓柱形間有上徑

三寸者外面櫻色內面白色臭小無味如將其粉合於以脫搖動之則生司卡暮尼松香質熬乾能得其粉所以化學家用此根所得松香類質較常出售之松香類質更淨而可恃

司卡暮尼爲鮮根之汁其取法將其根頭斜切斷以蛤類或小器具置於根之最低處受流出之乳形汁此汁存於便用之器皿待自乾名曰淸潔司卡暮尼常出售者難得此淨質英國所用者大半從士麥拿口運來士麥拿口之人馬大司在藥品記錄書第十三卷第二百六十七頁詳論取司卡暮尼之法近有法國化學家波蘭在一千八百

五十九年醫學新聞內亦論其取法此草生於士麥拿周圍大塊地面南至阿大利亞北至哇林波斯山如密安大生產甚多在米西亞平原最多希臘國人所取者最佳因希臘人較土爾其人更謹愼不令其料雜泥土或根等質在內土爾其人在作乾之先常加白石粉在內亦有添水者土爾其人又將此草之根煮於水中成膏與司卡暮尼汁調和安故日阿海口常發下等司卡暮尼至土爾其京都出售而從土爾其京都多發至奧地利國士麥拿每年出售上等司卡暮尼祇有七擔之多常出售者多下等其取法將上等司卡暮尼少許合於安故日阿司卡暮尼麥

小粉泥土樹膠等質俱合於水成膏質以手搏之或成餅形或裝於桶內出售

出售之上等司卡暮尼成參差形之塊面有磨擦之形色暗灰剖面凹凸如蛤殼之面新鮮者發光色如松香新剖面淡色不久則變爲一種深綠黑色略與古阿以苦末膠同顧取其極薄之片觀之則爲灰色少能透光重率得一·二質脆易於磨粉其粉爲灰色臭小而奇如呼氣於其面則香更顯明間有人聞其香似乎陳乳餅味小而辣如燒之則應幾燒盡餘下之灰應少又應能合於水成漿應在沸酒醕內幾全消化又在以脫內消化則每百分應收松

香質七十五分至八十二分苦里司脫生式曾化分陳人司卡暮尼質兩種所得各料之數得松香質八一·八分與八三·○分膠質六分與八分小粉一分與○分絲紋質與砂三·五分與三·二分水七·七分與七·二分可見司卡暮尼必列於膠香類之內惟其膠質爲少者

司卡暮尼中分出之松香質其味與臭與司卡暮尼同惟更淡耳暗綠櫻色如提淨之則爲淡黃酒色無臭無味如將其粉合於牛乳則成極細勻淨之酪其粉能在以脫內消化有便易之法能分辨其司卡暮尼質與松香類質即將手指搓擦之如合成白色之膏質則爲司卡暮尼而非

松香類

如中等與下等司卡暮尼為尋常出售者沛離拉云能依其質更重松香質更少折剖面頗暗色灰間略為黑色內有發光或白色之點形狀常與裝其質之器相合間有薄餅形間有參差形之塊其質如海絨分辨之有數種合於白色粉為謀利者所加則加輕綠必發沸又有含小粉者用碘酒試之則變藍色以上為易辨其中等與下等中清潔司卡暮尼之法

試法　司卡暮尼未變硬時謀利者加麵粉或灰或砂子等質間有人將榦葉壓出其汁添入司卡暮尼內沛離拉云常見白石粉小粉砂子古阿以苦末膠為其中所雜之異質間有含脫辣茄看得膠質應用輕綠試其含白石粉又應用碘試其含小粉如將其粉以以脫消化之則每百分應消化八十分至九十分間有見其塊外面有白石粉而內面無之似成塊之時拋於白色粉內令其不黏連如含古阿以苦末膠可用淡養氣分辨之又如含砂子與白石粉則燒之之後灰內能見之

功用　為重性瀉藥用其小服能顯大力故間有便用之時成人以十釐至十五釐為一服如用潔淨司卡暮尼以五釐至十釐為一服則已足常合於大黃或汞綠服之或在雜藥內用之間合於麵粉等料成乾餅與小兒服之

含此質之藥品　哥囉嘶雜膏哥囉嘶雜丸哥囉嘶羊躑躅雜丸

司卡暮尼雜散

取法　將司卡暮尼極細粉四兩渣臘伯細粉三兩薑細粉一兩和勻以細篩篩之用乳鉢輕磨勻

功用　為瀉藥以十釐至二十釐為一服

司卡暮尼甜膏

取法　將司卡暮尼細粉三兩薑細粉一兩半芫茜油一錢丁香油半錢糖漿三兩提淨蜜糖一兩半將其各粉合於糖漿與蜜糖成膏後添油質而和勻

功用　為行氣瀉藥以十釐至三十釐為一服

司卡暮尼松香類質

取法　將司卡暮尼根粗粉八兩準酒醕與蒸水至足用將司卡暮尼根粉合於酒醕十六兩盛於蓋密之器內輕加熱約二十四小時再換入一過濾器待其浸酒濾盡則在過濾器內添酒醕屢次為之至根之藥性收盡為度將其流出之酒置於甑內加水四兩和勻用熱水盆加熱蒸出其酒將其餘質乘熱時傾入盆內不蓋之以待冷將其面上流質傾出其餘之松香質以熱水洗兩三次後鋪於

瓷板用爐或熱水盆加熱令乾如以司卡暮尼粉代其根之粉亦可依同法爲之

此取法與取渣臘伯松香質略同所得之質較常出售之司卡暮尼更佳而功用更穩倫敦醫士華廉孫於一千八百五十六年七月內報一新法得據準其一人爲之其法令酒醋之霧過磨粉之根令其松香分出此松香類與渣臘伯松香類易於分辨因此松香類易在以脫中消化而渣臘伯松香類則不能消化法國人酤司曼云化分司卡暮尼尼得原質爲炭輕養又以爲司卡暮尼尼爲兩種質相合而成其一爲哥路哥司即炭輕養一爲司卡暮哇里即炭輕養

功用　司卡暮尼松香質以五釐至十釐爲一服則爲必效之瀉藥又合於牛乳或淡味流質服之如上等司卡暮尼每百分含松香類質八十分爲極少醫士彼拉云用酒醋消化上等司卡暮尼一百釐則得松香質八十釐若用正酒醋消化之則得松香質合於水成之膏質九十釐常出售之司卡暮尼松香類質常含他種松香類質爲謀利者所加入即如古阿以苦末松香質渣臘伯松香質與松香如含渣臘伯松香類質不能在淨以脫中消化如含古阿以苦末松香類質則合於淡養氣能變藍色如含松香則加松香油能消化或合於濃硫養則變深紅色此爲杜累勒之試法司卡暮尼松香類質在鹼類水中消化之添硫養不可有結成之質此與渣臘伯松香類質同

司卡暮尼酪

取法　將司卡暮尼松香類質四釐牛乳二兩先將司卡暮尼松香類質合於牛乳少許和勻已勻之後漸添其餘牛乳速磨勻之至成勻淨之乳酪

功用　此爲瀉性之乳酪其味不惡小兒服之以半兩至二兩爲一服

脣形科 西名辣皮阿替依珠西亞之名又名辣皮阿茲

脣形科與馬鞭草科布拉其尼依科最相近又與玄參科略相近脣形科之植物略在各國俱有之而在亞細亞歐羅巴阿非利加較亞美利加更多又在溫和之地亦更多內含自散油類質尋常含司替阿里布低尼間有含苦性質或濇性質少許

第一族　薄荷族 西名門塔愛弟依其花瓣幾爲正形花鬚相離爲直者

臘芬大拉 又名眞臘芬大拉特看札辣之名俗名臘芬大用其花頭入藥品

考究臘芬大之源流不知何時入藥品

眞臘芬大拉如第一百五十六圖係多枝之小樹高約四尺葉長或如線或如戈頭小嫩時生白色細毛如霜葉邊

向外彎花頭所成之花圈相接每一花圈有花六朶至十朶其包花葉略爲斜方卵形端尖質如木俱能生花其上

第一百五十六圖

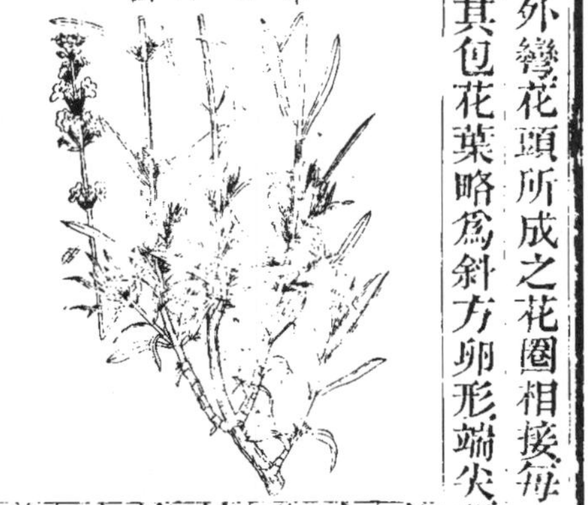

者較萼更短花葉幾無之花紫灰色萼如管形幾乎齊有五箇短齒形筋條十三箇間有十五箇花瓣上脣分兩分下脣分三分各分幾相等花喉少有發腫形花鬚兩對分長短向下彎鬚之托線平滑分開不成兩形鬚頭

內腎形內有一膛子房與果俱與脣形科各花相同生於歐羅巴空曠之山至阿非利加之北而止有種於園內者如英國蘇勒省之米綽末又黑爾德佛省之喜欽該處有一人種三十五英畝其花頭在西六月與七月取之

穗形臘芬大拉特看杜辣之名又名法國臘芬大拉又名寬葉臘芬大拉此種與眞臘芬大拉不同亦在同處生長易於分辨因其葉更寬又少有鈍卵形與葵扇形其香不及尋常臘芬大拉之可聞而功力則更大

臘芬大拉花頭尋常作乾之置於衣箱內得其香又能滅蟲花略爲灰色而因西國爲常見之花故名曰臘芬大拉色其香可聞味暖而苦藥性大半藉所含自散油質

功用　爲行氣藥治胃中發氣病英書不收其花入藥品

臘芬大油　又名英國臘芬大油

取法　用臘芬大花合於水蒸之與蒸別種自散油之法同

此油淡黃色臭最香味極辣重率〇八七至〇九四此爲一種流質自散油其內消化一種樟腦形之質名曰司替阿里布低尼此油能在正酒醕內消化又每一分能在準酒醕二分內消化此質亦能收養氣變爲酸質與他種自散油質同常有謀利者添入法國臘芬大油在內俗名司

配克油較英國臘芬大油其香更次而功力不遜

功用　行氣藥治胃中發氣以五滴至十滴爲一服

臘芬大酒

取法　將臘芬大油一兩以正酒醕四十九兩消化之此酒之濃較一千八百六十四年英書所作之酒得五分之一

功用　此酒作法尋常將其油在正酒醕內消化之若將其花合於酒醕蒸之亦可藥肆家常出售之臘芬大香水與此酒略同惟另加數種自散油質

臘芬大雜酒　西俗名臘芬大滴

取法　將桂皮搗碎一百五十釐肉豆蔻搗碎一百五十釐紅檀香木搗碎三百釐在正酒醕二升內浸之壓之濾之後添臘芬大油一錢半咾士預釐油十滴加正酒醕配足兩升

功用　此雜酒與倫書之方所作者相同內含臘芬大自散油並他種香料自散油俱在酒醕內消化而藉紅檀香木得紅色此雜酒爲行氣與提精神之藥如婦女妄言笑或胃中發氣而作痛俱可服之以十五滴至二錢爲一服鉀養鉀養水內亦加此料

薄荷類　西名門塔

此類之萼幾爲平齊有五齒花瓣之管包圍其體幾相等分四分上分少寬鬚四箇長相等鬚頭有兩箇平行之膛花心莖分成叉形子房口在叉形之端果乾而平滑

薄荷類之味與臭甚奇自古以來作藥品之用希臘人名曰門塔又名希佗司磨司又名揩拉門塔阿喇伯人名曰那那又有數種當香菜食之然因古人書內所言各種不甚詳故不能分辨古時所用之名爲今之何種

綠薄荷　西名綠門塔西俗名思卑耳門塔

綠薄荷西國多年作藥品之用如第一百五十七圖其根蔓於地面梗直立而平滑葉無托線戈頭形尖碎其邊所成齒形各處大小不等面不生毛下有核形而在花下之葉爲花葉形之葉此種葉並花萼或生毛或平滑不定花頭爲圓柱形之線形花葉錐形花頭之各圈或相近或其下者相離或全相離不定花瓣面不生毛鬚頗長產於歐洲暖和處卑溼地近今地面多處種植之爲藥品者將開花時取之

第一百五十七圖

此草有有趣之臭與可聞之香味微苦

功用　爲行氣藥治胃中發氣之病

綠薄荷油　又名英國思卑耳門塔油

取法　將其開花者合於水蒸之與蒸他種自散油質同

功用　此油原爲淡黃色久之略變紅色其臭大而有趣味初辣後涼此草之功力藉此油質每薄荷五百分合油一分凡綠薄荷油合於他藥內亦顯其性爲行氣藥治胃中發氣以二滴至十滴爲一服

綠薄荷水　又名思卑耳門塔水

取法　將英國綠薄荷油一錢半水十二升蒸之得水八升為度

功用　治胃中發氣又可合於他種藥內以一兩半為一服

水蘇 西名犇味門塔西 俗名胡椒薄荷

西歷一千七百至一千八百年之間英國將水蘇收入藥品內

如第一百五十八圖其根蔓於地面梗附於地面端向上平滑或少有伸開之毛葉有莖似卵形戈頭形尖銳底圓面平滑邊有鋸齒形其包花葉更小而似戈頭形花頭鬆

其上花圍聚成短鈍密花頭下各圍彼此相離萼如管形

第一百五十八圖

下面無毛有戈頭形與圓錐形之齒英國低窪處並歐羅巴他處產之英國米綽末藥園內種之在花初開時採取聚合自西七月至九月開花

水蘇之香大易遍通至遠處味唆而有趣初暖而後涼其性藉自散油質與苦味質並樹皮酸若干此各質為酒醋消化而有數分為水所收服水蘇之法或用其油或用其酒或蒸水成沖水俱可

功用　為行氣藥治胃中發氣如腹中因有氣而痛則可服之或為易散之行氣藥或能治嘔吐並腹痛或合於他藥作掩味之料

水蘇油 西名犇味門塔又名英國胡椒薄荷油

取法　將其新開之花合於水蒸之與蒸他種自散油之法同

水蘇油為水蘇每二百分之一分初時無色不久變為淡綠黃色為時愈久則色愈深其臭香能通至遠處味初犇

後涼重率〇九〇二加熱至三百六十五度則沸減熱至負十二度或令自化散或加壓力則成白色針形顆粒名曰司替阿里布低尼北亞美利加並廣州所出之薄荷油內有數種其司替阿里布低尼能自分出或言此油為炭輕養所成又言司替阿里布低尼為炭輕養所成化學家話勒太云此各數應加倍為宜

功用　為行氣藥能治胃中發氣以二滴至五滴為一服滴於洋糖一塊上服之

水蘇水 西名犇味門塔水

取法　將英國胡椒薄荷油一錢半水十二升蒸之得八

升爲度
功用　治胃中發氣又常用以配他藥以一兩至三兩爲一服如鐵香雜水內用之
水蘇酒 西名辟味門塔酒
取法　此取法與臘芬大拉酒相同此酒之濃較一千八百六十四年英書之方所作者得五分之一而較倫書之方所作者得九分之一
功用　爲行氣藥以半錢至一錢爲一服
水蘇油酒 西名辟味門塔濃酒
取法　將水蘇油一兩正酒醋四兩和勻此爲濃酒每五

分內有油一分而其淡者每五十分內有油一分
服數　以十滴至二十滴爲一服
胡薄荷 西名坡里其由末門塔英俗名賚尼落由此爲倫書之方
植物學家疑此草係希臘人所稱布里眞又係羅馬人布里尼所稱布里其恩
如第一百五十九圖此草之根蔓於地面梗多分枝附於地面而多生根葉略長半寸有葉莖或爲卵形或爲橢圓形邊有齒上葉更小而各葉有透光凸點少生

第一百五十九圖

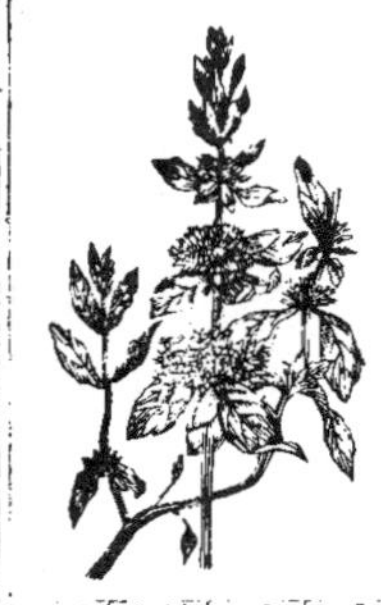

毛花頭之圈無托線俱爲相離間成球形花甚多萼生多毛管形成兩脣而在喉內生細毛如呢花瓣淡紫色生於歐羅巴卑溼地在初開花時取之
此草全體有大香味暖而香微苦其性藉所含自散油與樹皮酸又與他種薄荷大同小異
胡薄荷油 西名坡里其由末門塔油此爲倫書之方
取法　將此草合於水蒸之
功用　爲行氣藥治胃中發氣以一滴至五滴爲一服
胡薄荷水 此爲倫書之方
取法　與取水蘇水之法同

功用　此各藥之功用與服數俱與水蘇及薄荷相同
第二族　磨那爾弟依族 花瓣雙脣形花鬚兩箇但能成熟而在下口脣平行排列
磨那爾弟依科內有一種草名藥品薩里肥阿 即荊芥 自古以來作爲藥品希臘國書中亦記之大約與脣形科他種植物可通用其性辣而香其油內含司替阿里布低尼而其草含苦性質甚多
藥品咾士稹釐尼 西俗名咾士稹釐立尼由司列於二箇鬚一箇花心
咾士稹釐尼前人名曰里罷奴替酷羅那里亞阿喇伯人譯此名曰阿克里勒阿拉其蒲勒即山冕之意
此爲多葉之矮樹如第一百六十圖高五六尺葉無托莖

形長而窄邊向外彎下面略帶白色如霜花少成短密頭從葉榦間角發出幾無花莖所成分花頭彼此相對排列成一長花頭其包花葉較其紫色萼更短萼分兩唇形上者全下者分兩分花瓣成藍色或爲臘芬大色其內不成

第一百六十圖

圈形其喉少有腫形上唇尖之邊有齒形下唇分三分其中分較別分更大形凹向下垂花對托綫近底處少有齒形鬚頭綫形內有兩箇相交排列彼此相通之膛花心莖上分最短產於歐羅巴南方石之山並不甚細

亞與敘利亞等處

咾士孭蘆花頭應在初開時取之臭最大味暖而苦微澀其藥性藉所含自散油並其苦質與樹皮酸

功用　爲行氣藥治胃中發氣有多人以爲能令頭髮不脫有數種香料亦多用之如匃牙利香水與哥羅尼香水又那爾本所產蜜糖其味最佳或言其蜜蜂多從此樹採花此爲林特里之說

咾士孭蘆油

取法　將其臨開花之樹頭合於水蒸之

每咾士孭蘆樹頭一擔祇能得油四兩至五兩間有幾不能蒸出油者見藥品記錄書第二卷第五百十六頁此油無色而其藥性與其本體藥性相同重率得〇八八從遠處運進此油尋常不淨者多如一千八百六十四年英書所言咾士孭蘆油近時甚少難於得之

功用　爲行氣藥大半在外科用之又添入香料之內如臘芬大拉雜酒並肥皂洗藥俱含之

咾士孭蘆酒

取法　此取法與臘芬大拉酒之取法同其濃較一千八百六十四年英書之方所作者得六分之一而較倫書所設之方含油多十三倍

功用　爲行氣之酒常添入洗藥內令其香可聞

第三族　薩士爾以尼依族花瓣雙唇形鬚四箇彼此相離鬚頭內之膛分開而相遠

尋常啞里茄奴末西俗名瑪爾助拉末即廣東荆芥

希臘人書中所言啞里茄奴並阿喇伯人書中所言薩塔爾想必爲此草

如第一百六十一圖甲爲甘瑪爾助拉末乙爲尋常啞里茄奴末其根蔓生地面梗直立高一二尺葉有筋寬而似鈍卵形常少有鋸齒形花頭長有四面瓦背排列有花葉合成花莖長短頭平齊之花頭花葉鈍卵形有色較花萼

第一百六十一圖

更長萼有五箇等長之齒氣筋十箇至十三箇喉中有毛花瓣上脣直幾爲平下脣向外伸分三分花鬚相離鬚頭兩分相連處略爲三角形其不自裂之硬子殼頗平滑此草產於歐羅巴並地中海東各邦直至雪山而止

瑪爾助拉啞里茄奴末（立尼由司之名）近時常用之名曰園中瑪爾助拉末（孟起之名）俗名甘瑪爾助拉末此草產於歐羅巴與敘利亞

又有一種野瑪爾助拉末臭大而有趣味苦而有香其乾者亦存此味其藥性大半藉所含自散油昔時列於藥品內近時不作爲藥品

功用　爲行氣藥治胃中發氣可用其沖水

啞里茄奴末油（又名瑪爾助拉末油又名太靡油）

取法　將瑪爾助拉末草合於水蒸之即得紅色之油再蒸之則變無色

功用　爲行氣藥以五滴至十滴爲一服尋常爲外科之用合於橄欖油等治牙痛病

化學家漢白里云英國藥肆常出售此油不惟其俗名爲太靡油實爲太靡草所成而與太靡油無所分別此太靡油係法國南邊府納省內所作而其草之正名曰尋常太靡烏司該處所蒸者甚多

太靡油內含司替阿里布低尼之一種名太靡哇里又有自散之質名太靡以尼此質與松香油同原異物此爲拉勒曼之說

第四族　紫蘇族（西名米里西尼依花瓣雙脣形鬚彼此相離鬚頭內膛在上相連）

紫蘇（西名藥品米里西立尼由司之名西俗名波勒末）

植物學家以爲此草係代司可立弟司書中所謂米里西傅倫

如第一百六十二圖此草之梗分支高一尺至二尺葉似卵形而銳其底心形邊有齒花白色從葉幹間角發出成一邊之花穗萼有十三箇氣筋略爲鐘形前面稍似肚腹形有兩脣上脣平似切斷有三箇小寬之齒下脣有兩箇戈頭形之齒花瓣上脣凹形下脣伸開分三分而鬚頭之尖在花瓣上脣之下連合鬚頭之膛彼此相離產於歐羅巴之南又在英國內種之

第一百六十二圖

紫蘇之臭有趣似檸檬味平和而香少有濇性其功力所

藉之質與脣形科他類之草同即自散油苦性質樹皮酸今不作正藥品

功用　爲平和行氣藥歐羅巴他國多用之治腦筋輕病尋常用其沖水以紫蘇四錢以沸水一升沖之俗名波勒末茶

第五族　草石蠶族西名司太起弟依此族之花鬚漸相近而在花瓣之下脣平行排列其下兩箇鬚爲最大者萼管形或爲鐘形向前外伸

尋常瑪羅比由末西俗名呼爾好納特

其白色者尋常用爲藥品能治咳嗽又爲香味補藥等然不入正藥品內如第一百六十三圖

第一百六十三圖

玄參科西名司苦陸夫賴里依英俗名無花果草

此科與脣形科相類又與茄科相類天下各國俱有之此科植物俱有辣性然其大半藥性最淡惟毛地黃之藥性最猛有一種在英國生長者名節形司苦陸夫賴里即玄參稍有辣性間有人用以作油膏治久不散之瘡與瘤

毛地黃西名弟其大里司又名紫色弟其大里司立尼由司之名英俗名狐狸紫色手套藥品中用其乾葉係野生之草其花略開三分之二則摘之

古人大約不知用毛地黃爲藥品初言之者福息由司名曰弟其大里司因其形狀似手套之一指一千六百六十八年與一千七百二十一年倫書中載之而一千七百四十五年去之後於一千七百七十五年醫士韋脫令仍收入正藥品內而存至於今

毛地黃如第一百六十四圖存二年根多絲紋第一年從根發苗成一叢第二年從叢中發榦高一尺至五尺此榦直立平滑多生葉惟有彎曲形面生多細毛有數種紫色

而其葉之下面亦爲紫色葉遞更排列爲卵形戈頭形或爲長形邊有齒面有縐紋生細毛在下面細毛更多而在其底漸收小成翅形葉尌花頭爲榦之端長而鬆花在花榦之一邊一一漸生長向下垂花色大紅或紫有點似睛內生毛間有白色者萼分五分各分或爲卵形或長而鋭

第一百六十四圖

花瓣向下彎較萼更長在底收小在上似鐘形與肚腹形體爲斜垂上體尖之邊齒形下體分三分中分大各分短而鈍花鬚四箇分長短兩對向上排列鬚頭平滑子房口

直分兩分子殼似鋭卵形而自裂成分殼種子極小淡樱色而有小凹形點此草爲英國原產之草又在歐羅巴西邊他國内亦常見之在草地並山邊顯露處及種植之地遇見之初在西六月與七月開花至八月九月種子方熟藥品中用其葉其根在第一年之秋時或冬時取之其藥性亦重其種子藥性亦重此草之葉並其二年内之葉依胡勒登之說應在第二年取之在初開花時爲佳又有紫色梗更爲合用苦里司脱生云不必照此意而摘之又云其爲藥之性大半藉其苦味在西二月與九月苦味最重又作其葉膏在西四月間尚未發開花之榦時取之則其

藥性亦最大而葉内定質之數在夏時較冬時更多化學家芬希司將西五月内所摘鮮葉作乾之每百分得定質一五八分如在七月所摘者得一七四分所用之葉應生長已足而無病者其自生於顯露之處者更佳應在花頭頂花未開時取之先去其中莖與葉筋在暗而通風之房内作乾之不可見日光每年應換鮮者因存過一年則其性稍次其色應暗綠磨成粉應得細綠色其臭小味應極苦與其鮮者同又可將其鮮葉壓出其汁而熬成膏或沖水或浸酒得其藥性曾有人將毛地黃之葉化分之得自散油微迹定性油類質紅色植物顏料克羅路非勒阿勒

布門小粉糖質膠質鉀養鹽類鈣養鹽類鎂養鹽類有一種酸性之質幾分與他質化合幾分與他質不化合又有一奇異苦味質名曰弟其大里尼此草之藥性藉此苦味質此爲呼蓍勒之說此苦性質能在酒醕内消化少能在以脱中消化又能在水中消化但在水内消化藉所有相合之質助其消化如合於鐵綠則成綠黑色質又合於没石子酒則成灰色質呼蓍勒初用樹皮酸與鉛養分出弟其大里尼後有恆里亦依此法得之

醫士司脫零將毛地黃之乾葉乾蒸之得能燒之油質内含顆粒形之質有甯睡之性

西藥大成五之三　毛地黃

毛地黃之葉出售者常雜他種葉在内如達普蘇司勿爾罷司苦没藥品辛非杜没間有鬆魚鱗形哥尼薩即蓬類之一種之葉而此各葉易於分辨之

英書云毛地黃葉如卵形戈頭形葉莖短面有縐紋與軟細毛下面淡色邊有齒形

功用　爲平火安心藥初服時能令心之力更大而動數頗多後即減小如服之過限則惹腸胃又能令腦髓與五官昏暈不省人事間有感動内腎而生溺更多其力在人身内漸加增故服之數次有嘔吐或心停歇之弊應暫不用之又其人應卧於牀即如心之病或發熱或生炎或肺

之病待其重證已退則可用之令心合法行動又如腦筋不安之病亦可用之如各種水腫病或用之爲利小便藥若除水腫之外另有全身軟弱而兼他病者則其功用最大

服數　以其粉爲平火安心藥則以一釐至一釐半爲一服一日五六服然必謹慎察其在人身內所顯之證據如何如爲利小便藥則以一釐至三釐爲一服一日三服尋常合於香料服之然不可合於含樹皮酸之藥恐其有藥性之質結成

解法　凡有服毛地黄過限或欲自盡而服之者則必立

刻令其胃內之質嘔出又用沖淡薄之質助胃易吐又必服含樹皮酸之質如沒石子沖水橡樹皮沖水或綠茶沖水其人應平臥於牀又應服淡輕養葡萄酒白蘭地酒香料等

毛地黄沖水

取法　將毛地黄乾葉三十釐用沸蒸水半升沖之濾之

功用　此爲用此藥最合式之法以四錢至一兩爲一服每三小時或六小時飲一服

毛地黄酒

取法　將毛地黄葉粗粉二兩半準酒醕一升依阿古尼低浸酒之法爲之

功用　爲平火安心藥又爲利小便藥以十滴至四十滴爲一服而其服數必漸增多又可用更大之服以半兩爲一服近有醫士用此更大之服治酒狂等病第用此大服必多危險

毛地黄洗藥

如肚腹擦毛地黄酒與肥皂洗藥尋常能得利小便之益處又有法用毛地黄沖水二兩淡輕水二錢罌粟子油四錢（此油之取法與杏仁油同）三質和勻成洗藥擦之一日二三次如嫌太濃則可沖淡之

弟其大里尼（此爲毛地黄內有藥性之質）

此藥令毛地黄有苦味之質化學家呼暮勒初考得之毒性最重能令人不省人事而死服其微數則其藥性與毛地黄同又因其藥之濃淡有一定故較服毛地黄之葉更爲可恃英書設法取此質與呼暮勒所設之法相似如毛地黄酒醕膏合於醋酸則消化弟其大里尼加樹皮酸則結成再用鉛養令其樹皮酸分出又用輕硫分出其鉛

取法　將毛地黄葉粗粉四十兩準酒醕蒸水醋酸提淨動物炭淡輕水樹皮酸鉛養細粉淨以脫各質至足用將毛地黄葉合於酒醕八升加熱一百二十度約二十四小

時爲止則將其質置於過濾器待其酒流下後再將酒醕八升傾入過濾器內令其漸流下於是蒸出其酒醕之大半而將其餘質以熱水盆熬之至酒醕全散爲度將餘下膏質合於蒸水五兩此水內必先加醋酸半兩將所得之水合於提淨動物炭四分兩之一濾之而將濾得之水合於蒸水沖淡至補足一升爲度加淡輕水至幾足滅其性後添樹皮酸一百四十釐此酸先用蒸水三兩消化之將所結成之質用蒸水少許洗之又加酒醕少許和勻而添鉛養四分兩之一各質在乳鉢內磨勻將此全料盛於燒瓶內加酒醕四兩加熱至一百六十度速加此熱略一小

時再添提淨動物炭四分兩之一傾於濾紙上濾之將濾得之質用熱水盆逐去其酒醕將所餘之質屢次用淨以脫洗之

消化之時加熱至一百二十度之故因欲令其酒醕不化散而無靡費後置於甑中蒸之至所得餘質有膏之形狀此膏所含之質爲弟其大里尼與其葉內之他質能消化於酒醕內者用淡醋酸則其弟其大里尼並顏色料等質消化所存者爲其油質與松香性質後將其顏色料用動物炭分出其若干分其醋酸幾爲淡輕養滅其性後加樹皮酸水則所成之質爲弟其大里尼樹皮酸不能消化之

質此質合於酒醕與鉛養加熱消化之則樹皮酸與鉛養化合而成不能消化之鉛養樹皮酸質而其弟其大里尼消化於酒醕內再合於動物炭加熱蒸出其酒醕將所餘下之粉用以脫洗之則能去其餘之異質

化學家勒波爾待亦設法取弟其大里尼其法將其葉之沖水合於許多動物炭搖動之則動物炭收出其水內所含一切弟其大里尼濾之洗之以酒醕沸之熬之得若干體積之時則有粉類沈下將此質洗之又以酒醕消化之待酒醕自散則得弟其大里尼顆粒

依前法所得弟其大里尼非顆粒形而成白色鬆塊或鱗

其面有小凸點如小乳頭在酒醕內最易消化而在水與以脫內幾不能消化又無鹼性之變化能在酸質內消化而與酸質不能合成中立性之鹽類所以不可當爲鹼類質必當爲中立性之質前人名曰弟其大里阿後改名曰弟其大里尼如將弟其大里尼合於硫養是令其溼則成美觀之紫色惟不久即散此爲勒波爾待試得之說如將其水在輕綠中消化之則得淡黃色惟速變綠色合於樹皮酸則有質結成其苦味與惹胃之性爲此藥最緊要之性情如將其粉作鼻煙聞之則惹鼻最重如將弟其大里尼不盎斯而燒之則不應有餘下之質即與他種生物質

同理

弟其大里尼之原質與其原質之式化學家尚不能同意疑其爲繁質而爲哥路哥歲弟之類化學家酷司曼云無水弟其大里尼之原質爲炭輕養惟易收空氣中水氣入質點如加熱至二百十二度則逐去其水質化分弟其大里尼成葡萄糖與他種鹼類質名曰弟其大里里低尼其式爲炭輕養

功用　弟其大里尼爲利小便藥與平火安心藥與毛地黃相同然其毒性最大用之必謹慎或合於醋酸服之或合於酒醋服之俱可

服數　以三十分釐之一至十分釐之一爲一服

另有兩種草葉尋常人用爲潤內外皮藥即墨來那類有一種草名達普蘇司勿爾罷司苦沒又有一種名節形司苦陸夫賴里爲引炎藥此兩種亦屬於此科內間有人將勿爾罷司苦沒列於茄科內

茄科西名蘇辣尼依珠西亞之名立尼由司列於五箇瓣一箇花心

茄科之植物與旋花科之植物相類又與玄參科數種植物難於分別如勿爾罷司苦沒等是也茄科植物大半生於熱地間有爲矮樹之形或有木本者另有數種生長於溫和之處又在更冷之地間能見之有數種具甯睡之性

羊泉西名杜勒楷瑪勒又名甜苦蘇辣尼立尼由司之名英俗名苦甜草藥品內用其嫩枝作乾之英國所取者爲已落葉之枝

羊泉疑古人已爲藥品而從醫士特拉故司以來書中俱記之

如第一百六十五圖此草之根有木形幹似矮樹其質韌能任意彎曲在活籬笆或矮樹纏繞高十二尺至十五尺葉爲卵形與心形上葉有耳葉或大或小合其全葉似三义戈頭其葉俱略平滑端銳邊無齒花串伸開合成平頭而與葉相對或爲枝之頂花向下垂花萼極小萼不落分五出花瓣輪形分五出色紫每出之底有兩箇綠色點鬚

第一百六十五圖

頭五箇直立黃色連合而在頂有兩箇微孔裸果大紅色略似卵形內多汁種子甚多在歐洲各國樹林內或活籬笆內常見之亞細亞與亞美利加亦有之

龍葵西名黑色蘇辣尼如第一百六十六圖爲小而多葉之草葉銳所成之角爲鈍者花白色輪形果實略與豆同大或言與羊泉同性亦有甯睡之性其葉間有入市售作爲啤啦吶喲之葉又有諸類名根頭蘇辣尼其被蓋合小

粉甚多，或言其小枝亦有相同之藥性

第一百六十六圖

羊泉之爲藥品者，爲其幹與小枝，應在秋時取之，即依英書所言，葉落後取之。常見者略與筆管同大，分成小條，間有在中劈開者，乾時更輕而有縐紋，內含多樹心料，色灰。此形狀者無香，其味初覺苦，後覺甜。意其根與葉及果亦有同性情，俱能在水或酒醕內消化。化分其枝，則得鹼類質，名蘇辣尼亞，又名蘇辣尼尼，又含樹膠、哥路登、鉀養鹽類、鈣養鹽類。化學家法甫云，另含一種苦味質，嘗之之後，口中覺甜，名曰杜勒楷瑪勒，以尼而百勒替耶云此質祗爲尋常之糖與蘇辣尼亞相合者。蘇辣尼亞質提淨之後，則爲白色而成顆粒，爲不全者，光色似珍珠。將力低暮司加酸質令變紅色，再加此料，則復其原色。又如合於碘或鉀碘，則成黑色或暗櫻色。無論用蘇辣尼亞或其鹽類之水，俱有此性。其味淡苦，其鹽類幾不能成顆粒，點於眼內，不令瞳人放大，或言其𥨊睡之性甚大。

功用　如皮膚之各病，服此有改血性，少能感動皮膚與內腎，又少有𥨊睡性。

羊泉沖水

取法　將羊泉搥碎一兩，用沸蒸水十兩沖之，蓋密其器，待一小時濾之。倫書中載其煮水之方。

功用　爲改血藥，以一兩半爲一服，一日二三服，合於香料水服之。醫士或用之治數種皮膚之病。

嗶啦呫嘞

葉又名嗶啦呫嘞阿脫路龍立尼由司之，有用其葉之新鮮者或乾者，又用其新鮮之枝或乾根。案西藥略釋譯曰顛茄

植物學家以此草即古時所稱嗺弗辣司佗司所稱曼脫拉古拉（案舊約書譯曰風茄，疑誤），又疑爲代司可立弟司所稱司脫立克奴司曼尼古司，而初在書中言明之者，係特拉古司。又言歐羅巴初用之，在日耳曼國內治癰疽。

此草之形如第一百六十七圖，色略紅，如搥之或擊之，則發難聞之臭，根存多年，分支內有厚軟質白色，其幹每年枯萎，係草木，高三尺至五尺，分多枝，形圓，少生細毛，或有剪絨形，少帶紅色，葉有短葉柄，從旁發出，常成不等長之對，形似銳寬之卵，不成分葉而平滑，而略長四寸至

第一百六十七圖

五寸下面常有毛花獨生略從葉幹間角發出花有莖略長一寸少向下垂萼似鐘形分五出花瓣如圖之一號似鐘形略長一寸卽較萼略長一倍向底處綠色向其邊深櫻色邊分五等分鬚五箇在上相離花心莖如圖之二號與花瓣等長子房口如圖之三號圓頭樑果如圖之四號在其放大之萼內球形分兩膛而爲光亮茄花黑色略大如小櫻桃兩面有摺槽內有兩膛膛內含種子內腎形其子存於甜味汁內此汁嘗之無趣亦無可憎此草產於歐羅巴空曠處或遮陰處在西六月七月開花九月則果熟唓啦吖喇在英國喜欽多種之有一處有四英畝（案卽中畝約二十八）專種此草每年所得者每畝一噸至五噸不定種之之法或用種子或分其根已生兩年則在西七月內開花最多時則取之其取法斫下立卽作膏因存之必壞作此工夫者其眼大受其草之害卽瞳人放大之患

依英書所設之法其葉必從其野草或人種之草同枝連斫而必待其初結果時取之葉遞更排列長三寸至六寸爲鋭卵形無分葉面平滑而其上者成不等之對此爲英書之說

唓啦吖喇之根亦分支厚軟長一二尺厚一二寸新鮮者白色乾時卽變灰色味淡而苦臭亦少功力甚大應在秋時或春時取之英國多種之尚不足用故大半所用從日耳曼運其乾者其葉從榦採下謹愼作乾則有暗綠色臭最少味微苦其野生者之葉較人種者更佳而藥肆家常將龍葵之葉並羊泉之葉當唓啦吖喇售與人用之因其功力不顯則用之者以爲此藥無用然其葉易於分辨自是鋭卵形無分葉面不生毛揰之則發可憎之臭

化學家步蘭德士化分唓啦吖喇之葉得樹膠小粉阿勒布門克羅路非勒蠟質少許數種鹽類立故尼尼水又有兩種含淡氣之質一爲假毒克西尼一爲非拖酷拉又有一種最毒之鹼質與蘋果酸化合成鹽類卽阿脫路比亞其根含阿脫路比亞較葉更多

功用　止痛治轉筋如外科中用之亦可止痛眼科用之令瞳人放大其根之性情與葉略同又其果實常有小兒服之受其毒服之之後則喉覺乾而不通咽物極難又覺有嘔性眼視不清瞳人放大頭暈發狂或多笑或言語錯亂後失知覺間有用之止痛而令人睡如腦筋等病痛用之能止痛然其治外痛較治內痛更合用如哮咳與他種咳嗽用之能安腦筋如疹子病有人以爲服此可爲預防之藥

服數　其葉之粉以一釐爲一服漸加至五釐爲一服或

漸加至喉覺乾爲度如用阿脫路比亞十分釐之一其藥性相等而醫士用之令瞳人放大凡用啤啦吖喇不可同時用定性鹼類質覩羊躑躅一節

啤啦吖喇膏

取法　用啤啦吖喇之鮮葉與嫩枝其取法與阿古尼低膏之取法同

功用　啤啦吖喇膏其藥性之濃淡無一定因常出售者不謹慎爲之如英書所設之方最佳然必謹慎其細微之事否則易誤苦里司脫生設法作其酒醋膏

服數　半釐至一釐爲一服一日兩三服漸增至五釐或

增至顯出啤啦吖喇藥性爲度或用以擦於眉稜上令瞳人放大或將其水若干滴滴入眼內或可當洗藥之用或可噴入皮膚內治大痛又有醫士用之治第一胎產孕太久擦於子宮骨外又治溺管變窄與肛門肉筋斂縮之痛等病

啤啦吖喇酒

取法　將啤啦吖喇葉粗粉一兩準酒醋一升其取法與阿古尼低浸酒之法同

此浸酒之濃較倫書之方所作者得二分之一

功用　爲治痛之藥

服數　以十滴至二十滴爲一服

啤啦吖喇膏藥

取法　將啤啦吖喇膏三兩松脂膏藥三兩正酒醋六兩將其膏與酒醋置乳鉢內磨勻之待其不消化之質沉下後則傾出其清水蒸出其酒醋或熬乾之將所得酒醋膏合於已用熱水益融化之松脂膏藥質連加熱調之至其膏得合用之濃此爲新設之方其膏內含阿脫路比亞而不含其酒醋內不能消化之膏質

啤啦吖喇油膏

取法　將啤啦吖喇膏八十釐合於蒸水數滴磨勻添提

淨豬油一兩和勻

功用　此藥可治腦筋等病之痛又可將啤啦吖喇作沖水或洗藥作外科之用

解法　用吐藥或瀉藥或收斂性之沖水或在頭上減熱又用外科之行氣血各法如服此藥者已有暈睡情形則可服淡輕養四與治毛地黃之毒相同覩毛地黃一節

阿脫路比亞　此爲鹼性毒藥而從啤啦吖喇根取出又名阿脫路比尼

啤啦吖喇之藥性俱藉此鹼類質此質於一千八百十九年化學家步蘭德士初查得之於一千八百五十一年收入倫書

取法　將啤啦哘蚋新作乾之根磨爲粗粉二磅正酒醋十升熟石灰一兩淡硫强水至足用鉀養炭養亦至足用哥囉昉三兩提淨動物炭至足用蒸水十兩將其根之粉置於酒醋四升浸二十四小時屢次調之傾入過濾器而令其餘下之酒醋漸漸濾過將所得浸酒傾入瓶內加石灰搖動之數次濾之而添淡硫强水至少有餘再濾之蒸出其酒醋四分之三將預備之蒸水添入其餘質內輕加熱速熬乾之至其流質餘下之體積爲原體積三分之一而不發酒醋之臭爲度待冷漸添鉀養炭養水必連調之不停至幾滅其酸性爲度又必謹慎察其酸性不至全滅

待六小時不動而後濾之添鉀養炭養至其水明顯鹼性爲度傾入瓶內合於預備之哥囉昉搖動甚猛令其和勻後傾入有玻璃塞門之漏斗其哥囉昉沈下後則開塞門而放出用熱水盆加熱蒸之其蒸器必與凝器相連將其餘質在暖正酒醋內消化之將所得之水合於動物炭少許消化之濾之熬濃之待冷則有無色之顆粒結成

以上爲埋納所設之法略改變之其酒醋能分出根內所含阿脫路比亞合蘋果酸之天生鹽類後用鈣養則化分之而放出其阿脫路比亞此鹼類能爲熱所化分又如遇水若干時亦能化分如合於硫養則立能化合成阿脫路比亞硫養而所加之鉀養炭養非有餘則令其阿脫路比亞硫養水結成松香類質後濾此質則分開其松香類質在後加鉀養炭養至有餘則令其阿脫路比亞分開而仍存於水中消化後所加之哥囉昉令其阿脫路比亞爲此質所消化至末用酒醋消化之而合於動物炭浸之則得提淨之阿脫路比亞埋納用此法不用哥囉昉則每根十二兩得此質二十釐

另有他種取法亦錄於左

蒲楷達以水冲其根用碘令其結成所得之質爲阿脫路比尼碘碘養又用鋅與水化分之如加鉀養炭養則其鋅

全分開可用酒醋消化其阿脫路比亞

又有化學家勒克司敦將二燐輕養三炭養一塊懸於其葉之煮水內此煮水未濾之先添淡硫强水少許則阿脫路比亞之顆粒漸漸分開再用淡淡輕水洗之乾之依此法則葉一千張能得阿脫路比亞五釐至六釐

又有法可用勒波爾待所設取弟其大里尼之法用木炭等料亦能取阿脫路比亞觀毛地黃一節

化學家普蘭太云阿脫路比亞之式與打都里亞之式相同即炭輕淡養此質能成白色柱形顆粒能透光有絲色又能成針形顆粒與雜那以亞硫養同形阿脫路比亞無

臭味辛而苦每一分能在冷水二百分或熱水五十四分內消化或在冷酒醕一分半內消化如用以脫須二十五分方能消化其質有鹼性加熱則先融化後幾分化散幾分化分能合於酸質成苦味能消化之鹽類如合於硝強水則成黃色之水如合於硫強水則變爲紅色之水此爲沛離拉之說如合於鉀養或鈉養加熱則化分而放出淡輕養如遇碘則變紅色合於樹皮酸則結成如合於金綠則結成黃色顆粒如合於鉑綠或汞綠則結成黃色之粉此爲普蘭太之說

功用　阿脫路比亞之藥性與啤啦叮喃相同惟更重耳

因其毒性最重醫士不準在內科中用之間有用之者以三十分釐之一至十分釐之一爲一服眼科用之最佳因較啤啦叮喃更合用如睛珠變質不明大房水變質等病用此俱能令瞳人放大

阿脫路比亞水

取法　將阿脫路比亞四釐正酒醕一錢消化之再加蒸水七錢先將阿脫路比亞在酒醕內消化之而後添水即成

功用　每水一兩含阿脫路比亞四釐即每一〇九五分內含其一分用二滴至五滴足令瞳人放大

阿脫路比亞油膏

取法　將阿脫路比亞八釐正酒醕半錢提淨豬油一兩先將阿脫路比亞在酒醕內消化之後添豬油和勻

此油膏每一兩含阿脫路比亞八釐則較其水濃一倍如將此油膏五釐至十釐擦於太陽或眼之周圍能令瞳人放大

阿脫路比亞硫養

取法　將阿脫路比亞一百二十釐蒸水四錢淡硫強水至足用先將其阿脫路比亞在水內和勻漸添硫強水至其阿脫路比亞全消化而其水有中立性爲度加熱至不

外一百度令乾

此方原載於倫書收入英書而後去之一千八百六十七年又收入英書此質有大毒性祇能作外科之用

醫士用此鹽類較用阿脫路比亞更多因更易在水內消化而更不易化分如欲用此質令瞳人放大則可用下法作其水

阿脫路比亞硫養水

取法　將阿脫路比亞硫養四釐蒸水一兩消化之

此水於一千八百六十七年初收入英書醫士以爲此水較阿脫路比亞水更合用

眼科醫士近時常用阿脫路比亞水之法用極薄紙或薄膠片醮阿脫路比亞硫養水即每平方寸五分之一可含此鹽類質二百五十分釐之一又每十分寸之一之邊成一方含此質千分釐之一其用法將食指之端少令其溼黏其小方令病者張其眼貼於眼皮之內後用布包其眼至瞳人放大爲度觀醫學新聞紙眼科新聞紙藥品記錄等書

辣椒西名指普西古末布羅瑪之名又名尖頭指普西古末果又名處里果藥品內用其乾熟之果從桑西巴爾運至英國

辣椒有數種原產於南亞美利加從該處傳至歐羅巴亞細亞各處此因東方之人喜用辛味之質故傳布甚速印

度人雖多種辣椒尚未特設一名故謂之紅椒歐羅巴人常名曰處里此爲墨西哥國土語而包括椒之全類波郎云從此名目可知此椒類原從亞美利加而來有數種略爲不知者當爲不同類然此一類之果俱爲有肉漿果惟其質乾耳

藥品中所用辣椒爲存一年之草本故立尼由司名曰一年辣椒而布羅瑪設名曰尖頭指普西古末其草之全體平滑深綠色高一二尺其幹有枝而有槽而有角形葉似銳卵形間亦似戈頭形無分葉面光亮間有在莖下面處生毛花小白色從葉幹間角發出獨生向下垂萼分五出

花瓣輪形等長鬚五箇托線短鬚頭深色而連合其張開之法爲直者果堅內有汁分兩膛每膛內有乾扁之種子甚多果之形狀不等有圓者有橢圓者有心形者有牛角形者其色或大紅或紅或黃其味最辛者有之少辛者有之常見者爲牛角形長二三寸在底徑半寸至一寸此各種謂之指普西古末而其草名曰一年指普西古末又有一種名雞距椒其果長而細似乎雞距又有數種果似球形或有分裂形狀此種謂之小果形指普西古末如其果小長而尖俗名雀椒正名細辣椒如其草已過一年而未枯萎者則少有木本之形此種謂之矮密形指普西古末

凡椒類在各熱地種之如英國則必在玻璃房內種之有一種俗名幾尼椒產於阿非利加又有一種名莢椒產於印度與西印度列島

辣椒之乾者入藥品間有長二三寸之果其更小者醫士更喜用之其莢爲木形之質所成長十二分寸之五至十二分寸之八寬十二分寸之二其形直略有圓錐形面平滑光亮端尖少有槽紋色紅如橘皮味最辛此爲英書之說此果搗成粉西名開恩椒即紅辣椒粉常有人將此椒存於醋內名曰處里醋其辛質亦能爲水所消化又酒醕以脫定質油俱能消化之化學家福知哈瑪化分之得紅

色染料並含淡氣之質植物膠數種鹽類質又得一種中立性松香質名曰揩普西幾尼色白面發光如珍珠辣味最重布拉克奴云此藥性質爲油類之性味最辣易於化散其霧亦最辣

功用　辣椒爲引炎藥又爲辣性行氣藥熱地多用之爲加味之料間有用之在重痧子病內合於食鹽爲行氣藥又用之爲引病外出藥又如喉失音用爲漱喉藥又作糖片服之

辣椒酒

取法　將辣椒搗碎四分兩之三正酒醋一升其取法與

阿古尼低浸酒之法同

功用　爲惹胃藥以五滴至半錢爲一服爲行氣藥又可將四錢合於玫瑰花沖水八兩作漱喉藥醫士食捺蒲拉用其濃浸酒即辣椒四兩浸於正酒醋十二兩內消化之以此浸酒作引病外出藥

醉仙桃葉（即風茄兒西名司脫拉暮尼又名司脫拉暮尼打都拉立尼由司之名藥品中用其乾葉又用其種子之熟者英國多種之）

印度人自古以來用數種打都拉爲藥品此爲印度音而阿喇伯人從印度得之名曰司脫拉暮尼而阿喇伯人之原名曰治司瑪西勒又名瑪西勒又名米昝勒此醉仙桃產於雪山（觀雪山植物書第二百七十九頁）又在印度固斯山上略爲該處之本草而疑其從該處移至土爾其京都後從此處有人名奇拉特帶至法國又有福息由司從意大里得之

醉仙桃之形如第一百六十八圖爲存一年之草生長甚茂高三尺至五尺幹多枝上面分二分其形密其臭可憎面平滑根大白色有多絲紋葉從幹椏發出形大在底不相等略爲卵形有不等彎線齒形面平滑其邊之齒形與銳彎線形各不等葉脈筒色淡暗綠花從葉幹間角發出直立白色其香頗佳夜間香更佳長略三寸萼長似管形中似肚腹形分五角有五齒落下則子房口有圈形痕迹

花瓣似漏斗形整齊而有角各分有利尖各分相合成瓣鬚五箇子房口厚而鈍分兩分子房分四膛子殼略大如葡萄乾而多刺分爲四分每分有兩箇略分二分之膛內含種子欖色或黑色扁而腎

第一百六十八圖

形其數多此草產於歐羅巴各處空地與糞堆並北亞美利加疑其原爲亞細亞植物在西七月開花

其草全體有大臭能從遠處分辨之又全體有藥性惟以

葉與種子爲藥品種子爲欖色或黑色爲片形內腎形面粗無臭如搥碎之則發臭味苦而淡印度人常用之爲毒藥因印度人喜食豆易合於豆類誤食之其葉必在開花時取之此爲英書之說其葉臭如搥碎之則更臭而作乾之間其臭更甚味頗苦而可憎

化學家步蘭德士化分其種子得定性油質蠟質松香類質膏質膠質哃勒布門等另有鹽類質並打都里亞與蘋果酸合成之質化學家猗茄與黑司已取得此鹼類質而言成光亮之顆粒無臭無色有苦味如煙草又有鹼類性易在酒醕內消化難在以脫中消化又易合於酸質成鹽

類每一分須用冷水二百八十分方消化如用沸水則七十二分已能消化其性與羊躑躅相似化學家普蘭太推算其分劑數爲炭（油）輕淡養又有化學家普路碁尼次化分其新鮮之葉祇得其尋常植物質而其葉自必另含打都里亞質化學家司脫令將其葉乾蒸之得燒成之油一種內含重毒性質

功用　爲止痛藥又爲治轉筋藥又可合於甘松同服作此等之用又因能止痛則能助睡其藥性與啤啦吖喲略同以其粉一釐至五釐爲一服如腦筋痛或風溼無論作內外科之用亦能滅痛醫士或言發狂之人服之亦能平心如氣喘類病將其葉作煙葉燃吸尋常頃刻見效以十釐至半錢爲一次然用此質作煙吸之必最謹慎因恐貽誤醫士脫魯蘇云將其葉一分合於荆芥葉一分用紙作捲燃吸其煙來拉在印度常將其葉合於煙葉作捲令人吸之或將其葉浸於沸水內令人吸其霧又有醫士司基普吞將其根一兩以沸水一升半沖之服此水二兩則大得益處第其所用之葉爲驕性打都拉而最便之法可將藥肆家常出售之醉仙桃煙捲燃吸之如服打都里亞質則爲最重之毒藥雖食其小服亦能令眼之瞳人放大

醉仙桃子膏　西名打都拉子膏

取法　將醉仙桃子粗粉一磅以脫一升或至足用蒸水與準酒醕各至足用將其以脫一升合於水一升盛於瓶中搖之待其水與以脫自分開後則傾出其以脫將其醉仙桃子之粉置於過濾器內而將其洗過之以脫漸傾於其上令其流下則其子粉內之油必爲以脫消化而出待此以脫水全從子粉內流下後則將酒醕傾於其上令其酒醕漸流下至其子粉內之藥性質全收出爲度再蒸出其酒醕之大半而將其餘質用熱水盆熬之至其膏之濃合於作丸爲度

醉仙桃子含定質油甚多故難作其膏韋波勒設法先壓

出其油而後作膏英書新法先用以脫去其油而其醉仙桃子之質不能在以脫中消化

功用　能止痛又爲治轉筋藥以四分釐之一至三釐爲一服或可合於水成漿鋪於患處

醉仙桃酒（西名打都拉酒）

取法　將醉仙桃子二兩半準酒醋一升其取法與阿古尼低浸酒之法同

服數　以半錢爲一服一日二三服

解法　用行氣吐藥又傾冷水於身又在頸後用弔炎藥即與解啤啦叮吶之毒相同

羊躑躅（西名黑色海亞西阿母司立尼由司之名英國俗名母雞毒此爲存二年之英國草其乾葉與乾枝入藥品察西藥略釋譯曰鬧羊花）

此草自古以來作藥品之用希臘人名曰惱思客那母司阿喇伯人名曰奔智印度人用其子名曰可拉薩宜烏知章納

羊躑躅如第一百六十九圖爲存一年或二年之草即將存二年者之種子種之如其地土與天氣合宜則第一年內能長大而成熟根如梭形存二年者與小胡蘿蔔根相似在冬時或春時觀之常如此此爲胡勒登之說第一年之草從根發出之葉若干俱有葉莖外面有密亂之細毛摩其面不覺澀而冷不發臭在長足之時則此兩事俱有之第二年春時另發一起葉俱連於幹而其花亦連於幹

第一百六十九圖

上幹高一尺至三尺不常分枝而生細毛毛根有小核而其毛面少有黏性之質如膠葉無葉莖幾分包圍其幹間有葉下端包幹在下者間亦有幹形長而銳間有其邊有亂割之形或爲彎形似分如翎毛摩其面澀而冷又發臭難當色淡暗綠少生細毛而其中筋有長毛其根有小核與幹上之毛相同花幾無花

莖從葉幹間角發出略爲獨生從一邊發出直立較葉更短萼似漏斗形分五出外面生細毛如呢花瓣如圖之二號漏斗形其體伸開分五出各出大小不等色似暗稻草色面有深紫色脈紋鬚五個向其托線生細毛子房略似卵形由發亮分兩膛而有多胚珠與子胞衣相連花心莖似線形子房口如圖之一號圓頭形子殼平開而有凸形之蓋內分兩膛種子甚多子小形圓面有多細點色淡灰此草產於歐羅巴各國之空地又在波斯等國英國之米綽末前時種兩種一爲存一年者一爲存兩年者不知該處今仍種此兩種或否其存一年者較小而花瓣常無紫

色之脈

羊躑躅草尋常在西六月初開花其存一年者開花之時更晚其種子在西八九月成熟其存二年者最佳英國喜欽人蘭蘇末種四畝（約合中畝約二十八）每年每畝得葉一噸至五噸第一年所得之葉在西八月取之出售者名曰海亞西阿毋司藥在第二年西七月取者其藥性更重可為作膏之用每此草一擔能得膏四磅至七磅半（製一千八百六十年藥品記錄書）有人以為不可用其存一年之草應用其存兩年者此為英書之說又葉應在初開花時取之然尚未有人得據知其一年之草合法養之則其藥性較二年者更靈來拉

在印度薩哈倫波爾時多種此草於植物院內因在該處水土合宜則下種與收葉俱在十月與三月之間而此草生長雖速所成之膏有數醫士最佩服之醫士土愛凝在印度京都公醫院內試之言為上品之藥若生於更冷而更溼之地則其草或不能速成故非兩年不可苦里司脫生云在蘇格蘭會城種之而試之所種之草較野生者不分上下又在春時其草未生榦時取其葉亦可作藥品之用英書言必待其花已開三分之二則可取葉此葉必從其榦取之第二年從根發出之葉不可取之取時必速與榦分開鋪於暖而通風之暗房內作乾之味應少苦似樹

膠其臭應與其草略同葉無葉莖長而有銳彎形之邊少生細毛其毛有黏力而發臭既乾之後其大臭與辛味幾不顯出

化學家林特白格孫化分羊躑躅之葉得尋常植物膠質另有苦味膏質甯睡性之質並數種鎂養鹽類步蘭德士化分其甯睡性之質得一奇異鹼類質與蘋果酸化合者此鹼類名曰海亞西阿毋亞此質之性與阿脫路比亞大同小異在水中更易消化

化學家稱茄與黑司兩人得此鹼類質顆粒如針形而其排列法如輪輻易融化又易化散如蒸之則易化分其質

有鹼性能滅酸質之性成顆粒形之鹽類易在酒醋或以脫中消化而難在水內消化如淨海亞西阿毋亞鹼類質性最毒能令瞳人放大如用水令溼則其臭與熟煙葉相同

如將羊躑躅葉用乾蒸之法則得最毒之燒成油質即如茄科之他種植物並毛地黃俱能乾蒸之得同類之質

功用　有甯睡性為止痛藥與睡藥凡欲治痛與平腦筋或欲令人安睡則可服之不致令大便不通有如鴉片等質之弊所以此藥常與汞綠或他種瀉藥或治轉筋藥合用內科中用其粉以五釐至十釐為一服或用其膏或用

其酒俱可外科用之合於沸水敷痛處或將其葉作軟膏或將其酒或膏合於嗶啦吶納葉同用

里必格爾査明鉀養水等烙炙定性鹼類質能滅羊躑躅醉仙桃嗶啦吶納三種質之毒性然其鹼質若合炭養或二炭養者則無此性所以烙炙性鹼類質不可與此種藥合用而其含炭養之鹽類則可用之或言將羊躑躅酒一錢合於鉀養水十滴則其毒性全滅又如將阿脫路比尼合於烙炙鉀養則不能令瞳人放大

羊躑躅膏

取法　此取法與阿古尼低膏之取法同用羊躑躅之鮮

葉與嫩枝

功用　如將其鮮葉與嫩枝壓出之汁在乾空氣多行過之處令自乾或在真空內令自乾則爲最合用之膏又如用酒醋消化葉內之質而成膏其性更重凡欲用羊躑躅可用英書正法所成之膏以五釐至二十釐爲一服

羊躑躅酒

取法　將羊躑躅葉粗粉二兩半準酒醕一升其取法與阿古尼低酒之取法同

功用　爲宵睡等性之藥以十滴爲一服能安腦筋以一錢至二錢爲一服則爲宵睡之藥

淡巴菰又名煙葉西名淡巴菰尼古低阿那立尼由司之名爲藥品者爲亞美利加所種用其乾葉

淡巴菰係亞美利加原產之草略於一千五百五十年初帶至歐羅巴從此通至東方各國並地球各處今種淡巴菰之處甚多

如第一百七十圖甲爲勿爾吉尼亞所產淡巴菰尼古低阿那乙爲鄉間尼古低阿那淡巴菰之根有多絲紋幹直立分多枝其面有黏性之質幹高二尺至六尺葉無托莖而似長戈頭形其下葉之下端抱護其幹葉最大少生毛面有黏性之質花在幹端成密頭花葉長而銳夢似管形

有發腫之狀分五出面生毛其面有黏性花瓣色似玫瑰色形如漏斗喉似吹氣發腫中有肚腹形其體伸開而有

第一百七十圖

摺形有五筒銳形之分鬚五筒向外彎子房似卵形花心莖長子房口邊有齒形子殼尋常分兩膛每膛分兩分在頂橫裂在分之末分兩分種子多而小形如內腎而連於厚子胞衣原生於亞美利加之暖處今在地球各處生長者甚多

西國常出售之淡巴菰，爲上言之類所生，即如美國之勿爾吉尼亞邦與印度國等處亦有此一種，或言用彎邊葉尼古低阿那之葉作小呂宋煙，當爲古巴煙，或言敘利亞國與土爾其國之煙爲鄉間尼古低阿那所成，又云希臘斯之煙爲波斯尼古低阿那所生，常出售之淡巴菰爲黃稷色，葉質軟而韌，摩之稍覺冷而溼，臭與蜜略同，另有濁睡藥之臭，而其鮮葉無此臭，如勿爾吉尼亞所產煙葉雖爲極猛，而最合於作藥品，因其濃淡不改變爲可恃者，英書言明藥品內所用之淡巴菰，必爲他國所作之熟煙，不可在英國作其熟者，其有藥性之質能爲水或酒醋或葡

萄酒消化而收出，設如遇熱，則滅其藥性，化學家浮扣林詳細化分淡巴菰，又有化學家黑沒司達得於一千八百二十一年在淡巴菰內得一種雜自散油質，名曰尼古低阿尼尼，又有化學家波西脫與來曼兩人，化分淡巴菰，每百分得尼古低阿〇·〇六分，尼古低阿尼尼〇·〇一分，膏質二·八七分，樹膠一·七四分，克羅路非勒〇·二六分，植物阿勒布門與哥路登一·三〇分，瑪里克酸〇·五一分，立故尼尼與小粉四·六五分，鹽類〇·七三分，矽養$_{2}$〇·〇八分，水八八·二八分，共略得一百分，近有化學家蒲脫倫與恒里細考尼古低阿之形性，化學家哇爾非拉將水合於硫養$_{3}$令有酸性，又將淡巴菰之煙噴入其水內，則得尼古低阿硫養$_{3}$，再將此質用鉀養化分之，加熱令其尼古低阿化散，用受器收其霧，則得油類形稀流質，易於自散，無色味辣，少有淡巴菰之臭，如加更大之熱，則其臭更大，設如加熱令變成霧，則其霧最辣，而淡巴菰之臭大至人不能當，重率一·〇四八，有鹼類性，能與酸質合成鹽類，能在酒醋或水或以脫中消化，又能在定質油或自散油內消化，加熱至七十七度則化散，與尋常金類本質相遇，則其變化與淡輕$_{3}$同，遇濃硫強水，則變紅色，遇冷鹽強水，則放白色之霧，如合於鹽強水而加熱，則成紫色，如合於淡養$_{5}$加熱，則

變紅黃各色，如遇樹皮酸，則結成此，爲與淡輕不同之處，又如合於金綠$_{3}$，則結成之質能在許多尼古低阿內消化，尼古低阿爲淡巴菰有藥性之根原，其毒性最大，每淡巴菰之葉一千分含此質四分至十二分不定，其原質爲炭$_{10}$輕$_{14}$淡$_{2}$，尼古低阿尼尼爲似乎樟腦性之自散油，味苦，其臭與淡巴菰同，其形性大略因含尼古低阿少許，如將淡巴菰乾蒸之，則得燒成油質，爲最毒之質，如用久之煙袋，其臭俱因此質而成，其質亦最毒，略爲自散油之類，內含尼古低阿質若干

功用　爲行氣藥，可在身上任一處用之，所以爲鼻嗅藥

並生非藥又用之爲平火安心藥與安肚腹腦筋藥又爲吐藥微利藥利小便藥任遇身之一處俱能顯出藥性而尋常之用爲解鬆痛處卽如小腸疝痛或因腸內有痛而便秘或因溺管痛而小便不通等病用之俱有放鬆之功力如尋常吸煙漸收尼古低阿至身內而不顯其毒性因從血內速放出入溺等與津液內不存積於血內故其毒不多覺之

淡巴菰外導藥

取法　將煙葉二十釐用沸水八兩沖之盛於蓋密之器內待半小時濾之

功用　爲平火安心藥又安肚腹腦筋祗爲上所言各事之用第一次用之以二十釐爲限如不足則下次可加其數

上海曹鍾秀繪圖
桐城程仲昌校字

西藥大成卷五之四

英國來拉、海得蘭同撰
英國傅蘭雅口譯
新陽趙元益筆述

第一類外長又名兩子瓣

第四部無瓣花

蓼科 西名波里谷那西依珠西亞之名

此科之草產於赤道北溫帶內最多而天下各處亦有之有數種其嫩枝有酸性卽大半含草酸其更老者則有收斂性另有瀉性者如數種大黃類與羊蹄類又有一種名蕎麥西名法哥貝羅末多種子所生之粉與麵粉略同又有一種名殼可羅罷烏伐非勒西俗名海邊葡萄或言此草產牙買加幾奴

拳參 西名波里谷奴末比司托撻俗名比司托撻

此草係英國所產根本含樹皮酸頗多又含沒石子酸小粉木紋質味粗而濇色深櫻面有皺紋又有圈紋其根常有回彎兩次者如第一百七十一圖今不入正藥品

第一百七十一圖

功用　爲收斂藥以十五釐至半錢爲一服或作其煑水

以一兩半爲一服或作外科之洗水間有人用之治癰疾英國又有數種羅米克司草（即羊蹄草）作藥品之用如第一百七十二圖其根尋常含苦味之質有一種名酸羅米克司（即酸模）俗名蘇爾愛拉其葉內生鉀養二草酸又其同類之草其葉亦有此質惟其數更少耳

第一百七十二圖

大黃（西名里由末根此草爲里由末類之一種或數種尚未定其爲何種其根去皮而乾之上等者產於中國滿洲西藏而運至各國英俗名路巴伯）

古時代司可立弟司書中所言大黃名曰里由㨪而羅馬人名曰里由末然其論此根之說與今大黃不相合後有醫士依幾尼他保羅司等書內所言者與今所用之大黃相合阿喇伯國有數種名曰印度者哥剌森者中國者其中國者名拉溫特泰依波斯國書中言明希臘國之里由㨪爲本國之拉溫特即大黃又云其草名里罷司今西國常用之大黃爲里由末類草之根本而植物學家尚未定其歸何種來拉作雪山植物書第三百十四至三百十八各頁言大黃貿易之事又云依所聞之說則產大黃之地方必爲英國格林會知東經九十五度赤道北緯三十五度如查地圖則爲西藏之中尚未有植物學家遊覽其地又未得種子與草故不知產大黃之草爲何種等語此亦爲西國植物學家之意一千七百九十年俄羅斯國派藥品家西勿司遊覽西藏等處考究大黃草之形性回報國家云從未有誠實植物學家曾見眞大黃草又有倫敦醫士非沙在以上報言之後告於來拉云近在俄羅斯國所有查此草之事祇知產大黃之草非椶櫚形里由末而爲更小之草葉圓而有齒形近在俄羅斯國與中國交界處

恰克圖（即買賣鎮）有大黃局內有藥品家指羅云從來所有考究大黃之根原者俱錯已用盡各法欲得其草與種子俱不能得之又有醫士法可那從印度克什米爾之邊走通西藏至暮士打山即格林會知東經七十七度北緯三十六度該處有土王阿米特沙從產大黃之地收大黃爲禮物在該處詳細訪問常出售之大黃而不能得可恃之說惟在該處得里由末草之新種又得大黃膏土名哇薩辣拉溫特然此爲印度西北稱藤黃之名又在該處用大黃根爲顏料想印度屬地阿桑所有從內地來往貿易者應知大黃草之底細故應請該處之人詳細訪問

大黃類西名里由末立尼由司之名又列於九箇鬚一箇花心

其花全而不分圍鬚苞似花瓣分爲六分各分相等鬚尋常九箇在其外三分之底成對排列而在其內三分之底爲獨排列托線錐形鬚頭能轉動如指針子房如三角形有一膛獨胚珠生於子房底在胚上直立花心莖三箇短而回彎子房口三箇完全略爲圓板形向外伸獨子在殼內不相連三角形其翅寬在其底有枯乾圍鬚苞托之種子直立三角形胚直其小根背其種子臍眼而排列於似麵粉之阿勒布門質軸內子瓣平小根短而向上

大黃爲草本植物如第一百七十三圖其根本存多年分

第一百七十三圖

多支其支厚內有多汁尋常榦高四尺至十尺惟以下第一與第二兩種不在此說之內葉大略爲心形邊有浪線形之齒在其底抱護其榦或根其葉或全從根發出或有榦者則遞更排列花或成密頭或爲麥穗串形此類之各種草有益於人不第因其根本可作藥品又因其葉莖之酸性汁適口故以其汁爲夏時可飲之酸水或以其莖燒熟以代果產於地球冷處如俄羅斯國之南西伯利西藏中國之北雪山阿富汗波斯等處所以其各種能在歐羅巴露天種之惟不知何種能產俄羅斯國或中國之大黃故不能詳細言之祇能將其各種略言之而已

麥穗串形者

第一種麥穗串形里由末來拉之名產於幾郎山峽並他處如哥那哇爾亦產之醫士法可那在西藏亦遇見之

第二種摩爾格落甫脫里由末來拉之名產於雪山之尼替峽醫士法可那亦在西藏遇見之

以上兩種所開之花與以下兩種不同其根之質更密其色之黃更深而較以磨弟里由末與韋巴爾里由末更如此此兩種里由末之粉爲淡而光明之黃色所產常出售之大黃者恐與此兩種略相似法可那在西藏見此兩種又另得一種如滿洲高乾與冷處生此各種里由末故疑

其形狀爲相似
纍麥穗串形者
第三種以磨弟里由末話辣之名另有杜那名曰南方里由末
第四種莘巴爾里由末來拉之名產於珠爾山與尼晉峽如土愛凝試驗之大黃爲此種所生者
第五種里罷司里由末立尼由司之名波斯與阿富汗之人名此種曰里罷司或里法司該處土人最喜此草而食其葉莖以代果酸味最佳或稱其根曰拉温特此草爲古時塞拉披恩所名曰里華司其書中言此草葉莖之汁爲

適口最佳之酸水或言敘利亞山亦生此草
第六種拉奔弟里由末立尼由司之名又名亞卑斯山拉奔弟此草產於黑海邊與裏海邊之北又在窩瓦河相近處空地並西伯利如西伯利之大黃爲此草所生植物學家疑此草爲古人用大黃之根原英國多種之食其葉莖又英國班蒲里多種之用其根又法國摩爾比罕省近於羅利庸城之里由末蒲勒亦種之用其根
第七種密紋里由末非沙之名此草從俄羅斯國京都送至倫敦勅勒西藥材公會園內種之其根大或言其色與味與土爾其大黃同

第八種白根本里由末巴辣司之名又名矮里由末西勿司之名此種產於哈薩克沙漠內並西伯利之南與阿爾泰山或言此草所生者係白色大黃又名皇家大黃
第九種浪紋形里由末立尼由司之名產於西伯利滿洲與中國該處有作貿易之滿洲人將大黃草種子送與蒲爾哈伐言爲眞大黃種子種之則得本第九種並下第十二種相合或言法國亦種此種草所有之大黃名曰法國大黃
第十種揩恩比里由末非沙之名產於裏海邊與阿爾泰山

第十一種緊密里由末立尼由司之名此草產於中國之滿洲或言法國所種之大黃內亦有此種其質與中國者大同小異英國亦種之得其葉莖以代果
第十二種椶櫚形里由末立尼由司之名此種易與他種分別因其葉圓似心形略與椶櫚類葉之半相同而葉之各分亦最深根大分多支外面椶色內深黃色疑爲蒙古山近於萬里長城處原產者蒲爾哈伐收此種並第九種之種子而送者言爲眞大黃種子在歐羅巴種之而與中國及俄羅斯國之大黃相比則較他種更相似其臭味與內質紋及化學內之變化俱是大同小異

另有一種雜種里由末沒立之名此種尚未定準其根分外大歐羅巴並英國數處種之如英國種此種與拉奔弟里由末緊密里由末以磨弟里由末並其相似之數種在英國多種之食其葉莖

常出售之大黃大半出於中國之滿洲並在圖青海之山與平原近於西藏處此爲巴辣司與立曼之說最多在甘肅省內夏時從生六年之草取之挖起之後洗淨剝皮切塊塊內鑽孔用繩串連在日光內曬之秋時帶至西甯城此城內有久住之蒲他里貿易人買之送至恰克圖或送至中國之北京廣州澳門如恰克圖俄羅斯國之大黃局

取其佳者而去其壞者最爲謹慎又用刀修其塊去其餘皮與餘根又查其每塊之中有腐爛與否因常有外面尚好而內已腐爛疑爲曬乾之工過速之故來拉查韋巴爾里由末之根常有腐爛者先裝袋內置於多通風之處後裝箱送往俄羅斯每得四萬磅爲一批

西國常出售之大黃分爲六種內有三種係中國者

第一種俄羅斯大黃又名土爾其大黃而俄羅斯國內名曰中國大黃此大黃從中國與西藏等處運至俄國與中國交界城恰克圖後帶至俄國京都從此分運歐洲各國其塊形狀不同爲參差圓形或角形此因其皮用刀削去之故間有圓柱形之塊或平塊或鑽多孔之塊外面平滑色黃內質頗密折剖面參差形間有紅白脉紋相間者臭大而奇少有香味苦頗澀嚼之則口內如覺有砂令口津變黃色如磨成粉則爲光黃色有考究顯微鏡者苦愛克脫將大黃細查之每百分得鈣養草酸之微顆粒三十五分至四十分此微顆粒合成小粒與細砂略同形此質名拉非弟士此顆粒存於大黃質紋膛內嚼之覺如細砂子此爲大黃之最佳者其內外俱不可有櫻色之點又如將硼養擦於外面其黃色應不變櫻色此爲英書之說

第二種蒲加里大黃此大黃過布路的與尼施尼兩處運

至奧國京都維也納在該處出售法白爾將此大黃數塊送與醫士沛離拉而言其根源大略以爲此大黃爲俄羅斯大黃之下等者如帶至恰克圖則必爲俄羅斯查驗大黃之官拿住燒毀故必另擇一路運至歐洲出售此等大黃之成色在俄羅斯國中國大黃之中間從未有上等大黃在內

第三種中國大黃又名西印度大黃又分爲三種一種名荷蘭國削齊大黃一名巴達維亞大黃此大黃依其式而名平大黃或圓大黃而與俄羅斯國大黃相似大略爲與俄羅斯國者同處出產間有運至廣州者而從廣州徑運

至歐羅巴出售或先運至印度而從印度運至歐羅巴此大黃與前所言者形狀略同其外皮似用刀削去而不似刮去其塊之中常有繩條此爲原串連時之繩又一種常名中國大黃又名西印度大黃又名半削平大黃形狀與俄羅斯國大黃不同因其形狀參差總未有角形而其邊略有圓形似不用刀削平而用刀刮去其皮之形間有黏連之皮其根亦比俄羅斯國者更次外面之色暗黃常有數塊比他塊更重因其質更密又其面之網形紋更亂而爲黃櫻色又一種沛離拉名曰廣州大黃條此大黃爲圓柱形之塊長略二寸徑半寸至四分寸之三此大黃大略爲中國西方各省山內所產者即如四川與甘肅等省之山是也

以上大黃三種俱爲中國界內生產故古名曰中國大黃而倫書亦有此名

第四種西伯利大黃英國法白爾曾買此大黃送至英國出售此大黃有化學家古拉司門等人名曰西伯利拉奔弟根此大黃爲長薄之條幾爲圓柱形或爲棱形外皮巳去中間有鑽通之孔外面之色淡黃內爲櫻黃或紅白其臭與味與上等大黃略同惟更淡耳口內嚼之不覺有砂粒沛離拉云此大黃與英國所種之里由末相似後有化

學家查得英國班蒲里所種里由末與生西伯利大黃者眞相同即爲拉奔弟里由末奇布特云前在西伯利多種浪紋形里由末因俄羅斯國女皇加他隣特意從中國得其種子在該處種之一千八百五十三年有人將此大黃數箱運至英國出售疑爲此草所生而貿易之人言不能再有此大黃出售因種之大虧本故無人肯種也

第五種雪山大黃此大黃爲數種草所生者故其成色常有不同之處有一種疑爲摩爾格落甫脫里由末所生者係摩爾格落甫脫同班武弁希爾西將若干交與來拉其色光而淡黃一千八百二十七年來拉書中云其形性與藥性與生平所見最佳之大黃相埒來拉又在薩哈倫波爾公醫院內試用韋巴爾里由末之大黃言其成色爲最佳後將此大黃若干送至加爾各搭公醫院託醫士士愛凝試驗之共用之四十三次以二十釐至三十釐爲一服其瀉性最佳幾與上等土爾其大黃同又食其小服爲補藥與收斂藥亦爲最佳凡應服大黃爲瀉藥用不過大之服數則功用最大又用之治泄瀉病四次知此雪山大黃爲上品者如久試驗之得知其功用無可疑之據則雪山大黃可謂印度藥品內緊要者之一種

此大黃與尋常大黃形性不同櫻色其皮尚未剝去質紋

輪輻形少鬆如海絨色黃微臭小但其新曬乾者依土愛
凝之說少有香味苦而少濇來拉常檢出其根之分支因
其根本常有在中腐爛者取此大黃切成短塊而用繩串
之便於掛起曬乾雪山大黃或有若干分爲以磨弟里由
末所生者或爲尼泊爾或向不丹之山峽內所產此大黃
未知其何種所生然各種不可依其形狀而分辨其高下
必依其爲藥之功用而定之

第六種英國大黃此大黃在痾哥斯佛爾省班蒲里種之
前有每年產二十噸者俱爲拉奔弟里由末所生英國俱
以土爾其大黃爲最佳故常有謀利之英人服土爾其人

之衣服往各鄉間將英國大黃以貴價出售言爲土爾其
大黃其塊形狀不等間有似蛋形或爲圓柱形此種謂之
英國大黃條外面平滑其面擦黃色之粉質輕而鬆略如
海絨色稍紅味如樹膠而少濇臭小而難聞英國常出售
之大黃粉雜名曰中國大黃或曰土爾其大黃而常有英
國大黃粉雜於其內

大黃化學性情尚未考之極詳查所著論大黃之書則知
其根所含之料可分爲六類

一　里由以尼爲奇異中立性之質又名可里蘇凡尼克
酸能在鹼類質內消化成微色或紅色之水或以爲此質

乃大黃藥性所藉之質遇放養氣之質則變以里脫魯西
克酸或言其原質爲炭$_{一〇}$輕$_{八}$養$_{六}$

二　三種猝性松香類質爲施陸司白格所查得者其色
黃而其消化於以脫或酒醕之性各不同一名阿布里替
尼一名非由里替尼一名以里脫里哇里替尼此質合於
鹼類則成紫色之水

三　樹皮酸與沒石子酸苦膏質如根內紅色脉中含沒
石子酸與樹皮酸最多

四　鈣養草酸之顆粒此質在根內之膛結成顆粒名曰
拉非弟土俄羅斯國大黃含此質最多而英國大黃含此

質最少

五　有自散油質少許即令其臭易於分辨

六　小粉糖立故尼尼質俱爲大黃所含者即大半植物
質亦含之但用顯微鏡觀小粉顆粒爲最小者所以如有
謀利者將麥等質之小粉雜於大黃粉內易以顯微鏡分
辨之因此各顆粒較此小顆粒大數十倍也

醫士米卡以里司想里由以尼爲補藥又想其瀉性藉其
松香類與鈣養草酸相合之質查俄羅斯大黃一百分含
里由以尼四·三分松香類質一〇·三分鈣養草酸一五·二
分濇性膏質一四·七分木紋質一四·四分其餘爲小粉與水

又化分英國大黃所得里由以尼質之數略同所得松香類質與鈣養草酸略爲一半所得濇性膏質與木紋質略多一倍

里由以尼又名路巴伯里尼又名可里蘇凡尼克酸有化學家杜勒格茄羅酷白三八細考究之此質能從大黃沖水分出之分出之法用拉波爾待所設用動物炭之法（觀毛地黃節）此爲中立性之苦質爲小而黃色柱形顆粒少加熱則融化加大熱則幾分化散而再凝結幾分化分少能在水中消化又能在以脫並熱酒醅內消化不能在鹼類水中消化如大黃浸酒內常有以里脫魯西克酸結成此質

結成之故大約因空氣之養氣遇里由以尼質而變成又有法能得其更淨者即將大黃合於硝强水加熱令其消化則得橘皮色粉不能消化者將此粉先以水洗之則可用以脫或熱酒醅分爲以里脫魯西克酸並不能消化之餘質如將此酸質用鹼類水滅其性則得最佳紫色照以上令收養氣之法能易分辨里由以尼或大黃與別質

大黃之藥性質易從水中消化而出無論冷水或熱水俱可又準正醅亦能消化出之如大黃合於鹼類尋常成紅色之水此因內含里由以尼質與養氣化合或含以里脫里哇里替尼如在其沖水內加酸質則有結成之質又如加直辣的尼亦有結成之質如加鐵綠則結成綠色質如加碘酒則成暗黃色質如黃泥色

化學家里羅巴設一法能分辨中國之大黃粉與歐羅巴所種拉奔弟里由末之粉如將中國大黃粉合於鎂養並八角油酒磨勻之則不變色如全爲拉奔弟里由末根之粉或幾分爲此質之粉則變玫瑰花色或紫色

功用　大黃爲瀉藥又爲輕補藥與收斂藥令腸內顯其逐下糞質之力所有之糞不甚稀已瀉之後則有收斂性故用此藥治泄瀉最佳因先放出腸內之質後有補性如食其小服則爲補胃藥與補藥其顏色料易收入身體內

服後不久溺中能見其色小兒常服之爲微利藥如合於鎂養或合於汞綠服之俱可又如泄瀉病可服之先令泄瀉而後能止之又可合於滅酸之質與香料服之凡欲服輕瀉藥亦可用此

服數　其粉以十釐至二十釐爲一服

大黃雜粉

取法　將輕鎂養六兩大黃粉二兩薑粉一兩用細篩篩之則每九分內有大黃二分

功用　爲微利藥與滅酸藥俗名哥來格里散以二十釐至六十釐爲一服小兒以五釐至十釐爲一服

大黃雜丸

取法　將大黃粉三兩索哥德拉啞囉粉二兩又四分兩之一沒藥粉一兩半硬肥皂粉一兩半水蘇油一錢半糖渣滓四兩先將各粉與其油調和再加糖渣滓而將各質搗之極勻

此丸與倫書之方所作者相似第倫書用芫茜油而不用水蘇油

功用　以十釐至二十釐爲一服爲瀉藥如大便久不通則此爲最合宜之藥

大黃膏

取法　將大黃或切片或搥碎一磅正酒醕十兩蒸水五升將其酒醕與水先和合則浸大黃略四日後傾出其清水壓其汁待若干時其不消化之質沉下後再傾出其清水濾出其餘質將此水與前浸水和勻用熱水盆加熱至不外一百六十度得其濃合於作丸爲度

其作法與倫書所作之膏相同

功用　以十釐至三十釐爲一服爲瀉藥又有法可用令水與過濾之法則不必用酒醕又有更妙之法在眞空內熬之

大黃沖水

取法　用沸蒸水半升滲大黃薄片四分兩之一蓋密其器待一小時濾之

功用　以一兩半爲一服連用數服可爲輕瀉藥與補胃藥如用冷水與過濾之法亦可作合用之水

大黃糖漿

取法　將大黃根粗粉二兩胡荽果粗粉二兩提淨白糖二十四兩正酒醕八兩蒸水二十四兩將其大黃與胡荽粉先和勻盛於過濾器內再將酒與水和勻而漸傾於其上熬其過濾之流質至得十三兩爲度再濾之輕加熱加糖令消化

此藥於一千八百六十七年收入英書如小兒或身弱之人服此爲最佳之瀉藥

服數　以一錢至四錢爲一服

大黃酒　又名大黃雜浸酒

取法　將大黃粗粉二兩白荳蔻搥碎四分兩之一胡荽搥碎四分兩之一番紅花四分兩之一準酒醕一升其取法與阿古尼低浸酒之法同

功用　爲提精神藥與補胃藥以一錢爲一服如以半兩至一兩爲一服則爲瀉藥

大黃葡萄酒

取法　將大黃粗粉一兩半白色看尼辣樹皮粗粉六十釐舍利酒一升在蓋密之器內浸七日每若干時搖動之粗濾之壓之細濾之加舍利酒足以補滿一升

此藥於一千八百六十七年收入英書爲暖性瀉藥如食物無消化之力則可食其小服每若干時食一服

服數　以一錢至二錢爲一服

太靡里依科　珠西亞之名又名大福尼弟依又名大福尼茲

此科植物在溫帶中各處遇見之又在山上遇見之其皮最堅固黏於木上甚牢形如花紗布味亦最辣

米聚里恩樹皮　又名米聚里恩大福尼又名羅耳以哇里大福尼立尼由司之名又名米

聚里恩立尼由司列於八箇鬚三箇花心

米聚里恩大福尼疑爲代司可立弟司書中名曰指米拉又疑哇里阿弟士大福尼亦包於此名內波斯藥品書名曰米聚里恩又云其希臘名曰指米拉

米聚里恩大福尼如第一百七十四圖爲矮小之樹葉似戈頭形在下收小面平滑凌冬不凋花略分爲三分從幹旁而發出在莖上遞更排列如麥穗而葉未生之先花早已開色如玫瑰圍鬚苞分四分各分爲鋭卵形其管生毛鬚八箇短而進入圍鬚苞成兩行如圖之一號子房如圖之二號爲橢圓長形花心莖短子房口楯牌形裸果軟而光紅其質不軟內有一種子如圖之三號此圖內之形果肉已去若干便觀其種子此樹產於中歐羅巴樹林內英國見者更少而因其形可觀故在園中種之

第一百七十四圖

尼弟由末大福尼法國名曰茄魯羅耳以哇里大福尼別名羅耳烏司普爾知俱屬於此類歐洲他國俱用之英國所用米聚里恩大半爲羅耳以哇里大福尼樹之皮

此草各體俱有辣性其辣性之大小不定其幹與根之皮爲藥性最佳之質皮韌而多絲紋與他種大福尼類同常出售者爲條形外面淡灰色內白色而發亮其新作乾者臭小而奇味熱而辣耐久惟初時少覺甜皮之內面有此各性較他處更重如浸在水或酒醋或醋或油俱能消化其有藥性之質此皮內含中立性顆粒形質名大福尼尼或言此質無藥性其藥性藉一奇異辣性松香類質並辣性自散油或言此油之惹性甚重巴辣司云其果實作瀉藥之用食其大服爲最毒之藥

功用　能引水至皮膚如將此樹皮一塊浸於醋內置皮

膚上待乾則易之則令皮膚生疱奇布特云可以此皮作油膏代薩肥那油膏之用又爲行氣發汗藥與利小便藥而其用處之大半合於沙沙把列拉賚水作配藥

米聚里恩以脫膏

取法　將米聚里恩皮切碎一磅正酒醋八升以脫一升將米聚里恩皮先浸在酒醋六兩內以三日爲限屢次搖動後濾之壓之將其餘皮質合於其餘酒醋再浸三日屢次搖動又濾之壓之將兩次所得流質和勻蒸出其酒之大半將其餘熬成軟膏將此膏置於有塞之瓶內而加以脫浸二十四小時屢次搖動將其以脫流質傾出蒸出其

餘以脫之大半將所餘者熬成軟膏

此膏於一千八百六十七年收入英書爲引炎藥或引水至皮膚之藥用之之法與芥子雜洗藥同

含此質之藥品　沙沙把列拉雜賚水

肉豆蔻科 西名美里司低西依波耶之名

肉豆蔻科之植物與桂樟科之植物性情相同而林特里以爲此科最近於番荔支科因爲其花與種子並小長孔之阿勒布門質及胚之方位各故俱與此科相似近時林特里書列於米尼司卑耳摩里醫士法可那云有一種樹名曰大花司比路司脫瑪其種子內阿勒布門質最香幾與豆蔻香相同如搥碎之或嚼之其香味與豆蔻大同小異肉豆蔻科內之各種樹產於亞細亞與亞美利加之熱地

肉豆蔻 西名藥品美里司低揩立尼由司之名藥品內用其子之仁立尼由司列於分雌雄合鬚之花產於蘇門答剌摩鹿加萬他列島其果核即肉豆蔻

肉豆蔻係摩鹿加列島所產故想印度人必知之印度國人名之曰爪衣甫勒其意爲爪哇之果阿喇伯人從印度得之阿非色那書中名曰治司阿替罷即香核之意此物貿易久爲荷蘭人獨擅之故荷蘭人又在萬他列島內準三箇小島種之不準種在他處因此管理貿易更易後於

一千七百九十六年荷蘭國與英國交戰而取此三島一千八百二年講成後還之此時以內醫士睦刻司白格將肉豆蔻多顆移至英國各屬地如茫古魯與檳榔嶼等處又移至加爾各搭植物院種之後又移至毛里西島與法國屬地歪阿那並西印度列島今新嘉坡英國總督院賚恩園內俱種肉豆蔻與丁香樹能開花結果

如第一百七十五圖爲豆蔻樹枝之形高約二十五尺至三十尺與梨樹略相似葉少有香遞更排列略左右相對葉莖短葉長形在底稍鈍頂銳形面不生毛上面深綠下面色更淡其陽花之花穗從葉榦間角發出花小黃色每

花之莖有小花葉托之萼如圖之一號瓶形有三齒質厚面有短紅色細毛花鬚托線如圖之一二兩號合連成厚

第一百七十五圖

而長之鈍柱形鬚頭如圖之二號略有九箇而陸刻司白格云有九對形長如線而連於花鬚托線柱形之上端內分兩膛在底不相連而直開如圖之三號陰花如圖之四號花莖尋常獨生從葉榦間角發出圓鬚苞與陽花略同子房卵形

花心莖短子房口分兩分不落果實梨形或幾爲球形大略如桃包果之質厚而有肉形從頂起自劈成兩分其分厚而有肉形有收斂性內有深橘皮色或大紅色之子連衣英國名曰美司此衣分亂齒形之條俱爲相連而裹核最緊令其核面成槽形核如圖之五號略爲卵形而有大臍帶連於膛底核殼硬色深欖黑外面光亮內衣淡欖色質薄鬆如海絨裹其子最緊密其核與殼之形狀相配其質之大半爲阿勒布門其殼之內衣入阿勒布門質頗深令其質有欖色脉紋花樣如圖之六號新鮮者頗軟有汁其存較乾者更大胚在阿勒布門質之底如圖之六號直

立圓盆形子瓣兩箇厚如扇形邊有亂割之形狀如圖之七號向上之芽分兩箇不等之分小根向下者爲半球形以上大半爲陸刻司白格書中之說

如茫古魯種此樹略七年之後則結果如是多年連結其樹有一樹內分雌雄者有或爲雄或爲雌者所以如種其子有許多不結果之樹

西國所用肉豆蔻大半從蘇門答剌並南洋產香料之列島運來又有數種同類之樹亦生香核即如生細密毛美里司低揩與哇上罷美里司低揩俱爲南亞美利加所產者等常運至英國之肉豆蔻已去其殼而剝其衣其衣與

子分開曬乾而出售其核常浸於鈣養水內則可免蟲食之弊其形或圓或略爲橢圓上等者頗小而重外面有槽形如網內爲淡紅灰色中有更深色之脉紋有數種肉豆蔻較他種更長英國收肉豆蔻之稅其圓者之稅較長者之稅大六倍此因以爲其長者爲野生而圓者爲園中所種植物學家苦陸夫特云此兩種肉豆蔻爲一樹所生而野樹與園中之樹俱有之而巫來由之野肉豆蔻係無味美里司低揩等樹所生毫無香味肉豆蔻之臭香而可愛味暖微苦辛亦適口化學家普那司特化分之每百分得自散油質六分司梓阿里尼或定性油質二十四分以拉以

尼即有色流質油七六分酸質○八分小粉二四分樹膠一分立故尼尼五四分其油類質大半在其暗色脈紋聚合其爲藥之質俱能爲酒醋或以脫消化而出

肉豆蔻衣臘丁文名曰美司司英俗名曰美司如新鮮肉豆蔻上或在存於流質內之肉豆蔻中其色如深橘皮或爲大紅色而其乾者或爲黃色或爲暗橘皮色其塊平有亂割之狀其質稍似牛角又有脆塊其臭味與肉豆蔻同如化分之則所得有藥性之質亦同即能蒸出自散油並能壓出定性油故其爲藥之質亦能爲酒醋或以脫消化而出肉豆蔻衣今不作藥品之用

功用　肉豆蔻與肉豆蔻衣俱爲香料與行氣藥食其大服則有齁睡之性此兩種又在食物內用爲香料而肉豆蔻常用之合於各藥

含此質之藥品　白石粉香散兒茶雜散臘芬大拉雜酒阿莫賴西依雜酒

肉豆蔻壓成之油

此油之取法將肉豆蔻加熱壓之又名肉豆蔻乳油或名美司壓出之油然此名有誤

肉豆蔻壓出之油爲栢油膏藥內之料此外無甚大用西國所用者由摩鹿加列島運來其作法將肉豆蔻少加熱而後加大壓力成磚形之塊爲橘皮色定質其香與肉豆蔻同內含自散油少許並以拉以尼流質又有一種定質油類能成顆粒加熱至一百十八度則融化此質名美里司低克酸其式爲炭輕養加輕養此質與各里司里尼若干和勻每一分能在以脫二分內消化或在沸酒醋四分內亦能消化

功用　爲潤外皮藥又爲擦藥少有行氣性

肉豆蔻自散油

英國作此油之法將肉豆蔻磨粉合於水蒸之其色尋常淡黃臭味與肉豆蔻同重率得○九二至○九四八如存

若干時則結成顆粒名司替阿里布低尼化學家或名美里司低西尼其眞美司自散油性情亦與此油相同

功用　爲行氣藥以一滴至三滴爲一服

含此質之藥品　淡輕養炭養香酒

肉豆蔻油酒

取法　此與臘芬大拉油酒之作法同此油酒較一千八百六十四年英書所作者其濃祇得五分之一

功用　香行氣藥加入他藥內以半錢至一錢爲一服

桂樟科

桂樟科植物其鬚頭形狀與成法必與阿替羅司里麻依

科相近又與幾路揩爾比依科相近又能依其生成之法與太靡里依科相近伊孫白格曾考究此科甚詳其紅色汁與其香味之性言與肉豆蔻科相似此植物產於亞細亞與亞美利加熱地又有兩種產於阿非利加之北與歐羅巴之南立尼由司列於九箇鬚一箇花心之內

羅耳烏司又名貴品羅耳烏司立尼由司之名其果為倫書所載之藥又名倍樹又名甜倍樹立尼由司列於九箇鬚一箇花心

此樹希臘人名曰大祿尼用其葉作綵形之冠戴於神像之頭或迎接凱旋者而戴於其首故立尼由司名曰貴品羅耳烏司阿喇伯人名曰茄爾舊約書猶太本文名曰意是拉刻

此樹凌冬不凋其形如第一百七十六圖高十五尺至二十五尺其枝之葉甚密葉似長戈頭形尖銳邊有浪形之齒面不生毛惟其下脉與筋之交角處有細毛與小孔其花有傘托輻形開花四朵至六朵如圖之一號從葉榦間角發出有殼而薄半透光凹形

第一百七十六圖

鱗形之葉托之花分雌雄色黃而有小核如點圍鬚苞分四分如圖之二號其能成熟之花鬚十二箇排成三行其外者與圍鬚苞之分遞更排列鬚之托線如有兩核或在其中處或在高於中處鬚頭長分兩膛俱向內排列其開處有兩分向上捲如圖之三號雌花有兩箇至四箇無頭之鬚子房口圓頭形裸果軟略有卵形略與頭同大色藍黑祇有一種子子瓣大內含多油其背面為凸形產於小亞細亞之北又在地中海周圍各處常見之英國園內亦常見之

羅耳烏司之葉今不為藥品必謹慎與羅耳烏司櫻桃分別之觀卷五之二第一百十一頁其臭香味香微苦此各性情大略因含黃色自散油如合於水蒸之則能分出此油

羅耳烏司之果為倫書之藥品阿喇伯人名曰哈白阿茄爾形長似橢圓乾者深棧色果內有皺紋而脆內有兩箇橢圓形含油之子瓣此子瓣所含之油有兩種一為暖性香自散油可合於水蒸出之一為綠色定質油略為其本質四分之一能壓出之

壓成之羅耳烏司油俗名倍油能從倍樹之鮮果與熟果壓出之必先炒之而後壓之英國用此油從歐羅巴南運入此油含三種質與肉豆蔻乳油同類即自散油以拉以

尼司替阿里尼

功用　爲香行氣藥今不多用昔人頗用之其葉之沖水爲發汗藥倍油可用爲行氣之擦藥

舍此質之藥品　而烏草甜膏此爲倫書之方

沙沙法拉司根又名藥品沙沙法拉司尼斯之名藥品中用其乾根此草從北亞美利加運至英國

沙沙法拉司係一千五百二十八年西班牙人在北亞美利加之佛羅里達初查得之今美國各處俱有之植物學家以爲其名原與沙克沙法拉其相同後相傳之訛爲今之名此爲特替司之説尋常出售之沙沙法拉司核與此樹不相關疑爲奈克坦特拉樹類之果

沙沙法拉司爲小樹分雌雄者在水土合宜處能長高樹身徑略一尺樹皮外面毛糙面多槽紋色灰樹枝平滑光綠色葉遞更排列有葉莖嫩時生細毛質如膜形式與尺寸各不同間有橢圓形而不分者間有一面分一分者尋常分三分但其各葉向葉莖漸收小花稍香色淡黃綠成串形而有落下錐形之花葉圍鬚苞分六分鬚九箇其內三箇兩面有厚核而有托莖鬚頭線形分四膛俱向内陰花尋常所有能生之鬚更少而其内者常俱相合果爲橢圓形大略如豆色深藍其果生於略紅色花莖厚頂上而

有圍鬚苞之餘迹成杯形圍之此物産於北亞美利加樹林内自加拿大起至佛羅里達止在北邊者西五月開花在南邊者開花更早

沙沙法拉司木爲多孔輕脆之質嫩樹之木色白老樹之木色紅其臭少香亞美利加人不多用之間有人將其皮與木分開出售

其根之藥性較他處更大常出售者爲亂形分支之塊間有在項徑八寸者其木樱白色輕而多孔皮脆有海絨形成鐵鏽色與桂皮色之層而其新顯露之面色更淡其木間有生樱色外皮醫士蘭書化分沙沙法拉司樹根之皮查其爲藥之質自較木内更多每百分得重與自散兩種油質共〇八分定質油〇八分松香類質與蠟質五分沙沙法里弟九二分樹皮酸五八分沙沙法里弟合於樹皮酸與樹膠六八分阿勒布門〇六分樹膠與顔色料等三分小粉與紅樱色顔料五四分小粉合樹皮酸等質二八九分立故尼尼二四七分共得一百分

其根之臭最香味甜而香最爲適口俱藉所含自散油質如浸於熱水或酒醋内則爲藥之質能消化而出若加大熱則自散油全散

沙沙法拉司幹心質美國植物學家言此爲細輕海絨形

之塊味似樹膠少有沙沙法拉司之香能合於水成稀膠質能爲潤內皮之用林特里云其葉在魯西安納多用之添入肉湯內因含許多膠質故也

功用　爲行氣藥其沖水爲發汗藥常用之爲合於他種藥

含此質之藥品　沙沙把列拉雜賚水

沙沙法拉司油　又名沙沙法拉司自散油

取法　將沙沙法拉司根搥碎或用其木或用其皮俱可合於水蒸之

此油淡黃色重率得一·○九四其香與沙沙法拉司同味辣查此油爲輕重兩種油相合而成一種浮於水面一種沉於水下如久存之則成司替阿里布低尼遇綠氣則變厚穀之質如用鈣養滅其性再蒸之則得樟腦質少許

功用　爲暖性行氣藥以二滴至五滴爲一服

樟腦　西名看夫拉又名藥品看夫拉尼斯之名此爲樟腦凝結自散油質其取法從蒸木而得之西國所用者大半出於中國日本國

樟腦一質在數種植物內能見之然祇有兩種植物含之多者一種爲得來亞罷辣奴布司不產西國所用之樟腦已在卷五之一一百十七頁內言之又有一種爲中國與日本國所產者即眞樟腦樹西國古人所知之藥料向東

祇至印度所產者爲上故由印度而東而南之各國所產藥品不知之故樟腦亦不知之而阿喇伯人知此質名指夫爾

樟腦樹如第一百七十七圖凌冬不凋長頗高大在下直而多枝其樹無論何處搥碎則發樟腦香其木略白色而香中國多用之作箱籠等器樹枝頗鬆而平滑皮略爲綠色葉遞更排列葉莖長似蛋形戈頭形少穀如皮面光而平滑上面光綠色下面色更淡葉莖有三箇而在其大旁脉與中筋相交處有凹形之核核下有孔向下開[illegible]形花小而不分雌雄外面平滑在樹枝之端成[illegible]齊之密頭此頭從葉榦間角發出圓鬚苞分六分其[illegible]下能生之鬚九箇排成三行其內三箇之底有兩箇有托莖壓平之核托之鬚頭分四膛各膛有向上開之分其向內三箇鬚頭向外其餘向內而開又有三箇不生之鬚在能生之鬚之第二行遞更排列又有三箇有托莖者各有卵形之頭果在其圓鬚苞切斷杯形之底內生長此樹產於中國大半在福建省近於泉州府又生於臺灣與日本國

第一百七十七圖

樟腦樹各體俱有樟腦質取法將其根與身與枝劈成片先在水中沸之後置於稻草所作圓柱形套倒置之此套上有泥蓋之令不泄氣乾蒸其樟腦片令其樟腦質在稻草內凝結所得之質爲生樟腦大半爲中國之福建臺灣所產另有產於日本者亦爲最佳前荷蘭與日本常有往來之時在七年內運入歐洲之樟腦共有三十一萬五百二十磅間有從噶囉巴運至英國者每常生樟腦爲灰色發亮小顆粒此顆粒黏連成灰色之餅質脆形性與提淨樟腦相同此生樟腦合於鈣養乾蒸之用薄玻璃器收其所成之霧再將其玻璃器打裂則得其樟腦爲鐘形之塊

厚略三寸一面凹一面凸中有孔

樟腦爲無色明光顆粒形質其臭大能通至遠處有香味苦微辣其質雖脆另有韌性故難於搥碎重率得九八至九九故能浮於水面而浮時自能轉動此轉動之事最奇其故難知如置於冷熱適中之處則漸化散如存於瓶中則在瓶之空處凝結加熱至二百八十八度則融化加熱至四百度則沸再加熱則能着火燒甚光明水中消化者甚少而在酒醕以脫定質油自散油醋酸淡强水含炭養氣之水等質內易於消化又如樟腦一分乳八分磨勻之亦能消化又硝以脫二兩能令樟腦二十釐在水四兩內消化化學家以爲樟腦是看夫其尼與養氣化合而成之質看夫其尼之式爲炭〇輕八或爲定質自散油其式爲炭輕養英書已設一試法能知其淨與否卽用火乾蒸之如能蒸盡無餘質則爲淨者如將樟腦合於硝强水久加熱則收養氣變爲看夫拉以克酸

另有一種樟腦成白色片形顆粒西名渤泥（卽婆羅洲）樟腦卽龍腦也此質爲得來亞罷拉奴布司看夫拉樹木內所產重率得一·〇〇九其臭較尋常樟腦更不易散其餘各性情相同此樹所產流質樟腦其性幾與看夫其尼相同化學家湯勿生將流質樟腦令養氣行過則成尋常樟腦

樟腦可用料做成卽將松香油令與輕綠化合其式爲炭二〇輕八輕綠此質之外形性與眞樟腦相似其取法令松香油久遇輕綠此質與眞樟腦之分別因燒之其火多發黑煙又加熱則發松香之臭化學家倍里設法分別樟腦之眞假法將樟腦一片置在顯微鏡下所用之玻璃片將酒醕一滴滴於其上初時消化而其酒醕漸散去則再成顆粒如將其顆粒以折過之光試之如爲眞樟腦則小顆粒之各種顏色最佳如爲松香油所作樟腦則祇有本色

功用　樟腦之藥性醫士之意見各不同如久擦於身體皮膚細軟處則爲惹性之藥如服之則藥性大半從腦筋

顯出如服數不過大則令人舒暢而減腦筋之惹人能安靜如食其更大之服則收入血內令心之動法平和後從皮膚與肺散去不能從腸中而出樟腦能令脈動加力令人出汗如身多着衣服或用厚被擁護則多出汗而能減發熱之病此後能平火安心如食其大服則有瞌睡性或有毒性等常用樟腦治腦筋之病作安肚腹腦筋與止痛之藥如婦女妄言笑病用之更有益處或因腦筋病而發熱與虛發熱用之最合宜以五釐至十釐為一服

樟腦水

取法　將樟腦搗碎半兩蒸水八升此樟腦置於細布袋

內將袋連於玻璃條之一端置於含水之瓶內設不用此法則樟腦浮於水面而不消化其玻璃條之上端近在玻璃塞之下浸二日後則其水合用可任意傾出若干至用盡仍依此法為之此水與倫書所設樟腦水相似惟倫書之法將樟腦每三分合於正酒醕一分消化之後照上法化於水內如加鎂養則水內能消化樟腦更多

功用　英書之樟腦水雖淡而有樟腦臭有數種重性之藥可與此水配合同用數種腦筋病可用之以二兩至三兩為一服

樟腦酒

取法　將樟腦一兩在正酒醕九兩內消化之

功用　此藥可作外科之用為行氣與止痛藥如合於糖令其樟腦在水中不分開則可服之以十滴至三十滴為一服

樟腦雜酒

一千八百六十四年之英書名曰樟腦鴉片雜酒又名拜里揭里克（觀卷五之一第七十九頁）此藥每半兩含鴉片一釐

服數　以半錢至四錢為一服

樟腦洗藥

取法　將樟腦一兩用橄欖油四兩消化之此藥與倫書

之方所作者相同

功用　此為外科行氣止痛之藥等常名曰樟腦油又肥皂洗藥並英書之別種洗藥亦含樟腦（觀卷五之三第一百三十二頁）

樟腦雜洗藥

取法　將樟腦二兩半臘芬大拉油一錢正酒醕十五兩消化之後添濃淡輕水五兩搖動之和勻為度

功用　為引炎藥與行氣藥專為外科之用

桂皮（西名錫蘭西撘母尼布姆納之名此樹之本身上半劉斷將其旁枝剝皮而取其內層者藥肆家名曰眞桂收產於錫蘭）

舊約書出埃及記第三十章言此物名曰幾尼母納譯曰

貢桂又古時史家𠅘羅獨佗斯亦名曰幾那母們又言希臘人從緋逆司人得此名查其名之根原必爲錫蘭之土語所謂加西那末即甜木之意或爲巫來由所謂幾瑪尼斯有馬沙勒云此木巫來由人謂之幾那瑪尼斯

如第一百七十八圖爲錫蘭之桂樹高約三十尺其根有桂皮臭與樟腦臭如乾蒸之則成樟腦其小樹枝略爲四角形面平滑而光不生細毛葉之形狀不定或爲卵形或爲長卵形端有鈍尖大筋三條間有在葉中相合間有到葉底而不合者尋常在葉底稍向上幾相合另有能見之兩小筋在兩大筋之外葉下面之紋爲網形平滑光亮其

上者爲最小味似丁香葉芽光滑花頭爲樹枝之端從葉幹間角發出其花尋常不分雌雄面色似絲色圍鬚苞分

第一百七十八圖

六分如圖之二號各分長形上半能自落能生之鬚有九箇分成三行其內三行在底處有無莖之核兩箇如圖之六號鬚頭卵形分四膛如圖之四五六號其內三箇向外開另有三箇不成熟圓頭形之鬚在其中名曰似花鬚子房有一膛內一胚珠子房口似圓板形棵果內一種子居於圍鬚苞底成六分杯形之處如圖之七號種子大內有含多油之大子瓣如圖之八九十各號胚在上此樹原產於錫蘭近在他處亦種之如印度馬拉巴爾海邊噶羅巴法國加夜那等處尼斯書中名曰玉桂羅耳烏司

桂樹在錫蘭島西南種之最多更多者在尼根波與瑪土拉兩處之間該處之土幾全爲石英所成之砂地氣溼而下雨多熱度大而不甚更改此爲兒飛之說其樹生長六七年可割其枝所割去者爲已生三年之枝徑半寸至三

寸所之從西五月起十月止其皮用刀直劃小枝則左右劃之其粗者劃數條將其皮剝下成長條待二十四小時將其樹皮條置於凸形木板上刮去其皮之外層並其內之綠色質其皮不久縮成鵞管形其條長略四十寸其小捲通入大捲成尋常出售之桂皮條先在遮光處待乾後置於日光內曬乾依其良楛分爲上中下三等大半從錫蘭運至西國出售又從馬拉巴爾海邊運至打拉者里口出售此桂皮大約產於安查拉看弟（觀卷五之二第七十九頁所言此處土產之物）又有印度孟加拉數處產之係醫士安特生移往該處種植在晉納勿里等處多種之又從俱藍出售（觀後加西耶桂皮節）

種此樹之處不惟作其乾皮尙作桂皮油又從其熟果壓出一種定質油類名西捺母尼硬油又拉疑此油爲古時替啞弗蕀司佗司所名曰苟瑪苦沒爾以特之書內論記此事

錫蘭桂皮之上等者成長細圓桂形之捆長約四十寸其小捲套入大捲之內成多捲皮厚如硬紙面平滑少韌而能彎折但易折斷其折斷處有尖錯形質易成粉皮色暗黃棕常爲相同之色故此色常謂之西捺母尼色而有淡黃色發亮細絲紋香有趣味暖甜而適口此三種錫蘭桂皮之外另有馬拉巴爾海邊運出之數種醫士蕈得留查

得印度出售之加西耶桂皮亦有帶至歐洲當爲貢桂皮之用但其眞桂樹已移至各處種之故常有從他處運至西國者即如法國屬地加夜那等有人將他處桂皮雜在錫蘭桂皮內以謀利其次等者更厚更不適口而更似加西耶桂皮如將桂皮化分之則得自散油質每一千分約得六分又得樹皮酸此樹皮酸與兒茶樹皮酸同性又有植物膠質松香顏色料西捺米克酸木紋質

功用　爲香藥與補胃藥少有收斂性凡香料可以桂皮爲模又爲食物香料內之最適口者如綽故辣得內常添此質若干其粉以五釐至二十釐爲一服能治嘔吐之病又能治胃中發氣與腹痛如泄瀉病常用之與他藥配合又如身體軟弱亦可合於他藥服之含此質之藥其方甚多

含此質之藥品　兒茶沖水洋蘇木煮水雜香散白石粉香散幾奴合鴉片雜散兒茶酒白豆蔻雜酒臘芬大拉雜酒淡輕養香酒香硫強水

桂皮雜散 又名雜香散

取法　桂皮磨粉一兩白豆蔻粉一兩薑粉一兩將各物之粉和勻用細篩篩之至末用乳鉢輕磨勻存於玻璃瓶中塞密之

昔時倫書之方另加長粒胡椒

功用　爲香行氣藥以五釐至二十釐爲一服

如將桂皮一分合於白石粉四分並數種香料則成白石粉香散將此散每四十分合於鴉片一分則成白石粉鴉片雜香散此兩種散俱爲治泄瀉之用

桂皮油

此油從錫蘭運至英國其作法將其皮零碎無用之塊磨成粉浸在極濃鹽水內蒸之所行過之水色白如乳因內含油質此油質不久自能分開如將新搗碎之桂皮八十磅則能蒸出油約八兩此油間有較水更重亦有較水更

輕者

此油之新者色黄如酒陳者色紅如櫻桃其臭與桂皮眞相同傾於水中應沉下如將極濃硝强水滴入油內則變顆粒形質此爲油與强水相合而成此油之色與其存之年數有相關或將加西耶桂皮油代之又有他種謀利之法如用滴入硝强水之法則成顆粒更少桂皮油之香與味最佳無加西耶桂皮油之辛味與濇味桂皮油內之要質爲稀而香之流質名曰西捺米里輕其式爲炭$_{9}$輕$_{8}$養加輕如令此質久遇空氣則與養氣化合成西捺米克酸其式爲炭$_{9}$輕$_{8}$養$_{2}$另有兩種奇異松香類質西捺米克酸爲西

捺米里合養氣所成有法能成之即將到魯與秘魯兩種波勒殺末質合而蒸之又有法用大力放養氣之質令西捺米克酸先變爲苦杏仁油後變爲徧蘇以克酸近有化學家司脫來克用別料做成桂皮油所用之料爲司土辣哇尼作此料之法用烙炙鉀養合於流質司土辣克司或將桂樹之葉蒸出其油運至歐洲出售俗名丁香油

功用　此油爲適口重性行氣藥以一滴至三滴爲一服庖人與作點心之鋪多用之爲食物中香料

桂皮水

取法　此取法與蒔蘿水之取法同

功用　爲胃中散氣之藥尋常與他藥相合得其香味以一兩半至三兩爲一服然此水從其油而作之更易其取法將其油合於鎂養或合於糖分之極細再浸於水中惟以油所作之水易生西捺米克酸則更易壞故以其皮作水爲佳

桂皮酒

取法　將桂皮粗粉二兩半準酒醕一升其取法與阿古尼低酒之取法同

功用　添入他種藥水內令其適口以一錢至四錢爲一服

桂皮雜酒 此爲倫書之方

取法　將桂皮搥碎一兩白豆蔻搥碎半兩長粒胡椒粉二錢半銼碎之薑二錢半準酒醕二升浸七日則濾之

功用　爲香藥可添入收斂等藥水以一錢至二錢爲一服

加西耶桂皮 又名香西捺母尼樹皮尼斯之名又名加西耶皮又名假桂皮

加西耶桂皮古時希臘國書內言之舊約書之本文曰幾大代司可立弟司書中言一種加西耶皮名曰幾佗如出埃及記第三十章第二十四節言此物譯曰肉桂古事字典又名曰幾大與幾那們

加西耶桂皮又名加西耶桂木由中國與印度馬拉巴爾海邊運至西國出售來拉在本書第一次印者言明此事中國所產加西耶桂皮爲香西捺母尼樹之皮又將此樹之芽曬乾從中國運至西國出售西名加西耶芽即桂芽此芽之香味與丁香略同

香西捺母尼樹頗高蘇格蘭會城植物院中有一樹高十八尺其枝多成角形小枝與葉莖外面有細毛其葉等常幾相對或遞更排列似長戈頭形兩端之尖銳氣筋三箇或有三箇筋在其葉尉接連處以上先合爲一筋此三筋在葉頂相近處漸小而不見其氣筋與小枝俱有密而成

叢之細硬毛細硬毛之排列法疎疎落落成小叢其下面有彎曲形小脉花頭窄面有絲色化學家布羅瑪名此樹曰加西耶西捺母尼將此樹從中國運往西國種之尼斯兄弟兩人在論西捺母尼書中名曰桂羅耳烏司又安特羅司書中名曰玉桂羅耳烏司其葉之味幾分有膠性幾分有桂皮性林特里云英國用玻璃房養之稍冷則用爐火加熱令與原處之熱相配所生之葉幾無味而有膠性少有收斂性貿易之人陸弟智將此樹一顆送與來拉名曰中國桂樹或言此行家於一千七百九十年從中國運來此樹而其種存之至今英國玻璃房養此種樹大約亦從此行家得之其葉有膠味亦有香味

加西耶桂皮雖與眞桂皮大同小異而等常成獨層之捲不常有雙層之捲而多於雙層者極少其徑四分寸之一至半寸或一寸質較桂皮更厚更粗更密折斷之所成交錯齒形更短色更深紅粉爲紅棧色其臭不及眞桂皮其味雖更烈而辣而甜與適口亦不及眞桂皮從中國運至西國者常剝去其外皮

前人以爲加西耶桂皮祇爲錫蘭桂皮之下等者然不能有此理因錫蘭桂皮無論高下在英國進口每磅納稅銀錢三圓而加西耶桂皮在英國出售之價每磅祇得銀錢

一圓

眞桂皮從印度馬拉巴爾海邊運至英國出售醫士韋得云査馬拉巴爾所來之桂皮內有眞桂皮即錫蘭桂皮又云凡與桂相似之樹所生之皮不能當眞桂皮者則名加西耶桂皮有倶藍人胡克薩末言馬拉巴爾加西耶桂皮與馬拉巴爾桂皮之分別因加西耶桂皮粗而厚而桂皮細而薄此兩種爲同樹所生所謂加西耶者爲樹上大枝之皮所謂桂皮者爲樹上小嫩枝之皮

有一種加西耶桂皮名馬拉巴爾皮西俗名母西捺母尼又名野加西耶向幾無人知之近從印度之加爾各搭新

加坡爪哇運至英國出售其塊較尋常加西耶更厚平而寬如以水煮之則所成之膠質更多馬替尼云生此皮之樹名太蒔拉西捺毋尼此爲尼斯之名而產於孟加拉與爪哇兩處

加西耶桂木即加西耶桂皮化學家布可士化分之得自散油〇·八分松香質四分膠性膏質一四·六分巴蘇里尼與木紋質六四·三分水與糜費一六·三分共一百分但因添鐵綠在内或添直辣的尼在内俱能令有結成之質而鐵綠令其有深綠色故可知其質内必含樹皮酸若干其爲藥之性大半藉自散油質能爲酒醕所消化又能爲水

所消化故前所得之藥品恃此能消化之性

功用　爲香行氣藥以十釐至三十釐爲一服

加西耶桂皮油

加西耶桂皮內散油其作法將其樹皮磨粉合於水蒸之從新加坡運至英國出售此質疑爲中國加西耶桂皮所成即香西捺毋尼

加西耶桂皮油之淨者淡黃色如酒久存之不變紅色加桂皮油重率得一·〇九五其臭味與桂皮同能收養氣與桂皮油同則變爲西捺米克酸如合於濃硝强水則能全變爲顆粒質與桂皮油同此油內有其油質與淡養化合

其各要性與桂皮油同惟其味不及桂皮油適口常有藥肆家以此油代桂皮油出售爲謀利之計

功用　爲行氣去風之藥以一滴至五滴爲一服

羅弟奈克坦特拉　沙末白克之名西俗名綠心樹藥品內用其皮又名比白里樹皮

英國從歪阿那與西印度列島多運一種木俗名綠心木大半爲造船之用此木爲大塊質重而硬耐久能磨之極光易於自裂而有各種橄欖綠色從最淺至最深色俱有之

沙末白克書中言明產此皮之樹查此樹屬於羅耳烏司類奈克坦特拉族名曰羅弟奈克坦特拉一千八百三十

四年有人初言此皮有治各種發熱之性情

比白里樹皮爲平面大塊厚約三分寸之一質重剖面粗而有多絲紋其色爲深桂皮色內少平滑外有灰襮色外皮此皮易裂開成細片臭小或無味大苦不散並有濇性皮內含樹皮酸之外另有奇異苦味鹼類質此鹼類質初爲兵船武官羅弟所查出故名羅弟奈克坦特拉後有醫士馬可喇根書中詳言之又云能照雞那以亞從金雞那皮取出之法得之

比白里亞之淨者不能成顆粒在酒醕內最易消化在以脫內稍難消化在水中最難消化加熱則融化久加熱則

發腫放奇臭之濃霧如燒之能燒盡無餘質如令過放養氣之質變成各顏色即如與鉀養二鉻養或鉀養硫養三和勻則成黑色松香類質又如合於淡養五則成黃色松香類質如合於酸質則成鹽類俱不能成顆粒如合於金綠二或汞綠二或銅綠二或鐵綠二或鉑綠二則結成質少能在熱水或酒醕內消化待冷亦不結成顆粒馬可喇根與替里兩人求其化學之式得炭二十輕四淡養六

馬可喇根化分一種秘藥名話爾白格治發熱藥水內得一質爲比白里亞然疑此藥尋常含雜那以尼而非比白里亞

以上各醫士俱言此鹼類質與嘆啡啞爲同原異性之質而嘆啡啞之甯睡性爲極重者此爲同原異性質中奇異之事可爲一例查里必格與來格奴脫兩人化分嘆啡啞所得質點式與比白里亞相同後有化學家普蘭太再化分比白里亞所得之式與前不同即炭三六輕二十淡養六所以此式如爲眞者則前人同原異性之說有誤

比白里亞硫養三（又名比白里那此質爲比白里樹皮內之一種鹼類合於硫養三所成之鹽類）

英書有一方將比白里樹皮做成比白里亞硫養三

取法　將比白里樹皮粗粉一磅硫强水半兩熟石灰四分兩之三或至足用淡輕三水至足用正酒醕十六兩或至足用淡硫强水至足用尋常水八升蒸水至足用以上各料備齊則將硫强水加入尋常之水內於此比白里皮粉上傾此水足令其溼爲度待二十四小時盛於過濾器內漸傾餘水於上將所濾過之水熬之至餘一升爲度待冷則用其熟石灰作鈣養水漸添入其內必屢次搖動之但其水仍必存其酸性待二小時後用洋布濾之將所濾得之質以冷蒸水少許洗之在其濾得之水內添淡輕三水至少有淡輕之臭爲度將其結成之質以布濾之將冷水十兩洗之兩次用手輕壓之而用水汽盆烘乾將所得乾質磨碎合於正酒醕十兩傾入燒瓶內加熱令滾待數分時

則傾出其酒將其不消化之一分依同法用新作之酒爲之至其質收盡而止將每次所得之酒水調和而加蒸水四兩蒸之至得其酒之大半將其餘質漸合於淡硫强水調攪之不停至其水少有酸性爲度將所得之質用熱水盆熬至全乾將所得之質磨碎後將冷蒸水一升漸傾於其上調攪之不停用紙濾之將濾得之水熬濃如糖漿後鋪於平瓷片或平玻璃片加熱至不外一百四十度令乾盛於瓶內塞密之

此取法之理先用其硫養三令變爲比白里亞硫養三能消化之水再將其酸性餘質其一分以鈣養減之至少有餘酸

為止再濾出其鈣養硫養而添淡輕養令其比白里亞質在其濾得之水內結成再將其乾質以酒醕消化之則其比白里亞質消化而出再蒸出其酒醕將其餘質在硫養水內消化又將所得之水熬乾之仍以水消化之再熬之至成鱗形之片

照上法所得比白里亞硫養之原質為炭輕淡養加輕養加硫養此為英書之說此質不成顆粒而成櫻色魚鱗薄片形能透光其粉黃色味最苦能在水或酒醕內消化如合於鉏綠則有質結成如合於鈉養輕養則結成黃色質為比白里亞如將此質一體積合於以脫兩體積搖動之

則能消化此為英書之說如用小吸管分開其以脫熬之則所餘者為黃色明質名比白里亞能在淡强水中消化

功用　為補藥能治依時而作之病又能治發熱其功用與雞那以尼硫養相似此為醫士苦里司脫生等查得之事惟其功力更輕每一小時以二釐至三釐成丸為一服一日三四服依其病情而定之則病未發時可共服二十釐或於早晚分服十釐亦可比白里亞常用其與硫養化合者其他種鹽類不常用之

馬兜鈴科 西名阿里司托路幾依來西亞英國俗名白脫活脫草類

此科之植物大半在熱地遇見之間有數種在赤道北緯溫暖之地其草內結成苦質與自散油

阿薩拉罷指 即細辛類

英國有一種草名歐羅巴阿薩羅末如第一百七十九圖此草有惹噴之性曾有醫士用為鼻嗅藥前在英國威斯謀蘭省之克苦比蘭司代拉有人取其野生者當藥品之用今不列於正藥品內

第一百七十九圖

色噴他里亞根 又名治蛇毒阿里司托路幾亞立尼由司之名又名勿爾吉尼阿蛇根藥

品內用其乾根本立尼由司列於六箇鬚其鬚與花心相合

古人用數種馬兜鈴科植物作藥品近時亞細亞與歐羅巴亦有人用之英國作為藥品者係住於亞美利加之西人先論及之名曰蛇根初載此藥之書係奇拉特所作植物藥品書係正斯吞重印者

如第一百八十圖甲為花乙為未開之花內可見結種子之器具如丙丁為鬚戊為子房口此草根本存多年其形圓其根有多微根如絲所發之數梗高八寸至十寸質細有彎曲形其節之相距不等其底常為紅色葉遞更排列葉莖短而為心形端尖平滑淡黃綠色下面少生細毛花

莖從幹上發出但俱與根相近幾祗開一花而有一箇或二箇花葉圍鬚苞管形而彎成弓字形兩端發腫其喉有

第一百八十圖

高稜圍之成上下二箇口唇形鬚六箇連於厚花心莖之邊此花心莖在圍鬚苞之下段內而有分六分伸開子房口蓋之子殼鈍卵形成六箇角每角內有六膛各膛內有許多平滑片形種子此草產於美國之中南西各邦內此根在西賓夕瓦尼勿爾吉尼阿倭海阿音的亞那根特幾各邦俱有人取之

美國藥品書言另有兩種根取以當藥品者一名細密毛阿里司托路幾亞一名戈形阿里司托路幾亞其細密毛者常延至最高樹頂上其戈形者與色噴他里亞大同小異而其根難與色噴他里亞根分別而出售之根常有瑪里蘭特司披其里阿雜於其內伊孫白格云另有一種名藥品阿里司托路幾亞疑爲治蛇毒阿里司托路幾亞之一種

勿爾吉尼阿蛇根爲長細脆根常彼此交錯相連成密頭俱連於短而繞轉結形之根頭新鮮者黃色久之變椶色臭大而香似樟腦或甘松味暖而最苦似樟腦如浸於水或淨酒醋或準酒醕則能消化其爲藥之質此爲藥之質或爲自散油與苦性膏質此苦膏質亦有辣性係化學家什伐里耶與布司士查得之

功用　爲行氣藥補藥又爲發汗藥調經藥以十釐至三十釐爲一服食其大服令人吐瀉前時多用之治身虛弱而發熱之病等又痘疹類病久不顯出或臨顯之時病即隱伏用此藥有益

含此質之藥品　金雞那雜酒

色噴他里亞沖水

取法　將色噴他里根搗碎四分兩之一以沸水十兩沖

之必蓋密其器約兩小時爲度濾之

功用　爲發汗藥以一兩半爲一服每二三小時服一次

色噴他里亞酒

取法　將色噴他里根搗碎二兩半準酒醕一升其取法與阿古尼低酒之法同

功用　爲行氣藥可加入補藥與發汗藥內以一錢至二錢爲一服

大戟科 西名由福北阿西依珠西亞之名英國俗名司普爾知草

此科植物生於熱地間有產於温和帶之南而温和帶之北祇屬於草類祇有一種名蒲格蘇司 即黃楊 爲矮樹大戟

科植物俱有辣性其辣質俱在白色之汁內故有數種用為身體一處之行氣藥又用為全身之行氣藥間有毒性者有數種在皮內結成自散油如指思指里拉樹等又有數種在子內結成定質油與辣性質如蓖麻子與巴豆等有數種之根如瑪尼喝特渣尼法等其根內結成小粉與辣性質加熱則辣性質化散其小粉與藕粉相同

有一種樹名成油司脫令以阿郎烏柏樹中國數處產之甚多子外有白色油質包之此油含司替阿里尼與以拉以尼兩質即定質油與流質油為植物定質油內之佳品

第一族　蓖麻族 西名里西尼依珠西亞之名

可羅敦 立尼由司之名列於同植物分雌雄合鬚之花

此花在同樹有雌雄不常見其一樹或全雌或全雄者萼分五出雄花之花瓣五出鬚十箇或更多分開雌花無花瓣花心莖三箇分二分或多分子殼分為三分

指思指里拉樹皮 又名依羅替里可羅敦白尼德之名此皮係巴哈馬列島所產運至英國出售

一千六百九十二年西班牙人薩罷初查得指思指里拉傳至歐羅巴此名之意為小皮而西班牙人以此名稱數種樹皮如金雞那類之皮多用此名而藥品書內所名指思指里拉皮為一百五十餘年內所知之一種沛離拉書中云大半由巴哈馬島而來林特里云此皮為司哇子與白尼德兩人所稱依羅替里可羅敦而非杜那所稱指思指里拉可羅敦 查指思指里拉可羅敦樹所產之皮為墨西哥所稱哥巴辣奇樹皮此皮在秘魯與智利兩國名曰孫脫里在此各處用此皮為補藥而有數種發熱之病用之或言較金雞那樹皮之功用更大此為可太爾克之說 伊孫白格言司哇子所謂光亮可羅敦係牙買加島所產之樹所生之皮歐羅巴數國常用之名曰指思指里拉此兩樹俱在尼斯藥品書內有圖說

立尼由司所名曰指思指里拉可羅敦者化學家若克名曰線形可羅敦牙買加島俗名野咾士須蘆樹其樹皮與指思指里拉皮不同性情亦不同

指思指里拉為植物學家所設之新類而屬金雞那西依科祇生一種加爾達日那樹皮並有一種皮名新金雞那依羅替里可羅敦為小樹其大小樹枝有角形少有壓平之形面有細線紋生細毛有鐵鏽色葉有莖遞更排列為卵形尖短而鈍上面綠色下面銀色並有密軟細毛花分雌雄花串從葉榦間角發出而在樹枝之端分為數支雄花在上而少雌花在下而小花莖短鬚之托線十箇至十二箇子房圓形花心莖三箇分為二分子房口鈍子殼圓形面生小凸點如千日瘡子殼略大如豆有三箇槽紋內分三膛其體分六分此為林特里之說此樹產於西印度

列島內牙買加等島又有巴哈馬列島內之一島名依羅替里阿此樹之名從此島得之林特里查此島之樹係產出售揩思揩里拉皮之眞者即來脫與胡特肥勒兩人前亦言之

揩思揩里拉樹皮易與哥巴辣奇樹皮相混又能與灰色金雞那樹皮即華奴哥皮相混此皮爲參差形之塊長畧二寸至四寸質薄間彎成管形少有繞形間有平面者厚如筆榦粗者厚如小枝外面灰色面多裂縫有數處面有白色苔痕皮質櫻色內面平滑其質密折剖面之交錯形短質脆其粉淡櫻色臭淡微香味苦微辣有香料之意近

有化學家杜伐辣化分之得阿勒布門樹皮酸苦味顆粒形質名曰揩思揩里里尼又有紅色顏料臭定性油類質蠟質樹膠自散油此油有可聞之香又有松香類質小粉貝格的克酸鉀綠鈣養鹽類木紋質等揩思揩里里尼淨者白色有顆粒形無臭有苦味而其苦味初時不覺因其質難於消化之故若已消化後則其質少許能令多水有苦味最易在酒醕與以脫內消化化學家以爲是中立性質不合淡氣而與薩里西尼畧同性其皮之藥性大半藉自散油與揩思揩里里尼此兩種質俱能用酒醕消化出之又幾分能爲水消化而出

功用　爲行氣補藥醫士或用以治發熱病可合於金雞那樹皮用之如胃不消化或他病應用暖性補藥則以此樹皮爲佳

服數　其粉以十釐至二十五釐爲一服可合於鈉養並牛乳同服之

揩思揩里拉沖水

取法　將揩思揩里拉粗粉一兩沸蒸水十兩沖之蓋密其器待一小時濾之

功用　爲平和溫補藥以一兩半爲一服

揩思揩里拉酒

取法　將揩思揩里拉搥碎二兩半準酒醕一升其取法與阿古尼低酒之取法同

功用　爲行氣藥與補藥添入他藥水內以一錢至二錢爲一服

巴豆油　西名可羅敦油其樹名替格里可羅敦其油係從其種子內壓出

來拉在印度得此樹之種子土名渣瑪拉哥脫阿喇伯人名曰屯特此樹種子在歐羅巴久用之而所稱之名曰替里子又名替格里亞子而其木名曰摩洛加木後在西國藥品內漸廢而不用至數年前有韋脫與馬沙勒兩醫士在恩司里所作印度藥品書內論記之又有看韋辣書中

言及之自後西國復用此藥

替格里可羅敦為小樹高十五尺至二十尺嫩枝平滑而圓葉為長卵形其端尖氣筋三箇至五箇有淺而核形鋸形齒之邊葉薄如膜底有兩核嫩葉之面有極細散開之毛排列如星形葉莖短少為角形嫩時有毛少許亦排列如星形副葉兩箇為圓錐形極小花串為枝之端直立而形箇雄者在頂上雌者在下花之外面生細毛雄花之萼分五出花瓣五箇戈頭形面生毛如棉花鬚十五箇分開陸克司白格云鬚有十五箇至二十箇其底多生毛如棉花雌花之萼分五出久不落花心莖長而分兩分子殼長

鈍三角形與榛同大面有極細毛排列如星形最密膛內含獨生之子盛滿無隙種子之皮淡暗樱色皮內有硬黑平滑之子衣哈米登與陸克司白格書中名曰渣瑪拉哥脫可羅敦印度之孟加拉有此為本處之植物又在印度化處與錫蘭亦遇見之林特里書中曾論記之如第一百八十一圖為其雌樹甲為雄花乙為花鬚丙為雌花丁丁為果實戊

第一百八十一圖

為種子

哈米登書中又言其一種名巴伐那可羅敦鬚十箇種子較膛小甚哈米登以為此種所生之子係原稱為替格里可羅敦樹產於緬甸阿桑緬來德或在安汶亦有之

又有一種陸克司白格書中名曰多鬚可羅敦而話辣書中名曰陸克司白格可羅敦係西爾加耳山所產者所生之種子土人亦名曰渣瑪拉哥脫

替格里可羅敦有可憎之臭其葉之味亦可憎而久不變此為陸克司白格之說其體之各處有辣性並瀉性之質而藥品中祇用其種子因其子含油即巴豆略大如咖啡

子兩端圓形而有兩面其外面之形較內面之形更凸此兩面之中有橫稜令其形為不等邊之四角間有子殼內祇有兩種子則其內面平中軸成一槽子之外衣間有去若干分者故外面有花形如其衣全去則色全黑仁內含多油新鮮者黃白色陳者變樱色胚大子瓣薄如葉印度國人將種子與殼炒之預為藥之先去其胚歐羅巴人用其油謂之可羅敦油即巴豆油作法將其仁搥碎壓之每百分約得油五十分而有造成之油從錫蘭運至英國出售醫士尼慕云其種子每百分有仁六十四分殼二十六分其仁每百分含油六十分其阿勒布門與胚俱含辣質

之質
化學家百勒替耶揩分士步蘭德士等人化分巴豆而得自散油之微數名曰可羅敦以克酸此酸有猝性與自散之性又得定性油名曰可羅敦以尼此為鹼性成顆粒之質近有化學家查此質係鎂養合油類配質之鹽類又有松香質樹膠阿勒布門哥路登數種鹽類立故尼尼等化學家以為其藥性藉所含之可羅敦以克酸而此酸隨其定性油質無論其油為壓出者或用以脫消化而分出者同是隨之沛離拉疑其酸質之淨者非有藥性之質又化學家來得活特查明可羅敦以克酸並其鹽類俱無藥性

巴豆有重瀉性印度人多用之作瀉丸俗名渣瑪拉哥脫丸其作法先去其子胚後將子之阿勒布門合於兒茶或胡椒成丸以一釐為一服即一豆之半間有服其更多者

巴豆油 西名可羅敦油又名替格里油

此油之淨而新者幾為無色尋常出售者為黃色或橘皮色因炒之過限也間有黏性如膠臭小而奇味猝而久不散而其猝味在喉內覺多在口內覺少其油能消化於以脫內又能消化於各種自散油與定質油內一千八百六十四年英書試驗之法將此油一體積合於酒醕一體積輕加熱搖動之待冷時其油之四分之三分出如含蓖麻油在內則蓖麻油全能在酒醕內消化而巴豆油常含之異質祇為蓖麻油沛離拉曾試驗常出售之巴豆油得兩種一為印度者其色淡一為英國者其色濃其性更烈其英國者諒為更淨如以巴豆油一體積合於酒醕一體積依英書之法搖動之則其兩質能和勻除減熱之外不能分開如將印度巴豆油依同法為之則成白色質如乳將此質輕加熱則漸變為最稀待二十四小時則分為兩層質而此兩層質亦非油與酒醕之分別惟其下層之體積多於上層者而為含酒醕之油而其上層者為含油之酒醕故可見英書之試法不準而於一千八百六十七年之

英書刪之沛離拉以為印度巴豆油內含壓脫羅法油為謀利者加入來拉在印度曾見土人用漂白巴豆壓成油而此油為淡色者

功用　巴豆油為重性瀉藥如大便閉結或腸之行法無力或應用引水瀉藥或速瀉藥俱可用之間有數種腦筋之病如面部腦筋痛可用之如擦於皮膚則為引炎藥又常用為惹性藥引病外出能治身內之病或用其淨者每一體積加橄欖油二體積等法化學家蒲楷達將巴豆油二十分合於尋常鉛膏藥八分為移病藥

服數　以一滴至二滴或三滴為一服作丸間有加鴉片

於內者其油不便於單服因令喉間覺辣也

巴豆油洗藥

取法　將巴豆油一兩合於揩耶菩提油三兩半正酒醋三兩半

功用　此藥治胸膛與腹生炎之新病為引病外出藥如擦於皮膚則數小時後生疱或生痘一千八百六十四年英書以橄欖油和之

蓖麻油 西名里西尼油立尼由司名每常里西尼藥品中用其子內之油西國所用者大半由印度之加爾各搭運出立尼由司列於同樹有雌雄合鬚之花

此樹為西國古人所知者舊約書言及之觀約拿書第四章第六七九十等頁其本文曰幾揩應譯以英文曰壺蘆是為錯誤代司可立弟司書中名曰幾幾又名曰可羅敦此油在印度埃及希臘阿喇伯各國自古以來用為藥品其希臘語之名原意為狗蝇子因其種子與此種蟲體大為相似臘丁文曰里西尼亦為此意

植物學家論此族之類數意見各不同常有以一種樹當為一類如牙買加與印度各處常見不同形者有一種名歐羅巴里西尼此樹必從東方移往西國而漸變為一年之草因不能耐冬時之冷也每常蓖麻樹印度甚多如田邊等處高十六尺至二十尺其榦頗大存多年其油為上

等藥品又能作點燈之用其葉可養一種蠶名曰阿倫弟蠶

其根存一年或存多年長厚多絲紋其榦如第一百八十二圖為圓形厚而有節面有槽有淡綠如海水色之粉向上紫紅色葉大略為巴勒末葉楯牌形葉分為戈頭形而有鋸齒邊之大分葉莖長變小色紫葉莖之頂上有核花在同樹有雌雄生於枝端成密頭下者為雄上者為雌俱與其葉莖接連處成節間有兩核形花葉托之萼分三齒至五齒又分若干出無花瓣雄花之鬚甚多其鬚之托線分支如圖之甲下相連鬚頭之膛球形各自分開如圖之乙雌花有一箇花心莖子房口三箇分為二分如圖之丙為翎毛形色紅子殼分三分合連面生多刺內有三箇膛

第一百八十二圖

如圖之丁膛內各有一種子其子懸於子殼內為長形卵形向外凸形向內少為平形色淡灰間有更深色成花紋如圖之戊種子外有薄皮形平滑之子衣為兩層料

合成上端有厚而發腫形處謂之種子面似腫處又有極細白色膜圍其仁仁大而含多油其質大半為阿勒布門間有大而葉形之子胚如圖之己此樹原產於印度今在多處種之

蓖麻子有兩種一為大一為小或言其小者含油更多而成色更佳化學家猗茄化分蓖麻子每百分內除含水外有子衣二三·八二分仁六九·○九分其仁之六九·○九分內含定性油質四六·一九分膠質二·四○分小粉與立故尼尼二·○分阿勒布門○·五○分其仁之新者白色味甜如杏仁第嘗之之後口內覺辣分出其子內之油法或在

水中煮之或炒而壓之或不炒而壓之俱可又可用酒醕消化出之或將其油在水中沸之消去其膠質令其阿勒布門質結成苦里司脫生已查得前人書內論蓖麻油之說如來脫布突倫恒里白西奇布特等人將此各人之意見作一公說云如將其大種子或小種子壓之則能得上等平性之油但此油易於變酸如將其油加熱至二百度令其阿勒布門質結成而分開則久不變酸又其仁內子胚之藥性與其阿勒布門質之藥性難分高下又其子殼與圍子之膜質無藥性如依東方各國之法不先炒而煮之或將其油加熱燒去其餘水則得上等油質而能耐久惟其藥性稍輕又與水煮之則其為藥之質似能化散故久煮之則其藥性必減小又如先炒之而後壓之或將壓出之油加稍大之熱如美國等處之法則其油內另生數種質令其油之辣性更大

西國常用之蓖麻油大半為印度所產俗名令取蓖麻油英國亦有用蓖麻子壓出油之處間有從北亞美利加與西印度運至英國出售色似淡稻柴色臭淡而略不堪聞味輕如等常之油間有少辣者此油雖較等常定性油更重而較水更輕並有黏性熱至五十五度之時其重率為九六九減熱至三十二度則結成定質油數粒久遇空氣

則變酸而漸乾能在酒醕或以脫內消化其多寡不論如遇淡養則結成定質定性油名曰巴辣米尼如合於鹼類質能成肥皂化學家白西與勒摺奴云其油內含三種油類酸質一為里西尼克一為瑪加里替克一為以拉以哇弟克又有一種辣性松香類質此油一體積能在酒醕一體積內消化或能在正酒醕兩體積內消化此為英書所設之試法沛離拉曾言蓖麻油能令調和在內之他種定性油質在正酒醕內消化而淨巴豆油亦有此性故可見英書之試法不能驗此油含他種定性油與否即如每百分含三十分至五十分亦不能分別之又云其油與酒醕

彼此能消化，又如將蓖麻油一分，正酒醕一分，和匀，令消化待數十日，則自能分兩層，上層爲含油之酒醕，下層爲含酒醕之油。（觀前巴豆油節）

功用　蓖麻油爲瀉藥。蓖麻子之新者，雖其味平和而淡，其性猝。（來拉在印度國恒河上，有英國職兵一羣在船上登岸，則有兵數人在岸得蓖麻子，疑印度之榛子，故摘而喫之頗多，不久大瀉腹痛，疑爲霍亂吐瀉或中毒，所以請來拉提往治病，其人大半不久即愈，內有三人最苦，多日在醫院調治方愈）此油爲輕性穩妥微利藥，其藥性速顯，凡應用瀉藥而不可惹其腸，用此油最爲合宜。又如將此油一服，合於松節油二錢，則其瀉性更重

含此質之藥品　軋哥路弟恩芥末雜洗藥水綠雜丸

服數　其油半兩至一兩半爲一服，在淡酒醕或水面浮而服之，或在熱牛乳或咖啡水上浮而服之，或合於醋搖動而服之。如爲小兒，以一錢或二錢，合於他質成酪服之

打比哇卡（其樹名瑪尼喝特，酒尼法洪波特與本布蘭特之名，又名瑪尼喝特，歷脫羅法立尼由司之名，又名最有功用瑪尼喝特，普勒之名。爲藥品者，係其根內小粉類質）

此樹初爲秘瑣在巴西國生物學書第五十二頁言之。所用者，爲其根之小粉形質。近有植物學家普勒將此樹另分一族，而此族名曰最有功用瑪尼喝特

打比哇卡樹，高四尺至六尺，根大而生多頭，質軟而白，內有猝性之汁，如乳。此汁最毒，其葉爲櫻櫚類樹形，分五分至七分，面平滑，下面有細粉，色淡綠，如海水。其葉之分爲戈頭形而完全，花從葉幹開角發出，成串形。同樹有雌雄，萼鐘形，分五出，花瓣幾無之，鬚十箇，托線不等，分開，圍住圓瓣形體而排列。花心莖一箇，子房口三箇，合成皺紋之塊。此爲珠西亞與虎客兩人之說。此樹產於西印度與南亞美利加數處，新加坡亦有種之者

打比哇卡有兩種，一爲苦者，一爲甜者。其樹又名卡薩伐，爲土人之語。其苦者高略六尺，葉深綠色，餘深櫻色，其根較甜者長，足之時更長，亦爲更大，長約二十寸，周約十寸，汁猝而毒。或言因其內含輕衰，此爲恒里之說，或另含猝

性質。種此樹之人，既作常出售之打比哇卡，又作卡薩伐饅頭。其作饅頭法，將新鮮之根，用最粗之銼刨成溼粉，壓出其汁，成餅形，置於熱鐵板上燒之。其打比哇卡之作法，將其根擣成漿，以冷水洗之，則其小粉隨水洗出，待若干時，小粉沈於水下，用熱鐵板烘乾之，變爲顆粒形。其洗與加熱之工，能令其毒性質，無論爲消化或化散，俱能消去，而其餘質可食之

甜卡薩伐有人以爲不同類者，名曰滃尼法瑪尼喝特。又有一種，化學家普勒名愛披瑪尼喝特，樹高約四尺，根長約一尺，其根之周七寸至八寸，暗櫻色，根內含多汁，味似

粟能煑之以當菜又能烘之而其大半作酒作酒之法將其根刮成漿令漿發酵後壓出其酒此酒土名拔華里土人每飲之至醉此爲奇勒之說

㝷常出售之打比哇卡顆粒形不整齊大如小豆色略白無臭無味與他類小粉同其小粉之顆粒極小但其形正易於分辨觀小粉一節內載其圖打比哇卡之性情與㝷常小粉同惟其質更淨

功用　此爲潤內皮之食物其質易於消化故患病者食之或小兒斷乳時食之俱可

第二族　大戟族西名由福比依

漆頭蔄茹西名由福比由末此爲數種漆頭蔄茹凝結之松香類質即大戟香但不能確知爲何種或言爲加拿列羣島由福比阿樹立尼由司列於同樹有雌雄合鬚之花

漆頭蔄茹之花不全成密頭內有一雌花與數雄花總花葉爲鐘形分五分有五箇遞更排列之核其雄花爲光者祇有一箇鬚在一箇小花莖上而有多鱗雜於其各雄花之間圍住其雌花其雌花祇有一花心花心莖三箇子房口分兩分子殼分三膛而在後面裂開種子獨生而在子殼內有細莖懸之此族植物之形狀各不同有似仙人掌者西名卜克圖司其爲藥品者未定爲何種大半有彎曲之榦有多節其枝亦有同形凡有角處則有雙刺如傷之則有粹性白色汁流出凝結於外面㝷常在有兩刺之處凝結最多所凝結之汁取之爲㝷常出售之由福比由末

漆頭蔄茹爲古時希臘醫士所用之藥阿喇伯人亦用之其書中名曰傅爾非恩然尚未知此質係何種樹所產而古人所用者係由暮里坦尼亞而來近時常出售者由麻加多而來有一種產於加拿列羣島名曰加拿列由福比阿又有一種係阿喇伯與阿非利加熱地所產名曰藥品由福比阿如第一百八十三圖又有一種產於阿喇伯與印度各處名曰舊由福比阿此三種有植物學家論記之其第三種來拉試驗之所得之質幾無藥性蒲離拉試驗

第一百八十三圖

常出售之漆頭蔄茹其中之小枝則以爲其質係加拿列由福比阿所生而此樹亦產於阿非利加之北又查其質內之刺疑爲相類之樹所生者即四角由福比阿

常出售之由福比由末爲參差形之粒其內有一箇或二箇孔兩孔彼此相遠排列成此孔之故因其質在樹上凝結處有前所言之兩箇刺故從樹摘下後原有刺處必有孔間有孔內尚存其刺之迹暗黃白色與下等脫辣茄看

得相似質脆臭少而自成之粉如散於空氣內人鼻必嚏入眼則惹令生炎而痛所以售此物者必用法遮蔽其面方能搬動之如嘗其味則不久口內覺辣而熱無論遇身之何處俱有惹動之性如化分此質每百分得辣性松香類質六十分蠟質十四分鈣養蘋果酸十二分鉀養蘋果酸一分另有巴蘇里尼若干或有古得止格（即軟像皮）立故尼尼與水等質故可見此質非膠松香類質而爲蠟松香類質如燒之則火焰爲淡色香頗可聞如在水中消化之則所化者甚少惟在酒醕或以脫易於消化其內所含爲藥之質即其松香類質

功用　爲重性惹胃藥如聞其粉則連嚏不止又能令鼻流血如散入眼內則令眼紅又爲辣性吐藥與瀉藥又爲引炎藥其質最爲危險故用之者少英蘇阿倫各藥品書俱不載之

解法　用油或潤皮流質或用油類質作外導藥凡有生炎則可用放血之法又用水浸身

卡瑪拉（又名成染料陸脫里拉陸克司白格之名入藥品者係其子殼上黏連之粉產於印度）

此樹果面所生之粉印度人久用爲紅色染料名烏羅司其樹之名係陸克司白格所定因前有丹國傳教者名陸脫拉於一千七百九十八年查得印度人用此粉之益而傳於西人知之近時住居印度之西人多用此藥殺腹內之蟲從此運至英國用之

成染料陸脫里拉陸克司白格書中詳言之樹高十二尺至二十尺而爲大戟族內之植物印度多山之處常見之間有在高五千尺之山得之又在非里比納島中國澳大里亞之東北阿非利加之索某利俱有之果分三分大略如豆外面有極小而圓半透光之核形體其色光紅無托線其果在春季熟時取之刷下紅粉存貯

印度各大城街市出售之卡瑪拉粉色紅如紅磚其粉似能自動與里可坡弟由末（郎絲芒）及羅布里尼略同此爲漢

白里之說此粉難與水和勻而大半能在酒醕內消化如在以脫內消化之則所消化之質爲松香類另有一顆粒形質名陸脫里尼又有細毛質排列如星形不消化用顯微鏡觀卡瑪拉粉有圓形之粒其徑自二百五十分寸之一至五百分寸之一而粒間有排列如星形之毛卡瑪拉幾無臭無味不能在冷水中消化幾不能在沸水中消化而能在鹼類水中消化成深紅色之水如將卡瑪拉粉噴入燭火內則燒成火焰成一閃之光

功用　爲殺蟲藥在印度國內用之治帶蟲久已著名以三十釐至一百八十釐爲一服或言一服即效此藥有重

瀉性能令其蟲身與頭一起瀉出此藥在英國尚未多用故此書不能詳言其功用

胡椒科 西名華撥拉西依里又特之名又名椒草類

胡椒科植物與蓼科植物略爲相類又與蕁麻科植物有相似之處或列於內長類內或列於外長類內此樹產於亞細亞與亞美利加熱地另有數種更向南或更向北而生惟其味俱辣而香其爲藥品質之外有一種名檳榔蔞葉即蔞有數處多種之因其味不甚辣而其香溫和故東方人用爲嚼以增涎之料即如檳榔淡色兒茶石灰三質用此葉包而嚼之謂之檳又謂之比替里

華撥立尼由司之名又列於二箇鬚三箇花心

其花頭周圍有花葢密花不分雌雄而各花有鱗形質托之鬚數不定等常兩箇鬚頭內分兩膛子房一膛子胚獨生直立子房口分三分或分多分裸果祇有一種子樹矮不常見其高者樹質香而枝有節葉遞更排列不分常有筋最顯明花頭在底有片形苞托之與葉相對其花不常爲樹枝之端爲圓柱形間略爲球形此族爲米幾勒分爲數分族

黑胡椒西名黑華撥亦名黑胡椒此爲樹之未熟而得白作乾之果大半產於印度如去黑色之殼則胡椒

古時希布可拉弟司與代司可立弟司之書中所言華撥里必爲今人所謂胡椒其名由波斯國語名曰比勒比勒觀下長粒胡椒節得之初查胡椒之性情者略必爲印度人此樹產於印度馬拉巴爾海邊相近處甚多而從此處並巫來由嗎及蘇門答剌等運至歐洲

胡椒樹如第一百八十四圖甲爲剖開之花乙爲去皮一半之果丙爲胚爲存多年之籐本其梗或蔓於地面或緣於樹上形圓而多彎曲高八尺至十二尺枝分兩分有多節近節處似腫常向四面分枝葉左右平排列爲寬卵形端尖間有少斜者其莖五箇至七箇脈在下顯明間有更

小橫筋相連在上光滑而色深綠在下有淡綠如海水色之細粉葉莖圓幾長一寸花頭在葉相對有莖長三寸至

第一百八十四圖

六寸細而垂下似有雌有雄間有一箇花有鬚與花心俱全此爲林特里之說鬚三箇果各分開形圓無托莖大如小豆初時綠色後變紅至未變黑外有軟肉與汁既乾之後俱變硬生於印度並南洋列島又種於西印度列島

陸克司白格所設脫里阿苦末華撥為生刺日門德里西爾加耳之胡椒而設此名之先尚未見眞黑胡椒後見黑胡椒為深綠色光亮之葉則知易與脫里阿苦末華撥分辨因此種而上有淡綠如海水色之粉後陸克司白格辭去生刺日門德里管理胡椒園之事有醫士海納接受其事依海納之說此園種胡椒不成事因種法有誤泥土太瘠樹難保其身故不能生子因此所生胡椒極少大不能抵種之之費觀來拉所作印度植物書第五十三頁與六十七頁

其樹之果未熟時摘之日光內曬乾則其外之肉與汁俱乾其餘質變黑色而成皺紋其內種子圓而灰白色

如待其胡椒已熟後浸於水內擦去其肉與汁則得白色之子即常出售之白胡椒英國亦有法磨去黑胡椒之殼亦成白胡椒

胡椒無論為黑色為白色如搥碎之則發香而有熱辢香味其白者較黑者略淡如浸於水內則能消化其香質少許又以脫或酒醋或準酒醋能消化盡其質化學家活司退特與百勒替耶兩人化分之得中立性質名華撥里尼又有辢性松香類質白散油質少許膠質小粉巴蘇里尼膏質蘋果酸果酸數種鹽類質立故尼尼常出售之胡椒粉常合他種質為謀利之人加入者即如麪粉小粉西穀米等質可用顯微鏡分辨之

華撥里尼之淨者為無色斜方形顆粒有中立性無鹼類性水中不能消化而在酒醋或醋酸內能消化在以脫稍能消化加熱至二百十二度則易融而化散百勒替耶云淨者無味而其為藥之性藉有辢性松香類質苦里司脫生云所能得白色顆粒與其深櫻色者辢性不分上下又云白胡椒與黑胡椒辢性質相等然其白色者因松香類質更少故易分開其原質為炭卅四輕十九淡養六醫士或言最合於治發熱與依時而作之瘧疾遇硫強水則變紅色

辢性松香類質軟三十二度熱之時則凝結能在酒醋或以脫內消化易與各種油質和勻味最辢而烈如黑胡椒較白胡椒更烈有數醫士以為胡椒藥性大半藉此辢性松香類質

功用　為熱性行氣藥又為辢性香料常添入食物之內醫士或疑其能治發熱其用處大半為治他種藥有吐性以五釐為一服如鴉片雜散與鴉片甜膏俱合之

胡椒甜膏又名華撥甜膏

取法　將黑胡椒細粉二兩茺茴果細粉三兩提淨蜜糖十五兩在乳鉢內磨勻倫書所設之方含土木香與懷香子

功用　爲平性行氣藥近有醫士用之代話爾特之藥因此藥治痔瘡等病有大名醫士布路弟云此糖膏遇痔瘡則有輕行氣性因有此質若干行過肛門

服數　以一錢至二錢爲一服一日二三服

長粒胡椒　西名長粒華撥立尼由司之名又名陸克司白格猪非卡米幾勒之名所用者爲其未熟之乾果此爲倫書所載之藥

長粒胡椒印度自古以來即作爲藥品其梵音曰華撥拉幾與希臘國之華撥里同音又希臘所有之華撥里里薩疑爲其根今東方各國用此根甚多名曰華撥拉暮辣觀印度藥品書第八十六頁

此樹之根多木質其幹爲籐本有多節形如矮樹下葉似卵形心形氣筋三箇至五箇上者有短葉莖形長端尖少斜在底略爲心形氣筋四箇至五箇惟其筋與脉不顯明質韌如皮面平滑花莖直立較葉莖更長花頭幾爲圓柱形其樹原產於西爾加耳山上多林之處並雪山之麓又在孟加拉多種之米幾勒將此草列於他族內而不當爲胡椒

種此樹者不惟取其子尚欲收其根其根幹之厚處切成小塊曬乾爲東方各國貿易之物其各裸果之頭長幾爲圓柱形長一寸至一寸半果未熟時最辣故在此時摘下作乾既乾之後變爲灰色長粒胡椒搗碎之則有微香味極辣化學家杜郎化分之所得原質與黑胡椒相似即含華撥里尼定性油即所藉以有辣性者又有自散油其香或全藉此

功用　爲行氣藥可代黑胡椒用之前倫書載之爲數種舊方藥內之配料今英國各藥品書俱不載之

華澄茄　西名古比把又名藥品古比把米幾勒之名入藥品者爲其未熟之乾果產於噶羅巴又名古比把胡椒立尼由司列於二箇鬚三箇花心

印度人自古以來用此爲藥名曰古比把起尼阿喇伯國從印度得之亦名古比把來拉疑古時希臘人不知此藥

而沛離拉已查得證據知此藥在英國五百年前已用之觀印度藥品第八十三頁

此草籐本枝圓略厚如鵞毛管其節平滑能生根嫩時葉莖有細毛葉長四寸至六寸半寬一寸半至二寸有莖爲長形或長卵形尖銳其底或圓或爲鈍心形其脉紋最顯明成網形質韌如皮而最平滑花頭生於枝端在葉對面處花分雌雄花莖與葉莖等長其果較黑胡椒稍大球形果徑長約半寸此爲林特里之說此樹原產於噶羅巴與檳榔嶼

林特里已查得立尼由司書內所言古比把華撥即爲此

物布羅瑪云此草之果雖爲上等者而不運至歐洲出售歐洲所用者係狗華撥果更小幹更短味與八角茴香大相似而較古比把華撥辛性更小林特里云此草所生之果與倫敦藥肆出售者其味余不能分別之

華澄茄粿果乾時與黑胡椒相似惟其色略淡面有凸出之脉如網又有短莖故古人或名曰有尾華撥其已乾之果肉薄殼硬種子球形白色內含油華澄茄搗碎時臭香而可愛味辛如胡椒與樟腦化學家浮扣林與孟海姆兩人化分之得自散油又得一質名古比把以尼爲中立性質與華撥里尼相類又得辛性軟松香類質與膏質其藥

性大半藉其自散油如遇空氣自能化乾故凡用華澄茄必當時搗碎之其粉深色略有含油之形狀或言謀利者常加眾香（郎比門閣）粉雜於其內

箏常華澄茄係印度國所產另有一種其形狀大相似而易混葡萄牙人早已從阿非利加幾內亞運來其幾內亞華澄茄爲克路西衣古比把所生之果爲米幾勒之名而與他種之分別因其葉有三箇氣筋鋭形幾不爲心形粿果有果莖面有皺紋而網形不顯明味熱但尼里云與黑色胡椒相似醫士司對納好司云內含華撥里尼

功用　爲行氣藥東方多用爲暖胃藥此藥能阻膀胱溺管放各種流質故流白濁等病用此藥箏常能治愈惟壓在生炎初退後用之因能惹溺管之路而令外腎脹大

服數　用其粉以二十釐至一百二十釐爲一服一日三四服

華澄茄油

取法　此油在英國作之其取法將華澄茄搗碎之合於水蒸之每華澄茄十分得油一分

華澄茄油無色或淡綠黃色較水更輕質濃臭與華澄茄同辛味亦相似如合於水而提淨之則其餘質軟而有松香類之性如獨蒸之則自化分其原質之式爲炭輕待若

干時而不動之則結成司替阿里布低尼類之質此質化學家温克勒名曰華澄茄樟腦

功用　其藥性與華澄茄相同以十滴至半錢爲一服可合於糖在水中服之

華澄茄酒

取法　此取法與阿古尼低浸酒之法同以華澄茄粉二兩半合於正酒醕一升

功用　爲行氣藥能治流白濁以一錢至二錢爲一服一日兩三服

瑪替哥（又名長阿爾但特米幾勒之名藥品中用其乾葉產於秘魯國）

瑪替哥爲南亞美利加與墨西哥所用之名但其葉爲數種不相同之植物所產德國植物學家馬替由司書內言產此葉之樹屬於甫路米司族而有植物學家哈脫章猗告於林特里云南亞美利加甚多邦之人有一種樹名黏性由怕拖里又名初薩郎架土人名曰瑪替哥又云此樹爲甚多邦與里約邦巴邦兩處人所名曰瑪替哥者毫無疑心余亦得一種樹之葉藥性與瑪替哥相同而產於玻里非國名曰莫克蘇莫克蘇不知其樹屬何種類第觀其葉內有方葉莖之塊雜於其內疑其因此歸於唇形科觀林特里植物學書第七百〇七頁近時運至英國出售之瑪替哥葉爲英國

里味不醫士哲弗里分送與植物學家考驗者其葉中有榦與花頭之分產此物之樹與華撥族相近初時設名曰窄葉華撥後有植物學家米幾勒另設名曰長阿爾但特瑪替哥葉英書中言明長二寸至八寸上面有脉紋與駁雜之色下面生細毛味香微濇而暖臭香而有趣

功用　瑪替哥葉初爲英醫士哲弗里在一千八百三十九年正月初七日醫學新聞論記之能作止血藥即如蜞吮傷處與發血管之傷等又如鼻衂或舌出血他藥不能治者用此葉必效其葉下面因有多脉紋如網而其面有細毛所以合於皮面相切其止血之性藉其細毛等質如置於傷口則能當軟塞之意其益處大略祇在其質之軟而合式不在乎其藥性醫士合奇士化分之云含一種奇異苦性質名瑪替西尼又有自散油質然其沖水雖遇鐵綠水變綠色如薄荷水遇鐵綠所成之色同然所含樹皮酸與沒石子酸少至難顯瑪替哥葉不能爲內科各事之用而有醫士勸人作內科之用其葉非實有收斂性而其自散油之性或可感動溺管內皮汁與華澄茄大同小異或能有止血性與松香油略同

瑪替哥沖水

取法　將瑪替哥葉切碎半兩以沸水半升沖之置於蓋

密之器內待半小時濾之

服數　一兩至一兩半爲一服

蕁麻科西名爾低西依珠西亞之名又名葉有毒刺草

蕁麻科內有多植物形狀大不相同花小不甚顯明果實亦小而其分別大半藉此分爲數族常有植物學家言爲不同科此科在熱地與溫和之地幾各處俱有之熱地面大半爲小樹或爲矮樹溫和地面大半爲草本有數種內生猝性質而眞蕁麻科內之物無一種列於正藥品內

第一族　麻族西名看拿比尼依

此族內之植物或存一年或存多年其汁內多水花分雌

雄雄花成小花頭圍鬚苞爲杯形分五分開花時成互背排列法鬚五箇連於圍鬚苞之底雌花成尖頭形或成狗尾形又有花葉圍鬚苞或爲瓶形或爲花片形子房不相連內有一膛花心莖兩箇內掛一箇胚珠子殼不分內有一種子其子懸於其內胚內無阿勒布門質或爲鉤形或爲螺絲形小根向上此族內祇有兩類入藥品一爲呼暮羅司即葎草類一爲看拿比司即麻類

羅布路司即葎草花中小核立尼由司名曰花有小核呼暮羅司英國名曰霍布花入藥品者爲其雌草之松實形花英國多種之立尼由司列於花分雌雄五箇鬚

古時羅馬人知羅布路司如布里尼書中所記柳樹處羅

布路司疑爲此物歐洲數處有野生者如比白司退納云高加索山上矮樹與籬中常見之又有人在中國常見之而北亞美利加亦遇見其野生者疑原產於該處略西歷八百年至九百年之間日耳曼國書內言當時有呼暮羅司園又荷蘭國作麥酒之廠內在西歷一千二百至一千三百年之問用霍布花添入麥酒內變苦酒英國王顯理第八時從德國移至英國種之初時有多人不喜用此花如倫敦城內之人稟國王禁用新堡所開之煤並近所種霍布花云此花不惟壞麥酒之味尚有害民命之弊故顯理第八出示禁止不準在麥酒內用霍布花與硫黃等害

人之物然以後不久煤與霍布花兩物之有益於人顯明故其用處大爲興旺而近時麥酒無不用霍布花者

如第一百八十五圖爲霍布花之形此草之根存多年幹

第一百八十五圖

存一年爲最韌者故能爲蔓本繞竿或活籬笆甚高其繞法自右至左幹細頗有角形面毛有小刺與同彎之細毛葉左右相對排列其上者遞更排列葉莖長常有彎

形小者有心形大者分三分或五分邊鋸齒形面多脉紋最毛糙有細毛如刺副葉兩箇分爲二分在葉莖之間有回彎形開花之枝從葉幹間角發出花多黃綠色雄花如圖之甲在另一草上生長從葉幹間角發出成密頭雌草上亦生雄花少許圍鬚苞分五分其分長而鋪散鬚五箇鬚之托線短鬚頭有外伸之尖長形內分兩膛而其裂開之法成縱裂紋花精之粒略爲球形雌花如圖之乙在雌草上生者成密狗尾形或松實形有多膜質凹形之花葉如圖之丁每花葉托一花花內無圍鬚苞祇有膜形之鱗或花萼瓣包圍子房而與子房同生長如圖之丙子房卵

形少有壓平形內有一膛膛內獨有一胚珠子房口有兩齒形長果爲松實形或狗尾形而爲放大之花葉與輪或萼瓣所成其輪或萼瓣爲核形而子殼包括在內子殼小略爲球形直立內含一種子其殼硬而脆殼之外面有黃色膛形核其核香此核質名曰羅布里尼如圖之己種子懸於殼內子衣膜形胚如圖之戊無阿勒布門質螺絲形有長子瓣小根略爲圓形而向臍眼處彎第一百八十五圖右爲雄花左爲雌花在雄花之上

種霍布花法俱用其老根分種之三年之後則能開花約西四月底地面發小幹漸長大至西八月底開花其松實

形花略西九月中至十月中合於取之其時候幾分恃天時幾分藉種類摘後用爐火烘乾盛於長大麻袋內其細者盛於小袋內然雖謂之霍布花而所摘者非爲花而爲包圍子殼之花葉與鱗形萼瓣即與松實非松花同意其鱗形質並花葉之底面有多核形名曰羅布里尼克核或謂之羅布里尼然此名有誤因已混於同名之苦性質爲霍布中所能分出者美國紐約克醫士愛甫司將霍布花六磅搗之擦之籭之得羅布里尼克核略六兩而其核內常有花葉與鱗之微片其核黃色面光滑圓形或爲內腎形披爾孫云其形如橡樹子內有成膛之形少能透光無

托莖其接連處謂之臍眼如圖之己係拉司配勒所作放大之圖其霍布花即松實形體並其內黏連之羅布里尼克核作藥品之用霍布花味極苦而香有趣取之之後在烘房內烘之或在作苦酒房內用之其香易分辨而可愛苦味大半在花葉之內核內亦有之而香味大半在核化學家沛恩什伐里耶百替耶化分其核每百分得自散油二分苦性膏質十分松香質五十分至五十五分另有膠質膏質哇司瑪蘇蜜油類質蘋果酸即瑪里酸鈣養瑪里酸鹽類質披爾孫查其自散油之化學性與發里里恩油相似又其油每百分含發里里阿尼克酸一分其花葉亦

爲以上各化學家所化分得自散油苦膏質松香質各少許又得樹皮酸顏色料克羅路非勒膠質立故尼尼數種不化合之酸質與數種鹽類質霍布花與霍布核之藥性質有若干分能爲水所消化然俱能爲酒醋所消化霍布花沖水各種變化之性與樹皮酸同

霍布草有兩種爲要一種種於英國根德省之東近於根德堡此種本身與花俱小其花略爲卵形長約一寸半色淡黃綠光亮其香最佳又一種在根德省之西並薩塞司省其本身更大更能耐冷花長二寸半至四寸惟其質粗而價值較根德省東所產者更賤種此草者祇種其雌草

之根來拉查問其種子如何而生如將其子種之能生與否又查每雌草若干根種雄草一根在其間所得之核能否因此更多而更大根德堡之紳耆瑪司脫司云每種此草之雌者則其雌草上必有雄花若干足令其結子因將此種草若干根送與來拉與林特里而來拉尚未查得雌草能漸變為雄草而雄草能漸變為雌草與否即如肉豆蔻樹常有此事來拉將所得此草之根並司士并登所產此草若干根俱為上等者送至印度國種於雪山上合宜之處與中國移植之茶樹同處種之生長茂盛移送之法將其根之端插於蜜蠟內用棉花包之又用像皮布圍之

交火輪公司過地中海送至印度種於薩哈倫波爾印度公司植物園內又送種子若干種之亦已生長茂盛如能在印度多種此花可作苦酒與歐洲之苦酒同則駐印度之英國兵丁能作苦酒足於食用可免兵丁往土人所設酒肆飲各種惡劣火酒因此生病而傷命又印度國內所居西人如飲多含霍布花之麥酒則為發熱等病已退後最好之補藥與暖胃藥

功用　霍布花為暖胃藥補藥少有甯睡之性麥酒內加霍布花則能免其發醋酸酵令存久不壞又麥酒因含此苦質則暖胃而有補性故醫士常勸病甫愈者飲分外苦味麥酒如英國運至印度之苦麥酒是也霍布花有睡性故有難睡之人以霍布花作枕最為有益然因用此枕者頭動則花作磨擦聲則為惹厭之事故先將其花以酒醕溼之以後無聲又有人將霍布花作熱水敷法亦得其益如羅布里尼克核以六釐至十二釐為一服成丸服之

羅布路司沖水（即霍布花沖水）

取法　將霍布花半兩盛於有蓋之器內用沸水半升沖之待兩小時濾之

功用　為補藥少有甯睡性以一兩半為一服

羅布路司酒（即霍布花浸酒）

取法　將霍布花二兩半正酒醕一升其取法與阿古尼低浸酒之法同

阿書與蘇書用羅布里尼克核作此酒

功用　用羅布里尼克核作酒較之用囫圇之花作酒更佳功力更大根德省東邊之花較之薩塞司之花含羅布里尼克核更多正酒醕消化羅布里尼克核最佳

服數　以半錢至二錢為一服

羅布路司膏（即霍布花膏）

取法　將霍布花一磅正酒醕一升半蒸水八升先將其花浸於正酒醕內七日後將其質壓出其酒蒸出其酒醕

至成軟膏為度將其餘霍布花質合於其水沸之約一小時壓出其流質濾之用熱水盆熬成軟膏將此軟膏與前軟膏和勻用小於一百四十度之熱熬之至合於成丸為度

功用　為補藥其質苦而無香以五釐至二十釐為一服

印度麻 印度看拿比司又名撒種看拿比司立尼由司之名入藥品者為雌草開花時取其花頭而松香類質尚未去之作乾合用此草印度種之為麻類西俗名印度麻

麻類大約原產於波斯國該國冬時大冷夏時頗熱所以向西移至歐洲各國種之能耐冷又向東移至印度等處種之能耐熱然移往各國種之即改變其形性故有植物

學家以為原有不同類者歐洲所產者名曰撒種看拿比司印度所產者名曰印度麻希臘人原名看拿比司此名略從阿喇伯國得之阿喇伯國名曰看尼比後歐洲各國在中古時名曰看拿比荷蘭國人名曰幾奴伯又名曰希奴伯日耳曼國名曰漢甫從此英國名曰漢波古時希臘國詩人喜羅獨佗斯云此草為西替亞原產者又有遊覽家比白司退納在高麗與高加索山相近處得其野生者又如布哈爾與波斯雪山等處常見之自古以來在亞細亞與埃及國久用之為醉藥歐洲前時作為藥品可觀代勒藥品書沒立藥品書沒立之書列於葎草類內後歐洲各國漸去之不用近有醫士阿掰納西詳論此質而勸醫家用之

麻為分雌雄存一年之草如第一百八十六圖甲為雄花已秀之形乙為雌花已秀之形

第一百八十六圖

間有不分雌雄者高三尺至十尺俱依水土而有別根白色梭形生多小根如絲幹直立如種之甚密則幹為簡者如分開種之則多生枝從近地處起幹有角形面有極細小而少硬之毛草之全身亦有此毛葉相

對排列或遞更排列葉莖長葉有掌形凸點分如手指分葉五至七略為戈頭形邊有利鋸齒形其各分葉內向下者為最小俱在其尖收小成一長總尖似副葉為圓錐形雄花在另一草生發其花垂下串形花頭從葉幹間角發出花萼亦為圓錐形圓鬚苞分五分大小不等面生軟細毛鬚五箇托線小鬚頭大向下垂內分兩膛其膛之背面相合而開處有縱裂縫雌花成長密之花頭有葉形之花葉圍鬚苞為單小之花片形如萼瓣不落鋭形其底略為肚腹形而包其子房外面有棱色短核子房略為球形分一膛內掛一胚珠花心莖短子房口二箇長而似核形其

核為卵形，灰色，面平滑，而有上言之花片包之，分為兩分，不能自裂，內含一箇小種子，子內之油頗多，懸於殼內，子衣薄膜形，質頂有臍眼，此眼之色與別處不同，胚無阿勒布門質，彎曲如鉤，兩端相遇，小根為長者，向臍眼彎，其核頂與下子瓣之間有阿勒布門質少許，子瓣一面平一面凹，此為林特里之說

植物學家云，印度麻與歐洲之麻不同類，陸克司白格與來拉等在印度國遊覽各處，無論平地或山上不能知麻類之分別，又印度麻與歐洲之麻亦不能定各類之分別，印度麻結成之松香類質較歐洲之麻結成者更多，然印

度所種之麻，結成之松香質各處不同，如平原所產或山上生者，或種之分疏密者，各各不同，故土人種麻尋常相離頗遠，令其結成松香類質更多，而歐洲常種之甚密，又泥土更溼，常有陰雨，故其松香質難於結成，至與波斯等處之麻相同，若天時久晴而光熱大，則松香類質更多，可見藿布草與印度麻俱屬於麻族，而藥性俱藉其含松香類質之核，來拉所著雪山植物書，曾言印度麻葉間有人代淡巴菰用之，間有合於煙葉者，尋常之用，作一種膏質，土名彭，又名蘇婆齊，此膏之醉性最大，山上所種麻草，其嫩者之上半，有結成核形膏質，土人取此質之法，以兩手

掌夾住其草，向上捋之，用刀在手掌面刮下其膏，土名處羅司，較麻之他種質醉性更重，東方數國以此質代酒與鴉片之用，故已設數名，俱為阿喇伯言語，內有數名，如巫家草、迷惑葉、增樂料、感慾料、聯友料等名，立尼由司亦知其甯睡性與止痛性，希臘詩人和瑪書中所言尼奔弟為一種醉性之料，疑為此質

法國京都國家書院內有中國舊書一部，內言西歷約二百年後，中國用麻草造藥，為迷蒙藥之用，又有他處種麻草，得其甯睡性之質，但尼里云，阿非利加之南方並公額與安痾拉等處土人，將其乾葉代煙葉用之，土名大楷，又

名旦罷，又咖啡與鴉片亦有行氣而令人快樂之性，又有數種樹之葉，如可食楷他與有刺楷他，亞丁之阿喇伯人沖水飲之，或口內嚼之，土名揩脫

醫士阿掰納西已將此種麻所成之質分而論之，列為三種如左

一　處羅司，此質為其葉與細榦及花流出之松香類質，有數法取之，在雪山上所得者，印度人貴重之，而希拉與葉爾羌兩處所產者更為貴重，如葉爾羌所產者，有醫士法可那將其質若干送與來拉查驗之

二　乾渣，醫士阿掰納西云，此質為已開花而未取松香

類質之乾麻草成捆每捆約長二尺內有麻草二十四根
印度西北麻草之土名亦云乾渣
三　彭又名蘇婆齊又名西特希此為其大葉與子殼而
幹不在內
英書言印度麻之作藥品者為其花頭其頭為一箇或多
箇遞更排列之枝所成內有花之餘質並小葉與熟果之
餘質壓成塊長約二寸質硬暗綠色有奇異之臭不能與
別臭相比可見此質略與阿搿納西所謂乾渣質相似惟
其成小塊之說與成長捆之說不合
曾有人將歐洲尋常麻葉化分之惟化分而得之各質必

與所得印度麻之各質詳細相比其藥性大略藉其松香
類質此松香類質易在酒醕或以脫內消化又能在定性
油與自散油內消化又幾分能在鹼類質內消化而不能
在酸質內消化其淨者為黑灰色葉爾羗所產者為暗黑
綠色又有一種為暗橄欖色其臭香有寧睡性味暖微苦
而辣所用之乾渣大半代煙葉之用每百分能在酒醕內
消化二十分此消化之質為松香類膏質而為處羅司與
克羅路非勒所成蘇格蘭壹丁不司密得藥材公司云印
度麻藥性俱藉一奇異松香類質用正酒醕消化之最為
合宜如在酒醕內消化之加水則其質結成又如用準酒

醕則不能消化至盡
功用　以上各質俱有寧睡重性無論將其處羅司質成
丸或合於糖漿等食之或將其乾葉合於乳與水磨勻加
糖與香料飲之或代煙葉用之俱有此性阿搿納西用之
為藥能治風溼狂犬瘋霍亂吐瀉牙關緊閉之病如此一
種病用此藥大得其功用故西國醫士俱以麻為治癎証
有大功用其總藥性能止痛開胃壯陽令人快樂如服之
過多令人發狂但其狂與別種狂病不同又令人迷惑不
知人事沛離拉初試驗其藥性然所試者其藥性不顯想
因藥久存而性失羅爾意云其藥性不能定故不能恃此

作寧睡藥又有醫士雷用以解癎類之証又能令人睡並
可減痛醫士得納分云能暫令身體不覺痛腦筋極大之
痛亦能減之壹丁不醫士蜜蠟云藥性之最要者治肉筋
不能行動之病醫士古倫敦寧云用此藥能令人睡或助
其睡又能止痛治咳與抽筋又可為腦筋行氣藥能解思
慮而提精神以下各方俱可用而阿搿納西云在英國用
此藥必以十釐至十二釐為一服而在印度用之則以半
釐為一服如用其膏一釐半為最大之服如印度所作之
膏送至英國則較英國所作者更濃故疑其草在路上遇
動時變壞此為司快兒之說

印度麻膏

取法　將印度麻粗粉一磅正酒醕四升浸七日歷出其酒而蒸之又用熱水盆熬之至成軟膏阿書前時之方用處羅司為之

服數　以半釐至一釐為一服間有必用更多者

印度麻酒

取法　將印度麻膏一兩在正酒醕一升內消化之即成此酒一錢略含其膏質一釐又四分釐之三

服數　以十滴至一錢為一服如牙關緊閉或狂犬瘋等病每半小時約服一錢至其病退或至鬱冒為度曾有人

用準酒醕作此酒故用此膏不靈其松香類質不能在準酒醕內消化前已言之

醫士得納分云印度麻浸酒必依法取其麻而用正酒醕浸之方有功用

第二族　波羅果族又名饅頭果族西名阿爾土楷爾比依

此族為矮樹或大樹內有白色或黃色之汁如乳葉遞更排列大而捲形花分雌雄成一結實而厚之頭不常成串形之頭子房一膛或二膛花心莖一箇或兩箇胚珠一箇直立而直果有軟肉汁內含一種子常合連或成一厚膛胚無阿勒布門小根向上大半在熱地生長溫和帶內產

此者少間有能生辣性質者又有最毒者如嚱羅巴所產曰巴司樹即毒性安替阿里司其毒性最重然有數種結可食之果

桑椹　黑色桑椹立尼由司之名藥品用其熟果之汁此樹在英國並多處種之立尼由司列於四箇鬚花同樹有雌雄

希臘國代司可立弟司等人書中常言桑樹名曰甜磨里亞又新約路加書第十七章第六頁亦言及此樹本文曰蘇楷米奴司即甜之意此樹大約從太古以來即有人知之

如第一百八十七圖樹高二十五尺至三十尺或言其汁

含水甚多來拉曾託西菲阿細查之知含橡皮質葉遞更排列形圓常有分者略為心形其端少尖成粗鋸齒形面

第一百八十七圖

生毛副葉長形能自落花分雌雄或最密或分開不定其狗尾形之體或雌或雄圍鬚苞分四分各分之形凹雄花成尖串形鬚四箇與圍鬚苞之各分遞更排列雌花成狗尾形體略為卵形萼瓣四出有鱗形相掩排列頗厚子房口兩箇線形有核其果為圍鬚苞之半變厚而成每果內

含一頭形小仁種子懸於其內胚曲如鉤有厚阿勒布門質闌之此樹原產於波斯國早已移植於歐洲之南

桑椹係多雌花依側法相連成卵形假果初時紅色熟時變爲深紫色幾爲黑色內含適口微酸之汁桑椹少有涼性並有微利性

桑椹糖漿

取法　將桑椹汁一升提淨白糖兩磅正酒醅二兩半先將桑椹汁加熱至沸待冷濾之將其糖在濾得之汁內輕加熱消化之後添入酒醅所得之質應有三磅六兩重率應得一·三三

功用　爲涼性藥或加入藥水內令其色可觀

無花果　西名楷里楷非格司立尼由司之名英俗名非格此果從土麥拿運至英國甚多立尼由司列於二十三箇鬚花分雌雄

無花果自古以來用爲食物與藥品希臘名曰蘇肯

無花果如第一百八十八圖甲爲雄花放大之形乙爲雄花原形丙爲雌花放大之形丁爲雌花爲小樹葉似心形間有分如棳櫚類樹之葉面有瘢形凸點下生小毛花分雌雄鬚多有莖包於厚膛內如沙梨形此膛漸縮小至其頂祇有一小眼其膛尋常謂之果即無花果但實非果而爲花其底有數箇花葉形之鱗雄花圍鬚苞分三分鬚三

箇雌花圍鬚苞分五分子房係半連生獨花亦然子房目

第一百八十八圖

兩箇花囊爲獨者而爲厚圍鬚苞所掩花囊不落藏於所成厚膛內其不自裂之硬子殼頭形堅硬胚彎曲有厚阿勒布門質闌之此樹原產於亞細亞後移植於歐洲種之多年已得數種

前時有人說法刺生果令其速熟至今亦用此法其作法用利刀或錐等器醮於油中刺入果內

尋常無花果並他種無花果其身與枝多含辛味汁如乳未熟之無花果亦生此汁但漸變熟時漸生膠質與糖質如水土與地氣合宜則無花果軟而多汁味最佳將熟之時摘下乾之歐洲南邊所產者甚多亞細亞數國所生者不少有數處爲大貿易之物如阿富汗與波斯國所產者運至印度國出售

功用　無花果爲作食物之藥未食慣者食之則有微利性藥品中用之大半爲潤皮藥將其熟者加熱劈開則能作軟布膏之用

含此質之藥品　辛拏葉甜膏

康脫拉雅伐　又名解毒獨爾司替尼亞根立尼由司之名疑有他種植物根亦用此名近時英書不列於正藥品內

康脫拉雅伐之根疑麻那弟士所查得者又有人言英國遊覽家杜累格從南亞美利加送與植物學家勒克羅司故勒克羅司名曰杜累格根其康脫拉雅伐即解毒之意植物學家疑有數種植物能產此根即如巴西國獨爾司替尼亞與哭司登獨爾司替尼亞等植物是也沛離拉云查常出售之康脫拉雅伐根俱非解毒獨爾司替尼亞之根而為他植物之根

西國所用康脫拉雅伐之根俱從巴西國運來疑其大半為巴西國獨爾司替尼亞所產者因其形性大同小異所用者為其根或根本此根本之端如鈍而齧斷之形長一寸至二寸外面或有魚鱗形或有皺紋外灰色內更淡幾為白色邊上多生細小根底生一箇或二箇長而漸變小之小根臭略香味微苦暖而香小根有此性較其根本更小其藥性質易為酒醋消化而出又幾分能為沸水消化而出其藥性大半藉其自散油松香類質苦味膏質與小粉如第一百八十九圖呷為全

第一百八十九圖

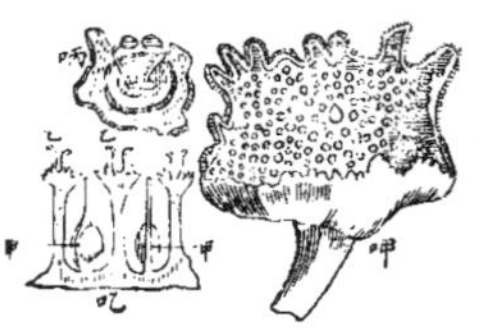

子殼乙為子殼之剖面式甲為雌花乙為雄花吶為雄花在其淺凹內

功用　為行氣藥補藥發汗藥近時不多用之前時多用之治虛發熱與痘疹類病其用法作雜膏今不列於正藥品內

服數　其粉以二十釐至四十釐為一服或可用其沖水

第三族　榆族　西名烏勒米依此族子房有兩噴種子為掛者堅直

烏勒米樹皮　平原烏勒母司立尼由司之名又名寬葉榆入藥品者為其乾內皮為英國原產之樹又多種之

植物學家以為代司可立弟司書中所言普替里亞即榆

樹如第一百九十圖甲為分枝之葉果乙為分枝之花頭丙為花子房與子房口丁為瓜戊為單花分開者高六十尺至八十尺皮粗毛葉略為斜方卵形其端尖又有劈形者其底成鈍角上面有痂形凸點下有細毛邊齒形其大齒上有小齒惟其各齒之形不整

第一百九十圖

齊間有向內彎者，枝細韌如鐵絲，嫩者外面少有軟木質形，色淡樱，少生毛，花全圍鬚苞鐘形，分五分，不自落，鬚五箇，花心莖兩箇，子殼有壓平形，又為長形，周圍有寬膜形如翅，此膜之邊有深凹，而為裸者，此為林特里之說，產於歐洲各國樹林內

內皮入藥品，應在春時從樹剝下，而其外層皮必分去之，其塊應寬薄而韌，味如膠，微苦，內含樹皮酸，每百分約有三分，又有一種膠類質，名曰烏勒米尼

功用　為潤皮補藥，如皮膚病，略能作改血藥，用其煑水，以三兩為一服

烏勒米樹皮煑水即榆樹皮煑水

取法　將烏勒米樹皮切成小塊，二兩半，蒸水一升，盛於蓋密之器內，沸之約十分時，濾之，再傾蒸水於濾器內，足令濾得之水，得一升為度

服數　以二兩至四兩為一服，此藥能代沙沙把列拉之用

阿門達西依科珠西亞之名

阿門達西依科之植物，大半產於溫和之地，惟楊柳之類極冷極熱之地亦有之，所生之木可成材，其皮有數種益處，因有濇性，可作藥材，可製獸皮，可為染料，有數種所產種子，能作食物

第一族　柳族西名薩里西尼依其花狗尾形，裸果，分兩分，一膛，種子多，種子直立，生鬚

柳西名薩里客司立尼由司列於二箇鬚花分雌雄

數種柳樹之皮，自古以來作為藥品，今用之更多，希臘人名曰以替阿，此樹之種甚多，難於分別沛離拉書云，分別之法，將最苦而大有濇性之皮，作藥品之用最妙

英國生三種，係阿書指明當為藥品者，一為軟柳樹，一為白楊樹，一為大圓葉柳樹，近時此三種樹不列於正藥品內

如第一百九十一圖為柳樹雄花雌花之圖，柳樹皮之形性，自與其樹之種類有相關，惟其質薄而韌，能捲成鷺管

第一百九十一圖

形或刨花形，外皮樱色，內白色，難於磨粉，其臭小，味大辣而濇，除尋常植物所含質之外，另含樹皮酸頗多，故有大收斂性，化學家布格那查得一種中立性質，名曰薩里西尼，因其皮多含樹皮酸，常有人用為製熟獸皮之用，又如合於含鐵一箇半分劑之鹽類質，則成綠色質，如浸於水或酒醋內，則能消化

其有藥性之質

薩里西尼為最苦之質，其顆粒為白色絲紋形條，或針形條，或成薄層，無鹼性之變化，又與植物鹼類質有一分別，即不含淡氣，又不能合於酸質成鹽類。每一分能在冷水五六分內消化，如為沸水，則消化更多。其質能在酒醋內消化，而不能在以脫內消化。浸於硫強水內，則能化分成光紅色，如合於硫養與鉀養二路養，加熱則成薩里西里輕，又發香，與司配里耶油同。如薩里西里輕質合於含鐵多分劑鹽類質之水，則變成美觀之紫色。如人服薩里西尼者，則其溺內含此質，可依其臭分別之。化學家比里阿化分薩里西尼，求其原質之式為炭輕養。有數種柳類與楊類之樹能得之，即如柳類內有一種為螺絲形白柳樹，又有他種亦含之。其作法，將其樹皮在水中煮之，令其水消化飽足，加入鉛養醋酸或鉛養，再加硫養或輕硫氣，令其鉛結成而去之，又將其水熬濃至薩里西尼成顆粒為度，又用動物炭提淨之，再令其成顆粒，如第一百九十二圖為一種楊樹之圖。

第一百九十二圖

功用　為收斂補藥，又為暖胃藥與治瘧疾藥，可用其沖

水，每水一升，用乾皮一兩為之，或用其煮水，以一兩半為一服，每二三小時服一次。

薩里西尼能作治發熱之藥，以二釐至八釐為一服，或多至二十釐一服亦可，即與雞那霜同。又有謀利者常用此藥合於雞那霜，觀雞那霜試法節。

第二族　橡族　西名古布里非里，即生小杯形之意。

此族之雄花成狗尾形，雌花或為獨者，或有數花相聚成長花穗，圍鬚苞與子房連生，其苞之體有齒形，間有存不久而即消者，外有劈形總花葉圍之。

橡　西名若爾若司，又名生克立尼，由司列於多鬚同樹花分雌雄。

此族之樹同樹之花分雌雄，其雄花似狗尾形，長銳且疎，如第一百九十三圖之甲，鬚五箇至十箇，如圖之乙，圍鬚苞如圖之乙，分五分至七分。雌花為獨者，有杯形總花葉，外有魚鱗形，如圖之丙。此圖係用顯微鏡放大所得之狀，子房口三箇，如圖之丙，子房分三膛，內有二膛不成熟，其核有一膛，內有一種子，其底有放大杯形總花葉，其小果如圖之丁。

第一百九十三圖

其小果放大之直剖面能見圍鬚苞子房與胚珠如圖之戊子辦一簡能見其小根在上如圖之己

橡樹皮 西名有花莖苦爾苦司韋勒特奴之名英國名曰哇克為藥品者即其小枝與嫩樹身之乾皮

自古以來有數種橡樹之類為各國所貴重者或因其木之堅固或因其皮之收斂古時希臘人謂之多羅司舊約書謂之阿倫

英國尋常橡樹植物學家名曰壯苦爾苦司為立尼由司之名又名曰有花莖苦爾苦司為韋勒特奴之名其形如第一百九十三圖其橡實有長花莖依此能與無花莖苦爾苦司分別之因此種樹其實或無花莖或花莖最短者

惟其葉莖分外長林特里云此樹比有花莖者其木更佳然尚未定何種樹之木為最佳因各人意見不同也為藥品之用兩種樹皮不分上下哥里肥勒云兩種樹皮大同小異而藥性幾不能分別其界限

有花莖苦爾苦司其嫩枝光滑而不生毛葉有短葉莖形長略為劈形略分為翎毛形下少生毛葉長其邊有深窄略銳之凹形葉底有雙節而為相等者雌花狗尾形有長花莖其實長形此為胡茲之說

橡樹在春時與夏時之初取其皮成長條質粗而多絲紋面有光灰色外層皮之內面有桂皮色質脆少有收斂性惟不易磨成粉去其外層皮則為淡櫻色臭小味苦而微澀其為藥之質易為水或正酒醋消化而出其皮每百分含樹皮酸略十五分又含沒石子酸不成顆粒之糖貝格的尼鈣養樹皮酸鎂養樹皮酸鉀養樹皮酸等其皮之內面含樹皮酸最多而春時含之亦為最多又因含此質如合於膠質則有質結成或合於含鐵多分劑之鹽類變成黑色之質

功用　為收斂藥又為漱喉藥洗藥及小兒浸身之水間有將其皮之粉以三十釐至一百二十釐為一服作治發熱之用如在外科用之則能作軟布膏治發鬆潰瘡與死肉証

橡樹皮煮水

取法　將橡樹皮搥碎一兩又四分兩之一蒸水一升盛於蓋密之器內沸之約十分時濾之加水補足一升

功用　為收斂藥服之可治久延泄瀉又吊鐘下墜用為漱喉藥白帶用為外導藥又有醫士將此藥噴入腎囊水疝內

沒石子 西名倣染料苦爾苦司哇里非耶之名此為一種飛蟲屬於西尼布司類又屬於弟布羅里必司類刺通其樹之芽生卵送入其內漸生沒石子西名加里所以其樹亦名加里橡樹

古醫士希布可拉弟司知此藥又代司可立弟司書中亦

言之名曰苦氣司印度與波斯書中言此名變爲非浅司阿喇伯人名曰阿甫司今印度常名曰馬祖甫勒英國所用之没石子大半從士麥拿口運入而產於小亞細亞又有從亞拉波運來俱爲古爾的斯丹內之摩蘇辣所產又有人從印度孟買運至英國每年約一千餘擔俱從波斯海灣先運至孟買英國貿易家韋勒肯孫與周司白里公司內有韋勒肯孫云前時作此貿易詳查其没石子常來之處凡在士麥拿口價賤之時則没石子從孟買而來又或在孟買口價賤之時則其没石子從士麥拿口而來但一年之內不能兩口俱來甚多孟買所來者爲巴索拉所產而巴索拉口與摩蘇辣相距略與亞拉波之相距等故疑亞拉波没石子俱爲波斯國古爾的斯丹等處所產醫士法可那在印度本若遊覽時查得没石子橡樹係巴羅他苦爾苦司

第一百九十四圖

如第一百九十四圖甲爲橡樹枝上生没石子乙乙爲葉面所生小没石子丙爲葉面所生串形没石子丁爲做没石子之蟲放大之形没石子爲數種橡樹所生不惟在此種樹產之又有他種樹亦產之如檉柳是也如亞拉波没石子爲西尼布司蟲之雌者刺通其芽芽內生卵則食其芽令樹汁流至所傷之處漸發腫成球形圍住其卵所成之小蟲至蟲已長足則於没石子殼內齧成小孔而外出

做染料苦爾苦司樹爲產尋常没石子之樹矮而有彎曲之榦高不過六尺至八尺葉有短莖長一寸至一寸半其形似長卵兩邊有數箇長尖銳齒形葉頂鈍略爲圓形底少不等面平滑上面光滑其實獨生鈍形其小杯似半球形面有鱗其實較杯子形長二三倍此樹產於小亞細亞武弁金尼爾在亞美尼與古爾的斯丹兩處遇見之

入藥品之没石子其質成膛或多或少不定向中更軟法國醫士杜替愛云如其没石子成熟則從外向內所有之各質分數層而各不同略有六層而最內之層爲其蟲卵第一層爲外皮而內無微孔第二層爲成膛之質一層內含色料第三層爲絨形之膛一層內有大孔第四層爲硬而多點之層有柱形之膛第五層爲厚而多邊形之膛一層其質最硬而有多點第六層爲軟膛質內含流質爲養其小蟲之用外含小粉內含淡氣質此質內含蟲卵此卵內有小蛹生出漸食没石子心之質漸向外食通各層之料而在外殼齧一孔而出

沒石子爲硬而重之球形體徑半寸至四分寸之三面生多凸點惟其凸點與中間空處俱爲平滑外面藍綠色內面黄白色中有小空處性最濇而收歛此爲英書之說尋常出售沒石子分數種有從運出之口而分名者即如藥品中用者爲地中海東所運出分爲藍白兩種其藍色者大小不等而爲藍灰色取此沒石子時其蟲尚未成全故蟲尚在內間有更大者謂之綠色沒石子面滑有多鈍凸點似爲葉頂係不合法而勉強生長其最佳者重硬而光亮搗碎之其剖面似火石形白色者色最淡或爲淡灰色或爲淡黄色面有一小孔即蟲出之處尋常其質較他種

更輕內孔更大收歛性更小又有一種名曰麥加沒石子間從巴索拉口運至英國又名死海蘋果又名癡人蘋果一千八百四十七年遊覽家客爾孫從猶太國運至英國之沒石子與此種相同此種沒石子爲球形者中有凸點如角成圈圍之收歛之性與別種沒石子同其新者色紫而發光亮疑爲另一種做染料苦爾苦司所成者產於與死海相近之山

有一種沒石子形狀不整齊間有從中國運至英國出售名曰五倍子其收歛性最大醫士申克云疑此沒石子爲阿非司類蟲刺一種樹葉所成此樹亦爲橡樹之類而屬於脫里平他西依科其樹西名寬種子如司即鹽麩子

沒石子易磨成粉其粉無臭味最濇而無別味其藥性質能消化於水內而水爲最宜消化之料又能在準酒醕內消化而不能在無水酒醕或以脫中消化兒飛化分此質每五百分得能在水中消化之質一百八十五分此質內樹皮酸一百三十分加里酸合於膏質少許三十一分樹膠等質十二分又鹽類與含鈣養之鹽類十二分其不能消化之質大半爲立故尼尼又有化學家化分之得樹皮酸更多間得每百分內三十分至四十分或六十分者即多於兒飛所得之二十六分沒石子少含顏色料而多含

樹皮酸故最合於製熟皮之用

沒石子賁水　此爲倫書之方

取法　將沒石子搥碎二兩半在蒸水二升內沸之連沸至餘一升濾之

此爲內科之用以一兩至二兩爲一服

沒石子酒

取法　將沒石子粗粉二兩半準酒醕一升依阿古尼低浸酒之法爲之

功用　爲收歛藥以半錢至二錢爲一服又可沖淡之爲洗藥或用以解植物鹼類毒質

沒石子油膏

取法　將沒石子極細粉八十釐徧蘇以克酸油膏一兩和勻

功用　為收斂藥能治痔瘡

沒石子合鴉片油膏

取法　將沒石子油膏一兩合於鴉片粉三十二釐磨勻之此油膏每十四分含鴉片一分

功用　痔瘡用此藥能收斂安神醫士巴黎云將嗼啡啞在橄欖油內消化之加沒石子油膏則較用鴉片更佳

樹皮酸此酸尋常用沒石子為之

樹皮酸西名歎尼尼沒石子內含之甚多故尋常所用樹皮酸以沒石子為之但數種他質亦含之如橡樹皮與兒茶等是也

取法　將沒石子粉與以脫各至足用將沒石子粉置於壓處二三日後加以脫足成軟膏置於器內蓋密之二十四小時後將其質速傾入麻布包密用壓器加最大力壓之令其流質放出將所壓之餅再合於以脫足成軟漿其以脫每十六分必先加水一分此膏質依前法壓之將兩次壓出之質和勻任以脫自化散後少加熱至成軟膏再置於瓦盆在熱氣房內烘乾之其熱度不可大於二百十二度

以上之法係韋脫司退納所設而沒石子每百分能得樹皮酸二十五分至五十分其以脫與水消化其樹皮酸化乾之後則餘下者為樹皮酸如沒石子含加里酸必同消化而出如一千八百六十四年英書所設之法用以脫與水而其流質與沒石子和勻後待若干時自分兩層其下層即水層含其樹皮酸之大半其上層即以脫層去之再蒸之則以脫全能蒸出橡樹之沒石子含加里酸甚少如令其發酵則其質能變化而成加里酸頗多

樹皮酸為收斂藥之模尋常樹皮酸為不成顆粒欆色之粉內含樹皮酸並數種異質所以得此色樹皮酸之淨者色白尋常出售之淨者少帶黃色其質光亮無臭收斂性最大最易在水或淡酒醕內消化難在以脫內消化有酸性加熱則發腫而化分大體積之炭質又能令直辣的尼結成成黃白色之質又能與獸皮內之膠質化合成熟皮能與金類含養氣質之大半化合所結成之質為樹皮酸鹽類又能與鹼類並鹼類含炭養氣之質化合又能與植物鹼類質化合強水之類能與樹皮酸化合而在其濃水內能結成質又如合於含鐵一箇半分劑之鹽類結成藍黑色之質西國常用之墨水俱為此質所成如食茱萸與

見茶等質之樹皮酸依前所言者能與其各鹽類結成深綠色之質但含鐵一分劑之鹽類質與之和勻則毫不變化化學家司脫來克言樹皮酸非簡質而為數種質相合而成又遇鹼類質或發酵之質能合於水之原質變成加里酸與哥路哥司又查其原質為炭四輕養

各里司里尼樹皮酸

取法　將樹皮酸一兩各里司里尼四兩在乳鉢內和勻將此併合之料盛於瓷盆內輕加熱至全消化為度

此藥於一千八百六十七年收入英書在痔瘡證以此為最佳收歛洗藥

樹皮酸外塞藥

取法　將樹皮酸二十四釐各里司里尼二十釐提淨豬油至足用白蠟至足用先將其豬油八十釐白蠟四十釐在熱水盆中加熱將冷時加入樹皮酸合於各里司里尼此兩質必先調和極勻待其質已結成分為十二等分做成圓柱形待其變硬則另將蠟三分豬油八分在熱水盆內融化之將每一圓柱形塊另插於其內置於涼爽處令外皮變硬而止

功用　如赤白痢久泄瀉痔瘡流血或肛門放鬆下墜為一處專用之藥

樹皮酸糖片

取法　將樹皮酸三百六十釐到魯酒半兩提淨白糖粉二十五兩阿拉伯樹膠粉一兩阿拉伯樹膠水二兩沸蒸水一兩將其樹皮酸消化於水加入到魯酒此酒必先與膠水和勻再將阿拉伯樹膠與糖和勻添入前質內和勻成一團而搏之分作七百二十片在熱汽房內烘乾之不可加過大之熱

每一糖片含樹皮酸半釐服數每一晝夜十釐至二十釐

沒石子酸（西名加里酸此質為沒石子內所成顆粒形酸質）

取法　將沒石子粗粉一磅蒸水至足用將沒石子置於

瓷盆內傾水令溼而成濃漿約四十二日其熱度必在六十度與七十度之間每若干時加蒸水以補所化散之水期滿則將其漿合於水四十五兩加熱令沸約二十分時以棉布濾之其水待冷則用濾紙濾出所結成之顆粒待其顆粒面之水自行流去則夾於生紙內壓之再用沸蒸水十兩消化之待其水冷至八十度則傾出將其顆粒以三十二度之冷水三兩洗之乾之先以濾紙夾之令乾後用一百度以內之熱烘乾之將其沒石子未消化之質另合於水四十五兩沸之濾之如前成顆粒以後傾出之水再熬至十兩待冷至八十度再能結成顆粒較前次所得

者其色更深

如令久遇空氣則樹皮酸漸收養氣而成没石子酸如以沸水浸之則没石子酸消化而出待冷則凝結因此質不易消化如有未化分之樹皮酸則存於餘下之水內英書云照上法所成没石子酸爲針形顆粒間有白色者但尋常爲淡鹿皮色每一分能在冷水一百分內消化在沸水三分內消化又能在準酒醕內消化遇含多分劑之鐵鹽類則結成藍黑色質在空氣中燒之則無餘質其消化之水合於直辣的尼亦無質結成

没石子酸之分劑數爲炭七輕三養五加輕養或炭四輕三養七加五輕養其質無色有顆粒形其味酸濇能在水或酒醕或以脫內消化如合於含鐵多分劑鹽類質之水則變黑色之質惟没石子酸與樹皮酸之大分別不能令直辣的尼阿勒布門植物鹼類結成故不能用没石子酸製獸皮如作外科之用則其收歛性不及樹皮酸內科用之則其功用相同而可用更小之服數醫家以爲能在身內遇數種質與之化合在身體內之功用與樹皮酸在身體外之功用相同此爲海得蘭之說尋常没石子酸係淡黄色顆粒粉

兒飛云没石子每百分含加里酸六分又比魯士云祗含三分但能得更多之數因樹皮酸能收空氣之養氣又能放炭養氣因此成没石子酸

功用　没石子有大收歛性惟不多作外科之用來拉在印度常用其粉十釐至二十釐一日數服或用其冲水俱能治其土人之久泄瀉土人亦常用之治瘧疾其浸酒亦多用之以試鐵之鹽類其冲水可作漱喉藥洗藥外導藥或能解植物鹼類質之毒惟其淡酒爲更穩妥而常預備之解毒藥

樹皮酸與没石子酸爲藥品內最佳之收歛藥外科用以作止血等藥則樹皮酸爲佳如溺血欬血汗出過多等証則用没石子酸爲最佳服數以三釐至十釐爲一服一日三服

各里司里尼没石子酸

取法　將没石子酸一兩各里司里尼四兩在乳鉢內磨勻盛於瓷盆內輕加熱至全消化爲度

此藥於一千八百六十七年收入英書外科用之無甚益處因没石子酸作外科收歛藥幾爲無用觀前說

波勒殺末阿西依科林特里之名

此科內有一族名流質琥珀卽產流質琥珀之類此類內有一種名泄司土辣克司之流質琥珀樹卽楓香類爲北亞美利加原產者在墨西哥與美國魯西安納邦內產一種香

味流質波勒殺末內含司土辣西尼徧蘇以克酸醫士蒲酷克在居比路海島得東方流質琥珀樹該處土名細倫厄分弟即主樹之意前在司土辣克司一節內言明此樹產常出售之司土辣克司（觀卷五之三第一百十八頁）其流質波勒殺末俗名羅薩瑪路在紅海與波斯海灣貿易內常有出售者林特里云白蓍浮書內言產此料之樹名曰羅薩瑪拉而生於苦白羅司即紅海上段之海島近於楷弟司而與蘇士相距約三日之程裝於桶過熱他海灣至木甲城或此為植物學家布羅瑪名曰阿勒叮其亞流質琥珀樹（即楓香類）所產者此樹係噶羅巴所產而在噶羅巴俗名亦為羅

薩瑪拉而巫來由列島所產上等流質司土辣克司亦名羅薩瑪拉必為此樹所產者此為林特里之說沛離拉云七年以內英國所用流質司土辣克司俱為地中海的里斯德口運出又云香料鋪常出售之濾淨司土辣克司用此種流質司土辣克司為之

幾沒奴司潑米科（林特里之名即裸子之意）

有數種外長植物因其木質之膜料面有圓板形花紋而其胚珠為裸者故為其胚珠微門能令其結實

西楷弟依族為一小族其形與棕櫚類相似前植物學家以為與棕櫚類並皆險草類相似而植物學家波郎已詳考之知最近於松栢科

日本有一種樹名轉形西楷司其榦中有脘形之質能成西穀米又有一種樹名成捲形西楷司此兩種樹俱能放

第一百九十五圖

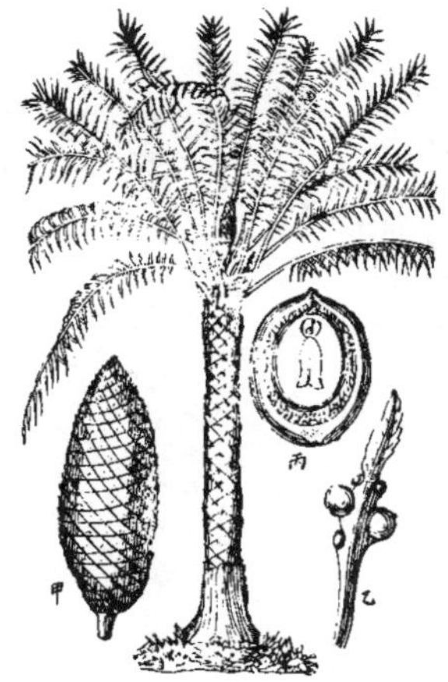

透明淡味膠質此質漸凝結變為硬明膠與脘辣茄看得同惟其質更能透光陸克司白格詳查該樹未知有

一種能產西穀米者或產與西穀米能通用之質者蘇書言有西楷司類數種樹能產西穀米又阿書亦言成捲形西楷司能產之此樹之形如第一百九十五圖甲為雄實乙為雌子葉丙為熟果之剖面

林特里言巴哈馬列島所產阿蘿蘿粉其上等者從撒米阿數種樹身得之此樹原產於西印度列島

松栢科（西名哥尼非里依科即珠西亞之名又名產松實類之樹）

此科內有數種樹木所產木料有大益於人即如杉扁栢等又此科內大半樹木能出松香油質此為松香與自散油合而成者

藥品書內所載松寶類之樹產料甚多而其種類並其得之之處甚繁且其質大同小異故難於指明某質屬於某樹而一定不誤故最穩之法必依敦根在蘇書內所設之法並照沛離拉書所設之法先言明疑產此各質之樹而後言其樹所產之質如松香油各色松香質俱為天生之質又有加熱而得之質如松香油木黑油柏油

松西名比奴司立尼由司列於花同樹有雌雄合鬚

此類之樹其花同樹有雌雄雄花狗尾形與串形鬚之托線短鬚頭雞冠形內分兩膛縱裂開即有兩箇鬚而其鬚頭有一膛者雌花狗尾形為獨者或為二箇至三箇魚鱗

形體為瓦背排列法小花葉膜形胚珠二箇在其魚鱗形體之底又為側排列而顛倒者其尖有參差折破形向下其實之魚鱗形為硬質有木質形又有切斷形底有凹便於容種子其種子在底引長成膜形之翅葉凌冬不凋第當針形每數葉合成一叢其底有膜質管形之套

林松西名林中比奴司立尼由司之名又名蘇格蘭杉又名紅杉

其葉成對而生其嫩松實有莖回彎似卵形圓柱形種子之翅較子長三倍此樹之形如第一百九十六圖產於蘇格蘭那威與歐羅巴之樹林在亞卑斯山之北又如一百九十七圖甲為松實乙為雄花丙為雌花此種樹產松香

第一百九十六圖

第一百九十七圖

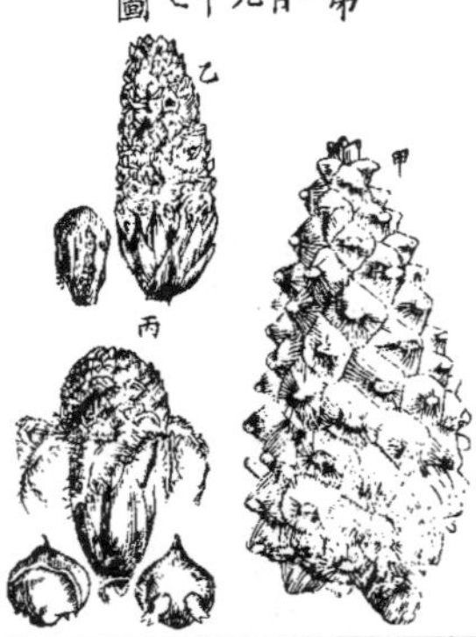

油柏油木黑油等然運至英國者甚少

海邊松西名海邊比奴司特香杜辣之名蘭白特名曰星形比奴司即星形松

此樹產於歐洲南方各國海邊又生於英國與法國之南邊在蘭德省內此樹產波多松香油加里布柏油木黑油

隰松西名卑溼地比奴司蘭白特之名

此松又名長葉松其樹大自亞美利加美國勿爾吉尼亞邪南邊起至墨西哥海灣止其中各處有此樹如美國所用之松香油並木黑油等及所運至他國出售者俱為此樹所產此為胡特與巴格之說

眞松西名比尼亞比奴司又名孫白賴比奴司別名西伯利石松

如第一百九十八圖此兩種松樹之種子謂之松核最合於人食之又有其拉弟比奴司產於阿富汗與西藏其子亦可食又有一種名長葉松係雪山所產者所產松香油極細似乎淨白色蜜印度人多用為藥品名曰比里查

第一百九十八圖

杉 西名阿比司土納福特之名

此族之樹同樹花分雌雄雄花狗尾形爲獨者鬚頭橫裂開雌花狗尾形爲筒者其魚鱗形體即瓤其排列法如瓦背其尖薄圓平頭無容種子之凹待熟時從其軸落下葉爲獨者葉底之套每套祇有一箇葉總不成叢其餘各形

與松類相同

高品杉 西名高品阿比司特看杜辣之名立尼由司名曰松阿比司俗名那成司普羅司杉

此樹之葉有散亂之形成四角其實圓柱形倒掛其鱗爲斜方形似壓平者邊有亂齒形在其邊向後彎產於歐洲東邊之北又在亞卑斯山並亞細亞與亞美利加之北如第一百九十九圖甲爲小枝與實乙爲鱗與種子丙爲種子此樹自流出之汁名曰阿比司松香

第一百九十九圖

銀杉 西名產柏油阿比司林特里之俗名白松

其葉左右平排列其實直立此樹產於歐洲中間有山之地如第二百圖甲爲小枝與實乙爲鱗丙爲種子產斯達拉斯堡松香油

第二百圖

波勒殺末杉 馬爾施之名立尼由司名曰波勒殺末此奴司又名加拿大波勒殺末樹又名基列波勒末杉

其葉爲獨者壓平形又略爲梳形向上略爲直立開花時其實之鱗銳尖向內彎產於北亞美利加之北

加拿大杉 林特里之名又名黑暮拉克司普羅司杉

或言此樹流出之松香油與前所言者同又有一種爲黑杉又名黑色司普羅司杉此樹所產松香油名曰司普羅司香酒

拉里克司 土納福特之名英俗名拉爾志

此樹之花同樹分雌雄其狗尾形與實從旁發出雄花之狗尾形筒似卵形鬚頭短托線合成厚柱形鬚頭雞冠形縱裂葉初張開時成叢又成簇生新枝時漸引長而各叢相離

歐羅巴拉里克司 特看杜辣之名蘭白特名曰拉里克司杉立尼由司名曰拉里克司松

樹高而葉寬如生長甚佳則其外枝向下彎最爲可觀其葉至冬卽落花略紅色其實長卵形鱗之邊向內彎有亂

第二百一圖

齒形花葉壺蘆形此爲蘭白特之說如第二百一圖此樹原產於亞卑斯山英國種者甚多此樹產緋逆司松香油

又產一種甘露蜜西名瑪那又名曰蒲里安生瑪那

拉里克司（又名西特羅司卽扁柏又名弟亞大拉又名幾倫又名雪山扁柏）

此樹高而可觀略與拉爾志木同耐冷熱所產之木最佳如第二百二圖爲西特羅司卽拉里克司果實之形此樹

由印度公司移至英國種之甚多印度自古以來用此樹爲藥古時阿非色那亦知之（觀印度藥品書第三十六章）此樹所產松

第二百二圖

香油名曰幾倫幾低勒爲印度西北著名藥料因能治深入肉內之潰瘡又因其有行氣性如象與駱駝之深瘡用此藥能治之

一　松柏科自產油松香類又名松香油

甲　流質松香油

脫里平他以那（此種松香質從數種樹流出又名松香油產此質之樹有多種內有數種爲要卽如隰松替大松林松海邊松高品杉波勒殺未杉歐羅巴拉里克司等）

松香油從大半松樹類自行流出或刺其樹而令流出又從脫里平他比司他西亞（觀卷五之二第五頁）得之此爲松香質合於自散油質此油質如蒸而分之謂之淨松香油凡生松香油質漸放散其淨松香油又與養氣化合變爲松香質其各種質見熱則軟又易燒又能在酒醕或以脫內消化又能與定質油化合各種松香油質其臭味大同小異其分別祇在色之明暗並其臭味之可愛或可憎水祇能消化其質之少許各種松香油能與雞蛋或植物膠和勻成膏

尋常松香油質前時多藉林松得之今歐洲數處亦藉此

樹得之又從海邊松得之該樹又產波多松香冬時又產加里布而沛離拉曾查英國所用松香油大半爲亞美利加運來者而產此質之樹爲隰松又有數分爲替大松所產者此爲英書之說取法剗去樹皮一處而在木內挖成一凹則松香油聚合於凹內有黏性而爲稠質色暗淡黃味暖辣微苦而其香之奇爲脫里平他以那香其新鮮者濁待若干時分出明流質與顆粒形稠質如蜜糖味辣而可憎臭亦不佳每百分能分出松香油二十分法國人弗爾查得此松香油三十二分加鎂養一分和勻能變爲定

質尋常松香油能分爲淨松香油與松香（觀松香節）

緋逆司松香油（又名緋逆司脫里平他以那此爲歐羅巴拉里克司樹流出之質）其眞者爲濃稠質有大黏力其質尋常有雲紋形黃綠色味辛而苦臭大而奇英國所用者係意大里國與瑞士國及亞卑斯山所產法國京都出售者名曰斯達拉斯堡松香油而較他種更難凝結此爲奇布特與沛離拉之說而湯勿生曾言藥肆出售之緋逆司松香爲亞美利加運來者但疑此爲貿易者自造之而不爲天生者尋常藥肆出售之緋逆司松香油祇爲尋常松香質合於松香油大不及其眞者

加拿大脫里平他以那（此爲英書所載之藥此質爲波勒殺末杉所產者俗名加拿大波勒殺末）得此質之法觀其樹枝與樹身所生之泡刺通之而收其內含之明流質或刺通其樹身此質又名基列之波勒末新鮮者幾爲無色或淡黃色能透明如稀蜜糖凝結甚遲味烈微辛而苦臭頗大而有趣間有人以斯達拉斯堡松香油代之英書用之作勒哥路弟恩並作發疱藥紙

乙定質松香油

杉松香（此爲高品杉所產之質俗名乳香）

美國士司（此爲英書所載之藥爲替大松與㬎松所產生於北亞美利加之南各邦俗名亞美利加乳香）

那威司普羅司杉之松香質可列於松香質內因其質爲樹自流出又可列於松香油質內因久存之則自散油散出而變爲定質此名士司即乳香之一種歐洲與加拿大兩處亦產之所得者爲滴形定質硬而脆但受熱度與人身之熱度同即易融化其質之外面色淡黃或櫻黃內面之色更淡其臭略與脫里平替尼同味苦而辛

法國人所名曰加里布又名曰羅拉司係法國蘭德省松樹所產之質而此質爲秋末與冬時所取者即波多松香油已收盡之後則能收此質

亞美利加乳香爲英書準用之藥而爲㬎松與替大松所產結成之脫里平他以那質又有一種最好之松香質爲雪山所產暮林大松所生者此爲來拉之說

白更弟栢油（又名白克司）

此種栢油係高品杉所產之松香質從樹身刮下即用熱水融化之以布濾之依此法則所含雜質能分去而其自散油能化散若干微數此質從瑞士國運至英國出售尋常出售者大半不眞而爲尋常松香質合於水令不透光又加巴勒末油令其色與眞者相配又有人用美國定質松香油爲之此爲沛離拉之說

白更弟栢油爲作鐵膏藥之用又可作白更弟栢油暖膏

白更弟栢油膏（又名暖膏）

取法　將白更弟栢油二十六兩等常乳香十三兩松香質四兩半黃蜜蠟四兩半肉豆蔻壓出之油一兩橄欖油二兩水二兩其乳香白更弟栢油松香黃蜜蠟四質必先合而融化之後添其餘油質與水連調攪之不停再熬至合式之濃為度

功用　為暖性引炎膏藥可鋪於胸與交節等處

二　生松香油所變成之松香質與油質

松香（數種松杉樹所產之松香油質蒸出其自散油所餘定質即為松香）

凡松樹所產松香油質或合於水蒸之或不合於水蒸之則受不甚大之熱所出自散油已發盡所餘定質為松香西名殼路夫尼法國語曰殼路法尼古之希臘語曰殼路法尼阿俗名黑松香雖有此名其色祇為櫻黃又能透光少有焦氣如不蒸至有焦氣者或未蒸盡而添水而融化時將水調和在內則松香收水若干變為不透光而白色之質此為藥品書所謂松香質間亦名黃松香又名白松香如融化而熬之則必有水若干分化散或全化散而其松香即變為淡黃色而透光

松香為明定質最脆剖面如玻璃較水稍輕其色之深淺依質之清濁少有脫里平他以那之臭味加稍大之熱則

融化加更大之熱則化分成油質與氣質燒成之火焰多發臭如融化之則能與蜜蠟或定質油或流質油或司巴瑪息的油和勻易為酒醕或以脫或數種自散油消化而水內不能消化各鹼類質能與之化合成肥皂然松香非鹼質而為兩種酸質相合而成一為西勒非克酸一為比尼克酸此兩種酸質之外另含殼路夫尼酸此酸為西勒非克酸遇熱時所成內含天生松香質之微迹其西勒非克酸較他種酸更易在冷淡醕內消化故可恃此性與其餘兩種酸質分開結成之顆粒為小四角斜方柱形體難在水中消化易在以脫內消化又易在熱酒醕與自散油質內消化比尼克酸之原質為炭輕養而與西勒非克酸為同原異性之質而其性亦有幾分相同之處殼路夫尼酸櫻色難消化於酒醕內

功用　為輕性行氣藥作外科之用大半藉其黏性有數種蠟膏布膏油膏含之

松香布膏（又名鉛膏觀鉛養節）

松香油膏（又名松香蠟膏又名巴西里肯油膏）

取法　將松香粗粉八兩黃蠟四兩簡油膏十六兩輕加熱融化之乘熱時用佛蘭絨濾之連調攪之至冷為度

功用　為輕性行氣藥可擦於久不能愈之臭瘡

脫里平替尼油此油爲嬰松與替大松間從是形松所出之油松香蒸而得之此質從亞美利加與法國運至英國出售又名松香油

將松香蒸之則蒸時所用之水其面有浮松香油質而各種松樹所產者大同小異不能分辨來拉在印度時將長葉松所出之油松香質蒸出其自散油送至加爾各搭公醫院試驗之院中試驗者云此油爲上等者沛離拉查尋常得此油藉亞美利加松香油得之每油百分能得自散油十四分至十六分又云波多松香油所成自散油與松香質爲下等者

取法　作脫里平替尼油之法將油松香置銅甑內合於

水蒸之則甑內所餘之質爲黃松香又將尋常出售松香油提淨之則得淨松香油其方如左

將松香油一升合於水四升謹慎蒸之至所蒸出之水無油爲度則所有松香質與酸質應存於甑內藥肆家甫落克屯用鉀養水與蒸得之松香油和勻再蒸之所得之質極淨

提淨松香油極稀無色臭猛味辣若重率得○八六五加熱至三百十二度而滾若連沸至有多油化散則其沸度漸大至三百五十度其霧之重率得四七六四此質最易着火成多黑煙易在水中消化更易在酒醕或以脫中消化又在各種定質油內照任一比例和勻又能消化松香質與油類質又能消化軟像皮而能消化軟像皮者本屬甚少遲時遇大冷則結成顆粒此顆粒爲其油合輕養所成之質如合於硫養則蝕其炭質令變黑色如合於淡養或綠氣則能着火又能收輕綠氣因此能成一種質謂之假樟腦其式爲炭輕輕綠淨松香油之原質爲炭輕遇空氣則收養氣而成松香所以其油久存之則常含松香若干淨松香油質疑爲兩種相似油類質合而成者其油質爲同原異性一種合於輕綠成定質樟腦一種合於輕綠成流質樟腦此兩種油質一名加募非尼一名脫里比尼

功用　作外科之用爲引炎藥與引病外出藥內科用之則爲行氣藥又爲利小便藥發汗藥食其大服則爲瀉藥又能爲殺蟲藥如作瀉藥或殺蟲藥則常合於蓖麻油少許每用二錢合於蓖麻油六錢其功用不足恃間令內腎血積聚則成溺淋或溺阻塞食其大服間令入醉如以八滴至半錢爲一服屢次服之則爲行氣藥收入血中皮膚與肺俱能逐出之令溺變紫色食其大服如四錢至二兩則爲瀉藥而因其瀉下則溺淋溺阻塞等病不能顯出每用二錢應合於一箇蛋黃成漿再以水或香水等質沖淡至適口爲度

脫里平替尼甜膏（即松香油甜膏）

取法　將淨松香油一兩合於甘草根粉一兩又加提淨蜜糖二兩調勻為度

服數　以半錢至四錢為一服為殺蟲藥

脫里平替尼洗藥（即松香油洗藥）

取法　將樟腦一兩淨松香油十六兩軟肥皂二兩磨勻為度

功用　此為行氣洗藥其尋常用法將棉花浸於其內敷於湯火傷處此為醫士根德施之法

脫里平替尼合醋酸洗藥（即松香油合醋酸洗藥）

取法　將淨松香油一兩醋酸一兩樟腦洗水一兩和勻

脫里平替尼油膏（即松香油油膏）

取法　將淨松香油一兩松香粗粉六十釐黃蠟半兩提淨豬油半兩將各種料用水汽或熱水盆加熱融化和勻後則離火連調攪之至凝結為度

脫里平替尼外導藥（即松香油外導藥）

取法　將淨松香油一兩合於小粉漿十五兩和勻

功用　能治轉筋又能殺腹內圓蟲

三　松柏科內之樹所產之質煎成之料

流質栢油（西名他爾又名黑油此為用大熱蒸木煎出之質所用之木即林松等）

黑油自古以來為藥品之用英國所用者從歐洲北方數國並北亞美利加運來造法將數種松樹之根與枝燒之而令不多得空氣則松香質融化而為熱改變其黑油流出成一黏性稍硬之流質色棕黑味苦微酸似乎松香其臭有煎熬之氣此質為松香與松香油兩質相合變成最繁之質內有貝里替尼與貝路哇里以尼另有炭質與木醋酸並乾蒸木料所得零星之質如將黑油蒸之則成黑油自散油與木醋酸又如將黑油合於水搖動之則成黑油水能在以脫或酒醕或定質油或自散油內消化有數種能產苦里亞蘇脫有數種能產巴辣非尼有數種能產

由此阿尼其流質化散而收之則得此各質其餘各質即為栢油

功用　內科用之則為改血行氣藥如魚鱗癬之類有醫士最信用之如外科用之治久不愈之潰瘡能令其漸復有數種皮膚病亦能治之如氣管舊生炎吸其霧亦能得益

服數　以六十釐至半兩為一服每日一服

黑油水內含苦里亞蘇脫與數種他質消化於內英國教主白克里查得此藥之性情以為能治多病幾各病俱能治然今漸棄之不用英書云以水合於黑油搖動之則得

淡櫻色其味有焦氣而秣具酸性之變化

流質栢油油膏（即黑油油膏）

取法　將黃蠟二兩輕加熱加黑油五兩融化之調和至冷爲度

功用　爲行氣藥又如金錢癬魚鱗癬與數種潰瘡用之得益此方原載於倫書一千八百六十七年收入英書

黑色栢油（此爲倫書所載之藥）

如將黑油蒸出其流質其餘定質爲栢油色黑質硬內含數種質與黑油同

功用　爲行氣藥與改血藥如牛皮癬等病用之以十釐

至六十釐爲一服成丸服之

栢油油膏（又名黑色巴西里肯油膏）

取法　將黑色栢油蜜蠟松香各十一兩橄欖油一升用麻布包而壓之

功用　爲行氣藥如怕拉謁（即髮窠內小圓膿瘡）與麻瘋及久不愈之潰瘡用之俱能得益

柏族（西名可潑夫西尼依）

此族之花分雌雄而其分處在枝罕見其同枝分雌雄者雄花狗尾形從葉幹間角發出或從樹端分出略爲卵形而小花鬚四箇至七箇有一膛連於其略似楯牌形與鱗形體之下邊雌花少聚於葉幹間卵形狗尾形質之內略如瓦背排列花葉在底其下者不結實魚鱗形體三箇至六箇在底相連尋常含三箇胚珠爲直立者而在其間穿通果似松實形而爲其鱗形體改變而成其所改變者即含多汁而聚合成果形之體種子殼如骨三角形

智尼栢（立尼由司之名又列於花分雌雄合鬚即扁栢）

藥品內用智尼栢即尋常智尼柏爲立尼由司之名所用者爲其裸果與枝頭

古之希臘人用智尼栢爲藥品名曰阿根托司後阿喇伯人用之名曰阿蒲拉舊約書亦言及之

智尼栢爲矮密之樹如第二百三圖甲爲雄花與小枝乙爲雌花與小枝丙爲未熟之果其樹枝面平滑而向端變成稜角葉週年青翠而成套形每套有三葉其葉亦成晃形長如線略有圓錐形面有直槽質韌尖利比

第二百三圖

其似松實者更長下面光綠色上面之中有一寬線此線上有淡綠如海水色之粉而上面反覆向下花從葉幹間角發出無托線雄花多放黃色花精雌花在另枝生長色綠其莖有多魚鱗形其果至第二年春時方熟此樹原產

於歐羅巴亞細亞亞美利加之北

此樹之任一體或捶之或磨之或傷之則發松香油之香其香趣大小不定歐洲數國以其木爲藥品而英國祇用其果與樹頭其果從北方運至英國而最佳者從歐洲南方運來果球形而在頂底有三箇欖痕爲花葉所成者自心向外排列果色紫黑面有淡綠如海水色之粉內含櫻黃色果汁味初甜後苦微有松香油之香與味又稍有香料之性其有藥性之質易爲酒醋消化又能爲水消化數分其藥性藉自散油每百分含此油一分蠟四分松香十分樹膠七分葡萄糖與鈣養醋類三三八分其餘爲立故尼尼與水共得一百分

功用　其果有行氣與利小便性然不多用爲藥品荷蘭國所作進酒多恃此果爲香料

智尼栢油　此油在英國用其未熟之果蒸而得之

取油之法將其樹之果與別體合於水蒸之此油無色或爲淡綠色較水更輕與松香自散油大同小異亦難在酒醋內消化化學家化分此油言其含兩種同原異形之油質此兩油質之式爲炭十輕十六其臭與其果相同味暖而香

功用　有行氣與利小便性以四滴至六滴爲一服則其功用必顯出如合於硝酒並毛地黃則功用更大如荷蘭國所作進酒其利小便性俱藉此油

智尼栢酒

取法　將英國所作智尼栢油一兩準酒醋四十九兩消化之則每五十分含油一分此酒較一千八百六十四年英書之方所作者含油多五分之一但較倫書之方所作智尼栢雜酒含油多十九倍

功用　以三十滴至一錢爲一服加入利小便藥水內作行氣藥之用

薩肥那　智尼栢樹頭立尼由司之名入藥品者爲其新鮮乾樹頭春時取之用英國所種之樹又名薩皮那

古時代司可立弟司書中所謂蒲拉土司即今之薩肥那阿喇伯人名曰蒲拉替

薩肥那爲矮密之樹有伸開之性樹枝細有短而瓦背排列之葉包裹之葉小卵形凸形相對排列相交成正角其瓦背排列法最密而深果圓藍紫色略與小葡萄同大產於歐洲之中並南方之山上又在西伯利亦產之

此樹全體發大臭最爲可惱味辣苦而可惱爲藥品者爲其嫩枝其嫩枝全爲瓦背排列之葉所包裹小枝乾時祇含其新鮮時藥性之一小分能爲酒醋或定性流質油或定質油消化有幾分能爲水所消化其色藉自散油松香

質加里酸等如將鐵養或鐵綠等鹽類合於其沖水則變爲深綠色

功用　爲惹胃藥食其大服則爲毒藥間有人用之治千日瘡又用其油膏令割皮釣膿之處不易愈又用其小服爲行氣藥利小便藥調經藥間有人服此藥令婦人小產然如能使小產必先有重生炎因此最爲危險能令其母死而小產不成沛離拉用爲調經藥將其一分合於水六十四分沖之以四錢至一兩爲一服或將其自散油在膠類質內和勻服之

凡誤服薩肥那而受其毒則用試其綠色質之法定之先

擣成漿再合於濃強水令溼又用顯微鏡試之如爲薩肥那能見其木形質之小膛即松栢科植物所常有者其圓微孔易於分別之

薩肥那油

如將薩肥那新鮮樹頭合於水蒸之則每百分能得油三分色淡其原質與智尼栢油松香油同其臭與可憎之辣味與其樹同

英國用此油從新鮮薩肥那樹蒸得者或無色或爲淡黃色

功用　爲辣性行氣藥如以二滴至五滴爲一服爲調經藥合於糖十釐至二十釐服之又可合於膠質服之

薩肥那酒

取法　將薩肥那樹頭作乾而爲粗粉二兩半正酒醕一升其取法與阿古尼低浸酒之法同

服數　以二十滴至四十滴爲一服

薩肥那油膏

取法　將新鮮薩肥那樹頭擣碎八兩黃蠟三兩提淨豬油十六兩將其豬油與蠟在熱水盆和勻融化之加入薩肥那浸之約二十分時則離火包於棉布內壓之

功用　爲辣性膏藥令已發疱之皮面不易愈又令割皮

釣膿之處不易愈但其自散油質不能全在油內必有數分化散者如熱水盆用瓷器爲之則爲黃綠色能存久不壞而功用爲最大斷不可用銅器爲之

上海曹鍾秀繪圖
桐城程仲昌校字

西藥大成卷六

英國 來拉 海得蘭 同撰
英國 傅蘭雅 口譯
新陽 趙元益 筆述

第二類內長又名一子瓣

椶櫚科西名巴勒末依珠西亞之名又名巴勒末樹

立尼由司云椶櫚科之樹爲植物內之王因所產之物俱爲人所不可少者卽如成粉如麪粉成糖如甘蔗成油如橄欖成蠟如蜜蜂成酒如葡萄成線與繩如麻與棉成日用之器具如椰瓢等其木可造屋其葉可作屋背又能代紙寫字又作扇等大半產於熱地內間有產於暖地者

有一種名成指形非尼克司如第二百四圖此樹所生之果卽無漏子與棗略同故中國常謂之波斯棗實與棗樹無關阿喇伯人與阿非利加人俱恃此果爲養身之糧食

第二百四圖

英國由他處運來作乾果之用

又有林中非尼克司產於印度又有成糖阿倫爵與密枝尼織俱爲印度與中國之南所生者鑽其樹身收其流出之汁熬成糖最多

椰樹西名各故司爲最有益於人者其果之仁不第能作食物之用又能產油甚多古時阿非色那之書名曰印度核如第二百五圖

第二百五圖

阿非利加東邊多生一種樹名以拉以司又有一種名幾尼阿以拉以司如第二百六圖又有一種名黑果以拉以司俱爲椶櫚樹之類而其油俗名椶櫚油作油之法將其果之軟質搥碎壓之其油爲定質黃橘皮色其臭頗可聞每百分合奇異定質油類名曰巴辣麻的尼三十分又以

拉以尼略有七十分另有成色臭之質此質有軟潤皮膚之性間有人用之治傷肉筋或打傷靑迹爲擦藥而其用處之大半亦爲擦藥蘇書末一次之藥品云此油爲生布低耳以各故司樹所產者此爲大誤因此樹祗產於亞美利加之南也

第二百六圖

檳榔兒茶西名阿里楷加的圭爲立尼由司之名東方名曰檳榔阿喇伯人名曰甫甫拉近時英書不作爲藥品如第二百七圖其種子能成一種膏質爲兒茶之類將其子

合於水煑之則所得之膏收斂性最大因含樹皮酸甚多也或言此爲產兒茶樹內之一種樹然所產兒茶不運至

第二百七圖

歐洲出售因兒茶爲印度孟加拉常進口之貨其子或核爲東方各國常用者用爲嚼以增涎之料已在前胡椒科內言之土名檳又名比替里間有橫切成片而出售者

渴留西名龍形楷蕀暮司爲韋勒特之名生一種紅色松香類質卽騏驎竭西俗名龍血阿喇伯人名曰佗瑪拉阿克溫此質祇作顏料之用

安弟故賴西陸西倫近改名曰安弟故賴以里阿爾替亞此樹產蠟質又有一種棕櫚類樹產於巴西國名楷爾奴罷亦產蠟質

西穀米 卽莎木麪此爲小粉之類從數種棕櫚類樹身得之英書內不作爲藥品

輕西穀司倫弗之名係倫書所言產西穀米者此質又名酷弟西小粉又有別種棕櫚樹類亦爲倫書所言者而蘇書與阿書俱言西穀米係數種棕櫚類樹與數種西楷司樹身內所得小粉類質

或言巫來由人最喜倫弗西穀以路司所產之西穀米而陸克司白格云凡成粒西穀米俱爲輕西穀司樹所產者此樹陸克司白格名曰無刺西穀司此爲緯克生之說而布羅瑪云此西穀米之成顆粒者係輕西穀司與眞西穀司所產又有一種樹名成糖西穀以路司又名倫弗西穀以路司又名成糖阿倫掰如先去其甜味汁則能成上等西穀米如印度國有一樹名萎形加里由他 卽桄椰 又名成粉非尼克司亦含小粉類質與西穀米同由此可見難查得一種西穀米樹爲專產藥品內之西穀米或言有一種

西楷司樹阿書名曰成捲形西楷司亦產西穀米者然此說實無確據又有人言西印度有數種撒米阿類之樹能產一種阿蘿蘿粉與西穀米略同

西國常用之西穀米大半蘇門答剌與摩鹿加列島所產先運至新嘉坡做成顆粒後運至西國出售取西穀米之法將樹身斫斷而劈開浸於水內調和之則其小粉離其木而飄於水內但因其質極細則濾水時可隨水而下待若干時其質沈至水底成一汚白色之粉與藕粉略同此質謂之西穀粉大樹一顆能產此粉五百磅至六百磅運至新嘉坡之後則先洗之後稍乾之用篩篩之盛於呢袋

內在此袋中漸漸行過其袋另設一器令其振動故出袋時已成顆粒再篩之置於鐵鍋內炒之數分時其鍋先用油擦於其面此後再篩一次後炒一次前時出售西穀米顆粒大如蒔蘿子形狀不定色或紅或樱白常併合其粉少許其顆粒爲西穀粉之小粉點併合而其小粉點原形尚未損傷住居新嘉坡之華人數年前用中國之法提淨西穀米而成最小顆粒此種謂之珍珠西穀米其顆粒小如米質硬而色白光如珍珠有少能透光者無臭味甚淡間有人漂白之因漂白之時必受熱其小粉顆粒因此破裂故冷水內浸此種西穀米加碘則變藍色如用熱水則

更易近時緬甸等處已發上等西穀米至印度等處出售法國人波蘭智將等常出售西穀米分爲六等依等常出產之處排列又有法國人奇布特將西穀米分爲三等一爲未切西穀米二爲小粒西穀米三爲打比哇卡西穀米又名珍珠西穀米如以顯微鏡觀其末破裂之顆粒則略爲卵形而大半亦有切斷之形或切斷卵形今法國京都近處用番藷作小粉將此小粉變成假西穀米（觀小粉一節）西穀米不能消化於冷水內如久沸之則變軟而透光至末則變膠形水質與小粉漿大同小異

功用　爲養身與潤皮藥病人食之有益可合於水或乳服之成漿或膏又可添入湯內服之

百合科（西名立里阿西依 特香杜辣之名）

百合科近分爲數族而其各族亦有人以爲科者即如光菇科（西名士里披依）內有百合花此物前爲藥品之用今不用之又有萱草科（西名喝米路楷甲弟依）與阿司福弟里依科內有葫與士哇盧又啞囉以尼依科內有各種啞囉草又龍鬚菜科（西名阿司叭拉其依）等所有眞百合科內之草類乎椶櫚科與藜蘆科及水仙科（西名阿瑪立里弟依）此科各植物略各處俱有之大半產於溫和之地

葫（西名撒種阿里由末立尼由司之名英書內不作爲藥品）

古之希臘人用葫名曰司苦羅屯阿喇伯人名曰蘇末舊約書民數紀第十一章第五節本文曰書民譯曰蒜自古以來用此爲食物又用爲藥品

一千八百三十六年之倫書用韮阿里由末即韮菜爲藥品又阿書前一次印者以葱阿里由末即等常葱爲藥品然此兩質書中早經刪去而葫在蘇書中載之

第二百八圖

葫葱韮菜爲常用之食物或香料其性大同小異葫之形如第二百八圖在外科用之則爲引炎藥在內科用之則

爲行氣藥化痰藥利小便藥令口氣有可憎之臭間有人
用爲殺腹內圓蟲
士哇盧立尼由司名曰海邊士哇盧又名士哇盧爾吉尼耶司對納海勒之名藥品用其頭切碎而烘乾之產於地中海之邊
古時希臘人用此藥亦名士哇盧而亞細亞人用相類之
一種頭名曰印度爾吉尼耶亞細亞人名以司扣拉而爲
藥品之士哇盧與尋常士哇盧類大不相同所以司對納
海勒另設一族名曰爾吉尼耶族又有人名曰士哇盧族
士哇盧如第二百九圖其頭圓卵形大半出地面之外衣
殼或爲絲色或爲紅色葉俱從根發出花已顯出後葉即

第二百九圖

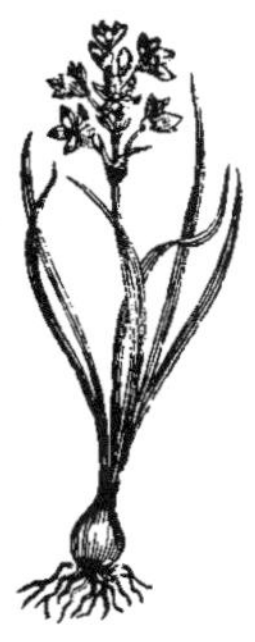

顯出鋪散形大質頗厚面寬形如戈頭面有槽紋又能回
彎其無葉之花榦高二尺至四尺從葉心發出筩圓柱形
其端有長密卵形花頭並有長花葉花淡黃綠色萼三出
有色鋪散花瓣與萼相
似略爲更寬鬚六箇較
圍鬚苞更短托線平滑
在底少放大形尖而完
全鬚頭黃色子房分三分頂有三核核內生蜜糖花心莖
筩而平滑子房口略分三分生細毛子殼略圓有三角分
三膛種子多排成兩行有壓平形邊有翅並有膜形之衣

此爲林特里之說此草產於地中海南北兩岸並東岸在
西八月開花
士哇盧頭係多鱗形之衣包裹而成其外者乾膜形間有
成色者內者無色更厚含粹味黏性汁甚多間有將其囫
圇者藏於砂內運至英國每箇重半磅至四磅間有重至
十磅者如孩兒之頭如藏於乾砂內可久存而不死其汁
不能散去烘乾時先將其外衣去之其餘者切成橫薄之
條少加熱烘乾之西國常有烘乾者出售其塊色或白或
黃常爲繞轉形能透光味苦如膠初時頗韌全乾時脆至
能磨成粉如遇溼氣變軟而韌如用顯微鏡細視其鱗形

則能見螺絲形器具並針形小顆粒名曰拉非弟士即鈣
養草酸顆粒如士哇盧粉每百分含此顆粒九分至十分
此粉存久則黏結成松香類質大約因其藥性質化分之
故如化分其新鮮者則每百分含水略八十分其餘爲樹
膠質不成顆粒之糖樹皮酸微迹鈣養燐養$_{五}$立故尼尼苦
性松香膏從此質能得一奇性之質名曰士哇盧低尼然
化學家查此質之性情其意各不同故疑謂士哇盧低尼
者爲繁質因有人查得不成顆粒者有中立性變化有松
香形狀又有人查得有顆粒形者有滅酸之性化學家拉
波爾待云合於濃硫養$_{三}$則成美觀之紫色此色漸退去士

哇盧又含膏質並奇性松香類辞質其藥性大略藉此質能用正酒醋或尋常酒醋或醋消化其有藥性之質

功用　士哇盧爲惹胃毒藥食其小服則有化痰利小便之性食其更大之服則爲吐藥與瀉藥如久傷風用之則爲化痰藥如全身水腫用之爲利小便藥又因胃中消化無力用之爲最佳如合於他種利小便藥或化痰藥則其功用最大

服數　其粉以一釐至三釐爲一服如爲吐藥則以十釐至十五釐爲一服

士哇盧醋

取法　將士哇盧搥碎二兩半淡醋酸一升正酒醋一兩半先將士哇盧在醋酸內浸七日後壓出其汁而粗濾之再添正酒醋與其汁調和細濾之

此方原載於倫書英書用之而後刪之一千八百六十七年又載入英書合於治嗽藥最爲有益又可用之如下方

服數　以十五滴至四十滴爲一服

士哇盧蜜醋

取法　將士哇盧醋一升提淨蜜糖二磅和勻而用熱水盆熬之至所得之質冷時重率一·三二爲度

此方原載於倫書後收入英書久咳嗽用之則爲最佳化痰藥

服數　以半錢至一錢爲一服

士哇盧合叱嗶哢丸觀卷五之三第九頁

士哇盧雜丸

取法　將士哇盧粉一兩又四分兩之一薑粉一兩淡輕綠粉一兩硬肥皂一兩糖渣滓二兩或至足用將其各定質磨成之粉和勻再添糖渣滓和勻成丸

功用　以五釐至二十釐爲一服爲化痰藥

士哇盧糖漿

取法　將提淨白糖二磅半在士哇盧醋一升內加熱消化之

功用　以半錢至一錢爲一服爲化痰藥以一錢爲一服爲小兒吐藥

士哇盧酒

取法　將士哇盧搥碎二兩半正酒醋一升其取法與阿古尼低浸酒之法同

功用　以十滴至半錢爲一服爲化痰藥與利小便藥

啞囉立尼由司之名卽蘆薈

此類之草葉含多汁花成尖形之頭圍鬚苞管形分六分間有分至最深似與六箇花瓣相同下漸相近合成管其

體形合法向外鋪散或向內彎質略厚其底含蜜糖類質其各分舌形內與外同大或更大又為瓦背排列法鬚在子房下上升至與管等長或伸出管外花心莖與管等長或幾無之內有三槽子房口或縮或分散又為小回彎或摺疊形子殼似膜形韌而薄半透光為鈍三角或鋭三角形分三瓣又分三分其分處有隔開之質種子數甚多排成兩行形圓而扁成三角形生翅或角

拜貝徒司亞囉（又名尋常亞囉蘭白特之名此為其葉之汁熬成膏產於拜貝徒司海島）

索哥德拉亞囉（此為一種或數種尚未定類之亞囉草用其葉之汁熬成膏大半產於索哥德拉海島）

肝色亞囉（此種亞囉又名印度亞囉尚未定屬於何種何類祗有倫書論記之）

西國新舊約書所言亞囉常與阿希辣即鷹木相混而亞囉為古人所知者如代司可立弟司茄倫賽勒蘇司等人俱知之阿喇伯人分為三種一為索哥德拉一為阿喇伯一為塞密折尼印度與波斯書言此質阿喇伯人名曰西蒲爾又云其波斯國名曰蒲勒西亞即黑色沒藥之意印度土語曰亞囉哇此名與亞囉大同小異阿喇伯書中云希臘名曰非克賴此音不準似為希臘國之比克魯略改變而得之

亞囉為數種草之苦汁熬成膏其汁存於厚葉外皮下其葉之中含稀而無色之汁頗多有人將其葉切成塊合於水沸之則所得者為水膏而非汁膏然兩種出售其名相同常出售之亞囉為數種草所產者又為數處運來如亞細亞各國所產者並阿比西尼索哥德拉所產者俱在來拉雪山植物書言之（觀其書第三百八十九頁）阿非利加與阿喇伯國所產各種亞囉草尚未考之極詳其大略如左

尋常亞囉為蘭白特之名拜貝徒司亞囉為蜜蠟之名此草之身少似矮樹葉俱從根發出形似翦有彎邊加以鋸齒花瓣黃色尼斯云拜貝徒司亞囉為尋常亞囉之一種產於歐洲之南又產於印度西印度所生者係移植之種

阿比西尼亞囉為蘭白特之名略似生葉與果之草幹葉長戈頭形略為直立質硬深綠色上面少凹邊有彎加以齒形略帶紅色花綠黃色立尼由司以此種為類乎尋常亞囉產於阿比西尼國

索哥德拉亞囉為蘭白特之名如第二百十圖甲為剖開之花乙為花鬚其草之幹略如矮樹質厚雙排列葉翦刀形色淡向內彎葉邊之鋸齒形小色白數多花在底為大紅

第二百十圖

色頂上綠色中淡幾爲白色

紅色啞囉爲特看杜辣之名其榦略如矮樹葉略包圍其榦向外伸邊多生刺花莖壓平形分支其支略有花葉形此草產於阿喇伯國

阿喇伯啞囉爲蘭白特之名又名花點葉啞囉此爲福司楷勒之名葉有多花點

刺啞囉爲屯白格之名爲生榦者葉爲片形刀形邊有齒花成長捲鐘形平排列產於好望角之内地好望角所出啞囉大半爲此種所生者立尼由司云此啞囉草之葉所生啞囉似爲最佳者其餘各種次之阿非利加之南又有

數種啞囉草苦里司脫生云疑此等草即屯白格所謂舌形啞囉又云韋勒特奴所謂穀米林啞囉亦出啞囉

印度啞囉爲來拉之名其草矮有紅花成長串產於印度西北乾瘠曠地此草如爲陸克司白格所知者則必包於多葉啞囉草内又有武官賽克司園中種一種啞囉係從印度西邊德干移植者亦開紅花

尋常用之啞囉係拜貝徒司啞囉索哥德拉啞囉肝色啞囉好望角啞囉

拜貝徒司啞囉西印度所出者大半與尋常啞囉同類之草所出又疑爲索哥德拉啞囉與紫色啞囉所出因此兩種亦種於該處植物學家波郎著牙買加海島動植物全書云取啞囉之法將最大而汁最多之葉直立於箱内令其汁流出熬之則成啞囉質出售時名曰索哥德拉啞囉然另有法將其葉壓出其汁合於水沸之熬其水得濃膏傾入壺盧内因此名曰壺盧啞囉英書云此種啞囉爲黄櫻色之塊或深櫻色不透光之塊折斷之有暗色剖面其剖面之形似蛤類之凹味苦而可憎臭亦大而可憎幾全能在酒醕内消化而消化時之間用顯微鏡觀之能見多顆粒尋常裝於壺盧内運至英國出售等語其質頗貴多用之治六畜之病色深櫻或黑間有櫻色如肝可依此分

辨之又以其臭可憎如呼氣於其面更爲可憎内含膠質較他種者更多故其質更韌更難搥碎此種爲啞囉類内藥性最重者

索哥德拉啞囉較他種更紅其最佳者似暗紅寶石成薄而透光之塊英書云爲紅櫻色之塊其邊能透光或全不透光折斷之其面或平滑或不整齊而其折破處如松香質味苦香大而可愛在正酒醕内全能消化而消化之時用顯微鏡能見其小顆粒等語此說更合於肝色啞囉之用全乾之時爲金紅色若久遇空氣其色改變而爲櫻紅色折剖面似蛤類之凹尋常平而光滑間有稍毛糙者其

臭少香新鮮而熱者更香易磨成金黃色粉幾能在重率〇九五酒醋內全消化然此啞囉雖名曰索哥德拉啞囉而疑其大半非索哥德拉所產者或全非索哥德拉所產者武弁韋斯台特云啞囉草在索哥德拉海島離海面高五百尺至三千尺處生長者甚多摘下其葉用皮囊收其流出之汁來拉云有友人在索哥德拉代購索哥德拉啞囉兩皮囊迨送至船上時已遲已在他處購兩囊故不能多買臨用時則知所買兩囊爲假者查索哥德拉海島所產啞囉運至他處者有兩噸此啞囉運至紅海又從紅海運至地中海植物學家恩司里云在阿非利加東岸有美

林德國內產索哥德拉啞囉甚多又有人言桑西巴爾亦有此物出售其塊爲半流半定之質運至英國則鋪成薄層令其自乾其下等者另用法濾之而後熬乾

肝色啞囉其色如肝故名肝色啞囉常有人稱爲印度啞囉然此實非印度所產者如來拉所聚各藥品樣內查其肝色啞囉其成色較印度者更次又醫士馬可磨生代來拉買肝色啞囉若干塊亦不甚佳故肝色啞囉必爲阿喇伯與阿非利加所產運至孟買出售印度人名曰孟買啞囉此啞囉有數分或全分與索哥德拉同處所產其臭亦略相似沛離拉云常有索哥德拉啞囉與肝色啞囉合於一桶內開桶之時則見其質成花紋此因兩種色併合而成等語此種啞囉爲肝色者剖面不光略如蜜蠟其香較索哥德拉啞囉更次味可憎而甚苦粉金黃色此種啞囉較索哥德拉上等啞囉更次此兩種啞囉其根原尚未查明但疑其必有若干分爲索哥德拉啞囉與紫色啞囉所產者其汁從葉內自流出而其葉或橫切或以手輕壓之英書內不指明肝色啞囉惟以爲此種啞囉係索哥德拉啞囉之次等者

好望角啞囉色光如玻璃故有數種書內名曰光啞囉產此質之草疑必爲啞囉之類其極細者外面深櫻色少帶

橄欖綠色如得其薄層則透光而少帶黃紅色其質最脆易於磨粉臭大頗可憎粉黃色其次者爲黑色面生泡折剖面粗糙有數種好望角啞囉爲刺啞囉所產者醫士巴潑奢好望角植物藥品書云本處另有數種啞囉草俱能產此質即如在蘇愛倫大末有一種名兒啞囉係蘭白特之名爲其上等者又在東邊有一種名曰阿非利加啞囉

第二百十一圖

係蜜蠟之名所出之啞囉運至他處者甚多而好望角等常所用啞囉爲叙啞囉此爲蜜蠟之名此種啞

囉產處在近於仆耳勒江之山上又有一種名波路弟可薩啞囉如第二百十一圖亦產好望角啞囉

有數種次等啞囉產於印度又有一種名募指啞囉疑產於阿喇伯國蘭特拉書中云東方所用啞囉大半爲阿喇伯國運往者因該處有數種啞囉草生長茂盛或言屠此路島亦有生最好啞囉之草而其數不敷爲出口之貨又有古拉梭海島即西印度列島之屬荷蘭者亦稍產啞囉近時有從紅海邊數處將流質啞囉運至英國出售此質停若干時則結成顆粒形質又可烘乾成定質與索哥德拉啞囉相類

各種啞囉有最可憎之味存於喉內良久不散其臭亦奇如呼氣於其面則臭更顯明如浸於冷水內能消化其大半而冷水不能消化者用沸水能消化之惟待冷時又能結成

啞囉尚未詳細化分之內含一種植物阿勒布門質透光啞囉含此質之微迹其不透光者含此質更多又含一種酸質名曰啞囉以西克酸與沒石子酸相似如合於含鐵多分劑之鹽類則變橄欖櫻色又每百分含松香類質略三十分又含一奇異之質名啞囉以尼其瀉性與補性大略藉此兩種質或其內之一種質

啞囉以尼初爲化學家埋斯那查得者而一千八百五十一年司密得公司初從拜貝徒司啞囉得之其作法將此啞囉烘乾合於砂子搗碎成粉如不用砂則黏連而不成粉屢浸於冷水而在真空內熬其水成漿形待若干時則結成小顆粒其顆粒必屢用熱水消化之令再結成顆粒

啞囉以尼爲中立性質味最苦欲消化之每一分須用冷水五百分冷酒醕內不消化但無論酒醕或水少加熱則易消化如其消化之水加熱至二百十二度則速收養氣而化分能在鹼類水中消化成黃色之水此水之色漸變更深如在濃淡養五水內浸若干時則啞囉以尼變爲可里

薩米克酸此酸合於鉀養水則變深櫻色

啞囉以尼之化學性情並其苦味與爲補藥之性則與里由以尼相似而里由以尼爲大黃中分出之質又啞囉以尼能收養氣變爲松香類質有瀉性司對納好司化分之得其式爲炭二十輕八養四加輕養

功用　啞囉用其小服爲補藥食其大服爲瀉藥醫士或以爲能感動肝又如腸內功用不靈因膽汁太少之故則可以此代膽汁之用其功用似能感動大腸而最易感動肛門因此令大便能通設如已有惹動或有痔瘡則此爲有弊依此法亦能感動相近之體因此可爲調經藥

拜貝徒司啞囉水膏

取法　將拜貝徒司啞囉小片一磅沸蒸水八升將啞囉在水內調和極勻待十二小時傾出其清水將其餘質壓之濾之將兩次所得之水和勻用熱水盆或熱空氣烘乾之

索哥德拉啞囉水膏

取法　與前法同祇以索哥德拉啞囉代拜貝徒司啞囉依此取法則所含異質並松香類質從啞囉中分出所得之膏或以爲較生啞囉之惹性更小

功用　爲瀉藥以五釐至十五釐爲一服

啞囉雜散此爲倫書之方

取法　將啞囉粉一兩半無論爲索哥德拉或爲肝色者俱可用之古阿以苦末一兩桂皮雜散半兩各分和勻

功用　爲暖性瀉藥與發汗藥以十釐至二十釐爲一服

拜貝徒司啞囉丸

取法　將拜貝徒司啞囉粉二兩硬肥皂粉一兩芫茜油一錢玫瑰花膏一兩各質搗和至極勻

此丸與倫書啞囉肥皂丸相似

索哥德拉啞囉丸

取法　將索哥德拉啞囉粉二兩硬肥皂粉一兩肉豆蔻自散油一錢玫瑰花膏一兩搗和至全勻爲度

前時倫書之方所有啞囉雜丸用索哥德拉啞囉爲之但其質之三分之一用龍膽草根膏

功用　爲瀉藥與補藥以五釐至十釐爲一服醫士以爲肥皂可助啞囉之功力

啞囉鐵丸

取法　將鐵養硫養一兩半拜貝徒司啞囉粉二兩桂皮雜散三兩玫瑰花膏四兩將其鐵養硫養磨粉與啞囉及桂皮雜散磨勻再添玫瑰花膏調和成勻淨之塊

此方英書從蘇書得之如血虛與經閉服此藥爲宜

服數　以五釐至十釐爲一服

啞囉沒藥丸

取法　將索哥德拉啞囉二兩沒藥一兩乾番紅花半兩玫瑰花膏二兩半將啞囉沒藥番紅花磨勻篩之後加玫瑰花膏搗和成極勻之塊

此丸與倫書所載者相似

功用　爲瀉藥與調經藥以五釐至十釐臨睡時爲一服

啞囉阿魏丸

取法　將索哥德拉啞囉粉一兩阿魏一兩硬肥皂粉一兩玫瑰花膏一兩各質搗和至勻爲度

功用　爲瀉藥與治轉筋藥以五釐至十釐爲一服一日三服

啞囉雜煑水

取法　將索哥德拉啞囉膏一百二十釐沒藥搥碎九十釐番紅花切細九十釐鉀養炭養六十釐甘草膏一兩白豆蔻雜酒八兩蒸水至足用將其啞囉膏與沒藥膏磨成粗粉合於鉀養炭養與甘草膏置於有蓋之器內加蒸水一升輕加熱沸之約五分時加入番紅花待冷則加白豆蔻酒後蓋密其器待兩小時以佛蘭絨濾之傾蒸水於佛蘭絨上之餘質內足以補滿三十兩每一兩內含啞囉膏

四釐一千八百六十四年英書之方每一兩含啞囉五六釐倫書之方含啞囉三三釐

功用　爲瀉藥與調經藥以半兩至二兩爲一服惟沸之時不可過限否則其啞囉質必有若干不消化者

啞囉葡萄酒

取法　將索哥德拉啞囉一兩半白豆蔻磨粉八十釐薑粗粉八十釐舍利酒二升置蓋密之器內浸七日屢次調動之濾之加舍利酒補足二升

功用　爲暖性瀉藥以一錢至二錢爲一服

啞囉酒

取法　將索哥德拉啞囉粗粉半兩甘草膏一兩半正酒醕至足用將啞囉與甘草膏在酒醕十五兩內浸七日盛於蓋密之器內屢次搖動之濾之加正酒醕補足一升

功用　爲瀉藥與他藥相配能合於瀉藥與調經藥以半錢至二錢爲一服此淡酒醕消化其藥性質最佳

啞囉雜酒　又名啞囉沒藥酒此爲倫書之方

取法　將索哥德拉啞囉或肝色啞囉磨成粗粉四兩番紅花粗粉二兩置於沒藥酒二升內浸七日濾之如用過濾之法取之則不甚佳

功用　爲調經藥與行氣瀉藥能配入瀉藥與各雜藥內

以半錢至二錢爲一服

啞囉外導藥

取法　將啞囉四十釐鉀養炭養十五釐小粉漿半升各物調和磨勻

功用　作外導藥之用逐出肛門內圓蟲又能治經閉

啞囉配入數種別藥內即如藤黃雜丸哥囉嘶雜膏哥囉嘶雜丸哥囉嘶合羊躑躅丸偏蘇以尼雜酒大黃雜丸

藜蘆科　西名米蘭太西依波郎之名又名哥勒枝蘗

藜蘆科與蘆葦科　西名正楷西依　相似又與百合科相似在地球溫和處遇見之俱結成一種質名非辣得里亞

哥勒枝礎根團與種子（立尼由司名曰秋時哥勒枝礎西俗名草地番紅花）

哥勒枝礎在代司可立弟司書中詳言之，阿喇伯人亦用之名曰蘇林眞，又阿喇伯書中云其希臘名曰哥勒枝礎，後之希臘人與阿喇伯人所名曰合暮達克替里，即阿喇伯人所謂甜與苦之蘇林眞，疑屬於此類之植物，近有植物學家代勒蜜蠟奇布特波蘭身各人曾考究此事，云古人所用者必爲花點哥勒枝礎，爲立尼由司之名，來拉所存此草之樣，俱爲沛離拉書中所言者，哥勒枝礎係英國原產之草

其眞根有多綠紋，而在其根團下發出根團，爲卵形，略大如栗，質實而厚，外面有櫻色皮包之，一面少凹，一面少扁，或者生長之時，有一縱槽紋，在西六月或七月爲最大，此爲長足之時，觀其下端近小根處，有極細之新根團顯出，此新根團在秋時開花，在當時尚小，而春時之先已長大，則嫩子殼與葉一併上升，此子殼從秋至春存於地內，種子略在夏至時成熟，而開新花之時，其舊根團漸變鬆軟，至第二年四月，尚存其舊形，至五月之末則縮小變皺，如皮，連於新根團之下端，而新根團在此時已長足，如蘇格蘭之水土冷，其種子不能成熟，故傳種之法，在第二年春時大根團放出小根團，此小根團由漸長大，葉爲寬戈頭形，面平，或少有成角凹形，長略一尺，色深綠，面平滑，葉在春時與子殼一併顯出，花數朶，無葉，從根團發出，有白色長管，其體淡紫色或玫瑰花色，圍鬚苞如漏斗形，有最長之管，其體分六分，似花瓣形，鬚六箇，連入圍鬚苞之喉內，子殼三箇，全爲相連，內有一膛，如第二百十二圖之一與四兩號，在其內邊裂開，如圖之二號，種子甚多，形如圖之五號，略圓，皮櫻色，縮成皺紋，又有臍眼，近處大凸頭，故種子之面似毛糙。

第二百十二圖

此草產於歐洲各處卑溼地內

苦里司脫生書所言哥勒枝礎根團生長之說，較他人言之更詳，而以上之說，係從其書檢出者，如西七月與八月，其藥性最大，此時葉將枯萎，而新根團之花尚未顯出，英書云，其根團應在西六月底取之，因此時其秋時所發之芽，尚未成熟，林特里云，常見送至倫敦出售者，有數擔已開過花而摘去其花，以欺人，苦里司脫生云，西六月底七月初根團色最白，堅固而大，此時含小粉甚多，而無小根團與其相連，如在西四月內取之，則常有兩根團相連，一箇鬆而軟，一箇胖而堅，常取根團之時，取其大而胖，爲

獨者苦里司脫生疑其末必在此時取之因其根團在西四月內雖含水更多苦味相同又云司拖司書中云秋時根團每百分含水八十分小粉十分苦膏質二分糖四分另有樹膠松香立故尼尼少許惟在四月內苦膏質之比例更大所用哥勒枝喋根團有新鮮者有乾者作乾之法先剝去外衣橫切成薄片先輕加熱乾之後漸增大其熱至一百五十度其片應乾而堅灰白色又以醋涇之應變藍色又合於古阿以苦末酒亦應變藍色此爲湯勿生之說此色爲哥路登質所成味苦而可憎微辣種子性情亦同如取其熟者則其性情更勻其子略與黑芥子同大質

最硬紅櫻色

化學家百勒替耶與措分士云其根團含一種鹼類質疑爲非辣得里亞合於沒石子酸至有餘又有油質合於自散酸質黃色料膠質小粉以奴里尼頗多與立故尼尼但犿茄與黑司云其質含一種奇異鹼類質名哥勒枝西那此質與非辣得里亞相似但能在水內消化能成顆粒又如嗅其粉之香不如非辣得里亞之令人嚏哥勒枝西那合於硫養則變黃櫻色合於淡養則變數種色從茄花色起漸變各色毒性最大哥勒枝喋爲藥之性幾分能爲水所收易爲酒醋或淡酒或醋等質所收故藥品中大半以

此各質消化之

功用　哥勒枝喋爲惹胃之藥食其大服則爲瘤睡辣性毒藥如屢食其小服則能感動數處津液半屬吐藥半屬瀉藥又能作利小便藥與發汗藥而同時有平火安心與安神之益因此風溼與痛風兩病用此能減其痛又如生炎病內能減心之動法如痛風新病幾爲特用之藥然醫士疑得此藥之益處必預覺其不合之性即如腹痛或泄瀉或頭痛或頭暈等事方能見效以後接服之數必漸少前法國醫士設一方能治痛風著名多年疑其內之要質爲哥勒枝喋

服數　或用根團或用種子之粉以一釐至五釐爲一服一日三服有加香料間合於鴉片小服用之醫士韋干云用哥勒枝喋最合之法每一小時食八釐至吐或瀉或發汗爲度

哥勒枝喋膏

取法　將哥勒枝喋新根團去其外衣壓碎之再用法壓出其汁待其小粉類質沈下即將其透明之水加熱至二百十二度如是其阿勒布門質結成用佛蘭絨濾之加熱至一百六十度熬乾

功用　此爲服哥勒枝喋妙法服數每三四小時服一釐

哥勒枝噤醋酸膏

取法　此法與前同，惟每壓碎之根團七磅，加醋酸六兩，因此質較倫書之方所作者更濃，因倫書之方不濾其汁，存其根之小粉質於內，因此更淡

功用　爲安神等藥，治痛風與風濕，以半釐至二釐爲一服，一日三四服，阿書之方所作者較此更濃

哥勒枝噤醋此爲倫書之方

取法　將哥勒枝噤乾根團三錢半，合於淡醋酸一升，置於益密之器內，浸三日，壓之，停若干時，待其渣滓沈下，濾之，加入正酒酯一兩半

功用　此藥雖爲輕性，亦能得其功益，以半錢至二錢爲一服，每三四小時食一服，英書不載此方

哥勒枝噤葡萄酒

取法　將哥勒枝噤根團切片，烘乾，四兩，浸於舍利酒一升內，七日爲度，壓之，濾之，再添舍利酒補足一升

功用　爲惹胃等藥，如以十滴至一錢爲一服，一日三服，則爲平火安心藥，或喜用其種子浸酒，其作法，用種子二兩，浸於舍利酒一升內，服數同前

哥勒枝噤種子酒

取法　將哥勒枝噤種子搗碎，二兩半，正酒酯一升，其取法，與阿古尼低浸酒之法同

功用　其種子之藥性，較根團更勻和，又因正酒酯消化其藥質最佳，故有多醫士喜用其種子之酒或葡萄酒，以爲較根團所作之藥更穩

服數　以十五滴至半錢爲一服

其種子必須搗碎之，化學家本尼溫云，正酒酯所能消化哥勒枝西那質，從其搗碎種子所得者，較不搗碎所得者更多

哥勒枝噤雜酒此爲倫書之方

取法　將哥勒枝噤種子搗碎，五兩，在淡輕養香酒二升內，浸十四日，濾之

功用　醫士韋廉士云，如胃內有酸，此藥最合於用，以十滴至一錢爲一服，然此酒所含之淡輕養必當記之，雖有數醫士最重此藥，而英書失漏不載

白色非辣得羅末立尼由司之名藥品內用其根本又名白色藜蘆此爲倫書所載之藥

植物學家疑代司可立弟司書中所名曰白色藜蘆，即阿喇伯人所名曰起爾蒲扣

此草之根本，有多皺紋，長方形，鈍如醫斷之形，稍平排列，乾時則外㨿色，內灰色，有長圓柱形之小根，𩑦高一尺半

至四尺葉有摺形或爲橢圓形或爲戈頭橢圓形葉下面生細毛其葉斜入套內花頭串形而成小密頭爲樹枝之端莖上亦生細毛花之雌雄分合不定黃白色背面綠色圍鬚苞爲長戈頭形分六分各分齒形底無核伸開較花莖更長鬚六箇連於花鬚各分之底鬚頭內腎形橫開子房三箇伸開至子房口子殼三箇在下相連在上成角形分三箇側邊裂開之子殼內含多種子其子或爲壓平形或在頂生翅形產於歐洲南方草地內又產於歐洲之中另有一種名路卑利阿非辣得羅末亦爲略同之物可公用者

此草各體辛而有毒性祇用其根本與小根爲藥品初嘗其味則少甜後最苦而辛則掩其甜味尋常從日耳曼國運至英國出售其面粗糙因有小根之餘質黏連其藥性特所含非辣得里亞質化學家西門另查得一鹼類質名曰直伐以尼此名目係從西班牙之語得之即毒之意其餘各原質與哥勒枝噤根團之原質相似

功用　爲惹胃毒藥如嗅之則嚏而流涕服之則吐瀉前時用爲引水瀉藥而哥勒枝噤未入藥時用以治痛風今祇用此物殺皮膚毛髮內之蟲間用之爲取嚏藥其用法將此藥一二釐合於小粉或以里司佛羅稜薩即白芷粉嗅之

取法　將白色藜蘆根切碎八兩合利酒二升浸七日濾之　此爲倫書之方

非辣得羅末葡萄酒

功用　爲吐藥瀉藥安神藥間有痛風與風溼病用之以十滴爲一服一日三服合於鴉片酒少許服之

蒜藜蘆　西名綠色非辣得羅末韋勒特奴之名藥品內用其乾根本又名綠色藜蘆根此物在美國與加拿大兩處秋時取之

今英書從美國藥品書內收入此藥美國俗名亞美利加赫勒蒲爾又名卑溼地赫勒蒲爾又名印度布克與布克

根其功用有醫士哇斯古特在美國醫學新聞第十六本論及之作外科之用大有惹性內科用之則爲吐藥或食其小服則能減脈之力與其數同時常有不省人事睡頭暈頭痛視物不清瞳人放大等証服之則功用與哥勒枝噤白色藜蘆略同惟特能管理心與脈之動故治新生炎病其功用最大

美國北喀爾勒那邦醫士拿爾烏特用此藥治肺生炎與新風溼及虛發熱

蒜藜蘆之根或根本厚而軟上半似有切斷形下半厚而有多白色小根其幹每年換新者形圓面生紋條形又生

細毛而爲寶心高三尺至六尺葉光綠色其端成花密頭綠黃色葉愈高愈小下葉長六寸至十二寸形爲偏橢圓面生毛有彎形如洄線其質成辮形上葉長形戈頭形花頭有多花各成串形花莖生小軟毛每花有一尖花葉面生細毛而較小花莖更長圍鬚包六箇銳卵形之分此六分內有三分較其餘三分更長鬚六箇托線向內彎花心三箇花心莖向內彎果實三箇子殼在頂分開又向內面分開此草所產之處爲卑溼地或溼草地或河邊自加拿大起至北喀爾勒那邦止

此草之根本與小根之絲紋乾而面生皺紋之時則與白

色非辣得羅末根本大同小異亞美利加藜蘆味苦而辣無臭內含非辣得里亞質而其藥性大約藉此質能減心之動食其大服則爲吐藥食其粉四釐至六釐或其浸酒一錢至二錢爲吐藥一服之數如痛風風溼或腦筋痛則可用更小之服爲減熱氣之藥食其大服則爲有大力減心動之藥又爲危險毒藥故凡用此藥則必慎之

蒜藜蘆酒　西名綠色非辣得羅末酒又名綠色赫勒蒲爾酒

取法　將蒜藜蘆根粗粉四兩準酒醕一升其取法與阿古尼低浸酒之法同

服數　以五滴至二十滴爲一服如風溼痛風等病可用之然必最謹慎

沙罷弟拉　又名藥品阿薩辯里亞又名西發弟拉入藥品者爲其乾果而從委拉古盧斯與墨西哥運至英國

沙罷弟拉又名西發弟拉又名西罷弟拉所開之花形與大麥穗相似故用西班牙之名西罷大卽大麥穗之意此藥於一千五百七十三年麻那弟士考得之其種子或果或用之滅臭蟲等今多用以取非辣得里亞質前有人入以爲西發弟拉爲沙罷弟拉非辣得羅末之果此爲勒次之名植物學家施愛特查明此草係墨西哥國所產者而所產之草與前說不同先以爲屬於非辣得羅末之類後

以爲屬於希路尼亞之類今植物學家另設一類卽屬於阿薩辯里亞之類

第二百十三圖

藥品阿薩辯里亞爲林特里之名如第二百十三圖此草生根團而成羣相交甚密葉長如線形如青草又有漸長之尖面平滑上面有槽下面有

船脊骨形長約四尺其質鬆軟不能直立其無葉之花幹為尖者高約六尺為筒形花穗最密長約一尺半其花雌雄分合不定串形不生毛黃白色圍鬚苞分六分各分線形鬚遞更長短鬚頭心形裂開之後變為楯牌形子房三筒為筒者子房口不顯明子殼分三分質韌如紙種子似凸口刀形生翅產於亞美利加安的斯山墨西哥國之東邊

此草之用為取非辣得里亞質故名藥品阿薩搿里亞沙罷弟拉種子又名西發弟拉種子為其鬆種子並乾子殼子殼薄分三膛長約半寸色紅灰或為空者或為含兩箇種子者種子櫻黑色無臭味苦辛而久不散化學家百勒替耶指分土化分之知其原質與嚼勒枝㯩根團相似因含油類質此質名司替阿里尼又含以拉以尼西發弟克酸蠟非辣得里亞質合於沒石子酸至有餘又有黃色顏料小粉立故尼尼樹膠並數種鹽類質觀米拉特倫司之書又有埋斯那化分之得各質更詳

功用　為殺蟲藥

非辣得里亞　此質係從西發弟拉子取出之鹼類質而非全淨者

非辣得里亞初時從沙罷弟拉種子中查得之後在白色非辣得羅末根本中查得之此兩質內所含非辣得里亞

俱與沒石子酸之有餘化合

取法　將西發弟拉子二磅蒸水至足用準酒醋至足用淡輕四養水至足用輕綠至足用提淨動物炭六十釐將西發弟拉先合於沸蒸水一磅置蓋密之器內浸二十四小時再取出西發弟拉種子壓之輕加熱乾之置於乳鉢內搗之置於深窄器內搖動甚猛或鋪於桌面用扇扇去殼質亦可將其種子在咖啡磨內磨成粉將其粉合於準酒醋成濃漿將其漿置於過濾器內裝緊將準酒醋傾入過濾器內令醋行過至所出之酒不變色為度將所得之酒蒸之至所蒸出之酒尚未有結成之質在內為度乘熱時將甑內餘流質傾入十二倍體積之冷蒸水內以棉布濾之將其餘質在濾紙上以蒸水洗之至其洗水加入淡輕四養不再結成質為度將兩次所得之質和勻加淡輕四養至少有餘待其結成之質全沈下則傾出其上之明流質而用濾紙分出其結成之質又用蒸水洗之至所洗出之水不變色為度將其結成之壓質在蒸水十二兩內調和之漸添輕綠足令其水微有恆酸性而加輕綠之時必連調不停再加動物炭輕加熱二十分時濾之待冷後加淡輕四養至少有餘待結成之質全沈下則傾出其面之明流質而用濾紙收其結成之質用冷蒸水洗之至所洗得之水

內加銀養淡養水之有淡養令爲酸者不再有變化爲度再將其結成之質用濾紙收乾之又輕加熱令其全乾其種子與殼分開後遇酒醕則其非辣得里亞沒石子酸松香質顏色料一概消化將其浸酒熬之而傾於十二倍體積之水內則其松香質大半結成添入淡輕養則其非辣得里亞結成而可用洗法令其顏色料大半放散又將非辣得里亞在輕綠內消化而用動物炭滅其色又用淡輕養水令其結成洗之乾之依此法所得之質非全淨者而爲淡灰色不成顆粒如在淡酸水內消化之則有不消化餘質之微迹此質爲櫻色此俱爲英書之說

非辣得里亞爲粉形之質不能成顆粒又不發臭但其粉之微數遇鼻孔則大感動鼻管而作嚏融化之待冷變爲透光黃色質在空氣中燒之則能燒盡冷水中幾不能消化沸水一千分能消化其一分所得之水其味最辣如酒醕與以脫所消化者甚少又能令變紅之力低暮司試紙復爲藍色又能與酸質化合成中立性鹽類最難成顆粒如極淨非辣得里亞加濃硫養則變紅又能與淡養合成黃色之水其水合於淡輕養或合於沒石子酒俱能令其質結成化學家古爾白云舖常出售非辣得里亞不誰含非辣得里亞質另含沙罷弟里那又含兩種不同之松香類質非辣得里亞原質之式爲炭輕淡養此爲重性毒藥

功用　非辣得里亞爲惹胃毒藥外科用其小服爲引炎藥取嚏藥又爲令嚏甚猛之藥內科用之令人吐瀉已在外科用之治腦筋痛風溼與痛風惟必待其重證據已退而後用之醫士或用以代哥勒枝槃以十二分釐之一爲一服治痛風風溼及腦筋大痛之病如以上各病內用之爲一處惹動之藥則用其油膏爲最佳

非辣得里亞油膏

取法　將非辣得里亞八釐提淨豬油一兩橄欖油半錢將非辣得里亞與橄欖油和勻後加豬油而和勻之

土茯苓科西名司米辣西依波耶之名又名沙沙把列拉

此科之植物產於亞細亞與亞美利加之温和帶與熱帶內然在此界限外亦有遇見者此科產土茯苓西名沙沙把列拉根此爲要藥

土茯苓西名司米辣西亞尼由司之名又列於六箇鬚花分雌雄

如第二百十四圖此草分雌雄其園鬚苞分六分幾爲等分園鬚苞向外伸雌花之園鬚苞不落鬚六箇連於園鬚苞之底鬚頭線形直立子房分三膛每膛內含一種子花心莖最短子房口三箇向外伸其果實含種子一箇至三箇種子半球形其阿勒布門質略如脆骨胚最小而與其

臍眼遠離此草蔓生交冬不凋其根或有絲紋或成團榦常有生刺者葉遞更排列有葉莖或為心形或為戈形其

第二百十四圖

質紋有網形與脉葉莖之間有發蔓鬚之副葉花無托莖而特一球形之膛其花略成花頭或有小花莖或為傘托輻形有數種產於溫和之地然大半產於東西兩半球溫和帶與熱帶內

洋土茯苓 西名沙沙根又名藥品司米辣西為洪波特與本布蘭特之名藥品內用其乾根又名沙沙把列拉又名牙買加沙沙把列拉此藥產於中亞美利加又從牙買加運來

司米辣西係古時希臘國所用之名而其草名粗糙司米辣西至今為藥品之用所有沙沙把列拉為西班牙之言語如沙沙即荊棘之意把列拉即葡萄亦為蔓草之意而為藥品者為數種草根初時在亞美利加遇見之在一千五百年以後運至歐洲常出售者依其產處而定名即如牙買加與都拉斯巴西國等是也然最難查得何種司米辣西產何種沙沙把列拉因其大半在亞美利加海邊一處名曰蚊岸因西人不多往故書中不詳言之而其根為土人運至牙買加島出售其餘大半從墨西哥國危地馬拉巴西秘魯等國運來

藥品司米辣西係洪波特本布蘭特公特所設之名此係洪波特本布蘭特兩人遊覽新加拿大在可侖比亞之馬加他勒那河邊遇見之因其根為土人所聚而土名曰沙沙把列拉運至加爾達日那口而從此運至牙買加出售故疑常出售之沙沙把列拉有若干分為此草根所產故藥品書內往往名曰牙買加沙沙把列拉沛離拉疑牙買加沙沙把列拉俱為該處所產而馬替由司云依普勒之說其根俱係迷那日來斯省東邊聚而出售者

紙草形司米辣西為波爾之名又名疔毒司米辣西為馬替由司之名而非洪布特所設者此草係巴西國所產馬

替由司查此草根有土人在里約內哥羅與亞馬孫河相近處聚集之土名沙沙或沙耳沙或沙耳沙把列拉即馬拉恨巴拉里斯本等處所出售名曰沙沙又云此種根較他根含把列拉故里尼更多其書之本文云此根含藥膏較他種司米辣西者更多汁味苦而略可憎謂之把列里那其為藥功用大約特此性等語又有一種司米辣西其葉等件係司根爾在危地馬拉聚合而送與沛離拉醫士又有本得里查考之言必為紙草形司米辣西另有其根一包尚未開視與都拉斯所產沙沙把列拉根大相似故本得里疑該處所產沙沙把列拉根必為此草之根

沙沙把列拉司米辣西爲立尼由司之名而爲美國所產之植物但依美國藥品書如胡特與巴格等人之書云不產常出售之沙沙把列拉

疔毒司米辣西爲章勒特奴之名與他類不同此種係洪波特與本布蘭特兩人在巴西國之克西幾阿拉河邊所得者

爲藥司米辣西爲施來克脫之名而爲施愛特在墨西哥國安的斯山東面遇見者其根作乾之從委拉古盧斯口發往他處英國內不多見之

粗糙司米辣西爲東方數國所產如康士但丁城加利波

里等處常出售其榦與黑色及黃色之果謂之沙沙把列拉此爲蘭特拉之說或疑其質較爲藥品者功用更大

醫士漢酷克云祗有一種草能生眞洋土茯苓卽有洋土茯苓之眞藥性此草產於南亞美利加恩士拉那與揩拉蒲里兩處依米誇末河邊之高地又云里約內哥羅所產洋土茯苓卽運至安故司拖勒或巴拉出售者爲最佳此質大略爲紙草形司米辣西或藥品司米辣西所產馬替由司云又有數種如約披看茄司米辣西與巴西司米辣西並希里里亞沙沙把里撻亦能作公用者又云其新鮮者較其乾而老者藥性更大又有苦瑪那司米辣西土人名曰阿薩苦里拖植物學家薄必克名曰心蛋形司米辣西又有潑蘭普依司米辣西疑爲林特里所名藥品司米辣西又中國司米辣西卽產東方久著名之中國根此各根亦略能當洋土茯苓之用又疑印度所產者有數種其藥性略同觀雪山植物書第三百八十三頁

一千八百五十三年十二月初六日醫士西曼在立尼由司植物會讀一則云常出售之洋土茯苓爲一種草所產者而藥品者爲藥者紙草形者俱爲一種草而其根分種類大半藉其取法卽有數種去其根本有數種去其小根等又其含小粉或不含小粉形質者藉其出產之泥土或草之嫩老等又恃他種天然之事而得各分別

洋土茯苓根每常包綑出售運至英國者其綑係折根而成又有從巴西國運來者其根不折而成綑又常有根與根本相連常見之洋土茯苓根質韌彎之不斷長數尺厚如鵞毛管圓形又有縱皺紋並小根在其面縱排列色各不同大約恃數事而定之其根之外面有厚而小膛形之皮皮外有一層薄外皮內有根心質此質係立故尼尼質與小膛質雜合而成中有軟質如燈草之形此質常含若干小粉故將其根作橫剖面則似外長之樹榦而無髓輻管洋土茯苓無臭每常之味祗有膠味惟其上等新鮮者

味略苦而辛又可憎醫士漢酷克云凡有此味者則爲上等之據出售之根常有劈開而切成小條便作藥料之用凡已劈開而切斷者難於分別而定類

牙買加洋土茯苓爲英書所言者尋常醫士貴重此種其梱長十二寸至二十寸寬四寸至五寸觀其色之紅易與他種分別又其面之小根亦爲更多故常名曰紅鬚洋土茯苓其質內之粉少於他種惟熬成之膏更多其皮所能成之膏較其本質略多五倍其粉紅色如用碘試之則所成藍色不及閔都拉斯類所成藍色之深凡藥品書內指明用洋土茯苓之處俱爲牙買加島之一種大半在中亞

美利加產之運至牙買加島出售疑爲藥品司米辣西所產者

巴西國所產洋土茯苓又名里斯本土茯苓與里約內哥羅土茯苓此質應與他種洋土茯苓等品因產此之質依馬哲由司之說其藥性較他種更爲顯明而醫士漢酷克所言者想爲此種其正名曰紙草形司米辣西又疑有若干洋茯苓爲心蛋形司米辣西所成者其根所成之梱長三尺至五尺不折又無黏連之根本其縱皺紋較牙買加者更少小根亦更少色紅樱內含小粉

閔都拉斯所產洋土茯苓灰樱色小根亦甚少內含小粉甚多折斷之顯小粉之形如將其根成粉或煮水用碘試之則變藍色其梱爲折者間有根本連於其上

危地馬拉所產洋土茯苓爲本得里書中所言者與閔都拉斯所產者相似惟其根不折而成梱此兩處之根疑爲同草所產者或爲藥品司米辣西或爲紙草形司米辣西

利馬洋土茯苓雖從利馬運來亦有從瓦巴勒索與哥斯德黎加兩處運來者其形與牙買加所產者大同小異故常有人混售之所成之梱長三尺徑九寸其根本連於其上彎入梱內

又有一種係委拉古盧斯口出售者又名痛風形洋土茯

苓或言係南亞美利加之加拉架所產其根折而成梱質粗厚而含多小粉根本連於其上

洋土茯苓根常有異質相雜又常有下等者作爲上等者出售即如有人將阿茄肥根傅爾苦里亞根或星形希拉里亞根或光梗阿拉里亞根與羊泉之根蓷草之根相雜間有人將韌性福爾米由末之根作洋土茯苓出售

土茯苓內含立故尼尼小粉膠質頗多又含辛性苦味松香類質少許又有自散油微迹此油亦具土茯苓之臭與辛味又有奇異之質尚未定名常名曰司米辣西尼此質白色能成顆粒無臭味苦稍能在冷水中消化更易在沸

水中消化又能在熱酒醅內消化更易在以脫與油內消化遇濃硫養初變紅後變黃遇輕綠則消化而變紅色其質爲中立性又所合成之雜質不能定又其原質因此亦難定之其根之藥性質能消化於冷水與熱水內惟久沸之則壞淡酒醅亦能消化之故凡作洋土茯苓之各藥加以淡酒醅或有益處但必慎之不可久沸否則易壞

功用　爲改血藥與發汗藥又令人欲嘔與嘔吐又能加身體之堅壯能補身力又身瘦者與虛軟者可令其肥壯身體因病而有惡質在內亦能治之又第二層疔毒與水銀疔毒服此亦有功用或言此藥毫無功用惟在用之之

時分外謹慎而食物亦慎因此病能向愈非此藥之功

洋土茯苓煮水

取法　將牙買加洋土茯苓橫切片二兩半沸蒸水一升半浸之約一小時置於有蓋之器內沸之約十分時待冷濾之加水補足一升

此水與一千八百五十一年倫書載此藥之煮水相似一千八百三十六年倫書之方甚繁先煮之多時後取出軋碎之再沸之設此繁法之原意因誤以爲其藥性質在其木質內

功用　爲改血藥以二兩至三兩爲一服一日二三服

洋土茯苓雜煮水

取法　將牙買加洋土茯苓橫切片二兩半再將沙沙法拉司木片四分兩之一古阿以苦末木之刨花四分兩之一新鮮甘草根搥碎四分兩之一米聚里恩六十釐沸蒸水一升半將各料在水內浸一小時盛於蓋密之器內沸十分時待冷濾之所得之水必加蒸水補足一升

此水與倫書所載此藥雜煮水同

功用　爲改血藥能代里斯本所作補藥水以三兩至六兩爲一服一日兩三服

洋土茯苓水膏

取法　將牙買加洋土茯苓橫切片一磅一百六十度熱蒸水十四升準酒醅一兩將洋土茯苓在此水之一半內浸六小時以清水傾出將其餘質在其餘水內亦浸六小時壓出其水與前水和勻用熱水盆熬之至得餘質七兩或熬至其重率得一.一三待冷則加酒醅加酒醅後重率應得一.〇九五

此水之濃略與倫書所載此藥水膏之濃相等

功用　爲改血藥以二錢至四錢爲一服合於水服之可加香料令適口此水膏能任存若干時不壞

洋土茯苓糖漿　此爲倫書之方

取法　將洋土茯苓根三磅半在蒸水十六升內沸之至餘八升爲度傾出其水乘熱時濾之將濾得之質加蒸水八升沸之至四升濾之將兩次之水和勻熬之至得二升加淨糖十八兩令消化待冷時加準酒醕二兩

功用　爲改血藥以四錢爲一服合於水服之或加入其煮水內服之

蘭科（西名啞爾荷弟依）

蘭科中植物種植家以爲大有佳趣然用處甚少即如有一質名發尼拉爲最佳香料又有數類產根頭內含之質最有養人之性名曰薩里伯薩路伯薩魯伯此名大約從

阿喇伯國言語薩里伯得之根頭硬其質似牛角略爲白色半透光臭最少味暖而似膠其質之大半爲巴蘇里尼又有能消化之膠質與小粉若干醫士與化學家云此質所含養身料依其體積而言則爲各植物內體小而養身之物最多者產此質之草波斯國者最佳然向未有人詳細考究之來拉在近於克什米爾地方得此草之一種名曰眞由羅非亞又在雪山之麓在印度之西北查得一種名曰田中由羅非亞（觀雪山植物書第三百七十頁）從此根頭造出上等薩里伯賓醫士法可那告於來拉云前有土王度斯脫麾哈麥云薩里伯之上等者係近於堪達哈爾地方所產又

有植物學家司百倫加勒云古人所言之薩里伯即啞爾荷司者即今之蝴蝶形啞爾荷司所產植物學家倍性合爾茲云歐洲所產最佳之薩里伯爲圓形啞爾荷司如第二百十五圖甲爲花之體堅強啞爾荷司如第二百十六圖甲爲屑形圍鬚苞兵衣色啞爾荷司所產者醫士克倫

第二百十五圖

第二百十六圖

云曾在本國內見用兩葉啞爾荷司與土爾其國所產者

不分高下

薩里伯爲病人養身而不惹胃之食物病愈之人或小兒食之合於水或乳飲之而與西穀米等同法加香料食之

曇華科（西名澗尼依波耶之名又名瑪蘭太西依林特里之名）

曇華科植物其形與芭蕉科略似又與蘘科相近此種草在亞細亞與亞美利加熱地多遇見之無香俱含多小粉

瑪蘭太粉（此爲倫書之方又名蘆形瑪蘭太立尼由司之名所用之質爲其凸頭內小粉又名阿蘿蘿粉立尼由司列於一箇鬚頭一箇花心）

此草之小粉與根本與凸頭爲南亞美利加人多年知而用之者英國略於一千八百年以後初用西印度列島所

產阿蘿蘿粉（案此名前人有譯曰藕粉者誤也）
此草之根本白色平生面生多凸圈圈上發小根內有腫大而變爲凸頭者成有節之根本與原根本相似但其面多生魚鱗形質此各質箝當能伸長向上穿出地面而變成新草幹高二尺至三尺分成多枝幹細面生細毛而在節處稍有發腫形葉遞更排列有長而葉形生毛之套葉如蛋形間有若戈頭形花成密頭在幹之端放鬆四面伸開在分枝之處有長而線形套形之花葉萼綠色平滑花瓣小白色不等內有一分爲脣形鬚頭連於花瓣形之花鬚托線花心莖爲花瓣形頭上似戴風套子房分三膛面

平滑子房口有三面果平而乾內含一種子如第二百十七圖甲爲凸頭即分根乙爲葉與花丙爲花鬚與花心莖

第二百十七圖

取其小粉之法將其生一年之凸頭搗碎之成漿不用其根本即與苦爾苦沒（即鬱金）不用根本同意將其漿傾入水內調動之濾之分出所含小粉質與絲紋質小粉在水內令其水有乳形待若干時小粉沈下再換清水洗之後置

日光內曬乾變白色如雪係極細顆粒所成用顯微鏡觀之形狀略爲橢圓形或鈍或長不定又似杵形不多見其球形者或卵形者能見多粒其徑爲二千分寸之一間有其徑大至七百五十分寸之一者

西印度列島產一種阿蘿蘿粉其草名曰每月草蘇書云此草屬於看拿類未定何種又有散吉海島話脫孫醫士云此草爲大紅看拿又有醫士哈米登云此草產於西印度拜貝徒司島散吉島與屬法國之各島肥土內能高十四尺間有根頭大如八頭者疑此草與說各所產阿起拉草相同此草在植物記錄書第九本第七百七十五頁內

名曰可食看拿故阿書前以此草作藥品之用其每月草所成之小粉顆粒最大

西印度列島之外阿非利加南邊英國屬地那達勒並他處屬地亦有種瑪蘭太者

印度國內有人在近於加爾各搭種蘆形瑪蘭太大爲得益又有一種名多枝瑪蘭太此各種之外另有數種他類之草所成小粉名曰東印度阿蘿蘿粉其草爲苦爾苦沒之類如窄葉苦爾苦沒與白根本苦爾苦沒與發紅苦爾苦沒等是也但印度出口之阿蘿蘿粉大半爲打令莽柯省內所產者又不知爲何種苦爾苦沒所生因窄葉苦爾

苦沒、尚未查得印度有天生者、印度國又有番藷、衣布米阿之凸頭作小粉出售、如歐洲各國、常有人將番藷小粉、假充阿蘿蘿粉出售、觀小粉節

功用　阿蘿蘿粉、有小粉之各性情、又能補身而潤內皮、最合爲病人或病愈之人、或小兒斷乳時之食物、如生溺器具與腸之各病、用爲潤內皮藥、阿蘿蘿粉做成之膏、較他種小粉類、更爲堅固、惟有每月草所作之膏、較阿蘿蘿粉、更爲堅固

薑科西名西太米尼依波郎之名、又名薑結祓拉西依林特里之名

薑科植物之形最奇、又與曇華科植物、大爲相似、此科產

薑與數種白荳蔻、又有數種、係歐洲前時常用者、今幾不知之、即如齊亞大里齊倫白得、加蘭加勒、案此產於中國者、名高良薑等、此科內亦有鬱金類、不惟有薑黃等質、亦產小粉之類、

薑西名薑結巴、又名藥品薑結巴羅司哥之名、所用者爲其根本、刮去外皮作乾之、產於印度或西印度列島等處、立尼由司列於一箇鬚頭一箇花心

薑爲古人代司可立弟司書中所記者、名曰齊其比里司、又阿喇伯人名曰薑加比拉、梵語曰旋林阿肥辣、沒古時羅馬人布里尼書中云、當時之人、疑薑爲胡椒之根、因其味與胡椒略同、又名曰薑華撥

此草根本爲存二年者、屬於蔓草類、幹存一年、高三四尺、葉左右平排列、作套包之、其葉幾無葉莖、似長戈頭形、面平滑、尖形、花頭從根本發出、而在高於根本處發出、形似長鈍卵形、又爲松實形、開單花、瓦背排列、花葉銳形、花瓣外體分三出、內體有一唇、其唇分三分、鬚頭雙頂、上有一

第二百十八圖

箇向內彎之喙形、子殼分三膛、每膛分三分、種子甚多、有子連衣、如第二百十八圖、甲爲花、乙爲完全之鬚頭、亞細亞與亞美利加多種之

種薑之法、將根本切節而種之、其根本嫩時、合於糖漿存

之、可久不壞、但必先用熱水燙之、刮去外皮、此爲糖薑、中國廣州府等處作之、秋時取其根本、以熱水盪之令死、曬乾、如不刮去外皮、謂之黑薑、如刮去外皮、謂之白薑、第薑亦分多種、即如人所種之食物、常分多種、西人尚未詳考薑之各種、常售之黑薑、係東印度運來、而在印度平原與山上多種之、白薑從西印度運來、近從印度之馬拉巴爾運入、又有用鈣綠等質漂白者甚多、無論白薑與黑薑、俱有香辛之味、人多喜用之、如浸於水或酒醋內、則其有藥性之質、俱能消化而出、英書云、白薑爲參差形無皮之分塊、長三寸至四寸、略有壓平形、色黃白、其面無白石粉形

之質折斷之則折面略平而有粉味辛其香可愛磨成之粉有黃白色薑內所含之質係立故尼尼小粉膠巴蘇里尼酸性膏質黃色辛味自散油與軟而最辛之松香類質其自散油之原質為炭輕八故屬於加暮非尼之類重率得○.八九三味辛而香大有薑之臭

功用　薑為安胃暖性之香藥能為引炎取嚏生津藥又為行氣補胃藥如胃難消化或胃中發氣亦可服之又為食物內香料又可添入數種藥內如香藥與瀉藥等可用其糖漿與浸酒又可用其粉以十釐至二十釐為一服又可用其濃浸酒或糖片俱可

薑酒

取法　將薑粗粉二兩半正酒醕一升其取法與阿古尼低浸酒之法同

功用　為暖性去風藥合於他藥服之以十滴至一錢為一服

薑濃酒

取法　將薑細粉十兩正酒醕至足用將其薑粉盛於過濾器極為緊密再將酒醕半升謹慎傾於其上待兩小時再加酒醕若干任其酒醕漸濾下至得一升為度

此方於一千八百六十七年收入英書每二分合薑一分此為重性去風藥以二滴至三滴為一服又用此濃酒作薑糖漿

薑糖漿

取法　將薑濃酒六錢合於糖漿十九兩用力調動至勻

功用　此糖漿為添入他種藥水內令其味更佳有去風暖胃之功以一錢至二錢為一服

鬱金　西名苦爾苦沒英書附卷載之入藥品者即長苦爾苦沒之根本為立尼由司之名俗名薑黃

古時代司可立弟司所稱印度古比羅司疑即鬱金然其今名必從波斯國之苦爾苦沒得之印度各處多種薑黃其土人多用為食物內香料

鬱金之根本為存多年者有多長分支其分支亦為黃色

第二百十九圖

其根本發出多小根而內有發腫成白色之凸頭與前所言瑪蘭太同如第二百十九圖其葉俱從根本發出分二分又有長葉莖包圍如套其葉寬戈頭形而綠色不分淺深其無葉

之花榦從葉中發出其形短有多瓦背排列而相連之花葉成尖形花頭其花祇在其下花葉內生三朶至五朶不定有小花葉托之花瓣管形而管向上漸放大剪雙每分分三分鬚頭雙彎向下在其底有雙距花心莖細如微管子殼分三膛種子多有子連衣此草種於印度中國噶羅巴等處有一書名之曰瓜形阿摩母没

其根本之分支爲薑黃而其白色凸頭能成阿蘿蘿粉與瑪蘭太同出售之薑黃分圓形與長形但其種類甚多又一草上常有圓者與長者相連惟長者爲常見者大如小指少彎兩端尖外面有橫圈形皺紋色黃內少帶紅櫻色

其粉光黃色薑黃之臭奇如印度等處所用咖哩粉內聞此物之臭最明味暖微苦似乎香料內含黃色小粉與黃色料並有香辣自散油名曰苦爾苦米尼

功用　薑黃爲輕性香料多用之配於食物內又用之爲染料其爲藥品大半作試紙之用其作法將生紙醮入薑黃浸酒內此酒每六兩含薑黃一兩在風中晾乾此質遇鹼類其黃色變爲紅櫻所以配藥或試藥之工內可恃此試之知其含鹼類有餘或否

白豆蔻　西名指爾大摩没爲乾子殼又名白豆蔻以里大里亞臨用時其子從子殼中分出入藥品者爲小白豆蔻係印度馬拉巴爾所産者立尼由司列於一箇鬚一箇花心

希臘人所名曰指爾大摩没疑爲白豆蔻因指明與胡椒同處產之然是否爲今之白豆蔻不能定準出售者有多種沛離拉書中詳細言之惟難定何種白豆蔻出於何種草阿非利加西邊出一種豆蔻俗名瑪拉客他胡椒英國多購之加入麥酒內假作濃酒之味此種豆蔻西名樂園粒即砂仁阿摩母没爲阿甫齊勒之名又有數種豆蔻不作爲藥品係阿摩母没別類所產者俱與以里大里亞相近作藥品之白豆蔻必爲印度馬拉巴爾海邊韋那特與科爾噶兩處所產而其草有韋脫詳細查考而畫其圖記其說送與印度公司董事轉送於立尼由司植物會觀記錄書第十

本第二百二十九頁又有陸克司白格畫其圖而詳言之觀印度植物書第一本第六十八頁又有醫士馬敦另設一類名曰以里大里亞而可存於此類內至有人能更詳考而定之

第二百二十圖

此草根本有多厚小根榦高六尺至九尺葉似戈頭形而尖上面生多毛下面似有絲紋其花頭即無葉之花榦從榦底發出彎曲形又向外彎下花瓣外體成三箇長形之分內體成一單脣鬚頭分兩分易於分別而不

相通鬚之托線在底有兩箇橫分尖之邊齒形頂上之形簡子殼分三膛又分爲三分膛中有子房座種子面粗糙係包裹者如第二百二十圖

白豆蔻草有野生者如產大樹之林去其矮樹之後則白豆蔻能自生在第四年西二月內或四月內從其榦之近根處有四箇或五箇新條漸大而至開花至西十一月其果已熟則取而曬乾之

白豆蔻之殼長四分至七分厚三分至四分有三邊角鈍而圓兩端少有尖形面有縱皺紋色黃白臨用時必將種子從子殼內取出種子小而有角參差形面生點色櫻易

成粉白豆蔻出售者分數種一爲短者一爲長短適中者一爲長者想此三號俱爲同根所生韋脫云其果可分爲三四種即頭者中者不成熟者白豆蔻之臭最香味暖微辣味最香如浸於水或酒醕內則有藥性之質能消化而出但用酒醕更易消化而出其藥性特自散油每百分含此油四分如合於水蒸之則其油與水同蒸出種子內每百分又含定質油一〇·四分又酒醕能消化白豆蔻之辣味松香質與膏質共一二·五分所含立故尼尼略爲百分之七十七分

白豆蔻雜酒

取法　將白豆蔻去殼搗碎四分兩之一又芫茜搗碎四分兩之一又去核乾葡萄二兩桂皮搗碎半兩呀蘭米粉六十釐準酒醕一升其取法與阿古尼低浸酒之法同

功用　爲香味藥配入別種藥水以一錢至二錢爲一服

含此質之藥品　啞囉雜煮水鐵雜香水辛拏葉雜水哥囉昉雜酒

又有含白豆蔻之藥如哥囉嗼雜膏桂皮雜粉白石粉雜香散龍膽草雜酒大黃酒啞囉葡萄酒

鳶尾科　西名以里弟依株西亞之名西俗名㲉箬

鳶尾科之植物與蘭科之植物略爲相類各國暖地俱有

之自古以來有人將以里司即澤蘭類之根本作爲藥品即如佛羅稜薩以里司之根即白芷俗名哇里司根此根在意大里近於佛羅稜薩與里窩那等處取之送至各國出售如第二百二十一圖有至印度國者名曰伯布奴甫薩即紫荊花香根此根之臭最佳與紫荊花大相似味苦而辣內含多小粉又有辣性自散油今尋常用之令口氣甚香

第二百二十一圖

又磨成粉加入香料內法國人多用之成小圓球爲入豆鈎臘之用古人所名酷司佗司印度土人名曰古特又名布處格在印度西北

常名曰哇里司根然其實非佛羅稜薩以里司之根而爲哇苦蘭眞酷司佗司（即木香）之根本此草不屬鳶尾科而屬於菊科

番紅花（西名克羅故司立尼由司名曰撒種克羅故司所用者爲子房口與花心莖一分之乾者又名撒法即又名撒法倫英國所用者從西班牙國法國意大里國運來立尼由司列於三箇鬚一箇花心）

古詩家和瑪之詩內言及此花又有醫士希布可拉弟司亦言之又舊約本文亦言之名曰揩爾苦末波斯國書中亦載之名曰苦爾苦沒又阿喇伯入名曰撒法蘭

如第二百二十二圖爲番紅花根頭下面發出多小根葉

長七寸至八寸最窄有白色中筋而在底有膜形之長套其花初脫時則葉顯出花紫色在秋時有之從葉幹間角發出而有分兩分膜形花片形包形如漏斗管長體分六分喉生毛花鬚三箇伸入管內鬚頭箭形花心莖線形有

第二百二十二圖

三箇長線形之子房口形如劈尖有齒形而在一面下垂爲深橘皮色子殼橢圓形又爲尖形分三膛種子數多略爲圓形番紅花曾在埃及與波斯種之來拉在印度克什米

爾亦得之（觀雪山植物書第二頁）歐洲種之多年英國有一處名撒法即窩勒登該處種之甚多故得此名

藥品內用其花之子房口其子房口與花心莖之若干分取之鋪於紙面加熱烘乾已乾之後則自成窄條長略一寸色櫻紅英國俗名乾草撒法倫每花六萬朵能得其一磅間有將撒法倫壓成餅謂之撒法倫餅即如波斯所產者運至英國可售貴價如印度克什米爾所產者即乾草撒法即第英國藥肆出售之撒法倫餅非克羅故司花所作而爲撒甫花正名染料楷爾他莫司即紅藍花合於膠水成餅今英國所用番紅花有從法國與西班牙國運來

者有從他處運來者有從孟買運來者疑爲克什米爾或波斯所產上言花六萬朵能得其爲藥者一磅可知種此花之地方與人工必大其價不能不貴故常有人將紅藍花或金錢菊雜於其內以謀利間有將牛肉切成細絲烘乾之雜於其內間有存久而壞之番紅花加油令有新鮮之形又有將番紅花滌去色料曬乾之當新者出售

番紅花之臭大香味暖而苦色深黃此色料能消化於水或酒醕內如置於口內嚼之則口津變黃色如以手指揑而捻之則其面變深橘皮黃色此爲英書之試法如化分之每百分含自散油七·五分樹膠六·五分另有黃色染料

六十五分此染料名曰波里客羅愛特其餘爲蠟質阿勒布門鹽類質少許並故尼尼與水其藥性特所含之自散油

功用　番紅花少有行氣性東方各國最貴重之昔時歐洲用之頗多今幾不用東方各國多用之配入食物歐洲亦有多處作此用英國用之大半爲作顏料間有用之治腦筋之病以十釐至半錢爲一服有數種藥品內亦含之即如白石粉香散等

番紅花酒

取法　將番紅花一兩在準酒醕一升內浸之其取法與

阿古尼低浸酒之法同

功用　爲調經藥亦爲藥品加色之料

番紅花糖漿此爲倫書之方

取法　將番紅花五兩浸於沸水一升內盛於有蓋之器內待十二小時濾之加淨糖三磅或至足用其餘各工依扶桑糖漿爲之而用正酒醕照數和勻

功用　爲藥水內有用之色料

菖蒲科西名阿苦爾西依

白附子族西名阿來弟依

此族內有數種含小粉質而此小粉亦常合於辣性之質但因其小粉能用洗法分出之即如花點阿羅末所產西穀米或阿蘿蘿粉可以同法爲之故此科內有數種質之根本能變作食物之用

菖蒲西名蔔形阿苦羅司加尼母司之名入藥品者用其根本

菖蒲古之希臘人名曰阿苦倫阿喇伯人名曰夫移印度人名曰蒲克昔時英國作藥品今不用之

其根本厚而稍鬆如海絨其質香草之全體亦香葉直立高二尺至三尺寬約一寸色光綠其榦有兩邊如葉但在其杵形之下更厚其杵形從一邊發出離根約一尺其杵形處長二寸至三寸斜形面有密而淡藍色之花其花之

第二百二十三圖

形與各件俱與本科植物相同如第二百二十三圖產於歐洲並印度溼冷處又在北亞美利加亦產之

其根本即爲蔓生之條上面發葉下面生根其形略似壓平有多節或有其葉之半圈形痕迹外色淡樓其內稍帶紅色臭大香不甚佳味暖微苦香稍辣內含自散油松香質膏質鹽類質木紋質與水

功用　爲香行氣藥來拉常將此藥合於苦味之藥如奇

勒大盆特核案此爲豆科之一種觀木書補編薇節是也又癤病用之治其依時而作大有效驗其服數用其粉十釐至二十釐爲一服或用其沖水以一兩半爲一服此即用其根一兩半至二兩以水一升沖之

五穀科西名古辣米尼依珠西亞五穀科之名西國俗名青草科

五穀科係植物內之最要者其有益於人言之難盡地球面各處有之如各種青草爲六畜所食又如穀類其子內生小粉爲人所不可少之食物有數種在其體內成糖質如甘蔗又有數種生自散油即如香蘆形暗特魯布更等是也此油名司配克油又名司配克那爾佗即甘松香油其香

最佳行氣性最大可用之爲擦藥每油二分配橄欖油一分或一分半能治交節風溼等病五穀科植物大半有矽養結於其面並在竹等植物之節內此矽養粉名曰竹黃

粗麥族西名阿肥那依

燕麥西名撒種阿肥那立尼由司之名西俗名粗麥用其種子或搗碎之種子此爲倫書所載之方古之希臘人用此燕麥類即如代司可立弟司書中名曰波羅母司

粗麥之形如第二百二十四圖與他種穀類易於分別因其花頭疎散分穗開花二朶至三朶分花比殼更小其底光有遷更排列之芒其外面子房座上花葉有旁筋與芒端有兩尖其芒在背發出彎如膝扭形鬚三箇子房口生毛子房口兩箇魚鱗形體亦有兩箇種子長有雞冠形之端並有槽紋燕麥類疑原產於波斯歐洲所種者有數種

第二百二十四圖

燕麥去其外皮則爲有益之食物有用其整粒者有用其軋碎者又有在爐內烘之去其稃與薄皮磨成粗粉則爲

蘇格蘭人喜用者尋常作麥粥所去之稃並所黏連之小粉若干亦能出售爲養六畜等用化學家夫苛勒化分燕麥每百分含稃三十四分麥粉六十六分又每麥粉一百分含小粉五十九分阿勒布門四·三分苦膏質與糖八·二五分膠質二·五分立故尼尼與水二三·九五分醫士苦里司脫生云燕麥每百分內含小粉略七十二分可見此麥粉每六分內有養身之料約五分

功用　燕麥之去稃者搥碎者及磨成粉者俱爲養身潤內皮之質如將其粉一兩合於水一升沸之至餘半升則成燕麥粉粥病人食之易於消化有益於胃如每水一升

用麥粉多於一兩則成粗麥粉膏亦爲養身之料並作布膏之料

大麥族西名霍爾弟依

去殼大麥西名雙行霍爾弟由末立尼由司之名又名眞珠麥又名長耳麥即長芒麥立尼由司列於三箇鬚雙花心

自古以來東西各方之人將大麥作食物即如舊約出埃及記第九章第三十一節論記之其本文曰舍來即與阿喇伯國曰舍爾略相似代司可立第司書中亦言及之名曰苦來弟

西國所種大麥有數種即如尋常霍爾弟由末又名春大麥其粒在穗上成四行排列又有六行霍爾弟由末俗名冬大麥其粒在穗上成六行排列又有爲藥品之大麥即雙行霍爾弟由末俗名尋常大麥其分穗三箇爲一副相連其殼有二瓣端成長芒有一完全之花其花左右平排列而與幹有壓緊之形有芒旁分花爲雄者無芒最上之

第二百二十五圖

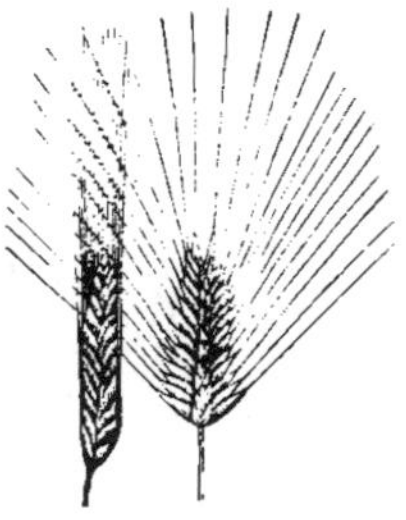

花爲圓錐形未成熟之體近於道穗之幹子房座上花葉兩箇其下者之端爲芒鬚三箇子房口生毛分體兩箇面生毛如細翎鱗形之葉兩箇種子在內有長圓形而有一縱槽紋與子房黏連此種大麥疑爲滿洲原產者長芒麥之形如第二百二十五圖

大麥之粒每百分有穅一八七五分此爲化學家愛納何甫查得之數去穅之後謂之蘇格蘭大麥如磨成粉則謂之大麥粉如將其去穅之粒更用工夫令其變圓形或卵形則成眞珠麥即藥品中所用者但其縱槽紋痕迹尚存將此眞珠麥磨碎則成眞珠麥粉其眞珠麥內含小粉甚多另含哥路登少許並糖與膠等質依化學家愛納何甫化分而得之數大麥每百分得麪粉七〇·〇五分水一一·二〇分穅一八七五分將其麪粉化分之則每百分含小粉六七·一八分不成顆粒之糖五·二一分膠質四·六二分哥路登三·五二分阿勒布門一·一五分鈣養燐養五六·二四分植物絲紋質七·二九分其餘爲水與耗去者如將大麥令發芽則小粉變爲糖與對格司得里尼

大麥煮水

取法　將眞珠麥二兩蒸水一升半先將其眞珠麥以冷水洗之傾出其洗過之水加其蒸水在蓋密之器內加熱令沸二十分時則濾之

功用　爲膠性潤內皮質大麥內能消化之質俱在水中

大麥雜煮水（此爲倫書之方）

取法　將大麥煮水二升去核乾葡萄二兩半切碎無花果二兩半新鮮甘草根搥碎五兩水一升各物和勻加熱令沸至餘二升爲度濾之

功用　爲潤內皮藥又爲有趣味之飲物

䴷麥（西名穀西楷里）

尋常䴷麥令發芽而生一種病謂之距形西楷里又謂之生距稜麥又名耳卧達但成此質必令其麥生一種蕈類故本書在蕈類內論此藥歐洲各國所種䴷麥原在裏海邊高加索山相近之沙漠內生長醫士法可那在西藏與西域等處見此麥土名弟由根佗末卽魔鬼麥新約書亦言及一種穀類本文曰古西美脫譯以英文爲䴷麥之意實不知其爲何物

小麥（卽尋常麥西名尋常脫里替苦末）

古時猶太人名曰起他阿喇伯人名曰興塔英文曰韋塔自古以來各國種麥爲食物不用者卽爲無文教之國希臘人古書名曰普羅意

尋常所種之麥又名冬麥秋種夏收如第二百二十六圖穗有四角其殼爲瓦背排列法通穗之莖皺而有節分穗爲獨生者尋常開花四朵左右平排列設兩箇幾相對而相等上者似船脊骨雙形此形上生小刺多寡不定邊有睫毛爲肚腹形卵形又爲切斷形其端成尖頂下壓平形

第二百二十六圖

背面圓而凸有凸出之筋或有芒或無芒不定鬚三箇子房梨形口上生毛子房口兩箇生毛如翎魚鱗形體有兩箇種子鬆外面凸內有深槽地球各國幾俱種之植物學家云係滿洲原產之物

尋常之麥又有一種名春麥係春種而夏收者又有一種

麥名雜麥又名曰埃及麥如第二百二十七圖其穗爲繁

第二百二十七圖

者又有一種名司背勒他麥法國內多種之又有一種名摩那酷苦末麥此種麥穗祇有麥粒一行

小麥種子與大麥燕麥不同因與圍鬚苞不相連所以打麥之後種子能自分出如將麥磨之則成麪粉麩皮每百分有麩皮二十五分至三十二分不定俱依其麥爲何種用篩等法分出而定之

有一種野麥名曰蔓生麥即蔓麥近時用其賣本治內腎與膀胱之病為利小便藥

麪粉（西名脫里替若末粉即麥子磨粉去麩皮）

化學家浮加林化分麪粉每百分得小粉六八·〇八分哥路登一〇·八〇分糖五·六一分膠四·二一分水一〇·二五分但此各質之比例恒不相等俱依其麥之高下定之如將麥燒成灰則每麥百分得灰〇·一五分化學家恒里化分其灰得鈉養二燐養鈣養鎂養等質

麪粉雖列於英書藥品內然不常作藥品之用其能養身之性並能勝他種作饅頭之料各國之人俱知之此兩事

俱糖其含哥路登頗多前人以為哥路登為植物原質料今知其為雜質內含阿勒布門植物非布里尼哥路低尼加西以尼如將麪粉在水揉之則小粉與哥路登易於分出其小粉之粒洗出而漂於水內待若干時則沉下即與西穀米阿蘿蘿粉打比哇卡等同所餘者為灰白色黏性之質亦能引長而有凹凸力此質即名哥路登而其性情化學書中俱載之茲不詳論所含四種質以上俱言及之此各質俱為布路的以尼之雜質俱為含淡氣者又因含哥路登質則麪粉所成之漿其黏力最大又所作饅頭能輕而鬆

饅頭以麪粉為之英書列於藥品內間用之作丸與布膏等麪粉又用於酵布膏內

小粉（西名阿美路末英書所記者從小麥取出）

小粉取法前節已言之大造之法將麪粉浸於水內多時則所成之糖膠鹽類消化其水變酸因成乳酸故也其哥路登原與小粉黏連最緊則為所成之乳酸消化而小粉更易分出已分出後先待其漏乾而後加壓力壓之已乾之後則自成參差柱形之條即常出售之漿衣小粉近有人將米作小粉其法用淡鈉養水令米放出小粉上等麥小粉色白無臭無味為參差勻淨粉質用顯微鏡觀之為

不等之顆粒所成每顆粒之面似有多同心圈相合而成此各圈圍其中點化學家名此中點曰粒子臍眼細查小粉顆粒則為小膛每膛有透光之牆而膛內所含之質即為真小粉即阿美弟尼其式為炭輕養小粉顆粒在冷水內不消化如滴於沸水內則其旁之透光膜質裂開其內阿美弟尼消化而出如所遇沸水之粒頗多待冷時成膠形之質如此膠形質冷時遇不化合之碘則成深藍色（觀碘節）設加熱則藍色滅去小粉在酒醅內不消化又以脫定性油自散油內亦不能消化如將小粉合於淡硫強水則變為糖又如合於硝強水則變為草酸又麥子發芽時能

烘乾時則小粉變爲糖因其麥內另有一質名對阿司打西無論何種植物所成小粉無論其小粉爲何形狀其原質恒相同即炭輕養。

地球面各處之人俱用種子或根或植物之他質成粉或麪或小粉作爲食物如將其粉以顯微鏡觀之則內有參差形之質間有小粉之微粒而此微粒略有定形其參差形之粉大半爲哥路登而從此粉可用法分出其淨小粉此即成小粉阿蘿蘿粉西穀米等等常所用小粉其形狀以顯微鏡分別之則能知其爲何物所成此事係化學家拉司配勒初查得者然其說內有不準之處後有化學家

沛恩作圖說極詳在後有醫士沛離拉考究此事最詳茲將常出售之各種小粉依顯微鏡所顯形狀作圖與說有數種形狀奇異者易於分別之無論爲淨小粉或磨細之麪內含哥路登者俱能分別之但其小麥大麥燕麥蕎麥四種所成之小粉雖易與他植物所成之小粉分別而不易將此四種彼此分別之所言之分寸大半爲化學家韋克生所測量者小粉之粒依其形分兩種略爲圓形者與橢圓或長形者

甲　略爲圓形小粉顆粒

第一類有大小兩種和勻之粒

小麥小粉　其粒略圓有同心之圈易於顯明圈其中之臍眼其粒分大小而中者不多見小粒略爲球形大粒略爲片形粒子之面長萬分寸之一至萬分寸之九其形如第二百二十八圖

第二百二十八圖

圖內之甲爲其粒之橫剖面式

大麥小粉　如大麥粉內能用顯微鏡觀之其形與小麥小粉相似但其粒形更不整齊中等者更多而其有圈形之暗處更少

燕麥小粉　軋碎之燕麥或燕麥粉內能見之其粒之大小與前兩種同而大者小者俱有之粒形更不整齊似因

壓平而成橢圓形不見其圈形

蕎麥小粉　其粒大小不等與前者略同惟大者略爲更大其最大者面長萬分寸之十六幾不見有暗形之圈而有心形臍眼在中易於分別

第二類幾爲等大之粒

他楷小粉　此小粉爲洋海他楷之根頭所作産於太平洋他希的島內又名他希的阿蘿蘿粉其粒圓形中有臍眼間有杵形即似一端有切斷形而切斷之處似乎挖空其粒之徑以萬分寸之八爲中數其形如第二百二十九圖

第二百二十九圖

玉蜀黍小粉又名眞珠米小粉　此小粉之形狀其徑萬分寸之五至萬分寸之七其粒圓形常有角而有凹處中有易分明之臍眼無圈玉蜀黍之形如第二百三十圖

第二百三十圖

芋小粉　又名波脫蘭特阿蘿蘿粉爲花點阿羅末之根所作如第二百三十一圖甲爲葉與根乙爲花片形包合於顯露杵形之蒂丙爲果實其粒最小其徑萬分寸之一至萬分寸之四尋常爲圓形中有圓而壓平形之臍眼其

形如第二百三十二圖

第二百三十一圖

第二百三十二圖

米小粉　其粒較前者更小其徑約萬分寸之一至萬分寸之二五以顯微鏡觀之似不透光而爲多邊形尋常爲六面形

乙　楕圓或長形小粉顆粒

第一類凹而有暗紋之粒

看拿小粉又名每月草小粉　此小粉爲西印度列島大紅看拿與可食看拿兩草之根頭所作粒最大卵形其形整齊其長爲萬分寸之二十五至萬分寸之四十臍眼心形同心圈顯出最明其形如第二百三十三圖

第二百三十三圖

番藷小粉　番藷之花如第二百三十四圖此小粉尋常出售作爲英國阿蘿蘿粉顆粒大有楕圓形小者圓形大者長圓或卵形或參差生角臍眼近於一端圈甚明間

有二箇或多箇臍眼每臍眼有相屬之圈其粒之長萬分寸之二至萬分寸之二十三其形如

第二百三十四圖

第二百三十五圖

第二百三十五圖

西穀米小粉卽莎木麪小粉　在西穀米粉與眞珠形西穀米能見之顆粒大楕圓形或卵形其長爲萬分寸之八至萬分寸之二十間有在一端收小者其切斷形如杵臍眼近於一端其圈易於分明其粒亦常有不完全或擊碎之形如第二百三

第二百三十六圖

十六圖

瑪蘭太小粉　西印度所產阿蘿蘿粉爲蘆形瑪蘭太之凸頭所成其粒橢圓形大小略相等形頗不整齊等常爲長形其長略爲萬分寸之五至萬分寸之二十圈顯最明臍眼在其一端爲心形其形如第二百三十七圖

第二百三十七圖

打比哇卡小粉　此粉在打比哇卡並在巴西國阿蘿蘿粉與卡薩伐粉內能見之其粒橢圓形或爲卵形或爲杵形而切斷之端常有數箇平面如磨光之寶石又有同心之圈又近於一端有心形臍眼其長萬分寸之二至萬分

寸之十其形如第二百三十八圖

第二百三十八圖

第二類平而透光之粒

鬱金小粉　東印度所產阿蘿蘿粉大半爲窄葉苦爾苦沒與白根本苦爾苦沒等所生其粒片形透光略爲卵形之片間有顯明之邊其窄端有臍眼此臍眼常凸出如乳頭其圈極細其粒之長萬分寸之十二至萬分寸之二十四如第二百三十九圖

第二百三十九圖

蕉果小粉　此小粉爲南亞美利加歪阿那未熟之蕉果所成如第二百四十圖此蕉之正名曰樂園暮薩其粒片形透光與鬱金小粉略同又爲卵形臍眼在其窄端

第二百四十圖

以上小粉各圖俱從沛離拉植物書內摘錄俱依同比例爲之其粒之形大約爲準惟鬱金小粉之粒比圖更扁而其暗色紋在圖中過重如欲考究小粉成顆粒之法等事則必查沛恩所作之書第十本又蒲司刻顯微鏡記錄並

藥品書第十四本第二百五十三第四百四十六各頁

另有數種小粉與麪粉之類爲印度所產者送至倫敦一千八百五十一年之博物會存之係海得蘭所查考者

孟加拉蕉果粉　其小粉之粒能透光與鬱金小粉同惟不如其粒之薄其粒之長爲萬分寸之三至萬分寸之三十其形等常不整齊常爲橢圓間有長側而彎如王瓜者此種小粉易藉此形分别之圈形極細但最顯明臍眼小

非尼克司西穀米粉　此粉從印度哥達運來必爲非尼克司樹類之身內分出其粒大而實形圓或爲梨形或爲橢圓形臍眼最顯明近於其心間爲線形等常爲心形面

有裂縫與裂痕其長爲萬分寸之十五至萬分寸之二十
菱小粉　此質從孟加拉所產兩刺脫拉巴之種子內取之其粒或爲橢圓或爲三角形常有參差形而生小凸點如瑪蘭太小粉又有中間臍帶其長約爲萬分寸之十
無名小粉　此小粉係孟買之勒脫那搿里所產其粒小而質大半爲圓形間有杵形其中有壓平形臍眼其徑之中數爲萬分寸之四其形與芋小粉大同小異而疑從臼附子族植物得之
蓮小粉　此小粉係印度哥達所產美麗尼倫比由末種子取出如第二百四十一圖爲蓮花之形其粒最小其形

爲橢圓大小略相等長約爲萬分寸之一至萬分寸之三

第二百四十一圖

阿蘿蘿粉之類共有數種疑其一種爲印度勒脫那搿里所產者從古處拉植物得之又有白根本苦爾苦沒所出之小粉係孟加拉所產此兩種小粉俱有鬱金小粉之形性即上所言之形性也

功用　小粉爲養身潤內皮之質多用之爲食物又爲病人易消化之質尋常所用者其形或爲西穀米或爲阿蘿蘿粉或爲打比哇卡又有將小粉合於香料撒於皮膚發癢或出汗處令其稍舒
含此質之藥品　脫辣茄看得雜散

小粉漿

取法　將小粉一百二十釐蒸水十兩將小粉先合於水少許磨勻之漸加其餘水加熱令沸數分時連調之不停
功用　爲潤內皮藥如赤白痢與溺管之病可用爲外導藥又可用之令藥水內之物不沈下

各里司里尼小粉膏又名布賴司瑪

取法　將小粉一兩各里司里尼八兩磨勻之傾於瓷鍋內加熱漸增至二百四十度爲止必連調之至其小粉之粒全破裂成透明之膏
功用　此膏能代豬油等油作油膏之用又比油質更佳因不發酸列入英書之前早已在藥肆中出售名曰布賴司瑪又名各里司里尼膏此質治皮膚皸瘃裂坼或痘疹類病或傷去皮膚之處爲最佳之潤皮藥
又有數種青草之類多含小粉爲養身之料即如米爲撒種啞里薩所出如第二百四十二圖每百分含小粉極少

八十九分此係沛恩查得之數含哥路登約七分又含膠糖油水立故尼尼鈣養燐養等質各有少許故米可代番藷之用然其米必蒸之或加水沸之令其粒軟而與他粒不黏連不可調和成膏又玉蜀黍即眞珠米西俗名印度

第二百四十二圖

穀亦多人賴以養身之料而亞美利加人最重此物亦有大養身之性每百分含小粉六十七分哥路登十二分又有糖膠油鹽類少許其粉名曰眞珠米粉其粗者能煑粥或作布膏之用又有蘆粟如

第二百四十三圖西名尋常所爾古沒印度名曰圭爾阿

第二百四十三圖

喇伯人名曰陀賴𤸷別種穀類俱能作以上各事之用即屬黍族者爲最多

甘蔗族西名薩卡里尼依

提淨之糖又名白糖爲甘蔗即西名藥品薩卡羅末所出者其不成顆粒者爲漿糖又名糖渣滓西名替里阿楷

植物內含糖質甚多各處有之如東西印度列島中國俱藉甘蔗取之但東方各國有用棕櫚類樹汁爲之法國用紅蘿蔔菾果活蘇爲之美國用楓樹汁爲之又有數種果與根等俱有之初查得熬糖之法疑爲印度人從棕櫚類樹汁得之此種糖印度土名曰薩卡里但蔗糖自古以來在印度與埃及俱有人知之上古之人亦知之觀印度古藥品書第八十三頁

甘蔗高六尺至十二尺如第二百四十四圖幹有節其質外硬而密內軟而有汁葉長似線形又似皮條葉躕成套圍其幹花頭一尺至三尺疎而分散風吹則飄動每一分花有長而白色之毛如銀分花頭俱爲能生種子者成對排列每對內一有葉莖一無葉莖其底有節開兩花其下

花不分雌雄而有一子房座上花葉其上花爲合雌雄者

第二百四十四圖

有兩箇子房座上花葉其兩箇包穀爲膜形俱有一氣筋顯不甚明背面有長毛子房座上之花葉能透光無芒而其合雌雄花之花葉極小其大小不等鬚三箇子房平滑花心莖兩箇長形子房口上有多翎毛形魚鱗形之體兩箇在其尖分兩或三分不顯明種子如何形狀在植物書內不多說明甘蔗或原產於印度或原產於南洋列島或原產於中國

甘蔗切其榦而種之約一年則能長足長足之後用刀在近地面處鏟之又去其頭剝其葉用鐵軋輪軋之間用木軋輪軋之其汁先合於石灰減所含之酸加熱沸之將其明水分出熬之至成顆粒爲度後置於甯內其不成顆粒之粉名曰糖渣滓或漿糖待其自流出此糖名曰生糖如熬糖之鍋蓋密之而用抽氣筒抽盡其空氣則所加之熱可更小而所成之糖顆粒更多糖渣滓更少提淨生糖有數法一法合於水消化之再用含蛋白質之料提淨之又用動物炭濾之滅其色熬之令成顆粒又令淨糖水淋過則糖變白淨等常出售者爲圓柱形之塊因所用之模爲圓柱形折破之則易見其顆粒

蔗糖之式爲炭輕養如在水中消化之令其漸成顆粒則顆粒大而含輕養若干俗名冰糖其粒爲斜方柱形糖味淨而甜重率得一．六色白無臭能消化於水成糖漿而在酒醕內消化者較在水內消化者更少空氣中不能改變加熱則融化待冷則變玻璃形之質西國俗名大麥糖加更大之熱則化分發腫放奇異之臭變爲深櫻色俗名燒糖又名卡拉末辣西國火酒常加此料令其得黃色再加更大之熱則燒盡糖能與鹼類化合待若干時則鹼性滅去成一種酸質名曰哥路西克酸糖又能與數種金類合養氣之質化合如鉛養等是也如糖爲淨者加以鉛養二醋酸則不結成質又能令鐵礬與鐵養炭養不易化分又能令定性油質與白散油質與水和勻如糖內加淡養則變草酸加以硫養則成炭質但在淡硫强水內久沸之則變葡萄糖又如將其極淡之水合於酵質加熱五十度至八十度之間至久則發酵

葡萄糖之式爲炭輕養加二輕養此爲其成顆粒之式又謂之果糖又名哥路哥司如葡萄等果俱含之與蔗糖有不同之處即如含養氣與輕氣更多是也其質較蔗糖甜味更少而在水內消化者亦更少所成顆粒爲千日瘡形

之塊最難與鈣養鋇養鉛養化合如合於熔炙鉀養加熱則變櫻色如將蔗糖合於鉀養加熱則不變色蔗糖能在硫强水中消化不變黑色

功用　糖爲食物養身料潤內皮藥藥品之味不佳常用爲掩味藥又用之爲糖漿糖果果膏糖膏硬糖膏糖片等又用之合於流質令油飄於其內而不上浮糖渣滓因存其軟性最合於作丸之用

糖漿

取法　將提淨之糖五磅蒸水二升將其糖在水內加熱消化之待冷加以蒸水足以補滿七磅半重率應得一．三

三

功用　糖漿能作藥品內各種糖之用處如所存之處熱度不大於五十度者則久存不壞間有照以上之方作糖漿不淨不透光必加以蛋清沸之則其不淨之質能上浮而去之

香附子科 西名賽比拉西依科

此可當爲溼地青草類其形與青草大同小異然有一故易於分別之因其幹爲實者常爲三角形其葉附之套全而不分開其用處比五穀科植物更小即如古之埃及等國常用巴比羅司草之葉代紙寫字亦屬於賽比拉西依

科有數種在其頭形根本內結成小粉即如中國之地栗又有數種結成自散油少許即如荆三稜與草三稜又有一種名沙地卡里克司如第二百四十五圖甲爲蔓生根

第二百四十五圖

本與花幹花穗乙爲已開雄花丙爲已開雌花丁爲果實又有相類之數種其蔓生根本間有用爲藥品者俗名德國土茯苓

上海曹鍾秀繪圖
桐城程仲昌校字

西藥大成卷七

英國　來　拉　英國 海得蘭 同撰　英國 傅蘭雅 口譯　新陽 趙元益 筆述

第三類暗生又名無子瓣

第一部上長

鳳尾草科 西名非里西依珠西亞之名即背陰草

數種背陰草根本有收歛性又有數種含自散油者又有數種含辞性質者其葉嫩時有膠類之性有數國用之爲食物

蕨根 西名陽非里西司哇子之名爲藥品者用其根本夏時取之烘乾此草爲英國原產者又名雄

背陰草

古時代司可立弟司書中所記替里司疑即此草另有數種背陰草疑古時作藥品用之

此草之形如第二百四十六圖根本平排列質厚有許多

第二百四十六圖

毛叢即爲全葉之底在其通軸上排列割開之有㯶黃色絲鱗形其正根從此小凸處發出向下生長葉向上成叢高一尺至四尺葉爲雙翎毛形從其根本有叢毛處成圈形而發上其分翎鈍而有齒形

向下稍收小其最下之分葉頗大其各分尋常在底少有相連脉最顯明惟其顯明處在中筋以外又與其相近三分翎形不相連上長屬之幹或葉跗與中筋為面不生毛而黃色者或有紫色鱗形蓋密之背陰草生子之處為圓形散於葉之背面有外皮凸體蓋之此體為內腎形而藉凹彎處連之其生子處在葉背面近於中筋處成兩行排列而在其下半以下有之此種草英國樹林內原產之歐洲他處亦有之

英書作藥品者為其乾根本並葉跗之底與根之小根數分

日內瓦醫士沛西挨云其根本應在夏時取之獰茄云所應取為藥品用者祇為鮮根之內質並相連之葉莖此各質為淡綠色其質厚其黑色與變色之質及小根與鱗形質應分開之所存其餘各分應烘乾磨成細粉存於小瓶內塞密之每年應換新者其粉應為淡綠色其臭應稍可憎味苦而濇獰茄已化分此質每百分得油質六九分松香四·一分另有樹皮酸與小粉膠質不成顆粒之糖又有法國盧昂之化學家摩蘭查此質內得一種自散油日內瓦化學家沛西挨查其有藥性之質能在以脫中消化

蕨根水膏西名陽非里西水膏

取法　將雄背陰草粗粉二磅以脫四升或足用將其粉置於過濾器內略緊合以脫漸漸行過至所行過者無色而止再將其以脫在熱水盆上熬去之或用甑蒸去之存所得油形膏質

以上為英書所設之方取蕨根水膏又名以脫膏或以脫油以十五滴至三十滴為一服功用極大

功用　此為著名殺蟲藥自古以來用之前有女人奴福設一方能逐去帶蟲其方以此藥為本又有醫士沛西挨即前人之弟又有布里拉依不爾司各人俱言其功用最大將其以脫所成之膏十二釐至二十四釐為一服晚早

各一服或用其粉以一錢至三錢為一服又有人將其粉一兩合於水一升煮之分數次服之如有帶蟲用其以脫所成之膏則第二服之後用蓖麻油一服為宜歐洲他國之人常生一種帶蟲名曰罷脫里亞西發羅司拉佗司用此藥治之最為合宜

阿非利加南邊英國屬地那達勒口有一種草植物學家根茲名曰阿他曼替苦末阿司比弟由末醫士巴潑云本處土人即名蘇魯加弗爾人常用為殺蟲藥如治帶蟲用之最多土名恩可磨可磨

蘇門答剌海島亦有數種西蒲替由末即何背類之背陰草

其梗上絲形之毛土名本喀哇爾又在太平洋三得維斯島產之名曰波魯俱有人運至荷蘭國當爲止血之藥而從荷蘭運至英國

第二部通長

石蕊科西名里箕琛西亞之名即苺苔類

此類產於地面或石面或樹皮外面間有穿入其內有數種有膠質者能養身有數種苦味收歛者又有數種產顏色料者

冰地西脫拉里亞立尼由司名曰冰地石蕊又名冰地島苦

此種石蕊初爲冰地島土人所用

此苦之形如第二百四十七圖直立高二寸至四寸而爲乾皮形平滑撕破形之葉其葉分成參差小分面有槽形而其邊各處似有鬚邊所有傳種各分葉比他分更長大而平滑色淡椶下面更淡近底處頗有紅色所生果或種子處爲楯牌形或似淺茶盆其邊硬而凸較他處有更深椶色而從其葉面近邊處凸出此種石蕊產於東西兩半球之高山上

第二百四十七圖

此種石蕊質之乾者其色自灰白至紅椶不定無臭有膠性苦味其溼者質略韌其如皮而乾者可磨成粉在冷水中浸之祇能消化其質之少許如沸之則每百分約能消化六十五分成一膠形幾無色之流質如濃者則待冷時成膠質如化於酒醕內則其苦味質消化此謂之西脫拉里克酸水內幾不消化酒醕或以脫內少能消化曾有人得其白色顆粒味最苦或用以代金雞那之用如鹼類質易與其化合成能消化之雜質故將此質與同類之石蕊質去其苦味質用此法最佳因將其質之一分合於鹼水二十四分浸之則合法成此質其鹼水用鉀養炭養或鉀養炭養一分水三百七十五分消化之冰島土人與拉蒲

浪土人屢次浸之如此消去其苦味質後能作食物之用或變成餅如饅頭或合於乳而服之此質能養身因含一種質名里箕尼尼又名里箕小粉此質不消化惟在冷水中發腫而其膏遇碘不變藍色如合於淡硫强水則變葡萄糖而其質所成之膏幾與海草所成之膏相似冰地島苦內又含一質與小粉相似者名曰以奴里尼此兩種小粉類之質爲冰地島苦內一百分之八十而其西脫拉里克酸居百分之三

西脫拉里亞煮水又名冰地島苦煮水

取法　將冰地島苦一兩沸水一升先將其苦在冷水內

洗之去其雜質後在蓋密之器內以沸水再沸之約十分時乘熱濾之再將熱水傾入濾器內之質上至所得之水共有一升爲度

功用　爲潤內皮藥亦爲補藥如有行氣性物不合宜之病即如肺癆病與肺體久病可用此質每三四小時以一兩半至三兩爲一服

力低暮司（即石蕊英書附卷載之生此藍料之草名曰成染料陸克色拉阿卡爾之名又有他種草生之又名阿耳扣勒）

阿耳扣勒爲染料之名並生此染料草之名然各國所產之草有不同之處又各國所用之草其名亦不同用此物之製造家分爲兩種一種名曰野草一種名曰青苔所謂野草者即植物學家名曰石蕊類而屬於石蕊科內陸克色拉之類所謂青苔與石青苔者爲皮形之石蕊類而屬於里卡奴拉之類並相同之類

以上所有生染料之石蕊類最可貴者係加拏列羣島所產而爲成染料陸克色拉所生如第二百四十八圖甲爲尋常者乙爲印度者丙爲泡形者或將此泡形陸克色拉當以上之物出售俗名瑪第拉草然疑此兩質不作力低暮司之用因有人云力低暮司爲怕累拉里卡奴拉與兒惡里卡奴拉所作其怕累拉里卡奴拉法國名曰怕累拉

第二百四十八圖

度發那又其兒惡里卡奴拉英國貿易中名曰克特倍爾（即紫粉）植物學家奇布特云大戟科內之一種草名曰成染料克羅助甫拉俗名脫納蘇拉出力低暮司沛離拉曾查得常出售之力低暮司含靛若干但其藍色料係其石蕊類自生者先用淡輕養鹽類令其變成即如腐爛動物質等是也再加鉀養或鈉養則變藍色又藥品記錄第十二本第二百五十五頁醫士磨拉云作力低暮司用各種石蕊質又云其上等者係荷蘭國所造僅用成染料陸克色拉爲之而其下等者用里卡奴拉發里哇拉里亞巴爾米里亞各類爲之此各質磨成粉合於含淡氣之質如溺等質是也加熱若干度則先成紅色染料後加鉀養而加楷拉剌所產雲石粉調和在內則其染料變爲藍色

功用　力低暮司在藥品內用之祇試其藥爲鹼性或酸性如藍色力低暮司紙遇酸質則變紅色又已變紅色之

力低暮司紙遇鹼類則復藍色

英書準用之力低暮司酒用力低暮司一兩準酒醕十兩如將生紙浸於其內在空氣中晾乾則成藍色力低暮司紙便於試酸質之用又將其浸酒加硫強水之微數足令其變紅依同法作其紙則便於試鹼質之用

海帶科（西名阿勒奇依珠西亞之名一名髮菜一名海藻）

海帶科內有多種含膠質者如錫蘭苔即布勒肥台所造者曾有人用此質言其益處甚大每百分含膠質五十四分至六十三分依林特里之說為哥賴西拉里阿之一種如南海所出之燕窩為燕食此種海帶而吐出者又有直里弟阿類草為錫蘭所產者在陸脫拉植物書內言之能成膏質又有一種摺面葉可捺得羅司（即石花菜）阿爾蘭人名曰楷拉艮苔今英國多用之為養身料與潤內皮藥或用其煮水或用其膏又有一種苔名曰蟲皮奇茄替那俗名可爾西卡島苔歐洲數國用為殺蟲藥此藥之能殺蟲想與狸豆毛同能惹其蟲而消磨之因其內多珊瑚類微片雜在其內又有數種普非拉類與烏勒伐類產一種質俗名拉伐當食物之用如拉蒲淚用拉米那里亞（即海帶）作食物用相同有數種海草用之代粉鋪地又有數種燒之得其灰作生鈉養炭養（觀鈉養炭養節）近時取此灰大半因欲取其

所含之碘（觀碘節）又在雪山之麓有一處其人多生癭瘤所用之藥為拉米那里亞類不知此草為中國海邊或波斯海邊抑真海邊所產者但其功力必因其含碘質（觀碘節）英國海邊有一種海草名曰小泡形夫故思俗名泡草如

第二百四十九圖

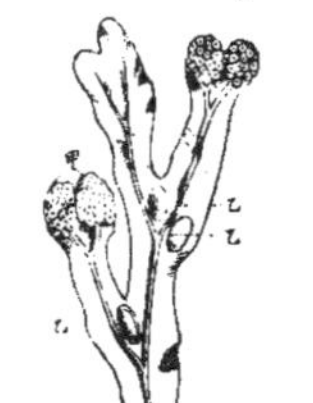

第二百四十九圖燒此草而取其灰住居海邊之人治癭瘤之病其灰內自必含碘甲甲為子膛在葉之端乙乙為氣泡藉此能浮水面

芝栭科（西名分其依即蕈類）

芝栭科植物尋常生於溼地內或生於樹葉與樹身或生於地內尋常見者在腐爛之質上有數種能作食物之用如第二百五十圖上為可食之蕈下為毒蕈如尋常之蕈即田蕈正名田中阿茄里故司如圖之甲又草地阿茄里司如圖之乙又有一種俗名脫勒甫正名食物土罷如第二百五十一圖但此各種內有與毒者大相

第二百五十圖

第二百五十一圖

似難於分別故有多人疑而不食有一種名蠅拂形阿瑪尼他如圖之丙大有寗睡之性又有多種一名兇惡阿瑪尼他如圖之丁有毒性昔時藥品書所云阿茄里故司類今改為波里波羅司類有一質名火絨為火煤波里波羅司所作可代火紙之用此各種植物與尋常植物有不同處因多吸養氣而放輕氣與炭養氣化學家浮扣林與布拉克奴化分之得數種奇異之質一質名分其尼一質名分其克酸一質名蒲里替克酸凡蕈類大有害於他植物並房屋之木料凡莓類等亦為蕈類之微質又有一種名乾爛令木等質不溼而壞近時歐洲種番藷與葡萄園等

農事因生莓類之物大受其害

耳卧達（此為紫色苦賴肥賽布司所生之子正名司克里羅替由末又名美西里由末為蕈類絲形之子此質產於麰麥即穀西楷里之殼內即麰麥之粒因不全成蕈類而變壞即麥莓）

查法國與美國約一千八百年之時用此質作正藥品英國在一千八百二十四年初用之德國久知之而常行之疫病俗人常言必因食發耳卧達之麰麥得之（見白尼得植物學略論第二百○七頁）植物學家查耳卧達之性與根原各不同或云其全耳卧達質為蕈類之質而傳來司設名釘形司潑暮以弟阿又疑此質蝕去麰麥質而代之又有他人言其麰麥祇有病而其病為自生者但大半之人以為麰麥遇蕈之微細子散於空中者則其麥生病成耳卧達質化學家勒肥勒將此意說明後有人查其證據即如苦愛克脫用顯微鏡觀之證其理顯明耳卧達為麰麥改變形狀從其接連之處起至子房座與底之魚鱗形質及其粒生毛之頂又子房口之餘質全為改變如第二百五十二圖甲為未熟之耳卧達乙為已熟者

第二百五十二圖

苦愛克脫云蕈類初發時名曰壁胎耳卧達以希阿其麰麥之仁與相屬之質面生白色之衣以顯微鏡觀之則為無數蕈

微種其間有細絲如蛛網則有甜味流質從其仁與周圍之各質流出漸變濃而有黏性內含蕈種子生至一半時則在殼上顯出有深紫色此後其蕈種子幾不再發而麥之上半有湼形蟲形勒肥勒云此為獨生之蕈名曰田生司發西里阿苦愛克脫用顯微鏡觀之知為無數蕈種子其耳卧達長滿時紫黑色伸於殼之上又有數種青草類與香附子類亦生耳卧達溼地與空氣溼時則更多（觀立尼由司植物會記錄第十八本第三十二三十三兩頁）苦愛克脫云耳卧達所成蕈類微細種子橢圓形串珠形至末則分開透光內含易分辨之綠色微粒一箇或二箇

至三箇

此種蕈類化學家士蘭尼書中詳言之命名曰紫色苦賴肥賽布司此名載入一千八百六十七年英書

𪍿麥所作耳卧達間名距形𪍿麥即距形西楷里此因其麥變長彎曲形如雞距也其形或為圓柱形或為曲形兩端斜長半寸至一寸半徑二分至三分而順其長邊有兩槽其槽端在頂處常有灰色凸質外有紫色內為灰白色微帶紅臭奇可憎如蕈味小苦而微辣耳卧達質脆乾時易捶粉面上有粉處以顯微鏡觀之則為許多蕈子而其內膛形質之性情與其麥之原阿勒布門質同依苦愛克

脫之說內有油粒甚多

英國所用耳卧達大半為歐洲他國與美國所產因不能存久每一二年必換新者因有一種小蟲蝕之而此小蟲成糞質甚多

曾有化學家化分耳卧達即如化學家韋辯司化分之每百分得定質油三十五分分其依尼四十六分又奇異之質名耳卧達以尼一·二五分此質臭重味辣而可憎昔時化學家以為其藥性俱藉此質此各質之外另含燐養五少許與鈣養化合者又有鉀養與鐵及膠質少許又有糖阿勒布門植物哇司瑪蘇密蠟

有人作耳卧達水膏名曰耳卧達以尼但此質非前言韋辯司考得之眞耳卧達以尼因此膏內每一兩含其眞者不過六釐醫士或言此質有寗睡性能在酒醑內消化水內不能消化所以化學家言正和勒疑此質婦人生產時用此藥令其胎縮小非耳卧達以尼之功用因常用耳卧達之煮水與沖水作此用而能有效

醫士韋得云耳卧達之藥性恃其定質油此油可從其粉內用以脫化出後將以脫化乾得其餘質以脫亦不能消化耳卧達以尼醫士白脫蘭特查得此定質油無論人服之或動物服之毫不顯其藥性又本城人幾里安將耳卧

達用以脫去其油質令人服之得最大之功用

近有化學家温克拉查考耳卧達極詳用以脫化去其定質油每百分得此油三四·四分此油毫無藥性其餘質內尚有兩種質一為自散油本質名曰西楷里阿此質與布路貝辣阿米尼相似其臭可憎第二種即韋辯司所名耳卧達以尼此質似有酸性而與西楷里阿化合成西楷里阿耳卧達以尼其藥性大約必在此雜質內能在水與酒醑內消化而不能在以脫內消化細查耳卧達色料則與血內紅色喜瑪替尼相似

耳卧達之藥性質大約能為沸水或酒醑或以脫消化而

出尋常疑其有藥性之質俱不能在此各質內消化

功用　耳卧達之藥性初時在常食含耳卧達植物之人內顯出卽如食耳卧達植物人之瘸証與死肉証並痒如螞蟻行於皮膚之病醫士來脫等人以一百二十釐爲一服服後則覺有嘔吐腹痛頭痛間有人變昏蒙而發狂間令脉遲而小如婦人生產時服之則令其生產之痛陣速而產兒最速故凡生產時其胎縮小不足因此生產過遲則服耳卧達爲穩當而有大功效之藥又可用之令其胞衣或凝結之血塊或水疱球易出又能用於生產之後令產門縮小而免流血之弊又有醫士用爲調經藥或收斂藥

服數　用其細粉以二十釐至三十釐爲一服合於糖漿或香料每十五分時至三十分時一服兩三服爲限醫士來脫云耳卧達將以脫酒熬之得其油服之每二十滴至五十滴爲一服則能令胎縮小此可合於便取之質服之但疑其功用不大或言無功用藥品內所用耳卧達之各質如左

耳卧達沖水

取法　將耳卧達粗粉四分兩之一沸蒸水十兩在蓋密之器內浸之略半小時卽濾之

服數　半兩至二兩爲一服此質內或含耳卧達以尼或含前言之西楷里阿耳卧達以尼

耳卧達水膏

取法　將耳卧達粗粉一磅以脫一升蒸水三升半正酒醕八兩將以脫置於瓶內加其水半升搖動之分開之後傾出其以脫將耳卧達粉置於過濾器內將以脫傾於其上令其濾下則所含之油爲以脫消化而帶下將餘下之質置於水三升內加熱一百六十度至十二小時爲限壓之濾之用熱水盆熬其水至餘九兩爲止待冷則加其酒醕待一小時則其質凝結可濾之所得之膏應有十六兩

此水膏係英書內準用者不含以脫所能消化之油質祇含水所能消化者卽耳卧達以尼故可見此藥無有後藥以脫浸之之各弊因以脫所浸者含其油質而有醫士言此油無用又有醫士言此油有毒性

服數　以十滴至三十滴爲一服

耳卧達酒

取法　將耳卧達搥碎五兩準酒醕一升其取法與阿古尼低浸酒之法同

服數　以十滴至一錢爲一服含耳卧達以尼與西楷里阿

耳卧達以脫酒此爲倫書之方

取法　將耳卧達十五兩搥碎之置於以脫二升內浸七日壓之濾之

此爲一千八百五十一年倫書所載者醫士里勿爾初用之如此藥實有功用則難知其功用在何質温克拉與他醫士俱言不含耳卧達之藥性質祇含其定質油又言此油毫無功用

服數　半錢至二錢爲一服

上海曹鍾秀繪圖
武進孫鳴鳳校字

西藥大成卷八

英國來拉　海得蘭同撰　英國傅蘭雅口譯　新陽趙元益筆述

發酵所成之質

凡生物質常有自化分而成新雜質因其原質彼此有愛攝力自能化合間有生物質久不改變者即如植物酸質植物鹼類質松香類質等是也又有數種遇他質則其本質既化分而再化合即能發酵是也能發酵之各種生物質爲含炭或輕或養者而其輕與養之比例如在水中所有之比例即如小粉糖膠等質是也但令其發酵之質屬

於阿勒布門一類即內含淡氣多者如哥路登等是也小粉變糖之工夫即如果實變熟工夫內所顯出者或穀類發芽如大麥發芽變成麥酒謂之發糖酵但發酵之原意尋常係糖質變爲酒醕與炭養氣謂之發酒酵又有一種發酵令酒醕變醋謂之發醋酵

酒醕　英書附卷載此質重率○七九五

正酒醕　又名淡酒醕每百分含酒醕八十四分重率○八三八

準酒醕　又名更淡酒醕每百分含酒醕四十九分重率○九二○

印度人蒸物之工夫歷年已久今所蒸之酒類有多種名曰阿拉克又有香水多種如玫瑰花水與玫瑰花油疑印

度人得此法後傳於阿喇伯人

糖在水中消化之再加以發酵之質如酒酵等其熱度在六十與八十之間則不久其水變濁似乎移動而生水泡有多炭養氣放出其雜質漸沈下水即變明其糖銷滅不見所成酒醕可用甑蒸出所減去之糖其重數等於所成酒醕與所放炭養氣之重數如蔗糖發酵則先有水一質點與其化合令先變葡萄糖化學家該路撒克推算糖九〇·七二分能成酒醕四六·六八分又炭養氣四四·二四分共得九〇·七二分與糖相同酒醕原質為炭$_{四}$輕$_{六}$養$_{二}$又葡萄糖一分劑即炭輕養能分成酒醕二分劑與炭養四分劑

印度與西印度列島內有人將蔗糖蒸出其酒此酒俗名勒木酒歐洲數國將葡萄果汁蒸出其酒因此汁所含之質足令發酵又可將含小粉之根如番藷等蒸出其酒或將穀類蒸酒如印度用米造酒英國用大麥造酒凡造此種酒其小粉必先變葡萄糖而後能發酒酵如用穀類作酒則初得之酒頗淡因含水若干與能蒸之油若干此油名穀油此種酒名生燒酒如再蒸之則其水與油大半能分出而其重率得〇·八三五為尋常出售之正酒醕每百分含水十三分至十四分此數較藥品正酒醕之數稍大淨酒醕即無水酒醕其造法將正酒醕一升合於鉀養炭

養$_{二}$一兩半熟石灰為所用酒重之半和勻而蒸之其重率得〇·七九五其原質為炭$_{四}$輕$_{六}$養$_{二}$但依化學之理應記之為炭$_{四}$輕$_{五}$養輕養則可當為以脫里養輕養因以脫里之式為炭$_{四}$輕$_{五}$

正酒醕無色透光易於流動易着火臭奇而有趣味熱而濃燒成藍色之火不發煙重率〇·八三八合於蒸水沖淡仍能透光臭味與醕同英書之試法將正酒醕四兩合於銀養淡養$_{五}$試水三十釐令遇大日光二十四小時則有黑色之粉沈下傾出其流質在其黑粉上再傾銀養淡養$_{五}$試水照前法令遇日光如毫不改變則為正酒醕如再有改

變之事則非合法之正酒醕

所成黑色之粉因銀養淡養$_{五}$遇正酒醕所含穀油之微數因此化分成銀養鹽類而此油最難去盡又法將正酒醕與淨硫養等體積和勻如變紅色則知因含穀油正酒醕之形性與酒醕之形性大同小異易於消化等常藥品松香類有數種松香類能消化之比用正酒醕更多正酒醕含水約十分之一至十一分之一即每百分含水略十八分酒醕八十二分又有數事需用更濃之酒醕即如試驗之各工是也

如正酒醕之重率大於〇·八三八則不合用必再蒸之令

復爲此率
酒醕爲藥品內之試藥觀英書之附卷淨酒醕不含水英書之方將正酒醕一升合於鈣養炭養與鉀養炭養照前所言之法蒸之則鈣養與鉀養收盡其水存於甑內之醕全蒸出爲止如正酒醕一升照此法爲之能得無水酒醕十七兩
又有法能得濃酒醕重率○·八一八者其法將乾鉀養炭養八兩合於正酒醕四升置於瓶內加熱至一百度搖動之約四小時之工以後其流質自分成兩層下層爲鉀養炭養水上層爲酒醕共約得七十四兩將此酒醕蒸之蒸得七十二兩其餘者去之此法所得之酒醕其濃在無水

酒醕與正酒醕之間每百分含酒醕九十分水十分昔時倫書用鈣綠合於正酒醕蒸之因鈣綠與水之愛攝力最大但用鈣綠有一大弊因鈣綠能在酒醕內消化所以蒸之之時所得酒醕含鈣綠少許如用鉀養炭養則無此弊
英國納酒醕之稅俱依酒醕重率定之所定納稅章程以○八二五爲主酒醕之淨者清稀而無色臭奇而有趣味暖而辣最易化散化散之時則減熱其沸度爲一百七十三至一百七十五但此沸度爲寒暑表六十度熱之時重率爲○·八二○者酒醕愈濃則沸度愈小酒醕霧之重率爲一·六一三容易燒不發煙又變成水與炭養氣從來化學家不能令其結冰故最合式作寒暑表以驗冷熱能與水化合無論多寡俱可和勻之時其質縮小發熱醕能消化多質如植物鹼類定性鹼類等設如其含炭養者則不多消化又能消化各種顆粒形中立性之松香類並自散油與定質油數種原質如碘與數種鹽類亦能消化之
淡酒醕又名準酒醕此酒醕之重率○·九二○此重率係英國納稅章程之重率其作法將正酒醕五升合於蒸水三升其試法與正酒醕同苦里司脫生云蘇書於一千八百三十九年以○·九二○爲準酒醕之重率而將此數改爲○·九一二因此重率之酒最易配成即將尋常正酒醕

二分合於蒸水一分即成而蘇格蘭會城之大藥肆入用此法配成各種浸藥料之準酒醕
準酒醕之形性自與正酒醕之形性相同雖消化數種藥質如膠香類之性更淡而大半爲藥品浸酒其濃亦已足用雖其小半爲淨酒醕大半爲水仍能爲大力行氣藥作法將正酒醕五升即英書所準者重率爲○·八三八與蒸水三分和勻每百分含水五十一分淨酒醕四十九分
法國酒醕俗名白蘭地酒
數種發酵之質所蒸出之酒成各種燒酒又名火酒此各酒可當爲酒醕若干分以水沖淡至略與準酒醕之濃相

等另含數種能化散之質與香料等如白蘭地酒為葡萄酒所蒸出者故不能含穀油如漿糖發酵所成之酒名勒木酒又如灰司記酒為發芽之大麥或麰麥所成又如進酒在荷蘭國所作者係發芽之大麥麰麥所成合於栢樹子西名智尼栢子再蒸之然等常進酒其下等者為發芽之大麥麰麥或番藷所造合於等常松香醕再蒸之東方所作之酒以米等五穀為之名曰阿拉克但據印度之言語阿拉克祇為火酒之意而可謂數種材料所成化學家步蘭弟已查印度等國所造各種火酒每百分含酒醕五十一分至五十四分

法國酒醕雜水 又名白蘭地雜藥水

取法　將法國酒醕四兩桂皮水四兩雞蛋黃兩箇提淨白糖半兩先將蛋黃與糖磨勻再加桂皮水與法國酒醕此方原列於英書內後去之又從倫書收入之此質與蛋黃雞漿略似如身極倦而無力則用之最佳

服數　以一兩至二兩為一服

各種酒醕功用　凡火酒俱為散性行氣藥有醉性食其小服則百體暫時行氣不久則困倦無精神與行氣相對如用其小服間有益於身體但等常言之不用此之益處比用之益處更大醫士巴黎將等常之火酒分類即白蘭地酒為提精神與暖胃藥勒木酒為溫暖發汗藥進酒灰司記酒為利小便藥火酒合於水沖淡之則可為涼性洗藥但不可蓋護必令其任意化散如蓋護之則為引炎藥無水酒醕與準酒醕俱能消化數種藥品成浸酒等

舍利酒 此為西班牙國用葡萄所作之酒

舍利酒西俗名白酒藥品內用之消化數種藥料此酒亦可用為行氣藥凡果汁發酵所成之質可謂之酒但上等之酒葡萄果所作因葡萄果汁不惟含糖與水內消化之質並似乎哥路登之質或植物阿勒布門在其皮內又另含一種質即鉀養二果酸此質不能在酒醕內消化故發

酵時漸結成如此能去其酒內酸質之大半葡萄汁內之阿勒布門質能收空氣內之養氣而化分如此能令其糖質發酵而發酵之時變為酒醕即成前所言之變化此各質之外另成自散油少許又里必格比魯士兩人云另成香料少許名曰以難弟克以脫凡葡萄酒特此自散油與香料得其香味各處所產之酒其味不同間有人分為乾酒與甜酒又分為發泡酒與淨酒如其糖數少而阿勒布門多則其糖全變為酒醕其酒謂之乾酒不再發泡之後待若干時則變熟反之如其阿勒布門等令發酵之質少而糖多則其糖有若干分不改變其酒謂之甜酒如其發

酵之事未畢而將酒存於瓶內則開瓶之時其炭養氣所受之壓力已去其氣自能放出發多水泡謂之發泡酒又名發星酒凡酒之酸味或恃鉀養二果酸或恃醋酸酒之色亦各不同如專用葡萄汁爲之則其酒有稻草色深淺不定如葡萄皮不分出而令發酵則其酒變紅色深淺亦不定化學家步蘭弟曾查各種酒所含之酒醕其濃者如立薩酒乾葡萄酒馬塞里酒布而得酒馬德拉酒舍利酒德內黎非酒康士但低阿酒馬拉牙酒此各種酒含酒醕十八分至十九分或二十五分又有更淡之酒如古拉里得酒蘇脫納酒不干的酒霍克酒湘冰酒黑密大治酒鶖

果酒此各種酒每百分含酒醕十二分至十七分舍利酒之色與濃淡俱不能定英書云爲淡黃櫻色每百分合醕十七分至十八分凡藥品內用葡萄酒者俱用舍利酒爲之凡葡萄酒較等濃之火酒合於水者醉性更小因其醕合於酒內之膠質膏質顏色料收斂性質故飲之之後不能在百體內速分散醉性顯出更遲舍利酒消化藥品較他酒更佳之故因含顏色料少而含酸質無多凡用葡萄酒作提精神藥或補藥必依其情形而揀選用之

色里肥西依　弗門土未又名麥酒酵

濃與淡之麥酒雖不列於藥品內而與葡萄酒之分別因含膠質與膏質頗多俱爲從發芽之麥所得者常含不化合之酸質或遇空氣則自能發醋酵所含霍布花之苦味質能令其不變壞又能增其補性步蘭弟云黑色苦酒與濃啤酒每百分含酒醕四分至十分其麥水面所生發酵之質即其水內哥路登類之質變化而成此酵亦當藥品之用質輕而軟色灰黃溼之則易腐爛待乾則變櫻色易於久存以顯微鏡觀之則見許多小泡其泡內有小球形體質爲微細蕈類植物係許多極細小膛所成形圓或橢圓或分開或排列成行此植物質名曰托路拉色里肥西依

功用　外科用之作軟膏則爲行氣藥

麥酒酵軟膏

取法　將麥酒酵六兩一百度熱之水六兩調和之加麥粉十四兩又調之置於火爐相近之暖處至發鬆爲止其發酵之故因麪粉之糖質自行化分有炭養氣放出又有變成之酒醕少許

以脫　又名以脫里養　又名硫以脫

如將酒醕或正酒醕合於硫强水而蒸之則成極稀之流質最輕最易着火名曰以脫又名硫以脫又名正以脫如不用硫强水而用他種酸質亦能成以脫但各種酸質所

成之以脫不同必依其酸質定名

淨以脫無色透光為最稀最輕之流質臭大而奇有趣味暖而辣後覺稍涼重率〇七二〇最易化散其霧之重率大得二五八六如從一器傾入他器內則化散甚多如傾於手上則因化散之速而手覺涼最易着火故不可置於近火焰處如吸其霧則初有行氣性後令人醉用之更多則令人失知覺雖有大痛亦不知之加熱至九十六度則沸此為尋常空氣壓力之說如減熱至負四十七度則結冰成白色顆粒形質如點火燒之則燒成光焰成炭養氣與水如多遇空氣則漸變醋酸與水以脫與酒醕無論如

何比例俱能調和又以脫一分能與水九分和勻以脫易於消化松香類質軟像皮自散油定質油又能消化硫黃與燐但其比例更小又能消化數種植物鹼類質並數種中立性成顆粒之質以脫之式為炭四輕五養故可當為以脫里即炭四輕五合於養氣其以脫里質曾有化學家稱哈特分出之

藥品書中所言以脫依下法取之則每百分含酒醕八分即英書言明每百分含淨以脫不可少於九十二分其重率得〇七三五加熱至不及一百零五度則沸英書云如將以脫五十分體積合於水等體積則以脫縮小至四十五分體積即每百分縮小十分

取法　將以脫一分劑與水一分劑相加則等於酒醕一分劑所以將正酒醕與濃硫養三等體積和勻而蒸之則蒸出以脫而水之一質點之分劑即輕養存在其餘硫養三內但此變化之工夫非惟硫養三收水之一分劑其變化更繁如將酒醕與硫養三和勻加熱令沸待冷則成一奇異之繁酸質名曰硫養三費尼克酸此質含酒醕一分劑硫養三二分劑即為炭四輕五養輕養二硫養三蒸此質之後其繁酸質再化分其以脫蒸出而硫養三與水存於甑內又有化學家論成以脫之工夫即如苦來哈末云疑硫養三費尼克酸不惟不

助其變化尚能阻之又有化學家羅皮該云其硫養三先遇酒醕之一分變成炭四輕四氣此質與其餘酒醕化合成以脫其式為炭四輕四＋炭四輕六養二＝二炭四輕五養

照上法作以脫其難處因必有一定之熱度方能成事而硫養三必加大熱度方能蒸之正酒醕必減小熱度方能蒸之又其合料蒸時所需之熱度藉其兩種料配合之比例如其酒醕少足令其合料之沸度小於二百六十度則所蒸出者為酒醕而非以脫又如其强水多令其沸度大於三百二十度則變成許多焦氣質即如炭四輕四氣與重酒油由此可見能在二百六十度與三百二十度之間即近於

二百八十度則所得之以脫質最淨然因連蒸之則蒸出以脫愈多其甑內之酒醕愈少故沸度漸增大至末則熱度過限而以脫必含前所言之雜質化學家設一法名曰循環法即於甑內連加正酒醕補所變成以脫而化散者依此法其沸度永不改變而甑內初時所加硫養$_{三}$足成許多以脫之用

英書之取法藉上所言之理

取法（英書）　將正酒醕五十兩硫養$_{三}$十兩鈣綠十兩熟石灰半兩蒸水十三兩將其硫養$_{三}$與酒醕十二兩置於玻璃甑內和勻之其甑以能容二升為至少乘其自生熱時將甑

以彎玻璃管連於里必格之凝器加熱足令其流質猛沸待以脫初蒸出後則用管引正酒醕加入甑內其數必準配蒸出之以脫所用之管應有塞門配準所進之正酒醕其管之一端應連於含酒醕之器而必高於甑之面管之又一端應通甑上配塞門之軟木其正酒醕全添入之後共得以脫四十二兩則其工夫可停將鈣綠在蒸水內消化之加入熟石灰置於瓶內合於其淨以脫搖動極猛後安置十分時傾出其浮於面之清流質輕加熱蒸之其受器內加一玻璃泡浮標重率為〇七三五者此泡置於器之底而以脫已濃至〇七三五時其標自能浮上則事已成其鈣綠並甑內之餘質所存以脫與酒醕能蒸出而後再用之

照上法取以脫初時蒸出者含水與硫養$_{三}$後用鈣綠與熟石灰之工內則能分出此兩質而得淨以脫

英書準用之以脫內含酒醕若干但每百分含酒醕不可多於八分其重率為〇七三五亦顯出雖含酒醕能有此數然藥肆家常加正酒醕與水為謀利之法因能消化此兩質少許但合法而成之以脫一兩應能在水十兩內消化如以脫質濁則疑其含酒油如因化學之用而欲得淨以脫必將上法所作之以脫合於水洗之再用令乾之鈣

綠與鈣養蒸之

功用　以脫為散性行氣藥治轉筋藥去風藥醫士常用之治肚腹腦筋痛並胃中有氣如婦女妄言笑或腦筋病或呼吸不利或因腦筋不安而有腹痛等俱可用之得大益如合於鴉片酒或嗼啡啞鹽類亦服之則其功用更大哥囉仿未查出之先不多時知以脫收入肺體之後漸令人失知覺雖有大痛亦不知覺故凡作外科之大事用以脫為迷蒙藥後查得哥囉仿則不用以脫因以脫能惹腦筋另有法噴以脫與哥囉仿於百體各處合成極細之點如霧則所噴到之處亦不覺痛

服數　以十五滴至一錢爲一服待若干時再用一服亦可

以脫醋

取法　將以脫十兩合於正酒醋一升所成之以脫醋重率應得〇八〇九

功用　爲散性行氣藥

服數　以三十滴至四十滴爲一服

以脫雜酒此爲倫書之方

取法　將以脫八兩正酒醋十六兩以脫油三錢調和

功用　爲行氣藥治轉筋藥安神藥故腦筋激動之病或

不能睡時將此藥合於鴉片酒等睡藥服之以半錢至二錢爲一服

以脫油又名重酒油

此質爲蒸硫養三以脫將畢時所成之質或將酒醋合於硫養至有餘而蒸之此油形狀如尋常之油如以水洗之則味苦而稍有香其臭奇不能在水內消化而能在以脫或正酒醋內消化

取法　將正酒醋二升漸合於硫强水三十六兩蒸之至發出黑色泡必立即去火則成以脫與水與硫養並浮於水面之油類質其輕流質必與重流質分開令遇空氣若

干時則其以脫化散將鉀養水一兩或足用合於水等體積與其油形質和勻而搖動之則其不化合之硫養三已去將沈下之以脫油分出而洗淨之

試法　倫書云此油之重率應爲一〇五如滴入水內立即沈下存其球形此質能在以脫內消化遇藍試紙不變紅色如將以脫油合於水沸之則分爲硫養三費尼克酸觀前以脫試法節　又成一含炭與輕之輕流質謂之輕酒油又名以脫以尼其原質爲炭四輕四其重油即以脫油化分之則得硫養三費尼克酸一分劑與以脫以尼一分劑少水一質點所以疑重酒油含以脫硫養並以脫以尼硫養即炭四輕五養硫

養加炭四輕四硫養三惟此油之原質往往有不同

此油在英書內不作爲藥品而在倫書爲成以脫雜酒之料而此雜酒原欲當好夫門安神藥之用

硝以脫酒又名硝甜酒

前時作此藥之法將硝强水合於正酒醋而蒸之而其硝强水放養氣成淡養三此質與酒內之以脫化合成硝以脫其硝以脫在其餘酒醋內消化昔時倫書所用之方將硝强水三兩半重率一·四二者配正酒醋二升蒸出二十八兩

英書謂之淡養三以脫即硝以脫而本書論淡氣與養氣合

成之質內亦言及之前人名曰淡養五以脫久用此名倫書內亦用此名但成得此質其內毫不含淡養五故不可名曰淡養五以脫應名曰淡養三以脫或名曰淡養四以脫

藥品記錄書第十五本第四百頁醫士波郎云藥肆出售之硝以脫醕如依倫書之方爲之則其原質常有不同間有含淡養三以脫百分內有一分又有百分內含十分者此質內又常含阿勒弟海特無論如何謹愼爲之待若干時化分變酸如含以脫數過多往往有此弊故藥肆家云每此酒百分內含酒醕不外十分者則其化分變壞可以無妨

依倫書之方所作硝以脫醕常含水與酒醕爲其大半醫士白爾特查得其故云依方爲之甑內尙未變成淡養三以脫之先蒸出之質已足爲方內所需之數由是停工而所得之質自然有誤甑內所存之質即所成之硝以脫又有藥肆家造此質所得之以脫或爲淡養五以脫或爲淡養四淡養三等以脫又所稱爲淡養三以脫常有人將米以脫里醕當正酒醕以謀利

因上方所成之質常無一定化學家另設他法即如阿書之法先作淡養三以脫若干後合於正酒醕四倍體積又一千八百六十四年英書之法用鈉養淡養三合於硫養三造成淡養三所成之淡養三同時遇正酒醕其三質同時蒸之設此方之意原極佳但所得之質較倫書之方所作者更不合法如照一千八百六十四年英書之法爲之成鈉養淡養三見前鈉養淡養一節則所成之質不能有一定故配藥品等應求準足者斷不可用雖名曰鈉養淡養三其實爲鈉養淡養五與鈉養淡養三合於鈉養炭養二及鈉養輕養若干化學家司快兒查此質云每百分所含之鈉養淡養三祗有二十五分爲最多者間有不多於五分者依此法所成之淡養五以脫則其濃淡自必藉所稱爲鈉養淡養三之原質有若干

取法　一千八百六十七年英書之方將硝強水三兩硫

強水二兩細銅絲約二十五號者二兩正酒醕至足用先將正酒醕一升漸添其硫強水調和之後依同法加硝強水二兩半將其合料置於甑等器內其銅絲必先放入又將寒暑表依法通入甑內再將合用之凝器輕加熱而蒸其酒醕其熱度初起一百七十度後漸增至一百七十五度斷不可過一百八十度至蒸出十二兩爲度而受以脫之瓶必用法令不生熱如天時太熱則用冰水再去其火而令甑內之質變冷待冷則添其餘硝強水半兩照前蒸之至所蒸之質共得十五兩爲限再加正酒醕二升或足令其重率合度爲止又必配鈣綠分出之以脫數其質必

存於瓶中塞密之
上法係來得活特所設所變成之質較前法所造者更勻淨其淡養遇銅則放養氣而成淡養與銅養而其銅養合於硫養成銅養硫養而變成銅養硫養時其濃強水遇酒醕收其水而成以脫（觀前以脫節）後此質與淡養化合成淡養以脫此以脫蒸出後與正酒醕二升或足用調和成英書準用之硝以脫酒
英書又云硝以脫酒即淡養以脫其原質爲炭輕養淡養在正酒醕內消化者重率得○八四五應有微酸性而合於鈉養二炭養少許或不發泡或微發泡如欲試其含淡

養必合於鐵養硫養與硫養如變深欖色則爲含淡養之據英書又云將淡養以脫酒一體積合於含鈣綠飽足之水二體積搖動之分爲兩層上層含淡養以脫每百分有二分
淨淡養以脫其色淡黃臭如以脫似乎熟蘋果其重率略爲○八九八其質最易化散加熱至略六十五度則沸極易着火能與酒醕或以脫化合無論何比例俱可又每一分能在水五十分內消化
其酒醕或爲無色或爲淡稻柴色其臭與味與淡養以脫同惟更淡耳其質易括動能自散能着火常含酸質少許如已存久則幾一定含酸質能與水任意多少和勻與酒醕亦然其重率不甚有改變之處
功用　爲行氣藥與治轉筋藥又爲利小便藥合法用之則爲發汗藥以半錢至二錢爲一服如欲作利小便藥最妙與他藥併用之即如合於士咩虛或鉀養醋酸等是也如欲作發汗藥則其人必多用被褥等包身令暖又必臥牀凡應出汗之事內常用此藥又可合於鹽類或鴉片等用之

米以脫里醕（又名貝路阿客色里克醕俗名木酒）

此酒醕係蒸木之工內所成同時又成黑油與醋及工藝

內他種化學藥料初蒸出之流質含其酒醕再蒸兩三次則成提淨木那普塔但此非眞那普塔因眞那普塔不過爲輕氣合炭氣而成米以脫里之原質爲炭輕而爲生物本質與以脫里大同小異又所成之各雜質亦與以脫里所成者相似貝路阿客色里克醕其原質爲炭輕養輕養故可謂之米以脫里醕其不淨之醕多用於工藝內爲消化松香類等用又在燈內用之以代酒醕其臭與味略與木煙同內含一質名阿西多尼又有數種自散油質又有一種奇異顆粒形質係化學家司堪倫考得者名曰貝路散的尼如欲將貝路阿客色里克醕作藥品之用必先提

淨之提淨之法用鈣綠蒸之一千八百六十四年英書云每百分含水十分爲最多又云無色易活動能着火之流質燒成淡藍色火焰臭如酒醕味暖如以脫嘗之之後舌上所覺之味甚奇

一千八百六十四年英書收入此藥一千八百六十七年英書刪之

試法　其重率爲〇·八四一至〇·八四六遇力低暮司試紙無變化又不可有煙氣合於水不變濁

功用　與酒醕相似但其味可憎前有醫士海斯丁士設一酒醕能治癆病但與此木酒不同海斯丁士所用之質

爲阿西多尼又名貝路阿西的醕此爲蒸醋酸鹽類而成者其原質爲炭輕養不能與水和勻

含米以脫里之酒醕其作法每酒醕九分配貝路阿客色里克醕一分和勻今英國設律法準賣此質不納稅故製造工夫內用之甚多設此律法之故因酒醕可爲飲物納稅甚重而製造工夫漸用之加多若納重稅則必累民有人稟國家云如酒醕每若干分配貝路阿客色里克醕若干和勻之後無法能分開因其味可憎人不能飲故令化學家苦來哈末好夫門來得活特細查之後報於國家云其質無法能令其合於人飲其臭與味必永存而可惡國家得此報設此律法今英國製造之事因不納稅而便於爲之凡藥品內之各種浸酒斷不可用含米以脫里酒醕爲之然有謀利者常以此酒作以脫硝以脫哥囉仿間有人用以加入進酒野蓬酒等有烈味之酒內則其本味掩而不顯

哥囉仿　又名克羅路福而美里又名福而美里綠三俗名迷蒙藥

哥囉仿原質爲炭輕綠三而爲假設之生物本質名曰福而美里即炭輕再合於綠氣三分劑即成但如以養氣三分劑代綠氣三分劑則名福耳密克酸即蟻酸

查哥囉仿之源流則爲一千八百三十二年蘇比蘭所查

得者但當時不多傳布於人至一千八百四十二年醫士割拉伐查其形性以動物試之至一千八百四十七年蘇格蘭會城醫士辛伯生初用爲迷蒙藥而傳於各醫士知之初得此質之法令烙炙性鹼類質遇克羅路勒即成此質之做法令綠氣行過無水醕最易之做法將醕或木酒合於含綠氣之鈣養而蒸之

取法　將含綠氣之鈣養十磅正酒醕三十兩熟石灰足用水二十四升硫強水足用鈣綠片二兩蒸水九兩將其水與醕置於大甑內加熱至百度再加含綠氣之鈣養與熟石灰十磅調和至勻將其甑合於螺絲形凝管以冷水

閫之其端有窄口之受器加熱蒸之其蒸事已動手而合法必立即去其火至所蒸得之質足五十兩則去其受器將所得之質傾入能含四升之瓶其瓶必預盛水至有其半多搖動之待數分時不動則其合料分成兩層輕重不等下層爲生哥囉昉置於瓶內合於蒸水三兩搖動之待其哥囉昉沈下則去其水再加蒸水三兩依同法爲之至蒸水用盡爲度將已洗之哥囉昉置於瓶內合於硫强水等體積搖動之約五分時待其質靜若干時則去其流質之上層置於含鈣綠之瓶內合於熟石灰半兩此物應爲全乾者再搖動之令其質和勻待一小時則將其瓶合於

里必格之凝器用熱水盆加熱蒸出淨哥囉昉將所得之質置於涼爽處其瓶應有磨至極準之玻璃塞

其生哥囉昉合於水搖動之後則面所浮之輕流質並用蒸水洗之所得之水俱應存之以備將來之用

以上之法畧與都買司在數年前所設者相似其提淨之法每一體積合於硫强水半體積搖動之後有蘇格蘭會城醫士哥來格里依此法作哥囉昉他處藥肆家亦用之英書亦存此法但其法不妥不應用之蘇比蘭曾言用硫强水之法爲不必做之事又苦里司脫生云依此法提淨之哥囉昉常有自能化分之弊其硫强水似能合於油類之雜質而去之令變黑色依此法所作之哥囉昉合於鈣綠與鈣養則能分出其酸質與水再蒸之當時似爲最淨但因遇硫養則令其後最易自化分然其時不定在涼暗處或爲數月在遇空氣與光之處或爲數日其哥囉昉變酸遇藍色試紙則變紅其臭難聞令人停呼吸如將此種哥囉昉化分之則知含輕綠與不化合之綠氣又成綠色奇形之油黏於瓶邊此種變壞之哥囉昉最爲危險最能惹肺斷不合於作藥品之用

提淨哥囉昉最穩當之法必合於淨水搖動之而後蒸之觀藥品記錄書第十本第二十五與二百五十三兩款

英書之法與倫書之法不同之處用鈣養並含綠氣之鈣養又提淨之功夫用硫養

造哥囉昉之功夫內有數件極繁之變化

本書卷二之三第十六頁內所言含綠氣之鈣養實爲鈣養綠養與鈣綠成哥囉昉之各變化俱藉此質初起成克羅路勒即炭$_{四}$輕綠養前言此質遇鹼類質變爲哥囉昉此爲無色易化散之稀流質其臭能達於遠處每酒醕二分劑並鈣養綠養八分劑含克羅路勒一分劑鈣養一分劑水九分劑鈣綠五分劑鈣養蟻酸二分劑其式爲

炭$_{八}$輕$_{二}$養$_{四}$丄鈣養$_{八}$綠$_{八}$養$_{八}$‖炭$_{四}$輕綠$_{三}$養$_{二}$丄鈣養丄九輕養丄五

鈣綠丄二鈣養炭輕養
此爲第一層變化第二層變化內其鈣養鹽類卽以上相等式之末所記者毫無相關其克羅路勒與鈣養合於水九質點內之一質點彼此相化成哥囉叻一分劑而此哥囉叻蒸出又有變成鈣養蟻酸一分劑存於甑內其式爲
炭輕綠養丄鈣養丄輕養‖炭輕綠丄鈣養炭輕養
哥囉叻爲透光無色重油類形之流質其重率得一·四九臭香如以脫與熟蘋果香畧相同味辛甜有趣少能在水中消化苦里司脫生云每哥囉叻一分能在水二千分內消化又在酒醕或以脫內最易消化能令自散油質消化

並能令樟腦松香質蜜蠟軟像皮數種植物鹼類質消化又能消化碘與溴化學家里必格云又能消化硫黃與燐哥囉叻能自化散而不改變加熱至一百四十一度則沸又如連加熱則全能化散不易着火而能燒成藍色火焰冷熱適中之時能速化散如合於死物酸質則令其化分卽如合於淡養立卽化分合於硫養或輕綠則化分稍緩如合於鹼類質沸之則化分而成其本質之綠氣鹽類與蟻酸鹽類

試法　英書之試法定其重率爲一·四九又合於硫强水搖動之則不變色化散之後無餘質又無難聞之臭哥囉叻常含之異質有六種其試法開列於左

一　常出售之哥囉叻含酒醕因此其重率過小如將淨哥囉叻滴滴落入水內則沈於水底仍能光明而稀設含酒醕則其滴之外面變白色如乳又滴入重率一·四四之硫强水如爲淨哥囉叻徑沈至底如含酒醕不搖動之則浮於强水內不得沈下又淨哥囉叻難於着火如含醕或以脫則易着火化學家白斯奴云淨哥囉叻過光明之鉀粒則不改變設如含酒醕畧多者其鉀立卽着火令水變椶色而發辛霧此爲一千八百六十四年英書所設之法又如哥囉叻每百分含酒醕多於五分則傾於鉻養水內

能成綠色因變成鉻綠之故

二　間有謀利者將以脫添入哥囉叻內而其試法與酒醕之試法大同小異化學家拉波爾丁云如將碘水添入淨哥囉叻則變茄花色設如其內含以脫則變紅色如含以脫畧多者則其重率亦必減小

三　如含克羅路勒則其故或因造時所用鈣養不足令其化分之工全成此質之味難於達遠其重率爲一·五如雜於哥囉叻內則最難分別之

四　重自散油間在下等哥囉叻內遇見之其臭大在人身內有大弊其性情尚未全考究化學家蘇比蘭與米阿

希已化分哥囉仿得含綠氣之油類質較水更重又有英國醫士班白敦云在哥囉仿內查出發里里阿尼克類之質兩種為輕氣合炭之質所成者其式為炭輕如將此哥囉仿一滴置於手掌待其自化散則餘下之質手掌上有大臭又如合於硫養搖動之則變黑色又如造哥囉仿用貝路阿客色里克醋或用灰司記酒則其哥囉仿常有此弊

五　輕綠與不化合之綠氣造哥囉仿不合法者常含此質嗅之則得綠氣之臭又如遇淡輕養之氣則發濃白色之霧初遇立低暮司藍試紙則先變紅因有輕綠之故後來漂白因含綠氣之故又遇銀養淡養水則令結成質

六　硫強水此為哥來格里所設之法或英書所設之法做成哥囉仿所含者阿書等書有法用錳質以去哥囉仿所含之硫養凡含硫強水之哥囉仿遇錳之雜質則變淡紅色

功用　食哥囉仿之小服為行氣提精神藥食其大服則令人醉食其更大之服則失知覺或令心之行動停止其人即死又能令肉筋失其動作之力與鴉片相同但其性情較鴉片更重如食其小服則能治轉筋又為行氣藥與發汗藥

哥囉仿之大用處為迷蒙藥因將其霧合空氣吸入肺內則其人毫不覺痛故凡外科有大痛之事則吸哥囉仿之霧為常用之法因其人常無知覺間有用此法者其人即死但此種事極少大概用此藥為最穩當之法醫士或用之治生產時之痛又能放鬆肉筋故常用之治交節脫骱並小腸疝氣等病

服數　為內科之用以五滴至十滴在酒醋內消化之或用膠水或用雞子黃水調和而服之如用此作迷蒙藥則初時用一錢一次後如不足再用之可傾於手巾上置於口鼻相近處或用特設嗅哥囉仿之器具

哥囉仿酒醋

取法　將哥囉仿一兩在正酒醋十九兩內消化之重率得〇.八七一

近有人將哥囉仿一分在正酒醋七分內消化之設一假名曰綠以脫又名炭綠如久發虛熱或癇証則可用為提精神藥或治轉筋藥依此法為之則較英書之方所作者濃三倍

服數　以半錢至二錢為一服

哥囉仿洗藥

取法　將哥囉仿與樟腦洗水等分和勻

功用　如腦筋痛或久延風溼或痛瘤等鋪於其上爲止
痛藥
哥囉昉雜酒
取法　將哥囉昉二兩正酒醕八兩白豆蔻雜酒十兩和
勻每十分內含哥囉昉一分
此藥於一千八百六十七年收入英書可作內科之用爲
提精神與去風之藥但其功用大不及下節所言之哥囉
路弟尼
服數　以二十滴至六十滴爲一服
哥囉路弟尼

此爲秘製之藥近時英國有數人爭此藥係何人設立則
可專作之數年內有人多用之爲安神與醉性之藥大約
其中以哥囉昉與印度麻爲要質另含嗼啡啞與輕衰醫
士哇格屯設立一方作此藥如左
取法　將哥囉昉六錢綠以脫一錢辣椒酒半錢薄荷油
二滴嗼啡啞輕綠八釐輕衰十二滴綠養七二十釐印度麻
酒一錢漿糖一錢各質和勻
又有人設別方印於書內傳布於人照此方爲之爲有大
功用之藥以五滴至十滴爲一服
米以脫里尼綠又名克羅路米以脫里尼

立有醫士設立多料可當哥囉昉爲迷蒙藥即如醫士司
奴用阿美里尼但因不合宜不久即去之不用後有醫士
辛伯生勸人用炭綠四而米以脫里尼綠爲里又存所設用
之大得其益其式爲炭輕綠其作法如左
取法　將哥囉昉即炭輕綠合於純鋅與淡硫強水則輕
氣二質點合於哥囉昉成輕綠一質點與米以脫里尼綠
一質點其式爲
炭輕綠上二輕‖輕綠上炭輕綠
常出售之米以脫里尼綠或言爲假者而爲哥囉昉與以
脫相合而成

米以脫里尼綠爲無色之稀流質臭與哥囉昉相似加熱
至八十八度則沸重率爲一·三四四其霧之重率爲二·九
三七此爲里又存之說此質之化散較哥囉昉更易在空
氣內易燒如謹愼依哥囉昉之法吸其霧則令人速迷蒙
而不令人先有惹動其止痛之功亦更耐久但其力忽然
過盡較哥囉昉更速曾有人在倫敦大醫院中用之雖有
多次尚未有危險每用哥囉昉二分之事必用此質三分
代之又可作內科之藥能安神並治轉筋以十五滴至三
十滴爲一服
阿美里克醕又名甫司里油又名穀油

此爲輕而無色油形之流質其臭大造酒之處其淨酒已蒸出之後連蒸若干時卽得此油初得此質係蒸番藷酒故常名曰番藷酒油如再蒸之則能提淨而初出之水可去之不用所得之油爲無色之流質味辢其臭能通至遠處重率得○八一八沸度爲二百七十度難在水內消化但在酒醕或以脫或能蒸之油內能任消化若干此爲英書之說甫司里油爲化學家所設生物本質合於輕養此本質名曰阿美里其式爲炭輕而甫司里油之原質其式爲炭輕養輕養如合於放養氣之質則變爲發里里阿尼克酸其式爲炭輕$_{九}$養$_{二}$其改變與酒醕成醋酸之改變相似

甫司里油在英書用之作鈉養發里里阿尼克酸觀鈉養發里里阿尼克酸節

發醋酵與乾蒸所成之質

植物內間有含醋酸者或與他質不化合或合於鉀養或鈉養或鈣養等質醋之一物自古以來有之因其做法最簡便卽將已發酒酵之水或能發酒酵之水置於暖和處若干時則自變成但必含發酵之質在內因此各質必先發酒酵此因發醋酵之質必爲酒醕又有他法亦可令酒醕變醋卽如將酒醕在空氣中燒之則成炭養氣與水雖能如此如將酒醕合於少水令淡滴滴落於細白金屑則空氣中養氣連於白金屑之面遇酒醕之薄層與之化合改變其性令變爲醋酸如嗅其所發之霧則易分別醋酸之臭又如將淡酒醕合於膠質少許令遇空氣不久則變爲醋酸而成此變化則酒醕合於養氣四分劑成醋酸一分劑水三分劑其式爲

炭$_{四}$輕$_{六}$養$_{二}$丄四養‖炭$_{四}$輕$_{三}$養$_{三}$丄三輕養

歐洲他國造醋之法將葡萄酒置於器內令不滿而多空處英國造醋之法用下等麥酒另加硫强水每千分加一分令不變壞如過於此數則犯律法此兩種醋俱爲藥品之用又有法將數種乾硬之木在甑內乾蒸之能得醋酸

觀木醋酸節以上各質祇爲淡醋酸合於異質有法能提淨之得其淨醋酸

英國醋　此醋用發芽之麥或不發芽之麥煮水而令其水發酵

法國醋　又名葡萄酒醋

造醋之舊法將大麥煮水令發酵盛於寬大桶內不蓋其桶加稍大之熱令多通空氣爲常亦加酒糟令其發酵近時所設之法德國用之甚多其法將刨下木花置於深桶內桶底鑽多孔近底處亦鑽多孔將欲變醋之流質漸傾於桶內則空氣能從桶孔通進甚多令其已發酵之流質連變爲醋依此法所作之醋每百分含淨醋酸四分至五

分內含數種膠形之質即植物膏質令變爲櫻色又有奇異以脫類之質其臭與味俱藉此質

法國醋即葡萄醋作法將數種酒令其自發酵其醋較英國者稍濃而尋常時其香更佳

蒸醋　如將尋常之醋蒸之則其顏色料硫强水他種雜質可存於甑內所蒸得之醋爲無色淡醋酸所有酒醋等質即令其有香味之質亦在其內設初蒸出之流質棄之則蒸醋之香與味不及其未蒸者此蒸醋今不作爲藥品

試法　英國醋與法國醋色櫻臭奇重率一·〇一七至一·〇一九每重四四五四釐即爲量杯之一兩需用合法之

鈉養試水四百〇二釐方足滅其性即等於每百分含無水醋酸四·六分又如將鋇綠試水十滴加入醋一兩內其結成之質濾之再添鋇綠試之不可有結成之質如有之則知含硫養三過多故可見醋含硫養三應甚少又如將醋合於輕硫其色不改變醋合於鋇綠或淡輕四養草酸其所有變化應甚少如加淡輕四養至有餘則令其色變紫而其流質稍變濁

木醋酸此不列於英書之內

此質爲不淨之醋酸而由乾蒸木質所成者

化學家言木醋酸係化學家古魯龍所查得者而白西里由司云疑古之埃及人知造酸醋之事因羅馬有古書係布里尼所作內言將松木置於爐內加熱則似有出汗之意其汗流至爐外槽內此質在叙利亞國名曰西特路末其功力最大故埃及國人將人尸久浸於此質內則能存久不壞云近時造木醋酸之法用大鐵桶其桶旁有凝水器桶外加大熱則其木料化分再合成新雜質所蒸出之質有酸性之水黑色油質焦氣油質許多能着火之氣質而甑內存最佳之炭質所得之木醋酸爲櫻色明流質大半爲醋酸少許合於水又有黑油並焦氣之油並有煙臭化學家百屯可法巳化分之云常含貝路加里酸提淨之

法可蒸之或加以鈉養炭養成鈉養醋酸可用此質造更淨之木醋酸間有先加以白石粉成鈣養醋酸後合於鈉養硫養三浸之令其化分若得鈉養醋酸令成顆粒再消化之後加硫强水令其化分再蒸之則其醋酸蒸出如尚未淨依同法爲之則得幾無色之醋酸其臭與酒成之醋酸同木醋酸照上法提淨之其重率爲一〇四四即英書所用之醋酸

醋酸

以上各質其根本爲醋酸而濃醋酸之造法可將無水醋酸鹽類如鈉養醋酸等用硫養三化分之則所放鬆而分出

之醋酸易化散可蒸之而凝之易以其有趣之臭分別之
醋酸爲無色稀流質味辣過皮膚則能弔炎如沖淡之則
否其質最易化散冷熱適中時更易化散其霧易着火六
十度之熱自能成顆粒形大而無色名曰冰形醋酸淨醋
酸之原質爲炭輕養即等於醋酸加水一分劑近有化學
家爾哈特造成無水醋酸而化學家疑醋酸爲生物本質
合於養氣三分劑此生物本質名曰阿西台里即炭輕而
有多質似含此本質而成級數與以脫里類大相似醋酸
之無水者爲無色易活動之流質其折光之性大其質較
水更重難於消化但含水醋酸易於消化醋酸能在水或

酒醕或以脫任多比例內消化又醋酸能消化樟腦數種
松香類質自散油所以常用此各質令醋酸有香味醋酸
能成數種鹽類要質即金類合養氣質鹼類質植物鹼類
質但醋酸鹽類能爲酸質之大半化分惟炭養氣不在內
有一要事係苦賴格初查出者即其重率與濃無有一定
之相關因重率與濃其比例幾相同至重率一〇七七爲
度過此數而加其濃則重率漸小至一〇六三爲度苦里
司脫生云測其重率至一〇六二以內者能從此得知其
濃淡過此數必看加水少許令其重率或增大或減小英
書準用之醋酸重率爲一〇四四每百分含無水醋酸二

十八分此醋酸較倫書準用之醋酸少淡英書云如將醋
酸一百八十二釐合於鈉養試水一千釐適足滅其酸性
藥品書準用之濃醋酸有兩種其濃淡不等又有他種醋
酸爲昔時藥品書所準用者今不用之所用之兩種一爲
冰形醋酸重率爲一〇六五每百分含醋酸八十五分二
爲尋常醋酸重率爲一〇四四每百分含醋酸二十八分
英書冰形醋酸取法　將鈉養醋酸二十兩硫强水八兩
將鈉養醋酸置瓷煱內用稍熱之熱沙盆加熱令融化後
連加熱調之至成粉爲度再增其熱令融化已融化後立
即去火待冷敲碎置有塞甑內能含三升者與里必格凝

器相連再將硫强水傾於甑內之質上速加其塞則醋酸
自能蒸出待自蒸之事已畢則加熱共蒸出六兩體積將
所得醋酸一錢合於鉀養碘養試水一錢先合於小粉漿
少許兩物和勻如變成藍色則知醋酸少有不合法之處
則將蒸出之醋酸合於黑色錳養最乾之細粉四分兩之
一再蒸之此爲一千八百六十四年英書之方用鉀養碘
養之意欲試所得之醋酸含硫養或否如含之則化分其
鉀養碘養而放出其碘令變藍色後加錳養則其硫養變
爲硫養而與錳養化合依此法所得醋酸略爲淨者其式
爲炭輕養輕養在六十度熱以下自能成顆粒

冰形醋酸爲無色流質其臭辣如醋酸減熱至三十四度則變無色柱形顆粒重率得一·○六五如每百分加水十分則重率增大如將冰形醋酸六十釐合於水一兩消化之則需用鈉養試水九百九十釐方足滅其酸性如將鉀養碘養試水一體積先合於小粉漿少許再合於冰形醋酸一體積不可變藍色如變藍色則知其含硫養

尋常醋酸　如將蒸木所得木醋酸照前法提淨之則得尋常醋酸其不淨之木醋酸先變爲鈉養醋酸此鈉養醋酸屢次令其成顆粒則能提淨後合於硫養蒸之則蒸出之質爲醋酸甑內所餘之質爲鈉養硫養再蒸一次或數

次則去其焦氣之質而令其重率合度醋酸爲無色流質酸性甚重有醋之臭重率爲一·○四四每重一百八十二釐需用鈉養試水一千釐足滅其酸性如熬乾之則無餘質合於輕硫或鋇綠或銀養淡養則不結成質又如合於輕綠或鋅粒加熱則不發輕硫又如將鉀養碘養試水一體積合於小粉漿少許再漸合於醋酸一體積則不變藍色

淡醋酸

取法　將醋酸一升合於蒸水七升調和之

英書之淡醋酸重率爲一·○○六如將淡醋酸四百四十釐即量杯之一兩合於鈉養試水三百十三釐適足滅其酸性每百分含淨醋酸三六三分

功用　醋酸雖有數種列於藥品之內但無甚大用如濃醋酸爲令皮膚最速之發疱藥如千日瘡與雞眼等用醋酸爲最佳烙炙藥又有數種植物質用醋酸令其消化而分出英書用之作斑蝥洗藥醋酸蜜糖哥勒枝嚓醋酸膏等如用其淡者作洗藥或擦身體則爲最佳涼性藥如吸其霧可治喉嚨與總氣管頭之病又可作內科之用即合於糖漿有一方將法國葡萄醋十一兩合於淨糖十四兩沖淡飲之

加疹子麻子病有醫士勸人用醋酸治之

服數　淡醋酸半錢至三錢爲一服又見下醋酸蜜糖節

苦里亞蘇脫　此質爲蒸木之黑油所成又名幾啊囌

此質係一千八百三十年化學家來肯拔克查得者即蒸木時得此質並數種別質俱爲炭輕養合而成者如黑油木醋酸木煙等質內俱能常見之其形性幾分藉所含之苦里亞蘇脫其淨者爲無色透光流質稀如自散油臭大如煙味熱而辣英書定其重率爲一·○七一其折光之性最大其淨者遇光不改變如遇熱則其體積漲大甚多加熱至三百九十七度則沸燒時成多烟之火焰合於水能

成兩種雜質一·含水之鹽類每苦里亞蘇脫十分合水一分二每水百分內含苦里亞蘇脫一·二五分此爲非勒白之說苦里亞蘇脫能在酒醕以脫或那曾塔內消化又能在醋酸並鹼類水內消化然其質之本性非酸非鹼如合於鉀或淡養或硫養俱能化分之而其最奇異之性能令阿勒布門質凝結如此能令肉久不壞故西國卽以此意設名苦里亞爲肉之意蘇脫爲存久之意

取法　尋常取苦里亞蘇脫之法用他爾之重油或貝路阿客色里克油此各質與木醋酸俱爲蒸木工內所得者其重油內含數種質必詳細蒸之初蒸出時有自散性之

質去之不用內含一種質名曰由比阿尼此質蒸出之後則其苦里亞蘇脫蒸出苦里亞蘇脫蒸盡則有白色顆粒形質名曰巴辣非尼故初見此白質必立卽停止所得不淨苦里亞蘇脫必與所含醋酸分開之卽合於鉀養炭養先搖動而後蒸之初蒸出之質去之不用再合於燐養水搖動之去其相連之淡輕養再蒸之甑內所餘之質爲淡輕養燐養再將其質在鉀養水內消化之又必去其面浮不消化之油類質其鹼性之水必沸之因其內含異質化分則令其水變棕色再加硫養滅鉀養之鹼性則苦里亞蘇脫能分出又用烙炙鉀養水消化之而後沸之用硫養

分開之則質已提淨再以水洗之蒸之則初時蒸出之質爲水去之不用其餘者爲淨苦里亞蘇脫

苦里亞蘇脫之原質式尙未查之極詳疑爲炭輕養其取法最難故價必貴常出售者不淨有謀利者加入加波力克酸在內因此質之性情與苦里亞蘇脫大同小異惟其淨者爲顆粒形定質蒸煤黑油則其自散油之酸性一分爲加波力克酸初時化學家羅倫突與格米林以加波力克酸與苦里亞蘇脫爲同質後有化學家哥羅不比薩尼士苦來思措法得已證來肯拔克查得之苦里亞蘇脫與加波力克酸不相同

試法　其重率爲一·〇六五如將杉木片插於苦里亞蘇脫內後插入輕綠內在空氣中晾乾之則得藍綠色如將此質滴於白色濾紙上加熱到二百十二度則不可存透光之痕迹應全化散用杉木片之法爲含苦里亞蘇脫之據用濾紙之法爲不含異油類質之據

功用　苦里亞蘇脫遇舌則覺痛遇皮膚則如燒小獸服之必斃如皮膚生潰瘡或有別種病或死肉証或瘰癧等則苦里亞蘇脫爲大有用之外科藥又如服之爲平火安心藥如牙痛尋常用之能止痛又如常嘔吐服之則可止吐惟服時必先用多水沖淡約苦里亞蘇脫一滴應用水

半兩爲最少
苦里亞蘇脫雜水
取法　用苦里亞蘇脫十六滴、冰形醋酸十六滴、智尼柏子酒半錢、糖漿一兩、蒸水十五兩。將苦里亞蘇脫與醋酸和勻，漸添其水，後加糖漿與智尼柏子酒
服數　以一錢至二錢爲一服，每雜水一兩含苦里亞蘇脫一滴
苦里亞蘇脫油膏
取法　將苦里亞蘇脫一錢，合於簡油膏一兩，和勻
苦里亞蘇脫霧

取法　將苦里亞蘇脫十二滴、沸水八兩。將苦里亞蘇脫與水置於發霧器內，令空氣行過其水，後吸其氣
此藥於一千八百六十七年載入英書，有數種喉嚨之病、氣管或總氣管激動、口氣發臭、肺體死肉，證吸此霧則有大益
加波力克酸　一名非尼克酸，又名阿客西偏西尼，又名非內里輕養
加波力克酸之原質，其式爲炭六輕五養輕。養化學家羅倫突於一千八百四十六年蒸煤黑油而得之。其黑油原爲蒸煤時所得之質，如將此黑油蒸之，則得三種質：一爲水，二爲輕油，即浮於水面之輕炭質；三爲重油，即沈於水底之

輕炭質。如其輕油質用分蒸之法，將各熱度蒸出之質分開之，則三百二十度與三百九十二度之間蒸出之流質爲加波力克酸，合於鉀養，浮於面之油質去之，再加硫養等酸質，令其鉀養與加波力克酸分開，再蒸之，得其更淨質。然尚爲流質，而含異質在內。如欲提淨之，得其純者，其工夫最難。即如楷法得設一法，取淨加波力克酸，將尋常出售之偏齊尼合於淡鹼類水加熱，即得黑色稠質，每百分含加波力克酸五十分，用蒸法謹慎蒸之，則得加波力克酸。楷法得又云：羅倫突所作加波力克酸合於他種雜質，即加波力克酸輕養，又名非尼克醕。又云：淨加波力克

酸每一分能在水二十分內消化，而羅倫突所作加波力克酸每一分須在水三十三分內消化。淨加波力克酸熱至四十一度則融化，熱至一百八十二度則沸，而羅倫突所作者熱至三十四度則融化，熱至一百八十六度則沸。此爲百度表之度數
常出售之加波力克酸爲不淨之流質，內含水與苦里歲里克酸並多別質。藥品內應用其淨顆粒，一千八百六十七年英書初列此質於藥品內，云加波力克酸爲無色針形顆粒，熱至九十五度變爲油形流質，臭與味大，與苦里亞蘇脫相似。又有數種性情亦與苦里亞蘇脫相同，重率

一○六五沸度爲三百七十度其顆粒遇空氣則易收其溼氣因此能融化但加波力克酸少能在水內消化又易在酒醋以脫各里司里尼內消化不能令藍色立低暮司試紙變紅如將杉木一薄片插入其內取出插入輕綠內空氣中晾乾之則得藍綠色其質能令阿勒布門凝結又如已折過之光行過之則不能改變其折光之平面

功用　加波力克酸爲藥之性與滅臭之性大約恃其能免物質腐爛之奇性又能阻其發酵此性情之根原或言因能滅令生物質腐爛之微細動植物體今時多用加波力克酸滅臭潔空氣所以街道面陰溝馬牛棚坑厠便溺

器常用加波力克酸令不發臭不致害人前時英國有霍亂吐瀉疫病多用加波力克酸之處大得其益

服數　以一釐至三釐爲一服非常用者昔時用他爾作藥品其功用想因含加波力克酸作外科之用能治皮膚之病凡因蕈類而成之皮病則更易治又傷破處或潰瘡或死肉証用之得益又外科刀割處可噴加波力克酸極細之霧於割破之處至蓋密爲止如此不遇空氣內微細動植物質則不腐爛而易愈有一方最便用加波力克酸茲錄於左

各里司里尼加波力克酸

取法　將加波力克酸一兩各里司里尼四兩在乳鉢內磨勻至加波力克酸全消化爲度

地中挖出之植物質

軟石油西名比得路里烏末又名地產黑色流質石油西名必才門又名拜貝徒司他爾又名石油又名地油此爲倫書所載之藥

比得路里烏末之原意即石油自古以來作藥品之用今時用之甚少地面遇見此質之處頗多又有別種形狀者如硬石油西名阿蘇弗辣脫姆爲硬形之質又那普塔爲稀流質等

產此質之處如拜貝徒司特里尼答兩海島英國數處如可勒蒲陸山谷等能常見之浮於淨水之面又歐洲數處

亦有之又北亞美利加產此質甚多其提淨者名曰火油即如每年發售者極多亞細亞近裏海之巴古相近處亦有之又在印度怒江相近有一處名地油浜土名剌難工產此質甚多英國都統賽密士云遊覽該處見掘地油之井約有五百口每年出火油四十萬餘大桶用船運往各口出售又天熱時挖在沙內亦能得之化學家苦里司脫生哥來格里兩八詳細查此油內得巴辣非尼與由比尼兩種質此兩質來肯拔克在蒸木所得質內亦得之所以疑剌郡等處所產地油爲蒸植物質所成即地內埋藏植

物質甚多或成煤或成他質遇地內之熱或地內之火則蒸出此油每年蒸出若干故能歷年取之不竭

生地油略如糖漿之形其色紅襖或黑味如石油能浮於水面而不能消化於水燒成濃而黑色之煙餘下含炭之質如遇酸質鹼類質或正酒醕則改變之事甚少如遇以脫自散油定質油則能消化之如遇空氣則變硬名曰硬石油如遇熱則成黃色流質與蒸煤時所得那普塔略相似地油可點燈其極稀而透光之石油亦名那普塔以上各種質爲輕氣合炭所成者不含養氣故鉀原質可存於其內又可爲消化軟像皮之料

功用　爲行氣藥有醫士勸人用之治風溼與皮膚之病作外科之藥如服之則爲殺蟲藥而刺郡所產者較他處所產更佳

琥珀 西名安拔

古之希臘人知琥珀擦之能吸輕體即因其生電氣之故而希臘語名曰依類克脫倫即琥珀今西國電氣之名亦與琥珀同即爲琥珀氣之意阿喇伯人名曰楷羅罷即引草之意琥珀係地中挖出之質尋常所得者係海邊礫石內從海水飄至岸邊者英國所用琥珀大半在波羅的海邊哥尼斯北爾與嘿麥兩處之間印度海邊亦得之在加爻與阿桑兩處之間地學家疑琥珀爲松樹類所產松香因常有在地內挖起松木之變石形者又如木煤層內所遇琥珀常有微蟲或植物微迹雜於其內常見者爲參差形脆塊色黃或黃紅似松香能透光無臭無味遇水或酒醕亦不變化蒸之則先蒸出黃色流質內含醋酸後蒸出黃色稀油又有黃色顆粒形定質即琥珀酸其式爲炭$_{八}$輕$_{四}$養$_{六}$二輕養此酸質與油類酸質相似可夾於生紙內壓之則得其淨者後再蒸之

功用　琥珀酸有醫士疑爲有益之化痰藥其油有行氣性能治轉筋以五滴爲一服昔時造淡輕$_{四}$養雜酒之方配琥珀酸俗名光水

武進孫鳴鳳校字

西藥大成卷九

英國　來拉　海得蘭　同撰
英國　傅蘭雅　口譯
新陽　趙元益　筆述

論動物類

查考人身百體內之各事各用俱藉鳥獸昆蟲之體而能知其大略又藉以試各事爲人所不敢嘗試者近時醫學考究愈詳則用動物爲藥品亦愈少古人多用動物爲藥品不惟無用且大爲可憎毫不能感動身體祇能感動其心令人以爲有益則偶能從心略得益處所以其質愈奇愈惡則功用因此愈大今化學家俱知動物質藥品幾能

俱用植物質與死物質代之不惟更易且其質更淨即如古人以蠏螯蠣殼或珊瑚當爲藥中之要品今知其質祇爲鈣養炭養故以此質代之又前人用燒過之骨或骨灰當爲藥品今以動物炭或鈣養燐養五代之又如前人用鹿角今以淡輕四養代之前人用海絨燒灰今以碘鹽類代之又動物之定質與流質油類其性與植物者相似故用植物油代牛羊或魚等油又蜜蠟與樱櫚類樹或楊梅類樹所產者相似又如司巴瑪息的油爲鯨魚類所產者亦與植物油相似此各油類質雖存之爲藥品而大半作爲外科之用此外另有蜜糖與乳所含之質與蔗糖相似用骨與鹿角或鰐魚肚成膠質即直辣的尼又蛋白質即名阿勒布門乳內所含之油或謂加西以尼或謂乳油或謂乳水此各質亦存於藥品內而植物質內亦有之又如麝香膃肭臍等物亦有醫士用之治數種腦筋之病藥品內整用之動物祇有三種一爲呀蘭米一爲斑蝥一爲蜞

一圈腦筋部又名拉弟阿脫即半徑之意

波里非辣科即多孔之意

海絨又名藥品海絨

海絨之用處甚多不惟爲藥品之用又爲家中常用之物故其形性不必詳言如第二百五十三圖爲活海絨之形

質鬆軟而有多孔另有彎曲通路在內種類甚多爲藥品者係地中海或紅海所產又有更粗者係西印度所產所

第二百五十三圖

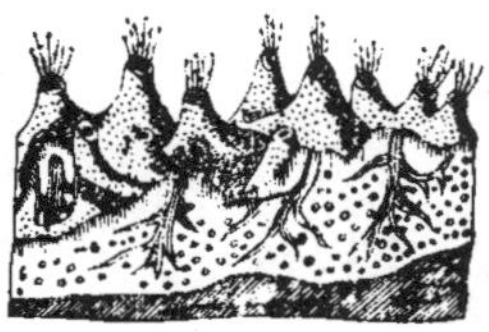

欲燒成灰者用英國海邊所產者應爲合用凡新取之海絨含珊瑚微片並微細蛤類故作外科之用必先去此各質上等海絨質軟而鬆故能吸水而外科數事內能當器具用之又有法將海絨做成釣膿等傷口之料其用法將海絨條置於融化蜜蠟內而置於割破處其蠟因受熱而漸融化則海絨收膿等流質而發腫又法將海

絨條以線縛之置於割破處翦斷其線則海絨亦能收其膿而發腫海絨之質爲直辣的尼與凝結之阿勒布門如將海絨燒之則其灰內含炭質矽質鈣養炭養鈣養燐養鈉養炭養鈉綠鈉碘鎂溴與鐵養少許又含碘若干因此前人常用海絨灰旧瘦瘤與瘰癧等病今歐洲有數處仍用此質而不用碘其服數以一錢或一錢餘爲一服合於蜜糖調和服之

波里比非拉科

凡波里比非拉科之動物已死之後所存之殼名曰珊瑚昔爲藥品之用今歐洲數國並東方各國亦爲藥品之用

其爲藥之性大約特所含之鈣養炭養並鐵養少許

二節生部 西名阿爾特苦拉他

愛尼里大科 即有各節連貫之物

蜞 即水蛭又名馬蟥西名希魯杜英國所用者蜞產於西班牙國法國意大里國匈牙利國

蜞與蜞之用處自古以來即有人知之印度人早用之以吮血阿喇伯人從印度學得其法特密孫云古人用蜞治人血之病喜羅獨佗斯書中亦言蜞之一類係尼羅河所產醫士沛離拉云昔時法國兵丁在埃及征戰之時有蜞常食其血因此大受其害此蜞名曰埃及蜞疑爲舊約書所言者本文曰倭魯奇或阿魯指觀舊約書第三十章第十五節云若水蛭善吮貪饕無厭阿喇伯人亦名曰阿魯指

動物學家苦肥愛包括蜞於希魯杜內但今又分爲多分科如薩肥尼將藥品中所用之蜞名曰散可意蘇茄即不累納肥辣名曰意阿脫拉蒲特拉蜞爲軟身無骨之蟲其身長下面平上面凸向首與尾收小有橫皺紋其體爲許多軟圈合成其圈自九十箇至一百箇其口有唇其尾亦有平圓片此二物便於吸黏於物質之上又大半特此兩物能行動其身下有孔兩幅每孔通入內袋而其袋可爲呼吸氣之器具其腸直而每一節之間腸腫至其長三分

之二之處爲止該處有二箇瞎腸即不通之意所吮之血存於腸內數十日仍爲紅色其散可意蘇茄類上口唇分爲數分其口之孔分爲三叉形而其唇分爲多節口內有三箇牙牀骨每牙牀骨之邊有極細之齒兩行頭上有十箇黑色點動物學家以此點爲眼其糞門小而在末圈之背面

常用之蜞有兩類動物學家云爲同類而不同種者即如有一種名曰花點蜞又名藥品蜞又有一種名曰綠色蜞如第二百五十四圖第一至第三號爲藥品蜞正名爲藥散可意蘇茄此爲英國常用者下面即其肚腹黃綠色面

有多黑點、其點之數與大小不等、其下面色之大半、俱為此黑色之點、而中間之空處顯出、如黃色之點、其背面有

第二百五十四圖

紅色或黃紅色縱條紋六條、上有黑色之點、其餘面為橄欖綠色或綠欖色、其圈之數自九十三至一百零八不等、齒之數自七十九至九十、此蜞產於歐洲、幾各處俱有之、又名英國蜞與花點蜞、又名眞蜞、又名欖色蜞等

第二種名曰藥品散可意蘇茄、其下面橄欖綠色無花點

背面深綠色而其背面與腰邊有縱條紋六條、其色似鐵鏽紅、常有分隔者、薩肥尼云、十眼內有六箇眼分外凸出牙齒略有七十箇、此種蜞產於歐洲之南、並在法國與日耳曼國、等常名綠色蜞、又名勾牙利蜞、因產於勾牙利國也

一千八百六十四年英書內、將以上兩種蜞名、偶然調換後即改正

動物學家步蘭德將他種蜞作其圖說、即如波魯文西阿里司希魯杜、弗斑那希魯杜、哇蒲司苦拉希魯杜、因替勒普他希魯杜、美國所用者、為弟司拉希魯杜、印度之蜞、甚多孟加拉地方、在水池內遇見者甚多、又在印度西北並雪山之麓亦有之、如蘇司羅大與阿非色那之書云、合用之蜞、有六種、有毒之蜞、亦有六種、英國常用之蜞、大半從昂不爾厄運進、英國已有多人設法養蜞、但尚未得法、法國京都相近處有池、蘇比蘭等人欲在該處養蜞、而不成事、因有一種甲類小蟲、名曰哇尼司故司、阿乖弟故司、常食其小蜞、凡養蜞水內、加鐵之小片、則可免其腐爛發臭不必每日換水

功用　蜞之最大用處、可在身之任一處吮血、有數種病、用蜞較之用刀等法更佳、即如腹胞膜生炎、腎囊生炎、痔瘡、直腸下墜等、又如身內之血過限、亦可用之、又血過多之時、亦可用之、然必依其情形而用之、否則有弊、而小兒可受其害、其蜞開通皮膚而吮血之法、略將其細齒鋸皮膚至破、每蜞約吮血一錢半、設如先用熱水敷法於所欲吮血處、則勉強能吮血半兩、如去蜞之後、而血流不止、則必壓之、或用瑪替哥敷於其上、間有血流不止、必加銀養淡養、間必將極細之針、縫其傷口

昆蟲科

甲蟲族

斑蝥　又名發疱斑蝥、又名發疱甲蟲、此種大半為勾牙利國所產而聚售、英國俗名西班牙蠅

希臘國人前用一種蟲名曰看他里斯其蟲之性情與今所用之發疱斑蝥相同但其蟲有黃色橫條紋近有一種

第二百五十五圖

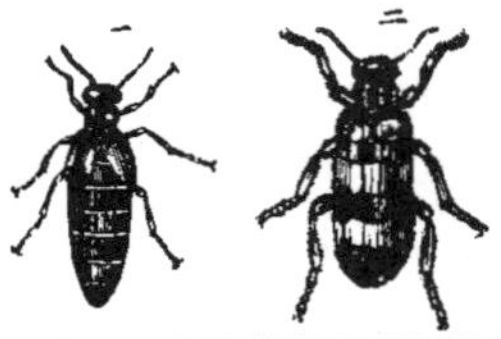

蟲與希臘所用者相同而屬於米辣蒲里司類此蟲內有一種名甫西里尼米辣蒲里司生於歐洲之南又有一種名西抽里依米辣蒲里司如第二百五十五圖之二號此蟲生於敘利亞國大略東方各國俱有之印度國土名曰弟里又名弟里木起即油蠅之意取此名之故因此類之蟲取之之時其足節放出油類形質又有一種

名脫里安替米依米辣蒲里司醫士傅勒明書論記之又有一類名極大里他此種不惟在敘利亞國有之即在阿非利加之塞內加爾亦有之有一種係阿喇伯國人書中所言者名曰蘇拉里初用斑蝥爲藥品時尚未知阿喇伯國有此種動物學家所設之名即如立尼由司名曰發疱米路依法白里西由司名曰發疱里他而遮弗離名曰發疱看他里司此名爲英書所用者但遮弗離將各種發疱甲蟲另設一小族與立尼由司所設米路依類略同名曰看他里弟依族此分族分爲十一種即看他里司米辣蒲里司米路依此各種已用爲發疱藥又有瑪加里司米路

依俗名五月蟲如第二百五十五圖之一號亦爲此類之一種

如第二百五十六圖之一二兩號爲藥品所用之斑蝥名曰發疱看他里司其形長幾爲圓柱形長六分至十分寬約二分其雄者較雌者稍小此種斑蝥易於分別因其兩箇翅殼長而易彎光金綠色其翅殼內有兩箇薄而棱色膜形之翅頭大似鈍心形其頭與項有縱槽其項非大於頭而略爲方形其項之大半並其體之其餘各處有白灰色毛蓋之其鬚黑色長而箇線形其箱托住其有節之副鬚案此爲摸近物之用其副鬚之末節略爲蛋形其足全長四分至

六分平滑其第一對足在腿之下有五小節其餘各對祇

第二百五十六圖

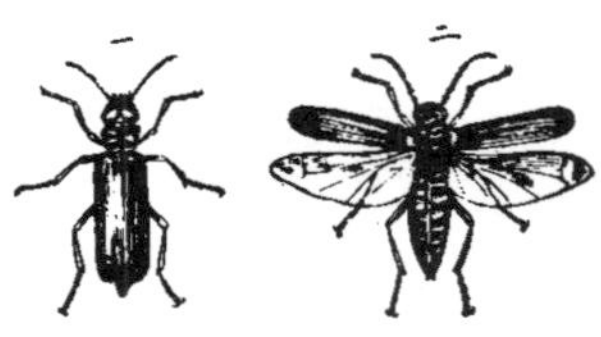

有四小節其小節俱爲茄花色其腿上有一刺其足上有一凹其足之下小節有兩爪俱爲雙分雌者之近糞門處有兩箇尾形之體俱有多節與副鬚相似此蟲產於法國之南西班牙國意大里國又在日耳曼國與俄羅斯國之南俱有之如阿書樹臭梧桐樹波里非各樹上常遇見之又在野黃楊與金銀花樹亦間有之又梅樹玫瑰花樹柳樹榆樹不常遇見之法里

尼司云生於暖處並多見日光者為最堅壯

斑蝥生八日至九日即死活時發一大臭最為可憎易依此臭分別之如多人住居之處有此蟲出時難於行路故行路之人不敢出門捕此蟲之法必在早起將手與面以布蓋護搖動其樹令其落下或置於醋內或置於篩內令遇醋霧則蟲已死或在日光內曬乾之或在暖房內晾乾或火油樟腦鈣綠木醋酸等物最佳者為其新鮮平滑乾置於瓶內恐有他蟲蝕之宜塞密為要瓶內應加醋少許斑蝥不可用多粉之斑蝥其形狀與色久不改變又其活時之臭亦不多改變味辣而熱磨成之粉灰欖色內有光點其光點為翅殼或頭或足之微片此光點雖無大用而最難滅壞故如有人偶用斑蝥中其毒則查用何毒可從其光點之有無分別其為斑蝥與否

此種斑蝥昔時大半從西班牙得之故英國俗名西班牙蠅令大半在匈牙利得之又在俄羅斯國與西里里海島得之

化學家羅皮該化分斑蝥查得含綠色油類質定質油類質哇司瑪蘇密不化合之醋酸尿酸鈣養燐養五鎂養燐養五並為藥性之質名曰看他里弟尼此質之性非自散油亦非松香類而在此兩物之間其成顆粒為白色光亮之片如加熱則化成黃色油加熱更大則能化散能在以脫內消化又能在濃强水與鹼類水內消化如從他質分開之而得其淨者不能在水或冷酒醕內消化但因斑蝥含數種他質在內則水或冷酒醕俱能消化看他里弟尼質羅皮該云將看他里弟尼百分釐之一擦於皮膚發疱極痛加不甚大之熱則漸化散加試之或用之之人能大惹其眼令痛化學家米格奴脫化分看他里弟尼其式為炭輕養四

功用　斑蝥為辣性毒藥又為引炎惹皮膚之藥又為行氣利小便藥間能令生溺器具生炎食其小服則令其內之內皮汁復原即如久延流白濁白帶等病用之有益但尋常用處為弔炎令皮膚成疱約六小時至十二小時即成然間能成溺痳故用必謹慎

斑蝥酒

取法　斑蝥粗粉四分兩之一準酒醕一升浸七日濾之加準酒醕補足一升此酒之濃與倫書之方所作者相同

功用　為行氣利小便藥

服數　以十滴為一服此為初用之數後漸加增至一錢然必謹慎用而合於潤內皮藥服之如久延毒白濁白帶遺溺等為內服之藥如合於肥皂或樟腦洗水則可在風

溼病作引炎等藥

斑蝥醋

取法　將斑蝥細粉二兩冰形醋酸二兩醋酸十八兩或足用將其醋酸十三兩合於冰形醋酸而將斑蝥粉在此醋酸內浸二小時其熱必至二百度待其全料冷時傾入過濾器內待其醋酸流盡再將醋酸五兩傾入過濾器內之粉上待其質全濾過後將其餘質壓之壓出之質濾之將兩次所得之醋和勻加醋酸補足一升為度

此方原載於倫書一千八百六十七年收入英書

此醋較倫書之方所作者更濃而較蘇書阿書所作者更

淡如將駱駝毛筆蘸此醋而畫於皮膚待乾時再畫一次或二次則發疱

斑蝥發疱洗藥 俗名吊炎水

取法　將斑蝥粉八兩醋酸四兩以脫一升將其斑蝥浸於醋酸內後置於過濾器內待二十四小時後令以脫漸漸行過至共得二十兩為度存於瓶中塞密之

此水與斑蝥醋有相似處但其濃為四倍又因其以脫化散甚速而為其體積之大半則用毛筆畫於皮膚成疱最速初用以脫消化斑蝥內之看他里弟尼質者係巴巴黎亞國依丁格醫士其以脫不惟能消化看他里弟尼又能消化其油質與松香類質又依丁格作發疱洗藥每斑蝥一分專用以脫二分不用他質又有醫士普牢割特云用哥囉昉消化斑蝥內之看他里弟尼質較以脫更佳

斑蝥油膏

取法　將斑蝥一兩黃蠟一兩橄欖油六兩將斑蝥在油內浸之盛於蓋密之器內至十二小時為度再將其器置於熱水盆加二百十二度之熱略十五分時為度再置於沙布內加大壓力壓之另將黃蠟融化之乘其融化時將前料加入其內連調至冷為度

橄欖油消化斑蝥之藥性質最佳又可專用橄欖油消化

斑蝥成引炎洗藥此油可作引病外出藥又令水疱久不愈為妙

斑蝥膏 又名吊炎膏

取法　將提淨豬油六兩黃蠟七兩半提淨羊油七兩半用熱水盆加熱和勻融化之加已融化之松香三兩後加斑蝥粉十二兩和勻連調至冷為度

此膏每三分有斑蝥一分此質與倫書之方所作斑蝥膏相同

功用　為發疱藥等常用此藥作吊炎之各事間有人其皮膚必先加芥末等質令發紅而行氣後加此膏但尋常

言之其發疱之事易而不誤

斑蝥暖膏 又名引炎膜膏

取法　將斑蝥粗粉四兩沸水一升肉豆蔻壓出之油四兩黃蠟四兩松香四兩肥皂膏三磅又四分磅之一松香膏二磅將其斑蝥置沸水內沖之約二小時包於布內用大壓力壓之將壓得之水用熱水盆熬之至減三分之一爲度添入餘料而用熱水盆融化之連調之至和勻爲度

此膏之功用爲瘤與舊瘡之行氣藥

近有醫士設立新法代斑蝥膏爲弔炎藥之用其質之功用與斑蝥者相同而其用法更佳更便所命之名如發疱

膜弔炎綢等又有法國京都所設發疱紗發疱紙等觀蘇比蘭書第二本第二百十頁　其作法將斑蝥用以脫或用酒醕成膏或消化之料或用看他里弟尼水合於松香或蜜蠟在前言油或蠟之紗紙等質鋪成薄層

一千八百六十七年英書有作發疱紙之方如左

發疱紙 又名斑蝥紙

取法　將白蜜蠟四錢司巴瑪息的油一兩半橄欖油二兩松香四分兩之三加拿大波勒殺末四分兩之一斑蝥細粉一兩蒸水六兩以上各質除波勒殺末之外置於熱水盆約二小時連調之不停濾之而將其膏與水分開之

另將其膏在淺器內融化之而以加拿大波勒殺末合於其內將紙條置於熱膏之面拖之令得膏一薄層如所用之紙預作縱橫隔線每線相距一寸則可依平方寸分其紙便於身體各處之用

如以上之洗藥用以脫所成者每一分合於哥路弟恩一分則成最合宜之易乾弔炎膏如身體不便於用稀水之處則用此質爲宜

希密替拉族 上翅半爲甲形半爲膜形

呀蘭米 西名殼可司此蟲係墨西哥國與德內黎非爾兩處所產立尼由司名曰仙人掌殼可司爲藥品者爲其雌蟲之烘乾者

呀蘭米雖爲顏料之可貴者而其爲藥無甚大用此類之蟲有數種能作染料之用如第二百五十七圖爲仙人掌殼可司與呀蘭米蟲之圖又如衣里克司殼可司俗名克

第二百五十七圖

蜜士蟲而生於一種橡樹名衣里克司又有拉克蟲正名拉克殼可司在印度國數種大小樹木上遇見之能作呀蘭米之用又其松香類質俗名舍來克可作許多則用又有一種名波蘭殼可司生於存多年司克蘭佗司之根上又有一種產於希拉卑溼地草根上亦與呀蘭米蟲相似者但眞呀蘭米蟲在

墨西哥國涼爽處即近於華沙加等處西班牙人名曰細粒即呀蘭米又有一種名野粒爲下等者在更熱之地遇見之即如委拉古盧斯與巴西國是也呀蘭米蟲之雌者墨西哥國土人乘其已有子時置於仙人掌之葉上生子之後土人用刷刷下加熱令死每年略能生子三次其細粒者亦分兩種一爲銀色者一爲黑色者又有中亞美利加與都拉斯所產者又今阿非利加西邊加拿列海島有人多養之每年產者甚多但數年以內設立阿尼里尼紅色料則呀蘭米用者較前更少其蟲之形如第二百五十八圖爲長圓形一面略平一面略凸長一分至二分面有

皺紋所有銀色者其色似銀紙因面上有極細絨毛以顯微鏡能分別之常有謀利者將其下等之蟲用託克石等白色粉鋪於其面令有銀色其銀色者去其細絨毛粉則爲紫灰色而其黑色者無粉爲暗紅色更有次等者係小蟲內去其碎爛之大蟲名曰小粒如將呀蘭米磨成粉則爲紫紅色無臭有大苦味內有油類與光明之顏料此料化學家名曰卡耳米尼克酸而爲顏色之料恃此質其用處大半令數種浸酒配成可觀之色

第二百五十八圖

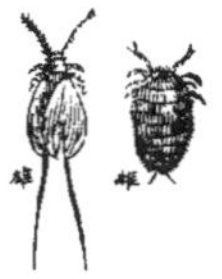

呀蘭米酒

取法　將呀蘭米粉二兩半準酒醕一升浸七日屢次搖動之以布濾之壓之以紙濾之加準酒醕補足一升此浸酒之用便令藥料有佳色

呀蘭米糖漿此爲倫書之方

取法　將搗碎呀蘭米八十釐沸蒸水一升置蓋密之器內十五分時沸之屢次調之以布濾之依扶桑糖漿之法爲之加糖三磅正酒醕二兩半或至足用

此糖漿加入藥水內令其色美觀而味適口

膜翅族　西名海門哇玻替拉

蜜蜂　西名成蜜阿披司

蜜蜂列於藥品之內因其成蜜糖與蜜蠟如第二百五十九圖甲爲蜂王乙爲工蜂丙爲雄蜂

第二百五十九圖

蜜糖

蜜糖係蜜蜂在其窩中房內所成之糖質此糖係花心內所成之質而蜜蜂食之入其胞內則改變其形性吐於蜂房之內極細蜜糖爲蜂房中自流出之蜜如其蜜蜂窩內尚未分孳者則所得蜜糖謂之清蜜凡蜜糖之性情大半恃其蜂從何花草得之上等者爲黏性透明之流質味甜

臭奇而香但上等蜜糖食之令人喉中不安似覺少有辣味存若干時則蜜糖變濃而成白色顆粒下等蜜糖櫻紅色內有顆粒與雜質等常之法壓蜂房得之蜜糖能在水中消化沸酒醋亦能消化大半蜜糖含能成顆粒之糖與不能成顆粒之糖及瑪內得與香料少許下等者含蠟與酸質雜質如將蜜糖以水沖淡之則發酒酵變為蜜酒如將蜜在水內沸之約五分時待冷用碘酒試之不應變藍色如變藍色則知其雜小粉

提淨蜜糖

取法　將蜜糖用熱水盆融化之乘熱時用佛蘭絨濾之

功用　為潤內皮藥微利藥等常之用為漱喉藥如醋酸蜜糖與硼砂蜜糖俱合蜂蜜

醋酸蜜糖

取法　將提淨蜜糖四十兩合於醋酸五兩蒸水五兩

功用　為化痰藥與發汗藥

服數　以一錢至半兩為一服合於他種治嗽藥倫書用之作士哇盧蜜醋

黃蜜蠟　此為蜂窩融化而得之質

白蜜蠟　此為黃蜜蠟漂白而成者

蜜蠟自古以來用之與蜜糖同有數種植物能生蠟質如椶櫚樹之類又有數種楊梅樹產之如阿非利加好望角為最多者中國與日本國亦有產蠟之樹如烏桕樹等西國不多知此類之樹昔人以為蜂從花中取蜜徑帶至窩內作蜂房今時知蜂腹內之鱗形處有核能結成此質用此質造成房而其蠟必為所食之物變成者

黃蠟為等常所用者其做法將蜂房切碎壓出其蜜糖而將其餘質在沸水中融化之令加熱若干時則其異質或能分開或能消化待冷則其蠟結成定質再融化之濾之待冷成餅形之塊色暗黃臭奇而有趣如將圓柱形之輪令其轉動以水令其面恒為溼將其蠟融化之而傾於輪

上從小口而出則凝結成薄條如帶久遇光與空氣溼氣則漂白變為黃白色幾為白色

白蠟常含司巴瑪息的油此係謀利者加入令其色更可觀又常有謀利者加入小粉或牛羊油等質蠟為定質加熱至一百五十五度則融化能燒成光亮之火能在沸酒醕與以脫內消化最易在定質油與自散油內消化如松香與油質俱能與蠟化合又蠟合於鹼類水成肥皂但其肥皂不甚佳醫士約翰化分蠟得兩種質一為西路以尼一為美里西尼其西路以尼質能在酒醕內消化而可恃此性情分開之又有醫士布路弟云西路以尼內含一質

其質屬於油類配質之類名曰西路弟克酸其式爲炭輕養$_{四}$美里西尼爲更繁之質其質爲巴辣麻的克酸其式爲炭$_{三}$輕$_{三}$養$_{四}$合於密里西尼克醕並一奇異本質之合於養氣並輕養之質此生物本質名曰密里賽里其式爲炭$_{四十}$輕$_{八十}$常有謀利者以蠟合於司替阿里尼與他種油類質又有人加入小粉令其色更白英書設一法能試蠟之淨否即摩之不覺有油之形性加熱不及一百四十度不融化如爲白蠟不到一百五十度不當融化遇冷而提淨之酒醕不可有消化之質在松香油內全能消化如在沸水內調和之則待冷時遇碘不應變藍色此爲試含小粉之法

功用　蠟爲潤皮藥如合於他質成膏則能在消蝕或惹動之處作一蓋護之令不遇空氣或他質即如傷風或久延赤白痢用此最佳外科之用處作蠟膏硬膏油膏倫書之蠟膏用白蠟二十兩橄欖油一升合而成之

簡油膏

取法　將白蠟二兩提淨豬油三兩杏仁油三兩用熱水盆和勻融化後則從熱水盆取出連調至冷爲度

功用　此膏治尋常之瘡作潤皮藥又可用爲他種油膏之本

三介部西名摩羅司揩

螺蛤科西名康其非拉勒馬克之名即有殼之意

蠣殼

蠣爲常食之水族如英國達迷斯河口兩岸產蠣甚多又各國海邊幾無一處不產如第二百六十圖爲木一塊浸在水中有蠣黃

第二百六十圖

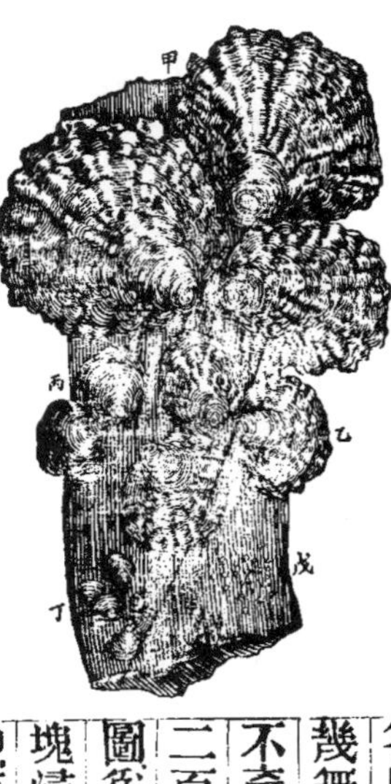

大小相附於其上甲爲十二箇月至十四箇月者乙爲五箇月至六箇月者丙爲三箇月至四箇月者丁爲一箇月至二箇月者戊爲十五日至二十日者昔時以蠣殼爲藥品因其含鈣養炭養$_{二}$與鈣養燐養$_{五}$及動物質之微迹昔時用蠣殼磨粉作爲滅酸之藥惟此粉與白石粉之分別祇因其含鈣養燐養$_{五}$與數種異質

四脊骨部西名司比尼色里蒲拉他

魚科西名拔西司

魚肚膠即鰾魚膠西名依克弟可拉所謂魚肚者即鰾係魚腹內含氣之胞魚藉此能遊泳而不沈常作此質之魚爲數種司脫眞魚之鰾所成立尼由司名此魚曰阿西噴薩此魚之鰾必洗之切成細

條

此質之名原爲希臘語依克弟即魚之意可拉即膠之意其英語之名曰司脫眞即魚鰾之意而從日耳曼國得其名因作此膠大半爲鱘魚之類即阿西嘖薩魚之類如第二百六十一圖其上等者係俄羅斯國河內得之即流至黑海裏海鹹海貝加爾湖此膠亦有從巴西印度運至英國者而今此兩處運來者較前者更細而佳魚肚膠爲動物膠內之最淨者故作直辣的尼用之則爲貴重之質淨直辣的尼爲明而無色之質無臭無味其乾者易存其溼者速腐在各種淡酸質內能消化又在定性鹼類質內能

消化其消化之水能合於樹皮酸結成多質而此質有熟皮之臭又汞綠加入直辣的尼內則不令其結成故易依

第二百六十一圖

此質分別水內之直辣的尼與阿勒布門其直辣的尼質能與多水化合而其濃水待冷時變爲軟定質而少動之則多振動如合於硫强水沸之則能變爲糖之一種名曰各里各可勒魚肚膠之淨者爲白色半透光半暗之質無臭無味冷水中變軟沸水內消化除所含泥土等異質不消化化學家蘇利化分盂加拉所產魚肚膠三種第一種每百分得直辣的尼八六五分第二種九〇九分第三種九二八分如欲詳查魚肚膠出產之處觀步蘭德動物藥品書沛離拉藥品書來拉論印度海邊產魚肚膠之書一千八百四十二年所作者

功用　魚肚膠爲潤內皮之料但其大用處爲養病人之食物因其養身之性大而不惹養生路其用處在藥品內亦爲試藥因能作直辣的尼之用

魚肝油 西名莫羅阿各特烏司此油係各特魚新鮮之肝加熱不外一百八十度所熬出之油正名幾可里司阿西里油

魚類之體內常有多油散在各處但各特魚之油大半聚

在其肝如尋常各特魚即古時布里尼又今之動物學家名曰阿西里其肝內所得之油在瑞典國與歐洲他國久

第二百六十二圖

用爲治病之藥一千七百八十二年英國醫士沛西伐勒多勸人用此油治舊風溼近有多人用之治瘰癧肺癆病故藥品書必收入之作爲正藥品又有與各特魚相類之魚其肝所得之油疑常雜於出售之魚肝油內即如

佗爾司魚蒲爾薄特魚林魚等是也其實各特魚在新著大島海邊得其大半因該處各特魚甚多近有人將鯊魚肝油帶至里味不出售此油之化學變化與魚肝油大有相似之處但其重率更小祇得○·八六六可依此重率分別之化學家疑此油爲所知定性油內之最輕者而司巴瑪油之重率次之即爲○·八七五此鯊魚肝油係在阿非利加海邊捕鯊魚者所作又有從印度馬拉巴爾得之者如第二百六十二圖上爲各特魚之形中爲蒲爾薄特魚之形下爲鯊魚之形

取法　取魚肝油有數法但得最佳油之法不先加熱以令其油或動物質化分又不久曬之令其質腐爛但必將魚肝不加熱而壓出其油後提淨之此爲所得油之上等者英書云爲藥品之油必用新鮮魚肝爲之所加之熱不可大於一百八十度加倍辣公司久用此法作魚肝油在海邊揀出新鮮上等之魚肝洗淨切片加熱至一百八十度至其油全行自流出爲度濾之減熱至五十度以內令其油中所含已凝結之油質即瑪加里尼濾出之存於瓶內塞密之

又新著大島與那威國海邊有更粗之法作魚肝油其法將木桶之底多鑽孔桶底之面鋪杉木小枝將魚肝裝滿

桶內令遇空氣又令日光曬乾之則其肝質漸腐爛而其油流出桶底置盆受之此種油樱色味酸而可憎應提淨之方爲合用

又有一法將魚肝置於鐵鍋內沸之將其油濾出而將魚肝置於布內壓之即如蘇格蘭紐哈芬捕魚之人用此法如不添水或功夫不謹愼爲之則所得之油可含焦氣所成之質

醫士德貞云歐洲所用魚肝油可分爲三種而英國常出售者有此三種其色各不同一爲淡黃色一爲淡樱色一爲深樱色其臭亦各不同俱有少粹之油味又有輕酸性重率約爲○·九二四令酒醋能消化此油每百分二分至三分熱酒醋能消化三分至七分能在以脫中消化無論多少俱可其深樱色者較其餘兩種更爲不淨臭味可憎而有焦氣其重率間有大至○·九二九者德貞詳細化分此三種油言其原質大同小異已化分淡黃色油一百分所得各質如下哇里以克酸並奇異藥性質名各特與以尼共七四分瑪加里克酸一一·七五分各里司里尼一○·一七分布低耳以克酸○·○七分醋酸○·○四分數種質與膽汁所含者同共約○·三二分碘○·○三七分綠氣與溴共○·一四八分燐○·○二一分又有燐養硫養鈣養鎂

養鈉養各少許耗去三分其樱色油所含哇里以克酸較其餘兩種更少每百分祇有六九分德貞又化分各特與以尼質而白西里由司以爲此質不過爲膽汁內之一要質名膽汁夫路肥克酸變化而成之質或云此質變成之法因其油化分故其樱色油內含之者較淡色油內含者更多英書云入藥魚肝油係淡黃色者

依以上之說則魚肝油與他種油大同小異所有之分別不過因含數種膽汁質近有醫士温克拉詳細查考此油之原質及變成之法而言魚肝油不含眞各里司里尼而含其相類之質名布路貝里尼即布路貝里合於養氣之質如將魚肝油合於鉛養令變爲肥皂則布路貝里尼質與養氣化合成發大臭之質名曰布路貝里克酸此質合於其鉛而成鹽類又如將魚肝油在甑內合於鉀養鈣養淡輕四綠則有自散之流質能蒸出名曰布路貝辣阿米尼其式爲淡輕二炭六輕七此質無色但其臭大似黑林魚肝之油如將藥品內之他種油依此法試之則不能得以上之各事

試法　雖有數種試法能分別此油然俱不甚靈因此油之性情與大半動物油之性情公共也温克拉考得之事不惟爲魚肝油所有另有他種油亦可有之但因其含膽汁質指出其爲肝所成者又有醫士以爲所含之碘分外多亦爲能分別之性情常有謀利者以海獺油與鯨魚油代之又因此兩種油不含膽汁之各質則將牛膽汁並與膽汁相似之質雜於其內令其爲假難於分別近有法國醫士勸人不必服魚肝油而將橄欖油合於碘代之其功用相同

試驗魚肝油之法內一必試知其爲動物油其臭與味可以作據又燒之得灰頗多又用温克拉所設布路貝辣阿米尼亦可爲據又如將魚肝油合於最濃之硫養三將變成之紫色質合於鉀養水至有餘加熱則所放之臭最重而能達遠與而烏草油相同此而烏草油亦有法能爲之即從加布里克酸去其養氣二分劑其式爲炭二〇輕二〇養二而其加布里克酸爲自散油類酸質疑各種動物油內俱含之二用法證其爲魚油若來思猎法得曾設兩法分別魚油即如海獺油司巴瑪油魚肝油等從一切他油無論動物油與植物油俱能分別之所用之料爲硝養與燐養五又將其油五分體積合於鈉養水一分體積而此鈉養水之重率爲一·三四者加熱令沸則成深紅色可以此法分別各種油內有魚油或否如每百分內有魚油一分亦能顯出又法將其油五分合於濃燐養五一分則變成深紅色速變

黑色無論何種油類內每一千分含魚油一分用此法亦能顯出

三試其油內含膽汁質與否法將其油若干置於白色瓷板與濃硫强水調和變成最佳之紫色漸改爲椶色昔時疑其變色之事因油內含碘而成但其實因含可里克酸並魚肝內之他種質如用此硫强水之法則顯出爲肝內所成之油如司巴瑪油與海獺油依同法試之則變紅色

四魚肝油應含碘若干但此碘質爲與油類質化合者故必用法試其油含此質與否但他種魚之油如鯨類之油亦含碘質如將其油合於酒醋搖動之能查得有不化合

之碘質或用小粉之法試得含碘質則必爲謀利者用他種油加碘以配眞油之質其油內自有之碘質不能用尋常之法分別之醫士德貞設一法將其油合於鹼類成肥皂而將肥皂燒成炭將其炭灰試其含碘質又有化學家拉布而丁將鉀養一分合於欲試之油十分合成肥皂將肥皂燒盡以其灰合於水調勻而其明水內添硫强水合硝强水至有餘再將此質合於哥囉叻搖動之則哥囉叻能消化而收其碘質變爲紫色如另將哥囉叻若干合於碘若干而其碘爲已知之數將所試得之哥囉叻與配成之哥囉叻顏色深淺相比則能知其油含碘數若干

由此可見以上各試法不能辨出其油全爲魚肝油或否因有他種油雜於其內亦必有此各事如將其油合於淡輕養蒸之而將蒸得之布路比辣阿米尼量其數則可知其油內含異質油若干分

魚肝油之眞者各種爲藥之功用略相同其淨者即色淡者其臭與味甚少故病人用之較他種更適口德貞試驗此事而言深色魚肝油之功力較淡色者更大然其後改變此意而令勸人用淡色之油其深色油之色可用動物炭之法去之醫士没立設法去其臭令其油受大壓力而同時令遇炭養氣

功用　醫士疑魚肝油之功力大半恃所含之碘質但此意疑其有差因如將碘之各種藥代之不能得其功力又如用他種油質無論獨用之或合於碘或牛膽汁用之俱不能當其用而得其益有多人試驗此事不能得法有多種久病養身之職不能行用此油得其益處即如皮膚病風溼痛風瘰癧骨與交節之病用之常得其益處又如肺癆病內其功用最大其病初顯時功用分外大病久者服之亦能得其益處以上各病如見其人身瘦者則所顯之功力更大因其人能漸肥胖又漸顯出改血之性又能補身之全精神

服數　以二錢至一兩或二兩爲一服一日三服又因其深色者臭味難當應用其淡色者可浮於牛乳香水苦味水橘汁涼茶咖啡或酒服之俱依其事與病人所喜者然此油應久用之方能得其功益不可因暫不效而停服如鐵碘汞碘金雞哪碘各質略能在魚肝油內消化設如瘰癧等病應用變改血藥時可在魚肝油內消化之如雞那以亞亦可依同法服之

禽科西名阿肥士

家雞西名班起伐茄路司脫明克之名立尼由司名曰法西阿路司茄路司藥品中用者爲其蛋西名哇夫末分爲兩種質一爲蛋白西名阿勒布門哇夫一爲蛋黃西名哇夫非低羅司

家雞一物各國俱有之如第二百六十三圖但其根原疑爲印度國之野雞雞蛋爲常用食物之佳者其殼大半爲鈣養炭養近時不用之殼內有白色半明半暗之膜膜內有蛋白質係黏性流質而存於極細膜質之膛內此流質可作爲阿勒布門質之水因每百分含阿勒布門十二分含水八十五分含募苦司即不能結成之質二七分又鹽類質○三

第二百六十三圖

分又有鈉養硫黃之微迹蛋白內之流質能與水和勻如加熱至二百十二度以內則結成質即如煮雞蛋時能見其凝結又如合於酸質亦能令其凝結凝結之後變白色不透光不消化之質蛋白合於汞綠或鉛養二醋酸或錫綠或樹皮酸等俱能令其結成質

蛋黃西名哇夫非低羅司爲濃而油形之流質不能透光色黃無臭味淡而適口如合於水調和則成乳形之膏又如加淡水內能沈下之質則此水內可和勻而不沈化分蛋黃每百分得油質二八七五分此油質多含以拉以尼而少含司替阿里尼阿勒布門一七四七分水五三八分

又含不化合之硫黃少許與燐質若干

功用　蛋白之用處大半爲提淨流質因合於流質內加熱則蛋白質凝結而分出而其異質隨蛋白而分出如合酒醋之流質不加熱則加蛋白亦能令其提淨如汞綠或銅鹽類偶中其毒則可多用蛋白解其毒間有用蛋白爲潤外皮之藥又如將蛋白合於白礬調和則成收斂性之膏蛋黃不惟爲養身之食物即於配藥料內亦有大用處即如作各膏水質又用油質或油性松香類令其在藥水內和勻而不分出

乳哺科西名瑪瑪里亞

鯨魚族西名西他西亞

鯨魚西名西他西由末立尼由司名曰大頭非西他爲藥品者取其頭內之定質油濾之壓出其流質油正名息的尼此油從司巴瑪鯨魚得之故名司巴瑪息的尼此魚又名白色楷舍羅

此種鯨魚在太平洋與中國海內常見之如第二百六十四圖此魚之大頭內有奇異之膛內生司巴瑪息的油但此油取時另含流質油若干其魚之舌等處亦有此油本性爲定質油類其上牙牀骨內有一大凹此凹內有多膛膛內含此油甚多其油與舌內之油有一厚膜質如皮隔之而有橫隔之皮質托之此事有動物學家恆德爾約翰詳言之其取法將頭中之各流質取出沸之待冷時司巴瑪息的凝結而其流質油浮於面上用篩法與壓法分開之再將司巴瑪息的油融化之而合於極淡鹼類水則得

第二百六十四圖

其淨油爲白色顆粒形塊形如珍珠質軟而少有油類性臭味俱甚少重率得〇.九四如合於酒醕少許則能磨成粉又加熱至一百十二度卽融化易燒水內難消化酒醕內少能消化以脫內更易消化定質油與自散油內更易消化凡司巴瑪息的油合他油質合於沸酒醕

易於分開之因祇能消化其淨司巴瑪息的油質

司巴瑪息的油之淨而不含流質油者謂之息的尼此油加熱至一百二十度卽融化其形性與化學性似蜜蠟之密里西尼其質難成肥皂但成肥皂之時有兩質變成一爲中立性顆粒形油類質能乾蒸之名曰以他辣又有一種名以他辣克酸此酸之形性與瑪加里克酸大同小異以他辣亦名曰息的里克醕因查其形性似爲動物本質合輕養之質而此動物本質名曰息的里其分劑式爲炭輕又化學家疑以他辣克酸與巴辣麻的克酸爲同原異質者因巴辣麻的克酸之式爲炭$_{三二}$輕$_{三二}$養$_{四}$其取法或將息的里克醕合於養氣成之此爲布路弟之說

功用　司巴瑪息的爲潤內皮之藥昔時之人多用爲內服之藥合於膠質或蛋黃近時用此油大半合於蠟膏或油膏爲外科內之配質

司巴瑪息的油膏

取法　將司巴瑪息的油五兩白蠟二兩杏仁油一升調和至冷爲度倫書所作司巴瑪息的蠟膏所含之蠟較此方者多四倍

功用　司巴瑪息的油膏與蠟膏俱爲潤外皮之藥其油膏較蠟膏更軟

回嚼族（西名羅米難替阿）

牛骨灰（其牛爲家牛，西名北羅司龍司）

哺乳科內之獸，其骨爲直辣的尼并土質合而成者，每百分約有土質六十分，土質之大半爲鈣養燐養，又有鈣養炭養，約爲其五分之一，又有他種鹽類少許。取骨灰之法，將其骨內膠質在露天爐內燒去之，將所餘之土質磨成粉。此灰之用，能作鈣養燐養與鈉養燐養。

如將骨在蓋密之器內燒之，則成動物炭（觀前論炭節）。此質非淨動物炭，因炭之外另含鈣養燐養。此質多用爲提淨糖與植物鹼類等。

骨內之直辣的尼質不列於藥品之內，惟常用之爲養身之湯等質。骨內之土質能在淡輕綠水內消化，必將骨浸於輕綠水內，惟浸之先必沸之刮之洗淨之，後置於鍋內。其鍋蓋有螺絲連緊，令其受熱大於水之沸度，鍋蓋內有葬門，如氣之壓力過大，可放之以免鍋裂之險。骨內直辣的尼質俱消化而出，可加香料與菜等質作適口之湯。人之飲食，如欲合法養身，則必爲雜者，故人專食直辣的尼質則不足養身，設如合於他質食之，則爲有益之食物。

有一質在小牛之胃內取之，名曰伯布西尼，此質在下論豬一節內詳言之，因常用者大半從豬肚內取出之。

牛膽汁（入藥品者提淨而熬濃之）

昔時藥品內多用牛膽汁，後漸去之不用，近又有醫士多用之。如第二百六十五圖爲牡牛之形。

第二百六十五圖

凡哺乳科一切動物，其膽汁形性大同小異。此膽汁爲黏性明流質，其色綠黃，易與水調和，其變化有鹼性，味苦而可憎。如欲提淨，則熬乾之，而將其餘質合於正酒醕，則酒醕能消化其膽汁，而不能消化其膽囊內之暮苦司質。此消化之質可用動物炭去其色料，又有法能去其

各立司替里尼，此質爲定性油類質或蠟質，去之之法，將其流質合於以脫，在瓶內搖動之，則其淨膽汁分出，爲其水之下層，再熬乾之，則成黃色定質，似松香類。膽汁每百分含土質與鹼性鹽類十分至十二分，燒之，則土質與鹼性鹽類存於灰內。如依法去此異質，則所得眞膽汁，其原質最繁，化學家司脫來克已詳細化分之，得知膽汁爲兩種油類酸質所成之肥皂，即鈉養鹽類質。其一箇酸質名曰可里克酸，又一箇酸質名曰可里以克酸，此兩箇酸又名古里各可路里克酸、托而阿可路里克酸。此兩種配質疑其俱含一種無淡氣之配質，合於含淡氣之質。第一酸

質內其可路里克酸合於古里各西尼第二酸質內其可路里克酸合於托而以尼此質不惟含淡氣又含硫黃

取法　將新鮮牛膽汁一升正酒醕二升將其膽汁與酒醕置瓶內搖動之至和勻待十二小時其渣滓沈下傾出其明水而在瓷鍋內用熱水盆加熱熬之至得稠質合於作丸之用

照以上取法其膽汁所含暮苦司質盡去之惟所含之色料即各立司替里尼仍存於其內英書論提淨膽汁之試法為黃綠色之汁味微甜而苦能在水或酒醕內消化如將一釐至二釐在水一錢內消化合於新鮮糖漿一滴即

為糖一分水四分所成者漸加以硫養$_3$至初結成之質再消化則漸變為櫻桃紅色再改為卡耳米尼色又改為紫色後又改為茄花色此為百屯可法試膽汁之法此變化恃所含可路里克酸如將提淨之膽汁合於正酒醕則不可有結成之質如有結成者疑為暮苦司質

功用　膽汁之功用不能盡知有微利性有人喜用之為補藥或改血藥又胃不消化服之亦有益處

服數　成丸而服之以五釐至十釐為一服

鹿角　此為倫書之藥立尼由司名鹿曰象聲夫司入藥品者為鹿角與鎊鹿角或用其燒成之灰作鈣養燐養$_5$之用

鹿之形如第二百六十六圖牡鹿之角並其鎊下之角為藥品古人常用之鹿角原質與尋常獸角不同因牛羊等角其原料與結成之阿勒布門質相類鹿角至春時則解自第一年至第五年逐年加大過五

第二百六十六圖

年則漸減小第一年內頭上祇有凸處第二年則生一支如圖之一號第三年生叉形如圖之二號第四年生兩叉

如圖之三號第五年生四叉如圖之四號第六年生五叉如圖之五號第七年生四叉如圖之六號以後各年之形無大改變惟逐年減小其原質與骨大同小異即每百分含直辣的尼二七分鈣養燐養$_5$五七五分鈣養炭養$_2$一分但其直辣的尼質在沸水中消化較骨者更易如乾蒸之則得不淨之淡輕$_4$養炭養$_2$昔時名此質曰鹿角酒故近時淡輕$_4$養之數種鹽類雖俱不用鹿角取之俗名曰鹿角酒如將鹿角燒之所成之灰幾全為鈣養燐養$_5$

功用　鹿角鎊下之花合於水沸之則成無色膠類質有大養身之性可代魚肚等膠類形質倫書作錦雜散亦用

此質

麝香西名母司克司係似鹿小獸身內所得之質此獸立尼由司名曰成麝香母司克司此質爲其獸近臍眼之袋中所結成者將此質熬乾西國所用者從中國與印度運來

産麝香之獸與尋常回嚼之獸不同處卽無角又其上牙牀骨有長齒名曰虎牙如第二百六十七圖此獸生於中

第二百六十七圖

亞細亞之山與西藏等處從雪山起至天山止又從此兩山直至中國之交界俱有之故此質大略從産大黃之同地而來則依同理而

有俄國麝香中國麝香印度麝香考印度之言語名此獸

曰苦司士里此名與海狗之名卽楷司士里大同小異而麝香與海狗尾內所得香料亦有相似之處西國名母司克大略從阿喇伯之言密司克或暮司克得之梵文曰母施楷自古以來印度人用此質爲香料與藥品古時醫士塞拉披恩大約從印度得此藥而前有依替由司亦論記之

麝之形狀與尺寸與鹿族大同小異尋常長不及三尺其背在後腿上較在前腿上更高無角而上牙牀骨之虎牙分外長牙齒共有三十二箇卽下牙牀骨有八箇利齒其牡者上牙牀骨有虎牙兩箇其餘平頭之齒共二十四箇

上下平分其牝者無虎牙耳長尖而窄尾極短其毛堅固有凹凸力並有浪形其色與時候年數地方有相關尋常之色爲深鐵灰色每一根毛近根處略爲白色而毛尖處或爲黑色或爲古銅黃色前時動物學家不知其有孕之日數後英國哈知生在尼泊爾查得其有孕之日數一百七十日麝易畏懼性馴良而平和此獸在峻險之高嶺並在樹木稀少之處遇見之尋常在近於有雪之處見之但冬冷時則自上而下至更近於平地處能從此石跳至彼石最爲靈巧

麝之牡者在其臍眼稍前處有一箇孔此孔能通入一箇

面生毛之囊此囊一面平一面凸囊內結成之質卽名麝香此麝香惟牡者有之牝者則無此囊爲平而光滑者而上遇肚腹之處爲平者下則凸形而生毛爲數層膜質相合而成生麝香之體爲小核形質在內層皮之面上而生於最內層皮之小凹內每一袋所含麝香數自一錢半至三錢而在交合時之間其麝香最多鮮者軟而櫻紅色其香卽在囊內作乾之卽爲貿易內之麝香常出售者有兩種一爲中國者一爲西伯利者而上品者從中國運來而中國産麝香之處必爲冷而高山最多之處如雪山等是也印度所用之麝香亦有從中國運來者又西藏交界與

印度西北山內亦產之甚多西人瑪爾揩沒曾著書詳論取麝香之法又云常出售之麝香含雜質在內甚多

麝香或爲粒或爲塊磨之則軟如油其色紅㠶臭大而能達至遠處並可深入物內味苦而可憎頗難易於着火用正酒醕與以脫爲消化此物最合宜之質有數化學家化分之查得含司替阿里尼以拉以尼可立司替里尼與不化合之淡輕養並數種鹽類與動物質如阿勒布門等又有香料質與其淡輕養相連者此原質遇熱則大半減去又不能以蒸法分出之惟其原質之數目比例常不同其故疑出售時常有謀利者加與質在內

假麝香幾分爲乾血與淡輕養所含之眞麝香其數甚少或無如廣州府作麝香貿易者將香牛皮一塊成袋與眞麝袋同形而將其假料裝於其內出售

功用　麝香爲行氣藥治轉筋藥少有睡性法國醫士脫魯蘇云有數種腦筋之病用此藥有益又爲壯陽藥服數每三四小時以五釐爲一服其服數可漸加多至二十釐爲一服

試法　眞麝香應在沸水中消化而所不消化者不可多於全質四分之一而其沸水內加以酸質應有結成如其酸質爲淡養則應幾爲無色又如加鉛養醋酸水或沒石子水亦應令其質結成如加汞綠則不可有結成之質或變濁如燒成灰不可成紅色亦不可成黃色應爲灰色又每百分不可多於五分至六分其灰爲鉀養炭養鉀養硫養鉀綠鈣養燐養又有鎂養與鐵養之微迹此一節探他書補入

羊油　藥品所用之羊油爲羊腹內所成者以法化之提淨之則合用西名西夫末家羊西名阿里以司哇非司

家羊自古以來有人養之教熟之羊疑其原爲阿爾茄里哇非司而後羊改變爲多種其脂或膏爲食物內大養身之料其油大半爲腹內所出最多者近於腰子之處其油入藥品預備用之法必先融化而後濾之提淨之羊油爲

白色定質質脆而臭小味淡失物羅勒化分之云含司替阿里尼與哇里以尼另含希爾西尼瑪加里尼少許其司替阿里尼與哇里以尼亦爲豬油所含之質希爾西尼爲流質與哇里以尼相似但其質在酒醕內消化更易羊油所含之司替阿里尼較他種動物油含者更多故融化之熱度亦更大必加熱至一百零三度方融化羊油係炭輕養三質合成

功用　爲潤外皮藥等常用處加入油膏與他種膏質令其更爲結實

乳　西名拉格

乳爲哺乳之動物乳頭內變成奇異之流質爲養其小者之用英國常用之乳爲牛乳另有用羊乳與驢乳者東方之人常用水牛乳與駱駝乳食肉獸之乳之性情與食草獸之乳之性情大同小異英國常用者爲牛乳或爲潤內皮藥或爲治中毒又爲作司卡暮尼酪之用故此書專論牛乳而其餘者不論

乳爲白色流質初看必以爲勻淨之質但其實係數質合成一爲透光之流質一爲許多小油質球浮於其內如久不動之則其小球分出浮於其面成乳皮將其乳皮久調之而壓出其流質以水洗其餘質則成乳油此油如融化

之則能更淨變爲提淨之乳油即印度所名曰其油乳油內含司替阿里尼與哇里以尼但其比例時常不同另含一種香油類質名曰布低耳以尼此質尚無人能分開而取之設如令成肥皂則能得四種自散油類酸質一爲布低耳以克酸二爲加布路以克酸三爲加布里克酸四爲加布里里克酸又含一種黃色料去皮之乳亦爲可用之食物乳自能變酸而成乳腐設如加以酸質或小牛腹內所得之連尼得汁則分出一種阿勒布門質爲乳餅之根本名曰加西以尼此質與蛋白之阿勒布門質有不同之處因遇熱不能凝結已分出乳油與乳腐之後所餘之水熬乾之則成乳糖與拉格的克酸與他種質化學家海突林化分乳每一千分得水八七三分定質一二七分乳油三〇分加西以尼與不能消化之鹽類五一分糖與能消化之鹽類四六分其各鹽類爲燐養$_{五}$合於鈣養鎂養鐵$_{二}$養$_{三}$鈉綠鉀等其鈉養與加西以尼化合乳之重率自一·〇三至一·〇三五凡乳之鮮者有鹼性但其糖速變爲乳酸觀西門動物化學書第二本第六十二頁

功用　乳之爲食物其補性甚大又能作潤內皮之藥又如誤服汞綠或銅養硫養$_{三}$或銀養淡養$_{五}$等猝性毒質則用乳亦爲有益之解毒物

乳糖　西名薩卡羅未拉格的士此糖爲熱牛乳水所得顆粒形質又名拉格的尼

乳糖昔時阿書列於藥品內今英書亦列於藥品內其原質爲炭$_{二十四}$輕$_{四十四}$養$_{二十二}$可見與蔗糖果糖不同又如遇淡養$_{五}$等放養氣之質則成茂雪克酸與膠質同故可作爲糖膠中間接連之質乳糖不易發酵故與他糖亦不同化學家黑斯已試過而言有法能令其發酵自古以來滿洲人用馬乳作酒而阿喇伯人用駱駝乳作酒

乳糖爲哺乳獸之乳內所能得之質去油質與加西以尼之後所餘乳水內含乳糖與鹽類質並數種含淡氣之質如其乳水存時太久則化分其拉格的尼成拉格的克酸

其式爲炭輕養令乳水變酸今瑞士國多造乳糖即造乳餅時所餘下之牛乳水熬成漿用動物炭減其色則將木條或麻線懸於水內則其糖在上凝結而成顆粒故常出售者爲圓柱形之條徑約二寸其中間或有線或有木條或爲餅之零塊之形色灰白其面與其質內有顆粒形能透光質硬無臭味少甜嚼時似有砂此爲英書之説

乳糖每一分須冷水五分或沸水三分方能消化之在正酒醋內少能消化成四邊柱形顆粒其質最硬

功用　乳糖之藥性淡而無功力但在各散內用之令烈性之藥更淡曾有人設法將乳糖合於牛乳與水與小兒

食之以代人乳因人乳與牛乳之分别大概因含乳糖更多之故

乳酸（西名拉格的克酸）

此酸之作法將乳令發酸加白石粉減其酸則變成鈣養乳酸將此質消化之令成顆粒則其質已提淨又用草酸等法化分之或可用鋅養炭養代白石粉而令輕硫行過化分鋅養乳酸所濾得之水含乳酸如熬之則成最酸之漿重率得一二一五其酸質不成顆粒而能合於鹼類或金類本質成能消化之顆粒形鹽類又鐵養乳酸爲有功用之藥品（觀卷三之五第五十頁）　乳酸爲胃汁內不可少之質又爲消化之要質故有數種胃不消化之病用此藥爲大有功用者因較伯布西尼更爲可恃

服數　半錢至一錢爲一服可合於糖漿在飯前服之

厚皮族（西名巴起特密他）

豬油（西名阿弟蒲司此油爲提淨之豬油其豬立尼由司名曰司克路伐蘇司）

豬之野生者與家養者自古以來用之古之猶太教人與回教人禁食其肉今仍未弛其禁其近於腰子之油較他處之油更堅固故醫士更喜用之但其胰子油與板油亦有人用之又有人用身之外層油其取法略與羊油相同然必連調之令其原質不分開尋常出售者含鹽故不合

於作藥品之用必在沸水內化之去其鹽方合用英書準用之豬油爲腹內之油去其各膜質融化之濾之必連加熱至二百十二度多時連調之不停

豬油爲白色之質幾無臭無味質軟有顆粒形加熱至八十度至九十度則融化幾分能在醋內消化易在以脱與自散油內消化而融化之時能助蠟與松香融化又合於鹼類能變爲肥皂遇空氣能變酸味辣而臭每百分含炭七十九分輕十一分養九分又每百分含司替阿里尼與瑪加里尼共三十八分又哇里以尼六十二分如用酒醋則此各質能分出待冷則結成司替阿里尼質爲白色顆

粒形質蒸之則放出哇里以尼其瑪加里尼戟司替阿里尼在冷以脫內更易消化故可恃此性情分開之又如加壓力或冷則此兩種質俱能與哇里以尼分開

近時出售之豬油謀利者常加異質於內韋波勒已化分數種出售之豬油每百分得小粉與麪等質二十分又有稱爲美國豬油實爲英國內所作者若來思揩法得化分之每百分在小粉之外另得水十分白礬二三分鈣養一分此各異質用機器合於其油內令其質勻淨因此其色更白其異質難於分辨故凡用豬油作藥料之事必先試其含異質或否其油又不可含鹽類英書云豬油不可有

酸臭應在以脫內全消化又將其油在蒸水中沸之待冷濾之合於銀養淡養不可有結成之質又加碘水亦不可變藍色

功用　豬油爲潤外皮之料與他種油類同故能爲數種蠟膏與油膏之本質又有時用爲外導瀉藥之配料

含此質之藥品　簡油膏（見蜜蠟一節）

偏蘇以尼豬油

取法　提淨豬油一磅偏蘇以尼香粗粉一百四十釐將其豬油以熱水盆加熱融化加入偏蘇以尼香連加熱二小時屢次調之至末則濾之將濾下之偏蘇以尼香去之

此藥於一千八百六十七年收入英書但此油膏曾有化學家多年勸人用之較尋常豬油更存久而不發酸又以此油所成各質可久存而不壞今用此油作數種藥品即如沒石子油膏鉛養醋酸油膏硫黃油膏鋅油膏又用之作樹皮酸汞鉛莫啡啞等外塞藥

伯布西尼（此質爲哺乳獸胃內行消化之事所恃阿勒布門類之質）

胃汁所含之伯布西尼質初時爲化學家施温所分出近有德法英各國化學家詳細查究之知此質爲阿勒布門變化而成之奇性質此質爲布路的以尼之類而有在別質之旁變化之性如合於一種酸質或數種酸質與水則

成獸胃內所成消化食物之胃汁有數種胃不消化之病其故似爲胃汁太少則醫士用伯布西尼爲助消化之藥故數年內伯布西尼爲藥品內多用之質但伯布西尼最易自化分又加熱至多於一百二十度則失其本性所以不惟難得而又難存故其爲藥不能得寬濶之用處

取法　取伯布西尼之法甚多能存之法甚少

化學家本獨勒脫用小牛胃汁取其伯布西尼而合於乳酸與小粉等此小牛之先若干時不令小牛食乳其胃必以水洗淨之將其內面暮苦司質刮去之而磨成漿浸於水中十二小時將其流質濾之而用鉛養醋酸水令其伯

布西尼結成與水調和通入輕硫放去其鉛養將其水濾之必謹慎加熱至不外一百度之熱熬之所得之乾質為伯布西尼而其形狀似乾暮苦司質依本獨勒脫之法將此質合於乳酸少許再加小粉頗多此質名藥品伯布西尼又出售之人云加熱至九十八度則每一分能消化非布里尼四分然在藥肆中買此質則常得其無功用者或有功用則大半因其含乳酸

豬胃內所得伯布西尼似較小牛胃內所得者功用更大但疑常取伯布西尼之法用鉛有害於其能消化之性法國醫士布羅克設法取豬胃內伯布西尼質其法如左

將新宰之豬取其胃內面暮苦司膜質而在淡燐養$_{5}$水內浸之熱不可外於一百度見其質似將消爛而有自裂之形則濾其流質而將餘質依同法浸之至全消爛為止將所得之流質和勻用鈣養水滅其酸則其內所含伯布西尼質存於其結成之鈣養燐養$_{5}$內用極淡之輕綠水消化之又用鈣養令其再結成消化之濾之另將可立司替里尼一分正酒醋四分以脫一分和勻合於其酸性水搖動則其可立司替里尼結成極細之點而其伯布西尼質同結成洗之去其輕綠又用以脫分出其可立司替里尼依此法所成之伯布西尼或言其助消化之性最大但布羅克云依此法所作伯布西尼遇樹皮酸與汞綠俱不能結成質又云如加此兩種質而有質結成者則因含阿勒布門質故也又有醫士云可用鉛養醋酸之法分出豬胃內伯布西尼或用酒醋或樹皮酸令其質結成此說與前說不合

伯布西尼為輕而粉形含淡氣之質而屬於阿勒布門之類其原質尚未定準因尚未得其全淨者其質能在水中消化如加熱大於一百二十度則自化分如在水中消化之能令非布里尼與凝結之阿勒布門質消化如加熱至一百度則助其消化又如加輕綠或燐養$_{5}$或乳酸亦能助

其消化其淨者無味無臭如在水中消化之則加鉛鹽類或汞鹽類或鉑鹽類則其質結成又如加酒醋或樹皮酸亦能令其質結成如尋常之熱度則其水能速化分有一法便試伯布西尼即與乳和勻則先令其質結成後令其質消化醫士巴肥試倫敦所造伯布西尼質多種大半毫無功用

功用　身弱胃不消化之人常覺欲吐或痛或不思食而疑其胃汁或不足或不合法者則服伯布西尼質治之

服數　如用淨伯布西尼質則以五釐至十釐為一服如用本獨勒脫所作者則以十五釐至六十釐為一服但本

獨勒脫所作伯布西尼之最佳者每一分祇能消化食物四分又有人設法作伯布西尼酒然因酒館能令伯布西尼結成恐此酒亦無用醫士摩爾生用鈉綠作一種質名曰伯布西尼水

攀克里阿低尼爲豬腹內甜肉汁所造之質卽令油質消化專恃此質今英國收入藥品內如病人食物難消化則用晒夫里與摩爾公司出售之攀克里阿低尼十釐在飯後合於酒一杯或水一杯服之又有醫士都白勒設一法將豬油合於攀克里阿低尼令人服之代魚肝油之用或言較魚肝油更佳可治虛損之病

嚙族 西名羅屯其阿

膃肭臍 卽海狗腎西名楷司土爾烏末此質爲海狗臍眼前之小囊與其內所結成之質作乾之其海狗西名非巴楷司土而爲藥品者係北亞美利加之北哈德孫灣等處所產者

海狗之腎與麝香有相似之處自希布可拉弟司之時以來作爲藥品阿喇伯人名曰正特比佗司土爾但代司可立弟司書中論此獸最詳故無可疑如北亞美利加所產者能以泥與木成窩便於居住最爲靈巧如第二百六十八圖而歐洲之北所產者不以

第二百六十八圖

泥木造窩而挖地作洞故有人疑其非同類者動物學家苦肥愛云曾詳查歐洲之羅尼河多惱河威塞河各邊所有挖洞之海狗不能與北亞美利加所能造窩者有分別海狗與他種嚙族所有之分別因有大而橢圓形之尾其尾有壓平形外有鱗又有成海狗腎之囊無論雄雌俱有之步蘭德與辣茲白格書中詳言如第二百六十九圖係從其書摘錄者其含海狗腎之囊辛辛常有人與其外腎物物相混其

第二百六十九圖

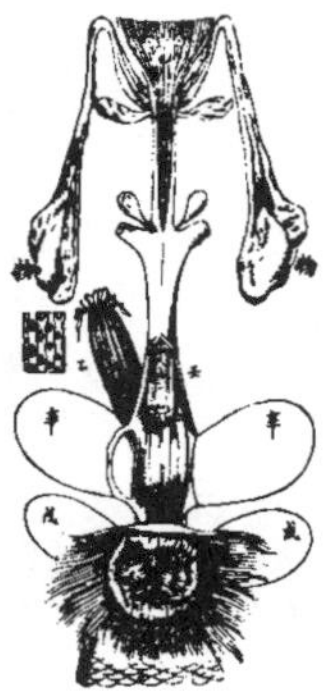

方位難於分明但如去肚腹之皮則易分別之此兩囊之外另有兩囊戊戊內含油質此各囊俱在交骨彎與公用之凹門間 案凹門如魚鳥與數種獸俱有之大小便與精等俱從此處而出 此凹外有皺紋生毛凸處蓋之而其油囊與海狗腎之囊與肛門乙及陽物壬俱通至此凹內其含海狗腎之囊略爲梨形而有壓平形其窄處與其公用之凹處開通而其囊底各相離含海狗腎之囊係數層皮合而成者與麝之囊同其各囊內有繞成莽苦司形之膜質外有多鱗有小櫻色體疑其作核之用囊內結成之膃肭臍新鮮時黃橘皮色遇外空氣則改爲櫻色

含海狗腎之囊常有與其含油質之囊相連出售其含油者更短更小應分開之則爲合用此爲英書之說

出售之海狗腎有兩種一爲北亞美利加運來者而爲哈德孫灣公司所運一爲俄羅斯國所產不多見之如欲試驗之則能分别此兩種其法將其一分在酒醕十六分內浸之則變黃色如舍利酒知爲俄羅斯國所產者如其色深樱如布而得酒則知爲北亞美利加所產者又法將其質落入酸質內如發泡發沸則爲北亞美利加者如不發泡不沸則爲俄國者此爲沛離拉之試法其囊尋常有前所言公巴門之一分在其間相連之間有其油囊亦爲相

連者其囊內分數膛而其海狗腎質化出之後則其膜能見之或其囊撕破則能見其膜與海狗腎質相雜其海狗腎質摘破之面常有松香類之形色爲樱紅臭大而可憎質重味苦而頗可憎步蘭德化分之所得之質爲自散油松香質哇司瑪蘇密阿勒布門暮苦司鈣養由里克酸鈣養炭養鈣養偏蘇以克鈣養燐養鈣養硫養鈉養鹽類鉀養鹽類淡輕養炭養奇異油類質能成顆粒者名曰揩司土爾以尼近有胡拉在膃肭臍內另得兩種質一爲加波力克酸一爲薩里西尼其薩里西尼質必爲柳樹皮所成因海狗常喜食柳樹之皮

功用　膃肭臍頗有行氣治轉筋之性醫士亞勒散得黎周爾格與其各學徒食膃肭臍至足服祇有嘔而已另有醫士脫魯蘇已試此質能治數種腦筋之病與肉筋跳痛等病想其各功用與發里里恩及阿魏相似而甚近而與麝香頗遠又云應合於阿魏酒或亞摩酒服之可用其粉或用其丸以三十釐至一百二十釐爲一服

膃肭臍酒

取法　將膃肭臍粗粉一兩在正酒醕一升內浸七日屢次搖動則傾出其酒壓之將所得流質濾之加正酒醕補足一升

功用　此酒原有治轉筋之意惟其質甚淡似乎無用查此質與各種動物之棄津液如當藥品之用則爲人所厭惡感動人心大半從此顯出其藥性然此種藥品實爲可惡斷不可列於今之藥品內古人不知醫學之理而用之今人漸明醫學之理當去之

希臘西由末

此質爲一種獸溺凝結而成之質一千八百五十年自好望角運至英國作爲膃肭臍之用而此質之更好於膃肭臍祇在其更爲可憎巴滚云此質係一種獸名好累角希臘克司之溺凝結而成者取此質之法往山上查此獸聚

集之洞內卽得之本處農家最貴重之爲治轉筋藥其獸無成希臘西由末之囊故與海狗大不相同

上海曹鍾秀繪圖
武進孫鳴鳳校字

西藥大成卷十

英國來　拉
海得蘭　同撰
英國　傅蘭雅　口譯
新陽　趙元益　筆述

藥品依性與功用分類排列

此書第一次印者序內有一節係來拉所作言詳考藥品內各質之原意欲知各種料之爲藥其功用特何故而得之此爲考究藥品之第一要事故凡醫院內所收學徒第一年考究藥品與治病之法先將各種藥品依萬物分種類之法排列而論之俟學成之時將各種藥品依其治病之功用排列之此爲便法等語故想此書能照此意而爲之亦必能有益茲將各種藥品依其功用排列而成幅每幅另加總說學者細觀之能知藥品之功用俱與別事有相關其藥性與功用俱能與外事有關涉或身體常有改變之事故所服之藥顯出之藥性往往不同

藥品分類其法甚多大約著書者所用之法不同故排列法之數目幾與著書者之數目相等無論何法不免有弊因此事最難考求至乎其極因數種藥品在各人身內所顯功用常不相同又因有數種病有數法能治之所有各排列法內有以當時醫學之理爲根本又有以藥品在人身內所顯之性爲根本又有以藥品在人身內百體中之

一體或一處所顯之藥性爲根本是也然考究藥品依法排列歸於公理兩條一爲感動人身之藥料二爲受其感動之身之性情惟考究人身今時另爲一門之學考之極詳又有動物化學近已得其詳細故考究人身相關之事亦較昔時更爲有益凡用藥品所顯之性間有暫能顯出者即如有數種藥必冷服之又有數種必熱服之如混其冷熱則功用不顯又有其功用歸於百體內之一體間有其功用屬於全身從此有醫士爭論藥品之感動人身係何理何法或爲一處受其藥性而其藥專屬於該處而不通至他處或爲血所收而運至百體惟有一體或數體能

受其感動又有醫士以爲藥性特身體一處腦筋所受之感動即從此處過腦筋通至各處今有醫士詳考此事得知藥品之大半逕收入血內而能在稟津液內顯出然而數種藥之性情其若干分功用或全功用可另特腦筋而顯出醫士布類格云血收各種藥質並速運至百體內足爲速行之毒藥或治病之藥能速徧通百體之故醫士米阿希云藥品之功用藉四事一必先收入血中否則不能顯其功用於身內二其藥必爲能消化之質或服之之先不能消化必在身內遇流質而消化三藥品之大半行過動物之身體則必有變化四藥品在身內之變化特平常

之化學理故不惟能預知其變化亦可恃其變化而治病如藥品能消化而未被養生路內之流質化分者則逕收入血中如爲不能消化之質則必恃胃內之酸質鹼類質或鹽類質消化之方能入血

金類並大半金類含養氣之質與數種鹽類俱能被胃汁之酸質消化

非金類質如硫黃與燐並不能消化之配質與數種不消化之鹽類油類松香類波勒殺末等俱能被腸內之鹼類質消化

又有他種不能消化之鹽類質如汞綠鉛養硫養銀綠等

遇鹼類含綠氣之質則爲其所改變而消化而養生路各處有此種鹼類含綠氣之質

近時歐洲他國醫士如胡拉等又英國醫士白爾特與周尼士詳考藥品感動人身之理又有海得蘭另著一書論藥之功用亦詳辨此事

藥品遇身之外面或收入身內而進入血中則藥品顯其性情或特其本藥性之力或恃其化學變化之力或恃其原力即在活人身內所顯之力而此力係生命之力合其顯出者

所有生命顯出之力有令藥品感動或激發又有令藥品

減血氣故名曰平火安心藥又名曰對行氣藥又有一種藥能改變身內之定質或流質故名改血藥凡藥品能改變百體之形狀與其所行之職分則謂藥之功用其各功用內有立卽顯出未收入血之先已能見之無病者用之則顯出此性此爲藥品自然之功用有病者用之所顯之功用謂之治病之功用醫士拜別埃云藥品感動人身其原性情五事而成一徑感動收其藥之體二藥之微點收入血中三令百體同覺四因他體相近則受此體之感動五爲相反而相克之法

令百體顯出以上各事所恃之理與法醫學家尚未定準

因意見大有不同最舊之理以爲各種病因身體內有惡氣或惡質如能去此質則病能愈古時醫士希布可拉弟司論用藥所恃之理曰相反者以相反者治之今德國醫士另設一理與古時希布可拉弟司之理不合其理曰相似者必以相似者治之其意依所顯之病証如何則所用之藥必顯出相似之病証方能治其病又有一理係布羅奴尼恩所設其理曰凡藥品有行氣之性而其分別在乎行氣之大小而已故先顯出行氣過限之性後其性已過則身體歸原近有意大里國醫士亦設一理曰凡藥品分兩大類一爲行氣藥一爲對行氣藥卽平火安心藥如身虛弱則用行血氣藥如血過多而身太充足則用減血氣藥又有醫士路賓設一理將藥品分爲兩種一爲加力之藥一爲減力之藥又云藥品令身體反而不服之理因用藥感動身之彼體則此體之病可以相離海得蘭云以上各人之意見俱有有理之處亦有無理之處而今最講究醫道之人以爲藥品能治病之法爲阻病而非與病相反而顯其力可見阻病或令病不顯而退與相反之意亦不同而顯此藥性可徑直顯出或繞道顯出無論藥品所顯之性如何如能治病而令人再得精神則爲阻病之意設如藥品令人另生一病與本病相似者此實非阻病反爲

助病

近人將藥品照其感動身體之法而排列之又有依其治病之性而排列之尋常作藥品書者將藥品依其總性情卽以其感動人身之總意而排列之此法用處最大又最合於今時醫學所到之分際又有醫士克倫將藥品分兩類一類感動人身內之定質一類感動人身內之流質又有醫士楊云將藥品照化學性情排列而將藥品之大半名曰與生命相關之藥又有特治一病之藥卽如管理失知覺之質又有醫士設立將藥品分爲四種一爲全身行氣血藥二爲有界限之行氣血藥卽令成津液之藥三爲

化學性之藥四爲以身爲器具之藥但醫士没立將平火安心藥與寗睡藥一併排列將此各種藥作爲行氣血藥後有醫士敦根亦照此法排列而分五大類即養身之藥成津液之藥行氣血藥減血氣藥具化學性之藥醫士湯勿生與巴黎亦佩服没立所當人身爲器具之藥並化學性之藥又另用醫士楊所設感動生命之藥來拉亦用此排列法因最合於各事之用而依此排列法指出藥品感動人身一處之性即如成津液之藥照没立之法爲一處之行氣血藥即感動一處之核又湯勿生將其感動生命之藥分爲感動腦筋之藥或爲感動身體變成各料之藥

又分爲感動肉筋並感動血之各藥又有他人將其各藥品依其感動一處之性而排列之即如沛離拉分爲九類第一第二第三爲身外用之類第四爲血類即內有酸質鹼質與改血質第五爲氣藥第六爲腦筋藥七爲肚腹藥八爲津液藥九爲生育藥又海得蘭將各種藥分列之法亦恃藥品性情之總理分爲四大等第一等爲血藥此內之第一類爲補血藥第二類爲消解藥第二等爲腦筋藥此內之第一類爲行氣血藥第二類爲寗睡藥第三類爲平火安心藥第三等爲收歛藥第四等爲赶逐藥見海得蘭所作藥品感動身體之書

近時醫士俱考藥品之眞性情故以後醫學必更爲講究而藥品之排列法因此亦必更清晰然今仍必用舊法依藥品之性情與功用而排列之雖此書內排列之法照來拉之原意分三大等而此三等之名亦難包括等內排列之藥之性情即如以人身爲器具之藥其大半爲食物當藥品之用雖其功用之一分藉其本性情而其功用之別種恃其質必在胃中消化而入血內之功夫又如化學性之藥其功用之一分藉其化學性雖收入血內或入津液之質內而其功用之大半藉其在活身體內遇流質與定質所顯之變化可見其化學變化不惟在此等內顯出即

在其餘兩等內亦能顯出最多在感動生命之藥因改血藥之性與補藥之性收入血內之後亦疑有化學性情故可當爲前排列法內之血藥又成津液之藥其功用大半亦恃化學之變化但不必因此另排列之又如補藥行氣藥之大半尋常之人以爲恃其感動腦筋之事有人以爲感動肉筋與血而各種鐵藥必恃化學之變化而顯其功用而眞行氣藥寗睡藥平火安心藥大半感動腦筋但不能言因此而不感動肉筋與血管等體

藥品分等類此爲來拉之法

甲　以人身爲器具之藥

沖淡藥　潤內皮藥　柔軟藥

乙　具化學性之藥

令皮肉爛藥　酸類藥　鹼類藥　解溺中沙粉藥

滅臭藥　收斂藥　解毒藥

丙　感動生命之藥

第一類有界限之行氣血藥卽令成津液藥

攺血藥　取嚏藥　生津藥　吐藥　化痰藥　發汗藥　利小便藥　重瀉藥　殺蟲藥　調經藥　引炎藥　引病外出藥　發疱藥

第二類全身行氣血藥

補藥　行氣藥與香藥　散性行氣藥　特用行氣藥

第三類減氣血藥卽對行氣藥

寧睡藥　治轉筋藥　解熱藥　平火安心藥

甲　以人身爲器具之藥

此等藥藉其本性情而感動人身似以人身爲器具故尋常以爲無甚緊要惟間有身體內雜性質必欲沖淡或欲令津液更能消化或管之內面受惹而必加一層藥料如套可保護之或有破爛去皮之面欲保護之此各事必用輕性藥而所用之藥必爲合式與重性之藥必與重病合宜同理

沖淡藥　沖淡藥爲令血更稀而易於流動之藥惟因此等藥之大半爲潤內皮在多水內消化者則其藥之功用藉水而顯出醫士克倫將能令身內各質黏連之力更小者名曰稀性藥沖淡藥功用大槩之意解渴減皮膚之熱令皮膚能開洩又令小便增多又他種藥如沖淡之或多或少俱能與其功用有相關如食物含水等質頗多者則水在胃中易於收出而其食物易於消化如其水爲淨者則不惟能助消化尚能沖去無益於身之質卽如西國有數處之泉水其名甚著遠處之人多就飲之每日飲之甚

多而在空曠處多行動故疑其功力不在乎水之爲何種惟在飲水多而在空曠處行動以得益

如多飲水令血更稀則少飲水其血更濃故有數種病用水甚少名曰乾治法卽如醫士韋廉孫用此法治鼻管內皮生炎之病

尋常之水　蒸水　雨水　井水　烘饅頭滴水　大麥水　米湯　稀麥粥　乳水　沖極淡之潤內皮藥等

潤內皮藥　潤內皮藥能令身體內所遇之面軟而滑而與潤外皮藥略有相同之意卽如膠質小粉質糖質油質直辣的尼質此各質無臭幾無味在水中消化或調和則

成黏性之水或合料如內皮分外硬或乾之處則能令其軟又如有破碎之處則加一層料為保護之套又如有生炎處能減其激動而成此事之法或令其不覺尋常之津液行過或將辞性質合在一膠質內令不顯辞性又如痛時其故為定質過緊或為他質所惹則能放鬆而安慰之此種藥雖有常人身為器具之意而後時所顯之功用恃生命而有之此種藥能與沖淡藥之解渴相同又能減身之熱與惹故咳嗽或肺或喉生炎而激動或胃與腸之膜質或生溺之器具生炎與激動用之亦能有益此各器具愈惹則潤內皮之藥愈能安慰之

如用潤內皮藥之時過長則其放鬆之性可以過大故令身體過軟但因有養身之性而又容易消化而不惹胃則常用為病人之食物故可依其所含之質排列之從此亦能知食物之總意然此各質俱藉水沖淡之因用其濃者亦不能顯其功用尋常食物內亦必加鹽類少許

第一類潤皮藥大半為食物而含食物尋常之原質即前植物藥品總論內所述又有炭質並輕氣與養氣合成水而與化合者故有醫士名曰炭合輕養質

膠類質　凡含膠質之食物合於水能成膠性之水則屬於此類即如　錦葵　扶桑　胡麻子沖水　木瓜　幾摩勿所作之膏　阿揩西耶膠水　脫辣茄看得膠水與其雜散合於小粉與糖

小粉類質　此類之質必遇沸水合其質之外層破裂而其內之阿美弟尼消化成一淡味而不惹胃之流質考究身學之化學家云此種質遇胃汁內之伯布西尼能合其消化先變為對格司得里尼後變為哥路哥司或葡萄糖而被血管之微管收進

小粉　阿蘿蘿粉　每月草　西穀米　打比哇卡　米小粉　番諸小粉等

凡穀類亦含小粉惟其質與他質和勻即如　麪粉　燕

麥　去殼大麥　米與真珠米

糖類質　糖與他種甜味之質其原質與膠質小粉幾為相同而在身內之功用亦無大異故有醫士排列藥品將糖膠小粉三質合而為一類

尋常之糖　乳糖　糖漿　糖渣滓　蜜糖　甘草　甘草膏　葡萄乾　無花果

以上膠質小粉質糖質之各類俱為有用之食物因能令身體內成油質而其功用之大半因變成哥路哥司後變成乳酸再變成炭養故此各種質並油類質能依里必格之說變成呼吸內需用之各質

油類質　此各質亦爲養氣輕氣與炭合而成者惟其炭較他質更多此質之大半與養氣有大愛攝力內含兩三種不同之質如哇里以尼或以拉以尼爲流質又瑪加里尼與司替阿里尼爲定質如作爲藥品尋常合於阿拉伯樹膠胍辣茄看得或雞子黃如作爲食物則爲其成乳之核所收不惟令身體內成油又能在身體內與養氣化合故能助身加熱與前三類同有醫士名之曰生熱之料

植物油　橄欖油　罌粟油　杏仁油　動物油　豬油　鯨魚油　蠟

直辣的尼與阿勒布門質　此類內有一切含淡氣之質

此因其質內含淡氣並養氣輕氣與炭植物內亦含此質惟其數少即如麥之哥路登質又杏仁與豆類等總之植物阿勒布門質其原質與非布里尼大爲相似里必格已將此各質名曰養身能變形狀之質即如植物阿勒布門非布里尼加西以尼並動物之肉與血因此各質俱能爲胃汁之酸並伯布西尼合其消化

直辣的尼類　此各質爲直辣的尼質在水中消化者

魚肚膠　鎊鹿角　小牛腿等

阿勒布門類　此各質爲酸質或沸水所結成者　蛋清　蛋黃　乳

柔軟藥　此種藥令所遇之質變軟即如壓出之油質或洗藥或擦藥又有數種蠟膏油膏布膏熱洗水此各質能令皮膚等處變軟而鬆又疑有數種能滲入皮膚內遇肉筋等質放鬆之令其易活動故其功用雖幾分藉其能通入皮膚內然因用此法者其人即覺安適故疑其暖質或溼質或油質必令皮膚內有同覺之故而見效

溼而熱之汽即如用熱水所放之汽或浸於熱水內　罌粟殼煮水　揩碁米辣沖水與煮水　扶桑軟膏或錦葵軟膏或勿爾罷司苦沒軟膏　乳合饅頭軟布膏　胡蘿蔔　胡麻粉軟布膏　簡軟布膏合無花果　罌粟子油

胡麻子油　杏仁油　橄欖油　卡高油　壓成肉豆蔻油　椶櫚類樹之油　羊油　豬油　鯨魚油即司巴瑪息的油　白蠟黃蠟　蠟膏　簡油膏　肥皂　肥皂洗藥　肥皂合樟腦與咾士得蠻油洗藥　肥皂合鴉片洗藥　肥皂膏藥　湯火傷之處用棉花或鈣養洗藥

殺蟲藥　凡以入身爲器具之殺蟲藥在後殺蟲藥內論記之

乙　具化學性之藥

此藥分法在沒立敦根湯勿生各排列法俱有之包括一切能在身內之定質或流質成化學變化之各藥品湯勿

生分爲三種卽感動外面者感動內質者感動空氣者雖藥品之化學愛攝力遇生命之力被其管束然今考究身體之化學家已查得藥品大半恃化學之定例而其化學變化之力較前人所想者更大一千八百四十一年法國化學家米阿希云將來必定查得証據能証內科之藥如能感動身內之任一體則必原能消化者或在身內因各種化學變化而能消化觀米阿希所著之原書或觀本國與他國醫學記錄書第四本第一百二十八頁近時醫士大半佩服此說但因此處不及詳論之且各類內必另述各醫士之意見與所試得之事

烙炙藥　烙炙藥西名各息的遇身之任一處則能滅其生此種烙炙藥料與實在燒滅之法不同卽必與用熱金類或燒艾之法分別之凡濃酸質與濃鹼質能滅物之生卽與其身體之質化合而後可用他質收之卽其與烙炙藥之愛攝力較身體之愛攝力更大者如此卽能收出米阿希將烙炙藥分出一種名曰凝結烙炙藥此各質合於身體之料成不能消化之雜質如金類酸質與銻綠鋅綠金綠汞綠銀養淡養五汞養淡養五銅養硫養三銅養醋酸苦里亞蘇脫等質又分出一種烙炙藥名曰消化烙炙藥因合於身體之質成軟雜質或直辣的尼形雜質卽與沛離

拉書中所名成流質之烙炙藥相同卽如鉀養水鈉養水淡輕三水銻養水燐養五輕養水草酸水等其濃酸質與鹼類質俱有流質之形此爲其弊因能散至不欲用烙炙藥之處然有一益處因能隨膿質通至受傷之彎曲處醫士白尼德著一書論子宮頸生炎等云銀養淡養五之功用大其力小而鉀養合鈣養所成之柱形條不惟力量大且便於用司快兒云所有酸性烙炙藥內汞養淡養五爲最佳者然有一弊能散至不應用之處在後所開目錄內不惟有重性烙炙藥又有輕性者如潰瘡用之有行氣性等是也

酸質卽硫强水硝强水醋酸　鉀養三間用之治癧疽　汞養淡養五　鉀養水　鉀養輕養　鉀養合鈣養　鉀養炭養二　新燒鈣養　鈣養輕養　淡輕三濃水　煅白礬　鐵綠三酒　鋅綠　銻綠三水　銀養淡養五　銅養硫養三　二銅養醋酸　二銅養醋酸洗藥　銅養淡輕四養硫養三　汞養俗名黑洗水　汞養俗名黃洗水　汞綠　汞碘　汞養淡養五酸水　汞養淡養五油膏

酸類藥　酸類藥久列於化學性之藥品內其爲藥之用在服後之各變化與尋常化學功夫內之變化相同酸質之濃者有烙炙性因與動物之數種體有大愛攝力也如沖淡之則不顯此性因擦於皮膚或遇暮苦司膜質則覺

辭而收斂而其血從廻血管逐出此後常有行氣性顯出又依同理服之則能消化小腸內皮魚鱗形質而爲烙炙性毒藥如多沖淡之則服後覺有涼性如少沖淡之則覺有補性惟此種大力藥品遇身之定質與流質則不免有化學之變化如胃與腸之上半遇津液之酸性質收入血內則必與血內之質化合因血必恆存其鹼性設在養生路其酸質必滅津液原有之鹼性而必收身內之鹼類質與之成鹽類此鹽類之大半隨溺而消去間有溺質有酸化學家知溺爲鹼類改變較酸類改變者更多又查明植物酸質與金石酸質變化溺之酸鹼性大不相同金石酸

質除燐養五之外而其酸質爲沖淡者遇阿勒布門或非布里尼合其阿勒布門結成而成不能消化之雜質如植物酸質雖收身內之鹼類質與金石酸質相同又有數種與養氣幾分化合者然尋常在溺中顯出爲配質多分劑之鹽類質又如淡醋酸草酸果酸能消化暮苦司膜體內之殼近有人試過植物酸質與金石酸質合溺變爲酸性者而知植物酸質合其變酸更易凡植物酸質幾分與身內之鹼類質化合幾分與血內之養氣化合又如所服者爲植物酸質之鹽類則更有此性醫士胡拉云不化合之植物酸質能收身內之鹼類質而其酸質之鹽類能收身體

內之養氣

米阿希云服酸質之危險較服鹼類之危險更大因身內之津液尋常爲鹼類質故用鹼性之藥則不易混其性如用酸性之藥則易混其性又云如身體內自成之鹼類流質變爲中立性者或變爲酸性者則不免生出各病因身內緊要之流質不能自行各變化雖能暫耐此事久之則必受其大害人身必變軟而甚瘦又能成胃中有酸砂淋痛風身虛泄血或溺多味甜之病以上各用處之外可用酸質爲解熱藥收斂藥補藥在此各類內必再論記之醫士里司云風溼發熱病用檸檬汁最佳

淡硫强水　香硫强水　鉀養二硫養三　淡燐養五水　淡硝强水　淡鹽强水　淡合强水　炭養氣水　草酸　鉀養二草酸　酢漿草　酸羅米克司　檸檬酸　檸檬汁　檸檬水　果酸　鉀養二果酸　醋酸　木醋酸　木醋　蒸醋　醋酸糖漿　酸性之果　葡萄汁　印度棗

鹼類藥（又名滅酸藥）　鹼類或鹼土類並其合於炭養氣之鹽類如入於胃內則能滅胃汁之原酸性或滅食物所生酸質或滅養生路內因病而生酸性津液質即如在化學事內生此各變化之理相同凡滅酸質則可滅酸質之惹如

少有餘則在胃內有行氣性久用之則能減身內應有之酸此必有害如腸內不過添應有之鹼質如此者其害少若收入血中則令血內之鹼質更多而由血運至身體各處能令津液之酸性減少即如溺與汗等是也如減汗之酸則能治皮膚之病如減溺之酸則能令其不生里的酸而因此能免砂淋石淋等病

鹼性藥能減去血中之非布里尼質故沛離拉列於變流質之藥內又云變流質之藥能阻過痰多而生炎可能免其害又能令放大之處收小而令腫硬之處變軟等故尋常謂之消化藥如因食酸質而中毒者可用鹼類藥抵之然雖能如此而鹼類毒與所欲治之酸類毒不分上下惟其烈性鹼類藥不必用其多數者因白石粉鎂養與其輕性炭養鹽類與二炭養鹽類其功用略與重性鹼類藥相同如將其淡者令遇皮膚之面則能減皮膚癬疹類之惹動又有淡鹼類水用棉花等質收之鋪於風溼發熱人之交節上能減其痛大略因收入皮膚內而減去津液之酸性

米阿希云消化小粉類之質收入血內而消化油類質等事則腹內之流質應有合法之鹼性依同理身體內之流質已有鹼性至飽足再用鹼類藥則必有害近有英國醫

士白爾特已著書論鹼類質與其含炭養氣質並醋酸枸櫞酸果酸之鹽類俱有去身內惡質之性情因此各質在身內變爲含炭養氣之鹽類又云鉀養在身內之功用與在化學功夫內之功用相同即能消化阿勒布門與非布里尼等質又云鉀養醋酸三錢分爲數服在二十四小時內服盡則令溺中之定質有七百八十二釐而應有之數不過爲四百十六釐又云其鉀養醋酸不惟變爲鉀養炭養有許多質變爲由里克酸與由里阿而所增生物質之大半係尋常所稱爲膏質其大半爲苦里阿的尼苦里阿的尼尼由里阿克散的尼並多含硫黃之質又云鹼類質能消化之力在已有病之質或生命小之質上最大又有醫士周尼士查出鉀養果酸之大服能令溺有大鹼性即將乾淨鉀養果酸一百二十釐在蒸水四兩內消化之服後則在三十五分時內溺有鹼性近時雖有多醫士常用鹼類質與其含炭養氣之質又有人試驗之令溺不久而有鹼性然有醫士該爾特挪著書一本專論痛風之說云斷不可用鹼類質因常不得其功用又云如以鹼類合於燐養五枸櫞酸或果酸成鹽類以三十釐爲一服屢次服之則能減其惹性而令溺中之由里克酸不見又已多用含炭養氣之鹽類而溺中之由里克酸仍不減少鹼類質不

惟有烙炙性尚能用以引炎如淡輕養等又可用為改血行氣藥鉀養作能消化之鹽類質較鈉養更佳又如用減酸之鹽類另欲得行氣性則用淡輕養為佳鎂養為有用之微利藥減酸藥如欲免胃中發炭養氣之弊則用煅過者較用含炭養氣者更佳白石粉亦為治泄瀉有益之藥因似有收斂性而此性必因其能減酸質如此則減胃中之惹又如腸久不能合法而行而大便不通則用肥皂合於松香類瀉藥成丸服之亦屬有益

淡輕水　淡輕酒　淡輕養炭養　淡輕養炭養酒　淡輕養炭養香酒　淡輕養炭養臭酒　二淡輕養三炭養

淡輕養二炭養　鉀養水　鉀養炭養　鉀養二炭養

發泡鉀養水　鈉養炭養　鈉養水　鈉養二炭養

鈉養二炭養糖片　發泡鈉養水　硬肥皂　鈣養水

鈣養炭養　提淨白石粉　提淨蠣黃殼粉　白石粉雜水　白石粉糖片　白石粉香散　鴉片白石粉香散

水銀散　鎂養　大黃雜散　鎂養炭養　樟腦合鎂養雜水　鎂養二炭養　消化之鎂養水　水銀合鎂養散

地產鹼性水即如瑪勒文水斐希水等　數種金類合於養氣之質如鋅養油膏亦可為減酸藥

鉀養與鈉養合於醋酸果酸檸檬酸之各質因在身內變為含炭養氣鹽類則為減酸之藥亦有大益

解溺中粉沙藥　凡能令溺中不生結成之質或不生沙淋石淋之藥謂之解溺中粉沙藥查人溺為數種質合而成者而所含之質往往不同如無病時溺常有酸性化學家以為其故因含淡輕養鋰養又有化學家以為其里的克酸即由里克酸合於鈉養又有他人以為其酸性藉鈉養燐養之酸性又有醫士周尼士查得胃空之時其溺之酸性較胃滿時溺之酸性更大又消化食物時之間不惟失其酸性且變鹼性不惟溺中常能有酸至有餘即他種藥津液內亦可有之其故因食物混亂其消化之器具有

病間因阻住皮膚行其職分此種病名曰溺有里的克酸其溺放出後凝結紅色之粉細觀之則為極細之顆粒名曰里的克酸即由里克酸間有淡輕養由里克酸可用鹼類化之或加熱能化散之則其凝結之事未必因酸質有餘而因助淡輕養由里克酸消化之質過少故此種病應用沖淡之藥或鈉養水不準用大力之減酸藥又有別事內溺中能見白色泥形之質加熱不肯散成此質之故因溺中所含燐養鹽類之若干分因溺變鹼性而結成此各質為淡輕養鎂養燐養或淡輕養鎂養三燐養並鈣養燐養若干此病名曰溺有燐養鹽類又有一種病名曰溺有

草酸結成鈣養草酸八面形顆粒另有他質、為前人所不知者、即如含里的克酸里的克鹽類與燐養鹽類、故疑有此病者、未必因身體之本質有病而因消化之質有病　食物改為合法、或專茹素或專茹葷　操鍊身體　依法洗浴　依法調治皮膚　飲沖淡藥或蒸水或地產水之淨者　改血藥　發汗藥　補藥

如溺中有里的克酸　應用治酸藥如左

鉀養水　鉀養炭養與鉀養二炭養　發泡鉀養水　鈉養與鈉養炭養　無水鈉養　發泡鈉養水　硬肥皂　斐希水與他種鹼性之泉水　鋰養　鋰養炭養　鋰養

檸檬酸　發泡鋰養水　淡輕養與淡輕養炭養、此兩質有徑氣性、亦能滅胃中之酸　發泡之鹽類水、能令溺有鹼類變化　鉀養與鉀養炭養較鈉養與鈉養炭養更為合用、因所生鉀養里的克酸較鈉養里的克酸更易消化

鈣養水　提淨白石粉　提淨蠣黃殼粉　凡果酸檸檬酸與醋酸之鹽類因在身內變為炭養氣鹽類則易令其溺有鹼性　鎂養與鎂養炭養　鎂養水　鎂養二炭養內有炭養至有餘

淡輕養燐養與淡輕養偏蘇以尼、此兩質常用以消化里的克酸　鈉養燐養與鈉養二硼養、亦能作此各用　哥

勒枝嘌與汞、俱能滅溺內之酸　補藥與植物苦味藥與補身力之食物　葡萄酒與鴉片　不可用減血氣藥

如溺中有草酸之病、則用淡養或合强水、並補藥與肉、及養身粉類食物

如溺中有燐養須用酸質、如淡養與輕綠、又燐養與淡硫强水　醫士尤而云用偏蘇以克酸與偏蘇以尼能消化之鹽類、最佳　炭養氣　植物酸質　如醋與果酸俱能令溺有酸性、較用死物酸質、更有功效

又有解溺中粉沙藥、可用外導法、即如用極淡之淡養噴入膀胱內、又用淡鹼類水、或用淨水　電氣化學法　用

器夾碎石淋而取出　醫士霍司更司於一千八百四十三年醫學書內、勸人用依化學理能化分料之淡水、如鉛養淡養、合於糖質、噴入膀胱內、而不用能消化之質

解熱藥之各料各法在後論記之

滅臭與免腐爛藥　房屋內之惡氣並各種變壞之物、所發之氣、無論鼻能聞之或不能聞之、無論為腐爛物所發之惡氣、或地面所發之瘴氣、俱能傳病於人、而滅之之料、謂之滅臭藥、而用料之外、另有法如多通新空氣、房屋配準進出空氣之法、有數種病之惡氣、加大熱則能滅其傳染之性、又有數種藥料、能滅數種臭、故有人以為亦能令

地面所發瘴氣無害於人即如焚香料成煙香紙波勒殺末松香類香醋此各質雖能令空氣香而鼻有趣然不惟無滅病氣之用尚能遮掩病氣令人不覺此即不用法除其根原也凡令物不腐爛之藥無論動物植物尋常之法與其料內之一二種質化合即如加波力克酸等是也間有大冷或極乾或不遇空氣等法亦能令此種質不腐爛間有醫士用木炭粉敷於發臭潰瘡或口氣臭或津液發臭則服之

滅臭　多通空氣　加大熱　通化學性氣質如綠氣等　綠氣水　含綠氣之鈉養水　含綠氣之鈣養水　酸

質之霧如硫養二霧與輕綠霧　淡養三霧　醋酸霧與木醋酸霧此兩種霧不及前者佳　加大熱或用生石灰或木炭滅其生惡氣之料　鋅綠此爲白尼得所設之料　鐵養木醋酸與鐵二綠三此爲愛勒曼所設之料　鉛養淡養五此爲勒度英所設之料　鉛養醋酸

免腐爛　綠氣　金石類酸質　鉀養三　汞綠　鈉綠　火硝　白礬　鈣綠　靑礬　酒醕　加波力克酸　苦里亞蘇脫　樹皮酸　糖　焦氣油

收斂藥　此藥能令肉筋縮或皺又能令阿勒布門質結成或凝結如欲試藥品有收斂性或否可置於舌上能令舌之凸微點聚合成皺紋此外無有他種相同之性有數種爲金石類配質有數種爲金類鹽類又有土鹽類爲白礬再有數種從植物質所出惟此各質能令阿勒布門質結成如用收斂藥止血則見其藥與傷口相遇之時其迴血管口縮而關閉又如收斂藥遇暑苦司膜質之面亦能減其成津液之事而其功用藉化學之變化易於試得其據因如將已死之動物質依此法試之則其縮亦如之又如製熟皮之工所用之收斂料令皮能縮然此種藥亦有別功用因胃內過於寬鬆則令收緊之而令全身大受收斂之力如此能免身弱之病又爲耐久之行氣藥又能助

治癆疾雖其初顯之力在胃中後其力漸散至全身有若干分收入血內而遍通全身令迴血管受其收斂之力又隨津液行過各核令其核亦受收斂之性所有金石收斂藥內硫養三與白礬之力最大又鉛養醋酸亦可代用然不可併用因如併用則成鉛養硫養三如身內久用鉛爲藥則漸受其毒醫士白爾敦已設一法見牙肉之邊生藍色線則知身內之鉛已飽足不可再用

所有植物收斂藥內樹皮酸與沒石子酸功力最大樹皮酸最合爲外科之用沒石子酸最合爲內科之用各種植物收斂藥其功用大半因所含之樹皮酸此酸能令阿勒

布門質凝結而沒石子酸無有此性化學家百勒替耶曾查得沒石子酸水合於膠水能令阿勒布門質結成故海得蘭疑沒石子酸能在血內遇一種糖類質與膠相似者從此依化學之理能得收斂之性而此性不能在身體外顯出因在身外與他質分隔惟其糖類之質在血中有一定之職分如此其沒石子酸在津液質內初到身體外而其糖類質不隨之而出

由此可知收斂藥之用在外科可免放鬆之弊又在迴血管止血內科之用如胃不消化或身虛弱之病可補胃之力又能令臟腑不放血間合於香料以治瘧疾

冷氣 冷水 凍冰之料 心內安靜 金石酸質作藥料 植物酸質作飲物 白礬 白礬雜水 白礬合鋅養硫養三 淡硫强水 醋酸 解熱藥水 白礬軟布膏 硼砂 鉛養醋酸 鉛養醋酸膏 鉛鴉片丸 二鉛養醋酸水並其淡水 鋅養硫養三 鋅養醋酸酒 青礬 鐵綠三酒 鐵二養三淡養水 膽礬 銅養淡輕四養硫養三 二銅養醋酸 鈣養水 提淨白石粉 鋅養炭養二 汞綠淡輕二(此爲外科之用) 樹皮酸與沒石子酸 洋蘇木煮水與膏 架拉美刺阿沖水與膏 兒茶沖水 兒茶雜散 兒茶酒 兒茶糖片 幾奴酒 幾奴鴉片散 石榴果皮 野梅 拖門替辣 拳參 橡樹皮煮水 沒石子 沒石子酒 沒石子油膏 沒石子合鴉片油膏 土大黃 奇由末 法國玫瑰花並其糖漿甜膏蜜糖酸性沖水合淡硫强水 如流血用止血藥與壓住之塞及阻塞之法 瑪替哥 蕈類 苦里亞蘇脫 生產時子宮內放血用耳卧達

解毒藥 觀後表

內 感動生命之藥

此分類之法係醫士楊所設後有湯勿生亦用之內含爲藥品質之餘者而此各藥品醫士以爲徑能感動生命之各質卽感動肉筋血津液等又感動此三者俱藉腦筋又前言以人身爲器具之藥並具化學性之藥雖其內之各種藥可以有此各性情而亦另有別等形性卽如本節感動生命之藥因有數種性情內亦藉化學之性而成者然而感動生命之藥大有不同之處而其顯出藥性之法亦不同卽如令成津液之藥大半感動其核與其生津液之各體而改血藥亦列於其內又有數種能徑感動腦筋或加減腦筋之力又有一種爲補藥醫學家或疑其感動肉筋與血

第一類令成津液之藥 此類之藥令身內之各器具或

更能成津液或令其放出之料更多醫士没立不願以此藥列於總行氣藥內另設一名曰有界限之行氣血藥醫士巴黎另設一名曰特用之行氣藥沛離拉將此各種藥包括於津液藥內而海得蘭將其大半包括於赶逐藥內此種藥之大半能加增津液其藥亦大半隨津液而出惟成此事之先必改變身內之流質與定質故尋常所謂改血藥可與此各種藥合用又因增津液尋常令身覺軟故常用其數種藥減身內之血數幷令血行至他體令血過多之體因此而相平故凡欲治生炎等病常用此類之藥但引炎之藥除令皮膚發疱外不能增各津液祗能引身

體內病至外如此能依總理而顯出功用

改血藥　改血藥之意各醫士之意見不同如磨拉在此種藥內包括不行氣不平火安心之藥而能令活定質改變因此改變所行之職分此各藥俱包括於內但必用其小服而連用之至久令津液漸改變而治其病幾為不覺此為尋常醫士論改血藥之意又有他醫士以改血藥為行氣藥徑能感動數處之核因此為收料之質又有醫士蒲楷達云改血藥收入血內能改變血之運動與津液之不同而令其存此改變故可見蒲楷達所謂改血藥似乎海得蘭所謂血藥內之消解藥因此各藥在血內之時能感動血但消解藥所有實顯之功用為攻死質或惡毒之料逐至身外

碘汞金並數種他金類亦包括於改血藥內昔時銕綠與鈣綠俱作此用今不多用之祗用各鹼類質改血藥之功夫內尋常亦包括數種煮水如苦白木等木料或用代之之質如洋土茯苓煮水或古阿以苦末煮水等此各質合於多水服之所顯功用大半必藉同時所用之多水又幾分可藉此藥內所配之行氣藥因此種藥其數雖最小而其質亦必收入微絲血管內

碘與各金類不能消化故米阿希疑胃中之流質令其金

類收養氣則變為含綠氣質或雙綠氣質因此能消化收入血內又疑碘與溴遇身內流質中之鹼類改為碘或溴之鹽類而後逐至身外又疑含汞之各藥遇鹼類含綠氣質之水因此變化或遇空氣或不遇空氣不定又因此成汞綠若干而汞綠合於阿勒布門成一雜質水內不能消化但其合於輕養者能在鹼類含綠氣質內消化又汞入血內必有此形狀又云汞綠應分為小服每日用十分釐之一至半釐又應合於鈉綠與淡輕四綠消化之因此兩質令汞綠久能消化又令其不感動養生路之面蒲楷達疑鈉綠無此大用因消化金類藥之要質為淡輕四綠又云在

動物腹內常有八見淡輕綠為天成者

汞之數種藥為有惹性者（見行界限之行氣血藥特用行氣藥合皮肉爛藥取嚏藥瀉藥等之說）如用數種合式之汞綠如水銀丸或汞綠用其微數而每服相距之時頗遠或每夜一小服或間夜一小服則消化之功漸漸改正又便溺更正而皮膚更軟如用其大服或用小服而每服相距之時近則血略能行動速而猛而收各質之職司與生津液之職司俱能更加爽快故其肝與內腎更能行其職而皮膚能發汗亦為有益設如用其小服而相距之時更遠雖不能即見其功用然久之能改正不合法之事令消化與養身之職更佳如皮膚發痘疹類病可漸銷而不見又皮之厚者能薄而肌肉肥網不合法者亦可更改如更久用此種藥則血內之非布里尼質亦可更軟而所有核腫大之處漸收其餘料或如有變硬之處亦能令其漸軟如此能得汞之散開質料之性而以上之事亦可免受汞感動身體尋常之性情即口氣不發臭牙肉不發紅六核生水不過限等事因多用汞則生此各證甚重間有口內生瘡間有照上法用汞則得以上之証而為最輕者如連服其小服或服兩三大服或擦藍汞膏於皮內或用汞霧等法亦能得之然如誤用汞或汞之各劑則不免生多弊

碘藥用其大服亦能惹皮膚之面與汞同故含碘之數種藥有毒性設如連食其小服則發汗更多肝生膽汁更多便溺亦更多又鼻管之內皮生炎與傷風同然碘之功用內常見之性為收各質料之性故疔毒所生硬塊或各核腫大如瘿瘤等或無病之核如乳頭或外腎久用之亦能縮小又有數種病証亦包括於用碘所成之病証內即如頭暈頭痛嘔吐不安靜或身軟或身瘦脈軟而數是也凡用碘者見有此証立即停止待若干時再用如鐵碘有碘之改血性與鐵之補性有兩種益處

溴與鉀溴能代碘作數事之用而疑綠氣亦能如此如鉀溴或䃣輕溴或鐵溴俱能平火安心又金之藥如金粉或金綠合鈉或金綠俱為收料之行氣藥能治瘰癧與第二層疔毒用之有益

鉀養亦為治依時而作之病之藥當為補藥尋常服之之法為鉀養鉀養水間有用淡輕養鉀養水歐洲他國俱用鈉養鉀養或鉀養鉀養又有一種藥數處醫士喜用者即鉀綠此藥名曰代蘭干水數種皮病內用鉀養為有大功力之改血藥即如皮膚有魚鱗癬此外另能治水蠱癩與狼癰醫士恆德多用此藥治皮膚之病而言初起用鉀養水三滴至五滴如覺脈大數身軟眼跳頭痛夜不安

卧無精神則可停服恆德又云減其服數更好如此亦能得其益慮此種病內亦可用硫黃或栢油或煤黑油俱能爲此病之改血藥如含銻之劑與其合於硫黃之質亦常用之作皮膚病之改血藥

當碘藥未查得之時則用鈣綠與鋇綠爲核與吸液核各體之行氣藥又常用以治瘰癧類病並結喉下核變大及核之他種病又治皮膚久延病又鹼類質如鉀養水與鹼類含炭養氣水如久用之則不惟能顯減酸之功力如消化血內之非布里尼等又能成碘之數種功用如治核之腫大等疑此質能令血更稀又令身體似有身虛泄血之病沛離拉云治此各種病應稱爲變流質之藥因此種藥品能增津液數能令身體內各質不結成反令其變爲流質如此可免其質在身內有礙於收食物而變爲血之職分

近有人將魚肝油作爲改血藥其功用甚大凡身瘦者用之有大益能令其津液俱爲合法又令其人能長肉與油有益於全身

水銀藥　水銀丸　水銀合白石粉　水銀合鎂養　水銀油膏　水銀洗水合於樟腦與淡輕三水　水銀硬膏　水銀阿摩尼阿古末硬膏　汞養　汞碘　汞碘並其油膏　汞二綠　汞綠合銻硫三與古阿以苦末雜丸　汞綠油膏　汞綠與汞綠二合於淡輕四綠　汞硫與汞硫合硫爲燒成汞霧之用　汞養淡養五油膏與其酸水　汞二綠淡輕二油膏

碘藥　碘　小粉合碘　碘洗藥碘酒碘油膏合於鉀碘　鉀碘與其油膏硬膏等　鐵碘與鐵碘糖漿　鉛碘　鎘碘　海菜燒灰　海絨燒灰　魚肝油　溴　鉀溴　淡輕四溴　鐵溴　鉀養三　鉀養鉀養三水　鉀綠三水　鉀碘三合汞碘之水　鈉養鈉養五　三鐵養鈉養五

鹼類藥　鉀養水　鉀養炭養　鉀養二炭養　鈣養水　鈣綠水　鋇綠水　金粉　鈉綠金綠二

酸類藥　合強水　銻硫三　打打伊密的

輕性植物改血藥　洋土茯苓　羊泉與其沖水　希密特司摩司　蒲公英與其汁膏煮水　土大黃　海特羅拉怕土末　烏勒母司

取嚏藥西名厄里那即入鼻之意　此藥內包括一切入鼻內膜苦司膜質之藥而所專令人嚏之藥則謂之取嚏藥凡入鼻之藥可用乾質或軟質或流質或氣質可分爲三種一爲柔軟藥即令已惹動之面生一層爲套之質二爲收歛藥即

加於已放鬆之面令其收歛而不成涕等質三為行氣藥
即成涕之面已復原形而無病之後則令其合法成涕質
雖此各質俱在身之一處顯其功用常能令相近體之有
久病者因不適而不安之故亦能得益凡藥品內所用之
取嚏藥死物質內或植物質內俱能得之
香取嚏藥　脣形科植物葉之粉即如紫蘇臘芬大拉咾
士預蘆啞里茄奴末等　瑪路末脱克里由末此常名曰
治頭痛草　馬蘭根粉　細辛　細辛合於臘芬大花雜
散　淡輕$_{四}$養與淡輕$_{四}$養炭養$_{二}$　醋酸等　淡巴菰即鼻煙
辟性取嚏藥　白色藜蘆　非辣得里亞　大戟香　黄
色汞硫　此各質俱能作取嚏之用惟不能獨用必和輕
性之粉令淡而用之又有人用紅汞礁之霧
生津藥　此種藥西名西阿拉各茄其西阿拉即口津之
意各茄即逐出之意此各藥俱令生口津甚多如將中立
性之質任口中嚼之即常能令多生口津即如瑪司的克
或收歛與行氣之質如兒茶或檳榔用蔞葉包之或用亞
美利加與歐羅巴之淡巴菰嚼之或用辟性香性暖性之
行氣藥又有法用厭惡之質其質之性已過則口中多生
口津又可用汞之劑則不惟能令口中生津且其汞藥可
隨大便而出如頭與面所有之病內有數事用生津藥可

以有益
辟性生津藥　芥末　辣根　伯里脱羅末　米聚里恩
馬蘭根　安直里刻
香性生津藥　薑　黑胡椒　紅辣椒　瑪司的克
收歛性生津藥　兒茶　收歛性與觸性生津藥　大黃
行氣生津藥　丁香油或苦里亞蘇脱擦於口內不可嚥
下
水銀生津藥　觀改血行氣藥一節
吐藥　凡能令人吐而逐出胃中之物者謂之吐藥其吐
藥幾分惹胃之內皮幾分感動腦與腦筋從此致吐即如
用雞毛擦喉頸能令人吐又如出海而有暈浪之病亦因
腦不安而致吐又人服醉藥或因酒而醉最難用吐藥令
吐俱為此意吐藥之性各不同有數種必先入胃內方能
顯其性又有他種如打打伊密的等擦於身之任一處令
收入身內亦能致吐但其能吐不全藉其質之性情即如
用淡輕$_{四}$養或芥末粉之小服有行氣之性又鋅養硫養銅
養硫養之小服有補性此各質如用其大服則其性相反
令人速吐而不令身體瘦軟又有他種其性更遲令人久
欲嘔而不能吐又有減血氣之性因此容易漸收入身體
內故可見此種吐藥其性太遲如有人誤服毒藥則不能

用之為吐藥又用吐藥令胃中多有衝動令肝汁與甜肉汁腸內之汁多生而多放出因此隨血而通至皮膚故人之血入腦過多者或婦人懷孕多月或小腸疝氣用此等吐藥最為危險惟癆疾尚未發出或因肝病發熱或氣喘或哮咳等俱有用處又如欲令胃速放空亦可用之

直顯吐性藥　淡輕三水半錢至一錢加入冷水一杯內飲之後即服暖水　鈉綠　鋅養硫養三　銅養硫養三　銅養淡輕四養硫養　二銅養醋酸　黑芥末　白芥末　淨芥末

緩性吐藥　打打伊密的並打打伊密的葡萄酒　銻養三　銻硫三二銻養三　吃嗶咯並其散葡萄酒糖漿　伊密的尼　堇葵　士哇盧並其散酒糖漿　細辛與大戟香此兩質太辛　楷暮米辣沖水能助吐　淡巴菰可吸煙路卑利阿此兩種作吐藥不甚穩妥　吃嗶咯與打打伊密的合用亦可得益或打打伊密的合於瀉藥服之則能合成吐下兩證

化痰藥　凡能令肺所成之內皮汁（即蘇苦司膜質）放鬆而逐出之藥謂之化痰藥如肺內之管與膛與成內皮汁之各面俱被此種藥管理然此種藥之功用必與數事有相關與別類之藥同即其功用必恃病人之情形即如藉其人之患何病當時病之輕重或新舊等事如身體過於激動皮膚乾等証則放血熱水洗身服有嘔性之藥潤內皮之藥俱可有益又可用寗睡藥減其激動與痛又如別種情形內身體各處行氣不足或所生之津液足用而無力逐去所成內皮汁等津液則用行氣血藥化痰藥最合宜者為糖片因糖片遇氣管之上半則可恃同覺之理其功用通至胸內各處或可變為氣質吸入肺內又有他種可服之或收入血內在血內運至肺之內皮面顯出行氣之性而在肺內放入口氣之中可嗅而知之作補藥亦在數種病內有益因能令身更堅壯又令津液更為合法又令氣管

內各核所成之質亦歸於無病則所吐之痰為無病之狀吐藥能當身為器具而助化痰之事即鋅養硫養三　銅養硫養三　淡輕四養炭養二

潤內皮與解熱藥能減其激動而令內皮不乾則有益於化痰即如吸熱水之汽或飲潤內皮藥煮水又以暖水浸身或浸足則放鬆皮膚而有益

膠性質之內如魚肚膠　棗膏　膠之糖片　甘草　木瓜子與胡麻子等　觀潤內皮藥節

有嘔性之化痰藥　含銻者　打打伊密的葡萄酒　打打伊密的　銻養三　銻雜散即加密士散

吃嗶㗂並其散與葡萄酒可合於寗睡等藥服之　吃嗶㗂合鴉片雜散　吃嗶㗂合鴉片雜丸　吃嗶㗂合土哇盧或阿摩尼阿古末膠雜丸　樟腦鴉片雜酒或再合於鴉片與偏蘇以尼　醉仙桃與嗶啦叮吶葉作煙吸之淡巴菰

行氣化痰藥　硫黃與鹼類合硫黃之質　遠志根沖水或浸酒

波勒殺末類　秘魯波勒殺末　司土辣克司　偏蘇以尼並其雜酒　到魯波勒殺末並其糖漿與酒　樟腦鴉片雜酒內加偏蘇以克酸

臭松香膠類　阿魏酒與丸　阿摩尼阿古末　加勒巴奴末　喝拜把漿或合鎂養炭養成丸　士哇盧粉並其酒糖漿雜丸或合於阿摩尼阿古末與薑　楷思揩里拉酒或沖水　葫等

琥珀酸與琥珀油　軟石油　那普塔

行氣糖片　辣椒糖片　收斂糖片如兒茶合於內皮寬鬆之病

吸行氣之霧　偏蘇以尼與偏蘇以克霧　醋酸霧　極淡之綠氣霧　淡輕霧等

潤內皮補藥　西脫拉里亞　款冬花　土木香　尋常

瑪羅比由末　阿刻安直里刻與別種補藥

發汗藥　凡令人皮膚發汗較平時更多之藥則謂之發汗藥但所見發汗之外另有不覺之汗亦包括在內動物之汗其用處滅身內之熱度並放出血內之炭輕氣養氣而一人所發之汗各時不同卽與溺相同如身體之情形[illegible]物之種類空氣之冷熱燥溼壓力等與溺有相關而發汗藥所顯之事亦與以上各事有相關故間有數事病者必卧於牀覆以衣被則藥能令其發汗如其人起身令皮膚遇冷空氣則藥能令其利小便而利小便與發汗兩事[illegible]有彼此相反之性故用發汗藥令皮膚放出多水則溺

必減少又養生路所成之各津液亦更少因令其質從皮膚而出間有數種放鬆皮面卽能發汗又有他種先爲行氣藥而後令發汗間有隨汗而放出之藥或隨津液而放出欲發汗者必卧於牀蓋護其身用暖和沖淡藥皮膚應淨而暖故可見用熱水浸身或熱水霧俱爲有益之法又無論何法能引血至皮膚者俱爲合用卽如用刷拭身或將熱體置於皮膚相近處或用引炎法或用乾空氣或用數種氣質如炭養氣與綠氣有數種情形令身多出力如速行路或飲冷水一杯則全身因同覺之理立卽出汗查發汗藥之功用與其顯出藥性之法可知其用處最寬有

數種在生炎發熱病內有放鬆之性又有在風溼與久病內亦屬有用故必查其病之屬於何類而知其病之爲新爲久即如肺之病或腸之病或皮膚之病或水腫病等可用放鬆發汗藥或用行氣發汗藥

沖淡發汗藥　暖水　茶　粥等

含銻之藥　銻養三　銻雜散　加密士散又名雅各散　銻硫三　打打伊密的與打打伊密的葡萄酒

吧嗶喀　伊密的拿　吧嗶喀粉與酒　吧嗶喀鴉片雜散　吧嗶喀鴉片雜丸

行氣發汗藥　硫黃粉　硫黃花　硫黃散　鉀硫合水

含汞之藥　水銀丸等　汞綠雜丸　汞綠鴉片丸　汞硫

淡輕三水　淡輕四養香酒　淡輕四養醋酸水　淡輕四養檸檬酸發泡水

含酒醋與以脫之水　硝以脫酒　軟石油　那普塔

鴉片見寓睡藥　吧嗶喀鴉片雜丸　汞綠鴉片丸　嘆咪啞輕綠並其水　嘆咪啞硫養三　嘆咪啞醋酸並其水

遠志根沖水與酒　古阿以苦末雜水並其酒與含淡輕三酒

色噴他里亞根沖水與酒　康脫拉雅伐　米聚里恩

土木香　沙沙法拉司

植物行氣藥沖水　荊芥　咾士得蘿等

輕性發汗藥與改血藥　洋土茯苓　印度希密特司摩司　指辣脫魯蒲司　羊泉

利小便藥　凡能令溺之數較平時更多之藥謂之利小便藥查放溺之職司原欲放出血內之質不惟能放出血內之水尚能放數種鹽類與含淡氣之質無論爲因食物過多而成者或因身內之廢料而成者俱能在溺中放出故可見溺不通而能令其通或溺過少而增之或因平時之溺因有病之故而應加增則能成此各事之藥爲大有

益處之藥又如發汗之事與身外之各事有相關則成溺亦有同理醫士或言汗溺兩職能彼此相代又可遞更而用又令彼增多則此必減少又助彼則必阻此故欲增溺者所用之法必與發汗之法相反衣服須涼而人不可臥牀用衣被護身故凡用利小便藥應在日間用之又如空氣冷而溼用沖淡藥其數不過限者亦爲有益之法又如大便過通或發汗過多或血過多而壓力過大或肝與內腎之血過多此各事有礙於利小便之藥又有數種利小便之藥與他種有相反之性不可通用故必謹慎各藥之功用而不誤醫士巴黎曾將各種利小便藥依其性情排

所之器亦從其排列法惟倒用之因倒用之便於將此各藥與發汗藥相比或便與各種藥品相比

利小便之藥如能合於沖淡藥更佳故在酸質與鹼類質及解溺中粉沙藥內曾言明各藥改變溺而與溺同放出之各法第因此故如欲增溺之數而不欲改溺之化學性則此種藥不甚合用惟有數種病用鹽類利小便藥最為合宜故必知不惟鹼性之藥能令溺有鹼性又能令身內已用過之廢質銷去而放出而植物酸質鹽類亦有此性即如鉀養淡養五不惟為利小便最穩當之鹼性藥而醫士白爾特已查得另有逐去惡質之性故勸人用之將半兩

至一兩於沖淡藥二三升內消化之在二十四小時內服盡即如風溼等病溺甚少用此藥則甚多而其治病之事必速奏效又如他病內無論能令身體之血收各質之性或否亦必有利小便之性即如身軟弱時用補藥與行氣藥是也又如溺減少之故因生炎病而血受過大之壓力或因發熱而津液不通則溺過少可用放血之法或熱水浸身或含銻之藥令別體放鬆則更為合法而同時能令所成之溺亦必為合法又依同法毛地黃山梗菜蔄茵汁俱能減小發血之力而從此能助血收各質之工又含汞之藥能有益於成膽汁又能令副迴血更易運行而從此令溺更易變成所有行氣利小便藥內有數種其性藉所含自散油即如扁栢子自散油數滴添入一杯茶內飲之則大能令溺加增又有別種能令數種質在溺內顯出又有數事內自散行氣藥亦能有用故可見利小便藥在身體數種大不相同之病內亦可有益即如有時能放出身內其餘流質有時能放出身內其餘定質又有數種顯出行氣相反之性從此亦有益處

一　原能感動胃與全身其次能感動生溺之器具

甲　能減發血之力而增血收各質之力

放血並減數種熱氣之治法亦可用之得其次之功用可

用毛地黃並其粉沖水酒膏　毛地黃土哇盧丸　毛地黃洗藥合淡輕四養或毛地黃沖水或酒合肥皂洗藥　弟其大里尼　哥勒枝㗾　淡巴菰　葡萄酒　蔄茵汁與別種寧睡藥

乙　補全身總精神又特補收酸味等質各器具之力

苦味補藥類又有數種藥其功用幾分靠其補性如奇瑪非拉等

丙　有瀉性而從此徑加增呼氣內各質又繞道增收酸味等質各器具之力

衣拉特里　籐黃　渣臘伯　渣臘伯雜散見瀉藥節

二、原能感動收酸味等質各器具。其次能感動內腎之各藥

含汞之藥　如汞二綠　汞綠二　碘　鉀碘　汞合土哇盧等

三、徑能感動生溺之器具

鉀養水　鉀養炭養二　鉀養二炭養水四　發泡鉀養水

鉀養淡養五　鉀養綠養五　鉀養醋酸　鉀養檸檬酸　鉀養二果酸　鉀養二果酸合渣臘伯雜散

鈉養醋酸　鈉養檸檬果酸　鈉養鉀養果酸

如有遺溺，則間用火硝，以十釐為一服，能止之。又用鐵綠二酒，亦能止之

鈉養炭養二　鈉養二炭養　鈉養二硫養三　鈉養燐養五

硬肥皂

鎂養硫養三　金石類淡酸質　數種地產之水

行氣利小便藥　淡輕三水　淡輕四養炭養二　硝以脫酒

來納河葡萄酒，又將其酒合於土哇盧與苦性補藥

阿莫賴西依並其合苦橘皮與肉豆蔻雜酒　殼克羅阿里阿

司苦罷里依與其汁與煮水　胡蘿蔔子　怕而司里與織形科內別種植物　天門冬

扁栢子與樹頭，又其油與酒　松香與松香油

土哇盧與其粉酒糖漿　葫葱類　哥勒枝喋　藜蘆

遠志根並其沖水與酒　布故酒與沖水　奇瑪非拉又名伯羅拉酒　烏伐烏爾西沖水

更小阿爾克替由末　沛離拉煮水與水膏　洋土茯苓

羊泉沖水　平原烏勒母司　班蝥酒

哥拜把與其油，華澄茄與其油，俱為溺管之行氣藥

瀉藥　凡能令養生路之運動勻轉，能加增，令其所容之質運出，又增所變成之內皮汁，又令廢料分出，此種藥謂之瀉藥，里必格以為腸之一脩職分，係分出血內之各異質。昔人分兩種，一種名引水瀉藥，即令大便內有多水；一種名逐膽汁之藥，即令肝多生膽汁。又有數種他名，久不用之，惟引水與逐膽汁者，尚有人用之，或以瀉藥依輕重而分別之，即如微利藥，祇令腸內之質放出而已。又瀉藥能感動津液之變成，又令速行至身外。又瀉藥內亦分為兩種，一為烈性者，一為引水者。又有數種名曰逐膽汁瀉藥，然另有逐膽汁之藥，而無瀉性者

瀉藥之功用，有不同之處，又所感動之養生路，在於某處，亦有一定，即如有數質，祇能惹腸之內面，而後藉腦筋之力能推去，即如食含麩皮之饅頭，最易於消化，令大便能

通其故非因麸皮能消化之故而因麸皮能惹腸之內面令速放出卽如印度所稱象饅頭有數種植物小種子在腸內亦有瀉性然眞瀉藥大半先收入血內有數種能顯其力不必入腸內能在他處進身有數種瀉藥隨大便而出故疑因此而成泄瀉又有鹽類瀉藥常名涼性瀉藥亦能輕感動腸之各處成多水而極稀之質又蓖麻油感動小腸之暮哲司而食其小服則輕感動食其大服則可更猛又如辛拏藥亦感動小腸然較蓖麻油更速而猛或令嘔吐或令頭痛又如渣臘伯司卡春尼與其各松香類與哥囉嘶等質其辣性大小不同而能大感動腸之全面如

大黃先有瀉性沖盡而後顯出補性又啞囉能在直腸與肛門有行氣之性令成泄瀉但其性更遲布道非羅末亦有此性醫士以為特能感動肝

如藜蘆巴豆油衣拉特里其性最猛其效亦速成糞甚多而稀故名引水瀉藥又汞之各藥能增一切津液又在腸內之核有行氣之性又能令肝多生膽汁因此有大益凡瀉藥所能顯其功用之面積甚大因養生路之內面全為其所感動而各處有成津液之器具又因瀉藥之大半顯出其藥性有一定者且其效最速又有數種瀉藥如啞囉等其藥性不惟在肛門直腸顯出又能與子宮相近則其

藥性亦為子宮所受又有數種如鹽類瀉藥等兼有利小便之性而此種藥之功用俱恃其服數之多寡食其大服則為瀉藥食其小服則為利小便藥如多沖淡之則更有利小便之性然用重瀉藥則溺之數尋常減少而植物酸質之鹽類難變為炭養氣鹽類但因糞內有多水而其數多則必減身內之流質故因此必減身體內之激動又能助血收各質之力故可用為治生炎等病之藥得其減熱之性又用之治水腫因能得其血收各質之益處夫萬物內瀉藥甚多可選擇合用之品卽如腸內惹動則用輕性之油質或中立性之鹽類如有酸而泄瀉則用鎂養與鎂

養炭養滅其酸後用大黃得其收斂之性又如發熱或生炎必用合宜之瀉藥不可激動其腸又如欲感動全身或令腸內之藥力通至身之他處則用汞綠與松香類瀉藥因顯出其藥性更遲更久故無論欲令身體放出餘料或令各職分運行清楚或將所有廢料逐出等事則不應用瀉藥者甚少間有瀉藥為不可少者

地產瀉藥　提淨硫黃結成硫白　鎂養　鎂養炭養

鹽類瀉藥　鎂養硫養　鉀養硫養　鉀養二硫養此質可合於鈉養炭養令發泡　鉀養果酸　鉀養二果酸　鉀養果酸亦列於渣臘伯雜粉內　鉀養醋酸此質不多

用為瀉藥　鉀養硫養三合於硫黃　鈉養硫養二　鈉養燐養五
鈉養鉀養果酸　鈉養醋酸　鈉綠
汞之瀉藥　水銀丸　水銀白石粉散　水銀合鎂養散
汞養此藥之功用，究未定準　汞綠
植物微利藥　甘露蜜在辛拏甜膏與辛拏糖漿內用之
加西耶果肉並其甜膏，合於甘露蜜與印度棗在加西
耶甜膏內用之　印度棗在辛拏甜膏內用之　家梅
乾葡萄　無花果　堇葵　百葉玫瑰花並其糖漿
定質油　杏仁油　橄欖油　胡麻子油
重瀉藥　蓖麻油　辛拏葉並其糖漿沖水，可合於薑與

甜膏，或合於加西耶果肉與印度棗家梅無花果胡荽
辛拏葉雜酒合於乾葡萄芫茜胡荽
大黃並其丸膏沖水雜散合於鎂養與薑　大黃雜丸合
於啞囉沒藥薄荷　大黃酒合於胡荽番紅花白豆蔻
哥囉嘶並其膏與雜膏　哥囉嘶雜丸合於司卡莫尼啞
囉鉀養硫養三丁香油　哥囉嘶合羊躑躅雜丸　哥囉嘶
外導藥
衣啦特里與其膏　巴豆油　渣臘伯並其酒膏及松香
質　渣臘伯雜粉合於鉀養果酸與薑
司卡莫尼並其松香類，又合於乳作酪，又合於芫茜丁香

薑作甜膏，又合於渣臘伯薑作雜散
籐黃與其合於啞囉薑作雜丸
啞囉並其膏與酒合於甘草　啞囉沒藥丸　啞囉合於
阿魏丸　啞囉雜煮水合於沒藥番紅花鉀養炭養二白豆
蔻雜酒　啞囉葡萄酒合於白豆蔻薑　啞囉外導藥
布道非路末並其松香類質
黑色藜蘆　白色藜蘆　哥勒枝噤
拉磨奴斯並其糖漿　泄瀉麻子，此質用處甚少　大戟
香
松香油

啞囉外導藥　鎂養硫養三外導藥　松香油外導藥
逐膽汁瀉藥　令肝多成膽汁　合强水　各種水銀藥
啞囉　大黃　蒲公英根汁
殺蟲藥　凡能令腹內不生蟲之藥，或已有蟲，則能滅之
令其出外，謂之殺蟲藥。凡成此事之藥，在各人體內用者
不同，又有一人在各時所應用者亦不同。因身內可有數
種病，易於生蟲，如能治其病，則其蟲不便居於腸內。有數
種藥能惹其蟲，令其蟲大覺不便，必逃出至身外，似以腸
為器具，所以其各藥應列於以身為器具之各藥內。但因
此種藥甚少，祇有錫粗粉、鐵粗粉、貍豆卡瑪拉等，其餘者，

特顯其藥性或恃其瀉性而有殺蟲之功效故殺蟲藥可列於瀉藥之後惟用殺蟲藥之時必常用瀉藥以通腸又有數種補藥亦可用之令腸內補其力而補藥內有數種大有害於腸內之蟲

腸內之蟲在英國人常有者爲帶蟲長線蟲短線蟲圓蟲又有一種爲寬帶蟲在瑞士等國人內見之

以腸爲器具之殺蟲藥　錫粉　鐵粉　貍豆　卡瑪拉卽成染料陸脫里拉所生細硬毛　蟲皮奇茄替那此質內含珊瑚等微刺在內爲蟲所不能當者

特設殺蟲藥　石榴根皮並其煮水　蕨根粉與以脫所

成之膏　古蘇卽殺蟲布類以拉　無刺安弟拉　瑪里蘭特司披其里阿　殺蟲司披其里阿　桃葉

松香油　而爲大油　坦捺西低　阿蒲星弟由末　咄道尼格　咄道尼尼

以瀉藥等作殺蟲藥　汞綠　籐黃　渣臘伯　司卡蓴尼　凡苦味之藥俱爲蟲所不能當者亦能作補藥之用

用外導藥殺短線蟲　鉄養硫養在苦白木水內消化之

啞囉外導藥

冷淨水　苦味藥沖水　樟腦消化於油內

調經藥　凡能令月經依法而行之藥謂之調經藥而月經停閉之病有時爲他病之根原有時爲他病所成者故其治法自必依其情形而定之因經閉之病常爲面色白而呆鈍之人因身體無力令其不顯反之人身最堅壯血充足另有生育器具因受冷等故而大受激動故可見不能有公法治經閉之各類但無論其病爲何根原必先用法令身體之力復原後用合式之藥其各藥有行氣之性惟其大小不等又醫士或疑調經藥俱不能徑顯其藥性祇能繞道感動相近之體而恃同覺之理治經閉之病卽如醫士巴藜之書云子宮原非銷去異質之器具故藥品難於感動之

如身體充足者可用放血之法或在腰邊用抽氣放血法或用蜞吮法於腰或腿腹交節處或腿足　用瀉藥　用水浸身之中部　用熱水浸足或多用行氣藥水合於芥末　操練身力而在空氣極清處行動如能騎馬則更佳

如身體已有受壓之病應用暖性瀉藥同時用水銀丸得其收血之益初時用輕性補藥後用重性補藥終以各種鐵劑　在背後之下段用磨擦法　用電氣　用養身食物　操練身力　在空曠處得清氣　在海邊用海水浸身　用噴淋浴　常用收血藥或汞藥如水銀丸等與汞綠雜丸　用碘如鉀碘或鐵碘糖漿

以瀉藥作調經藥　啞囉　啞囉沒藥丸　啞囉煮水與啞囉酒　啞囉阿魏丸　啞囉鐵丸

哥囉嘶　辛拏　籐黃　藜蘆

臭味治轉筋藥　阿魏　麝香　膃肭臍

加勒巴奴末並合於阿魏薩格比奴末沒藥爲雜丸又在阿魏雜丸內用之

沒藥並沒藥酒又合於鐵爲鐵雜丸鐵雜水又用於阿魏雜丸內又合於阿魏觀前說

金石類補藥　靑礬　鐵雜丸鐵雜水　鐵養炭養並其糖與丸　鐵碘與鐵碘糖漿

徑行調經藥　茜草　米由末阿他曼替苦末此藥近不常用

遠志沖水與酒　色噴他里沖水與酒　而烏大油　坦捺西低甜膏　扁栢子　薩皮那即薩肥那並其油　耳卧達能令子宮內動作膶筋有行氣之性近有醫士羅敔用之大得其益又云用沒藥啞囉靑礬薩皮那白散油等質和勻亦有此性

引炎藥包括惹皮膚之藥與發疱之藥　凡能令皮膚發紅增其熱或令其更有知覺則謂之引炎藥如久用尋常引炎藥或用其更濃者則成疱如用之更久則放膿故此種另設一名謂之引病外出藥如打打伊密的能令皮膚發小凸點而此一處之証常能通至全身令全身受其惹動即與行氣藥同又用引炎藥或引病外出藥常能令身體內藏伏深遠之病覺有大益故凡用此種藥非爲本處之皮膚得其功益而爲惹動一處令他處之惹動消散俱恃移病之理間用此法治皮膚內生炎之病即如喉痛則淡輕四養或油擦於頸上止之又如牙齒痛則在耳後發疱亦能止之又有數種不惟有行氣性又有惹性然尋常用此種藥治胸膛內久病或腹內久病或四肢有猝發之痛又頭內之血過多而因此病難受則以熱水浸足或足底用芥末軟布膏亦能有益又如用割皮入豆鈎膿法用線穿皮鈎膿法針

法其總理與上同又有數種藥祇能爲有界限之行氣藥能令皮膚發小凸點俱爲有大益處者間有用行氣血之擦藥或芥末軟布膏在身體最軟之病內用之如生氣已甚少則能感動全身

醫士古蘭肥勅云有數種病尋常以爲最難治者如用此法能速治愈不必用內科之服藥法又如病之性情應用內服之藥如用含淡輕四養或酒醕之濃藥內含樟腦與自散油頗多者擦於身外亦大有益於助內服之藥此外科所用之各藥所恃之理名曰引病外出法又名曰反惹法但用此各名目亦不能顯出含淡輕四養之外科藥各有益

處之理也
磨擦法　加熱如用熱水等　用水汽　用熱沙或熱金類　將身之中段與足浸熱水內
用氣質如乾熱之空氣綠氣炭養氣硫養氣
酸水如硝強水醋酸等　醋酸亦可用爲引病外出藥
鹼類水如淡輕四養鉀養與其含炭養氣之質　濃淡輕四養水　淡輕四養洗藥
打打伊密的並其水與油膏　銀養淡養五或其水
有界限之行氣血藥　淡輕四綠　鉀硫並鉀硫水　鈣綠
硼砂　硼砂蜜糖

汞養淡養五油膏　汞綠油膏　汞養油膏　汞綠淡輕二油膏
植物惹性藥能作爲引炎藥有界限之行氣血藥引病外出藥
辣性辣能古魯司　小火焰形辣能古魯司　司他非薩搿里　得勒非尼阿　印度告故羅司　告故羅司油膏
阿莫賴西阿　黑白芥子　芥末軟布膏　芥子自散油　伯里脫羅末　辣椒與辣椒酒　米緊里恩　大戟香　薩皮那並其油膏　藜蘆　非辣得里阿油膏　黑色胡椒　葫　蒜

自散油類行氣藥亦可用爲引炎藥又有數種其臭不甚佳如而烏大油等是也
松香油類　基阿脫里平他以那　尋常松香油　緋逆司松香油　加拿大脫里平他以那　又其油合於洗藥
苦里亞蘇脫淨者或淡者　苦里亞蘇脫油膏　巴豆油
毒藤如司
加波力克酸　各里司里尼
松香類　松香　土斯郎司普羅司杉之松香　杉松香　白吏弟
栢油並其油膏　以里米並其油膏　加勒巴奴末與其膏　流質栢油　黑色栢油並其油膏　麥酒酵並其軟

膏
斑蝥並其酒醋發疱洗藥又其油膏布膏暖布膏發疱紙
第二類全身行氣血藥　全身行氣血藥與有界限行氣血藥之分別在乎不感動一箇或兩箇體或器具而感動身體各緊要之職分即如血所屬之各器具肉筋各器具津液各器具而其感動之之法俱徑藉各腦筋爲之故有入包括於感動腦筋之各藥內又有數種其功用不能歸全身受之祇特能感動一副腦筋或感動心內任一門之念或感動五官內之任一官而其餘者不理會此種藥之大半所顯藥性無多時即過故必每若干時再進一服方

能連得其功用惟補藥之功用更能耐久因感動血肉筋較在腦筋更多之故

補藥　如肉筋放鬆漸令其收緊或身體因病而軟漸令其復原此類之藥謂之補藥凡補藥雖與收斂藥有數種相同之處然除合於收斂藥服之則不令內皮縮成皺紋有數種補藥與收斂藥合用之則能有此性凡補藥特腦筋而感動生命與行氣藥同然有不同者因顯其功用更遲又已顯之後更能耐久又其功用已過則身不覺之故醫士殺立云補藥爲大力之行氣藥其功用能耐久如用之過限或時候過長則變爲惹身之藥不惟不能增精神

反能令身更軟因人身之精神已得最大之界限再加補藥即與用行氣藥同身必覺軟然如合法用補藥如身軟弱等則功用漸顯出胃力增大食物加多消化最易血之行動力更大而其速不增又呼吸之氣更多而更猛此各職分更合法爲之則養身之事更全故血能收各質更多因此得補藥功用之時常有大便不通之弊後在他事內亦顯出如病中常有因水而浮腫之處漸消去而不見又津液更爲合法溺少而色深又不合法出汗之事不再顯皮膚變軟如無病之狀面上顯出精神堅壯之狀五官更靈腦之運思更明力量更大凡有病者或身軟或已有重病而甫退或已用瀉藥或減血氣之藥用補藥則漸復而堅壯

有數種補藥如金雞那與其鹼類質如雞那以尼並鉀養三如鉀養鉀養三水內所用者俱能治瘧疾等依時而作之病故病不顯之時如瘧疾與似瘧或腦筋痛與風溼等依時而作之病乘病退後用其小服或病臨顯時用其大服常能得其大功用即如依時而作之發熱病其熱退後立即用鉀養三水數滴則病之力必因此減小又臨顯時再服之亦必得其益處

凡補藥或服其定質或服其煮水或沖水另加本補藥之

浸酒或別補藥之浸酒或香行氣藥其補藥必用中等之服每若干時如兩三小時再服之又另易一種補藥又再合宜之法先用輕補藥後漸接用重性者如金類補藥或各種含鐵之藥有數種病如綠病或血虛等病則鐵藥之用處爲最大因此種病內血之紅色料過少故鐵能補償之因其紅色精所含之鐵又身內他種流質與料亦爲含鐵者所以鐵爲補藥則與其各質化合而令能復原

食能大養身之食物　冷　空曠處多行動　用冷水浸身或在海水內浸身

潤內皮補藥　冰地島苔並其煮水　烏勒毋司並其煮

水　沛離拉沖水並其膏　高林布膏沖水並其酒　此爲輕性補藥醫士或疑其少有平火安心之性又因其不含樹皮酸與苦白木同可合於鐵鹽類並用之

苦味補藥　高林布　苦白木沖水並其膏　西馬羅被龍膽草膏沖水並其雜酒　奇勒大並其沖水酒　散拖里由末　睡茶　輕補性散拖里阿　木鼈子並其膏

此爲大力苦味藥與開胃藥

行氣補藥　温弟里得立密司　白色看尼拉　橘皮並其酒糖漿沖水　橰檬皮　克司配里亞沖水並酒　而烏大　阿蒲星弟　坦捺西低　安直里刻　瑪羅比由

末　揩思揩里拉沖水並其酒　羅布路司沖水酒並其膏　菖蒲

治依時而作之病與收斂性補藥　白色黃色紅色金雞那並其沖水煮水與酒又其雜酒合於橘皮番紅花色噴他里亞　雞那以亞與雞那以亞硫養三　雞那以弟尼雜酒　不成顆粒之雞那以尼　金雞那以尼與合於硫養三之鹽類　比白里尼　栁樹皮並其煮水　薩里西尼那而荀弟尼　黑胡椒　烏伐烏爾西　奇瑪非拉　比白里亞硫養三

治依時而作之病金石類藥　鉀養三　鉀養鉀養三水　鈉養鉀養五

金石類補藥　淡硫强水　淡硝强水　淡鹽强水

鐵　可浮納鐵粉　鐵硬膏並合於司曾羅司松香硬膏

鐵養三　鐵三養四　地產含鐵之水

鐵二綠三酒　靑礬　鐵養炭養二糖　鐵養炭養二沒藥鈉養硫養三合爲鐵雜丸　鐵養硫養三沒藥肉豆蔻鉀養硫養三合爲鐵雜水　鐵養鉀養五　三鐵養燐養五並其糖漿　鐵養三合於雞哪霜橰檬酸　鐵養發里里阿尼酸

鐵二養三鉀養果酸　鐵葡萄酒　鐵橰檬酸並合於淡輕四養橰檬酸　鐵發泡水　鐵養醋酸　鐵養乳酸　鐵養蘋

果酸

鐵合碘等藥如鐵碘與鐵碘糖漿　鐵合香料如鐵香雜水　大黃鐵丸　啞囉鐵丸

鋅養　鋅養硫養三　銅養硫養三　銅養淡輕四養硫養三　鉍養淡養五

行氣藥　凡能增腦筋之力則謂之行氣藥尋常所謂行氣藥徑能感動腦筋從此感動身內他種緊要之職分即如血肉筋律液各器具行氣藥先收入血內而後遇腦筋質繼有數種能從身內銷去又有他種能感動腦髓或令五官更靈或令人覺有興會或令心中能明事理又行數

種雖有此質惟甚少耳有數種其力最大者常作爲寗睡藥因用其大服則行氣過大而後其人身變軟而失知覺即與真寗睡藥相同然因藥品中不當爲寗睡藥故列於行氣藥內名曰散性行氣藥又有數種行氣藥雖能感動腦筋而其感動之性小或有一定界限即有數種腦筋能感動其餘不能管理故名曰特用行氣藥凡身內之職分有阻礙之弊如令其能照常行動之藥則似有行氣之性行氣藥除淡輕四養之外另有自散油類松香類或辛性質及含此各質之藥前在引炎藥一節內曾言行氣藥作外科之用能發紅能令覺熱自然速通至周圍之體間有令

痛者依其體之易受感動或否如將行氣藥服之則胃腸內立覺暖和而精神忽覺增多力量大消化食物速間有口內渴者如將辛性者食其大服則有惹性行氣藥之大半所顯功用無多時即過有數種立即感動心與血令脈強而數又令身內加熱而皮膚與肺之面多放棄津液又各處津液亦能增多又有數種行氣藥能令生育器具行行氣之性並受其感動然此各事內所受感動之腦筋原在真腦髓與背脊髓之腦筋爲其感動而從此所有一切與腦髓背脊髓相通之器具亦受其感動亦離拉以爲大半行氣藥所顯功用不外同覺之各腦筋故包括在感動

腦筋結之藥品內格爾生云行氣藥令腦筋之力更平勻而更速又肉筋之縮亦爲更猛五官更靈心更靈動而能力增大然行氣藥雖令人多行氣而行動費力。人行氣之事後必有倦怠配之又雖用寗睡藥則其人所覺之倦怠更重而與行氣藥不同如用散性行氣藥頗多亦能得此事如用之不甚多則其藥性不至於爲行氣藥

如身軟弱而無生炎爲真軟弱者無論其爲流血頗多或因放他質頗多或因呼吸將停或因暈絕或因全身俱虛或因血虛與病色而此証非因生炎而成或因數種大病將畢時則全身之力幾蹶而生命幾滅用行氣藥有大益

處因能補所竭之腦筋力如所少之腦筋力祇爲暫時之事則能助復腦筋之力而身之各職分漸能復原然用行氣藥必最謹慎而不誤尋常雖身軟而精神已乏用行氣藥能得益又入延生炎用行氣藥亦能得益即如眼之生炎無論新舊用行氣藥洗眼能得益處然行氣藥之正用尋常必合於他藥同服之

熱氣　電氣　生命所恃之四要事即熱空氣食物飲物俱能在身弱之人爲行氣藥或如其人已失此四者則得之亦有行氣之性此四者如合法用之在過後不令身體軟弱

淡輕養水　淡輕養香酒　淡輕養炭養二　燐養氣
香料之味與臭俱能令口鼻快適故添入食物內令更為佳此各料在胃中有行氣之性又能為去風藥又可配入各種藥料如補藥治轉筋藥或瀉藥
番石榴科內　丁香並其油　比門脣並其油酒與水
揩耶普提油　桂樟科內　桂皮並其油蒸酒浸酒水雜酒雜香散與合於他種香料　加西耶桂皮　貴品羅耳烏司　沙抄法拉司　肉豆蔻科內　肉豆蔻油並其酒
胡椒科內　黑胡椒並其甜膏　長粒胡椒　薑科內
鬱金　白豆蔻並其雜酒　薑並其酒糖漿　鳶尾科

內　番紅花　白色看尼辣
辣椒並其酒　黑芥末白芥末
有數種之功用大半藉所含自散油　香揩暮司油即甘松香　橘科內　檸檬油與橘油　繖形科內　大茴香
芫茜　懷香　蒔蘿　馬芹　胡荽　脣形科內　紫蘇　綠薄荷　華撥里他　坡里其由末　臘芬大拉
咾士預釐　尋常啞里茄奴末與瑪爾助拉末啞里茄奴末
不適口之油類　而烏大油　安替米司油　坦搽西低油　扁栢油　薩肥那油

松香油類　甚阿脫里平他以那　尋常松香油等
松香類　以里米　瑪司的克　乳香　没藥　秘魯波勒殺末等
軟石油　那普塔　苦里亞蘇脫並其雜水
又見行氣補藥發汗藥化痰藥利小便藥
散性行氣藥　此各種藥與他種行氣藥之分別大半能藉腦筋與腦髓速感動全身包括酒醕以脫在內如用不過限之服數則能行氣而速散如食其大服則令人醉藥性已過則身體無力或醉至失知覺如鴉片並數種印度麻所作之藥在東方各國作為行氣藥之用然不久令人

覺倦而無力故應列於醉藥內而名謂寧睡藥之一種如以脫雖初用時有行氣之性後有安慰肚腹腦筋之性故常有醫士用之治腦筋之病常合於鴉片等醉藥用之如吸其霧則令人不覺痛與哥囉方同
法國酒醕即白蘭地酒　正酒醕　準酒醕　舍利酒與他種葡萄酒
以脫　硫養三以脫　硝以脫酒　哥囉方與哥囉方酒醕
貝路阿客色里克醕此酒之味可憎
特用之行氣藥其功用祇在一處顯出祇能感動一處之腦筋即如馬錢霜感動腦髓並感動動作之分支最多故

令肉筋收縮
尋常特用行氣藥　木鼈子並其酒膏　馬錢霜　布路
西亞　毒籐如司　山亞尼架　耳卧達
第三類減氣血藥卽對行氣藥　來拉書內將甯睡藥治
轉筋藥解熱藥平火安心藥等合爲一類而其故非因其
顯出之性情相同而因其各種藥能減身內各種之行動
過多卽如血之行動過多用解熱藥與平火安心藥又身
體痛不平安不能睡則用甯睡藥又腦筋過於激動則用
治轉筋藥令其平和然有醫士常將平火安心藥合於甯
睡藥同用之

甯睡藥一名睡藥一名安神藥　甯睡藥西名那爾可弟
楷爲希臘國之言而其根原爲那爾格卽電魚之意因此
魚能發電氣以擊來追之別物令別物迷惑而不知情事
而用甯睡藥之大半亦是令人迷惑惟間有數種藥列於
甯睡藥內而不令人迷惑故用此名目不甚相宜而沛離
拉欲改爲腦髓背脊髓藥因此各藥能感動腦髓背脊髓
與其相屬之腦筋也此類之藥其最奇之事功用各不相
同故難得一公用之名能包括其各質在內最妙之法分
爲數分類而各分類另爲定名如行氣血藥祇能激動而
顯其行氣之性而散性行氣藥初能行氣血後能減氣血

令人覺倦卽如鴉片可爲甯睡藥之模初令脈數感動身
內數種職分又顯行氣之性令人大覺有精神後其人欲
睡至末卽無知覺凡甯睡藥與平火安心之藥有一種分
別之處因如用其尋常之服數則能加增腦筋與肉筋之
動作後則減氣血而所減者較前所增者更多尋常其人
必先睡方能復原此爲醫士巴黎之說凡甯睡藥能全勝
人身自主動作之力與知覺之力而五官不能用此各種
藥所顯之藥性亦各不同如鴉片等類謂之睡藥又謂之
迷藥因令人睡又有一種爲安神藥其中鴉片亦爲要物
惟另有數種如哰啦吖嘝與醉仙桃能止痛因此令人睡

令瞳人放大又令人快樂發癲又如草烏頭並其鹼類質
名阿古尼低能令知覺之腦筋變呆木又爲平火安心藥
應列於此藥之內又有第四類內有黑暮拉克與其鹼類
質名哥尼阿此各質能令肉筋條癱瘓因能感動動作之
腦筋又印度麻與其各質初服時有行氣性後令人睡無
知覺而肉筋放鬆間有令人身體强僵與尸無異又有一
類謂之迷蒙藥能令人不覺痛或能減所覺之痛又有緈
性甯睡藥能止痛能感動胃腸或顯出激動之性此種藥
能令人吐極能平血氣故幾可爲平火安心藥之分類然
以上各藥性大約俱能爲鴉片一物所顯出因鴉片初用

之則有行氣之性以後不久減人之知覺而令人睡如有大痛則能止之如筋縮而痛則能放鬆如津液過限則令復原除皮膚發汗外能收住津液

甯睡藥之用處大略因能止痛令人睡故能治數種病痛而其最大之用處爲治腦筋痛與痛之各病即如腦筋痛與風溼等是也又有數種大痛之病將完之時亦可用甯睡藥令其人平安

罌粟花　罌粟殼煮水並其糖漿　鴉片並其流質膏

鴉片丸並其甜膏　鴉片酒　鴉片葡萄酒　鴉片醋酸

拜得里平火安心鴉片水　黑滴藥　鴉片外導藥

鴉片洗藥並其硬膏

含鴉片之丸　肥皂雜丸　蘇合香雜丸　汞綠鴉片丸

鉛鴉片丸

樟腦雜酒即鴉片合於樟腦徧蘇以克酸

鴉片合於吃嗶喀即吃嗶喀雜散

鴉片合收歛藥　幾奴雜散　鴉片白石粉香散　沒石子鴉片油膏

嗼啡啞輕綠並其水　嗼啡啞輕綠糖片　嗼啡啞輕綠吃嗶喀糖片　嗼啡啞輕綠外塞藥　嗼啡啞硫養[3]　嗼啡啞醋酸　嗼啡啞檸檬酸　嗼啡啞二米故尼酸

萵苣　兒惡拉克杜加　拉克杜加里由末　霍布花並其酒　羅布里尼克核酒

安神令人昏暈並放大瞳人　黑羊躑躅並其膏與酒

啤啦哷喇並其膏汁酒膏藥　阿脫路比亞並其水　阿脫路比亞硫養[3]　醉仙桃並其膏

猝性甯睡藥與瀉藥　司他非薩猻里　哥勒枝㗤　藜蘆　沙罷弟拉

木鼈子　毒藤如司　亞尼架（見特用行氣藥）

治轉筋藥　凡能治肉筋瘈瘲之病則謂之治轉筋藥因此各事有數故而成如能去其原故則其肉筋之縮能放

鬆而痛可止而其根原在肚腹或在腦筋故一名安肚腹腦筋藥所用之藥或爲滅酸藥或爲瀉藥能令腸胃內不覺激動或爲安神藥能令腸不妄動如此能治之設如其病因身軟而來則必食大養身之物並用補藥則亦能爲治轉筋藥然尋常所謂治轉筋藥其功用與其性情大不相同故有醫士名曰行氣血藥又有他醫士名曰平火安心藥所以幾不必特意另論之此種藥雖能感動血之運行而有病時能令腦筋平和而其平和之法大略因顯出行氣之性如此令其復原此種藥顯其功用最速又不久即過故必連用之而間有逐漸增大其服數如此能得其

全益尋常用此類之藥治腦筋之病最多者爲妄言笑肉筋跳動抽搐又在氣喘腸胃內痼証並在久延虛發熱用之

甘松並其沖水酒　甘松淡輕養酒

臭松香膠類　阿魏並其酒外導藥　加勒巴奴末　似阿魏　啦坡巴拿克司

而烏大　坦捺西低　安替米司並其油

樟腦並其水酒　樟腦鴉片雜酒　樟腦洗藥　樟腦雜洗藥

硫養以脫　以脫酒　硝以脫酒

淡輕養香酒　淡輕養臭酒　淡輕養炭養

軟石油　那普搭　琥珀油

麝香　膃肭臍並其酒

寧睡與平火安心治轉筋藥　鴉片　嘽啦吁吶　阿脫路比亞　阿脫路比亞硫養　醉仙桃　羊躑躅　淡巴菰　路舉桕並其酒與以脫酒　印度麻　哥尼由末並其鹼性質哥尼阿　加喇巴豆

補藥　銀養　銀綠　銀養淡養　鋅養　鋅養硫養　銅養淡輕養硫養　鉍養淡養　金雞那　雞那以尼與別種補藥

解熱藥　凡能減血之運行力並減身之熱而不減知覺之力與腦筋之力者謂之解熱藥醫士設立論動物身熱之根原而言肺用養氣之數使身體生熱之數能少增之之法用含養氣少許之食物卽如肉與酒醋然如身之熱過多則食含養氣甚多之質如植物酸質等則能減其過限之熱設所食之物含養氣分外多則食物令血收養氣其數分外多而肺不必收空氣內之養氣至尋常之界限故肺所生之熱可以更少設立論此事之意見多年有醫士讚美之近有醫士查得新理能爲設立之理作據又有醫士布類格試驗噴入數種質入血內查得各種酸質入血內之時則令其血難行過肺之微管故此亦能當爲其

證據

有數種解熱之藥其力量雖大而其顯藥性之法各不同卽如用冰減熱或用成冰之料減熱爲治各種激動病之最大力平火安心藥又如速化散之水合於酒醋或以脫則初時因其速化散而減熱然必謹慎用此種藥時不可蓋其加藥之皮膚面因蓋之不惟不減熱而其酒醋與以脫反能顯其發熱之性如將全身或身體數分用海絨蘸冷水擦之令溼或用醋與水或酒醋與水亦爲平火安心大有功用之法卽如來拉在印度治最重似瘧發熱俱係

卑溼處樹林內居人所患者，將其身日夜用海絨醮流質擦之，則令其脉合度，而身體之熱不過限，同時用內服之各種藥，令津液改爲合法而減其發熱

冷空氣　冷水　冰　成冰之料　用醋或酒合水以海絨醮之擦身　易化散之洗藥

植物酸質（見植物酸質節）　果酸糖片　檸檬汁並其糖漿　檸檬水　甘橘　醋酸　醋酸糖漿　印度棗　阿西多薩拉　酸羅米克司

鉀養二果酸　鉀養淡養五　鉀養綠養五　鉀養檸檬酸

輕性發汗藥　淡輕四養醋酸水　淡輕四養檸檬酸水　發

泡藥水

平火安心藥（又名減氣血藥）　凡能直減腦筋之力而不先激動之，則謂之平火安心藥。雖然，正言之，能合於此界說之藥料甚少，惟有數種最爲合用，無論爲腦筋之病或血之病，俱能顯此各功用。然平火安心之藥品顯出平火安心之法，各醫士之意見不同，或云眞平火安心藥未之有也，又云此種藥應列於寗睡藥內，或列於化散行氣藥內，而此各藥先令腦筋之力增大而後減少，而感動人心令至糊塗，或不省事。醫士巴黎湯勿生等云，平火安心藥應另分爲一類，而與寗睡藥之分別，因能直減生氣而不預減生

氣之力，不預減腦筋之力或血之力。雖然，藥之稱爲平火安心者，不能全列於以上界說內，而可用之管理腦筋與血過限之力。無論著藥品書者如何爭論平火安心藥應列於何類內，而爲醫者俱知有數種藥能治身體大激動之病，即不可用重寗睡藥時，或不可在房內開方用重寗睡藥與他藥合用時用之。然輕性寗睡藥亦可用爲平火安心藥。本類之藥所顯之藥性，其總意雖相同，又不感動心思，或與心思有相關之事，而其顯藥性之法各不同。輕衰爲最合用之藥，能減激動與咳嗽，又腹內有數種大痛之病亦能安慰，又能爲治功用病之痛與平火安心之

藥。此爲言其小服者，如用其大服，則成痛証，無知覺，心動即停，如食更大之服，則徑死而無痛証。又有阿古尼低擦於身體任一處，雖不發紅，而令皮膚先癢後木，此種藥亦爲有大益者，能治數種腦筋之痛，如當內科，則減血之運行而爲大力平火安心藥。又如黑暮拉克與其鹼性質哥尼阿，近有醫士查得其藥性不應列於寗睡藥類。醫士若里司脫生云，哥尼阿能令動作之腦筋速有癱瘓，而此癱瘓速散至身之各處，減去背脊髓相屬動作腦筋之力，令全身癱瘓，又因放鬆，則氣不能呼吸，所以牙關緊閉，或受馬錢霜之毒，可用哥尼阿治之，因馬錢霜之力感動背脊

髓有大行氣性令其肉筋久縮不放而哥尼阿有相反之性則能治之又服過哥尼阿者如能呼吸則五官仍能用之又因後有癱瘓則腦筋不能用五官失其知覺哥尼阿有平火安心之性外另有散炎收瘤之性

毛地黃初時少能感動心令行氣血後能減氣血而大減血之運行又感動腸之內面有利小便性又如哥勒枝嘌淡巴菰路卑利初時有行氣之性令人大覺欲嘔又減氣血放鬆肉筋故常用之治縮筋之病並治脫骱之病所有辝性寧睡藥內哥勒枝嘌亦能當爲此類之藥因能感動肝與腸能大瀉又能大減氣血又風溼與痛風之痛亦能止之但間有能不瀉而能大減氣血者此爲輕病之說凡減氣血最有用而最有力之藥爲吃嗶喀與銻之各藥此各種藥亦能爲發汗藥化痰藥吐藥又如合法服之則大能吐瀉大減氣血故其平火安心之力亦爲大者故減氣血之藥內打打伊密的爲最有大功用之一種又如欲加多減氣血藥之服數令其與身體之激動相配因此醫士查知人所能服之打打伊密的比前所意度者更多此爲能用藥料之性由此可知各種藥品顯其功用之法各不同又藥品書內將藥料依其治病之性分類排列之目錄最難成之近雖定準後有醫士查得新理必再改易

淡氣　輕硫　炭養氣　此各氣吸之則有平火安心之性俱爲有毒性之質

淡輕衰水　櫻桃羅耳烏司曾羅奴司　苦杏仁　苦杏仁油　鉀衰　鋅衰　鉀二衰三鐵　鐵衰三

令麻木與平火安心藥　那布勒阿古尼低並其膏酒　阿古尼低亞並其油膏　阿古尼低水並洗水

令癱瘓藥　花點哥尼由末並其膏酒又合於吃嗶喀作雜丸　哥尼由末油膏並軟膏

治瘤証與安神藥　印度麻並其膏酒　毛地黃並其酒沖水　弟其大里尼　淡巴菰並其外導藥　可吸煙路卑利阿

打打伊密的並其葡萄酒　吃嗶喀並其粉葡萄酒此各質之服數必令人覺有吐性而不吐

鉛養醋酸並鉛鴉片丸　二鉛養醋酸水並其淡水

減熱氣之總法　放血法　蜞吮法　瀉藥　解熱藥加冷　用海絨醮水等質擦皮膚　潤內皮藥

迷蒙藥　以脫　哥囉昉　或吸哥囉昉之霧

輕衰與苦里亞蘇脫能治胃中之痛鉍養三淡養五亦然錯養草酸能治妄言笑與懷孕而吐又如重赤白痢用汞二綠十釐至二十釐爲一服常能有益又與平火安心藥同功用

照人年數配藥之比例表係醫士荀比由司所設

藥之功用在各人服之有不同之證據又一人在各時服之亦有不同之證據故必有比例表便於查明卽如取藥之法並人年紀之大小或爲男或爲女或爲運動出力或爲常坐不動或地氣水土之燥溼冷熱或人性情之和柔躁急等事俱與藥品服數之大小有相關西醫藉荀比由司所設之表爲年紀大小之各服數其餘各事必醫者自行理會

照人年數配藥品之服數其比例如左

成人壯健者假如一服　一釐或六十釐

一歲以內　十二分釐之一或五釐

二歲以內　八分釐之一或八釐

三歲以內　六分釐之一或十釐

四歲以內　四分釐之一或十五釐

七歲以內　三分釐之一或二十釐

十四歲以內　半釐或三十釐

二十歲以內　三分釐之一或四十釐

二十一歲至六十歲用全服卽　一釐或六十釐

六十歲以外者照前比例減去若干

毒藥與解毒之法此係從醫士苦里司脫生之排列俱爲本書前所載者

尋常之總法必將胃內之質速卽去之或用吐藥或用入胃水節若爲烙炙性毒藥用此法間有不穩當之處而必服解毒藥間必服膠類形之質而包其毒質於內間有必減其惹動而去其炎又有必用輕重適中之行氣法如中氣質之毒必用新潔空氣與傾冷水之法

惹胃毒藥

酸質　硫養　淡養五　燐與燐養五　輕綠　合強水　鐵綠三　草酸　果酸　檸檬酸　醋酸

鹼類質　淡輕四養　鉀養　鉀養炭養二　鈉養　鈉養炭養二　鈣養　鉀養淡養五　鹼類合硫黃之質

綠氣水　碘　鉀碘　溴　鉀溴

鋇養鹽類　鋇綠此各質用鎂養硫養或鈉養硫養或其合炭養鹽類或用入胃水節或用吐藥解之

鉮　鉮養三　鉀養鉮養三水　鈉養鉮養五　鐵養鉮養五此各質可用含硫之質或溼鐵養三鎂養合膠或用輕鎂養則每重二十五分能從其水內分出鉮養三一分

汞　汞綠　汞衰並其各惹性之鹽類醫士巴黎治汞綠之毒用打扣伊密的合吐

銅之鹽類有人用鐵養輕養治之

銻與鋅等之鹽類　鉛之鹽類用乳與阿勒布門鈉養硫養與鎂養硫養治之

銀養淡養五等鹽類用食鹽與其畏忌之藥

植物辢性質　大戟香　巴豆油　哥囉噺　衣拉特里由末　米聚里恩　籐黃　渣臘伯　薩肥那
動物辢性質　斑蝥先放出胃中之質再用凋內皮藥而用樟腦或度法散等治其惹胃之性
寗睡毒藥
鴉片與其各藥　羊躑躅　萵苣
輕衰　羅耳烏司水　苦杏仁油
毒氣
綠氣　淡輕養　輕硫　炭養　炭輕此各毒氣之治法須多遇新潔空氣用法令其人呼吸又傾冷水
寗睡辢性毒質

烈性植物總解法立即服許多動物炭待若干時服辢養硫養
嗶啦吖㗅　阿脫路比亞　羊躑躅　醉仙桃　淡巴菰
哥尼由末即黑暮拉克　毒性繖形科植物
木鱉子　馬錢霜解法先去其胃中毒質
阿古尼低　黑藜蘆與白藜蘆　哥勒枝噤　沙罷弟拉
印度告故羅司　弟其大里司　弟其大里尼
酒醋以脫　解法先去其胃中之質傾冷水於頭與易化散之水又用蜞吮法用淡輕養爲行氣藥
地產藥性水

罷格門與施韋扎等人化分各水所得之數
一　含炭養氣之水　此水發細泡從水面跳出每水一百立方寸含炭養氣五十至一百六十立方寸飲此水者能令人舒暢又有解熱性西國產此水之處如恩斯河喀耳斯巴得給星珍歲勒蔡辟耳莾斯泡
二　含硫之水　此水有惡臭內含輕硫氣每水一百立方寸含輕硫五至二十立方寸此氣與他質不化合其水常暖有行氣性發汗性改血性產此水之處在英國有斂耳屯罕哈羅該特硫水泉法國有愛克斯沙排耳巴來施德國有嫩託弗

三　含鹽類之水　此水含鹼類與土類與炭養或硫養或綠氣合成之鹽類每一萬分中所含之定質自二至一百五十分共分四類
甲　燰而少有鹽類性爲發汗藥產此水之處如斐希巴丁巴丁巴得伯利斯多白克斯登抹特老克
乙　冷而味苦內含鈉養硫養爲瀉藥產此水之處如喀耳斯巴得斂耳屯罕來明屯
丙　冷而味苦內含鎂養硫養爲瀉藥產此水之處如愛補生斯喀堡雖得立次
丁　冷而含鹽內有鈉綠爲瀉藥產此水之處如阿

施比得拉蘇治克老資那克辟耳莽杭堡

四　含鐵之水　此種水性俱藉所含之鐵間有遇空氣時有鐵養凝結者內含鐵養炭養而因另含炭養消化不能凝結又有別種含鐵者大半爲鐵養硫養每水萬分含鐵養三釐至十五釐此水爲補藥又爲提醒藥共分兩類

甲　含炭養氣者產此水之處如屯伯力子伯來盾斯泡

乙　含硫養者產此水之處如韋脫島亞勒西罷特拍蒐

武進孫鳴鳳校字

萬國藥方八卷（卷一至卷二）

〔美〕洪士提反譯

《萬國藥方》八卷，美國洪士提反譯。是書譯自英國思快爾（Peter Squire）撰*A Companion to the British Pharmacopoeia*第十四版，並參考美國藥典、印度藥典、英國施維善（Frederick Porter Smith）撰*Contributions Towards the Materia Medica and Natural History of China*等英文文獻，美國嘉約翰（John Glasgow Kerr）譯《西藥略釋》，以及傅蘭雅諸化學譯著。前有洪士提反（Stephen Alexander Hunter）英文序、中文序及李鴻章序。書分八卷，卷一藥名總論、藥劑分品、配藥公法、藥器畫圖、醫學器圖、藥器圖論、醫學器論，卷二病體目録、病類目録，卷三至六權量分準、萬國藥方，卷七藥名目録、藥類總録、中名目録、奇異字考，卷八藥方目録、藥方總録、水權圖考、原質總目、錯字改正，配有大量插圖。書中收藥品一千餘種，包括植物藥、動物藥、礦物藥、化學藥品，其中有數十種中藥。其流傳甚廣，在清末多所重印。據天津圖書館藏清光緒二十六年（一九〇〇）上海美華書館排印本影印。

萬國藥方

卷一

萬國藥方

A MANUAL OF THERAPEUTICS AND PHARMACY IN THE CHINESE LANGUAGE,

BEING, IN THE MAIN,

A TRANSLATION OF SQUIRE'S COMPANION TO THE

BRITISH PHARMACOPŒIA,

WITH ADDITIONS FROM THE

UNITED STATES, INDIAN AND CHINESE PHARMACOPŒIAS,

AND FROM OTHER SOURCES,

BY

REV. S. A. HUNTER, M.A., M.D.

WITH A PREFACE BY

H. E. LI HUNG CHANG,

VICEROY OF CHIHLI.

SHANGHAI:
AMERICAN PRESBYTERIAN MISSION PRESS.
1890.

TABLE OF CONTENTS.

PREFACE.

THE Western physician in China is beset with many difficulties in the pursuance of his art. These difficulties are never more apparent than when he attempts to impart instruction to a class of native students. He has not only to struggle with the intricacies of a difficult language, but is compelled at every step to meet and grapple with the perplexities of an imperfect and unsettled nomenclature. Many of these difficulties might have been avoided, if a definite system of medical terms had been early agreed upon and adhered to by professional men. It is much to be regretted that this has not yet been done. In the present incomplete stage of terminology, the author, having wrought out and used for several years a uniform nomenclature of drugs and preparations (based largely upon the labours of others) which has given reasonable satisfaction, has now ventured to offer it to the public in hope that it may prove of service to students and practitioners in China, and contribute in some degree to the much desired uniformity.

So far as known to the author this is the first attempt which has been made to render a foreign Pharmacopœia into Chinese, and to give a proper terminology to each preparation common to the pharmacopœias of other lands. An effort has been made to give a Commercial as well as a Chemical name for each drug. The chemical names, hitherto in almost exclusive use for mineral drugs, are not only cumbersome and inconvenient, because they contain numbers as well as symbols, but are difficult to remember. The same causes which gave rise to commercial names in the West will also inevitably effect the same result in China. The exigencies of trade will sooner or later demand such names as will serve for common use. This demand in commercial centres, if left to the fortuity of circumstances, will almost certainly beget a series of names which lack the barest hint of chemical significance. Such a result should be forestalled by the introduction of a regular system of names, which indicate the general composition of the drug while avoiding the complexity of a full chemical notation. It is upon this principle that the author has proceeded in the preparation of this work. On the other hand with relation to all drugs derived from the vegetable kingdom, except such as are common to China, it has been thought best to use a transliteration of foreign names, retaining those now in general use, which were introduced by Hobson, Kerr and others. The transliterated names of the vegetable alkaloids have been given a common terminal, for which a character (𥻹) has been coined to conform in sound and general meaning with the foreign ending "-na."

The British Pharmacopœia has been chosen for translation, because the supply of drugs in the treaty ports is mostly obtained from England, and the preparations made by English formulæ. The admirable compend of Mr. Squire contains not only the formulæ of the pharmacopœia but also much useful information in a convenient form. The text of the *fourteenth edition* has been made the basis of this translation. The order of Squire has been followed in the main, except so far as alterations were thought necessary for clearness in Chinese. The vegetable alkaloids have been placed under the drugs from which they are obtained; fractions of less than one half have usually been eliminated from formulæ in which they occur by proportional multiplication; and such other changes have been made as will no doubt commend themselves to the reader. The officinal drugs and preparations, together with the chemical elements, are indicated by the relative height which their names occupy upon the upper margin, while the Latin names have been introduced throughout the work to prevent mistakes in dispensing. When nearly allied Chinese species have been substituted for foreign officinal ones, the name of the species so used has usually been bracketed in the index. Doubtful identification or divided-usage are indicated in the same way. The Botanical terms are for the most part those given by F. Porter Smith, and those in the Custom s List. The tests have been omitted as unnecessary for the present stage of advancement in China, while a table of Specific Gravity has been prepared for reference.

In the preparation of this book, free use has been made of the works of others, especially of Dr. Porter Smith's Materia Medica of China, the Chinese text of Dr. Kerr's Materia Medica and Chemistry, and of Mr. Fryer's Chemistry. The Therapeutical Index has been compiled with special reference to Chinese terminology, and both native books and foreign translations have been carefully consulted for this purpose. Although many native terms used are not so closely defined as those which have been coined by translators, yet their use is important as synonyms in leading to the identification of disease. The terms used by Dr. Kerr in his Practice of Medicine, while often used as secondary, have been wholly incorporated in the text.

Thanks are due to the Messrs. Squire for permission to translate, and also to many others, both native and foreign, who have aided by their suggestions in the preparation of this work.

CHEFOO, AUGUST, 1886. S. A. HUNTER.

Owing to the press of other duties, the final revision and publication of this book have been delayed for nearly four years. In the meantime the General Medical Conference has been held in Shanghai, and appointed a committee to prepare a uniform medical nomenclature, of which committee the author has the honour to be a member. It is hoped that the publication of this volume and of other medical works lately issued may not only not retard the work of this committee but materially advance it, by exhibiting a wider range of opinion, and providing a larger and more perfect list of names from which to choose those best suited for the general uses of the profession. After the labour of nearly eight years spent upon this work during the intervals afforded by a dispensary practise, the author now sends it forth, although conscious of its imperfections, with the earnest hope that it may in some measure promote the glory of God and the welfare of men.

SHANGHAI, JUNE, 1890. S. A. H.

光緒二十卯年三次重鐫

萬國藥方

美國醫士洪士提反譯

翻刻必究

此書係本館託杜柄記石印書局代印功程浩大裝潢精巧不准翻刻如有翻刻等情一經查出必當嚴行重究不謂言之不早也

美華書館主人特白

萬國藥方總錄

萬國藥方

十

萬國藥方序

漢書蓺文志列方技爲四種凡經方十一家謂本草石之寒温量疾病之淺深辯五苦五辛致水火之齊以通閉解結反之于平然祗言氣感之宜未及物理之變故誤用本草三百六十五品製爲一百十三方迹其謑錄非不綦然雄觀然以意進退病機憑虛搆象非實測而得其真也泰西醫學有專官有學堂又多世業狐學藏真府俞悉由攷驗湯液酒醴更極精翔且俞跗治疾割皮解肌湔浣腸胃此法久佚而彼方于腫瘍金瘍折瘍潰瘍之祝藥劀殺尤得其傳且

于草木金石之原質化質一一格致微眇務盡實用非僅以炮製爲盡物性則尤中土醫工所未逮者予久偉其用心之精而立法之善矣美人洪士提反君以所箸萬國藥方一書見示問序其爲書方藥配製悉從英國本草而于流質之用量定質之用秤與凡猛劑之用林士極小之數深合刀圭銖兩之義其所分藥精金石酸鹽各類攺病攺血解酸補虛等數十劑更繪列藥器各圖俾閱者心目洞然無索塗擿埴之患甚矣其言之可徵也予嘗慨中國醫藏一目綜今存者幾與釋道二氏埒而海外之方絶未一見箸

十二

xii

錄近時日本書禁大開所藏醫書往往流入吾土仍是舊觀舶交海中異籍踵至西醫之說甚盛益興而予深喜羅雅谷之人身圖說最與吾書相印證如以腦髓筋爲激發即素問五藏別論予聞方士或以腦髓爲藏靈樞海論腦爲髓海之意而俞理初反非之他若羅絡之血與內經合心肝之系居右與鄭注周禮合皆足以廣異聞至其謂脈絡血絡經絡之異肝葉肺葉心竅之殊更可補吾銅人圖所未備奇光爛然發于舜跡禹踵未届之域烏得以其說之畸傢而斥之哉是書專明用藥方劑亦如葛洪肘後思邈千

金之體以便循省倘學者合中西之說而會其通以
造于至精極微之境于醫學豈曰小補則君嚆矢之
功其壽世壽人詎可量歟
光緒十六年九月合肥李鴻章序

萬國藥方自序

藥也者天生之以療民之病者也然南朔東西產之有地春秋冬夏取之有時苟不能並蓄兼收欲用而恒虞不給則藥籠之選有不能不備之於先者矣攷中華自神農始嘗百草見於本草經者上中下三百六十五品而已漢唐而後三十餘家代有增補而天竺波斯西藏諸處之產亦漸纂入固不徒中土之方物矣至明季李時珍著本草綱目五十二卷統分六十二類計藥一千八百九十二種其間產於他邦者更不可勝數蓋臨症如臨敵必思有以制之用藥如用兵必思有以勝之某病宜用某藥自有一定舍是則藥不對症亦何益之有故採購者不憚跋涉之勞也邇與泰西互市火車輪船運至中邦者更多奇品一時立方用藥何至有藥少之虞乎然出之近地者固諳其功而來自遠方者難知其性苟不條分縷晰指利陳害將不免以剽悍之品視爲尋常之

劑則利人者轉以害人矣藥性可不急講哉且前此售於中華者名尤紛繁於華人記憶殊屬不便予特細加改正指明各藥之地道各藥之性形各藥之功用而製法之或久或暫服法之宜先宜後與配藥之公法及機器之圖形亦盡表而出之俾閱斯編者見其中雖多新奇名目勿以少見而多怪此其故有二焉一數年來商船往來列國懋遷有無故藥漸多而名亦多二因化學家能覈各藥之原質於金石等類化爲別種草木等類製出眞精務使藥之功力盡出而靡遺故每用率皆分釐從無用至兩與觔者自有化學用泰西藥品倍多且年增一年故各國本草期以十年酌加增損重行刊定各國藥肆配合方藥各有成法是書方藥之製配悉從英國本草思快爾先生之集註譯出誠以售于中華各口者皆係英法製造故今仍之而於各藥名字則英漢並列庶使買賣藥材中西兩便各無悞認且外國之藥如金石等類化學書已

定原質諸名按名錄出草木等類則以漢代洋惟藉字以定音無取字之意義至因地而名者卽以其地其物之字譯之閱者自知間有與華產相似而微異者則加洋字以別之欲知藥性之確實須明化學欲知製配之精細須明格物予雖醫士自問於醫學未能探測淵微今譯此書名曰萬國藥方公諸中華醫士欲華人深明西人所用之藥不至妄用並知西人所傳之方藉廣流傳從此中外一體痌瘝相關共登仁壽是予所厚望也夫至於缺略不備語意未明惟願　諸君諒予之心匡其不逮而惠教之則幸甚

光緒十二年丙戌孟秋美國醫士洪士提反識於山左烟台寓齋

藥名總論

Nomenclature of Drugs.

草木藥類 VEGETABLE DRUGS.

是書內草木藥類甚夥、有產自中國者、則仍以中國名名之、有產自外國者、則仍以外國名名之、然卽外國藥名而論、亦非該藥正義、不過繙譯西音而已、近有將草木藥內精液提出者、委係西醫細覈化學而得、故西名而外、均各與一化學名目、

藥精類 ACTIVE PRINCIPLES.

草木藥品各種內函藥精、或只一樣、或有數樣不等、其功力皆在精內、一經提出、更易奏効、大抵此精多屬底類、（卽反酸類）與酸類能化合成鹽類、

(ALKALOIDS, "-NA")

書內凡屬底類之精、其名俱加⿰米衲（宜讀爲衲卽精之意）字以別之、若不屬底類則不

加矣、

金石藥類 MINERAL DRUGS.

是書所用金石等藥類、其名有二、一市肆通用之名、一化學覈定之名、凡金石藥類、非中華所出者俱無土名、若按化學名名之、其分劑定數人難記憶、故謹題新名爲市肆通用、然此名雖不如化學名精細、實由

市肆通名 COMMERCIAL NAMES

化學之理而得、蓋化學祇名原質、此則兼名配質於內、如青礬係鐵與磺強水配成、故名磺強鐵、他藥亦照此理推明、

化學名 CHEMICAL NAMES.

化學家因細覈各種藥類、始查出原質之分劑多寡、故得是名、如青礬之化學名鐵磺養四輕養七是也、（即鐵質一分硫磺一分養氣四分有輕氣二分與養氣一分合者即水七分共化成一種雜質、）詳見化學茲不贅、（化學名有新舊、前此繙譯化學諸書多從舊名、內尚有祖名者、此書悉從新名、舊名亦並題清、）

原質類 CHEMICAL ELEMENTS.

凡物不能判爲二者、卽爲原質、如養輕淡三氣及金銀等是也、

酸類 ACIDS.

此類能改變草藍所染之色、如石蕊藍紙、遇之則色變爲紅、論性雖酸、其味未必皆酸、第與底類化合結鹽者、卽目爲酸類、如醋酸匿酸炭酸架波酸等是也、

強酸類 HIGHER ACIDS. ("-IC")

此等酸類、內多含幾分養氣、或含輕氣、力俱甚猛、故名強酸、如燐強錳強等酸是也、因磺強硝強鹽強三酸、狀如水、故又名強水、

養酸類 LOWER ACIDS. ("-OUS")

此等酸類、較強酸類少有幾分養氣、而力亦緩、故名養酸、如磺養燐養等酸是也、

反酸類 又名 蛤利類 又名 鹼類 ALKALIES.

此類能令酸類變性化成爲鹽、而令草藍經酸成紅者、復反藍之本色、其味鹹澀居多故名鹼類 如鋏鏀鎂鈣等類是也、

底類 BASES.

凡與酸類能化合成鹽類者、或原質與否、皆爲底類、如鋏鏀阿摩尼亞等是也、

鹽類 SALTS.

此由酸類合底類所成者、或兩原質所成者、皆爲鹽類、如鋏碘、鋥養炭養鏀磺強莫非精鹽強桂尼精等是也、此類大半味鹹、形如食鹽、故名、然分數等、酸類合底類成者爲正鹽類、養氣與別原質成者爲養鹽類、碘溴綠與別原質成者爲碘溴綠鹽類、另有分別見下、

強鹽類 SALTS OF HIGHER ACIDS. ("-ATE")

此由強酸與底類所成者、故名、如磺強銅磺強鐵等是也、

養鹽類 SALTS OF LOWER ACIDS ("-ITE")

此由養酸與底類所成者、故名、如磺養鐵磺養鏀等是也、

上 PER-SALTS. ("PER-")

鹽類又名勝鹽類

此類較原鹽類多有一分養氣，如上磺強鐵則較磺強鐵多有養氣一分，上磺養鐵較磺養鐵多有養氣一分，故名上鹽類，他藥類倣此。因其養氣較多，故名勝鹽類，如上磺強鐵，一名勝磺強鐵，他藥倣此。

下 SUB-SALTS. ("SUB-")

鹽類又名次鹽類

此類較原鹽類少有一分養氣，如下磺強鐵較磺強鐵少有養氣一分，下磺養鐵較磺養鐵少有養氣一分，故名下鹽類，他藥類亦倣此。因其養氣較少，故名次鹽類，如下磺強鐵，一名次磺強鐵，他藥倣此。

雙 BI-SALTS. ("BI-")

鹽類

此類較單鹽類多有酸劑一分，或碘或溴或綠氣多有一分，故名如雙炭養⿰金灰較炭養⿰金灰多有炭養酸一分是也。

單 UNIVALENT SALTS.

鹽類

此類較雙鹽類少有酸劑一分或碘或溴或綠氣少有一分故名如單綠汞較雙綠汞少有綠氣一分是也

藥劑分品

Classification of Drugs.

ALTERATIVES.

改病劑又名改血劑

凡藥能解血內舊毒、漸除久患病症、及久患楊梅者、即謂之改病劑、如銻類信石類綠氣類海碘類汞類硫磺類及蜀羊泉圭尼禁土茯苓等藥、概多酷毒、倘或多服、輒能誤人、故服改病劑者、最要宜少服久服、然後方能奏効也、

ANAESTHETICS.

蒙劑外用謂痲藥

凡藥嗅之能令人昏迷不覺疼痛、或外用令皮肉麻木者、即謂之蒙劑、蓋人遇割治症、雖不懼怯、醫者於此、欲其不妄動、及不甚覺疼痛、定非蒙藥不爲功、此西醫割治、咸以蒙藥爲上品也、即推之腦氣筋疼風濕骨疼等症、用以外治、亦可暑止、如哥羅方伊打喜氣硝養阿罘里等藥、皆能令嗅其氣、旋即昏迷也、又有高告糯、外用與中華麻藥同、

ANTACIDS.

解酸劑又名敗酸劑

凡藥能解腸胃膀胱酸溢而免其腹疼作瀉者、卽謂之解酸劑、蓋藥能敗酸之力可使酸溢暫勿爲患其藥有三、一屬反酸原類、一屬反酸土類、一屬反酸鹽類、如阿摩尼亞類 鉐類 鋰類 鎂類 鋏類 鑥類 胰子等藥是也、

解反酸劑 又名 解鹼劑 ANTALKALINES.

凡藥能解腸胃膀胱反酸者、卽謂之解反酸劑、大抵平人腸胃膀胱內津液酸與反酸適協乎中方無疾病、若致偏勝便宜解之、使得中立之性、如辨佐醋酸 檸檬酸 淡燐強酸等藥是也、

補虛劑 卽 補血劑 ANTI-ANÆMICS.

凡藥能補體虛身弱而使復其初者、卽謂之補虛劑、如鐵類 魚肝油等藥是也、

止嘔劑 卽 平胃劑 ANTEMETICS.

凡藥能令胃和而止嘔吐者、卽謂之止嘔劑、如淡輕炭淡酸 顛茄 硝強鈊 石灰水 鉐綠 惡昔鑥 綠養水 哥羅方 幾阿蘇 鎂養等藥是也、

殺蟲劑 ANTHELMINTICS.

凡藥能殺腹內之蟲者、卽謂之殺蟲劑、太抵藥有三種、如殺扁蟲 殺圓蟲 殺線蟲等類是也、

殺扁蟲劑 TAPE WORM ANTHELMINTICS.

扁蟲劑　用石榴根皮　記薇哷　亞必安　松節油　阿蘇　等藥、

殺圓蟲劑 ROUND WORM ANTHELMINTICS.

圓蟲劑　用單綠汞　妙高拏　石灰水　山道年　渣笠　沙攻　等藥、

殺線蟲劑 THREAD WORM ANTHELMINTICS.

線蟲劑　用架波匵酸　妙高拏　檳榔子　山道年　石灰水　監文尼　啞羅射水　食鹽射水　香油　瓜沙　等藥、

止汗劑 ANTHIDROTICS.

凡藥能止盜汗者、即謂之止汗劑、如淡醋酸　磺強鐵　炭匵酸　架冽酸　顛茄　偍養　了刀邊糟　洋蘇木膏　淡磺強酸　炭養鐵製勻水等藥是也、

解淋劑 ANTILITHICS.

解淋劑又名解砂淋劑

凡藥能免膀胱內結砂淋者、即謂之解淋劑、如淡硝強酸　鐵類　鎂類　淡燐強酸　鉀類　鈉類　檸酸鹽　鋰類等藥是也、

解藥毒劑 ANTIDOTES.

凡能解藥物之毒者、皆爲解藥毒劑、各詳該藥功用之下、茲不備述、

藥蟲劑 ANTIPARASITICS (INSECTICIDES.)

藥蟲劑又名藥寄生蟲劑

凡能藥蚊蚤蟣虱等蟲、及皮膚內寄生之蟲、如疥蟲、疣蟲等、此類有數種、皆為極細者、須用顯微鏡則見生皮膚內、故致皮生患如疥疾、痳瘩等、皆謂之藥蟲劑、如磺養酸 阿摩尼亞汞 樺油類 波斯細辛 海碘 瓜沙 硫磺 衲地連 衲夫魯 類索信 菸葉等是也、

解瘧劑 ANTIPERIODICS.

凡藥能療瘧疾、及解瘴氣毒者、即謂之解瘧劑、蓋瘧症雖類不一、要皆因受瘴氣毒而得也、如信石 畢畢入 哥羅方 食鹽 金雞衲類 先高尼精類等藥是也、

免臭爛劑 ANTISEPTICS.

內服之為免臭氣劑

凡藥能免肌肉腐敗、及免瘡毒惡臭、或解胃肚臭氣者、即謂之免臭爛劑、如硼酸 架波匿酸 鉻強酸 鹽強酸 硝強酸 磺強酸 沙利先酸 綠氣灰 木炭 酒酵 幾阿蘇 甘油 硫磺鉍養 上錳強鉍 綠氣錪養水 台茂魯 食鹽 鋥綠等藥是也、

解轉筋劑 ANTISPASMODICS.

又名療風劑 又名安腦筋劑

凡藥能解抽風與轉筋者、即謂之解轉筋劑、管轄肉筋者、腦及脊髓也、若腦與脊髓不安、而筋即抽焉、此解轉筋劑所由設

也、如、淡輕炭淡酸 印度麻 伊打 膃肭臍 阿摩尼亞類 綠養氷 阿麼慼 哥羅方 銀丹 謙落 阿魏 加比農、顛茄 鬧羊花 加枝欖油 路卑利 金盞花 麝香 樟腦 薄荷油 啞囉阿魏丸、兒 鋏漠 甘松鹽類 燸草 松節油 佛茄 鋰養 等藥是也、

解血內傳染之毒劑 ANTIZYMOTICS.

又名免時症劑

凡藥能解時症傳染之毒、此毒入血即發釀如酵、故又名釀毒。免人受患、或初染則解除者、即謂之解血內傳染之毒劑、如強水類 磺養鏀 磺養酸 磺強架波𧄍酸鹽類 磺養鎂 等藥是也、

香味劑 AROMATICS.

凡藥之氣味香美、兼能祛風止腹疼者、即謂之香味劑、如藿香 苦菊花 大茴香 丁香 洋 肉 桂 胡荽 薄荷油 草豆蔻 綠薄荷油 加思架 各辛 蒔蘿子 肉豆蔻 小茴香 乾薑 等藥是也、

祛風劑 CARMINATIVES.

又名祛肚風劑

凡藥能祛腸內風而治腹痛者、即謂之祛風劑、如草豆蔻 蒔蘿子 胡荽 小茴香 丁香 側柏子 肉桂 胡椒 薄荷油 拉彎大油 肉豆蔻 檸檬油 乾薑 等藥是也、

收歛劑 ASTRINGENTS.

又名歛藥

凡藥能令微絲血管收縮及肉筋束力並臟腑之精液化稠者、即謂之收斂劑、蓋藥力或發於腦氣筋、或發於脈管、而當其斂時、則有如啖生澀之果、能令唇舌俱縮而畧乾、且斂藥亦分內外、內服者則令其入胃入大小腸而在患症之處發力、且能入血、又在腦筋而發力也、若外用者、祇在患處發力、而與內服有別、故又名止血劑、如强水類 五金鹽類、屬礦强銅 礦强鐵爲最 更有白礬 硼砂 架波匿酸 幾阿蘇 醋酸 辨佐匿酸 檸檬酸 架沕酸 炭匿酸 葡酸 卑拉果 耳臥達 沒石子 紅樹膠 洋蘇木膏 架美喇 佳奴 拉而撒 馬提口 樹樹皮 大黄 玫瑰花 松節膠 榆皮 啉花 合茉味喇 等藥是也、

止血劑 STYPTICS.

凡藥外用能令微絲血管收縮而免失血者、即謂之止血劑、如 架沕酸 炭匿酸 白礬 冷水 安息香 金雞納末 幾阿蘇 藍礬 耳臥達 鐵綠水 上礦强鐵水 下礦强鐵水 石榴根皮 紅樹膠 佳奴 馬提口 礦强鋥 濃酒 等是也、

瀉劑 CATHARTICS.

又名下藥 又名利藥 俗名開藥

凡藥能通洩大腸者、即謂之瀉劑、而瀉劑之中判爲三等、一曰輕瀉、二曰重瀉、三曰水瀉、

輕瀉劑 LAXATIVES.

又名 微瀉劑

凡藥瀉而不猛烈者、即謂之輕瀉劑、如 顚茄 槐花青 牛膽汁 無花果 甘草製末 衣必格 鎂養 炭養鎂 甘露蜜 桑椹汁 番

重瀉劑又名大瀉劑 ACTIVE APERIENTS.

凡藥能大瀉者、即謂之重瀉劑、如哑囉 哥枝禁 藜蘆 洋樸硝 渣笠 布道非連 大黃 辛拏 土樸硝 等是也、

木鱉 洋橄油 蓖麻油 芝麻油 檸檬鋏 磺強鋏 葡酸鋏 洋梅子 腆子 芥子 燐強錳 土朴硝 葡酸錳 硫磺粉 硫磺降散 菴弭羅 蒲公英 等是也、

水瀉劑又名暴瀉劑 HYDRAGOGUE CATHARTICS.

凡藥能一瀉如注者、即謂之水瀉劑、如籐黃 哥羅新 巴豆油 衣拏 地 單綠汞 酸漿糖 監文尼 等是也、

丹劑又名潰藥 CAUSTICS.

凡藥能毀傷肌肉、及去一切腐肉者、即謂之丹劑、如冰醋酸 信石 架波靂酸 緇強酸 硝強水 磺強水 枯白礬 銻綠 銀丹 生石灰 幾阿蘇 藍礬 紅汞碘 紅汞養 雙綠汞 硝強汞酸水 海碘搽酒 鋏丹糊 上猛強鋏 鏀養 錕綠 等是也、

動膽汁劑一名激膽汁劑又名瀉膽汁劑 CHOLAGOGUES.

凡藥能助生膽汁、或激之使通者、即謂之動膽汁劑、如阿摩尼亞綠 汞藍丸 汞鉐粉 單綠汞 雙綠汞 布道非連 衣里皺 等是也、

弔炎劑又名引炎劑又名引病外出劑 COUNTER-IRRITANTS.

凡藥能令外皮紅腫熱疼、或起水泡、而引病外出者、皆謂之弔炎劑、

領皮熱劑 RUBEFACIENTS. 又名引血劑

凡藥能令外皮紅腫熱疼者、卽謂之領皮熱劑、如阿摩尼亞水　斑蝥醋酸　檸檬油　迷迭香油　濡草油　琥珀油　松節油　葡酸鋏銻　芥末　敷藥　搽酒類　搽油類　貼膏類等是也、

起水泡劑 VESICANTS. 又名弔膏劑

凡藥能令外皮起水泡而引病外出者、卽謂之起水泡劑、如斑蝥紙　斑蝥貼膏　冰醋酸　斑蝥伊打　濃阿摩尼亞水　斑蝥個老殿安等是也、

潤劑 DEMULCENTS. 又名潤內皮劑

凡藥能潤口與養生路內皮者、卽謂之潤劑、如白樹膠　杏仁茶　粉子漿　鯨腦油　義斯蘭苔　藕粉　印度藕粉　木瓜子煮水　無花果　甘油　甘草　麰麥仁　苡仁　胡麻子泡水　蜂蜜　魚肝油　洋橄油　糖膠　卡喇桿　麥斛煮水　榆皮泡水　葡萄乾等是也、

潤皮劑 EMOLLIENTS. 又名潤外皮劑 又名柔軟劑

凡藥能潤外皮及護外皮者、卽謂之潤皮劑、如白樹膠　猪油　白蜂蠟　鯨腦油　個老殿安　木瓜子煮水　麰麥仁

甘油粉子甘油胡麻子莫水羊油卞喇桿及敷藥等類是也

除溼劑 DESICCANTS.

凡藥能去一切膿瘡損傷等處膿溼者、即謂之除溼劑、如炭養鈣煉鈣粉石灰粉鉛粉炭養鐵醋酸鉛鋥養加喇民等是也、

滲溼劑 ABSORBENTS.

凡藥能止津液、及去臟腑內溼氣者、即謂之滲劑、如鈣粉鎂養木炭末炭養鎂等是也、

發表劑又名發汗劑 DIAPHORETICS.

凡藥能令人透汗者、即謂之發表劑、蓋有病發熱、則皮乾而汗少、可服此藥、如醋酸阿摩尼亞水炭養阿摩尼亞顛茄阿摩尼亞綠燐強阿摩尼亞銻養散葡酸鉀銻葡酒硫磺銻養布球加枝𣖌酒金盞花哥枝禁葡酒樟腦鴉片表散圭厄禁酒衣必格生茶膏路卑利模答檸酸鉀火硝沙坟沙沙法思𪊲辱把暘盆搭喇甜硝伊打酒硫磺松節油等是也、

解毒氣劑又名解臭氣劑 DISINFECTANTS.

凡藥能敗除一切惡臭、或解袪病人所發毒氣者、皆謂解毒氣劑、與免臭

爛劑相似，如架波匿酸 綠氣灰 石灰粉 青礬 木炭末 台茂魯等是也，

散瘻化瘤劑 DISCUTIENTS.
又名化瘤劑

凡藥能消除贅疣者，即謂之散瘻化瘤劑，如海碘酒 海碘油膏 鉀碘 汞類 阿摩慝汞貼膏 阿摩尼亞汞油膏 鉛碘 油流汞 青汞碘油膏 紅汞碘油膏 腦砂等是也，

利小便劑 DIURETICS.

凡藥能助內腎發溺，及令膀胱管通利者，皆謂之利小便劑，如拉克迷喇 醋酸阿摩尼亞水 硼砂 阿摩尼亞綠 辨佐匿阿摩尼亞 布球 斑蝥 哥枝禁 哥拜把 畢澄茄 毛地黃泡水 黑密得信 側柏酒 炭養鋰自沸水 配雷拉煮水 雙炭養鉀自沸水 酸漿 鉀類藥 辛衣格 金雀花 士圭盧 思麻辱把 甜硝伊打酒 火酒 松節油 榆皮煮水等是也，

斂子宮劑 ECBOLICS (OXYT OCICS).
又名助子宮發力劑 下胎用為催生劑

凡藥能令子宮收斂發力，止血住崩，並下胎者，即謂之斂子宮劑，如硼砂 肉桂 耳臥達 沙坟 棉花根等是也，

吐劑 EMETICS.

凡藥能令人嘔吐者、卽謂之吐劑、如白礬　洋甘菊花　鉍銻葡吐藥　丫浦莫非鹼　藍礬　衣必格　芥末　食鹽　菸葉　靑藥鹼　醋酸錏　礦強錏等是也、

EMMENAGOGUES. 調經劑 又名 動經劑 又名 通經劑

凡藥能令婦人月經調適者、卽謂之調經劑、如哑囉製煮水　哑囉沒藥丸　阿摩尼亞綠　硼砂　金盞花　耳臥達　鬧羊花　淸鐵末　棉根酒　濡草　鐵酒　沙玫等是也、

ERRHINES. 取嚏劑

凡藥能令人嚏而出涕者、卽謂之取嚏劑、如鼻菸　細辛　洋細辛　生半夏等是也、

EXPECTORANTS. 化痰劑 又名 順氣劑

凡藥能令肺經之痰、少則生、多則去、兼能順氣者、卽謂之化痰劑、如辨佐匽酸　炭養阿摩尼亞　阿摩尼亞綠　阿歷歷　葡酸鉀銻　伊打　阿魏　秘魯脂　到魯脂　安息香　哥拜把　畢澄茄　加比農　衣必格　路卑利　沒藥　士丰盧　辛衣格　蘇合香等是也、

NARCOTICS. 止痛寗睡劑 又名 安神寗睡劑

凡藥能止痛、令人寗睡、又止津液者、卽謂之止痛寗睡劑、下分爲二、

止痛劑 又名 安神劑 ANODYNES.

凡藥能止疼痛者、即謂之止痛劑、大抵該劑通腦、服少許能令血行、畧多服則令腦安身安而痛止、若服過多、反令沈睡莫能喚醒也、如草烏頭　丫刀邊櫝　顛茄　樟腦　印度麻　謙落耶悉著　酵母花　鬧羊花　莫非櫝　鴉片　佛茄兒等是也、

寗睡劑 HYPNOTICS.

凡藥能令人睡熟者、即謂之寗睡劑、如印度麻　綠養冰　哥羅方　口代櫝　謙落蒙綠養冰　鬧羊花　酵母花　莫非櫝　鴉片罌粟殼　鋏溴　錳溴　索弗拿番甘松　猶類端　佛茄兒等是也、

養生劑 NUTRITIVES.

凡藥能養人身體及助人易消食物者、即謂之養生劑、於虛弱症甚宜、如白樹膠　杏仁　麥芽膏　肉膏　義斯蘭苔　無花果　甘油　薏麥仁　牛奶　甘露蜜　藕粉　印度藕粉　魚肝油　洋橄油　香油　雞蛋黃　洋梅子　奶糖　羊油　伯蘭地勻水　糖膠　葡萄乾等是也、

解熱劑 又名 退熱劑 REFRIGERANTS.

凡藥能去熱解渴者、即為解熱劑、於各樣熱症甚宜、如凉水　冰　醋　檸檬酸　鹽強酸　葡酸

敗熱病劑 ANTIPYRETICS.

淡燐強酸 淡磺強酸 醋酸 阿摩尼亞水 橘子汁 金棗汁 檸檬汁 桑椹糖醋酸蜜 構酸鉸 綠強鉸 雙葡酸鉸 火硝 甜硝伊打 洋梅子 菴弭羅等是也、

熱病劑又名退火劑

凡藥能退熱症內燒而療病者、即謂之敗熱病劑、如草烏頭 庵提牌認 亞西炭尼利 沙利先酸 凱認桂尼欖 類宻信沙利先 酸漿等是也、

解炎劑 ANTIPHLOGISTICS.

炎劑內服為解炎劑外用為弔炎劑

凡藥能解內外紅腫熱痛炎者、即謂之解炎劑、如涼水 冰 單綠汞 草烏頭酒 葡酸鉸銻 青藜蘆等是也、

去火 SEDATIVES.

除煩劑又名平火安心劑

凡藥能平脈平心平腦平胃而敗火者、統謂之去火除煩劑、判之則為四類、

平 ARTERIAL SEDATIVES.

脈劑

凡藥能令數脈漸平者、即謂之平脈劑、如淡輕炭淡酸 郁李桂汽水 草烏頭酒毛地黃 醋酸鉛 菸葉 青藜蘆等

也、

平心劑 GENERAL SEDATIVES.

凡藥能去煩令人心平者、卽謂平心劑、如草烏頭丫刀邊犢顛茄樟腦惡西鏴哥羅方哥枝禁謙落鬧羊花生菜膏莫非犢鴉片罌粟殼等是也、

平腦劑 SPINAL SEDATIVES.

凡藥能安腦部者、卽謂平腦劑、如阿摩尼亞溴鋏溴鏀溴加喇巳子火硝等是也、

平胃劑 STOMACHIC SEDATIVES.

凡藥能令胃部平和者、卽謂平胃劑、如架波匿酸淡輕炭淡酸硝強銀炭養秘惡西鏴幾阿蘇雙炭養鋏鋥養石灰水等是也、

生口津劑 SIALAGOGUES.

又名激口津液劑

凡藥能令口內多生津液者、卽謂生口津劑、如辣菜根洋乳香米紫茌尼哥顛犢胡椒細辛洋細辛芥末薑根等是也、

行氣劑又名行血氣劑 STIMULANTS.

凡藥能令心與脉及肉筋發力者、卽謂之行氣劑、此氣非指呼吸之氣、乃指腦氣而言、顧此劑分爲四、一曰提神劑、二曰行血劑、三曰發肉筋力劑、四曰外行氣劑、

提神劑 NERVOUS STIMULANTS.

凡藥能令人精神煥發者、卽謂之提神劑、如辨佐醯酸　阿魏　伊打　阿摩尼亞香酒　亞醯架　印度麻　斑蝥　耳臥達　番木鱉・士的年精　加枝撥油　燐藥類　酒類等是也、

行血劑 ARTERIAL STIMULANTS.

凡藥能令血運行流通者、卽謂之行血劑、如阿摩尼亞香酒　松節油　火酒類　葡酒類　電氣　幾阿蘇等是也、

發肉筋力劑 EXCITO MOTOR STIMULANTS.

凡藥能令肉筋發力者、卽謂之發肉筋力劑、如、番木鱉、士的年精　苦實把豆　加喇巴子　以西忍積　扣口棻　皮羅塔盡等是也、

外行氣劑 又名 運血劑 EXTERNAL STIMULANTS.

凡藥外用能令血運行及肉筋發力者，即謂外行氣劑，如搽酒類 哥羅方 搽油類 芥末等是也。

開胃劑 又名 開胃煖胃劑 STOMACHICS.

凡藥能令胃調和、助飯消化者，即謂之開胃劑，如淡合强酸 洋苦菊花 陳皮 布球 高林布 加拏里、辣椒 草荳蔻 丁香 介利大 肉桂 先高尼精 晏吉杜、龍膽草 瓜染衲 拉彎大 檸檬菓 酵母花 薄荷油 番木鱉 各辛 爪沙、桂尼精 大黃等是也。

擺膿劑 又名 消膿劑 SUPPURATIVES.

凡藥能化膿，有膿則生，無膿則消，即謂之擺膿劑，如硫磺鈣養 胡麻子敷藥 碘酒 草烏頭酒 饅頭敷藥 敷藥類等是也。

補劑 又名 補益劑 又名 調補劑 TONICS.

凡藥能令胃消化，及能令腦與肌肉生力，使血內紅輪生多者，均謂之補劑。補劑剖分爲五，如補腦補心補血補胃補陽是也。

補 NERVINE TONICS.

腦劑 又名 助腦劑

凡藥能入血養腦、助腦發力者、即謂之補腦劑、如信石 硝強銀 銀養 磺強銅 晏吉杜 士的年精 磺強鋥 鋥養等是也、

補 HEART TONICS.

心劑 又名 助心劑

凡藥能助心發力而行血者、即謂之補心劑、如、加非精、毛地黃 看夫拉等是也、

補 BLOOD TONICS.

血劑 又名 生血劑

凡藥能令血內紅輪生多者、即謂之補血劑、如鐵類藥 魚肝油下燐養鹽製糖等是也、

補 STOMACHIC TONICS.

胃劑 又名 助胃劑

凡藥能助胃化食、兼能補虛者、即謂之補胃劑、如淡鹽強酸 硝強酸 淡合強酸 磺強畢畢入精 鉍養高林布 介利大 先高尼精 黃連、龍膽草酵母花 番木鱉 瓜沙 桂尼精 士的年精等是也、

補 APHRODISIACS.

陽劑 又名 補腎劑

凡藥能滋陽助腎、即謂之補陽劑、如顛茄 斑蝥 燐藥 士的年精等是也、

開瞳人劑 MYDRIATICS.

凡藥能令瞳人散大者、即謂之開瞳人劑、如丫刀邊糟 打都仁糟 後瑪刀邊糟 獨波先糟 闊羊花 佛茄兒 顛茄 獨波夏 等是也、

收瞳人劑 MYOSITICS.

凡藥能令瞳人縮小者、即謂之收瞳人劑、如啤囉加邊糟 非西格民糟 莫非糟 士的年糟 等是也、

配藥公法 Pharmaceutical Preparations.

藥水類 LIQUORES.

此類卽藥料在水內化洽者、或內服、或外用、按各藥方所定、

汽水藥類 AQUÆ. 又名 蒸水藥類

此藥自香味藥料、與汽水製出者、製法不同、大槪有三如左、均爲內服之藥、

英國方 (P. B. FORMULA).

製法　將各方應用藥料入甑、加水二桶、用火蒸出一桶爲度、

美國方 (U. S. P. FORMULA).

製法　藥料蒸出之油一分棉花二分透溼者汽水足五百分先將油少許漸滴棉花上、

將棉花撕開再滴再撕後將棉花緊塞淋筩漸加水淋足五百分爲度

又方　藥料蒸出之油一分　炭養鎂二分　汽水二百五十六分先將油與炭養鎂入臼研勻再漸加水研洽過淋紙爲度

化汽 VAPORES.

水藥類又名霧水藥類

此類即輕浮藥料與水化洽者均是外用令病人吸其所發之氣此類多用噴氣燈或吸氣瓶見下圖

沐浴 BALNEA.

水藥類又名洗澡水類

此類即藥料與水化洽者洗澡用

製法　藥料幾兩至幾斤宜按應用之方　溫水三十桶化合備用

煮水 DECOCTA.

藥類又名煎水藥類藥料多樣熬之中名湯藥

此類即藥料在水內熬出功力者均爲內服

製法　藥料一分至二分半隨方加減　水二十分　用有蓋磁器熬十分或一刻鐘時濾渣爲度

泡水 INFUSA.

藥類又名冲水藥類

此類卽藥料泡在沸水內、提出功力者、均可內服、

製法 藥料三十林士至一兩、隨方加減、 沸汽水十兩 或泡一刻或一二點鐘、隨藥酌時、濾渣爲度、

射水 ENEMATA ET INJECTIONES.

藥類又名外導藥類

此類卽藥料與水調洽者、法用水節射入肛門前陰等處、

空針 INJECTIONES HYPODERMICÆ.

射水藥類又名皮膚底藥類

此類卽藥料與水化洽者、法用空針水節射入皮膚內、

潄水 GARGARISMATA.

藥類

此類卽藥料在水內化洽者、仰潄咽喉用之、

點水 GUTTÆ.

藥類

此類卽藥料在水內化洽者、點眼用之、

洗水藥類 LOTIONES.

此類即藥料在水內化洽、或提出功力者、洗眼洗瘡等用之、

勻水藥類 MISTURÆ ET HAUSTUS.

此類即藥料難化、入水內研勻者、或藥料多樣、入水內化勻者、均是內服、配此類多有加白樹膠、卡喇桿膠等、

藥膏類 EXTRACTA.

此類即各藥料提出之功力、熬爲稠膏者、均可內服、書內藥膏分類外用者惟貼膏油膏、

製法　藥料用水或酒或伊打足以提出功力、再去渣入燙鍋散氣爲膏、或用該藥扭出之汁、入燙鍋爲膏、按入燙鍋最要者、不宜大火、並不得過藥方內所定之熱數、亦須頻調散氣製成、

酒膏藥類 EXTRACTA ALCOHOLICA.

以下三類、原非常用之稱、蓋同一藥料、有可配膏二三樣者、便於分別、故用之、

此類即用酒提出各藥功力、入甑將酒蒸回磨費、又照上法入燙鍋散氣製成者、

伊打膏藥類 EXTRACTA ÆTHEREA.

此類即用伊打提出各藥功力，放煖處散氣成膏者，

醋膏藥類 EXTRACTA ACETICA.

此類即用醋酸提出各藥功力，照上方入燙鍋製成者，

流膏藥類 EXTRACTA LIQUIDA. 又名水膏藥類

此類即各藥料提出之功力，熬為流膏者，均可內服，

美國方 (U. S. P. FORMULA).

藥料一百分　酒酌用（或濃或淡，或濃酒三分與汽水一分，按各藥方所定）　先用酒三十至四十分（按各藥方之數）潤末，實裝長圓淋筩，再加酒潤透藥末，並上浮一層，見淋口下滴即塞住上口蓋嚴，浸二天，去塞過淋，漸加酒漂淋，至無藥味為止，　先淋七十至九十分（按各藥方之數）另存，餘淋者入燙鍋散氣，成稉膏為止，與先淋者共和勻，加酒仍足一百分之數為度，

貼膏藥類 EMPLASTRA. 又名布膏藥類

此類卽各藥料與松香蜜陀僧等藥化洽爲膏者、外用化瘤止疼、

油膏藥類 UNGUENTA.

此類卽各藥料與脂油或花士苓或輭巴喇紛化勻者、若欲膏之或輭或硬宜隨意酌加蜂蠟或硬巴喇紛、均作外用、

藥酒類 TINCTURÆ SPIRITUS ET ESSENTIÆ.

此類卽各藥料浸於酒內提出其功力、或在酒內消化、或藥蒸出之油、在酒內消化者、皆是也、均可內服、

製法 藥料一分 濃酒八分 先用酒六分浸二天、間時搖動、又將藥料除出、揑乾裝尖淋筩、用浸藥之酒加入淋乾後加餘酒漂淋、用絞盤絞渣、過淋紙、再加酒仍足八分爲度、按裝淋筩之時宜用木棒將藥料壓實上覆細布一層或細紙一層後加酒過淋、酒自漫漫漏下、便可提出藥力、倘裝淋筩時、不將藥渣壓實、所加之酒必速速漏下、恐藥中功力不能盡爲提出也、酒能化之藥料、宜浸至化勻爲度、

伊打酒藥類 TINCTURÆ ÆTHEREÆ.

此類即用伊打與酒提出各藥料功力者、故名之、

阿摩尼亞酒藥類 TINCTURÆ AMMONIATÆ.

此類即用阿摩尼亞與酒提出各藥料功力者、故名之、

香酒藥類 TINCTURÆ AROMATICÆ.

此類內有香味藥類者、故名之、

甜酒藥類 ELIXIRES.

此類內有水糖與香味藥類者、故名之、

葡酒藥類 VINA.

此類即各藥料與葡酒化洽、或提出功力者、配製多用厘厘酒、均作內服、

搽藥類 LINIMENTA.

此類分二等，卽搽酒搽油是也，

搽酒藥類 LINIMENTA SPIRITUOSA.

此類卽各藥料浸於酒內，提出功力者，或在酒內化洽者，較內服之藥酒特濃，均作外用，弔炎止疼痛，

搽油藥類 LINIMENTA OLEAGINOSA.

此類卽慓悍藥料，與油類化洽者，均係外用，止疼弔炎，

藥油類 OLEA.

此藥分二等，卽蒸油榨油是也，

蒸油藥類 又名 芬芳油類 又名 自化油類 OLEA VOLATILIA.

此類從香味藥蒸出者，見熱則化氣飛去，

製法 將藥料入甑加水足覆藥上，用火蒸出，

榨油藥類 又名 不化油類 OLEA FIXA.

此類從函油質藥子榨出、或熬出者、禽獸等油、亦從此類、

甘油 GLYCERINA. 藥類

此類即各藥料在甘油內化洽者、有內服有外用、

藥末 PULVERES SIMPLICES. 類

此類即各藥料研爲末者、或用碾、或用臼或用機器爲末、過羅爲度、分三等、有粗細極細之別、按所過之羅而定、見藥羅

藥散 PULVERES OFFICINALES. 類

此類即數樣藥末、按成方研勻製配者、

藥粉 PULVERES LEVIGATI. 類又名撲粉藥類

此類即極細之藥末、除皮膚溼多用之、

降散 PRÆCIPITATÆ. 藥類又名降粉藥類

此類即極細之藥末也、配製宜化洽藥料、加反藥令其分降爲散、故名

之、

藥丸類 PILULÆ.

此類從藥散或藥膏配成、若藥料有不成團者、可加粉漿、或白樹膠漿卡喇桿漿或甘油粉子龍膽草膏玫瑰糕甘草膏等料爲丸、宜按各方應用加之、

空丸藥類 CAPSULÆ. 又名膠珠藥類

此類卽明牛膠或魚膠製爲丸殼、凡遇藥之不適口者入此內服之、

尖丸藥類 SUPPOSITORIA. 又名坐丸藥類 又名外塞藥類 又名笱子條藥類

此類卽藥料與得波麻油、或明牛膠甘油、及他油類配成者、納入肛門內用、

製法　藥料隨方加減　得波麻油十五林士　先用得波麻油少許、與藥料入溫臼搗勻、再將餘得波麻油加文火化勻、候涼至九十度、共與前藥調勻入模爲丸、所云溫臼者、以火烘之、或熱水燙之、蓋令得波麻油易化也、

陰尖丸藥類 又名 大尖丸藥類 PESSUS.

此類與尖丸相同、惟所加之油較多、納入陰戶、治婦人等症、

製法 藥料隨方加減 得波麻油六十林士 照前方化勻入模爲丸、

條丸藥類 又名 釘丸藥類 SUPPOSITORIA URETHRALIA

此類與尖丸相同、惟狀較細而長、納入馬口內、治白濁等症、

製法 藥料隨方加減 得波麻油二十林士 照前方化勻入模爲丸、

水糖藥類 又名 糖漿藥類此書所論糖漿與水糖不同 又名 糖水藥類此係西藥略釋名、但不的確、按水多糖少爲糖水、糖多水少爲水糖、 SYRUPI.

此類即藥料在水糖內化洽者、均作內服、

冰糖藥類 又名 糖片藥類 TROCHISCI.

此類即藥料與白糖、白樹膠漿、或卡喇桿漿、調勻分爲零塊、均作內服、

製法 藥料按方加減 煉白糖末二十五兩 白樹膠末一兩 白樹膠漿二兩 汽水半兩

或酌用 先將應用之各藥末、入臼研勻、若方內有油酒與藥水等、宜加入末內調勻、 再加樹膠漿研爲

圍、用麵杖壓成餅形、使印模分爲七百二十塊、放於小火屋內、焙乾爲度、所云小火屋、乃一間小室、內置火爐、易於加熱焙乾藥料也、

伊打藥類 ÆTHERES.

此類卽伊打化洽各藥料、或提出功力者、如洋乳香伊打、斑蝥伊打等是也、

哥羅方藥類 CHLOROFORMI.

此類卽哥羅方化洽各藥料、或提出功力者、

藥漿類 MUCILAGINES.

此類卽各藥料與水調爲漿者、

醋酸藥類又名藥醋類 ACETI.

此類卽各藥料浸於醋酸、或釅醋內提出功力者、製法宜照各方、

敷藥類又名敷膏藥類 CATAPLASMATA.

此類卽各藥料與沸水調爲漿糊者、外敷瘡症炎症、及內部發炎、

藥紙類　CHARTÆ.

此類即白紙泡於藥酒內、或逬攤在化成藥之浮面上涼乾者、有外用者、又有試驗藥性用者、

藥糕類　CONFECTIONES.　一名甜糕藥類

此類即藥料與糖蜜等搗匀而成者、均作內服、

藥脂類　OLEO-RESINÆ ET BALSAMI.

此類從草木中流出者、爲半定半流之質、分爲二、有天然成者、有製配成者、製配者概用伊打提出而成、又有一種、即生畜肥脂、

藥膠類　GUMMI.

此類自草木中流出者、始爲稠汁、久則結顆粒、或成團、又有一種自動物皮等製造者、

藥香類　RESINÆ.

此類亦從草木中流出者、凝為定質、如松香、乳香等是也、

藥汁類 SUCCI.

此類即鮮草鮮果擠出之汁、皆可內服、

藥輪子類 LAMELLÆ. 又名眼藥輪子類

此類即各藥料與明牛膠化勻、作成圓片如輪者、均作外用點眼、

空針藥輪子類 LAMELLÆ H'PODERMICÆ.

此類即各藥料與明牛膠化勻作片者、用時化於水內、入空針射之、

藥餅類 TABELLÆ.

此類即各藥料與明牛膠、甘油、初高辣等化勻作成者、均可內服、

製藥類 PRÆPARATA COMPOSITA 又名雜藥類

此類即多樣藥料製配者、故名製藥類、如龍膽草製酒等是、

香藥類 PRÆPARATA AROMATICA

自沸藥類又名發泡藥類

PRÆPARATA EFFERVESCENTES.

此類內有香料、故名香藥類、如阿摩尼亞香酒、礦强香酸等是也、

此即酸類與反酸類配合者、分爲三等、散酒水是也、散見清水自沸、酒及水見空氣自沸、故名自沸藥類、藥之自沸、因內函炭養氣故也、

藥器畫圖

Illustrations of Pharmaceutical Utensils.

銅　甑

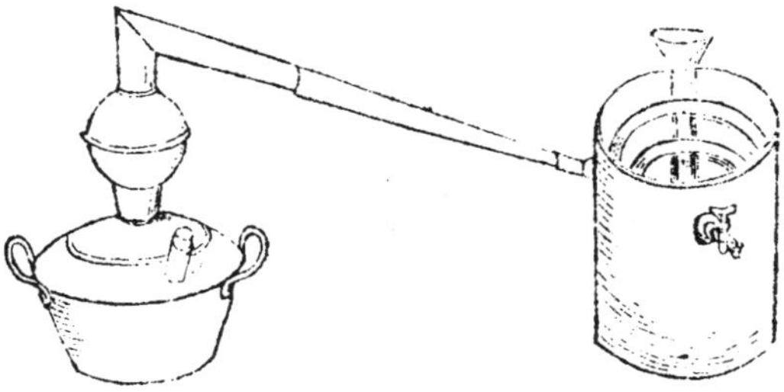

洋　鐵　甑

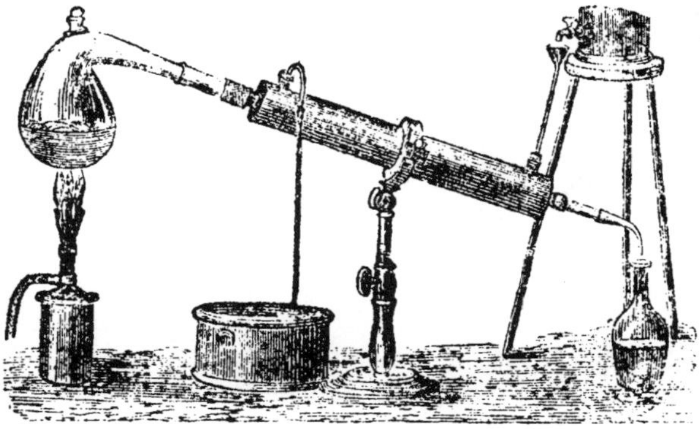

玻　璃　甑

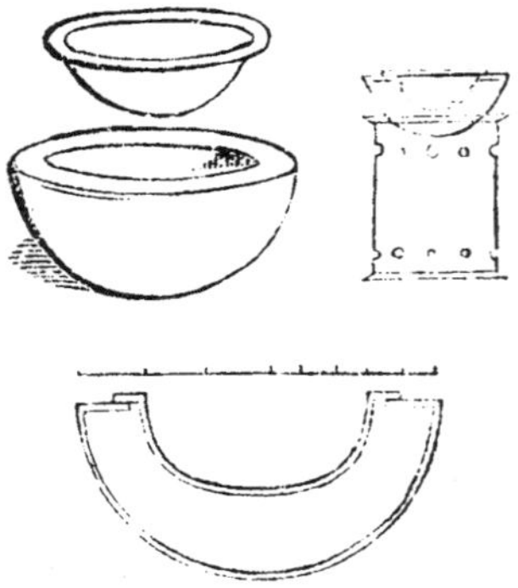

燙 鍋

沙 鍋

火 油 爐

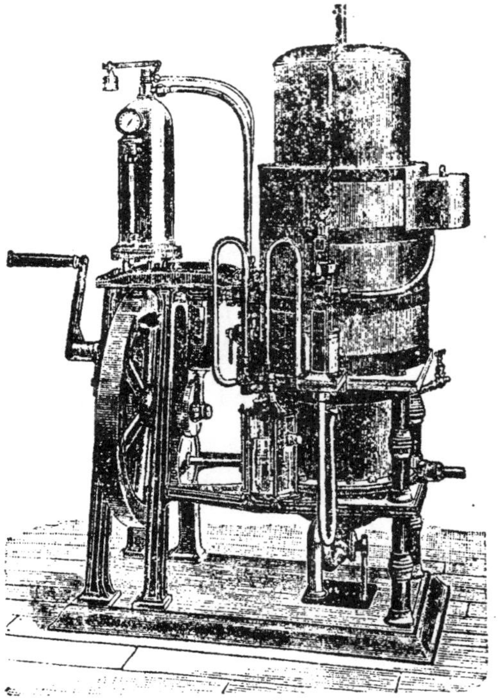

荷 蘭 機 器

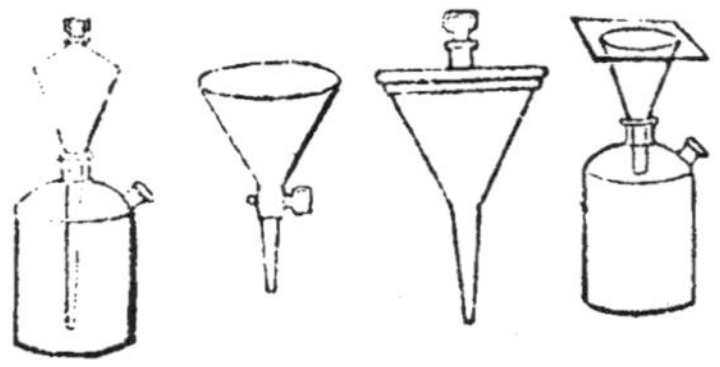

尖 淋 筩

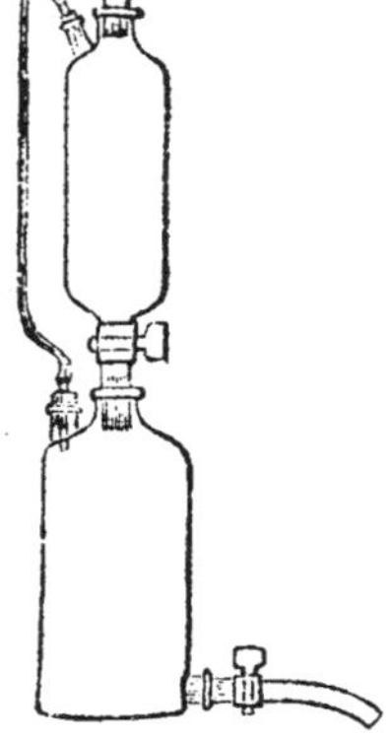

伊打淋筩

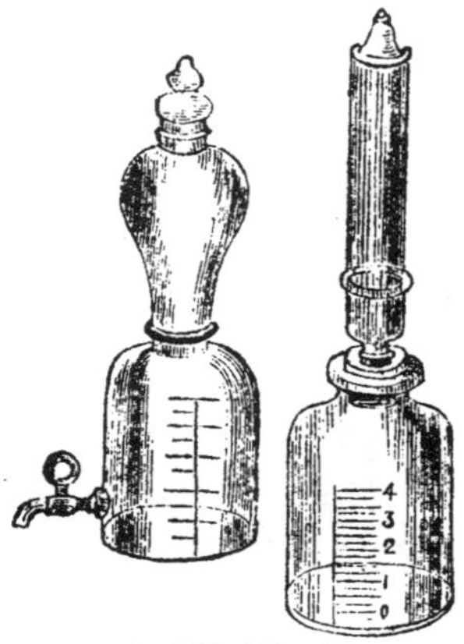

長圓淋筩

醫學寒暑表

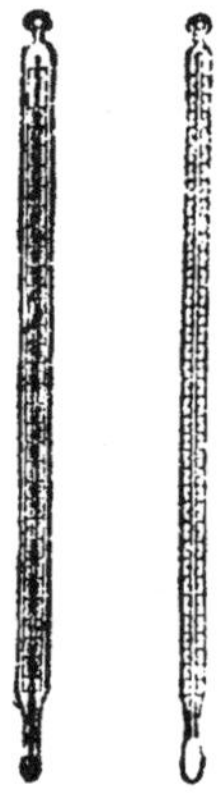

化學寒暑表

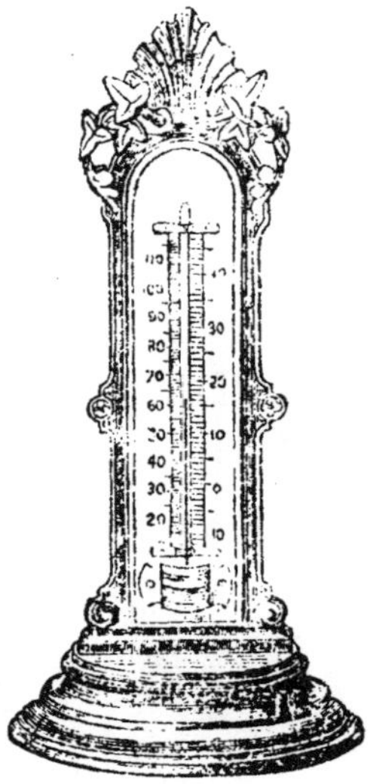

寒暑表

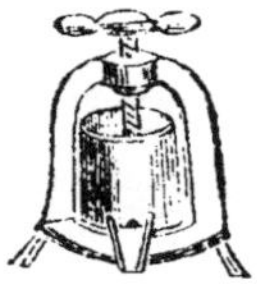

絞盤

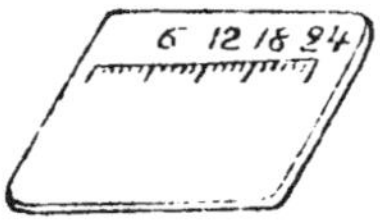

丸盤

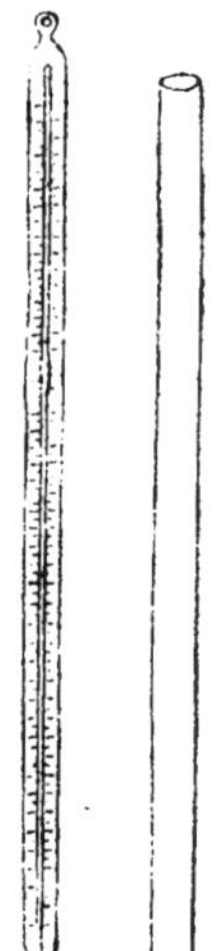

輕重表

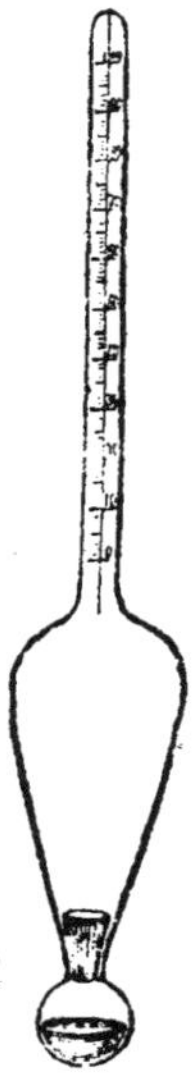

酒表

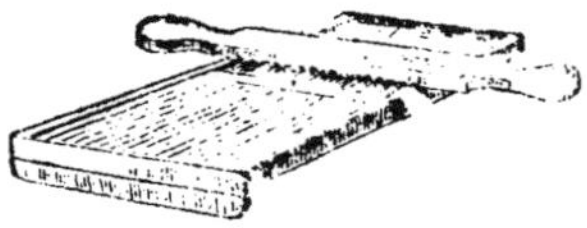

搓板

溺表

水權瓶

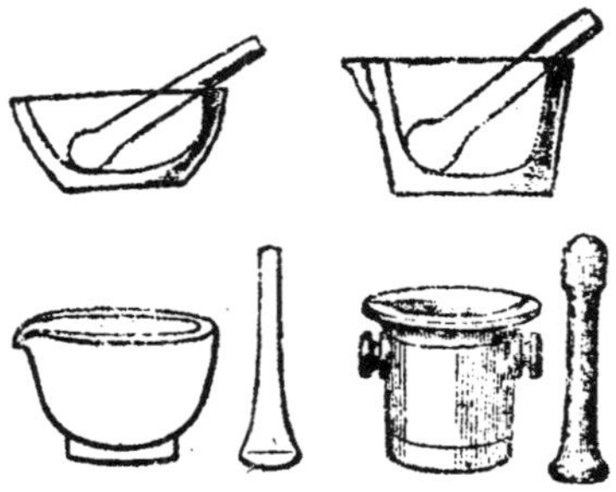

藥臼

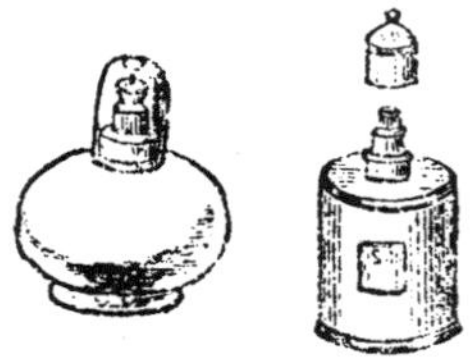

酒燈

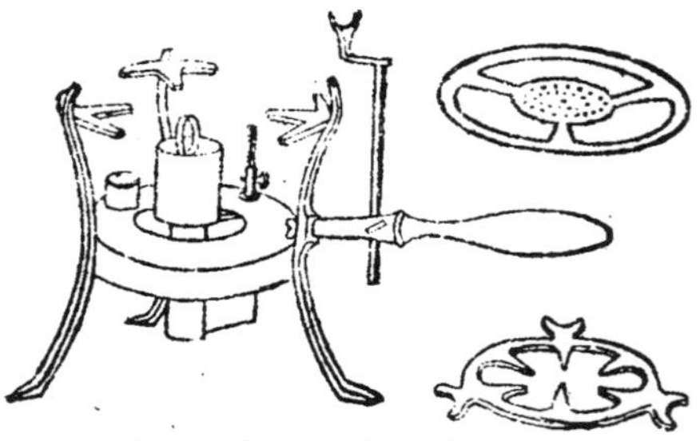

空心酒燈

藥碾

泡藥壺

煮藥鍋

藥磨

皮羅

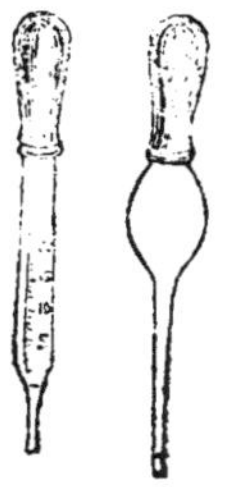

滴漏筩

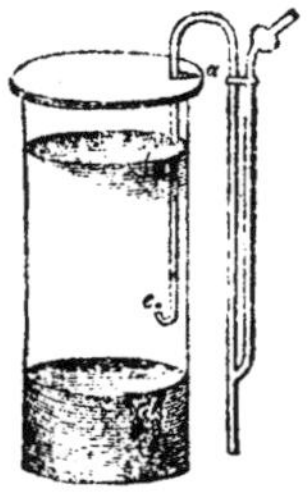

酒撤

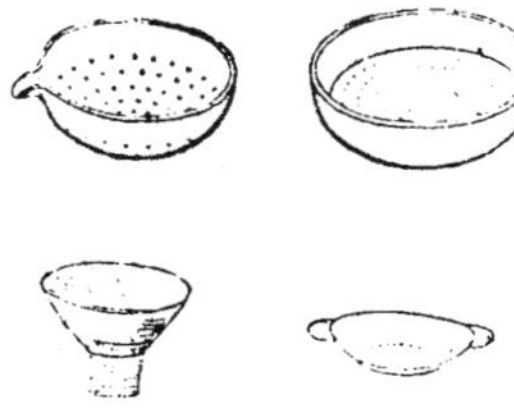

藥漏

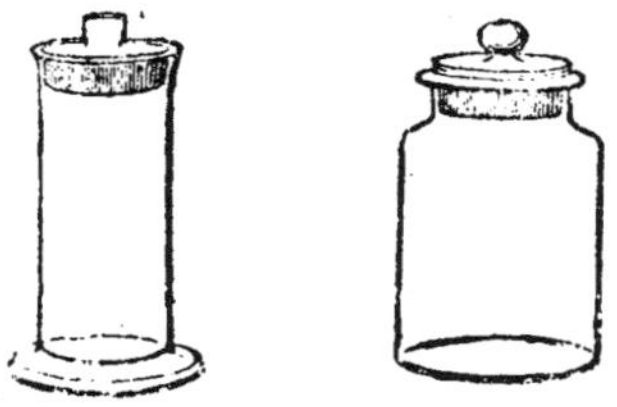

玻璃缸

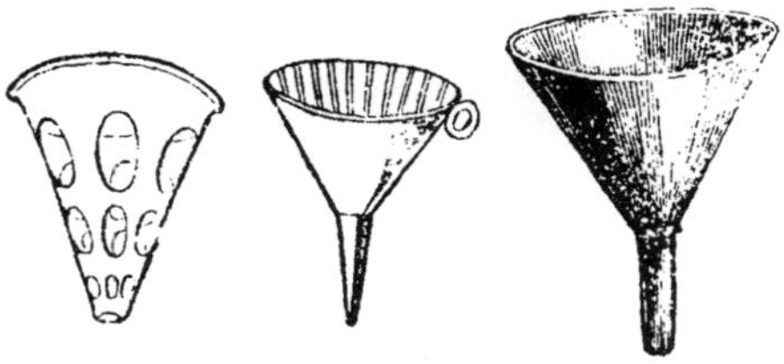

藥溜

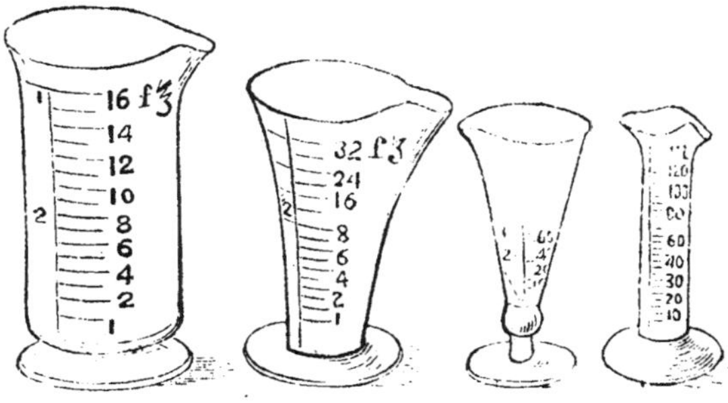

量藥杯

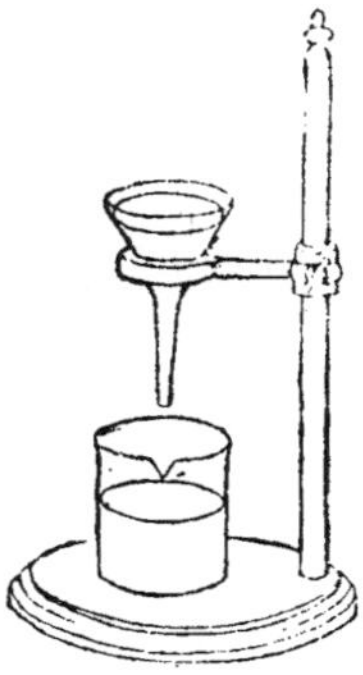

淋紙架

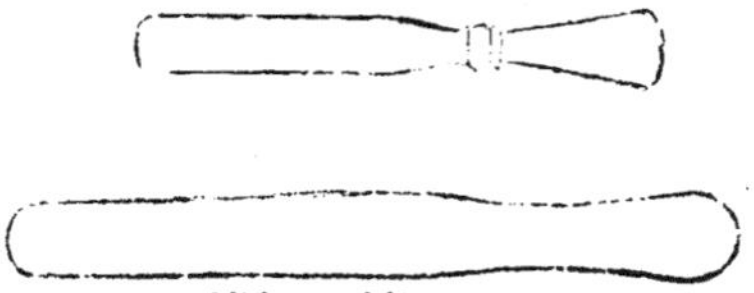

開藥刀

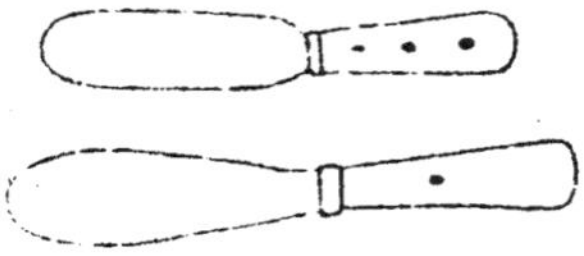

丸藥刀

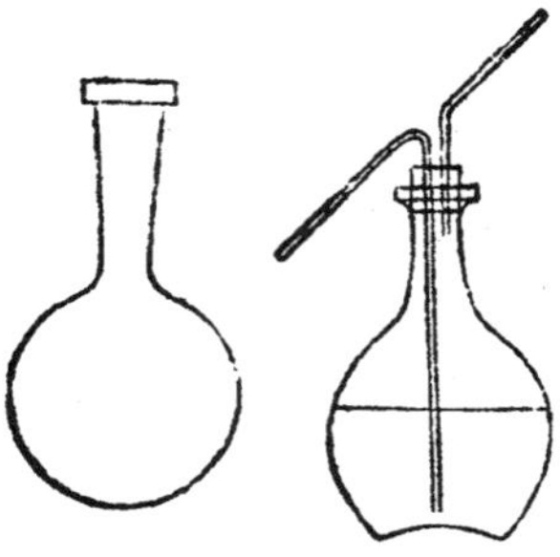

化學玻璃瓶

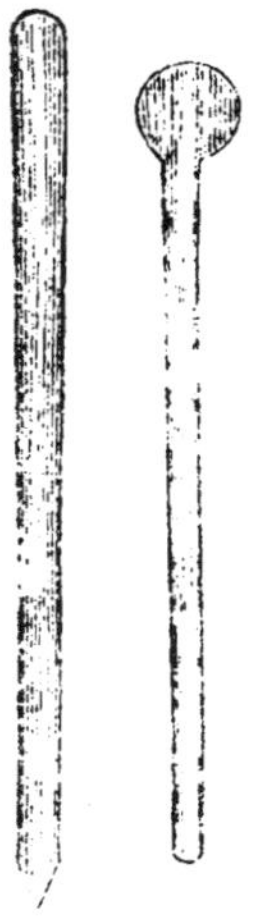

玻璃箸

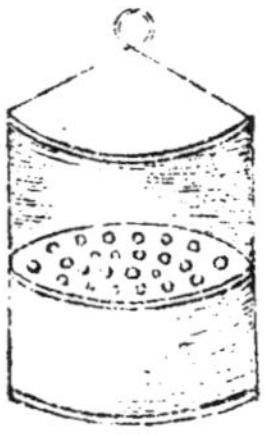

蒸盒

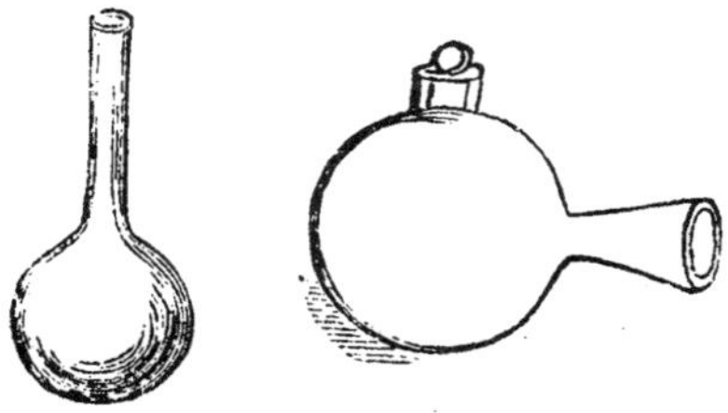

收氣瓶

貼膏式矩

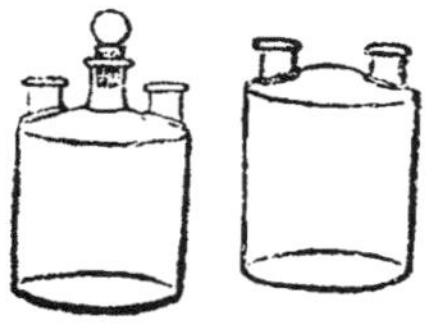

雙口瓶

烙鐵

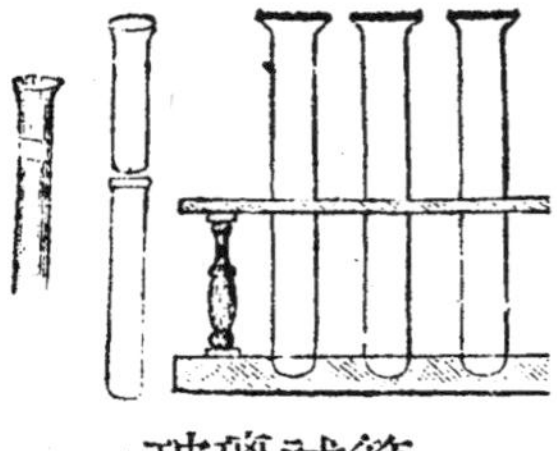

玻璃試筩

淋水缸

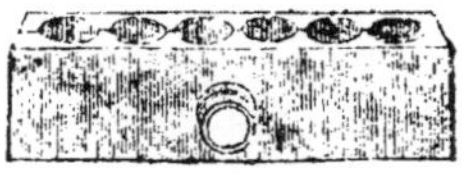

陰尖丸模

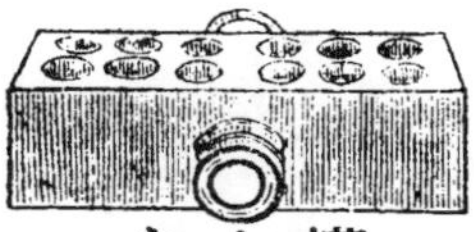

尖丸模

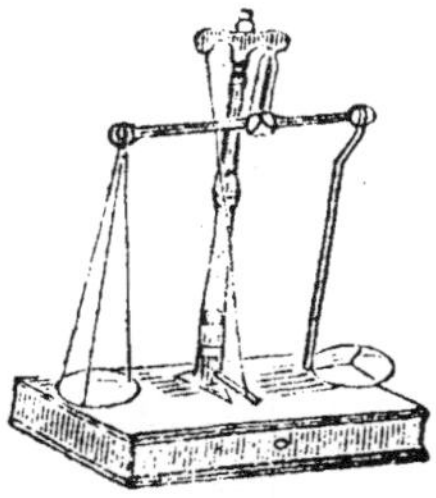

小藥秤

軟木塞

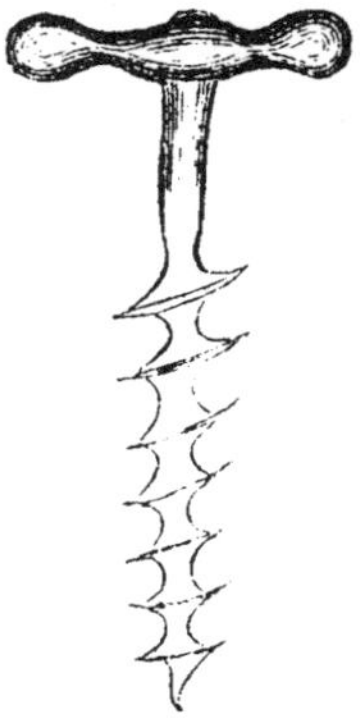

螺絲錐

大藥秤

鑽塞筩

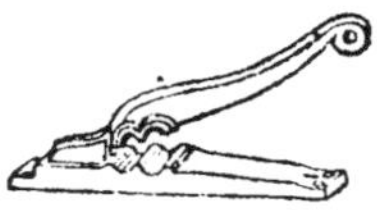

壓塞鉗

吹火筩

醫學器圖

Illustrations of Surgical Instruments.

噴　氣　燈

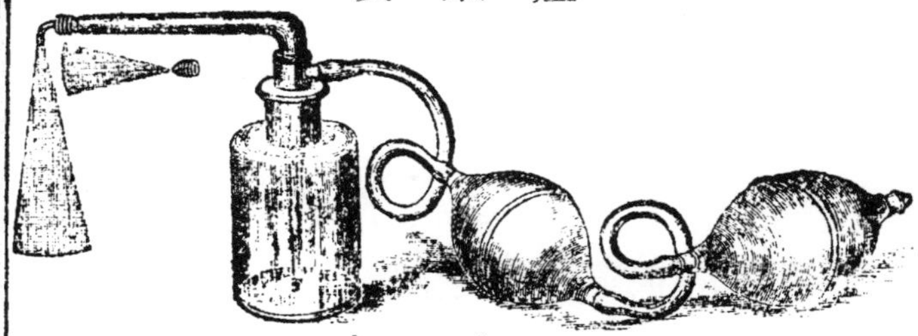

噴　氣　瓶

尿　管　探

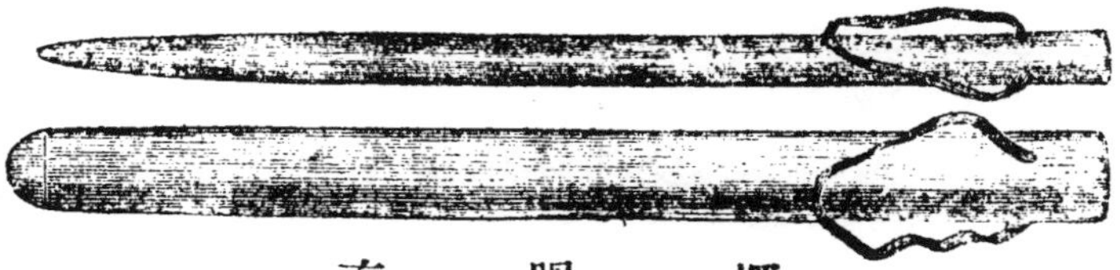

直　腸　探

食　管　探

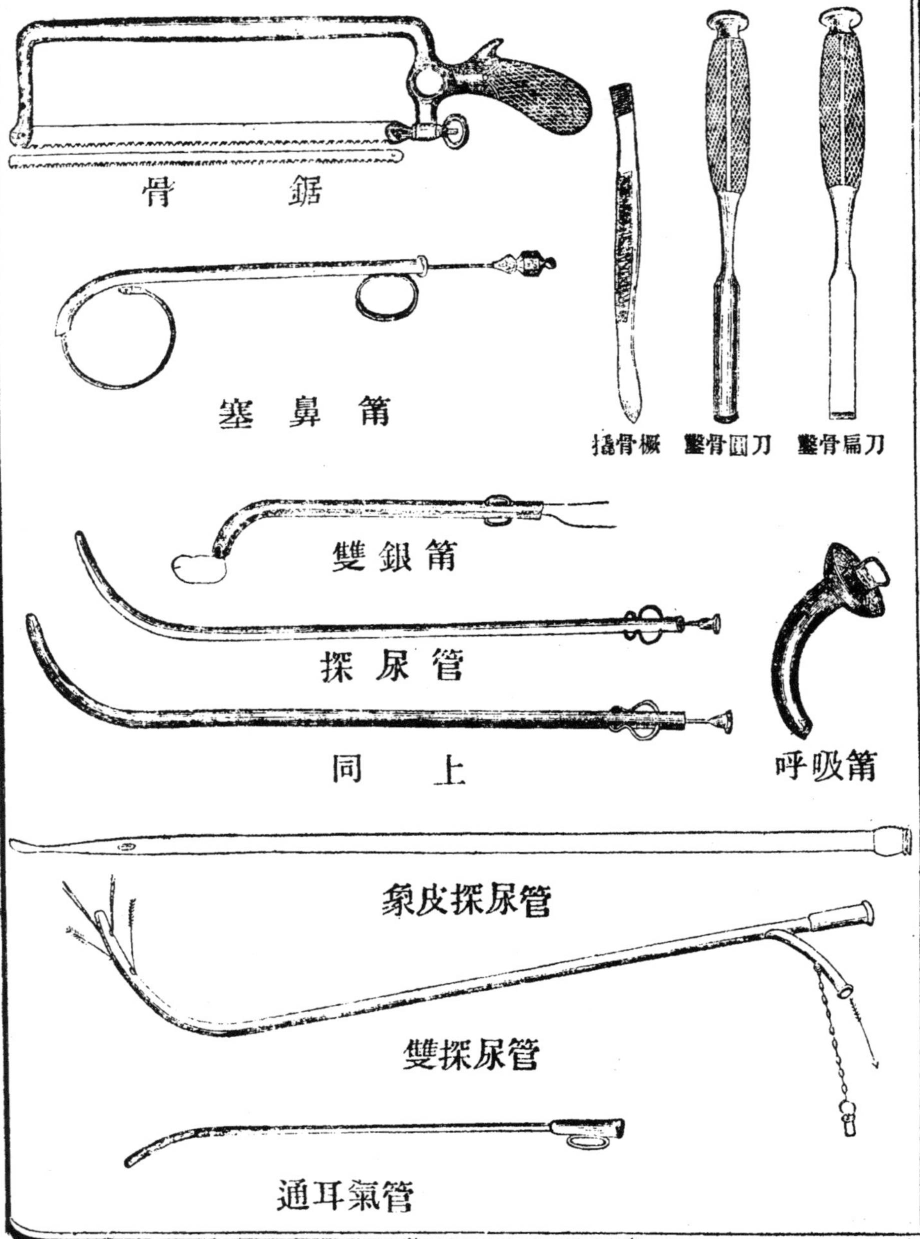
骨鋸
撬骨橛
鑿骨圓刀
鑿骨扁刀
塞鼻箭
雙銀箭
探尿管
同上
呼吸箭
象皮探尿管
雙探尿管
通耳氣管

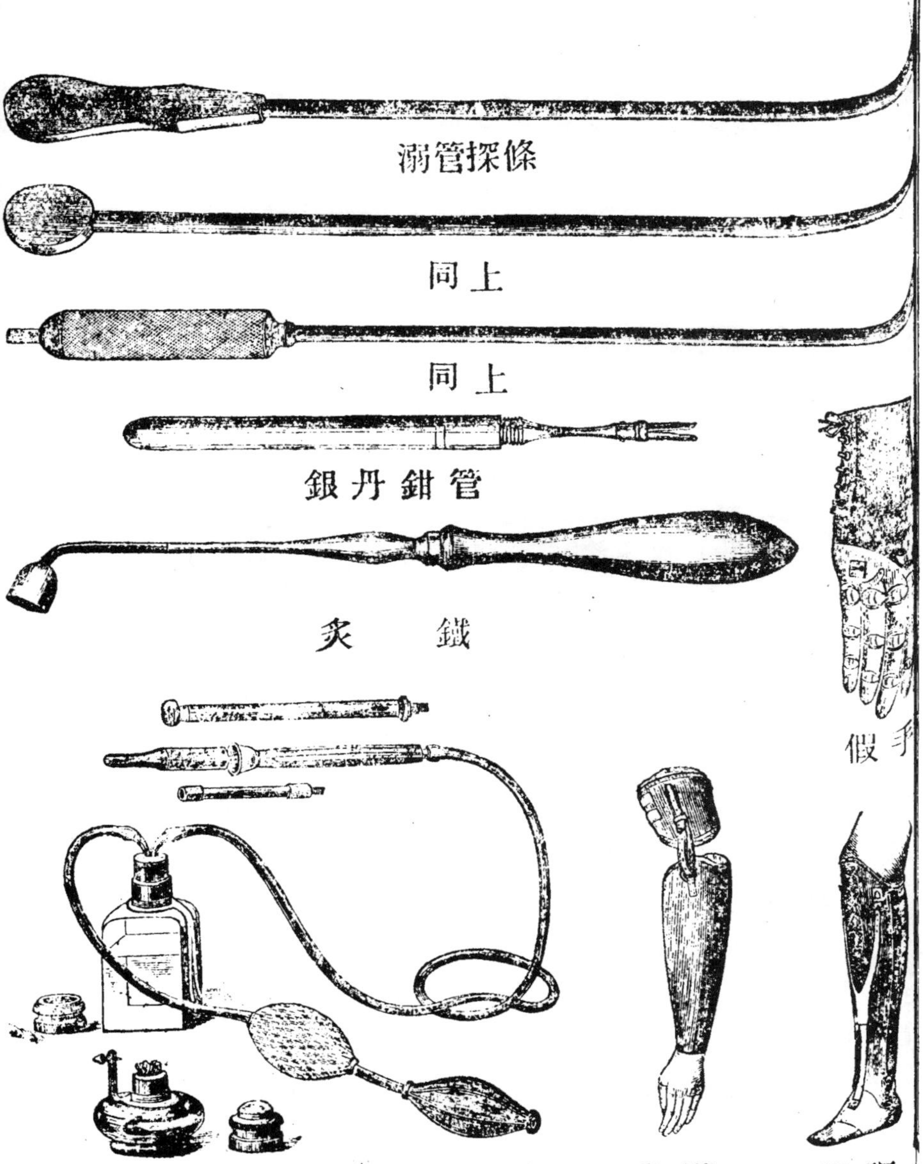
溺管探條
同上
同上
銀丹鉗管
炙　鐵
假手
氣火炙筩
假臂
假腿

扶　　棍

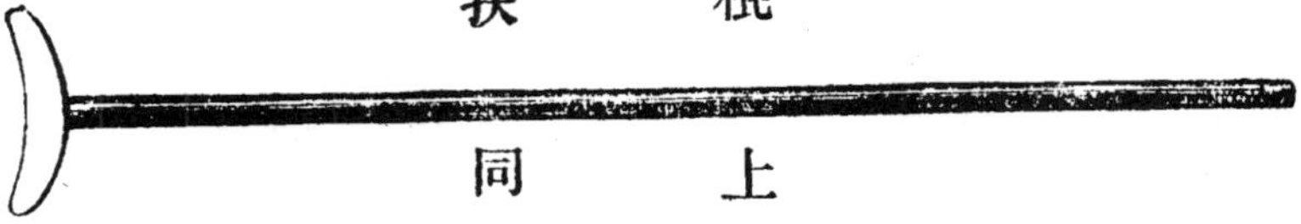

同　　上

剮　　羹

吸　氣　筩

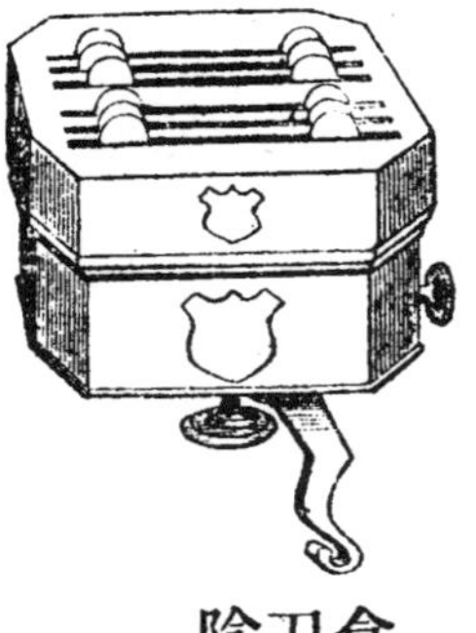

陰刀盒

拔　罐

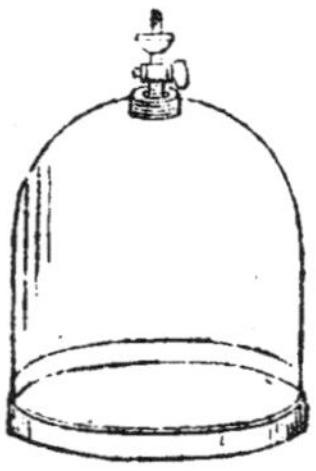

拔　罐

耳　羹

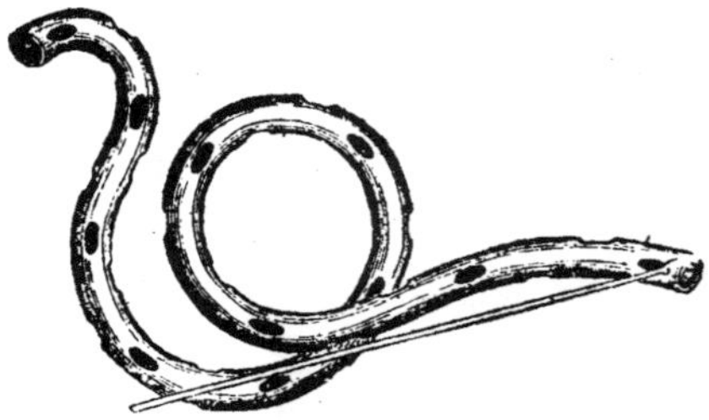

漏　　筩

溼電箱

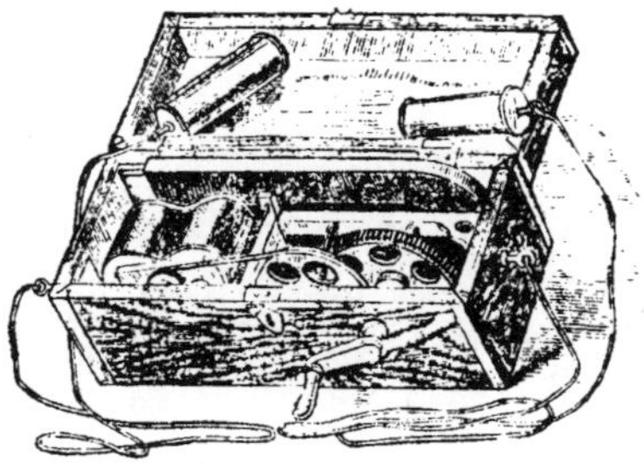
磁電箱

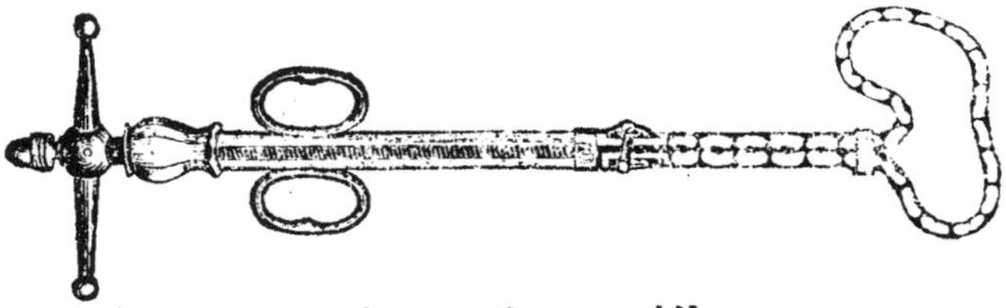
勒肉鉗

闊鑷子

脈管鑷

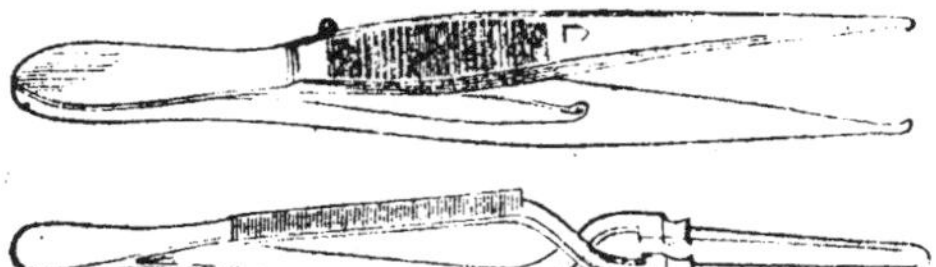
跳機鑷 二樣

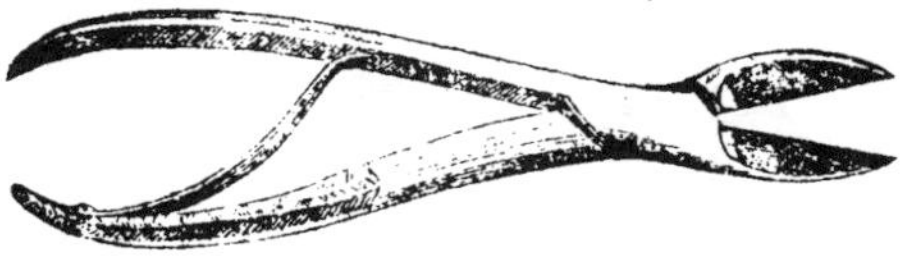
剪骨鉗

彈丸鉗

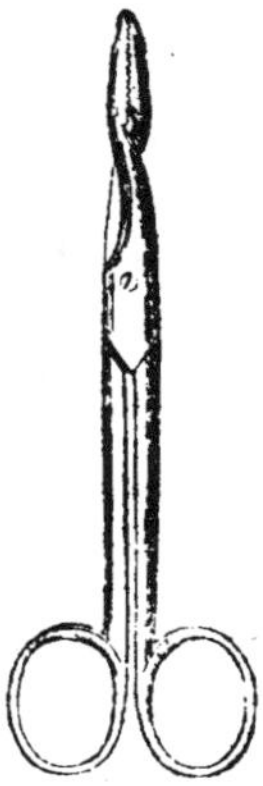
理傷鑷

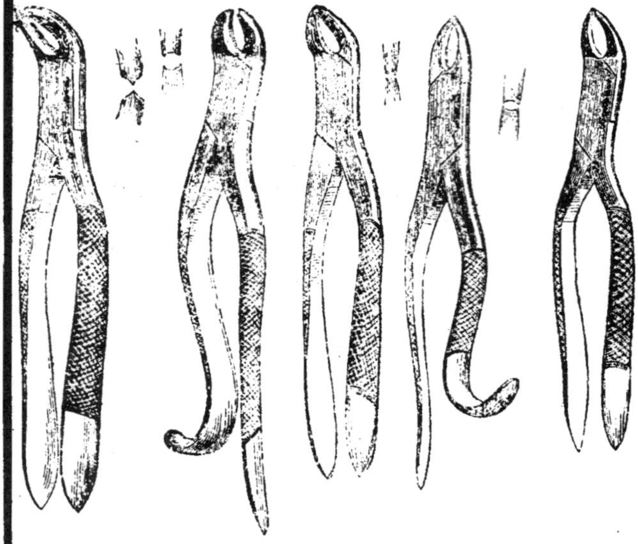

摘牙鉗五樣

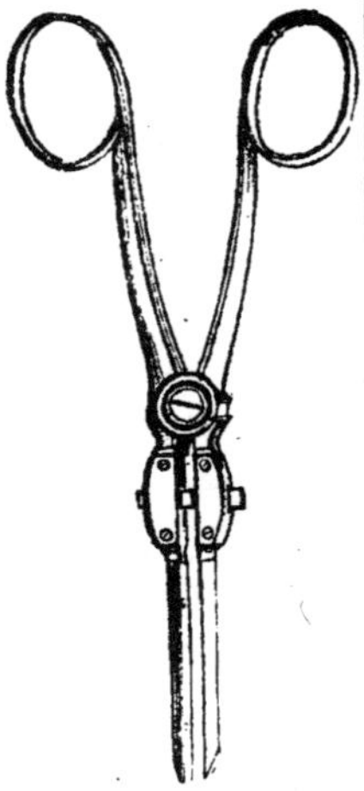

崩口鉗

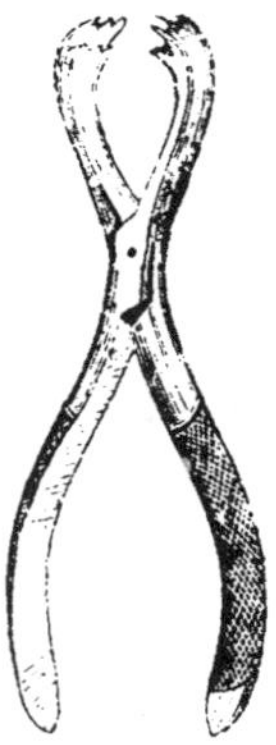

獅牙鉗

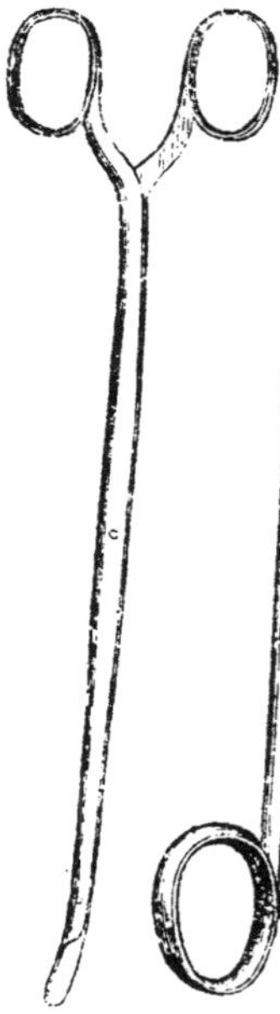

溺管鉗

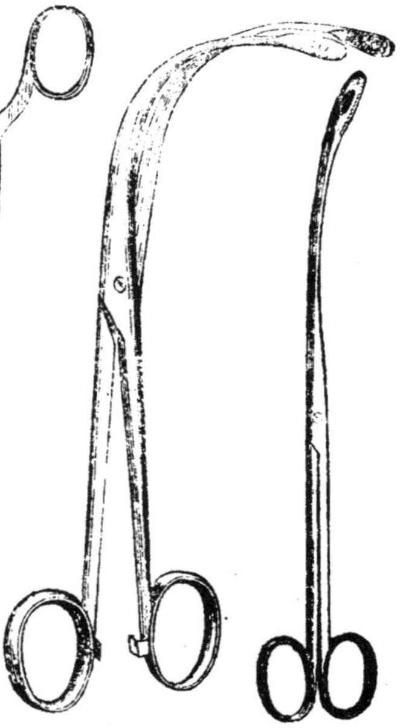

咽喉鉗　瘜肉鉗

收生鈎

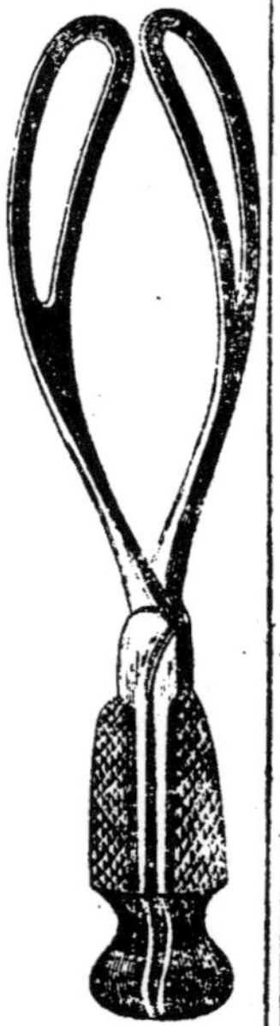

收生鉗

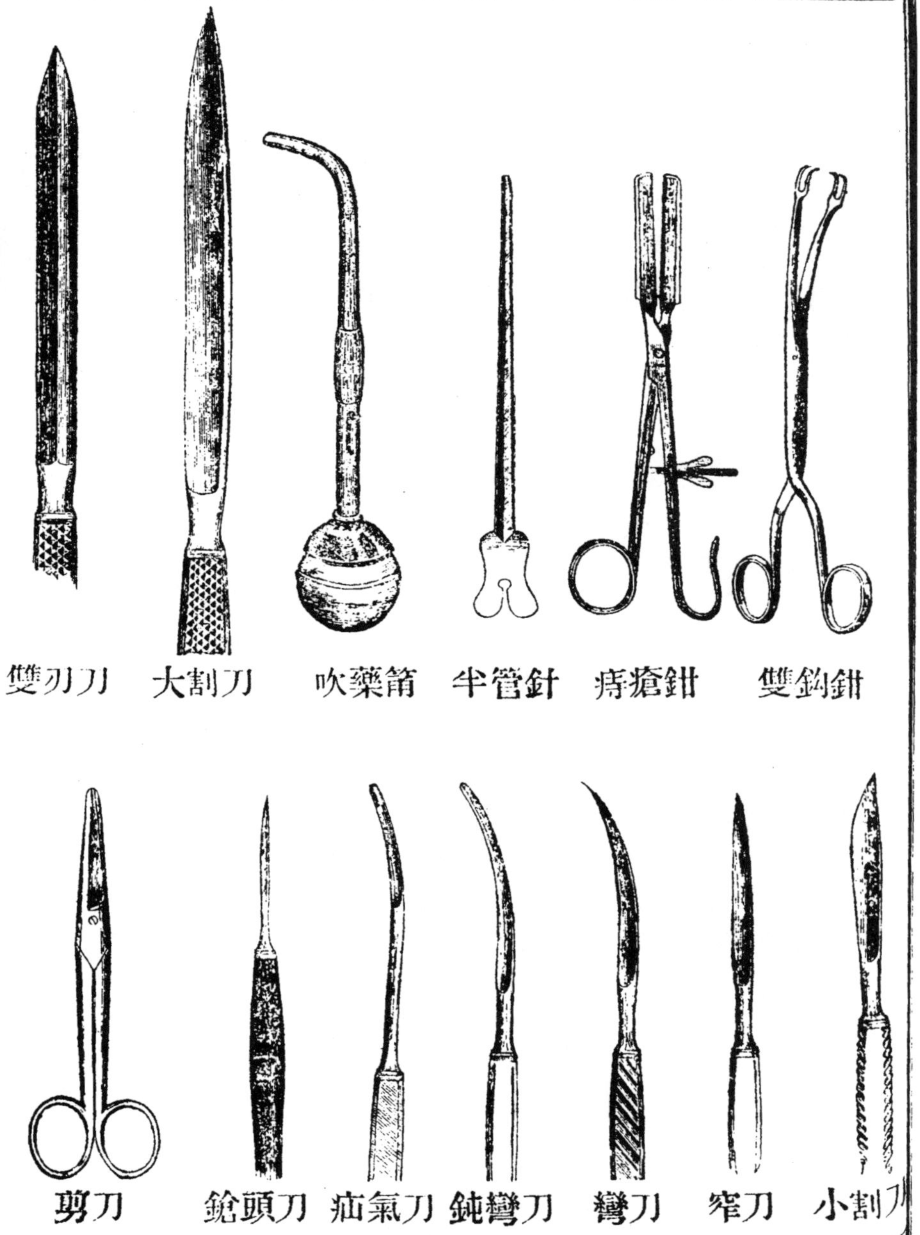
雙刃刀
大割刀
吹藥筩
半管針
痔瘡鉗
雙鉤鉗
剪刀
鎗頭刀
疝氣刀
鈍彎刀
彎刀
窄刀
小割刀

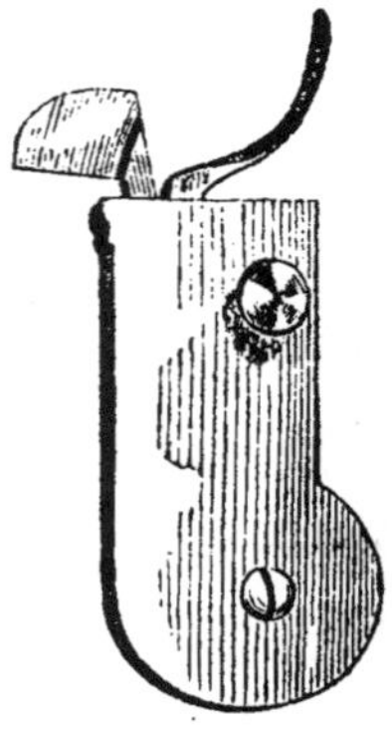

牙肉刀

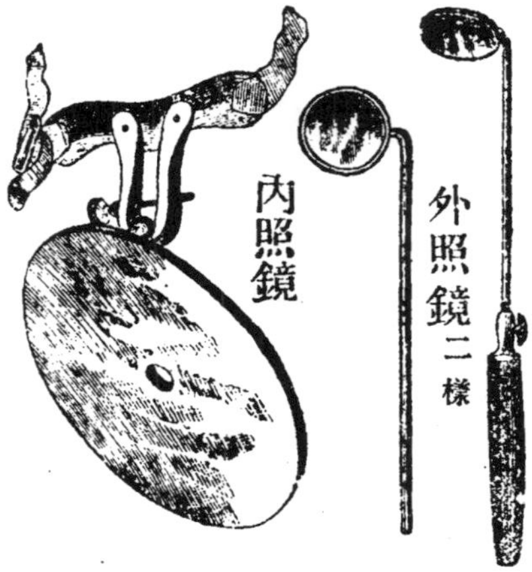

照喉鏡

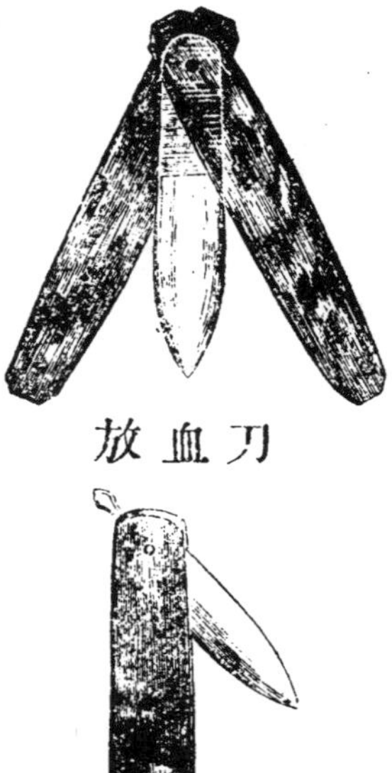

放血刀

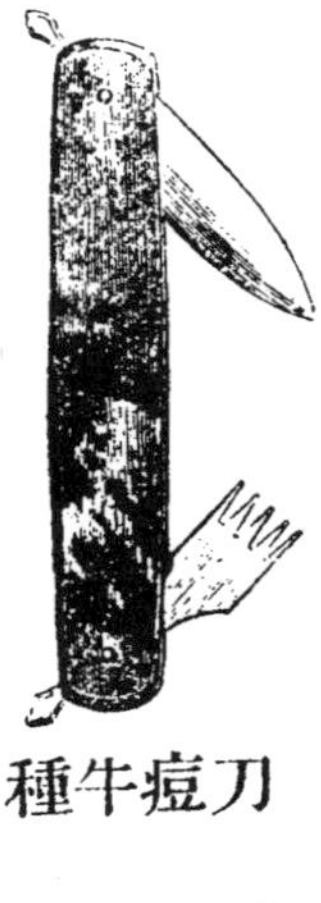

種牛痘刀

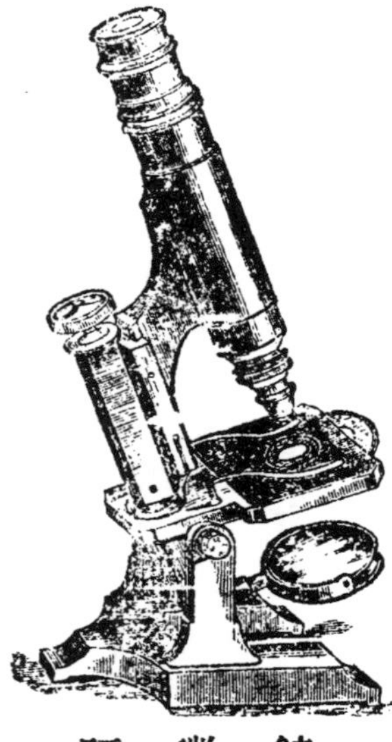

顯微鏡

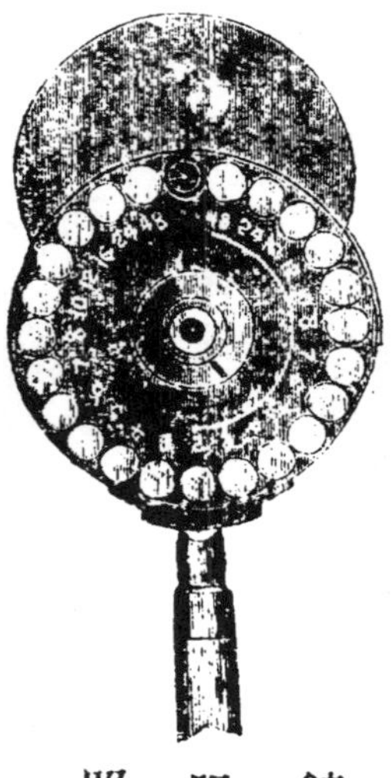

照眼鏡

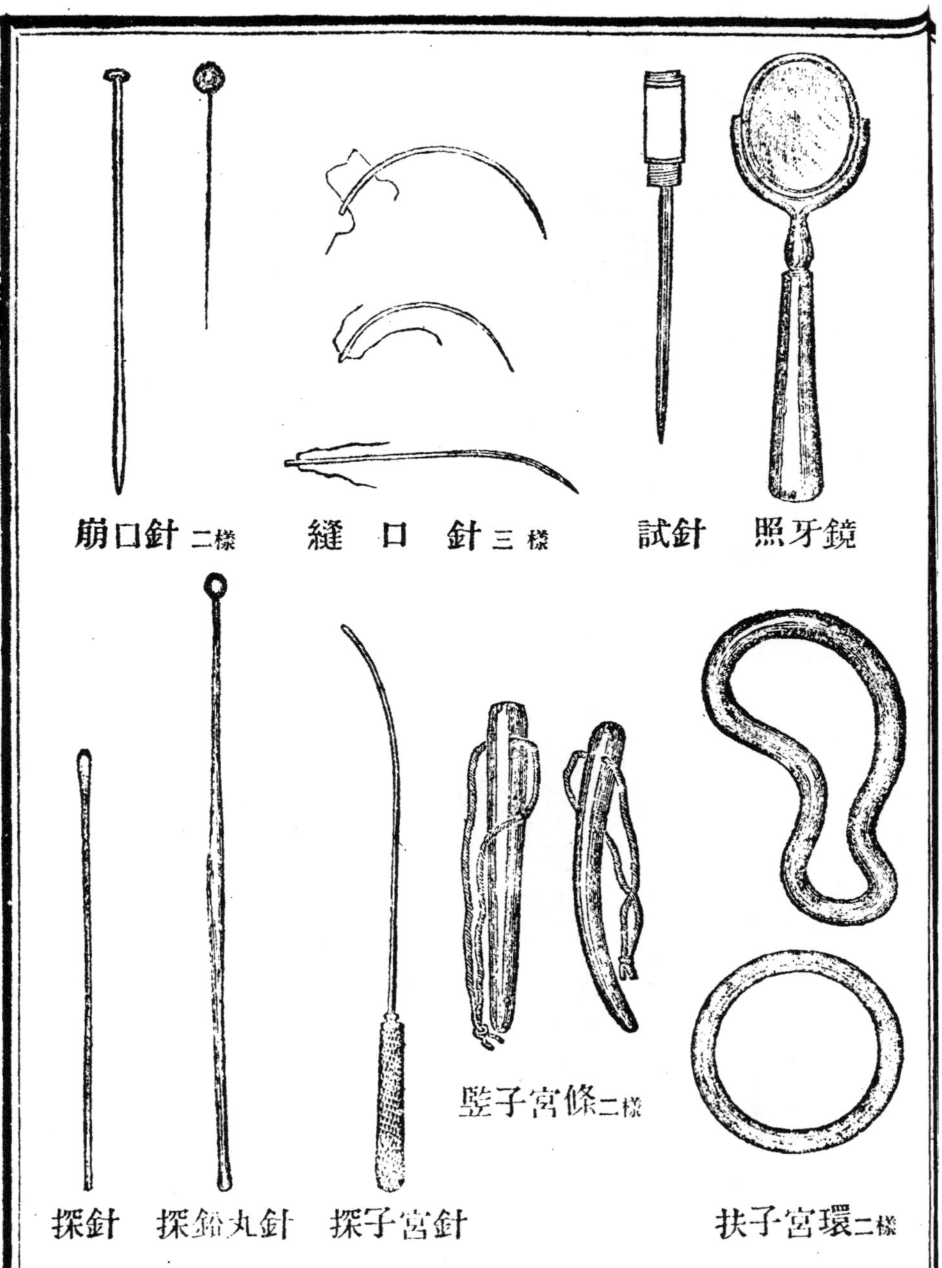
崩口針二樣
縫口針三樣
試針
照牙鏡
探針
探鉛丸針
探子宮針
墮子宮條二樣
扶子宮環二樣

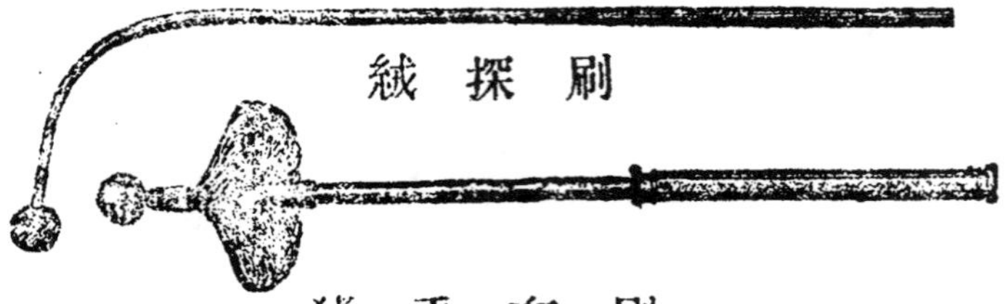

絨探刷

猪毛套刷

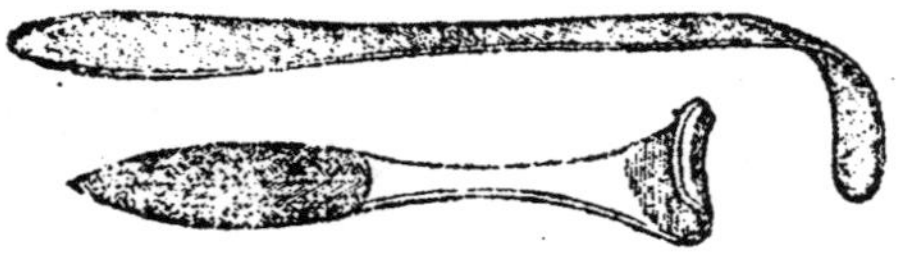

挈鉤

燭耳鏡二樣

燭肛門鏡

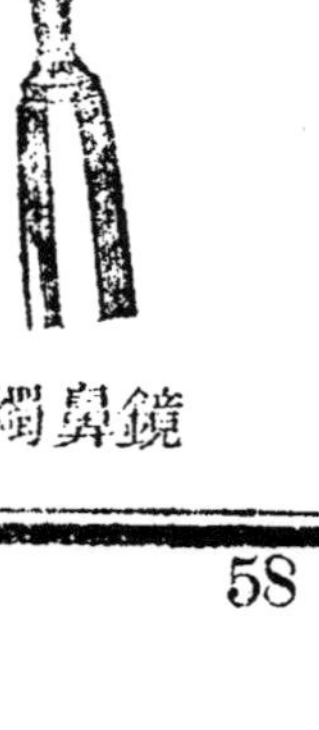

燭鼻鏡

燭陰道鏡

骨折夾

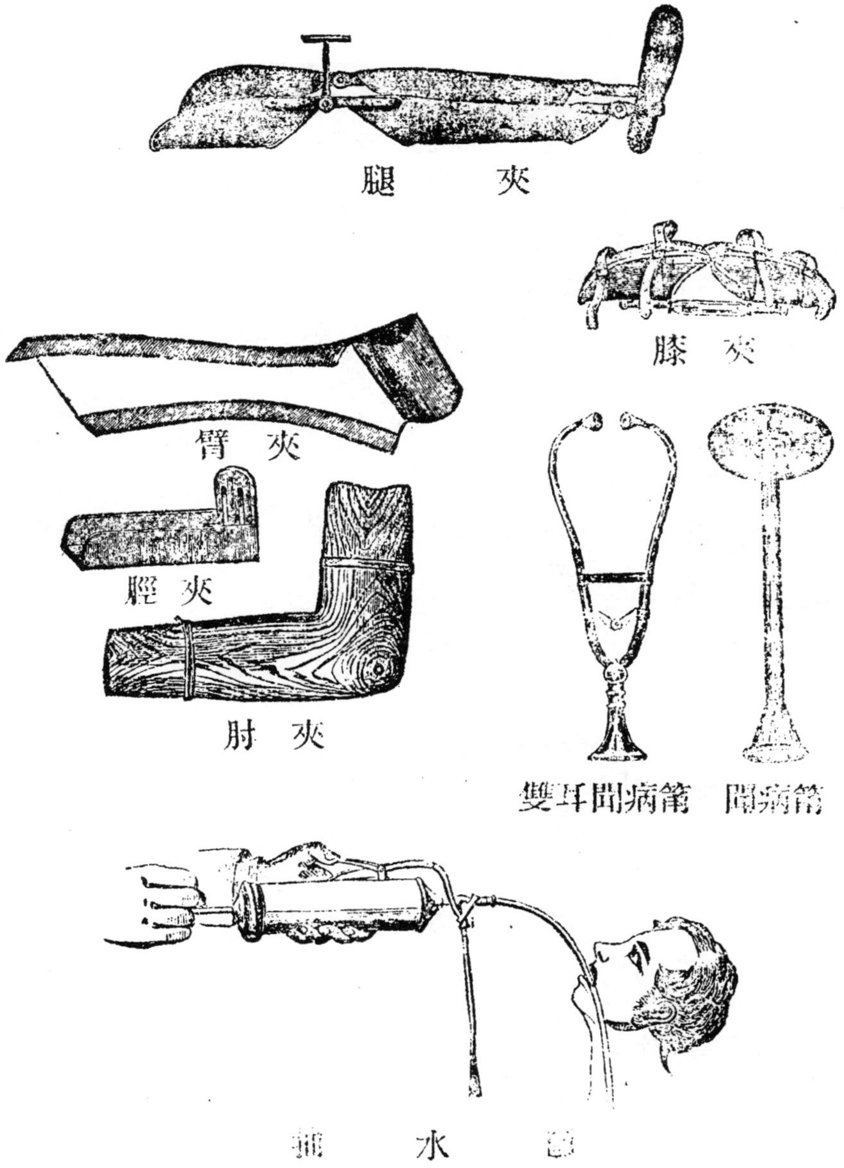

小水節

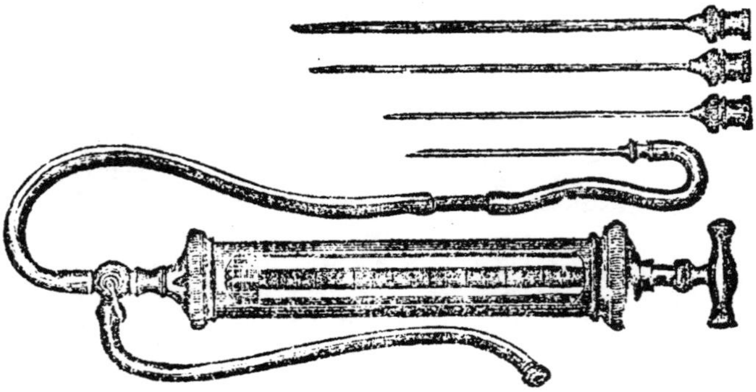

空針抽水節

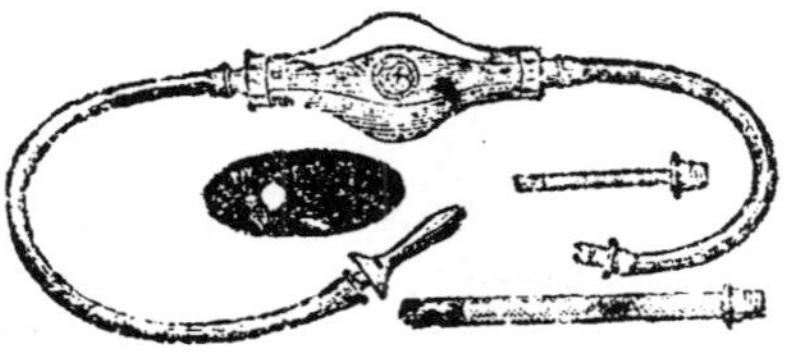

大水節

抽乳節

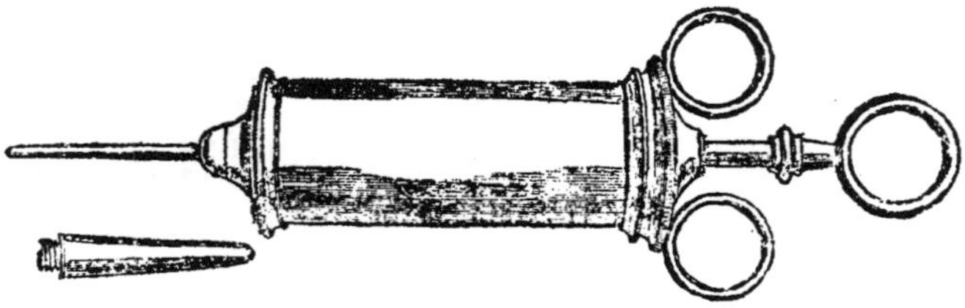

眼耳水節

陰水節

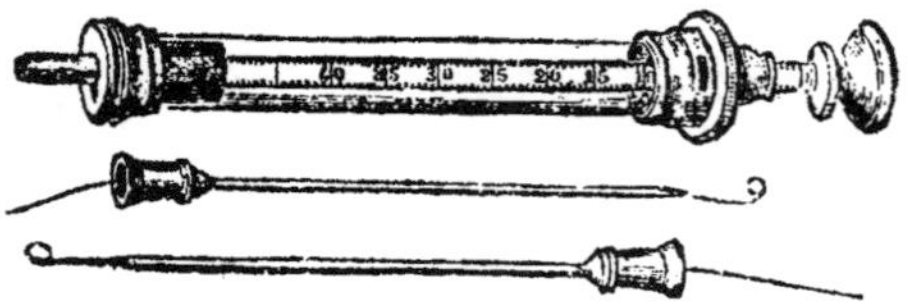

空針水節

氣　節

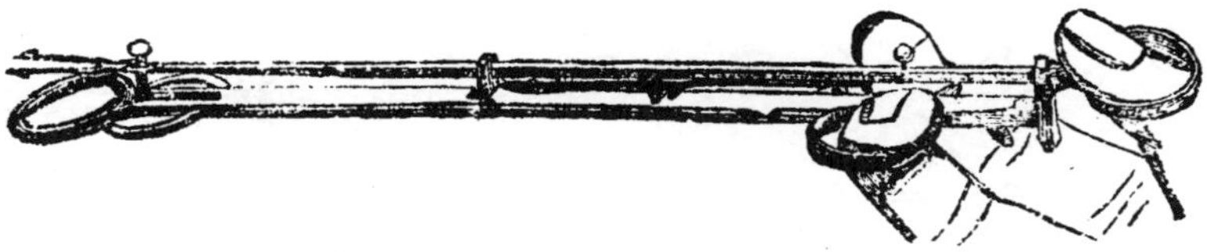

陰　刀　鉗

刺　鈎

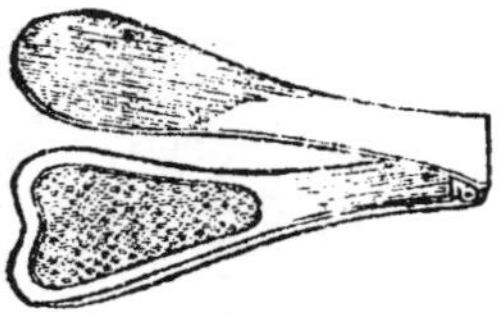

壓舌板

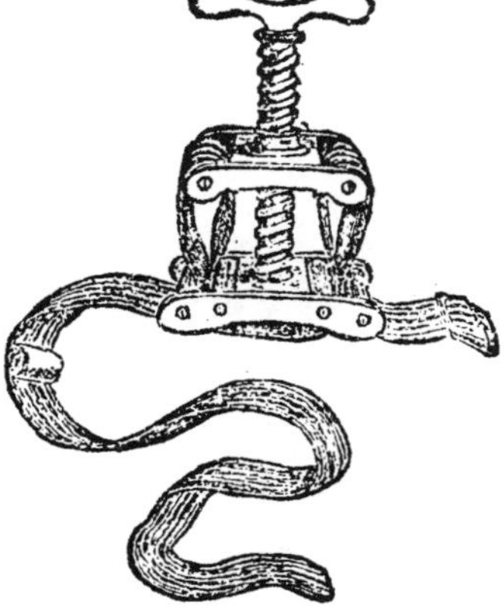

止血叉

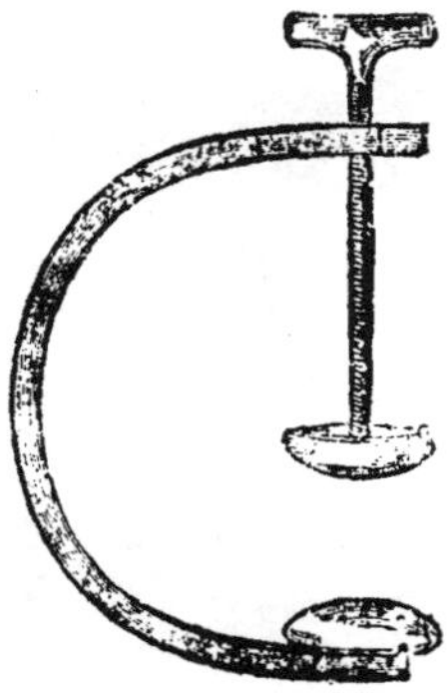

止血叉

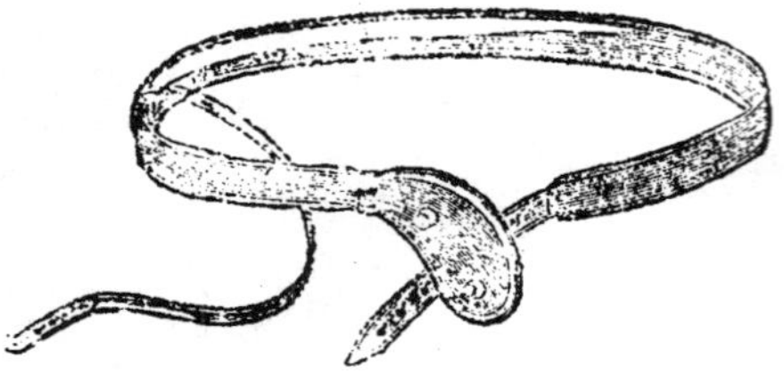

膃疝叉

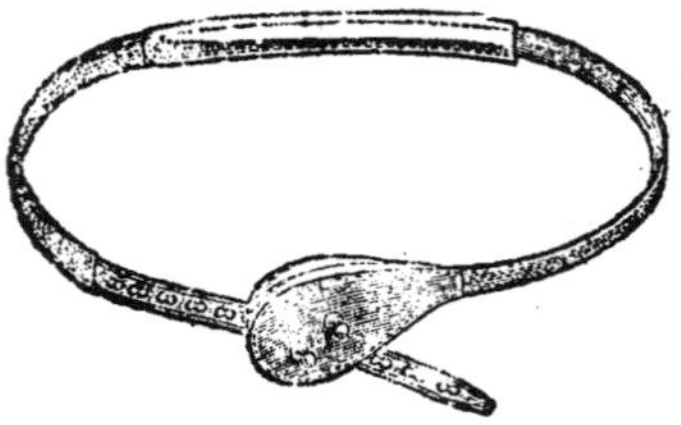

脥疝叉

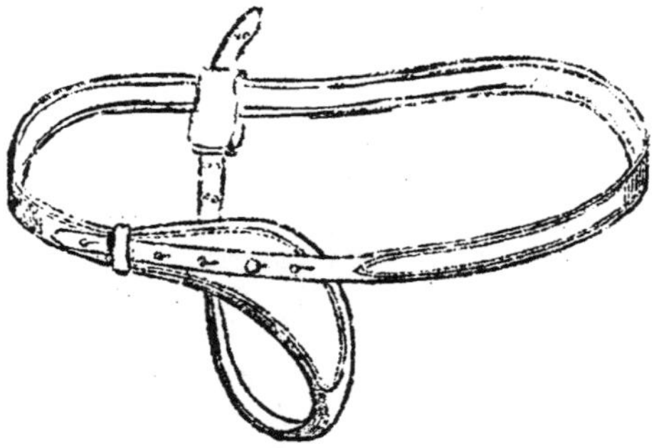

腎囊疝叉

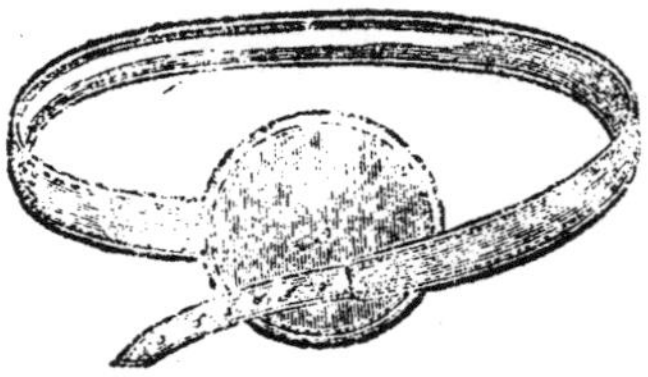

臍疝叉

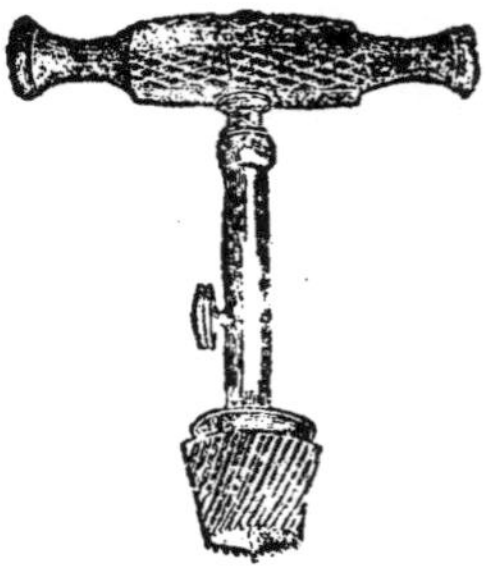

頭骨鑽

套管針

陰刀探管

眼科器

眼簾刀

睛珠刀

睛珠針

撥　羹

眼沐杯

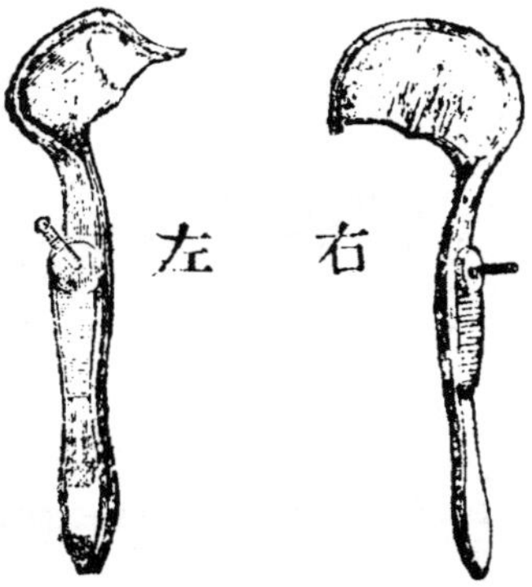

眼　胞　鉗

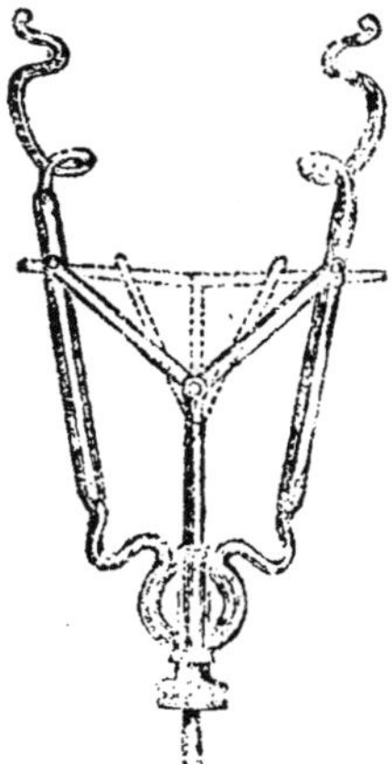

眼　撑

眼毛鑷

定眼鑷

割砂淋器

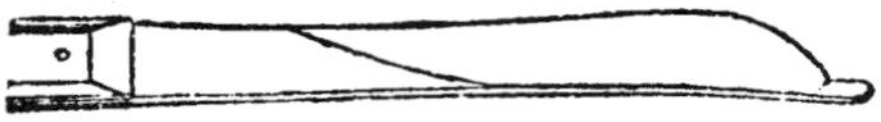

砂淋刀

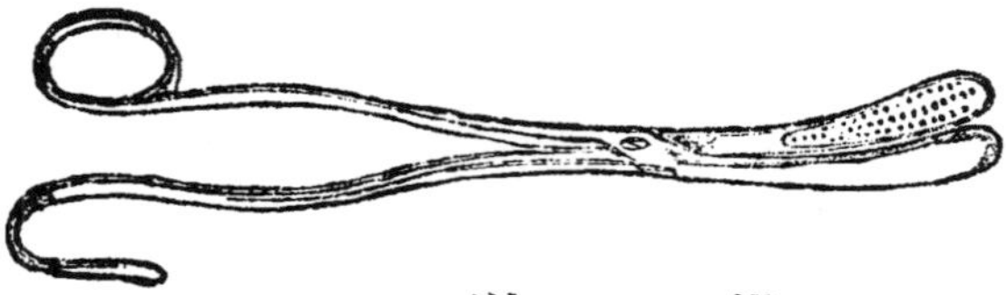

砂淋鉗

拂淋匙

探淋管

引刀管

壓淋鉗

藥器圖論

Pharmaceutical Utensils.

銅甑 COPPER STILL.

此器蒸油蒸酒蒸水俱用之、

洋鐵甑 TIN STILL.

此器蒸水常用之、

玻璃甑 GLASS STILL.

此器配藥膏用、蒸回原用之酒、或伊打、可省糜費、

荷蘭機器 SODA WATER MACHINE.

此器配自沸水類用之、如荷蘭水等

燙鍋 WATER BATH.

又名隔水鍋

此器配藥膏等類用之、鍋有二層、下盛沸水、上盛藥料、鍋內之熱不能過二百一十二度、用此則藥不至敗壞、以火油爐烤之、易司火之大小、

沙鍋 SAND BATH

又名沙釜

此鍋亦有二層、下以鐵鍋盛沙、上用磁鍋或化學玻瓶盛藥料、火烈猛熱、

火油爐 OIL STOVE

此爐狀如油燈、欲火之或大或小、爐芯可隨意撥動、

淋箭 PERCOLATORS.

又名瀝箭

此器分尖與長圓二式、或用玻璃、或用磁器、或用馬口鐵、配酒類膏類等用之、

尖淋箭 CONICAL PERCOLATOR.

此箭配藥酒常用之、

長圓淋箭 ...TOR.

伊打淋篩 PERCOLATOR FOR ETHER

此篩配藥膏常用之。

此篩配伊打酒伊打膏常用之可省糜費。

絞盤 TINCTURE PRESS.

又名螺絲柱櫃又名酒榨

此器配酒類膏類用之因內有螺絲柱能加大力將藥渣壓淨。

搓板 PILL MACHINE

此器配製藥丸用之。

丸盤 PILL TILE.

又名磁板

此盤分藥丸用之。

寒暑表 THERMOMETERS.

又名寒暑針

此表測驗天氣冷煖。寒暑表之度數不一有髮倫表百度表等此書中皆按髮倫表之數。

化學寒暑表 CHEMICAL THERMOMETER.

此表熬藥用驗冷熱、防壞藥料、其度數有至二百十二度者、又有大至五六百度者、

醫學寒暑表 CLINICAL THERMOMETER.

此表醫病用驗人身寒熱、其度數自九十五至一百一十五度、惟自記表爲妙、

輕重表又名水權表 HYDROMETER.

此表以分流質較水輕重何如、

酒表 ALCOHOLMETER.

此表驗酒之厚薄、以表酒內函酒精多寡、

溺表 URINOMETER.

此表驗溺之清濁、以表人之溺具有無疾病、

水權瓶 SPECIFIC GRAVITY BOTTLE.

此瓶以分定質或流質較水輕重何如、

酒燈

空心酒燈 ARGAND SPIRIT LAMP 此燈配藥便用，火速而熱度小。心酒燈又名通心酒燈 此燈因心空，熱度較大。

煮藥鍋 DIGESTER. 此鍋配煮水藥類用之。

泡藥壺 INFUSION POT. 此壺配泡水藥類用之。

藥磨 DRUG MILL. 此器配藥末用之。又名碾船

藥碾 CHINESE POWDERER. 此器配藥末與磨同用。

藥臼 MORTAR.

此器有銅、鐵、玻璃、石、磁等式、研藥末用之、

藥杵 PESTLE.

此搗藥研藥用之、

藥羅 SIEVES.

此器或絲布、或鐵絲、或銅絲、或馬尾、皆可、共分三等、有粗細極細之別、粗者其絲條每方寸橫豎各二十根、細者每方寸橫豎各四十根、極細者每方寸橫豎各六十根、過藥末乃分粗細極細用之、

皮羅 DIALYZER.

此器製藥用之、置藥於內、浮放水上、藥卽分為二、結冰者透落水中、成膏者仍在羅內、（結冰成膏、分物之性、查化學自知、）

藥漏 STRAINERS.

此隔濾藥渣用之、

藥漏 FUNNELS.
此器有玻璃、磁、洋鐵等、挹注藥酒藥水等用、

淋紙 FILTER PAPER. 又名瀝紙又名濾紙
此紙係特意製造以去酒內水內微渣者、

淋紙架 FILTER HOLDER.
此器撈住淋紙、不致傾陷、

酒撤 SYPHON. 一名酒角
此器扌酒扌水等用、凡藥配製分兩層者、欲扌出上面凈藥、用此甚便、

滴漏筩 MEDICINE DROPPERS.
此器分藥酒藥水等、徵滴用之、

玻璃缸 GLASS STOPPERED JARS.
此器配酒類膏類浸藥料用之、因上有玻璃堵、不致洩氣、

量藥杯 GRADUATES.

此器量藥多寡等用之、

化學玻璃瓶又名煉氣瓶 GLASS FLASKS.

此器熬煉藥料等用之、

收氣瓶 GLASS RECEIVERS.

此器化學家、收存各氣用之、

雙口瓶 WOULFF'S BOTTLES.

此器化學家令氣過水、務爲純淨用之、

玻璃箸又名玻璃條 GLASS STIRRING RODS.

此箸調和藥類等用之、

玻璃試筩又名試筩 TEST TUBES.

此筩底圓、上口微翻、覈藥性、及驗尿質用之、開藥刀 SPATULAS.
此刀有銅鐵骨木等樣、切藥搓丸等用之、

丸藥刀 PILL KNIVES.
此刀鋼鐵爲之、較開藥刀硬而短、

蒸盒 STEAMER.
此器配堅硬藥料、蒸之使輭、

烙鐵 SPREADING IRON.
此器攤貼膏等用之、

貼膏式矩 PLASTER SHAPES.
此器攤貼膏用之、

尖丸模 SUPPOSITORY MOULD.
此器配尖丸用之、

PESSARY MOULD.
陰尖丸模
此器配陰尖丸用之、

URETHRAL SUPPOSITORY MOULD.
條丸模
此器配條丸用之、

DISPENSING SCALES.
藥秤
此器秤藥分量用之、

WATER FILTER.
淋水缸 亦名 淋瀝缸 又名 砂漏壺
此器去水內渣滓用之、

CORK SCREW.
螺絲錐
此錐起軟木塞用之、

CORKS.
軟木塞 又名 軟木堵
此木用塞瓶口、甚爲合式、化学家用象皮爲瓶塞更便壓塞鉗 CORK SQUEEZER.

此鉗壓木塞用之、

鑽塞箭 CORK BORER.

此器鑽木塞、化學家常用之、

吹火箭 BLOW PIPE. 又名吹火管

此箭修理玻璃器常用之、

醫學器論

Surgical Instruments and Appliances.

茲有數器、乃醫家常用者、看圖自知、不必細論、

噴氣燈 ATOMIZER.

此器吸提藥水上升、化汽醫病用之、

噴氣瓶 SPRAY PRODUCER.

此瓶裝藥水、通氣節、噴氣用之、又有一種者、裝藥水、宜用口吸出其氣、故名吸氣瓶、

疏通探 BOUGIES

此器有三、治食管、及直腸尿管變窄等症用之、

食管探 ŒSOPHAGEAL. BOUGIE.

此器治食管變窄用之、

直腸探 RECTAL BOUGIE.

此器治直腸變窄用之

尿管探 URETHRAL BOUGIE.

此器治尿管變窄用之

鑿骨扁刀 BONE CHISEL.

此刀去腐骨用之

鑿骨圓刀 BONE GOUGE.

此刀與上同用

撬骨橛 BONE ELEVATOR.

此器橛去腐骨用之

骨鋸 BONE SAW.

此器割症鋸骨用之

毛筆 CAMELS HAIR PENCILS.

又名駝毛筆

此筆以駝毛製造塗藥用之、寫字新筆、亦可代用、

塞鼻筩 EPISTAXIS CANULA (BELLOCS).

此器塞鼻前後孔、止鼻衄用之、

雙銀筩 又名 **勒瘜肉管** POLYP CANULA.

此器通過銀線、或麻線絲線等、勒斷鼻瘜、或陰戶瘜肉用之、

呼吸筩 又名 **入喉管** TRACHEOTOMY CANULA.

此筩治喉塞急症、割氣管以通氣用之

探尿管 又名 **通尿管** CATHETER.

此管以銀或白銅、及象皮所造、小便不通用之、

雙探尿管 DOUBLE CHANNEL CATHETER.

此管套水節、洗膀胱用之、

探管 又名 **溺管探條** URETHRAL SOUNDS.

通耳 EUSTACHIAN CATHETER.

此管探溺管內、及膀胱用之、

氣管

此器通耳氣管塞住用之、

銀丹 CAUSTIC HOLDER.

銀管 又名 裝藥柄

此管裝𥳑銀丹用之、

炙鐵 CAUTERY.

俗名 烙鐵

此鐵烤之極熱、待紅過則色變白、去腐肉止血用之、

氣火 THERMO-CAUTERY.

炙筩

此筩經過奔紫年氣、火炙甚速、去瘡腐肉用之、

扶棍 CRUTCHES.

此棍有腿傷常用之、

假肢 ARTIFICIAL LIMBS

又名 木肢

此因手腿肢割斷者、代用之、

拔罐 CUPPING GLASS.

此罐乃拔皮肉凸起、引病外出用之、有用火拔者、不如吸氣筩尤妙、

陰刀盒又名**暗刀盒** SCARIFICATOR.

此盒內藏刃刀數頁、及機關、代針放血用之、用此後、以拔罐取血甚便、

剷羹又名**鈍鏟** CURETTE.

此羹刮去腐肉膿血用之、

耳羹 EAR SPOON.

此羹去耳內耵聹用之、

漏筩一名**象皮筩** DRAINAGE TUBE.

此筩以象皮製造、割症後、引膿外出用之、

電氣箱生濕電氣者為**電池** GALVANIC BATTERY.

此器爲醫家用者分二種、由磁鐵所生者、曰磁電箱、由電池所生者曰溼氣箱、治癱瘋與悸類病用之、

磁電箱 又名 **磁機箱** ELECTRO-MAGNETIC MACHINE.

此箱內有磁鐵、由機器輪轉而發者、

溼電箱 又名 **濕電磁機箱** FARADIC BATTERY.

此箱內有電池與磁鐵、相遇而發者、

勒肉鉗 又名 **鍊圈** 以銅絲造爲 **銅絲圈** ECRASEUR.

此鉗以絡絲、及鐵鍊、或鐵絲、銅絲、勒斷瘜肉痔瘡等用之、

脉管鑷 又名 **血管鑷** ARTERY FORCEPS.

此器拑出血管頭、裹扎止血、理刀傷用之、

跳機鑷 SPRING FORCEPS.

此器鑷住血管而不解脫用之、

闊鑷子 BULLDOG FORCEPS.

此鑷與上同用、但較小耳、

理傷鑷 又名 便用鑷 DRESSING FORCEPS.

此鑷理各傷便用之、

剪骨鉗 BONE FORCEPS.

此鉗剪去碎骨用之、

彈丸鉗 BULLET FORCEPS.

此鉗去鎗傷鉛子用之、

摘牙鉗 DENTAL FORCEPS.

此鉗摘牙用之、此鉗分數等、按取切牙小牙長牙大牙牙根、分用之、

崩口鉗 又名 缺脣鉗 HARELIP FORCEPS.

此鉗掐崩口使易割、止血用之、

LION FORCEPS.
獅牙鉗又名鐵牙鉗
此鉗狀類獅牙而堅固，拏骨用之。

OBSTETRIC FORCEPS.
收生鉗
此鉗婦人生產不下用之。

BLUNT HOOK.
收生鈎
此器收生用之。

POLYP FORCEPS.
瘜肉鉗
此鉗去瘜肉用之。

THROAT FORCEPS.
咽喉鉗
此鉗治喉類病用之。

URETHRAL FORCEPS.
溺管鉗
此鉗去溺管砂淋等用之。

VULSELLUM FORCEPS.
雙鉤鉗
此鉗去瘜肉等用之

HEMORRHOID CLAMPS.
痔瘡鉗
此鉗掐痔瘡易割止血用之

GROOVE DIRECTOR.
半管針又名引刀針又名坑針
此針引刀入肉際不傷血管用之

INSUFFLATOR.
吹藥筩
此筩吹藥散入喉用之鋼管亦可

AMPUTATION KNIVES.
大割刀又名割手足刀
此刀割斷四肢用之

CATLIN.
雙刃刀
此刀亦割四肢用之

小割刀又名圓口刀 SCALPEL.

此刀長短不一、圓口者多、外科割症常用之、

窄刀又名放膿刀 BISTOURY.

此刀欵式小而窄、故名、割瘡放膿等用之、

彎刀 CURVED BISTOURY.

此刀欵式窄而彎、口有鋭鈍二樣、與上同用、

疝氣刀又名圓頭刀 HERNIA KNIFE.

此刀割治疝氣用之、

放血刀 LANCET.

此刀放血代針用之、

牙肉刀 GUM LANCET.

此刀割小兒牙肉、引牙易出用之、

種牛痘刀 VACCINATING LANCET.
此刀種痘用之

鎗頭刀 TENOTOME.
此刀割治筋短等用之

剪刀 SCISSORS.
俗名剪子
此剪有曲有直可便用之

照喉鏡 LARYNGOSCOPE.
又名照喉返光鏡
此鏡察喉中等症用之

照眼鏡 OPHTHALMOSCOPE.
又名照眼返光鏡
此鏡照眼球內等症用之

顯微鏡 MICROSCOPE.
此鏡察驗微渺之物用之

照牙鏡 TOOTH MIRROR.
此鏡照牙內孔用之、

試針 EXPLORING NEEDLE.
又名探膿針
此針形如三稜、探視瘡內膿血情形用之、

縫口針 SURGICAL NEEDLES.
此針不一、有直彎微彎等樣、受傷者、或割症、縫口用之、

崩口針 HAIRLIP PINS.
又名缺唇針
此針縫崩口用之、

探針 PROBE.
又名圓頭針
此針探視瘡傷、漏管等用之、

探鉛丸針 NELATON'S PROBE.
此針圓頭、以象牙爲之、探鎗傷孔尋鉛子用之、象牙遇鉛子即帶鉛色、

探子 UTERINE SOUND.

宮針又名子宮探條

此針長而軟、以銀或釟製造、探子宮內孔用之、

扶子 PESSARY.

宮環又名托環又名扶陰器

此器治子宮脫下用之、

竪子 SPONGE TENT.

宮條又名海絨條又名海草脹具

此條以海絨製造、治子宮歪屈用之、

絨探 PROBANG.

刷

此刷以鯨骨一條、或象皮、上縛海絨、刷咽喉用之、

猪毛 BRISTLE PROBANG.

套刷

此刷以象皮一條、上縛海絨、及猪毛、去誤吞卡喉用之、

掣鈎 RETRACTORS.

又名撥鈎

此鈎割症、擠分膚肉用之、

燭幽鏡 又名撐具 SPECULUM.
此鏡欵式不一、看耳孔、鼻孔、肛門、陰戶、及子宮孔、各症用之、

燭耳鏡 AURAL SPECULUM.
此鏡看耳孔用之、

燭鼻鏡 NASAL SPECULUM.
此鏡看鼻孔用之

燭陰戶鏡 VAGINAL SPECULUM.
此鏡照陰戶、及子宮內症用之、

燭肛門鏡 ANAL SPECULUM.
此鏡看肛門內症用之、

骨折夾 SPLINTS.
此器夾扶四肢骨斷用之、

聞病筩 亦名 問症筩 STETHOSCOPE.
此筩細審心肺內症、常用之、

雙耳聞病筩 BINAURAL STETHOSCOPE.
此筩以雙耳審內症用之、

抽水筩 又名 入胃水筩 STOMACH PUMP.
此器治誤服毒者、順入胃內、抽毒用之、

空針抽水筩 又名 放水針管 ASPIRATOR.
此器抽出胸腹積水、或瘡膿用之、

抽乳筩 BREAST PUMP.
此器抽婦人乳用之、

水筩 又名 節筩 SYRINGES.
此器射藥水用之、有數樣見下、原自竹節製造、故名、今則用象皮、或玻璃爲之、大水節 ENEMA SYRINGE.

此器射藥於肛門內用之、舒縮膠製造者爲佳

小水節 URETHRAL SYRINGE.

此器射藥於馬口內、或洗瘡用之、

陰水節 FEMALE SYRINGE.

此器射藥於陰戶用之、

眼耳水節 EYE AND EAR SYRINGE.

此器射藥於眼耳內用之、

空針水節 HYPODERMIC SYRINGE.

此器射藥於皮膚內用之、

氣節 AIR BAG. (POLITZER'S.)

此器與水節同類、射氣通耳氣管用之、

刺鈎 TENACULUM.

又名利鈎

此鈎割症、挑血管等、理傷用之、

壓舌板 TONGUE DEPRESSOR.

此板壓舌看咽喉用之、

陰刀 TONSILOTOME.

鉗又名割梅核藏刀

此刀去梅核變大用之、

止血 TOURNIQUET.

叉又名脈管叉

此器叉脈管止血用之、

疝氣 HERNIAL TRUSS.

叉又名疝揩子

此器治疝氣用之、有腿疝叉、腴疝叉、腎囊疝叉、臍疝叉、四樣、按病式起名、

頭骨 TREPHINE.

鑽又名頭骨圓鋸

此器去頭傷碎骨用之、

套管針 TROCHAR.

此針放水臌用之、

陰刀探管又名藏刀探管 URETHROTOME.

此器割治溺管變窄用之、

眼科器 EYE INSTRUMENTS.

此類器治眼症用之、有數樣見下、

眼沐杯 EYE BATH.

此杯洗眼用之、

眼撐 EYE SPECULUM.

此器割眼症、撐眼胞用之、

眼毛鑷 CILIA FORCEPS.

此鑷去眼毛倒插用之、

定眼鑷 FIXING FORCEPS.
此鑷割眼、安定眼球用之、

眼胞鉗 ENTROPION FORCEPS
此鉗割治眼胞捲內用之、

眼簾刀 IRIDECTOMY KNIFE. 又名三角刀
此刀割眼簾用之、

睛珠刀 CATARACT KNIFE. 又名二角刀
此刀割治睛珠變質用之、

睛珠針 CATARACT NEEDLE.
此針亦治睛珠變質用之、

撥羹 CATARACT SPOON.
此器撥睛珠用之、

割砂淋器 LITHOTOMY INSTRUMENTS.
此類器割治膀胱砂淋用之、有數樣見下、

砂淋刀 LITHOTOMY KNIFE.
此刀割治砂淋用之、

拂淋匙 LITHOTOMY SCOOP.
此器割砂淋拂出用之、

探淋管又名砂淋探條 LITHOTOMY SOUND.
此器探膀胱內砂淋用之、

引刀管 LITHOTOMY STAFF.
此管割砂淋引刀用之、

砂淋鉗 LITHOTOMY FORCEPS.
此鉗割砂淋鉗出用之、

壓淋鉗 LITHOTRITE.

鉗又名拑碎砂淋鉗

此鉗在膀胱內拑碎砂淋用之、

萬國藥方卷一終

萬國藥方

卷二

病體目錄

此目錄不言病狀、但標病名宜用何藥、若察病狀、有內外科各書

Therapeutical Index.

呼吸具類症

即肺經與氣管部

DISEASES OF THE RESPIRATORY ORGANS.

肺體積血 又名 肺血淤

PULMONARY CONGESTION.

見 葡酸鉸銻 草烏頭 等藥、及平脉劑、外用弔炎劑、

肺體發炎 又名 痰涎喘嗽 又名 肺熱暴喘 又名 肺熱血痰急症 又名 痰氣結胸

PNEUMONIA.

見 醋酸阿摩尼亞水 甜硝伊打酒 鉛霜 葡酸鉸銻 伯蘭地酒 與行氣藥類、外用 斑蝥 海碘酒 等藥、

肺體久炎 又名 癆瘵

CHRONIC PNEUMONIA.

見內科、

嬰兒肺炎 又名 馬脾風

INFANTILE PNEUMONIA.

見上肺體發炎

肺胞 PLEURITIS.
膜炎 又名 肺衣炎
見斑蝥巴豆搽油 單綠汞鈊養水 詳見內科

肺 HYDRO-THORAX.
膜積水 又名 水結胸
見同上

肺 HYDRO-PNEUMO-THORAX
膜積氣與水
見同上

肺 EMPYEMA.
膜積膿與水
見同上

肺泡 PULMONARY EMPHYSEMA.
變大積氣
見內科

肺網 INTERLOBULAR EMPHYSEMA.
積氣 又名 肺體氣脹 又名 肺中風

見內科、

肺傷而氣入繞膜又名氣臌 GENERAL EMPHYSEMA
見內科、

肺積血兼水 PULMONARY ŒDEMA.
見內科、

肺收縮症又名肺摺胸凹 COLLAPSE OF LUNG.
見內科、

肺癰又名肺生膿瘡 ABSCESS OF LUNG.
見內科、

肺漏又名脇際漏瘡 SINUS OF LUNG.
見內科、

肺腐症又名肺體變死 GANGRENE OF LUNG.

見內科、

肺脉血結又名肺體脉管血塞發炎 EMBOLISM OF LUNG.

見內科、

肺生水泡蟲 HYDYATIDS OF LUNG.

見內科、

肺生毒瘤又名肺生毒癰 CANCER OF LUNG.

見內科、

氣管痰又名風寒欬嗽又名肺氣管炎又名肺氣管內皮發炎 BRONCHITIS.

此病分新久二種、

新氣管痰又名氣嗽 ACUTE BRONCHITIS.

見磺養酸　阿歷懕　阿摩尼亞水　炭養阿摩尼亞　葡酸鋏銻　阿魏　哥拜把　畢澄茄　綠養汞　加比農　海礁　拉面撒　路卑利　松樹脂　鉛霜　土圭蘆　松節油糕　等藥、

久氣管痰又名久嗽 CHRONIC BRONCHITIS.

CAPILLARY BRONCHITIS. 微絲氣管痰　見海碘化汽水　樟腦　阿魏　阿摩尼亞綠　哥拜把　衣必格　路卑利　辛衣格　賜益搭拉　松脂汽水　等藥、

COUGH. 欬嗽　即瘶瘷　見同上、

DRY COUGH. 乾欬嗽　又名乾嗽　見淡磺強酸　葡酸鋏銻葡酒　白樹膠　苦杏仁　鯨腦油　謙落　哥拜把　畢澄　茄衣必格　甘草　胡麻子泡水　路卑利　士圭臚　小茴香　莫非精冰糖　等藥、

COUGH WITH EXPECTORATION. 欬嗽吐痰　又名痰嗽　見白樹膠　淡燐強酸　莫非糖　印度麻酒　等藥、

DYSPNŒA. 氣促　又名氣緊　又名喘急　見同上、

CORYZA. 傷風　一名頭風　又名冒風　又名鼻內皮發炎　又名風寒流涕　見伊打　蒙綠養　水　路卑利　等藥、

見阿麽慝 秘魯脂 蜀辛泉 阿摩尼亞臭酒 義斯蘭苔 甘草 杏仁茶 胡麻子茶 路卑利 甜硝伊打 金雞衲皮 桂尼糢 馬提口 沒藥 松樹脂 等藥、

頭風鼻塞 CORYZA WITH OCCLUDED NOSTRILS.

見同上、

久頭風又名鼻齆 CHRONIC NASAL CATARRH.

見補藥類 金雞衲鐵酒等 外用化氣水類 炭匿酸化汽水 等藥、

氣喘 ASTHMA.

又名哮喘又名齁喘又名微絲氣管閉縮而喘

見淡輕炭淡酸 阿摩尼亞臭酒 阿麽慝 硝養阿米里 顛茄 樟腦 印度麻 綠養冰 哥羅方 火硝紙 秘魯脂 路卑利 沒藥 鋏溴 鋏碘 佛茄兒膏 佛茄兒葉 茶葉 等藥、

痰喘 HUMORAL ASTHMA.

見沒藥 佛茄兒 顛茄 衣必格 及化痰劑、

伏中打噎氣喘 HAY ASTHMA.

又名傷風氣喘又名蒿氣搶鼻成喘

見顛茄 樟腦 印度麻 路卑利 雙橫强桂尼糢 佛茄兒 高告糢 等藥、

久患打噎 QUASI-ASTHMA.

又名腦風流涕一名鼻流清涕不止又名鼻鼽打噎

見雙硝強桂尼酒信石鉄水等藥、

聲脂炎 LARYNGITIS. 又名聲脂内皮發炎

此病分新久二種、

聲脂新炎 ACUTE LARYNGITIS.

見草烏頭酒 醋酸阿摩尼亞水 葡酸 鉄銻 畢綠汞 蒸氣 炭鹽酸漱水 等藥、

聲脂久炎 CHRONIC LARYNGITIS.

見鉍養 兒茶 幾阿蘇化汽水 松藥 油化汽水 銀丹漱水 白礬漱水 等藥、

啞喉 HOARSENESS. 俗名啞嗓子 一名喉啞

見同上、

失音 APHONIA.

見同上、

聲脂口扯筋 LARYNGISMUS STRIDULUS. 又名哮吼 又名小兒傷風痰喘作聲

見芥末敷藥 哥羅方外用熱水洗澡、

聲管 ŒDEMA OF GLOTTIS.

口腫脹

見內科、

哮㗇 FALSE CROUP.

又名小兒聲管發炎

見畢澄茄油 樟腦製搽酒 衣必格 白礬 葡酸鋏銻 士圭盧糖 礦強銅等藥、

假皮 MEMBRANCUS CROUP.

哮㗇又名小兒鎖喉風又名小兒聲管發炎生假皮急症

見白礬 釣膏類 葡酸鋏銻 綠強鋏 單綠汞 阿摩尼亞溴 衣必格 顛茄 火硝 金雞納霜 鋏溴等藥、

欬血 HÆMOPTISIS.

又名肺血咳出又名血嗽

見炭匿酸 鴉片丸 架沕酸 礦強銅 沒石子 鉛霜 毛地黃等藥、及收斂劑、

吐 PULMONARY HEMORRHAGE.

血又名肺經血出又名勞傷吐血

見炭匿酸 沒石子 架沕酸 耳臥達 食鹽 鉛霜等藥、及收斂劑、

癆症 PHTHISIS PULMONIS.

又名內傷癆症又名肺體生米粒瘡又名肺體變壞生癆又名肺勞

見鴉片酒 架波挌酸 鐵酒 架渺酸 燐强鐵糖 草烏頭酒 金雞納製酒 諳落酒 魚肝油 海碘鐵水 蝸蠏 等藥、

急癆症 又名 百日勞

HASTY CONSUMPTION.

見上、

體虛發燒 又名 血虛發熱 又名 虛勞客熱

HECTIC FEVER.

見解熱劑、

盜汗 又名 虛汗 又名 虛勞盜汗

HECTIC SWEATING.

見釅醋 顛茄 架渺酸 丫刀邊精 等藥、

運行血具類症 即心經與血管部

CIRCULATION.

AFFECTIONS OF THE ORGANS OF CIRCULATION.

心包炎 又名 心包絡生炎 又名 心外衣發炎

PERICARDITIS.

見鉛膏類 單綠汞 綠養汞 炭養鐵 雙炭養鈉 鴉片 等藥、及利小便劑、

心包絡積水

HYDRO-PERICARDITIS.

見上、

心包絡積水與氣 PNEUMO-HYDRO-PERICARDITIS.

見上、

心房炎 ENDOCARDITIS. 又名心內皮生炎 又名心房內皮生炎 又名心襯衣生炎

見毛地黃 莫非櫝 金雞納霜 阿摩尼亞水 醋酸阿摩尼亞水 炭養阿摩尼亞 鈞膏類 等藥、

心體發炎 MYOCARDITIS.

見內科、

心房門壞症 VALVULAR DISEASE OF HEART. 又名心門妨碍 又名心門扇病

見內科、

心體變大 DILATATION OF HEART.

見內科、

心體無力 ASTHENIA OF HEART.

心體變脂 FATTY DEGENERATION OF HEART. 又名心肌肉變壞成膏 見內科、

見毛地黃 加非糖 看夫拉 等藥及補心劑、

心腐 GANGRENE OF HEART. 症又名心體潰爛 見內科、

心痛 ANGINA PECTORIS. 又名心痈又名眞心疼又名胸痛急症又名心疼氣喘重症

見硝強銀 顛茄 硝養阿米里 淡氣甘油 淡輕炭淡酸 磺強鋰 等藥、

心跳 PALPITATION. 症又名心跳擊又名心忐忑

見印度麻 鬧羊花 草烏頭 鉥溴 顛茄 佛茄兒 樟腦 等藥、

脉數 RAPID PULSE. 見平脉劑、

脉遲 SLOW PULSE.

見行血劑、

藍病 CYANOSIS. 即嬰兒心蛋孔未塞致紫血回入脉脂之症

見小兒科、

血結 THROMBOSIS. 症又名血積結團症又名血脂內血結

見內科、

心 HEART CLOT. 血結又名心血積結成團

見內科、

血 EMBOLISM. 結移塞又名血脂塞閉又名血團移塞血脂

見內科、

體血 PLETHORA. 充足又名脉血過多

見輕瀉劑、外放血、

脉管 ARTERITIS. 炎又名血脉脂發炎

見外科、

跳血囊 ANEURISM. 又名脉管生跳血囊

見外科、

胸總脉管生血囊 ANEURISM OF THORACIC AORTA.

見外科、

腹總脉管生血囊 ANEURISM OF ABDOMINAL AORTA.

見外科、

迴管凸結症 VARICOSE VEINS. 又名青筋又名迴血管漲大

見外科、

迴管炎 PHLEBITIS. 又名迴血管發炎

見外科、

失血症 HEMORRHAGE. 又名衄血　此症有內外之分

外傷流血 TRAUMATIC HEMORRHAGE

見止血劑、

內部血出 INTERNAL HEMORRHAGE.

見幾阿蘇 白礬 耳臥達 紅樹膠 肉桂 棐沕酸 等藥、及收斂劑、

血管無力微傷大衄 HEMORRHAGIC DIATHESIS. 又名易衄症

見收斂劑、止血劑、

血薄 PURPURA SIMPLEX. 遍身起點瘀 又名 週身發紫黑癍點 一名 血鼓 又名 身虛血洩

見收斂劑、補劑、

受暍 SUNSTROKE. 又名 暍傷腦積血

見涼水 冰 了刀邊欖 耳臥達 莫非積 等藥、

受暑 HEATSTROKE. 又名 中暑

見上、

養生具類症 即口胃腸部

DISEASES OF THE ORGANS OF DIGESTION.

口炎症

STOMATITIS.

此下分數症、

口皮炎又名口內皮生炎

STOMATITIS SIMPLEX.

見涼水 甘油 胡麻茶 等藥、

口瘡又名口內生白點紅點重者爲口糜

APHTHÆ.

見銀丹 硼砂 玫瑰糖 綠強鹼 金雞訥 沒藥 等藥、

小兒白口瘡又名鵝口

THRUSH.

見淡鹽強水 綠強鹼 硼砂 等藥、

乳母口瘡

NURSE'S SORE MOUTH.

見綠強鹼 硼砂 等藥、及補藥類、

口損 SALIVATION.
流涎又名輕粉破口又名受輕粉毒齒縫出血
見幾阿蘇 白樹膠 綠強鹻 藕粉 等藥、及潤劑、

涎瘺 SALIVARY FISTULA.
又名口水漏
見外科、

牙齦 SPONGY GUMS.
浮腫流血
見加美喇酒 紅樹膠酒 沒石子 沒藥酒 梢皮煮水 綠強鹻 等藥、

舌體 GLOSSITIS.
發炎又名木舌又名舌腫又名紫舌脹
見外科、

重舌 RANULA.
又名舌底囊瘤
見外科、

舌底 TONGUE-TIE.
筋短又名結舌南名䶫牙
見外科、

懸舌 ENLARGED UVULA.
變大 又名 弔鐘長 又名 懸旗風 又名 懸雍垂

見兒茶 細辛 海碘酒 鐵酒 等藥、

腭 RELAXED PALATE.
廉鬆脹

見同上、

梅核 TONSILITIS.
發炎 又名 喉蛾 又名 乳蛾 單雙治法同

見草烏頭酒 海碘漱水 單綠汞 阿摩尼亞搽酒 油流汞 等藥、

梅核 ENLARGED TONSILS.
變大 又名 杏核變大 又名 喉瘤

見海碘酒 架波匿酸 鐵綠水 廿油 等藥、及漱水類、

咽喉 PHARYNGITIS.
發炎 又名 咽喉腫痛 又名 喉風 又名 喉痺

見白礬 蜂蜜 架波匿酸 淡鹽強酸 紅樹膠 綠強鈇 沒藥 火硝 炭匿酸化汽水 阿摩尼亞綠 淡磺強酸 等藥、及漱水類、

咽 ACUTE PHARYNGITIS.
喉新炎 又名 緊喉風 又名 新喉痺 裏外皆腫爲 纏喉風

見同上、

咽 CHRONIC PHARYNGITIS.
喉八炎又名慢喉風又名八喉痺
見白礬 食鹽 辣椒 漱水 綠強鍁 金雞納等藥及補劑、

喉 RELAXED THROAT.
鬆又名喉軋又名虛喉
見白礬 辣椒 紅樹膠 架芙喇 海碘酒 化汽水類 金雞納 鐵綠酒等藥、及漱水類、

喉 ULCERATED THROAT.
癬又名爛喉症又名爛喉痺又名喉嚨珍珠瘡又名喉嚨生米粒瘡
見雙綠汞 綠強鍁 淡鹽強酸 綠氣鎕養水 銀丹等藥、

喉 DYSPHAGIA.
閉
見外科、

喉癰 PHARYNGEAL ABSCESS.
又名喉生膿瘡
見外科、

膈症 STRICTURE OF ŒSOPHAGUS.
又名食脂變窄又名噎隔拒食俗名噎食
見外科、

誤吞 FOREIGN BODIES LODGED IN ŒSOPHAGUS.

卡喉又名食脂積物吞骨者爲骨鯁喉

見吐劑、詳外科、

胃炎 GASTRITIS.

又名胃內皮發炎

此症分三類、卽新炎久炎並誤服毒之別、

胃 ACUTE GASTRITIS.

新炎

見冰 鐵養 雙炭養鈉等藥、及輕瀉劑、

胃 CHRONIC GASTRITIS.

久炎

見銷強鉍 銀丹 石灰水等藥、

嘔 VOMITING OF MUCUS.

吐痰涎又名胃弱嘔痰

見白礬 青礬等藥、及收斂劑、

誤 GASTRITIS FROM POISONING.

服毒物胃炎症

見莫非糖 冰 石灰水等藥、及潤劑、

嘔吐 VOMITING.

見止嘔劑、

嘔 OBSTINATE VOMITING.

吐不止

見同上、

乾 RETCHING.

嘔又名噦逆

見同上、

反 REJECTION OF FOOD.

胃

見同上、

嘔血 HÆMATEMESIS.

見幾阿蘇　松節油　冰架沕酸　鐵酒　青礬等藥、

胃癰 ULCER OF STOMA

又名胃內皮生潰瘡

見銀丹　銀養　硝強鉍　鴉片　謙落等藥、及潤劑、

胃圍穿破 又名 **胃壞穿穴** PERFORATION OF STOMACH.
見內科、

胃生毒瘤 又名 **胃毒癰** CANCER OF STOMACH.
見綠養冰 莫非精 等藥、及潤劑、

滯積 又名 **胃滯** 又名 **胃不消化** DYSPEPSIA.
見亞羅酒 淡輕炭淡酸 胡椒 木炭末 淡磺強酸 加思架 阿摩尼亞水 義斯蘭苔 伊打 炭養鉍 清鐵末 硝強鉍 燐強鐵 布球 洋蘇木膏 石灰水 檸檬果 高林布 鎂養 辣椒
番木鱉膏 賜盆塔拉 胃酸 鹵養水 鋏養水 雙炭養鹵 雙炭養鋏 綠氣鹵養水 瓜沙 大黃 乾薑 沙利先 龍膽草 胰子 辣椒 惡西鑑 辛拿 等藥、

惡心 又名 **煩嘔** NAUSEA.
見伊打 丁香 薄荷油 鴉片酒 樟腦 等藥、

不思飲食 又名 **無口味** LOSS OF APPETITE.
見開胃劑、

舌胎 又名 **舌上生胎** COATED TONGUE.

見同上、

氣息變臭 又名 口氣變臭 FOETOR OF BREATH.

見免臭氣劑、

噫氣 又名 噯氣 ERUCTATION.

見木炭末 薄荷油 下硝強鉍 大茴香油 等藥、及祛風劑、

腐氣 甚者為 臭氣 一名 敗卵氣 FOETID ERUCTATION.

見架波匿酸 木炭末 磺強架波匿鹼 阿魏 等藥、及瀉劑、

食積 又名 傷食 又名 飯不消化 INDIGESTION.

見滯積、

嘈雜 又名 心嘈 俗名 嘈嘈 DYSPEPTIC CRAVING.

見硝強鉍 樟腦酒 肉桂製散 鴉片樟腦酒 薑酒 等藥、

肚風 又名 傷食風 FLATULENCE.

見伊打 啞囉 阿魏 木炭末 胡椒、辣椒 等藥、及祛風劑、

小兒肚風 INFANTILE FLATULENCE.
見小茴香泡水 薄荷油 阿魏 等藥、

胃弱 ATONIC DYSPEPSIA.
又名胃氣無力
見淡嗇強水 洋苦菊花泡水 辣栗根 高林布 樟腦 胡椒 辣椒 兒茶 黄鐵炭淡鈹 龍膽草 洋蘇木 胃酸 肉桂 等藥、

呃逆 HICCOUGH.
又名飽逆又名咳逆又名吃逆又名膈膜抽筋症
見野菊花 小茴香 樟腦 薄荷油 芥末 等藥、

心口疼 CARDIALGIA.
又名胃腕疼又名食積胃疼又名胃氣疼
見伊打 輕炭淡酸 硝強銀 惡西鏀 硝強鉍 黑錳養 鴉片表散 顛茄 佛茄兒 等藥、

胃熱吞酸 PYROSIS.
一名吐酸俗名醋心
見架沏酸 硝強鉍 炭養鉍 兒茶 惡西鏀 佳奴 黑錳養 雙炭養鎘 等藥、

胃內發釀嘔吐 VOMITING OF SARCINA VENTRICULI.

大便不通 CONSTIPATION.

見礦養水 下礦養錳 礦養錳 等藥、

此病有數樣開於左、

便秘 HABITUAL CONSTIPATION.

見啞羅 白礬 篠黃 槐花青 哥羅新 巴豆油 衣拏地連製散 無花果 甘草製末 牛菜膏 鎂養 礦強鎂 甘露蜜 椹汁 番木鱉 洋橄油 蓖麻子油 香油 大黃 胰子 監文尼 辛拏 芥子 蒱酸錳 燐強錳 硫礦 布道非連 顛茄 等藥、

便結 OBSTINATE CONSTIPATION. (WITH SCYBALA).

又名大便乾燥

見重瀉劑、

腸塞便結 OBSTRUCTION OF BOWELS.

又名腸內阻礙

見鴉片及射水藥類、

腹腸頹套 INTUSSUSEPTION.

又名腸摺疊

見同上詳外科、

小兒便秘 INFANTILE CONSTIPATION.

見槐花青甘草製散大黃製散大黄香糖蓖麻油監文尼製散辛夆糕辛夆糖等藥、

肚腸炎 ENTERITIS.

又名大小腸內皮發炎

見蓖麻子油鴉片等藥、及潤劑、敷藥類、

大腸頭發炎 TYPHLITIS.

又名大腸頭並闌門發炎

見同上、

腸癰 ULCERS OF BOWEL.

又名腸內皮生潰瘡

見銀丹銀養硝強鉍鴉片謙落等藥、及潤劑、收歛劑、

腹癰 ABDOMINAL ABSCESS.

又名腹中生膿瘡

見外科、

腹膜炎 PERITONITIS.

又名腹胞膜發炎又名腹統膜發炎又名腹脹凶疼急症

見鴉片單綠汞金雞納等藥、外用敷藥類、並水蛭等、

肚 TYMPANITES.

腹氣脹 又名 中惡腹脹

見 膃肭臍 松節油 阿魏 等藥、

瘠疾 TABES MESENTERICA.

又名 腸膜核瘠 又名 腹統膜舊炎 此症屬瘰癧類

見 金雞衲 魚肝油 海碘 鐵劑 等藥、

肚腹 COLIC.

絞痛 又名 疛肚疼

此疼分四類、

肚 FLATULENT COLIC.

風絞疼 又名 胃腸有氣肚疼

見 變炭養鹵 蓖麻油 射水 鴉片 芥末敷藥 礦強鎂 等藥、及祛風劑、

膽 BILIOUS COLIC.

汁絞疼 又名 膽汁變生絞疼

見 鴉片 蒲公英膏 莫非鴆 布道非連 單綠汞 等藥、及祛風劑、

風 GOUTY COLIC.

溼絞疼

見 大黃 樟腦鴉片酒 辛拏酒 伊打製酒 伯蘭地酒 等藥、及祛風劑、

鉛毒絞疼 LEAD COLIC.

見鴉片　蓖麻子油　鉄礁　礦強鎂　等藥、

小霍亂 CHOLERA MORBUS.

又名假霍亂又名伏暑霍亂又名嘔瀉急症又名胃腸發炎嘔瀉

見哥羅方　莫非樠酒即哥羅顛　莫非樠　薄荷油　火酒　伯蘭地酒　鴉片　等藥、及香味藥類、

暑月暴泄 CHOLERAIC DIARRHŒA.

見上、

嬰兒小霍亂 CHOLERA INFANTUM.

又名小兒嘔瀉急症

見薄荷油　大黃香糖　單綠汞　幾阿蘇　蓖麻子油　等藥、

疶瀉 DIARRHŒA.

又名洩瀉又名肚瀉又名下利南名肚屙俗名痢肚

見架波醫酸　架沏酸　阜拉果　淡礦強酸　石灰水　辣椒　鴉片表散　沒石子　淡燐強酸　炭醫酸　硝強鉍　架波醫鈣　煉鈣粉　樟腦　炭養鈣降散　兒茶　等藥、

新疶瀉 ACUTE DIARRHŒA.

見石榴皮　紅樹膠　洋蘇木膏　鴉片　賜盆塔拉　大黃酒　思麻入把　食鹽　瓜染納　架美喇　蓖麻子油　鉛霜　礦強樟尼精　佳奴　雙炭養鎘鹹散　等藥、

久疶瀉 CHRONIC DIARRHOEA.
見 加思架 鯨腦油 義斯鷗茖 金雞納皮 硝強鐵水 洋蘇木膏 硝強桂尼糖 思廝八把 鉛霜 硝強銅 等藥、

水疶不化 又名 食積泄 又名 飧泄 俗名 不破米穀 DIARRHOEA OF INDIGESTION.
見補劑、及開胃劑、

伏暑水疶 又名 暑毒泄瀉 SUMMER DIARRHOEA.
見 鴉片 腦酒 莫非價 濃薑酒 鴉片樟 樟腦 等藥、

遺矢 INVOLUNTARY DISCHARGES.
見同上、詳外科、

痢疾 俗名 頓肚 DYSENTERY.
見 炭醫酸 加思架 硝強銅 晏吉杜 卑拉流膏 鴉片表散 瓜染納 紅樹膠 洋蘇木膏 胡蔴子 衣必格 模搭 等藥、

新痢疾 ACUTE DYSENTERY.
見 蓖麻子油 鴉片表散 番甘松 衣必格 綠氣鹵養水 鉛霜 等藥、

久痢疾 CHRONIC DYSENTERY

見義斯蘭苔 金雞納皮 洋蘇木膏 思脈入把 大黄 睒花 鉛霜鴉片丸 冕吉杜 等藥、

時痢疾 EPIDEMIC DYSENTERY

又名疫痢又名熱毒下痢

見新痢疾、

白痢 MUCUS DISCHARGES.

又名膿痢

見上、

紅痢 BLOODY FLUX.

又名血痢

見上、

疛肚 TENESMUS.

又名裏急俗名下墜

見松節油 鴉片 等藥、及射水類、

肚腸血出 INTESTINAL HEMORRHAGE.

又名便血又名瀉血又名下血

見幾阿蘇 架沕酸 炭匿酸鐵酒 鉛霜鴉片丸 等藥、及收斂劑、

疝氣 HERNIA.

又名小腸疝墜而復回曰縮疝墜不復回曰垂疝

見外科、

膕疝 FEMORAL HERNIA.

婦人生疝墜於陰外者爲陰癀

見外科、

胦疝 INGUINAL HERNIA.

此有直斜二種

見外科、

腎囊疝 SCROTAL HERNIA.

見外科、

臍疝 UMBILICAL HERNIA.

又名奔豚疝

見外科、

疝氣腫疼 STRANGULATED HERNIA.

又名疝氣危急又名癩疝脹痛

見伊打菸葉哥羅方等藥、

痔瘡 HEMORRHOIDS. 又名腸痔
見呃囉胡椒 加比醍油膏 沒石子油膏 黑松香丸 顛茄油膏 佛茄兒 硫磺 等藥、

內痔 INTERNAL HEMORRHOIDS. 痔又名血痔
見上、

外痔 EXTERNAL HEMORRHOIDS.
見上、

痔漏 ANAL FISTULA. 又名穿腸痔俗名漏瘡
見外科、

直腸變窄 STRICTURE OF RECTUM.
見外科、

直腸生毒瘤 CANCER OF RECTUM. 又名直腸毒癰
見外科、

肛門 ANAL FISSURE. 破裂又名肛門生裂縫瘡

見外科、

脫肛 PROLAPSUS ANI. 又名大腸脫下又名直腸脫症俗名掉臟肚

見架沕酸白礬架芙蝌礦強銅沒石子布衣等藥、

腹內 ENTOZOA. 蟲症

見殺蟲劑、

扁 TAPE WORM. 蟲又名寸白蟲又名長蟲

見同上、

圓 ROUND WORM. 蟲又名蛔蟲

見同上、

線 THREAD WORM. 蟲又名寸百蟲

見同上、

似髮蟲 TRICHINÆ. 又名米心蟲又名卷髮蟲此蟲雖生於腸內却鑽入肉筋藏匿、

見內科、

肝膽脾類症 AFFECTIONS OF THE LIVER AND SPLEEN.

即肝膽脾部

肝內積血 CONGESTION OF LIVER. 又名肝內血淤

見淡合強酸布道非連綠氣水汞類藥硝強鉍蒲公英鉍溴等藥、

肝內積血新症 ACUTE CONGESTION.

見同上、

肝內積血久症 CHRONIC CONGESTION.

見同上、

肝炎 HEPATITIS. 又名肝體發炎

見單綠汞汞藍丸阿摩尼亞綠洋朴硝等藥、外用水蛭及釣炎劑、

ABSCESS OF LIVER.
肝癰又名肝體生膿瘡
見外科、

JAUNDICE.
癀病又名黃疸
見單綠汞硫礦鋏養胰子蒲公英布道非連等藥、

ICTERUS NEONATORUM.
胎黃
見同上、

CIRRHOSIS.
肝變實又名肝體發炎縮實又名酒疸
見洋朴硝土朴硝雙葡酸鋏牛肉湯行血劑牛嬾等藥、

ACUTE YELLOW ATROPHY.
肝變黃縮急症又名急肝疳又名肝黃枯瘦
見內科、

CHRONIC ATROPHY.
肝變黃縮緩症又名肝疳
見內科、

肝變 PIGMENT LIVER. 黑壞
見內科、

肝生 CANCER OF LIVER. 毒瘤
見內科、

肝體 FATTY LIVER. 變脂又名肝體變壞成膏
見內科、

肝受 SYPHILITIC LIVER. 楊梅毒壞症又名楊梅結毒於肝
見內科、

肝內 HYDATIDS OF LIVER. 生水泡蟲症
見內科、

膽淋 BILIARY CALCULUS. 症又名膽囊生實又名膽囊生鮓答
見雙炭養[illegible]胰子等藥、詳內科、膽管 HEPATIC CATARRH.

炎又名膽管內皮發炎

見雙炭養鑥 檸檬鎂 鎂養 等藥及行血劑、動胆汁劑、

膽 EXCESS OF BILE.

汁生多

見雙炭養鑥 鎂養 等藥及瀉劑、

膽 DEFICIENCY OF BILE.

汁短少

見牛胆汁 啞囉 等藥及動胆汁劑、輕瀉劑、

肝 OBSTRUCTION OF LIVER.

塞膽閉

見合强水 横强水 等藥及動胆汁劑、

癖疾 ENLARGEMENT OF SPLEEN.

又名脾變大又名痞塊又名瘧母一名脾疳因瘧而生爲瘧母、因癢而生爲脾疳、

見磺强鐵 桂尼精 清鐵粉 耳卧達 鋏溴 電氣 耳卧顛 紅汞碘 信石鋏水 釜强鐵 等藥及解瘧劑、

脾離 DISPLACEMENT OF SPLEEN.

本位

見內科、

溺具類症

AFFECTIONS OF THE KIDNEYS AND BLADDER.

即內腎膀胱部

內腎積血 又名 內腎血淤 CONGESTION OF KIDNEY.

見土朴硝洋朴硝雙葡酸鉀檸檬鎂等藥、及輕瀉劑、外用溫水洗澡、

內腎發炎 又名 腎風（患此症者、必溲血精、見下、） NEPHRITIS.

見內科、

腎穴發炎 又名 腎漏生炎微脂脫薄皮 PYELITIS.

見內科、

腎體積水 HYDRONEPHROSIS.

見內科、

內腎生膿瘡 又名 內腎重爛生炎 PYONEPHROSIS.

見內科、

PERINEPHRITIC INFLAMATION. 腎肥網發炎

見內科、

ADDISON'S DISEASE. 腎上核變壞又名黑疸

見內科、

CANCER OF KIDNEY. 內腎生毒瘤

見內科、

HYDATIDS OF KIDNEY. 內腎生水泡蟲

見內科、

ALBUMINURIA. 內腎洩失血精又名尿遺血精又名內腎受患尿帶蛋青類

此症分新久二種、

ACUTE ALBUMINURIA. 尿遺血精新症又名內腎新患尿帶蛋青類(其新患大約乃腎炎者、)

見(渣笠製散 檸檬鎂 雙葡酸鈸)等藥、及瀉劑、發表劑、外用熱水洗澡、尿遺血精久症又名內腎久患尿帶蛋青類其久患見下三症 CHRONIC ALBUMINURIA.

見架淌酸渣笠製散鐵酒耳臥達辛衣格等類、及利小便劑、發表劑、

內腎變大體滑而白 LARGE SMOOTH WHITE KIDNEY.

見內科、

內腎收縮色紅起點 GRANULAR CONTRACTED KIDNEY.

見內科、

內腎變脂 WAXY KIDNEY.

見內科、

尿變甜又名消渴又名消腎又名腎虛消渴又名消渴尿多又名消渴小便甜東醫寶鑑之名 DIABETES MELLITUS.

見幾阿蘇鐵綠酒淡燐強酸口代穌燐强鐵睺花等藥、

消渴尿清又名尿多而清 DIABETES INSIPIDUS.

見同上、

消飢 INORDINATE CRAVING OF DIABETES. 又名消中

見同上、

尿變臭 PUTRIDIY OF URINE.

見幾阿蘇架波尼酸 骨灰 等藥、

小便閉 RETENTION OF URINE. 又名小便不通又名尿閉

見[illegible]耳臥達辨佐匿酸 布球 等藥、及利小便劑、 外用熱水浸洗、

便澀 DYSURIA. 又名小便澀疼又名小便秘又名小便不利又名小便難

見同上、

急淋 STRANGUARY. 即急痳又名小便熱疼又名淋瀝刺疼

見樟腦藕粉 胡麻子茶 唹花 等藥、 外用溫水浸洗、

尿結 SPASM OF BLADDER. 又名關格

見洗浸熱水與止疼劑、詳見內科、

遺尿 INCONTINENCE OF URINE.

又名小便自利又名小便不禁

見顛茄 辨佐匿酸 布球 耳臥達 等藥、

便 INCONTINENCE OF RETENTION.

癃又名淋瀝點滴又名小便淋閉

見外科、

小便 IRRITABLE BLADDER.

頻數又名膀胱不安

見顛茄 樟腦 闢羊花 㯿花 架波匿酸 布球 麥角 馬提口 酖雷拉流膏 等藥、

血淋 HÆMATURIA.

又名尿帶血又名小便出血又名溺血

見炭匿酸 沒石子 馬提口 白礬 淡硫强水 架潑酸 衣必格 礦强鋰 鉛糖 醋酸鋰 等藥、

尿毒 URÆMIA.

入血、即小便閉而尿毒入血

見毛地黄 渣笠製散 洋朴硝 等藥、外用熱水洗澡、

砂淋 LITHIASIS.

症又名膀胱砂淋又名石淋

詳查外科、按化學家淋石分爲三類、見下、

尿 LITHIC CALCULUS. 酸砂淋又名秋石淋

見石灰水土朴硝 炭養鋰炭養鋏 燐强阿摩尼亞炭養鏀 硼砂 等藥

蓚 OXALIC CALCULUS. 西砂淋又名亞西石淋

見胡麻子薿麥仁 薏仁 等藥

燐 PHOSPHATIC CALCULUS. 强砂淋又名燐强石淋

見配雷拉流膏淡硝强酸 等藥

膀胱 CYSTITIS. 炎又名膀胱熱症又名膀胱發炎尿有滯

見辨佐匿酸雙炭養鋏 檸檬鋏醋酸鋏 鴉片酒鋏養水 等藥

膀 ACUTE CYSTITIS. 胱新炎又名熱淋

見同上

膀 CHRONIC CYSTITIS. 胱久炎又名白淋又名勞淋

見辨佐匿阿摩尼亞麥斛 馬提口酒 布球喲花 綠强鋏 等藥

便濁 TURBID URINE.
濁又名小便渾濁
見內科、

膀胱 EXTROVERSION OF BLADDER.
脫出
見外科、

膀胱 ENLARGED PROSTATE.
蒂核變大又名膀胱底核變大
見外科、

蒂 PROSTATITIS.
核炎又名膀胱底核炎
見外科、

溺管 STRICTURE OF URETHRA.
變窄
見外科、

溺 URINARY FISTULA.
瘺又名海底瘺又名會陰底瘺
見外科、

臌症 DROPSY.

又名蠱脹又名臌脹水腫又名浮腫

此症分爲三類、

水臌 ASCITES.

又名水臌腹脹

見辨佐匿阿摩尼亞 加枝欖油布球 阿摩尼亞綠 甜硝伊打酒 哥枝禁 巴豆油 海碘 滄笠 衣拏地 側柏油 生菜膏 配雷拉 番木鼈 醋酸鉀 雙葡酸鉀 金雀花汁 酸漿汁 檸檬汁 滕黃 鉀碘 雙炭養鈉 金棗汁 等藥、

全體水臌 ANASARCA.

又名全體皮膜水腫

見毛地黃 側柏酒 衣拏地 士圭盧 雙葡酸鉀 醋酸鉀 等藥、

卵核臌脹 OVARIAN DROPSY.

又名子宮核生瘤致臌脹又名子核囊症

見婦人科、

腦脊類症 SPINAL CORD AFFECTIONS OF THE BRAIN AND

即腦與脊部

腦脉積血 CONGESTION OF BRAIN.

又名腦血淤

見內科、

腦脉欠血 ANÆMIA OF BRAIN.

見內科、

腦衣發炎 MENINGITIS.

見內科、

腦衣變壞發炎又名腦疳 TUBERCULAR MENINGITIS.

見內科、

腦筋衣發炎 PACHYMENINGITIS.

見內科、

腦體生炎又名頭勞 CEREBRITIS.

見內科、

腦體變脂又名腦質變軟 SOFTENING OF BRAIN.

見內科、

TUMOR OF BRAIN.
腦內生瘤　見內科、

ABSCESS OF BRAIN.
腦生膿瘡 又名 腦內癰　見內科、

HYDROCEPHALUS.
腦積水 又名 腦胞膜積水 俗名 腫頭臃　見內科、

CONGENITAL HYDROCEPHALUS.
胎生腦積水　見內科、

MYELITIS.
脊髓發炎 又名 腦根體發炎　見內科、

SPINAL MENINGITIS.
脊髓根衣發炎

見內科、

脊髓溼衣與血衣發炎 SPINAL ARACHNITIS.
見內科、

脊髓衣積血 又名 脊髓血淤 CONGESTION OF SPINE.
見內科、

脊髓變脂 SOFTENING OF SPINAL CORD.
見內科、

腦脊根頭發炎 INFLAMATION OF MEDULLA.
見內科、

腦脊根頭流血 HEMORRHAGE OF MEDULLA.
見內科、

中風 APOPLEXY. 又名 卒風不語 又名 血湧入腦 又名 風懿

見單綠汞、松節油、射水、巴豆油、啞羅等藥、

腦積水中風 SEROUS APOPLEXY. 又名中風微漸

見上、

腦脈塞閉中風 CEREBRAL EMBOLISM. 又名卒中風

見內科、

腦衣膜破流血中風 TRAUMATIC HEMORRHAGE. 一名腦血中風

見內科、

癱瘓 PARALYSIS. 又名癱瘋

見耳臥達、顛茄、土的年糖、番木鼈、電氣等藥、

半身不遂 HEMIPLEGIA. 又名偏枯 又名偏風不遂

同上、

癱瘓症 OF RIGHT SIDE. OF LEFT SIDE.

同上、

痲木 NUMBNESS. 即痲痏 見搽藥類、

痲木不仁 LOSS OF SENSATION. 見癱瘓同治、

下痿 PARAPLEGIA. 又名下肢癱瘓 見同上、

小兒癱瘓 INFANTILE PARALYSIS. 見顛茄士的年寧電氣金雞納等藥、

半面癱瘓 FACIAL PALSY. 又名面腦筋壞又名偏頭風俗名吊顴風俗名口眼歪斜 見上癱瘓、

舌硬 PARALYSIS OF TONGUE. 又名癱瘓舌硬

見洋細辛並治癱瘓等藥、

右手 SCRIVNERS PALSY.

抽筋又名提筆顫振俗名茶風

見電氣燐質士的年精金雞納霜魚肝油等藥、

手肘 LEAD PALSY.

癱瘓又名鉛毒攻手俗名拖腕

見白礬鋏碘海碘等藥、

汞藥 MERCURIAL PARALYSIS.

振動又名汞毒癱瘓

見鋏碘鐵劑等藥、及補劑、平火安心劑、

四肢 PARALYSIS AGITANS.

顫振又名癱瘓振動

見樟腦溴鬧羊花綠礬水番木鱉等藥、

旋 TREMOR CAPITIS.

頭風俗名搖頭

見同上、

肌肉 ATROPHIC MUSCULAR PARALYSIS.

失養消瘦又名肌肉痿痺又名丁奚疳

見內科、

肌肉失養腫厚 PSEUDO HYPERTROPHIC PARALYSIS.

見內科、

瘋癲癱瘓又名風痱 GENERAL PARALYSIS OF THE INSANE.

見燐強鉐魚肝油鬧羊花精卽海漚鮮積莫非積綠養水金雞衲霜等藥、

下體漸痿又名脊髓後柱變實致下體癱瘓 LOCOMOTOR ATAXIA.

見電氣燐強鉐顛茄耳卧達鋏碘魚肝油淡燐強酸等藥、

腦氣筋類症又名痵類症卽腦筋部 DISEASES OF THE NERVOUS SYSTEM.

腦筋炎又名腦氣筋發炎 NEURITIS.

見內科、

腦筋失力 NEURASTHENIA.

NEURALGIA.

腦筋疼又名腦氣筋疼

見內科、

見礦強酸　草烏頭　阿摩尼亞溴　阿摩尼亞綠　信石　顛茄　印度麻　金雞納　丫刀邊糖　巴豆搽油　謙落　鐵酒　三米思　耶悉茗　海碘仿　薄荷油　薄荷腦　桂尼糖　罌粟煮水　韋喇抵糖　青蘗蘆　甘松鋥　樟腦製搽酒　芥子　等藥、

TIC DOLOREUX.

面腦筋疼又名第五對腦筋疼

見同上、

HEMICRANIA.

偏頭疼久不愈者爲偏頭風

見阿摩尼亞香酒　阿摩尼亞臭酒　阿摩尼亞溴　硝養阿米里　迷迭香酒　鋏溴　等藥、

BASILAR HEADACHE.

腦後痛又名項腦筋疼

見同上、

NERVOUS HEADACHE.

心悸頭疼又名勞神頭疼

見同上、

頭 SICK HEADACHE. 疼反胃 又名 頭疼欲嘔

見瓜染納 單綠汞 鎂養 加非釀 桂尼積 等藥、餘見上

黃 BILIOUS HEADACHE. 目頭疼 又名 膽汁多致頭疼

見蘇打 淡阿摩尼亞水 單綠汞 布道非連 及瀉膽劑、

尻 SCIATACA. 腦筋疼 又名 大腿急疼

見同上、

脇 INTERCOSTAL NEURALGIA. 縫腦筋疼 又名 脇中刺疼

見同上、

胃 GASTRALGIA. 腦筋疼

見草烏頭 高林布 炭輕炭淡酸 惡西鐵 黑錳養 佛茄兒 等藥、

羊癇 EPILEPSY. 風 又名 羊顛風 俗名 羊羔風 兩名 發羊弔

見硝強銀 膃納嚌 惡西鐵 鋰養 士的年精 礦強銅 桂尼積 礦強鋰 甘松酒 鉍溴 阿摩尼亞溴 等藥、

抽風 CONVULSIONS. 一名抽筋又名風癇又名抽搐風又名扯筋又名癲癇

見顛茄 鴉片 哥羅方 濡草油 松節油射水 阿摩尼亞臭酒 鋏溴 等藥、

小兒抽風 INFANTILE CONVULSIONS. 又名小兒驚風又名驚癇俗名發搐

見同上、

產後風 PUERPERAL CONVULSIONS. 又名產後風痙

見婦科、

跳舞風 CHOREA. 又名四肢瘛瘲又名運動不自主症

見硝强銀 橫强銅 惡西鐵 滑鐵末 綠礬末 魚肝油 三米思 番木鼈 開羊花 甘松緹 信石鋏水 加喇巴子 謙落 濡草 磺强緹 甘松 等藥、

噤口風 APHASIA.

見內科、

週身梗制 CATALEPSY. 又名尸厥

見內科、

牙關 TETANUS.

緊閉又名發痙又名剛痙又名破傷風

見草烏頭 印度麻 加喇巴子 綠養氷 非西格民糖等藥、

狂犬 HYDROPHOBIA.

瘋又名犬齩瘋又名瘋狗噬毒西名怕水瘋

見印度麻 綠養氷 苦拉拉等藥、

瘁病 NERVOUSNESS.

又名驚悸病又名心怔忡

見阿摩尼亞溴 阿魏 斑蝥酒 膃肭臍 叄米思 下燐養鹼 樟腦 拉巒大製酒 麝香 鹽強鹼 酵母花 甘松緹 甘松阿摩尼酒等藥、

晝夜 INSOMNIA.

不寐又名驚悸不寐

見綠養氷 印度麻 鴉片 莫非糖 闊羊花 酵母花 阿摩尼亞溴等藥、

頭暈 VERTIGO.

又名眩暈

見畢澄茄 瓜沙 金雞納霜 甘松緹 甘松等藥、

猝然 SYNCOPE.

昏倒又名昏迷如死此非中風又名暈絕俗名失魂

見阿摩尼亞水 伊打 涼水等藥、

暈船 SEA-SICKNESS.

南名暈浪

見〔樟腦 鏀溴 辣椒酒 哥羅方 高告欄 幾阿蘇 硝養阿米里 自沸酒〕等藥、

憂鬱 HYSTERIA.

症又名婦人腦筋不安又名氣惱又名鬱冒又名血厥又名妄言啼笑

見〔阿魏 鋏溴 加枝撥油 拉彎大油 松節油 甘松𨫼 阿摩尼亞溴 炭養阿摩尼亞 迷迭香油 膃肭臍〕等藥、

瘕 PHANTOM TUMORS.

病西名怪瘤〔即婦女腹中積塊忽聚忽散無有常準之症也〕

見婦科、

懊憹 MELANCHOLIA.

一名瘋憂症又名失望症甚者為疑症

見〔綠養氷 桂尼頓 拉彎大油 淡燐强水〕等藥及補劑、

癲狂 MANIA.

又名狂瘋又名狂邪

見〔印度麻 綠養氷 謙落 蔻蘆 鴉片 光藥 鋏溴 甘松 佛茄兒〕等藥、

酒狂 DELIRIUM TREMENS.

又名酒癲又名中酒累腦

見〔綠養氷 毛地黃 阿摩尼亞水 番甘松〕等藥、

酒 DIPSOMANIA.

毒成患症

見內科、

血毒傳染 ZYMOTIC DISEASES.

類症此因毒氣傳染而生、故名。既入血內、即發釀如酵、而起病、

熱症 FEVERS.

醫宗金鑑所論熱症、皆在傷寒門、此書分數類見下、

見解熱劑 淡硝強水 檸酸鉀 醋酸阿摩尼亞水 綠強鉀 甜硝伊打 雙葡酸鉀 檸酸阿摩尼亞 等藥、

傷風 CATARRHAL FEVER.

熱症又名風火咳嗽症又名時行傷風

見解熱劑、

輕熱 EPHEMERAL FEVER.

症又名暫時熱症

見解熱劑、

復發 RELAPSING FEVER.

熱症又名荒後熱症又名荒後瘟

見金雞納鴉片等藥、及解熱劑、

脊腦 CEREBRO-SPINAL FEVER.

衣炎熱症又名痙痓熱症又名痙瘟

見金雞納耳臥達鴉片鉀溴酒類等藥、

脊 OPISTHOTONUS.

強反張又名角弓反張又名項強痓

見同上、

黃熱 YELLOW FEVER.

症又名黃瘟疫又名黃汗時症又名疫癘發黃

見金雞納下横發鹵冰水等藥、及酒類、

傷寒 TYPHOID FEVER.

又名肚腹熱症又名小腸壞熱症又名腸發熱症

見淡硝強酸粉子射水阿摩尼亞水醇綠氣水硝強銀晏吉杜鴉片顛茄賜鉛塔拉番甘松等藥、及酒類、

傷 ERUPTION OF TYPHOID.

寒疹斑又名傷寒赤斑此斑七日方見

見同上、

傷 TYPHOID WITH PNEUMONIA.

寒結胸

見肺體發炎同治、

瘟疫 TYPHUS FEVER.

又名愲腦瘟疫、又名傳染熱症又名天行熱症又名時疫久延熱症

見傷寒同治、治法雖同病則不一

瘟 PETECHIA OF TYPHUS.

疫發班

見同上、

舌 SORDES.

垢而齒焦黑

見同上、

血蛇 ERYSIPELAS FEVER.

熱症又名大頭瘟又名紫痧毒又名火焰痧毒

見粉子甘油 粉子漿 金雞納 鉐粉 下磺養鏀 個老嚴安 幾阿蘇 桂尼穢 鐵酒

赤 INFANTILE ERYSIPELAS.

遊痧毒又名熱痧毒

見同上、

產後 PUERPURAL FEVER.

熱症又名產婦熱症

見鴉片 桂尼穢 阿摩尼亞水 等藥、

瘧熱 MALARIAL FEVER. (AGUE.) 症 又名 脾寒 俗名 發瘧子 南名 打擺子

此症分三種見下、亦有按所犯之時分為日日瘧、隔日瘧、三日瘧、四日瘧之別、

往 INTERMITTENT FEVER. 來瘧症 又名 寒熱往來瘧症

見信石鉄水 辣椒酒 晏吉杜 佳奴 食鹽沙利先 先高尼糯 加思桀 桂尼糯 瓜沙 畢畢入糯 等藥、

常 REMITTENT FEVER. 熱瘧症 又名 應時輕重熱症 又名 溫瘧不止

見金雞納 先高尼糯 桂尼糯 畢畢入糯 等藥、

危 PERNICIOUS REMITTENT FEVER. 險瘧症 又名 瘴瘧

見內科、

瘴 MALARIA. 氣 又名 霧毒氣

此即瘧症之源根也、

久 AGUE CAKE. 瘧成痞 胸脇高起者是、 又名 瘧母

見上癖疾、

暗瘧 DUMB AGUE. 又名似瘧此因受瘴氣毒未明發者、見同上、

瘧 BROW AGUE. 致眼眶疼又名眉稜骨人疼見同上、

痳子 RUBEOLA. 熱症又名痳子又名時痧又名大塊痧俗名痧子

見甘油 顛茄 架波尼酸 衣必格 等藥、及解熱劑

小痳子 ROSEOLA. 又名玫瑰紅症

見解熱劑、

痘熱 VARIOLA. 症又名天花熱症俗名生痘

見架波尼酸 硼酸油膏 甘油 銀丹 粉子甘油 個老殿安 石灰水 油流鋥 藍汞油膏 等藥、及油膏類、

黑痘 CONFLUENT SMALL-POX. 又名血泡痘

見同上、

VARIOLOID.
小痘熱症又名復出痘症
見同上、

VACCINATION.
種牛痘
見外科、

VARICELLA.
水痘熱症西名雞痘
見解熱劑、

SCARLETINA.
疹子熱症一名疹子又名花紅熱症又名紫痧症又名疫毒痧又名痳痧
又名細小痧
見炭養阿摩尼亞　草烏頭　綠養冰　豬油　沙利先酸
架波匿酸甘油　綠强鈸　辣椒酒　甘油　等藥、

SORE THROAT OF SCARLETINA.
疹子結喉又名爛喉痧又名爛喉痳痧
見同上、

PLAGUE.
黑瘟疫又名黑眼瘟

霍亂 CHOLERA.

見上瘟疫同治、自傷風熱症至黑瘟疫二十四種皆屬熱症類

一名眞霍亂又名霍亂吐瀉又名惡毒霍亂又名痧腸痧南名局嘔

見樟腦　幾阿蘇　變炭養鏀鹹散　番甘松　鉐粉香水　辣椒　硝強銀　食鹽　哥羅顛卽哥羅方莫非釀酒　等藥、

轉筋 CRAMPS.

筋又名霍亂轉筋

見鴉片、哥羅方　伊打　等藥、及搽酒藥類、

白疕 DIPHTHERIA.

瘖一名時疫白喉又名喉嚨發炎生假皮又名喉風急症或亦名鎖喉風

見架波鏴酸　鹽強酸　硝強銀　鏀酸　綠強鋏　石灰化汽水　上錳強鋏　濃鐵綠水　石灰水　磺強酸　甘油　海碘酒　磺強桂尼釀　鐵酒　等藥、及補劑、

哮咳 PERTUSSIS.

嗽又名時行咳嗽又名小兒咳嗽作聲俗名倒齁

見琥珀搽酒　顛茄　綠養冰　阿摩尼亞溴　呀蘭咪勻水　等藥、

痄腮 PAROTITIS.

一名腮核炎腫又名時行腮腫又名耳下核發炎

見解熱劑、及數藥類、

血氣留遺 CONSTITUTIONAL DIATHESES.

類症 此類原於血氣、即父母所傳染者、或自生亦能留遺子孫、

風溼 RHEUMATISM.

又名風溼骨痛 又名痺病

此症分新久二種、

新 ACUTE RHEUMATISM.

風溼 又名重風溼 又名痛風 古名痛痺

見 沙利先 檸檬汁 雙炭養鉀 金雞 哥枝禁 草烏頭 醋酸鉀 鴉片表散 鐵酒 等藥、

久 CHRONIC RHEUMATISM.

風溼 又名遠年風溼骨痛

見 信石 荅米思 硫磺錦養 辣椒 顛茄製搽酒 哥羅方 硫磺 加枝樅油 鴉片搽酒 鉍養水 布球 哥枝禁 巴豆搽油 謙落 樟腦製搽酒 鋰類藥 波兒根底松香貼膏 賜盆塔拉 鉍類藥 海碘 洋茯苓 鹼類藥 海碘仿 圭厄禁 沙埧 沙沙法 松節油 搽酒類 松葉油 等藥、

腰 LUMBAGO.

骨風溼痛

見 顛茄膏 顛茄酒 桂尼欄 金雞納 貼膏類 波兒根底松香貼膏 等藥、

脇 PLEURODYNIA.

縫風溼痛

見上久風溼痛同治、

項 TORTICOLLIS.

强風溼痛又名閃頸又名頭項風強（痼疾爲歪頭）

見同上、

肌 MYALGIA.

肉風溼痛又名肉筋風溼又名肌痺

見同上、

酸 RHEUMATIC PAINS.

疼即痠疼又名筋骨痛（二者大約屬風濕症）、

見同上、

歷 METASTATIC RHEUMATISM.

節風又名風溼走痛又名白虎風

見同上、

酒風 ARTHRITIS.

腳又名酒患腳氣

見辨佐醫阿摩尼亞 燐强阿摩尼亞 加枝襪油 哥枝禁 巴豆油 青蔾蘆 鬧羊花 炭養鋰 檸酸鋰 鎂養 鴉片表散 檸酸鉀 炭養鹵 沙坟 等藥、

曲節 RHEUMATIC ARTHRITIS.

風又名拘攣風溼又名骨節彎曲風溼

牙疳 SCURVY.

見海碘電氣 莫非精油流汞 海碘油膏青汞碘油膏 魚肝油鋏碘 等藥、又名疳𤸇又名海上青蓮病又名牙齦浮爛血壞症西名思客而非

青腿 PURPURA HEMORRHAGICA.

見檸檬汁沙沙法 檸酸鋏金棗 等藥、牙疳又名血色青蓮病

見耳臥達補藥類 金雞納類鐵類 等藥、

葡萄疫 INFANTILE PURPURA.

見同上、

走馬 CANCRUM ORIS.

牙疳又名牙根腐爛

見綠強鋏鐵碘糖 金雞納霜鐵酒 等藥、外用銀丹海碘仿油膏 強水類

楊梅 SYPHILIS.

症俗名髒病

此症分三層、

楊梅 PRIMARY SYPHILIS.

瘡即第一層楊梅又名淫瘡俗名大瘡

見汞類藥 銀丹 硝强汞酸水 海磠仿 鈥丹 黑汞洗水 等藥

楊梅疔毒 CHANCRE. 又名龜頭疔毒又名疳疔又名鹹疳又名楊梅疳又名下疳

見同上

楊梅硬疳 HARD CHANCRE. 又名楊梅硬疔

見同上

楊梅軟疳 SOFT CHANCRE. 又名楊梅軟疔

見同上

楊梅臊疳 PHAGADENIC CHANCRE. 又名蠟燭疳又名陰蝕瘡

見同上

魚口 BUBO. (LEFT SIDE.) 毒生左胯

見同上

便毒 BUBO. (RIGHT SIDE.) 毒生右胯，亦有說便毒潰破者即魚口瘡也

見同上、

SECONDARY SYPHILIS.

楊梅結毒即第二層楊梅

見汞類藥 土茯苓 鉠碘 鐵碘 䥈碘汞水 等藥、

SYPHILITIC RHEUMATISM.

楊梅風濕又名楊梅筋骨疼

見同上、

SYPHILITIC DISEASES OF SKIN.

楊梅皮類病

見下皮類病楊梅痘疹癍等症、

TERTIARY SYPHILIS.

楊梅久毒即第三層楊梅

見鉠碘 鐵碘 雙綠汞 紅汞碘 䥈碘汞水 等藥、

SYPHILITIC DISEASES OF BONES.

楊梅骨類症

見雙綠汞 鉠碘 等藥、

INFANTILE SYPHILIS.

楊梅遺毒又名楊梅胎毒

楊 SYPHILITIC THROAT.

見鋏碘汞類　鹽碘汞水　雙綠汞　等藥、

梅結喉 又名楊梅喉痺又名楊梅喉癬又名喉疳

楊 SYPHILITIC PARALYSIS.

見同上、

梅癱瘓 即楊梅毒攻於腦及腦根

白濁 GONORRHŒA.

見同上、

又名白淫又名色淋

此症分新久、症雖因色而致、却與楊梅不同、與白淋更異、

新 ACUTE GONORRHŒA.

白濁

見洋朴硝　單綠汞　等藥、及瀉劑、與收斂射水類、

白 CHORDEE.

濁惹痛 又名陰縱

見顛茄　樟腦　鴉片　鋏溴　酵母花　等藥、

久 GLEET.

白濁

見斑蝥 秘魯脂 哥拜把 幾阿蘇 白礬 礦强鏹 耳臥達 鐵酒 等藥、

瘰癧 SCROFULA OF NECK.

症 又名 頸癧 又名 瘰癧惡核 又名 頸胸吸核腫脹

見燐强鉐 鐵碘 單綠汞 海碘 魚肝油 雙炭養鋏 桂尼糖 鎘碘 紅汞碘 昆布 米紫茬 鋏溴 鋏養水 雙炭養鎘 下礦養鎘 等藥、

瘰癧 SCROFULOUS DISEASES.

類症

此類雖有數種、其根與頸癧同、故名、

血 SCROFULOUS DIATHESIS

氣勞 又名 壞體 俗名 本元症

此卽瘰癧之根、或生疳、或成勞、皆因此也、

吸 GLANDULAR ENLARGEMENT.

核變大 又名 結核 又名 鼠瘡

見鐐碘 阿摩尼亞綠 巴豆油 雙炭養鎘 海碘 鋏碘 綠氣鎘養水 魚肝油 阿摩尼汞貼膏 等藥、

鼠 ULCERATING GLANDS.

瘺瘡 又名 癧瘺瘡 此卽吸核變大穿破者也、

見碘海油膏 銀丹 海碘仿 金雞衲類 海碘丹水 鐵酒 內服鐵碘糖 等藥、

內 TUBERCULOSIS.

部生米粒瘡 又名 內部生疳 西名 嘟吡咖

見瘰癧症同治、

內 TUBERCULOSIS OF KIDNEY.
腎生米粒瘡又名腎痳

見同上、

肝 TUBERCULOSIS OF LIVER.
體生米粒瘡又名肝痳

見同上、

腦 TUBERCULOSIS OF BRAIN.
內生米粒瘡又名腦痳

見同上、

脊 CARIES OF SPINE.
骨變爛症又名脊痳

見石灰水 燐強鐵 燐強鉐 魚肝油 下燐養鹽類糖 淡燐強水 等藥、

小 RACHITIS.
兒骨軟症又名嬰兒骨軟風又名骨軟曲俗名行遲

見脊骨變爛同治、

髀 COXALGIA.
骨節發炎變壞症又名大腿節變壞

見外科、

附骨疽 SINUS OF HIP. 又名貼骨疽又名縮脚疽又名環跳疽

見外科、

手腕發炎變壞 TUBERCULOSIS OF WRIST.

見外科、

穿骨疽 SINUS OF WRIST. 又名拖腕疽（自血氣勞至此皆屬瘰癧類、）

見外科、

血薄症 ANÆMIA. 又名血虧虛痨又名血虛

見補虛劑、

黄癉 LEUCOCYTHÆMIA. 又名血生白珠症又名白血輪過多症又名血症黄癉（緣此病脾變大名爲脾疳）

見（淡硝强酸淡鹽强酸淡合强酸）等藥及補血劑、

膿毒 PYÆMIA. 入血症又名血有膿發熱

見下鹵養鹽類 碘養鉀 等藥、及補劑、行氣劑、

鉛毒 CHRONIC LEAD POISONING.

入血症

見白礬 海碘 鉀碘 等藥、

癭瘤 BRONCHOCELE.

又名鵝膝 又名癭袋 又名鵝喉 又名結喉下核生大 又名脾核長大成癭

見紅汞碘油膏 海碘 鉀溴 等藥、

凹端 EXOPHTHALMIC GOITRE.

受病 又名鵝喉凸眼血薄症

見內科、

腳氣 BERIBERI.

又名風毒腳氣 印度名痺拉痺拉

見顛茄 鐵酒 耳臥達 金雞衲霜 鉀溴 等藥、

婦女類症 DISEASES OF WOMEN.

即婦科症

子宮 BARREN WOMB.

寒冷不受孕 又名石胎

妊娠 PREGNANCY.

見婦科、又名懷孕又名胎孕受孕者為孕婦俗名喜病

諸病見下、

惡阻 NAUSEA OF PREGNANCY.

又名嫌飯又名孕婦惡食嘔吐

見惡西鑞衣必格　甜石灰水幾阿蘇　等藥、

小產 MISCARRIAGE.

又名半產又名墮胎

見綠强鈫哈嗼咪喇　耳臥達鴉片　等藥、及收斂劑、

脫胎 HABITUAL MISCARRIAGE.

胎又名落胎

見婦科、

死胎 DEATH OF FŒTUS.

胎又名子死腹中

見婦科、

生產 LABOUR.

又名臨盆生產者為產婦

見婦科、

試痛 FALSE PAINS. 又名弄痛

見婦科、

正產 NATURAL PRESENTATION. 此有左正產右正產

見婦科、

偏產 FOREHEAD PRESENTATION. 此亦有左偏產右偏產

見婦科、

坐產 BREECH PRESENTATION.

見婦科、

逆產 FOOT PRESENTATION.

見婦科、

橫產 SHOULDER PRESENTATION.

難産 DIFFICULT LABOUR.
見婦科、

礙産 OBSTRUCTED DELIVERY.
見婦科、

交骨不開 RIGIDITY OF PELVIS.
見婦科、

子宮口緊收 RIGIDITY OF OS UTERI.
見婦科、

胎衣不下 RETAINED PLACENTA.
又名胞衣不下
見耳臥達棉花根硼砂等藥、詳見婦科、

胎漏 PLACENTA PREVIA.
又名胎胞貼下而漏又名胎盤先出

見婦科、

臍帶脫落 又名 臍帶先出 PROLAPSE OF CORD.
見婦科、

產後血崩 POSTPARTUM HEMORRHAGE.
見耳臥達 鐵綠水 耳臥顛 硝養阿米里 棉花根 伯蘭地酒 鴉片 等藥、

子宮不收 FLACCID UTERUS.
見血崩同治、

子宮脫落 又名 子宮脫出 INVERSION OF UTERUS.
見婦科、

惡露不止 又名 惡露不盡 EXCESSIVE LOCHIA.
見收歛劑及射水類、

產後風 又名 產後風痓 PUERPURAL CONVULSIONS.

見綠養水哥羅方硝養阿米里伊打莫非糯空針射水等藥、外用放血法、

產後 PUERPURAL FEVER. 熱症 又名 產後發熱惡露不下

見鴉片阿摩尼亞水桂尼糯等藥、

產婦 PHLEGMASIA DOLENS. 腿腫而白 又名 產後血瘀下墜 又名 乳母腿腫 又名 腿乳色腫 俗名 白腿

見婦科、

子宮 CONGESTION OF UTERUS. 積血 又名 子宮血瘀 又名 子宮紅腫

見婦科、

子宮 METRITIS. 炎 又名 子宮本體發炎

見單綠汞草烏頭鴉片等藥、

子宮 ENDOMETRITIS. 內炎 又名 子宮內皮發炎 分新久二症

見同上、

子宮 PERIMETRITIS. 外炎 又名 子宮連綱發炎

見婦科、

子宮生瘤 UTERINE TUMORS. 又名子宮肉瘤

見婦科、

子宮瘜 UTERINE POLYPS. 又名子宮生瘤囊又名子宮血瘤

見婦科、

子宮毒瘤 UTERINE CANCER. 又名子宮毒癰

見婦科、

子宮下墜 UTERINE PROLAPSUS. 又名子宮痿脫北名下瘤

見樹皮煮水及收歛劑與陰尖丸等藥、

子宮離位 DISPLACEMENT OF UTERUS. 又名子宮歪屈又名宮歪症子宮生歪有四樣、即前屈、後屈、左屈、右屈、惟前屈、後屈較多

見婦科、

子宮前屈 ANTROFLEXION OF UTERUS.

子宮後屈 RETROFLEXION OF UTERUS. 見婦科、

子宮口生瘡 ULCER OF OS UTERI. 見婦科、

子宮口生砂粒又名子宮口生肉砂 GRANULATED OS. 見婦科、

子宮口破裂又名子宮口崩裂 FISSURE OF OS. 見婦科、

子宮口縮實又名子宮口變窄又名子頸變窄 STRICTURE OF OS. 見婦科、

子宮核發炎又名卵核發炎又名蛋核生炎 OVARITIS.

見婦科、

子宮 OVARIAN TUMOR.

核生瘤又名卵核生瘤子核生囊瘤則起臌爲子核臌脹

見婦科、

陰道 VAGINITIS.

內皮發炎

見顛茄鉛霜鴉片陰尖丸陰尖丸類鴉片海碘仿綠强鍼射水等藥、

陰道 CANCER OF VAGINA.

生毒瘤

見婦科、

陰道 VAGINAL POLYP.

瘜又名陰茄

見婦科、

陰痔 VARICOSE VEINS OF VAGINA.

又名陰道迴管凸結

見婦科、

陰脫 PROLAPSE OF VAGINA.

又名陰挺又名陰癩又名陰道脫出生產時爲盤腸產

見婦科、

陰道 RUPTURE OF VAGINA. 崩裂 通裂直腸者爲 交腸 通裂膀胱者爲 膀胱穿漏見下

見婦科、

會陰 RUPTURE OF PERINEUM. 崩裂 又名 陰尸崩裂

見婦科、

陰道 VESICO-VAGINAL FISTULA. 溺痛 又名 膀胱穿漏 又名 產後脬損成淋

見婦科、

經脉 DISORDERED MENSTRUATION. 不調 又名 經愆期

見婦科、此症有數樣見下

經 PROFUSE MENSTRUATION. 脉過多 又名 經旺多而愆期爲 經水妄行

見鐵類 炭醛酸 哝花 架沕酸 等藥、及收斂劑、

經 TION. 脉不足 又名 經衰

見沒藥鐵類金雞納類等藥及補劑

逆經 VICARIOUS MENSTRUATION. 又名倒經

見下經閉同治

經閉 AMENORRHŒA. 又名停經又名細症

見哂囉耳臥達燐强鐵淸鐵粉炭養鐵製勻水濡草油沒藥等藥及調經劑

室女經閉 CHLOROSIS. 又名女子初經血薄症又名綠病自始不見爲無經

見鐵綠酒鐵綠水哂囉沒藥丸淸鐵粉礦强鑄青礬等藥

經痛 DYSMENORRHŒA. 又名難經

見醋酸阿摩尼亞水鬧羊花硼砂伊打酒耳臥達辛衣格鈘溴等藥

經漏 MENORRHAGIA. 又名經水淋瀝

見白礬畢畢入欖沒石子文可合莱味喇膝花硝强鐵水加美喇地榆白芍等藥

血山崩 METRORRHAGIA. 又名血崩又名子宮血出

白帶 LEUCORRHŒA.

見收斂劑及止血劑、

又名陰道並子宮內皮久炎

見架㵎酸 炭鏽酸 白礬 沒石子 石榴皮 紅佳奴 磺强架波匿鋥 上硝强鐵水 架美嘞 㭼樹皮 兒茶 檀香油 蘇合油 磺强鋥 磺强架波匿鏀 鈙碘 等藥、

乳裂 FISSURE OF NIPPLES.

又名乳頭破裂又名外吹乳

見秘魯脂 硼砂油膏 綠氣鏀養水 銀丹 等藥、

乳生 MAMMARY ABSCESS.

膿瘡又名乳癰

見敷藥類、

乳生 MAMMARY SCIRRHUS.

硬毒瘤又名乳巖

見外科、

乳生 MAMMARY ENCEPHALOID.

軟毒瘤中名乳勞 此症不屬勞類、因患者身體衰弱、故名、

見外科、

皮膚類症 SKIN DISEASES

郎皮部

赤遊 ERYTHEMA.

風西名依賴地痲

見洋朴硝樠酸鎂大黃鎂養等藥、

赤 ERYTHEMA NODOSA.

風疙瘩俗名葡萄疔形似葡萄非眞疔也

見同上、

漆咬 VARNISH POISONING.

又名漆瘡

見鋰養油膏雙炭養鏀鉛水等藥、

風團 URTICARIA.

又名瘖癗俗名鬼飯疙瘩西名於底基喇

見洋朴硝汞藍丸等藥、外用甘油燒酒粉子漿醋等、

風 CHRONIC URTICARIA.

[illegible]

見雙炭養鏀信石鈢水等藥、及解酸劑、

癢癬 PRURIGO.

又名血風瘡又名粟瘡作癢西名鋪黎告

見信石鋏水 金雞衲霜 等藥、外用鹼水洗澡、

汗癬 LICHEN.

西名𤢐近

見鑞碘汞水 雙炭養鈉 等藥、及解酸劑、外用鹼水洗澡、

溼癬 ECZEMA.

南名水蝕癩西名闓思痳

見架波匿酸 沙利先酸 幾阿蘇油膏 阿摩尼亞汞 甘油 信石 鑞强鹵 花士苓 下醋酸鉛油膏 樺皮油 油流鋥 鉛水 等藥、

黃 ECZEMA OF FACE AND HEAD.

水瘡又名溼瘡

見鋥養油膏 松香油膏 鋥鉛汞油膏 等藥、

臁 ECZEMA OF LEGS.

瘡又名下肢生溼瘡

見同上

水蝕 HERPES.

癩南名大水蝕癩又名水丹毒西名鞾卑士

見鑞强鐵 洋朴硝 甘油 鋥養 阿摩尼亞汞 榆皮煮水 等藥、

纏腰龍 HERPES ZOSTER. 又名纏腰火丹 又名生蛇 又名蛇纏瘡 又名腰帶水泡
見同上、

貓眼瘡 HERPES IRIS.
見同上、

大膿泡 PEMPHIGUS. 西名玷燀加士
見信石鋏水 金雞納霜 等藥、

天皰瘡 IMPETIGO CONTAGIOSA. 此病不屬楊梅 與天泡瘡不同 又名淫癩 又名火赤瘡
見阿摩尼亞汞 黃香油膏 淡硝强水 硫磺鋏養 霻礁汞水 鋥養油膏 等藥、

大癩頭 ECTHYMA.
見衣必格葡酒 哥枝禁葡酒 信石鋏水 等藥、外用潤皮劑、

牛皮癬 PSORIASIS. 又名白癬 西名蘇𢹬了士 此書言牛皮癬、魚鱗癬、與皮膚新編所言者互異、
見架波匿酸 沙利先酸 火架泐酸 信石鋏水 胰子貼膏 松脂油膏 鋏養 鏀養 鋥鉛汞油膏 甘油 滷堿 霻强鐵 等藥、

鵝 PSORIASIS OF PALM.

掌風又名鵝掌癬

見同上、

魚鱗 ICHTHYOSIS.

癬西名閉替澳士

見磺强鋼油流銅魚肝油番鹼等藥、

蛇皮 PITYRIASIS RUBRA.

癬又名全皮脫落西名蔽底里了士

見金雞納鐵酒雙葡酸鉸魚肝油甘油等藥、及潤皮劑、

乾 PITYRIASIS SIMPLEX.

癬

見油膏類胰子等藥、

白 PITYRIASIS CAPITIS.

髮癬又名髮根風癬又名白屑風

見硼砂胰子甘油等藥、

黶斑 CONGENITAL NÆVUS.

又名黯斑又名血痣又名紅痣

見外科、

黑痣 PIGMENTARY NÆVUS. 又名肉痣又名靨

見枯白礬　濃鐵綠水　銀丹　雞阿蘇　架波匿酸　等藥、

疣瘊 VERUCCA. 又名瘊子又名飯䘢

見冰醋酸　鏴強酸　銀丹　硝強酸　阿摩尼亞綠　等藥、

雞眼 CLAVUS.

見冰醋酸　胰子貼膏　硝強銀　蜜陀僧　阿摩尼亞綠　等藥、

腿子 BUNION. 俗名骨楞

見架波匿酸甘油　甘油　淡鉛水　下醋酸鉛甘油　樟腦搽油　等藥、

犀皮 SCLEROMA. 癬又名全皮變硬又名身麻皮厚如鐵

見補劑、外用油類搽之、

皪瘡 MORPHOEA.

見補劑類、

大沙蹄 ELEPHANTIASIS. 西名象腿

見鉮強鐵 柱尼積 信石 等藥

大痲瘋 LEPROSY. 又名癘風 又名大風癘疾 古名癩病 又名惡癩

見大楓子 鉮強鐵 鉮碘汞水 落花生油 葛篘脂 滷堿 等藥

白癩 ANÆSTHETIC LEPROSY. 又名白屑瘡

見同上

紅癩 TUBERCULAR LEPROSY. 又名雞爪瘋

見同上

紅雲生血 MACULAR LEPROSY. 又名紫雲

見同上

螃蠏瘡 KELOID. 又名欹賚 又名黃瓜癰 又名肉龜

見外科

疣贅 FIBROMA. 又名疣瘤西名摩羅士金

見外科、

螻蛄 LUPUS. 瘡又名蠶食桑又名狼癬一名蟻蝕癬西名路拔士

見綠碘汞水 信石 黃汞油膏 等藥、

糟疙 ACNE. 瘩又名暗瘡又名風癬又名風刺西名阨呢

見阿摩尼亞綠 硼砂 魚肝油 個老殿安 淡輕炭淡酸 硫磺 鋏養水 硫磺鋏養 等藥、

硬 ACNE INDURATA 糟疙瘩

見硫磺 阿摩尼亞汞 海碘 幾阿蘇 等藥及釣炎劑、

糟 ACNE ROSACEA 鼻疙瘩又名紅酒皶又名酒皶鼻一名鼻準紅赤

見信石 幾阿蘇 鋏養水 硫磺 綠汞碘 等藥、

粉 ACNE PUNCTATA 刺疙瘩

見同上、

楊梅瘡疙瘩 ACNE SYPHILITICA.

見同上、

痱子 LICHEN TROPICUS.

又名熱痱

見錏養油膏 沐浴水 等藥、及利小便劑、

遍身瘙癢 PRURITUS.

腎囊、陰戶、肛門、及老人皮膚、皆可有之、

見銀丹洗水 官粉油膏 礦強銅洗水 架波匿酸甘油 錏養油膏 燒酒 等藥、及補劑、

綉毬風 PRURITUS SCROTI.

即腎囊搔癢 又名腎囊風

見同上、

疾疥 SCABIES.

南名癩疾 西名士加備倚

見架波匿酸 綠氣灰水 阿摩尼亞綠 阿摩尼亞汞 硫磺鋏養 硫磺油膏 礦強架波匿鹽類 蘇合油 石腦油 等藥、

疥癬 ECZEMATOUS ITCH.

又名疥瘡 又名溼疥 南名溼癩

見黃汞油膏 錏鉛汞油膏 胰子 等藥、

金錢 TINEA CIRCINATA.
癬又名圓癬西名天呢丫思辛納
見其瑣編　幾阿蘇油膏　海碘酒　斑蝥酒　阿摩尼亞汞油膏　等藥、

連環 TINEA VERSICOLOR.
癜西名天呢丫非思叩
見海碘酒　硼砂　下磺養鑥　等藥、

錢癬 TINEA TONSURANS.
又名頭生錢癬西名天呢丫丹蘇欄
見瘌瘡同治、

瘌瘡 TINEA KERION.(PORRIGO.)
又名鹼瘡又名癩頭瘡又名白瘌瘡西名天呢丫刻利戕
見磺汞油膏　阿摩尼亞汞油膏　油流汞　硫磺松節油膏　雙綠汞油膏　等藥、

黃凹 TINEA FAVOSA.
瘌瘡又名雞屎堆西名天呢丫化逋沙
見松脂油膏　鹼洗水　鉛碘油膏　等藥、

脫髮 ALOPECIA.
西名丫路皂士亞
見斑蝥搽酒　斑蝥　秘魯脂　迷迭香酒　巴豆搽髮油　等藥、

羊鬚 SYCOSIS.

瘡西名天呢丫西高士

見下燐養錪硫礦油膏　鹽硇汞水阿摩尼亞汞　油流汞　等藥、

雀斑 LENTIGO.

又名麻雀斑

見安息香洗水石灰搽油　等藥、

白駁 LEUCODERMA.

風南名生白食

見補劑、

紫駁 MELANODERMA.

風

見補劑、

皮膚 RHAGADES.

皴裂又名手足皸粒

見樟腦油膏松香油膏　甘油膏　等藥、

皮膚 INTERTRIGO.

磨損又名腰胯溼爛又名紅熱溼淫

見硝强秘爐甘石　錮老假安粉子甘油　松香油膏提養油膏　石脂粉　等藥、

瘰癧皮類症又名筋癧 SCROFULODERMATA.

見瘰癧症同治、

楊梅皮類症 SYPHILODERMATA.

見鋏碘 汞碘 魚肝油 鐵碘 藍汞油膏 等藥、

楊梅痘又名疔毒生痘 SYPHILITIC PAPULA.

見同上、

楊梅疹又名疔毒玫瑰紅症 SYPHILITIC ROSEOLA.

見同上、

楊梅瘢又名疔毒結瘢 SYPHILITIC MACULA.

見同上、

楊梅泡又名天疱瘡 SYPHILITIC PUSTULA.

見同上、

楊梅瘊子又名楊梅肉粒 SYPHILITIC CONDYLOMATA.
見紅汞碘油膏硝強汞酸水藍汞油膏磺強銅等藥、

銅鼓疔又名千層瘡 SYPHILITIC RUPIA.
見第三層楊梅同治、

汗核類症 DISEASES OF SWEAT GLANDS.
此類有五樣、均見沐浴水類及補藥類、

汗津短少又名無汗 ANIDROSIS.
見上、

汗津汪洋又名自汗 HYPERIDROSIS.
見上、

汗津變稠 OSMIDROSIS.
見上、

汗 CHROMIDROSIS. 津變色（黃色爲黃汗，紅色爲血汗）

見上、

汗 DYSIDROSIS. 管閉塞又名汗閉

見上、

白瘢 SUDAMINA. 風又名汗斑西名蘇打美拿

見上、

紫瘢 HYDROADENITIS. 風又名汗疹

見上、

油汗 SEBORRHOEA OLEOSA. 見（信石鈸水，鹽沐浴水）等藥、及補劑、

油風 SEBORRHOEA CAPITIS. 又名鬼剃頭

見補藥類、外用（胰子油膏類）（油類）等藥、

指甲 ONCHYIA.

矬脆

見（硝強鉛油膏、鉛甘油膏）等藥、

指甲 ONYXITIS.

跟發炎（手指名）代指（足指名）甲疽

見外科、

骨類症

AFFECTIONS OF THE BONES.

即骨部

骨疼 OSTALGIA.

症（俗名）骨頭症

見外科、

骨體 OSTITIS.

發炎（又名）骨炎

見外科、

骨衣 PERIOSTITIS.

發炎（又名）骨外衣發炎

見外科、

骨疽 PERIOSTEAL ABSCESS. 又名陰疽 見外科、

骨變 MOLLIES OSSIUM. 軟又名骨軟風又名週身骨軟又名骨痿 見下燐養鹽類燐強鈣等藥、

骨變 CARIES. 爛又名爛骨又名腐骨 見外科、

骨變 NECROSIS. 死又名朽骨又名多骨疽又名剩骨疽 見外科、

骨折 FRACTURES. 俗名斷了骨頭 見外科、

骨生 CANCER OF BONE. 毒瘤 見外科、

骨節類症 即骨節部

AFFECTIONS OF THE JOINTS.

骨節發炎 又名 骨節衣發炎

SYNOVITIS.

此症分新久二種、

骨節新炎

ACUTE SYNOVITIS.

見海碘 水蛭 等藥及敷藥類、

骨節久炎

CHRONIC SYNOVITIS.

見釣膏類 阿麽悪汞貼膏 油流汞 詳見外科、

骨節變大

ENLARGED JOINTS.

見海碘 鐵碘 韋喇抵糟油膏 魚肝油 鋏碘 鋏碘搽油 等藥、

鶴膝風

ENLARGED KNEE-JOINT

見同上、

骨節變硬 ANKYLOSED JOINTS.

見綠汞碘油膏餘同上、

骨節扭傷 SPRAINS.

見淡醋酸食鹽濃酒醋亞匿架熱水淡鉛水等藥、

閃腰 SPRAIN OF BACK. 又名挫閃腰痛

見同上、

脊骨彎曲 CURVATURE OF SPINE. 又名曲背前曲後凸爲曲背前凸後曲爲凹背左右歪曲爲歪背

見外科、

龜背 POSTERIOR CURVATURE. 又名弓腰又名背傴僂脊屈如角爲駝背

見外科、

龜胸 PROTUBERANT BREAST. 又名雞胸

見外科、

骨節 DISLOCATIONS.

脫傷又名挫碓臼又名跌挫骨較俗名挫滑咗南名脫骱

見外科、

臂 DISLOCATION OF SHOULDER.

骨脫臼

見外科、

下 LUXATION OF JAW.

頦脫落又名失欠脫頷

見外科、

唇類症 AFFECTIONS OF THE LIPS.

即唇部

唇裂 FISSURE OF LIPS.

見秘魯油膏 秘香油膏 甘油 等藥、

缺唇 HARELIP.

俗名豁唇南名崩口

見外科、

唇生毒瘤 又名 繭唇 EPITHELIOMA.
見外科、

鼻類症 AFFECTIONS OF THE NOSE.

即鼻部

鼻淵 OZŒNA. 一名 鼻涕濁臭 又名 鼻疳 一名 腦漏 俗名 臭鼻子
見錳强鉀射水 架波匿酸射水 食鹽射水 等藥、

鼻衄 EPISTAXIS. 又名 鼻孔流血
見止血劑、

鼻瘜 NASAL POLYP. 又名 鼻蛇 又名 鼻䶌 又名 鼻痔 一名 鼻中肉塊
見外科、

鼻齇 ACNE ROSACEA. 又名 酒齇鼻
見皮類病、

牙類症

即牙部

THE TEETH.

AFFECTIONS OF THE TEETH.

蟲牙 CARIOUS TOOTH.

又名牙腐爛

見外科、

牙瘺 DENTAL FISTULA.

又名牙齦瘺

見外科、

牙痛 TOOTHACHE.

牙爛有孔、為蟲牙作痛　牙無爛為風火牙痛

見信石鋏水 金雞納 外用 加枝撥油 辣椒搽酒 丁香油 幾阿蘇 芥末敷藥 耶悉茗酒 樟腦哥羅方 細辛 等藥、

牙癰 PARULIS.

又名牙齦生癰

見外科、

牙牀 EPULIS.

生瘤又名牙齦瘤

見外科、

牙齦 ULITIS.
發炎 又名 齒齲 又名 齲脫
見外科、

牙 ULCERATED GUMS.
齦潰爛 俗名 爛牙花
見沒藥兒茶 佳奴 等藥、

骨槽 CARIES OF JAW.
風 又名 牙牀腐爛
見外科、

腮癰 ABSCESS OF JAW.
又名 腮生膿瘡
見外科、

腮痛 MAXILLARY FISTULA.
又名 腮頰穿爛
見外科、

耳類症 AFFECTIONS OF THE EAR.
即耳部

耵聹 INDURATED WAX.

變硬又名耳塞

見甘油 牛膽汁 豆油 等藥、

耳聾 DEAFNESS.

不能言而聾者爲啞聾

見外科、

耳背 DULLNESS OF HEARING.

又名耳重聽

見外科、

耳氣筒塞閉 OCCLUSION OF EUSTACHIAN TUBE.

俗名喉聾

見外科、

耳膜穿孔 PERFORATION OF TYMPANUM.

俗名耳朶透氣

見外科、

耳疼 EARACHE.

又名耳內疼

見甘油 鵶片酒 豆油 香油 等藥、

蟲等入耳 INSECTS IN THE EAR.
見香油 豆油 等藥、

耳鳴 TINNITUS AURIUM.
俗名耳朶響
見溴輕酸 番木鱉 鐵類藥 龍膽草 等藥、

耳衂 HEMORRHAGE OF EAR.
又名耳管血出
見止血劑、

耳癰 OTITIS.
又名耳管內皮發炎
見解炎劑、 外用敷藥類、

聤耳 OTORRHŒA.
又名膿耳 俗名害耳底 一名耳朶底子
見金雞納類 鐵類 等藥 外用炭强酸甘油 綠氣鈉養水 海碘仿 石灰水 錳强鉀水 銀丹射水 磺强鋅射水 白礬射水

耳疳 INTERNAL OTORRHŒA.
俗名耳[疒扁]
見同上、

萬國藥方 卷二

耳後 CARIES OF TEMPORAL BONE.
疽又名耳門骨變爛
見外科、

眼類症 AFFECTIONS OF THE EYE.
即眼部

眼胞 BLEPHARITIS.
發炎又名睫毛囊發炎又名爛弦風
見黄汞養油膏　黄汞油膏　阿摩尼亞汞油膏等藥、

爛 LIPPITUDO.
眼角
見上、

眼睫 HORDEOLUM.
瘡又名眼胞生瘤
見敷藥類

眼蓋 GRANULAR LIDS.
生砂粒又名眼蓋內皮肉砂又名眼胞生米粒瘡又名肉瘤又名眼
胞生風粟

見銀丹藍礬黃汞養黃膏等藥、

眼胞 PTOSIS. 失力又名眼胞軟症

見眼科、

眼毛 TRICHIASIS. 倒插一名睫毛倒捲又名卷毛倒睫

見眼科、

眼胞 ENTROPION. 捲內又名眼皮內翻

見眼科、

眼胞 ECTROPION. 反出又名眼皮外翻又名眼胞捲外

見眼科、

胬肉 PTERIGIUM. 攀睛又名扳眼血膜

見眼科、

火眼 OPHTHALMIA. 又名風火眼又名熱眼又名睛衣發炎

見白礬 銀丹 醋酸阿摩尼亞水 阿摩尼亞汞油膏 淡黄汞油膏 黄汞養油膏 醋酸鋅 磺强鋅 鴉片葡酒 等藥、

淚火眼 SIMPLE OPHTHALMIA. (CONJUNCTIVITIS.)

見同上、

膿火眼 PURULENT OPHTHALMIA. 又名時行火眼又名天行赤目

見同上、

色火眼 GONORRHEAL OPHTHALMIA. 又名白濁膿毒誤入眼發炎

見同上、

胎火眼 OPHTHALMIA NEONATORUM. 又名胎風赤爛又名胎毒瞎眼又名目爛

見同上、

目生赤脉 PANNUS. 又名血管綱

見眼科、

明角罩生瘡 CORNEAL ULCER. 又名明角罩潰爛又名紅點一名白點初生者紅漸愈則白又名眼生紅子

明角 CORNEAL OPACITY.

見黃汞油膏 丫刀邊精 淡鐵丹錠 淡銀丹水 非西格民精 啤羅加邊精 單綠汞油膏 黃汞養油膏 打都仁精 顛茄 等藥、

明角罩生暈 又名 雲膜 又名 雲瞖 又名 外障

見雙綠汞 單綠汞 黃汞養油膏 白藍礬 等藥、

明角 KERATITIS.

明角罩發炎 又名 血灌瞳人

見眼科、

黑睛 IRITIS.

黑睛發炎 又名 眼簾發炎

見眼科、

瞳 CONTRACTION OF PUPIL.

瞳人縮小 又名 縮瞳人

見丫刀邊精 海漚鮮精 打都仁精 獨波先精 等藥、及開瞳人劑、

瞳 DILATATION OF PUPIL.

瞳人散大 又名 舒瞳人

見非西格民精 啤羅加邊精 等藥、及收瞳人劑、

睛珠 CATARACT.

睛珠變質 又名 睛珠不透光 一名 障翳 一名 內障 一名 昄睛 又名 睛珠生膜

見眼科、

睛珠變綠 GLAUCOMA. 一名青睜眼　一名綠水貫瞳人　一名睛大房水發脹　又名睛脹

見眼科、

眼發青光 AMAUROSIS. 又名散睛　一名眼腦筋壞

見眼科、

蟹睛 STAPHYLOMA. 又名凸眼珠　又名損瞖

見眼科、

邪眼 STRABISMUS. 又名睨視眼　又名斜眼　又名逗眼

見眼科、

閉睛 CONVERGENT STRABISMUS.

見眼科、

近視眼 MYOPIA.

見眼科

遠視眼 PRESBYOPIA.

見眼科、

瞎眼 BLINDNESS. 又名盲眼

見眼科、

眼花繚亂 IMPERFECT VISION. 又名眼目昏花

見眼科、

眼花 MUSCÆ VOLITANTES. 又名眼中見異樣飛走

見眼科、

雞盲眼 NIGHT BLINDNESS. 又名雀目

見眼科、

眼散光 ASTIGMATISM. 又名視物之力不聚一處

見眼科、

淚管塞閉 OBSTRUCTED TEAR DUCT.
見眼科、

眼漏 LACHRYMAL FISTULA.
又名漏睛
見眼科、

腎囊類症 即外腎部 AFFECTIONS OF THE SCROTUM AND TESTES.

腎囊疝氣 SCROTAL HERNIA.
又名疝氣入腎囊又名疝氣卵腫又名腸癀
見外科、

胎疝 CONGENITAL HERNIA.
又名陰腫
見外科、

水疝 *HYDROCELE.*
又名卵癀

見海碘甘油 海碘酒 等藥、

血疝 HÆMATOCELE.
見外科、

卵生毒瘤 CANCER OF TESTICLE.
又名卵生毒癰
見外科、

偏墜 ORCHITIS.
又名木腎
見海碘油膏 藍汞油膏 顛茄甘油 個老殿安 海碘酒 等藥、

睾冠發炎 EPIDIDIMITIS.
見同上、

遺精 SPERMATORRHŒA.
又名滑精又名失精又名精漏
見鋏溴 鐵溴 顛茄膏 綠礬水 酵母花粉 等藥、及補劑、外用沐浴水類、

夢遺 NOCTURNAL EMISSIONS.
又名洩精

見同上、

陽痿 IMPOTENCE.
痿又名陰痿
見顛茄鐵類斑蝥燐藥等藥、及補陽劑、

陽物包頭 PHIMOSIS.
見外科、

陽頭皮反 PARAPHIMOSIS.
見外科、

囊癰 ABSCESS OF SCROTUM
又名腎囊生膿瘡
見外科、

囊生毒癰 CHIMNEY-SWEEP'S CANCER.
見外科、

瘤子總類 TUMORS.

此類分爲四、有穩、袋、珠、毒之別、

穩瘤 BENIGN TUMORS.

此有七種見下

粉瘤 SEBACEOUS TUMORS.
見外科、

肉瘤 FIBROUS TUMORS.
見外科、

脂瘤 FATTY TUMORS
見外科、

血瘤 VASCULAR TUMORS.
見外科、

骨瘤 BONY TUMORS.
見外科、

脆骨瘤 CARTILAGINOUS TUMORS
見外科、

楊梅骨瘤 SYPHILITIC NODES.
見外科、

袋瘤 CYSTS.
此有三種

見外科、

明汁袋瘤 SEROUS CYSTS.
見外科、

血袋瘤 SANGUINEOUS CYSTS.
見外科、

水 HYDATID CYSTS.	泡蟲瘤
	見外科、
珠瘤 SEMI-MALIGNANT TUMORS. (SARCOMA.	又名半毒瘤又名石瘤此分四種按其內生珠之別
	見外科、
圓 ROUND-CELLED SARCOMA.	珠瘤
	見外科、
尖 SPINDLE-CELLED SARCOMA.	珠瘤
	見外科、
大 GIANT-CELLED SARCOMA.	珠瘤
	見外科、
網 NET-CELLED SARCOMA.	珠瘤又名漿瘤
	見外科、

毒瘤 MALIGNANT TUMORS. (CARCINOMA.)

又名毒癰又名惡毒瘤又名癰疽瘡有癰之形兼疽之毒故名又名翻花瘡又名瘭疽

西名奸沙此分五種見下

見礦強水礦養水信石糊炭匱酸信石等藥、

硬 SCIRRHUS.

毒瘤又名岩毒瘤又名毒石疽又名癌瘭惡疽

見海碘仿鋥綠上錳強鉢佛茄兒油膏等藥、

軟 ENCEPHALOID.

毒瘤

見綠養冰錏強鐵硝強汞酸水銻綠水溴質謙落等藥、

黑 MELANOSIS.

軟毒瘤

見外科、

明 COLLOID.

粉毒瘤

見外科、

潤 EPITHELIOMA.

皮毒瘤生在唇舌喉等處俱屬潤皮毒瘤

見外科、

唇生毒瘤又名繭唇 EPITHELIOMA OF LIP.

見外科、

喉生毒瘤又名喉菌 EPITHELIOMA OF THROAT.

見外科、

舌生毒瘤又名舌菌亦名舌疳此金鑑名也但不宜在疳類 EPITHELIOMA OF TONGUE.

見外科、

瘡類 ULCERS, &c.

此類分膿潰疔瘡等

大膿瘡 ABSCESSES. ABSCESSES,

此症分新久數種、

新膿瘡 ACUTE ABSCESS.

見顛茄甘油 海碘酒 無花果 酵 蜂蜜 鴉片膏 敷藥類 內服、金雞衲類 鐵類 等藥、

久膿瘡 CHRONIC ABSCESS.

見架波匿酸 台茂魯 銀丹 錳强鋏水 洋茯苓 鐵劑 等藥、及補劑、

緩膿瘡又名緩疽 STRUMOUS ABSCESS.

見瘰癧類同治、

癰瘡紅腫稱癰 SEVERE ABSCESS.

見新膿瘡同治、

疽瘡白陷稱疽 DEEP-SEATED ABSCESS.

見久膿瘡及骨類病、

流注瘡 DIFFUSED ABSCESS.

見同上、

瘡漏又名膿脂又名漏脂 FISTULCUS SINUS.

見架波匿酸射水海碘仿油膏等藥、

菌肉 FUNGOUS FLESH. 又名贅肉又名瘜肉

見枯白礬礦強銅等藥、及丹濟、

惡肉 CARIOUS FLESH. 又名死肉又名腐肉

見同上、

瘡痂 SCABS. 俗名疙渣

見油膏類油類等藥、

小膿瘡 FURUNCULUS. 又名癤子

見蜂蜜顛茄甘油硫磺鴉片膏等藥、及敷藥類、

潰瘡 ULCERS. 又名爛瘡

見硼砂硝強銀綠氣鋏水礦強銅官粉松香油膏礦強鋥蜂蜜煉鉛粉個老設安醋酸鉛沙攻鋥養油膏海碘仿等藥、

頑瘡 INDOLENT ULCERS.

見秘魯脂汞搽油　佳奴銀丹　松香油膏沙坟油膏　安息香製酒　等藥、

惡瘡 PHLEGMONOUS ULCERS.

見架波匿酸沙利先酸　磺强酸醇敷藥　骨炭敷藥木炭敷藥　綠氣水綠氣鉄　蜂蜜銀丹　錳强鉄　等藥、

楊梅潰瘡 SYPHILITIC ULCERS 又名楊梅頑瘡

見硝强汞酸水硝强汞油膏　架波匿酸海碘仿　等藥、

臥瘡 BEDSORES. 又名隱瘡即久病身壓之處生瘡

見磺養酸秘魯脂　粉子甘油松香油膏　鋥養油膏個老殿安　銀丹　等藥、

凍瘡 CHILBLAINS. 又名寒瘡又名凍瘃

見白礬敷藥硼砂油膏　鉐綠水幾阿蘇　銀丹甘油　辣椒搽酒海碘油膏　等藥、

毒膿瘡 CARBUNCLE. 又名癰瘡

見架波匿酸汞製油膏　鉄溴鉐磺　加比農製油膏敷藥類　醇　等藥、

背癰 CARBUNCLE OF BACK. 俗名搭手

見同上、

對口疽 CARBUNCLE OF NECK.
俗名對口

見同上、

疔瘡 VIRULENT BOIL.
又名毒癤一切有毒最險之癤名爲疔瘡

見補劑、外用丹藥類敷藥類等

走線 PUSTULA MALIGNA.
疔又名紅絲疔又名疔疽又名惡毒膿疱

見丹藥類、金雞納架波匿酸綠強鋏磺養碘鐵酒等藥、及行氣劑、

馬瘡 GLANDERS.
即馬鼻毒涎傳於人生瘡

見同上、

蛇頭 WHITLOW.
疔又名指疔又名指頭骨衣發炎

見架波匿酸海礎仿等藥、及敷藥類、

穿掌 ABSCESS OF PALM.
又名擎疽又名托盤疽

見數藥類、

雜項類症 AFFECTIONS. UNCLASSIFIED

有數症不屬類者兼病狀等開列于左

新症 ACUTE DISEASES. 甚者爲重症速者爲急症

此卽各症之初得者、

久症 CHRONIC DISEASES. 又名久涎症

此卽各症之日久者、

粧病 MALINGERY, 又名假粧病症

此無眞症、

不服 DISAGREEMENT OF CLIMATE. 水土又名水土不宜

見內科、

天行 MIASMA. 癘氣又名時氣又名疫氣

見內科

時症 EPIDEMIC DISEASE. 又名天行時症又名傳染症又名瘟疫此稱原爲病名因其傳染更甚故今多以瘟疫爲傳染之意
見內科

迷昏 DELIRIUM. 俗名迷糊
見內科

發譫語 DELIRIOUS RAVING. 又名妄語妄笑俗名說胡話
見內科

循衣摸牀 PICKING OF BEDDING.
見內科

昏迷不醒 COMA.
見內科

血積症 CONGESTION. 又名血瘀症肺肝脾腎等皆有之

炎症 INFLAMMATION.

見內科、

又名紅腫熱症 俗名有火 炎症及血積原爲一病、血積惟紅熱而病輕、炎症乃熱紅腫痛而病重、

見平火安心劑、瀉劑、解熱劑、外用釣炎劑、

疼痛 PAIN.

按疼處起名

見止痛劑、

筋骨疼 PAIN IN BONES AND MUSCLES.

其故不一有因風濕而生有因楊梅結毒而生有因傷寒等熱症而生但其狀則一也

見同上、

誤受藥毒 POISONING.

又名服毒

見各毒藥下之解毒劑、

外傷 WOUNDS.

此分數樣見下

見外科、

損傷 CONTUSED WOUNDS.

又名跌打損傷 皮未損破不見血出者用下治法

金 WOUNDS FROM WEAPONS.

見淡醋酸白礬樸子採酒濃酒阿摩尼亞綠帝醋架食鹽伯蘭地酒淡鉛水等藥、

刃傷又名刀刃傷分三種一割傷二砍傷三刺傷

割 INCISED WOUNDS.

傷見外科、

砍 LACERATED WOUNDS.

傷見外科、

刺 PUNCTURED WOUNDS.

傷見外科、

鎗 GUNSHOT WOUNDS.

礮傷見外科、

毒 POISONED WOUNDS.

傷又名毒物傷

癉疽 ERYSIPELAS OF WOUNDS.

見外科、又名外傷生癉疽又名瘡生丹毒又名癰疽發暈

見海碘酒錳强鋏 下荷養鏀金雞衲霜 鏀酒 等藥、

瘡中生蛆 MAGGOTS IN WOUNDS.

見同上、

黑臭 GANGRENE.

爛又名骨肉腐爛又名脫疽

見架波匿酸錳强鋏水 海碘酒 內服金雞衲鐵酒阿 等藥及補劑、

脫骨疽 SENILE GANGRENE.

見同上、

螫齩傷 BITES AND STINGS.

見下各類、

蛇齩 SERPENT BITE.

見阿摩尼亞水、食鹽、酒類等藥及行氣劑

狗皶 DOG BITE.

（瘋狗傷爲瘋犬皶）見丹藥類、及敷藥類、

蝎螫 SCORPION STING.

見阿摩尼亞水、炭養阿摩尼亞、鈸養水等藥、

蜂螫 BEE STING.

又名蜂叮 見同上

火傷 BURNS.

見架波匿酸香油、架波匿酸甘油、炭匿酸甘油、炭養鉐降散、銀丹洗水、石灰搽油、磺養酸、幾阿蘇、鉐粉、棉花、梏拓綠水、個老殿安、洋橄油、松節油、香油、豆油、胡麻子油、濃酒等

湯傷 SCALDS.

見同上、

石灰迷目 LIME IN THE EYE.

見淡醋蛋青等藥、

蕈菌毒 MUSHROOM POISONING

見莫非攩鴉片等藥、及潤劑、

白虱 PEDICULUS CORPORIS.

又名身虱

見水銀阿摩尼亞汞藥蟲散油類等藥、

髮虱 PEDICULUS CAPITIS.

又名頭虱

見同上、

八脚虱 PEDICULUS PUDENDI.

又名下陰毛虱

見阿摩尼亞汞三仙丹等藥、

臭蟲 CIMEX LECTULARIUS.

見藥蟲散雙綠汞等藥、

虼蚤 PULEX IRRITANS.

又名跳蚤

見藥蟲散薄荷油等藥、

- 寄生蟲 PARASITES.
- 症原子又名生病子又名玅子又名疛 DISEASE GERMS.
- 水泡類 BLISTERS.
- 大漿泡類 BULLA.
- 小漿泡類 VESICULA.
- 膿泡類 PUSTULA.
- 疹瘢類 EXANTHEMATA.
- 瘢點類 MACULA.
- 疙瘩類又名皮膚生粒 PAPULA.
- 膚鱗類 SQUAMA.
- 赤疣類 TUBERCULA.
- 風團類 WHEALS.

病類目綠

SUB-INDEX OF DISEASES.

萬國藥方卷二終

海上絲綢之路文獻集成

總主編　陳支平　陳春聲

科技與文化編 54

主編　王揚宗　葉　農

海峽出版發行集團
THE STRAITS PUBLISHING & DISTRIBUTING GROUP
福建人民出版社

国家出版基金项目
NATIONAL PUBLICATION FOUNDATION

本册目次

萬國藥方八卷（卷三至卷五）

〔美〕洪士提反譯

萬國藥方

卷三

權量分準

Tables of Weights and Measures.

TABLE OF WEIGHTS.

西國藥秤　自林士爲始　砝號 1gr. 或

四百三十七林士半爲一兩、西名一安士、　砝號 1oz.

十六兩爲一觔、西名一磅、　砝號 1lb.

兩內有常用之砝碼開列於左、

十林士爲半士古倍、　砝號 ℈ss

二十林士爲一士古倍、　砝號 ℈j

三十林士爲半打拉門、　砝號 ʒss

四十林士爲二士古倍、　砝號 ℈ij

六十林士爲一打拉門、西名一地廉、　砝號 ʒj

一百二十林士爲二打拉門、　砝號 ʒij

以上六等砝碼、原不屬於常秤、因其便宜、故用之、

一百零九林士有奇爲一兩四分之一、　砝號 $\frac{1}{4}$oz 或 4 DRAM

二百十八林士有奇爲半兩、　砝號 $\frac{1}{2}$oz 或 8 DRAM

四百三十七林士半爲一兩、（即七打拉門零十七林士半、）　砝號 1oz

西國藥秤、較中國爲小、但中國之秤亦不一、今本書所用之秤、乃遵照庫秤而定、因庫秤通行各省也、（看下中西權譜、）

西國藥秤一兩、（名一安士、）即中國庫秤七錢六分也、（較庫秤每兩少二錢四分、）

西國藥秤一打拉門、即中國庫秤一錢零五厘也、（較庫秤一錢每打拉門多五厘、）

中國庫秤一兩、即西國藥秤五百七十五林士半、（較西藥秤每兩多一百三十八林士、）

中國庫秤一錢、即西國藥秤五十七林士半、（較西藥秤之打拉門、少二林士半、）

西國藥量 TABLE OF MEASURES.

自林士爲始（一林士與一滴不甚差）　記號 m 或 m

六十林士爲一打拉門、（西名地脈量、）　記號 ʒ 或 Fl. dr.

八打拉門爲一兩、（西名安士量、）　記號 ℥ 或 Fl. oz.

二十兩爲一盆、（即一觔量、西名一溢式、）　記號 O. 或 Pt.

八盆（即八觔量）爲一桶、（西名一閣圇、）　記號 C. 或 1.Gal.

此量之數、由秤之一兩而起、其法先用水、（熱至六十度者）秤足一兩傾一器內、視其至處、畫一記號、（爲一兩量）再將此水分爲八打拉門、（各畫記號、爲打拉門量）每打拉門再分爲六十林士即得、

小兒服藥之數（按大人之分數折扣） DOSES FOR CHILDREN.

一歲者按十二分之一服、

二歲者按七分之一服、

三歲者按五分之一服、
四歲者按四分之一服、
五歲者按七分之二服、
六歲者按三分之一服、
七歲者按十一分之四服、
八歲者按五分之二服、
九歲者按七分之三服、
十歲者按十一分之五服、
十二歲者按一半之數服、
此卽大槪之數也、又有可多服者、如顛茄等、又有必宜少服者、如鴉片等是也、若加詳察、須看嬰兒科、

配藥例言

Remarks on Dispensing.

一　凡書中配藥之數多用分字此分字乃份字之意非兩錢分釐之分如多製配則每斤可作一分少製配則每釐亦可作一分勿爲所拘

二　凡藥屬流質者皆以量量之每量可作一分如水酒油藥等類是也藥屬定質者皆以秤稱之每秤可作一分如藥膏藥散及五金等類是也（藥方內間有流質不量者必註一秤字）

三　凡藥方配製用一天者乃一晝一夜也

四　凡藥之通行常用者其名高擡四頭次則三頭藥方之常用者其方高擡兩頭次則一頭俱按英國本草定例（抬四頭兩頭者皆在英國本草內抬三頭一頭者間在美法中華本草內）

五　凡配藥之方、其多少先後、俱係一定、不可疏忽錯亂、

六　凡書所說寒暑表之度數、俱以髮倫表數爲準、

七　凡猛厲藥、與藥精等、間有用一林士分作幾分者、因英國藥秤以林士爲極小之數故欲少服藥者、必分林士爲幾分、如半林士、一林士三分之一、一林士十分之一之數是也、搭配須宜謹慎、如作丸用、可同别藥仔細研勻、如要單服、可用法化開、然後分服、如有成方、照成方之法化服、

Comparative Table of English and Chinese Weights

按西國藥秤較中國庫秤圖

	號	林士		分	釐	毫	絲	
	½gr	半	即			八	七	半
•	1gr	一	即		一	七	五	
••	2gr	二	即		三	五		
∴	3gr	三	即		五	二	五	
∷	4gr	四	即		七			
⁙	5gr	五	即		八	七	五	
⠿	6gr	六	即	一	○	五		
		七	即	一	二	二	五	
		八	即	一	四			
		九	即	一	五	七	五	
	℈ss	十	即	一	七	五		
		十一	即	一	九	二	五	
		十二	即	二	一			
		十三	即	二	二	七	五	
		十四	即	二	四	五		
		十五	即	二	六	二	五	
		十六	即	二	八			
		十七	即	二	九	七	五	
		十八	即	三	一	五		
		十九	即	三	三	二	五	
	℈j	二十	即	三	五			
		二十一	即	三	六	七	五	
		二十二	即	三	八	五		
		二十三	即	四	○	二	五	
		二十四	即	四	二			
		二十五	即	四	三	七	五	
		二十六	即	四	五	五		
		二十七	即	四	七	二	五	
		二十八	即	四	九			
		二十九	即	五	○	七	五	
	ʒss	三十	即	五	二	五		

Comparative Table of English and Chinese Weights.

按西國藥秤較中國庫秤圖

號	林士		錢	分	釐	毫	絲
	三十一	即		五	四	二	五
	三十二	即		五	六		
	三十三	即		五	七	七	五
	三十四	即		五	九	五	
	三十五	即		六	一	二	五
	三十六	即		六	三		
	三十七	即		六	四	七	五
	三十八	即		六	六	五	
	三十九	即		六	八	二	五
℈ij	四十	即		七			
	四十一	即		七	一	七	五
	四十二	即		七	三	五	
	四十三	即		七	五	二	五
	四十四	即		七	七		
	四十五	即		七	八	七	五
	四十六	即		八		五	
	四十七	即		八	二	二	五
	四十八	即		八	四		
	四十九	即		八	五	七	五
	五十	即		八	七	五	
	五十一	即		八	九	二	五
	五十二	即		九	一		
	五十三	即		九	二	七	五
	五十四	即		九	四	五	
	五十五	即		九	六	二	五
	五十六	即		九	八		
	五十七	即		九	九	七	五
	五十八	即	一	○	一	五	
	五十九	即	一	○	三	二	五
ʒj	六十	即	一	○	五		
ʒij	百廿	即	二	一			

萬國藥方 卷三

Materia Medica and Preparations

相思子 又名紅豆 ABRUS PRECATORIUS

此藥出於南亞美利加、及印度等處、入藥用樹子、

外用　治眼胞內生米粒瘡、及皮類病、

相思子泡水 INFUSUM ABRI　製法　相思子三分研末　涼水五百分　泡一天、再加沸水五百分　候涼過淋紙爲度、　日三次點眼內、令其生炎出膿、退雲翳、並治米粒瘡用之、

相思子糊 PASTA ABRI　製法　相思子二百分去皮　涼水五百分　浸一天、入臼打糊、再加水足八百分爲度、　治皮類病、用毛筆蘸搽、

肥皂 又名肥皂莢 ACACIÆ CONCINNÆ PULPA.

此藥出中國等處、由肥皂莢製出、

外用　治疥癬與皮類等病、

白樹膠又名亞拉伯膠 ACACIÆ GUMMI.

此藥出亞非利加、及亞拉伯印度等處、乃阿揩西耶樹之膠、結顆粒略圓、上多坼紋、色灰白不過光、因其色白故名

化法　冷水一分化一分　沸水易化但化後變酸不堪用　酒　伊打　油類均不化、

功用　潤劑　養生　又配別藥常用之、

主治　乾瘷嗽、每用一塊、放口內噙化、

反藥　酒　伊打　阿摩尼亞水　鉛霜　硼砂　強水類、

白樹膠漿 MUCILAGO ACACIÆ.

製法　白樹膠四分零塊　汽水六分　裝有蓋器內、間時調勻、以化為度、

每服一至四打拉門、治瘷嗽藥內、添少許最妙、此漿能令油與水化勻、服藥油者便用、

又方　膠漿三打拉門　藥油一兩油皆可各樣　入臼研勻漸加水研極勻為度、

白樹膠勻水 MISTURA ACACIAE.

製法　白樹膠漿一分　水糖一分　汽水二十分　共化勻爲度、治內熱　亦治服毒後腹內煩熱、

德國方　白樹膠十五分細末　煉白糖十五分　水一百七十分　共化勻爲度、

法國方　白樹膠一分細末　水糖三分　柑花汽水一分　汽水十分　共化勻爲度、

白樹膠糖 SYRUPUS ACACIAE.

製法　白樹膠十分研末　汽水四十三分　白糖六十七分　先將白樹膠入汽水內化開、再入燙鍋加白糖化勻、過布濾渣爲度、

釅醋 又名 乾醋 ACETUM.

此藥之濃淡、以醋精多寡爲定、製法有粟米或果實及別物之異、按百分中函醋精三分至六分者、爲通行之品、英國藥肆用者每百分中函醋精五分有奇、

功用　收斂　解熱　利小便、

主治　熱症　自汗　盜汗　乾渴、

服法 每服一打拉門至一兩、加水用之、

外用 治跌打損傷 閃腰扭挫 石灰迷目、

反藥 石灰 阿摩尼亞 反酸類 炭養鹽類、

釅醋 GARGARISM AACETI.

醋漱水 製法 荆芥泡水一兩 釅醋一兩 和勻仰嗽、治咽喉類病、

純醋酸 ACIDUM ACETICUM VERUM.

一名醋精 化名 炭$_2$輕$_4$養$_2$ 即 輕炭$_2$輕$_3$養$_2$

此純酸不易製造、亦不入藥用、用者按函醋精之多寡、分濃淡冰三種、

濃醋酸又名 ACIDUM ACETICUM.

醋強酸

此藥由木內蒸出、復用法煉成者、無色極酸、齅之刺鼻、其性酷烈、不可單服、惟配佐他藥方可用之、每百分中計有醋精三十三分、

淡醋酸又名 ACIDUM ACETICUM DILUTUM.

淡醋強酸

製法 濃醋酸一分 汽水七分 化勻為度 每百分中計有醋精四分有奇、

功用 收斂 解熱 利小便 與釅醋同、

冰醋酸又名

ACIDUM ACETICUM GLACIALE.

服法　每服一二打拉門、加水沖服、

冰醋强酸

此藥結冰、無色過光、味極酸、氣息刺鼻、按百分中計有醋精九十九分

化法　水全化　此藥能化樟腦、藥脂類、藥香類、蒸油類等、

功用　丹類　不可內服

外用　治瘊疣等症　楊梅瘊子　痜瘡

香醋酸

ACIDUM ACETICUM AROMATICUM.

製法　冰醋酸七十二分　丁香油九分　拉彎大油六分　陳皮油六分　伯格莫油三分　台茂油三分　肉桂油一分　共化勻過淋紙爲度諸藥之分皆用秤

又方　拉彎大油一分　薄荷油一分　迷迭香油一分　側柏油一分　肉桂油一分　檸檬油二分　丁香油二分　濃酒三百分　淡醋酸四百五十分　汽水一千二百分　共和勻、浸數日、過淋紙爲度、

又方　冰醋酸五百分　樟腦五十分　肉桂油一分　丁香油一分　拉彎大油半

分共化勻過淋紙爲度、

又方　靑蒿　艾葉　迷迭香　荆芥　薄荷　濡草　拉彎大花各十五分　水菖蒲　肉桂　丁香　肉豆蔻　蒜頭各二分　樟腦四分　冰醋酸五十分　釅醋一千分　葡萄酒製色白者佳　先將樟腦與冰醋酸化開聽用、後將各藥入釅醋浸十天、用絞盤絞渣、加入樟腦醋酸和勻、過淋紙爲度、　以上四方、功用相同、可提神以代鼻烟、西國婦人多用之、嗅其氣極美、

信石　又名 ACIDUM ARSENIOSUM

砒霜　粗質名信石、煉成者爲砒霜、此書所論皆是煉成者　一名　鼻霜　又名　鑪養酸　化名　鑪養三　舊名　鉮養三

此藥自砒石煆過再升煉而成、色白質重、無臭無味、性酷毒、不可單服、常用者惟信石鋏水、鑪碘汞水二方、

化法　冷水一百分化一分　沸水二十分化一分　濃酒五百分化一分　鹽強水六分化一分　甘油八分化一分　鋏養水十一分化一分

功用　補腦　改病　解熱　解瘧　順氣

信石

LIQUOR ARSENICALIS.

(ANTIDOTUM ARSENICI.)

主治　濕癬　皮膚久病　久風濕　瘧疾　腦氣筋疼　跳舞風

楊梅類病　拘攣風濕　氣喘

服法　每服一林士六十分之一、至十二分之一、多加水化之、飯後服、

外用　丹類、亦宜慎用、（治毒瘤惡瘡等症）

反藥　鐵鹽類　鎂養　石灰水　收斂藥類

解藥　解此毒先服吐藥、後服濕鐵養、或鐵綠鐵養水、或鎂養、或淡阿摩尼亞水或無名異或石灰搽油皆可、（總以溼鐵養、鐵綠鐵養水爲妙）

又經驗良方　鎂養（十五分）水（二百五十分）和勻入瓶、再用上礦強鐵水、（一百分）水（二百五十分）和勻入瓶、用時將二水各一半和勻服之、即解此毒、（或一斤或半斤酌服可也、）

鉮水　製法　信石（八十七林士）炭養鉮（八十七林士）拉彎大製酒（五打拉門）汽水（二十兩）先將汽水、信石、炭養鉮入鍋熬化、候冷、入拉彎大製酒、加水仍足二十兩爲度、

每服二至八林士、加水冲服、日二三次、飯後用之、（每五十五林士內計有信石半林士）

鹽強 LIQUOR ARSENICI HYDROCHLORICUS

信石水製法　信石八十七林士　鹽強水二打拉門　汽水二十兩　先用水四兩，加鹽強水與信石，熬至消化，再加餘水，仍足二十兩爲度。服法同上。每五十五林士內計有信石半林士

信 PASTA ARSENICALIS

石糊製法　信石二分　磺強莫非欖一分　幾阿蘇酌用　共研成糊爲度。治牙痛，用此糊一米粒，點棉花上，塞入牙穴內，外用軟蠟封固，過二三時許，取去即愈。此藥能敗牙內之腦氣筋，致永不再痛，但塞藥之時必痛，可先搽高告欖水以免痛。

又方　信石一分研末　木炭一分細末　硃砂四分研細　水酌用　共研勻成糊爲度。外用，治毒瘤等瘡。

信 LOTIO ARSENICALIS.

石洗水製法　信石十林士　汽水十六兩　謙落膏一兩　淡鉛水三兩　鴉片酒一打拉門　共和勻爲度。治毒瘤瘡疼，每日一次洗之。

信 PILULA ASIATICA

石丸製法　信石一林士　胡椒八十林士細末　用饅頭屑研爲團，作二十丸爲度。每服一粒。

信石葡酒 VINUM ARSNICALIS.

製法　信石林士十五　汽水二斤　入鍋熬至信石消化、候涼過淋紙、再加汽水仍足二斤之數、末加白葡酒或黃酒二斤、共和勻爲度、　每服半至一打拉門、每四兩內計有信石一林士

⿱信金強酸 ACIDUM ARSENICUM

化名　⿱信金二養五　舊名　鉮養五

此藥自信石與硝強鹽強二水製成、色白成塊、不過光、露空氣自化、

化法　涼水六分化一分　沸水二分化一分

功用　補腦、改病　與信石同　性較信石爲烈

服法　每服一林士四十分之一、多加水沖服、

辨佐諾酸 ACIDUM BENZOICUM.

一名　安息香酸　化名　炭七輕六養二　即　輕炭七輕五養二

此藥從安息香製出、形如片珠、體輕而薄、色白臭香、味甜而辛、

化法　冷水四百三十分化一分　沸水十二分化一分　濃酒五分半化二分　伊打五分半化二分　哥羅方六分化一分　辨蘇十二分化一分　甘油四十五分化一分　熱甘油十二分化一分　反酸水類均化、　加硼砂少許畧易化、

功用　行氣　化痰

主治　瘶瘷　遺尿　膀胱發炎

服法　每服五至十五林士、多加水冲服、或用糖漿或甘油作丸服亦可

辨佐匿酸冰糖

TROCHISCI ACIDI BENZOICI.

製法　辨佐匿酸三百六十林士　煉白糖二十五兩細末　白樹膠一兩細末　白樹膠漿二兩　汽水酌用　先將上三藥研勻、再加膠漿與水共調勻成圜、分七百二十塊、焙乾爲度、每塊內計有辨佐匿酸半林士　每服一至五塊

硼酸

ACIDUM BORICUM.

化名　輕$_3$硼養$_3$　舊名　硴養$_3$

此藥有生成在火山中、後經煉而出者、亦有由硼砂與磺強水製煉而成者、結冰、形如片珠、色白半過光

化法　冷水二十五分化一分　沸水三分化一分　甘油四分化一分　濃酒三十分化一分

功用　免臭氣　胃治內發釀

服法　每服五至三十林士

硼酸 UNGUENTUM ACIDI BORICI

外用　免臭爛　治火眼　及潰瘡、惡瘡等　用此藥一分、沸水三分化合、將麻絨布加入浸透、提出曬乾、敷患處、治瘡症最妙、

油膏 製法 硼酸細末一分 軟巴喇粉四分 硬巴喇粉二分 先將二巴喇粉化匀、再將硼酸過細羅於內、調匀至冷爲度、　治瘡癩症、

又方　硼酸細末一分 辨佐匿豬油六分 調匀爲度

又方　硼酸細末十七釐 鯨腦油膏一兩 共調匀爲度、　治眼皮米粒瘡用

[illegible]

硼酸洗水

酸洗水 製法 硼酸細末二十釐 汽水一兩 化匀爲度、　治火眼用

架波匿酸 ACIDUM CARBOLICUM

化名 炭輕養 即輕炭輕養

此藥自蒸煤氣所剩之脂製出、分定流二種、定者形如片珠、色白過光、有極淨不函水者、名紛哪理、內服多用此種、

化法　冷水十三分化一分 洋橄油二分化一分 甘油一分化三分半 哥羅方一分化三分 伊打一分化四分 濃酒

一分化六分辨蘇二分化四分半炭礦一分化二分半鍊養水　鹵養水　油類同化此酸大奇多加水必十三分方化一分少加水每一分水可化酸四至九分

功用　發表　解熱　行氣　免臭氣　殺蟲

主治　乾嘔　肚瀉　熱症　天花　痲症　疹子　哮咳嗽

服法　每服一至三林士、加甘草末作丸用、或多加水冲服、或配甘油用

外用　解毒氣　免臭爛　治牛皮癬作癢　濕癬　惡瘡　皮類病　湯火傷

反藥　反酸類

解藥　解此毒者、先服吐藥、或用抽水節、後服淡礦強水　甜石灰水　雞蛋青　洋橄油　蓖麻子油　濃加非水、或茶、以免困倦

架波匿酸甘油 GLYCERINUM ACIDI CARBOLICI

匿酸甘油製法　架波匿酸一分　甘油四分　研至化勻為度　每服五至

十林士、多加水冲服

又方　流架波匿酸一分　甘油四分　化勻爲度

外用　搽瘡、或加水一半搽咽喉內、治白疙瘩、梅核腫大等症、因此藥易化、配架波匿酸洗水常用之、

架波匿酸胰子尖丸 SUPPOSITORIA ACIDI CARBOLICI CUM SAPONE.　製法　架波匿酸十二林士　脂油胰子一百八十林士、研末　粉子甘油四十林士　或酌用　研勻成團、分作十二丸爲度

架波匿酸油膏 UNGUENTUM ACIDI CARBOLICI.　製法　架波匿酸一分　軟巴喇紛十二分　硬巴喇紛六分　先將二巴喇紛、用火化勻、再入架波匿酸、調至冷爲度、

美國方　架波匿酸一分　黃油膏九分　調極勻爲度、　治瘡類症

架波匿酸漱水 GARGARISMA ACIDI CARBOLICI　製法　架波匿酸二十林士　水一兩　化勻爲度、　漱喉子　治咽喉類病　及口發臭氣

架波匿酸射水 INJECTIO ACIDI CARBOLICI　製法　架波匿酸一十林士　水四兩　化勻爲度、　用水節射入膀

胱、或陰戶、以解臭氣、

架 LOTIO ACIDI CARBOLICI.

波匿酸洗水 製法 架波匿酸三十林士 水八兩 化勻爲度、洗諸瘡症最妙

亦治蚊咬癢痛

又方 架波匿酸甘油二三打拉門 水十兩 化勻爲度、洗瘡用、

又方 架波匿酸十五至三十林士 水一兩 化勻爲度、洗惡瘡

架 OLEUM CARBOLATUM.

波匿酸香油 製法 架波匿酸一分 香油十分 化勻爲度、治湯火傷最良 搽各樣瘡口亦可

架 VAPOR ACIDI CARBOLICI.

波匿酸化汽水 製法 架波匿酸二十林士 水一兩 化勻爲度、入噴氣燈內、候藥水化汽、令病者吸之、治咽喉不利、及口發臭氣、

流架波匿酸 ACIDUM CARBOLICUM LIQUEFACTUM.

製法 定架波匿酸十分 滚水一分 化勻爲度、

功用 同前、此則便用

濁架波匿酸 ACIDUM CARBOLICUM CRUDUM.

此藥色棕而黑、內函雜質、

功用　惟解毒氣、不宜別用、置茅廁中除惡氣常用

磺强架波匿酸 ACIDUM SULPHO-CARBOLICUM.

波匿酸化名、炭六輕六養・磺養四上水

此藥從磺強水與架波匿酸製出、與底類能化合成鹽者、

功用　配以下各鹽類服之勝於單服架波匿酸　解毒　免臭　解血內釀毒

磺强架波匿阿摩尼亞 AMMONII SULPHO-CARBOLAS.

此藥結白色之冰　每服　五至十林士

磺强架波匿鈣 CALCII SULPHO-CARBOLAS.

此藥結白色之冰　每服　五至十林士

磺强架波匿銅 CUPRI SULPHO-CARBOLAS.

此藥結水色淺藍過光　外用　免臭爛

磺強架 FERRI SULPHO-CARBOLAS.

波匿鐵

此藥結棕色冰片半過光　每服十至二十林士

磺強架 MAGNESII SULPHO CARBOLAS.

波匿鎂

此藥結白色之冰　每服十至十五林士

磺強架 POTASSII SULPHO-CARBOLAS.

波匿鋏

此藥結白色之冰　每服五至十五林士

紛哪達林 PHENOL-PHTHALEIN. 化名 炭二十輕十四養四

此物自紛哪理與衲地連酸製成結散色白而黃原不入藥惟化學家試驗藥性用之鋏類鏀類見此物變深紅

鏴 又名 鉻 CHROMIUM

此原質甚脆而堅與別質化合色皆悅目與養氣化合成酸類

鏴強酸 ACIDUM CHROMICUM 化名 鏴養三 舊名 鉻養三

此酸自雙鉻強鉌與磺強水製成，結冰形如鹹芒，色現紅紫，味酸而濇，露空氣自化

化法　水（二分化一分）　酒醕化而敗壞

外用　丹劑　免臭爛　治瘊子　惡瘡　頑瘡　毒癰等症（加水用見下）

鉻強酸水 LIQUOR ACIDI CHROMIC.

（製法）鉻強酸一分、汽水三分，化合為度　作丹類治瘡症，以玻璃條點之，若洗瘡須多加水，（一盆水約用此藥幾滴）

法國方　鉻強酸一分　汽水一分　化勻為度　點瘊子用

橣檬酸又名 ACIDUM CITRICUM.

橣酸（化名）炭$_{六}$輕$_{八}$養$_{七}$·輕$_{二}$養　即　輕$_{三}$炭$_{六}$輕$_{五}$養$_{七}$·輕$_{二}$養

此藥自橣檬汁（或洋金棗汁）製出者，結珠無色，味酸而凉，

化法　水（六分化十分）　甘油（二分化一分）　濃酒（十五分化十分）　伊打（五十分化一分）　辨蘇　哥羅方微化

功用　解熱　解渴

服法　每服十至三十林士，加水二兩和服

反藥　葡酸鋏　反酸炭養鹽類　醋酸鹽類　硫磺鹽類

櫞酸糖 SYRUPUS ACIDI CITRICI.

製法　櫞檬酸二十分　水糖九百六十分　汽水二十分　櫞檬酒一分　調勻爲度

又方　櫞檬酸八分　水糖九百八十分　汽水八分　櫞檬酒四分　調勻爲度　與櫞檬汁同用

架沏酸 ACIDUM GALLICUM. 一名沒石子酸

化名　炭七輕六養五·輕二養　即　輕三炭七輕三養五·輕二養

此藥自沒石子製出，結珠頗細，恍似針芒，色白而黃，味畧酸而濇，

化法　冷水一百分化一分　沸水三分化一分　濃酒八分化一分　伊打五十分化一分　甘油二十分化一分　熱甘油五分化一分

功用　收斂　治內部血出　虛癆自汗　吐酸　子宮血出　吐血　尿帶蛋青類

服法　每服三至十林士，日三次服之　尿帶蛋青者，可服十至六十林士　吐血，十至三十林士

GLYCERINUM ACIDI GALLICI.
UNGUENTUM ACIDI GALLICI.
PILULA ACIDI GALLICI.
ACIDUM PYROGALLICUM.

反藥　強水類　五金鹽類　炭養鍁　炭養鏀　石灰水　鍁銻葡

吐藥　甜硝伊打酒　衣必格　鴉片等

架沕酸甘油 製法 架沕酸一分 甘油四分 入臼研勻再入湯鍋化勻爲度

每服十至六十林士

架沕酸油膏 製法 架沕酸一分 辨佐匿猪油九分 研勻爲度　治痔瘡

頑瘡等類

架沕酸丸 製法 架沕酸三十林士 甘油三林士 共研勻分作六丸爲度

火架沕酸 化名 炭$_6$輕$_6$養$_3$ 即 炭$_6$輕$_3$(養輕)$_3$

此藥由架沕酸加熱自三百五至四百度製出故名之結象色白而亮

味極苦

化法　水二分化一分 濃酒十分化九分 伊打能化

外用　治皮類病　烏髮　照像者恒用之

火架沕酸油膏 UNGUENTUM ACIDI PYROGALLICUM.

火架沕酸油膏 製法 火架沕酸六十林士 辨佐匿猪油一兩 調勻爲度 治白癬最艮

火架沕酸烏髮水 LIQUOR TINCTILIS CRINALIS.

火架沕酸烏髮水 製法 火架沕酸一分 汽水十六分 化勻入瓶、再用硝強銀一分 水三十分 化勻另入瓶、用時將二瓶之水各少許、次第搽於髮際、立能變黑、

溴輕酸 ACIDUM HYDROBROMICUM.

化名 輕溴上水

此酸自溴質與硫礦輕氣製出、濃者不入藥用、

淡溴輕酸 ACIDUM HYDROBROMICUM DILUTUM.

又名 淡溴輕水

此藥無色無臭、味極酸、每百分秤函純溴輕酸十分 按正方此藥不易配、下有便方配之、

功用 平腦 改病 與鋏溴、鏀溴同、二者常服、可以此酸代之、

服法 每服十五至五十林士 加水與水糖服之

鹽強酸 一名

ACIDUM HYDROCHLORICUM.

製法 鋏溴二百五十七林士 汽水二兩 化勻、再用葡酸三百十七林士 汽水二兩 化勻、將二水調洽、過淋紙爲度、 每服三十至六十林士

鹽強水 又名 輕綠酸 化名 輕綠丄水

此酸從食鹽與磺強水製成者、其形如水、無色、過光、齅之刺鼻、味極酸、性猛烈、每百分秤計函輕綠酸氣三十二分

功用 不可內服、惟加水和爲淡者、方可用之、

解藥 解此毒者、火石粉 鎂養 蛋青 石灰搽油 胰子水 潤水類 後用鴉片酒、及伯蘭地酒、和牛肉湯同射入肛門、

淡鹽強酸

ACIDUM HYDROCHLORICUM DILUTUM.

又名 淡輕綠酸

製法 鹽強水八分 汽水足二十六分半 化勻、候涼至六十度而量之、每百分秤計函輕綠酸氣十分半有奇

功用 補劑 解熱 免臭爛

服法 每服十至三十林士、多加苦草藥類泡水和服、如龍膽草泡水、及高林布泡水等是也

反藥　銀鹽類　鉛鹽類　鋏銻葡吐藥　反酸類　反酸炭養類

鹽強酸漱水

GARGARISMA ACIDI HYDROCHLORICI.

製法　淡鹽強水一打拉門　玫瑰泡水八兩　和勻仰漱　治咽喉類病

輕炭淡酸

ACIDUM HYDROCYANICUM.

又名輕衰　化名輕炭淡

此酸自黃鐵炭淡鋏與磺強水製成，乃無色流質，別具一種氣臭，其性最毒，不敢單服，人若誤服淨者，即一二林士，立刻喪命，

淡輕炭淡酸

ACIDUM HYDROCYANICUM DILUTUM.

又名淡輕衰水

此藥無色，味辛，性酷毒，別具一種氣臭，宜存玻塞瓶堵嚴，每百分秤計，內純輕炭淡酸二分

功用　平火安心　解轉筋

主治　嘔吐　胃氣疼　飯不消化　心跳

服法　每服二至八林士小心慎用

外用　治皮膚瘙癢

反藥　銀鹽類　銅鹽類　鐵鹽類　三仙丹　硫磺鹽類

解藥　解此毒用青礬十林士　鐵酒一打拉門　水一兩　調勻服之、再用炭養鋏二十林士　水一兩　化開服之、

輕炭淡酸化汽水 VAPOR ACIDI HYDROCYANICI.

製法　淡輕炭淡酸十至十五林士　汽水六十林士　化勻爲度、入噴氣燈內、俟藥水化汽、令病者吸之、　治內部受傷　治眼疼用此藥之

輕炭淡酸製勻水 HAUSTUS ACIDI HYDROCYANICI COMPOSITUS.

製法　淡輕炭淡酸一打拉門　薄荷水四兩　雙炭養鏀半兩　汽水四兩　共化勻爲度　每服半至一打拉門　治胃疼　心跳

輕炭淡酸洗水 LOTIO ACIDI HYDROCYANICI.

製法　淡輕炭淡酸二打拉門　薔薇汽水八兩　和勻爲度、用布蘸洗患處　治皮膚瘙癢

輕炭淡酸油膏 UNGUENTUM ACIDI HYDROCYANICI.

製法　淡輕炭淡酸半至一打拉門　鋥養油膏一兩　調勻爲度

嬭酸 ACIDUM LACTICUM.

又名乳酸　化名炭三輕六養三水　即輕炭三輕五養三水

此藥從各嬭用法提出、或自嬭餅與白糖、鉛粉、溫水製出、形如水糖、色

淡黃、味極酸每百分中計有純嬭酸即炭三輕六養三七十五分

化法　水、濃酒、伊打、同化、哥羅方不化、

功用　治飯不消化　尿變甜

服法　每服五至四十林士、加水與白糖、日三次服之、治胃不消化、宜加胃酸和服、

外用　作化汽水、治白疙瘩、或化水內刷咽喉亦可

嬭 VAPOR ACIDI LACTICI.

酸化汽水製法嬭酸一分水十六分化勻爲度、入噴氣燈用之能去白疙瘩假皮、

淡嬭酸又名 ACIDUM LACTICUM DILUTUM.

淡乳酸

製法　嬭酸三分汽水足二十分化勻爲度

功用　與嬭酸同而力較遜

服法　每服三十至一百二十林士

孏酸鐵 FERRI LACTAS.

化名 鐵炭$_3$輕$_5$養$_5$・輕$_2$養

此藥從孏酸與鐵質製出、色綠而白、味甜無臭、

化法 溫水四十分化一分 沸水十二分化一分 酒不化、

功用、補血 開胃 嬰兒胃弱便服、

服法 每服一至五林士、

美幹沏酸 ACIDUM MECONICUM.

化名 炭$_7$輕$_4$養$_7$ 即 輕$_3$炭$_7$輕養$_7$

此藥出鴉片製出、狀如鱗片、色樱味酸、

化法 冷水一百五十分化一分 沸水雖化而變質 濃酒四十五分化一分、

功用 配美幹沏莫非積、

硝強酸 又名 ACIDUM NITRICUM

硝強水 又名 淡養酸 化名 輕淡養$_3$水 舊名 輕養淡養$_5$水

此酸自硝強鋏或硝強鈾與礦強水蒸出、無色味極酸、每百分秤計函純硝強酸即輕淡養七十分、

功用 配淡硝強酸 濃者不宜內服、

硝

淡硝強酸

ACIDUM NITRICUM DILUTUM.

LOTIO ACIDI NITRICI.

外用　大丹類　治楊梅疔毒　點諸般惡毒瘡去腐肉、

解藥　解此毒者、用火石粉　鎂養　蛋青　石灰搽油　香油　胰子水　潤水類　後用鴉片酒及伯蘭地酒、和牛肉湯同射入肛門、

強酸洗水　製法　濃硝強水十二林士　水十二兩　和勻爲度、　洗諸般瘡疰用之、

又名　淡硝強水

製法　硝強水六分　汽水足三十一分　化勻、候涼至六十度而量之、每百分秤計內純硝強酸十七分有奇

功用　解熱　補劑　免臭氣、

主治　肝類病　久氣管痰　楊梅結毒、

服法　每服十至三十林士、多加水服、

外用　免臭爛　點頑瘡、

反藥　酒　反酸類　養氣鹽類　青礬　鉛霜　炭養鹽類　硫磺

鹽類　解此毒見上、

ACIDUM NITROHYDROCHLORICUM.

硝鹽強酸 又名合強水 又名皇強水 因其能化金鉑故名

製法 硝強水三分 鹽強水四分 和勻、待自沸後入玻瓶封固、放陰冷處、候一天爲度、忌光、不宜久存、

此藥爲黃色流質、味極酸、臭如綠氣、性猛烈、

功用 不可內服、配淡者常用、

解藥 解此毒、先服吐劑、或用抽水節、後多服雞蛋靑、

ACIDUM NITROHYDROCHLORICUM DILUTUM.

淡硝鹽強酸 又名淡合強水

製法 硝強水三分 鹽強水四分 汽水二十五分 共和勻入玻塞瓶內、存十四天爲度、

又方 濃王強酸七分 汽水二十五分 和勻爲度、

功用 補劑 開胃 改病、

主治 肝塞膽汁少 黃疸、

服法　每服五至二十林士、加水一二兩沖服、

反藥　與硝強鹽強水同、解此毒者見上、

硝鹽強沐浴水 BALNEUM ACIDI NITRO HYDROCHLORICI.

製法　淡硝鹽強酸八兩　溫水一桶熱至九十八度　和勻爲度、用呢子布寬約一尺長須圍腰二週、入此水內浸透提出、畧去水濕圍於腰間、外套油布、日換二次、貯水之器須用玻璃、木、磁等爲之方妥、治肝塞胆閉、

油流酸又名 ACIDUM OLEICUM.

阿溂酸化名十八炭三十四輕二養即輕炭十八輕三十三養二

此藥自油類製出、乃引高度蒸氣經過而得、爲黃色流質、無味無臭、與反酸類能化合成鹽類、

化法　濃酒　哥羅方　伊打　辨蘇　松節油　榨油類皆可化水不化、

油流汞又名 OLEATUM HYDRARGYRI.

阿溂汞

功用　配油流汞、油流鉛、油流鋥等、均係外用、治皮類病、

製法　黃汞養一分　油流酸九分秤　先將油流酸入臼調之漸加黃汞養研勻再間時研至化勻爲度此藥不一有用汞十分之一者有用汞二十分之一者有用汞五分之一者惟五分之一者可以久存

外用　治禿瘡　皮類病　骨節變大　吸核變大

又方　黃汞養一百五十林士　硝強水一百三十林士秤　油流鋏水二十兩　汽水酌用　先將汽水二兩與強水調勻再將黃汞養化勻加水足四十兩漸加油流鋏水調洽用文火候變質後用溫水洗淨取出仍加文火烘乾爲度此方尤良又易貯存

每百分中計有汞質二十八分有奇用時加油流酸多少按作濃淡減加之

油流鋅又名阿沕鋅 OLEATUM ZINCI

製法　鋅養一分　油流酸九分秤　調勻候一時再入燙鍋化勻爲度

外用　治溼癬　皮類病

又方　醋酸鋅一百八十林士　汽水四十兩　化開再加油流鏀水二十兩　漸加漸調候其降散再用涼水洗淨取出文火焙乾爲度此方比前方較濃用時多加油類

油流鋥油膏 UNGUENTUM ZINCI OLEATI.

製法 油流鋥一分 軟巴喇紛一分 用文火化勻調至微涼爲度、

油流釩 OLEATUM ALUMINII.

又名 阿泖釩

製法 白礬二百四十林士 汽水四十兩 化勻、加油流鏀水二十兩 用文火候變質、使溫水洗淨捋出、仍以文火焙乾爲度、

油流銀 OLEATUM ARGENTI.

又名 阿泖銀

製法 銀丹二百四十五林士 汽水四十兩 化勻、漸加油流鏀水二十兩 候變質、用涼水洗淨取出、放陰處晾乾爲度、

油流鑒 OLEATUM ARSENII.

又名 阿泖鑒

製法 信石十至二十林士 甘油二十兩 化勻、加汽水四十兩 再漸加油流鏀水二十兩 用文火候變質、使溫水洗淨取出、仍以文火焙乾爲度、

油流鉍 OLEATUM BISMUTHI.

又名 阿泖鉍

製法 硝強鉍結冰者二百八十林士、甘油秤四兩 合化、漸加油流鏀水二十兩 調勻、用文

火候變質、使溫水洗淨取出、仍以文火焙乾爲度、

油流銅 OLEATUM CUPRI.

又名 阿沕銅

製法 磺強銅一百八十林士 汽水四十兩 合化、漸加油流鏀水二十兩 用文火候變質、使溫水洗淨取出、仍以文火焙乾爲度、

外用 治瘊子 雞眼 皮類病、

油流銅油膏 UNGUENTUM CUPRI OLEATI. 製法 油流銅一分 花士玲四分 火化、調至冷爲度、 治皮類病、

油流鐵 OLEATUM FERRI.

又名 阿沕鐵

製法 上磺強鐵水二百十林士 汽水四十兩 和勻、漸加油流鏀水二十兩 用文火候變質、使溫水洗淨取出、仍以文火焙乾爲度、

油流鉛 OLEATUM PLUMBI.

又名 阿沕鉛

製法 鉛霜二百八十林士 汽水四十兩 和化、漸加油流鏀水二十兩 用文火候變質、溫水洗淨取出、仍以文火焙乾爲度、

油流鋏水 LIQUOR POTASSII OLEATI.

製法 沸汽水八斤 雙炭養鋏五兩 化勻、俟沸定、加油流酸十四兩秤 漫火熬至變質、俟涼、加水足十六斤爲度、

功用 配油流鹽類、以上諸方用此水代油流鹵水亦可、

油流鹵水 LIQUOR SODII OLEATI.

製法 白胰子一分研末 汽水五分 用文火化之、加水足二十分爲度、

功用 配油流鹽類代油流酸用、

油流厄哥匿顛精 OLEATUM ACONITINAE.

製法 厄哥匿顛精八林士 油流酸一兩 化勻爲度、

外用 治腦氣筋痛、

油流丫刀邊精 OLEATUM ATROPINAE.

製法 丫刀邊精八林士 油流酸一兩 化勻爲度、

功用　同上。

油流高告精 OLEATUM COCAINÆ

製法　高告精四十五至九十林士　油流酸一兩　化勻為度。

功用　同上。

油流莫非精 OLEATUM MORPHINÆ

製法　莫非精八至二十四林士　油流酸一兩　化勻為度。

功用　同上。

油流莫非精汞 OLEATUM MORPHINÆ ET HYDRARGYRI

製法　油流汞一兩　莫非精八林士　化勻為度。

功用　與油流汞同。內有莫非精，可免疼。

油流桂尼精 OLEATUM QUININÆ

製法　桂尼精二十二林士，或四十四林士，或一百十林士。油流酸一兩　化勻為度。

外用　擦鼻孔　治伏中氣喘、

油流韋喇抵精 OLEATUM VERATRINÆ

製法　韋喇抵精（八至二十四林士）油流酸（一兩）化勻爲度、

外用　止腦氣筋痛、（以上七方所用藥精、皆係純者、與油流酸則能化合成鹽）

惡西酸 ACIDUM OXALICUM

（又名）草酸（化名）輕炭養・輕養

此酸自硝強水與白糖（或加火硝）製出、結冰無色過光、味極酸、

化法　涼水（八分化一分）沸水全化　濃酒（二分半化一分）伊打不化、

功用　配惡西鹽類或試驗藥用、

惡西阿摩尼亞 AMMONII OXALAS

（化名）輕淡炭養・輕養

此藥自惡西酸與炭養阿摩尼亞製出、結冰色白無臭、

功用　試藥性用之、

惡西鐵 FERRI OXALAS

（化名）鐵炭養・輕養

此藥自磺強鐵與惡西酸製出、結散色黃、無臭、

功用　與鐵類同、

服法　每服一二林士、

濃燐強酸 ACIDUM PHOSPHORICUM CONCENTRATUM

化名　輕$_{三}$燐養$_{四}$丄水　舊名　輕$_{三}$養・燐養$_{五}$丄水

此藥自燐質與硝強水煉出、形如糖漿、無色、極酸、每百分中有純濃燐強酸即輕三燐養五六十六分有奇、

功用　配淡燐強酸、濃者不宜內服、

淡燐強酸 ACIDUM PHOSPHORICUM DILUTUM

又名　淡燐強水

製法　濃燐強酸三兩、汽水足二十兩、調勻為度、每百分中有純燐強酸即輕三燐養四十三分半有奇、

功用　補劑、解熱、與磺強酸同、而味較美、[illegible]

主治　乾瀨、便濁、消渴即尿糖症、膀胱生多[illegible]

服法　每服十至三十林士、加水及苦酒、或香糖類同服、　治小兒弓腰、宜和燐強鈣加水服之、

反藥　石灰水　鉛鹽類　炭養鹵、

冰燐强酸

ACIDUM PHOSPHORICUM GLACIALE.

化名輕燐養三五　舊名輕養燐養

此藥結冰、無色過光、形如碎玻、味極酸、

化法　水全化、露空氣自化、

功用　配濃淡燐强酸、宜按數加水、

火燐强酸

ACIDUM PYROPHOSPHORICUM.

化名輕四燐二養七　舊名輕二養燐養五

此酸係流質、無色極酸、因須多火製成、故冠一火字、

枯燐强酸

ACIDUM PHOSPHORICUM SICCUM.

化名燐二養五　舊名燐養五

此藥乃燐質在養氣內焚化所剩之灰、色雪白、

功用　補腦　與燐强水類同、

服法　每服一林士、多加水服、

燐養酸

ACIDUM PHOSPHOROSUM.

化名輕三燐養三　舊名輕三養燐養三

此酸自燐綠三與汽水製出、結冰無色過光、與底類化合成鹽類、

下燐養酸 ACIDUM HYPOPHOSPHOROSUM.

化名 輕二燐養二丄水 舊名 輕三養燐養丄水、

此酸自燐質與鋏養水及硝強水製出、乃無色流質、

功用 與反酸類化合成鹽、補腦常用、

主治 癆病 虛弱等症、

下燐養鹽製糖 SYRUPUS HYPOPHOSPHITUM COMPOSITUS.

製法 下燐養酸一分 下燐養鐵糖一分 下燐養鋏糖一分 下燐養鹵糖一分 下燐養鈣糖一分 共和勻為度、 每服一二打拉門、

治小兒弓腰 癆病類 瘰癧類最妙、

美國方 下燐養鈣三十五分 下燐養鹵十二分 下燐養鋏十二分 檸檬酸一分 濃檸檬酒二分 煉白糖五百分粗末 汽水足一千分 先用下燐養鹽三樣、加水三百五十分化勻、若未化淨、候澄清取出水、再加檸檬酸、渣易化、再加檸檬酒、同過淋紙、加水漂淋足五百分秤、後加白糖調洽化勻、過布為度、 此糖加奶酸鐵、每糖百分加鐵一分、研勻更妙、

沙利先酸 ACIDUM SALICYLICUM.

一名柳皮酸　化名炭七輕六養三　即輕炭七輕五養三

此藥自架波匿酸與鏀養過炭養氣製出、亦有從柳樹、樺樹等皮製出者、內服佳、結珠頗細、色白而亮、味略濇、

化法　冷水七百六十分化一分　沸水九分化一分　淡酒十五分化一分　濃酒三分半化一分　伊打二分化一分　哥羅方五十五分化一分　洋橄油一百二十分化一分　甘油一百九十五分化一分　溫豬油八分化一分、

功用　免臭氣　解熱　解血內釀毒、

主治　新風溼最良　白疕瘡、

服法　每服五至十林士、化酒內或沸水服之、此酸與鈉鏀結成鹽者、爲常用之品、

外用　免臭爛　治皮類病　惡瘡等、

沙利先酸油膏 UNGUENTUM ACIDI SALICYLICI.

製法　沙利先酸一分　軟巴喇紛十八分　硬巴喇紛九分　先將二巴喇紛化勻、再加沙利先酸調至冷爲度、

又方　沙利先酸三十林士　辨佐匿豬油一兩　入燙鍋化勻、調至冷爲度、

治濕癬　白癬　金錢癬　惡瘡、

沙利先製散 PULVIS SALICYLICUS CUM TALCO.

製法　沙利先酸三分　麥粉子十分細末　滑石八十七林士細末　共研勻爲度、

治脚底汗臭　德國軍士常用之

沙利先個老殿安 COLLODIUM SALICYLICUM.

製法　沙利先酸三十分　印度麻膏五分　軟個老殿安二百四十分　化勻爲度、治雞眼、

礦強酸 一名 ACIDUM SULPHURICUM.

礦強水　又名　硫強水　化名　輕二礦養四丄水　舊名　輕養硫養三丄水

此酸由焚硫礦所發之氣、化於水內製出、狀如油、無色、味極酸、性甚猛烈、每百分秤計函純礦強酸即輕二礦養四九十八分

功用　配淡與香二礦強酸　濃者不可內服、

外用　大丹類　與木炭末調成糊、潰瘡用、

解藥　解此毒用鎂養、　火石粉　油類、與硝強、鹽強酸解法同、

淡礦強酸 ACIDUM SULPHURICUM DILUTUM.

又名　淡硫強水

製法　磺強酸七分　陸續加汽水足八十三分半化勻爲度　候涼至六十度量之、每百分秤計函純磺強酸十三分半有奇、

功用　補劑　解熱　收斂　開胃、

主治　飯不消化　盜汗　痾瀉　便濁、

服法　每服五至三十林士、多加水冲服、

反藥　反酸類　反酸炭養類　鈣鹽類　鉛鹽類、凡服強酸藥類、皆用淨者、濁者不入藥用、

磺強香酸
ACIDUM SULPHURICUM AROMATICUM.

又名　香硫強水

製法　磺強酸三分　濃酒三十六分　濃肉桂酒二分　濃薑酒二分　先將磺強酸、漸次加入濃酒調勻、再加桂薑二酒調勻爲度、每百分秤計函純磺強酸十二分半、

功用　與淡磺強水同、而較易服、

服法　每服五至三十林士、多加水冲服、

磺強製香酸
ACIDUM SULPHURICUM AROMATICUM COMPOSITUM.

製法　肉桂　丁香　乾薑各三分共爲末　石菖蒲八分　良薑十二分　荊芥

四分薄荷四分畢澄茄二分肉豆蔻二分沉香一分檸檬皮一分或用金橘皮亦可

冰糖三十二分濃酒一百四十四分秤磺強水九十六分秤共浸二十一天、用絞盤絞渣、過淋紙爲度、　功力同上　每服五至十林土、

磺養酸一名 ACIDUM SULPHUROSUM.

磺養水化名磺養二水舊名硫養二水

此酸自磺強水與木炭製出、狀如水、無色味酸、臭同硫磺、每百分秤計內有磺養二酸氣五分、能大奪養氣、亦滅草類、不耐久存、宜現配製、存貯須用有色玻塞瓶、見養氣即變磺強水矣、

功用　免臭氣　治胃內發釀嘔吐、

服法　每服半至一打拉門、多加水服之、

外用　免臭爛　治白疙瘩　氣管痰　損傷　瘡症、用法見下

磺養酸漱水 GARGARISMA ACIDI SULPHUROSI.　製法　磺養水一分　水五分　和勻爲度、　治咽喉類病、

磺養酸洗水 LOTIO ACIDI SULPHUROSI.　製法　磺養水一分　水二分　和勻爲度、　洗瘡症及湯火傷、

磺養酸化汽水 VAPOR ACIDI SULPHUROSI.　製法　磺養水一分　水二分　化勻爲度、　用噴氣燈化汽、令

病者吸之、治白疙瘩與咽喉類病、

炭匿酸 ACIDUM TANNICUM

一名槲皮酸又名沒石子霜化名炭十四輕十養九

此藥原從槲樹皮內取出、今有用沒石子者、體質輕鬆、色畧黃、味濇而斂、入口能令舌縮、

化法　水五分化十分　濃酒六分化十分　純酒一分化三分　伊打百分化一分　甘油三分化一分　熱甘油二分化一分　洋橄油化少許　辨蘇　哥羅方微化、

功用　收斂　止血、

主治　血山崩　痢疾　疶瀉、

服法　每服二至十林士、

外用　治毒癰　湯火傷　頭風鼻塞　喉鬆　久白濁、

反藥　強水類　反酸類　銻、鉛銀鐵等鹽類　藥精類　明牛膠　勻水類、

炭匿酸甘油 GLYCERINUM ACIDI TANNICI.

製法 炭匿酸一分 甘油四分 入臼研勻、再入燙鍋文火化勻爲度、每服十至四十林士、外用 治聤耳、

炭匿酸尖丸 SUPPOSITORIA ACIDI TANNICI.

製法 炭匿酸三十六林士 得波麻油一百四十四林士 先用得波麻油四十四林士、和炭匿酸入溫臼內研勻、再將餘得波麻油、用文火化之、共調洽入模爲丸、每丸內計有炭匿酸三林士 治痔瘡漏血、

炭匿酸胰子尖丸 SUPPOSITORIA ACIDI TANNICI CUM SAPONE.

製法 炭匿酸三十六林士 粉子甘油三十林士 脂油胰子研末一百林士 粉子五十林士或酌用研末 先將前三樣研勻、再加粉子末共成團、分作十二丸爲度、每丸內計有炭匿酸三林士

又方 炭匿酸六十林士 粉子甘油三十林士 脂油胰子研末六十林士 粉子研末十林士 共研勻、分作六丸爲度、每丸內有炭匿酸十林士、

炭匿酸冰糖 TROCHISCI ACIDI TANNICI.

製法 炭匿酸三百六十林士 到魯酒半兩 煉白糖細末二十五兩 白樹膠細末一兩 白樹膠漿二兩 汽水一兩 先將炭匿酸入水消化、次將到魯酒、白樹膠漿、

和勻加入再將白樹膠、煉白糖、研勻、共和勻成團模分七百二十塊焙乾爲度、（每塊中計有炭匿酸半林士）每服一至六塊、

SUPPOSITORIA ACIDI TANNICI CUM OPIO.

炭匿酸鴉片尖丸　製法　炭匿酸（三林士）鴉片（研末一林士）士的亞連（十一林士）共化勻作一丸爲度、　治痢疾、

PESSUS ACIDI TANNICI.

炭匿酸陰尖丸　製法　炭匿酸（十林士）士的亞連（五十林士）共化勻作一丸爲度、　治白帶、

又方　炭匿酸（三十林士）甘油（七林士）研勻作一丸爲度、納陰戶內、外以海絨塞住、（或棉花亦可）　治血崩、

SUPPOSITORIA ACIDI TANNICI URETHRALE.

炭匿酸條丸　製法　炭匿酸（三十林士）鴉片（研末一林士）甘油（酌用）共研勻分作五丸爲度、　放馬口內、治久白濁、

UNGUENTUM ACIDI TANNICI.

炭匿酸油膏　製法　炭匿酸（一分）辨佐匿豬油（九分）調勻爲度、　治湯火傷、

UNGUENTUM ACIDI TANNICI CUM OPIO.

炭匿酸鴉片油膏　製法　炭匿酸（三十林士）鴉片（研末三十林士）煉豬油（一兩）共調勻爲

度、治痔瘡、

INJECTIO ACIDI TANNICI.

炭匿酸射水 製法 炭匿酸八林士 冷水一兩 化勻爲度、以小水節頻射於鼻孔、治頭風鼻塞、射入馬口、治久白濁、

LOTIO ACIDI TANNICI.

炭匿酸洗水 製法 炭匿酸五林士 水一兩 化勻爲度、洗濃瘡用、

OLEUM TANNATUM.

炭匿酸香油 製法 炭匿酸一分 香油六分或用洋橄油亦可 化勻爲度、搽患處、治湯火傷最效、

PILULA ACIDI TANNICI.

炭匿酸丸 製法 炭匿酸四林士 甘油一林士 研勻作一丸爲度、

VAPOR ACIDI TANNICI.

炭匿酸化汽水 製法 炭匿酸六十林士 薔薇汽水十兩或用清水亦可 化勻爲度、用噴氣燈化汽、令病者吸之、治喉鬆、

ACIDUM TARTARICUM.

葡酸 又名 果酸 化名 炭四輕六養六 即 輕二炭四輕四養六

此藥由雙葡酸鉀取出結冰色白味酸而涼、

化法 水八分化十分 濃酒五分化一分 純酒四十分化一分 甘油四分半化一分 伊打六十分化一分 辨蘇 哥羅

方、微化、

功用　解熱　解渴　與檸檬酸同、

服法　每服十至三十林士、加水冲服、

反藥　鍁鹽類　鉐鹽類　汞鹽類　鉛鹽類　收斂草藥類、

甘松酸 ACIDUM VALERIANICUM.

化名　炭五輕十養二 即 輕炭五輕九養二

此藥由甘松鏀與磺強水製出、係無色流質、味酸臭臊、與底類能化合成鹽、如甘松鋥甘松桂尼糲等是、因此酸原從甘松製出故名、

草烏頭 又名 ACONITUM.

烏頭　西名　厄哥尼貸

此藥出於歐洲印度中華等處、根葉皆入藥、味甜而苦辛、入口能令唇舌麻木刺痛、內函一精名厄哥尼頓糲、

功用　寧睡　止疼　平腦　平脉　解熱　解炎、

服法　見下膏酒等方、

主治　痛風　胃氣疼　毒癰　心體變大　梅核生炎　牙關緊閉

癆痰　過服能使遍體麻木、

外用　治風濕疼　腦氣筋疼　但藥性酷烈、宜慎用之、

解藥　解此毒　先用吐劑、後用內外行氣劑、

草烏頭葉 ACONITI FOLIA.

又名烏頭葉

此用鮮葉配膏汁等、其力較根稍遜、

草烏頭膏 EXTRACTUM ACONITI.

製法　草烏頭解葉連梗一百十二斤、搗爛扭汁、入鍋加熱至一百三十度、過布留渣、此渣色綠有藥末盡、再將汁入鍋加熱至二百度、過布去渣、入燙鍋散氣、成薄水糖形、再將前留之渣、過羅回入燙鍋、攪勻散氣、熱不過一百四十度、成膏爲度、　每服半至二林士、

草烏頭汁 SUCCUS ACONITI.

製法　草烏頭鮮梗葉扭出之汁三分　濃酒一分　和勻、候七天、過淋紙爲度、　每服十五至二十林士、

草烏頭根 ACONITI RADIX.

又名烏頭根

此藥色外棕內白，嗅味若泥土，用乾根配酒及搽酒等，功力比葉尤峻。

服法　每服半至一林土。或作酒、膏等服

草烏頭搽酒 LINIMENTUM ACONITI.

製法　草烏頭根細末二十分、樟腦一分、濃酒三十分。先用酒二十分浸烏頭在有蓋器內，放暖處，間時搖動，俟三天，裝淋箭淋於有樟腦器皿中，淋乾，再加酒漂淋，足三十分爲度。　治腦氣筋疼，常用之。若用此酒一半，胰子搽酒一半，或樟腦製搽酒一半和勻，搽患處最妙。

草烏頭酒 TINCTURA ACONITI.

製法　草烏頭根細末一分、濃酒八分。先用酒六分浸二天，間時搖動，裝淋箭淋乾，加餘酒漂淋，用絞盤絞渣，再加酒，仍足八分爲度。　每服五至十五林土，解熱，每半點鐘服半林土，加水服。服草烏頭多用此酒。

草烏頭根酒膏 EXTRACTUM ACONITI RADICIS ALCOHOLICUM.

製法　草烏頭根極細末一百分、葡酸一分、濃酒酌用。先用酒四十分化葡酸，潤烏頭末，實裝長圓淋筒，再加酒潤透藥末，並上浮一層，見淋

口下滴、卽塞住、上蓋嚴、浸二天、去塞過淋、漸加酒漂淋至無藥味爲止
先淋九十分另存、餘淋入燙鍋散氣、熱不過一百二十二度、成軟膏爲
止、將前九十分和勻、再加酒足一百分之數爲度、 每服一林士三分
之一至半林士、

草 EXTRACTUM ACONITI RADICIS LIQUIDUM.

烏頭流膏 製法 草烏頭根一百分極細末 葡酸一分 濃酒酌用 先用酒四十分化
葡酸潤藥末、按流膏公法裝淋筒淋淨、先淋九十分另存、餘酒入燙鍋
散氣、按公法製成一百分爲度、

草 CHLOROFORMUM ACONITI.

烏頭哥羅方 製法 草烏頭根二十分極細末 哥羅方酌用 先用哥羅方少許潤末、
裝伊打淋筒、再加哥羅方淋足二十分爲度、 搽患處、治腦氣筋疼、若用
此藥一分、草烏頭搽酒七分、共和勻、用毛筆塗患處最妙、

草 TROCHISCI ACONITI.

烏頭冰糖 製法 按冰糖公法製成、每塊內約有草烏頭酒半林士、 每
半點鐘服一塊、 解熱 治喉蛾、

草烏頭貼膏 EMPLASTRUM ACONITI.　製法　草烏頭根酒膏一分　松香貼膏一分　膄子貼膏一分　先將貼膏二樣入燙鍋化勻，再加烏頭膏，調極勻爲度，貼患處，治疼痛，

草烏頭丸 PILULA ACONITI.　製法　草烏頭根極細末一林士　白麪七林士　入臼研勻，再酌加蜂蜜和勻，作八丸爲度，　解熱，每半點鐘服一丸，

厄哥匿顛精 ACONITINA.　即草烏頭精　化名　炭三十輕四十七淡養七

此藥自草烏頭提出，色白無臭，味苦而辛，

化法　冷水一百五十分化一分　沸水五十分化一分　濃酒六分化一分　哥羅方五分化一分　伊打二十五分化一分

功用　此藥最毒，不可內服，外用止腦氣筋疼，作油膏用，

厄哥匿顛精油膏 UNGUENTUM ACONITINÆ.　製法　厄哥匿顛精八林士　濃酒半打拉門　煉豬油一兩　先用濃酒化厄哥匿顛精，再加煉豬油調勻爲度，　治腦氣筋疼　皮有損傷處忌搽，恐其毒入內也，

煉豬油 ADEPS PRÆPARAT　又名熟豬油　俗名熟大油

辨佐匿豬 ADEPS BENZOATUS.

榨 OLEUM ADIPIS.

製法　鮮豬脂十四斤　除去胞膜、懸掛風乾、切爲碎塊、入石臼搗勻、再入燙鍋加熱不過一百三十度或用磁盆浮於水鍋內亦可化透、過細呢子布爲度、照此方製成之藥、宜加大熱則變形矣、

化法　加熱至一百度自化、　伊打二十二分化一分　松節油十六分化一分、

功用　潤皮劑　配油膏類亦惟用此油、今多用花士苓代之　用敷藥類、將此油攤上、易於取去、若搽髮際、功能葯甙、

豬油　此油自冷豬油榨出、成爲流質、

功用　與洋橄油同、

油又名　安息香豬油

製法　煉豬油十六兩　辨佐匿香一百四十林士研末　共入燙鍋鎔化兩點鐘時、屢次攪動、過淋布、漫調至冷爲度、

又方　煉豬油九兩　辨佐匿酒一兩　先將豬油入燙鍋鎔化、再加辨佐匿酒調勻、俟酒味出盡、漫攪至冷爲度、

功用　配油膏類、如鉛、礦、鍟油膏等、此較煉豬油尤耐久存

石長生 ADIANTUM.　一名鳳尾草

此藥出美國、英國、及中華山西等處、

功用　化痰　治久咳嗽　作糖服、

石長生糖 SYRUPUS ADIANTI.　製法　石長生一分　沸水十分　泡一天、過淋紙、加煉白糖十九分　化勻爲度、　每服一二打拉門、

伊打 ÆTHER.　一名礦强伊打　又名以脫　化名見純伊打

此藥由礦強水與濃酒蒸出、乃無色流質、味辛而甜、別具一種氣息、露置則化汽飛去、每百分中計有純伊打、即炭四輕十養、九十二分、

化法　水十分化一分　濃酒全化、

功用　大行氣　化痰　寧睡　解轉筋　去風、

主治　氣促　胃氣痛　肚腸疝痛　傷食風　嘔吐　經疼、

伊打酒 SPIRITUS ÆTHERIS. 製法 伊打 一分 濃酒 二分 和勻爲度、每服三十至六十林士、加水冲服、

伊打製酒 SPIRITUS ÆTHERIS COMPOSITUS. 製法 磺強水 三十六兩 濃酒 四十兩 將強水漸加酒內調勻、候一天入玻甑蒸出、待甑內之酒畧變黑色爲止、將所蒸之酒入玻瓶、加石灰水一半搖勻、穩定分兩層、用酒撤打出上層、傾於盆內、露空氣六個時辰爲止、將此藥 即伊打油 三打拉門、與伊打八兩、濃酒十六兩、和勻爲度、每服三十至一百二十林士、

美國方 伊打 三十分 濃酒 六十七分 伊打油 三分 和勻爲度、服法同上、

伊打油 OLEUM ÆTHEREUM. 此油從磺強水與濃酒蒸出、化法 濃酒 伊打全化 水微化 配伊打製酒便用、

純伊打 化名 ÆTHER PURUS. 炭四輕十養 即炭二輕五養

製法　伊打四十分　汽水二十分　共入玻瓶撞勻，俟伊打與水分開，用酒撤將上面伊打捋出，另加水二十分，如前法將伊打洗淨捋出，入玻璃甑內，加枯鉐綠四分　新石灰粉一分　令甑嘴與受氣瓶相接，候一天，加文火蒸回為度，

外用　蒙藥，嗅之令人昏迷，不覺疼痛，西醫割治症常用之，

醋酸伊打 ÆTHER ACETICUS.

化名　炭$_{四}$輕$_{八}$養$_{二}$　即　炭$_{二}$輕$_{五}$·炭$_{二}$輕$_{三}$養$_{二}$

此藥自濃酒與濃醋酸或醋酸鈉及磺強水蒸出，無色流質，別具一種氣息

化法　濃酒　伊打全化·水九分化一分

功用　行氣　解轉筋　去風，

服法　每服二十至六十林士，

外用　治風濕疼，

甜硝伊打 ÆTHERIS NITROSI SPIRITUS.

酒　又名　硝養伊打酒　化名　炭$_{二}$輕$_{五}$淡養$_{二}$丄酒

甜硝伊打製酒 SPIRITUS ÆTHERIS NITROSI COMPOSITUS.

此藥由硝強水與磺強水、紅銅絲及濃酒蒸出、後加酒者、色白臭香、味辛而甜、氣息如伊打、遇火即焚、兼能化汽飛盡、每百分中計硇硝養伊打、即炭二輕五淡養二五分、

功用　行氣　發表　利小便　解熱、

主治　臟症　頭風　患各樣熱症、服之畧解、

服法　每服半至二打拉門　治小兒身熱、用此酒一分大黃香糖二分和勻、每服一打拉門最妙、

反藥　鋏碘　磺強鐵　反酸炭養類　圭厄禁酒　架沏酸　炭匿酸、

甜硝伊打製酒　製法　甜硝伊打一兩　草烏頭酒八士林　和勻爲度　功能解熱　每服半至一打拉門、加水冲服、

鹽強伊打酒 ÆTHERIS MURIATICUS SPIRITUS.　化名　炭二輕五綠一酒

此藥由鹽強水與濃酒蒸出、後加酒者、味辛而甜、氣息如伊打、

功用　與甜硝伊打同、

服法　每服半至一打拉門、

臭樗 又名 臭椿 AILANTHUS.

此藥出中國印度等處、入藥用樹根皮、藥肆所存、係此樹皮非純根皮也

功用　開胃　收斂　殺蟲、

服法　每服五至十林士、

臭樗泡水 INFUSUM AILANTHI.

製法　臭樗根皮一分　沸水二十分　泡兩點鐘、濾渣爲度、　每服一二兩、

臭樗汁 SUCCUS AILANTHI.

製法　臭樗鮮根皮汁三分　濃酒一分　和勻、候七天過淋紙爲度、

宜存陰涼處、　每服二三打拉門、

蒜頭 又名 葫蒜 ALLIUM.

此藥各國皆有、味辛而熱、其臭刺鼻、

功用　化痰　開胃　外用　弔炎、

蒜頭敷藥 CATAPLASMA ALLII.

製法　蒜頭 使用　入臼搗爛爲度　敷患處治肚疼、胃疼、

蒜頭糖 SYRUPUS ALLII. 製法 蒜頭四兩 醋十二兩 浸半天濾渣，加白糖一斤半 燂熱令化，過布爲度，治嬰兒咳嗽，每服半至一小酒杯，

啞囉 ALOE. 又名 鴉囉 一名 洋沉香 又名 番蘆薈

此藥出索哥德拉及巴巴豆，好望角等處，類分三種，用則相同，近來恒用者，推索哥德拉所產爲上品，共函一精 即啞囉咽，入藥取該樹葉內之汁，焙乾爲團，狀如蘆薈，色黑味苦，遇熱則軟，遇寒則硬，

功用 瀉劑 專瀉大腸 殺蟲 調經 開胃 動膽汁，

服法 見下各種啞囉，

主治 經脈不調 腸膜核痔 經閉便燥 飯不消化，

外用 作射水，兼能助瀉殺蟲，

煉啞囉 ALOE PURIFICATA. 又名 淨啞囉

煉法 啞囉二十分 各種皆可 濃酒三分 先將啞囉入湯鍋鎔化，加酒和勻，再用

極細羅、沸水泡濕、將啞囉過淨、入燙鍋散氣、漫調和、候提出成絲、擊之有堅脆性、去火候凉、搗塊爲度、 玻塞瓶存貯、

服法 每服一至五林士、

啞囉烟 卽 ALOIN.

啞囉精 化名 炭十六輕十八養七

此藥自啞囉提出、結珠、色淡黃、味先甜、後極苦、

化法 凉水四百分化一分 濃酒七十分化一分 沸水、 沸酒、 鋏養水、 鑥養水皆易化、伊打微化、

功用 瀉劑 與啞囉同、而力較勝、

服法 每服半至二林士、

巴巴豆啞囉 ALOE BARBADENSIS.

此藥出巴巴豆海島、色紅棕、味苦臭悶、研末色黄而綠

化法 水化四分之三、不化盡、 濃酒全化、

功用　開胃　瀉劑、瀉力大於索哥德拉、

服法　每服二至四林士、

啞囉射水 ENEMA ALOES

射水製法　巴巴豆啞囉四十林士、或用索哥德啞囉亦可　炭養鈉十五林士　粉子漿十兩　共和勻爲度、作一次射之、治經脉不調之便秘　大腸生蟲、

巴巴豆啞囉膏 EXTRACTUM ALOES BARBADENSIS.

巴巴豆啞囉膏製法　巴巴豆啞囉一斤碎屑　沸滾水一桶　調極勻、浸十二點鐘自化、後將上面淨水捋出、餘者過布濾渣、共入盪鍋散氣成膏爲度、　每服一至三林士、啞囉每百分能出膏七十五分、

巴巴豆啞囉丸 PILULA ALOES BARBADENSIS.

巴巴豆啞囉丸製法　巴巴豆啞囉八分研末　胰子四分研末　胡荽油半分　玫瑰糕四分　共和勻作丸爲度、　每服五至十林士、

啞囉鐵丸 PILULA ALOES ET FERRI

啞囉鐵丸製法　巴巴豆啞囉二分研末　磺強鐵一分半　肉桂製散三分　玫瑰糕六分　共和勻作丸爲度、　每服五至十林士、

啞囉甘草丸 PILULA ALOES DILUTA

啞囉甘草丸製法　巴巴豆啞囉四兩　水化濾渣、再加甘草膏四兩　糖膠四

兩白膲子四兩切片共入燙鍋散氣成膏形為度、每服三四林士、治飯不消化、

索哥德拉嗹囉 ALOE SOCOTRINA.

此藥出索哥德拉海島色紅棕而黃味苦臭香、研末色濃黃

化法　水化半倍　淡酒全化、

功用　瀉劑因瀉力緩常與他藥同服調經、

服法　每服二至六林士、

嗹囉 DECOCTUM ALOES COMPOSITUM.

製煮水 製法 索哥德拉嗹囉膏一分粗末 沒藥半分粗末 番紅花半分 炭養鉀半分 甘草膏四分或用甘草流膏十分 草豆蔻製酒三十分 汽水酌用 先將嗹囉膏沒藥和炭養鉀、甘草膏共入有蓋鍋內加汽水四十分漫火煮五分鐘去火加番紅花候冷加草豆蔻製酒蓋嚴浸兩點鐘過呢布再加汽水漂淋足一百分為度、功能解酸輕瀉滋補、每服半至二兩、每兩內計有嗹囉膏四林士有奇

索哥德拉啞囉膏 EXTRACTUM ALOES SOCOTRINAE

索哥德拉啞囉膏 製法 索哥德拉啞囉 一斤 碎屑 沸汽水 一桶 調極勻，浸十二點鐘，自化後將上面淨水捋出，餘者過布濾淨，共入燙鍋散氣成膏為度，

每服一至三林士，

索哥德拉啞囉丸 PILULA ALOES SOCOTRINAE

索哥德拉啞囉丸 製法 索哥德拉啞囉 研末 八分 胰子 研末 四分 肉豆蔻油 半分 玫瑰糕 四分 共和勻作丸為度，每服五至十林士，

啞囉阿魏丸 PILULA ALOES ET ASAFOETIDAE

啞囉阿魏丸 製法 索哥德拉啞囉 研末 一分 阿魏 研末 一分 胰子 研末 一分 玫瑰糕 一分或少用 共和勻作丸為度，每服五至十林士，輕瀉，解轉筋，

啞囉沒藥丸 PILULA ALOES ET MYRRHAE

啞囉沒藥丸 製法 索哥德拉啞囉 研末 二分 沒藥 研末 一分 番紅花 半分 糖漿 一分 甘油 酌用 共和勻作丸為度，每服五至十林士，調經用，

啞囉酒 TINCTURA ALOES

啞囉酒 製法 索哥德拉啞囉 粗末 一分 甘草膏 三分 淡酒 酌用 先用酒三十分，共浸七天，間時搖動，過淋紙，再加酒足四十分為度，每服一二打拉門，

啞囉葡酒 VINUM ALOES

啞囉葡酒 製法 索哥德拉啞囉 粗末 兩半 乾薑 粗末 八十林士 草豆蔻 搗碎 八十林士 白葡酒 四十兩 共

浸七天、過淋紙、加酒仍足四十兩爲度、每服一二打拉門、治滯積、

啞囉製酒 TINCTURA ALOES COMPOSITA. 製法 索哥德拉啞囉三十分研末 龍膽草五分研末 大黃五分研末 天竺乾薑五分研末 番紅花五分 淡酒一千分 先用酒七百五十分浸兩天、裝淋桶淋乾、再加餘酒漂淋、仍足千分爲度、功能治滯積、每服一二打拉門、

啞囉番木鼈丸 PILULA ALOES ET NUCIS VOMICÆ. 製法 索哥德拉啞囉三林士研末 番木鼈膏一林士 共和勻作三丸爲度、每服一丸、治久滯積、

啞囉大黃監文尼丸 PILULA ALOES ET RHEI CUM SCAMMONIÔ. 製法 索哥德拉啞囉一分 大黃二分 監文尼一分 白胰子酌用 共研末和勻作丸爲度、每服三至五林士、治膽汁少、

輕瀉丸 PILULA APERIENS. 製法 啞囉膏十六林士 籐黃四林士研末 渣笠八林士研末 哥羅新四林士研末 單綠汞四林士 白胰子四林士研末 薄荷油半林士 丁香油一林士 共和勻作八丸爲度、治腹痛滯積妙極、

望角啞囉 ALOE CAPENSIS.

此藥出亞非利加好望角等處、與前二者相似、而功力較遜、

沉香 西名 阿迦嚧香

AGALLOCHUM.

此藥出印度、安南、波斯及廣東等處、入藥用木心、味畧苦、臭香、此藥古來珍異、新舊約所云蘆薈者、非是、乃沉香也、

功用　可代拉彎大赤檀等、取其色艷

蘆薈 又名 象膽

ALOE ORIENSIS.

此藥即一種樹所流之汁結成者、色黑、味苦、形似啞囉、

功用　開胃　殺蟲、西醫不入藥用

服法　每服十至三十林士、

釩 又名 鋁

ALUMINIUM.

此原質色白、體堅於銀、輕於玻、爲白礬之底、按五色石脂及高嶺土、俱函釩養玻養等、

鈨綠冰 CHLORALUM.

化名 鈨二綠六·輕二養

此藥從礦強鈨與錳綠製成、但非純鈨綠、內函雜質、

功用 解毒氣、

鈨綠水 LIQUOR CHLORALUM.

此即鈨綠冰在水內化洽者、

功用 同上、

溴鈨綠水 BROMO-CHLORALUM.

此藥從溴質與鈨綠水製成、無色無臭、

功用 同上 氣力較大、

高嶺土 KAOLIN.

又名 白堊

此藥出中國江西省、色白無臭無味、屬鈨類雜質、內有鈨養玻養等、

外用 治皮類病、作樸粉、或作油膏用、

高嶺土油膏 UNGUENTUM KAOLIN.

製法 高嶺土一分 花士玲一分 硬把拉紛一分 先將二油消

化、再加高嶺土調至冷為度、　治皮類病、

五色石脂 一名 五色符 LITHOMARGYRUM

此類内函釟養鎂養玻養等、雖有數樣、所函者不甚相遠、

石脂粉 TERRA FULLONICA.

此粉或用五色石脂、或用高嶺土、研極細末、用水飛淨、晒乾而得、　治皮膚破損、或紅熱溼淫、用絹袋盛之、撲於患處、

白礬 一名 礬強鋏釟 又名 明礬 化名 釟二礦養三·鋏二礦養四·廿四輕養 ALUMEN [POTASSA]

此藥自礬石煉成、色白透光、味甜而濇、後則畧酸、

化法　冷水十一分化一分、沸水三分化一分、甘油三分化一分、濃淡酒皆不化、

功用　收斂　吐劑　解血中鉛毒、

主治　血痳　久痢疾　消渴尿變甜　内腎血出　嘔吐痰涎、

服法　每服十至二十林士、日三次、蜜水調服、　治内部血出、及解鉛毒、宜用十至十五林士、　吐劑用二至四打拉門、　治小兒哮喉、每服

一打拉門加蜂蜜和服以吐爲愈、治小兒哮瘷瘷、每服二至十林士、按小兒大小酌加可也、治嘔吐痰涎、每服十林士、加雙葡酸鋏十林士薑末三林士和勻、日三次服之、

外用　收斂　止血　治咽喉類病　白帶　白濁、

白礬甘油 GLYCERINUM ALUMINIS

製法　白礬一分研末　甘油五分　入磁鍋文火鎔化、候涼傾出清油爲度、配射水、漱水等用、甚宜、

白礬敷藥 CATAPLASMA ALUMINIS

製法　白礬六十林士　雞蛋青二枚　調勻爲度、　敷眼胞上、治火眼最效、　亦治凍瘡　損傷、

白礬漱水 GARGARISMA ALUMINIS

製法　玫瑰花一百八十林士搗碎、淡礦強水三打拉門　汽水十兩　共入瓶內、加熱不過一百度、浸兩點鐘、過布足八兩爲止、再將白礬一百二十林士、白糖四十林士、濃酒四打拉門、共入前八兩水內消化爲度、　用時加水一倍漱之、治喉痺、此水能久存、

又方　白礬六十林士　蜂蜜二打拉門　水六兩　共化勻爲度、仰漱　治喉鬆

又方　白礬六十林士　沒藥酒半打拉門　水四兩　共化勻爲度、漱咽喉用、

又方　白礬一分　沸水一分　消化爲度、治嗄喉、

白礬孄汁 SERUM ALUMINATUM.

製法　白礬一百二十林士　牛孄二十兩　共入鍋熬至凝塊、過布留汁爲度、每服一二兩、服白礬此法甚便

白礬射水 INJECTIO ALUMINIS.

製法　白礬六十林士　水二十兩　化勻爲度、水節射之治白濁　白帶、

白礬洗水 LOTIO ALUMINIS.

製法　白礬二至六林士　水一兩　化勻爲度、治膿火眼、

白礬兒茶陰尖丸 PESSUS ALUMINIS CUM CATECHU.

製法　白礬十五林士研末　兒茶十五林士研末　得波麻油足作一丸、治白帶、

枯白礬 ALUMEN EXSICCATUM.

化名　釓$_{2}$(磺養$_{4}$)$_{3}$·鋏$_{2}$磺養$_{4}$

製法　白礬便用　入磁鍋鎔化、加熱不過四百度煅枯研末爲度、每百分計得枯礬五十四分　存玻塞瓶　露天氣便潮

外用　丹類　去菌肉　治口瘡、

萬國藥方　卷三

阿摩尼亞 ALUMEN (AMMONIA)

白礬 一名磺強阿摩尼亞釩 化名 釩磺養輕淡磺養輕養

此藥自磺強阿摩尼亞與磺強釩製出、狀如白礬、西國常用之、

功用 服法 皆與白礬同、

鐵礬 又名 FERRO-ALUMEN.

阿摩尼亞鐵礬 化名 鐵輕淡磺養輕養

此藥與白礬同類、乃鐵質代釩與阿摩尼亞 或鉀質 化合者、結冰色淺藍、

味酸而濇、

化法 冷水 三分化一分 沸水 四分化三分

功用 與白礬畧同、而收斂之力倍之、

服法 每服五至十林士、

釩輕養 ALUMINII HYDRAS.

化名 釩輕養

製法 白礬 十一分 炭養鏀 十分卽滷鹻 汽水 酌用 先用汽水一百五十分化白礬、過淋紙、入鍋加火至沸、又用汽水一百五十分化炭養鏀、過淋紙、入大

鍋加火至沸、漸加熱白礬水頻調、再加沸汽水百分待澄淸、抒出上面淨水、留渣、用沸汽水二百分洗渣、仍抒出上面淨水、將渣裝入藥漏、過汽水洗、（至所洗水加鋇綠試驗不變濁爲度）候水漏盡、加熱不過一百零四度、烤乾研末爲度、

此藥結散色白無臭無味、水酒皆不化、

功用　解酸　除溼　與鉍養同　治滯積　肚瀉、

服法　每服三至六林士　外用　同鋥養、

阿瑪杜

火絨　西名　AMADOU.

此卽一種木耳晒乾、狀如絨易燃、故名、

功用　作貼膏　治雞眼　腿子等、

阿摩尼膠

阿摩尼　一名　AMMONIACUM.

此藥出波斯、印度等處、係樹膠凝結而成、色紅黃、剖開則白、味苦而辛、別具一種氣息、手捻之漸軟如蠟、用水調和恍同牛嬭、

化法　濃酒（化五分之四）水、伊打、醋、均化少許、

功用　行氣　化痰　解轉筋、

主治　久頭風　氣管痰、氣喘、

服法　每服十至二十林士、

阿麽慝汞貼膏　EMPLASTRUM AMMONIACI CUM HYDRARGYRO.

見下汞類篇、

阿麽慝匀水　MISTURA AMMONIACI.　製法　阿麽慝（半分粗末）水（十六分）入臼、漸加水研匀、過布濾渣爲度、

每服半至一兩（用士圭盧酒十五林士、或阿摩尼亞臭酒十五林士、和服均可、）

阿麽慝製匀水　MISTURA AMMONIACI COMPOSITA.　製法　阿麽慝匀水（七打拉門）鴉片樟腦酒（半打拉門）士圭盧醋酸蜜（半打拉門）共和匀作一服、治癆病咳嗽、

阿麽慝衣必格匀水　MISTURA AMMONIACI ET IPECACUANHÆ.　製法　阿麽慝匀水（半兩）衣必格葡酒（十林士）路卑利伊打酒（十林士）水（足一兩）共和匀作一服、治癆痰、

阿摩尼亞 AMMONIUM.

化名輕四淡

此物無自然生成者、製造亦難、並不易存、乃藍色流質也、雖非原質、卻屬底類、與酸類能化合成鹽類、如原質然、

阿摩尼亞 AMMONIA.

氣 化名輕三淡

此氣無色、嗅之刺鼻、化於水內、則成阿摩尼亞水、（水一分能壓此氣七百分）

濃阿摩尼 AMMONIÆ LIQUOR FORTIOR.

亞水 又名濃輕三淡水 化名輕三淡丄水

此藥自阿摩尼亞綠與熟石灰及汽水煉出、乃無色流質、則具氣息嗅之刺鼻、（此水每百分秤、計阿摩尼亞氣三十二分半、）

功用　配淡阿摩尼亞水與酒等、

外用　作丹類　或與別物作搽葯類、

阿 TINCTURA AMMONIÆ COMPOSITA.

摩尼亞製酒 製法 濃阿摩尼亞水（二十兩） 洋乳香（一百二十林士） 濃酒（九打拉門） 拉彎大油（十四林士） 共和勻為度、 每服五至十林士、 多加水沖服、 功能行氣

解轉筋、

阿摩尼亞洗髮水 LOTIO AMMONIÆ CRINALIS. 製法 濃阿摩尼亞水一兩 洋杏仁油一兩 迷迭香酒四兩 蜂蜜香水二兩 共和勻搽髮際、能助生髮、

淡阿摩尼亞水 LIQUOR AMMONIÆ. 又名淡輕三淡水

製法 濃阿摩尼亞水一分 汽水二分 和勻爲度、每百分秤、計函阿摩尼亞氣十分、

功用 行氣 解酸 解轉筋 提神、

服法 每服十至二十林士、多加水冲服、

外用 領皮熱、止疼、抹患處治蜂螫蛇咬、嗅之能解昏倒、

反藥 酸類 酸鹽類、

阿摩尼亞搽油 LINIMENTUM AMMONIÆ 製法 淡阿摩尼亞水一分 洋橄油三分或香油亦可 撞勻爲度、治風濕疼、

阿摩尼亞臭酒 SPIRITUS AMMONIÆ FOETIDUS. 又名輕三淡臭酒

製法　濃阿摩尼亞水二分　阿魏一分半碎屑　濃酒酌用　先用酒十五分浸阿魏一天，入甑蒸出，加濃阿摩尼亞水，再加酒足二十分爲度，

功用　行氣　解轉筋　治老人氣喘　久頭風，

服法　每服半至一打拉門　加阿摩䨥勻水和服更妙，

反藥　酸類　酸鹽類，此類多帶酸故名，

濃醋酸阿摩尼亞水

AMMONII ACETATIS LIQUOR FORTIOR.

又名　輕三淡醋水　化名　輕四淡•炭二輕三養二水

製法　炭養阿摩尼亞十五分半或酌用　濃醋酸五十分　汽水酌用　先將炭養阿摩尼亞研末，漸入濃醋酸內至令變性，以不酸亦不反酸爲止，用小玻筒盛少許濕之，再用試紙驗之，至得中立性，再加汽水足六十分爲度，

此藥乃醋酸阿摩尼亞在水內化者，無色味鹹而涼，

功用　發表　解熱　生津液，

主治　經痛　熱症類　臌症，

服法　每服二十至六十林士、加水冲服、

反藥　酸類　鋏養　鏀養　炭養鋏　炭養鏀　石灰水　鉛鹽類

銀鹽類、

淡醋 AMMONII ACETATIS LIQUOR.

酸阿摩尼亞水 製法 濃醋酸阿摩尼亞水一分 汽水五分足 和勻為度、濃者易存淡者便服故常用之、 每服二至六打拉門、外用 治火眼、加水十倍洗之或加淡酒一倍洗身退熱亦可、

醋 LIQUOR AMMONII ACETATIS COMPOSITUS.

酸阿摩尼亞製水 製法 淡醋酸阿摩尼亞水二打拉門 炭養阿摩尼亞八林士 檸檬汁二打拉門或金橘汁亦可 水糖一打拉門 樟腦汽水半兩 汽水四兩足 共和極勻為度、每服一兩日二三次、 治熱症、

辨佐匿阿 AMMONII BENZOAS

摩尼亞 化名 輕淡四·炭七輕五養二

製法 淡阿摩尼亞水三分或酌用 辨佐匿酸二分 汽水四分 先將汽水與淡阿摩尼亞水三分化辨佐匿酸、入湯鍋用文火散氣片時、用試紙驗之若見酸性漸加阿摩尼亞水少

許令其變反酸去火放陰涼處，候其結冰，取出爲度，

此藥結冰色白，味苦鹹而辛，

化法　水五分化一分　濃酒二十二分化一分　甘油八分化一分

功用　利小便　與辨佐匿酸同，

主治　酒風脚爲其能解血中之酸　臌症　白淋　便濁，

服法　每服十至二十林士，多加水冲服，

反藥　上鐵鹽類　鉢養水　酸類，

阿摩尼亞 AMMONII BROMIDUM.

溴化名輕四淡溴

此藥自溴輕酸與阿摩尼亞水製出，結冰無色，過光，研細爲白色之散，

味鹹而辛，

化法　水三分化二分　濃酒十五分化一分

功用　補腦　解轉筋，

主治　婦女鬱病　驚悸不寐　腦氣筋疼、頭疼　哮瘶瘷　羊癇風　解癢癬之瘙癢、

服法　每服五至二十林士、治小兒哮瘶瘷、每服一至五林士、日三次加水冲服、

反藥　強水類　強水鹽類　甜硝伊打酒、

阿摩尼亞溴冰糖 TROCHISCI AMMONII BROMIDI.　製法　按冰糖公法製出、（每塊中宜有阿摩尼亞溴二林士、）每服一至三塊、治小兒哮瘶瘷、

阿摩尼亞溴漱水 CARGARISMA AMMONII BROMIDI.　製法　阿摩尼亞溴五林士　水一兩　化勻爲度、治咽喉類病、

炭養阿摩尼亞 AMMONII CARBONAS.　又名　氣砂　化名　輕十二淡三炭三養八　舊名　輕四淡養·二炭養

此藥自阿摩尼亞綠、與火石粉升煉而成、（古法從鹿角製出、）結冰色白過光、味辛、嗅之與阿摩尼亞氣同、

化法　水（四分化一分）　酒（二百分化一分）　甘油（五分化一分）

功用　解酸　行氣　發表　化痰　佐衣必格同服、治新氣管痰最效、

服法　每服三至十林士、加樟腦水少許易服、若過服至三十林士使人嘔吐、外用　開關通竅、

反藥　酸類　酸鹽類　土鹽類　石灰水、

SPIRITUS AMMONIÆ AROMATICUS.

阿摩尼亞香酒　製法　炭養阿摩尼亞四兩　濃阿摩尼亞水八兩　肉豆蔻蒸油四打拉門半　檸檬油六打拉門半　濃酒一百二十兩　汽水六十兩　先將油、酒、水、入甑蒸出一百四十兩、另存、又重蒸九兩、和二阿摩尼亞同入一玻瓶、約貯二十餘兩者、塞瓶口以繩扎緊、用溫水燙之、熱不過一百四十度、漸次搖動、至消化爲止、候涼用透濕棉花過淋、再將前留之一百四十兩、陸續加入、調勻爲度、宜有一桶即一百六十兩、　每服二十至六十林士、　能提神　治頭疼、加哥羅方製酒更妙、

AMMONII CARBONAS AROMATICUS.

阿摩尼亞香鹽　製法　丁香油半打拉門　拉彎大油一打拉門　伯格莫油二打拉門半　濃阿摩尼亞水十兩　化勻爲止、用時將炭養阿摩尼亞粗細末各一半、裝滿小

瓶、再加前化勻之藥、以不能食爲度、 此藥能開關通竅、西國婦人常用之解憂悶昏倒、

阿摩尼亞綠 AMMONII CHLORIDUM.

中名硇砂 化名輕四淡綠

此藥製法不一、古人自駝糞升煉而出、今有自蒸煤氣餘水、或蒸骸骨餘水與礦強水及食鹽製出升煉者、又有自鹽強、阿摩尼亞二水製出者、結冰色白無臭、半過光、味鹹而辛、其形有二、一種成塊、剖開紋理多直、一種如砂、功力則同、

化法 水三分化一分 濃酒五十五分化一分

功用 化痰 動膽汁 調經 發表 利小便 改病、

主治 久氣管痰 咳嗽 風濕 臟症 吸核變大 面部腦筋痛、

服法 每服五至二十林士、 治吸核變大、每服十至三十林士、加水半杯、日三次服之、 治臟症及面部腦筋疼、每服二三十林士、日三次、

肝體發炎結膿時、服之亦可、
外用　化瘤　治瘰子與雞眼等症、用此藥搽患處、
反藥　反酸類　反酸炭養類　鉛鹽類　銀鹽類、

HAUSTUS AMMONII CHLORIDI.
阿摩尼亞綠勻水製法阿摩尼亞綠十五林士　檸檬酒四十五林士　哥羅方酒十林士　水足一兩半　化勻爲度、作一服、治瘷瘷、

LOTIO AMMONII CHLORIDI.
阿摩尼亞綠洗水製法阿摩尼亞綠一兩　濃酒一兩　水十兩　化勻爲度、
洗跌打傷等症、或加釅醋少許亦可、

TROCHISCI AMMONII CHLORIDI.
阿摩尼亞綠冰糖製法按冰糖公法製成、每塊中計有阿摩尼亞綠二三林士每服二三塊、治瘷瘷、

LIQUOR AMMONII CHLORIDI COMPOSITUS.
阿摩尼亞綠製水製法阿摩尼亞綠一兩　甘草製勻水八兩　化勻爲度
每服一二打拉門、治瘷瘷最妙、
又方　硇砂一兩　甘草二兩　水二斤　先用水熬甘草剩一斤、去渣再加
硇砂、化勻爲度、每服一小酒杯、

濃檸酸阿 AMMONII CITRATIS LIQUOR FORTIOR.

摩尼亞水 化名 輕四淡·炭六輕五養七水

製法 濃阿摩尼亞水十一分或酌用 檸檬酸十二分研末 汽水酌用 先將檸檬酸加入濃阿摩尼亞水、直至變性、既不酸亦不反酸爲止、宜用試紙驗之、再加汽水足二十四分爲度、

此藥乃檸酸阿摩尼亞在水內化者、無色味鹹、

功用　解熱　發表、

服法　每服三十至九十林士、加水冲服、

淡檸 AMMONII CITRATIS LIQUOR.

酸阿摩尼亞水 製法 濃檸酸阿摩尼亞水一分 汽水足四分 和勻爲度、

每服二至六打拉門、

阿摩尼 AMMONII IODIDUM.

亞碘 化名 輕四淡碘

此藥自磺強阿摩尼亞與鋏碘製成、結冰、色先白、後黄而棕、味鹹而辛、若棕色深、不宜用、

化法　水三分化四分　濃酒三分化一分　甘油四分化三分

功用　改病　與鉀碘同、而力倍之、

服法　每服二至五林士、日三次服之、

阿摩尼亞碘油膏 UNGUENTUM AMMONII IODIDI.

製法　阿摩尼亞碘一百二十林士　煉豬油一兩　調勻爲度、　治皮類病、

硝強阿摩尼亞 AMMONII NITRAS.

化名　輕四淡·淡養三　舊名　輕四淡養·淡養五

此藥自阿摩尼亞硝強二水製成、結冰成塊、色白、味苦而辛、

化法　水三分化四分　濃酒十四分化一分、

功用　祇配喜氣、即淡二養氣、見淡氣類、　他無所用、

燐強阿摩尼亞 AMMONII PHOSPHAS.

化名　(輕四淡)二·輕燐養四　舊名　輕四淡養·燐養五

此藥自淡燐強酸、與阿摩尼亞水製成、結冰無色、過光、味鹹、露天氣即發潮而不過光、

化法　水二分化一分　濃酒不化、
功用　發表　散瘤　解尿酸、
主治　酒風脚　風濕　秋石淋等症、
服法　每服五至二十林士、日三次加水服、

下燐養阿摩尼亞 AMMONII HYPOPHOSPHIS.

此藥結冰色白、不過光、味惡而鹹、
功用　補腦　與燐藥類同、
服法　每服一至六林士、

甘松阿摩尼亞 AMMONII VALERIANAS.

化名　輕四淡•炭五輕九養二

此藥自阿摩尼亞綠與甘松酸及熟石灰製成、結冰色白半過光、味甜而濇、嗅之如甘松酸、
功用　提神　治腦氣筋疼　瘁類病、

洋杏仁 西名 阿門子 AMYGDALA.

服法　每服二至八林士、加水服、

此藥分甜苦二種、俱函油質、惟苦者內有毒、不可過服、

功用　潤劑　化痰　治瘷瘷類病、

洋甜杏仁 西名 約但阿門子 AMYGDALA DULCIS.

此藥出西班雅等處、狀如土杏仁而甜美殊勝、

功用　潤劑　治瘷瘷類病、

甜杏仁勻水 又名 杏仁茶 MISTURA AMYGDALÆ.

製法　甜杏仁製散一分　汽水八分　先將散入臼、加水少許研勻如漿、再漸加餘水研勻、過布濾渣爲度、　每服一二兩、治欬嗽用、

甜杏仁製散 PULVIS AMYGDALÆ COMPOSITUS.

製法　甜杏仁八分　煉白糖四分　白樹膠一分　先用開水泡去杏仁皮、以軟布揩乾、入臼研爲泥糊、再將白糖、樹膠研勻、共入臼搗勻、過

粗羅爲度、　每服六十至一百二十林士、

洋杏仁油 OLEUM AMYGDALÆ.

製法　此油從苦杏仁或甜杏仁榨出者、苦者雖毒、經榨則不毒矣、此油無色、味甜無臭、化法　伊打四分半化二分　哥羅方全化　濃酒微化、　每服二至四打拉門、又配油膏用、

洋杏仁製勻水 MISTURA AMYGDALÆ COMPOSITUS.

製法　杏仁油一兩　白樹膠漿半兩　白糖一百十林士　汽水六兩　共研勻爲度、　每服一兩、　治欬嗽、

洋苦杏仁 AMYGDALA AMARA.

西名苦阿門子

此藥出亞非利加之摩勒哥地、狀如土杏仁、味苦而力較勝、

苦杏仁勻水 MISTURA AMYGDALÆ AMARÆ.

製法　與甜杏仁勻水同　每服半兩至兩半、　治欬嗽　此藥有毒、不宜過服、外用　作洗水治皮膚瘙癢、

苦杏仁製散 PULVIS AMYGDALÆ AMARÆ COMPOSITUS.

製法　與甜杏仁製散同　每服三十至六十林士、

苦杏仁油 OLEUM AMYGDALÆ AMARÆ.

製法　此油自苦杏仁蒸出、質流而色黃、別具氣臭、化法　濃酒伊打同化　水微化、　此油甚毒、因內函輕炭淡酸少許、而功力畧同、

每服一林士四分之一、

苦杏仁汽水 AQUA AMYGDALÆ AMARÆ　製法　苦杏仁油十六林士　炭養鎂六十林士　汽水三十二兩　先將油與炭養鎂入臼研勻、再漸加水研勻、過淋紙爲度、　每服一至四打拉門　代輕炭淡酸用、　治嗽瘷、

煉苦杏仁油 OLEUM AMYGDALÆ AMARÆ PURUM.　製法　此油已將仁內之輕炭淡酸煉出、故無毒、　屬香類可與雜服之藥和服、

杏核仁 又名杏仁 DRUPÆ PRUNI ARMENIACI

此藥中國各處有之、內函油質、與洋杏仁油相似、

功用　化痰　與洋杏仁畧同、

粉子 又名小粉 一名漿粉 AMYLUM

此粉不一、有麥粉、包米粉、粳米、及荳豆、小米等粉是也、粉異而用同、

功用　潤劑　外作撲粉、治皮類病、

粉子甘油 GLYCERINUM AMYLI

製法　粉子一分　甘油五分　汽水三分　調勻入磁鍋加熱至二百四十度、頻調至透亮爲度、

粉子漿 MUCILAGO AMYLI

製法　粉子一百二十林士　汽水十兩　和勻入鍋熬至成漿爲度、作射水等用、或用布絲入漿內、泡透提出、裹紮患處、治骨斷折最效、

香粉 PULVIS AMYLI ODORATA.

又名紫蘭粉　此即小粉研極細、加艷色及香藥類製成者、作撲粉用、香如紫蘿蘭故名、

海碘粉子 AMYLUM IODATUM

又名藍碘粉

製法　海碘五分　粉子九十五分　汽水酌用　先將海碘入臼、加汽水少許研勻、漸加粉子研至成黑藍團爲止、後加熱不過一百零四度焙乾、研細爲度、

功用　改病　與碘類藥同、

服法　每服六十至一百二十林士、治螻蛄瘡、

洋茴香 又名 洋蘹香 ANETHUM.

此藥出歐洲英國等處屬香味類入藥用子、

功用　行氣　祛風　與土茴香同、

主治　肚風　呃逆、

服法　每服二三十林士、

洋茴香汽水 AQUA ANETHI. 製法 洋茴香一分搗爛 水二十分 共入甑蒸出十分爲度、　每服半至一兩、

又方　洋茴香油三十林士 炭養鎂六十林士 汽水三十二兩 先將油鎂入臼研勻漸加水研洽過淋紙爲度、

洋茴香油 OLEUM ANETHI. 製法 此油從洋茴香子按公法蒸出者、化法 濃酒　伊打、全化、

每服一至四林士滴白糖內吞服、

土茴香又名懷香 ANISUM.

此藥出英法及中國之甘肅等處屬香藥類入藥用子、

功用 行氣 祛風 化痰 治肚風 佐瀉藥同服能免其肚痛、

服法 每服二三十林士、

土茴香汽水 AQUA ANISI.

製法 土茴香一分搗爛 水二十分 共入甑蒸出十分爲度、

又方 土茴香油三十林士 炭養鎂六十林士 汽水三十二兩 先將油鎂入臼研勻漸加水研洽、過淋紙爲度、 每服半至一兩、

美國方 見一卷汽水公法、

土茴香油 OLEUM ANISI.

製法 此油自土茴香子、按公法蒸出、 化法 濃酒二分化一分 純酒全化

每服一至四林士、加白糖服、

大茴香又名八角子 ANISUM STELLATUM.

此藥出福建、廣西、與日本等處、屬香類、入藥用子、

功用 行氣 祛風、

服法 每服三十至六十林士、

大茴香油 OLEUM ANISI STELLATI. 製法 此油自大茴香子、按公法蒸出、化法 濃酒四分化一分純酒全化、每服一至四林士、治肚疼、佐瀉劑同服、能免其肚疼、

大茴香酒 ESSENTIA ANISI. 製法 大茴香油一分濃酒四分化勻爲度、每服十至二十林士、治腹痛、

大茴香子酒 TINCTURA ANISI STELLATI. 製法 大茴香子一分研末濃酒五分浸二天、裝淋桶淋乾、再加酒漂淋足五分、過淋紙爲度、每服十五至三十林士、治腹疼、

小茴香又名甜茴香 FŒNICULUM.

此藥各國皆產、屬香味類、顆粒長圓、面凸背平、較土茴香洋茴香稍異、

功用 行氣 祛風 治小兒肚痛、

服法 每服十五至三十林士、

小茴香汽水 AQUA FŒNICULI. 製法 小茴香一分搗爛水二十分共入甑蒸出十分爲度、每服一二兩、

又方 小茴香油半打拉門炭養鎂六十林士汽水三十二兩先將油、鎂、入臼研勻、再

漸加水調洽、過淋紙爲度、

美國方　見一卷汽水公法、

INFUSUM FŒNICULI.

小茴香泡水　製法　小茴香一百二十至一百八十林士研末　沸水十六兩、泡一刻鐘、濾渣爲度、每服半至二兩　治小兒肚疼、作射水用亦可、

OLEUM FŒNICULI.

小茴香油　製法　此油自小茴香子按公法蒸出、每服五至十五林士、加白糖服、治腹疼、

ANTHEMIS.

洋苦菊花　西名　安替米司

此藥出英國美國等處、屬香味類、入藥用乾花、味香而苦、

功用　補劑　開胃、作泡水或配膏服之

主治　滯積　過服亦能令人嘔吐、

EXTRACTUM ANTHEMIDIS.

洋苦菊花膏　製法　洋苦菊花十六兩　洋苦菊花油十五林士　汽水一百六十兩　先將菊花入水熬至將半、濾渣、用絞盤絞之、過淋紙、入燙鍋散氣成膏爲止、微熱時、

加洋苦菊花油、調勻爲度、每服二至十林士、

洋苦菊花泡水 INFUSUM ANTHEMIDIS. 製法 洋苦菊花半分 沸汽水十分 納有蓋器皿中、泡一刻鐘、濾渣爲度、每服一至三兩、空心用、治胃弱、飯不消化、若服五至十兩、卽能致人嘔吐、

洋苦菊花油 OLEUM ANTHEMIDIS, 製法 此油從花內按公法蒸出 化法 濃酒三分化十分 淡酒四分化一分 水微化、每服一至四林士、能行氣袪風、佐他藥同服、能免疼痛、

苦菊花 ANTHEMIS APIIFOLIA, 功用 與洋苦菊花畧同、而力較遜、

野菊花 MATRICARIA CHAMOMILLA 功用 補劑 開胃 香味不如洋苦菊花、

甘菊花 CHRYSANTHEMUM ? 功用 按洋苦菊花法製成泡水、洗火眼最妙、

銻 又名 ANTIMONIUM

銻綠水 化名 ANTIMONII CHLORIDI LIQUOR

銻養 化名 ANTIMONIUM OXIDUM

銻質 一名 鑞

此原質色銀白、與鉍畧同、而堅脆之性過之、其顆粒方正、外成花紋、若加大熱則燒、發光甚亮、竝發白霧甚多、與養氣、綠氣、硫磺等化合、卽成銻養、銻綠、硫磺銻養矣、

銻綠上鹽強水

此藥乃煉黑銻在鹽強水內火化、卽變爲銻綠、於強水中也、其色黃紅、恒用以配銻養、

功用　丹類　不可內服、加水可洗毒癰等症、

解藥　解此毒者、鎂養　炭養鏀、

銻養 舊名 銻養

此藥自銻綠水與炭養鏀製出、結散、色灰而白、

化法　水　酒　硝強水、皆不化、鹽強水易化、葡酸加熱水亦能化、

功用　發表　力較葡酸鉀銻稍遜
服法　每服一至三林土、作丸服之、

銻養散 PULVIS ANTIMONIALIS.

製法　銻養一分　燐強鉐二分　研勻爲度、　每服二至六林土　發表解熱用之、

煉黑銻 一名 黑銻磺 ANTIMONIUM NIGRUM PURIFICATUM.

化名　銻二磺三　舊名　銻硫三
此藥自生成之黑銻煉成、結散色黑而灰、
功用　配硫磺銻養、銻綠水、硫磺輕氣等、

硫磺銻養 ANTIMONIUM SULPHURATUM.

化名　銻二磺五銻二養三　舊名　銻三硫五銻養三
此藥自煉黑銻與硫磺粉及鏀養磺強二水製成、結散色如赤金、無臭無味、細覈此藥內、銻養之分數無定、雖有硫磺銻養、及硫磺銻養降散、金色硫磺銻養等目、而功用則同、惟硫磺銻養之力較勝、愼勿過服、
化法　水不化　鏀養水　熱鹽強水、皆化、
功用　改病　發表　吐劑　此藥入胃、殊不易化、惟胃中酸多者化

之尙易、

服法 每服一至五林士、 佐單綠汞與圭厄禁爲丸、能解楊梅毒並治楊梅皮類病、 和鬧羊花或蒹落爲丸、治久風濕、

葡酸鉀銻 ANTIMONIUM TARTARATUM

又名 鉀銻葡吐藥、西名 咑咑伊蜜的、化名 鉀銻養炭四輕四養六·輕養 舊名 銻養三鉀養·果酸、

此藥自銻養與雙葡酸鉀製成、結冰無色過光、體有稜芒、味辛而濇悶、露空氣變爲白散、不過光、

化法 冷水十五分化一分 沸水二分化一分 淡酒畧化、 濃酒不化、

功用 發表 解炎 化痰 平脈 多服壓氣令吐、 少服常服則生津發汗而平脈、

主治 肺體生炎 新氣管痰 肺胞膜炎、

服法 每服一林士十六分之一至六分之一、 平脈、每服一林士六

分之一至一林士、吐劑、每服一二林士、

外用　作油膏、引病外出、見皮膚起斑點、即宜小心、勿致中其毒也、

反藥　架沏酸　炭匿酸　反酸類　鉛鹽類　收斂泡水藥類、（如大黃、金雞納泡水等是也、）

解藥　解此毒者、用炭匿酸、　兒茶　收斂草藥類、

葡酸鉀銻油膏　UNGUENTUM ANTIMONII TARTARATI.

（製法）葡酸鉀銻（一分細末）　白油膏（四分）　調勻爲度　鈎炎用之、

葡酸鉀銻葡酒　VINUM ANTIMONIALE.

（製法）葡酸鉀銻（四十林士）　白葡酒（二十兩黃酒亦可）　或　消化過淋紙爲度、（因酒不易化葡酸鉀銻、若先用沸水一兩化開、再加酒足二十兩便可、）　每服五至二十林士、　能發表、治瘀瘢、（二歲內小兒宜用二林士、）

葡酸鉀銻朴硝勻水　MISTURA ANTIMONIO-SALINA.

（製法）葡酸鉀銻（二林士半）　洋朴硝（二兩）　磺強莫非積（一林士半）　磺強香酸（三十林士）　汽水（十兩）　青藜蘆酒（九十林士草烏頭酒亦可）　或　水糖（二兩或蔗糖亦可）　共化勻爲度、　每服二至四打拉門、　受傷者服此藥、可解熱解炎、亦令安睡、

水　即 AQUA.

甜水（化名見汽水）

入藥須用極淨甜水、過淋方妥、或用雪水、氷水、雨水亦佳、配久存之藥、必須汽水、

冷水 AQUA FRIGIDA

功用　解熱　平脉　凡患熱症、皆可飲之

外用　止血　消炎　沐浴退熱、

沸水 AQUA FERVENS

功用　發表、

外用　行氣　運血　沐浴發汗、

熱氣 VAPOR AQUÆ

此即沸水所發之氣、功能化痰、

汽水 AQUA DESTILLATA 又名蒸水

化名輕二養　舊名輕養

製法　淨水八斤入甑先蒸出四兩不用、後以蒸至六斤爲度、

功用　配藥水類、便用、易存、

冰 一名 GLACIES. **凌**

功用　解熱　解炎、

主治　咽喉類病　胃內皮生炎　大小腸內皮生炎　腸胞膜生炎

嘔吐不止、

外用　止血　消炎　治腦類病、裝象皮袋用、或猪尿泡亦可、

當歸 一名 ARALIA EDULIS **乾歸**

此藥出四川陝西等處、入藥用該草之根、

功用　開胃　煖胃、

當歸酒 TINCTURA ARALIAE 製法　當歸一分　濃酒八分　先用酒六分浸二天、間時搖動裝淋筩淋乾、再加餘酒漂淋、仍足八分為度、　每服一二打拉門、

檳榔子 ARECA 一名 **仁頻**

此藥出中華印度等處、入藥用該樹之子、

功用 收歛 殺蟲 治腹內蛔蟲、

服法 每服半至一兩、

外用 燒成炭研末、作刷牙散、

檳榔膏 EXTRACTUM ARECÆ

製法 此膏自檳榔子與蘇木、石灰等製出、後用蔞葉包塊、中國南省及日本人、不時啗化以抵消悶、

銀 ARGENTUM 又名 白銀

此原質爲最白之金、可抽爲絲、可打爲箔、其堅在金銅之間、在空氣中或燥或濕、養氣皆不能侵蝕、惟鎔化時能收養氣極多、待至冷結則又放出矣、配藥之銀、槪用足色、

銀丹 ARGENTI NITRAS. 一名 硝强銀 西名 各息的 化名 銀淡養三 舊名 銀養淡養五

製法 足色銀屑三兩 硝强水二兩半 汽水五兩 共入玻瓶、加文火至銀消化、用酒撘捋出上面淨水、去渣、入燙鍋散氣、候冷結冰取出、餘水仍入

燙鍋散氣、候冷再結冰取出、將冰放玻璃溜內漏淨晾乾爲度、

此藥結冰片大而過光、色白、味苦而濇、

化法　水一分化二分　濃酒十八分化一分

功用　補劑　解轉筋、

主治　羊癎風　霍亂　急心疼　多年胃疼嘔吐　胃癰、

服法　每服一林士六分之一、至三分之一、加饅頭屑、或高嶺土油膏爲丸、日三次服之、　治胃癰、每服一林士、　治肚腹熱症所生腸癰、每服一林士四分之一、至半林士、　補腦、每服一林士六十分之一、　接內服宜用淨者、但此藥不宜久服、恐使人面皮變黑難退、若服藥後、若見牙齦生黑點、宜服變葡酸鋏解之

外用　爲丹錠　治一切傷毒　膿泡瘡　惡瘡　子宮瘜肉　明角罩潰爛、

反藥　反酸類　反酸炭養類　綠氣鹽類　鋏碘　信石鋏水　收

斂泡水類、除硝強醋酸二水外、餘強水皆不相合、

解藥　解此毒、用食鹽水、解此丹誤染之色、用鉄碘或炭淡鉄、加水洗之、

銀丹錠 ARGENTI NITRAS FUSUS.

製法　銀丹片九十五分　火硝五分　共入白金鍋內、薄磁鍋亦可、　加火化合、入銀模爲錠、　治瘡症用之、

淡銀丹錠 ARGENTI ET POTASSII NITRAS.

又名硝強鉀銀　製法　銀丹一分　火硝二分　共入白金鍋內、火化調勻、入銀模爲錠、　治眼類病常用之、此錠若配甚淡者、可用火硝三四分、

銀丹射水 ENEMA ARGENTI NITRATIS.

製法　銀丹三四林士　水六兩　化勻爲度、　射肛門內、治肚腹熱症所生之腸癰、治聤耳、用銀丹五至十林士、水一兩、

銀丹漱水 GARGARISMA ARGENTI NITRATIS.

製法　銀丹十林士　水一兩　化勻爲度、　使絨探刷、蘸點喉內漱之、治喉鬆　若治白疙瘩、宜倍加銀丹、

銀丹洗水 LOTIO ARGENTI NITRATIS.

製法　銀丹二至四林士　水一兩　化勻爲度、　治明角罩潰爛　口舌生瘡　外吹乳　若治凍瘡、可用銀丹六十林士、水一兩、

銀養 化名 ARGENTI OXIDUM.

辣菜根 西名 ARMORACIA.

辣根 SPIRITUS ARMORACIAE COMPOSITUS.

銀養 舊名 銀養

此藥自銀丹與石灰水製出、結散、色棕而黑、

化法　水不化　硝強水全化、

功用　收歛　治內部血出、該藥力與硝強銀同、但非丹類也、內服不使人面皮變黑

服法　每服半至二林士、為丸服之、按此藥與綠氣類為丸、宜防其炸裂之虞、

阿莫賴夏 俗名 馬蘿蔔

此藥出英美等國、狀似蘿蔔、續根而生、味甚辣、臭刺鼻、與中華所產有別、功力較勝、

功用　行氣　開胃煖胃　生津液　利小便　酒、水均能提出功力、

主治　胃弱　滯積　久風濕　失音、

製酒 製法　辣菜鮮根二十分刮成絲　陳皮二十分切搗　肉豆蔻半分研末　淡酒一百六十分　水六十分　共入甑蒸出一百六十分為度、每服一至三打拉門、

辣根製泡水 INFUSUM ARMORACIÆ COMPOSITUM.

製法 辣菜鮮根一分切片 黑芥子一分 辣根製酒一分 沸汽水二十分 先用水將辣根芥子浸兩點鐘、濾渣、再加辣根製酒和勻爲度、每服一二兩、煖胃行氣用、治失音、以此水漱之、

亞匿架 ARNICA. 俗名豹毒

此草出歐洲之中、及南方等處、花葉根皆入藥用、

功用 行氣 提神 病見困憊狀者可服、

外用 運血 治跌打傷、配酒或搽酒用、

解藥 解此毒、用鴉片莨菲糗等、

亞匿架根 ARNICÆ RHIZOMA.

此用乾根、配酒及搽酒流膏等、

亞匿架酒 TINCTURA ARNICÆ.

製法 亞匿架根一分細末 濃酒二十分 先用酒十五分浸二天、間時搖動、裝淋箭淋乾、加餘酒漂淋、用絞盤絞渣、過淋紙、再加酒仍足二十分爲

度、每服半至一打拉門外用加沸水一半和勻、浸麻絨布敷患處、治跌打傷、

亞匿架搽酒 LINIMENTUM ARNICÆ

製法　亞匿架酒五分　樟腦一分　白胰子四分　濃酒十分　共入燙鍋、文火化勻、濾渣爲度、

亞匿架流膏 EXTRACTUM ARNICÆ LIQUIDUM.

製法　亞匿架根細末一百分　淡酒酌用　先用酒四十分潤末、按流膏公法、裝淋筩淋淨、先淋九十分另存、餘者入燙鍋散氣、按公法製成一百分爲度、

亞匿架花 ARNICÆ FLORES.

此用乾花配酒、

亞匿架花酒 TINCTURA ARNICÆ FLORUM.

製法　亞匿架花六分　濃酒二十四分　汽水八分　淡酒酌用　先將濃酒與水和勻、用少許泡花、搗碎、實裝尖淋筩、加餘酒水過淋、再加淡酒漂淋、足三十二分爲度、　每服十五至三十林士、　與上同用、

亞匽架葉 ARNICÆ FOLIA.

此用乾葉配酒、

亞匽架葉酒 TINCTURA ARNICÆ FOLIORUM.

製法 亞匽架葉一分 濃酒八分 先用酒六分浸二天、萎淋篩淋乾、再加餘酒漂淋、仍足八分爲度、 與上同用、

𨭆 一名 鉮 ARSENIUM.

此原質爲灰藍色之金、如鋼而甚脆、可研爲粉、加熱不能鎔、但化氣飛散、與養氣化合、成爲極毒藥、即信石、見前、

𨭆碘 化名 𨭆碘三 舊名 鉮碘三 ARSENII IODIDUM.

製法 信石六十林士 海碘三百林士 先將信石入臼研細、再加海碘共研極細、入玻瓶、䍸塞口、加火鎔化、但鎔化之時、宜將瓶底微歪、漫漫旋轉、方能化勻、否則海碘聚於一處、不能化盡、 傾於磁板上、候凉、分作碎塊爲度、 玻塞之瓶存貯、

此藥色黃而紅、露氣則碘飛去、

化法　水三十分化一分濃酒百分化一分加熱則化汽飛去、

功用　解楊梅毒　治皮類病、

服法　每服一林士三十分之一、

鉮碘 LIQUOR ARSENII ET HYDRARGYRI IODIDI.

汞水又名信石汞水製法　鉮碘四十五林士　紅汞碘四十五林士　汽水酌用　先將鉮碘、汞碘入臼、加水兩半、研勻至將化盡、過淋紙、再加酒淋滓、足十兩為度、

每服十至三十林士、治皮類病最良、

雄黃又名 ARSENII DISULPHIDUM.

黃金石化名鉮磺二 舊名鉮硫二

此物屬鉮類、西方不作藥用、

雌黃又名 ARSENII TRISULPHIDUM.

石黃化名鉮磺三 舊名鉮硫三

此物亦屬鉮類、西方不作藥用、

菴草西名 ARTEMISIA.

阿替米西亞

此藥種類甚多、功力則同、近來所用者多青蒿、

功用　補劑　開胃　配泡水用、

INFUSUM ARTEMISIÆ.

蒿草泡水　製法　靑蒿一兩　沸水十五兩　泡一點鐘、濾渣爲度、　每服二三兩、

ASAFŒTIDA.

阿魏又名阿虛

此藥原產印度之阿弗干、取該樹之汁製成、酒水均能提出功力色紅黃而白、味苦而辛、其臭頗烈、

功用　行氣　化痰　輕瀉　解轉筋、

主治　肚風　鬱病　瘔病類　癡癲　久氣管痰、

服法　每服五至二十林士、

ENEMA ASAFŒTIDÆ.

阿魏射水　製法　阿魏三十林士　汽水四兩　先將阿魏入臼、漸加水研勻爲度、　作一次用去肚風、　嬰兒抽搐亦可用、

PILULA ASAFŒTIDÆ COMPOSITA.

阿魏製丸　製法　阿魏二分　加比農二分　沒藥二分　糖漿一分秤　共入燙鍋調至化勻、作丸爲度、　每服五至十林士、或用此丸一半、與大黃製丸一半、和服更妙、　開鬱悶、

阿魏酒 TINCTURA ASAFETIDÆ

製法 阿魏一分碎塊 濃酒八分 先用酒六分浸七天、間時搖動、過淋紙、加酒仍足八分爲度、每服半至一打拉門、加阿摩尼亞香酒、或白樹膠漿、調水和服更妙、加甘松酒、鬧羊花酒同服、治鬱病之肚風、

白朮又名**於朮** ATRACTYLODES ALBA.

此藥出安徽浙江江蘇等處、入藥用該草之根、

功用　開胃煖胃　行氣　利小便、

服法　每服半至一打拉門、

白朮酒 TINCTURA ATRACTYLODIS.

製法 白朮一分 濃酒八分 先用酒六分浸二天、間時搖動、裝淋筒淋乾、加餘酒漂淋、過淋紙、再加酒仍足八分爲度、每服半至一打拉門、

蒼朮又名**赤朮** ATRACTYLODES RUBRA

此藥出湖北山東江蘇等處、入藥用根、

功用　與白朮相同、

木香又名 AUKLANDIA COSTUS.

南木香

此藥出廣東、西藏、印度及敘利亞等處、入藥用根、

功用　開胃暖胃　行氣　外用　免虫蛀、

木香酒 TINCTURA AUKLANDIÆ.

製法　木香一分研末　濃酒八分　先用酒六分浸二天、裝淋筒淋乾、加餘酒漂淋、過淋紙、再加酒仍足八分為度、　每服半至一打拉門、

苦陳皮又名 AURANTII CORTEX.

苦橘皮

此藥出法國、西班牙國、與中國南方等處、入藥用該菓之皮、鮮乾皆可、

功用　澀補　祛風　開胃暖胃　配他藥用、味甚適口、

鮮苦陳皮 AURANTII CORTEX RECENS.

此鮮皮配酒油等用、

鮮陳皮酒 TINCTURA AURANTII RECENTIS.

製法　鮮苦陳皮六分切片　濃酒酌用　先用酒十八分浸七天、間時搖動、濾渣絞乾、過淋紙、再加酒足二十分為度、　每服一二打拉門、　此酒

與淡強水類金雞納類同服甚宜、

陳皮釀酒 VINUM AURANTII.

又名陳酒 製法 此酒自鮮苦陳皮及白糖清水按製黃酒法釀成、每百分中計有酒精十至十二分、與葡酒同用、

陳皮油 OLEUM AURANTII CORTICIS.

製法 用此油自鮮陳皮榨出屬香味類臭同陳皮、化法 濃酒七分化一分 純酒全化 每服一至五林士、與檸檬油同用、

乾苦陳皮 AURANTII CORTEX DESICCATA.

此乾皮配酒糖泡水等用、按市肆所售者恆有柑皮橘皮枸橘皮等類相雜、功力則同、

陳皮泡水 INFUSUM AURANTII.

製法 苦陳皮一分切碎 沸水二十分 浸一刻時、濾渣爲度、每服一二兩

陳皮製泡水 INFUSUM AURANTII COMPOSITUM.

製法 苦陳皮半兩切碎 鮮檸檬皮一百一十二林士或用鮮金棗皮亦可 丁香五十六林士搗碎 沸水二十兩 浸一刻時、濾渣爲度、每服一二兩、

陳皮糖 SYRUPUS AURANTII.

製法 陳皮酒一分 水糖七分 化勻爲度、每服一二打拉門、

陳皮 TINCTURA AURANTII.

酒　製法　乾苦陳皮一分切搗　淡酒十分　浸七天間時搖動裝淋箭淋乾，用絞盤絞渣，過淋紙，再加酒仍足十分爲度，每服一二打拉門。

柑花汽水 AURANTII FLORIS AQUA.

橘花蒸者謂橘花汽水，與此無別。

製法　乾柑花四十八兩　水十六斤　共入甑蒸出八斤爲度。

功用　溫補　配他藥常用。

服法　每服半至一兩，與難服之藥同服，能解其惡味。

柑花 SYRUPUS AURANTII FLORIS.

糖　製法　柑花汽水八分　煉白糖四十八分　汽水十六分或酌用　先將汽水和白糖入鍋，化勻濾渣，候微冷，再加柑花汽水共調勻爲度，該有糖五十四兩量七十二兩秤　每服一二打拉門。

柑 OLEUM AURANTII FLORUM.

花油　製法　此油自鮮柑花蒸出，屬香味類，臭同柑花。　化法　濃酒　純酒全化，每服一至五林士，與難服之藥同服，能解其惡味。

柑 SPIRITUS AURANTII FLORUM.

花酒　製法　柑花油一分　濃酒九分　化勻爲度，配他藥取其味美。

甜 ELIXIR SIMPLEX.

甜酒又名柑花甜酒製法柑花酒半兩濃酒半四兩肉桂汽水六兩水糖六兩共調勻過淋紙爲度。此甜酒類最能通口。如桂尼甜酒等。

紅 ELIXIR RUBRUM.

紅甜酒製法甜酒八兩喀[illegible]氏水拉門一打調勻爲度。與上同用。

伯格莫 OLEUM BERGAMII.

伯格莫油又名巴機密油

此油自伯格莫果皮榨出。其果如柑、與檸檬同類。屬香類。

功用　配藥取其味香。

金 AURUM.

金又名黃金

此原質色正黃、面光、性最韌、純者更軟、幾與鉛同、打箔抽絲最易、且能極薄極細、但不能直與養氣化合、各強水及醋酸、皆不能化、惟硝鹽強水能化則變成金綠。

金綠化名 AURI CHLORIDUM.

金綠

此物自金與硝鹽強水製成、色紅而棕、不入藥用。

功用 配金綠水、顯驗藥性、及照像用之、

雀麥麪 AVENÆ FARINA.

又名莜麥麪 又名粗麥麪、

此麥出英國美國及蒙古等處、與蕎麥不同

功用 養生 煑粥保養病人最宜、

楝根皮 AZADIRACHTÆ CORTEX.

又名苦楝皮

此藥出中國、及印度等處、鮮乾根皮皆可用、

功用 收斂 殺蟲、

楝根煑水 DECOCTUM AZADIRACHTÆ.

製法 鮮楝根皮二兩 水二十兩 入鍋熬至十兩為度、 每服半兩、

楝根酒 TINCTURA AZADIRACHTÆ.

製法 楝根皮二兩半搗爛 淡酒一觔 納有蓋器內浸七天、間時搖動、絞渣過淋紙、再加酒仍足一觔為度、 每服補劑半至二打拉門、 殺虫二至四打拉門、

苦楝子 AZADIRACHTÆ FRUCTUS.

又名金鈴子

此藥卽楝樹所結之子、色黃味苦、

功用　補劑　殺虫、

苦楝子酒 TINCTURA AZADIRACHTÆ FRUCTUS.

製法　苦楝子一分搗爛　濃酒八分　先用酒六分浸二天、裝淋筩淋乾、再加餘酒漂淋、仍足八分爲度、　每服半至二打拉門、

葛篤脂 BALSAMUM DIPTEROCARPI.

俗名印度木油

此藥出印度等處、與哥拜把同類、爲棕色流質、味苦而香、

功用　輕瀉　利小便　改病　發表、

主治　大麻瘋、內外兼用、　亦治白濁、

服法　每服三十至一百二十林士、

葛篤匀水 MISTURA DIPTEROCARPI.

製法　葛篤脂一分　石灰水三分　和匀爲度、　每服二至四打拉門、外用　搽大麻瘋、

秘魯脂 BALSAMUM PERUVIANUM.

又名秘魯漿

此藥出中亞美利加、與秘魯國等處、色棕而黑、味苦、別具一種氣息、

化法　濃酒一分化一分　伊打、哥羅方全化、水　洋橄油不化、

功用　行氣　溫補　化痰、

主治　久頭風　久氣管痰　氣喘　風濕、

服法　每服十至十五林士、加白樹膠或雞蛋黃和水調服、

外用　治頑瘡　吹乳、

秘 UNGUENTUM E. PERUVIANI

秘魯油膏　製法　秘魯脂一分　煉豬油七分　調極勻爲度、治外吹乳　唇裂、

秘 UNGUENTUM B. PERUVIANI RESINOSUM.

秘魯松香油膏　製法　秘魯脂一分　松香油膏一分　調勻爲度、攤綿花上、貼患處、治隱瘡最良、

到魯脂又名 BALSAMUM TOLUTANUM

到魯漿

此藥出南亞美利加之到魯城、色棕臭香、

化法　濃酒一分化一分　辨蘇三分化一分　哥羅方一分化二分　冰醋酸一分化一分　沸水化多半

炭磺微化、

功用　行氣　化痰　與秘魯脂同、惟治痰嗽較勝、

服法　每服十至二十林士、加白樹膠漿與白糖作勻水服之、

到魯糖 SYRUPUS B. TOTULANI.

製法　到魯脂二分半　白糖六十四分　水四十分　先將到魯脂與水入鍋蓋之、熬半點鐘、間時攪和、候涼加水足三十二分、過淋紙、再加白糖入燙鍋化勻為度、　每服一二打拉門、　與痰嗽藥同服最良、

又方　到魯水一分　水糖四分　和勻為度、

到魯酒 TINCTURA B. TOTULANI.

製法　到魯脂一分　濃酒八分　先用酒六分、與到魯脂同入玻瓶浸之、塞緊歪倒、間時旋轉至消化、過淋紙、再加酒足八分為度、　每服十五至三十林士、

到魯水 LIQUOR B. TOLULANI.

每六分內計有到魯脂一分

製法　此水即到魯脂與酒及汽水熬成水糖形者、配到魯糖便用、

到魯伊打 LIQUOR B. TOTULANI ÆTHEREUS. 製法 到魯脂一分 伊打一分 化勻為度、作各樣丸料外衣免受濕氣較易存易服、

芭蕉根 BANANÆ RADIX.

一名 蕉頭

此藥出南方近赤道各處用其樹乾根、

功用 改病 治瘰癧類症 配流膏用

芭蕉根流膏 EXTRACTUM BANANÆ LIQUIDUM.

製法 芭蕉根 一百分 粗末 淡酒 酌用 先用酒三十五分潤末、照流膏公方實裝長圓淋筩淋淨、先淋七十五分另存、按公法製成一百分為度、

鋇 LARIUM.

又名 鋇質

此原質屬金類、色白可打為箔、煆至紅色即鎔、其雜質有數樣、與養氣綠氣強水類易化合、

鋇綠 BARII CHLORIDUM.

化名 鋇綠·輕養 舊名 鋇綠·輕養

此藥自炭養鋇與鹽強水製出、結冰色白、味苦而濇、

功用　作試水、以驗藥質、如礦強、燐強、炭養等鹽類、加此藥水、即變渾降散、

鋇綠水 LIQUOR BARII CHLORIDI

製法　鋇綠一分　汽水十分　化勻、過淋紙爲度、　驗藥性用之、見上

卑拉菓 又名 榜葛剌木瓜 BELÆ FRUCTUS.

此藥出印度之榜葛剌等處、惟取樹間半熟之菓、晒乾備用、

功用　收斂　治痢瀉　痢疾、配流膏用

卑拉果流膏 EXTRACTUM BELÆ LIQUIDUM.

製法　卑拉果一斤　汽水十五斤　濃酒三兩　先用水五斤浸十二點鐘傾出、再用水五斤、浸一點鐘傾出、如此二次、用絞盤絞渣、過呢布、共入燙鍋散氣、剩十三兩爲止、候涼、再加酒和勻爲度、　每服一二打拉門、

顛茄 西名 畢拉打拿 BELLADONNA.

此藥出歐洲及美國等處、與佛茄兒鬧羊花同類、實大如李、內函多核、入藥用根與葉、內函一精、即丫刀逸精

功用　大寧睡　止疼　發表　解轉筋　利小便　補陽、

主治　風癇　腦氣筋疼　哮瘷嗽　癱風　瘔病類　便秘　遺尿
陽痿　遺精　風濕

服法　見下膏酒等方（服此藥每令喉乾須知無妨）

反藥　反酸類　士的年𥼶　鴉片（按番木鼈鴉片雖與顛茄不合但同服均於病有益尚可酌用之）

解藥　解此毒者先服礦強銅（十士林）或用礦強錊（二十林士）和水服之待其吐後繼服鴉片膏（鴉片性毒可按所服顛茄多少酌用慎勿妄加）或服綠養冰或啤羅加邊𥼶或非西格民𥼶皆可

顛茄葉 BELLADONNÆ FOLIA.

此藥乾鮮葉皆用配膏酒等

顛茄 EXTRACTUM BELLADONNÆ.

膏（製法）顛茄鮮葉嫩枝（一百一十二斤）入石臼搗爛扭汁入鍋加熱至一百三十度過布留渣（此渣色尚綠仍存藥性恐見熱敗壞故先取出待用）將汁再入鍋加熱至二百度過布去渣又入燙鍋散氣成水糖形即將前留之渣過馬尾羅回入燙鍋攪勻散

氣熱不過二百四十度成膏爲度。每服一林士四分之一至半林士。常服則可漸加至一二林士。治風濕宜用一林士爲丸服之。治便秘用一林士六分之一至半林士空心服之。

SUCCUS BELLADONNÆ.

顛茄汁 製法 顛茄鮮葉汁三分 濃酒一分 和勻候七天過淋紙爲度。存陰涼處。每服五至十五林士。

TINCTURA BELLADONNÆ.

顛茄酒 製法 乾顛茄葉粗末一分 淡酒二十分 先用酒十五分浸兩天間時搖動裝淋筩淋乾加餘酒漂淋用絞盤絞渣過淋紙再加酒仍足二十分爲度。每服五至二十林士。治遺尿每服五至十林士與鐵酒各半同服。

PILULA BELLADONNÆ C. NUCE VOMICA.

顛茄番木鼈丸 製法 顛茄膏一林士 番木鼈膏一林士 大黃製丸十二林士 共研勻作四丸爲度。治便秘最效。

SUPPOSITORIA BELLADONNÆ.

顛茄尖丸 製法 顛茄膏一林士或用顛茄酒膏半林士亦可 士的亞連十三林士 共化勻作一丸爲度。治痔瘡疼痛。

顛茄根 BELLADONNÆ RADIX.

此用乾根配貼膏、酒膏、搽酒等、

顛茄 EMPLASTRUM BELLADONNÆ.

貼膏 製法 顛茄酒膏一分 松香貼膏一分 胰子貼膏一分 先將二貼膏入燙鍋化合、再將酒膏細調勻爲度、 治風溼痛 胸前痛妙、

顛茄 EXTRACTUM BELLADONNÆ ALCOHOLICUM.

酒膏 製法 顛茄根十六兩搗爛 濃酒四十兩 汽水酌用 先用酒入有蓋器內浸二天裝淋箭淋乾、再加汽水漂淋、仍足四十兩之數、入燙鍋散氣成膏爲度、 每服一林士十六分之一至四分之一、

顛茄 LINIMENTUM BELLADONNÆ.

搽酒 製法 顛茄根二十分細末 樟腦一分 濃酒酌用 先用酒二十分浸三天、裝淋箭架在盛樟腦器皿上淋乾、再用酒漂淋、足三十分爲度、 治腦氣筋疼、用此酒與鴉片搽酒各一半、或樟腦製搽酒一半、或三者各用一分、和勻搽患處最效、

美國方 顛茄流膏九十五分 樟腦五分 化勻爲度、

顚茄油膏 UNGUENTUM BELLADONNÆ.

製法 顚茄酒膏五十林士 辨佐匽豬油一兩 調勻爲度、治小便頻數、宜塗海底處

顚茄甘油 GLYCERINUM BELLADONNÆ.

製法 顚茄酒膏一兩 濃酒一打拉門 入溫臼內研勻、再加甘油一兩研勻爲度、治癧子痛 新膿瘡痛 癰瘡痛、

顚茄哥羅方 CHLOROFORMUM BELLADONNÆ.

製法 顚茄根二十分研末 哥羅方酌用 將顚茄裝伊打淋箭加哥羅方淋足二十分爲度、治風濕疼 腦氣筋疼 腰骨疼、用此藥與樟腦搽油各一半、和勻搽之最效、此與搽油類能合、與搽酒類不合、

顚茄製搽酒 LINIMENTUM BELLADONNÆ COMPOSITUM.

製法 顚茄搽酒七分 顚茄哥羅方一分 和勻爲度、治腰痛、

顚茄流膏 EXTRACTUM BELLADONNÆ LIQUIDUM.

製法 顚茄根二百分極細末 濃酒酌用 先用酒三十五分潤末、按流膏公法裝淋箭淋淨、先淋九十分另存、餘者入燙鍋散氣、熱不過一百二十二度、按公法製成一百分爲度、

丫刀邊精 ATROPINA.

即顚茄精 化名 炭十七輕二十三淡養三

此藥自顛茄提出結槍形之珠、色白或微黃、味苦辛無臭、

化法　水五百分化一分　濃酒三分化一分　伊打二十五分化一分　哥羅方一分化一分

功用　寧睡　止疼　與顛茄同、而力較勝、

服法　每服一林士一百二十分之一、至三十分之一、

外用　點眼令瞳人散大、治眼簾發炎、　射皮內、治腦氣筋疼、

解藥　解此毒者亦與顛茄同、

丫刀邊精油膏 UNGUENTUM ATROPINÆ.

製法　丫刀邊精八林士　濃酒半打拉門　辨佐匿豬油一兩　先用酒化丫刀邊精、再加油調勻爲度、　每用不過三十林士、塗患處、治腦氣筋疼、

磺強丫刀邊精 ATROPINÆ SULPHAS.

化名　(炭十七輕二十三淡養三)二·輕二磺養四

此藥自丫刀邊精與磺強水製成、結冰色白、無臭無味、

化法　水四十分化一分　濃酒三十分化一分　伊打　哥羅方不化、

功用　與丫刀邊精同、因易化便用之、

服法　每服一林士一百二十分之一、至三十分之一、解鴉片毒每服一林士三十分之一、至六分之一、

丫刀邊精輪子 LAMELLÆ ATROPINÆ.

製法　此藥係礦強丫刀邊精和明牛膠製成、每一輪子宜有丫刀邊精一林士五千分之一、放眼內令瞳人散大、

丫刀邊精水 LIQUOR ATROPINÆ SULPHATIS.

製法　礦強丫刀邊精九林士　樟腦汽水十六打拉門半　化勻為度、每服一至四林士、或用空針射入皮內亦可、解鴉片毒用五至十五林士、每一百十林士內、計有礦強丫刀邊精一林士、

丫刀邊精點水 GUTTÆ ATROPINÆ.

製法　礦強丫刀邊精一二林士　汽水一兩　化勻為度、點眼用、

丫刀邊精空針輪子 LAMELLÆ ATROPINÆ HYPODERMICÆ.

製法　此藥係礦強丫刀邊精和明牛膠製成、每一輪子內計有丫刀邊精一林士一百二十分之一　用時化溫水內、以空針射之、

後瑪刀邊精 HOMATROPINA.

化名　炭十六輕廿一淡養三

此藥自丫刀邊精煉出、變形而成、故名後瑪刀邊精、與酸類能化合成

鹽、

功用　與了刀邊精同、

溴輕後 HOMATROPINÆ HYDROBROMAS.

瑪刀邊精 化名 炭十六輕廿一淡養三·輕溴

此藥自後瑪刀邊精與溴輕酸製出、結白色之冰、

功用　與上同、

安息香 西名 BENZOINUM.

辨佐匿香

此藥出暹羅國、及隣近諸島、種類分數等、入藥者大約二種、一成塊如松香、一顆粒粘連、內函一酸、即辨佐匿酸、按百分中計有此酸十五至二十分、

化法　濃酒五分化一分　伊打一分化一分　鈸養水全化、

功用　行氣　化痰　止血、

服法　每服十至三十林士、

安息 TINCTURA BENZOINI COMPOSITA.

香製酒 製法 安息香八分 煉蘇合香六分 到魯脂二分 索哥德拉啞囉

一分半濃酒八十分共浸七天，間時搖動，過淋紙，用酒漂淋，仍足八十分爲度。每服半至一打拉門，與白樹膠，或雞蛋黃研勻，加水和服，治久瘀瘀。外用治頑瘡、損傷、金刃傷，

安息香酒 TINCTURA BENZOINI.

製法 安息香一分 濃酒十分 浸七天，過淋紙爲度。作安息香豬油便用。

安息香洗水 LOTIO BENZOINI.

製法 安息香酒一分 薔薇花汽水四十分 和勻爲度。去雀斑用。

地骨皮 BERBERIS LYCIUM.

又名 土地骨

此藥出江蘇、河南、陝西、甘肅等處，用樹根之皮。

功用 補劑 解瘧 發表

地骨皮膏 EXTRACTUM BERBERIS.

製法 地骨皮一斤切片 淡酒四斤 先用酒二斤浸一天，裝淋箭淋乾，加餘酒漂淋，入甑將酒蒸回多半，再入燙鍋散氣成膏爲度。每服十至十五林士。治瘧疾，二三十林士。

地骨皮泡水 INFUSUM BERBERIS.

製法、地骨皮半兩切片沸水十兩納有蓋器內浸一點鐘濾渣爲度、每服一至三兩、

地骨皮酒 TINCTURA BERBERIS.

製法 地骨皮六分切片淡酒二十分浸七天絞渣過淋紙再加酒仍足二十分爲度、每服補劑三十至一百二十林士、解瘧三至六打拉門

樺皮油 BETULÆ OLEUM. 又名樺樹脂

此油從樺樹皮蒸出、狀如松脂、色紅而棕、別有一種氣息、

外用 治多年頑癬、

鉍 BISMUTHUM. 又名鉍質

此原質爲硬脆之金、與別金配合有大用、獨自一質、惟鍍器具多用之、色白微紅、顆粒爲立方形、質畧輕於錫、受熱易鎔、與養氣炭養氣及硝強水化合成鹽、則入藥劑、配藥宜用煉者、

煉鉍 BISMUTHUM PURIFICATUM. 又名淨鉍

此卽鉍質與硫磺及鉀衰鎔化後與炭養鈉炭養錳鍊成者配鉍類藥用之、

炭養鉍 化名 BISMUTHI CARBONAS.

鉍養炭養・輕養 卽 鉍養炭養・輕養 舊名 鉍養炭養・輕養

此藥自煉鉍與硝強酸及炭養阿摩尼亞製出、結散色白、無臭、

化法　水不化、硝強水全化、

功用　平胃　與下硝強鉍同、

服法　每服五至二十林士、

炭養鉍製水 LIQUOR BISMUTHI CARBONATIS COMPOSITUS.

製法　炭養鉍一百二十林士　輕炭養鎂六十林士　卡喇樸二十林士研末　柑花汽水二打拉門　柑花糖二打拉門　水足六兩、共研勻爲度、每服三四打拉門、飯後用、治吐酸、

檸酸鉍 化名 BISMUTHI CITRAS.

鉍炭六輕五養七 舊名 鉍養・炭輕養

此藥自下硝強鉍與硝強水和檸酸與雙炭養錏製成者、爲白色之散、無味無臭、

化法 阿摩尼亞水能化、

功用 平胃 與下硝強鉍同、

服法 每服二至五林士、

檸酸阿摩尼亞鉍水

LIQUOR BISMUTHI ET AMMONII CITRATIS.

製法 檸酸鉍 八百林士 淡阿摩尼亞水 汽水 各用酌 先將檸酸鉍、入臼加汽水少許、研爲稠糊、漸加淡阿摩尼亞水、調勻至消化爲止、再加汽水足二十兩爲度、

又方 檸酸阿摩尼亞鉍 二兩冰片 汽水 淡阿摩尼亞水 各用酌 先用汽水十六兩化鉍片、即加阿摩尼亞水數滴、令鉍水變淸、再加汽水足二十兩爲度、 每服三十至六十林士、

檸酸阿摩尼亞鉍

BISMUTHI ET AMMONII CITRAS.

化名 [輕四淡]二炭六輕五養七·鉍[輕養]二

製法 檸酸阿摩尼亞鉍水 便用 入湯鍋散氣、成糖漿形爲止、再鋪於磁板、或玻片上、加熱不過一百度、焙乾爲度、 玻塞甁存貯、

化法　水（一分化一分）濃酒微化、

功用　平胃　與下硝強鉍同、

服法　每服二至五林士、

下硝强鉍 BISMUTHI SUBNITRAS.

西名　鉍司母　化名　鉍養淡養$_3$·輕$_2$養　舊名　鉍養$_3$淡養$_5$·輕$_2$養

此藥自煉鉍與硝強水製出、後多加汽水令降爲散、色白、無臭無味、

化法　酒　水、均不化、　硝強水　鹽強水、皆化、

功用　滲溼　平胃　微收歛、

主治　胃熱吐酸　痢瀉　滯積作疼、

服法　每服五至二十林士、空心服之、（服此藥大便必黑、須知無妨、）作製水服之亦可、（與炭

養秘製水法同）　治痢瀉、二十至六十林士、

外用　作洗水、治皮類病　作撲粉用亦可、

反藥　鈢養　鏀養　阿摩尼亞水　炭養鈢　炭養鏀　炭養阿摩

尼亞鋉碘、

鉍司 TROCHISCI BISMUTHI.

母冰糖 製法 下硝強鉍 一千四百四十林士 炭養鎂 四兩 炭養鈉降散 六兩 煉白糖 二十九兩 細末 白樹膠 一兩細末 白樹膠漿 一兩 薔薇花汽水 酌用 先將上五味研勻、再加白樹膠漿研勻、後加薔薇花汽水調成團、分作七百二十塊、焙乾為度、每塊內計有下硝強鉍二林士、每服一至六塊、

鉍 UNGUENTUM BISMUTHI.

司母油膏 製法 下硝強鉍 一分 白油膏 四分 攪勻為度、 治白癬、

鉍 LOTIO BISMUTHI.

司母洗水 製法 下硝強鉍 十林士 水 一足兩 調勻為度、 治溼癬、

鉍 PULVIS BISMUTHI COMPOSITUS.

司母製散 製法 下硝強鉍 三百六十林士 白樹膠 六十林士細末 鹽強莫非糯 二林士 共研勻為度、 用吹筩吹入鼻孔、治頭風鼻塞、

鉍 PULVIS BISMUTHI CUM OPII.

司母鴉片散 製法 下硝強鉍 二十林士 鴉片表散 三林士半 炭匿酸 三林士半 研勻為度、 作一服、治久瀉、

鉍 SUPPOSITORIA BISMUTHI URETHRALA.

司母條丸 製法 下硝強鉍 十林士 得波麻油 二十林士 化勻作一丸為度、 治

白濁、

硝強鉍 BISMUTHI NITRAS.

化名 鉍淡養·輕養 舊名 鉍養三·淡養·輕養

此藥自煉鉍與硝強水製出、結冰、無色過光、無臭無味、

化法 甘油能化、 水雖化而變形、

外用 治皮類病、

硝強鉍甘油 GLYCERINUM BISMUTHI.

又名 鉍司母甘油 製法 硝強鉍十林 甘油一兩 和勻爲度、

治皮類病、

鉍養 BISMUTHI OXIDUM.

化名 鉍二養三 舊名 鉍養三

製法 硝強鉍十六分 鹵養水八十分 和勻、熬五分鐘、候涼見鉍養降爲散、即

舀出上面之水、提出降散、用汽水洗淨、入燙鍋煎乾爲度、

此藥結散色淡黃、無臭無味、

化法 水不化、 強水能化、

功用 平胃 與下硝強鉍同、

服法 每服五至十五林士、

鉍綠養 BISMUTHI OXYCHLORIDUM.

化名 鉍綠·鉍養·輕養 舊名 鉍綠·鉍養

此藥自煉鉍與硝強水及鹵綠製出、結散色白無臭、

功用 平胃 與下硝強鉍同 外用 作撲粉、

波祿兜 BOLDO.

一名 波樓杜

此藥出南亞美利加支利國、入藥用該樹枝葉、內函一精名波祿殿、又函一油百分中能出二分、

功用 動膽汁 治滯積 飯不消化、

波 TINCTURA BOLDO.

祿兜酒 製法 波祿兜葉一分 淡酒八分 先用酒六分浸七天、裝淋筩淋乾、加餘酒漂淋、用絞盤絞渣、過淋紙、再加酒仍足八分爲度 每服十至三十林士、

硼 BORIUM.

又名 硑

硼砂 一名 BORAX

此原質爲綠樱之色、無自然獨成者、常與養氣三分化合成硼養三卽硼酸
但產處甚少、惟與鏀養化合爲硼砂者多、
月石 又名 雙硼酸鏀 化名 鏀二硼四養七·輕十養 舊名 鈉養硼二養三·輕十養
此藥出西藏、印度南北亞美利加等處、生成而經錬者、結冰無色過光、露空氣微化、外成白散、味始畧甜、繼則畧鹹而苦、內函一酸、卽硼酸、詳見酸類
化法 冷水二十二分化一分 沸水一分化二分 甘油一分化一分 濃酒不化、與白樹膠漿化合則變硬、
功用 解熱 利小便 動經 令子宮收縮 佐耳臥達及肉桂汽水同服、治胎衣不下、
服法 每服五至三十林士、
外用 治皮類病 治白屑風及連環癬、宜將此藥入水內、至濡而不化、洗之最效、

反藥　強水類　強水鹽類　白樹膠漿、

GLYCERINUM BORACIS.
硼砂甘油 製法 硼砂一分研末 甘油四分 汽水二分 共研勻入燙鍋化合爲度、每服半至一打拉門半、

MEL BORACIS.
硼砂蜜 製法 硼砂二分細末 煉蜂蜜十六分 甘油一分秤 共研勻爲度、治口瘡、

GARGARISMA BORACIS.
硼砂漱水 製法 硼砂五十林士 蜂蜜二打拉門 水五兩足 共化勻爲度、治咽喉類病、

LOTIO BORACIS.
硼砂洗水 製法 硼砂一分 薔薇花汽水二十四分 化勻爲度、

又方 硼砂一分 甘油一分 薔薇花汽水十六分 共化勻爲度、婦人洗面用之、

TINCTURA MYRRHÆ ET BORACIS.
硼砂沒藥酒 製法 硼砂一分 沒藥一分 叩龍水十六分 水三分 水糖三分 共化勻爲度、治牙齦紅腫、亦刷牙用、

又方 硼砂甘油一分 沒藥酒一分 化勻爲度、

UNGUENTUM BORACIS.
硼砂油膏 製法 硼砂一分 白油膏八分 研勻爲度、治凍瘡 外吹乳、

硼砂陰尖丸 PESSUS BORACIS.

製法 硼砂十五林士 得波麻油足用 化勻作一丸爲度、治子宮口生瘡、

溴 又名 溴質 BROMUM

此原質海水內皆有之、每七千分中約有一分、又考數處泉水內亦有之、數種金類內亦含之、與鎂化合者尤多、但取法繁冗、不必細論、其爲紅色之流質、臭畧如綠氣、而猛烈過之、凡動物沾之易被燬傷、與鉀質、鈉質、阿摩尼亞等、化合成鹽、爲常用之藥、

化法 水三十分化一分 濃酒十分化一分 伊打亦化、

外用 丹類 治毒癰、

溴射水 INJECTIO BROMI.

製法 溴十二林士 濃酒二打拉門 水十六兩 化勻爲度、治子宮毒癰、用水節射之、

溴酒 TINCTURA BROMI.

製法 溴十二林士 濃酒一打拉門 化勻爲度、治子宮毒癰、用麻絨蘸塗患處

天花粉 BRYONIA. 又名白藥

此藥出中國美國等處、乃以栝樓根作粉、其色潔白如雪、故名、

功用　化痰　多服能吐瀉、

主治　痰瘷　肺胞膜發炎、

服法　每服二十至六十林士、

天花粉酒 TINCTURA BRYONIÆ.

製法　天花粉一分　濃酒十分　先用酒七分浸二天、裝淋筩淋乾、再加餘酒漂淋、仍足十分為度、

布球 BUCHU. 又名標咕

此藥出亞非利加之好望角、入藥用葉、味苦而香、酒水均能提出功力、

功用　補劑　開胃　利小便　發表、

主治　小便類病　便閉　遺尿　膀胱蒂核之病　滯積　久風濕　皮類病　臟症、

服法　每服二十至四十林士　研末服之、或作泡水酒等用

布球泡水 INFUSUM BUCHU

製法　布球一分搗爛　沸汽水二十分　泡半點鐘、濾渣爲度、　每服一至四兩、

布球酒 TINCTURA BUCHU.

製法　布球一分粗末　淡酒八分　先用酒六分浸二天、間時搖動、裝淋筩淋乾、加餘酒漂淋、用絞盤絞渣、過淋紙、再加酒仍足八分爲度、　每服一至四打拉門、

布球流膏 EXTRACTUM BUCHU LIQUIDUM

製法　布球一百分極細末　濃酒二分和汽水一分　酌用　先用酒水三十分潤末、實裝長圓淋筩、按流膏公法淋盡、先淋八十五分另存、餘者入燙鍋散氣、按公法製成一百分爲度、　每服二三十林士、加水服之、

鎘　又名鎘質 CADMIUM.

此原質爲白色之金、形如錫、性如鋅、常含於鋅礦內而不多、煆礦取鋅、初見棕色之光、即鎘也、

鎘碘　化名鎘碘、 CADMII IODIDUM.

此藥自鎘質與海碘製出、結冰如片珠、色白過光、

化法　水三分化二分　濃酒二分化一分　甘油二分化一分

外用　配油膏　治皮類病　骨節變大　瘰癧類病、

UNGUENTUM CADMII IODIDI.

鎘碘油膏

製法　鎘碘一分　白油膏七分　研勻爲度、　治凍瘡　骨節變大、

CADMII SULPHAS.

礦強鎘

化名　鎘礦養·輕養

此藥自鎘質與炭養鏀及硝強礦強二水製出、結冰無色、味酸而濇、

化法　水五分化四分　濃酒不化、

功用　收歛　去眼內雲翳、

CAFFEA.

加非又名哈非

此藥出呂宋及印度海島等處、入藥用仁、內函一精、即加非精、

功用　開胃　行氣　解洋烟毒、

DECOCTUM CAFFEÆ

加非煮水

又名　加非茶　製法　加非二至五兩　沸水二十兩　熬五分鐘、放暖處、泡十

加非精 CAFEEINA. 卯

分鐘爲度、治氣喘 解洋烟毒、多用加非一倍、

加非精 化名 炭八輕十淡四養二·輕二養

此藥自加非提出、結冰色白、味苦無臭、與茶葉精無別

化法 水八十分化一分 濃酒四十分化一分 哥羅方七分化一分 伊打四百分化一分 純酒一百六十分化一分

功用 行氣 提神 行血 補心、

主治 頭疼 腦氣筋疼 心體無力、

服法 每服一至五林士 治頭疼、每點鐘服一林士 行血、補心、日三次、每服二三林士、代毛地黃用 解鴉片毒、每服十林士、

加非精空針射水 INJECTIO CAFFEINÆ HYPODERMICA.

製法 加非精二十林士 沙利先鏀十七林士半 汽水足一打拉門 化勻爲度、

每次用一至六林士、治頭疼 解酒醒、

檸酸加非精 CAFFEINÆ CITRAS.

化名 炭八輕十淡四養二 輕三炭六輕五養七

製法 加非精一分 檸檬酸一分 汽水二分 先將汽水、檸檬酸入燙鍋消

化、再添加非精調勻化合散氣頻調至乾、研細爲度、

此藥結冰色白味苦無臭、

化法 濃酒十二分化一分 水十二分化一分 沸水易化、

功用 提神 與加非精同、

服法 每服二至十林士、

溴輕加非精 CAFFEINÆ HYDROBROMAS.

功用 與加非精同、

服法 每服二至十林士、

甘松加非精 CAFFEINÆ VALERIANAS.

功用 服法 同上、

加枝撥油 CAJAPUTI OLEUM.

化名 炭十輕十六·輕二養

此藥出新嘉坡等處、從該樹葉內蒸出、味辛而香、色綠而藍、

化法　濃酒全化　松節油　油類皆化、

功用　行氣　發表　解轉筋、

主治　臌症　久風濕　鬱病　肚風絞痛、　瘳類病、

服法　每服一至三林士、滴白糖中服之、或加白樹膠漿服之亦可、

外用　運血　治風濕痛、酒風脚疼、可用此油一分、香油二分、和勻搽之、　治牙疼、用棉花蘸此油塞牙穴內、或用麻絨布蘸貼腮上亦可、

加枝潑酒 SPIRITUS CAJAPUTI.

製法　加枝潑油一分　濃酒四十九分　化勻爲度、　每服五十至一百林士、

水菖蒲 CALAMUS.

又名白菖、

此藥出中國美國印度等處、入藥用根、味苦辛而香、

功用　開胃暖胃　治飯不消化、作膏酒等服之

菖蒲膏 EXTRACTUM CALAMI.

製法　水菖蒲一斤　淡酒酌用　先用酒一斤泡八天、裝尖淋篩淋乾、再加酒漂淋至藥無味、入燙鍋散氣成膏爲度、　每服三至五林士、

菖蒲泡水 INFUSUM CALAMI. 製法 水菖蒲一分 沸水十六分 泡一點鐘、濾渣爲度、每服三四兩、

菖蒲酒 TINCTURA CALAMI. 製法 水菖蒲一分 濃酒五分 浸八天、絞渣過淋紙、再加酒仍足五分爲度、 每服一二打拉門、

石菖蒲 ACORUS GRAMINEUS. 又名 劍草

此藥出西國、並中華陝西、四川、貴州等處、入藥用根、

功用 開胃暖胃 與水菖蒲同、

萬國藥方卷三終

萬國藥方

卷四

配藥例言

Remarks on Dispensing.

一凡書中配藥之數、多用分字、此分字乃份字之意、非兩錢分釐之分、如多製配、則每斤可作一分、少製配、則每釐亦可作一分、勿爲所拘、

二凡藥屬流質者、皆以量量之、每量可作一分、如水、酒、油藥等類是也、藥屬定質者、皆以秤稱之、每秤可作一分、如藥膏、藥散、及五金等類是也、（藥方內間有流質不量者、必註一秤字、）

三凡藥方配製用一天者、乃一晝一夜也、

四凡藥之通行常用者、其名高擡四頭、次則三頭、藥方之常用者、其方高擡兩頭、次則一頭、俱按英國本草定例、（抬四頭兩頭者皆在英國本草內、抬三頭一頭者、間在美法中華本草內、）

五　凡配藥之方、其多少先後、俱係一定、不可疎忽錯亂、

六　凡書所說寒暑表之度數、俱以髮倫表數爲準、

七　凡猛厲藥、與藥精等、間有用一林士、分作幾分者、因英國藥秤以林士爲極小之數、故欲少服藥者、必分林士爲幾分、如半林士、一林士三分之一、一林士十分之一之數是也、搭配須宜謹愼、如作丸用、可同別藥仔細研勻、如要單服、可用法化開、然後分服、如有成方、照成方之法化服、

Comparative Table of English and Chinese Weights

按西國藥秤較中國庫秤圖

	號		林士			分	釐	毫	絲	
	½gr		半	即				八	七	半
·	1gr		一	即			一	七	五	
··	2gr		二	即			三	五		
∴	3gr		三	即			五	二	五	
∷	4gr		四	即			七			
⁙	5gr		五	即			八	七	五	
⠿	6gr		六	即		一	○	五		
			七	即		一	二	二	五	
			八	即		一	四			
			九	即		一	五	七	五	
	℈ss		十	即		一	七	五		
			十一	即		一	九	二	五	
			十二	即		二	一			
			十三	即		二	二	七	五	
			十四	即		二	四	五		
			十五	即		二	六	二	五	
			十六	即		二	八			
			十七	即		二	九	七	五	
			十八	即		三	一	五		
			十九	即		三	三	二	五	
	℈j		二十	即		三	五			
			二十一	即		三	六	七	五	
			二十二	即		三	八	五		
			二十三	即		四	○	二	五	
			二十四	即		四	二			
			二十五	即		四	三	七	五	
			二十六	即		四	五	五		
			二十七	即		四	七	二	五	
			二十八	即		四	九			
			二十九	即		五	○	七	五	
	ʒss		三十	即		五	二	五		

Comparative Table of English and Chinese Weights.

按西國藥秤較中國庫秤圖

	號		士林				錢	分	釐	毫	絲
			三十一		即			五	四	二	五
			三十二		即			五	六		
			三十三		即			五	七	七	五
			三十四		即			五	九	五	
			三十五		即			六	一	二	五
			三十六		即			六	三		
			三十七		即			六	四	七	五
			三十八		即			六	六	五	
			三十九		即			六	八	二	五
	℈ij		四十		即			七			
			四十一		即			七	一	七	五
			四十二		即			七	三	五	
			四十三		即			七	五	二	五
			四十四		即			七	七		
			四十五		即			七	八	七	五
			四十六		即			八		五	
			四十七		即			八	二	二	五
			四十八		即			八	四		
			四十九		即			八	五	七	五
			五十		即			八	七	五	
			五十一		即			八	九	二	五
			五十二		即			九	一		
			五十三		即			九	二	七	五
			五十四		即			九	四	五	
			五十五		即			九	六	二	五
			五十六		即			九	八		
			五十七		即			九	九	七	五
			五十八		即		一	○	一	五	
			五十九		即		一	○	三	二	五
	ʒj		六十		即		一	○	五		
	ʒij		百廿		即		二	一			

IV

萬國藥方卷四

鉐 CALCIUM. 又名 鈣

此原質屬金類、色淡黃、可打箔如紙、加熱至紅色即鎔、再熱則有極明白光、易與養氣化合成鉐養、爲地殼最多之質、

白鉐 MARMOR ALBUM. 一名 桃花石 又名 黃山石 化名 鉐炭養三 舊名 鈣養炭養二

此石中西皆有、惟配光粉及炭養酸氣、別無所用、

光粉 MARMOR LEVIGATUM. 化名 見白鉐

此粉即白石捶碎研末、用水漂淨而成者、

外用　作撲粉、此粉不一、恐內有別質、不宜內服、

鉐粉 CRETA 一名 火石粉 又名 白土 化名 鉐炭養三 舊名 鈣養炭養二

此藥出地內採出、色灰白無味、近來恆用者、多產自英法二國、入藥用煉者、

功用　配炭養氣製自沸水類、加磺強水配製、

外用　治湯火傷、加水調爲稀糊塗之、

煉鈣粉又名 CRETA PRÆPARATA.

淨白石粉化名鈣炭養三

此卽鈣粉用水漂淨者、色白無臭、化名雖與炭養鈣降散同、而功力勝之、

化法　淡鹽強水全化、水不化、

功用　收斂　解酸　宜佐他藥和服、

主治　肚酸作瀉　弓腰　瘰癧類　亦解惡西酸之毒、

服法　每服十至六十林士、

外用　治湯火傷　潰瘡、作油膏用、

反藥　酸類　磺強鹽類、

鈣粉 MISTURA CRETÆ.

勻水製法　鍊鈣粉一分　白樹膠一分細末　水糖二分　肉桂汽水三十分　先將上

三味入臼研勻、再漸加肉桂汽水、共研勻爲度、　每服一二兩　治肚

瀉、加鴉片、及收歛藥、和服最宜、佐樟腦鴉片酒、及兒茶酒和服、治小兒夏月肚瀉最宜、

鋁粉香散 PULVIS CRETÆ AROMATICUS.

製法 煉鋁粉十一分 肉桂四分 肉豆蔻三分 番紅花三分 丁香一分半 砂仁一分 煉白糖二十五分 共爲末、過細羅、研勻爲度、存玻塞瓶、每服十至六十林士、治飯不消化、

鋁粉鴉片香散 PULVIS CRETÆ AROMATICUS CUM OPIO.

製法 鋁粉香散三十九分 鴉片一分爲末 共研極細過羅爲度、存玻塞瓶、每服十至四十林士、治肚瀉、

鋁粉香勻水 MISTURA CRETÆ AROMATICA.

製法 肉桂製散一百八十林士 阿摩尼亞香酒三打拉門 兒茶酒十打拉門 砂仁製酒六打拉門 鴉片酒一打拉門 鋁粉勻水足二十兩 共和勻爲度、治霍亂、每服一兩十二歲者半兩、七歲者二打拉門、每次大便後服之、肚瀉症服之亦效、

又方 鋁粉香散十二林士 煉鋁粉二十四林士 卡喇桿製散六林士 佳奴酒十二林士 阿摩尼亞香酒十二林士 鴉片酒六林士 薄荷水足一兩 共和勻爲度、 每服一二至

鉐

UNGUENTUM CRETÆ.

炭養鉐降

CALCII CARBONAS PRÆCIPITATA.

四打拉門、加水冲服、治肚瀉、

又方　鉐粉香散二十林士　鴉片酒五林士　哥羅方酒二十林士　辣椒酒二林士　各辛汽水足一兩　共和勻爲度、作一服、治肚瀉、

粉油膏　製法　煉鉐粉一分　鯨腦油膏四分　調勻爲度、　治湯火傷、

散又名炭養鉐降粉　化名鉐炭養三　舊名鈣養炭養二　此化名與光粉鉐粉雖同、而形有不同、大抵光粉雜、鉐粉粗、而此則細也、

製法　桔鉐綠五分　炭養鹵十三分　沸水八十分　先用水一半化鉐綠、一半化炭養鹵、將二水和勻、候澄清、捋出上面淨水、提出降散、用沸汽水洗淨、入鍋、加熱至二百一十二度、焙乾爲度、

此藥結散色白、無臭無味、

化法　水不化、強水類皆化而變形、

功用　解酸　收斂、

主治　夏日疶瀉　醋心、

4

服法　每服十至六十林士、力稍遜於火石粉、

反藥　強水類　酸類　反酸鹽類　五金鹽類　葡酸鋏銻、

外用　擦牙極妙、

枯鈣綠 化名 CALCII CHLORIDUM EXSICCATUM.

鈣綠·輕養 舊名 鈣綠·輕養

此藥卽鈣綠加熱至四百度煆枯者、色白成塊、味苦鹹而辛、

化法　水一分化一分　濃酒三分化一分

功用　補劑　利小便　發表　生津液　化痲、

主治　瘰癧　癭瘤　腸膜核瘤、

服法　每服三至十林士、

鈣綠水 LIQUOR CALCII CHLORIDI

製法　枯鈣綠一分　汽水五分　消化過淋紙爲度、　每服十五至五十林士　治嘔吐不止　瘰癧類症、

鈣綠 化名 CALCII CHLORIDUM.

鈣綠·輕養 舊名 鈣綠·輕養

此藥自炭養鈣與鹽強水綠氣灰及熟石灰製出結冰無色過光露空氣自化

功用　治瘰癧類病　吸核變大

服法　每服五至十林士　治嘔吐每服二林士用水化每點鐘服一次

下燐養鈣 CALCII HYPOPHOSPHIS.

化名　鈣燐輕養　舊名　鈣養燐養·輕養

此藥自燐質與熟石灰鍊成者結散色白味苦而悶

化法　水八分化一分　酒不化

功用　補腦　補虛

主治　虛弱症　瘰類症　癆病　四肢無力

服法　每服五至十林士加水化服

下燐養鈣糖 SYRUPUS CALCII HYPOPHOSPHITIS.

製法　下燐養鈣三分　水三十分　煉白糖三十六分　共調至化勻爲度

每服一二打拉門

燐强鈣 又名 CALCII PHOSPHA.

燐强鈣降散 化名 鈣$_{三}$燐$_{二}$養$_{八}$ 舊名 鈣養$_{三}$·燐養$_{五}$

此藥從骨灰與鹽強水及阿摩尼亞水製成、結散色白無臭無味、

化法　水不化　鹽強水　硝強水　醋酸皆化、

功用　補劑　改病、

主治　骨變軟　小兒弓腰　瘰癧類症　骨斷折、

服法　每服十至三十林士、

石膏 又名 CALCII SULPHAS.

元精石 透光者爲元精石、不透光者爲石膏、 化名 鈣磺養$_{四}$·輕$_{二}$養 舊名 鈣養磺養$_{三}$·輕$_{二}$養

此石中西皆有、乃自然生成者、色白狀如方解石、

功用　作煆石膏西國不入藥用、

煆石膏 化名 CALCII SULPHAS USTA.

鈣磺養$_{四}$ 舊名 鈣養磺養$_{三}$

製法　將石膏入爐加熱不過三百度存性、去火研細爲度、玻塞瓶存貯、

此藥結白色之散無臭無味、

功用　配鉐礦不宜內服、

外用　此藥見水變硬、醫家恆用、塗抹布條內外、裹紮骨折等症、洒水變硬、使骨不移動、

生石灰 化名 CALX.

鉐養 舊名 鈣養

此藥即青石燒灰、未見水者、成塊色白、遇水濕、即鬆漲、變爲熟石灰、青石南名灰石

石灰化汽水 VAPOR CALCIS.

製法 新石灰 使用 入大瓶內、漸加冷水、見化氣、令病人吸之、能去白疙瘩假皮、

石灰粉 即 CALCII HYDRAS.

熟石灰 化名 鉐輕養 舊名 鈣養輕養

製法 生石灰三十二分 汽水二十分 用水將石灰化爲粉、過羅入玻塞瓶爲度、不耐久存、臨用現配可也

此藥粉色白味鹹、屬反酸丹類、

化法　水九百分化一分　酒不化、

功用　解酸　平胃、

主治　肚酸作瀉　嘔吐不止　孕婦惡阻、

服法　內服皆用石灰水、

反藥　反酸類　強水類　反酸鹽類　五金鹽類　葡酸銻、

石灰搽油 LINIMENTUM CALCIS.

製法　石灰水一分　洋橄油一分或香油亦可　調勻爲度、　治湯火傷、解強水毒、可內服之餘皆外用、

石灰水 LIQUOR CALCIS.

製法　石灰粉一分　汽水酌用　先用汽水將石灰粉頻洗至所洗之水、加銀丹酸水不變渾降散爲止、此銀丹酸水、即銀丹化於水內、若加硝強酸少許、　再將石灰粉入瓶加汽水八十分、撞搖二三分時許、候十二點鐘將上面淨水捋出、入綠色玻瓶爲度、每兩計有石灰粉半林士、

又方　石灰粉一分　水八十分　和勻、候澄清捋出上面淨水爲度、　每服半至二兩、每兩內計有石灰粉半林士

甜石灰水 LIQUOR CALCIS SACCHARATUS. 製法 石灰粉一分 煉白糖研末二分 汽水二十分 共浸半天、間時搖動、候澄清、用酒搾揟出上面淨水、入瓶爲度、每服十五至六十林士、每兩內計有石灰粉六林士

石灰阿摩尼亞搽油 LINIMENTUM CALCIS AMMONIATUM. 製法 石灰搽油八分 淡阿摩尼亞水一分 和勻爲度、治雀瘢、搽患處、

綠氣灰 CALX CHLORINATA. 化名 鈣養綠二 舊名 鈣養綠

此藥自綠氣與熟石灰製成、爲白色之散、味苦辛而濇、臭畧似綠氣、露空氣自化而發綠氣、

化法 水 濃酒、化一半 淡鹽強水全化、

功用 解病室毒氣 厠中臭惡、亦爲漂白之料、

反藥 強水類 炭養鹽類、

解藥 解此毒者、先服吐劑 後服蛋靑 牛𡣍 白麪等、

綠氣灰水 LIQUOR CALCIS CHLORINATÆ.

製法　綠氣灰一分　汽水十分　入臼研勻、再入瓶常搖動三點鐘、濾渣爲度、　每服二十至四十林士、加水一二兩和服、　治大便腥臭　此外無多內服　外用　治惡瘡　湯火傷　凍瘡　疥瘡　皮類病　均以此水洗之、

綠氣灰化汽水 VAPOR CHLORI.

又名綠化汽水　製法　綠氣灰二兩　水足用　潤透灰末入瓶令病者吸之、　治疹子結喉　白疕瘡　亦放屋內、解諸般臭惡

硫礦鈣養 CALX SULPHURATA.

又名鈣礦　每百分內計有純鈣礦五十分

製法　煆石膏七分細末　木炭一分細末　調極勻、入化銀鍋、加熱至火紅色令黑去盡、候涼、將白色者入玻塞瓶存貯、

此藥結散色灰而白、臭惡如硫礦輕氣、

功用　擺膿有膿則生、無膿則消、　治各樣新膿瘡、

服法　每服一林士十分之一至一林士、同嫋糖作丸、間一時服、

鈣礦水 LIQUOR CALCIS SULPHURATÆ.

製法　生石灰四分　硫礦粉四分　汽水三十五分　共入磁鍋熬之、過淋紙、

以臢二十分爲度、治乾疥　用時加水一倍搽患處（令患者先沐浴後搽藥一二次可愈）

又方　新熟石灰二分　硫磺粉一分　水十分　共入沙鍋熬至化勻候涼傾出上面淨水爲度、

金盞花 CALENDULA. 又名長春花

此藥各處有之、入藥用花、

功用　解轉筋　發表　調經、（配酒用、）

金盞花酒 TINCTURA CALENDULÆ.

製法　金盞花四分　淡酒二十分　先用酒十五分浸二天、裝淋筩淋乾、再加酒漂淋、仍足二十分爲度、　每服一二打拉門、

高林布 CALUMBA. 又名加林箪

此藥出亞非利加東偏、入藥用該草之根、色黃、味苦而香、

功用　補劑　開胃　治胃弱　惡阻、

服法　每服五至二十林士或佐乾薑大黃和服亦妙、　病勢漸愈可

與鐵類同服、

高林布膏 EXTRACTUM CALUMBAE

製法　高林布一分切碎　淡酒五分　先用酒一半浸十二點鐘、濾渣、絞盤絞之、再用餘酒浸絞、二酒同過淋紙、入甑將酒蒸回多半、入湯鍋散氣成膏爲度、　每服二至十林士、

高林布泡水 INFUSUM CALUMBAE

製法　高林布一分切碎　凉汽水二十分　浸半點鐘、濾渣爲度、　每服一二兩、

高林布酒 TINCTURA CALUMBAE

製法　高林布一分切碎　淡酒八分　先用酒六分浸二天、間時搖動、裝淋筩淋乾、加餘酒漂淋、用絞盤絞渣、再加酒仍足八分爲度、　每服半至二打拉門、

籐黃　西名干薄折 CAMBOGIA.

此藥出眞臘、暹羅等處、乃洋海籐樹脂結成、色黃、味辛無臭、

化法　水不化　濃酒　伊打、化多半　濃酒加阿摩尼亞水全化、

功用 重瀉 暴瀉 殺扁蟲 治臟症 便結、

服法 每服一至五林士 殺蟲三至十林士 過服、使人嘔吐肚疼、故單服者少、佐衣拏地、雙葡酸鉖、渣笠等藥最宜、

籐黃丸 PILULA CAMBOGIÆ COMPOSITA.

製丸 製法 籐黃一分 巴巴豆啞囉一分 肉桂製散一分 白胰子二分 水糖酌用 共調勻作丸爲度、 每服五至十林士、

煉樟腦 一名 CAMPHORA.

樟片 一名片腦未經煉者 俗名潮腦 化名炭十輕十六養

此藥原出中國、日本等處、始由樟木提出、後經升煉而成、色白臭烈味辛質脆、別具一種氣息、凡內服宜用蒸煉者、

化法 水九百分化一分 濃酒五分化四分 哥羅方一分化四分 伊打七分化十二分 洋橄油四分化一分 松節油三分化二分 冰醋酸一分化二分 反酸類不化、

功用 行氣 平火安心 發表 解轉筋、

主治 小便熱疼或閉 白濁惹疼 疝瀉 霍亂、

服法　每服一至十林士、加白糖、白樹膠、作勻水服之、　按少服令人心內安穩、過服則頭暈困倦、　受其毒者、狀如風癇、面紫昏迷、小便不通等、宜急解之、

解藥　解此毒、先服吐劑、或用抽水節、後服行氣藥、如酒、　阿摩尼亞香酒、　加非穠等、皆可、

樟腦汽水 AQUA CAMPHORAE

汽水　製法　樟腦半兩擣碎　汽水八斤　將樟腦裝布袋、使玻條壓在水內、或用絲羅將樟腦壓之亦可、浸二天取出爲度、　每服一二兩每二兩內計有樟腦半林士、　平火安心用之、

美國方　樟腦一分　濃酒二分　棉花二分透濕者　汽水足一百二十五分　先將酒化樟腦、漸滴棉花上、將棉花撕開、再滴再撕、放煖處晾微乾、少帶酒氣、裝淋筩內、漸加水淋足一百二十五分爲度、

又方　樟腦一百二十林士　濃酒四十林士　炭養鎂二百四十林士　汽水三十二兩　先將樟腦入臼加酒研勻、再加炭養鎂共研、漸加水和勻、過淋紙爲度、

樟腦搽油 LINIMENTUM CAMPHORÆ.

製法　樟腦一分　洋橄油四分或香油亦可　化勻爲度、治風濕疼、或用此藥九分濃阿摩尼亞水一分和勻搽之極妙、

樟腦製搽酒 LINIMENTUM CAMPHORÆ COMPOSITUM.

製法　樟腦十分　拉彎大油半分　濃阿摩尼亞水二十分　濃酒六十分

先將樟腦和油入酒內消化、再漸加濃阿摩尼亞水、撞至化勻爲度、

治久風濕疼　面部腦氣筋疼、及一切疼痛、兼令皮熱弔炎、

樟腦酒 SPIRITUS CAMPHORÆ.

製法　樟腦一分　濃酒九分　化勻爲度、　每服十至三十林士、加白糖或牛嬭同服、

樟腦製酒 TINCTURA CAMPHORÆ COMPOSITA.

又名鴉片樟腦酒　西名吧哩哥力　見下鴉片篇、

樟腦醋 ACETUM CAMPHORATUM.

製法　樟腦一分　濃酒六十分　釅醋一百八十分　共化勻爲度、　嗅之提神與香醋酸同、

樟腦鈣粉 CAMPHORA CUM CRETA.

製法　樟腦一分　煉鈣粉八分　先將樟腦入臼、加酒幾滴、研爲細末、再加煉鈣粉共研勻、過羅爲度、　擦牙用之、

淡 ESSENTIA CAMPHORÆ

樟腦酒 製法 樟腦一分 濃酒二十分 化勻爲度、

又方 樟腦一分 濃酒十八分 沒藥酒一分 共和勻爲度、 每服五林士、一刻時服一次、治新肚瀉、

濃 SPIRITUS CAMPHORÆ FORTIOR.

樟腦酒 製法 樟腦四分 濃酒五分 化勻爲度、 每服二三林士、加白樹膠漿和服、或滴於白糖內服之、治新肚瀉、

又方 將樟腦化於燒酒內、至不化爲度、 每服五滴、

樟 SPHÆRÆ CAMPHORÆ

腦團 製法 樟腦四分 白蜂蠟十分 鯨腦油六分 杏仁油六分 到魯酒半分 共鎔化和勻、入容半兩模內、成團爲度、 治唇裂 外吹乳、

樟 UNGUENTUM CAMPHORÆ

腦油膏 製法 樟腦二分 白蜂蠟三分 煉豬油四分 杏仁油三分 共入鍋鎔化、調至冷爲度、 止痛用之、

又方 樟腦二十五分 白蜂蠟八分 煉豬油六十七分 共鎔化調至冷爲度、

又方 樟腦搽油三分 洋橄油十二分 白油膏八十五分 共和勻爲度、

又方 樟腦二分 黃蠟一分 煉豬油六分 共和勻爲度、

LINIMENTUM CAMPHORÆ ET CAPSICI

樟腦辣椒搽酒 製法 樟腦二分 辣椒研末半分 火酒二十分 共入瓶浸七天、過布去渣爲度、 治風濕疼 頭疼、

PILULA CAMPHORÆ ET BELLADONNÆ

樟腦顛茄丸 製法 樟腦六林士 顛茄膏一林士半 鬧羊花膏四林士半 醋酸莫非精半林士 共和勻作三丸爲度、 治腹疼、及令人安睡極妙、

OLEUM CAMPHORA

腦油 化名 炭十輕十六

此油有二種、一爲樟樹所出、一爲冰片樹所產、乃樹內流出不凝結者、

外用 治風溼疼、搽患處、

CAMPHORA BAROOSA.

冰片 化名 炭十輕十八養

此藥出蘇門答刺、及渤尼等處、與樟腦同類、

功用 與樟腦同、西醫不爲貴品、外用 治皮類病、

CAMPHORA MONORROMATA.

樟腦溴 化名 炭十輕十五溴養

此藥自樟腦與溴質製出、結冰似針芒、色白過光、味臭如樟腦、

化法　水不化　濃酒十二分化一分　哥羅方七分化十分　伊打二分化一分　洋橄油八分化一分　甘油

微化、

功用　平腦　解轉筋　治酒狂　痵類病　遺精、

服法　每服二至五林士、用洋橄油化開、和白樹膠漿研勻、加水沖服、

此藥宜慎用、

加拏里一名看尼辣 CANELLA

此藥出西印度各島、屬香味類、入藥用該樹之皮、色淡黃、味極辛而香、

功用　溫補　開胃暖胃　佐亞曬、大黃同服亦宜、　配大黃葡萄酒、恒用之、

印度痲又名加喇偏 CANNABIS INDICA

此藥出印度、波斯等處、入藥用該草之乾梗與花、內函一精、即加喇邊、

功用 寧睡 止疼 提神 平火安心 解轉筋、

主治 痰喘 心跳 牙關緊閉 犬齩瘋、

反藥 藥水類 泡水類、

解藥 伯蘭地酒熱用 檸檬汁 金棗汁 釅醋、按解毒之後宜令病人安睡、倘受毒過甚、速於頸後用吊炎藥提一水泡、

印度麻膏 EXTRACTUM CANNABIS INDICAE

麻膏 製法 印度麻粗末一分 濃酒五分 浸七天用絞盤絞渣、入甑將酒蒸回多半、餘入甖鍋散氣成軟膏為度、 每服一林士四分之一至一林士、為丸服之、

印度麻酒 TINCTURA CANNABIS INDICAE

麻酒 製法 印度麻膏一分 濃酒二十分 化勻為度、 每服五至二十林士、加白樹膠漿一打拉門調勻、再加水一兩和服、

洋斑蝥 西名 CANTHARIS

甘道罷思

此藥乃豆莢上飛蟲、出西班雅、佛蘭西、俄羅斯等國、中國所產狀殊而

功力同、內函一精、即甘道殿、

功用　行氣　利小便　補陽、

服法　每服一二林士作丸用、內服斑蝥酒便用、多服令小便熱痛、宜慎用、

主治　久悸病類　久白濁　便澀　陽痿、

外用　弔炎　起水泡　引病外出　治肺體生炎　心胞絡生炎

肺胞膜生炎、照胸前部位搽之、

解藥　解此毒先服吐劑、或用抽水節、後服鴉片與蓖麻油、

斑蝥醋酸 ACETUM CANTHARIDIS

製法　斑蝥二分搗爛　冰醋酸二分　濃醋酸酌用　先用濃醋酸十三分與冰醋酸化勻、浸斑蝥加熱至二百度待二點鐘去火候涼裝淋筩淋乾、加濃醋酸五分漂淋、用絞盤絞渣過淋紙、再加濃醋酸足二十分爲度、

起水泡用、

斑蝥紙 CHARTA EPISPASTICA

又名水泡紙　製法　斑蝥二分細末　白蜂蠟八分　鯨腦油三分　洋橄欖油四分

萬國藥方　卷四

洋松香一分半　加拏大松樹膠半分　汽水十二分　除松樹膠、餘共入燙鍋熬二點鐘、常攪和、濾渣去水、留膏、即添松樹膠、入淺口磁鍋化勻、用上等厚紙、在鍋內藥面上迸攤一層、提出晾乾爲度、　起水泡用、

斑蝥個老殿安 COLLODIUM VESICANS.　製法　斑蝥伊打二十分　火棉一分　共入瓶撞勻爲度、亦起水泡用、

斑蝥貼膏 EMPLASTRUM CANTHARIDIS.　製法　斑蝥十二分極細末　黃蠟七分半　煉羊油七分半　洋松香三分　煉豬油六分　除斑蝥、餘共入燙鍋鎔化、再加斑蝥調勻、至凉爲度、　引病外出、起水泡用、臨用時攤布上、以樟腦細末撒膏面上、可免小便熱疼、外蒙亮紗一層、貼患處、俟起水泡、即便揭去、

斑蝥溫貼膏 EMPLASTRUM CALEFACIENS.　製法　斑蝥一分粗末　沸水五分　肉豆蔻榨油一分　黃蠟一分　洋松香一分　胰子貼膏八分　松香貼膏十三分　先用水浸斑蝥六點鐘、過布、用絞盤絞渣、入燙鍋散氣、留三分之一、再將餘藥鎔化、加入共調勻爲度、

弔炎　治風濕疼　牙疼　胸前各部位疼痛、宜照患處貼之、此膏不起水泡故名溫貼膏、

斑蝥伊打　製法　斑蝥五分研末　醋酸伊打二十分　先用伊打三分潤斑蝥、裝伊打淋筩、

候一天、再加伊打淋足二十分爲度、　弔炎作水泡、用毛筆蘸塗患處、

斑蝥酒 TINCTURA CANTHARIDI

製法　斑蝥粗末一分　淡酒八十分　共入有蓋器內浸七天、間時搖動、濾渣用絞盤絞之、過淋紙、再加酒、仍足八十分爲度、　每服五至二十林士、治下痿　小便淋瀝、

斑蝥油膏 UNGUENTUM CANTHARIDIS.

製法　斑蝥細末一分　洋橄油六分、香油亦可　黃蠟一分　先用洋橄油在暖處浸斑蝥一天、入燙鍋熬一刻鐘、過布扭渣、再將黃蠟鎔化、共調至冷爲度、能令水泡出膿、而敗內炎、

又方 (UNG. STIMULANS.)

斑蝥研末三分　煉豬油十二分　用文火化豬油、置暖處待一天、過淋紙爲度、　功力比前方略峻、

斑蝥搽油 LINIMENTUM CANTHARIDIS.

製法　斑蝥極細末十五分　松節油一百分　共入燙鍋蓋嚴、熬三點鐘、濾渣、再加松節油淋渣、仍足一百分爲度、

斑蝥搽髮酒 LINIMENTUM CANTHARIDIS CRINALE.

製法　甘道殿一林士、即斑蝥精　醋酸伊打六打拉門　化勻、再加濃酒三兩　萃

麻子油一兩　拉彎大油十五林士　共和勻爲度

又方　斑蝥醋酸一百林士或用斑蝥酒一兩亦可　濃酒三兩　蓖麻子油二兩　拉彎大油十五林士　共化勻爲度、搽髮際能使脫髮重生、

斑蝥洗髮水 LOTIO CANTHARIDIS CRINALIS.　製法　斑蝥醋酸一分　甘油一分　金鷄衲酒半分　柑花汽水八分　薔薇花汽水八分　共和勻爲度、能生髮、

又方　斑蝥酒五兩　濃酒五兩　淡醋酸五兩　石灰水五兩　磺強桂尼精六林士　香醋酸一打拉門　共化勻爲度、

斑蝥 MYLABRIS CICHORII.　又名盤蝥蟲

此藥出陝西、山東、湖南、湖北等處、與上同類、

功用　與洋斑蝥同、

辣椒 CAPSICUM.　一名大椒

此藥各國皆有、結實分紅綠二種、其臭略香、味苦而辣、酒、水、伊打、類油

類均能提出功力、西國所用者出印度亞非利加等處體小如豆粒但力較大、

功用　大行氣　開胃暖胃、

主治　肚瀉　霍亂　黃熱症　吐黑水　滯積　暈船　瘧熱症宜和金雞納霜同服、

服法　每服半至一林士、爲丸服之、

外用　弔炎　令皮熱　起水泡　作漱水治喉類症、

辣椒酒 TINCTURA CAPSICI.

製法　辣椒半分搗爛　濃酒四十分　先用酒三十分浸二天、間時搖動、裝淋篩淋乾、加餘酒漂淋、用絞盤絞渣、過淋紙、再加酒仍足四十分爲度、　每服十至二十林士、　此酒不適口、宜加陳皮酒或陳皮糖和服、

辣椒漱水 GARGARISMA CAPSICI.

製法　辣椒酒半至一打拉門　玫瑰泡水八兩　和勻爲度、　治咽喉類症、

辣椒搽酒 LINIMENTUM CAPSICI.

製法　辣椒一分　濃酒三分　浸七天過淋紙爲度、　治凍瘡、用呢子布蘸酒搽患處、　治牙疼、用棉花蘸酒、塞牙穴內、

辣椒脂 西名喀皮信 OLEORESINA CAPSICI.

製法 辣椒極細末一百分 伊打酌用 將辣椒實裝伊打淋筩、漸加伊打、淋足一百五十分、入甑浮湯鍋上、蒸回伊打多半、傾磁盆內、候伊打散盡、將上面流質、倒出另存、餘渣入藥漏、漏乾除去、但用二流質和勻爲度、宜玻瓶存貯、作貼膏用、

辣椒貼膏 EMPLASTRUM CAPSICI.

製法 松香貼膏 辣椒脂俱酌用 先用松香貼膏、化攤布上、候涼、再用毛筆蘸辣椒脂少許、刷膏面上、晾乾爲度、 弔炎用、

胡椒 西名不蒲兒 PIPER NIGRUM.

此藥出安南、大小呂宋、及印度羣島、入藥用子、內函一精、即排劈仁糖、

功用 去風 行氣 行血 開胃暖胃 在直腸及尿管內發其功力、

主治 痔瘡 白帶 治瘧疾、和桂尼糯同服、

服法 每服五至二十林士、

胡椒糕

製法 胡椒細末二分 胡荽細末三分 煉蜂蜜十五分 共研勻成糕爲度、 每服六

十至二百二十林士、

胡椒脂 OLEORESINA PIPERIS.

製法　胡椒細末一百分　伊打酌用　用伊打淋篩、將胡椒塞緊、漸加伊打、淋足一百五十分爲止、入玻甑浮於湯鍋上、蒸回伊打、餘則傾於盤內、置空氣中、至無伊打味、候結冰（此冰即排甥仁糖、）過布、去冰留脂爲度、　玻塞瓶存貯　每服一二林士、

炭　又名 炭質 CARBO.

此原質最多最要、地產之物、含之最多者爲煤、與養氣二分化合爲炭養酸（即炭養二氣）動植二物之質、並動植物內取出之質、含炭者大半、其質有三形、一金剛石、一筆鉛、一木炭、骨炭、烟灰等、狀雖不同、質則一、

炭養酸 ACIDUM CARBONICUM.

又名 炭養氣二　化名 炭養二

此爲無色之氣、臭辣味酸、凡動物呼吸、各物腐爛、造釀發酵、柴木焚燒、皆發此氣、與五金類能化合成鹽類、

功用　配自沸水類常用荷蘭機器制造炭氣、乃礦強水化白鉛所發者、令入水內、用壓力存之、即成自沸水

AQUA ACIDI CARBONICI.
自沸水　又名　荷蘭水此水與自沸鏀水、雖俱名荷蘭水、仍微有不同、今市肆則常售自沸水矣、　製法　淨水　使用　使荷蘭機器、將礦強水與白鉛所發之炭養氣、引入水內、使壓力重天氣四倍為度、

CARBONIS BISULPHIDUM
炭礦　又名　雙硫炭　化名　炭礦二　舊名　炭硫二

此藥自木炭與硫礦製出、為無色流質、味辛而涼、臭如伊打、最易燃燒、

功用　因其化力甚速、試驗藥用、

CARBONIS TETRACHLORIDUM.
炭綠　化名　炭綠四

此藥自哥羅方及綠氣製出、為無色流質、臭如木瓜而刺鼻、

功用　蒙藥　與哥羅方同、

OS USTUM.
骨灰　又名　獸骨灰

此藥即百獸之骨、燃燒成灰者、

功用　配燐強鈣、燐強鏀等、

骨炭 又名 CARBO ANIMALIS.

獸骨炭一名動物炭

此藥即百獸之骨在悶爐煆成者、

煉骨炭又名 CARBO ANIMALIS PURIFICATUS.

淨骨炭

製法　骨炭十六分　鹽強水十分　汽水酌用　先用汽水二十分與鹽強水和勻、置暖處浸骨炭二天、間時搖動、放淋布上、加汽水洗淨、至淋過之水加銀丹不變混降散爲止、入爐烤乾、再入化銀鍋內蓋嚴、加大熱、使鍋現紅色爲度、

功用　解莫非精　士的年精　厄哥匿顚精等藥之毒　亦解諸般惡瘡臭氣　配造他藥、能滅諸色　製造淋缸、亦解水內諸毒、

服法　每服二十至六十林士、

派立顚 PYRIDIN.

化名　$炭_{五}輕_{五}淡$

此藥自骨內蒸出、係無色流質、其臭烈、別具氣味、露空氣自化、

外用　治氣喘　用此藥六七十林士、傾盤內令病者吸之、

木炭 又名 CARBO LIGNI.

柴炭

此藥卽木過火成炭者、楊、柳、柞、榆等樹皆出好炭、

功用　免臭氣　滲溼、

主治　肚風　滯積　胃酸　噯氣、治此最效、

服法　每服二十至六十林士、研細末水冲服、

外用　作敷藥、能解惡瘡臭氣、

木炭 CATAPLASMA CARBONIS.

敷藥 製法　木炭一分細末　饅頭屑四分　胡麻子麪三分　沸水二十分、先用沸水在火旁將饅頭泡十分鐘、再加胡麻子麪及炭末一半、調勻爲糊、攤布上、餘炭末撒於浮面、敷患處。治惡瘡、

草豆蔻 又名 CARDAMOMUM.

草菓

此藥出印度、暹羅等處、入藥用菓、味香而辛、此菓有數樣見下、

功用　溫補　開胃　袪風　佐瀉劑同服、能免肚疼、

草豆蔻製酒 TINCTURA CARDAMOMI COMPOSITA.

服法　每服五至二十林士、

草豆蔻製酒 製法 草豆蔻一分、去皮搗碎 胡荽一分搗爛 葡萄乾八分去核 肉桂二分搗碎 呀蘭米半分研末 淡酒八十分 先用酒六十分共浸二天、間時搖動、裝淋篇淋乾、加餘酒漂淋、用絞盤絞渣、過淋紙、再加酒仍足八十分為度　每服半至二打拉門、　治滯積　肚疼、

砂仁 舊名 AMOMUM XANTHIOIDES.

縮砂蔤

此藥出暹羅安南等處、與草豆蔻同用、而力稍勝、

砂仁製酒 TINCTURA AMOMI COMPOSITA.

砂仁製酒 製法 砂仁一分搗爛 小茴香一分搗爛 葡萄乾八分去核 肉桂二分搗碎 紅花一分 淡酒八十分 按上法製成、

白豆蔻 AMOMUM CARDAMOM.

亦有紫色者謂紫豆蔻、苦者謂益智子、

此藥出暹羅並中國廣州等處、入藥用菓、帶殼者佳

功用　與草豆蔻同、

肉膏一名 CARNIS EXTRACTUM.

牛肉膏

製法　牛肉一分、或用羊肉亦可　冷水一分　先將牛肉切碎入水內加文火不至沸泡兩點鐘、再加快火煮半點鐘、濾渣、入燙鍋散氣成膏爲度、

功用　養生　病人胃弱、不存宿食用此最妙、

服法　用膏一分者、加沸水五至十分化匀服之、不拘多寡、

牛 JUS BOVINUM.

肉湯

製法　牛肉一斤切碎　涼水二斤　入鍋蓋嚴置火旁待二一點鐘再用快火熬半點鐘、去渣、酌加鹽用、　能養生、各病俱可服之、

胡荽子南名 CARUM.

芫茜子

此藥中西皆有、屬香味類、結子狀如小茴香、內函油質、每百分中計有油三至六分

功用　開胃暖胃　祛風　佐他藥和服、

胡荽 AQUA CARUI.

汽水

製法　胡荽一分搗爛　水二十分　共入甑蒸出十分爲度、每服一二兩、　配他藥取其味美、

又方　胡荽油三十林士　炭養鎂六十林士　汽水三十二兩　先將上二味入臼研勻、漸加汽水調洽過淋紙爲度、

胡荽油 OLEUM CARUI.

製法　此油從胡荽子按公法蒸出者、化法　濃酒一分化一分、每服一至四林士、和瀉劑同服、能免肚疼、

丁香 又名 公丁香 CARYOPHYLLUM.

此藥出印度羣島等處、入藥用該樹花蕾、味香而辛、

功用　行氣　祛風、

主治　嘔吐　肚風　飯不消化、

服法　每服五至十林士、佐他藥同服、

反藥　石灰水　五金鹽類　強水類　明牛膠、

丁香泡水 INFUSUM CARYOPHYLLI.

製法　丁香一分搗爛　沸汽水四十分　泡半點鐘濾渣爲度、每服一二兩、

丁香油 OLEUM CARYOPHYLLI.

製法　此油從丁香按公法蒸出者　化法　淡酒六十分化一分　濃酒、伊打、

濃醋酸、全化 每服一至四林士、和瀉劑同服、外用 治牙疼 用棉花蘸油塞牙孔內、效、

丁香酒 TINCTURA CARYOPHYLLI.

製法 丁香四兩研末 淡酒二十兩 浸七天、過淋紙、加酒淋渣、仍足二十兩為度、 每服半至一打拉門、 治腹疼、

母丁香 又名 鷄舌香 FRUCTUS CARYOPHYLLI.

此藥卽丁香樹所結之菓、味似公丁香、

功用 與上同、但力較遜、

加思架 又名 香苦木 CASCARILLA.

此藥出巴哈馬海島、入藥用該樹之皮、味香而苦、

功用 補劑 開胃暖胃 袪風、

主治 滯積 久瀉 痢疾 病見愈時、可用此補之、

服法 每服十至三十林士、或作酒、泡水用、

反藥 石灰水 五金鹽類 強水類、

加思架泡水 INFUSUM CASCARILLAE.

加思架泡水 製法 加思架皮粗末一分 沸汽水十分 泡半點鐘、濾渣爲度、 每服一二兩、 此水不宜久存、

加思架酒 TINCTURA CASCARILLAE.

加思架酒 製法 加思架皮細末一分 淡酒八分 先用酒六分浸二天、間時搖動、裝淋筩淋乾、加餘酒漂淋、用絞盤絞渣、過淋紙、再加酒仍足八分爲度、

每服半至二打拉門、

槐花靑一名長菓子 CASSIA FISTULA.

又名草决明 西名喀夏

此藥出東西印度羣島、及中國廣西省、與北方槐樹不同、 入藥用該菓之瓤、

功用 輕瀉 微動膽汁、

主治 便秘 過服、令人嘔吐肚疼 和他藥同服最宜、

服法 每服六十至一百二十杯士 重瀉漸加至一二兩、

膃肭臍 CASTOREUM.

一名海狗腎

此藥出俄國、美國、及中國北邊等處、卽海狗臍旁所結之核、

功用　行氣　解轉筋　過服令人脉數發熱　少服平脉、

主治　鬱病　羊癇瘋　熱症類　痵類病、

服法　每服五至十林士、或配酒用、

膃肭臍酒 TINCTURA CASTOREI.

製法　膃肭臍一分粗末　濃酒二七分　浸七天、間時搖動濾渣用絞盤絞之、過淋紙、再加酒仍足二十分為度、　每服半至一打拉門、

兒茶 CATECHU.

一名孩兒茶　又名烏疊泥　西名喀提求

此藥出緬甸、印度、新嘉坡等處、入藥用該木枝葉煮水煎濃復曬成者、色分棕黑二種、棕者力稍遜、近來中華藥市所售、大抵二種色棕黑、味苦濇、

化法　沸水全化　冷水化過半　濃酒化四分之三、

功用　微補　大收歛、

主治　瘧瀉　痢疾　滯積　吐酸　胃氣無力　血衄　懸舌變大

膠廉鬆脹、
服法　每服十至三十林士、
反藥　反酸類　五金鹽類　明牛膠、

兒茶 INFUSUM CATECHU.

泡水　製法　兒茶一百六十林士粗末　肉桂三十林士搗碎　沸汽水十兩　浸半點鐘濾渣爲度、
每服一二兩、

兒茶 PULVIS CATECHU COMPOSITUS.

製散　製法　兒茶四分研末　佳奴二分研末　架美喇二分研末　肉桂一分研末　肉豆蔻一分研末　共
和過細羅研勻爲度、玻塞瓶存貯、　每服二十至四十林士、　治肚瀉、

兒茶 TINCTURA CATECHU.

酒　製法　兒茶二分半粗末　肉桂一分搗碎　淡酒二十分　共浸七天間時搖動濾渣絞盤
絞之過淋紙再加酒仍足二十分爲度、　每服半至二打拉門、

兒茶 TROCHISCI CATECHU.

冰糖　製法　兒茶七百二十林士細末　煉白糖二十五兩細末　白樹膠一兩細末　白樹膠漿二兩　汽水
酌用　共和勻爲團分作七百二十塊焙乾爲度、　每服一至三塊、　治
膠廉鬆脹、

黃蠟 又名 CERA FLAVA.

蜂蠟一名蜜蠟

此藥各處有之，乃蜜脾底也，取蜜後煉渣濾水中，候凝取之。以其色黃故名

化法 濃酒微化 熱松節油全化 凉水 鹹養水俱不化 加熱至一百四十六度自化。

功用 潤皮 作油膏、貼膏等用。

黃 UNGUENTUM SIMPLEX U. S. P.

油膏 製法 黃蠟一分 煉豬油四分 先將黃蠟鎔化，再加豬油調勻至凉爲度。

配油膏類用，此方美國常用之，較白油膏易存。

白蜂蠟 西名 CERA ALBA.

白蠟

此即黃蠟漂白者，因色美潔，故爲製造。

化法 松節油全化 濃酒不化 伊打微化 沸濃酒百分化一分 沸伊打十分化一分

功用 潤皮 作油膏，與黃蠟同。

白油 UNGUENTUM SIMPLEX. B. P.

膏 製法 白蜂蠟二分 辨佐匿豬油三分 杏仁油三分，或香油亦可 共入燙鍋鎔化，

調勻至涼爲度　配油膏類用

(CERATUM, U. S. P.)

美國方　白蜂蠟三分　煉豬油七分　共化勻調至冷爲度、

白蠟又名 CERA CHINENSIS.

蟲白蠟又名樹蠟

此藥四川、安徽、雲南、湖南各省皆出、乃樹上小蟲所作、故名、

功用　與鯨腦油同　可代白蜂蠟、因其體勁分數少用

日本蠟 CERA JAPONICA.

又名倭蠟

此藥出日本等處、從一種樹子製成、

功用　同白蠟、

鐠又名 CERIUM.

錯

此原質無自然獨成者、其礦常與鑭鋱並產、煉出結爲灰白之散、

惡西鐠又名 CERII OXALAS.

草酸錯又名鐠惡西鹽　化名　鐠炭養二四・輕養

此藥自鐠養與惡西阿摩尼亞製出、結散色白、無臭無味、

化法　酒、水、伊打均不化　礦強水能化、

功用　平火安心　補劑　解轉筋、

主治　滯積　胃氣疼　吐酸　胃弱嘔吐　惡阻　羊癇瘋　跳舞瘋、

服法　每服五至十林士　治惡阻每用十林士日三次妙、

鯨腦油 西名 CETACEUM.

西地西迷

此油自鯨魚腦取出、煉成爲定質、色白半過光、無臭無味、

化法　沸濃酒一分化一分　濃酒微化　沸伊打一分化一分　伊打六分化一分　哥羅方五分化四分

加熱自一百十一至一百二十二度則自化、加濃酒少許能研爲末

功用　潤劑　治久肚瀉、

服法　每服二十至六十林士、加牛嬭燉熱服之、

外用　潤皮　作油膏用、

鯨腦油膏 UNGUENTUM CETACEI.

製法　鯨腦油五分　白蜂蠟二分　杏仁油二十分、夏用十七分　安息香半分　先將

上三味入瓷罐溶化，再加安息香一錢，一點鐘時時調勻，濾清調至凉爲度、 治皮膚破裂 腳磨破者尤良、

鯨腦油勻水（製法） 鯨腦油（六十林士） 淡酒（五十九林士）入臼研細末，漸加雞蛋黃半個、共研極勻，再加水足四兩爲度、 每服一二兩 治痰嗽類病、

義斯蘭苔 CETRARIA.

西名 西打俪

此藥出義斯蘭島，屬海苔之類、

功用 潤劑 養身、

主治 腸內皮無力 胃腸內皮發炎 滯積 久痢瀉 肺類久病 沉病見愈時，可用此補之、

服法 作煮水，或作糕用、

義斯蘭苔煮水 DECOCTUM CETRARIAE.

製法 義斯蘭苔（一分） 汽水（二十分） 先用凉水將義斯蘭苔洗淨、加汽水煮十分鐘取出，裝漏濾渣，再加汽水漏足二十分爲度、 每服

一至四兩、

義斯蘭苔糕 GELATUM CETRARIÆ. 製法　義斯蘭苔一分　水十二分　入鍋熬至六分、濾渣、加白糖二分、調勻成糕、爲度、

阿爾蘭苔 CHONDRUS. 西名看杜思

此藥出阿爾蘭海島、與上同類、

功用　潤劑　與義斯蘭苔同、

芝奴褒 CHENOPODIUM. 又名幾奴布

此藥出美國及西印度海島、葉與子皆可入藥用、

功用　殺蟲　治圓蟲尤妙、

服法　每服用子二三十林士　或服其煮水及油等、見下、

芝奴褒煮水 DECOCTUM CHENOPODII. 製法　芝奴褒葉一分　沸水十六分　熬兩點鐘、濾渣爲度、　每服一二兩、　殺圓蟲用之、

芝奴褒油 OLEUM CHENOPODII.

製法　此油或葉或子皆可蒸出、　每服五至二十林士、

金納林 CHINOLINUM.

化名　炭輕淡

此藥自金雞納皮提出、或從淡氣辨蘇與晏衣連、甘油、及磺強水製出、為無色流質、與酸類能化合成鹽、

功用　解熱　解血內釀毒、

外用　免臭爛、

服法　每服三至十林士、

沙利先金納林 CHINOLINI SALICYLAS.

此藥自金納林與沙利先酸製出、

功用　解熱　與金納林同、

服法　每服五至十五林士、

葡酸金納林 CHINOLINI TARTRAS.

此藥自金納林與葡酸製出結冰色白無臭味悶、

功用　服法　皆同上、

庵提牌認 ANTIPYRIN. 一名解火冰 化名炭十一輕十二淡二養

此藥自金納林提出結冰色白味苦無臭、

功用　平脉　解熱、與凱認相同、但較易服、為解熱上品、

服法　每服十五至六十林士、

凱認 KAIRIN. 化名炭十輕十三淡養

此藥自金納林提出結冰色白味鹹苦而甚悶、

功用　平脉　解熱、

服法　每服五至十五林士、

介利大 CHIBATA. 又名奇勒大

此藥出印度等處、梗根皆入藥用、味苦無臭、

功用　補劑　與龍膽草同、

主治　飯不消化、配泡水、酒、膏等服之

介利大泡水 INFUSUM CHIRATÆ.

介利大泡水　製法　介利大一分切片　汽水四十分熱至一百二十度　泡半點鐘、濾渣爲度、　每服一二兩、

介利大酒 TINCTURA CHIRATÆ.

介利大酒　製法　介利大一分切片搗爛　淡酒八分　先用酒六分　浸兩天、隨時搖動、裝淋筩淋乾、加餘酒漂淋、用絞盤絞渣、過淋紙、再加酒仍足八分爲度、　每服半至二打拉門、　與強水類及陳皮酒同服、補胃最妙、

介利大膏 EXTRACTUM CHIRATÆ.

介利大膏　製法　與龍膽草膏同、　每服二至五林土、

綠 又名 CHLORUM.

綠氣

此氣爲原質、色黃而綠、臭甚惡、動物吸之、必致速死、其與五金類合成雜質最要、與輕氣合成、化於水中、爲最猛之酸、即鹽強水也、

綠氣水 化名 CHLORI LIQUOR.

綠上水

製法 鹽強水六兩 黑錳養細末一兩 汽水三十四兩 先將黑錳養裝化學玻瓶，另用汽水二兩與鹽強水，和勻入瓶，加文火，上安玻筩，令所發之綠氣過雙口小瓶，內貯汽水二兩，通至大收氣瓶底，瓶須用六十兩者 內貯汽水三十兩，瓶口用麻絲鬆塞，涼水浸瓶，候氣發盡，去套管，木堵輕塞瓶口，撞勻，使綠氣壓在水內，即用綠色玻塞瓶，存陰涼之處。

功用 行氣 免臭爛。

主治 肚腹熱症即傷寒 疹子熱症 肝類久病。

服法 每服十至二十林士，加水服之。

外用 治潰瘡 膿瘡 癰疽 魚口等，治咽喉生炎，加水漱之。

反藥 鉛鹽類 銀鹽類。

解藥 解此毒，用雞蛋青 牛嬭 白麪。

綠氣水 製法 綠強鏃三十林士 鹽強水半兩 汽水半兩 先將綠強鏃入瓶，加

濃 LIQUOR CHLORI CONCENTRATUS.

鹽強水使綠氣發滿、再加汽水攪勻、封固爲度、　用時加汽水足十五兩、卽與上方綠氣水同力、

綠養氷 西名 CHLORAL HYDRAS.

告魯利 化名 炭$_{二}$輕綠$_{三}$養・輕$_{二}$養

此藥自純酒與綠氣製出、結氷成塊、色白味苦辛、臭辛烈、別具一種氣息、

化法　水四分一分化　濃酒五分一分化　伊打二分一分化　甘油二分一分化　洋橄油一分一分化　哥羅方三分化一分　松節油十分化一分

功用　寧睡　止痛　平腦　微解熱、

主治　驚悸不寐　跳舞風　鬱病　酒狂　痰喘　哮欬嗽　疹子熱症　牙關緊閉　癰疽　癲狂、

服法　每服五至三十林士、　治癰疽痛、二十至三十林士、心門有病者忌服、

外用　此藥一分、樟腦一分化合、治腦氣筋疼、

解藥　解此毒、先用吐劑、或抽水節、再服逼路度、先用凉水傾頭脊上、更用電氣震之免睡、

綠養糖 SYRUPUS CHLORAL.

製法　綠養氷八十林士　汽水一打拉門半　水糖足一兩　共化勻爲度、　每服半至二打拉門、

綠養水 LIQUOR CHLORAL.

製法　綠養氷三兩　汽水一兩零二十三林士　化勻爲度、每林士量內有綠養氷一林士秤、　每服五至三十林士、

蒙綠養氷 BUTYL-CHLORAL HYDRAS.

又名　枯奴頓氷　化名　炭四輕五綠三養·輕二養

此藥自了的歇與綠氣蒸出、結白色之片、味辛而悶、

化法　水四十四分化一分　甘油一分緩化一分　濃酒三分化五分　洋橄油二十分化一分　哥羅方微化、

功用　平腦　止疼　令人安睡、

主治　腦氣筋疼　面腦筋疼　頭疼　氣喘　撈瘷　聲管久炎、

服法　每服一二林士、一二點鐘一次、可漸加至五或十林士、

蒙綠養勻水 MISTURA BUTYL-CHLORAL. 製法 蒙綠養冰四林士 甘油十五林士 哥羅方汽水半兩 水足一兩 共化勻為度、

蒙綠養丸 PILULA BUTYL-CHLORAL. 製法 蒙綠養冰四林士 卡喇桿製散一林士 水調作一丸為度、

哥羅方 化名炭輕綠 CHLOROFORMUM.

此藥從綠氣灰與熟石灰、淡酒等蒸出、為無色流質、臭香、味甜而辛、露洩則易飛去、

化法 濃酒七分化十分 水一百八十五分化一分 洋橄油 松節油、全化 甘油不化、此藥能化象皮 舒縮膠 洋乳香 洋欖香 到魯脂 安息香 吧嗎香、溴質 碘質 油類 亦能令琥珀 芸香 紫草背 黃蠟 白蠟等質變軟 又化磺燐二質少許、

功用 平火安心 寧睡 解轉筋、

主治 瘧疾 暈船 肚疼 嘔吐、

服法　每服一至五林士、或十林士、加雞蛋黃、或白樹膠漿、水糖和服、或配汽水、製酒用、

外用　蒙藥　令病人吸之　加樟腦治牙疼　治肛門陰戶疼、及眼睛疼、用此薰之、　凡患諸般惡瘡、及黑臭爛者、用此搽之效、

AQUA CHLOROFORMI

哥羅方汽水　製法　哥羅方一打拉門　汽水二十五兩　共入瓶、搖至化勻爲度、　每服半至二兩、

LINIMENTUM CHLOROFORMI.

哥羅方搽油　製法　哥羅方一分　樟腦搽油一分　搖勻爲度、　治風濕疼　腦氣筋疼　搽之能令皮熱、

SPIRITUS CHLOROFORMI

哥羅方酒　製法　哥羅方一分　濃酒十九分　搖勻爲度、　每服十至六十林士、

TINCTURA CHLOROFORMI COMPOSITUS.

哥羅方製酒　製法　哥羅方二分　濃酒八分　荳蔻製酒十分　共化勻爲度、每服二十至六十林士、

…ET MORPHINÆ.

哥羅方莫非精酒　又名哥羅顛　製法　哥羅方二兩　伊打半兩　濃酒二兩　鹽强

莫非精（十六林士）淡輕炭淡酸（一兩）薄荷油（八林士）甘草流膏（二兩）糖漿（二兩）水糖（二兩）用先將莫非精、薄荷油、化於酒內、再加哥羅方、伊打化勻、又將水糖三兩與甘草膏及糖漿調勻、與前酒、哥羅方等細調勻、再加淡輕炭淡酸、後加水糖足十六兩爲度、　每服五至十林士　治肚疼　泄瀉　霍亂最效、

樟腦哥羅方　LIQUOR CHLOROFORMI CAMPHORATUS.

（製法）哥羅方（二分）樟腦（一分）化勻爲度、　用棉花蘸點牙穴內、治牙疼甚效、　治腦氣筋疼、宜按患處擦之、

哥羅方阿摩尼亞勻水　MISTURA CHLOROFORMI CUM AMMONII.

（製法）哥羅方酒（十五林士）炭養阿摩尼亞（三林士）龍膽草泡水（足一兩）共化勻作一服、

哥羅方油膏　UNGUENTUM CHLOROFORMI.

（製法）哥羅方（一分）煉豬油（二分）共入臼速研勻爲度、

伊哥酒　MISTURA ANÆSTHETICA A. C. E.

（製法）濃酒（一分）哥羅方（二分）伊打（三分）共化勻爲度、　蒙藥、與哥羅方同用、

其瑣編 化名 CHRYSAROBINUM.

炭三十輕廿六養七 未淨者名 鴉柔巴 俗名 勾鴉散、

此藥出南亞美利加之巴西國、入藥將該木劈破、取內縫所存之末、潔淨而用之、爲棕黃之散、無臭無味、內函其瑣反匿酸、即炭十五輕十四養四 多寡不一、

功用　不可內服、外用行氣運血、配油膏用、

主治　金錢癬　牛皮癬　皮類病、

其瑣編油膏 UNGUENTUM CHRYSAROBINI.

製法　其瑣編 二十林士 辨佐匿豬油 四百八十林士 先將豬油入鍋鎔化再加其瑣編調勻、文火化開、調至冷爲度、

又方　淨其瑣編 一百二十林士 熟豬油 一兩 入鍋加火化勻、調至冷爲度、

其瑣編哥羅方 PIGMENTUM CHRYSAROBINI.

製法　其瑣編 六十林士 哥羅方 十打拉門 淨格搭伯査 六十林士 化勻爲度、

叄米思 一名 黑蛇參 CIMICIFUGA.

此藥出美國等處、入藥用根、色外黑內白味苦辛而略濇、別具一種氣息、酒水均能提出功力、

功用　溫補　平腦　平脉　化痰、
主治　腦氣筋疼　新久風濕　瘷瘷類病、
服法　每服二三十林士、　過服令人暈眩作悶、及抽筋、

叄米思流膏 EXTRACTUM CIMICIFUGÆ LIQUIDUM.

製法　叄米思二十分極細末　濃酒足用　先用酒四十分浸二天、裝淋箭淋乾、加酒漂淋至藥無味、將先淋之十五分另存、餘入燙鍋散氣成軟膏爲止、共前存十五分化勻、再加酒足二十分爲度、　每服二至三十林士、

叄米思酒 TINCTURA CIMICIFUGÆ.

製法　叄米思一分細末　淡酒八分　先用酒六分浸二天、間時搖動、裝淋箭淋乾、加餘酒漂淋、用絞盤絞渣、過淋紙、再加酒仍足八分爲度、

叄米思藎 CIMICIFUGIN. 即叄米思脂

此脂從叄米思根提出者、爲棕色之散、味苦臭悶、
功用　與叄米思同、而力較勝、
服法　每服一至三林士、

金雞納 又名 CINCHONA.

秘魯皮

此藥原出南亞美利加西方秘魯國等處、今印度及印度羣島多種之、入藥用該樹之皮分黃紅灰白三色但黃紅二者功力較勝、味苦而畧濇、內含六精、二酸、（一桂尼精、二先高尼精、三桂尼顛精、四先高尼顛精、五桂尼夏、六先高尼夏其五六精自三四精內分出、二酸、即桂尼酸、桂尼文酸也、）以上六精屬底類與強水能化合成鹽類如磺強桂尼精是也、大約灰白皮所出者先高尼精較多、黃皮所出者桂尼精較多、紅皮所出則二精不相上下、配膏酒等、常用紅者、配桂尼精、先高尼精等、三者皆可、（今印度所出者、美而價廉、）

功用　補劑　解瘧、皆爲上品、（因大補、亦能解瘧之餘毒、故爲二劑之上品、）

主治　瘧疾（往來瘧疾、常熱瘧疾、危險瘧疾、皆主之、）　虛弱　腦氣筋痛　久痰瘷　久鼻淵　久痢瀉　胃弱　大頭瘟、

服法　每服補劑十五至三十林士、解瘧半至二打拉門（視病輕重加減）但服藥宜在瘧疾停息之後、不可乘病發時投之使病增劇、

外用　止血、敷傷口處、

反藥　阿摩尼亞水　石灰水　五金鹽類　明牛膠、

紅金雞納 CINCHONA RUBRA.

一名　紅皮

此皮每百分中出桂尼精二三分、或雜精五六分、

服法　每服十五至一百二十林士、或配煮水、泡水、流膏、酒等用之、

金雞納煮水 DECOCTUM CINCHONÆ.

製法　紅金雞納二分半粗末　汽水四十分　熬十分鐘、候凉濾渣、加水淋渣足四十分爲度、　每服一二兩、

金雞納流膏 EXTRACTUM CINCHONÆ LIQUIDUM.

製法　紅金雞納二十兩極細末　鹽強酸五打拉門　甘油二兩半　濃酒　汽水各酌用

先用汽水五斤、即一百兩　加強水甘油調勻、入有蓋器內、置暖處浸金雞納二天、間時調勻、裝淋第淋乾、加水漂淋足十五斤爲止、或至所淋之水多加入鹼類水無降散爲止、盪鍋加熱不過一百八十度、散氣剩二十兩爲度、　每服五至十林士、

金雞納酸泡水 INFUSUM CINCHONÆ ACIDUM.

製法　紅金雞納二分細末　磺強香酸半分　沸汽水四十分　浸一點鐘、

濾渣爲度、每服一二兩、

金雞納酒 TINCTURA CINCHONÆ. 製法 紅金雞納四分細末 淡酒二十分 先用酒十五分浸二天、間時搖動、裝淋筒淋乾、加餘酒漂淋、用絞盤絞渣、再加酒仍足二十分爲度、每服半至二打拉門、

金雞納製酒 TINCTURA CINCHONÆ COMPOSITA. 製法 紅金雞納四兩細末 苦陳皮二兩切片搗爛 賜盃塔拉一兩搗爛 番紅花一百一十林士 呀蘭米五十六林士 淡酒四十兩 先用酒三十兩、共浸二天、間時搖動、裝淋筒淋乾、加餘酒漂淋、用絞盤絞渣、再加酒仍足四十兩爲度、每服半至二打拉門、補虛甚良、

又方 HUXAM'S TINCTURE. 紅金雞納四兩細末 陳皮三兩切片 賜盃塔拉八十林士搗爛 番紅花一百六十林士 呀蘭米八十林士 伯蘭地酒四十兩 先用酒三十兩浸四天、間時搖動、裝淋筩淋乾、加餘酒漂淋、用絞盤絞渣、再加伯蘭地酒仍足四十兩爲度、

金雞納燐酸泡水 製法 紅金雞納十八分細末 沸滾水一百四十四分 淡燐強酸一分 浸一

點鐘濾渣爲度、　每服半至一兩、

先高尼 CINCHONINA.

精又名先高精即金雞衲二精化名炭廿輕廿四淡二養

此藥自各樣金雞衲皮提出、惟灰白皮出者較多、色白而黃、味畧苦、入胃難化、與強水化成鹽類、則化不難矣、近來藥肆常售者有磺強鹽強二種、

鹽強先高尼精 CINCHONINÆ MURIAS.

化名炭二十輕廿四淡二養・輕綠・輕二養

此藥自先高尼精與鹽強水製出、結冰形如絲綿、色白無臭味苦、

化法　水二十四分化一分　濃酒三分化一分　伊打微化、

功用　服法　與磺強先高尼精同、見下

磺強先高尼精 CINCHONINÆ SULPHAS.

化名（炭廿輕廿四淡二養）二・輕二磺養四・輕二養

此藥自先高尼精與磺強水製出、結冰色白而黃、味苦無臭、

化法　冷水七十分化一分　沸水十七分化一分　濃酒九分化一分　哥羅方六十分化一分　伊打微化、

功用　補劑　解瘧、與金雞衲、桂尼精類同、其力亦在二者之間、

服法　補劑、每服一至三林士、治瘧疾五至二十林士、

先高尼顛精 CINCHONIDINA.

先高尼顛精 又名 先高顛精 即 金雞納四精 化名 炭廿輕廿四淡二養 此化名雖與先高尼精同、其狀及化法不同、故別之、

此藥自金雞納皮提出、結白色之冰、與強酸類化成鹽始用之、

鹽強先高尼顛精 CINCHONIDINÆ MURIAS

鹽強先高尼顛精 化名 炭廿輕廿四淡二養・輕綠・輕二養

此藥自先高尼顛精與鹽強水製出、結冰色白、味苦無臭、

功用　與桂尼精類、先高尼精類同、

服法　每服一至十林士、

磺強先高尼顛精 CINCHONIDINÆ SULPHAS.

磺強先高尼顛精 化名 炭廿輕廿四淡二養二・輕二磺養四・輕二養

此藥自先高尼顛精與磺強水製出、結冰狀如絲綿、色白、味苦無臭、

化法　冷水一百分化一分、沸水四分化一分、濃酒六十分化一分、哥羅方、伊打微化、

功用　與磺強先高尼精同、見上

服法　每服一至十林士、

桂尼精 QUININA.

即金雞納一精　化名　炭輕淡養·輕養

此藥自金雞納皮提出、結冰如絲綿、無臭而味極苦、與強水類能化成鹽類、

化法　冷水四百分化一分　沸水二百五十分化一分　伊打二十五分化一分　火酒、油類易化、

功用　化合鹽類服之、本不易化故也、以下數條、非屬常用、功力相同、故不贅、

醋酸桂尼精 QUININÆ ACETAS.

此藥自磺強桂尼精與醋酸鑥製出、結冰如芒針、味苦無臭、

服法　每服一至五林士　解熱用、

礜強桂尼精 QUININÆ ARSENIAS.

化名　炭輕淡養·礜輕養·輕養

此藥自桂尼與礜強酸製出、結冰色白、味苦無臭、

服法　每服一林士十分之一、至四分之一、　治久皮類病、

加波匿桂尼精 QUININÆ CARBOLAS.

此藥自桂尼積與加波匿酸製出結白色之散、

服法　每服二林士　治泄瀉、

磺強加波匿桂尼積 QUININÆ SULPHOCARBOLAS.

化名　炭輕淡養·磺養炭輕養·輕養

此藥自磺強桂尼積與加波匿酸製出結冰如芒針色白無臭、

服法　每服一至六林士　治瘧瀉、

檸酸桂尼積 QUININÆ CITRAS.

化名　炭輕淡養·炭輕養·輕養

此藥自桂尼積與檸檬酸製出結冰色白無臭、

服法　每服三至五林士　解熱用、

溴輕桂尼積 QUININÆ HYDROBROMAS.

化名　炭輕淡養·輕溴·輕養

此藥自磺強桂尼積與鋇溴製出結冰如芒針色白無臭、

服法　每服一至五林士　解熱用、

下燐養桂尼積 QUININÆ HYPOPHOSPHIS.

此藥自磺強桂尼精與下燐養酸製出結冰、色白無臭、

服法　每服一至五林士　補虛癆用、

燐強桂尼精 QUININÆ PHOSPHAS.

化名　炭廿輕廿四淡二養二輕燐養四・輕二養八

此藥自桂尼精與淡燐強酸製出、結冰如絲綿、色白無臭、

服法　每服一至五林士　補腦用、

沙利先桂尼精 QUININÆ SALICYLAS.

此藥自鹽強桂尼精與沙利先阿摩尼亞製出、結冰如絲綿、色白無臭、

服法　每服一至五林士　治風溼疼、

甘松桂尼精 QUININÆ VALERIANAS.

此藥自磺強桂尼精與甘松酸製出、結冰色白、味苦、臭如甘松、

服法　每服一至三林士　治頭疼　瘁類病、

鹽強桂尼精 QUININÆ HYDROCHLORAS.

化名　炭二十輕廿四淡二養二・輕綠・輕二養二

此藥自桂尼精與鹽強水製出、結冰如絲綿、色白味苦、

化法　冷水二十四分化一分　沸水一分化一分　濃酒一分化一分　淡酒一分化一分　哥羅方全化、

功用　補劑　與磺強桂尼精同、較易化、

服法　每服一至十林士、

桂尼精酒 TINCTURA QUININÆ.

製法　鹽強桂尼精四百八十林士　陳皮酒六十兩　入甆鍋用文火消化、再入瓶存三天、間時搖動、過淋紙爲度、　每服一二打拉門、

桂尼精甜酒 ELIXIR QUININÆ.

製法　桂尼精酒一分　甜酒七分　化勻、過淋紙爲度、　每服一二打拉門、

磺強桂尼精 QUININÆ SULPHAS.

即金雞納霜　化名　炭廿輕廿四淡二養二　二·輕二磺養四·輕二養廿

此藥自桂尼精與磺強水製出、結冰如絲綿、色白味極苦、每百分中計有桂尼精七十五分、磺強酸九分、水十六分、

化法　冷水六百分化一分　沸水二十五分化一分　濃酒六十五分化一分　甘油四十分化一分　強水類皆化、

功用　補劑　與金雞納皮同，而力較勝，解熱解瘧爲上品

主治　久瘶瘷　久痢疾　久疶瀉　瘰癧類疾　腦氣筋疼　腰骨疼，

服法　每服補劑，一至五林士，解熱五至十五林士，解瘧五至十林士，

反藥　反酸類　反酸炭養類　收歛泡水類，

桂尼⿰米壽阿摩尼亞酒 TINCTURA QUININÆ AMMONIATA.

製法　磺強桂尼⿰米壽一百六十林士　淡阿摩尼亞水二兩半　淡酒十七兩半　先將磺強桂尼⿰米壽入酒內，文火消化，再加淡阿摩尼亞水，共調洽爲度，

每服一二打拉門，

桂尼⿰米壽陳酒 VINUM QUININÆ.

製法　磺強桂尼⿰米壽二十林士　檸檬酸二十林士　陳皮釀酒二十兩　先將檸檬酸入酒內消化，再加磺強桂尼⿰米壽化勻，候三天，過淋紙爲度，　每服半至一兩，

桂尼⿰米壽香酒 又名解熱酒 TINCTURA PYREXIALIS.

製法　磺強桂尼⿰米壽半兩　嗌囉一兩　大黃半兩　當歸半兩　小茴香半兩　大茴香半兩　龍膽草半兩　乾薑半兩　胡椒六十林士　沒

藥六十林士 樟腦六十林士 番紅花六十林士 濃酒三十二兩 除桂尼精共研末用酒二十四兩浸二天間時搖動裝淋筩淋乾加餘酒漂淋絞渣過淋紙再加酒仍足三十二兩入燙鍋加桂尼精化勻爲度 每服一至四打拉門治瘧疾最效

桂尼精丸 PILULA QUININÆ.

製法 磺強桂尼精六十林士 玫瑰糕二十林士 和勻作丸爲度 每服二至十林士

桂尼精製丸 PILULA QUININÆ COMPOSITA.

製法 磺強桂尼精二分 樟酸桂尼精鐵四分 鬧羊花膏半分 龍膽草膏二分 共和勻作丸爲度 治小兒癖病每服三至五林士

雙磺強桂尼精 QUININÆ BISULPHAS

桂尼精化名 炭二十輕二十四淡二養二·輕二磺養四·輕七養

此藥自磺強桂尼精與淡磺強水製出結冰色白過光味苦無臭

化法 水十分化一分 濃酒四十分化一分

功用 補劑 與磺強桂尼精同惟較易化

服法　每服一至五林士、

外用　作射水、洗水用之、

桂尼精空針射水 INJECTIO QUININÆ HYPODERMICA. 製法 雙磺強桂尼精一林士 汽水十二林士 消化作一次用、治瘧疾、

桂尼精洗水 LOTIO QUININÆ. 製法 雙磺強桂尼精一二林士 汽水一兩 化勻為度、治伏中打噎氣喘、洗鼻孔用、

桂尼顛精 QUINIDINA. 即金雞納三精 化名炭二十輕廿四淡二養二·輕養 此化名雖與桂尼精同、但冰內存之水分不同、故別之、

此藥自金雞納皮提出、結冰色白、狀如絲綿、味苦無臭、

功用　補劑　與桂尼精同、而力較遜、

服法　每服一至二十林士、

磺強桂尼顛精 QUINIDINÆ SULPHAS. 化名炭廿輕廿四淡二養二·輕磺養四·輕養

此藥自桂尼顛精與磺強水製出、結冰色白、狀如絲綿、味苦無臭、

服法　每服一至二十林士、

桂尼屯 QUINETUM.

即金雞衲雜精

此藥自金雞衲皮提出、內函先高尼精桂尼精等、而功力同、

服法　每服一至十林士、

磺强桂尼屯 QUINETI SULPHAS.

此藥自桂尼屯與磺強水製出、結冰如絲綿、色白味苦、

服法　每服一至十林士、

桂拏顛精 QUINOIDINA.

又名金雞衲脂

此藥係提桂尼精所剩之水、復又用法煎成者、色棕味苦、形如膠脂、

化法　濃酒　淡硝強水　淡磺強水、皆化　水不化、

功用　補劑　解瘧、與金雞衲同、

服法　每服補劑、二至五林士　解瘧、五至十五林士、此藥比金雞衲皮價賤然未常通用之、

桂拏顛精丸 PILULA QUINOIDINÆ.

拏顛精丸製法　桂拏顛精二林士　青礬三林士　甘草膏一林士　共研勻作一丸爲度、

桂拏顛精酒 TINCTURA QUINOIDINÆ.

拏顛精酒製法　桂拏顛精一觔　火酒二觔　淡硝強水二觔　先用酒將桂拏顛精消化、過淋紙、再加淡硝強水化勻爲度、　每服五至十五林士、佐鐵綠酒同服更妙、

硼酸桂拏顛精 QUINOIDINÆ BORAS.

此藥自桂拏顛精及硼酸製出、結冰色棕、味苦無臭、

服法　每服三至五林士、

檸酸桂拏顛精 QUINOIDINÆ CITRAS.

此藥自桂拏顛精與檸酸製出、結冰、味苦無臭、

服法　每服三至五林士、

錫蘭肉桂 CINNAMOMUM.

西名新拏民

此藥出錫蘭海島、入藥用樹皮、色棕黑、味香而甜、以佐他藥、取其味美、

功用 開胃煖胃 收斂 祛風 加火石粉和服、治𤸷痢、 加蘇木膏、治內部血出、

服法 每服十至二十林士、

肉桂 AQUA CINNAMOMI.

汽水 製法 肉桂一分搗碎 水十六分 共入甑蒸出八分爲度、 每服一二兩、

又方 肉桂油半打拉門 炭養鎂六十林士 汽水三十二兩 先將炭養鎂和肉桂油研勻、漸加汽水調治過淋紙爲度、此方甚便、

肉桂 OLEUM CINNAMOMI.

油 製法 此油從肉桂皮按公法蒸出者、化法 濃酒三分化十分 淡酒四十五分化一分

每服一至四林士爲丸服之、或滴白糖內亦可、

肉桂 PULVIS CINNAMOMI COMPOSITUS.

製散 又名香散 製法 肉桂研末一分 砂仁研末一分 乾薑研末一分 共和勻過細羅入臼輕研爲度、 每服三至十林士 治滯積 吐酸、

又方 肉桂五分 砂仁三分 乾薑二分 丁香一分 肉豆蔻二分、共爲末

研勻爲度、

肉桂淡酒 SPIRITUS CINNAMOMI. 製法 肉桂油一分 濃酒四十九分 化勻爲度、每服一二打拉門、

肉桂酒 TINCTURA CINNAMOMI. 製法 肉桂粗末一分 濃酒八分 先用酒六分浸二天、間時搖動、與淋筲淋乾、加餘酒漂淋、用絞盤絞渣、再加酒、仍足八分爲度、每服半至二打拉門、

肉桂製酒 TINCTURA CINNAMOMI COMPOSITA. 製法 肉桂製散一分 濃酒八分 配服皆同上、

肉桂 又名 邊桂 又名 桂皮 厚者爲肉桂、薄者爲桂皮、其樹枝爲桂枝 CINNAMOMUM CHINENSE.

此藥出廣西越南等處、與錫蘭肉桂同類同用、

高告 又名 伊雷朶損 COCA.

此藥出南亞美利加、入藥用該樹之葉、味微苦而香、內函一精、即告高精

功用 行氣 提神、

服法 每服三十至六十林士、或作膏用

主治　暈船　解鴉片烟癮、

高告流膏 EXTRACTUM COCÆ LIQUIDUM.

製法　高告葉二十分細末　淡酒酌用　先用酒四十兩、在有蓋器內浸二天、裝淋筩淋乾、加酒漂淋、至無藥味爲止、先淋十五分另存、餘入燙鍋散氣成軟膏、入前留之十五分內化勻再加淡酒足二十分爲度、　每服半至二打拉門、

高告膏 EXTRACTUM COCÆ.

製法　高告葉二十兩細末　淡酒酌用　先用酒四十兩、在有蓋器內浸兩天、裝淋筩淋乾、再加酒漂淋、至無藥味爲止、共入燙鍋散氣成膏爲度、

每服二至十林士、

高告精 COCAINA.

即高告精　俗名　麻藥冰　化名　炭廿輕廿一淡養四

此藥自高告葉提出、結冰色白無臭、

化法　水八百分化一分　濃酒十分化一分　洋橄油十二分化一分　哥羅方一分化二分　伊打四分化一分　松節油十四分化一分　甘油不化、

功用　行氣　提神　止疼。

主治　暈船　解鴉片烟癮。

外用　麻藥　割眼類症，咽喉類症常用之。

鹽強高告精 COCAINÆ HYDROCHLORAS.

精化名　炭十七輕廿一淡養四·輕綠

此藥自高告精與鹽強水製出，結冰，色白，味苦，能令舌麻木。

化法　水二分化一分，醕酒二分半化一分，甘油二分半化一分，伊打微化，油類不化。

功用　麻藥　與古加因同，較易化，故常用之。

服法　每服一林士四分之一至一林士。

高告精輪子 LAMELLÆ COCAINÆ.

製法　此藥自鹽強高告精與明牛膠製成，每一輪子內有高告精一林士二百分之一。放眼內治眼痛。

高告精水 LIQUOR COCAINÆ.

製法　高告精二至四林士，汽水一百林士，化勻爲度。治眼痛，醫家用照喉鏡察喉中等症，先用此水擦之，免人嘔嗽，易於詳審。

又方　高告精十至二十林士　汽水一百林士　化勻爲度、喉類症用之醫家割症用此水使空針射入皮肉令肉麻木不知疼痛易於動手、

扣口萊 COCCULUS INDICUS.

又名印度扣口萊又名格嬌勒士俗名魚毒果

此藥出印度及印度海島、入藥用其果核、

功用　發肉筋力、鮮有內服、用其精較多、見下

外用　治皮類病、

扣口萊油膏 UNGUENTUM COCCULI INDICI.

製法　扣口萊八十林士搗爛　煉豬油一兩　調勻爲度、治頭瘡　皮類病　殺蟣虱、

逼路度先 PICROTOXINUM.

即扣口萊精　化名　炭廿一輕十四養五

此藥自扣口萊提出、結冰色白無臭、

功用　發肉筋力　與扣口萊同、而力較勝、

服法　每服一林士一百二十分之一至二十分之一、

主治　盜汗　羊癇風　癱風、

逼路度先空針射水 INJECTIO PICROTOXINAE HYPODERMICA. 製法 逼路度先一林士 汽水二百四十林士 化勻爲度、　每次用二至十林士、

逼路度先酸水 LIQUOR PICROTOXINI ACETICUS. 製法 逼路度先八林士 冰醋酸四打拉門 化勻、加汽水足四兩爲度、　每服二至十林士、加水服、

呀蘭米 COCCUS. 西名可斥尼喇

此藥屬蟲類、出墨西哥、及加拏列羣島、爲動物中染料要質、

功用　寧睡　解轉筋、

主治　哮瘀瘷、

呀蘭米酒 TINCTURA COCCI. 製法 呀蘭米一分研末 淡酒八分 浸七天、間時搖動、濾渣、用絞盤絞之、過淋紙、再加酒仍足八分爲度、　每服三十至九十林士、因其色豔、配別藥常用之、

呀蘭米勻水 MISTURA COCCI.

製法 呀蘭米十林士 炭養鋏二十林士 白糖一兩半 水四兩足 入臼研勻、濾渣爲度、治小兒哮欬嗽 一歲者每服十五林士 二歲者三十林士 四歲者六十林士 每一時服一次、

喀而民 CARMINUM.

又名 卡耳免

此藥從呀蘭米內提出之散、用以配造他藥、不過取其色艷、殊無他異、

便用者爲喀而民水

喀而民水 LIQUOR CARMINI

製法 喀而民四十林士研末 濃阿摩尼亞水四十林士 汽水酌用 先用汽水少許潤末、加阿摩尼亞水化勻、再加汽水足一兩爲度、

哥枝禁 COLCHICUM.

俗名 草地紅花

此藥出歐洲等處、入藥用草根與花及子、內含一精即哥枝先、

功用 寧睡 平火安心 生津液 止疼 利大小便 動膽汁、

主治 酒風脚最效 痛風 肝類病 臌症、

反藥　海碘酒　圭尼禁　收斂藥

解藥　解此毒、先服吐劑、後服潤劑、若受毒過深、昏迷不醒、急飲酒、及加啡茶、阿摩尼亞、諸行氣之藥、亦用莫非精空針射水、

哥枝禁根 COLCHICI CORMUS.

此根狀如葱、鮮乾皆用、配膏、葡酒等、

服法　每服二至八林士、飯後服、

哥枝 EXTRACTUM COLCHICI.

禁膏　製法　哥枝禁鮮根七斤去粗皮　入臼搗爛、用絞盤取汁、候澄清去渣、入鍋加熱至二百一十二度、過呢子布、再入燙鍋散氣、熱不過一百六十度成膏爲度、按鮮根一百觔、能出膏四觔、每服半至二林士、

哥枝 EXTRACTUM COLCHICI ACETICUM.

禁醋膏　製法　哥枝禁鮮根七斤去粗皮搗爛　濃醋酸六兩　調勻、用絞盤取汁、候澄去渣、入鍋加熱至二百一十二度、過呢子布、再入燙鍋散氣、熱不過一百六十度、成膏爲度、按此法一百觔能出膏五觔　每服半至二林士、加甘草末爲丸服、

又方　哥枝禁乾根十二分細末　醋酸四分　水足用　先用水十六分與醋酸和勻潤末、裝尖淋甯、加水過淋、至水無藥味、入燙鍋散氣成膏爲度、

哥枝禁葡酒 VINUM COLCHICI.　製法　哥枝禁乾根四分切片焙乾研粗末　白葡酒二十分　浸七天、間時搖動、濾渣、再加酒仍足二十分爲度、　每服十至三十林士、

哥枝禁勻水 MISTURA COLCHICI.　製法　哥枝禁葡酒二十林士　炭養鎂十林士　各辛汽水一兩　共和勻作一服、

哥枝禁醋酸 ACETUM COLCHICI.　製法　哥枝禁乾根一兩半粗末　淡醋酸四十兩　納入有蓋器內、浸七天、絞渣、過淋紙爲度、　每服半至二打拉門、

哥枝禁子 COLCHICI SEMINA.　此子狀如芥子、外色紅而棕、內白、味苦而辛、　服法　每服一至五林士　或配酒勻水等服之、

哥枝禁子酒 VINUM.　製法　哥枝禁子一分搗細　淡酒八分　先用酒六分浸二天、間時搖動、

裝淋篩淋乾加餘酒漂淋絞渣過淋紙再加酒仍足八分爲度　每服十至三十林士

MISTURA COLCHICI APERIENS.

哥枝禁樸硝勻水　製法　哥枝禁酒十五林士　炭養鎂六林士　洋樸硝三十林士　薄荷水足一兩化勻作一服

TINCTURA COLCHICI COMPOSITA

哥枝禁製酒　製法　哥枝禁子一分搗爛　阿摩尼亞香酒八分　浸七天用絞盤絞渣過淋紙再加酒仍足八分爲度　每服十五至三十林士

VINUM COLCHICI SEMINUM.

哥枝禁子葡酒　製法　哥枝禁子一分　白葡酒十分　浸八天用絞盤絞渣過淋紙再加酒仍足十分爲度　每服二十林士

FLORES COLCHICI.

哥枝禁花

此藥用鮮花功力與根子同惟配酒服之

TINCTURA COLCHICI FLORUM.

哥枝禁花酒　製法　哥枝禁鮮花二分　濃酒一分秤　浸七天間時搖動絞渣過淋紙再加酒仍足一分爲度　每服十至三十林士

哥羅新一名野胡瓜 COLOCYNTHIS.

此藥出土耳其、佛蘭西、西班牙等國、入藥用該瓜之肉、去子曬乾研末

功用　重瀉　暴瀉、

主治　便結　便閉、

服法　每服二至八林士、宜佐他藥同服、

哥羅新製膏 EXTRACTUM COLOCYNTHIDIS COMPOSITUM.

製法　哥羅新六分去核　索哥德拉啞囉膏十二分　監文尼脂四分研末　脂油胰子三分研末　草豆蔻一分極細末　淡酒一百六十分　先用酒浸哥羅新四天、過絞盤入甑將酒蒸回、留質、再加啞囉膏、胰子、監文尼、共入燙鍋化勻散氣成膏、末加草豆蔻調勻為度、　每服二至五林士、為丸服之、　加鬧羊花膏二三林士、能免其肚疼、

哥羅新製丸 PILULA COLOCYNTHIDIS COMPOSITA.

製法　哥羅新二分研末　巴巴豆啞囉四分研末　監文尼脂四分研末　礦強鉸半分研末　丁香油半分　汽水半分或酌用、甘油亦可、共研勻為丸、　每服五至十林士、

PILULA COLOCYNTHIDIS ET HYOSCYAMI.

哥羅新鬧羊花丸（製法）哥羅新（二分研末）巴巴豆啞囉（四分研末）監文尼脂（四分研末）磺強鋏（半分研末）丁香油（半分）鬧羊花膏（六分）汽水（酌用）共調勻作丸為度，每服五至十林士，

TINCTURA COLOCYNTHIDIS.

哥羅新酒（製法）哥羅新（一分粗末）濃酒（十分）浸四天，裝淋筩淋乾，用絞盤絞渣，再加酒仍足十分為度，每服十至十五林士，

PILULA CATHARTICA COMPOSITA. U. S. P.

製瀉丸（製法）哥羅新製膏（十三林士）渣笠膏（十林士）單綠汞（十林士）籐黃（二林士半極細末）共研勻作十丸為度，

CONIUM.

謙落一名口黏

此藥出英國美國等處，入藥用該草之枝葉與果，臭如麝香，內函一精（即口黏類）

功用　大寧睡　止疼　化瘤　解轉筋，

主治　肝體變大　久風濕　楊梅結毒　腦筋類病　舞跳風　癆

瘷瘷 哮瘷瘷 氣管瘷、

服法 每服二至八林士、

外用 止疼 治諸瘡疼痛、

反藥 反酸丹類 草酸類 收斂類、

解藥 解此毒、先用吐劑、後內外用行氣劑、

謙落葉 CONII FOLIA.

此即謙落鮮葉、配膏汁等用、

服法 每服二至八林士、

謙落 CATAPLASMA CONII.

敷藥 製法 謙落汁一兩 胡麻子麪四兩 沸水十兩 先將謙落汁入燙鍋散氣、俟減半、將胡麻子麪、沸水調勻、再加謙落汁調成爲度、 治毒癰痛、

謙落 EXTRACTUM CONII.

膏 製法 謙落鮮葉扭汁、便用 按造顛茄膏法爲之、 每服二至八林士、

謙落 TA.

製丸 製法 謙落膏五分 衣必格一分爲末 糖漿爲丸、 每服五至十林士、

謙落汁 SUCCUS CONII.

製法　謙落鮮葉扭汁，便用　每三分汁加濃酒一分浸七天，過淋紙爲度，每服三十至六十林士，

謙落化汽水 VAPOR CONINÆ.

製法　謙落汁一兩　鋏養水二打拉門　汽水二兩　和勻爲度，治瘷瘷，

謙落閙羊花勻水 MISTURA CONII CUM HYOSCYAMO.

製法　謙落汁三十林士　閙羊花膏三林士　白樹膠漿二打拉門　汽水足一兩　研勻作一服，治瘷瘷，

謙落搽酒 LINIMENTUM CONII.

製法　謙落膏二分　濃酒八分　入臼研極勻，過淋紙爲度，止疼，

謙落葉酒 TINCTURA CONII FOLIORUM.

製法　謙落新乾葉四分細末　淡酒酌用　先用酒二分潤末，裝尖淋篚，漸加酒淋足三十二分爲度，每服三十至六十林士，

謙落酒膏 EXTRACTUM CONII ALCOHOLICUM.

製法　謙落乾葉十二兩細末　濃酒十六兩　淡酒酌用　先用濃酒五兩潤末，裝尖淋篚，將餘濃酒加入淋乾，再加淡酒淋足十六兩，放暖處自散氣留三兩，後用淡酒漂淋足三十二兩，入燙鍋散氣，熱不過一百六十度　成水糖形，將前三兩加入共散氣，熱不過一百二十度　成膏爲度，

謙落菓 CONII FRUCTUS.

此即謙落生果晒乾者、功力與葉同、配酒服之、

謙落酒 TINCTURA CONII.

製法　謙落乾菓一分搗細　淡酒八分　先用酒六分浸二天、間時搖動、裝淋筩淋乾、加餘酒漂淋、絞渣過淋紙、再加酒仍足八分爲度　每服二十至六十林士、

口黏精 CONINA.

即口黏精 化名 炭八十七輕淡

此藥自謙落提出爲無色流質、別具氣臭、與酸類能化合成鹽、

化法　水一百分化一分　酒　伊打、全化、

功用　寧睡　止疼　與謙落同、而力較勝、

服法　每服一林士四分之一至二林士、

溴輕口黏精 CONINÆ HYDROBROMAS.

此藥自口黏精與溴輕酸製出、結冰色白過光、

化法　水（二分化一分）濃酒（三分化一分）

功用　服法　同上

看夫拉 CONVALLARIA.

中名 香花

此藥草出美國、俄國、中國等處、入藥用其全身、（內函一精、名看夫林、）

功用　補心　利小便　與毛地黃同、

服法　配膏酒服之、

看夫拉膏 EXTRACTUM CONVALLARIÆ.

製法　看夫拉新乾者（一斤切片）用汽水六斤浸十二點鐘絞渣再用水六斤浸十二點鐘去渣、將二水和勻、入燙鍋散氣成流膏為止再加汽水幾分化勻過淋紙、又入燙鍋散氣成膏為度、　每服一至八林士、

看夫拉泡水 INFUSUM CONVALLARIÆ.

製法　看夫拉新乾者（十林士切片）沸水（六兩）共入有蓋器內浸一點鐘、濾渣為度、　每服一兩、

看夫拉酒 TINCTURA CONVALLARIÆ.

製法　看夫拉（一分研末）淡酒（八分）先用酒六分浸二天、間時搖動、裝

淋篩淋乾、加餘酒漂淋、過淋紙、再加酒仍足八分爲度、

哥拜把一名哥拜把脂 COPAIBA.

此藥出南亞美利加、乃哥拜把樹流出之脂、始則色淸如水、久則色黃變稠、味苦而辛、

化法　濃酒一分化一分　伊打　純酒　辨蘇　油類全化、　水不化　奔紫年四分化一分　冰醋酸二分化一分　炭礦二十分化一分

功用　行氣在臟腑內皮發功力於直腸溺管發力尤大、　利小便　輕瀉、

主治　新久白濁　新久白帶　久氣管痰　痔瘡、

服法　每服二十至六十林士加白樹膠漿或雞蛋黃與白糖和水調服、有內火忌服、

哥拜把勻水 MISTURA COPAIBÆ.

製法　哥拜把二十林士　甜硝伊打酒三十林士　奎賓亞酒二十林士　樟腦汽水足一兩、共和勻作一服、

又方　哥拜把三十林士　白樹膠漿一打蘭門　甜硝伊打酒三十林士　薄荷水足一兩
共和勻作一服。

PILULA COPAIBÆ
哥拜把丸　製法　哥拜把九十四分　鎂養六分　細調勻俟變硬分五林士一丸爲度。若俟十點鐘仍不變硬可用汽水五分共藥同入礶權搖將餘水傾出則變硬矣

CAPSULÆ COPAIBÆ
哥拜把空丸　此以哥拜把貯明牛膠丸殼爲其易服　每丸內計有哥拜把十林士。

OLEUM COPAIBÆ
哥拜把油　此油自哥拜把內蒸出者臭味如哥拜把。
化法　濃酒化二十分一分　純酒全化　淡酒微化。
功用　行氣　與哥拜把同而力較勝。
服法　每服五至二十林士作勻水服之。

RESINA COPAIBÆ
哥拜把香　此藥即蒸哥拜把油所餘之香結塊體脆色綠而棕功力

與哥拜把同、每服十至三十林士、

蒔蘿子 CORIANDRUM

西名叩連得兒

此藥出歐羅巴與中國等處、結子如球、色黃味香、

功用　行氣　祛風　配他藥常用之、

服法　每服二十至六十林士、

蒔蘿子油 OLEUM CORIANDRI

製法　此油從蒔蘿子按公法蒸出、化法　濃酒一分化二分　淡酒七十五分化一分　每服一至四林士　佐瀉劑同服、能免其肚疼、

山茱萸 CORNUS OFFICINALIS

西名　口而奴思　俗名　狗木

此藥中國、美國、英國皆有、入藥用該樹之皮、內函一精、即口而年、

功用　補劑　收歛　解瘧、作煮水流膏等用、

山茱萸煮水 DECOCTUM CORNUS

製法　山茱萸皮一分　水十六分　熬一刻鐘、濾渣、加水足十六分為度、　每服二三兩、

山茱萸流膏 EXTRACTUM CORNUS LIQUIDUM.

製法　山茱萸皮細末十六分　甘油四分　濃酒　水各酌用　先將水五分、酒八分甘油三分、和勻、提出五分潤末、裝淋筩、加餘水酒淋乾、後加淡酒漂淋、足二十四分爲止、先淋十四分另存、後淋十分、加餘甘油、入盪鍋散氣、留二分、與前十四分共調洽爲度、　每服一二打拉門、

口而年 CORNIN. 即 山茱萸精

功用　補劑　與山茱萸同、而力較勝、

服法　每服一至十林士、

胡頽皮 CORNUS SINENSIS. 又名 盧都皮

此藥出中國等處、入藥用該樹之皮、與上同類、

功用　補劑　與山茱萸同、

幾阿蘇 CREASOTUM. 一名 蒸木油

此藥由木內或木脂蒸出、色清如水、微黃、氣息如焚木發出之烟味甚

辛、入口能令皮肉腫疼、內服、宜多加水冲之、

化法　濃酒　純酒　伊打　氷醋酸全化　水三百分化一分　哥羅方　辨蘇奔紫年皆一分化十分加多反渾、

功用　收歛　止痛　止血　止嘔、

主治　久白濁　孕婦惡阻　鬱症嘔吐　暈船　疳腸痧　小兒霍亂　吐瀉　大小腸血出　消渴尿變甜　消飢、

服法　每服一至三林士、加白樹膠漿和水服、每一林士加膠漿半兩、

外用　丹類　免臭爛　治牙疼、用棉花蘸少許塞牙穴內效、

幾阿蘇勻水 MISTURA CREASOTI.

製法　幾阿蘇十五林士　氷醋酸十五林士　側柏酒半打拉門　水糖一兩　汽水十五兩

先將幾阿蘇與醋酸和勻、漸加水調勻、再加水糖側柏酒、和勻為度、

每服一二兩、

幾阿蘇油膏 UNGUENTUM CREASOTI.

製法　幾阿蘇一分　白油膏八分　調勻為度、　治禿瘡　金錢癬、

幾阿蘇化汽水 VAPOR CREASOTI 製法幾阿蘇十二林七 沸水八兩 共入雙口瓶撞勻令病者吸之、

幾阿蘇汽水 AQUA CREASOTI. 製法幾阿蘇一分秤 汽水九十九分 入瓶撞勻爲度、每服一至四打拉門、外用漱咽喉、及洗諸般惡瘡、亦治輕粉破口、

幾阿蘇鴉片勻水 MISTURA CREASOTI CUM OPIO. 製法幾阿蘇一林士 鴉片酒二林士 哥羅方酒十五林士 甘油一打拉門 水足一兩、化勻作一服、治臭痰、

幾阿蘇射水 INJECTIO CREASOTI. 製法幾阿蘇一林士 水一兩 入瓶撞勻爲度、射於馬口內、治尿變臭、

幾阿蘇洗水 LOTIO CREASOTI. 製法幾阿蘇一林士 水一打拉門 入瓶撞勻爲度、治皮類病 凍瘡 湯火傷 大頭瘟、

番紅花又名藏紅花 CROCUS. 西名撒法印

此藥出西班牙、佛蘭西、以大利、與西藏等處、入藥用花色紅黃臭香而甜、味辛而苦、採花中黃鬚、可爲黃色染料、佐助他藥、取其香豔、

功用　微行氣　提神　單用者少。

番紅花酒 TINCTURA CROCI. 製法　番紅花一分　淡酒二十分　先用酒十五分浸二天，間時搖動，裝淋筒淋乾，加餘酒漂淋，用絞盤絞渣，再加淡酒，仍足二十分爲度，　每服半至二打拉門。

紅藍花 CARTHAMUS. 又名藥紅花　西名撒法兒

此藥處處有之，入藥用花，色紅而黄，微香而苦。

功用　與番紅花畧同，可代用之。

巴豆油 CROTONIS OLEUM. 又名剛子油

此藥出印度及中國等處，油從巴豆子内榨出，色本清，後棕而黄，味辛而悶，其子西醫不入藥用。

化法　純酒　伊打　松節油　洋橄油全化，　濃酒半化，

功用　重瀉　暴瀉　宜愼用，

主治　大便乾結　中風昏倒　疹子後變癥症、

服法　每服一林士三分之一、至一林士、　治癥症、宜用一林士八分之一、至四分之一、加白樹膠漿、水糖、汽水、和服、　或用香油調服亦可、

外用　可炙　治風濕　酒風脚　腦氣筋疼　瘰癧結核　胸內諸病、　均照病患各部搽之、

解藥　解此毒、先服吐劑　後服鴉片　潤水類、

巴豆搽酒 LINIMENTUM CROTONIS.

製法　巴豆油一分　加枝撥油三分半　濃酒三分半　共調勻爲度、　治風溼疼、

巴豆搽髮油 LINIMENTUM CROTONIS CRINALE.

製法　巴豆油五林士　洋橄油一兩或用香油亦可　調勻爲度、　搽髮際、能使脫髮重生、

又方　巴豆油二十林士　蓖麻子油一兩　火酒三兩　先將蓖麻子油、與巴豆油調勻、再加火酒化勻爲度、

印度畢澄茄 CUBEBA.

茄西名枯背布思

此藥出印度羣島加拉巴與新埠等處、入藥用該草生菓、狀若桐子而微大、內函圓硬白核、味辛無毒、

功用　化痰　行氣　在溺管內發功力、

主治　白帶　白濁　咽喉類症、

服法　每服十林士、　治白濁、每服三十至一百二十林士、

蓽澄茄脂 OLEORESINA CUBEBÆ

製法　蓽澄茄二斤粗末　伊打四斤或酌用　將蓽澄茄裝伊打淋筩、加伊打漸淋至無色爲止、先置暖處自散氣、或入甑蒸回伊打亦可　後入盪鍋散氣至無伊打氣味、再納有蓋器內、候結冰、將上面之脂抒出爲度、　玻塞瓶存貯、　每服五至三十林士、

蓽澄茄油 OLEUM CUBEBÆ

製法　此油從蓽澄茄核內蒸出、色清如水、化法　濃酒十八分化一分　純酒全化　每服五至二十林士、　治哮喉　喉痺、

蓽澄茄酒

製法　蓽澄茄一分研末　濃酒八分　先用酒六分浸二天、間時搖動、裝淋

篇淋乾加餘酒漂淋用絞盤絞渣再加酒仍足八分爲度、每服半至二打拉門、加陳皮酒一半、易服、

畢澄茄空丸 CAPSULÆ CUBEBÆ.　此卽畢澄茄油（或畢澄茄脂）貯於丸殼、爲易服、每丸內計有油或脂十至二十林士、

畢澄茄 DAPHNIDIUM CUBEBÆ.　又名 毗陵茄

此藥原出海南等處、今廣州亦有之、入藥用生菓、

功用　服法　與印度畢澄茄同、

銅 CUPRUM.　又名 赤銅

此原質礦類多形色不同、又有獨禀而成者、色黃而紅、其體堅緻而韌、可鎚爲片、牽爲絲、受熱至二千度能鎔、傳電及熱最快、天氣涸不生鏽、濕則發鏽、市肆大用、與別金鎔成雜色之銅、入藥用其鹽類、

硝强銅 CUPRI NITRAS.　化名 銅淡養・輕養　舊名 銅養淡養・輕養

此藥自銅片與淡硝強水製出、結冰、色深藍、露空氣自化

化法　水一分化二分　濃酒一分化二分

功用　丹類　不可內服、

磺強銅 CUPRI SULPHAS.

一名藍礬　又名膽礬（此名按本草所論、或是藍礬、但北方藥肆所售者多是青礬）　化名銅磺養・輕養五　舊名銅養硫養三・輕養五

此藥製法不一、有銅礦之水製出者、有銅磺鑛煉出者、又有自銅片與硫磺煉出者、更有銅片與磺強水製出者、（此法較為純淨、）結冰甚大、色藍而鹹味濇且烈、露天氣發潮、

化法　水一分化三分一分　沸水一分化二分　甘油二分半化一分　濃酒不化、

功用　收斂　補劑　多服為吐劑、

主治　羊癇風　跳舞風　久瀉　久痢　哮嘏　吐血、

服法　每服一林士四分之一至二林士為丸服之、吐劑每服五至

十林士加水二兩沖服後宜多服溫水令吐　凡受寧睡藥毒如鴉片者用此吐之最良、

外用　治頑瘡　瘊子　止血、

反藥　反酸類　反酸炭養類　石灰水　五金鹽類惟磺强鹽類不忌　碘鹽類　收歛草藥類、

解藥　解此毒先服雞蛋青、後服鴉片酒、　外用胡麻子敷藥、敷於大小腹上、

磺强銅洗水　LOTIO CUPRI SULPHATIS.

製法　磺强銅二至四林士　水一兩　化勻爲度、　洗火眼用、

又方　磺强銅八林士　水一兩　化勻爲度、　治綉毬風等症、

磺强銅製丸　PILULA CUPRI COMPOSITA.

製法　磺强銅半林士　鴉片半林士　玫瑰糕酌用　作一丸爲度、　治久痢疾、

磺强銅鐵丸　PILULA CUPRI ET FERRI SULPHATIS.

製法　磺强銅一林士　下磺强鐵六林士、或用枯磺强鐵亦可、　閙羊花膏三林士　共研

勻作二丸爲度、治吐血久痢疾、

磺强銅射水 ENEMA CUPRI SULPHATIS.

製法　磺强銅五林士　水一兩　化勻爲度、治脫肛甚效、

又方　磺强銅十林士　水二十兩　化勻爲度、治久痢疾、

又方　磺强銅一至四林士　水一兩　化勻爲度、射於馬口內治白濁亦治婦女白帶、

磺强銅油膏 UNGUENTUM CUPRI SULPHATIS.

製法　磺强銅一分研細　白油膏八分　調勻爲度、治魚鱗癬螻蛄瘡、

藍礬錠 CUPRI SULPHAS FUSA.

又名　磺强硼銅　以白礬製造名磺强釩銅

製法　磺强銅四分　硼砂一分　入臼速研勻、捻成條爲度、

又方　藍礬二分研末　白礬一分研末　共入磁鍋漸化勻入模爲度、

外用　治眼類病、

枯藍礬 …CATA.

化名　銅磺養四

製法　磺強銅一兩入銀鍋鎔化散氣煆枯爲度、

外用　丹類　止血　治惡瘡　瘰子類、

白藍礬　CUPRUM ALUMINATUM.

俗名　靈石

製法　藍礬一分　白礬一分　火硝一分　共爲細末、入沙鍋鎔化、末加樟腦五十分之一細末　調勻、傾在滑石上、候冷打碎或入模成條、爲度、玻塞瓶存貯、

外用　治眼類疾、用此藥二林士加水一兩化勻洗之、　治爛眼皮用此藥磨之、

銅青　又名　CUPRI SUBACETAS.

下醋酸銅　化名　銅養·炭輕養　舊名　銅養·炭輕養

此藥自銅片與醋酸製出、結冰色綠味似銅、

外用　丹類　治惡瘡　楊梅瘰子、

枯喇喇　CURARA.

又名　烏喇喇

此藥出南亞美利加、乃草內製出之膏、色棕而黑、性酷毒、南亞美利加

野人多敷於箭鏃上以害人

功用　解轉筋　治牙關緊閉　犬咬瘋

服法　每服一林士十分之一至半林士作射水用

枯喇喇空針射水 INJECTIO CURARÆ HYPODERMICA.

製法　枯喇喇（一分）　汽水（十二分）　先將該藥入臼研細漸加水研勻浸二天過淋紙再加水仍足十二分爲度　每次用一至六林士

薑黃又名**寶鼎香** CURCUMA.

此藥出安南印度等處入藥用根色黃味辛苦而香

功用　作顏料　配試紙用　西人配噶喇散（即薑黃雜末）　調味常用之

薑黃酒 TINCTURA CURCUMÆ.

製法　薑黃（一分研末）　濃酒（六分）　浸七天過淋紙爲度　配薑黃紙用

薑黃紙 CHARTA CURCUMÆ. 又名黃試紙

製法　將白紙入薑黃酒內變黃色提出晾乾爲度

試驗反酸類用　此紙遇反酸類則變紅色

晏士吉杜又名**庫世巴利**

此藥出南亞美利加、入藥用該樹之皮、色棕黃、味苦臭香、

功用　行氣　補而無斂　開胃、

主治　往來瘧疾　危險瘧疾　痢疾　熱病　沉病見愈時、以此補之、過服、令人嘔吐、佐香味藥、和服方妥、

服法　每服十至四十林士　研末服之、

反藥　強水類　鐵酒　五金鹽類、

晏吉杜泡水 INFUSUM CUSPARIÆ.

製法　晏吉杜一分細末　汽水二十分須熱至一百二十度　泡一點鐘、濾渣為度、　每服一二兩、

哥蘇 一名秘籮依喇 CUSSO.

此藥出亞非利加迤東阿皮西尼亞國、入藥用該樹之梗花、

功用　殺蟲　治扁蟲極妙、

服法　每服一兩四分之一、至半兩、

哥蘇 INFUSUM CUSSO.

泡水 製法 哥蘇一分粗末 沸汽水十六分 泡一刻鐘、不濾渣爲度 每服四至八兩、空心服、待兩點鐘、若不見蟲下、宜服瀉劑助之、

香楂子 CYDONIUM.

西名 困思

此藥中西皆有中國山東曲阜縣出之、 入藥用子、

功用 潤劑、配煮水或漿用、

香楂子煮水 DECOCTUM CYDONII.

製法 香楂子一分 汽水八十分 用文火熬十分鐘濾渣爲度、

治火眼 手足皴裂 均用此水洗之、

香楂子漿 MUCILAGG CYDONII.

製法 香楂子一分 涼汽水五十分 置有蓋器中、浸半點鐘、間時搖動、過布濾渣、不擠淨爲度、 治火眼、

木瓜子 CYDONIUM CHINENSE.

一名 木桃子

此藥出中國江北等處、入藥用該菓之子、

功用 與香楂子同、配煮水、或漿用、

毛地黃 又名 紫地黃 西名 地治達利 DIGITALIS.

此藥產歐洲荒野、入藥用葉、內函一精 即地治滓連、

功用　平火　補心　利小便　平脈　按此藥有毒、不可妄服、恐其存在血中爲害、故服藥後、若覺喉內作悶、即宜停止、過數天再服、

服法　每服半至二林士、

反藥　礦強鐵　鐵綠酒　金雞納類　鉛霜、

解藥　解此毒先服吐劑、後服炭匿酸、或架淵酸二十林士、用開水化之、或用濃加非、濃茶、內外兼用行氣劑、　宜令病者靜臥、不可行動、

毛地黃泡水 INFUSUM DIGITALIS. 製法　毛地黃乾葉 二十八林士　沸汽水 十兩　泡一刻鐘、濾渣爲度、　每服二至四打拉門、

毛地黃酒 TINCTURA DIGITALIS. 製法　毛地黃乾葉 一分粗末　淡酒 八分　先用酒六分浸二天、間時搖動、裝淋篩淋乾、加餘酒漂淋、用絞盤絞渣、再加酒仍足八分爲度、　每服

十至三十林士、治臟症　熱症脈數　心類病、治酒狂、每服一打拉門每三點鐘一服、

毛地黃製丸 PILULA DIGITALIS COMPOSITA.

製法　毛地黃半林士研末　士圭盧一林士研末　汞藍丸一至三林士　共研勻作一丸爲度、治臟症、

毛地黃汁 SUCCUS DIGITALIS.

製法　毛地黃鮮葉扭汁三分　濃酒一分　和勻、候七天過淋紙爲度、每服五至十林士、

地治達連 DIGITALINUM. 即毛地黃雜精

此藥自毛地黃提出、結塊研末、色似粉而畧黃、無臭、味苦、性最毒、鼻嗅之令人噫噴、內服者少、

化法　酒全化　強水類能化而不成鹽　水　伊打、微化、

功用　與毛地黃同、而力更勝、性最毒、勁力不準、不常用之、

服法　每服一林士六十分之一至三十分之一、

地黃一名地髓 REHMANIA CHINENSIS

此藥出中國等處、入藥用葉與根、

功用　與毛地黃畧同、

椑柹又名青柹一名漆柹 DIOSPYROS EMBRYOPTERIS.

此藥出江淮以南、用其熟果、似柹而青黃、味甘而濇、形小而卑故名椑柹、他柹至熟則黃赤、此雖熟亦青黑故又名青柹、搗碎浸汁可染罟扇諸物故一名漆柹、

功用　收歛　治泄瀉　久痢、配膏服之、

椑柹膏 EXTRACTUM DIOSPYRI

製法　椑柹果　便用　入臼搗爛取汁、用絞盤絞渣、入盪鍋散氣至乾爲度、此膏成軟片、色紅棕、水易化、　玻塞瓶存貯、　每服一至五林士、　外用二打拉門化一斤水內射之、治白帶、

獨波夏 DUBOISIA.

俗名　澳大利亞喇叭花

此藥出澳大利亞、與顛茄同類、入藥用葉、內函一精名獨波先欖、

功用　寧睡　與鬧羊花同、

獨波先精 DUBOISINA.

即獨波夏之精　化名　炭十七輕廿三淡養三

此藥自獨波夏提出、結冰、色黃、無臭、

功用　與海漚鮮精、丫刀邊精同、外用　令瞳人散大、

磺強獨波先精 DUBOISINÆ SULPHAS.

此藥自獨波先精與磺強水製出、結片、色金黃、無臭、

功用　寧睡　與丫刀邊精同、

服法　每服一林士一百二十分之一、至三十分之一、

蜀羊泉 DULCAMARA.

一名苦茄　俗名甜苦草

此藥產北亞美利加、歐羅巴、及中國等處、入藥用該草乾枝、

功用　寧睡　生津液　發表　利小便、

主治　皮類病　白癬　蛇皮癬　久頭風　風濕　大痲風、内外兼用

服法　每服三十至六十林士、

蜀羊泉泡水 INFUSUM DULCAMARÆ

製法　蜀羊泉一分搗爛　沸汽水十分　泡一點鐘濾渣爲度、　每服一二兩、

蜀羊泉流膏 EXTRACTUM DULCAMARÆ FLUIDUM.

製法　蜀羊泉一百分極細末　淡酒酌用　先用酒四十分潤末、按流膏公法裝長圓淋筩淋淨、先淋八十分另存、餘淋者入燙鍋散氣、按公法製成一百分爲度、

蜀羊泉洗水 LOTIO DULCAMARÆ.

製法　蜀羊泉五兩搗爛　水酌用　先用水十六兩、熬一刻鐘濾渣、再用水淋渣、仍足十六兩爲度、　治皮類病、

洋苦瓜 西名 ECBALIUM. 愛克罷連

此藥出歐羅巴等處、瓜色綠而灰白、外皮生毛如莿、熟時即自迸裂汁漿外射、取之晒乾入藥、即衣孥地、

衣孥地 又名 ELATERIUM. 衣禮嗲 即洋瓜苦膏

製法　洋苦瓜(一斤將熟者)豎剖之、輕扭瓜汁、過馬尾羅濾渣、候澄清、將上面清汁抒出、(無用)餘者傾於麻布、放瓦上、(或磚上)置暖處、晒乾爲度、

此藥結塊色黃綠、或畧灰味苦辛濃酒能提出功力內函一精、(即衣拏地連)

功用　重瀉　暴瀉　治臌症、(身弱者勿妄服)

服法　每服一林士十六分之一、至半林士、加鬧羊花膏爲丸服之、

解藥　解此毒服潤水劑、或外用水節射之、後漸服鴉片少許、

衣　PILULA ELATERII.

衣拏地丸　製法　衣拏地(一林士)　鬧羊花膏(四十八林士)　共研勻作十二丸爲度、

衣　PILULA ELATERII COMPOSITA.

衣拏地製丸　製法　衣拏地(一林士)　索哥德拉嗰囉(六林士)　鬧羊花膏(十八林士)　共研勻、作六丸爲度、

衣　SYRUSPUS ELATERII COMPOSITUS.

衣拏地製糖　製法　衣拏地(一林士)　水糖(一兩)　哥枝禁醋酸(二打拉門)　甜硝伊打酒(二打拉門)　士圭盧酒(二打拉門)　共和勻爲度　每服一打拉門、

衣拏地連　ELATERINUM.

即衣拏地精　化名　炭(二十)輕(廿八)養(五)

此藥自衣拏地提出結冰、無色味苦、
化法　水不化　濃酒微化、
功用　與衣拏地同、而力較勝、
服法　每服一林士四十分之一、至十分之一、

衣拏地連製散 PULVIS ELATERINI COMPOSITA.

製法　衣拏地連一分　孏糖三十九分　入臼細研勻爲度、　每服半至五林士、

苦瓜 MOMORDICA BALSAMINA.　又名 癩葡萄

此藥出中國等處與上同類、
功用　與洋苦瓜畧同、而力大遜、

電 ELECTRICITAS.　又名 電氣

此氣能隨筋絡運行、意與精神相類、故能療病、但電分乾濕磁三種、用電池發者爲濕電、用電器機發者爲乾電、用磁石發者爲磁電、功用雖

同、而磁濕者、較爲易用、電氣箱製造不一、其中均有陰陽二線、長約二三尺、線末有柄、如以療症、令病者執其二柄、一經電發、自能震動周身、又或執其一柄、餘一柄則任向身患處、以電氣震動亦妙、見卷一電氣箱、

外用　治瘋癱症　久患腦筋症　失音症、

洋欖香 西名 ELEMI.

以利咪

此藥出小呂宋海島、屬膠類、成塊、色畧黃、味香、

化法　伊打全化　濃酒化大半、

功用　與松香、松節油畧同、只可外用、

UNGUENTUM ELEMI.

洋欖香油膏

製法　洋欖香 一分　白油膏 四分　共入鍋鎔化、濾渣、調至冷爲度、

凡內部生炎、用弔膏起水泡者、後將此藥塗上、不使收口、蓋取其引膿外出也、

欖香 西名

打馬

此物即橄欖樹流出之脂結成者、
功用　與洋橄欖香畧同、

耳卧達 一名 丫葛 又名 霉麥 ERGOTA.

此藥即高麥（此麥西國皆有、昔人或以為棶、亦作麰、未定是否、）穗之壞者、厥質頗脆、色外棕黑而內灰白、味畧苦辛、別具一種氣息、內函一精、（即耳卧地年、）又函一酸、（即士加力亞酸、）
功用　收斂　助子宮發力　婦人臨盆乏力、及胎衣不下者宜服、若子宮口未開、及橫生者忌服、
主治　子宮不收　血崩　產後血崩　肺血欬出　尿有蛋青類　經脈不調　經疼　腦脊根病類　癱瘓　癲狂　癖病、
服法　每服二三十林士、能使子宮收斂、治癱瘋類、宜用五至十林士、
反藥　收斂劑　五金鹽類、

耳卧達流膏 EXTRACTUM ERGOTÆ LIQUIDUM.

製法　耳卧達十六分搗爛　汽水一百二十分　濃酒六分　先用汽水八十分、置暖

處浸耳臥達十二點鐘，取渣再將餘水四十分浸渣十二點鐘，去水，用絞盤絞渣，過布，將二水共入燙鍋散氣，剩十一分，去火，候凉加酒，再候一點鐘結凝，過淋紙，加汽水足十六分爲度。　每服十至六十林士。

服耳臥達常用此膏。　治童女經閉，先服鐵酒二十一天，後服此膏七天最妙，每服十五林士，日三次用。　治經疼用此膏十五林士，與鬧羊花酒十五林士同服甚效。　治鼻衄，用此膏十五林士，每刻鐘服一次。

耳臥達泡水 INFUSUM ERGOTAE.

製法　耳臥達一分搗爛　沸汽水四十分　泡半點鐘，濾渣爲度。宜新配，不耐久存。　每服一二兩。　外用　作射水，治久白濁。

耳臥達酒 TINCTURA ERGOTAE.

製法　耳臥達一分搗爛　淡酒四分　先用酒三分浸二天，間時搖動，裝淋筩淋乾，加餘酒漂淋，用絞盤絞渣，過淋紙，再加酒仍足四分爲度。　每服五至三十林士。

耳臥達勻水 MISTURA ERGOTAE.

製法　耳臥達流膏四十林士　架沏酸十林士　肉桂汽水足一兩，和勻

作一服、治肺血欬出、血山崩、

耳臥顛即耳臥達煉膏 ERGOTINUM.

製法　耳臥達流膏四分入湯鍋散氣成糖漿形、候涼加濃酒四分調勻、再候半點鐘過淋紙、復入湯鍋散氣成軟膏爲度、

功用　收歛　助子宮發力　與耳臥達同、而力較勝、

服法　每服二至五林士、

耳臥顛空針射水 INJECTIO ERGOTINI HYPODERMICA.

製法　耳臥顛一百林士　樟腦汽水二百林士秤　調勻、化洽爲度、　每用三至十林士、　治產後血崩、　治癖症、宜用五林士、每天一次、

耳臥顛空針輪子 LAMELLÆ ERGOTINI HYPODERMICÆ.

製法　此藥自耳臥顛與明牛膠製成、　每輪子內計有耳臥顛一至三林士、

耳臥地年即耳臥達精 ERGOTININUM.

此藥自耳臥達提出、結白色之散、與酸類不能化合成鹽、

化法　水不化　濃酒　哥羅方　酸類全化、

功用　助子宮發力　與耳臥顛同、而力較勝、

耳臥地年空針射水 INJECTIO ERGOTININI HYPODERMICA.

製法　耳臥地年一分　嘣酸二分　哥羅方汽水足一千分　化勻為度、　每用五至十林士、

士加利亞酸 ACIDUM SCLEROTICUM.

即耳臥達內一酸

此藥自耳臥達內提出、結為淡棕色之散、無味無臭、

化法　露空氣自化　水全化、

功用　收歛　助子宮發力　與上同、

士加利亞酸空針射水 INJECTIO ACIDI SCLEROTICI HYPODERMICA.

製法　士加利亞酸一分　汽水六分或台茂魯汽水亦可　化勻為度、

每用三至五林士、

粟米耳臥達 USTILAGO MAIDIS.

粟米即包米南名珍珠米北名棒子

此即粟米變壞者、恍同高麥之耳臥達、

功用　與耳臥達同

以利準油 又名 毒蚤油

ERIGEBONTIS CANADENSIS OLEUM.

此藥出美國北方等處、乃毒蚤草蒸出者、色淡黃、臭香、

功用　收斂　治痢疾　肚腸血出、

服法　每服五六林士　兩點鐘一服、

郁加列沓 又名 由指里音

EUCALYPTUS.

此藥出澳大利亞等處、入藥用該樹之葉、與葉所出之油、

功用　化痰　解瘧、此樹栽植有瘴氣之地、能解瘴毒亦免瘧疾、

服法　每服五至十林士、

外用　當菸葉吸之、治痰喘、

郁加列沓酒

TINCTURA EUCALYPTI.

製法　郁加列沓一分粗末　淡酒五分　浸二天、間時搖動、裝淋筩淋乾、再加淡酒漂淋、仍足五分為度、

郁加列沓油 OLEUM EUCALYPTI.

此藥從郁加列沓葉內蒸出、色淡黃、味辛臭香、

化法　濃酒一分化三分純酒全化　淡酒微化、

功用　解毒氣　免臭爛　外科常用之、

郁加列沓化汽水 VAPOR EUCALYPTI. 製法　郁加列沓油一分　濃酒一分　化勻、用時將此酒、十至六十林士　汽水八兩　化勻、用噴氣燈令病人吸之、

郁加列托 EUCALYPTOL. 化名炭十輕十六養

此藥從郁加列沓油加大熱蒸出、味辛臭香、

功用　免臭爛　與郁加列沓油同、而力較勝、

洋杜仲 EUONYMUS. 西名約呢暮

此藥出美國等處、入藥用該樹之皮、

功用　動膽汁　水瀉　治臌症、

洋杜仲膏 EXTRACTUM EUONYMI. 製法 洋杜仲十分細末 甘油 淡酒各酌用 先用酒四分潤末，裝長圓淋筩，再加酒足潤透藥末，又上浮一層，見淋口下滴，即塞住，上日蓋嚴，浸二天，去塞過淋，漸加酒漂淋足三十分，或無藥味 入玻璃瓶浮在滾鍋上，蒸回酒來，再入燙鍋散氣成膏為止，未冷時，每十分加甘油半分調勻為度。

約呢敏 EUONYMIN. 即洋杜仲脂

此藥自洋杜仲提出，結散色棕而綠，

功用　瀉膽　與洋杜仲同，而力較勝，

服法　每服一二林士，

杜仲又名思仲 EUONYMUS JAPONICUS.

此藥出中國西南等處，入藥用該樹之皮，

功用　利小便，與洋杜仲大不同。

白麵 又名 **麥麵** FARINA TRITICI.

此卽小麥磨成麵、各國都有、食物中爲最要、

功用　配敷藥　作丸料、

白麵敷藥 CATAPLASMA FARINÆ.

製法　白麪　蜂蜜 各用酌　調勻成團爲度、敷癤子止痛、引膿外出、

麥麩敷藥 CATAPLASMA FURFURIS.

製法　麥麩　沸水 各用酌　將麥麩加水潤透、裝布袋內、敷患處、

治損傷　解炎止痛、

饅頭屑 一名 **麵包屑** MICA PANIS.

此卽饅饝或麵包蒸餅等、破碎之屑、

功用　作敷藥　亦可爲糊、配丸類、

饅頭敷藥 CATAPLASMA PANIS

製法　饅頭屑 一兩　沸水 足用　調糊爲度、　敷患處、能解炎、消腫、及引膿外出、　治癤子、及膿瘡等類最妙、或加煉豬油一二打拉門、不致該藥乾燥亦可　此便方西國家喻戶曉、

酵 FERMENTUM. 又名

酒酵

此藥自酒母製出，狀如稀粥，內含一種極微植物，生長甚速，自然發釀，用顯微鏡可見。西國加酵母花配製，免其發酸。

化法　酒　水均不化。

功用　行氣　免臭氣　患傷寒，及瘟疫熱病，服之能解腹內氣脹。

服法　每服半至一兩，一時服一次。

外用　作敷藥。

酵敷藥 CATAPLASMA FERMENTI.

製法　酵六分　白麫十四分　溫水六分熱至一百度　共調勻，放煖處，待發時，敷患處。

治各樣惡瘡。

煉牛膽汁 FEL BOVINUM PURIFICATUM.

一名淨牛膽汁

製法　鮮牛膽汁二十分　濃酒十分　先將膽汁入燙鍋散氣，剩五分爲止，加酒調和入瓶，撞勻，候十二點鐘澄清，將上面淨汁捋出，餘者過淋紙，加

酒少許淋渣共入甑將酒蒸回再入燙鍋散氣成膏爲度

化法　水　濃酒全化　伊打不化

功用　補胆　輕瀉　膽汁減少可服

服法　每服五至十林士裝空丸内呑服或和啞囉作丸用到魯伊打爲衣服之

牛 ENEMA FELLIS.

膽汁射水射法　鮮牛膽汁八兩　水八兩　鹼數林士　共化勻爲度　用水節射於肛門内治大便乾結

鐵 又名 FERRUM.

鐵質

此原質爲金類中最多最要凡動物有脊骨者血内必少含之厥色藍灰嘗之微澀臭之微臭結力亦甚大而固見熱至二千七百八十六度自化恒與天空養氣化合成鐵養雜質故鐵之自然純者各處罕見常用之質純者亦少人所煆鍊最良者尚含炭質或玻養及硫磺與燐等

118

質也入藥配各樣鐵劑宜用被爐炭之細鐵絲或鐵釘及淨鐵錯爲細末西國醫士用鐵劑已三千餘年矣

功用　補劑　能使血內紅輪生多吞內火忌服

鐵香匀水 MISTURA FERRI AROMATICA.

製法　細鐵絲三分　紅金雞納皮四分研末　高林布二分研末　丁香一分搗爛　砂仁製酒十二分　陳皮酒二分　薄荷汽水四十八分　先將鐵絲金雞納皮高林布丁香等藥入有蓋器內用薄荷水浸三天間時搖動過淋紙加薄荷汽水足五十分再加砂仁陳皮二酒和勻爲度　玻塞瓶存貯　每服一二兩　補虛用

濃醋酸鐵水 FERRI ACETATIS LIQUOR FORTIOR.

化名　鐵二（炭輕養）六上水

製法　上磺強鐵水五分　冰醋酸三分化爲流質者　淡阿摩尼亞水　汽水各用酌　先用阿摩尼亞水八分汽水二十分和勻再將上磺強鐵水與汽水二十分和勻漸入前水調訖宜剩不化洽之阿摩尼亞水少許驗之可知　間時調勻候二點鐘過布留渣此渣即濕鐵養再用汽水洗渣至所過之水加鋇絲

水不變渾散爲止，將渣扭淨，用冰醋酸化渣，再加汽水足十分爲度，

此藥係深紅流質，味酸而濇，臭如醋酸，

化法　水　濃酒，全化，

功用　配淡醋酸鐵水與醋酸鐵酒，

淡醋酸鐵水 LIQUOR FERRI ACETATIS.

製法　濃醋酸鐵水五分　汽水足二十分　化勻爲度，　每服五至三十林士，　補血用，

醋酸鐵酒 TINCTURA FERRI ACETATIS.

製法　濃醋酸鐵水五分　濃醋酸一分　濃酒五分　汽水九分　共和勻，再加汽水足二十分爲度，　玻塞瓶存貯，　每服五至三十林士，　與上同用，

醋酸鐵伊打酒 TINCTURA FERRI ACETICI ÆTHEREA.

製法　濃醋酸鐵水秤十分　濃酒秤六分　醋酸伊打秤四分　共和勻爲度，　每服十至二十林士，

醋酸鐵 FERRI ACETAS.

又名　醋酸鐵冰　化名　鐵炭輕養

製法　濃醋酸鐵水　使用　入燙鍋慢慢散氣，熱不過一百四十度，至結冰

變乾爲度、

醋酸鐵葡酒 VINUM FERRI ACETATIS. 製法 醋酸鐵水一百二十林士 白葡酒六兩 浸七天、過淋紙爲度、每服一二打拉門、

信強鐵 化名 FERRI ARSENIAS. 鐵鐵養信養·輕養

此藥自磺強鐵與信強鈉及炭養鈉製成、結散色畧綠、無味、

化法 鹽強水全化 水不化、

功用 治久水蠱癩 鱗皮病類 螻蛄瘡 大沙蹄 白癬 久濕癬 汗癬、

服法 每服一林士十六分之一、至半林士、早晚服、

外用 丹類 治癰疽 毒瘤

解藥 解此毒者與信石同、

信強鐵散 PULVIS FERRI ARSENIATIS CAUSTICA. 製法 信強鐵一分 燐強鐵四分 研勻爲度、丹藥 治毒癰、此藥酷毒、用宜謹慎、

信強鐵油膏 UNGUENTUM FERRI ARSENIATIS. 製法 信強鐵一分 白油膏十二分 調勻爲度、治毒癰、

鐵溴 化名 FERRI BROMIDUM.

鐵溴

此藥自鐵與溴質製出、結塊、色灰白、味如溴、露空氣則變棕色、

功用 改病 治瘰癧類、

服法 每服三至五林士、

鐵溴水 LIQUOR FERRI BROMIDI.

溴水 製法 鐵末八十五林士 溴質二百林士 汽水四兩半 白糖三兩 先用水一兩半、加熱化白糖、再將鐵末與溴及餘水、共入化學玻瓶內、加文火、將瓶慢慢旋轉、至瓶內之藥化洽、過淋紙、加白糖、共化勻爲度、 每服二十至六十林士、 治瘰癧類 癬類 大頭瘟、

鐵溴糖 SYRUPUS FERRI BROMIDI.

溴糖 製法 鐵溴一百六十林士 細鐵絲十林士光亮者 汽水三打拉門 共入鍋熬至過淋紙無色爲止、再加水糖足四兩爲度、 每服二十至六十林士、

甜炭養鐵 FERRI CARBONAS SACCHARATA.

又名 鐵炭養糖散 化名 鐵炭養三·輕養 三鐵養 內函白糖若干又函鐵炭養三分之一

製法 礦強鐵四分 炭養阿摩尼亞半二分 沸汽水六百四十分 煉白糖二分 先用

水一百六十分化磺強鐵、次用水一百六十分化炭養阿摩尼亞二水、用力調勻、入大玻缸內蓋嚴、待一天、（炭養鐵則降爲散）用酒撤拧出上面淨水、再將餘水與降散和勻、俟澄清、又拧出上面淨水、使布將降散包好、用絞盤絞乾、入臼加白糖研勻、再入燙鍋加熱、（不過二百二十度）烤乾爲度、（每百分內計有炭養鐵三十七分）此藥結冰、色灰棕、味甜、微有鐵臭、

化法　強水類全化、

功用　生血　補而不歛、

主治　血虛經閉　室女經閉、

服法　每服五至二十林士、

反藥　酸類　酸鹽類　收歛草藥類、

炭養

MISTURA FERRI COMPOSITA.

鐵製勻水（又名鐵製勻水）製法　磺強鐵（二十五林士）炭養鋏（三十林士）沒藥（六十林士細末）白糖（六十林士）肉豆蔻酒（四打拉門）薔薇花汽水（九兩半）先將炭養鋏、沒藥、白糖研勻、

加薔薇花汽水少許、調爲漿糊、再加肉豆蔻酒研勻、漸加薔薇花汽水、調和至八兩、末將所餘薔薇花汽水化礦強鐵、共和勻入瓶塞嚴爲度、

此藥不耐久存、每服一二兩、行氣　補虛、

炭養鐵丸 PILULA FERRI CARBONATIS

製法　甜炭養鐵四分　玫瑰糕一分　研勻爲丸、每服五至二十林士、治婦女及小兒虛弱、

又方　青礬八分　煉滷鹼九分　煉蜂蜜三分　白糖二分粗末　沸水三十二分　水糖酌用　先用青礬化於十六分水內、加水糖二兩過淋紙、再用滷鹼化於十六分水內過淋紙、二水調勻、裝瓶內、勿餘隙、亦勿使空閒、塞緊候降散澄清、將上面淨水傾出、再用熟水十六分、水糖一分、和勻洗降散至無鹹味爲止、用呢布擠淨、末將降散蜂蜜白糖入燙鍋散氣、頻調成八分爲度、　每服作三至五林士之丸　治經閉最妙、

又方　青礬一分　滷鹼一分　甘草末　粉子漿各足用　共研勻作丸爲度、

每服三至五林士

炭養鐵先高尼精丸 PILULA FERRI CARBONATIS ET CINCHONINÆ.

製法 炭養鐵三林士 鹽強先高尼精一林士 玫瑰糕調勻作一丸爲度、

炭養鐵沒藥丸 PILULA FERRI COMPOSITA.

又名 鐵製丸 製法 沒藥一百五十林士、細末 煉滷鹼七十五林士 枯青礬七十五林士 水糖酌用 先將沒藥與煉滷鹼研勻、再加枯青礬研勻、後加水糖爲丸一百粒、 每服一二丸、 功力與炭養鐵製勻水同、

下炭養鐵 FERRI SUBCARBONAS.

又名 鐵紅散 又名 鐵養散$_3$ 內面鐵炭養$_3$多寡故此名不確 化名 鐵炭養$_3$ + 鐵$_2$養$_3$・輕$_2$養

製法 磺強鐵八分 炭養鏀九分 水一百二十八分 先用水六十四分化磺強鐵、再用水六十四分化炭養鏀、二水合一、候降散澄清、將上面淨水抒出、用涼水洗渣、至水無藥味、提出放綿紙上、晾乾爲度、

功用 補虛 與鐵類同、

服法 每服五至十林士、

檸酸鐵 FERRI CITRAS.

又名鐵檸鹽　化名鐵$_{2}$(炭$_{6}$輕$_{5}$養$_{7}$)$_{2}$・(輕養)$_{6}$

此藥自上礦強鐵水與檸酸及阿摩尼亞水製成、結冰、色黃過光、味甘而濇、

化法　水易化、酒不化、

功用　輕補　生血　微收斂、胃弱者歛鐵劑不存、服此最宜、

服法　每服五至十五林士、

檸酸阿摩尼亞鐵 FERRI ET AMMONII CITRAS.

又名鐵輕$_{4}$淡檸鹽

此藥自上礦強鐵水、與檸酸、及阿摩尼亞水製成、製法雖似檸酸鐵、惟多加阿摩尼亞水一分、乃可存、結薄片之冰、色深紅、味甜而濇、

化法　水五分化十分濃酒微化、

功用　生血　微收斂　服鐵劑不受者、宜服此、

服法　每服五至十林士、

反藥　強水類　收斂草藥類　極反酸類、

楟酸阿摩尼亞鐵陳酒
VINUM FERRI CITRATIS.

製法　楟酸阿摩尼亞鐵一百六十林士　陳皮釀酒二十兩　化勻、待三天、過淋紙爲度、每服一至四打拉門、

楟酸阿摩尼亞鐵勻水
HAUSTUS FERRI ET AMMONII.

製法　楟酸阿摩尼亞鐵八林士　炭養阿摩尼亞二林士　哥羅方酒十林士　瓜沙泡水足兩　一共化勻作一服、

楟酸桂尼精鐵　又名　鐵桂砮楟片
FERRI ET QUININÆ CITRAS.

此藥自上磺強鐵水與磺強桂尼精、淡磺強水、楟酸、及阿摩尼亞水製成結薄片之冰色綠而黃、味苦而微有鐵臭、在空氣內器自化、

化法　水一分化二分　酒　伊打、不化、

功用　收斂　補劑　按桂尼精與鐵、二藥功力、相輔而行、每六林士內、計有桂尼精一林士、

服法　每服五至十林士、爲丸服之　或化水服亦可、

反藥　反酸類　反酸炭養類　炭匿酸　收斂草藥類、

鐵桂尼精自沸勻水 MISTURA FERRI ET QUININÆ EFFERVESCENS.

製法 樟酸阿摩尼亞鐵五林士 磺強桂尼精一林士 樟酸十林士 水一兩 化勻作一服，用時加雙炭養鏀十林士和勻沸時服之，

樟酸士的年檽鐵 又名 鐵士的年樟鹽 FERRI ET STRYCHNINÆ CITRAS.

此藥自樟酸阿摩尼亞鐵，與士的年檽，及樟酸製成，結冰色紅味苦，

功用 助胃 補腦筋，即鐵與士的年檽之功力

服法 每服一二林士，

鐵碘 化名 FERRI IODIDUM.

鐵碘 舊名 鐵碘 此非純鐵碘，內含鐵養並結冰之水多寡不一，

製法 細鐵絲一分 碘片二分 汽水十分 先用水八分與碘及鐵絲共入化學玻瓶，加文火溫十分鐘，後加熱煉至不見紅色，去火過淋紙，置光亮鐵鍋內，加餘水淋渣，共入鍋煎煉，用鐵絲試之，提出候涼，見鐵絲上結有硬塊為止，即傾在磁板上，候涼打碎為度，玻塞瓶存貯，按此方配製鐵碘多半未曾化合，所淋之渣便是，

此藥結塊色綠而棕無臭味濇微有鐵臭、久存不如甜鐵碘佳、

化法　水一分化一分酒亦能化、

功用　補劑　改病、因二藥功力相濟、故補性尤峻、按該藥內有鐵一分、碘四分半、水一分有奇、

主治　瘰癧類　癰瘡　惡瘡、

服法　每服一至五林士、爲丸服之、　或用水調服亦可、因此藥不易存、常用者惟鐵碘糖、

反藥　強水類　強水鹽類　反酸類　反酸炭養類　石灰水　收斂草藥類、

鐵碘丸 PILULA FERRI IODIDI.

製法　細鐵絲四十林士　碘片八十林士　煉白糖七十林士研末　甘草末一百四十林士　汽水五十林士　先用水與鐵及碘、入容一兩堅固之瓶、玻塞塞嚴、極力撞至起白沫、再將白糖入臼、加瓶內藥水、速研勻、後漸加甘草末、調勻作丸爲度、　每服三至八林士、每三林士半、內有鐵碘一林士、若用到魯伊打爲丸衣、可久存不敗、

鐵碘糖 SYRUPUS FERRI IODIDI.

製法　細鐵絲一分　碘片二分　煉白糖二十八分　汽水十三分　先用汽水十分入鍋化白糖、置爐旁聽用、再將鐵絲、碘片、與汽水三分、入化學玻瓶慢

火溫之撞勻至起白沫、再加前化之糖水二分、慢熬十分鐘、趁熱過淋紙、入前化之糖水內調勻爲度、宜有三十一分半量或四十三分秤、每打拉門內、計有碘質四林士有奇每服二十至六十林士、

又方　濃鐵碘水一分　水糖七分　化勻爲度、此方甚便

濃鐵碘水 LIQUOR FERRI IODIDI FORTIOR.　製法　細鐵絲一分　碘片二分　汽水三分　共入化學玻瓶、用慢火溫之、撞勻至起白沫、過淋紙爲度、　配淡鐵碘水與鐵碘糖用之、

淡鐵碘水 LIQUOR FERRI IODIDI.　製法　濃鐵碘水一分　汽水七分　和勻爲度、　每服二十至六十林士、

甜鐵碘 FERRI IODIDUM SACCHARATUM.　又名　鐵碘糖散

製法　細鐵絲六分切塊　碘片十七分　汽水二十分　奶糖八十分　先將鐵碘汽水三味、入薄玻瓶內、間時撞勻、至水變綠色無碘臭爲止、再將奶糖四十分入薄磁鍋、將前瓶之水、過淋紙入內、先用水濕透淋紙藥方易過　又用汽水少許撞瓶內之渣、過紙、移磁鍋浮熱水上、散氣、常調勻至乾爲止、速放溫鐵臼內、加餘

爲度、玻塞瓶存陰凉處、每五分內計有碘質一分、

此藥結灰白或黃白之散、味甜畧澀、無臭、

化法　水七分化一分、濃酒半化、

功用　與鐵碘同、較易存、

服法　每服五林士、

濃鐵綠水 FERRI PERCHLORIDI LIQUOR FORTIOR.

化名 鐵二綠六上水 舊名 鐵二綠三上水

製法 細鐵絲四分 鹽強水二十分半 硝強水一分半 汽水酌用 先將鐵絲入化學玻瓶、復用鹽強水十二分半、與汽水七分和勻入內、加文火化至不自沸爲止、再加武火熬之、過淋紙、用汽水少許洗瓶傾於淋紙上、又加鹽強水七分調勻、慢傾硝強水內、若不發紅氣、加文火助之、再入湯鍋散氣、至無硝強水味、並欲結降散爲止、再加鹽強水一分、與汽水共足十七分半爲度、

此藥爲棕黃流質、味極酸而澀、每百分中計有鐵質二十分、

化法　鐵　酒、全化、

功用　配淡鐵綠水、鐵酒等用、外用止血、

反藥　反酸類　反酸炭養類　甘油　石灰水、　炭養鉐　鎂養炭養鎂　此藥加收斂草藥類立變黑色惟與瓜沙高林布等藥和服、不變色、

淡鐵綠水 LIQUOR FERRI PERCHLORIDI.

製法　濃鐵綠水一分　汽水足四分和勻爲度、　每服十至三十林士、

鐵綠酒 TINCTURA FERRI PERCHLORIDI.

又名鐵酒　製法　濃鐵綠水一分　濃酒一分　汽水二分共和勻再加汽水足四分爲度、　功能補虛　收斂　鐵類中爲上品、　治虛弱　經閉　內部血出　尿變甜　白濁　尿帶蛋青類、　每服十至三十林士、加水服、

鐵綠鐵養水 LIQUOR FERRI DIALYSATUS.

製法　濃鐵綠水七分　淡阿摩尼亞水　汽水各酌用　先用濃鐵綠水六分、汽水四十分調勻、再加淡阿摩尼亞水、頻調、至藥發阿摩尼亞

臭為止，過布留渣，此渣即鐵二養三用汽水洗渣，擰乾，入磁鍋，加濃鐵綠水一分，調恰文火化勻，過淋紙於有蓋皮羅內，見圖一卷用一溜水冲洗至羅上之藥無味為度，羅上之藥宜有二十八分，即鐵綠鐵養水。此藥係紅棕無味之流質，與鐵酒同用，服別類鐵藥不存者，此水最宜，解信石毒最妙，每服十至三十林士，解信石毒服一二兩。

鐵綠養水 LIQUOR FERRI CHLOROXIDI.

此藥功用與上同，而製配不同，每服十至三十林士。

鐵綠又名 FERRI PERCHLORIDUM.

鐵綠冰 化名 鐵二綠六·輕養 舊名 鐵二綠三·輕養

製法 濃鐵綠水便用入磁鍋，放沙釜上加文火散氣，留一半，去火，用玻片蓋鍋，候結冰打碎為度。存玻塞瓶，忌光。

此藥結冰，色黃而紅，味澀，露空氣自化。

化法 水 酒 伊打，皆易化。

外用 止血 化水內用。

硝强鐵水

FERRI PERNITRATIS LIQUOR.

又名上硝强鐵水　化名　鐵淡養丄水　舊名　鐵養·淡養丄水

製法　細鐵絲　一分　硝强水　四分半　汽水　酌用　先用水十六分與硝强水和勻、加鐵絲消化、若沸猛宜漸加水少許　過淋紙、再加水漂淋、足三十分爲度、

此藥爲棕黃流質、味酸而濇、

功用　補劑　收斂、

主治　吐瀉　血山崩　白帶　弱婦及小兒肚瀉、

服法　每服十至四十林士、

外用　作射水、治白帶、

硝强鐵

FERRI PERNITRAS.

又名硝强鐵冰　化名　鐵淡養　舊名　鐵養·淡養

此藥從硝强鐵水散氣製出者、結冰無色無臭、

功用　與硝强鐵水同、而力較勝、

服法　每服三至五林士加水冲服、

紅鐵養又名 FERRI PEROXIDUM HYDRATUM.

上鐵養化名鐵養•輕養舊名鐵養•輕養

製法 溼鐵養便用入鍋加熱不過二百一十二度、烤乾、研末爲度、

此藥結紅椶之散、與絳礬相似、但此內存水一分、

化法 鹽強水一半、水一半、和勻加熱全化、

服法 每服五至三十林士、

鐵養 EMPLASTRUM FERRI

貼膏 製法 紅鐵養一分細末 波兒根的松香二分 密陀僧貼膏八分 先將波兒根的松香與密陀僧貼膏、入鍋鎔化、再加紅鐵養、共調至冷爲度、

治肌肉無力、

絳礬又名 FERRI PEROXIDUM ANHYDRUM.

礬紅化名鐵養

此礬即靑礬之煉赤者、作顏料、不入藥用、此物亦有自紅鐵養煆赤而得、

濕鐵養 FERRI PEROXIDUM HUMIDUM.

又名鐵養濕散化名鐵輕養舊名鐵養•輕養

製法 上礦強鐵水四分 鏀養水三十三分或酌用 汽水酌用 先用水與礦強鐵水

和勻漸加入鹵養水內極力速調候兩點鐘間時調勻過布留渣再用汽水洗渣至淋過之水加鋇綠水不變渾爲度　用玻堵瓶或磁器密貯否則日久不可用

功用　解信石毒急用配此藥勿拘兩點鐘時速過布洗渣便可

服法　每服半至一兩五分鐘服一次誤服信石一兩者宜服此藥十二兩解之

無名異 FERRI PEROXIDUM IMPURUM.

俗名　黑石子

此藥出陝西州廣等處屬鐵雜質內函鐵養錳養釩養等

功用　解信石毒此藥較溼鐵養及鐵綠鐵養水大遜

服法　每服一二兩研末水沖服

黑鐵養 FERRI OXIDUM MAGNETICUM.

一名　磁鐵散　又名　淨鑷石粉　化名　鐵$_{三}$養$_{四}$　舊名　鐵養・鐵$_{二}$養$_{三}$

此藥有自然生成鑷石研爲末者亦有自上磺強鐵水與靑礬及養鹵水製成者色黑而灰性能吸鐵

磁石 又名 鑷石
FERRI OXIDUM MAGNETICUM IMPURUM.

功用　治面部腦氣筋疼、

服法　每服五至十林士、日二三次常服之、

此石以鍊磁鐵、別無可用、

燐強鐵 化名
FERRI PHOSPHAS.

鐵三燐養四·八輕養 舊名 三鐵養·燐養五·八輕養

此藥自礦強鐵與燐強鏀、及炭養鏀製成、結散色灰而藍、久則變綠、入藥尚非純者、每百分中、計有純燐強鐵四十七分

化法　強水類皆化、水不化、

功用　補劑　開胃　補腦、

主治　經閉　滯積　尿變甜　弓腰　消飢、

服法　每服五至十林士、

燐強鐵糖
SYRUPUS FERRI PHOSPHATIS.

製法　礦強鐵沙二百二十四林士　燐強鏀二百林士　醋炭養鏀五十六林士　濃燐強酸五百

燐 SYRUPUS FERRI PHOSPHATIS COMPOSITUS.

四十七林士　煉白糖八兩　汽水八兩　先用沸汽水四兩化磺強鐵用冷汽水四兩化燐強鏀、二者調勻、再用汽水少許、化雙炭養鏀入內細心調洽過布留渣、再用汽水洗渣、至淋過之水加鋇綠水不變渾降散爲止將渣與濃強酸入臼研勻消化、過淋紙、再加白糖、後加汽水足十二兩量調至化勻爲度、　每服一至四打拉門、

強鐵製糖　製法　磺強鐵六百林士　燐強鏀七百二十林士　燐強鈣七百二十林士　冰燐強酸一千二百林士　炭養鏀四十林士　炭養鋏六十林士　呀蘭米一百二十林士研末　煉白糖四十兩　陳皮油十林士　鹽強酸　淡阿摩尼亞水　沸汽水各酌用　先用汽水二兩化磺強鐵、再用沸汽水四兩化燐強鏀、共將二水調洽、候降散過淋布留渣、用水洗渣、至水無藥味、另用沸汽水四兩化燐強鈣、漸加鹽強酸令化清、即加淡阿摩尼亞水、至變渾降散爲止、過淋布留渣、用水洗渣、再將冰燐強酸加水足化、共將前二渣加入消化、次將炭養鏀、炭養鋏、加入、再加鹽強

酸、足化洽將呀蘭米、煉白糖加入、用文火消化、濾渣、再加陳皮油調勻爲度、每服一二打拉門、補虛最妙、

燐 SYRUPUS FERRI PHOSPHATIS CUM QUININA ET STRYCHNINA.

強鐵士的年桂尼精糖 製法 礦強鐵 三百林士 燐強鹵 三百六十林士 礦強桂尼精 一百九十二林士 士的年精 六林士 淡燐強酸 十四兩 白糖 十四兩 淡礦強酸 淡阿摩尼亞水 沸汽水 各用酌 先用沸汽水一兩化礦強鐵、次用沸汽水二兩化燐強鹵、共將二水和勻過淋布、用水洗渣至水無藥味、再用汽水二兩泡礦強桂尼精、漸加淡礦強水至化爲止、再漸加淡阿摩尼亞水、令桂尼精降爲散、過布濾渣、用水洗渣、至水無藥味、再將鐵與桂尼精二渣、入淡燐強酸內、又將士的年精加入共化、末加白糖、調至化勻爲度、每服三十至六十林士、每打拉門內、計有燐強鐵一林士、燐強桂尼精一林士、士的年精一林士三十二分之一、

燐 SYRUPUS FERRI PHOSPHATIS CUM MANGANESIO.

強鐵錳糖 製法 燐強鐵 七十二林士 燐強錳 四十八林士 濃燐強酸 一兩 白糖 十兩 汽水 一兩 先將鐵錳二養入臼、加汽水研勻、再加燐強酸過淋紙、入水糖

內調勻爲度、每服一打拉門、

下燐養 FERRI HYPOPHOSPHIS.

鐵 化名 鐵二輕燐養六 舊名 鐵二養三·輕二養燐二養

此藥自礦強鐵沙與下燐養鉐製成、結散色白、無臭無味、

化法　冷水不化、鹽強酸、下燐養酸、皆化、

功用　補腦、補虛、

服法　每服五至十林士、

下燐養鐵糖 SYRUPUS FERRI HYPOPHOSPHITIS.

製法　礦強鐵沙一分、炭養鏀一分半、下燐養酸六分、淡燐養酸一分、白糖十二分、汽水酌用、先用水八分化礦強鐵沙、次用水八分化炭養鏀、共將二水和勻、過布留渣、用水洗渣、再將渣入下燐養酸與淡燐強酸內消化、後加白糖、俟其自化爲度、每服一二打拉門、

火燐強 FERRI PYROPHOSPHAS.

鐵 又名 鐵火燐養 化名 鐵四燐三養七 舊名 鐵二養三·燐三養五

此藥自梈酸鐵與火燐強鏀製成、結綠色薄片、微鹹而澀、無臭、此藥非純者內函雜

精故化名無定據、

化法　水全化　酒不化、

功用　補劑　與燐強鐵同、

服法　每服二至五林士、

礦強鐵 一名 青礬 又名 煉綠礬 化名 鐵礦養四·輕養七 舊名 鐵養硫養三·輕養七 FERRI SULPHAS.

此藥有自鐵質與礦強水製成者、又有自黑礬煉出者、結冰色淡綠而過光、露空氣略化、

煉法　土青礬四兩　礦強水一兩　鐵絲一兩　汽水八十兩　先將水與礦強水調洽、再加鐵絲青礬於內、加火煎煉、間時調和、至青礬消化、乘熱過淋紙、候冷結冰、取出、再散氣結冰、革去水濕、用紙托放甎上、候乾爲度、

化法　水三分化二分　酒　伊打、皆不化、

功用　補劑　大收斂、

服法 每服一至五林士、 按此藥功用雖與他類鐵劑相同緣其能惹腸胃故不多單服、

磺 MISTURA FERRI LAXANS.

磺强鐵勻水 製法 磺强鐵二林士 磺强鎂六十林士即洋朴硝 淡磺强水三林士 薄荷水足一兩共化勻爲度、 作一服用、

磺 LOTIO FERRI SULPHATIS.

磺强鐵洗水 製法 磺强鐵三林士 水一兩 化勻爲度、 洗火眼 或作射水亦可 治白帶 白濁、

磺 UNGUENTUM FERRI SULPHATIS.

磺强鐵油膏 製法 磺强鐵一分 黃油膏三十分 調勻爲度、 治金錢癬、

黑礬 又名 FERRI SULPHAS IMPURUS.

皂礬

此藥自鐵礬石製出、內函雜質、服之必須煉者、外用作解毒散、

黑 PULVIS FERRI DISINFECTANS.

黑礬解毒散 製法 黑礬一分 石灰粉一分 拌勻、放茅厠內能解臭惡、 有時行症如霍亂、用之免傳染、

枯磺强鐵 FERRI SULPHAS EXSICCATA.

又名 青礬粉 化名 鐵磺養四・輕二養 舊名 鐵養硫養三・輕養

製法　磺強鐵使用大磁鍋或鐵鍋亦可、加熱過二百一十二度至不發熱氣煆枯研末爲度、玻塞瓶存貯　配丸者較青礬便用、

服法　每服半至三林士、爲丸服之、按此藥二林士半、即與不枯者四林士同力、　用此藥三林士、和磺強桂尼糖二林士、或先爲尼糖亦可、研勻作一丸服之、治脾病最妙、

磺強鐵砂 FERRI SULPHAS GRANULATA

化名　鐵磺養$_4$·七輕$_2$養　舊名　鐵養硫養$_3$·七輕$_2$養

製法　鐵絲四分　磺強水四分　濃酒八分　汽水三十分　先將鐵絲入磁鍋、加汽水、再加磺強水、待發氣將畢、加火熬十分鐘、過淋紙、於存濃酒瓶內、常調和、令結碎冰、將水傾出、用厚紙托冰放甑上晾乾爲度、　玻塞瓶存貯、此藥結淡綠之沙、味澀無臭、較磺強鐵冰易存、以久儲色不變也、

化法　水三分化二分　酒　伊打、皆不化、

功用　補劑　收斂　與上同、

服法　每服一至五林士、

LIQUOR FERRI PERSULPHATIS.

上磺強鐵水

化名鐵磺養上水　舊名鐵養·硫養上水

製法　磺強鐵十六分　磺強水分半　硝強水分半　汽水二十四分　先用水二十分同磺強水和勻，加熱化磺強鐵，再用水四分與硝強水調洽，二者和勻，加火煎煉至突發紅泡，變爲紅色，去火，將該水少滴紅炭淡鋏水內，若見藍色降散，將硝強水數滴入鍋，復加火熬煉，候凉加汽水足二十二分爲度。

外用　止血　亦配他藥用。

FERRI PERSULPHAS.

上磺強鐵

化名鐵磺養　舊名鐵養·硫養

製法　上磺強鐵水便用入大磁鍋內，用文火散氣，留四分之一，候結冰放厚紙上，革去水濕，晒乾爲度。

服法　每服三至五林士。

LIQUOR FERRI SUBSULPHATIS.

下磺強鐵水

化名鐵養·磺養上水　舊名鐵養·硫養上水

製法　礬強鐵二十三分粗末　礬強水二分　硝強水三分　汽水酌用　先用水十五分入大磁鍋內、次將二強水傾入、加熱至沸、去火、再將礬強鐵分四次加入、每次調勻、待自沸畢、再加一次、後加快火、至無硝強水氣味、藥漸變深紅色爲止、候將冷、加汽水、仍足二十三分爲度、

外用　止血爲上品、金刃傷用之甚妙、外科家割治症後、常用之、

治腸內血出、作射水用、治楊梅疔毒、搽患處、

下礬強鐵 FERRI SUBSULPHAS.

化名　鐵四養·(礬養四)五　舊名　(鐵養)三·(硫養三)五

製法　下礬強鐵水便用　入大磁鍋內、文火散氣、留四分之一、候結冰、用厚紙革去水濕、晾乾爲度、

服法　每服三至五林士、

鐵礬又名鐵硫 FERRI SULPHIDUM.

此藥從鐵與硫礬製出、成塊、色黃而黑、光明如金、

功用　配硫礦輕氣、

FERRUM REDACTUM.

淸鐵粉又名淸鐵末

此藥即上鐵養入鎗筩內煆紅、令輕氣過之食去養氣成爲純鐵粉、

化法　酒　水　伊打、皆不化　鹽強水能化、

功用　補而不斂、生血而不止血、補虛爲上品、

主治　室女閉經　婦入經閉　跳舞風、　脾病服之效、

服法　每服一至五林士、或作丸、氷糖等服之、

TROCHISCI FERRI REDACTI

淸鐵氷糖　製法　淸鐵粉七百二十林士　煉白糖二十五兩細末　白樹膠一兩細末　白樹膠漿二兩　汽水一兩或酌用　先將淸鐵、白糖、白樹膠研勻再加白樹膠漿與水共和勻爲團分作七百二十塊焙乾爲度、　每服一至六塊、

PILULA FERRI REDACTI

淸鐵丸　製法　淸鐵粉三林士　甘草一林士研末　卡喇桿漿酌用　共研勻作一丸爲度、

PILULA FERRI ET QUININÆ

淸鐵桂尼精丸　製法　淸鐵粉二林士　礦強桂尼精一林士或先高尼精亦可　龍膽草膏足用

共研勻作一丸爲度、

清鐵桂尼穡木鼈丸 PILULA FERRI ET QUININÆ CUM NUCE VOMICA.

製法 清鐵粉十六林士 磺強桂尼穡八林士 番木鼈膏一林士

共研勻爲八丸、

葡酸鐵 FERRUM TARTARATUM. 一名葡酸鋏鐵又名鐵鋏葡鹽

此藥自上磺強鐵水、與雙葡酸鋏、及阿摩尼亞水製出、結冰過光色紅如寶石、

化法 水一分化一分 酒化少許、

功用 生血 微收歛、 與反酸類可同服、

服法 每服五至十林士、

反藥 強水類 石灰水 收歛草藥類、

鐵葡酒 VINUM FERRI. 又名葡酸鐵葡酒

製法 細鐵絲一兩 白葡酒二十兩 先將酒入大瓶內、再將鐵絲豎插其中、約浸絲之大半、間時搖動並去塞放氣、過三十天

去絲爲度、每服一至四打拉門、與反酸類同服亦可、

又方　用黃酒照上法製之、黃酒製造者名爲鐵米酒服法同、

無花菓又名映日果

FICUS.

此菓各國皆有、產自土耳其者爲上品、

功用　輕瀉　潤劑　養生　治便秘、

外用　作敷藥　將菓剖開、烤熱敷患處、治癤子疼、

非利瑪又名亞必安

FILIX MAS.

此藥出英國及亞非利加等處、入藥用該草之根、其色深綠、味苦而辛、

功用　微補　收歛　殺蟲　治扁蟲妙、今但爲此用

服法　每服六十至一百八十林士研末服之、候兩點鐘、再服大瀉劑助瀉、治扁蟲、

非利瑪流膏

EXTRACTUM FILICIS LIQUIDUM.

製法　非利瑪一分粗末　伊打二分半或酌用　先將非利瑪裝伊打淋箭、漸加伊

打過淋、至無色爲止、入甑將伊打蒸回、成膏爲度、　每服十五至六十林士、加牛嬭一半、或白樹膠漿一半、再加水和勻、空心服、或貯空丸服亦可、　殺扁蟲、每半點鐘服十至二十林士、服三次後、用瀉藥助瀉妙、

MISTURA FILICIS.

非利瑪勻水　製法　非利瑪流膏二打拉門　卡喇桿製散一打拉門　薄荷水足二兩、和勻爲度、　分三次服之、

DAVALLIA ELEGANS.

金毛獅

此藥出於福建、與上相類、入藥用該草根所長之毛、色紅黃、狀似羊絨、外用　收歛　止血　治外傷流血、

FLUORUM.

弗　又名弗氣

此氣爲原質、與別原質愛力甚大、故獨自成者、世所希有、其性與綠氣、碘、溴、大致相似、惟其氣尤毒、遇金類或玻璃、愛力尤大、故不得以金類或玻璃器盛之、惟鉛瓶及象皮之器可也、

弗輕酸 ACIDUM HYDROFLUORICUM.

化名 輕弗土水

此藥自鈣弗與礦強水製出，爲無色流質，露空氣自化，其力能化玻璃，故化家配玻璃器號度數常用之。

淡弗輕酸 ACIDUM HYDROFLUORICUM DILUTUM.

又名 淡弗輕水

此藥由弗輕酸配成，每百分中計有弗輕酸半分

功用　散癭化瘤　治瘰癧，

服法　每服十五至六十林士，

昆布 FUCUS VESICULOSUS.

又名 綸布

此藥出海內，中西皆有，狀如卷麻，

功用　散癭化瘤　治瘰癧，

昆布流膏 EXTRACTUM FUCI LIQUIDUM.

製法　乾昆布研末十六分　濃酒十二分　汽水六分　共浸七天，絞盤絞渣，再用濃酒八分　汽水四分　浸渣七天，絞之，二汁和勻，過淋紙爲度，　每服

加比農又名 GALBANUM.

一打拉門、肥人服之可瘦、西國曾有用之者、

加卑林

此藥出印度士耳其等處、屬膠類結顆粒黏連、色淡黃而棕、味苦而辛、別有一種氣息、

化法　濃酒化過半　淡酒　伊打、全化　水微化、

功用　行氣　解轉筋　化痰　與阿魏相似、但無味而力稍遜、

主治　久氣管痰　久風溼、

服法　每服十至二十林士、

外用　化瘤　擺膿　作貼膏用、

加比農貼膏 EMPLASTRUM GALBANI.

製法　加比農一分　阿摩慝一分　黃蠟一分　密陀僧貼膏八分　先將加比農阿摩慝入鍋化勻、濾渣、再將黃蠟、密陀僧貼膏二者化勻、加入共調治為度、

加比農製丸 PILULA GALBANI COMPOSITA.

製法　加比農三分　沒藥三分　阿魏一分　水糖酌用　共調勻作丸爲度、每服五林士、

加比農製油膏 UNGUENTUM GALBANI COMPOSITUM.

製法　加比農貼膏四兩　密陀僧貼膏四兩　白蜂蠟四兩　鴉片流膏六十林士　洋橄油二十兩　共入鍋鎔化再加蜂蜜一兩調勻爲度、治小膿瘡　痔瘡　乳瘡　對口及背癰、

沒石子 GALLA.

又名　無食子

此藥在柞木等類之上、因蟲而生、出印度羣島及波斯中國等處、每百分中計有架沕酸五分炭匿酸三十五分、水與酒均能提出功力、水四十分浸沒石子一分全能提出功力

功用　大收斂　亦配炭匿架沕二酸、

主治　內部血出　尿血　血山崩　肺血欬出　痢疾、

服法　每服十至二十林士、研末服之、

外用　止血　治鼻衄　牙齦血出　白濁　白帶、

反藥　強水類　鐵、鉛二鹽類　礦強銅　銀丹　炭養鋏　炭養鏀　石灰水　葡酸鋏銻　衣必格　鴉片　並金雞納、高林布、晏吉杜等泡水、

沒石子酒 TINCTURA GALLÆ.　製法　沒石子一分細末　淡酒八分　先用酒六分浸二天、間時搖動、裝淋筩淋乾、加餘酒漂淋絞渣、再加淡酒仍足八分為度、　每服半至二打拉門、

沒石子油膏 UNGUENTUM GALLÆ.　製法　沒石子八十林士極細末　辦佐匿豬油一兩　共調極勻為度、　治痔瘡甚效、

沒石子鴉片油膏 UNGUENTUM GALLÆ CUM OPIO.　製法　沒石子油膏一兩　鴉片末三十二林士或鴉片膏亦可　共調勻為度、　治痔瘡疼痛、鴉片雖與沒石子微相反、却不敗其功力、故同用之不妨、

沒石子鴉片顛茄油膏 UNGUENTUM GALLÆ ET BELLADONNÆ CUM OPIO.　製法　鴉片沒石子油膏一兩　顛茄膏六十林士或用佛茄兒膏亦可　共調勻為度、　治同上、

又方　沒石子膏一分　鴉片膏一分　佛茄兒膏一分　煉豬油七分　共調勻為度、

沒石子煮水 DECOCTUM GALLÆ.　製法　沒石子二分半搗爛　汽水四十分　共入鍋煎剩一半、濾渣為度、

萬國藥方　卷四

作洗水治鼻衄　牙齦血出　亦作射水治白帶　白濁、

沒 EXTRACTUM GALLÆ

沒石子膏 製法 沒石子 研末一分 沸汽水 四十分 共浸二點鐘去渣、入磁鍋熬至二十分爲止、再入燙鍋散氣成膏爲度、　每服三至五林士、

沒 PILULA GALLÆ ET OPII

沒石子鴉片丸 製法 沒石子 極細末三林士 鴉片乾土 細末半林士 樟腦 研末一林士 蜂蜜 足用 作一丸爲度、　治疶瀉　痢疾、一日服三次、病急者兩點鐘一次、見病人迷睡即少服、

沒 SUPPOSITORIA GALLÆ CUM OPIO

沒石子鴉片尖丸 製法 沒石子 極細末五林士 鴉片膏 一林士 得波麻油 十林士 共作一丸爲度、　治內痔血出、

沒 TINCTURA GALLÆ COMPOSITA

沒石子製酒 製法 沒石子 研末二分 肉桂 搗爛一分 肉豆蔻 搗爛一分 伯蘭地酒 三十二分火酒亦可 共浸一天、裝淋筩淋乾、加淡酒漂淋足三十二分爲止、入淺磁鍋內、上蓋鐵絲布一層、撒白糖二兩於布上、用火引熱、使其鎔落酒內、待火自滅、共和勻過淋紙爲度、　每服一打拉門　治久肚瀉、

五倍子 GALLÆ RHOIS SEMIALATÆ

又名 鹽麩子

此藥出中國四川等處、乃鹽麩子樹上因蟲而生、
功用　收歛　與沒石子同、而力較遜、

山竹果 CARCINIA MANGOSTANA.

又名 芒栗 一名 芒果
此藥出印度及中華南方、入藥用該果外層之皮、
功用　收歛　治痢疾　泄瀉、

山竹果煮水 DECOCTUM GARCINIÆ.

製法 山竹果皮 二兩 蒔蘿子 九十林士 小茴香 九十林士 水 四十兩 共入磁鍋、熬至一半、去渣爲度、　每服四兩、

叩因油 GARCINIÆ PURPUREÆ OLEUM.

又名 紫茫菓油
此藥出印度國、係從紫山竹菓子熬出者、
功用　配油膏類、可代杏仁油、

明牛膠 GELATINA.

又名 獸皮膠
此藥自小牛皮、在高度熱氣內蒸透化膠、再放玻璃板上焙乾者、此與水膠同類

乃純淨者，故能入藥用。

化法　冷水　甘油，全化。

功用　作空丸殼、藥輪子類，及尖丸等。

明 GLYCERINUM GELATINÆ

牛膠甘油 製法 明牛膠一分 甘油三分半 汽水一分 先用汽水將明牛膠泡透，加甘油入燙鍋，用文火消化為度。　近配尖丸代得波麻油同。

甘 GLYCO-GELATINA.

明膠 製法 明牛膠一兩 甘油二兩半 喀而民水二兩半 柑花汽水二兩半 先將明牛膠入柑花水浸一時，再入燙鍋消化，加甘油調勻，候將涼時，加喀而民水共調勻為度。　作各樣藥餅，用時宜將此餅入燙鍋化開，加藥料調勻，候涼，每兩分二十四餅。　配癥瘕藥常用之。

洋粉 南名 GELOSUM.

海菜粉 西名 吉落思

此物從海菜製造者，出日本等處，狀似線粉，乾色白而半過光。

功用　潤劑　養生　患熱症或痢疾，食此物最妙。

明魚膠 ICHTHYOCOLLA.

又名淨魚鰾

此藥自魚胞製出、與明牛膠同類、狀亦相似、但明膠冷水能化、此則冷水不能化也、故易分別、

化法　沸水　甘油、全化、

功用　作貼膏　合口膏　及空丸等用、

魚膠貼膏 EMPLASTRUM ICHTHYOCOLLÆ.

又名魚膠合口膏　製法　明魚膠半兩　阿磨慝水四兩即阿磨慝一分、化在十六分水內者、浸一天、入燙鍋消化、後漸加阿磨慝酒、一兩即阿磨慝一分、化在十六分酒內者、調洽、乘熱用大筆塗在紬綾上爲度、　用時宜在熱氣上潤之、

又方　明魚膠十分　濃酒四十分　甘油一分　沸汽水　安息香酒各酌用　先將魚膠加沸汽水化開、共足一百二十分秤、用此水一半攤白紬上數次、攤一次晾乾再攤、再用餘水一半、與濃酒、甘油調勻、又攤數次、末將紬反面攤安息香酒、晒乾爲度、　剪成方塊、存有蓋器皿中、

魚膠甘油 GLYCERINUM ICHTHYOCOLLÆ. 製法 明魚膠十五林士 甘油一兩 化勻爲度、治皮類病、

耶悉茗又名黃耶悉茗 GELSEMIUM. 又名洋茉莉

此藥出美國等處、入藥用該草之根、內函一精、即耶悉民粒、

功用　平脉　平腦　解熱、

主治　瘧症　腦氣筋疼　牙疼、

服法　每服五至三十林士、但過服即令人難拯、

解藥　解此毒先服吐劑、後服阿摩尼亞香酒、外用電氣、

耶悉茗酒膏 EXTRACTUM GELSEMII ALCOHOLICUM. 製法 耶悉茗十六分極細末 濃酒四十分 入有蓋器內浸二天、裝淋筩淋乾、再加汽水漂淋、仍足四十分爲止、入燙鍋散氣成膏爲度、　每服半至二林士、

耶悉茗酒 TINCTURA GELSEMII. 製法 耶悉茗一分細末 淡酒八分 先用酒六分浸二天、間時搖動、裝淋筩淋乾、加餘酒漂淋、用絞盤絞渣、再加淡酒仍足八分爲度、　每服

五至二十林士、

耶悉民精 GELSEMINA. 即耶悉茗精

此藥自耶悉茗提出、結散、色棕而黃、味苦無臭、

功用　平腦　平心　與耶悉民同、而力較勝、

服法　每服一林士六十分之一、至二十分之一、

龍膽草 GENTIANA. 又名陵游 西名眞仙

此藥出歐洲之南、及中華等處、入藥用根、色黃味苦、內含一精 即 珍提毘蓋、近時藥肆所售、多有次等、切成大片者爲上品、

功用　補劑　開胃　治胃弱　身虛、

服法　每服十至四十林士、研末服之、或配膏、酒等用、

反藥　礦強鐵　銀丹　鉛鹽類、

龍膽草膏 EXTRACTUM GENTIANÆ.

製法　龍膽草一分切片　沸汽水十分　泡兩點鐘、再加火熬一刻時去渣、用

絞盤絞之入燙鍋散氣成膏爲度、每服二至十林士、配藥丸常用、

INFUSUM GENTIANÆ COMPOSITUM.

龍膽草製泡水 製法 龍膽草一分切片 陳皮一分切片 鮮檸檬皮二分或用金橐皮亦可 沸水八十分 泡半點鐘濾渣爲度、每服一二兩、

TINCTURA GENTIANÆ COMPOSITA.

龍膽草製酒 製法 龍膽草三分切片搗爛 苦陳皮一分半切片搗爛 砂仁半分搗爛 淡酒四十分 先用酒二十分浸二天、間時搖動、裝淋箭淋乾、加餘酒漂淋、用絞盤絞渣、再加淡酒仍足四十分爲度、 每服半至二打拉門、

MISTURA GENTIANÆ.

龍膽草勻水 製法 龍膽草一百一十林士切片 苦陳皮三十林士搗爛 蒔蘿子三十林士搗爛 淡酒二兩 汽水八兩 先用酒共浸兩點鐘、再加水浸兩點鐘、濾渣爲度、此水不能久存 每服半至一兩、

MISTURA GENTIANÆ ALKALINA.

龍膽草反酸勻水 製法 龍膽草製泡水一兩 雙炭養鹼十五林士 淡輕炭淡酸三十林士 共和勻作一服、 治癆病咳嗽、

MISTURA GENTIANÆ ET SENNÆ.

龍膽草辛拏勻水 製法 龍膽草製泡水六打拉門 辛拏泡水三打拉門 砂仁製酒三打拉門

共和勻作一服　治飯不消化　胃疼、

龍膽草朴硝勻水 MISTURA GENTIANÆ CUM MAGNESIO SULPHATE

製法　龍膽草製泡水 一兩　阿摩尼亞香酒 二十林士　洋朴硝 二十林士　共和勻作一服、　開胃、

甘油 化名 GLYCERINUM.

炭三輕八養三 即 炭三輕五輕養三

此藥自脂油製出、乃造脂油胰子所剩之水、復用酒煎成者、狀如清油、無色無臭、其味頗甜、

化法　酒　水皆化　哥羅方　伊打　油類均不化　此油能化硼砂　枯鐵綠　溴質　碘　硫磺碘　鋏綠　鏀綠　沙利先酸　硝強鈊　莫非精　桂尼精　士的年精　丫刀邊精　韋喇抵精等藥精　炭醛酸　架沏酸等藥、

功用　潤劑　免臭爛、

主治　吐酸　噯氣　乾癬癩、

服法 每服十至一百二十林士 多服能治似髮蟲、

外用 潤皮劑 治皮類病 蛇皮癬 水蝨癩 牛皮癬 濕癬 癢癬 汗癬 凍瘡 損傷 耳管乾而聾用棉蘸塞 治便秘、用半至一打拉門射入肛門、

GLYCERINUM CUM SAPONE.

胰子甘油 製法 甘油一分 軟胰子一分 郁李桂汽水一分 共和勻爲度、 治凍瘡、

GLYCERINUM CUM CAMPHORA.

樟腦甘油 製法 甘油二分 樟腦一分 濃酒一分 共和勻爲度、 治皮膚皴裂、

UNGUENTUM GLYCERINI.

甘油膏 製法 甘油八分 鯨腦油四分 白蜂蠟一分 杏仁油十六分 先將下三味共入鍋消化、再加甘油調至冷爲度、 治皮膚皴裂 損傷

GLYCERINUM CUM AQUA ROSA.

薔薇甘油 製法 甘油一分 薔薇花汽水三分 化勻爲度、加數滴洛而民水色鮮豔 西婦盥後用搽手面、冬日無皴裂之患、

GLYCERINUM HYPOPHOSPHITUM.

下燐養鹽甘油 製法 甘油十二分 下燐養鈣一分 下燐養鈉一分 下燐養鐵一分 沸汽水四十分 煉白糖四十分 柑花汽水二分 郁李桂汽水二分 先用

汽水將下燐養錏等藥消化、過淋紙、再加白糖及柑花郁李二一水化勻、後加甘油共調洽過布爲度、　每服一二打拉門、

甘油陰尖丸 PESSUS GLYCERINI.

製法　甘油二分　粉子三分　用火化勻爲丸、　每丸約重六十林士、

欄挪林 LANOLINUM.　又名　羊毛油

此藥自羊毛所有之油（即高泐士的連之脂）煉成者、狀如花土玲、臭如羊毛、

功用　配油膏類、與甘油花士玲同、但此易潤透皮膚、故用之、

甘草 GLYCYRRHIZA.　又名　國老

此藥各國皆有、入藥用根、以其味甜、故名、

功用　潤劑　化痰、（配膏散煮水等服之、或研末配丸類用、）

主治　肚腸內皮生炎　尿管內皮生炎　瘷瘷、

甘草膏 EXTRACTUM GLYCYRRHIZÆ.

製法　甘草一分粗末　汽水五分　先用水一半浸十二點鐘、過布、用絞盤絞渣、再用餘水泡渣六點鐘、仍過絞盤、共將二水和勻入鍋熬至沸、過呢

子布入燙鍋散氣成膏爲度、每服三十至六十林士、配丸藥類甚便、

甘草流膏 EXTRACTUM GLYCYRRHIZÆ LIQUIDUM.

製法　甘草一分粗末　汽水五分　濃酒酌用　先用水一半浸十二點鐘、過布絞渣、再用水一半浸渣六點鐘、又過布絞渣、二水和勻、入鍋熬至將沸、過呢子布、入燙鍋散氣成流膏爲止、用輕重表試之、宜落至一千一百六十度、候涼加濃酒按流膏之數宜加六分之一、候十二點鐘過淋紙爲度、每服五六十林士、

甘草製散 PULVIS GLYCYRRHIZÆ COMPOSITUS.

製法　甘草二分細末　辛拏二分細末　小茴香一分細末　硫磺粉一分　煉白糖六分細末　共研勻過細羅爲度、每服六十至一百二十林士、功能輕瀉、

甘草煮水 DECOCTUM GLYCYRRHIZÆ.

製法　甘草一兩搗爛　沸水十六兩　熬十五分鐘、去渣爲度、每服二至四兩、

甘草甜酒 ELIXIR GLYCYRRHIZÆ.

製法　甘草膏一分或流膏二分　小茴香汽水三分　茴香阿摩尼亞酒一分　共化勻爲度　造茴香阿摩尼亞酒、宜用大茴香油一分、濃酒二十四分、淡阿摩尼亞水五分、化勻爲度、

甘草製勻水 MISTURA GLYCYRRHIZÆ COMPOSITA.

製法　甘草膏三分或用流膏六分　煉白糖三分粗末　白樹膠三分細末　樟腦鴉片酒十二分　葡酸鉀銻葡酒六分　甜硝伊打酒三分　汽水七十分　先將前三樣入酒研

勻、漸加水細研、後加樟腦鴉片等酒、共調勻爲度、每服一至四打拉門、二歲小兒宜用半至一打拉門 治瘷瘷 加阿摩尼亞綠十分之一妙、

棉花 又名 GOSSYPIUM 綿花絨

此花各國皆有、入藥惟用透濕者、製法不同、有一便方、

製法 棉花便用 先使鹵養水或鉀養水 熬棉花半點鐘、甜水洗淨、扭盡、再用綠氣灰水浸一刻鐘、甜水洗淨、又用汽水、加鹽強水少許、洗之扭盡、如此二次、鹵養水、綠氣灰水、鹽強水皆用、速烤乾爲度、此法能去內存之油、

功用 作火綿酒及包裹湯火傷並洗各瘡等、近有加免臭藥者、如架波匿酸、沙利先酸、海碘仿等、外科常用、

棉布條 DISMÆ MEDIO

此卽棉布裂爲長條、外科便用、又有浸解毒氣藥內、如架波匿酸等水、提出晾乾、外用裹損傷等症、近來醫家用煅石膏塗裹布內、包紮骨折、外面洒水、令裹布變硬、骨不移動、

棉花根 GOSSYPII RADIX.

又名草棉根又名古終根

入藥用此根之皮，鮮乾皆宜，味微辛而濇，無臭。

功用　調經　助子宮發力，與耳臥達同。

服法　配煮水、流膏、酒等用。

棉花根煮水 DECOCTUM GOSSYPII RADICIS.

製法　棉花根鮮皮四分　水三十二分　共入鍋熬至十六分爲度　每服一二兩半點鐘一服，催生並治胎衣不下。

棉花根流膏 EXTRACTUM GOSSYPII RADICIS LIQUIDUM.

製法　棉花根乾皮細末二十分　甘油七分　濃酒酌用　先用酒十三分與甘油調勻，提出十分潤末，裝淋筩，將餘者加入，見酒將滴，即塞淋口，上蓋嚴，放暖處二天，去塞淋乾，加濃酒漂淋，至無味爲止，先淋十四分另存，餘入燙鍋散氣成軟膏爲止，再將前十四分加入，共調洽，加濃酒仍足二十分爲度，　每服十五至三十林士。

棉花根酒 TINCTURA GOSSYPII RADICIS.

製法　棉花根乾皮研末一分　淡酒四分　浸七天，過淋紙爲度，　每服

一打拉門 催生用、

棉油 OLEUM GOSSYPII SEMNUM.

棉油又名黑油 此油自棉花子榨出、色棕而紅黑、味甜、別有一種氣息、與洋橄油杏仁油香油同用、

石榴 GRANATUM.

石榴一名安石榴

此藥出歐洲小亞西亞及中國等處、入藥用該菓之皮及樹根皮、內含一精即皮雷顛精、

功用 收斂 殺扁蟲、

反藥 反酸類 石灰水 五金鹽類 明牛膠、

石榴根 GRANATI RADIX.

入藥用該樹之根、剝去外皮、用內層白淨者、

功用 殺扁虫為中品、印度常用之、

石榴根煮水 DECOCTUM GRANATI RADICIS.

石榴根煮水製法 石榴根皮一分切片 汽水二十分 入鍋熬至十分、濾渣為度、 每

服二至四兩、

又方　石榴根皮二兩搗爛　沸水二十四兩　浸一天、入鍋熬至十八兩、濾渣爲度、

分爲三劑、每半點鐘一服、殺扁虫、服藥前一日先服蓖麻油瀉之、後禁食一日、服此藥方效、

石榴菓 GRANATI FRUCTUS CORTEX.

入藥用該菓之皮、鮮乾皆可、

功用　收斂　治泄瀉、

石榴菓煮水 DECOCTUM GRANATI FRUCTUS.

製法　石榴菓皮一兩　汽水二十兩　入鍋熬至一半、濾渣爲度、

每服半至一兩　治肚瀉　盜汗　作漱水治咽喉生炎　作射水治白帶　白濁、

皮雷顛 PELLETIERINA.

精 即 石榴根精 化名 炭八輕十五淡養

此藥自石榴根之皮提出者、爲無色流質、臭香、易化、與酸類能化成鹽、

功用　殺扁蟲　與石榴根同、而力較勝、

磺強皮 PELLETIERINÆ SULPHAS.

雷顛精

此藥自皮雷顛精與磺強水製出者、結冰、色白無臭、

功用　殺扁蟲爲上品、

服法　每服五至八林士、

炭匿皮 PELLETIERINÆ TANNAS.

雷顛精

此藥自皮雷顛精與炭匿酸製出者、結灰白之散、

功用　殺扁蟲爲上品、

服法　每服五至八林士、

棍的酞 GRINDELIA.

俗名　膠草

此藥出美國金山等處、入藥花梗葉全用、

功用　化痰順氣　治痰喘　哮瘷瘷　氣管痰、配膏與流膏服之

棍 EXTRACTUM GRINDELIÆ.

的酞膏　製法　棍的酞一分研末　濃酒足用　先用酒三分浸末、裝淋筩加酒過

淋、至無藥味、入燙鍋散氣成膏為度、　每服二三林士、

棍的酖流膏 EXTRACTUM GRINDELLÆ LIQUIDUM.

製法　棍的酖一百分細末　濃酒三分與汽水一分化勻者酌用　先用酒水三十分潤末、實裝長圓淋筩、再加酒水潤透藥末、又上浮一層、見淋口下滴、即塞住、蓋嚴上口、浸二天、去塞過淋、漸加酒水漂淋、至無藥味為止、先淋八十五分另存、餘入燙鍋散氣成軟膏為止、與先淋者共化勻、加酒水足一百分為度、　每服十至二十林士、每半點鐘服一次、治氣喘、及伏中打嚏氣喘、

圭厄禁又名古阿苦木 GUAIACUM.

此藥出西印度海島、入藥用該樹碎木與脂、味苦惡而極辛、

功用　行氣　發表　改病、

主治　久風濕　酒風脚、

反藥　強水類　甜硝伊打酒、

圭厄禁蕷水 DECOCTUM GUAIACI

製法　圭厄禁碎木一兩　水二十四兩　入鍋熬至十六兩為度、每服一二兩、治久風濕、

圭厄禁脂 GUAIACI RESINA

又名圭厄禁膠

此藥即圭厄禁樹所流之脂、或自該木製出、結塊、色棕而綠、臭香、味極辛、最難服、

化法　水一百分化九分、惟化後水變青色、　酒　伊打　哥羅方　阿摩尼亞香酒　灰酸水類、皆化十分之九、　奔紫年微化、

功用　發表　改病　與圭厄禁木同、而力較勝、

服法　每服十至三十林士、

圭厄禁勻水 MISTURA GUAIACI

製法　圭厄禁脂二分研末　白糖二分　白樹膠末一分或用樹膠末四分之一更妙　肉桂汽水八十分　先將圭厄禁、白糖、白樹膠等藥研勻、再漸加肉桂汽水研洽為度、每服半至二兩、

圭厄禁阿摩尼亞酒 TINCTURA GUAIACI AMMONIATA.

製法 圭厄禁脂研末四分 阿摩尼亞香酒十五分 浸七天過淋紙，再用阿摩尼亞香酒漂淋仍足二十分為度。每服半至一打拉門，每打拉門內，宜加白樹膠漿一打拉門和勻，或蛋黃亦可再加水沖服。

圭厄禁酒 TINCTURA GUAIACI.

製法 圭厄禁脂一分 濃酒五分 浸七天過淋紙，再用酒漂淋仍足五分為度。每服半至一打拉門，加白樹膠漿與水和服。

圭厄禁製勻水 MISTURA GUAIACI COMPOSITUS.

製法 圭厄禁阿摩尼亞酒一打拉門 白樹膠漿二打拉門 汽水足一兩 共調洽為度。作一服用。

瓜洡納 GUARANA.

又名古阿繭阿

此藥出南亞美利加，把喇西勒國，入藥用該草之子，晒乾烤熱研末，加水和為條用。

功用 補劑 開胃。

主治 頭疼翻胃 痢瀉 痢疾。

服法　每服三十林士、

瓜柒納流膏 EXTRACTUM GUARANÆ FLUIDUM.

製法　瓜柒納一百分極細末　濃酒三分與汽水一分和勻者酌用　先用酒水二十分潤末、按流膏公法裝淋筩淋淨、先淋八十分另存、按公法製成一百分爲度、　每服二三十林士、

瓜柒納酒 TINCTURA GUARANÆ.

製法　瓜柒納一分　濃酒四分　浸四天過淋紙、再加酒仍足四分爲度、　每服一二打拉門、

紅樹膠 GUMMI RUBRUM.

又名　紅佳奴

此藥出澳大利亞國、乃一種郁加列沓樹、所結之膠、與兒茶佳奴同類、色紅棕而黑、色多紅故名

化法　水十分化九分　濃酒四分化一分　淡酒雖化變稠

功用　收斂、較兒茶佳奴之力尤大、

主治　肚瀉　痢疾、

服法　每服四至六林士、

紅樹膠煑水 DECOCTUM GUMMI RUBRI.　製法　紅樹膠一分　水四十分　入鍋熬十分鐘濾渣爲度、　每服一二兩、

紅樹膠流膏 EXTRACTUM GUMMI RUBRI LIQUIDUM.　製法　紅樹膠七分　水二十分　消化濾渣加濃酒一分爲度、　每服三十至六十林士、加水和服、外用收斂　止血　加水射之治鼻衄、及痢疾白帶等症、

紅樹膠洗水 LOTIO GUMMI RUBRI.　製法　紅樹膠流膏一打拉　汽水六兩　化勻爲度、　洗火眼

紅樹膠尖丸 SUPPOSITORIA GUMMI RUBRI.　製法　紅樹膠五林士細末　番木鼈膏一林士　士的亞連足用　作一丸、治脫肛、

紅樹膠糖 SYRUPUS GUMMI RUBRI.　製法　紅樹膠流膏二十分　白糖十二分　化勻爲度、　每服三十至六十林士、

紅樹膠酒 TINCTURA GUMMI RUBRI.　製法　紅樹膠一分　濃酒四分　浸四天濾渣爲度、　每服二十至

四十林土、用此酒一分、加水六分和勻、作漱水、治咽喉類病亦效、

紅樹膠冰糖 TROCHISCI GUMMI RUBRI

製法 此藥合紅樹膠、按冰糖公法製成、每塊內計有紅樹膠二林土、

格搭伯查 GUTTA PERCHA

一名象皮

此藥出印度羣島及新嘉坡等處、乃衣蘇南得拉樹膠製成、色白體韌、名曰象皮、緣其形似象皮也、與硫磺製造、即變硬而黑、造藥器常用之、

化法 水 酒 反酸水類 淡酸類均不化 伊打 油類畧化 松節油 哥羅方 辨蘇 炭磺、皆化、

功用 配格搭伯查哥羅方、近時造各等器具多用之、

格搭伯查哥羅方 LIQUOR GUTTA PERCHA

製法 格搭伯查薄片一兩 哥羅方八兩 炭養鉛細末一兩 先用哥羅方六兩、與格搭伯查入瓶塞嚴、間時撞勻、至化爲止、再將哥羅方二兩、與炭養鉛共入瓶撞勻幾次、候澄清、將上面淨者捋出、去渣爲度、

玻塞瓶存貯、此藥不可內服、外用與個老殿安同、亦有作芥末紙用者、

又方　格搭伯查一分　哥羅方十分　化匀爲度、

考楚科 CAOUTCHOUC.

又名舒縮膠又名樹膠皮

此物出東印度海島及中南亞美利加、乃樹所流出者、與格搭伯查同類、但舒縮之力更大、

功用　造器具及舒縮帶用之、此帶又名樹膠帶、外科裹扎四肢止血用、

大楓子 GYNOCARDIA.

西名直措喀特亞

此藥出安南、暹羅、印度等處、內函一酸、即直措喀特酸、

功用　改病　治大麻風、

服法　每服六至二十林士、或服其油亦可

外用　治風濕疼　皮類病、

大楓子油 OLEUM GYNOCARDIÆ

此油有熬榨二法製成，治大麻風，每服五至十五林士，入空丸內服，外用，搽患處，治皮類病，及大麻風，

大楓子油膏 UNGUENTUM GYNOCARDIÆ

製法 大楓子油一分 花士玲四分 調勻成膏爲度，治乾疥及皮類病，

又方 大楓子半分研末 黃油膏四分 調成膏爲度，

直措喀特酸 ACIDUM GYNOCARDICUM 化名炭十四輕廿四養二

此藥由大楓子油內提出，結片色黃味辛，

功用 改病 與大楓子同，而力較勝，

服法 每服半至二林士，

洋蘇木 HÆMATOXYLUM 西名赫瑪托思林

此藥出中亞美利加，與西印度羣島，入藥用樹心，

功用 收斂 微補，

主治 滯積 胃弱 久瀉 久痢 內部血出 西國作染料常用、

反藥 強水類 五金鹽類 石灰水 葡酸鈌銻、

洋蘇木煑水 DECOCTUM HÆMATOXYLI.

製法 洋蘇木一兩劈碎 肉桂五十五林士研末 汽水二十兩 先將蘇木和水入銅鍋內、或用磁鍋亦可,忌鐵器。熬十分鐘,將畢加肉桂調勻,濾渣,再用汽水淋渣,足二十兩爲度、 每服一二兩、

洋蘇木膏 EXTRACTUM HÆMATOXYLI.

製法 洋蘇木一分碎屑 沸汽水十分 浸一天入鍋熬至一半、濾渣再入滾鍋散氣成膏爲度、 每服十至二十林士、 治久瀉 久痢、

洋蘇木勻水 MISTURA HÆMATOXYLI.

製法 石灰水三打拉門 洋蘇木煮水足一兩 和勻爲度、 作一服治癆病之疕瀉 吐血、

洋蘇木製勻水 MISTURA HÆMATOXYLI COMPOSITA.

製法 洋蘇木膏十林士 橘片葡酒五林士 衣必格葡酒二十林士 鉛粉勻水足一兩 共和勻爲度、 作一服治痢疾 肚瀉、

又方 蘇木膏十一林士 兒茶酒三十林士 鉛粉水足一兩 共和勻爲度、 作一服、

治痢疾　疶瀉、

蘇木 又名 赤木 CÆSALPINIA.

此藥出東印度海島、與暹羅國、入藥用木心、內函一精、即巴字林、

功用　收斂　與洋蘇木同、而力較遜、

合苿咪喇 俗名 覡婆榛 HAMAMELIS VIRGINICA.

此藥出亞美利加、入藥用該草之葉與皮、味甜而辛、

功用　收斂　治內部血出　血山崩、

合苿咪喇流膏 EXTRACTUM HAMAMELIS LIQUIDUM.

製法　合苿咪喇葉細末百分　濃酒一分和汽水二分和勻者酌用

先用酒水三十五分潤末、按流膏公法裝淋筩淋盡、先淋八十五分另存、餘者入湯鍋散氣、按公法製成一百分爲度、　每服二至五林士、

合苿咪喇酒 TINCTURA HAMAMELIS.

製法　合苿咪喇皮搗爛二分　淡酒二十分　共浸七天、過淋紙、再用酒漂淋、仍足二十分爲度、　每服二至十林士、亦能服至一打拉門　治經漏、

地榆又名 HEDYSARUM.
玉豉

此藥出中國湖南湖北等處、入藥用根、酒醋均能提出功力、

功用　收斂　止血崩　經漏

服法　配醋、酒等用、

地榆醋酸 ACETUM HEDYSARI. 製法　地榆乾根四分搗爛　淡醋酸二十分　浸地榆七天濾渣、用絞盤絞之過淋紙、再加醋酸仍足二十分爲度、　每服一二打拉門、

又方　地榆一兩　釅醋半斤　用磁鍋熬至四兩、候十二點鐘濾渣爲度、

每服一二兩、　治經漏、

地榆酒 TINCTURA HEDYSARI. 製法　地榆一分搗爛　淡酒五分　先用酒三分浸二天、裝淋筩淋乾、加餘酒漂淋、再加酒仍足五分爲度、　每服一二打拉門、

黑密得信 HEMIDESMUS.

又名　印度茯苓

此藥出印度等處、入藥用該草之根、臭香味苦、

功用 利小便 改病 治內腎類病、

黑密 SYRUPUS HEMIDESMI.

得信糖 製法 黑密得信 一分搗爛 煉白糖 七分 沸汽水 五分 先將黑密得信浸水四點鐘、濾渣、候澄清、抒出上面淨水、再加白糖、用文火化勻爲度、

每服一二打拉門、

水蛭 一名 HIRUDO. 蜞

此蟲中西均有、惟身體緊小而有金黃點者佳、

功用 吮血去炎、猶中華之用鍼砭、用此後、若血流不止、用止血劑如上磺強鐵水 白礬 沒石子末 嗎提口 濃鐵綠水 銀丹錠 等是也

麰麥仁 又名 HORDEUM DECORTICATUM. 大麥仁

此麥各國皆有、入藥宜先舂去外層粗皮、

功用 潤劑 養生、

麰麥 DECOCTUM HORDEI. 仁煮水

製法 麰麥仁 一分水洗淨 涼汽水 十五分 入鍋蓋之熬二十分鐘、濾渣爲度、

常服能養身 患各樣熱病可服、

麰麥芽 BYNE.

一名麥牙

此卽麰麥之萌芽烤乾者、味甜臭香、

功用 潤劑 養生 配麥芽膏用之、

麰 EXTRACTUM BYNES.

麥芽膏 俗名糖飴 製法 麰麥芽百分粗末 水酌用 先用凉水一百分浸六點鐘、再用熱水四百分、熱至八十六度者 漸加熱不過一百三十一度浸一點鐘濾渣扭汁、入燙鍋復加熱不過一百三十一度、散氣成膏如蜜形爲度、市肆所售種種不一、過大熱熬成者、已敗其功力、不能入藥用、每服六十至二百四十林士、

麰 CEREVISIA.

麥酒 又名啤耳酒 又名苦酒 配酒兼酵母花故苦 此酒屬釀酒類由萌牙之麰麥釀成者、 開胃補虛甚效、

薏苡仁 COIX LACHRYMA.

又名薏米

此藥中國各處有之、乃薏草所結之子粒、

功用 與麰麥仁同 病人食此易化、

萬國藥方卷四終

萬國藥方

卷五

配藥例言

Remarks on Dispensing.

一　凡書中配藥之數、多用分字、此分字乃份字之意、非兩錢分釐之分、如多製配、則每斤可作一分、少製配、則每釐亦可作一分、勿爲所拘、

二　凡藥屬流質者、皆以量量之、每量可作一分、如水酒油藥等類是也、藥屬定質者、皆以秤稱之、每秤可作一分、如藥膏藥散及五金等類是也、（藥方內間有流質不量者、必註一秤字、）

三　凡藥方配製用一天者、乃一晝一夜也、

四　凡藥之通行常用者、其名高擡四頭、次則三頭、藥方之常用者、其方高擡兩頭、次則一頭、俱按英國本草定例、（擡四頭兩頭者、皆在英國本草內、擡三頭一頭者、間在美法中華本草內、）

五　凡配藥之方、其多少先後、俱係一定、不可疎忽錯亂、

六　凡書所說寒暑表之度數、俱以髮倫表數爲準、

七　凡猛厲藥、與藥精等、間有用一林士、分作幾分者、因英國藥秤以林士爲極小之數、故欲少服藥者、必分林士爲幾分、如半林士、一林士三分之二、一林士十分之一之數是也、搭配須宜謹慎、如作丸用、可同別藥仔細研勻、如要單服、可用法化開、然後分服、如有成方、照成方之法化服、

萬國藥方　卷五　叄

Comparative Table of English and Chinese Weights

按西國藥秤　較　中國庫秤圖

	號		林士			即		分	釐	毫	絲	
	½gr		半			即				八	七	半
•	1gr		一			即			一	七	五	
••	2gr		二			即			三	五		
∴	3gr		三			即			五	二	五	
∷	4gr		四			即			七			
∴∵	5gr		五			即			八	七	五	
⁝⁝⁝	6gr		六			即		一	○	五		
			七			即		一	二	二	五	
			八			即		一	四			
			九			即		一	五	七	五	
	℈ss		十			即		一	七	五		
			十一			即		一	九	二	五	
			十二			即		二	一			
			十三			即		二	二	七	五	
			十四			即		二	四	五		
			十五			即		二	六	二	五	
			十六			即		二	八			
			十七			即		二	九	七	五	
			十八			即		三	一	五		
			十九			即		三	三	二	五	
	℈j		二十			即		三	五			
			二十一			即		三	六	七	五	
			二十二			即		三	八	五		
			二十三			即		四	○	二	五	
			二十四			即		四	二			
			二十五			即		四	三	七	五	
			二十六			即		四	五	五		
			二十七			即		四	七	二	五	
			二十八			即		四	九			
			二十九			即		五	○	七	五	
	ʒss		三十			即		五	二	五		

Comparative Table of English and Chinese Weights.

按西國藥秤　較　中國庫秤圖

號		林士			錢	分	釐	毫	絲
		三十一	即			五	四	二	五
		三十二	即			五	六		
		三十三	即			五	七	七	五
		三十四	即			五	九	五	
		三十五	即			六	一	二	五
		三十六	即			六	三		
		三十七	即			六	四	七	五
		三十八	即			六	六	五	
		三十九	即			六	八	二	五
℈ij		四十	即			七			
		四十一	即			七	一	七	五
		四十二	即			七	三	五	
		四十三	即			七	五	二	五
		四十四	即			七	七		
		四十五	即			七	八	七	五
		四十六	即			八		五	
		四十七	即			八	二	二	五
		四十八	即			八	四		
		四十九	即			八	五	七	五
		五十	即			八	七	五	
		五十一	即			八	九	二	五
		五十二	即			九	一		
		五十三	即			九	二	七	五
		五十四	即			九	四	五	
		五十五	即			九	六	二	五
		五十六	即			九	八		
		五十七	即			九	九	七	五
		五十八	即		一	○	一	五	
		五十九	即		一	○	三	二	五
ʒj		六十	即		一	○	五		
ʒij		百廿	即		二	一			

萬國藥方卷五

汞 HYDRARGYRUM. 又名水銀

此原質出中國、西班亞、美國等處、有自然成者、又有丹砂造成者、常見者爲紅汞磺、即丹砂、純汞爲亮白之金、體甚重、性爲流質、冷至下三十九度則成粳韌之定質、受大熱則沸而化氣、入藥先用熟鹿皮包扭去渣方合、或用硝強水潔淨者、

淨法　水銀一百分　硝強水五分　汽水五分　先將硝強水與汽水和勻、共入淺磁盤內或淺玻璃盤內浸三天、間時搖動、將酸水抒出、再用汽水將汞洗淨、上用綿紙提出水濕、晒乾爲度、

功用　改病　動膽汁　瀉劑　生津液、純服汞者功力不效、必研之極細分析星珠、纔能發其功力、

主治　新久炎症　肝腎積血　熱病類　楊梅類、按此病服汞類宜慎用、否則不推無益、且使病變重、

服法　單服者少下見汞類、凡服藥之後若見口損流涎、均宜停止、

外用　行血　作貼膏油膏等用、外用與內服同效但宜較多用

汞貼 EMPLASTRUM HYDRARGYRI.

膏　製法　汞三兩秤　洋橄油五十六林士秤　硫磺粉八林士　密陀僧貼膏六兩　先將洋橄油入鍋熬熱、漸加硫磺粉調極勻、入臼加汞細研至不見星珠、再將密陀僧貼膏化開加入共調洽為度、治魚口瘡　骨節及吸核久炎變大、

阿麼 EMPLASTRUM AMMONIACI CUM HYDRARGYRI.

歷汞貼膏　製法　汞三兩秤　阿麼歷十二兩　洋橄油五十六林士秤　硫磺粉八林士　先將橄油入鍋熬熱、漸加硫磺粉調極勻、入臼加汞細研至不見星珠、再將阿麼歷化開加入調洽為度、能散瘰化瘤　治骨節變大　吸核變大

楊梅骨瘤、

汞搽 LINIMENTUM HYDRARGYRI.

油　製法　汞油膏一分　淡阿摩尼亞水一分　樟腦搽油一分　先將淡阿摩尼亞水、與樟腦搽油半分調勻、再將汞油膏與樟腦搽油半分入臼研勻、共調洽為度、治頑瘡　瘰瘤　骨節變大、若用麻絨或綿花蘸搽

腋下、其力更速、與內服汞藥同、

汞藍丸 PILULA HYDRARGYRI.
製法 汞二分秤 玫瑰糕三分 甘草一分細末 先將玫瑰糕與汞入臼研至不見星珠、再加甘草共搗勻作丸為度、 治滯積、每服半至一林士、 改病、三至五林士 輕瀉、五至十林士、

汞尖丸 SUPPOSITORIA HYDRARGYRI.
製法 汞油膏六十林士 得波麻油一百二十林士 先將得波麻油化開、同汞油膏細調勻、不須加熱 傾入模內、分作十二丸為度、功力與內服汞類同

汞油膏 UNGUENTUM HYDRARGYRI.
又名汞藍油膏 製法 汞十六分秤 煉豬油十六分 煉羊油一分 共入臼研至不見星珠為度、

汞製油膏 UNGUENTUM HYDRARGYRI COMPOSITUM.
製法 汞油膏六分 黃蠟三分 洋橄油三分秤 樟腦一分半研末 先將黃蠟與洋橄油化勻、再加汞油膏調勻、微涼時、加樟腦細調勻為度、 治瘰瘤頑瘡 癰瘡類、

汞阿摩尼亞綠油膏 UNGUENTUM HYDRARGYRI CUM AMMONIÔ.
製法 汞油膏十六分 阿摩尼亞綠一分細末 調勻為度、 治

吸核變大、

汞空丸 CAPSULÆ HYGRARGYRI. 製法 汞油膏五林士 入空丸殼爲度、納入肛門、與尖丸同用、

汞藍大黃丸 PILULA HYDRARGYRI ET RHEI. 製法 汞藍丸二林半士 大黃三十林士研末 甘草膏酌用 共作十丸爲度、

治滯積、

單溴汞 HYDRARGYRI BROMIDUM

化名 汞溴即汞溴

此藥自鋏溴與下硝強汞製出、結白色之散、

功用 改病 與靑汞碘同力、

服法 每服半林士、

單溴汞陰尖丸 PESSUS HYDRARGYRI BROMIDI. 製法 單溴汞半林士 得波麻油六十林士化勻作一丸爲度、治白帶

雙溴汞 HYDRARGYRI BIBROMIDUM.

化名 汞溴

此藥自單溴汞與溴質製出、或鋏溴與硝強汞酸水製成、結無色之水、

功用 改病 與紅汞碘同力、

服法　每服一林士十六分之一至四分之一、

雙溴汞陰尖丸 PESSUS HYDRARGYRI BIBROMIDI.

製法　雙溴汞半林士　得波麻油二百四十林士化勻、作四丸爲度、　治白帶、

雙溴汞油膏 UNGUENTUM HYDRARGYRI BIBROMIDI.

製法　雙溴汞四林士　白油膏一兩　調勻爲度、　治吸核變大、

紅汞碘又名雙碘汞化名汞碘二舊名汞碘 HYDRARGYRI IODIDUM RUBRUM.

此藥自雙綠汞與鉀碘製成結散色如銀硃、無味無臭、

化法　濃酒三百分化一分　伊打七十分化一分　鉀碘水　鑥碘水、皆能化　甘油微化　水不化、

功用　改病　與雙綠汞同、而力較勝、宜慎服之、

服法　每服一林士十六分之一至四分之一、加鉀碘與水化勻易服、

外用　作油膏　治瘰癧類　楊梅類、

紅汞碘油膏 UNGUENTUM HYDRARGYRI IODIDI RUBRI.

製法　紅汞碘十六林士極細末　白油膏一兩　調勻爲度、　用黑色之罇盛

貯放暗室內、勿使見光、　治癭瘤　楊梅骨瘤　楊梅瘊子　癬病
治癭瘤宜用此膏一分　豬油一分　調洽、用木刀間時搽患處、在日光下
晒六點鐘、但搽藥後、必起水泡作疼、宜忍之、　治眼胞病類、用此膏一
分　白油膏三分　調勻搽患處效、

紅汞碘水 LIQUOR HYDRARGRI IODIDI.

製法　紅汞碘三分　鉀碘一分　汽水四分　共化勻爲度、每二林士內計有紅汞碘一林士半、外用治楊梅類病、

汞碘勻水 MISTURA HYDRARGYRI IODIDI.

製法　雙綠汞水一打拉門　鉀碘五林士　海碘酒八林士　肉桂水一兩足　共化勻爲度、作一服、治楊梅類病、

青汞碘 HYDRARGYRI IODIDUM VIRIDE.

又名單碘汞　化名汞碘　舊名汞碘二
此藥自水銀與海碘及濃酒製成、爲綠色之散、見光畧變黑、宜新製不宜久存、久則變紅汞碘、非皆變爲紅汞碘、內中起紅點者是也、
化法　水微化　酒　伊打均不化、

功用　改病　與單綠汞碌同、少服當服則藥力由吸核諸核內發
出、能解楊梅毒、治瘰癧瘡、
服法　每服半至三林士、小兒每服一林士十六分之一至半林士、按此藥不
宜與鉀碘同服、恐其變成紅汞碘、能力更大而傷人、
外用　作油膏　治瘰癧類　楊梅類　久皮病類、

青汞碘丸 PILULA HYDRARGYRI IODIDI VIRIDIS.

製法　青汞碘一林士　鴉片半林士　龍膽草膏四林士　共和勻作二丸為度

青汞碘油膏 UNGUENTUM HYDRARGYRI IODIDI VIRIDIS.

製法　青汞碘十林士　礦強丫刀邊精一林士　煉豬油半兩　共調治為度、　治手指拘攣、因筋短而硬、能治、難痊者不治、

硝強汞酸水 HYDRARGYRI NITRATIS LIQUOR ACIDUS.

化名　汞淡養丄硝強水　舊名　汞養·淡養丄硝強水
製法　汞四分秤　硝強水五分　汽水一分半　先用汽水與硝強水和勻入瓶加汞令自化、再加文火慢熬十五分鐘、候涼入瓶為度、玻塞瓶存陰涼處、
此藥即汞淡養化於硝強水內、無色味極酸性猛烈、

功用　上品丹劑　不宜內服、

主治　楊梅疔毒及魚口便毒　癰疽瘡類　楊梅瘰癧　潰瘡等症、

GARGARISMA HYDRARGYRI NITRATIS.

硝强汞漱水　製法　硝強汞酸水一二林士　水一兩　和勻爲度、　治楊梅結喉、

INJECTIO HYDRARGYRI NITRATIS.

硝强汞射水　製法　硝強汞酸水一林士　水二兩　和勻爲度、　治白帶　白濁、

HYDRARGYRI NITRATIS UNGUENTUM.

硝强汞油膏　又名　黃汞油膏

製法　汞四分秤　硝強水十二分　煉豬油十五分　洋橄油三十二分　先將汞與硝強水入瓶、加文火消化、次將煉豬油、洋橄油、入貯六倍之燙鍋內消化、乘熱至二百十二度、將硝強水所化之汞亦熱至二百十二度加入共調至冷爲度、若加汞不發泡、宜加文火令發泡、後調至凉爲度、

外用　運血　改病、

主治　久皮病類　痳瘡　潰瘡　頑瘡、

反藥　樟腦　油膏類　豬油、按豬油一味、臨用加之、非甚不相宜、惟日久則豬油能盜取藥內養氣、即變色、敗其功力、

(CUM VASELIN.)

又方 汞四分秤 硝強水十二分 白花士玲四十七分 先將汞與硝強水入瓶用文火消化、將花士玲入貯六倍之滾鍋、熱至一百八十度、加硝強水所化之汞共調至凉爲度、若加汞不發泡宜用文火令發泡後調至凉爲度 照此方配製藥易存、配淡者亦佳、配此用白花士玲佳淡者黃花士玲亦可

淡硝强汞油膏

UNGUENTUM HYDRARGYRI NITRATIS DILUTUM.

製法 硝強汞油膏一分 軟巴喇紛二分 調勻爲度、 治皮類病、

油流汞又名阿沕汞

HYDRARGYRUM OLEATUM.

見卷三油流類藥、

黃汞養化名汞養

HYDRARGYRI OXIDUM FLAVUM.

按化學名雖同紅汞養但製法不同故彼結冰此則結散

製法 雙綠汞四兩 鏀養水四十兩 汽水酌用 先將雙綠汞入八十兩汽水內、加火化勻、再加鏀養水調洽候澄淸降散、抒出上面淨水、取降散放淋布上、用汽水洗淨、再入滾鍋焙乾爲度、

此藥結散、色黃無臭、見光色畧深、

化法 水 濃酒、均不化 硝強水 鹽強水、全化、

黃汞養油膏 UNGUENTUM HYDRARGYRI OXIDI FLAVI. 製法 黃汞養十分 煉豬油七十二分 黃蠟十八分 先將豬油、黃蠟、用火化勻、候冷、再加黃汞養調勻爲度、 治皮類病、

又方 黃汞養一林士 鯨腦油膏六十林士花士玲亦可 共調極勻爲度、 治眼胞類病明角罩潰爛、極妙、

黃汞養製散 PULVIS HYDRARGYRI OXIDI FLAVI COMPOSITA. 製法 黃汞養一分 煉白糖九分細末 共研極細爲度、 用少許點眼內、能去雲翳、

紅汞養 HYDRARGYRI OXIDUM RUBRUM. 一名三仙丹 一名紅粉 化名汞養

製法 汞八分秤 硝強水四分半 水二分 先將硝強水與水和勻、加汞四分消化、入鍋加熱散氣至乾、入臼加餘汞研至不見星珠、再入磁鍋熬煉、慢調至無強水之氣味爲度、中華藥肆所售乃水銀、火硝、白礬煉成、不如此法純淨、

此藥結冰色極紅亮、味辛無臭、

化法　酒　水　伊打均不化、鹽強水　硝強水皆化、

功用　改病　與雙綠汞同、但性猛烈、令人吐瀉、故內服甚少、

服法　每服一林士四分之一、至一林士、加鴉片爲丸服之、

外用　丹類、治楊梅疔毒　頑瘡、去菌肉、

紅汞養油膏 UNGUENTUM HYDRARGYRI OXIDI RUBRI.

製法　紅汞養六十二林士極細末　硬巴喇紛一百零九林士半　軟巴喇紛三百二十八林士　先將二巴喇紛化勻、將冷時、入臼加紅汞養搗勻爲度、　運血　治惡毒瘡　頑瘡　痳瘡　久火眼、

又方　紅汞養一分極細　黃油膏九分　先用油膏少許與汞養磨勻、漸加油膏共調勻爲度、　藥八腳虱妙、

紅汞養粉 HYDRARGYRI OXIDUM RUBRUM LEVIGATUM.

此卽紅汞養研爲極細末便用者、

雙綠汞 HYDRARGYRI PERCHLORIDUM.

一名白降丹　又名汞綠毒藥　又名惡輕粉　化名汞綠二　舊名汞綠

此藥自上礦強汞與黑錳養及食鹽製成性甚毒無臭色白味辛、中華藥肆所售乃水銀、硼砂、火硝食鹽、硃砂、雄黃等藥煉成、不及西法純淨、

化法　水十九分化一分　濃酒五分化一分　伊打六分化一分　甘油三分化二分

功用　改病　解楊梅毒、

服法　每服一林士十六分之一、至八分之一、多加水化勻冲服、過服傷人

外用　免臭爛為上品　作洗水或漱水油膏等　化水內藥臭虫妙、兼洗各瘡及金刃損傷　治久皮類病　楊梅結喉、

反藥　反酸類　反酸炭養類　石灰水　銀丹　葡酸鋏銻　鉛霜　蛋清　胰子　金雞衲煮水　鋏碘、此雖與雙綠汞不合未必敗其功力間有同服者見鋏碘

解藥　解此毒先用雞蛋清調水服之後服吐劑或用抽水節抽之、凡受毒者宜核計誤服四林士者用雞蛋清一枚、或用白麵代之亦可、

雙綠 LIQUOR HYDRARGY RI PERCHLCRIDI.

汞水　製法　雙綠汞十林士　阿摩尼亞綠十林士　汽水二十兩　共化勻為度、　每

服三十至一百二十林士、每打拉門內計有雙綠汞一林士十六分之一 服雙綠汞此水甚便、

黃汞洗水 LOTIO HYDRARGYRI FLAVA. 又名 雙綠汞石灰洗水 製法 雙綠汞 十八林士 石灰水 十兩 化勻爲度、 治楊梅疔毒、

雙綠汞漱水 GARGARISMA HYDRARGYRI PERCHLORIDI. 製法 雙綠汞 四林士 鹽強水 八林士 水 十兩 共化勻爲度、 治楊梅結喉、

雙綠汞洗水 LOTIO HYDRARGYRI PERCHLORIDI. 製法 雙綠汞 一林士 水 六至八兩 化勻爲度、 治楊梅久火眼、

又方 雙綠汞 一分 水 一千至一萬分 化勻爲度、 免臭爛 外科洗割傷常用之、

雙綠汞油膏 UNGUENTUM HYDRARGYRI PERCHLORIDI. 製法 雙綠汞 二林士 豬油 一兩 調極勻爲度、 治瘰瘡 皮病類、

雙綠汞空針射水 INJECTIO HYDRARGYRI PERCHLORIDI HYPODERMICA. 製法 雙綠汞 一林士 汽水 一兩 化勻爲度、 治楊梅類病、每次用十至十五林士、用此方者少

單綠汞 HYDRARGYRI SUBCHLORIDUM. 一名 迦路咪 又名 水銀粉 又名 輕粉 化名 汞綠 舊名 汞綠二

此藥自上礦強汞與汞及食鹽煉成、色白無味、體重畏光、宜用黑色之

瓶存貯、中華藥肆所售、乃水銀、白礬食鹽升煉者、又有轉升爲粉霜者、皆不如西法純淨、

化法　酒　水　伊打、均不化、

功用　改病　動膽汁　瀉劑　解炎、

主治　楊梅類　瘰癧類　久皮病類　久肝炎　黃病　膽汁多致頭疼　肝塞生臌症　吐黑血　腦炎　中風　痢疾　腸胞膜生炎　肺胞膜生炎　黑睛生炎、

服法　瀉劑、每服二至八林士、此藥瀉性較慢、服藥後半日不瀉、宜服洋朴硝、或蓖麻油、以助瀉、　改病、每服半至一林士、日三次、　動膽汁、每服半至一林士、晚間服、　解炎、每服二林士、加鴉片一林士、四分之一、四點鐘一服、

外用　治白濁　楊梅結毒　去眼內雲翳、法用見下

反藥　鈉碘　合強水　輕炭淡酸　石灰水　鈉養水　錏養水、

黑汞洗水 LOTIO HYDRARGYRI NIGRA.

洗水　又名單綠汞石灰洗水　製法　單綠汞三林士　石灰水一兩　化勻爲度、

洗楊梅疔毒　用水節射之治白濁、

PILULA HYDRARGYRI SUBCHLORIDI COMPOSITA.

單綠汞製丸　製法　單綠汞一分　硫磺銻養一分　圭厄禁脂二分研末　蓖麻子油一分或酌用　共調勻作丸爲度、每服五至十林士、改病　治久風溼　久皮類病、

UNGUENTUM HYDRARGYRI SUBCHLORIDI.

單綠汞油膏　製法　單綠汞八十林士　辨佐匿豬油一兩　調勻爲度、治水蠱癩　皮病類、

PILULA HYDRARGYRI SUBCHLORIDI.

單綠汞丸　製法　單綠汞二分　甘露蜜一分　卡喇桿製散一分　共搗勻作丸爲度、每服一至十五林士、

PILULA HYDRARGYRI SUBCHLORIDI CUM COLOCYNTHIDE.

單綠汞哥羅新丸　製法　單綠汞一林士　哥羅新製膏三林士半　衣必格半林士研末　共和勻作二丸爲度、治痢疾、

PILULA HYDRARGYRI SUBCHLORIDI CUM JALAPA.

單綠汞渣笠丸　製法　單綠汞一林士　渣笠三林士研末　糖漿酌用　共和勻作一丸爲度、輕瀉、

PILULA HYDRARGYRI SUBCHLORIDI CUM QUININA.

單綠汞桂尼穠丸　製法　單綠汞一林士　磺強桂尼穠一林士　研勻作一丸爲度、

治眼球內發炎、

單 PILULA HYDRARGYRI SUBCHLORIDI CUM SCAMMONIO.

綠汞監文尼丸 製法 單綠汞一林士 監文尼三林士 糖漿酌用 共和勻作一丸爲度、 輕瀉、

單 PULVIS HYDRARGYRI SUBCHLORIDI COMPOSITUS.

綠汞製散 製法 單綠汞一分 煉白糖二分細末 研極勻爲度、 用鵝管吹少許於眼內去雲翳、

單 VAPOR HYDRARGYRI SUBCHLORIDI.

綠汞化汽水 製法 單綠汞二十林士 水一兩半 和勻、入瓷鍋內、放籐子椅下、令病者坐於上、外用布被自頸下圍覆、勿使洩氣、鍋下用燈火燃烤、令鍋內藥水發汽薰之、 治楊梅類病、

上磺强汞 HYDRARGYRI PERSULPHAS.

又名白磺强汞 化名汞磺養四 舊名汞養硫養三

此藥自水銀與磺强水製出、結散色白無臭、除配單綠雙綠汞外、別無他用、

下磺强汞 HYDRARGYRI SULPHAS FLAVA.

又名黃磺强汞 化名汞養二・汞磺養四 舊名汞養二・硫養三

此藥自水銀與磺強水製出，後入沸水中，令降爲黃色之散，無臭無味。

功用　吐劑　改病。

主治　大麻風　瘰癧類病　小兒哮喉。

服法　每服一林士四分之一至半林士。　吐劑，二至五林士。

靐砂 又名 HYDRARGYRI SULPHIDUM NIGRUM.

二氣砂 又名 黑砂 化名 汞磺 土磺 舊名 汞硫 土硫

此藥自水銀與硫磺研勻製出，結散色黑無味。

功用　改病　與汞類藥同。近來西醫不多用

硃砂 又名 HYDRARGYRI SULPHIDUM RUBRUM.

丹砂 化名 汞磺 舊名 汞硫

此藥有自然生成與配成二種，自然者出黔粵四川湖南等處，配成者自水銀與硫磺粉製煉，結冰成塊，色紅艷，無臭無味。

製法　水銀 五分　硫磺粉 一分　先將硫磺入磁鍋鎔化，漸加水銀，頻調，仍留舊火，至藥將發起如腫形，去火蓋嚴，候涼研末，入沙釜，加文火散去

硫磺餘氣再入陽城礶升鍊爲度、

功用　改病　與汞類藥同、西醫不內服、

化法　水　酒　強水類皆不化　惟合強水能化、

外用　治瘡類症、

紫粉霜 銀硃 又名 HYDRARGYRI SULPHIDUM RUBRUM LEVIGATUM.

此藥卽硃砂研極細末、或升鍊硃砂在礶底結聚者、

外用　改病　與汞藥類同、近來中華藥市所售者、恒雜紅丹於內、

汞 化名 輕淡汞綠 舊名 輕淡汞綠 阿摩尼亞 HYDRARGYRUM AMMONIATUM

此藥自雙綠汞與阿摩尼亞水製出、結散、色白無臭無味、

化法　鹽強水全化、酒　水　伊打均不化、

外用　運血　不可內服、撒衣中藥盌妙、

主治　久皮病類　瘍瘡　天皰瘡　水蝨癩　痂疾　眼胞生砂粒、

阿摩尼亞汞油膏

UNGUENTUM HYDRARGYRI AMMONIATI.

製法 阿摩尼亞汞一分 白油膏九分 調勻爲度、治皮類病 眼胞類病 藥髮蝨妙、

汞鉐粉 一名 銀灰散 又名 火石汞粉

HYDRARYUM CUM CRETA.

製法 汞秤一分 鉐粉二分 或鉐粉分半奶糖半分亦可 共入臼研至不見星珠爲度、

此粉色灰白、無臭無味、

化法 水不化、鹽強水能化、

功用 輕瀉 改病 與汞藍丸同、而力較遜、

服法 每服三至八林士 治小兒糞黃白如泥、半至三林士、日三次、

反藥 強水類 強水鹽類 鐵酒、

轂大思 又名 金印草

HYDRASTIS.

此藥出美國等處、入藥用根、內函一精、即轂大信、

功用 補劑 開胃 動膽汁 在內皮外皮、均發出功力、

殼 EXTRACTUM HYDRASTIS FLUIDUM.

大思流膏 製法 殼大思 百分細末 濃酒二分與汽水一分和勻者 足用 先用酒水三十分潤末、按流膏公法裝淋筩淋盡、先淋八十分另存、餘者入湯鍋散氣、按公法製成一百分爲度、 每服十至三十林士、

殼 TINCTURA HYDRASTIS.

大思酒 製法 殼大思 二分細末 淡酒 酌用 先用酒分半浸一天、裝淋筩再漸加酒淋足十分爲度、 每服半至一打拉門、

殼大信 HYDRASTIN.

即殼大思精 化名 炭廿二輕廿三淡養六

此藥自殼大思提出、結黃色之散、此精非純者、內函雜質、

功用 補劑 與殼大思同、而力較遜、

服法 每服三至六林士、

輕 又名 HYDROGENIUM.

輕氣

此氣屬原質、無色無臭無味、其體甚輕、故名雜質甚多、惟水內最要按秤有九分之一、量有三分之二、

輕養化名 HYDROGENII PEROXIDUM
硫礦輕 HYDROGENIUM SULPHURATUM
鬧羊花草 HYOSCYAMUS

輕養 舊名 輕養

此藥自上鋇養與礦強水製成、為濃流質、較水略重、透明無色無臭味濇而苦、能令物變白、不耐久存、

外用　免臭爛　化水內漱喉及洗瘡症、

氣 化名 輕礦 舊名 輕硫

此氣自鐵礦與礦強水製出、屬酸類、嗅之惡如壞蛋、化家覈藥性用之、

又名 羊躑躅 西名 海漚鮮無 俗名 毒鷄草

此藥中西均有、入藥用該草枝葉與花及根、內函二精一即海漚夏民精、二即海漚鮮無、

功用　止疼　寧睡　與顛茄、佛茄兒同、而力稍遜、　平火安心　若服鴉片不驗者、可用此代之、

主治　驚悸不寐　小便頻數　佐瀉劑、免其肚疼、

服法　作酒膏等服之、見下

外用　止疼　作搽酒油膏等用　扭汁點眼能使瞳人散大與顛茄同、

反藥　草酸類　銀丹　鉛霜　鋏養水　錪養水、

解藥　解此毒先用吐劑或用抽水節後服檸檬汁　内外兼用行氣劑

鬧羊花葉 HYOSCYAMI FOLIA.

此葉鮮乾皆用、配膏汁及酒等、

鬧羊花膏 EXTRACTUM HYOSCYAMI.

花膏　製法　鬧羊花鮮嫩枝葉一百十二斤入石臼內搗爛用絞盤絞之將汁入滚鍋、加熱至一百三十度過布留渣、此渣色綠藥力尚存恐見熱故先取出待用　再將汁入鍋加熱至二百度、過布去渣、入滚鍋散氣成水糖形、卽將前留之渣、過馬尾羅加入細調勻、熱不過一百四十度、散氣成膏爲度、　每服三至六林士、

鬧羊花汁 SUCCUS HYOSCYAMI.

花汁　製法　鮮鬧羊花葉扭汁三分　濃酒一分　和勻、候七天、過淋紙爲度、宜存涼處、　每服半至一打拉門、

鬧羊花酒 TINCTURA HYOSCYAMI.

花酒　製法　鬧羊花新乾葉一分粗末　淡酒八分　先用酒六分浸兩天、裝淋筩

淋乾，加餘酒漂淋，用絞盤絞渣，過淋紙，再加酒，仍足八分為度， 每服十五至六十林士 晝夜不寐，間服至四打拉門，宜慎用，

閙 EXTRACTUM HYOSCYAMI ALCOHOLICUM.

羊花酒膏 製法 閙羊花新乾葉十分極細末 濃酒二十分 汽水十分 淡酒酌用 先將水與濃酒和勻，提出四分潤末，實裝長圓淋筩，再加酒水足溼透藥末，上浮一層，見酒下滴，塞住下口，上蓋嚴，候兩天，加餘酒水過淋，再用淡酒漂淋足三十分為止，先淋之九分另存，餘者入燙鍋散氣，加熱不過一百二十二度，賸一分為止，再將所存之九分加入，散氣成膏為度，

每服一二林士，

閙 EXTRACTUM HYOSCYAMI LIQUIDUM.

羊花流膏 製法 閙羊花新乾葉一百分極細末 濃酒三分與汽水一分和勻者酌用 先用酒水四十分潤末，按流膏公法裝淋筩淋盡，先淋九十分另存，再按公法製成一百分為度， 每服五至十林士，

閙 PILULA HYOSCYAMI CUM SCILLA.

羊花士圭盧丸 製法 閙羊花膏二林士 士圭盧製丸二林士 衣必格半林士 共

和匀作一丸爲度、治瘷瘕、

SUPPOSITORIA HYOSCYAMI.

鬧羊花尖丸　製法　鬧羊花膏五林士　得波麻油六林士　豬油四林士　白蜂蠟一林士　共和匀作一丸爲度、治痔瘡疼、及小便頻數、

HYOSCYAMI RADIX.

鬧羊花根

此藥用乾根、功力較枝葉稍勝、

CHLOROFORMUM HYOSCYAMI.

鬧羊花哥羅方　製法　鬧羊花根二十分細末　裝伊打淋篇、加哥羅方、淋足二十分爲度、治筋骨疼、腦氣筋疼、

LINIMENTUM HYOSCYAMI.

鬧羊花搽酒　製法　鬧羊花根三十分細末　濃酒二十分　浸四天、裝淋篇淋乾、再加酒漂淋足三十分爲度、治筋骨疼、加樟腦一分妙、

LINIMENTUM HYOSCYAMI COMPOSITUM.

鬧羊花製搽酒　製法　鬧羊花搽酒七分　鬧羊花哥羅方一分　和匀爲度、治腦氣筋疼、及風濕疼、

TINCTURA HYOSCYAMI RADICIS.

鬧羊花根酒　製法　鬧羊花根五分細末　淡酒四十分　先用酒三十分浸七天、裝淋

篩淋乾、加餘酒漂淋、用絞盤絞渣、過淋紙、再加酒仍足四十分爲度、

每服二十至六十林士、

鬧羊花 FLORES HYOSCYAMI.

此花用乾者、功力與葉根同、但較遜、配酒可代乾葉、

海漚夏 HYOSCYAMINA.

民精 即 鬧羊花精 化名 炭十七輕二十三淡養三

此藥自鬧洋花提出、結冰成芒色白無臭、今亦有用鬧羊花二精、即海漚鮮精代之、

化法 水一百二十分化一分 濃酒易化、

功用 止疼 寧睡 與丫刀邊精同 外用 令瞳人散大、

服法 每服一林士一百二十分之一、至四十分之一、

磺强海 HYOSCYAMINÆ SULPHAS.

漚夏民精 化名 (炭十七輕二十三淡養三)二輕二磺養四

此藥自海漚夏民精與磺強水製出、結冰色白而黃、味苦無臭、

化法 水 濃酒、皆化、

功用　服法　與海漚夏民精同、

海漚夏民精穴針射水 INJECTIO HYOSCYAMINÆ HYPODERMICA.

製法　磺強海漚夏民精一林士　汽水一百二十林士　化勻爲度、

每次用一至四林士、　治腦氣筋疼、亦能使患顛狂病者安眠

伊克度 ICHTHYOL.

又名　石黑脂

此藥自一種煤類之石蒸煉而成、形如煤脂、臭味亦同、

外用　治風濕疼　腦氣筋疼　濕癬最妙、

伊克度油膏 UNGUENTUM ICHTHYOL.

製法　伊克度一至三分　辨佐圖猪油九分或用花士苓亦可　調勻爲度、　治皮類病、

藍靛 INDICUM.

化名　炭八輕五淡養

此物從靛草內製出、結塊色深藍、西國製法與中國不同、故結塊體硬而脆、

功用　爲顏料、作試水驗淡強酸、綠氣水等用之、

海碘 IODUM.

西名　挨阿顛　化名　碘

此原質萬物中函者不多、海水內有之、泉水內間有之、海中所生之草

及海絨蛤蚌等類皆有之、惟多少不等耳、近來醫家所用、多係海草燒灰製成者、結爲定質、色青黑、狀如細鱗片而有光亮、獨具一種氣息、加熱則化爲流質、再熱乃化爲紫色氣質、且與金類化合亦甚速、

化法　水七千分化一分　濃酒十二分化一分　伊打四分化一分　哥羅方二十五分化一分　炭磺六分化一分　甘油十六五分化一分　鋏碘水　鏀綠水、皆化、

功用　補劑　改病　在吸核發功力、亦使內腑多發津液、及口生涎、解楊梅毒　鉛毒、

主治　吸核變大　瘰癧　腸膜核痡　症瘕　久風濕　久白濁　久白帶　楊梅結毒、

服法　每服半至一林上、按此藥甚烈、不多內服、過服卽能害人、常服兼能使男精囊縮、女乳縮小、

外用　治久皮病　瘰癧類病　骨節變大　吸核變大　大頭瘟、

反藥　阿摩尼亞　五金鹽類　強水類　反酸草藥類、

解藥　解此毒先服吐劑後服潤劑、或粉子漿白麵漿皆可、止疼用莫非精空針射水射之、倘皮被此汚、解用下磺養鈉一塊、蘸水塗滌之、其色立退、或用阿摩尼亞水亦可、

海碘搽酒 LINIMENTUM IODI.

搽酒　製法　海碘五分　鉀碘二分　甘油一分　濃酒四十分　共化勻爲度、治吸核變大　骨節變大　金錢癬、

海碘水 LIQUOR IODI.

水　又名海碘製水　製法　海碘二十二林士　鉀碘三十三林士　汽水一兩足　共化勻爲度　每服六至二十林士、內服海碘者多用此方、

海碘酒 TINCTURA IODI.

酒　製法　海碘半分　鉀碘半分　濃酒二十分　共化勻爲度、每服五至二十林士、外用治皮類病　白疕瘡　骨節變大　膿瘡未破者

海碘油膏 UNGUENTUM IODI.

油膏　製法　海碘三十二林士　鉀碘三十二林士　甘油一打拉門　煉豬油二兩　先將海碘鉀碘甘油共入臼研勻、再加煉豬油調洽爲度、散癭化瘤　治皮病類亦治凍瘡妙極、

海碘 VAPOR IODI.

化汽水　製法　海碘酒一打拉門　水一兩　化勻爲度、用時入噴氣燈候藥水

化汽、令病人吸之、或入瓷鍋內、下爇以火、使藥水化汽、吸之亦可、若加謙落汁半至一打拉門、治瘰癧妙、

海碘甘油 GLYCERINUM IODI.

製法　海碘一分　鋏碘一分　甘油二分　先將鋏碘與甘油化勻、入瓶、再加海碘、擣至化洽爲度、外用　加水治皮類病、或用空針射於腎囊、治水疝亦效、

海碘漱水 GARGARISMA IODI.

製法　海碘酒二打拉門　水五兩　和勻爲度、　治咽喉珍珠瘡　梅核潰爛、

海碘阿摩尼亞水 LIQUOR AMMONII IODIDI.

製法　海碘十林士　鋏碘二十林士　濃阿摩尼亞水二兩　濃酒一兩　共化勻爲度、

海碘製洗水 LOTIO IODI COMPOSITA.

製法　海碘六十林士　鋏碘八十林士　水一兩足　化勻爲度、

海碘丹水 LIQUOR IODI CAUSTICA.

製法　海碘六十林士　鋏碘六十林士　水二打拉門　化勻爲度、　治鼠瘺瘡　頑瘡　去菌肉、

海碘製勻水 MISTURA IODI COMPOSITA.

製法　海碘酒八林士　鋏碘五林士　肉桂汽水足兩一共化勻爲度、作一服用、

無色海碘酒 TINCTURA IODI DECOLORATA.

製法　海碘十分　下磺養鹵十分　汽水十分　阿摩尼亞酒十六分　濃酒七十五分　先用水化海碘與下磺養鹵、再加阿摩尼亞酒調勻、又加濃酒、候三天過淋紙爲度、配阿摩尼亞酒、用濃阿摩尼亞水一分濃酒二分製成者、

海碘仿又名黃碘化名炭輕碘三 IODOFORMUM.

此藥自海碘與濃酒及炭養鋏水製或結片、色極黃、獨具一種氣息、細叢

海碘仿內、每百分秤計有海碘九十六分

化法　哥羅方十四分化一分　伊打七分化一分　酒一百二十分化一分　炭磺十分化三分　甘油一百分化一分　洋橄油三十分化一分　油類皆化　水微化、

功用　改病　止疼　治毒瘤　腦氣筋疼、

服法　每服一至三林士、研細末、加白樹膠漿、二打拉門、和水服之、或用葡糖與糖漿作丸服亦可、

外用　止疼　免臭爛　治湯火傷　頑瘡　癧瘺瘡　楊梅瘡　癰疽瘡　翻花瘡　研末撒瘡口或作油膏甘油等搽之、此藥治外科甚效、西醫多用之、

海碘仿尖丸 SUPPOSITORIA IODOFORMI.

製法　海碘仿三十六林士研末　得波麻油一百四十四林士　先用溫臼將得波麻油四十四林士與海碘仿一處搗勻、再用文火化餘得波麻油、共調勻入模作十二丸為度、

海碘仿油膏 UNGUENTUM IODOFORMI.

製法　海碘仿一分　辨佐匿豬油九分　先用文火化豬油、加海碘仿調至化勻、去火再調至冷為度、

海碘仿甘油 GLYCERINUM IODOFORMI.

製法　海碘仿三十林士　甘油六打拉門　濃酒二打拉門　共化勻為度、

海碘仿郁加列杳條丸 SUPPOSITORIA IODOFORMI ET EUCALYPTI URETHRALA.

製法　海碘仿五林士　郁加列杳油十林士　得波麻油十三五林士　共化勻為丸一條、　治白濁、

海碘仿粉 IODOFORMUM LEVIGATUM.

此藥即海碘仿研極細末、或飛淨者爲其便用、

海碘鋑 IODOL.

化名 炭碘淡輕 丙四

此藥自獸骨油與海碘鋏碘製成、每百分中、計有海碘八十八分、結散椶黑無臭

化法 純酒三分化一分 濃酒十八分化一分 水五千分化一分 伊打 哥羅方 油類皆化、

功用 與海碘仿同、但無惡味、故便用、

衣必格 亦名 衣畢格 IPECACUANHA.

此藥出南亞美利加、把西國等處、入藥用該草之根、其功力在根皮、研爲末、色微黃、自具一種氣息、鼻之令人氣逆打嚏、味苦辛而略悶、內函一精、即衣必鹼精、

功用 吐劑 化痰多服則吐少則化痰 發表 輕瀉 平脉、

主治 氣管痰 痰喘 諸瘷瘷 新痢疾、

服法 化痰、每服半至二林士 令吐、每服十五至三十林士 治新

痢疾每服二三十林士加鴉片同服免嘔

外用　治蜂螫虫齩加水搽患處

反藥　鉛鹽類　汞類　植物酸類　收歛泡水類

衣必 PILULA IPECACUANHÆ CUM SCILLA.

格士圭盧丸　製法　鴉片表散三分　士圭盧研末一分　阿璽麗研末一分　糖漿酌用

共搗勻作丸爲度　每服五至十林士

衣必 PULVIS IPECACUANHÆ COMPOSITUS.

格製散又名鴉片表散

見卷八鴉片類

衣必 TROCHISCI IPECACUANHÆ.

格冰糖　製法　衣必格一百八十林士細末　煉白糖二十五兩細末　白樹膠細末一兩　白樹膠漿二兩

汽水一兩或酌用　先將衣必格等末共研勻再加白樹膠漿與汽水和爲團分

七百二十塊焙乾爲度　每服一二塊每塊內計有衣必格一林士四分之一　化痰止嗽

衣必 TROCHISCI IPECACUANHÆ ET MORPHINÆ.

格莫非精冰糖　製法　衣必格六十林士細末　鹽強莫非精二十林士　到晉酒半兩　煉白

糖二十四兩細末　白樹膠細末一兩　白樹膠漿酌用　汽水半兩　先用水化莫非精次用

白樹膠漿二兩與到酉酒和勻，後將衣必格等末研勻加入，共和爲團，若不成團，酌加白樹膠漿分作七百二十塊，焙乾爲度。　每服一至六塊每塊內計白衣必格一林士十二分之一，莫非積一林士三十六分之一化痰止瀨。

衣必格葡酒 VINUM IPECACUANHÆ. 製法　衣必格粗末一分　濃醋酸一分　白葡酒二十分　汽水酌用　先用醋酸浸衣必格一天，裝淋筩，加汽水淋足二十分爲止，入燙鍋散氣，待乾，入白研末，用白葡酒浸兩天，間時搖動，過淋紙爲度。　化痰，每服五至四十林士。　令吐，每服三至六打拉門。

衣必格醋酸 ACETUM IPECACUANHÆ. 製法　衣必格粗末一分　濃醋酸二分　汽水酌用　先用醋酸一分浸一天，裝淋筩，再將醋酸一分與汽水十分和勻加入過淋，又用汽水漂淋足二十分爲度。　每服五至四十林士。

衣必格流膏 EXTRACTUM IPECACUANHÆ LIQUIDUM. 製法　衣必格極細末一百分　濃酒　汽水俱酌用　先用酒三十五分潤末，實裝尖淋筩，加酒按流膏公法淋盡，將藥酒共入燙鍋散氣，賸五十分爲止、再加汽水一百分、又散氣、賸七十五分爲止、候凉過淋紙、用水漂淋紙上藥渣、至無藥味、再將藥水共入燙鍋、散氣、賸五十分爲止、候凉加酒足一百分爲度、 每服化痰二三林士 令吐十五至三十林士、

衣 HAUSTUS IPECACUANHÆ COMPOSITUS.

衣必格製勻水 製法 衣必格葡酒十林士 樟腦鴉片酒三十林士 醋酸阿摩尼亞水三打拉門 水足一兩 共和勻爲度、 作一服用、 治新瘀瀲 傷風、

衣 HAUSTUS IPECACUANHÆ ET AMMONII.

衣必格阿摩尼亞勻水 製法 衣必格酒十五林士 炭養阿摩尼亞十林士 綠強鋏二十林士 水一兩 共化勻爲度、 作一服用、 治傷風 肺體生炎、

衣 SYRUPUS IPECACUANHÆ.

衣必格糖 製法 衣必格一分搗爛 濃酒五分 汽水四十分 煉白糖六十分 先將酒水和勻浸衣必格二天、過淋紙、足四十分、再加白糖共入燙鍋、用文火化勻爲度、 每服化痰十五至六十林士 小兒每服二至十林士 令吐、半至一打拉門、

又方 衣必格流膏一分 水糖十九分 調治爲度、

又方　衣必格醋酸二十分　煉白糖四十分　文火化勻爲度、

又方　衣必格酒七分　水糖二百分　化勻爲度、

衣必格士圭盧製糖 SYRUPUS IPECACUANHÆ ET SCILLÆ COMPOSITUS.　製法　士圭盧醋酸蜜三分　士圭盧糖三分　衣必格糖三分　辛衣格糖二分　郁李糖二分　到魯糖二分　樟腦鴉片酒三分　葡酸鋏銻葡酒一分　甘草流膏一分　共調極勻爲度、　每服一二打拉門、小兒十至六十林士、　治瘶瘷、

衣必格酒 TINCTURA IPECACUANHÆ.　製法　衣必格搗爛一分　淡酒十分秤　浸八天、裝淋箭淋乾、用絞盤絞渣、再加酒漂淋仍足十分爲度、　每服化痰三至三十林士　令吐一至三打拉門、

衣必殿精 EMETINA.　即衣必格精　化名炭三十輕四十六淡二養七

此藥有二種、成塊者、色棕而白、結冰者、色白而黃、功力則同、

功用　化痰　令吐　與衣必格同、而力較勝、

服法　每服化痰、一林士三百分之一、至五十分之一、　吐劑、一林士六分之一、至三分之一、

白芷 又名 芳香　IRIS FLORENTINA.

此藥屬香味類、中西皆有、入藥用根、

外用　作粉擦牙等用、見下

白芷粉　PULVIS IRIDIS.

此即白芷研極細末、擦牙並作撲粉常用之、

洋蘭草 又名 蝴蝶花　IRIS VERSICOLOR.

此藥出英美等國、與馬蘭澤蘭同類、入藥用根、味苦而辛、

功用　動膽汁、　輕瀉、

服法　每服十至二十林士、

衣里殿 即 洋蘭草脂　IRIDIN.

此藥自洋蘭草製出、研末色棕、味苦而辛、

功用　瀉膽汁　與洋薗草同而力較大、

服法　每服一至三林士、多服令人嘔吐、

加波蘭地 JABORANDI.

又名　仁波蘭的

此藥出南亞美利加、巴西國、入藥用該草枝葉、內函一精、即啤羅加邊精

功用　大發表　能使口多生津液、與顛茄相反、

主治　臟症　風濕　氣管痰、

服法　每服五至六十林士、

加波蘭地膏 EXTRACTUM JABORANDI.

製法　加波蘭地十六分細末　淡酒四十分　汽水酌用　先用酒浸加波蘭地兩天、裝淋筩淋乾、再用汽水漂淋仍足四十分爲止、入燙鍋散氣成膏爲度、　每服二至十林士、

加波蘭地泡水 INFUSUM JABORANDI.

製法　加波蘭地一分切碎　沸汽水二十分　泡半點鐘濾渣爲度、　每服一二兩、

加波蘭地酒 TINCTURA JABORANDI.

製法 加波蘭地五分細末 淡酒二十分 先用酒十五分浸加波蘭地兩天，間時搖動，裝淋筒淋乾，加餘酒漂淋，用絞盤絞渣，過淋紙，再加淡酒仍足二十分爲度。每服三十至六十林士。

啤囉加邊精 PILOCARPINA.

即 加波蘭地精 又名 排魯加偏 化名 炭十一輕十六淡二養二

此藥自加波蘭地提出，形如流膏，色頗黃，露空氣自化，與强水類能化合成鹽。

功用 大發表 與加波蘭地同，而力較勝。

硝强啤囉加邊精 PILOCARPINÆ NITRAS.

化名 炭十一輕十六淡二養二‧輕淡養三

此藥自啤囉加邊精與硝强水製出，結白色之散。

化法 水五分化一分 濃酒五十分化一分

功用 大發表，與加波蘭地同。外用 點眼令瞳人縮小。

服法 每服一林士二十分之一至半林士。

啤囉加邊精點水 GUTTÆ PILOCARPINÆ

製法 硝強啤囉加邊精二林士 汽水一兩 化勻為度、點眼用、

啤囉加邊精射水 INJECTIO PILOCARPINÆ HYPODERMICA.

製法 硝強啤囉加邊精一林士 汽水二十林士 化勻為度、每次二至六林士 治盜汗、

啤囉加邊精空針輪子 LAMELLÆ PILOCARPINÆ HYPODERMICÆ.

製法 此輪子自硝強啤囉加邊精與明牛膠製出、每輪子內、計有啤囉加邊精一林士十分之一、至四分之一、

鹽強啤囉加邊精 PILOCARPINÆ HYDROCHLORAS.

化名 炭$_{十一}$輕$_{十六}$淡$_{二}$養$_{二}$·輕綠

此藥自啤囉加邊精與鹽強水製出、結冰色白、味苦無臭、

功用 服法 同上、

渣笠 一名 JALAPA.

渣臘 又名 架勒巴

此藥出亞美利加之墨西哥國、入藥用該樹之根、研為細末、臭香味辛、色淡黃、

功用　大瀉　水瀉　動膽汁、

服法　每服十至三十林士　按此藥單服者少、惟佐他藥和服最妙、

主瀉、可加啞囉、　瀉汁膽、宜加單綠汞　治臌症、加雙葡酸鉀

渣笠膏 EXTRACTUM JALAPÆ　製法　渣笠粗末一分　濃酒五分　汽水十分　先用酒浸渣笠七天、用絞盤絞之、留渣、過淋紙、入甑將酒蒸回、成軟膏爲止、再將前渣浸水四點鐘、用絞盤絞之、過呢布、入燙鍋散氣成軟膏、即將前膏加入、熱不過一百四十度、散氣成膏爲度、　每服五至十五林士、

渣笠製散 PULVIS JALAPÆ COMPOSITUS.　製法　渣笠研末五分　雙葡酸鉀九分　乾薑研末一分　共和過細羅、輕研勻爲度、　每服二十至六十林士　治臌症最妙、

渣笠酒 TINCTURA JALAPÆ.　製法　渣笠細末一分　淡酒八分　先用酒六分浸兩天、間時搖動、裝淋篩淋乾、加餘酒漂淋、用絞盤絞渣、過淋紙、再加淡酒仍足八分爲度、　每服半至二打拉門、

PILULA JALAPÆ ET RHEI CUM ALOE.

渣笠大黃啞囉丸　製法　渣笠一分研末　大黃一分研末　啞囉一分研末　共研勻，加龍胆草膏爲丸。每服五至十林士。輕瀉開胃。

PULVIS JALAPÆ CUM CALOMEL.

渣笠單綠汞散　製法　渣笠十林士研末　單綠汞十林士　研勻爲度，作一服，瀉熱瀉膽用之。

RESINA JALAPÆ.

渣笠脂　一名渣蠟脂

製法　渣笠八分細末　濃酒　汽水各用酌　先用濃酒十六分入有蓋鍋內，加文火泡渣笠一晝夜，裝淋筲淋乾，用酒漂淋至無藥味，再將所淋之酒加汽水四分，共入甑坐沸水上，將酒蒸回，趁熱傾在盤內，候涼，將上面之水擠去，再用沸水二三次洗淨，入燙鍋焙乾爲度。

功用　瀉劑，與渣笠同而力較勝。

服法　每服二至五林士。

TINCTURA JALAPÆ RESINÆ.

渣笠脂酒　製法　渣笠脂一分　濃酒十分　化勻爲度。每服三十至六十林士。

渣笠腴子酒 SAPO JALAPINUS.

製法　渣笠脂二分　腴子二分　濃酒四分　共化匀爲度、每服十至二十林士、

渣笠品 JALTPINUM. 又名淨渣笠脂

此即渣笠脂用骨炭與酒潔淨者、爲灰白之散、

功用　服法、同上、

側栢 JUNIPERUS. 一名扁柏

此樹中西均有、入藥用該葉與子、

功用　行氣　去風　利小便、

主治　白淋　臌症、

服法　作泡水或服油、酒等、

側栢泡水 INFUSUM JUNIPERI.

製法　側栢子一兩或葉亦可　水十六兩　泡一刻鐘濾渣爲度、　分三次服、利小便、　治老人小便閉甚效、

側栢油 又名 栢子油
JUNIPERI OLEUM.

此藥自未熟栢子蒸出、無色、味辛臭香、

化法　濃酒二十分化一分　純酒一分化一分

功用　利小便　與側栢子同、而力較勝、

服法　每服一至三林士、

側栢酒
SPIRITUS JUNIPERI

製法　側栢油一分　濃酒四十九分　化勻爲度　每服三十至六十林士

利小便　治臌症、

側栢製酒
SPIRITUS JUNIPERI COMPOSITUS.

製法　側栢油九十林士　胡荽油十林士　小茴香油十林士　濃酒八十兩　汽水四十八兩　先將三油入酒化勻、再加水調洽爲度、　每服一至四打拉門、此方易服

栢樹脂 又名 柏木油
OLEUM CADINUM.

此藥從一種栢木內蒸出者、狀如松樹脂、

外用　行氣　治白癬　久溼癬、

栢脂甘油 GLYCERINUM CADINI. 製法 栢樹脂半打拉門 粉子半兩爲末 甘油一兩 共調勻爲度、治久皮類病、

栢脂油膏 UNGUENTUM CADINI. 製法 栢樹脂一分 花士玲十分 化勻爲度、治久淫癬、

黄連又名王連 JUSTICIA.

此藥出中華江左及四川雲貴等處、其根連珠而色黄、故名、

功用　補劑　開胃　與龍膽草同、

服法　每服五至二十林士、或配膏酒等服之、

黄連膏 EXTRACTUM JUSTICIÆ. 製法 黄連一分切片 沸汽水十分 泡一時入鍋熬一刻鐘絞渣過淋紙、再入燙鍋散氣成膏爲度、每服五至十林士、

黄連泡水 INFUSUM JUSTICIÆ. 製法 黄連六十林士切片 陳皮六十林士切片 金棗鮮皮一百二十林士切片 沸水十兩 共泡半時濾渣爲度、每服一二兩、

黄連酒 TINCTURA JUSTICIÆ. 製法 黄連三分切片 陳皮二分切片 淡酒二十分 先用酒十五分浸二天裝淋

篩淋乾、加餘酒漂淋、絞渣過淋紙、再加酒仍足二十分爲度、　每服半至一打拉門、

黃連製酒 TINCTURA JUSTICIÆ COMPOSITA.

製法　按龍膽草製酒法配成、　每服一二打拉門、

牽牛子 KALADANA.　又名　二丑

此藥中國隨處皆有、雖分黑白二種、功力則同、

功用　大瀉　水瀉　可代渣笠、而力較勝、

服法　每服三十至五十林士、研末用、或服膏酒等

牽牛膏 EXTRACTUM KALADANÆ.

製法　牽牛子十六兩粗末　濃酒八十兩　水一百六十兩、先用酒浸牽牛七天、絞渣存留、過淋紙、入甑將酒蒸回、成軟膏爲止、再用水泡渣四點鐘、絞之過呢布、入燙鍋散氣成軟膏、即將前膏加入、熱不過一百四十度、散氣成膏爲度、　每服五至十林士、

牽牛製散 PULVIS KALADANÆ COMPOSITUS.

製法　牽牛子五分細末　雙葡酸鉀九分　乾薑一分研末　共研勻過細羅爲

度、每服五六十林士、治臟症、與渣笠製散同用、

牽 TINCTURA KALADANÆ

牽牛酒 製法 牽牛子二分半搗爛 淡酒二十分 在有蓋器內浸七天、間時搖動、過淋紙、加濃酒漂淋、仍足二十分爲度、每服二三打拉門、

牽 RESINA KALADANÆ

牽牛脂 製法 牽牛子八分粗末 濃酒 汽水酌用 先用酒十六分、入有蓋器內、加文火泡二十四點鐘、裝淋筩淋乾、用酒漂淋至無藥味、再將所淋之酒、加汽水四分、共入甑坐沸水上、將酒蒸回、趁熱傾在盤內、候凉、將上面之水撥去、再用沸水二三次洗淨、入烘鍋焙乾、爲度、每服五至八林士、瀉劑妙品、

法阜信 PHARBITISINUM

卽淨牽牛脂

此卽牽牛脂用骨炭與酒潔淨者、爲灰色之散、

功用 服法 與牽牛脂同、

記薇喇 一名 KAMALA

卡瑪拉

此藥出印度及小呂宋等處、菓大如豆、殼外有粉、色頗紅、無臭無味、入藥蓋取其粉也、

化法 水不化 酒 哥羅方 伊打、皆化多半、

功用 重瀉 殺蟲 治扁蟲妙、

服法 每服三十至一百二十林士、加水糖、或白樹膠漿和服、待四點鐘不瀉、宜服瀉劑助之、

記薇喇酒 TINCTURA KAMALAE.

製法 記薇喇一分 淡酒五分 浸七天、濾渣、再加酒淋渣足五分爲度、 每服一二打拉門、

佳奴 KINO. 又名雞羅

此藥出印度南亞美利加、及亞非利加等處、入藥取該樹之汁製成者、結碎塊、色棕黑、無臭味濇、

化法 水一百分化八十八分 濃酒化殆盡 伊打不化、

功用　大收斂、與兒茶同類、

主治　久肚瀉　呑酸　佐金雞䊶和服治瘧疾、

服法　每服十至三十林士、或服酒、製散亦可、

外用　止血　治頑瘡、

反藥　強水類　反酸類　反酸炭養類　五金鹽類　明牛膠、

佳奴製散 PULVIS KINO COMPOSITUS.

製法　佳奴研末十五分　鴉片研末一分　肉桂研末四分　共和勻過細羅、輕研爲度、

每服五至二十林士、治痢瀉、

佳奴酒 TINCTURA KINO.

製法　佳奴粗末二分　甘油三分　汽水五分　濃酒十二分　共浸七天、間時搖動、過淋紙、再加酒淋渣仍足二十分爲度、　每服半至二打拉門、

佳奴泡水 INFUSUM KINO.

製法　佳奴一百二十林士　沸水八兩　化勻、濾渣爲度、　每服一兩、

架美喇又名拉搭尼 KRAMERIA.

此藥出秘魯國及西印度等處、入藥用該草之根、

功用　大收歛、補劑、與兒茶佳奴同用、

主治　久肚瀉　內部血出　血山崩　白帶、

服法　每服二十至六十林士、

外用　治咽喉類病　喉痺　脫肛　痔漏、

反藥　反酸類　石灰水　鐵鉛鹽類　明牛膠、

架美喇膏 EXTRACTUM KRAMERIÆ.

製法　架美喇十六分細末　冷汽水三十分　共浸一天、裝淋筲淋乾、漸加汽水淋足二百四十分爲止、或至無藥味　入燙鍋散氣成膏爲度、　每服五至二十林士、

架美喇泡水 INFUSUM KRAMERIÆ.

製法　架美喇一分細末　沸汽水二十分　泡半點鐘濾渣爲度、　每服一二兩、

架美喇酒 TINCTURA KRAMERIÆ.

製法　架美喇一分細末　淡酒八分　先用酒六分浸兩天、間時搖動、裝淋筲淋乾、加餘酒漂淋、用絞盤絞渣、過淋紙、再加淡酒仍足八分爲度、

每服半至二打拉門、外用擦牙齦浮腫、

架美喇尖丸 SUPPOSITORIA KRAMERIÆ.

製法 架美喇膏四十林士 鹽强莫非精半林士 士的亞蓮二十林士 共化勻作五丸爲度、治脫肛 內痔出血、

架美喇冰糖 TROCHISCI KRAMERIÆ.

製法 此藥按冰糖公法製成、每塊內計有架美喇膏一林士 每服一二塊 治喉鬆、

牛嬭 又名牛乳 LAC.

此物爲養人上品各國皆有、惟中華少用者、

功用 養生 改病 治嘔吐不止、宜加石灰水四分之一和服 常服治久瀉 久痢 久滯積 尿帶蛋青類 病人虛弱、宜加伯蘭地酒、雞蛋各少許、調勻服之、

外用 和饅頭屑作敷藥、解炎 消腫、

生菜 又名白苣 LACTUCA.

此藥各國皆有、花葉梗俱可用、

功用　寧睡　平火安心（可代鴉片但功力大遜）　發表　利小便　輕瀉　和士圭盧毛地黃同服治臌症（宜服膏汁等）

生菜膏 EXTRACTUM LACTUCÆ.

製法　生菜扭汁　便用　按顛茄膏法製成爲度　每服五至十林士

生菜汁 SUCCUS LACTUCÆ.

製法　生菜扭汁三分　濃酒一分　和勻候三天過淋紙爲度　每服一二打拉門

生菜汽水 AQUA LACTUCÆ.

製法　生菜花　便用　按汽水公法蒸出者　每服一至三打拉門

喇度克連 LACTUCARIUM.

即生菜士膏

此藥按製鴉片土法取生菜梗之汁造成者

功用　與生菜膏同而力較勝

服法　每服三至八林士

喇度克連酒 TINCTURA LACTUCARII.

即生菜士酒　製法　生菜士膏一分　淡酒十分　浸七天過淋紙爲度　每服三十至六十林士

萵苣又名 CICHORIUM CHINENSE. 千金菜

此藥中國各處皆有、花葉梗皆可用、配膏等服之、

功用　平火安心　與生菜同、而力較勝、

拉而撒又名 LARIX. 落葉松一名樅

此藥出歐羅巴等處、與中華樅樹同類、入藥用該樹內層嫩皮、味苦濇、

功用　收歛　行氣　化痰、

主治　內部血出　氣管痰、

拉而撒酒 TINCTURA LARICIS. 製法 拉而撒皮細末一分　濃酒八分　先將酒六分浸兩天、間時搖動、裝淋崙淋乾、加餘酒漂淋、用絞盤絞渣、過淋紙、再加濃酒仍足八分為度、

每服二三十林士、

拉而撒膏 EXTRACTUM LARICIS. 製法 按大黃膏法熬成為度、　每服三至五林士、

郁李桂又名 LAUROCERASUS. 櫻桃羅烏司

此藥出小亞西亞及歐洲等處、入藥用鮮葉、
功用　平火安心　與輕炭淡酸畧同、內微存此酸、　只可作汽水服之、

郁李桂汽水 AQUA LAUROCERASI.

製法　郁李桂鮮葉十六分　水五十分　先用快刀將葉切碎、入臼搗爛、水浸一天、入玻甑蒸出二十分、搖動過淋紙爲度、　玻塞瓶存貯、不耐久存、
每服二十林士至二打拉門、　反藥與解毒者、均與輕炭淡酸同、

拉彎大油 LAVANDULÆ OLEUM.

又名　臘芬大油

此藥出英國及歐羅巴等處、乃從拉彎大花蒸出、色淡黃、臭香、味苦辛、
化法　淡酒微化　濃酒全化、
功用　行氣　祛風、
主治　肚腸絞疼　傷食風　鬱病　痔類病、
服法　每服一至四林士、滴於白糖吞服、或佐他藥同服、

拉彎大酒 SPIRITUS LAVANDULÆ.

製法　拉彎大油一分　濃酒四十九分　化勻爲度、　每服三十至六十林士、

拉彎大製酒 TINCTURA LAVANDULÆ COMPOSITA.

拉彎大製酒 製法 拉彎大油九十林士 迷迭香油十林士 肉桂皮一百五十林士搗爛 肉豆蔻一百五十林士搗爛 赤檀三百林士 濃酒四十兩 先將肉桂豆蔻、赤檀共浸酒內七天、用絞盤絞之、過布、加拉彎大油、迷迭香油消化、過淋紙、再加濃酒仍足四十兩爲度、

又方 拉彎大酒九十分 迷迭香酒十分 肉桂皮三分 肉豆蔻三分 赤檀六分 濃酒足三百八十四分 先用酒二百八十四分浸肉桂豆蔻赤檀七天、用絞盤絞之、再加拉彎大酒迷迭香酒過淋紙、又加酒共足三百八十四分爲度、 治嘔吐困憊 肚腹不安 每服半至二打拉門、

花露水 SPIRITUS LAVANDULÆ COMPOSITUS (LAVENDER WATER).

花露水 又名花露酒 製法 拉彎大油二十分 濃酒六百四十分 伯格莫油五分 龍涎香酒半分 共化勻爲度 此即上品香料、亦可薰之治頭疼、

叩龍水 SPIRITUS ODORATUS (COLOGNE WATER).

叩龍水 又名叩龍酒 製法 拉彎大油三打拉門半 伯格莫油三兩 檸檬油二兩 柑花油二打拉門半 迷迭香油一打拉門 偉尼喇酒二打拉門 麝香十林士 濃酒二百兩 薔薇花

汽水（三十二兩）柑花汽水（十六兩）除二汽水外、餘則共浸十四天、過淋紙、加二汽水爲度、用法同上、

又方　拉彎大油（四分）伯格莫油（十六分）檸檬油（八分）柑花油（四分）迷迭香油（八分）醋酸打伊（二分）汽水（一百五十八分）濃酒（八百分）先將油及伊打入酒化勻、再加汽水和勻、入瓶封口候八天、在有蓋之溜內、過淋紙爲度、用法同上、

檸檬　西名 LIMON.

蕾們

此藥出歐洲迤南、及印度海島等處、與橘橙金棗同類、菓圓而長、狀如柑、入藥用該菓之皮、與菓內之汁、

檸檬皮 LIMONIS CORTEX.

此即檸檬菓鮮皮、配油酒等用、

功用　開胃暖胃　治滯積　佐助他藥、取其氣味香美、

反藥　強水類　石灰水、

檸檬油 OLEUM LIMONIS.

製法 此油製法有二、一係蒸出、一係榨出、恒用者多係榨出、法用擦床將鮮菓皮擦細絲、入細布袋內、用絞盤取汁、候澄清、將上面淨者抒出、卽係此油、化法 冰醋酸 純酒、全化、濃酒 十二分化一分　每服一至四林士　行氣　去風用之、

檸檬糖 SYRUPUS LIMONIS.

製法 鮮檸檬皮 二分　檸檬汁 二十分濾渣　煉白糖 三十六分　先將檸檬汁入鍋、加文火至沸、倒在有蓋器內、再將檸檬皮加入蓋嚴、候涼過淋紙、加白糖用文火消化爲度、計得糖四十一分、　每服一二打拉門、加水冲服、　解熱用

檸檬酒 TINCTURA LIMONIS.

製法 鮮檸檬皮 一分切碎　淡酒 八分　共入有蓋器內浸七天、間時搖動、用絞盤絞渣、過淋紙、再加酒仍足八分爲度、　每服半至二打拉門、

濃檸檬酒 SPIRITUS LIMONIS.

製法 鮮檸檬皮 一分切碎　檸檬油 二分　濃酒 三十二分　先用酒化檸檬油、再加檸檬皮浸一天、過淋紙爲度、每服十五至三十林士、配他酒類、恒用此酒、蓋取其味佳美耳、

檸檬汁 LIMONIS SUCCUS.

此汁從鮮檸檬菓瓤內扭出者、味酸而香、但不易存、欲久存、宜將該汁入鍋、加熱至一百五十度過淋紙、或加酒十分之一、入瓶使滿、塞嚴、能久存、每兩計有檸檬酸三十四林土、

功用　解熱　治靑腿牙疳妙　痛風、

服法　每服半至二兩　治痛風、每服四兩、每兩點鐘一服、

外用　治繡球風、

檸檬水 LIMONADA.

製法　鮮檸檬菓一枚切片搗爛　白糖一兩　冷水足十兩　共調勻服之、　解熱平胃、　西人夏日多飲之、其味甚佳、

金棗 又名金橘 CITRUS OLIVÆFORMIS

此藥出中國等處、與檸檬同類、而菓甚小、

功用　與檸檬同、

胡麻 又名巨勝 LINUM.
此藥中西皆有入藥用子、又用麻梗內皮、織麻絨布、

麻絨布 又名麻絨 LINTEUM.
此布原係麻絨織成、今則兼用棉絨、有用成布者、有刮其絨用者、即謂麻絨、
外用 包損傷瘡疾等、若加架波匿酸等藥於內、亦能辟除瘡臭、

麻亂絲 又名麻穰 STUPA.
此即劈破之粗麻絲、
外用 與麻絨布同、亦可加解毒等藥以避臭惡、

麻經絲 又名麻繩絲 OAKUM.
此即撕解舊繩、內攙松樹脂、以解臭惡、與上同、

胡麻子 一名大胡麻子 LINI SEMINA.
此藥即胡麻所結之子、配泡水、或榨油用、

功用　潤劑　治新傷風　痢疾　內腎膀胱類病、

胡麻子泡水 INFUSUM LINI.　製法　胡麻子一百五十林士　甘草六十林士粗末　沸水十兩　泡兩點鐘濾渣為度、分一二次服之、此藥與鐵鉛五金鹽類相反、

胡麻子油 OLEUM LINI.　製法　此油從胡麻子內榨出、　化法　純酒四十分化一分　伊打二分半化二分　功能輕瀉　每服半至一兩、　外用　治湯火傷或加石灰水一半調搽亦可、　治便結約用半至一觔、射入肛門內、

胡麻子麪 LINI FARINA.

此卽胡麻子搗細研末者、

功用　配敷藥　治瘡症　腸膜發炎、

胡麻子敷藥 CATAPLASMA LINI.　製法　胡麻子麪四分　沸水十分　趁水熱時漸加麪調勻為度、攤於布上、藥外面塗油少許、貼患處、能解炎引膿外出、

鋰　又名　鋰質

此原質形性與⿰金鹵畧同，大半取自石中，菸葉灰內亦微有之，地產者恒與養氣或綠氣化合，其質最輕，較水約輕一半，

辨佐匿 LITHII BENZOAS.

鋰 化名 鋰炭七輕五養二

此藥自炭養鋰與辨佐匿酸製出，結白色之散或結小片，味甜而涼，

化法　水二分半化一分　濃酒十五分化一分

功用　解酸　治酒風脚，

服法　每服十五至三十林士，

鋰溴 化名 LITHII BROMIDUM.

鋰溴

此藥自炭養鋰與溴輕酸製出，結冰色白，無臭，味苦辛而澀，

化法　水　酒，全化，

功用　平火安心　與鉀溴同，而寧睡之力較大，

服法　每服五至二十林士，

炭養鋰 化名 LITHII CARBONAS.

鋰二炭養三 舊名 鋰養炭養

此藥自鋰鑛與磺強水熱石灰、及鹽強水、酒、伊打等製出、結冰色白、味鹹無臭、

化法　冷水一百分化一分　酒不化　強水類能化、

功用　利小便　解溺酸　解秋石淋　解血內溺酸

主治　酒風脚　久風濕、

服法　每服三至六林士、加荷蘭水三四兩和服、

炭養 LIQUOR LITHII EFFERVESCENS.

鋰自沸水 製法 炭養鋰十林士　水二十兩　按製荷蘭水法製成　每服五至十兩、每兩內計有炭養鋰半林士、

椊酸鋰 化名 LITHII CITRAS.

鋰三炭六輕五養七·輕四養

此藥自炭養鋰與椊檸酸製成、結散色白、無臭、露空氣畧化、

化法　水二分化一分　濃酒微化、

功用　解溺酸　與炭養鋰同、

服法　每服五至十林士、多加水冲服、

圭厄禁 LITHII GUAIACAS.

鋰又名古阿苦鋰

此藥自圭厄禁脂與鋰養製成、

功用　解血內溺酸　治久風溼　久酒風脚、

服法　每服五林士、

鋰養化名 LITHII OXIDUM.

鋰養舊名鋰養

此藥結冰色白透光、味鹹而辛、與炭養鋰同用、

沙利先 LITHII SALICYLAS.

鋰化名鋰炭輕養輕養

此藥自炭養鋰與沙利先酸製出、結散色白、味甜無臭、

化法　水三分化四分　濃酒二分化一分

功用　解血內溺酸　治新風溼極妙、

服法 每服二十至四十林士、

石蕊藍 LITMUS.

西名 力低暮司

此藥從石蕊草內製出、形如藍靛、

功用 作試水驗酸類與反酸類、

石蕊藍酒 TINCTURA LITMI.

製法 石蕊藍 一分研末 淡酒 十分 浸三天過淋紙爲度、配石蕊藍紙用、

石蕊藍紙 CHARTA LITMI.

又名 藍試紙 製法 白紙 便用 泡於石蕊藍酒內提出凉乾聽用、

此紙入藥內、如有酸性、紙必變紅色、

石蕊紅酒 TINCTURA LITMI RUBRA.

製法 石蕊藍酒 一兩 磺強水 酌用 將酒漸加強水數滴、至色變紅爲度、配石蕊紅紙用、

石蕊紅紙 CHARTA LITMI RUBRA.

又名 紅試紙 製法 白紙 便用 泡於石蕊紅酒內、提出晾乾聽用、

此紙入藥內、如有反酸性、紙必變藍色、

路卑利 又名 野菸 一名 山梗菜 LOBELIA.

此藥出北亞美利加等處、花葉梗皆入藥用、

功用　少服、化痰　發表　多服、吐瀉、（入吐劑、易害人、故鮮用、）

主治　氣喘　頭風　久氣管痰　哮嘏、及聲管、氣管、肺類病、

服法　每服一至三林士、

解藥　解此毒者、服酒　阿摩尼亞香酒　行氣藥（或服）架沕酸　炭匿酸等、

路卑利酒 TINCTURA LOBELIÆ.

製法　路卑利（一分細末）　淡酒（八分）　先用酒六分浸兩天、間時搖動、裝淋篩淋乾、加餘酒漂淋、用絞盤絞渣、過淋紙、再加淡酒仍足八分為度、

每服十至三十林士　治氣喘、每服一打拉門　令吐、用四打拉門、

路卑利伊打酒 TINCTURA LOBELIÆ ÆTHEREA.

製法　路卑利（一分粗末）　伊打酒（八分）　浸七天、用絞盤絞渣、過淋紙、再加伊打酒仍足八分為度、　每服十至三十林士、

路卑利醋酸 ACETUM LOBELIÆ.

卑利醋酸製法　路卑利粗末一分　淡醋酸八分　共浸七天、濾渣、用絞盤絞之、再加醋酸仍足八分爲度、　每服三十至六十林士、

路卑利製散 PULVIS LOBELIÆ COMPOSITUS.

卑利製散製法　路卑利研末一分　佛茄兒葉研末一分　茶葉研末一分　共研勻、再用火硝一分　沸汽水一分　消化、將散潤透、晾乾爲度、　當菸葉吸之、治氣喘、

酵母花又名葎草花 LUPULUS.

此藥出英國美國等處、又配酵常用、故名、入藥用花、味苦臭香、

功用　微補　開胃　止疼　寧睡　悸類病不寐者、可服此以代鴉片、

外用　作敷藥止疼痛、或塡囊作枕、令人安睡、

反藥　強水類　五金鹽類、

酵母花膏 EXTRACTUM LUPULI.

花膏製法　酵母花八分　濃酒十五分　汽水八十分　先用酒浸酵母花七天、用絞盤絞之、留渣、過淋紙、入甑將酒蒸回、成軟膏形、再將前渣加水熬一點鐘、又用絞盤絞之、過淋、入盪鍋散氣、成軟膏、共將二膏調勻、加熱不

過一百四十度、散氣成膏爲度、每一觔花約出膏四兩、每服五至十林士、

酵母花泡水 INFUSUM LUPULI.

製法 酵母花一分 沸汽水二十分 泡一點鐘、濾渣爲度、 每服一二兩、

酵母花酒 TINCTURA LUPULI.

製法 酵母花一分 淡酒八分 先用酒六分浸兩天、間時搖動、裝淋筩淋乾、加餘酒漂淋、用絞盤絞渣、過淋紙、再加酒仍足八分爲度、 每服半至二打拉門、

魯卜連又名酵母花粉 LUPULINUM.

此藥生該花瓣上、其色如金、法用乾花搗爛、過羅取之、按該花之力俱在粉內、故用粉勝於用花、

服法 每服二至五林士、

魯卜連膏 EXTRACTUM LUPULINI.

製法 魯卜連一兩 濃酒酌用 先用酒潤粉、裝淋筩、再加酒過淋、至無藥味、入燙鍋散氣成膏爲度、 每服三至六林士、

魯卜連脂 OLEORESINA LUPULINI. 製法 魯卜連一分 伊打分半 先用伊打少許潤末裝伊打淋筩、漸加伊打淋足分半爲止、入甑置熱水內將伊打蒸回再傾小瓷盤上自散氣至無伊打味爲度、 玻塞瓶存貯、 每服二至五林士、

魯卜連製丸 PILULA LUPULINI COMPOSITA. 製法 魯卜連二林士 樟腦二林士 鬧羊花膏二林士 共研勻作一丸爲度、 每服一二丸、 平腦安睡用之、

魯卜連酒 TINCTURA LUPULINI. 製法 魯卜連一分 濃酒八分 浸七天過淋紙、再加酒仍足八分爲度、 每服半至二打拉門、

金粉 西名 LYCOPODIUM. 賴可剖顛

此藥出德國等處、與中華海金沙同類、入藥用該草穗上之粉、色黃、無臭無味、

功用 配造丸料或作撲粉用、其性畏火

海金沙 POLYPODIUM. 又名 竹園荽

此藥出中國湖南四川等處、乃升金草所結之粉、體輕色紅棕、

功用　配丸類用　與甘草末卷柏粉同、

鎂 又名 鎂質 MAGNESIUM.

此原質爲地中極多之物、色如銀、可打爲箔、火燃放明光、但無獨自生成者、常化合於別物之中、鎂養與灰石相合者爲鎂灰石、與玻養、釩養化合成石數種、如石脂類、凡石之滑如蜜蠟者、皆合此質、故西名肥皂石、因滑膩也、

滑石 又名 畫石 TALCUM.

此石中西均有、內函鎂養、玻養、釩養等、

功用　作撲粉　不入服劑、

滑石粉 PULVIS TALCI.

此即滑石研極細末飛淨者、　治皮類病　除溼用、

鎂養 西名 馬格尼西亞 化名 鎂養 MAGNESIA.

重鎂養 MAGNESIA PONDEROSA.

輕鎂養

此藥分重輕二種、製法不同、惟化學名與功用則同、按重者較輕者重三倍半、且滑潤、但輕者發力較重者尤速、

此藥自重炭養鎂煆成者、結散色白無臭無味、

化法 冷水五千四百一十二分化一分 沸水三萬六千分化一分 強水類能化、

功用 解酸 改病 輕瀉 解砂淋、

主治 滯積 胃熱吞酸 頭疼欲嘔 酒風脚 痛風 便秘 若胃內不受他藥者宜服 小兒肚瀉、由胃酸所致者宜服、

服法 每服、解酸改病、十至二十林士、 輕瀉、二十至六十林士、加水和勻服、此藥雖難化、與水和勻便服、

反藥 酸類藥、

炭養鎂 化名 MAGNESII CARBONAS.

此藥自輕炭養鎂煆成者、結散最輕、色白、無臭無味、

功用　服法　同上、

鎂炭養三鎂輕養・輕養四 舊名 鎂養炭養三鎂養輕養・輕養四

此藥自礦強鎂與炭養鏀製成、分重輕二種、製法亦各不同、配重者用開水化成、配輕者用涼水化成、

重炭養鎂 MAGNESII CARBONAS PONDEROSA.

此藥自礦強鎂與炭養鏀及沸汽水製成、結散色白、無臭無味、

化法　冷水二千四百九十三分化一分　沸水九千分化一分

功用　解酸　輕瀉　與鎂養同　配汽水藥類恆用此、使油類與汽水化合、

服法　每服解酸、十至二十林士　輕瀉、三十至六十林士、

炭養鎂水 LIQUOR MAGNESII CARBONATIS.

製法　此用新製之炭養鎂在水內攪勻、後按製荷蘭水法作成者、

每服一二兩、每兩內計有炭養鎂十林士、

炭養鎂勻水

MISTURA MAGNESII ALBA.

又名白勻水 製法 炭養鎂十林士 礦強鎂六十林士 薄荷水一兩 共和勻作一服、輕瀉用、

炭養鎂大黃勻水

MISTURA MAGNESII CUM RHEO.

製法 炭養鎂十五林士 大黃七林士半細末 薄荷水一兩 共和勻作一服、輕瀉用、

輕炭養鎂

MAGNESII CARBONAS LEVIS.

此藥自礦強鎂與炭養鏀及冷汽水製成、結散體輕、色白無臭無味、

功用 服法 同上、

檸酸鎂水

MAGNESII CITRATIS LIQUOR.

又名鎂檸水 化名 鎂輕炭輕養上炭養上水

製法 炭養鎂一百林士 檸檬酸二百林士 檸檬糖半兩 雙炭養鏀四十林士用冰者 汽水酌用

先用水二兩化檸檬酸、再加炭養鎂調至化勻、過淋紙、入容半斤堅瓶內、加檸檬糖與水將滿、即加雙炭養鏀冰、速封固、用繩紮緊、撞至化

勻爲度

功用　解酸　解熱　輕瀉、

服法　每服五至十兩、

檸酸鎂沙 MAGNESII CITRAS GRANULATUS

一名鎂檸沙

製法　炭養鎂十一分　檸檬酸四十八分　雙炭養鈉三十七分　煉白糖八分、極細末　濃酒　汽水各用酌　先用檸檬酸三十三分與炭養鎂研勻、加汽水成糊漿、加熱不過八十六度焙乾、研極細末、同前餘末共研勻、加濃酒少許潤之、過粗羅爲沙、放暖處、晾乾爲度、

功用　解酸　輕瀉　與檸酸鎂同、

服法　每服二至四打拉門、

檸酸鎂自沸散 PULVIS MAGNESII CITRATIS EFFERVESCENS

又名鎂檸酸散　製法　炭養鎂五分　檸檬酸七分研末　共研勻爲度、玻塞瓶存貯、忌潮溼　輕瀉、每服二三打拉門、用水化服、

磺强鎂又名 MAGNESII SULPHAS.

洋朴硝化名鎂磺養·輕養舊名鎂養硫養·輕養

此藥原從一種泉水製出，今則多自鎂鑛造成，結冰色白而亮，無臭味鹹而苦，

化法　冷水十三分化十分　沸水一分半化十分

功用　輕瀉　水瀉　西醫爲瀉劑通行之品，

主治　肚腹絞痛　便結，

服法　每服六十至二百四十林士，加水空心服，　治肚腸絞痛，令瀉，每服半至一兩，加水冲服，

反藥　反酸炭養鹽類　石灰水　鉛霜　銀丹，

磺强 ENEMA MAGNESII SULPHATIS.

鎂射水　製法　磺強鎂一兩　洋橄油一兩　粉子漿十五兩　先用粉子漿化磺強鎂，再加洋橄油共和勻爲度，作一次用，射肛門內令瀉，

磺 LIQUOR MAGNESII SULPHATIS.

強鎂水　製法　磺強鎂四分　汽水五分半　化勻，再加淡磺強水一分　和勻爲

度、每服半兩、加水沖服、

礦強鎂大黃勻水
MISTURA MAGNESII SULPHATIS CUM RHEI.

製法 礦強鎂六十林士 大黃酒二打拉門 薑糖一打拉門 胡荽汽水一足兩半 共和勻爲度、每服一二打拉門、治小兒輕瀉、

礦養鎂
MAGNESII SULPHIS.

化名 鎂礦養三輕養六 舊名 鎂養硫養二輕養六

此藥自鎂養在水內攪勻過礦養汽製出結白色之散、

功用 解血內傳染之毒、與礦養鈉同、

服法 每服二三十林士、

錳 又名 錳質
MANGANESIUM.

此原質屬金類、色灰白、形性皆如生鐵、甚脆而堅、不可鑽磋、祇可磨礪、用小粒作尖鋒、可劃玻璃、亦與養氣化合入藥劑、

黑錳養 俗名 土粉 化名 錳養二
MANGANESII OXIDUM NIGRUM.

此藥自錳鑛煉出、結散色黑、無臭無味、

化法　水不化、淡強水類不化、濃強水類易化、

功用　配製錳強鋏與綠氣類等、

煉錳養 MANGANESII OXIDUM PRÆPARATUM.

又名　淨錳養

製法　黑錳養一分極細末　淡鹽強水四分浸一天、間時搖動、將強水傾出、再用汽水頻洗、飛淨為度、

功用　補益　改病、

主治　滯積　胃疼　吐酸妙、

服法　每服十至三十林士、

磺強錳 化名 MANGANESII SULPHAS.

錳磺養四‧輕養四　舊名　錳養硫養三‧輕養四

此藥自黑錳養與磺強水煉成結冰、色淡銀紅、味苦而濇、

化法　水十分化七分　濃酒不化、

功用　補益　動膽汁　瀉劑、

主治　酒風脚　癢病、
服法　補劑、每服一至五林士、　瀉劑、每服三十至六十林士、　按此藥味不適口、今故鮮用、

甘露蜜又名 MANNA.

甘膏西名瑪那

此藥本係樹膠、因種類甚多、故難備紀、按近來藥肆恒用者、惟西細里意大利等處產者最良、成片、色黃白、味甜、（每百分內計有瑪那的即炭六輕六輕六養六十至八十分）

化法　水（五分化一分）　濃酒（一百五十分化一分）

功用　養生　輕瀉　小兒弱婦、均可服、

服法　每服輕瀉、半至一兩、　養生少用、

印度藕 MARANTA.

粉西名阿蘿蘿粉

此藥出印度與西印度羣島、從一種草根製出、與藕粉同類、

功用　潤劑　養生　患痢疾及熱症者、均可用此藥加牛嬭、或水熬

作漿服之、

藕粉 又名 NGOU FÊN.

蓮粉

此藥中國多有之、從蓮花根製出、

功用　同上、

洋乳香 西名 MASTICHE.

瑪司的克

此藥出希利尼羣島、乃一種樹膠結成顆粒、透明色黃、

化法　水不化　伊打　哥羅方二分化二分　松節油　濃酒半化　油類畧化、

功用　行氣　外用 化酒內止血、

服法　每服二十至四十林士　按此藥單服者少、惟配他藥丸料恒用之、

洋乳香伊打 LIQUOR MASTICHE ÆTHEREUS.

製法　洋乳香二分　伊打一分　化勻爲度、　用時蘸棉花塞牙穴內補牙、

乳香一名 OLIBANUM.

熏陸香又名克香

此藥出印度及中國廣東等處、乃一種樹膠結成、狀似乳頭、具香、故名

功用　與洋乳香相似、

芸香西名 SANDARAC.

叁打可

此藥出中國南方、及亞非利加等處、

功用　與洋乳香相似、

嗎提口一名 MATICA.

瑪替哥

此藥出南亞美利加之秘魯國、入藥用該樹之葉、屬香味類、

功用　行氣　補劑　在溺管內發其功力、與畢澄茄略同、

主治　白濁　白帶　白淋、

服法　每服三十至一百二十林士、

外用　止血、研末用、

嗎提口泡水 INFUSUM MATICÆ. 製法 嗎提口一分切片 沸汽水二十分 泡半點鐘、濾渣爲度、 每服一至四兩、

嗎提口酒 TINCTURA MATICÆ. 製法 嗎提口一分粗末 淡酒五分 浸十四天絞渣、過淋紙、加酒仍足五分爲度、 每服一二打拉門、 治老人白痳、

蜂蜜 一名蜜糖 MEL.

此藥中西均有、乃蜜蜂所作、味甜而美、

功用 潤劑 輕瀉 多食令人肚疼、 佐他藥和服最宜、治瘕瘕藥如此最效、

外用 敷惡瘡 漱咽喉等、

煉蜂蜜 即淨蜂蜜 MEL DEPURATUM.

製法 蜂蜜便用 入燙鍋鎔化、過呢子布、先用水泡布方易過 濾渣、以淨爲度、

醋酸蜜 OXYMEL. 製法 煉蜂蜜八分 濃醋酸一分 汽水一分 先將蜂蜜鎔化再加汽水醋酸共和勻爲度、 每服一二打拉門加水沖服、 解熱、 化痰、 止

瘷、佐他藥漱咽喉妙、

蜂

AQUA MELLIS.

蜜香水　此卽叩龍水加蜂蜜少許、臭香、與叩龍水同用、

天門冬

MELANTHIUM COCHIN-CHINENSE.

又名　淫羊藿

此藥出中國廸南、及安南等處、入藥用該草之根、

功用　化痰　治瘷瘷、

天

EXTRACTUM MELANTHII.

門冬膏　製法　天門冬酒　便用　入甑蒸回酒來、剩三分之一、再入燙鍋散氣成膏爲度、　每服三至五林士、

天

TINCTURA MELANTHII.

門冬酒　製法　天門冬一分搗爛　淡酒八分　先用酒六分浸二天、間時搖動、裝淋筲淋乾、加餘酒漂淋、絞渣過淋紙、再加酒仍足八分爲度、　每服半至二打拉門、

麥門冬

OPHIOPOGON JAPONICUS.

又名　階前草

此藥出中國兩江等處、入藥用根、

功用　化痰　止瘷　與天門冬同、

薄荷油一名菝蕳油
MENTHÆ PIPERITÆ OLEUM.

此藥出英美及中國等處、係從龍腦薄荷鮮葉、按公法蒸出者、臭香味辛、英美所出、與中國稍異、功力則同、

化法　濃酒一分化二分　純酒皆化、

功用　行氣　去風　平胃、

主治　嘔吐　胃口疼　肚風絞疼　佐瀉劑同服、免其肚疼　解他藥惡味、常用之、

服法　每服一至四林士、滴白糖內吞服、

外用　治頭疼　面部腦氣筋疼、

薄荷汽水
AQUA MENTHÆ PIPERITÆ.

製法　薄荷油一打拉門半　水二百四十兩即一桶半　共入甑蒸出一百六十兩為度、每服一二兩、

美國方　薄荷油一分　棉花二分　汽水五百分　先將油漸滴棉花上棉花撕開再滴再撕後將棉花緊塞淋筩漸加水淋足五百分爲度

又方　薄荷油三十林士　炭養鎂六十林士　汽水四十兩　先將薄荷油與炭養鎂研勻再漸加汽水調洽過淋紙爲度

濃薄荷酒 ESSENTIA MENTHÆ PIPERITÆ.

製法　薄荷油一分　濃酒四分　化勻爲度　每服十至二十林士

淡薄荷酒 SPIRITUS MENTHÆ PIPERITÆ.

製法　薄荷油一分　濃酒四十九分　化勻爲度　每服三十至六十林士　小兒每服一至三林士

薄荷糖 SYRUPUS MENTHÆ PIPERITÆ.

製法　淡薄荷酒一分　水糖八分　和勻爲度　每服半至一兩　小兒每服十至二十林士

薄荷腦又名薄荷餅 MENTHOL.

化名炭十輕二十養

此藥原出日本今中國廣川亦有之狀如樟腦即薄荷油凝結而成者

化法　濃酒一分化五分　哥羅方一分化　伊打三分化八分　奔紫年七分化十分　洋橄油四分化一分　水

甘油、微化、

外用 治各種腦氣筋疼（搽患處） 治牙疼、（用酒化之、蘸棉花塞牙穴內）

LINIMENTUM MENTHOL.

薄荷腦搽油 （製法） 薄荷腦（三分） 哥羅方（四分） 甘油（足十六分） 共化勻爲度、 治腰骨疼 腦氣筋疼、

UNGUENTUM MENTHOL.

薄荷腦油膏 （製法） 薄荷腦（六十林士） 白油膏（一兩） 杏仁油（一兩半） 鋰養（六十林士細末） 架波匿酸（三十林士） 大楓子油（半兩） 共研勻爲度、 治痔瘡 癟瘡 繡毬風、

CONUS MENTHOL.

薄荷腦錠 此藥卽薄荷腦製作尖錠者、 治腦氣筋疼 擦患處、

MENTHÆ VIRIDIS OLEUM.

綠薄荷油 又名 靑薄荷油

此藥出英美德國等處、係從鮮綠薄荷葉按公法蒸出者、

化法 濃酒（一分化一分） 純酒全化、

功用 行氣 去風 與薄荷油同、

服法 每服一至四林士、滴白糖內吞服、

綠薄荷汽水 AQUA MENTHÆ VIRIDIS. 製法 綠薄荷油一打拉門半 水一桶半 入甑蒸出一桶爲度（美國方見薄荷汽水）每服一二兩。

米紫荏又名美司士安 MEZEREUM.

此藥出歐羅巴等處，入藥用該樹之皮。

功用　行氣　在內腎發其功力。

主治　楊梅風溼　瘰癧類　久皮類病。

服法　單服者少　佐洋茯苓同服，能發表改病。

外用　釣炎　引病外出。

米紫荏伊打膏 EXTRACTUM MEZEREI ÆTHEREUM. 製法 米紫荏切碎四分 濃酒四十分 伊打五分 先用酒三十分浸三天，間時搖動，濾渣，絞盤絞之，再用餘酒浸渣三天，間時搖動，濾渣，又用絞盤絞之，二者共入甑將酒蒸回大半，入燙鍋散氣成軟膏形，裝玻塞瓶，加伊打浸一天，間時搖動，將上面浮者撈出，去渣，復入甑蒸回伊打

多半再入燙鍋散氣成軟膏爲度、此膏係配芥子製搽酒等用

米紫荏油膏 UNGUENTUM MEZEREI

製法　米紫荏伊打膏四分　煉豬油九十分　白蜂蠟十分　濃酒九分　共化勻爲度、　能使水泡作膿、

又方　米紫荏膏一分　煉豬油九分　調勻爲度、

桑椹汁俗名**桑仁汁** MORI SUCCUS.

此藥中西皆有、乃桑椹扭出之汁、

功用　爽神　輕瀉　解熱、

服法　加水服之　患熱病者飲此良便、

桑椹糖 SYRUPUS MORI.

製法　桑椹汁二十分　煉白糖三十六分　濃酒二分半　先將桑椹汁入鍋熬至將開候涼過布再入鍋加白糖、用文火消化、後加濃酒調勻爲度、　每服一二打拉門、

魚肝油又名**鰵肝油**

MISTURA MORRHUÆ

魚

此藥出北亞美利加及歐羅巴等處、乃自洋鱈魚之肝製出（此魚產於大西洋北温道之處）分白黃棕色三等、按色白者乃鮮肝所製、無甚臭味、色黃者恐非鮮魚肝矣、若由火煉而至棕色、則係敗餒魚所製、斯爲下品矣、

化法　伊打（二分化一分）　醋酸伊打（四分化一分）　純酒微化、

功用　補劑　潤劑　養生、

主治　瘰癧類　吸核變大　骨節變大　瘠疾　弓腰　久風濕　肺傷癆症　凡久病虛弱者宜服、

服法　每服一至八打拉門、作匀水服之、

肝油匀水　製法　魚肝油（二打拉門）　白樹膠（三十林士研末）　汽水（九十林士）　共研匀、漸加薄荷汽水細研之足二兩爲度、作一服用、

又方　魚肝油（二兩半）　卡喇桿膠（二十七林士研末）　水糖（二打拉門）　汽水（四兩）　濃檸檬酒（二十林士）　苦杏仁油（一林士用蒸者）　濃酒（六打拉門）　先將卡喇桿、水糖、與汽水一兩半研匀、漸

加魚肝油共研勻、再漸加餘汽水研勻、另將檸檬酒、杏仁油、濃酒化洽加入共研勻爲度、（配此藥宜不住手細細研調、）每服半兩、

海魜油 OLEUM DUGONG.

西名　突岡油

此油出澳大利亞及東印度羣島、從魜魚脂榨出、（魜魚又名鯢魚、俗名海牛、產於大印度南海、）

功用　補劑　養生　與魚肝油同而較易服、

服法　每服一至八打拉門、

麝香 MOSCHUS.

又名　麝臍香

此藥多出滿洲西藏等處、乃麝鹿陰莖前膜袋所裹之香、色紅而棕、別具一種大氣息、

化法　酒　伊打能化　凉水不化　開水微化、

功用　行氣　解轉筋　行血、

主治　病人虛弱　心悸　久噯氣、

麝香勻水 MISTURA MOSCHI.

服法　每服五至十林士、作丸或勻水服之

香勻水 製法 麝香三分 白樹膠三分 煉白糖三分 薔薇花汽水一百六十分 先將麝香與白糖研勻、再加白樹膠共研極細、漸加薔薇花汽水、研勻爲度、每服一二兩、

麝香酒 TINCTURA MOSCHI.

香酒 製法 麝香十林士 濃酒十兩 浸七天過淋紙爲度、 每服一二打拉門

妙高孥 MUCUNA.

俗名 貍豆毛

此藥出美國迤南及西印度海島、東印度羣島等處、狀如大豆、入藥用該豆莢之毛、

功用　殺蟲、近來鮮用

服法　每服十五至二十林士、加水糖和勻、日三服、再服瀉劑助之、

肉豆蔻 一名 MYRISTICA.

肉菓 又名 玉果

此藥出印度羣島、乃樹所結之菓、去外殼、用子、屬香味類、

功用　行氣　去風　亦解他藥惡味、
服法　每服五至十五林士、

肉豆蔻油 OLEUM MYRISTICÆ.

製法　此藥自肉豆蔻、按公法蒸出者、化法　純酒全化　濃酒四分半化一分
淡酒微化、每服二至四林士、滴於白糖內服之、

肉豆蔻酒 SPIRITUS MYRISTICÆ.

製法　肉豆蔻油一分　濃酒四十九分　化勻爲度、每服三十至六十林士、

肉豆蔻榨油 OLEUM MYRISTICÆ EXPRESSUM.

製法　此油自肉豆蔻榨出者、外用　作貼膏等、不入服劑、

豆蔻花 MACIS.　西名　美肆

此即肉豆蔻之蒂盤、臭味如肉豆蔻、
功用　香味藥　去風　與豆蔻同、而力較遜、

豆蔻花酒 TINCTURA MACIS.

製法　豆蔻花一分　濃酒五分　浸七天過淋紙、再加酒仍足五分
爲度、每服一二打拉門、

沒藥　又名　末藥

此藥出亞拉伯及印度亞非利加波斯等處屬膠類臭香味苦色紅黃或紅棕成塊大小不一透明者佳

化法　酒　伊打皆化　水化少許

功用　行氣　補劑　化痰　調經

主治　痰喘　久瘶瘷　經閉　處女經閉

服法　每服十至三十林士佐他藥同服

外用　治牙齦潰爛　口瘡

沒藥酒 TINCTURA MYRRHÆ.

製法　沒藥一分粗末　濃酒八分　先用酒六分浸二天間時搖動裝淋筩淋乾加餘酒漂淋用絞盤絞渣再加酒仍足八分爲度　每服半至一打拉門

沒藥漱水 GARGARISMA MYRRHÆ.

製法　沒藥酒一分　蜂蜜一分　玫瑰泡水十八分　共和勻爲度　漱咽喉用

畢畢入又名尼罷大 NECTANDRA.

此藥出南亞美利加之英基阿那，入藥用該樹之皮，味極苦，內函一精即畢畢入精。

功用 補劑 解瘧 治瘧疾，次於金雞納。

服法 每服一二打拉門。

畢畢入 BEBERINA.

精即畢畢入精 化名炭十九輕廿一淡養三

此藥自畢畢入皮提出，狀如樹脂，色淡黃，無臭，味極苦，與強水化合成鹽類。

礦強畢畢 BEBERINÆ SULPHAS.

入精 此非純礦強畢畢入精，以內函雜質，故化名未定。

此藥自畢畢入皮與礦強水等製出，結棕色之片，味極苦無臭，為末則色黃。

化法 水一至八分均能化一分，多加則分離，加至八十分則全化，酒微化。

功用　補劑　解瘧　與桂尼精同、而力較遜、
主治　瘧疾　經漏、
服法　每服補劑一至三林士　解瘧五至十林士、
反藥　反酸類　反酸炭養類　鋏溴　鋏碘　石灰水　莂酸　莂酸鹽類　收斂汽水　收斂酒類、

鎘 又名 鎳 西名 鎳鎘 NICKELUM.

此原質爲光亮之金、色白如銀、可抽爲絲、比鐵易鎔、地產者恒與信礦、鋝相合、其大用可配合白銅、亦可鍍各種機器、

礦強鎘 NICKELI SULPHAS.

化名 鎘礦養四・輕養七 舊名 鎳養硫養三・輕養
此藥自炭養鎘與淡礦強水製成結冰、色閃藍、
功用　補劑　平火安心、
主治　頭疼　處女經閉、

服法　每服半至一林士、食後服、

淡氣 又名淡 NITROGENIUM.

此氣爲原質中最要、無色無臭、空氣內具有五分之四、其雜質甚多、爆烈之料、以此爲最、如火藥等、

喜氣 化名淡養 舊名淡養 NITROGENII PROTOXIDUM.

此氣自淨硝強阿摩尼亞加熱至四百度、令發氣、過熱水淨之而成、另用受氣瓶收存、

功用　蒙劑　與哥羅方、伊打同類、而力較遜、

淡氣甘油 化名炭$_{3}$輕$_{5}$(淡養養)$_{3}$ NITROGLYCERINUM.

此藥從甘油與硝強、磺強二水製出、較各樣火藥性更猛烈、今開礦者多用之、

化法　濃酒十五分化一分　杏仁油六分化一分　極濃酒　伊打、皆化　水化少許　若用油化之、可免轟擊、

功用　治心痛　頭疼　腦氣筋疼、
服法　每服一林士三百分之一、至五十分之一、

淡氣甘油餅 TABELLÆ NITROGLYCERINI　製法　此餅卽用淡氣甘油與初高辣或甘明膠作成者、每塊內計有此油一林士百分之一、治暈船　腦氣筋疼　氣喘　每服一二塊、

淡氣甘油酒 TINCTURA NITROGLYCERINI　製法　淡氣甘油一分　濃酒一百分　化勻為度、每服半至二林士、

杏仁淡氣甘油 NITROGLYCERINUM CUM OLEO AMYGDALÆ　製法　淡氣甘油一分　杏仁油一百分　化勻為度、每服一二林士、

番木鱉 一名 馬錢子 NUX VOMICA.

此藥出印度羣島及安南等處、果大如橙、皮黃而硬、並函多核、核內函二精、一名士的年犢、卽馬錢氷、一名步魯仙、又函一酸、卽以葛蘇拉酸、
功用　少服、補腦　輕瀉　多服、發肉筋力、
主治　癱瘋類　跳舞風　滯積　久瀉　便秘　大小腸無力等病、

服法　每服一至三林士、研末服之、　但常用者惟膏酒二種爲通行之品、藥力慓悍、均勿妄用可也、

解藥　解此毒者、先服吐劑、如鋥礬　藍礬　衣必格等、　後服骨炭末　鍁溴　綠養冰　鴉片等、　亦可吸哥羅方　伊打　硝養阿末里、或用菸葉射水、並菸葉泡水、或枯喇喇空針射水、

番木鼈膏 EXTRACTUM NUCIS VOMICÆ.

製法　番木鼈子十六分　濃酒六十四分　汽水十六分　先將木鼈子劈碎、加熱至二百一十二度、烤三點鐘、或先蒸軟後烤乾、　研細末、再用酒水和勻、提出二十分與番木鼈末調勻、浸十二點鐘、裝淋筩、再加水酒二十分過淋、後漸加餘水酒淋畢、用絞盤絞渣、過淋紙、入甑蒸回酒過半、再入湯鍋散氣成膏爲度、　每服一林士四分之一至一林士、

番木鼈酒 TINCTURA NUCIS VOMICÆ.

製法　番木鼈膏一百三十三林士　汽水四兩　濃酒酌用　先將汽水加濃酒足二十兩、再加番木鼈膏化勻爲度、　每服三至二十林士、

又方　番木鼈子二分　濃酒二十分　先將番木鼈蒸軟，速烤乾研末，用酒十五分浸兩天，間時搖動，裝淋箭淋乾，加餘酒漂淋，用絞盤絞渣，過淋紙，再加酒仍足八分爲度，

番木鼈製散　PULVIS NUCIS VOMICÆ COMPOSITUS.　製法　番木鼈細末一分　雙炭養鏀三分　大黄研末三分　共研勻爲度，治飯不消化，每服五至十五林士，

又方　番木鼈子細末一分　大黄製散六分　共研勻爲度，

番木鼈製丸　PILULA NUCIS VOMICÆ COMPOSITA.　製法　番木鼈膏一林士　枯炭養鏀八林士　龍膽草膏四林士　乾薑四林士研末　辣椒研末二林士　共和勻作四丸爲度，治飯不消化，

木鼈子　MURICIA COCHINCHINENSIS.　又名木蟹

此子出安南等處，西醫不入藥用，形雖似番木鼈，而功力不同，

苦實把　IGNATIA AMARA.　豆一名呂宋菓　又名苦果　西名厄尼沙

此藥出呂宋海島，狀如扁豆，無臭，味極苦，

苦 EXTRACTUM IGNATIÆ AMARÆ.

功用 補腦 發肉筋力 與番木鼈同而力較勝、

實把豆膏 製法 按番木鼈膏法製成、每服一林士八分之一至一林士、

苦 TINCTURA IGNATIÆ AMARÆ.

實把豆酒 製法 按番木鼈酒法製成、每服二至十五林士、

士的年精 STRYCHNINA.

即番木鼈精 化名 炭廿一輕廿二淡二養二

此藥自番木鱉子提出、結冰、無色無臭、過光、藥肆常售者、色白不過光、因製時雜有石灰鎂養等質少許故也、其味極苦、性甚酷烈、與強水類能化合成鹽類、

化法 水五千七百六十分化一分 濃酒一百四十分化一分 淡酒四百分化一分 哥羅方六分化一分 純酒 伊打微化 強水類易化、

功用 補腦 發肉筋力 與番木鼈同而力較勝、

主治 癱瘋 鉛毒致癱瘓 經不調致羊癇風 腦氣筋疼 陽痿、

服法 每服一林士三十分之一至十二分之一、

解藥　解此毒者哥羅方　顛茄　草烏頭酒　莫非精　菸葉　綠養水　上見番木鼈解法，宜速解，

LIQUOR STRYCHNINÆ HYDROCHLORATIS.

士的年精水　又名鹽強士的年精水　製法　士的年精九林士　淡鹽強水十四林士　濃酒四打拉門　汽水十二打拉門　先用水四打拉門與鹽強水和勻，加士的年精用火消化，再加餘水及濃酒共調勻為度，　每服四至十林士，按此水每一百零八林士內計有士的年精一林士

STRYCHNINÆ SULPHAS.

磺強士的年精　化名　炭輕淡養·輕二磺養四·輕七養

此藥自士的年精與磺強水製出，結冰色白，味極苦，無臭，

化法　水十分化一分　酒六十分化一分　甘油二十六分化一分　伊打不化，

功用　服法　均與士的年精同，此較易化便用，

LIQUOR STRYCHNINÆ SULPHATIS.

磺強士的年精水　製法　磺強士的年精九林士　濃酒四打拉門　汽水十二打拉門　先用汽水化士的年精，再加酒調勻為度，　每服四至十林士，

洋橄油 又名 OLIVÆ OLEUM.

白橄油

此藥出歐洲南界、自洋橄欖仁製出者、

化法　伊打二分化一分　濃酒化少許、

功用　養生　輕瀉　潤劑、西國以此油為食物、與中國香油同、

服法　每服半至一兩、

外用　作射水令瀉、亦配油膏、搽油、貼膏等、中華香油、花生油、可代此油用之、

橄欖 又名 CANARIUM PIMELA.

青果

此果狀似洋橄欖、但內函油質不同、亦不入藥用、

花生油 OLEUM ARACHIS.

此油自花生仁即長生菓、榨出者、各國皆有、

功用　瀉劑　養生　與洋橄油同、

石栗油

此藥出廣東等處、自石栗子製出、
功用　瀉劑　與蓖麻油同、

菜子油 OLEUM BRASSICÆ.

此油出大江南北等處、乃自油菜子製出、
功用　潤劑　養生　與香油、洋橄油同、

茶油 OLEUM CAMELLIÆ.

此油出江西湖南等處、乃自一種茶樹之子榨出、
功用　潤劑　與洋橄油同、

豆油 OLEUM DOLICHOS.

此油出中國北方等處、自黃豆黑豆榨出、
功用　與香油同而味異、

棕油 OLEUM PALMÆ.

此油出亞非利加及西印度羣島等處、乃自洋棕樹子榨出、狀似嫻油、臭香、色黃而棕、

功用　配胰子及油膏等、

木油 又名 柏油 又名 白油

OLEUM STILLINGIÆ CONCRETUM.

此油出中國南方、乃從柏木子製出、狀如羊油、色白無味、

功用　代羊油作油膏類、南方灌燭常用、

青油

OLEUM STILLINGIÆ EXPRESSUM.

此即柏子內榨出之油、分定流二質、定者即白油、流者即青油也、青油西國不入藥用

稻米麫 一名 大米麫

ORIZÆ FARINA.

此即粳米或糯米磨作麵者、但作敷藥、糯米為上、

功用　配敷藥　治瘡症、

稻米敷藥 CATAPLASMA ORYZÆ.

製法　稻米麪四分或江米麵　沸水足用　將麪漸加水、調成稠糊爲度、敷瘡用、

鷄蛋青 即 蛋青 又名 蛋精 OVI ALBUMEN.

蛋青之質西名阿布門、化名炭五十三輕七淡十五養廿二磺一、此質不但卵內有之、精血乳內亦函之、即動物植物汁內皆有、書中所云蛋青類者卽此、醫家所云此質、血內所函爲血精、乳內所函爲乳精、蛋內所函爲蛋精、動物所函總名爲動物精、植物所函爲植物精、

功用　潤劑　養生　解雙綠汞及藍礬之毒　配水藥類若混者、加蛋青少許、卽可變清、

鷄蛋黃 即 蛋黃 OVI VITELLUS.

功用　配伯蘭地勻水、或作蓖麻子射水恒用之

養 又名 養氣 OXYGENIUM.

此氣爲萬物中最多最要之原質、無色、無味、無臭、其所成雜質最多、除

弗氣之外、與各原質皆能化合、天氣中每五分、淡氣居四、養氣居一、人畜晝夜呼吸、皆賴此氣以養生命、功用極大、

阿純 又名 **臭養氣** 一名 **電臭氣** OZONUM.

此卽養氣變性而成者、詳見化學、

白芍 又名 **金芍藥** PÆONIA ALBIFLORA.

此藥出河南、安徽等處、入藥用根、

功用　收斂　治痢疾　經漏、

服法　作泡水及酒等用、

白芍泡水 INFUSUM PÆONIÆ. 製法　白芍一分搗爛　沸水十分　泡二點鐘濾渣爲度、　每服二三兩、

白芍酒 TINCTURA PÆONIÆ. 製法　白芍一分搗爛　淡酒五分　先用酒三分浸二天間時搖動、裝淋筩淋乾、再加餘酒漂淋、仍足五分爲度、

人參 一名 **蓡** PANAX GINSENG.

此藥出高麗滿洲等處入藥用根狀如人身故名

功用　行氣　提神　開胃暖胃

人參膏 EXTRACTUM GINSENG.

製法　人參一分搗爛　濃酒酌用　先用酒八分浸七天間時搖動裝淋筩淋乾加淡酒漂淋至無藥味入甑蒸回酒來再入燙鍋散氣成膏爲度

每服三至五林士

人參酒 TINCTURA GINSENG.

製法　人參一分搗爛　濃酒八分　先用酒六分浸七天間時搖動裝淋筩淋乾加餘酒漂淋用絞盤絞渣過淋紙再加酒仍足八分爲度

洋參 西名眞性 PANAX QUINQUEFOLIA.

（人參二字西讀作眞性）

此藥出美國等處入藥用根色黃味甜而香

功用　行氣　與人參畧同而力較遜西醫鮮用

甜肉汁匀水 EMULSIO PANCREATINI

一名息肉匀水

此藥係從豬之甜肉取出（甜肉夾脊在胃下大小腸之上形長而薄中名胰子亦爲息肉）

製法　豬甜肉（二十五斤用鮮者）　豬肉（二十斤）　水（三筩）　先將甜肉入石臼搗爛，再加豬油共搗爛，漸加水至三筩，過布扭淨，按每汁一分加伊打三分調勻，候藥分爲兩層，將上層（即伊打與肉汁化合浮上者）捋出，過淋紙，入甑蒸回伊打，再將汁入臼，每二分加濃酒一分，汽水三分，慢研勻，末加丁香油少許爲度。

功用　治滯積　飯不消化（人腹內甜肉汁，助消化食物，病者不足以此補之）

服法　每服一至四打拉門　加水或牛嬭服之，每日二三次。

紅罌粟又名野罌粟（又名　榖罌粟　俗名　美人草）　PAPAVER RHŒAS.

此藥出英美等國，雖與罌粟同類，其狀有異，入藥用該花之瓣。

功用　寧睡　與罌粟同，而力大遜，又配他藥取其色豔。

紅罌粟糖　SYRUPUS RHŒADOS.

製法　紅罌粟花（十三分鮮瓣）　煉白糖（三十六分）　汽水（二十分或酌用）　濃酒（二分半）　先將汽水入燙鍋，漸加罌粟瓣調勻，去火浸十二點鐘，濾渣，用絞盤絞之，加白糖火化，候涼，加酒，末加汽水足四十三分半爲度。　每服一二打拉門

治小兒瘀癧、

罌粟 又名 御米
PAPAVER SOMNIFERUM.

此藥原出印度、波斯等處、漸傳流至中國雲南四川栽植、今各處多有之、入藥用殼、更有取其汁、晾乾成鴉片者、

功用　寧睡　止疼　發表、下見鴉片、

罌粟殼 俗名 米囊
PAPAVERIS CAPSULÆ.

此藥即罌粟將熟時折取之殼、配膏糖等用、功力較鴉片大遜、

罌粟煮水
DECOCTUM PAPAVERIS.

製法　罌粟殼二兩搥碎　汽水三十兩　共入鍋蓋嚴、熬十分鐘、濾渣、加汽水淋之足二十分爲度、　用手巾蘸敷患處、治疼痛、亦治皮類病、熱用方效、

罌粟膏
EXTRACTUM PAPAVERIS

製法　罌粟殼十六兩去核粗末　濃酒二兩　沸汽水酌用　先用水四十兩浸罌粟一天、間時調和、裝淋筩淋乾、漸加沸水淋足一百六十兩、或至藥無味、入燙鍋散氣、留二十兩爲止、候涼加酒、待一日過淋紙、復入燙鍋散氣成膏爲

度、每服二至五林士、

罌粟糖 SYRUPUS PAPAVERIS.

製法　罌粟殼三十六兩去核粗末　濃酒十六兩　煉白糖六十四兩　沸汽水酌用　先用沸汽水八十兩浸罌粟殼一天間時搖動裝淋篩淋乾再加沸汽水淋足三百二十兩、或至藥無味、入燙鍋散氣剩六十兩爲止候涼加酒待十二點鐘過淋紙再入甑將酒蒸回入燙鍋散氣剩四十兩加煉白糖和勻爲度、宜得糖七十八兩零六打拉門　每服一打拉門　小兒每服十至二十林士酌爲加減可也、

罌粟流膏 EXTRACTUM PAPAVERIS LIQUIDUM.

製法　按製罌粟糖法、未加白糖與酒之先、入燙鍋散氣剩六十兩爲止再按每三分藥加濃酒一分調勻爲度、每服三十至六十林士、

罌子油 OLEUM PAPAVERIS.

製法　此油自罌粟子內榨出者色淡黃無臭與香油同用無鴉片毒、每子二分能出油一分

鴉片 OPIUM. 一名耦賓又名阿芙蓉

此藥出印度波斯土耳其及中國等處乃罌粟之汁造成今西醫通用

者以土耳其所產爲上品細覈鴉片內函十八精二酸一莫非精二口代精三蘇豆莫非精四拉但尼精五口大米精六拉但瀘斯精七提拜精即巴喇莫非精八渴立披精九酡樓頭披精十巴巴維林精十一納而細精十二欒頭披精十三拏葛底精即拏葛定十四海斗扣打精十五美幹尼頭精十六類亞顛精十七鴉片尼精十八拍非樓枕精共二酸一美幹淜酸二斕酸即抵波斕酸又有一中立性之底即美幹年等名目按鴉片十八精內惟莫非精爲最要之品而莫非精在鴉片內未分之時與美幹淜酸合者亦屬鹽類即美幹淜莫非精總計鴉片一林士能出莫非精一林士十五分之一至十分之一而上等鴉片乾土十四分能出細末十二分若煉淨膏則能出七分水酒淡強水類均能提出鴉片功力

化法　酒化五分之四或四分之三　水化四分之三　伊打不化

功用　止疼　寧睡　發表　阻內津液　雖能發表總濟周身津液

少服提神行血使人脈數而實　多服令人昏睡發表頭疼煩渴便

燥嘔吐等狀、過服、則令人沈睡不省、常服、使人胃弱不化、呼吸短少、致血內養氣不足、

服法　每服半至二林士、或作膏酒等服之、

反藥　反酸炭養類　石灰水　鉛鐵銅汞錏等鹽類　信石鋏水

收斂草藥類、收斂類雖與不合、未必敗其功力、亦間有用之者、如炭醫酸、鉛霜等、

解藥　解此毒者、先用吐劑、如礦強銅、十林士　或礦強錏二三十林士　或白礬半兩　或芥末半兩　用陰陽水一碗化服、令吐後再多飲溫水助嘔、至吐清水為止、後再飲加非茶或濃細茶、或服加非精、又扶助行走、勿寐、倘患者不能服藥、即用抽水節將該毒抽淨、次將濃加非茶或加非精送入胃內、若仍見迷昏之狀、再用空針、射了刀邊精水五至十林士入皮內、以敗其毒、外用冷水洗面及前後心、或用手巾蘸水拍打亦可、但行此數法之後、若見氣息還不舒展、急將患者二臂屈伸、助其呼吸、或用電機震動

其身、亦救急之一法也、

鴉片糕 CONFECTIO OPII.

製法　鴉片製散一百林士　水糖三百林士　和勻成糕為度、　每服五至二十林士　令人美睡、

鴉片貼膏 EMPLASTRUM OPII.

製法　鴉片一分極細末　松香貼膏九分　先將松香貼膏入燙鍋化開、再漸加鴉片末、調極勻為度、　治筋骨疼、

鴉片射水 ENEMA OPII.

製法　鴉片酒半打拉門　粉子漿二兩　和勻為度、　作一次射之、　治痢疾　泄瀉、此方最妙、

鴉片膏 EXTRACTUM OPII

製法　鴉片土十六兩切薄片　汽水一百二十兩　先用水四十兩浸鴉片一天、過布絞渣、再用水四十兩製如前法、三次亦如之、共將三水合一、過呢子布、入燙鍋散氣、剩八兩秤為度、　每服半至一林士、此膏行氣之力、比鴉片土畧小、惟用平火安心、又為最良之品、

鴉片流膏 EXTRACTUM OPII LIQUIDUM.

製法　鴉片膏一分　汽水十六分　濃酒四分　先用水泡鴉片膏一點鐘、頻調、加酒和勻、過淋紙為度、成膏宜有二十分、　每服十至四十林士、

鴉片 LINIMENTUM OPII.

搽酒 製法 鴉片酒一分 胰子搽酒一分 和勻爲度 治風濕疼 腦氣筋疼、

鴉片 PILULA SAPONIS COMPOSITA.

胰子丸 又名 胰子製丸 製法 鴉片細末一分 白胰子研末四分 甘油酌用 先將鴉片、胰子研勻、加甘油成丸爲度、 每服三至五林士、

鴉片 PULVIS OPII COMPOSITUS.

製散 製法 鴉片研末三分 胡椒研末四分 乾薑研末十分 胡荽研末十二分 卡喇桿膠研末一分 共和勻過細羅輕研勻爲度、 每服二至五林士 治肚疼 泄瀉、

鴉片 PULVIS IPECACUANHÆ COMPOSITUS.

表散 又名 衣必格製散 製法 鴉片研末一分 衣必格研末一分 磺強鉀爲末八分 共和勻過細羅輕研勻爲度、 每服五至十林士、發表止疼、 治痢疾 治疶瀉、恒佐單綠汞和服 治胃疼、去火、宜用三四林士、

鴉片 TINCTURA OPII.

酒 製法 鴉片粗末一分半 淡酒二十分 浸七天濾渣、用絞盤絞之、過淋紙、再加淡酒仍足二十分爲度、 每服五至四十林士 止疼、寧睡、比鴉片畧速、

鴉片 TINCTURA OPII AMMONIATA.

阿摩尼亞酒 製法 鴉片一百林士研末 番紅花一百八十林士切碎 辦佐匿酸一百八十林士 八角油六十

林士 濃阿摩尼亞水四兩 濃酒十六兩 共入有蓋器內浸七天、間時搖動、濾渣、再加濃酒、仍足二十分爲度、 每服半至一打拉門、 與鴉片樟腦酒同用、

鴉片樟腦酒 TINCTURA CAMPHORAE COMPOSITA.

鴉片樟腦酒 又名 樟腦製酒 製法 鴉片四十林士粗末 辨佐酸四十林士 樟腦三十林士 八角油半打拉門 淡酒二十兩 共浸七天、過淋紙、再加淡酒、仍足二十兩爲度、 治胃氣疼 肚疼 疴瀉 痢疾 每服六十至一百二十林士、 治氣管痰及癆症瘷瘷 每服十五至六十林士、

鴉片冰糖 TROCHISCI OPII

鴉片冰糖 製法 鴉片膏七十二林士 到魯酒半兩 煉白糖十六兩細末 白樹膠二兩細末 甘草膏六兩 汽水酌用 共調成團、分作七百二十塊、焙乾爲度、 每服一二塊 治瘷瘷、

鴉片葡酒 VINUM OPII.

鴉片葡酒 製法 鴉片膏一兩 肉桂七十五林士搗爛 丁香七十五林士搗爛 白葡酒二十兩 共浸七天、間時搖動、過淋紙、再加酒淋渣、仍足二十兩爲度、 每服十至四十

林士、與鴉片酒同用但力較遜、

又方 鴉片一分半研末 白葡酒二十分 浸七天過淋紙再加酒仍足二十分爲度、每服十至四十林士、治火眼餘毒每早用二三滴點眼內此方內無香類藥故與上方稍異、

鴉片醋酸 ACETUM OPII.

鴉片醋酸 製法 鴉片十分粗末 肉豆蔻三分粗末 淡醋酸酌用或醨醋亦可 白糖二十分 先用淡醋酸五十分浸鴉片肉豆蔻一天裝尖淋筩淋乾先淋者若濁再入筩淋淨 漸加淡醋酸漂淋足八十分爲止再加白糖自化末加淡醋酸足一百分爲度、每服六至十林士、

鴉片汽水 AQUA OPII.

鴉片汽水 製法 鴉片乾土一分研末 水十二分 入甑蒸出六分爲度、洗眼藥內加少許止疼痛、用此汽水一分 三布球汽水七分 和勻洗火眼亦止疼、

鴉片樟腦丸 PILULA OPII ET CAMPHORÆ.

鴉片樟腦丸 製法 鴉片半林士研末 樟腦二林士研末 辣椒半林士研末 共研勻加蜂蜜作一丸爲度、治新瘧瀉、新痢疾、

PILULA OPII ET CAMPHORÆ CUM ACIDO TANNICO.

鴉片樟腦炭匿酸丸 製法 鴉片研末半林士 樟腦研末二林士 炭匿酸四林士 共研勻加蜂蜜作二丸為度、治痼瀉 痢疾、火敗後可服、

PILULA OPII ET CUPRI.

鴉片藍礬木鼈丸 製法 鴉片研末二林士 番木鼈膏一林士半 藍礬細末半林士 共研勻作六丸為度、治久瀉、久痢疾、

PILULA CARMINATIVA.

鴉片表散製丸 製法 鴉片表散三林士 薄荷油半林士 辣椒研末半林士 肉桂研末一林士 乾薑研末一林士 用甘草膏作一丸為度、治肚疼 心口疼、

PILULA ANTIOPIATA.

戒鴉片丸 製法 佛茄兒花子一百二十五林士 或 龍膽草膏五十林士 樟腦五十林士 肉桂製散一百林士 蜂蜜酌用 共研勻作一百丸為度、

又方 金雞納霜五十林士 樟腦五十林士 鬧洋花膏五十林士 高告膏二百五十林士 肉桂製散一百林士 共研勻作一百丸為度、

又方 鹽強高告精二十五林士 鹽強桂尼精五十林士 樟腦五十林士 鬧洋花膏五十林士 龍膽草膏酌用 共研勻作一百丸為度、 每服一丸每時一次、吹煙癮而非病故服

補劑、行氣劑、平心劑、能解之、市肆所售戒烟藥、內函鴉片膏、或莫非釄、故服之罔然、

鴉片尖丸 SUPPOSITORIA OPII.

製法 鴉片二林士或膏一林士研末 得波麻油十三林士 化勻作一丸爲度、治痢疾、

濃鴉片樟腦酒 TINCTURA CAMPHORÆ COMPOSITA CONCENTRATA.

又名安寧酒 製法 鴉片六分研末 辨佐匿酸六分 樟腦四分半 八角油四分半 濃酒八十分 共浸七天過淋紙、再加濃酒仍足八十分爲度、每服五至二十林士、治肚疼 胃氣疼、功力與鴉片酒同宜慎服之、每七分、加哥羅方一分、治泄瀉及霍亂最妙、

無臭鴉片酒 TINCTURA OPII DEODORATA.

製法 鴉片十分細末 濃酒二十分 伊打二十分 汽水酌用 先用水四十分浸鴉片一天過布扭淨、再用水四十分浸渣一天過布扭淨、如此三次、將三水和勻入燙鍋散氣、剩十分爲止、候凉入瓶加伊打擂極勻、候分兩層、將上層取出不用、餘入燙鍋散氣至無伊打味、加汽水五十分過淋紙、再用汽水漂淋至八十分秤、末加濃酒調勻爲度、 每服五至二十五林士、 此酒較易服、

鴉片油膏 製法 鴉片軟膏一分 白油膏九分 調勻爲度、治疼痛擦患處、

MORPHINA. UNGUENTUM OPII.

莫非精 即鴉片精 化名 炭十七輕十九淡養三·輕養二

此藥自鴉片提出、結冰過光、無色無臭、味極苦、與強水類能化合成鹽類、且覈莫非精原在鴉片內、與美幹泐酸化合者、亦屬鹽類、近時市肆所售白藥粉內中多函莫非精鹽等類、與服鴉片無別、

化法 伊打 冷水、微化 沸水五百分化一分 濃酒四十分化一分 沸酒 油類、均能多化、強水類皆化、

功用 止疼 寧睡 發表、均與鴉片同、而力尤大、但不似鴉片使人有便燥、頭疼、嘔吐、等症耳、因此藥水不易化、故須用該鹽類、如磺強鹽強莫非精等、總計莫非精鹽類一林士、可抵鴉片十九林士、鴉片末八林士、鴉片膏四林士半、鴉片酒一百一十七林士、用藥者不可不知也、

反藥 反酸類 收歛藥類、

解藥 解此毒者、與解鴉片毒同、見上

醋酸莫非精 MORPHINÆ ACETAS.

化名 炭十七輕十九淡養三·輕炭二輕三養二·輕二養

此藥自鹽強莫非精與醋酸製出、結散、色白、味苦、

化法 水二分半化一分 濃酒一百分化一分 甘油五分化一分

功用 止疼 寧睡 發表 與鴉片同、而力較勝、

服法 每服一林士八分之一、至半林士、此藥因水易化、故空針射水多用之、

醋酸莫非精空針射水 INJECTIO MORPHINÆ HYPODERMICA.

製法 鹽強莫非精九十二林士 淡阿摩尼亞水 濃醋酸 汽水各酌用 先用汽水二兩加文火化鹽強莫非精、再漸加淡阿摩尼亞水、至汽水變渾、莫非精降爲散、並餘水微變反酸、以試紙驗之 候涼過淋紙、加水洗淨紙上之渣、即莫非精降散 淋乾、入小磁鍋加汽水一兩、用文火漸加濃醋酸、至莫非精消化、使水變爲微酸、再加汽水足二兩、過淋紙爲度、 玻塞瓶存暗室、 每次用一至五林士、每十林士內計有醋酸莫非精一林士

醋酸莫非精水 LIQUOR MORPHINÆ ACETATIS.

製法 醋酸莫非精九林士 淡醋酸十八林士 濃酒半兩 汽水一兩半 先

將淡醋酸、濃酒汽水、共調冶、再加醋酸莫非精、化勻爲度。每服十至六十林士。每一百零七林士計有莫非精一林士。

莫非丫刀邊精穴針射水 *INJECTIO MORPHINÆ ET ATROPINÆ HYPODERMICA.*

製法　醋酸莫非精二十林士、磺強丫刀邊精半林士、汽水一百二十林士、共入鍋用文火化勻爲度。每次用一至三林士。

莫非丫刀邊精穴針輪子 *LAMELLÆ MORPHINÆ ET ATROPINÆ HYPODERMICA.*

製法　此輪子自磺強丫刀邊精與磺強莫非精及明牛膠配成。或用醋酸雙美幹渤各莫非精皆可。每次用一輪子、化水內射之。

莫非精穴針輪子 *LAMELLÆ MORPHINÆ HYPODERMICÆ.*

製法　此輪子用醋酸、磺強、雙美幹渤、各莫非精皆可、與明牛膠配成。每次用一輪子。

美幹渤莫非精 *MORPHINÆ MECONAS.*

化名　炭輕淡養二炭七輕四養七·輕養五

此藥自莫非精與美幹渤酸製成結冰、色白無臭。

化法　水三十四分化一分

功用　止疼、寧睡。與磺強、鹽強莫非精同。

服法　每服一林士八分之一、至半林士、

雙美幹泐莫非精水 MORPHINÆ BIMECONATIS LIQUOR.

莫非精水 化名 炭十七輕十九淡養三·炭十七輕七養四二水

製法　鹽強莫非精九林士　美幹泐酸六林士　濃酒半兩　淡阿摩尼亞水　汽水各酌用　先用汽水三打拉門、加文火化鹽強莫非精、再加阿摩尼亞水至莫非精全降爲散、候涼、過淋紙、用汽水洗紙上之渣、即莫非精降散至所洗之水、加銀丹水不變渾降散爲止、淋乾、再將莫非精降散、加汽水足一兩半、又加濃酒美幹泐酸共化勻爲度、　每服五至四十林士、

鹽強莫非精 MORPHINÆ HYDROCHLORAS.

精 化名 炭十七輕十九淡養三·輕綠·輕養

此藥自莫非精與鹽強水製出結冰、狀如針芒色白味苦、

化法　水二十四分化一分　濃酒九十分化一分　甘油八分化一分　伊打不化、

功用　寧睡　止疼　發表　與鴉片同、而力較勝、

服法　每服一林士八分之一、至半林士、

鹽強莫非精水 LIQUOR MORPHINÆ HYDROCHLORATIS.

莫非精水製法鹽強莫非精九林士淡鹽強水十八林士濃酒半兩汽水一兩半共化勻爲度、每服十至六十林士、每一百零九林士計有莫非精一林士

莫非精尖丸 SUPPOSITORIA MORPHINÆ.

精尖丸製法鹽強莫非精六林士得波麻油一百七十四林士先用得波麻油二十四林士、與鹽強莫非精入溫臼研勻、再將餘得波麻油文火消化、傾於一處、共調極勻、入十五林士之模爲丸、每丸內計有莫非精半林士治下墜、急痳等、

莫非精胰子尖丸 SUPPOSITORIA MORPHINÆ CUM SAPONE.

精胰子尖丸製法鹽強莫非精六林士粉子甘油三十林士脂油胰子一百林士研末粉子足用研末先將莫非精、粉子甘油、胰子共研勻、再加粉子末調成稠糊、分作十二丸爲度、每丸內計有莫非精半林士與上同用、

莫非精冰糖 TROCHISCA MORPHINÆ.

精冰糖製法鹽強莫非精二十林士到畓酒半兩煉白糖二十四兩細末白樹膠一兩細末白樹膠漿二兩或足用沸汽水半兩先用汽水化鹽強莫非精、再將到畓酒、白樹膠漿、調勻加入、又將白樹膠、白糖、研勻加入、共和勻分爲七百二十塊、焙乾爲度、每服一二塊、

莫非 TROCHISCI MORPHINÆ ET IPECACUANHÆ. 精衣必格冰糖 又名 衣必格莫非精冰糖，見衣必格類。

莫 SYRUPUS MORPHINÆ. 非精糖 製法 鹽強莫非精水 一兩 水糖 十六兩 調勻爲度，每服一二打拉門，此糖與冰糖二方易服。

磺強莫非 MORPHINÆ SULPHAS. 精 化名 〔炭十七輕十九淡養三〕二·輕二磺養四·輕二養五

此藥自莫非精與磺強水製出結冰，色白味苦。

化法 冷水二十分化一分，濃酒化少許。

功用 寧睡，止疼，發表同上，代鹽強醋酸各等莫非精常用之，

服法 每服一林士八分之一至半林士。

磺 INJECTIO MORPHINÆ SULPHATIS HYPODERMICA. 強莫非精空針射水 製法 磺強莫非精 十六林士 汽水 一兩 化勻爲度，每次用四至八林士。

磺 INJECTIO MORPHINÆ ET ATROPINÆ SULPHATIS HYPODERMICA. 強莫非丫刀邊精空針射水 製法 磺強莫非精 十六林士 磺強丫刀邊精 一林士 汽水 一兩 共化勻爲度，每次用三至五林士。

葡酸莫 MORPHINÆ TARTRAS.

非穚 化名 炭輕淡養炭輕養·輕養

此藥自莫非穚與葡酸製出結白色之散、

化法　法十分化一分 濃酒化少許、

服法　每服一林士八分之一、至半林士、

葡酸莫非穚空針射水 INJECTIO MORPHINÆ TARTRATIS HYPODERMICA.

製法 葡酸莫非穚三十林士 汽水六打拉門 化勻爲度、每次用一至六林士、

丫浦莫 APOMORPHINA.

非穚 又名 阿甫壓非 化名 炭輕淡養

此藥自莫非穚與鹽強水多加熱製出、再用雙炭養鏀伊打等煉成爲白色之散、露空氣則變綠色、

功用　上品吐劑　誤服毒藥用此妙、

服法　每服一林士二十分之一、至十分之一、加水冲服或用空針射之亦可、

鹽強丫浦 APOMORPHINÆ HYDROCHLORAS.

莫非精 化名 炭十七輕十七淡養二・輕綠

此藥自丫浦莫非精與鹽強水製出、結灰白之散、見光及熱或露空氣則變綠色、

化法 水七十分化一分 濃酒五十分化一分 哥羅方 伊打不化、

功用 吐劑 與丫浦莫非精同、

服法 每服一林士二十五分之一、至六分之一、或作空針射水用、

丫浦 INJECTIO APOMORPHINÆ HYPODERMICA.

莫非精空針射水 製法 鹽強丫浦莫非精二林士 樟腦汽水一百林士 化勻、過淋紙為度、不耐久存、 每次用二至八林士、 誤服毒藥者用此令吐極妙、

口代精 卽 CODEINA.

鴉片二精 又名 高底亞 化名 炭十八輕廿一淡養三・輕二養

此藥自鴉片提出、結冰色白、味苦、無色無臭、

化法 冷水八十分化一分 沸水二十四分化一分 濃酒 哥羅方二分化一分 伊打三十分化一分 辨蘇二十分化一分

功用　寧睡　與鴉片畧同、

主治　尿變甜　聲管久瘶　久瘶瘶、

服法　每服治瘶瘶、一林士四分之一、至一林士、　治尿變甜、每服一二林士、

口 SYRUPUS CODEINÆ.

代糒糖　製法　口代糒八林士　汽水一兩　水糖七兩　先將口代糒汽水、入臼研勻、加水糖、入燙鍋化勻、再加汽水、仍足八兩爲度、　每服一二打拉門、

口 TABELLÆ CODEINÆ.

代糒餅　製法　此餅自口代糒、與甘明膠製成、　每服一塊、　治瘶瘶、每塊餅內計有口代糒一林士八分之一、

礦強口 CODEINÆ SULPHAS.

代糒

此藥自口代糒與礦強水製出、

功用　服法　與口代糒同、

巴喇紛又名 PARAFFINUM.

石腦藥

硬巴喇紛 PARAFFINUM DURUM.

此藥分硬軟二種、製法不同、但功用則一、

又名　石腦

此藥自一種軟石蒸出、形如白蠟、無臭無味、

化法　純酒　伊打、微化　水不化　加熱自一百十至百四十五度自化、

功用　潤皮劑　配油膏、代白蜂蠟用、

軟巴喇紛 PARAFFINUM MOLLE.

又名　石腦脂

此藥自石腦油製出、體軟如糡、透光、色白黃不等、煉淨者色白、次則色黃、

化法　伊打　哥羅方　辨蘇　松節油　油類皆化　純酒微化

水不化　加熱自九十五至一百零五度自化、

功用　潤皮劑　配油膏可代豬油　用巴喇粉二種造油膏、遠勝他油、久存不壞也、

花士玲 VASELINUM.

叩摸玲 COSMOLINUM.

此藥與軟巴喇紛同，但此爲市肆之名，製法無定，而軟巴喇紛乃藥局之名，製造有定者也。

度柔玲 DUREOLUM.

此藥自石腦油製出，與花士玲同類。

彼拉屯 PETROLEATUM.

此藥亦由石腦油製出，與上同類。

石腦油 PETROLEUM.

此卽美國名軟巴喇紛也。

又名火油　俗名洋油

此油出美國等處，原由地井內抽出，而後煉成者。

外用　治風濕疼　疥疾。

奔紫年 BENZINUM.

又名石腦酒　化名炭$_{五}$輕$_{十二}$炭$_{六}$輕$_{十四}$

此物從石腦油內蒸出、狀如伊打、別有一種氣息、

功用　試驗藥性　能去一切油垢、　不入藥劑、

配雷拉 一名 沛離拉 PAREIRA.

此藥出巴拉西國、入藥用該草之根、無臭味苦、

功用　補劑　輕瀉　利小便　在膀胱內皮發其功力、

主治　砂淋　白淋　尿具病類、

服法　每服三十至六十林士、　佐鴉片同服、

反藥　鐵上鹽類　鉛鹽類　海碘酒、

配雷拉煮水 DECOCTUM PAREIRÆ

製法　配雷拉二分半粗末　汽水四十分　入鍋熬十五分鐘、濾渣、再加汽水仍足四十分為度、　每服一二兩、

配雷拉膏 EXTRACTUM PAREIRÆ

製法　配雷拉一分細末　沸汽水十分或酊用　先用水一分半浸一天、裝淋篩淋乾、再加水漂淋足十分或至藥無味、為止、入燙鍋散氣成膏為度、　每服十至

三十林士、

配雷拉流膏 EXTRACTUM PAREIRÆ LIQUIDUM.

製法　配雷拉膏四分　濃酒一分與汽水三分和勻者是用　先用酒水十分化配雷拉膏、過淋紙、再加酒水共足十六分為度、　每服半至二打拉門、

南瓜核 PEPO.　又名　京瓜核

此藥中西均有、即南瓜乾核去皮用之、

功用　殺扁蟲、

服法　每服一二兩、

胃酸　西名　PEPSINA.　嗶先

此藥自新殺小牛之胃、或豬羊之胃製出、為散、色黃味鹹、

製法　將胃剖開、鋪平板上、用水輕輕洗淨上面污穢、再用鈍刀刮胃之內膜與汁、薄攤平玻璃上、用文火不過一百度焙乾、或烈日晒乾、研末為度、

玻塞瓶存貯、

化法　酒　水、微化、

功用　補胃　治滯積　飯不消化、此從胃內汁製配、故能助胃消化、

服法　每服三至五林士、和飯同服、或飯後服亦可、

胃酸製丸 PILULA PEPSINÆ COMPOSITA.

製法　胃酸二林士　硝強鉍四林士　清鐵粉二林士　番木鼈膏半林士　共研勻作二丸為度、　治飯不消化、

雞內金 INGLUVIN.

又名　雞肫皮

此藥即雞肫內皮取出晒乾、

功用　助胃　與胃酸同、

野芹菜 PETROSELINUM.

又名　野胡荽山東名芫荽

此藥中西皆有根葉與子均可用、

功用　開胃暖胃　利小便　調經、

服法　每服用子、十至十五林士、根葉泡水、可多服、或服其油、功力較大、

野芹菜油 APIOL. 西名鴉皮羅　此油自野芹子按公法蒸出、功能調經、每服五六林士、此油久存結冰、即芹菜腦、能力較大、西醫今有用者、

燐 PHOSPOHORUS. 一名光藥 又名猛火油 俗名鬼火

此原質自動物骨內製出、爲半明半軟之質、面光如蠟、恒與空中養氣化合而發光焰、故收存必在水中、若受熱至一百一十度、即鎔化、性甚猛烈、過服則害人、

化法　炭礦一分化二分　洋橄油六十分化一分　哥羅方二十五分化一分　熱油易化　沸濃酒伊打微化、水不化、

功用　行氣　補腦　補腎、在內外腎皆發功力

主治　病人虛弱　腦髓病類　脊骨變軟　陽痿、

服法　不可單服、須配合他藥同服、近來藥肆恒用者、惟下燐養鹽類、

爲通行之品、

解藥　解此毒先服藍礬十林士令吐、再服松節油半至一打拉門、後用莫非觔止腹疼、洋火之毒、卽在此物、慎服者宜照此救之、

燐橄油 OLEUM PHOSPHORATUM

製法　燐十六林士　熟洋橄油四兩　熟此油宜入鍋加熱至三百度待一刻鐘傾出候冷、過淋紙爲度、　將二者共入容四兩半之瓶內、放燙鍋內、加熱至一百八十度、間時搖動至化勻爲度、

每服五至十林士、

燐丸 PILULA PHOSPHORI.

製法　燐三林士　到魯脂一百二十林士　黃蠟五十七林士　脂油胰子九十林士　先用沸水半磁臼、再將燐與到魯脂加入、候變軟、卽在水內細研勻爲團、仍存於水內備用、用時、每二林士加脂油胰子一林士爲丸、若團變硬、加濃酒幾滴卽軟、　每服二至四林士、

又方 (CUM SEVÔ.)　燐十林士　羊油五百林士　甘草末二百九十林士　洋乳香一百林士研末　先將羊油入燙鍋鎔化、加燐共調至化勻、另將甘草乳香研勻、焙乾入瓶、放沸水內、將化

勻之爍，加入封固，在沸水內搖勻成團爲度，每服三林士，

酸漿子 PHYSALIS ALKALENGI.
西名非撒立
此藥出歐洲及中國等處，入藥用該草之子，色棕紅，味酸而苦，
功用　動膽汁　利小便，

酸漿酒 TINCTURA PHYSALIS.
製法　乾酸漿子二分　淡酒八分　浸七天，過淋紙，加酒仍足八分爲度，每服一二打拉門，

加喇巴子 PHYSOSTIGMA.
又名客拉巴豆　一名非西格嗎
此藥出亞非利加之加喇巴，形如大豆，內函一精，即非西格民精，酒能提出功力，水提少許，
功用　平腦　解轉筋　解痙，
主治　牙關緊閉　跳舞風，
服法　每服一至四林士　該藥性毒，故愼用，宜酌服之，

外用 令瞳人縮小 與顛茄相反、

加喇巴膏 EXTRACTUM PHYSOSTIGMATIS.

製法 加喇巴子細末一分 濃酒五分 先用酒一分半、在有蓋器內浸加喇巴子二天、間時搖動、裝淋筩淋乾、加餘酒漂淋、用絞盤絞渣、入甑將酒蒸回、再入燙鍋散氣成軟膏為度、 每服一林士十六分之一至四分之一、

加喇巴酒 TINCTURA PHYSOSTIGMATIS.

製法 加喇巴子粗末一分 濃酒五分 浸十四天過淋紙、再加酒淋渣仍足五分為度、 每服十林士、

加喇巴空針射水 INJECTIO PHYSOSTIGMATIS HYPODERMICA.

製法 加喇巴膏一林士 汽水三十林士 化勻作三次用、 治牙關緊閉、

又方 加喇巴膏十林士 濃酒十林士 入臼研勻、再加白樹膠十林士 研勻、漸加汽水足半兩、過淋紙為度、 每次用三至十林士、

非西格民欖 PHYSOSTIGMINA.

又名以西忍欖 又名亞司連 即加喇巴精 化名 炭十五輕廿一淡三養二

此藥自加喇巴子提出結冰無色無臭、

化法　花士玲一百八十分化一分　水微化　濃酒易化、

功用　平腦　解痙　與加喇巴子同而力較勝、

服法　每服一林士六十分之一至二十分之一、

外用　令瞳人縮小（與丫刀逆糲相反）治眼類病、

非西格民糲輪子 LAMELLÆ PHYSOSTIGMINÆ.

製法　此輪自非西格民糲與明羊膠及甘油製成（每輪子內計有非西格民糲一林士千分之一）令瞳人縮小治眼類病用之、

沙利先 PHYSOSTIGMINÆ SALICYLAS.

非西格民糲　化名　炭$_{15}$輕$_{21}$淡$_{3}$養$_{2}$炭$_{7}$輕$_{6}$養$_{3}$

此藥自非西格民糲與沙利先酸製成結冰無色味苦、

化法　水一百三十分化一分　濃酒十五分化一分

功用　平腦　解轉筋　與非西格民糲同、

服法　每服一林士六十分之一至二十分之一、

磺强非 PHYSOSTIGMINÆ SULPHAS.

西格民精 化名 炭十五輕二十一淡三養二・輕二磺養四

此藥自非西格民精與磺強水製成、結棕色之散、

化法 水易化 露空氣自化、

功用・服法 同上、

非 GUTTÆ PHYSOSTIGMINÆ.

西格民精點水 製法 磺強非西格民精二林士 汽水一兩 化匀爲度、 點眼用、 治黑睛發炎、

各辛 又名 PIMENTA.

衆香子 西名 比門層

此藥出西印度羣島、狀如栢子、屬香味類、因其香味參雜、故名

功用 行氣 去風 與丁香五味子畧同、 佐他藥和服、

服法 每服十至三十林士、

各辛 AQUA PIMENTÆ.

汽水 製法 各辛七分搗爛 水一百六十分 共入甑蒸出一半爲度、 每服一二兩、

各辛 OLEUM PIMENTÆ.

油 製法 此油自各辛按公法蒸出者、 化法 淡酒五十分化一分 濃酒全化、 每服

一至三林上滴白糖內服之、治肚疼、

五味子 KADSURA CHINENSIS. 又名 荎藸

此藥出中國北方、蔓生、入藥用子、五味具備、故名、

功用　行氣　去風　與茱香子相似、

半夏 PINELLIA TUBERIFERA. 一名 守田

此藥出中國等處、入藥用根、色白味略苦、

功用　發表　吐劑　配鴉片表散可代磺強鋏、

鉑 PLATINUM. 又名 白金 古名 鋈

此爲地產原質、色如銀、微帶灰色、金銀外此爲最韌、萬物中亦爲最重、

其雜質有鉑養、鉑養二、鉑綠、鉑綠二等、全未入藥用、

鉑黑粉 PLATINUM PRÆCIPITATUM.

此粉自鉑綠與炭養鹼及白糖製出、結黑色之散、

功用　惟試藥性用之、不入藥劑、

鉛 俗名 PLUMBUM.

黑鉛

此原質爲藍灰色之金、可作薄片、可抽長絲、體甚軟而結力甚小、遇濕氣、外生銹、而能護內質不銹、其雜質化於水內者、皆爲大毒之藥、

醋酸鉛 中名 PLUMBI ACETAS.

鉛霜 化名 鉛炭輕養·輕養 舊名 鉛養炭輕養·輕養

製法　密陀僧二十四分細末　濃醋酸四十分或酌用　汽水二十分　先將水與醋酸和勻、再加密陀僧共入鍋、用支火鎔化、過淋紙入燙鍋散氣、至上面起白皮一層去火、用試紙試之、如無酸性、少加醋酸、　候結冰、將水傾去、用綿紙提盡水濕、陰乾爲度、按此方製者最妥、藥肆所售不敢內服、

此藥結冰色白、味甜而濇、臭如醋酸、

化法　水二分化一分　沸水一分化六分　濃酒二十分化一分　甘油二分化一分

功用　平火安心　收歛　止津液　過服則害人、

主治　久瀉　久痢　癆症多痰　久氣管痰、痰多宜服
服法　每服一二林士　按此藥有毒不可過服、因鉛入血內、便貽後患、和醋酸同服、爲能稍製其毒也、
外用　收歛　除溼　去火解炎　消腫　治膿瘡　跌打損傷　作射水治白濁、
反藥　礦强水　礦强鹽類　炭匿酸　炭匿酸鹽類、
解藥　解此毒、先服土朴硝、或洋朴硝、後服吐劑瀉劑、　解毒之後服鴉片止疼、又服牛嬭蛋青等、

鉛霜鴉片丸

PILULA PLUMBI CUM OPIO.

鴉片丸　製法　鉛霜細末六分　鴉片細末一分　玫瑰糕一分　共和勻作丸爲度、　每服四林士、　治血衂　瀉血　久痢疾、

鉛霜製尖丸

SUPPOSITORIA PLUMBI COMPOSITA.

製尖丸　製法　鉛霜研末三十六林士　鴉片研末十二林士　得波麻油一百三十二林士　先將得波麻油四十二林士和鴉片、鉛霜、入溫白研勻、再將餘得波麻油溫熱化之、入

臼研勻、入模爲十五林士之丸、治內痔　痢疾、每丸內計有鉛霜三林士鴉片一林士

UNGUENTUM PLUMBI ACETATIS.

鉛霜油膏　製法　鉛霜十二林士細末　辨佐匿豬油一兩　和勻爲度、治皮類病　不耐久存、新製者佳、

LOTIO PLUMBI ACETATIS.

鉛霜洗水　製法　鉛霜二林士　淡醋酸二林士　水一兩　共化勻爲度、洗火眼用　若明角罩潰爛、用此水則起雲膜、宜忌之、

LOTIO PLUMBI CUM OPIO.

鉛霜鴉片洗水　製法　鉛霜半兩　鴉片膏三十林士或鴉片酒一兩　水二十兩　共調洽爲度、手巾蘸敷患處、治損傷生炎、及膿瘡熱毒等症、有傷口者、小心用之、恐受其毒、

PESSUS PLUMBI.

鉛霜陰尖丸　製法　鉛霜七林士研末　得波麻油五十三林士　化勻作一丸爲度、

又方　鉛霜五林士研末　鴉片二林士研末　得波麻油酌用　化勻作一丸爲度、治白帶

PLUMBI CARONAS.

鉛粉　一名宮粉　又名官粉　又名炭養鉛　化名鉛炭養·鉛輕養　舊名鉛養炭養·鉛養輕養

此藥製法不一、有自鉛水過炭養氣製出者、又有自鉛片借釅醋之氣製成者、結散、色白、體重、無味無臭、

化法　淡硝強水　濃醋酸皆化　水不化、
外用　收歛　去火解炎　作油膏用、不可內服、
主治　膿瘡　湯火傷　皮類病、
解藥　解此毒、先服土朴硝、或洋朴硝、後服吐劑、瀉劑、

鉛粉 UNGUENTUM PLUMBI CARBONATIS.

油膏　製法　鉛粉六十二林士細末　白油膏一兩　調極勻爲度、　治湯火傷　溼癬、

鉛碘 化名 PLUMBI IODIDUM.

鉛碘 舊名 鉛碘
製法　硝強鉛四分　鉀碘四分　汽水酌用　先用水三十分、加火化硝強鉛、再用水十分、化鉀碘、共和勻、俟澄清、過淋紙、去水留渣、用汽水洗淨、再加文火烤乾爲度、
此藥結散色黃無臭無味、
化法　冷水二千分化一分　沸水三百分化一分　醋酸鹽類加水皆化、
外用　改病　化瘤　作貼膏油膏用　不可內服、

貼膏　製法　鉛碘一分細末　密陀僧貼膏八分　洋松香一分　先將貼膏、松香、入鍋文火鎔化、再加鉛碘、共調極勻爲度、　化瘤用、

鉛碘 UNGUENTUM PLUMBI IODIDI.

油膏　製法　鉛碘六十二林士細末　白油膏一兩　共調極勻爲度、　治頑瘡、

鉛碘陰尖丸 PESSUS PLUMBI IODIDI.

製法　鉛碘五林士　得波麻油五十五林士　共化勻爲一丸、

硝強鉛 PLUMBI NITRAS.

化名　鉛淡養　舊名　鉛養淡養五

此藥自密陀僧與硝強水製出、結冰色白、味甜而濇、

化法　水二分化一分　沸水九分化十分　濃酒微化、

功用　配鉛碘、

鉛養 PLUMBI OXIDUM [SEMI-VITREUM].

又名　密陀僧　化名　鉛養

此藥自鉛鑛製出、結冰如鱗片、色棕而紅、無臭無味、

外用　作貼膏類、　不可內服、

解藥　與鉛霜同、

密陀僧貼膏 EMPLASTRUM PLUMBI.

又名鉛養貼膏　製法　密陀僧 一分極細末　洋橄油 二分秤　水 一分　共入燙鍋漫熬四五點鐘，頻調至成膏爲度，熬時水若不足，即略加少許，其洋橄油須出以大利國者，方爲合式。　爲配各樣貼膏通行之品，

密陀僧油膏 UNGUENTUM DIACHYLON.

製法　密陀僧貼膏 一分　花土玲 一分　用火化勻爲度，　攤布條上，裹患處，治濕癬甚效，

又方　密陀僧貼膏 四分　黃蠟 一分　杏仁油 三分，香油亦可　共化勻爲度，

黃鉛養 PLUMBI OXIDUM FLAVUM.

又名鉛丹　又名　黃丹　化名　鉛養　此化名雖與密陀僧同，形狀有異

此藥自鉛質露空氣鎔化而成，結散色黃，

功用　配貼膏　與鉛養同　西醫不入藥用，

紅鉛養 PLUMBI OXIDUM RUBRUM.

一名丹粉　又名　朱粉　又名　紅丹　化名　(鉛養)$_{二}$·鉛養$_{二}$　即　鉛$_{三}$養$_{四}$

此藥自密陀僧煉成，結散色紅而黃，

功用　作顏料，西醫不入藥用，

鉛水 一名 PLUMBI SUBACETATIS LIQUOR.

濃鉛水又名下醋酸鉛水又名鉛養醋水化名鉛$_2$養炭輕養上水舊名鉛$_2$養·炭$_4$輕$_3$養$_3$上水

製法 鉛霜五分 密陀僧三分半研末 汽水二十分 共入鍋熬半點鐘、常調勻、過淋紙、再加汽水仍足二十分爲度、

此藥無色、味甜而濇、

外用 去熱 解炎 不可內服、此水甚毒、若皮膚損破宜慎用、

主治 損傷 手足扭傷 用時多加甜水和勻、手巾蘸敷患處、

反藥 石灰水 鹹水 強水類 強水鹽類 草酸類· 反酸類·

鍊碘 收斂劑、

解藥 解此毒、先服土朴硝或洋朴硝或燐強鏀 後服吐劑瀉劑、再服鴉片 牛嬭 蛋青、

淡鉛水 LIQUOR PLUMBI SUBACETATIS DILUTUS.

製法 鉛水一分 濃酒一分 汽水七十八分 共和勻過淋紙爲度、與上同

用，而力較遜，每兩水內加鴉片酒十六林士，消腫止疼妙，

鉛甘油 GLYCERINUM PLUMBI SUBACETATIS.
製法 鉛霜五分 密陀僧三分半研末 甘油二十分 汽水十二分 共和勻，入鍋熬十五分鐘，過淋紙，入燙鍋散氣，至水飛盡為度，

鉛甘油膏 UNGUENTUM GLYCERINI PLUMBI SUBACETATIS.
製法 鉛甘油三分秤 軟巴喇芬十二分 硬巴喇芬四分 先將二巴喇芬化勻，再加鉛甘油調勻，至涼為度，

鉛漱水 GARGARISMA PLUMBI SUBACETATIS.
製法 淡鉛水一分 麫麥煮水三十分 和勻為度，治咽喉類病，此方不多用

鉛洗水 LOTIO PLUMBI SUBACETATIS.
製法 鉛水三至七林士 汽水一兩 和勻為度，洗火眼用，

下醋酸鉛 PLUMBI SUBACETAS.
化名 鉛養・炭輕養 舊名 鉛養・炭輕養
此藥自醋酸鉛水加熱散氣結冰而成，色白過光，味略甜而澀，
功用 化學家作試水，驗尿性用之，

布道非盧 PODOPHYLLUM.
俗名 五月果
此藥出美國等處，入藥用該草之根，無臭，味苦而辛，

功用　大瀉　動膽汁、此藥動膽汁常服者較羕類穩安、

服法　每服十至二十林士、與鬧羊花同服、能免其腹疼、

布道非連 RESINA PODOPHYLLI.

又名　布道非盧脂

製法　布道非盧根二分細末　濃酒七分半或足用　汽水酌用　先將布道非盧裝尖淋筩、加濃酒淋至藥無藥、入甑將酒蒸回多半、按此脂一分、漸加於汽水三分內、頻調、候一天、將上面餘水除去、留脂放淋紙上、用汽水洗淨、入爐烤乾爲度、

此藥結散、色黃而棕、味苦而辛、

化法　濃酒　阿摩尼亞水皆化　伊打化過半、

功用　大瀉　動膽汁　與布道非盧同、而力較勝、

服法　每服一林士八分之一、至半林士、和大黃、啞囉、胰子、爲丸服之、宜加鬧羊花膏少許、方免腹疼、

布道非連酒 TINCTURA PODOPHYLLI.

製法　布道非連八十林士　濃酒十兩　化勻過淋紙爲度、每服十五至三十林士、

又方　布道非連八十林士　濃酒八兩半　薑酒一兩半　共化勻爲度　服法同上、

布道非連阿摩尼亞酒 TINCTURA PODOPHYLLI AMMONIATA.

製法　布道非連二十四林士　濃酒二兩　淡阿摩尼亞水一兩　共化勻爲度、每服十五至三十林士、

布道非連丸 PILULA PODOPHYLLI.

製法　布道非連半林士　辣椒一林士研末　鬧羊花膏四林士　啞囉四林士　共和勻作二丸爲度、

布道非連尖丸 SUPPOSITORIA PODOPHYLLI.

製法　布道非連一林士　得波麻油十二林士　化勻作一丸爲度、

遠志又名**棘菀**又名**小草** POLYGALA TENUIFOLIA.

此藥出山西河南等處、乃小草之根、色棕黃味苦、

功用　化痰　可代辛衣格、而力較遜、

服法、每服二三十林士、

遠志酒 TINCTURA POLYGALAE.

製法 遠志細末一分 淡酒八分 先用酒六分浸二天、間時搖動、裝淋筩淋乾、加餘酒漂淋、用絞盤絞渣、過淋紙、再加淡酒仍足八分爲度、 每服一二打拉門、

萬國藥方卷五終

海上絲綢之路文獻集成

總主編　陳支平　陳春聲

科技與文化編

55

主編　王揚宗　葉　農

福建人民出版社
海峽出版發行集團
THE STRAITS PUBLISHING & DISTRIBUTING GROUP

国家出版基金项目
NATIONAL PUBLICATION FOUNDATION

本册目次

萬國藥方八卷（卷六至卷八）

〔美〕洪士提反譯

萬國藥方

卷六

配藥例言

Remarks on Dispensing.

一　凡書中配藥之數、多用分字、此分字乃份字之意、非兩錢分釐之分、如多製配、則每斤可作一分、少製配、則每釐亦可作一分、勿爲所拘、

二　凡藥屬流質者、皆以量量之、每量可作一分、如水、酒、油藥等類是也、藥屬定質者、皆以秤稱之、每秤可作一分、如藥膏、藥散、及五金等類是也、（藥方內間有流質不量者、必註一秤字、）

三　凡藥方配製用一天者、乃一晝一夜也、

四　凡藥之通行常用者、其名高擡四頭、次則三頭、藥方之常用者、其方高擡兩頭、次則一頭、俱按英國本草定例、（抬四頭兩頭者、皆在英國本草內、抬三頭一頭者、間在美法中華本草內、）

五　凡配藥之方、其多少先後、俱係一定、不可疎忽錯亂、

六　凡書所說寒暑表之度數、俱以髮倫表數爲準、

七　凡猛厲藥、與藥精等、間有用一林士、分作幾分者、因英國藥秤以林士爲極小之數、故欲少服藥者、必分林士爲幾分、如半林士、一林士三分之二、一林士十分之一之數是也、搭配須宜謹愼、如作丸用、可同別藥仔細研勻、如要單服、可用法化開、然後分服、如有成方、照成方之法化服、

Comparative Table of English and Chinese Weights

按西國藥秤較中國庫秤圖

	號	林士		分	釐	毫	絲	
	½gr	半	即			八	七	半
·	1gr	一	即		一	七	五	
··	2gr	二	即		三	五		
∴	3gr	三	即		五	二	五	
∷	4gr	四	即		七			
⁙	5gr	五	即		八	七	五	
⠿	6gr	六	即	一	○	五		
		七	即	一	二	二	五	
		八	即	一	四			
		九	即	一	五		五	
	℈ss	十	即	一	七	五		
		十一	即	一	九	二	五	
		十二	即	二	一			
		十三	即	二	二	七	五	
		十四	即	二	四	五		
		十五	即	二	六	二	五	
		十六	即	二	八			
		十七	即	二	九	七	五	
		十八	即	三	一	五		
		十九	即	三	三	二	五	
	℈j	二十	即	三	五			
		二十一	即	三	六	七	五	
		二十二	即	三	八	五		
		二十三	即	四	○	[illegible]	五	
		二十四	即	四	[illegible]			
		二十五	即	四	[illegible]	七	五	
		二十六	即	四	五	五		
		二十七	即	四	七	二	五	
		二十八	即	四	九			
		二十九	即	五	○	七	五	
	ʒss	三十	即	五	二	五		

萬國藥方　卷六　叁

Comparative Table of English and Chinese Weights.

按西國藥秤較中國庫秤圖

	號		士林				錢	分	釐	毫	絲
			三十一		即			五	四	二	五
			三十二		即			五	六		
			三十三		即			五	七	七	五
			三十四		即			五	九	五	
			三十五		即			六	一	二	五
			三十六		即			六	三		
			三十七		即			六	四	七	五
			三十八		即			六	六	五	
			三十九		即			六	八	二	五
	℈ij		四十		即			七			
			四十一		即			七	一	七	五
			四十二		即			七	三	五	
			四十三		即			七	五	二	五
			四十四		即			七	七		
			四十五		即			七	八	七	五
			四十六		即			八		五	
			四十七		即			八	二	二	五
			四十八		即			八	四		
			四十九		即			八	五	七	五
			五十		即			八	七	五	
			五十一		即			八	九	二	五
			五十二		即			九	一		
			五十三		即			九	二	七	五
			五十四		即			九	四	五	
			五十五		即			九	六	二	五
			五十六		即			九	八		
			五十七		即			九	九	七	五
			五十八		即		一	○	一	五	
			五十九		即		一	○	三	二	五
	ʒj		六十		即		一	○	五		
	ʒij		百二十		即		二	一			

萬國藥方 卷六

鋏 又名 POTASSIUM.

鉀

此原質屬五金類、常化合於別質內、未有自然獨成者、地產晶粒形之石多有鋏養與玻養化合者、而草木內含鋏尤多、故可從草木灰取之、海水內亦有鋏與綠氣化合者、鋏粒剖開面光、色白如銀、軟如蜜臘、可以揉捏、與養氣愛力甚大、投於水面自燒、若欲收存、必藏於取盡空氣之瓶而密封之、或浸於無養氣之流質內、如火油等是也其雜質多入藥用、

鋏養 又名 POTASSA CAUSTICA.

鋏丹 化名 鋏輕養 舊名 鉀養輕養

此藥自鋏養水加熱散氣結冰而成、色白無臭、體潤而滑、味鹹而辛、性極反酸、露天氣變爲流質、

化法 水一分化二分 濃酒三分半化一分 淡酒四分化一分 甘油三分化一分

鋏養水 化名 LIQUOR POTASSÆ.

外用　大丹類　化瘤　治諸般惡瘡、

鋏輕養上水

製法　炭養鋏十六分　石灰粉十二分汽水洗淨　汽水一百六十分　先用水化炭養鋏、入鐵鍋內、加火至沸、漸加石灰粉、頻調、煮十分鐘、去火候澄清、將上面淨水抒出、貯於綠色玻塞瓶為度、每兩內計有鋏養二十七林士

功用　解酸　利小便　解砂痳　改病、

主治　胃酸　飯不消化　皮類病　瘰癧類　楊梅類　久風濕　臟腑內溼膜生炎、如心包絡、肺衣、腹統膜等生炎、是也

服法　每服十五至六十林士、多加水和白糖服、

外用　運血　治久皮類病　蜂蝎螫　蛇咬、

反藥　酸類　酸鹽類　五金鹽類　阿摩尼亞　顛茄　鬧羊花　佛茄兒、

解藥　解此毒者　淡醋酸　釅醋　檸檬酸　金棗汁　植物酸類

油類　潤藥類、

鋏 PASTA POTASSAE CAUSTICA.
丹糊 製法 鋏丹五分 石灰粉六分 濃酒酌用 共調勻成糊爲度、 大丹藥 化瘤 治諸般惡瘡 法用合口膏一塊、按瘡之大小中間剪一孔、套瘡口上、務使餘膏蓋嚴瘡外週圍好肉、不致藥力侵蝕、再將丹糊塗在孔中、俟十分鐘或一刻鐘、卽宜揭去、

硫磺鋏養 POTASSA SULPHURATA.
化名 鋏磺ㄓ 鋏磺養冏
製法 炭養鋏十分 硫磺粉五分 先將石臼烤熱、再將二藥加入研勻、入化銀鍋內、漸加熱至藥化洽、傾石板上、用瓷碗覆蓋、俟冷、打碎入瓶爲度、
此藥結塊、色綠而棕、味鹹而辛、
功用 微寧睡 免臭爛 過服則害人、
服法 每服三至八林土、
外用 治疥疾 鱗皮癬 牛皮癬 久皮病類、

硫礦鋏養油膏 UNGUENTUM POTASSAE SULPHURATAE.

製法 硫礦鋏養六十林士 硬巴喇紛半兩 軟巴喇紛一兩半 先將硫礦鋏養入瓷臼研末，再將二巴喇紛化勻，入臼共研極勻爲度。治疥疾 皮類病。

硫礦鋏養沐浴水 BALNEUM SULPHURETUM.

製法 硫礦鋏養四兩 水三十桶 共入澡盆化勻洗之。治疥疾 皮類病。

醋酸鋏 又名 鋏醋鹽 POTASSII ACETAS.

化名 鋏炭二輕三養二 舊名 鉀養·炭四輕三養三

此藥自炭養鋏與濃醋酸製出，色白而淨，味鹹而辛，以手捫之，恍若有油，露天氣自化。

化法 水一分化二分 淡酒一分化一分 濃酒二分化一分

功用 利小便 解酸 輕瀉。

主治 臌症 新風溼 胃內皮生炎 惡阻。

服法 每服利小便，十至二十林士；輕瀉，一百二十至一百八十林士。

辨佐匿鍁 POTASSII BENZOAS.

化名 鍁炭七輕五養二·輕養

此藥自炭養鍁與辨佐匿酸製出、結散色白無臭、

化法 水一分半化一分 濃酒十八分化一分

功用 解砂淋 治膀胱內皮生炎、

服法 每服十五至二十林士、

雙鉻強鍁 POTASSII BICHROMAS.

化名 鍁二鉻養四·鉻養三 舊名 鉀養鉻養

此藥自鐵鉻養石與炭養鍁及火石粉製成、結紅色之片、豔而過光、

功用 配甘松鹵及鉻強酸等藥、並濕電箱內用之、與強水配合以生電氣、

鍁溴 POTASSII BROMIDUM.

化名 鍁溴 舊名 鉀溴

此藥自溴質與鍁養水製出、色白過光、結冰作立方之形、味辛而鹹無臭、

化法　冷水十七分化十分　沸水一分化一分　濃酒九十五分化一分　沸濃酒十七分化一分

功用　平腦　改病　散癭瘤、

主治　肝體變大　脾病　癭瘤　瘰癧類　遺精　羊癇風　氣喘　癲風　操勞過度者服之亦效　瘟疫熱症虛弱者與莫非箘同服甚妙、

服法　每服十至三十林士　羊癇風每服十林士、日三次服之　患癲風者、和綠養冰同服、可令寧睡、

反藥　酸類　酸鹽類　五金鹽類、

PESSUS POTASSII BROMIDI.

鋏溴陰尖丸　製法　鋏溴十林士　得波麻油五十林士　化勻作一丸為度、　治子宮生瘤、

UNGUENTUM POTASSII BROMIDI.

鋏溴油膏　製法　鋏溴六十林士　溴質三十林士　煉豬油一兩　共調勻為度、　塗患處、治癭瘤、

炭養鉐 中名 POTASSII CARBONAS.

柴鹼 一名 灰鹼 化名 鉀炭養$_{二}$·輕養$_{二}$ 即 鉐炭養$_{三}$上輕養$_{六}$ 舊名 鉀養炭養·輕養

此藥自草木灰淋汁而煉成者，結冰色白，味鹹而濇，露置則牽吸天空之濕，化氣飛去。市肆所售每函雜質，入藥須用法煉淨。

煉法　柴鹼淨者一分　甜水二分　浸兩天，隨時攪動，濾去不化之雜鹽，取淨水入鍋熬煎至稠，去火頻攪至結冰為度。此藥雖能自造，終不如西來者高。

化法　水七十五分化一百分　酒不化

功用　解酸　解砂淋　利小便。此藥在鉐類為下品，內服不多用，惟解砂淋較他藥差勝。

服法　每服十至三十林士。

外用　治皮類病，化水內洗之。作射水，解砂淋。

炭養鉐沐浴水 BALNEUM POTASSII ALKALINUM.　製法　炭養鉐半至一斤　水三十桶　共入澡盆消化洗之，治皮類病。

炭養鉐射水 INJECTIO POTASSII CARBONATIS.　製法　炭養鉐三十林士　水四兩　共化勻為度，射於膀胱，解砂淋。

雙炭養鉐 POTASSII BICARBONAS.

化名 鉐輕炭養$_{三}$ 舊名 鉀養輕養·二炭養$_{二}$

此藥自炭養鈘化水內過炭養氣製出結冰無色過光味鹹而濇露置亦不發潮

化法 水三分化一分 濃酒不化

功用 解酸 利小便 解砂淋 改病 功力畧如炭養鈘而溫良過之

主治 滯積 飯不消化 胃熱 尿帶酸 痛風

服法 每服解酸十至二十林士 利小便六十林士 治痛風三十至四十林士兩時辰一服

自沸 LIQUOR POTASSAE EFFERVESCENS.

鈘水 又名雙炭養鈘自沸水 製法 雙炭養鈘三十林士 汽水二十兩 消化過淋紙再按荷蘭水方配成爲度 入瓶封嚴鐵絲裹紮瓶口 每服五至十兩 解胃酸

綠強鈘 化名 POTASSII CHLORAS.

鈘綠養三 舊名 鉀養·綠養五

此藥自炭養鈘與熟石灰黑錳養及鹽強水製成結冰色白味如火硝

鹹而涼、

化法　冷水十六分化一分　沸水二分化一分

功用　行氣　利小便　熱症虛弱者、服之可提神、

主治　癥瘕　喉痺　白喉　及咽喉類病、

服法　每服十至二十林土、

外用　作漱水、射水等、

TROCHISCI POTASSII CHLORATIS.

綠強鋏冰糖　製法　綠強鋏三千六百林土研末　煉白糖二十五兩研末　白樹膠一兩研末　白樹膠漿二兩　汽水一兩或酌用　先將前三味研勻、再加白樹膠漿與水共調和爲團、分七百二十塊、焙乾爲度、　每服一至六塊　治咽喉類病、

GARGARISMA POTASSII CHLORATIS.

綠強鋏漱水　製法　綠強鋏一分　沸水二分　化勻爲度、　治牙齦潰爛　白疙瘩　咽喉類病、

又方　綠強鋏六十林土研末　蜂蜜半兩　水足八兩　化勻爲度、此方甚淡、見急症、按上方配製、

綠强鉀射水 INJECTIO POTASSII CHLORATIS. 製法 綠強鉀（三十林士）水（四兩）化勻爲度　治白濁　白帶　子宮口久炎等症、

綠强鉀製散 PULVIS POTASSII CHLORATIS COMPOSITUS. 製法 綠強鉀（一分細末）白糖（一分細末）白樹膠（一分細末）共研勻爲度、每服十至三十林士　治口瘡、及咽喉類病、

檸酸鉀又名 POTASSII CITRAS. 鉀檸鹽 化名 鉀炭輕養（三六五七）舊名 鉀養（二）炭輕養（十二五十二）輕養

此藥自炭養鉀與檸酸製出、色白無臭味鹹而酸、露氣發潮、

化法　水（六分化十分）淡酒（九分化一分）甘油（二分化一分）

功用　解熱　發表　利小便　解血內酸　輕瀉、此藥爲解熱劑通行之品、亦能令小便變爲反酸、故患砂淋症者服之、

主治　風濕　酒風脚　牙疳　砂淋、

服法　每服二十至六十林士、

炭淡鉀化名 鉀炭淡 舊名 鉀衰 或 鉀炭淡（二）

此藥自黃鐵炭淡錏煉出、結冰色白、成塊、性甚毒、

化法　水四分半化二分　濃酒一百分化一分

功用　作輕炭淡酸　亦能解銀丹染涴　鍍銀常用之、

炭淡 又名 CYANOGENIUM.

衰 化名 炭淡 舊名 炭淡

此物乃無色之氣、未有自然成者、性與原質畧同、與別質能化合、與錏化合爲炭淡錏、與鐵錏化合爲鐵炭淡錏、

黃鐵炭淡 POTASSII FERROCYANIDUM.

錏 化名 錏四鐵炭六淡六·輕養三 舊名 鉀二衰三鐵·輕養三

此藥自炭養錏與動物質如角皮蹄等及鐵片製出、結冰色黃、無臭、味甜苦而鹹、

化法　水四分化一分　濃酒不化、

功用　補腦　開胃　又用配炭淡錏、輕炭淡酸等、

主治　頭疼　反胃　飯不消化、

服法　每服二林士、

紅鐵炭 POTASSII FERRICYANIDUM.

淡鉌 化名 鉌六鐵二炭十二淡十二 舊名 鉀三衰六鐵二

此物自黃鐵炭淡鉌化水內過綠氣製成結冰血紅試藥性用之亦作顏料不入藥劑、

鉌碘 化名 POTASSII IODIDUM.

鉌碘 舊名 鉀碘

此藥自鉌養水與碘質製成結方形之冰色白不過光味苦而鹹、

化法　水三分化四分　濃酒十分化一分　甘油三分化一分

功用　改病　散癭化瘤　解血內鉛毒　解楊梅毒　與海碘功力相似但烈性較少易於服耳、

主治　楊梅結毒　白帶　子宮內皮生炎　腦脊根生炎、

服法　每服二至十林士多加水服、　加桂尼糯酒或鴉片酒或番木鼈酒和服亦可、

反藥　甜硝伊打酒　硝強鉍　甘草煮水　酸類　綠強鋏、

鋏碘 LINIMENTUM POTASSII IODIDI CUM SAPONE

胰子搽油 製法 鋏碘十分 脂油胰子八分切碎 甘油四分 檸檬油半分 汽水四十分 先將鋏碘入臼研末，再將末、胰子、甘油、三者入燙鍋化勻、傾入臼內、速研至涼為止、俟一點鐘、加檸檬油研勻為度、

又方　鋏碘六分 白胰子六分切片 甘油四分 檸檬油半分 汽水四十分 先用水十二分和鋏碘甘油、共入容八十兩大口之瓶、再用水二十八兩和胰子另入一瓶、放沸水內燉化、乘熱過布、共入前瓶、俟二三分鐘搖勻、加檸檬油、速搖勻再兩點鐘間時搖動、至成軟膏形為度、不耐久存、 散瘰化瘤　治骨節變大、

鋏碘 UNGUENTUM POTASSII IODIDI.

油膏 製法 鋏碘六十四林士 炭養鋏四林士 汽水一打拉門 辨佐醫豬油一兩 先用水化鋏碘與炭養鋏、再加豬油共調勻成膏為度、 散瘰化瘤用、

鋏 PESSUS POTASSII IODIDI,

碘陰尖丸 製法 鋏碘十林士 得波麻油五十林士 化勻作一丸為度、 治子宮

鉮碘汞水 LIQUOR POTASSII ET HYDRARGYRI IODIDI.

內皮生炎、

碘汞水　製法　鉮碘三百二十林　雙綠汞二林士　水足八兩　共化勻爲度、　每服二打、

拉門　治楊梅結毒、

硝强鉮中名 POTASSII NITRAS.

火硝　化名　鉮淡養三　舊名　鉀養·淡養五

此藥產自滷地及山洞間、乃煎煉而成、結冰色白、味鹹而凉、市肆所售、函雜質、須用法煉淨、

煉法　火硝淨者三十分　甜水六分　入鍋熬之、濾去不化之渣、再熬再去渣、漸加水熬至無渣爲止、渣卽鹹鹽、熬則與硝分離　又少加水膠澄清之、再加水足十分、入淺銅鍋散氣、以木板調至結冰爲度、

化法　冷水四分化一分　沸水一分化二分半　濃酒微化、

功用　解熱　利小便　發表　平脉　過服令人煩悶、甚至害人、

主治　痛風　吐血　臌症、

服法　每服、解熱、利小便、治臌症、五至二十林士　平脉、治痛風吐血、

二十至三十林士多加水冲服、

外用　漱咽喉最妙、

火 CHARTA NITRATA.

硝紙　製法　火硝一分　水四分　化勻浸綿紙、少停提出、晒乾捲條爲度、玻塞瓶存貯、　用時火燃令病者齅其烟氣、　治氣喘最良、

火 GARGARISMA POTASSII NITLATIS.

硝漱水　製法　火硝一百一十林士　醋酸蜜一兩　薢麥煮水七兩　共和勻爲度、　治咽喉類病、

火 PULVIS POTASSII NITRATIS EFFERVESCENS.

硝自沸散　製法　火硝五林士　雙炭養鈉二十林士　研勻、用時化半杯水內、再加檸檬酸十五林士、和勻、沸時服之、　解熱用、

火 VAPOR POTASSII NITRATIS.

硝化汽水　製法　火硝十五林士　汽水一兩　共化勻爲度、　用噴汽燈令病者吸之、　治咽喉類病、

錳强鉀又名 POTASSII PERMANGANAS.

上錳强鉀　化名　鉀錳養四　舊名　鉀養錳養二

此藥自鉀養與黑錳養綠強鉀、及礦強水製出、結冰如針芒色深紅而

紫、味畧甜而濇、

化法　水十八分化一分　沸水三分分一分

功用　免臭氣　治大便臭惡　尿變甜、

服法　每服一二林士、多加水冲服、

外用　丹類、免臭爛　用水調洗、即敗惡瘡、癰疽等毒、射鼻孔、治鼻涕變臭、

錳強 LIQUOR POTASSII PERMANGANATIS.

鋏水　製法　錳強鋏八十八林士　汽水二十兩　化勻為度、　每服二至四打拉門、

外用　使不灰木、或玻璃條、及玻璃絲、蘸搽惡瘡毒癰等症、若用毛華布帛等物蘸之、即敗該藥功力、故存貯亦須玻璃器具、　漱咽喉、宜用此水一分、汽水四十分、化勻漱之、

燐強鋏 POTASSII PHOSPHAS.

化名　鋏$_2$輕燐養$_4$　舊名　鉀養·輕養·淡養$_5$

此藥自骨灰與礦強水及炭養鋏製成、結散色白、無臭、

功用　改病　治瘰癧類、

服法　每服十至三十林士加水化服，

下燐養鍁 POTASSII HYPOPHOSPHIS

鍁化名鍁輕燐養舊名鉀養·輕養·燐養

此藥自鍁養水與燐質煉成，結散色白，味苦而鹹，

化法　水一分化一分　酒七分半化一分

功用　補腦，與下燐養錏同，

服法　每服十至三十林士，

磺強鍁 POTASSII SULPHAS.

鍁化名鍁磺養舊名鉀養·硫養

此藥製法不一，有自配硝強酸餘水製造者，有自磺強鎂與炭養鍁製出者，餘法不必細述，結六面形之冰，色頗白，味辛鹹而苦，

化法　冷水十分化一分　沸水四分化一分　濃酒不化，

功用　輕瀉，改病，

主治　黃病，飯不消化，治胃類病，與大黃同服，

服法 每服、改病、十至二十林士 輕瀉、六十林士、

磺養鉀 POTASSII SULPHIS

化名 鉀二磺養三·輕二養 舊名 鉀養硫養二·輕養

此藥自炭養鉀化水內、過磺養氣製出、結冰色白、不過光、味苦而鹹、氣息恍如硫磺、

化法 水三分化一分 酒微化、

功用 解血內釀毒 亦解膿毒入血、

服法 每服十至二十林士、

葡酸鉀又名 POTASSII TARTRAS

單葡酸鉀 又名 鉀葡鹽 化名 鉀二炭四輕四養六·輕二養 舊名 鉀養炭四輕二養五·輕養

此藥自雙葡酸鉀與炭養鉀製出、結冰色白味苦而鹹、

化法 水六分化十分 濃酒不化、

功用 利小便 改病 輕瀉、

服法 每服利小便改病、二十至六十林士 輕瀉、一百二十至二百

雙葡酸鋏 POTASSII TARTRAS ACIDA.

林士、

又名鋏葡酸散化名鋏輕炭四輕四養六舊名鉀養·輕養·炭輕養

此藥生於作葡酒箭內、又煎煉而成、結散色白味酸、

化法　冷水二百分化一分沸水十六分化一分酒不化、

功用　解熱　利小便　輕瀉　治臌症、

服法　每服解熱、利小便、二十至六十林士　輕瀉、六十至一百二十林士、水瀉、治臌症、半至一兩、

硼砂葡酸鋏 POTASSII BOROTARTRAS.

又名鋏硼葡酸散

製法　雙葡酸鋏四分　硼砂一分或硼酸亦可　水十分　共化勻入燙鍋、頻調散氣至乾、研末爲度、

功用　解熱　利小便　輕瀉　與雙葡酸鋏同、

服法　每服一至四打拉門、

洋梅子 又名 梅乾子

PRUNUM.

此藥出歐州南界、狀如中國所產、味甜而香、

功用　解熱　輕瀉　養身、

服法　每服數枚、隨時便用、

洋郁李皮 樹名 位二錦牙梅

PRUNUS VIRGINIANA.

此藥出美國北方、位二錦牙省等處、入藥用樹根之皮、刮去外粗皮、用內層細嫩者、色棕紅、味苦香、臭如苦杏仁、內函輕炭淡酸少許故也、

功用　補劑　平腦　開胃　解瘧　凡癆症瘰癧類、兼熱症者、均可服、

主治　滯積　飯不消化　治瘧疾、較金雞納大遜、

服法　每服三十至六十林士、或配泡水流膏等用、

郁李流膏

EXTRACTUM PRUNI VIRGINIANAE LIQUIDUM.

製法　郁李根皮一百分粗末　淡酒　甘油　汽水各酌用　先用汽水三十三分與甘油十七分和勻、潤末、輕裝尖淋筩蓋嚴、候二天、壓實、按公方

加淡酒淋盡、先淋八十分另存、次淋一百二十分、入燙鍋散氣、成水糖形爲止、餘淋者入甑蒸回酒來、又入燙鍋散氣成水糖形、再將次淋者加入、和勻散氣成軟膏爲止、並加先淋八十分共調洽、加淡酒仍足一百分爲度、　每服三十至六十林士、

郁 INFUSUM PRUNI VIRGINIANÆ.

郁李泡水　製法　郁李皮半兩細末　沱水酌用　先用水六打拉門潤末、候一點鐘、裝尖淋筩、漸加水淋足十六兩爲度、　每服二三兩、

郁 SYRUPUS PRUNI VIRGINIANÆ.

郁李糖　製法　郁李皮五分粗末　煉白糖二十八分　涼水酌用　先用水十六分在有蓋器內浸郁李皮四點鐘、裝淋筩、漸加水淋足十六分、入瓶、再加白糖擾至化勻爲度、　治嗽瀨　飯不消化、　每服二至四打拉門、

郁李皮 CERASUS COMMUNIS.

一名棠棣皮

此樹產自陝西河南等處、入藥用根皮並果與仁、

功用　補劑　開胃　與洋郁李相似、

伯里脫離

洋細辛 西名 PYRETHRUM.

此藥出土耳其國、入藥用根、味酸鹹而辛、無臭、

功用　生口涎　治牙疼　舌硬、

洋細辛酒 TINCTURA PYRETHRI.

製法　細辛四分細末　濃酒二十分　先將酒十五分浸二天、間時搖動、裝淋筩淋乾、加餘酒漂淋、用絞盤絞渣、過淋紙、再加酒仍足二十分爲度、

患牙疼用棉花蘸酒少許、塞牙穴內止疼、

細辛 又名 小辛 HETAROPA ASAROIDES.

此藥出關東及陝西浙江等處、入藥用根根細味辛故名、

功用　與洋細辛同、

波斯細辛 俗名 藥虫花 PYRETHRUM ROSEUM.

此藥出亞細亞高加蘇山並波斯國等處、與細辛同類、入藥取該草之花、色紫、或銀紅、狀如野菊、

功用　配藥虫散、

藥虫散　PULVIS PYRETHRI ROSEI.

雖能藥虫、無害於人、此藥卽波斯細辛、研爲細末、殺臭蟲、蚤、蝨、蚊、蠅、蟻等虫最妙、

火棉　又名棉花火藥　西名排拉玆林　PYROXYLIN.

製法　棉花一分　礦強水五分　硝強水五分　先將二強水和勻、再加棉花、用玻璃調拌三分鐘、浸透提出、用水頻洗、至其水加鐵綠水不變渾降散爲止、再用淋紙並去水溼、入燙鍋焙乾爲度、此藥性暴烈、轟擊與火藥同、

化法　伊打　冰醋酸　皆化　濃酒加伊打易化　水不化、

功用　配箇老殿安等藥、

箇老殿安　又名火棉酒　COLLODIUM.

製法　火棉一分　伊打三十六分　濃酒十二分　先將伊打與酒和勻、再加火棉浸數天、將上面淨者搨出、去渣爲度、

此藥較酒畧稠、無色透光、氣息如伊打、

化法　濃酒　水、均不化、

功用　塗金傷口、作衣膜、又有加別藥用之、

軟箇 COLLODIUM FLEXILE.

老殿安　製法　箇老殿安十二兩　加拏大松樹膠半兩　蓖麻油二打拉門　共調極匀爲度、

治湯火傷　久膿瘡　皮裂

炭 COLLODIUM STYPTICUM.

匿酸箇老殿安　製法　先用炭匿酸三分、純酒一分、浸數天見酒極稠、加純伊打、足令酒變稀、再加火棉至不化、末加安息香少許、共化匀爲度、

治損傷　膿瘡　癰疽　外傷流血　均用毛筆塗患處、或用此藥一半、伊打一半和匀、使噴氣燈、噴患處亦妙、

止 COLLODIUM HAEMOSTATICUM.

血箇老殿安　製法　箇老殿安一百分　架波匿酸十分　炭匿酸五分　辨佐匿酸五分　共化匀爲度、　用毛筆塗患處、或用麻布條蘸藥、裹紮患處亦效、

瓜沙　又名 QUASSIA.

苦白木

此藥出西印度乍美嘎海島、入藥用碎木、味極苦、酒水均能提出功力、配膏酒等用、亦有以此木爲椀杯飲水開胃用、

功用　補劑　開胃　治滯積、

瓜沙膏 EXTRACTUM QUASSIÆ 製法　瓜沙一斤碎木　汽水酌用　先用水八兩浸十二點鐘、裝淋箭、加水淋至無藥味、入燙鍋散氣、留四分之一、過淋紙、再入燙鍋散氣成膏爲度、每四十八兩計出膏二兩　每服三至五林土、

瓜沙泡水 INFUSUM QUASSIÆ 製法　瓜沙五十五林土碎木　冷汽水十兩　泡半點鐘、濾渣爲度、每服一二兩、

瓜沙酒 TINCTURA QUASSIÆ 製法　瓜沙分半碎木　淡酒四十分　浸七天、間時搖動、過淋紙、再加酒仍足四十分爲度、每服一二打拉門、

瓜沙射水 ENEMA QUASSIÆ 製法　瓜沙半兩　冷水四兩　泡兩點鐘、去渣爲度、射入肛門、治線蟲、

貴把口 QUEBRACHO 俗名欺斧木

此藥出南亞美利加支利國，入藥用該樹之皮，（內函一精，即阿沙倍民精，）

功用 補劑 解熱 止痰喘，（作酒服之，）

貴把口酒 TINCTURA QUEBRACHO.

（製法）貴把口（一分研末）淡酒（五分）浸二天，間時搖動，裝淋篩淋乾，再加酒漂淋，仍足五分為度， 每服半至一打拉門，

槲樹皮 西名偶科 QUERCUS.

此藥中西均有，與橡柞等樹相類，入藥用該樹之皮，去外層粗皮，用內細嫩者，水、淡酒，均能提出功力，（該藥內函二酸，一名炭匿酸，一名架沏酸，功力亦無分軒輕）

功用 收斂 補劑 止血 治久痢疾，

服法 每服三十至一百二十林士，（或作煮水服，）

外用 治牙齦潰爛 白帶 瘤症，

反藥 強水類 反酸類 五金鹽類 明牛膠 藥精類，

槲樹皮煮水 DECOCTUM QUERCUS.

（製法）槲樹皮（二分半搗碎）沸汽水（四十分）共入有蓋瓮內，熬十分鐘，濾渣，

再用水淋渣，仍足四十分爲度，每服一二兩，外用作漱水，治喉痹牙齦潰爛，作射水，治白帶，癰症，

奎賫亞 QUILLAYA SAPONARIA.

又名胰子樹皮

此藥出南亞美利加，入藥用樹之內皮，與肥皂無患子，同有去垢之力，

外用　研細末作鼻菸，治傷風，配酒洗髮，

奎賫亞酒 TINCTURA QUILLAYÆ

奎賫亞酒製法　奎賫亞一分　淡酒五分　浸一天，過淋，加酒仍足五分爲度，加水調洽，搽髮際，能去油膩汚垢，

使君子 QUISQUALIS CHINENSIS.

一名留求子

此藥出安南閩粵四川等處，入藥用該草之子，

功用　殺蟲　中國多用之，

服法　每用子四五箇，打碎取仁，加蜂蜜調勻，空心服之，

洋酸棗 俗名 RHAMNUS FRANGULA.

鹿荆

此藥出歐洲等處，與酸棗相類，入藥用該樹之皮，存過一年者，方可用，

功用 輕瀉 治滯積 作流膏等用，

洋酸棗膏 EXTRACTUM RHAMNI FRANGULÆ.

製法 洋酸棗皮細末十六分 淡酒四十分 水酌用 先用酒在有蓋器內，浸兩天，裝尖淋筩淋乾，再加汽水漂淋足六十分，或至無藥味，入燙鍋散氣成膏爲度，每服十五至六十林士 輕瀉用，

洋酸棗流膏 EXTRACTUM RHAMNI FRANGULÆ LIQUIDUM.

製法 洋酸棗皮粗末十六分 濃酒四分 汽水酌用 先用水四十八分熬半點鐘取出，再加水三十六分熬半點鐘，如此者三四次，至藥無味，取出，共入燙鍋散氣，留十二分，候涼，再加濃酒，候數點鐘，過淋紙，加汽水仍足十六分爲度，每服一至四打拉門 小兒每服一打拉門，

酸棗 RHAMNUS SOPORIFERUS 一名羊棗

此藥出中國浙江等處，入藥用樹皮，市肆所售名棗皮，乃其乾菓，西用根皮，與此迥異，

功用 與洋酸棗畧同，而力較遜，

加撒達俗名靈皮

RHAMNUS PURSHIANUS. (CASCARA SAGRADA.)

此藥出美國金山等處、與洋酸棗相類、入藥用該樹之皮、

功用　輕瀉　動膽汁　治便秘　胃腸無力、此藥補腸、輕瀉甚妙、治久便秘、常用無礙、

加撒達膏

EXTRACTUM CASCARÆ SAGRADÆ.

製法　加撒達十六分細末　淡酒四十分　水酌用　先用淡酒在有蓋器內浸兩天、裝尖淋筩淋乾、再加汽水漂淋足六十分、或至藥無味、入燙鍋散氣成膏爲度、　每服二至八林士、

加撒達流膏

EXTRACTUM CASCARÆ SAGRADÆ LIQUIDUM.

製法　加撒達十六分粗末　濃酒四分　汽水酌用　先用水四十八分、熬半點鐘取出、再加水三十六分、熬半點鐘、如此者三四次、至藥無味、將水共入燙鍋散氣、留十二分、加濃酒、俟數點鐘、過淋紙、再加汽水仍足十六分爲度、　每服半至二打拉門、

大黃一名川軍又名黃良

RHEUM.

此藥出中國四川省、及滿洲、俄羅斯、西藏等處、質脆臭香、味苦畧濇、酒

水均能提出功力、

功用　補劑　開胃　輕瀉　微收歛、先瀉後斂不相碍也、

主治　滯積　便秘　泄瀉　久痢疾　嬰兒霍亂、

服法　每服滋補開胃、一至五林士　輕瀉十至二十林士　重瀉二十至六十林士、瀉有佐他藥同服者、和單綠汞同服卽重瀉、

大黃 EXTRACTUM RHEI.

膏　製法　大黃十六分細末　淡酒六十分　汽水酌用　先用酒浸二天、裝淋筩淋乾、再用汽水漂淋、至一百分爲止、或至無藥味、再入燙鍋散氣成膏爲度、每百分中計出膏三十九分、　每服三至六林士、

大黃 INFUSUM RHEI.

泡水　製法　大黃一分切片　沸汽水四十分　泡半點鐘濾渣爲度、　每服一二兩、

大黃 PILULA RHEI COMPOSITA

製丸　製法　大黃六兩細末　索哥德拉哑囉四兩半細末　沒藥三兩細末　白胰子三兩研末　薄荷油三打拉門　糖漿六兩秤或酌用　甘油二兩或酌用　先將四末與薄荷油研勻、再加糖漿甘油、共搗成團、分作丸爲度、　每服五至十林士、　治飯不消化　便秘、

大黃製散 PULVIS RHEI COMPOSITUS

製法　大黃細末二分　輕鎂養六分　乾薑細末一分　共和勻、過細羅、入白輕研爲度、玻塞瓶存貯、每服開胃解酸、十至十五林士、輕瀉、三十至六十林士、

又方　大黃細末一分　高良薑細末一分　蘇打二分　肉桂製散一分　共研勻爲度、加番木鼈末少許、治積聚妙、此方亦有名大黃蘇打散

大黃糖 SYRUPUS RHEI

製法　大黃粗末二分　蒔蘿子粗末二分　煉白糖二十四分　濃酒八分　汽水二十四分　先將酒水和勻、提少許、潤大黃蒔蘿二末、裝淋筩、漸加餘酒水過淋、入燙鍋散氣、留十四分、過淋紙、再加白糖、用文火化勻爲度、每服一至四打拉門、

大黃酒 TINCTURA RHEI

製法　大黃粗末四分　草豆蔻半分去殼搗爛　蒔蘿子半分搗爛　番紅花半分　淡酒四十分　先用酒三十分、共浸二天、間時搖動、裝淋筩淋乾、加餘酒漂淋、用絞盤絞渣、過淋紙、再加淡酒、仍足四十分爲度、每服開胃一二打拉門

輕瀉半至一兩、

大黃葡酒 VINUM RHEI.

製法 大黃一兩半粗末 加拏里六十林士研末 白葡酒二十兩 共浸七天過淋紙再加酒淋渣仍足二十兩爲度、 每服開胃一二打拉門、

大黃製膏 EXTRACTUM RHEI COMPOSITUM.

製法 大黃膏三分 啞囉膏一分 渣笠膥子酒一分 水四分 濃酒四分 共入燙鍋散氣成膏爲度、

又方 大黃膏三分 啞囉膏一分 渣笠脂半分 膥子二分 共化勻爲度、

大黃龍膽草丸 PILULA RHEI ET GENTIANÆ.

製法 大黃二林士細末 龍膽草膏二林士 枯炭養鏀二林士 共和勻作一丸爲度、 治飯不消化、

大黃香糖 SYRUPUS RHEI AROMATICUS.

製法 大黃香酒一分 水糖九分 化勻爲度、 較大黃易服、

大黃香酒 TINCTURA RHEI AROMATICA.

製法 大黃十分研末 肉桂二分研末 丁香二分研末 肉豆蔻一分研末 淡酒五十分 先用酒七分半潤末在有蓋器內候一天實裝淋箭漸加酒淋足五十分爲度、 每服一二拉門、

大黃辛拏酒 TINCTURA RHEI ET SENNÆ.

製法　大黃粗末八分　辛拏二分　蒔蘿子一分　小茴香搗爛一分　甘草膏半分　葡萄乾去核四十八分　淡酒三百八十四分　共浸七天、用絞盤絞渣、過淋紙、再加酒仍足三百八十四分爲度、　每服半至二兩　治飯不消化　酒風脚、

蓖麻俗名大麻 RICINUS COMMUNIS.

此藥產中國、印度、美國、及亞非利加等處、入藥用葉、及該子榨出之油、

蓖麻葉 RICINI FOLIA.

此卽蓖麻鮮葉、

外用　治乳汁短少、法用蓖麻鮮葉烤熱貼之、或用鮮葉八兩、水一觔、煮一點鐘、乘溫用布浸貼乳上亦效、

蓖麻子油 RICINI OLEUM.

此油自蓖麻子榨出、無臭味惡、凉榨者爲上、

化法　濃酒三分半化一分　純酒　伊打　松節油　冰醋酸、皆化、

功用 輕瀉 瀉力速而平和、老幼皆可服

主治 便結 肚腸生炎 疳疼 痢疾（初得者） 滯積 泄瀉、（凡腹中有火、服此皆宜）

服法 每服半至一兩 治小兒便秘、每服一至三打拉門、作勻水易服、

MISTURA RICINI.

蓖蔴油勻水 （製法）蓖麻子油（半兩） 白樹膠漿（半兩） 薑糖（二打拉門） 肉桂汽水一兩 共研勻作一服、

又方 蓖麻子油（半兩） 雞蛋黃（一枚） 水糖（二打拉門） 薄荷汽水（一兩） 共研勻作一服、

又方 蓖麻子油（二打拉門） 鹼養水（二十林士） 水糖（五打拉門） 水（足二兩） 共和勻爲度、小兒每服二打拉門、

CAPSULÆ RICINI.

蓖蔴油空丸 （製法）此以蓖麻油貯明牛膠丸殼爲易服、 每丸內計有該油三十至六十林士、

ENEMA RICINI.

蓖蔴油射水 （製法）蓖麻子油（一二兩） 水糖（一兩）（或雞蛋黃一枚、攪勻） 共調勻、再加溫水足十

兩、作一次射之、治大便乾燥、欲藥力速、加胰子少許助之更妙、

金櫻子 一名 **山石榴** ROSA CANINA.

此藥中西均有、入藥用該木之果、味酸而濇、

功用　解熱　收斂　作糕用、

金櫻糕 CONFECTIO ROSÆ CANINAE.

製法　鮮金櫻子一分去核　煉白糖三分　先將金櫻子入石臼搗爛、過羅、再加白糖研勻爲度、　每服六十至一百二十林士、　配丸藥用、

薔薇花 一名 **墻蘼花** ROSA CENTIFOLIA.

此藥中西均有、入藥用該花之瓣、

功用　作汽水、配香水等用、取其味美耳、

薔薇花汽水 AQUA ROSÆ. 又名薔薇露

製法　鮮薔薇花瓣一分　水五分　入甑蒸出一分爲度、　每服一二兩、　作洗水類常用之　配他藥取其臭香、

薔薇油膏 UNGUENTUM AQUÆ ROSÆ.

製法　薔薇花汽水九分　白蜂蠟一分　鯨腦油一分　杏仁油六分

玫瑰油 數滴 先將白蠟杏仁油、入燙鍋化勻、再加玫瑰油調勻、後漸加汽水調至涼爲度、

玫瑰花 一名紅玫瑰 ROSA GALLICA.

此藥中西均有、入藥用該花之瓣、鮮乾皆宜、

功用 微斂 配佐他藥、取其色艷、

玫瑰糕 CONFECTIO ROSÆ GALLICÆ.

製法 鮮玫瑰花瓣 一分 煉白糖 三分 先將玫瑰花入臼搗爛、再加白糖研勻爲度、 配丸料最佳、

又方 乾玫瑰花瓣 四分研末 煉白糖 三十三分細末 煉蜂蜜 六分秤 薔薇花汽水 八分 先將汽水入鍋加熱至一百五十度、入臼加玫瑰花研勻、再慢加蜂蜜、白糖共調勻成糕爲度、 每服三十至六十林士、 作丸料恒用之、

玫瑰酸泡水 INFUSUM ROSÆ ACIDUM.

製法 乾玫瑰花瓣 一分搗碎 淡磺強水 半分 沸汽水 四十分 共浸半點鐘、濾渣爲度、 每服收斂、一二兩、宜佐他藥同服 作漱水、漱咽喉亦可、

又方　乾玫瑰花瓣二分搓碎　淡硝強水半分　涼汽水四十分　白糖一分研末　先將二水調和、浸花二點鐘、間時調和、濾渣、再加白糖、共和勻爲度、　此藥與金雞䄜同服最佳、

SYRUPUS ROSÆ GALLICÆ.

玫瑰糖　製法　乾玫瑰花一分　煉白糖十五分　沸汽水十分　先將玫瑰花、用水浸二點鐘、過布扭淨、入鍋加熱至沸、過淋紙、再加白糖、用文火化洽爲度、

每服一二打拉門、

MEL ROSÆ.

玫瑰蜜　製法　乾玫瑰花二分細末　煉蜂蜜二十五分　淡酒酌用　先用酒半分潤末、實裝尖淋篩、漸加酒淋足一分另存、再加酒淋足八分、入燙鍋散氣、剩一分、末加前存者、與蜂蜜共調勻爲度、　治咽喉類症、加水漱之、

ROSÆ OLEUM.

玫瑰油　此油自玫瑰、月季、薔薇、莿梅等鮮花蒸出者、　每花百觔、僅出油三打拉門、故比他油較貴、　按該油馥郁濃烈、恍似花香、其色黃紅、或黃綠、配油膏類、取其臭香耳、

迷迭香油 ROSMARINI OLEUM.

西名老士盱厘油

此藥自迷迭香花與梗蒸出者、色淡黃臭香、

化法　濃酒一分化二分　純酒皆化　淡酒微化、

功用　行氣　治鬱病　瘁頭疼、

服法　每服一至五林士、滴白糖內呑服、

外用　作搽藥令皮熱弔炎、

迷迭香酒 SPIRITUS ROSMARINI.

製法　迷迭香油一分　濃酒四十九分　化勻爲度、　每服三十至六十林士、

懸鉤子 RUBUS FRUCTICOSUS.

一名沿鉤子

此藥中西均有入藥用根、味苦而濇、

功用　補劑　收斂　治久痢疾　作煮水用、

懸鉤子煮水 DECOCTUM RUBI.

製法　懸鉤子根一分搗爛　水十六分　煮一刻鐘濾渣爲度、　每服二打拉門至半兩、　治久痢疾、

濡草又名臭草 RUTA.

此藥出西國各處、入藥用該草之葉、

功用　行氣　解轉筋　調經、

主治　鬱病　抽風　經閉、

服法　每服十五至三十林士、為末服、或作糕用、

濡草糕 CONFECTIO RUTÆ.

製法　鮮濡草葉一分　煉白糖三分　共入石臼搗勻成糕為度、每服一二打拉門、

濡草射水 ENEMA RUTÆ.

製法　濡草糕二至四打拉門　溫水十兩　化勻為度、　治肚腹脹疼　產後腹膜生炎、

濡草油 RUTÆ OLEUM.

此藥自濡草花與梗葉、按公法蒸出者、色黃而綠、嗅臊、味辛、

化法　純酒皆化、　濃酒化少許、

功用　主治　與濡草同而力較勝、
服法　每服一至四林士、
外用　運血　令皮膚熱、

濡草糖 SYRUPUS RUTÆ.

製法　濡草油一分　水糖四百八十分　調勻爲度、　治小兒肚風、　每服半至一打拉門、

撒巴抵喇 SABADILLA.

又名　沙罷弟拉

此藥出墨西哥國、入藥用子、性甚毒、故鮮服之、惟提出之精、名韋喇抵用精者、外用運血、

韋喇抵精 VERATRINA.

即　撒巴抵喇精　化名　炭三十二輕四十九淡養九

此藥自撒巴抵喇子提出、結塊色銀灰、體質輕鬆、味極苦辛、齅之令人大嚏、市肆所售、多函雜質、非純精者、功力則同、

化法　冷水微化　沸水一千分化一分　濃酒三分化一分　伊打六分化一分　哥羅方三分化一分　洋橄

油化八十分一分淡強水類皆化、甘油化少許、

功用　暴吐　暴瀉　內服者少、

外用　領皮熱　運血作油膏　治腦氣筋疼　骨節變硬　風濕　痛風

癱風　酒風脚　皮膚有損傷者慎用、

葦喇 UNGUENTUM VERATRINÆ.

抵穢油膏　製法　葦喇抵穢八林士　硬巴喇紛一百一十林士　軟巴喇紛三百三十林士　洋橄油一打拉門　先將葦喇抵穢、與洋橄油、入臼研勻、再將二巴拉紛化勻、候將涼入臼共研極勻為度、

沙墳 又名 SABINA.

西墳

此藥出歐洲之南、乃一種柏樹枝葉、鮮乾皆用、味苦辛、臭香、

功用　大行氣　發表　調經　殺虫　生津液、

主治　經閉　久風濕　酒風脚、

服法　每服五至十林士、日三次、按此藥性毒、不可妄用孕婦忌服、

外用　行氣　運血（用乾葉爲末敷之、或鮮葉扭汁、加水洗之、）治頑瘡　瘊子　痣瘡　疥瘡、

解藥　解此毒者、先服吐劑、後服蓖麻油、鴉片、及潤劑、

沙墳油 OLEUM SABINÆ.

油（製法）此油自沙墳鮮枝葉蒸出者、（化法）濾酒（一分化四分）純酒皆化　每服一至五林士、滴白糖內吞服　調經用、

沙墳酒 TINCTURA SABINÆ.

酒（製法）沙墳乾枝葉（一分粗末）淡酒（八分）先用酒六分浸兩天、間時搖動、裝淋箭淋乾、加餘酒漂淋、用絞盤絞渣、過淋紙、再加酒仍足八分爲度、

每服十五至六十林士、

沙墳油膏 UNGUENTUM SABINÆ.

油膏（製法）鮮沙墳（八分搗爛）黃蠟（三分）辨佐匿豬油（十六分）先將蜂蠟、豬油、入滾鍋化勻、再加沙墳浸二十分鐘、過布扭渣爲度、　不耐久存　功能令水泡出膿、（此藥不能自起水泡、起泡後可用之、）亦治頑瘡、

煉白糖（又名）SACCHARUM PURIFICATUM.

淸蔗糖（化名）炭十二輕廿二養十一

此糖自甘蔗汁製成、結塊色白、味甜無臭、（西國亦有自黃蔓菁製出者、）

化法　水四十五分化一百分祇成一百十三分　濃酒一百分化一分

功用　潤劑　治欬瘷類病　宜佐他藥配糕、丸、水糖、冰糖等用、亦可和油類作勻水、

水糖　SYRUPUS [SIMPLEX].

又名白水糖　製法　煉白糖六分　汽水三分　用火化勻、候涼加水足七分量、或九分秤為度、　配他藥常用、此藥與糖水不一、按水多糖少為糖水、糖多水少為水糖、

糖漿　又名　THERIACA.

糖膠　又名金水糖

此藥係熬沙糖所剩餘汁不結冰者、色棕而黃、味甜、較水糖畧濃、

功用　潤劑　養身　微有瀉力　恒用配造丸料、

嬭糖　又名　SACCHARUM LACTIS.

乳糖　化名炭十二輕廿四養十二

此藥係從乳汁去淨其油、入鍋熬成者、結冰成顆粒、色白、而甜味次於蔗糖、

化法　冷水六分化一分　沸水一分化一分　濃酒微化、

功用　養生　病人虛弱、不能飲食者、可常服之　小兒失乳、用沸水化此糖、再加牛嬭和服、代乳食可也、　或服大力之藥、可加此糖若干研勻、始易分配劑數、　或配佐丸料亦可、

服法　每服六十至一百二十林士、

炭輕養・輕養　六十二六

此糖由葡萄提製而成、無花果、樱桃、及多般果品俱函此糖、結塊色白、不過光、甜味次於蔗糖、

化法　冷水一分化三分　沸水　濃酒全化、

功用　潤劑　配他藥與蔗糖同、

葡糖化名　GLUCOSUM.

流葡糖　GLUCOSUM LIQUIDUM.

又名　葡糖漿

此糖無色無臭狀如糖膠、較稠而透光、

功用　配丸類　中華糖飴可代用、

西穀米　SAGO.

又名　沙谷米

此藥從洋棕樹汁提製而成、與打卑屋了同類、
功用　潤劑　養生　與大米同用、

撒末粉 SALEP.

又名　薩里伯
此藥出歐洲、波斯、印度等處、入藥用該草根製出之粉、色白而黃、
功用　潤劑　養生、

撒 MUCILAGO SALEP.

末粉漿　製法　撒來粉一分　凉水十分　共入瓶撞勻、再加沸水九十分、調至冷爲度、　治小兒肚瀉、

柳樹皮 SALIX.

西名　偉樓
此樹中西均有、種類雖多、功力則同、惟白柳爲佳、入藥用樹枝之皮、晒乾研細末、味苦濇、臭微香、內函一精曰沙利先、又函一酸卽沙利先酸、
功用　補益　收斂　開胃
主治　胃弱　飯不消化　久欬多痰、

服法　每服三十至六十林士、

柳樹皮泡水 INFUSUM SALICIS.

製法　柳樹皮一分搗爛　沸水十二分　泡二點鐘濾渣爲度、　每服二至四兩、

沙利先 SALICINUM. 即柳樹皮精 化名炭輕養

此藥自柳樹皮提出、結冰甚細、色白味苦、與強水不能化合成鹽類、凡楊柳等樹皮內皆函之、

化法　水二十八分化一分　沸水一分化一分　濃酒二十八分化一分　伊打不化、

功用　補劑　與金雞衲同、而力較遜、

主治　瘧疾　飯不消化　痛風最妙、與沙利先酸同用

服法　每服五至二十林士　治痛風十至三十林士、

沙利先酸 ACIDUM SALICYLICUM. 一名柳樹皮酸

見卷三酸類、

荊芥一名 SALVIA PLEBEIA.

假蘇

此藥種類各國畧同、梗葉鮮乾皆可用、

功用　補劑　解熱　發表　收斂、

荊芥泡水 INFUSUM SALVIAE.

製法 荊芥半兩 沸汽水十六兩 貯有蓋器內浸半點鐘濾渣爲度、

每服二三兩、又加醶醋、漱咽喉用之、見卷三醋類

叄布球又名 SAMBUCUS.

野黃楊

此藥出英國美國等處入藥用鮮花、氣香而美、

功用　微行氣、作汽水用、

外用　化瘤　作敷藥、油膏等用、

叄布球汽水 AQUA SAMBUCI.

製法 叄布球鮮花一分鹽存鹹花亦可 水五分 入甑蒸出一分爲度、　每服半至一兩、　用此水配佐他藥取其香美、

叄布球油膏 UNGUENTUM SAMBUCI.

製法 叄布球鮮花一分搗爛 煉豬油一分 先化豬油、再加叄布球、

用文火熬十分鐘、濾渣爲度、新配者佳、不可久存、　治瘡類

又按此方用葉製成、名叁布球葉油膏、用法見下

叁布球綠油膏 UNGUENTUM SAMBUCI VIRIDE.

製法　叁布球葉油膏一分　洋欖香油膏八分　哥拜把一分半

共和勻爲度　治頑瘡、

檀香又名白旃檀 SANTALUM ALBUM.

此藥出安南、印度、及中國雲貴等處、內函油質、即檀香油、入藥用、

檀香油 SANTALI OLEUM.

此藥從檀香木劈碎蒸出者、色黃臭香、

功用　行氣　治白濁、

服法　每服十至三十林士、

檀 MISTURA SANTALI.

香油勻水　製法　檀香油三十林士　白樹膠漿一打拉門　水糖一打拉門　陳皮酒半打拉門　水半兩　共研勻爲度、　作一服用、

檀香油空丸 CAPSULÆ SANTALI. 此以檀香油貯明牛膠丸殼爲易服、按每丸內計有檀香油、十至二十林士、

赤檀 SANTALUM RUBRUM. 又名紫檀

此藥出錫蘭海島、入藥用該木心劈爲碎屑、火酒、伊打、及反酸水類均能提出功力、

功用　配佐他藥、取其色艷、

赤檀酒 TINCTURA SANTALI RUBRI. 製法　赤檀一分細末　濃酒二十分　先用酒十五分浸兩天、裝淋筩淋乾、加餘酒漂淋、用絞盤絞渣、過淋紙、再加酒仍足二十分爲度、

山道年可 SANTONICA. 又名海蒿

此藥出波斯、俄羅斯等處、與蒿草同類、入藥用該草帶蒂之葩、色綠、味苦而香、

功用　殺蟲劑　殺圓蟲、線蟲爲上品、

服法　每服十至六十林士、為末不多內服常用製配山道年、

山道年可泡水 INFUSUM SANTONICÆ.

製法　山道年可六十林士　沸水二兩　泡一點鐘濾渣為度、　每服半至一兩、

山道年 即 SANTONINUM.

山道年可精 化名炭輕養(十五 十八 三)

此藥自山道年可提出、色白、味畧苦而辛、與強水不能化合成鹽類、

化法　濃酒四十分化一分　沸濃酒四分化一分　沸水三百五十分化一分　伊打一百六十分化一分　哥羅方二分化一分　洋橄油四百分化一分　甘油　鏀養水、微化　水化少許、

功用　殺蟲劑為上品　過服令人肚腹疼發炎、

服法　每服半至三林士、每日晚一服、連服三日、至四日早服瀉油、助瀉其蟲最妙、按服藥之後、小便色黃、視物則綠色、此即藥行之徵、實無妨碍、

山道年冰糖 TROCHISCI SANTONINI.

製法　山道年七百二十林士　煉白糖二十五兩細末　白樹膠一兩細末　白樹膠漿二兩　汽水酌用　先將首三末研勻、再加白樹膠漿、和汽水、調成團、分作七百二

十塊、焙乾爲度、每塊內計有山道年一林士、每服一至五塊、

山道年丸 PILULA SANTONINI.

製法　山道年一林士　監文尼脂二林士啞囉亦可　共作一丸爲度、

山道年尖丸 SUPPOSITORIA SANTONINI.

製法　山道年三林士　得波麻油十二林士　化勻作一丸爲度、治線蟲最妙、

胰子 SAPO

又名洋肥皂　南名番鹼

此藥類雖夥、而配製畧同、常製者不外鍊鹽類、鹵鹽類、和油類煎熬而成、藥肆常售者、類分軟硬、硬者亦視加入之藥爲名、如加甘油、則爲甘油胰子、加架波匿酸、則爲架波匿酸胰子、餘可類推、

脂油胰子 SAPO ANIMALIS.

又名凝脂胰子

此藥係用牛羊等油、和鹵鹽類造成、色白而灰、無臭、與白胰子相似、

化法　沸水一分半化一分　冷水化少許　沸濃酒二分化一分　濃酒半化、

胰子貼膏 EMPLASTRUM SAPONIS.

製法　脂油胰子六分研末　密陀僧貼膏三十六分　洋松香一分研末　先將密陀僧

貼膏、入燙鍋化開、再將松香胰子火化、加入燙鍋調勻、散氣成膏爲度、

功能化瘤　用此膏一半、鉛貼膏一半、化勻、治雞眼妙、

樓胰子貼膏 (EMPLASTRUM SAPONIS FUSCUM.)

製法　脂油胰子十分研末　黃蠟十二分半　密陀僧十五分研末　洋橄油二十分　釅醋一百六十分　先將密陀僧與醋入鍋、用文火頻調至化、再加胰子熬至變稠、另將洋橄油黃臘化勻加入、共調勻成膏爲度、此貼膏色樓黑故名、

胰子尖丸 (SUPPOSITORIA SAPONIS.)

製法　用胰子削爲尖丸形、塞肛門內、　治便秘、

白胰子又名白硬胰子 (SAPO DURUS.)

此藥從洋橄油和鹼養水熬成者、結塊色白、無臭、

化法　水二十分化一分　沸水分半化一分　沸濃酒二分化一分

功用　輕瀉　解酸　解砂淋　和大黃同服、治飯不消化、

主治　便秘　膽汁短少　常服多服能化膽淋　配丸藥常用之、

服法　每服五至十五林士、

胰子搽酒 LINIMENTUM SAPONIS.

搽酒製法　白胰子二兩薄片　樟腦一兩　迷迭香油三打拉門　濃酒十六兩　汽水四兩

先將酒水和勻，放暖處，熱不過七十度，若過熱，冬日即變渾，浸七天，間時搖動，過淋紙為度。

胰子射水 ENEMA SAPONIS.

製法　白胰子半兩 或軟胰子脂油胰子皆可　溫水一觔　化勻作一次用，治大便不通乾結。

花紋胰子 SAPO CASTELIENSIS STRIATA.

功用　與白胰子同，但內服者少。此胰子配時，加礦強鐵水，故現花紋。

架波匿胰子 SAPO CARBOLAS.

外用　洗瘡及皮類病最妙。此胰子每百分內，計有架波匿酸五至二十分。

甘油胰子 SAPO GLYCERINATA.

外用　沐浴甚佳。此胰子內函甘油與香味類，多寡不等。

軟胰子 俗名灰胰子 SAPO MOLLIS.

此藥係從洋橄油和鉌養水熬成者，色綠微黃，為半流半定之質，亦有

便方自木炭灰及香油製成、見下、

製法 淨木炭灰 雨水（各樣便用） 先用窄木板作大尖淋箭、裏面厚豎麥稭一層、再裝木炭灰加雨水、淋至無色爲止、將水入鐵鍋熬至見濃、（蘸以雞毛、立見毀敗細氄、）漸加香油若干、（或豆油脂油亦可）熬至成軟膏形爲度、（間時挑出少許、待冷試驗）此胰子若再加熱熬之、又加鹹鹽少許、即變成硬胰子、西國洗衣常用、

化法 冷水（四分化一分） 沸水（一分化一分） 濃酒（一分化一分）

外用 行氣 運血 治鱗皮癬 牛皮癬 疥疾、

洋茯苓 西名 SARSA.

沙沙把列

此藥出中亞美利加、與西印度羣島、該樹數種、皆根小而長、入藥用根、

味頗辛、酒水均能提出功力、

功用 補劑 改病 發表、

主治 楊梅結毒 久風濕 久膿瘡 頑癬、

服法　每服二三十林士、或配煮水流膏等服之、

反藥　反酸類、

洋茯苓煮水 DECOCTUM SARSÆ.　製法　洋茯苓一分切片　沸汽水十二分　浸一點鐘、入鍋蓋嚴、煮十分鐘、候涼濾渣、加水足八分爲度、　每服三至五兩、

洋茯苓製煮水 DECOCTUM SARSÆ COMPOSITUM.　製法　洋茯苓十分切片　沙沙法一分碎塊　圭尼禁碎木一分　甘草一分搗爛　米紫茌半分　沸水一百二十分　共浸一點鐘、入鍋蓋嚴、煮十分鐘、候涼濾渣、加水足八十分爲度、　每服三至五兩、

洋茯苓流膏 EXTRACTUM SARSÆ LIQUIDUM.　製法　洋茯苓四十分細末　淡酒四十分　白糖五分　汽水二百四十分熱至一百六十度者　先用酒入有蓋器內、浸洋茯苓十天、用絞盤絞出藥酒二十分、另存、再用汽水浸渣十六點鐘、常熱至一百六十度　濾渣、用絞盤絞之、將藥水加白糖入盪鍋散氣、餘十八分爲止、加前酒調勻、再加汽水足四十分爲度、　每服一至四打拉門、

洋茯苓製流膏 EXTRACTUM SARSÆ COMPOSITUM LIQUIDUM.

製法　洋茯苓十六分切片　沙沙法二分切碎　圭厄禁木二分爲末　甘草二分搗爛　米紫茬一分切碎　濃酒一分　汽水一百二十分至一百六十度者熱　先用水一半共浸六點鐘常熱至一百六十度將水拧出，再用水一半浸六點鐘，拧出絞渣，二水合勻，過淋紙，入湯鍋散氣留七分，候涼加酒，共調成膏爲度。　每服一至四打拉門，

洋茯苓膏 EXTRACTUM SARSÆ.

製法　按製流膏之法配造，候散氣成膏爲度。每流膏一兩能出此膏半兩。　每服三十至六十林士。

土茯苓 又名 **土萆薢** SMILAX CHINENSIS.

此藥出中國南方等處，入藥用該草之根。

功用　改病　解楊梅毒　與洋茯苓同，而力較遜。

茯苓 又名 **伏靈** PACHYMA COCOS.

此藥出中國北方等處，屬寓木類，在松根上寄生。

功用　開胃　解熱，西醫不入藥用。

沙沙法 SASSAFRAS. 一名黃樟

此樹產美國等處、功力首在根皮、次在樹皮、近來藥肆常售者、則用根皮根木與木心、

功用　行氣　發表　開胃、

主治　胃弱　久風濕　皮類病、

沙沙法根 SASSAFRAS RADIX.

此即沙沙法根切為片者、或其根皮、味香而美、配泡水用、

沙 INFUSUM SASSAFRAS.

沙法泡水 製法 沙沙法根一分或根皮 沸水八分 泡六點鐘濾渣為度、 每服八至十兩、

沙沙法油 OLEUM SASSAFRAS.

此藥從該樹之皮蒸出者、色黃或棕、味香而辛、

功用　開胃　煖胃　去風、

服法　每服一二林士，滴白糖上服之。

沙沙法木心　MEDULLA SASSAFRAS.

此藥即該木嫩枝之通心，色白甚軟。

功用　潤皮劑　配沙沙法漿用。

沙沙法漿　MUCILAGO SASSAFRAS.

製法　沙沙法木心一分　水五十分　浸三點鐘，濾渣爲度。　治新火眼最妙。

監文尼根　SCAMMONIÆ RADIX.

一名土金無尼根

此藥出小亞細亞及叙利亞等處，入藥用該草之根。

功用　重瀉　配監文尼脂用。

監文尼　又名監文尼膠　又名土金無尼　SCAMMONIUM.

此藥即監文尼鮮根流出之汁，凝而乾者，色深灰而微綠，味辛畧苦。

化法　沸酒全化　酒　伊打畧化，水不化。

功用　暴瀉、殺蟲、治大便乾燥、

服法　每服五至十林士、按服此藥能令肚疼、故鮮單用、佐單綠汞、磺強鍊、及他類瀉劑同服最佳、

監文尼勻水 MISTURA SCAMMONII.

製法　監文尼四林士研末　鮮牛嬭二兩　共研勻爲度、作一服用、

監文尼脂 SCAMMONIÆ RESINA.

一名　土金無尼脂

製法　監文尼根八分粗末監文尼亦可　濃酒　汽水各酌用　先用酒十六兩在有蓋器內、加文火浸一天、裝淋筩淋乾、用酒漂淋至無藥味、共入甑加水四兩、甑置沸水上、將酒蒸回、餘者倒盤內候凉、傾出上面之水、留脂、用沸水頻洗、入燙鍋焙乾爲度、

化法　濃酒、伊打、鍊養水、皆化、

功用　暴瀉、與監文尼膠同、而力較勝、

服法　每服三至八林士、

監文 CONFECTIO SCAMMONII.

尼糕 製法 監文尼脂三兩細末 乾薑一兩半細末 胡荽油一打拉門 丁香油半打拉門 水糖三兩 煉蜂蜜一兩半 先將監文尼薑末蜂蜜水糖研勻，再加丁香胡荽二油，共調成糕爲度。每服十至三十林士。

監文 PILULA SCAMMONII COMPOSITA.

尼製丸 製法 監文尼脂一分 渣笠脂一分 脂油胰子一分研末 濃薑酒一分 濃酒二分 共入湯鍋，用文火消化，散氣成膏爲度。每服五至十五林士。

監文 PULUIS SCAMMONII COMPOSITUS.

尼製散 製法 監文尼脂四分細末 渣笠脂三分細末 乾薑一分細末 共和勻，過細羅，入臼輕研爲度。每服十至二十林士。

士圭盧 一名 SCILLA.

士圭蘆 俗名 海葱

此藥出歐洲迤南近地中海處，狀似葱頭，瓣瓣包裹，大如梨，間有如柚子者。入藥切片晒乾，味苦而辛，悶酒水醋均能提出功力。

功用 行氣 利小便 化痰，按此藥化痰之功能令痰稀而多，易於吐出。多服爲吐劑。

服法 每服一二林士，化痰與衣必格阿嚜𠰌同服，利小便可與

汞類同服、令吐、六至十林士、

士圭 ACETUM SCILLÆ.
盧醋酸 製法 士圭盧搗爛二分半 淡醋酸二十分 將醋酸浸士圭盧七天、濾渣用絞盤絞之、過淋紙爲度、 每服十五至四十林士、

士圭 OXYMEL SCILLÆ.
盧醋酸蜜 製法 士圭盧醋酸五分 煉蜂蜜八分 共入燙鍋、散氣、留十分爲度、 每服半至一打拉門、

士圭 PILULA SCILLÆ COMPOSITA.
盧製丸 製法 士圭盧細末二分半 乾薑細末二分 阿麼隱細末二分 白胰子研末二分 糖漿四分杯、或酌用 先將四末共研勻、再加糖漿搗勻、作丸爲度、 每服五至十林士、

士圭 SYRUPUS SCILLÆ.
盧糖 製法 士圭盧醋酸二十分 煉白糖四十分 共入鍋用文火鎔化爲度、 每服半至一打拉門、小兒服一打拉門令嘔、

士圭 TINCTURA SCILLÆ.
盧酒 製法 士圭盧搗爛一分 淡酒八分 先用酒六分浸二天、間時搖動、裝淋筩淋乾、加餘酒漂淋、絞渣過淋紙、再加淡酒仍足八分爲度、 每服十至三十林士、

士圭盧製糖 SYRUPUS SCILLÆ COMPOSITUS.

製法 士圭盧二十分細末 辛衣格二十分細末 葡酸鋏銻半分 白糖二百分粗末 燐強鉐一分半 淡酒 沸水各酌用 先將士圭盧與辛衣格研勻，用淡酒五十分浸一點鐘，裝尖淋箭，加淡酒淋足一百五十分為止，入鍋熬片時，再入燙鍋散氣留六十分，加沸水二十五分，同與燐強鉐研勻，過淋紙，又加溫水漂淋足一百二十五分，再加白糖調至化勻，過布濾渣末，將葡酸鋏銻用沸水八分化之，加入調極勻為度， 治瘷瘷 每服十至三十林士， 治小兒哮喉，一刻鐘服一次，以吐為止，

金雀花 西名 SCOPARIUS.

布羅末

此花數種，產歐洲西南，並美國英國及中華廣東肇慶岡嶺等處，鄉人取以為帚，枝稍花蕊極繁，黃色如雀嘴，故名，入藥用該草之嫩枝，鮮乾均可，

功用 利小便 輕瀉 治臌症，

金雀花煮水 DECOCTUM SCOPARII 製法 金雀花乾枝一分 汽水二十分 入鍋熬十分鐘、濾渣、加水仍足二十分為度、每服二至四兩、

金雀花汁 SUCCUS SCOPARII 製法 金雀花鮮枝使用 入石臼搗爛、用絞盤絞渣取汁、每汁三分加濃酒一分和勻、放陰涼處、待七天、過淋紙為度、每服一二打拉門、

辛衣格 一名 SENEGA **辛衣加** 又名 **辛衣格蛇參**

此藥出北亞美利加、入藥用該草之根、色灰而黃、味甜而辛悶、酒水均能提出功力、

功用　行氣　化痰　利小便、

主治　久氣管痰　經疼　尿有蛋青類、

服法　每服十五至二十林士、過服令人吐瀉、

辛衣格泡水 INFUSUM SENEGÆ 製法 辛衣格粗末一分 沸汽先二十分 泡半點鐘、濾渣為度、每服一二兩、

辛衣格酒 TINCTURA SENEGÆ.

製法 辛衣格細末一分 淡酒八分 先用酒六分浸二天，間時搖動，裝淋箭淋乾，加餘酒漂淋，用絞盤絞渣，過淋紙，再加酒仍足八分爲度。每服半至二打拉門。

辛衣格糖 SYRUPUS SENEGÆ.

製法 辛衣格細末四兩 淡酒二十兩 煉白糖粗末十五兩 先用酒二兩潤末，裝尖淋箭，加酒過淋，入燙鍋散氣，熱不過一百六十度，留八兩爲止，過淋紙，加糖用文火消化，趁熱過布爲度。每服一二打拉門。

辛衣格製糖 SYRUPUS SENEGÆ COMPOSITUS.

製法 辛衣格糖一兩 衣必格糖一兩 士圭盧糖一兩 鴉片酒二打拉門半 共和勻爲度。每服一打拉門，治新氣管痰甚妙。

辛拏 一名新拿 SENNA.

此藥數種，出印度、埃及等處，入藥用該樹之葉，內函一酸，即辛拏酸。葉似小刀，色棕綠，味甜而苦，臭惡而悶，酒水均能提出功力。

功用　輕瀉　治便秘　滯積，

服法　每服十至三十林士、多服令人肚疼反胃、宜佐香味藥同服免疼、

辛拏 CONFECTIO SENNÆ.

糕 製法 辛拏細末七分 蒔蘿子細末三分 無花果十二分 菴弭羅九分 槐花靑九分 洋梅子六分 甘草膏一分 煉白糖二十分 汽水二十四分 先將無花果洋梅子、與汽水入鍋慢熬四點鐘、鬧時加汽水、仍足二十四分、再加菴弭羅槐花靑浸一刻、共過羅去渣、加白糖甘草膏用文火消化、趁熱加辛拏蒔蘿子、共和勻爲度、計得糕七十五分秤、若少則加汽水、多則入燙鍋煞之、 每服六十至一百二十林士

辛拏 INFUSUM SENNÆ.

泡水 製法 辛拏一兩 薑片二十八林士 沸汽水十兩 泡半點鐘、濾渣爲度、每服一二兩、此水不耐久存、每兩內加火硝一林士、則易存、

辛拏 MISTURA SENNÆ COMPOSITA.

製勻水 製法 辛拏泡水十五分 洋朴硝四分 甘草流膏一分 辛拏酒二分半 砂仁製酒一分半 先將朴硝入泡水內、用文火化勻、再加流膏與二酒調勻爲度、每服一兩至兩半、

辛拏糖 SYRUPUS SENNÆ.

製法　辛拏搗爛十六兩　蒔蘿子油三林士　煉白糖二十四兩　汽水一百兩或酌用　濃酒三兩　先用水七十兩，浸辛拏一天，常熱至一百二十度，過絞盤留渣，再用餘水三十分，浸渣六點鐘，又用絞盤絞渣，將二水共入燙鍋，散氣留十兩，候涼，將濃酒化蒔蘿子油加入，過淋紙，再加水漂淋，足十六兩，末加白糖火化爲度，宜有此糖三十二兩。　每服一二打拉門，　小兒輕瀉爲上品。

辛拏酒 TINCTURA SENNÆ.

製法　辛拏搗爛五分　葡萄乾去核四分　胡荽搗爛一分　蒔蘿子搗爛一分　淡酒四十分　先用酒三十分，共浸二天，間時搖動，裝淋筩淋乾，加餘酒漂淋，用絞盤絞渣，過淋紙，再加酒仍足四十分爲度。　每服一至八打拉門。

辛拏酸 ACIDUM CATHARTICUM.

又名　瀉酸

此藥自辛拏葉提出者，結散，色棕黃，無味。

功用　瀉劑　與辛拏同，而力較勝。

服法　每服四至八林士。

槐樹葉 SOPHORA JAPONICA.

又名 櫰葉

此藥出中國北方等處，入藥用乾葉，與南方槐花青大異，

功用　輕瀉　可代辛拏葉，但力較小，多服則身腫

賜盆搭拉 SERPENTARIA.

又名 位二錦牙蛇参 又名 土班藿

此藥出美國位二錦牙省，入藥用該草之根，色棕微黄，味苦而辛，

功用　行氣　補劑　發表，

主治　久風濕　飯不消化　患瘟疫虚弱者，和炭養阿摩尼亞同服，能行氣滋補，

服法　每服十至十五林士，

賜盆搭拉泡水 INFUSUM SERPENTARIÆ

製法　賜盆搭拉粗末一分　沸汽水四十分　泡半點鐘濾渣爲度，　每服一二兩，

賜盆搭拉酒 TINCTURA SERPENTARIÆ

製法　賜盆搭拉細末一分　淡酒八分　先用酒六分浸二天，間時搖動，

裴淋箭淋乾、加餘酒漂淋、用絞盤絞渣、過淋紙、再加酒仍足八分爲度、

每服半至二打拉門、

芝蔴 即 脂蔴 SESAMUM.

此藥出中國美國及印度等處、入藥用該草之葉、及子之油、

功用　潤劑、葉作泡水用、

芝蔴泡水 INFUSUM SESAMI.

製法　鮮芝蔴葉一二箇　涼水八兩　泡半點鐘、濾渣爲度、　作一服用、

治痢疾　肚瀉　熱病類、

又方　乾芝蔴葉半兩　沸水八兩　泡半點鐘濾渣爲度、

芝蔴油 又名 香油 OLEUM SESAMI.

此油自芝麻子榨出者、色棕紅、味香、故名、

功用　養生　輕瀉　代洋橄油配藥恒用之、

服法　輕瀉、每服一二兩、

煉羊油一名熟羊油 SEVUM PRÆPARATUM.

製法 鮮羊板脂便用洗淨、文火鎔化、過布濾渣爲度、

化法 沸酒全化 加熱自一百零三至一百二十度自化、

功用 潤皮劑 配油膏類、

煉牛油一名熟牛油 SEVUM BOVINUM.

製法 鮮牛板脂便用洗淨、文火鎔化、過布濾渣爲度、

功用 潤皮劑 與羊油同而體硬、遲化、

西厤巴子一名汲淪子 SIMABA.

此藥出南亞美利加、入藥用該樹之子、味苦無臭、

功用 治蛇齩 犬齩瘋、

服法 每服十至三十林士、

思厤辱巴俗名山梅 SIMARUBA.

此藥出西印度羣島入藥用該樹根皮色棕而黃味苦酒水均能提出功力、

功用 補劑 發表 利小便 治久瀉 久痢、

服法 每服十五至三十林士、

思廝辱巴泡水 INFUSUM SIMARUBÆ.

製法 思廝辱巴 一百八十林士揭爛 沸水 一觔 泡兩點鐘濾渣爲度、

每服一二兩、

芥子 SINAPIS. 一名芥菜子

此藥中西皆有分黑白二種黑者有油白者否入藥用黑白各半爲佳、共研末則色黃味苦而辛、

功用 行氣 吐劑 輕瀉、

服法 輕瀉服數子 吐劑服末一二打拉門溫水送下、解鴉片等毒服之效、

外用 大行氣 領皮熱 運血 弔炎、作敷藥用、

芥末敷藥 CATAPLASMA SINAPIS.

製法　芥末二兩半　胡麻子麪二兩半　沸水、溫水各酌用　先用沸水六至八兩、將胡麻麪調勻、再用溫水二三兩與芥末調勻、後共和極勻爲度、作一次用、治腦氣筋疼　肚腹疼　嬰兒抽風、

又方　芥末酌用　雞蛋靑一箇　調爲濃漿、敷患處、用雞蛋靑不起泡、

芥末紙 CHARTA SINAPIS.

製法　芥末一兩　格搭伯查哥羅方二兩或酌民　共和極勻、倒在淺瓷盤內、用絕厚紙爲條、在上面逛攤一層、提出涼乾備用、　用時、取溫水一蘸、貼患處、較芥末敷藥、更爲簡便、

芥末泡水 INFUSUM SINAPIS.

製法　芥末一百二十林士　沸水四兩　泡半點鐘、過淋紙爲度、　每服一兩　治曖氣甚效、

芥子油一名芥菜油 OLEUM SINAPIS.

此油從過榨黑芥子蒸出者、黑芥子內函油二種、一可榨出、一可蒸出、此乃蒸出者、

化法　水五十分化一分　濃酒　伊打、皆化、

功用　與芥末同而力較大、弔炎起水泡最爲捷速、

芥子 LINIMENTUM SINAPIS.

製搽酒　製法　芥子油一打拉門　米紫荏伊打膏四十林士　樟腦一百二十林士　蓖麻子油五打拉門　濃酒三十二打拉門　共化勻爲度、　引皮熱用之、

鏀 又名 鈉 SODIUM.

此原質屬五金類、地產各物多有之、與別質化合者、惟食鹽含之最多、凡植物中多含鋏、而動物中多含鏀、其形性與鋏畧同、與養氣化合、不若鋏之易且速、投於冷水、不能如鋏自燒、其雜質用文火燒之、光焰俱深黃色、以吹燈火視之易見、

伊抵辣鏀酒 SODII ETHYLATIS LIQUO

化名　鏀炭二輕五養上酒

製法　純鏀一分無養氣者　內　純酒二十分伊抵利酒　即　先將純酒入瓶、坐涼水中、再加純鏀化勻爲度、不耐久存、

功用　丹類　治黶斑　黑痣　狼癰、

鏀養 又名 SODA CAUSTICA

鏀丹 化名 鏀輕養 舊名 鈉養輕養

製法　鏀養水 便用 入銀鍋 或極淨鐵鍋亦可 快火煎熬、用玻箸蘸試、見冷變硬、即傾於鐵模內或淨鐵板上、候涼打碎爲度、綠色玻塞瓶存貯、

此藥結塊、質脆、體潤而滑、色灰白不過光、無臭、性極反酸而猛烈、露置則變爲半流之質、

化法　水 一分化一分　濃酒 五分化一分

外用　丹劑　能毀瘡　去腐肉　與鉀丹同、

鏀養水 化名 LIQUOR SODAE

鏀養水

製法　炭養鏀 七分　新化石灰粉 三分汽水洗淨者　汽水 四十分　先用水化炭養鏀、入淨鐵鍋加熱至沸、再漸加石灰粉頻調、熬十分鐘、去火候澄清、抒出上面淨水爲度、綠色玻塞之瓶密貯、每兩內計有鏀養十八林士

功用　解酸　與鉀養水同、

服法　每服半至一打拉門、多加水冲服、

解藥　解此毒者、亦與鉃養水同、

鏀 PASTA SODÆ CAUSTICA.

丹糊 製法 鏀養五分 石灰粉六分 濃酒足用 共調成糊爲度、 功能潰惡瘡、與鉃丹糊同、

又方　滷鹼一分研末 生石灰一分研末 水酌用 共調成糊爲度、

葡酸鉃鏀 SODA TARTARATA.

又名 鉃鏀葡鹽 西名 路賖利鹽 化名 鏀鉃炭輕養·輕養 舊名 鉀養·鈉養·炭輕養·輕養

此藥自雙葡酸鉃與炭養鏀製成、結冰大小不一、無色過光、研末色白、味苦而鹹、

化法　水一分半化一分 濃酒不化、

功用　輕瀉　解熱　治便秘、

服法　每服二至四打拉門、

葡酸鋏鹵自沸散

POLVIS EFFERVESCENS APERIENS.

又名 自沸鹵散 製法 葡酸鋏鹵一百二十林士 雙炭養鹵四十林士 共研勻藍色紙包之、再用葡酸三十七林士白色紙包之、臨用置二茶杯、每杯加水一兩、各化一包、共和勻沸時飲之、 輕瀉、

自沸榫葡酸鹵

SODII CITRO-TARTRAS EFFERVESCENS.

又名 鹵榫葡沙

製法 雙炭養鹵十七分研細 葡酸九分研細 榫酸六分研細 煉白糖五分研細 共研勻入磁盤內或用洋鐵盤 加熱自二百至二百二十度、見結塊、即將盤速速旋轉、至成圓粒爲止、粗羅過之、將顆粒均勻者、存玻塞瓶爲度、

功用 輕瀉 解熱 治嘔吐、

服法 每服六十至一百二十林士、加水半杯、趁沸時飲之、

自沸鹵水

LIQUOR SODÆ EFFERVESCENS.

又名 自沸蘇打水 舊名 荷蘭水

製法 雙炭養鹵三十林士 水二十兩 化勻過淋紙、用荷蘭機器、引磺強水與鉛粉所發之炭養氣入水內、使壓力重天氣四倍爲度、 玻瓶封嚴外用

鐵綠裹口、見炭養酸下自沸水、

功用　發表　解熱　利小便　治嘔吐　煩渴、

服法　每服六至八兩、

綠氣鹼養水 SODÆ CHLORINATÆ LIQUOR. 又名鈉養綠氣水

製法、綠氣鈣十六分　炭養鹼二十四分　汽水一百六十分　先用汽水四十分化炭養鹼、再將綠氣鈣入臼研細、漸加汽水一百二十分、研極勻、過淋紙、再將二水和勻過淋紙為度、　貯玻塞瓶、存陰涼處、

功用　行氣　免臭氣　化瘤、

主治　吸核變大　飯不消化　痢疾　患瘟疫熱症、與疹子熱症、身體虛者、及大便臭惡者、均可服、

服法　每服十至二十林士、

外用　免臭爛　治惡瘡　漱咽喉　解病人室內毒氣、法用碟子貯

此水少許、置室內、或洒在地上皆可、

綠氣鏀養敷藥 CATAPLASMA SODÆ CHLORINATÆ.

製法 綠氣鏀養水一分 胡麻子麪二分 沸水四分 先將胡麻子麪漸加於沸水調洽、再加綠氣鏀養水、共調勻爲度、 敷一切惡瘡用、

綠氣鏀養洗水 LOTIO SODÆ CHLORINATÆ.

製法 綠氣鏀養水三十林士 水一兩 和勻爲度、 洗惡瘡 湯火傷 皮類病 外吹乳 或用麻絨布浸水敷患處 亦能漱咽喉用可、

醋酸鏀 SODII ACETAS.

化名 鏀炭輕養·輕養 舊名 鈉養·炭輕養·輕養

此藥自濃醋酸與熟石灰及磺強鏀製出、結冰色白、味苦而辛、露天氣則漸化、

化法 水一分化一分 濃酒三十分化一分

功用 配燐強鐵、⿰金信強鐵、醋酸伊打等藥、

⿰金信強鏀 SODII ARSENIAS.

化名 鏀輕⿰金信養·輕養 新配者內存輕養十二分、見空氣自耗、但存輕養七分 舊名 鈉養·輕養鉮養·輕養

此藥自信石與硝強鏀及枯炭養鏀煉成、結冰無色過光、味鹹微辛、

化法　水二分半化一分　加熱自化、

功用　補腦　與信石同、而力較遜、

主治　皮類病　瘰類病、

服法　每服一林士十六分之一至八分之一、

解藥　解此毒者、亦與信石同、

鋩強 LIQUOR SODII ARSENIATIS.

鑥水　製法　鋩強鑥九林士熱不過三百度煆枯者　汽水二兩　化勻爲度、　每服五至十林士　與信石鋏水同用、而微溫良、治溼癬亦較勝、每一百零七林士內計函鋩強鑥一林士、

辨佐匿 SODII BENZOAS.

鑥　化名　鑥炭七輕五養二·輕養　舊名　鈉養·炭十四輕五養三·輕養

此藥自炭養鑥與辨佐匿酸製出、結散色白味甜無臭、

化法　水二分化一分　濃酒三十五分化一分

功用　解熱　解血內之酸　解血內釀毒、

主治　諸般熱症　癆症　白痳　風溼　酒風脚、

服法　每服解熱十至三十林士　治白癩及癆症每服一二百林士

鏀溴　化名 SODII BROMIDUM.

鏀溴　舊名　鈉溴

此藥自溴質與鐵屑及炭養鏀製出、結散色白味鹹而辛、

化法　水六分化　五分　濃酒化一分　十六分

功用　平腦　改病　與鋏溴同、而力稍遜、　治暈船常用之、

服法　每服十至二十林士、

雙炭養鏀 SODII BICARBONAS.

西名　蘇打　化名　鏀輕炭養　舊名　鈉養炭養　輕養

此藥自炭養鏀過炭養氣而成、結散色白味鹹不濇、露天氣不發潮　此藥有結冰者、有成散者、市肆所售多爲散、

化法　水化一分　十二分　濃酒不化、

功用　解酸　解砂淋　改病　利小便　化瘤　與雙炭養鋏相似、

主治　滯積　尿酸砂淋　楊梅類病　瘰癧類病　臌症、

服法　每服十至三十林士、作冰糖易服、

外用　治蜂螫蠆、水擦之、

雙炭養鹼冰糖 TROCHISCI SODII BICARBONATIS.　製法　雙炭養鹼八兩零一百林士研細　煉白糖二十五兩研末　白樹膠一兩研末　白樹膠漿二兩　汽水一兩　共和勻、分爲七百二十塊、焙乾爲度、每塊內計有雙炭養鹼五林士　每服一至六塊、

雙炭養鹼鹹散 PULVIS SALINUS ANTICHOLERICUS.　製法　雙炭養鹼三十林士　食鹽二十林士　綠強鉀七林士　共研勻爲度、作一服、用加水一杯冲服、半時一次、治霍亂效、

雙炭養鹼自沸散 PULVIS SODII EFFERVESCENS.　又名蘇打自沸散　製法　雙炭養鹼三十林士研細　葡酸二十五林士研細　各化半杯水內、和勻、沸時服之、治吞酸、

雙炭養鹼陰尖丸 PESSUS SODII BICARBONATIS.　製法　雙炭養鹼十五林士　得波麻油四十五林士　共和勻、作一丸爲度、

炭養鹼 SODII CARBONAS.　又名濇蘇打　中名滷鹻　化名鹼二炭養三·輕養十　舊名鈉養炭養二·輕養十

此藥有生於土中經煉而成者、有自海邊之草燒灰煉成者、又有自食鹽與礬強水、及青石、木炭煉成者、結冰無色過光、味鹹而澀、露天氣則冰中之水飛去、變爲白色之散、中華市肆所售、來自蒙古者佳、但含雜質不一、入藥須用法提淨方可

煉法　淨炭養鹵一分即滷鹼　水二分或酌用　共消化、候結冰取出、若不純淨、再用水二分消化、候結冰爲度、

化法　水八分化五分　沸水一分化五分　濃酒不化、

功用　解酸　解砂淋　化瘤

主治　滯積　停食吞酸　尿變酸　酒風脚　瘰癧類　瘿瘤　膽淋、

服法　每服十至三十林士、和苦泡水藥類如瓜沙龍肥草等是　同服最宜、

外用　治疥　白癬　皮病類、化水內洗之、中土滷鹼外科可用、

養鹵沐浴水　製法　炭養鹵五兩　溫水三十桶　共入澡盆內化洽洗之、治皮類病、

炭

BALNEUM SODII ALKALINUM.

枯炭養鏀 SODII CARBONAS EXSICCATA.

化名 鏀炭養三 舊名 鈉養炭養

製法 炭養鏀 便用 入磁鍋放沙釜上、用文火煆至變散、再用急火煆枯、研末爲度、按此枯者五十三林士、即抵未枯者一百四十林士、

功用 解酸 與炭養鏀同、而力較勝、

服法 每服三至十林士 和胰子及香類爲丸、同服最宜、

食鹽 化名 SODII CHLORIDUM.

鏀綠 舊名 鈉綠

此藥自鹹水哂成或煎成 結方形顆粒、色白味鹹、又有地內自生者爲鹽石、但鮮用、

化法 冷水五分半化二分 沸水五分半化二分 濃酒二百分化一分

功用 行氣 補劑 殺虫 多服則吐瀉 解瘧 治肺血吐出、

服法 每服補劑、十至六十林士 瀉劑、一百二十至二百四十林士、吐劑、半至一兩、加水半觔冲服、 治暴吐血、六十至一百二十林士、治瘧疾、一兩至兩半、分爲數服趁病發過服之、用榆皮煮水和服、免

鹽 BALNEUM SALINUM.

鹽 GARGARISMA SODII CHLORIDI.

鏀碘 化名 SODII IODIDUM.

嘔吐、今此物雖入藥用

外用　治手足扭傷、及跌打損傷、法用沸水將鹽浸至濡而不化、用布蘸敷患處效、　用水節射鼻內、治鼻涕變臭　凡咽喉久病、用此漱之亦可　治感冒傷風法用水化食鹽少許、或漱咽喉、或漱鼻孔皆可、治蛇齩、用刀刮去傷口之毒、再用食鹽敷之、

沐浴水　製法　食鹽七斤半　溫水三十桶　化勻浸洗、三日用一次、治身體無力、

漱水　製法　食鹽一分　水五至十分　化勻爲度、　治咽喉類病、

鏀碘　舊名　鈉碘

此藥自鏀養水、與海碘、及木炭末煉成、結散、色白味鹹、

化法　水六分化十一分　濃酒三分化一分　甘油一分化一分

功用　改病　與鋏碘同、而較易服、

服法　每服三至十林士、多加水沖服、

硝強鏀 又名 SODII NITRAS.

鏀硝、化名 鏀淡養三 舊名 鈉養淡養五

此藥出南亞美利加、原生於土中、狀如硝強鋏、露天氣發潮、故不能代火硝作火藥用、但取硝強水有用者、結冰色白味苦而辛、

化法　水九分十分化　沸水二分一分化　濃酒微化、

功用　配臺強鏀、

硝養鏀 SODII NITRIS.

化名 鏀淡養三 舊名 鈉養淡養三

此藥自硝強鏀與木炭末或粉子末煉成、結冰色白味鹹而涼、

化法　水五分六分化　濃酒五十分化一分　露天氣自化、

功用　平腦　解轉筋　治羊癇風　心疝、

服法　每服二三林士、

燐強鏀 化名 SODII PHOSPHAS.

鏀二輕燐養四・輕二養十二 舊名 鈉二養輕養燐養五・輕二養二十四

此藥自炭養鏀、與骨灰、及磺強水製出、結冰色白過光、味鹹、久則原函

之水化氣飛去，變爲白散，

化法　水六分化一分　濃酒不化　加熱至二百一十二度自化，

功用　輕瀉　利小便　病人及小兒不能服他藥者，用此甚妙，飯內代鹹鹽用　亦能輕瀉

服法　每服一百二十林士至一兩，

下燐養鏀 SODII HYPOPHOSPHIS.

化名　鏀燐輕$_2$養$_2$·輕$_2$養　舊名　鈉養輕$_2$養燐養·輕$_2$養

此藥自炭養鏀與下燐養鈣製出，結冰色白而亮，味苦而悶，露天氣則化，

化法　濃酒二十分化一分　水一分化一分　甘油二分化一分　伊打不化，

功用　補腦　治瘳類病　癆病　瘰癧類病，

服法　每服五至十林士，

下燐養鏀水 LIQUOR SODII HYPOPHOSPHITIS.

製法　下燐養鏀二十四林士　汽水一兩　化勻爲度，　每服一至三打

沙利先鹵 SODII SALICYLAS.

拉門、

化名鈉炭輕養・輕養

此藥自沙利先酸與炭養鹵（或鹼養）製出、結片無色過光、

化法　水一分化一分　濃酒五分化一分　純酒三十分化一分

功用　解熱　治新風溼　與沙利先酸同、而較易服、

服法　每服十至三十林士、

沙利理 SALOLUM.

一名薩拉　化名炭輕養・炭輕

此藥自沙利先酸與粉哪理及燐綠製成、結白色之散、臭香味如架播匿酸、

功用　解熱　免臭氣　可代沙利先鹵、

服法　每服十至三十林士、

磺強鹵 SODII SULPHAS. 一名

土朴硝　一名芒硝　一名元明粉　化名鹵磺養・輕養　舊名鈉養硫養・輕養

磺養鏀化名 SODII SULPHIS.

此藥生於土中、或泉間、由煎煉而成者、亦有製造諸法、或用磺強水與食鹽、或青礬與食鹽、或磺強阿摩尼亞與食鹽、等等不一、結冰色白過光、味苦鹹而凉、久存則原函之水化氣飛去、變為白散、分兩略輕一半、

此即元明粉 市肆所存土朴硝、宜用法淨之、方可內服、

煉法　土朴硝一分　沸水一分　化勻去渣、候結冰取出晾乾為度、若不結冰、加朴硝一塊便結、

化法　冷水三分化一分　沸水四分半化十分　濃酒不化、

功用　瀉劑　利小便　解熱、

服法　每服一百一十林土至一兩、　成散者、即元明粉　減半服之可、

外用　去眼內雲翳、研細末點之、

鏀磺養·輕養　舊名　鈉養硫養·輕養

此藥自炭養鏀與磺養水製成、結冰色白過光、氣味略似硫磺、

化法　冷水四分化三分　沸水一分化一分　甘油二十五分化一分　濃酒微化、

功用　解血內傳染之毒　免臭氣　治胃內發釀嘔吐、

服法　每服十至六十林士、

下磺養鏀 SODII HYPOSULPHIS.

化名　鏀磺養·輕養　舊名　鈉養硫養·輕養

此藥自磺養鏀與硫磺製成結冰無色過光、味鹹而苦、

化法　水十分化　十六分濃酒不化、

功用　解血內釀毒　免臭氣、

主治　瘰癧　楊梅　風濕　瘧疾　胃內發釀嘔吐　痘症　瘟疫熱症、

服法　每服十至六十林士、

外用　治大頭瘟　皮類病　口瘡　免牛瘟有用下磺養鏀五斤、水一百桶、化勻、令牛常飲以免之、

下磺養鏀洗水 LOTIO SODII HYPOSULPHITIS.

製法　下磺養鏀六十林士　水一兩　化勻為度、　治大頭瘟法用手巾蘸水遍敷頭面甚效、　漱咽喉亦可、

又方　下磺養鏀三至十五林士　水一兩　化勻為度、　洗皮類病用之、

鏀磺化名 SODII SULPHIDUM.

鏀磺 舊名 鈉硫

此藥自磺強鏀與木炭末燒煉而成、結冰無色過光、

鏀 PULVIS SODII SULPHIDI COMPOSITUS.

鏀磺製散 製法 鏀磺 三分 石灰粉 十分 粉子 十分研末 共研勻爲度、 治痜瘡、

能去敗髮、

磺強架波 SODII SULPHO-CARBOLAS.

匿鏀 化名 鏀炭六輕五磺養‧輕養 舊名 鈉養炭十二輕五養‧硫養‧輕四養

此藥自磺強架波匿酸與炭養鉏、及炭養鏀製成、結冰無色過光、

化法 水 六分化一分 濃酒 一百五十分化一分 甘油 五分半化一分

功用 免臭氣 解血內傳染之毒 治霍亂 白疙瘩 胃內發釀而嘔吐、

服法 每服十至十五林士、

膽苦鏀 SODII TAUROCHOLAS.

一名 到羅扣鏀

此藥自豬牛膽汁煉出、膽汁內原有此物、即膽苦酸與鏀質化合者、

功用　治酒風脚、

服法、每服四五林士、

甘松鏀 化名 SODII VALERIANAS.

鏀炭輕養 五九三 舊名 鈉養・炭輕養 十九三

此藥自酒油與雙鏴強鋏礦強水及鏀養水製出結塊、色潔白、味濇畧甜、臭如甘松、

化法　水二分半化一分、濃酒一百分化一分

功用　提神、與甘松同、

服法　每服一至五林士、此藥單服者少、大約爲配甘松鍉而設、

士拜枝喇 SPIGELIA.

一名美利蘭石竹根

此藥出美國美利蘭省等處、入藥用根、色棕而黃、味甜而苦、

功用　殺蟲、配泡水服之、

士拜枝喇泡水 INFUSUM SPIGELIÆ.

製法　士拜枝喇半分、沸水十六分、泡一刻鐘、濾渣爲度、每

服一二兩、

士拜枝喇製泡水

INFUSUM SPIGELIÆ COMPOSITUM.

製法 士拜枝喇一分 辛拏半分 小茴香半分 甘露蜜二分 沸水三十二分 泡二點鐘、濾渣爲度、 每服二三兩、

酒

西名 阿叩喝 SPIRITUS.

此藥種類不一惟按內函酒精多寡判爲三等、如淡酒濃酒純酒是已、亦有按所成之法而名者、一爲火酒類、係用甑蒸出者、如燒酒、洋燒酒、伯蘭地酒等是也、一爲釀酒類、乃自發釀變成者、如黃酒、葡萄酒、薯酒等是也、驗酒內含酒精多寡、使酒表、或輕重表易見、詳在末本水權圖考、

純酒

又名 伊抵利酒 ALCOHOL ETHYLICUM.

一名 酒精 一名 酒醕 化名 炭二輕六養 即 炭二輕五輕養

此酒係由濃酒蒸出、先以法提出其水、後重蒸而成、

功用 不可內服、惟試驗藥質恒用之、 又用配哥羅方、伊抵辣鹵酒等、純酒不易配、故藥肆常售者、每百分內尚函水一二分、用亦無礙、

濃酒　一名煉酒

SPIRITUS RECTIFICATUS.

此酒自五穀蒸出、每百分秤計凾純酒八十四分、水十六分、用酒須按酒表試之、淡則增酒、濃則加水、

化法　濃酒能化者　阿摩尼亞氣　樟腦　膠脂類　油類　碘質　燐質　鋰質　鉍質　錳質　硫磺　白糖　炭罨酸　架泐酸等藥

功用　大行氣　病人虛弱困憊服之甚效、須配淡者服、

外用　治手足扭傷　大頭瘟　皮膚作癢、均可燙熱搽之、

淡酒　一名準酒

SPIRIUS TENUIOR.

製法　濃酒五分　汽水三分　和勻爲度、每百分秤計凾純酒四十九分、水五十一分、按英法凾純酒四十九分者、方準作酒賣、故名準酒、

功用　與濃酒同、而力較遜、

伯蘭地酒　一名法國酒

SPIRITUS VINI GALLICI.

此藥從葡萄酒內蒸出美者多出法國每百分秤約計函純酒四十分

功用　行氣　開胃　收斂

主治　新肚瀉　痢疾初得者　病人虛弱困憊者可服之

伯蘭地勻水 MISTURA SPIRITUS VINI GALLICI

製法　伯蘭地酒四兩　肉桂汽水四兩　雞蛋黃二枚　白糖半兩　先將伯蘭地酒及肉桂汽水調洽再將白糖與雞蛋黃攪勻共調勻為度

每服一二兩　病人虛弱者可服

伯蘭地空針射水 INJECTIO VINI GALLICI HYODERMICA.

製法　伯蘭地酒一分　汽水一分　化勻為度此亦有射純白蘭地酒者　每次十至三十林士　大行氣　解困憊

洋燒酒 SPIRITUS FRUMENTI. 西名回司刻

此酒自五穀釀熟後蒸煉而成者每百分秤計函純酒四十四至五十分西人常飲酒者喜用此以其令人易醉

燒酒又名火酒 SPIRITUS CHINENSIS. 南名三燒酒此即三次蒸者

此酒濃淡不等、製法與洋燒酒相似、惟不須煉耳、每百分秤計函純酒三十至五十分、又有酒油幾分、故入藥不及西國之酒純淨、配藥宜用濃酒可將此酒蒸二三次即成、

紹興酒 SPIRITUS ORYZAE.

一名 米酒

此酒屬釀酒類、自粳米製出、在黃酒類爲上品、

濁酒又名 SPIRITUS METHYLATUS.

蔑抵辣酒

製法 濃酒九十分 木酒十分濁者 和勻爲度、此酒有毒不能入口、故在英國免稅而價廉、化學常用製哥羅方、伊打、亦提莫非檳、士的年檳等、

木酒又名 ALCOHOL METHYLICUM.

蔑抵利酒 化名 炭輕四養 即 炭輕三輕養

此酒由木內蒸出而煉成者、市上貨者多溷雜質、故色黃而味惡悶、煉淨者與濃酒無甚分別、

化法 純酒 伊打 哥羅方 水、皆化 油類與此酒易化、

功用　寧睡　平心　止嘔、

蔑抵利哥羅方 MISTURA ANÆSTHETICA REGNAULD.

製法蔑抵利酒淨者一分　哥羅方四分　化勻爲度、　蒙藥與哥羅方同、

雙綠蔑抵利 METHYLENI BICHLORIDUM.

化名炭輕二綠二

此藥自蔑抵利酒與食鹽及磺強水製成、

功用　蒙藥、與伊打、哥羅方同、

丫的歇 ALDEHYDUM.

化名炭二輕四養

此藥由酒或火酒或木酒製出、另合養氣而成、爲無色流質、嗅之悶絕傷人、

功用　治傷風　配淡丫的歇用、

淡丫的歇 ALDEHYDUM DILUTUM.

化名炭二輕四養上酒

此藥每百分內計丫的歇十五分、酒八十五分、

功用　治傷風　作化汽水用、

丫的歇化汽水 VAPOR ALDEHYDI.

製法 淡丫的歇八十林士 水四百林士 和勻為度、每次用一打拉門、加溫水一斤、令病者吸之、治頭風 鼻涕變臭、

巴丫的歇 PARALDEHYDUM. 化名 炭六輕十二養三

此藥自丫的歇與磺強水或硝強水製成、為無色流質、與上同類、

化法 水八分半化一分 酒 伊打、全化、

功用 寧睡 利小便 治頭風 瘁類病 心類病、晝夜不寐者、可服以代綠養冰、

服法 每服三十至六十林士、加水一二兩冲服、

酒油 ALCOHOL AMYLICUM. 又名食油 西名阿蔑利酒 化名炭五輕十二養 即炭五輕十一輕養

此藥係蒸酒時用法提出者、按百穀內均函此油、惟蒸酒時較易取耳、

化法 水六十分化一分 濃酒 伊打 油類皆化、

功用 配硝養阿蔑利與甘松鏀等、

辨 ALCOHOL AMYLICUM BENZOLATUM.

蘇阿蔑利酒 製法 阿蔑利酒一分 辨蘇二分 和勻，掙出上面之藥酒，入瓶為度，

硝養阿蔑 AMYL NITRIS.

利 又名 亞味兩淡養三 化名 炭五輕十一淡養二

此藥自阿蔑利酒即酒油與硝養水或硝強水製出，色淡黃狀似伊打，別具一種氣息，

化法 水不化 濃酒 伊打 哥羅方，皆化，

功用 止疼 治氣喘 心痛 悸頭疼 暈船 解士的年精之毒，

服法 每服二至五滴，令病者齅之，不可內服，

海絨 西名 SPONGIA.

司盆支

此物出於附近赤道諸海島，產海中石上，蟲屬活物狀如植物

功用 搽洗各樣瘡疾，或沐浴用之，前有燒灰內服者，今則以海碘代之，

海絨氈 SPONGIO PILINA.

又名 象皮氈

此物自海絨及羊毛擀成，又外敷一層象皮者，

外用　蘸藥酒類，敷患處，治疼痛，因不洩氣，便用，

錫　又名　STANNUM.

錫質

此原質色白如銀而較軟，可鍍於鐵面，使不生銹，如馬口鐵等是也，與銅等鎔化，可為器皿，色白如銀，其雜質有錫養，錫養₂，有錫綠，錫綠₂，又有錫礦，除錫末外，概不入藥用，市肆所售馬口鐵，乃以鐵片入强水提出，蘸於鎔化之錫內，故色白光亮，

錫粉　又名　PULVIS STANNI.

錫末

此藥即純錫鎔化研成末者，

功用　殺蟲，今鮮用者，

服法　每服半至二打拉門，

錫砂　即　STANNUM GRANULATUM.

錫粒

製法　錫質使用入化銀鍋內，加火鎔化，細傾水內，即凝為砂，

功用　試驗藥性、

非司加 又名 司他非薩 STAPHISAGRIA.

此藥出歐洲迤南、入藥用子、狀如三角麥、色外棕內白、內有多油、用法取出、味極苦而辛、悶酒水均能提出功力、

外用　治疥疾　皮類病　殺虱　作油膏用、

非司加油膏 UNGUENTUM STAPHISAGRIAE.

製法　非司加子一分搗爛　辨佐匿豬油二分　共入盪鍋熬兩點鐘、濾布去渣、候凉爲度、

又方　非司加油一分　煉豬油七分　共調勻爲度、

非司加油 OLEUM STAPHISAGRIAE.

製法　此油從非司加子內榨出者、化法　濃酒不化、熱純酒易化、　功力與子同而較勝、

佛茄兒 一名 風茄兒 又名 喇叭花 俗名 關東萞麻子 STRAMONIUM.

此藥出歐洲及中國美國等處、入藥用該草之葉與花及子、內函一精即打都仁精

功用 寧睡 止疼 與顛茄同、而力較勝、在氣管內發其功力亦能令瞳人散大、

主治 氣喘 瘷瘶 胃氣疼、

服法 每服用葉、一至三林士 用子、半至二林士、

外用 止痛、作貼膏、油膏用 其葉當菸吸、治氣喘甚效、

反藥 強水類 反酸丹類 五金鹽類、

解藥 解此毒者與顛茄同、

佛茄兒子 STRAMONII SEMINA.

此子用成熟者、狀如芥子、色棕味悶、配膏、酒等、

佛茄兒膏 EXTRACTUM STRAMONII

製法 佛茄兒子十六兩細末 伊打二十兩或酌用 汽水 淡酒各酌用 先用水十兩與伊打調和、入瓶搖勻、俟分兩層、將伊打抒出、再將佛茄末裝伊打淋筒、加伊打過淋、除去、用伊打特取蝕其子所函之油、後無用 加淡酒漂淋、俟無藥味為止、入甑將酒

蒸回大半，再入燙鍋散氣，成膏爲度。每服一林士四分之一，至半林士，與顛茄膏同用，而力較勝。

美國方　佛茄兒子一百分細末　淡酒敷用　先用酒三十分潤末，實裝尖淋筩，再加酒足透濕藥末，上浮一層，見酒下滴，塞淋口，上蓋嚴，俟二天去塞淋乾，漸加酒漂淋足三百分，或至無藥味爲止。先淋九十分另存，餘淋者入燙鍋散氣，熱不過一百二十度，賸十分爲止，將前九十分加入，散氣，熱度與前同或微少，成膏爲度。服法與上同。

佛茄兒酒 TINCTURA STRAMONII.

製法　佛茄兒子一分搗爛　淡酒八分　先用酒六分浸二天，間時搖動，裝淋筩淋乾，加餘酒漂淋，用絞盤絞渣，過淋紙，再加酒仍足八分爲度。

每服十至三十林士。

佛茄兒貼膏 EMPLASTRUM STRAMONII.

製法　佛茄兒膏一分　松香貼膏一分　胰子貼膏一分　先將二貼膏入燙鍋化合，再將佛茄兒膏細調勻爲度。治胸前疼　腰骨疼

與顛茄貼膏同用、

佛 EXTRACTUM STRAMONII LIQUIDUM.

茄兒流膏 製法 佛茄兒子 一百分 細末 濃酒三分與汽水一分和勻者 酌用 先用二十分潤末、按流膏公法實裝尖淋筩淋盡先淋九十分另存、餘淋者入湯鍋散氣、熱不過一百二十二度 按公法製成一百分為度、 每服一二林士、

佛 GLYCERINUM STRAMONII.

茄兒甘油 製法 佛茄兒膏 一兩 淡酒 一打拉門 入溫臼研勻、再加甘油一兩、研勻為度、 治癤子痛 新膿瘡疼、未破者可遍擦 已破須擦邊際 癰瘡痛甚妙、

佛 LINIMENTUM STRAMONII.

茄兒擦酒 製法 佛茄兒子 二十分 細末 樟腦 一分 淡酒 酌用 先用酒二十分浸三天、裝淋筩架在盛樟腦器皿上淋乾、再用酒漂淋足三十分為度、

治腦氣筋疼、 用此酒與鴉片擦酒各半、或樟腦製擦酒一半或三者各半、和勻擦患處、止疼最妙、

又方 佛茄兒流膏 九十五分 樟腦 五分 化勻為度、

佛 PILULA STRAMONII COMPOSITA.

茄兒製丸 製法 佛茄兒膏 一林士半或粟膏二林士 顛茄膏 一林士 閙羊花膏 六林士 衣必格

三林士研末士圭盧六林士研末共研勻作六丸爲度、治氣喘　治鴉片癮致氣喘者尤妙、

佛茄兒尖丸 SUPPOSITORIA STRAMONII.

製法　佛茄兒膏半林士　士的亞連十三林士或得波麻油亦可　共化勻作一丸爲度、治痔瘡疼痛、

佛茄兒油膏 UNGUENTUM STRAMONII.

製法　佛茄兒膏二分　水一分　辨佐匿豬油十七分　先將水與佛茄兒膏研勻、再漸加豬油共調勻爲度、

又方　佛茄兒鮮葉五兩搗爛　煉豬油一兩　共入鍋熬一刻鐘、過呢布去渣爲度、此方不耐久存、　治痔瘡疼　止癰疽及諸般惡瘡疼痛、

佛茄兒製油膏 UNGUENTUM STRAMONII COMPOSITUM.

製法　佛茄兒油膏一兩　沒石子八十林士極細末　鴉片膏三十二林士　先將二膏研勻、再加沒石子、共調治爲度、　治痔瘡腫痛、

佛茄兒葉 STRAMONII FOLIA.

此葉用鮮乾皆可、配膏酒等、

佛茄兒葉膏 EXTRACTUM STRAMONII FOLIORUM.

製法　佛茄兒新乾葉十二兩研細末　濃酒十六兩　淡酒酌用　先用濃酒五兩潤末實裝尖淋筩、加餘酒、見酒下滴、塞住淋口、上蓋嚴、浸二天、去塞過淋、再加淡酒漂淋足十六兩、放暖處自散氣留三兩、另用淡酒漂淋足三十二兩、或至藥無味、入燙鍋散氣、熱不過一百六十度、成水糖形爲止、將前留之三兩加入、熱不過一百二十度、散氣成膏爲度、　每服半林士、

又方　佛茄兒鮮葉便用　按顛茄膏方製配、

佛茄兒葉酒 TINCTURA STRAMONII FOLIORUM.

製法　佛茄兒新乾葉一分　淡酒八分　先用酒六分浸二天、裝淋筩淋乾、加餘酒漂淋、用絞盤絞渣、過淋紙再加酒仍足八分爲度、

每服二十至六十林士、

佛茄兒花 STRAMONII FLORES.

此用新乾花、功力較葉則勝、較子則遜、

打都仁精 DATURINA. 即佛茄兒精 化名 炭輕淡養

此藥從佛茄兒提出、與強水能化合成鹽類、結冰無色、味苦無臭、

化法 冷水二百八十分化一分 沸水七十二分化一分 酒 伊打皆化、

功用 寧睡 止疼 令瞳人散大 與了刀邊精同、

服法 每服一林士二百二十分之一、至六十分之一、

磺強打都仁精 DATURINÆ SULPHAS.

此藥自打都仁精與磺強水製出、結冰色白無臭、

功用 服法 同上、

打都仁精點水 GUTTÆ DATURINÆ.

製法 磺強打都仁精二林士 汽水一兩 化勻爲度、 點眼能令瞳人放大、

朔番斯 STROPHANTHUS. 俗名 堪畀箭毒

此藥出亞非利加等處、乃一種彎草所結之子、性酷毒、亞非利加野人

搗爲糊、敷於箭鏃、以害人、內函一精即朔番顛、

功用　補心　平脉　利小便　與毛地黄相似、

服法　配酒用、見下、

朔番斯酒 TINCTURA STROPHANTHI.

製法　朔番斯一兩除毛、加熱至一百十度、烤乾、研粗末、　純伊打十兩　濃酒酌用　先將藥末裝淋篩、漸加伊打、淋盡子內所函之油、去篩、晒乾、再入爐加熱至一百二十度、又研末、裝淋篩、加濃酒少許、下堵淋口、上蓋嚴、浸兩天、再漸加酒淋足二十兩爲度、　每服二至十林士、

朔番顛 STROPHANTHIN.

即朔番斯精　化名　炭二十輕三十四養十

此藥自朔番斯子製出、結冰色白、或成塊、體脆、不過光、味極苦、

化法　水　濃酒、易化　哥羅方　伊打　炭磺、皆不化、

功用　補心　與朔番斯同、而力較勝、宜愼用、

服法　每服一林士一百二十分之一、至六十分之一、

煉蘇合香 STYRAX PRÆPARATUS

又名 煉蘇合油

此藥出小亞細亞等處、狀如糖漿、色棕而黑、此香不一、有成顆粒、有結塊者、常售者多半流半定之形、

煉法　蘇合香 便用 先用濃酒足化、過布濾渣、入甑將酒蒸回四分之三、再入燙鍋散氣成蜜形爲度、

功用　行氣　化痰　與到魯脂、秘魯脂相似、

主治　漱瘷　亦治白濁、白帶、與哥拜把同、

服法　每服十至二十林士、

外用　作油膏　治疥疾、

蘇合香油膏 UNGUENTUM STYRACIS.

製法 煉蘇合香 一兩 煉豬油 二兩 共入燙鍋化勻、過呢子布、調治爲度、　治疥疾、

輭木 又名 荷蘭木 SUBER.

此木出於附近赤道等處、體輕而輭、故藥肆作瓶塞用甚便、燒灰用、亦能止血、

琥珀 又名 虎魄 一名 血珀 SUCCINUM.

此藥乃松香入地年久變成者、內函數種松香類質、色黃紅、過光、無味無臭、生者難化、加熱易化、

功用　行氣　解轉筋　生津液　利小便、

主治　經脈不調　羊癇風　牙關緊閉　哮瘷瘷　抽風、配酒油用之、今內服者少、

琥珀酒 TINCTURA SUCCINI.

製法　琥珀細末一分　濃酒十六分　浸七天過淋紙爲度、每服二十五林士、治頭疼、

琥珀油 OLEUM SUCCINI.

製法　此油從琥珀蒸出者、每服五至十五林士、加白樹膠漿與水共調治服之、

琥珀搽酒 LINIMENTUM SUCCINI.

製法　琥珀油一分　樟腦酒一分　阿摩尼亞製酒一分　共調勻爲度、搽頷下、治哮瘷瘷甚效、

龍涎香 AMBER-GRISEA.

又名　灰琥珀

此藥由南洋海岸、採拾而得、蓋鯨魚所吐者、

功用　香類　配他藥取其味美、

龍涎香酒 TINCTURA AMBERÆ.

製法　龍涎香四分　濃酒二百五十六分　麝香半分　共浸十天、過淋紙爲度、

配花露水等用、

索弗拿 SULPHONAL.

化名　炭輕·炭·炭輕磺養

此藥結冰無色過光無味無臭、

化法　冷水五百分化一分　沸水十五分化一分　濃酒九十分化一分　哥羅方三分化一分　伊打九十分化一分

功用　寧睡而不止痛　治晝夜不寐、

服法　每服十五至六十林士　熱水冲服、或與卡喇桿製散一百二十林士、水六兩、研勻服之、

硫磺 SULPHUR.

化名　磺又名硫

此原質萬物中多函之、而地中及近火山處更多、植物內大半有之、動物內幾盡有之、結顆粒、有二形、一橄欖方形、爲地內產出者、一爲長立

方形乃鎔成者、質甚脆、色淡黃、不能化於水、酒與伊打畧能化、松香類化較多、見微熱或磨擦則生臭氣、其性最易燃燒、其焰爲淡藍色、與金類之愛力極大、故化合之時、即發熱發焰、若用法升煉、收其霧而凝之、則成硫磺粉、再升一次則更淨矣、

硫磺粉又名硫磺末一名硫磺花 SULPHUR SUBLIMATUM.

此藥即硫磺升煉而成者、色淡黃、無臭無味、見熱則發一種氣息、

化法　水不化、松節油　油類加熱則化、

功用　輕瀉　發表　化瘤　治痔瘡　久風濕、

服法　每服發表化瘤十至二十林士、輕瀉二十至六十林士、

外用　治疥疾最妙、作油膏用、

硫磺糕 CON. FECTIO SULPHURIS.

製法　硫磺粉四兩　雙葡酸鉀一兩為末　陳皮糖四兩　卡喇桿十八林士研末　共研極勻成糕爲度、每服六十至一百二十林士、輕瀉、

UNGUENTUM SULPHURIS.

硫磺油膏　製法　硫磺粉一分　辨佐匿豬油四分　調勻爲度、　治疥常用、

UNGUENTUM SULPHURIS COMPOSITUM.

硫磺製油膏　製法　硫磺粉二分　炭養鈣一分　煉豬油四分　共調勻爲度、

治乾疥、

CONFECTIO SULPHURIS COMPOSITA.

硫磺製糕　製法　硫磺粉六分　芥子研末六分　圭厄禁研末三分　大黃研末一分半　火硝研末一分半

共研勻、加蜂蜜調成稀糕爲度、　每服一打拉門、　間日晚服一次

治久風濕最良、

SULPHUR PRÆCIPITATUM.

硫磺降散

又名　白硫磺粉

此散自硫磺粉與石灰及鹽強水製成、色灰黃、揉之滑潤、無味無臭、見熱則發氣息、

功用　輕瀉　發表　與硫磺粉同、而力較勝、

服法　每服二十至六十林士、

UNGUENTUM SULPHURIS PRÆCIPITATI.

硫磺降散油膏　製法　硫磺降散二分　炭養鈣一分　煉豬油八分　共調極勻

爲度、治疥疾最妙、若加檸檬油、或檀香油數滴、能解硫磺之氣、

硫磺冰糖 TROCHISCI SULPHURIS.

硫磺冰糖　製法　按冰糖公法製成者、每塊內計有硫磺降散五林士、雙葡酸鋏一林士、每服三五塊、

硫磺碘 SULPHURIS IODIDUM.

硫磺碘　化名　磺碘　舊名　硫碘

製法　硫磺粉一分焙乾、海碘四分淨者、共入乾瓷臼、研極勻、入化學玻瓶內、鬆塞瓶口、加文火、候皆變黑色、再加火至化、將瓶左右傾倒、令碘化盡、仍存瓶內、候涼爲度、必碎其瓶取出、

此藥結塊、色黑而灰、味辛臭畧似海碘、見熱則飛去、

化法　甘油六十分化一分、水不化、

外用　作油膏　治皮類病、

硫磺碘油膏 UNGUENTUM SULPHURIS IODIDI.

硫磺碘油膏　製法　硫磺碘六十林士、硬巴喇紛半兩、軟巴喇紛兩半、先將磺碘入瓷臼研末、再將二巴喇紛化勻、漸加於臼內、研至涼爲度、治糟疙瘩

皮類病、

辛非屯 SYMPHITUM. 又名侃非

此藥出歐洲等處、入藥用該草之根、色外黑內白、

功用　潤劑　收歛　治瘢癩類病、

外用　將根去黑皮、刮細搗成黏漿、治骨折傷、塗於裹布外面、即凝結變硬、不使摺疊動移、有妨傷處、　按此不及煅石膏、

菸葉 TABACUM. 又名淡巴菰

此藥原產亞美利加、今各處有之、入藥用葉、味辛、別具一種氣息、內函二精、一名尼哥顛精、一名尼哥顛恩、酒水均能提出功力、

功用　平腦　寧睡　吐劑　化痰、內服者少、

外用　吸之治氣喘　研末齅之治新頭風、

解藥　解此毒者、先用吐劑、後服番木鼈、或士的年糯、及行氣劑、

菸 ENEMA TABACI. 葉射水 製法 乾菸葉二十林士 沸水八兩 泡半點鐘、濾渣爲度、作一次用、

治疝氣腫痛　便秘　小便不通、按此藥有毒、雖外用亦宜謹慎、

菸 INFUSUM TABACI. 葉泡水 製法 菸葉半兩 沸水二十兩 泡一刻鐘、濾渣爲度、每服一二兩

解番木鼈毒用之、

鼻菸 PULVIS TABACI. 一名 香菸

此即菸葉和雜料製成細末者、

功用　取嚏　治頭風、

尼哥顛 NICOTINA. 精 即 菸葉精 化名 炭十輕十四淡二

此藥自菸葉中提出、乃無色流質、味極辛、性極酷毒、烟袋中黑渤子內有此物但不淨耳、

功用　解轉筋　治牙關緊閉　解士的年精毒、

服法　每服一林士六分之一、至半林士、

菴弭羅 又名 酸子

此藥出東西印度、及伊及亞喇伯等處、入藥取該菓之瓤、用糖醃之、

功用　解熱　輕瀉　治便秘、

服法　每服一百二十林士至一兩、泡水服之解熱、

打卑屋丫 TAPIOCA. 一名占伊法粉

此藥出南亞美利加、及印度海島等處、乃占伊法草提出之粉、

功用　潤劑　養生、與糯米同用

蒲公英 TARAXACUM. 俗名獅牙草

此藥各處有之、入藥用該草之根、鮮乾皆可、宜在中秋節後取之、色外棕內白而黃、酒水均能提出功力、

功用　輕瀉　動膽汁　作煮水、膏等服之、

主治　肝塞生臌症佐瀉藥同服　瘧疾發過後服之

蒲公英煮水 DECOCTUM TARAXACI.

製法　蒲公英乾根一分切片搗爛　汽水二十分　入鍋煮十分鐘濾渣、加水

仍足二十分爲度、每服二至四兩、

蒲公 EXTRACTUM TARAXACI

英膏 製法 蒲公英鮮根四斤搗爛 扭汁候澄清、將上面淨者抒出入鍋、熬十分鐘、熱不過二百一十二度、濾渣、再入燙鍋散氣、熱不過一百六十度、成膏爲度、每服五至十五林士、

蒲公 EXTRACTUM TARAXACI LIQUIDUM.

英流膏 製法 蒲公英乾根四十分粗末 淡酒八十分 汽水酌用 先用酒浸蒲公英二天、扭出二十分另存、再用水四十分浸二天、用絞盤絞渣、過布、入燙鍋散氣、餘十八分爲止、加前留之二十分調勻、再加汽水、仍足四十分爲度、每服半至二打拉門、

蒲公 SUCCUS TARAXACI.

英汁 製法 蒲公英鮮根便用 入石臼搗爛、用絞盤扭汁、每三分汁計加濃酒一分和勻、候七天、過淋紙爲度、存陰凉處、每服一二打拉門、

加拏大松 TEREBINTHINA CANADENSIS.

樹膠又名 黃松樹膠

此藥出美國加拏大等處、乃黃色流質、久則凝結、過光、味苦而辛、

化法　水不化　濃酒一分化一分　純酒三分化一分　伊打、哥羅方、辨蘇皆化、

功用　行氣　發表、與松節油同、近來內服者少、恆以松節油代之、又用配軟膏老殿安、斑蝥紙等、

服法　每服五林士、加鎂養二林士半、研勻爲丸服之、

柴岩松 TEREBINTHINA CHIA.

樹膠又名居比路松樹膠

此膠出附近土耳其海島、始爲極濃流質、久則凝結、色黃而綠、

功用　化瘤　治毒癰　石瘤、

服法　每服五至十林士、

美國松樹 THUS AMERICANUM.

膠又名白松樹膠

此藥出美國等處、色白而黃、過光、質軟而定、久則變硬而脆、松樹膠雖數種、狀則同、入甑蒸出即松節油、餘者即松香、

化法　濃酒一分化一分　伊打三分化四分

功用　發表　利小便　與松節油同、

外用　行氣　作貼膏等用、

松節油又名 TEREBINTHINÆ OLEUM. 松香油

此藥出美國、法國等處、從松樹膠內蒸出者、無色、味辛而苦、獨具一種氣息、

化法　濃酒六分半化一分　伊打十分化三分　冰醋酸三分化一分　哥羅方　純酒、全化　此油能化黃蠟　海碘　硫磺　燐質　榨油類　藥香類、

功用　解轉筋　行氣　利小便　發表　殺蟲　解燐藥毒　在尿具內發其功力　過服、能令瀉嘔昏迷　常服、令小便熱疼、

主治　痢疾　腦氣筋疼　羊癇風　產後熱症　痵類病、

服法　治吐血、每服五至十林士　治白帶　白濁　肚風　傷寒生腸癰、每服十至三十林士　解燐藥毒　殺扁蟲、　治產後熱症、每服二至四打拉門　滴於白糖上、或配勻水服之、見下

外用 行氣 令皮膚熱 運血 弔炎、

松節油糕 CONFECTIO TEREBINTHINÆ

製法 松節油一分 甘草一分研末 煉蜂蜜二分 先將松節油和甘草末研勻、再加蜂蜜調洽成糕爲度、 治久氣管痰及肺經血出、每服二十至六十林士、 發表、利小便、每服六十至二百四十林士、 殺扁蟲、每服二至四兩、

松節油射水 ENEMA TEREBINTHINÆ

製法 松節油一兩 粉子漿十五兩 和勻爲度、 一次射之、治痢疾、及肚腹氣脹、

松節搽油 LINIMENTUM TEREBINTHINÆ

製法 松節油十六分 樟腦一分 軟胰子二分 汽水二分 先將樟腦化於松節油內、再將胰子與水調洽、共研勻爲度、 治久風濕

松節醋酸搽油 LINIMENTUM TEREBINTHINÆ ACETICUM.

製法 松節油四分 冰醋酸一分 樟腦搽油四分 共調勻爲度、 用時搖勻 治風溼痛、

松節油膏 UNGUENTUM TEREBINTHINÆ

製法 松節油一兩 松香五十四林士研末 黃蠟半兩 煉豬油半兩 共入燙鍋

化勻、候調至凉爲度、治湯火傷　對口瘡　癰瘡、

美國方　松節油三十五分　松香油膏六十五分美國方造者　先化油膏、再加松節油調極勻爲度、

松節製搽酒 LINIMENTUM TEREBINTHINÆ COMPOSITUM.

製法　松節油一分　顛茄哥羅方半分　胰子搽酒二分半　共調洽爲度、治久風濕最效、

松節油勻水 MISTURA TEREBINTHINÆ.

製法　松節油半打拉門　白樹膠漿一打拉門　共研極勻、再漸加水足一兩爲度、

又方　松節油一打拉門　白樹膠三十士林研末　汽水酌用　先將松節油與白樹膠研勻、加汽水一打拉門、共研勻、再漸加汽水調洽足一兩爲度、

得立本 TEREBENA.

化名　炭十輕十六

此藥自松節油與礦強水蒸出、質流如油、臭香似台茂魯、

化法　濃酒十四分半化二分　伊打七分半化二分　冰醋酸四分化二分半　純酒　哥羅方、皆化、水

微化、

功用　行氣　化痰　治久氣管痰、

服法　每服五至十林士、滴白糖內服之、

得立本空丸 CAPSULÆ TEREBENÆ.

此以得立本貯於明牛膠丸殼、爲易服、每丸內計有得立本五林士　每服一二丸、

得立本化汽水 VAPOR TEREBENÆ.

製法　得立本四十林士　輕炭養鎂二十林士　入臼研勻、漸加汽水足一兩爲度、每次用一打拉門加溫水二十兩、熱至一百四十度者、化汽令病人吸之、

松葉油又名**松毛油** PINI SYLVESTRIS OLEUM.

此藥從蘇格蘭松樹葉內蒸出、爲無色流質、臭香味辛、

化法　濃酒七分半化一分　純酒皆化、

外用　治風濕疼、搽患處、或令病人吸其氣、治久氣管痰、

松葉化汽水 VAPOR OLEI PINI SYLVESTRIS.

製法　松葉油四十林士　輕炭養鎂二十林士　入臼研勻、漸加水足一兩、調

治爲度、每次用一打拉門入一斤溫水內、熱至一百四十度者、化氣吸之

PIX BURGUNDICA.

巴根地松香一名挪威松香

此藥出德國、瑞士國、挪威國等處、自一類松樹膠製、或體硬而脆、色棕紅、或棕灰、味香、

化法 濃酒二十分化一分 冰醋酸一分半化一分

外用 令皮熱 引病外出 作貼膏、

EMPLASTRUM PICIS.

巴根地松香貼膏 製法 巴根地松香二十六分 美國松樹膠十三分 洋松香四分半 黃蠟四分半 肉豆蔻榨油一分 洋橄油二分 水二分 先將把根地松香、美國松樹膠、黃蠟、洋松香、共入鍋化勻、再將二油與水加入調治、散氣成膏爲度、 貼胸部、治肺類病、

PIX CANADENSIS.

加拏大松香又名狠羅松香

此藥出加拏大等處、自狠羅松樹膠製成、色棕黃、體硬而脆、

洋松香 又名洋黃香 RESINA.

功用　與把根地松香同、而較易化、

此藥出美國等處、自白松樹膠製出、乃蒸松節油所剩者、色黃透光、體硬而脆、臭香、味似松木、

化法　水不化　伊打　火酒　松節油　熱洋橄油、皆化、

外用　作貼膏、油膏類、與土松香同、

松香貼膏 EMPLASTRUM RESINÆ.

貼膏 又名合口膏 製法　洋松香 二分研末　密陀僧貼膏 十六分　脂油胰子 一分

先用文火化密陀僧貼膏、再將松香與胰子化勻加入、共調勻爲度、攤於布上、外科割症、用此合口最妙、

松香油膏 UNGUENTUM RESINÆ.

油膏 製法　洋松香 四分粗末　黃蠟 二分　白油膏 八分　杏仁油 一分或香油亦可　共入湯鍋用文火消化、過呢子布、調至冷爲度、　治頑瘡、

美國方　洋松香 七分　黃蠟 三分　煉豬油 十分　用文火共化勻、過布爲

度、此方候涼不必調之、

又方　松香二分　黃蠟一分　煉羊油三分　共化勻爲度、

松香 又名 黃香 RESINA CHINENSIS.

此藥中國各處皆有、乃松膠煉成者、色淡黃、體脆臭香、

功用　作油膏　與洋松香同、

黑松香 又名 黑香 PIX NIGRA.

此藥自松樹脂熬成、色黑、體硬而脆、味如松樹脂、

功用　治痔瘡　作五林士丸服之、

松樹脂 西名 他爾 PIX LIQUIDA.

此藥從松樹木內蒸出、爲棕黑色之流質、別具氣息、

化法　濃酒一分化一分　哥羅方一分化一分　鏀養水三分化一分　洋橄油　松節油、微化、

功用　行氣　化痰　與松節油同、但較易服、

主治　氣管痰　久瘶瘷　尿具病類、

服法　每服二十至六十林士、作汽水、或爲丸服之、

外用　搽皮類病　亦可化氣令病人吸之、治氣管痰、

松脂油膏 UNGUENTUM PICIS LIQUIDÆ.

製法 松樹脂五分 黃蠟二分 共化勻、調至冷爲度、　治牛皮癬

久溼癬　魚鱗癬　瘑瘡、

又方　松樹脂五分 黃蠟一分 杏仁油一分 共化勻、調至凉爲度、

又方　松樹脂六分 樟腦一分 煉豬油六分 共調勻爲度、

松脂汽水 AQUA PICIS LIQUIDÆ.

製法 松樹脂二十兩 汽水八十兩 共調一刻鐘、將淨水抒出爲度、

每服四兩　外用、作洗水　治皮類病、

松脂丸 PILULA PICIS LIQUIDÆ.

製法 松樹脂一分 甘草一分研末 和勻、作五林士之丸爲度、　每服二三丸　治久瘶瘷妙、

松脂空丸 CAPSULÆ PICIS LIQUIDÆ.

此以松脂貯明牛膠丸殼爲易服、每丸內計有松脂五林士、　每服二三丸、或

四五丸、

松脂硫磺油膏 UNGUENTUM PICIS LIQUIDÆ CUM SULPHURE.

製法 硫磺粉一分 松樹脂一分 海碘酒一分 煉豬油一分 共調勻爲度、治瘑瘡極妙、

松脂油 OLEUM PICIS LIQUIDÆ.

此油自松脂蒸出者爲棕色流質、功能與松脂同而力較勝、

吧嗎油 COPAL. 又名欖糖

此油出印度等處、不入藥劑、只可修補船用、西藥畧釋言吧嗎油即松樹脂、非是、

煉煤脂 PIX CARBONIS LIQUIDA PRÆPARATA. 又名淨煤黑油

此物係蒸煉煤氣所得、煤被蒸煉、其質變爲三、即煤氣煤脂煤焦、後入淺鍋加熱至一百二十度、間時調勻、熬一點鐘時煉成、其色頗黑、另具一種氣息

外用 解毒氣 又配顏料用處極多、

煤脂酒 LIQUOR PICIS CARBONIS.

製法 煉煤脂四分 奎賓亞酒二十分 將酒加熱至一百二十度、浸煤脂二天、過淋紙爲度、

煤脂解臭酒 LIQUOR CARBONIS DETERGENS. 此卽未煉煤脂與酒內化合者、外用解惡臭　治頑瘡皮類病、

煤脂石膏 PIX CARBONIS CUM CALCII SULPHATE. 製法　煤脂三分　熟石膏一百分　研勻爲度、敷瘡口、能解惡毒、病室置內、能解毒臭、

晏衣連 ANILINA. 化名　炭六輕七淡

此藥從煤脂內提出之流質、入藥用者甚少、作顏料用者極多、與別藥配製變成各樣雜色、故凡屬此類者、因以晏衣連稱之、近來市肆所售洋色多屬此類、

亞西炭尼利 ACETANILIDUM. 又名　退熱冰　化名　炭六輕六淡·炭二輕三養

此藥自冰醋酸與晏衣連製成、結無色之冰、過光、無臭、味辛、

化法　凉水不化　沸水　濃酒　淡酒、皆化、

功用　解熱　與庵提牌認同、

服法　每服三至十五林土、

辨蘇 化名 BENZOLUM

炭六輕六

此物從煤脂提出者，爲無色流質，味香，別具一種氣息，

化法　酒　伊打，全化　水不化　此物能化燐質　硫磺　海碘象皮等，

功用　化學家常以此試驗藥性，

呢刀辨蘇 NITRO-BENZOLUM 又名 淡氣辨蘇 化名 炭六輕五淡養二

此藥從辨蘇與硝強水製出，爲黃色流質，臭甚美，

功用　配金衲林與晏衣連顏料，或配香水，或香胰子用。

類索信 RESORCINUM

化名 炭六輕六養二 即 炭六輕四輕養二

此藥自辨蘇，或蘇木精，即巴字林，或加比農，或阿魏與鍊養製造而成結白色之冰，

化法　水三分化四分　濃酒三分化四分　甘油一分化一分　伊打一分化一分

功用　解熱　免臭爛、外用 藥寄生虫、
主治　痛風　瘧疾　傷寒、
服法　每服十至四十林士、

衲地連 NAPHTHALINUM.

化名　炭十輕八

此藥自煤脂內提出者、結白色之片、味辛、臭如煤脂、
化法　濃酒二十五分化一分　哥羅方一分半化一分　伊打三分化一分　松節油七分半化一分　洋橄油八分化一分
甘油微化、水不化、
功用　化痰　治久氣管痰　白痳　久白痢、
服法　每服八至十五林士、
外用　免臭爛　藥寄生虫　治乾疥、每分加油九分擦之、

衲夫魯 NAPHTHOLUM.

化名　炭十輕八養　即　炭十輕七輕養
此藥自煤脂內提出、結片、色白無臭、

化法 濃酒二分化一分 伊打四分化三分 哥羅方二十四分化一分 洋橄油十二分化一分 甘油四十分化一分 水不化、

外用 解毒氣 藥寄生虫 治疥 濕癬、作油膏用、

衲夫魯油膏 UNGUENTUM NAPHTHOLI. 製法 衲夫魯十五分 石粉十分 軟胰子五十分 煉猪油一百分 共和勻爲度、治疥、

又方 衲夫魯五分 洋橄油五十分 化勻爲度、藥髮虱、

又方 衲夫魯二分 拉彎大酒十分 軟胰子一百分 和勻爲度、治連環癬、

茶葉 THEA. 一名茗

此葉出日本、印度、及中國南方等處、內函一精、即提年精、

功用 行氣 發表 解鴉片毒、免其困迷、

提年精 THEINA. 即茶葉精 化名 炭八輕十淡四養二・輕二養

此藥自茶葉提出者、結冰色白味苦、化學家細覈知與加非精無別、

功用　提神　補心　與加非精同、

服法　每服半至五林士、

得波麻子 THEOBROMA.　又名　初高辣子

此子出南亞美利加、狀如皂莢子而畧長、內函多油、

功用　配初高辣餅、叩哈粉、得波麻油等、

初高辣 CHOCOLATUM.　又名　甘豆餅

此藥自得波麻子製出、結塊如餅、代加非當茶飲之能提神養生、

叩哈粉 COCOA.　又名　荷荷粉

此藥自得波麻子製出、與初高辣同用、

得波麻精 THEOBROMINA.　即　得波麻精　化名　炭七輕八淡四養二

此藥從得波麻子提出、結白色之散、

功用　提神　與加非精同、

得波麻油 THEOBROMATIS OLEUM

服法　每服一至五林士、

又名 初高辣油

此藥自得波麻子榨出者、色白畧黃、狀如白蠟、

化法　加熱自八十六至九十五度自化、

功用　作尖丸、條丸等、（因易化便用、）

椰子 COCOIS FRUCTUS 一名越王頭

此果出赤道附近等處、狀如瓠、圓而微長、外有堅殼、（今作勺用、）內有瓤、色白味甜、亦函一種油、見下、

功用　開胃　養生、

椰子油 OLEUM COCOIS

此油自椰子榨出、或熬出、爲白色定質、狀如豬油、別有一種氣息、與魚肝油同用、而力較損、　每服二至四打拉門、

士的亞連 STEARINUM

化名 炭（五七）輕（一百十）養（六）

此物自椰子油製出、狀如白蠟、此雖從椰子油製出較易、但脂油、榨油中皆函之、爲油中最多最要之物、化學家細覈油類、其質分爲三、卽士的亞連、巴蔑顚、阿連也、

化法　加熱自九十至一百度自化、

功用　代得波麻油、配尖丸類、

士的亞連鈣 STEARATUM CALCIS. 一名脂油灰

製法　新石灰九十斤成塊者　牛脂二十斤切碎　沸水足用　先將石灰入沸水中、再加牛脂頻調、漸加沸水見形如稀粥、上無浮油、取出晒乾爲度、

此藥結白色之散、無臭無味、

功用　收斂　除濕、　可代鋥養油流鋥等、

士的亞連鈣油膏 UNGUENTUM CALCIS STEARATI.

製法　士的亞連鈣一分　煉豬油一分　文火化勻、調至涼爲度、　治濕癬、

火氣 THERMA. 又名熱氣

功用　發表　解熱、

用法　令病者入小屋內、各處密封、屋外即發火鑪、加熱至一百二十度、人在房中、受氣發汗必多、

台茂油 THYMI OLEUM.

又名　茴芹油

此藥出歐洲等處、係從該草內蒸出者、

外用　佐他藥配搽油、不入服劑、　治久風濕　足腕扭傷　或用棉蘸塞牙穴內、治牙疼亦效、

台茂魯化名 THYMOL.

炭十四輕十八養一 即 炭十二輕輕十二養

此藥從台茂油內或別香草之油提出者、結冰無色過光、味辛而濇、臭香、

化法　水一千分化一分　甘油一百九十分化一分　濃酒三分化八分　伊打三分化八分　哥羅方五分化八分　奔紫年六分化一分　松節油三分化一分　洋橄油二分化一分　冰醋酸三分化四分　鉍養水六分化一分

功用　免臭氣　治胃內發釀嘔吐、

服法　每服半至二林士、與胰子作丸服、

外用　免臭爛　解毒氣　代加波匿酸、因其味美、

台茂魯水　LIQUOR THYMOL.

製法　台茂魯一分　溫水一千分　化勻爲度、　解毒氣　洗惡瘡用、

又方　台茂魯一分　濃酒二十分　甘油二十分　汽水足一千分　共化勻爲度、

台茂魯酒　SPIRITUS THYMOL.

製法　台茂魯一分　濃酒足十分　化勻爲度、配台茂魯水便用、

台茂魯油膏　UNGUENTUM THYMOL.

製法　台茂魯五至三十林士　花士玲一兩　用火化勻爲度、　治皮類病、

台茂魯化汽水　VAPOR THYMOL.

製法　台茂魯六林士　濃酒一打拉門　輕炭養鎂三林士　汽水足一兩　先將上三味入臼研勻、漸加汽水研勻過淋紙爲度、　每次用一打拉門、化一斤水內、熱至一百二十度者、令病人吸之　治聲管炎　咽喉發炎、

唐箇子　TONKA.

一名唐加豆

此子出亞非利加等處、屬香味類、內函一精即枯嗎仁、入藥因取其味美、

枯嗎仁　COUMARIN.

即唐箇子精

此藥自唐箇子提出結片無色味辛臭香

功用　配他藥能解其惡臭如海碘仿甘松鋥等是也

卡喇桿膠 一名 卡喇根

卡喇桿又名 TRAGACANTHA.

此藥出小亞細亞乃一種樹膠也色白而黃無味無臭

化法　水化少許雖不化者浸水內體自漲而輭故配勻水等便用酒　伊打皆不化

功用　潤劑　恒佐他藥配勻水冰糖等與白樹膠同但性較黏

服法　每服二十林士至一打拉門

喇卡桿甘油

GLYCERINUM TRAGACANTHÆ.

製法　卡喇桿一百一十林士或二分研末　甘油一兩或十二分　汽水七十四林士或二分秤　先將上二味調勻入臼漸加汽水研勻至透光爲度

卡喇桿漿

MUCILAGO TRAGACANTHÆ.

製法　卡喇桿六十林士研末　汽水十兩　濃酒二打拉門　先將卡喇桿與酒入瓶漸加水頻撞勻至成漿爲度　每服一兩　恒用配造他藥與白樹膠漿同

卡喇桿製散

PULVIS TRAGACANTHÆ COMPOSITUS.

製法　卡喇桿一分研末　白樹膠一分研末　粉子一分研末　煉白糖三分研末　共研勻

爲度、每服十至六十林士、與不易化及最難細分之劑、同服頁便、

紅茗 古名 TRIFOLIUM.

三合葉

此草西國各處有之、與中華產者同類、入藥用花、

功用　化痰　治哮瘀癥、

紅 INFUSUM TRIFOLII.

茗泡水 製法 紅茗乾花二兩 沸汽水二十兩 浸四點鐘濾渣爲度、每服

二至四兩、

紅 SYRUPUS TRIFOLII.

茗糖 製法 按下紫蘿蘭糖配成者、每服一二打拉門、治哮瘀癥、

麥斛 一名 TRITICUM REPENS.

茅根

此藥中西均有、入藥用該草之根、色黃味甜、

功用　輕瀉　利小便　在尿具發其功力、

麥 DECOCTUM TRITICI

斛煮水 製法 麥斛一兩 水二十兩 共入鍋熬十分鐘、候涼、濾渣爲度、治

白痳　每服四至八兩、

榆皮 一名 ULMI CORTEX.

滑榆皮

此藥中西均有，入藥去外粗皮，用內嫩者，

功用　潤劑　利小便 外用 潤皮劑　解炎，

服法　作漿及煮水服之　治水蠱癩，

反藥　青礬　鉛霜　銀丹　明牛膠，

榆皮煮水 DECOCTUM ULMI.

製法　榆皮 一分切碎 汽水 八分 共入鍋熬十分鐘，濾渣，加水仍足八分為度，　每服二至四兩，

榆皮漿 MUCILAGO ULMI.

製法　榆皮 一分切片 沸汽水 十六分 共入有蓋器內浸兩點鐘，濾渣為度，

每服二至四兩 外用 治大頭瘟　火眼，

猶類端 URETHANUM.

化名 炭三輕七淡養二

此藥自炭養氣與阿摩尼亞氣及伊抵利酒製成，結冰色白無臭，

化法　水 二分化一分 濃酒 一分化一分 伊打 三分化二分

功用　平心　寧睡　治晝夜不寐、

服法　每服八至十五林士、

唹花 又名 UVA URSI

要把兒此

此藥出歐羅巴及俄羅斯等處、入藥用該草乾葉、

功用　收歛　補劑　在尿具發其功力、

主治　血山崩　尿變甜　久痢疾、

服法　每服十至三十林士、研末用、或作泡水、

反藥　鐵鹽類　鉛鹽類　銀丹　藥精類　明牛膠、

唹花 INFUSUM UVÆ URSI

泡水 製法 唹花一分搗爛　沸汽水二十分　泡一點鐘濾渣爲度、　每服一二兩、

甘松 西名 VALERIANA.

發里里安

此藥有數種、出英國及中國四川陝西等處、入藥用該草之根、色棕黃、

味香甜而畧苦、酒水均能提出功力、細覈該藥內函油質酸質二種、

功用　提神　微補　解轉筋、

主治　鬱胃　痒類病　羊癇風　跳舞風　佐補劑同服妙、

服法　每服十至三十林士、

甘松泡水 INFUSUM VALERIANÆ.

製法　甘松根半兩搗爛　沸汽水二十兩　泡一點鐘濾渣爲度、　每服一二兩、

甘松酒 TINCTURA VALERIANÆ.

製法　甘松根一分細末　淡酒八分　先將酒六分浸二天間時搖動裝淋篇淋乾、加餘酒漂淋、用絞盤絞渣、過淋紙、再加酒仍足八分爲度、　每服一二打拉門、

甘松阿摩尼亞酒 TINCTURA VALERIANÆ AMMONIATA.

製法　甘松根一分細末　阿摩尼亞香酒八分　共浸七天濾渣、用絞盤絞之、過淋紙、再加阿摩尼亞香酒、仍足八分爲度、　每服半至一打拉門、

甘松伊打酒 TINCTURA VALERIANÆ ÆTHEREA.

製法　甘松根一分搗爛　伊打酒五分秤　浸八天濾渣、再加伊打酒仍足五分爲度、　每服半至一打拉門、

甘松油 OLEUM VALERIANÆ.

此油自甘松根按公法蒸出者、功力與甘松同、而較勝　每服四五林士、

甘松酸 ACIDUM VALERIANICUM.

化名 炭五輕十養二

見卷三酸類、

番甘松 俗名 麝根 SUMBUL.

此藥出印度、俄羅斯等處、入藥用該草之根切片、色棕黃、味甜而苦臭如麝香、

功用　提神　與甘松同、　治酒狂　瘧瀉　痢疾　霍亂等症、病至困憊者服之提神

番甘松酒 TINCTURA SUMBUL.

製法　番甘松一分細末　濃酒八分　先用酒六分浸二天、間時搖動裝淋筩淋乾、加餘酒漂淋、用絞盤絞渣、過淋紙再加酒仍足八分為度、　每服十至三十林士、

甘松香 NARDUS INDICA.

西名 那達香 一名 苦彌哆

此藥出印度、安南等處、入藥用該草之根、臭甚美、

功用 服法 同上、古人從此根與別物製造上品香料名那達膏、今失其傳、

偉呢喇 VANILLA.

一名 發尼拉

此藥出南亞美利加墨西哥國、入藥用豆莢與子、臭香味美、

功用 提神 配他藥、取其味美、

偉呢喇酒 TINCTURA VANILLÆ.

製法 偉呢喇十分切碎搗爛 白糖二十分粗末 濃酒三分與汽水一分和勻者酌用 先用酒水五十分、浸偉呢喇十二點鐘、濾渣、藥酒另存、再將渣與白糖入臼搗勻、裝淋箭加前存酒淋乾、再加酒水漂淋、足一百分為度、

青藜蘆 西名 VERATRUM VIRIDE.

青匪鑄稔

此藥出北亞美利加、入藥用該草之根、味苦而辛、鼻嗅之令人打嚏、

功用 吐劑 去火除煩 生津液 平脉緩氣 與葡酸鋏銻畧似、

主治 酒風脚 痛風 風濕 肺體生炎 腦氣筋疼、

青藜蘆酒 TINCTURA VERATRI VIRIDIS.

服法　每服四至六林士、多服則昏暈無力、切勿妄用、研末或配酒用、

製法　青藜蘆四分細末　濃酒二十分　先用酒十五分浸二天、間時搖動、然淋篩淋乾、加餘酒漂淋、用絞盤絞渣、過淋紙、再加酒仍足二十分為度、

每服五至二十林士、

白藜蘆 VERATRUM ALBUM.

西名白罷鋪稔

此藥出歐洲、中國等處、入藥用根、色白、嗅之令人噴嚏、嚐之者無臭味、乍甜、後漸覺苦辛、

功用　去火除煩　平脈　與青藜蘆同、代以配酒亦可、

藜蘆又名黑藜蘆 HELLEBORUS NIGER.

此藥中西均有、入藥用根、性酷毒、慎勿妄用、

功用　暴瀉　調經　改病　治臟症、今鮮用、

服法　每服令瀉、十至二十林士　改病、每服二三林士、

DECOCTUM HELLEBORI.

藜蘆煮水 製法 藜蘆根一百二十林士切片 水十六兩 共入鍋熬十分鐘、濾渣爲度、 每服一兩、間四點鐘一服、以瀉爲止、

EXTRACTUM HELLEBORI.

藜蘆膏 製法 藜蘆根三分細末 濃酒四分 淡酒酌用 先用濃酒一分半潤末、裝尖淋筩、加餘酒過淋、再加淡酒漂淋足四分、放暖處自散氣、留一分、又用淡酒漂淋足八分、入燙鍋散氣、熱不過一百六十度、俟成漿形、再加前留之一分共散氣、熱不過一百二十度、成膏爲度、 每服令瀉調經三至五林士、 改病、每服半至一林士、

TINCTURA HELLEBORI.

藜蘆酒 製法 藜蘆根一分細末 淡酒八分 先用酒六分浸兩天、間時搖動、裝淋筩淋乾、加餘酒漂淋、用絞盤絞渣、過淋紙、再加酒仍足八分爲度、 每服半至一打拉門 治婦女經閉、

UVÆ.

葡萄 又名 **菩提**

此菓中西均有、種種不一、取其汁皆可釀酒、

功用　潤劑　養生　又作葡萄乾葡萄酒用、

葡萄乾即 UVÆ PASSÆ.

菩提乾

此卽熟葡萄晒乾者、各國皆有、惟西班牙出者佳、

功用　潤劑　養生　配造他藥、取其味美、

葡萄酒又名 VINUM.

菩提酒

此酒自葡萄汁釀成、類有酸甜濃淡數種、均存酒之功力、細査每百分中、總以函酒精五至十七分者爲通行之品、近來肆中售者則有紅酒即濁拉特酒、白酒即庫厘酒、自沸酒即三鞭酒、數種、但配藥恒用者惟白酒、

功用　提神　開胃　久病虛弱可服、

白葡酒又名 VINUM XERICUM.

庫厘酒

此酒出西班牙者佳、每百分中函酒精十七分、

功用　佐他藥配葡酒類、

自沸葡酒 VINUM CAMPANUM. 又名三變酒

此酒出法蘭西者佳、每百分中計函酒精十二三分、提神、此種爲上品、其內存炭養二氣、故自沸、

紅葡酒 VINUM HISPANICUM. 又名渴拉特酒

此酒出法蘭西者佳、每百分中計函酒精六七分、

黑葡酒 VINUM PORTENSE. 又名砵酒

此酒出葡萄牙者佳、每百分中計函酒精十六七分、補虛推此種、

文克 VINCA. 一名

份科

此藥出英國等處梗葉皆入藥用、

功用　收歛　治血山崩、

文克泡水 INFUSUM VINCÆ. 製法　文克二兩　沸水二十兩　浸一點鐘、候凉濾渣爲度、每服二至四兩、

文克流膏 EXTRACTUM VINCÆ LIQUIDUM. 製法 鮮文克扭出之汁便用 入燙鍋散氣成流膏爲度、每服一二打拉門、

紫蘿蘭 VIOLA. 又名 堇葵 此藥出英美中國等處、入藥用花、臭香色美、功用 輕瀉 配他藥常用之、取其色艷、

紫蘿蘭糖 SYRUPUS VIOLÆ. 製法 紫蘿蘭鮮花九兩 沸汽水二十兩 煉白糖 濃酒各酌用 先用沸汽水浸十二點鐘、絞盤絞之、過淋紙、候澄清捋出、按此藥水之數、每分加白糖二分、用文火化勻、候涼、每兩加濃酒半打拉門爲度、配他藥常用之、取其香美、

鋥 ZINCUM 一名 鋅 俗名 白鉛 又名 倭鉛 讀作我還、 此原質無自然獨成者、與別質化合之礦、產處甚多、色藍而白、性稍堅、不冷不熱則脆、可抽爲絲、可打爲箔、並可如鐵之摺疊搥打、加熱至紅、

萬國藥方 卷六

閉之則化氣、露空氣則焚燒、光焰蒼翠、而變成鋥養、市肆所售黍鉛如洋鐵片者即此

鋥粒 一名 鋥沙 ZINCUM GRANULATUM.

製法　鋥質便用入化銀鍋內、加火鎔化、細傾在水內、即凝為沙、

功用　配鋥鹽類、此類反藥、解藥、具備於此、見下、

反藥　反酸類　反酸炭養類　石灰水　鉛霜　銀丹　收斂草藥類　皆與鋥及鋥鹽類相反、

解藥　解此毒、先服吐劑、後服炭養鏀或炭養鈉、多加溫水服、再用潤劑、如雞蛋、牛嬭、胡麻子泡水、粦麥仁煮水等物、按此解鋥及鋥鹽總類之毒、下不必細述、

醋酸鋥 又名 鋥醋鹽 ZINCI ACETAS.

化名 鋥炭輕養·輕養 舊名 鋅養炭輕養·輕養

此藥自炭養鋥或鋥養與濃醋酸製出、結薄片之冰、色白、味澀、無臭、

化法　水二分半化一分　沸水一分化四分　濃酒四十分化一分　沸濃酒三分化一分

功用　補劑　收斂　多服令吐　與礦強鋥同、

醋 LOTIO ZINCI ACETATIS

鋥溴化名 ZINCI BROMIDUM

炭養鋥化名 ZINCI CARBONAS

服法　每服補劑、一二林士　吐劑、十至二十林士、

醋酸鋥洗水 製法 醋酸鋥 一二林士 水 一兩 化勻為度、 洗火眼甚效 作射水、治白濁、初患者忌用、

鋥溴 舊名 鋅溴

此藥自鋥沙與溴輕酸製成、結散色白、味甜而濇、露天氣自化、

化法　水 一分化四分　濃酒 一分化二分

功用　補劑　解轉筋　治羊癇風、

服法　每服補劑、二林士　治羊癇風、三至十林士　多加水服、

鋥炭養三·鋥輕二養二·輕養 舊名 鋅養炭養三·鋅養·輕養

此藥自炭養鹵與礦強鋥製成、結散、體鬆輕、色白無臭、按爐甘石俱多函此物、但有雜質、非純淨者、

化法　酒　水、皆不化、強水類能化、

功用　補劑　解轉筋　與鋥養同 外用 收歛、

服法　每服二至十林士、

炭養鋥油膏 UNGUENTUM ZINCI CARBONATIS. 製法 炭養鋥二分 白油膏十分 共調勻爲度、治湯火傷及皮膚損傷等症、

加喇民又名煉加喇民 CALAMINA PRÆPARATA. 中名 爐甘石粉

此藥卽爐甘石入銀鍋封固煉成、研細飛淨者、色淡紅、揉之滑潤、

功用　收歛　除溼　作油膏、或扑粉、治皮類病、

加喇民油膏 UNGUENTUM CALAMINÆ. 製法 加喇民一分 辨佐匿豬油五分 調勻爲度、治皮類病、

加喇民製散 PULVIS CALAMINÆ COMPOSITUS. 製法 加喇民半分 鋥養一分 粉子四分研末 共研勻爲度、治皮類病、及小兒磨損等症、

鋥綠又名鋥綠丹 ZINCI CHLORIDUM. 化名 鋥綠二 舊名 鋅綠

此藥自鋥綠水熬煉而成、結塊體軟如蠟、味辛、色白略灰、過光、露天氣則發潮、性酷毒、

鋥綠 LIQUOR ZINCI CHLORIDI

化法　水四分化十分　濃酒一分化一分　甘油四分化一分　伊打全化、

功用　改病　補劑、性酷毒不多內服、

服法　每服半至一林士、多加水冲服、

外用　免臭爛　丹藥　治惡瘡　毒癰　毒癤、　用法　鋥綠一分　白麪一分　共搏爲餅、敷患處、見藥將化、即用煆石膏摻瘡外面、毋使侵蝕好肉、

解藥　解此毒、先服吐劑、後服潤劑、及炭養鹼等、

水製法　鋥砂十六分　鹽強水四十四分　炭養鋥半分或酌用　汽水二十分或酌用　綠汽水酌用　先用水二十分與鹽強水調勻、和鋥砂共入瓷鍋、文火熬至藥水不發氣、再加火熬半點鐘、常加汽水足前數、候涼過淋紙、入瓶漸加綠氣水、頻調至諗水亦有綠氣臭爲止、再徐加炭養鋥攪勻、至內見棕色降散、過淋紙、入瓷鍋散氣、留二十分爲度、　外用　洗惡瘡　免臭爛　解病室

臭惡氣、

鋥 GARGARISMA ZINCI CHLORIDI.

綠漱水 製法 鋥綠五林士 水一兩 化勻爲度、 治口瘡、

鋥 ZINCI CHLORIDUM FUSUM.

丹錠 此即鋥綠化入模作成者爲便用、 治惡瘡 毒癰 毒瘤等症、

淡 ZINCI CHLORIDUM MITIGATUM.

鋥丹錠 製法 鋥綠一分 鋥養一分 白麪二分 共研勻加水調成團分作錠爲度、 化腐肉用、

鋥養 化名 ZINCI OXIDUM.

鋥養 舊名 鋥養

此藥自炭養鋥燒煉而成、結散輕而鬆色白無臭無味、

化法 酒 水、均不化 強水類能化、

功用 補劑 解轉筋 治羊癇風 跳舞風、

服法 每服二至十林士、

外用 收斂 去濕 治皮傷 黃水瘡 或乾摻患處、或作油膏用、

鋥養 UNGUENTUM ZINCI.

油膏 製法 鋥養八十林士極細末 辨佐匿豬油一兩 先化辨佐匿豬油、再加鋥養

調至冷爲度、治皮類病　解脚底汗臭

鋥 PILULA ZINCI OXIDI.

養丸 製法 鋥養半林士 樟腦半林士 顛茄膏半林士 共和勻作一丸爲度、治羊癇風、

鋥 UNGUENTUM ZINCI ET PLUMBI CUM HYDRARGYRI.

鉛汞油膏 製法 鋥養二分 鉛霜一分 阿摩尼亞汞二分 黃汞油膏二分 煉豬油二十四分 香油十二至二十四分按冬夏加減 前三樣入白研勻再加香油研勻、又將黃汞油膏煉豬油抹勻、共調治爲度、　治皮類病　白癬　濕癬　濕疥最妙、此方係英國有名之醫士所製其法甚效、

磺強鋥 又名 ZINCI SULPHAS.

鋥礬 化名 鋥磺養四·輕養七 舊名 鋅養硫養三·輕養七

此藥自鋥砂與磺強水、炭養鋥、及綠氣水製成、結冰細碎、色白過光、無臭、味鹹濇而辛悶、露空氣則漸變爲白散、

化法　水七分化十分　濃酒不化、

功用　補劑　收斂　解轉筋　多服爲吐劑、

主治 羊癇風 跳舞風 咳嗽類病、

服法 每服補劑收歛一二林士 吐劑十至三十林士、

解藥 解此毒服鴉片及潤劑如雞蛋藕粉胡麻泡水等、

外用 收歛 止血 治火眼 頑瘡 白帶 白濁、

鋥礬洗水 LOTIO ZINCI SULPHATIS.

製法 磺強鋥二三林士 汽水一兩薔薇花汽水亦可 化勻爲度、洗火眼最妙、

鋥礬射水 INJECTIO ZINCI SULPHATIS.

製法 磺強鋥二至五林士 汽水一兩 化勻爲度、治白帶 白濁、

又方 磺強鋥十至二十林士 汽水一兩 化勻爲度、治聤耳用、

鋥礬錠 ZINCI SULPHAS FUSA.

製法 磺強鋥便用 入銀鍋內鎔化再入模成錠爲度、治瘡症、

枯鋥礬 ZINCI SULPHAS EXSICCATA.

化名 鋥磺養四 舊名 鋅養硫養三

製法 磺強鋥便用 入鍋煆枯爲度、爲白色之散、

外用 丹類 可代銀丹而力較遜

磺強架波 ZINCI SULPHC-CARBOLAS

匿鋥 化名 鋥(炭六輕五磺養四)二·輕二養

此藥自磺強水與架波匿酸及鋅養製成結片色白過光

化法　水二分化一分　沸水一分化三分　濃酒二分半化一分

外用　收斂　免臭爛　治瘡用末撒口上或化水內洗之

磺強架波匿鋅射水 INJECTIO ZINCI SULPHO-CARBOLATIS.

製法　磺強架波匿鋅六十林士　水二十兩　化勻爲度　治白帶白濁作一次射之

甘松鋅化名 ZINCI VALERIANAS.

鋅（炭五輕九養二）二　舊名　鋅養炭十輕九養三·輕養

此藥自磺強鋅與甘松鏀製成結片色白味濇臭如甘松

化法　水一百二十分化一分　濃酒六十分化一分　伊打五百分化一分

功用　補腦　解轉筋　外用　收斂　治火眼

主治　跳舞風　羊癇風　鬱冒　腦筋類病

服法　每服一至六林士

反藥　酸類　炭養鹽類　五金鹽類　收斂草藥類

甘松鋥洗水 LOTIO ZINCI VALERIANATIS. 製法 甘松鋥一二林士 水一兩 化勻爲度、洗火眼甚效、

甘松鋥丸 PILULA ZINCI VALERIANATIS. 製法 甘松鋥二林士 阿魏製丸二林士 共研勻作一丸爲度、治婦人鬱悶、

乾薑 一名 白薑 ZINGIBER.

此藥出中國印度等處、入藥用根、味香而辛、

功用 開胃煖胃 行氣 去風 治飯不消化 傷食風、

服法 每服十至二十林士 與瀉劑同服、免肚疼、

外用 作漱水 治喉鬆、

薑糖 SYRUPUS ZINGIBERIS. 製法 濃薑酒六打拉門 水糖十九兩 共和勻爲度、每服一至四打拉門、

薑酒 TINCTURA ZINGIBERIS. 製法 乾薑一分搗爛 鮮薑二分亦可 濃酒八分 先用酒六分浸二天、間時搖動、装淋筲淋乾、加餘酒漂淋、用絞盤絞渣、過淋紙、再加酒仍足八分爲度、每服十至六十林士、

濃薑酒 TINCTURA ZINGIBERIS FORTIOR.

製法　乾薑十分研末　濃酒酌用　先用酒少許潤末，裝尖淋筩，加酒十分，見酒將滴，即塞淋口，上蓋嚴，候兩點鐘，去塞過淋，再加酒漂淋足二十分爲度，

又方　鮮薑二十分搗爛　濃酒二十分　先用酒十五分浸二天，間時搖動，裝淋筩淋乾，加餘酒漂淋，用絞盤絞渣，過淋紙，再加酒仍足二十分爲度，　每服五至二十林士，

薑脂 OLEORESINA ZINGIBERIS.

西名謹基仁　製法　乾薑十分極細末　伊打酌用　先將乾薑裝伊打淋筩，漸加伊打淋足十五分，或至無薑味，入玻璃甑，放沸水上，將伊打蒸回，再倒瓷盤內，令自散氣成脂爲度，　每服一林士，多加酒服，　或與渣等品，啞囉烟各一分同作丸服，

高良薑 GALANGA.

又名蠻薑

此藥出廣東福建等處，入藥用根與子，味香而辛，

功用　開胃暖胃　去風　治飯不消化、

TINCTURA GALANGÆ.

高良薑酒　製法　高良薑根一分打碎　濃酒八分　先用酒六分浸三天、間時搖動、裝淋筩淋乾、加餘酒漂淋、用絞盤絞渣、過淋紙、再加酒仍足八分爲度、

每服三十至六十林士、

又方　高良薑子一分　濃酒八分　按上法製成、

GALANGÆ FRUCTUS.

高良薑子　一名山姜　又名紅豆蔻

此卽良薑所結之子、色紅、味香而辛、如豆蔻、故名、

功用　與高良薑同、而味較美、

ZEDOARIA.

天竺乾薑　西名濟多里亞

此藥出印度亦名天竺等處、入藥用根、味香而辛、

功用　開胃　去風　與乾薑高良薑同、

萬國藥方卷六終

萬國藥方

卷七

General Index.

萬國藥方卷七

藥名目錄

英漢通文目錄

藥名目錄

INDEX OF DRUGS.

七

十五

萬國藥方　卷七　三十一

萬國藥方　卷七　四十五

藥類總錄

	卷	篇
酸類	三	四
釩類	三	六十三
阿摩尼亞類	三	七十一
銻類	三	九十二
銀類	三	九十八
鋇類	三	一百零四
鉍類	三	一百二十六
硼類	三	一百三十二
鐸類	三	一百三十七
[illegible]類	四	一
鍶類	四	三十九
銅類	四	九十三
鐵類	四	一百十八
汞類	五	一
碘類	五	二十六
鉀類	五	六十
鎂類	五	六十九
錳類	五	七十五
油流鹽類	三	二十八
燐類	五	一百三十一
鉛類	五	一百三十八
欽類	六	一
鑥類	六	七十二
硫磺類	六	一百零九
鋥類	六	一百四十七

INDEX OF GROUPS.

Chinese Index.

萬國藥方 卷七續

中名目錄

漢文目錄

目錄例言

一　此目錄均按字母排匀、先後與字典同、惟藥名均看首字、

二　凡屬油者、俱在油類、酒膏丸散亦然、

三　凡屬鐵質、俱在鐵類尋查、銀銅鋏鑥等亦然、

四　凡屬名帶洋字者、如洋茯苓洋乳香等、在茯苓乳香下尋查自得、

又帶濃淡冰火枯等字、皆如此、

五　凡字之不恆見者、其音切俱開列於奇異字考篇、

目錄字考

、　乙　丨

人 亻

儿

八 丿

几　刂刀　勹　十　卜

卩

厂

厶

口

十一

十

大

女

奎賓亞又名腆子樹皮　卷六　篇二十七
妙高拏俗名貍豆毛　卷五　篇八十九
孀酸又名乳酸　卷三　篇二十三
孀酸鐵　卷三　篇一十五
孀糖又名乳糖　卷六　篇四十三

宀

安寧酒又名濃鴉片樟腦酒　卷五　篇一百十六
安息香西名辨佐匿香　卷三　篇一百二十四
官粉又名宮粉又名鉛粉　卷五　篇一百四十
密佗僧又名鉛養　卷五　篇一百四十二

己　巾　幺　广

弓

彳

心

扌手

攵攴

文

日　月　木

日本蠟	卷四　篇三十九
明牛膠又名獸皮膠	卷四　篇一百五十五
明魚膠又名淨魚鰾	卷四　篇一百五十七
昆布又名綸布	卷四　篇一百五十
晏吉杜又名庫世巴利	卷四　篇九十八
晏衣連	卷六　篇一百二十七
朔番斯俗名堪畀箭毒	卷六　篇一百零五
朔番顛即朔番斯精	卷六　篇一百零六
木鼈子又名木蟹	卷五　篇九十七

毛

水

Æther Aceticus.	醋酸伊打	0.900.
Æther Purus.	純伊打	0.720.
Æther Spiritus.	伊打酒	0.809.
Ætheris Nitrosi Spiritus.	甜硝伊打酒	0.840—0.845.
Alcohol Amylicum.	酒油	0.818.
Alcohol Ethylicum.	純酒	0.797—0.800.
Alcohol Methylicum.	木酒	0.803.
Aluminium.	釠	2.560.
Ammoniæ Liquor.	淡阿摩尼亞水	0.959.
Ammoniæ Liquor Fortior.	濃阿摩尼亞水	0.891.
Ammoniæ Spiritus Aromaticus.	阿摩尼亞香酒	0.896—0.900.
Ammoniæ Spiritus Fœtidus.	阿摩尼亞臭酒	0.847.
Ammonii Acetatis Liquor.	淡醋酸阿摩尼亞水	1.022.
Ammonii Acetatis Liquor Fortior.	濃醋酸阿摩尼亞水	1.073.
Ammonii Citratis Liquor.	淡橼酸阿摩尼亞水	1.062.
Ammonii Citratis Liquor Fortior.	濃橼酸阿摩尼亞水	1.209.
Amygdalæ Oleum.	洋杏仁油	0,914—0.920.
Amygdalæ Amaræ Oleum.	苦杏仁油	1.060—1,070.
Amyl Nitris.	硝婁阿蔑利	0.880.
Anethi Oleum.	洋茴香油	0,900.
Anisi Oleum.	土茴香油	0.980.
Anthemidis Oleum.	洋苦菊花油	0,905—0.915.
Antimonium.	銻	6.700,
Antimonii Chloridi Liquor.	銻綠水	1.470.
Aqua Destillata.	汽水	1.000.
Argentum.	銀	10.500.
Arsenium.	鉮	5.700—5.900.
Arsenii Et Hydrargyri Iodidi Liquor.	鉮碘汞水	1.[illegible]

Arsenicalis Liquor.	信石鉄水	1.011.
Aurantii Cortex Oleum.	陳皮油	0.885—0.878.
Aurantii Syrupus.	陳皮糖	1.282.
Aurantii Florum Oleum.	橙花油	0.850—0.800.
Aurantii Floris Syrupus.	柑花糖	1.330.
Balsamum Peruvianum.	秘魯脂	1.137—1.150.
Balsamum Tolutanum.	列魯脂	1.230—1.258.
Balsami Tolutani Syrupus.	到魯糖	1.330.
Benzolinum.	奔紫年	0.620—0.700.
Benzolum.	拼蘇	0.850.
Bismuthum.	鉍	9.830.
Bismuthi Et Ammonii Citratis Liquor.	橼酸阿摩尼亞鉍水	1.070.
Borium.	錋	2.680.
Bromum.	溴	2.970—3.140.
Cadmium.	鎘	8.700.
Cajuputi Oleum.	加枝撥油	0.926.
Calcium.	鈣	1.500.
Calcii Chloridi Liquor.	鈣綠水	1.145.
Calcis Chlorinatæ Liquor.	綠氣灰水	1.055.
Calcis Liquor Saccharatus.	甜石灰水	1.052.
Camphora.	煉樟腦	0.986.—0.996.
Camphoræ Spiritus.	樟腦酒	0.850.
Carbo.	炭	0.044—3.500.
Caryophylli Oleum.	丁香油	1.041—1.003.
Cera Flava.	黃蠟	0.950—0970.
Cerium.	鈰	6.700.
Chlorum.	綠	2.470.
Chloroformum.	哥羅方	1.497.

玉 瓜 甘

生

田

白

皮

皿

目

石

竹　米

糸

缶

羊

自　廿　艸

衣

西

豆　貝　赤　足

車

辛

辵

邑阝

酉

里

金

佳

雨　青　非

香　　食　　頁

骨　門　魚

鳥

鹵

鹿

麥

龍

奇異字考

丄 居牙切 音加 同加算學用之

⿰米禼 奴答切 音納 藥精也

⿸疒子 祖司切 音子 致病原子也

化學名

溴 許救切 音臭

⿰石布 博故切 音布

碘 多殄切 音典

釩 符藍切 音凡

鈉 諾答切 音納

鈣 古太切 音丐

鉀 吉洽切 音甲

鉮 失人切 音申

鉍 皂吉切 音必

鉑 邦陌切 音白

鉐 賞隻切 音石

鋇 博蓋切 音貝

鉻 歷洛切 音洛

⿰金灰 呼回切 音灰

鋰 良以切 音里

鋁 力舉切 音呂

鋅 息鄰切 音辛

銻 待禮切 音弟

錳 莫鳳切 音孟

鎂 明每切 音美

鍟 先青切 音星

𨭎 息晉切 音信

鎳 尼業切 音臬

鎘 古黑切 音鬲

⿰金挈 詰結切 音挈

鑥 龍五切 音鹵

鏴 魯多切 音洛

⿰金席 新集切 音席

以上二十八字俱係原質

萬國藥方卷七終

萬國藥方

卷八

Index of Preparations.

萬國藥方 卷八

藥方目錄

英漢通文目錄

藥水類

LIQUORES. (SOLUTIONS.)

萬國藥方 卷八 五

AQUÆ. (MEDICATED WATERS.)

萬國藥方　卷八　十一

泡水藥類

勻水藥類

藥　膏　類

32

油膏藥類

UNGUENTA. (OINTMENTS.)

萬國藥方　卷八

	Vol.	Page.
Pilula Quininæ Composita. (Compound Quinine Pill.)	4	64
Pilula Quinoidinæ. (Quinoidine Pill.)	4	67
Pilula Rhei Composita. (Compound Rhubarb Pill.)	6	30
Pilula Rhei et Gentianæ. (Pill of Rhubarb and Gentian.)	6	32
Pilula Santonini. (Santonine Pill.)	6	51
Pilula Saponis Composita. (Compound Pill of Soap.)	5	112
Pilula Scammonii Composita. (Compound Scammony Pill.)	6	60
Pilula Scillæ Composita. (Compound Squill Pill.)	6	61
Pilula Stramonii Composita. (Compound Stramonium Pill.)	6	102
Pilula Zinci Oxidi. (Pill of Oxide of Zinc.)	6	153
Pilula Zinci Valerianatis. (Pill of Valerianate of Zinc.)	6	156
CAPSULAE. (GELATINE CAPSULES.)		
Capsulæ Copaibæ. (Capsules of Copaiba.)	4	85
Capsulæ Cubebæ. (Capsules of Cubebs.)	4	93
Capsulæ Hydrargyri. (Mercurial Capsules.)	5	4
Capsulæ Picis Liquidæ. (Capsules of Tar.)	6	125
Capsulæ Ricini. (Capsules of Castor Oil.)	[illegible]	34
Capsulæ Santali. (Capsules of Sandal Wood Oil.)	6	49
Capsulæ Terebenæ. (Capsules of Terbene.)	6	121
SUPPOSITORIA. (SUPPOSITORIES.)		
Suppositoria Acidi Carbolici Cum Sapone. (Carbolic Acid Suppositories.)	3	13
Suppositoria Acidi Tannici. (Tannic Acid Suppositories.)	3	43
Suppositoria Acidi Tannici Cum Opio. (Tannic Acid Suppositories with Opium.)	3	44
Suppositoria Acidi Tannici Cum Sapone. (Tannic Acid Suppositories with Soap.)	3	43
Suppositoria Belladonnæ. (Belladonna Suppositories.)	3	119
Suppositoria Gallæ Cum Opio. (Galls and Opium Suppositories.)	4	154
Suppositoria Gummi Rubri. (Red Gum Suppositories.)	4	174

萬國藥方 卷八

	Vol.	Page.
Trochisci Ferri Redacti. (Reduced Iron Lozenges.)	4	146
Trochisci Gummi Rubri. (Red Gum Lozenges.)	4	175
Trochisci Ipecacuanhæ. (Ipecacuanha Lozenges.)	5	33
Trochisci Ipecacuanhæ Et Morphinæ. (Ipecacuanha and Morphine Lozenges.)	5	33
Trochisci Krameriæ. (Rhatany Lozenges.)	5	51
Trochisci Morphinæ. (Morphine Lozenges.)	5	121
Trochisci Opii. (Opium Lozenges.)	5	113
Trochisci Potassii Chloratis. (Chlorate of Potash Lozenges.)	6	9
Trochisci Santonini. (Santonine Lozenges.)	6	50
Trochisci Sodii Bicarbonatis. (Bicarbonate of Sodium Lozenges.)	6	80
Trochisci Sulphuris. (Sulphur Lozenges.)	6	112
ÆTHERES. (ETHERS.)		
Æther. (Ether—Sulphuric Ether.)	3	52
Æther Aceticus. (Acetic Ether.)	3	54
Æther Purus. (Pure Ether.)	3	55
Liquor Balsami Tolutani Æthereus. (Ethereal Solution of Tolu.)	3	116
Liquor Mastiche Æthereus. (Ethereal Solution of Mastic.)	5	78
Liquor Spispasticus. (Blistering Liquid.)	4	22
Collodium Vesicans. (Blistering Collodion.)	4	22
CHLOROFORMI. (CHLOROFORMS.)		
Chloroformum. (Chloroform.)	4	49
Chloroformum Aconiti. (Chloroform of Aconite.)	3	49
Chloroformum Belladonnæ. (Chloroform of Belladonna.)	3	121
Chloroformum Hyoscyami. (Chloroform of Hyoscyamus.)	5	24
Liquor Chloroformi Camphoratus. (Camphorated Chloroform.)	4	51

藥方總錄

SUB-INDEX OF PREPARATIONS.

Tables of Specific Gravity.

萬國藥方 卷八續

水權圖考

英漢通文目錄

藥料水權輕重詳記

Acaciæ Gummi.	白樹膠	1.500
Acaciæ Mucilago.	白樹膠漿	1.160—1.170.
Acetum.	釅醋	1.017—1.019.
Acidum Aceticum.	濃醋酸	1.044.
Acidum Aceticum Dilutum	淡醋酸	1.006.
Acidum Aceticum Glaciale.	冰醋酸	1.058.
Acidum Carbolicum (at melting point 91°—108°.) ..	架波匿酸 化名	1.060—1.066.
Acidum Carbolicum Liquefactum.	流架波匿酸	1.064—1.067.
Acidi Chromici Liquor.	鉻强酸水	1.185.
Acidum Hydrobromicum Dilutum.	淡溴輕酸	1.077.
Acidum Hydrochloricum.	鹽强酸	1.160.
Acidum Hydrochloricum Dilutum.	淡鹽强酸	1.052.
Acidum Hydrocyanicum Dilutum.	淡輕炭淡酸	0.997.
Acidum Lacticum.	孄酸	1.210.
Acidum Lacticum Dilutum...	淡孄酸	1.040.
Acidum Nitricum.	硝强酸	1.420.
Acidum Nitricum Dilutum.	淡硝强酸	1.101.
Acidum Nitrohydrochloricum Dilutum.	淡硝鹽强酸	1.070.
Acidum Oleicum.	油流酸	0.860—0.890.
Acidum Phosphoricum Concentratum.	濃燐强酸	1.500.
Acidum Phosphoricum Dilutum...	淡燐强酸	1.080.
Acidum Sulphuricum.	磺强酸	1.843.
Acidum Sulphuricum Aromaticum.	磺强香酸	0.911.
Acidum Sulphuricum Dilutum.	淡磺强酸	1.094.
Acidum Sulphurosum.	磺養酸	1.025.
Æther.	伊打	0.735.

Æther Aceticus.	醋酸伊打	0.900.
Æther Purus.	純伊打	0.720.
Æther Spiritus.	伊打酒	0.809.
Ætheris Nitrosi Spiritus.	甜硝伊打酒	0.840—0.845.
Alcohol Amylicum.	酒油	0.818.
Alcohol Ethylicum.	純酒	0.797—0.800.
Alcohol Methylicum.	木酒	0.803.
Aluminium.	釩	2.560.
Ammoniæ Liquor.	淡阿摩尼亞水	0.959.
Ammoniæ Liquor Fortior.	濃阿摩尼亞水	0.891.
Ammoniæ Spiritus Aromaticus.	阿摩尼亞香酒	0.896—0.900.
Ammoniæ Spiritus Fœtidus.	阿摩尼亞臭酒	0.847.
Ammonii Acetatis Liquor.	淡醋酸阿摩尼亞水	1.022.
Ammonii Acetatis Liquor Fortior.	濃醋酸阿摩尼亞水	1.073.
Ammonii Citratis Liquor.	淡檸酸阿摩尼亞水	1.062.
Ammonii Citratis Liquor Fortior.	濃檸酸阿摩尼亞水	1.209.
Amygdalæ Oleum.	洋杏仁油	0.914—0.920.
Amygdalæ Amaræ Oleum.	苦杏仁油	1.060—1.070.
Amyl Nitris.	硝養阿蔑利	0.880.
Anethi Oleum.	洋茴香油	0.900.
Anisi Oleum.	土茴香油	0.980.
Anthemidis Oleum.	洋苦菊花油	0.905—0.915.
Antimonium.	銻	6.700.
Antimonii Chloridi Liquor.	銻綠水	1.470.
Aqua Destillata.	汽水	1.000.
Argentum.	銀	10.500.
Arsenium.	鉮	5.700—5.900.
Arsenii Et Hydrargyri Iodidi Liquor.	鉮碘汞水	1.010.

Arsenicalis Liquor.	信石鉄水	1.011.
Aurantii Cortex Oleum.	陳皮油	0.885—0.873.
Aurantii Syrupus.	陳皮糖	1.282.
Aurantii Florum Oleum.	柑花油	0.850—0.890.
Aurantii Floris Syrupus.	柑花糖	1.330.
Balsamum Peruvianum.	秘魯脂	1.137—1.150.
Balsamum Tolutanum.	到魯脂	1.230—1.258.
Balsami Tolutani Syrupus.	到魯糖	1.330.
Benzolinum.	奔紫年	0.620—0.700.
Benzolum.	辨蘇	0.850.
Bismuthum.	鉍	9.830.
Bismuthi Et Ammonii Citratis Liquor.	檸酸阿摩尼亞鉍水	1.070.
Borium.	硼	2.680.
Bromum.	溴	2.970—3.140.
Cadmium.	鎘	8.700.
Cajuputi Oleum.	加枝撥油	0.926.
Calcium.	鈣	1.500.
Calcii Chloridi Liquor.	鈣綠水	1.145.
Calcis Chlorinatæ Liquor.	綠氣灰水	1.055.
Calcis Liquor Saccharatus.	甜石灰水	1.052.
Camphora.	煉樟腦	0.986.—0.996.
Camphoræ Spiritus.	樟腦酒	0.850.
Carbo.	炭	0.044—3.500.
Caryophylli Oleum.	丁香油	1.041—1.063.
Cera Flava.	黃蠟	0.950—0970.
Cerium.	鈰	6.700.
Chlorum.	綠	2.470.
Chloroformum.	哥羅方	1.497.

Chloroformi Spiritus.	哥羅方酒	0.871.
Copaiba	哥拜把	0.940—0.993.
Copaibæ Oleum.	哥拜把油	0.890.
Coriandri Oleum.	蒔蘿子油	0.867—0.887.
Creasotum.	幾阿蘇	1.071
Crotonis Oleum.	巴豆油	0.940—0.950.
Cubebæ Oleum.	畢澄茄油	0.907—0.930.
Cuprum.	銅	8.900.
Erigerontis Canadensis Oleum.	以利準油	0.900.
Eucalypti Oleum.	郁加列香油	0.900.
Ferrum.	鐵	7.800.
Ferri Acetatis Liquor.	淡醋酸鐵水	1.031.
Ferri Acetatis Liquor Fortior	濃醋酸鐵水	1.127.
Ferri Dialysatus Liquor.	鐵綠鐵養水	1.047.
Ferri Iodidi Syrupus.	鐵碘糖	1.385.
Ferri Perchloridi Liquor.	淡鐵綠水	1.110.
Ferri Perchloridi Liquor Fortior.	濃鐵綠水	1.420.
Ferri Perchloridi Tinctura.	鐵綠酒	1.080—1.083.
Ferri Pernitratis Liquor.	硝强鐵水	1.107.
Ferri Persulphatis Liquor.	上磺强鐵水	1.441.
Ferri Subsulphatis Liquor.	下磺强鐵水	1.555.
Glycerinum.	甘油	1.250.
Hydrargyrum.	汞	13.500.
Hydrargyri Nitratis Liquor Acidus.	硝强汞酸水	2.000.
Iodum.	碘	4.948.
Juniperi Oleum.	側柏油	0.870—0.880.
Lavandulæ Oleum.	拉芬大油	0.881—0.897.
Limonis Oleum.	檸檬油	0.850—0.860.

Limonis Succus.	檸檬汁	1.035—1.045.
Limonis Syrupus.	檸檬糖	1.340.
Lini Oleum.	胡麻子油	0.935—0.940.
Lithium.	鋰	0.590.
Magnesium.	鎂	1.750.
Manganesium.	錳	7.130.
Menthæ Piperitæ Oleum.	薄荷油	0.900—0.907.
Morrhuæ Oleum.	魚肝油	0.915—0.929.
Myristicæ Oleum.	肉豆蔻油	0.880—0.923.
Nickelum.	鎳	8.800.
Olivæ Oleum	洋橄油	0.915.
Papaveris Syrupus.	罌粟糖	1.330.
Paraffinum Durum.	硬巴喇紛	0.820—0.940.
Paraffinum Molle.	軟巴喇紛	0.840—0.870.
Paraldehyde.	巴了的歇	0.998.
Phosphorus.	燐	1.770.
Pimentæ Oleum.	各辛油	1.020.
Pini Sylvestris Oleum.	松葉油	0.870.
Platinum.	鉑	21.500.
Plumbum.	鉛	11.300.
Plumbi Subacetatis Liquor.	鉛水	1.275.
Potassium.	鋏	0.865.
Potassæ Liquor.	鋏養水	1.058.
Rhei Syrupus.	大黃糖	1.310.
Rhœados Syrupus.	紅罌粟糖	1.330.
Ricini Oleum.	蓖麻子油	0.960.
Rosæ Gallicæ Syrupus.	玫瑰糖	1.335.
Rosmarini Oleum.	迷迭香油	0.882—0.916.

Rutæ Oleum	蕓草油	0.870.
Sabinæ Oleum	沙塔油	0.910.
Santali Oleum.	檀香油	0.960.
Scillæ Oxymel.	士圭盧醋酸蜜	1.320.
Scillæ Syrupus.	士圭盧糖	1.345.
Sennæ Syrupus.	辛拏糖	1.310.
Sinapis Oleum.	芥子油	1.015—1.020.
Sodium.	鏀	0.970.
Sodæ Liquor.	鏀養水	1.047.
Sodæ Chlorinatæ Liquor.	綠氣鏀養水	1.054.
Sodæ Ethylatis Liquor.	伊抵辣鏀酒	0.867.
Spiritus Rectificatus.	濃酒	0.838.
Spiritus Tenuior.	淡酒	0.920.
Spiritus Vini Gallici.	伯蘭地酒	0.941.
Sulphur.	磺	1.982—2.045.
Syrupus Simplex.	水糖	1.330.
Terebena.	得立本	0.864.
Terebinthinæ Oleum.	松節油	0.855—0.870.
Zincum.	鋅	7.100.

酒函酒精輕重詳記

每百分中計有酒精		輕重表沈浮內詳記
0.	分	1.0000
1.	分	0.9981
2.	分	0.9965
3.	分	0.9947
4.	分	0.9930
5.	分	0.9914
6.	分	0.9898
7.	分	0.9884
8.	分	0.9869
9.	分	0.9855
10.	分	0.9841
11.	分	0.9828
12.	分	0.9815
13.	分	0.9802
14.	分	0.9789
15.	分	0.9778
16.	分	0.9766
17.	分	0.9753
18.	分	0.9741

酒精		表記
19.	分	0.9728
20.	分	0.9716
21.	分	0.9704
22.	分	0.9691
23.	分	0.9678
24.	分	0.9665
25.	分	0.9652
26	分	0.9638
27.	分	0.9623
28.	分	0.9609
29.	分	0.9593
30.	分	0.9578
31.	分	0.9560
32.	分	0.9544
33.	分	0.9528
34.	分	0.9511
35.	分	0.9490
36.	分	0.9470
37.	分	0.9452
38.	分	0.9434
39.	分	0.9416
40.	分	0.9396
41.	分	0.9376
42.	分	0.9356
43.	分	0.9335
44.	分	0.9314

酒精		表記
45.	分	0.9292
46.	分	0.9270
47.	分	0.9248
48.	分	0.9226
49.	分	0.9204 淡酒
50.	分	0.9182
51.	分	0.9159
52.	分	0.9135
53.	分	0.9113
54.	分	0.9090
55.	分	[illegible]
56.	分	0.9047
57.	分	0.9025
58.	分	0.9001
59.	分	0.8979
60.	分	0.8956
61.	分	0.8932
62.	分	0.8908
63.	分	0.8886
64.	分	0.8863
65.	分	0.8840
66.	分	0.8816
67.	分	0.8793
68.	分	0.8768
69.	分	0.8745
70.	分	0.8721
71.	分	[illegible]
72.	分	0.8672
73.	分	0.8649
74.	分	0.8625
75.	分	0.8603
76.	分	0.8581
77.	分	0.8557
78.	分	0.8533
79.	分	0.8508
80.	分	0.8483
81.	分	0.8459
82.	分	0.8434
83.	分	0.8408
84.	分	0.8382 濃酒
85.	分	0.8357
86.	分	0.8331
87.	分	0.8305
88.	分	0.8279
89.	分	0.8254
90.	分	0.8228
91.	分	0.8200
92.	分	0.8172
93.	分	0.8145
94.	分	0.8118
95.	分	0.8089
96.	分	0.8061
97.	分	0.8031
98.	分	0.8001
99.	分	0.7969
100.	分	0.7938 純酒

Table of Chemical Elements.

萬國藥方卷八續

原質總目

英漢通文目錄

原質總目

原質西名 ELEMENTS.	西字母 SYMBOL.	中字母 CHINESE SYMBOL.	質點權 ATOMIC WEIGHT.	分劑數 EQUIVALENT.
Aluminum	Al.	釩 即 鋁	27	13.5
Antimony.	Sb.	銻	120	120
Arsenic.	As.	鑩 即 鉮	75	75
Barium.	Ba.	鋇	137	68.5
Bismuth.	Bi.	鉍	209	209
Boron.	B.	硼 即 [illegible]	11	11
Bromine.	Br.	溴	80	80
Cadmium.	Cd.	鎘	111.8	55.9
Cæsium.	Cs.	鉰 即 鏭	132.6	132.6
Calcium.	Ca.	鉐 即 鈣	40	20
Carbon...	C.	炭	12	6
Cerium.	Ce.	鑪 即 錯	141	70.5
Chlorine.	Cl.	綠	35.5	35.5
Chromium.	Cr.	鏴 即 鉻	52.5	26.25
Cobalt...	Co.	鎬 即 鈷	58.9	29.45
Copper...	Cu.	銅	63.4	31.7
Didymium.	Di.	鉽 即 鏑	144.6	72.3
Erbium.	E.	鉺	165.9	82.95
Fluorine.	Fl.	弗	19.	19
Gallium.	Ga.	鉫	34.4	34.4
Glucinum.	G.	銑 即 鋊	9.	9
Gold.	Au.	金	196.5	196.5
Hydrogen.	H.	輕	1.	1

原質西名 ELEMENTS.	西字母 SYMBOL.	中字母 CHINESE SYMBOL.	質點權 ATOMIC WEIGHT.	分劑數 EQUIVALENT.
Indium.	In.	鏤 即 銦	113.4	56.7
Iodine.	I.	碘	127.	127.
Iridium.	Ir.	硋	192 7	96.35
Iron.	Fe.	鐵	56.	28.
Lanthanum.	La.	鑭 即 鋃	138.5	138.5
Lead.	Pb.	鉛	207.	103.6
Lithium.	Li.	鋰	7.	7.
Magnesium.	Mg.	鎂	24.	12.
Manganese.	Mn.	錳	55.	27.5
Mercury.	Hg.	汞	200.	100.
Molybdenum.	Mo.	錩 即 鉬	95 5	42.75
Nickel.	Ni.	鎘 即 鎳	58.	29.
Niobium.	Nb.	鈳 即 鈮	94.	94.
Nitrogen.	N.	淡	14.	14.
Osmium.	Os.	鐚 即 銤	198 5	99.25
Oxygen.	O.	養	16.	8.
Palladium.	Pd.	鈀	105.7	52.85
Phosphorus.	P.	鏻	31.	31.
Platinum.	Pt.	鉑	195.	97.5
Potassium.	K.	鋏 即 鉀	39.	39.
Rhodium.	Rh.	錴	104.1	52.05
Rubidium.	Rb.	鑪 即 銣	85.3	85.3
Ruthenium.	Ru.	銠 即 釕	104.2	52.1
Scandium.	Sc.	銛	44.	22.

原質西名	西字母	中字母	質點權	分劑數
ELEMENTS.	SYMBOL.	CHINESE SYMBOL.	ATOMIC WEIGHT.	EQUIVALENT.
Selenium	Se.	硒	78.8	39.4
Silicon.	Si.	玻即矽	28.	14.
Silver.	Ag.	銀	108.	108.
Sodium.	Na.	鑥即鈉	23.	23.
Strontium.	Sr.	鍶	87.4	43.7
Sulphur.	S.	磺即硫	32.	16.
Tantalum.	Ta.	鉭	182.	182.
Tellurium.	Te.	碲	128.	64.
Thallium.	Tl.	鉈即鈶	203.7	203.7
Thorium.	Th.	釖即釷	233.	116.5
Tin.	Sn.	錫	118.	59.
Titanium.	Ti.	鈦即鐟	48.	24.
Tungsten.	W.	鎢	183.6	91.8
Uranium.	U.	鈢即鈾	238.5	119.25
Vanadium.	V.	鐇	51.3	51.3
Ytterbium.	Yb.	鉽	172.7	172.7
Yttrium.	Y.	鐿	89.8	89.8
Zinc.	Zn.	鋥即鋅	65.	32.5
Zirconium.	Zr.	鈭即鋯	90.	45.

List of Errata.

萬國藥方 卷八 續

錯字改正

英漢通文目錄

正誤		卷	篇
阿魏	宜改作抬四頭	三	一百零六
樟腦	宜改作抬四頭	四	十四
苦瓜	宜改作抬三頭	四	一百零七
沒石子	宜改作抬四頭	四	一百五十二
山竹果	宜改去芒栗與芒果二名	四	一百五十五
擶樹皮	宜改作㯕樹皮	六	二十六
溴銧綠水	宜改作銧綠溴水	三	六十四
氣航西紙印的	宜改作收氣瓶	一	四十六
燭陰戶鏡	宜改作燭陰道鏡	一	九十
照喉鏡左內照鏡	宜改作外照鏡	一	五十六
照喉鏡右外照鏡	宜改作內照鏡	一	五十六
病類目綠	宜改作病類目錄	二	一百三十四
卷七一百十三四	宜改作卷八	八	一百十三四

萬國藥方　卷八　一百二十六

ERRATA.

	Vol.	Page
The Chinese name of Asafœtida should be four instead of three characters above the [letter-page.	3	106
,, ,, ,, ,, Camphora ,, ,, four ,, ,, five ,, ,, ,, ,,	4	14
,, ,, ,, ,, Momordica B ,, ,, three ,, ,, four ,, ,, ,, ,,	4	107
,, ,, ,, ,, Galla ,, ,, four ,, ,, three ,, ,, ,, ,,	4	152
,, ,, ,, ,, Garcinia Mangostana, omit 芒菓 and 芒果	4	155
,, ,, ,, ,, Quercus .. .. should read 槲樹皮 not 鰤樹皮	6	26
,, ,, ,, ,, Bromo-Chloralum ,, ,, 釩綠溴水 not 溴釩綠水	3	64
,, ,, ,, ,, Glass Receivers For. Ed. ,, 收氣瓶 not 氣瓶	1	46
,, ,, ,, ,, Vaginal Speculum ,, 燭陰道鏡 not 燭陰戶鏡	1	90
,, ,, ,, ,, Laryngoscope External Mirror. ,, 外照鏡 not 內照鏡	1	56
,, ,, ,, ,, ,, ,, Internal Mirror. ,, 內照鏡 not 外照鏡	1	56
,, ,, ,, ,, Sub-Index of Diseases ,, 病類目綠 not 病類目錄	2	134
,, ,, ,, ,, number of Volume in [margin ,, 卷八 not 卷七	8	113

	Vol.	Page
For Gargarism Aaceti .. ..read Gargarisma Aceti	3	4
,, Ung. Acidi Pyrogallicum .. .. .. ,, Ung. Acidi Pyrogallici	3	20
,, Pulv. Hyd. Ox. Flav. Composita ,, Pulv. Hyd. Ox. Flav. Compositus.	5	10
,, Hydrarum Cum Creta .. .. .. ,, Hydrargyrum Cum Creta.	5	19
,, Page. Vol. (at top of page) .. .. ,, Vol. Page. .. .. (beginning with)	8	45
,, ,, ,, ,, ,, ,, ,, ... ,, ,, ,, .. (ending with)	8	77

国家出版基金项目
NATIONAL PUBLICATION FOUNDATION

海上絲綢之路文獻集成

總主編　陳支平　陳春聲

科技與文化編

56

主編　王揚宗　葉　農

海峽出版發行集團
THE STRAITS PUBLISHING & DISTRIBUTING GROUP
福建人民出版社

本册目次

化學衛生論四卷

〔英〕真司騰撰　〔英〕傅蘭雅口譯

《化學衛生論》四卷，英國真司騰撰，英國傅蘭雅口譯。真司騰（James Finley Weir Johnston，一七九六—一八五五），英國化學家。傅蘭雅（John Fryer，一八三九—一九二八），英國傳教士，長期擔任江南製造局翻譯，後在上海創辦格致書院。真司騰於一八五〇年撰成*The Chemistry of Common Life*，復經英國化學家羅以司（George Henry Lewes，一八一七—一八七八）之董理修訂。是書始譯於光緒五年（一八七九），初陸續刊載於《格致彙編》，後單獨行世。凡三十三章，其內容大致自氣、水、土等生存所需之自然環境因素始，次爲植物、食糧、食肉等日常基本食物，再次爲茶類、可可類、糖類、酒類等悦口飲品，再次爲菸草、鴉片、印度麻、檳榔、胡椒、高卡、醉仙桃、毒菌等安性醉性之質，最後從人體呼吸、消化、循環等系統探討化學對維護健康之意義，並勸人明曉萬物，「務期合法，合法即所以衛生也」。據中國國家圖書館藏清光緒十六年（一八九〇）上海格致書室刻本影印。

化學衛生論

光緒十六年重鐫

化學衛生論

英國傅蘭雅譯

上海格致書室校訂

重刻化學衛生論敘

是書起譯於光緒己卯夏次年庚辰與欒學謙先生陸續同譯印諸格致彙編閱二寒暑始卒其業外另訂數百本早已不脛而走閱者咸推爲有用之書不可不廣其流傳現經逐細校讐詳加更正重付手民刻成四卷於常圖之外復增新圖三十餘個字既大而便觀覽圖亦多而易暢明煞費苦心遂成善本深願讀者從此有得精明衛生之術咸登仁壽之域夫衛生者最切於人身者也近之侈談格致者動曰機器之巧人所宜知化學之精人所宜明聲熱光電之奧人當講求地礦金石之益人當討論殊不知此皆身外之學猶其末也而尋常日用之端無非大道居處飲食之事要有至理由其道則人强而壽違乎理則人弱而夭於此諸事知所趨避卽所謂衛生之道矣惟衛生之理非由積習俗見人云亦云非藉憶度虛擬我是則是要本確鑿之據出乎自然取諸造化之奇合乎天性則衛生之理始信而不虛矣欲如斯者非出自化學不可蓋化學一道足洩天地之奇能發萬物之隱凡起居動作之理日用飲食之物莫不可以化學而推其詳是書所論悉本化學故曰化學衛生論也讀者由此推求引而伸之或能補是書之所不逮也吾其拭目望之英國傅蘭雅識

化學衛生論序

化學衛生論一書西歷一千八百五十年英國化學家眞司騰所撰養生之道闡發無遺蘊閱者善之歷歲緜久格致日精此書間有與新理未合化學家羅以司重爲理董舊者易之缺者補之理有小誤與近日醫學背戾者改而第之訂誤拾遺遂成善本有用之書當以此爲最切近傅蘭雅先生爲余述其書之善乃與譯之并爲之序曰天以陰陽五行化生萬物凡有血氣莫不稟受於天各遂其生生之道而生成之德造化之妙有莫之爲而爲之者固非人之心思耳目所能窮究其所以然夏小正月令以及淮南墨翟諸子之書雖言及之而不詳夫亦大造之功用有言之而不盡言者也西土人好察卽一名一物之微其聲色氣味必詳究其故研心極慮黽黽焉而不知止遂卓然而成一家之學近年所譯化學諸書亦可概見其用心已然而爍金離木鍊水反土其消長盈虛天所以資生人之用而無或憾乃化學家言皆逐末而不反其本於人之服食起居多所脫略而徒爲荒遠之是務是猶覩及千里而轉昧於跬步之形聽徹重淵而仍聾於堂闔之響不亦傎乎眞氏有見於此卽尋常日用之端推明其理使人各知所趨避以補諸書所不及而其敘錄次第一本緩急

自然之道論列之以著於篇如人之呼吸恃有空氣無空氣卽死急莫急於此故首論呼吸之氣人不飲則渴猶不至死而數日不飲亦死次之以所飲之水人不食則飢飢久亦死而較飲爲緩次之以所種之土與所食之物不飢不渴必求美以逞其所欲次之以茶與糖等類甘美悅口不足以盡懽乃逆其性而使之醉緩莫緩於此次之以五穀等酒與鴉片等醉性之質有欲必有惡遂其欲而祛其惡則生乃不促次之以香與臭天生地成源源不絕於以見大造循環之妙故終之以消化歸原之理卽此數端足徵微妙人之安然以生者固終身由之而不知其所以生之道又烏知就安利避危殆以無負天地好生之德至有戕其生蹙其生昧昧焉而不知所悔者夫豈天之道哉此書之作所以闢人之聰明示人以利害所裨誠非尠矣卽其中土物人情不無小異引而伸之亦不在遠倘採其著書之例悉核以中土之異同重事纂修以資衆覽是尤所望於世之賢者己卯夏季　琴隱詞人稿

化學衛生論目錄

卷四

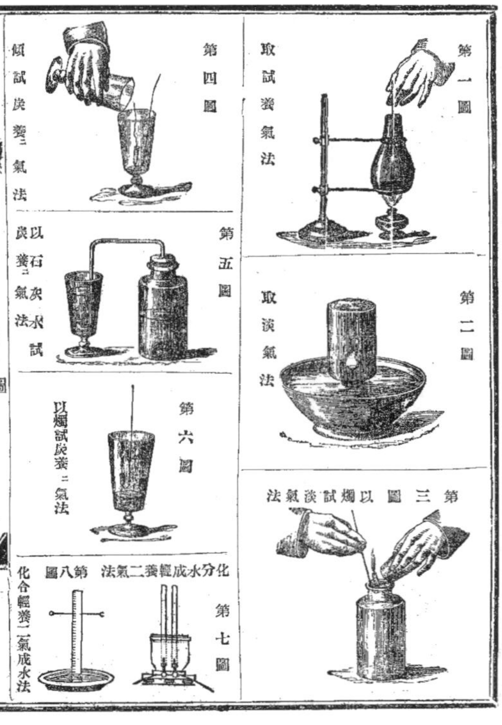
第一圖
取試養氣法
第二圖
取淡氣法
第三圖以燭試淡氣法
第四圖
傾試炭養二氣法
第五圖
以石灰水試炭養二氣法
第六圖
以燭試炭養二氣法
第七圖
化分水成輕養二氣法
第八圖
化合輕養二氣成水法

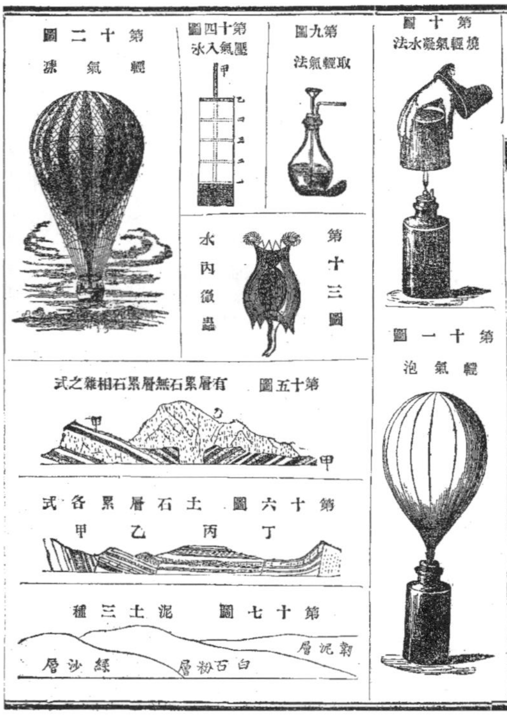
第十圖
燒輕氣凝水法
第十一圖
輕氣泡
第九圖
取輕氣法
第十四圖
壓氣入冰
第十二圖
輕氣毬
第十三圖
水內微蟲
第十五圖有層累無層累石相雜之式
甲
第十六圖土石層累各式
甲　乙　丙　丁
第十七圖泥土三種
白石粉層
綠沙層

第十八圖 美國西部地土形勢

產大葉樹林之地面土肥美宜於種各植物而耕種之工人爲歐羅巴人

乾白石粉之地面無樹木而多草萊間能產麥與阿拉巴麻棉花等植物耕種之工人爲黑人

產松樹林之地面土質多沙花草甚少多有鼻濕之處而可耕種之地面甚少幾成毛不之地

產楊柳等樹之地面可種米與棉花黑人作工

產樟木等樹之地面可種蔗與菸等黑人作工

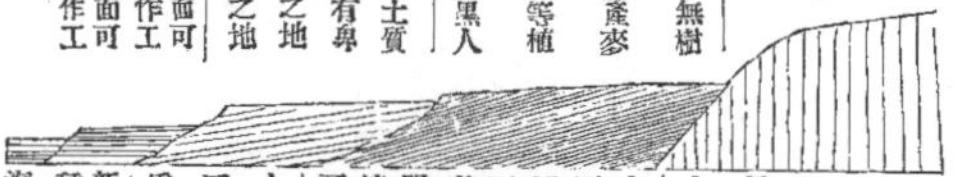

原層土石爲花剛石與變形之火石等

中層土石爲白石粉等石耕種者必多開深井惟淺始可樹藝

上層土石大半爲沙質

新成各種土質

海

第二十圖 毒草葉面刺放大之形

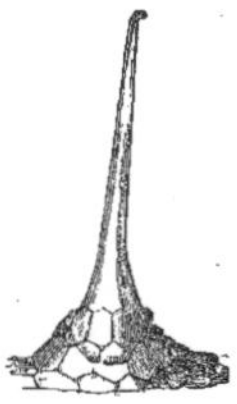

大麥 見五十一頁

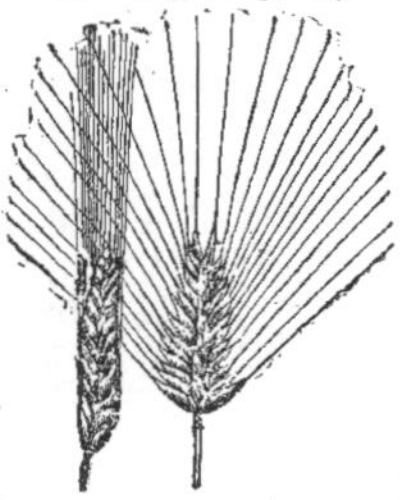

番麥即真珠米 見五十二頁

第二十一圖 麥粒剖面式

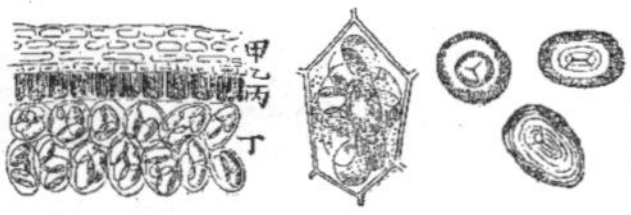

第十九圖 酵質放大之形

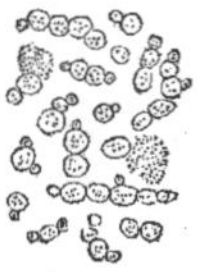

麥 見四十八頁

粗麥 見五十二頁

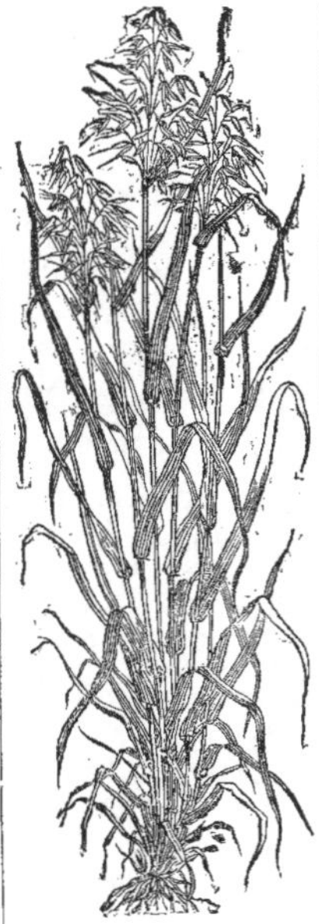

第二十三圖 都拉

第二十四圖 西穀米樹

化學衛生論卷一 圖 二

第二十六圖 西蜜棗樹

第二十五圖 智利松樹

第二十二圖 吉奴阿

第二十七圖 西蜜棗

無花果 見五十六頁

芭蕉樹 見五十五頁

第二十八圖 饅頭果

第三十圖 肉內舂斯苦尼質

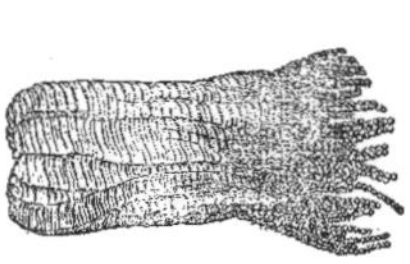

第二十九圖 小粉顆粒放大之形

化學衛生論卷一 圖 三

化學衛生論卷一

英國眞司騰撰　英國傅蘭雅

第一章　論呼吸之氣

人所常呼吸之氣名曰空氣爲養生最要之物一無空氣卽不能呼吸一不呼吸卽立難生活昔人亦知其爲要物故列爲四行之一（泰西以水火氣土爲四行）而地球各處空氣彌滿約計其高有一百三十餘里其質雖輕浮流行虛若無物因其高且厚則下壓有力如與海面等高之地每平方寸受空氣壓力約十五磅然地面愈高空氣愈稀而壓力愈小地面愈低空氣愈稠而壓力愈大如高一千尺每平方寸

壓力減若干磅高五千尺壓力再減若干磅等是也

空氣雖爲四行之一然非純一之物細而分之要質有四種一爲養氣二爲淡氣三爲炭養氣（或名炭氣）四爲水氣

其一養氣○養氣爲無色無臭無味之氣質如燃蠟燭置其氣內則燭光甚亮蠟亦速燒以動物置其氣內則體覺快暢喘息甚速而脈數身熱性易狂躁不久卽死與蠟油易燒而發大光者同理

取養氣法將鉀養綠養$_{5}$和以細沙或玻璃粉或錳養$_{2}$粉置玻璃瓶內以酒燈加熱如第一圖其料融化時則發養氣但非人之官骸所能別者如燃燭或木炭懸以鐵絲置瓶內立發大光卽爲有養氣之據

其二淡氣○淡氣亦無色無臭無味燭火入之立熄動物入之立斃取此氣法將燐小塊燒於小杯內杯浮於水盆卽用大口瓶罩覆其上令瓶口入水如第二圖俟燐燒盡而瓶冷於水下密塞其口而出如第三圖燭火入之則熄小獸入之則死其理因燐燒盡瓶內之養氣所餘者爲淡氣不能養生亦不能燃火也淡氣比空氣更輕而養氣比空氣稍重

其三炭養氣○炭養氣無色而稍臭味稍酸燭火入之亦熄動物入之亦死其氣比空氣重一半故能以此器之氣

傾於彼器與水相似如第四圖若以石灰少許調於淨水俟水澄清（其清水卽名石灰水）令炭養氣過其水則水變白色如乳卽有白石粉粒結而沉下取炭養氣法瓶內盛鹻以醋傾入或以淡鹽强水傾於白石粉或灰石上亦可傾後卽塞瓶口以管通至石灰水杯內如第五圖或用高杯如第六圖以燭火置其內則炭養氣升至下燭其火卽熄升至上燭其火亦熄

其四水氣○水氣爲水面常發之汽（汽卽水氣後仿此）天熱不可見冷則易見熱時以水傾於地面水卽化汽升入空中天陰此氣較多天乾此氣較少

空氣所含以上四種氣質比例恆略相同有化學家曾殺克乘輕氣球升至高四英里處（每英里略中國三里）以瓶取空氣若干又於高山頂及城內鄉間各取空氣若干化分試之其四種氣質比例略同又咸豐二年（即西一千八百五十二年）有化學家回勒司在山頂高一萬八千尺處取空氣化分之每百分含養氣二十分八八又於平原取空氣化分之每百分含養氣二十分九二可知其差無幾也此四種氣質足爲全地上動物植物之用惟養氣與淡氣居多而炭養氣與水氣爲數甚微略言之每淡氣四立方寸有養氣一立方寸配之詳言之每淡氣七十九分有養氣二十一分配之

昔有人推算地球上空氣所含養氣總數約一千萬萬萬噸動物植物並燒物等每年共需養氣約十萬萬噸可見百年所用者不過萬分之一耳

空氣內之炭養氣甚少每空氣五千立方寸含炭養氣約二立方寸此即地面而言若山高八千尺至一萬尺處炭養氣約加一倍然炭養氣之數雖少而植物賴之無此氣則不能生長矣

炭養氣比空氣更重前謂愈高之處炭養氣愈多固爲奇事然使炭養氣盡沉至地面聚於深凹處則動物植物俱不聊生惟空氣內有風流通能調動各氣互相融和且各

氣質原有彼此相合之性雖無風鼓動亦能和勻譬如酒輕於水似不相投乃有相合之性故兩物自能相合若無相合之性則否如汞與水相調立即分離是無相合之性也所以兩種氣質相遇雖有輕重之別亦能自相融和重率愈不同則融和愈速如綠氣比輕氣重三十六倍而相遇時立即相合終不自分所以空氣內之輕氣雖至輕而不能升至高處浮於重氣質之上炭養氣雖重於別種氣亦不能降至低處沉於輕氣之下故無論地球面或高或低輕氣與炭養氣等其比例恆略同推此理則知地面所生之炭養氣或升或降自能以彼多此少而調補之然後空氣始能合於動植各物之用但有數處地面凹而深者恆發炭養氣其氣不及上升則日久而積聚甚多如有人或禽獸行至則不免於死亡又有山頂高處炭養氣比低處更多者是因地面之深林叢篠及海面之水俱收炭養氣甚多而高處炭養氣不及下降補之故有高處多低處少之事也其事固甚奇異其理亦易解已

空氣內所含水氣有關於各處水土之冷熱冷則水氣少熱則水氣多論其大略空氣最熱時每六十立方寸含水氣一立方寸空氣最乾時每二百立方寸含水氣一立方寸

如欲明空氣內之炭養氣可將石灰水盛玻璃器內待數時則其水收炭養氣而面生白皮是爲鈣養炭養（卽白石粉）

如欲明空氣內之水氣天熱時以冰水傾瓶內則瓶外有凝結水點如露是卽空氣中水氣遇冷而成

以上所言空氣內四種氣質缺一不可而各氣之比例恰合於動植各物之用稍損益之則動物植物均受其害不久卽滅大地之上無生理矣

凡動物吸時有空氣入肺則收其養氣此養氣爲養動物之要物亦無他法能得之且每分時必吸養氣若干可見動物無空氣則無以生也

凡燃蠟燭或火燒物俱賴養氣養之無養氣則煤油木炭等質概不能生火無復有光與熱之用矣

空氣所含養氣之多寡適合於動物之用如空氣純爲養氣則人與動物不久盡滅若火燒物亦無法使熄所以每養氣若干分必配淡氣若干分合其性淡而不猛烈譬如最純之火酒（卽醕）人飲之則血行太速飲至多則醉而致斃故必和水令淡其性更醕而能得養身之益

凡植物有日光時吸空氣內之炭養氣而放養氣夜則放炭養氣而吸養氣可知臥室不可養植花卉因所放炭養氣能以害人無異於屋小人多空氣變壞之弊但植物以炭養氣爲不可少之質無此氣則不能生長與動物之必需養氣者同理設空氣內之炭養氣俱歸泯滅則地球之植物亦必無一存焉

炭養氣之有害於動物非其本性有毒因空氣含炭養氣過多而動物不能呼吸故必死也設將動物之血管開之噴炭養氣入內則無毒性其氣必隨血運行入肺而隨氣呼出可見炭養氣在身內無害於人如在身外則人不能收養氣入肺呼吸停息人卽因此而斃所以空氣內之炭養氣必須甚少多則動物呼吸時得養氣少卽不免有害也前有西人名勞騰游於加拉巴內地往山中有名之谷

俗名毒谷而有記云赴谷時携狗兩隻雞數隻抵山麓下馬步行近谷旁卽聞最惡之臭抵谷崖臭益不堪其谷爲橢圓形徑約二千五百尺深三十至三十五尺底平無草木有大石似爲河底之石形谷底有枯骨間有人骨與虎狼野猪獐鹿孔雀等骨底面皆硬沙亦無裂縫一友欲入谷審探一友阻之恐一跌足莫能救援旣而燃火吸呂宋菸手持竹竿漸走而下至離谷底十八尺而止雖呼吸不難而氣則惡甚後將狗一隻縛於竿端竿長十八尺拖入谷至十四秒時其狗翻身一跌瞑目不視四肢不動十八分時尚呼吸後卽死欲再縛他狗入其狗自跑入谷至死

狗處立卽不動歷十分時則翻跌再呼吸七分時亦死後以雞一隻縛其足投入一分半時卽死再以雞投入未及地而死對顧大石塊旁有人枯骨死時身仰右手曲枕頸下其骨久經風雨漂白如象牙欲取之惴惴不敢往云

植物以炭養氣爲要雖空氣內含之甚少然因植物之葉面大而數多且恆有風搖蕩調換空氣故炭養氣雖少亦已足用凡動物之葉面皆有微孔極多大樹之葉有數萬或數十萬葉面微孔已無算矣其孔猶人之口故能吸養樹之炭養氣設大樹有葉一百萬每葉有微孔四十萬每孔能吸炭養氣則樹之足生長木質者理易明矣前有西

人核數大橡樹之葉共七百餘萬所吸炭養氣可想見矣而人之肺臟面積亦甚大有醫士林的那核計肺臟遇所吸空氣之面積共二千六百四十二平方尺則人肺臟能收養氣之理亦易明也

前所說高處空氣內之炭養氣多低處多植物之地炭養氣少其理亦易明

空氣內之水氣亦爲動植物所不可少者如植物每重四兩內有水三兩樹葉之面常收水氣得恆潤澤設空氣內無水氣則樹葉內之水化散甚速而其根不及引水上升不久卽枯槁矣

人身亦大半爲水如人共重一百五十四磅內有水一百十六磅乾質不過三十八磅而人之皮膚與肺常有水化散一人每日所化散之水約三磅半計每水三磅肺化散一磅皮膚化散二磅假若使空氣內無水氣則人皮膚乾而皺裂且發熱大渴而口所飲之水不足以補不久身內之水化盡所餘者幾爲乾死之人耳有數處曠漠多沙如西藏沙漠等處日燥風熱行旅所攜之水常不敷用每有乾而死者可見空氣內之水氣尤爲動植物所不可少之物也

空氣內之水氣又有一大用如暑天日入地面稍涼則湛湛露凝堪滋植物卽稍冷之物面亦皆有露凝結令植物

得其大益故各國工詩文者最喜讚露之功用且取以喻德澤之優渥云

成露之理固屬易明卽數物有露數物無露者其理亦無難解凡地面之物能放回熱回熱循立線方向而行稍熱之地放其熱傳於稍冷之地則地球所收太陽之熱反有回熱上行而爲高處之冷空氣所收且地面一切物質彼此調補能分平所有之熱乃何以地面日落時則漸冷曰未落時則不能冷蓋因所收太陽之熱多於所放之熱故也如日落時天陰多雲則能阻地面所放回熱不使上升反令回行至地露卽因此更少所以夜中天晴則露多天

陰則露少如天半陰半晴則向晴處比向陰處更涼故物體向晴處較冷而多得露向陰處較熱而得露卽甚少

空氣所容之水氣與其熱度恆有比例如熱時所含之水比冷時多所以地面空氣熱則含水氣較多升至山頂冷處空氣亦因之而冷則不能容所含之水氣故必使之凝結成霧成雲此居高山者所習見也至其雲漸積漸稠則成雨落於山巔成溪成泉數溪併合滙成江河流至平原以補前日所上升之水氣此卽萬物循環之理也

日入後地面漸冷地面之空氣亦漸冷所含之水氣卽結成露點輕落至地以滋百植

地面物體散熱有緩速之別散熱速者則冷早而得露多散熱緩者則冷遲而得露較少如地面平曠散熱最緩則幾若無露而仍乾花木叢密散熱最速故得露多而更濕

雨之理與露之理畧同因空氣高處常有水面吹來之冷風與熱帶行來之熱風各含水氣若干相遇而和則熱度平減不能容所多含之水氣故必溢出成霧而後成雲最後成雨下降於地

假如空氣內所含之水忽盡凝爲雨降於地面則深不過五寸然每年所下雨數常大於此數如英國一年所下者其深三十寸至四十五寸歐洲（卽歐羅巴）西鄙數國每年降雨深不下二十寸印度熱處山上每年降雨其深六百一十寸大半爲西五月至十一月所降者間有一日雨深二十五寸半者而埃及秘魯等國常歷年無雨至於上海在徐家滙有西人所設之院內置各器以測風雨等事每日筆之於書言光緒六年（卽一千八百八十年）西六月十一日約夜半起一週日內其下雨深約四寸前光緒元年（卽西一千八百七十五年）九月十四日一週日內下雨深四寸半有奇約二寸爲二十分時內所下者又是年八月二十四日三點半鐘內下雨深七寸有餘此爲西人在上海所見大雨之最深者計六年內每年下雨中數爲四十餘寸而每年落雨日之中數有一百二十三日此爲上海一處之雨數不知中國尚有下雨比上海更多之處否

雨落時能洗淨空氣合人呼吸蓋空氣內有數種氣質爲數甚微有害於人而有益於植物雨能滌除而融合之以培養植物空氣卽淨而無害於人是此一事有兩功焉

地球各處不能同時晴雨大抵此雨則彼晴此晴則彼雨既雨而晴則地面之雨水復化成汽向上淩升且海面所化散之水氣亦能爲風飄至內地成雲成雨故各處燥濕略能平勻不常有偏燥偏濕之虞

觀於此可見造化萬物之理至巧至妙而空氣所有之變

化俱有益於人物絕無浪費虛縻而物之生生死死各合於用並無吝惜之意

以上所論養氣淡氣炭養氣水氣之外尚有別種氣質爲數極微比例無常亦爲空氣內不可少者內有數種爲空氣化成者又有地面之霧化成者又有海面所升上者

空氣內所化成之氣質有二種爲要一爲變性之養氣謂之電臭亦謂之臭養氣一爲硝强水此水爲養氣和淡氣相合而成者

變性之養氣爲最奇之物化學家有法能令養氣變化而成化學內有數質能變其形性如硫黃原爲黃色顆粒質

硬而脆若加大熱則變欖色稀質炭爲黑色無定形之質而金鋼石爲變形性之炭質最明亮美觀推其理則養氣亦能變形性而成臭養氣矣如日光與電氣等皆能令養氣變成此氣質此氣質能與空氣內之惡氣化合又能與泥土內數種質化合比養氣更佳植物食之而得其益此氣亦有漂白之性又鐵銅銀等金之面加水令濕則收空氣內之臭養氣而成鏽化學家言臭養氣比養氣性更烈如將銀二錠面各磨光令濕一置養氣內一置臭養氣內則養氣內者不甚鏽臭養氣內者鏽甚多即其據也

空氣所含之臭養氣數甚少故不能施以衡量然可測知冬多於夏大風雨後多於久無風雨時海面多於陸地化學家知此氣有大益於人故常爲窮究其所以然也

空氣內之硝强水比臭養氣較多凡雷轟電掣時俱能令空氣內之淡養二氣化合而成硝强水之微質夫日光雷電爲常有之事故熱地空氣必常含硝强水之微數但此水雖爲空氣不可少者然仍無定數化學家在各國化分空氣往往得硝强水之微質間有下雨時雨味稍酸者此因多含硝强水之故也植物得此雨水內之硝强水則得其益而露亦含硝强水之微質可見雨露二者能洗去空氣內害人之物并令植物收之而大得其益

地面亦每發數種氣質與霧質如動植物腐爛時所發之臭氣燒物時所發之烟氣糞溺所發之淡輕氣陰溝穢堆所發之輕硫氣等俱能散融空氣爲人鼻所能覺者又有低濕處日氣薰蒸而發穢氣人之官骸不能覺知即化學最精之器亦難辨驗此氣能令人患瘧致病各國之人無不知者又數處火山所發之硫黃等氣及工藝內所成之惡臭等俱爲空氣所收升騰而上爲風吹散與大地空氣和勻此各零星氣質幾莫窮其種類而各處之空氣亦因此而異焉

地面所發之氣質惟淡輕氣最要此氣於植物有大功用

其臭與鹿角汁及馬尿略同凡動植物質體在水與空氣內腐爛必生此氣

近化學家常化分空氣內之臭氣數有一人名微勒者於咸豐元年(即西一千八百五十一年)將空氣一百萬萬分化分之得淡輕氣二百三十七分(此皆以輕重計也)次年化分同數空氣得淡輕氣二百一十分以體積而論可見每空氣二千八百萬分含淡輕氣約一分也又有化學家謂其數尚大於此

有化學家謂此氣爲空氣不可少之物與前四種氣質略同但空氣內含淡輕氣與含硝強水其理不同硝強水爲空氣內本質自成之物而淡輕氣爲地面物質所成之物

如能考得實據確知淡輕氣爲空氣內自成者則可指爲空氣內不可少之物也

海面遇大風時波浪翻騰彼此冲激或觸淺灘或撞礁石受其擊撞則飛濺成極細水點爲風飄至內地深遠處漸化散爲空氣所收可見空氣內尚含海水內之各質亦有益於動植物也擴而論之空氣內所含之各種氣質幾不能窮究其極

空氣內所含之異質如無法令其淨盡則將有害於動物而並有損於植物然雲行雨施風馳雷掣各事俱爲滌淨空氣之法可見空氣一物原視爲簡質以爲四行之一其實爲多異質和合而成其理甚繁其類甚雜而相待相成各適於萬物之欲而無憾大造之功俟其禕而

第二章　論所飲之水

水亦爲人生至要之物惟較次於空氣耳蓋人數日不飲水猶不至死設片刻不吸氣立必喪生故水比空氣稍次焉察凡動植物之體水約居四分之三而地球之面亦約有四分之三爲水

常人視水亦爲原質惟究其實乃輕養二氣化合而成者若欲試之如第七圖用玻璃器盛蒸水器底向上有二小鉑片下通出器底外以金類電器(即化電器)之正負兩電線相

聯器內水即化分負電線之鉑片上所發之泡即輕氣正電線之鉑片上所發之泡即養氣旋以有底玻璃管滿以水置於二鉑片上收取之則二管中之水漸落而上端空處即所取得最純之輕養二氣也管內氣少者爲養氣氣多者爲輕氣易於識辨

又有法能將純輕養二氣化合爲水如第八圖將有底玻璃管外刻分寸盛以二氣倒插水銀盆內上端聯以電線引電火入之如管內二氣配數無差能盡凝爲水觀管外分數即知所盛輕養二氣若干分能成水幾何從此二法可見水爲輕養所成者無疑矣

前章已論養氣頗詳兹再將輕氣略論之輕氣爲無色無臭無味之氣質與前章所言之養氣淡氣炭養氣等性迥異其質爲萬物中所已知之質之最輕者且遇火能自燃取輕氣法將鐵或鋅數塊置玻璃瓶中如第九圖另以硫強水一分淨水一分和勻傾入瓶中鐵上俟若干時則所發之輕氣能逐出瓶內空氣而以輭木塞瓶口塞中置小玻璃管自小管中發出之氣卽爲輕氣以火燃之焰色甚淡晝間幾難分辨試將乾而冷之玻璃杯覆其火上如第十圖杯內卽有水凝成涓滴若露漸垂此水乃輕氣在空氣內所燒而成因燒時則與空氣內養氣化合成水故也

若熄其火將極輕象皮或薄油紙等料製成之泡套其管上則輕氣升入令泡鼓漲如第十一圖將泡口縛以繩而放之能自升空際其故因輕氣較空氣更輕也如依此理製成輕氣球下懸牀榻人居其中亦能並升空際如第十二圖

萬物中所含輕氣甚多如烟煤草木煤氣火油等均含之無論在空氣內燒何物則有輕氣與空氣內養氣化合成水此因燒時生熱故其水變霧升騰散而不見

每淨水重九分內含養氣八分輕氣一分而常用之水另含數種鹽類質與生物質故如欲得淨水必用法蒸之方可

前章云空氣內以四種氣質爲要但空氣內之原質與水之原質相合法大不相同因空氣內之原質僅爲融和者而水之原質則爲化合者如淡氣與養氣和成空氣而仍爲氣質性不稍改惟輕氣與養氣化合爲水則成流質原形大爲更變如輕氣之爲質最輕而能燒水之爲質則重而不燒又如將物燃之置養氣內火則更熾置水內焰卽立熄豈非形性先後迥異耶可見化合之事爲最奇矣

水有數種性情常人多未思及兹列四欵分論如下

其一水無臭味○水之無臭無味於人畜大爲有益人皆

知鼻聞馨香則意暢口嘗美味則覺甘但如久專聞香則嫌煩欲病長饜甘肥則油膩難堪故水與空氣若有大味大臭則於人生大有不便正爲其無臭無味始能於人之五官百骸似乎不知不覺無痛無害卽體內極細極微之腦氣筋遇之亦無損傷反覺暢遂此無臭無味之性爲常人所未思及者正人生之所攸關也

其二水有涼性○水之涼性與動植物亦有大益凡乾燥之處空氣常收皮膚與肺臟之水而散之水散時則體膚覺清爽熱燥全消而飲水或以水洗浴亦覺神清氣爽因水能收身之餘熱也且水受熱較別質更多若與水銀相

比則水銀三十磅令增熱一度所需之熱與令水一磅增熱一度略等又令水變霧所需之熱比令別種流質變霧所需之熱亦更多所以人出汗時則有水化散令皮膚涼口呼氣時則有水化霧令肺腑涼可見水進身內以收熱霧出體外以散熱俱有益於人物能免因熱生病等弊

其三水能消化○淨水與別種流質能相融洽勻和不拘多寡如火酒或強水等皆可以水和合令淡而油汞等則不相投惟其最有益之性為能消化定質令合於動物植物之用如以冰糖與玻璃各一塊置諸水內冰糖不久即消化玻璃雖浸多年亦毫不見損又如將糖二斤置一斤水內則全消化而以食鹽二斤置一斤水內則不全消化所能消化者僅約六兩故可見水消化定質各有難易不等

萬物中無自然生成之淨水即天落之雨水地湧之泉水亦常有空中雜質或土石中雜質消化在內如河水所含之雜質常易見之凡河水經過多鐵質處則有紅色經過白泥或高領泥等質處則有白色經過幽隘卑濕處則有椶色經過多植物腐爛之土泥處則有黑色另有黃色灰色綠色等河與海但地球有數處海洋水甚清澈如那波里灣太平洋等處自水面能見海底各物其水稍綠此色

為淨水之本色凡淨水多而深之處常見此色

地中泉水雖視之清潔無色然仍含鹽類質或多或寡故常飲泉水時即覺有味可辨西國所有之水惟瑞顛國北鄙路卡河為最淨蓋此河之底皆為花剛石與硬石之類而水不能漱洗消化故無雜味嘗攷此水每重一百四十萬分所含異質僅一分至二分耳蘇格蘭數處之水每萬分含異質略一分倫敦左近之達迷斯河每萬分含異質三分此亦為上等合用之水另有數處常用之水每萬分含異質四分至六分不等如約但河水每萬分含異質略十分惟平常所用之水每萬分含異質以三分至四分為最多之數

平常之水以鄉間之雨水為最淨次則河水次則湖水又次則泉水下則黑海與阿索富海之水下則大洋之水再下則地中海之水最下為裏海死海鹹海此三處不通大洋故其水內異質最多每百分約含二十四分惟地中海水每百分僅含三分至四分

凡通洋海之河常將地面或土石中能消化之鹽類質帶入海中而海面所化之水氣成霧上升流行空際成雲成雨飄落地面俱為淨水可見海水祇能收鹽質而不能放出故其水含鹽類甚多而味苦如裏海死海等常有地中

之溪河流注而鹽質隨流而入故此二海比別處水所含之鹽質亦多約每四分水內含鹽質一分大洋中約每三十分或四十分水內含鹽質一分由此可見含食鹽最多者惟海與洋若以洋海水深之中數為九百尺將其中鹽質全行分出應有八千一百萬立方里但格致家拉不拉司云洋海深之中數為三千尺故所有之鹽質應更多於此數也

洋海之水除食鹽外另有別質若干如鈣綠鎂綠碘溴等近有化學家里低勒將法國哈弗近處之海水一千分化分之得定質約三十一分半即

食鹽（即鈉綠）	二十四分	碘	○分六三二
鈣綠	○分四三九	鉀綠	○分三○七
鎂溴	○分一四七	鎂綠	二分五六四
鎂養硫養三	二分一四六	鈣養硫養三（即石膏）	一分○九七
鎂養炭養二	○分○七八	鈣養炭養二（即白石粉）	○分一七六

總共三十一分五八六

從此可見海水內之異質除食鹽外鎂之鹽類質最多死海等處之水味辣而苦者皆因此質甚多之故也

海水內除以上各質外猶有鈣養綠養五鐵養錳養弗氣並鉛銅銀鋅等若許前有法國人設法分取海水所含之銀雖經大作然所得之銀不抵其費故其法廢而不用海水所含之碘為數無幾化分時僅見其微質惟海草含之甚多亦為海水所出者總之無論地面地內所易消化之質在海水內均能見之皆為溪河所漱洗而流入也

平常所用之泉水河水亦含異質數種如倫敦有數公司專辦河水至城內出售有人化分其水每七千分中有

白石粉	十分九○	石膏	三分二六
鈣養淡養五	微迹	鎂養炭養二	一分一七
食鹽	一分四○	鈉養硫養三	○分一八
鉀養硫養三	○分六一	矽養二	○分四四

鐵與鋁與燐等質	○分六七	生物質	三分○七

總共二十一分七○

又有人化分別處之水七千分有異質二十九分五五者平常泉水內含石灰與鎂養頗多此種水謂之濇水若用此水與肥皂滌濯則肥皂與其異質化合浮在水面結皮一層惟淨水能消化肥皂而面上無皮故淨水猶謂之滑水也

含石灰頗多之水其味稍甜其色則明若以水壺煮之則稍變濁而壺內結有白皮若水含石灰極多則於匯流之處常有石灰結成一層設以定質之物置其水內則定質

上亦結石灰一層

前章言炭養氣行過石灰明水內如第五圖則水變白如乳因與石灰化合為鈣養炭養結成細粉沉下也但如久通炭養氣於其水內則水仍變為明此因水含炭養氣過多則白石粉又能消化故也若將此水傾於別器再將兩器交互傾換則餘炭養氣漸散其水仍白如乳嘗有數處地發之水含炭養氣甚多迨其氣漸散時而白石粉亦沉下如將物質懸於其水內不久物外結白石粉皮一層故將平常之水以壺煮之則石灰在壺內凝結而水變成滑水惟水內所含之鈣養若與硫強水化合而成石膏雖沸

之水亦不滑若添鹻少許則石膏內之石灰分出而水亦變滑矣

水既有消化土石質之性則近城鎮村莊之井水含異質甚多常不合飲蓋城市之地面與陰溝多有穢堆糞溺等為雨水冲入土泥而井水內不免含之因此易致病作可見人烟稠密之地各種穢物不可留於近處而井亦不可穿於穢堆左近西國久知此弊故凡大城中所用之水必由遠處活源引入而城市中可免其各弊端近來上海有西人設公司擬用鐵管自遠處引潔淨之水至西人租界內各街各屋皆可通入實屬便用而近多人處之黃浦濁水可不用矣如另通其水至上海城內則華人亦得大益夏日可免癘疫等病

凡近多墓處亦不可穿井因壙屍腐爛有害於水近有化學家化分倫敦北鄙近一舊墓處之井水每百分含異質一分其異質約每百分內有

鈣養淡養五　六十分一二　鎂養淡養五　七分〇六

鉀養硫養　七分〇四　鈉養硫養　九分五二

鈉綠即食鹽　九分六三　鈣綠　五分九一

矽養　〇分九〇

總共一百分一八

可見此水含淡養五即硝強水之鹽類質頗多此質乃生物質在土內腐爛而成者若為新墓之地則水之異質更多而更可惡

井水內間有含植物質者致水不合於飲如多沙之地所有腐爛之植物質為水冲入沙內成黃色泥一層阻水流通水則消化其植物質若干而稍變黑色臭味難當人不能飲若將此水沸之植物質結而沉下則上面之清者合用又如令此水行過炭質或以椽木塊浸於水內亦能提淨蓋其所含之植物質與蛋白相似故沸之或令遇數種木質時則蛋白類質結沉別質亦隨之而沉水即能清與

以蛋白提淨酒或糖等同理
法國有數處沙磧甚多其水常有此弊又法國京都之河水用時必先加白礬令異質沉下與中國久用之法同印度國有數卑濕處水不合用然有一種樹核類乎馬前而無毒性者能淨其水凡行路者常帶此核若干枚欲用水時先將一二核在水缸內面磨粉再傾水入則異質沉而水清埃及國尼羅河水不清時用苦杏仁磨於水缸內面傾水於缸則能澄清總之無論用何法其義皆欲令所含蛋白類質結成沉時而別質亦隨沉也
舊約書內亦有論及此事者如當日以色列人行至書耳

野時三日而不得水旋至馬剌有水而不能飲以其水苦也因而民怨其首領摩西摩西因指一種樹木令人置其水內則水變甜而合用總之無論何處之水含蛋白類質而不合用則細察本處之植物或能得一種花草樹木使其變爲合用者
水內又常有動物游泳其中如魚鼈蝦蟹蠡蚌螺蛤人所易見人所共知但水中又有無限小蟲或可目覩或難眼辨如將溝渠濁水一滴以顯微鏡視之則易見其中各種小蟲形狀不一有長如鱔形者有伸如蛇形者有尖如牛角形者有旋如螺絲形者又有如樹枝花朶等形者如第十三圖爲久不流動之水中常有之一種小蟲其上有兩鬚如輪轉動甚快此種蟲想爲卵生者但其大半將本身分下一塊漸變爲新蟲與原形不同此種蟲大半爲食他蟲者嘗有人將兩處之水各取一滴分置玻璃片上以顯微鏡看之知水內之動物彼此相安優游無事後令兩滴水相合則所有之動物立相爭鬬強者卽漸吞其弱者凡溝灣池塘以及久不流動而發臭之水多有此蟲約因水中所生之植物內含其種子而後生也可見此等水更不合於飲也飲之易致泄瀉
其四水能容氣○水又有容各氣質之性如水一立方寸

能容炭養氣一立方寸無論空氣壓力若何所容者恆略相同如第十四圖用堅而高之玻璃筩面刻記號分其筩爲五等分口用輭木或象皮作不洩氣之韝韛如乙筩內傾水至第一號爲止卽將炭養氣放入至滿以韝韛塞其口將筩搖之韝韛卽落下一分至圖之四號可見水一分能容炭養氣一分也若在韝韛桿甲處加等於空氣之壓力卽每平方寸十五磅則韝韛必落二分至圖之三號因此炭養氣僅爲原體積之半若再搖其筩韝韛必再落一分至圖之二號可見其水仍能收等體積壓緊之炭養氣也設所加之壓力爲空氣壓力三倍卽每平方寸四十五

磅並空氣常壓力十五磅共得六十磅則鞲鞴能下三分至圖之二號其炭養氣必縮至原體積四分之一若搖其筩鞲鞴再落一分而氣質全不見則鞲鞴與水面相切是知水仍能收等體積之炭養氣無論壓力若何皆然但若將所加之壓力去四十五磅則水內之炭養氣必立放出令鞲鞴向上退回仍至圖之四號而水內所容之炭養氣僅爲本體積之相等者

由以上之說自易明作荷蘭水之理蓋作荷蘭水法乃將炭養氣若干用機器壓入瓶水內而密塞之又以鐵絲縛其塞令不脫出臨飲時拔去瓶塞炭養氣即自噴出甚猛

而水亦隨之外濺如以未發盡酵之酒置瓶內塞密則酒在瓶內發酵多生炭養氣爲酒所容而瓶中壓力漸大苟不以繩或鐵絲縛其塞則酒必衝出設塞縛過緊而瓶不堅必致碎裂如法國作湘冰酒家必在地洞中爲之因洞內涼酒不生熱若空氣驟然大熱則瓶不抵酒之壓力一日內嘗有數千瓶碎裂者故此酒之上等者價甚昂也又如藏瓶之苦酒在開瓶時常有酒泡飛出亦因酒含炭養氣之故而酒味因此更佳若開瓶俟數小時後炭養氣外散則酒味薄劣

水亦能容養淡二氣即成空氣之二要質惟所容此二氣之數與成空氣之數比例不同前章言空氣每百分有養氣二十一分而水中所常容者每百分有三十一至三十三分可見水族等物易得所需之養氣設水內所容者與空氣等水族類將難聊生矣試將水沸之待冷以魚置其內魚即立死因水內氣已散而無由得養氣故也

近有化學家攷察海水知近水面處所容之養氣比深一二百尺處更多可見洋海極深處動物幾難生活矣

水所容養氣與淡氣之比例較空氣所容之比例更大者有法能明之昔人以瓶盛滿雪塞密置暖室內融化之瓶內即約三分之一爲水三分之二爲氣將此氣化分之見

所有之養氣比空氣內之養氣更少間有化分此氣每百分得養氣僅爲十二分至十四分者故前人誤以爲雪內所容之養氣比例甚少但究其實乃雪融化爲水時收其隙處空氣內之養氣比淡氣更多故所餘之空氣含養氣則少也

雨水常含淡輕氣若干惟其數甚微平常每百萬分中不過含其一分而已

從以上各說可見所飲之水與化學大有關切與前章所論之空氣相同此二物爲宇宙內生齒所不可一日離者其內之原質形性大合乎動植生長日用不匱上天造化

之妙於此已可見矣然又不第於此見之已也

第三章　論所種之土

前二章言呼吸之氣與所飲之水最爲人生要物然所種之土亦關緊要幾與二者並衡蓋各動物所食之植物皆賴土而生苟數日不食亦必漸死故凡土肥處則動物盛蕃土瘦處則動物寥落而人亦稀可見土之爲物生民攸關故此章再論以所種之土

土之爲質概是地殼石質腐爛而成因地面之石常經空氣冷熱燥溼剝蝕則漸成細粉遮掩地面而植物子種飄落其上則萌芽生長動物食之遺糞與溺復合於土後則

動物身死體骨漸爛土收其質變成膏壤而播種即得利益

各處之土其質不一因其變土之石各有不同其質有麤有細細者能爲水遠冲流行他方麤者不能遠冲僅聚於本處又各處生長之動植物亦不同而各土所合種之物亦各不同可見相土之理爲農家所不可不知者也

如遊行各處則易見其石之形色排列各各不同有成高山者有成深崖者有爲一種石所成者有分多層石疊累者又有各層平鋪數十里或數百里者如第十五圖爲常見土石之狀乙爲花剛等石乃火所結成者不分層累甲爲分層土石乃水所結成常爲平鋪者間有別種石自下崛起令其各層成爲斜列而不平鋪亦間有直聳而隔斷其有層累者如圖中之式是也

土石排列成層或不成層最易目辨但地上之土石大抵成層者多而其次第亦各有定如見此處某層石在別種石層之上在他處則不能在其層下

地面各處土質歸爲何類俱籍近處之石與其排列而定若各層石幾成直立如第十六圖甲乙則其一種土之地面不能甚廣及過數百步或數里外其土質形色必變惟若土石爲平排如丙子者則其一種土質必能甚遠或數

十里或百里不等

成層之石約分三種一爲灰石一爲沙石一爲生泥其麤細輭硬各有不同如山中灰石腐爛爲水冲下則成含石灰之土沙石冲下則成含細沙之土生泥冲下則成含孰泥之土故農家與地學家常論土質分爲泥土灰土沙土但平常之石爲灰沙泥合成者多如爲此種石山所冲下之土則有灰沙泥之合質在內而農家最喜種之因其質鬆土肥植物易於暢茂又如兩種不同類之石相遇成土亦比一種石所成之土爲佳如英國南陲有數處地土如第十七圖右爲孰泥層左爲綠沙層中爲白石粉層其孰

泥宜麥而皺泥與白石粉相遇處宜大麥白石粉面之薄層宜草能畜牛羊白石粉與綠沙相遇處之土亦可種麥或別穀

不成層之石亦分三種一爲花剛石一爲階形石（或作西梯石）名脫辣伯石一爲火山石此三種亦能漸爛遲速不等而所成之土亦有不同花剛石所成者多爲磽磧階形石所成者常爲肥沃而火山石所成者常爲最膏腴之土此各種石在任地易辨無論何處土質之優劣均可依此理證之凡火山石所變之土不拘在何國何地必爲沃壤如新金山（卽澳大利亞）左近有大平原其土爲火山石所成者但近

時居彼者僅爲求金不知其利想後之人如種其地必大得其肥美之利較求金者遠勝多矣

地面之上有山有谷有原有隰雨水常自其各斜面而下成溪成河流至低凹處山上爛石卽爲水冲至幽谷平原其細者比麤者更易遠涉故地面愈高則土質愈麤地面愈低土質愈細如成層之石爲泥灰沙石合成者水則激其泥與灰冲至低處而高處所留者則爲沙質而成磽土如花剛石所成之高領泥等爲水冲去而近處所留者則爲石形之大小魂磊掩覆地面植物難生又有數處其土質不獨易爲水冲且能爲風所飄如地面爲細沙土則風

能拂掠而飄至遠處又常有肥土處本生植物甚蕃但恆有海風吹來帶沙甚多覆壓地面久則變成沙漠無物能生可見地面土質各處不同非無故而然也但以平常而論大都賴其相近處之山石與風雨等事

植物腐爛與土質有關凡花木生長至枯而死久則腐爛如花木死在潦窪之處或豬水之中腐爛時其質留存其內日積月累多年之後該處卽變成黑色土質人誤履之勢必陷下無法自救由此可見各處土質不同之故有三一爲成土之石屬何質二爲雨冲風掠令土質分散三爲植物積聚而變黑土

依化學家化分各土而求其原質可以其原質命名如多沙之土則名爲矽土因沙之原質大半爲矽多石灰或白石粉之土則名爲鈣土因石灰之原質爲鈣多生泥之土則名爲鋁土因生泥之要質爲鋁近來凡精明農家俱習化學從此能知各土爲何原質所成宜種何物而得利宜糞何料而肥田則不致貿昧從事也

凡一處土之優劣不獨靠其內有何原質亦靠本處與他處排列之形勢從此不但能定何處種何物可得利又能定何等農家可種之而得利如英國與美國等有白石粉處地面之土最薄而瘠其白石粉易收多水而滲至極深

如穿井於其處則不得水祇可在地面作淺池蓄雨水僅供本處人所用其地面所生之草亦稀而短在此地祇可牧羊又有他處羊亦不合牧因夏日所降雨水不久卽散而百卉具腓矣必設法引水灌溉始能有益於人物其得水法必穿過白石粉層至別層土石而成最深之井以機器起水徧潤田疇始能播種可見此處農家必爲資本大者否則不能獲利如花旗國阿拉巴麻邦北鄙全爲白石粉石除近河地面則不能有水因此地氣最熱至夏則花草枯槁不能牧羊又不宜種麥近來多鑿深井起水澆灌種棉花甚能得利但開井與起水之費甚大非富饒家種

其甫田則難沾利

如第十八圖爲花旗國西鄙地面形勢自海濱起至內地山止觀此圖之土宜則易明以上之理

自此圖觀之可見要事有五一地面各石層排列不同如圖左之石層幾成直立右之石層幾爲平鋪

二近海濱各新成層土內多爲泥質上層內多爲沙質中層內多爲灰質或白石粉類質又原層山面並相近處多爲雜料所成之質因其石層幾直立而土質易爲雜亂

三各土之肥磽與近地面之山石大有相關如新成層之土肥上層之沙質多而土黃中層之灰質多而土乾而原層之面其土爲數雜料合成者則合種各物

四地面天生之物與人種之物大有不同而耕耨法必依其土石之性又或用黑人或用白人種之亦必依其土石之性

五卑濕之處間有膏土因有水存聚常歸無用而乾燥之處因無水滋潤而不能種若不開深井澆灌亦歸無用

以化學理考各處土性與其根源並合種何物則大有益於人因各種花木皆有相宜之土假如有一種樹木或花草生於多沙處最宜則必查含多沙之土種之若一種樹木或花草生於多泥處或多灰處最宜亦必查其合宜之

土種之反之如得一新地不知應種何物爲佳則須詳察其土與何種花木相宜而植之始得其利此爲常法但間有一種花木在此多沙等質之土甚爲茂美而移植他處同類之土內反不滋榮或其花木暢盛數年則盡枯或其穀麥豐稔數年卽漸歉若依化學常理而論有難解者然若詳細追察則能知其弊端從用各細法所考之理能得兩事如下

一如將能生花草之土曬乾稱之置鍋內加熱至紅其質卽有若干分能燒去燒後再稱之則知燒去爲若干分所燒去質內爲生物卽動物或植物之質常有數種土內含

此質類甚少如錫蘭島產桂皮之地其土內沙質甚多每百分含生物質不過一分又有別處土內所含生物質甚多如英國卑溼處之土曬乾後置鍋內燒之所燒去者爲本質四分之三

二土所不能燒去之質或爲沙其原質爲矽養或爲泥其原質爲鋁養或爲灰其原質爲鈣養此各質外另有別種質多寡不定如鉀養鈉養鎂養鐵養硫養燐養等是也

凡地土能產花木最茂盛者必含以上各質在內如缺其一種植物卽不甚茂盛若其各質爲數甚微則花木必萎弱凡一處土內多年種同類之物土內之料必漸缺如欲

令其土再長此物須將所缺之料添入土內始能再蕃盛

土內所能燒去之質若詳細分之可知其爲數種質合而成者化學家分爲二類一爲含淡氣者二爲不含淡氣者含淡氣者爲養植物最要之質若土內此類質不足植物必漸憔悴久之則死

近有化學家化分各土知其內含一質爲植物質化分而成者又爲水所能消化者其原質爲炭與輕氣相合者與糖等質相似每百分含炭三十九分五輕七分九此質內亦含淡氣常爲淡輕養之鹽類其能合多矽養與鈣養炭養消化易爲植物所收故可見土內之生物質若太少則

植物不能茂盛卽如喜沙之植物雖沙甚多若土內生物質過少卽不能茂盛喜灰之植物雖土內含灰甚多若生物質不足亦不能茂盛可見土內之生物質與死物質均必相配若含之過少必設法補之加以糞或灰等料

以上之理可設一案以明之如平常所論花剛石所成之土多爲瘦者火山石所成之土常爲最肥此二種石腐爛成土何若是懸殊耶如將花剛石一塊化分之則含矽養與鋁養另含鉀養與鈉養頗多間微含鎂養鈣養鐵養等而火山石含此各質略與相等多寡不甚相殊然土內必含此各質方成膏壤可見火山石所成之土所以肥者以

其鎂養等略多之故所以如欲令花剛石所成之土變肥必加鎂養鈣養鐵養等質內所缺者歷年之農家均知數種土內加以石灰則植物能茂盛但尙未明其故至今化學家始悉其理焉

從上說可見土於植物大有關涉因植物根柢必藉土培植得其鞏固而其枝莖始牢不易拔又人所種之植物必先察其宜於沙土或泥土或灰土而後佈種但其實必考其土中所含各種質料始能定其土與植物相宜與否此質料應有生物質與死物質兩種在內故如其土所含各種質與植物相宜而地氣冷熱亦相稱則植物必能茂密

美盛若其土內不含此各質則無論地氣適稱與否植物必漸槁而死或不死亦必萎弱衰殘而人難資其利必加糞壅培補其缺料所加之料其比例與其形性與其時候必須合法否則有誤

如土質整全毫不有缺宜乎植物必豐但間有他物能礙植物增榮雖依化學理知其土為合宜者奈因地勢或寒暑燥濕等事有礙物即難豐故若雨下不足則農家雖深耕易耨加糞壅培而不加灌溉之工則無可如何若地面過低或窪水無路洩散土則過濕雖為膏腴之壤亦算不毛之地又平原等處常大雨時正當收穫之秋或豆與麥

尚未成熟之先屢降大雨以至冬寒禾稼困於水災則亦難資其利

如依化學理知其土質為合宜者植物必將茂美然時之冷熱不稱或土之鬆緊失宜仍難豐盛故可見各國之土雖有相同之處未必即合種相同之物因所生之花木並所種之穀果地位不同也如熱地能生之植物移植温地則難生長若移植冷地不久即死反之冷地之植物移植熱地亦然是知空氣之燥溼冷熱與農政尤有關涉豈第土內原質之為要也哉

人力大者能變更土性此為開墾新地之人所常見者初至其地時則見花草極稠普掩地面叢林甚密遍遮天涯必先伐以斧斤或燬以烈火耕耘佈種麥則芃芃莫過而人得亯厚利雖多年不糞猶仍肥沃似乎土力無窮也然多歷年所麥漸具胼年歉一年而螟螣蟊賊相繼而生久則成為稂莠再無論種棉花或稻或蘋菓等俱不見利無奈必棄厥土再開新荒照前耕種故數十年後其新地處一鄙仍有叢林一鄙幾盡墟野如美國自歐洲人侵入以來多有此事自大西洋邊岸起向西漸進伐其叢林種其田畝直至押利結尼山與各大湖岸其土初甚肥沃後則漸瘦現在美國人每年必更向西尋覓新地便於樹植各

物而得厚利但無論其地氣之冷熱燥溼與其土質若何久種之力必漸退植物不豐因此美國東鄙有多空曠廢地幾盡不毛又有數大平原處為百餘年前產麥甚豐盛之區能運往各遠處銷售今所生者不足本地之用無奈必種粗麥與番薯等農工始可餬口又有他處從前產麥極豐今非加糞培土耕耨甚深則麥不稔猶總不若新墾之地麥多價廉人資厚利故無奈必種別物以冀贏餘近來在美國有農家將各處瘠土或荒田補其所缺之料用石灰或石膏或糞等壅培能勉強得利而西鄙新地將來開盡後必須自東邊起以至徧國地面全補其所缺庶能

野潤土膏與前同美但此事必考化學始能合法如不知化分各土則難臆度應補何料卽欲試之亦必枉費工料甚多故近來美國多考究地學與化學而各邦設有官員專理此事則大城鎭設院教習凡精熟者卽遊行各處代農家相土而定其用何法能得利益

英國二百年內多考究地學化學令各土肥而得利不但用本國所有壅田之料並自別國運之如石膏與島中之鳥糞等是也又用新法耒器以汽機運動耕地甚深並開溝洫通水令土不泥濘凡前人所不能種之瘠溼地今能種之而得大利又用汽機起水澆灌田疇凡前人所不能

種之乾旱地今能植物而致豐登故近來英國全境所產植物較前豐盈數倍加矣蓋所考各新法俱為足恃之理而農家不必枉費工料歷試土性何物為宜卽能預知又農工所用新式機器以汽機動之更省工費若農家自能考究化學地學之理則能自設法免所種各土之弊而得其各益也此為本章大意若夫潤澤之則在當局者自悟

今中國各省土質肥磽兼有歷年耕種法尚舊制故雖終年費工費力猶未必每歲如茨如梁若能採用西法考究其學以合用之料補土所缺於濕地開溝洫以洩水於乾地用汽機而灌田再以汽機耒耜深耕而易耨機器等件芟草而斂禾不但工省費廉將不數年間瘠野均變沃壤根荄悉化嘉禾較之曩前所獲或相倍蓰或相十百君民胥受其益臣庶共賞年豐則富庶之盛自可翹足而待也

第四章　論所植之物

前章論所種之土與化學攸關此章則論所植之物亦藉化學推詳故此二章可以互相發明而彼此響應焉

植物之體原分三件一曰莖一曰葉莖入地則謂之根葉向下通聯則謂之皮而花與蒂與鬚等可謂變形之葉

試將植物體之任一件置器內封之令不通外氣而加熱則放出水與醋及柏油等質而器內所餘者為黑色如煤

質俗名木炭如將木條或塊成堆周外以泥蓋密令不多通空氣煆之其水與醋及柏油等卽散出堆外木亦變為炭有人將木置鐵甑蒸之令所放之氣行過水內以法變為醋是以醋為要物而木炭次之然煆木炭者以炭為要而木中所放氣質每棄而不問是姑勿論惟由此可見植物體內炭質極多餘則為水與氣等質

若將木炭一段在空氣內燒之則漸散而不見惟燒盡後尚有餘灰少許卽將植物任一件在空氣內燒之亦有灰燼試將稻草一莖燒以燭火則亦餘灰若干可見植物質所含之炭水氣外另含不能燒之土質若干在空氣內燒

時其土質卽變爲灰燼

植物所有之炭質大半吸自空氣而水與土質大半得自土中故可知所植之物與呼吸之氣所飲之水所種之土均有相關以化學理可證明之茲將其相關處分列三欵如下

一植物與空氣相切之件爲葉與莖葉面有無數微孔如小口植物活時必有氣質與水霧常自其小口中進出日則放養氣而收炭養氣夜則收養氣而放炭養氣然除葉之外另有別件日夜皆收養氣而放炭養氣惟其數甚微所以昔植物家未識此故今人始察知之

植物日間所吸之炭養氣在其體內化分所分出之炭質聚於植物體內而成變化其葉面小口極多呼吸氣質甚忙有人以顯微鏡核數一種樹葉一平方寸內共有小口十二萬而吸炭養氣之力甚大試將樹上嫩枝套入玻璃管內管一端通空氣一端收其所出之空氣察之卽毫無炭養氣可知全爲樹葉所吸其小口所吸之炭養氣引至內體變化自養所變化之理非深諳化學家不易明悉惟其炭所成之質或爲小粉或爲木質等則易分辨而小口所放之質則爲所餘之養氣也

葉面小口亦吸別種氣質如淡輕等是也若天久乾燥其小口自閉則葉形憔悴而後空氣變溼小口卽開又能吸空氣內之水氣雨時更能多吸所吸之水不但令體滋榮且能洗滌葉面塵垢而冲通小口俾更能收空氣內養之之質

嫩枝綠色之皮亦有無數小口與葉相同能吸空氣內炭養氣等質至枝勁皮老小口漸塞化爲烏有則不復能收炭養氣亦不復能放養氣也

二植物體內有多小管與小膛以便水汁流通其水雖能自不雨時之空氣或雨露吸入然大抵自土內由根吸上者多凡近地面之根外爲皮質內爲木質中有髓質惟入

地甚深之根不分皮質木質與髓質而所成之質渾爲勻同鬆若海絨以顯微鏡視之根面有無數細毛或刺能橫穿土中深入石隙其中空若管謂之毛管管末有口能吸食土內之水汁引至樹身分佈枝葉與花果等件至空氣燥時葉卽多放水氣令植物不過熱而焦雖喬木高林其葉面小口與根下毛管皆極細極微目所難辨非顯微鏡不能明爽此各小口與毛管能收空氣與土內之死物質變爲生物質洵屬宇宙間第一奇事也而地面之叢林蔓草或密或疏概此各小器件所運用而成其殷勤拮据日夜不息似有知覺使之然也則造化之妙於此不尤可見

乎

植物所吸之水在其體內用處極多能令各管各膛飲足吸飽又水在其體內或升或落之時能消化樹汁內各質運通枝幹又能令其體柔韌而不焦脆且水從葉面化散時能散內熱而免憔悴其水又能與炭質相合凡葉面吸進炭質時水即引至內體變化成木質與小粉樹膠各質可見此各質不過為炭與水所成者也有植物家云水在植物體內能化分成養氣與輕氣甚多便於變成植物內所需之料各植物所成之料自有不同故如看園中花木當萌芽綻莢時似難想到樹內各小器件為何忙作此變

化與成料之工

三人皆知植物與土大相關涉若將此關涉愈加推論則愈趣而愈見奇蓋各種花木宜土之性多有不同有喜溼者有喜乾者有喜沙多而質鬆者有喜沙少而質密者有喜熱地而不憚酷暑者有喜冷地而不畏嚴寒者凡潦窪濕地花草所生甚少如中歐羅巴共有開花之草五千餘種而生於窪溼地者不過三百有奇又歐羅巴與亞美利加北鄙之樹林處如松樹甚多種麥者見之知此地不宜麥若見樹為大葉者則知麥合種且能得利鄉人均知麥與豆之類在韌泥之土能蕃盛日耳曼北鄙沙土甚多常為風吹掠土人知祇可種蕎麥山芋等物中國農夫知種茶必在山邊鬆土處為宜種稻必在潦濕韌泥處競秀又知河所退出之地面如為乾而鬆者宜種棉花南亞美利加與印度土人知近海多沙之土合植椰子阿非利加西鄙土人知可壓油之巴辣麻樹在海濱溼沙處能生長

植物形性與生長法均與地土有關若用法改變土質則植物亦能改變如卑溼處開溝洩水則前能生之花草漸歸烏有另有嫩草旋生若水涸土乾則前之蘆葦漸滅而宜畜之蔓草代生又數種土內加石灰後則前所種之弱麥能漸盛而穗實牧牛草地若撒以骨粉草則芃芃牛食

之乳能更多而濃或將骨粉撒於耕田則蘿蔔山芋能更大而味佳或將島中鳥糞或牛馬糞溺等物壅諸畎畝則野草稀而蔬菜肥且能蕃廡從此可見植物之形性與土之質類大有相關

植物中之土質並別料多得自土中凡肥土處植物根上毛管易吸足所需之料因土內之水能消化各質令毛管吸進徧散植物體中而變化成為植物之料使合於動物之用此乃植物職司原為養動物而生者也此各變化內有數事甚雅趣而培植花卉者可試之令花改顏變色堪供賞玩如玫瑰薔薇菊花等植盆內將其土加以木炭粉

則花色能更深水仙花之類常澆以鹻水其花色能變紅又有數種花於其土內加牛馬糞花色亦可改變若以配顏色法用料培養各植物則可任意成何顏色

平常所種之物如蘿葡青菜開花菜（即外國白菜）菠菜葱蒜等原爲野草無益於人然歷年植於肥土使其苗壯滋榮則最合人用與野者相比幾若天淵山芋類原亦爲野草其根小而苦人無所用蘋果栗子梅子棗梨等果原爲野樹果小而酸或澀或辣幾不堪嘗但此各物移植美土依法滋培則形性漸變大可悅口而西國所培植者較中國更佳因培養之法更加講求焉

數年前有法人名法佛爾者在法國與以大利之海濱得一種野草移植園中培以美土壅以肥料每年擇其嘉種蒔種至十二年則變爲最嘉之麥凡麰麥麳麥與小米高粱黍稻等穀多原爲野草而千百年以上有人滋養成熟今始化爲嘉禾意者尚有數種野草能變爲禾稼苟以同法涵養滋培必成大有益於人之物

有數種花草能自隨人遷徙如常有英人往亞美利加或新金山等新地所見野花草有與本國不同者至數年後則見本國野草中滋蔓葱蘢有與新地同者無論在園在田或路側皆可見之其草本無人蒔種何由生耶想必其種在客旅囊中或往來貨內帶運遺落因而生植故俗謂之隨人草也又如本國圮屋墟處所常生之花草爲他處所不生者然在新地之破屋處亦生此草此因其處業爲人居而土所增之質最合於養此草也故此種草亦可謂之戀家草

植物生長關乎養之之料有數事可顯之如酵一物也實爲極微莓類之植物以顯微鏡視之則易審辨試將蔗糖成濃漿以酒糟和其內少頃則發氣泡既而漿全發酵以顯微鏡窺之見酵之微植物延生甚速若將樹膠濃漿和以酒糟待若干時毫不發酵此因糖漿能養酵之微植物

而膠漿不能養故也如將熟葡萄壓其汁而濾之爲明流質待數刻則濁而發氣泡至三四小時面上卽生一層灰黃色皮以顯微鏡察之易辨其微植物凡發酵時其內又生微植物無數試將所發之酵一立方寸除其水則有微植物十萬萬餘如第十九圖爲酵之形以顯微鏡所放大者可見其酵質先成明窠中生小粒粒散出再成新窠各窠聯絡有似鏈條其小者七千五百窠能排長一寸大者略二千五百窠能排長一寸

葡萄汁發酵之事甚爲奇異因不必外加酵質能在其汁內自生但其酵種何由得來殆在葡萄果內或外或原浮

在空氣中遇葡萄汁、卽發生蔓延歟、均不可解也、惟作米酒或麥酒、則自發酵甚緩、故常作酒家必外加酵質以釀各酒、總之、所欲加酵之物、須視其合於養酵之微植物與否、

土中生長植物、亦有同理、如養植物料足用、物能肥而盛、土內料少或已用盡、物卽瘦而枯、必再添其料、始能茁壯繁殖、

植物體內、能收空氣中或土中之質、而變成多種質料、性各不同、亦爲奇事、化學家尚難講通其理、常有土質同、空氣與水亦同、惟生成之植物質性、則有異或相反、如罌粟之汁、能成鴉片、金雞那樹皮、可造雞那霜、醉仙桃葉、可治喘疾、菸葉可製所吸之烟、若將此各物分出其油類、質性則最毒、又植物藥品、約皆爲土質與水與氣所成、惟其藥性各有軒輊、至於植物花葉子枝、有能成香料者、有能成臭料者、有能成油類者、有能成松香類者、又有木質可製色料者、而輭硬木料、無非有用之材、棉麻粗細、更爲益人之物、但植物雖各性有異、而原質略同、所以有此懸殊者、概因各植物內生長之理與法不同也、雖化學家亦難詳究其極、

植物綠葉、最悅人目、凡山水間、無樹無林、則淡而無趣、然大樹之葉、雖有數萬之多、其綠色顏料、其重不過數分或數錢而已、若以顯微鏡察驗樹質、則難見其綠色之料、惟在其微膛內、有綠色之細料、聯於微膛內面、此質謂之葉綠、植物各種顏色、略皆爲此質所成、有植物家將植物各色分爲八十六種、知皆爲葉綠與葉黃二質所成者、西國有一種刺草、葉面有絶細芒刺如毛、手拂之、則刺入皮膚、而刺根有小囊、含毒質、能由刺之空心、通入肉內、雖目不能辨之、然小頃則起一小泡、與蝨齧者略同、以顯微鏡放大其細刺、形如第二十圖、觀之易明、故可見葉之綠色與細刺之毒質、俱爲植物體內所成之微質、古人尚未深知、因未刱顯微鏡也、

又有一事、可顯植物內變化之妙、如山芋未熟時掘出、不久則縮而壞、蘋果未熟時摘下、不久亦縮而壞、嫩樹枝若皮尚未長成、則不耐冬寒、至春亦不萌莢、因內質已枯矣、蓋此各物未成熟時、外皮尚未變足、則薄而鬆、內質之水、能過其皮而化散、惟至已熟、則皮密而不通水、故山芋熟、可經年不壞、蘋果熟、可至次年春夏尚不壞、亦不減重、樹枝之皮、若已長足、則內汁不能外散、至春得養、其小芽可以發榮滋長、此皆爲植物變化之事、自考化學而得知者、

植物有用於人、盡人而知、如常見者、芳草生地面、頗堪踏

賞嘉木長峰頭更可鑒玩且所發之香芬芳撲鼻所結之之果甘脆適口雖然此猶其益之小焉者也若究緊要可分二端如下

一植物有益於死物卽能令空氣變清則日中收其害人畜之炭養氣而放其養人畜之養氣植物至枯而死其質仍變爲土質以養後生植物或存卑溼處變煤等以供數萬年後之人取用或以之得暖或用之動汽機而省人力然無論其質或變土以養植物或成煤以代燒柴皆必歸於炭養氣仍爲他植物所取用也有此循環之理故宇宙間植物得以歷年不缺而空氣內炭養氣亦無畸寡畸多

也

二動物全賴植物以生若地面無植物則定無動物植物多則動物亦繁如馬牛食禾稿而人則食穀實犀象食木枝葉而人則食果與核又所嗜芻豢亦賴植物所養而藥品衣服宮室器用幾全藉植物尙有多端指難勝計總之植物大用爲養動物雖各國各地水土不同然所生植物必能合於本處動物之用而人所需者亦然故無論熱地溫地冷地俱有相配之穀類便於長養人身者也

人食各物受益不同有必多食方養身者有可少食已足用者而各國人性禮儀風俗強弱多藉其常食何類植物而異卽各國燒煮烹調亦有不同此各事並非無理而然本書原意欲究此各事供人參閱故後數章皆論人所常食之植物以顯其化學之理庶閱者玩索而有得焉

第五章　論所食之糧

人所常食之糧略多靠其本處所產者無論爲米爲麥爲眞珠米爲高粱爲小米爲菽爲棗爲蕉爲饅頭果爲山芋爲葱爲菜等俱人畜所可食者惟麥之化學易明若已明麥之化學則其餘養身之物亦易洞悉故首以麥論之

其一麥亦名宿麥○麥爲繼絕續乏之穀最宜養人如磨成粉以羅篩之則分麩皮與白麵二種麩皮爲麥粒之外

皮平常多以之豢養馬牛等畜間有數處其麥麩皮甚多則用以糞田者白麵爲麥內之細粉以水調和則有黏連性謂之生麪能引長可揑造亦可以模印成各形如將生麪置於細羅或細布而布縛於小缸面一手傾水一手揉擦生麪則漏下之水色白如乳末則布上之麪僅餘膠類質黏力甚大與童子所調之飴同俗謂之麪筋西名哥路登麪之黏性俱藉此質而所得之白色水待若干時則有白色粉沉下謂之小粉可見麥麪爲哥路登與小粉二質合成者也上等麥麪每百分含哥路登十分小粉七十分其餘俱爲水等質

如第二十一圖爲麥粒剖面式以顯微鏡所放大者圖左甲爲外衣乃三層細胞所成者所分之麩皮大半爲此乙爲內衣乃一層細胞所成者此各胞排列甚密幾無空隙丙爲含哥路登之胞丁爲麥仁內含小粉之胞乃六面形內滿盛小粉粒如圖之中爲其小粉胞用顯微鏡更放大之形能見其小粉盛在胞內之法圖右爲小粉粒再放大之形粒大者長六百分寸之一最小者長萬分寸之一麥衣外層每百分含哥路登三分至四分其內衣每百分含十四分至二十分此俱在麩皮之內麥仁中含小粉之胞內外各空處亦含哥路登

將酵少許和於麪內調成生麪置暖處生麪卽腫大而發鬆因其酵發時在生麪內成炭養氣微泡如置爐內烘之則更腫大而發鬆惟熱至水沸度則發酵事忽停而成熟饅頭再不變形若將熟饅頭割開則易見其質中有多窠如海絨此窠乃發酵時放炭養氣所成者發酵之故因酵質遇溼麪時則先令其麪內小粉變糖質後再令糖質生醇及炭養氣與釀酒者令酒發酵同理然生麪內之膠質能阻炭養氣令不外散故必存於麪內而生泡生麪因此腫大至置爐烘至極熱則酵之微植物死所以發酵之事立停而炭養氣散所生之醇亦大半散於爐中

新成之饅頭其質韌而稍黏難於消化待二三日後則變硬而脆捫之似覺比前更乾必其水放散之故但其實不然因已成數日之饅頭與新成者相同其所以有乾之形因質點排列改變而然試將已成三四日之饅頭置於器內封密加熱不外水沸度至半小時或一小時待冷取出其形與新成饅頭相若

上等饅頭每百分含水略四十五分若白麪原溼則含水更多如上等白麪一百磅能收水五十磅成功饅頭一百五十磅若白麪每百磅原含水十六磅乾麪粉八十四磅另加水五十磅而所成之饅頭每百磅所含之水卽略有

四十五磅烘饅頭時雖加大熱水不外散其故有三一因其內小粉有若干變爲膠質能收水比小粉更緊二因麪內之哥路登已溼則最難乾其在饅頭中小窠外成韌衣一層能令窠內氣不散而水不乾三因饅頭外成一層堅皮令水不得散如山芋或番薯置爐烘之因其外皮不遍水則熟時其內水質仍不散者理相同焉

烘成之饅頭上等者每百分含水四十五分哥路登六分小粉與糖與膠等共四十九分此爲白麪所作之饅頭但未除麩皮之饅頭比白麪者更能養身因各物之能養身者大半藉所含之哥路登上等麥每百分含哥路登十二

分其麩皮每百分則含十四分至十八分而白麵每百分僅含十分如麥含哥路登多於此數者則麩皮與白麵所含者亦必依此比例而更多從此可見麥粉分去麩皮不但為浪費能養身之料亦為辜負麥內最有益之質平常麥四分去麵皮一分間有更多者若不除其麩皮而以之作饅頭物料能省而價可廉食慣者更堪適口且在胃內易於消化因麩皮內有一質能令饅頭中小粉變糖質麩皮又能感動腸之內面令所餘之質易運出身外

閱第二十一圖知麥之內衣含哥路登比外衣更多故如能去其外衣留其內衣而磨成麵則為最便養身之法近

有美國人設器能去外衣而存內衣者

平常農家篩其麥以別優劣將肥麥出糶瘦麥自用豈知瘦者比肥者更能養身而益尤大其自用者正所以自享其益也

其二大麥〇大麥之原質並養身之功用與宿麥同惟其色與味不及宿麥之佳所成之麵質甚鬆而色略黃非冷處而不宜麥之地則不多種有人將麥麵與大麥麵各作饅頭而細分之則麥饅頭每百分含水四十八分哥路登五分又四分之三小粉等質四十六分又四分之一而大麥饅頭每百分含水四十八分半哥路登五分又三分之一小粉等質四十六分又六分之一可見此二種饅頭大同小異而其分別僅在味與色耳至於收存大麥饅頭比麥饅頭能多延時日而不壞

其三眞珠米亦名番麥（北俗名包兒米）〇此類之原質並養身之功用與麥亦略同其粒硬而粉麤味尤不及於麥所成之饅頭亦比麥所成者更密惟作餅則合食其內所含之油質比別穀類較多每眞珠米百磅約含油質九磅故西國有人以為瘦人多食此物必能體胖身肥蓋此等人以為多食油質則體內能多生油或乳婦多食乳則可多生乳矣然不知肥壯之人非多食油質所可致因人身之油未

必全自所食之油質而生者也

其四麤麥〇此麥在英國等處多用之飼馬蘇格蘭人則喜以此養身麤麥內哥路登最多油質亦多於平常之穀故食之者覺有益如英國上等麥麵每百分含水十六分哥路登十分油質二分小粉等質七十二分其麩皮每百分含水十三分哥路登十八分油質六分小粉等質六十三分蘇格蘭麤麥麵每百分含水十四分哥路登十八分油質六分小粉等質六十二分眞珠米麵每百分含水十四分哥路登十二分油質八分小粉等質六十六分從此各數可見麩皮含油質比白麵多而麩皮之原質與麤麥

之原質大同小異但麤麥內之哥路登與麥內者性不同故麤麥麪不能作鬆饅頭有人云若常食麤麥而不食乳與肉則令皮膚生熱而發癢又令皮膚易生數種病或間生瘡等語但此說不足恃且專食麤麥者亦罕見

其五米卽粟稻之米○米所含之哥路登甚少每百分僅有七分至八分則不及麩皮或麤麥之半故生米處之人飯食甚多英國等人見之甚爲駭異幾不知何若是多食也然多食之故亦非無因蓋米所含哥路登少若不多食則難養身米內油質亦少故比食別穀類易致便秘數年前英國養貧院因山芋罕而貴卽以米飯代之至數月後

其人多生身虛泄血病想其致病之由非因米不合食乃因飲食忽變而腸胃有不能忽服其長養者也

其六吉奴阿○此種穀類爲歐洲所不種者而華人亦無食者其穀形如第二十二圖子爲圓粒產於智利秘魯等國之高平地分有二種一爲甜者一爲苦者俱在高一萬三千尺之山上生長蓋此等高處麥與大麥皆不合植故本地土人均藉此以養身歐洲人未到此地時秘魯人幾全靠此餬口此穀原質與麤麥略同其粉每百分含水十六分哥路登十九分油質五分小粉等質六十分秘魯智利等國其地面高於海面一萬尺者多故如無此穀則高平原地必空曠荒蕪人不能居

其七都拉○此穀之形如第二十三圖其子粒與中國小米略同多產印度埃及與亞非利加等處其養身之功與英國麥略同所成之麪色白而佳每百分含哥路登十一分半

其八菽類○菽類甚繁原質略一大概含哥路登最多而油質則少平常菽類每百分含哥路登二十四分油質二分其哥路登形性與麤麥略同故菽麪亦不合作鬆饅頭然含哥路登多故養身功大若獨食之則易便秘惟和以他物如含多油質之類則合於出力之畜所食故英國養

馬家常將菽和麤麥飼之則馬能久任馳驅而不疲弊

另有數種穀類如高粱黍稷等亦可養人與畜西國所多用者爲磨麪中國與印度所用者爲當米除禾稼之外尙有數種樹所生之果與子亦可養身功同五穀如西穀米樹智利松樹與蕉樹棗樹無花果樹饅頭果樹等茲試依類略言如下

其九西穀米樹○此樹如第二十四圖多生在馬來國與加拉巴並相近等處以及阿非利加海邊數處其土人多賴此樹心料爲糧法將樹心內料擦成粉置篩上用水洗之所得之細粉爲西穀米（卽莎木麪）以之作餅可食但其養身

之功尚未試準說者壯人每日食二磅半卽足養身其樹長七年後則伐之取其樹心料能得西穀米七百磅每地一畝可植樹四十株至五十株每年於七株內伐取一株而另植新者故田一畝足供二三人之用若有田三畝則八口之家可以無飢矣

其十智利松樹○此樹森鬱美觀如第二十五圖英國近來多植種以壯園景中國所有之松其子小僅爲鳥鼠所食者而智利國山高林密間有喬松聳起所生之松球（卽松實亦名松塔）徑有六寸其內松子大如鴿卵土人多賴其子養身一株大松能供十八人一年所用其樹多年不死不必

如西穀米樹每年伐之而種新者此松子內料略同栗橡含哥路登甚多

其十一芭蕉樹○此樹之果甚爲蕃衍生此樹最茂盛處一畝地所種者能養之人數比別植物更多一樹上能得果七十磅至八十磅而平常以三十磅至四十磅爲中數說者如將田一千平方尺種山芋則得四百六十二磅種麥則得三十八磅惟種芭蕉能得四千磅其樹之形與常蕉同惟由心獨出一枝結果成穗果形略似大扁豆（俗名香蕉或謂卽韓文公所謂蕉黃也成熟時其瓤甜而香味似蘋果生者略澀）惟含水頗多每百分有七十三分若乾成粉則養身之功比五穀之粉更少

熱地有數處土人多藉此養生如中亞美利加土人食蕉六磅半或乾蕉粉兩磅並鹹肉或魚等四兩則足一日之用若將未熟之蕉果置爐內烘乾可當饅頭能久不壞土人每欲遠行則帶此乾蕉以爲餱糧因生蕉含小粉甚多故烘乾能與饅頭略同惟至成熟則小粉變糖質味雖適口然不能久存耳

其十二西蜜棗樹○此樹甚直而高如第二十六圖常生在阿非利加與亞拉比亞並埃及等處其果如第二十七圖形與味與中國棗略同惟其樹則異故不宜以棗呼之然中國無此樹則無其名因藉名以棗猶勝闕如

此果一磅比蕉果一磅更能養身在沙漠等不毛之地此樹亦能生長如阿非利加在北緯十九度至三十五度之沙漠中凡有水泉處則生此高樹若五穀久不得雨必致枯槁惟此樹仍能滋榮結果埃及亞拉比亞等國多藉此養身如佛山居民每年略有九月專食此果而度生焉

其十三無花果樹○此樹之乾果亦能養人其功用略同於米若豢六畜飼以乾無花果比飼饅頭更能茁壯如英國自別國運來之乾者每百分含水二十一分哥路登六分小粉與糖等質七十三分而饅頭每百分內含水四十八分哥路登五分又四分之三小粉與糖等質四十六分

又四分之一可見無花果內哥路登與饅頭內略同而小粉與糖質幾多一倍中國柿餅亦有養身之功惟不及乾無花果大耳

其十四饅頭果樹○此樹多生熱地形色甚美如第二十八圖爲其一小枝形葉面光亮果幾圓團其小者如橘大者若柚養身之功與饅頭差似故曰饅頭果也一樹結果甚多能連生八月至九月不歇每一日或數日有一果熟土人多趁其果尚未熟時摘下剝去緣皮其內質白如雪鬆若饅頭包以樹葉置爐中或熱石面上炙之則味與饅頭大同小異間有比饅頭更甜者若俟果熟其小粉已變

糖質則果內爲黃色可不炙而食惟味不甚適口此樹每年內略三月無果土人因全藉此果養生可早摘其未熟之果去皮置於磚砌坑內以葉與蓆蓋密不數日即發酵變黑色質如生麪形每晨取出一日所需者搏成塊大如磚以葉包之依前法在熱石面炙熟可數十日不壞故土人每行遠路則帶此物爲糧

此樹四株其果足供一人終歲所需故處此土者若一生種樹十株不特足供一家食用且能貽爲兒孫後福而中國北省爲農者一生辛苦終歲勤勞夏日酷暑嘗炙膚而不顧冬日嚴寒卽皸足亦莫辭所歛之麥所儲之糧僅可家給若再撙資節用略積盈餘可爲苟美然較之種此果者奚啻霄壤是天分植物似有不公者也又其樹枝葉雲稠能遮日熱土人於樹下僅構茅廬已堪身舍不必經之營之以期美輪美奐則饑餐困宿一生安閒誠屬人間福地已

果品之外又有植物根類亦大有養身功用其所含之水與果略同如山芋每百分含水七十五分紅蘿蔔含水八十三分白蘿蔔含水九十分而瓜類含水尤多如西瓜每百分含水九十四分黃瓜含水九十七分故熱地之人最喜食瓜說者前有回回王於飯飽後食四十斤之西瓜猶

不覺脹滿而居溫地者初聞此說似屬難信

其十五蘿蔔○蘿蔔爲菜類之根如將蘿蔔乾之則得其小粉與糖並哥路登質亦能養身其乾粉養身之功與眞珠米略等惟含油質甚少故欲食蘿蔔者應另加油質若干始可有益已有人設法將蘿蔔製成乾粉以免其不佳之味但尚未得善法故雖能製乾蘿蔔粉可以養身亦無人肯食

其十六山芋○山芋爲植物根之最要者可成乾粉雖不能獨以之作饅頭若和以麥麪則成饅頭更輕而味美但乾山芋粉一磅與別養身之料一磅相比除米與蕉外則

大不及因含哥路登少也如乾米粉每百分含哥路登七分半蕉粉含五分又四分之一山芋粉含八分故食此三物之人每食必多多年之後腹必甚大如印度等人幾全靠米養身阿爾蘭人多食山芋有數處黑人專食蕉果此三類人之腹多爲甚大可謂碩腹公矣然察阿爾蘭人之腹比印度與黑人稍小因山芋含哥路登多也此三種質所成之小粉其顆粒大小各異如第二十九圖爲此三種小粉顆粒形以顯微鏡所放大者甲爲山芋小粉粒其粒最大每粒長二千分寸之一至三千分寸之一然不知此種質養身之功與其小粉粒之大小有相關否

其十七葱○葱之爲物大有養身之功西國多喜食之西班牙與葡萄牙等國產此甚多英國等每年進口有數千噸本國內自植者亦不少如將葱乾成粉化分其質則每百分含哥路登二十五分至三十分可見其養身之功頗大也

植物之葉亦大有養身功用而野獸家畜幾多賴之養生牛象等大獸能全靠草等葉爲食平常葉含哥路登頗多故牛羊食之足資茁壯但有數種葉除哥路登外另含別質或爲不適口者或爲有害於物者故畜不食如茶葉已淪茶後乾之則每百分含哥路登二十五分若其能適口而易消化則能養身功同於豆

其十八菜類○菜類養身之功比別種草葉更大如將乾菜葉化分之則每百分含哥路登三十五分有二種菜含之更多即乾箘每百分含五十六分開花菜每百分略含六十四分將菜類煮之能去其不適口之味而養身之質仍存但若常食菜類甚多易令大便艱塞因含哥路登多故也應同時食含油質者則兩物彼此相濟始有益於人如阿爾蘭人常將山芋和菜食之則山芋含哥路登少而菜含者多二者和食養身能與饅頭略同若另加油少許則可爲養身佳品如令專食山芋之阿爾蘭人食此種物

數月則不但能身壯力强且能腹漸平復與常人同

從上各理可見所食之糧有三事爲要一必含哥路登與小粉並油等質若干分二若此三質有一種過少必以法補之如饅頭含油質過少則和以油成點心或如西法與乳油或乳餅同食又或與葱等同食以補其哥路登質若食菜或飯或山芋則配以猪肉等有油之物三若食生物必爲含水甚多者如瓜果等物凡煮食物必依法加水方合食如麪必加若干水可成饅頭米必加若干水能成飯等是也

凡人或畜專食物內一質必漸瘠弱久則餓殍如專食油

或小粉或哥路登等是也人專食小粉數十日必死狗專食哥路登數十日亦死由此可見人之食物必與人身相配若欲心性聰明體骨强健須有合食之物若以此事爲等閒或飲食草草或食不宜食將必由家而國人民俱弱可不愼歟惟究食物之理審芻糧之性能烹飪得法食飲合宜不特體骨健康且必心性聰敏安可習焉不察也哉

第六章　論所食之肉

食糧之外肉最養身英國等人多以牛肉與饅頭爲食物之本每食必具前章詳以麥麪原質與養身功用而別種食糧自易連類推詳此章則以牛肉爲主其餘各種亦可

從此推詳

其一獸肉○走獸之肉與他物有異以法徵驗自易明悉試將鮮牛肉一塊在日光曬之或置盆內下以沸水燖之其質則縮而漸乾放出多水每鮮肉四斤祇能餘乾肉一斤若鮮牛肉用淨水數次洗之則肉紅色漸退至無因肉所含之血汁洗出故也而所餘者則爲白色絲紋質如將此質置玻璃瓶中添以醋或以脫則有若干油質化出肉卽縮而質更密細察此質能見其內有多小管形而另有一質筋紋若絲前化學家名爲非布里尼以爲與血內之非布里尼相同後化學家知此質與血內者不同故另設

一名爲暮斯苦里尼如第三十圖爲其形以顯微鏡放大者所有橫絲爲肉內所賴以漲縮者蓋凡獸活時肢體能行動屈伸者皆賴肉筋有漲縮之性而肉筋內大半爲此暮斯苦里尼所成其原質性情與植物內哥路登大同小異故欲將動植比較可以此二質爲相同者

由此可見牛肉易與麥麪相比若不問其內之血等質則牛肉爲三種質所成卽水與暮斯苦里尼及油質是也每鮮牛肉百分含水與血等七十八分暮斯苦里尼十九分油質三分而麥麪每百分含水十六分哥路登十分油質二分小粉等質七十二分饅頭每百分含水四十五分哥

路登六分油質一分小粉等質四十八分可見牛肉與麥麪及饅頭俱含水與油質惟牛肉內之水更多幾與山芋香蕉數同肉內有暮斯苦里尼饅頭內有哥路登物雖不同亦算相當而大分別祇有二事一肉內毫無小粉而饅頭等含之甚多一肉常含暮斯苦里尼三倍於饅頭之哥路登則食牛肉一磅與食饅頭三磅其養身略同

乾肉之暮斯苦里尼比各植物及饅頭並豆等之哥路登比例更多如將乾肉與乾粗麥餅相比則此理易明每乾肉百分含暮斯苦里尼八十四分油質七分血與鹽類質九分而乾粗麥餅每百分含哥路登二十一分油質七分

小粉七十分鹽類質等二分可見乾肉內大半爲暮斯苦里尼而不含小粉乾粗麥餅內大半爲小粉而哥路登僅居五分之一耳

野獸之肉平常與牛肉略同而內外油質稍少惟所豢家畜常含油質頗多其油或獨生一處或與肉層次相間新金山多畜羊處有一種小羊其油甚多一羊全身重五十五磅能出油二十磅英國所畜之大羊其油亦多約居羊半重之三分之二但平常市中牛羊肉每肉及骨三磅至四磅始有油一磅

假如常食之牛羊等肉四磅內有油一磅即每肉百分除

水外則含暮斯苦里尼六十三分油質三十分鹽類質與血等七分此油質略與植物內小粉數相當而雞鵝鴨等平常含油質比牛羊則少但若故令其多食物亦能生油質與牛羊同而他種肉亦有同異如小牛鹿麞等其油比牛亦少惟豬之油質比牛則多故各肉之香與味多有不同食時易辨間有一種獸肉其味亦有不同蓋豢養之法有相關也如畜於山之綿羊其地草稀羊必遊行尋食而所食者多爲精細之草故其羊肉味甚美平原之羊肉次之嘗有山羊之肉喜食者少以其不甚佳也

其二魚肉○平常魚肉所含之油質比牛羊肉少故其內暮斯苦里尼則多有數種魚肉每百分含暮斯苦里尼九十七分而油質僅三分又有數種魚體內大半爲油質如鱔魚等每百分含暮斯苦里尼四十四分而油質則有五十六分故欲饜甘肥者每喜食鱔以其油質多也

凡魚有油質多時有油質少時乃因時序而異化學家樹知嘗將牛肉與鯉魚肉化分而比其數得牛肉每百分含暮斯苦里尼與膛質腦氣筋質微絲管質等十五分則鯉肉含十二分牛肉含蛋白質四分三則鯉肉含五分二牛肉含能在醋內消化之膏質及鹽類質一分三則鯉肉含一分牛肉含能在水內消化之膏質及鹽類質一分八則

鯉肉含一分七牛肉與鯉肉含燐養五鹽類質皆微跡牛肉含油質分一則鯉肉含微跡牛肉含水七十七分五則鯉肉含八十分一

從上各事可得三理一人所食之乾肉大半爲暮斯苦里尼二各肉內油質多寡不等人喜食者爲油質頗多之肉三若肉內油質太少可設法增之如養閹雞令其自生多油或食肉時同食多含油質之物等若食雞或小牛肉可同食鹹豬肉或火腿等食魚可用油烹調平常以臋肉二分配油一分烹飪則甚適口然有人雖常依法燒造食物終未能深悉其理也

其三蛋○蛋爲獸肉魚肉相類之食物人常食者爲雞所生其蛋分爲三件外爲蛋殼中爲蛋黃黃外爲蛋白蛋殼乃鈣養炭養所成爲護其內質者殼面有多微孔能通空氣故曝蛋時殼內小雛能得呼吸若以油或漆敷於新蛋殼上令空氣不通則能久存不壞若不用此法存之不久則內質漸腐臭矣

蛋殼之重略爲蛋十分之一蛋黃略爲十分之三蛋白略爲十分之六平常雞蛋重約千釐其殼卽重一百釐黃重三百釐而白重六百釐生蛋白無色如水至熟則凝成白色質幾爲無味其內常含油質少許每百分內亦含鈣養

燐養五一分五又含硫若許蛋白與哥路登及暮斯苦里尼形雖異而其原質與養身功用則略相同故可暫以此三質養身之功爲相同者

蛋黃與蛋白之質亦有同處見熱亦凝如燒至極乾而硬磨碎和以醕或以脫加熱則質變無色而醕或以脫卽化出其黃色油質矣此油質重有乾蛋黃三分之二可見蛋黃與獸魚等肉均有油質與養身之料相合也蛋內之水略爲其本重四分之三與肉內之水略同此外另含乳糖少許

從上說可見蛋黃所含油質比平常牛肉等更多只有豬肉與鱔魚能與之相等惟蛋白含油質甚少苟多食之易令大便不通故欲多食蛋白者宜另食油質始免此弊西國常將蛋與鹹豬肉和食之雖歷來未詳知其所以然但照此法和食則覺腸胃舒服

其四乳卽牛羊等乳○乳爲養身最佳之品其含之水比肉與蛋白必更多然比之蘿蔔有若差同而比之西瓜實爲更少此常人意未思及者也如將乳汁或乳面之皮久搖之或掉之則有油質分出名爲乳油卽乳酥若將乳和以酸性質則變有豆腐形謂之乳腐西名加西衣尼壓之而成乳餅卽乾酪其養身功用與哥路登暮斯苦里尼蛋白等相似

人若獨食乳餅亦易便祕與獨食蛋白者同

乳汁分出其加西衣尼卽乳腐與油質後以餘下之水熬乾則得白色甜質謂之乳糖凡乳汁在空氣內燒之則又餘有灰質若干已將牛乳化分之每百分有水八十七分加西衣尼四分半乳油三分乳糖四分又四分之三灰質四分之三可見乳汁一物具有牛肉與植物內之各質所含之加西衣尼等於肉之暮斯苦里尼乳油等於蛋內油質乳糖等於麪內小粉

人乳與牛乳略同每百分含水約八十九分加西衣尼四分乳油二分又三分之二乳糖約四分又三分之一灰質

約七分之一。可見人乳與牛乳之別。惟灰質少耳。人乳之灰質。約居牛乳五分之一。有化分山羊乳與人乳牛乳。而得其比例如下。

山羊乳　含加西衣尼八十分。　乳糖四十分　乳油四十分

牛乳　含加西衣尼六十三分　乳糖三十三分　乳油四十分

人乳　含加西衣尼三十二分　乳糖三十六分　乳油二十九分

從此可見嬰兒食山羊乳與牛乳。大不及人乳之佳。凡必用牛乳哺兒者。須加水冲淡和糖令甜。俾略同乎人乳方可。

人乳常有各異。凡二人之乳。未有盡同者。即一人之乳。亦不常同。如靑年時與中年時。乳即不同。而病中或心不安時與無病時。乳亦不同。凡十五歲者之乳。含定質比三十至四十歲者多。法蘭西有化學家。以二婦之乳。細化分之。而比其數。二人皆二十二歲。一肌白而髮淡黃。一髮黑而肌略黃。各以千分為率。

黃髮者　乳含水八百九十二分　乳油三十五分五

加西衣尼十分　乳糖五十八分五

鹽類質四分

黑髮者　乳含水八百五十三分三　乳油五十四分八

加西衣尼十六分二　乳糖七十一分二

鹽類質四分五

凡育養小獸。天然之料。為食其母乳。可知其乳中之質。略為此獸所宜。而所食之料。即應以其母乳為則。因以同理。亦可知人之食物。亦應以人乳為則。無論食飲何物。其原質與其形性。俱應與乳質略同。如人有疾。或年邁。則體骨性情。有若嬰兒之弱。所食之物。更宜與乳相近。由此數說。可得二理。

一人所食之物。宜有植物質與動物質。內以三種為要。即油與小粉或糖。及暮斯苦里尼或哥路登等。此各質之比例。必依法配和。

二所食之物若本非流質。宜和以流質若干。而後可食。凡燒煮之理法。俱宜以此二事為要。所用物料。須原為合宜者。而庖人之工。必依法調製。以期其悅目適口也可

其五乳餅○乳餅為西人所多食者。有以之當食物者。有以之當香料者。乳餅之類。分有多種。以其所用之乳而異。如將乳皮作乳餅。則含油質甚多。不久易酸。有數處將前夜乳皮和以本日新乳作乳餅。而亦含多油質。英國有數處常作此種乳餅。若獨用新乳作乳餅。則所含油質亦足適口。又有將乳去皮八分之一。或十分之一。而作乳餅。亦算好者。若乳皮全不分出。則成乳餅太脆。英國有數處出

乳餅最佳因其農夫常將骨粉撒於草地則草生長甚茂而牛食之生乳更濃故作成乳餅更佳英國又有一處將前夜除皮之乳和以本日新乳所成乳餅為鄉人所喜食者但乳去皮一次所作乳餅即不甚佳常有人將乳去皮兩次而成乳餅則劣甚間有吝嗇農家將乳皮去三四次以餘乳作乳餅予工人食其乳餅甚硬幾同牛角間有斤斧猶難加者故西諺有云此種乳餅豬遇而哼之狗聞而吠之蓋豬狗不敢嘗試恐傷齒也可見乳餅自最肥者至最瘦者種類甚多各處所作必有不同

作乳餅法將醋或別酸質置乳內調和間有用小牛胃中

所得酸質和之則乳變為乳腐餘者為乳水內含乳糖若干將所得乳腐壓令略乾即成乳餅果係新乳所作者則與乳養身之別惟不含乳糖耳若去乳皮而成乳餅則養身功用大不及乳已有人化分上等與下等乳餅而比其數上等者每百分含水三十六分乳腐二十九分乳油三十分半灰質四分半下等者每百分含水四十四分乳腐四十五分乳油六分灰質五分可見此二種乳餅含水頗同惟油質數大有軒輊

如將乳餅與乳牛肉雞蛋相比惟乳中含有糖質餘皆無糖無小粉故必與含糖及小粉之質同食始與乳相仿上等乳餅所含油質比蛋更多故常食之有難消化西國常將乳餅與饅頭同食但下等乳餅所含油質少而乳腐甚多常食此質易致便祕故鄉下人不獨以饅頭同食又必同食乳油或豬肉或和以油質燒造始有益西人於食物內常用數種相配之料合而食之則此料所缺者彼料可以補助如將飯等和蛋燒煮生菜則和蛋黃而食或將米和以乳燒造或將麪條與多油之乳餅合食等是也

以上所說之乳餅為當食物用者然有西人常喜其老而陳者當香料食之取其能助消化之事故每飯後則食乳餅少許以助消化間有人喜食其腐霉者乳餅能助消化

之事為化學之理因乳餅不冷不熱時遇空氣數日則腐臭而發酵此時能令他濕物亦發酵似乎酵質能令生麪發酵者然故若食陳而微腐之乳餅胃中遇食物則助其消化此為常人臆意然深究之大不合理因胃中之消化與發酵事不同且胃汁能阻食物腐爛而不能相助果食乳餅能助消化則其理有不可解者若飯飽後所食乳餅非上等者則自難消化何能輔助別料將必因多食此一物消化愈遲而腹中不快矣然有人日久習慣喜食發霉乳餅故必將乳餅存久令能發霉近有便法能使速霉將新乳餅中割出一塊以發霉者塡入則新乳餅速霉與陳

者略一。

如將牛乳或蛋白以麵調和烘之則能令其內空氣或別氣質不散而質腫大至熟後甚鬆凡作蛋糕等食物俱藉此性爲之

其六燒肉法○凡燒造熟肉有三法爲常用者一曰煮一曰烘一曰燒無論用何法肉必耗費若干如牛肉四磅其油不多不少煮之則耗一磅烘之耗一磅三兩燒之耗一磅五兩羊肉四磅其油不多不少煮之則耗十四兩烘之耗一磅四兩燒之耗一磅六兩凡烘與燒之耗費比煮之大者因所化散之水甚多而鎔化之油質亦多故也

有數事與燒肉之工大有關切若不留心此事則往往不能得肉內養身之益如將鮮肉以壓器壓之則有紅色汁流出其汁爲水與血並消化在內之數種鹽類質皆爲有益之質若將肉切細滲以少許淨水而後壓之則得汁更多所餘肉質幾乎無味

如將肉汁加熱至將沸則變濁有屑屑白色質分出似乎蛋白質與蛋白實同其消化在肉內與蛋白消化在蛋內理亦同肉內既含此蛋白質故燒肉時必愼爲之不可縻費

若將肉驟加大熱肉之絲紋質因熱立縮則內汁至外層塞其微孔令餘汁不再外流而蛋白質亦因熱而凝令內汁不出後再加熱則肉藉內汁所含之水漸至於熟無論以爐烘之或在火前燒之或在沸水內煮之其變熟之功俱藉肉內之水化氣而成故能依法燒肉令內汁不耗則有大益然其肉不可置冷水或冷爐內必置沸水或熱爐內或猛火前驟加熱令外層縮而蛋白質凝則內汁封固不及滲出始可反之如欲燒出肉之內汁則置於小熱爐內或在微溫水中其肉內汁能全流出而肉幾無味故欲令肉內汁出而作湯濃必將肉置冷水中漸熱至沸則成濃湯此理甚易明也

其七牛肉茶（即牛肉湯）○近來有化學家設作牛肉茶之新法將牛肉切細每分配水一分加熱沸之則牛肉內養身之料大半化出所得者爲牛肉茶香而適口有人云此法大有養身之益因肉內養身之料齊化出也然此說未必盡確蓋此茶雖與加非略有同性而能提人精神然所餘肉質亦爲有益於人之物因專食此肉質則人或畜必漸死若將此料與茶同食則必有益於身如葉茶祗能提人精神而不能養身可可（亦曰苛苛即藥材中之訶子）能提精神亦能養身故其與牛肉茶略爲同理人若食物難消化飲茶或加非則能消化而飲可可類則不能消化因以同理則能消化

牛肉茶之人、若另食其餘肉質、未必即能消化也、此理亦易明也、

其八醃肉法○凡將鮮肉加鹽、則與鮮肉忽受熱之理略同、其絲紋質必縮、而體積收小、肉之內汁、即從各孔外流、如將鮮牛肉撒以乾鹽、不久則肉所出之汁、能令其鹽消化、若用鹽甚多、則醃入肉內甚深、常有肉之內汁、三分之一、因肉醃縮而滲出者、故鹹肉之味、不及鮮者佳美、因其汁少而有鹽代之也、鹽又能塞其肉內小孔、令空氣不得透入、則肉不易腐臭、可見醃肉之法、賴有數事、一能分出肉內若干水質、一能錮塞肉孔、令空氣不入、而肉內餘汁、

則有鹽消化於內、一肉與鹽相和、令不易腐、然鹹肉養身、比鮮者功小、因所醃出之汁內、含有蛋白質與苦里阿的尼與燐養、及鉀養等質、俱大有益於身者、作牛肉茶時、此各質能消化於水內、而醃鹹肉則消化在鹽水內、惟歸徒費而已、是以養身之功、大不及鮮肉、人若久食之、則易染疾、須同時多食菜等、能補此所缺之質者、始可、故水手在船中多日食鹹肉、每生身虛泄血等症、及至口岸、能再食菜等、則病始瘳、

總之、肉為養身之最佳者、因人身所需之各料、俱在牛羊等肉內、然若分去肉內若干質、餘者養身功用、即小、猶之造屋者、有木、有石、有磚、有瓦、然無石灰、即造不成、其理同耳、

其九動物與植物之油○前已申明饅頭與牛肉、有多相類之處、如植物之哥路登、與動物之非布里尼、養身功用略同、若將動物植物之油質、詳相比較、亦能見其相類之處、

平常植物所出之油、不冷不熱時、恆為流質、如芝麻油、胡麻油、橄欖油、罌粟油、葡萄油等是也、然有數種、不冷不熱時、則為定質、如椰子油等是也、凡流質油、加冷、多能分出定質油、而定質油加壓力、亦能壓出流質油、從此可見植

物油類、為二油所和成者、一為流質油、一為定質油、各動物油類、亦為定質油與流質油和而成者、如牛羊油、乳油、蛋黃油等、俱能分為定質油與流質油、

如將巴辣麻樹定質油、提淨、則得白色油質、西名巴辣麻的尼、若將牛羊油壓去其流質油、則得白色定質油、西名司替阿里尼、內有大半為巴辣麻的尼、凡家畜之定質油、大半為此二油質和成者、如牛羊等油、其司替阿里尼最多、故其質硬、人油與鵝油、乳油等、其二質略相等、植物定質油內、亦有此二質、惟比例多不等、有數種其定質油內、大半為司替阿里尼、而橄欖之定質油內、為此二種油質

略相等者又有巴辣麻油等大半爲巴辣麻的尼可見動物油與植物油其定質油之一分大有相同之處其流質油雖尙未全究而所含之質亦有相同之處惟流質油較定質油易發酸而變壞故凡硬乳油比輭者稍能久存如鹹肉之油質爲硬者比輭者即能存久不壞凡養六畜如欲備鹹肉之用未宰之先必數日令其多食乾物則其油與肉能硬而存可久

另有一事足顯動植兩種食物相同之處試將植物在露天中燒之則其質大半散去僅餘少許灰燼其灰乃數種質合成者有金類質或土類質或鹽類質等若干動物在

露天中燒之所餘灰燼亦有此各質在內惟其比例多寡不同如將饅頭燒成之灰與牛肉燒成之灰驗之各所含者略爲同類而多寡之數亦略相等可見食物中所需之金類質土類質鹽類質無論動物植物內均含之亦俱能養身然若專食芻糧則所食必多而腹漸大人亦蠢笨若專食肉脯則積滯難化而腸漸空人必瘠弱惟須兩類並兼食物合度始可適然觀乎此則饔飧之道調養之功庶知所運用矣

化學衛生論

化學衛生論卷二　圖　一

第三十一圖　茶種

茶葉與花　見二頁

第三十二圖　加非

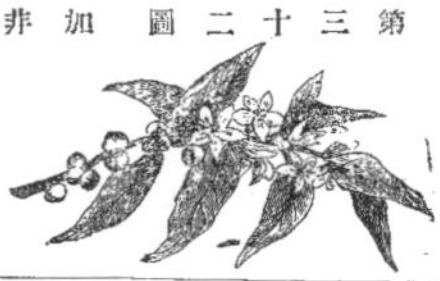

亞剌伯加非　見十七頁

第三十三圖　可可

第三十四圖　可可

葡萄　見三十九頁

第三十五圖　甘蔗

第三十六圖　甘蔗

第三十八圖　胡蘿蔔

化學衛生論卷二　圖　二

第三十七圖　刈蔗

第三十九圖　巴辣麻樹

第四十一圖　蜀高粱

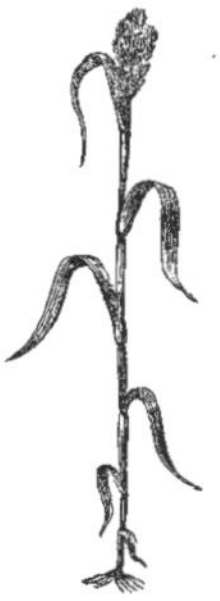

第四十圖　巴辣麻樹

刈蔗　見四十四頁

甘草　見五十六頁

第四十三圖　酵質長大之形

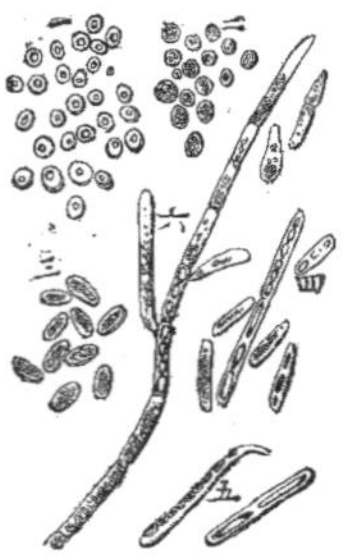

第四十二圖　酵質放大之形

第四十四圖　蒸火酒法

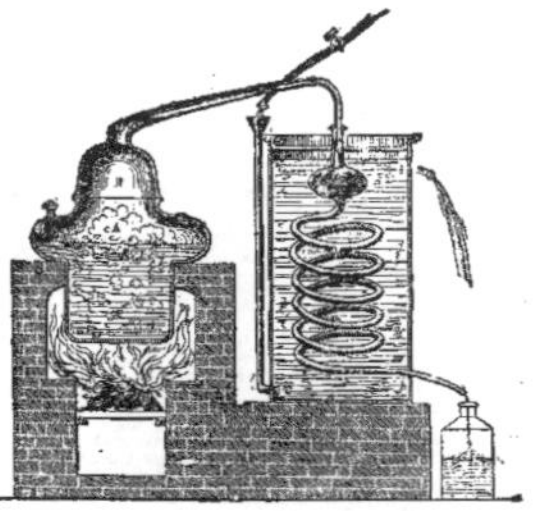

化學衛生論卷二

第七章　論所泡之茶類

凡人所飲之物、最要者為水與乳、前各章已詳論矣、然各國人無論為野為熟、皆另有數種飲物為恆用者、如茶葉、加非、可可、及穀類酒、果類酒、火酒等是也、此各飲物、大都以植物為之、其理與法均與化學有關、然於人生可有可無、若按其造法、可分為兩類、一為炒之以沸水泡而成者、如茶葉、加非、可可等是、一為先泡以水後令發酵而成者、如穀酒、果酒、火酒等是、以沸水泡者常為熱飲、令發酵者多是冷酌、（此就西國而言、蓋華人飲酒亦須熱者）各國之人概用一種植物、

泡沸水而熱飲之、彼冰寒之地飲如斯者、試想理似有當、而蕉熱之區亦若此者、未知意取因何、夫中亞美利加無論本地土著與歐洲寄旅、皆飲可可與綽故辣得、南亞美利加有一種茶、名巴辣沽、土人多飲之、北亞美利加等土人亦恆用植物為茶、美國、西印度羣島、歐羅巴、亞細亞之南邊等人、皆飲加非、英國與美國北邊等人、皆飲中國茶、總之各國所喜湯飲之物、不獨一種、如西班牙、以大利、多飲可可與綽故辣得、俄羅斯、荷蘭、英國等、多喜飲茶、而亞細亞之亞拉比亞、與相近等國、多喜飲加非、蓋此物本為亞拉比亞、（即天方國）所產者、後回教流傳、所到之處、遂均喜飲、猶之茶葉本中國所產、至今幾徧乎地球、又蘇門答臘島土人恆將加非葉泡為茶、阿非利加黑人則飲苛辣核為茶、要之、地球之上無處人不用植物葉或果等以為湯飲、而皆無醉性、可見此各物為天生以適人用者也、故人身內必須得此、始覺暢適、

常用湯飲之類、略分為三、一為葉、如茶葉等、二為子、如加非等、三為子漿、如可可等、

茶葉類○各國當茶所用之葉甚繁、最多者有三種、如中國茶葉、巴辣沽茶葉、（土名馬退）加非葉、此三種徧地甚多、故特詳言、其餘各種產處既罕、則說略而已、

其一中國茶○中國茶為人所多用者、考全地所有每日必飲之人、約居大半、如中國、日本、西藏、高麗等人、每日則飲數次、俄羅斯、北亞美利加、新金山等處、飲之者亦多、略計近來常飲茶者、共有五萬萬眾、即地球上人數之大半也、

茶葉分有數種、而各種多屬一類之樹、其樹略原為中國之種、今在中國、日本等處、亦有野生者、中國產茶之地、略在赤道北緯二十五度至三十一度處、佳者產在二十七度與三十一度之間、此種茶運往西國者多、

其樹為茶子所種、冬令掩其子於溼土中、至西三月間、種

之如第三十一圖長至一年則移植園內每樹相距三尺或四尺第一年折其樹頭令僅長高三尺餘下多生叢條略四五年後則採其葉製茶至十年或十二年爲止後則拔除另植新者種茶相宜之地爲向陽斜坡地乾而土肥恆落多雨如地內有小石塊磊則甚佳以其能令雨水流散也

西歷五月常爲採茶之期然其葉恆分三次採之第一次採者葉嫩而製茶味佳第二第三次採者葉稍老而味苦泡成之水亦甚淡薄採下之生葉幾無香無味既炒之後則香味俱生凡茶之味與色大半靠炒茶之工有炒成綠

色者謂之綠茶有炒成黑色者謂之黑茶有炒成紅色者謂之紅茶皆因炒工而異每生葉三磅略能炒成茶一磅中國自用者炒工甚省運往外國者炒工則大故西人所用之中國茶葉與中國自用者色味不同

中國各省之茶其味與色不同略因其泥土地氣及茶種種法與採摘之時並炒製之工等事最佳之茶產在赤道北二十七度至三十一度之間其處山不甚高爲百嶺山之分嶺最宜種茶西人以中國茶葉分爲黑綠二種如武彝茶工夫茶小種茶白毫茶等而武彝出於福建省白毫爲茶樹初發之芽此類中有一種名龍井爲中國富家所飲者而不運至歐洲又有雨前付雨銀針珠蘭花香碧露春等茶中國常以各種香花和茶葉內使其氣香然中國有數處特種一種茶葉爲他處所不種者生此茶處僅爲數千畝或數百畝之區猶之法德等國有數處特產一種葡萄所成之酒與他處酒味不同故此中國茶葉之價各有不同而貴者價昂於賤者或五倍或十倍

中國用茶自古有之或曰略一千六百年前有一禪僧用心經咒日夜不停最憎寢寐意欲常醒一日應誦經時竟瞢騰一覺寤則追恨莫及遂將眼皮俱削以免再睡神人見而憐之則令其眼皮變爲茶樹生成之葉形似眼皮葉

外有刺宛若睫毫故名白毫其茶性能阻人眠與加非葉似有相類亞喇伯國（即亞拉比亞）有傳語云有牧豎見羊食加非葉則不眠而奔狂若瘋甚難約束遂阻羊之食而自食此葉夜即能不困而管束其羊云云

略一千三百年前中國各省皆用茶葉而後始傳及日本國明萬歷二十八年（即西一千六百年時）歐羅巴始用之當爲藥材西國此時已用別種葉爲湯飲之物如荊芥乾葉等是有云荷蘭國嘗帶此葉至中國兌換茶葉運至西國約康熙三年（即西一千六百六十四年）英國所設之印度公司命印度將茶葉若干貢進英國英國當時將二磅獻於國王甚爲鼎重

幾若至寶後英國積漸用茶日多一日初當藥材爲大城鎮中所能用後漸行鄉里幾徧閭閻說者初有倫敦人以茶葉數兩奉貽鄉友以爲厚儀其鄉人常耳聞此茶之珍尙未目覩此茶之用故多請村農野叟共嘗此珍遂將茶葉泡至久以胡椒醃鹽等調和其葉以進客所泡之水棄而不聞客食之雖不適口多未敢言內有大農家云中國喜食此物眞不可解照我視之大不及我國之菜云云

邇來西國用茶年多一年中國產者未足敷各西國所用故另有日本印度加拉巴新金山舊金山等處多加種植（近聞西醫云印茶味劣多飲致疾難與華茶爭利也）西國一人每年用茶之中數略三磅至四磅至今每年漸增用最多者爲英國荷蘭國俄羅斯國他處則用加非等最多故用茶則少也

中國書論茶有涼性若飲過多則令人氣力鬆懈覺懶故鄉下人每添薑鹽以滅其涼性然茶飲之實提人精神不獨士宦喜用而工商亦然西國飲茶常和牛乳與糖惟中國則僅泡以水不加他料此事莫解殆中國性忌冷水遂以茶止渴若加糖與乳恐礙止渴之性歟而西國已食慣牛乳與甜物故初用茶時覺其味苦而可憎無奈必加乳與糖始能適口遂相沿至今亦必加此二料意者西國飲茶甚濃必加此二料其濃始無害於身也然俄國常將檸檬汁和茶而飲則不加乳與糖日耳曼國飲茶頗淡則加以桂皮香料等令其適口

茶之功用夫人而知其能加人精神而不醉感動腦漿令多思且能令人不易困倦故多眠之人或守夜之人或多耗腦質之人宜多飲茶若人身發炎或頭痛飲之亦有益但若將綠茶泡濃飲之有人能大感動其腦氣筋則令全身震動或醉迷設令小獸飲之則易瘋狂凡多用鴉片或酒者或因此生熱症而心迷悶者則飲濃茶亦能有益

常用之茶葉有以化學法化分者則得三種質而茶之性俱賴此三種質故一一詳之如左

一爲易散油質○如將平常茶葉和水蒸之則有易散油少許化出此油之香氣甚佳而茶之香與味俱藉此油每茶百分含此油僅略一分凡含之愈多者愈佳惟此油質在人身內之變化尙未窮其所以大略其性能令人醉迷因有數事可以徵之如西國茶肆中人常有頭痛昏暈之症又常裝常開茶箱之人數年後則有瘋癲等症故中國數處每不用新茶以其醉性頗大俟存之年餘則此油散去幾分性始平和加非內之易散油亦有此性然此油質非在生葉內卽顯乃炒時始變成也

二爲替以尼質○此爲茶內之精質大能益人如將茶葉

磨成細粉盛於玻璃表面置熱鐵板上以圓紙套罩之則發白霧凝於紙内面成無色之細顆粒即替以尼也若將茶泡至濃澄其水熬成膏將膏以表面加熱則得顆粒更多平常市售之茶每百分含替以尼二分爲中數間有更多者有人化分一種緑茶每百分得替以尼六分然含如此多者甚罕替以尼之質無臭而味稍苦可見與茶之味幾無相關然有三事於人甚要

一其含淡氣最多前言空氣體積五分之四爲淡氣又言五穀内哥路登比小粉更能養身者因含淡氣故也有化學家化分替以尼質知每百分含炭四十九分八○輕氣

五分○八淡氣二十八分八三養氣十六分二九可見其内所含淡氣甚多也故於人身能有大益所已察知各種物内含淡氣若是多者甚少

二不獨中國茶葉含替以尼質而加非與馬退及加拉那等植物質俱含之産此四種植物之地相距甚遠而居民之風俗與飲食各有不同然均能採擇一物而湯飲之以得其行氣補神之性蓋各國人自覺得此種質則有益於身故歷試各植物而取一合宜者則多植而用之

三替以尼質在人身内能令所耗之料更少蓋人身内之料時有耗散全頼飲食以補之其料或由肺臟而呼出或經内腎而便出如驗尿中所含定質則能略知人身所費去之料也人若每日食替以尼三釐至四釐則能俾耗料漸少而食物即漸省可見茶之於人有省食物之大益且能暢體清神凡衰邁或病弱之人其胃恆難消化食物則養身之料不足故每日所耗之料比補者多而身漸就羸瘠若飲以茶則能令耗者少而食者及於補助此爲茶等之大益故貧人雖食物不豐亦不肯廢茶凡人愈老則愈喜茶

然人用茶過度則不獨無益反覺有弊如一日用茶三錢至四錢固屬不妨因所含替以尼質不過三四釐耳嘗有

日食替以尼八釐者即日用茶半兩至一兩則脈數而身震恆欲溲溺且心思昏亂不能連想一事久則醉以至酣眠過深可見濃茶不可多飲也

三爲樹皮酸質○試將茶葉以常法泡之傾於皂礬水内則變黑如墨或傾於牛皮魚肚等膠水内則變濁而有灰色質結沉此因茶内含有澀性之質即化學家名樹皮酸者是也蓋橡樹皮内（即製獸皮恆用之料）多含此酸故名也樹皮酸具有收斂之性能令大便祕結又能令含鐵之水（如皂礬水等）變黑每乾茶百分含此酸十三分至十八分凡茶泡之愈久則化出此酸愈多

樹皮酸質幾原無色惟久遇空氣則幾變黑色故將鮮茶葉速炒之則茶色綠歷時稍久則茶色黑此酸於人身內或為行氣之性或為醉迷之性尚未及知而化學家憶必有行氣暢心之性因檳榔之質大半為樹皮酸多食之則醉而行氣

四為哥路登質○茶內除上三質外另有哥路登質約居乾茶四分之一如飲茶後復食其已泡之葉則能養身功略同豆試將茶與豆所含各質相比以明此理每豆百分含水十四分小粉與膠等四十八分哥路登二十四分油質二分樹皮酸無木質十分灰質二分平常茶葉每百分

含水五分小粉與膠等二十七分哥路登二十分至二十五分油質三分樹皮酸十五分木質二十分灰質五分

然常人泡茶後恆棄其葉蓋未知其大有養身之益也有人設一法泡茶時投以淨鹼少許其哥路登有數分化出飲之則得其益如蒙古等人皆明此理則將茶磨粉入水沸之而[illegible]鹼類少許再添鹽與羊等油俟若干時傾澄水另加牛乳與乳油及炒麪等調和日飲二十杯至四十杯幾乎不需他食如不用炒麪而代以乳可連食數十日而不必食他物可見此用茶之法能得兩益一茶內哥路登能合於牛乳炒麪等以養身二能全得茶內替以尼質故能令體中所耗之料更少而省食物

南亞美利加有數處凡客至或設筵則泡茶進客飲後將其葉置銀盤上以供客食一能受其行氣之益一能領其養身之功實一舉而兩得焉

以上四質之外又有小粉與膠類質（即植物蛋白質）等若干分亦為泡茶時所消化而能養身者也另有鐵與錳亦為人身不可少之質如將小種茶燒灰而化分之則每灰百分含鐵養三分二九錳養分七一但各茶優劣不同有數種茶每百分能泡出所含之質十五分至四十五分綠茶所能泡出者比黑茶更多可見各茶之價不獨靠其香味與色

又靠其所能消化於水內之質為何如耳故西人定茶價時皆問及此事

間有數種綠茶西人購去見已為藍色和石膏所染每茶十四磅有色料一兩作此者以為西人喜視此色故令美觀如其色料為靛藍則無大害若為普魯士藍其害不淺而不宜用

又有數種假茶運至西國其茶或為已用過之葉再炒乾者或為茶棧中土塵等以濁水黏連成粒雜茶內以漁利者又有將楊柳等葉炒以當茶者如將上等茶燒之每百分得灰不過五分至六分而假茶每百分則得二十分至

五十分以其所屬假料多寡而異

其二馬退茶又名巴辣沽茶○用此茶之人數雖大不及用中國茶者然南亞美利加中數國最喜之以為日用不可少者略四百年前西人初至其處見土人用者甚多且歷來用慣迨略二百年前所至之西人亦皆用之至今南亞美利加各國內不拘西人土人幾無不用者此茶之葉長四寸至五寸炒乾後則磨成麤粉而泡之以飲其葉之香與中國數種茶略似所泡之水香甚可聞而味稍苦土人喜飲其濃者令醉如用之過多則覺瘋癲

其樹為野生者在巴拉圭河邊有數處成林甚廣作此茶

生理者每年租之至林內采取備售常傭土人成羣至宜采葉時入內地覓此樹叢盛處伐木作棚以蕉等大葉蓋之每作數十棚足居半年之用再於平地處築成平硬堅密之場置以弓形大木下生柴火至無烟燄則將馬退樹枝掛弓上烘之至葉乾而不變色後則掃淨場面鋪以所烘之枝用木棍打之即成麤葉粉以溼皮袋裝至甚緊密縫以繩數日後則乾而袋堅如石每袋約裝二百磅葉在袋內能久不壞熱地內炒作此茶甚為勞悴恒有土人因此死者有云該地商民常勒逼土人每年貢出其茶若干因此土人幾滅絕矣

馬退葉之佳者為小樹所生然其茶之成色幾分靠取葉之時幾分靠炒作之法幾分靠天時之陰晴南亞美利加出售者分有三種一為初萌之芽不能存久二為採摘之葉復一一去其葉筋始炒者三為將枝以前法全烘者其二三兩種不但用於本處亦販往南亞美利加之他國

南亞美利加每年產此茶之總數尚未及知惟巴拉圭國出口者每年有五百六十萬磅有云巴拉圭一國產者每年有一千五百萬磅此茶存不久則香味俱失故欲得其佳者須在產處用其新者

此茶之樹其種不一如巴西國有一種馬退葉名根根哈

智利國與中亞美利加亦有一種與馬退甚相似亦為此茶類

南亞美利加人最喜此茶常日用多次每食必飲幾每半時必用之平常用法將乾葉置壺內加以燒成之糖間有加檸檬汁數滴者用銀管一端有泡泡面多孔飲時將管泡插壺內以口吸之則一壺一管足供一室客人所用吸盡復沖以水至沖三次亦不甚淡但必速飲遲則變黑而不可用至於貧家則用麤器其法亦同

喜飲此茶者日能用茶一兩開礦等處用之尤多常吸此者則不飲酒有人每食之先必飲之如不飲則幾不欲食

也此茶葉有數益處有云中國茶中之益此中俱有之如人不平安飲之則安心人常困憊飲之則醒神惟日久飲慣則成癮甚重與鴉片同既不能斷又不可減若久用太多則生疾與飲火酒過度者同然有一事與中國茶及鴉片不同卽能感動内腎且易令大便順通

馬退葉之化學性尚未甚明因歐洲各國不能常見其物故化學家未便深究其理止有四要事可與中國茶相比

一其葉有易散油質與中國茶内者同亦爲炒時所成者此油質令其葉生香久則漸散令人醉之性卽漸少故此葉運至遠處恒不見佳必在本處用之始能得其全益

二含替以尼質與中國茶内者同惟所含者比中國茶更少有化學家化分之每百分僅得一分又四分之一

三此茶含收歛性之酸質與中國茶所含之樹皮酸略同巴西國染布家恒用其新葉以染黑色其茶泡時速變黑色之故略因含此質也若照中國法以茶傾杯飲之則色速變必嫌而不飲故必用管插壺内吸之目不見其黑色卽不覺其形穢也

四其葉含哥路登質與中國茶内者同但乾馬退葉每百分僅含哥路登十分泡水時能消化者甚少故南亞美利加有數處先飲其水復食其葉欲多得其益也

從此可見中國茶與馬退茶雖樹類不同葉形各異而所含四要質均有相同之處且飲之者身内所覺之益亦爲相似夫中國與南亞美利加分列二洲相去甚遠民性懸殊毫無交涉然各能查得一種樹葉而有相似之益以爲湯飲之物此可謂奇矣

其三加非葉茶○西國常用之加非爲其樹之子炒焦磨粉而湯飲者近來有西人查其樹葉亦有相同之益故勸人取用而東方產加非處已久行之如蘇門答臘土人專飲加非葉爲茶其作法以柴生火至無烟焰則烘炒其葉至櫻色爲度再將其細枝皮炒之和於葉内則其味與香

甚佳似乎加非及茶之合香以水泡之而成櫻色依西法加糖與牛乳則適口蘇門答臘土人不飲冷水俱飲此茶爲不可廢者且不飲各酒獨藉此茶與常飯以爲日用能連作種地之工數十日不憚日炙不畏雨淋旅此島者有印度人以飲酒爲佳但其力與内臟之事大不及祇飲此茶之人有西人俄德者居此島云多年專理農事初因水土不服甚難操業後試飲此茶覺善故每晚歸則飲和牛乳之濃加非葉水兩杯卽覺不餓且心甚清爽雖夜間亦能隨意理事此葉之功用已可概見但如炒此葉時工夫不足飲之則人難睡

該島土人多不用加非子而喜用其葉有數處土地磽薄不能種結子之加非樹祗可種長葉之加非樹惟因其葉可用故無論何處凡於此樹能生長者皆可種之以得益不必計及其能結子否耶且此茶價甚廉每磅乾茶不過洋錢三分至四分耳

加非乾茶亦有易散油質能發香有替以尼質能補神計每百分約含替以尼一分半有收歛性之酸質與巴辣沽茶所含者略同有哥路登每百分約十三分另有膠質若干故可見此葉與中國茶大同小異若常用之能得大益每泡其乾葉百分所能消化之質有三十九分與加非子

所能消化者數略同比中國茶則更多可見加非葉與子難分優劣惟西人已用慣加非子則難遽改而用其葉也

其四拉不拉多茶○此茶產在北亞美利加其樹多生卑溼處及冷地湖邊其葉有二種一爲窄者一爲寬者或云窄者甚佳此兩種葉俱有收歛之性及醉性又有安神行氣之性此葉醉性甚大故歐洲北鄙瑞顛國及日耳曼國等造酒家常用此葉和麥泡之令酒多有醉性此葉內亦含樹皮酸令有收歛性惟所含醉性之質比茶更重瑞顛及拉不拉多等處用此葉不甚覺醉者恐其地嚴冷故也如熱地用之必覺其醉性大也

其五阿比西尼亞茶○此茶生在阿比西尼亞國土名卡脫又名茶脫在說哇等處多種之其土人用之如中國用茶略同其樹小似乎中國貧家所用當茶之樹若種於鬆而多沙之土能高十二尺天晴時採其葉曬乾每磅約值洋錢二分至四分其用法將葉在日內晒之或在乳中沸之或在水中泡之加以蜜糖等其形性與中國茶大同小異惟其味稍苦有行氣之性多用之則令人難睡如人有守夜坐更之事食其生葉則一夜可不疲倦土人以爲其葉能治瘟疫且謂生此樹處瘟疫不作此種茶今種者雖多然大不及乎從前歐洲化學家尚未考究其形性如何

故未識其含替以尼否竊意必含之

其六別種當茶之葉○另有數處所產樹葉亦可當茶如輿地利亞等處有數種樹葉與茶略似故西人取之以當茶用亦稱之曰茶樹蘇門答臘島有一種樹馬來人謂之長壽樹其葉亦可當茶又有不爾奔毛里西二島生一種草氣味甚香其草爲他樹上所生者如寄生之冬青同土人食其葉爲藥材又泡之當茶用其香甚佳人俱喜之但其葉內不含替以尼質故不能與中國茶及巴辣沽茶等並列之另有數處之樹葉皆可當茶惟其名目甚繁而化學性尚未考知此書不能詳及西國已列細表有五十餘

日多一日順治九年（卽西一千六百五十二年）有希臘人巴司卡者在倫敦初開一加非子店二十年後在法國麻撒拉口亦開一店然其價初甚貴用者頗少後漸興行種植者多肆售漸廉至今有數大處幾全賴種加非爲業計今常用加非者有萬萬餘人然歐洲各國不能種植因其樹宜於熱地冷則不生故所用者多運自印度之錫蘭島南亞美利加之巴西國及牙買加島加拉巴島亞剌伯國等處歐洲每年所用者略有十萬噸而地球各處每年所產者殆有四十至五十萬噸也

加非子成色不多賴取法及曬乾法如茶葉者定其價值大半按其種處泥土與地氣至其味與香幾分靠炒法與泡法最上等加非爲亞剌伯國麥加地方所出者呼爲麥加加非其子小而色深黃加拉巴與印度者子大而色淡黃錫蘭與西印度及巴西國者子藍色或藍灰色

加非樹常高十尺至二十尺間有茂者能高四十尺其葉甚緣而平滑光亮周年不脫種法先以加非子掩覆園內待萌蘖後半年則移植山野二年卽花三年結實能連結二十餘年四季皆結如第三十二圖同時有花有果故每年所產加非甚多也其樹宜乾土喜暖處然地過熱亦不能生故炎暑之區多植山上以高於海面一千尺至一千

種樹葉俱可用之又有數樹葉實非茶而漁利者故羼在中國茶內如柳葉等是也此等葉亦不必細言之矣

第八章　論所泡之加非類

有傳語云古時亞剌伯國內有牧羊者日出放羊於野晚來麾之以歸頻如是也惟見羊食於某處時至夜恆不眠反奔狂踴躍甚難束焉因久思索之意者必因食某處之花草樹葉等所致遂細瞻察俟羊食其樹之花葉果實時則自取食之試有此性否及歸來時則精神煥發永夜無疲且身體快暢動作有興儕輩視若醉而詰之彼則明告其故儕輩亦嘗試之遂知此樹之實能代酒用其樹卽加

非也從此加非之益不第近佈本區而且遠傳異國直歷至今東西各國用者甚多乃將加非子炒焦磨粉泡以沸水而湯飲之也玆先將眞加非樹與子剖論次以似加非之植物推詳庶同好者便賞玩焉

其一亞剌伯加非○加非產處原在阿比西尼亞南鄙該處地面多石其樹爲野生者土人自古來知用加非子炒而泡飲之今則種之者多而漸散及他國如波斯國千餘年前之書曾言及之至略四百年前亞剌伯國種之當爲阿比西尼亞國所產之茶約明嘉靖二十九年（卽西一千五百五十年）土耳其國京都初用之雖有教師阻人飲用然用者竟

五百尺爲限其花色淡白氣味芬芳不久即卸其果似櫻桃綴於枝上間數果合成串果內含二子樹生高處則子小而味佳然無論其子大小存至多年則能熟而味佳如亞刺伯小加非子存三年則熟即南亞美利加所產之下等者存十年至十四年則味亦變爲佳

加非之性與茶葉大同小異能引人暢與感發精神不令人醉如因生病或嗜鴉片而體倦心迷者飲加非能覺暢適若餓者飲之能不飢疲者飲之能覺壯心亂者飲之能覺安神昏者飲之能覺快雖其能撼震腦髓然飲之者得身體安逸耗料更少可省食物有人嘗試此事乃察一日

內尿中所有燐養五與食鹽及尿酸等質以驗之因此三質之數略能顯身體之耗費也若日泡飲加非子一兩半則所耗各質甚少於不飲加非之日所耗者察飲加非時之尿在二十四小時內比不飲加非時多五分之一其尿中之燐養五與尿酸等則少三分之一可見人常飲加非不獨益人精神且可省儉食物另有他法試之得知常飲加非每日所食之物可減四分之一至三分之一而人體力仍同乎常加非此性賴有三質與茶內者大同小異一爲易散油質乃炒時所成者一爲樹皮酸類炒時則變其性西名加非以克酸一爲加非以尼與茶中之替以尼相同茲將此三質一一詳之如下

一易散油質○加非子曬乾其臭小而味微苦有收歛性若加火炒之味與香即顯與炒茶同因含易散油也前章言乾茶百分有此油一分即每茶百磅略含易散油一磅也然炒過之加非必五萬磅始有此油一磅加非之優劣幾全賴含此油之數如錫蘭等賤加非能設法加此油質則價值應與上等麥加加非同果能買此油添入下等加非內則每油一兩應值銀三四百兩矣然下等加非變熟後炒之則與上等者同其所以然之故化學家尚未攷知大約炒時其子內有一種質見熱而變成此油也凡加非

子存愈久則此質愈多故炒時成此油亦多也

有化學家將加非易散油質試取食之以察其性法將炒過加非和水蒸之則有油與水一同蒸出若飲此所蒸得者則能知此油在人身內之性因得知其能阻人身內體質之耗費與加非以尼略等試此法者每日食物同操作同先數日不飲加非次數日食加非以尼四釐後數日飲加非子二兩所蒸之油再數日飲加非一兩半所泡之水則每用加非各質之日尿數增多尿中所含鹽類質甚少至食加非油之日則尿酸甚少而燐養五與食鹽之數乃比泡飲加非水時更多是用加非水時所耗者比分用加非

一質所耗者多也又云加非能感動人心令體少汗不易覺飢而大便順適若日食多於二兩加非所成之油則大有害於身有一次食四兩加非所成之油則大汗浹體久不成寐而頭腦昏暈可見炒過之加非含此油之數雖甚微亦大能感動人身令腦氣筋與肉筋能顯奮振又能阻人身之耗料與加非以尼性略同故此油與茶內之易散油為大同小異者也

二收斂性之酸質○生加非子含一收斂性之酸質西名加非以克酸每加非百分約含五分此質與茶內之樹皮酸略有同性然將加非水和以含鐵之水如皂礬水等則變綠

色而茶水遇含鐵之水則變黑水此稍異也前言茶水遇膠類水能令之濁而有質結沉若將加非水和入膠類水內則不令結此又異也此酸質在炒加非時則改變然仍存有收斂性若干分以助加非感動人身之力惟加非之收斂質比茶更少故不能令大便艱澀且其易散油質亦有通大便之性況加非內含油比茶亦多更能利於大便

三加非以尼質○此為加非內之精質與茶內之替以尼質相同各加非所含者數有不等如英國常用者每百分含加非以尼一分至四分分之一間有化學家云嘗化分數種加非知每百分含加非以尼三分至四分取此質法

將平常炒過之加非五分熟石灰一分共置乳缽內磨勻和於醕內加熱沸之則易分出其質每百分能得半分由此可見茶一兩所能放出之替以尼質比加非一兩所能放出之加非以尼多至一倍然泡加非時常用之粉比泡茶時所用之葉重一倍故所泡之加非水一杯與所泡之茶水一杯濃淡相若

前章言茶內多含哥路登質若不食其泡過之葉似有糜費養身之料而加非內亦含哥路登質每百分有十三分若泡加非後拋棄其渣亦屬糜費因其渣內尚有多含淡氣之質亦能養身也故東方有數國飲加非時並食其渣

以得全益有化學家將加非水與牛肉湯相比云常飲之加非水必加牛乳與糖若干而三者共含之定質比平常牛肉湯多六倍比他種含淡氣者多三倍故可見加非養身功用已綦大哉然飲之者徒喜其香味而不計及養身之功亦可怪矣

茶與加非有一大別凡茶燒成灰內含鐵與錳等金類質而加非子之灰則不含鐵或含些微然毫不含錳也加非炒時則體積增大但比生者稍輕所成欖色之深淡俱藉炒功之長短如炒至紅欖色則每百分減重十五分而增體積三十分炒成栗皮欖色則減重二十分增體積五十

分炒至深樱色則每百分減重二十五分增體積五十分炒成淡樱色者香味甚佳如炒之過度至黒色則臭難聞因其含淡氣之質爲熱所改變也

有化學家化分加非亦含糖質每百分内有八分泡時能消化於水内也生加非與炒過者泡水時所能消化之質略同而炒時長者與炒時短者所消化之質亦略同間有化學家試知加非水所泡之質多寡不等然未識其消化質多之水及消化質少之水於人身有同處否有法國人云加非炒成紅樱色者以沸水泡之每百分能消化二十五分炒成栗皮色者祇能消化十九分然各處之水泡加

非其濃淡與味恆有不同似因其水内含鹻類之多寡也故有化學家云泡加非所用之水稍加鈉養則泡得者更佳然不可多加每加非一磅用乾鈉養炭養四十釐則足矣

有西醫云加非有大益之藥性如法國内前多有石淋之症後多行用加非則此症幾絕又土耳其人用加非甚多不第無石淋之症而酒狂之病亦幾絕矣醫記有云一人約二十五歲患酒狂病至年半百其病漸劇手足節内多生白粉粒苦甚後醫者勸其多食加非從之不久則病退而全瘥然不知加非有此藥性賴何一質又未識各人飲

此功用能相同否如亞剌伯人取用加非子乃連果實並炒之而獨炒加非子者甚少此用法有異而功用或無異歟

其二異種加非○亞喇伯加非之外另有數異種加非樹産於各國概與眞加非大同小異疑其原爲加非樹而後變成異種者與茶樹在他國亦有異種者同理其中有數種出售者雖味與香遠遜於亞剌伯之加非然亦可勉強飲用

加非子之外亦有他植物可當加非之用各物内亦必有三種質性與加非畧似卽香油質與苦性質及收斂性質是也平常所用者有六種

一爲黄蓮花子與加非大同小異二爲古米里亞類之樹子土耳其國種者甚多其子可炒爲加非之用三爲橡樹子歐洲有數國用之英國亦常有進口者約爲奸商所沽羼加非内以漁利也四爲雞豆及尋常豆與五穀果核杏仁等有炒而泡飲之者亦有將饅頭謹慎炒之而泡飲者五爲數種果類之子如瓜子及花草種等在文教之國與野人中俱有泡而飲其水者六爲數種菜類之根如胡蘿蔔及尋常蘿蔔等又有苣類如白苣山萵苣苦苣及苣蕒菜等（卽俗所謂萵筍生菜之類）其根可當加非歐洲各國有用之者然

此各根不含加非以尼或替以尼質故不能有眞加非感人之性惟苦苣之形性與加非子粉大同小異常有人將此粉和加非內以漁利故英國家特設一律不許將此二物調和出賣猶呼爲加非須各物分售任買者自和如賣主欲先自和則必當面聲明非淨加非粉可也

尤有喜獨用苦苣類根之粉以爲飲物其根西名齊苦戾茲將其要事略而述之

其三齊苦戾根（即苦苣類之根）○此菜本爲英國野生草類其花淡藍色在數處野地見之其根白色略同蘿蔔依法種之則根長甚大根內有苦質其能當加非者大半賴此苦味

歐羅巴每年種者甚多於未花時取起其根曬乾炒成棕色每炒一擔必用豬油二磅所縻費者畧百分之二十五至三十如磨粉後令遇空氣則變溼而增重稍加以甘草之料則味初甜而後苦然其香遠遜加非之香泡水時無論冷熱皆變深棕色而有甜苦之味嗜此味者常以之添入眞加非內意謂其苦味能當補藥之用然此粉少許能令多水得棕色而味甚苦故用眞加非甚少食者似覺甚多從此飲加非者頗習此味漸慣成癖嗜之不啻眞加非也

英法德比利時等國種此菜者年多一年間有人專用此物泡飲而不用加非此物之質有易散油雖不甚香亦能感腦氣筋令人不覺餓又能安心適體與茶及加非頗有相同之性惟苦性頗大常人初多嫌之若飲不過多恐亦有益於人身也然若久用過度則令人腹痛心焦不能飲食口胃酸欲哇欲吐大便亂忽瀉忽堅四肢紊而舉動無常夜難眠而性迷若醉可見此物究無大益如能食眞加非勝此多矣何必吝資圖廉取小利耶

如欲試加非粉內含此僞質否則以冷水泡之成棕色者則含此無疑矣棕色愈深含此質之數必愈多若爲淨加非粉則水不變色又有法能試其在沸水泡者將所泡之

水添以含鐵養之鹽類質若爲加非則水色變綠有棕綠質結沉如含此僞質則水變棕色極深無質結沉

反之如欲試齊苦戾粉含加非否可將其水和以生石灰沸而濾之熬乾再添硫養與錳養若干輕加熱蒸之如含加非則蒸出之質內必有黃色顆粒卽其據也

尋常肆售之齊苦戾粉尙含假料有數處將蘿蔔炒粉和於其內亦有人加以紅色土質令其粉色鮮美其土質亦能消化水內故難辨也然製此紅土質者亦羼假料乃將碎棄紅磚磨成細粉添入土中以愚購者可見假端一起百假叢生能棄假返眞庶乎其可苟久以假亂眞將不知

假至其何極也

以上所論之加非等質雖華人尚未多用然知其益者已屬不乏今通商各口有食慣者嗜之尤甚於茶意者歷年之後中國用加非者亦必漸多然加非一樹非中國所產除南省外不便自植故必運自南洋等處也業有華友詢及加非質性如何請嘗試之甫飲則顰蹙難堪似食湯藥不敢下咽突突欲哇後漸學其飲法久習成慣今甚喜之竊意華人用此必能得益因其感人之性比茶更速又能解鴉片之醉性吸鴉片者用之亦必得益且其價不甚昂洋錢一元能買生加非子五六磅較之用茶幾相若也

第九章　論所泡之可可類

可可為樹子類含油甚多先用熱軋輪軋成漿復以沸水沖之則類乎湯粥之形與泡茶及泡加非之水有異似不得謂為所泡之水也可可樹子概分兩類各類分有數種茲略一一陳之如下

其一墨西哥可可○產此子之樹不甚高其葉光滑而色深綠甚美觀生在西印度羣島及墨西哥國等處如任其生長則能高四十尺種之者常伐其頂枝不使高於十五尺至二十尺因過高則難攀取其果遇大風亦易折傷墨西哥並中亞美利加數處有野生者在得米拉勒有成林者在磨里斯及不爾奔二島亦有種者

西班牙人初至墨西哥國見土人常食可可所泡之水名為綽故辣得其土人云自古來人皆用之明正德十五年間（即西一千五百二十年）有西班牙人帶至歐洲此後各國喜用者多有植物家林娜斯最喜此物命其樹為替哇布路米尼譯即神糧也

此樹之果如第三十三第三十四圖逕生於枝幹與無花果同果如尖形少瓜內有六子至三十子在瓤內成行略同於西瓜子之排法熟時摘而剖之除去子所黏之質置日下曬乾西印度島如此取子則直出肆售而卡拉卡島則每日將可可子聚堆蓋密或埋於地內至稍發酵再於日中曬乾出售此作法其本苦性大半放散若內地者則苦味比此島者大然中亞美利加所產者運至歐洲得值比西印度島者更昂其味亦更苦故歐洲常用之英國所用者大半為吐里尼代得所產英國用可可雖不及西班牙與法蘭西及以大利等國之多然亦為貿易中一大生理也

常售之可可子外色甚深而質脆臭如含多油之核仁稍有澀性而味苦易於嘗辨炒作法將可可子置鐵筩內下爇以火令筩轉動至炒得之味已合宜則待冷其質比生

者更脆而色較淡澀味之性亦不甚顯

可可子備售之法有三一將炒成之子用熱乳缽擣成漿或用軋輪軋成漿則和以小粉及糖與別種料製成薄片或塊或粉出售二將子去殼其殼略爲本重百分之十一再軋之製成小片則爲常售之最淨者三將子去殼用熱軋輪軋成漿和以糖與番以拉香料或和以桂皮或丁香等則名爲綽故辣得

用可可質法亦有三一將綽故辣得和糖等作點心其味甚美養身甚佳而補力極大二將其質研成粉冲以沸水或沸牛乳則成水頗濃如漿如粥其味甚佳亦能補神行

氣大有養身之功三將其質片在水內沸之成深櫻色之水和以牛乳及糖味亦甚佳凡病人食物難消化者歡此則易消化又可將子殼煮之亦成櫻色之水有多人喜飲之

凡下等可可其子連殼並製成粉而上等綽故辣得則去殼不用故多作綽故辣得之廠常積殼甚多無法消用近來以大利等處恆送至英國販賣購之者和於下等可可磨製成粉鬻於阿爾蘭地貧者購而煮之以爲飲茶

可可不獨有行氣補神之性同乎茶與加非且大有養身功用其內含者有四要質試略言之

一易散油質○可可之香及味俱賴此油乃炒時所成者化學家尚未擬定炒過之可可含此油數若干想必甚少而人食之能感動身體約必與茶及加非內者相同

二替哇布路米尼質○可可內有一質與茶之替以尼質相似而不相同亦爲白色顆粒形味稍苦內含淡氣頗多化學家名爲替哇布路米尼其質每百分含炭四十六分四三輕氣四分二○淡氣三十五分八五養氣十三分五二可見此質所含淡氣多於替以尼內者也凡多含淡氣之植物質極能養人常用可可者云其能行氣能安腦氣筋能解腹中餓且能阻身內耗料此各益大半因含此替

哇布路米尼質也有化學家化分可可言每百分含此質二分與茶之替以尼質爲同數而可可殼內亦含此質若干故將殼煮水飲之亦不無益

三可可油○可可內有一質與茶及加非內者不同卽含定質油甚多名爲可可油每子二分約含油一分含油既多常人食之有難消化而胃病者消化尤難故肆售之可可粉恆去其油若干另配以糖及小粉等質令油質較淡則易於消化而價亦較廉

四小粉等質○可可內亦含小粉及哥路登若干凡爲食物之植物有益者亦皆以此二質爲要而可可含之故成

有益之品也
有人化分去殼之可可子每百分含水五分小粉與膠質等膠質卽蛋白類二十二分哥路登質二十分可可油五十一分替哇布路米尼二分從此可知可可子與豆麥等含油者甚相似而人之食物最近乎可可子者爲乳如將乳與可可粉各製乾而比之則每百分所含者大致相同惟可可含油較多而哥路登及糖與小粉等則少也然泡食之功近於乳若泡飲茶或加非則功遠遜於乳且可可含有替哇布路米尼及易散油質則稍勝於乳及牛肉湯可見可可一物具有茶之行氣性而兼有乳與肉之補神性也

可可內含油質多而哥路登質少乳內含油質少而加西衣尼質多卽與哥路登相當者如用可可和多乳食之則兩物相濟易於消化而常賣之可可粉加糖與小粉或麵粉等亦俱爲助濟其油易於消化者也有人以可可粉和糖作點心味極佳而養身功極大最合於病人之食因其體積雖小而功用乃大也
其二巴西可可又名古阿拉那○取製此樹之子與前可可同法其子與加非稍有相同磨粉壓成餅形名爲古阿拉那饅頭用時將餅泡水內加糖食之與食可可同有化分者知其含替以尼質若干巴西國用此頗多但化學家尙未深究其所以然也
其三當可可之植物子○凡能當可可之子應有三事爲要一必含易散之香油一必含油質若干一必含養身之質故能用者僅爲含油類之子與核如有一種花生炒焦磨粉依可可法爲之勉可飲用以求補身西班牙國有將地梨炒磨當爲加非或可可之用者亦不甚佳因此二物不含苦性質不含替以尼質且淡氣甚少故無大益雖與眞可可相比然漁利者恆將可可殼與糖小粉及各油質並植物根之粉與紅土等羼可可粉內而鬻於人其糖與小粉固屬無妨然其紅土甚爲可惡倫敦嘗派員察造各

食物之假率其買可可粉七十處而化分之見含紅土者有三十九處其試法將可可粉在鍋內燒盡而視其灰如爲灰色則淨爲紅色則不淨蓋紅色卽土色也
總論○本章與前二章所論皆人所泡飲之植物質茲將各質互相發明以便比較其化學之理與關人之性各葉與子炒而備用按化學而論俱含五質
一爲易散之香油在鮮葉或子內本無此油經炒時始變成也含此油者茶內最多加非次之可可甚少凡茶葉與炒過之加非子歷年愈久則此油數與力愈少然生加非愈久存則炒成此油愈多

二爲味奇苦能成顆粒而多含淡氣之質大能感人如茶及加非與古阿拉那內此質爲替以尼每百分含淡氣二十九分而可可內此質爲替哇布路米尼每百分含淡氣三十六分茶每百分含替以尼以二分爲中數加非以一分爲中數間有茶與加非每百分含五分者是爲極多之數可可每百分含替哇布路米尼略二分然炒過之加非及苦苣根粉另含苦質能在水內消化惟質內不含淡氣而其性尚未詳究

三爲樹皮酸類之質能令所泡之水有收歛性茶內含此最多加非次之可可最少如將中國茶水和於含鐵之水

則變黑色而加非或馬退水和於含鐵之水則變綠色無論爲黑爲綠俱藉此酸而成

四爲能養身之質與麥內之哥路登肉內之非布里尼性有相似茶內含之最多可可次之加非甚少其質在水內頗難消化故獨飲其水則失其益若並食其葉或渣或將子磨細粉成薄粥歠之與食可可法同則養身之益必當全得

五爲所含之油質可可子內油質居半加非居八分之一茶居二十五至三十分之一可見可含油質多則養身功大如和乳食之能彼此相濟補益於人然胃難消化之人似不合食

茶與馬退及加非等用以泡水其濃淡恆因其本質之優劣而異有數種茶與加非泡以沸水能消化本質三分之一而劣者止能消化六分之一可見各種飲物泡得之水所含以上五質之數與比例難於確定

至於各飲物泡得之水關乎人身則有四要

一俱能感動腦體令腦氣筋更加振發然感動之性與鴉片或酒不同因受鴉片或酒之醉而飲此各物能解其困俾人易醒

二俱能安慰人心解免腹餓阻身體之變化而減所耗凡

身體耗費必以飲食補之此既能阻耗費則可減食物故於貧人益非淺鮮

三能減肺臟所放炭養$_{二}$氣及尿內尿酸與燐養$_{五}$質蓋人體質之變化大半在此尿酸與燐養$_{五}$能顯出有人試驗食加非時能減身體耗料大半賴其香油小半靠其加非以尼所飲之茶想亦必具是理

四人飲加非過多則心過動而體恆顫以致頭痛如醉如瘋此俱爲加非以尼所致又內腎成尿更多大便加頻汗出浹背肢體忙亂此俱爲其香油所致然飲茶過多則有收歛之性令大便艱濇此因茶內香油與加非內者不同

性或因茶內樹皮酸過多而油性不足以濟之又茶內香油與加非內者亦有一相反之處卽新茶含油醉性大久則漸小而加非內新者油少存久則多此言未炒者

上所言各飲物於人身之性俱爲合而顯者不能分而驗之然有兩性極要卽能阻身體之變化及增腦氣筋之神力故不能以肉湯代之或泡煮他植物之水代之也

有數處常將香料添加非內如亞剌伯國有將丁香和加非內者又有數處將番以拉香料添加非或可可內而日耳曼國則將火酒添於茶內令行氣性更大然加此各質究無甚大益

觀上所言泡用之各飲物則有三事可嘉俱於各國各民大有裨益

一人所湯飲之物各國年種極多今爲養身不可少者全地上每年用者數雖確知約略計之疑有三十五萬萬磅內約中國茶二十五萬萬磅加非七萬萬磅可可一萬萬磅其餘爲馬退及苦苣根等質如以地球人數而言則飲中國茶者在中國俄國西藏新疆日本英國荷蘭北亞美利加等處約有五萬萬至六萬萬人飲巴辣注茶者在祕魯巴拉圭等處有千萬餘人用加非葉者在加拉巴蘇門答臘等處有二百餘萬人飲加非子者在亞剌伯印度錫蘭島牙買加島日耳曼法蘭西北亞美利加等處有一萬萬至二萬萬人飲苦苣粉者在日耳曼比利時法國英國等處有五千萬人飲可可者在西班牙以大利法蘭西中亞美利加墨西哥等處有五千萬人可見全地之人用飲物者約居四分之三而所用者多爲四種植物此各物於人之益可概見矣

二察用此各物之源流可知歐羅巴與亞美利加各國之人愈興教化而長文學則用茶與加非愈多而各人之日用食物自能改易生新然各飲物感人身之性每有不同有數國最喜用茶有數國甚嗜加非略必因與其食物有相稱也凡用加非極多者則爲教化學問盛興之處然可

可之性最能養身不甚顯有感動腦體之性如西班牙及以大利國近年用可可頗多則不甚出大才學之人似因多食可可之故

三攷英等國之人近來最貧苦者恆將所得貲斧抽出幾分稍買飲物雖每日工值不足食物之費乃甘於少食饅頭或山芋亦必飲茶或加非腹雖不飽亦不甚飢而身體恆覺暢適且心思清爽事無倏忽兼能守素安常不及於亂事務雖勞心不甚苦亦無促生殤命之虞卽遇難逢厄亦有膽力擔當較諸不用茶及加非者益勝多矣從來西

國囹圄之中或養貧之院每餽飼犯人貧民則有饅頭若干油肉幾許病者之外不與以茶或加非其人心恆鬱悶不安本分生事無端有難束焉如日與以茶或加非若干則身體耗料能少所省饅頭及肉油之費能比茶或加非更多卽使不能省費則令其人心意暢適體骨爽利更能工作更能安分卽此亦應日與之飲也總之人之心身覺必需此殆天性也苟不護此則意有未遂而心卽不快故監禁犯人原欲其改惡成善果以此法感動其心令覺清爽而加以勸教則改過自新豈不易易

歐洲各國於二三百年前尚未用茶與加非等則人多嗜

酒屢受其困迨用各飲物一倡百和則嗜酒者漸希而人性更雅從此可知茶及加非等物益人極大藉令一旦能盡禁除則各國之患孰此甚焉觀乎此則首察此各植物而傳人者深可敬矣極而言之此各飲物爲上天所特造者蓋人性中需此而此物卽生苟無是物將何以慰彼羣生也哉

第十章　論所熬蔗等糖

由來西國泡飲各物時恆加以糖令味佳而適口故所熬之糖應承所泡之茶而論也

所有甜味之料化學家已悉多種然多有與衞生不相關者如鉛養醋酸俗名鉛糖其味甚佳而性極毒又有金銀之數鹽類質如銀養硫養味亦極甜又有一鉛養礦所能變成之質初嘗之亦甜此各甜料姑勿論也而衞生中合用之甜料俱取諸植物不獨飲食合用而釀酒之事亦有相因故於此處論糖正其宜也

植物甜料今所用者業有多種而古人用者品類尚希蓋熬糖之工與燒酒及製鹽之工古人未知有同理也故雖知粟可造酒而不知分醕之法海水本鹹而不知取鹽之法則依同理亦知數植物之汁與蜜糖等汁內含甜料尚不知熬糖之法也如西國造糖之法僅有四百餘年設法

後又多年不甚盛行

古人所知之甜料僅蜜糖及葡萄汁耳今所用者有蔗糖楓樹糖胡蘿蔔糖眞珠米糖巴辣麻糖近來又設法將山芋及含小粉之各質成糖又將海草木屑牛乳等變成糖化學家有法能將廢布變作糖總之糖爲要品西國以爲養身不可少者每人年用糖半擔至一擔而專運糖之船有數千艘專種蔗之人有數百萬衆各國納糖之稅幾爲鉅欵故棉花而外於人直相關處糖爲極多而茶與加非較次耳

常用之糖可分四類如葡萄糖蔗糖瑪內糖乳糖或動物

糖等類也茲將各類一一詳之
第一葡萄糖類○此類內分有數種如葡萄內之糖蜜內之糖果內之糖及山芋或小粉之糖是也
其一葡萄糖○如將熟葡萄果日中曬乾則成葡萄乾剖而視之內有白色顆粒其質脆而味甜即葡萄糖也葡萄之甜味俱賴此糖易消化於水如水內添酵質少頃即發酵初成淡酒類之水次則變酸如醯即是醋也敘利亞等處常將葡萄汁熬成甜漿其內大半爲葡萄糖
其二蜜糖○自古以來人皆讚蜜蜂操作之勤而喜其所釀之蜜其蜜爲一種糖質原在花心結成爲蜂採取吞入

喉囊至窠內吐出釀之其質在蜂之喉囊時必有改變而草內所得之蜜與花中者不同凡蜜多時不動則漸變濃而結如置麻袋壓之能得白色糖質乃多小顆粒合而成者流出袋外者成稠漿而無顆粒蜜存漸久則蜜漿少而顆粒多然其稠漿與顆粒總性相同甜味相等即化分之原質亦同如和以水加以酵亦能發酵其顆粒之質與葡萄糖正相同而其稠漿稍有不同大半因不肯成顆粒之故且含有顏色料及香料等皆爲得自花中者
蜜之味香形色各地產者不同乃因其花草與地氣之有異也如地中海內革哩底島中一大山所產者最著名又法國那爾奔與撒慕尼所產者最香甜間有數處產者蜜有醉性如波斯國脫里比森地方之蜜食之則致頭痛欲吐而覺醉迷因該處有一種杜鵑花爲蜂採入也又印度國尼泊爾（即廓爾喀）地方之五千至六千尺高山處林中有野蜂之窠春間其蜜不可食亦因有杜鵑花之故古時希臘王名西奴芬者行兵至波斯國之脫里比森相近處村內有多蜂窠兵食其蜜大致吐瀉昏迷而不能立食少者似乎酒醉食多者如同瘋癲食極多者長臥地面有若瀕死之戰傷者翌日始各省人事四五日後甫得起行也近來亦有人在巴西國食野蜂之蜜而受其毒者

其三果糖○果品之類大半熟時酸漸變甜如蘋果棗梨桃李梅杏等是也然已熟者有仍稍存酸味者與其甜味相合最堪適口其甜味之料大半含葡萄糖類俗名果糖有數種果可分出其糖而合於用平常最便之法乃將果作乾食之或作酒飲之
其四山芋及小粉等糖○各種小粉不能在冷水消化易在沸水消化冷則成漿即久沸之亦無甚改然添以硫強水少許而後沸之則小粉漿漸成甜味久則小粉全變爲葡萄糖如將水一百磅和硫強水一磅依法爲之則能令山芋或麥或米等小粉數十磅變爲糖再加鈣養（即石灰）滅

其硫強水而將餘漿熬之則得白色顆粒之糖又法每小粉百磅和以烘乾之發芽麥十二磅至十五磅置水中加熱不外一百六十至一百七十度歷三小時濾而熬之亦可成糖無論何法令小粉所變之糖皆與葡萄糖之總性相同惟間有難成顆粒者與蜜糖相似小粉之糖止可作尋常甜料之用或漁利者羼蔗糖內亦有用以作酒者法國作各糖貨多用此糖歐洲北鄙數國多用之蒸造火酒惟英國律中不準製小粉糖凡私造者深究其罪想必因進口糖稅頗大內帑攸資又因不欲漁利者羼入蔗糖以假混眞故爾嚴加禁阻也

尙有多料能成爲葡萄糖如木紙棉麻廢棉布或麻布及本屑等皆能在淡強水煮之令變爲糖但所需之時比用小粉者長因須先令變成小粉而後令成糖也

又有數種海草海菜在水內沸之成漿亦堪適口如中國所用之洋粉絲（南省俗名洋菜北省俗稱洋粉）乃日本及南洋各處產出若和以淡硫強水沸之則能變葡萄糖但此各物俱不及小粉利便故常作葡萄糖者多藉小粉而成以上各質變化之理在論糖章末言及茲不多贅

第二蔗糖類○凡有酸汁之果或花草皆含葡萄糖然有數種植物其汁含酸質極少而所含之甜質原爲蔗糖之類而後變成葡萄糖者因其糖遇酸而漸變也蔗外能產糖者有胡蘿蔔與巴辣麻子與糖楓樹汁與眞珠米及甜高粱等稭

其一蔗糖又名中國糖○蔗之形狀如第三十五圖爲產常用之糖者約計各國所用之糖每十二分中有十一分爲蔗所產者近在亞美利加種之甚多而東方各國久有此物如中國等古時已有之惟書中未記何時初用也後自東方漸移至西先在地中海之西西里島種之後在西班牙國及卡那里島亦種之明正德十五年（即西一千五百二十年）時西班牙人帶至亞美利加播種漸在西印度羣島並亞

美利加熱地處種之甚多蔗最宜之地爲周年中熱度七十五至七十七度處而中熱不少於六十六至六十八度處亦可種之得利產蔗最多之處大半在熱帶低平地內然歐洲南鄙亦能種之得利又如印度尼泊爾高四千五百尺處亦可種植墨西哥國高於海面四千至六千尺之高平地亦有種者蔗在最宜之處所結之子不常成熟須將蔗下歧芽如本圖者劈而插之如欲多得蔗內之糖則不令其開花刈之而取其汁

凡歷年可種之植物每有一類分數種者而蔗亦然各國常種之蔗各合於本處地氣水土以成甜汁多者爲佳如

美國路以西亞那邦所產者如第三十六圖有五種最佳者其葉上有條紋甚美觀凡種蔗必擇本處所宜者種之始能多得利益如西印度羣島有一種爲葛希氏島所移比前種者能得大利每地一畝比別蔗能多得汁四分之一且其蔗桿大而堅實能當柴用

歐洲北鄙用蔗糖者半爲有錢之家嗜其甜味耳而用慣者不復能舍惟熱地產蔗處之人以爲食中要物不可不食其食法將蔗一條以器剸之令其質輭而嚼之此法用蔗者甚多如中國呂米與南北亞美利駕數處肆上賣者多而食者衆又太平洋有數島每見土人之孩提手中握

蔗以嬉以食似乎一出世即用此物也者又有英國種蔗之藩地其黑人在取蔗時食之甚多則體胖腹碩而難行路此用蔗法行之最古如古羅馬書中嘗言及也蔗汁之能養人者因不獨含糖又含哥路登並數金類質俱爲植物所常有者故嘗食物甚足養身不必另食他物惟常售之蔗糖不足專恃之養身祇能相助以養身耳故人專食糖則必漸死矣

蔗汁之質料與濃淡恆因其蔗爲何種類與其種法及天氣之燥溼計熟蔗所含之中數糖爲十八分至二十二分水與哥路登七十一分木紋質十分鹽類質一分但蔗所含糖之數賴有數事要者爲蔗之生熟因一蔗上下含糖不能相同上半段恆含汁多而糖少其故或因糖在蔗內隨汁上升愈高則愈變木質或變成桿與葉之料故作糖時必將上葉與綠色處去之不用如路以西亞那邦之蔗不及西印度島之熟所以每百分含糖不過十二分至十四分耳

蔗已成熟用大刀刈之如第三十七圖式其上段與葉削留地內而下段運至作糖處以蔗磨磨之其磨內有重鐵軋輪將蔗行過軋輪之間而軋取其汁用大桶收之添石灰等提淨用石灰之故有二一爲滅新汁所速變之酸一

能與汁內哥路登化合結沉因哥路登能發酵令質變酸故必速除之後則濾之用大鍋熬濃傾木桶待冷令成顆粒再置於大桶內桶底有多孔令其流質流下則成生糖其流下者爲糖漿

照上說人必以爲取糖法甚易然實有多難如蔗汁不能全軋出又提淨其汁雖極速亦不免有發酵變壞者至熬時必常去其面上之滓又因速熬則難免變黑色成糖漿過多而難除盡所能除者亦難設法銷用此各難處雖不甚大亦足誤事如西印度所產之蔗每百分含糖十八分止能得合用者六分即原糖三分之一也

此有三故一蔗汁原有百分之九十所軋出者僅五十至六十分耳可見汁有三分之一存在蔗渣之內二汁所含之糖約有五分之一或四分之一如提時不合法則熬時出多滓三汁熬至濃待冷而成顆粒者不過一半至三分之二其餘變爲糖漿而不成顆粒

糖漿與滓令發酵而蒸之可得蔗酒但運糖漿時耗費甚大如西印度所成生糖裝簍時在路上每百分費十五分在棧內常有費二分者而糖漿裝簍上船常有百分費二十分者故糖不能成顆粒之一分亦有大費如加拉巴內地種蔗甚多燒料貴而糖漿不甚値故恆棄諸河中惟西

印度等處能銷售又能蒸蔗酒得利近來有人設新法軋輪以汽機搖之而提蔗汁法藉化學理並以炭質濾之則熬時不成滓又用眞空鍋熬之令速成顆粒用離心力輪速去其糖漿用煤或木爲燒料以代蔗柴故每蔗百分能得生糖十分至十二分也

有人計算每年各處所成蔗糖略有五百萬萬磅大半爲印度與西印度羣島及中國等處所出者若以英國每年用糖之人數計之則應更多蓋每人每年食糖三十磅至四十磅爲中數也

西印度產蔗最茂盛處每田一畝能成糖一千至一千五百磅及糖漿六百磅至八百磅

蔗糖與葡萄糖之異因味更甜也每蔗糖三分能抵葡萄糖五分但其甜味究難以數明之蓋人舌嘗味常有不同如印度有一種草若嚼其葉過一晝夜而食蔗糖猶不覺甜若食他物味仍如舊

蔗糖甚易消化於水每冷水一磅能消化三磅若消化葡萄糖止能一磅而化蔗糖水能甚濃不易變酸易成顆粒且能成冰糖甚堅緻而合用故其價比葡萄糖高也

蔗糖之原質比葡萄糖含輕氣與養氣更少若和以濃硫強水則變黑似木炭又蔗糖添入膽礬水內不易令紅色

之銅養結成而葡萄糖能令結成甚易而多但若將蔗糖和以淡強水則變爲葡萄糖矣故有酸汁之植物內不常遇有蔗糖也

其二胡蘿蔔糖○蘿蔔類內有一種如第三十八圖謂之作糖蘿蔔每百分含糖約有十分壓取其汁或切碎泡水內化出其糖熬濃俱能得其生糖惟味不甚佳與蘿蔔同用法提淨能與蔗糖難分上下法國比利時國德國俄國作此糖者年多一年溯此糖之源流可知歐洲水土不合種蔗乃按化學理考究出能用別質作糖與蔗糖同也

乾隆十二年（即西一千七百四十七年）德國伯靈地方有人著書內云

胡蘿蔔含糖甚多，應種之作糖，後國王派人試取此糖，但每百分止能得糖二三分，不足本費，遂棄其法。後法國王那波倫與英國等搆兵，而蔗糖大半爲英屬所産，法屬運糖之船俱爲英國禁錮，則法國內糖幾食盡，而價甚昂。法王遂出諭示，有能設法將本國物産作成合用之糖，則賜銀五百萬（約合洋錢二十萬元），各化學家與機器家費力考察而得其法，以蘿蔔作糖。迨罷兵後，法國重糖之稅，欲本國不用蔗糖，專用自作之蘿蔔糖，但德等相近之國漸棄蘿蔔糖，仍用蔗糖。後法國愈作此糖，愈能得利，略過二十年後，比利時與日耳曼再興作此糖，漸延及奧國、波蘭國及俄國，

至今歐洲所作者略爲地上所用糖數四分之一。近來阿爾蘭亦有人種蘿蔔取糖者，惟尚未大興耳。

法與比利時及德等國所種之蘿蔔，每百分含糖十分半，哥路登等質三分，木紋質等五分，水八十一分半，但其糖數不能一定。含最多者恆藉六事：一小蘿蔔比大者含糖多；二有數種蘿蔔含糖比別種者更多；三地土乾處初種時無雨，則含糖多；四泥土輕鬆者比重而溼之土所種者含糖多；五蘿蔔在土下者比在土上者含糖多；六種蘿蔔之後不加糞，則糖亦多。

從此可見蘿蔔産糖之多寡，恆藉地氣、水土與農工等事，如里勒地方之蘿蔔每百分止含糖十分至十二分，麻格的薄格之蘿蔔含十二分至十四分，德國北鄙間有蘿蔔含糖十八分者。凡蘿蔔在土外之一段含糖則少，故有人除之以養六畜，專以在土下之一段作糖，其故與前言蔗之上段含糖少者略同，蓋其糖上行愈高則愈變爲木類之質也。

蘿蔔所含之糖難全取得，如比利時與法國之蘿蔔每百分止得糖六分，間有數處能得七分至七分半者，而德國者每百分略得七分爲中數。近有設新法者，以爲每百分能得糖八分也。

分取蘿蔔之糖法甚簡便，如法國與比利時國乃用齒面軋輪，將蘿蔔行過其間，卽軋碎，又有水恆落於軋輪齒上，令其流淨，而所得之漿置麻布袋內，加大壓力壓出其汁，所餘者成乾餅形。將汁和以石灰，加熱濾之，用熱汽法令沸而熬成顆粒，待冷則令其流質流下。所得流質與蔗糖漿不同，故不能直用之作甜料，卽所成顆粒之糖味亦不佳，須用法提淨始合用也。德國作法與法國不同，乃將蘿蔔切成片，而以熱水化出其汁，再如前法令成爲糖。有比利時人查得一法，用硫養氣加入汁內，則能不發酵，可免其汁變酸。

從論糖事內可見工藝之內凡遇難處則化學家與業農家必設法免之卽化學與農事內再生新難亦必能設法解免如作糖工內第一難者爲令汁不發酵因汁發酵則易變酸酸則糖多耗費且多變不成顆粒之漿第二難者熬糖時須免其炒壞並多變糖漿之弊故化學家設法以石灰添入令汁不發酸工藝家設法以水汽加熱令糖不變壞故能多得其糖然顆粒糖外所餘糖漿尙含多糖而不肯成顆粒其故因糖漿內含鹽類質其質大半爲平常食鹽鹽與糖合而成雜質故不肯成顆粒也如質內含鹽質一分卽有三分糖不肯成顆粒故化學家必設法以免

此弊所查得者有二要事

一每一蘿蔔若輕於五磅則含糖多而鹽質少所以糖廠言明凡送到蘿蔔有重於五磅者則扣價若干因此農家卽設法栽植令蘿蔔不長過大而多獲値也

二田疇之內直加糞者則蘿蔔含鹽多而糖少不直加者含鹽少而糖多故糖廠聲明凡冬前加糞之田所產蘿蔔較平常者加價若干若種麥時加糞而後種蘿蔔者價更昂如加糞後種麥兩次再種蘿蔔者價尤多値旣立此法弊卽速免業農之家甘於產小蘿蔔而不加糞則多得價値足補所絀是以不較豐嗇也

法國與比利時國每田一畝略得蘿蔔二頓至三頓半而麻格的薄格每畝止得一頓半至二頓故蘿蔔含糖多而鹽質少也法國新設一法欲用化學之工分出其糖與鹽果有此法則種田者可任加多糞令蘿蔔重大其含鹽雖多則糖亦多可以分取得利

蘿蔔糖內又有一事甚爲有趣卽釐稅之事於各工藝不獨無妨且有大益如德國各邦共設納稅之會收胡蘿蔔糖之稅不以所成糖數爲例而以蘿蔔重數定章計每蘿蔔百分能成糖五分遂擬每蘿蔔二十擔取稅洋兩元約卽每糖一擔納稅兩元然漸設法能以蘿蔔十四擔得糖

一擔可見得糖愈多則依糖而論稅項愈少故作糖家格外尋求新法以多得糖每能多得一擔則省一擔之稅旣能多得利益又於國法無愆故更覺欣悅矣作糖者旣多得利業農者亦必增益且不獨本國得益而法行他國亦共受益如西印度作蔗糖者按蔗積數或重數而收稅亦能使人格外考求新法以獲巨利也

其三巴辣麻樹糖○此樹之形如第三十九圖畧似西蜜棗樹之類大半含多甜汁如將其樹上萌芽刺之則流出甜汁頗多熬之卽成欖色之糖印度土稱爲嗟嘀哩又有一種如第四十圖生在南洋各島與呂宋地方含糖甚多

又南洋島中所生椰子樹之汁亦能熬成棕色糖漿惟産糖最多之巴辣麻樹生在印度國計每年産糖略有六萬頓大半爲本國食用間有漁利者運至英國假名蔗糖而售之

此糖與蔗糖相同所異者不過在糖漿耳如提淨之則與西印度之淨蔗糖難辨優劣其糖漿亦非可厭者故土人常用之總計各巴辣麻樹每年所産之糖略有十餘萬頓即約爲蔗糖二十五分之一也

另有數種瓜果如西瓜栗子椰子等亦含蔗糖頗多惟人恆並用之而不分取其糖耳

其四楓樹糖○有一種樹類乎楓者亦能産糖謂之糖楓樹多生在美國北鄙每年略共産糖二萬五千頓凡至其處墾地而種麥者恆留此樹若干收取其糖以備自用但未墾之地其樹密而成林常有人在林中取此糖甚多如英屬加拿他地以每樹一年能成糖一磅爲率凡至其處取糖者必每樹五顆納糖一磅爲租價即原産糖五分之一也取糖者或二三人或多人於西三月攜大鐵鍋及木桶斧斤食糧等至樹密處伐木構棚暫居將四遭楓樹刺之每日二次取其流出之汁以鍋熬之至將成顆粒則傾以長模成大長塊間有二人兩月內能得糖三千至五千磅者

此樹之汁有一事甚奇即刺樹之後初流出之汁無色無味過二三日流出者始甜數日後之汁更甜末所出者濃而成糖較次如將其明汁在瓦鍋熬之則成白糖色甚鮮美以法提淨傾成糖塔與蔗糖無異但常用者黃色爲佳因其味濃厚也初至此處者食此糖以爲味頗奇異不甚適口久則食慣而甚喜之加拿他人喜食其黃色者如禁食日天主教人不食肉祇食魚而鄉人則喜食饅頭與此糖漿當春和時此糖多而價廉每磅略洋錢五分至六分冬則稍貴間有每磅洋錢一角至一角二分者

楓樹汁熬至成顆粒時所分出之漿味甚適口比蔗糖漿尤佳總計每年所産楓樹糖略二萬五千頓但因北亞美利加居民漸多樹漸斬伐故此糖年少一年也

其五眞珠米糖又名墨西哥糖○眞珠米之嫩稭亦含甜汁輒出熬之成糖與蔗糖略同前墨西哥人俱知此事至西班牙佔此地時亦見土人用之故謂之墨西哥糖也美國數年亦有試作者僅足自用無出售者如此糖能與蔗糖相埒想北花旗數邦或別國等多種眞珠米處取此糖或可得利歐洲南部已有數處多種此物取糖又法國南近於上路斯地方有一廠每年成此糖二萬餘磅竊意此

處不甚合植此物，倘能取糖得利，況中國美國等合種之處乎，

其六甜粱稭糖○中國所産高粱，有一種甜者，其稭亦可取糖，此物之形如第四十一圖，類乎都拉，近來法國與亞美利加亦有種此粱者，如法國有人試其每畝，略得汁四千餘磅，每汁百磅能得糖十磅至十三磅，可見比蘿蔔之糖更能得利，惟法國合種處不甚多耳，

西國每年所用糖數，若依其人數而平分之，則俄國每人用一磅半，比利時國用五磅，法國用七磅半，英國用二十八磅，此爲數年前之數，想近今必更多也，至中國每人每

年所用者，則無法查知也，

觀此論糖章內有三要事，各人應試思之，一查糖源流，前西人幾無知此物者，僅二三百年內因化學漸精，而各國考尙，則作糖之法由此盛興，用者得益，種者得益，製造家得益，國中賦稅尤能得益，蓋民富而國亦富也，可見化學之益於人實大，

二化學尙未盛行，則糖價甚貴，非有錢之家不可得而食也，迨化學既興，則取糖法益巧，糖價漸廉，貧者得用，想將來其益更大，

三前歐洲中用糖專賴熱地蔗産，後因化學之法，則法蘭西比利時德國等，能取蘿蔔之糖，成新生意，則不必梯山航海而運自遠方矣，是本國之利，猶歸與本國之人也，

第十一章　論所熬乳等糖

第三瑪內糖類○糖之第三大類，西名瑪內糖，舊約書名嗎哪，其與葡萄糖、蔗糖類之別有三，一原質不同，二甜味較次，三和酵質不發酵，此糖類內亦分數種，

其一阿司樹瑪內糖○此樹高有二十至二十五尺，在歐洲西西里島等處多種之，至七八月間，其葉長足，則於樹身上以刀橫割多痕，長略二寸，自地面以上起直至榦頂，首年割樹此面，次年則割彼面，其汁即自痕中流出，或直

以器收之，或俟汁凝而始取之，此汁含甜料甚多，晴時速凝，即成常售之瑪內質，但其質之美惡，多賴樹之老嫩，及流出處之高低，並取時之早晚，如中年之樹，割其高處，於汁流出最多之時取之，則爲上好者，英國謂之瑪內片，甚爲珍重，

瑪內汁內略三分之一爲膠質，另含甜料兩種，一質大半爲糖顆粒，佳美而無色，每瑪內百分，略含此糖三十至四十分，可謂之淨瑪內糖，一質與葡萄糖相似，雜在淨糖內，和以酵，則能發酵，若將常售之瑪內化分之，每百分能得瑪內糖四十分，葡萄糖十分，膠與哥路登等四十分，水十

分因含膠質頗多、故甜味小、而遜於蔗糖、新取之瑪內汁不獨適口、且能養身、如以大利等國多用爲食物、但存之漸久、則有輕瀉痢性、不可當食物、止能當藥材之用、故多運至歐洲售諸藥肆、如英國每年進口者約一萬二千磅、大半爲西西里島所產者、然其藥性、非因所含糖質、葢此糖之淨者、毫無瀉性也、如其汁多而廉、則可作平常甜料等用、惟總不及蔗糖之佳、

不獨阿司樹、能產此糖、數種海草內、亦含之、如英國海邊有數種海草、常爲人取用、間有嘗其草味本不甜者、亦能分出此糖、有一種曬乾時、每百分含此糖十二分、在草外凝成白霜形之皮、又有含糖五分至六分者、但欲由此取糖、終難得利、其益不過能令數種海菜之味、合作食物耳、又有芹菜等根、亦含此糖少許、更有法能將蔗糖變成此糖、但此法究無益於人也、故不必述之、

其二尤加立布土斯樹瑪內糖、又名膠樹瑪內糖○新金山處、生此種樹、多而且佳、甚壯山水之景、其樹分數種、有一種其葉上流出甜料、爲日曬乾、成白色粉、遇大風時、枝幹搖蕩、粉即落下、似雪紛飛、此質亦爲瑪內之一種、所含之糖、亦成顆粒、與上言者、大同小異、但尚未知新金山並相近處、曾否取以代糖用也、

其三別種瑪內糖○尚有數種花草樹木、能產甜料、可謂之瑪內者、如有種橡樹、及松樹能產之、又有柏香木樹、其枝上常有瑪內汁、結成小圓粒、如利巴嫩山之柏香木所產者、價甚貴、每兩畧洋銀五元至七元半、敘利亞人喜用以治肺症、又一種荆棘、俗名駱駝荆棘、爲東方數國曠野多生者、亦產瑪內、葢駱駝或羊、食其枝葉時、嚙傷其枝、即有汁自傷痕流出、行人遇之、每取以當食物、如搖其枝、則汁自流下、又一種樹、多生在西乃山近處、如舊約書云、以色列人經行曠野、所食嗎嗱、疑爲此樹、或駱駝荆棘所產者、但以色列人有數萬衆、在曠野四十年、專食此樹所產之瑪內、有難解者、故須以其所食爲異蹟耳、且或云以色列人所食之嗎嗱、存一日則臭而蠹、今所見之瑪內、可久存不壞、故疑其非此樹所產者、必他種也、

又有一種苔、能產糖質、名俄而西尼糖、有化學家云、爲瑪內之類、但其原質及性情、與平常之糖、大不相同、且食時雖甜、後則覺口內可惡也、

其四甘草糖○甘草根內、亦含甜料、和水煮而熬之、則得黑色膏質、爲甘草膏、與上各糖質性不同、因不能成顆粒、和以酵、又不發酵、英國常用者、或爲本國出者、或西班牙國所生者、年中販至英國、有數百頓、但此質亦不能與蔗

糖相捋惟爲藥材功力甚大能治傷風咳嗽等症又作黑苦酒家大半用之添酒中漁利以省多用炒黑之麥至於中國藥材中每年用甘草亦不少另有數種草與甘草相類其根亦合用

其五乳糖○乳之甜味賴其所含之乳糖作乳腐時則糖質存在乳水內熬濃待冷則成顆粒其質硬而難消化味亦不及蔗糖之甜瑞士等國多作乳餅處常將所餘乳水熬糖惟所成者不足爲平常糖之用植物內亦嘗遇有乳糖如化學家已化分橡樹子而得乳糖若干也

以上所言葡萄糖果糖蔗糖乳糖等其原質大致相同皆

爲炭輕養也其輕氣與養氣之比例俱與輕養合成水之比例同故可謂各糖之質不過爲炭與水合而成者但各所含水之數未必常同亦未必常異試將數糖相比以所含炭質各爲七十二分劑則蔗糖另含水九十九分果糖含一百零八分小粉糖含一百二十六分乳糖含一百零八分乾乳糖含八十五分半

若另法計算則每蔗糖九十分爲炭三十六分水四十五分每葡萄糖九十九分爲炭三十六分水六十三分每乳糖九十分爲炭三十六分水五十四分合而成者

由此可見葡萄糖含水多於蔗糖疑此即其味淡之故但乳糖與蔗糖之炭及水比例相同味與性則迥異此化學內最奇之事蓋其原質同分劑同而所成之質性大不同也如前言木紋質或小粉或膠質遇淡硫强水俱能變爲葡萄糖又炭三十六磅與水四十五磅化合能成木紋質或小粉或膠質八十一磅但此三質之性亦大不同又如土內含一種深棕色植物質俗名土酸亦不過爲炭與水所成者計每土酸六十三分有炭三十六分水二十七分也

從上各數又可設一總例指其各變化之理但其例未必能眞如土酸六十三分和水十八分或能成木紋質或小

粉或膠質八十一分小粉八十一分和水九分或能成蔗糖九十分蔗糖九十分和水九分或能成葡萄糖九十九分歟

查知土酸能入植物根內而升至徧體變爲木紋質或其果實內之小粉如梨或蕉果或饅頭果內之小粉是也果生時無味至變熟則其小粉變爲糖而有甜味又植物汁內遇酸質令有甜味又酸果內初含蔗糖後則成葡萄糖此各變化大略其質不過多收水若干而變成新質乃天然之變化也人能將山芋小粉或木屑或廢布等用硫强水令變爲糖者乃法乎天然之變化耳可見考察天然變

化之益於人非淺因能循其機妙以得有益新法而成新料如近來化學家賴此理成新染料葢歐洲有一種植物根含紅色料外另含數種異質如膠及哥路登等有礙於其染料故設法將根磨粉添淡硫強水內俟若干時令異質變爲糖消化而洗去之餘者卽爲淨紅色料則能染之功力比前取者大三倍至五倍其體積雖小而輕則能染布之色恆有定例可見化學中每察得一理則有益於人且可漸推廣其用凡製造工藝內變化之事大半爲查驗萬物公理者所查得者近來查得者年多一年故今之化學爲各學中之最緊者如前西人見鎔化之鹻能消化海

沙冷則成玻璃今因此事成大製造又有見牛角牛蹏等和以鉀養鏴化添於含鐵之水內能成深藍之色今大造普魯士藍者由此事起又有人因配製藥材能成數種植物香料等與天生花草所成者無異且可任意多造則化學之有益於國於民可概見矣更能利人日用飲食以成衛生之要道則中國地廣人稠物產豐盛不宜廣行此學以利民生也哉

第十二章　論所釀五穀等酒

酒之爲物幾無國不有其釀造之理俱賴糖質而成其糖或爲植物內已分出者或爲用物料令變成者要皆可以成酒也茲將各國所釀之酒大畧言之以公同好因酒之造法及化學性並飲者之損益俱與衛生之道大有相關

統計所造之酒約分三大類卽麥等酒類葡萄等酒類火酒類是也

第一麥等酒類○凡葡萄糖在水內消化再添以少許酵質則速發酵發酵時其糖質分爲三種一爲醕一爲水一爲炭養氣則醕與水留在發酵之水內而炭養氣成泡外散

如將蔗糖消化水內加以酵質亦能發酵然其糖遇酵必先變爲葡萄糖而後始分成醕與水與炭養氣此事無論

在密器或露天爲之皆能發酵可見其事不在空氣而自能變成也

如將小粉和以淡硫強水令變爲葡萄糖或用發芽之麥粉令變爲葡萄糖而再添以酵質則其變化及成醕之事與前相同故法德等國常將山芋小粉依此法變成火酒甚多又法令大麥等穀發芽其所含之小粉卽變爲葡萄糖再添水內加酵仍能成醕與水及炭養氣前章云穀類含要質二一爲小粉一爲哥路登如將穀類令溼則能發芽其所含之小粉與哥路登原爲發萌蘗者惟此二質不能在水內消化則何能養其萌蘗必變成能消化者始可

故麥等發芽處其哥路登乃變白汁易於消化其汁西名對阿司打西而小粉變爲葡萄糖亦能消化故麥等發芽其味比未發芽者甜此夫人而知者也

前云小粉和硫強水能變葡萄糖而麥內小粉遇所變之對阿司打西亦能變爲葡萄糖可見麥內小粉所變之糖卽足養其萌蘖令生長漸大故造酒家因藉此理以釀酒也茲將造麥等酒分言如後

其一大麥酒（卽啤酒亦名苦酒）○作此酒之工分有兩事卽令麥內小粉變爲糖及令糖變爲醅也令小粉變糖者乃將麥發芽也令糖變醅者乃使糖發酵也

作發芽麥法○將大麥置暗室內鋪於地面灑水令溼見麥皮將綻時卽收起置爐烘乾令萌芽死其麥之味卽已變甜因含有葡萄糖也凡穀之類大都可以同法爲之如數國嘗有令眞珠米發芽以作酒者然歐洲作酒大半用大麥間有添以平常麥及蕎麥者又有漁利者將小粉用硫強水變成葡萄糖以之造啤酒其味究不佳因大麥皮內有一種香料能令酒味甚美故用小粉等變糖釀者不能得其味也中國釀酒則用麥少而用米多亦藉變葡萄糖之理也

沸滃麥法○將發芽大麥舂碎置大鍋內和以水加熱一百五十七至一百六十度則水先消化麥內已有之糖後消化其對阿司打西質此質再遇麥內小粉令變成膠類質後變爲葡萄糖如依法爲之則所餘之糟粕不過爲麥皮而已所滃得之水味已變甜

對阿司打西質有三事爲奇一上等發芽麥每含小粉百分止能有此質一分二此質一分足令小粉千分變爲葡萄糖三如將含此質之水熱至沸度則其質死不再令小粉變糖可見發芽大麥粉內若添小粉或未發芽之穀粉若干則發芽麥內所含之對阿司打西足令全變爲糖可免全用發芽之麥然造成之酒自不及全用發芽者佳又

可見造酒時不可先令其沸須待麥內小粉全變爲糖後始可沸之沸後則對阿司打西歸於無用而水內所消化之蛋白質亦分出而結成此時可加以霍布花此花不但味苦而香又能助其水變醅至於沸酒之時與用花之多寡俱賴其水含之糖數並所欲造者爲何等酒

所沸得之麥水引入淺鍋令速冷至五十四度或六十四度再裝大桶內加酵質令發酵六日至八日發酵時水內之糖卽變醅與水而炭養氣散出

以上之工有三事爲奇一所添酵之數及發酵時所需之熱度各酒不同二所用之酵必爲同類之酒所變成者如

用前某酒所變成之酵，則所作之酒幾必歸某酒之類。三水內之糖不能全變爲醕，如上等麥酒常帶甜味，大約存糖有原數四分之三。如令糖全變爲醕，則酒難存久，必致發酸。

發酵之事，乃賴一種極微植物，卽酵之質也。在第四章內已言及之。其質極微，延生之法甚妙，且生長甚速。此各變化洵屬奇妙莫測，如小粉遇硫強水或對阿司打西能全變糖，糖遇酵質能全變醕與炭養氣，其如何能變化者，尚未有人能詳論也。但其三質有一大別，卽令小粉變糖之硫養（卽硫強水）在糖水內其數不增不減，對阿司打西質能自

改變漸歸烏有，酵質能蔓延生長甚速，雖其質微小，僅以顯微鏡能見之，然從此事能知其爲植物也。如第四十二圖爲麥水發酵八小時之酒內酵質形，酵質之粟已增大，而初有成鏈之形。如第四十三圖爲酵質長大之形，自一直長至六，視圖可見也。前有人試過造酒一萬二千五百磅，添乾酵三十五磅，則酒內所變成之酵共有二百四十七磅。然雖知酵質能在酒內生長，究難知其如何能令糖變醕也。凡究化學或植物學者，俱未得其可憑之據。

如將麥酒熬乾，則得稠質若干，或爲麥內之料，或爲霍布花之苦質料，或爲鹽類質，此可謂之膏質。各麥酒所含者不同，上等麥酒每百磅常含四磅至八磅，若酒薄劣，含之則少。凡濃而甜之酒含膏質頗多，如德國數處之酒每百分含十四分，有一種黑色酒含三十九分也。麥酒養身之性，大半藉此膏質。

若將麥酒蒸之，則能蒸出醕若干分，各酒含醕亦有不同，最淡者每百分含一分至一分半，濃者含五分半至十分。麥酒醉人之性，俱賴所含之醕數，如英國麥酒之醉性略比法國輕，而與葡萄酒同。

麥酒所含膏質甚能養身，但比諸乳功有不及。因麥酒百分僅含膏質四分至八分，而乳含養身之料有十二分，且

含乳腐，卽同乎植物內之哥路登者。然麥酒功用不獨可爲飲物，猶能當食物之用。如飲此酒時兼食肉少許，以補酒內所缺之哥路登質，則功用能同乎乳。從此可見英國等之食物視爲要者，惟肉與饅頭及麥酒也。此三物兼而食之則甚合理，蓋能得其補性與行氣性及能存力之性也。

至於麥酒內所添之霍布花，不獨爲得其苦味，猶能得其醉性。此花之醉性，在後第十六章內言之，茲不多贅。

其二眞珠米酒○南亞美利加之土人由來能作此酒，如略四百年前初查得此地時，見土人已久用之爲飲物。其

造法先令眞珠米溼而發芽曬乾再軋碎添温水中待若干時令發酵其色黃而味稍苦稍酸西印度土人亦多有用者如遊至山中常遇土人茅舍內必藏此酒一壜以爲飲物又南亞美利加有一山村釀造此酒法甚奇異造酒時全家之人坐於地面圍成一圈或有客來亦必同坐其圈中有大葫蘆或鍋一具葫蘆四外堆以發芽已乾之眞珠米則各人手取一握啣口嚼之至爛而成漿噴入鍋內再取一握同法爲之如此連嚼不息至所堆之眞珠米盡嚼爲漿再加料掉和傾温水內俟其發酵不久則成酒而合用其間有將酒存瓶掩埋地內俟久則漸濃而醉性大

該土人以爲此法造酒比平常軋碎之法所釀者味更佳美故逢客至如進此土人親口嚼釀之酒爲最敬也

以上之法雖西人視爲可厭然有至理如前言令穀類發芽爲欲其變成對阿司打西質至添於暖水則易令小粉變糖而人之口津亦能令小糖變糖若試將小粉置口中待若干時而後食之卽變糖若干而味甜或吐口津於杯內添以小粉加熱令暖亦能變糖故南亞美利加土人以發芽眞珠米嚼之則和有口津能助其小粉變成糖也又有一理因眞珠米粒大發芽時所成之對阿司打西不足令其小粉全變爲糖故得口津助之始全變糖發酵後酒卽芳冽從此可見土人設法實有理也

另有用他物代眞珠米以造酒者如大麥米豆波羅蜜葡萄饅頭等俱有用者又有用一種草之甜子穀和以他草之苦梗令老媪嚼之成漿而和以水不久發酵卽成有大醉性之酒名曰記卡其添苦質之意略與西人加霍布花於麥酒內者同是歐洲與南亞美利加地之相去雖數萬里而風土人情雖有迥異然酒內所加苦料意有相同殆天性然也

其三小米酒○此酒爲中國西鄙西戎之人最喜飲者造法用小米發酵再添數種溼料名之曰布渣酒又有一種

子類略同小米亞剌伯與阿比西尼亞及亞非利加數處之土人喜用之釀酒名之曰鐵弗酒間有用小米或大麥作者其質略酸而稠如漿又喜馬拉山南土人造一種小米酒呼爲暮爾哇其作法將小米令溼發酵數日則可取用每用時取其若干傾以熱水則乘熱飲之飲法以竹杯盛之用小竹管或葦管吸之其新釀者味如葡萄酒和水者稍有酸性甚淡薄如炎熱時行路疲乏飲之最適口各小米酒之性尚未詳考但其作法與麥酒異如其發酵各事皆子粒內自成不加酵質可見小米粒內有三變化事爲同時成者一其小粉遇對阿司打西變爲糖其對阿

司打西質爲令小米溼而將發芽時所成者、二其糖發酵時有幾分變醋、三其糖之一分因小米內之哥路登則變爲乳酸、可見此小米酒與歐洲所作之麥酒相同處因含小粉與哥路登所變成養身之質、不同者乃含乳酸而不含醋酸也、又印度人所釀之暮爾哇、乃是泡飲與泡茶同、且不加霍布花等苦料、則與麥酒大不同也、而西戎之布渣酒、乃加以澀料、意或與加霍布花有略同歟、但喜馬拉山土人泡用發酵小米、以管吸之、則與前章所云南亞美利加人飲巴拉沽茶者事似同風、但此二處相去甚遠、仍有略同之俗、似屬可奇、此外未識他國、尚有用管以吸飲物者否、按此各小米酒與北省之黍米酒似屬不同蓋黍米酒造法不獨用米尚用麴蘖且加酵質是不同也

其四麵麥酒○此酒爲俄國人最喜飲者、其質濁而味酸、略與數種小米酒同、作法將麵麥或大麥粉和水、令發酵即成、其酒內或含乳酸與否未得察知、因尚未有詳考其原質者、但此酒不先令其麥發芽、自與大麥酒不同也、

其五乳酒又名苦密司○前章言乳中含一種糖質、名曰乳糖、味不及蔗糖之甜、如消化水內、添以酵質不發酵、惟在乳內未分出時、與乳腐乳油相和、則易發酵、而變醋、與炭養氣、其乳即有醉性、此發酵事、乃自成也、若復添酵質、或已發酵之乳少許、則發酵更速、如蒙古等人、作乳酒甚多、但馬乳比牛乳含糖質多、故常以馬乳爲之、法用乳六分水一分、加以前次乳酒、和勻置暖處、蓋密俟一晝夜、則掉和令乳腐乳油全勻、再待一晝夜、置高器內搖動之、則成乳酒、其味酸而趣、藏瓶塞密、置於涼處、能存數日、此酒因含乳腐乳油等質、則不獨有行氣性、且能養身、又無他酒醉人之各弊、近來有西醫勸凡身弱或食物不消者、飲此乳酒、大能得益、

如乳酒爲合法釀者、每一升能蒸得火酒半兩、此火酒土名阿剌吉、蒸出此酒之後、所餘者、尚可爲食物

亞剌伯與土耳其等人、亦能釀造乳酒、又英國之蘇格蘭與阿爾蘭人、常將乳分出乳油、以餘者發酵、則成有醉性之酒、

乳酒之質、未識曾有人以化學法化分者否、但有二事、爲易明者、一乳酒含養身料甚多、與麥酒同、蓋乳內乳油乳腐等、與麥酒內養身之質、功力同也、二乳酒含酸質、多於麥酒、然其酸非醋酸、乃乳酸也、此二事亦與小米酒相似、

又乳酒之酸質、與蘋果酒者同、此在下章內論之、

其六長胡椒根酒○此種根、土名啊呿、又名喀呿、其造酒法、畧同眞珠米酒、太平洋羣島用之甚多、有一島名達希

底其人民多因酖酣此酒以至喪生又三維斯羣島內數年前盡用之又撒暮哇島土人男女老少俱飲此物別無他酒又當葛島人凡値喜事則以此酒燕樂嘉賓更有甚者如斐濟羣島內之島王每晨必飲服役者造作此酒甚費心機且法令甚嚴不得稍差造酒時將啊呿根或鮮者或乾者以口嚼之與南亞美利加嚼眞珠米同嚼成之漿和以冷水待若干時濾淸卽合用其味爲初飲者覺甚可惡有西人徵勒克斯嘗試之云其味略似大黃又有試飲此酒之西人云其酒醉性與火酒異乃與鴉片有相似處能令人身抖頭暈心迷目斜四肢麻木想此根內必含醉

性之藥印度等處有多人用其葉和檳榔嚼之則食檳榔者幾分藉此葉之性可見其根嚼而濾之雖尙未發酵變醋已有醉性略必其根之本性也然口津亦能令其變化故其醉性有幾分藉此變化也如嚼檳榔者亦必將此葉久嚼之始得其醉性也

當葛島人常將此根曬乾劈成小塊再刮淨以備嚼嚼者必爲少年牙勁口淨不可爲傷風者無論男女俱可嚼之茲將西人徵勒克斯遊覽此各島時所著之書摘錄一欵以共衆賞其文曰

斐濟羣島內有一島名所達所達其王飲啊呿酒之禮極奇每旦平明在王室前有一傳喚者大聲呼云咩哦噯啊呿卽謂造王之酒時至矣則左右宮人大聲覆以嗎嗎二字卽謂備啊呿酒也而宮內要職及島村首目立卽蝟聚並攜大缽及啊呿根等則老者交相環坐談以本日新務少者整頓心神備嚼進王之酒其人必牙健而淨毫無朽枯嚼時不可吞咽其漿如有犯者加以重刑嚼畢將漿吐入大碗卽有人大作威儀伸手傾水其中則傳喚者因高聲喊曰嗮咈嗠叺啊哪卽謂獻王酒也每喊一聲尾音甚長作酒者卽以椰子殼濾其漿傳喚者以同語頻頻喊之後則島村首目依言數次而

衆卽高歌曰嗎哪嗯啲哪嗪啲哪哩等字連歌弗輟一人卽起將酒送宮中進王飲衆人猶歌如前既而傳喚者禱本島之神名他法撒法者保佑衆人而衆卽誦已故親友之名求其佑庇而錫福焉次則求天雨應時次祝王壽無疆次云㕭噶啦吧吧叺卽求多有外國船來以廣貿易之意又求庇佑衆人長命富貴禱畢則衆大聲呼云嗎哪嗯啲哪意卽誠心所願也至每飲一次則呼聲加高至再不能高衆卽曰哦啞嘆三字其音大而高惡而可憎甚不堪入耳宮周圍之人聽此喊聲則依樣呼之聞至遠處其人亦依樣呼之直至相聞而達乎

四境既而呼聲歌王飲酒則首目等依時鼓掌聲聲有度至飲畢而後已後則各首目飲酒至畢則本日事務始起首辦理尙未飲時衆人毫不施爲若寄旅西人欲與其王及衆結納應於未飲酒之先不動作不聲響否則見罪也

計用嚼法造酒者除太平洋羣島及南亞美利加之山村外約無他處但其所用之料一爲胡椒根一爲眞珠米大爲不同而嚼法與所成醉性之酒畧歸一致未知此俗之興何地爲始或羣島歟或南亞美利加歟又此二處相去頗遠而有同俗殆原爲同旅之人歟此各事俱難定知蓋

其言語容貌絕然逈異未識以此奇俗可當爲同族之據否

第十三章　論所釀葡萄等酒

第二葡萄等酒類○前章所論之酒類爲麥等穀所成者玆之論者爲葡萄等果所釀者果酒與穀酒之別分有三事一含養身之質少二不含苦質或有醉性之料如霍布花等三不須加酵能自發酵故此酒內不獨含醋酸尙含他酸質也

其一蘋果酒梨酒○此兩種酒爲西國久用者如英國法國及北亞美利加等處造者甚多

蘋果及棃內含有已變成之葡萄糖質不須加酵卽能自發酵發酵時其糖卽變爲醕

蘋果酒之味及酸性與濃淡並等次藉有多事而異如果爲何種及摘時熟否摘後待若干時令熟或發酵又賴各種蘋果爲何法收聚而軋碎者及作酒處之水土地氣並天時之冷熱又賴培養其樹之法及其果汁軋出後以何法收之藏之等事俱能令其酒有小分別

法國諾曼氏省產蘋果甚多有味酸味苦者五千餘種又間有一種在各處之名稱各異曾有一果十八名者又其泥土含白石粉多者其果比含沙含泥多者味亦不同故

諾曼氏人論蘋果酒不但能別其爲何種蘋果所釀者猶能辨其爲何泥土所產者

蘋果酒雖有此各分別然有數化學性爲相同者有云其含膏質或養身之質甚少然未必確但此酒含蛋白質故如熱度稍增變酸甚易又此酒內不添苦味或醉性之料其每百分畧含醕九分是其濃與葡萄酒或英國麥酒同然含有乳酸是又與小米酒或乳酒同也

蘋果酒最易變酸故平常者每有酸性若頻移動之亦易變酸最難久存然有西人巴西德云曾存此酒十年尙甚佳美又云若酒內添糖若干則生醕多能存之更久

其二葡萄酒○葡萄果內亦含葡萄糖其汁易自發酵如夏日壓取其汁初尚清明待半小時則濁而漸發泡即發酵也待三小時則面上生皮一層爲黃色質汁內即成醋若干但發酵之種由何而入足令其汁幾立發酵不可解也

葡萄酒之原質與性藉多事而異如地氣水土天時寒暑及葡萄之種類與種法摘取之時並以何法取其汁令發酵與以何法存其新酒而存酒處之熱度存酒時之長短等事然葡萄酒內不可少者分有五事

一含醋○各種葡萄酒含醋不等即一種酒內數亦不同

大畧每酒百分最多含二十五分最少含五分英國葡萄酒所含之醋比法國德國者多一倍至二倍

二含葡萄糖○此糖在酒內尚未改變故酒味甜若含此糖甚少則謂之乾酒然各葡萄酒所含者亦不同有數酒幾無之有每酒一兩含四釐至九十四釐者如湘冰酒味本淡作者常加以糖令濃厚又能發泡而免酸但其味又賴糖爲何種如加淨蔗糖則味佳與蔗汁同用蘿蔔糖則味如蘿蔔而可憎此甚奇也蓋淨蔗糖與淨蘿蔔糖嘗之嗅之視之皆無分別惟添酒內發酵後則糖本味易顯嘗之嗅之皆可辨也

三含酸質○酒有酸味因含不化合之酸質也前言麥酒蘋果酒等每有酸味而葡萄酒亦然但葡萄酒所含之酸與他酒異乃果酸也而麥酒含醋酸麰麥酒乳酒蘋果酒含乳酸兼含醋酸若干惟麥酒葡萄酒不含乳酸而麥酒蘋果酒不含果酸可見酒內酸質各有異也

若用未熟之葡萄釀酒間另含一酸與檸檬酸畧同惟熟者不見此酸葡萄內之果酸皆與鉀養化合成鉀養二果酸此質每在存酒之器邊凝結如提淨之則成白粉若酒存愈久則含果酸愈少因此酒價則昂

四含以脫質○葡萄酒之香藉有以脫之質此質西名以

難弟克如分出之則爲極稀之流質味酸而可憎然其臭甚濃一嗅幾令人醉此質非葡萄所含乃發酵時變成者酒存愈久則生此質愈多故陳酒之香甚濃也然酒內含之甚微每酒四千兩止此質一兩也

五含異香○酒內另含一種香質比以脫之香輕微幽細大畧藉此香能辨各酒之優劣但其化學性尚未考詳

歐洲南鄙用葡萄酒甚多無論貧富皆飲之又多運往他國惟富家用之貧者則多用麥酒火酒等

其三巴辣麻汁酒○有數種巴辣麻樹流出之汁含糖甚多產此樹處常以其汁熬成糖與造蔗糖法畧同另有他

處令其汁發酵，如在熱地，則汁能自發酵，而糖因變成醕，卽有醉性，在東印度羣島中，卽南洋列島有一種巴辣麻，土名哥毋弟樹，其汁亦能成酒，如蘇門答臘島常作此酒，名曰尼法酒，加拉巴島有蒸此成火酒者，名曰阿拉克，印度等處有椰子樹，其汁亦可成酒，謂之拖弟。

在太平洋羣島亦產椰子樹，西人微勒克斯嘗見土人取汁之法，筆於書云，椰子樹將開花時，長成大花朶，長畧四尺，寬有二尺，漸漸能開，至花後則結椰子，乘未開時，以繩縛之，削其頂，下以空椰殼承所流出之汁，每樹能得二升至六升，其汁初同椰子內之稠質，而味淡，少頃則發酵，變

酸，如削處汁不流，再削去一段，取其汁，至削盡爲止，以後其上月發新花朶，待長足時，同法取之。

各巴辣麻汁大半以此法取之，間有割樹身之皮，或刺之以取者，如阿非利加及印度之巴哈耳省，多產巴辣麻棗樹，乃割其皮取汁也，有西醫呼卡者遊該處，云見河邊林中之樹，身多彎曲，而無直榦，因每年迭更於樹左右割而取汁之故，所割處近於樹頭，割痕向上斜下，懸以器，用竹竿引汁至器內，凡取汁之樹，所生之果較不取汁者小，而味次之云云，又印度多取椶類樹之汁成酒，惟巴哈耳省則用此棗樹，因其汁易發酵也，在阿非利加大沙漠內，間

有花木盛處，產此棗樹，土人多賴之養生，將開花時，同部人常取其汁，名曰拉苟米，每樹一日夜能得汁二升至三升，阿非利加西鄙多產含油之巴辣麻樹，其汁亦能發酵成酒，又印度所產之巴辣麻樹，形最美觀，一晝夜能產汁畧一百升。

阿非利加北鄙突尼斯國之野，間有花木茂繁，人烟頗衆，多飲巴辣麻棗樹汁酒，遊斯土者云，城鎭中屢遇醉人，蹌蹌而過，皆奉回教者，如詰曰，摩哈麥戒毋飲酒，爾胡頻醉，則曰，教祖摩哈麥所禁者葡萄醪耳，我飲棗樹汁何涉焉，巴辣麻汁各樹不同，卽一種樹，亦幾分賴產處之水土，大

半其汁流出時味甜，無醉性，頃之則發酵能醉人，後則變酸如醋，其水土與發酵事亦有相關。

阿非利加撒哈拉所產巴辣麻棗樹之汁，鮮者同於上等牛乳，發酵後色仍白，能發泡，畧同湘冰酒，蒸之可得濃火酒，有數處多蒸造之，如印度之河濱孟葛耳城，因二事最著名，一所造之鐵料鐵器等，一其人常醉，蓋多飲此酒也，又阿非利加數處皆用此酒，幾無他類，惟歐洲不生此樹，幾不知有此酒，乃以葡萄酒爲要，若按地球人數計之，則飲巴辣麻酒者多於飲葡萄酒者數倍。

其四蔗酒○蔗汁亦能發酵，成醉性之酒，土名加拉布，作

此酒處甚珍重之其酒所含各料畧同蔗汁不過除去發酵時所改變及化散者並提出之滓耳呂宋島多作此酒土名拔西大有醉性

其五阿葛非酒又名布勒克酒○此酒爲亞美利加所產阿路草汁所成者其形類乎中國之龍舌草生長甚慢數年後始高五尺至八尺畧十年開花一次花梗產汁可作酒土人多種此草於田間見將開花時則剜去花心止留外殼形如大盆深二尺寬尺半所應養花之汁卽聚盆內日能滿二三次畧得汁數十斤味甚甜無劣臭土人呼爲蜜水能自發酵如添以發酵之舊汁少許能發酵甚速故

常留舊汁十數日每收得新汁添入待一晝夜卽變成酒美而適口

此汁發酵時之變化與常酒不同變成之質分有三種

一爲醕同於他酒故飲之稍有醉性蒸之可得火酒

二爲酸質令酒味畧如蘋果酒惟不知其屬何種酸質

三發酵後酒臭甚難當畧同敗肉故歐洲人初嘗之視爲最可憎者若免強飲二三次則覺涼爽能補神而有趣久則嗜之不欲飲他酒然未識其臭究自何來

墨西哥等處多用此酒謂有多益能安腸胃能助消化令人穩眠又可療數種疾病故其大城近處種此草甚多但

其汁發酵甚速須速飲之遲不久則變壞造者如不速售易受虧折惟蒸成火酒能久存不壞故蒸造此火酒者甚多兼運至遠處

第十四章　論所蒸各火酒

第三火酒類○前二章所論者爲穀類果類之酒如將此各酒置密器內加熱令沸則醕升而成霧以管引至冷處再凝成流質卽謂之火酒作此事者謂之蒸工也

其一蒸工○蒸酒之工須有盛酒而以火加熱之器卽甑是也亦必有收醕而以水加冷之器卽凝管與收瓶等是也但各蒸工所用之器常有不同如第四十四圖爲平常

蒸酒各件之剖面式左爲甑多以紅銅爲之內盛酒置爐上以便加熱所蒸出之霧行過螺絲形之管其管置冷水桶內如圖右式桶左旁下有孔接以管稍高於桶時有冷水流入其中桶右旁上有嘴能放出桶內已熱之水而螺絲管下口承以瓶收所凝成之火酒初次蒸出者含水頗多因瓶之汽亦稍由管放過也如將收得者連蒸數次則逐次含水漸少至末次幾不含水而爲淨醕欲得無水者可將此末次之醕置甑內和以石膏蒸之石膏收其水而透出者爲純醕其香甚奇味甚辣性甚熱比水畧輕五分之一卽如以容水千兩之器盛此醕稱之不過重七百九

十二兩耳、故常以其重率爲○·七九二也、純醕見火易燃、餤色甚淡、醉性極大、止可爲化學工內之用、而肆售之醕、含水較多、常飲之火酒、含水尤多、西國飲者、每百分水畧居半、間有更少者、卽比葡萄酒含醕多一倍至二倍也、各種發酵之流質、蒸成火酒、味香各異、如葡萄酒蒸者、西名罷蘭地酒、發酵之糖漿蒸者、名勒木酒、而發酵之眞珠米、或山芋、或䴵麥、亦可蒸火酒、惟不甚佳、蘇格蘭與阿爾蘭、多用發芽大麥酒、蒸之成厌司記酒、荷蘭國常將側柏子和大麥酒蒸之、謂之進酒、

其二蒸各酒法○蒸麥酒各工、與釀麥酒有不同處、前言麥酒發酵後、含若干未變之糖質、因糖未及全變爲醕、而發酵事停、因此酒味佳美、藏瓶亦不發酸、但蒸酒者、欲得火酒多、故令麥水連發酵、使糖全變成醕、如有未變者、不獨虛縻其質、而蒸時恆有礙於火酒之味、故造火酒者、須始終謹愼、否則易誤、

火酒之佳者、爲發芽大麥酒所蒸者、如蘇格蘭及阿爾蘭所造上等火酒、專用發芽大麥所釀者、間有漁利者、羼以未發芽之麥、或山芋小粉等、其小粉變酒之理、已見前論、然此爲要事、宜再詳之、前言大麥發芽時、生對阿司打西質、能令小粉全變爲糖、卽每對阿司打西一分、能令小粉千分變糖也、但上等發芽大麥內所生對阿司打西、每分僅有小粉百分配之、則所餘者、尙足令多小粉變糖、故造酒家、每加以小粉、或未發芽之穀類、則已有之對阿司打、西足令全變爲糖、可見此法能大省工料、而多得利、因能省大麥發芽烘乾之費、與其麥減重之費也、每大麥百分、發芽後止得八十分、且所用之小粉、價廉於麥、惟所成火酒、大不及全用發芽大麥所作者、

蒸火酒時、常有自散油類、同醕蒸出、火酒之味、皆賴此油、故以酒味、可辨知火酒爲葡萄酒、或大麥酒、糖漿酒、山芋酒、巴辣麻酒、或乳酒等之某種所蒸者、如山芋酒蒸者、臭味可厭、嗅之易知、雖各酒內含此油甚微、亦足顯其劣味、

其三西國用火酒之數○歐洲北鄙數國、造用火酒甚多、如英國每年約用三十餘萬斗、每斗八升所有人數僅三十餘萬、可見男女老幼、每年用火酒之中數、爲一斗也、此由納火酒稅册中所得之數、尙有飲麥酒、葡萄酒、及外處運進之酒者、故每人年飲之酒、應三斗至四斗也、然每人雖用若此之多、尙應不醉一次、其所以醉者、因酒數非均分者、常有一人飲用多人之分、猶有多人未及飲者、故醉酒之弊、英國爲甚、雖有戒酒會勸人不飲、究不能多袪此弊也、

其四火酒之利弊○西國立戒酒會等人、見多用酒、爲國

大害遂盡力勸人戒飲如美國北部數邦設律不準賣酒與用酒苟有嗜者則輕賤視之按此戒酒之會立意固嘉然其勸人之言常有不合理處蓋以化學與醫學理論合法用酒必有大益於人也

戒酒者云火酒不過醕與水耳並無養身之料遠遜菜肉之功故飲之無益也然此說不合於理可以二欵辯之

一火酒之性能令身暖又能補所需之炭養氣與水氣即肺所常放出之質故能當食物之用人食肉與小粉等不過作此用也如法國荷蘭等鄉人每飲火酒一杯並食乾肉數斤則在胃內能和成養身之料畧同於饅頭內小粉

與哥路登之功又西人食牛乳每加以糖或火酒令乳更有益於身理相同也故年邁者每食乳補身復加酒若干則謂之老人乳

二火酒能阻肺臟與內腎所放出之質與前言茶及加非之功同故飲火酒可省食物而身猶舊不瘦不弱常有病者胃中能消化之質不足補身所需者如多食物則胃不勝其任人即漸瘦若飲以火酒既能補身又免胃弱豈非大益也哉有化學家云飲慣酒者必屢食魚肝油等有益之質始可不飲否則難戒又戒酒會之人欲禁備夫飲酒前時每人給酒若干後代以錢久之見其人所食饅頭等比前加多則主人費者二倍於酒一所給之酒錢一所多食之物由此可見各酒於人非無益也凡老弱之人難消化食物飲用各酒更能有益蓋人之老弱皆因胃所能消化之質不足補所耗之料如飲不過濃之酒阻所耗者則可免身羸瘠又感動腸胃令增消化之力則老者能健弱者易強故西國詩家每呼酒爲老人乳豈無理而云然也雖酒養老人與乳養嬰兒有不同處然實能令其身免大耗消而常強健惟幼年或壯年常飲過度者至老雖多飲酒亦終無益反得其弊酒將不爲老人乳反成老人毒矣

以上所論酒之正用合法飲之益固宜然若酖酣成癖亂

飲無節豈能益哉徒取害耳猶之鴉片爲藥依法正用療病如神無故妄吸催人似鬼然易流弊者究莫於酒蓋其芳冽宜人馨香適口又能令人心暢體快境入仙鄉故初嘗再飲久易過度一聞醴香心不自主甚至朝暮酩酊無惡不做無苦不遭常有壽未半百而殞斃者如舊約書以色列王所羅門論酒云誰遭禍患誰起爭競誰搆怨尤誰目赤身傷出於無因惟耽麴蘖嘗旨者調劑甚厚者則若是勿以觀酒爲樂其色貴朱入爵則沸依法而流不知其終酒傷若蛇其毒若蝮云云

其五酒內所羼異質○酒之淨者其濃淡藉所含之醕數

醕多者酒芳冽醉性大然漁利者每將數種醉料添酒內令醉性大飲者以爲酒濃也如英國常用菸葉或甘蘆莖根等物俄國印度中國用醉仙桃子等加拉巴造火酒時將葱與黑胡椒與花椒等和成餅置酒內同發酵則酒更濃波斯國則用罌粟子殼昔猶太國凡犯死罪者將決時則以乳香添酒內令犯者飲之心迷而死無苦希臘國飲酒時每酒五十分加海水一分令助消化而不醉人印度又有將羊躑躅添酒內蒸其醉性尙有用他料者甚多此難枚舉然添此各物皆與酒質無益因不能蒸得其所含之醕數反因其醉性能有大害也至於人所常用各醉藥與其於人身之利弊等事則在下數章內言之

化學衛生論卷二終

化學衛生論

菸草亦名淡巴菰　見五頁

菸草　見五頁

罌粟花　見二十四頁

印度麻　見三十七頁

霍布花　見十七頁

司羅故告　見二十一頁

而爲草　見三十六頁

檳榔樹　見四十四頁

兒茶　見四十六頁

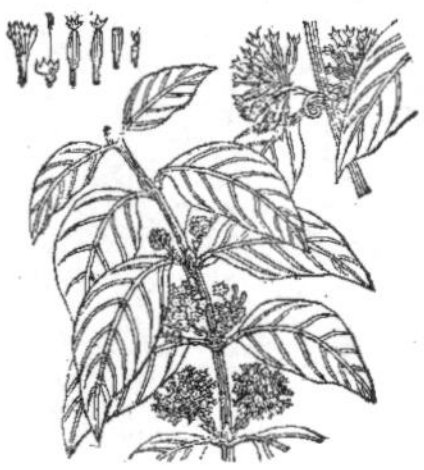

羊躑躅　見六十六頁

胡椒　見四十七頁

胡椒爲樹未熟而作乾之果大半產於印度常名黑胡椒如去黑色之殼則得白胡椒其樹爲藤本其榦或蔓於地或緣於樹上形圓而多彎曲高八尺至十二尺枝有多節近節處似腫常向四面分枝葉左右平列果成串粒粒如小豆初綠色後變紅末變黑外有輭肉乾之則爲黑胡椒又有數種胡椒其葉可和檳榔嚼之亦有其根可當胡椒者

醉仙桃　見六十一頁

此物亦名風茄兒各處有產者生長甚茂高三尺至五尺榦多枝葉頗大面平滑色暗綠花白色香頗佳子殼大而多刺分四膛內含種子在西七月開花其草全體有大臭甚可憎遠處能辨之其種子稜色或黑色味苦而淡可用之爲毒藥

顛茄　亦名啤啦咑哪　見六十八頁

此草多產歐羅巴色略紅揉弄之則發難聞之臭其根存多年分支內有厚輭質白色其榦每年枯萎係草本高三尺至五尺分多枝形圓稍生細毛少帶紅色葉面平滑而輭長四寸至五寸下面常有毛花獨生略長一寸似鐘形邊色深稷向底綠色果球形爲光亮紫黑色畧大如櫻桃分兩膛內含種子此草在西六七月開花九月果熟其葉與枝及根用以入藥

化學衛生論卷三

第十五章　論所食菸等安性之質

前數章乃論人所用之醉性流質此下將所用之醉性定質料畧舉而言之前言之酒雖能益人亦能有弊至各醉料大都益少弊多而人仍用之此誠人事之最奇者即溯古原今亦不易解也

人身所需物料自簡至繁可分三層而論文教愈興則人所需物料愈多而愈繁也

一必備養身之食物如動物質植物質是也英國常用者為饅頭與肉他國用者亦類乎此凡食物內必含哥路登

與小粉與油類等質無論冷温熱之地用此各質之比例皆大同小異即野民生番亦能配準食物合於養身之用此天性然也

二食物已足而人難免心有憂慮或鬱悶之懷或不如意之事因又尋求植物釀成濁醪令其行氣適體暢快心神不拘文邦野地大鎮荒村人同此心心同此性皆知釀造酒類暫適情懷而得酩酊之樂其酒無論用巴辣麻汁或阿路草汁或蔗汁或葡萄汁或蘋果汁或穀或乳等汁所釀者皆賴所成之酯而得醉人之性

三既得足食之糧又得足飲之酒心尚未愜以為酒之醉人略屬粗法醒後思之每增悔恨且大失時誤事又易激氣生端或詈罵而喪德或鬥毆以成訟或手足無主任毀器物大不便也因又尋求雅法吸用醉料徧地查之幾出一轍所用醉料間有傳自古者亦有習自今者如中亞美利加人由來吸食菸捲稍得其醉性心覺暢適似乎不寢而夢後西人至此採其菸草運至他邦遠近諸國皆習用之又秘魯土人由來嚼食高卡葉以得其安心助力之性東方各國多用檳榔印度麻鴉片等料東印度羣島與太平洋羣島多用胡椒根南亞美利加近安地斯山處及印度近喜馬拉山處多用仙人桃等歐洲多用霍布花西比

利亞多用毒菌等此各物皆有醉性可總名之曰醉藥於後一一略論之

前言各國所用之酒多為不同之植物造者而各醉藥亦為不同之植物所產者然酒與醉藥絕有迥異即各酒之醉性概賴所含之酯其性相等醉藥之醉性所藉之質各不同也又有一別無論何植物造成之酒在人身內所顯之性略同而醉藥令醉之性各不同感動人身亦各異也可見衛生論中不可不言及之此章先以菸論因其為醉藥中之常用者

第一類菸○今人所用之醉藥菸為最多鴉片次之印度

麻居其三溯菸一物原亞美利加之產歐洲人未至該處以先土人已多種而用之

一千四百九十二年初查得是地者名科倫布甫到古巴島見土人啣菸捲以火點燃而吸其烟視爲最奇後嗀提斯侵入墨西哥境亦常見之初運菸至歐洲者爲西班牙人究未知歐洲用菸起於何年至一千五百六十年有尼可者帶至法國一千五百八十六年有德屄格與爾阿里二人帶至英國畧一千六百年土耳其與亞剌伯等處有之一千六百零一年傳至加拉巴後延及中國日本而漸至全地至今凡有人處菸亦有之

菸之爲物除過冷處隨地合植則菸在醉藥內猶山芋等在植物內也不獨種者多且冷熱燥濕原隰等處畧皆生長如赤道南北各五十度處亦可種植惟最佳者多產在赤道南北十五度至三十五度處也

其一用菸之廣○常用之物食糧而外鹽爲最多菸居其次以人數論用菸者略等於用茶者如亞美利加每年所用菸葉爲數極大近來美國用者尤多英國用者亦屬不少前英王雅各著書論菸之弊云此風一起形勢難堪目瞻之而可厭鼻嗅之而可嫌腦觸之而有害肺吸之而有險烟霧氛氳惡臭難當奚啻地獄所衝之毒烟也哉

歐洲之地南至西班牙之野北至北冰洋之濱東至烏拉之山西至冰地之島各等人民幾盡用菸袋或菸捲或鼻菸等爲安心平氣之法英國王雅各嘗著一書名返噴烟書諭勸各民然久而無用天主敎王烏爾班第八亦嘗出諭不準用菸民仍漠然又俄王設律凡初次用菸者杖再用者斬猶屬徒然總之拘執愈深而趨避益巧蓋禁諭愈嚴民愈想用如前不知有是物者見其律或諭心卽想見此物亦卽想用此物也又土耳其與波斯二國王及敎士俱言吸食菸爲大罪甚有礙於敎化抑知今吸菸最多者爲此二國之人如土耳其人菸袋時不離口印度人男女

老幼無不吸者暹羅人不獨吸烟尙嚼生葉緬甸不獨大人常吸卽三歲玩童亦每口啣菸捲至於中國不吸者亦少間有婦人女子身邊常帶荷包以便裝菸等用

前有西人帕拉司者云查亞細亞各國用菸甚多必在未查得亞美利加時已先有之非二三百年內能若此通行也如中國蒙古等人所用菸袋荷包等件皆爲古設之式非習自他國者且蒙古人所用之菸非切成絲者乃將乾葉搓碎裝菸袋內燃火吸之與西人法大有不同似由來卽用此法者云云近來有植物家詳考此事亦云中國用菸必古葢查最古之畫與雕刻器皿上每有以菸袋用菸

之形、其菸袋與今用者同、且中國菸草與西國異、而印度之菸、又是野生者、

另有植物家反此說、云以中國偏境有菸、謂其用之最古、不足爲據、大約中國之菸、南或爲呂宋等處移進者、北爲西藏移進者、西爲印度移進者、二三百年內、足令通行各省也、如西國用菸、年雖不久、用者仍多、以英國計之、每人年用菸略一磅半、此稅冊內之數也、若菸稅能輕、用者自必更多、如丹國每人年用菸之中數、略四磅至五磅、比利時國略同、皆因其稅輕也、而美國數邦、用之尤多、况東方數國、菸爲土產、而不納稅、用者能不更多乎、

有人計全地人數、略十萬萬衆、每人用菸之中數、畧七十兩、產此菸所需之地、爲三千餘萬畝、皆爲肥土、否則不長、計英國每年用麥、共僅四百餘萬噸、可見各人共用之菸、重等於養千萬英人之麥、若以菸價僅倍於麥、則所用菸價、足買英全國人一年之糧、

其二菸分多種○植物家云、菸略分四十餘種、惟其別甚微、故實計之、不過八種至十種耳、菸之成色、在其種類、其所含之藥料、各菸不同、又泥土地氣、種法及所培之糞、摘葉之時、變熟之法、存葉之時、運遷之路、製葉之法、俱與其成色有關、可見上等菸、賴有多事、一處地土、難得此各事、故產上等菸處甚少、猶之產上等葡萄、或茶、或加非者、亦不過數處而已、

西人云、亞美利加之上等菸、爲古巴產者、亞細亞之上等菸、爲呂宋產者、與古巴者相等、加拉巴與印度、亦各有佳者、中國西藏、產一種黃菸、味淡而趣、波斯等國、亦有上等者、凡暖處產者、味佳、溫與冷地產者、味猛、運進英國者、以菸等次、定價低昂、劣者每磅畧洋錢八分、佳者每磅洋錢八角、荷蘭數處產菸亦多、其葉甚細、無厚筋紋、宜於作菸捲外層、故價較高、非因其味佳、特取其質勻耳、

其三用菸各法○用菸之法、大概有三、一嚼其葉、二吸其

烟、三聞其粉、三者未知何法爲甚、大畧嚼法爲難當者、英人除水手外、不多見之、因水手在船吸烟生險、聞菸覺貴、欲用者、非嚼不可、惟美國北鄙、嚼者甚多、嚼之汁吐出色畧櫻黃、如多人相聚、所吐之地面、有難看者、冰地（郎義斯蘭島屬丹國）內、嚼或聞者亦多、瑞顛北鄙、凡步路或乘車者、每以二指取菸粉一大攝、放於口內、似乎應置於鼻而誤置於口也者、惟冰地之人聞菸法甚奇、不似他國以盒盛菸、乃以骨做瓶、瓶口與鼻孔等大、用時倒仰其首、以瓶口插鼻孔中、頻搖撼之、用足遂遞於他人、同法爲之、蘇格蘭北鄙、則用空牛羊角盛菸粉、以一小匙舀於鼻中、有似華人之吸鼻

菸者

鼻菸製法將乾菸葉灑以水積成堆令生熱發酵一月至六月發酵時則先放出淡輕養與尼古低尼等後散其水與醋酸等再製成粉和以鹽與水置箱內封密令再生熱發酵則生香與辣性也鼻菸大半分二種一爲溼者乃以菸葉輭質爲之一爲乾者是用菸葉之筋紋爲之溼鼻菸復加香料合於用者之意其成色與味及香皆賴菸葉之種類及葉之何處所製者又靠第二次發酵時之輕重及炒時熱度之大小炒時之長短等事其發酵與炒時令葉所改變之性及能在人身內有醉性之理則在下數款言

之至於吸或嚼之菸亦有數法製之如潤溼壓緊切成粗細絲便於燃火吸之或和以糖漿令輭壓成餅便於嚼之或將葉槌輭絞成粗繩形便於嚼者之用或將葉抽去大筋以硝水灑之令易燃火再捲成捲便於口啣吸之即華人所謂之呂宋菸也

其四菸於人身所顯事故○凡菸或聞或嚼或吸其感動人身大致相同雖各處用者甚多如問其菸於人身若何則能明告者甚鮮不過曰用之以暢心適體耳問因何起首用此何久吸不停其亦不能明答以故閱是編諸君用菸者試以此三事自問亦必難顯言其故也蓋常用菸者並未思及菸之醉性如何可覺之即思之亦不能言其究何能安心平氣也英國醫士比來拉云常用菸者吸不過多每令口渴又多生口津亦能安心故人多喜之等語然用之過限則令人吐瀉體震頭暈目眩四肢亂動百體癲狂不省人事末則死焉已有人將猛菸以菸袋之大者連吸十八次則死亦有生平不能用者大半用不過限者無甚大弊惟吸慣易成癮初雖無害久則癮深能有大害此菸之險也至於嚼菸則感動人身比吸者慢聞菸又慢凡嚼或吸每增口津聞則易增鼻涕要爲相類之事惟聞菸過多能漸壞鼻之內體易致不辨臭香又改變聲韻且易

積食不消至末則生羊頭瘋或癲癇等症

凡用菸者意欲安心平氣也蓋人事有順有逆逆則心每不安境況有樂有憂憂則氣易鬱結如能求得一質以安衆人之心兼平衆人之氣而無害者豈非大有益於蒼生乎苦難之人隨在有之憂傷之事何地無之菸果能除苦消憂詎非大有益之庶物耶若謂菸無益於人則地球上何以有萬萬之衆朝夕吸用而兼言其能安心平氣耶然常有人曰屢試吸菸覺甚可憎故生平不能用也想此事殆各人身性不同好惡有異蓋每有人酷嗜一物而他人尚不喜者皆因身性異耳如美國北鄙大抵不喜用菸又

每勸人不用猶有欲設律禁除者而西鄙南鄙用者甚多可見一國之人尚有喜用處與不用處況天下乎此必因水土與地氣不同故也蓋人身性略隨水土與地氣而成水土地氣既異風俗自必不同故有此所嫌者彼則愛也或有人云吸菸易令口渴如飲以水則覺味淡勢必飲酒用菸愈久則用酒愈酗易至常醉故菸卽無害於身而引人嗜酒亦其害也云云然查東方數國則知此說似是而非如久住波斯者云菸稍能安心行氣凡人暇時皆應得此二益若不用菸則必飲酒東方數國俗尚用菸人多輕酒菸之害遠不及酒故亞細亞歐羅巴二洲昔多困於酒

自用菸之風一起則飲酒之俗漸消此可以爲菸之大功也已可見美國北鄙欲禁菸者因人多嗜酒也則與亞細亞之多用菸而少用酒者正相反矣此蓋各處之水土地氣與人性風規有特異者故菸在此爲益在彼爲弊勢必舍菸而用酒也

菸於人身能成二事一安心平氣二感動腦體令能運思而免紊念但其究何能感人筋腦令覺平安則難確言有住士耳其之西醫馬頓云用菸之時腦不運思雖有憂懷暫置不想故以爲心安如久用之則久不思將萬念俱寂矣試問久嗜菸者吸菸之間所想何事其究寔然必曰未嘗思及何事也以此可見用菸足令神倦而身醒也然歐洲用菸者性乃反是如思念最深者爲日耳曼之格致家每在書室喜多吸菸至室內烟霧甚濃則精神煥發能多思事惟體覺安怠與土耳其人又相反也如問其情形則曰多吸菸時似覺心身無涉能任行動任想新事新理而身無阻焉又西人安特生嘗游阿非利加西南鄙見土人吸菸法甚奇乃將長三尺至四尺之大牛角內製空盛以水角尖有小孔可以吻啣菸鍋卽裝菸處立置角之彼端裝滿菸葉或印度麻葉以火點燃數人環坐平地一人先吸一大口烟嚥入腹內將角轉遞他人則醉而俯伏似瀕死者

旁人卽以水灑其面或以指擢其髮或以掌拍其額數分時後其人漸醒間有弱者因此一口之烟遂歸九泉之路竟不甦也惜此用菸之法過粗莽耳

其五菸之質料○菸之葉與燒之烟能感人之性藉有三質一自散油類二自散鹼類此二質爲生成者三炒成之油類乃蒸或燒菸時所變者茲將此三質試略言之

自散油類○如將菸葉和水蒸之則蒸出之水有油質浮出凝成定質卽菸之自散油也臭與菸同味苦可厭食之則口燥似吸濃烟者嗅之則刺鼻而大咳服之則頭暈而欲吐凡不會食菸之人初學吸時每致頭暈者幾分藉此

油也計菸葉每磅能蒸出此油僅二釐即此油在菸葉內爲數甚微每次吸者應極少仍能感動人身使覺昏暈其性之毒可概見矣

自散鹻類○將菸葉浸在稍含硫養之水內待若干時將浸得之水和石灰蒸之則蒸得水之底有無色油形之質含鹻類性能自飛散西名尼古低尼臭與菸之烟同味辣而猛在口內能久不散極有醉性又最毒幾無他毒與之相埒以一滴足毒死一狗其化散之霧最刺鼻惹肺故室內有此化散之一滴人即難呼吸也計每乾菸葉百分含此質二分至八分然各處之菸含之多寡不等照常計之

每百磅含者不過七磅耳可見吸菸百釐（即略二錢）則受此毒應二釐也此質熱至四百八十二度則沸即尚未至燒成烟之熱度則已化氣也但吸菸時每百釐所得此質之數乃賴菸之種類與燒時之遲速菸鍋之形狀菸袋之長短及製菸袋之材料也

炒成油類○菸內除上二質外尚有炒成之質乃蒸菸或在菸袋內燒菸時所變成者亦爲油形之質性毒似乎毛地黃臭味惡而辣兼有醉性有試將此一滴沾於貓舌上貓立癲癇歷二分時即死或云阿非利加南鄙土人每以此質毒蛇乃將此油一滴沾於蛇之舌上則立斃若雷擊者查此油爲二質所成如以醋酸洗之則餘者無毒性可見其爲無害之油質及有毒之鹻質所成而醋酸能消其毒質也然化學家尚未細考此鹻類之化學性故未悉其詳也

吸菸時則上三質必在烟內吸入口中惟所得此三質之數與比例恆因菸袋之形與料等而異如土耳其及印度之菸袋燒菸較遲其烟又行過水內則能收其毒霧之大半及入口則害小德國之菸袋於菸鍋下作一小坑形燒菸時則毒質下聚坑內而不上入口中荷蘭與英國用白泥菸袋頸長亦能佈散菸毒中國西藏日本等處之菸袋

多以銅或鐵爲之燒菸時毒質易吸入口惟中國菸葉比西國者淡故其毒不甚濃也至於呂宋菸與紙菸燒時之毒質大半聚於近口一端如試將所吸呂宋菸之餘端切碎置菸袋內吸之則猛於常菸數倍即其據也可見菸在菸鍋內燒愈速則吸入之毒愈多若吸時口津不吐則得菸之醉料尤多故用慣呂宋菸者每不喜用菸袋吸菸因覺淡也即用之亦必爲短而陳者取其味濃也凡吸菸重者必恆倦怠其初人雖強健久亦漸弱若夫嚼菸者則僅受其二毒所炒之毒油得免焉但受其自散油與尼古低尼甚多亦有害於腸胃令減消化之力每至無心多食至

於閩菸所受之毒比嚼者尤少因菸葉一次與二次發酵時則尼古低尼大半化分或放散化分所成之質多為淡輕養因尼古低尼含淡氣甚多每百分有十七分又乾鼻菸必以法炒之或製乾之則自散油並醶類與尼古低尼亦散去若干可見鼻菸所含之毒比菸葉少如最猛之鼻菸百分含尼古低尼僅為二分而菸葉則有五六分也

前言菸葉之美惡藉產處之泥土地氣冷熱燥濕等事又各菸之分香臭與濃淡者皆因含上三質之比例不同也然格致家細考各菸能知其佳者在於何故如古巴之菸含尼古低尼甚少故成菸捲最佳而價亦貴法國之菸含

尼古低尼甚多則不能成佳美之菸捲亦不能多值又菸所含毒質皆為自散者故存愈久則味愈佳因其毒飛散之故與酒存久能變佳者理同也但菸之優劣又賴含他香料之微數蓋凡花草之葉其臭及香與泥土肥瘦糞料優劣有關如歐洲吸菸者雖不甚講求其味然用豬糞所培之菸亦能分辨其味為可厭者又敘利亞與利巴嫩山等處之人口善嘗味凡菸能從其味以知為何畜之糞所培植者謂最佳之菸為山羊糞所培者則價甚貴

其六菸內所羼假料○有數國菸稅甚重則漁利者設法令下等菸成上等之形或將異質加於其內有用糖漿或蜜糖者不獨加重分兩且覺菸色美觀又有將大黃葉或花木葉核桃葉或青苔或麩皮或大麥之芽或造糖之蘿蔔渣或黃土松香石脂沙塵或鹽硝磠砂等羼入者此皆為化學家在菸內分出者也倘有加入之質多種不必盡詳可見肆售之菸葉或菸絲其味必各不同間有甚奇忒者俱屬所加之異質非關生成之菸葉也

鼻菸內亦每有異質如石灰等是也嗅之易嚏則以為菸濃而不知含若干石灰也另有加別質甚於石灰者如西藏喜馬拉山等處將大黃葉有和入菸內者有獨用之者又數處有用不起上等菸者每代以他葉或因菸味淡而

加以別料亦有用醉性之花草葉或子殼作鼻菸者間有醉性甚大者能令人瘋狂數日內心身眩亂不能理事或冥然大醉人事不知

其七菸之餘事○菸之化學內尚有一事雖於人身無關亦宜言及如第四章論所植之物內言凡植物在空氣內燒之必留餘灰或土質若干樹葉之灰大半較多而菸之灰尤多每乾者百磅燒成之灰有十九磅至二十磅即略乾菸四磅含灰一磅可見人所吸之菸每年成灰極多也此灰之質為何料所成姑勿論已惟其灰質皆取諸泥土亦為他植物不可少之質且極肥之地含此質猶甚少故

植物葉含灰愈多則地土所放出之質亦必多也以此可見每乾菸葉一擔所收地內成灰之質應略四分擔之一也計麥每十四擔始含灰四分擔之一可知種菸實耗土質足令地瘦故有數處前多產菸則歷年收去土之要質甚多今變薄土而種菸無利間有前爲蕃茂之區今成不毛之地者如美國東濱海數邦以前恆有此弊惟近來化學家考究植物所需之土質則設法補之如加各糞等令土常肥而物恆盛也

第十六章論霍布花等醉性之質

第二類霍布花○英國於各醉藥以霍布花爲要乃數百

年內始用之添入麥酒得其苦味與醉性者約德國初用之略西歷八百年之書內有言及種此花之園者至一千三百年荷蘭國作麥酒處有用者一千五百二十四年英國初用之閱六年國王禁之不許其宮中作酒者用此花然國內用者究年多一年至今產者不獨本國足用猶每售與他邦可見此花亦英商中之一業也然此物雖稱曰花實非花形乃爲松實同類之體其苦味賴葉中之細粉茲將其要事分五欵而言之

其一用霍布花之數○英國所用此花幾全爲本境所產每年用者略五千萬磅所納之稅略銀二百萬兩可見二百年內所禁之物竟與國家大增利益如煤一物前亦有欲禁除者因其烟臭刺鼻後又欲禁絕此花因其壞酒之味恐有害於民是益國家亦難預知何物有益足以利國利民也英國而外則比利時與德國及荷蘭亦多產此花惟不及英國多耳又各國產者有豐歉之不同每產甚多時須藏之以備缺時之需若將此花與菸相比以中數計之則英國每用菸五磅則用霍布花七磅然英國產此花處惟東南土宜其花爲藤本生長時以桿架之則能蔓延而上且甚美觀

其二種霍布花之法○西歷一千五百九十六年有西人

著書云霍布花性喜肥地多加以糞生長尤蕃如英國色里地方有數處土甚肥最合種此花二百年來聲名較著故其地甚貴上等者每畝須銀七十至九十兩或一百兩至於他處或蘇格蘭地雖講求善法費力培植究不及色里與千德者佳若每畝再加以糞即費銀六兩至八兩仍能獲利然種此花之法與相其土宜甚爲要事若未洞悉此事則種之難得利也

其三霍布花之用處○常肆售之霍布花爲陰花與花內之子其用處爲造麥酒時添入酒內能得三益一有苦而香之味與補性二令酒有醉性飲者以爲酒濃則可省用

若干大麥、又多飲麥酒、令人易眠、亦藉此性、三能令酒常清而阻其發酸、故造酒令發酵時、則添此花阻其變酸、前英國所造麥酒、不久易壞、自設用此花以後、其弊則免、故今之麥酒、比前者更清淨能存久、

其四霍布花之種類○英國所種之霍布花種類甚多、要者有五、

一為金色霍布花、產干德省之中央與東鄙、宜於含矽及灰之土、或肥而脆之土、若土本肥、則生此花最佳、

二為白藤色霍布花、所宜之土、與金色者略同、其形狀與生長及托架亦無甚異、味則甚佳、惟造酒家以為金色者較濃、此二種俱合於作淡色苦酒之用、生長時皆須架以長竿、依常計之、此二種所產之花比下三種者少、

三為仲氏霍布花、次等之土可以生長、所需之架亦可較短、其花甚多、故農家每喜種之、

四為葡萄形霍布花、其花生在蔓上、略似葡萄之成串者、須用長竿為架、宜於重而靭之土、開以溝渔洩其水、亦產花甚多、合於平常苦酒之用、

五為苦拉薔得霍布花、比第四種小而花多、間有漁利者以之羼入金色霍布花內、惟釀酒家甚嫌之、因其味粗劣不甚適口、故列之為霍布花之最下者、

四五兩種、又名為靱泥霍布花、因在泥濘之區能繁盛、如英之南數省產者、名南靱泥霍布花、北數省產者、名北靱泥霍布花是也、

從上可見霍花種類不一、而其優劣與價值、賴泥土之鬆緊與其原質、如英國之上好而貴者、為色里省發耳那未地方產者、其土多含石灰與鈣養燐養等、間有一田內此畔產上等霍布花甚茂密、而彼畔產者不甚繁盛、且屬下等、二畔之隔僅一藩籬、遂致若此參差、亦以其土質之不同也、如靱泥產者、粗而味苦、不甚適口、未食慣者嘗之似覺可厭、又英國西有數處土為紅者、產霍布花甚佳、加入麥酒能令早熟、其土大半為新紅沙石腐爛而成者、所產之花莖蔓略紅色、但霍布花又與採摘法、製乾法、裝袋法、存棧法、及存時之久暫等事、俱有相關、且造酒時各處各家用法不同、故酒得霍布花之味、亦各不同也、

其五霍布花之藥性質○各霍布花之不同處、非因其藥性之原質不同、乃其原質化合之比例有不同也、猶之各處之菸、每有不同、其理一也、霍布花之藥性、以三質為要、

一自散油質、二松香類質、三苦性之質、

自散油質○如將霍布花和水蒸之、每百分能蒸出油質八分、色為櫻黃、臭與其花同、味稍苦、此即霍布花之自散

油也前人以為花之醉性大半靠此油近來化學家試驗此事知前人此意有可原者蓋此花之生油實為兩種自散油合成者可以顯出醉人之性若將此油提淨其醉性即消矣故化學家每疑菸與霍布花內均有一自散之醉性質與自散油能同蒸出其油間有顯醉性者略因此質但尚未詳究其所以然也

霍布花所自散之香能令人睡西國久知此性故將乾花裝作眠枕枕之易眠此因其所放之自散醉性質能令人安睡也凡存霍布花棧內馥郁之香並麥酒內芳冽之氣亦皆因此自散質也凡霍布花在袋內壓甚緊則此質易

放散故陳一年之霍布花每減價三分之一而在麥水內沸時亦有若干飛散

松香類質○如將霍布花打之或搓之而後篩之則有極細之黃色香粉每乾花六分略出此粉一分化學家名之曰羅布里尼以顯微鏡視之略為卵形之細粒色似黃金其質亦有聚胞之形如烘乾之則速縐而放出多小球形之質植物家尚未詳明此質在植物內有何功用惟其臭奇香味極苦服之有香氣與補性能安心平氣止痛減脈稍令人迷如滲醋內則得光明之松香類質稍香淨者毫無苦味每霍布花百分略含此質八分但其藥性內不知有幾分靠此質

苦性之質○霍布花之香粉除松香類質外猶含三質即每百分含自散油二分樹皮酸二分苦性質十分霍布花之苦味賴此苦性質其花別處亦有苦性質惟化學家尚未考詳耳化學家謂此香粉內之苦質無醉性但與人身有何功用尚未詳明

總之霍布花無論在藥品或麥酒內用之俱有香味補身平氣稍醉人令易睡之性又能提淨麥酒阻其未變之糖發酵之事故酒可藏久而不酸也前言霍布花為英國所用醉藥中之最多者然此花與菸及以下各醉藥有不同

處即除為藥品外不能獨用而菸可獨用之無礙又以此花添麥酒內令其馨香與醉性大俱屬增其益也兼有補性故身弱者飲此酒以當補藥往往得益是比他醉藥高一籌矣尚有數種植物足令酒苦如艾草（即俗名苦草之類）黃連龍膽草苦白木野菊花及數種背陰草與黃楊木皮苦苣根馬前（即番木鼈）之司脫立格尼尼等質雖有人試用之總不及霍布花之有益也

以上所論似與中國無涉然推思以後或有關切蓋西人遠適異境所到諸邦每帶有飲麥酒之風俗如美國與加拿他及澳大利亞並阿非利加極南等處皆然至若南印

度、地土雖熱、而徙居之西人亦每以此酒爲補身之用、飲慣者、幾日不可離耳、又每到新地、則佈種此花、備造麥酒、庶不必運自遠方也、雖人有不免飲此酒過度者、然究其害、輕於葡萄酒與火酒多矣、竊意中國、必有宜種此花之土、想將來必有西人傳其種法、中國採之、用於麥酒、或米酒內、得其微醉之益、斯亦足矣、可以不必酷嗜鴉片而受其無限之災也、果爾、則霍布花於中國、非有大關也哉、故此篇殆可謂之先聲也已、

第三類告故羅司果○告故羅司、英國等每用之、乃漁利之人添麥酒內、以愚人者、其料爲告故羅司樹之子、或果、

此樹爲藤本、產印度濱海處、東印度羣島亦有產者、土人謂之毒魚果、因滲於水內、魚食則醉而易捕也、

英國每年運進此料、有數千擔、造酒家以之添入次等麥酒、則能省若干大麥、與霍布花之費、其料內有三益、故漁利者喜用之、

一其質滲水內、味甚苦、和於酒、略能省霍布花三分之一、而味猶難分辨、

二下等麥酒、添此水、則味佳而色深、故用此果一斤、略能抵大麥一二擔、而味猶同於好酒、但養身之力、自必遠遜、

三飲之者、覺其醉性與眞酒同、則以爲其酒濃也、又存瓶時、令酒不發酸、雖運至熱地、亦不變壞、

有此三益、則無恥之酒家、每藉之獲利、而不顧飲者之損益、故國家設律禁之、凡造酒家羼此料者、罰金錢二百圓、卽洋錢一千圓運販於作酒者、罰金錢五百圓、然禁令愈嚴、而趨避益巧、竟有設法將其果熬成膏、呼以他名而販賣之者、如近來有著書者、論作麥酒法、言每麥若干、應用此料若干云云、間有每酒五百四十磅、而加此料一磅者、另加以他種香料、令酒味難辨、凡加此者、皆下等麥酒、爲貧人與傭工所喜飲者、蓋此等人飲酒之意、大半取其醉人、而不計及養身、故飲此酒覺爲芳醪、足暢懷也、惟上等之人每

喜飲淡薄之酒、凡加此料者、則不飲也、

有人云、常飲加此料之酒、則不甚令人心迷、惟令肢體倦怠、故雖心神清省、能以運思、則身體幾覺無力焉、又有人云、此料大半感人心神、而與肢體無關、竊意各人身性不同、故飲此種酒、亦有不同之處、但此料究屬毒物、凡動物食之不多、卽顯毒性、如印度等土人每用之調和毒餌以取魚、惟醫學家尚未詳考其於人身所顯之性也、總之其性極毒、久用之、自必有害於人身、其毒性乃賴果內所含極苦之質、如分出之、能結成白色顆粒、可見用此毒質羼和酒中、使人受害、誠屬大惡之事、國家禁除、有當然者、然

無恥之輩惟利是圖並不計及飲者之益弊也

第四類代霍布花之物○他國之酒亦有羼以他植物質者俱屬有害於人如南亞美利加有一物其莖最苦土人以之和入一種植物甜子殼所作之記卡酒內但未知其苦質改變酒性如何而印度有將蔗汁發酵蒸成糖酒而加以苦植物質者此質或能助其醉性究未可知惟其味最可惡又中國北鄙有作黍米酒者亦添以植物質阻其發酵令酒能存久不懷又阿非利加用蜜糖釀酒另加一種樹皮質其樹之果與葉爲有醉性而毒者故嘗其皮亦有醉性苦而有補而歐洲北數國亦有一植物爲野生者

昔每有將其葉添入酒令味苦而增醉性者近來德國設律禁除或云仍有私用者可見貪利者不計及愚貧之輩飲之受害止圖肥己而已

昔英國每用番紅花添酒內能感動人腦與腦氣筋飲之者每無端自笑若不可止蓋番紅花本具此性故西諺云安眠紅花袋裏卽指常喜樂之人也古羅馬人布里尼云番紅花能解酒醉多飲酒者服之則不覺醉但近來西國不多用此花爲藥而酒內亦鮮用之尙有他植物質添酒內能得醉性者茲不必盡詳焉

第十七章論鴉片等醉性之質

第五類鴉片○鴉片爲罌粟花所產古來有用此花者能止痛安眠英語名此花爲潑批羅馬名之曰帕帕法乃用其子殼添水和入小兒食物令止痛安睡近今西國多用其乾子殼爲藥材而東方數國多用其子殼流出之汁名爲鴉片如高加索山土人雖奉回教戒禁飲酒然常將此花未熟之子殼乘酒發酵時浸入則酒有大醉性又波斯國有人煮此花水當茶乘熱飲之飲後所作之事最爲可笑乃先彼此爭喧旣而漫罵然不至相鬭少頃則受其罌粟之醉性而彼此相和互相温語或講笑談其態變動作誠可笑已

其一取鴉片之法○鴉片爲罌粟子殼所放之汁波斯國名爲阿非恩亞喇伯謂之阿非烏末歐洲各國名之阿比由末中國轉其音而曰鴉片

罌粟子殼將熟時含汁頗多種者將小刀數把平排縛緊以割其子殼外皮成平行直痕則汁漸流出而凝如乳收之和匀成煙土其色變紅或黑櫻臭惡可憎味苦而辣能存口內久不散產此花之處爲土耳其波斯印度及中國等土耳其者大半販往歐洲爲藥材之用印度者幾全運至中國爲吸食之用印度所產者味濃每田一畝年產七磅爲最多中數不過三四磅耳

其二用鴉片之法○用此物之法、大約有三、一成丸服之、二浸酒飲之、三成膏燃火吸之、服其丸者、爲土耳其與波斯等國最多、浸酒飲者、爲歐洲與亞美利加等國之法、吸之者、爲中國與南洋列島（即東印度羣島）之法、平常生鴉片不合燃吸、故必和水化之、熬成膏、燒成小泡、如丸、置於煙斗、對燈火吸之、每數小吸、始一大吞、待若干時、則烟自鼻中噴出、如此數次、至醉而已、如加拉巴蘇門答臘婆羅等島、將其膏和以切細菸葉、與檳榔、調勻成丸、略如小青豆之大、凡請客時、筵罷、則將煙丸若干、並煙燈煙槍送上、而主人先對燈吸烟二三大口、少待、即自鼻孔中噴出、則將煙槍

遞於上客、同法吸之、至主客同醉而後已、

其三鴉片感人之性○鴉片無論以何法用之、其在人身所顯之性、大略相同、然人之强弱、用之多寡、與前用之次數、及用慣與否、俱與其力有關、究其功力、大抵能感動腦氣筋、而與身體無涉、若用不過度、則覺心神暢適、意念活潑、體骨舒服、似乎飲酒之樂也、且能令人氣力不散、足以耐苦、似比酒類功用有加、如印度有步郵、或抬轎者、所携行囊、不過米一袋、取水杯一盞、及鴉片一塊、即能行遠路、耐大苦、又沙漠地、所有驛駝之人、日夜長行、亦用鴉片、所携食物、不過粗饅頭一塊、棗數枚、鴉片一塊耳、又土耳其

人常携帶鴉片和糖所作之片、每片有印字、爲天賜之糧、而東方之國、有以鴉片餵馬者、令其多行路、能耐馳驅、土耳其人吞食鴉片者、常以半釐至二釐爲日需之數、漸多至一錢餘、然吞食鴉片、必待一二小時、始覺功力、令人煥發心神、覺甚暢快、似有大福樂者、至五六小時、力猶不減、西國亦常有人試吞鴉片、或飲其所浸之酒、僉謂能令心中大覺暢遂、事皆如意、似入喜夢之境、旣而藥力已過、興盡悲來、甚覺煩悶、幾不欲生、而體覺鬆懈、四肢無力、蓋鴉片醉性已散、而體力頓減也、故困憊思寢、口喉乾渴、胃不覺餓、而大便不通、凡食頗多、則醉速而脈輕微、肉筋亦

鬆、若食過多、人則死焉、然此各事、恆因人之强弱、及癮之深淺而異、凡久食而癮深者、皆體瘦面黃、行步不利、脊背屈彎、間有成弓形者、是幼年體骨竟成駘背氣象也、且目睛內縮、光似玻璃、胃難消化、食物甚少、一月中大便不過三四次耳、用慣者、病入膏盲、甚難問斷、心思迷亂、事多恍惚、體力衰殘、不能生育、且易夭札、如土耳其、多有食鴉片丸者、俱不長壽、若自少吞食、則過三十歲者卒鮮、

西歷一千八百二十二年、英國有著名儒家、慣服鴉片之酒、至十七年後、立意戒絕、當時日服鴉片酒一百七十至一百八十滴、（每一滴爲一釐）間有服三百滴者、有一日服至七百

滴自立意戒絶後首三日用一百三十滴第四日忽減至八十滴則大覺苦悶待一月之後始漸減至六十滴後則不用此爲十年内不服鴉片酒之首日略歴九十小時又用若干滴後漸減至二十五滴過數月始斷然斷此酒之苦處與原服此酒之暢快大相懸殊也

其四用鴉片之數○各國所用鴉片之數甚難確查即中國言之有數省產者甚多因鴉片獲値較菽麥多故喜種者夥也雖有法律嚴禁而私種者仍復不少因此則用鴉片之數無法能查惟自印度所運進者入口納稅其數能知因有稅册可稽也中國之外則有暹羅越南印度及波

斯等國每年用者亦屬甚多至於歐洲各國目今用者爲數雖少然每年漸增恐易成巨案惟律禁綦嚴尚不至害如英國設律禁賣鴉片之酒而藥肆中止可賣以小服如所購者足以害人則爲非法必究其罪故如欲以鴉片自盡者必徧往大城藥肆各買少許並而用之始足傷生然有不明事者每以此酒和於小兒食物令其長睡不啼以省捧負之勞又能儉省食物抑知實有大害迨數月後必漸瘦死幸爲此者不常有耳

計西國之大患推酒爲魁故近來多設戒酒之會以免近代與將來之人爲酒是困而東方數國之大患鴉片爲首似宜引照西法設戒鴉片之會同心協力或勸或阻俾人不嗜此毒業有西人與設此舉擬請印度毋種鴉片以絶其源則中國無進口者勢必戒斷此意固嘉然恐究難阻止蓋印度不代中國佈種而中國能自多種是其事之根源在乎中國欲設此會中國應自設之其害庶可免焉查鴉片一物通行中國已徧遐邇累年遞興勢實熾盛已有他書詳及夫人而知茲不多贅

其五鴉片之化學質○西人考鴉片之化學理畧爲藥品所用各植物内之極詳者蓋化學家已多費心力詳細化分得知鴉片爲最繁之物所含平常之質如樹膠松香油

類蓑皮料自散油等外另含甚奇之生物質十有一種如莫爾非尼那而苛弟尼苛弟以尼那而西以尼替巴以尼阿比亞以尼米故尼尼假莫爾非尼薄甫拉克西尼拍拍甫里尼米故以尼此各質内功力最大者爲莫爾非尼又名嗼啡啞每上等鴉片百分畧含此質十分其質無色無臭在水内幾不消化而味最苦最可厭有鹼類性能醉人且大毒少服之能安慰腦氣筋而止痛多服之則身多癢常人云服此質與服鴉片性同但其實與鴉片迥異因嗼啡啞之性爲一定者止能照其一定之性感動人身令人所覺之醉大不及鴉片所成者有暢快也故從未聞有人

專以此代鴉片者因鴉片內有上十一質各質合用則彼此或相助或相阻而性各不同故感人身事屬甚繁自此繁中人覺暢快其各質內有三質醉毒之性極大卽莫爾非尼與苛弟以尼及替巴以尼如將苛弟以尼分出服之以五釐至六釐爲一服則有行氣醉人之性至於鴉片如何能感人身體與腦氣筋尚未有格致家能詳言之想必因其質過繁之故也

其六鴉片所含各質之中數○常售之鴉片所含之質各處者不同大抵因其產處泥土或罌粟種類或其子殼之生熟或地土之燥濕或地氣之冷熱或烘乾之法或備出

售之法而異故用之者得其感動之性亦各不同西國用者爲土耳其所產然其所含莫爾非尼之數仍不一定每百分中少則四分多則十四分有化學家化分土耳其之鴉片五種所得各質中數如下

莫爾非尼六分三那而苛弟尼七分七苛弟以尼分七那而西以尼九分米故尼尼分六米故尼酸六分一油質二分二象皮料四分五松香質二分七膠形膏質二十五分三定質膠類一分七流質膠類十八分七水及糜費者十四分五此外尚有五質在鴉片內每見其微數惟此上化分工內不問及之

上各質內最猛烈者爲莫爾非尼凡鴉片之成色大半以含此質之多寡而定值故印度產者次於土耳其也計印度之上等鴉片每百分含莫爾非尼僅五分爲最多者惟含那而苛弟尼較多於土耳其者又波斯與中國之鴉片含莫爾非尼亦少可見鴉片一物雖產於熱地然其汁所含莫爾非尼之數不專賴地氣之煖也有人云在英法德等處已種罌粟花間有含莫爾非尼十六分至二十八分者然英法等國雖能產上等鴉片惟因地土燥濕不定而人工亦貴故種之不能得利或云法國數處能種罌粟所得之子足補種費而其餘之鴉片盡足爲利尚未知法國

究多種之否耶

鴉片成色不獨賴產處之水土又靠其花之種類與葵同也如德國所種白色花者其鴉片每百分含莫爾非尼不過七分而同處種黑色花者每鴉片百分含莫爾非尼十六分半

莫爾非尼與其各雜質雖大能害人之身然有數動物如猴與狗猫兎鳥等可服之而無大害如健壯之人服莫爾非尼以八分釐之一爲一服若爲莫爾非尼和醋酸或輕綠者以四分釐之一爲一服然有畜猴者試其猴一月能服之莫爾非尼可至五百釐而不覺醉大半隨小便而出

或將其尿化分之每百分有莫爾非尼一分殆奇事歟蓋猴之身與人大同小異何遂有此大別耶查人身內所用鴉片亦有耗消其醉性質者如常少服莫爾非尼者化分其尿亦能得莫爾非尼之微迹嘗有乳媪暗服鴉片之酒小兒哺之而毒死者細驗之始知因此致斃也不惟鴉片如此尚有數質如羊躑躅與醉仙桃與毒菌等亦有此能運散耗消之性

印度所用之鴉片俱爲國家所準售者包辦之人每加他料以漁利故其服鴉片者須用三十分始得其原料一分之醉性而加拉巴所售鴉片之事亦爲國家經管每鴉片

若干必照例和以菸葉與檳榔等始售於收買之華人而價亦恆有定不許賣異樣者凡賣鴉片之館只許晨啟暮閉不得夜間開張恐有鬧亂之事也

其七各國人用鴉片所感動之性不同○上所言加拉巴之鴉片館不許夜間開者非因寄旅之華人而設乃爲土人與馬來人及黑人等用鴉片後性多猖狂甚爲奇險如加拉巴人每用鴉片過多者則其猖狂之勢令人可畏若因有大失望之事則執刀刺人不獨遇讐仇如是即遇路人無分男女老少皆亂刺之故凡聞喊啊嗨啊嗨之音衆即趨而避之必有強者始敢擊之使斃前有人在加拉巴

一城內有此鴉片之狂持刀舞弄大肆咆哮竟殺多人有一兵勇以長槍刺之中腹其人仍奮往直前不顧腹爲槍穿竟奔兵勇對面交鋒已而同斃而馬來人亦有此性至於英人有服鴉片者不過得其行氣感腦之性於筆墨之事善寫善文似乎腕下生風於言論之間似乎詼諧騷雅親朋見之多以爲其人意致博洽精神活潑並無猖狂害人之意華人之吸鴉片者性亦猶此而波斯人土耳其人與印度及南洋列島並阿非利加等人性乃反是每服鴉片則易於狂可見人類之中有不同之處雖用同藥而所顯之性竟相反也故東西兩洲之人凡彼此往來之事宜

知身體脾性各有不同未便以同律相待也查歐洲與中國等人用鴉片等物其藥性之顯也以漸而各凶惡事端深藏不露惟阿非利加等土人用醉藥後其性立顯不能自主其身如心有喜事則大笑不禁有凶事則大啼靡已若忽受驚怖則體力全無有若癡獃即凶險臨之亦不能趨避也

或云土耳其人常有將汞綠即最猛之毒藥和入鴉片服之意者謂獨用鴉片漸必增多久則雖用大服亦不覺暢適無奈須將更凶之藥和而服之乃先將汞綠少許與鴉片同服後則漸加末則日能服汞綠十釐惟不可過此數

外止能日照此數用之不久則身體已壞人即苦楚而死尋常之人如服汞綠微數即難免毒斃而土耳其人竟能日服十釐可見上天授人以身體甚關巧妙最難損折必故意操練各法與各毒相爭而身猶能耐其數年或數十年之戰至末再不能箝制毒鋒始敗負而已矣

其八鴉片與酒相比○鴉片小服能感動人身略與酒同中國之不多用酒者似乎以鴉片代之也此二物所有相同之處即能行氣安心免人愁慮然鴉片與酒亦多有相反處嘗有西人試此二物之各不同處云酒之性令人不能自主少服鴉片令人能有精神能自保養酒能蒙蔽人

心致愛之欲其生惡之欲其死或愛或惡每易一偏過重鴉片之性平穩安靜能令人脾性與是非心明白真切似乎自服其身自覺無病要之酒之醉人其性粗鄙致血性為主自視與禽獸無異焉凡無病者稍用鴉片則覺心神清爽文雅是尚已之視已每覺是非無謬而心中清明宛若無雲之天等語但此說為服鴉片者之言未必真確故本書中未敢深信焉

其九鴉片之有害於人○鴉片於人實有大害無庸疑矣無論用之或不用者莫不知其然也惟憎恨某物之人常有言之過當貶之失真者如西國謂酒之害為過大是也

至論及鴉片則曰數月用慣無法能禁不久即死未死之前身與性毫無神力無事能為然印度與中國有用鴉片多年者身神與心性依樣明白無甚大異有謹慎用者數十年來能照常作事而無因鴉片之大誤

另有人云鴉片及酒兩物合法用之能令人身耐苦心免憂慮如亂用之則害甚重有不勝言者

又有人云用酒之害常必有多人聚飲難免鬬毆而人受其害歸至家每凌辱妻子而家受其害惟用鴉片者大半暗作不害人知醉者不與人爭鬧而家中亦易約束之又云西國各大城鎮之犯法被四者大半因醉酒之故而中

國之犯法網者因亂用鴉片之故不過為小分耳等語然細思之兩物之害皆屬甚大難判重輕猶之二蝮當途遇者不必踢觸撥弄試其何毒稍輕宜即趨避愈遠而愈穩也

其十總論○以上各事於人大有相關茲分四段總而論之

一鴉片及酒雖暫時能令人樂然買此樂之價實為太貴必以身體靈魂合而購之即使能暫得福如天堂而似地獄之苦亦必接踵而至

二雖每用鴉片之小服可以多年不受大害然十八中恐

無一人能自主而久不漸增至大服

三各醉藥內未有比鴉片更難推脫者入其中者雖明知將來必有苦處而亦不覺其險也徒以爲鴉片之福能勝千萬之苦

四用慣鴉片者欲以法禁止或戒絕之實屬頭難且其苦甚大必有志者立定主意方能得法戒之雖有戒鴉片之劑若不能立意堅確亦徒然耳

從此可見各人不惟自當遠之又宜阻勸他人無論父子夫婦昆弟朋友皆宜以此爲倫中要道如知朋友或父子等入此險陣而不盡心力以勸除者非敦倫之道也

第六類能當鴉片之物○有人查得數種植物能當鴉片之用內有要者三茲一一言之

其一牛蹄花○西印度之牙買加島有一種草名牛蹄花其花與罌粟略同故俗名爲荷蘭罌粟常用者爲其花其滲水或磨粉和酒內服之則爲平性之藥

其二苦苣菜○此菜之汁與鴉片有相似之處乘其開花時刺其根則有白色汁流出收而曬乾爲椶色脆質其臭味與鴉片亦相似能在口內久不散有醉性能感人筋腦令人安睡其質之大半能消化於水與鴉片同其醉性質亦爲在水內能消化者如多食苦苣之菜則往往覺醉或得安心平氣之性西人喜食此菜者每飯必具若一次無之似覺缺一食物者食慣之人常談及華人用鴉片之大非印度種鴉片之重過然食慣此菜與用慣鴉片之小服有何異乎種或賣此菜與種或賣鴉片者豈非一也不過其事分大小而已

其三敘利亞之而烏草○此草之子土人當爲香料又以爲紅色料亦有食之得其醉性以當鴉片或印度麻者然不知用此草子者究多與否惟有書云前土耳其有王日夜常醉俱因用此草之子也有人云此物醉性在其子之殼內惟化學家尚未考詳故難悉其底理也

第十八章論印度麻等醉性之質

第七類印度麻○印度麻亦爲醉藥之一種歐洲各國幾不知有此醉藥惟東方數國常用之如波斯印度等處凡人皆知此麻幾如中國皆知鴉片者也歐洲所種之麻乃用其稭之麻絲作爲繩等其麻與印度者同類惟因水土不同則其麻之汁有異也

考歐洲之麻原爲波斯國移種者疑波斯者必原得自印度前言菸與山芋等無論冷温熱帶內皆能生長茂盛而麻亦然今地球各處幾無不產之即俄北極冷之地亦每年產麻若干而運至英國售之

麻之汁內有一種奇松香類質含醉性能醉人冷地產者含此質甚少故歐洲人尚未查得其有醉性之用然歐洲之麻亦有奇臭常人聞之不甚憎嫌惟久在麻田收割麻等事每有頭痛或頭暈之症恐卽此自散之醉性油質飛散之故也而東方熱地之麻產此松香質頗多故自能流出綴於其花葉及子而成粒也

前言菸與罌粟等所含醉藥與水土地氣大有相關而麻更有甚焉如冷地產者麻絲多而佳堪作堅固之繩而醉性松香質極少幾無惟熱地者生長甚茂扶疏可觀麻絲幾無而種者亦不計及此不過欲得其流出之松香類質耳

其一取印度麻之醉藥法○印度麻所流出之松香質有數法可取之如印度尼波爾邦則以手摘取畧與取鴉片法同所得者極淨土名麻米雅人多貴重之其質輭雖久用法使乾仍是柔韌其臭香而有醉性加熱則香更濃而可愛味稍辣稍苦而稍香中印度取此質之法較奇乃土人腰圍皮裙在麻田往復亂跑兼以手或棍拍其麻則松香質落而粘於裙上後自裙上刮下土名除路司價值遠遜於手取之麻米雅另有他處取法又奇乃土人裸體而亂跑於麻田每若干時自皮膚刮下所粘之松香質波斯取法則用粗布逐夾田中之麻而後刮其布以取所粘之質用溫水少許消化之其布辣城產者佳而濃又有將其麻於開花時全取而乾之土名根嗟其松香質粘於麻上而不分之在印度加爾各塔城有肆售者多縛成束每束徑畧三寸其乾麻二十四根其大葉與子殼可分用之土名蘇布治而其乾麻頭與嫩梗及花與花鬚等含松香質最多其子不用作醉藥有方書云其能止痛可治抽搐果有此藥性想必最輕且此性必在其子殼非在其子仁與前所言敘利亞之而烏草同意如將其乾麻和酒醕沸之則每百分能得松香膏質二十分可見以此法取之所得

者比他法更多而質更淨未識東方數國嘗用此法否

其二用印度麻之法○昔之撒拉森人與今之亞喇伯土耳其敘利亞等處常用之麻土名巴撒拉斯作法將麻之葉與花和以水並新乳油若干沸之成漿再以布濾之則乳油收麻之松香質而變爲綠色能存多年不壞僅稍發酸惟其味可惡故不常用有加以香料或甜料如樟腦丁香豆蔻衣麝香龍涎香等和勻成膏售於回人價值甚貴亞喇伯人用法亦略同惟另加數種恣情助欲等藥土耳其人另有一法將麻花蕋磨成粉加以蜜糖丁香粉豆蔻番紅花等質和勻成蜜糖漿而大有行氣之性

從上可見印度麻之醉藥、有四法可取而用之、一將全麻、或其大葉、與子殼、或麻頭、與嫩梗、或花等、曬乾、其乾花裝於菸袋、燃火吸之、足令人醉、其乾麻亦可吸之、惟必新乾者、醉性始速而猛、如存久則力減、二用其葉與花、所自流出之松香類質、以手或以棍拍而取之、三用乳油沸之、與香料等和成膏、

四將乾麻和酒醋沸之、而得其膏質、此膏醉性極猛、其乾麻用菸袋吸之、或置口嚼之、與用菸同、平常以麻粉五釐至十釐、和菸內用水菸袋、或旱菸袋吸之、凡其松香類質、或其膏質、多爲成丸服之、

其三用印度麻之源流○查用印度之麻、由來久矣、如西國古史家希羅都士斯云、昔之西底亞人、吸麻之霧、則大能行氣、又希臘詩家和馬之詩云、有將草藥授人飲、令其消憂與解悶、草爲埃及婦女贈、惟其種類秘而隱、又亞喇伯之古小說書、亦言及之、今在印度、波斯、與歐洲東鄙、及回部、與阿非利加之北中南各地、多人喜用之、如昔嘗載一阿非利加南之土人、至倫敦、供人瞻玩、見其每以獸大牙、製孔當菸袋、以乾麻裝入、燃火吸之、因其一生用慣、不能禁絕、與吸鴉片成癮同也、又南亞美利加之巴西土人、亦喜用之、可見地球各熱地、既產此麻、卽必有人查得其

醉性、藉之以怡情消憂也、

其四印度麻感人之性○用印度麻者、人數綦多、可知此物、必令人身能覺趣味、如印度人常呼此質爲益樂膏、或結友餌、或發笑藥、或助欲丸、或跛行散等名、皆以其所顯之性而言也、西書內多言其有醉性、與止痛、及感人之性、有遊阿非利加者、利恆士頓云、土人用此麻者、性近瘋狂、常有土王率師臨敵、起行時、各先將此麻燃火吸其烟、則覺勇膽無邊、戰而不懼、又云各人用此麻、所受感動之性不同、間有暈於目者、視近若遠、似以遠鏡反窺者、又有行路時、見稻草一莖、則以爲大木阻途、乃高舉足而超邁之、

在印度有西醫細查此麻之松香質云、少服之、能令人多食物、而心樂、多服之、則醉而狂、當時有土人患風濕之症、試服此麻質止之、先於未初服一釐、至申初、其人卽絮絮長語、又大呼求食、並曰體已痾痊、毫無疼痛、至酉初、則眠、戌初則酣睡而不醒、呼吸合法、而脈與膚亦無誤、啟目視火、其瞳人收縮亦合法、惟四肢不隨心主、無論如何安放、卽不自移、如試將其手舉高於額、則停直而不自落、蓋肢體如泥塊也、既而藥力漸消、則猶舊而無害、後試以此質令禽獸類服之、其性與人亦同、印度有設教之人、與教首每藉此麻質、以作奇蹟、庸衆見之、多駭懼而聽信其教、

有法國醫士云、此麻之質、少服之令人最有精神、幾常無端生笑、多服之則心最暢快、凡思念動作皆覺爲足樂者、又云、已多次用之、覺其樂爲眞實者、非若飽食之樂、或飢者得食之樂所可比也、乃似聞喜報之樂、或喜財者數錢之樂、或賭博者贏錢之樂、或希圖功名者得勢之樂也、然此說略爲用慣此物者之言、未必足據、有似掩飾己之非者也、

又有人云、初用此麻時、如定意把持、以阻其藥力、似乎善怒者嚴以守之、則怒可以不發、惟歷時不久、則心難由己、凝念間每生一新念、勢必從之、不能執拗、且意見易改、方寸之中、忽想以此、忽思及彼、最速最明、又增驕傲之氣、似覺己之能力數倍於前、然所有意念、大半由外而生、故凡用此麻者、室內不可有致憂之事、凡事與物俱宜觸目暢懷、如印度與波斯等國之殷富者、屋內每置女樂歌舞、而花木器件皆屬開心者、藉此各事、用此麻時、似乎入於嘉夢之境、樂斯陶陶焉、惟其心不辨時之緩速、目不分地之遠近、如每一分時似爲一小時之久、每一小時似歷一年之永、久之今事前事合混爲一、先後莫辨焉、如上言法國醫士少服此麻之後、遊於戲園前、僅數步之通路、甫行二三步、覺歷一二時之久、前望其路、幾長無盡、愈行則路前端愈離之遠也、

東方數處常用此麻者、每易笑舞嘯傲、或作不合理之事、或令腹餓而欲食、間有用者立覺忿怒塡胸、每至殺人、亦有用大服者、似不覺其力焉、蓋用慣之故也、或有服此麻之松香質一錢而不覺多者、若以未用慣者二十人分服之、猶覺多而易醉、印度人用者、恆以半釐爲一服、一釐半爲大服、而英國有用相同之藥者、以十釐至十二釐始足顯其藥性、惟西國尚未有用慣此麻者、或云、必數用久之、方覺其趣、而無害、前有西人試服此醉藥、云試服此麻之質一次、以爲必增暢樂、竟大受其損、覺爲最可惡之質、蓋查東方之人常飲或吸此質、想必能得一日之樂、孰意服之反受一日之苦、幾歸死途、略一晝夜毫無知覺、至醒覺體輭筋鬆、腦氣筋不安、眠時每作惡夢、似覺已歷百年之幻境者也、

其五印度麻之原料○印度麻之原料、化學家尚未考詳、因東方各國雖久有之、而西國僅爲新用者、故不能如鴉片之詳察焉、今所已分而知之質有二、一爲自散油、一爲松香質、其餘各種料、想將來必有能察得者、

自散油○如將印度麻草、和水蒸之、則其乾葉與花能分出自散油少許、與霍布花能蒸出自散油者同理、惟此油

感動人身之事尚未詳知竊意麻之功力不多賴此油也松香質○凡麻草內俱含松香類質惟熱地者含之最多麻質之功力俱藉此質其取法或收其麻自流出者或將麻葉和乳油沸而取之或將乾麻草和醋蒸之成膏其松香質柔輭易在醋或以脫消化如化之再和以水則結白色粉其味暖而苦辣臭頗香熱則香更濃然自麻所取之松香質恐非簡質必爲數質合而成者如鴉片爲十數質所合成者想此麻質亦必然

其六印度麻與鴉片相比○印度麻質之形性及感動人身之功力與鴉片不同如用鴉片能令減食用印度麻則

令增食又鴉片醉性令人吐或嘔或舌燥或便祕且津液少用慣者心身最悶而印度麻與此相反且印度麻能令瞳人放大間令人身不能自動又其止痛之性比鴉片亦小令人難眠醉性奇異令人思念亦奇且能助人欲情增人興趣所服用之數比鴉片可少用時能明身外之事比用鴉片所明者多且感動人腦令多思緒意念清明而五官亦覺靈便用鴉片者醉後欲醒之須使之動用此麻者必以法安服其心靜而不動方能醒也大略東方數國用此麻者覺爲取樂之法令人不能理其素事似以人身變爲取樂之器件者也要之此麻與鴉片之於人皆爲巨害難判低昂幸而此麻尚未徧傳各國慣用者稀有人統計用此麻之人數約有二萬萬至三萬萬衆也

第十九章論檳榔胡椒等醉性之質

第八類檳榔○生檳榔之樹同於巴辣麻之類形甚佳美爲醉藥者乃用其子東方產此樹處甚多在喜馬拉山常見之其樹高約三十尺本直而細遠而望之似乎長竿綴以翎羽者印度各處有種者錫蘭島馬來島加拉巴島等處亦產之甚多而各土人幾無不用之故此貿易亦頗大也又小呂宋島亦產檳榔不少每視爲珍貴之物有數處以之代錢付人工價猶之後章所言秘魯之高卡葉有用以代工錢者同也又蘇門答臘島產檳榔亦多常販至暹

羅越南及中國等處每年約十餘萬擔

其一用檳榔之法○檳榔子大如小鴿卵稍有棃形質硬就外皮視之似乎下等豆蔻用時以刀切成片每片和以胡椒葉與石灰少許合成團置口嚼之用慣者常携帶小盒內分三隔裝以此三料以備用印度用法乃將檳榔切成細長條以螺蛤等殼類所成之石灰揩於胡椒葉一面和檳榔條捲之如小呂宋之土人室內常備小盒內裝此捲若干每日換新者凡客至則請用之同於中國之請客吸菸者凡行路者與露天工作者每將此捲裝於盒或袋

隨身帶之備用而作此捲者多爲女工

其土人每年用檳榔甚多，如殷富者每一小時嚼一新捲，歷約半小時始吐出，若無牙者，須將三料磨成漿置於口，以免咀嚼之煩。用慣者不能或舍，卽飲食不豐而甘飢渴，亦必食此檳榔。有一處婦家欲試其夫愛之與否，則請夫取出口內檳榔，惟因已入於口，實不舍去，故不眞愛婦者，極不肯出自口中。此檳榔捲土名烏藥，東方數處用之，似與秘魯之用高卡葉者同也。

其二用檳榔之益○凡用檳榔，則增口津，皮膚汗少，而口津變紅色，故吐出似血，又令人口唇及齒皆變紅色。西人

初見此紅色，甚覺可厭，而見慣者似覺美觀，又令人氣息生香，口內清涼，牙肉潔淨。土人謂能令牙齒牢固。常用者乃嚼而咽其汁，初用者覺口喉內最有澀味，又其石灰常侵口之內皮，令暫時不能辨味，若用之過多，則覺頭暈。惟嚼慣者覺有行氣之性。想此物必大有意趣，否則數萬萬人何恆用之耶？在印度數處，地氣卑濕，每患瘧疾，土人食物不豐，則食檳榔，能補身神而得免病之益，惟疑其益必有幾分賴所嚼之胡椒葉也。或云嚼檳榔能解鴉片之醉，略與飲濃茶能解酒醉者同也。

其三檳榔之原料○檳榔質含樹皮酸類，故其味澀。印度每將檳榔以水沸之，熬得之汁販至英國，爲兒茶之類。東方數國地氣卑濕，人易鬆懈，則用檳榔，有收歛之性，能益於身。前有西人卡侖者遊歷南洋各處，云常用檳榔，水土雖與身不合，亦不生病，惟同遊者不用檳榔，大半因瀉痢等症而死等語。然檳榔之收歛性不足致人頭暈而有醉性，可知其內必另有一醉性質也。有化學家云，嚼食檳榔所得之醉性，恐不在檳榔，而在同用之胡椒葉，惟化學家尚未察明。竊疑其醉性藉檳榔與胡椒葉及石灰和口津所變化而成者，蓋各質分用，各無醉性，故其功力在合用也。

其四用檳榔之數○亞細亞洲每年所用檳榔之數，無法詳稽，想其數必巨，約常用者有五千萬人，如每人日用半兩，則年用者應十斤耳，可見每年所共用者有五萬萬斤也。菸葉而外，所用醉藥無多於此者。近來英國等有將檳榔燒炭，以製揩牙之粉，意謂勝於他物之炭質，然檳榔既成炭，則藥性已散，恐難云比他炭見佳也。

第九類代檳榔之物○近來東方數國造有數種膏質，能當檳榔之用，其要者有二，一爲兒茶，一爲加沒比爾。

兒茶○前言用檳榔沸之熬得之兒茶，印度用者甚多，英國昔用此質，俗名日本土，蓋誤以爲日本之泥土也。又印

度北喜馬拉山麓土人將一種樹木沸之熬膏亦爲兒茶之類印度多人嚼此膏以代檳榔

加沒比爾○此與檳榔所成之兒茶形似而微甜收歛性大其樹高六尺至七尺其葉和水沸之則能成加沒比爾膏蘇門荅臘加拉巴等荷蘭屬島並印度馬來島新嘉坡各處種此樹甚多每年取其葉二次至四次置大鐵鍋和水沸五六小時傾其水入他鍋熬濃傾以模變成硬膏爲黑櫻色味初甜而香後則澀而苦馬來人喜嚼之當檳榔或和檳榔同嚼或云印度用此者年多一年又云此膏有數益一能助消化想其料亦必繁而含數種質也惟西人

尚未詳察之計約五十年前檳榔嶼每年產加沒比爾有七萬擔新嘉坡產者有二萬擔近來其各處種者更多所產者必多數倍也

第十類胡椒類○有數種胡椒之類亦含醉性熱地人常用之其草大半爲籐本繞纍於他樹恆有因其蔓延茂密而樹爲之枯斃者

其一俗名檳榔胡椒土名泡那胡椒○此胡椒之葉常和檳榔嚼之東方用檳榔多者種此草亦必多凡農家有地一區必種若干足敷自用常見鄉間農家近處有檳榔樹一小林每樹有胡椒蔓攀附其上甚屬可觀而城市中售者亦多

種此胡椒之法與豆略同每科相距略十八寸漸長其葉形如心色光綠甚美觀須頻灌溉畧歷年半以小竿爲架中植小樹樹已高其蔓繞附樹上三四年後可采其葉連采至六七年則枯而後換種新者在印度北鄙不能種於露天則搆以竹棚長六十尺至一百五十尺寬二十四尺至三十六尺高不過六尺棚中插木桿便於胡椒之蔓引上每日有人在棚中修理澆灌極爲勤慎如不用棚則胡椒必同日枯槁故用此法種之始能得利也

以上或云用檳榔得之醉性賴此胡椒之葉然胡椒類內雖有醉性者恐嚼檳榔之醉性不全在此疑必賴各料和口津所變成者非此葉之天生者

其二長胡椒○此胡椒又名啊呿見前第十二章其醉性爲一定者西書中多言之其梗厚而毛略硬如木頗香磨成漿泡水內則爲有醉性之藥水味甚佳太平洋羣島土人多喜之不惟用作藥材亦以之爲酒而得其醉性其葉亦可與檳榔同嚼以代前胡椒葉其梗與根切成小塊乾之在印度各處有售者

凡胡椒草之類和水蒸之則得自散油質其香及味與胡椒略同其質無色與松香油檸檬油橘皮油等相同以醋

滃之則得松香質類之膏味辣與胡椒同另含一白色之質能成顆粒說者能治瘧疾等症與金雞那霜同故可見多用檳榔能得數益即其檳榔有收斂之性可免瀉痢胡椒葉能免瘧疾等若不用此物而因卑濕地常發之氣有害於人則無法能禦之

其三幾尼子○此種子類雖西人稱爲胡椒之類其實則異多產在阿非利加西鄙幾尼亞地方土人以爲食物之香料其子小爲角形外有光而深櫻色之殼內爲仁仁辣如胡椒阿非利加人以爲最有益於身之物亦多運至西國前英國亦多用之爲食物香料近漸除之今幾不以爲

食物然每年進口者仍有數萬斤有以爲牲畜之藥材者惟大半爲造麥酒或火酒家用之滃酒令酒有最濃之味數十年前英國設律不許造酒者家藏此物犯者罰金錢二百圓如賣藥家售此子與造酒者罰金錢五百圓凡飲此酒則以爲酒最濃惟不足解渴愈飲之愈覺渴故造酒與賣酒者因此能得利而飲者受虧焉幸此子實無甚大害於人身也

第二十章論高卡等醉性之質

第十一類高卡葉○南亞美利加近安氏斯山處產一種樹名高卡高六尺至八尺其花色白葉青綠如荊棘葉有醉性其樹多生在安氏斯山之熱山谷內而玻利非亞與秘魯等國種者甚多亦有野生者惟不及植種之佳種法將其樹子密種於屋近處長出後分移於田間依行植之如山谷之面過斜則開成土臺如層層階級至高於海面八千尺處其氣候爲六十四度至六十八度亦可植之追三年後其葉即合用如頻澆灌一年可采葉三四次

葉略大於櫻桃之葉至成熟則脆折之易斷則知已熟爲婦女與兒童等采摘而曬乾之計每地一畝略能產乾葉一擔間有產一擔半者惟照常言之則少於一擔其葉將乾時發臭與初曬乾之青草臭略同采此葉者如未作慣

每致頭痛與英國佈曬青草者所得之頭痛相似至葉已乾則可出售上等者淡綠色遇濕則變暗而香氣次之價亦減如葉因濕而自生熱則歸無用上等葉之味稍苦而香與下等綠茶略有相似如嚼此葉時口內置石灰或木灰少許則葉味更佳

其一用高卡葉之古○略三四百年前西班牙等人遷居南亞美利加各處則見土人多用此葉至其初用之時則古而難稽其土人稱此葉爲高卡譯即植物之意蓋慣用之者以爲植物內無勝於此者故每日嚼用多次嚼亦有定時秘魯國幾無人不用之故其葉能當錢用與他數處

之以菸葉當錢者同後至設用金銀則此葉爲貿易之要宗古秘魯王每派員司理種此樹之事直歷至今土人以之爲不可少者在在見土人帶一皮袋如荷包內裝此葉又有一小葫蘆盛生石灰粉或木灰粉至欲嚼葉時必整頓其身如身負荷人物則釋之而坐於平地將荷包以二膝夾牢一一取出其葉足成一團爲止取葉時大有樂意喜容可掬如見包內將罄則悼喪不歡可知此葉爲土人不可少之取樂料也無論行路或負荷或開礦等事日必三四次擇一靜處或坐或臥而嚼此葉如行或騎時用之則功力小猶之用鴉片或印度麻者必靜閒無事方覺其

全藥性也故每用此葉時必擇樹陰靜處臥於平地將數高卡葉搏成小團塡入口內又以木片醮溼取石灰置入口則葉之眞味顯出而口內有多綠汁幾分吐出幾分下咽至葉再不出汁則吐出換以新者

每用此葉一次畧歷時一刻至二刻用畢則燃吸紙菸一枚每日嚼葉三四次畧共費高卡葉一兩至一兩半如閒暇無事則用之倍加故安氐斯山處所有開礦或種田者必每日停工三次以便工人嚼用此葉如主人不歇其工或欲減其嚼葉之時則辭去另就他人當其嚼葉時諸事不理甚難起動之如主人催促或諂讓或笑請之工作亦不肯動用慣者嚼時雖風雨當頭雷霆聒耳亦漠不關心而山溪流漲幾衝其身仍安臥如故即或野獸咆哮將來吞噬猶懶殘而不行或地面乾草生火漸延至身仍側視而不動可見此葉感動人身之力雖不若鴉片仍屬猛烈用慣者每絕情於室家猶失愛於兒女蓋其心嫌紛紜厭往來故於夫婦兒女之間愛情即不顯也如父母喚小兒前來則兒遲遲以進畏怯故也又常連數日彼此不相傾談如不工作時則鬱鬱堅坐而嚼此葉恆不發一言玻利非亞土人景亦似此有遊該處之西人云視土人面目皆有憂容似有大愁或受重苦者畧俱因常用此葉而然也

云云竊意不必盡然蓋土人恆受西人之累如每人自十八歲至五十歲其間每年必納銀洋五元爲農工之稅爲地主者則納六元至十元年中二次收取而寄居之西人無論何國者概不輸稅畧三十年前每年共收土人銀洋有四百五十萬元通國各項之稅不過一千五百萬元故土人心懷憂忿之氣面帶憔悴之容可見其有憂容者未必全因高卡葉所致也推之其心旣鬱悶能不嚼食此葉以爲取樂消憂之計耶又如秘魯土人無此取樂之法即難過活因其原爲有政治與文敎之國後爲西人征服今其人想及此事心豈不悲惟用此葉則立入夢寐覺所見

之事所得之樂爲平時所不能者且此葉爲其古人所流傳者外此幾無他事傳自古昔蓋已更替也

其二高卡葉感動人身之事○此葉感動人身與用法有關如添水當茶飲之則有行氣之性令人難眠如飲過濃者則不覺餓登山而不覺跛喘飲之過多則瞳人放大不堪見光故平常不湯飲之乃成小團或球嚼之與嚼菸等同則得醉性比添飲者緩且嚼時遇口津與石灰或木灰則有變化而成新料爲添時所不能成者或葉內之原料有水不能化出者故所顯之性有異也

安氏斯山以東各處之人亦漸習用此葉至巴西爲止但

其用法稍有不同乃將葉曬乾置木乳鉢內再加一種花草葉之灰研勻藏於瓶其粉爲綠灰色如覺餓或倦時則取粉嚼之能增口津令口內覺暖亦能解餓又能令身體格外出力居秘魯等處之西人雖常言此葉有害於人身不可食用然西人內亦有習用慣者每日必歇數次擇僻靜處嚼食此葉說者用此葉癮最大比慣飲酒者尤甚有西人忽生此大癮即往林中靜處數日連嚼此葉不停間有上等人家得此大癮而親朋視若失亡蓋其不肯雜處人間必往林中僻處或土村靜所孤獨自處可見其癮比西國之酒癖尤有甚焉凡嚼食此葉則氣息大臭唇與牙肉變白齒牙變綠而短兩頰生黑難看而行路欹側皮膚發黑發黃睛珠不明幾縮進額內目周有紫圈唇常動而不停置人事而不顧由此可知用此葉過限之弊也用之不久則食物不消肝不能合法生膽汁大便難通無心食物至餓甚則忽欲食多肉漸則腹有水腫皮膚生潰瘡其人之苦莫大焉如飲以火酒而强耐數日之苦則入死門之關此各苦即豁免矣可見高卡之毒雖初視甚輕而久用之害人實重欲免患者不用爲佳

以上所言爲用高卡葉之暗面如以同法論酒之暗面亦爲最可慘者似亦宜禁用之也嘗有西人遊於用高卡葉

最多之處云嚼此葉有大癮者甚少間有土人或西人得其大癮不惟身體壞敗而心神亦恍惚恆發瘋癡惟合法用之則無大害間或有益常見土人壽域甚長有一百歲至一百三十歲者其人自幼每日嚼此葉三次而不過此限一生所嚼之葉足有二千至三千斤難言其身體爲之害也即用之過此限亦常有年至半百者至於安氏斯山之高處所用之數更多而害更少惟山麓及熱地其害則大也土人以此葉爲有神靈者於禮拜事內常用之或燒之當香以便鬼神來格而來饗其教目瞻禮神明時口亦嚼之意謂若不嚼此葉則神明不聽其禱祝故民凡請其

禱禳者必奉以高卡葉若干爲求神明之用亦有土人拜高卡樹爲神者又凡際大事則先將此葉請教且福祝之如開礦者遇堅磐硬石難於疏鑿則將高卡葉稍嚼之擲於石硬處以爲因此而石輙易於開通蓋古秘魯人以爲司理金石之神最喜此葉之香若不投以所好礦難開也凡人死時亦將此葉塡入其口意謂陰間遇鬼神必優待之也如行路時遇人遺屍則必留高卡葉數枚於其前以爲安慰死人之意

其三高卡葉特顯之性○西人久住南亞美利加與土人常往來者僉謂高卡葉不獨有微醉性尚有兩種性爲他

料所不能同時顯出者一嚼高卡葉不惟不欲多食且可大省食物故不但能令人暫出多力尤比食同數之物者能多耐苦而勞於事如土人雖日僅食波羅蜜或麥麪少許然另用高卡葉若干則能負重人登山攀嶺不憚崎嶇或在洞內多年開礦能不覺乏困不覺飢寒幾若令人絕食亦能養身者西人泛出第遊寄斯土著錄一則可爲此事之案其文云

有一小工爲胡阿里地方之人名哈坦華曼欲彼開墾田疇遂包與地面若干畝連墾五日未見食物而夜間假寐不過一時每二小時半至三小時則嚼高卡葉略半兩其口內亦常啣有此葉之捲工作時余爲旁觀至包做事畢乃同余偕行山路二百餘里余乘駿騾而彼馭步惟每若干時必歇下嚼食高卡葉而已彼謂如能得此葉足用可以不必飯食至訪其本村有告者曰此人六十二歲生平尙未病云

照常而論長養動物並無此理蓋不食物難免漸瘦而弱以致餓斃死也有醫士微底里云查用此葉雖不食物亦足令人久能出力是有此各說不可以不信矣然用此葉雖可不食物其人亦難覺足如前有同遊南亞美利加數處者雖日間不食物止嚼此葉然至夜間未免老饕特甚

所食者足余養身二日可見此葉僅能令久不思食耳豈能絕粒哉故至食時必多於常格以補囊虧又云此葉行氣之性與茶及加非異蓋此二物大半感動人腦而高卡葉之性能散及徧體之腦氣筋故用之者雖暫可不食物然養身所需之料必屬本身已有者用此葉時不過令人不覺餓與弱而已如久不食物亦必餓死同於常人

如將高卡葉嚼之或泡飲之則登彼高山不覺呼吸之難泛出第云余前住於普那山上其處高於海面一萬四千尺每捕獵之先必屢飲高卡葉之濃水及入山馳驟雖終日追逐捷獸猶不覺呼吸較難僅如在海岸上之速行耳

又不覺腦內格外受感動而不快猶如他遊人之所覺者其故或因飲此水僅在普那山上爲然在此處時人之腦氣筋比在山下林中時更鈍歟然每日飲此水後則覺飽足而無思食之意至逾常食時始漸覺饑餒耳

高卡之葉究何能有此性力則難悉其所以然也前西班牙得秘魯時視土人及各風俗爲輕賤者故禁用此葉又天主教於西歷一千五百六十七年間大會共議云高卡葉爲無用之料能迷土人而害之也一千五百六十九年西班牙王頒諭云高卡葉不惟不能益人身神尤屬魔鬼迷人之餌宜禁用之奈土人習慣難舍每私用之旣而開

礦家或務農家見工人用此葉工作能多遂不復嚴禁後天主教亦允人用之且送至歐洲勸人習用有天主教師著書云惜乎歐洲泛用茶與加非而不除之代以此葉蓋歐洲貧民極餓而渴如能得食此葉必更能耐苦若勤勞時用此葉亦大得益云云又一千七百九十三年有天主教醫士著書云歐洲兵船上能用此葉則水手等可免多苦邇來泛出第書亦云水手用菸者多如以此葉代菸則能不覺勞悴而所食鹹肉能害身之弊可以更少尚有他醫書中亦載有同說近來歐洲有數國以此葉列於藥品之內惟歐洲數處氣候較冷其樹不合植而此葉由遠路運來易耗散藥性比當地者更淡或亦能得其功也若就中國論之十八省內必有合植此樹之水土與地氣未識用此葉能代鴉片與否如有欲試者則通商大埠之洋藥房或有存售者可購而嘗試之

其四高卡葉之原料○化學家已化分高卡葉得知其性略恃三料而成一爲松香類二爲苦性質三爲樹皮酸類

松香類○高卡葉運至英國每有松香質或蠟質粘其上難在水內消化以脫內則易如將葉浠於以脫內則變美觀之深綠色水於露天蒸乾則餘下欖色質爲松香類臭大而奇能飄散甚遠如久遇空氣則松香質減小而臭散

滅所餘者幾無臭易鎔化可見以脫能消化其葉內之二種質一爲易散而有大臭者一爲無臭者疑其葉之醉性大半恃此易散之質略因此故則葉存年餘失其臭與藥性而歸無用或云乾葉亦幾無用必於產樹處用此葉方能得其全藥性也常存葉之法以生牛皮包裹甚緊皮漸乾縮擠其葉至極緊惟然亦難免其自散之質飛散也故可見以脫所能消化其葉之松香質爲其藥料內之最要者

苦性質○前論茶與加非章內言其香料之外另含白色苦性之顆粒質名替以尼凡茶與加非之優劣賴含此質

之多寡，依同理，高卡葉內，亦有苦性之質，爲醋所能化出者，惟此苦性質，不成顆粒，未有得其淨者，且化學家尚未詳考之，然其葉之藥性，亦必幾分賴此質，

樹皮酸類○高卡葉所含之樹皮酸類，亦必與茶含者同，蓋將其葉之水，和以鐵鏽等鹽類質，亦能變黑色也，

其五高卡葉感動人身之理○高卡之葉，雖尚有多事，未經考詳，然由所已知之物，可見南亞美利加之高卡葉，歐洲之霍布花，中國之茶葉，印度之加非，各有同處，蓋皆含松香類之香料，皆含苦性質，皆含樹皮酸也，然嚼食此葉，每日僅一二兩，且嚼畢則吐出，而不全咽，則何能令人不

覺倦也，何能長養人之身也，此誠難明者，夫口津所能消化此葉之質甚少，何足以補人身所需之血，及所耗之料也，想其功用必在乎減少人身所耗之料，蓋老人飲酒飲茶，能感動腦氣筋，令耗費之料減少，胃易消化，則身重可不減，想此葉亦有同性也，如幼年或壯年者，用之令身體耗料少而補神，則食物亦可省也，

高卡葉能令瞳人放大，同於印度之麻，與鴉片則不同也，然能使乏者增力，倦者益神，又與鴉片有同也，如土耳其之置郵傳命者，或中土之出力挑抬者，倦時吸用鴉片，仍能動作如常，而秘魯之開礦等人，用高卡葉，亦同此性，又

用此葉者，不喜與人同居，每避靜處，獨自趣樂，用鴉片者亦同也，英國前有嗜鴉片者云，肆市通衢，戲園舞會，非用鴉片者取樂之區，蓋其以人多爲煩，聞樂聲覺鬧，而於心有違也，惟地愈寂，則意益暢，故用慣者，喜居高樓，獨自消遣，時而憑窗望海，時而倚檻觀城，皆儼然在咫尺間耳，自日入以至晨旭，安坐不動，而心似覺常在夢境中也，此數事，用慣高卡葉者，亦有同焉，蓋其人喜長臥樹下，置外事於不聞，直作夢境而已，

其六用高卡葉之數○有人核計秘魯與玻利非亞二國，共用高卡葉之數，疑有一千五百萬磅之多，此數雖大，尚

恐不足以盡其實，斷非過實之數也，近日產者更多，恐必大於此數，如玻利非亞國收納此葉之稅，每年共得法國銀錢九十萬圓，近來此葉於秘魯與玻利非亞之外，已達至東巴西等國，故疑南亞美利加各處，每年共用乾葉，必有三千萬磅也，計每四磅略値銀洋一元，可見每年需者應共値七百五十萬元也，又每地一畝，年中略產葉一擔，可見每年種此葉之地面亦甚多也，有人統計嚼此葉之人數，用慣者，共有千萬餘衆也，

第二十一章論醉仙桃毒菌等醉性之質

第十二類醉仙桃○醉仙桃之源流趣味，及感動人身之

事與前各種醉藥不分上下而其種類之要者有二茲大略言之

其一紅色醉仙桃○此種醉仙桃南亞美利加安氏斯山之土人多用之即前章所言用高卡葉之人也其草多生於安氏斯山谷內稍斜之坡上土人名之曰薄法啟魯用其果漬成濃水名之曰當噶土人喜飲之以爲飲此水能立與先人魂靈相接而談叙也遊歷此土者泛出第云此水飲之易致沉睡嘗見土人飲之則坐平地目直視地面而口閉甚緊鼻孔格外張大略歷一刻則目左右周視口稍啟而流涎沫身亂動而猖獗異常後則沉睡數小時至

日晚則見其人與羣友談云今日大夢一場夢中與祖魂相談甚久云云然其人身似乎弱而憊矣昔土人之教頭常有飲此醉仙桃之汁者每似瘋狂常人見之以爲其必在神鬼之間也今土人用此以爲與祖魂相接能識其墓之所在可以時相出入而交換其陰間寶物故俗呼此桃爲墳墓草可藉之以入先人之陰宅也如服此桃之煮水能令人放狂不覊古希臘國有廟宇其內之祭司嘗飲此水信口胡談庸衆見之以其爲先知之預言也南亞美利加有數處亦行此誕可見東西兩半球雖間以大西洋而數百年前毫無來往然兩地之主教者俱以同法欺惑愚民前在蘇格蘭有人能言將來之事想其殆亦先飲醉仙桃等草汁感動腦髓任意亂言而偶有應驗者耳前所有行巫覡妖蠱等人以爲能通接鬼神厭禳禍福大略亦因飲此醉仙桃之水所致也

其二尋常醉仙桃○此種草西國久有用之得其醉性者德法等國間有人私用此草子泡水令人飲之而受害者俄國有以此水添麥酒內令醉性猛烈中國酒家亦有用者後爲國家禁除印度北鄙有以之滲入火酒者令增醉性印度南鄙有人藉此草子爲行刼之料見有行路遠客至歇寓處則將此草子或子粉暗投飲食內客食之足醉

一晝夜則便於搜其囊括席捲而去客至醒則不知其何所之也此醉仙桃子無論何地產者何時取之其草或老或嫩而藥力一也英國不多用之嘗有一小女誤食其子一錢半至二小時後大發瘋狂謂見鬼怪甚多逾夜尋卒間有誤食者眠若干時而後酣睡甚沉及醒仍覺無恙此藥之性不獨其子有之全草內皆含之前有人因患燒創遂以醉仙桃葉貼患處不久毒入肌裏瘋癲可怕蓋其葉之藥性爲破處收入也在英國有氣喘之人每將醉仙桃葉成捲如呂宋菸吸之此種烟捲在藥肆有售者久患氣喘者病來時吸此捲一枚則覺立愈近來中國亦有將本

地之醉仙桃葉亦名佛茄兒葉同法用之大得其治喘之益惟須愼之否則易用之過限而招損也

各種醉仙桃內皆含一種白色顆粒之毒質西名打都里尼其味初苦而後辣似與食菸者同服之能令瞳人放大而感動人身與羊躑躅相似凡用此草子或葉其藥性大半賴此打都里尼質如將醉仙桃子或其葉當菸吸之則有炒成之油質與吸菸時所炒成之油質相似其毒性與菸油之毒性亦略同醉仙桃之藥內亦幾分藉此油質所成之霧

第十三類毒菌○西比里阿北鄙產一種菌類其醉性甚奇土人多賴以爲怡情取樂之品蓋其處地寒土瘠不產鴉片或印度麻菸葉等醉藥故必用此菌以得其醉迷性也可見地上各國之人概以醉藥爲不可少者此菌形與可食之菌差似而稍異在熱時取之曬乾可用或待其在地中成熟而自乾後取之則較曬乾者醉性更猛將其菌浸於一種野果所壓出之汁內飲之與飲濃酒之醉性相同如置肉湯內煮食之則醉性較輕土人食法將菌一塊指摶成丸不嚼而咽或謂嚼之有損於胃而不消化如食一大菌或二小者則足醉迷一日食後飲以水醉性能更大略歷一二小時則醉性顯其人格外暢快而面發赤後則頭暈若醉酒者且言語失節動作無度間有昏迷以致無知無覺者亦有欲格外出力而不肯安靜者有人云見一用此菌之人能將一百二十磅重之大袋携行數十里不歇亦不疲如食此菌過多則亂動而猛且痛然各人用此菌所顯之性有不同如喜言者則必絮叨聒耳無法可阻設有秘事不宜宣者亦必直言無隱欲人聞知好唱者則必信口成腔連歌弗輟若行路時見橫草一莖或樹枝一條欲過之則當爲甚高之堤必退行數武向前馳躍而過之卽與前章所言服印度麻者類是也嘗見眞瘋者每有此行此其人殆近於瘋歟

此毒菌有一最奇之事卽食之者小便亦有大醉性由來西比里阿人皆知此事故用此菌時藉此性能連醉數朝如今日食菌頗醉夜間遺溺晨興飲其一杯則醉更沉而不必食菌矣用慣者恐菌偶缺猝不及辦則存其溺以備不時之需且甚珍重焉又如他人飲此溺亦能醉與食菌者同而次人溺者第三人飲之亦能醉其餘類然故一人恆有數人成羣湊資辦菌藉此法各人能連醉十餘日可見此毒質迷混人心爲若何也前言乳婦服鴉片能運入乳中毒死嬰兒而他藥亦有同性者惟此菌則又異焉不

獨能在乳內同出、猶於溺中亦有醉性、非奇也耶、此種毒菌、歐洲各國尚未多考究、故難知其細、在西國亦有毒者數種、間有含醉性者、有一種、英國養蜂家常用之、令羣蜂醉迷、以便割取其蜜、有人令禽獸試吸此菌之霧、亦能顯醉性、惟菌類之毒性、尚未有詳考者、故此書不必多論也、

第十四類零星醉藥○以上數種醉藥、略爲大區之人多所用者、另有數種瑣細醉藥、僅爲一處所獨用者、或爲史冊所記載者、茲將要者、大略言之、

其一吐性何里樹葉○此葉爲美國福落里得邦之土人所用者、凡聚議公事時、則必先飲此葉之煮水、或云公議

要事之先、須三日不食、祇飲此水、其水黑色、少服之則感內腎、令人大汗、多服之則大吐瀉、常用者每顯凶猛之性、似乎馬來等人之用鴉片者、惟此葉尚未有化學家考究之、而其樹類乎巴辣沽茶、疑其質必有類乎茶所含之替以尼質者、

其二癲茄西名啤啦呫喇○此草生在英國之空曠處、其實色黑面光、小兒每喜之、常有誤食者、醉而至死、其醉性最大、服之者、則顯大醉之形、如食其乾葉、或浠葉之水、亦同此性、少服之則似瘋狂、大覺快心、間有忽而大笑不止、間或亂言不休、間或性感咽喉、語不成聲、間有令人如夜睡朦朧者、心迷身醒、前在英國有一裁縫匠、食此毒藥、似乎魂已出舍、心不省事、略十五小時、不言不語、不理外務、惟手不停針、彌縫弗輟、而針工亦不誤、時見其口翕張啟閉、似有言者、此種醉藥、今在英國、僅當藥材之用、大覺有益、爲眼科內之要藥、因其性能令瞳人放大、醫者可視及內睛情形、按蘇格蘭史中有云、前有丹國王名蘇哀淖者、率師侵境、勒令蘇格蘭人每日供給酒糧若干、歷若干時、蘇格蘭人暗將啤啦呫喇子、浠入酒內、進之丹軍、闔營飲之、幾無不醉者、蘇格蘭人乘機攻之、大肆撕殺、丹人死者甚衆、僅有數人未飲、遂得奪王登舟、鼠竄而去、其餘各船

俱爲蘇格蘭人所有、云可見此藥之性、極其凶毒、未知中國有此草否、

其三羊躑躅○此草之根、醉性甚大、西人多煮之成膏、入藥品、每膏三釐、略抵鴉片一釐之醉性、惟其質易變、而藥力無定、雖有醉性、尚未知有人專用此質、以爲醉藥否、

其四大爾尼勒草○此草英國麥田內常有生者、如農家不先拔除、則與麥同長同秀、至打麥時、恆有其子混在麥內、如磨爲麪、成饅頭、則有醉性、熱時食之、醉性尤大、若和麥發芽造酒、而酒亦有大醉性、略三十年前、阿爾蘭有一處之人、共三十餘名、忽患頭暈、不能行路、目視不清、皮膚

發冷四肢略有瘋癱之態間有大吐者查其故蓋所食之饅頭有大爾尼勒也醫士令各服吐藥與行氣之藥則愈而無死者惟其人甚形困頓耳如將此草子和水蒸之能成油質兩種一爲輕者一爲重者其子之醉性略在此油質內未識中國有此種草否

其五乾蓋拉草○此草亦爲英國產者昔人已知其醉性惟今不大用之前歐洲北數國嘗用此草令酒有苦味與醉性今瑞顛國猶用之西一千四百四十年瑞顛王設律云不許在某節前穫取此草又不許在他人處取之云云

其六山躑躅花亦名映山紅○此花亦大有醉性如印度山上土人常有食一種映山紅爲醉藥者又有一種其葉爲鐵鏽色印度土人多磨爲鼻菸之用美國生一種山躑躅其花蒂粘有櫻色粉土人取之用當鼻菸更有一種映山紅花類乎菊花產在西比里阿爲最猛醉藥中之一種未知土人有用之者否又有一種花與映山紅相似而爲杜鵑花之類濱黑海處野生者甚多蜂採蜜時此花盛開故有數國所產之蜜糖每含醉性因採入此花粉故也土人多知此花之醉性蓋春際靑草未發之先恆有牛與山羊食此花之葉而致斃者前於第十章論所熬蔗等糖內言及希臘王西奴芬之兵食此地之蜜大受其醉迷之性者亦緣此花故也尙有多種花草樹木含醉毒性者或重或輕各有不等如美國有一種草羊食之則死又有一種爲野雞喜食者雖無害於雞然食其肉大能醉人常有因此患大病者卽似乎前言鴉片與毒菌之能在乳或溺中顯者同意也

有數種奇香之花亦含醉性若人常取弄其花頻受薰襲易致醉迷如番紅花堆積一處人吸其氣每有頭痛或羊頭瘋等症間有因此昏暈死者近來醫家云用樟腦過多亦能損人如英屬加拿他西鄙有一處患霍亂吐瀉之時症有醫士設法令人多用樟腦可以卻災未患病者身邊

多帶樟腦則能遠病而畏死者每用樟腦甚多身邊略帶數兩日夜間亦口嚼樟腦少許間有消化於酒內服之者故凡用之過多者漸發瘋狂當地之瘋狂院一日來病者八人皆爲樟腦之瘋有人試將樟腦少許令狗吞食頃之則瘋癲而死此其據也要之萬物中有多質品合法用之能大益人無端妄用勢必招損取用萬物者豈不宜愼乎豈不宜戒乎

第二十二章論醉性質總義

查以前數章所言人常用之各種醉藥可見各質形性雖大不同然就大概參詳足顯人類之中各有喜用醉藥之

性、每嘗試各植物質、而查得其合用者、藉以醉心、茲將醉藥一事、總分八欵、剖陳如左、

其一用醉藥之寬廣○由上數章、可見地球各地各人、有其所喜用之醉性質、無分東西南北、冷熱燥濕、在有所宜生者、如西比里阿有毒菌、中國與印度、及土耳其有鴉片、波斯與印度、及土耳其、或阿非利加、或巴西國、有印度麻、印度與中國、及南洋列島、有檳榔與胡椒、太平洋羣島、有啊呿、秘魯與玻利非亞等國、有高卡、拉巴拉他與安氏斯山、有醉仙桃、亞細亞、與亞美利加、及歐洲、有菸葉、福落里得、有何里樹葉、歐洲北鄙、與亞美利加、有蓋拉草、英德等

國、有霍布花、法國有苦苣菜、由古以來、各國各地之人、在本處均已查得含醉性之植物、以為止痛散心、消遣憂慮者也、大抵人愈鹵莽、所用醉藥愈粗劣、人愈文雅、所用醉藥愈精細、以常而論、人生不可少者、為飲食服飾、醉藥而已、然此三事內、衣食二宗、是誠不可少者、而醉藥究屬可離者、第人不肯舍耳、

按前數章、統計全地上用菸者、有八萬萬人、用鴉片者、有四萬萬人、用印度麻者、有二萬萬至三萬萬人、用檳榔者、有一萬萬人、用高卡者、有一千萬人、

由此可見人概以醉藥為要物、幾不可一日無者、且無法能全禁除、或設律嚴究、則民甘死而不從命、若納大稅以難之、則民能設法偷漏、或自行栽種、即或將用者囚禁於獄、令不得用醉藥、則不過守死而已、亦難革其喜用之心、蓋此事久種人心、深固不拔、故欲用法禁除、恐其法與其弊必一路並行、而至其極也、如前西班牙之禁秘魯用高卡、歐洲與西亞細亞之國王與教師、用盡心力禁阻食菸者、皆屬徒然、猶之中國須諭出示、杜絕鴉片、而各大城鎮之公然吸售者、不知凡幾、即官員紳士、亦難言個個手淨、總之、此等風氣、一倡百和、拘囿人心、牢不可破、凡用慣者、吐棄實難、苟設重律、究辦甚嚴、即如以殺人為常事、毫不

從寬、久之、政治易泯、國則散矣、而用醉藥之規、必仍存乎人間、故凡有心世道者、欲挽狂瀾、警覺斯世、須從此害正面觀起、剖求根源、始能得其救止之法也、

所用之法、非在乎律之嚴也、非在乎稅之重也、尤非在乎監禁獄囚之苦也、而其實在乎教化民心、俾明物理、以知何法能保養身體、有大精神、何法能得心中安樂、最耐久遠、要之、必令輕年者、自幼能自主自制、無論何種私欲、何種順性之惡、皆能箝制、無使滋蔓、自少以此法教導、至成立時、遇此等用醉藥之誘惑、自能引嫌趨避、而不效尤、不惟自離其遠、且必勸人勿近、留心世道者、每云文教盛行、

能革此弊、此說雖實、猶難概論、卽中國而言、非素稱文物大邦者乎、而中國之受鴉片大害者、非文教中之貴顯者耶、彼山村農子、田野邊氓、胸無點墨、目不識丁、固毫無文教之氣者、然而身壯體肥、並無思用鴉片之心焉、試思今之醉藥爲害、似乎大河之流、行已遠矣、夫河生於溪、而溪在山間、決諸東方則東流、決諸西方則西流、或東或西、不難制服、欲改動其流之方向、易如反掌、祇一人一鏟一工足矣、惟久之溪釀成河、水勢洶湧、如黃河之溢漲、若長江之淵深、欲遏其水、而絕其流、則萬夫不足施力、累年亦難成功、可見習慣已成自然、一時實難頓改、要在有志者立

定主章、盡其心力、改除自新、又莫善於自幼穉時、教以善法、杜漸防微、以至成立、則後輩漸興惡性可少、而各種用醉藥之風氣、勢必泯焉、

其二醉藥與農政貿易之關○種醉藥者、關乎農政、且必多藉農工勞力、始得佳者、有人統計種醉藥之人數、比種人衣食之人數、更爲多矣、且穀類棉花而外、無他植物、需資本多於醉藥者、況運遷此多醉藥之舟車人力、不勝浩繁、而令人富者、亦無甚於醉藥者、如每地一畝、種菸年能產略一百二十五磅、種鴉片能產三磅至四磅、種霍布花、能產一百十磅、種高卡、能產一百二十磅、另有檳榔兒茶、

加沒比爾等、每年產數、亦綦多矣、可見醉藥一宗、與農工貿易、大有關也、而每人每年購買醉藥、所費銀項、亦爲不少、素不豐者、必於他事儉嗇、或不敷用、始可也、如以印度通國計之、每人年需衣飾之費、不過銀洋一二角耳、而用醉藥之費、幾等諸所食之物、

其三醉藥感人之性○醉藥感動人身、爲甚奇者、如印度麻、能醉人甚重、卽他人將其手或足擎上、則不能自落、與已死者幾相同焉、南亞美利加之醉仙桃、能令土人夢見先祖、而與之談、西比里阿之毒菌、能令人不覺痛癢、而仍有知覺、每路遇莖草、視若大梁、難於超越、又有一毒菌能

令人不言語、不覺痛、仍知身外各事、似乎嘗有臨眠時過食難消之物、夢中以爲已死、屍臥當牀、眞朋契屬、涕零隕泣、咨嗟惜焉、假友貪僚、財物瓜分、心意暢焉、旣而斂柩合棺、窆穴覆土、棺木塵掩、塊塊有聲、衆人星散、步步漸遠、而己有口難言、聽之而已、豈能謂人曰我非死者、凡用此種毒菌者、似應乎此夢也、又如癲茄能令人狂笑若癡、足爲可惜者、有似大才能之人、少壯時爲一國之山斗、萬民稱揚、至於衰老、忽發狂癡亂笑、而資人嗟惜者、正猶是也、告故羅司果卽毒魚者能令人四肢無力、足不能行、而心猶清晰、仍能思悟、此亦奇也、惟此各種醉藥、何能感動人身、有若

此者、苟能悉此所以之理、則必爲人身體學最趣益之一端也、惜至今大才之醫、皆不能詳、僅化學家考得各醉藥內之要質、能感動人身、成上所言之各事也、準此、試問人之天生此各病者、可謂爲其身內自生之醉藥否、果爾、則有一藥、能暫令人瘋癲、亦宜有一藥、令瘋癲者痊愈也、夫人用醉藥、乃先入胃、而消化入血、自血運入腦中、惟若以化學法、化分其血、則不能得其醉藥之微迹、而猶足令人或暫瘋狂、或暫覺苦樂、則眞瘋或眞樂者、可疑其亦因身內所變成之料、爲血而運入腦中者也、想將來藉化學之理、殆能得法、以治各瘋狂等病也、查眞瘋癲、與醉藥所感

者、大有相同、如常有瘋者、心中定一意見、雖爲大不合理之事、然藉此事、而議以爲眞者、又有瘋者所見事物、自以爲眞、即如謂牀前有鬼怪虎蛇、爲旁人道之、形色偪眞、或以爲直見先祖古人、神異鬼怪、聞其言及某事、則深信於心、而兼告於人、此皆天然瘋癲者易有之事也、然有人食印度麻、或毒菌、則見一草、當爲大木、又有小兒食醉仙桃子、則見鬼神等、秘魯土人食醉仙桃、能接見先祖、與之傾談、至醉藥過時、竟將先祖之言、告於他人、不惟自信爲眞、而聞者亦不謂其假、又常有弱女病男、因腦氣筋不甚暢爽、雖未至瘋、亦每見奇事、自視若眞實、而兼以告人、如此

則安辨天然之瘋、與醉藥感成者耶、可否以同法治之、又如喜樂者、可否謂因身內有變成之料所致耶、而憂懼忐忑、以小事爲大事者、可否謂因身內有變成之料而然耶、要之、患瘋癲者、無論天然生者、或醉藥感者、意念中所見所覺之事相同、而其根源、殆可疑爲同者、惟此事最屬深奧、尚未考知其實耶否耶、

其四醉藥特顯之性○各種醉藥、性有不同、如菸能適人身體、惛迷神氣、方寸中念慮寂焉、鴉片與印度麻、性則反是、能感動心神、多成思緒、且鴉片能令人心甚靈、似寤寐時、身力不動不勞、而腦能多運思、不覺困頓、似乎日光與

雲、能行過名勝山水、而不使之動、亦不改其觀、至印度麻、不惟能令腦中生念、且令腹餓思食、似人睡時、體骨安適、不必食物、而醒時身力運用、則務須加餐、蓋印度麻、似令人勞力工作者也、鴉片令人不知外事、印度麻則令人分外明澈身外各事、蓋鴉片將人心關閉身中、不通外務、印度麻則感動五官、善理外事、凡用鴉片者、若使身體頻勞動、或招惹之、則藥力少減、用印度麻者、使之安靜無爲、則藥力亦減、此皆醉藥之特性也、至於高卡與鴉片相比、則俱能令人耐苦、惟有二事大不相同、即高卡不令人寢睡、食至過多、則能稍瀉、而鴉片則恆致大便不通、又受鴉片

醉者、檳榔可解、與用濃茶解酒者同也、至於毒菌、能令人宣洩秘事、與醉酒者同、由此各事、可見各醉藥感動人身、有不同之處也、疑將來化學家、殆能查得新法、以治此各病所令人身內之不合處也

其五格致家察得醉藥實在之理甚少○醉藥各事、雖有多化學家與醫學家、詳察細攷、至今猶難云門牆已入、事理昭然、不過能考求之人、年多一年耳、想將來此一門之學可以更講求至深奧焉

其六地球各國用醉藥有不同處○地球各處、皆有所產自用之醉藥、此事似合理焉、猶之穀果類、何國產者、何國

食之、然多船隻之國、易運貨物、遠近往來、能懋遷數國之醉藥、輻輳一區、惟可奇者、則一國何獨喜醉藥之一種、而餘者不甚喜耶、如英吉利多飲含霍布花之麥酒、蘇格蘭與阿爾蘭人飲者甚少、英吉利多用菸、蘇格蘭用者絕少、德國與瑞典國用菸多於法國、東方多喜用鴉片與印度麻、而西國幾不用之、又法國與蘇格蘭之北、及冰地與瑞典之北、用鼻菸甚多、英國德國瑞典南鄙、不多用鼻菸、而以菸袋吸之、阿非利加數處、多用鼻菸、他處則多嚼菸葉、土耳其與亞拉伯、則多用菸袋吸烟、想此各事、非因有人設此一俗、即能興於此處、殆因各國之人身性不同、故必獨取其合宜之醉藥耳、

其七亞細亞與亞美利加人用醉藥有略同之俗○視地理圖、則知亞細亞與亞美利加二洲、相去甚遠、其間有太平洋之隔、遙遙相距、有萬餘里、帆船與輪船未剏之先、則東方舟楫、何由東駛、而抵亞美利加之境、西洲檣槳焉得西航、以臻中華印度之區、是古時殆毫無交涉云、然既無交涉、則何竟有相同之俗耶、即如菸葉一物、中國與中亞美利加、俱用自古、且初用之時、遠而難稽、又如巴西與印度及越南等處、多用印度麻、而印度與中國、嚼食檳榔時、每用石灰、則秘魯土人、嚼高卡時、亦用植物之灰、南亞美

利加之安氏斯山土人、用紅色醉仙桃、而亞細亞之喜馬拉山人、則用綠色醉仙桃、是此各處之人、由來毫無通接、則何由傳其用醉藥之法耶、而阿非利加數處土人、以地面產之鈉養炭養、和菸葉嚼之者、亦同此意也、故有疑太古時、亞細亞與亞美利加、必有交通往來之事、或原爲同族之人者、近來西人、每攷各國言語文字禮儀教門、互相比較、以之推論、謂昔時各方、必爲一族之人、抑知各方疊傳之俗、與度日之法、苟有同者、亦可當爲古有交涉之據、蓋此各事、比言語文字尤難更改、而古昔言語文字教化政治書籍禮儀、皆易廢置、或漸生新、惟用醉藥等俗、尙遵

循而不替如昔之秘魯以上各事無不畢具後為西班牙所轄則盡歸烏有所存古蹤惟高卡而已近有查言語文字者經過墨西哥之山中遇最古之土人聽其語言與中國大同小異故不惟俗同足為東西相通之據而言語相似亦可為其附証也是以知古來亞細亞東鄙與亞美利加西鄙等人必有往來也

其八醉藥總論○由上論醉藥各章略能將公理五端試釋如下　一人類中皆有嗜用醉藥之性似屬天然者　二各國所有嗜醉藥者幾分在乎地氣水土幾分在乎人屬何類又稍在其物易得與否　三各國嗜好醉藥不惟

不全同即一國之人所好者亦有不同之處幾分在其人本身之壯弱幾分在醉藥之便得便用　四醉質以感動人身之力可分四種一重醉性者如鴉片印度麻與菸及霍布花有別二其醉藥與酒類亦易別如鴉片與酒醋等分別甚大三猛淡二酒亦易別如麥酒葡萄酒易與火酒有別四最淡之酒如麥酒等與茶及加非亦易別此各醉質常有相同之處甚難分界然無論何種醉藥用之數次易漸至慣而身體即改變至合用此醉藥可見人於此各質應如何戒慎使不成癮也已

五舉世之人誰不欲招福而袪禍耶計一生思慮惟欲得福而已然常有事不如意福招不來愈求之近而福愈避之遠似猶小兒欲捉長虹於空天幾經能在手耶歷閱以前各論似用醉藥為求福最便之方不特閱此書時覺此意且屢見人用醉藥似易脫卻人間思慮而受世外清福者遂試用一二次輒覺無限暢樂抑知旋踵間嗜漸成癖癮入膏肓人仍我是主竟他從末則不過為煙槍之僕醉藥之奴而已蓋人雖金剛而一擎印度麻輒足箝之仆地身即鐵漢則數分鴉片膏亦易制之柔輭既而身瘦骨弱則心神豈能不殆哉然人雖知醉藥有此各害而仍頻用者指不勝屈也設有人焉用多醉藥固意自盡見者誰不

嘆曰惜哉惜哉然連用小服以迄數年因此垂斃與自盡固無小異而人則不以為醉藥之累竟為天命之終似覺其人無甚大罪也者嘻異哉考之醫學可知人身造法奧妙極矣人之靈魂所能操習之才能皆天特授俾為上好之需人竟為醉藥戕賊甘於自棄非大違乎天耶非大負此天所賦之身與靈耶其於來世之罪愆應如何大耶嗟歟惜哉人其戒之

第二十三章論所用毒性之質

以上各醉藥之外另有兩種有害於人身之物為數處人所喜用者故此書內亦宜略論及之厥物維何則砒霜與

泥土是、

其一食砒霜○砒霜之爲物、性酷毒、食其大服、則惹身致死、食其小服、能補火改血、感動皮膚、故用以治數種皮膚之病、最爲得益、惟其質大毒易險、醫士不常令人服之、而常人亦畏其鴆毒、故不藏爲時用之藥、惟奥國有數處山上之人最喜食之、因該處錸鉛銅等礦甚多、其礦內所含之鉮、能變爲砒霜、而散出其作烟通法、先與地面平行頗遠、始直砌之、自烟通內可得所凝之砒霜、由來其人多用此質、有一生每日服若干者、間有一家疊代連用者、其用砒霜略有二意、一欲身體肥胖、而皮膚潔輭、面色鮮妍、二

欲呼吸易、雖登高山峻嶺、亦不覺倦乏而喘、凡人或畜用之、皆有同性、故畜馬者、每有以砒霜和於馬之食料者、

奥國數處鄉人、男女皆喜貌美體肥、面色鮮潔、蓋西國婚嫁、自行主相、無俟媒妁、無論男女、面貌醜陋、則難配有妍侶、有本國醫士云、本處鄉間有一農家飼牛取乳之女、身毫無病、惟愧面白肌瘦、左近有農人子、欲聘爲室、亦因是而嫌之、則女心慚忿、遂稍服砒霜、數月後、面色嫣紅、宛如桃腮、肢態豐盈、甚形嫵媚、該男睨之美、而喜欲訂親、女意甚得、陶然自樂、因思如每日稍增服數、貌必更妍、之子見之、始足喜至狂也、詎知服至過限、不勝鴆毒、而玉臺傾矣、說者、奥國等處、每年因此死者、竟不少云、

至於欲登山者、食砒霜法、將砒霜小片、置口中漸化、則山任高而削、能直登不疲、亦不喘、食者、初時所服之數、視其人之壯弱爲率、大略砒霜一釐、分爲數服、最壯者、分二三服、每一二日一服、當晨興未食時服之、之後則漸增多、有奥國醫士云、本處有鄉人年六十而體壯、每日食砒霜略二服、已連用四十年、乃父亦連用多年、乃子猶漸習會、凡食慣者、毫不覺病、惟若因不能得砒霜、或因他故暫不得食、則顯服砒毒之症、心覺不安、不理常事、多煩慮、不聊賴、無心食物、卽食之亦難消化、胃似覺食物過限、口似覺津涎過

多、自胃至喉、似覺火燒、腸內覺痛、此各症、祇有一術可醫、厥術維何、卽仍舊食砒霜耳、

獸畜食砒霜、所成之事、與人食者略同、如馬食之、能肢體肥碩、皮毛豐澤、毫無病態、故奥國京中飼馬之夫、每令馬食砒霜、其法或將砒霜撒和麩料內、或將豆大之塊、麻布包之、繫於馬之銜橛、令漸爲口津消化、隨咽而入、則不惟馬肥皮潤、且其口脣生有白泡、西人多以馬有此泡爲美也、如爲行山路、而牽重之馬、俟其食料將畢、稍投砒霜、令食、則馬大能出力、而不覺疲、如此連喂數年、亦可無害、惟購此馬者、如不知此事、則馬漸羸殆、不勝馳驅、雖飼以好

料、亦覺無益、惟食時稍加砒霜、則立能猶前、
砒霜與前各醉藥、雖性有不同、而所成之事、略有相類、如
嚼高卡葉、能大省食物、或食物雖少、身仍精神、又能令人
登山越嶺、不覺疲困、此各事與砒霜有同、又用慣鴉片者、
偶使戒斷、則大受苦、幾難聊生、而用慣砒霜者亦然、
砒霜究何能感人面貌、令增鮮妍、或令畜皮毛變成豐澤、
今尚未能洞悉其理、惟其在身內能令耗料減少、而臟肺
放出炭養更少、此為定理、有法顯証、蓋令臟肺少放炭養、
則能成二事、一所需吸之養氣即更少、故雖登山而喘氣
可緩、而易二食物所含油質、略為備臟肺放炭養所用、既

有法令其放炭養更少、則油質可以聚於皮膚、漸資肥胖、
惟砒霜如何能令身內減費炭養、則仍無法可解也、
西國閑書內、每言有製藥配餌、能令男女相歡愛者、近來
東方亦有私配此種藥者、凡女貌頗媸、男多不悅、或輕賤
視之、女每愧喪、則私購此種藥、賺夫服之、以迷其心目、必
睨之美而獲幸焉、所用之藥、略必為印度麻等也、然奧國
鄉間等女、則用砒霜令貌實美、而腮色紅妍、目光清秀、確
有真形之可觀、故旁觀者無不稱之曰美人、而未偶者、誰
不羨之曰之子、苟有一人為女所屬意者、必不出此諸人
之內、是女以此法求售、極靈應也、可見砒霜雖為極酷之

毒、仍有相反之性、能令人大得強健之形、又助女足增妖
冶之態、想古來人即知此事、而男有服印度麻、女有服砒
霜者、西古史內每有論及之者、惟今之格致家大半視為
空談、然恐亦有幾分眞者在焉、
其二食泥土○人所喜食之奇物內、食泥或土、略可謂為
最無理者、如歐洲數國、有食泥者、雖其無砒霜之害、亦必
令人身能受其累、惟阿非利加西鄙、有幾尼亞土人、由來
食黃色之土、名之曰高阿克、說者土人覺此土味有趣、食
者無甚受累、食慣者不能戒絕、即同於食慣砒霜或鴉片
者、雖施之以刑、董之以威、亦仍食而不懼、昔時西人有將

阿非利加黑人運至西印度羣島、售作傭奴、因無故鄉合
食之土、不得已則以他土代之、然多有因不合食而病死
者、故禁用之、惟有數島黑人多處、百餘年前、仍有將紅色
或黃色土、私賣諸市、未知至今已革除否、
亞細亞之東南、亦有數處食泥土者、如遊加拉巴島者云、
見有賣成塊之紅土、為土人所食者、以顯微鏡察視之、知
其土大半為淡水內所成之蟲與植物質、又喜馬拉山有
一谷名侖智特谷、內有一 紅泥土、人嚼之以治疣瘤、歐洲
北鄙瑞典等處、有一種泥、俗名饅頭麪、每年食者甚多、芬
蘭亦出一泥、有和麪成饅頭食者、以顯微鏡察其泥、大半

爲蟲之空殼不能養身又日耳曼北鄙值歲歉或敵困時亦有食泥以解飢者南亞美利加之疴勒諾哥河邊有種泥爲玻利非亞與秘魯等土人食者西人胡馬勃者遊此處云見土人一族名俄吐麻克常食泥者甚多其泥幾無味與作瓷器者略同稍帶黃灰色因含鐵養少許也於疴勒諾哥與馬達勒那二河邊愼求之土人能分辨各泥甚詳不適口者不用遇合食者摶成團徑略四寸至六寸置不甚熱之火前烘之至外皮成紅色則合用食時須濕以水此族人性最粗蠢不肯耕耘他土人俱言俄吐麻克人最汚下如言某物分外不潔則俗謂髒俄吐麻克人能食

之云云如値疴勒諾哥與馬達勒那二河水消時俄吐麻克人則捕食魚鼈其法見魚浮近水面則彎弓射之往往應弦至河漲時無法捕魚則略二三閱月必食其泥故室內常備泥團每人日食泥約十二兩至一斤幾不食他物即食他物亦不過爲小蟲或小魚或背陰草根而已雖有多魚時亦喜食泥每飯後必食數塊否則覵似未飯食者其人皮膚深櫻色似乎古銅而身壯大即多食泥時亦不見瘦直以爲其泥足以養身然不知毫無養身之力所以養身者爲另食之他物耳

疴勒諾哥河口與西印度群島距不甚遠初思此食泥之俗必西印度逃亡之黑人教與俄吐麻克人者然其實必自古已用之也玻利非亞與秘魯之土人亦有此俗遊覽玻利非亞之英人云見市上所售食物內常有灰色泥塊質輭而韌土人名曰巴薩每與苦山芋並食其法將泥淌水內若干時成泥湯或泥粥加鹽少許以爲飲物味與常泥無異在玻利非亞京中見有泥作小壺形土名茶枯質輭似乎綽故辣得土人以爲食物說者有富家女最喜食此小壺竟死於是焉然平常土人食此泥壺與泥湯泥粥不覺有甚不便處惟察其泥原質皆毫不足養身也華人亦有食黃泥紅泥白泥者間有食蔬石白石粉火紙浮炭者然非賴之爲養身食物特食慣成癖耳食之久皆面黃肌瘦

憔悴不堪是知實皆有害之物人不可食

由此可見地球上有多處土人喜食泥或土熱地略多於冷地其功用大略能解餓令食物少許即足養身且可以久食頗多不覺受累再久則爲不可少者每當點心食之但以前各物質如酒或醉藥或毒質或泥土皆尚未考詳如何能感動人身之理獨可見人身必最靈活能耐不合理不合式之料甚多雖久用之而身能漸慣不甚覺其不便於身足見造化人身極其巧妙無論冷熱過當或燥濕失宜亦難至於死而動植泥土皆能充食物即極酷之毒逆身之料猶能漸用至慣而順服承受則人身非萬物之

特奇者歟惟然則正當取順舍逆以保其身勿為鴆毒自甘賊害以違天心而招重尤也可

化學衞生論卷三　全

化學衞生論

樟腦樹　見六頁

阿魏　見十九頁

麝香　見十三頁

第四十六圖　取輕綠氣法

第四十五圖　取輕硫氣法

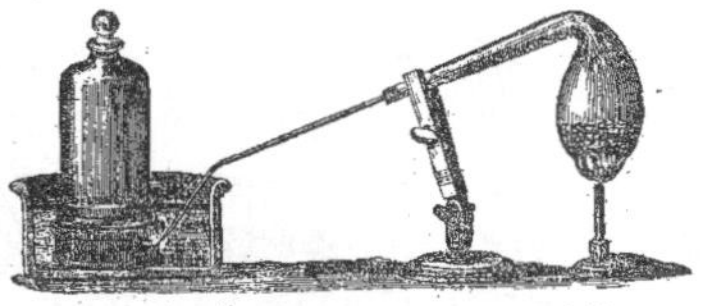

辣根　見二十一頁

芥子　見二十一頁

第四十七圖　炭屑嘴籠

第四十八圖　試呼吸含炭二養氣法

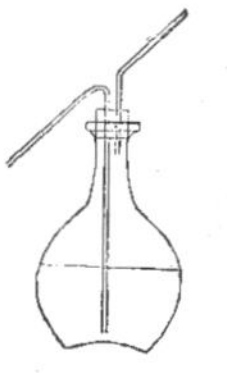

第四十九圖　人身養生路

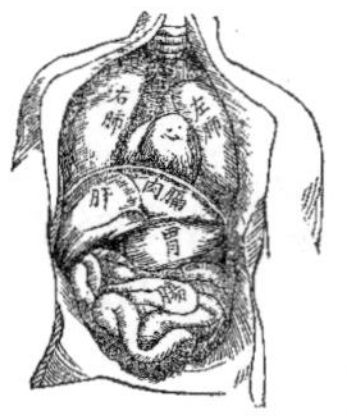

化學衛生論卷四

第二十四章　論所用香油與松香等

凡文教之邦每以二事爲於人之快樂有相關者一所喜之香一所嫌之臭近來化學家多費心力察此二事根源與其理性及其彼此之相涉並與人身之關切故此下將尋常香臭各物依類鋪陳分章考論以顯其化學之理計人所用之香料出自植物者居多惟麝香龍涎等出自動物至於由地產之香料迄今尚未查得一種

第一類植物香料○植物所產之香可概分而爲三一曰自散油類如檸檬油等一曰樟腦與波勒殺末及松香類一曰自散以脫類即令酒或果有香氣之質

其一自散油類○凡發香之植物和水蒸之則有油與汽同蒸出而浮在凝器內所凝成之水面上其油之香常與本植物同如玫瑰拉分打檸檬橘子橘花桂皮薄荷等自散油俱以此法蒸之而其馥郁之氣各與本物相同蒸出時其油大半浮在蒸出之水面亦有若干分融化於水內故其水氣亦芬芳如玫瑰水薄荷水拉分打水等是也有數種植物含香油甚少蒸之全融於水內分取較難故價甚貴如玫瑰花含油極微其純油甚貴印度有數處多種玫瑰樹藉以謀生每一農家種約數十畝樹成行而花堆

錦盛開時連朝採取置以瓦甑每花一斤加水倍之蒸得
之水雖含油而不浮出須盛於缸中罩以濕布夜中露天
涼之至晨有油一薄層以雞翎撥聚收入小瓶如此數日
則油能全分出說者每花萬朶僅得油一二錢耳略可值
洋銀五十元故眞玫瑰花油不易購致常肆售者每含檀
香油或茶油等甚多運至西國尚有漁利者羼以他質蓋
售者價甚廉故無眞者茉莉花之淨油幾同玫瑰油之價
西歷一千八百五十一年有人送此油六兩予英之博物
會中賞鑑謂每兩之價值洋銀四十餘元也
植物所含之香質多在一端不能全體徧存如薄荷之香

在葉與梗桂樹之香在皮檀樹之香在木玫瑰茉莉橘花
等香在瓣茴香等在子薑等香在根又有數種植物雖徧
體含香然蒸出者各處不同如橘之葉與花及果皮各能
蒸出一種油質而香與性各各不同
各種自散香油與香水等尋常多作屋內薰襲之香料或
食物內之香料如玫瑰油橘皮油等常爲灑擦衣巾或膏
滋鬢髮等用檸檬油薄荷油桂皮油丁香油薑油等常爲
和製食物令味佳美等用
凡淨自散油不第化分之能知其原質又可因其各有不
同之性與香而易別之其油之貴賤大半以香之趣劣與

產之多寡而異有人喜獨用一香賞其孤味然另有法能
配和數種香油成一新香比原孤香獨味更覺趣致西國
有特製一種香油名爲千花香乃多種香油和而成者清
馨馥郁殆眞所謂羣芳髓也即平常之香水亦爲數種香
汁並合成者蓋香之於鼻猶樂之於耳也如將樂數聲依
律調和允協節奏比獨聞一聲尤覺融暢苟調度不和聲
易脫節則刺耳厭聽不啻鍼砭依同理將數種香油和配
適宜以鼻觸之自覺清新故以橘花油與杏仁油及發尼
拉油等或以檸檬油與橘皮油等或以檀香與他香料數
種依法和之皆能趣益別致鼻之靈者一嗅即知所配各

香調和與否苟誤配其一立能覺知與能辨樂之脫節者
同也即所配各香料之數有不合者亦易嗅而知之如西
國婦女所用巾帕每擦香水如其香水和製失宜初雖香
不久則氣惡劣不堪入鼻德國有一處名阿痕又名苟侖
製和香水天下馳名擦於巾帕久而不變其水內有檸檬
油一種鼻最靈者亦難嗅知惟將其水一兩稍滴以淡輕
養水則檸檬香立顯矣
各種香油與香水雖原質不同形性各異然一種植物油
之香劣又賴出產之處如地中海濱北數處橘花之香勝
於他土因其地低而暖有山遮掩朔風不得凌虐故也英

國亦有一處產薄荷油最佳比法國等產者價增八倍可見水土地氣能改變植物之香與改變其醉性者有同理也此在前論菸與鴉片及印度麻等章內已詳之矣

有數種花蒸得香油甚微則另有法用橄欖油或提淨之猪油等擦於其花待若干時壓之或將其花置熱水內和橄欖油或猪油若干久搖動之而後撥取其浮面之油即得花香可作香油之用或再將此香油和以酒醕收取其香亦可作香油等用略計用香油香水者英國頗多故必輸稅每年得稅項銀約二十萬兩可見此香油香水亦為生理之一大宗也

其二自散油之原質○植物產之香油香水其原質大半為炭與輕合而成者惟有數種其原質之比例相同而形性各異如松香油每百兩含炭八十八兩又四分兩之一含輕十一兩又四分兩之三而檸檬油橘皮油側柏油等之原質與此相同性則各異故化學家謂之同原異物以為其性之不同者乃炭與輕質點之排列法不同也又有數種自散香油於炭輕外另含養氣少許如苦杏仁油及桂皮油茴香油薄荷油等是也惟此各油之原質不常見其比例有相同者

其三以化學法造成之香油○近來化學家已察得造數種自散香油之法如西國有種草名司配里耶俗名草田之后將其花和水蒸之得香油二種一與松香油原質同一內另含養氣若干其香如苦杏仁油而性酸今能以柳樹質造成此香油法將柳樹皮分取其薩里西尼之苦料和以鉀養二鉻養與硝強水則變成之質與草花所成者同又如苦杏仁香油眞者甚貴亦有化學家設法造之法將煤氣廠之煤黑油蒸之得一明而稀之流質名那普塔再以分蒸法蒸得輕而無色之流質名徧蘇里稍加硝強水蒸之則成香油與苦杏仁油之形性大同小異出售者甚多名曰假苦杏仁油造香肥皂多用之食物內亦用之

且比眞者更覺穩妥蓋眞苦杏仁油每含輕衰易致毒人又有一法可成此油凡牛馬等屎皆含一種酸質名希布由里克酸為定質易分出將此定質加熱錯至四百六十度則沸而蒸出其流質亦與苦杏仁油大同小異無論配食物或當香料俱不能辨其為假者多養馬牛之邦易得此酸而造香料法便價廉貧人易得可見化學實有益於人能將廢物變成珍香令貧人可得昔富家所獨用之物也

其四樟腦與波勒殺末及松香類○此數種香料大半為定質其氣大半馥郁而趣亦每含養氣如將數種自散油

質令與養氣化合亦能變爲松香之類

樟腦類○樟腦分數種常售者有東洋樟腦又名荷蘭樟腦蓋多爲荷蘭國販運至西國者也一種爲中國樟腦又名台灣樟腦樟樹全體均含此質折取其枝劈成小條以水沸之則樟腦浮於水面漸冷而變爲定質不獨可作香料香肥皂香牙粉等用且爲藥中多用之品又有一種爲波羅國產者名龍腦又名冰片香比樟腦更佳價亦更貴如和以硝強水則能變成樟腦若將樟腦以法變之亦可成龍腦矣又松香油內亦能分出一種樟腦惟其香氣遠遜樟腦故不能代用

波勒殺末類○此類之香爲濃流質其香優劣不定取得之法將其樹皮刺孔其汁流出則可收之其類有秘魯與多路二種爲常用者乃南亞美利加所產蒸之則得香而自散之油又有松香類質幾乎無臭存於甑內秘魯波勒殺末香大而趣多路者香細而更佳此二種如置於熱鐵或熱木炭則香增大而稍改以火焚之則松香燒去而發奇香有數種點心與香料內加以此質味甚佳或寺院焚之當香或病室燒之減臭其氣亦佳

焚而香之松香類○乳香沒藥安息香芸香等原無大香亦能當香料之用惟其大用處爲焚之而得其香氣如將沒藥芸香蘆薈安息香等磨成粉置於烘熱之木炭焚之發香甚佳故古之寺院廟宇禮拜時每焚此香以薦鬼神意謂神必喜之迄今天主教中仍存此見此各種香料焚時能成三事一其自散油成霧彌散而凌於空此爲其料之原香二有燒成之白霧亦散漫空中而與其自散香霧和合甚勻此爲其自散之酸質三其料遇熱則炒成別種自散之香霧與前二霧密和故鼻嗅之者爲此三質之和香也如香料配和合法最適於鼻而人既喜之則以爲鬼神亦必喜之也故其必焚此香而禮拜神明者非無謂也

發尼拉香○此香爲一種蘭花類之子殼所出者古墨西

哥人多用之加於食物其子殼長而內含漿漿內有圓子粒熟時每一子殼能出流質二滴至六滴香甚佳價亦貴常法將子殼曬之令稍發酵而香顯明則可市售惟此香之原質尚未考詳僅知其內有一種香自散油質又有香之酸質不惟能當香料且可和於點心或綽故辣得內又可和於茶或加非內其質兼有行氣之藥性能感動人腦令身體增力常嗅之亦覺有醉性

苦馬令香○此香爲一種豆內所含者鼻菸內多用之取法將其豆磨粉浸於醕內消出其質將醕熬乾則得白而光之顆粒形如針香可愛遇熱則成霧嗅之大感人其質

每百分含炭七十三分九七輕氣四分一一養氣二十一分九二可見比前各自散香質多含養氣此質初在熱地所產豆類得之近來西國數種野草或花亦每含之如瑞士國有一種藍色花牛羊每並青草食之則其乳與所作之乳餅亦有此香西國多養牲畜之處田內種青草甚稠夏時長高刈而曬乾堆積一處以備冬日飼畜有養曬此草時每有農工因此致病爲發熱之類俗名曰乾草熱症想其故殆因曬草時多發苦馬令質融入空氣爲工人所吸雖其香馥郁甚佳惟其過於感動人腦故爾發熱又有云因其草開花時英鬚之粉飛散於空氣中爲人所吸也

惟此二理孰是孰非尚未知也

第二十五章　論所用以脫與動物等香

第二類以脫香料○植物所產之自散以脫類爲化學中一大趣事盍詳察其原質與其在植物變成之理則能以化學法變而成之幾至無窮且以脫類亦最要者茲故以常用而易得者擇其六種略論如左

其一酒以脫○如將酒醕一體積硫强水二體積盛於鐵甑加熱則所蒸出者凝爲輕而自散之流質其香略可適鼻西名常以脫亦名酒以脫其質與酒醕之別不過含輕氣與養氣少也如以前料加硝若干蒸之則所蒸出之以脫爲雜者常名硝以脫其質爲酒以脫與硝强水合而成者質輕易散而香更適鼻如不用硝而以鉀養醋酸代之則成之以脫含醋酸若干名曰醋酸以脫香比前者尤佳若以同法和以別種酸質亦能蒸成相配之以脫類也

其二木以脫○將乾木以鐵甑蒸之即以蒸木醋法爲之則所蒸出之黑油與水及醋外另有一種醕可分取用之俗名木酒以此酒和硫强水照前法蒸之則蒸出之以脫名曰木酒以脫亦名木以脫其與木酒之別若酒以脫與酒醕之別亦不過含輕養二氣更少耳又可以同法將他酸質和木酒蒸之而得各雜木以脫其各以脫之性即與所用之料相配

其三山芋以脫○將山芋成酒蒸之則初時蒸得者爲山芋火酒其臭可厭五穀所蒸得之生火酒及葡萄皮蒸得之火酒俱含此種酒類西名甫司里油又名穀油凡罷蘭地酒與蜜酒麥酒等火酒其生者略有可厭之味俱因含此質也如以法分出則其味與臭遠遜葡萄酒之以脫而醉性更猛烈故生火酒之有害於人大於蒸數次之火酒也如將山芋火酒和硫强水蒸之則成山芋酒以脫亦名山芋以脫若照前法和以他酸亦能造成雜以脫如硝山芋以脫醋酸山芋以脫等是也

其四冬綠香油○美國有一種草俗名沙機果又名茶果亦名冬綠產在樹林中與略乾之背陰地頗茂盛而葉周年不脫甚有香味有人採而蒸之取其自散油爲香料俗名冬綠油數年來法國化學家試驗此油知與薄荷桂皮等常自散香油不同能化分之亦能令其原料再化合之前言柳樹皮中可分出其薩里西尼用之造司配里耶香料又有法能將薩里西尼變爲定質名曰薩里西里克酸如將此酸和以木酒以脫則蒸成之油與冬綠油無異可見以化學法能法乎天之造化而成物也

其五造成之以脫香類○己有化學家察得數新以脫質

爲萬物內無生成者而其香堪列於最佳之香料內化學製造家仿造者甚多大得利益茲擇其要者一一言之

梨香油類○此油爲鉀養醋酸和山芋以脫及酒醋所蒸成者其淨者香如熟果如以此油每一體積加酒醋六體積則氣與香梨同不知熟梨內含此油否凡作點心與甜貨家多用之每油一滴能令多糖有香味而油價甚廉

蘋果香油類○此油爲山芋以脫和發里里阿尼克酸作者法與作梨香油同惟以鉀養二銘養代鉀養醋酸而加以酒醋五六倍體積則成常售之蘋果油香與熟蘋果同作點心家亦多用之

葡萄香油類○此油亦爲山芋以脫和數種酸質蒸而得者其質亦香可見造火酒家所分出之山芋以脫本爲賤料有害於火酒而臭味可厭然付之化學家則能用之變爲最佳美之香料殆可奇歟

波羅蜜香油類○此油爲葡萄以脫和布低里克酸蒸得者而化之以酒醋其香與波羅蜜同英國多用之添入飲物內布低里克酸爲新乳油之香所含之質也故作此香油類有一法可將乳油和鹻類而成肥皂再將肥皂和以酒醋與硫强水蒸之則得惟不能用之當常香料因恆吸其香則惹臟腑之微氣管易致頭痛止可和於他香料內

或用之作點心

瓜香油類○此油爲葡萄酒以脫和椰子油中所分出之一種酸質所作者造法與作波羅蜜油類同惟以椰子油代乳油也

木瓜香油類○此油爲葡萄以脫和比拉而各尼克酸所成而化於酒醋內其香甚佳如木瓜皮之香又有一法取之最易將而烏草油和淡硝强水蒸之亦得此香油

匈牙利葡萄酒香油類○此油爲葡萄以脫和以難弟克酸所成者各葡萄酒內含有此油分取之可添入假罷蘭地酒令其味佳與眞者難別邇來有將此油出售者每磅

價洋銀六十餘元乃葡萄皮所蒸出者近亦有設更便之法取之者

零星香油類○以上各油皆自散以脫之屬僅爲製造之香料內所常見者尚有不常見者多種幾乎無數俱賴化學法成之如蟻酸或希布由里克酸和葡萄酒以脫或木酒以脫蒸之均可得最香之質造以上各油所用者皆爲葡萄酒或木酒或山芋酒等所變之以脫而成另有別種酒亦可變成各香油幾難勝計

其六酒之馨香○西國所用之葡萄酒每以其香味而定優劣其香大半賴所含之自散以脫或香油類有法能自

各酒分取此香以作他用又能以化學法配製其數種香與真者同故西國常售之葡萄酒其芳冽之氣多爲造酒家所添入者而酒味與香更堪適口英國數處河岸產甘蘆甚多間有每地一畝年生之甘蘆能售得洋銀三十至四十餘元皆爲取其香料添入酒也

第三類動物香料○動物之皮膚所發香臭各不相同與他獸易別故當其經行時雖未見其身可聞其香臭而追之又各畜之肉香臭亦異而人之鼻亦能分辨惟動物體內所生津液有數種臭而最可嫌有數種香而極可愛此種香謂之動物香料要者以麝香西非特香龍涎香爲最

其一麝香○有一種獸形似乎鹿厥名曰麝產在中國之西及西藏之地雄者腹下生囊蓄存香質鮮者質輭而色紅櫻香大而耐久遠味苦稍鹹有收斂性存之久則乾而變黑櫻色成小圓粒劃於紙顯櫻色痕易成細粉爲香料內最耐久者真麝香價極貴略有四分之三水內能消化常售者多羼假如將麝香和石灰蒸之則得自散醶質與自散鹻類惟化學家尚未得法可用他料製成此香麝香服之能透出膚外令汗生香如將麝香包以蠟殼或令遇石灰或金硫或杏仁糖漿其香則失再以淡輕養水溼之而香仍復說者鱷魚之肉與數種花草亦含此香又有一

種俗名麝草香與麝同喜馬拉山生一野草在高萬餘尺處其麝香甚大土人以爲麝身能生香者因食此草也喜用麝香者英國爲最每年進口者除中國與俄國運入者之外尚有六千餘兩計每麝殼之重不過六錢內含香質略居其半雖英國等喜用此香然以大利國反最憎嫌謂人嗅之則生病也

其二西非特香○生此香之獸有兩種形類乎貓一種產在亞細亞一種產在亞美利加其香質色淡黃或櫻色略同蜜糖之濃味稍辣香與麝相似濃者有人難當和以乳油等香則最可愛亦有數種香油必以同法令淡方可用

之故此香之濃者不能獨用每和他香料令其更佳阿非利加北之土人多養此西非特貓取其香質本土婦女每用之擦胸抹項以避本身之臭爲人所聞又有一種海狗近於肛門之一袋所生之質有大臭與辣味可當藥材之用

其三龍涎香○此香料出在南洋列島等處常浮於水面疑爲鯨魚類所吐之質鮮者灰色或有雲紋質輭而香似乎麝味類乎油此亦爲香料之要品可和玫瑰油或丁香油或西非特香等成雜香料凡香料類動物產者香大最耐久如將巾帕擦龍涎香雖洗之仍不退麝香與西非特

香亦然故易散之香質加此料少許則香可久不滅龍涎香之價亦貴常售者亦屬假令尚未得法能用他料而成此香惟乾牛糞或人糞間有發此香者未識將來能以化學法令此賤物變成貴香否耶

其四蟲香○有數種蟲臭甚可惡如各種臭蟲等亦有數種蟲香最可愛如螞蟻軋碎之能發蟻酸等香南亞美利加有種囟蟻軋之能發檸檬香又有一種蟲臭最大數蟲聚一處距五六百碼之遙能聞而知之惟蟲所發之香不甚緊要故不必繁贅

從以上之說能得三要理如下

一動物各香其原點必爲極細盡散在空氣內久而始聞出且多歷時日不變如麝香一小粒所發之香能歷年不滅此香爲其本質之料分散於空氣成絕細之點也略麝香一微粒散其香能令空氣數萬萬尺含之而香則其原點應細至若何也即植物香料雖較淡亦能耐久如樟腦一小粒飛散屋內多日猶聞其香又有數種樹葉或花卉其香亦能存久且易爲風遠飄如南亞美利加有花木之香能吹至對面距十里之海船即香之微者人猶能覺之如葡萄酒之香油僅爲其酒四萬分之一加非之香油僅爲五萬分之一鼻觸之能知其香又如空氣五百萬分內

含臭養氣一分則鼻亦能覺之

二香料化散在空氣內成點若此之細事屬奇異而鼻仍能聞而知之則鼻非爲最靈之器耶且不惟能聞知其香猶覺其香之可愛可憎已聞慣者尚能識其爲何種之香如爲數香相和亦能辨之則鼻內腦氣筋之柔細應若何也雖任用至數十年仍能自行修理而毫無錯誤

三從人所用各香質內可見化學之法能將賤而臭之物變爲貴而香之品俱爲增人趣樂者也又因天生之香料罕而珍貴則以化學法能將賤料變成各香多而價廉貧者亦可得其益也如昔時葡萄酒香者甚貴非殷實家不

得飲用今能將常葡萄酒加以香料與上等者難辨低昂至於造成以脫之香類尤屬寬廣每年又得新法多成新香計古人能得之香料僅數種耳非富家不可得今竟察出若此之多豈古人夢想所能及耶可見古人誠爲可憫者又可見化學不惟大有趣益於人而廣識見猶爲興利富民之津渡致製造工藝各業隆盛而人之風氣可以更增文雅

第二十六章　論天生之惡臭

竊意人所嫌之惡臭必與所喜之馨香爲數相同多寡一致惟香臭之間有中立之地甚寬甚廣難定其爲臭也亦

難定其爲香蓋人性不同好惡卽異彼所以爲香者此則當爲臭也西書有云昔希臘國有高品之婦彼此晉接彼婦衣飾多擦香膏此婦難當其臭此婦襟裳多擦乳油彼婦甚厭其膻則彼此不能近而偕行止得勉强周旋禮畢卽別耳大略人自少時所當爲香臭者則一生不改然亦有幼而嫌壯而喜者反之亦然又有人生成之性能喜此惡彼可見人性之不同也然雖如此亦略有公法可顯同性蓋有數種臭爲天下人所不喜者亦有數種香爲天下人所不惡也計人所共惡之惡臭可分二端一爲天生者一爲人造者此章專論天生之惡臭略分有三種一爲地生者二爲植物生者三爲動物生者

第一類地生之臭○地生之臭最可惡者爲輕硫氣與硫養氣凡地產之水內有硫黃則水味可惡以其含輕硫氣也而硫養氣則多出自火山凡近多火山處地有裂縫亦生此氣間有火山兼發輕綠氣者臭亦可惡而易害人

其一輕硫氣○硫黃與鐵屑在熱罐內加熱鎔之則化合成黑色之鐵硫以此鐵硫置於瓶或甑內再加淡硫强水則發輕硫氣加以熱發氣更速可入水內以罩收之如第四十五圖其氣無色味似硫黃臭惡刺喉似乎腐蛋而又甚之重於空氣略五分之一燃之能成藍火而放硫臭吸

之則毒每空氣一千二百立方寸和此氣一立方寸鳥吸之則死若每空氣百分含此氣一分狗吸之亦死故人所吸之空氣含此氣少許卽足有大害每清水一分能蝕此氣二分半其臭及味與氣質同地中每發此氣升至石層之間爲泉水所收卽含輕硫臭味有人喜服之當藥其水遇含鐵之水能變黑色凡卑濕地或瀦水處多有植物積留遇其水所含石膏而腐爛則發此氣濕土處有石膏質遇樹之根葉等亦腐發此氣凡火山處之地面發此氣最多居近者可畏也又開煤處洞內運出之鐵硫堆積洞外遇空氣之濕氣則化分而發此氣能有害於左近之人此

氣每百分含硫黃九十四分一輕氣五分九

其二硫養氣○硫黃在空氣內燒之則成淡藍色之火而硫漸變爲重霧飛散於空其臭棘鼻最易嗅辨此霧每一質點與養氣二質點化合而成硫養氣重於空氣二倍又五分之一吸之初令人咳久而悶斃多火山處恆有此氣左近居民難堪其惡此氣之臭爲人所最憎者故西國言地獄之苦亦謂其中有大火永燒硫臭而不滅也

其三輕綠氣○硫强水傾入食鹽內則發白霧令人咳而難喘鼻息難當此霧卽輕綠氣也水能收之甚速如以食鹽與硫强水照第四十六圖法作之用管引其氣入瓶之

水內至水飽足則成輕綠水卽俗名鹽强水也火山之口每發此氣惟於近處居民無甚大害要之最可惡之氣爲輕硫乃萬物中所常遇見者有害於人以斯爲甚而陰溝穢處屢生此氣宜用法蓋密使不通入人烟之中如西國凡大城鎭黎庶雲稠每屋有通陰溝之管製以活門等法令水僅能下流而惡氣不得上升庶免其侵人也

第二類植物之臭○人所厭嫌之臭植物發者居多間有植物生時含自散油質能飛散於空氣中人易覺知如葱韭薤蒜阿魏榴槤果辣根鵝掌草等是也此等物汁之濃者臭甚難當

其一葱蒜臭○此類之草雖有人喜食之惟其臭甚大不食者聞之最覺厭嫌凡牛食此草則乳有其臭雞食之則蛋有其臭將此類草和水蒸之則蒸出之水內有重自散油質沉於下爲樓黃色味極辣臭甚惡其草之有大臭者獨賴此油也此臭之大者以蒜爲首如將蒜三十至四十磅盡蒸出其油可僅得一兩此油之臭應若何也前已言植物所含自散香汁如玫瑰油檸檬油等不過爲炭與輕氣二原質合成者而蒜油內含一自散質亦不過爲炭與輕氣合而成者西名曰阿來里其臭最惡能與硫化合而臭更猛葱蒜等之大臭賴此含硫之質也凡人食葱蒜他

人卽聞其氣息之臭此臭非發自胃中乃由臟肺呼出蓋此等油能隨血流行運遍全體故臟肺內必有之也且能混入津液透出皮膚故多食蒜者其汗之臭人卽難堪如以刀切蒜數日之後再切他食物亦能覺其蒜臭可見其臭之烈也前言地出最臭之氣爲含硫者而植物所生最惡之臭亦爲含硫者此殆奇事也尚有他臭亦賴硫而生俟後另處言之以此可見硫與臭似相屬而不相分者也

其二阿魏臭○此草生在印度等處形若胡蘿蔔割其根之頂則流汁而漸乾可刮取之其臭似蒜而更甚焉歐洲人多厭嫌之亞細亞數處恆喜用之當香料加於食物以

爲美味將阿魏和水蒸之亦能出自散之油臭極大內含阿來里和硫質查知阿魏油含硫多於蒜油想其臭之更甚者以此故也

由以上之事可得三理爲足奇者一葱蒜阿魏各物形性不同而產處之地氣亦異惟其臭與味皆賴一種油質名阿來里也二其油質之臭均以硫爲要質而阿魏油含硫較多則臭更大三各國之人雖不知此各物之化學理有關者猶能尋取以爲食物之香料如英國多用葱法國烹最香之菜每加蒜少許葡萄牙西班牙尤以葱蒜爲日用飲食之不可少者阿非利加北鄙各國亦以葱蒜爲佳味

自古以來已有此俗如古之埃及人因蒜可嘉即拜爲神近來住埃及者每以天堂之大福爲有蒜可食也惟印度波斯暹羅等國則以葱蒜味淡而以阿魏代之可見含硫與阿來里之植物雖外形迥異而自古以來東西之人均知從植物內尋得此種臭物而喜用之也猶之前所言酒類醇藥類人之性中自覺必需一種異味則知以何種植物能得之者也必此各物有益於人身也且不惟東土各洲產有此種植物而南北亞美利加亦產數種草木而有此性者如巴西有一種樹根葉之臭同乎蒜與阿魏以之滲水浸身浴膚則爲有益之藥品玻利非亞山上有高樹木亦含此性而加拉巴新嘉坡等處產有榴槤果初聞其臭似腐蛋和以葱蒜者惟其味則稍酸稍甜最爲可愛食慣者不覺其臭之可惡反覺其味之可嘉要之人身體內似覺缺少一質意甚不甘如食含阿來里者則覺舒暢安遂故喜常用

其三辣根與芥子臭〇辣根和水蒸之亦出自散油質其臭猛烈觸目淚流惟不甚刺鼻此油亦含阿來里不獨與硫化合尚與衰化合想辣根油略有香味者因含此衰也如無此質則與蒜及阿魏之臭無甚異也芥子辣味與臭及令皮膚發疱之性亦賴此同類之自散油質另有數種

蘿蔔或蔬菜味亦辣者有人喜用之蓋覺其有益於身也

其四鵝掌草臭〇此草生在西國臭似腐餒之鹹魚和鹻水蒸之蒸出之自散油與鹹魚臭甚相似有化學家將醃魚之舊鹽水和鹻水蒸之與鵝掌草蒸得者臭正相同此亦奇也蓋活草與死魚可製出相同之料爲不能逆料及也鼻嗅此二臭有相似化學法蒸試其油果相同然有數種水族所生之臭可爲香料以烹調菜食如蝦蠏螺蛤等常有分出其香質出售者添入食物可作珍饈想將來化學家殆能用最賤之物造成此各美味之香料也

其五味如敗肉之草臭〇有數種植物花草臭與敗肉無

別、如前第十三章所言墨西哥產之阿葛非汁、（亦名阿路草即類乎中國之龍舌草者）發酵時、臭如敗肉、而味甚佳、惟不知其發臭賴何料而成、亦未識其植物所變成之質、與敗肉變成之質、相同與否、或其臭同、而質不同也、均未可知、

由此章與前章所論、可知人之分別香臭、各有不同、如墨西哥產阿葛非酒、用慣者、好嗜成癖、初聞者惡如惡臭、而西國之人、每喜將牛羊等肉、或野雉、山禽、掛數日待稍有腐臭、則烹飪以食、蓋覺其肉更嫩、燒易熟、食易消也、凡其鮮者、幾不肯食、大略人聞食物之臭、或愛或惡者、非因感於口鼻、殆因意念所觸、已記其相連之事、或趣或否也、如墨西哥人、聞阿葛非汁之臭、則想起其為稍酸稍甜之酒、最能適口也、飲至數次、則一聞此臭、即想其事、遂不覺其臭、而反當為香也、如他國人由少聞敗肉之臭、則所記憶者、為死爛獸肉、穢污蟲蛀、刺目傷心、因而思及人身至死、土壟之中、亦必腐朽似此、而發惡臭、如一聞阿葛非酒臭、心目間往事駢臻、穢惡齊集、無非可憎之想也、故祇能以之為臭、而不能視之為香也、準此理、似乎人之五官不足恃也、

第三類動物之臭○各國所生之動物、有數種發臭甚惡、如英國有公山羊、與獺、與野猫等、北亞美利加有獸似猫、名司肯克、（或名斯庚）南亞美利加亦有同類之獸、其皮毛有斑紋甚美觀、名非非利、又有一種食蟻之獸、皆有奇惡之臭、能散及遠處、即其經行之路、歷數分時後、猶能聞出其遺臭、公山羊之臭料、在皮革內、隨汗發出、司肯克之臭在於體邊小囊、能任意發洩、臭最耐久、與麝香同類、惟其氣味相反、動物學家謂其臭之用、為衛身之具、他獸不得近前、即難吞噬、又有數種獸畜在搭配時、亦發奇臭、

有數種食物、能令動物之身、多發惡氣、如人食硫少許、則數日後、肌膚猶有硫臭、又有一原質名碲、其與養氣化合之質、如健壯之人服一釐、則呼出之氣、及發出之汗、極臭、不堪、歷數十日方退、間有閱數月不散者、惟碲質罕見、而與生物化合者、亦未考其詳、約其必為最臭之質、前言蒜與阿魏芥子等所含之自散油、名阿來里、與硫化合、則臭甚惡、想如與碲化合、則臭之惡、必數倍加矣、上言司肯克獸、恃臭以衛身、想將來或能以化學料、作最惡之臭、為人護身之具、則必無物敢侵矣、假使果成、此惡臭之流質、以法噴入城鎮、或礮臺、或敵船上、必猛於鎗礮多矣、比中國所用之硫黃噴筒、必猛至十倍也、又有發臭之蟲、如臭蟲等、印度有一種能飛之臭蟲、偶著人身、惡臭難堪、觸之捫、之氣味更惡、足增十倍、惟各動物之臭、化學家未考至詳、

故不必煩贅

第四類腐物之臭○此臭無論動物植物發者人俱厭嫌其故幾分因觸於目而慘心幾分因感於身易致病

其一腐動物臭○尋常動物腐爛而發臭者因所含之硫與燐而生其硫與動物質化合生臭料氣味略與前所言動植物之臭相似而燐所成者亦同另有數種生物質所發者嗅之亦大可惡如敗蛋碎之立發輕硫臭銀器遇之即變黑色因為其硫所侵也亦有他臭與輕硫相合故敗蛋之氣無人不惡者凡熱地動物腐爛速則臭濃能飛散遠處鷹鵰等禽即聞風而至掠而食之雖人尚未覺出其

亦能早辨而知故西經有云夫屍所在鷹即集之矣

動物朽腐必藉三事一空氣一濕氣一熱氣缺其一則朽腐緩或終不腐凡殯宮冥宅在乾冷之處其土易收水使乾又恆有乾空氣通過則屍不及腐而已乾能緊縮而成乾人如德國來尼河左近有禮拜堂其下藏殯宮內有此種乾人南亞美利加與阿非利加乾燥之地能將獸畜肉風乾而久存不朽惟此等處雖熱氣與空氣幾無若有濕氣亦必漸腐流臭甚久能有大害於人蓋鼻雖不聞或已慣而不覺則恆不留意害易漸深如西國每有墳地在人稠之間亦有數國禮拜堂周遭藏有墳地或堂下穿洞開穴以為殯宮則每禮拜時生人必呼吸死人之臭歷數小時洵屬違理之端大有傷生之害雖人口鼻不聞不覺然其危險愈積愈深近來西方數國頒律甚嚴禁在人煙密處開設墳邱

其二動物糞臭○動物之糞無論新者或已遇空氣而發酵者臭俱大惡雖各物之糞半屬同原之質然各另有異臭最易分別凡動物所溲溺者發酵時皆放淡輕氣馬廐熱時發此氣更多而茅厠中與小便處出此氣亦不少惟糞在陰溝或坑圈內每多發輕硫之氣間有陰溝壅塞開之者欲面視其塞處則惡氣直衝人即傾跌苟不急救勢

必垂亡最便治法麪筋攤薄浸醋令濕糝鈣綠粉摺疊成層鬆糊口鼻令通呼吸氣息遇此人可望愈其理因鈣綠遇醋則放綠氣能滅輕硫也故西人於穢惡之區每撒鈣綠以滅惡臭可免其害之幾分前西人於開溝洩穢一事多不經心故值夏令惡氣侵人因此死者指不勝屈計每年千人中可死數十名且屢瘟疫肆行死傷益衆至設法疏通溝渠洩瀉惡穢則千人中因此死者僅十餘人至以中國而言夏日之惡氣尤屬侵人蓋洩穢之法幾無行者凡貴官顯宦善士仁人好生為懷民瘼關心正宜設議定章俾各大城鎮清除路穢莫教惡瘴傷生通洩溝濁不使

塵氛爲厲則恩德善功夫豈淺尠果一城倡率於先衆城必效行於後每年所救羣生應不下十萬至百萬衆也茍或駁云因惡氣死者皆屬殘疾怯弱之輩易轉溝壑既無益於國死之有何足惜而堅强勁健之夫自能驅災卻厲惡臭亦何敢侵此說然耶否耶不辨可知至於糞溺在陰溝除發輕硫之外尚發含燐之雜氣亦有害於人茲不必多言也

動物新糞臭各不同多易別之如牛馬糞與人糞鼻不靈者亦能辨知山羊糞臭奇異以之肥田植物能染其臭前論菸章內言土耳其人以最佳之菸爲用山羊糞所培者

豬糞臭更惡他畜亦厭嫌之用之培菸味亦可惡蘿蔔與葱等菜每有小蟲嚙食如壅以豬糞則蟲不生至以人糞而言則居城鎮之人多肉食其糞之臭甚於居鄉者而僧道等茹素之家其糞亦次之然亦難言其不臭也

凡此各事雖屬化學之門惟因其料可惡不便以化學法察之故尚未得糞之化學詳細之理然各動物糞有小別已爲化學家考知與其臭有相關如人食物內所含之燐大半經過內腎由小便而出馬牛羊等獸畜不能照此法變化而放其燐質故必留於大便內燐之臭爲最惡者故獸畜之糞發酵時比人糞之臭更覺難當而有害於人亦必爲更甚焉者

第二十七章　論工藝內所成之惡臭

第五類化學家所成之臭○前章所論天生之惡臭雖有幾種最可惡者然用化學法能成之臭有更甚者茲將化學家所變成之臭氣八種言其要略以顯化學家亦有成臭之伎倆也

其一輕硒氣○前言含硫之氣質半爲可惡之臭如輕硫有天生者有人造者尚有一質與硫相似而罕見厥名曰硒形性與硫大同小異能與輕氣化合成輕硒氣最臭最惡害人害物甚於輕硫室內含此氣一小泡室中人吸之

盡皆噎咳似大傷風而鼻酸喉痛數日不痊可見此氣極微害人甚重則安知空氣內不有別種惡氣爲人所不能分別覺識而潛受其災者也

其二燐輕氣○此氣之臭與輕硫氣輕硒氣亦相似化學家易製之其氣之惡亦屬難當凡動植物朽腐有可惡之臭者幾分在此氣也另有鉮與碲二質能與輕氣合成鉮輕氣與碲輕氣亦爲最可惡者化學家不常試作如不得已爲之則必以法引至屋外空處不使在屋內散出凡此各氣俱能與生物質化合而成雜質臭極劣不能以言語形容必親嗅之始知眞味而下數種或可略顯其大概

其三末卡波旦○生物質內有數種雜質形性及變化與死物原質有相同如前所言之酒以脫又名以脫里木以脫又名米以脫里山芋以脫又名阿美里蒜與芥子等油又名阿來里此皆爲繁質俗名雜底質俱能與硫化合成惡臭如以脫里合以硫則成以脫里硫爲奇惡之臭質將此質再和以輕硫則成新質名末卡波旦爲輕流質無色易自化散臭最難當比葱蒜臭濃有數倍髮與服存此臭能久不散其餘各雜底質亦能與硫及輕硫化合所成之雜質臭與末卡波旦相類所有生物底質已知者甚多俱能與硫及輕硫化合成奇惡之臭惟其各物所變成之臭

亦有不同由此可見化學家能將硫與他料變成臭質幾至無窮

其四卡苦待里○以上各臭質之料若以鉮代硫則得新臭質其氣不獨難當猶爲大毒如米以脫里與鉮化合則成一質名卡苦待里最易化散遇空氣能自焚焚時其內所含之鉮卽與養氣化合成鉮養卽砒霜散於空氣人吸之則大毒

其五阿勒卡耳新○砒霜和以鉀養醋酸蒸之則得一重自散流質其臭似蒜而更猛其霧散於空氣能久不滅人吸之則大毒此質爲卡苦待里與養氣化合者西名阿勒卡耳新也惟此與上各質人吸之甚險而臭亦難堪故化學家尚未多考試之另有鉮與他質化合而成之氣質亦爲惡毒而有大害者略可見含鉮之質性皆毒而含硫之質味皆臭也

其六卡苦待里衰○輕衰一物西國列爲最毒之品其衰質猶能與卡苦待里化合成卡苦待里衰此質不惟大臭而毒且遇空氣時自焚成霧而立化分其鉮與養氣化合成砒霜而衰與溼氣之輕氣化合成輕衰二者皆大毒可見卡苦待里衰同時能發雙毒人吸此雙毒之霧難免死之早矣前言設用發臭之料作攻擊之具可以克城勝敵

然其不過難聞之臭耳吸之者未必卽死若將此卡苦待里衰等毒質藉以迎敵殆有甚焉似與文敎之邦攻擊之理有不合者然爲鎗彈之擊死者與惡氣之毒斃者同一死耳難判低昂近屢有人設此種發惡氣之料裝於礟之礫彈衝出時一觸堅體立放自焚之流質遇能燒之物速卽延燒並發惡氣遇之者無不遭殃吸之者必致垂亡是化學家設此戕生害命之法殆可嗟歟

其七含碲之質○前言含碲之質發霧最惡然此等質內有數種不臭不毒惟人服之則呼出之氣發出之汗洩放之屁臭甚可嫌人人趨避間有服此質僅四分厘之一者

數十日不能愈、幸此等質略無甚毒、惟可惡耳、以上各臭質與前所言各香質、猶有奇異之相關處、如前言以脫類和以生物酸質、能成數種香料、俱爲雜底質和養氣所成者、如以脫里和養氣、成酒、以脫而米以脫里和養氣、成木以脫等、此各以脫再和以生物酸質、則成香料、反之、如以硫代養氣、則成以脫里硫等臭質、若以鉮代養氣、則成米以脫里鉮、卽卡苦待里等臭而毒之質、可見原質彼此化合而成新質、最爲奇也、人之五官、遇此各略爲同原之質、有覺可愛者、有覺可惡者、且有爲大害於人者、

其入阿克羅里以尼○各里司里尼質、置甑內加大熱、則

蒸出一種流質、名阿克羅里以尼、有自散之性、其臭難當、能令人目發炎、鼻出涕、吸其濃霧、則頭暈而仆、然無毒性、故不甚害人、另有燒蒸動植物質、可得數種惡臭、如煤油、木油、煤那普塔、木那普塔、及蒸牛羊之角蹄、與油等、皆發奇臭、而氣味惹人、茲亦不必多詳也、

以上僅爲人所造各臭料之大略、不必詳推底理、已可略識大端、止由此所舉之數種、可知人工能造之臭質、比天地生成者尤多且猛、臭更難當、

第六類工藝廠所發之臭○西國繁盛之區、工藝叢聚、每發惡氣、流害於人、故屢有士民舉議、頻興雀鼠之爭、而官長詳察、時頒嚴禁之律者、如造硫強水廠、常放硫養或硫養氣、俱屬害人者、造鹻廠、用硫強水和食鹽燒製、則放輕綠氣、雖以高烟通引而出之、然亦漸落至地、而田苗爲之枯槁、林木爲之傷殘、是有損於農家也、鎔鍊鉛銅等廠、其冶爐與烟通、恆發含鉮或鋅或硫之烟霧、亦有妨於近處之動植物也、造肥皂與洋燭之廠、每鎔化牛羊臭油、而放惡霧、內含阿克羅里以尼之臭、人亦難堪、造玻璃等廠、牛用化學之工、苟不加愼、則衝出之氣、亦有害於左近之人、然若留意愼察、設以妙法、則此各害亦可免焉、或設法收其臭霧、令變爲有益之別質、則尤能獲厚利焉、

第二十八章　論免惡臭與減惡臭法

清香與惡臭、皆能融於空氣、勻和彌漫、雖爲數極微、至化學法不能分辨、而鼻官亦能嗅知、凡人烟稠處、不免有惡臭生焉、苟能設法、使其惡臭極少、再以法免其侵人、則必爲有大益焉、然其各法、略必藉諸化學、茲將數法、分類言之、

第一類免臭之法○凡動物體、久則易腐、而發惡臭、惟以法阻其腐、卽可免其臭、如動物體凍之寒冰、冰不消化、可存多年不壞、卽歷千年亦未不可、故近北極處、常有將肉魚等物、凍結成冰、則經冬不朽、在西比利亞近北冰洋之

大河中每有冰山流蕩而冰內有古象遺屍為數千年或數萬年前埋沒於冰而後暴露者其象久已絕種近今各地無其生者故知其古也然其肉尚未敗餒狗每食之凡不甚大之冷而有乾風流行亦可令物不壞葢冷能阻物之腐而乾風能收物之水氣也若令生物不遇空氣亦能不腐近來西國常用此法存肉可運及遠處不壞此各法在乎除卻熱氣與空氣與濕氣也葢物之腐敗賴此三事能祛此三事則物可不腐物既不腐而臭自免焉又有法可遏用他料阻物朽腐如將肉等埋於糖內或鹽內或鹽與硝內令此各料透入肉之各孔而緊塞之則肉內質不

遇空氣即不得壞且鹽及硝能與肉之絲紋質及肉之內汁化合成新質比原肉者更難朽腐故鹹肉能存久也又木醋與木烟煤烟內有數質及煤油木油所蒸之酒等俱有此性皆能與肉魚之絲紋質化合阻其腐爛至其濕氣漸散之後則更不易腐故將肉魚掛於木烟內薰之不但能省時省鹽猶為更穩之法且令肉味增美食之適口有人甚喜此味也西國之火腿常以此法為之

能令物體不腐之料甚多上數種外尚有砒霜與汞綠與鋅綠與酒醋與樟腦及數種自散之油質然常存肉魚者此各質不多用惟博物院內欲存奇罕之生物體每裝以明玻璃瓶浸以明酒則久不變而蟲類或獸皮等欲存之則用砒霜與汞綠與樟腦等料敷之新煆之炭亦能阻物體腐臭如將炭粉糝於死動物之體則可久不壞凡雞鴨等易發臭之處加以炭粉則能多存若干時若以炭粉糝於已稍腐之物或和於已腐之動物質則能免其惡氣此各事非炭質能阻物腐乃收其臭耳其理俟後另處言之生石灰亦能阻動植物體之腐惟其理畧繁亦俟後另處言之

第二類掩臭之法○凡生物質腐爛則臭散於空氣人甚難堪乃有人想法免聞其臭之弊果能除其臭固屬甚善

然尋常人止以法遮掩其臭隱而不顯而臭仍存於空氣終未泯滅葢其法以香料發散香霧令與臭氣勻和則人只聞其香而不覺其臭也

薰香掩臭之法久已積習成俗凡必用香料之處必因有物質臭腐或溝瀆垃圾或室宇穢污或衣服惡穢或身體蒙垢而不潔或口氣呼吸而生臭此種人每將香水等散於巾裳以為可有益其實宜頻洗浴以祓其污或焚燒香料薰襲屋宇以為能卻災其實宜流通風氣以洩其惡或有將玫瑰油麝香等多置諸屋內使其馥氣紛紜香輒宜人雖有惡臭可以不聞其實臭氣仍在而害猶不免也如

德國有一城名阿痕製和香水天下馳名然有諺云此城惡臭有六十種故凡最講究之香水原屬遮掩惡臭之料略爲身體不潔之人最喜用者又西國禮拜堂每有焚香之事則堂下殯宮內腐屍之臭或濕地板與牆土之氣可以不聞雖其原意未必作是用而實有是益也可見清潔文雅之人用香料爲適鼻生趣之事而汚濁粗鄙之人用香料爲飾身掩臭之舉凡此用者失夫香料之宜也

第三類除臭之法○上所言各種惡臭欲除其大半亦屬非難葢有數料能以收之其料可謂之收臭料也

其一燒成之炭○能收惡臭之料炭爲最便最廉而最有

用者前已言炭能免臭但其能否阻物之腐尚未得有確據然有化學家反謂炭能助物速腐此姑勿論如將炭粉和於糞溺或陰溝濁水則臭幾能立滅於動植各腐質亦幾盡同人屍上鋪以炭屑則能收其臭令人不聞動物炭並植物質和泥土燒成之黑粉能收臭氣比木炭更佳炭質能收臭之故藉有三性試略詳之

一炭質內之微孔甚多故能收多氣質入孔內令漸變濃如輕木炭一立方寸能收淡輕氣一百立方寸輕硫氣五十至六十立方寸養氣十立方寸他氣質亦能收至若干亦有他多微孔之質能收氣質甚多者

一炭質與數種臭及數種色有大愛力如將動物炭細粉一勺或新煆之木炭粉二勺和以溝內等臭水一升濾之則濾出之水能清而幾無色無臭或以同法將炭屑和酒濾之則酒之色香及味能俱失矣此事幾全屬化學之理

一凡炭所收之氣質或定質無論爲大臭或爲有深色者既爲炭收之後即起手與空氣之養氣化合失其原性而變爲他質如淡輕氣被收之後則變爲硝强水輕硫氣與硫養氣被收後俱變爲硫强水等是也但炭質原不能變此各質乃其氣質自變耳葢其氣質在微孔內漸變濃則令其質點相遇甚緊因而能變硝强水或硫强水也以同

理則炭所收之定質亦能改變也凡炭已收氣質或定質至飽足而再不能令所收者與養氣化合則歸無用須另煆去其內所含之質方能如舊

炭質既有收臭之性故有醫家設法將炭作籠罩於口鼻如第四十七圖則呼吸之氣行過炭質其所有惡臭之氣能被收盡而不入於肺中無論臭或大或小至鼻官不覺俱能爲其炭質所收惟每過若干時須換新炭或將舊炭重煆之始合用已有多人用此嘴籠大得其益如在病人室內或化學房中或多陰溝積汚之處或常作墳墓等工或頻遇各種腐物用此器可免受病凡水土惡劣之地易

有瘟疫或多瘴癘之處易患發熱瘧疾身弱短命等病皆因地氣不佳如用此籠能免多災其籠作法用細銅絲或鐵絲織布二層中夾炭屑即成

其二煆過之泥○含植物之泥土煆過之後亦能收除惡臭如將泥和植物質在密器內燒之即有此性又燒煤之灰燼亦能收穢惡之氣以上各料收蓄惡臭至飽足壅諸田中能養植物蓋所收之氣質漸能放出為植物所吸食也近來西國有法將尋常泥土烘乾或燒煆之塡入便器能收其惡氣以後其泥土即可為糞地之用此法甚簡而便能免屋內常必有之臭也

第四類滅臭之料○凡質能收穢氣或除惡臭者未必能改而滅之也如水收輕硫氣則水內仍有其臭加以熱其氣仍散於空氣故水只能收之而不能改之也然若將含輕硫氣之水加綠氣少許則臭立滅蓋輕硫為綠氣化分而臭泯也故水僅為收輕硫之質而綠氣則為滅輕硫之質是收與滅大有懸殊也又當嚴冬或下雨之時水與泥土皆能收蓄數種有害於人之質及至暑夏久乾之際則已收者復能洩發放散故瘟疫瘧疾易因此而顯若用滅臭之質消滅其毒則不再為癘矣其滅臭法或令之化分而變其性或與之化合而成新質如此則與人身自無害矣茲將滅臭常用之料略述其十一種

其一淡養氣○如將紅銅屑置於玻璃或瓷器內傾以硝強水則發淡養氣此氣上升能與空氣內之養氣化合成紅色霧而為淡養霧能滅各生物與死物質之惡臭惟此氣人吸之大能呃逆而有害於肺故不便於用若令其霧甚淡則滅臭之功亦有可取此氣遇金類質大半能侵蝕而使之生鏽亦頗不便於用

其二硫養氣○硫黃在空氣內燒之即成此氣前於天生之惡臭章內言人吸此氣則大有害但可為有益之滅臭料故常有滅臭者焚以硫此氣初發時能掩他氣令人不

聞後則能化分輕硫氣或燐輕氣而滅之此氣酸性甚猛與鹼類化合甚速即能速與淡輕氣或發臭之氣化合是也此氣不獨滅臭亦能滅色如燒硫少許將紅玫瑰花置其霧內則變白故作帽之草辮者或治絲與羊毛者多用此霧為漂白之料也總之硫養之為滅臭料有數益蓋不惟能滅臭而空氣內極微之生物質亦能滅之且硫價廉各國均有惟用之亦有數弊因其氣難堪凡欲滅屋內之臭時人必出離屋外畢而後可入又能令金類器生鏽且其微質能久存不散故用之者不可不慎也

其三輕綠氣○硫強水傾入食鹽則發此氣其氣上升即

與空氣內之濕氣化合成白霧酸性極猛自能滅空氣內之臭與害人之氣惟人吸之則大咳逆與淡養氣有同弊焉

其四綠氣○以鹽强水傾於錳養之細黑粉或將錳養和入食鹽傾以硫强水皆發此氣爲重而綠色之氣質故名綠氣其味甚惡人不能吸惟最淡者可以無礙其功用能化分輕硫氣淡輕氣並動植物所放之惡氣及惡臭凡生物質遇之無一種不能令之改變也故可爲最適用之漂白料能漂白棉布麻布之油等污與工藝內用之植物質也

綠氣爲久用除惡滅臭之料各氣質中此爲最合用者不但益處甚大而且取製亦易卽和以多空氣令其極淡功用亦顯而不礙於呼吸故用之室內則人不必先外出也卽用於病弱者之室亦屬無妨雖稍能令金類器生鏽然其弊較前言之各氣爲更輕也

尋常用氣質滅臭不過除空氣內已有之惡氣尚不能阻其惡氣不發故不得已必用流質或定質可撒於穢物上或和於其內令惡氣不發凡令穢物不發惡氣之料要有二端蓋動植物敗腐之臭爲二質所成一爲錏類者如淡輕等一爲酸類者如輕硫等故滅臭料之有大用者須能將此二質或令之化分或與之化合若化分化合之時另能成一質爲無害者則功用更大苟所成之質能爲有益者則其功用爲極大矣

其五鈣綠○此質滅臭之功盡該以上數事卽其鈣能與輕硫等酸質化合而綠氣能令淡輕等錏類化分故鈣綠爲定質滅臭料之最適宜者凡撒於腐物之質則臭立滅或將鈣綠以水消化灑於有惡氣之室內或塡入便器或陰溝內則臭亦滅惟其價頗貴故凡大陰溝及垃圾堆或糞坑等發臭之處用有不合凡鈣綠滅臭所改成之質俱無妨於目視及鼻聞也惟以之糞地遠遜收足惡臭之炭屑蓋其綠氣能化分淡輕質而糞料加以鈣綠則淡輕質多爲化散用之糞田功力卽小

其六鋅綠與鐵綠等料○此等料和酸質少許則滅臭功用與鈣綠幾同然有一弊因其質遇空氣易自融化故定質者難存止可化水以用之又鐵綠水遇地板牆壁等易染成棕色和於腐物則變黑色鋅綠則無色所遇之物色亦不變傾入臭腐之質不過令其面生一層白皮如乳皮故若不計費省則用鋅綠而不用鐵綠且鋅綠不但滅臭又能令生物不腐加於植物之質此性更甚故木工內凡木易朽處浸鋅綠水至飽足雖埋諸地內亦不速朽

其七加波力克○此質爲煤黑油內蒸出者近來多用爲滅臭之料其生者略黑色臭稍難堪然能滅各臭而本臭無害於人如和以水灑於發臭之質或傾入淺盆置諸臭處令自化散俱屬便用其價亦廉又可提淨清明如水醫家每用爲滅臭之質若和以肥皂濯浴肌膚蚤虱不侵凡潰瘡傷痕亦可滅其敗臭近有醫家設法凡外科欲割去一肢一體時用器噴加波力克水成極細之點以滅空氣內常有之動植微物質則割處不受其污既藥裹後創口能愈較昔法更速暑熱時易有瘟疫肆行各大城鎮灑路之水稍加以生加波力克亦有大益想中華各大繁區每

當夏際用此質數萬餘頓益當不少

其八皂礬○此質亦可爲滅臭料而功用與鐵綠相等惟不易自化故較鐵綠尤佳然其各弊亦不亞於鐵綠瑞士等國多用之和於糞堆或糞坑內以滅惡氣

其九鐵養木醋○鐵屑消化於木醋即成此質滅臭之功與鐵綠及皂礬略同惟有人嫌其本臭而不用也

其十碘質與其雜質○近來有人用碘質與其數種雜質除惡滅臭功亦不小惟其品貴價昂不合常用又有錳養亦能滅臭如將稍臭之肉浸於淡錳養水內則臭能滅而肉仍可食也

其十一生石灰○此質雖較前各料滅臭性小然品賤價廉隨處可得故用者多生石灰遇動植物質變化有二一遇鮮物能阻其腐且有幾分能致終不腐如遇肉血及初便之糞溺等每有此性若以後果腐則又能改變所成之質令不放淡輕氣或大惡臭即有放者亦更淡更少故鮮物加生石灰以阻其臭爲最宜也二物質既發酵起手變腐加以石灰則性反異蓋其鹼性甚猛能與腐質之酸類化合而放其淡輕等鹻類之臭故已腐之物加生石灰則臭反大然後則阻其再腐而性與炭質同能令其物質內變成硝強水或硫強水等再放之臭即覺淡泊害人之性

亦更小也故凡積穢大堆外蓋生石灰一層能立使大臭之氣放出待風吹散則臭不再發因堆內發臭之硫質與燐質升至堆面時則阻其外出而與之化合遂逼其所含之淡氣變爲硝強水與本石灰化合成鈣養淡養所含之硫變爲硫強水與本石灰化合成鈣養硫養此二者皆不得散可見除初放之臭質外其餘所能肥田之料仍在堆內也農家用之不失其益惟深城窄院以及小巷狹衢風吹不到氣鮮流通其穢場糞堆蒙以石灰則初放之臭久不易散人每難堪果若是者則加石灰之層應極薄或堆面先鋪木屑或稻草等而後撒以石灰再不掉動弊可免

焉

由上十一種滅臭料之說可見僅欲滅空氣內之臭而無害於人者綠氣與鈣綠爲最廉最穩之料如一人欲用之可將麻布漬以醋糝細鈣綠粉層疊摺之蓋於口鼻則所吸之空氣透過麻布遂含綠氣微分若空氣內有各惡氣卽能滅之前言之嘴籠可作此用惟須將所備之麻布以代炭耳凡診視病患之人及查驗積穢之員帶此嘴籠雖最臭處亦可往而無傷若氣息以口吸鼻呼則肺中空氣極淨自無害也便器糞坑穢堆等欲滅其臭鈣綠最宜而鋅綠及皂礬與加波力克等功用與鈣綠同亦可任用其

一、惟大城鎮內欲滅臭則用加波力克或炭粉或經煆之泥或生石灰爲最廉而便者茲將本章所言各料彙總略論如左

一　令生物質不腐者爲鹽與硝與砒霜與汞綠與鋅綠與鐵綠與鐵養木醋與糖與苦里亞蘇脫（卽煤木等烟內之質能保肉不壞者西國醃火腿恆用之）與酒醋與樟腦與自散油及生石灰等料但此各料僅數種合於常事之用

二　掩臭者爲香料等大半在前章已述茲不重言

三　除臭者爲炭質與木煤與經煆之泥與生泥與和植物質燒之泥等

四　滅臭者有十一種此各料不但能收除各惡猶能化分之改變之而成別種無害於人之質如淡養與硫養與輕綠與綠氣與鈣綠與鋅綠及鐵綠與加波力克與皂礬與鐵養木醋與磺及其雜質與生石灰等

凡滅臭之料須能改變發臭之質成爲無害於人之質始爲善也若將害人之惡氣或霧改爲他種害人之氣霧如前言之卡苦待里變爲卡苦待里衰者是以暴易暴不得謂之滅臭料惟此上所言十一種質不獨能滅臭且能令臭質變爲無害之質故可謂之滅臭料也

第二十九章　論呼吸空氣之理

第一論呼吸之法○尋常謂之呼吸者不過曰口鼻吸空氣入於肺內待若干時而放出也然究其實肺爲之職而肺分左右兩葉體形略圓略扁居於胸膛有一總管通入喉間名曰氣喉氣喉下端分岐爲二謂之氣管各入肺裏大氣管復分小管漸分漸多愈分愈微故肺體內之微管細如絲髮密若毫芒空氣入此微管遂能徧通全肺每微管之口略有微氣膛一萬八千每微氣膛恃微管以通身外之氣微氣膛之大小各有不同約大者徑七十分寸之一小者徑二百分寸之一計其中數略一百分寸之一也有人細核人肺內之微氣膛數共略六萬萬之多各膛之

殼極薄不過如泡而已肺之凹凸力最大故所容之空氣恆有不同常人吸氣最多時有四升至七升照常吸者不過二升半耳若不故爲多吸則僅一升而已凡人一呼一吸合爲一息尋常每分時約十八息其吸之氣有十八升計每小時吸者略千升耳盡一晝夜爲二萬四千升此最小之數也有人云平人一日呼吸空氣有三萬餘升或云勇壯者終日出力可呼吸四萬升也

人身需氣不獨恃肺臟之呼吸猶賴皮膚之出納如尋常獸畜等皮外層有多微孔孔內爲極細螺絲形之管其口能通入皮內人之皮膚有數處微孔較他處更多常人全

體之微孔略七百萬孔內各小螺絲形之管共長略九十里則人之皮內日夜均有定質與流質由此小管放出如出汗等是也另有空氣恆由此各小管進出與肺內之氣管呼吸空氣同也雖皮之微孔收空氣不若肺臟之多然亦爲身體不可少者肺吸之氣少頃卽放而皮收之氣居體內之時則較長也凡人呼出之氣與所吸入者性有不同蓋在體內有變化也欲悉此事略有四法可試而知之人物呼出之氣以淨器收之或噓於乾鏡面上則其面受濕氣一層若將手置於淨玻璃器內待若干時器內面亦顯有濕氣可見肺與膚皆放水氣由體外出故出體之氣含水氣比入者更多此其變化者一也

前第一章內言炭養氣行過清石灰水則令變白如乳若用玻璃瓶塞中通二管一至水底一僅過塞中如第四十八圖瓶內盛以清石灰水口啣短管而吸空氣入瓶至久則石灰水不變色卽略有變亦爲甚少此因水收空氣內之炭養氣而變也反之如口啣長管而吹氣入瓶不久水卽變濁而色白如乳由此可見吸入之氣含炭養氣甚少呼出之氣含炭養氣甚多也若將手或足套入玻璃器內而外空氣不通待若干時試驗器內之空氣則較外空氣含炭養氣亦更多可見皮與肺俱能放炭養氣此其變化

二者也

如將肺中呼出之氣或套手足收蓄之氣細爲分之則俱含養氣比空氣內者更少可知肺與皮膚常收空氣內之養氣此其變化者三也

呼出之氣又含淡輕四養之微數如以玻璃片濕以輕綠置諸口前呼吸數次玻璃面上卽生淡輕四綠之微迹由此可知所呼之氣含淡輕四養也又有試得呼氣內含有輕氣總之呼出之氣比吸入之氣更濕炭養氣更多養氣更少尙有變成淡輕四養與輕氣等微數此其變化者四也

借問此各變化能以數計之否乎曰俱有法可計之且亦

易明略述如左

凡人肺中每日放出之水數不能一定皆以地氣之燥濕身體之强弱運動之頻暫食物之等類湯飲之多寡而異然照常較量則肺與膚放出之質略居胃中飲食者三分之一平人之皮膚一日夜出汗略一磅半至二磅無論顯而易見或隱而不見其數均也故若將所出汗數與日所飲食者三分之一相較餘者即為肺日所放之水數也又有醫家推計人之皮膚日放水一磅半肺則日放水一磅云

前已言每吸空氣五千立方寸內常含炭養氣二立方寸

而呼出之氣每一百立方寸則有炭養氣三立方寸半有數病症能使人呼氣每一百立方寸有炭養氣七立方寸然無論患此病否則日夜呼出之氣所含炭養氣已可謂多矣

人所呼出炭養氣之數亦因多事而異與呼出之水氣同理即如人身有大小體有强弱年有老幼或為男或為女或病患或平康以及飲食若何地氣若何水土若何平素多運動或多寧靜等事是也又賴身體所得之日光蓋受光時能放炭養氣比居黑暗時更多身體大者晝一日夜能放炭養氣重一磅至三磅此氣每百分含淨炭二十八分養氣七十二分可見身體大者其肺日夜所放炭質應共有五兩至十五兩也皮膚所放炭質略居肺所放者三十分之一至九十分之一人之皮膚略為六十分之一即一日夜皮膚放炭質五十至六十釐也若肢體頻運動則放者自必更多與放水氣之能增多者亦同理如人動時所出汗質比靜時多三倍而馬馳時出之汗質比在廄時則多一百七十倍也尋常每空氣一百立方寸含養氣二十一立方寸但入肺而呼出之後則不過有養氣十六至十八立方方寸耳間有更少者葢肺已收其養氣七分之一至五分之一也一日內肺所收養氣數無定略因人事

而異照常計之略等於飲食者四分之一然無論因何故而增所放之炭養氣總能令所收之養氣依同比例而增焉

皮膚收養氣法與肺不同雖二者皆能收養氣而放炭養氣然肺所收者比所放者更多而膚則否乃放炭養氣比收之養氣更多也

以上為呼吸空氣之要端足顯人之一呼一吸即能改動空氣原質惟此呼吸究作何用本人得何益萬物得何益者亦須約略言及以彰其妙

第二論人呼吸自得之益○前言肺所收入之養氣略等

食物重四分之一而比食物之乾者必更重也人以呼吸得此養氣即為其益之大端略可分為二種一直得者藉化學理二繞道得者賴身體變化理玆將養氣徧過身體所有與化學所言之理及身體變化之理有相關者約略言之

其一直得之益○動物所吸養氣合於血內之質隨之運通於各血管則能補身所需之料如骨肉筋皮等是也凡食物入胃變化之後必再收若干養氣合成血而血變成體質新料也

所吸養氣另有一大用處即不獨能修補新料猶能消除

舊質凡身內已舊之質無益於身則歸烏用是為廢料也若不消除則貽害於身故必先與養氣化合始能由血外運或經內腎而變成溺或透皮膚而散為汗如尿酸等質不過屬廢除之肉筋胞膜等質為腎由血內收出者可見養氣不獨能滋補身體猶能助除廢料尚有一事足顯養氣之功能如將肥畜禁之飲食歷數日則重減蓋其雖不食飲而呼吸猶常呼出之氣亦含炭養氣與水氣仍有津液透膚而出經腎而便凡此所耗皆身內已有之定質也故不加食物補之勢必身體減重所減之料多屬油質油經肺臟化分遂能漸出身外既不外加滋補自必內有所虧蓋人不能不呼吸既呼吸不能不放炭養與水氣既放此二質而無食物以應其需則應其需者必屬身體之料料益消體益瘦夫體之肥也在乎油體既瘦必其油見消也計動物身內之油每一分遇養氣足成炭養三十七分水氣三十六分而能由肺外出如令動物多食含油之質則本身之油可以不減而吸入之養氣即令食物之油變為炭養與水氣由肺呼出與前同理若不令食油而以糖與小粉代之則糖與小粉亦變炭養與水氣計每小粉一分遇養氣二十四分能變為炭養氣十二分水氣十二分由肺放出如飲以酒則酒速入血內以補肺所欲放之炭

養與水氣而食物遂省故飲酒後食每難消足見酒之養身益大蓋比油與小粉及糖能速入血也然於弱者酒固有益而强者多用之因其入血甚速易致人醉則又為大害也

養氣入身內遇油質能令變成炭養氣三十五分遇小粉能令變成炭養氣五十分遇酒能令變成炭養氣三十六分要之動物肺與皮膚收養氣直得之益為能修整滋補肉筋等新料亦能變化消除身內各廢料又能令食物變為炭養與水氣也

其二繞道之益○前言人吸養氣直得之益不外令肺與

膚放炭養與水氣之事然放此二質於身體究何益耶查凡動物之身必需熱若干度始得生活如魚及蟲等之熱度比水與空氣所大無幾而人與禽獸之身比水與空氣熱度更大溫和之地無病之人熱恆略九十八度熱地之人或人發瘧時能熱至一百度間或更多者騾馬之身常熱略一百零一度水陸合居之獸有熱一百零一度半者回嚼之獸有熱一百零四度者禽鳥有熱一百零六度者惟甲介類之熱多不外於八十度可見各動物身熱度恆大於空氣及水必其身內有法能自生此大熱也亦可見動物之身常放熱甚多凡身內之水令變成汗及令肺放

出水氣者亦皆費熱甚多而飲食之涼物入胃變熱吸進之冷氣入肺變熱皆須與身體之熱度略同是此各事亦必費熱甚多而且勻也故可見動物身內生熱必大而頻時無休歇矣

查凡冷血之物多不呼吸暖血之物俱必呼吸可見身體之暖必與呼吸空氣有相關也如將小粉或油質在空氣或純養氣內燒之則全燬而變爲炭養與水氣且生熱生光依同理則小粉與油質在身內變成炭養與水氣亦能生熱惟其變化遲緩不見生光耳由此可知身內之熱賴其小粉與糖及油質變化爲炭養與水氣時所生者也設無此熱則身速涼而必僵矣身之需熱無時或間若不添食物則身內質料漸消化而耗散至消盡耗空則身亦死總之身內所以變炭養與水氣者爲生暖而護身也

凡養氣與他質化合每有生熱之事故肺吸之養氣無論與食物化合成身內需補之料或與廢料化合便於消除必徵生以熱卽身內各種變化亦略無不生熱者更有要者動物之心幾全賴肺與膚所放炭養與水氣而得暖設頃刻停此生熱之事則心必停而不動

凡呼吸空氣之動物因必常成炭養與水氣則必有法令血恆流通得常與外空氣相遇葢身內有二機件能理此

事一心經獨處中央專司血脈之令使其運遍全體二肺臟分居左右特供呼吸之職使氣調換清濁是以血能常遇外空氣收其養氣而暢達乎肢體也若欲悉心肺之形質部位職司功用可參閱全體新論等書茲不泛述

計成人者全身之血略共重十磅而肺含略半磅每一分時心跳略六十至七十次每跳一次則發血二兩血行之速每秒時略二尺半每二分半時渾身衆血經肺一週卽每小時經過肺臟略二十次凡出大力時血行尤速約一分時運遍全體從此可見造化人身極其妙也

動物體內皆能生熱而植物體內亦有生熱之法尋常植

物之花熱度比空氣能大一度或一度半間有手可覺其暖者因其花能放炭養氣而收養氣與動物之肺有同功焉故花比葉更熱有一種草其花熱一百二十一度當時氣候僅熱六十六度因其花瓣所收之養氣和於汁內小粉類之質則能變化生大熱焉凡花瓣收養氣愈多則生熱愈大

第三論動物呼吸與萬物之益○動物僅為萬物之一分不能自賴以生必有藉乎身外而身外之養生者首推養氣然空氣之含養氣非獨為暖血之動物能吸之而動物心肺等經亦非獨因動物得益而設也尚有他用為動物

所不能不有亦所不得不然者即滋養植物亦賴動物之呼吸也此理易明試釋如左

前言每空氣五千分僅含炭養氣二分而植物浩繁其葉肺肺日夜吸收空氣內之炭養氣無時或息將數年間收盡其氣難再生活故須有法以補空氣內所缺之炭養氣也乃動物肺與膚又放此氣甚多正足以應植物所需可見動植二物彼此大有關連遂能互相為用植物生長能養動物動物生活能養植物似乎兩相推讓而循環互養總之人物呼吸身內身外俱有攸關身內能收養氣補身之暖成新料應體之需消舊質洩體之濁身外則放炭養氣助養植物此二事相兼而行分之離之俱非所可盡一面必為植物所養一面必助養植物人於此二事多以為養本身為最要豈知助養植物者實所以養本身也試思此理襟懷足為之一暢歟

第三十章　論消化食物之理

人之生活賴乎食物食物足則腸胃充滿而果腹焉歷時漸久則腹餒腸空又覺漸餓其所以餓者乃食物之見消化也此消化之事大有關切於人身茲舉為三端約略論之

第一論人能消化何物○人所能消化之食物已在前第

五第六章內略為詳及無論為植物或動物質要皆合於養身因其內含小粉與油與哥路登與暮斯苦里尼並鹽類質俱屬有益於身者又含有數質於人身無益者如植物質之木紋饅頭內之麩皮皆為胃所不能消化者故必通行各腸而後運出

第二論如何能行消化○消化食物賴有三事一在口中為之二在胃中為之三在腸中為之此三事畢消化始全缺其一功消化欠當則無甚益於身體也

其一口中咀嚼○前言果品蔬菜之類間含多水合於生食米麥肉魚之類須分製烹調始堪入口既入於口必經

齒切牙磨、咀嚼糜爛、方合下咽、嚼時必藉口津和勻、令其質稀而畯、則已含鹽類質、始有入胃易消化之事、凡人口中之津、爲六核所生、核有管、則津由管而上、以備嚼食、成人者、一日內、口中生津、少則八兩、多則二十至二十五兩、其津每百分、略含鹽類質一分、故一日所吞咽之津、略共含鹽類質八十釐、此鹽類質、不獨令食物輭潤適口、猶使食物、將來在胃中易成其變化、口津內另含一質、西名台阿里尼、能令食物之小粉變糖、與前言之對阿司打西質同性、每口津五百分、謹含此質一分、故一日夜所咽此質、不過十五至二十釐耳、然爲數雖微、而食之能消化者多

賴其功、因其有易臭腐之性也、故凡欲食物消化之善、須在口內慎嚼多時、令與口津勻和殆徧、而後乃可、有醫家云、食物居口內時長、則在胃內時短、反之亦然、口津常爲鹻類之性、嚼物時與食恰完時、鹻性略大、後則漸小、至久不食物、則反變爲酸也、食難消化之物時、而鹻性尤大、若常吐口津、則易有胃酸而熱痛之症、人身之妙、於此又可見矣、蓋食物難消化者、胃每生酸、而口津則生鹻滅酸、助其消化也、故凡食物之後、津每立生於口內、隨喉下咽、比平時覺多、前有一人口官失職、不能食物、醫者於其項間開孔、通至食喉、將食物塡入、每塡一食、口內立生鹻性之

津、隨喉下流、助其消化、以此可顯口津之職、常思及胃中消化、而欲助之也、又有腹飢者、每言及美味旨饈、雖未入口、而口津亦立入胃、以行助消化之職、此殆所謂饞涎乾咽也、

其二胃中變化○食物經喉、則下入胃、而胃爲倉廩之官、形略長圓紆曲、有似乎袋、能容二升至三升、橫居膈下左方、如第四十九圖、頭大向左、上口爲賁門、緊連食管、食入賁門、勢難再出、而下口與小腸相通、是爲幽門、乃食物運化所從出也、如食物太乾、胃能生津以潤之、同時胃內皮有汁流出、與食物調和、待若干時、全能消化、所受之熱、常

爲九十八度、消化之間、有數變化、

一食物之小粉、因遇口津、並津內之台阿里尼質、則大半變爲糖而消化、以備入腸入血、有數種動物、其口津消化之性、比人更猛、如蟒等、臨食時、吐津涎甚多、能使所食之肉等物、不但滑潤、且變輭爛、而易吞食、

二食物之油類質、入胃不多變化、惟能使之分爲極細之圓點、與餘食和成糜、以備入腸、

三食物之哥路登與非布里尼質、咽時爲定質、在胃中變爲流質、其變流質之法、因有胃汁自內皮流出、與食物相和也、此汁內有一質、西名伯布西尼、最能令肉之非布里

尼質消化又能令乳腐與蛋白與膠類及哥路登等質消化壯而多食者每一日胃內皮能成胃汁六十至八十兩也

由上可見口津與胃汁及胃中之熱大能改變食物使其漸化而成漿形之糜此質爲灰色稍有酸性名曰開末出胃而過幽門入於小腸再經運化惟所食之流質如粥與糖等在胃中不必多變化卽過幽門而至小腸胃之內膜又有多微吸管能吸收食物內之流質引入血內所吸者爲食物之精液旣食物後立能收其若干送入血內以增人神力殆恐俟食全消而後吸之則人神乏力倦也此亦

爲身內最妙之一法

其三腸中運化○食物出胃後則遇肝汁（亦卽膽汁）此汁在肝胞生出而遇食物所變成之糜與之相和又有膩經（卽全體新論所謂甜肉也）生稀液若口津名曰膩汁（卽甜肉汁）亦添入其內又有腸內所生之流質名曰腸汁亦流出此三汁與食物糜勻和則榨成精液失酸性而變形色略如乳此質謂之開勒也

膽乃肝液之囊藏存其汁以資應用其汁先能滅食物之酸性而後所成之事尚未甚明然無此膽汁則食不消化膽汁過少則胃中生氣而人易泄瀉其汁又能令腸汁多流出而依法運化食物

膩汁與口津形性大有相似其內含鹽類質又含一種蛋白質極易臭腐能使小粉變糖與口津之台阿里尼同亦能令食物之油質分爲極細之點與食物勻和又使食物消化之糜變成乳色之精液醫家以爲此汁之功用爲助消化者腸汁亦能助膩汁之職司能令小粉變糖令油質分散此各流質卽口津胃汁腸汁肝汁膩汁彼此相助能榨出食物之精液卽養身之料以備吸液管收之運入血中吸液管者吸噏食物之精液管也百派千支散佈小腸夾膜之間與膜同色細微難見而食物行過小腸一路皆

有此管吸其精液引入吸液總管運至肺經得遇養氣則變爲赤血

食物在小腸內漸運而下行過闌門（卽小腸之下口）而入大腸大腸分三廻上中二廻猶有吸液管吸其餘液待所有養身之精液全爲收出則所餘糟粕運至直腸（卽大腸之下廻）由肛門而便出此則運化之事畢矣凡在腸胃消化之事愈全則便出餘渣愈少如健壯之人食尋常之物則所放出不能消化之餘渣或廢料每日不過四兩至六兩耳內略有水三兩至四兩半生物質四分兩之三至一兩死物質四分兩之一至半兩共爲四兩至六兩也可見一日夜所放出

之乾定質不過一兩至一兩半而已

第三論爲何有此消化○由上說可知消化食物不過爲備成血也如將人血一百兩加熱略等水之沸度漸令全乾則所餘乾質不過二十二兩此乾質百分含非布里尼與蛋白質與膠類質九十二分油與糖及小粉質三分鹽類質或死物質五分可見人之血與人所食之肉略同但血所含之質在各人常有稍不同處又於人之年壽精神等事有關又可見欲速成血者食肉比食尋常植物質更覺便焉

從以上之說可知消化食物一事乃欲變成身體之血然

人身內因何必變成血耶蓋血於身有二大用一能補身體生長所需之料一能令身體行其職司而不致失其體質也不失體質者謂不令身內之質料失其活潑之性而成死物也

第一功用卽能補身體生長所需之料欲明此理須先知身體與血爲何料所成前言動植物之體大半爲水有格致家克提累者言常人之身重一百五十四磅爲中數內有水一百十六磅乾質三十八磅乾質內肉與油居二十四磅骨居十四磅或可曰生物質卽能燒之料居二十八磅死物質卽不能燒之料居十磅但油質與肉質之比例在各動物身內不同因有肥瘦鬆堅之別如羊猪等之油質常居肉質三分之一假如人重一百五十四磅以其肉質爲油等質四分之一則全身水重一百十六磅肉皮血重十八磅油重六磅骨重十四磅健壯之人血重二十磅卽內有水略十六磅乾質略四磅血內所含之乾質大半爲非布里尼與蛋白質小半爲油與糖及死物質非布里尼與蛋白質能成身體之肉與皮等質而油及死物質能補身內所缺之此二質此各質在血內行至週身欲用之處則停留而成其體

血內所含之乾質與全身所含者比例甚小故動物身內不久易用盡其血內之料若不加添補料則必垂亡蓋血

之乾質僅爲全體乾質八分之一也然身雖不食尚能延多日不死略每重百分必因餓而失四十分身之熱度必失三分之一方能致死凡餓殍者致死之由幾分因身內燒料不足幾分因肢體失熱而凉則血不流通而然也

第二功用卽令身體各行其職而不失其體質欲令血行此功用必每日得食物頗多蓋人活時必呼吸必行動既行此二事必費身料若干所費者以血補之如呼吸一事前已言明肺收之養氣與食物變化成血料後則變爲炭養與水氣呼出故消化食物者乃欲能呼吸氣也呼吸既不能息血內必須恆添能成炭養與水氣之料故必消化

食物以成精液而入於血也可見壯健之人日必食小粉或油質頗多方能隨時呼吸而體質不失也又凡人動時非獨身爲之移而內亦無處不有行動之勢即寢寐之際血亦流動運通凡動一次即耗料若干即如寫字手每一動或心每一跳或腦每一想則必有質料運移變動又必需肉筋或骨或心或腦有若干變化或與養氣化合或行他種變化方能成其事功各質既已變動即不能再與身內行其職司勢必由血外遷而消除之又須再有新料由血內運以修補之

凡身一動即費料若干若歷二十四小時不食物則失本

重十四分之一至十二分之一所失者非但油質亦有肉等質甚有所失之數多至衆血不足以全補之者即使食物至飽而足成所需之炭養與水氣及行動之各費亦另有耗費舊質之事舊者漸耗新者遂換去舊換新循環不已有醫士云全身之質每三十日必換新一次是爲中數然其歷時之長短自必多藉人之食物與其生業及其慣作之事等而異如費神思多者則腦漿換速出力多者則肉筋換速凡疏懶怠惰者既少運思又鮮用力則更換者自必遲緩

由上可見身內所以有消化者欲得行動也如食物不消則血虧而難勝所耗依法消化則血盈而足補全費故可知人身之能行動運用者即所以消化之原由也以此覆明第三論之詰語斯已可矣總之人所能消化者爲食物之小粉與油與糖與哥路登與死物質也而如何能行消化者爲身之暖與養生路並其相屬之各件及養生路所添之胃汁肝汁腸汁等料也爲何有此消化者爲欲增添血液藉血造成肢體令能呼吸與行動至費無不補也

如以禽獸等類問此三事則與人有不同處蓋以所常用之食物能定其養生路之形勢與所令消化之料也如肉食之獸因肉易變成血則胃窄小而養生路短草食者胃

寬大而養生路長間有甚繁者如返嚼之獸胃爲四肱於羊胃內易分別之所食之草入第一肱和胃汁而入第二肱靜時翻芻至口復行咀嚼乃吞入第三肱以潤之後至第四肱遇眞胃汁和而化之始過幽門傳轉於腸其腸比人者更長而消化事繁皆因靑草等質堅韌難嚼其養身之料亦不易分出故生四胃以便食物在養生路內時更長也又便分之極細而後得以運出身外至於他獸及禽消化之理亦各不同大略皆與養身之食物爲相配者茲不必泛論也

第三十一章　論養身之理

養身之事俱賴化學各理惟常人止知衛生事略而化學諸理多不經心故往往亂用官骸任食各物行動不合乎法居處恆違乎身或拘乎積習成規或慣乎素爲舊作此皆有礙於養身之盡善也前各章所論不過衛生之粗學其事其理易明易知另有更繁之理精微之事皆切人生愈加考求愈見人身造化之妙逐細推論益顯人爲萬物之靈奇哉人身誠屬可美

養人身者功在乎血尋常看之血色爲赤形若稀汁以顯微鏡窺之則見所初入血之新料爲無數輪形小粒色白如乳既入血管而後則散入心之右上房遇肺內之養氣

而變爲紅色則赤血成矣輒可養身凡人與哺乳之動物血色皆紅以顯微鏡視之有多輪形紅點浮於無色之明汁內名曰血輪其輪之尺寸與形式各物不同人血內者輪徑三千二百分寸之一厚一萬二千四百分寸之一人之血輪比六畜者大象爲獸中最大者其血輪亦大惟田雞之血輪比人者更大而有卵之動物則血輪爲橢圓形如將人新血之輪乾之則略居血百分之十三未乾之先爲血重之半細察血輪其外有囊爲極薄之皮內含紅色流質嫩者在其中見一小核惟血輪已漲大則核消滅而不見血輪內含有紅色之流質與油質微點又有無色之質西名格路布里尼類乎哥路登與蛋白等質之性又含鹽類質血所含鹽類質頗多如將乾血燒之每百分有灰五分此灰略半是食鹽餘爲鉀養與鈉養與鈣養與鎂養與燐養五與硫養三各質其鉀養與燐養五大半在血輪內而食鹽多在血輪外之明汁內血內雖時收新質與時放舊質然其所含之鹽類質比例常略同蓋血輪外皮極薄鹽類質數種能透入其內亦有數種如食鹽等不能透入者

全體內各處需用某質即從血內收取而餘各質則不收之如骨收血內之鈣養燐養五肉筋收鎂養燐養五與鉀養燐養五脆骨收鈉養而不喜鉀養骨與齒又收弗氣髮與膚及

指甲與禽獸之角爪毛羽收矽養又血之紅色料睛之黑色料髮之黑色料俱賴鐵質髮又收硫而腦則收燐或燐養五可見身體各件皆有其適宜之化學功用自能收其必需之料而血由全身之血脈管普運流通行至需某料處則某料分出留於其處若遇身內宜去之料則消化而運除之

身內又有數法能令血液不多變更而可免病如多飲水時則胃中所成之糜爲之沖淡既入液管血料必稀血過稀則不合用故肺與膚及腎速忙行其職司立將其餘水消除令血至濃以復原性又有數種食物能增血內之油

或蛋白或食鹽等質過多亦俱有法消除令血速復其原消除血內之異質大半賴內腎之功蓋凡血內之廢料能爲內腎速收出也故無論何時取人血試之皆含廢料甚少此內腎行其職司爲合法也人之能養身者肺爲首要內腎次之數日不食尚不至死若內腎一日不收血內之廢料則血不淨而含毒質人身卽生重病可見內腎一經亦甚要也

血行至肺遇養氣則化合而生熱似宜肺之熱度大於他處而其熱亦應難傳至四肢然另有法令其血廻至肺經變赤時能改熱率前第二章論所飲之水內言令水一磅

增熱一度所需之熱足令水銀一磅增熱三十度卽令水一磅增熱若干度所需之熱數比水銀一磅多三十倍亦卽水之熱率比水銀之熱率大三十倍也依同理血行過肺則增熱率七分之一然以寒暑表試之不覺其增此熱假如命水熱率爲一千則廻血熱率爲八百九十二而赤血熱率爲一千零三十人身血脈之熱常略九十八度令廻血一磅增熱至九十八度必需熱若干然無論需數幾何其血行過肺而變赤時立能多收熱七分之一其血仍爲九十八度故肺收養氣所生之熱雖大則立爲血收而藏之是爲隱熱此血漸運至全身則隱熱漸顯而傳與全身至廻時已放熱頗多而本熱度仍未改變此爲醫學家所常見解然另有格致家爲之駁證者

人身所成之血與所生之熱必賴食物之合法若所食之物不合法或含養身要質過少則身漸弱而病心亦時覺不足必他尋合食之物或將數物合而烹調始覺甘美如阿爾蘭人止食山芋則爲不足必加以菜英國食豆類必加猪肉食米則加以牛乳或雞蛋食饅頭必加以乳油或乳餅食生菜則加以橄欖油或乳皮以大利人食絲麪必同食乳餅凡此皆因胃中能覺何質爲合於養身而然可見食物不但須適口亦須適胃也

常用之水其性亦須與食物相配如人身每需若干石灰質爲食物所含者若常食之物含此質不足則所用之水或可含之用此水卽能補其石灰故因水之不同則人之食物亦各處各異如阿爾蘭多食山芋山芋內含鉀養與鈉養多於五穀含鈣養等則甚少然阿爾蘭之土石半爲灰石故其泉水含鈣養頗多用以調食卽足補山芋之石灰故於養生之間無甚妨礙依同理人所湯飲之物亦必合於血所需者如亞拉伯人飲加非華人飲茶南亞美利加飲馬退（卽巴辣古茶也）墨西哥人飲可可（亦曰荀荀）俱能補身所需之料

動物之身又需食鹽如北亞美利加之野牛等獸常飲含鹽之湖水阿非利加之南有野獸亦飲鹹泉故獵者每匿於鹹水近處以俟其來而擒取之西國六畜亦多喜食鹽凡人久不食鹽必弱而死昔有虐囚者所予之食物久不加鹽則其人漸弱而死血漸壞而臭間有生小蟲者前西人尚不知此事之故近來化學家考知血內之質食鹽略半每日出之汗及所便之溺皆含鹽若干若食物不加鹽補之則易生病致死又膽汁以鈉養為不可少者脆骨亦然食鹽少則鹽所變成之鈉養不足膽汁所需而血力弱即不及補脆骨之費料然有數處人不喜食鹽亦屬奇事

又有數處視鹽為至寶如阿非利加中之土人以鹽為味中之至寶貴者貧人每難得之如將食鹽小塊予其小兒則立嚼食若食糖者尋常每云某為食鹽者即謂其富也然阿非利加西南之土人恆不食鹽歐洲人遊此地者亦不覺鹽為急物西比利亞有一處所住俄人亦不食鹽然其鹽價亦甚廉此各事之故畧因食物與飲水內含鹽足用則不必外加苟為不足亦必另添鹽入食物內也

至於人身百體之質與料如何能從食物飲物變化而成此事在本書不必詳言大略凡成腦漿與皮膚與腦氣筋之質與五官百骸以及眼之淚鼻之涕耳之垢各質各合其用皆為食物變化而出者由此各事足顯造化之妙而人身為至寶也人宜考究之理即依天造人之原意而合法運用其身斷不可亂作妄為以違天心此為養身之理極要之說各國之人不可不經心也

第三十二章　論質體循環之理

萬物各事理內有若干質體無論生者死者能連作數事之用此理已多年有知之者由來格致家亦多論及質體有各變化惟古之考求此理者未甚明澈近今格致家始究之更詳也能知質體各變化之必然之理且不獨知其時有變化尚知其變化有循環之理並知其各變化為萬

物不可少之一端也所變化之次第恆為有定而循環之機緒連運無窮前有詩家著詩云人身至死土掩塵埋久而變泥可陶為器則一人之身所變之泥豈不足以作酒甕之塞乎然此說與今格致家察得之理殊有不符蓋人死後身體所變者非泥也乃土耳不合陶作器具並不能為甕塞之用也其理既謬則詩致雖雅亦可不必問矣有一處天主教中凡有死者葬於禮拜堂周遭相屬之地歷一年至二十五年後將其骨骸與周圍土質掘取鬻諸鍊硝之廠以便製硝而後配成火藥是人生為靈貴之軀死成攻戰之藥者皆此身也靜言思之可謂奇歟

以上二說亦無甚理不過曰凡人現所寶貴之身不久則充卑賤之用而已惟近來格致家考究質體所有變化之事大能生趣如今日視爲滋榮之植物質者明晨則變爲靈活之動物質也不久乃變爲無形之氣質和入空氣頃之再變爲清明之水質施行雨露雨露潤入泥土歷若干時得其機便始能再行循環之事茲將前數章所論之質體總言要略以顯其互相循環之理並明其各種變化之性及以何法可成兼因何由而致欲悉此端應以簡明起手而漸推至深繁可也

第一論水澤循環○質體循環最簡明者莫如空氣內之

水氣也凡地面滋養植物所需之雨露俱爲空氣內之水氣變而成者每日所成之露或多或寡數難詳知夏令昏暮花草之莖葉樹木之枝條每凝聚成滴明圓若珠湛湛瀼瀼過日則散幾分爲植物吸食幾分爲泥土噏收幾分爲太陽薰蒸化爲水氣復凌入空每日之露雖不能詳計其數然所下之雨不難計之如英國每年得雨共深略三十寸而歐洲西鄙雨數罕有多於二十寸者惟英境內有數山上每年得雨間有深二百寸者又印度近於加爾各塔之山上有一處半年間能得雨五百五十寸然空氣所常含之水氣若全變爲雨同時傾注則能蓋於全地面者不過五寸之深可見一年內成雨如此之多者必其水循環遷變多次凝爲雨露而後亦多次化爲水氣也若雨露不復化散則空氣內水氣必缺水氣不再凝縮則地面上雨露必稀故須屢化屢凝以便循環不已惟或凝或化有時爲直成而易顯者藉乎萬物之公理也亦有時必繞道而始成者藉乎生學與化學之理也茲將此事分而言之

其一藉公理而成之循環○夏令急雨或落於街心或注於瓦背一經晴霽即速能乾所化水氣爲風吹揚升而成雲復可致雨此易見之小者也至熱帶內大海汪洋貿無畔岸太陽灼烈時相蒸騰水氣上升多至無算爲風吹向

南北至遇冷風復凝爲雨釀溪成河或北流而入冰洋或南流而歸熱海再受薰蒸仍相變換可見水澤之循環無停期也自開闢以來地面之水升降環遷行其功用者不知有幾何次也即其涓滴之細質點之微經歷萬萬之年所變化之次數亦必多至不可言喻而所成就之事功可想其應若何繁也

其二藉生學而成之循環○動植各物亦大能助水之循環如露與雨滲潤土中爲植物之根吸而食之運至本榦發於枝葉遇乾空氣則由無數小孔放其水氣日夜如斯幾無停際計英國每田六畝所生植物每年能放水氣三

百至五百萬磅之多但該田面每年所得雨數不過二百五十萬磅餘者或得之零露或得之泉源可見植物與土地之燥濕有相關也近來有人於空曠乾旱之區多植花木能令空氣之水氣增多而人民可以居處五穀得以豐收此植物助水循環顯然之端也至於動物常必飲食而飲食之水入胃醖釀則由肺與膚放出其水氣每大人日能將水二磅半化為水氣更大之動物日放水氣必更多也推至地球所有動物每年共放水氣之數應大至若何耶此動物助水循環顯然之端也

其三藉化學而成之循環○至以化學理論之則水之循

環比上二者更有奇趣前各章論植物之體大半為水而人所食之小粉與糖等質水亦過半故植物生長必由土中或空氣內吸水若干令與體內炭質化合而成其枝幹之木料與內膛之糖汁及子實之小粉至植物死時則質體化分水漸自散或動物食其糖與小粉等質則糖與小粉所含之水亦為動物之肺膚化分而散從此可見動植二物能令地上之水時相循環永無停息故人朝而食飲午而水散暮則為草木所收與其炭質化合以成植物之料不惟年月如斯亦且無時不然是此變化之事亦水循環之一端也

第二論炭質循環○炭質循環尤臻巧妙前言炭養氣即為荷蘭水或湘冰酒或啤酒所含發沸成泡之氣亦為空氣內不可少之質也雖全空氣每二千五百分僅含此氣一分然動植各物全賴此氣之功用得以存活若以重數而論空氣每平方寸重十五磅即由地面起上至空氣盡界每平方寸之空氣柱重有十五磅也然此內所含炭養氣僅有一百二十釐只計淨炭不過三十三釐耳地面植物常吸此氣不息設將全地植物每年收而儲之將歷二十二年所有炭養氣全經收盡則植物絕矣而動物亦將難聊其生也故必有法補其所缺始可動植完全所以補

者循環事也茲將其要分而陳之

一樹木生長有盛有衰衰時或葉為之凋殘或皮為之剝落積聚朽腐即發炭養氣草萊秋老枝葉漸枯或人芟刈以為燒柴或自凋謝漸致腐爛亦發炭養氣總之各植物之炭質或遇濕熱或經焚燒皆能變為炭養氣散還空中而不見可見植物生時所吸空氣內之炭養氣至枯腐或焚燒時仍發炭養氣還入空氣之中如此變換即其循環之理也

二凡各動物亦能助炭質之循環蓋動物皆賴植物長養而身內所消化之植物質即放炭養氣與焚燒者同也所

食之物無論爲青草或蟲類或果實在胃中消化之後則有炭養或水氣從肺與皮膚放出散還空中此變化之事可更詳加剖論以伸明之

凡植物之葉吸空氣之炭養氣而放出者僅其養氣則餘炭質存留體內其根吸土內之水與其炭變化成小粉或糖等質而後動物食其小粉與糖在胃中與肺所吸空氣內之養氣反行其植物所成之事由肺膚放出小粉等與養氣合成之質即有炭養與水氣之形性總之植物枝葉吸炭養氣與水而變成小粉及糖既入動物胃中則有變成之炭養與水氣放出可見變化之工以炭養與水氣爲

起至循環之後仍以炭養與水氣爲止故炭質能時相循環而不止息一時爲空氣內之氣質一時爲植物中之要質一時爲動物體之要質後仍放出還入空中隱而不見如此循環至無盡期即其一質點之微亦能如斯可見現爲我身之質者數日後亦可爲人身之質也似乎質體爲用不能一人私之必爲萬物公之也

三植物所收空氣之炭養氣亦有不能立成其循環者前言植物體或死而腐或經焚燒或爲人食則其炭質皆變爲炭養氣還入空氣然地球每年所生之植物不能按時全化爲氣質盍古今來每有植物質掩留地內多歷年所經受變故遂成堅質如今各國所產之煤原爲數萬年前草木之體積存地內漸成厚層後有土石壘累其上擠壓堅實埋沒頗深必掘至若干尺始得其煤既如此則空氣內之炭養氣似應漸缺然仍有法能補還之如今各國燒煤時令其炭質與空氣之養氣化合變爲炭養氣散還空中是此炭質爲數百萬年前植物取自空氣迄今始補還也假如每年各國燒煤二萬萬頓則成炭養氣即略六萬萬頓矣可見燒煤一事大能助全地炭質行循環也

四大海之中有無數小蟲不但必覓食養生滋育子類尙必尋處安居遮護身體如蛤螺等類必自成窠殼窠殼之

料爲石灰類其蟲即自尋求適用之料以成窠殼或修補而放大之或脫換而更新者至蟲死則遺殼於海底漸變成鈣養炭養層累結聚及後或海水乾涸而成桑田或海底漸高而出水面則成灰石之層每灰石百分即含炭養氣若干又太平洋內有造珊瑚之蟲多至無數在海底聚造珊瑚大堆漸高至水面堅硬如石久之成爲島嶼其珊瑚之質亦爲灰石之類每五分中含炭養氣二分此炭養俱爲由海水中所收者而海水亦由空氣得之自古以來運有此事則收空氣內之炭養氣極多而其質深藏海底則空氣內之炭養因此似必速缺然究有法能補還之如

地面有數處土石崩裂裂處每多有炭養氣放出或爲其純氣或爲含其氣之水凡天生之荷蘭水卽此類也葢其水原爲泉脈趁初發時有炭養氣融和其間若盛以瓶而密塞之則氣能不散至塞一開則水似沸卽其炭養成泡而散也

以大意國有一處山內有穴俗名狗洞遊於斯者每觀覽之如將狗縛以長桿探入洞內不久則死因其炭養氣盛也若暫入而輒出則狗有昏暈之狀片刻始甦前第一章所言加拉巴之毒谷亦然此地面放炭養有甚多者也而洋海之底亦有放之更多者所放者由水內漸升而散入

空氣從此可見炭質循環能有最速者數小時已數一周又有最遲者或數萬年或數萬萬年始一循環總之地球所有炭質皆不能久停永靜無論遲速總行循環以公萬物之用也如自地面發出時爲氣質或變化多次成動植物質或埋沒地內變煤層及灰石歷若干年煤爲人燒灰石遇海水等化分又放其炭養氣散還空中如此循環久無靜期

第三論淡氣循環○淡氣循環比水與炭事更深繁理亦趣益且與人身有大關也前第五章有云如將麥麪和水成輭團置於羅上沖水揉之則初淋下之水色白如乳久之水淋漸清末則羅上所存者膠粘而輭名曰哥路登卽俗所謂麪筋也而淋下之本漸澄而清下有白粉卽所謂小粉也可見此法能將麥麪分爲二質一小粉一哥路登各食物亦以此兩類之質爲要前言炭質循環已明動物食之小粉如何能行變化茲將哥路登質並其同類之質各變化事約略言之

哥路登因含淡氣則與小粉及油質等易別所謂淡氣者空氣內常含略五分之四又淡輕或淡養亦含若干而泥土內不但含淡輕並淡養又在其內常有自變成者植物之根吸此淡輕等入於體內令受變化而成哥路登等含

淡氣之質至其淡輕等究何能變成哥路登質其事甚繁茲不詳述

前言動物內之蛋白類與植物內之哥路登原質與性略爲相同而所含淡氣數之比例亦略同故動物食植物則腸胃所運化之精液與身體內之肉血略爲同類既遇運於身則易變成肉與血矣可見泥土所含淡氣植物吸食而變成食物後爲人食之變爲身內之要質則能靈通活潑故可推淡氣爲最貴之用處也然動物之身非恆靜無爲必時有運用卽百體內最小之質點亦不能久存於一處猶之大城鎮中人民密聚並非各安一室終日堅坐必

有往有來時入時出凡老而病病而死者皆送諸城外日有所死亦日有所生生增死缺時有變更雖然而居城內者每年猶不覺其有甚變更也惟若出遊十數年而後返歸將必有多人不見亦必有多人不識動物之身亦如是常有廢料運出身外亦常有新料補入身內似乎植物之哥路登在血肉髮膚內雖得可歇之處而不能久於安靜停息必速變化運出以行他功雖人不自知而變化仍不已也

動物身內之質究何能分拆運出身外如此之速是蓋動物肺收空氣之養氣甚多其養氣能令食物一分之炭質

變爲炭養氣放出一分變爲身內所需之質運遍全身以成百體之料然所吸養氣之大半又能消化體內廢料令其變爲流質後經內腎變爲尿酸等隨溺便出歸於泥土漸變爲淡輕與淡養等質以便再養植物如此則成循環一次但動物食植物所含哥路登之淡氣不能用盡必有若干分不能消化者隨大便而出亦能與泥土相和變爲淡輕與淡養又腐爛之植物其內之哥路登雖不經動物腸胃變化而在空氣或泥土內仍放其淡氣爲泥土所收而動物死後亦然可見淡氣之循環與前言之水與炭者歸同理也但其循環之遍或小或大恆有不等總之植物收泥土內淡輕與淡養等含淡氣之質令變成哥路登等含淡氣之質動物收植物中哥路登之淡氣或肉食內蛋白類之淡氣與肺所得之養氣化合變成肉血筋皮等料後爲臟腑運化隨溲溺外出仍爲泥土所收而糞質與死動植物質變成淡輕與淡養等氣之質亦歸於泥土故可見動物之身生賴泥土以養死爲泥土所收人及禽獸比比然也此萬物之定理無法可以違拗雖古之埃及人將屍用硝與香料等令久不腐然至代遠年湮亦必還原不但身之定質如是而流質亦然如人死之後流質即能速分散也故可見今日雖爲王公之貴金玉其體明日可變

爲蘿蔔之質草萊同賤

淡氣循環尚有更寬之界前言動植腐爛所成淡輕等變爲氣質上升而動物所呼之氣或所出之汗亦含淡氣頗多亦升入空氣內雨時隨之落下仍爲泥土所收或隨江河沖入洋海又每年動植腐爛所發淡輕等必有若干能自化分放其淡氣爲空氣所收則不滋養植物反之空氣內又常有變成淡養之微數者其變成之法因空氣內之淡養二氣經電掣雷轟令其化合而成又地球上所有火山常放淡輕甚多雨時亦能隨之而下可見每年雨內有含淡氣之質甚多又每年從地面上升之淡氣亦甚多也

淡氣行此循環將不知成哥路登等質有幾何次數也而全空氣內含淡氣之數甚多亦不知將若干萬年內而能全行一循環也

第三十三章　論質體歸原之理

質體歸原之理與質體循環者無甚差別前言動植賴土以生死仍歸還土內此即所謂歸原也然質體歸原之後仍有作爲能養植物此又所謂循環也故歸原與循環不能截然分界玆姑渾涵論之可也

第四論死物質循環○凡植物在空氣內燒之則其生物質即能燒之質化散餘者爲死物質如燒柴木必有餘灰

是也動物在空氣內燒之亦餘灰若干而土質燒之亦有不能化散之死物質至於植物質能燒之一分乃炭輕淡養合而成者此各質或得自土中或得自空氣惟所含不能燒之質皆由泥土而得而動物所含之生物質乃從植物得之或直得之或繞道得之其死物質爲從泥土而藉植物得之至動物死則各質歸土即從土內上至植物體內而後隨植物入動物體內又從動物體內仍歸於土成一循環

植物所含泥土中之質常爲一定之需其外他質則不收取所需各質內以燐養$_5$與鈣養與鎂養與數種鹽類爲要然此各質常在泥土內甚少故泥土之能否暢茂繁殖皆視夫所含此各質足用與否或有法能補每年所缺者否凡荒蕪之區其死物質成循環之事甚簡如密樹深林每年皮葉凋殘隕積漸腐幹枝枯死漸朽如泥則原所收泥土之死物質即仍還於本處而草萊密處經秋摧敗莖葉亦枯則土收其遺質至來春再養其萌蘖至於動物食植物在胃中消化而變爲血則血運遇全體變成肉皮筋骨等皆賴植物之質如骨爲燐養$_5$與鈣養所成肉筋爲燐養$_5$與鉀養所成如將乾骨燒之則每三分得灰二分此灰每六分有鈣養燐養$_5$五分人身內死物質鈣養燐養$_5$居大半

計人身之全死物質共有十磅半而鈣養燐養$_5$居八磅故餘各質不過二磅半耳此二磅半內又大半爲食鹽夫鈣養燐養$_5$等既爲骨內之質似屬堅牢不能改動然究不能久存於骨內乃每數日有骨質爲血所化與他廢料並運出身外而血又能以他質補之至末則全體死所含之死物質全歸泥土化分而變爲能養植物之料故可見萬物中之要功不過將舊質變化成新質也凡質體循環一次或數日或數年不定而地面所時常變化之質亦不甚多但時變不息故所成之事仍浩繁也

由上可見人身之質只能存留數年無法能阻其歸原如

死於海內者葬於蟲魚之腹死在露天者則成養植物之料此皆得以歸原也而交戰攻之時屍横野血成渠肝腦塗地土食人肉而後乃變成植物之料亦爲歸原也故人身已死無論用何法成墓葬屍總不能阻其歸原西國已有數處掘得古墓見其數百年前之屍仍留舊形似未甚改然一經風化立變爲塵仍爲一撮土耳印度國有數處將屍焚化立成堆灰或抛擲河心魚鼈是食或安置山頂禽鳥所啄此各歛屍之法雖異亦終不能免其歸原之事動植各物雖俱歸土然所含之死物質未必仍還原處如屍既葬土收其質或爲雨水漱洗隨江河流入洋海則

每年養植物之要質似必漸缺然地面之土石尚含養植物之質甚多如燐養五與鈣養與鎂養等爲泉水消化從石隙放出仍足滋養物植而海洋成大浪時衝刷涯岸激濺成泡爲風吹至陸地則泡內所帶之鹽類質亦能補雨所洗去之料

此各小循環之外尚有一事能常遷換土中養植物之料蓋地球之水陸常有遷變如海底漸高至出水成陸陸地漸低至水沒爲海考地學之理則知滄海桑田已有多次遷變此爲死物質循環之一大端也可見各死物質亦不能久停恆靜必時有遷變循環從此可得要理六則大有益趣茲略言之

一全地生長之物所需之料甚少不過爲全動植物所廢餘者其質在土內或空氣內常有改變忽而爲生物質忽而爲死物質永不停息西教中有人死復生之說卽謂死時歸窆之軀至末期能再生而爲人粗奉教者略皆如此見解然孰不知入墓之體不久則散或養植物而植物能養他人他人死另葬一墓亦能如此則自古以來所有能變爲生物之質者已不知作過幾千萬人身內之質乃粗奉教者謂末期所復生者卽原葬之身體亦無理之甚矣西經有云以血氣之體而種以靈之體而復活又云死者

復活爲不可壞閱此二語亦殊難解蓋凡爲質體所成者卽現常行循環變爲動物與植物之質者斷不能變爲靈體又不能免壞爛之變化

二凡質體必常行其職司不得因循疎懶如將石以繩懸之繩斷立墜而質體亦然凡一鬆放則立欲附於他體此無知之質體既能如此出力施爲則有知之人豈不宜認眞以行分所當爲之事乎水氣土石動植各質既恆順天心以行職司而人爲至靈更當安分施爲以順天心也

三由以上所言之各變化似有輪廻之理如今日爲人身之質明日可爲牛羊狗或蟲類身內之質正與佛家輪廻

之說大同小異似有常轉動之大輪焉惟此輪爲何轉動爲何永不停息其轉動者作何用主何意則難確知大概言之地球之能存活動植物者俱靠最繁之事似乎鐘表有齒輪多件彼此有關一輪行不合法衆輪亂而無序則鐘表歸乎烏用萬物內各種變化彼此之關正與鐘表輪之轉動有同義焉

四植物之職原爲服事動物者蓋人與動物不能自食泥土不能獨吸空氣不能賴水養生故藉植物先食此各質在體內聚而變化成能消化之料便於人物食用既用之後不久則變爲廢料運出再養植物令其仍變養身之質

可見植物勞碌尋食質體而生長者原與本體無甚利益全爲長養動物而然似爲甘成美事毫無牽强之意者則人之爲人不宜則效而行甘成人美之事乎

五萬物中各質配合均勻不偏不紊苟稍有變更雖人官骸不覺亦將大害宇間如空氣內之炭養爲數雖微藉令一旦全消則所有植物初憔悴漸至枯槁而人猶未覺其炭養已滅則不知植物忽枯萎者何由致也既而人與動物亦將隨植物而偕亡焉

六地球面所有之質既恆有以上各變化則地全體亦可疑其必有變化之事或地球與諸耀彼此亦可有變化之事然地球上各事與諸耀所有之各事相關極微或不能覺假如空氣之炭養能全消滅而地球之動物盡絕不過爲諸耀內極小之事而諸耀或不覺之蓋各物雖絕而地球仍能每日盤旋每年周運月仍能繞地每月一次則地上各物似與諸耀無干也而諸耀面上未知有否生物即有亦將與地球無干也或有或無毫無定憑亦姑勿論惟地球所有各物似爲上天所特設者以便顯其德能彰其智慧而推人爲萬物之靈能察萬物事理能知上天恩義祇奉虔誠愛敬勿替動作施爲克順天心若其不然則負恩忘德罪莫甚焉

總之可知各物生存屬乎天意如上天稍不悅於世則滅亡轉瞬矣果盡滅之亦與諸耀無妨猶之一滴水內所有微蟲僅以大顯微鏡及見如滅其一亦何礙於其滴水乎而地球與人物在上天視之僅滄海一粟盡加毀滅亦與諸耀毫無關礙惟由今以視知天意未嘗有更人仍存乎世界上而空氣下而水澤前後左右珍錯旨饈無非爲供人用也人而用之務期合法合其法即所以衛生也此書所論特以衛生爲主故將各物逐細考詳指陳益弊閱者由是推察實事求是以期廣行此學也可

化學衛生論終

居宅衛生論不分卷

〔英〕傅蘭雅輯

《居宅衛生論》不分卷，英國傅蘭雅輯。是書爲傅蘭雅所譯衛生知識科普讀物之一種。最早分四卷連載於光緒十六年（一八九〇）《格致彙編》，同年由上海格致書室單獨印行。書中所譯内容出自英國工程師羅伯特·斯科特·伯恩（Robert Scott Burn）著*Sanitary Science: As Applied to the Healthy Construction of Houses in Town and Country*。是書凡六章，依次爲城鄉却病清神總説、論造屋配樣事内却病清神之法、論屋内通風與生熱各法、論大城鎮免煤瘴之法、論城内通水之法、論城鎮通溝洩穢等法。是爲近代較早引入之有關公共衛生、城市衛生之著作。據中國國家圖書館藏清光緒十六年上海格致書室排印本影印。

居宅衛生論

光緒十六年新鐫　每本價洋壹角半

居宅衛生論

上海格致書室發售　英國傅蘭雅輯

格致書室常售書圖價目

本書室專售西學格致書藉如江南製造局及各埠西人所譯各書外另有自經譯刊之書數十種摘列如左

格致彙編　第一年　洋一元	天文須知　一本　洋六分	西禮須知　一本　洋一角
格致彙編　第二年　洋一元	地理須知　一本　洋五分	戒禮須知　一本　洋一角
格致彙編　第三年　洋一元	地志須知　一本　洋四分	天文圖說附縮印圖一本　洋七角
格致彙編　第四年　洋一元	地學須知　一本　洋五分	百鳥圖說附縮印圖一本　洋二角
格致彙編　第五年　洋一元	算法須知　一本　洋一角	百獸圖說附縮印圖一本　洋二角
格致釋器　測候器錢一百五十	化學須知　一本　洋六分	體性圖　一張　洋二元
重學器水學器氣學器　洋二角	氣學須知　一本　洋六分	體性圖說　一本　洋一角
西畫初學　一本　洋二角	聲學須知　一本　洋五分	重學圖　一張　洋二元
西國名菜嘉花論　一本洋一角	格致須知二集　每套　洋五角	重學圖說　一本　洋一角半
居宅衛生論　一本　洋一角半	電學須知　一本　洋六分	水學圖　二張　洋四元
脉表診病論　一本　洋一角半	量法須知　一本　洋六分	水學圖說　一本　洋一角
化學衛生論木板四本　洋一元	畫器須知　一本　洋六分	光學圖　二張　洋四元
電氣鍍金　一本　錢二百文	代數須知　一本　洋六分	光學圖說　一本　洋一角
電氣鍍鎳　一本　洋五分	三角須知　一本　洋六分	熱學圖　二張　洋四元
照像畧法　一本　錢二百文	微積須知　一本　洋六分	熱學圖說　一本　洋一角
照像乾片法　一本　錢八十文	曲線須知　一本　洋六分	電學圖說附縮印圖一本　洋三角
譯書事畧　一本　錢一百文	重學須知　一本　洋六分	畫形圖說　一本　洋一角半
歷覽記畧　一本錢一百二十	格致須知三集　每套　洋五角	礦石圖說　一本　洋一角半
格致須知初集　每套　洋五角	力須知　每本　洋六分	礦石圖　一張　洋二元

以上各書之外尚備要書多種另單詳載要者至本書室取閱可也上海三馬路申報館西首格致書室謹啟

居宅衛生論

第一章城鄉却病清神總說

人情莫不好生惡死而以益壽延年爲至要故自古至今造屋配設以便居者得却病清神之益爲首務其餘他益又在其次如富貴之家屋內陳設文玩精雅器物華麗即以爲益壽所不可少安居推爲至重然尤有要者務使亮光清氣潔水常餘而不缺設此各物不敷用則人之生命衰弱神氣不清如全無此各物難免百病叢生身體危殆人將壽未半而夭折矣故古今之人均熟講求此各事以爲首要凡屋內不可少之物務令備全其餘華麗陳設在其次也查各國風俗人性並未十分留心此事古時猶太與羅馬人間有留心免病清神之法者至今二國亦不甚留意焉歐洲各國此事失傳因而各地時有瘟疫以致十人九死數十年來各國似乎夢省用心考求此事又設律令諭人遵行初出此律人多不甘去其各弊以得各益蓋亦習慣然也不獨衆民不肯理會即國家亦似虛應故事不肯認眞辦理者每當大瘟盛行人死甚多始派捕帶人多撒石灰以滅臭凡遇房屋汚穢之處多灑石灰水以掩之而不知其屋內惡物仍存而未去疫猶難免又於各大城設局委人料理此事其局出示令人洗屋沐浴而不想無自來水可用屋難常潔無陰溝洩穢地難常淨如此告勸毫無裨益猶之見人溺水中左手授繩右手執棒旣擊昏其頂即抛繩亦何益又如見丐者乞錢責其衣服襤褸臭氣逼人令其去先買全新衣再來求憐亦甚可笑矣按各國今雖已改前人各弊然尚未能盡善盡美故特著此書便有識者可照法去其房屋周圍令人生病傷神之諸弊

西國各大城中富貴人之居處房屋寬大街道清潔有自來水以便日用開通陰溝以洩穢惡嘉固嘉矣然若附近有窮民居處房屋破小街道狹隘無陰溝與自來水之便而周圍積有腐臭之物氣味不堪人過掩鼻此等住處即爲百病之根瘟疫起發即在此處勢必延及徧城無分貧富皆受其累不獨人多之處易有此弊即鄉間大地亦易有之即如小戶農工之家房屋破壞就土爲地無滌穢陰溝終日不堪其苦多人共居一屋間有與猪狗同居者雨遭屋漏冬無火烘但此貧民住屋均係富人產業富人只知按月收租絕不念及住者之艱苦亦可慨已

因以上各等事故各國每年死者難以數計如每年因發虛熱死者較兵亂饑荒死者更多以英國論之雖遷往藩地者甚多而國中尚有三千萬餘衆又遣充兵船兵丁前往各國者亦多又製造無數器具發往各國出賣在本國亦以格致考求各有益於人之理法雖有此各益而三千萬人中有幾何長壽者乎每年尚有死者十四萬衆俱爲不應死而死者又有因病苦不能操作者二十八萬人俱由不慎免病清神所致且因此故致人性情昏昧靈性差池誰能使英之通國清神而益壽乎

凡人不能却病清神不過有損於身如遭上言各苦則且大有損於人之靈性天良幾乎使人無惡不爲無德不喪倫常有虧人將不以生命爲重焉或酖以酒或尋他樂使昏蒙而忘其苦流弊若此咎歸何人雖有善士設立善堂施衣捨飯診病發藥亦不過救其暫時之苦而不能除各患之根有何益耶莫如富厚之家將所租與窮人之屋多費工本修飾乾潔設自來水開通陰溝以便滌洗腐穢並用各等免病之法使貧者實受其益則善堂各費可省矣如能清神自可免病既能免病則窮人無煩惱矣如英國家每年爲貧人捐銀四千萬兩以作義費如將此銀用於清神免病事內則數年之久可不必再抽重捐以累國內中資之人

以上各說非託空言徒誇泛論也究其實均有憑可據嘗有人推算英京倫敦一處因虛發熱死者五年之內空費銀六百五十萬兩俱屬可免之項又通國每年因屋不潔死者略十餘萬人此過不能盡歸國家各富家亦應任其咎因其以屋爲產徒知收租而不問居者能清神與建壯否此外亦有貧民自誤以其不自經心此事也嘗有富家以格致理法造屋適合窮民居住奈窮民不知自愛而甘居髒破之屋即有自來水與陰溝等法亦不肯依法啚用一二年內仍汚壞其屋無法使學清潔亦末可如何之事也

世態如此則將何法以免此各弊耶今有一術可試行之於各學堂內使其教習先生講論此免病各法又備簡明之書課教小兒每日誦讀若干囑其放館歸家時講於父母之前宣諸弟兄之耳並請諸教師於禮拜中講論清潔是福應爲德行要端汚垢近惡即屬濁俗賤品如不慎以免病自保其身不惟有害於己且能留毒於人甚而繫乎國家盛衰之體大而違乎上天好生之德故屢降天殃多遭病苦如此警告人自醒悟

據以上之說如能以簡明之書講明清神免病各理法或出賣或分送即爲義舉中之第一善行焉較施送他

種善書積功造福者更屬可嘉也西國應如此行推之中國更所宜然

第二章論造屋配樣事內却病清神之法

建造房屋工料樣式各國不同茲不詳述而其要理則萬國應歸一例如平常所造之屋不但式不如眼即材料亦不佳不愼潮濕不通風氣陰溝烟囱俱不合法皆因未明其理使之然也按造屋有最要數事盡人宜知茲將大概略陳如下

造屋地位○城鎭人密之處難以選擇地位遇有空地一方卽不能問其合意與否常有舍此則無他處可造者然鄉間擇地較易故不獨須視其足用與否亦須查其周遭情景如何凡過低之處或山谷之底俱非所宜如能得稍斜稍高之處則爲安便然周圍有更高之處亦非所宜恐有高山遮阻風氣難通或忽來大風或過冷過熱俱屬不便又地須與大路相近或水或陸而日用之水米柴薪等物易於搬運如有樹繞村屋則比近水更妙蓋夏可遮炎日之威冬可禦烈風之寒春秋佳日亦多景趣惟周有高山一年內必有數月不便雖能遮一二面之風亦間有來風甚猛而不能遮者有人喜居凹處以爲無風可到亦屬無理因難開陰溝以洩濁水且所來之風或與高處大同小異因山谷貼地之風常有大於兩邊者亦有人喜在湖邊或大水旁造屋以爲有楊柳等樹可以悅目流水悠悠可以暢心但近水未必有清神之益體弱之人居近水之處每易生病如屋基與水面略平或更低更非所宜因易生潮溼也又於大斜面底或石崖相近處造屋亦非合宜有人以爲可得其遮掩之益而忘流水必經其屋且其烟囱難於出烟因大風樸遇屋面令烟不能上升也

如已得合宜地位又必審其地位何處最宜以爲屋基故必於其地周圍步望四面山水何處能見最好之景緻大約屋之前面以對東南之向爲佳因其臥室能早得朝曦令人清爽蓋光少之處難以清神屋之窗戶多向東南少對西方取其午後亦得多光也

如其地有樹或於空處欲種樹則樹與屋之相關須預計及如屋前太多屋後過少亦非所宜因樹在屋後比在屋前更壯景色與屋過近則遮風阻光屋中易潮溼難免生病故樹與屋稍離爲佳

造屋地面爲何泥土亦有關係如爲粗砂碎石之類則爲最佳含白石粉者次之硬而不滲水之靭泥至不宜

如鬆土或沙必碍於地基之堅固每有初挖起之泥似軟石之形及遇空氣則漸變鬆疎亦屬失宜城鎮處有以積年垃圾堆鋪平爲屋基者此最有碍於清神之事因其歷久必爛而發惡氣致人生病如無陰溝更屬可怕因雨水滲入垃圾即洗出其腐爛之質如垃圾堆下有不通水之泥尤爲險事每有此等屋基住者常病以爲運氣不佳而遷徙之及後之來者亦復如此則曰此屋不吉漸至無人稅居房主尙不知爲何故也

西國考究此事之格致家尙未定出何種泥土爲屋基最宜有云堅硬不通水者或久不乾燥之泥土每令人有瘋溼傷風或肺癆等病故以泥土常乾絕不存水多開陰溝爲至安

屋內免潮溼法○西國造屋潮溼者多然免此弊亦非難事大半造屋者只知治潮而不思免潮如已潮之屋無法能乾莫妙於移至他處不必再費工本令其常乾

有人造新屋時將端石或塊或板鋪於牆基之脚每有基址落下所鋪之石板欹側而潮溼即生可知鋪基之料莫妙於渾連能隨牆基齊落者即如鉛皮或和沙之栢油均可但平常造屋者以鉛皮太貴多以栢油一層代之但此各法只能免溼氣不升於牆其下仍有潮溼泥土至妥之法將各牆根下鋪以磚石與西國之波特蘭灰此灰和入碎礫石凝後堅硬如石則基面似爲全石

以上各事不過爲治潮之法不能除根潮仍在泥土之中故如能令土變乾即不必用此治法其法多開陰溝放出其水小溝通大溝深約四尺五寸內裝亂石塊或以瓦管平臥其下則屋下泥土能極乾可免潮溼比治潮之法更妙

第一圖

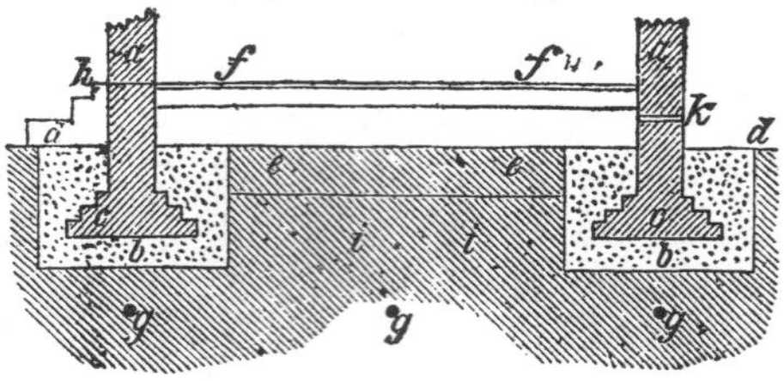

如第一圖爲屋二面牆基牆脚塡以和碎石之波特蘭灰與地面平如能將地面全鋪此料如圖內橫線則爲最安如圖下三黑點爲放水管即小陰溝之意以在基下頗深爲度如太近地面即不能放土中潮濕此管不但置屋基下即屋之四周亦應縱橫多置通至總溝如屋基在斜面地位自然更利於放水此瓦管與農家田中用者同意管端接處稍離爲佳使各節皆能滲水又使各管稍向下斜水能自流出矣

照第一圖屋之地板必離地一二尺為要此圖有石三級但常有屋內地面與外地相平惟斷不可令屋內地面更低於屋外地面如第二圖地板托梁與地面相接最不合宜間有人於底面壙碎石與煤燼者雖比前稍佳但溼氣易上升如能照第一圖令地板離地面高一二尺則能通風於托梁之下泥土極乾木不腐朽工本雖費其益則大托梁下通風不但無腐朽之事且能免腐朽之源因有極小菌類目所難見而顯微鏡可辨者多生於潮濕黑暗無風之處欲免此弊可用第一圖碎石和波特蘭灰之質阻之另有法如第三圖為退辣所設用外敷釉之瓦板厚一寸或寸半或三寸板中多作小孔如蜂窩長寬俱依各牆所需以此

第二圖

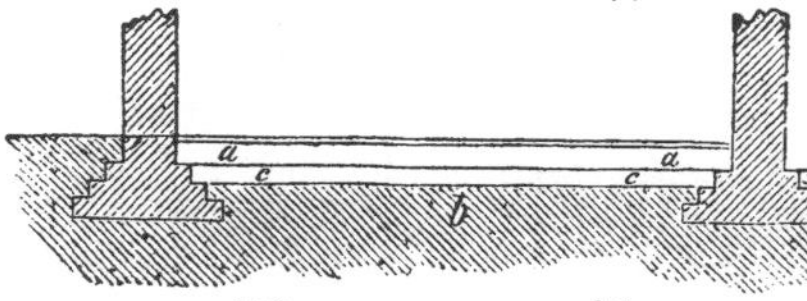

第三圖

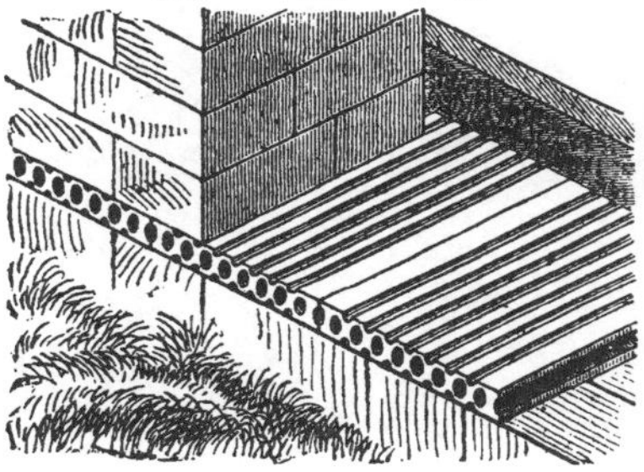

第四圖

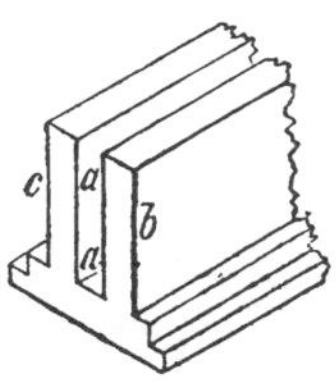

第五圖

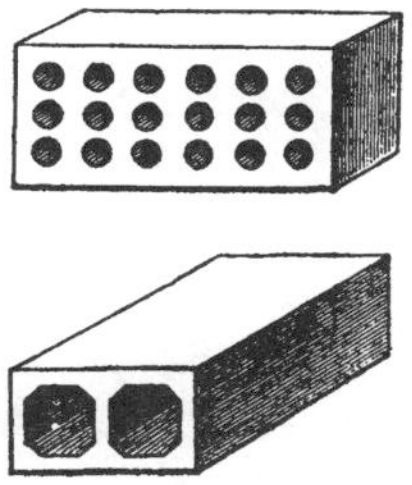

法則溼氣不能上牆又有法如第四圖牆作雙層中可通氣又有法如第五圖牆磚作多孔如蜂窩亦能免溼氣此各法雖有大益但均不及多開小溝放水令土易乾或碎石和波特蘭灰之法又如地板下作陰房一層裝放物件者因常通風亦可免潮溼之弊

如屋已潮溼而欲治其弊則有數法即如糊紙一層外敷黑油或用毡一層外加他種敷料但此各法無甚大益只能暫免潮溼不久仍歸烏用

造屋所用牆料亦與居者清神之事有相關有數種鬆石不但能受溼氣亦能收各種惡氣天乾則放有害於人如用磚必用燒透者上等磚較石更佳因能存水少放水快平人多以石勝於磚亦誤會矣

房內通光最為要事多光之屋不但比暗室更益於清神亦能使屋乾潔光多則易顯各穢物之所在人因刺目則必糞除且婦女修飾屋內見有污穢則面顯羞容必速除之故黑暗之屋目難明視易有不潔且多飛塵亦礙於清神之道有人特設法放之如第六圖於火爐之後下備管通至烟囪則添煤撥火之塵必由此管通

至烟囪隨烟並升而出又法如第七圖置鐵栅與爐前之石板相平下有小坑能接爐中落灰免其飛散屋內至於臥房應以寬大多通風爲要平常以客堂飯堂寬大爲局面不知人在臥房比在他房歷時更久故以寬大通風爲要否則有碍於淸神如早晨穿衣出門辦事每每易於傷風工匠人等無奈必臥於小屋則可有錢之人不應如此又用人之屋亦須通風通光每見有寬大之宅而所備用人臥室幾同牛馬之棚大非所宜

凡富人於城鎭造屋成行租於窮民者必愼以上所言各事如係地皮太貴無奈成行相連則可設地皮價廉務使各房稍離易於通風通光或外留小園能種花草樹木更佳近來西國作善事者多考究窮民之屋或拆而重造或另行修改務使窮人得益亦有多屋主絕不問住者便與不便淸神與否只知收租而已故常有爲善之人舍資多買此窮人之住屋或改或造以廉價租出又立最嚴之章程令住者各自修整不許堆積汚穢則本處之人大得其益漸去陋俗改爲淸潔正品之人此爲善事中最有益者比施藥舍衣食之益更大亦有建造學堂聘請先生教訓窮人子弟使不習下流而爲拐騙盜竊之事者以上所言已有向生瘟疫之處因此皆得淸神之益也可見人之居宅務求衛生不可希圖省事以戕人生也

第六圖

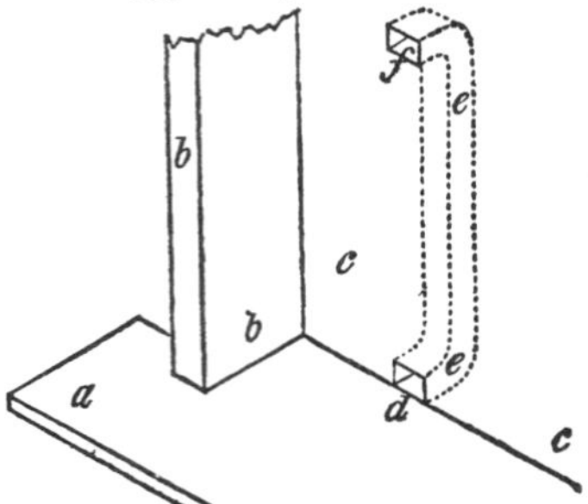

第七圖

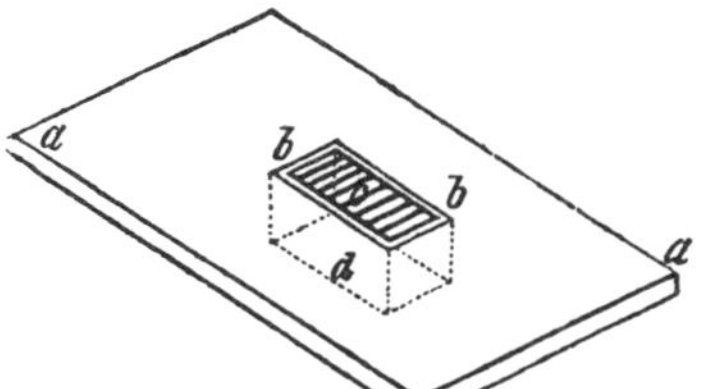

第三章論屋內通風與生熱各法

屋內通風於人淸神之事大有相關如空氣每百分含淡氣七十五分半養氣二十五分零五分之一外含炭養二氣少許又有新氣質爲近來化學家初查出者謂之臭養氣說者謂此氣有益人淸神之性海面比陸地更多故住海濱與泛海之人多半精神更好想因此臭養氣更多之故

此稿未完下季續印

居宅衛生論　續前稿

人之吸氣而肺留其養氣呼出炭養二氣如將呼出之氣化分之則所含炭養二氣比常空氣所含多至八九倍所含之養氣約餘一半如空氣每百分常含炭養二氣三分半則人與諸動物不能生活又所呼之氣每百分含炭養二氣二分半即有大毒故人住屋內如不放出炭養二氣換進新空氣不但有碍於清神久之則人必死又呼出之氣含水汽若干受人身之熱則較他氣輕而易於上升故屋底進氣屋頂出氣乃天然之法又人所食之物變血血內含輕氣與炭質炭質在肺內與所吸之養氣相遇而爲養氣所燒變爲炭養二氣其燒雖與燭火爐內之燒不同但化合之理仍歸一律不過在遲速之間耳有化學家推算建壯之人每一晝夜肺中燒炭質十四兩可見人烟稠密處之空氣不及鄉間清潔但因空氣內之養氣甚多即能補換其缺者又能令腐物所放惡氣變爲淨者凡大製造廠燒煤所放惡氣亦爲養氣所收雖有此天然妙法各城鎮仍有數種惡氣有害於人久住者似乎不覺而鄉人乍嗅之以爲鼻不可當

將玻璃瓶中通以管將管之外端置口中呼吸若干時天氣不熱時呼出之氣凝水聚於瓶底將此水置白瓷面加熱燒之則得炭質而發生物之臭又如將此水存瓶內七日或十日以顯微鏡窺之見有多小蟲約爲空氣內所出而食此凝水內之質可知此水必有害於人

又有一事不可忽之每人皮膚與肺每點鐘約放汽質一兩半爲常數此汽幾全爲害人者如多人聚集一處不通風氣雖諸人無病而汽含惡臭如有病或天花等症則汽臭尤難當又每人一點鐘所放之汽一兩半能散漫三百三十六立方尺之容積遇冷牆或玻璃窗即凝水流下此水內皆含惡質

又有一事亦須知之即屋內所燃之燈一煤油燈約抵二三人一燭約抵一人所放出之氣均有碍於人之呼吸此外復有陰溝與地板下所腐之生物質潮溼之地板與牆或屋中死鼠死蟲等所放之惡氣均爲屋中所常有者總之屋內空氣變壞之故甚多俱有碍於人之精神

故凡屋內均以放散惡氣而換新氣爲要然大城鎮所稱爲新氣者仍有多種惡氣在內如工藝製造諸廠所放惡臭又凡燒煤之處煤內亦多含硫一經爇燒則變成硫養二氣有害於人如花草樹木近於此廠則難茂

第十圖

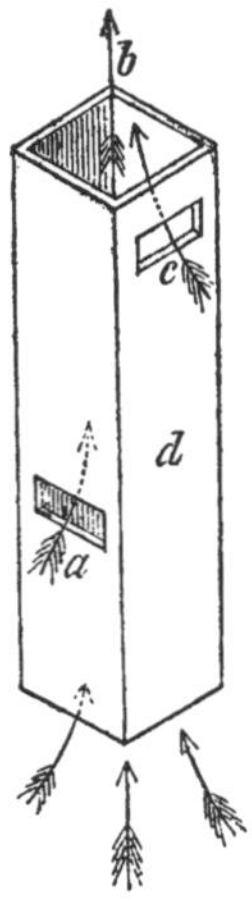

第九圖

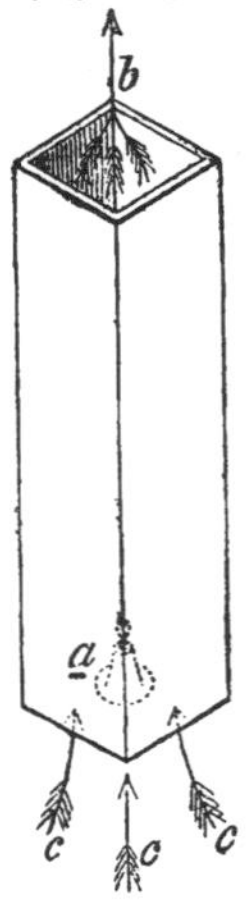

第八圖

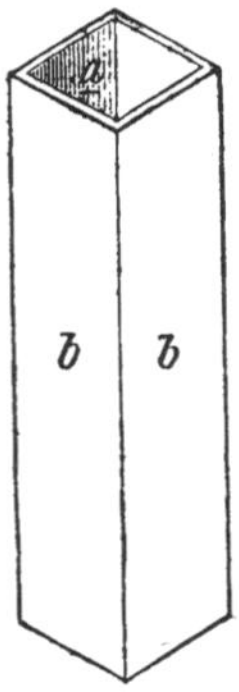

第十一圖

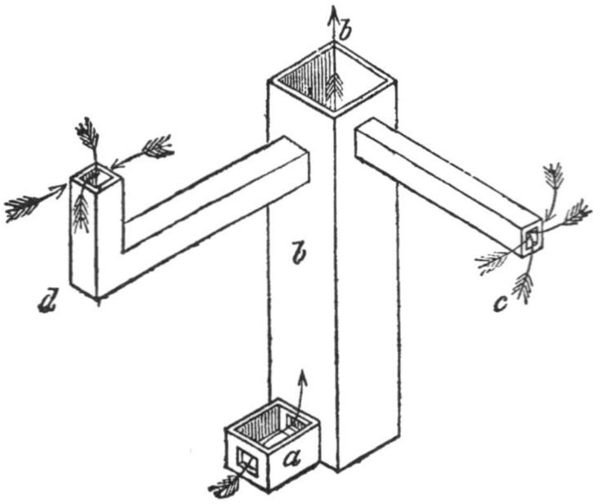

盛每致枯萎其氣旣有害於植物諒亦有害於人有格致家云每見有人用法冲去穢物不與病人或不凈者同食並不用其衣服亦不食疑心之物然在屋內或衆人密集之處共同呼吸不嫌其各種惡氣不知此各惡氣皆爲他人臟肺或身體衣服所放出者其人不聞不睹卽以爲無碍耳

從上各說可知人於屋內難得純淨空氣雖鄉間人稀之處如不愼通風之事終不免惡氣侵人

然則用何法可使屋內空氣祛舊換新乎此事易明不外通孔而已夫新氣必由孔而入惡氣亦必由孔而出否則不能遞換而新氣不進則惡氣不出二事實相表裏焉

人於屋內所需之新氣本無定數平人每一分時約呼吸二十次一次約用氣四十立方寸每分時呼出惡氣共有八百立方寸此惡氣能染壞之新氣數亦略等應共成惡氣一千六百立方寸卽略一立方尺也故每住一人之房屋每分時須進新氣一立方尺而每點鐘應六十立方尺也如將一人關於箱內箱長十尺寬二尺高三尺應一點鐘箱內空氣卽絕矣然有法放其已呼之氣不使復吸如其箱愈高則愈能多得新氣因惡氣放出卽有新氣補入設使已呼之氣留於箱內則必染壞新氣皆不合吸新氣不久用盡人卽難活至一點鐘之久此說雖似過實然足顯通進新氣之爲要事每見人眠於小房內門窗密閉其中之空氣吸而復吸晨興則覺昏而無力必在屋外通風處立若干時始覺清爽

從上說可見房屋窄小者務以通風爲要凡合宜之房屋每人應配空氣六百立方尺每三四點鐘更換一次

第十二圖

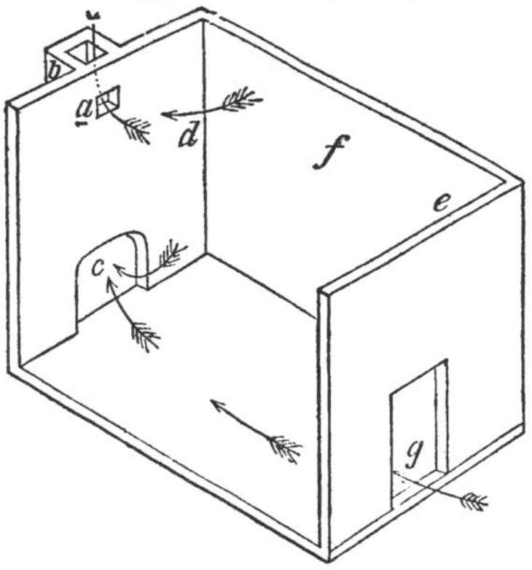

第十三圖

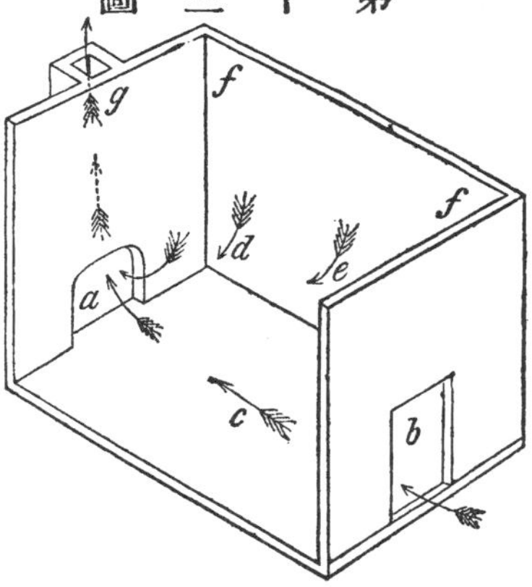

否則難得清神之益英國於此事設有明禁凡客寓房屋每人須配空氣二百四十立方尺否則以違禁論講究之客寓常有配容積五六百立方尺者營中兵房每兵配五百立方尺醫院中則每人配一千或一千五百立方尺

屋內通風固爲有益然忽多進冷氣亦屬不便於人貧者憾之每以紙糊密各隙以禦其寒故此事必以格致理爲之方能無碍於人常有著書勸人屋內通風爲要而人置若罔聞者因其法未能盡善也夫通風之法不可使人覺有冷風進屋寒氣逼人欲得善法須依格致之理如第八圖設一方管以通風氣如管內外空氣熱度相等則管中之氣毫不行動惟其內外空氣熱度不等則立有行動之事如第九圖管底置小燈則管中空氣變熱漲而上升管底即有冷空氣補入如圖中箭向若管內熱度極大於管外則管底恒有空氣補入每空氣四百八十立方寸在三十二度以上時加熱一度能增漲一寸故每四百八十立方寸之空氣受熱一度則漲高一寸管內外之熱度較數愈大則進空氣愈速

凡屋內熱氣上升冷氣下降屋內空氣必亂移動或由門窗牆罅而進或因人之行動及生火燃燈等事而移俱能令屋內空氣遷動此遷動有益人者有損人者故人須酌量用何法令空氣進出方能益人

屋牆各縫有氣進出乃有益之事因凡進若干空氣亦必出若干氣若房屋上半無出氣孔祇下半有孔則惡氣無上出路仍可降低由下孔而出雖由屋頂進新氣屋底放惡氣亦

可爲通風之法然照常法於屋頂放惡氣屋底進新氣爲更合於格致之理

另有一理於人有益蓋凡氣質皆有自散之性如空氣之質點常自動而不静苟覺房中空氣全似安静毫無

第十四圖

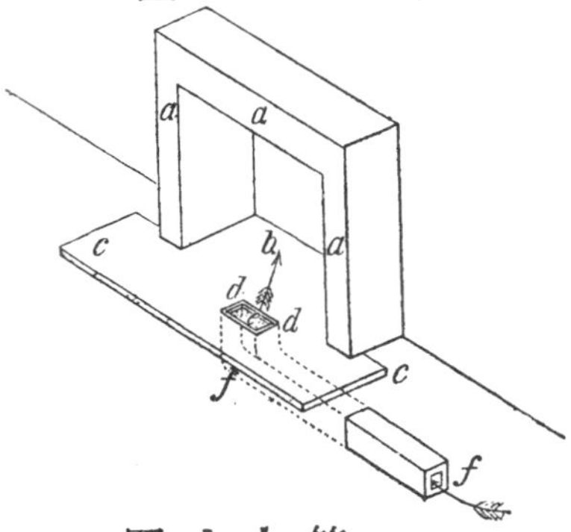

第十五圖

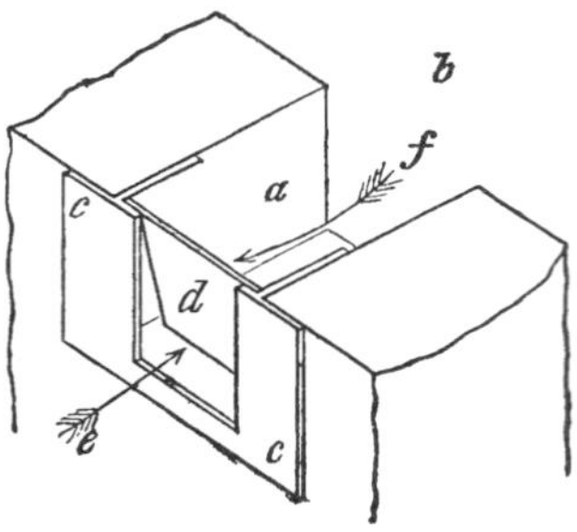

第十六圖

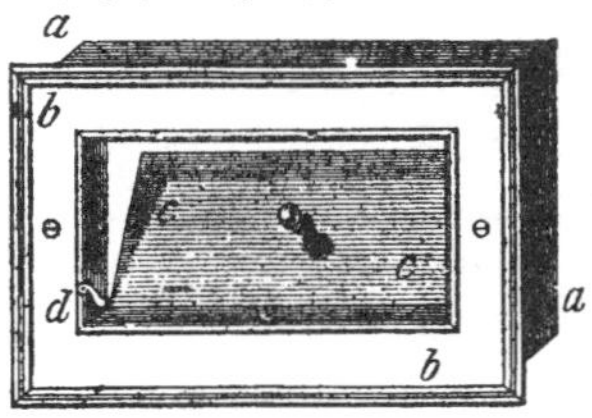

第十七圖

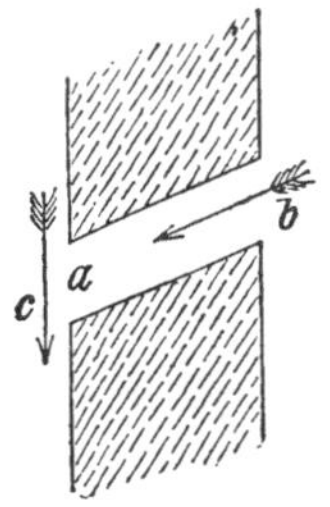

動意則於一邊吸烟或灑香水數分時其氣味即紛紜彌漫徧散一室此事於人大爲有益因有數種惡氣如不能自散則必有害於人物此法可使流通之

從上說可見空氣之動藉有三事一爲成風一爲自散一爲熱升惟屋內通風之事幾全賴其第三理

如第九圖之管可當房屋上半放氣之法照此法不但管內有氣上升卽管底周圍之氣亦因之而動如於其管旁另開小孔如第十圖則孔外空氣亦必吸入管內由上口而出如上孔已有外氣進入則下孔外空氣更易吸進雖上孔所進之氣熱度與管內之氣等或更大下氣亦能吸進

從此可見屋內作烟囱大有益於通風之事因烟囱之事與上三圖同歸一理第九圖所用小燈可代以小火爐如第十一圖其管上口放出熱氣兼能吸他處之氣使之行動故屋內頗遠之惡氣因此亦能吸入烟囱上升視十一圖兩分管口之箭向卽吸氣之方向

如第十二圖爲屋內三面與底之形可見在烟囱近頂棚處開孔則烟囱底之火爐處能進氣上升而房頂面

之氣亦能由孔入烟囱上升箭向所指卽空氣行動之方向又如第十三圖爲常屋內烟囱進風之法視箭向卽知空氣之行動門下所進之風直向火爐而行房頂空氣則不甚能行動雖照十二圖於近屋頂處開孔亦

第十八圖

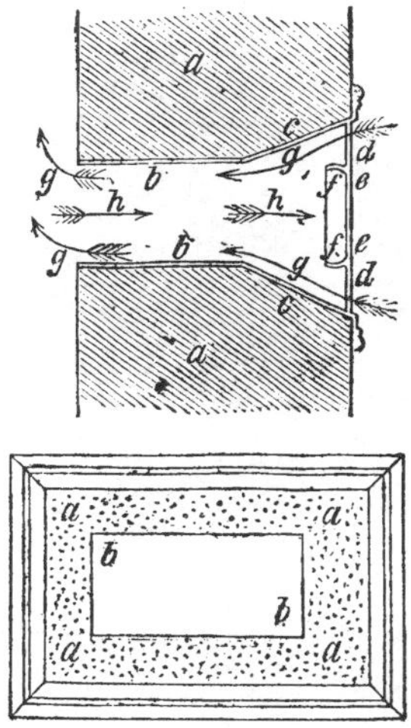

第十九圖

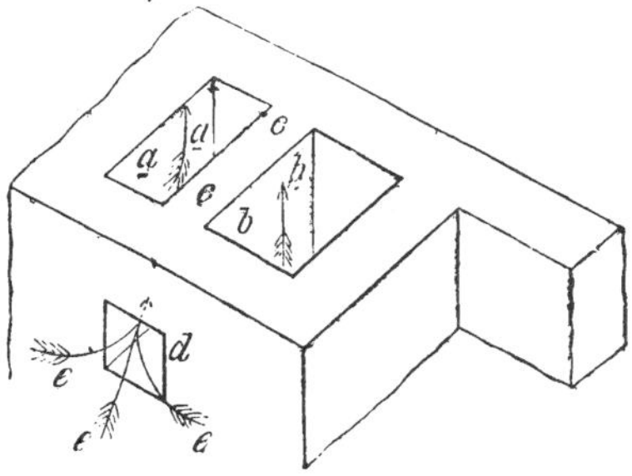

第二十圖

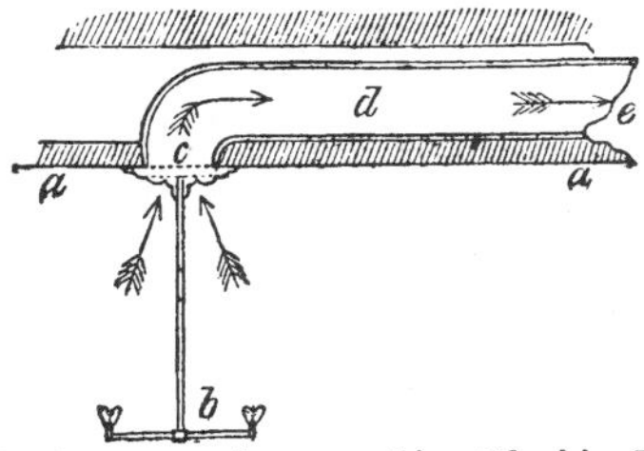

不能多放屋頂惡氣祇能令近孔處之空氣頗爲行動稍遠者卽不能動因屋底空氣之動大半俱賴開門而得也如欲所進空氣不直行至火爐則必另設一法令火爐得冷氣如第十四圖法於火爐前板下作方孔下加管由屋底通至屋外管口內鋪鐵屑或銅屑上有門可開闔任配所進冷風可免常有冷風進屋吹樸屋內之人兼能治烟氣不上升之弊蓋烟氣不升亦爲西國房屋常所不便之事如用十二圖之法除惡熱等氣必愼使上孔所進之風不循烟囱降至屋內雖烟囱合法當大風時仍易有此弊故應設法免之如第十五圖爲敦倫醫士所設之法房屋頂處開孔有輕靈活門常時空氣由烟囱上升其門自啓放出屋內腐熱之氣大風時冷氣樸入烟囱抵門自閉使烟不能吹出又有法如第十六圖作黃銅盒與自行啟閉之門開闔無聲最爲簡便更有便法如第十七圖於烟囱作下斜孔如有風樸進烟囱則直下至底不能吹入屋內惟孔斜度不可過大恐烟氣上升仍易衝入屋內如第十八圖亦爲藉烟囱放出屋內敗氣之法不用活門乃作敞口之孔蓋以黃銅框框當中有碍門門邊銅板作多孔便於進氣如本下圖進風方向如本上圖設有冷風由烟囱樸下則依當中箭向行至碍門而止所進之氣能送歸烟囱頂處

凡舊式房屋其烟囱多用十五十六十七十八各圖之法新造之屋則用第十九圖之法中加隔墻分烟囱爲兩層一通烟一通氣冬日通氣之層因受烟火之熱氣易上升夏日不用火爐則通氣管內可燃煤氣燈或小油燈使其氣熱而能速升則屋內空氣更易遷換

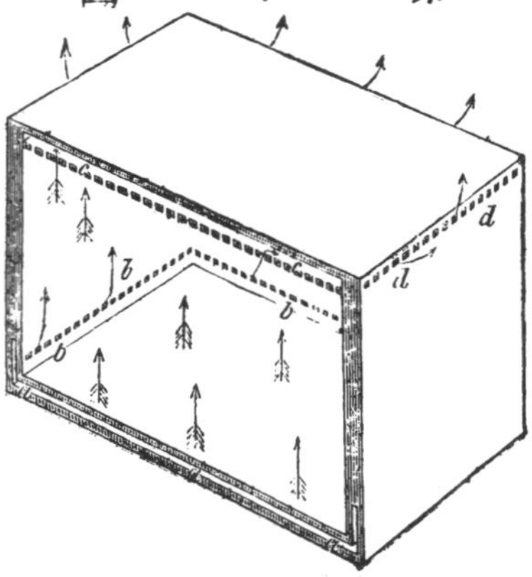

第二十一圖

第二十二圖

如第二十圖亦爲屋內放祟熱等氣之法於天花板中作孔板內置一管通至烟囱晚間燃煤氣燈或他燈於孔下則熱氣上升通於屋外卽有外風樸入烟囱亦不致吹灰於屋內

如第二十一圖爲屋內通氣最簡之法四圍之墻上下皆有通孔上孔出氣下孔進氣新造房屋用此法大覺有益已成之屋難更改者可照此法於牆脚下作爐生熱足令全屋得暖其熱可以管通至各間屋內屋下作多孔可通熱氣天花板作多孔能放餘氣散至屋外其天花板分上下二層下層以鋅皮爲之作多孔以通氣然此非新法數百年前嘗有用之者既可通氣尤可製成花樣以飾美觀如第二十二圖爲天花板通氣孔之花樣甚雅觀如第二十三圖爲牆脚板通氣孔之花樣亦悅目乃以鋅等金類皮爲之花樣隨人製作

以上通氣之法乃西國常用之使法然無論何國何式之屋其理同歸一例至於配屋式樣蓋造之家應細考其理就地論事斟酌而行

已造之屋各間通風各法略共分兩大類一由窗戶進出空氣一在墻內設孔加門等制之如開窗之地位合法其事亦爲有益凡合宜之方向必令所進之風不經人常行走或困臥之處否則易致人有傷風之症設無他法進風不得已而用此法亦可惟常人最忌夜氣入屋以爲有碍於人之清神故晚間窗戶全閉不思屋不通風敗氣有害於人夜氣雖冷而濕然無甚碍於人若將窗上下稍開使下進新氣上出敗氣亦善法

也不但客房等通換新氣爲要而臥室通氣更要因人眠時久苟不通氣易有大害也如第二十四圖於窗外安有多孔鋅皮連於架寬五六寸如用起落窗則落五六寸其氣可由孔出進如係門扇牕如第二十五圖者則左右兩扇可任配進氣方向欲氣向左則稍開右扇欲氣向右則稍開左扇如第二十六圖之牕上下各成一層門扇更能任配進風方向

第二十三圖

第二十四圖

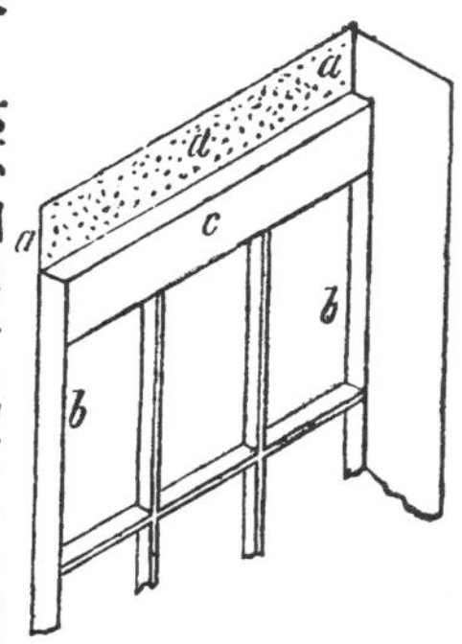

又有法如第二十七圖用有透孔之玻璃片作窗其孔或造玻璃時特造空槽於內槽邊有斜形能進氣向天花板與屋內熱氣勻和如其外有木牕木牕亦應留孔與玻璃之孔相對如不能用他法而必由牕戶進氣則有人設法於各牕用有孔之鋅板如第二十四圖常年不關密亦可免屋內常吸惡氣之弊

照通氣第二法於墻內作孔孔安以門可自啟閉法亦善然另有法如第二十八圖其門作於墻邊有索通於屋內牽索則門關放索則自開又有法如第二十九圖爲英國兵房常用者法於天花板花邊之上用多孔鋅皮能通氣於屋外亦改舊屋之簡法

總之屋內通風之事其理最簡稍明格致者不難通曉平常進風之法其誤有八　一不明熱氣上升之理並房之尺寸與居人之數有相關　二如獨賴烟囪而放餘氣則有四季之不同不能爲常用之公法　三不善推算門牕所能進出之氣　四不計及房屋一邊或二邊所進風氣爲何方向並可通至何處　五不知所進之風與屋內人之相關並所應定之界限　六不知進冷氣太多必減屋內熱度老邁或冲幼之人遇不合法之風有多不便　七不明屋外當風之方向與理並周圍之屋能遮風與否　八不明高低各孔與進風之方向有何相關

屋內通風之事有三要理其一每房屋所進之氣不可得自他房或穿堂等處須直由屋外通進如有二房中有隔墻而兩房各有牕戶能於隔墻開孔則二間彼此有益其二房屋進氣孔宜開於對面之墻尺寸應少孔數應多內面可圍以有孔鮮皮又進氣孔須近地板出氣孔須近天花板其三於屋內一處開孔亦非所宜因空氣自此孔進屋直行至彼孔而出不能與屋內他處空氣調和益則甚少設能多開孔使所進之氣與各處空氣勻和則得益更大

第二十五圖

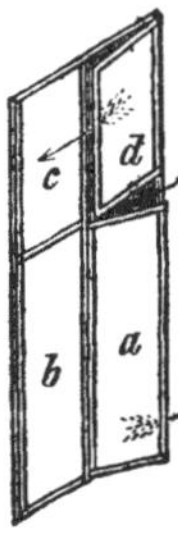

第二十六圖

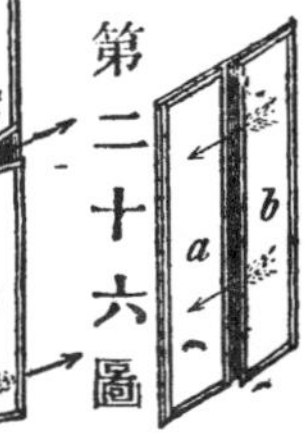

第二十八圖

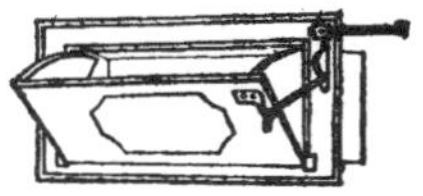

第二十七圖

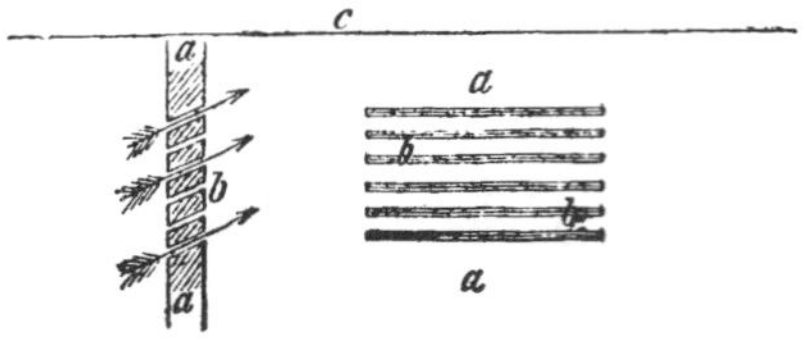

第二十九圖

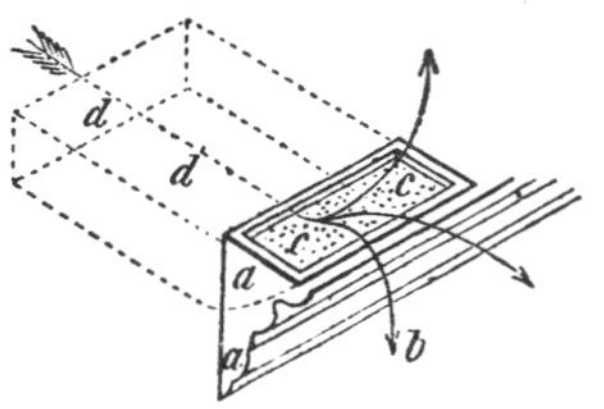

以上之說俱以屋內進空氣爲要事此事最大之難處爲進合宜之空氣而得其熱度合宜蓋屋內任使多進新空氣其事固易然令所進空氣熱度合於居人之身體而覺適宜者爲最難焉冬令較之夏日其難尤大因外進之氣比屋內氣更冷故也然夏日通氣於屋亦有難處蓋常人每以爲屋內透進冷氣人遇之易有傷風之病其意見之合理與否亦姑勿論既存此意見則於多進空氣之屋即不喜居雖明知人常遇新潔空氣爲清神不可少之事然蓋造家照法建造房屋使善通空氣則常人反駁爲失宜居不心安是明知屋內得新空氣爲善而以氣進爲不善也即使進氣之法最巧所進之氣亦不直遇人身常人仍不心服而疑有險故造房屋者自知不進外氣必與屋內之人有害然造通氣之屋人不喜居則其法不能用即用其法造成房屋租與人居者亦必堵塞其各進氣孔而不用雖呼吸敗熱餘氣其害最大亦不計焉因常人住屋冬日最忌冷氣透入故所進新空氣必先用法加熱如不加熱則所進新氣雖不直遇人身而能勻散屋內居者總以爲有孔必透冷風即不遇人身亦必有害因而不喜住居惟使所進新氣加熱事最不易容有便法俟詳後論（此稿未完下季續印）

前言屋內通風之事所進之風欲令衆人喜悅必其熱度不可過冷惟得此益最難如照前各圖尋常通風之法則火爐後作進風膛令所進之氣遇爐面變暖後於牆脚板孔或天花板底之孔進屋於此二處進風可設專路通至任處如第三十圖爲此火爐平視形爐後有膛通二孔於後牆以進外氣由爐左右牆脚板之孔通入屋內如此通風能有多益能免常火爐所散之熱屋內又能得暖空氣此法畧三百餘年前有人著書言及是猶舊法也

第三十圖

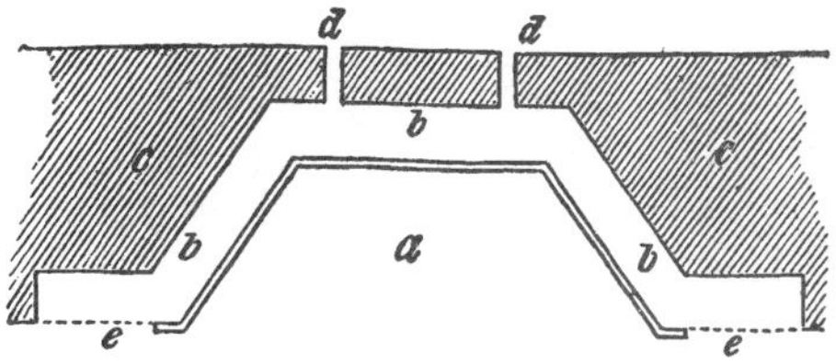

第三十一圖

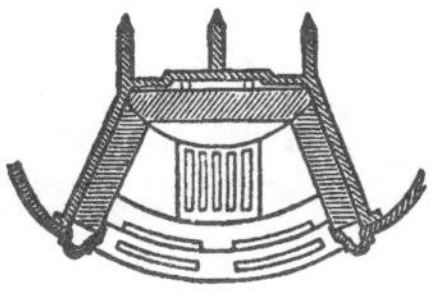

第三十二圖

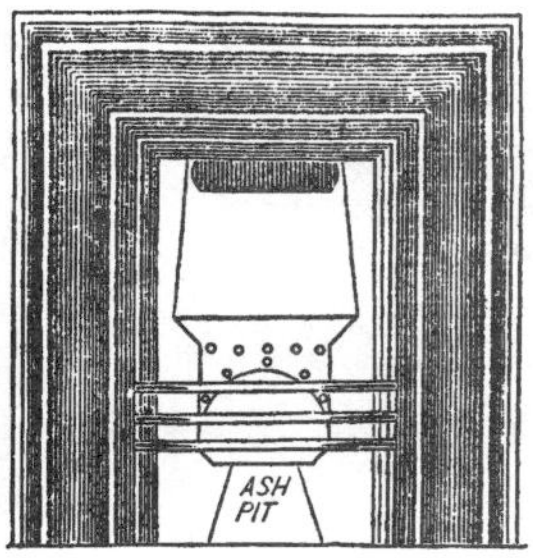

第三十三圖

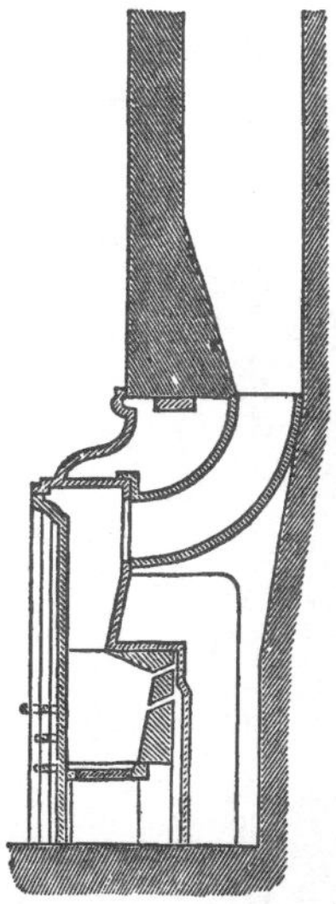

第三十四圖

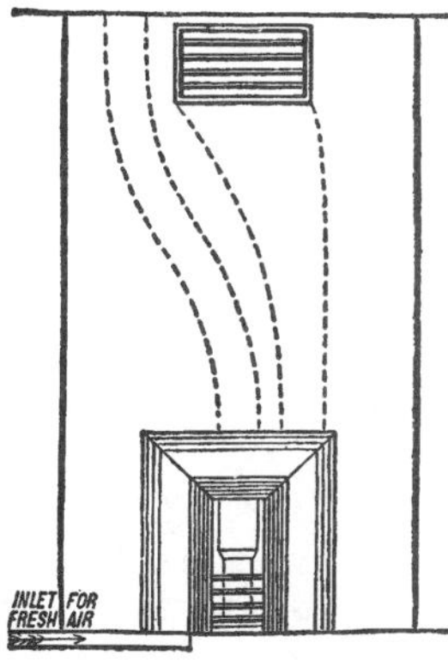

最新最善之進風火爐爲工程兵官加勒頓所設形如第三十一三十二三十三各圖三十一爲爐平視圖三十二爲爐正視圖三十三爲爐側剖面圖外氣由爐後通進受其熱再進屋內已有五十六至七十度之熱温暖宜人爐分大小三號視乎屋之大小如屋內容積三千六百立方尺其爐前面寬一尺三寸容積三千六百至七千八百立方尺爐前面寬一尺五寸容積七千八百至一萬二千立方尺爐前面寬一尺九寸外氣進孔遇爐之背面與烟囱面則收其熱而由專路通至近天花板處進入屋內如第三十四圖之式則顯暖氣入屋之門而爐內所放之烟另有烟囱放出與常火爐同凡兵房內用此種火爐最便計一號爐

能容煤十八至二十磅連爇十五點至二十點鐘則每點鐘燒二磅半十六點鐘應燒煤四十磅冬令用一號爐一晝夜配煤四十六磅足矣

病院之房常用此法得暖空氣而免冷風侵人學堂戲園禮拜堂亦可用此法進風以爐之大小配進風之多寡與屋內之熱度如屋大而分間多則於房中公間備置鐵爐令其熱通至樓上下各間惟此種鐵爐置屋當中亦有一弊蓋能收空氣內之濕氣令空氣太乾而有害於人其爐面上應置水一盆使恒化汽以補空氣所缺屋內人數愈少則化水成汽爲愈要如人數多則口氣呼有多水氣足以補之惟人過密則空氣內濕氣未免太多亦屬害人

第三十五圖

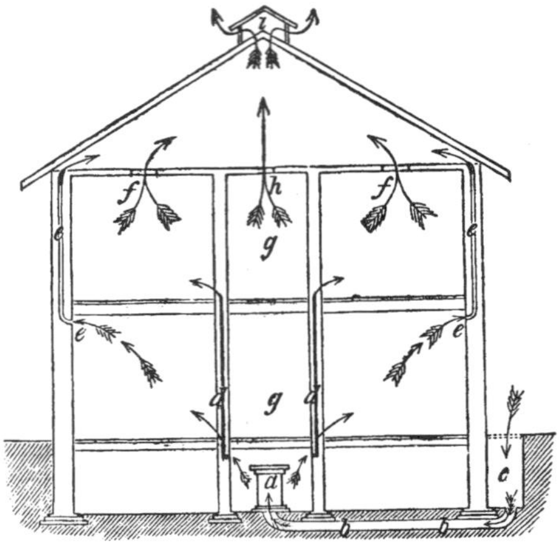

如大房屋座下有陰房如第三十五圖則火爐可置陰房當中冷氣由外井以管通入爐內由爐內以管通至各層樓上皆如箭向每間皆備有進氣出氣之孔用過之氣可於屋頂天窗放出或以他法放出如屋下無此等陰房則置爐於當中公間亦可凡大房屋分隔若干小間各小間亦必慎通風之事如第三十六圖右爲大房中爲門左爲通路照此法亦不能放出小間內之惡氣須用通風管等法或於天花板作孔通至上層氣路

第三十六圖

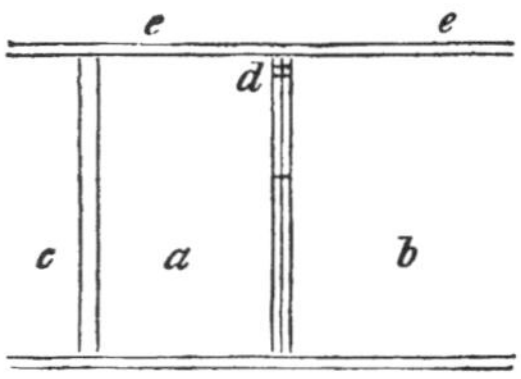

以上各法所言放散敗氣可由天花板洩出或有駁者云新氣應由天花板進屋敗氣應由地板下放出其故有三一掃地板時灰塵可由地面吹出屋外二可免風由下進過冷易於傷人三因人肺呼出之氣含炭養二氣頗多炭養二氣重於空氣降至地板最易放出然此第三故不甚合理蓋熱氣上升自易帶炭養二氣一並升上且用下進氣而上放氣之法造屋更易

凡放氣之孔應順房屋最長之二邊如第三十七圖其孔愈多愈佳房屋之旁可作放氣之管如圖左之式火

爐之烟亦行過此管管下生小火則令易於上升間有用煤氣之處燃一煤氣燈於烟囱內則各房間之氣更易上升惟冬令生火爐時則不必另用加熱之法因火爐之熱自足使各間之氣上升凡大房屋之底間亦應設法進新氣而放敗氣管之頂應作帽或套如第三十七圖或即用房頂小天窗如第三十五圖之式另有更妙之法如第三十八圖於天窗左右相對設活門內連以桿風於右邊吹來則壓閉右門而抵開左門屋內敗氣即由左門放出視箭向易明反之亦然如第三十九圖爲烟囱或氣管頂所設之蓋無論風由何向吹來俱能使烟囱或氣管內之氣上升上蓋足遮雨不使漏入烟囱等所用之蓋亦有作如第四十第四十一圖者觀其箭向可見無論風向何來總能引烟囱內之氣上升又有法如第四十二圖者爲亞基米得螺絲法遇風則轉而吸敗氣上升近用此法者甚多大爲妥便前言房屋用火爐於當中均不及置於牆內之益他國則常用中置之爐英國則喜用牆內之爐然房屋甚大如公堂或講堂等處則用中置之爐爲便因無他法可得勻和之暖也爐形與尺寸各不相同各合各用大半爐外面積小者非加大熱則室內不暖然熱大則鐵料過熱反有害於空氣人吸之易致病故近造新式之爐外作多稜條使皮積甚大

第三十七圖

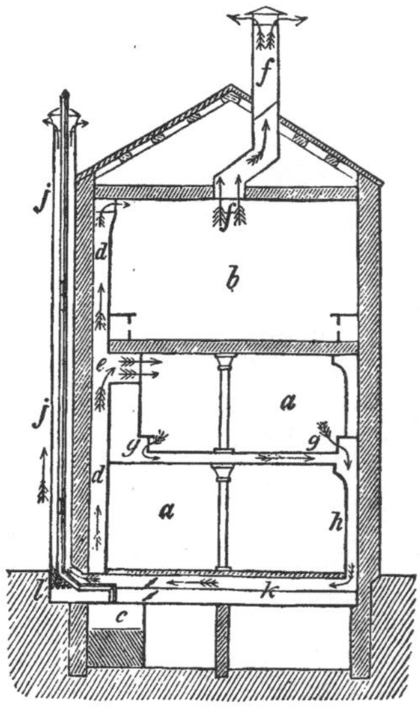

第三十九圖

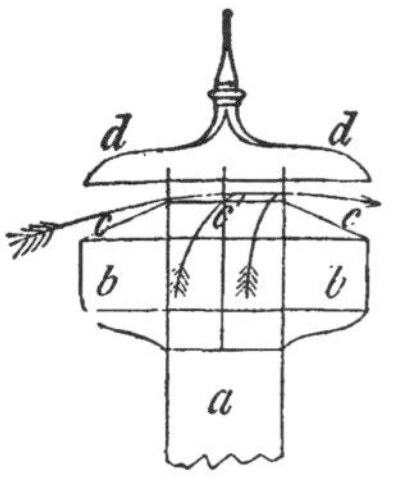

第四十圖

第四十一圖

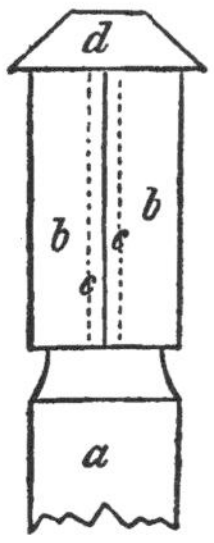

第三十八圖

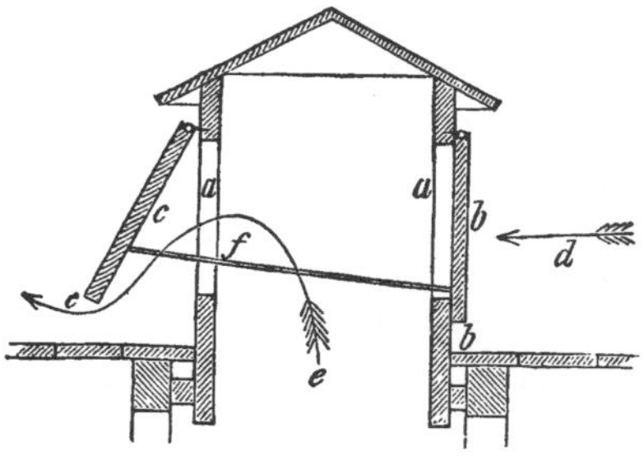

如第四十三圖爲常用之式中國各埠西人亦常用此種爐華人試用一次則喜常用

近來西國各大城鎮造作煤氣價取甚廉有人藉造煤氣爐以便用此爐置屋內潔而整可免煤灰飛散之污

近西國用煤氣爐者甚多不惟用於屋內得暖尤用於厨房燒飯凡煤氣廉處用之比燒煤合宜其爐有一式如第四十四圖者煤氣燈在爐之底爐當中有進氣管爲螺絲形空氣由房外引進行過爐中自爐頂放出爐下有進氣管爐上有出氣管燒煤氣所壞之空氣能由此放散近來極大禮拜堂等處俱用煤氣爐得暖比燒煤之費覺廉

第四十二圖

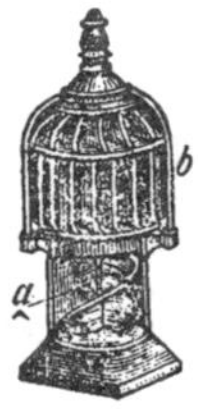

第四十三圖

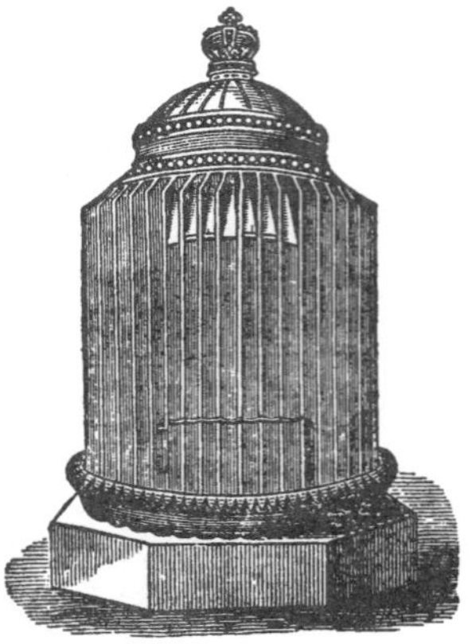

第四十四圖

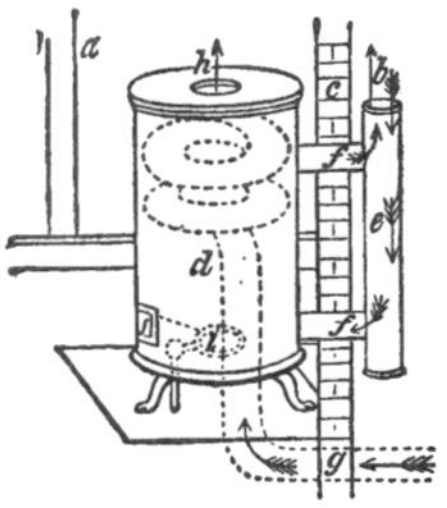

古之羅馬人今之中華人有於屋內地面或炕面鋪以石板或方磚者下有往還火路爇以火可得暖此法最簡無論何料俱可燒而熱之應費甚少人坐或立於其磚面炕面則足與下體得暖而首與手稍冷無妨西人用爐生熱以爲人之上身必須得暖而下身則無甚要故常有足冷凍壞之病又有一事爲要於地板下生熱則坐或立之人口處恒爲常熱度肺之呼吸能以照常而氣不促不服如呼吸之氣愈熱則肺起落愈速而喘息愈急不如此則空氣因熱而漲所吸養氣有不足用者惟熱氣在下者無是弊如坐火車或馬車用熱水袋或脚爐等置脚下則車窗可開而人不覺冷不用此法而密閉窗戶則車內空氣漸熱因不通風易於傷人

第四十五圖

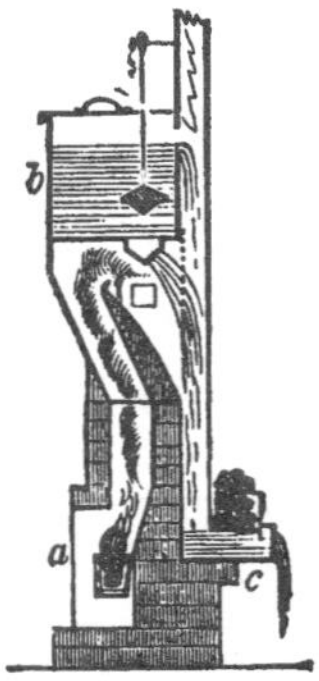

近各西國攷求各法知在地面鋪石或磚下爇以火需用燒料較他法能大省費並得熱空氣比房之當中置火爐或熱水管等法更有益於人之精神如爲數層樓房其熱可由下層通路通至上層之底置一大爐足爲

各間之用實爲妥便

第四章　論大城鎭免煤瘴之法

由前章尾論可知勸行之新法令屋內得暖者可免多設烟囱而放黑臭之烟也凡大城鎭內冬日各家燒煤放烟極多一城之空氣皆由之敗各家屋內進此敗壞空氣則有大害於人易致神昏氣輭日日不惟各宅有放多黑烟之弊而製造工程各廠所放黑烟惡氣更有甚者所燒烟煤烟皆黑色因含多炭質爲爐中未盡燒者也此炭質變爲細炱不第爲煤縻費飛落屋內而衣服器用以及貨物等項皆爲之汚故居大城鎭者不惟浣洗白衣白布工資須大而衣屢洗亦易壞爛須常換新者可見燒煤之烟大有害於人生也近有多人設法欲免其害國家亦諭禁各廠多放煤烟而害民也

或有駁云燒煤所發黑烟雖大不便然無甚大害於人之精神如用免烟之法使烟在爐內燒盡則放毒氣比烟更甚不知此說無甚要理蓋常爐燒煤所放氣質爲淡氣與水與炭養二氣與炭質與硫與淡輕四養與炭養二氣攷此各質知淡氣有中立性無益亦無害水氣炭質亦均無害於人之精神炭質反能免生物質腐爛浮於空氣能滅各惡氣硫亦無害惟炭養氣最毒其重率輕於空氣如命空氣重率爲一則炭養氣重率止•九六故能由空氣上升分散四外而不降於人之屋內故設法令煤燒盡不放黑烟則烟囱所放之水與硫養二與炭養二等水等本無害於人而炭養二重率大於空氣爲一•五二從烟囱口降下則有害於人物因其性毒如沉聚井內則下井者難免毒斃其氣雖能與空氣調和分散然於大城鎭處常有不及全調和而遺害於居民者硫養二氣亦重於空氣固無害於動物然實有害於植物從可知燒煤使盡之法雖能免放黑烟之弊而實有多成毒氣之害如燒煤百磅能成炭養二氣二十九磅於空氣上升所成黑烟內之炭質本無大害於人之精神僅汚及衣貨等物如使燒盡其炭質則多成炭養二氣反增惡毒每空氣百分含此氣七分人吸之即斃多則更毒因其不易上升而必降至地面也

有數法能使燒煤少放黑烟少成炭養二氣新設之法如第四十五圖於烟囱內恆噴以水其水過極細之孔滴滴如細雨與上升黑烟遇則收其炱沉下可取之再燒尚有免黑烟法頗多此書不及詳載

第五章　論城內通水之法

居宅衞生事內以多通好水爲極要事欲知經理城務者能明衞生之理否可以其通水法覘之西國多年不甚留意此事故在大城欲得好水最難略比得酒尤甚近二三十年內各西國大城鎭盡力攷求以三事爲要一得水周年均勻二得水多而足用三得水務最潔而無害於人茲一一畧言如後

凡水何者爲好而合用者不能目辨而知如有二水視之俱潔而清然用之實一有益於人一有弊於人或將二水較視一清明一稍濁稍濁者久用無害清明者或可致損故水須用另法分辨以定益弊如用化學法則能知其所含異質有益或有弊於人壽常之水槪分滑濇二種濇者因含鹽類如石灰石膏食鹽此三質各水含之多寡不等雖未必令水不合用惟含之過多則令水性過濇大爲不便况另有鐵養鹽類鎂養鹽類水內亦含之

試水濇性法將肥皂洗其內視能成泡否或有質結成否水性愈濇則用肥皂愈多而結質亦愈多洗肥皂至再無質結成則水能成泡而居然有滑性矣可見或浴或濯用濇水則多費肥皂近來有人專以肥皂水試各水濇性肥皂水有定濃每水一斤初滴肥皂水一釐至成大泡視用肥皂水之釐數以定水之濇性大城鎭所用之水濇性愈小愈佳故如不能得滑水可用法使免其濇性如以壺沸之則去濇性幾分凡煮飯泡茶亦以滑水爲佳病人用滑水尤善於濇水用慣滑水者急換濇水則身體易病精神易危濇水浴身皮易粗硬膚易糙毛英美數處水俱性滑男女面色皆鮮妍美麗濇水處人皮色反是如無他法得滑水可收聚雨水雨時以器承屋背流下之水存之備用故濇水多處其雨水爲最寶貴凡水內含鈣養炭養二多者亦有濇性可將石灰消化水內另藏於缾傾少許於缸水內則鈣養炭養二結沉水即澄清無色而有滑性矣或云以此法得滑水用以泡茶所用茶葉比濇水泡者更少而味仍同故年中所省茶葉足補令變滑水之費

常人喜飲濇水並非因所含鹽類有味實因常含數種氣質又有數種水含生物質甚多惟因另含氣質味極適口飲之實有害於身凡水不含氣質者飲之無味故飲沸過之水味甚淡蓋水內含淨氣質飲之不但適口且能益神如含惡氣則大害人水遇各種惡氣極易收蓄常有屋內發一種臭氣屋內之水收其氣而全壞者

前有化學家試驗惡臭油質油氣飛散屋內之水無人能飲而全傾棄凡屋內外有陰溝或坑厠或腐物等所放惡氣皆爲水所能收蓄雖其物不與水近而惡氣仍能通過故大城鎮內如不慎汚穢陰溝等事則不獨人肺時吸其惡氣而口猶常飲其含惡氣之毒水可見大城鎮由外處通進淨水爲最要事飲之者可得其水所含鄉野之新淨空氣而不受害如日用之水得自城內露天則必有惡氣收蓄其內易於害人水所含數種氣質最有害於人之精神者爲輕硫氣欲試水內含此氣否可將鉛養醋酸數釐添入其水如結有樱色質粒卽知含輕硫氣也從上各說可知水易收各種惡氣飲之食之皆有害於人故日用之水無論爲渴飮爲煮食所用者皆不可存於有惡氣之處儲水離鬧肆愈遠愈佳

水之淨否非目能辨常有水目視之清潔無色口飲之甘洌生趣然未必無害卽如通水至屋內多用鉛管鉛管內面常爲水漱洗卽令鉛與養氣化合成鉛養輕養爲毒質消化水內久用其水則受鉛毒常儲水之箱鉛皮爲裏亦令水有毒性故通水不如用鐵管爲佳卽生鐵鏽亦無害於人惟鉛管較鐵管更簡便易造作可另設新法如第四十六圖鉛管內鑲以錫管爲裏錫不能爲水消化自無鉛毒如此管內徑四分寸之三每尺重僅二磅四兩等徑全鉛之管每尺則重四磅半堅固同於鉛鑲錫裏之管價亦差同而鑲錫之管更覺輕靈便用

第四十六圖

格致家攷究水性有勸人常用消水者有勸人常用濇水者用消水多省肥皂大城鎮內一日能省之肥皂無算亦益也反之有格致家云水性稍濇實有益於人之精神非消水所能比也

近來西國醫士詳察各病根源知發熱等癘疫大半由於家中日用之水不佳所致前英國一大城有一區人多患虛發熱與瀉痢等病醫士立爲察審致病之由見該處所用之水皆取自地發水源其水淸明無纖質飲之味極佳取若干存於瓶靜候數小時見有結成之質沉於瓶底傾上淨水嗅其餘滓臭不堪聞氣若尸榖內含動物與植物質甚多似水經坑厠而後發出者因禁用此水不久而病除美國有一處人亦多患虛熱病該地醫士莫窮其源乃延紐約省大名醫家往爲察驗醫試其水知有不合言通水之管必有漏洩之處經陰溝等惡水滲入致有是疾如其言掘查通水之管果有此事修補妥後病亦旋除

水又能收蓄各種病氣傳染他人如發痧霍亂吐瀉瘟疫等是也西國各大城鎮通水以鐵管運水由遠方猶不免有此等弊病況中國城鎮窄狹人烟稠密日用之間或取汲於地泉或提運於濠浜水不查其純雜源不辨其清濁而竟安然食飲且日用其水復日汚其流所有穢物溲溺無日不委棄浜中浣濯沐浴無時不匯其水中實以浜爲通水洩穢公用地也夏令瘟疫流行死相繼者亦非奇事矣幸而不死亦祖傳遺體有此健壯足勝疫氣之浸奪也民瘼關心者宜若何設方護救以衞人生也哉

近來有蘇格蘭醫士盡心攷驗常用之水言水內含生物質有腐而臭者有不腐臭者如卑濕處所出之水亦含腐爛之植物質惟不發臭且所放之氣亦無甚臭大略植物質在水內腐爛無甚大害也惟動物質消化水內水雖清明亦大有害上等水每十磅含不腐臭之植物質三分釐之一其水內所含氣質即能顯出其水之性情如養氣與淡氣之比爲一與二之比其水無甚大害於人如其養淡二氣有一與三之比或一與四之比等則水有臭質而不合用常有水池或湖河等處其底石生有水草結連石上此略可當爲淨水之據如水流動速處則水不生此草又有數種小蟲在水緩流處遇之如水蚤水蟄等動物亦常在可用之水內遇見此亦可爲水不含腐臭質之據蓋此種小蟲祇能活於淨水人偶誤食亦無甚害於身

近來又有化學家攷察水性謂凡水行經腐物穢汚後雖用細工濾清仍屬不穩因水內之微蟲甚多難全由水內分出間有濾以極細之沙漏蟲猶隨水漏下者又有蟲在水內經沸仍不死者如霍亂吐瀉一症最易染人患此病處坑厠等穢如通入河中雖流至遠處仍不免有此病之微蟲存留水中人用其水即易染病有醫士試將患霍亂吐瀉者之便汁一體積和以五百倍之水用極細紙濾之而後驗試知所含生物質僅較少於倫敦達迷斯河水所含者達斯期河水爲倫敦人所常用者其爲害可想矣後再將其水以動物炭濾之試之知尚有動物質在內從可知河水以細紙或動物炭濾之仍不能盡分出其生物質也又有人將霍亂吐瀉之大便稀汁以紙蘸取曬乾使鼠吞食鼠亦患霍亂吐瀉之症首日食者不甚效次日則更毒第三日其紙傳病爲最毒及四五日則力小六日則無毒性矣所試之鼠共一百四十八個計不患此病者九十五患重病者五十三內有病斃者三十一也

此稿未完下季續印

居宅衛生論　續前稿

霍亂吐瀉者便遺之汁有害於他人者，不在其本人患此病之重輕，常有患者輕，而遺害他人甚重，亦有患者重而傳害他人更輕，有說者其糞水冲入河內，人取河水沸之用以瀹茶，亦可被害，因傳霍亂吐瀉之料。更重而易於沉水下也。細查其糞汁，知有無數極細之體。又有似油類極細之滴。另有能活動極微之蟲。其蟲極微，蜒蜿常動，其子更小，徑略二萬五千分寸之一，則一立方寸。可有數萬萬小點。患霍亂吐瀉之人所遺糞汁其微蟲應多於恒河沙數。此微蟲之毒性輕重。常有改變。如今日或其水甚毒。過數日則毫無毒性。非若他質之毒性常不改也。從此可見凡患霍亂吐瀉之處須極慎重各事，以免癘疫，如見水已經污惡之區，雖目視清明猶以勿用為佳。

欲試水含生物等不淨之質可將其水盛瓶將滿密塞其口置於七十度熱處。候數十日開塞嗅之。臭則水含生物質。不臭則否。又有法可將其水若干磅加火化乾。細稱其所遺定質。再將其定質。加熱至紅。燒去其生物質。餘者即為死物質。稱之可推知生物質之數。假如化水十磅得定質十六釐加熱至紅餘定質十一釐。可知每水十磅。含生物質五釐。常用之水。每十磅含生物質四釐。已為過多。即不可用。如含八釐則水臭而難聞矣。

此僅粗試法耳，人易能之。

水含異質應以法濾淨方可飲食。濾水有二法，一用化學料，一用濾水器，間有二法並用者。用器濾水。祇能分出水內調和之質。用化學料濾水。則能改變水性。而去其異質。令變清水。泥土合於含生物質之水，亦能提淨常有污水，行過若干泥土則臭味與惡氣全滅所餘者僅有土氣，又濁水內有糞溺穢污者，色惡難看，經過泥土，則無色無臭，人可飲食，其內之異質僅為泥土之灰等，且壞水和以泥土能自澄清，而上面之水可用。

各種炭質亦可濾水，幾分能當濾器，幾分能當化學料，動物炭比植物炭力大。如將尿水以動物炭濾之，則無色無臭，以植物炭濾之，則微帶色臭，故濾常用之水，如不得動物炭，則用植物炭，猶比無炭為愈。動物炭能濾淨水者。因能令水所含養氣。與其生物質化合而滅之。如其生物質已腐而爛。更易令其水變清。惟其水必與炭相切若干時之久。常以一分時為最少。如動物炭一立方尺重五十磅至五十二磅，其內各隙能容水四十磅故水與炭切每分時秖能濾四十磅已試過動物炭漏含炭八十磅每日能濾水四千磅則水與炭切僅六七分時則水能淨而無臭質故房屋內存水之池添動物炭塊可免有生物質害人之弊法如第四十七圖將動物炭和以沙等壓成大塊當中留孔以管通之炭置水池內管出池外作虹吸管形則水由管外流必先經過炭塊如此能得淨水無害於人羊毛及海絨等物亦可爲濾水合用之料又有將佛蘭絨數層以濾水者惟沙最合爲濾水之料因能當濾器並當化學料之用惟用沙濾水其積必大否則難濾淨其沙亦必漂洗數次令爲最淨

前言水須多而足用按每人每日需水最少須二百五十磅始足爲各事之用英國哥拉司哥城每人日配水五百四十磅如除各工藝所用之水則每人配四百五十磅已足家用與廢棄之水如大城內無虛費之水則每人配二百五十磅亦爲大餘大城所廢棄之水常略居所通水之半有人云日用廢水沖入陰溝能刷洗潔淨亦爲有益於人不可視爲虛糜云近有人設多法令用水者不得虛費或屋內置大水箱以漸儲水每次放用不能過多過多則箱空必待若干時始能再滿或用量水表水由鐵管通進必經表內之輪輪轉則機關撥動表針以記其數照記以取用水之値

第四十七圖

城鎮得水之法或儲以雨或汲諸井或取諸泉或引自河或收聚山邊沖下之水鄉間收蓄雨水最爲安便凡房屋背俱可收其雨水存諸水箱其箱以鐵爲之或築水池以罷得蘭灰爲之以起水筒隨時起用無論大小農家所收雨水足爲各事之用假如小農家有田一二英畝其屋背之面略有九十平方碼每年收雨足令其大人每日得水二十磅馬得水一百磅牛得水六十磅羊得水四磅猪得水六磅此以爲小農家有夫妻二人子女二人馬一牛一豕一也如築水池面略五十平方碼深四碼則蓄水足用而有餘

更有便法可計屋背能收之雨數假如每年降雨二十五寸則屋背每平方尺收雨略二立方尺每水一立方尺重六十五磅水池長十五尺濶九尺深七尺半則能容水六萬五千八百十二磅收此雨水所需平面爲五方又四分方之一每方爲十平方尺惟屋背爲斜側面應倍屋基面積計算則能知一年屋背所能收之雨數

泉水有二種。一由地面發出。一爲掘井所得泉源之水。常爲淨水。不含生物質。惟常有澹性者。因經過數種石或泥土或白石粉石灰等物也。鄉間每遇地面泉源能得好水。惟鄉人多不愼護。而致汚混不潔。又鄉間常穿之井亦有好水可以食用。惟人烟多處則井水不足恃。因難免陰溝濁流坑廁穢水滙入其內。含白石粉之山流出之水。間有佳者。間有壞者。因白石粉略能令水發酵而變壞也。

河水之優劣。大半視其經行之地。如水內含異質。爲泥土則易澄清。或濾淨。凡雨水初降至地。幾爲純水。後流行愈遠。則收土泥等質愈多。然未經過大城鎭處。或鄉村處。尚可謂之淨水。及經過人烟多處。則愈收生物質。而愈不合用。

河水流動所收異質。能藉泥土提淨。如河底泥土合宜。而水流不過速。又不經過多人烟處。則能澄清而水合用。如經過城鎭等處。則不免收蓄生物腐爛之質甚多。並有穢物等浸於其內。荒村僻處此弊則少。有農學工程家云。田畝所降雨水。以法收聚足供一小村之用。且爲好水。因田中泥土能收其水內害人之質。假如一村有四百人。每人日配水一百磅。共預備水四百八十萬磅。則足爲夏間一百二十日之需。此以爲夏令有一百二十日或四個月內雨水不足。當時之用而設者。惟其水常有化散。則應備水加其半倍。卽應蓄水七百二十萬磅。方足濟需。如每田一英畝能收雨水一百萬磅。則四百人共需田七畝又四分畝之一。或最衍之地。十二畝方足收得此水。此乃以常雨數推之故。如造池深七尺半。所佔面積僅十分畝之四。卽足蓄存此水。鄉間無力造蓋棚。則可用樹木遮風與太陽。計開溝並以泥作四面護牆。植樹作籬。池底鋪礫石粗沙。及通雨水管與所佔地皮之原價。照最貴之價需金二百四十圓。欲另造鐵管通水至各住屋及各塞門與磚工。亞龍頭四個。另加金一百七十五圓。共應需金四百十五圓。假如有房屋一百座。每座納金四圓。銀三圓。則足應用。或每人納金一圓。銅九圓。亦足用。如借取此本加息分還。以三十年歸淸。則每年應出本利金二十六圓。卽每座房每年出銀五圓。銅三圓。卽合華銀一兩有奇。每家出此小數。可得自來水足用。間有更便之地。有水源或小河通其水入池。則比收聚田間之水更便。從此可見無論人多人少之處。俱應備自來水。以足日用而費可省。

前言水須周年均勻亦要事也。蓋自來水如暫時有餘。暫時不足。則各家均有不便。必另備水池或水箱儲水。

以濟時需各家每日所用水數本不能同今日用此水數未必即足明日之需有數種工藝多賴以水如水告竭則大誤事如用水箱儲水則箱底每遇異質不常刷淨水易污濁有數處每若干時通自來水令各家箱滿以足一日之需然此法亦有多弊不用水箱之法可設公司辦自來水通管於各家配以龍頭隨時可用並設法免管漏洩與妄用多水之弊無論何時水公司可至各家搜查用水之事有否妄用惟貧富各家不喜如此嚴查必公司另有善法以處之雖無論用何法辦理自來水不免有弊然其益處實為極大無論何國何處人烟稠密之區皆應設法引水得其便益以衛人生凡舍而不用者似愚而拙甘落人後以自暴棄也吁惜哉夫水天生要物凡人不可一日無者朝饔夕飧汲提務潔舍清取濁遺害良深無怪乎廉士不飲貪泉飼牛猶嫌洗耳亦以水之污人有甚於湯藥者中國近來香港上海二處已設自來水法奏效業經數年穿街達巷利便非常源潔流清瘟疫不作且於救火瀉穢尤覺利便惜僅通於租界未能達至城廂彼中千門萬戶甘食污濁之水亦可慨矣想將來必能通行各處惟在有識者有以主持之耳凡事創始最難初設自來水時工程廣大資本浩繁卒成大功凡能於一區創設自來水者後人必讚其功比修橋造廟之益實大多多矣

第六章　論城鎮通溝洩穢等法

凡大城鎮之垃圾穢物無論流質定質均應有法辦理使於人之精神有益或以法銷除使勿害人或以法運用使人得益凡人所遺溲溺自古來有設法用之者茲先約略言之

凡人烟多處日遺糞尿不少如不設法銷除則必污濺街道薰壞人民有礙衛生之道無奈必設法理之以利民生古之猶太人每人備地一塊開孔埋糞則無害於衆人烟稀處房屋寥落用此法固屬無礙然房屋漸多人民漸密仍用此法殊覺未便故必另設法或造廁房常加煤灰或土以掩其臭或於遠處開坑令屋內穢污與餘水沖便溺入坑每若干時取坑之糞用以肥田此二法險而有害氣易侵人西國多年不留意此事每致瘟疫盛行各大城鎮之人常十死三四即無瘟疫時亦常多病苦者至醫家深究衛生之理嚴設免病之章人始知懼而漸關心初設之法於大城鎮與造陰溝四通八達藉屋內用之自來水或別水或雨水沖洩穢污陰溝下斜穢能沖至遠處之河或海內此法能免多病則瘟疫絕少而幾無發熱各病與發痧虛發熱等病亦漸

少惟在不通陰溝處有之可見此事亦爲衛生要端凡人烟稠密處不可不留慎焉
開造陰溝以磚工砌之不洩氣不漏水屋內所用餘水與溲溺各穢必通入此種陰溝則屋與周圍泥土空氣能淨而無惡臭井水亦可淨而人能清爽然必有多水冲之方能潔淨通水不足則陰溝非徒無益反生弊端

第四十八圖

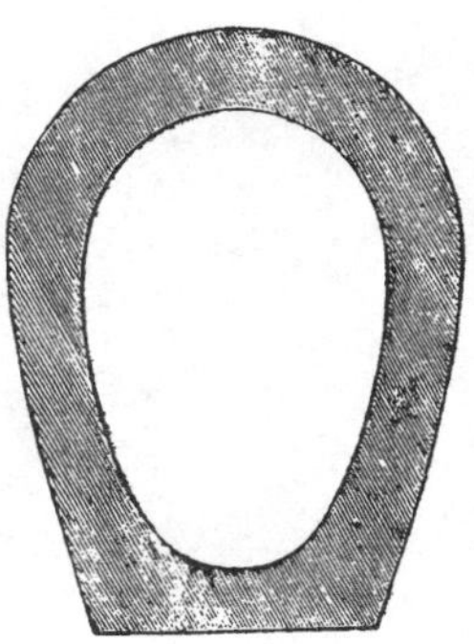

第四十九圖

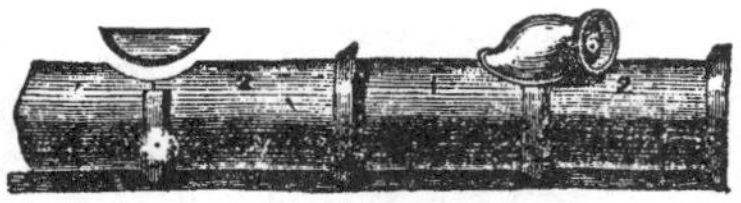

第五十圖

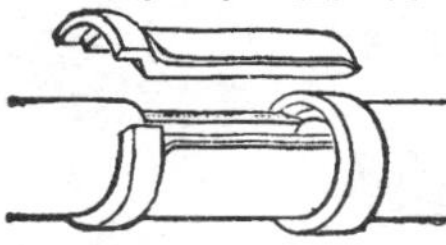

第五十二圖

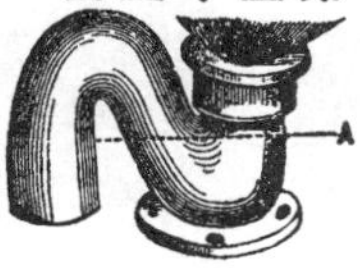

第五十一圖

因不多通水溝易壅塞惡臭無路可洩必漸由溝面上升侵害於人近來造陰溝法益加講求前法作方形底與兩邊及上蓋皆作平形最不合理因路易壅塞穢不流散西工程家已試各式陰溝而知作蛋形者爲最合用如第四十八圖爲其橫剖式分溝或作圓形瓦者亦可然無論何式陰溝須有若干斜度斜度愈大愈佳又凡陰溝彎曲處必慎其彎使爲略圓之形不可成爲角形因角形易停留穢物而致不通故凡二溝相遇其接處不可有正角方向必使斜若干度而成彎形如用瓦管各接須封套甚密不使洩水洩氣如不慎作溝之工或工匠偷懶用不合宜之工料已埋土內則藏其劣久之陰溝出病或漏洩水氣或淤塞難通病之所在外視難知欲逐段開驗殊覺費事故造陰溝時不可不慎也近來設便法如第四十九圖每管一節有一整塊之蓋欲拆驗時取其蓋查之易知其塞處漏處之所在接連分溝之法如本圖右式視之易明又有一法如第五十圖用套管與蓋最便接連可免割斷其管而配尺寸之煩又有套管法如第五十一圖能接長收短以配用管處之尺寸

通至屋內之便廁及沐浴處洗器具處之陰溝其瓦管通至大街總溝總溝之惡氣每易衝回瓦管而上升至屋內人即大受其害必設法令屋內之餘水與穢汙易落於總溝阻其惡氣不得上升法用彎管如第五十二圖此管內能常存水而惡氣不能過其水而回行間或惡氣有大壓力能强過其水而上升然管內之水常在虛線以下惡氣無甚大壓力不能上

升另可設法免其同行之弊如第五十三圖第五十四圖作兩管連於屋邊小管能通屋內之水與穢大管一面能通下餘水一面能放惡氣由屋背而出其中有鐵柵能收地面所下之餘水可見此法能免溝內惡氣壓力過大之弊遇水過少時則惡氣能上升至屋背放散而無害於人此二圖

第五十三圖

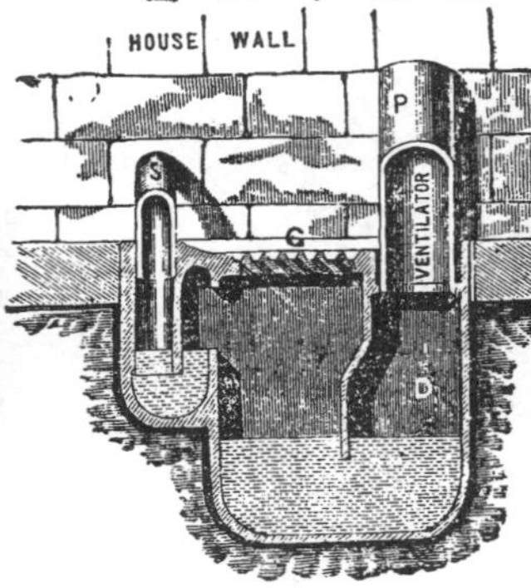

第五十四圖

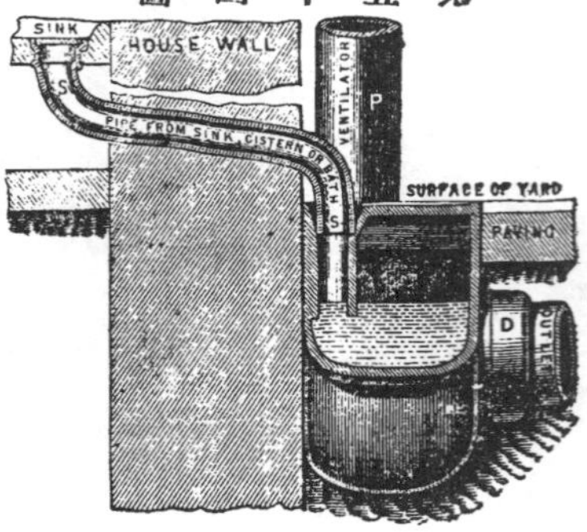

為其縱橫剖面式識者視之易明其意另有一法用木炭以收陰溝之惡氣令所上升之惡氣經過所備之木炭則收而滅之以免害人惟其法不甚靈驗又有法如第五十五圖備有滅臭之料令水能任落下而惡氣上升必經過滅臭之料尋常屋用鉛管洩穢鉛遇惡氣則鏽壞成小孔洩漏穢水並漏氣故近來作廁等多用瓷管通其穢惡第五十六圖第五十七圖為西國房屋帶用自來水之廁以瓷為之本淨潔藉自來水常沖刷而淨無惡氣每用時將其柄拔起水即落下頗多能將糞溺等沖入總溝而無惡臭外出如無自來水可於高處置水箱以通至其廁另有數法更為講究然無論用何法難免暫有不靈之處仍致惡臭上升有害於人故另設一法備置滅臭之料於其自來水及坑廁之旁凡登廁時則有滅臭藥水若干噴下與所沖穢

第五十五圖

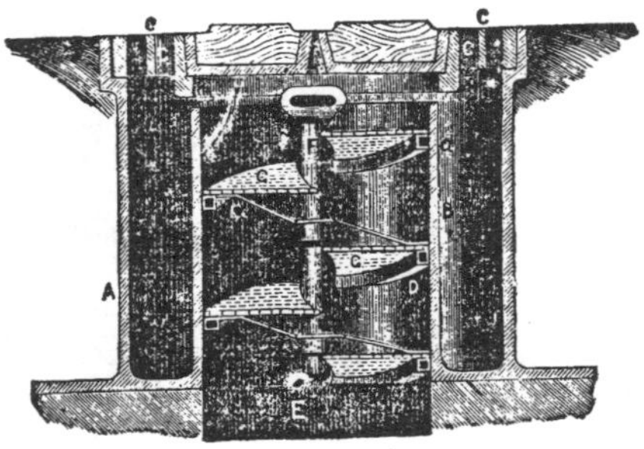

第五十六圖

第五十七圖

水和勻滅其惡臭其藥水一磅傾入箱內加水至滿足供一家八人一月至一月半之用容水十磅之箱可用二百五十次

以上各法僅為免已放惡氣在陰溝之弊如能免惡臭由陰溝生出或已生出而能引其外出斯為更善故現多設法於各大陰溝吸出其惡氣如工藝廠家造高烟囱以放火爐烟氣可令陰溝與其烟囱相通使火烟吸出溝內惡氣由烟囱頂放出不致害人或無現成烟囱則於大城鎮特造一高囱爇火吸臭亦為妙法又有法於溝內備置箱等裝以木炭或動物炭以收其惡氣不使害人其炭料亦可為肥田之日

第五十八圖

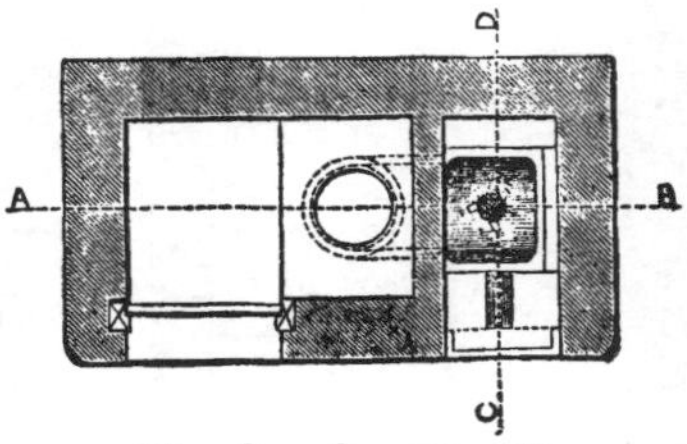

第五十九圖

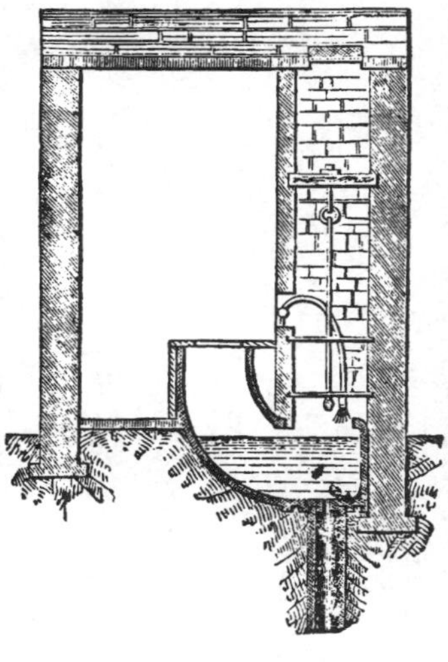

由上各說可見人烟稠密之處屋內所用大小便器以及茅房糞廁必令極淨其處應通風通光而毫無惡氣外出造房屋之主應極留慎此事凡租居者如見房屋無此等妥便之事則不可租住又應嚴定章程派員每年周驗各房屋一次如見便廁不合法者則照罰鍰以儆效尤如此則衆人大得其益能多免病如第五十八圖為英國立發布城所設之法謂之槽形廁乃平視形第五十九圖為其橫剖面式第六十圖為其縱剖面式合視三圖易明其用法又於此城內設三法免溝內惡氣一令陰溝通至製造廠最高之烟囱以吸惡氣上升二用管由陰溝通至最高房屋之頂以洩穢惡三特設螺絲轉輪吸起惡氣此大城內不雨時有穢物垃圾共二萬萬零五千萬磅通至摩西河共有八口而入

城鎮所洩穢污通至何處可作何用亦應論及攷新法所造陰溝通水洩污所有糞穢含水甚多且多尿溺積少成多究作何用有人欲藉肥田然難銷用凡農家甘沽遠方運來肥田之料而舍此近處之料歸諸無用前

人每言農家不明舍近求遠殊不知農家由遠方購買鳥糞石膏及他化學肥料可總買若干頓送於田中散於地面大覺省事省時費用雖大而田能暢茂猶可得餘利而陰溝之穢物雖多難積成堆而一時總購若干頓散於田中必另設新法多費心力方能成此大工又因溝內糞穢含水甚多搬運不易用管運通亦有不便欲用水過少則穢洩不通反害於人水多則不合農家之用意者經治各大城之工部局應設便法使糞穢變合肥田之用又便運於田中則農家自願取用矣是知農家肥田之料愈濃則費愈省而運遷亦愈廉便如南亞美利加西鄙收集鳥糞西名古阿奴裝船運至英國路遠水遙復經裝袋上車運往各處經過數家之手農家始得用以肥田腳費固大然其料乾能肥若干田之料腳價仍少如用他料肥田則性輕而物不茂用古阿奴一頓足抵他料十頓則十頓之運費仍大於一頓之運費可見大城鎮陰溝之糞穢實有益於肥田惟因運費大而不便運遷故農家甘買貴料而棄此糞也可見此事一面徒廢有用之料一面洩此料入河而汚河水凡其濁流經過之處均受其害令人易病

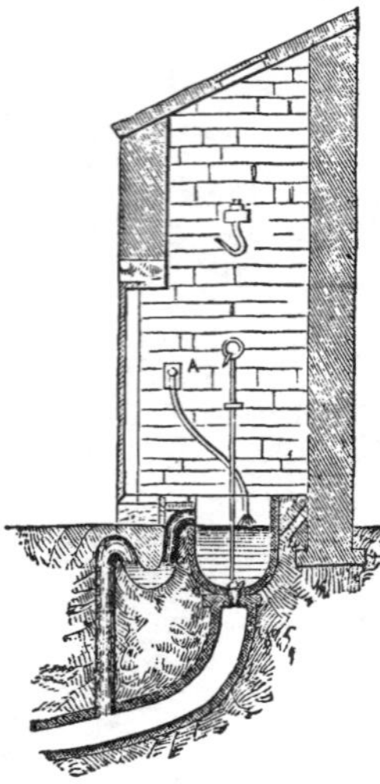
第六十圖

計大城鎮大小人等每日之糞如變爲乾質應重二兩至二兩半每乾糞百分含淡氣三十六分肥田之料俱視含淡氣之多寡以爲優劣又每人日溺略二磅半年中共應有尿九百十磅爲中數此尿每百分含淡氣略三分即每人之尿年中能有淡氣二十七磅三六每古阿奴三擔足壅穀田一英畝即每百分含淡氣八分故此料三擔之力始足抵一人一年之尿故照此比例則一人之溺足壅田一英畝即合中華六七畝英國共有三千萬人其尿即足肥田三千萬英畝

英國穢汚垃圾另含煤灰烟炱馬糞等在內由屋面或路面冲下照常論之每穢物一頓內含之水常數值銅二圓秘魯國之古阿奴每頓值金十二至十四圓即貴於水二千八百八十倍至三千三百六十倍又農家畜養六畜得糞每頓值銀三圓至五圓即貴於水十八倍至三十倍每民千人每日之糞溺如不合水冲淡則共

值銀五十三圓即其內之水值銀二十四圓銅八圓糞值銀二十八圓銅四圓故每千人一年之糞溺共應值金五百四十一圓銀十五圓惟因冲過多水則每噸不過值銅二圓或云不過值銅一圓各糞在此穢物內所值僅可照此售去更無他法能定其值因肥田之料體積愈大運費愈鉅而力愈劣凡究論城鎮穢物欲作何用者不可不留心以上之說

凡大城鎮垃圾甚多近處無空地堆積必須運往遠方農家始肯取用惟穢積愈多則佔地愈廣英國伯明罕城試行此事知每英地一畝能鋪穢物五千七百六十八噸以作肥田之用此為七城需地之中數如伯明罕周圍鄉間用其穢物則須備地五千畝方能容此一城穢物如用尋常農工種常植物至少需地一萬畝又須先備地面通溝立壩計每英畝須先費工程金二十五圓所需大地必為本城工部局全行司理此亦為最難之事故有人另設法以免其弊一法令各大城鎮所有糞溺不許冲入陰溝以他法收存備用陰溝衹洩廢水餘水二法將糞穢等由陰溝通至特設之處分出其能腐爛之生物質變為乾物其餘水等放入河內則於河水無害三法用兩種陰溝一通人之糞穢洩溺一通廢水餘水能直入河亦不害水而糞溺引至田中售與農家質既濃售可多值四法令糞污穢物行過若干畝田使其定質存留地內而餘水流入河中是以提糞穢為首要而肥田次之

第六十一圖

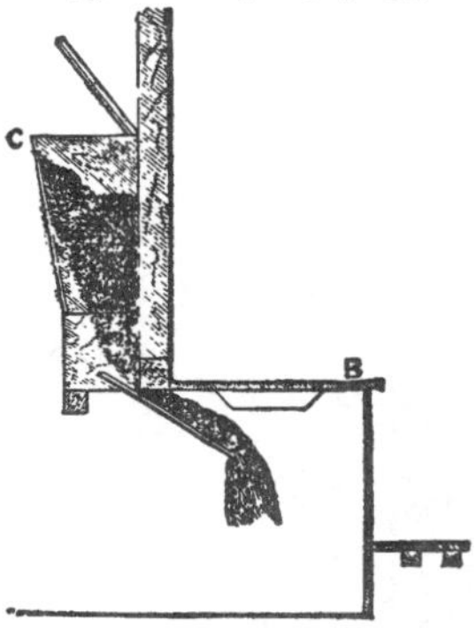

第六十二圖

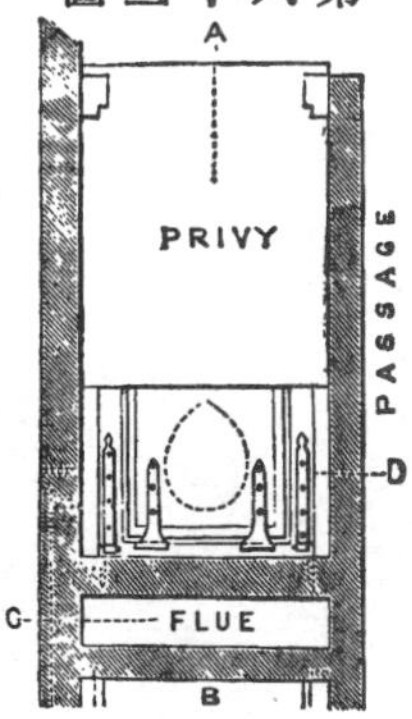

第一法須將人之糞溺分開運用凡屋內各人之糞另器收存尿與屋內廢水餘水一並流散此法乃英教士慕勒所設名曰乾土馬桶從來各國人皆知乾土能收糞氣令不發臭慕氏所設之法如第六十一圖先備若干乾土日下曬乾置桶後高膛膛後有斜面下有斜板大便時動其柄開下門放土落下蓋其糞即掩其臭人烟稀處用此法甚便然大城鎮難得若此多之乾土而已用過之土又無處安置售與農家亦不甚值是其法猶未盡善也

另有英人名散夫者以海草燒炭每便一次用此炭甚少不惟能滅臭而炭糞值亦貴肥田最佳因此種海草

第六十三圖

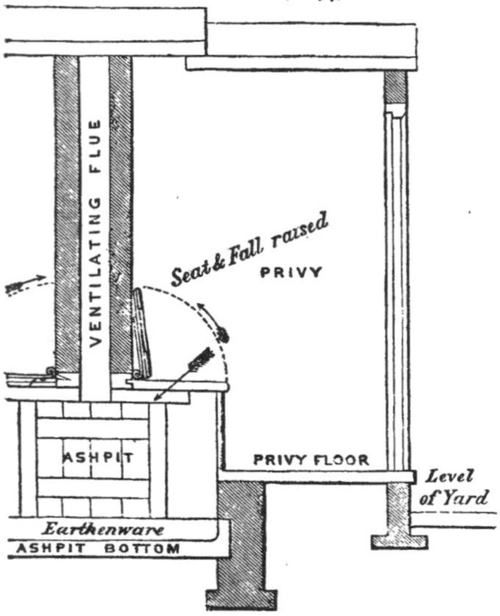

第六十四圖

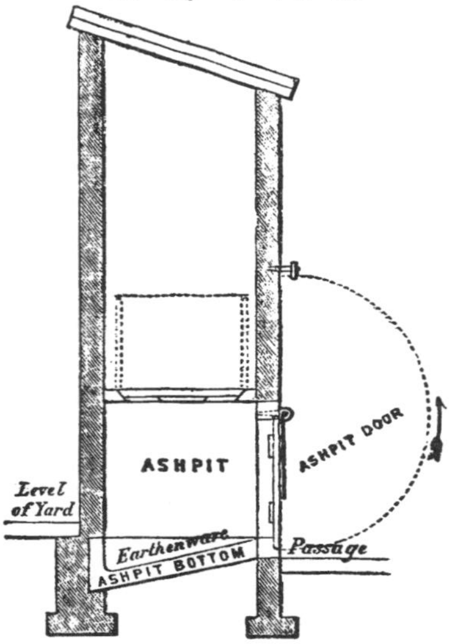

炭本大有肥田之益加以糞有更甚焉又有濾法用生鐵箱置陰溝近處糞溺傾其內箱底分二層一層含平常之灰中有鐵栅能分出其糞而灰能濾其尿流入陰溝所餘之糞灰另置特設之箱按時取運至農田另有他法甚多亦各利弊參半曼尺斯達城所用之法如第六十二六十三六十四各圖第六十二圖爲平面式乃常厠形有小煤灰膛膛上有通風路通至屋頂膛底爲瓷面不洩水有門常關鎖夜間有人開之取糞其桶有木蓋連以鉸鏈屋內之灰置其膛內落至糞上能滅其臭尿與廢水另有管通至陰溝放尿與廢水之法如第六十五圖視之易明此法能免屋內各臭惡之氣並得人糞與灰便於運至田畝以作肥料

英國伯明罕城特設一會專究查通穢用穢之法會內所報伯明罕工部局云備桶收糞與尿加以廉價滅臭藥水少許爲宜又屋內所燒煤爐與灰及乾穢物宜另桶收存運至遠處大廠用篩法分其穢物與煤爐及各動植廢料與細煤灰煤屑將動植物質燒之成灰煤爐煤屑分積成堆大煤爐出售每頓可值銀三圓小者留廠燒於汽機鍋爐糞和於灰亦積成堆畧歷二十一日再篩令和勻售與農夫易運至田疇以作肥料以此法辦理則無費料所得煤爐有用而動植物燒成灰亦有用所分玻璃瓷塊

廢鐵等亦各有用屠戶宰房殺牛羊等所餘費料亦用特法備辦如此不獨使穢汚無害於人反能大得其益凡人烟稠密之處每年宰殺牛羊豬等畜甚多宰此各畜之處不免有多餘料穢汚最易腐臭惡氣薰人非用嚴章慎辦開溝沖水則不免大害於民故各西國近來多特設屠廠專宰牲畜不許在他處宰殺凡暫養牲畜之處與宰剝之處分割之處製皮之處煉油之處皆有特設專塲修造整齊陰溝水道亦極便當宰殺之房以石爲之有二門一門放進牲畜一門運出肉骨與零物等所有腸胃之糞亦有法運出塲外售與農家壅田如不慎此各事則每遺零血餘糞雜料等積腐而臭致患重疫俱爲該管官等之過故現理此種事者設定嚴章凡售賣肉魚雞菜水果等物均有特設之市四面通風通水下設陰溝上造棚蓋以遮雨熱買者賣者交易其中大得其便可免腥羶露置四散穢汚之弊市房敞濶按地收捐每人月納捐若干則允其佔地面若許市間各事統歸本處工部局或地方官照章經理倫敦有數大市一處在倫敦北邊最爲講究地皮房價共值金四十餘萬圓地面全鋪花剛石極寛敞能容羊三萬六千牛六千四百小牛一千四百豬九百如不足用尚可添造所備自來水甚多不特足爲牲畜飲用猶能常沖水淨洗地面交易亦盛間有一日內售去各畜三萬餘頭有特派委員時相巡驗凡見有犯規者或有害人之事者立即拘獲告罰律以應得之咎近見香港上海二處西人租界亦多仿照西法整頓街衢積習漸開風氣日改已較從前美善多多矣深冀中國他處人多之地亦留心此事仿行清理以免惡臭爲災自可生人無算

第六十五圖

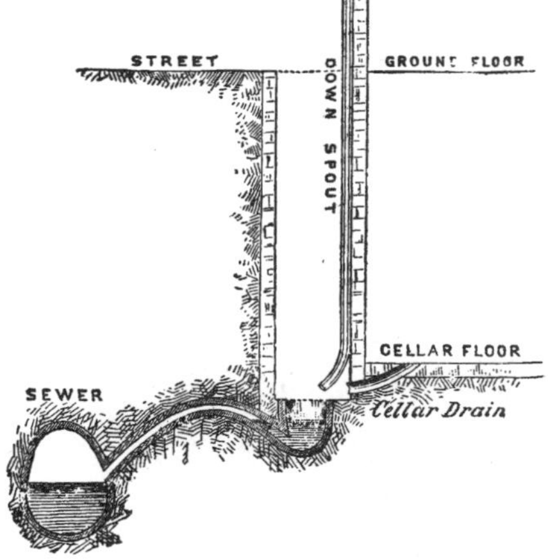

第二法將大城鎭穢物先分出其定質後提淨其流質令入河而無害於人成此事已設之法甚多不必枚舉內有一法用鋁二養三燐養五消化於鹽强水其價廉能滅臭能令流質內所含之料結成而餘水無甚害於河水所結之質乾之售作肥田之用又一法設公司專辦數城穢汚垃圾公司預借工部局銀欵立廠每年出

息百分之五售去之物每得利百分則提十五分歸局又有他城其公司準工部局用其法每售得利百分公司抽二十五分又有法將流質穢物合以白礬與血與泥木炭等照定比例待若干時澄清放其清者入河所餘定質用以肥田

第三法造大小陰溝二種小溝通糞與尿大溝通垃圾與廢水餘水此法亦有利弊或云垃圾變作肥田之料其益在人尿與糞之外另有屋背落下之烟灰馬路掃下之糞汚如合於廢水餘水內亦屬虛費

第四法將穢物等水濾清有數人設法得國家保其專用有一法用木炭與煤爐令穢物行過濾之又有用泥沙等法者俱有利弊不必詳言

總而言之無論用何法治理穢物垃圾均不免有弊與難處然不可因此即不用法辦理蓋凡大城鎮民居櫛比人物繁雜不能不費錢清除惡穢免生瘟疫大略用泥土之法濾淸穢水爲各法之最便者其泥土可分爲四處每處可濾穢汚六點鐘每滿六點鐘則另開其門通至第二處如此輪流分濾則分出之料可售與農夫用以肥田伯明罕城曾用此法購地五百英畝分爲三區每區足收本城半年至一年之穢物濾而清之辦理此事已大得法並能得利現歐洲各大城與美國各大城亦甚考求此要事故居城鎮之人能得清神與鄉間略同每年千人中死數漸減甚減至一半如每千人能少死十人則十萬衆之城鎮能少死千人實大善舉也如有善士自樂捐資救濟千人之命其功應若何大耶其名必遞世傳揚遐邇稱頌報章鑽之而國家賞之嘖嘖焉人將稱善不置焉然能如此好義者究屬寥寥如照以上衛生之法善造房屋通達空氣安設合用之水疏洩穢汚之物則不獨一年能救無數生靈猶能每年安然如常故各國家不可不關心民瘼設員經理各大城鎮衛生之道殷實之戶豐富之家工作之廠均不可不留心此事以保生命至於居家小戶亦必留愼衛生之道以安其居用此法可得養生之益違此法必有傷生之害若益若害任人自擇民應如此官尤甚焉見義不爲徒稱無勇知害不避咎無可辭天以好生爲德人詎可違天心而不施爲焉夫衛生之道人所通行西國多事考求以期盡善中華詎可輕視漠不關心本彙編不憚煩勞纏綿儆告急思民風轉易各自造福識者幸勿以余言爲河漢也可

居宅衛生論終

幼童衛生編不分卷

〔英〕傅蘭雅譯

《幼童衛生編》不分卷，英國傅蘭雅譯。是書亦爲傅蘭雅所譯衛生知識科普讀物之一種。所譯内容來源於美國政府所編、應用於各州公學堂之幼童衛生讀本。凡十二章，内容多關乎「孩童之身體應若何養育」、「孩童之精神應若何保護」兩方面，依次爲論身體、論飲食、論酒醇、論酒與菸、論消化之法、論血如何提淨、論血如何運行、論身體如何行動、論身體如何直立、論身體如何蒙蔽、論身體如何主理、論意念如何顯明，另附録學堂要言、全身骨數。據中國國家圖書館藏清光緒二十年（一八九四）格致書室排印本影印。

光緒二十年新鐫

每本價洋四角正

幼童衛生編

上海格致書室發售

英國傅蘭雅譯

TEMPERANCE PHYSIOLOGY SERIES.

No. 2.

幼童衛生編

Lessons in Hygiene,

For Intermediate Grades.

Indorsed by Mrs. Mary H. Hunt,

National and International Superintendent,

Department of Scientific Instruction of the Women's Christian Temperance Union.

Translated and adapted for use in Chinese schools, with additions on Opium-smoking and Foot-binding,

BY JOHN FRYER, LL.D.

Price 40 cents per copy.

Published by the Chinese Scientific Book Depôt,

407 Hankow Road, Shanghai.

PRINTED AT THE AMERICAN PRESBYTERIAN MISSION PRESS.

1894.

幼童衛生編序

泰西各國、於幼童讀書一事、漸知講求、故於入館之初、無論擬習何業、均必以次第爲緊要、以文法相勸勉、未始非訓蒙之道也、然試問孩童之身體應若何養育、孩童之精神應若何保護、則往往謝曰不知、似此舍本求末、徒令幼童因循坐誤、駒隙虛拋、待至成人始思悔改、不亦晚乎、近來美國公議院中秉大權者、議設公律、使本國各邦所立公學堂、皆有教習幼童衛生之法、猶慮有益有害之事、未易指明、於是選派著名董事數人、擇取合用多書、凡飲食衣服等事、有益於幼童者、切實指明、詳細講解、遇菸酒鴉片等物有害於幼童者、更反復辨論、嚴切戒除、久之即以擇取各書、傳之各邦公學堂內、俾教習之師、得將此書口講指畫、受教之童、得就此書由淺入深、將見固靈性、壯筋骨、永生命者、無難相繼而起也、蓋人在未冠以前、天性純篤、易於造就、能早得有用之書、服膺勿失、習慣自然、既成人後、凡屬有益之事、自能毅然奉行、爽然不誤、迨人不一人、咸知衛生爲首務、年復一年、益見此書之風行、其造是律行此法者、有功於幼童、豈淺鮮哉、蒙以養正、吾於是書信之矣、

凡例

一是書原爲幼童而設、並非成人所讀全備之書、故各章各節、循序漸進、從首至尾、皆係貫連、有若鐵鏈、所有衛生理法、詳見書中所論各體職司、與各具情形、使幼童能詳細尋繹、自知衛生所藉之事、實有互相倚賴之勢、且語意淺近、義理簡明、深微之議論不載、格致之精奥靡全、知識稍開、詎難通曉、

一是書論各體與各體之職、皆有相關、排列次第、能令衛生之理、自爲顯明、取而自讀、幾無待於指提、因其事其理、皆幼童意想所能到也、凡課幼童者、照此法教授、幼童當無不喜爲聽受、一若有不敢不從、不得不從者然、但如幼童、徒熟讀書中言語、而不能默會言中義理、恐所有各益、旋得旋失、

一是書共分十二章、每章首有綱領、便於檢察本章大旨、章末、有

與衛生相關之理、及習查各問問中事理、已見於本章者、不妨申而明之、若未見於本章、則亦應廣察博訪、觸類旁通、思索而出、自必寬假時刻、使幼童操練腦髓之機靈、若竟不能答對、教習者、始可講明原意以發其機、

一是書所論酒菸鴉片等害、原與國家新設律法、相輔而行、因民間能除酒菸鴉片等害、則各惡事可更少也、間有閱是書者、或以爲立言痛切、礙難聽從、或以爲立意繁苛、倍滋疑惑、抑思此書皆本格致之法、指明各種毒質之害、確有實據、並非空談、所以淺見之人、雖易被人煽惑、而天性未漓之幼童、將此書中意義、時留胸中、不但他人莫之能誘、彼反足勸戒他人勿用酒菸鴉片、致受過大之害、故此書不啻於幼童身外、加一重鐵甲、以護衛之也、

一是書原爲訓誡幼童、保全生命而著、故飲食衣服睡臥等事、皆須有一定之時刻、冷熱通風通光等事、皆宜有不易之界限、如徒令幼童熟讀此書、而不使見諸實事、是有書與無書同、教幼童之舘師、如口內常有酒菸等臭、是衛生之理法、師已知而不行、安能期諸學徒習而行之耶、論語云、其身不正、雖令不從、此之謂也、惟正己以正人、將衛生各事、身先施行、然後傳示後學、自有益於己、亦有益於人、不違上天生人之至意、或曰酒可入藥、似非全無益於人身、殊不知酒雖入藥、然而醫生從無准人亂用之者、故醫書雖詳言酒、此書則不必與之附和、

一是書原爲兩位極著名之人所著、一名約翰怒、一名布登、惟原書中所有意義、間有不合於各國學堂之用、後由戒酒會中女監督恨得氏、逐層删改、並添入新得各益意、遂成善本、可爲各

國公用之書

幼童衛生編目錄

幼童衛生編

第一章　論身體

綱領

一曰考究全體、一首頸中身四肢、爲目所能見、二內體爲目所不能見、三外體愼勿受傷、四內體愼勿受害、五須保護精神、六須面貌美觀、七人須大有用於世〇二曰考究分體、一臂、二腿、三各體有節、如杵臼節、鉸鏈節、繁節、四體多雙備、五動物各體、六人有要體、七須用見識保護身體

考究全體

人應考究全體之緣故、皆因人身、原爲若干分體、相合而成、分體之中、各有特設之名目、合用之益處、必須詳細考驗、乃各知其名目、謹愼愛護、乃各得其益處、否則有多緊要之事、及多趣益之理、雖畢生習見、未易知也、

試問人當直立時、有一最高之體、厥名爲何、則人皆曰首是也、首之外、又有別體之名目、亦常人所共知者、卽令描畫形容、亦無不

可、

如首以下則謂之頸、人亦均知其爲頸、至承頸而下者爲中身、中

醫生診視病童

身上端、有相連之兩體、曰左臂右臂、中身下端、有相連之兩體、曰左腿右腿、人亦無不知之、

若中身以內所有各物件、常人未經目覩、殊難如首與頸等、一一確指其名、更何能言明其用處、抑思百體各有職司、顯見之體、固備人動作之需、深藏之體、實養人生命之具、人苟詳爲考求、隱爲衛護、必能大得其益、

如有人皮膚被蜂螫刺、或手指被火燃傷、則必立知其致痛之根

源、而思所以慎防於後、至於耳痛或腹痛、則病在內不在外、未易洞悉其微、必將耳內腹內所不能見之各件、深究其理與其用處、乃可藉衛生之法、以免數種病痛、

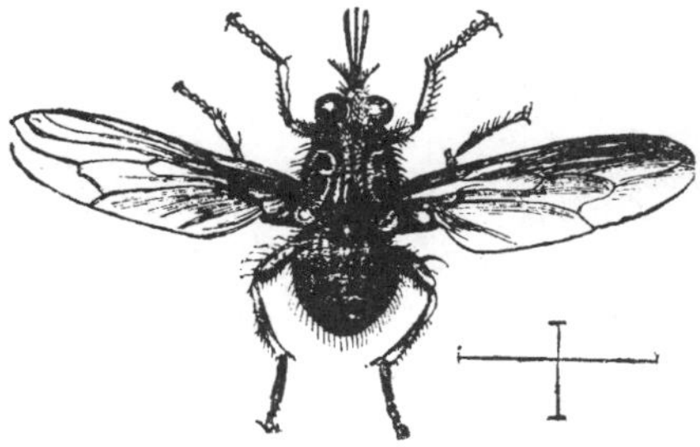

螫人之蜂

又如見人遇危險之事、因而折斷其牙、或擊傷其目、則必轉自謹慎、冀免不測之禍、然此猶有形之危險也、至若無形之危險、則在自恃其牙堅或目明、嚼所不應嚼、視所不該視、迨至牙壞不能嚼、目傷不能視、則悔已晚矣、此與遇危險之事何異、

從此可見人既具此全體、不但須知其名目曉其功用、即何事能令體強、何事能使體弱、亦應一律學知、蓋人必能明此理、始能保護全體之精神、以行所當然之職分、而不至有錯誤矣、

人之面貌、務以美觀爲要、如我見他人面貌整齊俊美、則必心生愛慕、乃定理也、易地以思、如我之面貌略有疵瑕、自覺可憎、亦宜

大腿杵臼節

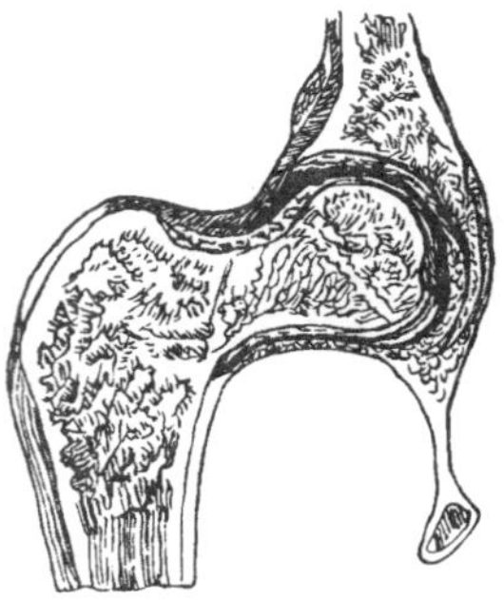

肩髀杵臼節

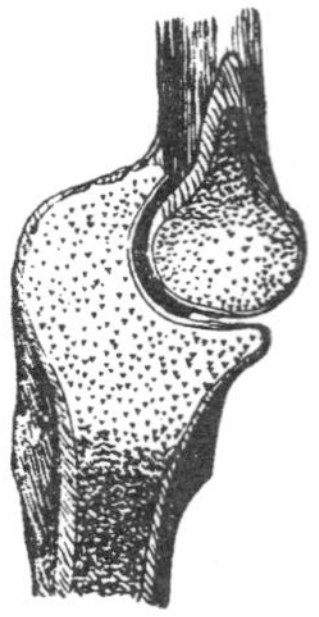

用法改變、庶他人見之不以爲可憎、而以爲可喜、用法爲何、第一要事、在令全體無病、設或有病、則面色黯淡而無華、眼光昏暗而難見、甚至起居動作、率多勉強、而失自然、適令他人見之、徒覺可憐耳、

總之、人能本衛生之理、以保護其精神、則身體必極強健、可以却病延年、心地必極光明、可以隨機應變、雖曰世間各事、本極繁難、但恃此無菑無害之身、以辨理分所應爲之事、不必借朋友之佽助、不必資親戚之扶持、自覺攸往咸宜也、彼戕賊全體、不知自愛者、

曾亦思衛生有至樂歟、

考究分體

臂○臂在頸下、連於中身、分左右、爲兩臂、如將兩臂向上伸出、則

狗之身體

猫之身體

方向相對而相反、兩臂之端有兩手、手端有指、指端有甲、一若互爲保護者然、

腿○腿連中身下端、亦分列左右、成爲兩腿、兩腿之端有兩脚、如將兩腿向下伸出、則與兩脚各成正角形、脚後有踵、前有趾、趾有甲、與手指同、

馬之身體

牛之身體

四肢各節○兩臂兩腿、謂之四肢、其周圍任何方向、可以移動者、因相連之處有能轉運之節、姑就禽獸類證之、如查雞腿羊腿猪腿、所有各骨之端、皆具凸凹形、凸與凹配、若杵臼然、故謂之杵臼節、兩肩與兩胯所有之節、即臂與腿連於中身之節、亦謂之杵臼節、惟兩肩之節凹較淺於兩胯之節凹、所以兩臂周圍彎轉、較兩腿爲尤靈便、

兩肘與兩膝、亦有相連之節、似乎門之有鉸鏈、何以見之、因鉸鏈轉動、祇有開闔兩方向、兩肘兩膝轉動、亦祇有前後方向、所以兩肘與兩膝之節、謂之鉸鏈節、又名屈伸節、

腕與踝亦有節、係小圓骨、數塊合成、因其繞動之法甚多、故謂之繁節、亦名流滑節、他如手指節脚趾節、亦爲鉸鏈節、祇能屈伸與肘膝無異、

臂與腿之下端、各有長骨兩條、彼此能互相圍繞、所以手則任其上下翻覆、脚則任其內外轉動、初無箝制之處、

魚之身體

雞之身體

各體雙備〇兩臂兩腿、排列左右、固係成雙、耳目及顴、亦莫不然、更有鼻分兩孔、左右相並、口內兩邊、各件相對、猶皆無獨而有偶、俱非寡二而少雙、可見人之分體、如摹繪成圖、從中額作線、劃分左右兩半、必皆雙雙完備、惟方向則相反耳、

動物各體〇凡百動物、其各體、排列各法、大半與人相似、所以數

目與方位及功用、亦多與人相類、如狗貓雖形狀與人迥殊、實皆具有四肢、惟合四肢爲四腿、則臂減而腿增、故無手而代以足、無

蝙蝠身體

蛙之身體

指而生以爪、馬牛亦有四腿、作爲四肢、馬蹏渾一、牛蹏分雙、均可代手指足趾之用、若雞則兩臂雖無、兩翅不啻兩臂也、魚雖四肢不顯、各翅不啻四肢也、他如蛙之爲物、四肢亦甚顯然、特後足之間、更有

薄皮、所以便於游水也、蝙蝠爲物、四肢亦係全備、特當中另生薄皮成翅、所以便於高飛也、總之凡有脊骨之動物、無不具有四肢、

猫足剖視形

鷹爪形式

此殆上天造化萬物之公法歟、

人有要體○凡人身要體、以能思想爲最、能思想者無過腦髓、則腦髓卽人身最要之體也、腦髓高居頭顱之內、外有頭殼爲城、以資保護、運思作想、實極靈焉、

人苟思想過甚、則有損於腦髓之微分、必須卽刻補之、補腦髓之料、得自血、血內欲得血者、貴有成血之器具、與成血之妙法、成血之具、多容於中身以內、所以人之中身爲最寬大、成血之法、仍恃成血之具、有以助之、所以中身以內、凡各器具皆

有專職、司事甚繁、

血由何者變成、則曰資乎食物、人見所得之食物、有手取携、有足追尋、鮮不謂食物之得也手足之功居多、而不知實腦髓爲之也、腦髓賴血滋養、以爲身之主宰、凡有所思、則百體皆聽命焉、故得食物者雖手與足、而使之得食物藉以成血者、實腦髓爲之主持也、彼善於衛生之人、不使腦髓受虧、務令身有所主、夫豈無所見而云然乎、

鵝掌形式

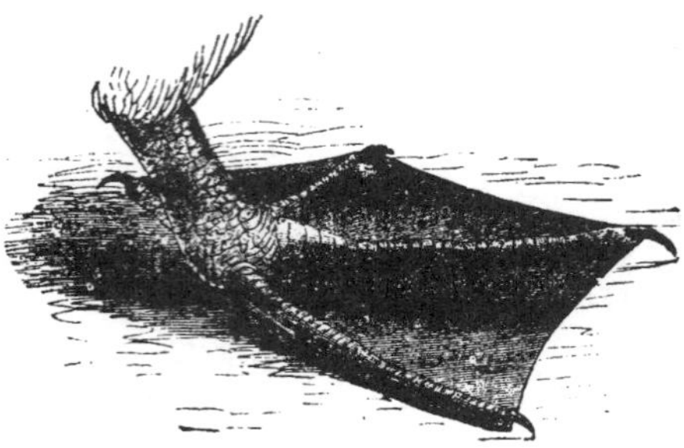

鶚嘴形式

習問

一人爲何欲令面貌美觀、　二面貌美觀何事爲要、　三人有杵臼節、爲易脫節、何故、　四大指與手相連之節、爲何節、　五手指與足趾、各有若干節、　六大手指與大足趾、有何分別、　七腕與踝有何分別、　八貓之趾數、與人之手足如何相配、　九貓之前足、與人手有何分別、　十狗之後腿、與人之胯膝踝等、有何相配、　十一貓足有何骨配人之踵、　十二人與狗行動、各恃足何處、　十三何物用手雙擒食物、　十四雞鴨各處有何分別、　十五鳥無口鼻、以何物代之、　十六保護身體、依何法可免錯誤、

第二章　論飲食

綱領

一曰人爲何食物、一耗身體質料、二須隨時修補、三食物原意、爲保生命、四人必食物始能行其職司、〇二曰人食何物、一養身所需之原質、二食物與工藝有關、三食物與地利有關、四食物分四大類、如似蛋白類、有哥路登、乳油、乳餅、小粉類、油類、有動物植物各質、地產類、有石灰、燐、鐵、鹽、水等、皆是五特用之食物、如菜肉水果等、六各種有益之食物、七燒煮各種食物法、八食物必合用數種、〇三曰人如何食物、一嚼功、二牙齒之嚼法名目用處、三謹慎牙齒切勿亂用、〇四曰咽物如何、一生津之具、二口津數目、三徒耗口津、四菸害口津有徒耗生臭等弊、五水與身體之相關及含水之數目與用處、六酒醇與水有愛攝力、七食管用處與情形、

人爲何食物

凡人身體一行動、或腦髓一運思、必耗費體內若干質料、卽成身體之微生珠、或質點、如常耗而不補、則身體必漸衰弱、而生命亦將滅亡矣、補身體之事、謂之養生、養生所需之質、俱從食物內得之、

食物能養身體、必先有數種改變、卽必分細分有用之分、最易消化、以與餘分調和、終必分開、始合養身、養身最要之端、無過食物、食物最要之故、因能保護生命、並能增長氣力、便於操作每日應作之工、

人食何物

每飯一餐、桌上列有飯與饅頭、及魚肉山芋菜類水果等、又有茶或水或牛乳等飲物、是爲常事、但飲食各物、須依一定時刻、方足補養身體所缺、而免飢餓、

小粉顆粒放大之形

丙爲米之小粉粒乙爲蕉果小粉粒甲爲山芋小粉粒

人之身體、略爲十六種原質相合而成、食物內本多含此各質、足爲養身之用、如人不食物、或所食之物、缺此十六種原質內一種、則必漸致於死、

食物所含原質、本有多寡不同、如此一種食物、所含原質、不足補養全身、則必多用數種食物、方能得養身所需之原質、

食物分四大類○一、凡食物內、有大益者、西名哥路登、如麪及飯內所有黏性之質是也、此質含人身所需之質、多寡比例、各有不同、又蛋白類質、及豆腐乳腐、並遇空氣能凝成稠質者、俱含養身各質、惟其多寡亦各不同、此各食物所含之質、均爲補身之織質所用、其形性與蛋白相似、故謂之似蛋白質、

二、五穀等食物內、所含小粉、亦有大益於養身、惟小粉含人身所需之質、不及哥路登之精美、所以謂之次第食物、蔗糖等食物、亦含養身要質、惟其比例亦各不同、

三、食物內含有油質者、謂之三等食物、無論含動物或植物之油質皆然、其原質略同於蔗糖及小粉、惟形狀各殊耳、人欲用以養身、必先令其變化、蔗糖與小粉並油類質、俱能令身生熱、故又謂之生熱食物、

收割甘蔗以造糖

四、食物內含有爲地產之質、如石灰、鹻、鐵、鹽、水等、人身內雖俱有之、然必由食物內得之、除鹽與水之外、若石灰等、人鮮徑食之者、惟賴所食之肉菜水果內、有以含之耳、

幼童衛生編

第二章論飲食

肉或肉湯也、

人如何食物

嚼食物、○凡人預備食物、令其足以養身、第一層工夫、必咀嚼之、嚼食物之具爲牙齒與舌與腮、牙齒之職、以磨碎食物爲務、舌腮之職、乃令食物轉移牙齒之中、便於磨碎、

古羅馬人臥座飲食

人之牙齒、○人之牙齒、大都與畜類無甚懸殊、如貓與狗、其口門各有四齒、最長而犀利、其餘牙齒無論在前或後、俱極短小、口門四齒力易咬穿柔輭之料、其形配以撕肉之用、松鼠或兎、亦有最要四齒、生於口門、惟長而不利、因其口如鑿、故能齦嚙細木等硬質、馬之口門、有多大牙、寬而且平、正合磨碎五

穀或軋碎植物類之枝榦、人口內所有牙齒、與上三種牙齒、幾各相似、而大小亦幾相等、

牙齒各式

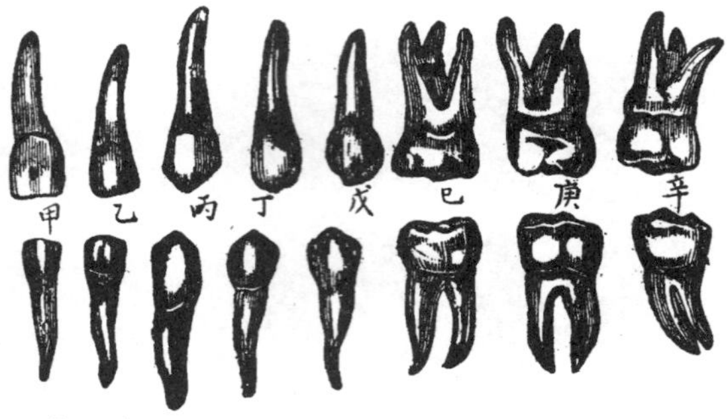

人之牙齒、由前向後數之、上下各有切牙四箇、謂之門牙、後有長牙各二、謂之貳牙、次則齻牙各四、再後各有大牙六箇、共計上下有三十二牙、但孩童之牙、上下不過二十箇、謂之乳牙、乳牙脫後、⿰齒巴換實牙、共三十二枚、牙在牙床骨以內之分、謂之牙根、出牙肉之分、謂之牙頭、上牙床骨之大牙、常有三根、下牙床骨之大牙、常有兩根、餘各牙則祗一根、至若牙頭、詳細看之、則外面有硬而光之質、謂之牙磁、牙磁以內、其質較輭、謂之牙骨、牙當中通至牙根、又有隙處、通以腦氣筋與成網形之微血管、

保護牙齒之法、○牙磁最堅、如偶破爛、則牙骨亦易腐壞、不但令人覺痛、且令臭氣難聞、所以牙齒必須用法保護、方免此弊、常有孩童用牙齒咬開桃核等硬物、致令牙磁破裂、牙體因而易壞、卽咬他種硬物、亦易成此弊病、

如將極冷玻璃杯等、傾入沸水、則玻璃料難遽變熱、最易磔裂、或將極熱玻璃杯等、傾以氷水、則玻璃料難遽變冷、亦必破裂、依同理、則口中如遽食極熱或極冷之物、牙磁亦必破裂、

牙齒之中、如存有食物細屑、未能剔去、待其腐爛、則發臭質、足壞牙磁、久之、易令全牙鬆動、

修淨牙齒之法、○每食飯後、齒中存有食物之屑、應用木片或鵝管片剔之、如剔以針或小刀、則易傷牙磁牙肉、每日早起晚睡之時、並每餐飯後、應用淨水與牙刷、刷洗牙齒、水內用鹽少許、亦屬

有益、

間有一種白色硬質、聚於牙齒內面、與牙肉相近處、謂之牙鏽、如不取去、亦易傷壞牙磁牙肉、所以初生牙鏽時、即用鵝管片刮除、較爲容易、

咽物如何

食物在口內嚼透、則可下咽、咽時、所以覺其甚易者、因嚼時、口內生有口津、和潤食物易送下也、

生津之具〇口內有管、通至牙床骨旁之核三對、此核謂之津核、亦名涎核、其職能從血內分出津涎、存留核內、口津得以流於口內者、此核之力居多、然其所出津涎、不能常放不息、必用法感動、方可多出、

如將牙床骨開闔不停、即可令津流出、所以咀嚼食物時、口津足

以潤之、使食易咽易消、人言語時、口津相與濟之、使口不乾、不燥、又摸口內任何處、或置口內任何物、俱易令口津流於口內、如牙科修理牙齒、每有口津橫流之事、

津核部位

間有人當飢餓時、或目見食物、或聞及食物、或將嘗食物、亦易令口津流出、是謂之饞涎、試就畜類證之、如牛狗等畜見人爲之備食、則口內必生多津、往往涎垂口外、凡辣味之物、如胡椒辣椒芥末等、能令口內覺熱、因而生津甚多、似有欲將辣味沖淡之意、

口津數目、○人所需口津之數、貴在足潤食物、如不足潤之、則食物、在口不但難咽、入胃亦難消化、然於口內欲得所需口津、必費

若干時刻、故每餐飯時、須將食物緩緩嚼細、則牙床骨因多開闔、自能多生口津、足爲潤食之用、如飯與饅頭暨他植物等食物、須嚼之時、較肉更長、若尚未嚼透、卽欲吞咽、以後必有欲速不達之弊、勢必無力做工、無心尋樂、

徒耗口津○人如不食物時、牙床骨時常開闔、令口津無故流於口內、則未免徒耗口津、抑思口津出自血中、耗口津卽耗血乎、西國有人喜將數種樹膠、暇時放入口嚼之、初尚不知其弊、久之身體輭弱、精神疲倦、始悟徒耗口津之過、亦已晚矣、

菸害口津○徒耗口津、以用菸爲最重、因菸味甚辣、易致生津、若用菸既多且久、必至多耗口津、爲害尤鉅、

用菸之人、不但令血變口津之料、逐漸減少、並令口津味淡力薄、不能行所應行之職、且百體各處所需之料、每因此故、不能從血

種茶可以飲

內收得、常以匱乏爲慮、用菸最可憎者、爲其口內常有惡臭、又多唾沫、見之既不雅觀、觸之亦殊厭聞、所以文雅潔淨之人、非但不欲親近、且必避而遠之、

水與身體之相關、○凡人身體所有之原質、每八分中略有水七分、口津每百分略有水九十九分、又無病之人、體內所有要具、如腦氣筋腦髓、肌肉與血、大半爲水所成、骨內亦必含水若干、至若胃中之食物、又必需水消化、乃能漸變成血、流入百體、藉以養身、故人每日應用多水、必在食物內得之、或另飲茶等至足所需之水數爲止、倘爲數過多或過少、則俱有

害於人之精神、

酒醇遇水有愛攝力、○酒醇遇水、愛力最大、如取肉一塊、放入燒酒中、待若干時、肉必縮小變硬、因肉內之水、被醇吸收故也、依同理、人如飲酒、則令百體內大半含醇、醇所到處、遇水卽合、將令百體內之流質與纖質、俱有擾動之患、此種患害、下章詳之、

食管剖視形

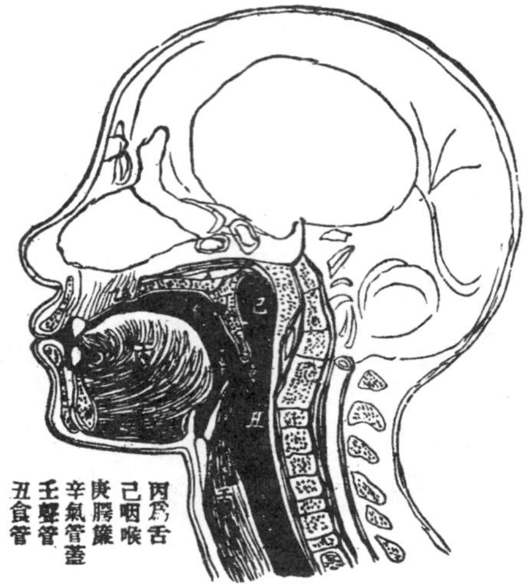

食管、○食物從口入胃、必經過食管、食管卽爲導食之路、凡食物嚼透時、已被口津滋潤、舌卽爲之推移、送食入喉、喉在食管之上、腭簾之後也、

人之喉內、共有兩管、一氣管、一食管、食物下行時、氣管有蓋（名蓋會厭）

自行閉闔、使食物不能誤入氣管、間有咽食急速、致氣管蓋不及關閉、而食物誤入氣管、則呼吸爲之不靈、必待一再咳嗽、使其食物嗆出、呼吸始能如初、可見人如食物從容、則可免此種危險、食管外圍、有多環肌、食物入食管時、至第一環肌、則一環縮小、擠食咽入第二環內、至第二環、環亦縮小、俾食咽入第三環內、如此遞推、食隨漸下、落入胃中、食物之工乃畢、俟食物在胃中消化、始能變爲血液、

飲食與衛生相關之理

一、所食之物、必以能養身體爲最佳、

二、食物必須從緩、令其逐漸入胃、

三、咀嚼食物、須令口津足以潤之、

四、硬物有傷牙齒、愼勿輕於咬之、

五、極冷與極熱之食物、均於牙齒有損、不可遽食、

六、牙齒須常收拾潔淨、

七、食物味辣者、易耗口津、不宜多食、

八、嚼樹膠等物、尤爲徒耗口津、宜急戒之、

九、用菸之人、身旣輭弱、人尤可憎、宜早戒絕、

十、飲各種酒、則令體內流質與織質、不能合法行其職司、更宜猛省、

習問

一田內除種麥外、宜種何穀類、　二園內宜種何菜爲食物、　三五穀外如山芋蘿蔔、芋奶葱菜等人應食若干分、　四麵粉內何質有黏性、　五饅頭用何法發鬆、　六眞珠米作饅頭爲何難令發鬆、如和入蛋白、爲何能助其發鬆、　七冬食肉以油多爲佳、夏食肉不喜油多、何故、　八最冷之地、如何得食物內所需之油、　九麥粉不去麩皮、較去麩皮者有益、何故、　十牛肉較猪肉爲佳何故、　十一蠣黃較蚌蛤爲佳、何故、　十二燒牛肉較煮者爲佳、何故、　十三煮肉應

否先置於冷水或熱水、　十四蠣黃與魚類燒時應用鮮者否、　十五水果內有酸質於人何益、　十六未熟水果於人何害、　十七依何法令其有益、　十八何種食物應合於似蛋白質或合於小粉內食之、　十九尋常麵條應合何物燒之、　二十何種食物尋常合別物並食之、　二十一孩童初生乳牙有何用處宜若何謹慎、　二十二肉牙有腐爛之形狀應若何爲之、　二十三辣椒胡椒芥末等爲何不宜多食、　二十四人知用菸有害爲何不戒、　二十五戒菸甚難用何妙法免之、　二十六人之身體有水若干分、　二十七每日應令身體得水若干分、　二十八如身體內各織質所得水數不足於用果有何害、　二十九酒與水有何相關、　三十酒醇收入身體內則成何事、　三十一酒醇遇百體之流質與織質則成何患、　三十二食物過速有何危險、

第三章　論酒醇

綱領

一曰酒醇性情、一生物腐爛復成生物、二腐爛爲微生物所成、三發酵之功、一和暖則加速、二糖質先腐爛、三變成炭養二氣與酒醇、四酒之精者明而無色可以燃火可以加渴、五醇毒入血則害生命、六酒醇爲毒質、一少用則爲慢毒質、二多用則爲速毒質、三爲腦髓毒藥、四爲醉性毒藥○二曰酒醇所成之事、一常飲酒者雖少亦有害、二酒癮、一令人不能自主、二少飲則必加多、三久飲則受其約束、四食物內加酒害與酒同、五戒酒須以遠酒爲良法、

酒醇性情

生物有必腐爛之公例、○凡有生活之物、卽爲必死之物、此乃萬物之公例、惟物死之後、其原質由腐爛而分散、仍必再成生物、卽如各種花草水果等、其原質原存土內、及空氣內、或水內、所以花草生易向榮、水果長易成熟、及花草由榮而枯、水果由熟而爛、則其原質依然還諸土內、或空氣內、或水內、可以再成新花草與水果、

生物腐爛之緣故、○凡水果與花草、至於腐爛、非自行腐爛也、俱爲極細之微生物、與其相合、令其原質改變或化分、是以腐爛也、微生物種類甚多、名目亦不同、各有特行之職、人雖目未易見、然用顯微鏡窺之、則見有多微生物、浮於空氣內、遇死或熟之動植物質、則交相侵攻、務令腐爛而後已、另有一種謂之霉、尋常食物、

如水果饅頭等、不能久存、久則發霉、發霉之後、人多不敢食之、因其質料已變壞也、

微生物能成發酵之事、○有一種微生物、能令甜味之流質發酵、所以壓出之水果汁、與滲成之五穀水、俱能爲此微生物改變成酒、然水果等皮尚未破、則微生物不能遽入、必待壓出其汁、或滲出其水、置頗暖處、此種微生物、始能起首行其職司、

甘蔗圖

有數種植物、如甘蔗、蘆粟（卽甜梁稭）蘿蔔等、其汁含糖、其味甚甜、如熬其汁、令水放出、則餘乾者爲糖、蘋果葡萄等果、已熟之時、內均含糖、其味亦甜、如壓出其汁、則初腐爛之質、卽所含之糖質、特糖質不能自行腐爛、必遇空氣內所浮發酵之微生物、或果皮面與莖

上已有之微生物、和入其汁、而糖質乃腐爛也、若將此種糖質、置於極和暖處、則每一微生物能生多微生物、與本微生物同、待滋生愈多、則愈令汁內之糖、變成兩種毒質、一爲毒氣、卽炭養二、一爲毒水、卽酒醇、氣在水內、必成氣泡、浮至水面、破裂而散、祇有酒醇存在水內、

蘆粟圖

酒醇與水不同、○凡水果或五穀或菜內之汁、如既變成酒醇、則有明而無色之流質、以法能蒸取之、雖視之有若淨水、而其性情則與淨水大不相同、如將水與酒醇、同試驗之、可知異矣、如用火燃水、水不能灼、用火燃酒醇、立卽延燒、與火油同、又取水飲之、胃中並不覺熱、且可解渴、取酒醇飲之、則非但不能解渴、必反加渴、此明証也、

毒質之義、○凡質收入血內、有害於人之精神與生命者、謂之毒質、毒質顯毒性之遲速、視服毒質之多寡、

酒醇爲毒質、○酒醇之質最毒、飲之則有害於腦氣筋、並身內最要各體、所以醉酒之人、皆均受酒醇之毒、間有人之腦髓、因久飲酒爲之變壞、故酒醇可謂之腦髓毒藥、又人飲酒醇少許、受害尚淺、發作較遲、此可謂之慢毒藥、若飲之過多、受害甚深、或死於數點鐘內、或不及半時卽死、是可謂之快毒藥、

酒醇有醉性毒質、○凡藥能令人五官罔覺、四肢麻木、如醉如癡者、則謂之醉性毒藥、酒醇亦然、飲酒之人、腦筋腦髓、往往被其變壞、致成以上各弊、所以酒醇亦爲醉性毒質、

酒醇所成之事

常飲酒者每難永壽、○或問曰、嘗見有人飲酒多年、尚不至死、乃

謂酒含醇毒、誰信之乎、不知此乃愚昧之見也、英國有著名醫士、獨抒卓見、謂常飲酒之人、其胃體被醇變硬、雖可暫時耐酒之害、不卽顯明、然積日累月、受害既深、必減人若干壽算、毫無疑議云云、由是觀之、則人無論男女、如常飲酒、其身體性情及靈性、不免有大改變、雖體壯之人、尚可免耐酒醇之害、而體弱之人、則必不久而死、

酒癮○飲酒之人、初時試飲淡酒、以爲可以無害、不知淡酒之類、如葡萄及麥等酒、含醇毒雖不甚多、然飲之日久、亦易成癮、成癮之後、則非飲濃酒不可、

飲酒成癮之人、不欲謂酒爲危險之物、所以愈飲愈愛、愈愛愈飲、遂不問事之是非、害之輕重、惟以得酒爲快事、常飲爲開心、苟無法得酒、雖事惡敢作、總之、飲酒成癮、最難禁絕、卽欲暫時禁絕、亦

將立志不堅、偶聞酒香、饞涎輒滴、或偶少嘗、癮必復舊、空有此身、幾難自主、間有人於食物內、加少許酒醇、使其味佳氣美、以爲決難成癮、其實醇在食物內、不遽改變、究能成人之癮、不過有遲速之分耳、故凡欲戒酒者、有一最妥之法、卽無論食物飲物內、決不令酒攙入、凡用酒之人與用酒之處、俱必遠而避之、則癮庶可除矣、

酒醇與衛生相關之理

一、生物必腐爛、有一定公例、所以合用之食物、間有弊處、如飯饅頭等、發霉之後、人斷不可食、

二、含糖之流質、發酵之後、則變爲酒、成酒之後、必含醇毒、人斷不可飲、

三、天生之飲物、如淨水與牛乳等、俱大有益於人、渴時飲之、可以

解渴、

四、酒醇爲醉性毒質、飲之則五官四肢、均受其害、人勿輕於嘗試、

五、飲酒少許、已有危險、飲之不已、卽可成癮、甚至受酒之害、輒易致死、人盍早自嚴禁、

六、凡食物內均不可加入各酒、令其味變爲佳、因有此故、不但無癮之人、可易成癮、卽畏酒害而禁絕者、亦必仍令復原、欲去癮者盍鑒諸、

習問

一萬物必腐爛、其公例若何、　二腐爛、有何緣故、　三植物如水果等、其原質爲何、　四水果或別植物、死後其原質往何處、　五能令水果與別植物腐爛者爲何物、　六令物腐爛之微生物若何、　七種類如何、　八視以顯微鏡若何、　九微生物另有一種爲何名目、　十常見微生物在何處、　十一如遇食物、則成何事、　十二又有一種微生物、有何名目、　十三能令何質腐爛、　十四水果與五穀之汁、遇發酵之微生物成何事、　十五水果汁在皮內何不發酵、

十六果內含糖亦發酵否、 十七何以知數種植物汁含糖、 十八葡萄蘋果等汁、味何以甜、 十九果汁壓出後、何質先腐爛、 二十腐爛究因何故、 二十一發酵之微生物、如何能入果汁內、 二十二果汁當和暖時、每一微生物能成何事、 二十三發酵之微生物愈多、則糖質愈有何改變、 二十四有何新質變成令其氣與酒若何、 二十五果與穀及菜等汁內、變成之酒、形狀若何、 二十六酒與水有何分別、 二十七何者能解渴、 二十八何者能加渴、 二十九水與酒各燃以火若何、 三十何謂毒質、 三十一毒質顯毒性、因何有遲速、 三十二酒醇之性情如何、 三十三飲酒少許則成何事、 三十四酒醇爲何種毒質、 三十五一次吸酒甚多則成何事、 三十六醉酒之人謂之若何、 三十七酒醇何以爲腦髓毒藥、 三十八飲酒能令五官四肢變至若何、 三十九醉性藥若何、 四十酒醇何亦爲醉性毒質、 四十一英國醫生有何議論、 四十二飲酒之人以酒爲危險否、 四十三愈飲酒愈至若何、 四十四飲酒何易成癮、 四十五成癮之人有何力量、 四十六既成癮後、尋常成何事、 四十七如已戒酒癮何復發、 四十八將酒添入食物得其美味可否、 四十九酒在食物內其性情改變否、 五十食物內所添之酒、可成何事、 五十一定欲戒酒、有良法否、 五十二遠各種酒可去癮否、

第四章 論酒與菸

綱領

一曰原酒、一蘋果酒、一以蘋果汁爲之、二汁內不含醇、三令其發酵、則變爲炭養二氣、與酒醇、四其

酒有害、五愈濃愈不可飲、二葡萄酒、一以葡萄汁爲之、二發酵則變醇、三家造果酒亦有危險、四飲淡酒每易成癮、三試驗各酒含醇之據、四穀類酒一以大麥或米爲之、二小粉能變糖、糖能變醇、三麥酒亦有害、四家造穀酒亦有危險〇二曰發酵之理、一發酵之饅頭有益於人、發酵之酒有害於人、二改變物料之性情、三發酒酵與發醋酵不同、四發醋酵不含酒醇、五發酵有大誤〇三曰燒酒、一蒸法、二葡萄酒蒸得者西名罷蘭地、三蔗汁發酵蒸得者、西名勒木、四五穀與山芋等質發酵蒸得者、西名灰司記、五燒酒性情最壞〇四曰菸葉、一菸含之油質西名尼古低尼、二紙菸最有害於孩童、

原酒

酒之濃厚者謂之酒醇、其味最辣、其性最毒、喜飲之人甚少、間有喜飲者、皆因先飲淡酒、日復一日、漸覺淡酒不適於口、乃改飲濃酒、不知酒含醇毒、愈多愈有害於人身、人多不察、亦可惜已、茲將各酒詳論於下、

蘋果酒〇多產蘋果處、每取之而壓其汁、使變爲酒、此汁在蘋果內、大半爲甜水、且有香氣、本不含醇、後因壓碎成汁、遇空氣內所

浮之微生物、或蘋果皮莖外、所存之微生物、入於汁內、卽令發酵、不久成醇、上升小泡爲炭養二氣、而酒以成、因此則蘋果汁之糖質改其性情、失其甜味、不爲甜水而爲醇毒、所以蘋果原爲美質、造成酒則爲毒質矣、

蘋果與食蘋果之蟲

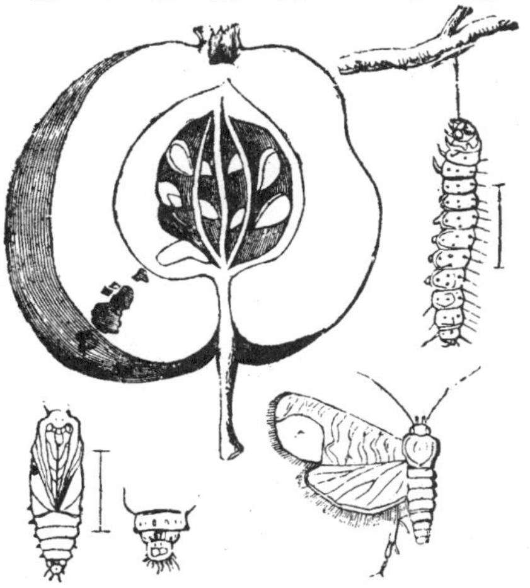

天氣頗和暖時、蘋果汁內、略閱六點鐘、卽可發酵變醇、間有早於六點鐘者、卽如日間用磨軋蘋果汁、至晚止工、必有少許餘汁、存留磨內、至夜中必發酵、如次日、仍用此磨另軋蘋果、則所得之汁、發酵必早、

飲蘋果酒之害〇蘋果之汁、初發酵時、所含酒醇、尚不甚多、及成酒後、則含酒醇漸增、間有蘋果酒十分含醇一分者、如將蘋果汁

盛大桶內、每日取飲若干、則第一日飲者、含醇頗少、受害亦淺、過數日後、汁內含醇愈多、飲之卽受害愈深、久則嗜好成癮、喜醇多者、乃嫌蘋果酒淡、不及燒酒濃冽、因此改飲燒酒、致身體益受醇毒、甚至性亂氣勇、動與人爭、失德喪行、人皆輕賤、何如不飲之爲愈耶、

葡萄酒、○葡萄熟時、摘取食之、不但適口、且有益於身、乃人設法壓出其汁、用以造酒、則養人者反足以害人、此何故耶、因葡萄壓出之汁、亦猶蘋果汁、遇空氣與皮莖之微生物、入於汁內、發酵變醇、天和暖時、汁內之糖、悉變炭養二氣與醇、毒氣浮成泡、破裂而散、醇留汁內、卽變爲酒、酒具此毒性、一若誘人飲之、而肆行其毒害也、

家釀果酒、○多產水果之處、每有婦女收取各種大小水果、壓出

其汁、用以造酒、雖曰小試其端、亦屬爲害不淺、因各果汁之糖、亦必變成炭養二氣與醇毒、始能成酒、間有人以爲此種果汁、含糖甚多、卽能成酒、必無多醇、因加蔗糖助其濃厚、不知變醇愈多、成酒愈烈、爲害卽愈大也、

果酒最易成癮、○昔西人謂飲葡萄等淡酒、無甚大害、因內含醇毒少也、不知此説果確、則飲慣果酒者、心應知足、而不更多飲他種濃酒、何以世人初飲淡酒、以爲適口、久則必欲加濃耶、可知葡萄等酒、含醇雖輕、實爲成癮之階、及癮已深、明知改飲濃酒、身體性情、均受其害、而亦不能自禁、或且詡詡然告於衆曰、吾之改飲濃酒、實因葡萄等酒、水多醇少、不足暢懷、何如易飲濃醪、以省果酒乎、其亦未思己之酒癮、從此更深重也、

果酒含醇之據、○如將果酒若干、傾入水壺、封密其口、加熱令沸、

用管引其嘴內所噴之汽、通入冷器、或令管通過冷水、使其汽凝爲流質、取而驗之、則初凝者必全爲醇、及所流之質漸淡、則知含醇漸少、

穀類酒、○米與大麥等穀、既不含糖、亦無甜汁、多含小粉、爲能變醇、然造酒家設有良法、穀無糖而使之變糖、糖加酵卽使之釀酒、故先將穀類置於濕暖之處、候其發芽、則變爲含糖之質、以法烘乾、搓去其芽、磨粉、添水、消化其糖、使成甜水、而後變酒、惟以此甜水變酒、若俟空氣內之微生物通入其水、俾漸發酵、則嫌遲緩、誤時、故另加以現成酵質、用法醞釀、不久卽可成酒、成酒之後、化而分之、亦不外兩種質、卽炭養二氣與醇、毒與用果汁所造之酒同、所以穀酒害人、亦無異於果酒、西國格致家試驗穀酒如大麥酒等、足以弱人之身體、損人之精神、變人之性情、壞人之心術、凡人

言語失實、行爲背謬、率由穀酒誤之也、

家釀植物類酒、○西國貧民有將草類、或樹皮、樹根、與他適口之植物、添於水內、另加蔗糖及酵、使其變酒者、此種酒內含醇最多、害人尤甚、飲之者、心靈性命、大半爲之變壞、爲禍之烈、無過於此、

酵質放大形

發酵之理

發酵原分利弊、○凡物發酵、皆足害人、故果酒穀酒、從無益人之事、然用現成之酵、和入麪粉、做成饅頭、又能有益於人、何也、因麪粉內雖有糖質少許、加入酵質、令稍和暖、其糖亦能變成炭養二氣與酒醇、然其氣在麪粉內足令發鬆、如蜂窩形、迨烘或蒸成饅頭、質鬆體大、人皆喜食、且最有益於人、其內所含之醇、在烘蒸時、已經飛散、則不害人、如取饅頭化分之、則知其內全無醇毒、所以醇在酒內、俱能爲害、醇在

饅頭內、不但無害、反可得其相助之益、酒發酵則變醋、○前說果類之汁、未經發酵、則所含糖質、本大益人、及發酵後汁已變酒、則爲鉅害、因含醇毒也、此種毒質、如置於極暖之處、令多遇空氣、則另有一種發酵之變化、卽酒內之醇、變爲酸性之流質、所謂醋者是也、酒既變醋、則醇已壞化爲烏有、所以醋之性、與酒之性、大不同也、食物內少加以醋、味則適口、而不成癮、幾見有人用醋數次、後遂視爲急需、而必加多加濃者乎、然醋與人無害、亦無大益、未若檸檬等果酸、更爲最有用之品也、

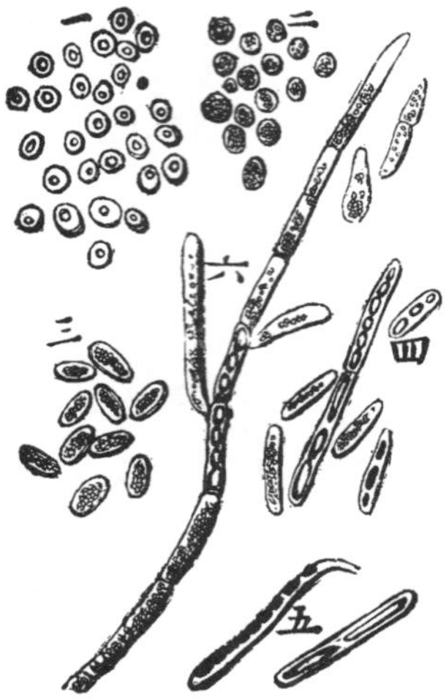

酵質長大之形

發酵有多變化、○酵有多變、如發酒酵、則令甜水內、糖忽變爲醇、

發醋酵，則令含醇之酒，易而爲醋，更有數種發酵之變化，未暇盡述，然無論何種材料，凡能發酵，均足改變其性情，

蒸燒酒法

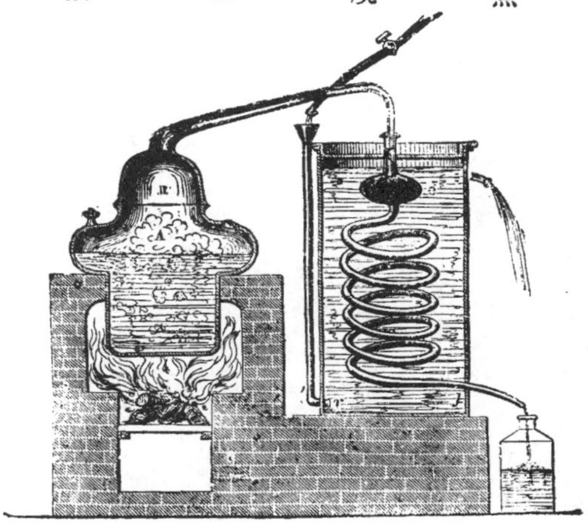

發酵人多不解○物質發酵成酒，則爲毒質，人應知之，乃不解發酵之理者，反謂水果與五穀，既爲最佳食物，使變爲酒，亦必爲最佳飲物，抑思此說誤人，實非淺鮮，蓋水果與五穀，原各含有糖質，足濟人之要需，洎發酵成酒，則專以誘人成癮爲事，受其毒者每不自知危險孰大於是，

燒酒

蒸燒酒法○果酒穀酒，慣飲之人，每嫌味淡，不適於口，於是用法

分出酒內之醇、加熱蒸之、使成燒酒、醇多性烈、味覺厚濃、如用葡萄酒蒸得者、西名罷蘭地酒、壓出蔗汁、令其發酵而蒸得者、西名勒木酒、用五穀或山芋等物、添水、令其發酵而蒸得者、西名灰司記酒、

菸草

燒酒最足累人、○以上所言各酒、大抵半水半醇、最爲斯人之累、人苟起首不飲、抑或飲量尚不甚豪、能早立志禁絕、點滴勿沾、或得身心自由、不爲所困、不被所累也、否則一飲再飲、愈練愈貪、久之酒但欲濃、癮必加大、人在醉鄉、身成酒鬼、雖欲戒絕、烏可得耶、

菸葉

菸之爲物、原産亞美利加洲、爲野草也、初僅彼處土人用之、略四百年前、有歐羅巴洲人、航海西行、覔得該洲、見其土人大半用菸、於是攜種以歸、傳種歐土、從此流傳、竟徧全地、人無熟野、莫不用菸、考查菸葉本淡綠色、待曬乾或自乾、則切成菸絲、或搓成菸末、或造成菸捲、乃可引火燃之、而吸其烟、近來多有積壓成餅、便於口嚼、或研極細粉、作爲鼻菸者、

菸草上段形

菸毒○菸葉內含一種油類之質、味極辣而性酷毒、西名尼古低尼、最有害於心肺與腦髓、無論依何法用之、一經收其毒質入血、則幾無法能治、口嚼菸者、此毒全爲口津消化、較燃吸者受害尤烈、

紙菸○菸絲外裹以紙、謂之紙菸、吸紙菸之害、較用菸袋燃吸、或

成捲燃吸者、爲害尤重、所以泰西各國、遇孩童欲從師習學操練身體者、教授之人、決不令其吸紙菸、因吸紙菸則肌力必銳減也、美國有醫生名來曼者、欲驗用菸之人、身體精神、究竟若何、乃選得不強不弱之幼童、凡三十八人、俱經用菸自兩日至兩年不等、內有二十七人、因吸菸受害、身體未能長足、三十二人、爲用菸之故、心胃皆各患病、且常咳嗽、間有兼成酒癮者、另十三人、脉力衰弱、若有若無、更有一人肺生癆病者、此三十八人、雖用菸時、無論久暫、均各有病、及禁菸後、不待半年、則愈而無病者、可得一半、一年之後、則全無病矣、

酒菸與衛生相關之理

一水果壓出之汁、待略六點鐘或更少時、則汁內所含之糖、變爲酒醇、飲之最易成癮、

二、酒性能改變人之性情，如聰明者變爲愚蠢，純謹者變爲輕浮是也。間有習氣染壞善惡不分者，皆可爲飲酒者之殷鑒。
三、水果之汁，葡萄、蘋果等汁爲最佳，飲之甚適口，且無害，因其汁內含有糖質，足以養人，惟變爲酒醇，則足以害人。
四、家釀各酒，大半用發酵法變成酒醇，飲之均足爲害。
五、最淡之酒，亦必含醇若干，最易令人飲之成癮，彼無知者，謂飲淡酒本無妨礙，實非確說。
六、造做饅頭，亦有發酵之事，惟蒸或烘饅頭時，一經熟透，醇則全散，食之有益，惟食未熟透之饅頭，則難於消化。
七、穀類所成之酒，皆係誤人之具，故飲之者，初時尚具人形，久之則同於畜類。
八、間有人謂家造穀類之酒，與造酒家所釀者不同，飲之似無妨

礙、不知此乃無稽之言、蓋穀非發酵、不能成酒、穀既發酵、必皆含醇、醇爲毒質、人豈可輕忽食之、

九、穀發酵則成酒、酒發酵則變醋、此理已詳前說、但酒變醋、添入食物、雖可得其酸味、令人適口、而無危險、然不若檸檬與橘之酸、較爲有益、

十、凡物已經發酵、則性情改變、率多含醇、然煮水果成糕、雖可發酵、決不成醇、故人皆可食之、必物已變壞、乃不可食、

十一、西人喜嚼菸餅、不但惹人厭嫌、實亦有害於身、蓋菸內含一種毒性油質、西名尼古低尼、嚼時、其質爲口津消化、收入血內、則全體均受其害、

十二、菸之害人、紙菸爲最、孩童受害、甚於成人、因孩童血氣未定、如吸紙菸、則肌肉變弱、身體必不能長足、另有別種害人之處、

不可勝言、故他種毒物、間有用以入藥、藉以治病者、而菸則毫不能入藥、因無一病能以治之、適足以增病耳、

習問

一果酒爲何、 二大半爲何質、 三蘋果汁何時無醇、 四壓出其汁、有何物入內、 五汁初發酵何以知之、 六所放氣泡爲何氣往何處、 七變成酒醇往何處、 八酒醇令果酒有何性、 九汁內變醇、應待若干時、 十間有變醇更早何故、 十一汁已變醇、其數目幾何、 十二汁發酵後、其味如何加濃、 十三究含酒醇若干、 十四每日飲酒若干杯、依何法每日飲醇更多、 十五飲酒漸久、終有何弊、 十六飲酒成癮、爲人若何、 十七果酒含醇、能成何事、 十八葡萄酒何法釀造、 十九葡萄果性情若何、 二十其汁性情若何、 二十一壓出其汁、則成何事、 二十二汁已發酵、有何變化、 二十三何物存在酒內、 二十四此酒醇能成何事、 二十五家釀之酒、爲何危險、 二十六酒內亦必含醇何故、 二十七家中成酒之料、另加蔗糖則成何事、 二十八淡酒令人多飲何故、 二十九淡酒含醇尚少、飲之乃易成癮何耶、 三十酒內含醇有何便法化分之、 三十一分出其醇、有何憑據、 三十二穀質果質、有何分別、 三十三五穀大半含何質、 三十四用以造酒、如何能令小粉變糖、 三十五穀令發芽、烘乾而去之何耶、 三十六能成所需之甜水何故、 三十七如何令易發酵、 三十八加入現成酵質何故、

三十九穀水成醇性情如何改變、　四十所改變者爲何、　四十一常飲麥酒之人必欲多飲何耶、　四十二既飲各酒則身體與精神若何、　四十三性情與心術有何改變、　四十四飲各酒如何改變性情、　四十五貧民家造之酒若何、　四十六此種酒內之糖原有何變化、　四十七爲何有危險、　四十八做饅頭用何種酵、　四十九麪粉內有何物發酵、　五十若另加酵有何變化、　五十一饅頭因何發鬆、　五十二麪粉發酵所成之醇何往、　五十三用麪粉等料造成饅頭則有益、造成酒則有害何故、　五十四酒遇空氣有何變化、　五十五果酒內爲何物變化、　五十六酒變成醋亦含醇否、　五十七醋之性情如何、　五十八用醋與用酒同否、　五十九何種酸質較醋有益、　六十發酒酵如何、　六十一發醋酵如何、　六十二發各種酵成何事、　六十三果酒與穀酒皆由發酵而成人何不解、　六十四不解之人常成何事、　六十五果質穀質發酵之後性情如何、　六十六其變化爲何、　六十七飲慣果穀各酒之人後將如何、　六十八含醇甚多之酒以何法爲之、　六十九此法謂之何法、　七十葡萄酒蒸得之質西名爲何、　七十一蔗汁發酵蒸得之質西名爲何、　七十二五穀山芋等發酵蒸得之質西名爲何、　七十三此三種酒各含醇若干分、　七十四其害人如何、　七十五飲慣之人爲何難戒、　七十六有何法可免變爲酒鬼、　七十七菸葉依何物爲之、　七十八依何法用之、　七十九菸含何種毒質、　八十咀嚼菸餅有何害、　八十一燃吸紙菸有何害、　八十二美國醫生試驗用菸各孩童其情形如何、

第五章　論消化之法

綱領

一曰胃中消化、一胃之形狀、二胃肌行動法、三胃汁、四小粉遇口津則變糖、五似蛋白類之食物、能爲胃汁消化、六吸食物之血管、七胃養汁、八飲物功用〇二曰腸中消化、一腸之形狀與職司、二胰經胰汁之用處、三腸上迴、四肝經與膽汁之形性、五腸養汁、六乳管七吸功〇三曰酒菸與消化有關、一醇毒害胃、一惹胃、二令胃津核力乏、三令食物變硬、四令胃發炎、五化分胃酵、六令胃難於消化、二菸毒害胃、一惹胃、二礙消化、三令心煩燥、四胃之動肌、易於變輭、三醇毒害肝、一惹肝易於發炎、二令纖質變爲油質、三致肝變硬面生凹點、四令腎生病〇四曰別種醉性料、一鴉片爲罌粟子殼之汁、用之成癮、則有大害、二莫爾非尼爲鴉片之精、醉性最重、三格羅拉勒、醉性與別藥同、

胃中消化

凡人所食之物、必待消化變血、乃能補養人身、消化之功、大半在胃、故胃爲百體中要體之一、胃之職司、大抵終於消化食物、始則容納食物、所以謂之器具、

胃之形狀〇胃居身中、其形如囊、能容略四升、上下各有一孔、食物行過食管、納入上孔、便於胃中消化、出胃時、則由下孔經過通

入腸內、

胃體分三層、一曰外層、最堅韌且平滑、其面常有津液濕潤、所以雖與別體磨動、而不能銷損、二曰中層爲動肌所成、肌分縱橫、在胃四圍、能舒縮擁動、使胃衣易於翻轉、以勻和胃中食物、三曰內層、極柔輭、有小楞或摺紋、故面積能大、更有多小囊或小核、能從血內分出一種流質、謂之胃汁、此汁功主消化、爲最要物、凡食物入胃、小核卽放出胃汁、與食調和、胃中層、常舒縮、使食物易勻而速消化、

胃剖面形

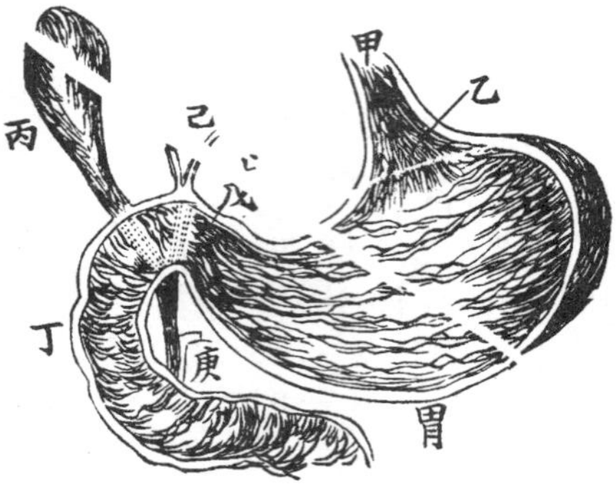

甲食管　乙賁門　丙膽經　丁小腸　戊幽門　己肝管　庚膩管

食物變化、○凡食物如飯與饅頭山芋等、其內所含小粉、一經入口、和於津涎、卽可消化成糖、漸變爲血、而蛋白類及五穀內之哥

路登質、或肉內之定質、則必和胃汁消化、始可變血、然無論何物在何處消化、如何變血、而變血之時、俱必經過胃內膜、以入最小之血管、引入大血管、即四合迴管也、蓋食物消化、大半變爲黏性流質、即胃養汁、此汁出胃之下孔、始通入腸內、

內臟諸經

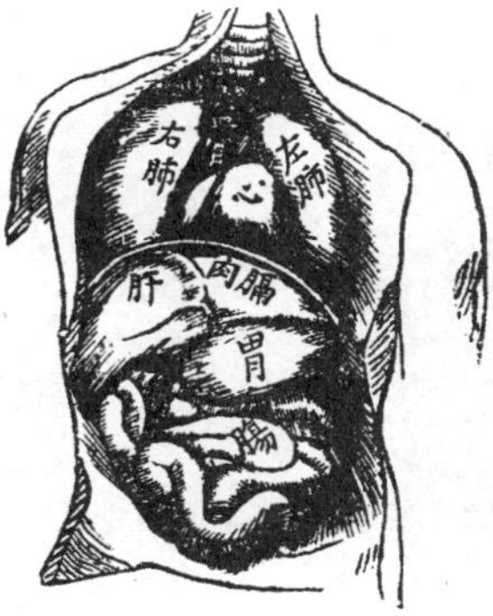

飲物功用、○人於每飯時、需飲之物、祇令胃中所容之料、足資濕潤已可、原不必飲之過多也、如飲過其限、則胃汁爲之冲淡、即不能盡其消化之職、

胃與胃中食物、如忽變冷、則胃之內中兩層、先受其害、必不能盡其消化、與勻和食物之職、甚至各微血管不能收食物所變之血、入四合迴管、是何故耶、因常有西人、每當天最熱時、飯後輒飲冰水、或極冷物、以爲可以袪熱消暑、殊不知胃

中之熱、被其剋減、食物消化自慢、或竟停止、須俟胃熱復原、乃能消化、

腸內消化

腸之形狀○腸分大小、小腸爲管、長畧二丈、徑畧一寸、周圍彎轉、曲折迴環、凡食物出胃、必經過小腸、始入大腸、大腸徑略二寸、長略五尺、計大小二腸、共長略二十五尺、所以養生路、在胃以下、腸爲最長之路、

脾經臟經

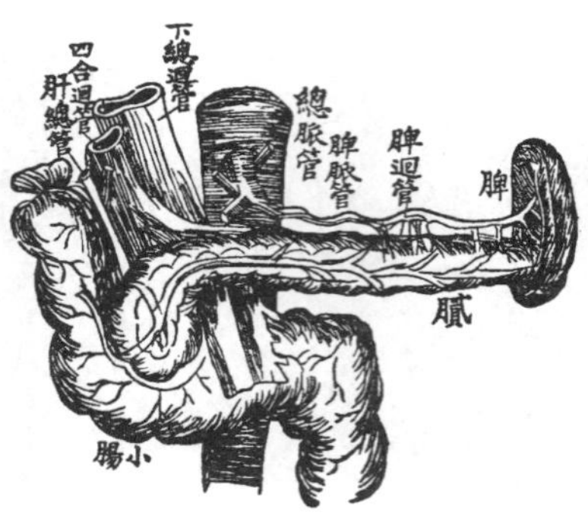

腸體似胃、亦分內中外三層、內層爲涎膜、常發津液、謂之腸汁、此汁與出胃之養汁合、如內有小粉、尚未消化者、則令其全變成糖、腸之中層、大半爲圈形動肌、謂之環肌、此肌從近胃處起、如竹之分節、能一一舒縮、使腸

內食料、逐次逼下、與食管之環肌意同、迫腸內食料、全行經過、則引出身外矣、至於腸之外層、則與胃外層畧相似、

胰經、西名甜核亦名甜肉○此經居胃之後、長約六寸、形甚亂漫、能生一種汁液、謂之胰汁、有管通入小腸上端、合於出胃之胃養汁、

肝經膽囊

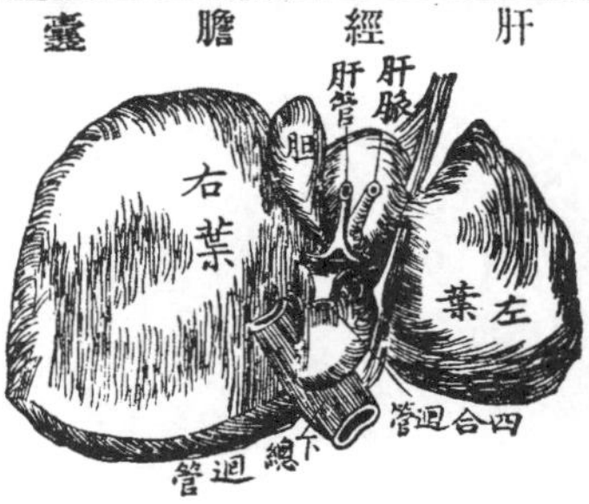

胃養汁初出胃時、其含油者、浮在上面、胰汁與之相和、則分為極細之點、始再勻和於胃養汁內、與乳中之油、分之則為極細之點者同意、惟此油質、有若干分變為似肥皂之料、即易渾化入血、

肝經○肝為身內一大器具、居於右邊脅內、其職第一要者、能生一種苦汁、謂之膽汁、此汁存於膽囊、常流入小腸上端、與納入之食料相合、

膽汁內含有廢料、乃從血中分出者、血中此種廢料、如不分出、則

令全身膚色變黃、所謂黃疸病者、是也、膽汁又能助胰汁、消化油膩等物、和於胃養汁內、以備成血、並能惹腸放出津液、潤腸內面、使餘渣滓易於運通、

胃養汁入於小腸上端、既遇見胰汁膽汁、則變爲白漿、有似乎乳、是謂之腸養汁、

乳管、○腸之內面、有多微管、能吸養汁之白液、謂之乳管、又名養汁管、亦名白液管、由此微管併成大管、由大管合成總管、大如鵝管、在脊之前面、謂之總吸管、

腸內剌放大形

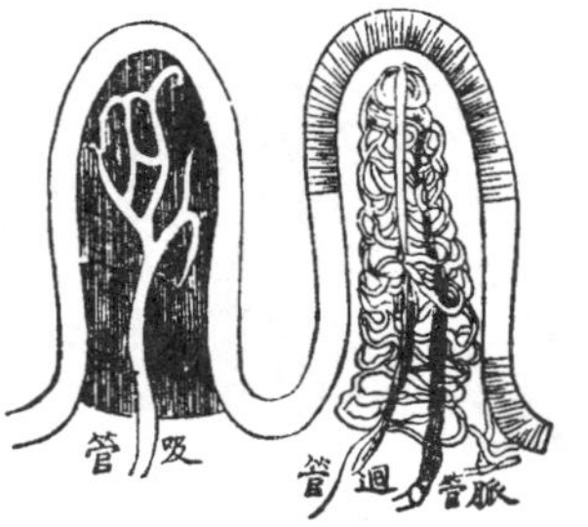

吸功、○胃養汁入小腸上半時、宜成血者、爲微管所吸、此微管在腸之內層、排列如極細之綱、謂之吸液管、管分爲兩種、一爲微血管、與胃之內層、有微血管同、一爲乳管、即白液管、所吸之汁、大半

爲油質、引至總吸管、從總吸管、倒入左鎖柱骨下之迴管、與血混合、然後經過上身大血管、通入心內、腸之微血管所吸之液、如已成血、必運至四合迴管、與胃微血管所運之血相合、再從此四合迴管、倒入肝迴血管、則血內所含新食物料、俱合養身、惟必在肝內再經改變、然後流至百體、始更有益、總之、微血管與白液管之職、專司吸收成血之料、以養全身、

酒菸與消化有關

醇毒害胃○凡人所飲各酒、無論爲果酒、麥酒、燒酒、俱必含有醇毒、其性最惹胃之內層、使生津各核、速放汁液、以潤胃內受惹之處、卽與眼睛受害、淚核必多流淚者同意、常有飲酒最多之人、致胃津核乏力、不及多備汁液、而食物入胃時、其涎膜所發胃汁、每不足爲消化之用、

酒醇最喜收水、所以入胃卽收內層涎膜之水、必令胃質變硬、不及生長胃汁、以供消化之用、如常飲酒不息則胃內膜發炎、勢必令人久病、或竟至死、

酒醇不但能收胃內之水、並能收食物之水、故食物易爲變硬、更難消化、欲驗此事、可將酒醇少許、傾入蛋白、則蛋白不久變硬、與沸水所煮者同、間有人喜飲燒酒、不覺過限、遂致胃中食物、在數時內、不能消化、反必嘔出、其形與食時畧同、以是知酒醇實有凝於消化也、

酒醇阻礙消化之理、○胃汁所以能消化食物者、賴含一種質料、卽胃酵、西名伯布西尼也、如將胃汁少許、置玻璃瓶內、稍添酒醇、則胃酵立分出極細白粉、沉於瓶底、依同理、如胃中有食物、方待胃汁消化、忽飲含醇之酒、則胃汁必放其胃酵、成極細白粉、與沉

於瓶底者同、所以胃汁不能遽令食物消化、必待胃內小核、再放出新胃汁、沖淡其酒醇、俾不再分出胃酵、然後始足消化食物、

酒醇在胃中、有極危之險、成最奇之事、如初飲入胃、則覺嘔吐喘急苦有不堪、此其最危險者也、繼而欲離此險境、別尋趣樂、勢必再飲濃醪、重游醉府、乃覺暢快、此其最奇異者也、若而人者、酒已成癮、毒入膏肓、後雖欲禁絕、仍不免有大苦處、

間有人以爲飲酒可利消化、不知酒醇最毒、不但不能助胃消化、反能阻其消化之力、常有久飲酒者、胃內生瘡、不欲多食、是其証也、惟其心因酒生油、則體更重、而險孰甚焉、

胃受酒醇之害、則其微血管必極出力、引此毒物、入大血管、通至全身、因此全身均受其害、與胃所已受者同、

菸毒害胃、〇菸葉內所含最毒油質、色黑而味苦辣、狀若松香、能

惹胃內膜易中其毒、無論嚼其菸餅、吸其菸捲、或盛於菸袋燃吸其菸末、事雖有異、害則相同、所以孩童初用菸時、胃中猝難忍受、每欲嘔吐、及用數次、胃漸悅服、則幾習焉相忘、其實菸毒入胃、則令胃汁減少、難使食物速化、間有積食久不消化之病、

用菸之人、食物消化之後、常有一種最辣之流質、聚於胃中、令人覺欲嘔吐、或覺煩燥、間有人欲免菸毒、而食醋類酸質者、則菸毒爲鹻類質、與酸質化合、能剋其毒、

菸葉之毒、不但害胃、猶能害腸、因胃體中層既受菸毒、則動肌變弱、消化食物時、不能令食物和勻、乃入腸中、腸之中層亦受其毒、動肌減力、所以轉運食料時、不能使其活動利便、

凡多用菸者、所食之物、必少於他人、間有許久不欲食物、祇欲用菸者、以爲以菸代食、必有益於身、不知力因用菸則易乏、病因用

菸則易生、既已生病、卽難全愈、究於人何益之有、常用菸者、每致胃中有難消化之病、推原其故、因口與胃之內膜、生津之面、遇此毒質、均不免受害而生病也、然生病之人、每視爲他害所致、不視爲菸害所致者、何也、蓋性既愛菸、如一念及此、則必思有以戒之、戒菸則別無樂趣、幾於不可爲人、如此自解自寬、不知適自欺耳、

醇毒害肝、○人常飲酒、肝亦不免受害、因肝收胃腸養汁時、酒醇亦在通汁管內、一并運行、遇有不合成血之料、肝必拘留不放、收入極細網形之纖質內、待所留過多、無力拘留、不得已始放出之、常飲酒者、肝中必存酒醇若干、間有存之甚足者、故人每日飲酒數杯、則肝中之纖質、先爲所惹、後必發炎、久之則生重病、不能行肝之職、夫肝爲提血之具、凡胃中腸中所已成之血料、必至肝提

淨、始可養身、若肝不能行其職司、則血不提淨、輒放出養身、必不合法、常有雜多糖質、致內腎亦得大病者、又有致身成油過多、令肌肉爲之鬆輭、腹皮爲之碩大、而面肥色赤者、間有致肝聚多油質、存於綱形之織質內、成爲微點、久之令肝本質、亦變爲油質者、如使禽獸多服酒類、久之取驗其肝、肝體必大、含油甚多、此種油質、不能行肝之職、

人常稍飲以酒、使胃與肝頻受煩惹、則肝必另成一病、無法能醫、卽肝之外面多生凹點、如釘靴之底、西人謂之靴釘病、因肝之織質、有數處發炎而縮、有數處放大而漲、令肝面成凹凸形、間有人因此病死者、醫士剖驗其腹、詳查其故、乃見肝質硬如石塊、雖割以刀、未易深入、

他種醉藥

罌粟子殼外面流出之汁、取而熬乾、卽成鴉片、醉性最大、食少許、則毒人腦筋、易失靈性、多食之、則昏迷罔覺、不久必死、間有醫者用以入藥、使人不覺痛苦、然用一二次、卽易成癮、若因體不舒暢、或心多煩悶、用烟槍裝鴉片對燈燃吸、或製成鴉片酒服之、自爲

罌粟花

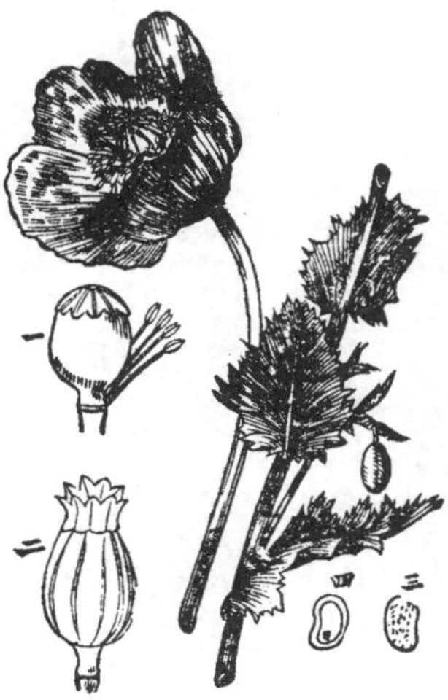

可以活筋絡解憂懷也、不知由此成癮、無法能除、徒令身內所有消化之具不能行其職司、服之旣久、肌肉漸銷、血流遲滯、害入腦髓、呆而不靈、遇事因循、莫能自主、甚至鴉片而外、別無經營、蕩產傾家、在所不惜、妻離子散、有所不顧、間有賣妻鬻子、亦不足以傷其心者、若而人者、生無人心、死有誰憐、

鴉片之質爲數種合成、其醉性則多賴一質、分出之爲白色之粉、

西名莫爾非尼、即鴉片之精也、人服此粉極微、足令身體至醉、與用鴉片大同小異、所成之癮、亦不相上下、

又有一種醉性之料、西名格羅拉勒、醫士常用以配藥、使病者能熟睡、因其醉性與鴉片等有相同也、但此種料、必醫生配藥乃可服用、否則慎勿亂用、

總而言之、鴉片與莫爾非尼、格羅拉勒等質、用爲治病、則或令人免痛、或令人熟睡、尚可得其相助之益、若人本無病、徒視爲賞心樂事、用之數次、即易成癮、最難禁絕、即欲禁絕、反虐身體、受虧、致生疾病、必至中止、彼昧於事理、失廉寡恥之人、致人嗤笑唾罵者、亦何怪其然耶、

消化與衛生相關之理

大抵消化之具、有作必有息、與他體同、如作而不息、則力易乏、不

能行其應行之職、所以衛生者、宜將此理並下十事、詳細味焉、

一、所食之物、應令一一消化、

二、預備食物、必求易消化者、

三、食物不宜過少、亦不宜過多、

四、食物須有定時、俾消化之具得以休息、

五、食物入胃、尚未化盡、不可多飲水或茶等流質、

六、食物之有害於腸者、如未熟之果等、不可食之、

七、菸葉有害於口津、並有害於胃汁、不可用之、

八、酒醇有礙於胃肝消化之職、不可飲之、

九、酒能惹胃內膜、壞其胃汁、兼令食物變硬、消化尤難、

十、鴉片與莫爾非尼格羅拉勒等、均爲醉性毒質、稍服數次、即可成癮、

習問

一胃之外層、如不平滑、則有何患、
二胃之肌肉、有何職司、
三胃汁遇小粉、則成何事、
四胃藏食物過多、可否多飲茶水、
五飯後飲流質、較先飲者佳、何故、
六飯後食冰凍點心、則成何事、
七醋與酸果、利於消化何故、
八麪粉內用多鹻料、令其發鬆、其害如何、
九胃中服鹻少許、因何有益、
十每飯或先或後、可另食他物否、
十一臨睡時可食物否、
十二體倦時食物有何害、
十三飯後即出大力做事可否、
十四每飯前後各兩刻、身體應若何、
十五胃弱或有他病之人、以何食物爲佳、
十六冬夏合用之食物、有何分別、
十七用菸害胃、依何法免之、
十八飲酒何易成癮、
十九禁酒之苦、何法可免、
二十人爲何起首飲濃酒、
二十一每飯食物過限、則成何事、
二十二食飲過限之弊、何法治之、
二十三何法令胃消化食物、較靈於藥、
二十四酒遇胃之內膜、易成何事、
二十五酒惹胃中之核、則成何事、
二十六胃內膜所有津液、遇醇若何、
二十七常飲酒者胃內流質若何、
二十八酒遇胃汁若何、
二十九酒令胃中食物、難於消化何故、
三十有何簡法驗得其據、
三十一胃酵西名伯布西尼、有何功用、
三十二胃酵遇酒、則成何事、
三十三依何法驗得其據、
三十四胃酵爲酒醇所混、則成何事、
三十五用酒能令胃覺出何事、
三十六胃難忍受、再服酒醇則如何、
三十七因此生何種大病、
三十八酒醇從胃運至徧身、其害若何、
三十九菸含何種毒質、
四十菸遇胃汁成何事、與消化何關、
四十一令人易生何病、
四十二用菸則令胃之肌肉若何、又與胃口何關、四十三用菸能否增入氣力、　四十四令人易受何病、　四十五常用菸者每患何病、　四十六食物不消化亦與用菸有關人多不任其咎何故、　四十七酒能令體內何種器具最易受害、　四十八常飲酒者其肝若何、　四十九每日飲酒數杯與肝何關、　五十如何有礙於肝、　五十一常飲酒少許令肝生何病、　五十二鴉片爲何物性情若何、　五十三用鴉片爲何危險、　五十四用鴉片與消化食物何關、　五十五用鴉片之人性情心術若何、　五十六莫爾非尼爲何質、　五十七格羅拉勒爲何質、　五十八鴉片與莫爾非尼格羅拉勒等醉藥爲何不可用之、

第六章　論血如何提淨

綱領

一曰提淨血之法、一心之外形與方位、二心之內形有左右兩上下房與門、三血入肺必由之路、一從迴血管至心右上房、二從右上房至右下房、三從右下房至肺、四心內腦氣筋有助動者有阻動者、五酒醇害心　一令速動、二令心房放大、三令肌肉變油〇二曰呼吸氣之具、一肺有五葉並凹凸力之織質、一肺微氣泡與微氣管、大氣管總氣管聲管、二血圍微氣泡而行、二胸之容積變大變小、一因脊骨相連之肌肉、二因脊骨與膈膜行動、三呼吸氣所顯之力、一空氣之壓力、二肺之凹凸力、四肺內行動之事、一養氣從微氣泡入血、二血內未淨之質通入微氣泡、五血迴至心左上房〇三曰酒醇害肺、一肺令酒醇隨氣呼出、二酒醇令肺變弱、三令肺生病、四令血不能合法提淨〇四曰菸毒害肺、一吸烟入肺、二阻肺行其職司、三令人困倦、四大有礙於孩童、五令人心愚不可與成大

事、○五日房屋應令通風以便呼吸新氣、

提淨血之法

凡食物已經消化、變成新血、則由乳管與微血管、通至迴血管、合於體內舊血、舊血內含有體內所放廢料、未免不適於用、故必先提淨、始合養身、提淨血之法、在乎使血得遇空氣、

心經

心之外形與方位、○血在迴血管內、將行至肺、必先假道於心、心在胸中、攝乎兩肺之間、稍向後而偏左、大略如拳、狀略似梨、下尖上闊、體爲堅肌、

心經外形

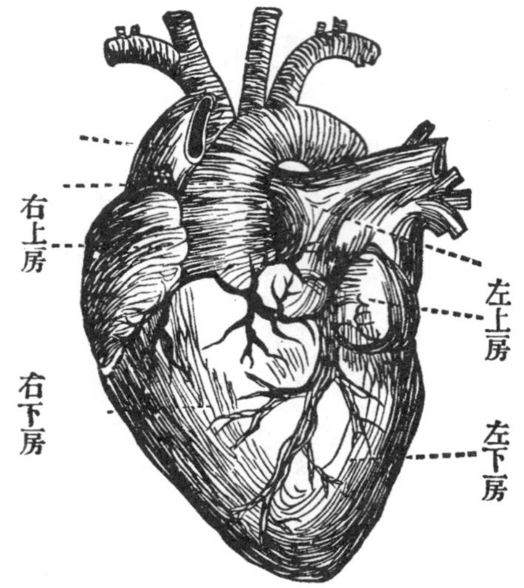

全能自動、所以能顯大縮力、

心之內形、○心內似囊、分左右兩半、分隔以牆、隔牆亦爲動肌所成、兩半形雖相似、而職則不同、右半收迴血管運來之血、轉發至肺、便於提淨、左半收肺運迴之血、發運徧體、以濟要需、

心經剖面形

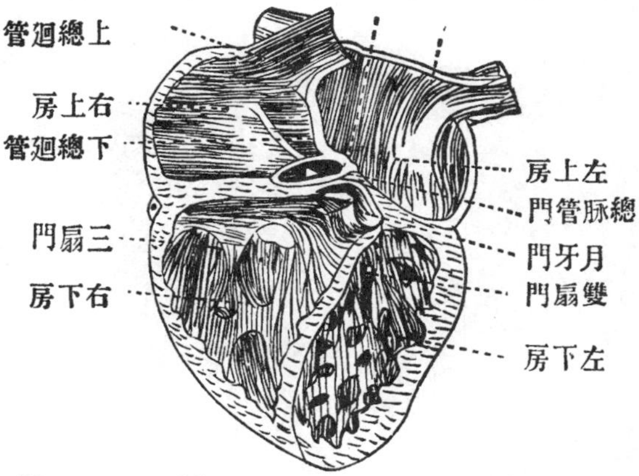

心之兩半、復有動肌橫隔、各分兩房、小者在上、大者在下、卽謂之上房下房、血從迴血管流入上房、其勢遲緩、因上房肌肉單薄、而收縮之力無多也、血由下房擠出、通入各血脈管、勢頗勇猛、因下房肌肉堅厚、收縮力大也、

上下兩房之間、有門向下、可以開闔、謂之中竅、開之則放血落下、闔之則阻血迴行、右下房通血至肺之管、謂之肺脈管、

血往肺經必由之路、○一、迴血管運迴之血、從上半身與下半身之總迴管相合、流入心右上房、二、心右上房之血受擠、過中竅門、入右下房、三、心右下房隔牆肌縮、令中竅門閉、擠血行過大血管、

血道運行之路

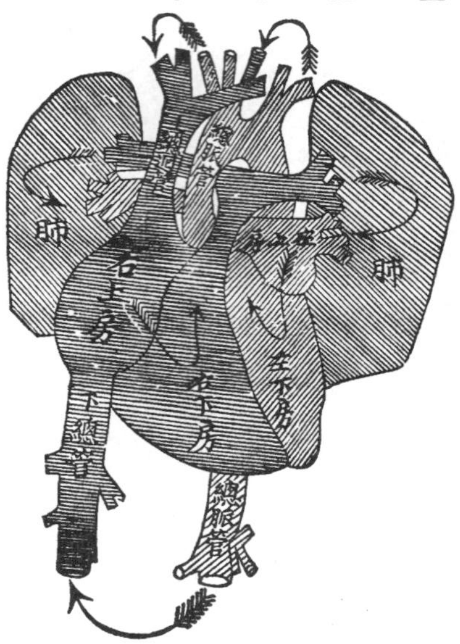

通入肺經、血在肺內與空氣遇、自可提淨、

心內腦筋、○心內所有動肌、俱賴腦筋司理、即令其肌有縮力、可以擠血、另有腦筋兩副、司心之動、一能助心使速動、一能阻心使緩動、猶之馬車行下山路、有停輪器、可使停轉、或使緩轉、若無此器、車必下馳、馬力不能阻止者、其理同也、

酒醇害心、○前言酒醇爲醉性藥、足致腦筋因而麻木、如使酒醇

從胃中入血、則將與徧身之腦筋相遇、而先遇者尤爲阻心動之腦筋、此腦筋旣遇酒醇而麻木、决難依舊能阻心動、猶之馬車下山、如停輪器早已推開、則轉動必速、依同理、則阻心動之腦筋因遇酒醇麻木、其動亦必加速也、

無病之人每一分時、心略跳七十三次、每跳一次、能噴血略六兩、計每一點鐘、能噴血二萬六千二百八十兩、卽一千六百四十二磅、如每天飲麥酒三大杯、或每飯飲葡萄酒兩三杯、則酒內之醇雖本不多、然能令阻心動之腦筋因而麻木、則每一點鐘內必令心多跳二百五十次、卽每點鐘所噴之血、加增九十三磅零四分磅之三、久之、心因此而受累、人因此而益倦、皆因酒醇內毫無養心之料也、所以無病之人、其心每跳一次、中間必有停息之頃、雖爲時極小、然用力稍紓、足連跳數十年而不倦、若心已受酒醇之

害不加修補、聽其每跳一次、幾鮮停息之時、則心難勝任、雖欲無病、豈可得乎、

常有飲酒之人、心內動肌、初被酒醇漲大、有佔心房地位、不能容所應用之血、後逐逐漸變薄、致令心房亦復漲大者、間有肌肉變成油質、致心不能用力、擠血發行者、此兩種病、最爲危險、有著名醫家、遇此病死者、剖驗其心、因得其據、乃知爲飲酒之根源、又有醫家詳查心病之案、特立一表、以明飲酒之人、即飲酒甚少者、亦較不飲酒之人、仍必多患心病、

肺經

肺分左右兩半、位居諸臟之上、右肺寬大而短、分爲三葉、左肺較窄而長、分爲兩葉、

肺之形狀、○成肺之料、爲輭而有凹凸力之纖質、排列成微氣泡、

肺與心剖面形

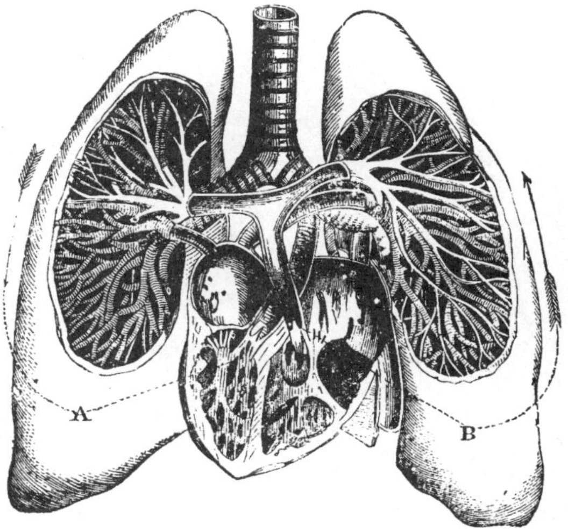

微氣泡通以微管、微管合成大管、大管合成總管、其微管謂之微氣管、大管謂之大氣管、總管謂之總氣管、總氣管上端爲聲管、聲管過喉嚨、通至口鼻、能收空氣、

血從心右房抵肺、止有一血管可通、入肺之後、則分爲五枝、卽肺五葉各有一枝、

血管通至肺五葉之後、則分爲微血管、偏佈肺之全體、圍繞各微氣泡、交結如網、所以肺之全體俱爲微氣管與微血管所成、其中所有纖質、足使聯絡、肺外另裹以光滑薄膜、謂之肺衣、

呼吸氣

人呼吸時、脅骨相連之肌肉收緊、令脅骨向外升動、同時膈膜、亦必收緊下降、則胸膛可寬而深、然後各肌放鬆、致脅骨下降、膈膜上升、成有弓形、則胸膛必狹而短、

脅骨移上、膈膜移下時、淨空氣通入肺中氣管、令肺之纖質、均有漲力、鋪滿胸膛所放大之容積、此謂之一吸、待脇與膈歸原方位、則有凹凸力之纖質、顯其縮力、逼肺內濁空氣放出、是謂之一呼、一呼一吸、空氣得以出入調換、卽謂之一息、

八　肺內微血管放大形

肺內行動之事○吸氣時、空氣由口鼻經過、進入氣管、分歧析枝、入各微氣泡、微氣泡之膜、足令與微血管分隔、惟膜質甚薄、空氣與別質、均易通過、所以血內每有未淨之質、通入微氣泡、而空氣內之養氣、亦通入微血管、

呼吸氣所成之事○凡人吸入肺之空氣爲淨氣、呼出肺之空氣、則爲濁氣、卽含炭養二氣、或他種敗氣、此氣不可再吸入肺、入肺之血、已含各種異質、肺必放其廢料、納入養氣、始能提淨、所以血入肺時、其色爲暗紫、出肺時則變明紅、足備補養百體之用、

肺血歸心之法○血在肺已提淨、則從微血管流入大血管、再進總血管、入心左上房、則備發運周身、以資補養、

酒醇害肺

前言酒醇由胃行至肝、再後則由血管送至肺、但酒醇不能合於血、又不能補血所需之料、所以血到肺內時、遇見酒醇、則必用力將此毒質從肺放出、隨氣呼散、如常飲酒者、口鼻之內、酒氣常噴、職此故也、

肺之功用、雖以提淨血爲職、然血含酒醇、如不甚多、肺中或可使

隨時放出、若含之過多、肺則不及放出其質、必有若干從肺入心、從心發至百體、惟百體內已有之血、遇見酒醇、亦不欲與之相合、故酒醇無論行至身內何處、其血均必用力逐除、

前言肺爲極細之織質所成、酒醇遇此種織質、易令其變硬、織質愈細、受害愈大、常有人飲酒之後、其肺之血管並身體各處之血管、因含血過多、不及放出其酒醇、致令肺之織質先易發炎、所以飲酒之人、其肺之織質、必大有改變、間有受傷出血者、英國著名醫家云、常飲麥酒之人、死後詳查其肺、不但其織質變至過厚、且有受傷出血者、凡患此種病者、勢甚危、必速死、

菸毒害肺

凡用菸者、所吸之烟、必先入肺、如用紙菸、入肺尤速、受害益深、何也、蓋菸所出之烟、遇肺織質、必令猝難忍受、不能行所應行之職、

又人既用菸、則呼吸氣因此改變、必多不合宜之處、所以肺雖以提淨血爲職、遇有菸毒混於其間、則血未能全行提淨、用以養身、必不合法、徒令人時覺困倦、半睡半醒而已、至若孩童用菸、受害較大人更甚、因孩童身體原未長足、氣力尚未至限、吸烟則終於矮小、而輭弱矣、況姿質因用菸則易粗魯、心性因用菸尤易愚鈍、雖欲使之讀書、必有或作或輟之慮、間有竟不能讀書者、

吸空氣以淨爲要○前言呼出之氣、因已變濁、不可再吸、即與腐物不可食、濁水不可飲者同意、另有他種不淨之氣、如斷流積汚之水、陰溝積穢之處、或已腐之動植物質、所發惡氣、均大有害於人、因此種氣混入空氣、空氣亦濁、人吸之、則血不能全行提淨、用此血以養身、必不合法、甚至生數種最重之病、極難醫治、其根源俱爲吸惡氣所致、

房屋宜用法通風

人每一呼吸、所放之毒質或廢料、足令數立方尺空氣因而變壞、所以凡小臥房、如將門窻密閉、雖一人獨居、空氣不久亦易變壞、令人難堪、凡學堂內生徒甚多、或別屋內居人頗衆、如未用法通風、則其空氣尤易變壞、人一呼吸、卽受其毒、所以房屋雖大、人聚其中、爲時不久、亦應開窻啟戶、以便通風、

屋內通風法

凡人所居房屋、俱須有通風妙法、如未預設法通風、則應每歷一點鐘、開門窻一次、是亦爲有大益之事、間有學堂內、因天冷欲開門窻、恐致學徒傷風、則莫如開門窻時、令學徒在堂內、按時往來行動、或操練

氣力、自無礙矣、

人在臥室、開通外窻、迎外空氣、每慮過冷、身不禁受者、則可開臥室與外間房相通之門、另開外間房之旁窻、俾空氣轉折而來、亦爲便法、

屋內通風簡法

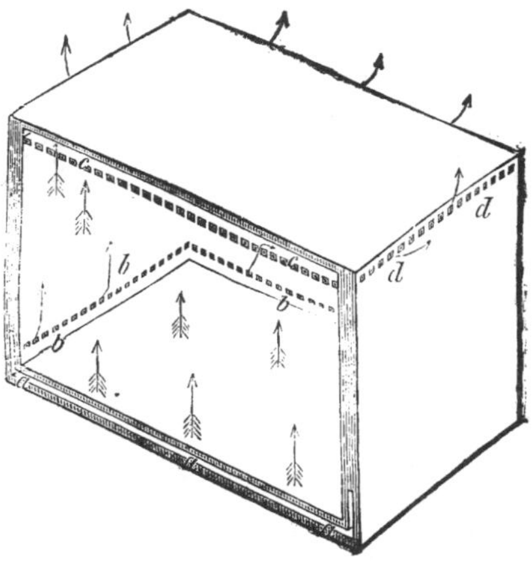

臥房之內、每晨應多通外風、使被褥毡氈等物被風吹拂、如能移至外面吹曬更佳、凡房屋內器件、久不通風、必生惡臭、每日亦應開門啓窻、放出舊氣、引進新氣、

凡學堂禮拜堂議院等有多人聚集之處、應勤開門窻、多進空氣、令堂內多人、不至受害、及人去後、門窻仍宜開通多時、令惡氣放盡、清氣進足、否則明日所來諸人、吸受今日所留惡氣、亦必有害、

呼吸與衛生相關之理

一、鼻中聞有惡臭、則知爲已壞之空氣、不可吸之、

二、本人呼氣、或別人呼氣、俱足令空氣變壞、不可吸之、

三、房屋居人甚多、不可久在其內、必設有通風妙法方可、

四、臥房不可過小、小則尤宜有通風妙法、

五、人在屋內、空氣變壞、原不自知、若從外面走入、則立覺其氣濁、故於長居之屋、必勤開門窗、進淨空氣、因空氣已壞、人不易知、惟此法可以免弊耳、

房內通風妙法

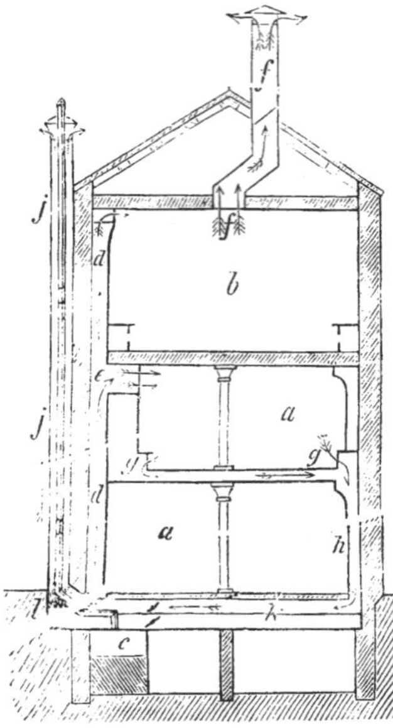

六、凡斷流積污之水、必放惡氣、須遠避之、

七、凡房屋近處、不可有腐爛動植物質、

八凡陰溝積穢之處、或坑厠等、放有惡臭、不可吸之、
九、酒醇菸葉、均令人口內易放惡臭、故不可用、
十、呼吸便法、在胸能任意漲縮、若衣服過緊、則有礙呼吸、
十一、徧身衣服之重、應爲兩肩所能任、故下體衣服、不可用帶圍紮、而復拖曳、因亦有礙於呼吸也、
十二凡人或立或坐、勿使胸膈不舒、致呼吸空氣不能全足、

習問

一何體與心最近、　二心之腦氣筋如何、　三酒醇遇腦氣筋成何事、　四遇阻心動之腦氣筋成何事、　五此事與心動何關、　六無病之人、每分時心跳若干次、噴血若干重、　七每日飲麥酒三杯、與心動何關、　八飲酒令心噴血、每點鐘加若干磅、　九酒醇內可得養心之料否、　十心動應有停息之時、何不停息、　十一心多用力、則成何事、　十二常飲酒令心生病、有何証據、　十三如向屠戶買小羊肺、或牛肺、可以何法令吸空氣、　十四肺已吸滿空氣、以何法使放出、　十五人之肺吸滿空氣、須顯力若干、　十六山頂呼吸氣、較山脚爲難、何故、　十七雨後行路、較雨前更佳、何故、　十八遇有惡氣或惡物、何體報知於肺、　十九如聞腐肉惡臭、人

應如何、　二十臥房內、燒木炭於盆、有何不可、　二十一房屋內覺有炭養二氣、應若何處置、　二十二學堂內空氣混濁、與學徒何關、　二十三房屋下有通風地洞、應若何料理、　二十四廚房內用何法放濁水則有弊、　二十五如將餘菜或壞肉等廢料、入爐內燒之、有何益處、　二十六人吸病人所呼之氣、有何弊處、　二十七人用大力後、須謹慎何事、　二十八孩童用菸之害、爲何重於大人、　二十九肺能噓出酒醇、何以知之、　三十爲何不應令肺成此事、　三十一飲酒後肺之血管如何、　三十二肺之織質如何能受醇毒、　三十三常飲酒令肺易生何病、　三十四英國醫生謂多飲麥酒之人、死後其肺若何、　三十五菸遇肺之織質成何事、　三十六肺不能行其職司、則血之性情如何、　三十七人生用菸之害、何時最重、　三十八用菸如何改變身體、　三十九如何改變氣力、　四十房屋內未備通風妙法、有何簡法免弊、　四十一臥房內如遇天冷、可依何法令空氣不壞、　四十二臥房內所有被褥等、每晨應如何爲之、　四十三學堂禮拜堂等處、聚人甚多、人去之後、應如何爲之、　四十四欲免菸毒害肺、何法最妙、　四十五人每一呼吸、能壞空氣若干、　四十六臥房門窗全閉、有何不可、　四十七建造學堂或住房、欲擇合宜地位、爲何必遠離卑濕之處、　四十八人居屋內、不覺空氣變壞、自外走入始覺何故、　四十九建造學堂或禮拜堂、或公院、須最慎何事、　五十學堂內先生教讀講堂內教師講書、每令聽者欲睡、何故、　五十一學堂等處、用通風妙法、可令空氣常新、且費用亦甚有限、而人何不爲之、

第七章　論血如何運行

綱領

一曰質有廢新之別、一行動費織質、二修補恃血〇二曰血有運行之路、一發血管與大發血管、小發血管、二微血管、三迴血管與其大小各管、四心之動、一血從肺至左上房、二從左上房至左下房、三從左下房至總脈管、五發血管運行之事、一方位、二心每跳必噴血、三血管體有凹凸力、四脈與所顯之事、六微血管運行之事、一廢質爲血運除、二新質爲血運進、三血色有改變、七迴血管運行之事、一血流平勻、二管內門向心開、三肌壓迴管能助血行動、四血管放大不易復原〇三曰酒醇與血之相關、一酒醇不與血合、二令紅血輪縮小、三收取血內養氣、四阻礙補身之工、五令微發血管含血過多〇四曰酒醇與冷暖之相關、一酒醇令血速行至皮膚、二血在皮膚受冷甚速、三不用酒人較用酒者更能耐冷、

質有廢新之別

人每一舉手、或一步行、則其隨手或足運動之肌肉、必費若干微質、無論外體何處行動皆然、至於內體如胃肺與心、雖各有應行之職、然當其用力時、亦必費若干織質內之微質、所以人於每日每夜、必有銷磨耗費之料、是謂之廢質、

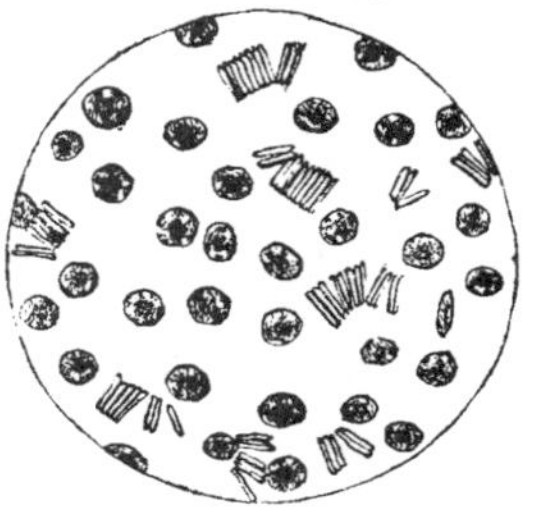
人身血輪放大之形

禽鳥血輪放大之形

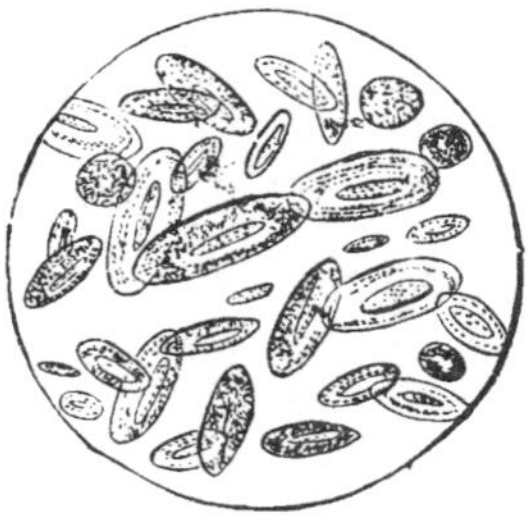
魚蟲血輪放大之形

人生惟有養身一事、不能須臾休息、無論何體內有何微質、變爲廢質、則必有新微質據其方位、方能無虧、是知人身各生珠內之微質、常有耗出身外者、卽廢質也、與城內每死一人、必送至城外葬埋者同理、廢質既出、則相近處、必另有新質還入、任其職司、據其方位、人自嬰生、以至老死、此種變化、幾無時不然、而成此變化者、厥惟一血、

血輪○體內凡有耗費、須加修補、修補之法、不但賴有養質、猶賴有養氣、養氣得自空氣、肺吸氣時、肺內之血、卽收其養氣、與之相和、血爲明汁、內有微體浮於其中、形圓如輪、謂之血輪、血輪分紅白兩種、紅者兩邊稍凹、人目難分、窺以大力顯微鏡、

方能辨之每血輪三千五百直排成行長僅一寸白者體稍大畧爲球形每三百紅血輪略有一白血輪配之

血有運行之路

發血管○血由管中運行從心內引出其血之管謂之發血管管質韌輭有凹凸力故用力壓緊鬆之仍能復原設法牽長放之依然如故管體亦分內中外三層與胃體同

全身血管

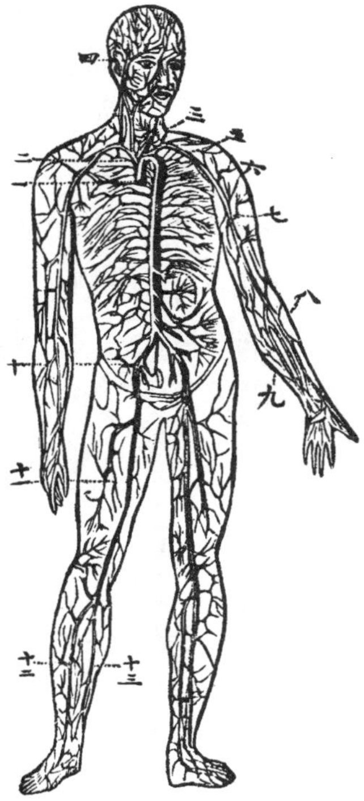

血從心左下房放出入大發血管即總脉管分數大支上通頭腦與兩腋兩手下通兩股兩足分支再多則成小發血管後愈分愈細即成極微之發血管鋪偏全身

微血管、○小發血管之端、接有極細之管、結成綱形、謂之微血管、通至徧身百體所有纖質、其管微細如絲、佈列近密、如將極細針尖刺入皮內任何處、難免刺通數微血管、致血放出、

迴血管、○微發血管之末、另接微迴血管、微迴血管、初極細微、漸併漸粗、通至小迴血管、再通至大迴血管、末則併合成二總迴血管、此二總迴血管、一納上身之迴血、一納下身之迴血、運入心右上房、然後入肺、迴血管體質微硬、如勉強壓緊、放之則較發血管、復原爲難、

心之動、○前言肺所提淨之血、放入心左上房、左上房隔牆動肌、一縮擠血入左下房、左下房動肌一縮、令中竅門關、擠血入總脉管、發運週身各處、可見血從心至頭與手與足、所需之動力、必爲最大、所以心左下房之體、格外厚而堅固、

發血管運行之事、○發血管藏於肌裏頗深、故不易受傷、心每一跳、則血噴入其管內、管體有凹凸力、先能漲而容血、行過後則縮而助血前行、如此遞進、足使所發之血、運通各微血管、無虞不足、所以偏身血脈、從心起至最遠之體、莫不恃血脈貫通、而保生命焉、

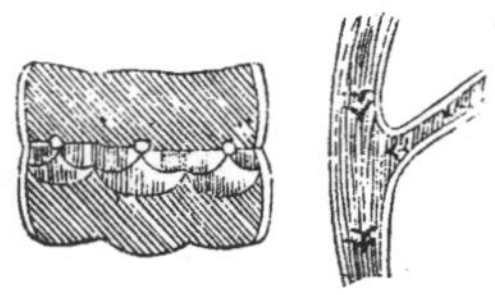

迴管半月兜

微血管運行之事、○血至微血管、則流通平勻、大抵養身之功、俱在微血管內成之、其血所含養氣、合於所遇織質、足令百體含熱而動、遇有不合用之廢質、血必用力洗出、以便新質運來、補其缺欠、此新質有生命有氣力、可修補體內之織質、令其久而無缺、

迴血管運行之事○血入微迴血管、則情形爲之一變、即淨潔者變爲混濁、明紅者變爲暗紫是也、此血不受心房噴力、所以流動

平勻、且迴血管內所有之門、形似半月兜、均向心而開、故血亦向心而流、不能倒行、如人行動時、肌肉壓住迴血管、則迴血流動更速、可見人如做工、或玩耍、或行路、或操練身體、俱能助血迴流至心、迨迴血行至心右上房以上、則傾入心房內、

酒醇與血之相關

凡肺內所不能由呼氣放出之酒醇、勢必迴行至心、隨心內之血、通至徧身、雖不能與血相合、而其毒性隨處能顯、故遇紅血輪、則必令其收縮、收縮之故、因血輪內所含之水、爲酒醇收去也、血輪職收養氣、既爲酒醇所傷、則於肺內不能收空氣內之養氣、運至應需養氣之處、故血均不能合法提淨、常有廢質混入發血管、致血變壞者、如將此血修補身體、決不合用、勉用之、亦決不能得法、常飲酒者、其發血管最不堪酒醇之擾、因發血管原有凹凸性、既

受酒醇撐漲、則管必更大而容血必過多、又大小發血管漲縮之數、本爲腦氣筋所主理、如腦氣筋質鬆力弱、則任發血多顯擠力、易致發血管漲至過限、而容血亦必過多、

前言酒醇能害阻心動之腦氣筋、而害發血管之腦氣筋亦略與同、因發血管之腦氣筋、既受醇毒、則必麻木、而不能阻發血管之漲、故血流通甚易、每聚於不合宜之處、常有多飲酒者、因發血管之腦氣筋、麻木失職、則血多滙於面、致臉鼻耳目俱發大紅、輒成酩酊之幌子、直挂過量之招牌、人一見卽知爲醉鬼矣、如發血管屢受此害、則逐漸變薄、久必破裂、

酒醇與冷暖之相關

人飲酒後、血行至皮膚、較常更多、故皮膚頗覺暖熱、常人遂以爲身體覺冷、飲酒則可溫暖、故每當寒天、在露地工作時、必備燒酒

若干、以爲暖身之用、覺冷輒飲、藉禦外寒、不知初雖覺暖、不久熱退反覺更冷也、

上說之故、因酒醇能令皮膚內、或相近處、發血管之腦氣筋、麻木失職、聽發血管盛漲、任血運至皮膚過多、此血最易收膚外空氣之冷、故飲酒初雖覺熱、後至變冷則幾難耐、如血原存體內管中、不多至皮膚之面、則不多收空氣之冷、身體雖難遽熱、亦不遽冷、

冷地駕鹿牽車溜冰

近已有人用寒暑表、驗得人飲酒後、不但難加身熱、實使易冷、於極冷時驗之、其飲酒者、必仍懼冷、或且速死、其不飲酒者、必能耐

冷、或不覺冷、此有定憑、人可入信、彼飲酒欲使身暖者、特自欺之術耳、

血與衛生相關之理

一、人必留愼吸淨空氣、又必屢次用力呼吸、令血能全提淨、

二、凡足以阻撓心動、或混亂養身之各物料、斷不可用、

三、人於每日按時行動、或因事出力、亦可免心格外用力之苦、

四、如心已顯無力、則須臥以將息、

五、每日用麻絲或粗布、力擦徧身皮膚、亦能助血流通、

六、飲酒之人、易令司血流之腦氣筋、麻木失職、致有數處血漲過多、久之血管放大、不能復原、故酒人不可飲、

七、飲酒之人、遇極冷天氣、易有傷風或凍斃之險、無論冷地熱地皆然、故酒益不可飲、

習問

一血流徧身於何時何事、查得其理、　二心所發之血、每一點鐘若干、一日若干、一年若干、　三心所出之力等於二十四點鐘內起重略九十二噸半、高一尺、可推算其心力在一分時內起血若干磅高若干尺、　四近於皮膚面之發血管、與迴血管有何分別、　五血在發血管與迴血管流動、分何方向、　六如血管破壞、如何知爲發血管或迴血管、　七如四肢內有迴血管受傷、何法能遏其血流、　八受傷之處、欲用布條裹緊、應在何邊、　九如發血管受傷、裹紮應在何邊、其故爲何、　十如傷處血流甚速、可用何法止之、　十一將所用之布條等、裹紮得緊、令血不流、另有何法、　十二傷處在頭或頸或中身、止血應用何法、　十三如受傷甚重、血流已止、再作何事、　十四血從迴血管遇見空氣、有何變化、　十五變化之後、能成何事、　十六用慣麥酒或葡萄酒之人、每遇受傷流血、較多於不飲酒之人、何故、　十七心除發血用力外、又有何事助血流動、　十八人臥時如何令心免多出力、　十九農家用力工作、其血流行、與讀書人有何分別、　二十婦女入廚執爨、其心動力較作針黹有何相比、　二十一人如因事坐久、有何法令心免多出力、保護精神、　二十二店舖夥友、終日站立、每日應坐若干時、何故、　二十三司理火車之人、其血流動、有何危險、　二十四學堂內讀書、應用何法助血流動、　二十五學生在露天操練氣力、較學堂內更佳、何故、　二十六如人氣力易乏、皮膚似白而嫩、其血流通、有何難處、須用何法治之、　二十七如人忽然受冷、血離皮膚、瘀積內體、應立作何事、　二十八人患寒嗽、尋常若何、　二十九鼻久放血不止何法治之、　三十血內有酒醇可令發血管受何害　三十一令其腦氣筋受何害　三十二此事如何令血管含血過多、　三十三慣用酒者面鼻與眼有何顯據、　三十四飲酒後皮膚覺熱何故、　三十五常人以爲冷時用酒有何益處、　三十六覺熱之後能耐若干時、　三十七飲酒覺熱更有何故、　三十八熱退之後較不用酒更冷何故、　三十九有何証據知用酒之人較不用酒者萬難耐冷、　四十常用酒者皮膚易發紅點用何法免之、

第八章　論身體如何行動

綱領

一曰各體行動、一各體行動係能保生命之據、二如無行動卽難保生命之據〇二曰肌肉、一肌能行動且飾美觀、二肌肉之成賴連織質肌形各不同有空心肌有肌筋有捆筋〇三曰肌肉行動之法、一肌有漲縮力、二隨意肌與自動肌、三呼吸任動肌〇四曰肌肉得力之法、一修補肌肉、一養之以血、二多用肌力須養以血、二肌須歇息或在用力之後或在受傷之後、三肌肉久用如覺困倦卽應立歇、四如工作有趣則肌用過度而不覺乏其害甚深〇五曰操練身體毋過用力、一練力有法慎身有故、二身可爲心用心不可爲身用、三操練之功不可立異、四補身失宜氣力易乏〇六曰酒醇害肌、一酒令肌肉絲紋變爲油質、二醉酒之人自謂力大然實無力、三兵丁飲酒則不能任勞耐苦〇七曰菸害肌肉、一令肌肉顫動、二令肌肉減力、

各體行動

前各章內分論人身各體、無論何體、必須行動、如欲得所需之食、則手與足必須行動、欲嚼所食之物、則牙床骨必須行動、食物嚼後、將咽入胃、經過食管各圈、則食管必須行動、食物既入於胃、欲行消化、成胃養汁、則胃必須行動、食物消化成血、由心噴入各發血管、通至徧體、則心必須行動、此外若呼吸氣時、胸膈須起落、周觀物時、首頸須囘轉、無非動也、總之、人既具此各體、則無論目所能見之體、或目所不能見之體、均必行動極靈、乃可永保生命、否則必與世長辭矣、

肌肉絲紋形

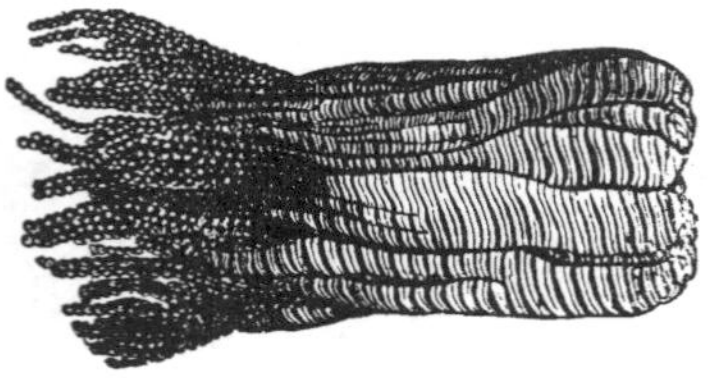

肌肉

以上所言各行動之事、如詳就各體察驗、大半皆有帶形之質、連於各處、牽之則依欲往之方向而動、此質謂之肌肉、一身各體略

有肌帶五百條、其大小形式、各依所司之職、能令各體便於行動、譬之大船之上、欲令各桅帆行動、必用所配之繩也、所以徧身必有肌肉、附麗齊整、始能行動、且飾美觀、

肌肉形式○凡人所食之肉、非油質、卽肌肉、試查煮熟之肉、易見

胸膛肌肉

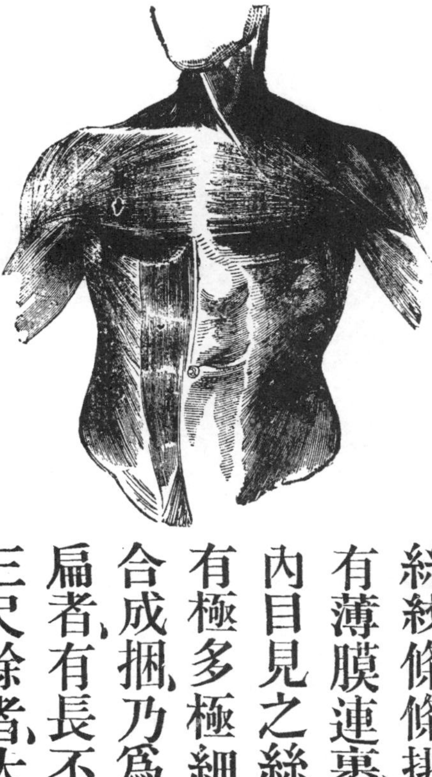

絲紋、條條排列齊整、方向幾同、中有薄膜連裹、謂之連織質、若將肉內目見之絲紋、窺以顯微鏡、則見有極多極細之絲紋、旋繞成線、線合成捆、乃爲肌肉、肌肉有圓者、有扁者、有長不過六分寸之一、有長三尺餘者、大半當中粗大、謂之肌腹、兩端細小、謂之肌本肌末、亦間有當中細小、兩端粗大者、

有肌肉、直連於所行動之骨端者、大半本末收小而質變韌、至末則變爲藍白色堅筋、謂之肌筋、無伸縮性、故顯力時、肌筋最易離開本位、如手腕與脚踝之肌筋則有堅帶捆紮、乃謂之捆筋、

空心肌肉○有數處肌肉、其用非連兩體、乃爲盛流質之具、如胃腸與心中層之自動肌是也、前數章已屢言之矣、

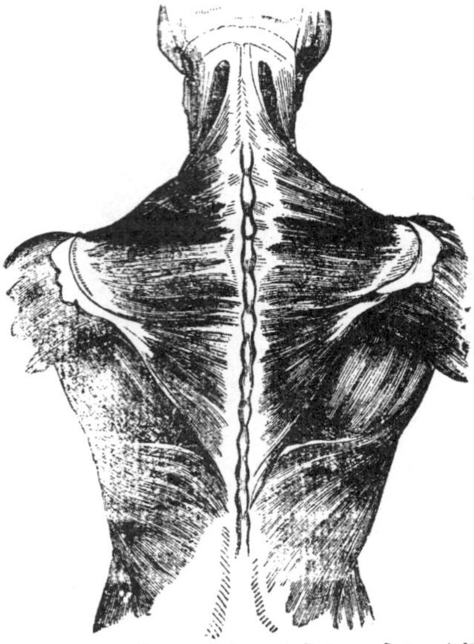
脊背肌肉

肌肉行動之法

凡肌肉縮則變短、舒則復原、是卽肌肉行動之法也、有數肌肉爲人主者、謂之隨意肌、使四肢等行動之肌是此類也、有數肌肉爲人不能主理者、謂之自動肌、心與腸胃行動之肌是此類也、另有

一種肌肉、常爲任便行動、然亦可特使之行動、如呼吸氣之肌是此類也、凡肌肉多成對偶、即動時驗之、則覺其一成彼向動、一成此向動也、

人身體各節、各體、行動之法甚多、每一行動、必有特設之肌主之、如使手搖動、俾眼轉動、令腕紐動、皆有專肌是也、

手臂肌肉

凡與骨相連之肌、收縮時、則令頭與中身四肢各能行動、空心肌肉收縮時、則令體內各具行其職司、並能助血流動、

肌肉得力之法

前說人身體內、如有敗壞廢質、爲血運出、則須有新質運來、以補其缺、肌肉得力之法、亦與相同、蓋百體內凡用力最多者、其收取

血內修補之料、較他體更多、此爲造化之妙、無可改易者、如肌肉用力最多、則收取血內修補之料、亦必最多、所以有大用之肌肉、可變爲有大力之肌肉也、

肌肉行動、必須歇息、○肌肉行動、難免耗費、必須有歇息之時與其機會、以資補養、始能無弊、何也、蓋凡人無論何處肌肉、如連用許久、則力易乏、猶如告以力已用至極限、須應歇而加修補之功也、若肌肉久用而倦、已顯欲歇之據、尚強忍用、是猶橋朽將塌、尚思經行、繩爛將絕、尚思繫用、幾何其不竭蹶也、所以人之肌肉、初時用力過限、祇知工作有趣、忘其疲倦易傷、久之受害愈深、時形疲憊、死期將至、已無可如何矣、

操練身體、毋過用力、○人欲保護身體、振刷精神、使常無病、則操練身體一法、可收其效、無論何體、常令行動、均足使全體堅固、而

獲大益、惟若操練之事、祇令一體可得大力、而不問他體有力與否、以爲一體能顯大力、可令人駭爲奇異、不知此種舉動、欲邀人譽、適取譏評、蓋人身氣力、如合法操練、不過用力、原可加增若干、

演脚踏車亦爲操練身體之法

若練不合法、則雖暫顯大力、不久自竭、而一身應有之力、亦因此而減少矣、推而言之、如心久用力、辦理各事、亦必兼耗身體之力、反令身體不能出所應出之力、

人之百體、如多用力、每欲多取所需之料以補養之、故於過用力後、每飽餐果腹、以求補養、然飽食者、如能從速消化、自可藉成修補之功、抑思消化此食所需之力、仍賴各體任之乎、故人每飯所食、如足敷養身、原不必食之過多矣、

如食過多、則消化各具、亦必多用力、以盡消化之職、再欲將餘力、爲所欲爲、恐必有所不能矣、

酒醇害肌

前說人於所食肉內、能見肌肉絲紋、惟肉內含有油質、性與肌肉不同、卽不能漲縮、不能行動、多飲酒者、其肌肉易變油質、或介居肌肉各層之中、聚成小球形、令肌肉難於行動、或使肌肉變輭鬆懈無力、推求其故、因纖質內所得養氣、不足於用、養氣不能變化油質、則肌肉自不能得養氣之力也、前言酒醇混入血內、能令養氣減少、因傷運動養氣之紅血輪也、從此可知凡飲麥酒等之人、如查驗其心內所含油質生珠、亦必較不飲酒者更多、

如常飲酒者、欲驗酒能減力之據、有一簡法、卽於未飲酒前、試起所能起之重若干、再於飲酒後、試起所能起之重若干、則力之能

減與否、不難立辨也、所以飲酒過多之人、雖常以大力競誇、然未經試驗、尚可大言欺人、若試驗一過、則知酒能減力、確有可憑、及兩腿難任本身之重、時有傾跌之處、益信酒之害人非淺矣、夫然人所以不能早知者、因腦氣筋爲酒醇麻木、不能報知於腦、故氣力逐漸減少、而終不知也、

近已有人詳驗飲酒之人、於所應出之氣力、未若不飲酒者之克勤、於所應耐之勞苦、未若不飲酒者之能忍、果何據而云然哉、因有英國醫生於各兵丁行路時、留心察看、見有多兵丁苦於行路之難、相率飲酒、以爲可以增長氣力、乃行未數里、益形疲倦、反較未飲酒時、其苦尤甚、又有美國醫生於南北交戰時、紀所聞見云、凡常飲酒之兵、平時無所勞苦、輒謂能耐勞苦、平時未顯氣力、輒謂有大氣力、及果有勞苦出氣力之時、則全歸於無用矣、此種人

如或受傷、死必更早、與不飲酒者乃相反也、

菸害肌肉

肌肉欲作極細而美之工、惟菸酒足以阻撓之、所阻撓者、因令司肌肉之腦筋、受其害也、此事在下章特詳言之、常用菸酒之人、無論爲孩童或爲壯年、其肌肉必皆輭而無力、手腕顫動、是明徵也、英國水師學堂有繪圖教習云、凡生徒用手繪圖時、如使畫長直線、其紆徐有定者、必爲不用菸之故、而顫動無定者、卽爲用菸之徵、美國有醫生云、人如操練身體、卽習奔跑搖船等戲玩之事、將試演時必先自戒菸酒、方能顯逞大力、否則氣餒力弱、行必輒止、是說也、卽不告知用菸之人、彼用菸者、亦自知之、特知之仍若不知耳、

肌肉與衛生相關之理

一、所食之物、須有益於身體且必足用、肌肉始能堅壯、

二、全身肌肉、俱用操練之法、則全身可保無病、

三、常令肌肉操練、則血脉流通、可省心自出多力、

四、操練肌肉時、不可用盡全力、令肌力易乏、

五、各種操練肌肉之法、均不可過限、過限則不但無益、反必有害、

六、肌肉行動一日、必須歇息一日、以補養之、若久用力工作、則歇息將養、時亦須久、

七、凡孩童坐立動作、所呈態度、不可有礙肌肉之行動、與生長、而衣服亦然、

八、孩童無論坐於何處、體必端正、不可歪斜、

九、孩童行路時、體態須文雅、使人見而羨愛、

十、凡操練身體各法、不但令孩童練身有力、並可使其舉止端方、

此童寫字躬背斜腰　　此童寫字體坐端正

所以學堂內更當有操練善法、

十一、孩童於操練身體之外、仍宜用法玩要務令肌肉無病、

十二、以上各法、如均無危險、則凡男孩、均應習慣、

十三、凡女孩操練身體、無他要法、惟拋毬、騎馬跳繩等事、頗可習練、

十四、凡人工作、須多用兩肩向前之肌肉、則應操練兩肩向後之肌肉、

十五、人皆不可飲酒、飲酒則令無病之肌肉變爲油質、

十六、人不可吸用菸與鴉片、因係醉毒之質、易令肌肉變輭、且減

其行動之力、

習問

一右手肌肉、常較左手更大、何也、　二多出力之人、肩向前彎、何也、　三此弊用何法免之、
四拋球等戲事、有何益、有何事宜慎、　五肌肉外用帶紮緊、則成何事、　六手有所執、肌肉在何處收縮變硬、　七四肢行動、因肌肉有漲縮否、　八操練身體、搖船較跑路更佳、何故、　九强令孩童久不行動、何以爲錯、　十孩童在學堂內、不能靜坐、何故、　十一釣魚與身體有何益處、　十二肌肉歇息、何時爲佳、　十三馬行平路、或上山下山、何者令其足力易之、　十四手提重物、爲何不能伸出甚久、　十五將食飯時、爲何肌肉應少出力、　十六用心讀書、爲時甚久、有何妙法操練身體　十七凡跑路或他大出力之事、有何據指出將欲停止、　十八應停止而不停止、則成何事、　十九將睡以前、路半點鐘、做何事爲佳、　二十凡無病之男女孩童、其兩肩向前彎曲、移步錯亂、則指出何事、　二十一孩童代父母作事、行路一里、即覺大倦、往看馬戲、雖行五里、幾不覺倦、何也、　二十二凡人所做之工、能自選擇、應依何理、　二十三成肌肉者、爲何質、　二十四油質能代肌肉之絲紋否、　二十五飲酒常令肌肉、有何改變、　二十六此事因何緣故、　二十七飲酒之人、其血與不飲酒者、有何分別、　二十八肌肉之力、酒如何能改變之、　二十九醉酒之人自誇有力、何故、　三十人欲出力耐苦、飲酒則成何事、　三十一飲酒之兵、有何國醫生、指明

其弊、　三十二酒菸如何令肌肉顫動、　三十三孩童用菸則不能畫長直線、何故、　三十四操練身體必須顯力、有何物不許用之、

第九章　論身體如何直立

綱領

一曰身必有架 一令全體直立、二令各體支撐〇二曰骨之體用 一骨之用處 一架各體有定形、二保護輭而易傷之具、三使肌肉有所連而行動、二骨體形狀 三骨之質性 四骨之質料、分生物與死物質 五骨體長養法〇三曰全身骨部 一頭骨部爲頭顱 二中身骨部、爲盆骨脊骨脅骨胸骨肩髀骨鎖柱骨 三上肢骨部、有臂骨肘骨腕骨手掌骨、四下肢骨部、有大腿骨小腿骨踝骨脚骨、脚骨列成拱形〇四曰骨能行動 一肌肉動骨、二骨減震力法〇五曰骨宜防傷 一食物必合宜、二操練必合法 三孩童操練、不可過限 四安置各骨、均須合法 五衣服不可礙骨 六靴鞋形狀亦須合用 七如骨或節受傷、必休養俟痊、方可再用、

身必有架

凡人身體、原不可全爲輭質、如全爲輭質、則成塊然大肉、即能輾轉地面、終難強令行動、較之禽獸之體、尚且有法支撐、倘自顧弗

如愧孰甚焉、更何能特立世間、直而不屈、使全體有定形狀、分體合比例、而且行動合法、舉止自如、俾遙而望者、咸推人爲萬物之靈乎、可見天之生人、既使有偉然之身、必令有至堅之體、撐架支持、各施妙用、以成堅剛之架、而顯矗立之能、其架維何、即骨是也、

人身全骨架

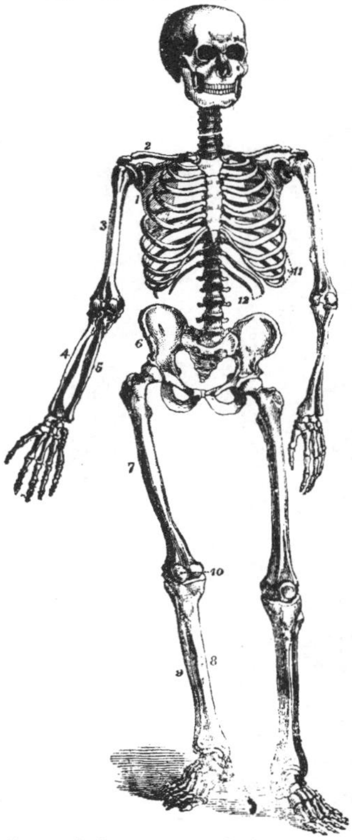

骨體功用

骨之用處○骨用有三、一能撐架身體、使得勁健、則各體與各器具能守方位、二能遮護易傷之具、使不受傷、三能與肌肉相連、使百體行動甚便、

骨體形狀○人身各骨欲得以上三事、則其形狀與大小、宜各不同、而佈置法亦應合於特設之功用、所以保護輭體之骨、以堅且

厚者爲佳、用料雖少、堅力則大、常有數骨相合、包內體而保護最穩妥者、又有數骨上托一身、或牢連數體、使身體直立而堅固者、總之、骨體形狀、均以合其應行之職爲妙、

骨之質性○四肢內有長骨、爲直桿、質硬而密、兩端大、質略軟、有多微孔、桿中甚空、空處含髓、乃血與肥油聚集而成、能濟養骨所需之料、其餘各骨、內面亦多微孔、惟外面則質硬而細、各骨之外、皆裹最韌之薄膜、名曰骨衣、各骨節

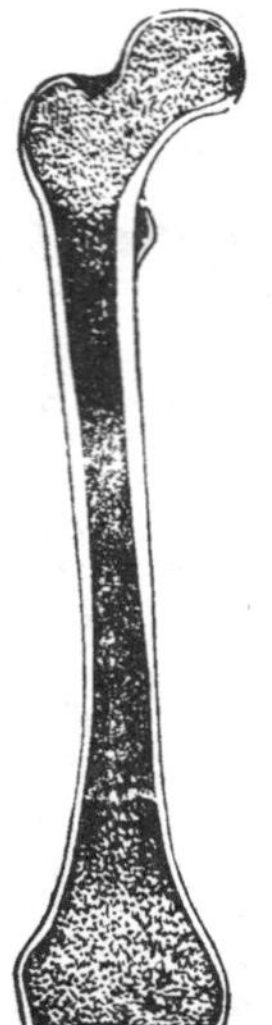

大腿骨立剖面

處、又包脆骨、如去此薄膜、則骨死而歸無用、

骨之質料○如將骨入火燒若干時、則變脆易折、若將骨置淡鹽強水內、浸若干時、則漸變軟、如爲長骨、則幾可繞轉成結、從此兩事、可知骨內含有一種土質、令其堅硬、又含一種動物質、令其膠

軟、謂之脆骨、科性能黏連、且稍具凹凸力、其土質大半爲石灰、每骨重三分、略含石灰二分、

大腿骨橫剖薄片放大形

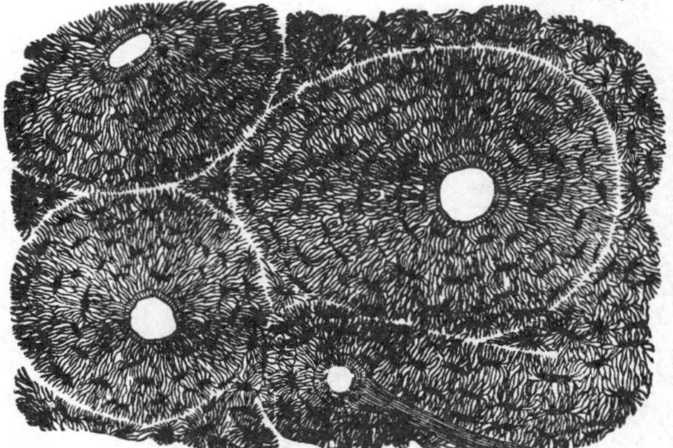

幼年之人、骨內含脆骨料、多於老年之人、故如孩童從高跌下、或受大擊力、其骨甚不易斷、間有孩童體態失宜、致骨變歪斜者、又有嬰兒腿骨生長未堅、其父母強使直立、而兩腿成彎形者、若年老者、骨質堅脆、每易折斷、既斷之後、幾難續連、

骨體長養○凡人之骨、長至二十五歲、已全長足、惟多用腦髓思想之人、頭骨常有過二十五歲、尚能生長者、然骨有生長、卽有銷磨、有銷磨卽須補養、與他體同、人欲令骨堅結、毫無疵弊、必須養骨之血、亦無疵弊、若飲

酒則血受害自不能養骨復安能令骨無病耶至用菸血亦受害非但不能養骨猶間有阻骨生長者

凡骨已斷仍能續接者因其兩斷之端放有流質勿使外流卽相逗合使其逐漸凝結成爲脆骨久之脆骨收入石灰等質則接處可復原形堅固如初

頭顱骨殼

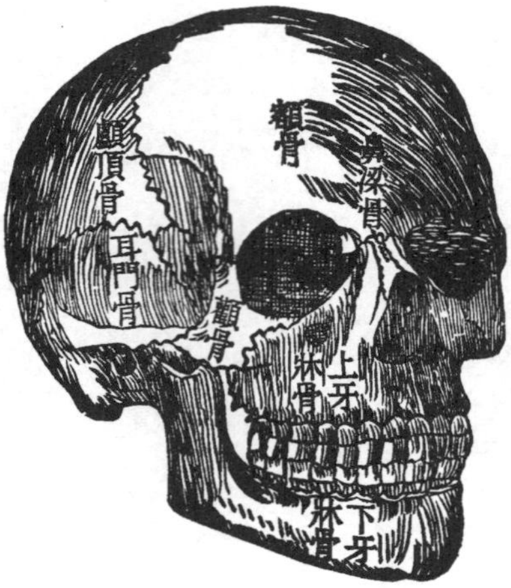

全身骨部

頭顱骨部○頭顱之狀恃有頭骨殼以顯定形此骨殼圍護全腦謂之頭顱頭顱之頂爲凸圓形若蛋殼然如將蛋殼平置其上半頗相似也頭顱前面較後面更小而堅前有兩孔謂之眼又有兩孔謂之鼻兩邊各有一孔謂之耳頭顱骨爲兩半合成似乎鐵夾能耐壓力或

擊力、中有輭骨一層、尤能耐受擊壓之力、使不爲腦髓所覺、若上牙床骨、鼻梁骨與兩顴骨、亦屬於頭顱、各與連合、最爲堅固、若下牙床骨、更能令口任意開闔也、

頭顱骨縫○頭顱之骨、有多交縫、爲彎曲形、幾若鋸齒、互相錯囓、猶十指相間而交者然、幼年者、頭顱骨相連未堅、必年愈大斯相連愈牢、頭顱所以必分數骨者、因令腦髓便於漲大、且頭顱與身體或有震動、亦不致全害頭殼也、

人身脊骨柱

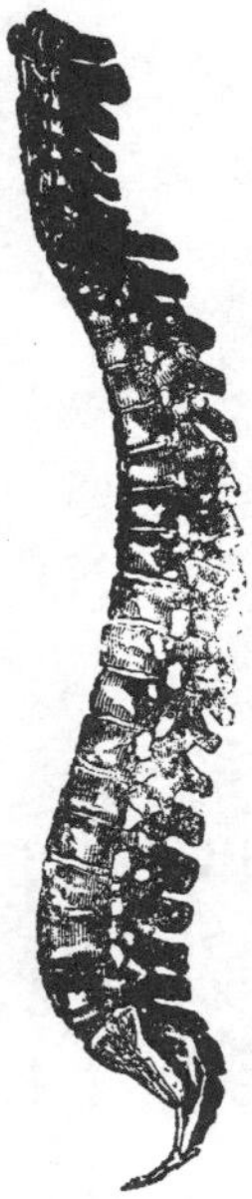

中身骨部○中身之骨、有盆骨、脊骨、脅骨、胸骨、肩胛骨、鎖柱骨、盆骨居身下部、上托半身、卽爲脊骨所恃之根基、亦爲腿骨所資以聯屬、可知盆骨乃架身最要之骨也、盆骨之形、乃大骨四塊湊合、成無底骨盆、故謂之盆骨、

脊骨居盆骨之上、爲脊背中榦、上抵頭顱爲止、共骨二十四塊、塊皆扁形、每二骨之間、有脆骨衣、用同輭墊、上下貫串、直成一柱、爲身體最要之骨、能令中身守其應有方位、脊骨中、有通孔疊成管形、管內含脊髓、脊髓通於腦、可備全身腦氣筋之要需、

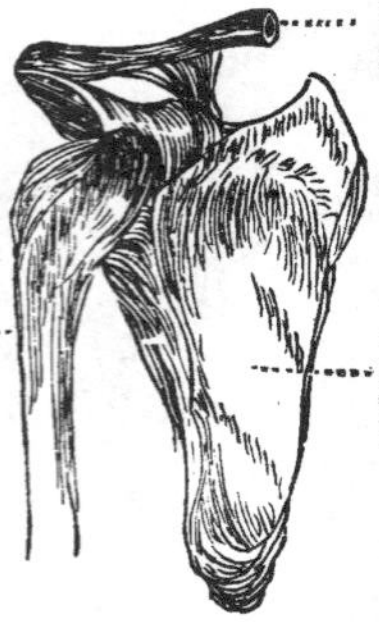

脅骨左右各有二十四條、相對排列、彎而向前、圍護胸膛、脅骨連脊骨處、有活節、令能稍起落、便於呼吸氣上脇骨七對、另前與堅平之骨相連、此骨向下、尖形如雙刃劍、謂之胸骨、

中身之上、兩臂之後、脊骨左右、有扁而堅之骨、形略三角、謂之肩胛骨、俗名飯匙骨、肩胛骨前近於肩處、左右各有一骨、通至胸骨上半、形長而窄、謂之鎖柱骨、此骨能助肩胛骨、使不離所應有之方位、

上肢骨部○兩臂之內、從肩至肘、各有長骨一條、謂之臂骨、從肘至腕、各有長骨兩條、謂之正肘骨、與轉肘骨、腕內則有八骨、手掌內則有五骨、至於手指內各有幾骨、人易自知、不必多贅、

肘骨　腕骨　手骨

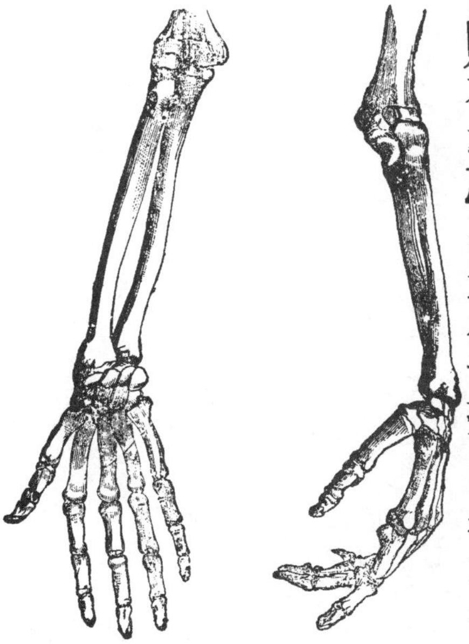

下肢骨部○下肢爲腿、其骨與臂中之骨、大有相似、卽從胯至膝、有長骨一條、謂之大腿骨、從膝至踝、有長骨兩條、謂之小腿骨、與輔腿骨、膝上亦有小骨、謂之膝蓋骨、踝內有七骨、脚掌內有五骨、與手亦相似、至於脚趾有骨幾何、人亦易知、與手指同、

脚成拱形○兩脚各骨、置列上拱、故足任身體之重、無論在路行走、或從高處跳下、有此拱形之脚、向下抵壓、各骨能向外伸、脚可

站地寬大卽有震動亦無大害

骨成凹形○從上各說可知骨有成爲凹形者職能保護腦髓與臟腑也夫體內最靈之具莫如腦髓原無需行動則有頭顱極硬

脚骨

之凹形骨殼以保護之體內最輭之具莫如臟腑須有力漲縮乃能便於呼吸故胸前亦有極堅之凹形骨與脅骨湊成籠形更番升降以護理之他若盆骨上托消化諸具下連腿骨支撐所以其凹形之骨格外堅厚而毫無鬆處

骨能行動

肌肉動骨法○骨能行動之故恃各肌肉有收縮之力也如空心肌肉收縮時能令體內各具容積變小而連骨之肌肉收縮時能

令相連之兩骨移而相近、下牙床骨其肌連於顴骨收縮時能令兩牙床骨、兩相閉緊、此外若肩髀骨之連肌、與肘骨之連肌、收縮時、則手能挽上、若肘外連肌收縮、則手能伸出、更有令兩腿交互之肌、從胯外起、至膝下止者、俗名裁縫肌、因西國裁縫工作盤坐板上、恃此肌、使兩腿交互安置也、非但此也、凡身體將欲扭動、亦有相配之肌、眼珠將欲周轉、亦有相助之肌、各施妙用、

骨減震力法、○人從高處跳下、身體如直而硬、則遇地時、必有大震、惟曲而輭、則震力較小、又如一人拋球、一人接球、接球者、手如向前迎捉、亦必有大震力、惟隨球退後、震力卽可減少、可見人之四肢、遇有震動、如守正不讓、則各骨端、彼此必重擊撞、惟放鬆肌肉、屈彎各節以待、雖遇大震力、亦不過使節愈彎、至彎至無可彎、已順四肢生長之勢時、縱覺震動、亦藐乎其小矣、

凡人跳時、如觸在脚趾、則震動先爲脚拱所受、拱顯簧力、自可減其震動、再後震力、由踝膝胯經脊骨之三彎、抵脊骨與頭顱相連之節、則震力必能更減、迨至腦髓、卽幾不覺其力矣、

骨宜防傷

骨傷難治、人所宜防、防傷各事、食物須求合宜、亦其一端也、然最要者、則在操練合法、如不合法、身體或易傾跌、或受擊打、骨必因此而斷、或致脫骱、間有人安置身體、態度大不合宜、致骨有變爲歪斜者、如孩童骨質原柔嫩、若坐桌邊寫字、左肩高聳、右肩低下、抑或右肩高聳、而左肩低下、日復一日、習慣自然、勢必長成歪斜之狀、而無可挽救矣、又西國女孩、緊裹其腰、務期纖細、中國女孩、緊纏其足、務令瘦小、彼方謂必如此乃美觀也、殊不知一使呼吸不便、一令行步不良、皆非上天生人之原意、更有西國孩童喜穿

小靴中國孩童喜穿小鞋以爲緊束俏俐可耀觀瞻其實脚骨已受傷不淺矣另有孩童喜作一戲玩之事每扭拉手指各節使作脆響非但無益反爲易傷手骨之根源切宜戒之

骨與衛生相關之事

一凡人食飲物內須含石灰足爲養骨之用

二孩童骨尚未堅不可使任重力及他大小壓力

三欲骨生長合法須時常操練以得所應有之健力

四脚骨列成拱形原可藉其簧力俾骨伸張足任全體之重便於行走然如所穿之靴鞋太小則拱被擠緊殊難長足中國女孩喜令纏足受害尤甚

五脅骨外圍腰處衣服不可過緊緊則有礙於呼吸惟將下衣用帶挂於肩頭勿令約束脅骨則可免害

六、凡人無論行立、俱以端正爲要、若肩聳前、頭頸低下、久則骨爲改變、形狀異人、必不能直立矣、

七、人無論寫字或工作、不可使左右兩肩、顯判高低、因此事易令脊骨成左右彎轉形也、

八、凡骨受傷、或筋節受過大之力、難遽復原、須於數日內靜養勿動、候至全愈爲度、

習問

一骨令燒透、其形狀與原質若何、　二置骨於淡鹽强水內、過若干時、其形性若何、　三燒成肉湯、何質從骨內放出、　四年少與年老之人、骨受跌打、有何分別、　五骨受壓力、各成何事、　六骨已折斷、接續復原、何事爲要、　七孩童玩耍、何事有斷骨之險、　八頭顱頂爲凸圓形、何故、　九何動物之上牙床骨、能向後開、　十盆骨須大而堅、何故、　十一脊骨節中有脆骨一層、作何用、　十二每日出力工作、或玩耍、身體至晚、較矮於早晨、何故、　十三腰有束帶、與脅骨膈膜呼吸等行動、臟腑之方位、血管之流通、各有何關、　十四靴鞋之底、以寬爲要、後跟以寬而矮爲要、其帶以輭爲要、何也、　十五西國衣服與靴、每求過緊、中國婦女之足、每喜瘦小、各有何害、

十六西國婦女每喜靴後跟最高、又喜將後跟移置脚掌之中、何故、　十七脚趾生長雞眼若何、　十八腿向外伸或向內屈、何故、　十九臂有何骨連肘、何骨連腕、　二十如將牛羊各腿之骨、直立鋸開、其內有何形狀、　二十一人脚趾之骨節、常有不正何故、　二十二拋球時接球之人手須退後、何故、　二十三人跳時落在足之裏拐何故、　二十四無論或行或跳、令骨節略彎、有何益處、　二十五誤走不平之路、足力過重、則成何事、　二十六行路時故作跳躍之狀、舉動輕浮、則成何事、

第十章　論身體如何蒙蔽

綱領

一曰蔽體之料、一保護體內器具、二能行數種要職、○二曰皮膚質性、一厚薄不同、硬軟亦異、如手足掌指甲與髮等、二皮分兩層、一爲外膚、成鱗形、脱去時、內有新料補之、顏色料亦在膚內、人之氣色亦顯外膚、二爲內皮、亦名眞皮、面有凸尖、有微孔、三皮膚潤輭、恃有油管油核、○三曰皮膚職司、一放出廢料、賴汗核腎亦彼此相助、二皮膚主散內熱、卽出汗或顯或隱、三皮膚能吸外質、○四曰皮膚情形、一皮膚務淨、宜常沐浴、二須愼皮膚熱度、衣服須配天氣冷熱、熱不足則濟之以火爐、○五曰酒醇有害皮膚、一令血管放大不能復原、二令皮膚過乾、三煩累內腎、四少飲酒亦害內腎、○六曰毛髮形性、一髮之功用、一蓋頭不受過大冷熱、二遮頭能當擊力、三護腦髓、五官、令勿受傷、二

髮之情形、鬆者爲心、膚外爲榦、皮內爲根、三使髮免病法、一髮有病否、視人之身體若何、二髮務潔淨、三髮變白或脫落、四性情有大感動、亦能令髮改變、○七曰衣服功用、一衣遮身體、足令美觀、二衣須足用、三衣須合於身體所事、四衣須淨而乾、五衣須鬆勿緊、六衣須常得所需之暖、

蔽體之料

人身如受損傷、脫去一塊、則必痛疼難忍、可知近於身體外面、所有肌肉與覺痛之具、均須有質料爲之蒙蔽、以護衛之、所蒙蔽者謂之皮膚、凡皮膚脫去、不但疼痛難忍、猶易惹受各種毒質、通至體內爲害、故人身必有皮膚、以爲保護之具、方能無害、且皮膚有數要職、爲不可少、即能放體內廢料、以洩惡毒、能收數種質料入於身內、能摩覺外物、職居五官之一、能收養氣而放炭養二氣、助行肺臟之功、能代各體行所不能行之職司、能使體外生毛長髮、飾人美觀、能顯心內喜怒怨憐、施諸顏色、其功用豈淺鮮哉、

皮膚質性

皮質列法○全身皮膚、其質厚薄、視銷磨之多寡、銷磨最多之處、爲手掌脚掌、故其皮極厚而堅、非若他處之薄且細也、手指脚趾之端、常有觸捶或銷磨之事、則生硬質、謂之指甲、頭顱職司護腦、則生長細密絲、謂之頭髮、

皮膚立剖面放大形

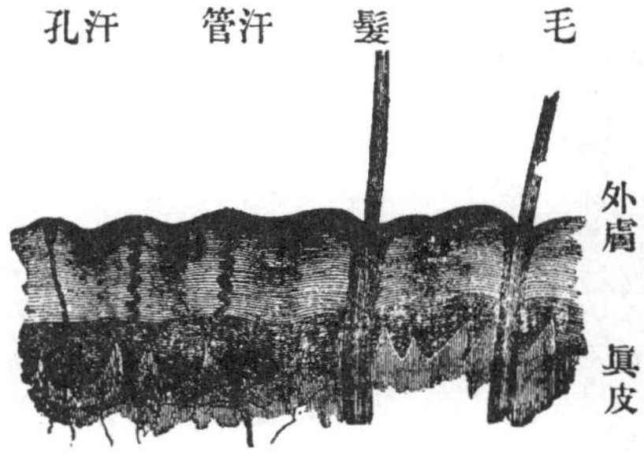

皮膚分層○人之皮膚、分內外兩層、外層謂之膚、爲多小珠壓成扁形之鱗、排列而成、膚內無血管、亦無腦筋、所以刀割指掐、均不覺痛、其鱗變老而硬、則必脫下、內有新者補之、膚內面有顏色料、各國及各類人、色有不同、內層謂之眞皮、近於外膚、有多微凸尖、謂之眞皮尖、尖內有微血管與腦氣筋、又有微孔、通毛至膚面、微凸尖下、爲眞皮要質、眞皮與肉之當中、有油一層、此油之厚薄、人各不同、

皮膚潤輭○皮膚之面、有多微管、通眞皮內、形似銅筆帽、而尖向裏、此種微管、間有成小囊形者、囊似葡萄串形、謂之油核、能收蓄血內之油、洩至外膚各孔、使外膚各小鱗、常潤澤不乾、則皮膚與毛髮、得以常潤輭而不脆、

皮膚職司

皮膚放廢料法○眞皮內、油層中有微管、其內端繞成毬形之核、外口通至皮膚之面、血內汗質、爲此各核收蓄發汗、故謂之汗核、汗大半爲水、另含廢料、經汗管發洩、身體覺快、可知皮膚之功能助身體放出廢料也、

內體放廢料法○身體內之廢料、亦能由內腎洩出者、內腎卽腰子、在腹左右、伏於背後腰中收小之處、凡血內異質、肺所不能放出者、內腎能從血內收出發洩、與皮膚所放廢料、大同小異、且腎

與皮膚能彼此相濟、如腎有病、則皮膚可代行其職、皮膚有病、而腎亦可代行其職、

皮膚主散內熱○天氣最熱時、如灑水於地板、則屋內頓覺涼爽、此何故耶、因水變汽、必費熱若干、此熱由空氣消散、故人頓覺涼爽、依同理、則人皮膚內所有汗核、放出其汗、亦自能消滅體內之熱、可無疑矣、惟常時、出汗甚少、人幾不覺、必待天氣極熱、或身久出大力而生熱、則汗出更多、能在皮膚面聚成小點、久之變汽而散、散時帶去多熱、則身體自覺清涼、惟體內如汗出過多、則血變濃、苦少流質、故必多飲水或他物、以補體內所需之流質、

皮膚能吸外質○眞皮一層、內有血管甚多、能養毛髮之根、或分出油質、藉潤皮膚與養各核、並能將餘血、送回至心、不但此也、另有一種極微器具、似乎植物之微根、謂之微吸管、由微合成小管、

由小幷成大管、後通入迴血管、除乳管之外、此各微管皆能吸收一種流質、明而無色、謂之明汗、明汗不但能助血養身、並能助血運去各種廢料、所以無論何料通入外膚、則爲吸管所收、通至迴血管、從迴血管入心、再從心發至徧體各處、

皮膚情形

皮膚應潔之故○從上各說、可知膚外常有放出之廢料、又有各核放出之油與汗、易令膚外、聚各異質、如不用法除去、不但易發臭氣、且易混亂皮膚職司、凡皮膚受腦筋感觸、思念運動、則放出廢料必多、被灰塵蒙蔽、穢污沾惹、則收入廢料亦必多、皮膚既多聚廢料、若不隨時沐浴、務求淨潔、皆足混亂皮膚之職、因此則全身難安、百體不暢、可見淨潔皮膚、實要事也、

淨潔皮膚之法○皮膚常浴以水、按時不可間斷、每日一浴、則爲

最佳、若未能每日徧洗全身、則每七日必須徧浴一次、此外凡易穢污之處、仍應隨時擦洗、浴水稍溫爲宜、稍熱亦可、惟水過熱、性易發散、故不宜常用、間有無病之人、晨起卽用冷水洗浴、不但令身淨潔、且能助人興致、但入浴盆一浸卽可、若無浴盆、可取淨水、浸海絨或布揩洗、復用乾巾擦乾、如有處過污、可洗以肥皂水、此無病者淨潔皮膚之法也、如用冷水浴後、用力揩以極乾粗布、皮膚不覺回暖、則知身病、不合冷浴、須俟病痊、再浴以冷水、有人喜浴以海水、或竟游於海內、或和藥水香水等於浴水內、乃富貴文雅者喜用之法、凡飯飽後、不可在兩點鐘內用各冷水洗浴、因此時身體之力、務在消化之工、自不能顯於洗浴之事、洗浴所用肥皂去垢滌污之力、不宜過重、因有外膚易受侵蝕、人將不堪、值天冷時、更易令皮膚乾緊破裂、

酒醇有害皮膚

前所言皮膚內之血管、如常含酒醇、則必漲而不能再縮、所以常飲酒者、皮膚內之血管、幾能見其放大、且有鼻漸發紅、顯出常飲之據者、此種人、血管爲酒醇麻木、則含養氣不足、而含廢料過多、所以血流迂滯、不能照應然之法、養其皮膚、迨外膚各鱗、因血少而枯、堵塞油管汗管之口、卒令皮膚不能合法放洩廢料、僅恃內腎洩放、人遂因此輭弱、或竟致病、

凡含酒醇之血、流行至腎、腎必用力收除、與除血內他異質同、然如飲酒過多、致腎不及全行收除、則必初受惹而發炎、久則生重病而憊敗、近來各國醫生、均知內腎患病、大半因酒而成、不論飲酒甚多、其腎易病、即每日飲淡酒三四大杯、亦能令內腎血管、有漲而難縮之勢、英國醫生云、腎內纖質之血管、如因含酒醇而漲

大則一受壓力、卽有大害、不但有礙於養腎之事、且令易受寒氣、寒氣者乃腎生各病尋常之根源也、

毛髮形性

毛髮爲何物○頭之髮與身之毛、俱爲外膚變化而成者、髮體畧實中鬆若燈草、乃微鱗珠聚合而成、出膚外者、謂之髮榦、留皮內者、謂之髮根、根旁各連微肌、能令髮豎立、髮之顏色、則恃髮心微鱗珠、所含色料顯之、凡髮爲圓形者、可令易直、爲扁形者、可令易捲、

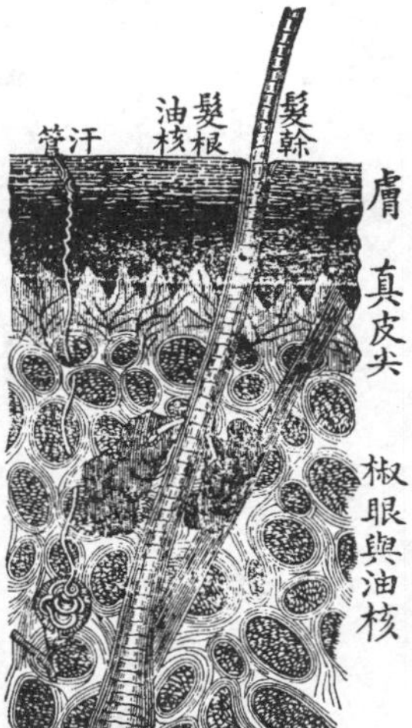

皮膚毛髮立剖面放大形

使髮免病法○髮有病否、視其人身體若何、若時當春秋、髮偶有脫、則非由生病而然、如常將髮梳洗淨潔、刷去積汚、則可免病、且飾美觀、髮如剪短、則更能生長堅結、若頭頂不可無故擠壓、凡帽

過緊、或不通氣、則易令髮生病、或竟脫去、

髮脫或變白○凡致身體輭弱之事、亦可有害於髮、令其脫落或變白色、凡生大病、或受大驚恐、或有大思慮、或受大虧累、皆易致髮脫髮白、卽身體素弱、或運思過度、或性氣過暴、或工作過勞、亦易成上各弊、間有一家之人、髮皆變白或盡脫者、西國近有人用數種染髮或生髮之料、使髮白者變黑、脫者復生、但此各料、大半含毒性質、易爲皮膚吸入、所以可收極大之效者、亦可受甚重之害也、

衣服功用

人必穿衣之故○人藉衣服遮蔽身體、與藉皮膚遮蔽身體同理、野人與居熱地者、用衣服少、文雅之人與居冷地者、用衣服多、惟野人與熱地人、衣服既少、則徧身皮膚多變韌厚、赤脚無鞋、脚掌

亦必變韌而厚、行路甚速、雖遇石塊、或不平處、均不覺痛、文雅之人、與冷地人、則多備衣服、保護全體、不但未易受傷、猶可免受寒熱、且章身有具、足壯觀瞻、

種植棉花可以織布

應穿衣服之法○人所穿衣服、固應合一身之用、亦宜合衆人雅觀、如脚最易受傷、須有堅靴保護之、惟靴之輕重、亦宜視作何用爲主、帽之爲物、係保護頭腦、故天冷以求和暖爲佳、天熱以得清涼爲快、又必使遮兩眼、勿受過大之光、頭即獲益不淺、他如用棉麻所織之布、用絲所織綢緞、均能使身體內熱容易發散、故熱時最合用之、又羊毛所織法蘭絨等、細羊毛

所成之皮衣等、均能護身體內熱、不易發散、故冷時最合衣之至於衣服顏色、深者夏天合着、淡者冬日宜衣、

冷地雨雪衣濕寒侵

人之全身、應常乾潔、如遇陰雨、必須出門行路、身應着不透水之油衣、足應穿不入水之油靴、以免濕氣通入身體、但用油衣油靴、雖可免濕氣外入、然如身體出汗、亦難使之放散、故不雨時、或居屋內、均不可衣着、間有人因出大汗、或遇下雨、誤步水內、致衣服受濕、則應立去濕衣、換以乾者、又衣服應在徧身鬆活、不可阻礙體之運動、西人衣服每喜過緊、靴鞋每喜過小、皆爲大弊、

有著名醫生云、人欲免患各病、第一要事、在令身體常暖、不可過

冷、如稍覺冷、須卽添衣、或運動身體出力或進和暖房屋、至覺溫暖爲止、總之人無論用何法、令其身體覺暖、皆以毫不覺冷爲合法、能慎此事、不但可免患病、且可卜壽命延長矣、

皮膚與衛生相關之理

皮膚內微孔甚多、能放出體內廢料、亦能收入體外各質、所以其微孔以常開通爲要、因皮膚包裹全體各處、應柔輭、能漲縮、不可令皮膚內極細器具受擠壓之害、從上各說、可得皮膚中衛生之理、約十三款、開列於左、

一、皮膚務須收拾淨潔、使易放出體內廢料、

二、應操練身體氣力、使血在皮膚內合法行動、

三、皮膚須日日擦摩、助血流通、並惹皮膚內之油變成、以滋潤皮膚、令能柔輭、

四、如房屋內有吹冷風之處、或身體忽有受冷之處、必設法免之、
否則易令血離皮膚、而皮膚必忽收縮、以堵塞其各微孔、
五、凡用手取各毒質、慎勿令惹皮膚破壞之處、因易收入以害之
也、
六、人之身體、無論因何故輭而無力、均不可用冷水洗浴、因浴後、
恐身體不能復暖、則有險患、
七、髮以堅壯無病爲佳、然必常梳洗淨潔、或刷理整齊、如能剪去
其端、足令堅壯無病、
八、頭皮外面、除常梳洗外、仍應勤於揩抹、使放出養髮所需之料、
不必膏油及強令生髮之藥、
九、人欲容顏、潔淨光澤、毫無疵弊、務在禁酒、
十、人身所用衣服、須配天氣之冷熱、使皮膚不受過冷、亦不受過

熱、

十一、人身各衣、最易沾惹體內所放廢料、故須勤換、日內所用衣服、不可穿以睡臥、睡時所用衣服、不可日內仍穿、

十二、衣服不可過緊、過緊、必令血離皮膚、而不合法流通、又有礙於呼吸、及肌肉之行動、

十三、身體不可受冷、稍覺冷、卽須加添衣服、或進和暖屋內、或用他法、使得和暖爲度、

習問

一、手足指甲較別處皮膚更硬何故、　二、頭上皮膚多生密髮何故、　三、皮膚內有微孔能放廢料何往、　四、皮膚一年放出廢料、計共若干、　五、皮膚放有廢料、如在房屋內不通風處、有人吸之則成何害、　六、學堂之牆及天花板、應常塗石灰水、何故、　七、人吸露天空氣、較愈於房屋內空氣何故、　八、人居之屋、依何法令其空氣清淨、　九、皮膚之面、因受冷而顯雞皮形何故、　十、皮膚顯雞皮形、或忽變白、應如何爲之、　十一、血在皮膚內流通合法、皮膚有何情形、　十二、皮膚內血易流通、能爲何種器具之助、　十三、服事病人者、有何危險、　十四、凡行外科醫生須

防有何危險、　十五、人洗浴時、用稍溫之水、較愈於最冷之水、何故、　十六、人洗浴時、如用肥皂過多、於皮膚有何害、　十七、孩童身體汚穢、則作賤事、較潔淨時更易、何故、　十八、孩童身體之衣服、不潔淨、不整齊、錯在何人、可任孩童責之否、　十九、如戴皮帽或最緊之風帽等、則有何害、　二十、夏日用何種帽、最爲合宜、　二十一、最熱之地、其人用何種帽、　二十二、夜中睡時所需衣服、須多於日內行動時、何故、　二十三、天下雨時、出門須用油衣油靴、入室則應去之、何故、　二十四、極冷極熱時之衣服、絨布較棉布更好、何故、　二十五、脚冷且濕、應用何法免生凍瘡、　二十六、北冰洋地方土人、多衣皮衣、何故、　二十七、皮膚被燙或燒、其發泡者、爲何層皮膚、　二十八、皮膚如燒傷或燙傷、應速遮蔽、勿令遇見空氣、何故、　二十九、受傷之皮膚、須胡麻子油、或麪粉漿、或泥膠等、作何用、　三十、如皮膚割破或燒壞、如何知其通至內層皮、　三十一、皮膚內之血管、有漲大而不能歸原者、何故、　三十二、漲而不縮之血管、其血如何流動、　三十三、如有此事、則令皮膚有何情形、　三十四、如皮膚不能行其職司、有何器具代之、　三十五、腎之職司如何、　三十六、腎遇酒醇在其血內、則成何事、　三十七、如常飲酒少許、則有何害於腎、

第十一章　論身體如何主理

綱領

一曰百體動必協和、一爲養生命、二爲作各事、○二曰腦筋形性、一腦筋佈列、一總腦結有專名分

大小、並有小結、二腦筋從總腦結發出、通至徧身、二腦筋質料、有灰色微珠、白色細線、三腦髓形性、一腦髓、分大腦小腦。有摺紋、爲雙備、其腦筋有十二對、二脊髓形性、有腦蒂、其腦筋有三十一對、腦筋有根有結、三自和腦筋、亦有結與通連之法、〇三曰腦筋職司、一主持生命運用智慧、二腦筋通覺法、分知覺腦筋、行動腦筋、三腦筋總結、能總理各報、斟酌主見、定奪行止、再發令示意、四腦結專職、一大腦、爲靈性之府、有至高之性情、二小腦、主四肢協和而動、三脊髓、亦有主動之職、不待腦髓思念者、四自和腦結、主理保護生命各具、〇四曰腦筋正用亂用、一操練腦筋、每日必費思索、二腦筋必歇息、如應睡則睡、應樂則樂、三酒害腦筋、一令腦筋麻木、難於舒暢、二令微血管、含血過限、三令動心肌肉弱而無力、四酒害靈性、行事卑賤、五酒之各害、均必遺傳、四菸害腦筋、一減腦筋之力、二舉動行事、人每厭惡、三菸害亦遺傳、

百體動必協和

凡人身內各體、如果祇自行動、而不與別體協和、則生命不久有虧、因體內各器行動、勢必協和、不協和則大亂、而生命不能久存矣、若身外各體、如兩臂或兩腿、不能協和行動、則非但各體不能行有益之工、即腦中所想之法、亦不能爲各體所聽從、可見百體

生長與修理、雖恃腦中發令、主持各事、而百體行動、亦必有法主持、方能應命、主持百體爲誰、腦筋是也、

腦筋形性

腦筋佈列○腦筋分佈徧身、略與血管分佈法同、即配心有腦筋總結、配發血管廻血管有腦筋腦線、各腦筋以總腦髓結爲根源、由腦分筋、一再分枝、變爲極細之線、通至全身各處、在皮膚內者、成密網形、如將極細之針、刺入皮膚、亦不免

全身腦氣筋

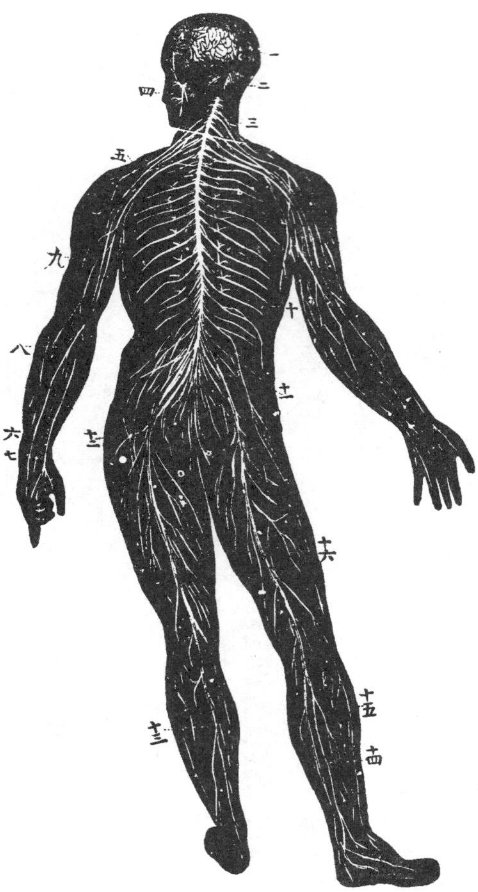

與腦筋相遇、凡緊要腦結各有定名、惟其細線則常名之曰腦筋、

腦筋質料○成腦筋之質有兩種、一白色、一灰色、顯微鏡看之見白色質為極細線形、灰色質為極微珠形、白質較灰質更多、大抵身體各處之腦筋皆有此兩種質、

腦髓形性○最要之腦筋總結、即配心通血於各體者、謂之腦髓、腦髓居頭顱內、有頭顱殼為之保護、使不受傷、腦髓前分為大腦、略為全體八分之七、後分則為小腦、

大腦上視形

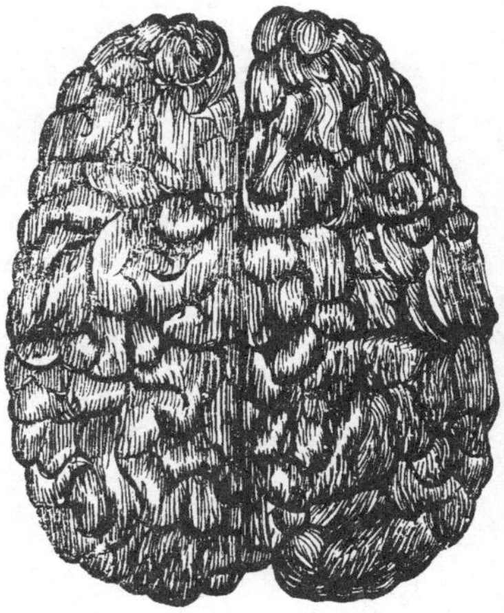

腦髓內、為白質所成、外面為灰質薄膜、凡三層、包裹腦髓、以防損傷、大腦面為卵形、迴紋曲隙甚多、宛似核桃之仁、故面積能大、從前至後、有中凹、分腦為左右葉、所以腦髓實為雙體、足配各外體

所成之雙形、從腦髓發出腦筋十二對、通至頭面各處、以達知覺、

脊髓形性○腦髓下有多腦筋并成繩形、通入脊骨管中、謂之脊髓、直抵中身下半爲止、髓上段有一處甚粗大、在頭殼內、與小腦相接、謂之腦根頭、亦名腦蒂、

腦髓腦筋旁視形

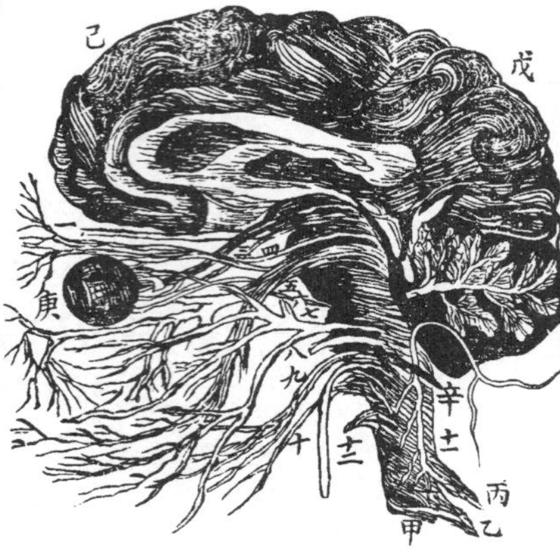

甲脊髓根　乙脊髓第一線　丙脊髓第二線

丁小腦　戊己大腦　庚眼球　辛腦蒂

脊髓由頭至尾、按骨節分出旁支、有腦筋三十一對、通至中身與四肢各處、謂之脊腦筋、此各腦筋從脊髓發出之處、各分兩根、一由脊髓背面發出、一由脊髓前面發出背面者、報知覺與脊髓、前面者、傳命令與各肌、兩根相合、卽成單腦筋、其切處有小腦結、結在脊髓兩邊成行、兩根雖順一條腦筋之路、然其性彼此不同、

自和腦筋、○腦髓與脊髓、另發一副腦筋、分散於心肺胃肝、及發血迴血等管、使其各有自主之能、相通之益、此腦筋總結、相連成兩行、即脊骨兩邊各一行、通過中身各凹孔過頸而入頭內、此副腦筋、謂之自和腦筋、因能主相連之各具、自和而動、此腦筋又有細腦線、與脊髓腦髓所發之腦筋相通、

脊髓平剖面形

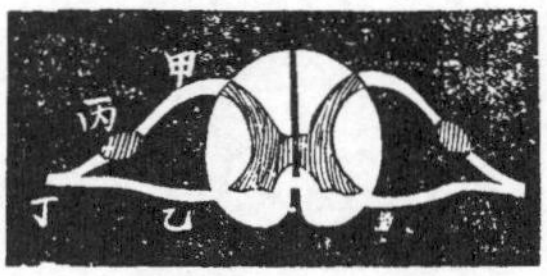

甲脊腦線後根 乙脊腦線前根 丙灰色腦結 丁前後根合一

腦筋職司

凡人身內所有各具、如未有腦筋、抑有腦筋而不能行其職司、則猶一大製造廠、雖備全副機器、而無督工與匠作、亦屬無益機器必將鏽壞、廠房空壯觀瞻、依同理則人之身體、豈非成死物耶、可見腦筋之職、為最要事、遇有身體與生命相關之事、必合法主持、使人得識見、用智慧、以保其生、因此人可盡得益焉、惟全副腦筋、欲成此大功、又須各有專司之職、

腦筋報覺法、○凡大腦筋、職司傳報於腦筋總結、而後達知與腦、大腦筋內原有細線數條、能將外遇各事報於腦結、行此事者、全賴五官、故謂之五官腦筋、亦謂之知覺腦筋、腦筋總結收此各報、卽斟酌若何辦理、俟有定見、則另一副腦筋、發令示意、傳與動肌、俾各聽命而行、此種腦筋、謂之行動腦筋、總之、大腦筋內、大半有知覺與行動兩種腦筋、間有祇一種者、

假如有人方赤足、大趾尖偶觸熱煤一塊、則趾尖所有知覺腦筋、立報知腦髓曰、大脚趾已遇熱物、勢將燒炙、腦髓卽發回示、順行動之腦筋、諭脚趾動肌曰、盍速退離、待動肌遵諭而退、則大趾可免炙傷之患、

腦髓常職、○腦髓之職、要有三端、一收各知覺腦筋所報之事、二斟酌所報、應辦之法、三斟酌意定、則發令使肌肉照意行動、

腦結專職、○各腦結程工、大同小異、但其程工原意、或其程工必在何處、則各有專職而不相同、茲將大概情形、開列於左、

一、大腦爲人靈性之府、卽智慧思索之源、人或讀書、或謀事、或別是辨非、善善惡惡、俱賴大腦所存性靈、

二、小腦主動肌協和、令四肢彼此輔助、凡人行路或游水等事、俱賴小腦使其左右動肌協和、

三、脊髓中或小腦結間、有得知覺腦筋之報、卽酌定應作之事、立發回示、使肌肉行動者、不必更與腦髓商量、如此則能主理身體數種行動之事、卽不必過費心思、或略費心思之事、若呼吸氣、則大半恃腦筋之根、

四、自和腦結、幾全司理心胃等要具之動、卽主心欲發之血、或身體所生之熱、或體料漲縮等事、此各具旣爲此副腦筋所司、如一

具偶有紊亂之事、則餘各具均能覺知、人之智靈不能巡理心肝、或他關生命之具、故生命各具、雖連行不息、本人不必留意主理、設腦髓必詳理此各具之工事、將冗忙、操勞不堪矣、苟本人健忘、或在睡鄉、腦髓不及司理、其人不將死乎、

習練事工○凡事未經習慣、則腦髓靈性、必發令出示、使肌照意動、爲因在初行、腦必主持之也、若已行動多次、肌肉習成自然、則易從事、蓋既經習慣、腦髓卽不必預聞、徒令腦筋總結、分理其任足矣、故不待思索、可以爲所欲爲、而無慮不成矣、

凡人屢操一事、熟至不知不覺、則謂之習慣、若事成神化、精準而速、則謂之巧功、人欲到此界限、大抵賴乎操習熟練、習練既久、事皆熟慣、無待深思、自有成效、而腦髓靈性、趁此閒暇、可更講求最

新之理、另操習最新之工、

腦筋正用亂用

練腦筋法、○凡習練腦筋、必須合法、如不合法、則腦筋不能健旺、勢必漸歸無用、與百體之未經操練者同、故如詳審物件、考其性情、復與他物比較、則爲操練知覺腦筋法、若承作各工、賴靈性所主理、則爲操練行動腦筋法、總之、此兩法、並一切運思之法、皆爲操練腦筋法、

凡人身體行動、全恃腦筋、如不操練之、則百體陰受其害、而保護生命各具、行動必弱、發血迴血、行動遲滯、肌肉生長各體行動、亦必鬆懈、似此情形、則腦髓無事、不啻身體無食、勢將餓死、靈性虧缺、必漸失去、久之則變癡呆矣、可見人之靈性、必須日日操練、或認眞讀書、或勤習工藝、或辨理各種有益之事、

腦筋歇息、○腦筋過使運動、不令歇息、則與肌肉久勞、不令歇息者同理、久之腦力必乏、精神必倦、故人於日內施用腦筋、夜間必應歇息、歇息即睡也、間有人日內用心過度、腦筋變弱、睡時仍不及復原者、久如此、則精神愈倦、腦筋愈壞、幾全恃他人撫養以生、有人讀書過力、或辦事多勞、煩想苦思、嘔心鬭血、久之則腦髓銷耗、血聚不散、腦髓內質、虛弱無力、終必變成癱瘓之症、

酒害腦筋、○酒醇及他醉藥、皆可致腦筋麻木、不能合法行事、此弊先顯於司微血管運血之腦筋、因腦筋麻木、半睡半醒、不能主理血管動肌、致任漲縮、則含血必過其限、而不放出、故致皮膚發紅、醉容可掬、因面皮較他處更薄、故發紅先見於面、如常飲成癮、腦筋變壞、症更易顯、且心亦因而變弱、不能合法跳動、既腦筋麻木、則動肌失主、兩腿舉動、勢必踉蹌、步亂行斜、大不雅觀、又體內

各具各難盡職、因自和腦筋爲酒醇麻木、自不能司理各事、

酒害靈性○前言身體內水爲最多、如無病者、腦髓含水畧居大半、設有別料收取其水、則腦髓之織質過乾、必不能合法行事、酒醇與水愛力最大、故隨血通至徧體、不但不與水和、反收織質內水、使織質癟縮而不能成應然之職、此酒醇害腦髓各法內之一法也、故常飲酒者、生時則品行卑賤、才能減少、死後如查其腦髓、則格外堅硬、與久浸酒醇內者相同、且其腦筋內含醇頗多、幾可嗅而辨之、或能引火燃而徵之、

凡飲酒者、雖所飲不多、然如過頻、則令腦髓含血過限、靈性必因此格外煩雜、甚至糊思亂想、不知所是、諺云、人欲腦髓靈活、行所極難思索之事、須稍飲以酒、藉助腦髓之力、不知此說實謬甚矣、蓋酒醇爲害腦髓之毒、腦髓受之、必不能合法行其職司、

大腦受酒醇之毒、患癱瘓症、較小腦更速、故識見、智慧、與分別是非、因是而亂、惡情私欲、乘虛而入、害之重輕、與所飲之酒有比例、甚則言語行事、均難自主、與不飲酒時、或相逕庭、或竟顛倒、天生愛情、亦大改變、父母痛責、不知愧悔、妻子凍餓、無意哀憐、置仰事俯蓄於不顧、鍾情注念惟在酒、此種人既無人心、全棄人倫、殆不及禽獸者遠矣、夫獸愛其子、鳥護其雛、人喜其慈也、鴉知反哺、羊跪乳恩、人嘉其孝也、鴛鴦比翼、鶯燕和鳴、人詠其愛也、彼醉酒者、絕情於家、失義於人、家庭畏之、鄰里忌之、是終日爲糟邱之醉人、卽畢生爲天地之罪人也、故屢受醇毒時、發酒瘋、輕則被人鎖拿、重則殺害論抵、

菸害腦筋〇人常用菸、則減腦筋之力、因菸毒入人身體、雖被身體所收、實不能與身體相合、所以菸之爲物、毫不能長養百體、而

百體亦無需用之處如用菸甚多則不但司心動肌之各腦筋易患麻木即心本體之力亦必因此減小令人心患大痛或全無知覺凡用菸者必多汚穢不能淨潔雖惹人厭自不顧也故無論吸菸或嚼菸所呼之氣他人吸之即有菸臭菸毒人幾欲掩鼻而過況嚼菸者時吐津涎於地板或階級或路旁見者惡心聞者惹鼻而用菸之人反若不聞不見也者

酒菸有遺傳之害○英國有著名醫生考究酒之爲害不但引人入於病死兩途猶令靈性才智因而滅亡然如害止本人其害猶小惟害傳子孫則害實大常有飲酒之人初生兒女旁觀者云是兒或女面貌酷肖乃父則其腦髓腦筋以及肢體等亦必一一與其父相似故人如常飲酒腦髓腦筋變弱而縮漸至意亂心喪善惡不分久之性情愈壞貪杯成癮無復他圖幾與禽獸無異則其

所生子女、禀乃父不正之氣、承乃父嗜酒之風、自必易成以上各弊、故此種人之兒女、常有瘋狂、癡呆、羊癇瘋等症、顯其腦髓腦筋、受害所致、俱因乃父飲酒所遺傳也、又有醫生謂飲酒之人、其兒女卽不患瘋狂、癡呆、羊癇瘋等症、然天良必失、主見毫無、祇能順性之所之、不問其事之可否、

至若菸之爲害、足令人腦筋變弱、幾亦能遺傳後嗣、故各國每有億萬人爲菸所苦、俱非本身自招之禍、實爲父母遺傳之累、如孩童初出世時、嗜菸之弊、早與有生俱來、及年稍長、見其父母日顛倒於菸酒之中、迷而不悟、不覺頓觸其性之所近、而亦用酒與菸、雖初用時、似覺可惡、然一試再嘗、繼則經慣、久則與其父母一性同嗜、幾致得之則樂、不得則不樂者、甚有不得必偷之勢、此種人害受一身、累及世世、其禍豈等閒哉、

腦筋與衛生相關之理

腦筋主理身體一切行動之事、無論爲知覺或自和者皆然、所以養育百體、保護生命、罔不攸賴、惟人分所應爲者、須令腦筋無病、凡有害於腦筋之事、概不可行、

一、腦髓腦筋、如欲恃潔淨之心、隨時養育、則消化各事、宜最謹慎、

二、人不可呼吸濁氣、因吸濁氣、則血不潔、必致腦髓有瘋癲之患、不能行其所職、

三、人必日用腦髓以增其力、如運思讀書等事、則能免病、

四、人身所有腦筋、亦宜日加操練、如勤工作、偶玩耍、皆能免病、

五、操練知覺腦筋、必看物、或拿物、或摩物、或考究多種物性、而備悉其情形、

六、欲使司動之腦筋腦髓、無病行職、不但須勤工作、猶須工最有

益適稱心意、否則操之無趣、

七、凡人身體覺倦、則必憩息、因腦筋力乏、不合再用也、所以每日工作、則夜必睡歇、此乃天然之法、又必合時連睡、至腦筋力復原爲限、

八、讀最難之書、想最難之事、乃腦筋最大用力之時、常宜在上半日內、

九、人如覺倦欲睡、則不可運思、或讀書、因其急欲睡歇之心、較欲增智慧爲尤急也、況人已倦、雖強力運思讀書、猶無大益乎、

十、凡須多費思索之工、不可連作弗輟、因腦筋必漸變弱、甚至全爲變壞、

十一、腦筋倦甚、至不能睡、則所工作或思索之事、必須暫停、至腦筋所用之力復還爲限、

十二人將臨場應試時日夜誦讀不輟則害腦筋較常日讀少許爲尤鉅也、

十三凡人一生所操之事須擇善而習慣自爲之則有益於本身、並有益於衆人、

十四人不可慣作惡事至爲害於本人或衆人因惡事習慣後甚難改間有無法能改之者、

習問

一讀書原意爲何、 二讀格致書字句熟而義理未詳則成何弊、 三如考究一種學問而實試實驗有何益處、 四如已讀一種有學問之書尚未明白應如何爲之、 五試驗久不呼吸則有何害、 六食物過限嘔吐外尚有何病、 七孩童學步後其司移步者屬何腦筋、 八如人步行等事必時加思念主理其難處如何、 九作事第二次較初次更易何故、 十如連作一事多次則歸至如何、 十一如作事無待思想則已得者何事、 十二何種事令人慣作好事何種事令人慣作壞事、 十三西人打毬玩耍欲得法者須作何事、 十四人不肯操練身體與靈性可謂之何、 十五玩耍內有何種益處爲工作不能得者、 十六工作內有何種益處爲玩耍不能

得者、　十七夜中眠睡、因何爲最合宜之時、　十八睡有定時、有何益處、　十九人欲睡、爲何不可讀書、　二十學堂內之學生、暫時放出、何種玩耍能有益處　二十一何種玩耍有害無益　二十二有益於農夫之玩耍、反有害於讀書之學生、何故、　二十三夏日遊覽垂釣、何種人得最大益處、　二十四酒醇如何令微血管含血過限、　二十五人於腦筋受酒害時作工、較無病時作工、有何分別、　二十六飲酒之人、腦髓何處先患瘋癱、　二十七患此病者何事不能自主、　二十八、常飲酒者、有何証據顯明酒能壞人心術、　二十九飲酒之人、死後腦髓有何情形、　三十父母飲酒、有何事傳與兒女、　三十一酒醇遇腦筋則成何事、　三十二此事先顯於何種腦筋、　三十三所顯者終成何事、　三十四皮膚內之血管含血過限、則腦髓之情形如何、　三十五酒能令腦髓作極好之工夫否、　三十六腦髓爲酒所惹、則作工如何、　三十七已飲酒後、能明理否、　三十八、從此緣故、又成何事、　三十九常飲酒人、腦筋有何情形、　四十小腦司理何種行動、　四十一、無病之腦髓、其質大半爲何、　四十二如腦髓所應含之水、爲別物收去、則成何事、　四十三何種流質與水有大愛力、　四十四血運酒醇到體內各處、則成何事、　四十五飲酒之人、有多酒醇歸入腦髓有何確據、　四十六酒醇遇腦髓之織質、則成何事、　四十七腦髓受傷與人之品行才能、有何關繫、　四十八腦髓司何事、　四十九酒醇令腦髓何處先瘋癱、　五十因此故生出何事、

五十一人至何時、不及禽獸、　五十二用菸與腦筋何關、　五十三菸與腦筋有關、令心如何跳動、　五十四用酒與風俗並人作慣之事、有何相關、　五十五有何妙法免成酒癮之危險與苦處、

第十二章　論意念如何顯明

綱領

一曰五官妙用、一報事與靈性、二使靈性得意念○二曰摩覺之官、一官有專職、亦有公用、二主司覺察、謂之特設專職、三摩官有數要事、四聾者恃摩代視○三曰嘗辨之官、一嘗官爲胃巡使、二嘗味腦筋、三嘗味之法、四適口食物○四曰司嗅之官、一嗅覺腦筋、二嗅覺之法、三愛香憎臭、四嗅官可辨食物、可別氣息○五曰探聽之官、一氣動成聲及聽覺腦筋、二耳官分內中外三段、三愼防害耳○六曰主視之官、一光爲盪動而成、眼有視覺腦筋、二光爲要需、一衛身勿傷二顯物華美、三眼官形式與方位長法動肌、四愼防眼害須辨光之方向大小○七曰言語之具、一傳達心意報人知曉、二人之聲音恃聲管聲喉聲帶、三聲成言語有高低大小種類口出聲音改變各法、四愼養口音、須求悅聽勿用過大之力○八曰菸酒鴉片均害五官、一總害與各害、二減滅摩覺之靈、三令嘗嗅各腦筋麻木、四致耳聞聲雜而紊亂、五致眼弱而昏蒙、六致口音粗而不雅、

五官妙用

凡人皆有身體、並有奇妙各具、作何用耶、特欲成靈性之居處、使保護生命也、故必備各法、俾靈性能得智慧、所得智慧、能作有益

之事、人所能知之萬事萬物、全賴五官知覺腦筋、接遇覺察、如覺察者、心靈通曉、則謂之得其意念、

凡知覺腦筋、察得實事、俱報知靈性、然亦有數官査得之事、爲他官所不能査者、如肌肉內腦筋、能得壓力與輕重之意、皮膚內腦筋、摩各體面、能得方圓大小硬輭光糙濇滑熱冷等意、然得此各意、仍不足用、因人之靈性、須知口之於味、鼻之於臭、耳之於聲、目之於色、皆有定意、故另有數處腦筋、專司特職、如嘗味嗅臭聽聲視色等是也、以上五種腦筋、遇有知覺、均能報與靈性、所以謂之五官、茲試分論如下、

摩覺之官

全身皮膚、皆能用以撫摩、藉知物中數事、原不得謂爲特設專職、惟用皮膚、摩物能覺察其形性、故謂爲特設專職亦可、皮膚面大

半有小凸點、卽摩覺腦筋之端、指頂則有凸紋、比他處更要、因在此處摩覺各物、較別處更靈、報與靈性之意義甚多、別無他法能察覺凡作各事、如爲皮膚所能覺者、則易爲之、如已受各害、爲皮膚所警戒者、則能免之、所以皮膚之摩覺應習練極熟、保護極當、使其能最靈便、若瞽者既盲於目、全賴摩覺之官、報知各物情形、特較明目者略差遲耳、故瞽者作事、因有摩覺一法、尚覺易爲、常人摩覺較遜、則惟眼是賴焉、

甞辨之官

甞官爲胃巡使〇食物入胃、有不合者、易令人受其大害、故凡食進口者、宜早愼擇、愼擇之法、賴靈性詳考所食之物、果有害於身體任何處者、必棄而勿食、靈性能別食物合宜與否、多賴甞辨之官、

嘗味在舌○凡進口食物、味各不同、常分五種、卽苦甜酸辣鹹也、此各味所感之腦筋、謂之嘗味腦筋、密列於舌與腭後、有數種料、入口無味、惟口能摩而知之、與皮膚能摩覺各物情形者相似、舌則獨能辨味、所辨者、必先消化食料於口津、方知其爲何味、除此

舌官

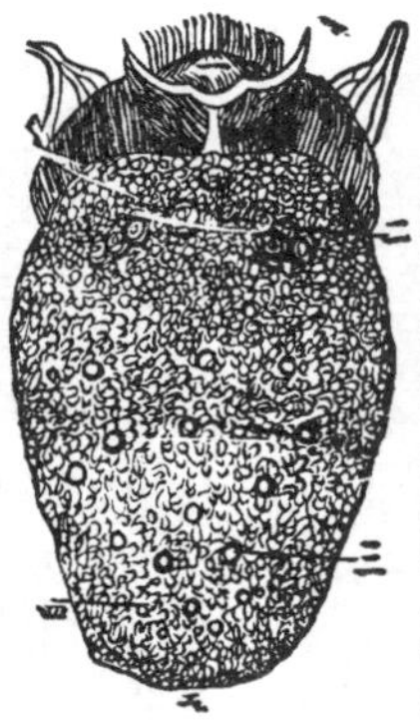

一會厭　二釘刺　三圍刺　四絲刺　五舌尖

嘗辨腦筋而外、更無他法能得味之意義、覺味之前、其食料必切腦筋、始能知覺、凡嘗濃味、能存口內多時不散、未散之先、再遇他種淡味、幾不能覺、以其腦筋已爲前味所惑也、總之無病之人、凡有益於身體之食物、均能頗覺其味、故日食飯時、不但爲不可少、且常覺其有旨趣焉、

司嗅之官

香臭觸鼻○欲驗食物應食與否、嗅官職之、物料發出香臭二氣、

皆足感觸嗅覺腦筋、而辨其臭、此腦筋密列於鼻孔內膜、所嗅之物、不必直切嗅覺腦筋、祇將物料移近鼻邊、則所放香臭感此腦筋、人卽覺香而以爲可愛、使心中快樂、覺臭則以爲可憎、使心中厭嫌、

鼻官剖面形

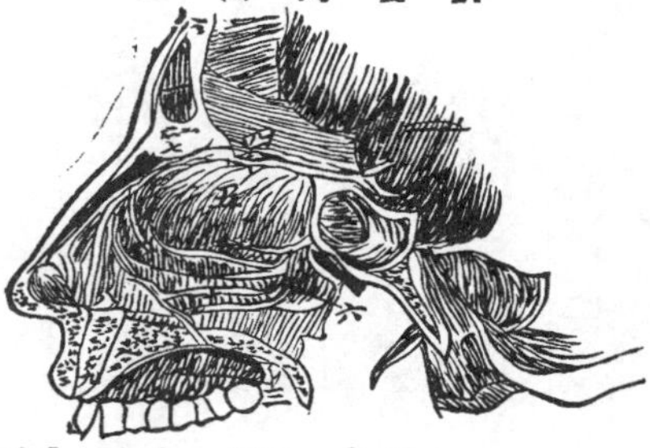

探聽之官

氣動成聲○無論何體行動、必令空氣蕩動、如體往復行動、空氣亦必往復蕩動、勢若海浪起伏前行、故謂之聲浪、空氣動浪、遞傳入耳、人覺其行動、則謂之聲、聽聲之腦筋、謂之聽覺腦筋、司聽之具、謂之探聽之官、卽耳官是也、

人之靈性、急欲詳知身外一切行動之事、冀免危險而趁機會、以成各事、又欲分辨各音樂響聲、以暢心意、識別各類語言聲音、以

知他人意見並他人因此亦知己之心思、行此各工、全賴夫耳、

耳官形式○耳爲採聽之具、分三段、一爲外耳、卽從外面耳輪起、至耳膜止、二爲中耳、在耳膜裏、居頭骨之內、有三小骨、接連耳膜、三爲內耳、乃收聽之府、在中耳裏、歧路頗多、有三骨管、能達聲音、耳膜乃極薄膜質、介居外耳中耳之間、蒙蔽如鼓面、故又謂之耳鼓、另有一小管、從中耳通至喉嚨、以護耳膜、空氣蕩動成浪、遇耳鼓外膜、亦使其震動、感觸聽覺腦筋、報知腦髓、此腦筋佈在內耳曲管膜面、故耳得之而成聲音、知覺之能實在腦髓也、入耳之聲、須用法改變、使勿過猛過重、故中耳內有三小骨、相連若鏈、可以逐步傳動、又內耳各曲管、內含稀汁、如聲有害於耳、可依法改變使

耳官剖面形

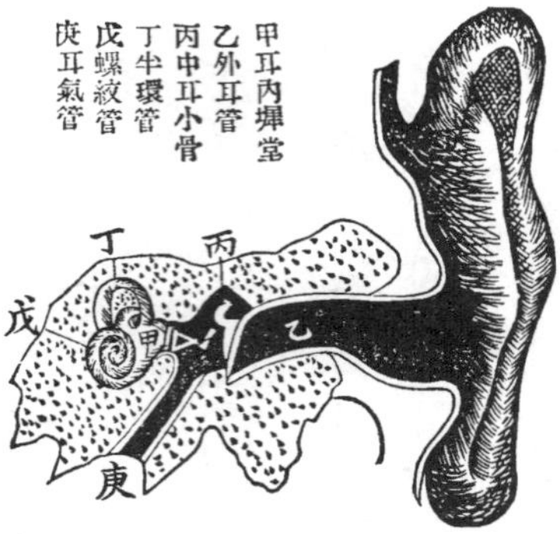

不有傷、

慎防耳害 ○耳可收拾淨潔、萬勿任意輕動、耳外口每有耳蠟色黃或紅、質軟味苦、可潤內皮使耳不乾、可阻小蟲不能爬入、故不可挖除、夏日孩童多喜游水、每易致水害耳、因偶失防、被水冲入、則必難使遽出、大爲不便、故凡欲游水者、必於未入水前、少取棉花塞耳、以免此弊、

有人責打孩童、每以掌猛擊其耳、或批其頰、不知若此責孩、最屬危險、易令耳膜擊破、耳爲之聾、譬之孩童將極薄樹葉或薄紙、蒙於大食二指所作圈上、以彼手掌拍之、令作響聲、則葉或紙立破、理相同也、又人在耳邊、猝發大聲、或自用耳、忽聽大聲、西語謂之劈耳響者、均有大害於耳、或致重聽、久不能治、或致聾聵、終身不聞、

主視之官

感目爲光○近來格致家、僉云光似聲、均係氣質蕩動之浪而成、惟聲浪爲空氣蕩動所成、光浪則爲極薄之氣、（西名以脫氣）蕩動所成此薄氣彌滿兩間、普通萬物、即地球與太陽並各恒星間之空處、實非虛空、皆有此極薄氣質、流通蕩動、惟此種蕩動、不能感人他處腦筋、祇有視覺腦筋、能被所感、此腦筋受所感者、則謂之光、

眼官正視形

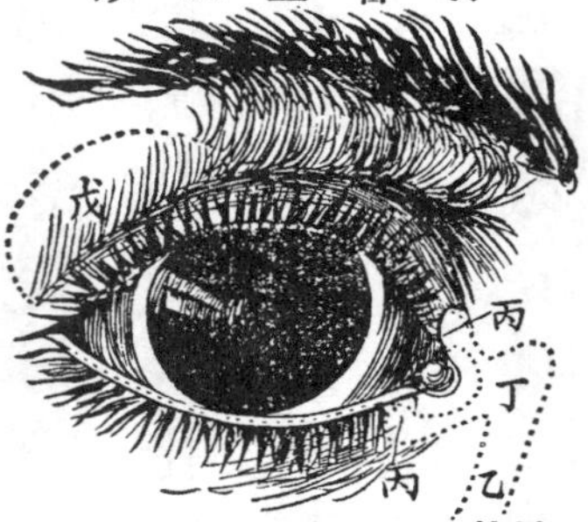

乙淚總管　丙丙淚管　丁淚囊　戊淚核

光爲要需○人之靈性、必知各物體形勢方位、以資防衛、如身體出外尋食、須避高崖懸谷深井險洞、及各有水之處、又必有定法、至所需之物處取之、靈性又必知各物體相距、或遠或近、乃能保護身體、勿受摧損、他若萬物各種顏色、足增快樂、山水常變景象、足怡心神、動物之飛潛

動走、足供驅使、植物之離奇燦爛、足供瞻玩、植物各形狀、與動靜、俱賴有光始能視、知視光之具、謂之眼官、

眼球剖面形

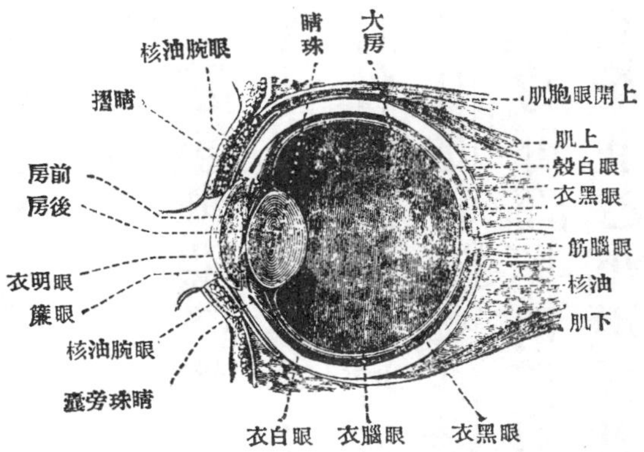

眼官形式○人之眼、體爲球形、故名眼球、徑略一寸、居頭顱前所成凹內、周護堅骨、內襯輭墊、前有眼胞、以爲開闔之蓋、胞生睫毛、以遮灰塵之入、上列雙眉、防禦額汗、胞有津膜、抹拭睛珠、睛珠面須常濕潤、故內眥上有核生淚、以便揩抹、眼皮每動、淚即抹令全濕潤、潤餘之淚、則流於內眥淚管、存於淚囊、

眼球分外中內三層、一爲眼白衣、質堅韌、足令眼存常形、久不變、轉眼動肌、連於此衣、前面有孔、孔內有明光膜質、謂之眼明衣、略

與鐘表面之有玻璃蓋同意、二爲眼黑衣、質極韌、內有養眼之血脈管、編成綱、衣色黑或最深、三爲眼腦衣、卽視覺腦筋系分佈於眼球後面所成、眼明衣後近眼黑衣處、與他處異、有色簾、謂之眼簾、簾有藍色或灰色、爲西人常有之眼色、乃謂之藍眼或灰眼人、簾有黑色、爲東方各國人或西國間有人之眼色、乃謂之黑眼人、眼簾之心有孔、能見黑衣之色、此孔謂之瞳人、

眼中流質○眼球之中、有三種明水、亦爲要質、一在眼明衣後、謂之前房水、其質甚清、幾全爲水也、二在瞳人後、明如水晶、形似玻鏡、謂之睛珠、三在睛珠後、充滿眼球之內、謂之大房水、形似明淨稀膠、外包極薄明衣、此三種水、皆極明淨、所以光易通入、

轉眼動肌○眼中動肌、能改變睛珠之形與方位、又能令眼簾放大收小、以制進光之多寡、凡眼球轉動、大半賴有直肌四條、使上

下左右皆能轉動、橫肌兩條、使能周圍轉動、內有一肌、似繞於滑車面而顯其動力者、

愼防眼害〇凡人讀書看物、必令光照在所讀之書、或所看之物上、不可照入眼內、因光照眼、轉使各體不能顯淸、極力視之、眼卽有害、反之、如光不足用、不可强使眼看書、或微細之物、如强爲之、眼亦易傷、勢必病而無力、或暫靑盲、或竟成瞽目、凡房屋內所進之光、如從數向而來、亦大害眼、因光之濃淡不等、眼簾動肌須屢改配簾孔大小、以求合於其光、如此久之、動肌必倦乏而不能用、

言語之具

人之靈性、固須收納各種意義、以成各種念慮、又必傳報各意達知他人、蓋人靈性不特欲學他人識見、卽己所知各事、亦必報知於人、報知於人之法、最簡便而有益者、爲發聲示意、編成語言、所

發聲音、必有定法配合、乃能成言、多言成語、始顯心中之意、

人之聲音○人之總氣管上有聲管焉、居舌根下、上口有槽形孔、謂之聲喉、聲喉旁有薄膜、謂之聲帶、不作聲時、此帶寬鬆、發聲音時、帶卽牽緊而鼓動、由動發聲、理猶樂器之絃、動蕩而有聲也、惟人所發者、謂之人之聲音、

聲管正視形

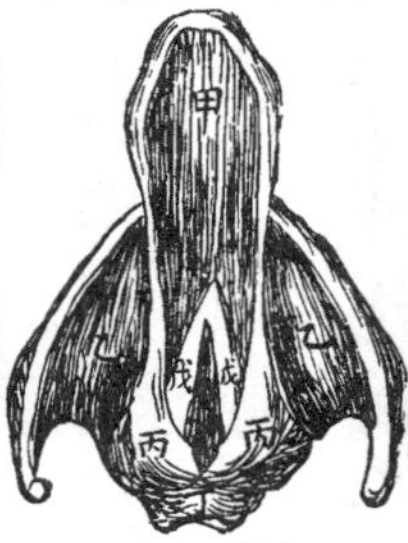

聲成言語○喉間聲帶牽引愈緊、則動愈速、成聲愈高、聲帶愈鬆、動亦愈緩、而聲愈低、若聲喉之孔稍改其形、則聲音亦可改變、或大或小、分高分低、聲出喉孔、則變爲音、任經喉舌唇齒牙、乃成宮商角徵羽、俱依靈性之主意、而盡行動之敏妙、因此卽成各種言語、

慎養口音○人言語之聲韻、謂之口音、口音清喨好聽、不但聞者喜樂、卽本人亦覺自得、蓋有好口音、人皆喜聽、如旁有他人口音

惡劣、聽者必厭嫌惹耳、舍而之他、此乃兩兩相形、巧拙立判之理也、可見人在幼年、務須愼防聲帶、勿用過猛之力、如忽大聲疾呼、或忽喧嘩笑罵、或忽縱唱、響遏行雲、或忽高歌、聲通霄漢、若此粗野從事、聲帶受害實多、若更用別法發大聲音、將來聲帶或變短、或變硬、久之愈漲愈大、發聲音粗惡、斷不足以悅人之聽聞、甚至喉嚨患病、或疼或瘂、極難治醫、故人運用聲帶、愈少愈妙、

菸酒鴉片有害於五官與口音

前說人身腦筋、因飲酒用菸、吸鴉片等醉藥、不免大受其害、是非但令身弱體輭、猶使腦筋失靈也、五官腦筋、受此各毒質爲害尤重、因腦筋質料、爲之麻木或瘋癱、自難知覺各事、卽有知覺亦難報達腦髓、卽能報達腦髓、腦髓亦決不能理處、既不能理處、亦何能將報進各事、斟酌盡善、速傳號令、俾主動腦筋遵行耶、況主動

腦筋、因菸酒等故、致所司動肌、悉變頑鈍、又安能一一聽命也耶、

酒等毒質、與摩覺之關、○酒與菸鴉片等質、均能令皮膚腦筋、麻木不仁、故摩物、不能明其性情、說者謂醉酒之人、常有實被火燒、而不覺熱者、且常飲酒、腦筋失職、無所定準、如使寫字、或繪圖、或作細巧精工、手必顫動、而不合用、

酒等毒質與嘗嗅之關○濃酒等質、置口內時、每致舌得其熱辣烈味、害同麻木、嚼菸餅者亦然、若更吸菸或鴉片、則非但令腦筋麻木、間有令唇舌生有癰瘡、或令消化食物之具、時患疾病、食不知味、嘗辨失靈、且吸入菸與鴉片之烟、能致鼻裏膜質乾壞、難辨香臭、如常用鼻菸者、久之又久、則嗅官幾同虛設、

菸等毒質與採聽之關○用菸與鴉片、常令耳膜變乾、聲入難辨、間有致中耳發炎者、故聽覺腦筋所報於腦髓各聲音、非似敲鐘

作響、即如放汽傳聲、聽者誤以爲眞、報者實全爲假、

酒等毒質與司視之關○常飲酒者眼每發紅、因其血管漲大、不能復原、與令皮膚發紅之理相同、不但此也、且易致眼內各體深

蛛網形式

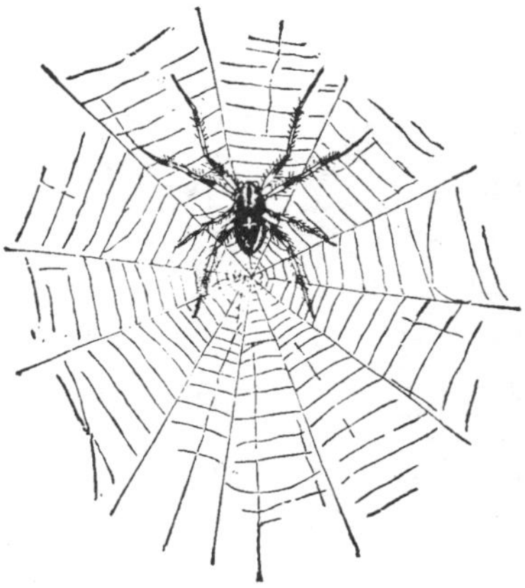

受其害、視物不清、患此病者、俗謂之常醉眼、間有致視覺腦筋、職漸廢者、凡物影入眼腦衣、幾全假象、久則全眼損壞、不啻虛設、若夫用菸與鴉片、每令眼內瞳人、放張過大、看物不清、所視之物、似有光線混蒙、或有蛛網籠罩、又所看物形、每留眼腦衣上、爲時過長、積留不化、

酒等毒質與口音之關○酒與菸大有害於人之口音、因其毒質、不但能感動成言語之具、且能感動人之靈性、難於主理各具之

行動、故醉酒之人、出言無狀、話語糊塗、不倫不類、定意毫無、其用菸者、非令喉內患痛、即令舌生小瘡、見慣者、無不一望而知、聽其口音、粗混不清、尤易嫌厭、

五官與衛生相關之理

一食物如味不佳、應詳查其故、必先得無害憑據、然後始可入口、

二、人斷不可用菸與他味辣之料、致有害於嘗味之官、

三、凡有惡臭之物、須遠而避之、

四、人嗅香料、身體每覺清爽、因感動腦筋、有益處也、

五、人之耳內、斷不可入以極硬之物、

六、凡人坐時、不可與日光逼近、

七、光不足用、切勿使眼看書或工作、

八、如房屋內、光從兩方向來、而有大小之別、亦不可讀書或作精

細之工、

九、眼力已乏至欲睡或略痛、則不可強再用力、

十、口發聲音以平勻爲要、不可久發大聲、無論言語歌唱、皆宜節制、

十一、男孩將及成人、聲音由高變低、此時不可大聲言語或歌唱、若喉內發炎、更須格外留慎、

習問

一皮膚何處有五官內一官之腦筋、最多而最靈、 二、摩覺之官能查何事、 三、摩雲石覺冷、摩皮毛覺暖、何故、 四、雲石亦有較皮毛更暖之時否、 五、雲石入口、何以無味、 六、人偶言及其水果之味、爲己所未見之果、如何能知其味、 七、西國喻言謂葡萄在高處人難摩取、其味必酸、此喻爲何、 八、先食雞那霜而後食桃、則覺桃味不佳、何故、 九、以舌舐鐵一塊或布一塊、如何能分辨之、 十、食飯不宜過速、何故、 十一、食飯不宜多費時刻、何故、 十二、玫瑰薔薇紫籐等花、必種在房屋近處、何故、 十三、無論大小人家、其房屋周圍、能種香花、則成何事、 十四、房屋近處、如有硝皮之塲、或屠畜之塲、則應禁止、何故、 十五、已腐之動物植物質、必發惡臭、依何法

敔有弊爲有益、　十六、爲何應考究各香味而愛之、　十七、何種禽獸之鼻能辨香最靈、此官於禽獸有何益處、　十八、人如耳聾、有何難處、　十九、何種高雅之樂事、能從耳內得之、　二十如在鄉閒或山水皆佳之處、夏天早晨、到處閒步、有何樂處、　二十一、如在汽機近處、忽聽放汽、或在大鑼近處、忽聽敲鑼、有何不樂、　二十二、著名詩家、詠及夏天晚上聲音如何、究謂何聲令人覺樂、　二十三、講究音樂家、較不知音樂之人、有何益處、　二十四、貓眼瞳人與人眼瞳人、形狀有何分別、　二十五、中西各種人、其眼簾有何分別、　二十六、眼簾之顏色、與眼黑衣之色料在身之別體有何物相配、　二十七、眼之外衣、卽眼白衣、其顏色如何乃視物不清何故、　二十八、從眼能得何種有益之意思、　二十九、如在山中遊覽、能得何種快樂之感動、　三十、如瞻望海洋、或行走花園、能得何種快樂之感動、　三十一、人之聲音言語、有何分別、　三十二、言語時、聲極粗鄙而難聽、係因何弊、　三十三、言語頗覺堪聽、爲何事之証據、　三十四、孩童歌唱或呼喚、勿許用盡氣力、何故、　三十五、常聽他人言語、聲音清嘵娓娓堪聽、有何益處、

附錄學堂要言

美國紐約城、設有署理公學堂之衛生部、嚴定學堂內教習與學徒衛生律例、至周且密、發交本邦經理衛生諸員、敬謹奉行、玆將其要言詳列於左、

倫敦圓式大學堂

學堂坐位、○學堂容積過小、則師徒諸人、不免有害於精神、凡一教習、訓徒五十人爲限、如不得已、必欲增多、亦不得過六十之數、大略學堂容積、如地板面有一千二百平方尺、則可得容積一萬八千立方尺、卽房長四十尺、寛三十尺、高十五尺也、足容教習一人、學徒五十人、設座其間、所備之桌椅、其高低須與學徒身體相配、不得有過高過低之弊、不愼此事、易令學徒坐不合法、身體變歪、久習

成慣、恐一生不能改也、

儲衣小房○每一學堂應另備小房、便於學徒安放外身衣服、或油衣雨傘等件、庶免天雨時、衆學徒堆積衣物於學堂之內、此種小房內、須多備牆釘衣鈎、便於懸挂各物、

光與眼之相關○凡玻璃窻寬而矮者、較長而窄者尤佳、尋常房屋、其玻璃窻、任擇一邊、接連裝配、若房屋格外寬大、玻璃窻應在兩對面各邊、接連裝配、若一邊有窻、則光從一面而來、桌案列法、須由左邊得光、如兩邊有窻、則光來自兩面、學徒等人、均不可對光而坐、若光來向彼此相交、則更不可逼近、又有極大或極小之光、或常閃爍之光、俱能害眼、而日光射進之處、能令眼受害更重、故必備疎簾、藉免日光過大之弊、

凡學徒所看之書、其字不可過小、所作之工、其物不可過細、因小

且細、易令眼逼視書物、或致久視書物、最爲眼目之害、然每過若干時、改看他處之物、藉資歇息、亦無妨礙、夜中讀書、燈光務求足用、外必遮以燈罩、若教者於黑板寫字、或懸挂地圖等物、不可強使學徒在遠處觀望、學徒欲看各種器具、或地圖、或機器小樣、或黑板上所寫之字、與所繪之畫、教者能詳細講解、不責學徒過用眼力、則可不至大受其害、間有學徒偶患眼病、不能照常視物、師必速請眼科醫生、爲之醫治、治不即愈、可使坐近便處、或用別法令得方便、冀收靜養之效、如眼已發炎、恐傳他人、則姑令回家、俟眼全愈、再入學堂、

宜配寒熱通風○學堂內從開門至放館時、所有熱度、恒在六十八度至七十度之間、故火爐與寒暑表兩項、皆應備置、火爐宜置房屋當中、用鐵烟通引烟外出、則各處能得和暖、火爐周圍、宜用

屏風等法、遮蔽其熱、使學徒勿受過熱之害、寒暑表宜最靈便、懸於教習座旁、與桌等高、以便每一點鐘看驗、過冷則加火爐之熱、過熱則滅火爐之煤、或使火爐熄滅、或開門窗洩散、

學堂內應有合式通風法、如法已備、而師不用、則過在其師、若法未備、風無可通、則過在學堂董事、常有人費多銀錢、起造學堂、務期華美、至通風法、則全未講求、實可惜已、至於學徒在堂內、每一點鐘、須開窗通風片刻、放館時、全開門窗、尤爲合法、如讀書時、天氣不甚和暖、恐一開窗、反令學生覺冷、故每點鐘一開窗戶、可令學徒往來行動片刻、以免其害、間有學徒坐於冷風處、或極熱處、則師須亟勸使改遷、以免諸多不便、學生所穿衣服、須勸使勿濕、濕易致病、如到館時、適遇下雨、衣服盡濕、進館後、宜急設法作乾、蓋衣不適體、均易致患傷風等症、故不可不愼也、

讀書毋過勤苦○孩童讀書、每日須以數點鐘爲限、不可日讀不輟、如強讀過限、則無論孱弱孩童、易受傷害、卽強壯孩童、亦不勝累、常有孩童因功課過嚴、每日讀書爲時甚久、以致病體纏綿、後竟不能轉弱爲強、間有未至成人、卽已死者、所以孩童如在館讀書已勤、回家時可令勿讀、遇有考試爭獎陞班等事、尤不可任其過於紛心、若係身體素弱者、祇可使其從緩用功、極幼孩童、入館讀書、一日內應給假若干時、使在露天往來玩耍、或操練身體、惟勿許過於粗猛、彼此相待無禮、

凡有害於學徒之事、爲師者應隨時勸戒、使斷毋爲、夜中寢睡、本係應然之時、若學徒任睡過遲、精神必致乏倦、卽師傅亦不應若此、蓋明動晦休、乃天然之理、俾夜作晝、實違天也、學徒患病、須諭令歸家靜養、俟病痊再回讀、

飲食務求合宜、○學徒居家、如離學堂甚遠、每日午餐、不使歸食、無奈必攜帶點心等物、以代午飯、在學堂食之、師必勸其所攜各物務須足用、食必以時、用必合法、不可紊亂、如學徒急欲出外玩要、食物過速、或竟在玩要時食之、其師尤宜禁止、所備茶水、須求淨潔、常有學堂內用不潔之茶水、每致學徒患病、挑水之桶、內面多敷油漆、最不相宜、因油漆內恐有毒質也、所需茶水、原爲飲在渴時、如學徒未渴時、屢次取飲、不久則慣、必致常飲、他如常吐津涎、偷用菸酒等毒物、皆爲身體之害、爲之師者、可勿令學生一一戒之哉、

館事務求潔淨、○凡學堂內外、務須收理潔淨、灑掃穢污、不可任意堆積、斷流陰溝、不可使存惡物、因所發惡氣、易令學徒患病也、學徒身體衣服、亦以潔淨爲要、蓋身體與衣服、若有不潔、不但堂

內空氣、爲其變壞、最易致人生病、且令他人效尤、習焉相忘、實爲各學徒心術性情之害、所以司理學堂董事、應備面盆手巾與玻璃鏡等需用之物、俾學徒等如有手面汚垢、或鬢髮紊亂、均可隨時修整、講求潔淨、若此慎重、由肄業以至成人、皆有最大裨益、與讀書得各學問之益、不分上下、

便厠務求穩妥○凡學堂近處、宜特備便用厠所、造厠各法、須最講求、以免學徒身體患病、並免其心內學各汚惡之事、否則大失文教之體、直近野人之行、如一學堂內、有男女兩種學徒、則必備兩處厠所、使彼此相離最遠、來往之路、亦必設法隔開、使其毫不相同、所用之坑缸等具、須常收拾潔淨、不可令人時聞惡臭、此各事、董學堂者、既不容忽畧、而查驗學堂與考試學徒之官員、亦必詳細驗看、將各情形、報明本邦衛生部署、如有不合、卽飭堂董理

處、善爲更改、務求無弊、故凡董學堂者、於收拾廁所各事、必須隨時查驗、館師亦必妥擬定章、生徒尤必格外謹愼、均不甘以料理不善、貽笑外人、否則人必謂其家教無方、不善教讀、故不能視爲高雅之人、

瘟疫毋任傳染○凡學堂左近、如有患痘症者、堂董應卽示諭學徒、各種牛痘、自出示後、如十日內、有未種者、卽禁其到堂讀書、此外倘有學徒患各瘟疫病、如爛喉痧、傷風咳嗽、水疹、傷寒、虛熱等症、卽須促令歸家、延醫診治、俟痊、醫生發給憑據、言明病愈、毫無危險、乃可許其到堂讀書、

以上各事之外、如有與學徒精神相關之事、館師堂董、已心疑其弊、尚未知如何辦理者、則可問明本處衛生人員、或本邦衛生部署、

附錄全身骨數

一、首顱骨計共二十九塊、

頭骨○頭骨部有額骨一、顱頂骨左右各一、耳門骨左右各一、蝴蝶骨一、羅篩骨一、枕骨一、共八塊、

耳骨○耳內左右各有鎚骨一、砧骨一、鐙骨一、共六塊此六骨必成人者有之故不列入總骨數內、

面骨○面骨部有淚骨左右各一、鼻梁骨左右各一、顴骨左右各一、捲骨左右各一、腭骨左右各一、犂頭骨一、上牙床骨左右各一、下牙床骨一、共十四塊、

牙齒○牙齒有上下門牙各四、貳牙上下各二、𪘂牙上下各四、大牙上下各六共三十二枚、牙齒尋常不視爲屬於身體之骨、故不列入總骨數內、

舌骨○舌後有一骨、如馬掌形、謂之舌根骨、

二、中身骨計共五十七塊、

脊骨○脊有頸骨七、背骨十二、腰骨五、共二十四塊、

肩骨○肩有髀骨左右各一、鎖柱骨左右各一、共四塊、

胸骨○胸有一骨、居胸當中、謂之胸骨、

脅骨○脅有眞脅骨七對、浮脅骨五對、共十二對、卽二十四骨也、

盆骨○盆骨有胯骨二、鈎骨一、卽脊骨五節相合而成、尾閭骨一、爲脊骨四節相合而成、共四塊、

三、四肢骨計共一百二十塊、

上肢骨○上肢有臂骨左右各一、正肘骨左右各一、轉肘骨左右各一、腕骨左右各八、掌骨左右各五、指骨如大指左右各兩骨、餘四指、每指左右各三骨、共六十塊、

下肢骨○下肢有大腿骨、右各一、膝蓋骨左右各一、小腿骨左右各一、輔腿骨左右各一、脚踠骨左右各七、脚掌骨左右各五、脚趾骨左右兩大趾各兩骨、左右餘四趾各三骨、共六十塊、以上各骨、總計有二百塊、加以成人時、耳中六骨、共二百零六塊、再加幼孩時、耳原有兩骨、爲成人時合於別骨者、計共二百零八塊、連成人時、齔換實牙三十二枚、則共有二百四十塊、又手足大指左右各有小骨一對、謂之芝蔴骨、共八塊、統計人身全骨共有二百四十八塊、

衛生要旨不分卷

〔美〕嘉約翰口譯

《衛生要旨》不分卷，美國嘉約翰口譯。嘉約翰（John Glasgow Kerr，一八二四—一九〇一），或譯爲克爾、約翰·格拉斯哥，美國傳教士，於廣州創辦博濟醫院，編輯出版《西醫新報》（*Medical News*），譯有《西藥略論》、《皮膚新編》、《醫理略述》、《衛生要旨》、《西醫内科全書》等。是書刻於清光緒八年（一八八二），先爲總論，後依次分論壽考康寧、論内外集益、論各病之由、論病賴良醫、論飲食養身之要、辨正食物本草、論整飭全家、論推愛鄉邑、論爲國培元等。語言通俗，不尚艱深，對嶺南之風土習俗有所論及。據中國國家圖書館藏清光緒九年益智書會刻本影印。

光緒九年新鐫

衛生要旨

益智書會較訂

衛生要旨序

天上至尊至善之主創造人類肉軀賦以靈魂命為一身之主極其榮貴得以管攝四肢五官非禮勿動宰制七情百行中節平和又能察物明倫見微知著窮理盡性尊主愛人造化之恩功大備于一身者豈淺鮮哉試思嬰兒自出母胎蠢然蠕動上帝即賜權伊母能任撫養之職又具慈愛之懷不憚劬勞以顧育之長成之後知識日開自應保惜身靈無忝生我兢兢業業各盡本分當為之事以歸榮上帝之罔極鴻施也至服氣采煉便云卻病延年或茹素奉禪即可長生不死此左道惑世誣民之說僭神權而自欺固為獲罪之端一無可取但放縱情慾悞

食傷生不知自愛者亦屬違神誡命而不得以盡其天年衛生一書所言皆日用平常之事並非驚奇炫博隨在推勘入微內多事款西國行之而獲益者中土人民尚未知其善法故不憚諄諄而道之更望賢仕大夫讀書明理之俊秀由有形之萬類以推崇無形無象之真神由孑然之外體以尊事夫自然而然之主宰則人之身靈聽命於神動靜云為日用食息自無過不及之差誠如是不僅旅居之生命藉世物以保全而不朽之永生將蒙恩而寵錫矣是為序

光緒八年　月　日　嘉約翰譯序於羊城博濟醫局

凡例

一是書專重日用飲食不尚珍奇祇論平常牲畜各物取其有益人身貧家皆易采用識者諒之

一住居通氣爲人生坐臥所關最屬緊要再三論及以免起病之原至西國富室建屋以便貧民一事足見淳樸未漓不異桃源景象望中邦踵而行之誠美事也

一是書先防未病有徙薪曲突之情不但飲食精詳即洗浴瑣屑一一敘述無遺細微之處至理即存其中閱者愼勿輕忽

一是書有見於致病之由多從口入有病則生死攸關故於

食物一節反覆諄詳不妨迭見亦以村市細民習然不察不得不大聲疾呼喚醒羣迷以符衛生之本旨

一書內有西名之物如砑高辣血內所函之輝啤連烟葉所函之泥哥鮮油質內（阿連士的亞連、巴蔻顛卅油、）香料花泥拿等類中土無名故仍之

一西國醫生盡出考取不同中國人自爲醫書亦公許不能人自著述是以君民推重兼任察理地方民瘼情形故所論鄉邑一國之整治未雨綢繆牽皆據實之談亦望中國如是考取醫生助國家保乂軍民同躋仁壽也

一是書本愛人如己之心由一身以及家國不禁推廣長言代訴民間疾苦幾同舂陵之詠鄭俠之圖果能坐談起行朞月三年之效復見於今日有攬轡澄淸關心民瘼者當不河漢余言

一廣東濱海而居地本低溼暑熱炎蒸毒癘倍甚百工夜作勞苦逾恆住居穢雜飲食不佳村鄉耕樵難圖温飽大半鵠形菜色染病殊多書中再三言之不啻垂涕而道切望在上善舉倡行民被其澤與泰西諸仁政之國並駕齊驅若終於徒托空言大非素願

一書內所云新淨雨水須屋瓦高潔初雨暴雨勿取俟雨落過一半日後方可接取入壜封固用時再以布袋濾隔極

淨爲妥倘破屋低檐蟲穢殊多洗濯不可況飲食乎愼用無不被其害者

一書內言精黃牛肉牛乳之有益亦須牧養得地肥壯無病之牛方爲有用牛乳亦然又不可灌水攙水始有眞味若病壞老瘦之牛反爲有毒禽畜亦然敗蛋亦然不可不知

一書內多言造物之原本乎天帝欲世人用物思原不敢暴殄隨時隨事神賜常偕從此可以悟道得入永生

一書內屢言油爛乾韌難化之物切戒勿食者實見近地之人無不嗜此故不得不愷切長言之

一燕窩海味鱗介之類西國罕食多有未詳考覈續列請俟

將來

一西國兒童男女讀書有時工藝有候一日之中必有一時之休息以舒活筋骸而多收天氣一年之中又有一月之期得以出外遊觀遷換水土領畧風光七日安息聽講神國奧義身心獲益有過改之無則加勉故行動一節爲中國靜坐之人更宜加意深玩

一西國婦女知書識理者多有天道以慰其內心縱外遇艱辛亦能忍受不比無知婦女因小事輒忿激投繯服毒或嘔血成癆故七情一節最宜屬目

一西國無論貧富食息皆能按時無甚差遲之弊臟腑血脈

調勻消化合度此地則否日久損益自分幸勿視爲小故

一常飲凉水常洗凉水有益甚多中國一時未慣亦須隨漸而知不便驟爲强用

一書内辭多率直不尙艱深以冀村市共明非徒文藻之炫閱者諒之

一卷終極言鄉邑省會之弊關乎政治之得失賞罰之權衡不外革舊汚而興善舉兩大端盡之矣是乃治國衛民之經濟凡先民之憂而憂者當虛心審察而采納之

衛生要旨

衛生要旨

大美國醫生嘉約翰口譯
浙右布衣海琴氏較正

總論

衛生一書何爲而作也、蓋繼西醫內科大成而作也、不僅欲預救形病之先、亟思拯脫心病之本且官骸壅累、有形之病易知、性分乖違、無形之病難治也、而況貪杯者、有伯倫沉湎之癖、媚內者有長卿消渴之羸、逐利者有阿堵膏肓之瘁、尚氣者有賁育鬥狠之危、不知大塊之內、緣情皆幻、靡境非虛、有動乎外、必搖其中、細玩蘇子赤壁之遊、歐陽秋聲之感、無怪乎曾幾何時不禁槁木星星之嘆息耳、其餘軍政之憂勞、機智之競巧、或浮沉宦海之艱危、或覊旅天涯之憔悴、大半情逐事遷、年隨境邁、感慨係之、至若畏讒害者、喻等含沙、遭嫉妒者、毒同豺虎、又有妄想不義之財、昏沉賭博、思索過分之事、極意經營、以上種種幻因、同歸魔障、驚心慴魄、非藥石所能瘳、蕩志迷魂、非針砭可能治者也、又如婦女之橫生產厄、嬰孩之失乳迍邅、皆當預爲籌備、以免臨事倉皇、則婦嬰新說之書、所宜熟讀也、又有愛財不愛命之愚、信巫不信醫之弊、此又當歸依眞理、博攷天人之奧義、新約福音、急宜講習也、蓋古人瞬養息存、無慚衾影、尚且衣帶有銘、盤盂有誡、觸目驚心之處、至嚴且備矣、而何致貪饕中病、縱慾喪軀之咎也哉、噫、用世之志、未識何時、愛世之心、聊盡於此、雖不敢自謂成一家之言、然醫濟重洋、肱經三折、或讀書有得、或閱歷餘閒、凡得之師傳集益者、畢生心藏心寫、無不披瀝宣露、絕無一毫私秘之云爲也、俾千秋同志、如獲把晤於一堂、挹其風規、領其旨趣、亦可壽身壽世、更能化而裁之、廓而充之、庶幾躋斯民于壽宇、登比戶於雍熙者、是殆望諸後之君子矣、

論壽考康寧

乾坤逆旅、過客光陰、大道常存、浮生若夢、盈天地間、凡血氣之倫、有情眷屬、最欽慕者、乃平生無病一事、而最難得者、亦安然

無病之人、何也、凡百同儕、皆須身力強健、然後能有猷有爲者焉、是以祝頌、君父、則曰福履綏和、存問親朋、每稱安貞無恙、故康寧列五福之中、爲富壽德考之徵據也、即朝廷有三老五更之典、林泉重齒高德紹之賓、蓋頤養與涵養兼優、民命即天命所眷、此書之作、雖曲終、奏雅、未敢云然、而海岱涓埃、聊陳一得、又非不合于時、不諧夫俗、故發憤懣之談、所可比擬者也、正欲挽回流俗、喚醒羣迷、顧諟天之明命、以臻夙夜宥密之丕基也、以無負秉彝降衷之懿德也、況生逢堯舜之世、正好乘時斂福、抖擻精神、整飭綱紀、以光先澤、以垂後昆、則靈臺濬發、神錫無疆、樂何如之、此書之旨、不出兩端、一以免夭札顛連之苦、一以

廣維皇錫類之仁也、畧言其故、俾識所由、人生無病、則夙興夜寐、眠食安舒、孩童則耍笑自如、日新月盛、少壯則膂力方剛、耐勞任職、年老則精神矍鑠、耳目聰明、或皓首窮經、誨人靡倦、或雲礽繞膝、耄耋齊眉、洵人生之樂境、而爲斯世所希有者也、否則蒲柳先零、芝蘭忽悴、以致情傷莫遣、腸斷難迴、溯其疾疢之來由、或緣上代所遺傳、或受時疫之毒染、或住處湫隘、人多、或溝渠停漏、發毒、或因感寒、受溼、或由作孽自戕、或奔走讀作過勞、或飲食七情致病、又有一朝之忿、鬥毆傷殘、陟險臨深、蹉跌肢體、凡身世諸多損害、所貴擇善而趨、上識歸榮于神、永荷和平之福、庶盡衛生之道耳、

論內外集益

臟腑生血、　人欲保養全身、須察識全身內外功用、不可稍有偏缺、所以精調飲食、期與臟腑相宜、易於消化、則血脈流行、身體健旺、非徒八珍五鼎、飾外觀而誇侈靡也、假如飲食不察精粗損益、或祇圖可口、而不顧傷身、則氣血日虧、精神怯弱、諸病叢生矣、蓋人生肢體、目能辨色、耳能聽音、呼吸別香臭、而咀嚼食物之功用、則口與舌也、五官皆取益於外、而暢於四肢、內適外和、病何從生、至臟腑各部高下、位置不同、功用各別、另有專書備述、（查閱全體闡微、便知其詳）姑畧言之、以見一斑、心體之下、有膈膜一層、心肺居膈膜之上、肝與胃大小腸、內腎膀胱居隔膜之下、心

體之內有四房血由左下房而出行遍四肢乃從迴血管而轉入心之右上房由右上房轉入右下房而傳於肺凡人呼吸之氣至肺則止血到肺與養氣相合乃轉鮮紅色然後從肺轉回心之左上房而返入左下房流行週身以養筋骨皮肉倘血未經肺則藍黑色耳人可不知耶

愼防目患　目爲司視職在於明實爲一身之握要以佐元首之鑒觀故雙眸炯照全身皆光眸子眊然全身皆暗何以護之自童年始凡出麻出痘最宜關顧其目起膜起點及爛溼眼盖皮之患從幼看書不可將書逼近約離一尺左右無妨或因地方黑暗或夜間燈火不明以近觀爲慣眼目易壞又初起眼熱不可再令

勞視細微之物及近光熱之旁靜以養之方易散而痊也剃頭匠於薙髮後以小刀洗眼云去目之瑕垢實屬有損之事城市之人夏天頭不戴帽往來日光之下冬季帽亦無簷不能遮額皆無益於目者又喜觀夜劇者最爲傷目凡寫字俯首低不及一尺者及夜間寫紅紙小楷書者皆然夜醉尤甚凡在房內煮食柴炭熏灼或點火水燈過猛無玻罩者其烟熏久目必失明凡忿怒憂鬱過度必壞于目故婦女家道不和境況艱苦者居多是可憫也

勿損耳聰　耳爲司聽職在於聰明目達聰視聽並重缺一不可也童年耳聾者甚少必因有故然後成患有因病熱後耳聾者有悞被礮轟而聾者有因薙髮匠取挖耳垢而漸聾者有因泅水太久水入耳內而聾者有用掌重拍小兒耳門致掌風撞壞耳底膜以成聾者兒童戲用小竹籤入耳淘挖刺傷耳底而壞者種種多端不可不愼至云社酒可治聾恐未必然也

達觀　但目有所宜之益如春園小步嫩樹青葱芳草雜花亂飛蝴蝶雨後看山蒼翠欲滴或武夷深處九曲泉飛或泰岱高峯五更日出氣象爽然令人發幽曠之想

清聽　耳有所宜之益如聞韶樂如聽松風或夜雨山窗或高秋爽籟或琴瑟和諧宮商迭奏或柳陰鶯囀或高樹蟬吟或清夜鐘聲或晚風漁唱皆足以醒豁塵心針砭俗耳

雅言　口舌之益則與名人碩士清談論道上下千古以開拓胸襟或登高舒嘯或臨流詠詩以寫一時之逸興或吩咐園丁灌花洗竹以活萬象之生機至洪宣悔改福音指示常生大道誠可謂舌代天工愛人以德矣又豈飲食五味之益可同日語哉

馨聞　鼻觀聞之而有益者則莫如清晨時呼吸溫和之天氣或室有芝蘭書叢芸草自發幽芳夏則荷沼凉生花田如雪秋則菊畦芳逸巖桂飄香冬則梅雪爭妍清芬韻致在山林則攜鋤采藥馥郁難名居廊廟則正笏垂紳御爐濃染此又鼻嗅之益而非市井鮑魚之肆所可懸擬者也

道味、少讀儒書、樞機宜愼、守詩禮之訓誨、遵四勿之心箴、其集益良非淺鮮、但推而論之、道味無窮、淡而彌旨、玄景無象、大聲正希、此乃神國奥義、又非人世所可比、及要在天牖其衷、眞光照耀、方能心領神會、默而識之、及信之篤、愈覺全身全靈充滿、神益而非視聽言語文字可能形容其萬萬之一也已、

論各病之由

遺傳、人生最難得者康甯、是人而知之矣、但不幸而有父母貽累之疾、如麻瘋疔毒內傷是已、倘無此患、或因父母不健、童稚諧婚、以致兒女血薄虛羸、易生諸病、多有瘰癧內傷疳積、故此等遺傳、隨在皆有、但本原之故、既知則保養之功、各宜自勉、

傳染、人身所患、每有得自傳染者、如疫症霍亂出痘出麻、各等死者不知凡幾、在疫症則有一家十喪七八、或全死者、卽出痘傳染、或全家難免、或沿坊沿村者有之、亟籌良法、分別保全、如下文所云、祛毒及建痘局是也、卽癬疥雖屬皮膚之患、傳染極多、除免亦關緊要、

雜症、或傷暑、或傷風、痢疾、瘡瘍、癍疹、眼疾、砂淋、內痔、疝氣、癱瘓、水腫、腐骨、牙痛等症、或因汗出當風、或由睡臥受溼、或飲食無益、或工作過勞、凡有一端、皆成病患、廢時失事、虧體傷財、誠能先病提防、諒爲同人晉益、

貧困飢荒、世人貧苦傭工、衣食不足、夏則裸身露體、雨汗淋

漓、冬則赤足短衣、霜膚坼裂、更有獄牢囚犯、乞丐下流、飢寒交逼、食則殘羹膹汁、敗腐腥羶、住則坐穢眠污、糞緣蟣蝨、此等致病、誰復相憐、倘遇水旱凶荒之歲、飢饉洊臻、無門乞貸、其流離困苦、疾病顚連、致傷厥生者、不勝枚舉、又恐亂民蜂起、殺刦如麻、誠有不堪言喻者、均宜預爲警備、設法消除、誠急務也、

自招、人心矇昧、往往自恃富强、衣食豐足、猖狂縱恣、酗酒宿娼、痳瘋疔毒、入血入肉、入骨入腦、或隨得隨發、或遲之十年而後發、或骨痛、或惡瘡、或四肢永遠穿腐、此爲自作之殃、原不足惜、外如烟癮酒癖、皆屬自取、立法嚴禁、洵不容緩、

邪祟犯病、俗之套字字典無此解 中國各病之外、又有邪祟犯病一事、殊足駭人聽聞、無論老幼男女、偶染時疾、或身熱頭痛、肚痛不安、乃查通書日脚、便知犯着某等邪神、必須急爲起犯、以水飯香楮、送於門外、或向街外某方禱而送之、則病者自愈○又有熱病不退、讝語如狂者、以爲邪魔附體、請茅山術士、施符念咒、披髮伏劍、終夜鼓角喧鬧、禹步作法、奉太上老君、或奉雷部急急如律令以驅之、動費多金、不但無益、且令病者驚惶、反增危險、諸如此類、巫覡亦然、若能考察病原、按症施治、並信福音眞理、光照人心、庶可免邪妄之獲罪也、

論病賴良醫

對症用藥、凡民生不能無病、各國均賴良醫、能察病原藥性、

便堪按症療痊、如能洞悉臟腑情形、功用、及因某病而壞之緣由、乃堪稱妙手良醫、西醫首重察確內腑形狀、不敢稍涉揣摩、雖拍聽聲狀、呼吸脉息之快慢、身熱之高低、皆有準繩、一絲不紊、至考辨藥性、則用化學分覈各藥之質用、與人身之血脉病因、相宜相反、加以配製、盡善輕重無差、始能對症發藥、藥到病除也、

未病先防、　泰西良醫、不獨洞達治病之良方、且明悉免病之善法、蓋未病而調養其身、較已病而極救其苦、功效迥不相侔矣、凡人身既受病、碍事傷財、合家惶惑、復有因病傷生者、更屬可憫、是則一人既病、苦累多端、千百人病亦然、統計普世每年

患病之苦、可勝嘅惜、爰譯集衛生良法、保免一病、則惠及一家、保免千萬、其益亦如是而推、豈不偉歟、

著書之益　溯醫道之精良、不限於畛域、不拘於古今、祇在有志之士、專心學習、首存仁濟之衷、勿懷詭利之秘、庶幾聰明日啟、神助其成、蓋普天之下、無非帝心簡在之臣民、能體天道以愛恤斯民、皇天無不默眷之者、中國醫書汗牛充棟、代有新增、人人靈珠、家家卞玉、師傳不重、人自爲醫、相沿以誤之也、且醫書言經絡、而不知有腦筋、言血脈、而不知有迴管、論臟腑諸多缺錯、論骨部又屬不符、嘗衛三焦之部位、茫然無所指歸、本草綱目、藥性歌賦、每每方劑雜出、互相矛盾者有之、時醫各自擅

奇、有全棄古方之藥味、用其所不用者有之、西醫則不然、必從考確實證、歷驗多人、方敢將此藥公之同道、再加考覈、以應效最多最穩者、始敢刻書通行、今幸中西一家之際、和誼常敦、西學日以昌明、醫術得行乎內地、而且著書立說、傳授生徒、以垂永久、上年合信先生、先成醫書五種、搜羅甚富、煞費苦心、頗爲士林所稱許、近日福州西醫院柯爲良先生、有全體闡微一書、出而問世、全身骨骸內臟隱微、皆有圖說、解示明白、令學者一目瞭然、有功于醫門甚鉅、即本局上年、曾譯刊化學初階、西藥略釋、內科闡微、花柳、皮膚、眼科等書、近年又譯有割症全書、圖說及內科全書、另每季刊西醫新報一本、以公諸世、上海亦有

儒門醫學等書、陸續刊成、雖于西醫未括其全、尚有許多內地無字無名可譯者、然而各要症中、常所經見者、亦略詮其八九耳、倘天假之年、又獲良朋相助、則敏黽從事、不敢告勞、醫書之成、正未有艾、願望後之學者、均成國手精良、以體本公會大公無私之仁心、而助朝廷懷保痌瘝之盛治、庶不負生平所學云爾、

論飲食養身之要

飢餐渴飲、生命攸關、而飲先於食、似渴更逼於飢矣、古人冬日飲湯、夏日飲水、乃隨時制宜之義、極言不可無者、西國覈出生乳之功用、可兼濟飢渴、以養活生身、有病者更屬相宜、但中土

向鮮人知故特闡明其益俾皆識用也至飲水或凉或沸各有所宜泉之美惡不可不辨附以茶葉咖啡初高辣等均覈明其功用若何以資采擇若陸羽之茶經唐人之惠山泉揚子江心水未免過於好奇與余之用意不同識者諒之

牛乳乳油乳餅附　嬰兒歲內祇知飲乳便能長養牲畜亦然因人乳牛乳函有糖有水有油有乳餅益處甚多西國農家專養每牛一二隻至十餘隻爲取乳之用是以家中男女老少常飲牛乳城邑雖以畜牛者處處有新鮮牛乳出賣但恐內中添水不知水之良否總宜炖沸而飲之爲妥上等新鮮好牛乳色潔白無不好氣味者此等氣味西國慣飲牛乳之人一聞便知放數點鐘後查看並無

墜底之物是爲上好牛乳也以上所論乃黃牛乳但水牛乳尚未覈明質用如何是否相同也罐裝之牛乳膏係先將牛乳煎去所函之水加些白糖欲分別其好否當日用好牛乳做者膏必潔白究不及新鮮者爲有益耳○取牛乳油之法西國凡取牛乳以瓦盆乘貯如早晨取者晚上乳皮浮起卽將乳皮取出放入木桶次早其益乳再起皮又取入木桶用法舂搗做成牛乳油農家一兩隻母牛者每禮拜可做乳油一次有十餘隻母牛者按日可做日常所飲者卽去皮之牛乳亦有不去皮而飲者○做牛乳餅法以去皮之牛乳貯放一二日自然變酸或卽時加白醋可凝結成稠將此放入木架內以重物壓盡其水便成乳餅鮮牛乳每百分內函水八十七分半油三分半乳餅質四分糖及鹽類五分○凡提去乳皮之乳餅每百分只函油六分若連乳皮做成乳餅者每百分函水三十分乳餅質三十九分半油二十六分鹽四分半可見乳餅人食料之有益

水附濾水之法　覈水之爲體活有源頭水之爲用週流不息外之以濯身滌物內之以飲食充腸固人生日用不能缺乏者也然味有鹹淡之分質有清濁之別或溪澗江河霖雨井泉汽水有雜質在內或有草木坭石或有生物腐爛之質故雜而不潔試以番鹼洗手覈之雨水之泡鬆滑而浮可知無雜質在內山水之泡結而不滑因有雜質在內故也但以目力視之雨水共山溪

之泉無異非覈以鹼不能分也至江河活流雖內有雨水山泉如上法覈之畧勝山澗井泉不及雨水也驗常烹雨水之器內無水迹其質潔可知倘近邑埠之江河舟航停泊兼岸上溝渠穢水污濁難堪試以天氣炎熱之時汲井水放三四天則變壞而有臭味至於雨水入罎封固雖放多年而不變也○濾水之法其法有三一濾隔一烹沸一用藥有原之泉質本清潔恐涸狀漩蓄流出漸覺變渾用盆載堅炭碎一層淨沙一層濾隔之水自潔淸但雜質已與水混合無痕不過畧去其濁而已○又法用火烹沸厥石質自然墜下或沾漬於水器之底若屬植物腐爛之雜質既烹沸其毒亦不致損人○又法用蘇打粉或白

礬少許、或新石灰放水內、亦能墜其石質、若清潔雨水、或澄鮮江水、或山壁之泉、若近做石灰處之石壁、則有石質在內、不可不辨、均無此患、以飲以濯、斯爲有益、倘初到別境、未知該處水泉好否、須用法驗之、內無雜質、方可汲飲、若有生物及植物腐爛等在內、汲飲必致損人、須先濾隔而烹沸用之、方免受其毒也、○驗水之法、用鋏錳養以水開溶、放水缸內、如水內有生物、則其水濁而不潔、又法、用蘇打粉一錢、入水一斤和勻、再加入鐵綠水驗之、如有生物雜質在內、則變濁且墜而不散、凡食物皆函水、然世人尚賴茶湯以佐之、如西國飲咖啡、中土飲茶、且以沸水冲之、可將石質墜底、即烹水器底之水迹是也、縱有生物雜質、不致損人、

茶葉　茶葉內函有些香油、及茶精、兼炭匿酸、鹽類等質、但所函之油、能飛騰化去、若收貯陳久、或煲滾、其油飛去、所函之炭匿酸、每百分、多則十八分、少則不及十八分、所以茶葉浸久、或濃煎、則味澀苦、用靑礬少許、加入濃茶內、立變黑色、即炭匿酸之據也、所函之茶精、可補腦開胃、提神、若多飲濃茶、則入腦、令人不寐、身弱者心跳有之、中國富戶、每於墟市之旁、船隻經行峽路、暑月施茶、解行人之煩渴、此則大屬有益、因暑天走路、熱渴之時、飲水必多、而茶乃沸水冲之、雖有雜質、飲亦無碍、若飲凉水、不知水內所函如何、容易致悞也、

咖啡　咖啡樹、原出在亞非利加之北、現在別處亦有、其荳初結實、圓如小苞、長熟時、采之曬乾、殼自裂開、篩取其荳、炒至焦黑色、或舂爛、或磨成粗末、用滾水浸之、然後可飲、若淡些、飲少、功與茶葉相近、飲多及濃、亦能令人不寐、口乾皮燥、咖啡之內、函有咖啡精、與茶葉所函之精無異、另其內函有油、有些糖、惟其油不能飛去、與茶葉所函之油有別耳、

初高辣　其樹生熱地、葉大、花出樹身、不出於枝、出花處苗枝甚短、其菓略似黃瓜、模樣、果之皮肉略堅脆、內有核二三十粒、此核味略甜、有薄衣、去淨薄衣、將此炒熟、研細末、加入白糖和勻、或加些米粉、麪粉、香料、西名花呢拿等、用水及牛乳各一半、煲滾攪勻而食、或不用水、單用牛乳、沸和而食之、　核內所函

大半屬油之類、內另有樹膠、有漿、所以加牛乳白糖、食之能補身、比咖啡茶葉、更爲有益也、所函之精、與咖啡茶葉內函之精相同、

身內水之運化　凡人身之水、在血內、每百分有七十九分、隨血管行於四肢、以養其骨肉、人身內之水、每日約出七斤半、從溺道而出半、從汗管與呼吸而出、其皮部汗管、每方停一寸、計四千餘管、遍身統計約二百萬之多、用顯微鏡照之、汗管形狀蜿蜒、所出之汗、是去血內雜質、且水之流灌、全體無處不到、腦漿腦筋、載水甚多、骨及皮肉指甲之水畧少、○菜菓之類、無不函水者、如白菜、蘿蔔、沙梨等物、每百分、約函水八十分、番薯、荷

蘭薯每百分約函水六十分麪荳米每百分約函水十二分或十五分魚肉牛肉鷄羊肉等每百分約函水七十五分故食物入胃化水者多流於四肢而身內雜質隨之而出則清爽無病若身熱不汗則病生故每日應出雜質與水七斤暑天汗多溺少寒天汗少溺多此自然之數也人身日食各物轉爲新肉舊肉隨時化爲雜質或從大便而出或從小便汗管而出其新舊相換一定之理也

養生之要飲食固不可缺乏上文已將飲之損益略爲撰述以資取用矣而食物之有損有益者又在所當知西國深通化學考覈維精凡食物內函漿糖油蛋白水者均有益於養身米粟

麥荳薯芋各物函漿雖多少不同設以百分而論米函漿八十分之多麥則函漿六十六分小粟函漿七十四分粟米函漿六十五分荳函漿五十五分蕃蘭薯約函漿二十分漿色白入水則墜冷水不能化和水受熱至沸則成糊物之函漿米爲最多且易化

米 上文論米函漿最多易化玆查中國南邊皆以米爲養命之糧米有赤白之分又有長腰細米粳米糯米之別廣東土田磽薄有早熟晚熟兩造收成（六月收割爲早熟十月收成爲晚熟）廣西山梯之田但有雨水隨時佈種故有七禾八禾之名而晚熟之米勝於早熟之米晚米即上白油粘也病人胃弱者宜用舊油粘米熬粥或炖軟飯最佳早熟米赤米粳米農夫做粗工者相宜以其耐飢也亦如鹹魚臘味習武及健壯有氣力之人能消化有益也糯米祇用以磨粉作糕糍或包糭角或釀甜酒甚少用以作飯者多食則難化在北五省則食麪與小粟者多以爲米之功用不及但內地所出之米較外埠所來之米略好且生長甚易價值亦廉故南邊之民以米爲食物中之最要而薯芋瓜菜以佐之至牲畜惟富家乃得常食耳

粟米（俗名包粟） 此物函油最多每百斤內有黃油六七斤然烹煮極宜小心否則難化宜磨極細則易烹煮不磨則宜先以水浸而煮亦須耐久乃可聞廣西山峝之民水田種穀山田旱地植

粟者多皆食包粟爲糧糶穀以買鹽布各物又有用粟米舂杵爲餅者名粟米巴有益亦可滋養身體是以西江穀多因本處食之者少廣東昔年常賴西穀以接濟今外洋海舶流通米販不絕與昔日之低昂不同耳

小粟（俗名魚穤粟） 此亦內函油與漿者也南方則少用之北方人則常食此如阿非利加印度呂宋皆食粟者也即中國山東省亦多以粟爲食而不食米麪者以米麥與粟較之內函之質各別養人之功力大略相同其能經久而不壞者則以粟爲最而米則易生而價廉故又各有所長也

麥 西國種麥多於種穀將麥磨成麪粉（俗名灰麪）以麪粉做成麪

包、餅乾、雞蛋糕、與及各樣餅餌、麥之外皮、即麥糠磨成麪粉時、將麥糠篩淨、計麥一百分內、十四分麥糠八十六分麥粉西國麪粉、係用機器磨成、極其勻細潔白、○麪粉之內、每百分函水十四分、函漿五十九分七、函膠十二分八、函蛋白一分八、函鹽類一分六、○一法、可將麪粉內之膠漿分開、將麪粉加水和勻、做成一團、裝入布袋內、不歇放水冲入、用手搓之、將麪粉之汁洗出、初則甚白、此便是漿質、久則流出如水之色、則布袋內所賸下者、便是膠、西名輝嚛嗻、其形質甚軟韌、俗名麪筋水不能化、○做麪包之法、用灰麪二、水一、加鹽少許並酵水和勻、承於器皿、放在近暖氣之處、俟其發動、其發動之氣即炭養氣、令麪包可以鬆起、發好之後、切開件塊、用火焗

衛生要旨　麥　麪　荳　六

透、便成麪包、所以麪包之外皮、近火一邊、色焦黃、內裏白色而鬆、有大小孔竅玲瓏、與水泡相似、麪包以裏面鬆起者爲佳、倘發酵不透、或焗火太速、則不能如是、○西國粗麥粉、和水煑成糊、加入牛乳、最爲有益、或熬稠些、加沙糖、或加糖水、好食益人、○粉絲乃灰麪做成、因麥麪膠多、故絲長細不斷、亦有粗有細、有通心者、平人食之有益、病人食之、能養身、炖雞湯加粉絲、均爲合宜、

荳類、　荳每百分、有漿約五十五分、有水約十二分、有膠質二十八分、鹽之類約三分、油約一分半、勻計各種荳類、或有漿多些、而有函膠質少些者、凡荳所做之食物、如荳乾、腐竹等、比米

麥粟、略難消化、惟做粗工之人可食、煑荳之法、要慢火煑數點鐘之久、舊荳先用冷水浸十二箇時辰、杵爛再煲、必如此而後可食、各種荳有些少硫磺燐質在內、凡病者無論煲粥作菜、均不可食、以上論各種乾荳、如嗬蘭荳等、則與菜類同、又有分別耳、黃荳可製荳腐、荳豉、可造醬、晒以取油、爲紅白醬油、又有上等稠者、名滴珠豉油、均爲調和膳饈之用、又有油炸荳腐、腐乳、腐皮、腐竹等、蓋荳所函之膠、如米麪之膠同、做爲腐竹、故可養人發力之肌肉、荳類甚多、有紅荳、黑荳、赤小荳、蔡荳、眉荳、蠶荳、刀小荳、嗬蘭荳、龍芽荳、綿荳、荷包荳、豇荳、即荳角等、或取仁以用、或連嫩皮以煑食者、○薯芋亦各種不同、勻計函漿每百分約十六分至二十分、勻計函水

衛生要旨　荳　薯芋　糖　七

七十五分、函鹽類二分、番薯函糖一十分、宜連皮炖熟、勝於去皮、但病者均不宜食、嗬囒薯西人用之最多、而中國則以黎峝薯爲最、其次以白心番薯爲好、紅者又次之、○芋有黃色、白色、紫牙數種、山芋則略小而滑、和米同煑、可代穀米之半、農人於青黃不接之際、賴薯芋以充飢、採芋苗、或醃或晒、以爲小菜、至於米粟麥荳薯芋等內函漿水糖多少、若非經西學覈出、則中國人雖終身食之、而不知其所以然也、論及此、西學之功、豈容泯沒也耶、自米起至此論物函漿

糖類、　蜂采百花而成蜜、人效之搾蔗而爲糖、其味淸甜、能調和酸澀苦辣、爲醇和、故其功用甚大、凡日用五味、各有偏勝之

處賴以相濟相需亦屬飲食中不可少之物也糖類之中有蔗糖菩糖乳糖各樣尋常多以蔗糖入用○蔗糖搾蔗取水入鐵鍋煎成膠攤冷成塊色紅黃用法再行熬濾散者曰沙糖結球者曰冰糖味甜各種漿與糖作食物能養人身之煖功用相同唯常食糖一物則無益和食物乃可○菩糖用菩提子汁製成甜遜蔗糖泰西有用漿製糖如內地之麥芽糖者即菩糖之類耳○乳糖牛乳每百分原函糖五分以牛乳貯器內一兩日俟凝定取面上清者煎乾投以碎木數塊糖則相聚成珠色潔白○凡函糖之物以百分而論無花菓函糖六十二分桃函糖十六分沙梨函糖六分半麥麪函糖四分啲𠻳薯函糖三分蘿蔔

函糖三分荳函糖二分凡物具甜味者即糖質也此則函糖之物

油類　天下潤萬物者莫如油故朝廷恩施比之膏澤閭閻朘削警彼民脂良有以也試觀春雨如酥草木萌動使嚴霜朔雪枯槁之氣消歸烏有大塊化醇萬物滋生故人之全身肢體皆有薄脂膜一層以包護其肌肉筋骨俾之豐滿柔滑見於面目神采煥然內能葆其氣之絪緼外足扞風霜之凜冽焉即如九華燈燄非膏油何以贊其光明鬒髮如雲賴膏沐庶免飛蓬之歎其澤物養火之功用豈不彰明較著也哉西國古禮如封立重典尚需貴重香膏膏其首以示　神恩之優渥賜彼流芳不朽馥澤常存之寵祜也茲論可食之油共歸兩等○有牲畜之

油有植物類之油質略輕水能浮而不能化辨僧及伊打酒西藥名似火酒可化有稀成流質者有堅凝如膏如蠟者因所函之質有四種多寡不同故也一阿連一士的亞連一巴茂顛一甘油阿連流質色白泰西白欖油中國花生油均函此質士的亞連色白狀如珠沸火酒能化火酒熘之氣辛而刺鼻巴蔑顛色白狀如珠沸火酒能化甘油無色流質略稠味甘與水易合熘之其氣可焚○凡猪牛羊之油均函甘油質在內與上三質相合而成多少不同羊油函士的亞連多其質略硬牛油函士的亞連最多猪油函阿連質多故略軟牛乳油函阿連巴茂顛二質牛乳每百分內函乳油三分以各種油入食物較漿糖功用倍二

若天氣嚴寒食油更妙緣油內所函之質能養人身之火也無論何等油受熱至二百六十度內不能壞係用百度表以核者若過此則其氣辛辣凡以油製食物者當知勿過斯度可也此則函油之物

牲禽純瘦肉○凡牲禽肥肉函油上文已述茲論純瘦肉所函功用譬以瘦牛肉一塊冷水洗至白色用火焙乾然後用伊打酒浸之至化盡所函之油所賸純瘦肉即血內明汁所生發力之肌肉也西名輝嘽嗹即血絲水不能化與上文所言麪粉內所函之膠性質相同因麪內有膠是以與各牲畜純瘦肉均能養人身發力之肌肉也凡各牲血內均有血絲用細樹枝十餘條紮做一束用以鞭新鮮之血則血絲沾住樹枝刮出以水浮

洗、形狀可見葢血內有此血絲、故能凝結、其功用既在血能凝、則能長養人身肌肉、此血絲所函原質、與蛋白所函原質相近、○凡牛瘦肉所函每百分有肉內血液七十一分、純肉十六分、骨十分、肥網三分、倘純肉多、則所函之血汁略少、無論猪牛羊、總以肥壯者爲佳、若老瘦及未長肉者、血水多而純瘦肉少也、○炖瘦牛肉有兩法、一用冷水、漸漸熬滾至熟、但冷水能化去肉內之蛋白、未免丢棄、一將牛肉放入沸水炖之、則四圍蛋白先熟、便裹住肉內之蛋白、不致流出、若病人所食之牛肉湯、先將瘦牛肉斲爛、用冷水或暖水、與牛肉斤兩相同、和勻浸一點鐘、用篩隔出牛肉、將此水炖滾、加鹽少許、或加些薏米、或加粉

絲炖好爲度、

骨膠○除上文所論各牲畜肉外、再將骨所函之質論之、卽係膠、（如牛皮膠）先用水將骨炖數點鐘、膠甚稀、再用鐵器將此骨湯封固、熬至寒暑針一百五十度時、則可以化盡骨內所函之膠、用皮用骨、均可熬膠、暖水能化、每百分化一、可以凝結成塊、氣味俱無、○凡此膠可入食料、不同中土雜貨店所賣者、泰西製造皮骨各等膠、精潔合用、或成塊、或成條、如粉絲之形者、其中以魚肚膠爲上品、目今所賣之東洋大菜、卽膠之類、是以晶滑過光、可入食料、但各骨膠不及牲畜肉爲有益、又並非皮可補皮、骨能補骨也、中國之用鹿筋牛筋、牛尾炖濃汁、及鹿角虎骨龜膠阿膠等、大略相同、本草以爲大有功力、補血滋陰、是未知其故耳、化學通行、自當分別無譌也○骨乃人身之柱石、爲筋肉之所附麗、必須堅貞強健、方能配合剛柔、任勞不倦也、血如川流、運行不息、骨如磐石、鞏固不搖、故屬要害、所關凡食物函蛋白、或牲畜之純瘦肉、或麥米荳小粟內所函之蛋白、皆有石燐二質在內、故能相合而長養人身之骨也、用物者不可不知○凡食物必須加些鹽者、其益有二、一爲調和百物、適口味長、一爲鹽內綠氣、並鹵質、能助胃汁及肝所發之胆汁、以化食物、故鹽能益胃養肝、爲不可缺少之物、

蛋白、　覈雞蛋內每百分函稠質三十分、（卽蛋白質）函水七十分、凡

雞蛋中黃白受熱一百度、（卽二百一十二度）均成定質、蛋黃約函硫磺少許、（試驗食雞蛋之銀匙羹、經久則黑、及壞蛋之氣味、是其據也）故雞蛋入食料、能生肌補血、凡作精工食品、以蛋爲最、可生食、亦可半生熟食、或蒸糕、或調饌、均無不可、試觀母雞伏卵時、將蛋祗加入天氣及煖、便成血肉毛骨、足徵其功用養人也、鴿鵝鴨各蛋、略同、復有以鹼水鹽水醃製、令可經久不變者、是知此物之用甚宏也○生物血內有蛋白、牛肉每百分函二一分、雞蛋函三十分、乳牛肉函三分、白鴿肉函四分、牛肝函二十分、以牛肉斲爛浸冷水中、則蛋白自然浮出、煎沸則蛋白墜底、可知凡煑肉忌放冷水中、蓋水沸下肉、則蛋白不致流出、俟再沸乃加足冷水、慢火炖之、味全益人

瓜菜類　上文已略言蘿蔔白菜所函糖函水矣但菜類甚多中西皆然難以悉數茲就其本土所出而便于日用者言之土人多以芥菜為有益常食無妨芥蘭不過爽口多食無益莧菜葵菜菠菜荳芽菜白菜黃芽白蘿蔔皆凉滑之物以其函水多也旱芹韮菜蕎茼蒿鹹蘿蔔酸筍火筍鹹芥菜函水略少平人食之難化病者絕不相宜茄（土名矮瓜）竹筍茭筍葛藕茨菇蕹菜各種瓜類或函水多或函粉多嫩或相宜老則粗韌難化又有海帶金針木耳芋苗欖豉可佐蔬菜之不足民間常食之物病者難於消化俱不相宜如西國之椰菜花菜生菜菠菜紅蘿蔔等亦為常用之物而已調和○葱蒜芫荽薑椒花椒胡椒八角小茴以及醋醬菱粉老酒蔴油香料芥末鹵蝦油蠔油等皆用以烹調美饌官宴中所備而非貧家小戶日用之需且辛芳過濃雖一時可口終必成患如油煠排骨煠八塊雞油餅鍋燒肉等北人常以之下酒南人好食糟魚糟蠏醉螃蜞蝦子鰲鹵蝦瓜燻肉風雞火腿酥鯽魚等以紹酒作茶湯每飲酌以巨觥以量大者為豪其熱毒入胃入血每發為癰疽腸痔或因受風寒或傳染發為熱症倍其危重故食物總以清潤易化為有益切勿好尚肥濃煎炒無病生病遇病增危即調和之味雖不可無適可而止若偏于鹹酸辛烈終必有損其身可不慎歟

衛生要旨　瓜菜類　調和　鱗介　三十二

鱗介　西北羶肉酪漿以充飢渴自古然矣東南水澤池塘多畜魚鼈近江河者廣設網罟常以魚蝦為鮮味濱海之民以螺蜆蚌蛤蚶蠔蝦蠏海鮮為常餐之物又云魚能益人身之煖謂常食猪肉者不及魚之美云又有鄉井口腹之人冬至魚膾夏至狗肉往往恣啖生病何益之有凡世間可食之物即應食者亦不可一頓食多倘因味美飽餐過度或夜食倍多無不致病者誠不可不撙節也尊生者當三復斯言

菓子　各樣菓子入食品者亦須察識其原乃能食之有益菓子內函有水有酸味但以長熟者為佳如未成熟須蒸製方可西國有桑子菩提子烏斂梅沙梨平菓櫻桃蛇梅珠菩提李子杏梅桃子以上各菓每函水約百分中有八十分至八十五分之多者所函糖多少不等如菩提子每百分有糖十三分零其餘有函糖九分或七八分至一二分不等酸質大約每百分有函一分至一分半者○中國菓子有柿子荔枝洋桃龍眼黃皮香蕉枇杷菓葡萄芒菓柑橙波羅雪梨平菓無花菓桃李楊梅棗栗橘柚菱荸核桃等菓比較西國之菓大概相同（所論中國菓子雖未細覈所函之水及糖酸味多少等差但西國之菓既經考覈清楚以彼度此諒不甚相遠）諸菓之中亦有函水甚多者亦有函糖多少不等並有些酸質在內凡菓子應時采取者所函之水最為清潤故有益於人所函酸質亦可開胃利小便去毒近日西國厚貲商人專造菓品生理獲利甚多廣植菓樹俟成熟生賣之外將各菓蒸熟入罐或製以糖以便冬

衛生要旨　論食物之益　鱗介　菓子　三十三

令無菓之時得以應用或於船上攜帶遠路雖日久不壞但無糖製者更好因有糖便難消化故發售遠方者每不加糖况各菓原有糖質味本清甜若加糖反失其眞即如粵東之糖薑蘇梅蜜餞菓片晒焙枝圓各埠消流甚廣則生菓乾菓均益彼生民利通遐邇有如是之盛者　目米起至此論食物之益

以上各等飲食之物均助益於人身和合而用之可以養活生命又當知非徒藉食物以養生又須調養得法以却病故下文將起居動靜呼吸七情嗜好避病袪毒各端逐一詳述俾得保衛其全也若以地土區別言之北方嚴寒人宜多食油酥以養肉身之煖南國炎蒸人宜多食瓜菓以涼潤腸胃

衛生要旨　論食物之益　推求造物之原　卅四

而生津液人地雖有南北之殊皆歸主宰化育之中保存之內若徒啖世間之物而忘却造物本原可乎且鮮菓時花萬般美好驚奇炫目莫可名言是豈人手所能創造者哉如之何不憬然覺悟返本窮源深思爲人之道及早格致存誠勿爲日用之糧而求當爲永生之糧而求眞智慧者讀此可不勉乎

傷生諸物　上文所言之物皆爲有益於身但雖能養身其中亦有應戒者至不能養身各物更當戒絕即平生非素識其物性之良否者及初到別境遇罕見之物亦不宜輕爲嘗試今有數等無益之物不但不能養身並且傷害其身者其物爲何一

檳榔二生熟烟三酒四鴉片煙○檳榔及灰之爲害更有以熟烟同吃者一嚼時不雅二壞牙齦肉三損害腦部○生熟烟水烟之爲害一令口涎出多二傷耗喉嚨津液而乾渴三烟氣入血散及全身口氣焦臭四害胃內消化功力五起心跳之患六損腦及損腦筋功力且其爲害漸染而不覺壞延各臟精血暗虧終則因此而夭折其生命或五七年或十年不等因烟葉內所函之精有毒西名泥哥顛一滴即甚烈能壞人○酒之爲害一久漸壞胃令不能消化二壞腦部及腦筋醉則胡行亂語是其據也三醉後猖狂觸犯尊長親朋而不知以致鬪禍招災營生難就四更有要事當知者凡酒必須米麥粟而釀成米粟等皆造物主造

衛生要旨　論傷生諸物　卅五

以養人生命者反將各物壞却而造成傷生之酒其罪非輕故史鑑遺傳無不以酒爲戒敗國危身其酷烈豈勝言哉考酒內所函之酒精俗名火酒其功力在此其毒即在是也○鴉片烟之爲害中土久已習慣相沿成風若飲狂泉嚴刑莫禁矣一壞却各臟功用二耗胃內津液三大便閉結四壞腦部功用吸多通宵不寐是其據也五烟臭發出全身不可觸邇面目黧黑口舌穢污六生食則醉悶而死家有此物往往悍婦殞命怨婢輕生至耗財阻事又其餘害也但罌粟苞漿本止痛扶危之要藥人不善用反爲物縛以致喪志迷魂晨昏顛倒是豈造化生物之心與物之咎哉由此推之誠恐世間之嗜好無窮亦不僅溺情于玩物之禍而

已也若徒斲外洋之販賣是眞無志之人何不悔悟而勇猛改遷乎且近日戒之甚便絕無病壞之人福州戒烟院及本醫局每年戒脫者指不勝屈切望吸者日益少肯戒者日益多是余之大幸也已

病慎飲食　中國病者往往以腊味火腿及乾小菜等類以齋口不知凡晒焙乾韌之物挑擔粗人食之或可無碍如腊鴨腎腊肉滷味火腿蝦米菜乾瓜脯牛筋鹿筋魷魚鹹淡魚乾等皆堅韌難化即無病之人倘不宜喫或年老氣血弱者喫之必難化生病況病人胃之消化功用不足喫此乾韌之物有不諸患叢生者乎或婦女軟弱有瘰癧血薄者最所當忌生沙梨極難

消化病者切不宜食羊城水土溼熱出癍出疹大熱居多故一切油炸之物及酥脆花生小兒及血弱者食之不化生蟲生積往往皆然誠爲有損無益者也夫飲食得宜可以養生飲食不善即以傷生蓋凡病者應食之物於論各症中已備述其詳矣如新鮮牛乳去皮半生熟雞蛋新鮮精牛羊肉粥雞粥清炖牛肉汁或配粉絲皆能助胃津液而消化故病者宜之良有以也

辨正食物本草

正誤　食物本草一書乃羊城青蘿山人何其言編緝雍正時至今百餘年矣粤人奉爲準繩案頭各置一本尊爲養生要錄每市物察形辨色而後敢食查書內始言雨水可烹茶未嘗不合至引古方立春節夫婦各飲一盃還房有孕則屬虛謬其餘論雨露霜雪及順逆水千里水井華水節氣水陰陽水甑氣水漿水酸菜水地漿水皆以水之意狀不同分治各病殊屬無謂論井水云城市近溝渠污水雜入者須煎沸澄清可用雖知其氣味之惡未能深究其有何雜質生物腐爛原由因無化學之法故也至論古井有毒不可入井水沸溢不可汲飲亦未識因井底雜質腐爛有毒之故論穀食則以陳倉米能調胃糯米能發痘漿止虛寒瀉痢秈稷黍粟秫粱稗大小麥皆能治病是亦以色味而分配臟腑而未知其所函何質功用即世人或稍知米麥粟俱函漿水而不知粟函黃油並不知各種函漿之多寡

不能逐細而分也論荳類多云脹中又不知荳函之漿與米麥漿不同畧難消化之故論菜則以葱韭蒜辛味爲通氣之品莧菠蔾菘爲涼滑大腸之物萊菔竹笋能治小病冬瓜越瓜絲瓜能止渴解熱殊不知各瓜菜皆函水多如水菓之函水多者功用畧同耳粉葛山藥（即黎洞薯）嘗以治病作糧食實乃難化之物無益於病人胃弱者絕不宜食紅荳扁荳之類亦難化之物熬粥食之更爲停滯木耳香信草菇並非開胃之物南棗栗子蓮子乾葡萄杏仁柹餅核桃白菓晒焙荔枝龍眼肉甘草欖松子炒花生柚皮山查糕梅薑等以爲健脾而實皆堅韌難化之物病人多不相宜其論牲畜功用以五色分配人之五臟又以猪牛

羊之各臟筋骨、可補人之各臟筋骨、故以鹿筋治腳軟、以虎骨治膝痠無力、以犀角入心部清熱、以熊膽行週身止痛、魚頭可理頭眩、反翼鷄能治反胃、以形狀相治、更屬可笑、

化學、　西學之用食物、不敢自恃聰明、虛心查核、於百十年前名醫迭出、始漸明化學之法、用顯微鏡以察各食物原質若何、兼函油、糖、漿水、蛋白各類若何、深知有益無益、益多益少、有宜於壯健者、（如腊肉魚乾等）有宜於老弱病人者、（如牛乳鷄蛋半生熟瘦肉炖粥粉絲肉湯是也）或養腦、或化血養身、種種不同、有宜常食、有宜少餐、凡各物之功用、無一不從化學推覈而出、非恃一時之察識、便可得其微妙也、如燉牛肉縻粥、鷄粥、俱以肥嫩爲佳、羊肉粥亦然、牛乳函

質固佳、去皮極宜、易化、故於胃弱者、有病者、宜常食以充飢、即可養活生命、逐漸生血復健也、鮮魚新熱症不宜食、因新舊症戒口不同、新熱症宜格外小心、總而言之、世人自驕自滿、不肯謙心下人、學問何由增進、圯橋納履、出門有功、從師交友、豈虛言哉、即西醫化學之通行、亦非一朝一夕之功效、益不憚勤勞、幾經試驗、而得其要領、今之通行各西藥、用之如神如響、以少許勝人多許者、後學當知所自、而勿輕忽前人之良工心苦也、

潔身、　澡浴所以除垢滌污、亦屬理身要務、故繼飲食而並重也、因人身從汗管出水、並出雜質、水既出則隨時化去、惟所出雜質、尚留皮際、與外來之灰塵污穢、粘連不去、暑天每日出水並所出之雜質、與冬季每日出水暨雜質不同、倘因傷風而汗管閉失功用、或懶洗以致積垢過多、必致身體欠安、漸生諸病、盍能按日洗浴、潔淨衣服、洗換亦勤、則皮膚無瘡癬之患、浴身一法、至緊全身洗勻、眼之膠汁、及口齒之間、腋下腿坳、大小便等處、俱當一一洗淨、應用之水、雨水最佳、江河之水、隔淨爲妥、井水雜質甚多、不宜常用、至水之冷暖、各有所宜、如係壯健之人、用冷水爲佳、若血薄身弱、宜用暖水、但常以暖水洗浴、每遇冷風、難以抵當、慣用冷水、縱遇寒風、不至驟感、洗身用鹼、係爲去油起見、但不宜常用、歇些時用一次無妨、

衣履、　絨裘禦寒、絺綌當暑、深思造物之成全、以備吾人之擇

用、各有所宜、一則免凜冽寒侵、一則免泥濘跋涉也、至冬夏衣服不同、人皆易曉、夏季用麻葛紗綢、取其輕涼、色宜白、凡白色皆能散熱、藍黑色受熱甚多、所以不宜、又葛麻易於浣濯、冬季用厚絨、（俗名大呢）或綿襖皮裘、均難水浸、祇可時常晒晾、刷去灰塵、貼體之衫、用薄絨、常可浸洗、凡人身貼體之衣裩、一沾汗垢、即宜換洗、切勿懶惰因循、致成病患、潔淨亦養心之一端、又於秋末暮春、更換衣服之時、寒暖無定、晴則和煦、倘忽然風雨、陡覺寒添、最宜小心、不可輕忽、鞋履一事、所關非小、凡坐立之處、地有冷溼、腳最易受、腳既受冷、漸及週身生病、是以鞋之底厚、勝於薄者也、

住居　朱門華屋歌舞池臺轉眼紛繁如塵如夢究不如水竹三分屋二分之雅淡也住宅一事祇求地基完固得建磐石之安堅厚牆垣不畏飄搖風雨或依山近水樓高面面開牕或種樹牽蘿庭際愔愔花落毋論貧富所住之屋總以通風光明爲佳前後左右留餘地以栽花蒔竹分清氣往來俗塵撲去倘地段窄小屋內開大天籠或小天階稍可通氣光明切不可相連遮蓋閉塞幽陰若家眷男女人口紛紜或屋內多人做工更爲切要今粤省之大小書塾習武館卡堆兵房衙門胥役寓所緝捕館巡丁廠口村墟伙店渡船戲船育嬰堂各工匠之所下而挑擔步頭羈所班房皆臭穢難當苦不可耐此等積弊因循既

久更改殊難若非賢明地方官吏認眞整飭多方勸諭斷不能振刷維新也况庸人可與樂成難與圖始務使定章立界街道寬平透氣以免擁擠即有火盜警急亦易拯救馳驅是豈築室道旁畏首畏尾者能如是井井有條乎西國無風水擇日之虛妄無鄰右逼壓之嫌疑故屋宅皆高廠通風棲身安適益人之呼吸亟有炭養氣此氣若盛便能傷人故睡房夜間應閉窗戶者不可住人過多恐無生氣透入炭養氣積久傷身屋地極宜高爽或離地三四尺鋪厚板即鋪磚亦要塡高地基四邊低處開通水渠以清積水方免潮溼之患冀此邦士庶踵而行之則美善矣

寢息　古人日出而作日入而息又云黎明即起旣昏便息則作息應有一定之時豈容晨昏顚倒以夜作晝爲無益以害其身乎讀書攻學雖有焚膏繼晷之勤映雪囊螢之苦亦如發憤忘食極形容其敏謹適恒可暫而不可常之事以爲後學之自惰者興起也又有敗家浪子觀劇鬥牌飲花酒吸鴉片賭棋談讌或通宵達旦或廢寢忘疲以致喪心蕩魄骨立形枯此誠沉迷邪僻傷身尤甚而無藥可救治者故不拘何等之人夜間務宜歇息使腦筋肌肉養回本力蓋日間行立動作心發力而血運行到夜安眠則身靜脈平可以養回心內之力嬰兒週歲內睡時最多日夜除飲乳外皆屬睡息及兩三歲則漸長睡亦漸

少夜間睡足日間偶或睡一兩點鐘不等十餘歲時祇須夜裏安睡至壯年亦然大凡日間辛苦做工者夜間須得睡七八點鐘時候方可且要緊在晚晚依時而睡不可或早或遲倘過十一點鐘方睡則傷其身即每日飯餐能依一定時候方爲有益保養自身者不可不知

行動　藏脩閉戶固學者玩索有得之深而樂水樂山乃吾儒仁知兼賅之妙故絃誦優游又貴怡情佳景以悟鳶飛魚躍之天機是以春風沂水童冠詠歸點之志獨叶時中也即養生之要不但衣食溫飽住居安適而已仍須時常行動令周身血氣流通內筋發力且呼吸多收養氣血亦生旺因靜坐偃息與行

動做工、呼吸快慢不同、血氣運行、緩速亦異、蓋呼吸愈速、收入養氣愈多、所收養氣既多、則各臟得以運化、津液自然、功用調勻、如胃能消食、肝能生膽汁、腎能發溺、而出膀胱、俱免停滯之患、故書畫裁衣、坐而少動、必然精神倦乏、如中土纏足女子、行步蹣跚、所以周身臟腑功用、漸就衰弱、肉身軟怯、幾成殘廢之人、至孩童初學行步、宜於莎草園場往來馳步、合吸多養氣、滋長筋骸、倘終日呆坐、縱日給多餐、難期堅壯、病亦易生、一切筆墨之流、既無勤勞工作、又無出入遠行、須尋一善法、如執射運甓之類、或春秋佳日、玩水遊山、命巾車、掉孤舟、兩三知己、談論古今事蹟、要言不煩、庶幾腦筋發力、精神舒暢、以合動靜交養

之義、誠善法也、

工藝、　人生既需衣食、不能不學習工藝、以資餬口、然既賴工作以養身、而其中有損于軀命者、又不可不知、大概舉世之工藝、營生或勞心、或勞力、漁樵耕牧、雖胼手胝足、稍免勞心、教讀坐舖、刻字裁衣等類、似乎不用奔馳、然文藝經營、生意算度、坐多行少、身雖靜、心則憧擾無休、又如生熟烟、藥材、油漆、工夫內有水碾、鉛粉、毒氣日久、身沾其害、如船戶、蠶桑、牧畜、扛擡、泥水之輩、或出力過度受傷、或冷風溼雨、感冒至於鞋韈、灰炭、硝煤、紙、鹽、茶、氈、機、染石工、銀匠、舂米磨麪各工、有烟灰入肺、入眼、暗傷不覺、惟做厨、琢玉、木器、鐵錫匠等、俱在舖內做工、既免凄風冷雨之苦、又非困坐少動之流、似較勝諸藝也、然不論某件事業、倘夜深不息、及人多圍逼、或睡處狹小稠密、均能損人、上文所云、烟灰暗觸、及毒氣潛侵、暫時不察、迨十餘年之後、人漸衰弱、諸患叢生、始悔少年擇藝不慎、晚矣、夫有一日生命、須盡一日本分、以求日給所需、固不能尸位素餐、亦不可經營太甚、出作入息、淡泊自甘、不飢不寒、便足度活、若求贏餘、徒自苦耳、至擇術不可不慎、古訓昭然、蓋硯田無惡歲、樂道可忘憂、讀書明理、篤信好學、誠爲天下第一生涯也、凡有父兄之責者、宜及時督課子姪、勉力攻書、勝於金玉之遺留、諸般之技巧也已、

七情、　凡人首務戒慎、持躬、尤貴謙和養性、方能却病延年壽

躋大耋也、倘因事相爭、一朝之忿、禍及其身、又如先富後貧、窮途落魄、未免憂心殷殷、怨尤交集、或有意外風波、驚惶失措、無端災禍、憤懣塡胸、或生離死別之悲傷、或憂讒畏譏、而憔悴、以上種種情由、皆人所難免、既摧挫其志氣、復損耗其精神、每爲致病之端、世人當知逆旅之暫居、警醒三仇之誘惑、即橫逆紛乘、貧病交迫、可憂可懼之事、仍須善爲排解、失志切勿抑鬱、自傷得志亦勿縱情肆慾、古訓所謂、求其放心、又曰、養心莫善於寡欲、務使平旦之氣、不至牿亡、則清明在躬、自獲康強、衍慶矣、

呼吸　地球四面皆有天氣冒護、人畜賴以生活、如魚在水中賴水以養活也、晝夜之間、每一咪呢、呼吸十八次、每一點鐘計

呼吸一千零十八次則二十四點鐘內收入天氣甚多天氣中具淡養二質量約五分中淡氣居四而養氣居一每百分約淡氣七十六分故養氣不至過烈倘若淡氣少而養氣多則猛烈損人不論高山深谷其天氣均如數相和且和之甚勻故天空清氣人收之而有益因肺體內有無數微絲氣管該處兼有無數血管得收天氣中之養氣則黑血化為赤血故血必經肺得入養氣方能養人其赤血之功用有二一能養臟腑筋骨肌肉皮膚二能養人身之煖又吸入養氣與血內炭質相合（上文食物中漿糖油皆函炭質）則成炭養氣入之肺體每一吸收入天氣中養氣以化生赤血每一呼則將血內之炭養氣隔出倘此氣不能隔出有

毒便能損人○驗炭養氣之法用玻璃瓶貯清石灰水入以玻管或竹管吹之其水漸成白色狀同牛乳是其據也但既云清氣益人甚多養生家最關切要而天氣中有不潔之氣相溷便雜而不純呼吸即能致害如人多聚居室不通風或臥處設爐火或地方積穢蒸變為霉毒氣之類皆是但食品水泉世人或可粗知其概至吸入天氣中之淡氣養氣相和相濟又呼出炭養氣之毒一呼一吸皆關生命之原循環無端彌綸六合取之無禁用之不窮此誠萬有全能之主運化神妙不可思議者也

論整飭全家

齊家本乎修身故整理全家不外養身之要擴而充之不復臚陳次第以省重複凡創建住家房屋務宜高爽通風不可多人團聚故西國富家特建寬濶合住之屋為貧者租住而租價極平蓋非為利亦便益於貧者耳其家中日用飲食買入各物及烹飪調和分別美惡如何合宜皆當家長管理吩示各人遵辦一家內外應時洗掃不可堆積垢穢之物糞溺要日日傾瀉遠方以免臭污薰觸家中所用之水須潔淨四處低窪渠水通流不令壅塞家長亦應管理睡房毋使逼聚及爐火熏炙傷人所睡床帳氈被俱宜洗晾乾潔以免積垢生蝨或成癬疥之患衣服亦然各樣工夫起止俱有時候不可夜間操作過度耗損元神倘有天行痘瘡瘟疫容易傳染之病亦宜早為之所令病者

遷往醫局或寬僻之處不致合家傳染婦人生產須預備臨盆事宜以保全其胎產以上均日用平常之事家家所必有一家之中毋論人多人少當遵家長之命而行諺云家有千口主事一人則家長操權之人若不妥排妥當井井有條可乎倘自己驕惰貪圖安逸委任別人權既紛移諸多齟齬則陽奉陰違互相推諉以致庭生茅蕀而不除塵積蛛絲而不掃蚊蚋蟻蠅隨處紛擾且一家之飲食衣服嗜好不同睡之時候遲早靡定甚者賭錢熬夜鴉片通宵此等弊端不止病患易生抑且災禍叢集余西人也竊願以愛隣如己之心將此管理一家之事有關於衛生之道者愷切言之望中邦之治家諸君子留意於此編

舉而行之、切勿以為米鹽瑣碎、不屑經營、而輕忽之、任其紛淆錯亂、蕪穢荒涼、以貽一家之害、是誰之咎也、為家督者可不警醒歟

祛毒之法、　有等病症、病後其人之衣服與所用之器具、應付火焙者、如出痘出紅痧熱症喉嚨發炎生假皮等症、以免其毒氣傳染他人也、夫病人之毒、莫甚於嘔之涎涕與大小便之穢濁、以其由病人臟腑所出、聞其毒氣最易發病、故其痰盂及大小便之器具、宜放解毒之藥也○一法、石綠用之、置病人各器具內、其漸發之綠氣自可祛毒○又法、鍟綠、此即火柴盒邊能者俗名鍟板以鹽强水浸之至化剩者即鍟綠此藥可用一兩、開水四兩、以之放入痰罐與糞溺器、既解毒並逐臭惡○又法、以藥鋪所賣之鍟綠用三錢四分、開水八錢、和勻每用一錢、放入痰罐等處可解毒○又法用鐵磺養十二兩開水一斤半每用三四兩放病人痰盂等處、或用加播匿酸濃而色黑價廉者、以之放入廁所或糞溺具、若用水開之、則宜以水一百分加播匿酸一分、以之洗病人房屋棹椅牀各樣○又法用泥斲爛、放入痰罐廁所、亦可解毒辟穢、在病人房宜於風口或別處放些鏌質或鏌酒、可免毒氣流散內外、或以布浸鏀綠水或石綠水或鍟綠水、掛於屋內風口各處、亦可解之、病人用過之牀鋪衣巾、或用火焙、或以磺養酸四圍放置、待其酸發、則毒自滅、器具及牆門、宜以鍟綠水或加播匿酸水洗之、以

上各法、不但出痘疫症、當照法祛避、即凡遇病、亦應如是、既病固應加意檢點、即平居附近之處、溝渠糞穢、均宜時時清潔、以免積漚發毒、能除却傷生之患、即所以衛民生也、

論推愛鄉邑

鄉邑之法、亦不外由近及遠、推已及人而已、清積穢以肅觀瞻、免發毒染、一也、禁病猪壞牛、認眞嚴罰、以免生病、二也、引導山泉、以飲以濯、免井水苦鹹雜質之弊、三也、設醫局以重民命、四也、挑清糞溺、祛除病毒、以免傳染、五也、所司責成鄉正保正、六也、但管理一鄉之事、較難於一家、管理一城、更難於一鄉、且城市墟鎮、商賈輻湊、往來雲集、闤襍使喚之人既多、其糞溺堆積、菜皮菓核、動若邱陵、瓦礫灰泥、傾滿街巷、通渠淤積、雨過瀰漫、況夏季地氣炎蒸、一乾一溼、積穢遠揚、令人觸之嘔悶、癘疫由之而起、轉相傳染、慘不可言、即痘瘡之患、傳染甚危、若不創設痘局以調理此症、不知伊於胡底、古者市廛有司、一以查禁非時之物、一以警斥詐偽之私、至市上所賣牛羊豚肉、若係病壞者、必然有毒傷人、須立法稽查屠戶、其倒斃及有病之牛羊猪口、不准擺賣、非時未熟之生菓、一切死魚爛蝦熱毒油炸之食物、均一律查禁、著為法令、倘敢故違、嚴懲不貸、以上各種致病之由、相沿已久、非一時驟能改革、況禁阻之權、非一家所能操、所謂有善法、尤貴有善人、要在親民之官、吩示街正墟正鄉正、

人等認眞巡察一有此等弊端置之重罰庶使貪利之心反爲失利因畏罰而不敢害人則一鄉一邑之民日用飲食不至因價賤之物而犯病傷生至於飲水以清泉爲上江河次之茲者香港不惜工費鑿石渠以引山泉分流各街舖戶民皆賴之葢民生一日之內用水最多城市井水內函不潔之雜質日日用之無有不被其害者故西國醫生專司民間時症流行以及有碍之事諸般不潔之蕪穢容易起病之端俾責成查街差役每有見聞輒報各醫生各醫生每禮拜會集參議各種弭病之方預防袪毒傳染之法杜漸防微無不周密若依此而行之將見民風丕變食德飲和貧富均受其益矣

論爲國培元

一國之權衡立法務垂久遠又須通變隨時不可固執一偏闊於遠觀廣察也況近日海防籌備商舶如雲控扼關津之所兵民雜遝之間駐劄軍營時防染病洋船泊湊最要稽查一有帶病新來流傳即成巨禍此整治防患之權宜又非鄉邑紳宦所能操理者也葢病國殃民之事不止一端而救世愛人之心原無二致上帝以仁慈創造萬彙生養保存莫能名狀親受者相忘於何有仰讚者莫測其高深代出聖賢深明醫道時移地異病既不同而良方善法日出日新所以調劑扶持各極其妙此非神聖之黙啓先後智慧之人研窮金石動植之質類烏能若是哉醫道之設非徒治既病之民實欲弭病於無形使各方老幼男女咸知衞生之益誠以君相能贊育而醫生即佐君相以調元國家重愛民而醫生即佐國家以保衞若坐視瘡痍之滿目以秦越相持或諉諸天命其何以謂之子庶民者乎但既尊重夫醫師則凡出其門下者皆須品行端方聰明仁愛學習多年其習醫之矩範非徒望聞問切輕試淺造之輩所可得其精蘊也熟誦有用之書博攷全身之要兼采各國之良材治法上通氣化形化之品類下悉風俗水土之情形十載從師隨時臨症識藥識症用藥無虛如百萬軍中擒賊擒王手段方可稱爲名醫出而行世西國醫生皆有大醫院考准文憑切實保結並不敢虛竊混充藉吹噓援引以欺世即藥房皆貨眞價實倘有

假偽重罰示懲又西國各邑埠每有貨船入港人未上岸之先即派醫生到船查問有無瘟疫霍亂之症倘有此速令該船泊出港口遠些不准攏近別船向一定之處所灣泊（西國章程每一埠岸有一定泊病船之所）暫停起貨船內人等一概不許上岸岸上人亦不准下船俟七八日間或十日後病情如何再爲定奪以免外來之壞症驟染此地平民所謂防患於未然者此類是也○嶺南自古通商地稱富庶雖歌舞流花繁華消歇而珠江夜月絃管咿啞往往花柳鍾情致傾家產輕則毒染疳疔重則痳瘋入骨毀筋滅鼻毒墜四肢又或孽貽閨閫禍及胎嬰糜爛肢體者有之所

謂樂則樂矣憂亦隨之葢國家以民爲重無論士農工商皆須精力充足身無病患方能任事有成比如讀書窮理温故知新一染劇病學業廢弛又如農工早起遲眠胼手胝足櫛風沐雨不避艱辛若抱恙在身安能稼穡維勤工藝是務商賈亦如之梯航跋涉夙夜經營天下萬般事業未有安坐而獲不勞而成者也國家多一殘廢之疕民即少一有用之丁壯其服食日用與平民無異殘民多而平民少百工事業文武材能均不及他國之强盛興言及此能不寒心治國之大權不外賞罰惡不罰則從惡者必多善不賞則爲善者必寡凡屬冶容誨淫之弊竇均宜一律嚴禁絕其買良爲娼之門路風聞育嬰堂之女嬰年

中被蛋艇尼菴抱養者指不勝屈名之曰猪花兩三歲者身價五六元至十元不等司事女媪皆得分肥至十一二歲可教彈唱之時轉售娼寮之鴇母身價動百餘元更有抱養盲嬰教之彈唱沿街彳亍終夜凄其聲誰矜恤慘辱難言又有水鷄鹹水妹之名目與流娼無異以朝廷養贍之深恩反成惡棍貪婪之罪藪哀哉煢獨何辜而遭此陷辱終身痛纏心骨也當道者憂國憂民心關社稷身繫安危固不暇及此愛育堂諸紳勤宣上諭講孝言忠施棺檢字拯溺振灾孰料冥冥中積弊有如此者豈故留歡樂之場以爲點綴昇平之盛事不忍絕其根株乎不然何以民生日蹙烟花日倡風俗人心無從挽救旁觀尚且咨

嗟而局內竟瞶然不悟何哉葢樹德務滋除惡務盡嚴申律禁將鴇母女伶花艇均不准到嬰堂抱養女嬰必具切結殷實擔保方准領去如有買良爲娼之事若係衙門差役倚官作惡知法犯法從重究辦其奸誘媒婆置之極典使國人皆畏法而不敢犯淫風革絕明德日新則烟賭消除貪污斂跡認眞保甲奸盜潛蹤將見風化端淯民趨正道俾童穉韶年耳不聞淫樂之聲自不睹邪亂之色蒙以養正他日爲國家有用之臣民各盡本職急公奉上竭心中朝豈不美歟至建立痘局及種痘一事又不可不亟爲興創也嬰兒痘瘡一症最易傳染甚難保全是以西國嬰孩無不種痘有已種者隔一二年再種有種四五次

有種至全不出者是以天行之痘極少即間遇出痘亦輕而易痊年中保全嬰兒生命不可勝數自嘉慶年間洋痘之法流傳中國迄今六十餘年學習者日益多各鄉遠處皆知種痘之益民旣便利然不如國家設立醫痘局兼種洋痘每年按期施贈大鄉大埠人烟稠集之處多設分局以拯濟斯民如有天行之痘仍合其到醫局調理免至附近相傳洵屬緊要之舉醫痘局須離城十里外有林泉寬廠隔開住居遠些的如粵省之花地沙河等處爲妥以上各款保衛之法想西國中邦人同此心心同此理良方善法弭病衛生旣可行之西邦諒必可行於中國況事事皆上合王道下順輿情不事改弦更張之紛擾亦非挾

山超海之奇難、誘於不能、是不爲也、非不能也、中華衣冠文物、正統相承、政則堯舜禹湯之遺澤、教則儒術姬孔之心傳、醫則岐黃和扁之精妙、學則周程朱張之正宗、如之何不躬行實踐、乃紛紛然專務文藻詞章、惑于異端雜說、醺釀之靡費紛華、轉移非易、而闕於養身保家之要務、反玩視而忽略之、衛生之作、正爲此也、且書不盡言、言不盡意、曲終人渺、江上峯青、夫人必深明至理、歸識眞宗、趨向不惑於他歧、心靈勿迷於物欲、內省不疚、脩短何妨、此乃衛生之本旨、緬想當日救主偶施慈惠、殘廢皆興、一言之下、魔負釋脫、衆以不信驚奇、主自行其無事、迨臨別昇天、授徒醫濟、以證福音之光、托主名而苛疾悉除、遵主

訓而永生可得、迄於今福音博濟、浩蕩無垠、血約維新、賢愚普化、眞乃返本還原之覺路、甦死回生之聖藥也、衛生之大莫過於斯、若徒恃人力之私、經營世智、頑軀肥健、世福延長、適足以長驕養惰、多一日之生命、增一日之罪寃、既孤負在世之光陰、反獲罪於生命之大主、亦復何益之有、況浮生有限、眞道難逢、及早尋原、是眞智勇、順之至、不爲身世所拘欒在形骸之外、有不自知其然而然之妙者矣、非提挈綱維之主宰、開示蘊奧、其孰能與於斯、噫、由淺造深、人天一貫、神恩難報、切勿虛生、勉爲守道全人、永偕聖靈寵庇矣、

衛生要旨終

保全生命論一卷附一卷

〔英〕古蘭肥勒撰 〔英〕秀耀春口譯 〔清〕趙元益筆述

《保全生命論》一卷附一卷，英國古蘭肥勒撰，英國秀耀春口譯，清趙元益筆述。秀耀春（Francis Huberty James，一八五一—一九〇〇），英國傳教士，曾擔任上海製造局翻譯，後任京師大學堂英文教習。趙元益（一八四〇—一九〇二），光緒十五年（一八八九）以醫官身份隨從出使英、法、比、意四國，曾任江南製造局翻譯。光緒二十三年（一八九七），趙氏與董康等人創立上海譯書公會，手自翻譯西方藥科知識及衛生保健著作《儒門醫學》、《內科理法》、《西藥大成》、《西藥大成補編》、《法律醫學》、《濟急法》等。是書自康寧、人情、呼吸、飲、食、工夫、調換、生命力視角，闡釋保全身心、維護健康之重要性，附卷論人之短處、人之性情、隨時應變。所論結合近代生物學及護理學知識，强調保持樂觀心理、注重身體調節及運動鍛煉等。據中國國家圖書館藏清光緒二十七年上海製造局刻本影印。

保全生命論

保全生命論

光緒辛丑年刊
於上海製造局

原序

往年余曾著書論尋常心內之紛亂及腦之恒能清明所言者皆緊要之事亦既印行問世矣惟是緊要之書尚不免有漏略之憾俚鄙之譏而人苟能盡心閱之亦可得其益處所以書成之後購者頗多余念購者之多非因書之佳而因書中所論者爲切要之事不可不講求也茲余得暇更著此篇所論各故不可作等閒觀而輕忽之若實能助人多得生命包含之大益則爲私心所竊慰者已

保全生命論

英國古蘭肥勒撰
英國　秀耀春　口譯
新陽　趙元益　筆述

康寧

人之能得康寧者非生命以外之幸事強加於生命之上也平常人之見識必以身心之康寧爲倖邀之事而非可操必得之權者此說非是論自然之理人生於世有堅壯之體平安之心乃爲分所當有者如人不覺身體輭弱情意懊憹是爲天然之理如或有之則其人不是有錯定是無知人身之成也有一定之理順理則昌逆理則亡知之

而不能爲身內有幾微之淆亂則病痛弱三者隨之此爲不當有者論身體之康寧各人意見不同有人以些小之不爽適當爲大病有人以疾病之叢生視爲小恙夫求人身之康寧其中有一定之理法若遵理法行之則病與弱自必極少如不依理法而行則疾病與輭弱必多理雖如是此亦祇論其大概耳何也人身所應有之事如飲食衣服等今人尚未全知然吾儕雖未全知而其中有於人有益足以爲憑者人應信從而學習之

英人俗語云保養此人之事可以妨害彼人余不敢言世人之飲食衣服運動等法應一律行之因情形有不同也

然分別雖在細微之處而我等應査其大綱知人身如何得康寧既得大綱所差不遠今我等已知之大綱而定為確實者惜衆人不能知之又惜有知之而不願學之者此等事余等為醫者所用工夫教訓勸勉尙嫌不足必多用工夫先行學習而後著書令百姓明曉此理而自能為之則堅壯之人必多矣

第一事我必講論人之身體大凡人之身體猶夫自行自保之機器如詳究之又知其為自動自理造成之機器人生於世雖必需用其心而身體內各種巧工俱是天然成全者如不用心為此一切之事其行動仍能如常有不明

此理者於身內之事過於操心因此有害於其身生病而輭弱凡人皆知有完備之機器而管機器者如未熟悉不可多動如常動之亦能致損即使不損亦可不合常度人身如最奧妙之機器無有一人能十分明曉已身者因其不能明曉故切不可妄作妄為如有一人性急憂慮多服藥多設法則以後必紊亂其身而患病

身內各機器原能自行自保然今世人之身體有不如是而不能自行自保者因其身內有數代相傳之私欲也凡人在世所作之事有問其作此為何意者則曰我喜為之不如此似覺不合意如有人告以某事應用心某事應用

力則曰此皆為我所憎者明顯其人愛所不當愛憎所不當憎矣此等情形可分為二種一為先代之積習傳於後人一為本人之私欲此傳下之事雖非其人之過失而可竭力設法以改之有不由先代傳下而為習俗所牽其故由於一已之沾染為時既久則難於更改此之謂自誤以上弊端誠所不免惟人各有靈明當知何事應為何事不應為譬如童子雖不能知已身之情形然必存其良知如隨其良知而行事雖不能言其無誤大概不致有差

有小兒專喜食一物而其口胃為其先代傳下者譬如其父常食飲不宜之物亦可引之令其子食飲不宜之物如

小兒本身內無有傳下不正之口胃可隨其自已之意所差不遠因其勉食惡物一次則知不合而長見識後不敢再用之如其人無先代傳下之難處更易知食者宜何物飲者宜何物為者宜何事不惟能知而且易行

我等細視小兒亦能知其身有自保之理如其兒常行走則身有不能支之勢及至日落之時身力乏而思睡如無人料理之亦有不能不睡之勢此因其身之必欲安息也從可知人身內有令人休息之法亦為人身自保之理此謂人身內自保之良知

又有自行之良知如小兒無病至天明自必起身又必向

外行走此兒之行動令其身生力而得益所以在早起身覺有力而興致甚好出門行動此顯明兒身內有自行自強之理雖毫不明身內奧妙之器具惟隨其良知得身上需用之妙處我等觀鄉人早睡早起隨天然之法所以鄉人較強於城人而年壽亦過之

論人身之衣其理亦同觀兒之衣服無有包裹極緊者兒雖不知衣服之如何害身而能知衣服之不舒服不爽適必不願穿緊身之衣服此隨自已之意思並良知而得保佑之福觀其人漸長時改換樣式不隨良知而隨風俗有等成人背其良知而習風俗如此者則謂之隨人世之糊

塗習尚平常小兒不願在足或手加一物不知其理而能行其事凡隨良知而後行事者同於有學問之人以養以教理雖不能明而其所以然之故即顯明兒心中有自保之理著名之醫士常言人足之外不應穿皮此有名之人雖苦口勸戒而因世間風俗以時款爲佳如與人言汝家小兒宜多行動而不可穿皮靴則亦未嘗不知但因他家不如此則不願一家之人爲之否則恐其取笑於人所以我等觀小兒隨其良知而行事者較之成人所行之事更有理與益處

西國之人時常受涼受涼之時十分之五因其足之冷溼也此爲何故因用糊塗之法以足包裹之日漸輭弱不能耐冷溼之改變如不用此等糊塗之靴即有天時之改變亦能耐之而生病必少足亦有自保之理受冷受溼時多用身上之血以暖之此於人身有益而於足亦有益

人身所有極妙之機器足亦居其一足與腦相關同於手與腦相關故欲用足以靈爲妙今置足於皮匣內極笨極呆祇是能行路而行路尚不能極靈所以不至冬時不可令小兒多穿襪與靴以免長大時有不能不用靴襪之患須令其長大時能用甚輕甚易脫着之靴最要者出汗與熱氣時令其易於放出則身無病如足上發熱出汗而不

透氣則於身有害腳輭而筋疲如人在手上常用緊手套於手有害在足亦然天氣遇人身與手足非有害而爲有益故透風之衣服甚爲有益如民間隨其良知不隨風俗則堅壯有福之人必多

人身之爲機器本已造成極靈妙之式如其人無論食飯穿衣一切舉動循情理而行則更爽快而堅壯壽亦更長今人所受之苦難疾病非因其人之生成法不合亦非因天氣爲害人之物因其有二誤第一誤隨其私慾第二誤隨世間之風俗因此其人有苦難疾病亦有人受極大之害者因其所用保養身體之法非善法也

第二事凡人當知人生於世所具之精力非無窮盡也如人欲得上壽切不可多費其精力又不宜耗縻於奢侈今時之人有乏精力而疲倦者因其人在年輕時將其精力耗散不能復得以至於死也

凡人在年輕時將其腦內之力於讀書爭利上用之太過及至弱冠以後應有多力能辨各事而不能如願以償因在年輕時腦內之力用盡也論身體之力其理亦同亦須節用而合度違此理者則不能免其弊論肚腹之力其理亦同如飲食不合宜則消化之力乏而受苦不遠矣身內本有自保之力其元氣能管理人身亦非無限量者如耗

費之則必輭弱痛苦憂悶而成爲廢人

人身內自行自保之機器如按其理而用之則愈用而愈生長愈堅壯身內一切質點各具一自專之生命如其人不知如何用心如何出力如何食飯如何舉動而不按理而用之則身內之質點必有毀壞者每一質點之力量有一定之界限爲人之法將此等質體用之太速令多出力後必有困乏之時如其人耗費質點之力太過以後無法令其復元如跛者之不良於行癱者之不良於便也人身造成時原有彼此相助之理如其人不按理而用其力後必有一二體受害此一二體既已受害則不能助別體而

反欲倚賴之此等人有早夭者苟不早夭能延數年猶夫人之負重而行遠也人所具之能幹力量精神至爲寶貴故必循理而用之以免輭弱痛苦憂悶等弊

保護身體令得康寧此爲人本分內第一緊要事因人身不平安則其他本分俱不能盡其職理雖如是然人之最忌者時常躁急煩惱不能保身不能卻病且其人憂慮太過必於其身有害如其人憂慮太多則不能至長壽不惟如是即其所謀之事能成者亦不多人欲得身之平安堅壯必須盡心守其本分而無誤循理用心出力不惟於人無害且有大益如背此理而爲之則向後若干時不能做

工夫他必知身內有不合處如其人常守本分者一若防護其身後至輭弱或患病如何知之則因其各徵驗不與前同而知之若懶惰者則不能得此益因平日亦似輭弱而有病故難分別也余非勸人用心出力而太過惟勸人盡心出力守其本分萬不可以懶惰如其人按其所有之力量盡心作工所得之平安較之懶惰者更多其病亦較之懶惰者更少人生於世如有能幹而能成其所謀之事爲一要着故人欲得極大之益者必盡心盡力勤守本分也

無論何人如欲得堅壯之體欲其兒女亦得堅壯之體必

用其已有之聰明、循天理而行事、如其人願意如此行之、可得康强之體、且其傳下習慣之事、亦爲無誤者、令其兒女得大益處、

以上所論者有二要事、一·勸人盡心防衛其身體、二·勸人不可憂慮太過、因人常憂慮、則生命變爲廢物矣、余所論之事、因世上有二類人、一·類輕忽已身、一·類時常顧慮身體之事、吾儕應得中庸之道、一·不可輕忽、二·不可顧慮、如其人欲得生命極大之益、無論讀書貿易種植辦事、必循序而不亂、又必隨其良知、人世間有一自然而然之理、用其良知而循其自然而然之理、亦是助之善守其本分、此爲保全腦力心力身力之要法、

又有一等人、心中常有憂患、以爲災害不遠、實則雖有憂患、亦不能抵禦其災害、如有人云、如何可以防備世上不虞不測之事、此無他、祇盡心保護身力、安分修心而已、心內有力量、身體亦堅壯、所以常有主意、災害猝至、亦能當之、如不能免、有力能忍耐而過之、譬如人目能引身之全體隨之而行、猶夫小縴之拉船也、所以人之主向善者、亦可令其人得心內之平安、又可助之令得堅固之身體、人之主向何以能堅壯其身平安其心、則因其人隨向善之志氣、不能有歧路、譬諸其人向東行、不能向西行、盡本分時不能爲惡、此爲實在保佑人、令得心內之平安、身體之壯健、如其人之生命清潔者、能全身得平安、聰明亦加大、無論作何事、更能用心、更有能幹、成全其所爲之事、

有人常設法免其生病、而不遵以上所言之理而行、仍不能免病、彼欲時常立身習慣一切合理之事、設其所習慣者、不是好事、更易患病、更難守其本分、人生於世、並非欲其時常畏懼、應不憂不懼、爲其所當爲之事、上天生人、欲其人有一完全之心、完全之身、又欲其心內常有指望、身體常能强健、苟能平其良心、依天理而爲人、其人可以常有膽量、無所畏懼、卽可勝過一切之難處、免去各等之危險、

前言爲人作事、必有次序、此爲緊要者、有多人失其平安、因其人有亂動、卽心內所想者、不合正理、爲其根源、後所行者必有錯誤、如欲保護身心、不墮於危險之中、須立定主意、常受良心之教導、依良心作事、如一國之內、有律法能免反亂、爲人亦必有律法、合乎良心而行、國家之律法、人人皆知、不敢違亦不敢犯、人之內心之律法、亦是緊要、應立定主意、永不違背、如此行之、生命俱恃一定之次序、心內得平安、立於世上、可成爲有用之人、

有膽怯者、一聞此言、卽云此等情形、我不願爲、如願爲之

卽與奴僕無異束縛馳驟不能舒展矣此言實有誤會凡人隨私慾而行事卽爲私慾之罪人惟時刻隨良心作事漸習慣之能自然而行善亦可得確實自由自在之平安又有人心中蓄意以爲吾儕常遵一定之律法行事心中煩悶勉强常作一件事情直令心中憎惡此爲不合理之言汝等觀天地間之物如草木鳥獸蟲魚形狀極多無不美備修心行善遵情理而爲人其理雖一定而其法在三者之中有無數式樣並非令其作一件事使人生厭而可憎

細查世上之人雖所査者皆是人類而面貌不同見識不同學問亦不同卽其本分之內亦不能俱相同如我等常與善人往來聆其言論卽知各人之事不同並非束縛馳驟如奴僕亦非終日辛勤如麪坊之驢也如有人云時常行善因無趣味不願爲之則可答之曰養身之物因無滋味汝不願食有毒之物因有滋味常欲食之此爲背理之事夫上天備無數有益之物供人食飲豈有因其不能變換而憎之乎良心所準者其中亦有萬狀可以任便調換如閱書至厭惡時而不欲再閱可易一書而閱之用心出力之事亦有萬狀可任意調換天意並非令人常在房屋內並非令人常行路亦非令人常學天文常習地理上天之意明明令人學習各種工夫做成心內所有之各種才能可行之而無不合並非令其常在一門一事之內如爲兵勇在練習時其統領令其各體皆練習而成事如此謂之能幹之兵勇人在世上天意亦如之特爲預備本分內萬種情形令人學習完備之德行如其人情願依此行之卽不能言人之生命中無趣味

人世所立之規矩與上天所立之律法大不同世人所行之規矩有時太多故覺累人如常遵從良心所立之理而行事必無受累受難之處

有一等人在世上自立一律法以累已身何謂律法其人

心中之意常用心於食物飲物衣服吸煙聽戲看勝會此等事亦非爲不美惟是專心爲之則成自已之奴僕如何成之因其人常費心力於小事及不緊要之事

凡人欲得心內平安身體强壯卽不必過用心於憂慮又不可常思世上之禍患與災害因人生於世有許多福氣許多快樂如或遇禍患萬不可缺望因禍患必要過去如得何福不可過於快樂因世上之人如不能有意外之苦亦不能有意外之樂如無做工之疲乏亦不能享休息之平安如無危險之事卽不能生膽量如無痛苦之事卽不能有慈悲如無誘惑之事卽不能有立美德之堅固如欲

得中庸之道卽必知一生在世若行路之旅客每至一處不能常居我等在此有何福可享淡然無懼享其福可耳所遇之順逆事須乘其機會修心立身苟能如是行之世上一切改變明知之而善用之卽助得完全之生命

天生蒸民誠哉是言天未嘗令人常存憂慮之心而度日亦未嘗令人終身抱憾如人常言世上之事宛如一場大夢此爲毀謗上天之德如昔年大城內有一人遇其友於路二人彼此問安後問其友家貿易事若何其人答曰不佳不佳近數日余折銀二十萬兩曰賸餘者尚有若干答曰所賸者尚有一百餘萬兩曰如何爲不佳汝所賸者盈

於所折者甚多汝不必爲已失之錢財傷心太過汝應爲所賸之錢財反取快樂答曰此言有理感謝之至此等言內有極好之意我等不應怨天尤人念我等已失之銀應存一感恩之心因所賸之銀多於所失之銀常怨常愁毫不能救苦難無非傷心而害身如有人身不壯健所有之力不足不可爲此常憂慮因常憂慮則苦上加苦聰明之人獨居深念我所有者盡心用之論及別事如身之輭弱等不置於心中日坐愁城不能以無而變爲有用心在所有者可以知足可以長樂因我之所有者甚多也

常有人論國家應立各種律法保護百姓之身家常得平安之身體是爲善政惟英國所設律法規條已爲極多假如立法種牛痘事等此設律法之意因其病能傳染而害人也城鄉閒不準存污穢之物國家已立各種律法其意祇欲保護眾人令不患病國家旣有責任各人亦自有責任凡人有自行保衞之責如不自知保身之理國家豈能一一而成全之乎

人之身力亦與才能相似各有等差不能盡同世或有人論其血氣與力量竟有八分惟因不謹愼其度日之事年減一年少至五六分此事亦可言其人不知保身之法不能責之如其人明知保身之理而不遵行則實有錯誤旣

害自己又害家人並害及眾人因其人之身原有八分之力應做成八分之工夫如祇做五六分工夫則爲可惜國內有此等人而其數眾多則國日窮矣不惟國家如是如一家之內有此等人則一人多作工夫一人少作工夫家亦日窮本人亦喫苦因減其力量不易作事卽使少作亦必受苦論百姓有平安之身其事必與國家有相關而與其本人更有相關如眾人不知保身之理則應學之如用工夫學成此等事心中不致憂悶如其人能有八分力量應盡其心保全八分之力量不應昏昧度日而失其全益害及已身並害及家國也總之有三事爲要如能竟理之

則人之身體可以保全其力而不失，一不可忽畧，二不可思慮太過，三須依情理盡心守本分，如一國之人皆能之，則百姓之力必足矣。

人情

世有多人，如問其安否，則云我之力氣不足，或云不十分強健，有時則云平平而已，此事常若隨其所覺者而言，以後其指望贍量，日小一日，亦有多人作此語，非其人之有病，或輭弱，祇因懶惰耳，其人不愛作工夫，不願意守本分，故以此推辭，實將心中錯誤，推之於已身也，此等人世間不少，明理者聞此語，不可輕易愛憐，因其人以言語躲避

其本分也，惜有多人過於慈祥，一聞其語，卽深憐之，此法不妙，愈愛憐之則愈懶惰，因騙人易而出力難也，爲其友者最妙之法，提甦勸勉，勿以情勝義，則於其人有益，蓋公義之內，世上人各有擔任，如不爲之，而藉他人之力以爲之，則爲不公，古時世上人俱不得文教之益，剛狠者多，慈祥者少，在彼時如有人輭弱或抱病，則欺侮之，屏黜之，今則不然，如見其人有困苦處，必生惻隱心而照應之，我等見世人無論爲何等，如見其有求人慈悲愛憐之意，則必查其事之實在情形，情實者，則必教訓而助理之，如爲虛假之事，則必嚴厲而勸勉之，可告其人曰，汝覺自已有病而力弱，我覺汝懶惰耳，人生於世，有力者應出力，如有力而不肯用，則當受苦，如有憐之者，卽爲害之，不獨害一人，并害他人，如他人見惰者有衣食有房屋，則必尤而效之，因惰而不出力者，較之出力者易於度日也，余之爲此言，或以爲太過，惟余意無他，祇欲分辨眞僞耳。

今論人自已之事，須各人自掌自理，萬不可自暇自逸，如其人因身之稍有不適，而以爲常不適，存此意見，則不能掌理其事，至此地步，竟以小事感動其心，人各有好逸之心，如其讓之，則一日不如一日，有多人以此爲養身之法，其實爲害身之事，有人不明此理，以爲無大害，常可憐自

已而不知其害，已且不惟害身，尚能害心，靈明日鈍，一切事俱無分曉，後其人之本性，亦一日不如一日，此無他，安逸之脾氣，實足害身而害心也，此等人常騙自已，後亦不知如何能決定主意，以行其本分。

身體不甚堅壯者，極易犯此病，有力而堅壯者，不自小心，不克私欲，亦極易犯此病，故人不可自暇，必磨厲已身，無自放逸，蹈小人之迹，有多人常言患各種病，大不舒服，此爲毫無影響之談，自重之人，萬不可佩服安逸之權，因凡人宜自已管束，有自掌自主之權，而不可有委靡不振之象。

若已佩安逸之權則所受之害甚大因常想念其病而其病卽來人或不信此理不知此理是實有者人人應知之心神與身體之交關我等雖不能詳知而有學問者皆知此二件有聯絡之致身體爲心神所執掌身體之舉動聽心神之命令身無病者不應覺有心肝脾肺腎胃等臟腑如我等不願受覺之累卽不覺有心肝脾肺腎胃之病余亦知人有隨身之所願而發爲心慕者此意與心神作主行本分之意近似交戰觀此情形心神内有二意須立定一主向從上等之意萬不可隨下等之意心神似爲主人其下有多人聽其命令如常操練之百體皆可從命

論夫正理心神爲主身體從命乃自然之理惜有多人不明此理常在二意之閒不知必以何意爲主所以欲用心力制伏擾亂之肢體此等事頗不合理因造物者並無令一人分開作二人之主意惜乎世人多半離開原有之範圍作正經君子之事業我等應加倍用心以復其原余知亦有阻撓人之事非自召者生於世上有相傳之習慣或失教而然者事雖如此如其人實能盡心作自已能行之事則以上所言之缺憾不能毀壞其生命

人生於世其道有二一隨其安逸之心一立定主意期於勝過之或爲此或爲彼自能作主如欲得心内之平安身體之堅壯切不可佩服輭弱人所覺之情形如心爲君主之官心中須令各體行其本分有足令其走則足必走有手令其寫則手必寫如有緊要事欲爲之則安逸之心發現至此地步萬不可讓之自忖云我以心神良心爲主務須從命如不作事則一生仿彿爲懶惰者之奴僕夫爲奴僕已爲卑賤之人爲懶惰者之奴僕則更卑賤矣如隨自已懶惰安逸之心則更爲卑賤之極矣

世上之人有不能不憐惜而又不能不責備者因其不知筦理心神約束身體而成幽憂之疾久之則成厭惡世界之人也亦有非不知筦理心神與身體而不願爲之此等

人必有江河日下之勢心中之事有混亂所辦之事亦混亂矣至此境界人不願與之往來亦不願請其辦事其人以爲非自已之過而怪世上人心不古變至不可收拾故成爲厭惡世界之人其實並非世上成一壞界而有若干錯處惟彼所觀者成爲壞界猶夫用有色之眼鏡觀物也人之至此地步者不能不憐惜之因其受苦不少也雖然憐惜之又必責備之又此等人在世有一用處因可警戒他人令其知之如此情形切不可蹈之

又有一類人因於身體之事費心太多常想及腦内之病欲服平腦之藥有時想及肺内之病或肝内之病欲服理

肺疏肝之藥時常如此即漸至不能作事即作之而亦不能成因常用心於身內想得之病而不用心於職分當爲之處此一路人猶夫一匠常修理其家中之器具何能再有工夫作其本分之事乎此等人將來亦可變爲厭惡世界之人至此地步在世上所受之苦比他人更重而不能成事所以人能按正理保養身體是爲妙着如爲身體而過於操心則必有害因上天生人之原意令其作世上正經之事各人守其本分並非令其時常思慮而煩心譬如舵工已盡心於行船之事不能再爲搖櫓之人

又有人云我惟知度日而已惟上天生人令其成全應作

之事並非祇令其度日而已上天生人亦未特令其在世多受苦少享康寧祇令其在正經本分上得光榮而非令其在思慮心身上得安樂

以上所言人常隨安逸之心於其本人有害如其人平居度日常覺身體不舒服力量不足用此意即漸成習慣既到此地位今日有事而不爲明日有事而不行如與他人有交涉之事約定一時必有遲延令人徬徨所以人皆不願與之共事因其所以遲延者爲無影響之事人居於世各有遲延之事如以此人之遲延置於他人之身則爲害人之事且無故而令他人代爲擔重則爲可恥之事凡人

須養自已之膽量操練自已之身體學書正人君子之規模樂意盡心守其本分則仰不愧於天俯不怍於人

余並非勸人不發慈悲不憐惜輭弱有病之人如人患病而輭弱者須自定一主意念自已不能出力作工夫爲可惜之事又想如不能帮助人必不肯害及他人阻當他人論夫衆人必以爲此人有意思作事可惜無力我等須盡心照應之如此兩造之人皆爲合理可惜世上人不常如是有時此等輭弱人有病不能用工夫常出門與人閒談說短論長誤他人之工夫此等人一害自已二害他人少作工三令衆人以爲助之不可不助之亦不能阻其發慈

悲之心我等於世人不可過於慈悲如有人來告輭弱如何苦難如何病情如何須嚴查之究竟其事實在與否如爲實者須助之否則不助因助之之後無用者更多也余爲此言必有人以爲太嚴令輭弱人多受苦難此說不可畏懼用此法亦可有二十分之一令好人受苦可勉令十九箇壞人作工夫於此等人大有裨益因令其改行也論及有病之人之多祇是想念有病而非眞病或爲騙人或爲欺已此等人總不宜殘忍待之須緩緩查攷而知之過若干時見得無病可與之言汝之病我知是空想而無實據勸汝不必常想有病以爲在某臟此等意思早斷絕之

如汝定心作工夫爲一事不願空費時日必於身心有大益卽使有眞病者既有此心亦能有益此法雖有人以爲太嚴其實非是實爲最慈悲之法此爲何故因其人之病如非緊要者則過嚴之法卽迫其在他事上用心而不在病上用心如此則與其人之病與輭弱等有益因勝其輭弱之病而使其放膽也如此種病人空閑時多則於彼有害因常用心於身內之病如有法迫之用心或出力於正經緊要之事則其病必日減一日身必日佳一日此法非過嚴實爲慈悲之法可以助人救苦也

人常用心於所覺之事卽爲自欺因有人憑自已所覺之

事而想身有重病明醫者細查之則知其無重病如人常用心於已身之小病則小病日重一日如常用心於心之跳或脈之動以爲有病則令其混亂而假病漸變爲眞病如其人能作事能用心能出力無論大小如能迫之而使其作事用心出力則爲挽救之法如有人以爲不能用心出力而求人助之則云汝能起身總須起身汝能作一點事必要做一點事因人有輭弱無膽量之覺情卽其仇敵讓之愈多則受害愈甚如能盡心抵禦之則必有益

人欲得康寗堅壯之身體必要盡心用功出力因運動鍊習身體則令其氣力日大一日其身所需之飲食有一定之分數如身體所需之運動鍊習亦有一定之數如其人食量不足則身必漸衰如運動身體太少則身力亦必漸乏如出力太多則身體所補之力亦多反之亦然所以用工夫太多則所食之物亦多出力過少則身內覺出者少而不需多補用心之工夫太少卽補腦氣筋之力亦少此爲腦內一定之理漸多用心卽漸加上用心之腦筋力如以爲用心之工夫少則所補之腦筋力漸多如積錢之理出者少而進者多可以致富此法非是不可並論

論及志氣其理亦同少用則弱多用則强志氣如水如常流則潔淨而有用如積存則污穢而不清志氣與覺情相

運如常用其志氣則亦能潔淨而有力如不用之則如死水而生惡氣至此地位志氣有病覺情亦有病而不足恃矣如人能按情理恃良心用其志氣腦筋覺情身力則日漸堅壯而明强依此法而爲之彼此聯合而互助如人隨身體之柔懦而有安逸之心則以上四者日漸輭弱以後患病爲自然之理如欲得康寗之身體則必爲潔淨堅壯之身體但欲得堅壯之體而事心於身不管他事則不能如願以償故人所求者爲平安之身體則鍊習志氣腦筋覺情身力必常修治之如於四者之中而遺其一則不能成事

余知輭弱無志氣之人見此書之說必不以爲然而速卽棄之如其人當良心發現時再閱此書而細揣之則知爲實而有據者余之爲此言皆誠實語余之熱心勸人皆因知平常之病隨安逸之心而生並非是小而不緊要之病是爲最有關係者世人受此迷惑者甚多如其人不能省悟而改之必害其一生之事如人實有一種或數種病隨其安逸無膽量之心則令其病更重如常順其安逸無膽量之心日後實患重病時則病極難治因其人多年未省悟未放膽未用心未出力至危險之時無論其願意不願意無論如何勸戒無法能令其放膽故聰明人知爲緊要

事早定一主向盡其心力操習己身用其心思殷勤守其本分以後不至入於輭弱病廢之途此爲一定之理用力卽加力用能幹卽加能幹覺其身愈弱須設法愈與之相爭而勝之大概盡心者往往能得勝前有許多有膽量之人用此法抵敵身弱之情形而勝之如有二人患病一無膽量而覺身不中用隨其衰頽之情抵不住攻身之各種病一不願常在牀常在家而以爲必欲出門用心出力辦事如其人立定一主意必不願受縛於小病定欲勝過之有多人因此能自救其命

如人有極重之病其理亦同生與死相爭立定一主意欲勝其死則死不能勝之如其人願意生者卽在心中定此意因生命之力大半在志氣中出志氣能感動腦筋之力亦能感動全身之氣力從志氣之命令

人患重病其病傷生或不傷生俱藉其人有若干生命力假如有二人生命之力大小相同一有志氣之力盡心定一主意決欲勝過其病不欲死而欲生此人定能阻禦其病若無志氣之力者則反是以上所論者覺情之事如其覺情自己有把握則於彼有益如在其權柄之上則於彼有極大之害人須愼之不可常言余病甚利害自覺不能爲此事時常如此卽成習慣成自己覺情服役之人

余知觀此書者必有以此言爲太過則請再申其說此事尚未攷究至詳尚未說盡心神管理身體之大權柄可惜今時士農工商各等人求名求利終日岌岌無暇考求其歸宿不明此理者不能得此事之益處凡人本身之事自己應當知之如欲知之必須詳查心神之理志氣之理本身保養之理惟是詳查者亦分二類有一類人常查自己之病身內之病心中之病如查不得其病則心中不樂因此查得病之後卽可受之而隨之憑此意而順其安逸之心此等人何能有膽量何能有堅壯之身體又有一類人明情理者與上言者不同此人心中之意卽自忖度云我

之為人亦知身之有病惟我雖有病能勝過之我亦知應勝過之後卒能勝過之論心中之病亦是此法即自訟云我自知有錯我亦知能改我並知應改後立定主意定欲改之可見此二人之主意不同一為查自已因欲隨已之私一為查自已因欲憑良心克私欲查明已病而革除之此二人之結局必大不同其故有明理不明理之別世上之人多半為輭弱有病之人如能為此等要事而願用其心則必多堅壯能辦事之人矣

如人能常用心避其難用力救其命此等人所佔之地位較他人所佔者更為危險若有人不畏其難不必用工夫

避其難處亦不須常用心想法保佑已之生命因彼一心守本分所用之心與所出之力俱在其本分內而為正經之人平常在世上核其年紀常比人更大在世上所成之事比人多千倍

又有人在世上常用心於衣服以為保身之事而不惜多費心又有人為食物而費心立一條規某物若干兩食物若干種常操心於避風寒之事又有人常操心於小心二字朝夕不忘其人之生命在世上成為無用之物此等人之生命若為一白象因白象不易得得之而又無用也上所言者譬如其人之足在行路時加一鐵鍊行路既遲

受苦亦大余勸人釋其鍊而棄之即可得自由自在之益處常費心於世上各種難處常懼此而避彼此等情形不惟不能保佑且苦上加苦危險上加危險

有多人所用之心所想之法欲加增其年壽而其法反能減之此為何故因其人為些微不緊要之事耗費腦氣筋之力後有至急之危難而腦氣筋之力不足則不能勝其攻擊之險有多人似一糊塗司機器者用其機器之力於吹號筒之事後有正事則無氣力為之世上第一糊塗事常為已身之欲求平安而空費自已之心力所用之心所想之法耗費其人之精力又阻當之不能得平安此等人

猶夫至晚欲睡而不能睡及至盡心睡時又有糊塗人令盡心睡者不能安睡有多人所用之法意欲保佑生命堅壯身體實則令其生病而早死

呼吸

凡人身內所為之事最要者為呼吸如生物停止呼吸其生命必斷空氣入肺即是用養氣入血內令血內之濁氣分出此等濁氣為血內腐爛之質點大半為炭養

如有他法可逐濁氣而進清氣即可不用呼吸何者成事為要而法不重也水中之魚其呼吸用水中之氣即水中含養氣吸入魚腹中又有住居土中之生物所用之養氣

不多土內有空隙氣入其中即供生物之用惟甚少耳泥中之生物吸泥中之水內養氣亦已足用

上等生物不能離空氣如離空氣生命必蹶此中人爲第一余不依格致之理細論呼吸之事惟所論者爲數種緊要之事令人思念之即可知空氣與人有何緊要之相關又可知如何用之之法

人所用之糧食即藉以建造身體惟身體內常有用過之廢物此等物常須去之去而不加勢所不能故必有物以補其缺一切舉動與思想常用身體內之質點心神借腦而用之如機器然用腦內之血多即用其質點用之過度

者即有害惟人所用者無論費心或費力用一次即散開從肺腎皮膚而出

身體所用之功力皆憑藉血中之挹注因血周流遍身將糧食內補養之材料運至各處故身體內肥網與生珠所用補養之料皆從血中得之與植物之細根從土中得其養身之料同

無論植物或動物其所用生長法相同我等所用養身之材料無論爲人或動物或植物所有之養輕炭淡等質常有進出之變化或分散之變化身內保生命之法皆如化學師所用分類之法及化分化合之法我等所用之功力

大半即空氣內之養氣此爲第一要緊者事既如此如所用之空氣有不足則不免有大害因身內一切之事皆憑此而行之

如生物所用之養氣不足即使所用之他物甚多其生命必蹶所以古時之人以空氣爲生命氣因知空氣之爲要也人應知身體得康寧最要者所需空氣要足數而又常調換清氣如爲小兒受濁氣之害大於成人故小兒需空氣必足數而潔淨因小兒身內之變化生長質料比成人必更速而常不停又小兒長時身漸長而闊身內之料常恐用盡故必常加潔淨空氣即所以助之而得平安康寧

之身體也小兒應有多時在露天惜有多人不明此理反其道而行之將小兒置於房屋內之時較多於在露天之時有風雨或天氣不佳或患小病則置於房屋內更久如其小兒實有病則所需之清氣不爲少而更爲多此須依理而行觀小兒之呼吸速脈數身發熱此乃顯明清氣之有益因能助其勝過身內之濁氣污質也

爲父母者應明知天氣有風雨與小兒無害因其飲食衣服皆無誤也不應因此小事而常閉置於室中小兒在房屋內之時愈多則愈易受涼有許多小兒其身體原來壯實後變爲輭弱之體皆因此故空氣與人相合並無不宜

之處他人所用之法似以空氣爲人之仇讐此意非是且天氣改變於人有益因此爲上天所定之理不致有害於人

論夫衣服亦有成人與小兒因其所着之衣服太多令其更易受寒更易輭弱人常畏冷而避風此乃過於小心因空氣成風無論爲冷爲熱如爲淨者於人不可少小兒所需之清氣比成人者更多成人所需之清氣藉其動時之多少動之多者必需多清氣如在房屋內讀書等事雖不多動亦必多需清氣

如人用格致家闡明之法即可考究至詳知人所需之清

氣甚多惟此事不易算得其數若人盡心用法定所需空氣之多寡所算得者尚是過少如以人所得之見識與所得空氣之數比較之尚是過少因空氣不嫌其太多我等不應想法算出空氣足用至少之數且須盡心想法得空氣愈多愈佳

用空氣者不惟要多尚須極好因空氣之等差多有上等者上言空氣爲生命之氣如其不淨不清則不可爲生命之氣由此知風之鼓動於人有益因能逐去濁氣也如其人之房外有高牆阻當其風不易進出則園內之氣必爲死氣如一處有死水或不潔之腐料則生出濁氣瘟氣後

令空氣中有毒氣此種事與人身之康寧大有關繫此應思念願意用心出力得生命氣即得許多清氣

今有人常論城內外之人須多得清水而設法助之亦有人常設法造陰溝又有人熱心勸人種牛痘此事極合於理如不用心於此必有喫虧必然喫苦空氣與他物相較則空氣爲要且極便者空氣之爲物不難得之今人所想者滅病免疾之法最有能力滅病者即爲空氣因空氣中之養氣能令人身加力又能滅穢而清之身中材料既爲盡淨又爲堅壯則能敵生病之微蟲而不能爲患最有能力生病生瘟疫害人之物即爲濁氣如有多人在房屋內

而不通空氣並無風路則屋內漸生炭養氣如有多人住於屋內則炭養氣必多有多人患病因屋內之濁氣太多炭氣不能去則令多病之人不能愈所以房內人數過多則覺將悶死或覺頭疼此因屋內之氣太熱且污穢而濁也有時人之壯健者不覺其苦而受害則一惟其受害則稍輕於輭弱人耳有時人受其害多日不覺惟污穢之氣內有無數微蟲如由口鼻入人之身猶夫種子入土也遲早必出芽所撒之種子即所收之種子人須留心遠離污穢之氣欲遠離有濁氣之地猶夫遠離有瘴癘之地總言之潔淨之氣即生命之氣污穢之氣即死亡之氣一須盡

心得之一須盡心避之

造物特備阻當疾病之法無論為一人為衆人使其上下周圍有潔清之氣人在空氣中猶夫人在水中以洗其身空氣亦從身體除一切污穢物肺與皮膚所出污穢氣被流動之風一掃而空之人常在房屋中因氣不流動肺與皮膚所出污穢氣不能去之惜有多人不知天理所定自然潔淨之法第一事須明此理而後遵行之人身少不舒服即恐患病而不願出門此為糊塗之法人在房中不能令其不患病人身有不舒服此等證驗令其知須多出門為要如出門行路在城內人多之處則不相宜必須擇鄉

間有清氣處方能得益

有許多人多年常在房屋內不遵上理行事後有事必須出門則必受涼如常在外行動者則身體不見風而受害如常在房屋內者則忽然出門必有弊病人身之不能當風而有害者不可云人不宜在外行動也此為何理因其平常所行之法不合也此等人有二事應為之一由漸學習出門之事以後即能當風二使小兒常學習出門得空氣之益以後出門無論有風或雨常能當之而無害

人所患之小病有十分之九得清氣而有益者所以清空氣為至寶貴之物令人去其各病而得平安之身

論人之衣服俱應鬆而不宜緊因衣服鬆與呼吸無害無論身之所用冠裳衣履等俱宜鬆為主此有二故一小兒身長時如用緊衣服則身體能失天賦之正形一身內之血因衣服太緊不易周流

如其人欲得堅壯之身第一事必得潔淨之血如欲得潔淨之血必須得多養氣因潔淨血之法即令空氣中之養氣入於肺內

人之呼吸有一大弊有多人呼吸祇在肺之上半而未曾令肺滿容空氣所以肺內由心而來之血一半得空氣之益一半未得空氣之益故一半淨而一半濁凡讀書辦事

之人應得運動鍊身之法令肺得清氣之益凡人俱應學習正呼吸之法須多出力呼吸令肺中滿容空氣論夫小兒應教導之令其呼吸出力勿使懶惰凡小兒多行動出力則呼吸不能不合於正路

凡小兒生下之後無論男女俱依天理而即呼吸其呼吸正而速所以小兒不舒服即哭因其不能運動而以哭代之哭一次肺中多得清氣氣中有養氣能潔淨其血而身得平安有許多婦女因小兒之哭以為害之此為糊塗之理因多哭與其身有益有一等小兒安靜不哭不多動者必為有病所以小兒有三事應為之一哭二笑三高聲言

語皆與其身有益論夫成人在屋內讀書用功者其呼吸懶惰則有一法每日出門三次每次行三里此時不能不多呼吸令肺內多容空氣可以御病而延年

飲

常有人言英人之第一病飲酒太多此言余不甚信之因今人所有之他病更甚於飲酒也余亦知飲酒有弊亦爲害人之事余以爲英人有勸人不飲酒而立戒酒會者此法甚善余亦樂爲之惟最緊要者須考究其根原人何爲喜飲酒而不懼其害大概人言醉酒者有三類第一類飲酒者非不願飲他物而專欲飲酒祇爲風俗與酬酢朋友

之禮不得不飲第二類飲酒者爲提精神之用無論何時其身力稍乏卽欲飲酒第三類飲酒者爲有愧於良心之人惟飲酒可以慰之此第三類內又有藉酒以成其懶惰安逸之習者

今先論第一類之人以飲酒爲接待朋友之風俗此等人之錯因他人飲而已亦飲之此爲糊塗之事凡已身所不能離者卽當用之不應依人而用之譬如人有病而服藥我亦服其所服之藥有是理乎如隨人而用之爲之其人必無膽量人須愼於此事因有多人爲同伴而飲酒日後漸入其中成爲酒鬼卽害其身

人所飲者卽爲人所習慣之物有人飲之多有人飲之少並非因其所需之多少也人身內常有廢用若干補益若干之事依此法而成保養之功人身之出汗卽有水流出後須補之水在身內助消化之功又在身內經過而放出帶出不潔之物所以人不能不飲水飲之多少自作主張有多人常飲酒醋或啤酒或水或茶或牛乳此爲危險無知之法非正經之事大概在小兒時學之由吮乳起以至於成人而爲習慣之事小兒吮乳應有一定之時非其時不應與食因小兒時常吮乳習慣之後長大時常欲飲水或酒或乳而不能相離人在喫飯時可飲水或乳或酒他

時不宜飲之旣定其事習慣之後則成自然之情形依此理而行則不致成酒鬼出門時遇友人而欲勸飲則可云我在食飯時則飲不食飯時則不飲如此卽不成酒鬼如其人因身不舒展而欲飲酒有此情形則其人入酒肆而難出常飲茶不佳常飲水亦不佳身內之水過多胃汁過淡非助其消化而阻其消化非益其精神而損其精神身內之水過多必於其人有害也食飯時所用水之多寡各人可自已量度之及其時候所需若干卽如其數總之此等事亦須憑良心而爲之

第二類內其人之飲酒因身太乏而欲提其神補其力此

法不妙、因補其所缺也此須考究爲何故而缺、根原如何、知其根原而去之、則可免引誘之弊有多人常以爲有病、究竟無病、有人以爲不能斷酒、査究其身、並不輭弱、而無不能斷之理、

若人言我如何能知其缺、如何能知其根原、此言卽爲欺已亦爲騙人、非不知其根原、而因不願意改、故作退諉之辭、如其人自主管束其身、心內所想者、必要潔淨、而爲自主、如有不正之意來、卽必推而去之、因人在心內懷不潔淨之意、後將行不潔淨之事、如皆有潔淨之心、而行潔淨之事、則缺乏輭弱疲倦貪酒之人必少、此非言人所有之

病、皆因心不潔淨而生、惟如此者更多耳、如其人實在輭弱或年老或有病、醫士命其飲酒、須守規條而不紊、

如人有因病而飲酒者、如欲去其飲酒之弊第一事、須立定主意、不騙自已、因有人不願以實事待已、不願認自已之錯也、後要立定主意、不作私欲之奴僕、立一主向、不願因愛酒之故而害已、因人爲萬物之靈、至貴至尊、酒爲一尋常之物、不應愛此而作其奴僕、愧於天、愧於人、愧於良心、君子自重、人高而物下、不可自薄而居於物之下、爲物之奴僕、人必顯出良心自訟云、自今以後不可隨已之所愛、而從其口腹之慾、從今日起、須誠實而隨良心之命令、

若其人實能如此爲之、則貪酒好色一切之弊、實可阻當而勝之、

有時人所有之癮、實因其身之有病、如此則不可聽之、須請醫士治之、調理之、立定主向、不可因循、必當絕之、因人之身、不在聰明良心之上、而在聰明良心之下、不應以身作主、而應以聰明良心爲主、令身體聽其命令、

有時人之輭弱困倦、其根原因飲食之不合、或飲食之無定時、我等皆知貧人所食之物、不足以養身、後有求酒之口胃、亦有時因食物之不足以養身、或吸黃煙以治其胃腸之飢、如其人欲絕其飲酒吸煙之弊第一法、令其食養

身之物、而去其不正之口味、而歸至原有之口味

亦有人身體輭弱、卽飲酒以提其精神、有時想不到實在之根原、有多人因懶惰時過多、釀成其惡習、後卽成乏力病、而有貪酒之口胃、如不除其根原、不能治輭弱之病、如有人云、此病無法能治之、癮不能除、惡習不能革、此爲無理之言、因先有多人已革之而勝之、今何爲而不能勝之、須定一主意而立一恆心、其事卽成、

第三類、飲酒之故、欲安慰其良心、此類爲最下等者、此等人之苦、不可不憐之而治之甚難、順從私慾之人、多半飲酒不少、皆因欲不顯明其良心、而使之遺忘、

有人飲酒因其身之輭弱亦有人飲酒因其心神有病又有因腦氣筋之力不足用者如有一人時常飲酒至醉而不因以上之故大概因有惡習也

今世有多善人用心設法以救酒鬼此爲極美之事惟善人應明知救此等人須細考其飲酒之故從何而來如不知其根原焉能知何法爲最善如人常飲酒至醉後能醒悟而欲去其疾彼必自揣此飲酒之事究爲何故而成如其人欲去已病而不知其根原亦不能用法去之如其人能誠實待已而不騙已則能知去疾之法應用何法苟其不然則無法能治之此人須撫心自問推到極處則其實

有之根能查明矣此爲第一要事如其人願意實力爲之則必有指望

或云醉酒之事大害百姓國家應設律法禁止造酒與賣酒之事則爲正辦之法如後有人因身弱有病或受傷醫士命其用酒則可飲酒此爲醫士與藥鋪所管之事而國家應嚴肅而行之然今此事恐尚不能行不能依此法而救酒鬼之命

我等應考究至極處得知其人爲何而有酒癮雖我等不能禁止造酒與賣酒之貿易而可以各人自禁其飲酒

有人以爲飲酒可補已之身力如醫士未曾有諭言不應憑已意而妄用可以食物或藥物補身之力而免此危險之事

如有人以爲因規矩與風俗之故而飲酒不能免論及此事爲糊塗之規矩如實爲良友而告其不能飲則斷不見怪如爲酒食之友則亘古以來與此輩往來者斷無益處

如以爲良心能發現責備而以酒蔽之此等人可告之云汝之飲酒欲避良心之責備而以飲迷蒙藥之法行之殊不知病仍未去病上更加病苦上更加苦如爲救現在之苦難則後之報應更重更難抵當欲去其根良心發現之時而多責備須速歸正則良心不責備不須用酒以蔽之

速行歸正則已去其根他種難處自無之矣

以上三類之人無論在何類內如實欲去之即有指望因能治者多而不能治者少須定一主向決計去此病又持之以恆盡心調理身體無有不能救者此事不可延誤工夫因延誤工夫則愈緩而愈難也

食

貪食之人與貪酒之人其弊略同世人以爲飲酒太多則爲不正之事而想不到貪食之人亦是害已而害人論害自已第一害因食物過多有損而無益不惟貪食且常食難消化之物祇須有滋味者即多食之而不知其有害於

臟腑因其非養身之物也又有人一人食三人之飯而為饕餮因一人食太多則必有人食太少因其食之太多令糧食昂貴窮人之錢不足以買糧食則害已而兼害他人人身所需食物應有而不能離者不多觀世人之食物多一倍如食實能保身之物無用其甚多如此行之患病者必少

今作飯鋪行業之人想法作肴饌極佳極美引誘人食之以作貿易近有人在報中出告白有極易消化之飯又有出告白有藥丸等令人飯後食之更易消化有多人常用心於口腹之事人為萬物之靈不必想人生於世第一事

為喫飯古人有俗語云人在世食物因欲保生命今時觀之不是保生命祇是貪口腹

人能食頗多之物者即以為食物本宜甚多大半人食物不依理而依其所愛人當飢餓時食飯至充飢不應如此因如充飢則腹必滿矣依理而論則腹不可滿也人所食之物非一刻即可消化所食之物由漸消化由漸保身食飯之後過一小時之久所化者未必多食物後已覺充飢非因所食之物已消化而保身其所以爽快舒服者因胃中已滿而腹中有消化之事也人之欲食飯者直至充飢則非正經之理因人所食者少一半亦能保身如少一半則不覺滿而滿與不滿不足為憑如實試之則知其少一半足以養身

人不必想往年從平常之規多食物而多年如此並未受苦亦未受害因人食物甚多則腸胃肝亟出力以除之所以食物甚多作為廢料人類所有之疾甚多每由食物過多而來假如人有風溼胃氣痛食不消化痛風大半因食物過多所致不但有此病肝脾心內腎等因食物太多而用力消化之則必受累久則成病人在世上所遇之危險極多大半因不依理而食之因食物過多則令臟腑受害而多作消化之工後其消化力已弱人即易病

有人因此而設法立一規條每日用若干餐每餐飲幾兩食幾兩詳細查明其分數此法亦不妙因人各不同有應多食者有應少食者有年老者有年幼者不能一律又有用工夫多出力者自必多食有多人云用力者多食飯無妨用心者宜少食出力者在露天作工等事多食物無妨外面作工者多得清氣雖食難消化之物亦屬無妨人各不同一人所食者能消化而他人食之未必能消化一人食之而能合宜他人食之未必能合宜加之以水土年紀行業各有不同所以食物之事不能立一條規各人須用自己之聰明詳細試之何物為合宜久之則能知己所應

食之物而合於保身之用可惜世人不能如此行不照情理而照自已所愛者如其物明知其與他有害有滋味者則必食之此爲糊塗之事人所愛者不可爲有益之證據人之食物須想其爲何故依正理食物爲養身所以爲養身而食物須食能養身之物如知其物能養身則須食之不可憑其所愛而食之須憑其養身而食之又食之多少亦須憑理而不可以愛憎爲憑若其人專用心於口腹則近於禽獸矣

有多人所患血病因食物不合或過多而來有多人有頭疼或胃氣痛皆因食美味佳肴之故人食不易消化之物

而食之過多則心中不清楚容易惱怒且多嗜慾有多貪食之人常有忍心即其良心亦壞害於他人者皆不理會但知以天下萬物供其一已之欲世上有貪財之人亦多以此爲根因以爲既有錢財即可供其一已之私慾總之按理食飯於人有益不按理食飯與他有害貪食之人早晚必有報應且害他人因一人多食空費其料則他人必少食也貪食者平常易生惡習正人君子應知食物太多則不合理食不宜之物爲不合理食之太速亦不合理因不能保養身體也如是則不能盡心辦事不能盡心守本分如人欲保全其生命得一平安之心堅壯之體萬不可隨已之慾心必要自能約束自能筦理知別事必須按理則食飯亦必須按理

工夫

世間有二等人一等做工夫太多一等做工夫太少此二等人俱爲有差因於人有害既害其心又害其身世人大半都信用工夫太多有害之說若云用工夫太少亦有害者人俱不信因用工夫太多之人少用工夫太少之人多或云本人所能作之事作之亦無害此說不合於理因人所能作者與所應爲者大有不同因有一等人願意用心出力守本分者此一路人極易作工太多害自已之身此

一等人不會自已打算而盡心辦事其性情是殷勤一路其人如此行事雖當時未必覺有害而其害一定有之早晚必顯明

作工太多之病亦有多種有人作工時候太長有人作工常作一門之事而不調換又有人作工費心太過亦有人作工太多而受害因其所有之本領不能抵當其所爲之事如有人云有某人因作工太多而受病既聞此言須查其爲何種

人身內若有二種防守法照管其事一爲乏一爲痛乏時宜停痛時宜止有一等愛作工夫者身已乏而尙欲作工

不能得防守者之使令人身有疲乏上天所立之定理爲保人之法令人知之而歇息則能補償其氣力因人常迫自己作工卽不能得歇息之好處身體受害壽亦減促造化設疲乏之意欲照應其人不多費其力乏在人身之內如汽機之有表過其定限則必有害如其人不惜其乏早晚卽用完其生命之力人力未用完時乏卽早顯而聽命不聽命由人人生於世有力行每日之本分平常之力以外身中存有餘力人身具造化所定之理將身內之餘力積起積起之餘力爲非常緊要事之用如有重病或大事藉其餘力可當其病而做成緊要之事

如人用心太多出力過甚譬如人旣用利錢又用本錢如是爲之所有之餘力必由漸而蹶及至此雖知歇息已屬太遲因不惟其人身內之本力已用盡卽其自醫之能力亦耗散故不能復原世閒有一等人志向甚堅其身有病而已乏尚能行其用心出力之本分此惟有極大事可爲之如無非常極大事不可爲之因人無故而害身則爲大誤

人所覺之痛苦在身內保佑人之好處較疲乏之好處更大自頭至足百體有覺痛之腦筋與腦聯絡有痛卽須小心如不受此儆戒則不能免受傷人身內所有極細易受傷之體爲最要者所以彼所覺之痛較他肢體所覺之痛大造物所設保護身內之要體有痛爲合宜假如一目受小刺之傷竟可一世不能用所以眼在人面之內有各種保護之法令不受傷又有不自主之動爲保護人目之善法

世閒有二等人一等人心內極易憂慮此等人在世上因其知覺之器具比他人更細所以受苦比平常人更多平常人有勸其不必如是者此法亦不妙因此法勸人修忍心不是勸人修惻隱心若世上有忍心者頗多則成一多苦難之世界上天賦人以惻隱之心令其救人苦難平常

時此等有惻隱心者不能發財不能爲大有權柄之人事雖如此此等人亦有報應因其良心所得之平安較他人所得者更大此一等人所享之樂俱從行善而出此種樂爲上等之樂較世閒之俗樂有霄壤之別凡忍心貪利求名爲私之人不能得上等之樂

論夫人用心出力太多俱當知過於用心之形迹所以有乏有痛並非因其稍有疲倦而卽勸其安逸度日亦非以小痛小傷當爲極大之事惟勸人觀身內有乏有痛用心設法保身得堅強之體此等人在世上多活幾年多有用處有時人覺身內不適人勸其多出門多行路其人從之

出門行數里路回至家中身體更乏以爲不合法此等人身內之乏卽因其不練習身體多出門多行路所以如是又有一等人勸其出門行路回至家中身體覺乏其實非因身內之乏而因勞心多慮則傷之所以吾儕在世上用心爲本分惟用心而過於煩惱者則與其身心有大害常在房屋內用心辦事之人因身內多病而力乏則宜知其不應如此宜出門觀天地之景象吸清潔之空氣得更新之情形如人行路時但知行路雖有好處尚非正辦之法最好之法宜先知植物學動物學而於行路之時留心察視或與朋友談論其理則於心神身體兼有益處此人已稍明植物之學而更深求之亦可令其得平安之樂且領新理之妙處

今有多人登高山者無歲蔑有其人所得之益處甚多惟其所得者因其用心不在平常之事而在新理如其人出門上山之時心中依戀貿易之事學堂之事或家室之事則所得之益處必少

又有一要事如其人常覺身乏而頭痛須細查其病之根原又有人言身之疲乏因用心用力之過多其實非是因有他故也有人身乏心倦因在年輕時未曾學習正經用功之法所受之苦不因作工之時過多而因作工之法不善蓋無論用心用功之事必須整齊而有次序一次過速過多一次過遲過少皆非所宜須令其平勻爲妙如其人一日之工太多一日之工太少至年底結算其工夫不足不佳如其人每日所作之工不多不少則至年底結算多而且好如人按此次序法而作工習慣之後其工夫較他人更易而受乏更少

人生於世爲用心過多而受害者少所受害者爲用心出力過少也用心與出力非爲有害於人而爲有益於人如其人不按理而用心出力者則必有害亦有多人時常身體不爽適心內不平安此種難處非因其工夫太多而因

其意思不合因其心不願爲而强爲之則爲有弊正經之辦法應愛其工夫樂意盡心爲之期其美好不應生怨恨心如能從作工之內得其許多快樂則以後不能有弊其人既存此心則知所作之事與人有益至少必於一人有益如此思念必有指望亦有安樂其工夫必無害人之處所以今日爲今日之事不必爲明日而憂慮明日之事又有明日爲之心中不可太亟凡事有數日而成者有數月數年而成者不能在一二日內成一月之事也一日盡一日之本分爲之盡善卽爲無差如此做工夫受害少而成好事多

懶惰之心生出許多犯法之事許多惡習上天生人之意令其殷勤作工如反其道而行之則心中覺有缺陷卽是原來造化之意人生斯世既須用心又須出力如不用心出力於正經之事卽用心力於非禮之事所以殷勤作工卽爲修德行如不能者卽養其餘習引走歧路所以君子愛作工小人貪安逸梏亡其本心懶惰之人行善者少殷勤作工之人爲惡者極少大概勤於作工之人免受迷惑之事又免受引誘之事

正當睡時卽應睡正當作工之時卽當殷勤作工正當運動練習之時卽當速辦其事正當修心之時卽應爲之或

云每七日內有三日接次序而行事他時則任從其便此法不妙如每日限定之則最易而有益因常爲之則習慣而更有益凡人一日之光陰亦爲寶貴能知此理者卽可成全其人

有多人心中想世上之事有貴重者有鄙賤者如其事於人有益者卽爲貴重讀書作文爲最貴重種地做貿易辦家中之事亦爲貴重不應爲而爲之卽爲鄙賤所以人之作工本上天之原意可用作工之事成全其性質

調換

歐洲各國之人每年有歇息調換之事久之成爲風俗無論讀書文雅之事寫字人貿易人各等各類之人皆有歇息調換之舉有多人云無論人身之輭弱疾病或心中之憂慮皆可以此補其廢缺又有人云每年之歇息調換所不能廢者因常見之物常作之事常聞之語皆有厭惡之意也此等言語不可以爲有理因人之疲乏非因常作其事而因其作工作事之法不合理譬如人無日不飲水無日不喫麪包如無疾病必不厭惡論及我等所作之事愈爲之則愈易極易之事常無滋味人不喜之惟新而難爲之事則願意用心出力覺有滋味

如詳考之尚有他意在內凡人常作一事心中以爲其事

甚平常而不要緊心中不能知每日所用之工夫與本心有何關係又不能知每日所用之工夫與他人有何關係所惜者此等人不知自守本分與彼良心有益實爲修心之法又不知每日所作之事與世間人有益惟歇息調換實有妙處故此等人並無人令其專作一件事而不必自有調換處譬如人有一琴若常磨擦其一處則其一處之絃必損而聲音必不佳如能學習撫琴之正法則絃不易壞而聲音亦佳所以人之生命內有各等各種各類之事而不相同人亦不能云相同所愛所惡所求所爲不能云都是一式所以人應學習身心各樣用處各種能幹如其

人能學習用各種能幹成全其各種工夫如是行之則知各種不同而不能云無滋味已厭惡令人之當奴僕者少苦心勞力作工之人亦有閒暇之時在其人自已之閒暇內無人令其常作一事而不調換此人本分內應爲之事有多種有味有益者自能調換而不必求新如其人不知調換心中之各種能力雖然日換新地亦必厭惡其事在西國有多人時常出門而云要歇息要調換此等人雖終日在外亦不能歇息因不知如何爲正經事也此等人除本分以外之事不能令其心中有指望而稍獲平安

教之一事不是將身外之學問加於其身內也惟將其心中本有者而修之養之引之練之令其年長一年日進一日成爲有教化之人而能作成全之事人所有之能幹平常人所引出而用之者不過十分之二三分餘皆存之而未用所以人有二件事一有人教之二自能修而用之愈修愈美愈用愈善也

世上之人大半如住居金山之上用其土以種物勤苦萬分而不知土下有金不知取出而用之雖有若無既不知萬物內有寶貴之貨又不知萬物內鮮豔之物皆與人有關涉萬物內有許多新物與人有益尚未取出吾人所用者祇爲百分之一而萬物之生成者無窮心亦如是心內之能幹藏之而未修未用者甚多所引出者祇爲百分之一耳既藏之而不修不用如何能得其益處萬物之內一心之中所藏者能知之而用之則因萬物內之寶物心內之能幹不能言世上之事淡而無味厭惡之而鄙棄之不願調換也上天所備具與人者無窮無盡完全而無限量常有平安常有指望在世上能作十分有用之人

生命力

人身內所藏能活之力或謂之生命力人具此力者可以當世上一切之危險與驚怖人在世上若船之行海不能免暴風大浪之危險如其船造法合而堅固船主與水手有能幹而盡其職分則其船雖有危險可安然無恙惟人亦然其生命力充足其人能知爲人與作事雖有世上之危險其人亦能安然無恙人生時所受之生命力自已不作主多寡不必知惟以後至知人事時則能知身體如何保養及是時能循理以爲人則能加其所有之生命力既能保其所有又能加人所應學之事如作貿易事者則學各種買賣之法如爲讀書者則學識字作文此等事以外尚須學保其生命力與加其生命力之法如人不學此等事後卽不知如何爲之凡人之建造生命者若建造房屋然逐層而成匠人造房屋必須器具若無懸錘則房屋不

正人能明白保養身體建造身體卽其懸錘也

人皆知世有自幼極壯實之人不知保養之理不知建造之法一生無病竟享大年惟此爲難得之事有堅壯之人受害得病而早夭者不少所以人有堅壯之體如不知調護之理則多誤事世之人十分堅壯者甚少如十分堅壯而不知此理者已不穩妥不十分堅壯而不知此理者更不穩妥也余非勸人常爲此事而費心惟勸人爲此事而用心耳費心有害用心有益

人生於世爲有用之人本非易事設其身體非十分堅壯者更不容易如不知如何保養之法則爲更難世上人俱

能用心則可知如何保養身體並如何能加身體之力量其人既知此理又能照理而行雖其身本軟弱亦可爲有用之人且不惟爲有用之人又可加其平安康樂與壽考

生命之力有多種根原大概最要者有四種一爲心神力二爲腦筋力三爲筋骨力四爲消化力人有藉一力以生者亦有藉二力三力以生者如欲爲完備無缺憾之人必須四力俱全而後可明曉格致之人俱言世上萬物所有各種生命力本歸於一花草生命力與動物生命力相似或云花草無知覺無心神未必然也精通格致學之人俱云動植物所有之精氣原爲一類自下等之植物至上等之聖人其路極遠次序萬千生命之力知覺之能俱歸一類可指望而求完備也

人所具之生命力四種根原貫通全身惟詳言之不能不分類而感動人之原力能合而爲一身體內所有之質點小膛有廢壞者有新造者與酵類微生物之時常變化相同用顯微鏡可見之此二類相差甚遠而生長之力相同有大學問人用心考得極深極奧妙之意思亦屬同理如問所見者有大異有何分別我等不甚知之惟人身質點內之原力酵類微生物之原力憑其搖動之遲速卽爲分別之據

如考究人身或一切動植物之學卽能漸知心神之生命力與身體之生命力爲一既明此理卽可略知世上所有一切有生命者無論人爲萬物之靈或至卑至賤在地之小蟲雖其蟲與人大不相同性情不同嗜慾不同行動不同一切生物所有之活力同歸於一

人居於世度日之事有時頗難當其時若有極難之幾何題而欲解之自覺生命力不足用欲將極近極易得之生命力加於已身或知生命力之原尚在本身內而以前所得者不足用想用何法能令本身之生命力多生長因有人生命力藏於身內雖多而不能用卽覺過少世人常憑

藉一種生命力如是行之因其自幼至壯不明其理卽成習慣之事如欲改之能而不易此等人實無別故因不用心於此事譬如一人住於房屋內彼所需之水一管已足用念不到要用二管三管之時後一水管有塞住之病卽悔前次之疏忽所以人祇依一類之生命力則與以上所言者無異有多人因此而傷生

生命力中有至高而上等者謂之心神力然此力雖爲極可貴者如人祇依此一力而行後遇災難或有病或年老則心神力疲乏而不能發必有大弊如其人祇恃腦筋力其弊亦同因造物者之意令腦筋力與心神力協同辦事

則爲無差所以按其定理用心神力合腦筋力則不能有弊因此二力本令其合用而不令其暫停也如不按理而用之一日作數日之工或數日不作一日之工不按次第不知整齊則有大害心神爲全身之主令身之作事與主人使僕人同理如按理而用心神則不能害身不可令其多作工夫亦不可令其亂作工夫所以心神動用而出力則於身有益或有人心神之力過大常動而出力有時其身不能任因不按理而用之故也

我等平常所稱爲有才能之人其心神有非常之能力多而且大此等人有衰敗而中折者此事平常之故非心神有病亦非用之有病而因有過於激動之事不能抵禦之此等憂慮於勞心人之害較之於勞力人之害甚大至此地位其人卽覺前後情形不同而憂慮上更加憂慮其害更重而更深因平常時此等人祇藉心神之力至此一力而不能用則大事去矣如此人於年輕時學習用各種生命力卽不致如此最緊要者從年輕時至中年之末爲學習之時如未學習則至年老時不容易改卽勉強改之亦難得力因其習慣於一路也如其人自年輕時至中年之末按理法而併用其力至四十五歲以後身體雖不如早年而用心能如舊因已習慣於善法也論其學習之時用

心不少而不能見有多益處及至中年之末則其益處顯明有幹才者能用心者如在中年之末而不敢用心則於彼有害

如人用心至四十五十歲時而覺身衰力乏則不宜停歇而宜調換因勤勞之人而落至懶惰之境必有大害用心之人如欲得康寧而免許多難處須擇其所愛作之工夫而爲之如其心中覺所作之事於人有益而爲緊要事則加其力而慰其心

昔年有數大臣多年用心後告假辭職忽有大事出與國家有大相關者此等大臣卽用心出力與未告假之時同

以後接下仍作數年之事此卽顯明其身力未衰有新事或要事調換能感動其心忽發其心神之力前之不辦事非竭蹶也乃休息也如國家有大事感動之尙如極新之人故辦事者不宜輕易停歇調換之更佳

以上之理不惟在上等人內能見之卽在中等下等人內亦能顯明之假如有一貿易者作賣買多年而停歇交與其子若孫後遇貿易中大危險之事彼卽出而抵禦仍作數年之工夫昔年在伯靈有拿破侖侵伐之事有一人因足麻木住居屋內多年不出門有一日人告之云國家之兵擊敗拿破侖其人足雖有病竟起身而走至門口有婦

女多年辦家事苦累煩惱毫無精神不欲行動忽有一兒患病無人在旁自行十餘里請醫士治其兒之病此可證明人之力量所能顯者較之所度者更大有時此等人無感動之情形卽速衰敗因遇大事激動生命力之源令其多出力既復其原又增其年壽

腦筋力雖與心神力相連而有分別有多人具極大之腦筋力而無才幹假如有兵丁無甚才幹無甚學問惟其腦筋力極大所以有膽量能不懼危險之事腦筋力發見之情形亦有多種假如有人聞有人責備之則立時憤恨聞有人贊美之則立時快樂有人請其作一相助之事極肯

出力助之又有一等人心中和平如有事感動之極不易動因其腦筋力不足也亦有腦筋力分快慢者又有人聞人一語立時能明其意因其運用腦筋力極易極速此一類人至危險時立時知應爲者何事不應爲者何事如令其爲緊要之事卽速遵行不必思想而爲之甚合因其腦筋力之大而速也此一類人令其作極難用心神之事則不易成如常能爲其所喜之事既能爲之心中又極平安如令其調換一事則改之不易假如兵丁能打仗身力大而膽量好聞有用武之事極易動心立卽樂而奉行如令其做貿易或讀書心中冷淡而有憂悶之色因其所習慣

者在此而不在彼也世人常言一人專門於一事能作之甚佳此言不差然不能決其所作之事一世不致改變故在年輕時應學習多種工夫以爲之備人無論作何事業正事以外應學習別種工藝辦公事而有學問者應有放懷之時或騎馬或種植或坐腳踏車或搖船皆是放寬其心之事或曰人爲此事不是徒費工而又費力乎答曰非也放懷之事非白費其工力也心神力腦筋力一切身力俱得其益所加之力量所得復興之益處較所費之工力寶貴甚多

今有多人讚美運動練習身體之事此事實大有益令人

身堅壯得平安惟其中有一事必詳知之一切行路出力登山剗船之事非行動出力而得益處乃是藉此引入得益之途如勉强爲之則無大益假如一人行路欲至京都其道爲土石與彼無關惟其道能引彼至京中此爲得堅壯平安之一法自上等多用心之人向下觀之見有下等腦筋力筋骨力消化力甚大者此等人平常之時頗不相同上等人之差專用心神下等用腦筋等力之人無此差所以腦筋力大之人喜用筋骨力與消化力而得合用三種力之好處如將有氣力之人置於監牢內若干時其腦筋力速衰因不用故也無論上等用心神中等用腦筋下

等用筋骨依理用之於其身大有益處如或用或不用則爲有弊下等一類人生於世上專爲口腹而已此等人有不能如願者即生憂悶有學問之人云萬物內下等之禽獸與蟲在世無甚益處余以爲不然所以下等人亦必有益處惟甚少耳如與此輩人相談勸其省悟改變平常之時無甚用處最妙之法在年輕時教訓之尚有可望

論夫壯年時約三十餘歲曾經學習自己願行之事且已習慣而定規此四類內專用其一類或二類已成習慣之事此時其人雖願意聽從旁人之教訓不易行之且此時又有一難處因其事業已定若勸其修改行爲彼固不易

且亦不願改之至此地位實屬無法祇可勸之云事業固不能離而可漸學別事由漸學習則用心者轉可用力用力者轉可用心雖能如此實不容易所以爲父母者爲師者宜教訓幼童不專用其一種力而以四種力均勻用之則可成完全之人不惟教其用心修心尚須教其用腦筋筋骨消化之力保養運動練習身體令其逐年加長令人知應作之事固爲緊要令人知不應爲之事更爲緊要因年幼時無人教其去嗜欲平心氣則至年長時成爲無忌憚之小人豈不可惜乎

上天賜人以身至爲寶貴身內有一切之能力應行之且

宜修理而學習顯出完備之人所有之心神更爲寶貴因心神之能力較之身體之能力多百倍造化之原意並非令人以口腹作主實令人以心神作主無論其在上中下三等內居於何等尚是以心神爲主如心神不作主則爲違背天理假如有一人以十畝地送與其友其友受地而後耕種二三畝即爲侮慢其友人生於世爲萬物之靈萬物中之最有能幹者即爲人如觀世人所能作之萬種事顯出人之能幹無限量如其人內有數種能力顯明其大能幹既有其能幹俱應修之而習之如背此法而行即有愧於天余非欲令一人作萬種之能幹所最要者人心中

不可以爲作一事已足有人能行二三件有人能行六七件無非令各人照其所有之能幹盡心行之因人身內所有之各種能力俱爲相連者如人常用右手故其力較大心中之能力亦然如用數種力而令其互相助理則成一完備之人

如人在學堂內有數年之工夫顯出數學代數學之能力甚大通曉此學後其師與父母因其有此類能幹即令其辦此事或有幼童顯出其手甚巧頗能辦理機器後其朋友見其能辦此事即勸其專心學習於此以後行其事業此爲遵情理之法無人能駁之如其幼童專心於一事而

別事則不愛管理此亦不妥因其所用之心力專在於一件事不能成爲完備之人昔有讀書人祇用心於讀書作文此亦甚佳惟不應祇作此一事因人常讀書作文而不肯用心力於他事則身必弱因讀書作文爲其正經之事固應爲之而其餘之事亦應爲之人身內有百體有一體不用則更易生病腦筋力心神力內有一種不用亦能患病與身體力同此中有一要理前言人須積聚生命力假如身內有十件能幹則十件所積生命力多於一件所積生命力十倍人在世上多活若干年或少活若干年俱憑藉五十歲以前積聚生命力如五十以前未曾用心於此

各事及至其時則不易改難有指望余因知此理故著此書勸教幼童與父母及其師長當爲緊要事相機而得益處余非勸人祇用心於自已之事亦非勸人用心於延壽之事祇是勸人將上天所賜之生命力明曉其如何寶貴學習保全生命之法即可得至大至長至眞之益處

新陽趙詒琛校字

保全生命論附卷

英國古蘭肥勒撰
英國　秀耀春　口譯
新陽　趙元益　筆述

人之短處

人俱有短處人自觀之而以爲甚輕則有寬恕之意以致吾人所有之短處一生不能去之如人常憐惜自已而寬恕之後發良心令其省悟而改易一若耳聾而不能聞有人寬恕自已若謂我所作之事萬不能免或云我因人引誘力小而不能抵禦入於過失之內常順其寬恕自已之心後以小短處可成一大惡如人常寬恕自已則不能成

一君子有時人有推諉之念若云此事我不明白不知悉如考察之此爲空言因如有人議其糊塗而不明事他卽憤恨所以此等小短處最爲緊要如人以自已之短處看得輕則行善之能力日小一日

又有人聞人之有過卽想出一切之法代有過者作推諉之詞亦有人云是爲好禮貌此法不合非眞朋友之當爲者既不揚人之惡又不助朋友令其想所有之過失爲有妨者如此爲之似乎開朋友之大門任匪類入內害之

人之短處大概有三一在品行一在心思一在身體有時人之短處三種合成者最緊要者其人知有短處不可漫然須考其根原究在何處旣知其處卽可征討而克之人能除已差而用其力則其力日大一日世上有不易之理永不能改變早晚之報應必至不惟在本身抑且在後嗣所謂種瓜得瓜種李得李也此理實有之余知有小兒其身體與五官有似其父母者有時其能幹亦有傳下者人所常想常行之事其惡習與本身之元氣合而爲一傳爲無窮之害因不能除其短處而留下也

人之性情

人不能克制一已之私欲爲最大之患處此弊有父母傳下者有非父母傳下者亦有雖非傳下因自不謹愼不約

束逐年加其弊病成一乖戾之性情亦有人性情不正因其身有病或腦氣筋有病或年幼時教養未合法或事業不合宜苟能知以上一切之故而治之則爲有益既查得其根原無論爲何種去之爲美如不能改者則必深思設法保養之或練習之或在事業以外學習他事可漸將其性情改變之有時此法已可得效然無論用何法總不能離其自責之法如能自責無不能勝其私欲之理也論性情者以此爲最要因性情不正之人其心中之平安與喜悅必少於他人因此一等人如不克制其情欲竟可爲一朝之忿而受數年之苦又有一要事如其人性情不正不

敢有指望，則必知成大業與任大事者，必有自修與忍耐之心，克制情欲之妙法，皆可用之最妙者，修心之法，爲最緊要，此事本有指望，如人之性情不正，只須自知之而自改之變好者甚多，能如是則得保全生命之大益。

隨時應變

昔有著名之人云，世上之人，爲隨時應變之生物，此爲譏諷之詞，未免太過，雖然世人隨時應變者甚多，亦不可云盡如此者，有一等人，易爲外物所動，亦多見之，又世上既有柔懦人，亦不能無剛健人，昔年有人守其正理而至死不變者，又有人隨時應變之內，有眞性情，亦有反是者，譬

諸夏葛而冬裘，爲隨時應變之正理也。

人居斯世，無論住於何處，俱爲外物所動，因其所食之物所飲之水，所吸之氣，與人有相關，假如生番常食生魚生鹿生禽，彼所食之物，與彼之性情有關，所以平常有凶猛之氣，又有人常食素物，則有和平之性情，又有裸體之番人，不以爲羞者，因週圍之人俱如是，從宜從俗也，如令生番至文教之國，見人皆用衣服，必能省悟而隨時應變，人能改變，並非顯明其爲下等之據，因牲畜能改變者少，人能改變者多，人爲貴也，改變之分別有二，假如有兒在家或出門，任便游嬉，如引其入書房，則見讀書寫字，有禮貌，與在家絕不相同，此兒如爲聰穎者，必能隨時應變，而改其平日之情形也，如有一兒，住於鄉間，父母親戚，令其爲遵教化之人，清淨無垢，言語誠實，辦事盡職，如此兒往大城或大埠，一覽之餘，則知與家鄉大不相同，彼見此大城大埠內之人，有酗酒賭博吸煙嫖娼，一切不合良心之事，移易而從之，亦爲隨時應變者，此爲不合理也，人在世上，須將此二件事分辨明白，有可改者，有不可改者，如其人心中有柔弱之情形，常欲求人之相愛，則如死木一塊，飄流水中，毫無定象，此等人不能成一有用之人，如人隨旁人之意見而從事，無論其人之多少，而其報應，必自當之

牲畜爲下等物，尙有一點良知，人不惟有良知，而尙有良心，此爲大分別，如人不從良心辦事，則漸入於牲畜之中矣。

上天生人，賦畀以改變之能力者，令其長進而不自畫也，隨時應變，須度其事之若何，如爲美事，不妨改易，如非美事，則斷乎不可有改變之能力，令其改惡從善，非令其改善從惡也，所以遇見之各事，可以爲其主人，而不可以爲其奴僕，昔有人云，人爲萬事之僕，此語太無理，應反之曰，萬事爲人之僕，人爲萬物之靈，惟不應發驕傲心，人之能力，因在萬物之上，而其責任，亦在萬物之上，人想自已爲

萬物主。此念不差。但亦必爲萬物主之形狀。因人不向上游。卽落下流。不配作主人。世人所有之機會極多。如能盡心加增其智識。修理其德行。存養其良心。卽可保全自已之生命。

保全生命附卷　五

新陽趙詒琛校字

海上絲綢之路文獻集成

總主編　陳支平　陳春聲

科技與文化編

57

主編　王揚宗　葉　農

國家出版基金項目
NATIONAL PUBLICATION FOUNDATION

海峽出版發行集團
THE STRAITS PUBLISHING & DISTRIBUTING GROUP
福建人民出版社

本册目次

器象顯真四卷

〔英〕白力蓋輯　〔英〕傅蘭雅口譯　〔清〕徐建寅删述

《器象顯真》四卷，英國白力蓋輯，英國傅蘭雅口譯，清徐建寅删述。傅蘭雅（John Fryer，一八三九—一九二八），英國傳教士，曾任京師同文館教習、江南製造局譯員等，主編中國近代最早之中文自然科學雜誌《格致彙編》。徐建寅（一八四五—一九〇一），字仲虎，江蘇無錫人，曾任職安慶内軍械所、江南製造局，與傅蘭雅合譯《運規約指》、《化學分原》、《電學》等。原著*The Engineer and Machinist's Drawing Book*由白力蓋（V. Leblend）與阿芒戈（Jacques E. Armengaud）合著，共八部分，是書僅譯與工程技術尤爲相關之前四部分。卷一畫圖器具，卷二用幾何法作單形，卷三以幾何法畫機器視圖，卷四機器視圖滙要。附圖二百餘幅，繪製精準。此爲中國首部介紹西方機械製圖之譯作，論述基本形體之視圖、剖視圖、剖面圖作法，螺絲、齒輪等機械零件圖，所定西方工程製圖術語譯名多爲後人沿用。據中國國家圖書館藏清同治間江南製造局刻本影印。

器象顯真總目

器象顯眞卷一

論畫圖器具

英國　白力蓋　輯
英國　傅蘭雅　口譯
無錫　徐建寅　刪述

用器總論

製造機器以畫圖爲始基而畫圖之要必先知畫圖諸器之制以及運用之法蓋機器各圖以眞形縮小於紙上固不能無差然雖有差要以極微爲貴若但用筆而不用器差必甚大況繁密之圖獨恃尋常之器尙不足用必能自製精緻靈便者庶可心手相應且有各線因常器太小而不能畫者故學者先明常器之理法熟而生巧自刱新器

而能各適所用焉是卷先詳常器次論自刱新器之總法常器諸件如大小各規單雙比例尺分角板直界尺鋼筆鉛筆

規

規所以畫圓者也兩股等長兩末齊銳股首爲樞可張可翕用作圓線或短界或取二點之相距式分數種有分線規活股規鋼筆規長規雙端比例規

分線規　此規之用可取比例尺之分數移至紙幅即依尺而得圖之尺寸又可取圖內之界線移至比例尺乃按圖而知器之大小此即量取各相距與比較二相距也畫粗圖者其制不大不小樞頭稍緊股中無活節合時兩尖相齊若畫精細之圖雖小心運動不能無差必用螺絲分微規此規有簧使張螺絲使闔先用展開略對相距之點次將螺絲緩轉對至極準此器必極精而尖甚銳否則無用

用此分線規若未明曉其理每致差誤其要在度取一相距之後移至紙幅毫不改變執規手法用大中二指對撚樞頭而以食指按於上則力在樞頭而不礙兩股二尖之相距自無改變若各指分搤兩股必致觸礙移動往往移度數次而每次改變若以一相距逐點步量則規尖不可

一面順轉必一尖向左轉一尖向右轉蓋一面順轉尖鋒必深入紙內而生差試之自知

分微規之又一種名簧規　如第一圖能極準而不變比常用者更好因常用分微規內之簧甚軟易致變動簧規則兩股之根以鋼簧相連如丁恆自張開用螺絲使闔螺絲連於股孔有活釘如甲外有螺蓋如乙螺絲之下兩股俱有活節先將二尖張開略對二點然後緩轉螺絲使適對已得相距而欲步量用大食二指撚轉簧根之柄二尖迭更左右而前簧規必有大小數件以圖式爲最小須多備者

第一圖

因一件度取一相距可以留用數次另用一件度取別相距自能省工也

活股規　此規之股尖可以更換或裝尖針或裝鉛筆或裝鋼筆換股之法以螺絲旋入者最爲不便裝拆費時近制以柄鑿相入二套即成惟所裝鉛筆或鋼筆必與紙面正交否則畫線不勻故於筆上另作活節股雖張開筆可內彎仍與紙面正交也但筆股必長於定股故不能作小圓線若作甚大圓線筆雖直立而定股甚斜亦不能準此當另用一桿接於筆股之間則半徑可得六寸至八寸活股之容鉛筆者有剖開之小管用螺絲夾緊容墨水者有

鋼片如鳥喙其端尖而成小圓甚薄甚齊中間有簧而以螺絲收放故畫線可或粗或細加墨之時先將螺絲稍開使二片稍離用鵝管或毛筆醮墨點入旋緊螺絲先在別紙試其粗細後畫於圖

虛線輪筆　此筆不可不備惟甚難用自必極其精細有二鋼片與前墨筆略同如第二圖二尖之端夾以小齒輪亦有螺釘緊合並可更換粗細各輪加墨於二片之間先在別紙試畫亦與墨筆相同但雖極慎亦恆有差果能用熟又可畫極多極長之虛線而迅速比諸逐點累成者清而且勻

第二圖

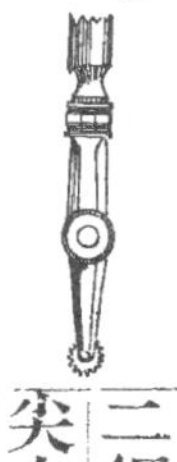

用規以畫全圓必須一轉而成定心不移欲能如此亦非易事或言可分二半畫成但此可施於鉛筆若用墨筆恐有接痕所以規之大小應與圓徑略相配二股可略與紙面正交易於一轉而成全圓定股若甚斜必離定心或致傷紙也運規之時將食指抵住規頂而以大中二指夾於樞頭之二旁自圓線之上起向右轉過至一象限去其中指將食指彎轉與大指同夾樞頭撚過使樞頭轉於大指內面至圓線相接而止如欲切某點者則不可在上起而必自切點起餘法同前惟初執時之指法不可少差後則以手腕就之

有柄小規　此規一股爲筆一股爲尖二股以活節相連節上有柄筆股比尖股稍長尖股自能直立可作極小圓線以大食二指撚轉其柄又可作多層小圓線而不傷紙成大孔

新式有柄小規　此規用鋼筆者如第三圖有活節可使筆直立有螺絲可使筆尖開闔二股以活節相連如甲上有小柄定股之端有小管容針如丁螺絲抵針如戊常式者股尖久用多磨必短此法則否用鉛筆者如第四圖鉛筆藏於開管之內有小螺絲已夾緊之股中亦有活

第三圖

第四圖

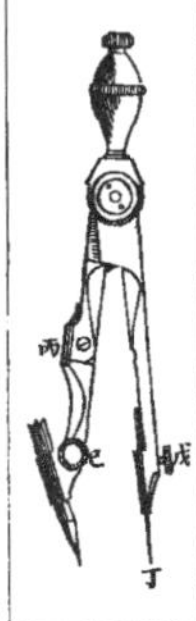

節如丙小管與螺絲抵針如戊如丁。

第五圖

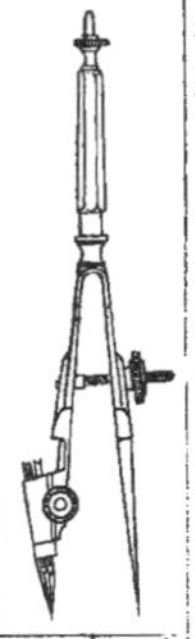

鉛筆簣規　如第五圖其式與第一圖者略同比前二式更好蓋前式倘有微差也。

三股規又名三角規　此規有數式一式同於常規另加活股四面可轉先將二尖對二點後移一尖對三點取出移至別圖一式三股自定股下各有活節一手執規一手將三股之尖對三點而移至別圖無論何種俱可省工如作三角形或求數點之方向是也。

比例規　此規之用可將已有之圖另作收小放大之圖尋常者爲二股作定釘於中段其二端之長爲一與二之比則畫成之圖大則倍於原圖小則半於原圖無甚大用必有各種分數者爲好如第六圖二股中有長槽槽內嵌

第六圖

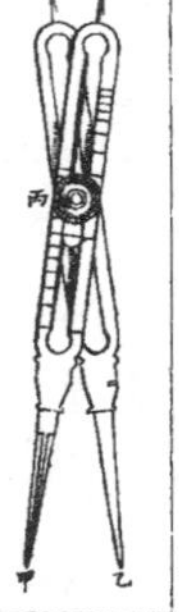

活鍵可以移行上下螺釘固之如丙股外刻分數轉開螺釘移至對準分數而旋緊即得比例之數股外所刻之字有四種一直線比例一圓線比例一面冪比例一體積比例。

直線比例之數自一至十使活鍵之指點任對何分則丁戊與甲乙自成比例設將指點移至四分則丁戊爲甲乙四分之一。

圓線比例之數自一至二十設將指點移至十分則甲乙作半徑而丁戊爲十分周之一。（圓分通弦）

面冪比例即平方比例設指點移至四分則甲乙與丁戊爲方邊其面積爲四與一之比設指點移至任數其甲乙與丁戊二相距恆爲二面積之平方根故甲乙與丁戊相乘必等於二面積之中率（即二面積相乘而開平方所得之數）

體積比例即立方比例設指點移至二分則甲乙與丁戊俱爲球徑或方邊其體積爲二與一之比設將指點移至

八分而甲乙取八尺則丁戊必二尺因八之體積爲六十四而二之體積爲八即八與一之比也。

直線與圓線比例畫圖所常用直線比例可較量原圖另作放大收小之圖圓線比例可作正方形或多邊形之邊惟此器易壞尖鋒稍鈍即不準故欲量度多點須將此規得其相距而移於分線規度之。

長規　相距與圓界甚大者必用此器以堅木作桿面刻分數與字以銅作方管二箇一套於桿外可移動甚遠管下有尖一連於桿端以螺絲還就小數管下亦有尖如第七圖丙丙爲桿長以四五尺爲率過長恐自彎已己爲所

刻分數乙爲銅管有螺絲巳定之甲爲又一銅管丁爲螺絲戊爲物逆欲用此器須知物逆之理將尺之一寸平分爲十分再加一分得十一分物逆之上將此十一分平分爲十分因原尺之一分爲一而物逆之一分爲一又十分之一故將物逆與原尺平行並置可得百分寸之一如第八圖爲風雨表之物逆甲乙分爲寸與十分寸之一丙丁爲物逆以甲乙之十一分分爲十分將物逆之○點移對水銀面而恰對

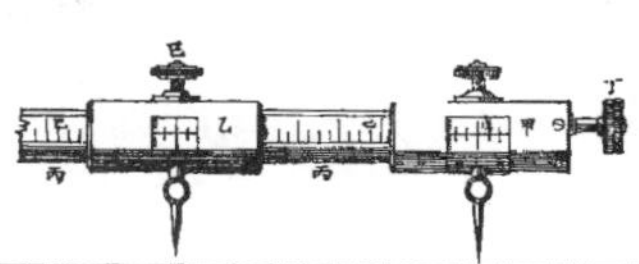
第七圖

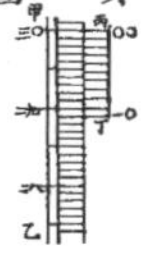
第八圖

三十寸則其分點十必對二十八寸九分即知水銀正在三十寸若將○點移對水銀面而在三十寸與二十九寸九分之間物逆之第八分與原尺之分相對即知水銀在二十九寸九分又十分分之八因物逆之○點在原尺十分分之八處只有第八分與原尺之分點相對餘分俱不能與原尺之分點相對也

設用長規作相距或半徑而取數爲十三寸五分三釐則以甲管內物逆之○點對桿之○點用螺釘定之再將乙管旁○點移對尺旁十三寸五分又將甲管螺絲旋轉移使物逆之第三分對於原尺第三分則得三釐然後取去

甲管之針易以鉛筆愼使鉛筆尖不改原處間有圓界半徑甚大者可用曲線板爲之

各種新式規　有二股俱作活節者其法不佳因畫線之時定股或致改變也有規股作管伸縮者可畫大圓界有兩股之端可倒轉者兩端各有筆一爲鉛筆一爲鋼筆鉛筆所對者鋼筆轉過亦仍對此法雖巧然亦易壞有兩股俱作三節者可摺疊而端亦可倒轉合時略似方柱長止三寸筆尖俱藏於內易於收藏

單比例尺

比例尺之各分界必須鐫刻極準用之作圖不差分毫單

比例尺以各種分數刻於短版雙比例尺有二版以活樞相連而可摺疊單比例尺之分數細密足爲平常之用所畫之原體不過大則以每寸之大分數爲尺小分數爲寸如第九圖若原體甚大內無小件可以每寸之大分數每分爲十尺而小分數每分爲一尺如第十圖若極大如地圖可用平常之尺以每寸爲里小分數爲八分里之一凡畫圖所擇之比例必依原體之大小

第九圖

第十圖

單比例尺必用象牙爲之其線與字刻於兩面一面有比

例線將一寸之長依前法分之各分可以寸當尺或寸當十尺但小尺之分數究無大用畫圖者必畫比例尺於圖旁因畫圖之紙貼於木板恆依天氣燥溼而漲縮所以另用或木或牙之尺每致逐日不合同在一紙則無此病也新法用紙作比例尺然各紙之漲縮亦不同其病仍不能免也

分釐線　尋常尺上分線只能得二位之數若再分之則太密而不清故作分釐線之法如第十一圖先作縱線甲丁平分十分作橫平行線十一條再將橫線平分爲甲乙乙丙等而自各點作縱線與甲丁平行次將甲乙與丁戊

各平分十分後自甲乙間各小分至丁戊間各小分作斜縱線則各線交橫線之點必差小分十分之一即大分一

第十一圖

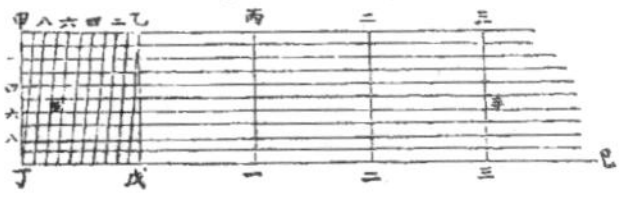

第十二圖

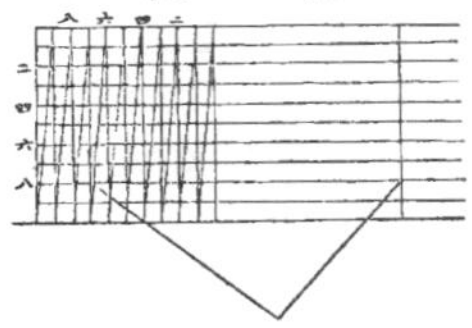

百分之一由此可得三位之數設欲取一百六十八（即一寸六分八釐）將分線規之一尖對於大分一而移下至第八條橫線次展開又一尖對小分六下之斜線與第八條縱線之交點如第十二圖即得一寸六分八釐餘仿此大分數或爲尺寸而小分數可爲十分之一或百分之一此線若能甚準固屬便用然不及物逆之法凡畫圖器內必有物逆可置於單比例尺上者

止欲分數二位則用前法作橫線七條分爲六行如第十三圖將橫線平分若干大分甲乙乙丙等在甲乙大分之中點作斜線至下二角點十二與○交橫線於各點如一二三四五等此法量取尺與寸甚便即如自丙至六爲一尺六寸下一線自丙至五或自丙至七得一尺五寸或七寸等

第十三圖

單比例尺內常用者爲十與十二之分數

通弦線　此線作於單比例尺之面通弦之長自一度至九十度各分點自有疏密如第十四圖作甲乙丙象限作甲丙通弦將象限之周分爲九分以丙爲心自各分點作弧至甲丙

第十四圖

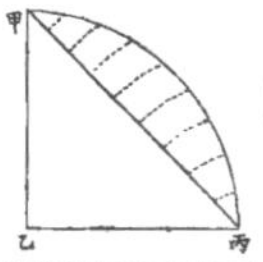

線圖內爲十度得一分若將一分再分爲十分而一度一分亦可用以作角須知六十度之通弦等於半徑欲作某度之角先作直線以規量取六十度通弦即以線之一端爲心作圓線後在尺上量準某度之通弦而在圓線上作識自此識作線至圓心即成一角反求角度之法將角線

引長略多於六十度之通弦以角點爲心以六十度通弦爲半徑作圓線取此圓線之通弦與尺上之通弦線相比卽得若干度

分角線　單比例尺甚闊者亦可於尺面作分角線然不及半圓分角器

單比例尺中有作輥軸可以輥向前後而作平行線者然易於移動而難用

分角器

半圓分角器如第十五圖分爲一百八十度周面刻數目字二層一自右至左一自左至右俱可見其度數若欲作

第十五圖

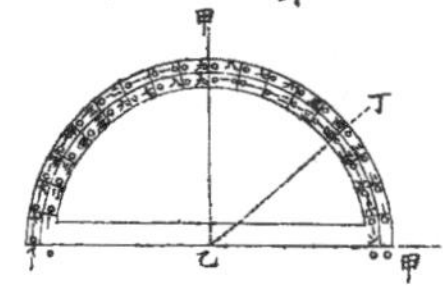

角先作直線甲乙亥將器之○度對準直線而圓心對準直線之端如乙在其周取某度作點如丁將器取去自線端乙作線至丁點卽成甲乙丁角若欲反求角度將器之○度對準一邊線而圓心對準角點視又一邊對於某度卽知某角

平行尺

用二尺與二桿以活樞相連兩兩相對成平行四邊形如第十六圖將尺對準原線壓住一尺而推開一尺對作線之點卽可隨尺作平行線二尺相連有緐有簡簡者固好

第十六圖

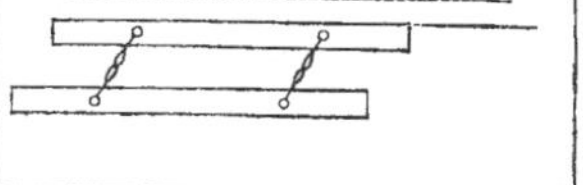

然尚不及丁字尺靠方板邊之更便也

鋼筆

此筆與規端之鋼筆略同如第十七圖惟有直柄柄內有

第十七圖

螺節可旋開內藏鋼針可爲作識之用又有夾小輪以畫虛線者又有裝鉛條

以畫直線者

針

各點作識有以甚細之針裝以小柄而另爲一器者刺孔成點以代分線規之用或欲描摹於厚紙將原圖蒙於紙上刺透緊要各點卽可隨點成圖

畫圖紙

此紙專爲畫圖之用長闊各有定度

一的迷	長二十寸	闊十五寸四三
二迷的恩	二十二寸四三	十七寸半
三陸約	二十四寸	十九寸四三

四蘇把陸約　二十七寸四二　十九寸四二
五恩比利揠　三十寸　二十二寸
六壹利分得　二十八寸　二十三寸
七各倫比愛　三十五寸　二十三寸三
八阿德辣司　三十四寸　二十六寸
九得布立分得　四十寸　二十七寸
十安體苦愛利安　五十三寸　三十一寸
十一安必落　六十八寸　四十八寸

各種紙內得布立分得為畫機器圖所常用比別種購買更便的迷與恩比利揠二種亦便用最精之圖必用活得

門紙鋪所造者漬溼之牽長之仍不傷損染色與暈墨更好間有不粘於板上者宜用粗堅之紙名加得利象皮揩擦不易壞墨線更得清楚設色亦能平勻若作最細之線宜用第五號之厚藍紙但不能漬溼而粘貼於板面須用帽釘釘之或火漆粘之圖若甚大而常須檢看者用漿裱於麻布

映臨薄紙　此紙可映於原有之圖描畫亦用規矩等器可以省工便於摺疊收藏製造此紙用極勻薄之紙將生胡麻油一分松香油五分和勻輕輕拭於紙之一面欲其牢固用薄麻布上油如前

畫圖方板

板式長方角正邊直大者長四十一寸闊三十寸小者長三十一寸闊二十四寸再小則不合用因體輕易動也紅木橡木黃松木俱可必須日久伏性者紅木質重厚以半寸至十六分寸之九松木者厚宜一寸兩端鑲以橫條各縫相連甚緊板背用檔更好黃松木者四邊鑲以紅木更耐久用稜角不致磨圓不準

貼紙於板上法　將紙微溼用膠或漿粘其四邊如不設色或不常在板上宜用帽釘或火漆紙可不溼而面不改變裱布之紙只可用釘圖若甚大或欲設色而工多日久

者必須粘貼否則設顏色之時紙必盎出粘法將紙反鋪於板上輕輕刷水少停片刻見有先乾之處略再添水惟須極輕慎毋揩去紙面之膠翻轉之時紙邊與板邊宜平行板邊宜稍留餘地以讓丁尺之邊次將直尺壓於紙邊摺上少許拭以膠漿即將直尺移過壓使平直再以象牙器砑貼牢固惟須急速畢後樹板待乾又有四圍作匡內板可以取出者將紙漬溼鋪於內板壓入外匡四邊夾紙於縫內甚緊較速於糊貼但尋常畫圖不必如此

丁字尺

用此畫圖極能省工常以紅木為之即大矩也如第十八

圖長者爲矩股如甲短者爲矩勾如乙縱横正交以矩勾

第十八圖

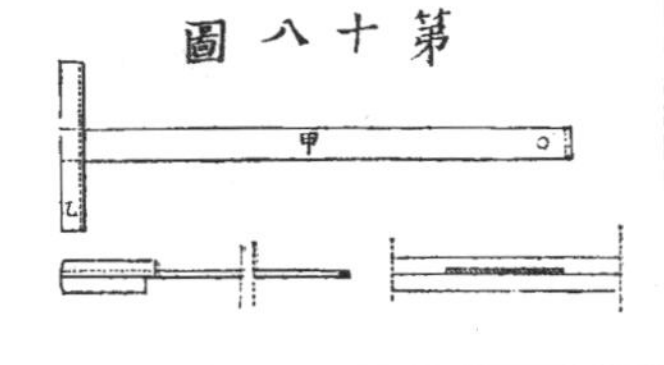

靠定板邊移動方板之長四十一寸者矩股宜長四十寸再長則出板外而有觸礙闊約二寸半厚爲三十二分寸之三過薄則易壞過厚則太重股尾鑲以銅片預防坼裂矩勾須長十四寸移動庶能緊切闊二寸厚八分寸之五以二層膠合下層較狹四分寸之一上層自有餘面準此尺寸恰能相稱運用應手若作更長更短者合此比例爲之閒有矩勾之下層可活轉而中心以螺釘旋合者使可任作交角如第十九圖甚便於斜平行線如螺絲線如斜柱如搖桿之類惟雖有活丁字尺必仍有定丁字尺因作正平行線用定者更便也

第十九圖

矩股兩邊之上下稜俱宜稍圓筆之移動靈活餘墨亦不污紙股邊若作甚薄每致殘缺股尾須作圓孔以便懸挂

凡一切木器忌用油漆常以乾布擦淨

直界尺三邊板

用此二器畫圖亦能省工以細紋堅緻之木爲之

直界尺　長五尺以上者可用鋼片爲之最小者如第二十圖約長九寸至十寸闊八分寸之七厚三十二分寸之三

三邊板　厚三十二分寸之三邊作方稜而不作薄刃式

第二十圖

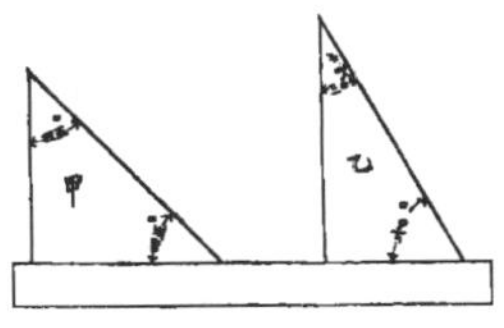

有兩種一爲正角兩等邊形一爲正角不等邊形如第二十圖甲二角俱四十五度二邊相等邊長三寸半至四寸或八寸至九寸如圖乙一角六十度一角三十度板中俱作圓孔手指可以推移以句邊靠於丁字尺可作正交線與短平行線以斜邊靠於丁字尺可作六等邊形或三等邊形之一邊凡六邊體如螺蓋或六出之體如輪輻可用此器畫之宜有二件一長邊五寸一更大有將銳角截去一段成四邊形者又有銳角更銳者二法不甚佳

曲線板

第二十一圖

圓徑極大之圓線無此極長之規股則以堅韌之木作薄片用法作大圓線之一段或於一板之兩邊作二圓線或爲橢圓等線可依法爲之如第二十一圖第二十二圖尋常作圖備此二者已足用圖式爲原板四分之一無論何等曲線可以逐段遷就宜

第二十二圖

留意於門接之處

鉛筆

鉛筆之精妙者各種有識別之號堅者爲辛更堅者爲辛辛極堅者爲辛辛辛細而色淡者爲已黑而爲韌者爲乙畫圖便用者爲辛乙之號即堅而黑且韌者因有韌性故可磋削惟多油質難蓋墨線平滑之紙用已號粗厚之紙粘貼於板者用辛辛號或辛辛辛號質堅耐用不須常削畫成之線更能勻細要之先用鉛筆而蓋以墨線者鉛筆之線不好加上墨線亦不好也

鉛筆爲稿線若欲蓋以墨線則稿線必細而清墨始易上欲作清細之線學者須習練手法執筆輕鬆向後稍斜削筆之要各適所用不靠尺而作曲線者筆尖宜如圓錐靠尺畫線之筆宜削平面如第二十三圖先用利刀削去內面略與鉛條平行使鉛條外露大在外面削至稍斜再削前後成方體然後緩緩將鉛條削成銳鋒如鑿而二角稍圓如圖式將直面靠於尺邊乃甚細甚準惟刀須極利而小否則筆未銳而先斷又有不用刀削而用細平磋

第二十三圖

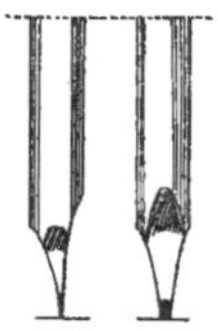

或滑石粉磨銳者殊非善法

蓋釘

釘紙於板以代粘貼蓋宜大而平上面稍圓釘用鋼蓋用銅緊緊打入不用螺絲孔內切緊之處不可過斜易致落出其大小與形式如第二十四圖

第二十四圖

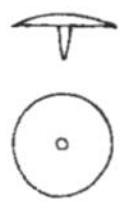

畫圖總說

尋常墨線圖先用鉛筆作緊要之線可省即省如齒輪之平視圖其齒用鉛筆作三圓線一爲齒頂一爲齒底一爲齒心所有各齒之曲線即用墨線又如側視圖惟用鉛筆作旁界直線用規量取各齒位之點其餘即用墨畫或言初學者宜用鉛筆全畫各線而後加以墨線殊非善法又有將全幅分爲數方在一方先作鉛筆線即加墨線如此挨次爲之可免混亂一因全幅滿布鉛筆線歷久磨糊猝難認辨寬大之圖必須如此

圖內作墨線有直線與圓線相切者先作圓線而後作直線則易於相切若有大小圓線同心者先作小圓恐歷畫數圈心必漸大圓線既大稍差無妨也若預防之可將厚紙小塊微膠貼其處畢後取去泯然無迹

揩去紙面之筆鉛線與汚穢必用象皮然亦易壞紙面屢

經磨擦紙面沾油一層設色必無光彩所以鉛筆稿線有小差不必急急揩去儘可再作正線俟全圖成後一同揩拭以免紙面受傷

紙幅設有污穢可用饅頭須做成數日者揩淨之較好於象皮因不傷紙面而亦能去污也若已畫墨線而欲去之可將細海絨微醮清水順線揩之數次洗滌以淨紙面若在細密之處可用圓頭利刀輕輕刮削指甲砑平又法用狠豪小筆微溼洗之再用象皮揩之再將刀柄砑之但精細之圖必刻刻留心不使差誤雖能補救難免痕迹也

墨線各器必須收拾潔淨費工不多至於用時省工甚多

且穢溼淨盡而不致生鏽用能經久竟有相傳三代者鋼筆之尖慎勿受傷常須磨銳規筆與直筆著紙稍斜故一邊消磨而一邊不消磨可將筆之螺絲收緊用極細礪石加油直立磨之至兩片齊平放開螺絲再磨厚處以厚薄得宜為度再將螺絲收緊輕輕直磨成小半圓而再平磨後在輭皮或手掌上活磨之

用墨忌太稀忌太稠太稀則淡太稠則滯習久之後研時已知稀稠之度不必上筆相試研墨不可太重太重則不勻若欲多用宜一次多研不可屢次添研將筆稍噓口氣橫入墨內醮之醮墨之後揩淨外面則不污尺

揩淨鋼筆必備生紙絲絨羔皮等物將生紙摺疊成角放鬆螺絲先揩二片之間以去結墨或將筆橫畫於絲絨之面亦可去結墨用時若滯澀將結必速揩之用畢之後揩淨收藏則不生鏽

畫圖之處應將橫豎尺寸畫於牆上高六尺至八尺橫者距地六尺至八尺平分極勻用白色畫線而襯以黑色將畫圖時觀牆上之尺即知宜用何等比例尺

用丁字尺法將矩句靠方板之左邊左手執之將中指抵板下面移動右手執筆靠矩股畫線

元和邱瑞麟校字
上海曹鍾秀摹圖

器象顯眞卷二 論用幾何法作單形

英國　白力蓋輯　英國　傅蘭雅　口譯
無錫　徐建寅　刪述

畫圖總論

造機器者不但嫻熟手工明曉形體更須以紙幅之圖視爲立體始可將立體之物畫於紙幅紙幅畫圖乃倚象之先導也

大小比例無分毫之或失方圓正側有尺寸之可憑公理公法幾何畢備學者畫圖必自幾何始

幾何界說

幾何者論點線面體四者之界點有方位而無大小線或直或曲有長短而無闊狹面或平或曲有大小而無厚薄以線爲界故以線命其名如三邊四邊之類體有長短闊狹厚薄以面爲界故以面其名如四面六面之類

平行線者在一箇平面內各處相距必等

橫平線者與地面平行亦與根線平行

正立線者挂重之線並與根線正交

斜線者與根線斜迤引長之而能相交

角者二線斜交所成以二線斜度之多少分角爲三種曰正曰鈍曰銳

正角者有一直線交一直線左右兩邊之角相等即二線正交也亦即立線交於橫線也

銳角者小於正角

鈍角者大於正角

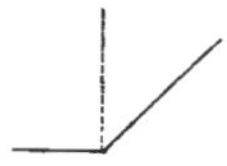

平三邊形者以三直線爲界三邊相等即爲三等邊形若一角爲正角即爲正角三邊形又名句股形

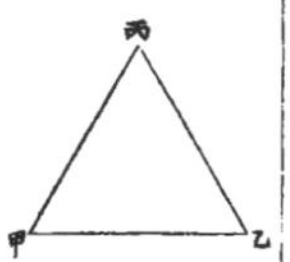

凡角之記號或在角頂作一字如甲角或作二邊之字如言乙甲丙角亦謂甲角

三邊形之一邊名爲底餘二邊爲腰

四邊形者以四直線爲界皆對邊平行角不正者爲平行四邊形正角者則爲正角四邊形正角而四邊等者即爲正方形

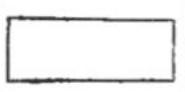

形。

對角線者任何形內二角相對之直線。

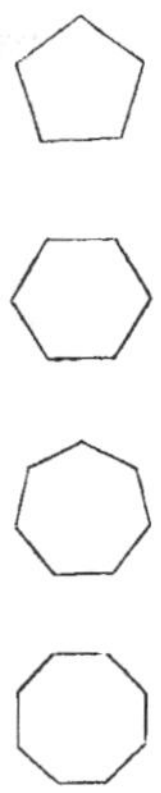

多邊形者自五邊以上若各邊相等卽名多等邊形如五等邊形六等邊形七等邊形八等邊形是也。

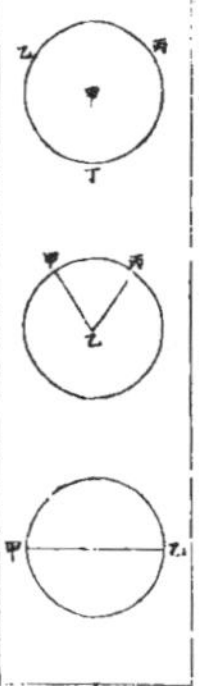

圓形者以無端之曲線爲界乙丙丁圓周與甲心之距各處相等自心至周之直線如乙甲與乙丙卽爲半徑。

過心而兩端至周者如甲乙卽爲全徑圓形之大小以全徑度之。

圓弧者爲周之一分如丙戊丁

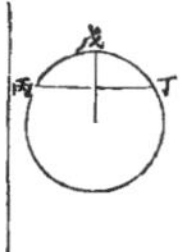

通弦者圓弧兩端所聯之直線如丙丁。

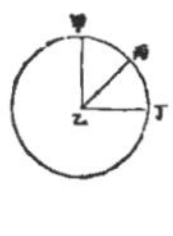

分圓形爲二半徑聯於圓弧如甲乙丙若二半徑正交名爲象限卽四分圓之一如甲乙丁。

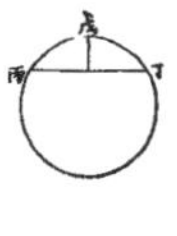

弧矢形爲通弦所截之圓面如丙戊丁。

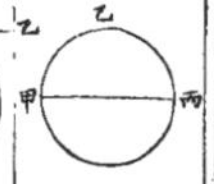

半圓形爲全徑兩邊之圓面如甲乙丙。

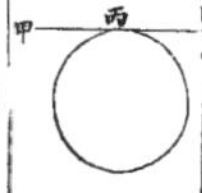

切線者直線以一點切於曲線如甲乙直線與圓線相切於丙。

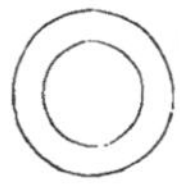

同心圓線其心同在一點。

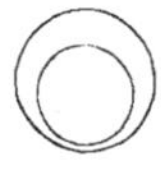

偏心圓線其心不在一點。

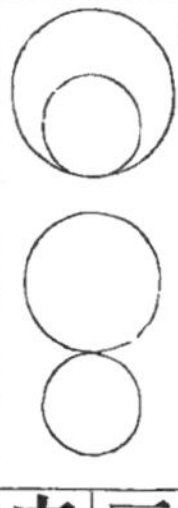

二圓相切卽二周相切於一點或在內或在外。

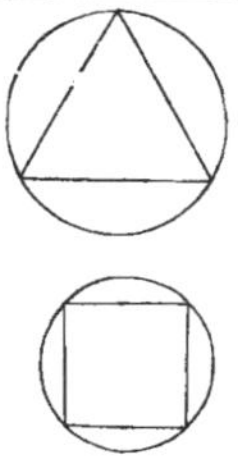

圓內切形者三邊形或多邊形之各角切於圓界之內。

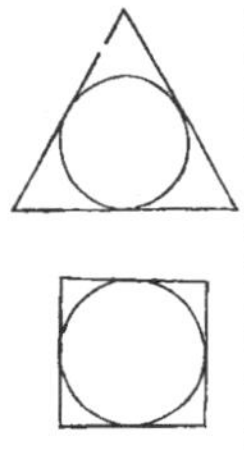

形內切圓者三邊形以上各邊切於圓界之內凡多等邊形必能切於圓形之內而圓形必能切於多等邊形之內故可以此理作多等邊形。

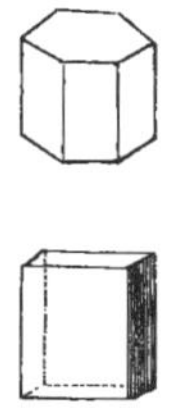

柱體者頂與底爲等形等積之直線面有各面俱爲平行邊形者有各面俱爲正方形者。

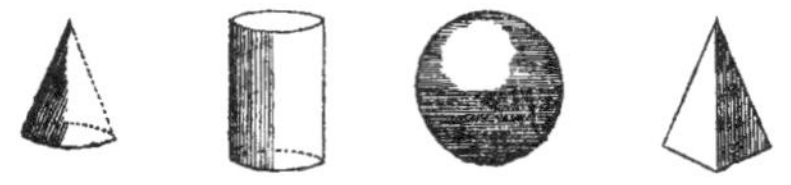

錐體者底爲直線面旁爲三邊面以頂爲上角。

柱錐兩體俱以底之邊數命其名

球體者曲面體也面之距心各處相等直線過心而兩端至相對之面卽是球徑。

圓柱體者頂與底俱爲圓面而徑相等

圓錐體者底爲圓面旁面向頂漸小成尖。

正體者各面相等共有五式一以四箇三等邊形爲界二以六箇正方形爲界卽爲立方三以八箇三等邊形爲界四以十二箇五等邊形爲界五以二十箇三等邊形爲界　凡正體俱可切於空球體之內而球體亦可切於空正體之內

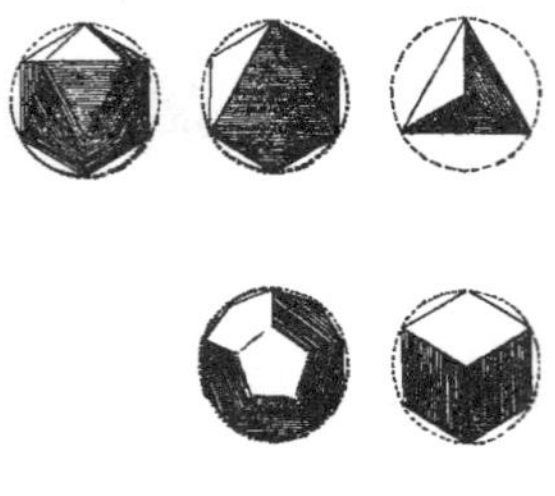

法線者作形攸賴之線常爲虛線先設點以定位次設線以定度取線長短之度者卽取某線之長數或用針刺細孔或用規作短界引長某線者卽將線之一端加長若干

第一章　直線題

第一題（此下各題所作之圖不用方板與丁字尺蓋極大之形不能用此器也）

有甲乙二點作直線過之

以直尺切於二點左手按住右手執筆隨尺畫過若欲設點顯明可作二小圈如⊙

第二題

有甲乙線或直或曲求平分爲二分

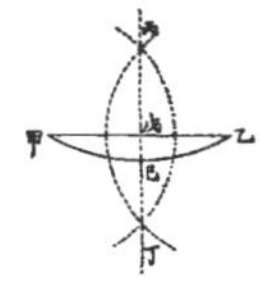

展規任取度大於甲乙之半以乙爲心向甲作圓線卽將原度以甲爲心亦如之兩圓線相交於丙於丁作丙丁直線交甲乙線於戊或己則戊與己俱爲中點而甲乙線俱平分爲二分○惟展規取度宜大則丙丁二點之相距遠而能準○丙丁二弧祇作四短界相交丙丁直線祇將直尺切定二點在甲乙線作識如戊如己

第三題

有甲乙線求在中點作正交線

法同第二題惟取度宜更大○圖中無所依傍之處作此爲便如作圓徑不必求圓心蓋弧線之正交線必過圓心也

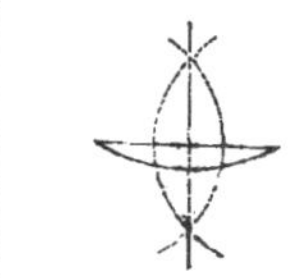

第四題

有甲乙線求在線內丙點作正交線

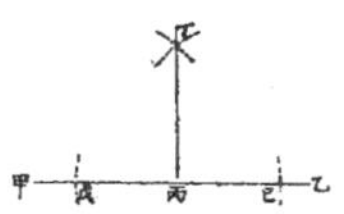

任取度自丙點左右在甲乙線作戊己二短界再取大於戊己之半爲度以戊爲心向丙上方作短界又將原度以己爲心亦如之兩短界相交於丁作丁丙

線即甲乙線內丙點之正交線

第二法　於甲乙線之上任取戊點爲心展規過丙點

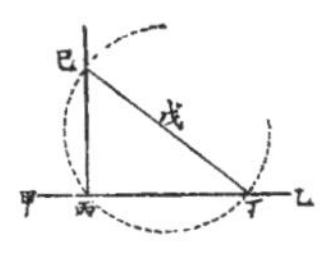

作圓線交甲乙線於丁作丁戊線而引長之交圓線於己作己丙線亦即甲乙線內丙點之正交線○丙點若近線端可任取度以丙點爲心作圓線則此圓線之任何點俱可爲戊心而即用原度不必展規屢衍也若欲任作圓線過一點亦可用此法

第三法　任取度以丙爲心向乙作圓線交丙乙線於戊即用原度以戊爲心自丙作圓線交前圓線於己作

戊己線而引長之再用原度自己度引長之線至丁作丁丙線亦即丙乙線之丙點之正交線○丙點若在線端此法最便

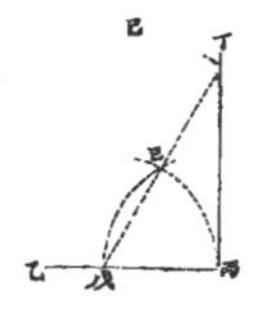

第四法　自丙點任分甲乙線爲五平分取四分爲度以丙點爲心向上作短界又取五分爲度以丙左之第三分丁點爲心亦作短界交前短界於戊作戊丙線亦即甲乙

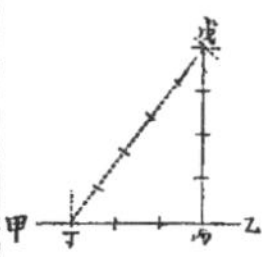

線內丙點之正交線○器體極大規不夠長如在地板或柱或樑俱宜用此法其三線之分數可更倍之如六

八十或九十二十五是也

第五題

有甲乙線求在線外之或上或下丙點作正交線

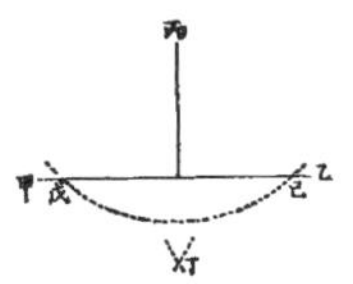

任取度以丙爲心向下作圓線交甲乙線於戊於己任取度以戊爲心在原線之下作短界以己爲心亦如之交前短界於丁作丙丁線即甲乙線上丙點之正交線○原線之下無餘地則交界可作於丙點與原線之間

第二法　任取度以丙爲心向原線作短界交於戊即

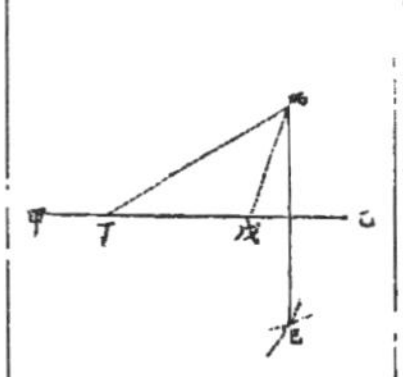

將原度以戊爲心向原線下作短界又取大於前度以丙爲心向原線作短界交於丁即將原度以丁爲心亦向原線下作短界與前界相交如己作丙己線亦即甲乙線上丙點之正交線○丙點略對線端此法爲便

第六題

有甲乙線求以某相距作平行線

展規如相距之度在原線之二端向上作短弧切二短弧作丙丁線即甲乙線之平行線○用直尺對短弧之

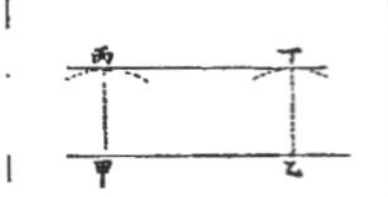

頂已能相切若欲甚準法詳下

第七題

有甲乙線求自線上之丙點作平行線

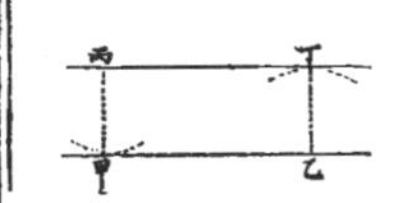

取丙點與甲乙線相距之度在原線之乙端向上作短弧丁作丙丁線即甲乙線之平行線

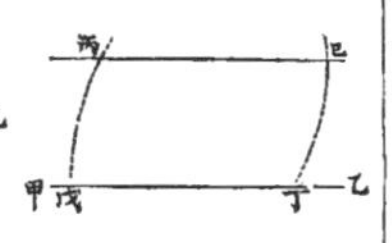

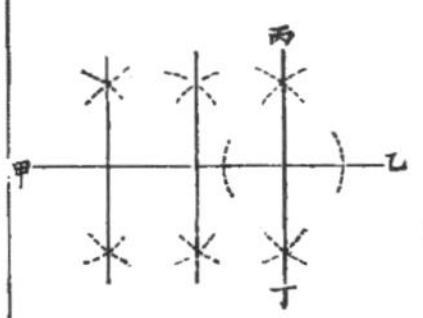

第二法　任取度以丙點爲心作弧交原線於丁將原度以丁爲心自丙作弧交原線於戊又以丙戊爲度以丁爲心向弧線作短界交於己作丙己線即甲乙線之平行線

欲作多平行線與甲乙線正交如第三題而累度爲之若以丙丁爲原線而欲作多平行線則先作正交線甲乙次在甲乙線累作正交線自然與丙丁平行

第八題

有線甲乙求平分爲若干分

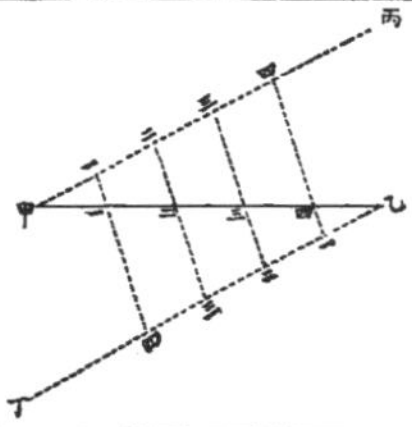

自甲點任作線至丙再自乙作線至丁與甲丙線平行設欲幾分略取原線幾分之一自甲點向丙累識之自乙點向丁亦如之遂將各識聯以直線相交於甲乙線即是平分之點所有聯線可少作一分如一二三四與四三二一相聯而甲乙線已成五平分

第二法　自甲點任作線至丙略取原線幾分之一自甲點向丙累度之先作五乙線次自四三二一各作線

與五乙平行俱抵甲乙線則甲乙線亦分爲五平分○單比例尺之分數可用此法分之○丙甲線之分數疎密而欲分甲乙線與之有比例亦用此法

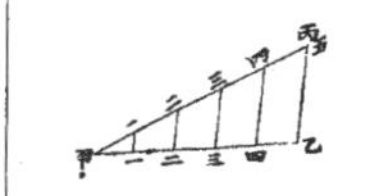

第九題

有甲乙線有丙角求自甲點作線成角等於丙角

任取度以丙角爲心在二邊作弧丁戊卽用原度以甲爲心作弧交原線於辛再以丁戊爲度自辛度弧至壬作甲壬線卽成甲角等於丙角

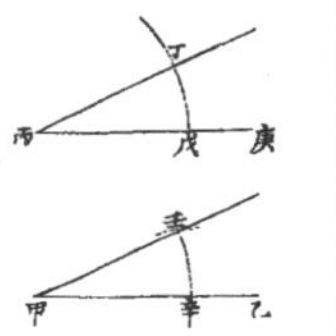

作六十度或三十度角者任取度以原線之甲點爲心作弧交原線於乙將原度以乙爲心作界交前弧於丙作丙甲線則甲角得六十度自丙作線與甲乙線正交於丁則丙角得三十度

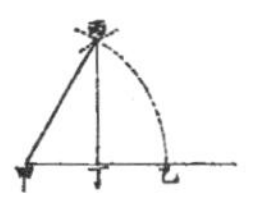

作四十五度角者先於乙點作正交線卽以原線爲度自乙點度正交線於丙作丙甲線則丙甲兩角俱得四十五度○三邊板用此二法爲之

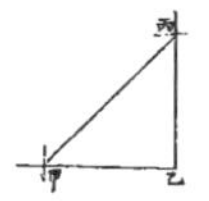

第十題

有甲角求分爲二平分

任取度以角點甲爲心作弧丙丁遂用第二題之法平分丙丁弧得乙點作乙甲線卽是平分甲角

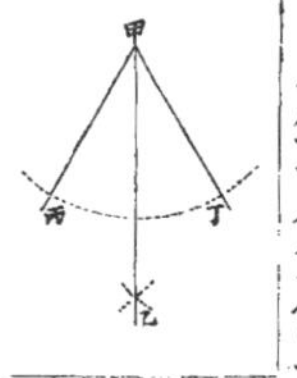

第十一題

有甲乙丙丁二斜線不能引長成角求作中線

作二原線之平行線其相距等而交於戊平分戊角於己作己戊線卽爲中線

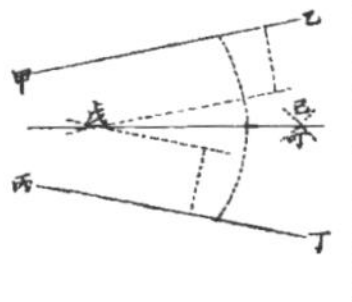

第二章　直線交圜線題

第十二題

有半徑有甲乙二點求作圜線過之

以原半徑爲度以甲爲心向上作短界將原度以乙爲心亦如之交前界於丙卽爲圜線之心仍用原度以丙爲心作圜線必過甲乙二點

第十三題

有圜線求取其心

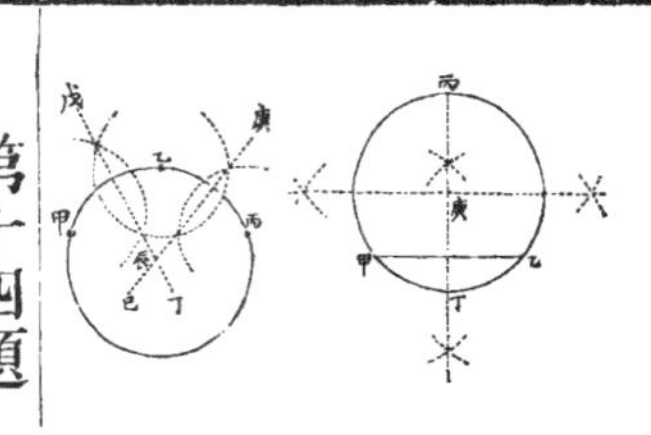

任作通弦甲乙，而於中點作正交線，抵圓線於丙於丁，卽爲圓徑，平分之於庚，卽得圓心。

第二法　取圓線甲乙丙三點，用第三題之法，在甲乙與乙丙之中點各作正交線戊丁與庚己，相交於辰，亦得圓心。

第十四題

有甲乙丙三點，求作圓線過之。

如前題得其心，以心距任原點之度爲半徑，作圓線必

過三原點。○此法作大圖用之，如橋環有闊與高，卽可作圓線，汽機鍋爐轉角或輪盤等，有圓線一段，卽可得半徑。

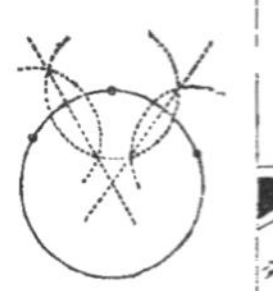

第十五題

有甲乙丙三點而相距等，不能取心，求作圓線過之。

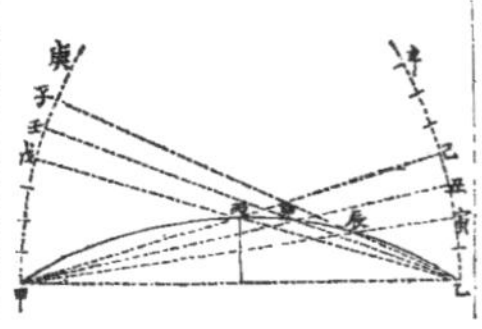

以甲乙爲度，以甲爲心，自乙作圓線乙辛，用原度，以乙爲心，自甲作圓線甲庚，再作甲丙線而引長之，交乙辛圓線於己，作乙丙線而引長之，交甲庚圓線於戊，將甲戊與乙己圓線俱平分，任分如

己丑寅，以其一分爲度，自己向辛作各分，等於己乙丙之分數，自戊向庚作戊壬子，亦如之，次作甲丑與甲寅各線，又作乙壬與乙子各線，與前線交於卯辰等點，其餘各點同法得之，卽可聯成圓線。

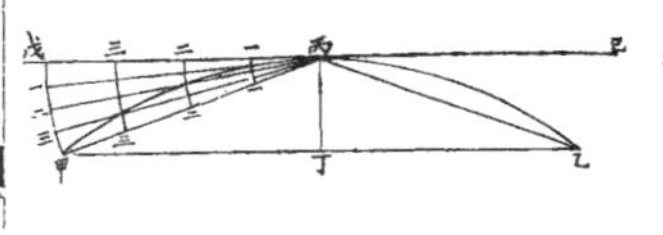

第二法　作甲乙甲丙乙丙三線，自丙點作線與甲乙平行，將甲丙線平分任分如一、二、三，以丙爲心展規至甲作弧交於戊，自一、二、三亦各作弧交戊丙線於一、二、三，將甲戊弧平分與前分等，如一、二、三，自丙點各作線至弧上之一、二、三，與一、二、三弧

相交得各點，左邊同法爲之，卽可聯成圓線。○此法稍有差，然小於四分全周之一者，差亦甚微，閘河低環橋之曲線或槓桿搖桿之曲線，不便取心者，用此最便。

第十六題

有圓線，求自線上甲點作切線。

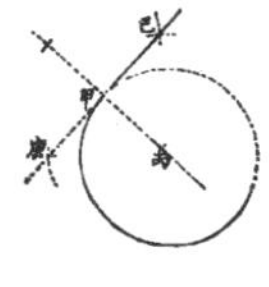

自甲作半徑線甲丙，再自甲作己庚線，與甲丙正交，卽是切線。

第二法　任取度，以甲點爲心，作短界乙與丁交於圓

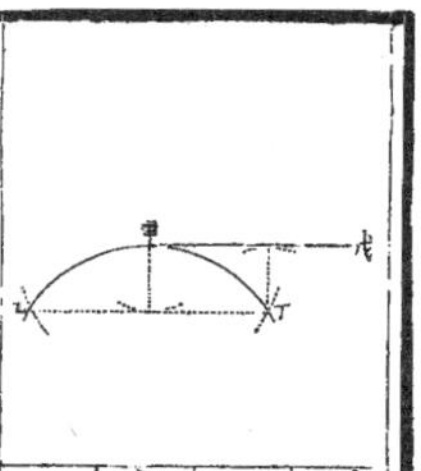

線卽作乙丁直線自甲作線至戊與乙丁平行卽爲甲點之切線○不能求圓心者用此法

第十七題

有圓線求自線外甲點作切線

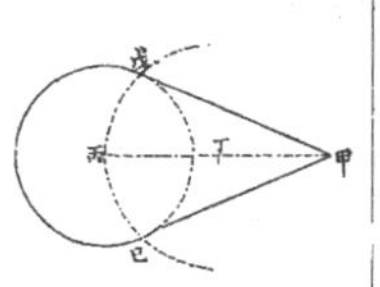

自甲點作線至圓心丙將甲丙平分於丁以丁爲心展規至丙作圓線交原圓線於戊於已作甲戊與甲已線俱爲切線

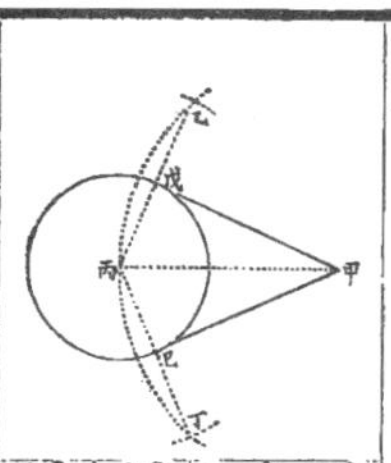

第二法　以甲爲心展規至圓心丙作圓線以原圓徑爲度以丙爲心度圓線於丁於乙作丁丙線交原圓線於已作乙丙線交原圓線於戊作甲已與甲戊二線亦皆爲切線

先有切線而求切點自圓心作線與切線正交卽得切點

第十八題

有圓線丁戊圓線之或內或外有乙點求以乙點爲心作圓線與原圓線相切

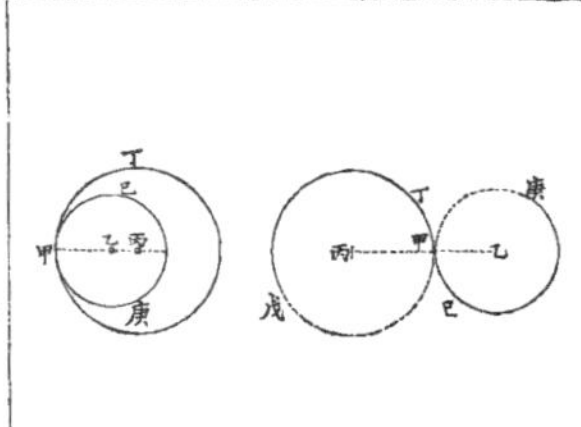

自乙點作線至原圓線之心丙交原圓線於甲以乙爲心展規至甲作已庚圓線必切原圓線於甲○乙點在原圓線之內同法爲之

第十九題

有二圓線求作公切線

作線過二圓線之心甲乙引長之自甲心任作半徑交圓線於丁自乙作半徑與甲丁平行交原圓線於戊作

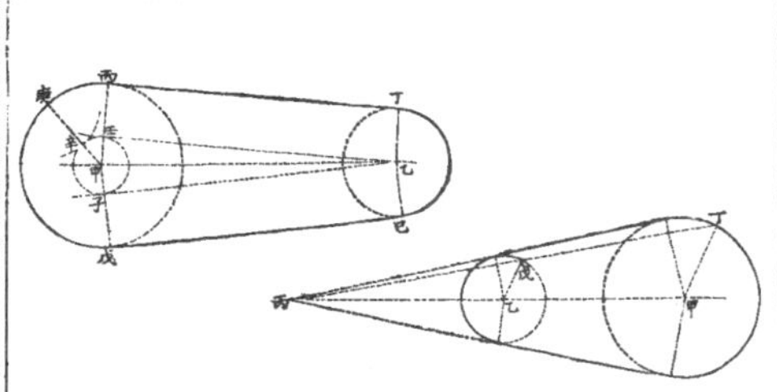

丁戊線而引長之交甲乙引長之線於丙以第十七題之法作一圓線之切線引長之亦爲又一圓線之切線

第二法　作線過二圓線之心甲乙自甲點任作半徑至庚以小圓線半徑爲度自庚度至辛以甲爲心展規至辛作圓線自小圓線之心乙作二線切辛圓線於壬於子自甲乙二心點作線與此二線正

交遇圓線於丙丁戊已四點作丙丁線與戊已線即為二圓線之公切線○二圓線之徑略等者此法最便

第二十題

有二斜線甲乙丙丁求作內切多圓線而各自相切

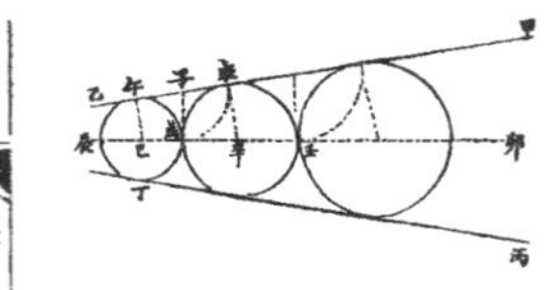

二線之間先作中線辰卯各圓線之心必在此線任取巳點為圓心自巳點作線與甲乙線正交遇於午以巳為心展規至午作圓線必切二斜線而交中線於戊自戊點作線與中線正交遇甲乙線於子以子為心展規至戊作圓線交

甲乙線於庚自庚點作線與甲乙線正交遇中線於辛即為圓心展規至庚作圓線必切二斜線與前圓線次第相求可作多圓線俱能相切作各種花線常用此法○自大圓線起並同

第二十一題

有二斜線甲乙丁戊求在線間作內切圓線

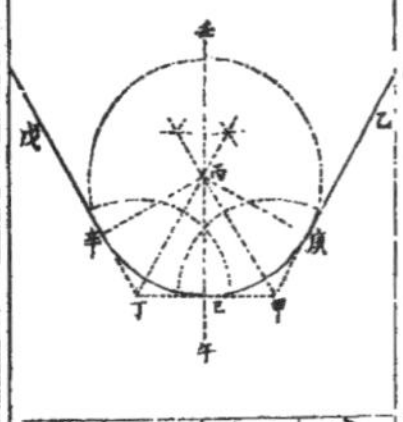

先作中線壬午任取一點已作正交線甲丁平分甲角與丁角引長其分角線交於丙以丙為心展規至已作圓線必切二斜線

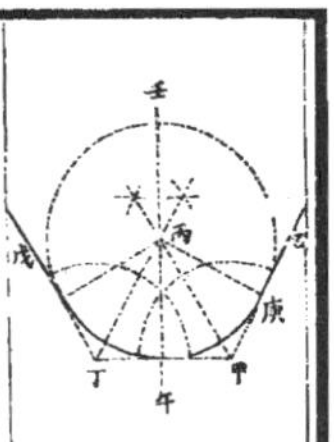

第二法　作中線壬午任取斜線欲切之點如庚作正交線遇中線於丙以丙為心展規至庚作圓線

第二十二題

有直線與圓線另有半徑求作圓線切二原線

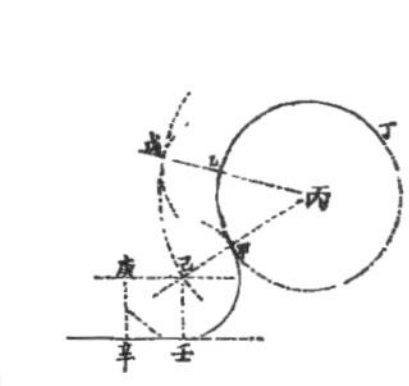

任作原圓線之半徑丙乙引長之以所設半徑為度自乙度至戊以丙為心展規至戊作外圓線再以所設半徑為相距作原直線辛壬之平行線交外圓線於已作已丙線交原線於甲以已為心

展規至甲作圓線即為原圓線與直線之切線

第二十三題

有直線與圓線求作圓線切原圓線之甲點亦切直線

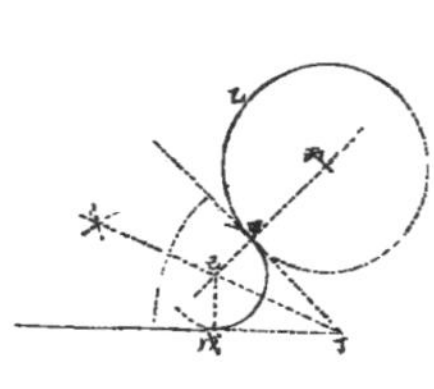

自原圓線之心丙作半徑線至原點甲而引長之在甲點作原圓線之切線交原直線於丁平分甲丁戊角與引長之線交於已以已為心展規至甲作圓線即切原圓線與直線

第二十四題

有二圓線求另作圓線切此圓線於已點又切彼圓線

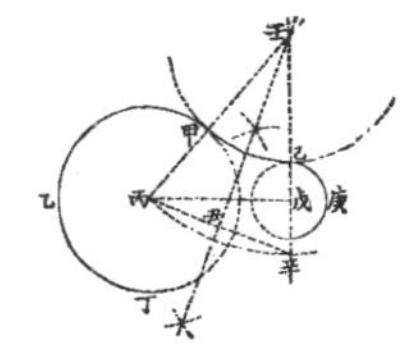

自己點作原圓線之半徑戊己兩端俱引長之以又一圓線之半徑甲丙爲度自己度至辛作丙辛線卽於中點作正交線與戊己引長之線遇於壬以壬爲心展規至己作圓線必切又一圓線。○以上四題作機器架座之圓角常用之

第三章　圓面角面題

第二十五題

有底線甲乙求作三邊形

以甲乙爲度以甲爲心向上作短界用原度以乙爲心

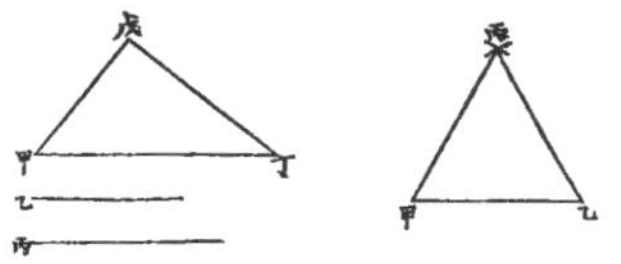

亦如之相交於丙作丙甲與丙乙二線卽成三等邊形

第二法　以所設乙線爲度以甲爲心向上作短界以丙線爲度以丁爲心亦如之相交於戊作戊甲與戊丁二線卽成三不等邊形○設有二點並二相距欲求另一點之位當用此法如瓦特所捌平行動是也

第二十六題

有邊線甲乙求作方形

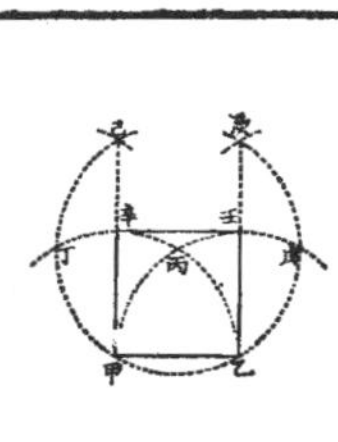

以甲乙爲半徑以甲爲心作圓線用原半徑以乙爲心亦如之相交於丙仍用原半徑以丙爲心作圓線交前圓線於丁戊二點仍用原度自丁度至己自戊度至庚作己甲與庚乙二線交前二弧於辛於壬作辛壬線卽成正方形

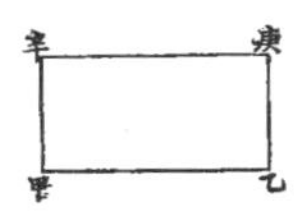

第二法　在甲乙線之二端各作正交線以高度之於辛於庚作辛庚線卽成長方形

第三法　先有正交中線甲乙丙丁以

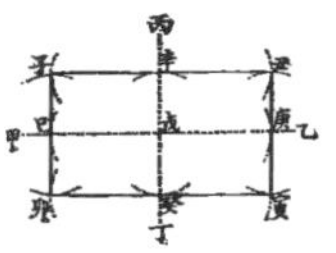

半長爲度自戊點左右度中線於己於庚以半闊爲度仍自戊點上下度中線於辛於癸再以半長自辛癸二點左右各作界再以半闊自己庚二點上下各作界交於子丑寅卯四點作四邊線連之卽成長方形

第二十七題

有二邊線甲與乙又底角丙求作平行四邊形

作丁戊線等於甲線在丁點作線與丁戊成角等於丙角以乙線爲度自丁點度角線於己以甲線爲度自巳點向左作界以乙線爲度自戊點向上作界交於庚作

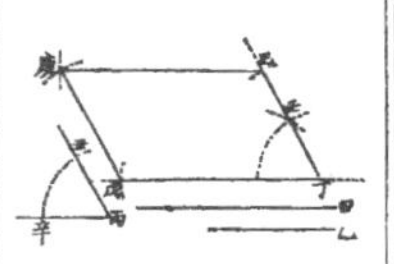

庚己與庚戊二線即成平行四邊形。

第二十八題

有三邊形求作外切圓形。

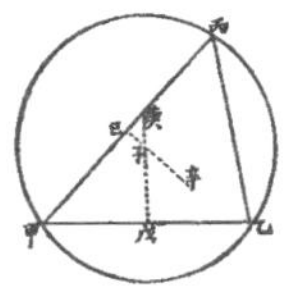

於三邊形二邊之中點各作正交線戊庚與己辛二線相交於子以子爲心展規至一角作圓線必切三邊形之三角。○此與第十四題同理。

第二十九題

有三邊形求作內切圓形。

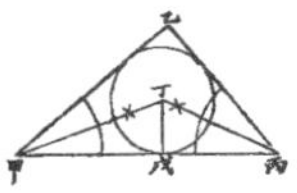

平分三邊形之二角二分角線交於丁自丁點作線與邊線正交於戊以丁爲心展規至戊作圓線必切三邊形之三邊。○如作三等邊形之內切圓形或用前外切圓形法求得圓心或作中垂線而取此線三分之一爲圓心

第三十題

有正方形求作外切圓形或圓形而作內切正方形。

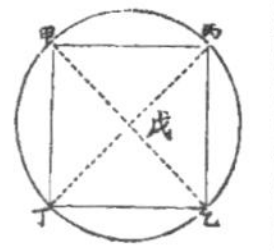

作對角線甲乙與丙丁相交於戊以戊爲心展規至角作圓線必切正方之四角。○長方形作外切圓線亦用此法。

作圓徑甲乙作正交徑線丙丁再於甲乙丙丁四點作線相連即成圓內切正方。

第三十一題

有正方形求作內切圓形或圓形而作外切正方形。

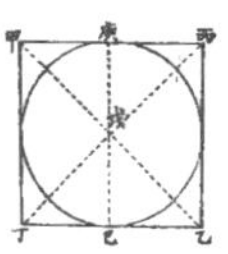

與前題略同觀圖自明

第三十二題

有圓形求作內切五等邊形。

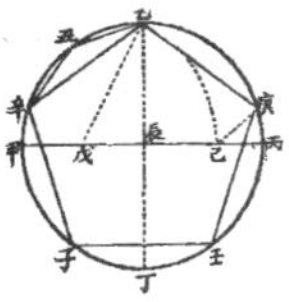

作圓徑甲丙作正交徑線乙丁相交於辰平分辰甲於戊以戊爲心展規至乙作圓線交圓徑於己以乙爲心展規至己作短界交原圓線於庚則乙庚爲內切五邊形之一邊

第三十三題

有邊線甲乙求作六等邊形。

以甲乙爲度以甲點爲心作圓線以乙點爲心亦如之。

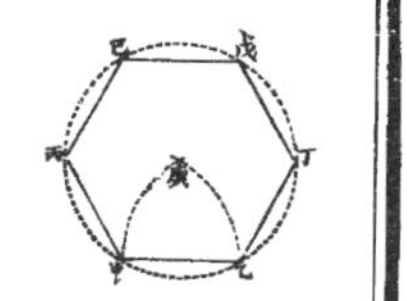

相交於庚卽用原度以庚爲心作圓線.仍用原度自乙至丁自丁至戊自戊至已自已至丙得各點作線連之卽成六等邊形.

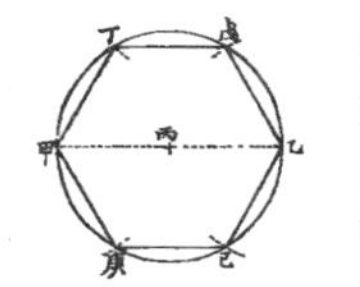

第三十四題

有圓形求作內切六等邊形.

作徑線甲乙平分於丙以甲丙爲度自甲度圓線於庚於丁自乙度圓線於戊於已次連甲丁乙戊乙已甲庚丁戊作線卽成六等邊形.

第三十五題

有圓形求作外切六等邊形.

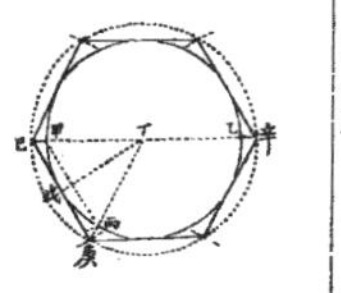

作徑線甲乙平分於丁以甲丁爲度自甲點度圓線於丙作甲丙線再於中點作正交線丁戊於戊點作線與甲丙平行遇甲乙引長之線於已以丁爲心展規至已作圓線.用前法作內切六等邊形卽成外切六等邊形.

第三十六題

有邊線甲乙求作八等邊形.

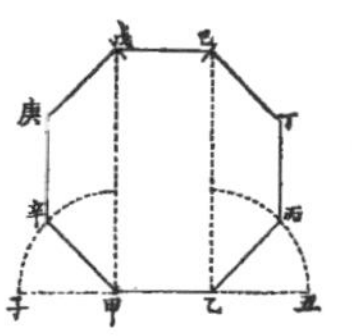

將甲乙線之兩端引長再自甲乙二點各作正交線將二外角俱平分之以甲乙爲度自甲度分角線於辛用原度自乙度分角線於丙自丙辛二點各作線與甲戊平行再用甲乙之度自丙辛二點度至丁與庚仍用原度以丁庚二點爲心作界交於戊已二點作戊已線卽成八等邊形.

第三十七題

有正方形求作八等邊形.

作對角線甲丙與乙丁相交於戊以甲爲心展規至戊

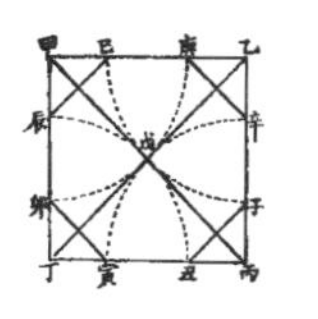

作圓線交二邊於庚於卯其餘三角依此爲之交各邊於辰丑已子辛寅作線連之卽成八等邊形.

第三十八題

有圓形求作內切八等邊形.

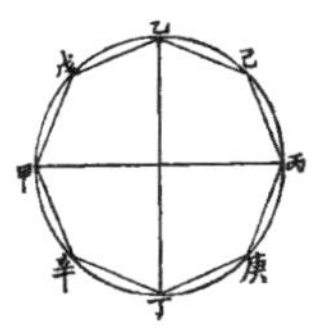

作徑線甲丙再作正交徑線乙丁平分甲乙弧於戊甲丁弧於辛自分點作徑線至對面之弧得戊已庚辛四點以八線相連卽成八等邊形.

第三十九題

有圓形求作外切八等邊形

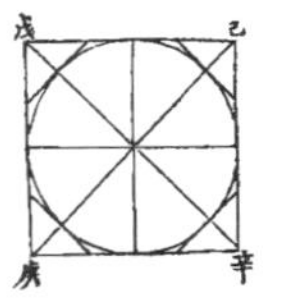

先作外切正方形戊己庚辛次作二對角線交於圓線自交點作對角線之正交線即成八等邊形

第二法　先作外切正方形再用第三十七題之法變爲八等邊形

第四十題

有多邊形求作内切或外切圓形

邊數偶者將兩對邊平分於甲於乙作甲乙線再作對角丁戊線正交於丙以丙爲心展規至甲作圓線即成内切圓形展規至戊作圓線即成外切圓形

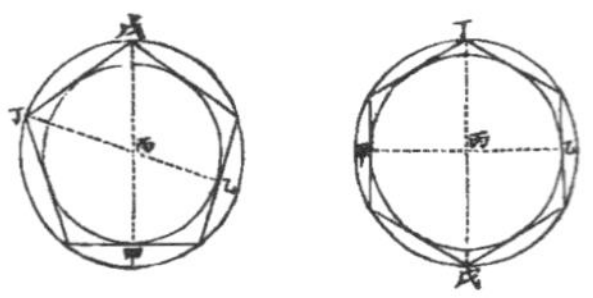

邊數奇者將二邊平分於甲於乙自分點各作線至對角相交於丙以丙爲心展規至甲作圓線即成内切圓形展規至戊作圓線即成外切圓形

凡有圓線用上各法可任意平分爲若干分而作若干等邊形如已得五等邊形可再分之而得十等邊十五等邊形已得六等邊形可合之而得三等邊形因平分

圓周爲機器圖所常用者也

角度分圓表

邊數即圓周分數	圓心角度
三	一二〇
四	九〇
五	七二
六	六〇
七	五一 $\frac{三}{七}$
八	四五
九	四〇
一〇	三六
一一	三二 $\frac{八}{十一}$
一二	三〇
一三	二七 $\frac{九}{十三}$
一四	二五 $\frac{五}{七}$
一五	二四
一六	二二 $\frac{一}{二}$
一七	二一 $\frac{三}{十七}$
一八	二〇
一九	一九
二〇	一八

凡欲作若干邊即將邊數檢得角度用分角器對心作角以兩半徑交於圓周之點作通弦即爲形之一邊

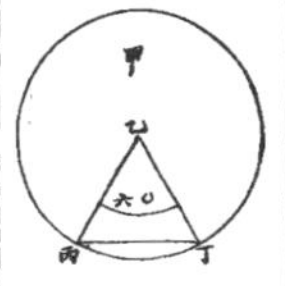

附用方板丁字尺等器作以上各題之法

方板與丁字尺相需爲用乃畫圖簡捷之法以上各題俱可以此爲之尺之矩句緊靠方板之左邊上下平移可作多線皆得平行靠於下邊而移向左右亦然且與前線正交也有此器無庸紙邊格線之煩

丁字尺作線之後若欲作正交線而不甚長者不必移尺可用三邊板靠此爲之三十度之三邊板體長而輕比四十五度者便用

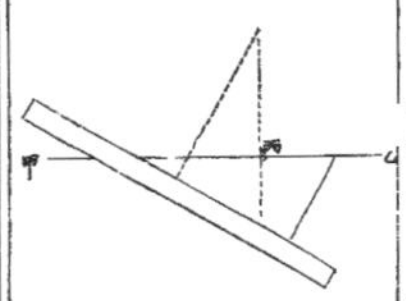

欲作多線平行而與板邊斜交且甚長者宜用活丁字尺（機器圖雖有長斜線而不甚多）其線不多可用直界尺斜線多而不長且欲與原線平行或正交則直界尺與三邊

板並用如圖甲乙爲原線欲於丙點作正交線將直尺與三邊板之長邊相依移使三邊板之弦邊對原線隨將直尺壓定而將三邊板之短邊靠直尺移至虛線之方位對準丙點自丙點作線即成甲乙線之正交線

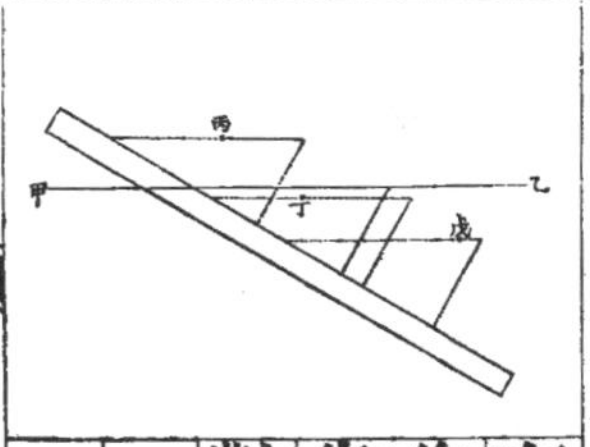

有甲乙線有丙丁戊三點欲對此三點作線與甲乙線平行將三邊板長邊緊靠直尺而以弦邊就準原線後逐點相對作線即成甲乙線之平行線

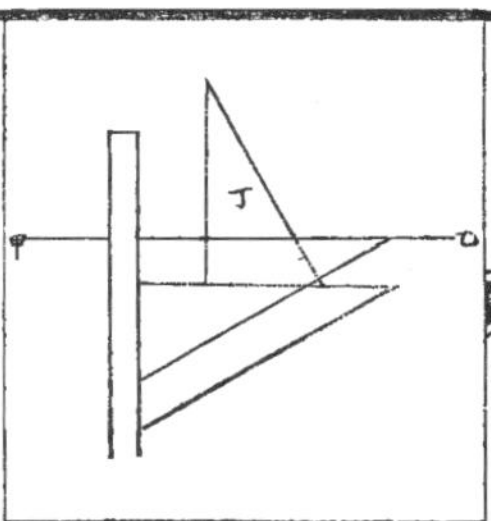

又法　先將三邊板之長邊對準原線而以直尺就之次將三邊板上下移動可作甚多平行線若再另將一三邊板如丁靠於前三邊板左右移動又可作甚多正交線　作斜平行線有用平行尺者然不能準且不便用

摺尺之樞甚緊者亦可藉作斜平行線將摺尺靠定丁字尺張開以對原線用與前同

欲作短斜線而彼此正交將尺股展開至任何斜度靠於丁字尺再將三邊板靠於摺尺移過在三邊板之二

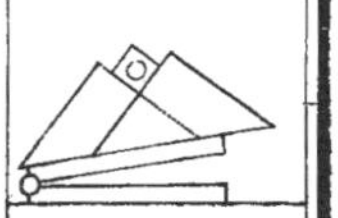

邊可作四線

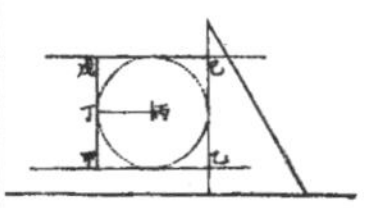

欲作正方形與方板邊平行有心點丙先以邊之半爲度而以丙點爲心作圓線用丁字尺作圓線上下二切線再用三邊板靠於丁字尺作左右二切線即成正方形

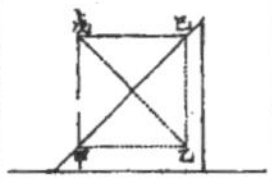

有方邊甲乙則用四十五度三邊板靠於丁字尺對甲乙二端作對角線次對甲乙二點作正交線與對角線交於戊

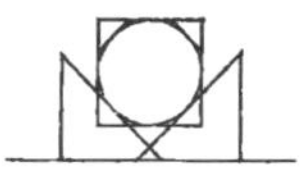

已作戊己線即成正方形

作圓線之外切八等邊形先如前法作正方形再以四十五度三邊板在四角作圓線之切線

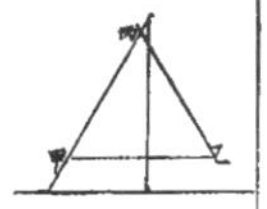

有線甲乙求作三等邊形若甲乙線與丁字尺平行者將六十度三邊板以短邊靠於丁字尺而移對原線一端作線再將三邊板反靠於丁字尺移對原線又一端作線即成三等邊形

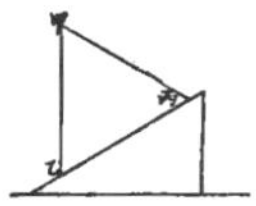

原線甲乙與丁字尺正交者則將三邊

板之長邊靠丁字尺而移對原線之端作線餘如前法

作圓線之外切六等邊形而欲二邊與方板之上下二邊平行可用丁字尺作中線甲乙又作上下二切線丁戊與庚己再用六十度三邊板之短邊靠於丁字尺補作四切線即成六等邊形

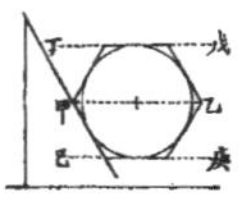

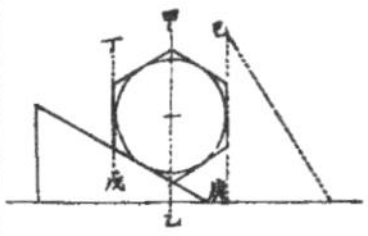

若欲六等邊形之二邊與方板之左右平行將六十度三邊板之短邊靠於丁字尺作中線甲乙與二切線丁戊己庚再以長邊靠於丁字尺補作四切線

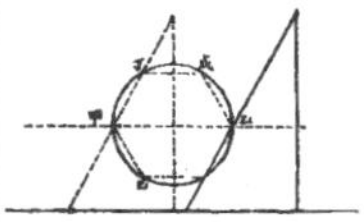

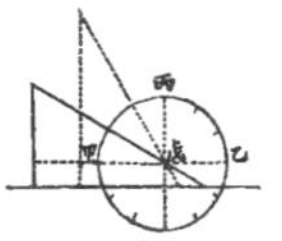

作圓線之內切六等邊形先用丁字尺作中線甲乙即圓徑次用六十度三邊板之短邊靠於丁字尺而對圓徑之二端作四線交圓線於丁戊己庚再作丁戊與己庚二線即成內切六等邊形

作圓線內之輻線先用丁字尺與三邊板作正交徑線若作八輻則用四十五度三邊板靠於丁字尺平分每象限為二分若作十二輻則用六十度三邊板之長邊或短邊靠於丁字尺平分每象限為三分餘可

類推

以上略舉數端以見梗概推廣用之倚在作者之隨時變通也惟甚大之圖又當舍此而從幾何之法矣

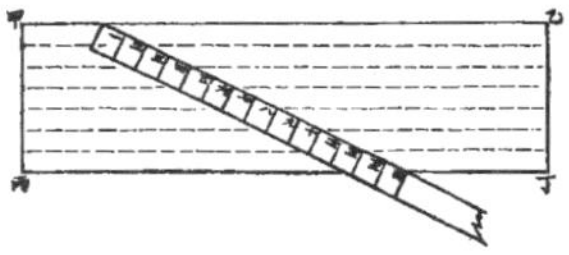

平分方面與直線其分之大小雖與尺不合者亦可用尺之分點分之設有線長七寸又四分寸之三如甲丙而欲平分為七分則自甲丙二點作二線自為平行將尺之十四寸斜對二平行線之間而以每二寸之分點過於紙上作識再於各識作平行線與甲丙線相交則甲丙線平分為七分設甲乙丙丁為方面亦用此法

第四章　比例更面題

第四十一題

有甲乙線求分之與甲戊甲丁二線有比例

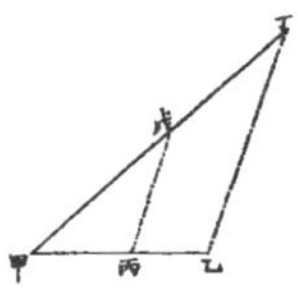

作甲丁線與甲乙線任成何角次作丁乙線聯之自戊點作線與丁乙平行交甲乙線於丙則甲丁與甲乙之比若甲戊與甲丙之比

第四十二題

有甲乙線求分之與乙庚線之分有比例

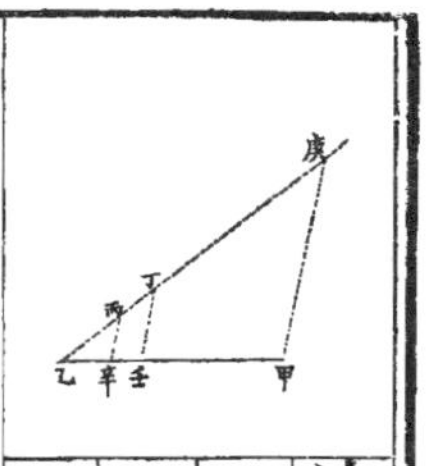

法同前題

第四十三題

有甲乙甲丙二線求作連比例之末率線

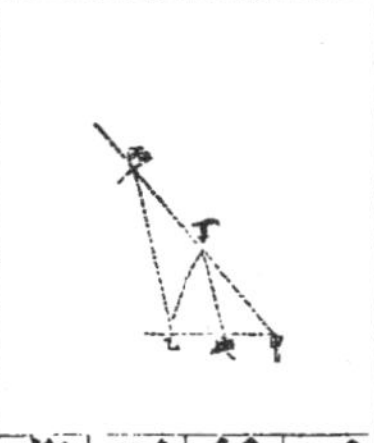

甲乙與甲丙二線相交於甲點任成何角而作丙乙線聯之次以甲爲心展規至乙作弧線交甲丙線於丁自丁作線與乙丙平行遇甲乙線於戊則甲戊爲

末率線

第四十四題

有甲乙乙丙二線求作連比例之中率線

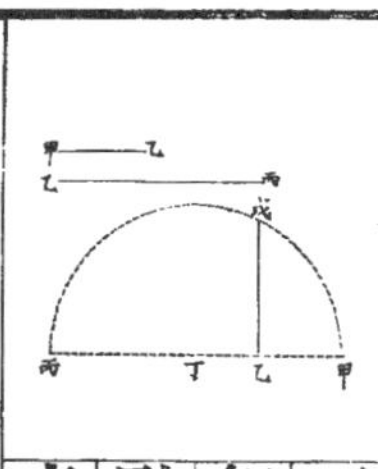

甲乙與乙丙二線連爲直線平分於丁卽以爲心展規至甲作半圓線次自乙點作正交線遇圓線於戊則戊乙爲中率線

第四十五題

有甲乙丙丁長方形求作同底等積三邊形

於丙丁底線任何點作正交線如戊遇甲乙邊於己再

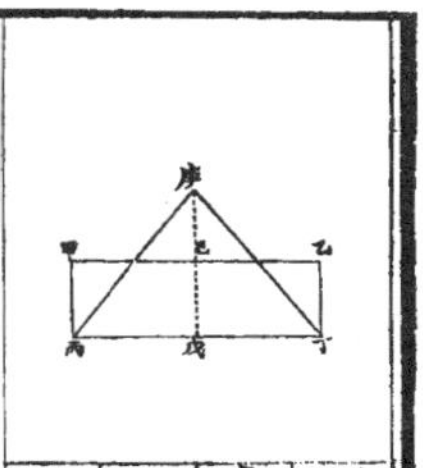

以長方之闊爲度自己點度正交線於庚作庚丙與庚丁二線卽成三邊形

第四十六題

有甲乙丙丁長方形求更作等積正方形

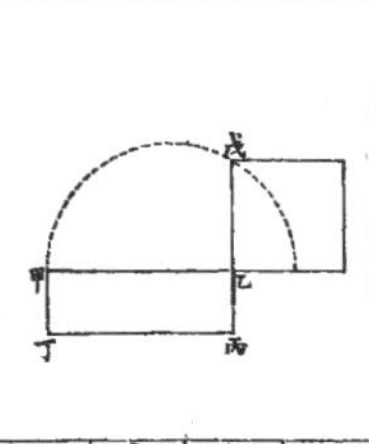

以長方之長與闊爲首末二率如第四十四題之法求其中率線乙戊卽爲正方形之一邊

第五章　橢圓線拋物線題

第四十七題

有大小二徑求作橢圓線

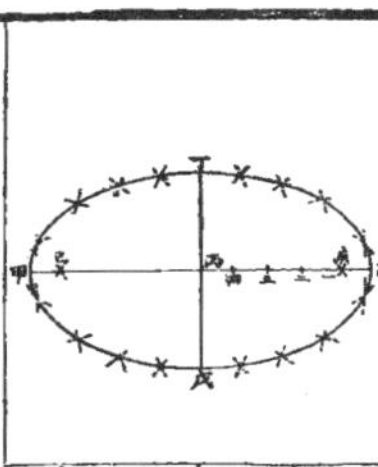

作大徑甲乙再作小徑丁戊正交於中點丙以甲丙爲度自丁點度甲乙線於己於庚卽橢圓之心次將丙庚任分幾分如一、二、三、四以甲一、甲二等爲度以己爲心向乙端上下作界又以庚爲心向甲端上下作界再以乙一、乙二等爲度以庚以己爲心亦如之與前界相交遂用曲線板或韌木條逐點對準連爲曲線卽

成撱圓線

第二法　作大小二徑正交之後以丙為心展規至甲

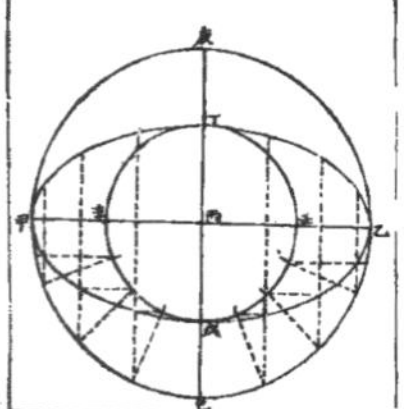

作圓線又展規至丁作圓線平分大圓線為若干分作半徑線過小圓線次自小圓之各交點作線與大徑平行再自大圓之各交點作線與小徑平行以各平行線相交之點連為曲線亦成撱圓線

第三法　亦作大小二徑正交用厚紙條作二點己庚等於大徑之半甲丙又自己至辛作點等於小徑之半丁丙以庚點對小徑以辛點對大徑即於己點作識於

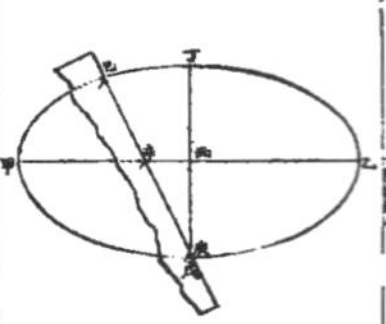

紙漸移而漸作亦可連成撱圓線

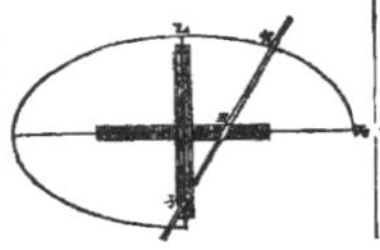

第四法　理與前同惟用銅作十字槽對準大小二徑以二釘綴於方條循行槽內如子丑方條之端有鉛筆如寅即可畫成撱圓線

第五法　亦作大小二徑正交並求其二心在此二心各插一釘用線一條等於大徑之長兩端各有小圈套

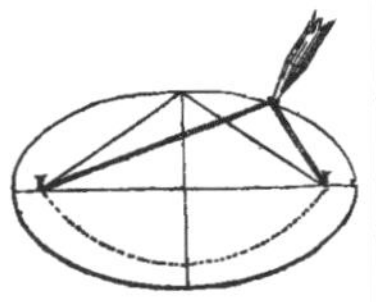

於二釘另以釘逼繩移過即可畫成撱圓線○地面欲作大撱圓線如花園牆基等此為最便

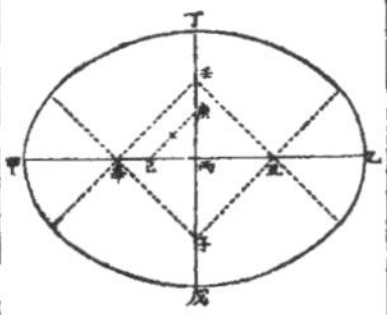

第六法　亦作大小二徑正交將二徑之較自丙心度二徑於己於庚作己庚線將其半為度自己度至辛以丙為心展規至辛而度大小二徑於壬子丑三點作壬辛子辛壬丑子丑四直線而引長之以辛為心展規至甲作圓線於二線之間以丑為心亦如之以子

為心展規至丁作圓線於二線之間以壬為心亦如之即成曲線略合撱圓線○此法小徑不及大徑三分之一者其差更大

第七法　在大徑甲乙之上作長方乙庚以小徑為高

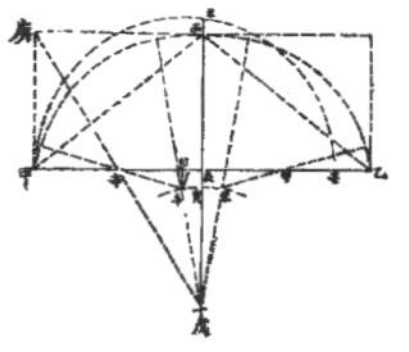

作對角線丙甲自庚作線與甲丙線正交而交丙戊線於丁又交大徑於辛以辰丙為度自辰度至子以甲子為全徑平分全徑於卯以卯為心作半圓線甲丑子將辰丙引長遇圓線於丑以丙丑為度自辰向丁度至寅以丁

為心展規至寅作圓線又以辰丑為度以甲為心度前圓線於午作丁午線而引長之又作午辛線而引長之右邊亦作同式各線即得丁辛午未申五點俱以為心作圓線亦成撱圓線　此法大小徑相較雖多亦不甚差作環橋等極大之撱圓線用之

畫撱圓線精器係西人費尼所捌甲為鋼筆上有三角孔之管套於橫尺可移動以定徑之長短尺有細分一端連於豎軸乙軸上有小輪辛可以撚轉豎軸下端在活襯卯內轉動活襯卯在寅槽內直動豎軸乙又在平圓板子槽之內用螺絲移動所以定兩徑較之數圓板子嵌於丑丑底內能轉動丑丑底行於辛辛橫槽之內全器連於方木如辰將辛輪撚轉豎軸循槽直移

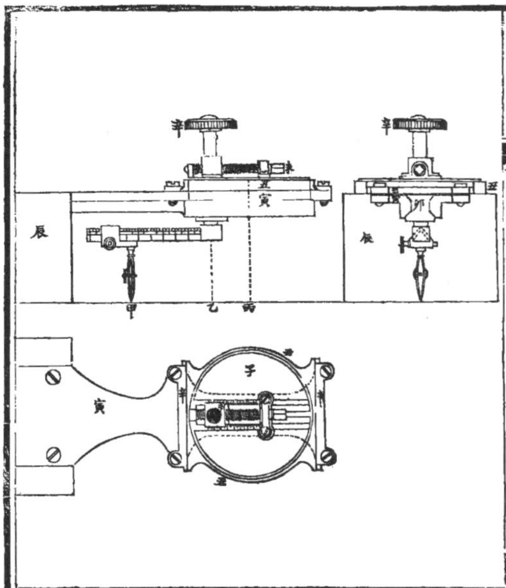

丑底循槽橫移筆尖即畫成撱圓線其行動之理如圖

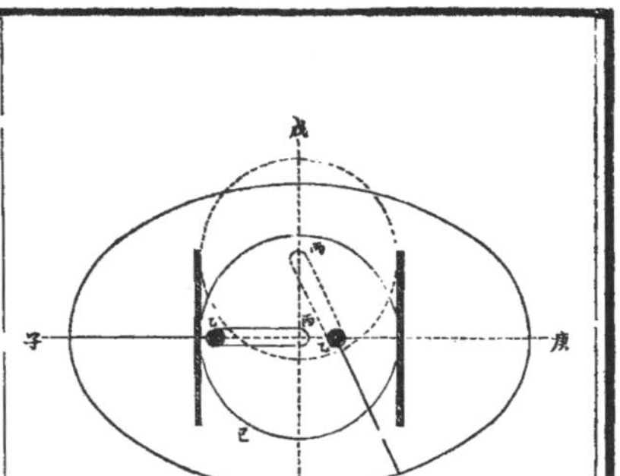

按撱圓曲線有大小二徑必正角相交大徑之端為曲線之頂二心之點俱在大徑其一心距小徑之端

等於大徑之半自小徑之端距二心之和必等於大徑故撱圓線之任一點距二心之和亦等於大徑因知各點距二心之和必俱相等

第四十八題

有撱圓線有二心己庚求在甲點作切線

自甲點作線至己心與庚心任以庚甲線引長至丁平分丁甲己角其分角線戊甲即撱圓線甲點之切線

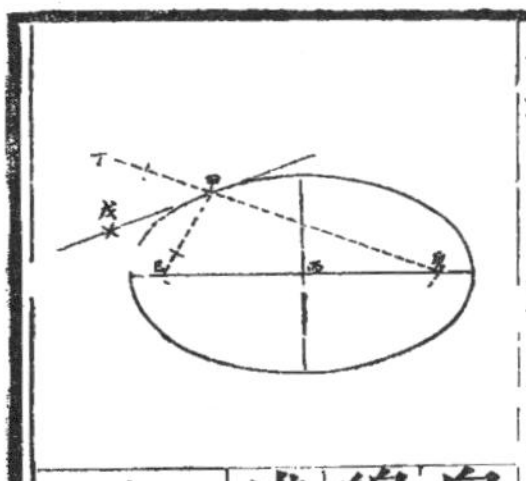

第四十九題

有撱圓線有二心乙丙求自線外甲點作切線

以甲為心展規至撱圓心丙作圓線以大徑為度自心乙度圓線於子於丑作子乙丑乙二線交撱圓線於寅卯二點自甲作線至寅至卯皆為撱圓之切線

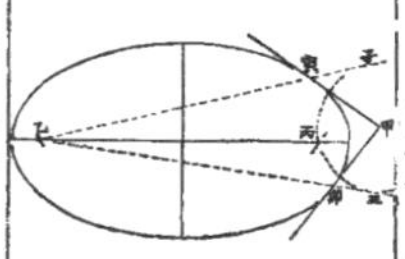

第五十題

有心點己有準線戊寅求作拋物線

過心點己作中線與準線戊寅成正角交於甲點平分甲己於子即為拋物線之頂將甲戊線任作丙丁等點

自心點己作線至戊丙丁各點再自戊丙丁各點作線與中線甲己平行次在己戊己丙等線之中點各作正交線與戊寅線之正交線遇於庚辛壬等點右

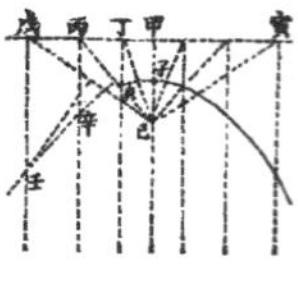

邊同法為之即可連成拋物線

第二法　將界尺與準線戊寅相對用矩尺緊切之取

線一條一端釘於矩尺之庚點一端作小圈牽直至準線之戊點遂將此圈釘於己心用鉛筆丁靠定矩尺𥏂緊其線尺移筆畫亦可成拋物線

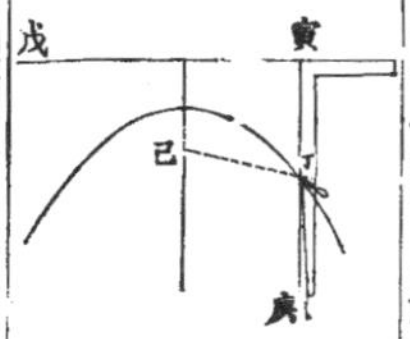

按拋物有準線與心點其頂點在心與準線之折半處線上無論何點距準線與距心亦俱相等

第六章　牆柱正花線八種

第五十一題

第一種花線

此是花線之最小者以為分隔大花線之用底若平者高等於厚

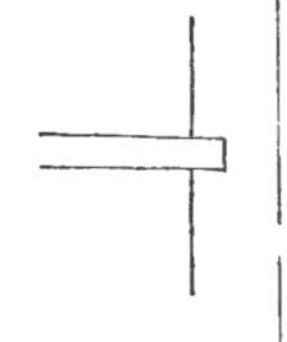

第五十二題

第二種第三種花線

二式相同惟第二種較大柱底用之第三種較小柱頂用之外凸者合半圓其心對平面

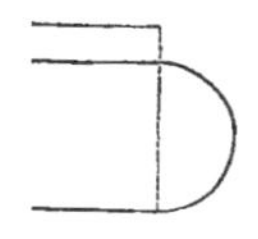

第五十三題

第四種花線

此種有二式一為羅馬國之式合圓線一為希臘國之式合撱圓線用於上端任重之處

羅馬國之式又分二種凸出等於高者先作高線甲乙再作正交線乙丙等於高線以乙為心展規至甲作圓線甲丙

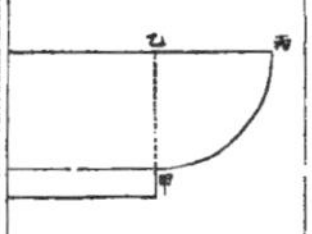

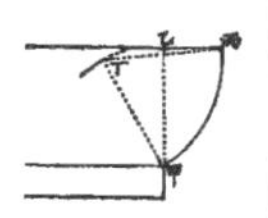

凸出小於高者作高線甲乙與正交線乙丙如前而乙丙等於凸出之數以高甲乙為度以甲為心向內作短界用原度以丙為心亦作短界交於丁以丁為心作圓線甲丙

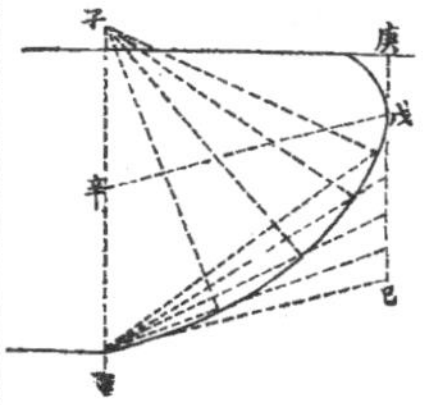

希臘國之式自曲線下端丁以所定之斜度作丁巳線再作庚巳線與平面線辛丁平行相距等於凸出之數取戊點為曲線上端作戊辛線與丁巳平行將平面線辛丁引長之取辛子等於丁辛將戊巳與戊辛平分同數之分自丁作線

至戊巳各分點自子作線過戊辛各分點與前各線得相當之各交點即可連成曲線

第五十四題

第五種花線

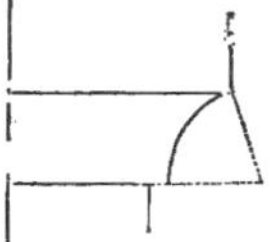

此種合圓線而內凹同於第四種羅馬之式而相反

又式用大小二圓線相連自乙點作正交線乙丁等於凸出之數甲乙三分之二如乙戊自戊作線至丁引長之以丁為心展規至乙作圓線與戊丁線遇於壬作壬卯與壬丁正交以卯辰等於卯壬自辰作正交

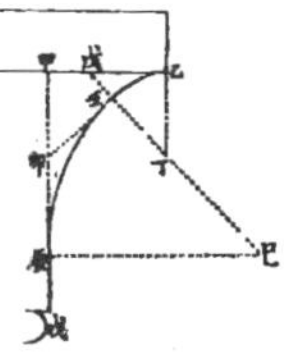

線遇引長之線於巳以巳為心展規至辰作圓線至壬

第五十五題

第六種花線

此種有凹凸二圓線相連作直線過曲線之二端甲乙平分於丙以甲丙為度以甲為心向左作界以丙為心

亦如之相交於丁仍用原度以丙與乙各為心向右作界相交於戊以戊與丁各為心作二圓線甲丙丙乙相連

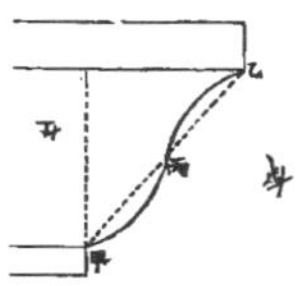

第五十六題

第七種花線

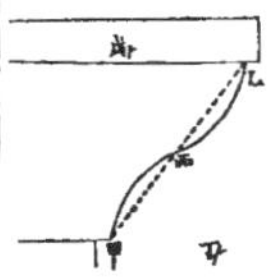

此種凸者在上凹者在下與前種相反法則並同

欲更彎者取半徑小於甲丙

希臘國之式作直線過曲線二端甲乙平分於丙在甲

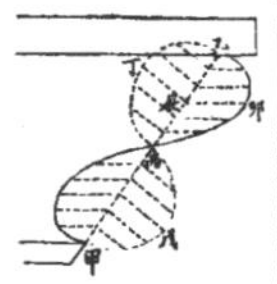

丙與乙丙各作半圓線再各作數正弦次自徑之各點作橫平行線等於相當各正弦線卽可連成曲線

第五十七題

第八種花線

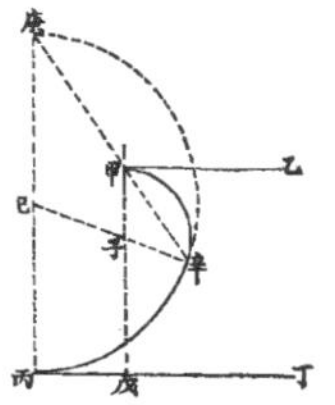

自曲線上端作甲戊正交線自曲線下端亦作正交線以甲戊之半加丙戊三分之二爲度自丙度至己以己爲心展規至丙作半圓線丙辛庚作庚甲線引長至辛作己辛線交甲戊於子以子爲心展規至辛作圓線辛甲

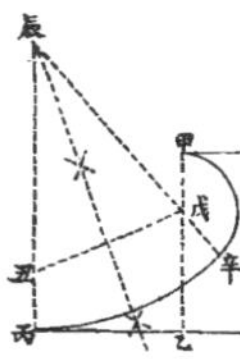

第二法　自二端各作正交線如前將甲乙線勻分爲三分以其一分甲戊自丙度至丑作戊丑線在中點作正交線遇丙端之正交線於辰以辰爲心展規至丙作圓線以戊爲心展規至辛亦作圓線卽成相連之曲線

第三法　作直線過曲線之二端丙甲餘同第七種希臘國之式

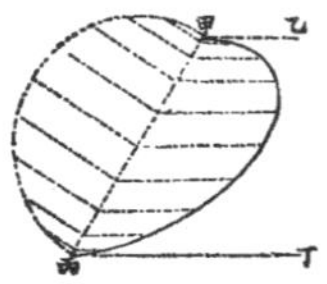

第四法　過曲線二端甲乙作直線平

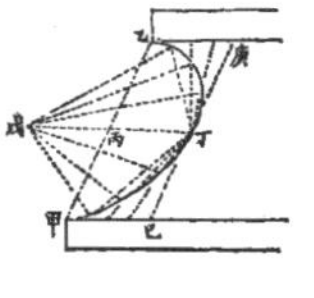

分於丙作橫線取丙丁與丙戊俱等所定凹進之深過丁點作庚己線與甲乙線平行將甲丙與甲己俱平分若干分自丁作線至甲己各點自戊作線過甲丙各點上半同法爲之得各交點卽可連成曲線

四法之中第四法之用較多下邊凸出不多者用第四法所得曲線略同半圓線下邊凸出等於五分高之二者可用第一法

花線之式門類繁多以上總名司德根式其磉柱簷三者之總圖如左

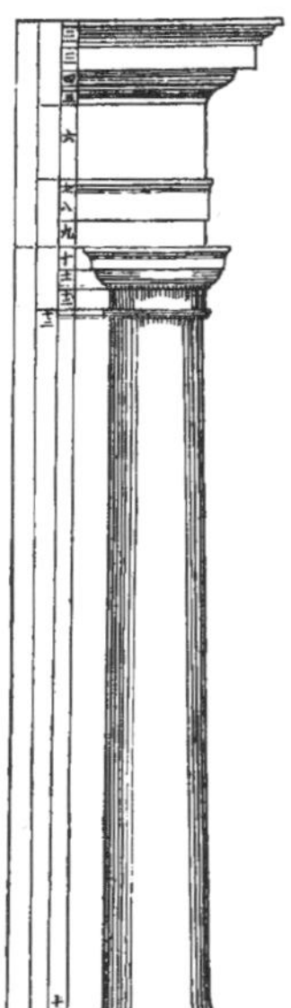

第五十八題

有大平面求作三等邊形或六等邊形或斜四等邊形鋪滿之

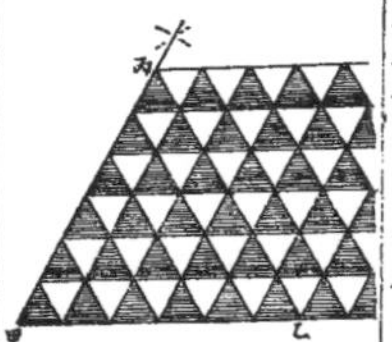

先作三等邊形甲乙丙以所定之度累度二邊自各分點作線俱與三邊平行則面內分成多三等邊形

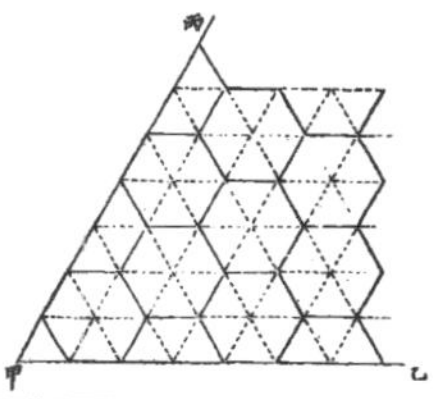

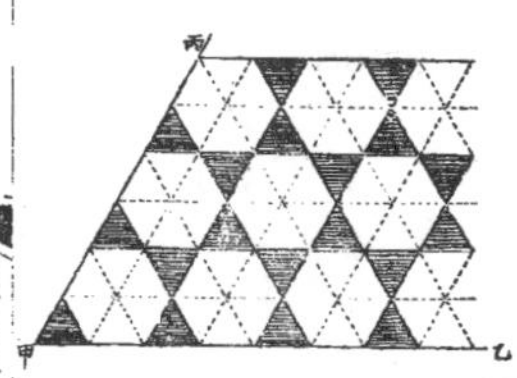

六等邊形與前同法蜂房即是此式四等邊形以上惟有六等邊形可滿全面

六等邊形與三邊形相間作法同前

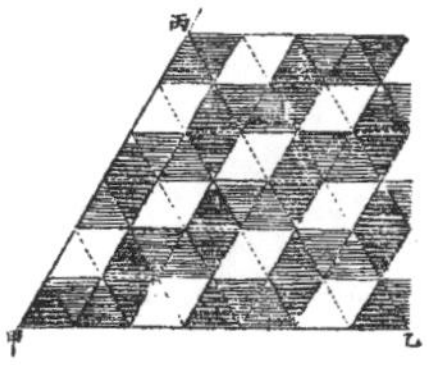

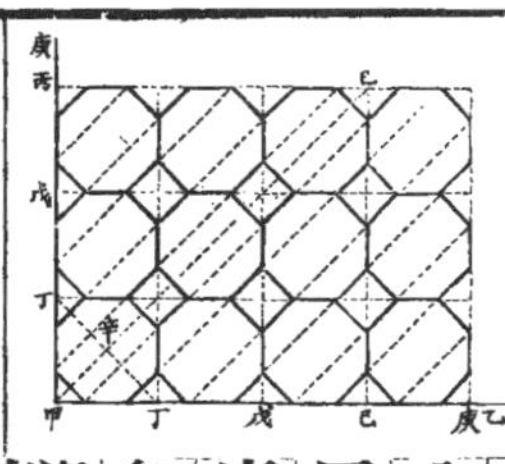

斜四等形作法同前而以色之深淺別之

八等邊形與正方形相間先作正交線甲丙與甲乙以所定八等邊形之徑累度二邊自各分點作線俱與二邊平行即成多正方形再以第三十七題之法將正方形變作八等邊形

第七章　各種擺線

第五十九題

直尺切行圓輪之擺線即漸伸線

此線之理以直尺切於圓輪之外而轉過尺端之行迹即為此線運動齒條之輪齒用之

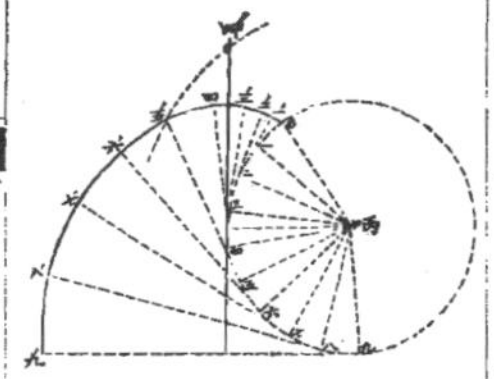

任取半徑以丙為心作圓線自〇點起平分圓線為某分如一二三等分以密為佳自各分點作圓線之切線以〇一弧之長自一點度切線於二以〇一弧

之倍長自二點度切線於三循序而得多點聯成曲線即是此線　設作凸輪合此曲線自可使甲點直行至呷點以丙為心展規至呷作圓線交曲線於五則〇五曲線為凸輪面之長

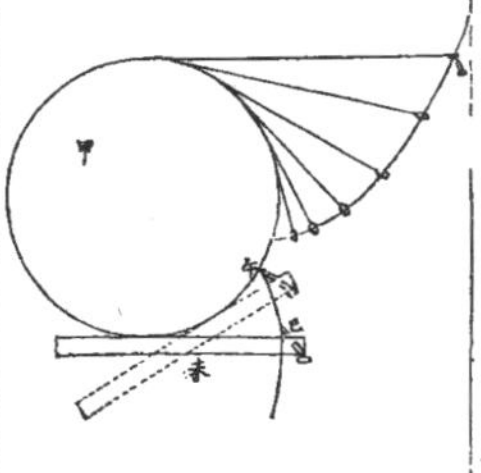

第二法　甲為圓輪末為直尺巳為尺端之筆尖其尖起於曲線端之午點將尺切定圓輪轉過使午點移向巳點筆尖即行成曲線

第六十題

漸伸平螺絲線

漸伸線引之甚長使筆尖繞行一周能成平螺絲線再繞數周其相距俱等於第一周如甲乙如乙丙如丙丁

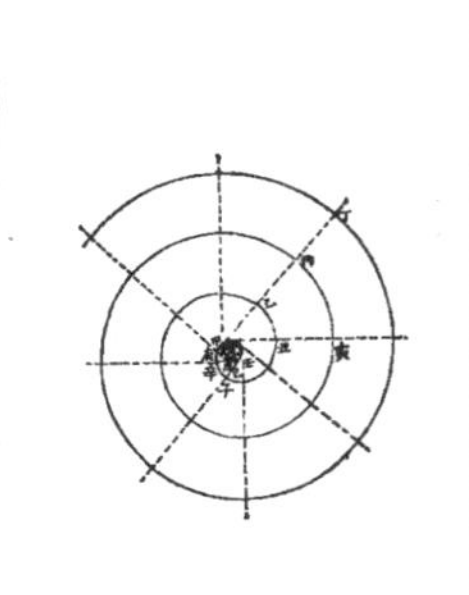

此線可用圓線湊合而成以戊甲圓弧為半徑以切點戊為心作圓弧甲庚又以己辛切線為半徑以己為心作圓弧庚辛挨次為之即成平螺絲線

第六十一題

圓輪切行直尺之擺線

呷叱叮圓線輥於嗊咖直底線則圓心呐亦必行直線而與嗊咖線平行

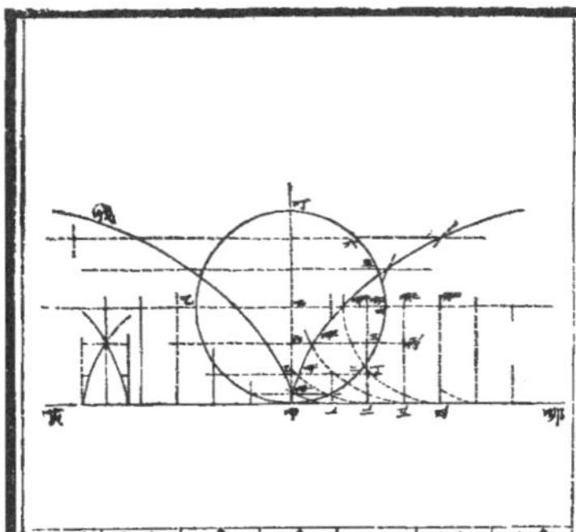

將圓線呷叱叮平分為某分如一二三四以逐分之弧長為度自呷點度嗊咖線如一二三四自各分點作正交線遇叱呐線於丙丙丙等點次以呐叱為半徑以此各點為心作虛圓線又自原圓線之分點各作通弦交於虛圓線而得各點如呷呷呷呷作線連之即成擺線

第二法　先自圓線之分點各作平行線即通弦自嗊咖線之各分點作正交線遇各平行線次以原圓線之正弦二乙自丁點度至呷又以三丙自丙點度至呷以同法得多點亦可連成擺線

第六十二題

圓外擺線

呷叱叮圓線輥於嗊咖圓底線之外名為圓外擺線平齒輪之齒用之若輥於圓底線之內名為圓內擺線內齒輪之齒用之圓擺線之理與直擺線相同因直線即大至無窮之圓線也輥圓之心呐行成圓線必與圓底線同心

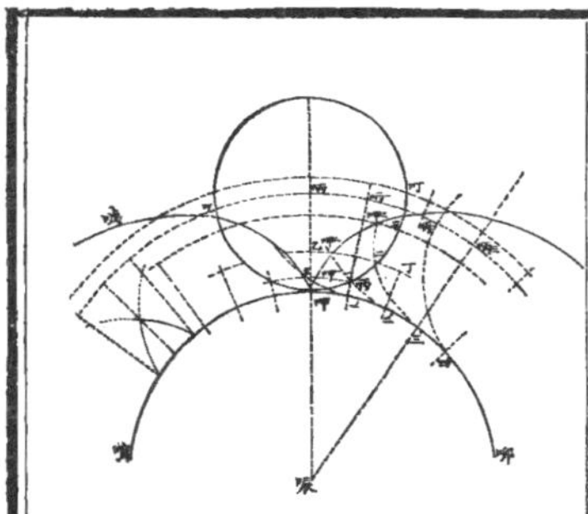

將呷叱叮圓線平分為某分如一二三以逐分之弧長為度自呷點累度嗊咖圓線如一二三自哌心作半徑過此各點而引長之再以哌為心展規至呐點作圓線交半徑於呐呐呐等點以呐呷為度以此各點為心作

虛圓線再以㖮為心展規至輥圓之一、二、三各作圓線交前圓線即得相當各點連成曲線即是圓外擺線

第二法　取一丑自丙度至呷取二乙自丁度至呷以同法得多點亦可連成圓外擺線

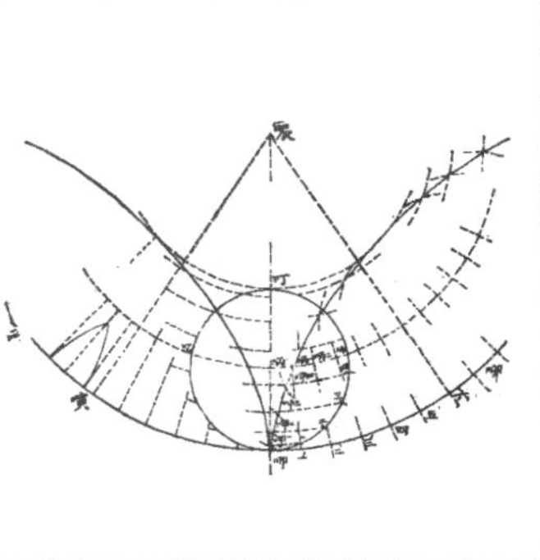

第六十三題

圓内擺線

作法與又法並同前理

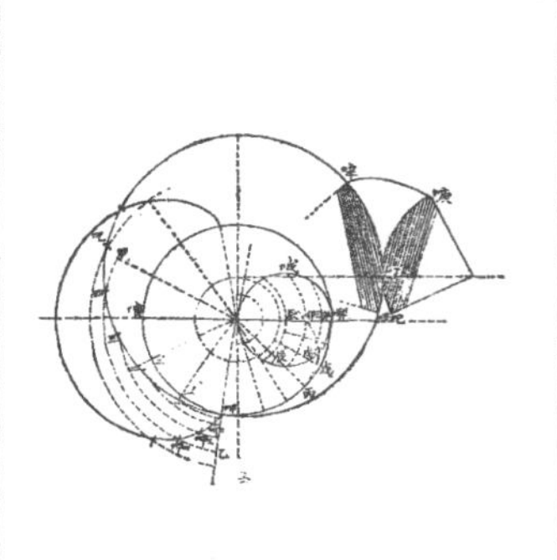

輥圓大於圓底線者用前又法成之若用正法則各線之交點甚銳而難分

輥圓之徑半於圓底線之徑者輥於圓所成之擺線必為直線試用前二法求得唎點所行之路必過卯卯辰各點而成直線　輪齒面之曲線全藉此理宜細認之

作擺線之器如圖右方之式用薄木片作輥圓與圓底線之段如咦叮叱與啐叮吒將圓底線釘定於平面以輥圓相切輥過則庚點行成擺線各種擺線皆可準此為之

元和邱瑞麟校字

上海曹鍾秀摹圖

器象顯眞卷三　以幾何法畫機器視圖

英國　白力蓋輯　英國　傅蘭雅　口譯
無錫　徐建寅　刪述

第一章　總論

視圖者以眞體之形移於平面也凡體俱以長闊厚三面為界而此三面又以線為界故眞形之顯於平面必以界線為主也若論其理則以原體與人目相距假設其各點之光線俱平行直射至目於此相距之間置以玻璃使與光線正交而收實體之像依像勾勒即顯器具一面之視形故有三面正交之視形即可以顯器體之眞形矣設將

器體挂於正交三面之內而在此三面之上勾勒正對之視形則雖取去原體眞形已能全顯因各種機件多為各面正交故有三面圖已足顯其全形非若動植等物之錯綜宛轉常成無法之形雖有三面尚難曲肖也

設甲乙丙為各面皆平行正交之長立方體如第一圖甲乙為平面甲丙乙丙為兩立面挂於丁戊丁己丁庚方箱之內使體之三面與箱之三面平行次將體之三面移於箱之三面法自體之各角作線引至箱面而正交即得甲丙在丁己平面上之視形甲丙乙丙在丁庚平面上之視形乙丙甲乙在丁戊平面上之視形甲乙成為三面視形甲丙為正立視形乙丙為旁立視形甲乙為平視形丁丑線名為根線此三者即甲乙丙長方體移於平面之視形可以顯體之眞形然此體之視形既有其二可得其三如有甲丙與乙丙二視形即得第三形甲乙法作丙辛乙壬與甲子丙丑各

第一圖

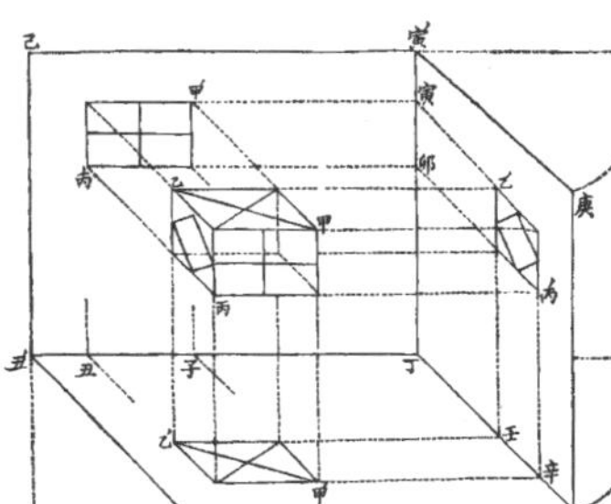

線遇於丁戊面再自辛壬子丑四點平行引長至四線相

交即得甲乙視形如先有甲丙甲乙二視形可自甲乙視形作辛壬二線自甲丙視形作寅卯二線平行引長相交亦得乙丙視形

已有二視形而欲求其第三即用前法然平常器具以二立或一立一平已顯全形惟器體有繁簡之別其對面內面如有不能見者必設中心剖開能使內藏之物外露始能顯之此剖面圖之所由作也此視圖係幾何法之圖與望圖不同

畫圖者用規矩各器將圖之各界線自此處移至別處又可不用立方箱之繁（第一圖之說乃講明理法之本原使人自能設想於胸中畫圖時固不必）

也。如是而三視形俱可畫於一箇平面，如丁庚旁面可鋪於

第二圖

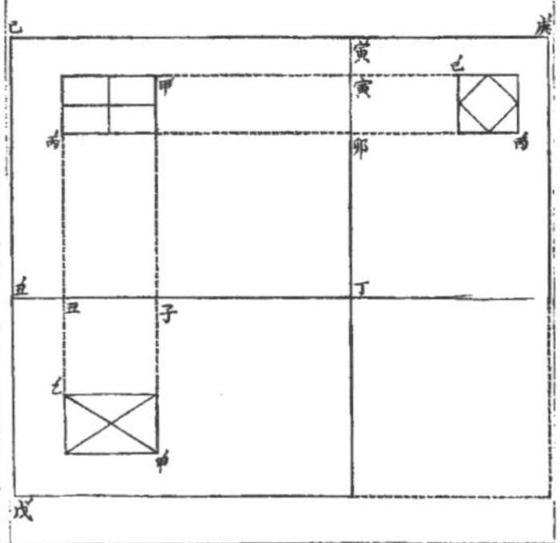

平面如丁庚，丁戊面可鋪於平面如丁戊，即得三面視形在一箇平面。如第二圖作識之字同前。丁丑、丁寅仍為根線與立線，因欲見其從何面移來也。甲子、甲與丙丑、乙俱連成直線，而與根線正交，故欲求平視形內任何點之方位，可將丁字尺對準正立視形之點，而引下作線。

再由旁立視形取相配之點，與立線相距之度，自根線度引下之線，即其點之方位。先有正立視形與平視形，同法為之。由此可見一箇平面可畫一器數方向之視形也。學者常將視形與眞體並觀，此理自然明曉。

第二章　視圖大小比例

器件欲畫於紙幅，必先計圖之尺寸，以當器體之尺寸。其比例配紙之大小，及器件之簡繁。時辰表之事件甚小，汽機之事件頗大，各準比例而贏縮之。表件之圖宜大於眞體數倍，而汽機之圖宜小於眞體數倍也。汽機圖恆以一寸當一尺，車牀圖恆以二寸當一尺，大鐵橋圖以一寸當二百寸至三百寸。

機器有數件極大，或數件甚小者，大件與小件同比作圖，則小件不能詳明，所以大器之小件必另作分圖，大其比例，最精要者放大與眞體等。

器與圖大小之比例，以線計而不以面計。設言圖當眞體之半，即各邊線得眞體之半，而面積止得四分之一也。比例之總法，常以若干寸當眞體之一尺，如六寸之圖，即眞體之半；二寸之圖，即眞體六分之一；半寸之圖，即眞體二十四分之一也。餘可類推。然此以全器約定之比例為主，在此一器之內者，俱一例同比，非謂逐件各自相比也。

比例已定，擇用紙尺之合數者，可以不必用規相度也。若不用紙尺，則在紙之空處作一直線，依已定之比例，以若干寸當一尺，作識於線旁，將此一尺分為十二寸，一寸分為八分，作字識之。

核計圖與器之比例，必視紙幅之大小，可容若干大之圖。先略計器具之外界，以配紙之大小。若欲畫二立視形與一平視形，或一正立視形與一平視形，則先畫正立視形，而移其各點各線於平視形。若欲畫正立視形與旁立視形，則先畫旁立視形，而移各點線於正立視形。又可先畫平視形，而移各點線於二立視形。若用幾何之法作圖者

以此爲便有時二視形或三視形同時並畫彼此交互相得則爲更便

第三章　界線分粗細

圖之界線祇顯眞體之外界而不能顯其面之亮暗且面有或圓或平或斜更非界線所能顯然有法焉當以線之粗細識別之受光之亮處作細線背光之暗處作粗線自然陰陽畢露眞體宛然粗細當在稜角之界而圓面之界不可粗因圓面本無稜角故非截然有界也試將圓球任自何向視之其形俱爲平圓此平圓之界亦不過强爲其界並非球體之眞界因體之眞界必在各面相交之稜而

球則渾圓無稜故其受光之面界線必極細其背光之面亦稍粗以顯其陰陽惟其粗細也以漸所以爲平面與曲面之別也若夫界線粗細之位置自宜先定光來之方向體之凹處粗線在光來方向之面體之凸處粗線在光來方向之對面但此法特爲界線圖之用尙有亮面暗面之別詳見後卷

人目視體而可見者因有平行光線直射其面而同至人目也光有向背眞體之面必有亮暗而界之粗細由此以分設光線平射正面則旁側之面俱暗眞形不能顯露所以定其光線自四十五度斜射三面使正立視形光來之

方向自紙左邊之上角平視形光來之方向自紙左邊之下角

第三圖甲乙丙丁爲長方體之立視形甲乙戊已爲平視

第三圖

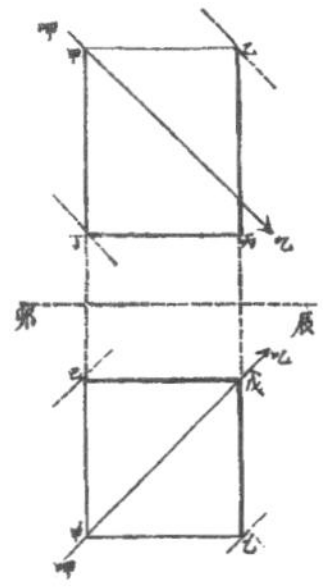

形卯辰爲根線其光來之方向用呷叱箭指之此二箭與卯辰線相交成四十五度之角若作乙丁乙已平行光線可知受光之面有三卽二立面爲甲乙丙丁面卽甲乙線又甲丁巳甲線內之面一平面爲甲乙戊巳面卽甲乙線其各面相交之界線以光之向背分粗細甲乙

卽甲乙又甲丁與甲巳爲向光各面之界線其線宜細乙丙丙丁乙戊戊巳爲背光各面之界線其線宜粗

第四圖爲八面空柱之半其內外面各線平行外面自乙過丙至丁爲暗面餘爲亮面內面則與外面相反又丁庚內外兩面與光射方向平行所以不亮不暗線宜不粗不細

第四圖

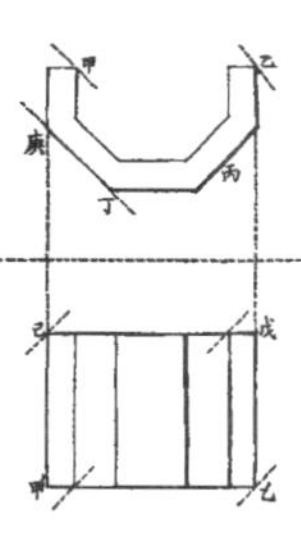

第五圖爲空圓柱在平視形作甲丙二光線與光之方向平行與圓柱外面相切卽得甲乙丙半圓爲暗面界線宜

第五圖

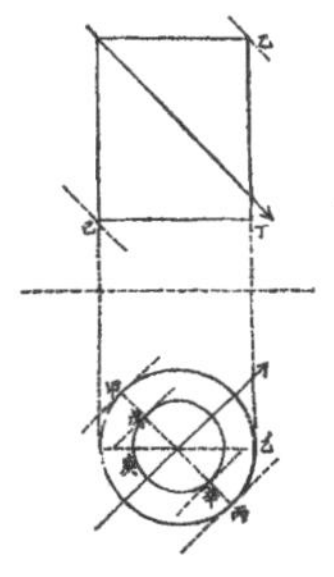

粗甲丙兩處不亮不暗界線宜不粗不細而爲粗細二線以漸相接之處柱內圓空即體之凹處故與外界線相反而戊庚辛爲暗面界線亦宜粗立視形則底線丁已宜粗乙丁線是曲面宜不粗不細

界線粗細之法前已詳盡然粗細之度當依面之大小而稍得比例之意也法國之法在平視形以光自紙左邊之下角射來英國則作平視形立視形俱以光自紙左邊之角上射來

第四章　簡體視圖 以下各體視圖畫時不用丁字尺而用幾何之法首頁之眞形即視圖之加以渲染者也

六面錐體 圖見第一頁

六面錐之眞形如首頁之第一圖第二圖此體須作正立視形以顯其邊與高平視形以顯其底與頂即能全見眞形

觀此體知其中線之四邊相對而相等故兩邊亦相等此類名正形

在紙幅之中先作根線丑酉又以線端丑酉各爲心作人物二交界而作立中線與根線正交規若不能展開至根線之端以作人物二交界則自丑度至寅自酉度至卯使相距等即以爲心在根線上下作交界而作立中線過之各線俱以此二線爲主次作外格線其大小約能容此全圖而稍有餘地以半高爲度自根線任何點之上下作識而作天戌線與地亥線與根線平行又以半闊爲度自庚辛二點左右作識而作天地線與戌亥線

次約取能容此圖爲度自辛點作吔界自庚點作吙界作線切此界即得第一圖第二圖之立中線再以同法作各中線又作橫中線與根線平行如寅卯交各中線之點爲平視形之心

正置平立二視形 第一圖第二圖

先作平視形以錐體底之一邊爲半徑以申點爲心作圓線交寅卯線於甲丁即以原度自甲丁二點在圓線作界交於己戊乙丙作六線連此六點即成錐形之底再作三線連對角即成六面錐平視形 若各線不差則對角線必與邊平行

次以平視形各點移作立視形因錐形之底著於地面故必切於根線自甲乙丙丁各作線與中線平行向上遇根線於甲乙丙丁以爲各角之相當點再以錐形之高在中線自庚點度至申作申甲申乙申丙申丁四線即成立視形對目之三面其申甲申丁二邊與視面平行故其長不

改己戊二角點正對乙乙丙丙二線故申乙申丙二邊短於眞體

斜置平立二視形 第三圖第四圖

申甲申丁二邊仍與視面平行故其立視形與前同式惟欲側而使一角著於根線

先在根線定丁點之方位作丁甲線與根線成角等於斜置之度自丁度至甲等於第一圖之丁甲即於此線之中點庚作正交線爲錐形之中線以錐體之高自庚度中線至申以底邊之半自庚左右度至乙與丙作申甲申乙申丙申丁四線即成立視形之各邊

次以立視形之各點移下作平視形因申甲申丁二邊線與視面平行故移至平視形必對寅卯線自甲丁二點作線垂下交寅卯線於甲丁二點又自乙丙二點作線垂下以錐形底之半闊爲度自寅卯線向上向下作界如辰如已切此二界作平行線與垂線交於已戊乙丙四點連爲六邊線即成斜置錐底之平視形其丁戊丁丙二邊須作虛線因平視形內不能見此二邊也次自頂點申作線垂下過寅卯線於申自申點作線至各底角即成斜置錐體之平視形

剖面視形 第五圖第六圖

剖面與視面正交與底面成角旁面與視面俱斜交作申申中線交寅卯線於申爲錐形之中心依心作圓線因各面不與視面平行當依所斜之度作甲丁線過申點用前法自甲丁二點得四角點連成六邊形再作對角線即爲全錐之平視形由此以作立視形如前法

在立視形依所斜之度作剖面線交於中線如呷叮次移至平視形亦爲六邊形其角必在錐形之稜自立視形之剖面線與各稜線之交點呷吧吣哦哂叮作線垂下與平視形各對角線相交於呷吧哦叮哂吣即剖面之角作線連之即成剖面平視形

各邊不等者因剖面與底面不平行也在剖面內之對角線作虛線者因平視形內不可有此線也申呷申叮等亦作虛線者因在立視形已剖去之處也剖面之內俱作平行密線者使醒目也後皆仿此

五面錐剖面視形 第七圖第八圖

剖面與視面正交與底面斜交底邊丁戊與視面平行此體與前體略相似然作法不同理亦有異

作申申中線交寅卯線於申以錐體底五等邊形外切圓線之半徑爲度以申點爲心作圓線交中線於乙自乙作圓線內切五等邊形甲乙丙丁戊再自申點作線至各角

即成平視形

次以平視形之各點移上作立視形如前法並作剖面線呷㕹移至平視形成剖面亦如前法但取吆點乃前法所無因自吆點向下所作之垂線與申乙線相合也故必另求吆點距中心之度設錐體轉過四分周之一則乙點移至乙[二]自乙[二]點作線向上交根線於乙[三]作申乙[三]線以吆點轉過與根線平行交申乙[三]線於乙[四]以吆乙[四]為度自申度中線即得吆點或自乙[四]作線垂下交平中線於乙[五]以申乙[五]為度以申為心轉規交中線於吆亦得此點餘俱如前法

六面柱體　圖見第二頁

六面柱之眞形如首頁之第三圖第四圖作根線中線俱如前法

正置平立二視形　第一圖第二圖

先作平視形以柱底之一邊為半徑以横立二中線之交點申為心作圓線再作内切六等邊形即成平視形

次以平視形各點移上作立視形因體正立故稜線俱合垂線即自各角作線向上至根線而引長之即為各稜線以柱體之高為度自庚點度立線至甲自甲作線至丁與庚線平行即成立視形柱體之各稜俱與視面平行故各稜線之長亦與眞體相等也

斜置平立二視形　第三圖第四圖

柱體雖斜置仍與視面平行故形與前同惟以一角之庚點著於根線

先作底線將正立視形移其上如前法

次以立視形各點移下作平視形自各角作線垂下又作上下二邊線與横中線平行交各垂線於甲乙丙丁戊己與庚辛壬子丑寅作線聯此各點即成斜置之平視形

扭置平立二視形　第五圖第六圖

向左斜立以庚角為定點而扭轉先有斜置平立視形先作平視形以扭過之斜度作中線天天以斜置之平視

形移其上移甲子二點於天天中線作甲子取甲庚為度自甲度中線於庚取甲呷為度自甲度中線於呷在呷作正交線取呷己為度自中線呷度正交線於乙於己自乙己各作線與中線天天平行又作甲己與甲乙二線再自庚丁子三點向上向下作線與甲己申乙平行即成平視形

底面與根面之角度等於斜置者故體雖扭過其各相當之角仍與斜置者同在一箇平面

次自平視形各角作線向上作立視形另自斜置立視形之各角作線向右與根線平行與相當各垂線相交之點

卽得各角之點作線連之卽成立視形

圓錐剖面 圖見第三頁

斜剖面視形 第一圖第二圖

剖面與視面正交與根線斜交天天爲剖面線

先作平立二視形以底之半徑爲度以申爲心作圓線再切圓線作直線向上交根線於甲於乙以錐體之高爲度自中線交根線之點丙度中線至申作申甲申乙二線次作剖面線天天自頂點申任作一線斜下在甲乙二點之間交根線於戊卽爲圓錐外面之一界線交剖面線天天於⿰口戊此點爲剖面與界線之交點自戊點作線垂下交平視形圓線於戊自戊作半徑線至心點申又自⿰口戊點作線垂下交戊申線於⿰口戊則⿰口戊點爲戊之相當點必爲剖面之界以同法作申丁線交剖面線於叮自丁點作垂線至丁點作申丁線又自叮點作垂線交申丁線於叮則叮點爲叮之相當點仿此爲之可任得多點

申甲與申乙二線移於平視形卽爲甲乙線故於剖面線相交之呷吃二點作線垂下交甲乙線於呷吃必爲剖面平視形所成曲線之二極故呷吃線必爲曲線之中線其曲線之上下兩半相同次連各點作曲線卽得剖面之平視形適合擠圓線

圓錐剖面與中線正交者必爲正圓故可假設多層平剖面以得斜剖面之平視形如下法

作己庚剖面線自此二點作線垂下交甲乙線於己庚必爲剖面圓線之徑以申己爲半徑以申爲心作圓線自己庚與天天線之交點辛作線垂下交前圓線於辛於壬以同法得多點卽可連成擠圓曲線亦爲斜剖面平視形

剖面形

將天天線之吃爲定點轉移至直立使呷合於呼又平行移至呷吃爲擠圓之大徑以剖面線之分點叮移至呷吃線叮在叮點作橫線與呷吃線正交以剖面平視形之叮叮自叮點左右作短界交於叮吧二點以同法作多點卽可連成擠圓線簡法先作大小二徑可以常法作擠圓線

斜剖面視形 第三圖第四圖

剖面與視面正交與界線平行地地爲剖面線

先用擠圓第二法由立視形得平視形曲線之各點如己庚癸子等寅點爲頂點卽可聯成曲線爲剖面平視形適合拋物線

剖面形

將地地剖面線之寅爲定點轉移至乙又平行移至寅乙以剖面之分點戊移至寅乙線戊在戊點作線與寅乙線

正交、以剖面平視形相當之界申己爲度、自戊二點左右作短界、交於己於庚、以同法作多點、即可聯成拋物線、

直剖面視形 第五圖第六圖

剖面與中線與視面俱平行、在平視形爲入入線、在立視形爲剖面正形、作法與前略同、

在立視形任作戊己線、與中線正交、以其半爲度、以申爲心作圓線、交入入線於庚於辛、又以申壬爲度、以申爲心作圓線、交甲乙線於子、自子作線向上交界線於子、自子作線至丑、與根線平行、而得壬點、爲曲線之頂、自庚辛二點作線向上交戊己線於庚於辛、以同法作多點、即可聯成雙曲線

第五章　各體相貫視圖、機器中圓柱諸體貫入別體者甚多首頁有各體相貫之總式

二圓柱相貫諸形 圖見第四頁

通曉圓錐之剖面、則圓柱之剖面易明矣、設圓柱正立、則斜剖面必合橢圓、小徑等圓柱之徑、大徑以圓錐剖面法求之、

相貫正交中線正對、第一圖第二圖

甲乙丁戊長方爲大圓柱之立視形、甲辛乙圓線爲大圓柱之平視形、

寅子丑壬長方、爲小圓柱之立視形、丑已壬卯圓線、爲小圓柱之平視形、二柱相貫處之曲線、即甲辛乙與丑已壬卯二圓線、

相貫正交中線不正對 第三圖第四圖

先作平視形如前法、任取呷點、作橫線呷吃、此爲與圓柱中線平行剖面之平視線、交大圓柱界於哂叮二點、自哂叮二點作線向上、次將小圓柱端界線壬丑平行移至壬=丑=、在壬=丑=線作半圓線、再將呷吃線引長、交壬=丑=線於[口戊]、遇半圓線於呷=、以呷=[口戊]爲度、自壬子二點之上下各作界、如呷·吃·咦·啐作二線連之、與前哂叮二點之線交於哂叮、

[口寅][口辰]四點、即剖面與貫界之交點、以同法在平視形作多剖面線、而得多點、作曲線連之、即二圓柱貫界之視形、曲線之頂[口壬]呼、必是[口壬]呼二點之相當點、其端點必是甲乙二點之相當點、

相貫正交二柱同徑 第五圖第六圖

作法同前、貫界在立視形、必爲正交之直線、

相貫正交全體轉過 第七圖第八圖

先依轉過之斜度作平視形、由正平視形之任點哂在斜置平視形、取相當之點哂、作線向上、另由正立視形相當之點叮、作線向右、與根線平行、交前線於哂、以同法得多

點聯成曲線即貫界之斜視形次作柱端之撱圓線

圓柱圓錐圓球相貫諸形 圖見第五頁

相貫斜交二柱異徑中線與視面平行 第九圖第十圖

先作立視形外界甲乙丁戊與已卯午辰二長方次由各點作線垂下交橫中線於甲乙已卯丁各點又以大圓柱之半徑爲相距在橫中線之上下各作平行線以此二平行線之相距寅子爲大徑以甲乙爲小徑作撱圓線又作丑丁辛半撱圓線又以小柱之徑爲大徑已卯爲小徑作已卯哰吒撱圓線即成平視形

求貫界視形之曲線在平視形任取呷點作平線呷吒爲與圓柱中線平行剖面之平視線交大圓柱端撱圓線於吧吘二點小圓柱於哰吒二點自吧哰吘哰四點各作線向上至立視形交甲乙線於吧於吘交已卯線於哰於吒自吧吘二點各作線與大柱中線平行自哰吒二點各作線與小柱中線平行四線相交於吔呼咖嗔四點以同法得多點而連成曲線即二柱貫界之立視形再自吔味等點作線垂下交剖面線於吔味等點即成平視形之貫界曲線

求貫界視形曲線之又法將丁戊午辰二線平移至丁戊與午辰即以爲徑作半圓線作呷哂與丁戊平行此線爲大圓柱剖面之平視線作吖哦與午辰平行亦爲小圓柱剖面之平視線其相距子巳等於壬辰即自呷哂吖哦四點各作線與柱之中線平行相交於吔呼咖嗔四點以同法作多點即可連成曲線

求二曲線之頂點作味呻線與丁戊平行其相距壬午等於小柱之半徑子庚自味呻二點各作線與大柱中線平行交小柱中線於味呻即二曲線之頂

圓錐圓球相貫 第十一圖第十二圖

丁申爲圓錐之中線甲乙丑爲圓錐之底甲乙申爲圓錐立視形丙丙爲圓球平立二視形之心戊子已與戊

庚已爲二視形之外界

求貫界視形之曲線在立視形作呷吃剖面線交圓錐界線於哂吖即移至平視形作剖面以呷吃之半爲度以丙爲心作圓線爲圓球之剖面以哂吖之半爲度以申爲心作圓線爲圓錐之剖面二圓線交於哦吧二點自此二點作線向上至立視形交剖面線呷吃於哦吧即貫界曲線內之二點以同法得多點即可連成曲線上曲線亦同法爲之但必先定曲線之頂而後定剖面

求曲線之頂必設剖面過圓錐中線與圓球心在平視形作丙丑過圓錐中心申即爲剖面線次以丙爲心使丑轉

移至丑$_{二}$，使申至申$_{二}$，自申$_{二}$作線向上至申$_{三}$爲剖面之中線，將界線申乙平行移過至申$_{三}$丑$_{二}$，交球界於味吧二點，自此二點作橫線，再自吧味二點作線垂下，交丙丑$_{二}$線，仍轉移至丙丑線，得嗔㘅二點，自此二點作線向上，交前二橫線於嗔㘅，卽二曲線之頂點。

求曲線之端點，在平視形作剖面線甲乙，過圓錐中線，交圓球界於吒唉，以吒唉之半爲度，以立視形之丙爲心，作圓線交圓錐界線甲申與乙申，得四點，卽曲線之端點，作平視形貫界曲線，以第十圖之理思之自知。

圓柱圓環相貫 第十三圖第十四圖

甲戊乙巳庚子爲圓環平視形，甲乙丙丁爲立視形，辛吧丑爲圓柱平視形，辛壬丑寅爲立視形，與圓環正交。

求貫界視形之曲線，在立視形作剖面線呷吃，移爲平視形，得圓柱剖面辛吧丑圓線，圓環剖面呷吃庚圓線，兩圓線相交於吧吒$_{二}$二點，自此二點作線向上，交立視形剖面線呷吃於吧吒二點，再以同法得多點，卽可連成曲線。

又在立視形中線之下作剖面線，距橫中線與前線等，與前垂線所成交點如哦叮，亦可連成曲線。

求二曲線之頂點，亦用前法，在平視形作剖面線辰乙，過圓柱之心與環心，將此線以辰爲定點，轉移至乙$_{二}$㘅點，移至味，自味點作線向上至立視形，交環界於味吧二點，自此二點作線向左，自㘅點作線向上，交二平線於嗔㘅二點，卽曲線之頂點。

求曲線之端點，在平視形圓柱心作橫線，交柱界於辛丑二點，次以辰爲心，自辛丑二點作圓線，交於甲乙$_{二}$線，卽自其點作線向上至立視形，交環體圓線，次自交點作橫線，交於圓柱界，卽曲線之端點。

求貫界曲線交圓環上界之點，將平視形環體之徑甲己平分於吧，以辰爲心，自吧點作圓線，交圓柱界線於叺於唉，自此二點各作線向上，交圓環上面界線於叺唉二點。

圓環剖面 第十三圖第十四圖

剖面與立視面平行，在平視形爲卯酉線，酉戊亦爲剖面線，在立視形亦見爲線，卯酉則見其剖面，器具之中線與兩邊同式者，其一邊作立視形之半，一邊作平視形之半，或剖面形之半，機器分圖尺寸放大者，常用此法，可以省工省紙。

在立視形作噢呷與吒吃二剖面線，與甲乙線平行而相距等，交環體界於噢啐二點，將此二點移至平視形甲乙線，得噢啐二點，以辰爲心，自噢啐二點作圓線，交卯酉剖面線於㖘哷二點，自此二點作線向上至立視形，交噢呷

吁叱二線於哌哘呾呼四點以同法得多點又自卯點得卯點即可連成曲線爲剖面之界

求剖面曲線與外界平線之交點在平視形以辰爲心自環體中點吧作圓線交卯酉線於呻自呻點作線向上交外界已叺丁丙平線於呻呾即是此點

求曲線之端點在平視形以辰爲心自酉作圓線交辰甲線於咳自咳作線向上至立視形交環體圓線於咳吠二點自此二點作橫線向右交呷丙線於哂吷二點即曲線之端點

圓柱多面柱圓球圓亭相貫諸形 圖見第六頁

六面柱與圓球相貫 第十五圖第十六圖

柱之中線正對球心丁戊已庚辛壬爲六等邊柱之平視形其球之平視外界必爲同心之圓線

求貫界視形之曲線先在平視形引長戊已線之兩端交球界於呷叱以其半爲度以立視形之丙點爲心作戊已與寅丑二弧即成與立視面平行之貫界曲線

次在平視形引長已庚線之兩端交球界於叱吷自此二點作線向上至立視形交甲乙線於吧吷二點以爲小徑以叮咉爲大徑作橢圓線即是兩旁貫界之曲線

又法不用平視形作丁庚線得戊已二點將戊已線與已庚線各平分任分如一一自分點作線向上遇圓線於啐啐以一啐爲度移於已庚線之分點如一啐即可連成曲線亦合橢圓線

圓柱圓球相貫 第十七圖第十八圖

圓柱中線與球心不正對丁戊丑卯與甲乙二圓線爲球與柱之平視形其貫界曲線與前法略同

求貫界視形之曲線在平視形作剖面線哂叮與甲乙線平行即與立視面平行與柱圓界交於庚辛二點自此二點作線向上至立視形以哂叮之半爲度以立視形之丙點爲心作圓線交前向上線於庚辛壬子四點再以同法得多點即可連成曲線

長方體與圓亭相貫 第十九圖第二十圖

丙丁爲圓亭之中線長方體之面與視面平行寅卯爲其中線

求貫界視形之直線以已庚之半爲度以平視形之丙點爲心作圓線交寅卯中線於已庚交長方邊線於甲乙等點移至立視形得甲乙二點同法得子丑二點以直線連各點即成貫界視形直線

圓柱與圓亭相貫 第二十一圖第二十二圖

圓柱中線與圓亭中線正對而正交俱與前同

求貫界視形之曲線、在立視形作剖面線呷吃、與甲乙中線平行、交圓亭界線於呐叮二點、次在中線丙丁、以柱徑作半圓吧哦、咋交呷吃線於喹、以喹啐為度、在平視形之壬寅線甲點上下作識、如呼呷二點、自此二點各作線與甲乙線平行、再以呐啐為度、丙點為心、作圓線交前二線於嗊吧唦㗊四點、即可成平視形之曲線。自此四點作線向上至立視形、交呷吃線於嗊吧二點、以同法得多點、即可連成曲線。

求曲線之頂點、將圓亭之界引長而成圓錐、自圓錐之頂點作線為咋哦吧圓線之切線、其切點在哦、自哦點作剖面線與甲乙中線平行、用前法在平視形得呸味咋呻四點、自此四點作線向上至立視形、交剖面線於呸味二點、即曲線頂點。

螺絲條視形 圖見第七頁

直線繞成圓柱而相距等者、名正螺絲條、二絲中線之相距、名曰螺距。

方條螺絲 第一圖第二圖

有螺徑與螺距

以螺徑之半為度、以丙為心作圓線、又以內徑之半為度作圓線、即成平視形、平分圓線為八分、次作立視形外界之二直線、取甲甲‴為螺距、亦平分為八分、如一二三等、自各分點作線與根線平行、次在平視形圓線之分點作線向上、交相當之各橫線於乙丙戊各點、即可連成曲線己甲‴曲線、同法成之。

次以螺絲條之厚、自甲度至甲‴、自乙度至乙″等、即可連成同式曲線。

求內徑曲線、自平視形之內圓線作線向上至立視形、交相當各橫線於子丑丙卯辰等點、亦連成曲線、再用前法作同式曲線。

圓條螺絲 第三圖第四圖

甲丙戊為圓條平視形之中線、呷丙為圓條半徑、以前法作圓條中線之立視形、如甲乙丙丁戊曲線、以呷丙為半徑、在曲線之任何點疏密隨宜作小圓線、切此小圓線作曲線、起於甲圓線、止於戊圓線之辰點、又自癸圓線之切點壬同法作又一線、即成立視形。

元和邱瑞麟校字

上海曹鍾秀摹圖

器象顯眞卷四 機器視圖匯要

英國　傅蘭雅　口譯
英國　白力蓋輯
無錫　徐建寅　刪述

第一章　螺絲視圖

尖紋螺絲並螺蓋見第八頁第一圖第二圖第三圖第四圖

對螺絲之中線剖開其陽紋之剖面成三邊形者為尖紋螺絲螺徑四寸又十六分寸之十三內徑三寸又八分寸之三螺距一寸又二分寸之一

先作平視形取螺徑之半二寸又三十二分寸之十三以內點為心作甲庚乙半圓線又取內徑之半一寸又十六分寸之十一作辛壬寅半圓線平分外半圓線為八分任分俱可自各分點作半徑線則內半圓線得相同之分點先自甲乙辛寅四點作線向上成立視形之內外二界

次作立視形在外界之外作天人線與中線平行恐作分點紙面易壞也取螺距一寸又二分寸之一自天點累度向上如甲甲等點依欲作之絲數即自各點作線向右與根線平行如甲寅與甲寅將一距之間平分為二分每分再平分之如半圓線上之分數自各分點作橫線又自大小二圓線之各分點作線向上得相當之各交點每螺距之間迭更連成內外二曲線如甲乙與辛寅其背面之不見者亦作虛線次作螺紋面之界線如甲辛與乙寅等即成立視形

螺蓋須作剖面形與作螺絲立視形同法惟其剖去之半不必畫出在剖面處作密線為螺絲面之切線不可與螺旋中線正對其各相距同度並作可以省工平視形之圓線須與螺絲平視形之圓線相反以顯凹凸相含末寫各相距之數如圖式

螺線樣板第五圖第六圖

絲數甚多者不必逐絲細分可用薄木板或厚紙作呷𠮙線等於甲乙作哻呏吇哂各點等於哻呏吇哂自此各點作線與呷𠮙線正交取叮㖌𠯌𠹥各點等於丁戊己庚次

作曲線連各點將小刀循線割齊再用同法作內徑螺線用時將呷𠮙線對準每距橫線將筆靠曲邊畫成螺線

三絲方紋螺絲並螺蓋見第九頁第一圖第二圖第三圖第四圖

螺距大者作多絲以大其磨面其陰陽兩紋之厚闊俱相等螺距三寸又十六分寸之一

求曲線之法與前方條尖紋並同惟在天人線度螺距三寸又十六分寸之一平分之為六分作陰陽紋各成三絲背面不見者作虛線

螺徑不甚大者不必多分可將平視形之半圓線平分為六分引至立視形得五交點中段二分只用直線連之兩

端二分則用圓線連之亦不甚差矣
圖非甚精者可用斜平行線代螺線
螺蓋亦與尖紋螺蓋同法觀圖自明

第二章　機件視圖

機件有立平二圖不能顯者必作剖面圖茲舉數則以明其用

立軸下樞見第十頁第一圖第二圖第三圖

軸樞有內外二層雖有立平二視形止能顯其外面與上端必作對中剖面形始可顯其內體之厚薄形式也凡與此相似之體仿此

平視形與剖面形內外各處固已顯明更作立視形者以顯凸塊叮之方位與形式也若無此凸塊可省立視形矣

輭墊壓蓋第四圖第五圖第六圖

體爲單層立平二視形已顯外形與各孔惟體之厚與內形必藉剖面形以顯之叱爲銅圈內徑等於挺桿之徑哂爲藏油之空處吠吠二孔以容螺絲吧如杯形以添油

球形活節第七圖第八圖第九圖

球體內空且有內外二層非剖面形不能顯戊乙爲直通之管空球二層密切可以四面旋轉轉角之處用卷二之法成之

相定平門第十圖第十一圖第十二圖

門體內空另有物件非剖面形不能顯甲甲爲定架與外殼相連乙乙爲門在外殼之內可上下外殼未畫門有四輻哂哂架有四輻甲甲立視形之轉角另附圖如丙辰

以上各圖作線之法不贅言因前已詳盡觀圖當自知也惟體之內面不甚繁者或可省作剖面形而即在立視形內加虛線以指內形然究不及另作剖面形更易明也若體之外面無凹凸處又可但作立剖面形而省作立視形

軸枕見第十一頁第一圖第二圖第三圖第四圖

軸枕之用以托轉軸中分爲二下名枕底用螺釘連於機座上名枕蓋用螺釘連於枕底二者俱用生鐵爲之與軸相磨之處襯以礮銅名枕襯

圖內以軸頸之徑爲六寸底板下面距軸爲六寸又二分寸之一餘各尺寸俱準常用最宜之數欲其全顯須作四圖一立視形以指正面之高與長並底板之厚以及軸心距底板下面之數銅襯枕蓋等二平視形以指枕蓋底板之闊並螺蓋與螺眼凸領之界三立剖面形剖面過平視形橫中線呻哂以指銅襯之耳相切緊密螺釘不受旁移之力四枕底

平視形（不連枕蓋）以指螺釘之孔與銅襯之內形
作根線呷⿰口乙橫中線呻唒縱中線吧咦與啐呸取底板下
面距軸心之數自根線度縱中線於呐自呐點作線與根
線平行先作立視形以軸半徑爲度以呐爲心作圓線又
展規加襯厚之度作圓線又加蓋厚之度作弧丑子卽取
各相距度之作各直線次作平視形以枕蓋枕底之半闊
爲度在橫中線之上下作識餘各由立視形引下而得各
直線立剖面形枕底平視形同法爲之餘不贅言觀圖自
明各線畫畢之後寫明相距之數如圖
剖面形在螺釘之處以螺釘爲未剖去故不作密線如丁

如辛凡剖面形在孔處或孔內有別件者仿此
高枕（見第十二頁第一圖第二圖第三圖第四圖）
其用略同前式惟軸可高托任小力者用之連於架座
之法有數種各依其用
軸頸之徑爲四寸又二分寸之一底板下面與軸心相
距十七寸圖必有四始能指明各處一立視形二平視
形三旁視形四枕底平視形（不連枕蓋）
作根線與各中線取軸心作各圓線如前再作各直線又
作小圓線爲各轉角次作二股之曲線合正圓線以十六
寸爲度以戌與子爲心作交點以已與丑爲心作交點卽

以二交點爲心作圓線再取小半徑作線端轉角之圓線
作立視形時所有平視形與旁視形之尺寸相同者可以
同時畫成庶得省工
次作旁視形股旁曲線⿰口戌子亦合正圓線以丙⿰口戌線爲切
線故心必在⿰口戌點之橫線將此曲線移於平視形任取曲
線之寅卯二點作線向左與根線平行至立視形交股之
內外曲線於寅卯寅卯自此四點作線垂下至平視形交
橫中線⿰口寅⿰口卯於辰巳等點次取旁視形之辰寅與巳卯等
相距在平視形辰巳等點度垂線至寅卯等點以同法得
多點卽可連成曲線其餘各曲線仿此

次作旁視形之軸旁螺釘外內申酉辛曲線（卽二圓柱相貫之曲線）
必在空紙另作圖（如第五圖）先作辛未酉圓線代立視形之辛
酉圓線又作申酉辛圓線代平視形之申酉辛圓線卽在
平視圓線任取各點作垂線交於立視圓線自各交點作
平線交於中線次取平視圓線之各正弦自中線截取相
當之平線卽得各點連成曲線然後移於旁視形
挂枕（第六圖第七圖第八圖第九圖）
軸近屋頂可用挂枕連於樑木樑木之下面距軸心十
六寸旁面距軸心六寸又四分寸之三須先作旁視形
作樑木立線⿰口乙吧引長向下取樑木下面與軸心之相距

自吧點度引長之線作交點、自此點作橫線、再取旁面與軸心之相距、自交點向左度橫線於⿰口丙、卽爲軸心、以作襯蓋各圓線、再在⿰口丙乙線取一點爲心、作枕底庚辛癸圓線、庚端、又作小圓線至壬、次作內股圓線戊丁乙、半徑二尺十寸、下切壬甲乙圓線、上切戊已直線、並作內孔未巳圓線、再取三尺八寸爲半徑、作外股圓線子丑、並作已卯圓線、又作直線連子癸在丑點之處作小圓線、再作各處大圓線小圓線直線等連成之、

次作旁視形之半、卽自旁視立視兩形作平視形、俱如前法、又作枕蓋立視形、如第九圖

法國鐵路座 見第十三頁第一圖第二圖第三圖第四圖第五圖

此件亦須作立視形平視形旁視形剖面形、與鐵路端之立視形、

圖內剖面形與立視形、可左右相對、卽指左右二座也、鐵路條含於架口之中、用木條定緊、木條之對角同式、作法同前、觀圖自明、其立視形之各圓角、作線之法甚詳、使學者有以習練手法也、然至嫺熟之後、不必逐處取心作圓線、止須用筆畫其大略也

開輪 見第十四頁第一圖第二圖第三圖

半作方齒半作尖齒者、示人以二法、非一輪有二式也

先作平視形、以⿰口長爲心、作齒頂齒底二圓線、如吧吧與⿰口戊⿰口戊、另作大圓線呷叱、而平分之、分數得齒數之二倍、如欲作二十四齒、則分全圓線爲四十八分、作呷叱⿰口丙叮正交徑線、在每象限分爲十二分、自各分點作半徑線至圓心、割於二圓線、卽成方齒、再自內外二圓線之分點交錯相連、如甲乙乙丙丙丁、卽成尖齒、次自平視形作立視形與剖面形、觀圖自明、

順逆輪 第四圖第五圖第六圖

齒有二式、與前同意、

先作齒頂齒底二圓線、如前法、次以所定齒面曲線之半

徑爲度、自二交點丑子作短界交於辛、卽以輪心⿰口長點爲心、展規至辛作圓線、則齒面曲線之各心、俱在此圓線、

槽面圓柱、第七圖第八圖第九圖

作法同前、觀圖自明、

第三章　齒輪視圖

齒輪要說、

齒輪者、所以傳轉動之力、而改變轉數之用、若欲轉動甚平、毫無抵牾、必使二輪雖以齒相錯、仍似以齒心界爲輪周而相切以轉也、故輪齒之齒面曲線、必與所接輪徑之大小相準、其式合各種擺線、

齒輪分爲二大類、卽平齒輪斜齒輪也。平齒輪者、二輪之軸平行。斜齒輪者、二輪之軸斜交。二類之內各分數種。又有夾柱齒輪、用二圓木輪近周夾多小柱爲齒。其相接之輪如常式、或用外齒、或用側齒。但此今已廢棄而用斜齒輪代之。

外齒輪者、二輪之齒俱向外相接。此爲常式。

內齒輪者、大輪之齒向內、小輪在大輪之牙內。

齒條者、直條之旁勻列直齒、同於無窮大徑之輪、以齒輪相接、能將直動變爲轉動、或轉動變爲直動。

螺絲接齒輪者、輪齒斜繞而與螺絲相接、齒輪常受螺

絲之力。

斜齒輪者、二輪之軸斜交、其齒亦合斜度。

側齒輪者、齒與輪面正交、常與夾柱齒輪相接。

二輪相接者、其齒心距齒長齒厚必俱相等、輪徑之大小與齒數爲比例、齒數之多少依轉數之比例。

已知二輪心之相距並轉數之比例、求二輪齒心界之徑。

相接之輪、其徑與轉數爲反比例。大輪徑爲二、小輪徑爲一、則大輪一轉而小輪二轉。法將二輪之轉數相和、以此數平分二輪心之相距、以二輪心爲心、以其轉數相反之分數爲半徑、各作圓線、卽爲二輪之齒心圓界。

已知二輪齒心界之徑並一輪之齒數、求又一輪之齒數。

二輪之徑與徑之比、若齒數與齒數之比。

已知二輪心之相距並齒數、求齒心界之徑。

二輪齒數之和與二輪心相距之比、若一輪之齒數自與齒心圓界半徑之比。

齒條之齒心界爲直線、卽爲接輪齒心圓界之切線。

夾柱齒輪之齒心界適在齒柱中心、其柱徑等於輪齒之厚。

二齒輪接轉之要事、必使齒面磨力極小、而受力極勻。相接之齒行過雖相磨而似相輥、如第六圖、以甲乙丙

大輪之半徑辰丙爲全徑作圓線辰庚丙、設以此圓線輥於甲乙丙圓線之內、則丙點之行迹必爲丙辰甲直線。若以辰庚丙圓線輥於丙丁戊圓線之外、則丙點必行曲線。此曲線卽是擺線、無論在何方向、必以丙辰線爲切線、因擺線與直線俱自丙點起也。因此知二齒之接轉必能磨而兼輥、且受極勻之力。其二齒相切之點恆在辰庚丙之圓線。

用此理作齒面曲線、見卷二第

第六圖

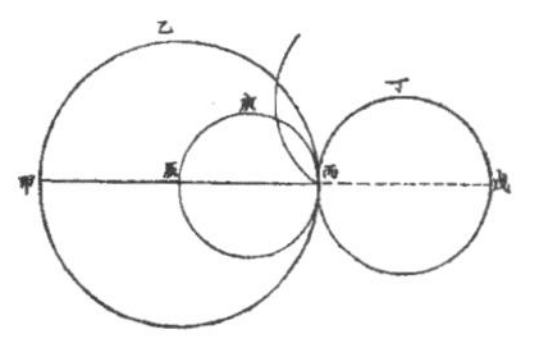

七章各種擺線

齒面曲線之理前已詳盡惟作圖之時又可不必全用此理者非此理之有差因可以稍從遷就也設全用此理則齒心界以內之齒面爲直線即合此輪之半徑線亦爲彼輪齒心界以外齒面曲線之切線然作圖則不作直線而作圓線因輪轉之時齒面曲線切於齒心界以內之齒面直線移動其路甚短故可改作圓線使更牢固也惟齒心以外之曲線不可少有微差以下各圖悉準前理而作乃爲最善之式製造之時或不能全用此式則於變通之處亦詳之

機器之內齒輪之用爲最多故畫圖者必須速而且準始爲此道之能事茲設齒輪數種以詳論其理

平齒輪見第十五頁第一圖第二圖第三圖第四圖尺寸與形式俱合近時之常制惟齒面之曲線用圓線而不合算理取其簡便易畫也製造輪齒必用合理之式慎毋少差非若樣圖之甚小於眞體以圓線省工雖差亦無妨也依算理之式其齒面曲線必與相接輪徑之大小爲準後詳論之

齒心距者一齒之中心與又一齒中心之相距等於一齒之厚與一齒之凹之和數齒輪之齒心距在齒心圓線量之齒條之齒距在齒心直線量之

平齒輪須作三圖一爲平視形一爲立視形一爲剖面形另作輻之剖面形

先作平視形以中點呷爲心作齒心圓線展規稍大作同心之外圓線依齒數平分爲五十四分不可在齒心圓線作分者恐混目也以半徑度圓線得六平分即爲輻之中線再將各分俱作九平分即可共得五十四分自各分點作半徑交於齒心圓線而得各點即爲齒心次在二邊作吧咦啐吀二線爲立視形與剖面形之中線此線之二旁各作平行線以輪厚爲相距仍在平視形任將一齒心距平分爲十五分取

其五分半自齒心向外度半徑線而得齒頂取其六分半自齒心向內度半徑線而得齒底以呷爲心展規至頂底二點各作圓線爲齒頂與齒底圓線然後將上下二界點引至立視形與剖面形

輪齒表

齒心相距十五分　齒心距齒頂五分半　齒心距齒底六分半

齒長十二分　齒切面長十一分　齒厚七分

輪輻輪牙俱厚七分

右表各數爲今時著名工師所定以後各圖俱依此數學者毋忽毋忘足爲常用之法

次在平視形作齒面曲線，取齒心距之三分半，自各齒心左右度之，得巳庚寅辛丑癸各點，以庚爲心，展規至辛作圓線，再以癸爲心作圓線，即得此齒一面之曲線，其餘同法爲之，此以齒心距爲半徑，以鄰齒之齒面曲線交於齒心圓線之點爲心也（即巳庚寅辛等點），故有簡法，只須取得一齒之左右二點，即可挨次而作各曲線，惟規度必極準，若有微差，漸積而大。

各齒已成，即自各齒之角點作線，與根線平行，引至立視形，即成立視形之齒。

次作輪牙與輪轂，將齒心距十五分之七（即齒厚之數），自齒底

圓線向內度半徑線於午，爲牙體之厚，又以此厚四分之三向內度之，得未點，爲牙背脊圈之厚，以昞爲心，展規至此二點，各作圓線，而移於剖面形，再以昞爲心，作轂孔圓線，以齒心距爲度，自此圓線向外度半徑線，爲轂之厚，仍以昞爲心，展規至此點作圓線，即移於立視形，與剖面形內，即作轂長與圓角，將角點又移至平視形，仍以昞爲心，作各圓線。

次作輪輻，依所定之尺寸爲度，以昞爲心，作小圓線，再以所定尺寸，自各輻中線度午圓線，如吜咳，自咳作線切前小圓線於戌，其餘同法爲之，即得各輻，隨作各輻間之轉角，以未午爲度，自酉點向外度得吧點（此轂外高脊等於牙內脊圈），自吧作線與昞午線正交，則有嗔咖吧味吘呻三線，可作圓線切此三線，平分吧味嗔角，其分角線與吧午線交於㖘，即爲內切圓線之心，又以昞爲心，展規至㖘作圓線，並得各心如㖘等，又至嗔亦作圓線，得各切線，如吘嗔等。再作外端小轉角，以所定轉角之半徑爲度，自牙內脊圈線之未點向內度至吻，以昞爲心，展規至吻作圓線，交各輻線如呻如咖，次以未吻之度自呻度至天，爲內切圓線之心，即可作各轉角圓線，後於轂孔之內作容楔之槽，如地入移於剖面形內爲二平行線，其餘各線觀圖自知。

平視形與剖面形不能顯輻體之形，故必另作橫剖面，其形如十字，此剖面相當於平視形之吠吠線。

斜置平齒輪　第十六頁

先作正置平立二視形，如前法，次作斜置之平視形，依所欲斜之度，自立視形心昞作呷吃線，與根線平行，自斜置平視形之昞點作線向上，交呷吃線於昞點，再在正置立視形，任取一點甲，作線亦與根線平行，再在斜置平視形取同位之點甲，作線向上，交平行線於甲，即斜置立視形之點，其餘乙丙丁等點仿此爲之，後面之戊己在正置立視形，與甲乙二點相合，故在斜置立視形，亦必在甲甲與

乙乙線內，又正置立視形之各圓線移至斜置立視形，必爲橢圓線，因斜置平視形與視面正交，故斜置立視形橢圓線之大徑，必與根線正交，又等於正圓線之徑，其小徑必與根線平行，與其斜度之餘弦有比。設求齒心界之橢圓線，以齒心界之半徑自斜置立視形之吶心上下各度叮戊中線，即得大徑，再自斜置平視形之壬癸二點作線向上，得其小徑，即可作橢圓線，再在正置立視形之齒心界與齒面曲線之交點庚辛作線與根線平行，交橢圓線於庚辛，即得齒心處之厚，再作齒頂與齒底之橢圓線，並以同法作其厚，各齒準此爲之。

齒面曲線，可在正置立視形齒心與齒頂齒底之間各作一圓線，移至於斜置立視形爲橢圓線，自正置立視形之圓線與齒面曲線之交點移至斜置立視形之橢圓線，得相當之各點，即可各用其三點取心而作圓弧，爲齒面之曲線。若欲甚詳，則必多作圓線與橢圓線，以得多點，即可連成齒面曲線。

以上俱爲前面，若作後面，其法並同，因二面平行，故各處相等也。惟其心點在斜置平視形爲㖘，移至立視形爲㖘，所有橢圓線與齒面曲線俱宜準此，惟能見之處亦不多。斜置平視形作牙轂輻，亦俱用上法。

齒輪運動齒條　第十七頁第一圖

先作嗊咖直線爲條之齒心界，並作呷吃叮圓線爲輪之齒心界，與嗊咖線相切，平分爲齒數二倍之分，將其一分之弧長自切點起，累度嗊咖線得各點，自此各點作線與嗊咖線正交，即爲齒心界以內之齒面，輪齒之曲面與此相磨，輪齒之齒面曲線即直尺切行齒心圓線外之擺線（即漸伸線），其曲線之長自齒心界之點丙至嗊咖線之切點丁，爲傳力之面，齒長原可以此爲止，惟稍長更好，故作齒頂圓線之半徑必大於吶丁。

齒條之齒底必稍深於輪之齒頂圓線，自嗊咖線向下度

之作點，自此點作線與嗊咖線平行，即各齒之底，其齒心外之齒面曲線爲齒心圓線輥於嗊咖線成之擺線，尋常用圓弧代之。

再以稍小於吶點距條齒頂之度爲半徑，以吶爲心，作圓線，即齒輪之齒底圓線。

齒條運動齒輪　第二圖

作法與前相同，惟有一別，即齒條之齒面曲線爲呷戊吶圓線輥於嗊咖線之擺線，齒輪之齒面曲線仍爲直尺切行齒心圓線外之擺線，惟條齒在齒心外者長而輪齒在齒心外者短，與前相反。

螺旋運動齒輪第三圖

螺旋必設剖面過其中線並與輪面平行爰作中線哎吧又自輪心之點作線與哎吧線正交而遇於咦以螺旋心與輪心相距之數自交點咦度正交線於呐即為輪心以齒心界之半徑為度以呐為心作圓線交呐咦線於呷即於呷點作嗔吚線與哎吧平行為螺絲之齒心界其呷咦為螺絲齒心界之半徑再仿齒條動齒輪之法作輪齒面曲線與螺絲面曲線其螺距等於齒心距輪齒必與輪軸斜交其斜度與螺絲斜相配齒頂與齒底俱作內凹與螺絲外凸相配使磨面加大

《器象四　齒輪視圖　七》

立視形剖面形平視形觀圖自明第四圖第五圖第六圖

內齒輪運動外齒輪第十八頁第一圖

內齒輪之齒面曲線即呷哎呐圓線之外輥於齒心界嗔呷吚之內所成之擺線

外齒輪之齒面曲線即嗔呷吚圓線之內輥於齒心界叱呷叮之外所成之擺線

外齒輪運動內齒輪第二圖

作法與前略同外齒輪之齒面曲線當以內齒輪齒心界之半徑嗔呷為全徑所作圓線之內輥於齒心界叱呷叮外所成之擺線如呷甲然此齒輪運動之法若欲轉動極

勻則又不可依磨而兼輥之妙理祇可使外齒之式恆切內齒之一點故宜仍用前法以嗔呷吚圓線之內輥於叱呷叮圓線之外所成之擺線如呷丁以為外齒之齒面曲線由是外齒輪之哎齒傳力於內齒輪吧齒之時必在二輪齒心界相切之點起於呷而止於丙其哞齒則已傳力於庚齒矣

內齒輪之齒面曲線仍以呷呐為徑之圓線之外輥於嗔吚圓線之內所成之擺線然可作圓線代之

內齒輪之勝於外齒輪者因齒之切面能加大相磨之路能減短其力可分任至三齒故得久耐消磨

《器象四　齒輪視圖　六》

平齒輪互相運動第十九頁第一圖第二圖第三圖第四圖第五圖

前論俱已通曉則兩輪相接之視圖任為何式無不可作矣今以成法之可取者更設二輪以為式此二輪彼此可以互相傳力二輪之心相距二十八寸又四分寸之三大輪齒數五十四小輪齒數三十六

先以二輪之齒數求得大輪齒心界半徑十七寸又四分寸之一小輪齒心界半徑十一寸又四分寸之二將此二數各在二心作圓線為齒心圓界依齒數平分之餘俱以前法為之小輪動大輪者小輪齒心外之齒面必合擺線大輪動小輪者大輪齒心外之齒面必合擺線

輪齒木樣

工匠不能用前理作擺線必用簡法作木樣前已言其理茲再詳其用

已知傳力輪之齒心界徑如第七圖將薄木片準此圓徑作圓底線丁丁依線削圓即釘於哂哂平板之上再作輥圓木片其徑等於受力輪齒心界之半徑置於哂哂板上與丁丁線相切輥過則已點之筆尖自能畫成擺線甲酉矣再取齒厚之度向左輥過得丙酉線二圓片之邊擦以白石粉或松香粉使澀滯不移其橫剖面形如第八圖次將筆靠定丁丁作短

第七圖

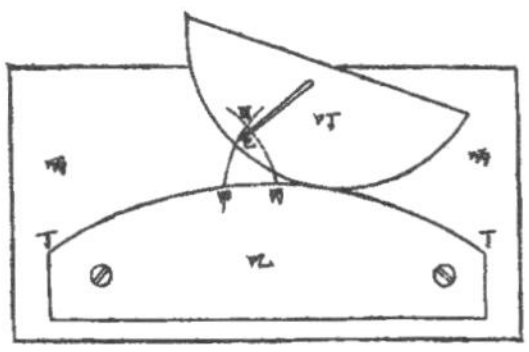

第八圖

弧線於哂哂板即取去二圓片將哂哂板連於長板戌以取輪心於此如第九圖以齒心距十五分之五分半自齒心界向外度之作齒頂圓線庚庚又取齒心距十五分之六分半自齒心界向內度之作齒底圓線已已自甲丙二點作半徑線為齒面在齒心以內之線其轉角處作圓線乙乙使堅固且更便於作

第九圖

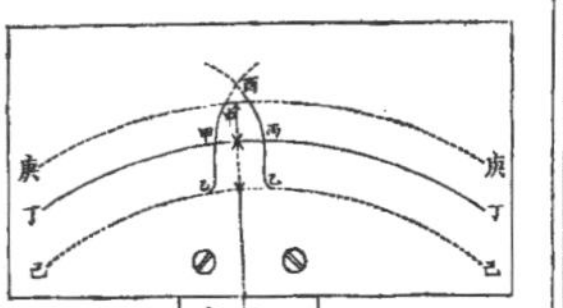

沙模或將齒頂之角亦作稍圓使易入齒凹但切面必減小故齒過中線以後任力之時亦少也

既得各線於哂板依線削成齒式即為樣板自可依樣作各齒

惟尋常作木樣者已有極準之圖即據齒心界外之齒面曲線取得三點而求其心逐齒用規作圓線亦成齒面曲線

齒心距不甚大圖又小於原體者則不必用前各法可

用後法作圓線為齒面曲線

大小兩輪相接之齒未至過心線而已傳力者磨力必甚大故大輪動小輪者小輪之吧齒必待大輪哂齒行至二輪齒心界之切點而始受力後則接轉至吧呀㖑圓線之甲點而相離故半徑㖑甲必切擺線於甲點其哂㖞㖑圓線之切點同時至乙點反此而乙點亦然另作二倍大之分圖如第五圖凡畫齒輪愜作此以顯齒式二齒之切點恰在半徑線乙點之方位自甲點作線與甲㖑正交則可求得丙點求丙點法作甲乙直線平分之自分點作正交線與甲丁相交得丙點即圓線之心以丙為心作圓線甲乙切㖑甲半徑略為齒面曲線

以㖒爲心展規至丙作圓線可得各齒面曲線之心惟齒根之厚不可小於齒心界處之厚因齒心以內之齒面相切不多故直線可改作圓線如第一圖或再作圓角如第五圖小輪動大輪者小輪之齒同法爲之

平視形立剖面形立視形俱用前法爲之觀圖自明

斜齒輪相接第二十頁第一圖

平齒輪相接而轉同於齒心界爲徑之二圓柱相切而轉斜齒輪之相接而轉則同於齒心界爲徑之二圓錐相切而轉也二輪軸心之中線引長至相交之點卽二圓錐之頂點

求相接二箇斜齒輪之尺寸必先求二軸中線之交點卽圓錐二頂之聚點與二輪面之距數是宜知一輪之徑並二輪齒數之相比始可推算非若平齒相接之輪但知二輪心之相距與齒數之相比已得齒心圓界也

已知二輪齒數之相比二軸之交角與第一輪之徑先用平齒輪法求第二輪之徑次以交角之度作呷呷與呷吧二中線在二中線任取二點如寅如巳自此二點作正交線卽各以輪之半徑十五寸與七寸八分寸之七度之如卯如辰自卯辰二點各作線與中線平行交於㖒自㖒點作二線與中線各正交而等於輪徑卽爲齒心界圓錐之底如㖒叮如㖒已齒心界圓錐者同於平齒輪之齒心圓界自呻點作呻叮呻㖒呻吧三線卽成大小二輪齒心界圓錐視形

次以齒數約圓錐周得齒心距取其十五分之五分半自二圓錐底相交之㖒點左右度之得甲戊二點又以其十五分之六分半仍自㖒點左右度得丙壬二點自呻點作線至此四點卽得齒頂與齒底之界再如法作牙輻轂三者卽成剖面形

次作輪齒外端齒面曲線斜齒輪之外邊原宜合球面球之半徑爲呻㖒球心爲呻惟球面欲作擺線不能平鋪於

紙面故以球面外切之圓錐面顯之其外切圓錐之邊與齒心界圓錐之邊呻㖒正交此圓錐之面乃可平鋪於紙矣自㖒點作㖒呻之正交線遇二中線於呷於吃再以輪體之厚四寸又八分寸之五自㖒度至咦自咦點亦作正交線遇二中線於吁於吜將呻㖒線引長至㖒自㖒作線與㖒呷及㖒吃平行而等長卽以爲半徑作圓線爲齒心界仍用前之齒心距度之依平齒輪法作擺線爲齒面曲線其齒長與齒深等於呷吃線上之度輪齒內端齒面曲線以咦吁咦吜各爲半徑作圓線爲齒心界餘同法爲之

二中線相交成鈍角第二圖

作法同前。

二中線正交第三圖

此爲常用之式，作法同前。

二輪同徑二中線正交第四圖

作法同前。

斜齒輪第二十一頁

斜齒輪剖面形之線，用前法爲之，藉可作平視形，用齒心界圓錐底之半徑呐呷作圓線，其心爲呐，依齒數平分之，又以哌呷爲半徑在剖面形外作圓線而作一齒之式如前法，再自圓錐頂點呷作線至齒頂底與牙內面如甲丁已三點，卽得乙丙戊三點，遂以移至平視形。

自甲丁己乙丙戊各點作線與根線平行，遇呷叱中線而得各點，以呐爲心展規至各點作圓線，任作半徑呸呐，以剖面形外所作齒頂厚之半，自呸點右左度圓線得丑子二點，其餘在齒心與齒底亦以相當之點度之，再自齒頂與齒底所得之點作半徑線，卽爲齒直線處之視形，其曲線處之視形可用小規作圓弧成之，與平齒輪簡法相同，以齒心距爲半徑，以齒心界與半徑交點爲心，而在齒心界之內外作圓弧。

立視形之各尺寸，俱自平視形而得，如庚壬二點由庚壬而得各齒之直線在平視形合半徑線在立視形合圓錐頂呻點所作之線，其各齒之中線俱自哌辰點所作之線。其牙輻轂依所定尺寸，用前法爲之。

大小二斜齒輪相接第二十二頁第一圖第二圖

作呻呷呻叱爲二輪之中線，哦叮哦吧爲齒心界錐底線，先用前法作剖面形呋與吔爲二輪之齒式，次以前法作大輪之平視形，亦用圓線作齒面曲線代擺線，由此形而作大輪之側視形，再以虛線作小輪之平視形，因周圍相同，故作四分之一，其中心對呷呻中線，由此而作小輪之側視形，移至第二圖卽成。

輪齒之式及尺寸之數與前者稍有不同，然是造磨機著名工師所定，業已常用。

斜齒輪斜置第二十三頁第一圖第二圖第三圖第四圖

先作平視形與立視形，次將立視形移作斜置立視形，作中線依其斜度自各圓錐頂點呻哌哌作線向上交呷叱線於呻哌哌三點爲斜置平視形之錐頂，次自齒心界端及各外齒之角作線向上得小徑，以原徑爲大徑作橢圓線，又自各齒之各角作線向上交橢圓線而得各點，再自呻哌哌三頂點作線至各點，卽爲齒邊。

偏輪第二十四頁

偏輪者周之距心各處不等如橢圓桃形正圓等是也機器之內常用之能將轉動變爲直動如起水筩壓書架汽機漲門紡織各機俱取用於動法之相宜者

桃形輪曲線第一圖

呐爲輪心呷爲直行之點輪以平速轉半周呷點以平速直行至呷

以呐爲心展規至呷作圓線又展規至呷作圓線將此圓線平分十六分自各分點作半徑線又將呷呷線平分八分展規至各分點作圓線與前各半徑線交於丙丁戊等點聯成曲線

設將此曲線繞心轉過某度至呐一半徑對呐呷時則呷點必移上至亠點再使轉過與前同度至呐二半徑對呐呷時則甲點必再移上同路至二點循此而轉半周呷點乃移至呷點輪以平速再轉呷點以平速向下與前半周同惟製器之時常加小滑輪以切大輪之周則呷點爲滑輪之心故大輪曲線必減小以滑輪之半徑爲度自曲線之各點向內作短界另作曲線過各界依此曲線爲輪周雖加以滑輪其呷點之直行仍與前同

曲線各徑之長俱相等如甲八等於叱吧亦等於叮咦故可用二滑輪對徑相夾使之往復無庸費力也

既得曲線即可依法作平視形與剖面形第二圖第三圖

偏桃形輪曲線第四圖

呐爲輪心呷爲行圓線之點輪以平速轉半周呷點以平速行圓線至呷喉爲圓線路之心

以喉爲心展規作呷呷圓線平分八分以呐爲心展規至各分點與辰點作圓線又自喉點起將此圓線平分十六分如一·二·三等以呷喉爲度自一點度第一圓線於叱自二點度第二圓線於叮仿此而得多點聯成曲線

前理因所得之亠呐叱角必爲二呐叮角之半故叱點轉至亠點時呐叮半徑必對呐叱半徑其呷點移上至亠點

叮點再轉至二點時其轉過之度等於前呷點必自亠點再移至二點其行之路亦等於前其餘分點依此類推輪以平速轉行呷點以平速繞喉點而行此器以喉呷爲桿使帶動別機者

輪周曲線兩半不能同式者因亠叱弧必等於亠乙弧叱呷不等於乙呷且呐呷半徑不過亠點也

既得曲線再作平視形如第五圖

扁圓偏輪曲線第六圖

前二式呷點之行以平速即同時中行路相同也惟所動之物甚重者必不可使驟動故改其曲線使初末之行俱減速是則輪轉仍平速而呷點之行不平速

以呷、呷為徑作半圓線平分八分、如一、二、三等、自各點作平行線、與呷、呷正交於一、二、三各點、以丙為心展規至此各點、各作圓線、將外圓線平分十六分、自各分點作半徑線、與各圓線相交得各點、聯成曲線

再作平視形、如第七圖

偏輪曲線 第二十五頁第一圖

此輪使呷點在路之兩端停止、而中路則行平速、輪轉平速而分四象限、二象限之呷點平速上下、二象限之呷點停而不動、其法觀圖自明。

側視形與剖面形、如第二圖第三圖

兩心輪 第四圖第五圖第六圖第七圖第八圖

此二式常用於汽機、以運動汽罨作法如圖。

第四章　汽機事件視圖

槓桿立視形平視形 第二十六頁第一圖第二圖

槓桿兩端作圓柱形、套以樞圈、圈外有二樞、與桿之中線正交、外用壓圈、以釘穿固、桿之中心有樞、樞孔稍大、四圍空處用方楗、可遷就使與桿之中線正交、打之甚緊、鎔鉛錮之。

先作各中線與各要點、在立視形中線上之中處、與兩端用當有之半闊度之、得辛、壬、壬三點、作拋物線過此三點、為桿之外界、作辛、四線與中線平行、自壬點作線與之正交、而遇於四、將此二線同平分為任何分、自辛、四線之分點、各作正交線、自四、壬線之分點、各作線至辛、所得相當線之各交點、作線過之、即為拋物線、既得此線、則下半與右端之曲線、可於中線取各縱線成之、其厚邊之內外線作此曲線之平行線即成。

桿端立視形平視形旁視形 第三圖第四圖第五圖

曲線端之處為圓錐、如已而與薄處平面相交、其貫面界線必為雙曲線、如第三圖、見前圓錐各法、圓錐與中脊相交之界線、亦為雙曲線、如第五圖

各樞外之凸頷為圓柱、與中脊之貫界為直線、如第一圖第二圖

橫剖面形 第六圖

此剖面過天地線、可見薄處與高脊

圈樞壓圈立視形與平視形 第七圖第八圖

二端之樞圈合圓球、其與樞相貫之界線、如圓柱與圓球相貫之法。

學者須先詳觀此各圖、乃可取其尺寸、依法搠畫、不可映臨描寫。

圖成之後、書明各尺寸、可以彼此互見、不致重覆混亂。

生鐵搖桿正立視形旁立視形 第二十七頁第一圖第二圖

生鐵搖桿之外界合拋物線圖之右旁有曲線可見之。其橫剖面爲十字形，桿之上端作乂形，乂端有彎擔、扁栓、長劈等件，內安銅襯以合橫桿端之樞，下端亦安銅襯以合拐軸，二面有銅蓋，用二箇螺釘連之，使沙泥不入拐軸之頸內。

搖桿曲拐分圖 第三圖至第十七圖

此圖放大得全圖之二倍，乂端作對中直剖面以見內形及彎擔相連之法、銅襯不移動之法，下端亦作對中直剖面以見添油斜管、長劈、銅襯等件，下襯有凸釘可免轉動，其餘各件之式具詳圖中。

定準各件心點之法 第二十八頁

前二頁爲逐件之分圖，茲再明各件聯續運動之法。呷爲橫桿，叱爲搖桿，其端樞連固於桿端，不用樞圈，又搖桿上端之彎擔，一端不連，二者俱與前式不同。第一圖第二圖

欲作各件聯續之式，必先作其中線，欲作其中線，必準當有橫桿中心與端心之相距，並曲拐之兩心距，以定各心之方位，如大軸中心唇與橫桿中心呐之平行相距，又設各件行至某處而定橫桿端心哦與拐軸之中心啐是也。曲拐兩心距等於推機路之半，即橫桿端心所行弧迹通弦之半。

求作橫桿中線，自所定橫桿之中心呐點作線與根線平行，爲橫桿在推機路中點時之中線，以橫桿兩心之距四尺六寸爲半徑，呐點爲心，作嗔吧唧弧線，爲橫桿端心行之弧迹；次以推機路之半爲度，自呐吧中線上下度之，得甲乙二點，自甲乙二點各作平行線，遇弧線於嗔唧二點，作呐嗔與呐唧二線，爲橫桿在推機路兩端之中線。

次求大軸之心點，將嗔吧唧弧之正矢平分於吘，自吘點作線向下，與根線正交，以搖桿兩心之距七尺五寸又二分寸之一爲度，自吧點度正交線於唇，即爲大軸之心；次以推機路之半十七寸又四分寸之三爲半徑，唇點爲心，作圓線，即成拐軸心繞行之迹。

以吧爲心，展規至唇，作圓線交前圓線於吁吜二點，作吧吁線，爲搖桿在推機路中點之中線，可見吁嗘吜弧小於其下半弧，又因拐軸繞行之速必平勻，是以橫桿之動在上半必速於下半。

設拐軸心在啐點，求作各件之視形，必先作其中線，以吧吁爲度，自啐點度嗔唧吧弧於哦，作哦啐與哦呐二線，並啐唇線，即得橫桿、搖桿、曲拐之中線，再如前法作視形。設先有橫桿端軸心在哦點，亦以同法爲之。

挺桿直接搖桿者，如第三圖。呷爲挺楗，中有頸連於搖桿，兩端有鍵襯行於鍵輔之內，以限制其偏倚，鍵輔之長等

於推機路加鍵襯之長大軸之心必在汽筩中線引長之線

設𨏔𨏔在推機路之中點其挺楗中心在呷點以搖桿之長四尺二寸爲度即兩心之相距自呷點度中線於㖹即爲大軸之心以曲拐兩心距十二寸爲半徑以辰點爲心作圓線爲拐軸心繞行之迹以呷爲心展規至㖹作圓線交前圓線於甲甲二點作㖹甲與㖹甲爲曲拐之中線呷甲與呷甲爲搖桿之中線

簡法平行動如第四圖可代鍵輔之用曲拐在汽筩上者用之甚便平行桿兩根在挺桿之兩邊與曲拐平行與挺桿正交其外端連於定楗辰丙內端連於連桿之兩端壬戊是以連桿往復行動時其內必有一點恆在汽筩中線引長之線如丙如二邊之平行桿等長即爲中心之點此點含接挺楗挺楗連於挺桿之上端

平行桿之內端另作分圖以明改變方向之式如第五圖

挺楗之兩端各有一連桿必作旁視形始能見之又能見挺桿之彎擔與搖桿之叉形並彎擔長劈相連之法

連桿中孔之內襯銅圈套於挺鍵之端外用螺蓋壓其凸領連桿二端各連短樞以接平行桿之內端

引長汽筩之中線取大軸之中心如㖹以搖桿之長五尺

六寸爲度自㖹點度中線於丙爲挺鍵之心此以𨏔𨏔在推機路之中點以曲拐兩心距十一寸又二分寸之一爲度自丙點上下度中線於丙丙二點即爲推機路之長

求平行桿之中線取曲拐兩心距之半五寸又四分寸之三自丙向上下度立中線得壬戊二點自丙向上下度立中線得壬戊二點又自戊點作線與立中線正交自壬點作線與正交線成十九度之角遇之於丙即爲上平行桿之定點以丙爲心展規至壬作圓線交立中線於壬又自壬作線與立中線正交以丙壬爲度自戊點度正交線於辰爲下平行桿之定點作丙壬丙壬辰戊辰戊四線爲𨏔𨏔在推機路之兩端時平行桿之中線

以上之法𨏔𨏔在路端時連桿中線與汽筩中線相合故平行桿受恆向一邊之力而樞不易消磨士里果書內詳論此理惟尋常造機者使挺桿中線引長之線對槓桿行弧正矢之中點若平行桿亦用此法或更巧妙因雖受二邊之力而力數則甚減也

平行桿之長必與推機路相配若過短則有差平行桿端行之弧迹不過四十度

求𨏔𨏔在推機路之任點各件之中線以曲拐兩心距爲半徑以大軸心㖹爲心作圓線爲拐軸繞行之迹以搖桿

之兩心距爲度、自圓線之任點丁、度立中線於庚、以曲拐兩心距之半爲度、自庚點度平行桿端心行之弧迹於壬於戊、作壬丙、戊辰二線、爲平行桿之中線、作壬戊線爲連桿之中線、作丁庚線爲搖桿之中線、作丁㖈線爲曲拐之中線、卽可依法畫成視形、若先定平行桿之中線、亦可反用上法而得別件之中線、

以上各法、學者必畫行動各件在數方位之視形、以習練理法、

搖汽筩等斜置視形 第二十九頁

作機件圖之常法、機件之面、恆與視面平行、故圖形與

眞體無有改變、然有斜置而不能與視面平行者、則圖形與眞體必有改變、其改變之法、在正置視形爲直線者、則移至斜置視形、依半徑與斜度餘弦之比而縮短、爲圓線者、其徑亦依此比例而縮短、故成撱圓線也、

凡作斜置正視形、必先作旁視形、合應當之斜度、而與視面平行、又作正置平視形、次自旁視形移作斜置正視形、

搖汽筩法、近時所𠝹設挺桿與曲拐相連、以汽筩之搖動代搖桿之用、人未有不喜其簡便者、是以逐年多用、但初時所造者不大、數年之內、有造極大船汽機者、如

畚氏之大英輪船、與勒速之大東輪船等是也、

丙爲汽筩、旁有戊戊二空樞、靠於軸枕、甲爲挺桿、以挺鈕辛接拐軸、而順汽筩以搖動、故可不用搖桿、

汽筩之底與周圍鑄連、中留圓孔、鑽鏇內膛時、可將軸通入其中、成後用蓋蓋密、

汽筩之外鑄連空環汽路平面等件、平面之外連甑匣、如庚、匣內有空腹汽甑如辛、背有簧抵使緊切平面如壬、

進汽自一空樞過丙空環至甑匣內、再由汽路入汽筩之一端、彼端用過之汽、自又一汽路過汽甑空腹之內、

由空環至又一空樞而放出、

先作正平視形、如第二圖次作旁立視形、依當有之斜度、如第一圖卽可移作斜置正立視形、

再作過中線與甑匣之立剖面形、如第四圖並過空樞中線之平剖面形、如第六圖由此移作斜置平視形、如第五圖斜置立剖面形、如第七圖

陸地凝水機減線總圖 第三十頁

減線圖之用、便於顯明機件之位置與用法、凡𠝹畫機器總圖、必先自此法起手、機器成後、又可依此圖以裝配各件、比諸詳圖更清而準、畫繪之時、又極省工、其架

座汽筩等不動之件可作界線以見體之外界與相連之法並位置其行動各件僅作行動之極界並中點之三中線拐軸心行迹之圓線轉動之軸飛輪俱作外界之圓線齒輪則作齒心之圓線

全機立視形與平視形 如第一圖第二圖

在平視形作二汽筩如甲甲並大軸乙曲拐巳等之界線與槓桿之中線次在立視形作汽筩柱架等之界線並槓桿等行動各件之中線行動之界並拐軸心繞行圓迹之線

次作生鐵架座庚軸枕乙中柱辛架樑子汽筩架等之界

線各自相連座樑之端俱入牆内次作四面之牆並下基之剖面形凡機件低下之處則作凹以容之連板連釘長劈等亦然

再在立視圖作大小齒輪之齒心圓線在平視圖作二直線以顯其厚

引重汽車減線總圖 第三十一頁

此車爲沙伯公司所造事件甚是巧妙汽筩在架内畫圖之法與前略同亦作平視形與立視形以顯各件之位置與用法並寫明其各尺寸凡作機器總圖俱從此二頁之法學者宜詳習之

引重汽車分件詳圖 第三十二頁

煙櫃汽筩等件直剖面形 如第二圖 内作汽筩之位置並與輿架相連之法各螺釘之式煙櫃之長與汽筩相等煙門之斜度與汽筩蓋相同並作前簧之端連於汽筩之式

煙管鑲板與煙門必分作二圖 如第一圖第三圖 在煙門之處半爲立視形半爲立剖面内作汽筩連於輿架之式煙門孔煙門鉸鏈圓筩外界汽筩前端罨匣汽筩蓋相連之螺釘並汽筩連於煙箱摺邊之式在煙管鑲板之處作汽筩等之剖面形汽筩連於煙管鑲板與摺邊之式鑲板之面作各正交線爲煙管之中心上半作牽條進汽管等之式又

在旁作前輪簧之横剖面以見與煙箱不相阻礙

火櫃横直二剖面形 如第四圖第五圖 内作火櫃内外二層並火爐中之水壩與其間之牽條火櫃内層頂上之横樑火櫃外層頂内肋條相連横樑之牽條放汽萍門箱之口輿架與火櫃外層相連之式灰膛之式輪與軸枕之外界所有螺釘帽釘牽條等之直剖面可作直線爲其中線所有横剖面可作十字線爲其中心簡而更清凡有各尺寸俱寫於其適當之處不可混亂重複此種之圖即可授於工匠仿造

輿架横隔立視形之半 如第七圖 内作横隔與輿架相連之式

上連圓筩之式並通過搖桿兩心桿之孔孔内有二箇兩心桿並搖桿在上與下之橫剖面鍵輔相連之處添水筩輭墊臼之橫剖面並連於輿架與鍋爐之角鐵所有各螺釘帽釘俱作十字線或直線

運動汽鞲各件之剖面形如第七圖左半作進退弧兩心輪桿右半作連桿鞲搖桿挂軸相連圓筩之式進退柄相連之桿另作連桿挂軸架等之平視形與橫剖面凡機件繁多之器必用此法作另圖

車輪正側二剖面形如第八圖輻轂以生鐵整塊鑄成外牙用熟鐵箍緊不必作全形可以舉一概餘也在正剖面形內

作轂輻拐軸之剖面另作輪輻甲乙與丙丁二處之橫剖面側剖面形內作輻轂牙之剖面並大軸拐軸之視形

搖桿正旁二視形如第九圖正視形內半爲剖面半爲視形內作銅襯彎擔扁栓長劈等另作油杯視形搖桿中段剖面形前端中心處與長劈處之剖面形

六馬力方櫈形大抵力汽機如第三十三頁至第三十九頁

此汽機係固拉司果訥白爾所造有總圖三頁分圖三頁形式尺寸俱極精詳總圖可以收存觀看分圖可授工匠仿造各件名目具詳圖中

第五章　觀已成之器具作草圖第四十頁

器件尺寸藉圖顯明必用規尺等器界畫甚詳毫釐無差前論各法是也設有已成之器具在前而欲記其尺寸可以不用規尺等器而但用鉛筆作草圖此因器具不能恆在目前故量準尺寸寫於草圖上再用以前各法依其尺寸而畫詳圖若器可常在者量一數而畫一線固可徑畫詳圖然亦不及先畫草圖之便偶有疑誤易於改準也

作草圖時必先詳觀器具之式考其做法與行動之法始可擇定自何處起手

記明尺寸必俟各面視形畫完而後量準器具之尺寸

寫於各處不可畫一線卽寫一尺寸

分圖亦與詳圖之分圖同法爲之卽將器具各要處畫放大之圖記明各尺寸或略書其用法

雖爲草圖亦必極其周到詳圖欲畫之事草圖内亦必皆縷悉分畫茲以直立鑽牀爲例

觀器而作草圖以後法爲最便繪畫之時工省而成速形式尺寸俱能詳備是可由此以作詳圖甲圖爲鑽牀以屋柱爲總架柱旁伸出橫架以啣鑽軸用二箇斜齒輪轉動齒輪之橫軸通過柱體柱後有橫架托之鑽軸之下端有孔容鑽刃上端接以螺旋使其上下螺蓋安於橫架而不

動又有平齒輪連於螺旋上端另接小輪其軸直向下而連小拐輪托物之座抱於柱體之外有齒輪與齒條可使上下有螺旋夾定之座面之上有平行鉗可夾欲鑽之物已明此做法與用法即可刱畫草圖

先作總立圖如第一圖以見各件之方向用鉛筆直尺作中線為架柱之中心作平行中線為鑽軸之中心作橫線為齒輪橫軸中心此三線必用直尺者使圖之體格不甚差以後則但用鉛筆畫成各界之大略並柱外凸圈橫架托物座之外界斜齒輪止作三邊形以指其斜度在中線作二圈為二平齒輪之平視形即可量準各件之尺寸書

於圖上先量柱架之總高因有凸處必用絲繩挂於柱架上端之橫樑或用木桿二條一抵橫樑一抵座底俱可量得真數又用徑規量得柱頂與底之徑或將帶尺圍之取其數二十二分之七為徑書於相當之處各數之兩旁作線指之作箭頭至所止之處則清而易見鑽軸上下之路作立線指之寫其尺寸餘各尺寸之方位觀圖可知

各件分圖之大小以便細寫真體之尺寸為度因總圖內止寫各件相距之尺寸也第二圖第三圖為橫架之各件並斜齒輪第四圖即其橫剖面以見軸後邊之形第五圖為軸襯枕蓋並螺孔第六圖為後架剖面軸襯與螺釘第七圖為二平齒輪之剖面可見輪與軸相連之法分圖之內此數件必須作剖面如畫齒輪只作轂輻與牙之剖面如第二圖與第七圖有輻之輪只作一輻之剖面如第八圖或作牙與數齒並一輻之平視形如第三圖輻數與齒數書明其處但必俟各分圖畫完始寫尺寸之數各分圖之數與總圖之數必使相合

第九圖第十圖第十一圖為托物架之分圖能見平行鉗與螺絲第十二圖為鑽軸下端之直剖面能見鑽刃與螺釘第十三圖為皮帶輪橫剖面第十四圖第十五圖為鑽軸上端與螺旋相連之法第十六圖第十七圖為托物架

上下之輪及夾定之螺絲

草圖之紙常用淡色方格線第十一圖是也用此紙者使尺寸有所依傍而不甚差

元和邱瑞麟校字
上海曹鍾秀摹圖

運規約指三卷

〔英〕白起德輯　〔英〕傅蘭雅口譯　〔清〕徐建寅筆述

《運規約指》三卷，英國白起德輯，英國傅蘭雅口譯，清徐建寅筆述。白起德（Richard Burchett，一八一五—一八七五），英國藝術家，精於幾何學、美術等領域。是書爲江南製造總局翻譯館成立之初所譯第一批四種譯著之一，譯自白起德著*Practical Geometry: A Course of Construction of Plane Geometrical Figures, for the Use of Art Schools*，專述幾何作圖問題，含圓内接正多邊形作法、橢圓近似作法、等積變換等，係實用之幾何學題集。凡三卷，卷一論單形六十題，卷二論諸形相合四十四題，卷三論更面三十二題，每題附圖。據中國國家圖書館藏清同治九年（一八七〇）江南製造總局刻本影印。

運規約指

儀徵諸炳星書

江南製造總局鋟板

運規約指卷一

英國白起德輯
英國　傅蘭雅　口譯
無錫　徐建寅　筆述

論單形自一至十六論作線以引起作形諸法

第一第二題

有線甲乙或直或弧求分為二平分

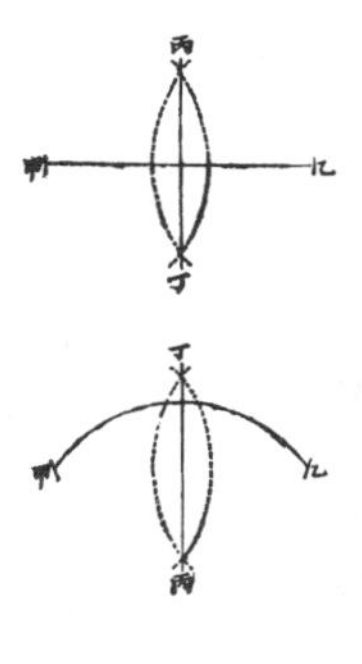

以甲乙各為心展規任取度約大於甲乙線之半交甲乙線各作圓界相遇於丙與丁次自丙點至丁點作線則甲乙線被丙丁線分為兩平分

第三題

有線甲乙求在線內任一點丙作垂線

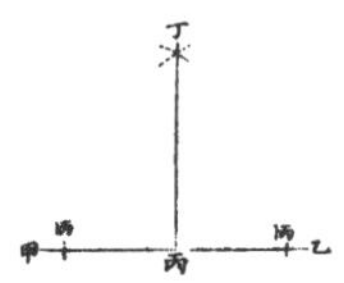

以丙為心任取度於甲乙線內丙點左右各作㑂點次以㑂㑂各為心取長於㑂丙線為度向丙上方各作短界遇於丁自丙至丁作線則丙丁線為甲乙線內丙點之垂線

第四題

有線甲乙求於線之或上或下任一點丙作垂線

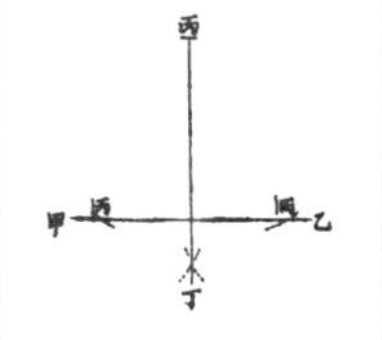

作法與記字俱如第三題

第五題

有線甲乙求在一端作垂線

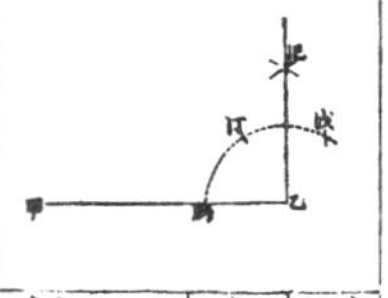

以乙為心任取度作大半圓界一端遇甲乙線於丙次用乙丙原度在圓界自丙度至丁作界又自丁度至戊作界乃以丁戊各為心在圓界上方仍用原度作兩界交於己末自乙至己作線即為甲乙線乙端之垂線

運規一　二

第六題

又法

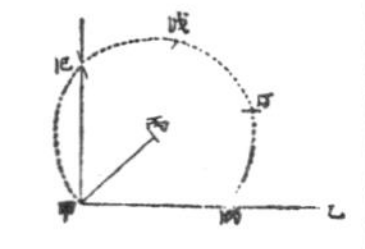

於甲乙線之或上或下任取丙點以丙為心甲丙為度即自甲點起作大半圓界遇甲乙於丙仍用甲丙原度在圓界自丙度至丁作界又自丁度至戊作界自戊度至己作界次自甲至己作線即為甲乙線甲端之垂線

第七題

又法

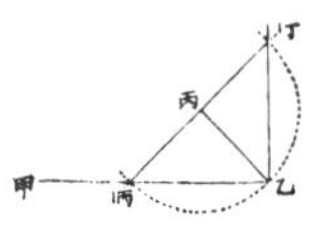

於甲乙線之或上或下任取丙點即以丙為心乙丙為度作半圓界一端遇甲乙線於丙如甲乙線短則自甲端引長之次自丙點至丙點作直線引長之遇半圓界於丁自丁至乙作線即為甲乙線乙端之垂線

第八題

有線甲乙線外有丙點與甲端或對或偏求自丙點作甲乙線之垂線

運規一　三

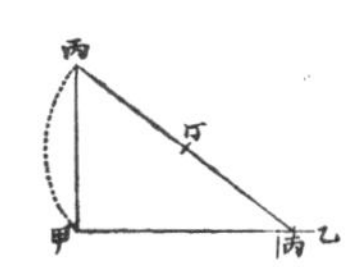

自丙點任作斜線遇甲乙線於丙次兩平分丙丙於丁即以丁為心丙丁為度作圓界遇甲乙線於甲如在甲點之外則引長甲乙線之甲端至相遇自甲至丙作線即為自丙點所作甲乙線之垂線

第九題

有線甲乙線外有點如丙求自丙點作一線與甲乙線平行

於甲乙線內任取丙點為心丙丙為度作圓界遇甲乙線於丁即以為心用原度自丙點作丙戊圓界次

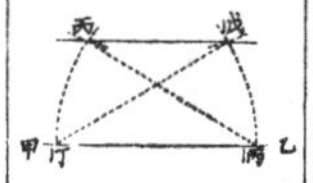

以丙爲心丁丙爲度在丙戊圜界度至戊自丙至戊作線即爲自甲乙線外丙點所作之平行線。

第十題

有線甲乙求作平行線其兩線相離以丙丁爲度

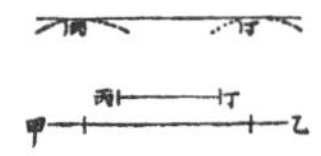

於甲乙線內任取二點爲心以丙丁線爲度作丙丁二短界次切丙丁二短界作線即爲與甲乙線以丙丁爲度之平行線。

第十一題

有直線角甲又線乙丙求自線之丙點作一直線其角與甲角等。

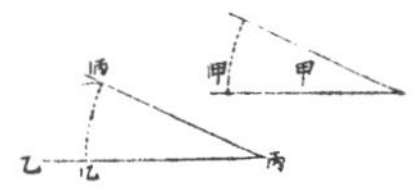

以甲之角點爲心任取度在二線之間作圜界甲次以丙爲心用原度在乙丙線上作圜界末以前圜界甲爲度自乙點度次圜界至丙自丙至丙作線則所成之丙角與甲角等。

第十二題

有直線角甲又線乙丙線外有丁點求自丁點作線與乙丙線相遇成角等於甲角。

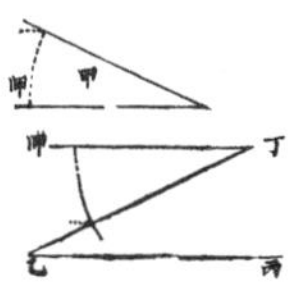

自丁作丁甲線與乙丙線平行（用第九法）自丁點作一角等於甲角引長其線遇乙丙於乙則所成之乙角等於甲角。

第十三題

有線甲乙求任分爲若干平分。

自甲點作線至甲與甲乙線任成何角自乙點亦作線至乙與甲甲線平行則乙角必與甲角等任取度自甲乙二點各度之爲若干平分但必與所欲分甲乙線之數少

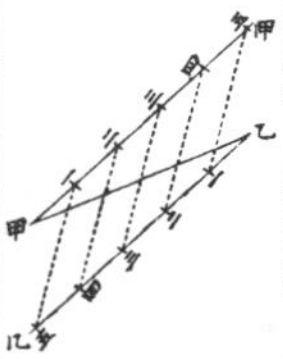

一數如一二三四五則在一五二四三三四二五一各連一線則甲乙線被此五線分爲六平分。

第十四題

又法

自乙作線至丙與甲乙線任成何角任取度自乙點度之爲若干平分如一二三四五先連五甲作線次在四三二一各作線與五甲線平行各至甲乙線則甲乙線被此四線分爲五平分。

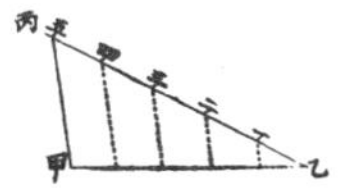

按依此法若有他線之分與甲乙線或

大或小可依比例分甲乙線。

第十五題

有線甲乙求分之與所設丙丁線之分有比例。

以甲乙丙丁二線任離何度平行置之自甲乙二端各作線至丙丁二端而引長之遇於戊成甲乙戊三邊形自戊各作線至丙丁線之分點而引長之至各遇甲乙線則甲乙線之分與丙丁線之分有比例。

第十六題

又法

運規一　六

聯所欲分之線甲乙與所設分之線丙乙任成何角。先連丙甲作線次自一二三四五各作線與丙甲線平行各至甲乙線則分甲乙線與丙丁線之分有比例。

依此二法作圖與畫可作或大或小之相似形。

按以上諸法皆求作線以引後聯線成形諸法。

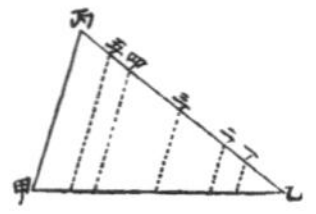

第十七題

有底線甲乙求作三等邊形。

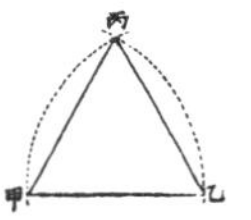

以甲點與乙點各爲心以甲乙爲度各作圜界相遇於丙自丙各作線至甲至乙則成甲乙丙三等邊形。

第十八題

有中垂線甲乙求作三等邊形。

於甲乙兩端各作橫線丙甲丁乙以甲爲心任取度

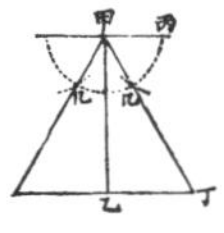

在甲下作半圓界遇甲丙線於丙用原度自丙度至亿再自亿度至亿自甲作線各過亿亿二點至底線乙丁則成三等邊形。

運規一　七

第十九題

有底線甲乙又設頂角丙求作二等邊三邊形。

引長甲乙線至亿在甲點作亿甲丙角與所設頂角丙等以甲爲心任取度作圓界兩端遇丙甲亿甲二線於丙於仃平分丙仃圓界於戊自甲作線至戊引

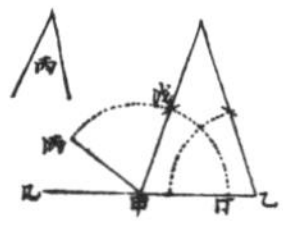

長之次於乙點作線與甲乙線成角與仃甲戊角等引長之與甲戊引長之線相遇則成甲乙底線上其頂角等於丙角之二等邊三邊形。

第二十題

有底線甲乙又二底角甲與乙求作三邊形

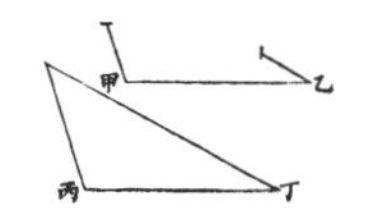

作丙丁線與甲乙線等再於丙丁二端各作線成角與甲乙二底角等引長之至相遇則成三邊形其底及二底角與甲乙線及甲乙二角等

第二十一題

有三邊線甲乙丙求作三邊形

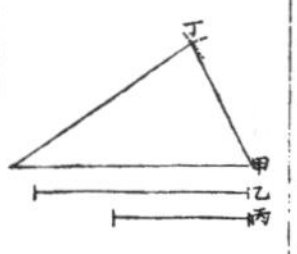

將甲線為底以甲端為心以丙線為度作界次以甲線他端為心以乙為度作界兩界交於丁自丁作二線遇甲線二

端則成以甲乙丙為三邊之三邊形

按無論何三邊形其二短邊乙丙和必大於長邊甲

第二十二題

有底線甲乙求作正方形

於乙點作甲乙線之垂線丙乙以乙為心以甲乙為

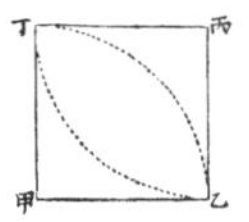

度度垂線至丙以甲丙二點各為心用原度各作圓界遇於丁自丁各作直線至甲至丙即成甲乙線上之正方形

第二十三題

有對角線甲乙求作正方形

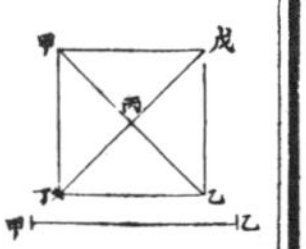

平分甲乙線於丙在丙點作甲乙線之垂線丁戊次以丙為心以丙甲為度度垂線至丁至戊自甲丁丁乙乙戊戊甲各連直線則成甲乙對角線上之正方形

第二十四題

有二邊線甲乙甲丙求作長方形

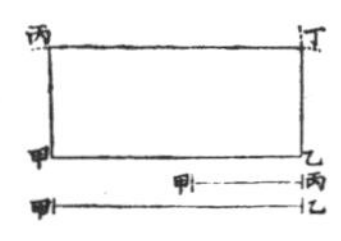

自甲點作甲丙線為甲乙線之垂線以乙為心以甲丙為度作界以丙為心以甲乙為度作界交於丁自丙至丁自丁至乙各作線則成以甲乙甲丙為長短

二邊之長方形

第二十五題

有對角線甲乙又邊線甲丙求作長方形

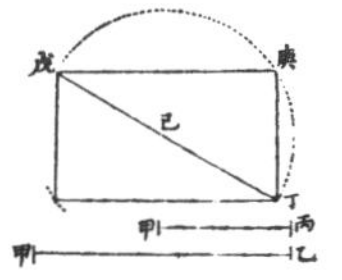

作丁戊線與甲乙線等兩平分丁戊於己次以己為心以己戊為度作半圓界以丁為心以甲丙為度度至庚自丁至庚自庚至戊各作線如二十四法而成長方形

第二十六題

有底線甲乙又角甲求作斜四等邊形

作丙丁線等於甲乙線於丙點作線與丙丁線成角

等於甲角引長之以丙爲心以甲乙爲度度至戊作界以丁與戊爲心用原度各作界相遇於己自己至戊至丁各作直線而成斜四等邊形

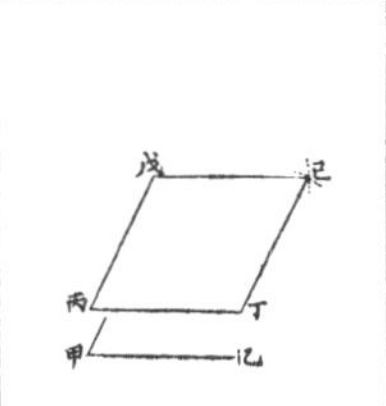

第二十七題

有對角線甲乙叉邊線丙丁求作斜四等邊形

作戊己與甲乙線等以戊與己爲心以丙丁爲度各作圓界遇於庚於辛作戊庚庚己己辛辛戊四線而成斜四等邊

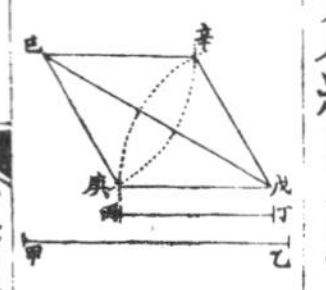

形

第二十八題

有二邊線甲乙甲丙叉角甲求作斜長平行四邊形

作丁戊線等於甲乙於丁點作線與丁戊成角等於甲角以丁爲心以甲丙爲度度角線於己作界以己爲心以甲乙爲度作界叉以戊爲心以甲丙爲度作界遇前界於庚作己庚戊庚二線而成斜長平行四邊形

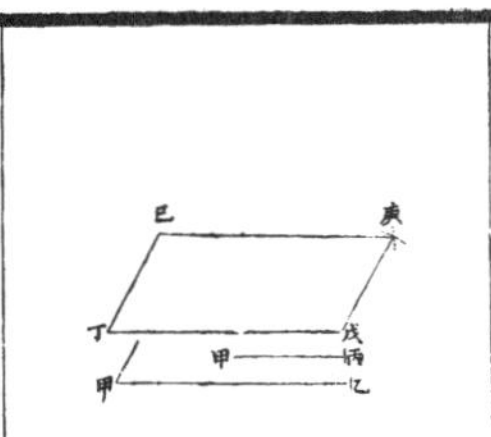

第二十九題

有長邊線甲乙短邊線甲丙叉對角線丁戊求作斜長平行四邊形

作己庚等於丁戊以己爲心以甲丙爲度作界以庚爲心以甲乙爲度作界相遇於辛又以己爲心以甲乙爲度作界叉以庚爲心以甲丙爲度作界相遇於壬作庚壬壬己己辛辛庚四邊線而成斜長平行四邊形

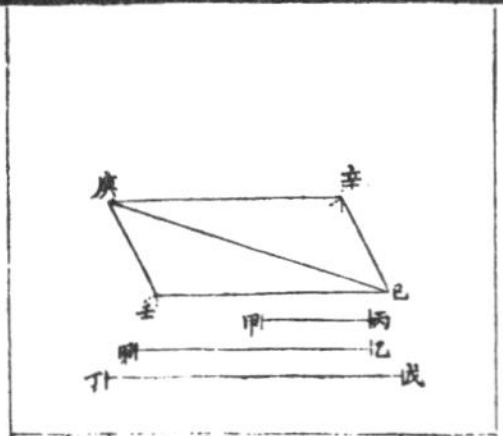

第三十題

有甲乙丙丁四不等邊形求作另一形與之同式

作戊己線等於甲乙線自戊點作線成角等於甲角以戊點爲心以甲丙邊爲度度角線於庚以庚爲心以丙丁爲度又以己爲心以乙丁爲度各作界遇於辛作庚辛己辛二線而成四不等邊形與所設形同式

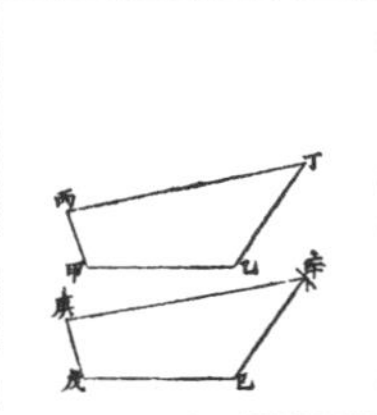

第三十一題

有斜弦甲乙叉甲乙二端之各二角求作四不等邊形

作丙丁線等於甲乙於丙端作二角與甲端二角同又於丁端作二角與乙端

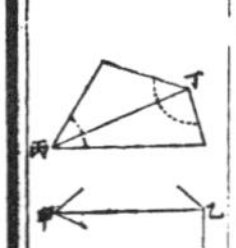

二角同引長其邊至各相遇而成四不等邊形與所設線角等

第三十二題

有二邊線甲乙甲丙及二線相接所成之角甲又相對二邊線丁戊己庚或一邊線丁戊與對角線辛壬求作四不等邊形

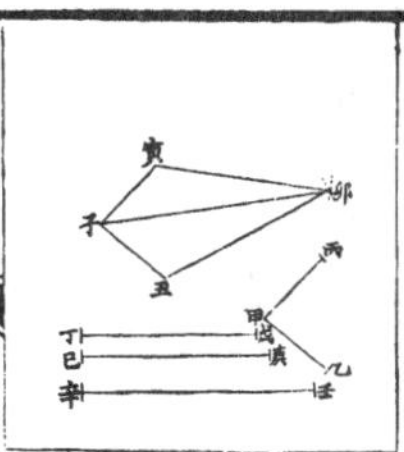

作子丑線與甲乙等作子寅線與甲丙等而與子丑聯於子成角等於甲角以丑爲心以己庚爲度作界又以寅爲心以丁戊爲度作界相遇於卯作丑卯寅卯二線而成四邊形或有一邊線丁戊與對角線辛壬法以寅爲心以丁戊爲度作界又以子爲心以辛壬爲度作界相遇於卯作丑卯寅卯二線如前形

按作平行邊四邊形與作各式四不等邊形無大異但有二邊平行與不平行之別故不必另設題解之

第三十三題

有正圓形求作內容各等邊形

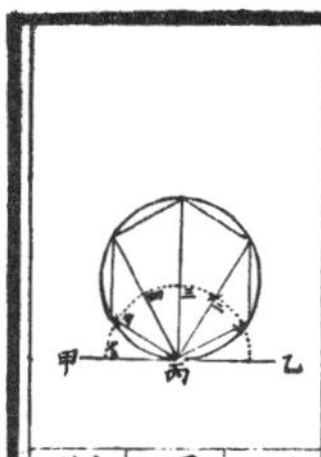

於圓界任指一點丙作切線甲乙以丙爲心任取度於甲乙線上作半圓界如欲作若干等邊形即平分此半圓界爲若干分如一二三四五六自丙至半圓界各分之點俱作線而引長之至正圓界則所遇之點即內容各等邊形之角點

第三十四題

又法

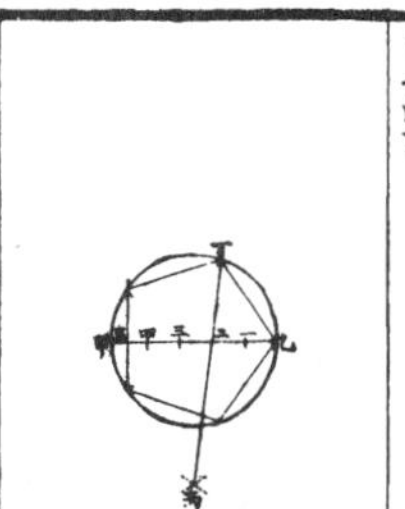

作正圓形之徑線甲乙若欲作若干等邊形即平分甲乙徑線爲若干分以甲與乙爲心以甲乙爲度各作界遇於丙自丙作線至第二分之點而引長之至正圓界遇於丁作乙丁線即圓形內容各等邊形之一邊以乙丁度圓界其各點即各等邊形之角點

按任作何等邊形丙丁線必過第二分之點

第三十五題

有邊線甲乙求作各等邊形

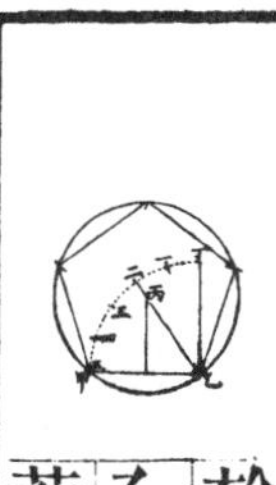

於乙端作甲乙之垂線長與甲乙等以乙爲心以甲乙爲度作圓界丁甲欲作若干等邊形即平分丁甲圓界爲若干分如一二三四五自乙作線至圓界上之二點次於甲乙線之中點作甲乙之垂線與乙二線遇於丙即

各等邊形之心亦卽各等邊形外切圜之心以丙爲心以丙乙爲度作圜界以甲乙線爲度度之則圜界各點卽各等邊形之角點

按此法與前法同任作何等邊形自乙點所作之線必對丁甲圜界自丁點起之第二分

第三十六題

又法

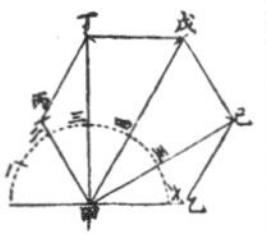

引長甲乙線以甲爲心任取度在甲乙線上作半圜界欲作何等邊形卽平分此半圜界爲何等分如一二三四五六

運規一　十四

除去第一分不用自甲作線過各分而引長之以甲乙爲度自甲度甲二線於丙又自丙度甲三線於丁自乙度甲五線於己自己度甲四線於戊作甲丙丙丁丁戊戊己己乙各線而成所求之形

第三十七題

又法

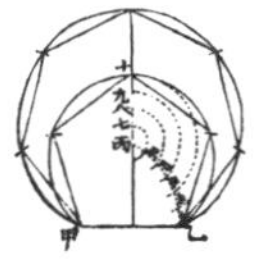

於甲乙線之中點作甲乙之垂線以甲爲心以甲乙爲度作乙丙圜界遇垂線於丙平分乙丙圜界爲六分如欲作五等邊形以丙爲心以丙五爲度作圜界遇垂線於丙點之下此點卽五等邊形之心若以丙爲心以丙甲爲度作圜界卽得內容甲乙爲邊之六等邊形若欲作多於六等邊形之諸等邊形則其心在垂線上丙點之上如七邊則度乙丙圜界之一分如八邊度二分餘仿此總以所求形之邊比六邊多若干邊卽多若干分則七八九十等分之點卽七八九十諸等邊形外切圜之心其諸形之每邊必等於甲乙線

第三十八題

有五等邊形求或在內或在外依定線爲邊作同式形其邊與原形之邊平行

運規一　十五

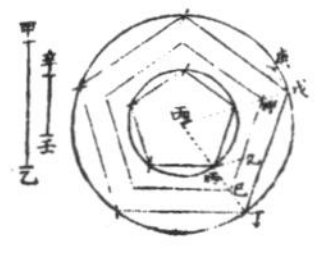

若定線甲乙大於原形之邊則平分原形相連之二角引長分角之線遇於丙卽爲原形之心成丙己丙呷兩半徑引長之次引長原形之一邊至庚令己庚等於甲乙自庚點作線與丙己平行遇丙呷半徑所引長之線於戊以丙爲心以丙戊爲度作全圜界遇丙己半徑所引長之線於丁以戊丁爲度自戊度圜界所得之點卽所求同式形之角點其邊等於甲乙且與原形之邊平行

若定線辛壬小於原形之邊，亦作丙亻甲丙己二半徑，在原形之邊度亻甲亿等於辛壬，自亿作線與亻甲丙線平行，遇丙丁於亻丙，以丙為心，以丙亻丙為度作全圓界，次以辛壬自亻丙度圓界，其點即所求同式形之角點。

第三十九題

有圓求作內容五等邊形。

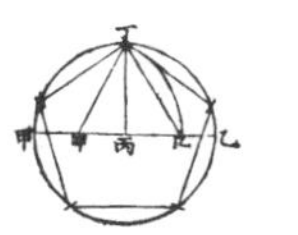

作圓之全徑甲乙，於甲乙全徑之中點丙作垂線為半徑，平分甲丙於亻甲，以亻甲為心，以亻甲丁為度作圓界，遇徑線於亿，作丁亿線，則此線等於圓內容五等邊形之一邊。

第四十題

有圓求作內容六等邊形。

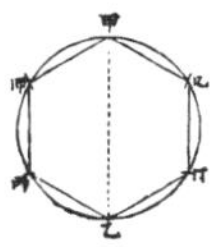

作徑線甲乙，以甲為心，以圓半徑為度度圓界於亻甲於亿，以乙為心，用原度度圓界於亻丙於仃，作甲亻甲、甲亿、亻丙乙、乙仃、亻甲亻丙、亿仃各線，即成圓內容六等邊形。

第四十一題

有圓求作內容七等邊形。

作半徑甲乙，以乙為心，以甲乙為度度圓界於亻甲於亿，作亻甲亿線，此線為半徑甲乙平分於丙，則丙亻甲即等於圓內容七等邊形之一邊。

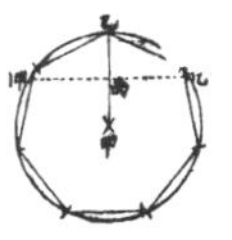

第四十二題

有圓求作內容八等邊形。

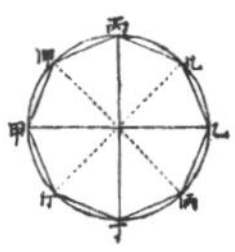

作徑線甲乙，平分甲乙線所分之半圓界於丙於丁，又以丙甲丙乙各半之於亻甲於亿，自亻甲與亿各作過心線引長之，遇圓界於亻丙與仃，作甲亻甲、亻甲丙、丙亿、亿乙、乙亻丙、亻丙丁、丁仃、仃甲各線，而成圓內容八等邊形。

第四十三題

有圓求作內容九等邊形。

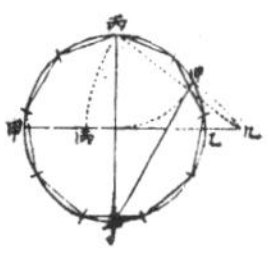

作徑線甲乙而引長之，再作徑線丙丁為甲乙線之垂線，以丙為心，以圓半徑為度作圓界，遇於丙乙圓界於亻甲，以丁為心，以丁亻甲為度作圓界，遇引長之徑線於亿，以亿為心，以亿丙為度作圓界，遇甲乙線於亻丙，則亻丙甲即等於圓內容九等邊形之一邊。

第四十四題

有圓求作內容十等邊形與十五等邊形

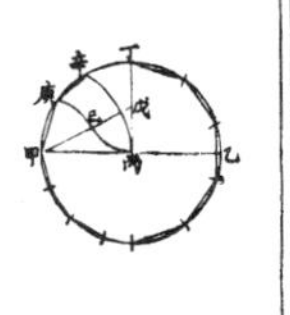

作徑線甲乙平分於丙自丙點作半徑爲甲乙徑線之垂線遇圓界於丁平分丙丁於戊作戊甲線以戊爲心以戊丙爲度作圓界遇戊甲線於己以甲爲心以甲己爲度作圓界遇原圓界於庚作甲庚線即所求圓內容十等邊形之一邊若以甲爲心以甲丙爲度作圓界遇原圓界於辛自庚至辛作線即所求圓內容十五等邊形之一邊

第四十五題

有圓求作內容十一等邊形

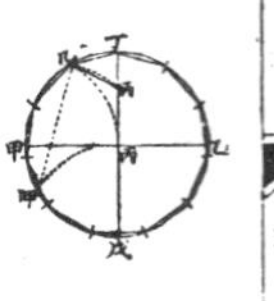

作徑線甲乙又作徑線丁戊爲甲乙線之垂線必皆平分於丙以戊爲心以戊丙爲度作圓界遇戊甲原圓界於呷以甲爲心用原度作圓界遇甲丁原圓界於亿以呷爲心以呷亿爲度作圓界遇半徑丙丁於㑂作㑂亿線即等於圓內容十一等邊形之一邊

第四十六題

有邊線甲乙求作五等邊形

自乙端引長甲乙線以乙爲心以乙甲爲度作半圓界遇甲乙引長之線於丙以甲爲心又以甲乙爲度

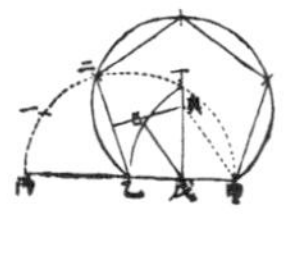

作圓界遇半圓界於丁平分甲乙於戊作丁戊線即爲甲乙線之垂線平分乙丁圓界於己作戊己線以戊己爲度自丙點度半圓界至一又自一度至二作乙二線即五等邊形之又一邊平分之即於平分之點作垂線與甲乙之垂線遇於庚以庚爲心以庚甲爲度作全圓界即可內容以甲乙線爲邊之五等邊形

第四十七題

有邊線甲乙求作六等邊形

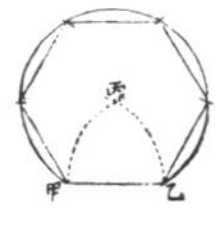

以甲與乙爲心以甲乙爲度各作圓界相遇於丙即以丙爲心以丙甲爲度作圓界其圓界可內容以甲乙線爲邊之六等邊形

第四十八題

有邊線甲乙求作七等邊形

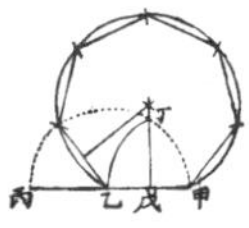

自乙端引長甲乙線以乙爲心以甲乙爲度作半圓界遇甲乙引長之線於丙以甲爲心用原度作圓界遇半圓界於丁自丁作甲乙之垂線於戊以丁戊爲

度自丙點度半圓界至一作乙一線即七等邊形之又一邊平分之即於平分之點作垂線與甲乙之垂線相遇即爲內容七等邊形之圓心

第四十九題

有邊線甲乙求作八等邊形

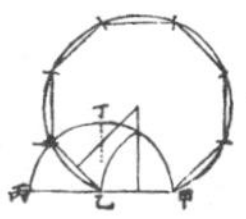

自乙端引長甲乙線以乙爲心以甲乙爲度作半圓界遇甲乙所引長之線於丙平分半圓界於丁再平分丙丁圓界於一作一乙線即八等邊形之又一邊以前法得其圓心

第五十題

有邊線甲乙求作九等邊形

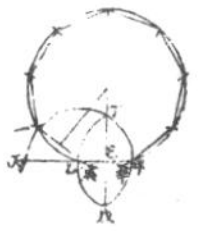

自乙端引長甲乙線以乙爲心以乙甲爲度作半圓界遇甲乙所引長之線於丙再引長半圓界於甲點之下以甲爲心用原度作圓界遇前圓界於丁於戊作丁戊線遇甲乙線於己以丁爲心以丁甲爲度自甲作圓界至乙以戊爲心以戊己爲度作圓界遇甲乙圓界於庚及辛以庚辛爲度自丙點度半圓界至一作乙一線即九等邊形之又一邊以前法求其圓心

第五十一題

有邊線甲乙求作十等邊形

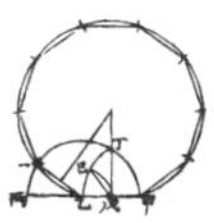

自乙端引長甲乙線以乙爲心以乙甲爲度作半圓界遇甲乙所引長之線於丙以甲爲心又以甲乙爲度作圓界遇半圓界於丁平分甲乙於戊作丁戊線再自丁點引長之以乙爲心以乙戊爲度作圓界遇乙丁圓界於已作戊已線以戊已爲度自丙點度半圓界至一作乙一線即十等邊形之又一邊以前法求其圓心

第五十二題

有邊線甲乙求作十一等邊形

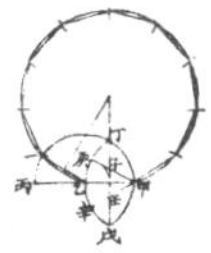

自乙端引長甲乙線如前法作半圓界而引長之於甲點之下以甲爲心以甲乙爲度作圓界遇前半圓界於丁及戊作丁戊線則丁戊線分甲乙線爲二平分以乙爲心以乙甲線之半爲度作圓界遇乙丁圓界於庚平分乙戊圓界於辛作甲庚與甲辛二線遇戊丁線於壬於子以壬子爲度自丙點度半圓界至一作乙一線餘如前法

第五十三題

有長徑甲乙與短徑丙丁求作橢圓形

作長徑甲乙與短徑丙丁相交於中點為縱橫線以丙或丁為心以甲乙之半為度作界遇甲乙線於己一己二此兩點即橢圓之二心於甲乙線之中點與甲之間任作若干點或近中點稍疏至己點漸密更佳其各點如一二三四等即以己一為心以甲一甲二甲三甲四等為度於甲丙甲丁各兩點之間俱作界又以己二為心以乙一乙二乙三乙四等各作界如其次第遇前界於甲乙丙丁等點自

丙點作一曲線過此各點至丁即成橢圓界之半如法再作其半即成全橢圓形

第五十四題

又法

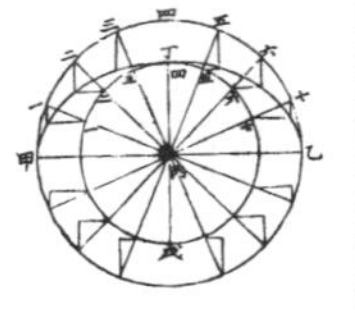

作長短兩徑為縱橫線如前法其中點為丙以丙為心以丙甲丙丁為度作大小二全圓界任平分大圓界為若干分如一二三四五六七自各分之點各作半徑過小圓界亦為一二三四五六七自小圓之各分點作線與長徑甲乙平行自大圓之各分點作線

與短徑丁戊平行作曲線過各平行線相交之點即橢圓界

第五十五題

又法

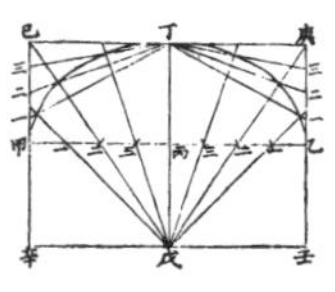

作長短徑如前法其中點為丙自甲乙二點作線與丁戊線平行又等長自丁戊二點作線與甲乙平行又等長則成長方形己庚辛壬其長短邊與橢圓之長短徑等任平分甲丙乙丙二線為若干對分如一二三丙又平分甲己乙庚二線與甲丙乙丙二線分

數同自戊點作線過甲乙線上之各分點自丁點作線至甲己乙庚二線上之各分點各線相遇之點可聯作橢圓界

第五十六題

又法

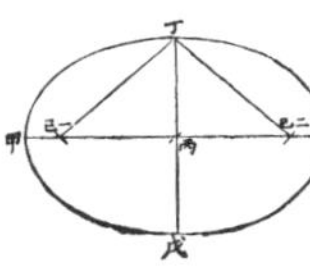

作長短兩徑如前法以第五十三法求其兩心己一己二即在己一己二插兩針用線一條兩端各作小眼其線牽直必等於長徑套小眼於二針之上以鉛筆靠線自丁移至乙又自丁移至甲所作之曲線即

橢圓之半界其下半如前而成全橢圓形

第五十七題

有長徑甲乙與短徑丁戊求以正圓界作橢圓形

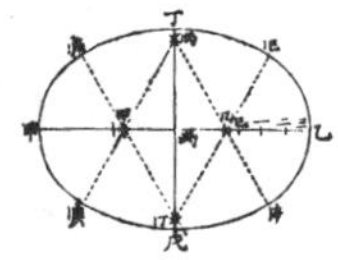

作長短兩徑如前法其中點爲丙以甲爲心以丁戊爲度度甲乙線至己又平分己乙爲三分以丙爲心以己乙三分丙之二分爲度在左右度甲乙線於甲於乙以甲乙二點各爲心以甲乙爲度各作界遇於丙於丁以丁丙各爲心以丁丁爲度作各圓界戊己及庚辛以甲與乙各爲心以甲甲爲度各作圓界戊庚與己辛則成橢圓形若自丙丁二點各作二線過甲乙二點必爲四圓界所相遇之點

按此形非眞橢圓形但便於用規與直尺也

第五十八題

有長徑甲乙與短徑丙丁又二徑之交點戊求用針與線作卵圓形

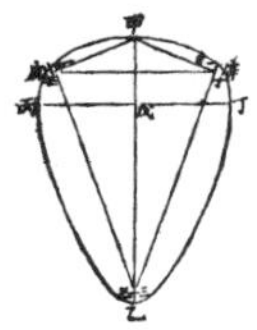

以短徑之中點交長徑之戊點而爲縱橫線再以甲戊平分郎於分點作線與丙丁平行以甲爲心以戊丙爲度度此線於庚於辛以庚辛線之半爲度仍自甲點度庚辛線於壬於子以庚壬之半爲度自壬自子各度於庚辛線至己一與己二用庚己一度自乙度於甲乙線至己三郎在甲與己一己二己三四點各插針以線緊圍此四針結一圈將甲點之針拔去用鉛筆當之靠此線移一匝則成卵圓形其最長最闊在甲乙丙丁四點

第五十九題

以圓界作卵圓形

任作一直線在其上作半圓界丙丁使其半圓界之徑與卵形之短徑等以半圓界之半徑爲度在丙點與丁點度於甲乙線至甲至乙以甲與乙各爲心以乙丙爲度作丙戊丁己二圓界自甲或乙作直線過長徑之庚點而至對面之圓界於戊或己以庚爲心以庚戊爲度作圓界己戊則成爲卵圓形

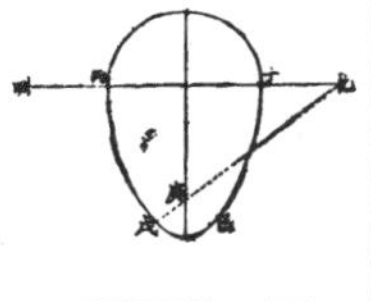

按如欲作或長或短之形將其兩半徑甲丁與乙丙或長之或短之庚點在長徑或移上或移下

第六十題

有長徑甲乙求作螺絲曲線

平分長徑甲乙於丙平分乙丙線爲四分以丙點下

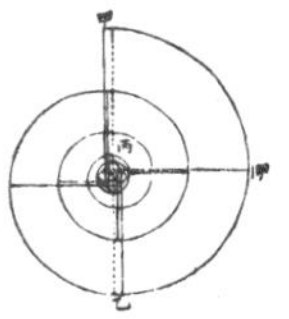

之第一分爲全徑作圓界則爲螺絲曲線之眼次如放大之圖內在圓內作正方形於正方內作二方徑線一三與二四將兩徑線平分爲六分其兩徑之端爲一二三四其第一分點則五六七八其第二分點則九十十一十二以一爲心以一甲爲度作圓界甲呷自一作線至二而引長之遇圓界於呷以二爲心以二呷爲度作圓界呷叱至二三所引長之線而止依此法以眼內之各點盡爲心而作界卽成爲螺絲曲線其各圓界所接之點自圓界之心點作線至後一點引長之線卽是

運規一　三十六

長洲沙英繪圖校字

運規約指卷二

英國白起德輯

英國　傅蘭雅　口譯
無錫　徐建寅　筆述

論諸形相合

自六十二至七十二論形線相聯以引起諸形相合之法

第六十一題

有角甲求分之爲二平分

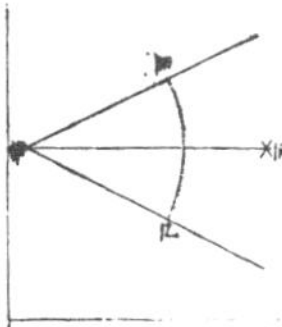

以角點甲爲心任取度作圓界呷叱以呷叱各爲心任取度作短界交於丙作甲丙線則甲角平分爲二分

第六十二題

有直角甲求分之爲三平分

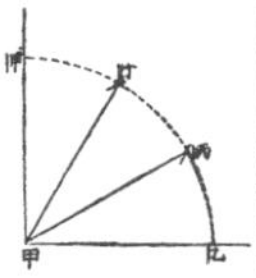

以角點甲爲心任取度作圓界呷叱以呷叱各爲心用原度度圓界於丙於叮作叮甲與丙甲二線則甲直角平分爲三分

運規二　一

第六十三題

有三邊形甲乙丙求其心

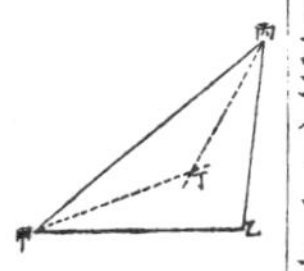

任取二角甲與丙作線兩平分之又引長之遇於丁則丁爲三邊形之心

第六十四題

有平圓甲求其心

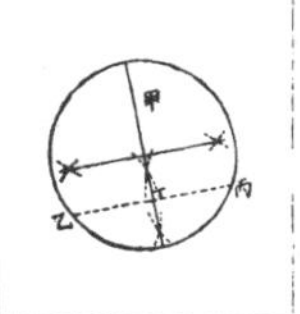

任作通弦乙丙而兩平分於丁在丁點作乙丙之垂線而上下引長之使二端各遇圓界則此線為平圓之全徑半之得心

第六十五題

有橢圓甲求其中心與長短二徑

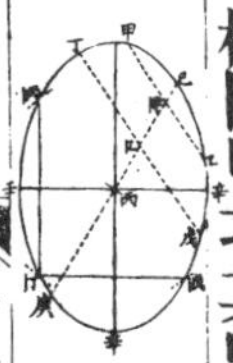

任作二平行通弦甲乙丁戊而二平分之一於己二於庚作線過己庚二點引

長之遇橢圓界於己與庚則為橢圓之斜徑平分己庚線於丙則丙點為橢圓之中心以丙為心任作正圓界遇橢圓界於丙丁戊作丙丁與丁戊二線自丙點作辛壬二線與丙丁丁戊兩線平行則辛與壬為橢圓之長短二徑

第六十六題

有甲乙丙三點不在直線之內求作全圓界或作截圓界過此三點

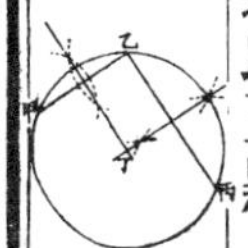

以直線連甲乙乙丙平分甲乙乙丙二線在平分之點作垂線而引長之遇於

丁則丁為所過三點全圓界或截圓界之心而丁甲為其半徑

第六十七題

有正圓圓界任指一點甲求於甲點作切線

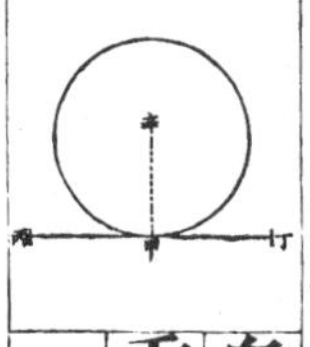

自甲點作半徑甲辛自甲點作甲辛之垂線丙丁則丙丁線為其切線

第六十八題

有正圓圓界外有點甲求自甲點作切線

自甲點作線至圓心丙平分甲丙於乙以乙為心以

乙甲為度作半圓界與原圓界遇於丁作甲丁線即為切線

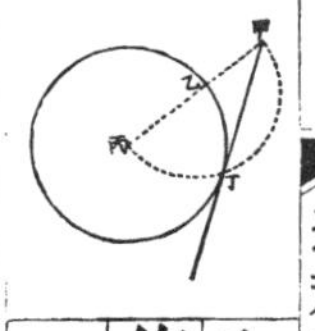

第六十九題

有截圓界甲乙界上有點甲圓界之心或不便求求於甲點作切線

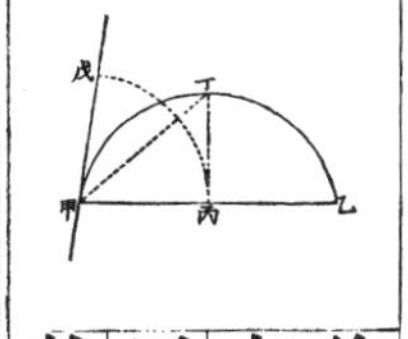

作通弦甲乙而平分於丙自丙作甲乙之垂線遇圓界於丁作丁甲線再作丁甲戊角與丁甲丙角等引長戊甲線即截圓界之切線

第七十題

楕圓界上有點甲求在甲點作楕圓之切線

以前法求楕圓之長徑及其二心呷𠯆自呷𠯆各作線至甲為呷甲𠯆甲任用一線呷甲引長至丙平分外角丙甲𠯆於乙作乙甲線而引長之即楕圓切線

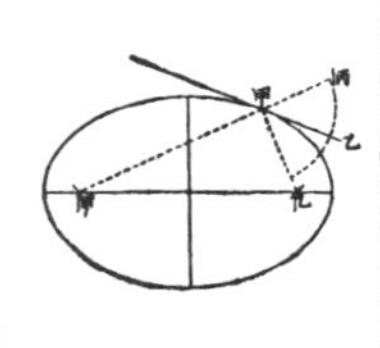

第七十一題

楕圓界上有點甲求於甲點作楕圓界之垂線

作長徑而求其二心如前法自二心各作線過甲點而引長之為呷甲𠯆角作乙甲線平分其角則乙甲

為所求之垂線

按若環橋合楕圓曲線可用此法求各石之接縫線

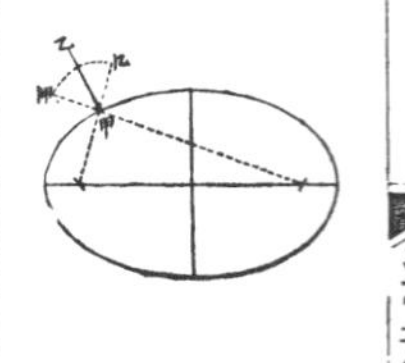

第七十二題

有線甲乙有三邊形丙求作三邊形使三邊和等於甲乙線其角等於丙形之角

在甲乙線上作三邊形甲乙丁其角等於所設三邊形丙求其心戊自戊點作二線與二邊之丁甲丁乙平行而遇甲

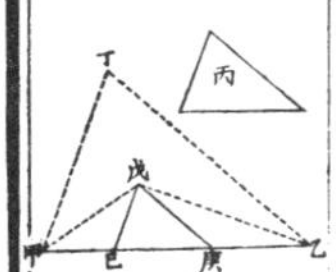

乙線於己於庚則戊己庚三邊形之三邊和等於甲乙線而其角等丙形之角

第七十三題

有三邊形丙丁戊又甲乙己庚二線求或在內或在外各用一線為一邊作同式三邊形其邊與原三邊形之邊平行

以丙己丁己戊己線平分丙丁戊三邊形之三角若欲作三邊形在原三邊形之內則以甲乙度自丙點度丙丁線至呷自呷作線與丙己線平行而遇丁己

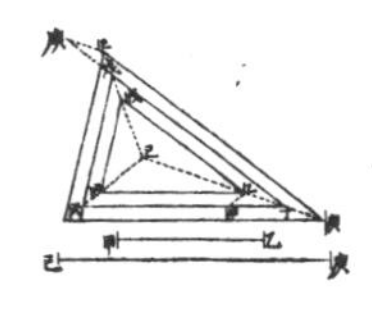

線於𠯆自𠯆點作線與三邊形之二邊平行而遇戊己丙己二線於丙於戊若欲作三邊形在所設三邊形之外而其一邊與己庚等則引長丁戊至庚使丁庚等於己庚平分三邊形之角如前而引所平分之線至三邊形之外自庚點作線與丁己線平行遇己戊所引長之線於𠯆自𠯆點作線如前與三邊形之二邊平行則𠯆庚必與所設之線己庚等若欲與丙戊平行之邊等於所設之線己庚則將丙戊引長至等己庚線而自其端作線與丙己平行餘倣此

按此與第三十八法略同

第七十四題

有三邊形甲乙丙求作內容正方形．

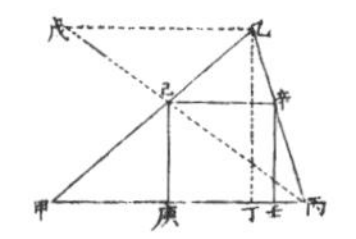

自頂角乙作底線甲丙之垂線乙丁．為中垂線自乙作線與甲丙平行至戊等於中垂線自戊至對角丙作丙戊線遇三邊形之邊甲乙於己自己作線與中垂線平行遇甲丙底於庚再作線與甲丙平行遇乙丙邊於辛又作辛壬線與己庚線平行則成三邊形內容之正方形．

按正方形之一邊可任切三邊形之何邊但所切邊二端之角必俱銳角若有一鈍角則不可．

第七十五題

有三邊形丁戊己又線甲乙求作內容長方形其長邊等於甲乙線．

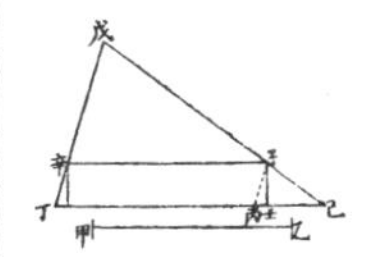

在三邊形之底取丁丙等於甲乙線自丙作線與丁戊邊平行遇戊己邊於子．自子作底之垂線又自子作底之平行線遇丁戊丁己二邊於辛於壬自辛作底之垂線而成長方形．

第七十六題

有三邊形．求作內容圓形．

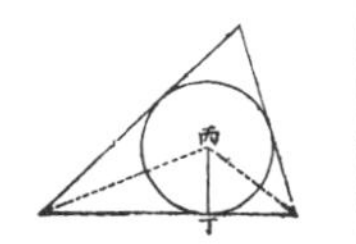

求其心丙自丙任作一邊之垂線如丙丁．卽容圓之半徑．

第七十七題

有三邊形求作外切圓形．

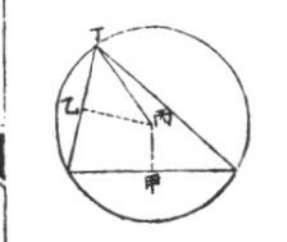

任平分三邊形之二邊於甲．於乙．自甲乙二點各作垂線遇於丙丙卽圓之心．而自丙作線至任一角卽圓之半徑

按此法與六十六題無異蓋三邊形之角點卽為所設之三點．

第七十八題

有正方形求作內容三等邊形．

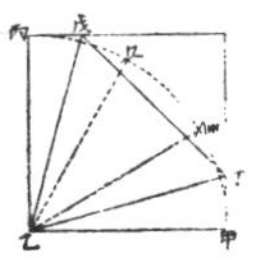

平分甲乙丙角為三分．於亻甲於亿．平分亻甲乙甲與亿乙丙二角．引長其線遇方邊於丁與戊作丁戊線．則丁乙．丁戊戊乙三線必等．

第七十九題

有正方形．又有線甲乙求作內容二等邊三邊形．其底等於甲乙。

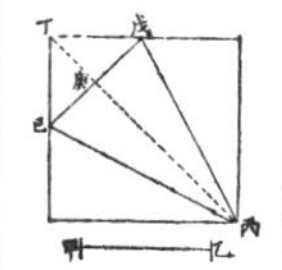

作對角線丙丁。以甲乙線之半分爲度。
自丁點度丙丁線於庚。在庚點作丙丁
之垂線。遇正方形之二邊於戊與己。作
戊丙丙己二線。而成三邊形。

第八十題

有正方形甲乙丙丁。求作外切三等邊形。

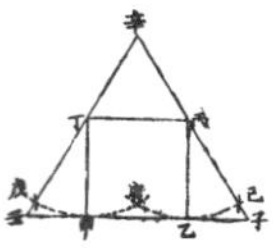

以丙丁二點爲心。以方形之一邊爲度。
作甲戊乙己二圓界相遇於庚。以庚爲
心用原度度甲戊乙己二圓界於戊與

己作戊丁己丙二線。而引長之相遇於辛。又引長甲
乙兩端遇丁戊丙己二線於壬與子。則辛壬子爲外
切三等邊形。

第八十一題

有正方形。又有甲乙線。求或在內或在外。作同心正方形。
其邊等於甲乙。且與原正方形之邊平行。

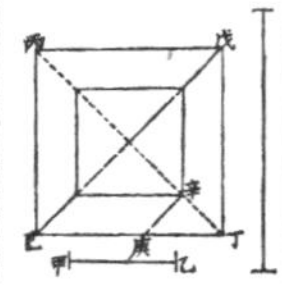

作對角線丙丁。戊己在己丁取己庚等
於甲乙。自庚作庚辛線與己戊線平行。
以七十三題之法而成正方形。若其邊
比所設之邊大。亦以七十三題之法成之。

按此題與七十三題無大異。

第八十二題

有正方形。求作或內容或外切之圓形。

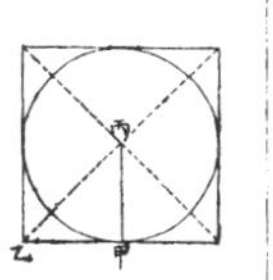

作二對角線相交於丙。自丙作一邊之
垂線丙甲。則丙爲圓心。而丙甲爲半徑。
而丙乙卽外切圓之半徑。

第八十三題

有四等邊形。求作內容正方形。

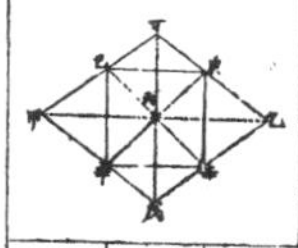

作兩對角線甲乙丁戊相交於丙。任平分對角線相
連之二角甲丙戊與乙丙戊。將所平分二角之線引

長之遇原形之四邊於己庚辛壬四點。作
己辛庚壬四線。而成正方形。

第八十四題

有平行四邊形。求作內容四等邊形。

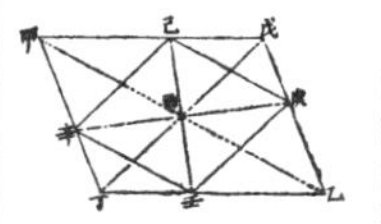

作二對角線。及平分二角。如前法。卽得若
欲內形之角遇外形邊之任一點庚。則不
必平分其角。可自庚點作線過心丙。又自
丙作其垂線。令二線之四端遇原形之四
邊。則己庚辛壬爲內形所切之角點。

第八十五題

有長短兩等之四邊形求作內容正方形

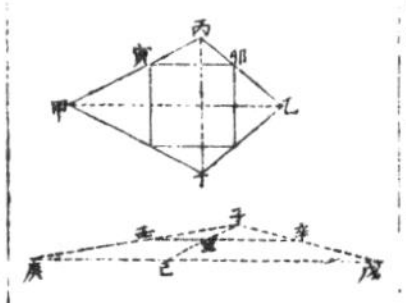

作二對角線甲乙丙丁先如第十五法在此形之外作線戊己等於甲乙再引長之而取己庚等於丙丁作辛壬等於甲丙而與戊庚平行自庚與戊各作線至壬與辛引長之相遇於子成三邊形戊子庚自己作線至子交辛壬於丑後以丙為心以壬丑為度度甲丙線於寅則甲丙線分於寅點與甲乙丙丁二對角線有比例作寅卯線與甲乙平行而寅

卯即為內容正方形之一邊

第八十六題

有四等邊形甲乙丁戊求作內容圓形

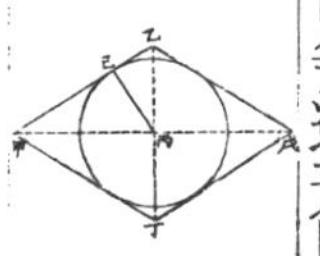

任平分其兩角甲與乙則兩平分之線相交於丙自丙任作一邊之垂線丙己則丙為容圓之心而丙己為其半徑

第八十七題

有長短兩等之四邊形甲乙丁戊求作內容圓形

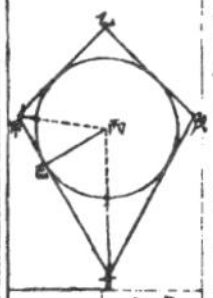

其法與記字與前題同

第八十八題

有圓形求作或內容或外切三等邊形

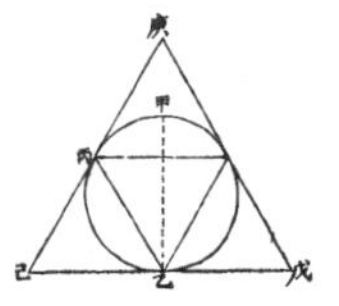

作圓之徑線甲乙即以半徑為度自甲度圓界於丙於丁作丙乙丙丁乙丁三線而成內容三等邊形以乙丙丁三點為心以乙丙為度各作界相遇於戊己庚三點作戊己戊庚己庚而成外切三等邊形

第八十九題

有三邊形甲乙丙又有圓形求作圓內容三邊形其角與設形之角等

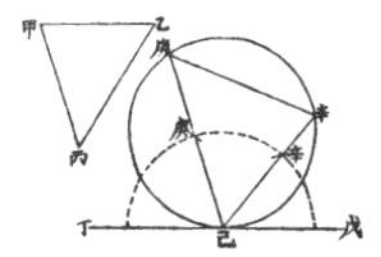

作切線丁戊切圓於己在己點作丁己庚角等於甲角作戊己辛角等於丙角引長其角之兩線遇圓界於庚與辛作庚辛線則己庚辛為圓內容三角形其角等於甲乙丙形之角

第九十題

有任式三邊形甲乙丙又有圓形求作圓外切三邊形其角與設形之角等

引長三邊形底線之二端至甲至乙任作圓半徑丁戊又作半徑丁己與前半徑成戊丁己角等於三邊

形之外角呷甲丙又作半徑丁庚與丁
戊半徑成戊丁庚角與三邊形之外角
亿乙丙等即於三半徑遇圓界之點戊
己庚作切線各引長之遇於辛壬子三
點則辛壬子爲圓外切三邊形其角等
於甲乙丙形之角

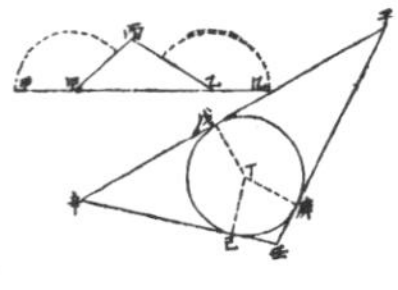

第九十一題

有圓求作內容外切正方形

作二徑線甲乙丙丁爲縱橫線自各端之點作甲丙
丙乙乙丁丁甲四線而成內容正方形又以圓之半

徑爲度自甲乙丙丁四點各作界相遇
於戊己庚辛四點作戊己戊庚己辛庚
辛四線而成外切正方形

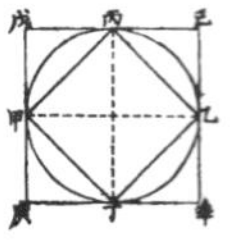

第九十二題

有兩圓甲與乙或甲或乙圓界上有點丙求作大圓界切
一圓界上之丙點而切又一圓之界

求二圓之心甲乙而作甲乙線以連之
次自欲切之點丙作半徑丙乙在又一
圓作半徑甲丁與丙乙平行作丙丁線
引長丁點至對點戊作半徑戊甲將兩

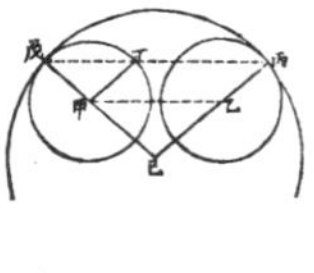

半徑引長之相遇於己己丙爲外切大圓之半徑而
己爲其心

按兩圓或等或不等或交或離或外切或內切此法
俱可惟丙丁線爲兩圓之切線則不可

第九十三題

有圓甲乙求以同心之圓依比例分其面積

若所求之分欲依諸分級數即作圓之
半徑甲乙而平分之爲若干分如一二
三四等其若干分與所分圓之分母等
在半徑甲乙之上以甲乙之半爲度作

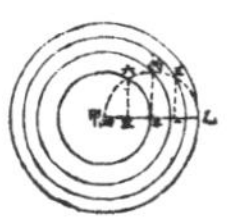

半圓甲乙丙在甲乙所分之點各作垂線遇半圓之
界於五丙六三點以甲爲心以甲六甲丙甲五爲度
各作圓界則甲六圓爲原圓四分之一甲丙爲其半
分甲五爲其四分之三

按所欲分之分數可至無窮而其分又可或平分或
疎密分

第九十四題

有圓求任平分其面積爲若干分其各分之界線與原圓
界必等

作徑線甲乙如欲分圓爲若干分即平分徑線爲若

平分如一二三以甲一之中點為心在線下作半圓界以甲二亦然次在甲乙上自乙起亦作兩半圓界而成面積平分界線

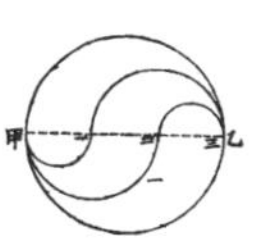

相等之形

第九十五題

有三等邊形甲乙丙求作內容三相等圓其各圓界必切三邊形之兩邊

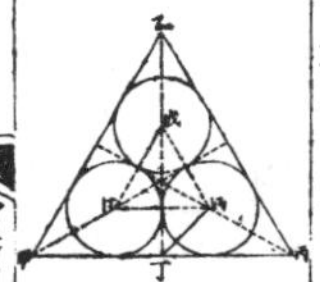

平分甲丙於丁作丁乙中垂線平分丁丙乙丙丁乙兩角其分角之線相遇於丙作丙丁丙戊丁戊三線與甲丙丙乙

乙丙三邊線平行則成內三邊形丙丁戊以丙丁戊三點為心以丙丁之半分為度各作圓界而成內容三相等圓形

第九十六題

有三等邊形甲乙丙求作內容三相等圓形各圓祇切形之一邊

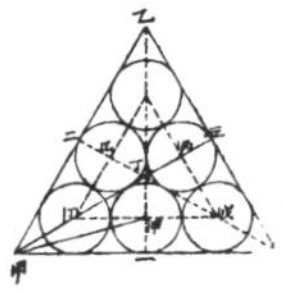

平分三邊形之三邊於一二三作乙一丙二甲三三中垂線相交於丁平分丁甲一角而引長分角之線遇丁一線於甲以丁為心以丁甲為度度於二三兩

線遇於乙與丙則乙甲丙為所求三圓之心而甲一為其半徑若過甲點作線與甲丙邊平行遇甲三丙二兩線於丁戊又自丁與戊各作線與甲乙丙二線平行則得又三圓之心而與前三圓相等故三等邊形又可作內容六相等圓

第九十七題

有正方形甲乙丙丁求作內容四相等圓每圓各切形之兩邊

作正方形之對角線甲丁與乙丙及徑線甲乙與丁戊俱相交於丙則原正方形平分為四正方形作其

四正方形之對角線甲丁丁乙乙戊戊甲此四對角線與前對角線相交之四點即為所求四圓之心而己庚為其半徑

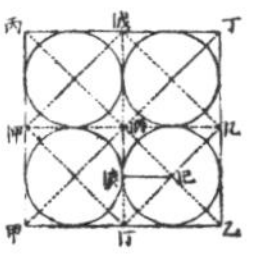

第九十八題

有圓求作內容三相等圓

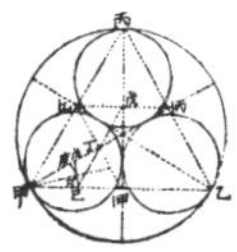

於大圓內作三等邊形甲乙丙平分其三角而引長分角之線遇三邊於甲乙丙作乙甲乙丙丙二線遇甲丙丙甲二線於丁於戊作丁戊線而引長之遇甲乙於己以甲為心以甲己為度作圓界己庚平分庚甲

己角而以分角線遇己庚圓界於丁作己丁線而引長之遇甲丁於戊卽爲一圓之心而戊甲爲其半徑以戊甲半徑自乙丙兩點度乙亿丙甲二線而得又二圓之心

第九十九題

有圓求作內容四相等圓

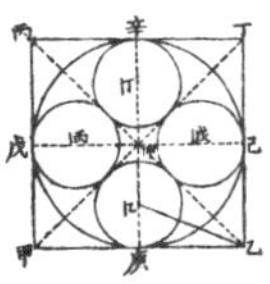

作圓之外切正方形甲乙丙丁作兩對角線甲丁與乙丙又作兩徑線戊己與庚辛交於甲則正方爲二對角線平分爲四三邊形任平分一三邊形之底角甲乙庚引長

運規二　十六

分角之線遇徑線辛庚於亿以甲爲心以甲亿爲度度三徑線於丙丁戊則亿丙丁戊爲所求四圓之心而亿庚爲其半徑

按依此法正方形內可作內切四圓每圓止切其一邊

第一百題

有圓求作內容五相等圓

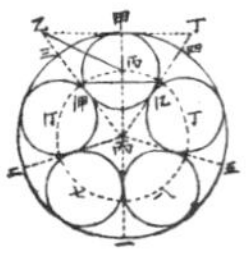

依作圓內容五等邊形之法分圓周爲五平分任以三與四兩點引長之又平分三丙四角而作甲丙線遇圓界於甲

自甲點作圓之切線使兩端遇三四所引長兩線於乙於丁則成三邊形乙丙丁依第七十六法作三邊形之容圓其圓心卽丙以丙爲心以丙丙爲度作全圓界丁丁遇乙丙丁丙兩線於甲與亿以甲亿爲度自丙點度丁丁圓界於丁七八丁四點以此四點爲心以丙甲爲半徑而作又四圓

第一百一題

有圓求作外切六相等圓各自相切且與原圓相等

求得圓心丙以其全徑爲度作全圓界甲用原度度此圓界於一二三四五六以此六點爲心以原圓之

運規二　十七

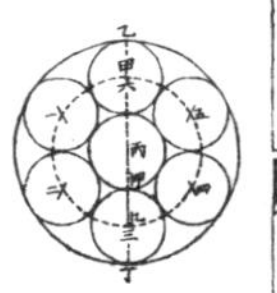

半徑各作圓界卽爲所求之圓

按依此法圓內可作六或七相等圓形以圖之外圓爲所設之圓作半徑丙丁平分丙丁爲三分於甲亿丁以丙爲心以丙甲爲度作圓以丙爲心以丙亿爲度作圓以此圓之半徑爲度度圓界於一二三四五六以此六點爲心以甲乙度作所求之圓

第一百二題

有三等邊形丁戊己求作內容三相等半圓形其徑必相連

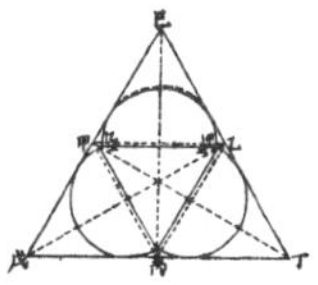

平分三邊形之三邊於甲乙丙自甲乙丙各作垂線甲丁乙戊丙己次在甲乙丙三點聯三線成丙三邊形在甲乙上作半圓甲乙遇原三邊形之己戊己丁二邊自甲與乙各作線與己丁己戊兩邊平行遇甲丁乙戊二線於一於二作一二線在一二線上作三等邊形此三等邊形之邊卽所求半圓相連之徑

第一百三題

有圓形求作內容三相等半圓其徑必相連

作徑線甲乙於甲乙線之中點丙作垂線丙丁再分

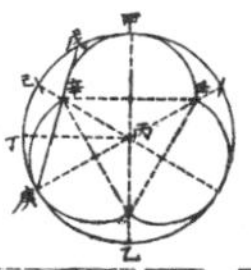

甲丁圓界為三平分於己於戊作丁庚等於丁己自己與庚二點各作徑線過丙點次作戊庚線遇己丙線於辛自辛點作甲乙之垂線辛壬在辛壬下作三等邊形其邊線卽所求半圓相連之徑線

第一百四題

有正方形求作內容四相等半圓其各半圓之徑線必相連其各界線必切原正方形之二邊

作二對角線乙與丙及二正交徑線其一端作識如甲再平分甲乙於戊取丙己等於甲戊作己戊線遇

徑線於庚以甲庚為度自兩徑線之各端度之於己己己三點以四線聯庚己己己四點其線卽為所求半圓相連之徑線

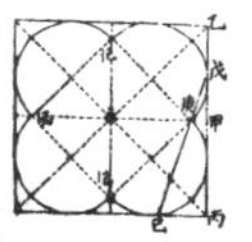

按依第九十七法以己庚為度可於正方形內作切一邊之四半圓

長州沙英繪圖校字

運規約指卷三

英國白起德輯

英國　傅蘭雅　口譯

無錫　徐建寅　筆述

論更面自一百五至一百十六論面積及比例之理以引起更面諸法

第一百五題

凡面積乃兩邊線相乘而成如不等邊形則分之爲數三邊形并各三邊形而總計之卽知不等邊形之積

如長方形甲乙丙其底甲乙長二寸其垂線甲丙高四寸故以二乘四而得八方寸卽二邊相乘而成長方形之法但必對邊相等且直角

第一百六題

凡兩平行四邊形或直角或斜角若底與高皆等則面積亦等

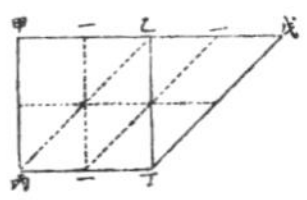

甲乙丙丁爲直角平行四邊形而分爲四相等四邊形乙丙丁戊爲斜角平行四邊形其底丙丁與直角平行四邊形甲乙丙丁之底相等其高丁乙亦相等因丙丁乙三邊形以兩形相合而相齊而丙甲乙形等於丁乙戊形故直角平行四邊形甲乙丙丁與斜角平行四邊形乙丙丁戊必等所以欲求平行四邊形之面積必相乘其底與高也設有諸平行四邊形其高等則其積之比若其底之比如甲丙一一平行四邊形與甲乙丙丁平行四邊形等高其底乃丙丁底之半若甲乙丙丁之積爲四則甲丙一一之積必爲二

按若底之半與全高或全底與半高其數必等故有此法

第一百七題

凡三邊形之高與平行四邊形之高等平行四邊形之底半於三邊形之底或二形之底等而平行四邊形之高半於三邊形之高其積皆等

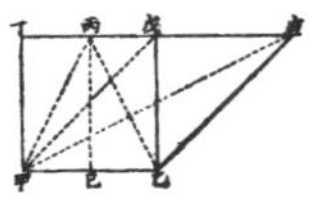

甲乙丙爲三邊形甲乙丁戊爲平行四邊形其底甲乙與三邊形之底等其高丙己與三邊形之高亦等因甲丁丙形等於甲己丙形而乙戊丙形等於乙己丙形故平行四邊形甲乙丁戊內有三邊形甲乙丙甲丁丙乙戊丙而乙戊丙等於甲丁丙故甲丁丙與丙乙戊相幷亦等於甲乙丙所以三邊形甲乙丙之積爲平行四邊形甲乙丁戊積之半甲乙庚三邊形與甲乙丙三邊形底與高皆相等平行四邊形甲乙戊庚乃甲

戊庚與甲乙庚兩三邊形相合而成而兩三邊形相等故甲乙庚三邊形之積必爲平行四邊形甲乙戊庚積之半但甲乙戊庚平行四邊形與甲乙丁戊平行四邊形底與高各等故其兩積亦等所以甲乙庚三邊形與甲乙丙三邊形等因兩形俱爲甲乙丁戊平行四邊形之半故兩三邊形之底與高若各等其積亦必等

按欲求三邊形之積必乘其全底與半高或全高與半底

第一百八題

凡等高諸三邊形其積之比若其底之比或底等則其積之比若其高之比

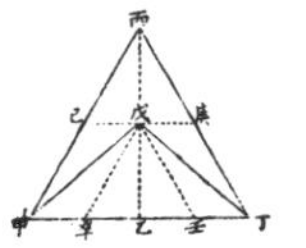

甲乙丙三邊形與甲丁丙三邊形等高其底甲乙爲甲丁底之半則甲乙丙形必爲甲丁丙形之半因甲乙丙形之高與甲丁丙形之高等甲乙丙形之底爲甲丁丙形底之半故甲乙丙形之積爲甲丁丙形積之半也若甲戊丁三邊形之底與甲丙丁三邊形底等其高乙戊爲乙丙高之半甲丙戊形與丁丙戊形相等甲己戊形與甲辛戊形亦相等己丙戊形與辛戊乙形亦等丁戊庚形與丁戊壬形相等庚戊丙形與乙壬戊形亦相等故三邊形甲戊丁之積爲三邊形甲丙丁積之半其底等而其高之比若半與全之比

第一百九題

凡圜周大於徑三倍又七分之一如徑爲三寸半其周則爲十一寸（倘差二千五百分之一）

圜之面積可等於平行長方形其長邊必等於圜周之半短邊必等於圜徑之半或全周與半半徑或半半周與全徑

如圖圜甲平分三十二分各分俱爲三

邊形而三邊形之二腰俱即半徑此各分之內以自乙至丙之十六分散開其線則乙丙爲各三邊形之底而等於甲圜之半周可與其餘自十七至三十二之十六分相錯故各三邊形之底與高

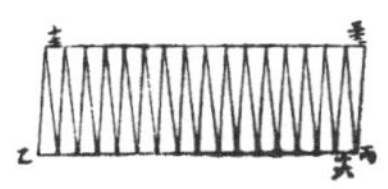

卽交互輳合而成平行四邊形與圜甲同積若欲更爲三邊形卽以圜之半周爲底而全徑爲高或全周爲其底而半徑爲其高亦可以全周爲底半半徑爲高或全徑爲底半半周爲高之平行四邊形

第一百十題

凡正方形作容圓及三邊形其底與高皆等於方邊則三形之級爲二三四其三邊形面積爲正方形面積之半而圓面積爲正方形四分之三圓面積有差

圓周之比若其徑之比如圓徑爲三寸半其周則十一寸若倍之爲七寸則其周亦必倍爲二十二寸但前圓之積爲九方寸二二五其第二圓之積必四倍而爲三十六寸九第二圓之徑爲前圓徑之倍第二圓之積爲前圓積之四倍因四爲二之方面積所以圓面積之比與徑之方面積同如作諸圓其徑爲一二三四五

六等第二三四五六之周比第一之周大二三四五六倍而其第二圓之積爲第一圓之積四倍第三爲其九倍第四爲其十六倍第五爲其二十五倍第六爲其三十六倍

第一百十一題

有圓求作直線與圓之半周等

作徑線甲乙在甲點作甲乙之垂線甲丙爲圓半徑之三倍在乙點作甲乙之垂線乙戊以圓之半徑自乙點度於圓周至丁平分乙丁圓界自圓心作線過

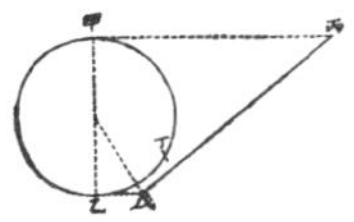

平分之點遇乙戊線於戊作戊丙線則戊丙線與圓之半周等

第一百十二題

有兩直線甲乙與丙丁求作連比例之中率線

自乙引長甲乙線至戊等於丙丁平分甲戊於己以己爲心以己甲爲度作半圓界於乙點作甲戊之垂線遇半圓界於庚則乙庚線爲甲乙丙丁兩線之中

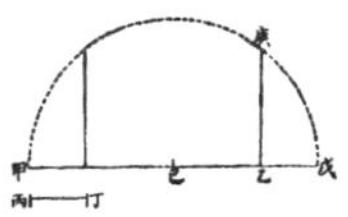

率線乙庚線大於丙丁之比若乙庚小於甲乙之比

設甲乙長四寸丙丁長一寸則乙庚必長二寸

第一百十三題

有兩直線甲乙與丙丁求作連比例之末率線

作戊己線等於甲乙線與戊己任爲何角作戊庚線等於丙丁線以戊庚爲度自戊點度戊己線於辛自辛作線與己庚平行遇戊庚線於壬則戊壬線爲小於原二線之末率線

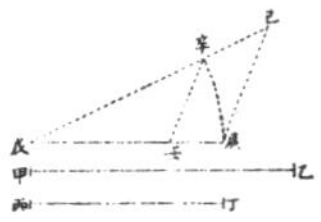

又戊庚戊壬爲原線而求其大於元線之末率線以戊爲心以戊庚爲度作圓界自壬點作線遇圓界於辛自戊點作線至辛點而引長之自庚點作線與

壬辛平行遇引長之線於己則己戊線爲大於元線之末率線.

第一百十四題

有三直線甲乙丙丁戊己求作斷比例之四率線.

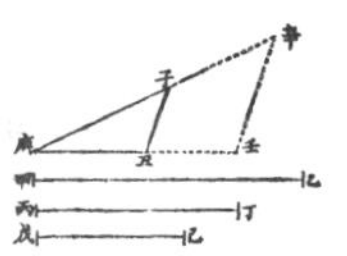

作庚辛線等於甲乙線與庚辛線任爲何角作庚壬線等於丙丁線自辛作線至壬次以戊己爲度自庚點度於庚辛線至子自子作線與辛壬線平行遇庚壬線於丑則庚丑線爲三線之四率線.

又庚壬庚子與庚丑爲原三線求大於三線之四率線.

作庚壬線於庚點任爲何角作庚子線而引長之在庚壬線自庚點取庚丑作子丑線次自壬點作線與子丑平行遇庚子所引長之線於辛則庚辛爲大於三線之四率線.

第一百十五題

有直線甲乙求分爲中末兩率線.

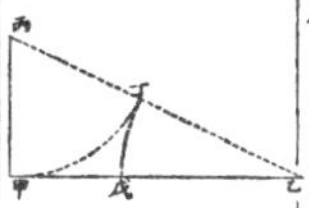

於甲作甲乙之垂線至丙等於甲乙之半作乙丙線以丙爲心以丙甲爲度自甲點作圓界遇乙丙線於丁以乙爲心以乙丁爲度自丁點作圓界遇甲乙線於戊則戊甲爲其末率而戊乙爲其中率卽甲戊與乙戊若乙戊與甲乙.

第一百十六題

有直線甲乙求分之爲諸分級數.

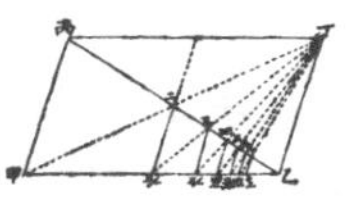

在甲乙線上作任意之平行四邊形或直角或斜角如甲乙丙丁作二對角線丙乙甲丁相交於二自二點作線與甲丙平行遇甲乙於½作丁½線遇乙丙於三自三點作線與甲丙平行遇甲乙於⅓作丁⅓線遇乙丙

線於四自四點作線與甲丙平行遇甲乙於¼餘倣此則甲乙上所得之分點爲½⅓¼⅕⅙⅐諸分.

增四題

一已有法知平行四邊形高等底等其面積必等則凡有正方形欲變爲等積斜四等邊形或有正長四邊形欲變爲等積斜長四邊形必以正方形或長方形之底當斜四邊形或斜長四邊形之底而正方形或正長方形之高當斜四邊形或斜長四邊形之高

二已有法知三邊形高等底等其面積亦必等則凡正三邊形欲變爲等積斜三邊形必以正三邊形之

底與高爲斜三邊形之底與高.
三已有法知凡三邊形等半高同底半底同高之平行四邊形則凡三邊形欲變爲等積平行四邊形必以三邊形之底爲平行四邊形之底而其半高爲平行四邊之高或以三邊形半底爲平行四邊之底而其高爲平行四邊形之高若平行四邊形變爲等積之三邊形反此.
四已有第一百九法知凡圓形能變爲同積之平行四邊形或同積之三邊形.

第一百十七題

有四不等邊形甲乙丙丁求更爲三邊形其積與原四不等邊形之積等.

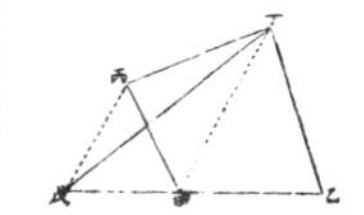

自甲端引長四不等邊形之底乙甲自丁角作對角線甲丁又自丙角作線與對角線平行而遇引長之底線於戊作戊丁線則戊丁乙三邊形與原四不等邊形之積等.

按依此法可知任設四不等邊形若欲更爲同積平行四邊形則以所得三邊形之半底與其全高爲平行四邊形之底與高

第一百十八題

依前法任有多邊直線形或等邊或不等邊俱可更爲少一邊等積之形.

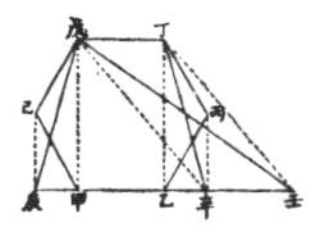

甲乙丙丁戊己爲六等邊形聯甲角與戊角作一線引長底線甲乙之兩端自己作線與甲戊線平行遇所引長之線於庚作庚戊線則庚乙丙丁戊爲五不等邊形與六等邊形甲乙丙丁戊己積等又聯乙角與丁角作一線自丙作線與乙丁線平行遇所引長之線於辛作丁辛線則庚戊丁辛爲二邊平行之四

邊形與六等邊形及五不等邊形積俱等.
聯對角戊與辛作一線自丁作線與戊辛平行遇所引長之線於壬作戊壬線則庚戊壬爲三邊形與六等邊形五不等邊形二邊平行四邊形積俱等.
按依此法任有多邊形俱可變爲同積三邊形又若欲變多邊形爲平行四邊形則以所得三邊形之半底與其全高爲平行四邊形之全底與全高.

第一百十九題

有多等邊形甲乙丙丁戊求更作等積之三邊形.
自多邊形之心已作二半徑至任一邊之二端甲乙.

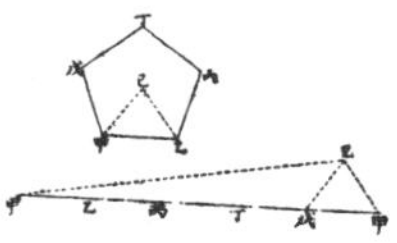

成甲乙己分三邊形作甲乙丙丁戊甲直線與多等邊形之和邊等在此線之上作諸三邊形與多邊形之分三邊形等法凡三邊形其高等則各自比例如底之比例故在甲乙丙丁戊甲線上作己甲線成甲己甲和三邊形與原多等邊形之分三邊形和等積故三邊形甲己甲與原多等邊形甲乙丙丁戊積等

第一百二十題

有三邊形丙丁戊又有底線甲乙或有高求在其上更作

與丙丁戊形等積之三邊形

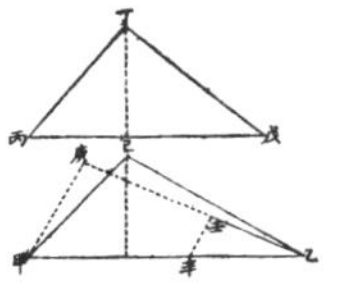

作原三邊形之高線丁己求底線甲乙與原三邊形底丙戊及高線丁己三線之四率線即為所求三邊形之高依第一百十四法作乙庚線與丙戊等而與甲乙任為何角作甲庚線在乙甲線取乙辛與丁己等自辛作線與甲庚平行遇乙庚於壬則乙壬線為等積三邊形之高而甲乙為其底甲己乙三邊形與丙丁戊三邊形等積

若有高亦用前法求得四率線即為其三邊形之底

按凡三邊形與其全高半底之平行四邊形等積故欲作任式三邊形與任式平行四邊形等積必先作等底倍高之三邊形而後以前法在所設之線上作三邊形與前三邊形等積又以第一百十七法可作三邊形與四不等邊形等積故設線上可作三邊形與四不等邊形等積又以第一百十三法或第一百十四法則在設線可作三邊形與多邊形等積又在設線上可作三邊形與圓等積

第一百二十一題

有三不等邊形甲乙丙求更作等積之三等邊形

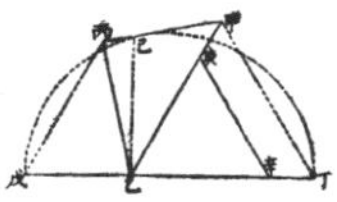

在原三邊形之邊甲乙作三等邊形甲乙丁引長丁乙線又自原三邊形之頂作線與甲乙邊平行遇丁乙引長之線於戊再求丁乙丁戊二線之中率線依第一百十二法在丁戊線作半圓在乙作丁戊線之垂線乙己則乙己線為丁乙戊二線之中率線即為與原三邊形等積三等邊形之一邊即可作三邊形如乙庚辛

按依此法任平行四邊形或四不等邊形或多邊形或圓形盡可變為等積之三等邊形

第一百二十二題

有平行方形丙丁戊己又線甲乙求在甲乙上更作等積之平行方形。

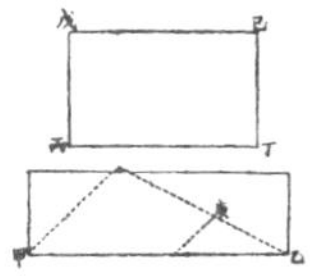

依第一百十四或第一百二十法求原線甲乙與原平行方形之底丙丁及高丙戊三線之四率線乙庚則乙庚即等積平行方形之高。

按因平行方形與其等底倍高之三邊形等積故欲在原線上作三邊形之等積平行方形必先作原三邊形等底半高之等積之平行方形而後在原線上

作所求等積平行方形若欲在原線上作正方形或四不等邊形或多邊形或圓形之等積平行方形則必先更其形爲等積三邊形次更爲等積平行方形後於原線上作所求平行方形與前形等積。

第一百二十三題

又法

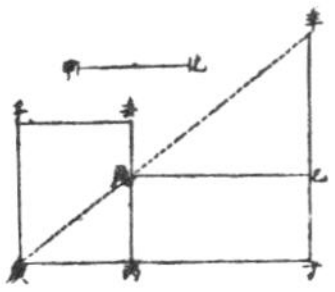

引長原平行方形之底自底丙點取引長之線至庚與甲乙等自庚作線至平行方形之角點戊而引長之次引長原平行方形之邊己丁遇前引長線於辛則己辛爲求作平行方形之第二邊以原線甲乙與第二邊己辛所成之平行方形丙壬庚子必與原平行方形丙丁戊己等積。

第一百二十四題

有平行方形甲乙丙丁又線乙戊求在乙戊上作同式平行方形。

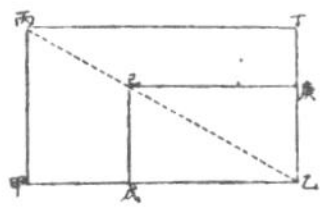

作對角線乙丙自戊點作線與原平行方形之邊乙丁平行而遇對角線於己自己作線與戊乙平行遇丁乙邊於庚而成平行方形乙戊己庚與原平行方形同式其

比例即戊己邊與乙丁邊若乙戊底與甲乙底。

第一百二十五題

有平行方形甲乙丙丁求更作等積正方形。

以第一百十二法或第一百二十一法求原平行方形之底甲乙與其高甲丙二線之中率線甲戊則甲戊即爲所求正方形之一邊。

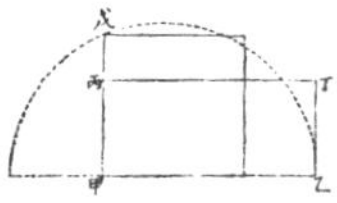

按因平行方形與等底倍高之三邊形等積故若欲更三邊形爲等積之正方形必先作三邊形之等積平行方形而後作平行方形之等積正方形依此法

又可以四不等邊形多邊形圓形等俱更作正方形

第一百二十六題

有正方形己又線甲乙求在甲乙線上更作等積平行方形

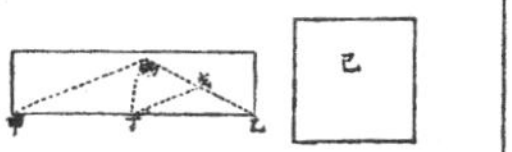

求原線甲乙與正方形二邊線之四率線依第一百十三法作乙丙線與甲乙線任爲何角而與正方形之一邊等作甲丙線以乙爲心以乙丙爲度作圓界丙丁則乙丁與乙丙等自丁點作線與甲丙平行遇乙丙於戊則乙戊爲其四率線卽等積平

行方形之又一邊以甲乙爲底而乙戊爲高所作之平行方形卽與原正方形己等

第一百二十七題

有三邊形甲乙丙求更作等積等界之平行四邊形

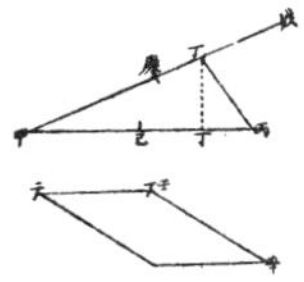

作三邊形之中垂線乙丁則乙丁爲三邊形之高線引長甲乙邊取乙戊與乙丙等則甲戊線等於三邊形之二邊甲乙與乙丙和平分其底甲丙於己平分二邊和甲戊於庚作辛線與甲丙之半甲己等作壬線與辛線平行其相距爲三邊形之高乙丁以辛線之兩端爲心以甲戊線之半甲庚爲度度壬線於一於二自一二兩點各作線至辛線之兩端則所成之平行四邊形與所設三邊形等積等界

第一百二十八題

有三邊形或平行方形或圓形或多等邊形求更作或大或小諸分積之同式形

命甲乙爲三邊形或平行方形之底或邊或圓與多等形之徑

設求一正方形丁之或大或小諸分積之同式形若所求形之積小於原形之積三分之一則引長甲乙

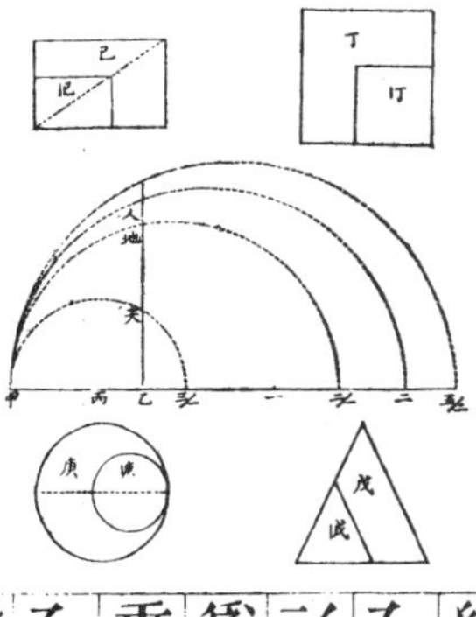

線以甲乙線三分之一自乙點度其線至三一平分甲三一於丙以丙爲心以丙甲爲度作半圓界自乙點作垂線遇半圓界於天點則乙天上正方形之積爲所設甲乙上正方形之積三分之一如叮若設形爲三邊形如戊則以甲乙爲原形之底以所得之線乙天爲所求之底作三邊形其積必爲原形之積三分之一且同式如㦽若設長方

乙等若以小於甲乙線爲度作半圓界則自乙所作之垂線必小於甲乙

泛言以乙二/一線所作之形比甲乙所作之形爲一倍半實乃乙地所作之形眞爲一倍半之同式形

泛言以乙二所作之形大於以甲乙所作之形二倍實乃乙人所作之形眞爲二倍之同式形

所以半圓之心必依所求之分數定之惟所作垂線之點永不能移必在甲乙之端乙

第一百二十九題

有二不同式三邊形如甲乙丙與丁或數形求幷作一三

邊形其積與原諸形之和積等

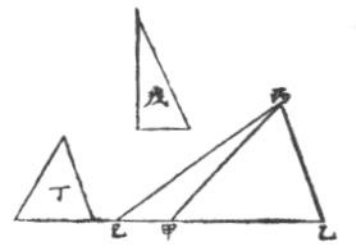

依第一百二十法更三邊形丁之高與三邊形甲乙丙之高等而不改其積數如戊引長甲乙丙之底乙甲使甲己與三邊形戊之底等作丙己線則三邊形乙丙己與所設兩三邊形和積等

按所設之三邊形可任意大小

又兩不等三邊形乙丙己與丁求作三邊形其積與所設兩三邊形之較積等

依前法更三邊形丁之高等於乙丙己之高以其底形如己而甲乙爲原形之底則所得之線乙天爲所求之底而以二底與其邊求得四率線與乙天底作長方形其積必爲原形之積三分之一且同式如己

若設爲圓形如庚則以甲乙爲原形之徑以所得之線乙天爲所求徑作圓如庚多邊形倣此

若欲作任一形其積比甲乙所作之形爲一倍半則在所引長之線上以甲乙之一倍半自乙點度至二/一平分甲二/一而以所平分之點爲心以甲二/一之半爲度作半圓界亦於乙點作垂線遇半圓界於地則乙地爲所求形之邊而以此邊依前法各作形其積大於

甲乙所作之形爲一倍半

若欲作任一形其積與甲乙所作之形爲二倍則在所引長之線上以甲乙之二倍自乙點度至二點平分甲二而以甲二之半爲度仍作半圓界自乙點作垂線遇半圓於人則乙人爲所求形之邊與前同

若欲作任一形其積與甲乙所作之形爲二倍又五分之二於所引長之線上以甲乙之二倍又五分之二自乙度至五/二平分甲五/二依前法成之總之其若干分數必以甲乙與三/一一二/一二五/二諸點爲準因以乙點爲心作半圓界再自乙點作垂線遇半圓界必與甲

自己度己乙底至甲則所求三邊形甲乙丙之積等於乙丙己與丁之較積在前法以所更三邊形之底相加此法以所更三邊形之底相減

第一百三十題

有兩同式三邊形或平行方形或圓形或多等邊形求幷作一三邊形或平行方形或圓形或多等邊形

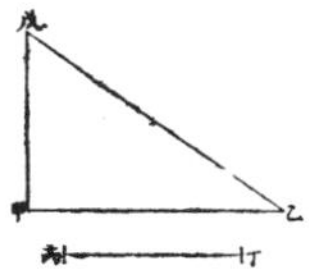

命甲乙與丙丁爲兩同式不同積三邊之底或兩正方形之邊或兩圓形之徑或兩多等邊形之徑以甲乙丙丁二線作直角如甲乙線與甲戊線自乙作

線至戊則乙戊爲所求三邊形之底或正方形之邊或圓形之徑或多邊形之徑

第一百三十一題

有二同式不同積三邊形或平行方形或圓形或多等邊形求作三邊形或平行方形或圓形或多等邊形其積與所設兩形之較積等

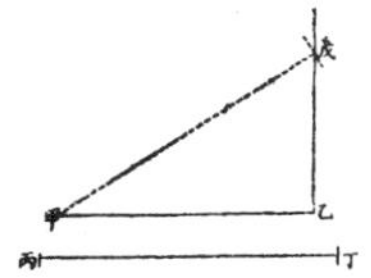

命甲乙與丙丁爲二同式不同積三邊形之底或二正方形之邊或二圓形或二多等邊形之徑於乙點作甲乙之垂線以甲爲心以丙丁爲度作界遇垂線

於戊則乙戊線爲所求三邊形或正方形之底或圓形或多等邊形之徑

第一百三十二題

有任何式直線形或等邊或不等邊求更爲等積多一邊之形

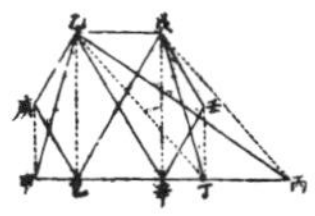

以甲乙丙三邊形爲起任指一點丁爲所求四邊形之一角點作乙丁線自乙作線與丁丙平行次自丙作線與丁乙平行遇自乙所作之線於戊作丁戊線則甲乙戊丁四邊形與甲乙丙三邊形

等積任指點己爲所求五邊形之一角點則作乙己線又自甲作線與乙己平行次作戊己線自乙作線與戊己線平行遇自甲所作之線於庚作庚己線則乙戊丁己庚五邊形與甲乙戊丁四邊形等積任指點辛爲所求六邊形之一角點則作戊辛線又自丁點作線與戊辛平行次作乙辛線自戊點作線與乙辛線平行遇自丁所作之線於壬作壬辛線則庚乙戊壬辛己六邊形與前五邊四邊三邊形等積

按欲求形之角點皆可任意指取

第一百三十三題

任有兩不同式形求幷作一形與兩形之和積等

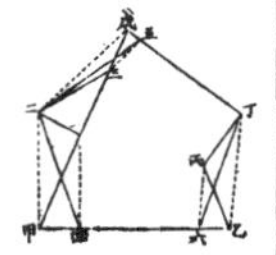

先以第一百十八法將二形各更爲等積三邊形而後以第一百二十九法作三邊形與二三邊形等積

或以第一百十八法命甲乙丙丁戊與一二三爲二不等邊形如欲幷之爲一形與二形之和積等則作甲二線自一點作線與甲二平行遇甲乙線於四作二四線又作二戊線自三作線與二戊平行遇戊丁線於五作五二線則爲乙丙丁五二四形與所設二形之和積等作丁乙線自丙點作線與丁乙平行遇

四乙線於六作丙六線則更兩不等邊形爲五邊形依前法將此形更爲四邊形而四邊形更爲三邊形三邊形更爲平行四邊形平行四邊形可更等積正方形所以任若干不等邊直線形可幷之而更爲等積正方形

增若欲作一形與若干不等邊形之較積等必先更其不等邊形爲等高三邊形而後以第一百二十九法作三邊形與所得三邊形之較等積又反此法任一直線形或等邊或不等邊可變爲等積之形比所設之形多一邊

第一百三十四題

有三邊形甲乙丙之任一邊有點丁求自丁點作線分其形之積爲若干平分或疎密分

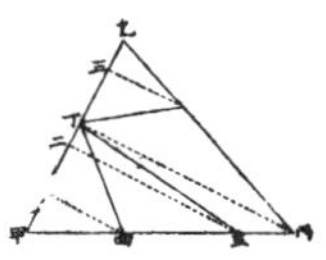

自丁點至對角丙作線即將甲乙邊爲諸分形之根線如欲分其形之積爲若干平分或疎密分如一二三自一二三三點各作線與丁丙平行而遇三邊形之邊於四五六自丁點各作線至四五六三點將一四二五丁丙三六四線去之則成以丁甲四丁四五丁五六丁六乙四形各與原三邊形甲乙丙之比若

其分甲一一二二三三乙與原三邊形之邊甲乙比

第一百三十五題

有直線形甲乙丙丁戊求自任一角點乙作線以分其形之積爲若干平分或疎密分

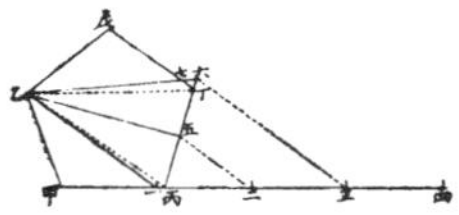

依一百十八法將原形更爲等積三邊形而以乙點爲其頂以甲四爲三邊形之底線即爲諸分形之根線如欲分其形之積爲若干平分或疎密分如一二三四作乙丙乙丁二線引長丙丁線自二三兩點作線與乙丙平行遇丙丁於五與六自六點

作線與乙丁平行遇丁戊於七作乙一乙五乙七三線將乙丙乙丁二線去之卽成諸分之形諸分形之比卽底線上諸分點之比

第一百三十六題

有直線形甲乙丙丁戊己內有點庚求自庚點作線分其積爲若干平分或疎密分

如前法將原形更爲等積三邊形如壬庚五而其頂在庚點欲分其積則以三邊形之底壬五爲若干平分或疎密分如一二三四五引長己丙線作庚己線自四五兩點作線與庚己線平行遇己丙線及所引

長之線於六與七作庚丙線自七點作線與庚丙平行而遇乙丙線於十三引長戊丁線作庚戊線自一二作線與庚戊線平行而遇戊丁線及所引長之線於八與九引長丁甲線作庚丁線自八自九二點作線與庚丁線平行而遇丁甲於十與十一作庚甲線自十一作線

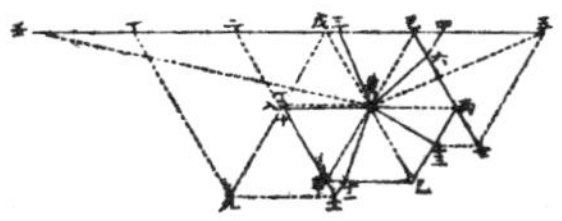

與庚甲平行而遇甲乙線於十二作庚三庚六庚十三庚十二庚十共五線而分其形爲五分其比卽分點之比

長洲沙英繪圖校字

測地繪圖十一卷附一卷

〔英〕富路瑪撰　〔英〕傅蘭雅口譯　〔清〕徐壽筆述

《測地繪圖》十一卷附一卷，英國富路瑪撰，英國傅蘭雅口譯，清徐壽筆述。富路瑪（Edward Charles Frome，一八〇二—一八九〇），英國軍官，曾參與澳大利亞南部地區測量。是書譯自富路瑪所著*Outline of the Method of Conducting a Trigonometrical Survey*第三版，凡十一卷，一總論，二測量底線，三分地面爲原三角形，四圖内置補衆物，五行軍揭要，六準平線以定高低，七證驗高低諸器，八臨摹鐫刻諸法附照印法，九經畫新疆屬地，十球形相關之事，十一天文相關之事，附卷天文解題六章並表二十一。内容詳盡，測量步算，理明法備，爲晚清測繪學佳譯。據中國國家圖書館藏清光緒間江南製造總局刻本影印。

測地繪圖

江南製造總局鋟板

英國富路瑪譔
英國 傅蘭雅
無錫 徐壽 筆述

總論

凡里法尺法以及權量俱用英制因繙譯華文奇零甚繁也

大地有形有度測量者隨其形而考其度無論平原曠野峻嶺大川皆可簡窺筆畫而顯於窄幅之上以得山河一覽之指趣焉論其條件或測經線之弧或測緯線之弧或測全洲或測一國以正各省各府之界線以定各城各鎮之位置或因經畫而專稽一方或因武事而專詳一處總以三角廣容之法爲本而其法則於平面上測定底線爲起手之功再從底線之兩端測得便當之物點使與底線之兩端成角並各物點彼此自成角如是而各物點與底線兩端之相距並物點彼此之相距皆可推算而知然後依此各點相連之線爲底線如前分測以至全地面俱析爲小三角如網罟之形所得三角形之大小必與地面之大小並測器之尺寸俱有比

以上所得之各三角名爲原三角此功成後必將各原三角分爲次三角圖欲極細者又將各次三角再分之爲小三角各次三角既成又須再求此內各物點之方位或以帶尺量之或以經緯儀測之各視其便而相因爲用如有

不便之處則將易於攜挈之器以測各物之大畧茲二器者或專用或兼用必依圖之或粗或細以準比例之或大或小而定其尺寸如英國測量全國而作圖其南半國以二寸代一里兼用二器成之至印圖之時縮小而以一寸為一里其北六省之地並蘇格蘭愛爾蘭多用帶尺成之各處地面之高低用平剖面線顯之其高低之各數以實測而得之平剖面每層之厚薄必相等以六寸代一里則以垂線準之

英國測量全國之圖因用平剖面之法工甚多而費甚繁故用第二法

測量之地面不甚大雖欲詳細之圖亦可不必用極詳之三角法蓋用器測地難免器有小差並用器人之視差而此差有時依所用之器與法為一定之數有時與工夫之精粗有比

凡測角度所生之差全在器之精粗於地面之大小不相關惟依所用之法並地面之形則其差與所測之遠近有比故所測之地面不大而其圖之尺寸甚小則帶尺所有之差圖面尚不能見自可不用極細之分三角法而已得準圖矣

測量之處如為遠郊荒野其地面平而林木多者以極細分三角法測之究屬費工故圖可畧而尺寸之比例可小則以天文測得經緯之度幾處而推算其相距再將原處周圍各物之方位補滿其圖如測極長之海岸不能將其全底分三角則必用經緯之法所以測量之人欲將寬大之地作圖不可不知天文之事也其餘如地殼之學亦宜知其大畧因細圖之內應記各處之土石與礦藏也此外如各山之高各谷之深河源高於海面之數雖為粗畧之圖亦宜記明所以必備水銀風雨表或空盒風雨表或水沸寒暑表以得各數之大畧則候氣之學又所當考也

平常畧圖因尺寸之比例甚小則圖內一處不足備行軍相關之事須大其比例而作分圖始能逐一指出如城營村鎮之位置與大小陸路水路之方向與形式此種粗圖謂之武事圖而其粗細亦有等次依所費之時與工而定之

凡作一國或一洲之圖必先得大規模之全圖而後作分圖猶之測量之時亦須先得原三角形而後再測次三角形也惟先測其原形而後補其次形工雖大而差則小如反用之必致愈差愈多有差必須改正而改正之工反大矣

英國富路瑪譔

英國　傅蘭雅　口譯
無錫　徐　壽　筆述

測量底線

底線爲測量之首務宜擇地面極平之處爲之此線之兩端三角之從以出也其所測之點並周圍當測之點必須盡見如量此底線而欲極詳極細常用鋼鏈或玻璃條或杉木條或白金條皆欲免其小差也但無論何器用時必平置而下有平物托之任其彎曲卽是小差推算其差費工更多所測之底線爲地球大圈之若干分必依海平面同高而以一定之中熱度改正其長數所量之器必有冷縮熱脹故當加減而合於中數

測量之地面不甚大則用帶尺量其底線二三次帶尺必先與準尺相比試其有差否

底線量時欲極準則帶尺之端有螺簧其式與簧稱畧同視遊表尖所指之數卽知牽出鬆緊之數帶尺與準尺相比之時卽當愼記表指之數

地面不平另用經緯儀測之依各處之高低改準帶尺所量之數變爲眞平線之長數如此測量二三次而後用玻璃條等器覆量之始得極詳極細而不差毫釐

測量地面之寬曠者其三角之底線必極準是爲極要極難之事如有毫釐之差則一切之工俱有差英國於前七十年測量本國之地其底線尚是十七年前用蘭司頓鋼帶尺所量者作此底線之時將英國格令會知觀星臺與法國京都之觀星臺以三角法測其相距後卽用此底線爲測英國之用而再覆量一次所用之器爲伏性之杉木條先用鋼帶尺再用杉木條復量所得中數變爲海面之高得二萬七千四百零四尺零一三七

第一圖

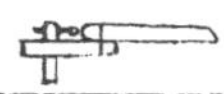

杉木條用疊合之法相接其法於木條之端作垂線而以細螺絲推移二垂線至相合如第一圖因此法費工而不用祇將木條之二端爲半球形令

第二圖

其相切如第二圖以後盡用此器量之故不能知二法何者爲差大畧第一法較好於第二法

前八十四年考證此底線卽以帶尺量遠處三角形之邊再從此底線測之二數不差其後七年又在原處名晒司柏里依三角形之邊還證此底線亦不差

前二十四年高勒比在福以勒湖邊作底線用以測量愛爾蘭全省所量原三角底線之器乃二種不同漲縮之金類所作則器之長短不能爲冷熱所變又能細察其兩端之相切

二種金類條各長十尺一爲鐵一爲黃銅平行相距一寸

又四分寸之一。中間用胃釘相連如第三圖試得冷時加

第三圖

熱或熱時加冷二條漲縮之數有三與五之比其銅條外護以不傳熱之料一層則二條因冷熱而漲縮其快慢略等二條之兩端各有横鐵舌相連舌上有白金之微點其細幾不能見無論二條漲縮如何其二點之相距常爲十尺故名定距尺

甲爲鐵條闊八分寸之五厚二分寸之一其漲縮之率爲三乙爲黄銅條闊厚與前相同漲縮之率爲五二條在丙相連叮哦丁戊爲二鐵舌用釘連於二條之端能隨二條之漲縮而動叮丁爲二箇白金點六十度熱之時二舌與二條成方角甲條因熱漲三而乙漲五則兩舌變其方向至叮吧丁巳故叮丁二白金點恆相距十尺而不變但用此尺時二尺之白金點不能相切須再設法使各尺此端之點與第二尺彼端之點有等相距亦用鐵與銅相合之條長六寸以極精之顯微鏡連於一端名爲接尺此接尺又連於一架上安酒準得眞平顯微鏡之心正對定距尺端之白金點

接尺之長六寸爲顯微鏡心之相距但定距尺之端或有阻礙而不能安平則此接尺當用三寸長者白金點始能對準鏡心前言所司柏里所測之底線即用此器量之

各定距尺安平之後用三箇極細螺絲轉至各點對準鏡心其螺絲連在藏此器之箱上能令其或進或退或高或低此箱之内有木塊托之各木塊匀列於箱底量底線之初點立一方石柱在柱面之心綴一極細白金點此點之上安一横窺筩能窺所作之底線爲眞直用定距尺時盡一日之工能量底線二百五十尺爲中數每次連置五箇尺箱並有鏡之接尺共量五十二尺

此底線有一處經過魯河寬四百尺量過此河匀植多柎於河底各柎之心相距五尺三寸尺箱置於柎頭與陸地相同每日測此底線至傍晚即於其處挖一坑置錐形之石於内而露其尖於地面戴以生鐵帽帽上有黄銅板板中有圓銀片片中作細點以螺釘進退銀片使細點正對顯微鏡之心而止明日即從此點量起配準之後再加木罩專人守護

此處所量之底線共長八里餘後又依下法添二里共約二端相距十里餘

歐羅巴洲除英國之外尚有别國測量底線之法詳見

各種測地之書如法國人非學與亞賴箇測地書布以三得格西尼福蘭庫爾蘭布頓等各有專書詳論此事法國人米歇那與德蘭白所量原弧之底線用白金條爲尺其長爲兩箇法國托每托核英尺七尺六寸六八各條之一端連一黃銅條其黃銅與白金漲縮之比已知則白金條漲縮能從兩條之較而得之其條置於箱內下有架托之而條之二端不相切用能伸縮之尺接量之所準之熱度爲六麻表十三度柏比那之底線長六千零零六托二八校倫之底線長六千零七十五托九從校倫之底線而推算柏比那之底線所得之數與量地而得之數所差不過十一寸

白金條之尺在布以三得測地書第一本二百零三頁詳之凡底線專爲測經線弧與緯線弧而量者少大半爲作圖之用又英國天文家艾爾衣所作地球形書有論尺條之做法與用法並測法之詳

地平面高於海平面之處則量得底線之尺寸當變爲海平面同高之尺寸如第四圖高於海面之底線呷吃以吃代之海面同高處之線甲乙以乙代之地球之半徑丙乙以味代之底線之高於海面呷甲以辛代之

第四圖

此高數或以經緯儀測之或以風雨表測之則味加辛與味之比若吃與乙之比即$乙=\frac{味吃}{味+辛}$又吃減乙爲量得之底線與推算海平面同高之底線之較等於$吃-\frac{味吃}{味+辛}=\frac{辛}{味+辛}吃$

地球之半徑畧爲二千一百零零萬八千尺故將底線尺數之對數與高之尺數之對數相加而減半徑與高之和之對數所得餘對數之眞數與所量之底線相減即得本底線在海面同高處之長但此二數之較亦甚少平常之事固可不計如底線爲甚長而離海面甚高者不可不細推也

英國天文家艾爾衣所設之算式命未爲地球之半徑辛爲測底線處高於海面之數則所得底線之長數自必以$\frac{辛}{未+辛}$乘之即$1-\frac{辛}{未}$而乘之或可將全底線之長數減去其$\frac{辛}{未}$如所測之面其斜度各處平匀則可用其總高數如斜面爲亂形則必分得若干分而將各分另爲推算如第五圖

第五圖

底線呷吃已變爲海面同高之數而欲推算其通弦則將

海平面同高之數與二四木／四巴相減即得。

尋常測地之事可以球形爲平面因地面一度之長爲六十九里有半則弧之長於通弦祗得二十五尺。

底線之二端恆有石柱上之白金點爲識然其線內數處亦應另立石柱其上亦用白金點爲識如各分有差即可覆量其何分有差且可各分彼此相較前言愛爾蘭所用之底線不是全用量法其線共長十餘里內有二里推算而得者此推算之分亦能用以證量得之分其事全藉線內各石柱之識如第六圖甲乙爲量得之分乙丙爲推算之分另加此乙丙分之意乃乙點不能作底線之端而於

第六圖

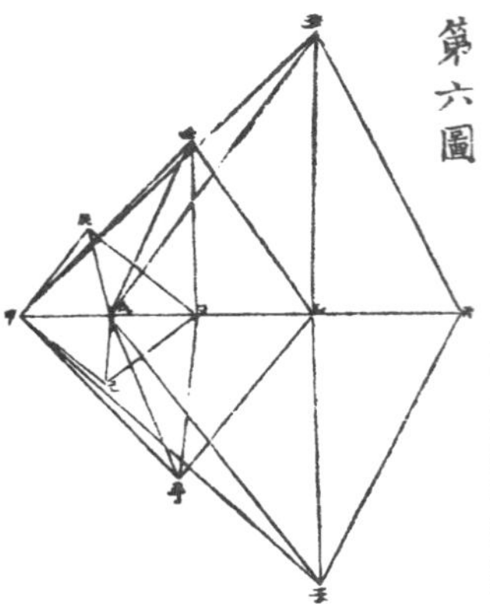

丙點爲甚便故引長之。甲乙線內在戊丁兩點各立石柱爲識先擇己庚二點能與戊點成二角畧爲正角己庚二點畧與底線等相距而其二線之長畧等於甲戊又擇辛壬子丑各點用大經緯儀在甲點測得各點之角再將經緯儀移至本底線上之各點又測前各點之角從甲戊並所測之三角即能推算庚戊與戊己從此二者又能推算戊丁邊此邊在庚戊丁與丁戊己兩三角形爲公邊二形內各測其數彼此能相證又可與所量之數相比而三者俱能相證又以甲丁與戊丁爲底線能測壬丁與丁辛兩線從此能證丁乙線再從甲乙與戊乙各能得乙丑與乙子而從各數之總數能得本底線甲乙引長之乙丙如其全底線已量準者亦可用前法證線內之各分點又能證一切測角之器所以辛子丑壬之方位不但能證底線之用而測量之時亦可當次三角形之定點

底線之功既成即依此底線而分得地面爲各原三角形

然底線之用不但用於測地又能用以測二處經度之較又能用以測經線弧之長從此能得各緯度在二箇經線中間之長從此能推地球之形與尺寸

測地繪圖卷三

英國富路瑪譔　　英國　傅蘭雅　口譯
無錫　徐壽　筆述

分地而爲原三角形

原三角形之三點必擇極便之方位定之又須畧近於等邊三角形因三角形愈近等邊則測角之工雖有微差而推算邊數之差尚甚小

底線之長與原三角邊之長其比例本甚小然定原三角之邊則愈大愈好而必使畧近於等邊三角形其各點以鏡筩能望見爲限

測愛爾蘭所用原三角之點有相距一百里者但其中數大約六十里俱從十里長之底線所得有時測角之方位中間有物遮隔者必藉氣差始能見然空氣忽有異常之氣差則不可以測角因其差不能定也

前四十九年哈奴威國用平面回光鏡置於所測之點日光照於此鏡易從遠處望見高勒比與加德爾考證來氏所測之法國京都與英國格令會知觀星臺之三角形其內有一角點在恆爾山之臺上一角點在始塔山上相距十里而兩點相連之邊經過英國倫頓之中炊烟甚濃不能窺測故於作識之桿上挂以磨光之馬口鐵鏡此鏡正對窺筩約定測望之時將鐵鏡緩緩轉側使窺筩能見其後一年英國亦用此法在多爾金相近之立德山此角點與別角點之相距四十五里其山形雖不能見而鏡光宛然可見由是測地之人知鐵鏡回光之法大有裨益英國工程官得勒門設立一器能令其鏡恆向窺筩之處有回光此器之制用小銅圈在鏡前五十尺至六十尺其高低並方向之角度爲畧對窺筩之處此圈應得之方向與高低可推算至不甚差其鏡有人經理令其光常照小銅圈光若不離此圈必能爲窺筩所見如相距四十里至五十里其鏡徑五寸已足用相距一百里者其徑須十寸

回光鏡必在日光中用之如空氣不清或陰霾皆不能用所以測地之人思得火炬之法夜中亦能望見如來氏用孟加刺所出之料燃火又用空心燈與拋物線鏡後有福來司奈勒與阿來戈用凸面透光鏡又阿來戈與高勒比與加搭所用之鏡燈能於四十八里之遠望見其後德勒門剏立石灰燈比一切火光更亮用石灰球徑四分寸之三安在拋物線鏡之心以酒燈之火噴養氣於火中令其火射於灰球則所成之光亮於空心燈之光八十倍自有此燈之後高勒比測愛爾蘭時欲在第非司山窺一要點不能見即將此燈送至要點之處噴氣燃火適遇風雨然

其光遠距六十里竟能窺測如無風雨雖相距更遠亦能清楚此燈易可作別用如測兩地經度之較用以作記號其法詳後

燈塔欲得極大光亮者用此最宜前四十一年英國命德勒門試此燈時用輕養氣分藏於收氣箱內噴射灰球比測地時以酒燈之火代輕氣者更亮輕氣之價雖不貴於酒然難攜至山上所以測量英國之時亦不多用此燈因作此事不易而其器價又貴也

前言原三角形從底線測起愈能放大愈好如第七圖即放大三角形之法甲乙爲所測之底線或長三里或更多

第七圖

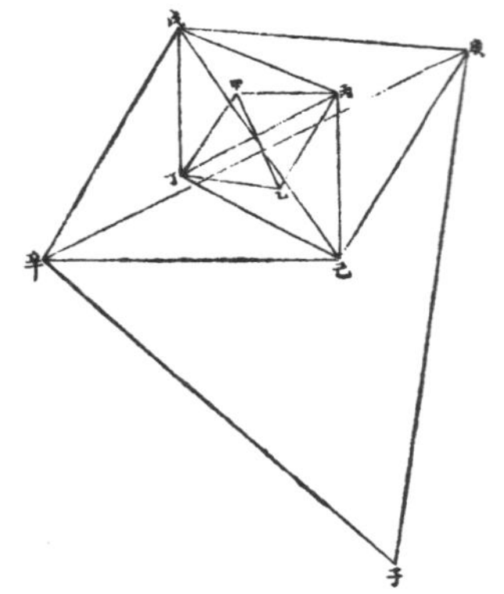

丙丁爲相近三角形之兩點則兩箇三角形之各角測至極詳之後即可推算丙丁兩點離底線二端之相距其丁乙丙三角形已有兩邊並其各角自可推得丁丙線又能證前數之有差與否再以丁丙爲底線即可推戊己兩點離丙丁之相距後在丁戊己己戊丙兩三角形之中推得戊己線之長

又同法以戊己爲底線則得庚辛線之長如此逐層放大以至原三角形之點各得適當之相距

測量英國與愛爾蘭所用之經緯儀其制甚大全徑三尺用以測定要點者凡用大儀不可爲空氣內之事所侵故於不用之時必有蓋護之器其器又須易於啟閉

分測次三角之儀其制稍小各三角之邊爲八里至十里次三角再分爲小三角邊長一里至三里所用之儀徑七寸至九寸或十寸測原三角時而即欲定次三角之各點亦用極大之儀測次三角時而定小三角之各點可用稍小之儀如風輪磨禮拜堂塔高樹木皆可爲小三角形之點如此而三種三角形之點彼此各有相關次三角形所測之數能與原三角形所測之數相比則大小三角形彼此能相證如第八圖戊點之方位能從乙丙底線而定之

第八圖

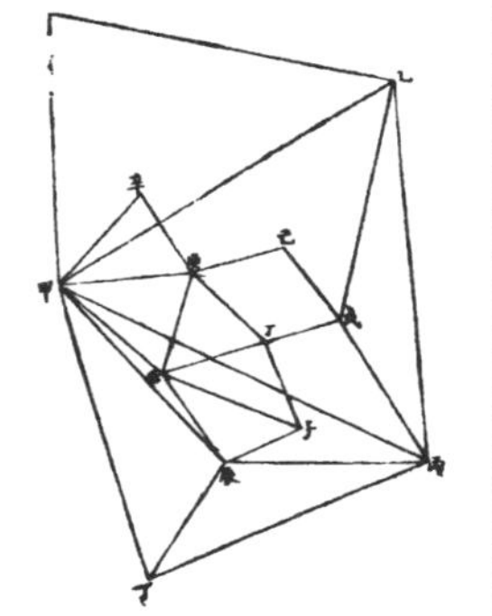

辰點之方位能從丁丙甲丁兩箇底線而定之所以大小三角形彼此相證不致有差其小三角各邊之長依補圖之物之詳與不詳如一國所有之各縣各鄉並各村莊是也小三角

形之點相距一里或二里爲人物稠密之所如屬稀少則二里至三里不必推算面積而祗欲得界線準圖者其小三角形各點之相距必依圖之比例大小並工之粗細原三角形之一邊或多邊必依經線定其方向其邊與經線所成角之測法詳後

各角不但在各三角點之處測量應依別處所定之某點而覆測之

底線未經細量之前而欲分測各三角可設一數畧如底線之長數即依此數推算各三角之邊至量準底線眞數之後知前數有差則將測得各三角邊長之數以其差數

用此例法改正如第九圖乙丙爲先設底線之畧長數甲乙爲後量準之眞長數戊乙與甲戊爲戊點之眞相距丁乙與丁丙爲先設底線推算之畧相距

第九圖

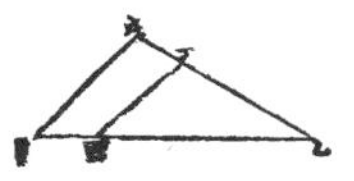

則

$\frac{甲乙}{丙乙}\times丙丁=甲戊$

而

$\frac{甲乙}{丙乙}\times乙丁=乙戊$

形與次三角形之角

歐羅巴除英國之外信用布爾打之壘測儀以測原三角英國不常見此器惟於法國人福蘭庫爾與布以三得書內詳之英國天文會日記之書第一本論此器極詳即英人土樂頓所造

此器之妙處在易於攜挈但有常差無論反復若干次其差之故不能知雖有測量名家用之往往有差惟依其反復之理不可有差因上所用之窺筩不能甚大因此亦難準

英國全用經緯儀體制甚大工作極精能測高弧及平面之角又能將斜面上之角變爲平面上相當之角如有兩物與天頂之相距不同而欲測此兩物之角變爲平面上之角或依離天頂之相距或依離地平之高如第十圖辰爲窺測之點呷𠮙爲兩物其兩弧高於地平不等則兩物

第十圖

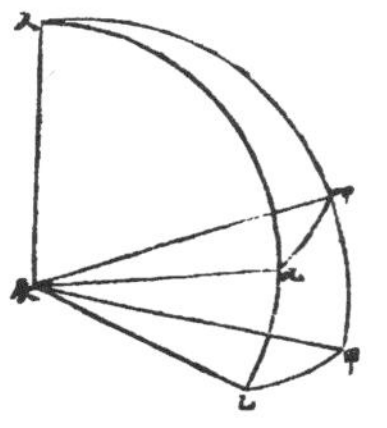

與辰點所成之角呷辰𠮙必以呷𠮙弧度之惟人甲人乙各等於九十度則甲辰乙爲甲乙弧所度而非爲呷𠮙弧所度也此角即所求之平面角其呷辰𠮙角與甲辰乙角之較即所有改正之數得變爲平面之數此不同方位之平相距可從其高與低之交互角與測望或推算之相距考知如令其相距爲正角三角形所對正角之邊而所求之相距爲底線則地平面相配之角可從此底線推得之

英人畢而生所設之算式爲斜度不大者改爲平面相配之角凡測地之時在地平所有原弧之角常得斜度甚小故其法合於平常之事所用命甲爲窺測之點哱辛爲兩物之高令

癸一正弦²(二分(辛丄哱))×正切²甲正弦²(二分(辛丅哱))×切²甲

則其改正所用之數

辛割正哱割正卯一癸

用此法另有表以便推算表內有哱與辛之每度每分之卯之同數並呷每十分之卯之同數如其高從○度高至二三度則下式更便

正弦²二分人＝$\frac{正弦房正弦房'}{\sqrt{(正弦二分申丅房)\times(正弦二分申丅房')}}$

其人爲改變所得之角其申爲所測之角與兩物距天頂之和數其房與房爲二物與天頂之相距

凡測地面之平三角本爲弧三角故地面無論何處所成之三角形其三角之和大於一百八十度因其邊爲球之

切線也所以測得地面上之三點而當平三角用之則此三角之各邊等於弧三角各弧之通弦但此弧與通弦之較其數爲極微平常之器所測者不能辨因此微數比器自生之差尚極少也然欲測全國所用之原三角則又不能不計此小差也其改正此小差之意以爲弧三角之邊與全球相比其比例爲極小故其面積可以同於平三角形之面積其平三角之邊亦可同於弧三角之邊而其各角則減去弧餘數三分之一此理爲法人勒正德所考證故謂之勒正德之理從其式 $\frac{申}{未^{二}}$ 而得之或以秒數算其餘數則 $\frac{申}{未^{二}正弦一''}$ 其申爲三角形之面積其未爲地球之半徑其未畧同於 $\frac{一}{正弦一''}$

弧餘數者即弧三角形三角之和大於一百八十度故與平三角形三角之和相較有餘數測地之三角常爲畧等之角故減三分之一如角度有大小又當以大小之數爲比例

如以地爲正球形而半徑爲二一○○八○○○○尺則

一一○一.四三尺

而 (一○一.四三)² 等於一平方秒內之平方尺數減其半徑未即等於

二〇六二六四八秒八而其式變爲

$\frac{(一〇一四三)\times(一〇六二六四八)}{面積之尺數}\times二〇六二六四八$

或用對數則面積對數四·〇一二三四八六減五三一四四二五一，等於面積對數減九三二六七七三七，爲弧餘數之秒數。測英國之時常推此弧餘數不但減所測之角而得其眞數，尚能證所測之角數。如英國多爾色喜爾地有一原三角形甚大，其三角之和少於一百八十度之數爲半秒，而所推之弧餘數爲一秒二五，則可知所測之數共差一秒七五，亦有別三角其差更大者。如將此差數三分之一與每一角相加，則變爲弧三角之角；再將其各弧三角之角減其弧餘數，則變爲平三角之角，其三角之和等於一百八十度，以備推算之用。視下表推算之工卽明。

三處所測之角度				差數三分之一	改正爲弧三角			弧餘數三分之一	變爲平三角以備推算		
	度	分	秒	秒	度	分	秒	秒	度	分	秒
美宅山	四五	五四	三七·	加〇·五九七	四五	五四	三七·五九七	減〇·四三	四五	五四	三七·一六七
巴得里特	四八	三九	二四·五	加〇·五九七	四八	三九	二五·〇九七	減〇·四三	四八	三九	二四·六六七
栢得頓	八五	二五	五八	加〇·五九七	八五	二五	五八·五九七	減〇·四三	八五	二五	五八·一六七
	一七九	五九	五九·五		一八〇	〇	一·二九		一八〇	〇	〇

以上推算之工，將各角減去其弧餘數三分之一；但三角可以各自推其餘數，卽將弧線之三角變爲通弦所成之三角，所以測量地面之大原三角推算之工有三法：一當爲弧線三角而依改正之弧角推算之；二當爲直線三角而依通弦之角推算之；三用勒正德之法，依弧餘數三分之一改變各角推算之用。此法爲最便法。國測經緯線而定測量之數之時所用之各三角必用三法推之，而令各法彼此相證。英國測國之時初用第二法推算，而以第三法證之，以後專用第三法推算。

經緯儀不能置於窺測之點，則有一差，當用準心之法。如擇得三角點爲風輪磨或禮拜堂塔，易從遠處望見者，而儀器不便置其上，則所測之角必以準心之法改正之。可用一架，另擇一便當之點置此架。其架以四木桿長十尺至十二尺相連，如第十一圖。頂上有伸出之桿，桿上有圓鐵二，彼此成正角。架內懸錘以指置儀之心。間有用長桿代此架者。

第十一圖

第十二圖甲乙丙爲三角形，而丙爲不便置儀之處，則另擇便處如丁，而測甲丁乙、甲丁丙兩三角形，並量其丙丁相距，則甲丙乙角能以下法推算。

第十二圖

$\angle 甲戊乙 = \angle 甲丙乙 + \angle 丙甲丁$ 又 $\angle 甲戊乙 = \angle 甲丁乙 + \angle 丁乙丙$ 所以 $\angle 甲丙乙 + \angle 丙甲丁 = \angle 甲丁乙 + \angle 丁乙丙$ 又 $\angle 甲丙乙 = (\angle 甲丁乙 + \angle 丁乙丙) - \angle 丙甲丁$ 但 $正弦\angle 丁乙丙 = 正弦\angle 乙丁丙 \times \frac{乙丙}{丙丁}$ 又 $正弦\angle 丙甲丁 = 正弦\angle 甲丁丙 \times \frac{甲丙}{丙丁}$ 因此各角爲極小可以正弦代弧得

$$\angle 甲丙乙 = \angle 甲丁乙 + \frac{乙丙}{丙丁}正弦\angle 乙丁丙 - \frac{甲丙}{丙丁}正弦\angle 甲丁丙$$

如以秒數明之則

$$\angle 甲丙乙 = \angle 甲丁乙 + \frac{1}{丙丁\ 正弦一秒}\left(乙丙\ 正弦\angle 乙丁丙 - 甲丙\ 正弦\angle 甲丁丙\right)$$

現在英國測量之人雖遇本方位不能置儀亦不用另擇他點之法可省改正其三角形之煩如所測之角多者更能省工

以上改角之法在測國時不常用因所測之原三角方位恆擇便於置儀之處也如次三角形已有兩角其第三角可以不測

測三角形之角度欲準不可不慎用儀之事五寸或七寸徑之儀配準各件之法茲言其大畧如大儀之徑三尺依作者之名爲蘭司頓英國測量全國之時從博物會內借用凡測原三角與次三角之大儀做法與用法並同小儀

小者既明大者亦不難矣今祇論其小者

英國測印度所用三尺徑之儀爲杜賴頓所作英國將軍畧知因大儀體重不便移動故作十八寸徑之儀其環爲壘測之法畧知之意能以此儀代三尺徑之用惟壘測之益不能補減小其徑之弊然當時雖有三十寸十八寸之儀間亦有用七寸與五寸者

經緯儀較準之法有三其一令窺筩中之十字線交點常與其架之中心垂線相直先將窺筩測得極細之物而稍鬆窺筩之架遂將窺筩輥過一周視十字線之交點不離所測之點則知已準如其交點繞行所測之點即是未準

其十字兩線不常與地面成四十五度之角配準之時先將筩輥過四十五度使一線合垂線即轉筩旁之小螺絲令其線移過至差數之半其螺絲一邊放鬆一邊收緊須屢屢試測務使的準此當知鏡內之像爲倒影故所測之物亦相反

筩內之十字線以白金爲最好然常有彎曲之病故近來常用蜘蛛絲代之惟此絲易壞用儀之人應能自換十字線圈之面原有細紋以指絆線之處用膠或漆粘絲其上製造測器之人名雪末司其法極簡極巧捉一蜘蛛將其所放之絲繞於叉形之器如第十三圖繞時

第十三圖

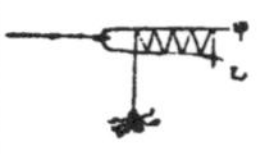

以蜘蛛之本重絲能適緊換絲之時在圈面之細紋內加漆或膠將又上之絲正對細紋粘之

其二將酒準與窺筩之視軸平行又與托筩之立弧平行先鬆立弧之螺絲令筩或俯或仰視酒準之泡適在中點再鬆筩托將筩調過以泡不動為準如泡移向前後必視其差若干將差之一半以酒準之螺絲配準又一半以立弧移就必須屢次試驗再將窺筩向右向左稍稍輥轉細視其泡動否如已不動即知酒準上與視軸下與立弧同在立平面內否則將或右或左之螺絲配準

其三令儀心立軸正合垂線則地平圈能得眞平此事亦賴酒準為之先將儀安置畧平而夾緊其底板即地平圈次將上板轉移至窺筩之視軸畧在對面兩箇螺絲此螺絲共有四所以準平地平圈者之上而視立弧酒準之泡適在中點又以上板轉過一百八十度如酒準不平將其差之半以板之螺絲改正又一半用立弧之螺絲改正再以上板轉過九十度而以其餘二螺絲照前法為之然後轉移窺筩數次無論對何方向得酒準之泡常在中點始信經圈頂點正合天頂亦即儀心立軸與地面正交上板二箇小酒準即依大酒準相配

前事俱已配準則立弧之佛逆應在〇度如不在〇度可將夾於立弧之螺絲放鬆即佛逆之螺絲細察其差數或加或減若干

考驗立弧佛逆之差有一更準之法擇得高低二處相距四百碼或五百碼在二處迭測其高低之交互角如已無差則對面兩角正相等如有差則兩角之較必有加倍之差以其差之半為佛逆〇度之差所測之處如太遠必須另推氣差與弧面之差此差在相距之弧之長詳論見後然專考佛逆之差其相距不必甚多但以四五百碼為率

佛逆之差應試六次至八次各次相加而得其總數之中數如測英國所用之大儀其原佛逆祇有兩對面之點如第十四圖甲乙所以考驗之時將兩箇佛逆取其中數後又另加丙丁二佛逆各相離一百二十度丙丁之自相距亦一百二十度用器之時先得甲乙二佛逆之中數後得甲丙丁三佛逆之中數以此兩數相加以二約之再得中數或言此法不合於理因所得之數專賴甲乙兩佛逆也故甲佛逆相關之差為五乙佛逆相關之差為三而丙丁兩佛逆相關之差不過為二近有人作同

第十四圖

徑之儀其四箇佛逆各爲等相距所有不同心之差並分度之差依此法變爲極微故所測之角之差自減得極小凡用小儀必連測數次其中數方能推算詳細測量英國所用二尺徑之儀（可測高弧及平面角者）及後附天文題內論此器之制度與配準之法

佛逆之用所以審察各分度之微分能進退於分度之面佛逆之分線與分度面之分線相切其分線之法將分度面若干分之長刻在佛逆之面即以此長分爲多一分或少一分平常俱用少一分之法窺測之時視佛逆之第幾分線與分度面之線相合即爲分度之小分數命丑爲分

度面一分之長亥爲佛逆一分之長卯爲佛逆總分之全數 $\text{亥卯}=\text{丑}(\text{卯}-1)$ 即 $\text{亥卯}=\text{丑卯}-\text{丑}$ 所以 $\text{丑}=\text{丑卯}-\text{亥卯}$ 又 $\frac{\text{丑}}{\text{卯}}=\text{丑}-\text{亥}$ 即佛逆各分點與分度面各分點之較爲分度面一分之卯分之一分度面分點之數本不能甚寬只能與圓周相配則佛逆之分點亦不能寬所以分點爲極細者必用顯微鏡窺之或用測微鏡以代佛逆如佛逆之〇度正對分度面之一分則爲整分而無尾數九寸徑紀限儀之弧每度常分爲三分此分等於六十分度之二十佛逆之六十分合於分度面五十九分所以 $\text{二〇}=\frac{\text{二〇}}{\text{六〇}}=\text{丑}-\text{亥}$ 則此佛逆不能見二十秒已內之尾數而佛逆之長必等於十九度四十分爲極小之數

測微鏡有數層凸鏡與平常顯微鏡相同鏡筒中聚光點之處有方匡其平面與鏡之視軸爲正角此匡有板兩層一在上一在下上板能移動而有十字形之細線並分度面俱用細螺絲令移動螺絲之外端安平輪分爲六十等分此螺絲切於方匡不動之處另有一板其邊刻齒如梳能記平輪轉過之次數此齒配準之時則十字交點之〇

度與梳之〇度相合如轉平輪而得十字線平分分度面之任一分則可轉動至〇度其梳齒之弧之分數相配或爲五分或十分或十五分螺絲外端之平輪如分六十分則每分代分度面之一秒平輪轉五次則合於分度面五分之長

測角以後之數月或數年必再到原處覆測或定中間之點或訂前測之差所以當時測得之各要點應立大石柱作識如原有不能動之物即以此物爲識測量簿內隨時記明各要點周圍之物以便日後覆測之用然數年之後間有遺失之要點而無從稽考者覆測之時可用高勒比

第十五圖

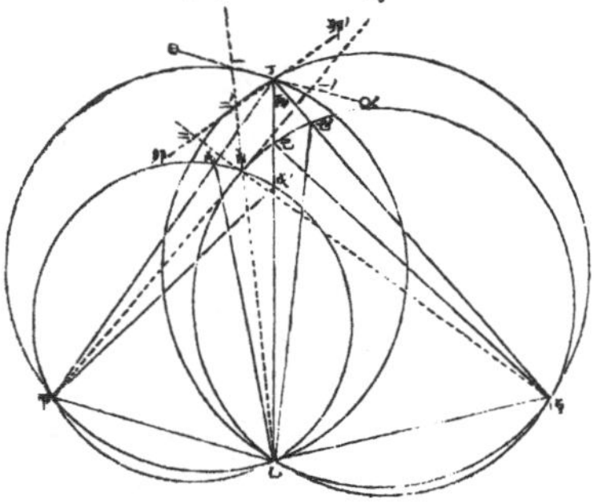

所設之法不甚費時而所得之數亦準如第十五圖丁為遺失之原點現欲考其的處先設酉為畧近之點此點愈能近於原點愈好然圖內不作極近者恐混目也從酉點求甲酉乙與乙酉丙二角其甲乙丙為原定之三點而皆預知者並知各點離丁點之相距設所

得之甲酉乙角小於原角甲丁乙則知酉點必在甲乙通弦大弧之外設其角大於原角則必在大弧之內其乙酉丙與乙丁丙兩角可類推

甲乙丁三角形必再推算各數以丁角改變而等於酉角故其甲角亦有改變之數

再設乙角為改變數之角而依此再推算三各角之各數再於乙丁丙三角形內以乙丙兩角迭更改變因乙丁丙角之改變故其三角形各數改變而重須推算則得四箇三角形甲乙戊甲乙戊乙丙己乙丙己俱依酉角之數而推算得其各新數如圖內各數大於原點之各數而其甲乙丙三箇角因此依比例迭更增減將甲酉與乙酉引長使酉一與酉一′等於戊丁與戊丁′即求得之相距與原時相距之較再過一一′兩點作○○′線其一一′兩點畧在甲乙丁三點圓界之內但不能正在圓界又以乙丙丁三角形同法為之則得二二′兩點過此兩點作卯卯′線與○○′線交於酉點即所求原點極近之畧點是圖只作兩箇三角形而其餘不作者欲清楚也但至少須三箇三角形以證所得之酉點如其三線不在一點相遇而成小三角形則必求此小三角形之心而再依前法證其心點能與原點合否如依此心點所得之數與原時所得之數相合則

此心點已得所求之原點

測得之酉角或小於原角則必向甲乙丙三點度其各相距酉一酉一′酉二酉二′而得酉點此各點不可離丁點極遠而必成三角形畧近於三等邊形則其角之小差易見如各角測得詳細而推算不差則所得第一交點能為原點極相近之點再測第二次而必得其眞點無庸三次之煩矣

如預先推算甲乙丙等角或加一分或減一分而得甲丁丁乙丁丙等邊或加或減之尺數不必到其處另加推算以此所得之各數與酉角之差數相乘即得從酉向甲酉

乙酉方向所應得之相距如欲免重加測量各邊之工而得酉點則以大比例之尺寸作一圖將其相離酉點之各相距向酉甲酉乙引長之線上度之而得一一二二線之交點酉又從此圖而得酉點與酉點所成之角其線能向甲乙丙內成一點之方向而爲之其酉酉相距亦然則到此地時不過測一箇角並一短線而已可

凡測各三角形必先用器量其三角形之原邊以證底線又必推算別三角形之邊以證各數無差然後作各三角形之圖作圖之時必用長桿規其長必合於要點之相距並圖之比例此圖既成卽可賓補陸路與水道並一切物點所有賓補之工或測或量俱如前法

測量英國之時其各三角要點之經度緯度考得極詳極細俱用天文及推算之法測緯度之天頂儀爲英國天文官所監造安於木臺之上可以移動將此器之視軸適合卯酉線而平面用三箇酒準衡之遂將窺筩對準欲測之星而視測微鏡中間之十字線所對之高度同時必記其時刻俟星過子午線後再將窺筩翻過如前測之又記其高度與時刻得此兩時角與星之餘高度卽能推算本處之緯度其推算之工詳後天文題內

天頂儀能測近於天頂之星之天頂相距其立弧之分度而不作全圈三角法測地常用此器以求本處之緯度卽測星過子午線時之天頂相距此種用法可一測而知不必推算

英國全圖近已印出其比例以六寸爲一里其經緯有一秒之線雖有極大之差亦是極微之數數年以前或以爲此事斷不能成現在將欲成功（此言在前十年）

測地繪圖卷四

英國富路瑪譔
英國　傅蘭雅　口譯
無錫　徐壽　筆述

圖內實補衆物

測量三角之工愈詳則補圖之工愈省測量之時或全用帶尺與儀器或半用此二器而半用相度之法今以全用二器者立論

英國地圖其小三角形之邊用帶尺量之卽依此邊補畫樹林或村莊或縣治等如作粗圖指出日後補圖之工則於各三角之邊作識而用橫線連之或連兩邊或連一邊

與其對角初見此法之人必以爲枉費工夫然至補圖之時始知其妙所以測量者必在地面作識而記明於測量簿內以免補圖時之遺忘

所用各線應連於遠處易見之物如禮拜堂塔及風輪磨之類總不可用舊法先測各分而并合爲全圖今反其法而爲之可免舊法之大差

測量簿記明各事之法並推算各處面積之法與平常測地相同觀此書者應預知之故不贅言惟測量之時雖有褊小之處與偏僻之地亦必一例細測不可以各人之臆見爲之

量地所用帶尺西名牽長二十二碼計六十六尺分爲一百分西名連每連長七寸九二十平方牽等於英國一畝故有平方牽數與其小分數而以十約之則得畝數其所餘之小分數以四乘之卽得分數再餘之小分數以四十乘之卽得釐數

如六百六十九平方牽又小分一四六等於六十六畝九一四六將其小分數以四乘之得三分六五八四再將其小分數以四十乘之得二六釐三三六〇共得六十六畝三分二十六釐三三六〇

量三角線左右各相距之桿亦分爲連

測量一處必先周行四圍而擇其何者爲便於用儀之處或在邱陵或在山峰或在湖與河之平面必是周圍能見者各處立一作識之物其高等經緯儀視軸之高此各識專測地面高低之用須記明於別簿名爲高低簿又須定其次第之數所有測得高低之角度亦記於此簿始能從此推算各線之平面相距並其高低之較數後將此數變爲高於海面之眞數

地圖能作各處之高低線則興造馬路或鐵路或運河披閱此圖卽知其路之應過何處爲便又能作距等之平剖面線則易作本處任何方向之立剖圖

測各原三角線之時必擇其合式之點便於作小三角形而從小三角形之邊能測本處之界線又能從其線之左右測得各物而記明於簿內後將簿內之各數推算能與所測之數相同卽爲確據當時應用帶尺量其各三角點並量各高地之各識而此各識必記明於簿凡量斜面而相距不大者可將帶尺一端提起而得畧平挂一垂線至地面卽可得平距之畧數如相距甚大則量得斜面之長而用經緯儀測其斜度以立弧背面相配之數與斜面之長相乘而再與斜面相減卽得平距之數此減數卽各度之正矢線

測量英國之人量得各斜面之數卽變爲平相距之數而記於簿內如其面甚斜而用帶尺一端提起之法則每量一次不宜甚長可免後來改變各數之工

相距甚大者其數必從高低簿內各數推算而得其格式如後

從某處	至某處	平看數	向上向下斜數	雜說

第三格平看數將儀用酒準安平之時視立弧面上之差定此差之法用前言高低交互角其第五格雜說爲周圍各物之平面角並一切旁有之事從所測之各

角並各點之相距得下表

圖上點數	乙	甲二	
測得相距		乙一二五四丙	丙九八四 丁
向上向下斜度		四〇一大〇〇向上	三〇二〇三〇向下
對數斜面之數		九九九八八〇四一 三〇九八二九七五 三〇九七一〇一六	九九九九二六〇九 三九九二九九五一 三九九二三五六〇
平相距之對數		一二五一五	九八二三二五
推算之高距數		九八一九五四三九 八八六九八六八〇 三〇九八二九七五 一七八七七〇九四	九八一九五四三九 八七大五五九四三 三九九二九九五一 一五七八一三三三
高之比例尺數		六一三三	三七八八
高於海面之數	三五五	四一六三三	三七八四五
雜說	測平面而得之數		

前式與此表俱從愛爾蘭測量簿內摘出

第一格各數在某圖之某處第二格爲甲乙丙各字所記之線之長數第三格爲從本點測第二點或高或低之中數此數從高低簿中所有之交互角所得亦用高低簿內改正之如其相距甚大者必依其弧差與氣差改正之第四格爲前格之角之餘弦對數並其相距之對數此數之眞數爲第五格之數第六格由六十六之對數等於九八一九五四三九卽一連與一里之比例並角之正弦對數並相距之對數此三對數相加得其相數之眞數爲高之比例之尺數卽第七格其第八格爲各處高於海平面之數此數用經緯儀所測得以紅色記之其餘數卽將前格

各高數或加或減而得之

測量道路之時其路之線應與三角形有相關又須與接連之物之線彼此有相證如不用此法而但在所測之路記明三角形之邊亦可自相證而且省工如圖用帶尺與儀器從路上之任何點起如甲將儀配準○度以窺筩對

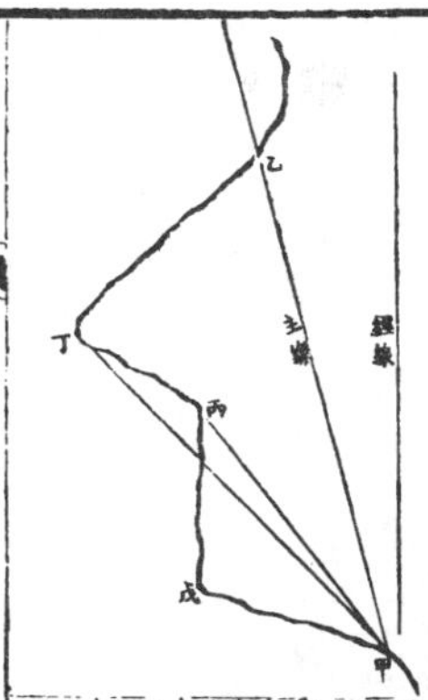

準乙點而得甲乙線謂之主線此線與經線所成之角亦須記明再測丙丁戊各點以此三角之和將上板螺絲夾緊以存其度數

然後移儀至戊點還測原方位之甲點此後放鬆上板而轉測丙點所得之角不記戊甲線所成之角而記乙甲主線所成之角由是移儀至丙測丁移儀至丁測乙皆記主線所成之角此法為測地者平常所用畫圖時不必每一角移動其分角器故能省工而更準因各方向從一箇主線測得也如一箇方向之線有差且與第二線不相關

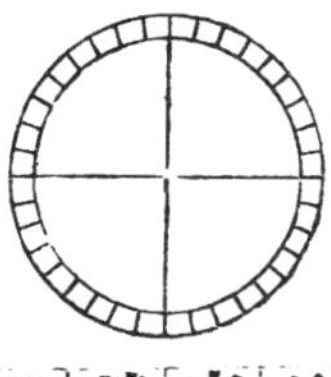

凡畫圖之各線其方向俱從一箇主線得來者可用圓形紙所作之分角器如上圖其○度對準主線以平行尺對準所欲作角之分點而移向前即成方向線如測量

極寬大之地而其圖之比例甚大者宜用半圓分角器此種器以銅為之其周用佛逆能得其小分數

依此法測路如遇第一線不便為主線之處須在近處另擇一線每日畢工之後又應測或向前或向後之方位與所能看之二三箇定點所成之角以證前工

詳細測三角形內之物而畫地面形狀之粗圖須在本處為之如畫等高之平剖面線而無有別物資補者測量時已得各處高低之數而記明簿內自可日後作界線圖之時為之如欲考知各縣各鄉之界線而畫於圖上則必尋覓本處練達之人令其指出疆界

前言從測量簿內之各數推算各線而得界線內之面積則所測之每一形必為三角形或為平行四邊形

凡基田園圃俱從測量簿內得其面積或亦從其圖內得之如測愛爾蘭之時各縣各鄉之面積畝數俱用推算所有水澤之面積亦推算而各府另設一面積表惟每畝之面積不計然亦可從圖上量得之即在圖面作縱橫線各線相距一牽或兩牽或將透明紙作縱橫線按上先數其前方之積後將各零塊補湊成方積或分為三角形而即以三角形之法推算

推算之器亦能測量三角形或四邊形之面積此器詳

後附卷英國尺部常用之能證別法推算之各圖又有一器與此器同理亦詳附卷二器之理依下相等式此式爲四不等邊形之對角線與兩箇垂線之較命甲爲對角線乙爲二箇垂線之和則面積

$$\frac{\text{甲乙}}{二}=\frac{\left(\frac{甲}{二}\perp\frac{乙}{二}\right)^{二}\top\left(\frac{甲}{二}\top\frac{乙}{二}\right)^{二}}{二}$$

現測英國其圖上之各面積用前器推算極速雖有小差不能過百分畝之一

畫圖之時須另作面積圖與直線圖則推算之時可常常

測地四　七

簿算得所記各數之測量簿並直線圖與面積圖並面積披閱以免錯誤兼可相助面積簿而各田之畝數即從此簿其式如後

測量簿中所有左右各物垂線之長如與界線無相關者俱不用以免繁冗蓋或縣或鄉之面積本從測量簿內推算此所設之測量簿即推算各大塊之法其粗圖雖用測量簿之數然不依此例只作線之大畧而指明測角線之畧方向至直線圖與面積圖始從此粗圖詳細爲之其粗圖上寫明簿內各線記號並各點之相距其界線用虛線使與左右各垂線有別其測量簿與面積圖不用虛線以免混目後依此例而作直線圖易辨何爲所測之線何爲界線

測量簿之式爲測英國時所用者每測一線以起測之點記在上測至某處之點記在下每線記數之下用雙橫線使各線之數有別簿上之各線各號與圖上相同所測之各線俱成三角形而其左右之垂線指出旁物之相距即畫於面積圖能免推算有差

第十八圖爲直線圖第十九圖爲面積圖其甲乙丙丁大約相距半里奇所以平常之圖不能分至如圖之細又不用甲乙丙丁各號而用各縣各鄉之名

測地四　八

第十八圖甲乙丙三角形內所寫乙仁字樣爲測量簿內之對號而其各小數三四五等寫在各直線之旁俱註明於簿內第幾頁第幾數若在圖上認一線開簿即知其數所有各大分之面積從簿內推算所有小分之面積用測面積器從圖上得之凡縣或鄉之面積亦從圖上推算又能證前所推算之數

測量簿之面積圖與面積簿所以明丙甲丁三角形之面積從所測之三角形與左右之垂線推出之法其甲乙丙之三角形各數各事與丙甲丁之理相同

圖之記號	圖之何分何小分	三角形或四邊形之記號	第一邊	第二邊	第三邊	面積之倍數	面積之畝數
	三角形	甲丙丁	四四五四	三三九八	四二五〇	六七九·六八三二	
	壬加數	丙卯申	二三二四	一七六六	一六八四	一四八·〇五一六	
		亥申	六〇 四〇	六〇 四〇 七二	一五〇 二六 五二	·四五〇〇 ·八三〇〇 ·八五二二	
						一·九三二二	
		申酉	四		七三 五三 五〇	·〇一四六 ·〇一〇六 ·四二〇〇	
						·四四五二	
		酉辛	三六 四〇	三六 四〇	一六六 一四四 一五一	·二九八八 ·五四七二 ·三〇二〇	
						一·一四八〇	
		共加數				一五一·五七六〇	
		辛酉卯	八〇一	一〇二八	七八八	三一·三三七四	
		申酉	五二 七四 四六 二〇	五二 七四 四六 二〇	一六四 九六 一七四 一四〇 一四六	·四二六四 ·六〇四八 一·〇四四〇 ·〇四六〇	
						二·五八三二	

圖之記號	圖之何分何小分	三角形或四邊形之記號	第一邊	第二邊	第三邊	面積之倍數	面積之畝數
	壬減數	丙辛	四〇 三〇 一〇二〇 九七〇六	四〇 三四六〇 九七〇六	一〇四 二〇 三二 六〇 二四 八六	·〇八四〇 ·〇四三〇 ·〇三六〇 ·五八九六 ·三九八四 ·三八七〇	
						二·九五三〇	
		丙辛	八二 七〇 五〇 三四	八二 七〇 五〇 三四	三二〇 一二八 一〇二 一〇五	·九〇二〇 ·九二七二 ·六四八〇 ·二一八四 ·二七三四	
						二·八六九〇	
		申丙	四二 六二 一〇〇	四二 六二 一〇〇	一九〇 一六〇 一六〇 二〇〇	·三九九〇 ·八三二〇 ·二九六〇 ·〇〇〇〇	
						三·五二七〇	
		共減數				四三·〇六九六	
		共加數				一六五·九七六〇	
		較數				一二二·八六九〇	
	乙加數	丙辛	檢前		減數無	二·八六九〇	一〇·九五〇六四

圖之記號	圖之何分何小分	三角形或四邊形之記號	第一邊	第二邊	第三邊	面積之倍數	面積之畝數
	癸加數減數	申丙	檢前	· ·	無	三三·五二七〇	
	丁加數	辛酉卯	檢前	· ·	· ·	三三·〇九〇四	
		酉辛 卯戌亥 卯未寅	五八 八四 四四	七四 九二 七二 二	五九 〇〇 六〇	一六·八七五九	
						三五·二一八四	
		酉戌	五六 五四	五四 九 一九八	三四 七〇 一	·一八〇〇 一·二九二〇	
		戌亥	二〇	二〇	九六 四四	·四七九〇	
		卯亥	一〇四	一〇四	三二二 三二二	·〇九六〇 ·〇四四〇	
						·一四〇〇	
						一·七二六四 六三四四	
		卯未	三六 三〇 九〇 四六 三〇	三六 三〇 九〇 四六 三〇	三二〇 二〇四 一〇八 三八 六四	·一七六〇 ·三〇五二 ·四八二四 ·二五八二 ·一二四四	
						二·三六〇八	
		未寅	三〇 三六	三〇 三六	二五六 一六四 一八〇	·三八四〇 ·四五九二 ·二三四〇	
						一·〇七七二	
		共加數				八六·四七五九	

圖之記號	圖之何分何小分	三角形或四邊形之記號	第一邊	第二邊	第三邊	面積之倍數	面積之畝數
	丁減數	酉辛	檢前	· ·	· ·	一·一四八〇	
		戌亥	九〇 四八	九〇 四八	七二 二八 五〇	·三三二〇 ·五七三〇 ·六三〇〇	
						二·二五七二	
		卯亥	一〇〇	一〇〇	一六二 二六	·八一〇〇 ·六三〇〇	
						一·四四〇〇	
		共減數				四·八四五二	
		共加數				八六·四七五九	
		較數				八一·六三〇七	八·一六三〇七
	己加數	甲卯辰	二一三〇	一三四〇	一九四八	二七·八三二八	
		未辰	三六 六二 一〇	一六二 一〇	七六 一三〇 一六〇	·八六二四 ·九七八〇 ·八八〇〇	
						三·七二〇四	
		共加數				三一·五五二二	
	己減數	卯未寅	檢前			二六·一九五六	
		未辰	三六 五〇	三六 五〇	二三二 一〇九 一九七	·四一七六 ·四六八七 ·四九二五	
						一·三七八八	
		共減數				二七·五七四四	
		共加數				三一·五五二二	
		較數				〇·三九七七八	一〇·三九七七八

北加數

丁卯辰　未卯亥辰　亥巳　巳午

檢前　三一三六　五二 三〇　五三 三〇

檢前　二〇五八　五二 三〇　五三 三〇

一九四八　二一四 三九六六　一七四 二九二 六六

共加數

一九五·三〇七二　一·四四〇〇　一·三七七八　·五五六四 ·四八九六 ·一四四〇〇 一·一九〇〇　·四三五〇 ·一六八〇 一·〇九九〇　一·七〇二〇　三〇一·〇一八〇

丑加數

丁巳午　卯卯亥　未未辰　亥巳　巳午

檢前　一六八〇　三六 三〇四 〇〇　五二 三〇

一六九八　三六 三〇四 〇〇　五二 三〇

一〇七八　一一八〇 三八〇 一四〇〇　二五〇 八〇 二一六

共減數　共加數　較數

八六·二六五〇　三·四一五四　一·九八〇 ·三三四四 ·二〇五〇 ·二一〇〇　·八四七四　·六五〇〇 ·三二八〇〇 ·三二四〇〇　一·三〇二〇　一〇〇·八二九八　一〇一·〇二八〇　一〇〇·一八八二

一〇〇·一八八二

寅加數

丁巳午　丁巳物天　巳物　物天

檢前　一三七〇　三〇　五六 三六

檢前　一四四二　五六 三六

七七〇　三一〇　一一四　二〇四　九〇

共加數

八七·五六七〇　五一·八三三九　·四六五〇　三·一九二　·四七八四　一·六二〇　九五九六　一四〇·八二五五

寅減數

巳午　物天

檢前　五二 六四

五二 六四

二一四二　三二二 八八

共減數　共加數　較數

一·七〇二〇　·三六九二　一·三四五六　·二八一六　一·九九六四　三·六九八四　一四〇·八二五五　一三七·二二七一

一三·七二二七一

子加數

丁卯申　申酉　戌亥　亥巳　物天

檢前　三一三六　四〇　四一

檢前　二四八四

一六八四

共加數

二〇八·一二四九　二·五八三二　二·五七二　·八四七四　一·九九六四　二五·八〇九一

甲天　申酉

檢前

一·三七六四

子減數

丙戌　戌亥　亥巳　巳物　物天　丁物天　卯戌亥

三角形甲丙丁終

四〇　四一　四〇

共減數　共加數　較數

一·六一九〇　五四·四四八五　一·六八七五九　七五·二一九八　三三·八〇九一　一四〇·四八九三

一四·〇四八九三

總表

三角形甲丙丁

壬乙　癸丁　巳丑　寅子

檢前　三九　四〇　四一

檢前

某縣某鄉各分之和

六七九·五〇三二　一〇九·五〇六四　二六九〇　三五二七〇　八一六三〇五　〇〇二一八一　〇三一七八八　三七二二七一　一四〇·四八九三

六七九·三一五五

六七·九三一五

甲丙丁三角形

六七九·五〇三三

六七·九五〇三

較數

·一八七七

第十六圖

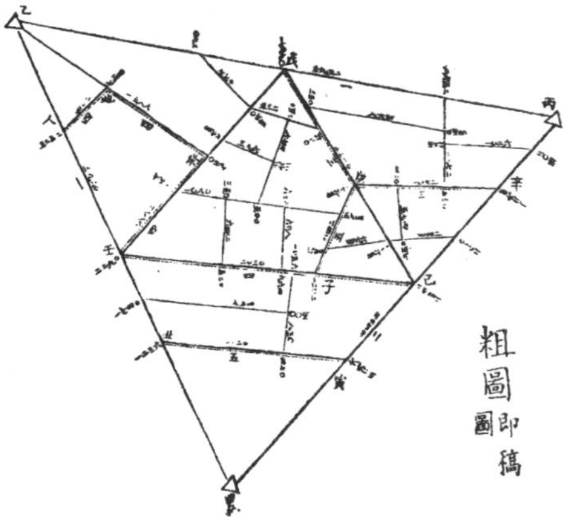

粗圖即稿圖

第十七圖

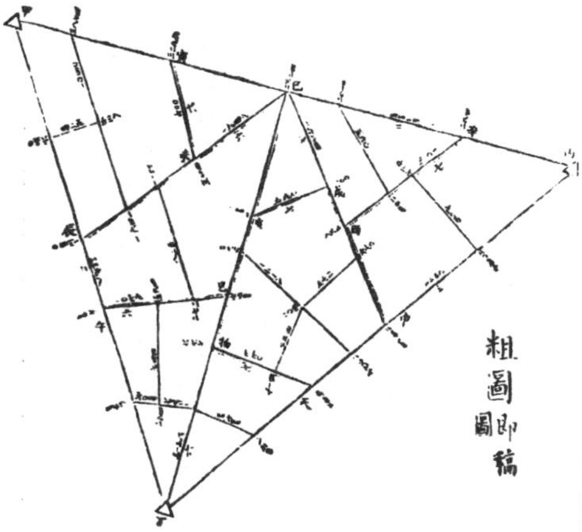

粗圖即圖稿

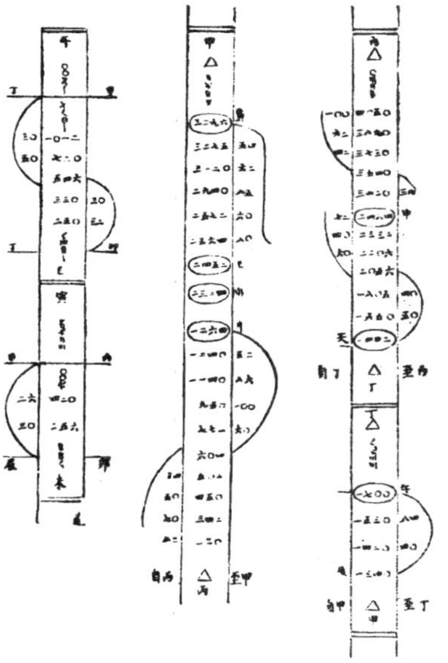

測地四

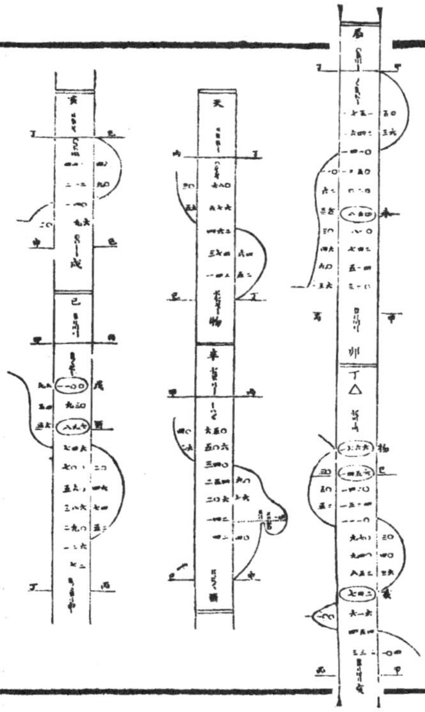

測地四

第十八圖

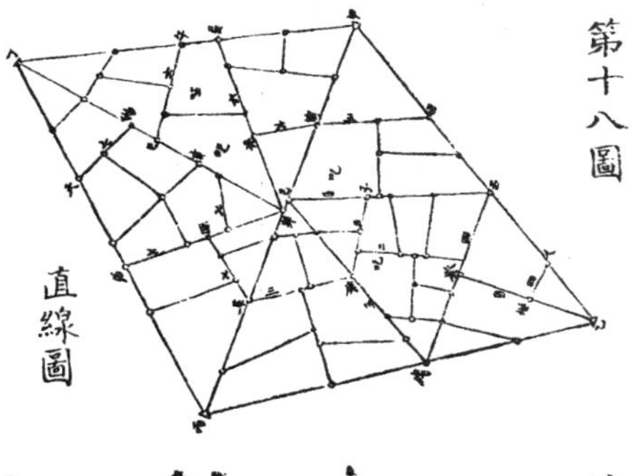

直線圖

第十九圖

面積圖

測地繪圖原爲極大之事而此大事又爲眾小事相合而成端緒甚繁條件甚多不能以一例爲之如不先定章程而各人自以臆見爲之其工必不平勻其事亦難成就惟測量一處而作圖其尺寸比例不欲甚大而各分之面積亦不必另推算者所有小事畧從減省若欲測量全國則以愈詳愈好四旁所有當考之事於國家人民大有裨益者不在測地之時考之費工費時必致甚多如何處爲何種土石並各處之土產是也測量愛爾蘭之時記倫頓脫里府之書所有旁事考得極詳如各府盡依此法爲之則其全書之詳細莫與相比矣

以後用帶尺與經緯儀寘補圖內各種要事依極簡之法論其大畧

測量簿所記各數之字應用墨筆不可用鉛筆所記各事應與圖上作對號以便查考每日畢工應記明時日並測者之名記事程式應照一定之章則彼此互看一覽而知儀器應日日配準帶尺應日日與準尺相較如有小差隨時改正或記明於簿內而至畫圖之時藉以改正測量之垂線應多而其詳畧必依圖之大小各鄉各鎮之名應依正音寫明其字必用眞書如有轉音傳訛之不同必加考訂

凡欲推算各小分之面積或作大比例圖其左右所量之垂線以一牽至二牽爲最長圖或不欲甚詳比例不必甚大者垂線過長無妨畫圖之紙糊上板時必漲揭下之時則縮又常依天氣溼燥而或漲或縮所以比例尺即畫於圖紙之上如紙有漲縮其尺亦隨之大小而比例相同糊紙於板宜在未畫之前不可畫至半而糊上畫圖之房其熱度應四時畧同

測長線之時其兩端有易看之物則中間應留記號日後能用橫線證之或依此記號另作小三角形如線中間有房屋或不能過之物必用以後所設之法

亂形之地面或道路不能測其三角形者固可專用帶尺量之但不如並用儀器爲好

專用帶尺之法如第二十圖甲乙爲第一線乙丙爲第二線之方向將甲乙引長至戊作乙己等於戊乙量得戊己通弦能知乙丙之方向

第二十圖

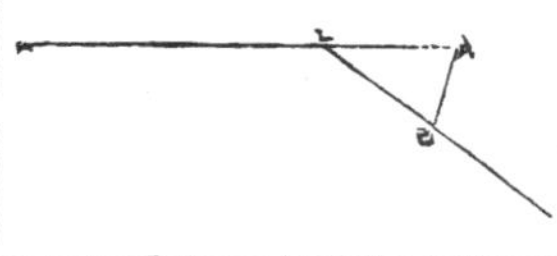

測量簿每線相距之尺寸寫在平行格式之間而平行兩線之左右記垂線之尺寸如前式或先作一草圖而將各

數記於此圖用此法者以爲可從此草圖卽畫正圖然用測量簿記各線從何處起至何處止與何線相連而左右記上下二線之四點則對簿畫圖亦不甚難平常測地者從所作之圖推算各分之面積將各分之面積相加而得其全圖之面積再在圖上用鉛筆畫成大三角形數箇其線畧與地面之界線相同設推算之工有差卽可藉此覆核然有人不肯從記數簿逐細推算以爲太費工夫者殊不知地面所測各大三角形之面積亦應從記數簿內推算也其亂形之界線或加或減依此法證各分面積之和數此常用之法更準所有各三角形外之亂形面積可作不等邊形而得其等積之三角形

每畝田之面積欲在圖內推算者用量面積器最能省工其比例尺不可小於二十牽爲一寸而可大至三四牽爲一寸其二十牽爲一寸者英國所作道路之圖其三四牽爲一寸者乃各產業之圖

以上爲全賴測量而補圖之法此下則半用測量半用相度之法此法爲但作一處之圖而用者

路之尺寸必照前法測量每若干相距作橫線以證各數其測量簿內亦照前法寫明各事線之左右各要物必用經緯儀測角而得其交點測角之處或在線之兩端或在

線中間便當之處作圖之時得此角點亦從測量簿內得其各垂線其餘相度之工如田之界線或別種線更易爲之雖有小差必是極微之數

近有何殺非辣所作之比例尺其各分點用最準之器印於厚紙甚是適用而價則甚廉又有麻苦愛所作之比例尺作等相距之平行線又有羅伯所作之左右垂線尺並比例尺尤爲畫圖器內之最便用者其比例尺一邊削薄如刃各分數兩邊並刻其〇點在尺中而數向左右其畫左右垂線之比例尺分開而韡於本尺之面可移動其〇點合於所畫之相距線此尺斜刃一邊之數亦在〇點之左右若作本線之左右垂線不必將尺倒轉其二尺分開之意使不易壞

凡用指南針補圖中之物必依後法考其差數針之指向不但每年改變而每月每日亦改變每日之差夏大冬小最大有 、五分最小亦七分如英國極大差之日其時在早七點鐘有偏東之差至午後二三點鐘爲偏西之差此後又漸偏東但此每日之差在測地之時尚可不計因常用之指南針本不能看清半度雖能看清亦不過四分度之一故不必計此小差矣

補圖所有測定之線並測定之點其中間尚有別物或爲

武事畫圖而不及細測者即用四寸徑之小紀限盒或別種小回光器並三角鏡之指南針以及便於攜帶之器

回光器不可測甚銳之角亦不可測甚近之物因有光差也所測之兩物須擇易看清者令過此回光鏡內如兩物所成之角極鈍者必於中間另擇一物將此物與前兩物測成二角相加而得其全角又如所測之兩物其面極斜者祇可得其平面角之畧數其法向左或向右擇得遠物而測二物與此遠物所成之角其二角之較數即所求平面角之畧數

紀限儀必常考其差數最準之法測太陽之徑若用小

盒者可將一易看之線如遠處房屋之角線令其眞形與回光形相合視分度面所指之數即是差數小盒改正其差之法雪墨司算學器具之書甚詳此器之各鏡總以少動爲妙

窺筩之上有一細線或三角測微分器最便於相度畫圖之用或看遠物如人之形所成之角畧能知其相距或各處立一分尺之桿自能更準羅申測微分器詳見第五卷

小盒紀限儀配準之法與第十一卷所論之紀限儀畧同此儀藏於盒內用時取去盒蓋其分度面上之佛逆爾小輪轉動窺日鏡亦藏於盒內至用時移上配準此器之法只能移動天涯鏡此鏡須與器之平面成正角另用一匙改其差其窺筩亦能藏於盒內如作粗事可不必用即在安筩處之小孔內窺視其分度面每度作二平分即三十分用顯微鏡看之此鏡常隨佛逆移動

三角鏡之指南針大半爲武事圖之用所以測各物與經線所成之角或補圖內各物又可用以測太陽或星之方位此針之盒平常爲三寸徑者其分度面之每度分爲二平分盒徑更大者分爲四平分其分點從北方向東起數共有三百六十度照星之間有一線對準之時則三角鏡

令線影照於分度面上即指出若干度分此照星亦有一回光鏡如所看之物或高於平面或低於平面則其影能照在人目欲看太陽出入之方向必用此鏡另有數箇顏色鏡此鏡與三角鏡相連於照星盒邊有簧能令分度面不搖動又有撬桿能將針盤托起不用之時必有此物用此器必將三角鏡之光界移對分度面如欲求平面角則將其方向之度數彼此相減即得但不能免少於半度之差如將三角鏡之指南針數件並試之難有兩件同數者故用此器必與經線相比而記此器之方向與已知之數相較而得其差凡回光鏡之器測兩物畧在平面之角比

指南針更準因其度數一窺而得入手雖有振動無害於事故在馬上亦能窺測惟兩路中間之各物或河道或長而窄之山谷則用指南針為便

分角尺盡指南針所得之各方向線將其面上作橫相距四分寸之一而圖紙之上亦作甚淡之橫線與經線正交其線相距不遠而其各相距不等則易令分角尺之橫線與紙上之橫線一條或數條相合如將分角尺繞其心點而轉移至有相合之線為止則其尺之斜口必與經線平行遂以所測之方向從心點作線則得本物與經線所成之角

第二十一圖丁為心點所測遠物戊之方向為三十度而

第二十一圖

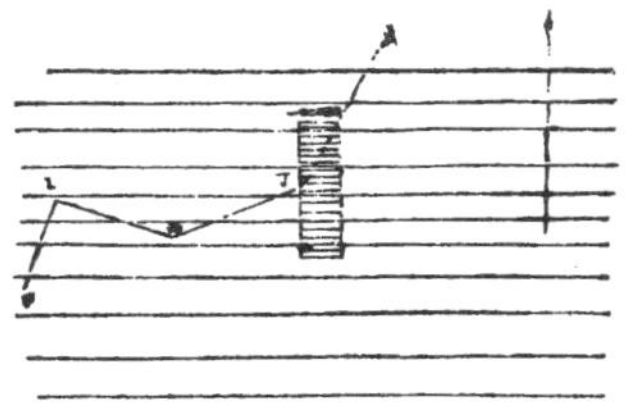

欲畫此線於圖內則將分角尺置於紙上如圖式而得丁戊線之方向如反求之用指南針測一點與周圍兩三物所成之角而從其各角求心點在圖內之方位則將分角尺之心點先與一物相合作線成所測之角再將各物同法為之視各線相交之點即所求之方位若作縱線與經線平行亦便於用分角尺如第二十二圖

第二十二圖

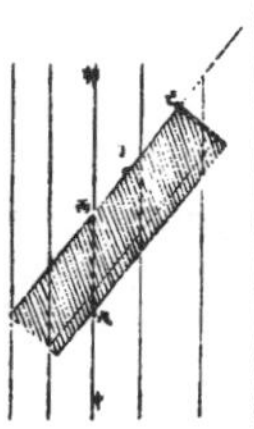

從丁點欲作四十度之方向線則將分角尺之心點置甚便之縱線上而繞此心點轉動其尺至四十度之點戊與縱線卯申相合再將其尺移向上下而其丙戊兩點恆不離卯申縱線視尺邊與丁點相合而作丁己線即得所求之方向線如分角尺之斜口有比例尺則可移在丁己線上使一分點與丁相合則能度丁己線上各點之方位

紀限儀測得三點或多點所成之角亦能得測角之人所立之點或以器得之或以算得之然不及用指南針之易

此法詳後

德果拉司所作之小回光半圓器比紀限儀有一便用之處能將所測之角隨畫於圖內因半徑遊表即可當畫線之尺也尚有別種小回光器亦能作此事

圖上已有兩點而欲得其中間各物之方位或用帶尺量之或用經緯儀測之所得之各界線其工略同然亦可以步數代帶尺而得其相距其方向用指南針或紀限儀代經緯儀所有左右之垂線不甚長者亦可推算而得

補圖之人另用直桿一根為最便如有彼此兩物欲求一點適在兩物中間直線之上則將桿橫置地面先向

桿端望此物再從桿之又一端反望彼物彼此參直其點卽在置桿之處亦能用此桿引長一線向後已知之點如桿所指之線上有樹或有塔為識卽能當已知之點而人卽可向此物前走而計其步數

補圖之時各事各數並地面之形像隨畫於圖上而不用測量簿則亦無藉乎器具而專以人之目力為之其人必久練精熟方能心手相應此事於武事之圖相關故在第五卷言之甚詳

所量之線有阻礙之物而不便量其步數者則有補救之法又有數種測量相距之事不能用平常之法者亦可不必用三角法然用經緯儀或紀限儀等器究能比繞道測法更好

第二十三圖欲量甲丁直線而乙點有河或有別種阻礙之物則在本線上另擇一點己此點與乙點之相距畧等於阻礙之物之寬又在戊點立一表與乙點為甲乙之垂線其乙戊之長畧等於乙己再將經緯儀置於戊點而作乙戊丙角等於乙戊己角乃在丙點作識於甲丁線內則乙丙必等於己乙如丙點尚不足用而欲在任何點丙則其離

第二十三圖

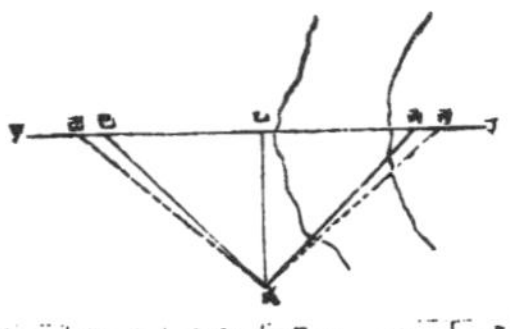

乙點之相距可反其工而得之卽作乙戊己角等於乙戊丙角而後量得乙己相距也此法不必看角度祗將底板之佛逆定在○度或便當之度收緊上下二板而以窺筩對準乙點隨將上板放鬆轉移窺筩向己點再緊上板而鬆底板以窺筩還向乙點又緊底板而鬆上板將窺筩畧向丁點轉動佛逆仍對○度或前所對便當之度然後以甲丁線上所立之識移使適對十字線而得丙點

中間有物阻礙而在乙點不能成角則作甚便之角甲乙戊如二十四圖將儀安在戊點作乙戊丙角等於甲乙戊角之半更於丙點作一識在甲乙引長之線則乙丙自等乙戊量得乙戊線則知乙丙線此乙戊線亦可藉以畫河岸之用

第二十四圖

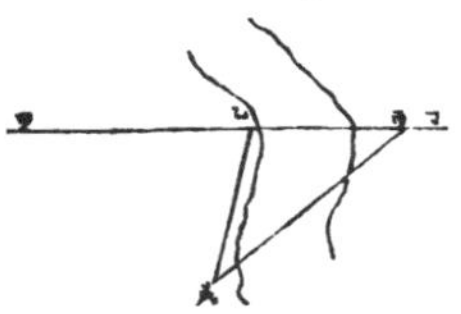

阻礙之物其長不過一牽或兩牽如房屋等則可向右或向左作垂線乙丙而從丙點直向前如第二十五圖避過此物再作一垂線而仍歸本線

第二十五圖

又有更便之法作一角與本線為六十度其角點之相距以不過阻礙之物為率如第二

十六圖從丙作丙丁線亦成六十度之角則丙丁等於丙乙而乙丁相距必等於乙丙

第二十六圖

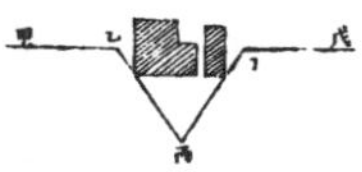

第二十七圖甲辰線上之辰點爲不能到之處則求辰乙之相距亦同二十三圖之法即丙點爲乙甲線內乙點之垂線再作乙丙丁角等於辰丙乙角則乙丁等於所求之相距乙辰或依大比例作房屋之圖而在圖上測乙辰相距亦可

第二十七圖

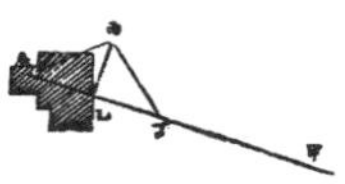

第二十八圖有兩筒線在湖或河相遇於乙點而欲求丁

第二十八圖

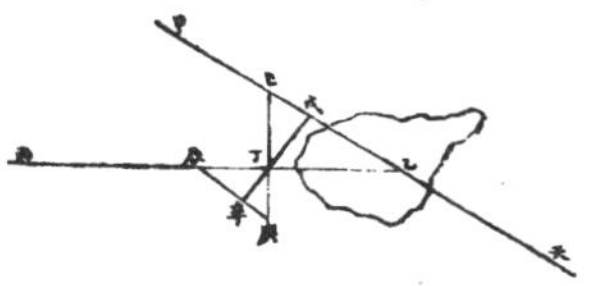

乙相距則在甲天線之任點己作己丁線又從戊點作戊丁線將二線引長至庚與辛而所引長之數必等於本線之長或二分之一再作辛庚線而引長遇丙丁線於辰則辰辛爲乙戊之半而辰丁爲丁乙之半從此而得相交點乙又得丁乙之相距

第二十九圖河之對岸有呷點不用測角之器而欲求其呷吃相距則將呷吃引長至叮作叮丁線爲丙點所平分

第二十九圖

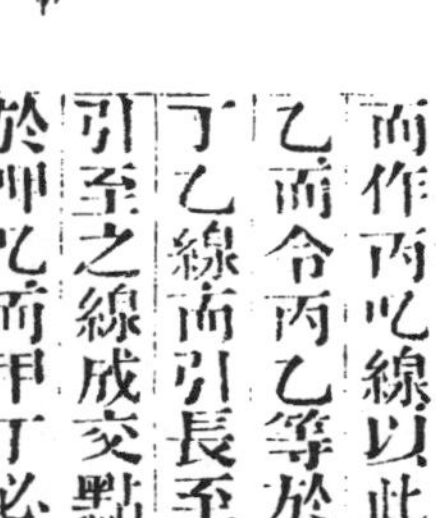

而作丙吃線以此線引長至乙而令丙乙等於吃丙再作丁乙線而引長至甲遇呷丙引至之線成交點則甲乙等於呷吃而甲丁必等於呷叮

第三十圖將呷吃引長至叮以吃叮平分於呐而在任方向叮丙作叮丙線等於丙乙再作吃丙與呐乙相連之線而得交點戊又作叮戊引長之線遇呷乙線於己後將叮乙與吃己引長而相遇於甲則

第三十圖

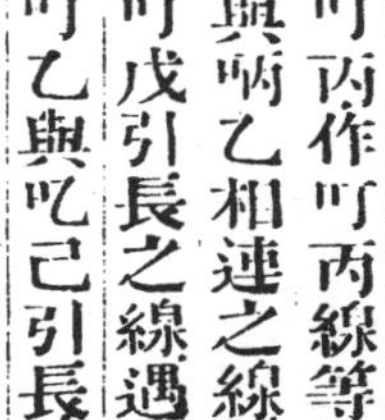

甲乙等於呷吃而甲叮等於呷叮

第三十一圖有呷吃二點俱爲人所不能到而欲求其相距則從任點呐作呐丙線而平分之於丁在呷呐引長之線取哦點作哦丁線再將其線引長令丁戊等於哦丁又以同法在吃呐引長之線取吃點令丁己等於吃丁然後將呷丁與戊丙引長而相遇於甲又將吃丁與己丙引長而相遇於乙則甲乙等於呷吃

第三十一圖

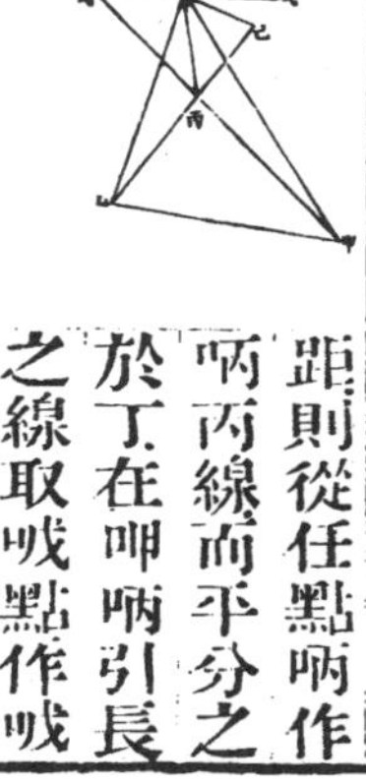

如呷吃線不能測量而呷吃為能到之點則此兩點與辰點之相距可量而知將此二線引長如辰巳辰午令辰巳辰午為呷辰吃辰等長之線或任何分之長則巳午之相距與呷吃有同比

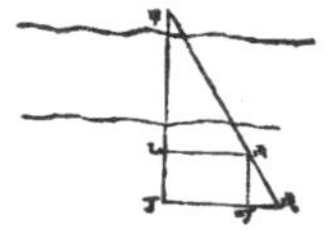

第三十二圖

第三十二圖不用測角之器而求甲乙相距又有正角之法自可推算而知如丙乙與戊丁俱為甲丁之垂線而丙戊二點俱在甲戊線內則 $\text{甲乙}=\frac{(\text{戊丁}\ 丅\ \text{乙丙})}{\text{乙丁}\times\text{乙丙}}$ 因丙丁戊三角形為等式故也

作垂線之法祇有帶尺而無別器如第三十三圖命甲為作垂線之點用句三股四弦五之法為之則得丙甲乙必為正角三角形

第三十三圖

又能用帶尺在地面上作一角等於任何角則從角點至兩點量得等相距而再量其對角之邊依三線之比例可在別處作等角

第三十二圖其甲丙乙角如能用紀限儀測之則甲乙為角之切線乙丙為半徑凡小盒紀限儀或別種移帶之器其蓋上應刻正弦與正切表則可不用三角法最便於相度畫圖或戰時測望敵人礮臺相距等事

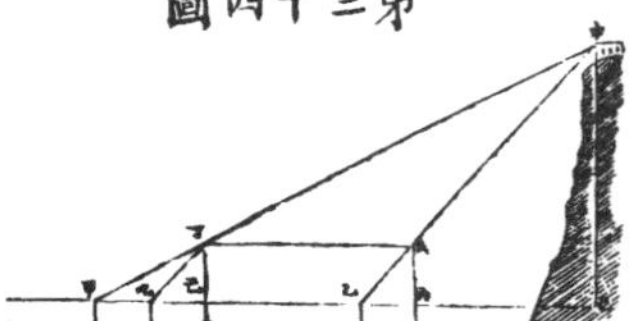

第三十四圖

第三十四圖山峯之上人不能到亦不用測角而求申點之高則在辛點立表高三尺或四尺再於丑點立等高之表得此丑點之法另用長桿巳丁得其頂點丁在甲申線內再任立一表乙而在乙點之前立一表丙得此丙點之法令其長桿之頂點戊在乙申線內然後量得甲巳與乙丙而將

乙丙相距從巳點向甲度之得吃點則甲丁吃與甲申乙兩三角形必為等式所以 $\frac{\text{丁己}}{\text{巳申}}=\frac{\text{甲吃}}{\text{申乙}}=\frac{\text{辛辰}}{\text{辛壬}}$ 又 $\frac{\text{甲己}}{\text{甲巳}}=\frac{\text{甲吃}}{\text{甲乙}}=\frac{\text{辛辰}}{\text{辛壬}}$ 故其高 $\text{巳申}=\text{丁己}\times\frac{\text{辛辰}}{\text{辛壬}}$ 又其相距 $\text{甲巳}=\text{甲己}\times\frac{\text{辛辰}}{\text{辛壬}}$ 此外尚有簡法數條能測相距與高詳見第五卷武事圖

設有三點為不能到之處而其角能測者則三點之位置已知而可畫於圖今欲求測者所立之點或以算法得之

或以線法得之或以指方位之器得之然有更妙之法用透明紙畫成所測之各角將其紙冒在圖上而移動遷就視其三線合於三點則其角點爲所求之點因不能有別點與三線相合也如測海岸而作圖之時常有此事其推算之法與作線之法不多用而常用者惟有此法但以三角法測量全國則亦不用此法如其三點在一箇直線之內或人立之點在三角形之外者阿但司幾何書中甚詳以作線之法得所求之點平常之題以所求之點在三點所成三角形之外如第三十五圖辰巳午爲從陸地向海岸所測定之三點申爲所欲求之點或是露出於水面之

石或是拋錨之處設午申巳角已測得三十五度巳申辰角爲四十度則作一平圜過午申巳三點其作法將午申巳角倍之得七十度與一百八十度相減得一百十度折半得五十五度卽在巳午未與午巳未作五十五度之角則未角必等於七十度而爲午申巳角之倍此乃幾何之理心角必倍於邊角也故以未爲心而以未午或未巳爲半徑作平圜其周必過申點又用同法以亥爲心以亥巳爲半徑作平圜

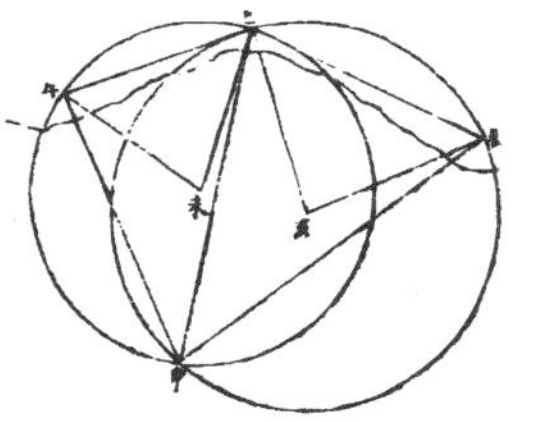

第三十五圖

其周亦必過申點而其兩圜周之交點卽所求之點

此題之推算法詳見布以三得測地書及胡里知武事書館所用之三角法書

空曠之地有鐵路經過或欲興造鐵路其測量之法畧與前言用帶尺與經緯儀測平常之路相同此不贅言惟鐵路之線本甚長故必詳細爲之而所有之角亦必詳測又必以鐵路已經行過之方向證之如英國所定各鐵路之比例尺寸而作圖其紙幅之寬必依准造之路所設之線而從此線能容路之偏左或偏右

作鐵路之圖其鐵路各處之高低斜度彎曲並築高挖低

之兩邊斜面畫法甚煩故不詳及且與測量之事不甚相關惟第六卷測高低之內有數款論此事

圖內作各三角點並檢測量簿而補圖有最要之事數件如三角形之邊平常用長桿規從所推算之相距而度之各三角形之點必畫在各分圖之上以便從此分圖補畫所有之物於總圖如英國之圖各次三角形之邊爲已測之線而各線上之垂線盡依此各次三角形之邊若比例甚大如城圖等則各三角點從一箇公經線而度之則所成各三角形之邊能從此而證之

測量英國各圖之比例

一城圖爲五百分之一即十尺五六代一里亦即一百二十六寸七二

二縣圖爲二千五百分之一即二十五寸三四四代一里

依此比例則英國一畝爲一方寸

三府圖爲一萬五百六十分之一即六寸代一里

四國圖爲六萬三千三百六十分之一以一寸代一里

英國測量之時有數處初成之圖用別種比例但現在不外乎以上四者第一比例恐過大則半之而以五尺代一里亦得清楚第二比例則以六寸代一里雖爲更小亦不差至甚遠測量畫圖之費第二法每田一畝四開一枚第三法種植之地每畝六分四開之五荒蕪之地每畝二分四開之一第四法即一寸爲一里每方里金錢八圓四開七枚

從測量簿作各線與垂線其比例尺之式樣與大小各有不同又一種用牙尺中有一槽另有一脊在內移動則左右之垂線易作有人喜用兩尺分開者

英國地圖南邊數省以二寸爲一里其餘各處並愛爾蘭以六寸爲一里後將此各圖並別種比例之圖照例減小之法詳見第八卷

測地繪圖卷五

英國富路瑪譔
英國　傅蘭雅　口譯
無錫　徐　壽　筆述

行軍揭要

凡爲武事而作地圖必有指明各事各數之說其圖與說相因爲用或詳於圖而略於說或詳於說而略於圖必以何者爲要而定之故畫圖者必先知其圖爲何事而設始能依其事而得詳略之宜如行軍而假道於和好之國必知其路之寬窄曲折以及坍塌之處修好與否載運軍資軍實之器全備與否在路能得本處之糧餉與否其地或暫時防守或將來欲作戰場總能得地面形勢之便宜爲要故其圖與說必須極詳其事或出於目見或得之訪問一切俱備此各事之或確或不確大有關於勝敗也

凡相地畫圖之武官宜通用兵之處之方言始能每事訪問眞確

武事畫圖作說所宜詳考之事

路○方向曲折　地面之質　易壞或否　易修或否　何時爲何兵可以行過　敵人能貫行與否（貫行者敵彈順我陣行穿過）　何法能避此患　旁有樹木藩籬或溝或土堆　山峽狹窄能在此返旆否　或我能防堵　或敵已防堵而

我能攻之　俱必作說甚詳有時武官稟報路上不能行過又不能設法補救其路而敵人反能潛師以來者

如奧地里國武官稟報奧辣不山不能過法國武官稟報布喜米阿山不能過此二山後來俱有多兵行過所以法王捺布倫有言凡能二人並肩行過之處大軍亦能行過此言雖太過究亦有理

河○源流深闊　水流之速　飲馬便處　水爲何種性情　冬欲冰否　冰面能行過否　其水依時長落否　其長落或忽然而起或遲遲而來　長落之時與周圍地面有相關否　有時欲全乾否　可引灌否　可截斷否

兩岸或高或低或有樹林土堆否　船有幾何大小與式樣若何　分支幾處　橋梁之尺寸與造法　打壞之法　修理之法　或可徒涉或須載渡　步兵或馬兵俱可過否　或周年可過　或暫時可過　過渡之時可截擊否

凡涉過之處深至三尺步兵不能過深至四尺馬兵不能過深二尺半礮與火藥車不能過河底或爲泥或爲沙或爲石或永無改變或時有改變

運河○水之深岸之闊　閘門之大小　疏導之法　打壞之法　修理之法　行船各法　牽船之路

地面之形勢○各處斜面之斜度　凹凸不平之處　馬兵能行　步兵能行　或有山巒圍抱　或爲平原曠野

相近之山高低之比

作圖之時無暇細測山之高低必將其高數略分爲等次如第一第二第三各號

山谷樹林低窪之地　依時有水淹過之地　當路之物

平原　海岸　海邊登岸之處　海灘或沙面或礫石而　營壘城牆能攻能守之處　合於築營之處　樵汲之地

各要數○城鎮鄉村居民多少　作何生業　地產各物

運人運貨之法　人馬所食之物

圖之詳細與準全在考察所歷之時如地面所有之物已有現成之圖則可將一切要事並能從遠處看明之物用比例依其圖畫出地面寬大者即分爲數分而每人作一分圖或作一粗底線用粗三角法畫出如路上有現成之里石（西國之路俱有計里之石）則以二石之相距爲底線之二端而測周圍之角用分角器畫於圖上比別種粗法更速更準所以作此武圖之官必須平時習練精熟臨時始能速而且準書總不能盡言也

畫圖之器已詳前卷三角鏡指南針最宜於或路或河或

海邊之用回光鏡不能作此用其針所得之角度雖少有差但小分角器亦有此差分角器應在斜口刻比例尺之各分點或以六寸爲一里或四寸爲一里或三寸爲一里各適其宜另帶畫圖小書與指南針與小盒紀限儀小遠鏡筒內有測微分之法此外必不再攜別器此等小器俱可藏在身上或可連在鞍上測量之時取用甚便然能不用器具而亦得成圖始爲最好久久習練目力則角度與線望而知之

作分角器之簡法如第三十六圖將紙一方摺成三分各分半之得六分每分十五度再將每分爲三分則每分得五度每度以目力視其略可作各角之大略

第三十六圖

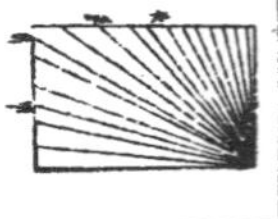

地面漸漸斜遞者或如海浪之層壘者難顯於圖上所以英國與別國設法不但能記地面之形不甚差又可依算學而作各線一覽其圖而知其斜面若干度欲作任何方向之立剖面形俱可從此圖而爲之但爲武事作圖而須速成者難得甚準惟測全國之時必宜詳細

表明地面之斜度有二法一名立法一名平法立法所有各線之方向即圖球從高處輥下所行過之路平法爲近

第三十七圖

第三十八圖

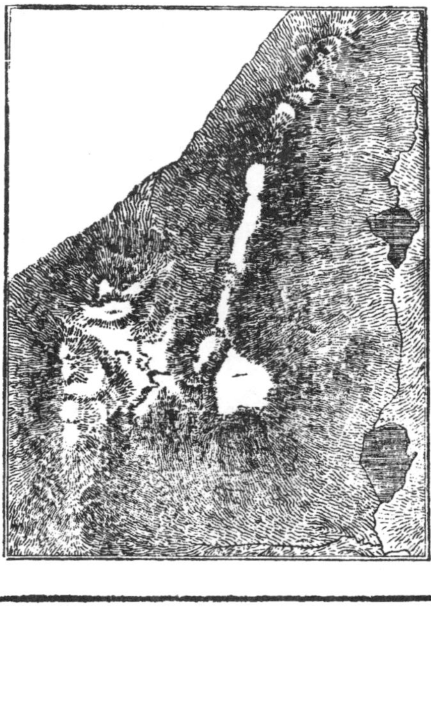

時所搠設者其形像爲平剖面線即如有水從低處漸漸漲上每漲若干高所有露出之形之界線現在畫粗圖者常用此平法如在急迫之時則用立法惟用平法所顯之形比立法更清

第三十七圖爲平法畫山之粗圖第三十八圖爲立法畫山之粗圖若畫武事圖而欲急成則以立法爲合式因雖極粗其形之大略已盡顯出

平立二法以目力所得二箇定點或二箇測過之線中間之形勢固不及經緯儀與酒準之細然於工則甚省所有詳細測望而作眞形之平剖面線詳見下卷日耳曼有一

法爲勒曼所設者以線之粗細指出斜度之多少意謂日光依垂線之方向下射而各斜面所得之光暗與各斜度有比垂線方向之日光照在四十五度之斜面其回光適

第三十九圖

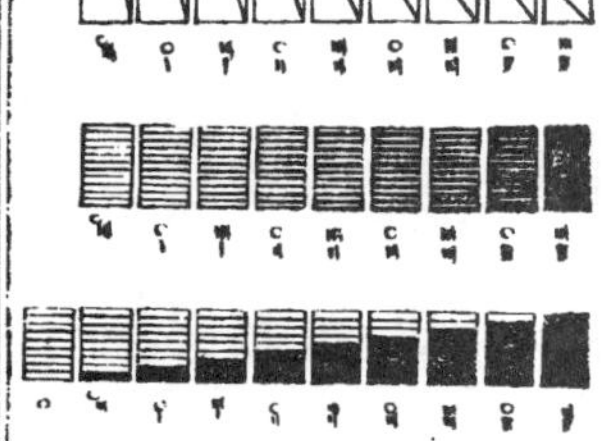

平無論步馬已不能行過故以此斜度爲最大而以全黑面識之正平面所得之光一直回上則以全白面識之四十五度斜面與平面之間各斜度分爲九分每分得五度則面之黑白亦分九等五度之斜面白與黑有一與八之比十度之斜面有二與七之比十五度之斜面有三與六之比餘依此類推如第三十九圖爲此各線黑白之比例畫圖之人必久久習練任畫各種粗細之線而不藉成式無有毫釐之差爲好如其人尙未甚熟雖作粗略之圖其斜面必須各處測量果能嫻熟則一覽而可下筆矣然線之粗細欲與斜度有比究非易事不但筆法之小差兼有目力之不到也前五十年雪北而捺嘗言平立兩線可以相輔而用爲妙先作平線再在平線之內作立線則立線之方向與長短能指出其面之斜度最易顯明若平剖面線之相距甚小亦可不必作立線因立線本與平線爲垂線也法

國畫圖之武官常言欲圖極準必用此法又言各國之人當以此爲畫圖之公法司密德亦言此立平二法兼用之善因其立相距爲常數則任將平剖面二線之相距用規度之而再度於比例尺上即能知其斜度作此比例尺之法如第四十圖然過四十五度其底線極短如斜度小而底線作短則斜度之大者底線必過密如大斜度之底線作長則小斜度者又過長（底線即平剖面兩界線之相距）賀蘭人名萬箇爾根已設一法欲免其難處任能用底線比例尺其法遇大斜度之處用雙線或三線等記之能與等長之底線相比司密德盛稱此

第四十圖

法最便於畫山之粗圖可依山之斜度而作此線記其斜面惟全圖不能如此祇可於要處用之其底線之長相合

第四十一圖

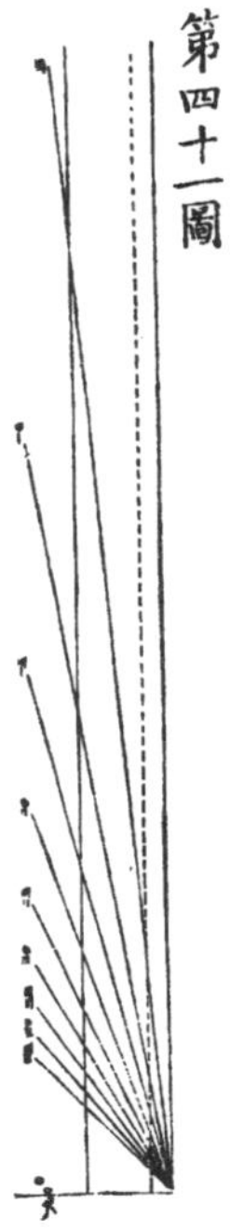

第四十二圖

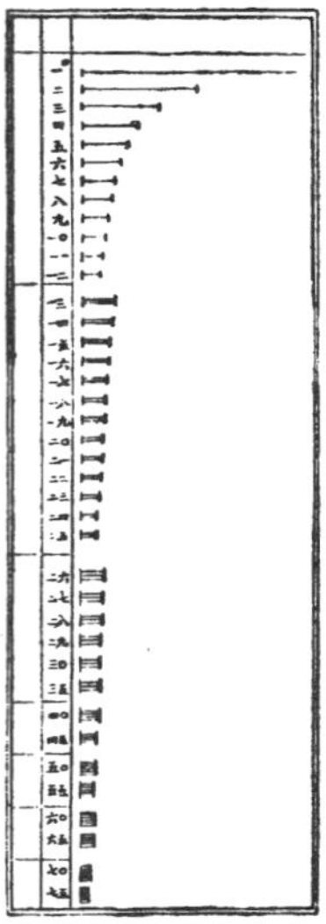

於預定之立相距如第四十一四十二兩圖表明此法其以四寸代一里之比例則立相距爲二十四尺即以此數之高作平剖面界線一層司密德依圖之比例定其立相距而得四數以六寸代一里立相距爲二十二尺以四寸代一里立相距爲三十二尺以十二寸代一里立相距爲六十六尺以一寸代一里立相距爲一百三十二尺如斜度爲十三度作雙垂線二十六度作三垂線然用平剖面線其立相距不大而各爲相等則儘可作各方向之立剖面形比作地平面之立視形更準如測英國之工幾分依平剖面法爲之

平剖面法之經費甚大所以測量英國初用此法恐費不敷而廢之然究不如用此法之好也

平剖面之界線用酒準或經緯儀測量而成其平剖面之立相距依地面之形勢其中數略爲一百尺兩界線之間有副平剖面用水準定之較便於酒準與經緯儀副平剖線之立相距恆爲二十五尺用器作平剖面線之立相距詳見下卷

粗圖之比例不大不小而微差不必計者可用畫平剖面界線之法作平剖面線最易明曉其粗圖正面表明地面之形勢則於背面畫出地殼各類土石之線而設各類之

色以圖對光看之即知某處土石爲何類平看其圖祇有形勢可見而不混目其立剖面形應在圖紙之邊另爲之圖中必有一線指出立剖面形所在之處

初測英國之時將土石細考寫於圖之各處現在則與測量之事各自爲圖

所有最要之斜面其斜度用象限儀測之各度即寫明於圖內斜面之處此種象限儀可以自製用厚紙作象限弧之形如第四十三圖將其弧分作九十等分或十八等分每分當五度以小鉛球用絲線連於圖心作垂線之用此器

第四十三圖

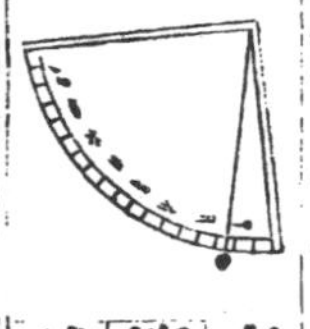

不但能測立角又能求平剖面線之用肆中所售以銅爲之上安酒準然行軍之事宜從簡不如厚紙者之便爽於畫圖書內

粗圖之上有與步兵馬兵礮兵相關者地形之斜度爲要事之一必須歷歷記明

六十度即四與七之比步兵不能過

四十五度即一與一之比步兵難過

三十度即七與四之比馬兵不能過

十五度即四與一之比礮車不能過

五度即十二與一之比礮車易過

地面最要之形爲相連各山頂之線即山脊又名分水線並深谷之底線遍山所受之雨順其谷底流於河海此二線如能畫得甚準即已指出地形之大略亦能相助平剖面線之工因平剖面線與山頂線並大斜度線相遇必成正角也尋常初學畫圖者以爲山與地面不相連而久習其事之人則能明二物所有相關之理並相連之法故得預知何處應有或泉或津或峽等物初學者必謂此各物亂置於地面而無緒類殊不知形勢之當然俱有一定之理與天造之萬物相同

畫圖之時另作立視形即對面看山之圖此法之益處能

令人明曉地面之情狀如一座山從二箇正角方向作圖則可當直剖面與橫剖面之用而更比剖面形顯明因周圍凹凸之處能從此圖知其大略

畫粗圖者另帶各種顏料與毛筆所有或山或水或林或石房或磚房或木房用毛筆畫而設色必比鉛筆省工而清楚

粗圖篔補各物或時在急促而無暇用器測量則其人應能一望而得其略相距此事須平時習練如試走數日即知跬步之長並時之速騎馬試走亦知其步之長與速遠望數處而揣得其相距再以步走之法較之則知所揣過多過少即可改正久之自能不甚差

皮爾生天文書所言測微數之遠鏡爲柏路司塔所設之法近有卡飛路與羅申以同法所作便於移動之器於箭內像鏡目鏡之間作移動之直輔而安雙折光之三角鏡箭外有佛逆與分度面能指出已知其高數之物所成之角相配之遠近數此分度面之各度平分爲半分各半分用佛逆又能分爲十分之一但必另用一表指出所看之形而放大若干倍即能得其遠近之數如相距已知則可反其法而知所測之物之高數若此物之高遠俱未知則有法能得其略數如看人或船依

其人或往或來而行約知其身之高數則看一次而停若干時再看一次即可推算其何時行若干路或所看之物不動則測者從本處測其物自成之角然後前行若干或退行若干再測其角從其二箇角數並所行之路數推知其高數

法國所製測相距之器用折光測微鏡測遠物所成之角又可攜帶誠爲善法但過五百碼所指之數常有差蓋此器本爲一千碼以內而作近時之鎗礮能擊遠至一千碼以外故此器尚是無用

以上各器論理必有病雖制作精巧病亦難免因所求之相距依遠物之尺寸如其尺寸尚未知必揣度之而有小差相距已成大差如揣其人身高五尺而有六寸之差則一千碼之相距必差一百碼所以司密得必耶西設一器與前有相反之意所用之底線不依遠物之尺寸而依本器上之底線所測之角非遠物所成之角爲本器上底線所成之角

此鏡上之底線與視軸成正角底線之兩端各有回光鏡一在軸線內鏡中有小點透明而不回光可直看遠物其又一回光鏡亦能照所看之遠物故能得遠物之二像看二像相離若干即知所測遠物之相距

其指數之回光鏡可令移動至相當之角或可令鏡有一定之角在底線移動往來至二像相合或二回光鏡不動而用測微鏡之十字線測二像相距所成之角惟測微鏡之分度而須分至極細

遠鏡上所用之底線長二尺英國武官苦拉克常言一千碼以內尚極準如底線長至五尺則二千碼以內亦能準過此數則必在地而另測一底線如放礮而用此器測相距須另作一架架上有一回光鏡與此鏡成四十五度之角其指角度之桿長七寸所指之弧度細分至十秒用時將遠鏡對準所測之點而測一百碼之底

線與本點所成之角即是令回光鏡內之像與遠鏡內之立線相合而以分度弧測之再檢表而得底線之倍數是爲眞相距如遠過於四千碼其底線可加至二百碼則表內檢得之數必加倍

此器雖合於礮臺或不移動之礮之用但不合於戰場車礮之用因不便移動而必用極平之酒準架也所以能測遠物之相距而不致有差並能便於移動者尚未有合式之器

如遠鏡之內有十字線並測微鏡另用配準遠物所成之角之相距表於相地作圖大有益處此外如遠物之顏色

漸遠而漸不能分清又如聲音行過空氣之速俱可用爲旁助之略法

嘗考聲音一秒時能行一千一百尺如有微風則順風而來每秒能速十五尺至二十尺逆風而來者反是如有大風其數更多如無秒針之表而但有平常之表以五響爲一秒平人之脈每分七十五至俱可得其略數惟聲行之速與空氣之冷熱燥溼鬆緊俱有相關風雨表水銀每高十分寸之一則一秒減速九尺寒暑表在三十二度之冰界聲行之速每秒一千零九十尺加熱一度每秒加速一尺

第四十四圖

武備全書云相距三里者能見房屋之窗戶二千二百碼之相距人與馬恰能望見而爲小點一千三百碼能辨馬之舉動八百五十碼能辨人之舉動四百碼與七百碼之間略能辨人之身首四百碼則身首極清

以上略法在各人不同必須親自試驗而自記其各相距

測驗遠物之相距更有簡法將一比例尺伸手執之以某物之相距記明於其上如人高或馬高或平房之高或樓房之高測定尺上各數之時以繩之一端連於尺一端啣於口以緊爲度如記四五種物在一百五十至二百三百等碼之相距極能得各物之略相距如未預備此尺可如第四十四圖將筆乙離自甲相距而望已知其物之高辛則辛之相距爲$\frac{\text{乙}}{\text{辛}\times\text{甲}}$

測準敵之城牆界線而定我平行溝與礮臺之方位須在測得相距之線上記明城面引長線之交點較諸紀限儀測城牆凸角凹角之交點更好用此法合宜之時在日之初出與日之將落因此時城牆之光暗極清也如日中而測不甚高之城牆難分其界線之形相距雖二百碼或三百碼亦難清楚欲求城牆之角或牆內之任何點與測者

第四十五圖

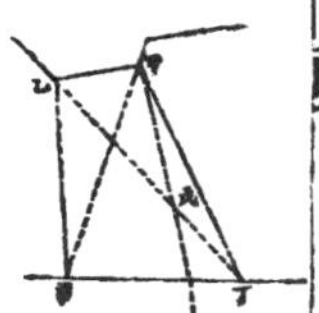

第四十六圖

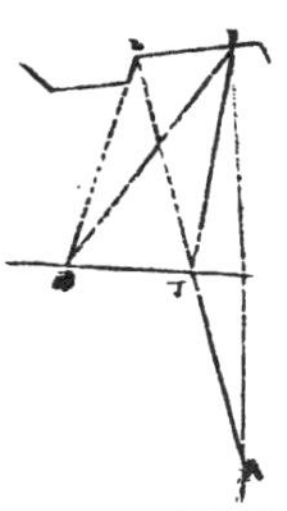

所立之處之垂線相距卽作此線於地面而築礮臺如第四十五圖第四十六圖令甲爲城之一點而在甲乙之垂線上求其相距則任測一線丙丁之長其丙丁之方向略與甲乙平行而在丙丁二點測甲乙二點與丙與丁所成之角其乙爲易辨之物如城之凸角等再從所得之各數推算甲乙線之長並甲乙丁角之度數或可以平常推算之法或以前各種特設之法如以甲乙爲半徑

則乙戊爲甲乙丁角之割線，將此割線數與乙丁線相較，得丁戊，在丁乙線自丁向乙度取戊點，如前圖。或在丁乙引長之線，如後圖，則甲戊相距爲乙角之切線，此角之半徑仍爲甲乙，而應作礮臺之相距，可在地面上度之，或加或減甲戊線。

如有城之凸角，而欲從其角點求過心線之方向，如第四十七圖，在任何線辰午上，作二點辰巳，而量得其相距，此二點須在凸角二邊引長之線，再任取一點未，離巳點或一百碼，或任便之相距，而作巳未酉角，與所測凸角相等，其酉必在申巳引長之線內，而辰申巳與未酉巳兩三角形必等式，因酉角爲酉亥線所分，則未巳與巳亥之比，若巳辰與巳天之比，如將此巳天相距度於巳辰線上，則天點必在凸角過心線引長之內，其小三角形酉巳未之三邊並酉亥，俱能量得，故辰申申巳申天，俱能以比例法得之。

第四十七圖

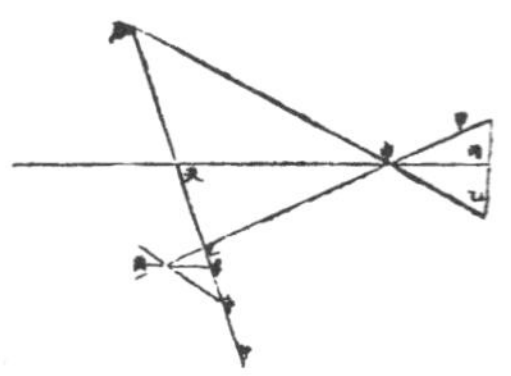

如用平常指南針，或三角鏡指南針，可在二邊引長之線上測二邊與經線所成之角，亦能得凸角之分角線，即二角度之中數。又如在便當之處測一底線，則易求其相距。

凡欲攻城，應預得其城現成之略圖，後來測驗之時，圖或有差，即記於圖上。如畫圖之武官，日中近城畫圖，祇宜獨往，敵可不疑，所隨之兵勇，宜在甚遠而有遮蔽之處，以防不虞。如夜中，應帶多人同往，俟日將出，自極近城處乘光來之時，趕緊測量，天愈明，人可愈退，則城之形勢並堅固與否，可易知，而此別法更準。

歐羅巴各國兵書內，所有各種畫圖記號，難於明曉，且亦甚繁，故不如即於粗圖上用字寫明其事，如字太多，可在說上寫明，蓋記號之法雖屬簡便，而多則難免混亂也。今將行軍圖平常所用之記號，擇其醒目者列左。

車礮兵　馬兵　步兵　守候人

礮臺　城　柵　拒馬

亂樹堆　旗桿臺　驛　田雞礮臺

大礮臺　舊戰場　易過處　馬兵難過

步兵難過

釘馬足鐵之房（其馬掌必正對路）

大馬路

小馬路

鐵路

運河（其線必平行閘門與橋一邊粗線一邊細線中用藍色不混馬路）

風輪磨

石灰窰

橋

入涉處

船渡處

測地時所用之三角點

省

府

縣

鄉

省府并

省縣并

省鄉并

府縣并

府鄉并

縣鄉并

省府縣并

省縣鄉并

省府鄉并

府縣鄉并

省府縣鄉并

此虛線為各地分界之線

測地繪圖卷六

英國富路瑪撰
英國　傅蘭雅　口譯
無錫　徐壽　筆述

準平線以定高低

測量時用高低交互角得二處高低之較至補圖之時所有各小分地面俱可用經緯儀同法測之然俱不及用酒準之易此事必先知立角所應改之差數方能得遠處高低之確數如其二處相距不過數百碼則差數甚小自可不計

地體原為球形而地面上相距之兩點宜在一箇眞平面故所測之平線有二差一因弧形二因蒙氣弧差在相距之遠近即兩處以地半徑所成之弧氣差在離天際線之高低（天際線者在陸為地天之際在海為水天之際後或省稱際線）地面是弧形故遠物之在地面者常在天際線之下因所測為平線則目點與所測之點成切線如第四十八圖甲為目點乙為所測之點不計氣差則其眞平面與所測平線之較為一定即甲丁弧之割線大于丙丁半徑之餘數

第四十八圖

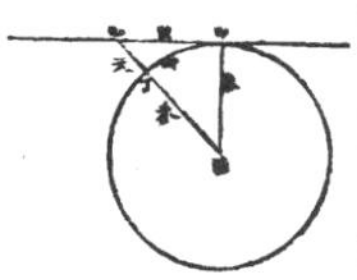

如令呷代甲丁弧酉代甲乙切線即所測之平線令未代

甲丙半徑或丁丙半徑令天代乙丙割線與半徑之較即眞平面與所測平線之較如（未丄天）一未丄丙^{二}所以八（二未丄天）一丙^{二}因所測之面與地之半徑比例甚小則可令二未代（二味丄天）又可令呷弧代切線酉則二未天一呷^{二}又天一二味/呷^{二}　地全徑之中數爲七千九百十六里則得天＝八[illegible]寸即尺六六七爲一里之差如其相距愈大則其差數依平方比例加大此事以下式明之二未丄天與酉之比若酉與天之比或二未丄天式中如省去一天而令呷代酉則得二未與呷之比若呷與天之比仍得二未/呷^{二}＝天有一易記之式從前式得之即

相距里數之平方以其三分之二爲弧差之尺數又一法相距牽數之平方以八百約之爲弧差之寸數

各相距之弧差可檢表得之又視後天文卷內論視差即明

氣差與弧面之差相反即令所測之物點比眞方位更高故眞點在天際者視之常在天際線之上其光線從濃空氣透過淡空氣再至更淡之空氣或相反此事俱生氣差因所測之物點到目內之光線爲曲線也

如第四十九圖甲爲地球面上之目點甲乙爲所測天際之平線丙丁爲二箇山頂上之方位其丙在平線甲乙之上而丁又在丙之上其角度爲乙甲申此因各物之光線到人目內必過空氣而成曲則所測之方向爲光線所成曲線之切線甲帅與甲叱又乙甲叱與申甲帅二角能度其氣差

第四十九圖

八度至十度高以上漸高則氣差漸小而其數略能定然有不能預定者乃空氣之冷熱濃淡所致所以檢諸曜高度之氣差表其數不過有小差若近於天際之時其差數更不能一定因與空氣之各事相關也其光線有時偏左右或偏上下而變爲凸曲線故欲測各物高低之角度應擇合宜之時即空氣無有奇異之時如兩物之相距大者更宜慎之其時以巳初申初爲最好若空氣甚溼而又受天熱則爲最不合宜之時

平常所用之法預定氣差之中數此中數或依曲線之數命之或依相距之弧命之常用之直線中數爲曲線七分之一則所欲改正曲線差與氣差之尺數等於七分之四丁其丁爲相距之里數若以相距之弧命之其比例改變而或大或小類氏測國之時有時以差爲十分之一有時以爲十一分之一如未用儀器測過高低交互角則用以

後之法此各角應在同時測之而記明當時寒暑表與風雨表之數第五十圖丙爲地心甲乙爲申申面上二處之眞方位甲丁乙辰爲平線與甲丙乙丙半徑成正角呷叱爲乙甲所

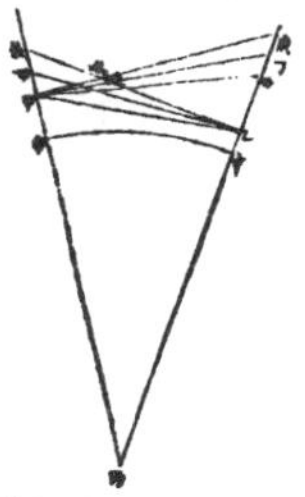

第五十圖

測之物點甲戊乙丙四邊形內其甲乙二角爲正角所以戊丙二角之和等於兩箇正角又必等於甲戊乙三角形之三箇角如減去公角戊則所餘爲丙角卽申申弧等于戊甲乙加戊乙甲卽平線甲丁乙辰線之下所有交互角之和爲甲戊乙加戊乙甲如無氣差則此和數必等於其

弧但其呷與叱爲甲乙二處所測之物點而偏下之角度爲丁甲叱與辰乙呷所以將其和數與其相距弧之丙角相減卽得餘角叱甲乙與呷乙甲爲二氣差之和

地球面一度之中數爲三十六萬五千一百一十二尺卽六十九里一五若一秒則等于一百零一尺四二

如以其和數之半爲眞氣差而二物偏下之角爲交互角卽得後法將其二箇偏下角之和與所成之弧相減則餘數之半爲氣差之中數

如叱點不偏下而偏上至庚點其高之角度爲庚甲丁則二角之和哎甲乙與哎乙甲必大于戊甲乙與戊乙甲之和卽丙角其餘數爲高之角度哎甲丁如從哎甲乙加哎乙甲減去偏下之角辰乙呷則所餘哎甲乙加呷乙甲卽二箇氣差之和故得氣差中數之法將偏下角度與弧與高度之和相減則餘數之半爲氣差之中數

英人名卡爾所設之式與此法相同其式爲 $氣差=\frac{丙-(戊+甲)}{二}$ 其戊爲所測物點之高度丁爲物點偏下之交互角甲爲二物點相距在地心所成之角

以前各法所得之氣差與所測之高度相減卽得眞高數而所測之各角必變爲合於儀之橫軸高於地面之數後

將測英國時之一事表明前言

阿令頓地面三角點本高於海平面三百二十九尺海平面者潮水退盡時之水面

英國未有一定之意定準海平面常取大潮水長落之中數但此數爲別處潮水退盡之數如倫頓大船湖之口立一表指出潮水之高低其滿足之記號高於退盡之記號十八尺又有人從大潮退盡時之高爲海之平面因各海口之潮水有數處長甚高則以春天大潮退盡之時爲合式之數又有一法在本處看潮水共長若干尺而以其長至三分之一之數爲海平面前測英國

之時依立法鋪潮水長落之中數爲主
顛德頓禮拜堂塔上之桿頂從阿令頓測之成偏下角三分五十一秒而此桿頂高于塔頂上之儀軸三尺一兩處之相距爲六一七七七尺則三尺一所得之角爲十秒四
凡一尺高之物在二〇六二六五尺之相距成一秒之角一里之相距成三十九秒〇六之角爲略數
如將十秒四與前三分五十一秒相加得四分一秒四爲塔頂上經緯儀軸偏下之數在顛德頓塔上測阿令頓地面成偏下三分三十五秒之角阿令頓之儀軸高於地面五尺五而此高數得十八秒四之角將此數與前三分三

十五秒相減其餘數爲三分十六秒六爲儀軸偏下之角度
六萬一千七百七十七尺之弧略等於十分六秒二箇偏下之數之和四分一秒四加三分十六秒六等于七分十八秒二數相減即得二分四十八秒以二約之得氣差中數爲一分二十四秒即略爲弧之七分之一如將此數與阿令頓地面偏下數三分十六秒六相加得四分四十秒六爲改正氣差而得之眞角數將此數與半弧數即五分三秒相減得二十二秒四即阿令頓儀軸高於塔上儀軸之尺數將此數以三百二十九尺相減即得餘數爲三二

二尺三即塔上儀軸高于海面之眞數如以兩箇眞數各自推算所得之數仍同
改正弧差之式
[illegible]
以二乘之得
[illegible]
以二乘之得
一七三七八
以三約之得
九一二六
爲弧差
改正氣差之式

[illegible]
[illegible]
考得對數
一九二四四八五
之眞數爲
四〇四〇
則弧差數爲
一九一二六
氣差數爲
八四四〇五
二數相加得公差數爲
六八五九尺
如用顛德頓塔上所測之角度而以其氣差爲弧曲七分之一或用其式七分之四丁爲兩箇差測其兩處高低之較比前大十二尺可見測

望之工欲準須用同時之向上向下之交互角推算其氣差爲要英國又有一法其偏下之角度以海平面上天際線測之其天際線偏下之數從弧之半徑與已知一度之長而推算

如無氣差則際線偏下之數從球面上測之必等于所成之角所以氣差等于偏下之數所成之角之較

此推算偏下之數與所測之數之較乃因氣差而有者

以上詳論二差之理此下爲剖面形之法

一用經緯儀測高低之角度

一用酒準或水準或經緯儀代酒準

一用垂線架或法國回光鏡

山頂高低之相比或高于海平面之數可用水銀風雨表或空盒風雨表或空環風雨表或水沸度表考得之

用經緯儀測高低之角度而得剖面形

地面爲亂形而其中多有低窪之處此法較便於酒準

如地面平坦而便用酒準者應用酒準

測望之時在地面立表桿須於改變斜度之處成直行將儀安于行之一端再將一桿上以小橫桿作識離地面之高等于窺筩至儀足之高此桿另有人移至前第一桿測望者用儀之窺筩對準而得其斜度再將桿與儀易其方位測之而得立弧上二箇角之中數各表桿之相距可預用帶尺量之而在應立桿之處作識又法儀器不動而執桿之人將小橫桿移上或移下正對十字線之交點而止即在各桿所立之處記其高數

如第五十一圖甲爲置儀之處乙爲立第一桿之處其乙點桿頂之高等于儀架之高中間呷吃哂等點亦爲立桿之處而依地面之形定之將窺筩自甲至乙測得向下所成之角如欲甚準再可從乙點向上測之而得交互角即以立弧定在二箇角度之中數而再令窺筩內之交點從甲對準乙之小橫桿後在呷吃哂等各桿之高必記明之

第五十一圖

而量得甲呷呷吃等之各相距或再將儀移至乙點而測其丙點之角度則得乙與丙中間高低之數後在圖上可畫立剖面形其法先作平線而從此平線作或高或低之角度線其各相距可在此線上量之並從此線量準各點所測之高爲垂線即得呷吃哂等之各點有此各點能知地面之形有一更準之法推算各點高低之較即以甲乙相距爲半徑而得或高或低之角之正弦如其相距甚大者必推算其弧差與氣差或檢表而得其大略

如其相距不必極準者可不用帶尺量之而用測微鏡連于遠鏡上測之

又有一法不但測乙點向下之角度而其呷吃呐各桿之高可在中間各點呷吃呐等測得與儀架同高之桿所成之角而從此各角亦可作剖面形但前法較好于此法

所測之角數可記于簿內或寫在草圖之上俟畫正圖之時再改正其氣差及弧差

如欲作多剖面形而不必計小差者可不動其儀而測數處之角即可作剖面形之稿圖而不甚費時

如用酒準測得多處高低之數後可用儀測之而證酒準

所測之差又如在所測之處中間作識其相距已知者而求其高低之交互角則可知其所測之準否如所作之識不差則可知其中間所測亦不差

所作之識或樹木或界石等立桿之處其識之用處或爲畫細圖或爲證剖面形但此各識必在測量簿內記明日後不致遺忘此識之所在

測量高低而得極準之剖面形亦可不用高低交互角而但用酒準或數種測平線之器此論各器配準之法與用法後論測量簿與畫圖之法

從前常用之測平器名爲叉架鏡因窺筩安於叉形之架也此器並杜老頓與頓皮測平器俱在雪墨司算器書詳之叉架鏡不及此二器惟各件易於配準爲較好然有一弊稍動即不準

叉架鏡配準之第一事爲視軸其法與配準經緯儀相同即轉動十字線圈之螺絲改正其半差

像鏡如未對光須將目鏡拔出至十字交點極清爲度使其鏡毫無光差則交點與所測遠物對準之時目雖左右移看其交點仍能不動爲妙

第二事爲窺筩相連之酒準其法亦與經緯儀同酒準之泡轉動底板之螺絲使居中以窺筩調過驗之如

不在中其半差以酒準之螺絲配準又半以底板之螺絲配準此事須二三次試之

第三事令兩箇叉形架正合平面則窺筩之視軸恆與立軸成方角將窺筩置于兩箇對面螺絲之上旋轉而換易方向如酒準之泡不在中則如第五十二圖以螺絲甲轉動或高或低至差之半再以底板螺絲正其差之半此後必用第二相對螺絲依此法配準其螺絲甲慎毋觸動

第五十二圖

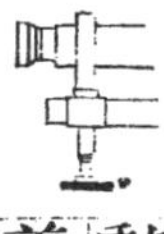

杜老頓之測平器酒準固連于窺筩而窺筩又固連於架上故無別種配準之法須以視軸移就其酒準將器轉過

用架上之螺絲改半差用底板之螺絲改半差此先正其酒準也其視軸與平面相合之法離二百碼或三百碼立一桿而鏡十字交點在若干高而識之再將器與桿易地測之不必問地之高低而以桿識如前器之高器高如桿識之高交點果在前識則知已合平面否則以所測上下兩識之半加于立桿下識之高而轉十字線圈之螺絲至交點對準此高點

如有水平面之池或河即可籍以準視軸之平在任便之相距立一表其高於水面等於測平器之高令十字線之交點正對此表則其器已準

頓皮之測平器比前二器更好其配準之法略同

法國水平常用于武事之圖此器有二益其一無須配準其二價值甚廉但無遠鏡故不能測甚遠之處使極準然亦無酒準經緯儀不配準之大差因其平線爲天然而有也如第五十三圖無論何人俱能製造

第五十三圖

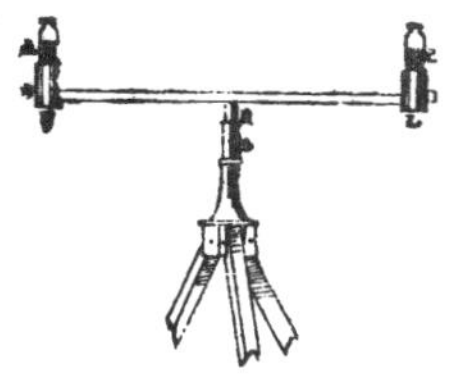

是圖之器爲事太末地方之鐵匠所作已與酒準比較各事無差測量英國之人現在常用此器作副平剖面線即立相距二十五尺其正平剖面線用酒準測之

如圖甲乙爲黃銅管徑半寸長三尺丙丁爲短管其徑稍大與長管直角相連短管之上安無底之玻璃瓶如戊如已其辛爲架上之套管庚爲立軸能轉動于套管之內其架即壘測圈之架而借用者然無論何架便于移動即可用管內滿盛有色之水至瓶頸爲度再用軟木塞瓶口用時將架略安平而開兩瓶之塞

塞必俟水面相平之時緩緩拔之以防水之衝出

瓶內之水面既在一箇平面內則管無論轉至何向必得平面線即可配準望表之識丙丁之外亦可連一直輔則二箇十字線之交點可合于二瓶之水面或用輕物作十

字線浮于二瓶之水面將此浮物調換驗之二交點常能相對則知不差如平剖面形之立相距不大而地面甚不平則一次所測不能遠此器爲最妙

垂線架如第五十四圖將二桿如一如二插于地內上端相平以垂線架置二桿之端驗此二桿之端適平爲止以同法得二三三四兩桿如相距不大此法甚便如相距大者可用同法立二桿再於遠處立望表上有移動之識一人對望而又一人移識就之至平爲止以記其高數而再前移爲之五十四圖用各桿之法爲作營壘之斜

第五十四圖

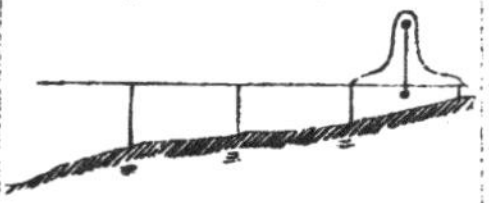

面所常用如斜面每五尺斜一尺如第五十五圖從甲桿向乙量得五尺立乙桿於桿端之下一尺作識即得每五尺斜下一尺

第五十五圖
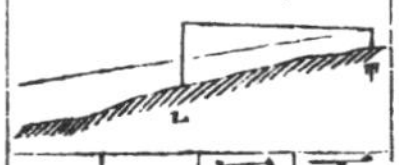

回光測平器爲法國人布來勒所𠜂此器之理可從其名而推知之凡平面之回光鏡其光線似在鏡之後面一點射出而此點在鏡後之遠等於物在鏡前之遠如鏡面合垂線則鏡外之人目與鏡中之人目必在一箇平線上故將回光鏡正角立起則可測周圍之平面

第五十六圖
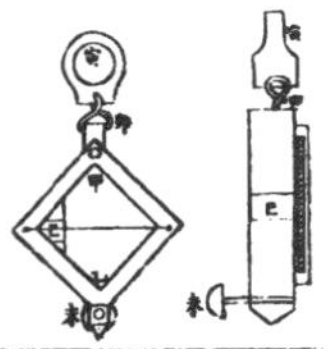

任何線上可測得平剖面形如第五十六圖甲乙爲鏡連於銅板重約一磅鏡方一寸用鈕挂起如寅連以銅絲圈如卯令能轉動此器或提在手中或挂於三足架上任便用之

配準此鏡而得正立面之法將鏡挂在架上離牆四十碼或五十碼鏡背向牆而看鏡中所絆之線與牆上何點相合其鏡角有小孔已即爲此用遂將其鏡轉過人亦行過背牆而立于鏡與牆之間細察目影與牆上前點之影相合與否如不合再以目影對準或上或下之點而取上下之中點將螺絲未進退至重心相合適得目影與中點之影同在鏡面之線又法另用一人將立桿遠離鏡後桿上有移動之記號移使〇點合於鏡面之線將鏡轉過而人在桿與鏡之間視目影在鏡面之線而移記號之〇點使相合將移上下若干分之半爲眞數轉其螺絲至合此眞數此理與前法悉同惟以記號移就爲異耳然比牆上之記號更準

武事測平面此鏡爲最好其做法簡而用法易配準之法亦不難體不甚大更便於攜帶

以上各器俱必另用望表而上刻成尺寸上有移動之識用滑輪與繩使上下或作二三節以套管使伸縮每節之

長爲六尺如六尺高之識用手移上下高于六尺之識連在第二節之頂上此節漸漸移上至窺筩視軸正對之時則下節另有一尺寸之面從頂上起數近時又作新法望表之尺寸線與字刻得甚粗不必另用移動之識其尺寸之字爲倒形因常用之窺筩俱是倒影也又不用舊式之三足架而但用平底鐵座將表插于孔內似更靈便但所得之數不如舊法之詳細

酒準等測平剖面器之用法如第五十七圖在甲點即剖面線之一端置此測平器依法將各事配準另有人將望表置於一方位表上之識減去視軸高於地面之數爲二

處高低之較以此數記明於簿內並記二處之相距然後將測平器移至一方位而望表移至二方位

第五十七圖

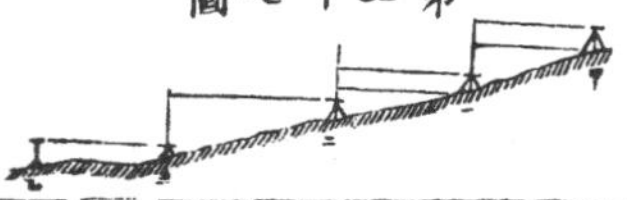

此法有弧差與氣差之弊如相距甚遠其差更大欲免此弊宜置測平器於兩表之中間

第五十八圖將測平器置於甲點而得甲點望表與一點望表尺寸之較數即兩處高低之較數自無弧差與氣差之弊又可不計器之高低窺筩之眞平面有差亦屬不妨

如有兩人各執一表一在器前一在器後更能省時前圖之法向前迭測如窺筩有配不準之小差其積差必致加大是圖之法測平器必在兩處之正中如斜度大者即有所不能然測者極能留意亦可不必用弧差與氣差表改正各數如無奈而必欲用之亦不過為二箇相距之較而用之

第五十八圖

記明測量各數之法有數種間有畫一粗圖而在圖上記平面數與立面數者但不如記簿之善如所測之相距甚大而每處有存留之記號其法為更好今將常用之記數簿為程式即可從此式畫圖

相距之尺數	向後數	向前數	加	減	向上斜	向下斜	雜說
二五〇	三·三五	一·四五		一二·二〇		二二·二〇	在地面甲物上之記號起
一〇〇	三·五六	九·五八		六·〇二		一八·二二	
一五〇	一〇·三四	六·三一	四·一三			一四·〇九	過籬笆至馬路
二七〇	一四·五五	〇·二五	一四·三〇		〇·二一		記號在第四個里石相近之籬笆橡木樁上
二〇〇	九·九八	一·六七	八·三一		八·三二		
一五〇	三·六三	四·五四		一〇·九二		二·四〇	
記號	一·二三	一三·四五		一二·二二		一四·六二	記號進河閘門下檻
三〇〇	二·二三	一二·〇五		九·八二		二四·四四	
二五〇	〇·三〇	一三·五五		一三·三五		三七·七九	記號在路中
	四八·〇六	八五·八五	二·九四	六四·五三			
		四八·〇六		二六·七四			
		三七·七六		三七·七九			

測量平面而作平面圖如欲其極準必須測驗二次第二次將器另加配準之工所有之差不可大於百分寸之三現在常用之望表有新法活動之識

觀此記數程式易明各數之意第一格為兩處相距之數即各望表之相距

如但欲得直線相距或剖面形之面積其帶尺應畫尺寸為便不用平常測畝數之牽

第二第三格為向後向前所得望表上之尺寸其較數或為加或為減如第四第五格其第六第七格為立表處之或高或低於原處其第四方位所有地面上之記號因在剖面線之內則仍記其相距但第七方位所有地面之記

號不在剖面線之內故在相距格內不記其數畫圖之時亦不畫其圖記在簿內之意因後日欲用雜說格內剖面各線之方向並地面記號與橫剖面線等事

有人另加一格以記各方向然不問各桿之方向而用與經線所成之角並測平器向前向後之相距則其相距有兩格而方向亦有兩格或不用方向而測已知之物所成之角

如測平器正置在剖面線內則器之高即能知兩處中間之高如此必另加一格惟格數既多必致混亂所以向前向後各數之較應等于第四第五兩格加減數之較亦有

等于當時所測之平面向上或向下之數

如用酒準測剖面或作鐵路以求最好之方向與別種極詳之剖面形同但其方位之相距可更遠即如前所論經緯儀同凡測剖面應用一樣在地面之記號

如欲證別剖面形即考驗前測剖面形之準否平常之時不必測各相距只作一格爲後面之各數一格爲前面之各數一格爲雜說如下式

後數	前數	雜說

每到一地面之記號可將各行之數相加將其較數記于雜說內但所證之剖面形用經緯儀測高低交互角比酒準更便此事已于前言之

畫剖面形之圖平常將立高分外放大數倍以便識別地面高低之形如剖面形長即地面不甚斜者更宜用此法惟所得之圖不能肖眞形然平面原爲立比例之若干分觀圖亦易明也立剖面形常以二十五尺或五十尺或一百尺或一百五十尺代一寸俱依剖面形之欲詳欲略爲主而其平剖面形常爲立剖面形之二分之一至十分之一如其剖面形長而地面略平者其比例可更小如第五

十九圖從前測平記簿程式所作之圖其立比例以一寸代五十尺其平比例以一寸代一千尺

第五十九圖

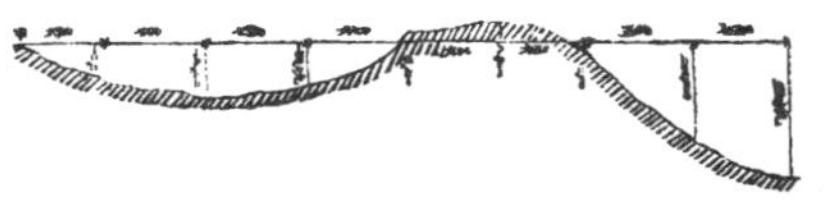

畫圖各種比例尺有以紙爲之者其分線刻板印成大小比例俱備加減甚便如將畫圖之紙粘在板上將此種尺二條靠于板邊成正角可用丁字尺與三角板畫各立相距與各平相距而不必用比例規

各立相距所用之平線或可與剖面形之一端相平或與

剖面形之任一點相平或可在此線之或上或下若干尺作一線其相距之尺數或大于各立高數之和如用此法則各尺寸改變而作識于圖上或爲加或爲減之數凡度剖面形之各數不可以度中間或平或立之相距其中間之平相距應從剖面形起頭處量得其中間之立相距應從底線量得凡剖面形圖應用數目字寫明各立平之相距如隨畫隨量者更應如此

測量剖面形而欲造鐵路或運河俱應用同比例畫之並從一箇底線測之並從地面一樣之記號做起如此即可比較各剖面形

作橫剖面形有在直剖面形之上有在直剖面形之下如橫剖面形向左右不過數尺則可在直剖面之線上畫之但橫剖面之圖多者難免混目

墨尼辣已設一法能將平面圖與立剖面形相合其法爲鐵路之圖所用能顯任何處挖深與築高之形其鐵路線畫在平面圖爲粗黑線此線爲鐵條之立剖面形如第六十圖先作正立剖形各凹凸處之數必請準則可以垂線引過而作平面圖其築高挖深之處用異色顯之如刻在書中不必設色可用立線顯其築高之處平線顯其挖深之處一覽而知何處爲築高何處爲挖深者

第六十圖

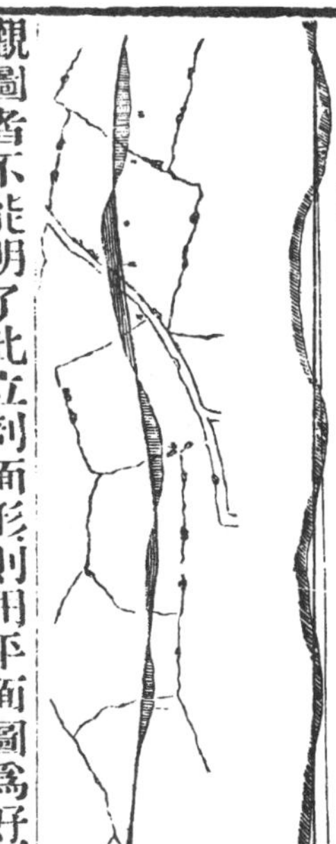

觀圖者不能明了此立剖面形則用平面圖爲好然欲開造鐵路其圖必照此式始能顯程工之大略

此種圖之立剖面形其平相距之比例不可小於四寸代一里其立剖面不可小於一寸代一百尺剖面形上必作一粗黑線爲鐵路之上面如有改變斜度之處必寫明離

底線之高並斜面之長與斜度之數經過馬路之或上或下或運河或別鐵路之或上或下各處必記明其高低之數造鐵路之章程甚多今不贅言

工程之事宜作剖面形之圖所有築高挖低之處其推算之工用方亭形之公式此形之體積以上下面積相加再加中剖面積四倍而以高乘之以六約之如爲堤岸之形則以兩端之面積相加再加中段面積之四倍而以長乘之以六約之此法之旨常以平行面爲準

酒準測平面而畫圖或作陰溝或開鐵路或通水道或築城壘等事不過爲一處之平剖面圖然測國之時亦可作

全國之平剖面圖

作一處平剖面之圖必細察其本處之斜面而擇其最便用者最要爲山之分水線與小河所流之方向線可用桿立於線上桿之相距或遠或近必合地面之形與圖之或詳或略如無最要之線可擇便處立桿用以前各法在立桿之各線上量其各高低數必依合式之比例畫其圖

英國地圖所有城與鎮之比例爲其眞形五百分之一每一里爲一尺五六所有攻城之事亦能在此圖上顯明如有陰溝或通水管等事更欲詳細者其比例可更大各大村莊以三四牽爲一里比例更大者其平剖面線之立高

以一寸代二尺至十尺而其平面圖以一寸代五十尺至一百尺凡測平剖面應預作平面草圖則看此圖而易測平剖面線又應有預定比例之平面依前擇得立桿最要之處而各平剖面之各立相距亦應立桿可證以前之工準否測量之時必將尺桿安在表桿之上用酒準或經緯儀得其視軸平時以尺桿之記號或移上或移下至十字交點對準再將尺桿移前安於第二表桿離酒準不可過十五牽表桿亦不可移動如相離更遠必有弧差每十牽差至一寸如此迭更爲之至測平器最不能望清則將測平器移前如前法爲之二層之平剖面線如法畢後則或上或下之各層以同法爲之凡遇要處所存之記號如平面上之方位須用酒準定之

立相距不甚高而尺桿稍長則可不動測平器而連測第二層平剖面線

以上測一處之平剖面以後測一國之平剖面略依測英國之程式言之

先將各三角點中間之地面用酒準測其平線每於便當之相距立一桿爲平剖面形起手之處必須預知各桿離海平面之高則從已知高數之記號或向上或向下在欲測之處用酒準或經緯儀圍其山或圍其谷測得平剖面

線迴環而至原處之記號卽能知測量之工之準否所得平剖面之記號記在簿內又須量得各房屋或樹石之尺寸如地面空曠者則以橫線記之

平剖面界線離海平面之高俱用酒準定之不藉測量時所得高低角推算之數恐不準也測量英國所畫之圖平剖面各層界線之立高從二十五尺至二百五十尺俱依離海平面之高並證地平之或平或斜此各平剖面界線之間另有用水準所測之副平剖面線其立相距均爲二十五尺此圖現在印出以六寸代一里卽一寸代八百八十尺

圖內以海平面爲主，而平剖面線從海平面起，比法國之地圖更好。法國之法，在最高處設一虛平線，而各平剖面線依此虛線爲主。英國尋常之平剖面形亦用此法。地圖不必甚準者，則各層平剖線之相距可加大，先用酒準或經緯儀測量，而中間可藉目力作副平剖面線。如用器所測平剖面線之桿存其地，則副線不難以目力成之。第五卷所言武事畫草稿平剖面線，如能用器測得幾處遠相距之平線，則草稿之工更可憑。

第六十一圖爲測大塊之地，籍已有之次三角形作平剖面線，但此平剖線不是定在次三角形之線而作者。如三

第六十一圖

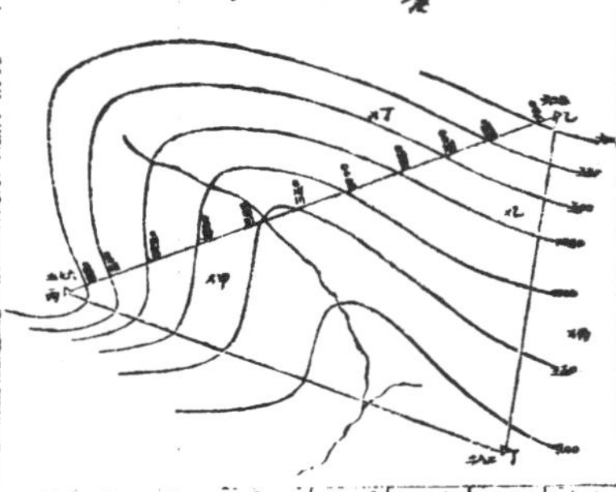

角形邊線之外，有便當地面上之記號，亦可從此記號測平剖線，亦從此記號而止。又可用此各記號以證平剖面線之準否。

如圖內乙丙丁三角點已經考得離海平面高六百二十五尺、五百七十尺、二百八十二尺，欲於每離海平面五十尺高測一層平剖線，則從任一點起，自丙乙方向記相近之平剖面線，如丙點之下二十尺，然後記各五十尺高之處過丙乙線之點，即五百尺高、四百五十尺高、四百尺高等點，以至乙點，即可爲所測平剖面之證。如有差，便於當時改正。其三角形之餘二邊乙丁與丁丙，亦以同法爲之，而可用酒準測其相配之平剖線相交之點，惟其方位之平圖須測量而畫之，或依測準之點與線而畫之。其平剖面界線所立桿之處，常在測平剖面時考得，如測其與儀器之相距，並測其桿與三角點或別已知之點所成之角。

測平剖面線而不拘在三角形之內，但用測平之法定準甲乙丙丁等點之高而測者，則以此等點爲起手之工，從

其內任一點或向上或向下，測至相近平剖面界線，再圍其山或谷而細測之。如地面山多而甚不平，則必用三角形等之直線形更好，因其工藉地面之情狀也。

凡畫一國之圖，而能如此測量平剖面界線，可謂詳且盡矣。有如開造馬路或鐵路或運河或通水管或陰溝等工程，一覽其圖即知如何方向爲便，不必每事另測之繁。平剖面界線更有一用，可藉此作地面之立體小樣，爲武事之用，但其小樣究不及此平剖面之圖，蓋因圖而作必有小差。

作小樣之法，以平剖面界線圖用漿粘於平板，其立高之

各點亦於圖上作識再用銅條徧插於圖上之各點將各條屬於何層平剖面之立高而劃不如其圖爲近於海邊之處則板面即當海面而最高之銅條爲最高之一層平剖面各條中間之空處用泥填滿以合於地面之形而止每層平剖面之立高愈小其小樣愈準

小樣之比例不大而地面不甚高則立與平之比例相同其小樣幾如平面而不甚清楚所以平常之法將立與平之比例加大數倍但所得之樣已不準矣

所測平剖面形之立相距甚大而中間之平剖面線藉目力爲之而不測者作樣之時即依此目力所得之線亦不甚差

小樣已成更可用石膏得其陰樣而作無數小樣所作之小樣外面加油或膠或設色其面上或寫字或畫界線等或依其土與石之各層分開之極便於地學之人

用平剖面界線圖有數題不必用立剖形即可推算今設五題爲最便於用者

其一有甲乙丙三點在一斜面上其三點之高俱已知求斜面之方向與斜度

第六十二圖作甲丙線即連最高最低兩點之線勻分之得其二分彼此之比例其乙點與甲高丙高之較有比即

第六十二圖

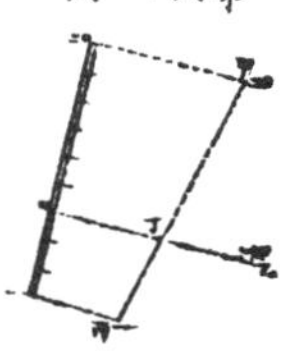

甲丙之較與甲乙之較之比若甲丙與甲丁之比既得丁點則丁乙必爲等高而爲斜面內之一箇平線

其二有已知斜度之斜面此面之上有兩點作線連之求此線之斜度

既知斜面自能知兩點在斜剖面形上之立相距以二點內任一點爲心以立相距所配之平相距爲半徑作一平圓而從第二箇點作平圓之切線則此切線爲斜剖面內之平線如其二點之平相距即二點連線之底線小于其立相距則此題自不能用而此題能用之時有二種解法

其三求山形之原面何處高於其斜剖面

第六十三圖

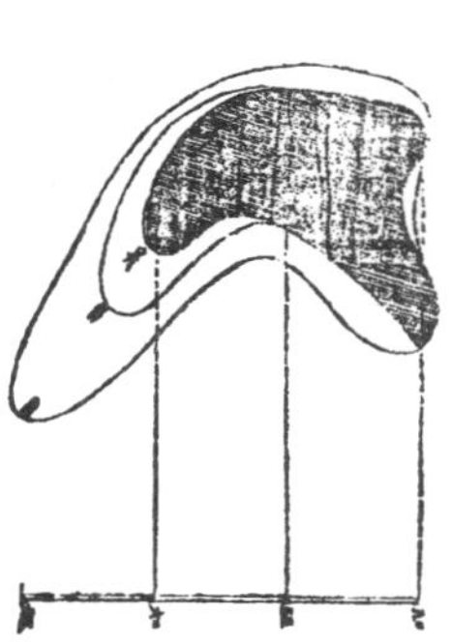

第六十三圖斜剖面之界線與平剖面界線相交之處能指出其原面所有高於斜面之處

其四求二箇斜面之交處

設將二箇斜面引長之與幾層平剖面線相距各有相配

之高點則二斜面相遇之中間所作之線謂之交線如二箇斜面之剖面線爲平行則其交線爲二斜面內之一箇平線如知其一點則全線俱可知

其五有已知斜度之斜面在此面上設一點求從此點作一線如所設之斜度此斜度必小於其斜面之斜度

第六十四圖

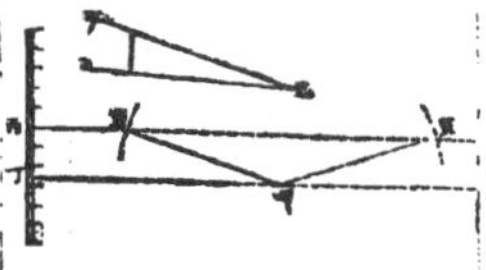

第六十四圖在此點之或上或下作斜面上之平剖面線令有便當高低之較如丙丁以設點甲爲心而以高低之較在設角上比得相配之底線爲半徑作弧與平剖面線相交自此交點作線至甲點即得所設之斜度

此題之用如有平剖面界線圖之山而欲在山邊作一路其路不可有大于若干斜度之處則路圖自有準則平剖面形界線圖其第一用處可令城壘之內不能爲敵礮所貫行擊打

第六十五圖

此爲平剖面形之總圖其每層之立高二十五尺畫圖之比例以二寸當一里

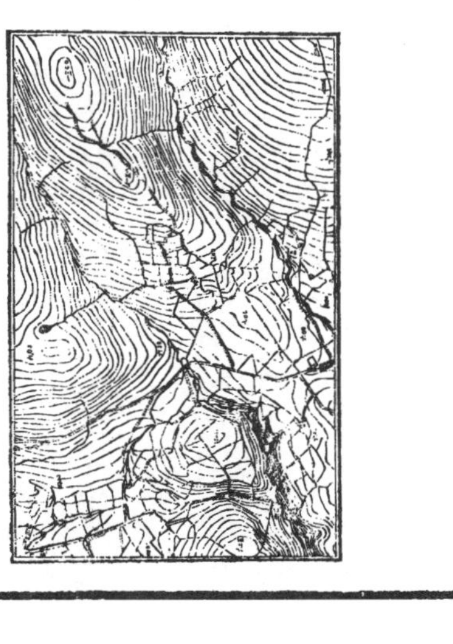

測地繪圖卷七

英國富路瑪譔

英國　傅蘭雅　口譯
無錫　徐　壽　筆述

證驗高低諸器

風雨表所得高低之數不及前卷各法之準但其山爲陡立而所測之立相距甚大者則此器又能省工且用時無須多人如其詳細而驗得各數亦不致有大差現在所作測山之風雨表極便于攜挈惟欲移至別處須倒置之而將水銀杯底之螺絲轉緊則水銀不能搖動而無撞破玻璃管之虞

耗里得云凡風雨表之水銀杯底用皮爲之未倒置之前轉其螺絲使水銀略至管頂然後漸漸倒過將用之時先須調正然後放鬆螺絲否則皮底易裂

最精之風雨表另有一螺絲能令杯內之水銀面合○度其○度即刻分寸時管內水銀之高

此法無甚益處因配準費工且玻璃管與水銀杯俱必以切線爲平面故易致看差

風雨表不用配準之法者其水銀面不外露而難見則所得之數必爲改正即水銀面配至○度所當有之數此改正之多少乃杯之容積與管徑有比如管之內徑爲十分寸之一外徑爲十分寸之三杯徑爲十分寸之九則面積爲八十一減九即七十二與一之比此改正之差數名爲容積差造表之人試驗而定之如將若干水銀盛于管內得高一十四寸四傾于杯內得十分寸之二則容積之比例爲一四四與二之比即七十二與一之比造表之時常以此比例數刻于表上

驗表之時必將所得之分數與其定點相減或相加此定點爲造表時管內水銀面高于杯內水銀面之數然水銀之高另有一差爲緣附力之差此差爲常數故必相加精於造表者作此定點之時已加此差在內故用時可以不

計如管徑稍大而忽有空氣漏進須將表正豎而轉螺絲至緊以驗之其時切不可再轉果有空氣再放鬆螺絲倒置其表而斜至四十五度則其空氣能自散出如將表稍稍搖動則散氣更易至水銀碰於管頂有微響即知已成眞空

風雨表水銀之升降能測空氣之鬆緊故能知山之高低其法人人俱知不必贅言惟用表之人徒測二處所得水銀之高倘屬不準因天氣之寒煖改變一度其水銀或漲或縮九千六百分之一所以測得二處之高必依其熱度而改正其差

緯度	五一〇二〇		
中數	三〇·一〇〇		
緣力	六八·三七		

	潮滿時海平面	布朗布頓敎場	司太月風車磨
水銀熱表之熱度	六一	六〇	六〇·五
空氣熱表之熱度	五八	五七	五四
水銀改正寸數	三〇·四〇五	三〇·二七六	三〇·一七〇
改正空氣差數	·〇〇四	·〇〇二	
改正水銀高數	三〇·四〇九	乙 三〇·二七八	乙 三〇·一二〇
二處高低之較		一一六·六	
雜說			

攜表上山不可少於四十五度臨用之時正置其表而後放鬆杯底之螺絲遂轉水銀面至〇度再將管上指水銀面之針移至正對水銀面則視佛逆而得其千分寸之數表上有相連之寒暑表以驗風雨表水銀之熱度名爲水銀熱表另挂一寒暑表以驗空氣之熱度名爲空氣熱表二數必記明而再記水銀之高數記數之法如前式

空氣常有改變故用兩箇風雨表二人同時分測二處爲最好耗立得之法每驗表一次必記其時刻盡一日之工歸至原處再驗一次然後將第一次與末次所得寒暑表風雨表之各數相比而得其較數則中間各次依其時刻而改正其數如用一箇風雨表終不及二箇之善惟風雨表與寒暑表水銀升降之數周日平勻者尚或可用無如一日之中空氣之冷熱鬆緊大有改變故用表者必將測得之數詳細考驗如有改變之數宜在各次驗之否則寒暑表之中數必致有差從以前各數推算各處之高有數法惟有一式最便於用其式藉對數表而兼用後貝里所作之表得式爲

甲丄丙丄對數丁

其丁爲

對數亢丁(對數亢丄心

其表內之酉爲低處空氣之熱度酉爲高處空氣之熱度未爲低處水銀之熱度未爲高處水銀之熱度甲爲改正熱度之數而以酉丄酉其乙爲水銀之熱度而以未丨未丙爲本處之改正數貝里之表其乙行爲寒暑表在最低處之熱度多最高處之熱度少所測之處極高熱度之較亦多不甚高者其較亦少是表之乙行從耗立得所作之表而得其最準者爲冷熱而改正寒暑表之法不藉表而另推算

水銀風雨表定高數表

甲　空氣熱表之熱度

酉丄酉		酉丄酉	
四〇	四·七六八九〇	一一〇	四·八〇二二九
四二	四·七六九八九	一一二	四·八〇三二一
四四	四·七七〇八九	一一四	四·八〇四一二
四六	四·七七一八七	一一六	四·八〇五〇四
四八	四·七七二八六	一一八	四·八〇五九五
五〇	四·七七三八三	一二〇	四·八〇六七七
五二	四·七七四八二	一二二	四·八〇七七七
五四	四·七七五七九	一二四	四·八〇八六九
五六	四·七七六七七	一二六	四·八〇九九八
五八	四·七七七七四	一二八	四·八一〇四六
六〇	四·七七八七一	一三〇	四·八一一三八
六二	四·七七九六八	一三二	四·八一二二八
六四	四·七八〇六五	一三四	四·八一三一七
六六	四·七八一六一	一三六	四·八一四〇七
六八	四·七八二五七	一三八	四·八一四九六
七〇	四·七八三五三	一四〇	四·八一五八五
七二	四·七八四四九	一四二	四·八一六七五
七四	四·七八五四四	一四四	四·八一七八三
七六	四·七八六四〇	一四六	四·八一八五一
七八	四·七八七二五	一四八	四·八一九四〇
八〇	四·七八八三〇	一五〇	四·八二〇二七
八二	四·七八九二五	一五二	四·八二一一六
八四	四·七九〇一九	一五四	四·八二二〇四
八六	四·七九一一三	一五六	四·八二二九一
八八	四·七九二〇七	一五八	四·八二三七九
九〇	四·七九三〇〇	一六〇	四·八二四六六
九二	四·七九三九五	一六二	四·八二五五三
九四	四·七九四八八	一六四	四·八二六四〇
九六	四·七九五八二	一六六	四·八二七二七
九八	四·七九六七五	一六八	四·八二八一三
一〇〇	四·七九七六八	一七〇	四·八二九〇〇
一〇二	四·七九八六〇	一七二	四·八二九八六
一〇四	四·七九九五三	一七四	四·八三〇七二
一〇六	四·八〇〇四五	一七六	四·八三一五八
一〇八	四·八〇一三七	一七八	四·八三二四四

乙　水銀熱表之熱度

未丨未	低處之熱度小者	低處之熱度小者
〇	〇·〇〇〇〇〇〇	〇·〇〇〇〇〇〇
一	〇·〇〇〇〇〇四	九·九九九九九五
二	〇·〇〇〇〇〇九	·九九九九九一
三	〇·〇〇〇〇一三	·九九九九八七
四	〇·〇〇〇〇一七	·九九九九八二
五	〇·〇〇〇〇二二	·九九九九七八
六	〇·〇〇〇〇二六	·九九九九七四
七	〇·〇〇〇〇三〇	·九九九九七〇
八	〇·〇〇〇〇三五	·九九九九六五
九	〇·〇〇〇〇三九	·九九九九六一
一〇	〇·〇〇〇〇四三	·九九九九五六
一一	〇·〇〇〇〇四八	·九九九九五二
一二	〇·〇〇〇〇五二	·九九九九四八
一三	〇·〇〇〇〇五六	·九九九九四三
一四	〇·〇〇〇〇六一	·九九九九四〇
一五	〇·〇〇〇〇六五	·九九九九三五
一六	〇·〇〇〇〇六九	·九九九九三〇
一七	〇·〇〇〇〇七四	·九九九九二六
一八	〇·〇〇〇〇七八	·九九九九二二
一九	〇·〇〇〇〇八三	·九九九九一七
二〇	〇·〇〇〇〇八七	·九九九九一三
二一	〇·〇〇〇〇九一	·九九九九一〇
二二	〇·〇〇〇〇九六	·九九九九〇四
二三	〇·〇〇〇一〇〇	·九九九九〇〇
二四	〇·〇〇〇一〇四	·九九九八九五
二五	〇·〇〇〇一〇九	·九九九八九一
二六	〇·〇〇〇一一三	·九九九八八七
二七	〇·〇〇〇一一七	·九九九八八二
二八	〇·〇〇〇一二二	·九九九八七八
二九	〇·〇〇〇一二六	·九九九八七四
三〇	〇·〇〇〇一三〇	·九九九八六九
三一	〇·〇〇〇一三四	·九九九八六五

丙	
緯度	
○	○·○○一一七
五	○·○○一一五
一○	○·○○一一一
一五	○·○○一○○
二○	○·○○○九○
二五	○·○○○七五
三○	○·○○○五八
三五	○·○○○四○
四○	○·○○○二○
四五	○·○○○○○
五○	九·九九九八○
五五	九·九九九六○
六○	九·九九九四二
六五	九·九九九二五
七○	九·九九九一○
七五	九·九九九○○
八○	九·九九八九○
八五	九·九九八八五
九○	九·九九八八三

如令 丁＝對數亢丁(對數亢乙) 則二處高低之數其尺數之對數 丁＝對數丁丄丙丄甲＝二

茲將前記數法所測第一第二方位推算作用表之式

酉＝五六丁酉＝五七○丁未＝六一○丁未＝一六○
亢＝三○·四○九丁亢＝三○·二七八
緯度五一○二四

酉丄酉　從甲表得＝一四·八○四五八
未丁未　從乙表得＝○·○○○○四
從丙表得＝九·九九九七二
對數亢三○·四○九　二·四八三○○
對數亢三○·二七八 丁乙　一·四八一一三 ·○○○○四 一·四八一一七
丁＝○·○○○一八三

對數丁＝七·二六二四五
甲＝一四·八○四五八
丙＝九·九九九七六
二·○六六七七＝一一六·六尺 為高之尺數

此處後用酒準細測得高數一百十五尺。

如所測之各處相距甚遠而費時又甚多則所得之數必甚差茲將一事為據俄羅斯南疆裏海之平面本低於黑海擺拉得在西杯一千八百十一年用風雨表測驗得二海面之較數三百尺後此二十九年再測一次得數三尺至四尺再後七年俄羅斯以測地法測得之數八十三尺六又有法國人測得六十尺至七十尺因兩海相距甚遠故有此差。

英國製造格致器者名卓尼斯所作測山風雨表每一表附書一本內有立成表便於推算各處之高低其法將二處之水銀高數變為同熱度之數以其二數內之小者從其第一表加其差數即改正其水銀熱表之較再檢第二表所有風雨表改正相配數之較而得略高

卓尼斯之書用百分表即沸界與冰界之中間平分為百分此表合於以十進位之算法近來法國俱用此表其○度即水之冰界附卷第十九表有三種寒暑表各度之相比。

再有一改正之數即第三表內所有前數相對之數與其二箇空氣熱表之中數相乘再與略高數相加即得眞高之較數茲將前二處驗表之各數以此法推算之其各熱

度變為百分表之度如後表

百度表 六○＝一五·六 六○＝一六·一 相減得 五 從第一表得 ·○○六○ 二數相乘得 ·○○三○ 將法倫表

此數加於小熱度之風雨表 二七八 得 三○·二八一

百度表 五八＝一四·四 五七＝一三·九 相加得 二八·三 以二約之得 一四·一五 從第二表得略高法倫表

數 一一尺 相配數 四五 與約得數相乘得 ○ 六·三六七五

相對數 六一一 五○一

第二表在 三○二八一 三○四○九 高低之略較數得 加改正數 六·三 得 一一六·三 為高低之眞較數

黑頓所設水銀表測高之法，先將水銀面改正其高數，或變爲同熱度之數，即以小熱度加之，大熱度減之。水銀熱表每一度之相較，其差數爲九千六百分體積之一。次將改正風雨表之高，依常對數之較分開左邊四位數目，表爲高之略數之托數。又將前所得之數以空氣熱表之熱度改正之，即以二箇熱度之中數與三十一度相較，所得之餘數每餘一度，須配前托數之四百三十五分之一。如熱度大於三十一度，必相加；如小於三十一度，必相減。所得之數爲二箇數高低之較熱度。內有一表亦有差，然二人之表俱能得略數。（黑頓之法不問本處之緯度，或言卓尼斯表）

因測山風雨表本是略法也。

茲將前二處之各數以此法推算：

五七．五八．相加得中數五七．五與三一．相減得二六．五

九六〇〇／三〇二七八＝一〇．〇三

丄三〇．二七八
得三〇．二八

三〇四〇九＝對數一．四八三〇〇二一

三〇二八一＝對數一．四八一一七〇二

高之托數之略數一八三一九，加改正之數一一一六，卽 三四五／一八三×二六五，得眞高之托數一九．四三五，以六乘之得一一六．六一尺。

如無對數表可用耗立得所設之法，如下式：

甲＝風雨表較數 × 風雨表和數／四八二〇丄万八．四×水銀熱表之和數

略高等於甲丁甲（〇〇〇〇〇六×緯度數）

凡二千五百尺以下者用此法不甚差。若二千五百尺以上，必用下改正之數：

眞高數＝略高數丄三略高數丄（風雨表和數／風雨表較數）－

不用對數推算風雨表測高之各數，則用後二表極爲簡便。

第一表

寸數	風雨表之中數 十分數 〇	一	二	三	四	五	六	七	八	九	百分數減比例分數 .〇二	.〇四	.〇六	.〇八
二五	一〇〇四．九	九九九．九	九九五．〇	九九〇．二	九八五．三	九八〇．五	九七五．八	九七一．二	九六六．五	九六一．九	一．〇	一．九	二．九	三．八
二六	九五七．四	九五二．九	九四八．四	九四四．〇	九三九．七	九三〇．四	九三一．一	九二六．九	九二二．八	九一八．六	〇．九	一．七	二．六	三．四
二七	九一四．四	九一〇．五	九〇六．五	九〇二．五	八九八．六	八九四．七	八九〇．八	八八七．〇	八八三．三	八七九．五	〇．八	一．五	二．三	三．一
二八	八七五．八	八七二．一	八六八．五	八六四．九	八六一．三	八五七．八	八五四．三	八五〇．八	八四七．四	八四四．〇	〇．七	一．四	二．一	二．八
二九	八四〇．六	八三七．二	八三三．九	八三〇．六	八二七．三	八二四．一	八二〇．九	八一七．八	八一四．五	八一一．四	〇．六	一．三	一．九	二．六
三〇	八〇八．三	八〇五．二	八〇二．一	七九九．〇	七九六．〇	七九三．〇	七九〇．〇	七八七．〇	七八四．一	七八一．二	〇．六	一．二	一．八	二．四

第二表

水銀熱表之較	空氣熱表之中數 改正之尺數 四十度	六十度	八十度	水銀熱表較數之比例數 較數	比例分數
一〇	二四	二五	二六	四	尺 一〇
二〇	四八	五〇	五二	五	一二·五
三〇	七一	七四	七七	六	一五
四〇	九五	九九	一〇三	七	一七·五
五〇	一一九	一二四	一二九	八	二〇
六〇	一四三	一四九	一五五	九	二二·五

用此表之法將驗得風雨表和數之半檢第一表內之相配數與空氣熱表之和數相加將此加得之數與風雨表之較數相乘再將此乘得之數或加或減第二表檢出之數即得高數如水銀熱表之數爲大者則爲應加之數其第二表之差必檢空氣熱表中數之行內所有與其中數最相近之相配數

茲將前二處所得之數以此二表之法推算

潮滿時海平面水銀高三〇·四〇九布朗布頓教場水銀高三〇·二七八相加之中數三〇三四三

水銀熱表一〇六六較數一空氣熱表五八五七相加之中數五七·五

從第一表得七九七·八與五八五七相加得九一二·八以風雨表之較數一三一乘之得一一九·五七六八

以較數一中數五七·五從第二表得改正數二·五與一一九·五七六八相減得高數一百一十七尺後用酒準測其高得一百一十五尺。

以上推算之工更能從簡即或加或減水銀熱表之較之二倍半以代第二表改正數。

空盒風雨表能代水銀表測驗不甚高之處。

現在所作空盒表只能指到二十七寸半所以二千尺以上者不能用此表測之。

此器比水銀表便於攜挈而攜挈時亦不易壞其理亦爲空氣壓力所動惟水銀表壓住水銀之面此表壓住空盒之面盒內空氣抽盡之後另添一種氣質少許而不必令眞空因盒體受熱則減去凹凸力而二面欲自相近此氣質受熱能自漲而即藉以推開之空盒之上有一板其端

挺以螺絲簧空氣壓力或加或減則空盒面或凹或凸而板端或起或落另有二筩相連之桿亦爲此板所動二桿動表針之軸此軸有一平螺絲簧逆其桿而動針爲桿所推前簧隨而前桿已退而此簧牽針隨退由是指出空氣壓力改變之數。

空盒表之測高同於水銀表但空盒表未甚靈動必須預試其每一分能對若干尺之高設無空氣冷熱之改變則所指之數能與水銀表無異。

第六十六圖爲空盒之內形丁丁爲扁圓形之空盒丙丙爲上板其端有相連之立桿壬連於別桿而針軸上有簧

第六十六圖

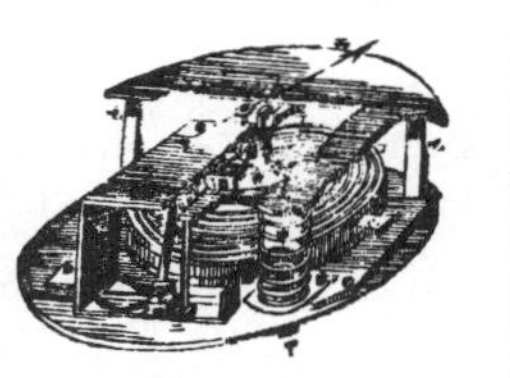

戊乙爲二箇螺絲能消息桿之長短以節制其針此表須用極準水銀表配準

呷螺絲能令針所指之數與水銀表之真數相合轉此螺絲則兩桿或起或落此螺絲不可觸動

此表初刱之時不准別家仿造故無人想法加精近來所保之年限已滿必有人考察而更精之如能做至水銀表一樣靈動則可在水銀表不便用之處用之而更有易於攜挈之便

布耳頓作一風雨表比空盒者更靈動但移動之時易壞名爲空環風雨表作扁彎管其橫剖面略爲橢圓形外面之空氣壓力減小則管體欲自直管之一端定於架而又一端必自動動之一端有相連之機故能動針布耳頓依此理作漲表等器

英人魯邊生刱一測高之器用玻璃管徑一寸又四分寸之一長十四寸一端有小泡泡之容積比管之容積大三四倍管上刻度分如後法

玻璃管挂於抽氣罩內管口置於有水之杯內水熱爲六十二度準水銀風雨表三十寸抽出其氣至水銀表二十九寸則將管口放下水內隨放空氣進罩即於管作水面之識再抽空氣至水銀表二十八寸再放於水內再令空氣進罩又作水面之識如此爲之至管上記號足用

以此法測山之高可用數管如前法爲之測地者令人各攜一管並馬口鐵筒盛水少許至各高處將空管之口插在水內則管內所容之氣即此高處之氣攜下其器水漸上升視水面對於管上之識即知其山之高數所有改正之差爲空氣熱度並水銀表之數

此器較便於水銀表如有多山之處用此法易得其略數

又有一法用水沸之度山愈高而其沸度愈小有一定之

比例歲客斯在印度常用此法

富路瑪在輿地里測數處離海平面之高後用三角法測量與前所測者不甚差

水沸器無有水銀表易壞之弊又比水銀表易於攜挈如有弊亦易修理後列二表並推算之法憑此可明其理

用後二表所測之數比水銀表所測之數稍小如驗水之沸度與水銀表多次以所得之數詳細相比或用酒準或三角法測各處之高與水沸度之法相比如表內之數有小差亦易改正

第六十七圖甲爲馬口鐵壺高九寸徑二寸乙爲馬口鐵

第六十七圖

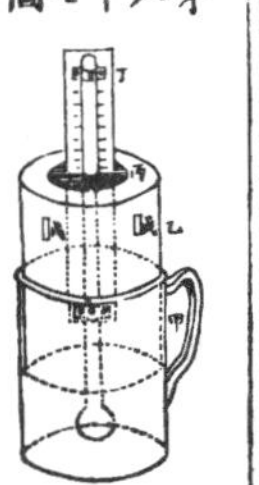

筒倒置壺中能移上下而其外面與內面密相切頂上有一孔實以輭木塞而再安寒暑表丁為寒暑表其表之分度可稍省戊為放氣之孔寒暑表之分度甚長祇須刻出二百十二度上下之數度分度之能長此處之內徑收小也如無此表可用尋常釀酒寒暑表壺內盛清水四寸將筒移上使寒暑表之球離底二寸

此器之新者須在海平面處試驗數次如有差必記其數而用時可改正其差故能備得數器俱已試準者為妙凡用此器之時必試空氣當時之熱度

第一表以水之沸度相配水銀寸數並山高尺數

十分度之一所配之高數	每熱一度所配高之尺數	全高數以三十寸水銀為海平面	對數之較數即托數	水銀寸數	水之沸度
尺	尺	尺			
…	丅五〇五	丅一〇一三	〇〇八四·三	三一·一九	二一四
…	丅五〇七	五〇七	八四·五	三〇·五九	二一三
…	丄五〇九	〇	八四·九	三〇·〇〇	二一二
五一	五一一	丄五〇九	八五·二	二九·四二	二一一
…	五一三	一〇二一	八五·五	二八·八五	二一〇
…	五一五	一五三四	八五·八	二八·二九	二〇九
…	五一七	二〇四九	八六·二	二七·七三	二〇八
五二	五一九	二五六六	八六·六	二七·一八	二〇七
…	五二二	三〇八五	八七·一	二六·六四	二〇六
…	五二四	三六〇七	八七·五	二六·一一	二〇五
…	五二六	四一三一	八七·八	二五·五九	二〇四
…	五二八	四六五七	八八·一	二五·〇八	二〇三
五三	五三一	五一八五	八八·五	二四·五八	二〇二
…	五三三	五七一六	八八·九	二四·〇八	二〇一
…	五三六	六二五〇	八九·三	二三·五九	二〇〇
…	五三八	六七八六	八九·七	二三·一一	一九九
五四	五四一	七三二四	九〇·一	二二·六四	一九八
…	五四三	七八六四	九〇·五	二二·一七	一九七
…	五四六	八四〇七	九一·〇	二一·七一	一九六
…	五四八	八九五三	九一·四	二一·二六	一九五
五五	五五〇	九五〇二	九一·八	二〇·八二	一九四
…	五五三	一〇〇六三	九二·二	二〇·三九	一九三
…	五五六	一〇六〇六	九二·六	一九·九六	一九二
…	五五八	一一一六一	九三·〇	一九·五四	一九一
五六	五六〇	一一七一九	九三·四	一九·一三	一九〇
…	五六三	一二二八〇	九三·八	一八·七二	一八九
…	五六五	一二八四三	九四·二	一八·三二	一八八
五七	五六九	一三四〇八	九四·八	一七·九三	一八七
…	五七二	一三九七七	九五·三	一七·五四	一八六
五八	五七五	一四五四八	九五·九	一七·一六	一八五
…	五七八	一五一二四	九六·四	一六·七九	一八四
…	五八一	一五七〇二	九六·九	一六·四二	一八三
…	五八四	一六二八四	九七·四	一六·〇六	一八二
…	五八七	一六八六八	九七·九	一五·七〇	一八一
五九		一七四五五		一五·三五	一八〇

第二表以空氣之熱度改正前表高處之數所應用之乘數

乘數	空氣之熱度	乘數	空氣之熱度	乘數	空氣之熱度
一·〇八三	七二	一·〇四二	五二	一·〇〇〇	三二
一·〇八五	七三	一·〇四四	五三	一·〇〇二	三三
一·〇八七	七四	一·〇四六	五四	一·〇〇四	三四
一·〇八九	七五	一·〇四八	五五	一·〇〇六	三五
一·〇九一	七六	一·〇五〇	五六	一·〇〇八	三六
一·〇九四	七七	一·〇五二	五七	一·〇一〇	三七
一·〇九六	七八	一·〇五四	五八	一·〇一二	三八
一·〇九八	七九	一·〇五六	五九	一·〇一五	三九
一·一〇〇	八〇	一·〇五八	六〇	一·〇一七	四〇
一·一〇二	八一	一·〇六〇	六一	一·〇一九	四一
一·一〇四	八二	一·〇六二	六二	一·〇二一	四二
一·一〇六	八三	一·〇六四	六三	一·〇二三	四三
一·一〇八	八四	一·〇六六	六四	一·〇二五	四四
一·一一〇	八五	一·〇六九	六五	一·〇二七	四五
一·一一二	八六	一·〇七一	六六	一·〇二九	四六
一·一一四	八七	一·〇七三	六七	一·〇二一	四七
一·一一六	八八	一·〇七五	六八	一·〇二三	四八
一·一一八	八九	一·〇七七	六九	一·〇二五	四九
一·一二一	九〇	一·〇七九	七〇	一·〇二七	五〇
一·一二三	九一	一·〇八一	七一	一·〇二九	五一

用表之法在山頂與山麓將水加熱令沸以二沸度檢前表相配之尺數而得略高數將此數以第二表空氣熱度之中數相配之乘數乘之即得其眞高數

歲客司測驗二處所得之數

第一題○近於印度國蒲那地方所有布倫土爾山頂之上其沸度二百〇四度二等於四千〇二十七尺蒲那地方之沸度二百〇八度七等於一千六百九十尺二數相減得二千三百三十七尺為山高於地面之略數

高處之空氣七十五度低處之空氣八十三度則其熱度之中數為七十九度檢第二表相配之乘數為一·〇九八

將此數與前高數相乘得眞高數二千五百六十六尺祇驗高數之沸度而其低處爲海之平面或爲有風雨表之處可將風雨表之數以平常之法變爲尺數即將其對數與一四七七一二即三十寸之對數相減得其餘數以六乘之此因風雨表水銀寸數之行內比尺數之行內各較數改變更快

第二題○印度國有山頂上之水沸一百八十五度即等於一萬四千五百四十八尺加爾各搭地方寒暑表在三十二度之時風雨表之水銀高二十九寸九則一四七七一二減去一四七三四九等於○○○三六三進四位而

得三十六托三以六乘之得二百十八尺將此數與前尺數相減得略高數爲一萬四千三百三十尺

高處之熱度七十六低處之熱度八十四中數八十檢第二表得乘數一一○○此數與前略高數相乘得眞高數一萬五千七百六十三尺

如以三十寸爲海面風雨表水銀高之中數檢第一表即得高處之高數而以第二表改正其熱差則比前工可省而稍有差不甚高之處沸度每減一度略爲高五百尺略等水銀風雨表之較○寸六

測地繪圖卷八

英國富路瑪譔
英國　傅蘭雅　口譯
無錫　徐　壽　筆述

臨摹鐫刻諸法

前第四卷論州縣之圖以六寸代一里如爲府圖或省圖自必減小若以一寸代一里則爲全國之圖其減小之法用同比規此器較諸比例規更便又可用分線法縮小放大即在圖上作縱橫線以別紙合其大小比例亦作線如用硫象皮之薄片亦可將圖放大縮小縮小之法以象皮連在方架之上架之四面能張開用脫紙墨畫其

圖於象皮而放鬆其架使自縮小即以此象皮過於石板如欲放大其圖則於未張架之時畫圖然後張開而過于石板

近用照像之法照圖頗能省時省費

同比規縮小放大之比例爲十二與一若用照法其比例之大小可更多如五百分之一之比例可改至六寸代一里之比例即同于二十一與一之比若用同比規必兩次爲之

同比規畫圖減至一寸代一里之比可將地面要緊之處畫出近用照像之法則無論何形一齊現出又嫌太密而

不清所以另設一法用薄紙摛摹要處而再照此摛摹者近有更妙之法用極淡色之紙以石板法將白粉色印其全圖再用黃色潤出欲留之線如有路或房屋欲放大者亦用黃色放大然後以照法爲之則所有黃色之線能得其影曬成數幅備用如用舊法必須以臨摹之工作三幅一幅爲刻圖之用兩幅爲畫地面之形勢所用其臨摹之工甚繁也

測量英國用照像爲減小之法城圖爲五百分之一之比例縣圖爲二千五百分之一之比例再減小至六寸代一里卽爲府圖惟此照法不過代縮小放大之工若欲印行甚多究不及銅板與鋅板之法價廉工省也

照法減小之圖終不能全準目鏡必有光差也幸所差無幾非若同比規與別種法之所差更大

又有人將山形之粗圖卽六寸代一里者畫在界線圖之上然後用照像之法

史谷德云縮小地圖必用能畫能刻者三人各人有各擅之長

第一人將印成六寸代一里之界線圖平剖面線或有或無者親歷測量之處用平密線法以毛筆憑眼法畫成地面之形勢

第二人將前圖並一寸代一里之界線圖用鉛筆畫成平剖面線又依第一人之圖用毛筆畫成縮小之圖

第三人將第二人之圖所有山之形勢用立密線或粗或細或疏或密畫成者依其用墨之濃淡刻在銅板上

第一人之工更能精到直可不用第二人之工而用照法減小其比例至一寸代一里然後將此照成之圖使刻板之人刻出

近有新法能顯地面之形比立密線更清其法爲英國測地之人現在所用因比平密線之法省工又能不混路線與別種平面線英人滕根依此新法刻圖深得渲染之意印出之圖能與筆畫者相同兼能合常用之法其第一法刻圖於毛銅板上用刀或砑刮磨其板使有光毛之分光處之墨自淡毛處之墨自濃第二法以鹽强水用渲染之法漬於銅板使成光毛第三法用鋼針鑿密點點有粗細墨亦濃淡

印出之圖既有濃淡之色卽能顯地形之斜度如平剖面形依比例之法爲濃淡則任何處之斜度不少差法國勒曼與英國白耳常思設法使圖有濃淡之比例則刻成山圖工省價廉比諸習用立密線之法祇須三分之一或二分之一耳

照像之法固能省臨摹之工然欲印曬多幅尚屬不便故浙密斯設法能將一切書畫照出而過於鋅板或石板即可用平常之法印成多幅

第三十七三十八兩圖即用此法所印其原稿用毛筆依地面之形所畫

浙密斯已著一書名照印法論說甚詳譯附卷末如有奇古之書名人之畫平常人所不能多見者以此法印出丰神畢肖

前論專為石板與鋅板之事若鐫刻銅板仍從常法用毛筆畫出地面高低之形或為存留底稿之用或為刻板之

用

山之形狀可依光暗顯出其高低如光線合垂線平行射下則平面受光多而斜面受光少愈斜而光愈少白耳常論光暗之面依若干斜度配用若干濃淡然雖有此論而濃淡之級數無多亦不能相配也平常畫山其暗面太濃難分各斜面之斜度故各界線不清而山之周圍斜面亦不能分出光暗且圖上所有樹林與房屋俱有暗影而山則無有一圖異法更不合宜

又法以光線斜射而來或各圖用一定之角度或依地面之平斜而定光線之角度用此法全在畫工之善

白耳常以十五度角之光線為略平之處得光之角度四十度為多山之處得光之角度此二光線角度之間依地面高低之物之多少而定之此即畫影之法

光線斜射有二病其一繪圖費工其二平常人看之不能曉對光之斜面所受之光必多於山頂所受之光準此而畫光暗面較諸直下之光所得之圖必有差如欲試之可將地形之小樣置於房內房頂開一小窗使天光射進視之自明所以畫山者用小樣依此法試畫其圖頗能習練手藝兼能明曉光暗面之理

英國測地時畫圖之人名堵生甚喜斜光之法有人名

隔林頓依此法從小樣畫圖亦得甚準人若於光來方向看其圖宛如立體之形

現在常用之法畫一處之圖略為此二法之相合其光幾如垂線方向射下而稍斜足令山之斜面與樹木等物俱有光暗之面

以上所論用毛筆畫光暗之面其鋼筆或鉛筆畫斜面之法已詳前卷英國所測之圖鐫刻於銅板者所有平剖面亦用此卷之法

畫山之光暗面不必依所看真山之情狀而依人工所設之法其各斜面之濃淡依斜度之比例故高山之頂留出

白色此雖不合於眞山之情狀而審視此圖反能明曉其工亦屬簡易現在測英國所畫之圖即用此法而從此圖以立密線之法刻于銅板上

凡依大比例而作詳細之圖所有磚石之房設紅色木房用淡墨色水用藍色如有官產民產宜用異色並註明於圖旁此外如常用之記號詳見第五卷之末

近有刱設畫凸面器此器能靠於物體畫出其圖與立體無異但用此器圖內必有數處甚黑而難清且必先有地形之小樣故只能畫小地之亂形如第六十八圖即此法所畫者（此圖非梨板所能刻故闕之蓋西書原本此圖爲銅板而刻陰紋其細幾如毫髮觀原書自知）

測地八　六

畫成之圖刻於銅板之上此書不詳其法因非此書之本意也然其藝自與別種刻板之法略同而比人物之圖則稍粗故有數式可用特設之器省工如水面之平線並別種直線之類又如地之平面或沙面須用密點者用鋼齒輪與直尺畫成其齒之相距依疏密光暗之比例樹林或數目字或石等常有之物刻於鋼鏨之面而搥於銅板尋常銅板印至數十幅之後漸漸糊塗近有電氣鍍銅板之法可藉原板結成數板

銅板已印若干幅而未有消磨壞之病則置於膽礬水內而通電氣使板面生成銅皮一層即陽紋之圖遂將此皮如前法再生銅皮一層即得陰紋之圖與原板無異屢次爲之可得無窮之板

電氣之法更有妙處板上刻成界線之後即以先鍍一板此板專印界線圖再將原板刻成平剖面線而再鍍一板則一圖有同式之二板其山形與地學線亦可用法爲之

測地八　七

測地繪圖卷八附

英國浙密斯著
英國　傅蘭雅　口譯
元和　江衡　筆述

照印法

照印之法近用鋅板先依常法照其像然後過於鋅板之面用墨任印若干幅與石板所印者相同

此書所論之法雖屬鋅板然用之於石板亦無不可惟因鋅板爲較便故用鋅板者居多

照印之法分爲三章

一先用哥路弟恩在玻璃面上照得陰紋

二將玻璃上陰紋曬出陽紋紙面敷油墨

三將曬成之圖紙過於鋅板或石板印之

用哥路弟恩照出陰紋之法第一章

平常照像最要之事須令圖有明暗二色其色之濃淡與本物相配今所照者不能分出濃淡各處顏色皆同此與常法相反

凡照地圖或照印就之圖或畫就之圖其最要者先得陰紋之皮無圖之處宜極厚有圖之處宜極明其本物之斜形等線須極清楚

所照之圖其各線之色與紙之本色益相反益佳如空地偶沾污穢必洗淨之如不能洗淨則在穢處敷白粉可也

以上所論皆起手時不可不慎之事

照圖所用之墨須極黑而其黑宜暗不宜明因黑色帶明照出不清

所用之哥路弟恩宜半月之前加以碘令照像時得光如能得日光更妙光照之時其無圖處須結極厚之皮其黑線之處不可稍有更動　又在加成形之藥時其各黑線之上尚未凝結之前必先酌定皮之厚薄如嫌薄而加厚可用五倍子酸銀養淡養各方次將其皮加濃則用汞綠或淡輕硫水等方此方或用二三次不定

加濃皮之法爲至要之事因常法用五倍子酸與水銀所得之皮太薄紙上印圖尚不能清故必用前方加濃之則玻璃面上除去有圖之處分毫不得透光而紙之無圖處始不變去其本色也然其皮亦不可過厚恐圖之各線不能分清總以厚薄適宜爲主

以上所言皆爲常用之法茲將器具並手工與藥方一一詳論如左

照像所用之匣與鏡皆視所照之大小而定其尺寸惟因圖之四周亦須照清故所用之鏡不可太小然於可用小器之時而用大器其費太多所以其器應預備大小數副

始合各件之用今不細論祇就多用者言之
配準匣鏡之時宜慎細或有依圖之木尺寸而照者或有減小其尺寸而照者或有依定比例減其尺寸而照者故設法令照像之器能隨便移動
其匣爲馬罕剔尼木所造匣之邊與角以黄銅皮包之上面有螺絲可配準玻璃片與鏡之相距觀第一第二第三圖自明其造法與尺寸
若鏡之光距大則匣之深應依所照之圖與原圖之大小而定其比例匣之內外二層能放長能縮短若在匣之前面再加一節則得更長之用(光距即聚光點與像鏡之相距)

所加之餘節可作方錐形小端鑲鏡大端有摺邊連於匣前之兩槽內如第一圖之匣有此餘節若餘節過長則必另設一法使牢固否則恐受鏡之重而下垂
匣鏡相連之法在匣之一端作一皮圈內用藤圈託之其鏡之架亦有一木圈將此皮圈套在木圈內甚緊鏡下另有一架能漲縮所以託住鏡架者也
其鏡爲無色之凹凸鏡徑三寸半光距二十五寸有齒輪齒條以配準光距大勒末耶只用三寸徑之鏡最合用爲託匣之架其造法須靈便能向上下左右斜動觀第四第五第六圖即知各種動法

第一圖

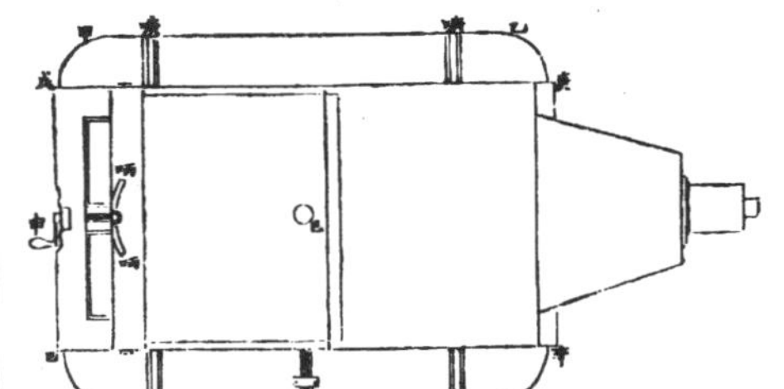

第一圖爲照像匣與其架之平剖面形甲乙丙丁爲架之上面戊己庚辛爲照像匣咉咉咉咉爲架面之兩銅槽(此銅槽之用詳第二圖說中)巳爲中樞(亦詳下)呐呐爲弧形之槽丑爲令匣左右移動之螺絲申爲配準光距之螺絲
第二圖爲匣與架之立剖面形甲乙丙丁戊己爲照像匣

第二圖

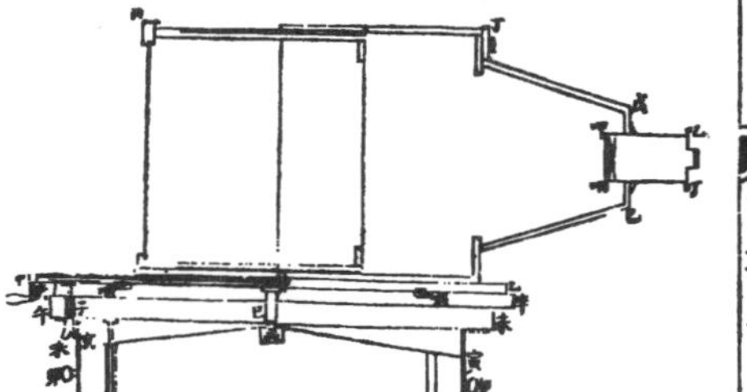

庚辛午未爲架之兩層板面庚辛爲上面午未爲下面二面之中心有巳樞可轉動上面子爲通過下面之弧形槽中有螺絲向上頂住如未此槽之用爲上面移定方向之後可用未螺絲在槽中頂住上面使不復動而上面移動之路亦不出此槽之外咉咉爲上面之兩銅槽形如V匣

之底面亦有兩三角形條凸出而入於二槽中則其匣可向左右移動呷吃呐叮為照像匣申申為配準光距之螺絲丑丑為架足之上半節寅寅為鉸鏈板卯卯為頂鉸鏈板之螺絲另有亥螺絲從底上頂起架子而在天軸轉動

第三圖

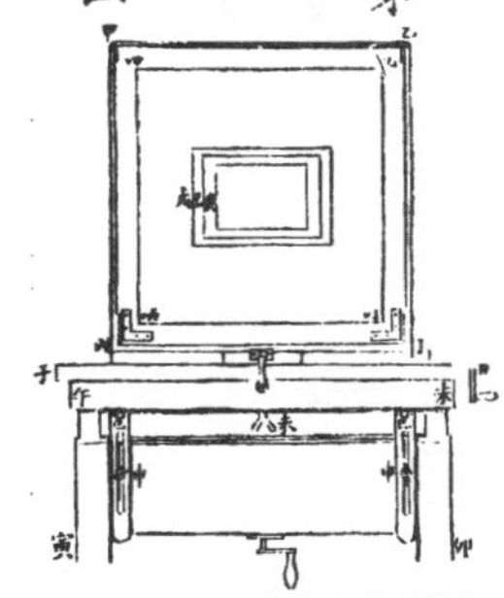

第三圖為匣與架之板面形甲乙丙丁為匣呷吃呐叮為毛玻璃戊己庚為長方形毛玻璃片以便配準所照圖之界線子丑寅卯為匣架巳巳為提高照像匣之板有申申

螺絲旋住午未為架之下面未為弧槽中夾住上下二而之螺絲　上三圖皆以每一寸當原器之一尺

第四圖為架之前面此架可挂原圖板之四角有簧申夾緊圖紙第五圖為架之後面板底有二鉤丙丙鉤連橫桿

第四圖

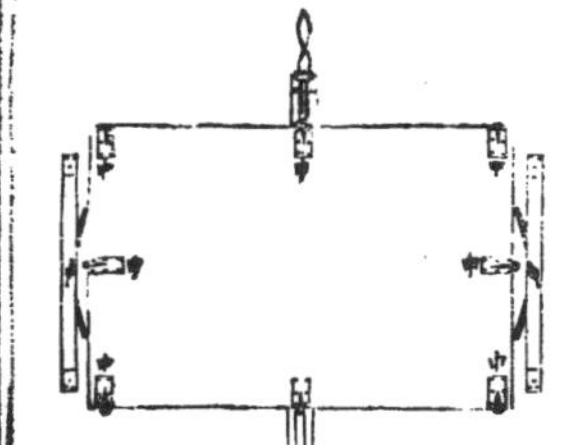

第五圖

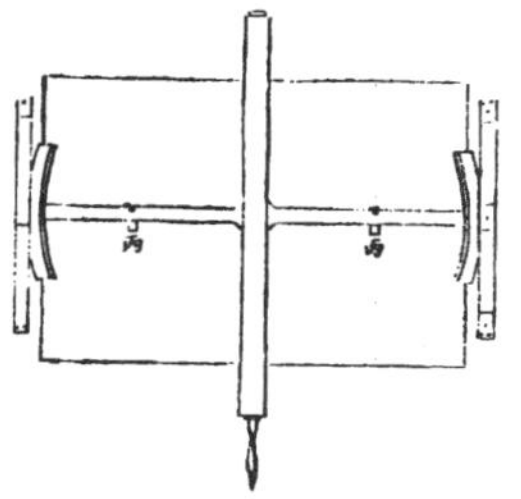

第六圖

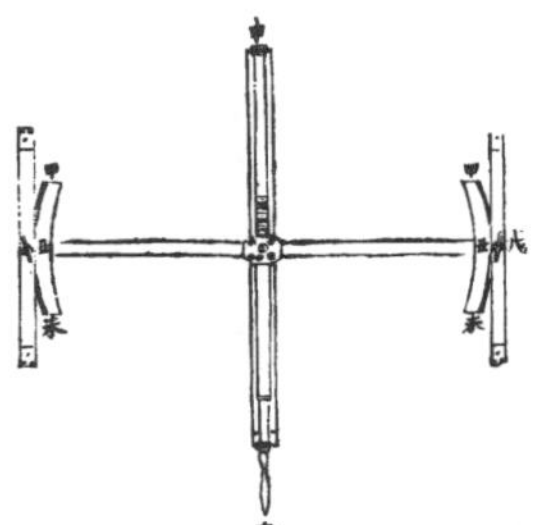

第六圖為架之後面卸去板之形丑丑橫桿用螺絲連於巳可旋動桿端有平圓弧甲未其外邊甚薄夾於二邊之鐵架內外二層之間觀第八圖丙丁巳庚鐵架甲未弧在此架中可連桿旋動而用戊螺絲夾緊

第七圖

第七圖為第六圖中之分形巳未為桿用螺絲連於豎板上桿之兩端有二節接申申

第八圖

螺絲而有搖柄辛轉動之巳為接連橫桿之陰螺絲活節

第八圖為鐵架說見前

凡照圖時須令圖之中心與玻璃片之中心皆在鏡之視軸內而玻璃面與圖紙面必平行否則照成之圖難準毛玻璃上之圖形其四邊界線先視玻璃之大小而配合之界線觀第三圖自明此線即為所照之圖之界線

第九圖丙丁為玻璃片之中心與圖之中心在一直線內即為鏡之視軸巳巳為架上所挂之原圖吧吧為匣中之玻璃片　第十圖為甲乙線上之詳式

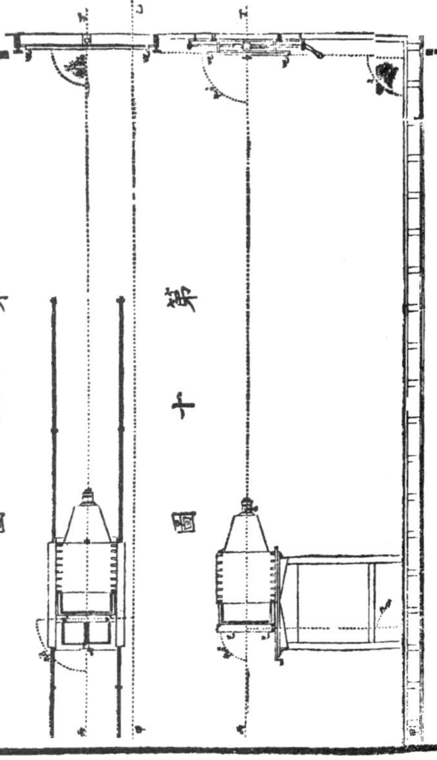
第十圖

第九圖

臨照像之時先將原圖挂在巳巳板上次視匣後之毛玻璃將匣移前或移後至玻璃上之影合於毛玻璃上所畫之界線而止再將挂圖架上之螺絲（如第七圖申申）旋上或旋下或將匣左右移動令原圖之中心與毛玻璃上界線之中心相合而兩面正合平行

匣底之平線與所挂之圖成直角則照時配準可省工祇移動其匣而得矣

第十一圖爲圖面與毛玻璃面成一直線之剖面形庚未爲毛玻璃寅爲鏡其視軸丙寅與庚未面恰成正角又與巳丑圖面成正角申爲圖之心丙爲毛玻璃上所得界線

第十一圖

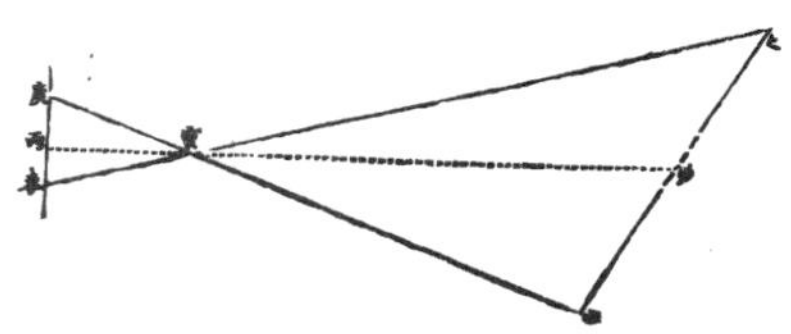

之心庚未爲所得之影其庚與未又爲影之兩對邊之心

觀圖可知未巳大於庚丑則庚丙必大於丙未而圖之巳邊亦距丑更遠矣

各器配準之後不可輕動動則兩心不合其毛玻璃片可在配定各器後抽出而將受像之玻璃置毛玻璃之原方位次開鏡之帽

若欲照者爲平常之圖與字則不必如上法配至極細或用小字紙如新聞紙等類在此紙上畫一矩形其尺寸等於欲照之圖之尺寸此矩形亦必求其中心次配鏡光至能認清小字則在毛玻璃上亦依圖之尺寸畫一矩形後將小字紙揭去而以欲照之圖置於原方位　對準鏡光之時不可令心點極清又不可邊線極清惟心與邊之中間愈清愈妙

以上所言皆配準各器之法其配準後之照法已有專

書詳論茲不贅言惟擇其要者摘錄如左

揩玻璃法

凡新玻璃必用脫力布利粉此土質也一名枯石其質甚細和醕揩擦又用羔皮或絲綢擦光之若玻璃已用過而在汞綠水中浸過已得厚皮者則先揩去其皮浸入碘水十二小時後依上法揩擦

浸玻璃之銀養淡養五水將銀養淡養五三十五厘至四十厘以蒸過之水一兩消化之次加以碘法將哥路弟恩板浸在銀養淡養五水中十二小時或依常法加入鉀碘少許亦可昔有人加以醋令圖不模糊然此法尚未盡善宜先試

水中有含鹼質或酸質否如為鹼質則加硝強水如為酸質則加銀養

曬玻璃法

凡日光之大小依其所行之路而漸變若欲曬多幅可先曬一幅試之看秒針表應歷多少時能曬至恰好後依此時為之如天空有雲氣來往則光必有改變可將紙浸在銀養淡養五與銀綠水中少頃取出曬之視紙之色變若干深即知像已曬成

成形定形法

常法皆用鐵養硫養三水令圖之各線清楚則其形已成次用五倍子酸及銀養淡養定之此事皆係藥料之好壞與熱度之多少並所照之圖之粗細宜審察之　其最要者為令圖線極明線外之空地應得厚皮

加厚皮法

先以玻璃上所結之皮用水洗淨入淡汞綠水中視其已變白色再用水洗之而加淡輕硫則變棕色如能待其皮乾後而用汞綠則圖之各線必能清楚也然此法必先將皮之四周上漆一層方不為水洗去

茲將藥水各方列後

揩玻璃之藥

醕一兩　淡輕養半兩加水八兩

調合脫力布利粉須濃如漿

作哥路弟恩

綿花火藥八十厘　鎘碘十五厘　鉀碘七十五厘

醕十兩重率八三　以脫十兩重率七二五

銀養淡養五水

銀養淡養五有鎔化成錠者有成顆粒者皆用一兩和水十四兩

成形各方

鐵水　鐵養硫養一兩　醋六錢　醕六錢　清水一

磅

五倍子酸　五倍子酸三十厘　醋一兩　醋六錢

清水一磅

定形方

鉀衰十五厘　水一兩

玻璃上陰紋在紙上曬出陽紋之法第二章

用雞蛋白或用膠與鉀養二鉻養用水調和傾於紙上待乾將此紙置陰紋之反面則光所能通之處不能鎔化不通光之處即鎔化遂在紙面加油墨一層而反面溼以水則鎔化之處自能腫大而其線不腫再以淡水浸透之海絨揩之則鎔化處之墨能洗去不鎔化處之墨粘住其圖已成。

觀前說似甚簡易然試為之又屬繁難茲將已試驗者言之。

所用之紙宜硬否則揩擦之時易致破爛又宜薄否則所收鉀養二鉻養水太多又宜平勻則鉀養二鉻養水自無厚薄之殊又不可有毛恐不耐海絨揩擦而墨痕粘滯洗之不淨如以麻作紙最合用紙上所敷之膠水或蛋白不可過濃恐受水太少而不鎔化處之粘力不固或將紙浸在熱水中令收出多含之膠然後上鉀養二鉻養水亦可

鉀養二鉻養水敷在紙上之法

所用之物為膠與水與鉀養二鉻養其水之熱在百度以下已可備用其鉀養二鉻養適令一切膠在遇光之處不能消化然亦不可多用如常法用鉀養二鉻養二兩半以熱水十兩消化之另將極細之膠三兩以熱水四十兩消化之但其膠宜清否則圖形不準水已合成即將紙之正面向下浮在水上少頃取出放去所粘之水泡約二三分時挂起令乾又如之俟再乾後即鋪在燒熱之鋼板上用印銅板之架壓之使紙面平勻

紙已製成之後即於兩日中用之不可經久其依前法浮在水上須極平勻第二次從水中取出宜倒挂之與第一次挂法相反則所收之水庶可平勻

紙面成形法

紙面遇光之時視其圖已變為深棕色則知像已曬成但所曬之久暫以得光之多少而定在日光正射之處只須一分時如遇陰天則必二十分時若玻璃上陰紋不清而其皮之各處厚薄不同則圖紋必致濃淡不勻而空地且有墨污

紙面上墨法

所需墨料亦須攷究其在紙面之粘力必耐海絨揩擦然

其力亦不可過大恐粘在不應有墨之處而洗之不去也

造墨之法用印石板之墨兩磅中等胡麻子油一磅和墨磨勻另用白根低地名白油四兩在鐵器內燒融添入麻油二兩白蠟二兩調勻乃將前法磨勻之墨漸漸添入臨用之時再加松香油在石板上化之令墨濃如漿將此墨少許敷於皮輥在石板上推輥使墨平勻然後過於紙面

圖中諸線細而密者上墨宜薄

過墨之法先依上法輥墨於石板乃將圖面向下平鋪板上而用印石板之架壓之使沾墨之多少適宜然以較少爲妙因墨多反致不清也

淨紙法

紙在石板上揭出之後將圖面向上浮在九十度熱之水上約五分時取出置磁板上圖仍向上用軟海絨宜新潔沾膠水揩之則空地之墨能自去惟揩擦之力宜小若見墨痕不消再將紙浮在熱水上數分時如法再揩以淨爲度圖中無線之處其墨盡去之後則用熱水多次洗去其膠不留纖微若有微迹必不能過於鋅板

俟紙已乾即用鋅板或石板印之

用鋅板印圖之法第三章

鋅板之面不平者須刨平之用浮石磨之使光次用細砂子和水磨之使起細毛細砂子必先以篩篩之其篩爲細鐵絲布所作每平方寸有八十孔至一百二十孔不等皆視鋅板上起毛之粗細而定其度若鋅板長三尺闊二尺用二人磨至起毛只需一小時磨成後用清水洗板而曬乾之隨時取用若遲延數時則板面自能結皮不能受墨矣其最要者爲磨時潔淨不可稍沾油質

用過之鋅板欲備後日復用須先用松香油洗淨舊染之墨又用濃鹼水與清水遞次洗之後用硫强水鹽强水各一分加清水十二分傾於板面約二三分時即用清水洗去然後依前法磨之以備後用

其脫墨之法將圖面向下鋪在板上加紙數層入架壓之如印圖不多則入架一次已可如圖已印過不少則其墨已硬必入架二三次

入架之後揭去上面之紙用海絨沾水輕揩圖之紙背則墨自脫去乃將此圖從板上漸漸揭開若手法精巧幾令墨跡盡留板面毫髮不爽

此時板面應上五倍子酸水法用哈里布地名五倍子四兩研碎成屑加冷水十六磅停二十四小時傾入鍋內加熱令沸濾出其水用此水二磅加濃膠水六磅燐養水三兩調勻之其作燐養水之法另用一瓶其容積可盛水一磅

將燐數條置於瓶中，加水至四分容積之三，燐端露於水面，乃將瓶口塞住，塞中有小孔，空氣從孔而入，則燐必收其養氣而成燐養水矣，俟四五日，令其水濃以備用

以上法合成之五倍子酸水傾鋅板上，用海絨或軟毛筆揩勻，若所脫之墨線甚細，則此水可留在板上二十分時，若為粗線則留一分時，後用軟布揩乾，再用松香油洗之，圖若精細，必加橄欖油與膠水同洗，乃依常法輥墨於鋅面印之，苟各事精究，雖印至一千五百張，而鋅板亦無大損

若無鋅板，可以石板代之

又法可令鋅紙代鋅板之用，其造紙之法，用烏魯斯國膠四兩，加沸水六磅泡數小時，令全消化，另將鋅養粉一磅半，置平面石上，和水磨細，漸加入膠水中，而濾去渣滓，乃用軟刷沾此水刷於紙面，又用駱駝毛刷刷平之，至無毛紋，或如前法，再加鋅粉一層，挂起曬乾，此鋅紙即可代鋅板之用

若印圖甚多，固用鋅板為便，如不必多印，則用鋅紙為更便，法先照一陰紋所得曬印之圖，為反面形，如在鋅板上者同

得此反面形之法，或將玻璃上哥路弟恩對所照之像，或用回光鏡令其形倒置而至像鏡中

其圖紙亦依前法上油墨，待乾，將圖面向下，鋪於鋅紙之上，入架印之，則得圖必清

凡用外國紙寫合同等字，可徑從原紙印在鉀養二銘養紙上，即在鋅板或鋅紙脫墨，而結皮之玻璃可省

平常照像所用之銀養淡養紙，不能徑從原紙脫印，若以哥路弟恩傾於紙面印之，則甚佳，且比玻璃面更靈，如為陰紋圖，則在外而加蠟一層，更得美觀，此以紙代玻璃之法，想後日必有推廣之而成別種之用者，其端寔兆於此書也

測地繪圖卷九

英國富路瑪譔

英國　傅蘭雅　口譯
無錫　徐　壽　筆述

經畫新疆屬地

測量之理法已全備於前數卷藉可作極詳極細之圖惟新開之屬地人數既少曠野居多則畫圖之工不必甚詳而測量亦須省費省時為要蓋新得之地只有天生之物如山河湖海等本無大路大城田產房屋故亦無從畫出且亦不必細測也

新得之地原為空曠者必分之為若干分各分之大小依

開墾之人所便用又必預定市鎮與埠頭之處因初招開墾之人宜聚居於一處也故測量者亦從此處測起

如有小塊屬地近在大洲之海邊者不久有人聚居須每人送以若干畝或以賤價賣之則測量之法必須簡便而速如堵生測牛西倫地之法為最簡地面上測得方形或長方形而記其四角所有路徑遲至日後定之但此不足為測地之法祇可於事急而用之如依準法測量則以愈早愈好始免聚居之人爭奪疆界蓋初時所有之差後來無法可改

以上急欲分地之事本不常有而其所以急速之故因地之價值甚賤招來之人又為之發給路費所給之路費即賣地之錢故人民之聚源源而來也則雖新得之地亦必詳細測量其各要處並考所當知之事如土人之數以及性情風俗土石為何類地產有何物河之源流湖之廣袤何處便互市何處便作路何處便為細測之三角點先作粗圖表明其事所有要緊之處以天文法定其經緯要緊之山用水銀風雨表或空盒風雨表或水沸度法定其高

如為空曠之區先須擇定市鎮之地此鎮之用為新來之人有地可住便於日後散往四方其鎮之大小與形勢必依各事定之

鎮地可分為四五小分如四分畝之一至一畝新得地之章程有人初買鄉間大分之地送與鎮內之地一小分所有餘下之小分或定價招賣或拍賣

選擇市鎮一須便於開溝沖去穢積之物一須清水足用一須易與內地相通如不近海岸亦能與別處相通一須聚居之後無有疾病之源一須土人或盜賊不能成羣搶劫一須相近之處足為種植足為牧場

從以上各事預定鎮之方位形勢尺寸之後所有外通之路亦必預定而立記號於地面周圍之地可靠此路以定疆界因地已有買主其人總不肯讓地作路也如地面之

形狀有藉作界線之物如海邊湖岸河岸等處為天生之界限前言所開之路乃人造之界限如無此種界線可依方向而定其地為方形或為長方形之界如地面不合此式者再用別法

分地之時每分之畝數必依聚來之人之技能而配之兼視土性之肥磽而酌量之如每分之畝數太多則非有力者不能買每分之畝數太少則量地之費甚大而農夫與小工能買一分即不肯為人作工此事于貧者雖有益而于富者則有害必不能興旺其地矣新金山之南疆每分以八十畝為中數牛西倫等處以一百畝為中數

牛西倫嵌脫百立地以五十畝為極小分數而其大分有十倍百倍者此處與新金山之南所賣之地凡有地面以下之物俱在內

加那答地以二百餘畝為一分各分之數略同如左近相通之水路或陸路為要緊之事各分俱應得此益處如未定相通之路而即有人買地者則契上必言明以後若干年內倘欲開路過此地則任從開路如損壞地面上之物亦照數賠補或於每一分地內另加若干畝餘地以為日後開路之用

平常不甚大之分可加餘地百分之二或百分之三如為甚大則加百分之一

賣地契上不但言明開路倘欲言明作橋開路之或木或石俱從其地採取但雖如此俱不及趕緊測量而預定其路之善

各分有一面靠通路或水道有益處之處則靠此處之一面應小於他面或為半或為三分之一使各分並得其益處如後面之各分遠距通路或水道者必預作小路通至大路否則後面各分無路可通而不合用必致留為空地前分之人恰以為牧場

每分之四面必有一面為小路此路之寬約三十尺至六

十尺凡以百畝為一分者每相連之七八分必有一大路圍其四面但其地面為亂形者又當斟酌為之

少水之處必將水道相通至各處不可使聚於一處而四面之人難於汲取所有發水之源如井如泉左近無有者在其周圍留餘地一畝或二畝更作通路使左近之人便於汲取不用此法則雖大塊極好之地亦屬無用

地面有亂形之處必欲詳細測量其畝數費工甚大所以測地者祇用粗法得其略數而定每畝之價俟周圍測地之工畢後再細測而得畝數

地面各分之界限應立木戕為記號其戕在每分之角徑

宜大而作平頭每界之上刻其地之號數並周圍之號數如在路旁亦刻路字每分之四角不但立界應用小鑄自界處挖槽指出四面各角之方向如第六十九圖此種記

第六十九圖

號雖日久尚見如專藉木界則林木或枯草偶然生火即燒去無存或樵牧無知將界拔去

測量之時記號簿內應寫明所測各線經過要緊之物之方位所畫之圖應有山之形勢並路之曲折與日後欲開之路與發水之源或井或泉並一切所能顯地面情狀之各物

此種圖以二寸代一里為最便之比例畫成之圖應另

摹一幅送至測地公局又送一粗圖指出測量一切之工並各分地邊長之數與面積之數凡角不是正角須記明其度數以及泥土之性情樹木之種類地產之鑛石並開路造橋採取之材料另宜將各處採擇之花草樹木土石之類聚而送至講究此學之人辨其益處而傳佈共知

測地公局應備試驗風雨寒暑並空氣內一切要事之器天文表之下有記此各器簡便之格式測量之處日日詳記各事每若干日送至公局局內收到周圍所送之數應聚而相比得其中數則知各處地氣相比如何

海邊測地者記明潮水長落之數海灣或港亦應量其水之深淺如在內河應測水流之速並水長落之時與深淺之數

地面有叢山橫嶺或崖或峽不便以正四方形配各分者則無奈而作亂形其各分之面積亦不能合於所定之畝數所以此種形狀必宜另作一粗圖以記其大略如遇甚窄之谷其土甚肥者或能多出金類礦者則長邊不可順其形而使肥土在一分之內應作正交之分而平分之

地面或為方形或為長方形立定所有之界石其事不難無論依經線或與經線所成之角其工亦甚簡

第七十圖甲為起工之點用大經緯儀測甲乙線此線或

第七十圖

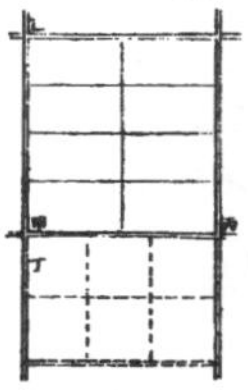

為經線或與經線成若干角可依下卷之法為之再後測乙甲丙正角此角必在甲乙兩邊度之即乙甲必引長至丁再於甲乙甲丙二線上用帶尺量之如有二人測量其工更易

此圖為新金山南邊所分地面得長方形每分八十畝其長與闊有二與一之比其大路相距一里每一方里作八分間有作正方形者約依地面之形為之中間之小路但測定其方位使買地者自為之闊狹任之

極能省測者之工然日後必有滋生事端因買地之時各分之界限未曾顯明兩邊之人各欲漸漸侵占以致相爭之事略不能已

地面必欲連配方形必有差數且漸差而漸多雖極留心無法免之故必用三角法證之其工之或粗或細依地面情形之相關與否所以分配地面之時而並用三角法始能不致大差如欲畫一總圖宜定其三角形之點而在各點立一記號則一切測量之工可藉此記號而得準其三角法如在分配各分之前爲之則更佳如測角之工有大差則用帶尺　時量其數角其差自見所量之角可依所

定三角形內之三箇點或多點作其角之對邊如此爲之則分地爲各分之工與平常測地所用之證線並補圖之工相同又用帶尺量時應從數處量至各三角形之點得其高低之較數以知各處高於海面之大略

三角法之工詳見第三卷今不贅言其測底線與各角點之或準或否有數事相關如三角形之大小作圖之粗細費時之多少是也新金山之南邊其底線在一箇略平之面離海面之高不甚多用極準之帶尺量數次將各次取得中數所用經緯儀爲七寸徑者所分地面之各分無有大差以二寸代一里畫其圖

三角法之外又有更粗之法便於新地之用即憑地面所有之形狀如山谷河道等定爲界限則租與人爲牧場之時可以言定從某山起至某河止日後人民聚居之時再用詳細之法測量此山河各物以爲或府或縣之界限但此各物亦必依三角形之點方能知各物之方向或定其開造各路之方向

測量各分內每畝之費並每日所量之畝數俱必依地面之形狀與人工火食之價並工之粗細與每分之大小如每分不甚大而以八十畝至百畝者其工多於大面積之分又測量之器以及一切應用物件搬移之難易地面各

分之碎雜整齊皆與經費相關前測新金山新地之價每分略爲八十畝每畝銅錢三至四所有大小路徑並每分之界線作識四角立木刻字依第六十九圖空槽等費俱在內測量推算者之外辦理工程一人工匠四五人一年之內能測量三萬畝

三萬畝一年乃是中數最快之時可多至三倍

此價雖不甚大然屬新開之地亦已大矣然論其價雖再大二三倍亦應預辦其事斷不可有人聚居而地之界限與面積尚未定者後即無所憑矣現在英國各新地測量之費即出於賣地之銀如牛西倫嶔脫白里無論所賣者

爲何地俱有一定之價每畝金錢三枚故測量之工甚細路橋一切工程俱可興辦極好其三枚金錢分用之法以六分之一爲空地之本價六分之一爲測量造路等費三分之一爲招集人民之路費三分之一爲設立禮拜堂與書館延師之費此法與新金山等處不同因新山之價每畝金錢一枚其地俱是拍賣

新金山南邊各處俱是每畝金錢一枚至西秝一千八百四十三年設立拍賣之法其價自金錢一枚起

新金山所有牧場原屬極寬不用細測祇憑三角形之定點其各點之相距與各線之長記寫明白此種大分之地

有人欲買一分聽由買者自去作一記號此爲暫時之界線前數年將新地分爲府縣之章法現在仍照此爲之一省必有方四百里一府方百里一縣方二十五里各界限應有天生之物如河山等如欲得此界限而不能合數亦可或多或少就之惟多少之數不可過三分之一

地面上必留餘地以作旱路或水路又必留空地爲市鎮或村莊或書館或禮拜堂以及公用之處

一省或一府之界線或爲經線或與經線成若干角或爲緯度若干則地面立界線之記號必藉天文之法爲之詳見下卷

測量者所有查考之事無論何地略同如地氣天氣之變泥土之性土人之數及性情與風俗並土石樹木之種類與多少及一切地產之物又必畫出地面形狀之粗圖指明山河之方向與測量者每日所到之處

測量者用便於攜挈之器如紀限儀藉三角形之點以定每日所到之處每到一處所有山河之方位俱宜畫圖如地面多山或多樹林不能見極遠之處則測量者似與行船之法相同須以每日所走之路畫於圖再以天文之法測定各物之經緯故作此事者必精究天文之學

海面行船每日在午正測得太陽而知其緯度又在午前

約九點亦測數次推算其時刻再將午正所得之緯度與船所行之路推算當時之緯度從此緯度推算時角並或加或減所應得之數而知本處之平時詳見第十一卷將此平時與度時表所指格令會知之時相比即得窺測時之處在格令會知之或東或西若干度是爲經度然後推算船在測太陽時距午正所行之里數與方向數從此可知船在午正之經度知此經度與緯度即能定船在圖上之方位

測量曠野之人亦必大略如此考得每日所到之處

如行過之路不甚遠而能推算所歷之處之經度與緯度則其相距可依下卷之法推算而畫在圖上

午正適遇陰霾不便測太陽而考其緯度亦可在夜間測第一等或第二等之星過子午線之高其赤緯度可從行海秝書檢得既知其緯度卽可隨時測不在子午線之星而推算本處之時如有極準之度時表則將格令會知之時與本處之時相比得其經度之大略而畫于圖上度時表攜挈行動必有遲速之異儻於一處住宿二三日卽在暇時考其表之差數而改正之其於經度亦應以太陰在經線之兩邊測之或以下卷之法測之

以上粗略之法考定各處經度常有八里或十里之差然宜謹愼測量切不可大於此差凡測緯度應不可差至半

里卽在再離測之時亦不可差至一里

測量之人用以上各法考驗經歷之各處必用紀限儀或經緯儀窺測易見之物所成之角而畫其圖再在圖上記明水銀風雨表或空盒風雨表或水沸度則知山頂或平原或河源之高

每日亦應記空氣改變之各事如寒暑表風雨表等如遇陰雨而在一處留宿若干時應記每日下雨之數未備測

第七十一圖

雨器之精者可如第七十一圖將馬口鐵爲管上插大漏斗其漏斗口之面積與管之面積有一定之比例亦能知下雨之數管內再用一軟木軟木之上有輕木條勻刻分數以漏斗面積與管面積之相比而配之如其比例爲十與一之比則下雨一寸其木條必起高十寸

測地繪圖卷十

英國富路瑪譔
英國　傅蘭雅　口譯
無錫　徐　壽　筆述

球形相關之事

英國天文家侯失勒云地理以球形而推算可因天文而知地球之形狀與尺寸又可知若干分爲陸地若干分爲水面以及陸地高於海面之數並或山或谷或平原之形勢無不在測望之中

常言地爲球形此舊說也後有人用天文之法詳測知其不是圓球而爲扁球二極如壓平之形而赤道有凸出之

形所以二極之徑短於赤道之徑三百分之一

法國與英國先後細測經線之弧似覺每度之弧愈向極點愈短故疑圓線不合橢圓而有壓平之意惟不勻之數甚小非算法之密者不能覺或云英國測經線之弧本在山多之處所有天頂垂線之器其錘爲山所引所以弧線二端之點因此必有差既而英人馬司克林詳考此事在蘇格蘭伯得西袞山之北與山之南其兩處相距四千尺測得二處緯度之較之中數爲五十四秒六依天文之法測此弧應爲四十二秒九所差十一秒七必是垂線之偏故知愈向北極愈短之說乃測望之差耳

得此數之法在不同緯度之數處歷測經線弧之長則知經線弧一度之極短者在赤道愈向兩極愈長此可見赤道處經線多彎近極處經線稍直

地面上一次所測原屬極小之一分然雖極小能依幾何之理知全球之形狀與尺寸

凡順經線而測地面一度之長有二難而量此線之長短不與焉其一必依大平圓而不可稍偏左右其二考定一度起止之眞方位

美國美生與低客生二人測量一百里之長卽多於一

度其法用長方形之木架長二十尺平置於地面而不用三角法

地面之上本無生成之表記能指出經線之方向並每度起止之點故必以天文爲證測得恆星而考知一度二端之眞方位其最便之法或正在一箇經線之上或略在一箇經線之上檢得二方位爲弧之二端而用三角法憑一量過之底線推算二方位中間之弧長將此數與天文法所測弧之二端之緯度數相比卽知在若干緯度之經線一度之長

測恆星過子午線而得緯度所測之星應近天頂而過

者可免氣差不定之弊如用精器細測所得之緯度不能過於一秒之差

用天文之法而測地面經線弧之長或緯線弧之長乃最難之事此書不能備論其詳祇舉簡便之法言之此外如測量底線及改正各差並從各數推算弧長若欲求之益精必考各人之專書

英國從得奴斯之角起至可立夫頓止測量經線弧所推算之數當英國之中在緯度五十二度三十分之處其經線弧一度爲三十六萬四千九百三十八尺

西秝一千七百九十四年英國得奴斯與必切海得二處中間之緯線弧乃測地繪圖之時所測量者或言此三角法不準所有各數必改正其差此事詳英國測地諸書

法國人密歇捺與得蘭白在頓客格與拍雪羅那二處之中間測量經線弧之長其事在法國權度量衡書內詳之測此經線弧之意不是測地乃欲得度量之數之根以四十五緯度爲準萬法俱從此數而出別國則以鐘擺若干長能成一秒之動得此長數以證度量之數但此必依天氣與地勢兩事其法甚繁所以法國格致家揣思測量經線弧將所得之數爲準只藉方位一事更爲簡便所定之度尺爲過極點之大平圜四千萬分之一博物會之度量

權衡俱準此而定

法國定權度量衡之公會以爲地球兩極之徑小於赤道徑三百三十四分之一但現在知此數有差所以枚尺不能爲子午圈四千萬分之一英國以一碼爲準而其度法之碼並一切權量之器存在國政公會後其處被火所燬器亦無存此外尚有三處存其器遂以所存之器爲準而不用從前所立之法即擺動一秒所得之寸數如倫頓緯度與海面同高之處空氣六十二度在眞空內擺長爲三十九寸一三九三

立方體之內面每邊十分枚之一滿盛蒸水其熱爲三十二度其水之重爲一千格蘭暮定此熱度之故因水從沸界至四十度漸漸縮小以後雖稍漲而在三十二度水質尙爲最密至凝結之時則立漲所有流質之物無有便於此者惟欲作一定質之物可當此重之水以爲權法又甚難蓋較水等重而不等體之物在空氣若干鬆緊之時爲等重而空氣之鬆緊稍改其輕重亦改故必在眞空內稱之始爲可用法國定此權法之體其重等於內邊十分枚之一之立方器所容之水在最密之時之重但其權體與水必同在眞空內稱之嘗用白金與黃銅造成但此二種金類亦不能在空氣內常等重也其黃銅之權爲圓柱形

須行數處公用其白金者存於博物會內以為定章考訂以上各事之時寶大（即作量測法之人）試準鐘擺在四十五緯度並一定之熱度得其準秒此擺以白金為之其長以千分枚數記得極準存於博物會內如所存之枚尺偶有損壞可憑此擺而復得其數

法國所測之弧從巴西羅那向南引長至福門低辣又向北引長至英國之蘇格蘭共測十二度半之弧大略半在四十五緯度以南四十五度以北辦理其事一名畢學一名阿賴苟在西林一千八百二十一年茲將英國天文家愛耶力所作之表列左此表乃測量各處經線緯線之長

緯線弧	弧線中點緯度	二處緯度相距	弧線之尺
得蘭白測量秘魯國	[illegible]	三 七 三	一一三一〇五七
莫抽退斯測量瑞顛國	六六 一九 三七	〇 五七 三〇四	三五一八三二
賴蓋辣與夾雪尼測量法國	四六 五二 二	八 二〇 〇三	三〇四〇六〇五
北斯可非卯測量羅馬國	四二 五九 〇	二 九 四七	七八七九一九
賴蓋辣測量好望角	三三 一八 三〇	一 一三 一七五	四四五五〇六
美生與地克生測量美國	三九 一二 〇	一 二八 四五	五三八一〇〇
法國人測量福門低辣至頓克格	四四 五〇 二	一二 二二 一二六	四五〇九四〇二
司番白格測量瑞顛國	六六 二〇 一〇	一 三七 一九三	五九三二七八
英國測量頓奴斯至百立麻而	五二 三五 四五	三 五七 一三一	一四四二九五三
蘭木吞測量印度國第一弧	一二 三二 二一	一 三四 五六四	五七四三六八
愛弗來斯塔引長其第二弧	一六 八二二	一五 五七 四〇二	五七九四五九九
普拉尼與卡里尼測量必得們忒	四四 五七 三〇	一 七 三一	四一四六五七
加夫斯測量哈奴法	五三 八二 一七	二 〇 五七四	七三六四二六
司脫羅法測量俄羅斯	五八 一七 三七	三 三五 五二	一三〇九七四二

緯線弧	緯度	二處經度相距	弧線之尺
賴蓋辣與夾雪尼測量羅傣河口	[illegible]	一 五三 一九	[illegible]
類氏測量比起海得與得奴斯	五〇 四四 二四	一 二六 四七九	三三六〇九九
英國測量多發至發斯得	五〇 四四 二四	六 二二 六	一四七四七七五
以大里國測量八度阿至馬來納	四五 四三 一二	一 五九 三八	三三一六九七六

以上測量之各弧依海面之高為準從北極至地心二千零八十五萬三千八百一十尺即三千九百四十九里五八三而赤道之半徑為二千零九十二萬三千七百十三尺即三千九百六十二里八二四則有二九八三三與二九九三三之比故二極半徑小於赤道半徑為二九三三三分之一即〇〇三三五二其經線象限弧為三二八一一九八〇尺其一分之弧為六千〇九十六尺二七七畢立云極軸與赤道徑之比為三百〇四與三百〇五之比依此數則小徑與大徑之較為三百二十五分之一尋常皆以三百分之一為中數然皮爾生天文書內有數表各表之數不等從三百分之一起至三百二十五分之一止

測經線弧之長如第七十二圖呷天線為經線弧在此弧上欲測一度之長呷與丑為二箇最遠點此二點之間用甲乙丙乙丙丁丁丙戊等各三角形連之各三角形之頂點約近於經線排列其丑點能更近為最好則所測之相距為自呷至天其天即自丑作垂線至經線之交點然此丑天二點雖相近究有微差若欲更準宜自丑作弧線至經線而得天點依法定準各三角形之後另須測量一箇底線之長而定呷吃線之長或別線之長其三角形頂點

之角亦必測得極詳而弧餘之差亦改正則各三角形之邊從此各數推得之如地

第七十二圖

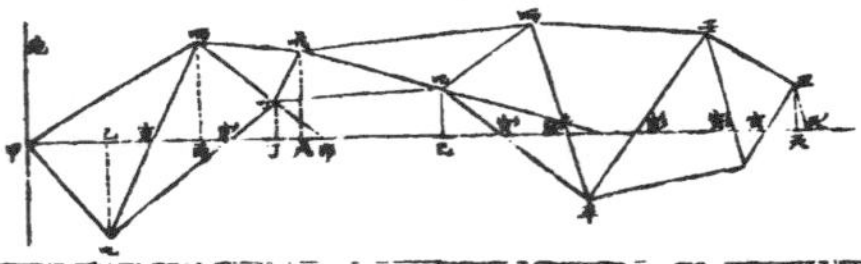

面與海面同高而成平面其各邊方向之度數卽與經線所成之角亦必測準此角可從呐呷天或別種已測過之方向角得之而兩端最遠點之緯度必用極精之器測準所測得之數能與三角法推算之數相比

前測福門得辣地方之緯度曾測至三千九百次

呷天之長從三角法所得之各數推算其初用之法為鈍三角形卽推算經線上所與三角形邊相交之點如呷寅寅寅等之相距或其邊引長之線之交點如卯此各相距之和為呷天線之長

又法起手之工相同不必推算呷寅寅寅等相距而但求經線之垂線叱乙呐丙叮丁因各邊方向之角度已知則從此能得經線上之呷叱呷丙丙卯等之長亦能得呷天之全長頓格格與巴西羅掠中間之弧並得奴色與古里夫得中間之弧俱用此法較諸前法省工而準如各三角形有二邊與經線相交則此法更有一益因可遞經線兩邊所成之正角三角形另得一數以兩數相比彼此可以相證

布衣三得之測地書亦有一法乃改變前法而得者如第

第七十三圖

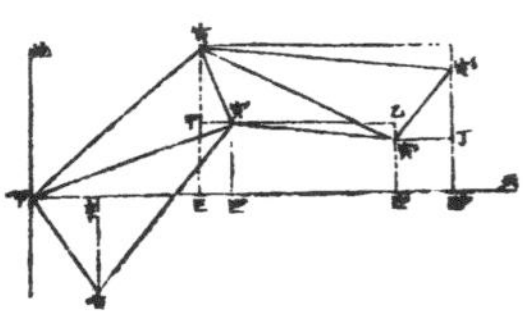

七十三圖過各三角形之頂點作呷天經線之平行線並呷地緯線之平行線不計其弧餘數則此各線相交之點與三角形之邊能成正角三角形而其本邊為正角之對邊如各對邊之方向角度已知則其餘各數亦可知夾雪尼嘗在經過法國京都觀星臺經線與垂線

之旁以前法推算數處之相距

又法考得經線上三角形之頂點而推算其緯線引至經線之交點則此各數之和為呷天弧之長數

地面既是球形則所測之三角形必是弧三角如有相距之兩處其緯度與經度已知而欲推算距弧之長則因地形不是正球形得數難免無小差然其相距不甚大雖為扁形所差亦屬無幾如海邊甚長或曠野甚大不便用三角法測量者則用前圖之法能得數處之要點而定於圖上各要點中間之地後可測量補滿其圖殊能省工如中間各物點不用精器測量此法亦為合用

第七十四圖巳為地球之極點申申為已知經緯度之兩

第七十四圖

處則申巳申角能以其兩處之緯度知之巳申與巳申為兩處之緯度可從巳申申三角形而得申申弧之長測申申二點之時能求其彼此方向角度即巳申申與巳申申二角則所得之數可更準因此二角可測至極準也惟巳角則以兩處經度為憑平常所用之器不能甚精只能得其略數所有之差或在一箇方向或在不同之方向所以測望之事極宜測準各處彼此之方向角並其本處與別處所成之角

如兩處之相距不甚遠而彼此能見所立之表記則其經度可如下卷更換鐘表之法得之而巳角亦能極準從此各方向角度並各處所得之緯度推算其經度之較或與經線所成之角為測英國之時所常用者惟扁球面上弧三角之弧餘數等於天文法所得圓球面經緯度相同之弧三角從此得簡便之式

[illegible]

其房即方向角之和

以平常論之所測之緯度有小差與所得之數不甚相關惟測方向角度之工以準為最要若緯度之數小則以極準為尤要所以近於赤道即緯度小之處此法不甚合用二箇經線在極點所成之角已知則其兩處之相距申申在巳申申三角形內得其大略但此弧必變為地面上相距之相配數如依扁球形而推算此相配數則所用之曲線半徑必為此緯度之中數即[illegible]

若反求之則從已用三角法所定之方位以測地之法得別處之經緯度與方向角度必將地球面所測量或推算

之相距變為弧線然此法必知弧之曲線半徑方能準英國賈步來得之書所列之表能省推算之工無論其弧順經線之方向或為經線之垂線或與經線成若干角而為方向角度或為緯度或為經度或為經線漸漸相近之數俱便於用

格致總要有一式為地球任何經線內之任一點求其曲線之半徑此式以地是扁球形以甲為赤道半徑乙為二極之半徑丑為緯度丙等於扁之數即(甲|乙)則[illegible]

即

求曲線之半徑如第七十五圖有吧吘二點此二點之緯度無論同在經線上或否其緯度爲

第七十五圖

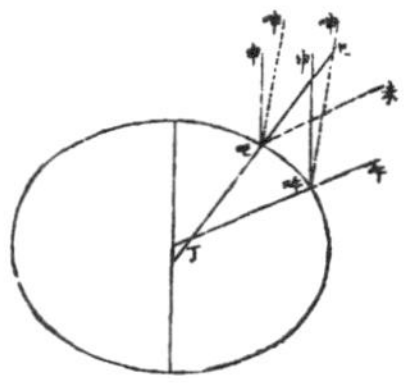

巳吧申與午吘申兩角之餘角而此兩角爲二處之垂線與極軸平行之線所成設呷爲從二處所測之星則申吧巳角等於申吧呷加呷吧巳又申吘午角等於申吘呷加呷吘午若以申吘呷與申吧呷爲相等之角則緯度之較必等於呷吧巳與呷吘午之較亦等於星在二處天頂相距之較卽易測量之角如吧吘二處在一箇經線上則其垂線必在丁點相交而其緯度

之較卽申吘午與申吧巳之較試以吧未與吘午爲平行則申吧未與申吧巳之較等於未吧巳卽兩垂線所成之角吘丁吧其吘吧之長可從測量之工而知而吧丁吘卽緯度之較亦可從星之天頂相距而測知所以吧丁或吘丁之曲線半徑亦可知

又法如第七十六圖令哂與亥爲不同經線之二點過此

第七十六圖

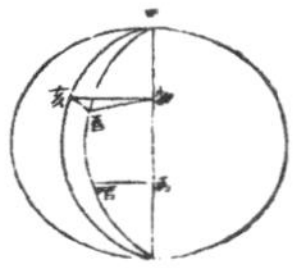

二點並過地軸甲丙各作平剖面則兩剖面所成之角卽經度較之角能以天文之法而得之如有一點酉代前之哂而其緯度同亥之緯度又作亥物酉物各與甲丙

爲垂線則二箇平剖面之角等於亥物酉之角亥酉之相距或測而得之或量而得之其經度較亥物酉角已知則緯度之半徑卽亥物或酉物之長可推而知從此二箇數之任一箇能得曲線半徑之長而從此更易知地球之形與尺寸惟緯度較更準於經度較所以尋常測量專用緯度較而不用經度較

設有兩處之緯度俱已知其兩處彼此之方向角度亦須詳測如美國北邊與英國屬地之界線原在極叢密之樹林內開一路長六十四里開路之方位依二端之方向其推算之式爲愛爾里所設者先將經度較之時刻數變爲

弧度數從其二處之緯度推算得式

$$\text{正切}\tfrac{1}{2}\text{房}=\frac{\text{餘弦}\tfrac{1}{2}\text{餘緯度之和}}{\text{餘弦}\tfrac{1}{2}\text{餘緯度之較}}\times\text{餘切}\tfrac{1}{2}\text{經度較}$$

$$\text{正切}\tfrac{1}{2}\text{亢}=\frac{\text{正弦}\tfrac{1}{2}\text{餘緯度之和}}{\text{正弦}\tfrac{1}{2}\text{餘緯度之較}}\times\text{餘切}\tfrac{1}{2}\text{經度較}$$

緯度大處方向角之大者

$$\tfrac{1}{2}\text{房}+\tfrac{1}{2}\text{亢}$$

方向角之小者

$$\tfrac{1}{2}\text{房}-\tfrac{1}{2}\text{亢}$$

房爲方向角之和亢爲方向角之較

依此各方向角以正毬形改爲扁毬形其法從以上正毬形方向角度求其與九十度相減之較即餘角而四式內須各求一角甲其式爲

$$正弦甲=\frac{\sqrt{七五}}{正弦餘緯度}$$

則各扁毬形之餘角切線等於甲角餘弦乘正毬形之餘角切線其求方向角之法將此各數與九十度或加或減而推算之

測量界線之時所有推算方向角度俱用此式

不用天文之法與更換度時表之法而得二端之經度與緯度但用三角形之法考得二端之眞方向角度以便在二端之間作一直線如第七十七圖令甲乙爲二端之點

第七十七圖

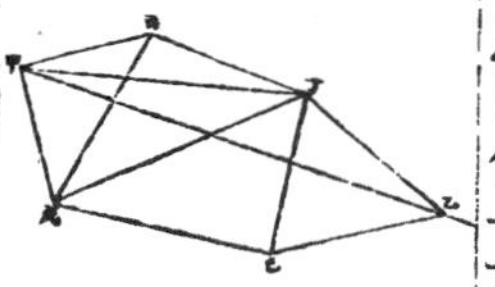

以多三角形相連令一邊爲主如甲丙而推算丙戊邊以及丙丁丁戊兩邊再從丁戊推算丁己丁乙兩邊又從己知之甲丙丙丁兩邊與甲丙丁角推算甲丁邊與丙丁甲角將此數與丙丁戊戊丁己己丁乙三角之和相減而得甲丁乙角再用此角與甲丁丁乙兩邊推算其丁乙甲角此角爲甲從乙與丁從乙二方向角之較其丁從乙之方向角度爲已知如未知者可測量而知則甲從乙之方向亦可知

測地十　十三

美國北邊與英國屬地之間所有界線之方向用經緯儀測量其引長此線之法用子午儀則往前指路之人藉此儀而得開路之略方向又在子午儀處作標號令遠處指路之人望見能知或偏行直行之向標號之法用樺皮作火把或燃火藥雖甚遠亦能望見日中則用回光鏡

此界線共長六十四里測量之人從二端起而漸漸相遇於半路所有相接處偏差之和不過三百四十一尺依其經線之較尚在四秒以內如不問地毬之扁形則所得之差尚欲多三倍改此小差之法在所測之線上作垂線其垂線之長與其離開之處有比

舟師欲知二處相距之里數如申申則以平三角法推算之如第七十八圖丑申爲緯度較申申丑爲方向角申丑爲經度較則成一正角三角形其緯度之一度以六十里爲常數求得此中緯度處經度之里數即能得申申之里數

第七十八圖

推算中緯度而得本處經度之相距如第七十九圖甲乙丙三角形設甲丙爲經度較丙乙邊爲所求二處之相距如五十五度五十八秒之中緯度求經度一度之里數則作乙丙申角等於中緯度丙甲等於赤道上經度一度之長即六十里作甲

第七十九圖

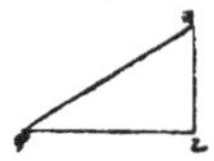

測地十　十四

乙垂線則丙乙等於所求一度之里。三十三里五
又如第八十圖，甲丙乙爲平面行船三角形，甲丙爲緯度

第八十圖

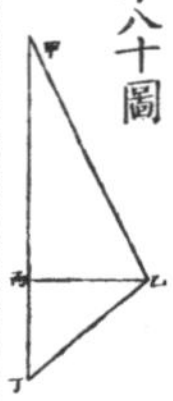

較，甲乙爲所求二處之相距，丙甲乙
爲方向角，丙乙爲經度相距，則在乙
點作丙乙丁角等於中緯度，作乙丁線遇甲丙引長之線
於丁，則乙丁爲經度較。
用墨加到地圖之法，則以上各事可以不用推算而知，其
圖以球面鋪在平面上，而各經線爲平行線，各緯度放長
之比例，與球面上之比例相同，此法之用處極大。
如有本處之經緯度已知，則所有相近別處之經緯度能

以平三角法得之，如第八十一圖，庚處之經度與緯度已

第八十一圖

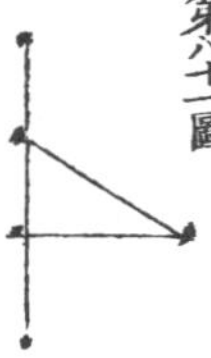

知，而辰爲相近之處，欲求其經緯度，則
必測辰庚相距，或以三角法推算之，又
必測其卯辰庚方向角度，則二處之經
度較庚丑，爲丑辰庚角之正弦，其半徑爲辰庚，緯度較辰
丑爲此角之餘弦，茲將已測過二處推算，以顯此法之用。
設辰點在介太墨觀星臺之南二百三十八尺，與勾令哈
墨禮拜堂相距七千五百四十七尺四，其甲辰庚角，即方
向角度之餘角，爲七十八度五十五分五十五秒，勾令哈
墨禮拜堂之北緯度五十一度二十三分二十四秒一二

其離格林回知之東經度〇度三十三分四十四秒四一，
則餘弦七十八度五十五分五十五秒，其對數爲 九二八三二四三 相
距七千五百四十七尺四，其對數爲 三八七七七九六 兩對數相加得
三一六一〇三九 爲緯度較之尺數，其眞數爲 一四四八九
又正弦七十八度五十五分五十五秒，其對數爲 九九九一八四六 七

千五百四十七尺四，其對數爲 三八七七七九六 兩對數相加得 三八六九六四二
爲經度較之尺數，其眞數爲 七四〇七
在五十一度二十三分之處，其緯度每秒之長爲一百〇
二尺〇二，經度每秒之長爲六十三尺四一，所以 一〇二〇三尺／一四四八九丄二三八 ＝ 一六五三 爲

緯度之較又 大三四一尺 上四〇上 ———— 一 六八二五 ㄥ五 ㄨ八 爲經度之較

勾令哈壂禮拜堂緯度五十一度二十三分二十四秒一二其緯度較爲十六秒五三相加得介太墨觀星臺之緯度五十一度二十三分四十秒六五

禮拜堂之經度爲東○度三十三分四十九秒四一其經度較爲西一分五十六秒八則臺之經度爲○度三十一分五十二秒六

凡將測量之各數畫其圖必先考指南針之偏差則藉此指南針而補圖之各事自有準則各分圖上亦可畫針偏差之數此偏差之數尙未能確知其所以然只能在各處各時記其差數聚而相比得其略法

地面上已有記出之經線則可較指南針之偏向其經線用大經緯儀或小經緯儀之精者測太陽或星在子午線兩邊之高度與平面角度如所測爲恆星則無差欲改惟將窺筩正對一星隨之而移記其初末之度數而取其中數卽是子午線遂記此線於地面用指南針與之相較而得其方向角度此角度卽是偏東偏西之差

如所測爲太陽則其高度或爲太陽之上邊或下邊若求平面角度或爲太陽之左邊或右邊但如此所得之中數尙非眞經線因先後兩測之中間太陽有高低也

冬至至夏至之間太陽漸漸加高午後所測之高弧等於午前所測之高弧則太陽之距經線午後更大夏至至冬至之間反是玆有一式改正此差其式以丁爲酉時刻之間所有高度之變差得式爲 言割餘 × 度率割 × 〡 丁 一二 = 天

行海秝書有每一小時之距緯數

設題以明此式之用西秝一千八百三十八年五月十二日在赤道北五十一度二十三分四十秒測太陽之上邊等高度以度時表得其時

午前九點鐘五十四分二十六秒八

午後二點鐘五分四十六秒

以指南指得其平面角度

東角三百十一度四十七分二十秒

西角四十七度四十五分五十秒

將其午前時刻與十二點鐘相較得二點鐘五分三十三

秒二將東角度與三百六十度相較得四十八度十二分四十秒
再將午前二點鐘五分三十三秒二與午後二點鐘五分四十六秒相加得四點鐘十一分十九秒二此數爲式內之酉所以二分之一酉必爲二點鐘五分三十九秒六以此變爲時角得三十一度二十四分五十四秒
再將東角四十八度十二分四十秒與酉角四十七度四十五分五十秒相較得二十六分五十秒以二約之得十三分二十五秒將此數與三百六十度相較得針面之度分三百五十九度四十六分三十五秒爲

經線之略數改正太陽高低之差必檢本年行海秝書五月十二日每一點鐘變高之數三十七秒五三故二點鐘五分三十九秒六即時刻之半得變高之數七十八秒五爲二分之丁所以

[illegible]

三對數相加得

[illegible]

即其數爲四分一秒三七中點等於三百五十九度四十六分三十五秒以改正之數四分一秒四相減得眞經線在針面所指之方向角爲三百五十九度四十二分三十三秒六即指南針偏酉之差十七分二十六秒四
指南針之偏差又可從近於北極之星考知之細測其星在北極上下過經線之處即得
又法可測星在北極東西兩邊距經線最遠之點即在平線最長之處得其兩個平角之總數而取其中數或取其時刻之中數亦得經線之數

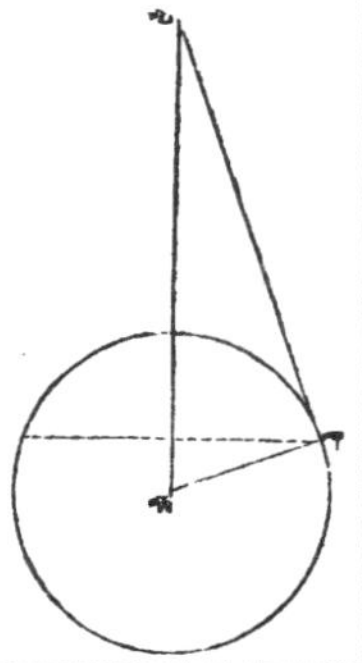

又法但測星在最長之處而得經緯儀地平圈上之一數亦得經線之數此宜預推其平角與時角如圖呐爲北極

即時角吃爲天頂即同於平角呷爲距極之星在平綫最長之點以正弧三角法推之其平角之式爲

[illegible]

又式

[illegible]

其時角之式爲

[illegible]

又式

[illegible]

將此時角之數以十五約之即得其相距之星時
又有別法如測太陽出沒時之角度或任何時刻測其平

面角度其推算之工更深詳後天文各題

又法不用測量諸器亦能得經線之略即在平面之處立一表其直如垂線午前三四點鐘取地面表影之長爲半徑而以表根爲心作圓線視午後之影與圓線相切遂以午前午後兩切點之相距平分作點與表根作一線即爲經線亦可較指南針之略差若於午前午後各記三四次之影而得各中點自能更準

前言用三角法定各方位或以天文法推算相距而定其方位祇能在不甚大之界限內用之因地爲球體不能以平面上之圖肖其眞形必依此例而改其形狀則平面圖

地球彼此之大小與球面上不能相同

凡畫大塊地面之圖必預定一法排列其經線與緯線則各地之經緯度可依此線而記於相當之處然此各地之相距已非球面上之比例矣所用經緯線排列之法應取簡便易畫之線使地面之形狀無有過大過小之差

英人臧密斯言前蓋蘇格蘭愛爾蘭兩處之圖以一寸代一里其法略與富蘭蓄斯太得之法相同故二處之分圖可以輳湊連合惟英吉利之圖不依經緯線排列之法

侯失勒談天內有地圖三種線法言之甚詳其第一法名簡平儀法第二法名渾蓋通憲法第三法名墨加到法俱以球面之形變爲平面之圖

簡平儀法在球面之各點作大徑處平剖面之垂線即變

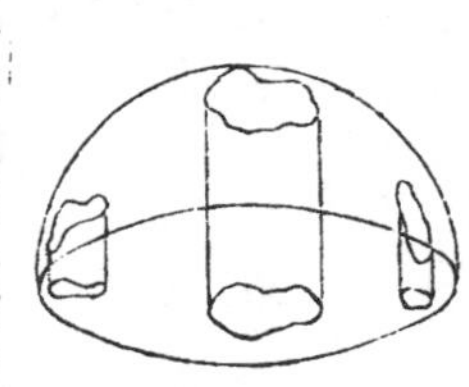

爲平面上之各點如圖其所成之形如從無窮之遠直望而適合半球面之形狀此惟近中心之各分爲眞形漸遠中心漸差而狹小近邊之處其差更多故此法祇合用於地面小分之圖

渾蓋通憲法較勝於前法如第八十二圖此以地球爲透光人目在戊點即球徑戊丙乙之一端從此視半球凹面

第八十二圖

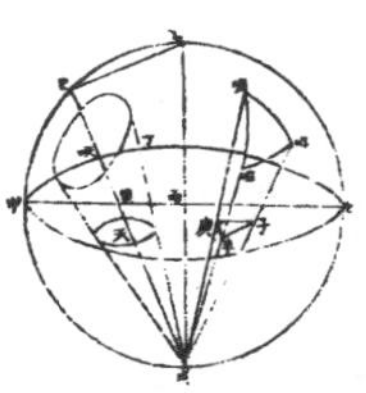

之各點則光線直射而過大徑處之平剖面此平剖面甲丁已以乙丙戊爲垂線而球面之任一點已爲已戊線與甲丁已斜交而得寅點所以球面上之三角形嗹哰呼在平面上亦爲等式之三角形庚辛子球面之吠平圓在平面亦爲天平圓惟過頂點乙之大圓線在平面必爲過丙點之直線故乙已甲大圓之象限亦爲丙甲直線此圖所得之各形與其眞形略相似雖大至半球形之圖其形無甚大差但與前法有相反之事簡平法之圖近邊過於緊密渾蓋法

之圖近邊過於疎大

以上二法俱有天然之理是將凹面照在平面之上而全得眞形之影惟盟加到法則不然其圖非人目從一點所能看盡者須循各點而列覽之其經線之距各作平行相等而各等於赤道上之數緯線則離赤道漸遠而相距漸大其相距之數恆與相當處經度之闊有比此法之意以赤道圓線張成直線而各經線與赤道爲垂線又如將球形之外套以空筒從球心與球面之各點作線引至筒面然後剖開筒體而矯爲平面故能令各小分之眞形與渾蓋之法相同惟各處之比例依在圖之何處其形有漸大之異如第八十三圖在緯度二十度之一形移在四十度畫之則依比例而變大再移至六十緯度而更大以此類推而至北極之處則大至無窮

第八十三圖

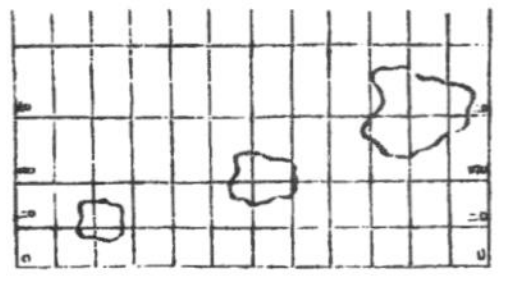

畫地面大塊之經緯線法以赤道北四十四度至四十八度三十分經度相距九度爲式如第八十四圖作甲乙線爲中經線平分之而得合用之緯度四度半則於四十六度作丙丁線與經線相交成正角又在各度之點作丙丁之平行線此各線藉以取弧線之各點非圖上所用者

第八十四圖

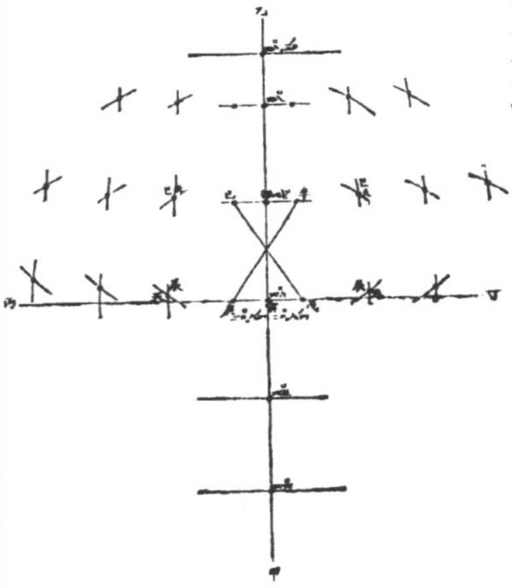

再推算四十六緯度之處所有經度一度之分數得四十一分六八此數之半爲二十分八四從寅向丙與丁各度二十分八四如寅戊寅庚再推算四十七緯度之處其經度一度之分數卽四十分九二以二約之得二十分四六以此數從卯點向左右度之得卯辛卯巳再作庚辛戊巳之對角線然後以庚辛或戊巳爲半徑各作短弧天天天天

再將庚戊之度爲半徑以庚與戊各爲心作弧與天天弧相交於辰辰再以巳辛爲度而作巳巳辛巳相距又以同法向外作各短弧而得相交之點其餘各緯度亦然卽在各點聯爲弧線而成各經緯線

測地繪圖卷十一

英國富路瑪譔

英國　傅蘭雅　口譯
無錫　徐　壽　筆述

天文相關之事

測天常用之器所便於攜挈者為紀限儀回光圈多倫得蠡測圈水銀盆度時表風雨表寒暑表書籍則對數表光差等表與本年之行海秝書測量大塊地所不能多移動之器此前各器更精其分度線刻至極細觀星臺所常存之器為子午儀恆星時表赤道儀大經緯儀天頂儀子午圈

諸曜之高度與地平度俱能用測地之小經緯儀窺測回光鏡之器其兩鏡平面所成之角為所測之角之半故其弧面刻線之法加倍其數如六十度則在紀限之弧面為一百二十度其全圈之度共有七百二十

改正紀限儀與回光圈之法是卷歷言其大略回光蠡測之器亦言其略

回光蠡測之器最為精緻其蠡測之意因能屢次測角而從各數取一中數如測英國之時所定緯度與經度有天頂儀大經緯儀子午儀此子午儀本在觀星臺所用之器移至地面可立一架而用之地面先立四柱上鋪平板板上置器如用磚石築小臺亦妙大塊石不及沙堆之便因沙堆不傳振動之力也美國北邊與英國屬地之界線在西秝一千八百四十五年所測定當時用子午儀其聚光點之相距二十寸至三十寸儀外用細布作帳不使風吹滅燈

紀限儀○此器之弧勻分為十分數用佛逆能察十秒另有顯微鏡能察十秒之半先窺略數而將指數表（即佛逆所在）轉螺絲夾緊於弧面再將佛逆螺絲轉至極準其指數表轉動之心有回光鏡名全回光鏡此鏡與儀面成正角儀上之鏡名際線鏡此鏡半透光而半回光其透光之半可

直窺所測之物其平面必與前鏡之面平行而指數表適合○度如兩鏡之面不平行即為指數之差有一窺筩與儀面平行連於圈上便於進退使直窺之物與回光鏡內之物等清另備數箇暗鏡以測太陽

海面用此器測太陽或星之高以天際線與太陽或星相切如在陸地而用水銀盆必得二形在水銀面相合此法所得之角為海面所得之角之倍

全回光鏡造時已審定其位置且甚堅牢故尋常之器不預備配準之法如欲試其準否可將指數表移至略近中間斜看其鏡內分度弧之影與分度弧○度之一端相連

成曲線而甚平即是無差否則兩端不相對而兩弧亦不平。

際線鏡有一小螺絲在架下藉以配準此鏡令與器面成正角如窺遠物之回影正在直窺之形之上則知配準。

兩鏡或不平行而欲求其差數則將佛逆之度正對分度面之○度而察直窺之形與回光形相合如不合者以指數表移就而使適相合移過之角數即其差數尋常得此差之法測太陽之徑將指數表移至與○度相距三十分再轉佛逆螺絲令太陽之兩形相切而視所指之角度又將指數表移至○外餘弧略同之分數而如前令兩形相

切再視其角度此兩數之較之半亦為差數如○外餘弧之角數大其差為過小之數設○內角數三十三分二十秒○外角數三十二分四十秒較數為四十秒其指數差即減二十秒。

以上測太陽之兩數若無差則兩數和之四分之一為行海秝書本日太陽半徑之數尋常紀限儀無有配準指數表之器故必常常看有差否如有差則於用儀之時或加或減其差數。

窺筩與器面原可不計其平行如欲計之須測兩物之角略為九十度其兩物之影在窺筩內之第一線相合再移至第二線亦能相合即為平行如有差則擎筩之圈有二小螺絲可配準。

全圈儀○其理與用法並同紀限儀惟用全圈作弧而面有三佛逆一可轉緊令指數表不動又有螺絲可與全回光鏡繞同心而轉又有二柄與平面為平行有一移動之柄成正角方向測平面角之時可連於前二柄上。

全圈儀較勝於紀限儀所有之指數與儀心差因兩邊俱測能自相消又因三佛逆在等相距之點而可並視其數也所測角度比紀限儀更多雖至一百五十度尚能測之所以太陽離天頂十五度以外可用水銀盆測其倍高角。

但此器亦有三事須配準與紀限相同其一必將全回光鏡令與全圈之面成正角如造器之人藝精者不常有此差其二際線鏡亦必與儀面成正角其三遠鏡上下之平面亦必與儀面而平行。

臺測儀○此儀配準之法將內圈之佛逆移對外圈之○度即七百二十度轉螺絲夾緊再將全回光鏡指數表之佛逆放鬆兩鏡平行之時此佛逆應在○度則可測高角或平角其法將指數表移前窺見二形相合之時轉緊其螺絲連於外圈如欲記所測之時則記之而其角可得其略數。

再將窺筩之桿放鬆倒置其儀將窺筩之桿移至前所得角度之略數其分度在內圈○度之對邊能辨之再用佛逆螺絲令其相切則外圈所得之角自然爲平時所測之角之倍因儀倒置故無指數之差如是而循環窺測若干次其際線鏡之佛逆所指出末次之角度必細察而以所測之次數約之即得各角之中數

測第一次時其佛逆不必移至七百二十度可從任一角起與用經緯儀相同但不如前法之準耳

水銀盆○爲各種回光器所常用者其制作長方形上有玻璃蓋其玻璃能藏在盆內以便移動水銀必濾至極淨

但水銀原爲不便移動之物故有用圓玻璃片其背加以黑色之料用酒準使之極平然又不甚可憑如用濃質之油或用糖漿亦可代水銀之用又屬模糊總不及水銀之善

無論何法其器必置於甚堅實之架否則平面終不肯定所置之方位必便於窺見物體如所測之物不甚高則其平面必幾與人目同高

測時必先將指數表移至二形略相切用佛逆螺絲轉至極準如測太陽之下邊相切則全回光鏡所回之形在上上邊相切則反是回光器常用倒影遠鏡故水銀面所見之下邊實爲上邊反之亦然所以形之自此方向移動其指數表必反其方向就之

用水銀等法當天際線所測之角爲離天際高角之倍

地球所設經度與緯度依天球而論之其名相同其天之經度在赤道即地球赤道相當之圈此圈之上測其經度從戌宮初度起因此爲甚便於起算之點此經線與黃道爲垂線而在或北或南定其名

初學天文者常難明經緯度之意因天之經度以黃道爲主不以赤道爲主所以天上之經度從黃赤交點起算黃赤交點常無定所而在黃道上之移動亦不平勻此因

太陽與太陰相并之攝力而攝此地球赤道凸出之處也所以赤道與黃道之交點每年退五十秒三而赤道之極點漸漸繞黃道極點而轉其轉一周略爲二萬五千八百年其太陽所現之力與太陰所現之力略有二與五之比但力之方向不甚相同所有歲差與章動之事混合在內赤道與黃道平面相交之角爲二十三度二十七分三十秒每年改變之數爲秒四七五五所能變極大之數爲二分四十二秒所以諸曜常有稍改方位之式而恒星之經緯度亦常不定但歷時未久而測之亦不能覺行海秝書每十日測定恒星一百箇改變之方位數並其光行差數

此既十日有之則十日內之每日亦可推算而知.

凡諸曜之光每一秒之行率二十萬里如測者不動則其光雖歷多時而來仍與纔測之時相同然測者必隨地球轉動星光從像鏡至目鏡必有所歷之時既有其時則目鏡見光而星已稍偏故所對之方位不是星之眞方位名爲光行差即地球轉動稍偏於西而以星之眞方位與所測之方位之較.

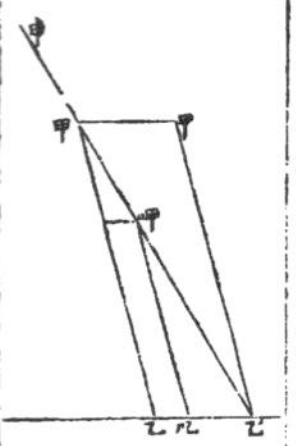

令酉與酉爲星光到像鏡與目鏡所歷之時如圖甲與乙爲像鏡與目鏡在酉時之方位甲與乙爲兩鏡在酉時之方位乙與乙爲地球在酉減酉時轉過之相距則此時之間其星之光線申甲乙行過甲乙之路可見乙甲爲星之眞方向而乙甲爲從窺筩所看之方向此以地球之動在此微數時爲直行而平勻而光行亦爲平勻故甲乙甲乙線亦平行又光自甲行至乙之間恆在窺筩之視軸內即窺筩在呷吃之方位時而光線行到甲點即得式爲

乙乙：乙甲∷乙乙：光行

恆星之差其理在此式內如行星則星自動而不同此理其恆星之差爲申乙甲角之弧.

其弧必過此星點並乙乙線引長與天球相遇之點.

凡與天際線爲垂線之大圈必繞天頂與天底而相遇名爲立圈地平以上之諸曜俱在此圈測其高度此圈無論在何處與子午圈在天際相距之弧謂之平面角度設星之高弧與平角已知則能定當時在天上之方位如知其緯度與經度則能定其在天球上之方位.

諸曜之經緯度已知則其高弧與平角即能推算而知反之亦然但其黃道之斜度須預知之否則不能推算.

人所見之天際爲一平線在測望之處與地面相切而直引至空際其眞天際線則與地心之徑引出之線相遇凡高度之地心差必依此眞天際而推算之高度之氣差已詳第六卷諸曜所見之方位常高於其眞方位故其差數必爲減數.

胡得耗斯推此差之常數以五十七秒爲略數.

地心差恆爲加數此差數只爲諸曜高度所用乃地球半徑所對之角其角點在所測之物大陰離地最近故其地心差爲最多然測太陽或行星之高度亦宜推算其地心差惟恆星則此差可以不計因其離地之數略可謂無窮故不能覺.

恆星之相距以地球之徑較之得五十萬萬倍爲極小之數

第八十五圖辛辰爲人目所見之際線未丑爲眞際線申

第八十五圖

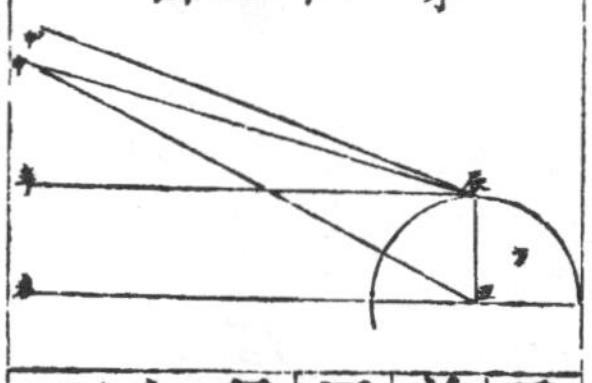

爲物之眞方位申爲所測之方位因氣差而舉高者申辰辛爲所測之角而申辰辛爲改正氣差之角申丑未爲改正氣差並地心差之角卽等申辰辛加地心差辰申丑

行海秝書所載諸曜之赤道心差以地球在赤道處之半

徑爲對角之邊則赤道之地心差爲極大而在極點爲極小所以此差依測望處之緯度依其緯度所應減之數可從緯度表檢出又凡所測之曜近於天際其地心差爲極大愈近天頂其差愈小至天頂則無此差

又有一差爲測太陽或太陰之高度所必用者卽半徑數因所測者爲上邊或下邊故必加減其半徑此半徑數檢行海秝書有每日之數

如將上下邊迭更屢測則所有半徑之變數可相消而不問

海面之上測望又必計人目高於海面之數此數恆爲減數凡用紀限儀又必推算其指數差卽回光形與眞形相合之時所得二鏡不平行之數

平常用紀限儀測天空諸曜其考出差數之法在○度之兩邊如測太陽之徑必先將佛逆移至離○點之半度轉緊夾住之螺絲而用佛逆螺絲轉至兩形之邊相切記其分秒之數

凡用佛逆螺絲其進與退之動不同不可專用其退動其螺絲各處之疏密亦不同

再將指數表放鬆將佛逆移至○度之外卽餘弧其相距略與前相同再以同法令兩形之邊相切以所得之數與前

數相減將其餘數以二約之如餘弧數大者其指數差爲加如小者其指數差爲減設分度弧三十二分十秒餘弧三十三分二十秒較數一分十秒指數差加三十五秒

以上各數與各名如第八十六圖丙爲地心卯丙申爲地

第八十六圖

軸卯申爲南北二極戊午爲地之赤道甲爲測望處之緯線甲己卽申丙卯之平行線爲測望處極點之高甲人爲地球半徑引長向天頂之線人爲天頂則卯甲戊申爲測望處之經線卯庚申爲經度之○線庚午或庚

卯戊角爲測望處之經度戊甲爲其緯度如令咖呻爲在甲點相切之平面則咖呻爲所測之際線咖甲呻爲其經線咖呻爲其天際之南北點

再如第八十七圖不問地球之大小即以人在地球之心而以地心之天際論之則是圖爲天球而丙爲測望之處人爲其天頂卯爲其天底辛甲辰大圈爲天之際線人與卯爲其極點巳吧爲南北兩極點辛巳爲極點之高度

第八十七圖

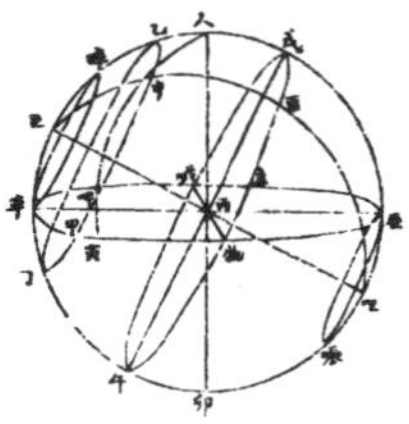

巳人戊辰爲其經線吧巳垂線方向之大圈戊酉午爲赤道如令未爲春分點則未酉爲經度酉申爲赤緯度巳申爲星距極點之度數從巳申哂吧圈得之此圈從赤道線而得之則乙申丁必爲其星繞極點每日所行之圈再以高弧人申寅依際線而論則辛寅爲其平角寅申爲其高度人申爲其距天頂度辛與辰爲際線之南北點戊與物爲際線之東西點又如辛啐辰哏爲小圈即緯線在際線之南北點相切則啐辛爲恆顯之圈即星繞極而常在地平之上哏辰爲恆隱之圈即星常在地平之下此兩小圈中間之空每日能出能沒則任一星如申一日內所有時圈之甲乙呷大分在際線之上甲丁呷小分在際線之下

前二圖俱可見極點之高度必等於測望處之緯度其八十六圖之巳甲人即極點餘高度之角等於卯丙甲而丙卯與甲巳爲平行線其不見之卯點爲極點惟卯丙甲爲測望處之餘緯度故極點之高必等於緯度其赤道在際線東西二點斜倚之角度等於測望處之餘緯度

太陽至子午線並至赤道線即春分點所以證一日與一年之積時此爲天生度時之法但其數不能一定而恆有差故又必用人造之法蓋測天之事常以各分數爲等分但一年不能等分爲若干日而必有奇零此奇零爲最繁之數因此各西國度時定年之數而所計之一年比太陽行之一年稍小至西秝一千七百五十二年已多十一日所以各大國同時減去此十一日惟俄國仍用舊法依現在所用之法年數不能以四約之則有三百六十五日如能以四約之而不能以一百約之則有三百六十六日如能以一百約之而不能以四百約之則有三百六十五日不問前言如能四百約之則有三百六十六日亦不問前言此法每三千年內只能差得一日此爲度時候之事若天文之事與此不相關

每四年加一日即等於每年加六點鐘但其實數爲五點四十八分四十九秒六二則其所加之餘數爲十一

分十秒三八略爲一百二十九年差一日故於一千七百五十二年減去所餘之十一日而用現在之新法每四百年加九十七日則以三百六十五乘四百加九十七共得十四萬六千〇九十七日故每年爲三百六十五日五點四十九分十二秒尚餘二十二秒三八積至三千八百六十六年差一日所以新法常言每四千年只有三百六十五日則歷年所有之差爲極小數

天文內度時刻之法有三一以太陽之視時爲一日一以太陽之平時爲一日一以恆星之時爲一日此即恆星之視時

視時之日者即太陽過一箇經線所歷之時然黃道與地之赤道斜交成角而地球所行之道亦非平圜所以每日之長短不等然此種度時之法最有證據惟別種公用之事尚不合用

平時之日者即人所定之數以一年之日數平分之凡測望之事必以此法度其時刻設太陽能行赤道而不行黃道而其速能平勻則時刻不必分以前二種

視時與平時之較名爲時較欲得此數可檢行海秝書每日之數或爲加數或爲減數俱依太陽之實在方位與虛方位相關之數

恆星時之日者即地球依本軸從所對任一恆星起轉一周或任一恆星過子午經線所歷之時此時刻無論何日所差極微嘗以兩日相較其數相同如歷年極久其差方能稍見恆星愈近於赤道所見之差愈小

胡得好斯天文書論恆星時漸漸改變之故甚詳可見恆星時亦有視時與平時之別

恆星時之日必少於太陽平時之日三分五十六秒九一故比極短視時之日尚短

第八十八圖

如第八十八圖戊爲地球之心甲爲地球之面申爲恆星申爲太陽地球轉一周而得恆星第二次過其子午線必再行過申戊申角方得太陽在原子午線可見恆星時之日不能不短於太陽視時之日

恆星時與太陽之視時俱依赤道推測其恆星之時爲春分點與測望處之經線在極點所成之角其太陽之視時爲測望處之經線與太陽所在之經線所成之角以上兩角向西而測故太陽之視時與太陽行過春分點之赤經度相加爲恆星時設太陽在子午線上之時其恆星時與太陽之赤經度必相同

地球面任兩處時刻之較能以赤道之經度數推算此因

一周有三百六十度等於二十四小時則每經度十五度等於一小時所以兩處欲推算經度之較須定兩處在同時之時刻而同時知兩處之時刻必用度時表其表常能指出格令回知觀星臺之真時如船上常有搖動常移方位舍此更無別法

測望之法有五數如有三數已知其餘兩數可用弧三角法推知

一測望處之緯度

二所測之曜之緯度

三所測之曜在經線或東或西之時角

四所測之曜之高弧

五所測之曜之平面角度

第八十九圖有三角形巳人申其巳為極點人為天頂點申為所測之星以上五數之本數或餘數俱在弧三角人巳申邊與角之內巳人為其餘緯度巳申為其距極度人申為其距天頂數人巳申角為時角巳人申角為平面角

第八十九圖

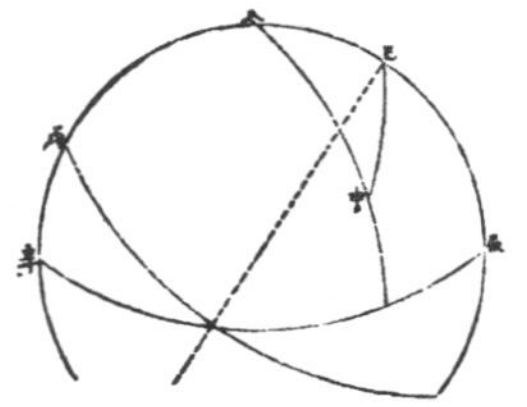

此三角形專為推算天文之事附卷天文各題詳其用法

欲測定本處之緯度與其時刻而所測之物或為太陽或為巳知其赤經赤緯度之恆星惟恆星更便於太陽因太陽之差甚多也如半徑差與地心差又如測候等高度必須推算中間距緯之變數若測恆星此工可省

測望星之中心比太陽之一邊更準惟行船於海面之時不必極詳極細且夜間之際線又屬難見則以太陽為便若在陸地所用回光鏡之器俱藉水銀平面當際線故夜間雖暗亦可用

測星所用之度時表必為星之時刻測太陽所用之度時表必為太陽之平時無論所求者為本處之時刻或格令

回知之時刻俱同

測地繪圖附卷

英國富路瑪譔　英國傅蘭雅口譯　無錫徐壽筆述

天文解題

第一章○求恆星時變爲平時又反求之

凡用恆星表測太陽或用平時表測恆星必用此題其法在行海秝書之附卷論之甚詳所用一切之數常爲相加之數

此法所用有三表其一爲平時相等之恆星時如後附第一第二表並行海秝書五百三十六頁五百三十七頁名爲相等表其二爲春分點過子午線之時刻其表在行海秝書每月之第十九頁其三爲平午時相等之恆星時其表在行海秝書每月之第二頁

恆星時變爲平時之法將昨日恆星時之午時即春分點過子午線之平時從行海秝書每月第十九頁檢出再從相等表檢出恆星時與平時之較數兩數相加即得

平時變爲恆星時之法將昨日平午時之恆星時從第二表檢出再從相等表檢出平時與恆星時之較數兩數相加即得

行海秝書內平午時之恆星時即子午線之經度俱自格令回知子午線推算用此書者必將其所到之處之經度與格令回知之經度之較改正其時數

貝里所設之式　寅一(申丅甲未)丅㖶　又　申一甲未丄寅丄甲　其寅爲測望處之平時申爲相配之恆星時甲爲經線在昨日之平午時子午線之平經度其數在行海秝書每月第二頁之恆星行內檢出㖶爲恆星加速數依貝里第六表爲(申甲未)之相距而推算其甲爲貝里第七表內所檢寅時候之加速數

設題○西秝一千八百三十八年三月初六日經度二分二十一秒五在格令回知之東其星時爲八點一分十秒求其平時

檢第二十二表得昨日恆星之午時其相配之平時一點四分四十四秒一九爲經度改正即二分二十一秒五等於一百四十一秒五其對數爲二一五〇七五六　又恆星時一秒之較爲〇〇二七三〇五　其對數爲三四二六二四二二　兩對數相加得五八六九九八六　此數之眞數

爲 三八六 將此數與前平時數相加得一點四分四十四秒五七六三

檢相等表得八點之相等時爲七點五十八分四十一秒三六三五二一分之相等時爲五十九秒八三六二二十秒之相等時爲九秒九七二七以三時數相加得七點五十九分五十一秒一七二四與前所得之共數相加得所求之平時九點四分三十五秒七四八七

其○○○二七三○五爲一秒時內恆星午時所改變之時刻又○○○二七三七九爲太陽之平經度在一

秒時之改變數即一點內之變數爲九秒八五六五

將前所得之平時數九點四分三十五秒七四八七反求其恆星時

檢第二表恆星時行內格林同知平午時太陽之經度得二十二點五十五分五秒一八其東經度之數爲一百四十一秒五其對數爲 二一五〇七五六四 太陽在一分時所變平經度之數爲 ○○○二七三七九 其對數爲 $\bar{三}$四三七四一七六 兩對數相加得 $\bar{一}$五八八一七四〇 其眞數爲

三八七四 將此數與前格令回知之數相減得二十二點五十五分四秒七九二六又平時九點四分三十五秒七四八其相等之星時爲九點六分五秒二一一二兩數相加得八點一分十秒○○三八

此數依貝里之式推算之得 寅＝(申丅甲未)丅甲 其申等於八點一分十秒(甲未)等於二十二點五十五分四秒七九兩數相減得九點六分五秒二一其甲依貝里第六表爲一分二十九秒四六兩數相減得寅等於九點四分三十五秒七五

又依貝里之式反求之得 申＝甲未丄寅丄甲 其寅等於九點四分三十五秒七五其(甲未)等於二十二點五十五分四秒七九再將此兩箇時數相加得七點五十九分四十秒五四依貝里第七表得甲等於一分二十九秒四六相加得申等於八點一分十秒

第二章○求諸曜高度之各差數即氣差地心差日月半徑差目高差並儀器指數差之各數

推算氣差布賴得里有一式爲 氣＝甲正切(人丅乙未) 其人爲所測之曜與

天頂之相距甲與乙爲測望所定之常數即甲爲離天頂四十五度之氣差中數略爲五十七秒其乙爲三秒二賴

布拉期之式爲 [illegible] 其丙爲六十秒六六

從此各式所作之表不能眞相同因其常數不同也又伯色里與格倫白里知所作之表內亦得各常數不同各表用一中熱度並空氣壓力之中數則窺測之時必依寒暑表與風雨表之數而改正以合於立表之時所用之數如用氣差表改正各事其工簡易後附第四表爲容氏所設之氣差表

諸曜之氣差在不甚高之角度略與離天頂視角之切線有比如極低之角度其氣差逐度增大而不平勻至天際之處其爲三十三分大於太陽之全徑故所測之曜不可近於天際線

地心差已詳十一卷八十五圖此差在任高度其差數角正弦減小之數與高度之餘弦同但高之地心差能從平之地心差一直得知不必用推算之工

凡秝書所有地心差爲赤道之地心差詳八十五圖之說赤道徑大於別處如欲其極詳細則第一箇改正之數爲測望處之緯度除測太陰高度之外不必問此差太陽平視地心差之中數略爲八秒六因地球與太陽每日改變其相距則必依一年內之某日而改正之如第八表爲每月初一日太陽平視地心差從此數可依比例而推算任一日之數檢行海秝書有每十日之數從此表之平視地心差能得其高度若干之地心差

行海秝書行星之地心差每五日有一數如用小儀器窺測行星除金水二星之外不必改正其地心差檢行海秝書每月之第三篇有太陰每日子正與午正之平視赤道地心差太陰之高度差測望處之緯度差其數甚大應比別曜更宜詳細惟海面行船之事不甚問其緯度差而其

高度差檢表可省推算之工因表內有太陰每高十分角之差數也

太陽半徑差見行海秝書每月之第二頁有每日平午正之半徑數第三頁有太陰每日平午正與平子正之半徑數行星之半徑數與地心差合在一表凡測太陽太陰與行星只測其上邊或下邊故以半徑數或加或減而得中心數太陰之高度愈多其半徑愈大因測者離太陰較近也所以半徑數必依高度改正之用第七表甚簡

行海秝書一切之數俱爲格令回知之時推算故必推算各處經度之較而得本處之時

太陰每高一度所增半徑之數可檢第七表得其數凡用水銀面當際線所得之高度較諸僅用際線所測之高度多一倍

第九十圖

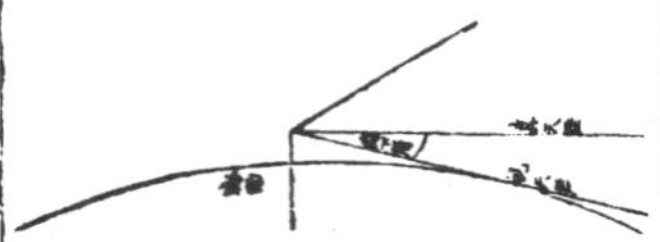

目高差如第九十圖爲海面行船所用僅人目高於所測之天際線如陸地用水銀面等法則無此差所以海面測得之角較大於眞角目高差常爲減小之數詳見第十一表

改正儀器指數差之法已詳前

設題第一　○西秝一千八百三十八年三月十五日用紀限儀測太陽之倍高角得四十二度三十七分十五秒當時寒暑表四十二度風雨表二十九寸九八九求改正半徑差氣差地心差之太陽高度

船上測太陽而得緯度本不能詳細所以寒暑表風雨表俱不問

紀限儀指數差

○內角數三十三分四十秒○外角數三十分四十秒二數相減得三分以二約之得指數差減一分三十秒

氣差

檢第四表得二十一度高之氣差爲二分三十秒五又十八分之氣差爲秒二兩數相減得二分三十秒三其寒暑表差爲二秒四與前數相加得二分三十二秒七風雨表差得秒一與前數相減得氣差二分三十二秒六

地心差

檢第八表三月十五日二十一度高之地心差爲八秒一將此數與前氣差數相減得氣差與地心差之和爲二分二十四秒五（以上三事爲設題內之旁事以下爲正工後題並同）

測得之倍高度四十二度三十七分十五秒減指數差一分三十秒以二約之得太陽上邊之視高爲二十一度十七分五十二秒五半徑數在本日爲十六分五秒五兩數相減得太陽心之視高爲二十一度一分四十七秒以氣差與地心差之和數二分二十四秒五減之得太陽心改正之高數二十度五十九分二十二秒五

設題第二　○西秝一千八百三十八年四月初六日在緯度五十一度三十分之處格令尼知午後九點鐘測太陰下邊之倍高度九十七度二十一分五十秒紀限儀指數差五十秒寒暑表五十四度風雨表三十寸一求其改正之高

半徑數
午後九點鐘之平視數十四分四十二秒八
四十八度四十分五之增大數爲十秒九兩數相加得十
四分五十三秒七
氣差
四十八度之氣差爲五十二秒三五十五分四之氣差爲
一秒七得氣差五十秒六寒暑表差秒四相減得五十秒
二風雨表差秒二相加得五十秒四
地心差
平視赤道地心差在午後九點鐘爲五十三分五十九秒

七緯度五十一度三十分之改正地心差六秒四兩數相
減得本緯度之平視地心差五十三分五十三秒三
五十三分五十三秒三之正弦對數爲八一九五二〇三
〇又餘弦四十八度五十四分三十三秒等於九八一七七三
三七
兩數相加得八〇一二九三六七其角度爲三十五分二
十五秒爲本高度之眞地心差此差如用地心差表可一
檢而得
測得之倍高度九十七度二十一分五十秒指數差五十
秒兩數相減得九十七度二十一分以二約之得四十八

度四十分三十秒半徑數十四分五十三秒七相加得太
陰心高四十八度五十五分二十三秒七以氣差五十秒
四相減得四十八度五十四分三十三秒三再以地心差
三十五分二十五秒相加得四十九度二十九分五十八
秒三爲所求之改正高度
以上兩設題不計目高差因用水銀面測望也若爲恆星
亦不必計半徑數與地心差
第三章〇求緯度
第一法〇測繞極之星在極高極低之處
此法不藉星之赤緯度其高度可任用一儀器測之但其

器應合於眞子午線而不稍動爲要如用紀限儀等回光
器測星過子午線上下兩處俱不及不動之器之準或以
星過上下兩處之左右測其高度數次依下法得其經線
上之相配數無論何法可以人代星在低處所測之距天
頂數以未代星在本處之氣差又以人代星在高處所測
之距天頂數以未代星在本處之氣差則極點離天頂之
相距即本處之餘緯度必爲
二〡(人丄人)丄(未丄未)
依貝里之書所論其數
可以差半秒因各人所作之氣差表有不同之處

第二法○測太陽過子午線之高或已知其赤緯度之星過子午線之高如在子午線兩邊測數次必將各次變爲過子午線之數。

太陽或星過子午線之高以前法求之而改正其氣差與地心差並其半徑數則所得之緯度爲人丄丁此爲在天頂之南而測者如在天頂之北極點之上則爲丁丅人如在天頂之北而更在極頂之下則爲一八〇丅（人丄丁）其人爲星在子午線上離天頂之相距丁爲星在本日之赤緯度如

第九十一圖

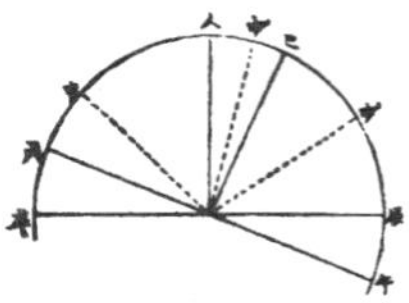

在南則此數爲減數如第九十一圖戊申戊申午申三弧爲星在中申申三點之赤緯度又巳辰與人戊爲測望處之緯度等於戊申丄人申此爲星在天頂人點之南如在人點之北而在極點巳之上則爲人申丅戊申如在人點之北而更在極點巳之下則爲一八〇丅（午申丄人申）

容氏爲第一第二兩所設之法可以更簡之法言之令其距天頂點之數或爲南或爲北依天頂在所測之曜之南或北如與其赤緯度爲同類者則其和數爲緯度如不同類者則其較數爲緯度而其緯度之或南或北依兩數內何數爲大者。

設題第一○西秝一千八百三十八年四月二十五日在格林回知之東二分三十秒用紀限儀測太陽上邊之倍高度一百○四度三分五十七秒指數差一分五十二秒寒暑表五十六度風雨表二十九寸○四求本處之緯度

氣差與地心差

五十一度氣差四十七秒一四十五分氣差一秒二三共得四十五秒八七風雨表差一秒五二相減得四十四秒三五寒暑表差秒五六相減得改正之氣差四十三秒七九以地心差五秒二九相減得氣與地心兩差之和爲三十八秒五

赤緯度

格令回知之視午時十三度八分九秒三格令回知之東二分三十一秒變得之數爲二秒○四相減得本處之赤緯度十三度八分七秒二六

測得倍高度一百○四度三分五十七秒指數差一分五十二秒相減得一百○四度二分五秒以二約之得五十二度一分二秒五爲上邊之高度其半徑數十五分五十四秒四相減得太陽中心之高爲五十一度四十五分八秒一再減氣與地心兩差之和三十八秒五得太陽心之

眞高五十一度四十四分二十九秒六此數與九十度相減得距天頂數三十八度十五分三十秒四北赤緯度爲十三度八分七秒三相加得本處之緯度五十一度二十三分三十七秒七

設題第二○西秝一千八百三十八年三月三十一日測太陰上邊在子午線上之高六十七度一分五秒其時爲五點十二分五十七秒指數差爲減一分風雨表三十寸一寒暑表五十一度北緯度略爲五十二度格令回知東二分二十一秒五求本處之緯度

測太陰求緯度所有改正之事甚多必多用太陰表故不如測太陽與星之便

半徑數

本日午正平視半徑十五分二十六秒二子正平視半徑十五分十九秒三兩數相減得六秒九爲十二點內之較數則依此例得五點十二分五十七秒之數又二分二十一秒五之經度數爲三秒此數與本日午正平視半徑十五分二十六秒二相減得十五分二十三秒二則高度相配之半徑數爲十四秒三與前數相加得太陰改正之半徑數十五分三十七秒五

氣差

六十六度之氣差爲二十五秒九四十四分五之氣差爲秒九兩數相減得二十五秒寒暑表差爲減秒○六風雨表差爲加秒○九兩數與前數相加得二十五秒○三

地心差

平視赤道地心差在午正爲五十六分三十八秒九在子正爲五十六分十三秒六則十二點鐘內之較數爲二十五秒三

依五點十二分五十七秒並東經度二分二十一秒五求其比例得五十六分二十七秒九再依度爾生第四箇太陰表改正其緯度得相配之數七秒一兩數相減得平視之地心差五十六分二十秒八此數之正弦對數爲八二一四○○六高度六十六度四十四分二秒五之餘弦對數爲九五九六六○八一兩數相加得七八一一二○八七其眞數爲二十二分十五秒三即本高度改正之地心差如用度爾生第八箇太陰表得二十二分十五秒一

赤緯度

測望時爲五點十二分五十七秒經度變爲時刻得二分二十一秒五則格令回知之平時爲五點十分三十五秒五在五點鐘北緯度二十八度二十九分三十七秒七又因十分五必加十六秒九七則共得赤緯度二十八度二十

九分五十四秒六七
太陰之視高度六十七度一分五秒指數差一分兩數相減得六十七度〇五秒其半徑數爲十五分三十七秒五則所測之高度爲六十六度四十四分二十七秒五氣差二十五秒相減得六十六度四十四分二秒五地心差二十二分十五秒五改正之高度六十七度六分十八秒將此數與九十度相減得距天頂之數二十二度五十三分四十二秒亦緯度二十八度二十九分五十四秒六七相加則得所求之緯度爲五十一度二十三分三十六秒六七

如測者無有子午儀或正置在子午線而能轉動之器但用紀限儀等有回光鏡之器測望一次得子午線上之略高度其得數之準不及在子午線兩邊測太陽之高或近於子午線之星之高各數次而從各次所得之數推算其過子午線時之眞高

測子午線兩邊高度之法所得各高度之中數必改正各差而得眞子午線如用前言之盤測圈最宜於此事太陽或星離子午線之相距必每測一次而記其時刻如測太陽必用度時表如測恆星則用星時表可免星時變爲日時日時變爲星時之工茲將其理所設之式消去其不常用之事得式爲

$$天=甲\times\frac{正弦人}{餘弦丑\ 餘弦丁}$$

此式天爲改正之秒數丑爲緯度巳知之略數丁爲赤緯度如在赤道之南則爲減數人爲子午線上之天頂相距此數之略可從前數得之甲爲所測之曜平面角之數檢第十三表變爲子午線之一行有此數其式爲

$$\frac{正弦1''}{二正弦^2\frac{1}{2}巳}$$

其巳爲度時表指出在極點之時角恆星過子午線則此角變其正負之號

測量英國屬地與美國北邊之界線天文總管名愛耶里

指出一法用大經緯儀定準緯度其法即是前式而測地之人用以測近於子午線之星其經緯儀之中軸必略爲直立而橫軸必略爲平臥如有小差亦可不計令窺筩中間之平線平分星體而記其時刻再視大分數即度數並用二箇測微鏡視甲乙之小分數又視酒準向左向右而記其數

再將經緯儀平轉動一百八十度而再測望如前再移至原處而仍如前測望任測若干次記明風雨表寒暑表之數將每次所得之各數另相加即甲數乙數左邊酒準相配之數減去右邊酒準相配之數將其餘數以二約之再

加前所記甲指數針所指之度數。
第二次並以後各次所得之數必類推。
每測一次之數必改正其度時表時刻之各差數如表不是星之時刻必變為星之時刻將其星時與星之經度得其星之時角此數必變為時刻之秒數以巳代之
再將每次測得之數改正其所測之天頂相距變為真在子午線上之天頂相距求此差之秒數之式為 $\left(\frac{二}{一二三}正弦1\right)^{2} \times \frac{星之天頂相距正弦}{餘弦緯度 \times 餘弦星之赤緯度} \times 巳$ 此差

數除星在極點下之外則為負數但以此差數改正圈上所測之各數則為正為負俱依圈之制度因其圈有所測之數增而其天頂相距亦增者亦有所測之數增而天頂之相距為減者。
測得對面方向所有兩箇改正之數以其較之半為星在子午線上之視天頂相距或可將一箇方向所測一切之數之中數與其對面方向一切之數相較其和數之半為天頂相距點。
此天頂相距點必與氣差相加又必推算風雨表寒暑表之數在此差內又必檢行海秝書本日恆星之赤緯度依法推算即得所求之緯度。
前論為近於子午線之星。如星離子午線甚遠亦可勉用此法。
如測太陽必另推算測望時太陽赤緯度之變差數此差之式為 $丅辰 \times \frac{卯}{戊丅物}$ 其辰為一分時所變之赤緯度如漸漸變小則為負數戊為向東所測一切時角之和以時刻之分數命之當為整數物為向西所測一切時角之和卯為測望之次數如所測者為恆星其時刻用度時表記之而表所指之時刻為平時必將甲數以一·〇〇五四七六二乘之

如其表為星時或平時而有行速行遲之差則必再依其差而改正之即甲必以乙加於〇〇〇二三一五未乘之其未者為度時表每日所或速或遲之秒數如速則為減數遲則為加數。
設題〇西秝一千八百三十七年三月初八日用紀限儀

窺測次數	時刻 點	時刻 分	時刻 秒	高弧 度	高弧 分	高弧 秒
一 〇	一二	九	四八	六八	三	〇
二 〇̲	〇	一〇	五三	六六	五九	二〇
三 〇̄	〇	一二	九	六八	五	〇
四 〇̲	〇	一三	一五	六七	〇	二五
五 〇̄	〇	一四	四六	六八	六	〇
六 〇̲	〇	一五	五四	六七	一	五〇
七 〇̄	〇	一九	三二	六八	七	三〇
八 〇̲	〇	二一	三	六七	二	一〇
九 〇̄	〇	二二	二五	六八	七	二〇
〇 〇̲	〇	二三	九五	六七	一	五
一 〇̄	〇	二四	五三	六八	七	〇
二 〇̲	〇	二六	五四	六七	〇	四〇
三 〇̄	〇	二七	五七	六八	五	四〇
四 〇̲	〇	二九	二二	六六	五八	〇

〇̄為測太陽上邊
〇̲為測太陽下邊

測太陽度時表速九分十六秒紀限儀之差數為減一分二十秒風雨表二十九寸五四寒、暑表五十度測十四次

高度之和數九百四十五度四十一分二十秒

將此和數以十四約之得六十七度三十二分四十秒為十四次之中數指數差減一分二十秒得六十七度三十一分二十秒以二約之得三十三度四十五分四十秒為所測之中高度氣差與地心差減一分十八秒五得中高度之眞數三十三度四十四分二十一秒五與九十度相減得距天頂之度數五十六度十五分三十八秒五

當日之視午時為十二點鐘平時與視時之較得十一分一秒三二以此數與十二點相加得視午時之平時為十二點十一分一秒三二

度時表差九分十六秒與前數相加得十二點二十分十七秒三二為度時表在視午時所指出之數

窺測次數	過子午線之時數 分	秒		從第十三表所得甲數
一	一〇	二九·三	東	二一六·一
二	九	二四·三		一七三·八
三	八	八·三		一三〇·二
四	七	二·三		九七·三
五	五	三一·三		五九·九
六	四	二三·三		三七·九
七	〇	四五·三		一·二
八	〇	四五·七	西	一·二
九	二	三七·七		一三·五
一〇	三	三七·七		二五·九
一一	四	三五·七		四一·三
一二	六	六·七		七三·四
一三	七	三九·七		一一五·二
一四	九	一四·七		一六七·八

相加得 一一五四·七 以七約之得 一六四·九五 再以二約之得 八二·五 為甲之中數

距天頂之略數五十六度十五分赤緯度四度五十分相減得五十一度二十五分為略緯度

餘弦丑 ═══ 九·七九四九四二五

四五〇餘弦 九·九九八四五二九

正割人 ═══ 〇·〇八〇〇七八三

對數甲八二·五 ═══ 一·九一六四五三九

四數相加得 一·七八九九二一二 其眞數為減六十一秒六

以天代之

其東角為四十五分七其西角為三十四分六相減得十一分一以十四約之得〇·八

申等於〇九·七與前數〇·八相減得太陽赤緯度之變差為〇七·七

所測天頂相距之中數為五十六度十五分三十八秒五改正差數天得一分一秒六改正赤緯度差〇·七兩數與前數相減得五十六度十四分三十六秒二為改正子午時之天頂相距其赤緯度為減四度五十分三十四秒九得緯度五十一度二十四分一秒三

第三法〇無論何時測北極星

此題只能在赤道北用之赤道之南無有近於南極可測之星

北極星在子午線而測得其高度則可將其相距北極之數與高度或加或減而得緯度如北極星不在子午線而

測之如第九十二圖申點或申點則緯度亦易於推算令人巳辰爲經線人爲天頂線已爲北極甲申甲爲極星申所行之圈

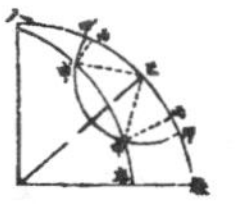

第九十二圖

巳申爲星與北極之相距則星之時角人巳申或人巳申爲其經度與測望時星時之較又人巳申或人巳申三角內有人申巳申與人巳申角而求人巳弧即餘緯度而以巳申丙爲正角平三角形所得之數亦略準其巳丙爲丙巳申角之餘弦其半徑爲巳申而所得之巳丙相距必與高度辛申或加或減依星在極點之或上或下辨此上下之法以巳角或小於六點鐘或大於十八點鐘則星必在

極點之上如申如在六點鐘以外或十八點鐘以內則星必在極點之下如申

檢行海秝書之表求得緯度更易

第一事從改正之高度減一分

第二事將本處測星之平時變爲星時

第三事將其星時在第一表檢出第一之差數並其相當之正負號此數必與高度或加或減而得略緯度

第四事將所得之略緯度與星時檢出其第二表之第二差數又將其本月之月數並其本星時檢第三表得其第三差數此各數必與其略緯度相加即得本處之緯度

設題〇西秝一千八百三十八年九月二十六日用彝測圈在平時十一點五十五分三十秒測北極星之倍高度得一百〇五度四十四分五十三秒風雨表二十九寸八寒暑表五十度求本處之緯度

依行海秝書所設之法平時十一點五十五分三十秒相配之恆星時二點十五分六秒七八

測得之高度一百〇五度四十四分五十三秒以二約之得五十二度五十二分二十六秒五氣差得四十四秒與前數相減得五十二度五十一分四十二秒五爲改正之高度再依法減去一分得五十二度五十分四十二秒五

再爲恆星時改正第一箇差數必減去一度二十八分二十一秒七得餘數五十一度二十二分二十秒八其第二箇差數必加九秒六共得五十一度二十二分三十秒四再爲第三箇差數加一分十秒五共得所求之緯度爲五十一度二十三分四十秒九

再將此設題試以弧三角法推算之

改正之高度五十二度五十一分四十二秒五與九十度相減得距天頂之數三十七度八分十七秒五赤緯度八十八度二十七分七秒六與九十度相減得距北極點一度三十二分五十二秒四

恆星時二點十五分六秒七八北極星之經度一點二分十二秒九四兩數相減得過經線之時角一點十二分五十三秒八四合於度數十八度十三分二十七秒

如第九十三圖人巳申三角形人申等於三十七度八分十七秒五巳申等於一度三十二分五十二秒四巳角等於十八度十三分二十七秒從此三數欲求其餘緯度人巳依弧三角法得人已等於三十八度三十六分二十一秒與九十度相減得所求之緯度五十一度二十三分三十九秒與前數略相同如以申巳丙為正角平三角形而減應有之

第九十三圖

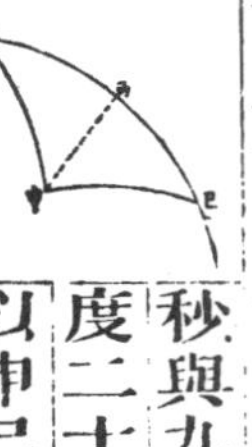

差則以巳丙為巳申半徑巳角之餘弦所得之緯度與前兩法所得之緯度不過數秒之差

第四法○測太陽或星之高度一次而不在子午線上其測望處之時刻已知

第九十四圖人巳申弧三角形此形以天頂與極點與所測之曜為角點人申為天頂相距巳申為極點相距巳角為時角三數已知所欲求者為人巳即餘緯度

第九十四圖

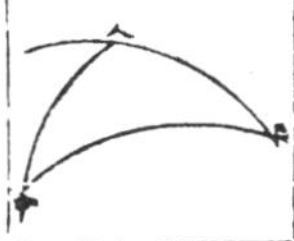

貝里所設求此形之式有兩弧與一弧之對角其式為

正切甲＝已知角✕相連之邊正切

$$餘弦申=\frac{\text{已知角一邊之餘弦}}{\text{餘弦甲✕已知角對邊餘弦}}$$

又

天＝(甲±申)

以下設題用此式推算

設題○西秝一千八百三十八年五月初四日度時表五點四十七分十五秒測太陽上邊之高得十四度四十四分五十八秒紀限儀指數差二十八秒度時表快三分三十四秒四風雨表二十九寸九寒暑表六十一度求其緯度

太陽上邊之高十四度四十四分五十八秒指數差減二十八秒得十四度四十四分三十秒太陽半徑減十五分

五十二秒二得太陽心之高十四度二十八分三十七秒八氣差與地心差減三分二十八秒一太陽心實高十四度二十五分九秒七與九十度相減得距天頂七十五度三十四分五十秒三太陽赤緯度十五度五十九分十四秒再與九十度相減得距北極七十四度○四十六秒

測望之時減表快得五點四十三分四十秒六平時與視時之較數加三分二十四秒四六得視時五點四十七分五秒○六將此時數變為度數其五點等於七十五度其四十七分等於十一度四十五分其五秒○六等於一分十五秒九共得八十六度四十六分十五秒九即圖內之

巳角

巳角餘弦即八十六度四十六分十五秒九其對數爲八七五〇六六七一巳申七十四度〇四十六秒之正切對數爲〇五四二八六九二兩數相加得九二九三五三六三其角度爲甲切線等於十一度七分十七秒此角度之餘弦即甲餘弦對數爲九九九九一七六六八又人申餘弦即七十五度三十四分五十秒三對數爲九三九六二二九六又北極相距巳申七十四度〇四十六秒餘弦之配數爲五五九九九九八以三數相加得九九四七九九六二其相配之角度爲二十七度二十八分五十八秒六即

等於餘弦甲而甲角爲十一度七分十七秒甲角爲二十七度二十八分五十八秒六相加得三十八度三十六分十五秒六等於巳人此數與九十度相較得所求之緯度五十一度二十三分四十四秒四

此題之配數者將本數與一〇相較而變其得數之正負號如七十四度〇四十六秒之餘弦對數爲

九四四〇〇〇〇二

則

一〇丅九四四〇〇〇〇二

五五九九九九九八

得此配數則變其正負而相反其加減

如測太陽其時角巳爲測望處之視時與視午正之相距變爲度數如測恆星其時角巳爲星與子午線之相距即或東或西角此角爲恆星經度之時刻並測望時相配恆星時之或和或較此時以十五乘之即得其相配之角度

第五法〇測太陽或星兩次並兩次相距之時刻

此題不必預知測望處之眞時刻故可用尋常不甚差之表最便於各處之測量巳有人設法立表省此工如里多行船書內之表是也但弧三角之法最易明而易推算

如第九十五圖申與申爲所測之曜在兩次之相距或可一在子午線之東一在子午線之西或俱在子午線之一

邊如人申與人申爲其兩箇天頂相距巳申與巳申爲其兩箇極點相距申巳申爲時角

第九十五圖

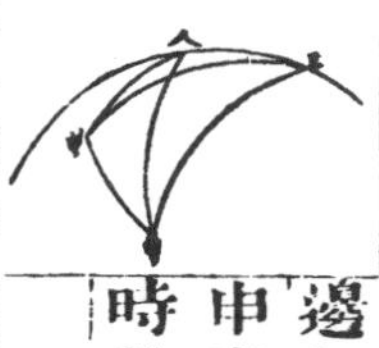

巳申申三角形內之二弧巳申與巳申並巳角三數爲已知欲求其申申與巳申申角再於人申申三角形內有三弧爲已知之數欲求其人申申角此角與前巳申申相減所得之餘角爲巳申人角再於巳申人角內有申人申並巳申人角爲已知之數而欲求餘緯度巳人又可以法在同時測別星之高度得其經度之相較爲申巳人角英國

天文家伯林克里已設數表，檢表而得申申相距，如測望費時，則必推算星所改經度之數，若用此表推算之工可省。或用經緯儀測太陽或星，從其兩箇高度而得平角之或較或和，亦能得其緯度。

又在子午線之兩邊測星之等高度，得其中間相距之星時，亦可得緯度。將其中間之時刻半之，卽得其或東或西之時角，所以人巳申三角形內已有人巳申時角、極點相距、巳申、餘高度人申，卽可求餘緯度人巳。其時角已知，而星之經度亦已知，則能定子午線上之黃道點，更能定本處之星時，又可推算其平時。

又法，求緯度不藉經緯儀平圈之分度，而將儀窺筩之橫軸準南北，其立圈準東西，或將易移動之子午儀易其方向，而使視軸台於卯酉線，亦能求其緯度。惟所測之星其赤緯度應比本處之緯度較小，且以愈小愈好。如測星過窺筩之十字交點兩箇對數，酉與酉，卽星時，而用下式能得其緯度

(酉丅南)三法餘緯度丄赤緯度切赤緯節二丄切赤節

如所用之度時表爲平時，必將其時刻之較，卽(酉丅南)以一·〇〇二七三七九乘之，或檢平時變星時之表，加於平時內，卽第二表。此法之能準或否，依星在行海秝書之赤緯度之準否。但此數設有小差，其兩處之緯度以此法推算之，亦甚微而不能覺。如連測兩日，而其第二日將窺筩反置其耳軸，取兩數之中數，器或有差，卽可知之。貝里常稱此法之善，可憑天文而爲測地之用，因兩處緯度之較全藉星之赤緯度，惟所欲謹慎之事，窺筩之耳軸必眞平，其器亦須極精者。

第四章〇求時刻

第一法〇測太陽或星一次之高度，其赤緯度已知，而本處之緯度亦已知。

此題亦如第九十五圖，人巳申其三邊，卽餘緯度與天頂相距與極點相距，俱已知，所欲求者時角巳。如所測者爲太陽，則依前章第四法，其巳角爲測望處之視時，與午正之相距，以此變爲平時，須或加或減其時較之數。如測恆星，則時較爲與子午線相距之時刻，此數與其經度相加爲西邊，相減爲東邊，如應加二十四點鐘則加之，卽得星時。如星時欲變平時，則變之。

有一簡式能求弧三角形之角，而三邊已知者，其式爲

正矢三巳二 $\frac{正弦丙正弦乙}{正弦(三中丅丙)正弦(三中丅甲)}$

其甲爲三邊甲乙丙之和其三邊內之甲邊爲對所求之角在本題爲餘高度即天頂相距乙爲餘赤緯度即極點相距丙爲餘緯度

設題○西秝一千八百三十八年五月初四日測太陽上邊之高度得十四度四十四分五十八秒其度時表之時刻爲五點四十七分十五秒本處之緯度五十一度二十三分四十秒其經度在格令回知之東二分二十一秒三紀限儀指數差二十八秒寒暑表六十一度風雨表二十九寸九求度時表之差

太陽上邊之高十四度四十四分五十八秒指數差減二十八秒得十四度四十四分三十秒在六點鐘七五之時半徑數十五分五十二秒二相減得太陽心之實高十四度二十八分三十七秒八再減氣差與地心差共爲三分二十八秒一即得十四度二十五分九秒七爲其眞高度與九十度相減得天頂相距七十五度三十四分五十秒三

本處之緯度五十一度二十三分四十秒與九十度相減得餘緯度三十八度三十六分二十秒其赤緯度十五度五十九分十四秒二與九十度相減即得北極相距七十四度○分四十五秒八

(甲)人申等於七十五度三十四分五十秒三

(乙)巳申等於七十四度○分四十五秒八

(丙)巳人等於三十八度三十六分二十秒

三邊之和得申等於一百八十八度十一分五十六秒一其半等於九十四度五分五十八秒其(丙)等於三十八度三十六分二十秒正弦對數之配數爲○·二○四八四六五與前之半和相減即二分之一申減(丙)得五十五度二十九分三十八秒其正弦對數九九一五九六二○其(乙)等於七十四度○分四十五秒八其正弦對數之配數爲○·○一七一三○七與前之半和相減即二分之一申減(乙)得二十度五分十二秒二其正弦對數九五三五八五四○將前四對數相加得一九六七三七九三二即等於正弦平方二分之一巳所以以二約之得二分之一巳正弦對數九八三六八九六六即等於四十三度二十三分八秒一以二乘之得時角巳等於八十六度四十六分十六秒二此角相配之視時爲五點四十七分五秒○六此數與測望時之平時與視時之較三分二十四秒四六相減得五點四十三分四十秒六○度時表之時爲五點四十七分十五秒則度時表快三分三十四秒四○

測太陽或星得本處之時刻最好在卯酉圈上或近此

圈上因在此處其移高之動最速緯度雖有小差亦屬無妨惟氣差稍大耳此時亦可得平角如當時另有人測星或太陽之指南針方向即能知針之差數

第二法○測星或太陽之等高並測望時中間之時刻如測恆星則從若干高度至子午線再從子午線至等高度兩高度中間時刻之半必爲過子午線之時刻即能證度時表之差數如測太陽則測望時中間時刻之半必有差因太陽恆變赤緯度之數從冬至至夏至太陽漸向北極而行所以從午正至下半日其等高度之時刻必長於上半日從夏至至冬至則相反此差之大小半在赤緯度之變半在測望處之緯度其上半日與下半日時角之較易從貝里所設之式推算之

天＝丄甲爲正切丑丄乙爲正切丁

酉爲測望中間之時刻數丑爲本處之緯度如在南則爲減數丁爲正午時之赤緯度如在南則爲減數房爲每日赤緯度改變秒數之倍此數從前日之午正後日之午正得之如太陽向南則爲減數天爲所求差之秒數如求正午時則其甲爲減數甲與乙之對數檢第十四表推得之時刻爲視時必以此視時與平時相較而改爲平

時則度時表能與平時相比

觀星臺或有子午儀正合於眞經線而求本處時刻最可憑者測太陽或星過窺筩之十字線如爲太陽則以前後二邊之時刻中數爲太陽心過子午線之時刻即得視時之午正如欲求其平時必或加或減其平時視時之較

如測恆星過子午線之時必從行海秝書每月之第二頁檢前日平午正之星時依經度改正之差見前第一章此數必與星之赤經度相減如其赤經度數不足減必加二十四點鐘所得之較數爲午正平時之後若干星時之數以此星時改爲平時即得本處之時刻記此事之法詳見卷末紀限儀測星或太陽之上邊俟其最不升上之時亦可得其大略但用此法必在未到子午線之前得其形在鏡內配正轉動佛逆螺絲至其形再不退下而反欲上升

如欲求度時表每日之差可連數夜測一箇星過子午線之時刻或連數夜測一箇星在子午線一邊之等高度因星每日之等高度即是星時小於太陽時三分五十六秒九一如每夜所測之時其氣差不等必改正之

星或太陽以等高度之時而測其平面角則能得子午經線詳見別卷但上半日測高度而記其數至下半日而天氣陰霾則以前題之法從一次所測之數而推算之

第五章○求經度

海面求經度之常法將本處所測之時刻與格令回知時刻之度時表相比所得之數全賴度時表之行動平勻如有小差究屬難憑

船上須多備此表而取最可憑者數箇之中數如各表內有與別表甚差者棄而不用

有人設法不必全憑度時表而得經度又能證度時表之準否如諸曜所有共見之事預推準其時刻在別處略至其時而驗其事則可知度時表之時或準或否凡求經度之事俱藉此法惟在海面祇能測太陽與太陰之相距角

度或恆星與太陰之相距角度檢行海秝書格令回知每三點鐘有此角度數可用紀限儀測之如在陸地更可用各種標號之法如其相距不大最便於用

西秝一千八百二十七年夏間用數法測格令回知與法國觀星臺之經度較施放火箭極高能從遠處望見施放之處有三二處在法國之海邊一處在英國之海邊從格令回知與法國之京都望之另在中間之二處來格尼愛與非而來得亦有人望之所得之經度爲九分二十一秒六侯失勒云此數不差十分秒之一其中間二處測量之數極詳極細不差百分秒之一

如在金類板上放火藥其光可遠照四十里更有憑於火箭火藥用四分兩之一至四兩依二處相距之遠近有比

福蘭哲爾亦用同法測法國京都與斯得臘斯之經度較

但用此法其度時表之行動必平勻

第九十六圖

第九十六圖甲乙爲二處欲求其經度較其相距甚遠此處所放之標號彼處不能望見則可取丙丁爲中間之二處先在甲放標號即從甲與丙望之而記其時刻再過預定分數之時刻若干在甲放第二標號再從甲放第三標號如

放標號之間預定之時刻爲五分則經度較等於甲處之時刻加十分與乙處時刻之較

此法之能準全在放標號時刻之準故其時刻應爲恆星時若度時表爲平時則必變爲恆星時如船上能備度時表甚多而其行差預已定準則將各表之中數與所到各處之本時刻相比自能得其經度較極準英國往別處測量之船在各埠與各鎮常用此法求其經度較

英國兵船比格拉往新金山等處測量所備上等度時表共有二十一箇

陸地測量可在二處遞送度時表來往惟二處之表其

星時與行差必預用太陽或星過子午線之法證之如其相距不甚遠則用數箇小度時表與此處之度時表對準即送至遠處而與其表相比後仍還至原處相比此往來之事必連數次爲之

二處之相距甚遠行路必過四五日者則二處之中間另備一度時表用一誠信之人守之往來之小度時表可與此處之度時表相比而所得之數更準愛爾里云來往之度時表應從當中之處發出而分送至兩處再攜回當中之處略在同時對之如此而往來之表雖有差其差亦不過一半又不甚在中間之度時表行動平勻與否

測遠相距之處而中間另擇一處大略不能常用如美國北邊與英國屬地之界測量時從未用愛爾里之法但用小度時表遞送其處茲將路邊生所測新喜立尼與新里斯吉爲程式其三箇相比之數各爲驗得六次之中數

第一次相比
甲號度時表　二點四十二分四十三秒一八
丙號小度時表　二十○點四十四分
相減得　五點五十八分四十三秒一八
回時較數　六點○○六分一十九秒七六
初時較數　五點五十八分四十三秒一八
相減得　七分三十六秒五八

第二次相比中間之時
乙號度時表　五點四十三分五十六秒八二
丙號小度時表　二十三點四十三分
相減得　六點○○○分五十六秒八二
回時相比二十四日二十○點五十○分
初時相比二十二日二十○點四十四分
相減得　二日○○○點○○六分

第三次相比中間時
甲號度時表　二點五十六分一十九秒七六
丙號小度時表　二十○點五十○分
相減得　六點○○六分一十九秒七六
中間相比二十三日二十三點四十三分
初時相比二十二日二十○點四十四分
相減得　○一日○○二點五十四分

秒 分 點　秒 分 點
二一六一四〇：九五六二：：八五六三七〇：六〇八四
通分六〇　通分六〇　通分六〇
九一六一一　八五六五四　六八八二

第一次相比之較數　五點五十八分四十三秒一八
加中間比例分數　○○○四分一十六秒一二
共得　六點○○二分五十九秒三○

甲表比丙表快　六點○○二分五十九秒三○
乙表比丙表快　六點○○○分五十六秒八二
甲表比乙表快　○○○二分○○二秒四八

甲表之時刻　二點四十二分四十三秒一八
合於乙表　二點四十○分四十○秒七○
甲表之慢　○○○一分二十四秒八五爲加數
合於乙表快　○○○○○五十六秒三三爲減數
甲表差數每日慢二秒一七則三十二點差二秒八九爲加數
乙表差數每日快一秒一九則五十九點差二秒九二爲減數
甲表眞星時　二點四十四分一十○秒九二
丙表眞星時　二點三十九分四十一秒四五
二時數相減得　○○○○四分二十九秒四七

以所得之時數變爲度數即新里吉斯在新喜立尼之西之經度較

凡相比度時表常須二人一看度時表之秒針俟至便當之分點或爲一分時之點或十秒之點立呼停字爲號一看又一表之秒針聽呼號之時即記秒針所指之數若祇有一人爲此事則看第一表之何點何分從此數默念其

秒一二三四再看第二表之針在若干秒之點以此兩數相減所得餘數即兩表遲速之差數

度時表如依平時較準而欲與星時表相比亦祇有一人爲此事則聽擺動之聲之相合如行平時之表擺動爲半秒而星時表之擺動爲一秒細聽俟其漸相同而至眞相同之時默念星時表之秒數一二三四同時記平時表之幾點幾分幾秒再看星時表之秒針至便當之分點則停念遂將所念之秒數與星時表停念時之幾點幾分幾秒相減即得兩擺眞相同時兩表分秒之數

平時表與星時表之擺動俱是半秒者其工相同惟所默念者爲星時表擺動之雙聲如表行平時而每二秒有五響即常用之表則響數與針所指之秒數每二秒合一次而每響合於〇秒四相比之法與前法略同如表面上每二秒用墨作識可更省工

茲設一題以平時表與星時表相比其星時表已用子午儀考得差數者

西秝一千八百四十九年正月二十四日星時表慢四十四秒四一每日之慢差〇秒四三

檢行海秝書當日格林回知平時午正之星時爲二十點十一分四十六秒九〇

改正二分九秒爲東經度差〇秒三五相減得本處之平時午正相配之星時二十點十一分四十六秒五五

星時表所指之時十七點十三分相減得二點五十八分四十六秒五五此較數內之二點相配太陽平時爲一點五十九分四十秒三四其五十八分之配數爲五十七分五十秒四九其四十六秒之配數爲四十五秒八七其秒五五之配數爲秒五四相加共得二點五十八分十七秒二四爲依星時表所得與午正相距之平時數此數與十二點相減得九點一分四十二秒七六其平時表所指之時爲九點〇分五秒相減得平時表慢一分三十七秒七

六加星時表之慢數四十四秒四一共得平時表差爲慢二分二十二秒一七

木星月之虧蝕爲常有之事而格林回知之時刻能推算極準惟遠鏡之力必須放大四十倍始能清楚然各種力之遠鏡窺木星月初虧復圓之時刻各不相同所以其法不能甚詳而在海面略不能用

光從太陽行至地面其所歷之時刻亦可用木星月之蝕推算之

求法以木星月在衝合之時光從木星至地面其相距之較數必爲地球所行橢圓之大徑此較數已有人推

算爲十六分二十六秒四則光從太陽行至地面之時爲八分十三秒二

太陽與地球之相距測金星過太陽之時而推算之

測木星月之蝕求經度必測恆星而得本處之時刻或驗已知其差數之度時表

日蝕與月蝕亦能求知經度而日蝕比月蝕更能推算有準但日月蝕之事不常有且月蝕所得之數不甚可憑因地球影之邊不甚清楚也

求經度最可憑之法有三其一測太陰此便於海面上所用其二太陰過子午線與恆星過子午線以其時刻相比

見行海秝書三百九十頁月距恆星赤經表其三測恆星爲太陰所掩之時此三法之內以第二第三爲最準但第二法必用子午儀第三法必用精遠鏡其推算之工又甚繁茲擇其簡便者列後

第一法○測太陰

此法可一人爲之但所測有三事如不能同時而測則必變爲同於同時所測者故能得三人同時測之爲更便

三事中之最要者爲太陰與星之相距必令太陰之光邊與星或太陽之一邊正相切其餘爲太陰之高並太陽或恆星或行星之高

如不測此各高度而已知本處之緯度即可從此緯度推算之所得之數能更準

高度之用不過爲改正其角度而消去其地心差與氣差則不必測得極準如三事爲一人所測者必先測二曜之高度而記其二箇時刻後再連測太陰與別曜之相距若干次而求其時刻與其相距之中數後再以相反之次第而測其高度其高度之時刻必變爲合於太陰相距之時刻

此法最宜於航海之用故天文家已設法省算而作便用之表能消清太陰之相距度爾生書內有二十四天文家

各設消清太陰相距之法而各家不同又祇言推算之法而不言所以然之理茲設一題以弧三角法解之

第九十七圖人爲天頂巳爲極點寅爲太陰申爲太陽或星所巳知之數爲所測之角度相距寅申並二箇天頂相距即餘高度人寅人申從此能推算寅人申角此角無有氣差與地心差因兩邊合垂線也惟太陰之眞方位高於所測之方位因太陰之地心差大於氣差也而太陽或星則低於所測之

第九十七圖

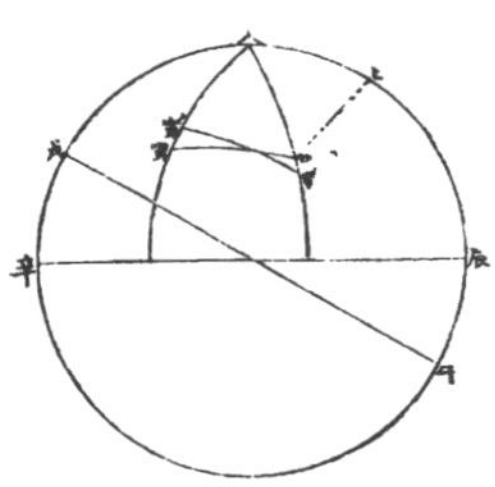

方位故寅與申爲太陰與太陽或星改正之方位則得人
寅與人申天頂相距既有人角即可求人寅申三角形內
之太陰眞相距寅申其測望之時角即人巳申角此有人
申巳申與餘緯度人巳如測望時不知度時表之差可推
算其時刻與行海秝書格林回知之太陰相距時刻相比
即得本處與格林回知或東或西之經度較視後推算之
法即明此理
西秝一千八百三十八年五月初四日度時表十點四十
一分四十五秒八在赤道北五十一度二十三分二十四
秒度時表在是夜考準快三分三十四秒測得各數如後

太陰倍高度七十四度四十二分三十五秒爲紀限儀所
測指數差二十二秒
角宿第一星高二十八度十五分五十秒爲經緯儀所測
指數差二十八秒
太陰與星之相距三十一度二十五分五十五秒爲蟲測
圈所測風雨表二十九寸九寒暑表六十一度
倍高度七十四度四十二分三十五秒與指數差二十二
秒相減得七十四度四十二分十三秒以二約之得高度
三十七度二十一分六秒五太陰之半徑數十四分五十
三秒八相減得太陰心之視高三十七度六分十二秒七

與九十度相減得距天頂數五十二度五十三分四十七
秒三爲圖內之人寅
星之高度二十八度十五分五十秒減指數差二十八秒
得視高度二十八度十五分二十二秒與九十度相減得
距天頂數六十一度四十四分三十八秒爲圖內之人申
太陽與星之相距三十一度二十五分五十五秒太陰本
日平視半徑爲十四分四十五秒三一高
三十七度六分必加八秒四九共得太陰
半徑十四分五十三秒八與前數相減得
三十一度十一分一秒二爲太陰之視相

第九十八圖

距即圖內之寅申如第九十八圖在人寅申三角形內知
其三邊欲求寅人申角
(甲)寅申等於三十一度十一分一秒二
(乙)人申等於六十一度四十四分三十八秒其餘割對數
爲〇·〇五五一〇二八
(丙)人寅等於五十二度五十三分四十七秒三其餘割對數
〇·〇九八二四三九
三邊相加得申等於一百四十五度四十九分二十六秒
五以二約之得二分之申等於七十二度五十四分四十
三秒二五

又(三申乙)等於十一度十分五秒二五之正弦對數九二八七一〇三九又(三申丙)等於二十度〇分五十五秒九五之正弦對數九五三四三七五〇

四正弦對數相加得一八九七四八二五六以二約之得九四八七四一二八其角度等於十七度五十三分二十五秒以二乘之得寅人申角爲三十五度四十六分五十秒

改正天頂相距之氣差地心差

太陰之視天頂相距人寅五十二度五十三分四十七秒三氣差數必加一分十四秒一得五十二度五十五分一秒四再減地心差四十三分七秒四得改正之天頂相距人寅爲五十二度十一分五十四秒

角宿第一星之視天頂相距人申六十一度四十四分三十八秒氣差必加一分四十五秒得改正天頂相距人申爲六十一度四十六分二十三秒

人寅申三角形之人寅五十二度十一分五十四秒人申六十一度四十六分二十三秒人角三十五度四十六分五十秒欲求其改正之太陰相距寅申其式爲

正矢甲＝餘弦人×正切寅

又

餘弦甲寅＝餘弦申甲/餘弦甲寅 × 餘弦人寅

則餘弦三十五度四十六分五十秒其對數九九〇九一六一三餘切五十二度十一分五十四秒其對數〇一一〇二九一六相加得〇〇一九四五二九卽甲等於四十六度十六分五十八秒其人申六十一度四十六分二十三秒相減得(人申甲)卽申甲等於十五度二十九分二十五秒

人寅餘弦五十二度十一分五十四秒其對數九七八七四一一〇甲餘弦十五度二十九分二十五秒其對數九九八三九三一〇甲正割四十六度十六分五十八秒其對數〇一六〇四五九三以三數相加得寅申三十一度十六分三十四秒爲改正之太陰相距

檢行海秝書卽知此相距之格令回知之時刻必在夜間九點與十二點之間此三點相配之相距數爲一度二十八分五十二秒其比例對數爲三〇六五

所有過夜間九點鐘之時刻可以平常之比例法推之不必用比例對數

格林回知夜間九點之太陰相距三十二度三分五十五秒以上得改正之相距三十一度十六分三十四秒相減

得四十七分二十一秒其比例對數五八○○與上比例對數相較得餘數二七三五其相配之角度爲過九點之時一點三十五分五十四秒與九點相加得格合同知平時十點三十五分五十四秒以測望處之平時與此數相較得二分十七秒八其相配之角度得東經度三十四分二十七秒其比例對數在九點鐘與子正之較爲○所以其第二較數之差爲○

貝里測太陰求經度之時刻

令天爲所求之太陰眞相距數

辛爲太陰之視高度辛爲太陰之眞高度

哱爲太陽或星之視高度哱爲太陽或星之眞高度

房爲視相距

令六等於 $\frac{1}{2}(\text{房}+\text{辛}+\text{哱})$ 則因此

$$\frac{\text{餘弦}\,\frac{1}{2}(\text{辛}+\text{哱})}{\left(\text{餘弦六}\ \text{餘弦}(\text{六}-\text{房})\ \frac{\text{餘弦辛}\ \text{餘弦哱}}{\text{餘弦辛}\ \text{餘弦哱}}\right)^{\frac{1}{2}}}$$

茲依容氏所設之式解一題推算以明其理題內之各數爲餘弦數

太陽高度申子七度四十八分一秒

太陰高度寅辛三十五度四十五分四秒

太陽太陰相距寅申九十五度五十分五十三秒以上三數測望而知

太陽眞高度申子七度四十一分三十一秒

太陰眞高度寅辛三十六度二十七分五十四秒

申人八十二度十一分五十九秒

人寅五十四度十○四分五十六秒

申人八十二度十八分二十九秒

寅人五十三度三十二分六秒

求其眞相距寅申其式爲

$$\text{餘弦寅申}=\left(\frac{\text{餘弦寅辛}\ \text{餘弦申子}}{2\,\text{餘弦}\,\frac{1}{2}(\text{寅辛}+\text{申子}+\text{寅申})\ \text{餘弦}\,\frac{1}{2}(\text{寅辛}+\text{申子}-\text{寅申})\ \text{餘弦寅辛}\ \text{餘弦申子}}\right)-\text{餘弦}(\text{寅辛}+\text{申子})$$

寅申九十五度五十分五十三秒

寅辛三十五度四十五分四秒其正割對數爲○○九○

六七八
申子七度四十八分一秒其正割對數爲〇〇〇四〇三
七二
以上三弧相加得一百三十九度二十三分五十八秒以
二約之得六十九度四十一分五十九秒其餘弦對數爲
九五四〇二五四（寅申申子寅辛二）爲二十六度八分五十四秒其餘
弦對數爲九九五三一一〇
寅辛三十六度二十七分五十四秒其餘弦對數爲九九
〇五三七五

申子爲七度四十一分三十一秒餘弦對數爲九九九六
〇七四
以上六餘弦對數相加得七四八九五二八
對數二爲〇·三〇一〇三〇兩數相加得九七九〇五五
八其餘弦眞數爲〇·六一七三八七
再將寅辛三十六度二十七分五十四秒與申子七度四
十一分三十一秒相加共得寅申加申子等於四十四度
九分二十五秒其餘弦眞數爲〇·七一七四三四兩餘弦數相減
得〇·一〇〇〇四七其餘弦寅申角度爲九十五度四十
四分三十一秒爲所求太陰相距之眞數

如將以上之設題依立度行船書內第一法而推算得改
正之太陰相距爲九十五度四十四分二十九秒
英國天文家女士名鐵牢設一法必用其特設之表以求
眞相距
第一表太陽一·三八太陰七五三三
第二表太陽減〇·五〇七七太陰減一·四九九七
得太陽數爲減一·八九五〇太陰爲減二二五三〇
第三表減七分二十五秒又減三分十五秒
第四表加四分二十二秒
第五表減二秒

各表共差數減六分二十秒
略相距九十五度五十分五十三秒
相減得九十五度四十四分三十三秒
其視高度與相距先改正半徑差與目高再檢第一表得
太陰地心差所有高度差之對數
再檢第二表得太陰在天際線之地心差其相距所相關
之對數
第三表爲上對數相配之分數與秒數
從第四表得所測兩物之氣差數與所有之相關
從第五表得太陽之地心差

將其視相距依各表所得之數或加或減而得其眞相距如上

愛爾里論測太陰相距並太陰過子午線所有之差數時刻有若干差則太陰距星之經度亦有若干差如時刻差二秒其相距必差一秒

測太陰過子午線時刻差一秒則經度差略爲三十秒

測太陰天頂相距時刻差一秒則經度差三十秒時刻或多差不定

測天頂相距差一秒則經度時刻至少差二秒測衡合之事時刻差一秒則經度亦差時刻一秒

測木星月蝕亦然

又法不測太陰與星之相距亦不將其時刻與格令回知同相距之時刻相比但以同時測太陰與一恆星之高度此因恆星之經緯度已知則經線之赤經度可推算而知將此赤經度或加或減於太陰與子午線之相距如前言弧三角之巳角即得太陰之視經度與格林回知同時之數相比即得經度之較數

又法最合於小緯度之用即太陰近於卯酉圈上之時檢得已知赤緯度與赤經度之星其星必與天頂相距在八度或十度之內測此星與太陰之相距又測太陰之高又將太陰高弧之差反其正負號而算得相距之差數再以改正之相距爲三角形之底線而以餘赤緯度爲其餘兩邊則能得赤經度之較並太陰之赤經度與格林回知之時刻

如無相離八度或十度之恆星可檢得別星其平面角與太陰之平面角略同或相同者則高弧差數之和較爲相距之差數如所測之星檢行海表書有與太陰相距之數者即可得格令回知之時刻否則以改正之相距爲底線依前言推算其各數

以上兩法之病因太陰之赤緯度必須預知而推其赤緯

度亦必預知本處之經度然此經度原爲欲求之數是惟太陰之赤緯度在黃道之任一邊略爲極大之數因此不多移動則其法尚便於用如太陰近於卯酉線或在卯酉線上則第二法爲較好所得之數略近可憑

第二法○測太陰與恆星過子午線

太陰因其本動而過兩處之子午線與任一星過兩處之子午線其時刻之相距亦能定其經度較

太陰過經線之時並過別處經線之時或測之或推算之已足知其經度較然以恆星爲準點則可免儀器之差與度時表之差

行海秝書自三百十九頁起可檢太陰光邊過子午線之時刻與其赤經度並可檢太陰相距赤經度之星過子午線之時刻與其赤經度俱以格令回知之平時計之太陰之光邊與恆星之過子午線在所求經度之處測望而得其時刻之較數即可推算經度之較數

貝里所設之題以太陰過子午線之較數推算兩處之經度較

西秝一千八百三十八年三月初九日在英國車太末測軒轅第十四星過子午線之時刻九點五十二分四十六秒太陰之光邊過子午線之時刻十點二十分七秒五度時表增快之率爲一秒五車太末在格令回知之東

軒轅第十四星過子午線在九點五十二分四十六秒太陰光邊過子午線在十點二十分七秒五兩數相減得二十七分二十一秒五度時表差爲秒○三相減得二十七分二十一秒四七其相配之星時爲二十七分二十五秒九六

格林回知軒轅第十四星九點五十九分四十六秒一八太陰之光邊十點二十七分十六秒七六此即過子午線之星時兩數相減得二十七分三十秒五八與車太末兩時之較二十七分二十五秒九六相減得四秒六二即兩

處太陰距星較數之星時太陰半徑過子午線變小其時刻之差爲秒○一相加得四秒六三

依行海秝書太陰在一點鐘內所過赤經度數變爲時刻得一百十二秒七七所以一百十二秒七七與一點鐘之比若四秒六三與一四七秒八○之比即等於二分二十七秒八以此變爲度數即爲經度較數

經度較數大者不必用行海秝書星與太陰過子午線所有太陰在一點鐘內所過赤經度變爲時數而但求太陰在測望時之赤經度其法將太陰之光邊過格林回知子午線之赤經度與測望時所變之相距數並其半徑過子午線之星時或加或減之再將其赤經度從行海秝書檢得相配格林回知之平時變爲星時而與測望時之赤經度相較即得所求之經度較再將前題以此法推如後

格林回知太陰過子午線之赤經度十點二十七分十六秒七六而太陰半徑過子午線之星時必加一分二秒二六其得太陰在格林回知過子午線之赤經度十點二十八分十九秒○二所測之較數爲四秒六二相減得太陰過子午線之星時爲十點二十八分十四秒四○行海秝書第七表所有以上星時之相配格林回知之平時十一點十七分○秒五即合於格林回知之星時十點二十五

分五十六秒五相減得經度較之時刻爲二分二十七秒九

第三法○太陰衝恆星

測太陰衝恆星而求經度其法甚繁茲從立度行船書檢出亦能得經度之大略而稍簡易

先從已知本處之時刻並本處之略經度推算格林回知之平時再從行海秝書檢得太陽之赤經度太陰之極點相距與半徑數與地心差凡此各差必依法或加或減之

再將其測望時之視時與太陽之赤經度相加則此數之和與星之赤經度相較爲星之經線相距將此數以已命

之而星之極點相距以巳命之其赤經度以未命之改變之餘緯度以丑命之太陰之極點相距以寅命之其改正之平視半徑差以辛命之其半徑以呻命之

再將正割 $\frac{丑丄巳}{二}$ 餘弦 $\frac{丑與巳較}{二}$ 與餘切 $\frac{巳}{二}$ 相加再從其和數減去二十卽得甲弧之正切其乘方數與 $\frac{丑丄巳}{二}$ 相同

再將餘割 $\frac{丑丄巳}{二}$ 正弦 $\frac{丑與巳較}{二}$ 餘切 $\frac{巳}{二}$ 相加而從其和數減去二十卽得乙弧之正切此角常爲銳角如求大於巳則甲加乙等於丙弧如求小於巳則甲減乙等於丙弧

再將正切丙與餘割巳與比例對數辛各相加而從其和數減去十位數而得丙弧之比例對數如丙弧爲等角弧則巳加丙等於戊弧如丙爲銳角則巳減丁等於戊弧

再將餘割丑餘割巳比例對數辛各相加而將其和數申與巳減下表得其改正之數而以其或正或負之號與戊弧或加或減而令和數或較數爲戊則寅與戊之較爲巳弧

再將申與正弦戊相加將其和數減去十位數卽得庚弧之比例對數

再將呻加巳與呻減巳其二箇比例對數加戊弧正弦之

倍數將其和之半減去十位數爲辛弧之比例對數

測太陰之赤經度 啈±庚±未= 其庚在經線西爲加數經線東爲減數初衝之時啈爲加數而末衝之時爲減數

太陰之赤經度已知之時刻相配格林回知之時刻可在行海秝書將此時刻與本處之時刻相比卽得本處之經度

改正戊弧之表

九〇 丅	八五 丄
″·○	″二·五
·○	二·○
·○	一·五
·○	一·二
·○	一·○
·○	·八
·○	·六
·○	·五
·○	·四
·○	·三
·○	·二
·○	·一
·○	·一
·○	·○
·○	·○
九〇	九五

申	巳距相點極之星				
	六○° ⊥	六五° ⊥	七○° ⊥	七五° ⊥	八○° ⊥
五○	一六″·五	一三″·二	一○″·三	七″·五	五″·○
五五	一三·○	一○·五	八·二	六·○	四·○
六○	一○·三	八·三	六·五	四·七	三·二
六五	八·二	六·六	五·一	三·八	二·五
七○	六·五	五·二	四·一	三·○	二·○
七五	五·一	四·二	三·二	二·四	一·五
八○	四·一	三·二	二·六	一·九	一·二
八五	三·二	二·六	二·○	一·五	·九
九○	二·六	二·一	一·六	一·一	·八
九五	二·一	一·七	一·三	一·○	·六
一○○	一·六	一·三	一·○	·七	·四
一一○	一·○	·九	·六	·五	·三
一二○	·六	·五	·四	·三	·二
一三○	·四	·三	·三	·二	·一
一五○	·二	·一	·一	·○	·○
一八○	·○	·○	·○	·○	·○
申	一二○°	一一五°	一一○°	一○五°	一○○°
	巳距相點極之星				

第六章○定經線之方向並指南針之偏差

用經緯儀求經線方向之法已詳第十卷

第九十九圖人巳申弧三角形其餘緯度人巳與巳角所顯之時刻已詳前測高度法其申之平角能從人角測之而人角必預知其時刻或其緯度並所測之高度而能推算有此推算之平角與指南針所指之角

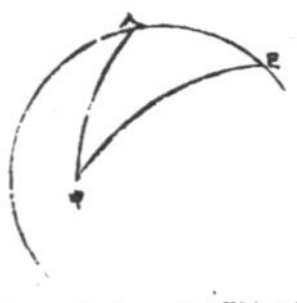

第九十九圖

即可作一子午線於地面並可考指南針之偏差

又法推算太陽出入之時其心與卯酉線所成之角或俟太陽在天際線之時測其方向即太陽離天際線高三十四分因氣差而太陽之眞方位必低三十四分

如第一百圖辛辰爲天際線巳爲極點戊午爲赤道巳甲

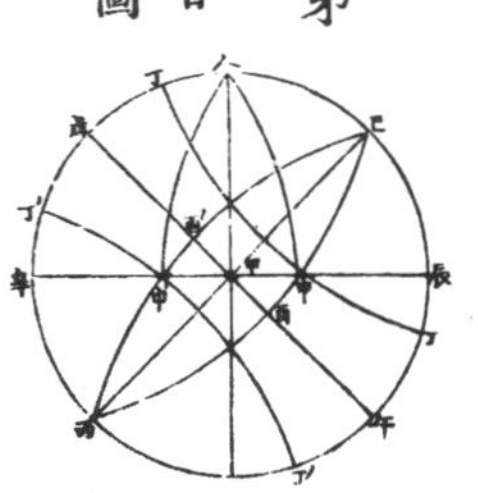

第一百圖

丙爲六點鐘之時刻圈巳戊丙爲子午線人爲天頂丁丁或丁子爲太陽之赤緯度圈或在赤道之北或在赤道之南而設想此線過太陽出入時之方位而此方位略已知

申或申爲赤緯度圈與天際線之交點即太陽初出之時未到六點鐘之點或已過六點鐘之點

甲申酉或甲申酉兩箇三角形內其酉申或酉申爲太陽之赤緯度申甲酉與申甲酉爲本處之餘緯度從此能推

算甲申或甲申即卯酉線角所對之弧又甲酉與甲酉即六點前後太陽初出之時刻角所對之弧又依其赤緯度之變能推算太陽入時之時刻如經線欲記於地面必擇地面上便用之物而測定其物之指南針方向如將子午儀正立於子午線之平面則能記子午線於地面上

觀星臺用子午儀大半爲求眞時刻並定準赤經度然有用移動之子午儀如愛耶里所設之便法者此章之末有一式即記移動子午儀所測之各事

茲從皮而生天文法書內檢出安準子午儀之法安準之後即可證各事之準否

第一事配準酒準並窺筩之橫軸

此事可同時爲之因酒準合眞平而與橫軸平行之時其軸亦必合眞平法將酒準置於軸之樞上轉動架足之螺絲至得眞平再反其酒準而配其較數即視面上指出之數此較數之半以酒準之螺絲配準此事須試驗二三次如已知酒準不差則祇轉其架之螺絲以就之再將其軸易置而視酒準之差否如無差則知其樞徑相等如有差即製造之不精必使原手加工

第二事配準十字線合眞垂線並十字線之相距合赤道之度數

儀前稍遠之處挂一白線下有錘線前立黑色之板令窺筩內之中線與所挂之垂線相合則十字線亦必爲眞垂線再令窺筩仰起數度而細察仍合垂線否如已甚合則知其橫軸亦眞平

十字線相距之度數須在子午線上測一赤道星過各線之秒數將其數總算之而分算之使各分適相合如星有赤緯度者則其過二線中間之秒數必改爲赤道之數其法將所測之秒數以此星赤緯度之餘弦乘之即得但用此法之前其窺筩必略在子午線上

第三事配準視軸合立面

將窺筩正對遠物而細察十字線之中線平分其物然後易置其橫軸如前細察十字中線仍得平分其物則知經過中十字線至像鏡心之光線已與橫軸成正角如易置之後而物像在中線之一邊則必轉動橫軸枕之螺絲改正其半差其又半再轉十字線圈之螺絲改正之亦須屢試無差而止又法測北極星行過之時記其星自前一線至中線之時刻遂易置其橫軸則前一線變爲後一線再記自中線至此後線之時刻然後將此兩數相比其較之半爲易置後所改之方位

第四事配準視軸合平線

窺筩正對北極星過子午線或在日中可對易看之遠點視酒準之泡在○點之時記其立圈之佛逆在何數易置其橫軸令中線再能平分其星視其泡再到○點再記其佛逆之數將此兩數相加以二約之即得眞高度若將其兩數相較以二約之即得高度之差其差有兩種一在十字線不合像鏡之心一在酒準如酒準已配好而能調換不差但不合於立圈分線之○度則高度之半差必動十字線之螺絲配準其又一半用酒準之螺絲配準

第五事爲配準各事內之最難者即令儀正在本處之子午線立平面內此事有數法能成之有一直之法有繞道

之法最便而常用者測一繞北極之星或測赤緯度略同而經度相距一百八十度繞極之二星或檢高度大異而經度略同之二星速測之然無論何法配準此事所用之度時表其行之遲速必預較至極準

儀之略方位易於求得其法推算北極星過子午線之太陽時刻到此時刻將窺筩正對此星然後再測繞極或高與低之星如前各事無差漸漸而得極準遂於便當之處作一經線之表記如表記之方位與像鏡相距九十五碼四九則偏向一寸略差一分之角相距更遠則偏差之角與其相距有反比例如子午儀偏差之角有三十秒以表

記之相距得其比例之數即知儀必平動若干角轉其螺絲以就之

第一法○測繞極之星其式爲

$$甲=\frac{二餘弦丑}{酉丅酉丅十二點鐘}餘切房$$

其甲爲天際線上平面角差之秒數酉爲極上過子午線之時刻酉爲極下過子午線之時刻丑爲緯度房爲赤緯度其甲以十五乘之即變爲角度

如星過西半圈之時刻少於東半圈則窺筩內之像鏡差偏在子午線之西但用此法其度時表宜極準必在十二點鐘之內毫不改其遲速者

第二法○用二箇繞極之星其式爲

$$甲=\frac{二餘弦丑丅正弦(⿰口房丅⿰口房)}{(酉丅酉丅十二點)丅(⿰口酉丅⿰亻酉丅十二點)}正弦⿰口房正弦⿰口房$$

其⿰口房與⿰口房爲星之極點相距其丑爲緯度酉與酉爲星上下二次過子午線之時刻⿰口酉與⿰口酉爲第二箇星反過子午線在前星之後略爲赤經度十二點鐘如不問其十二點在內其式爲

$$甲=\frac{二餘弦丑丅正正弦(⿰口房丅⿰口房)}{(酉丅未)丅(酉丅未)}正弦⿰口房正弦⿰口房$$

如其（酉丅酉丅十二點）大於（未丅未丅十二點）則平面角甲必向東反之亦然

如（酉丅未）大於（酉丅未）則其差亦向東

第三法○測高於地面之星其式爲

$$甲=\frac{餘弦兩正弦(乙丅乙)}{(丁丅丁)餘弦房餘弦房}$$

其丁爲（酉丅酉）即星過子午線時刻之較其子爲（咊甲丅咊甲）即二星赤經度之較房爲

高星之赤緯度房爲低星之赤緯度此法所測之二星其緯度之相距須多於四十度如㣲爲正數則其平角差在北緯度爲南向之東如爲負數則反是已有人作表能省推算之工惟其時刻俱爲星時如測望時用太陽之時必加其遞數

此第三法以設題明之如測星過子午線時刻之較等於推算二星赤經度之較則子午儀必正在子午線之立平面內

西秝一千八百三十八年六月二十日在五十一度二十三分四十秒緯度之處測貫索第四星與心第二星

貫索第四星過子午線之時九點二十五分三十一秒五

赤經度十五點二十七分五十二秒二五

心第二星

過子午線之時十點十七分十七秒八赤經度十六點十九分三十一秒九三

二星過子午線之時相減得叮等於減五十一分四十六秒三二星赤經度相減得吖等於減五十一分三十九秒六八將叮與吖兩數相減得加六秒六二此數之對數爲○.八二○八五八○餘弦房即二十七度十五分四十六秒對數爲九九四八八六○三餘弦房即二十六度四分一秒對數爲九.九五三四一二四正割㲹即五十一度二十三分四十秒○.對數爲○.二○四八四六五正弦加六秒六二即五十三度十九分四十七秒其對數爲○.○九五七七九四各對數相加得一.○二三七五六六即合於十秒五六二爲所求之甲數

後列格式內之各數爲西秝一千八百四十五年武官盧邊生在英國屬地加那打內希立尼島所測者所記子午儀各事之簿右邊之格式如後式印成左邊留空頁以記地面之高低並記推算平角差之各事

移動之子午儀測各數之格式

能移動之子午儀測望各數之格式

某年某月某日某時人名

太陽之略時	點 分 九 四七	點 分 一○ 四○	點 分 一○ 四五
窺測之星	常陳第一	搖光	右攝提第一
十字線	點 分 秒	點 分 秒	點 分 秒
第一	一三 二四·一五	一三 五五 六·五	一四 一二 六·○
第二	三一·七○	五五 四九·五	不見
第三	三五·一五	五六 三二·○	二二 三·○
第四	四二·七○	不見	二五 三·○
第五	五 ·○	五七 五六·○	三二 一·○
和數	一九一·八○	二二五二三·○	一○ 三·○
十字線之中數 改正不見之十字線數	一三 三五 一·六	一三 四五 四·六 一·二六七○	一四 二 ○·六 ○·二二九四
依儀過子午線之眞時 平面角差⊥二○X{加○·○○九 減○·○○八 加○·○三一}	一三 三五 一·六 加 ○·一八	一三 五六 三·一三○ 減 ○·一六	一四 二二 三·五四 加 ○·六二
過子午線之眞時 星之赤經度	一三 三五 一·七八 一二 四八 四八·九七	一三 五六 三·一一四 一三 四一 二·八四九	一四 二二 四·一六 一三 四七 二·一一六
度時表之差	一五 二·八一	一五 二·六五	一五 二·九七

大觀星臺歷年所記測望各數之格式與前式不同卷末附錄者卽英國車太末觀星臺所用

第十卷所論之大經緯儀爲觀星臺之要器若定在子午線上可當子午儀之用所以勻列十字線五條其正中之交點合窺筩之視軸此種儀器略可爲測望一切之事如赤經度如眞時刻如高度如天頂相距如平面角無不可測惟赤道儀之事不能代測

此儀如體小而能移動又便於藉天文而測地若安於叠測架上則更有用前測英國嘗用此法其儀徑爲二尺者胡里知工程書館論此儀甚詳茲將其書中數款摘出

窺筩內之聚光點相距二尺三寸立圈徑十五寸圈面分至五秒有測微鏡六箇能察秒微叠測架有三輻分爲二層下層有三箇配準平面之螺絲上層托住經緯儀

配準之第一事

此事令儀之平面合地平先轉其三足之螺絲藉酒準得略平再將其上層轉過一百八十度配準酒準如有差半以酒準之螺絲改正半以二箇足螺絲改正再轉過九十度以又一足之螺絲轉至酒準之氣泡適中此必屢試而得眞平爲止

配準之第二事

此事令叠測架得準心其法將酒準從上板移開而將準心顯微鏡轉其螺絲連於架面遂作一極細圓點於架面之中心然後令顯微鏡之十字線平分其點配準之工半藉準心之螺絲半藉顯微鏡上端眞立面之螺絲後將其架面轉過一百八十度用同法配之再轉九十度亦用同法爲之

儀之三足在叠測架面之三凹內用準心顯微鏡準得其心可作叠測經緯儀之用但其儀必先轉一百八十度與九十度以試驗之再令窺筩合平線將立圈轉緊其連於窺筩上酒準之空氣泡轉動螺絲使正中再將酒準調過

差之半以酒準之螺絲改正又半以立圈之螺絲改正屢試至無差而止

配準之第三事

此事令橫軸合平線將儀藉窺筩之酒準安正視其橫軸上酒準之空氣泡在面上之數而將酒準調過亦視其泡之數以此二數相較將其餘數之半以酒準之螺絲改正又半以軸枕之螺絲改正屢次試至極準而止其立弧改正之法與小經緯儀相同

英國車太末觀星臺用子午儀測得各事之格式

測望之次第數	照耳燈或東或西	軸之斜度 酒準之斜度	在東爲減在西爲加 酒準架之差	所測之星	天頂相距	或南或北	窺筒內之十字交線 一	二	中	四	五
五三三	東	丅·二	丄·○四	畢五	三五 ○ ′	南	秒 一二	秒 三○	點分秒 四二五 四七	秒 五	秒 二三
五三四	東		丄·○四	參	五一四七	南	一六	三三	五二二四九七	六五	二三四
五三五	東	丅·○五 丅·一五 丅·一五 丅·一○ 丅·一○	丄·○四	勾陳	四六二○	北	秒分 六五	分秒 五八二	五 ○ 九	分秒 二一五	分秒 四二二
五三六	東	乎 而	丄·○四	參	五二四○	南	秒 三一	秒 四八五	五二七 五五	秒 二二	秒 三九

中數	差數 中線差	立平面差	斜度差	平角差	過子午線之眞時	度時表 差數	快慢數	日數	雜說
點分秒 四二五四七四		丅·○六	丅·一三	丅·一三九	點分秒 四一五四五八	丅九○七一			
五二二四九七		丅·○六	○	丅·一八二	五二二四七八	丅九○八七			
五 ○九		丄·四七	丄·三五	丅·二四三	四五九五七三	丅九二八八			極點之下
五二七 五二		丅·○六		丅·一六七	五二七 三五	丅九○六七	丄·○	七	

一千八百四十九年正月二十二日

第一表星時變爲太陽平時

星時 秒	太陽平時 秒	星時 秒	太陽平時 秒	星時 分	太陽平時 秒
三一	○·○八五	一	○·○○三	三一	五·○七九
三二	○·○八七	二	○·○○五	三二	五·二四二
三三	○·○九○	三	○·○○八	三三	五·四○六
三四	○·○九三	四	○·○一一	三四	五·五七○
三五	○·○九六	五	○·○一四	三五	五·七三四
三六	○·○九八	六	○·○一六	三六	五·八九八
三七	○·一○一	七	○·○一九	三七	六·○六二
三八	○·一○四	八	○·○二二	三八	六·二二五
三九	○·一○六	九	○·○二五	三九	六·三八九
四○	○·一○九	一○	○·○二七	四○	六·五五三
四一	○·一一二	一一	○·○三○	四一	六·七一七
四二	○·一一五	一二	○·○三三	四二	六·八八一
四三	○·一一八	一三	○·○三六	四三	七·○四四
四四	○·一二○	一四	○·○三八	四四	七·二○八
四五	○·一二三	一五	○·○四一	四五	七·三七二
四六	○·一二六	一六	○·○四四	四六	七·五三六
四七	○·一二八	一七	○·○四七	四七	七·七○○
四八	○·一三一	一八	○·○四九	四八	七·八六四
四九	○·一三四	一九	○·○五二	四九	八·○二七
五○	○·一三七	二○	○·○五五	五○	八·一九一
五一	○·一四○	二一	○·○五七	五一	八·三五五
五二	○·一四二	二二	○·○六○	五二	八·五一九
五三	○·一四五	二三	○·○六三	五三	八·六八三
五四	○·一四八	二四	○·○六六	五四	八·八四七
五五	○·一五○	二五	○·○六八	五五	九·○一○
五六	○·一五三	二六	○·○七一	五六	九·一七四
五七	○·一五六	二七	○·○七四	五七	九·三三八
五八	○·一五九	二八	○·○七六	五八	九·五○二
五九	○·一六一	二九	○·○七九	五九	九·六六六
六○	○·一六四	三○	○·○八二	六○	九·八三○

星時 分	太陽平時 秒
一	〇一六四
二	〇三二八
三	〇四九一
四	〇六五五
五	〇八一九
六	〇九八三
七	一一四七
八	一三一一
九	一四七四
一〇	一六三八
一一	一八〇二
一二	一九六六
一三	二一三〇
一四	二二九四
一五	二四五七
一六	二六二一
一七	二七八五
一八	二九四九
一九	三一一三
二〇	三二七七
二一	三四四〇
二二	三六〇四
二三	三七六八
二四	三九三二
二五	四〇九六
二六	四二五九
二七	四四二三
二八	四五八七
二九	四七五一
三〇	四九一五

星時 點	太陽平時 分	太陽平時 秒
一	〇	九八三〇
二	〇	一九六五九
三	〇	二九四八九
四	〇	三九三一八
五	〇	四九一四八
六	〇	五八九七七
七	一	八八〇七
八	一	一八六三六
九	一	二八四六六
一〇	一	三八二九六
一一	一	四八一二五
一二	一	五七九五五
一三	二	七七八四
一四	二	一七六一四
一五	二	二七四四三
一六	二	三七二七三
一七	二	四七一〇三
一八	二	五六九三二
一九	三	六七六二
二〇	三	一六五九一
二一	三	二六四二一
二二	三	三六二五〇
二三	三	四六〇八〇
二四	三	五五九〇九

所有〇點鐘〇分〇秒相配之數必從其星時相減卽得太陽平時

第二表太陽平時變爲星時

秒	秒	太陽平時 秒	星時 秒	秒	分
〇〇八五	三一	一	〇〇〇三	五〇九二	三一
〇〇八七	三二	二	〇〇〇五	五二五七	三二
〇〇九〇	三三	三	〇〇〇八	五四二一	三三
〇〇九三	三四	四	〇〇一一	五五八五	三四
〇〇九六	三五	五	〇〇一四	五七五〇	三五
〇〇九八	三六	六	〇〇一六	五九一四	三六
〇一〇一	三七	七	〇〇一九	六〇七八	三七
〇一〇四	三八	八	〇〇二二	六二四二	三八
〇一〇六	三九	九	〇〇二五	六四〇七	三九
〇一〇九	四〇	一〇	〇〇二七	六五七一	四〇
〇一一二	四一	一一	〇〇三〇	六七三五	四一
〇一一五	四二	一二	〇〇三三	六九〇〇	四二
〇一一八	四三	一三	〇〇三六	七〇六四	四三
〇一二〇	四四	一四	〇〇三八	七二二八	四四
〇一二三	四五	一五	〇〇四一	七三九二	四五
〇一二六	四六	一六	〇〇四四	七五五七	四六
〇一二八	四七	一七	〇〇四七	七七二一	四七
〇一三一	四八	一八	〇〇四九	七八八五	四八
〇一三四	四九	一九	〇〇五二	八〇五〇	四九
〇一三七	五〇	二〇	〇〇五五	八二一四	五〇
〇一四〇	五一	二一	〇〇五七	八三七八	五一
〇一四二	五二	二二	〇〇六〇	八五四二	五二
〇一四五	五三	二三	〇〇六三	八七〇七	五三
〇一四八	五四	二四	〇〇六六	八八七一	五四
〇一五〇	五五	二五	〇〇六八	九〇三五	五五
〇一五三	五六	二六	〇〇七一	九一九九	五六
〇一五六	五七	二七	〇〇七四	九三六四	五七
〇一五九	五八	二八	〇〇七六	九五二八	五八
〇一六一	五九	二九	〇〇七九	九六九二	五九
〇一六四	六〇	三〇	〇〇八二	九八五六	六〇

太陽平時 分	星時 秒
一	〇一六四
二	〇三二九
三	〇四九三
四	〇六五七
五	〇八二一
六	〇九八六
七	一一五〇
八	一三一四
九	一四七八
一〇	一六四三
一一	一八〇七
一二	一九七一
一三	二一三六
一四	二三〇〇
一五	二四六四
一六	二六二八
一七	二七九三
一八	二九五七
一九	三一二一
二〇	三二八五
二一	三四五〇
二二	三六一四
二三	三七七八
二四	三九四三
二五	四一〇七
二六	四二七一
二七	四四三六
二八	四六〇〇
二九	四七六四
三〇	四九二八

太陽平時 點	星時 分	星時 秒
一	〇	九八五六
二	〇	一九七一三
三	〇	二九五六九
四	〇	三九四二六
五	〇	四九二八二
六	〇	五九一三九
七	一	八九九五
八	一	一八八五二
九	一	二八七〇八
一〇	一	三八五六五
一一	一	四八四二一
一二	一	五八二七八
一三	二	八一三四
一四	二	一七九九一
一五	二	二七八四七
一六	二	三七七〇四
一七	二	四七五六〇
一八	二	五七四一六
一九	三	七二七三
二〇	三	一七一二九
二一	三	二六九八六
二二	三	三六八四二
二三	三	四六六九九
二四	三	五六五五五

〇點鐘〇分〇秒相配之各數必加於平時卽得星時檢行海曆書五百三十六頁五百三十七頁所有相等表此表並前表俱以星時與平時之比例而推算其比例數如平時二十四點合於星時二十四點三分五十六秒五五五四

第三表 時數變爲度數

卽星時變爲赤道之度數與分數或變爲地球經度之度數與分數

秒	ノ	丿
一	〇	一五
二	〇	三〇
三	〇	四五
四	一	〇
五	一	一五
六	一	三〇
七	一	四五
八	二	〇
九	二	一五
一〇	二	三〇
一一	二	四五
一二	三	〇
一三	三	一五
一四	三	三〇
一五	三	四五
一六	四	〇
一七	四	一五
一八	四	三〇
一九	四	四五
二〇	五	〇
二一	五	一五
二二	五	三〇
二三	五	四五
二四	六	〇
二五	六	一五
二六	六	三〇
二七	六	四五
二八	七	〇
二九	七	一五
三〇	七	三〇

分	度	ノ
一	〇	一五
二	〇	三〇
三	〇	四五
四	一	〇
五	一	一五
六	一	三〇
七	一	四五
八	二	〇
九	二	一五
一〇	二	三〇
一一	二	四五
一二	三	〇
一三	三	一五
一四	三	三〇
一五	三	四五
一六	四	〇
一七	四	一五
一八	四	三〇
一九	四	四五
二〇	五	〇
二一	五	一五
二二	五	三〇
二三	五	四五
二四	六	〇
二五	六	一五
二六	六	三〇
二七	六	四五
二八	七	〇
二九	七	一五
三〇	七	三〇

點	度
一	一五
二	三〇
三	四五
四	六〇
五	七五
六	九〇
七	一〇五
八	一二〇
九	一三五
一〇	一五〇
一一	一六五
一二	一八〇
一三	一九五
一四	二一〇
一五	二二五
一六	二四〇
一七	二五五
一八	二七〇
一九	二八五
二〇	三〇〇
二一	三一五
二二	三三〇
二三	三四五
二四	三六〇

十分數

秒	丿
·一	一五
·二	三〇
·三	四五
·四	六〇

時數變為度數

即時為道度與數變地經之數分星變赤之數分或為球度度與數

秒	′	″	分	度	′
三一	七	四五	三一	七	四五
三二	八	〇	三二	八	〇
三三	八	一五	三三	八	一五
三四	八	三〇	三四	八	三〇
三五	八	四五	三五	八	四五
三六	九	〇	三六	九	〇
三七	九	一五	三七	九	一五
三八	九	三〇	三八	九	三〇
三九	九	四五	三九	九	四五
四〇	一〇	〇	四〇	一〇	〇
四一	一〇	一五	四一	一〇	一五
四二	一〇	三〇	四二	一〇	三〇
四三	一〇	四五	四三	一〇	四五
四四	一一	〇	四四	一一	〇
四五	一一	一五	四五	一一	一五
四六	一一	三〇	四六	一一	三〇
四七	一一	四五	四七	一一	四五
四八	一二	〇	四八	一二	〇
四九	一二	一五	四九	一二	一五
五〇	一二	三〇	五〇	一二	三〇
五一	一二	四五	五一	一二	四五
五二	一三	〇	五二	一三	〇
五三	一三	一五	五三	一三	一五
五四	一三	三〇	五四	一三	三〇
五五	一三	四五	五五	一三	四五
五六	一四	〇	五六	一四	〇
五七	一四	一五	五七	一四	一五
五八	一四	三〇	五八	一四	三〇
五九	一四	四五	五九	一四	四五
六〇	一五	〇	六〇	一五	〇

秒	″
·五	七·五
·六	九·〇
·七	一〇·五
·八	一二·〇
·九	一三·五
一·〇	一五·〇

百分數

秒	″
·〇一	〇·一五
·〇二	〇·三〇
·〇三	〇·四五
·〇四	〇·六〇
·〇五	〇·七五
·〇六	〇·九〇
·〇七	一·〇五
·〇八	一·二〇
·〇九	一·三五
·一〇	一·五〇

千分數

秒	″
·〇〇一	〇·〇一五
·〇〇二	·〇三〇
·〇〇三	·〇四五
·〇〇四	·〇六〇
·〇〇五	·〇七五
·〇〇六	·〇九〇
·〇〇七	·一〇五
·〇〇八	·一二〇
·〇〇九	·一三五
·〇一〇	·一五〇

測地附表 四

第三表 度數變為時數

即道數分或球度度與數為時赤度與數地經之數分變星

″	秒	′	分	秒	度	點	分
一	〇·〇六六	一	〇	四	一	〇	四
二	〇·一三三	二	〇	八	二	〇	八
三	〇·二〇〇	三	〇	一二	三	〇	一二
四	〇·二六六	四	〇	一六	四	〇	一六
五	〇·三三三	五	〇	二〇	五	〇	二〇
六	〇·四〇〇	六	〇	二四	六	〇	二四
七	〇·四六六	七	〇	二八	七	〇	二八
八	〇·五三三	八	〇	三二	八	〇	三二
九	〇·六〇〇	九	〇	三六	九	〇	三六
一〇	〇·六六六	一〇	〇	四〇	一〇	〇	四〇
一一	〇·七三三	一一	〇	四四	一一	〇	四四
一二	〇·八〇〇	一二	〇	四八	一二	〇	四八
一三	〇·八六六	一三	〇	五二	一三	〇	五二
一四	〇·九三三	一四	〇	五六	一四	〇	五六
一五	一·〇〇〇	一五	一	〇	一五	一	〇
一六	一·〇六六	一六	一	四	一六	一	四
一七	一·一三三	一七	一	八	一七	一	八
一八	一·二〇〇	一八	一	一二	一八	一	一二
一九	一·二六六	一九	一	一六	一九	一	一六
二〇	一·三三三	二〇	一	二〇	二〇	一	二〇
二一	一·四〇〇	二一	一	二四	二五	一	四〇
二二	一·四六六	二二	一	二八	三〇	二	〇
二三	一·五三三	二三	一	三二	三五	二	二〇
二四	一·六〇〇	二四	一	三六	四〇	二	四〇
二五	一·六六六	二五	一	四〇	四五	三	〇
二六	一·七三三	二六	一	四四	五〇	三	二〇
二七	一·八〇〇	二七	一	四八	五五	三	四〇
二八	一·八六六	二八	一	五二	六〇	四	〇
二九	一·九三三	二九	一	五六	六五	四	二〇
三〇	二·〇〇〇	三〇	二	〇	七〇	四	四〇

度數變為時數

即道數分或球度度與數為時赤度與數地經之數分變星

″	秒	′	分	秒	度	點	分
三一	二·〇六六	三一	二	四	七五	五	〇
三二	二·一三三	三二	二	八	八〇	五	二〇
三三	二·二〇〇	三三	二	一二	九〇	六	〇
三四	二·二六六	三四	二	一六	一〇〇	六	四〇
三五	二·三三三	三五	二	二〇	一一〇	七	二〇
三六	二·四〇〇	三六	二	二四	一二〇	八	〇
三七	二·四六六	三七	二	二八	一三〇	八	四〇
三八	二·五三三	三八	二	三二	一四〇	九	二〇
三九	二·六〇〇	三九	二	三六	一五〇	一〇	〇
四〇	二·六六六	四〇	二	四〇	一六〇	一〇	四〇
四一	二·七三三	四一	二	四四	一七〇	一一	二〇
四二	二·八〇〇	四二	二	四八	一八〇	一二	〇
四三	二·八六六	四三	二	五二	一九〇	一二	四〇
四四	二·九三三	四四	二	五六	二〇〇	一三	二〇
四五	三·〇〇〇	四五	三	〇	二一〇	一四	〇
四六	三·〇六六	四六	三	四	二二〇	一四	四〇
四七	三·一三三	四七	三	八	二三〇	一五	二〇
四八	三·二〇〇	四八	三	一二	二四〇	一六	〇
四九	三·二六六	四九	三	一六	二五〇	一六	四〇
五〇	三·三三三	五〇	三	二〇	二六〇	一七	二〇
五一	三·四〇〇	五一	三	二四	二七〇	一八	〇
五二	三·四六六	五二	三	二八	二八〇	一八	四〇
五三	三·五三三	五三	三	三二	二九〇	一九	二〇
五四	三·六〇〇	五四	三	三六	三〇〇	二〇	〇
五五	三·六六六	五五	三	四〇	三一〇	二〇	四〇
五六	三·七三三	五六	三	四四	三二〇	二一	二〇
五七	三·八〇〇	五七	三	四八	三三〇	二二	〇
五八	三·八六六	五八	三	五二	三四〇	二二	四〇
五九	三·九三三	五九	三	五六	三五〇	二三	二〇
六〇	四·〇〇〇	六〇	四	〇	三六〇	二四	〇

測地附表 五

第四表 風雨表以三十寸為準過則減不及則加 寒暑表以五十度為準過則減不及則加

改正之較數：寒暑表減一度	改正之較數：風雨表加一分	改正之較數：高一分	氣差（風雨表三十寸 寒暑表五十度）		測望之高度	
″	″	″	″	′	′	度
八·一	七四	一一·七	五一	三三	〇	〇
七·六	七一	一一·三	五三	三二	五	
七·三	六九	一〇·九	五八	三一	一〇	
七·〇	六七	一〇·五	五	三一	一五	
六·七	六五	一〇·一	一三	三〇	二〇	
六·四	六三	九·七	二四	二九	二五	
六·一	六一	九·四	三七	二八	三〇	
五·九	五九	九·〇	五一	二七	三五	
五·六	五八	八·七	六	二七	四〇	
五·四	五六	八·四	二四	二六	四五	
五·一	五五	八·〇	四三	二五	五〇	
四·九	五三	七·七	三	二五	五五	
四·七	五二	七·四	二五	二四	〇	一
四·六	五〇	七·一	四八	二三	五	
四·五	四九	六·九	一三	二三	一〇	
四·四	四八	六·六	四〇	二二	一五	
四·二	四六	六·三	八	二二	二〇	
四·〇	四五	六·一	三七	二一	二五	
三·九	四四	五·九	七	二一	三〇	
三·八	四三	五·七	三八	二〇	三五	
三·六	四二	五·五	一〇	二〇	四〇	
三·五	四〇	五·三	四三	一九	四五	
三·四	三九	五·一	一七	一九	五〇	
三·三	三九	四·九	五二	一八	五五	
三·二	三八	四·八	二九	一八	〇	二
三·一	三七	四·六	五	一八	五	
三·〇	三六	四·四	四三	一七	一〇	
二·九	三六	四·三	二一	一七	一五	
二·八	三五	四·一	〇	一七	二〇	
二·八	三四	四·〇	四〇	一六	二五	

測望之高度		氣差 風雨表三十寸 寒暑表五十度		改正之較數		
度	′	′	″	高一分 ″	風雨表加一分 ″	寒暑表減一度 ″
	三〇	一六	二一	三·九	三三	二·七
	三五	一六	二	三·七	三三	二·六
	四〇	一五	四三	三·六	三二	二·六
	四五	一五	二五	三·五	三二	二·五
	五〇	一五	八	三·四	三一	二·四
	五五	一四	五三	三·三	三〇	二·三
三	〇	一四	三五	三·二	三〇	二·三
	五	一四	一九	三·一	二九	二·〇
	一〇	一四	四	三·〇	二九	二·〇
	一五	一三	五〇	二·九	二八	二·一
	二〇	一三	三五	二·八	二八	二·一
	二五	一三	二一	二·七	二七	二·〇
	三〇	一三	七	二·七	二七	二·〇
	三五	一二	五三	二·六	二六	二·〇
	四〇	一二	四一	二·五	二六	一·九
	四五	一二	二八	二·四	二五	一·九
	五〇	一二	一六	二·四	二五	一·九
	五五	一二	三	二·三	二五	一·八
四	〇	一一	五二	二·二	二四·一	一·七〇
	一〇	一一	三〇	二·一	二三·四	一·六四
	二〇	一一	一〇	二·〇	二二·七	一·五八
	三〇	一〇	五〇	一·九	二二·〇	一·五三
	四〇	一〇	三二	一·八	二一·三	一·四八
	五〇	一〇	一五	一·七	二〇·七	一·四三
五	〇	九	五八	一·六	二〇·一	一·三八
	一〇	九	四二	一·五	一九·六	一·三四
	二〇	九	二七	一·五	一九·一	一·三〇
	三〇	九	一一	一·四	一八·六	一·二六
	四〇	八	五八	一·三	一八·一	一·二二
	五〇	八	四五	一·三	一七·六	一·一九

測望之高度		氣差 風雨表三十寸 寒暑表五十度		改正之較數		
度	′	′	″	高一分 ″	風雨表加一分 ″	寒暑表減一度 ″
六	〇	八	三二	一·二	一七·二	一·一五
	一〇	八	二〇	一·二	一六·八	一·一一
	二〇	八	九	一·一	一六·四	一·〇九
	三〇	七	五八	一·一	一六·〇	一·〇六
	四〇	七	四七	一·〇	一五·七	一·〇三
	五〇	七	三七	一·〇	一五·三	一·〇〇
七	〇	七	二七	一·〇	一五·〇	〇·九八
	一〇	七	一七	·九	一四·六	·九五
	二〇	七	八	·九	一四·三	·九三
	三〇	六	五九	·八	一四·一	·九一
	四〇	六	五一	·八	一三·八	·八九
	五〇	六	四三	·八	一三·五	·八七
八	〇	六	三五	·七	一三·三	·八五
	一〇	六	二八	·七	一三·一	·八三
	二〇	六	二一	·七	一二·八	·八二
	三〇	六	一四	·七	一二·六	·八〇
	四〇	六	七	·七	一二·三	·七九
	五〇	六	〇	·六	一二·一	·七七
九	〇	五	五四	·六	一一·九	·七六
	一〇	五	四七	·六	一一·七	·七四
	二〇	五	四一	·六	一一·五	·七三
	三〇	五	三六	·六	一一·三	·七一
	四〇	五	三〇	·五	一一·一	·七一
	五〇	五	二五	·五	一一·〇	·七〇
一〇	〇	五	二〇	·五	一〇·八	·六九
	一〇	五	一五	·五	一〇·六	·六七
	二〇	五	一〇	·五	一〇·四	·六五
	三〇	五	五	·五	一〇·二	·六四
	四〇	五	〇	·五	一〇·一	·六三
	五〇	四	五五	·四	九·九	·六二

測望之高度		氣差 風雨表三十寸 寒暑表五十度		改正之較數		
度	′	′	″	高一分 ″	風雨表加一分 ″	寒暑表減一度
一一	〇	四	五一	·四	九·八	·六〇
	一〇	四	四七	·四	九·六	·五九
	二〇	四	四三	·四	九·五	·五八
	三〇	四	三九	·四	九·四	·五七
	四〇	四	三五	·四	九·二	·五六
	五〇	四	三一	·四	九·一	·五五
一二	〇	四	二八·一	·三八	九·〇〇	·五五六
	一〇	四	二四·四	·三七	八·八六	·五四八
	二〇	四	二〇·一	·三六	八·七四	·五四一
	三〇	四	一七·三	·三五	八·六三	·五三三
	四〇	四	一三·九	·三三	八·五一	·五二四
	五〇	四	一〇·七	·三二	八·四一	·五一七
一三	〇	四	七·五	·三一	八·三〇	·五〇九
	一〇	四	四·四	·三一	八·二〇	·五〇三
	二〇	四	一·四	·三〇	八·一〇	·四九六
	三〇	三	五八·四	·三〇	八·〇〇	·四九〇
	四〇	三	五五·五	·二九	七·八九	·四八二
	五〇	三	五二·六	·二九	七·七九	·四七六
一四	〇	三	四九·九	·二八	七·七〇	·四六九
	一〇	三	四七·一	·二八	七·六一	·四六四
	二〇	三	四四·四	·二七	七·五二	·四五八
	三〇	三	四一·八	·二六	七·四三	·四五三
	四〇	三	三九·二	·二六	七·三四	·四四八
	五〇	三	三六·七	·二五	七·二六	·四四四
一五	〇	三	三四·三	·二四	七·一八	·四三九
	三〇	三	二七·三	·二二	六·九五	·四二四
一六	〇	三	二〇·六	·二一	六·七三	·四一一
	三〇	三	一四·四	·二〇	六·五一	·三九九
一七	〇	三	八·五	·一九	六·三一	·三八六
	三〇	三	二·九	·一八	六·一二	·三七四

測望之高度	氣差 風雨表三十寸 寒暑表五十度		改正之較數		
度	′	″	高一分 ″	風雨表加一分 ″	寒暑表減一度 ″
一八	二	五七·六	·一七	五·九八	·三六二
一九	二	四七·七	·一六	五·六一	·三四〇
二〇	二	三八·七	·一五	五·三一	·三二二
二一	二	三〇·五	·一三	五·〇四	·三〇五
二二	二	二三·二	·一二	四·七九	·二九〇
二三	二	一六·五	·一一	四·五七	·二七六
二四	二	一〇·一	·一〇	四·三五	·二六四
二五	二	四·二	·〇九	四·一六	·二五二
二六	一	五八·八	·〇九	三·九七	·二四一
二七	一	五三·八	·〇八	三·八一	·二三〇
二八	一	四九·一	·〇八	三·六五	·二三九
二九	一	四四·七	·〇七	三·五〇	·二〇九
三〇	一	四〇·五	·〇七	三·三六	·二〇一
三一	一	三六·六	·〇六	三·二三	·一九三
三二	一	三三·〇	·〇六	三·一一	·一八六
三三	一	二九·五	·〇六	二·九九	·一七九
三四	一	二六·一	·〇五	二·八八	·一七三
三五	一	二〇·〇	·〇五	二·七八	·一六七
三六	一	二〇·〇	·〇五	二·六八	·一六二
三七	一	一七·一	·〇五	二·五八	·一五五
三八	一	一四·四	·〇五	二·四九	·一四九
三九	一	一一·八	·〇四	二·四〇	·一四四
四〇	一	九·三	·〇四	二·三二	·一三九
四一	一	六·九	·〇四	二·二四	·一三四
四〇	一	九·三	·〇四〇	二·三二	·一三九
四一	一	六·九	·〇四〇	二·二四	·一三四
四二	一	四·六	·〇三六	二·一六	·一三〇
四三	一	二·四	·〇三八	二·〇九	·一二五
四四	一	〇·三	·〇三四	二·〇二	·一二〇

測望之高度	氣差（風雨表三十寸寒暑表五十度）		改正之較數：高一分	改正之較數：風雨表加一分	改正之較數：寒暑表減一度
度	′	″	″	″	
四五	〇	五八·一	·〇三四	一·九四	·一一七
四六	〇	五六·一	·〇三三	一·八八	·一一二
四七	〇	五四·二	·〇三二	一·八一	·一〇八
四八	〇	五二·三	·〇三一	一·七五	·一〇四
四九	〇	五〇·五	·〇三〇	一·六九	·一〇一
五〇	〇	四八·八	·〇二九	一·六三	·〇九七
五一	〇	四七·一	·〇二八	一·五八	·〇九四
五二	〇	四五·四	·〇二七	一·五二	·〇九〇
五三	〇	四三·八	·〇二六	一·四七	·〇八八
五四	〇	四二·二	·〇二六	一·四一	·〇八五
五五	〇	四〇·八	·〇二五	一·三六	·〇八二
五六	〇	三九·三	·〇二五	一·三一	·〇七九
五七	〇	三七·八	·〇二五	一·二六	·〇七六
五八	〇	三六·四	·〇二四	一·二二	·〇七三
五九	〇	三五·〇	·〇二四	一·一七	·〇七〇
六〇	〇	三三·六	·〇二三	一·一二	·〇六七
六一	〇	三二·三	·〇二二	一·〇八	·〇六五
六二	〇	三一·〇	·〇二二	一·〇四	·〇六二
六三	〇	二九·七	·〇二一	·九九	·〇六〇
六四	〇	二八·四	·〇二一	·九五	·〇五七
六五	〇	二七·二	·〇二〇	·九一	·〇五五
六六	〇	二五·九	·〇二〇	·八七	·〇五二
六七	〇	二四·七	·〇二〇	·八三	·〇五〇
六八	〇	二三·五	·〇二〇	·七九	·〇四七
六九	〇	二二·四	·〇二〇	·七五	·〇四五

測望之高度	氣差（風雨表三十寸寒暑表五十度）		改正之較數：高一分	改正之較數：風雨表加一分	改正之較數：寒暑表減一分
度	′	″	″	″	″
七〇	〇	二一·二	·〇二〇	·七一	·〇四三
七一	〇	一九·九	·〇二〇	·六七	·〇四〇
七二	〇	一八·八	·〇一九	·六三	·〇三八
七三	〇	一七·七	·〇一八	·五九	·〇三六
七四	〇	一六·六	·〇一八	·五六	·〇三三
七五	〇	一五·五	·〇一八	·五二	·〇三一
七六	〇	一四·四	·〇一八	·四八	·〇二九
七七	〇	一三·四	·〇一七	·四五	·〇二七
七八	〇	一二·三	·〇一七	·四一	·〇二五
七九	〇	一一·二	·〇一七	·三八	·〇二三
八〇	〇	一〇·二	·〇一七	·三四	·〇二一
八一	〇	九·二	·〇一七	·三一	·〇一八
八二	〇	八·二	·〇一七	·二七	·〇一六
八三	〇	七·一	·〇一七	·二四	·〇一四
八四	〇	六·一	·〇一七	·二〇	·〇一二
八五	〇	五·一	·〇一七	·一七	·〇一〇
八六	〇	四·一	·〇一七	·一四	·〇〇八
八七	〇	三·一	·〇一七	·一〇	·〇〇六
八八	〇	二·〇	·〇一七	·〇七	·〇〇四
八九	〇	一·〇	·〇一七	·〇三	·〇〇二

第五表

太陽與太陰之半徑因氣差減小

半徑高於天際	太陽或太陰之高度 七°	一〇°	一二°	一四°	二〇°	三二°	二〇°
	″	″	″	″	″	″	″
〇	〇	〇	〇	〇	〇	〇	〇
九	一	〇	〇	〇	〇	〇	〇
一五	二	一	〇	〇	〇	〇	〇
二四	三	一	一	一	〇	〇	〇
三〇	四	二	一	一	一	〇	〇
三六	五	三	二	一	一	〇	〇
四二	六	四	二	二	一	〇	〇
四八	八	四	三	二	一	〇	〇
五四	九	五	四	三	一	一	〇
六〇	一一	六	四	三	二	一	〇
六六	一二	六	五	三	二	一	〇
七二	一三	七	五	四	二	一	〇
九〇	一四	八	五	四	二	一	〇

第六表

太陽半徑

日數	正月		七月	
	′	″	′	″
一	一六	一八	一五	四六
一一	一六	一七	一五	四六
二一	一六	一七	一五	四六
	二月		八月	
一	一六	一五	一五	四七
一一	一六	一三	一五	四九
二一	一六	一一	一五	五一
	三月		九月	
一	一六	一〇	一五	五三
一一	一六	七	一五	五六
二一	一六	四	一五	五八
	四月		十月	
一	一六	一	一六	一
一一	一五	五八	一六	三
二一	一五	五五	一六	七
	五月		十一月	
一	一五	五三	一六	九
一一	一五	五一	一六	一二
二一	一五	四九	一六	一四
	六月		十二月	
一	一五	四八	一六	一六
一一	一五	四六	一六	一七
二一	一五	四六	一六	一八

第七表太陰半徑依高度而加分秒數

太陰平視半徑在行海曆書每月第三頁爲每日平午正平子正格林回知之徑度太陽之數在每月之第二頁爲平午正推算

太陰之

一六′〇″	一六′三〇″	一七′〇″
″	″	″
〇·〇〇	〇·〇〇	〇·〇〇
〇·八六	〇·九二	〇·九七
一·七一	一·八三	一·九四
二·五六	二·七三	二·九〇
三·四一	三·六三	三·八六
四·二五	四·五二	四·八〇
五·〇七	五·三九	五·七三
五·八九	六·二六	六·六五
六·六八	七·一一	七·五四
七·四六	七·九三	八·四二
八·二二	八·七四	九·二八
八·九六	九·五二	一〇·一二
九·六七	一〇·二八	一〇·九二
一〇·三六	一一·〇二	一一·六六
一一·〇二	一一·七二	一二·四四
一一·六五	一二·三九	一三·一五
一二·二五	一三·〇三	一三·八三
一二·八一	一三·六三	一四·四六
一三·三四	一四·一九	一五·〇六
一三·八三	一四·七二	一五·六二
一四·二九	一五·二〇	一六·一三
一四·七〇	一五·六四	一六·六〇
一五·〇八	一六·〇四	一七·〇三
一五·四一	一六·三九	一七·四〇
一五·七〇	一六·七〇	一七·七三
一五·九五	一六·九六	一八·〇一
一六·一五	一七·一八	一八·二四
一六·三一	一七·三五	一八·四二
一六·四二	一七·四七	一八·五五
一六·四九	一七·五四	一八·六二
一六·五一	一七·五七	一八·六五

太陰之視高度	平視半徑 一四′三〇″	平視半徑 一五′〇″	平視半徑 一五′三〇″
度	″	″	″
〇	〇·〇〇	〇·〇〇	〇·〇〇
三	〇·七一	〇·七五	〇·八〇
六	一·四一	一·五〇	一·六〇
九	二·一一	二·二五	二·四〇
一二	二·八一	三·〇〇	三·二〇
一五	三·五〇	三·七四	三·九九
一八	四·一七	四·四六	四·七六
二一	四·八四	五·一八	五·五二
二四	五·四九	五·八八	六·二七
二七	六·一三	六·五六	七·〇〇
三〇	六·七五	七·二三	七·七一
三三	七·三五	七·八八	八·四〇
三六	七·九三	八·五〇	九·〇七
三九	八·四九	九·一〇	九·七二
四二	九·〇三	九·六八	一〇·三四
四五	九·五五	一〇·二三	一〇·九三
四八	一〇·〇五	一〇·七六	一一·四九
五一	一〇·五二	一一·二六	一二·〇二
五四	一〇·九五	一一·七二	一二·五二
五七	一一·三五	一二·一五	一二·九八
六〇	一一·七二	一二·五五	一三·四〇
六三	一二·〇六	一二·九一	一三·七九
六六	一二·三七	一三·二四	一四·一四
六九	一二·六四	一三·五三	一四·四六
七二	一二·八八	一三·七九	一四·七三
七五	一三·〇八	一四·〇一	一四·九六
七八	一三·二四	一四·一八	一五·一五
八一	一三·三七	一四·三二	一五·三〇
八四	一三·四六	一四·四二	一五·四一
八七	一三·五二	一四·四八	一五·四七
九〇	一三·五四	一四·五〇	一五·四九

測地附表　十

第八表　太陽在每月初一日地心差　其平視差之中數為八秒六〇

高度	正月	十二月 二月	十一月 三月	十月 四月	九月 五月	八月 六月	七月
〇	″	″	″	″	″	″	″
九〇	〇·〇〇	〇·〇〇	〇·〇〇	〇·〇〇	〇·〇〇	〇·〇〇	〇·〇〇
八五	〇·七六	〇·七六	〇·七六	〇·七五	〇·七四	〇·七四	〇·七四
八〇	一·五二	一·五二	一·五一	一·四九	一·四八	一·四七	一·四七
七五	二·二六	二·二六	二·二五	二·二三	二·二一	二·一九	二·一九
七〇	二·九九	二·九八	二·九七	二·九四	二·九二	二·九〇	二·八九
六五	三·七〇	三·六九	三·六七	三·六三	三·六〇	三·五八	三·五七
六〇	四·三七	四·三六	四·三四	四·三〇	四·二六	四·二四	四·二三
五五	五·〇二	五·〇一	四·九八	四·九三	四·八九	四·八六	四·八五
五〇	五·六二	五·六一	五·五八	五·五三	五·四八	五·四五	五·四四
四五	六·一九	六·一七	六·一三	六·〇八	六·〇三	五·九九	五·九八
四〇	六·七〇	六·六八	六·六四	六·五九	六·五三	六·四九	六·四八
三五	七·一七	七·一五	七·一一	七·〇四	六·九九	六·九四	六·九三
三〇	七·五八	七·五六	七·五一	七·四五	七·三九	七·三四	七·三三
二五	七·九三	七·九一	七·八六	七·七九	七·七三	七·六八	七·六七
二〇	八·二二	八·二〇	八·一五	八·〇八	八·〇一	七·九七	七·九五
一五	八·四五	八·四三	八·三八	八·三〇	八·二四	八·一九	八·一七
一〇	八·六二	八·五九	八·五四	八·四七	八·四〇	八·三五	八·三三
五	八·七三	八·六九	八·六四	八·五六	八·五〇	八·四四	八·四二
〇	八·七五	八·七三	八·六七	八·六〇	八·五三	八·四八	八·四六

行海歷書在行星每日變數之後有太陽每十日之平視差

皮爾生太陽表之末表有太陽各高度相配之太陽視差

第九表　太陰赤道之平視差變為任何緯度之平視差

緯度	平視差 五四′	平視差 五六′	平視差 五八′	平視差 六〇′	平視差 六二′
度	秒	秒	秒	秒	秒
〇	〇·〇	〇·〇	〇·〇	〇·〇	〇·〇
八	〇·二	〇·二	〇·二	〇·二	〇·二
一六	〇·八	〇·八	〇·九	〇·九	〇·五
二〇	一·三	一·三	一·四	一·四	一·三
二四	一·八	一·九	一·九	二·〇	二·〇
二八	二·四	二·五	二·六	二·六	二·七
三二	三·〇	三·一	三·三	三·四	三·五
三六	三·七	三·九	四·〇	四·一	四·三
四〇	四·五	四·六	四·八	五·〇	五·一
四四	五·二	五·四	五·六	五·八	六·〇
四八	六·〇	六·二	六·四	六·六	六·八
五二	六·七	七·〇	七·二	七·四	七·六
五六	七·四	七·七	八·〇	八·二	八·五
六〇	八·一	八·四	八·七	九·〇	九·三
六四	八·七	九·一	九·四	九·七	一〇·〇
六八	九·三	九·六	一〇·〇	一〇·三	一〇·六
七二	九·八	一〇·一	一〇·四	一〇·八	一一·三
七六	一〇·二	一〇·六	一〇·九	一一·三	一一·七
八四	一〇·七	一一·一	一一·五	一一·九	一二·〇
九〇	一〇·八	一一·二	一一·六	一二·〇	一二·四

行海歷書每月第三頁所有太陰平視差為格林回知半午正平子正時之赤道視差在海面不常問因地球圓形所有緯度之差但能從上表推算之如赤道平視為五十八分則在五十二度緯度之平視差為五十八秒二相減得五十七分二秒〇八此改正之平視差必檢所設之表依高度之改正之立度所設改表為改正太陰相距而其差數包地心差與氣差在內如不用表可用下式

正弦平視差×餘弦高度＝高度視差之正弦

測地附表　十一

第十表　行星在各高度之視差

視高度	行星之平視差 一″	三″	五″	七″	九″	一一″	一三″	一五″	一七″	一九″	二一″	二三″	二五″	二七″	二九″	三一″
度	″	″	″	″	″	″	″	″	″	″	″	″	″	″	″	″
〇	一	三	五	七	九	一一	一三	一五	一七	一九	二一	二三	二五	二七	二九	三一
一〇	一	三	五	七	九	一一	一三	一五	一七	一九	二一	二三	二五	二七	二九	三〇
二〇	一	三	五	七	九	一〇	一二	一四	一六	一八	二〇	二二	二四	二五	二七	二九
二五	一	三	五	六	八	一〇	一二	一四	一五	一七	一九	二一	二三	二四	二六	二八
三〇	一	三	四	六	八	一〇	一一	一三	一五	一六	一八	二〇	二二	二三	二五	二七
三三	一	二	四	六	八	九	一一	一三	一四	一六	一八	一九	二一	二三	二四	二六
三六	一	二	四	六	七	九	一一	一二	一四	一五	一七	一九	二〇	二二	二三	二五
三九	一	二	四	五	七	九	一〇	一二	一三	一五	一六	一八	一九	二一	二三	二四
四二	一	二	四	五	七	八	一〇	一一	一三	一四	一六	一七	一九	二〇	二二	二三
四五	一	二	四	五	六	八	九	一一	一二	一三	一五	一六	一八	一九	二一	二二
四八	一	二	三	五	六	七	九	一〇	一一	一三	一四	一五	一七	一八	一九	二一
五一	一	二	三	四	六	七	八	九	一一	一二	一三	一四	一六	一七	一八	二〇
五四	一	二	三	四	五	六	八	九	一〇	一一	一二	一四	一五	一六	一七	一八
五七	一	二	三	四	五	六	七	八	九	一〇	一一	一二	一四	一五	一六	一七
六〇	一	二	三	四	五	六	七	八	九	一〇	一一	一二	一三	一四	一五	一六
六三	〇	一	二	三	四	五	六	七	八	九	一〇	一〇	一一	一二	一三	一四
六六	〇	一	二	三	四	四	五	六	七	八	九	九	一〇	一一	一二	一三
六九	〇	一	二	三	三	四	五	五	六	七	八	八	九	一〇	一〇	一一
七二	〇	一	二	二	三	三	四	五	五	六	六	七	八	八	九	一〇
七五	〇	一	一	二	二	三	三	四	四	五	五	六	六	七	八	八
七八	〇	一	一	一	二	二	三	三	四	四	四	五	五	六	六	六
八一	〇	〇	一	一	一	二	二	二	三	三	三	四	四	四	五	五
八四	〇	〇	一	一	一	一	一	二	二	二	二	二	三	三	三	三
八七	〇	〇	〇	〇	〇	一	一	一	一	一	一	一	一	一	二	二
九〇	〇	〇	〇	〇	〇	〇	〇	〇	〇	〇	〇	〇	〇	〇	〇	〇

行星之視差與半徑俱在行海歷書內

第十三表　改正爲眞子午線

八分	九分	一○分	一一分	一二分	一三分	一四分
一二五·七	一五九·○	一九六·三	二三七·五	二八二·七	三三一·八	三八四·七
一二六·二	一五九·六	一九七·○	二三八·三	二八三·五	三三二·六	三八五·六
一二六·七	一六○·二	一九七·六	二三九·○	二八四·二	三三三·四	三八六·六
一二七·二	一六○·八	一九八·三	二三九·七	二八五·○	三三四·三	三八七·五
一二七·八	一六一·四	一九八·九	二四○·四	二八五·八	三三五·二	三八八·四
一二八·三	一六二·○	一九九·六	二四一·二	二八六·六	三三六·○	三八九·三
一二八·八	一六二·六	二○○·三	二四一·九	二八七·四	三三六·九	三九○·二
一二九·三	一六三·二	二○○·九	二四二·六	二八八·二	三三七·七	三九一·一
一二九·九	一六三·八	二○一·六	二四三·三	二八九·○	三三八·六	三九二·一
一三○·四	一六四·四	二○二·二	二四四·一	二八九·八	三三九·四	三九三·○
一三一·○	一六五·○	二○二·九	二四四·八	二九○·六	三四○·三	三九三·九
一三一·五	一六五·六	二○三·六	二四五·五	二九一·四	三四一·二	三九四·八
一三二·○	一六六·二	二○四·二	二四六·三	二九二·二	三四二·○	三九五·八
一三二·六	一六六·八	二○四·九	二四七·○	二九三·○	三四二·九	三九六·七
一三三·一	一六七·四	二○五·六	二四七·七	二九三·八	三四三·七	三九七·六
一三三·六	一六八·○	二○六·三	二四八·五	二九四·六	三四四·六	三九八·六
一三四·二	一六八·六	二○六·九	二四九·二	二九五·四	三四五·五	三九九·五
一三四·七	一六九·二	二○七·六	二四九·九	二九六·二	三四六·四	四○○·五
一三五·三	一六九·八	二○八·三	二五○·七	二九七·○	三四七·二	四○一·四
一三五·八	一七○·四	二○八·九	二五一·四	二九七·八	三四八·一	四○二·三
一三六·三	一七一·○	二○九·六	二五二·二	二九八·六	三四九·○	四○三·三
一三六·九	一七一·六	二一○·三	二五三·○	二九九·四	三四九·八	四○四·二
一三七·四	一七二·二	二一一·○	二五三·六	三○○·二	三五○·七	四○五·一
一三八·○	一七二·九	二一一·七	二五四·四	三○一·○	三五一·六	四○六·○
一三八·五	一七三·五	二一二·三	二五五·一	三○一·八	三五二·五	四○七·○
一三九·一	一七四·一	二一三·○	二五五·九	三○二·六	三五三·三	四○八·○
一三九·六	一七四·七	二一三·七	二五六·六	三○三·五	三五四·二	四○八·九
一四○·二	一七五·三	二一四·四	二五七·四	三○四·三	三五五·一	四○九·九
一四○·七	一七五·九	二一五·一	二五八·一	三○五·一	三五六·○	四一○·八
一四一·三	一七六·六	二一五·八	二五八·九	三○五·九	三五六·九	四一一·七

第十一表　海面天際之目高差

目高尺數	目高差	目高尺數	目高差	目高尺數	目高差	目高尺數	目高差
一	○′五九″	一八	四′一一″	三五	五′四九″	八六	九′八″
二	一′二四″	一九	四′一七″	三八	六′四″	八九	九′一七″
三	一′四二″	二○	四′二四″	四一	六′一八″	九二	九′二六″
四	一′五八″	二一	四′三一″	四四	六′三二″	九五	九′三六″
五	二′一二″	二二	四′三七″	四七	六′四五″	九八	九′四五″
六	二′二五″	二三	四′四三″	五○	六′五八″	一○一	九′五四″
七	二′三六″	二四	四′四九″	五三	七′一○″	一○四	一○′二″
八	二′四七″	二五	四′五五″	五六	七′二二″	一○七	一○′一一″
九	二′五七″	二六	五′一″	五九	七′三四″	一一○	一○′一九″
一○	三′七″	二七	五′七″	六二	七′四五″	一一三	一○′二八″
一一	三′一六″	二八	五′一三″	六五	七′五六″	一一六	一○′三六″
一二	三′二五″	二九	五′一八″	六八	八′七″	一一九	一○′四四″
一三	三′三三″	三○	五′二四″	七一	八′一八″	一二二	一○′五二″
一四	三′四一″	三一	五′二九″	七四	八′二八″	一二五	一一′○″
一五	三′四九″	三二	五′三四″	七七	八′三八″	一二八	一一′八″
一六	三′五六″	三三	五′三九″	八○	八′四八″	一三一	一一′一六″
一七	四′四″	三四	五′四四″	八三	八′五八″	一三四	一一′二四″

第十二表　海面天際在各相距之目高差

相距里數	目高尺數 五	一○	一五	二○	二五	三○
	分	分	分	分	分	分
○·二五	一一	二二	三四	四五	五六	六八
○·五	六	一一	一七	二二	二八	三四
○·七五	四	八	一二	一五	一九	二三
一·○	四	六	九	一二	一五	一七
一·二五	三	五	七	九	一二	一四
一·五	三	四	六	八	一○	一二
二·○	二	三	五	六	八	一○
二·五	二	三	五	六	七	八
三·○	二	三	四	五	六	七
三·五	二	三	四	五	六	六
四·○	二	三	四	四	五	六
五·○	二	三	四	四	五	五
六·○	二	三	四	四	五	五

第十三表　改正爲眞子午線

八分	九分	一○分	一一分	一二分	一三分	一四分
一四一·八	一七七·二	二一六·四	二五九·六	三○六·七	三五七·七	四一二·七
一四二·四	一七七·八	二一七·一	二六○·四	三○七·五	三五八·六	四一三·六
一四三·○	一七八·四	二一七·八	二六一·一	三○八·四	三五九·五	四一四·六
一四三·五	一七九·○	二一八·五	二六一·九	三○九·二	三六○·四	四一五·五
一四四·一	一七九·七	二一九·二	二六二·六	三一○·○	三六一·三	四一六·五
一四四·六	一八○·三	二一九·九	二六三·四	三一○·八	三六二·二	四一七·五
一四五·二	一八○·九	二二○·六	二六四·一	三一一·六	三六三·一	四一八·四
一四五·八	一八一·六	二二一·三	二六四·九	三一二·五	三六四·○	四一九·三
一四六·三	一八二·二	二二二·○	二六五·七	三一三·三	三六四·八	四二○·三
一四六·九	一八二·八	二二二·七	二六六·四	三一四·一	三六五·七	四二一·三
一四七·五	一八三·五	二二三·四	二六七·二	三一五·○	三六六·六	四二二·二
一四八·○	一八四·一	二二四·一	二六七·九	三一五·八	三六七·五	四二三·二
一四八·六	一八四·七	二二四·八	二六八·七	三一六·六	三六八·四	四二四·二
一四九·二	一八五·四	二二五·五	二六九·五	三一七·四	三六九·三	四二五·一
一四九·七	一八六·○	二二六·二	二七○·三	三一八·三	三七○·二	四二六·一
一五○·三	一八六·六	二二六·九	二七一·○	三一九·一	三七一·一	四二七·○
一五○·九	一八七·三	二二七·六	二七一·八	三一九·九	三七二·○	四二八·○
一五一·五	一八七·九	二二八·三	二七二·六	三二○·八	三七二·九	四二九·○
一五二·○	一八八·五	二二九·○	二七三·三	三二一·六	三七三·八	四二九·九
一五二·六	一八九·二	二二九·七	二七四·一	三二二·四	三七四·七	四三○·九
一五三·二	一八九·八	二三○·四	二七四·九	三二三·三	三七五·六	四三一·九
一五三·八	一九○·五	二三一·一	二七五·六	三二四·一	三七六·五	四三二·八
一五四·四	一九一·一	二三一·八	二七六·四	三二五·○	三七七·四	四三三·八
一五四·九	一九一·八	二三二·五	二七七·二	三二五·八	三七八·三	四三四·八
一五五·五	一九二·四	二三三·二	二七八·○	三二六·七	三七九·二	四三五·八
一五六·一	一九三·一	二三四·○	二七八·八	三二七·五	三八○·二	四三六·七
一五六·七	一九三·七	二三四·七	二七九·五	三二八·四	三八一·一	四三七·七
一五七·三	一九四·四	二三五·四	二八○·三	三二九·二	三八二·○	四三八·七
一五七·八	一九五·○	二三六·一	二八一·一	三三○·○	三八二·九	四三九·七
一五八·四	一九五·七	二三六·八	二八一·九	三三○·九	三八三·八	四四○·六

貝里　第十八表至離開子午線二十六分

此表以一—正弦″／二正弦三″已

秒數	○分	一分	二分	三分	四分	五分	六分	七分
	″	″	″	″	″	″	″	″
○	○·○	二·○	七·八	一七·七	三一·四	四九·一	七○·七	九六·二
一	○·○	二·○	八·八	一七·九	三一·七	四九·四	七一·一	九六·七
二	○·○	二·一	八·一	一八·一	三一·九	四九·七	七一·五	九七·一
三	○·○	二·二	八·二	一八·三	三二·二	五○·一	七一·九	九七·六
四	○·○	二·二	八·四	一八·五	三二·五	五○·四	七二·三	九八·○
五	○·○	二·三	八·五	一八·七	三二·七	五○·七	七二·七	九八·五
六	○·○	二·四	八·七	一八·九	三三·○	五一·一	七三·一	九九·○
七	○·○	二·四	八·八	一九·一	三三·三	五一·四	七三·五	九九·四
八	○·○	二·五	八·九	一九·三	三三·五	五一·七	七三·九	九九·九
九	○·○	二·六	九·一	一九·五	三三·八	五二·一	七四·三	一○○·四
一○	○·一	二·七	九·二	一九·七	三四·一	五二·四	七四·七	一○○·八
一一	○·一	二·七	九·四	一九·九	三四·四	五二·七	七五·一	一○一·三
一二	○·一	二·八	九·五	二○·一	三四·六	五三·一	七五·五	一○一·八
一三	○·一	二·九	九·六	二○·三	三四·九	五三·四	七五·九	一○二·二
一四	○·一	三·○	九·八	二○·五	三五·二	五三·八	七六·三	一○二·七
一五	○·一	三·一	九·九	二○·七	三五·五	五四·一	七六·七	一○三·二
一六	○·一	三·一	一○·一	二○·九	三五·七	五四·五	七七·一	一○三·七
一七	○·二	三·二	一○·二	二一·二	三六·○	五四·八	七七·五	一○四·一
一八	○·二	三·三	一○·四	二一·四	三六·三	五五·一	七七·九	一○四·六
一九	○·二	三·四	一○·五	二一·六	三六·六	五五·五	七八·三	一○五·一
二○	○·二	三·五	一○·七	二一·八	三六·九	五五·八	七八·八	一○五·六
二一	○·二	三·六	一○·八	二二·○	三七·二	五六·二	七九·二	一○六·一
二二	○·三	三·七	一一·○	二二·三	三七·四	五六·五	七九·六	一○六·六
二三	○·三	三·八	一一·二	二二·五	三七·七	五六·九	八○·○	一○七·○
二四	○·三	三·八	一一·三	二二·七	三八·○	五七·三	八○·四	一○七·五
二五	○·三	三·九	一一·五	二二·九	三八·三	五七·六	八○·八	一○八·○
二六	○·四	四·○	一一·六	二三·一	三八·六	五八·○	八一·三	一○八·五
二七	○·四	四·一	一一·八	二三·四	三八·九	五八·三	八一·七	一○九·○
二八	○·四	四·二	一一·九	二三·六	三九·二	五八·七	八二·一	一○九·五
二九	○·五	四·三	一二·一	二三·八	三九·五	五九·○	八二·五	一一○·○

此表以 $甲=\frac{正弦''}{二正弦^{2}巳}$

秒數	○分	一分	二分	三分	四分	五分	六分	七分
三○	○·五	四·四	一二·三	二四·○	三九·八	五九·四	八三·○	一一○·四
三一	○·五	四·五	一二·四	二四·三	四○·一	五九·八	八三·四	一一○·九
三二	○·六	四·六	一二·六	二四·五	四○·三	六○·一	八三·八	一一一·四
三三	○·六	四·七	一二·八	二四·七	四○·六	六○·五	八四·二	一一一·九
三四	○·六	四·八	一二·九	二五·○	四○·九	六○·八	八四·七	一一二·四
三五	○·七	四·九	一三·一	二五·二	四一·二	六一·二	八五·一	一一二·九
三六	○·七	五·○	一三·三	二五·四	四一·五	六一·六	八五·五	一一三·四
三七	○·七	五·一	一三·四	二五·七	四一·八	六一·九	八六·○	一一三·九
三八	○·八	五·二	一三·六	二五·九	四二·一	六二·三	八六·四	一一四·四
三九	○·八	五·三	一三·八	二六·二	四二·五	六二·七	八六·八	一一四·九
四○	○·九	五·四	一四·○	二六·四	四二·八	六三·○	八七·三	一一五·四
四一	○·九	五·六	一四·一	二六·六	四三·一	六三·四	八七·七	一一五·九
四二	一·○	五·七	一四·三	二六·九	四三·四	六三·八	八八·一	一一六·四
四三	一·○	五·八	一四·五	二七·一	四三·七	六四·二	八八·六	一一六·九
四四	一·一	五·九	一四·七	二七·四	四四·○	六四·五	八九·○	一一七·四
四五	一·一	六·○	一四·八	二七·六	四四·三	六四·九	八九·五	一一七·九
四六	一·二	六·一	一五·○	二七·九	四四·六	六五·三	八九·九	一一八·四
四七	一·二	六·二	一五·二	二八·一	四四·九	六五·七	九○·三	一一八·九
四八	一·三	六·四	一五·四	二八·三	四五·二	六六·○	九○·八	一一九·五
四九	一·三	六·五	一五·六	二八·六	四五·五	六六·四	九一·二	一二○·○
五○	一·四	六·六	一五·八	二八·八	四五·九	六六·八	九一·七	一二○·五
五一	一·四	六·七	一五·九	二九·一	四六·二	六七·二	九二·一	一二一·○
五二	一·五	六·八	一六·一	二九·四	四六·五	六七·六	九二·六	一二一·五
五三	一·五	七·○	一六·三	二九·六	四六·八	六八·○	九三·○	一二二·○
五四	一·六	七·一	一六·五	二九·九	四七·一	六八·三	九三·五	一二二·五
五五	一·六	七·二	一六·七	三○·一	四七·五	六八·七	九三·九	一二三·一
五六	一·七	七·三	一六·九	三○·四	四七·八	六九·一	九四·四	一二三·六
五七	一·八	七·五	一七·一	三○·六	四八·一	六九·五	九四·八	一二四·一
五八	一·九	七·六	一七·三	三○·九	四八·四	六九·九	九五·三	一二四·六
五九	一·九	七·七	一七·五	三一·一	四八·八	七○·三	九五·七	一二五·一

第十四表推算等

時之相距數 點	分	對數甲	對數乙
四	○	七·七四四七	七·六八二三
	二	·七四五一	·六八一五
	四	·七四五四	·六八○七
	六	·七四五八	·六八○○
	八	·七四六一	·六七九二
	一○	·七四六四	·六七八四
	一二	·七四六八	·六七七六
	一四	·七四七二	·六七六八
	一六	·七四七五	·六七五九
	一八	·七四七九	·六七五一
	二○	·七四八二	·六七四三
	二二	·七四八六	·六七三四
	二四	·七四九○	·六七二六
	二六	·七四九四	·六七一七
	二八	·七四九七	·六七○八
	三○	·七五○一	·六七○○
	三二	·七五○五	·六六九一
	三四	·七五○九	·六六八二
	三六	·七五一三	·六六七三
	三八	·七五一七	·六六六三
	四○	·七五二一	·六六五四
	四二	·七五二五	·六六四五
	四四	·七五二九	·六六三五
	四六	·七五三三	·六六二六
	四八	·七五三七	·六六一六
	五○	·七五四一	·六六○六
	五二	·七五四五	·六五九七
	五四	·七五四九	·六五八七
	五六	·七五五三	·六五七七
	五八	·七五五七	·六五六七
五	○	·七五六二	·六五五六
	二	·七五六六	·六五四六
	四	·七五七○	·六五三六
	六	·七五七五	·六五二五
	八	·七五七九	·六五一四
	一○	·七五八三	·六五○四
	一二	·七五八八	·六四九三
	一四	·七五九二	·六四八二
	一六	·七五九七	·六四七一
	一八	·七五○一	·六四六○
	二○	·七六○六	·六四四八
	二二	·七六一○	·六四三七
	二四	·七六一五	·六四二五
	二六	·七六二○	·六四一四
	二八	·七六二四	·六四○二
	三○	·七六二九	·六三九○
	三二	·七六三四	·六三七八
	三四	·七六三八	·六三六六
	三六	·七六四三	·六三五四
	三八	·七六四八	·六三四二
	四○	·七六五三	·六三二九
	四二	·七六五八	·六三一七
	四四	·七六六三	·六三○四
	四六	·七六六八	·六二九一
	四八	·七六七三	·六二七八
	五○	·七六七八	·六二六五
	五二	·七六八三	·六二五二
	五四	·七六八八	·六二三九
	五六	·七六九三	·六二二五
	五八	·七六九八	·六二一二
六	○	七·七七○三	七·六一九八

貝里第十六表其等高度之相等式有二十四

高度之相等式

時之相距數 點	分	對數甲	對數乙
二	○	七·七二九七	七·七一四六
	二	·七二九八	·七一四三
	四	·七三○○	·七一三九
	六	·七三○二	·七一三六
	八	·七三○四	·七一三二
	一○	·七三○五	·七一二八
	一二	·七三○七	·七一二五
	一四	·七三○九	·七一二一
	一六	·七三一一	·七一一七
	一八	·七三一三	·七一一三
	二○	·七三一五	·七一○九
	二二	·七三一七	·七一○五
	二四	·七三一九	·七一○一
	二六	·七三二一	·七○九七
	二八	·七三二三	·七○九二
	三○	·七三二五	·七○八八
	三二	·七三二七	·七○八三
	三四	·七三二九	·七○七九
	三六	·七三三一	·七○七五
	三八	·七三三三	·七○七○
	四○	·七三三六	·七○六五
	四二	·七三三八	·七○六一
	四四	·七三四○	·七○五六
	四六	·七三四二	·七○五一
	四八	·七三四五	·七○四六
	五○	·七三四七	·七○四一
	五二	·七三四九	·七○三六
	五四	·七三五二	·七○三一
	五六	·七三五四	·七○二六
	五八	·七三五七	·七○二一
三	○	·七三五九	·七○一五
	二	·七三六二	·七○一○
	四	·七三六四	·七○○五
	六	·七三六七	·六九九九
	八	·七三六九	·六九九三
	一○	·七三七二	·六九八八
	一二	·七三七四	·六九八二
	一四	·七三七七	·六九七六
	一六	·七三八○	·六九七○
	一八	·七三八三	·六九六四
	二○	·七三八六	·六九五八
	二二	·七三八八	·六九五二
	二四	·七三九一	·六九四六
	二六	·七三九四	·六九四○
	二八	·七三九七	·六九三四
	三○	·七四○○	·六九二七
	三二	·七四○三	·六九二一
	三四	·七四○六	·六九一四
	三六	·七四○九	·六九○八
	三八	·七四一二	·六九○一
	四○	·七四一五	·六八九四
	四二	·七四一八	·六八八八
	四四	·七四二一	·六八八一
	四六	·七四二四	·六八七四
	四八	·七四二八	·六八六七
	五○	·七四三一	·六八五九
	五二	·七四三四	·六八五二
	五四	·七四三七	·六八四五
	五六	·七四四一	·六八三八
	五八	·七四四四	·六八三○
四	○	七·七四四七	七·六八二三

點鐘內之各數但平常所用不過此表內之各數

第十四表推算等

時之相距數 點	分	對數甲	對數乙
八	○	七·八○七二	七·五○六二
	二	·八○七九	·五○三六
	四	·八○八六	·五○一○
	六	·八○九四	·四九八三
	八	·八一○一	·四九五七
	一二	·八一○八	·四九三○
	一○	·八一一六	·四九○二
	一四	·八一二三	·四八七四
	一六	·八一三○	·四八四六
	一八	·八一三八	·四八一八
	二○	·八一四五	·四七八九
	二二	·八一五三	·四七六○
	二四	·八一六○	·四七三一
	二六	·八一六八	·四七○一
	二八	·八一七六	·四六七一
	三○	·八一八三	·四六四○
	三二	·八一九一	·四六○九
	三四	·八一九九	·四五七八
	三六	·八二○六	·四五四六
	三八	·八二一四	·四五一四
	四○	·八二二二	·四四八二
	四二	·八二三○	·四四四九
	四四	·八二三八	·四四一五
	四六	·八二四六	·四三八一
	四八	·八二五四	·四三四七
	五○	·八二六二	·四三一二
	五二	·八二七○	·四二七七
	五四	·八二七八	·四二四一
	五六	·八二八六	·四二○五
	五八	·八二九四	·四一六八
九	○	·八三○二	·四一三二
	二	·八三一一	·四○九三
	四	·八三一九	·四○五五
	六	·八三二八	·四○一六
	八	·八三三六	·三九七七
	一○	·八三四四	·三九三七
	一二	·八三五三	·三八九六
	一四	·八三六一	·三八五五
	一六	·八三七○	·三八一三
	一八	·八三七八	·三七七一
	二○	·八三八七	·三七二八
	二二	·八三九六	·三六八四
	二四	·八四○四	·三六三九
	二六	·八四一三	·三五九四
	二八	·八四二二	·三五四八
	三○	·八四三○	·三五○一
	三二	·八四三九	·三四五四
	三四	·八四四八	·三四○九
	三六	·八四五七	·三三五七
	三八	·八四六六	·三三○七
	四○	·八四七五	·三二五六
	四二	·八四八四	·三二○五
	四四	·八四九三	·三一五二
	四六	·八五○二	·三○九九
	四八	·八五一一	·三○四五
	五○	·八五二○	·二九八九
	五二	·八五三○	·二九三三
	五四	·八五三九	·二八七六
	五六	·八五四八	·二八一七
	五八	·八五五八	·二七五八
一○	○	七·八五六七	七·二六九七

高度之相等式

時之相距（點）	時之相距（分）	甲數對	乙數對	時之相距（點）	時之相距（分）	甲數對	乙數對
六	〇	七·七七〇三	七·六一九八	七	〇	·七八七三	·五七一七
	二	·七七〇八	·六一八四		二	·七八七九	·五六九九
	四	·七七一三	·六一七〇		四	·七八八五	·五六八〇
	六	·七七一九	·六一五六		六	·七八九一	·五六六一
	八	·七七二四	·六一四二		八	·七八九八	·五六四二
	一〇	·七七二九	·六一二七		一〇	·七九〇四	·五六二二
	一二	·七七三五	·六一一三		一二	·七九一〇	·五六〇三
	一四	·七七四〇	·六〇九八		一四	·七九一六	·五五八三
	一六	·七七四五	·六〇八三		一六	·七九二三	·五五六三
	一八	·七七五一	·六〇六八		一八	·七九二九	·五五四二
	二〇	·七七五六	·六〇五三		二〇	·七九三六	·五五二二
	二二	·七七六二	·六〇三八		二二	·七九四二	·五五〇一
	二四	·七七六七	·六〇二三		二四	·七九四九	·五四八〇
	二六	·七七七三	·六〇〇七		二六	·七九五五	·五四五九
	二八	·七七七九	·五九九一		二八	·七九六二	·五四三七
	三〇	·七七八四	·五九七五		三〇	·七九六九	·五四一六
	三二	·七七九〇	·五九五九		三二	·七九七五	·五三九四
	三四	·七七九六	·五九四三		三四	·七九八二	·五三七二
	三六	·七八〇一	·五九二七		三六	·七九八九	·五三五〇
	三八	·七八〇七	·五九一〇		三八	·七九九五	·五三二七
	四〇	·七八一三	·五八九四		四〇	·八〇〇二	·五三〇四
	四二	·七八一九	·五八七七		四二	·八〇〇九	·五二八一
	四四	·七八二五	·五八六〇		四四	·八〇一六	·五二五八
	四六	·七八三一	·五八四三		四六	·八〇二三	·五二三四
	四八	·七八三六	·五八二五		四八	·八〇三〇	·五二一一
	五〇	·七八四二	·五八〇八		五〇	·八〇三七	·五一八六
	五二	·七八四八	·五七九〇		五二	·八〇四四	·五一六二
	五四	·七八五四	·五七七二		五四	·八〇五一	·五一三七
	五六	·七八六〇	·五七五四		五六	·八〇五八	·五一一二
	五八	·七八六七	·五七三六		五八	·八〇六五	·五〇八七
				八	〇	七八〇七二	七五〇六二

第十五表

地球面緯度與經度每秒之尺數以地球在二極之半徑比赤道之半徑小三百分之一

經度秒數	緯度秒數	緯度	經度秒數	緯度秒數
九一九七	一〇一六〇	五〇	六五三二	一〇二〇二
九一二一		五一	六三九五	
九〇四三		五二	六二五七	
八九六二		五三	六一一七	
八八七七		五四	五九七五	
八七九〇	一〇一六七	五五	五八三〇	一〇二一一
八七〇一		五六	五六八四	
八六〇九		五七	五五三七	
八五一四		五八	五三八七	
八四一七		五九	五二三六	
八三一七	一〇一七五	六〇	五〇八四	一〇二一九
八二一五		六一	四九三〇	
八一一〇		六二	四七七四	
八〇〇二		六三	四六一七	
七八九二		六四	四四五八	
七七八〇	一〇一八四	六五	四二九八	一〇二二六
七六六五		六六	四一三七	
七五四八		六七	三九七四	
七四二九		六八	三八一〇	
七三〇七		六九	三六四五	
七一八三	一〇一九三	七〇	三四八〇	一〇二四〇
七〇五七		七一	三三一二	
六九二九		七二	三一四三	
六七九九		七三	二九七四	
六六六六		七四	二八〇四	

緯度	經度秒數	緯度秒數	緯度
〇	一〇一四二	一〇一四二	二五
一	一〇一四〇		二六
二	一〇一三六		二七
三	一〇一二八		二八
四	一〇一一七		二九
五	一〇一〇三	一〇一四三	三〇
六	一〇〇八七		三一
七	一〇〇六七		三二
八	一〇〇四四		三三
九	一〇〇一八		三四
一〇	九九八九	一〇一四五	三五
一一	九九五七		三六
一二	九九二二		三七
一三	九八八四		三八
一四	九八四三		三九
一五	九七九九	一〇一四九	四〇
一六	九七五二		四一
一七	九七〇二		四二
一八	九六四九		四三
一九	九五九四		四四
二〇	九五三六	一〇一五四	四五
二一	九四七四		四六
二二	九四〇九		四七
二三	九三四一		四八
二四	九二七〇		四九

在赤道時刻一秒相配之尺數爲一千五百二十一三郎五百〇七碼布衣三得推算測量法國之大弧所得二徑之比例在法國京都經線兩邊其數不同向西爲二百五十分之一向東爲三百〇九分之一歐羅巴有數國以第二數爲準

第十六表改正弧餘與氣差

表內指出視高與眞高度之較之尺數並依尺率里測量之小分數

差（弧餘氣差之和）	相距之里數	差之尺數（弧餘）	氣差	弧餘氣差之和
·〇〇〇〇九	$\frac{一}{四}$	·〇四一七	·〇〇六〇	·〇三五七
·〇〇〇二一	$\frac{一}{二}$	·一六六八	·〇二三八	·一四三〇
·〇〇〇三六	$\frac{三}{四}$	·三七五二	·〇五三六	·三二一六
·〇〇〇五六	一	六六七〇	·〇九五三	·五七一七
·〇〇〇八一	一$\frac{一}{二}$	一五〇〇八	·二一四四	一二八六四
·〇〇一一〇	二	二六六八〇	·三八一一	二二八六九
·〇〇一四三	二$\frac{一}{二}$	四一六八八	·五九五五	三五七三三
·〇〇一八一	三	六〇〇三〇	·八五六一	五一四六九
·〇〇二二四	三$\frac{一}{二}$	八一七〇八	一一六七三	七〇〇三五
·〇〇二七〇	四	一〇六七二〇	一五二四六	九一四七四
·〇〇三二一	四$\frac{一}{二}$	一三五〇六八	一九二九五	一一五七七三
·〇〇三七七	五	一六六七五〇	二三八二一	一四二九二九
·〇〇四三八	五$\frac{一}{二}$	二〇一七六九	二八八二四	一七二九四五
·〇〇五〇二	六	二四〇一二〇	三四三〇三	二〇五八一七
·〇〇五七二	六$\frac{一}{二}$	二八一八〇九	四〇二五八	二四一五五一
·〇〇六四五	七	三二六八三〇	四六六九〇	二八〇一四三
·〇〇七二三	七$\frac{一}{二}$	三七五一九〇	五三五九九	三二一五九一
·〇〇八〇六	八	四二六八八〇	六〇九九七	三六五八八三
·〇〇八九三	八$\frac{一}{二}$	四八一九一〇	六八八四四	四一三〇六六
·〇〇九八五	九	五四〇二七〇	七七一八一	四六三〇八九
·〇一〇八一	九$\frac{一}{二}$	六〇一九七一	八五九九六	五一五九七五
·〇一一八一	一〇	六六七〇〇〇	九五二八六	五七一七一四
·〇一二八七	一一	八〇七〇七〇	一一五二九六	六九一七七四
·〇一三九五	一二	九六〇四八〇	一三七二一一	八二三三六九
·〇一五〇九	一三	一一二七二三〇	一六一〇三三	九六六一九七
·〇一六二八	一四	一三〇七三二〇	一八六七六〇	一一二〇五六〇
·〇一七五一	一五	一五〇〇七五〇	二一四三九三	一二八六三五七
·〇一八七八	一六	一七〇七五二〇	二四三九二一	一四六三五八九
·〇二〇一〇	一七	一九二七六三〇	二七五三七六	一六五二二五四
·〇二一四六	一八	二一六一〇八六	三〇八七二七	一八五二三五九
·〇二二八七	一九	二四〇七八七〇	三四三九八一	二〇六三八八九
·〇二四三二	二〇	二六六八〇〇〇	三八一一四三	二二八六八五七
·〇二五八二				
·〇二七三六				
·〇二八九五				
·〇三〇五八				
·〇三二二五				
·〇三三九七				
·〇三五七三				

相距之尺數	差之尺數：弧餘	氣差	弧餘氣差之和	相距之牽數	之尺數：弧餘	氣差
一〇〇	.〇〇〇二四	.〇〇〇〇四	.〇〇〇二〇	一〇	.〇〇〇一〇	.〇〇〇〇一
一五〇	.〇〇〇五四	.〇〇〇〇八	.〇〇〇四六	一五	.〇〇〇二四	.〇〇〇〇三
二〇〇	.〇〇〇九六	.〇〇〇一三	.〇〇〇八三	二〇	.〇〇〇四三	.〇〇〇〇六
二五〇	.〇〇一四九	.〇〇〇二一	.〇〇一二八	二五	.〇〇〇六五	.〇〇〇〇九
三〇〇	.〇〇二一五	.〇〇〇三一	.〇〇一八四	三〇	.〇〇〇九四	.〇〇〇一三
三五〇	.〇〇二九三	.〇〇〇四二	.〇〇二五一	三五	.〇〇一二八	.〇〇〇一八
四〇〇	.〇〇三八三	.〇〇〇五五	.〇〇三二八	四〇	.〇〇一六七	.〇〇〇二四
四五〇	.〇〇四八四	.〇〇〇六九	.〇〇四一五	四五	.〇〇二一一	.〇〇〇三〇
五〇〇	.〇〇五九八	.〇〇〇八五	.〇〇五一三	五〇	.〇〇二六一	.〇〇〇三七
五五〇	.〇〇七二四	.〇〇一〇三	.〇〇六二一	五五	.〇〇三一五	.〇〇〇四五
六〇〇	.〇〇八六一	.〇〇一二三	.〇〇七三八	六〇	.〇〇三七五	.〇〇〇五四
六五〇	.〇一〇一〇	.〇〇一四四	.〇〇八六六	六五	.〇〇四四〇	.〇〇〇六三
七〇〇	.〇一一七二	.〇〇一六七	.〇一〇〇五	七〇	.〇〇五一一	.〇〇〇七三
七五〇	.〇一三四五	.〇〇一九二	.〇一一五三	七五	.〇〇五八六	.〇〇〇八四
八〇〇	.〇一五三一	.〇〇二一九	.〇一三一二	八〇	.〇〇六六七	.〇〇〇九五
八五〇	.〇一七二八	.〇〇二四七	.〇一四八一	八五	.〇〇七五三	.〇〇一〇八
九〇〇	.〇一九三八	.〇〇二七七	.〇一六六一	九〇	.〇〇八四四	.〇〇一二一
九五〇	.〇二一五九	.〇〇三〇八	.〇一八五一	九五	.〇〇九四〇	.〇〇一三四
一〇〇〇	.〇二三九二	.〇〇三三三	.〇二〇五九	一〇〇	.〇一〇四二	.〇〇一四九
一〇五〇	.〇二六三八	.〇〇三七七	.〇二二六一	一〇五	.〇一一四九	.〇〇一六四
一一〇〇	.〇二八九五	.〇〇四一四	.〇二四八一	一一〇	.〇一二六一	.〇〇一八〇
一一五〇	.〇三一六四	.〇〇四五二	.〇二七一二	一一五	.〇一三七八	.〇〇一九七
一二〇〇	.〇三四四五	.〇〇四九二	.〇二九五三	一二〇	.〇一五〇一	.〇〇二一四
一二五〇	.〇三七三八	.〇〇五三四	.〇三二〇四	一二五	.〇一六二八	.〇〇二三三
一三〇〇	.〇四〇四三	.〇〇五七八	.〇三四六五	一三〇	.〇一七六一	.〇〇二五二
一三五〇	.〇四三六一	.〇〇六二三	.〇三七三八	一三五	.〇一八九九	.〇〇二七一
一四〇〇	.〇四六八九	.〇〇六七〇	.〇四〇一九	一四〇	.〇二〇四三	.〇〇二九二
一四五〇	.〇五〇三〇	.〇〇七一九	.〇四三一一	一四五	.〇二一九一	.〇〇三一三
一五〇〇	.〇五三八三	.〇〇七六九	.〇四六一四	一五〇	.〇二三四五	.〇〇三三五
一五五〇	.〇五七四八	.〇〇八二一	.〇四九二七	一五五	.〇二五〇四	.〇〇三五八
一六〇〇	.〇六一二五	.〇〇八七五	.〇五二五〇	一六〇	.〇二六六八	.〇〇三八一
一六五〇	.〇六五一四	.〇〇九三一	.〇五五八三	一六五	.〇二八三七	.〇〇四〇五
一七〇〇	.〇六九一四	.〇〇九八八	.〇五九二六	一七〇	.〇三〇一二	.〇〇四三〇
一七五〇	.〇七三二七	.〇一〇四七	.〇六二八〇	一七五	.〇三一九二	.〇〇四五六
一八〇〇	.〇七七五二	.〇一一〇七	.〇六六四五	一八〇	.〇三三七七	.〇〇四八二
一八五〇	.〇八一八八	.〇一一七〇	.〇七〇一八	一八五	.〇三五六七	.〇〇五〇九
一九〇〇	.〇八六三七	.〇一二三四	.〇七四〇三	一九〇	.〇三七六二	.〇〇五三七
一九五〇	.〇九〇九八	.〇一三〇〇	.〇七七九八	一九五	.〇三九六三	.〇〇五六六
二〇〇〇	.〇九五七〇	.〇一三六七	.〇八二〇三	二〇〇	.〇四一六九	.〇〇五九六

第十七表　每長一牽各立角之

角度（度　分）	變數	角度（度　分）	變數
一一　四五	二.〇九五	一六　〇	三.八七四
一二　〇	二.一八五	一六　一五	三.九九五
一二　一五	二.二七七	一六　三〇	四.一一八
一二　三〇	二.三七〇	一六　四五	四.二四三
一二　四五	二.四六六	一七　〇	四.三七〇
一三　〇	二.五五三	一七　一五	四.四九八
一三　一五	二.六六二	一七　三〇	四.六二八
一三　三〇	二.七六三	一七　四五	四.七六〇
一三　四五	二.八六六	一八　〇	四.八九四
一四　〇	二.九七〇	一八　一五	五.〇三〇
一四　一五	三.〇七七	一八　三〇	五.一六八
一四　三〇	三.一八五	一八　四五	五.三〇七
一四　四五	三.二九五	一九　〇	五.四四八
一五　〇	三.四〇七	一九　一五	五.五九一
一五　一五	三.五二一	一九　三〇	五.七三六
一五　三〇	三.六三七	一九　四五	五.八八二
一五　四五	三.七五四	二〇　〇	六.〇三一

第十八表　各立角相配之平

角度（度　分）	平相距與立高之比	角度（度　分）	平相距與立高之比
八　八	七	一八　二六	三
八　四五	六$\frac{二}{一}$	一九　五九	二$\frac{四}{三}$
九　二七	六	二一　四八	二$\frac{二}{一}$
九　五二	五$\frac{四}{三}$	二三　五八	二$\frac{四}{一}$
一〇　一八	五$\frac{二}{一}$	二六　三四	二
一〇　四七	五$\frac{四}{一}$	二九　四四	一$\frac{四}{三}$
一一　一九	五	三三　四二	一$\frac{二}{一}$
一一　五三	四$\frac{四}{三}$	三八　四〇	一$\frac{四}{一}$
一二　三二	四$\frac{二}{一}$	四五　〇	一
一三　一五	四$\frac{四}{一}$	五三　八	$\frac{四}{三}$
一四　二	四	六三　二八	$\frac{二}{一}$
一四　五五	三$\frac{四}{三}$	七五　五八	$\frac{四}{一}$
一五　五六	三$\frac{二}{一}$	七八　四一	$\frac{五}{一}$
一七　六	三$\frac{四}{一}$		

牽數與分數之變數

角度（度　分）	變數	角度（度　分）	變數
三　〇	.一三七	七　一五	.八〇〇
三　一五	.一六一	七　三〇	.八五六
三　三〇	.一八七	七　四五	.九一三
三　四五	.二一四	八　〇	.九七三
四　〇	.二四四	八　一五	一.〇三五
四　一五	.二七五	八　三〇	一.〇九八
四　三〇	.三〇八	八　四五	一.一六四
四　四五	.三四三	九　〇	一.二三一
五　〇	.三八一	九　一五	一.三〇〇
五　一五	.四二〇	九　三〇	一.三七一
五　三〇	.四六〇	九　四五	一.四四四
五　四五	.五〇三	一〇　〇	一.五一九
六　〇	.五四八	一〇　一五	一.五九六
六　一五	.五九四	一〇　三〇	一.六七五
六　三〇	.六四三	一〇　四五	一.七五五
六　四五	.六九三	一一　〇	一.八三七
七	.七四五	一一　一五	一.九二一
		一一　三〇	二.〇〇八

相距與立高之比

角度（度　分）	平相距與立高之比	角度（度　分）	平相距與立高之比
〇　一五	二二九	三　三五	一六
〇　三〇	一一五	三　四九	一五
〇　四五	七六	四　六	一四
一　〇	五七	四　二四	一三
一　一五	四六	四　四五	一二
一　三〇	三九	五　〇	一一$\frac{二}{一}$
一　四五	三三	五　一二	一一
二　〇	二八	五　二七	一〇$\frac{二}{一}$
二　一五	二五	五　四二	一〇
二　三〇	二三	六　〇	九$\frac{二}{一}$
二　四五	二一	六　二一	九
三　〇	一九	六　四三	八$\frac{二}{一}$
三　一五	一八	七　七	八
三　二八	一七	七　三六	七$\frac{二}{一}$

第十九表　法倫海寒暑表六麻寒暑表百度寒暑表各度之相比

六⊥	百⊥	法（度）	六⊥	百⊥
八.〇	一〇.〇	七五	一九.一	二三.九
八.四	一〇.六	七六	一九.六	二四.四
八.九	一一.一	七七	二〇.〇	二五.〇
九.三	一一.七	七八	二〇.四	二五.六
九.八	一二.二	七九	二〇.九	二六.一
一〇.二	一二.八	八〇	二一.三	二六.七
〇.七	一三.三	八一	二一.八	二七.二
一一.一	一三.九	八二	二二.二	二七.八
一一.六	一四.四	八三	二二.七	二八.三
一二.〇	一五.〇	八四	二三.八	二八.九
一二.四	一五.六	八五	二三.六	二九.四
一二.九	一六.一	八六	二四.〇	三〇.〇
一三.三	一六.七	八七	二四.四	三〇.六
一三.八	一七.二	八八	二四.九	三一.一
一四.二	一七.八	八九	二五.三	三一.七
一四.七	一八.三	九〇	二五.八	三二.二
一五.一	一八.九	九一	二六.二	三二.八
一五.六	一九.四	九二	二六.七	三三.三
一六.〇	二〇.〇	九三	二七.一	三三.九
一六.四	二〇.六	九四	二七.六	三四.四
一六.九	二一.一	九五	二八.〇	三五.〇
一七.三	二一.七	九六	二八.四	三五.六
一七.八	二二.二	九七	二八.九	三六.一
一八.二	二二.八	九八	二九.三	三六.七
一八.七	二三.三	九九	二九.八	三七.二

後式比較此各表法表以己代之六表以未代之百表以丙代之

己＝$\frac{五}{九}$丙丄三二＝$\frac{四}{九}$未丄三二

丙＝$\frac{九}{五}$（己丅三二）＝$\frac{四}{五}$未

未＝$\frac{九}{四}$（己丅三二）＝$\frac{五}{四}$丙

第二十表

英法兩國風雨表數之比例

英 寸	法 寸	法 分	法 數枚分千
二九·〇	二七	二·五三	七三六·六
二九·一	二七	三·六五	七三九·一
二九·二	二七	四·七八	七四一·七
二九·三	二七	五·九〇	七四四·二
二九·四	二七	七·〇三	七四六·八
二九·五	二七	八·一六	七四九·三
二九·六	二七	九·二八	七五一·八
二九·七	二七	一〇·四一	七五四·四
二九·八	二七	一一·五三	七五六·九
二九·九	二八	〇·六六	七五九·五
三〇·〇	二八	一·七九	七六二·〇
三〇·一	二八	二·九一	七六四·五
三〇·二	二八	四·〇四	七六七·一
三〇·三	二八	五·一六	七六九·六
三〇·四	二八	六·二九	七七二·二
三〇·五	二八	七·四二	七七四·七
三〇·六	二八	八·五五	七七七·三
三〇·七	二八	九·六七	七七九·八
三〇·八	二八	一〇·八〇	七八二·三
三〇·九	二八	一一·九三	七八四·八
三一·〇	二九	一·〇五	七八七·四

測地附表　卅

法	百丅	六丅	法	百丅	六丅	法
度			度			度
五〇	三·九	三·一	二五	一七·八	一四·二	〇
五一	三·三	二·七	二六	一七·二	一三·八	一
五二	二·八	二·二	二七	一六·七	一三·三	二
五三	二·二	一·八	二八	一六·一	一二·九	三
五四	一·七	一·三	二九	一五·六	一二·五	四
五五	一·一	〇·九	三〇	一五·〇	一二·〇	五
五六	〇·六	〇·四	三一	一四·四	一一·六	六
五七	〇·〇	〇·〇	三二	一三·九	一一·一	七
	丄	丄				
五八	〇·六	〇·四	三三	一三·三	一〇·七	八
五九	一·一	〇·九	三四	一二·八	一〇·二	九
六〇	一·七	一·三	三五	一二·二	九·八	一〇
六一	二·二	一·八	三六	一一·七	九·三	一一
六二	二·八	二·二	三七	一一·一	八·九	一二
六三	三·三	二·七	三八	一〇·六	八·四	一三
六四	三·九	三·一	三九	一〇·〇	八·〇	一四
六五	四·四	三·六	四〇	九·四	七·六	一五
六六	五·〇	四·〇	四一	八·九	七·一	一六
六七	五·六	四·四	四二	八·三	六·七	一七
六八	六·一	四·九	四三	七·八	六·二	一八
六九	六·七	五·三	四四	七·二	五·八	一九
七〇	七·二	五·八	四五	六·七	五·三	二〇
七一	七·八	六·二	四六	六·一	四·九	二一
七二	八·三	六·七	四七	五·六	四·四	二二
七三	八·九	七·一	四八	五·〇	四·〇	二三
七四	九·四	七·六	四九	四·四	三·六	二四

法倫海　冰界三二°　沸界二一二°
六麻　冰界〇　沸界八〇°
百度　冰界〇　沸界一〇〇°

皮爾生天文書有三寒暑表每度之對數

第二十一表

每月內每日之中數

一日之中數	
時	從……至……
高或低	最高　最低　最高　最低
風雨表 午八前點	三〇·九二
風雨表 午二後點	三〇·一〇五
風雨表 午八後點	二九·九九九
寒暑表 午八前點	
寒暑表 午二後點	
寒暑表 午八後點	
溼寒暑表 午二後點	
自記寒暑表 極大數	
自記寒暑表 極小數	
雨表 寸數	
雜說	某地高於海面 記空氣不常有之事並常方向所求之風 風雨表 最高 最低 風之每月之大小

每日記空氣各事

年 月 日	初一	初二	初三
風雨表 高 午八前點	三〇·一二六		
風雨表 高 午二後點	三〇·〇一二		
風雨表 高 午八後點	三〇·〇二四		
風雨表 度熱銀水 午八前點	五九		
風雨表 度熱銀水 午二後點	六二		
風雨表 度熱銀水 午八後點	六〇		
寒暑表 午八前點	六一		
寒暑表 午二後點	六六		
寒暑表 午八後點	六三		
溼寒暑表 包布 午二後點	五八		
自記寒暑表 極小數	六八		
自記寒暑表 極大數	五二		
雨表 寸數	〇·五三		
雜說 風之方向與力數天之陰晴雲之形狀並所有不常見空氣之事			

測地附表　卅一

前二式爲侯失勒所定合於一日測驗三次之用然亦可依各處之事而變通之

風雨表應挂於極亮之處惟不可遇太陽之光又不可對風吹之處所記之數即當時所測驗之數所有改變之差數應另推算

寒暑表應挂於通空氣之陰處如有回熱之物如水面如牆壁如淡色之地不可與相對又不可太近於地面而得其所散之熱自記寒暑表不應用吸鐵攝其移識宜用倒過之法但此器亦有易壞之病

量面積器

此器之用可量圖內之面積而不必用推算其工不過推算之半又能免算數之差如圖有一矩尺有一比例直尺

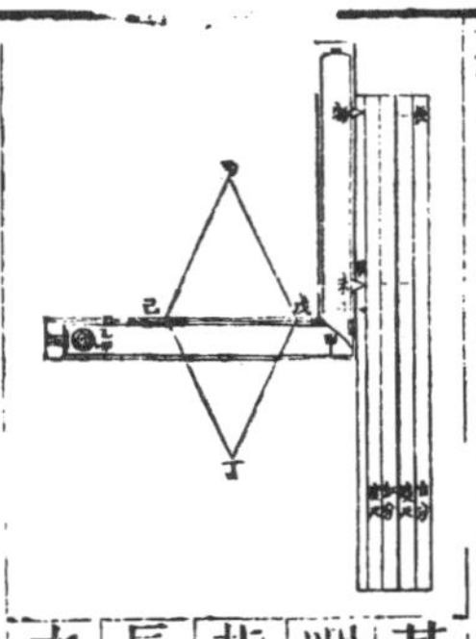

其比例尺與地圖之比例相同甲為螺絲轉之則銅片乙之二指未與物俱能動辰為一箇指數針能指尺面上之某分點銅片乙與甲相切之時而壬合於某分點則未與物指出其比例尺上之○度以備用

配準之法將未與物張開至適當之相距再將甲移至乙相切而將辰移至某分點相切

設題　如地圖有四邊形之地面戊丙己丁求其面積

第一事將甲邊置於戊點將乙對己點

第二事以右手按緊矩尺以左手將比例尺靠矩尺之邊如圖式

第三事將比例尺按緊將矩尺移向上至甲乙邊在丙點

第四事按緊矩尺將比例尺靠其邊至某分點與壬相合

第五事按緊比例尺將矩尺移下至甲乙邊在丁點記物與未所指之二數將其第一數從第二數相減則所得之餘數為畝數又畝之小分數

其針有紅者有白者其紅針指出比例尺紅處之數白針指出比例尺白處之數

如針正指尺上邊線之分則必開尺之鉸鏈向左如針在象牙邊二線之中間則鉸鏈開向右如開向左而紅針指出其○○八與○一三兩線之間則必向右開而針自指出○一○

用此器最便最準之法以地圖之最小徑線為戊己線

量面積比例尺

此尺量取圖之面積與前器相同而做法與用法更簡如圖尺上之分點從○點起其每分為兩牽半另用明油紙畫平行線其線之相距為一牽（一牽之長六十六尺）乙為移表能在尺面移動中有一銅絲與尺邊成正角銅絲左右之分數亦為兩牽半此分再作小分四十銅絲合於尺上二牽半之分點則油紙上平行線內之面積為一箇路得銅絲過一小分則為一箇蒲而樞其四箇大分點共得一畝全尺足量五畝（蒲而樞等於三十平方碼又四分碼之一路得等於四十蒲而樞四路得等於一英畝即十方牽）將明油紙置於圖面上令平行二線合於圖之兩箇外角如圖甲乙將比例尺上移表之銅絲

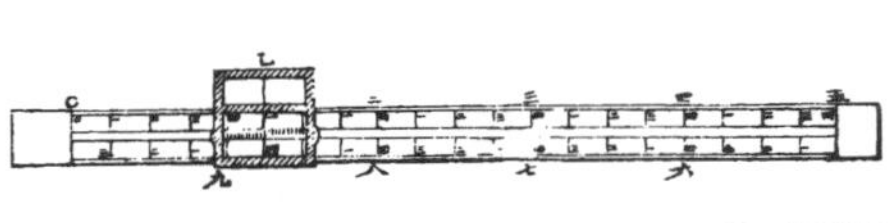

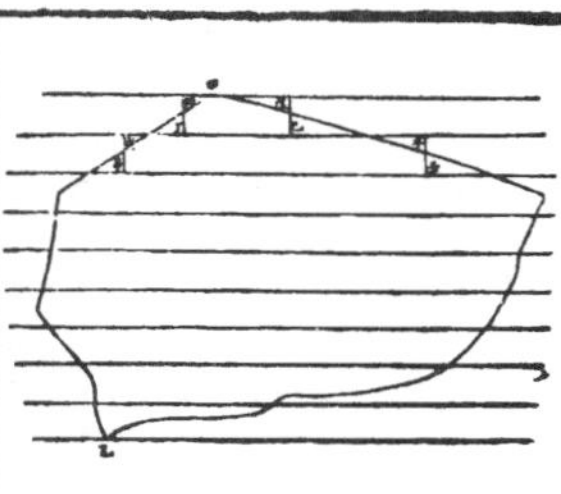

在明油紙上量得丙與丁略等緊按其尺不動而將移表移至戊與己略等將其尺移下一格從左邊起得庚辛相等再將移表移向右得子丑相等到第五大分點之時卽五畝之數後從右邊起退向左如此連量而得全圖之面積用此法在不甚大之圖而比例大者得數無差若以明油紙作縱横線而每小方爲一釐更可省工因量小方外之小分數而移表之銅絲適與縱線相合則不必用二邊相等之法

從某處至某處之路稟報格式

圖之比例不可小於一寸代一里如其相距甚遠而地面大半爲空地則比例雖小無妨

此式略同於英國在西班牙與蒲萄牙戰時所用之式如所記之事欲更詳可寬其紙幅添畫格線然不如另詳於稟帖內爲妥

查驗道路之事必宜極快如只欲知各種兵能過與否則末之五行可省云此種粗圖以路爲要其路左右之地敵人不能來衝突者可不必問凡兵在鄉村住宿每房一門可派五人如欲多宿幾夜所派之人宜少鄉間探路之事須問熟悉此路之人如放牧者負販者打獵者至於大鎮大埠應問本處之地方官路圖之外另可將要隘之位置畫一粗圖如極要者另作說記明

兵勇分營而各營分往別處各走不同之路則每路必分畫一粗圖以指示之其式如後

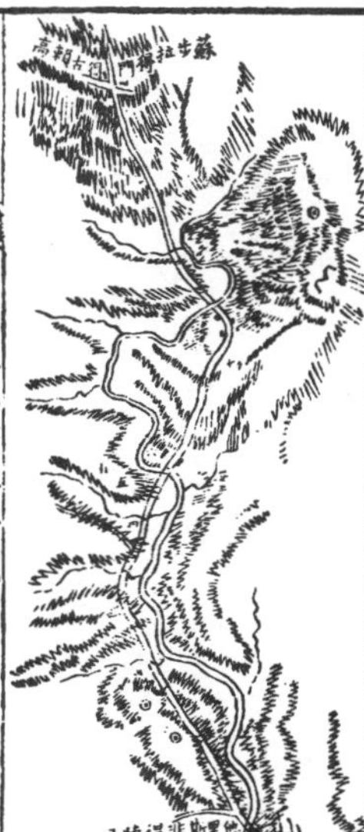

此爲他里斯非得辣司與蘇步拉得門得古賴高而密中間之路之粗圖此圖之數不可小於一寸代一里如爲曠野則比例可略小

總命	某營或某分營
註明動身時行路之排列而其路以圖上之甲乙丙丁各號指明各相距以步兵或馬兵之步數爲准記明在某處可停止若干時又記明應至何時可到其處並既到之後欲作何事	地面之粗圖以虛線指出欲行走之路

			七六五四三二一
路所經過之地名 路旁附近之地名			
相距之里數		路中各處相距里數	
		總數	
房屋之數			
住宿	恆住宿	人	
		馬	
	暫住宿	人	
		馬	
水			
馬料		乾草	
		穀	
人糧		肉	
		饅頭	四三二一
雜說			

行軍測繪十卷首一卷圖一卷

〔英〕連提撰 〔英〕傅蘭雅口譯 〔清〕趙元益筆述

《行軍測繪》十卷首一卷圖一卷，英國連提撰，英國傅蘭雅口譯，清趙元益筆述。連提（Auguste Frederic Lendy，一八二六—一八八九），英國軍官、教員，著有*Principles of War*等。趙元益（一八四〇—一九〇二），光緒十五年（一八八九）以醫官身份隨從出使英、法、比、意四國，曾在江南製造局翻譯館任職。是書譯自連提所著*A Practical Course of Military Surveying and Plan-drawing*，卷首界説，卷一畫行軍圖法，卷二地面分三角形，卷三測量之法，卷四測向羅盤用法，卷五平面桌用法，卷六紀限儀用法，卷七測高下各法，卷八相地畫圖依次總解，卷九論行軍畫草圖各法，卷十測大地面之略法，附卷圖六幅。全書既論測量繪畫行軍諸圖之法，復論考察天時、地理、政事、風俗、水陸諸道、武事、考古諸事，於行軍繪地之事可謂詳盡靡遺。據中國國家圖書館藏清同治十年（一八七一）江南製造局刻本影印。

行軍測繪卷首

英國連提撰

英國　傅蘭雅　口譯
新陽　趙元益　筆述

界說

第一款　凡畫地圖以備行軍之用不及地球面萬分之一而觀其圖卽可知形勢之若何如親歷其境也

用兵必先知地理欲知地理必先得地圖因圖可顯地面各物之方位幷各處之險要一切戰守計策皆由是而定

各物之方位有天成者山谷江河等是也有人造者城牆房屋等是也

昔人地圖不過畫其界線而已各物之形未能悉肖所以附說以詳之近年以來始得新法能顯地面之眞形雖不用一字亦可瞭如指掌矣

第二款　欲顯地面之眞形其法有二一爲象形之圖一爲繪畫之圖

象形之圖或以泥或以木或以石膏雕刻摶埴而成看其圖卽知地勢之高下曲折以及山谷城郭之形但此不能辨其體又極重滯祇可存之以備一格如英國講武會所存斯伯斯圖布城華他羅戰場是也

紙畫之圖用各種線號顯地面各物之形而定其方位此種圖能隨時畫之則攻守之宜按圖可辨斷非象形圖所能及也

行軍一切之事如列陣圍城移營屯兵等必先相地畫圖庶幾胸有成竹可以制敵

西國諸史載前人用兵之事必有地圖以明之所以讀史者彼此參觀知其有益而取之知其有害而舍之

第三款　用武之事固以相地畫圖爲要矣而將帥之略尤須一覽地圖卽知其山川之遠近阨要之多寡此種學問若非討論於平時安能値倉猝之際而了然於心目之間乎

第四款　行軍測繪之事有分別焉一爲正圖一爲草圖如有建立城墻營壘房屋等事必先作一詳細之圖是爲正圖　如行軍之時欲知地勢之宜忌而粗列大略是爲草圖

凡畫正圖之法與所用之器必極精良斷不能成於俄頃也　若畫草圖必時已急迫宜速而不宜遲卽有畫圖之器未必能佳況不帶一器亦須畫圖有時祇能歷覽之下而隨時畫之有時默記其形而回營畫之有時人述其情形而據說畫之皆草圖之類也

武事所畫之圖，正者甚少，大敵當前，必不能從容而畫正圖，苟有草圖，雖少差，亦屬無妨，然欲築城攻城以及造礮臺，必須極準之正圖，故學畫者宜先講正圖之理法，習練既久，可舍精器而畫草圖，且爲之甚速，而無極大之差。

第五款　凡行軍測繪之圖，以後省曰行軍圖 以六十英里之長爲限，如過此限，則不第供行軍之用，必用更準之法測之，如畫一國一省之圖是也。　測量一國之山川境界，定其位而畫其圖，詳見於他書，此書不必贅言，大抵一國之全圖，祇載夫名山大川都會關塞之所在，其餘細

微之處，未能盡顯，若畫行軍圖，必將地面緊要之處，一一備列於圖，而并顯其中各物爲極細之形圖。

第六款　凡畫地圖，將其地面之各點，引至平面上，其平面即爲底，而從各點作直線於平面，則直線與底相切之點爲平形。　設圖之平面爲地球之切面者，如第一圖，甲乙丙爲地球之面，斷不能在呷乙哂而畫其圖，但在六十里之內，所有之差，不過三碼一碼爲三尺　畫者心中以地球爲平面亦不妨設所畫之圖爲大地全圖，或一

第一圖

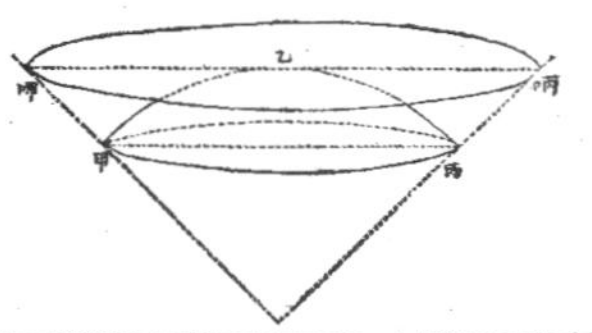

國之圖，則必知地球之理也。

第七款　畫行軍圖工夫分爲二層，一爲地面所有平形之各物，一爲地面所有物形之高低，如地面爲平，則第二層工夫可不必用。

凡畫行軍圖，顯地面之各物，必恃一定之線號，各人用之無不相同，在學者必細察線號之理，而習畫線號之法，習之既熟，能看能畫，則圖之要事已明，此事在後卷詳論之，下款先論畫圖有大小之比例。

第八款　任一處地面而畫一圖，可大可小，各適其用，圖若愈大，則愈詳而愈準。

凡圖之尺寸，與其本物之尺寸，其相比之數，即圖之比例數也。　如有一直路長一里，而在圖中長一寸，則圖之比例爲一寸與一里之比例。　又如牆長六百碼，而在圖中長一寸，則圖之比例爲一寸與六百碼之比例也。

亦有反言其圖之比例者，　如十二碼與一寸之比，或四里與一寸之比，其意爲以圖中之一寸，代地面之十二碼或四里也。

又法，用分數明圖與物之比例，　如二千分之一，或四萬分之一，其意爲以圖之尺寸，比物之尺寸小二千倍。

或小四萬倍也。

以上比例之說可以更換之。如圖之比例爲一寸與一里之比亦可更之爲六萬三千三百六十分之一之比例因一里之數實爲六萬三千三百六十寸也。又如一寸與十二鏈之比（六十六尺爲一鏈）亦可更之爲九千五百〇四分之一之比例因十二鏈之數實爲九千五百〇四寸也。

反言之法國之地圖如爲四萬分之一之比例則圖之每一寸代地之四萬寸

第九款　凡圖之比例不可任意而定必詳審之其故有二一圖有詳細與粗略之別一畫圖之紙有大小之別

如地面長三里而紙長二十四寸則圖之比例不能以大於二十四寸代三里即以八寸代一里若以大於二十四寸代三里紙不能畫其全也若小於八寸之比例可任用之或四寸代一里或二寸代一里是也。

若圖之比例小於八寸代一里者則圖中諸小物不能畫其全即能畫之亦細而難見所以畫圖者先議圖之若何詳細而後圖之比例可定也。如以一寸代一里

設一里之內有一處長十碼在圖中不過長一百七十六分寸之一自不能顯出何況此十碼之中地上所有之物豈能一一畫出乎大抵人目不能看小於百分寸之一用規尺之分寸不能辨其多少所以一寸代一里而差有百分寸之一則其圖之差爲百分之一千七百六十碼即差十七碼也。如欲圖之各尺寸不差至十碼則其比例必以百分寸之一代十碼即以一寸代千碼也。如欲圖之各尺寸不差至三十五碼則其比例必以百分寸之一代三十五碼即以一寸代三千五百碼也。

設如任一地圖看其比例表則知其差至若干數　如一寸代四里則其差必在百分里之四之內即不差至七十碼

由此可知人目所能見者百分寸之一爲最小矣如勉强分之極細至六百分寸之一恐畫圖之事亦不能不爽毫釐也天氣有燥濕之異則紙常有縮漲之差而圖中各點之相距不啻日日改變所以圖不差至百分寸之一已爲極微之差矣。

第十款　凡草圖未必詳細而準所畫之營盤大路等類其尺寸稍差不妨常用之比例如左。

築礮臺城壘之圖以二十四寸代一里。

攻礮臺城壘營盤等類之圖以十二寸代一里。

廣野鎮市大營盤行軍路之圖以六寸代一里
測量大地而畫圖以四寸代一里
英國所刻一國之全圖以一寸代一里
近年法國所刻一國之全圖爲八萬分之一之比例
圖之小於此比例者則謂之地理圖
凡圖必當有其比例數寫明於上使閱者一覽可知

陽湖趙　宏繪圖
桐鄉沈善蒸校字

行軍測繪卷一

英國連提撰　英國　傅蘭雅　口譯
新陽　趙元益　筆述

畫行軍圖法

地平面各物之線號 此爲第一節

第十一款　各物之中有與武事相關者草圖內必以公用之線號指出之　如鐵路大車路分歧之小車路乘馬之路狹隘之路行船之縴路以及大小水道并堰壩等處皆關乎行軍之進退　如民房村莊礮臺廟塔等皆能暫駐兵丁以避風雨　如濠溝壁壘籬柵等可以圍護我兵而阻禦敵兵　如鄉間耕地草地花園果園菜園可供人與六畜之食樹林竹園能出柴料并可做檣木地刺之類又可埋伏兵勇　又空曠之地亦須表明　又有從遠望而易見者如通衢大鎮人所共知我兵往來易於認識即或交戰失利令兵丁從此等處會聚可以整旅再戰

第十二款　草圖有三要一曰準二曰清三曰簡　其宜準者何也營官之號令兵勇之行動皆以圖爲主所以必要準　其宜清者何也事出於迅速不及從容看圖所以必要清　其宜簡者何也不必專家畫圖主將能

自染翰或觀他人所畫之圖便可明晰所以必要簡
第十三款　如附卷之一二三四圖皆以線號指出各物之形此線號大半爲西人韋廉司所輯又爲征賦圖册內所公用者初學必臨摹嫺熟方能隨筆畫出畫時先用鉛筆後用墨筆　如圖之比例以四寸代一里則各物亦用此比例而稍大無妨　如圖之比例以小於四寸代一里則所有旱路水道必以此比例酌加若干以能顯見爲度
第十四款　隨測隨畫之草圖用鉛筆時不可忽略恐後此無間暇之時再加詳細之墨筆也　初學作畫用筆

切不可遲鈍須求一劃而成則工夫快而能準遲鈍則志意不定每多抹改又有抹改一處而帶去傍線者此大病也　草圖已成之後必加一番墨筆之工暇時設施五色燦然可觀若不及加墨則以草圖釘於板上弸緊用牛乳與水調和灑於其面待乾則不易揩去如以淡膠水代乳水亦可
第十五款　草圖之光有俯視之意所以無暗面形詳見二十二款圖之比例小於四寸代一里者水石房屋樹林若其寬處能分兩線畫之則常作一暗面形　各圖之光從圖之左上角而來者成四十五度之角其暗面之粗線

能令圖中所有之各物更易清澈耳
第十六款　行軍圖已成其設色之例如下　田禾等物用正黃色　地面之小礫石先設暗黃色後用褐色作小點　蘘森草西國山草之名兵馬遇此則不能行用深紫色　低窪之處用淡藍色作長方點各點之間設綠色兩色之交互處勻而無痕　草地設淡綠色　耕地設淡紫色　長江設正藍色　大河用藍色而以深藍色爲其暗邊　路用淡褐色　砂地設淡暗黃色　砂地有水亦設淡暗黃色微加紅色　磚石造成之屋設紅色西國之磚其色皆紅所以設紅色　尋常瓦屋設水墨色　叢樹用淡黃色　獨

樹用深綠色　兵丁屯處用其號衣之顏色
第十七款　用以上設色線號之法可供尋常行軍圖之用猶有別物可另定線號如第二圖

第二圖

凡有奇異之物則無公用之線號必另設一線號畫之惟於圖之邊亦畫此號而書其意於右

第十八款　線號之畫法擇其要者而詳論之如左

凡畫道路之線將筆尖向內而兩邊線之粗細相等且必作平行惟其路之分寸於通衢則寬於山徑則窄先畫路之左邊線右邊之線順其曲折而爲之　鐵路恆多直者可用直尺劃粗線而邊必平行　馬路比鐵路更寬

若有多路相交則其轉折處不可用直角必略帶圓鈍之形

河道近於光之邊線宜比彼邊之線更粗

河之寬廣者則其中可作多細線而與邊線相遇之處必更密

江海亦以上法畫之而其中之細線或爲橫平行線或爲豎平行線

樹林之疎密其畫法有數種　如附卷三十三圖以公法畫之路旁之樹則用密點代之　草圖中畫叢樹之法數十百樹相結成林與畫山水之法略同而其光從左上角來

花園菜園外有圍牆或有籬者內分多小方而各方之內用細線劃滿園內之小路以空白代之

房屋不設色者則用細線劃滿如其比例小於六寸代一里者則以墨渲染之中間須劃斜線者則向光之處宜細背光之處宜粗

論指出地面之高低此爲第二節

第十九款　地面正平則各物之界限方位用上款之各線號已足若地面有高低之處必另設線號諸法顯出山谷等形　營官看此圖而知地面之高低用兵能占形勢并可知若干斜度何處馬兵不能上何處步兵僅能上

畫此圖有二要事述之如左

一令人一觀即知各處之高低有相關之理并知斜面之角度此用幾何之法

二不必有說令人看圖即能知各物之高低此用粗細鬆密之線以爲記號

第二十款　幾何之法能得地面平剖多層之形即以其各層平行之尺寸而畫其圖

西人名伯辣者有相地畫圖之書將以上所言之理設一變法淺而易明述之如左

法曰檢一塊石宛如山形者用一方箱其底旁作一塞門如第三圖將石置此箱中用極淡墨水傾入箱內至將近石頂爲止過數刻後石有墨漬之痕拔塞放水至

第三圖

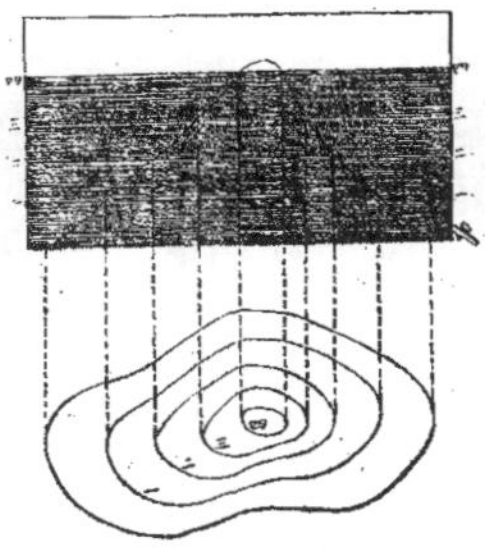

水面低四分之一而止再過數刻後拔塞放水如前如是四次即成四·三·二·一·各平面璺水之漬石成多平形如俯視各層之璺痕而作四·三·二·一·等界線則圖可顯石之高低與其平斜。水之面本平所以各線必為平剖面線。

第二十一款　觀畫石形之法可知畫山之法其理相同。其平剖面界線得幾何層即知山之形。

設各平剖面為等距知其一點之高與其共距則可知任一點之高。若將其共距以相連剖面式之垂線約之則得其斜面之角度。

第四圖

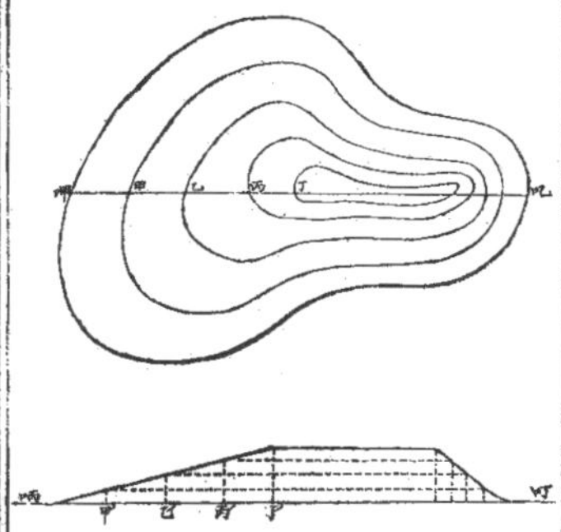

又法有平剖面界線。能得其任一方向之剖面式如第四圖向呷吃方向求其剖面式必在任線呐叮上。作呐甲呐乙等各相距與呷甲呷乙相等再於甲乙等各點作垂線同於甲乙丙等剖面界線之高以各垂線之端相連為所求任方向之剖面式。又可用幾何之常法作立視圖如附卷十七圖是也。

若能令各層之相距為極近則知地面之高低測繪甚準幾無分毫之差愛爾蘭地方所畫全圖以六寸代一英里耕地之共距為五十尺山地及空曠地共距為百尺。法國之共距與圖之比例為長比例數等於二千分之一之比例也。如此即得便用之法無論圖之比例為若干數其斜度必以等距之線明之如萬分之一之比例其平剖面相距為五枚二萬分之一之比例其平剖面相距為十枚餘仿此。地面若有非常之形可改其比例如三並地方其地面為平原則測地畫圖所用之比例為四千分之一之比例即如二萬分之一之比例得共距為五枚。此法即是前第十九款所言第一要法現西國用之而作各種工程之圖。

第二十二款　前第十九款所言第二要法用記號而得之如用此記號依其各層平剖面式則所畫之圖準而且清。

凡從任高處望地面各物之形必非其正形而為其偏形所以正形之圖必有巔頂俯視之意然光面之明暗時時改變從日光中看之上午與下午不同尚不能得其正形。

天陰之時山色平勻設登其巔頂俯視四周則面愈平者光愈濃面愈高而愈斜者光愈淡如此看山繪圖知

光之濃淡與面之斜度有比例

第二十三款　若作多而相近之平剖面則各界線自顯其濃淡之色但爲行軍圖無暇作多界線此法不便用之若平剖面之界線甚少而中間任加數線如附卷八圖必不能準因平剖面界線之間其斜度未必處處皆同祗能得其中數而設立一假平剖面界線以上兩法費時煩心非易爲也

近時各國之人設立新法其最要者有三種法國之法能令所畫之圖準而清日耳曼國之法能令所畫之圖準英國之法能令所畫之圖清

第二十四款　法國之法將平剖面界線之間用垂線補其空處則其距與垂線之比若與斜面之比平剖面界線必留於圖而面之濃淡以下法得之

如第五圖寅卯與寅卯爲平剖面界線甲乙丙丁爲所

第五圖

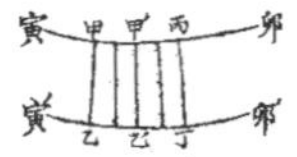

補之垂線其相距甲丙等於甲乙所成之方形以甲乙線平分之則成長方形甲乙甲丁再平分之則所得之垂線之端其相距爲四分之一用此法或畫圖或刻板工夫極易而甚速

如平剖面之界線不爲平行者則其垂線與界線相遇

第六圖

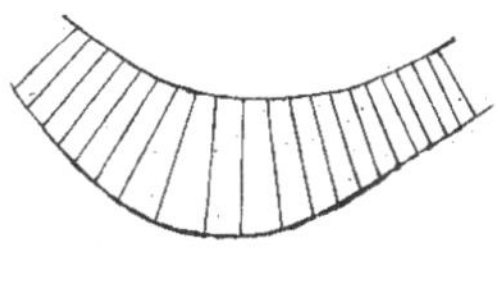

必成直角如第六圖

如平剖面之界線相距甚遠可在其間另作數界線略得平行而補垂線可以得其相距而無差反言之界線相距甚近而其方內不能作三垂線則必作極粗之垂線而其相距與垂線之長等如此所得之暗面與

少斜之面可以相配如第七圖凡已得界線小於十分寸之一者必用此法而相距愈近則垂線當愈粗

第七圖

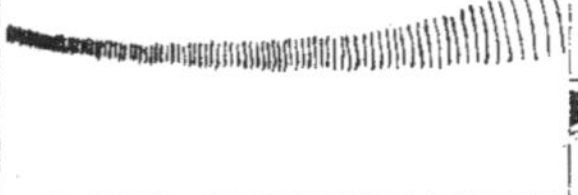

第二十五款　此種圖已成之後平剖面之界線必揩去之若兩平剖面界線中之垂線與上層之垂線或與下層之垂線相連而成一線如第八圖甲則揩去界線之後揣圖中各處之高低甚難所以每層之垂線必對準

第八圖

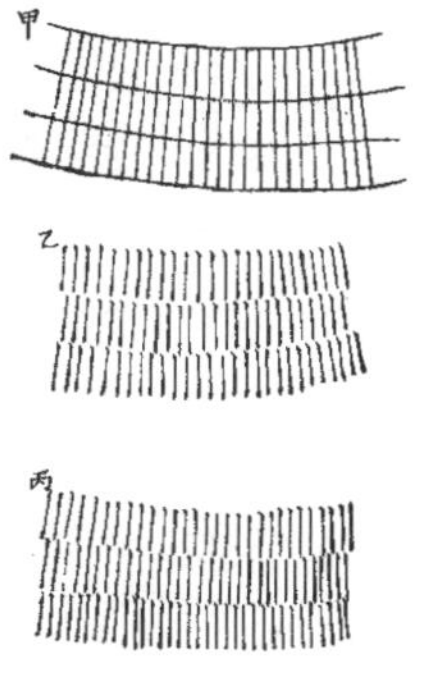

上下兩層垂線之間如乙又垂線不可相離而致中間各層有空處必令垂線適抵平剖面之界線如丙。

第二十六款　有人思得一公法能令線之粗細準則各圖之濃淡面可依公法而作之法國所作全圖其黑面與白面之比若斜面之切線以二分之三乘之如第九圖斜四十五度則黑面與白面之比若三與二之比凡大於四十五度之斜面如城壘等之面另有畫法

第九圖

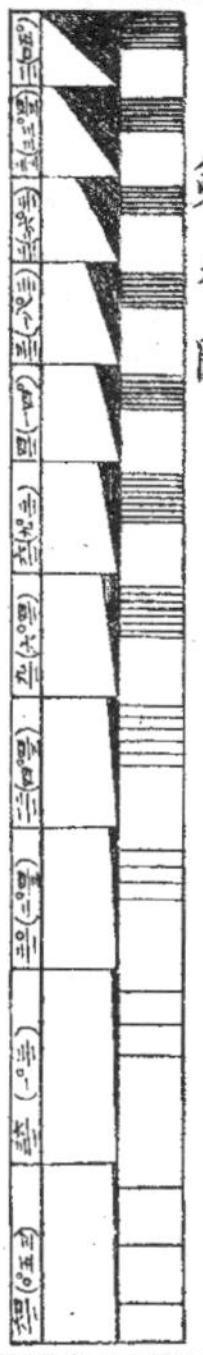

法國之法能準與清是其所長但畫之不能速是其所短若圖欲刻板而印者此法爲最便　如附卷十六圖十七圖十八圖二十三圖二十四圖二十五圖

第二十七款　日耳曼國之法其補垂線與剖面界線無論已知其共距或不知其共距而垂線總以一法作之如日耳曼之人名勒慢者其設立之法不問其共距而將各斜面與其平面底所成角度以度之　如第十圖

第十圖

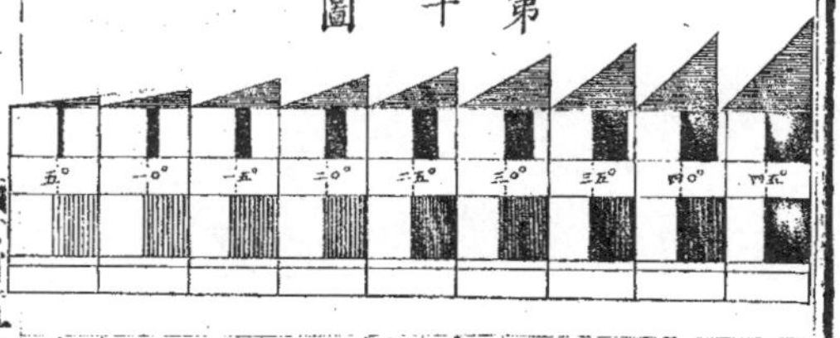

即爲勒慢所設補垂線之法從五度或六度起至四十五度止詳見第十卷第十三頁之表因山有四十五度之角兵丁難上則觀圖中有全黑者知不能上也　凡斜度有黑與白之比等於斜度與四十五度較餘角之比　如斜三十五度則其補垂線之粗必得黑與白有三十五與十之比即七與二之比　用以上之法地面各處高低圖中極易清楚不過用線太黑而圖中之字難顯也

日耳曼國又有一法以六十度之線爲最黑但用此法必測其各角之度甚覺費時所以廢而不用

第二十八款　英國之法分二種一爲平法一爲立法設此法者祇欲圖之清不問其更準與否

平法用粗細鬆密之線顯出其高低而高之不可忽略處用數目字記之　如附卷之九圖十圖十五圖皆用平法所畫之圖其粗細工拙在乎畫手之高下

如附卷十一圖起至十四圖止爲一千八百六十七年以前英國三脫斯脫講武書院之學者所用之圖此各圖與地形甚對較之近所設之新法亦無甚差

立法專欲圖之清而用之但與平法相比亦未能更準而所費之時甚多　如附卷十九圖爲英國人在俄羅斯國古蘭密雅地所畫之行軍圖

第二十九款　一千八百六十七年以後英國講武書院又廢舊法而用斯各德所設之平法因舊法雖看之甚清而平剖面之界線已磨滅尚嫌其不能醒目也如附卷十一圖至十四圖　斯各德之法留其界線爲虛線如附卷三十三圖至四十圖又有斯各德所設黑白之比例圖如第十一圖既知此表之用法將名家所作之圖擇其多種用顯微鏡看之而度其粗細推算其中數

第十一圖

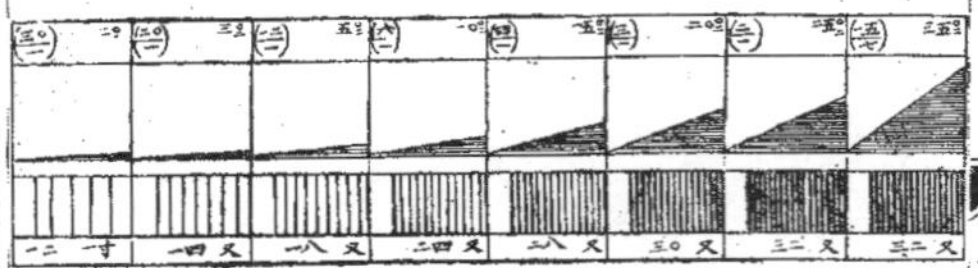

圖中之斜面不清往往誤軍行之要事斯各德之法能免此弊所有勒慢設立之表（詳見第十卷第十三頁之表）用以爲主而改其各界限虛線之立相距令其依斜面與比例表不差

如圖爲六寸與一里之比界限虛線之立相距如左

五度以下各斜度二十五尺

五度至十度五十尺

十度至二十度一百尺

二十度至四十度二百尺

如以三寸代一里則各相距爲五十尺或一百尺或二百尺（詳見第十卷第十四頁之表）

以上之法更繁於法國之法其故因一圖內界線之相距可以改變也

凡以平法畫圖其弊有二　一山路已過與平面不甚

有差者則與別處平面極難分別　一山之巔與山之麓光之濃淡不能由漸而改變所以難肖眞形

第三十款　以上三法之外又有數法能顯山之形　此數法皆用深淺之墨色顯其高低不能求其甚準作粗圖恒用之

有人用斜光之法顯各山之高低但此法山之斜度不能顯出因山之斜面可以任置一方向而光之濃淡各不相同又其平面須作黑面之線者若用此法圖亦不肖眞形

法國博物院之師名伯庭者教畫地圖所著畫學一書

論及光之明暗與濃淡茲從中檢出兩圖如附卷二十六圖二十七圖是也

又有人用鳥道圖之法古時畫圖亦用此法如附卷三十圖此法不精卽有高數里數亦不足據今置之粗圖之列如遠處爭戰則本國之人多印此圖賣與民人令其略知爭戰處之情形

論地面之各形 此爲第三節

第三十一款　地面無論大小所有凹凸彎曲之形能包於數圓形之內　如看數百里地面有全爲海水環繞者或大半爲海水環繞者則看地面從海邊起向上斜

之成山一帶能分其全地面得兩斜面此山名之曰正分水嶺　其餘之小山名之曰副分水嶺　凡兩山之間低者爲谷山之雨水瀉入谷中谷能受之而數谷之中從高併入於低卽從最低處流入於海　谷有相連者其水從合口之低處入海則其谷謂之河瀆

第三十二款　山之形狀各不相同有兩山之頂合爲一片而成嶺者有山頂平坦者有山頂成坎窞之形受雨水而停蓄者

第三十三款　山之駱驛相連屬者其山頂無數或大或小或遠或近其兩山相交之空處則謂之峽

第十二圖

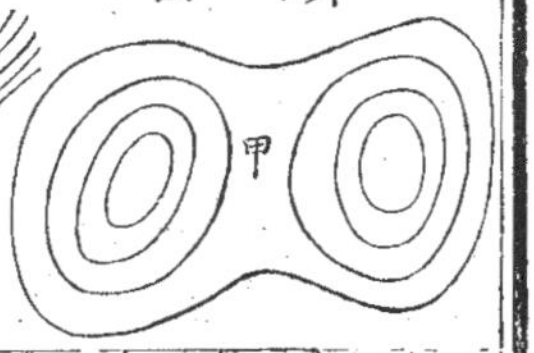

第十三圖

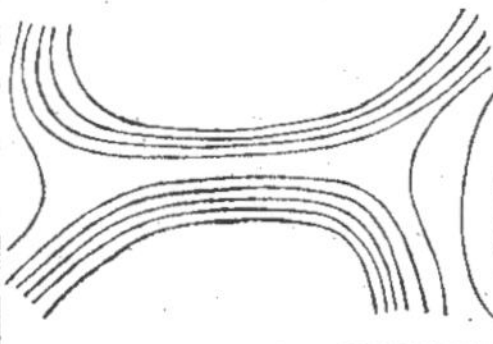

此峽本是兩山之凸面相遇而成則峽爲谷之源如第十二圖甲

如其峽甚長者則兩山之相遇處略爲長圓之形則謂之深峽但此種峽亦有在山之麓者如第十三圖

第三十四款　山不甚高略爲圓錐形而不與他山相連者則謂之峰如第十四圖

第十四圖

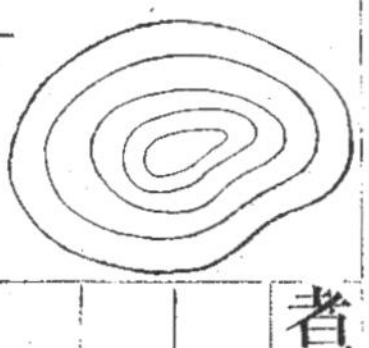

第十五圖

一帶山之邊而與他山成谷者則謂之斷坡

第三十五款　兩山之斜面互相對待其中空處則謂之谷如第十六圖寅寅爲小斜度之線　如斜度甚小其谷寬廣則謂之深谷如第十七圖　兩山並立而相近者則謂之對峙之山如第十八圖

第十六圖

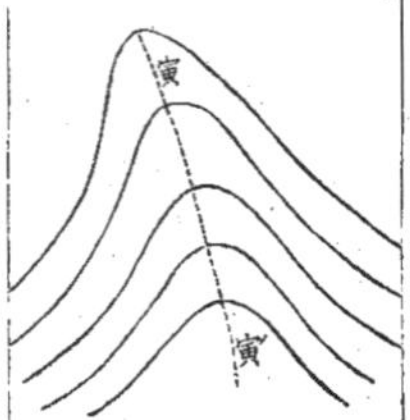

第十七圖

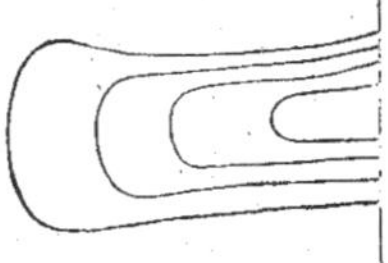

第十八圖

附卷五圖爲地面山峽等之總圖其呷甲甲甲爲峽唊唊則爲深峽叱叱乙乙爲山峰㖞㖞㖞爲山之斷坡叮叮爲谷㖼㖼爲深谷吧吧爲對峙之山啐啐爲山頂之平坦者

第三十六款　平剖面界線之間畫補線必仔細察之其要事詳之如左

凡斜面之補線其兩端愈細愈佳因暗面在白紙之上不可有筆墨痕須漸遇於不覺乃與地面各處之形相肖若忽起忽止則所畫之斜面必不能肖眞形

山之斜面在中間者或爲分水嶺之方向則所有之斜度甚微不可用補線因看其補線不能得山之眞形

對峙之山其邊外有補線不可以相交祗成一曲線等

如第十九圖山峽之小平面似纔空之形而所補之虛線寅卯寅午午巳巳卯爲峽之界限補線在此相切成角而止如附卷十六圖十七圖十八圖

第十九圖

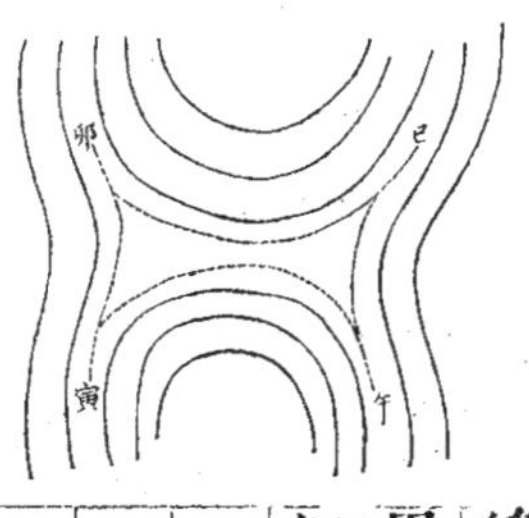

第三十七款　用以上各法能畫出地面之眞形因補線之方向即指出斜面之方向而從其補線之長與平剖面之共距可以得斜面之斜度　凡斜面分爲三等一爲馬車能行者以十五度爲止二爲馬兵能行者以三十度爲止三爲步兵能行者以四十五度爲止　由此可知圖內之斜面屬於何等若補線之長小於共距三四倍則礮車不能行過若補線之長小於共距二倍則馬兵不能行過若補線之長與共距相等則步兵僅能行過

第二十圖

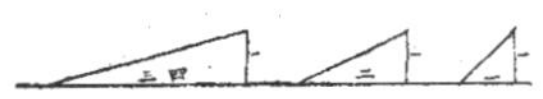

習練畫圖各法此爲第四節

第三十八款　習畫行軍圖學其手法爲第一層工夫此無捷法宜時時習練方能熟極生巧　學畫線號指出地面之各形爲第二層工夫必臨摹名手所作之圖方有進境　以上兩層工夫必循序爲之否則不能成也

第三十九款　凡有一圖欲依其尺寸而再作一圖法將其全面用縱橫線分爲多長方或正方如附卷二十四圖圖內之各物細密而多所分之方必愈小　再另作一圖其邊之尺寸與本圖同分爲小方亦與本圖同如附卷二十一圖　再以本圖之各物分寸於小方內畫之但不可用規尺必用眼力臨摹如此習練能速而準

若一方之內形式繁多人之眼力難求其準不得已作對角斜線設倘不能準則一方之內再分多小方本圖工細者劃縱橫線於其上必致傷損須用玻璃片一塊置於圖上而各方劃於玻璃面可也　畫圖之法先用鉛筆畫其馬路河房屋牆園石籬等後加墨筆於其上其次第如下　馬路河房屋牆小路園溝籬田之界線以所種之物分別之然後畫大石

以上各事視附卷二十一圖便知其詳再畫平剖面界線如附卷二十二圖所畫之山或用平法或用立法如附卷二十三圖　所有樹林沮澤草田或作記號或設顏色再書明各處之名幷高處之若干數　比例尺寸或畫出或書於圖之上下方則臨摹之事已畢如附卷二十四圖

第四十款　凡以大圖縮爲小圖如欲小一倍則先作小一倍之邊而將其面分等數之方其餘各事如前　小圖中之線必少其半或三分之二或四分之三等小圖與大圖之比例亦爲小二倍或三倍或四倍等此不必設圖學者以意會之可也

第四十一款　欲令所畫之圖與原圖有一定之比例即如大小兩圖之比若寅與卯之比則必作丙丁丁乙二

第二十一圖

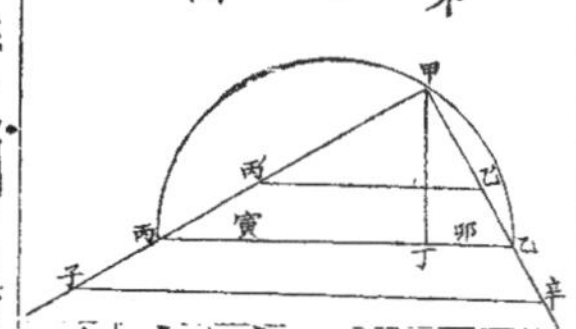

線如第二十一圖令丙丁與丁乙之比若寅與卯之比則乙丙上作一半圓界作丁甲爲乙丙之垂線則甲丙與甲乙之比若寅與卯之比從甲乙線引長作甲辛等於本圖之邊自辛點作乙丙之平行線則甲子爲所畫新圖相配之邊第二邊以同法作之圖之邊已成則分其面爲若干方數同於本圖之方數其餘各事如前

新圖之比例極易得之作甲丙代一寸又作丙乙與丙乙平行則其相距甲乙度於圖之比例線上可知新圖

以若干代一寸

陽湖趙　宏繪圖

桐鄉沈善蒸校字

行軍測繪卷二

英國連提撰

英國　傅蘭雅　口譯
新陽　趙元益　筆述

地面分三角形

第四十二款　前於第六款言畫平面圖卽是將地面各點之形畫於紙上顯其小而似之平形　但畫行軍圖必先擇各點內最要之物如塔煙通獨樹等易見而易辨之者心中必想各物之間有直線連之　各直線之平形圖爲多三角形湊合而成如第二十二圖圖中之餘物必在多三角形之內畫平面圖之第一要事在幾

第二十二圖

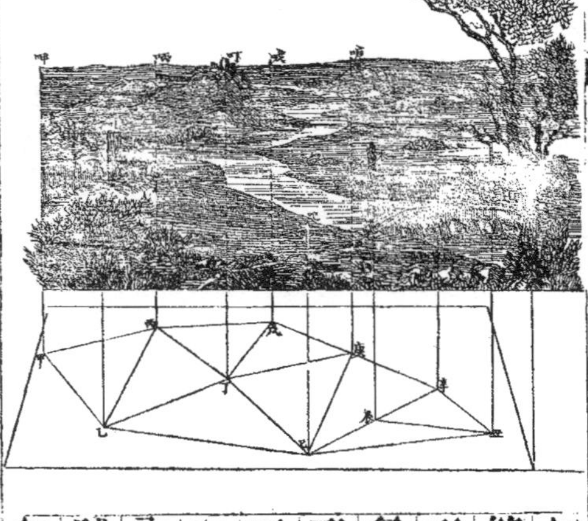

何原本第六卷第十八題作一形與所湊合之多邊形爲相似形此爲地面分三角形之法第二要事將此形內之各物一一補於圖中卽如從圖之甲

吃哂叮四點作直線至下平面內而為甲乙丙丁各件則甲乙丙丁為湊合之形而甲乙丙與丙乙丁兩三角形內各物即為補圖之物。湊合各三角形其多少必依其圖之比例或大或小則補圖之各物畫於一定之方位不至於有差。

第四十三款　凡作三角形必先知其三邊或知其二邊與一角或知其一邊與二角由此可知相地畫圖有三法。常用之行軍圖以速為貴測其三邊或二邊與一角或一邊與二角太覺費時所以另有簡法如下。如第二十三圖先測準一邊呷吃將其形圖依比例畫如

第二十三圖

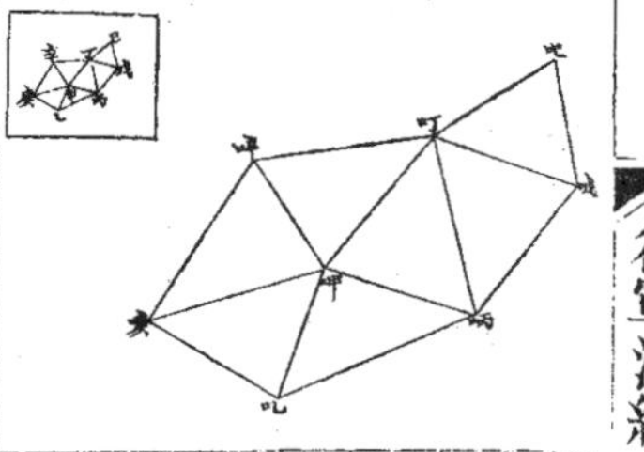

甲乙再測其哂呷吃呷吃哂二角則呷吃哂三角亦得即甲乙上作甲乙丙三角形與呷吃哂等式。因呷哂吃哂二邊已知可測叮呷哂呷哂叮二角即得甲丙丁三角形與呷哂叮三角形等式。又從哂叮哦哦哂叮二角能得丙丁戊三角形其餘依此類推。

所用之呷吃線為圖之底線此線必適當所畫地面之中則從其二端易見最要之點人可站在一處而測多角如從呷點能測吃呷哂哂呷叮叮呷啐啐呷哽哽呷吃。

第四十四款　分圖成各三角形不可任意定之其各三角形或為等邊甚妙若有一角甚銳者則別角測量必

第二十四圖

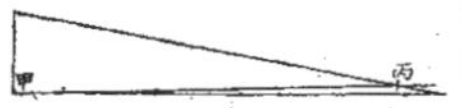

有一小差如第二十四圖之甲角則其頂點丙差之甚多。又角度愈小則兩線之交點最易差。用略等邊三角形又有一妙處因有若干面積分為三角形則等邊三角形比別種三角形之數更少可省測量之工。

第四十五款　三角形之邊并底之極大之長數必測量

其角至甚準并酉意所用之比例。已知三角法之人可用代數式得其極大之長數即 $丑＝\frac{二正弦呷}{訥}$ 其丑為線之長數訥為比例之差數依第九款之理則呷為測角之差數此差數與測量之器之精粗有比例。本卷之末有表為角差數所得之數。

第四十六款　測量用底線起則圖上作各三角形與地面三角形同式。此事依其角之大小之度數而得之或推算而得或以其角作圖而得之。但三角形之法如知一角與二邊則三角形其餘之各尺寸與角度可

以推算所以已測底線與各角之後則各邊皆可以推算而以幾何之法照比例而畫之　凡緊要之圖以此法作之爲最準然費時甚多所以行軍圖不便用之

第二法行軍圖便於常用即測得角度遂劃其線於圖

第四十七款　畫行軍圖之人不必另記尺寸之數須求一看之後遂畫其圖不分心於別事　如已帶一本記事之簿則不必記其測量之尺寸只須記某處人民多寡之數以及地產各物之數兵丁之數官員之數武弁閱之大有裨益（詳見一百三十九款）

武官學畫行軍圖之工夫必屢次測地畫圖方能準而且速　最要之事須書地面尺寸（詳見一百二十二款）多三角形湊合之後則各三角形內之各物亦必以三角法得其一定之方位於圖內又必測其相距之角方能得之所以下卷各款內論及測量之器

長邊之碼數	以若干寸代一里	角差數
六二一五一	二．	一分
二六五七	四．	
二四〇五	六．	
八〇〇一	二．	一五分
四〇五	四．	
六三三	六．	
四〇五	二．	三〇分
二三二	四．	
八六一	六	
二五二	二	一度
六二一	四	
四八	六	

行軍測繪卷三

英國連提撰

英國　傅蘭雅　口譯

新陽　趙元益　筆述

測量之法

第四十八款　測量之法用細鏈或繩長一百尺每節爲一尺另有十箭此二物量地者已足用之

用法令二人一在前一在後前人右手持鏈之一端左手持箭十根後人手持鏈之一端而站在起測之點令在前之人依任方向前行曳至緊時前人將一箭插於地下即向前行而後人隨之至插箭處前人再將一箭

插於地下而後人將始插之箭拔起自收之如是十箭用盡則所行之路爲一千尺記之後人將所收之箭付與前人再依前法至測盡而止

用鏈時必留意使平因所測之相距以平爲主也若地面不平者則鏈之兩端尤須曳平因有地心力能使鏈之中段向下略彎所量之地則稍短而得數反多故不如將鏈棄於地面而後以相距折算變爲平面也　工程家平時量地所用之鏈長二十二碼（即六十六尺）　英國一畝之地縱六百六十尺廣六十六尺所以用此長鏈量產業面積最爲便捷

第四十九款　相地畫圖補圖中各物之相距必依其方位步而測之（詳見本卷五十二款）或路遠可騎馬而行算其步數（詳見本卷五十三款）

又有一法依時而定各物之相距其人必先細心試過平步（謂不疾不徐也）若干時可行若干路或騎馬若干時可行若干路　用此法所得之數必少有差因路或不平或不直之故如路少不平可減去七分之一為差數如路大不平可減去五分之一為差數

又法聽聲於無風時過空氣極速每秒（以尋常熱度論）能行一千一百十八尺所以令一人在遠處放鎗看其火光即

用度時表看其秒數至聞聲而止將其秒數以一千一百十八尺乘之即得略數

若無度時表可用診脈之法代之脈動之數每分七十五至八十為常

又有粗法天晴時相距四千碼看房屋之窗戶而算得其數　大約相距二千二百碼看人與馬如細點而相距一千二百碼看馬已能清楚相距八百碼人之行動能見之相距四百碼看人首已能清楚

測相距之器另有多種但畫行軍圖者能明以上之說已屬敷用此書可不贅言若必欲測知詳細即看算學中所用之器可也

第五十款　既測得各相距必依其比例而畫之此設立數式為作比例線之法

設圖之比例以六寸代一里

此即以六寸代一千七百六十碼則一千碼為 $\frac{六\times一〇〇〇}{一七六〇}$ 即三四寸所以作一線長三四寸平分之為十分則每分代一百碼各分再平分為十分則每小分代十碼　作比例線之法先作三平行線相距為十五分寸之一如第二十五圖甲乙為底線長三四寸將甲乙平分為十

第二十五圖

以六寸代一里之比例線

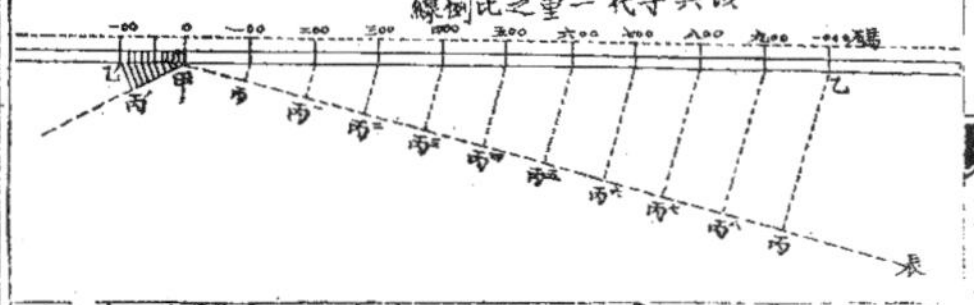

分其分法自甲點任作一線甲辰與甲乙任成何角於甲辰線任取一點丙而從甲向丙分為十等分再作丙乙線而自各分點丙八丙七丙六等作丙乙之各平行線而與甲乙線相交則必平分甲乙為十等分將甲乙向左邊引長之作甲乙等於右邊之一分又以同法分之得十等分而自各分點作短垂線至第三平行線為止於各分點之上書其數而并書其數之名或為尺或為碼等

此比例線之用法將規度各點之相距同於用鏈量地之法如欲量四百七十碼之相距將規之一尖指在四百之點又第二尖指在第七箇小分點兩尖之相距爲四百七十碼反言之圖內有二點要測其相距先用規度之再將規之一尖指在比例線之○點看其第二尖指在何數之點若第二尖不對準右邊之分點則移向左邊第一尖既對準一分點則規之第二尖必對準小分點

所用之鏈長二十二碼而圖以六寸代一里作比例線之法如第二十六圖

第二十六圖

因六寸代一千七百六十碼即八十鏈則六十鏈等於 $\frac{八〇}{六\times六〇}$ ＝四五寸所以作一線長四五寸平分之得六分又將其左邊分十等分則其每小分等於一鏈之長

以二寸代一里作比例線之法如第二十七圖則不能得十碼之分數因二寸代一千七百六十碼則四千碼爲 $\frac{一七六〇}{二\times四〇〇〇}$ ＝四五四寸將此長數平分爲四分則每分爲一千碼再平分爲十分則每分爲百碼

第二十七圖

第五十一款　作二萬分之一之比例線則三千碼之相距等於 $\frac{二〇〇〇〇}{三〇〇〇\times三六}$ ＝五四寸如第二十八圖將此長分之得三等分則每大分爲一千碼每小分爲一百碼

第二十八圖

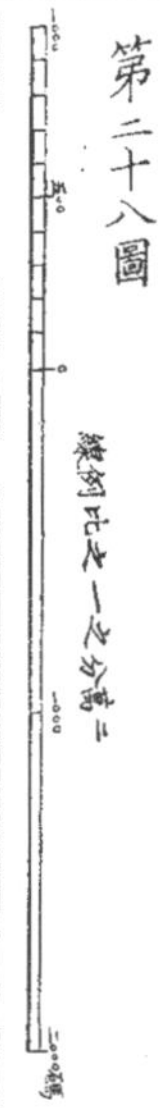

第五十二款　如以步數量地則必另設一種比例線

各人之步有大小之別尋常以二千步爲一里所以圖之比例以四寸代一里則以四寸代二千步各大分爲百步小分爲十步如第二十九圖將其四寸平分二十分每分再平分爲十分即得之　若人之步數大於尋常之步數或小於尋常之步數者則必量準一里之路而試得其行路之步數而用之

第二十九圖

第五十三款　又有一種比例法以乘馬而行之時測其相距蓋相距之路必有行若干時而能至之理馬行之

遲速平勻在乎人之駕馭如欲作一萬五千分之一之比例線則必先知馬行之率嘗考定一分時徐行爲一百碼花蹄爲一百八十碼快蹄爲二百三十碼跳蹄爲二百八十碼此馬行遲速之率也　卽如馬徐行二十分時能過二千碼則依其比例得線之長爲

一五〇〇〇／二〇〇〇╳三六＝四八寸

若花蹄行十分時能過一千八百碼又快蹄至二千三百碼則依其比例得線之長爲

一五〇〇〇／一八〇〇╳三六＝四三寸

又

一五〇〇〇／二三〇〇╳三六＝五五寸

若跳蹄行十分時能過二千八百碼則五分時行一千四百碼

以比例線長三三寸命之　以上四箇長數卽是四八　四三　五五　三三　分之爲二十與十與五分得每分時各分線之長如第三十圖

第三十圖

一萬五千分之一之比例線

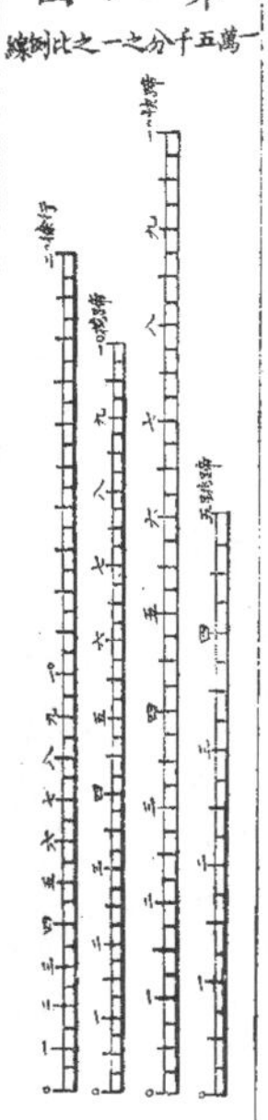

第五十四款　凡看他國之圖畫本國之比例尺於旁最妙　如看法國之圖其各圖以一枚（英寸三九三七一爲一枚）爲主如已知圖之比例分數則可用五十一款之法而得之如圖上不載其如何分數則其比例線上取任相距爲一千枚　如相距爲三九寸則知以三九寸代一千枚

第三十一圖

如第三十一圖或

一〇〇〇╳三二八（英國尺）＝三二八〇尺＝一〇九三三碼

因此知一千碼之比例線長爲

一〇九三三／一〇〇〇╳三九＝三五六寸

則用前各式之法畫其比例線

第五十五款　前於四十八款言用鏈量地所得之數或有差因所測者必須平相距而所畫者必是平形圖也

若已明三角法者去其差數而得其平形之眞數甚屬易易法將其斜面之相距以其角度之餘弦乘之則爲眞數　八線表一時不便於查此另設一表而知測量之差數變爲平形之眞數（詳見一百十五款）

測數長一百碼表

實相距	角度
一〇〇	〇度
九九六一九五	五
九八四八〇八	一〇
九六五九二六	一五
九三九六九三	二〇
九〇六三〇八	二五
八六六〇二五	三〇
八一九一五二	三五
七六六〇四五	四〇
七〇七一〇七	四五

第五十六款　凡有二點定其任方向設二點相距甚遠則測其相距而得直線甚難必在二點之間另作記號方能測得其直線茲設數例講明各法如左

設有甲乙二點從二點之間作記號而得直線之相距

一例如第三十二圖甲為能到之點則一人站在甲點又一人丙用桿插地向乙方向而與之相對則甲必看丙指使左右移動至見丙桿與乙桿相合而止

第三十二圖

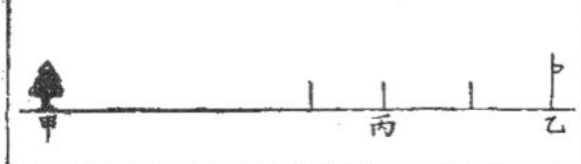

第三十三圖

二例欲知甲乙二點引長之方向如第三十三圖在丙點插一桿而從丙點能見乙與甲相合則丙乙為引長之方向線

三例如呷吃二點人不能到并遠望不能見如第三十四圖法用甲乙二人在相離不遠之處任取一方向能見其二點乙不動而令甲或偏左或偏右至甲點為乙呷線內之點甲不動而令乙站在甲與吃之間或偏左或偏右至乙點為甲吃線內之點再乙不動而令甲偏左偏右至甲'為乙'呷方向內之一點再甲不動而令乙至乙'如此遞做至兩人彼此遮蔽呷吃二點用兩竿插之如前

第三十四圖

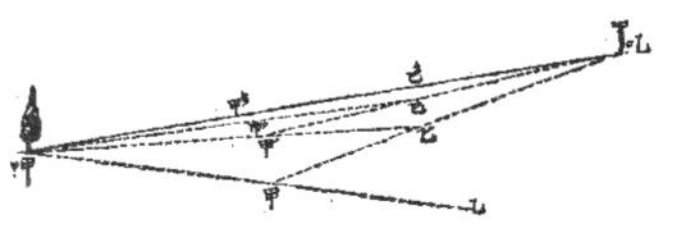

如二人相離太遠不能知彼此之號令則乙站在甲呷之方向如第三十五圖甲之面向乙而切近呷吃線而行乙比甲行稍速常得甲呷甲呷等方向久之則甲見乙遮蔽吃則呷甲乙吃必在直線之內可以插竿

第三十五圖

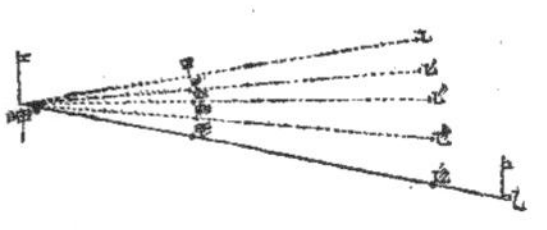

前卷諸法為畫圖之總理雖行軍作圖不能出其範圍然營中未必常帶測角之器所有尋常測量之略法亦須知之觀下款數題可以得其益處

第五十七款　有線甲丁而不能引長之求在甲端作垂

線

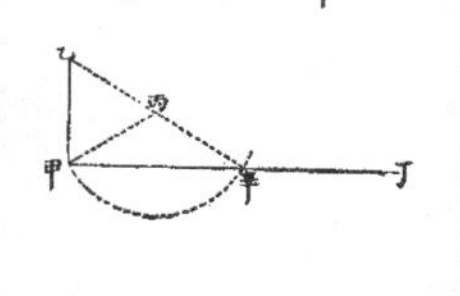
第三十六圖

如第三十六圖任取一點丙而用鏈或步法量丙甲而作丙辛等於丙甲將丙辛引長之至乙（用五十六款之法）作丙乙等於丙辛則甲乙爲所求之垂線

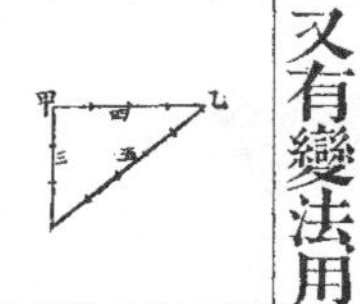
第三十七圖

又有變法用三根繩在地面作一正角而有三四五之比其法以四靠作正角之邊甲乙餘三五之兩端各靠甲乙二點再以二端同拉至相遇則三與甲乙成正角形如第三十七

圖

第五十八款　有甲乙二點其甲點不能到求二點之相距

如第三十八圖將甲乙線引長之至任點丙自丙任作丙丁線而平分於戊作戊乙線而引長之至己令戊己等於戊乙作丁己線而引長之至庚令與戊與甲合爲

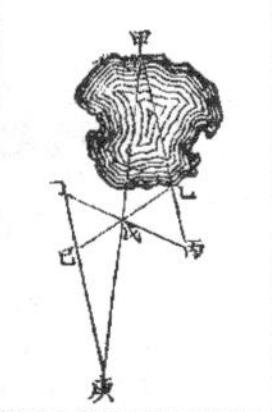
第三十八圖

一線則己庚等於甲乙

又法亦能得甲乙之相距

如第三十九圖作乙丁爲甲乙之垂線長四碼而丙丁

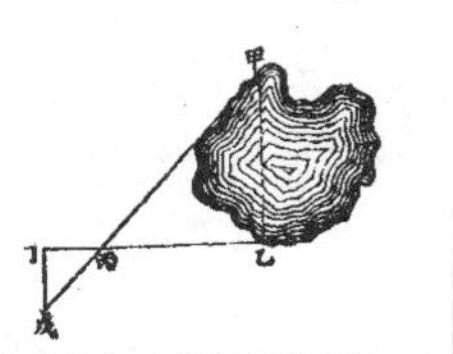
第三十九圖

等於一碼在丙點立一竿作丁戊爲丁乙之垂線而從戊點看丙甲在一線之內則丁戊等於甲乙三分之一　若甲乙之相距極大則每一碼可以代其若干碼

第五十九款　有角乙求作相等之角

如第四十圖乙甲乙丙爲乙角之兩邊自乙丙邊度其

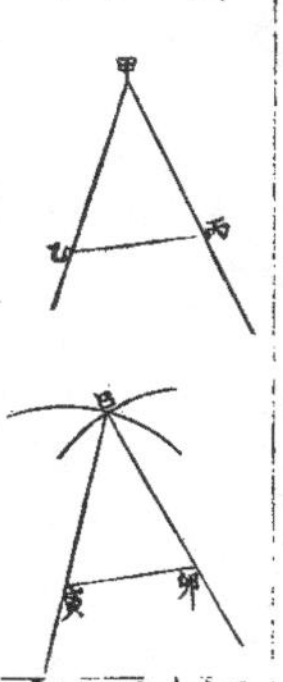
第四十圖

長卽將乙丙之長度一線爲寅卯而以寅卯各爲心度甲乙甲丙爲半徑作短

弧相交於己則己寅卯角等於甲乙丙角

第六十款　有點丙有線甲乙求自丙點作線與甲乙爲平行線

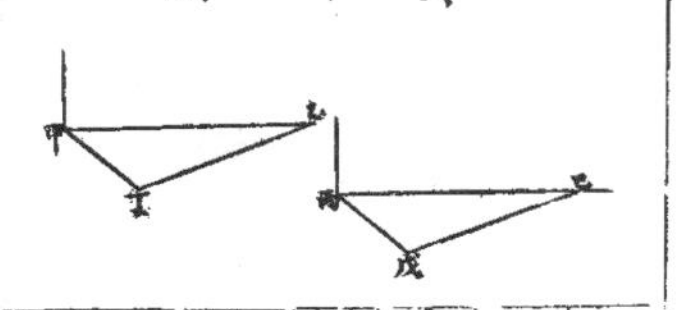
第四十一圖

如第四十一圖在甲點立一竿度其影之長甲丁又度甲乙乙丁二線之長至丙點立等長之竿得影丙戊卽作丙戊己三角形等於甲丁乙則丙己爲所求之平行線

第四十二圖

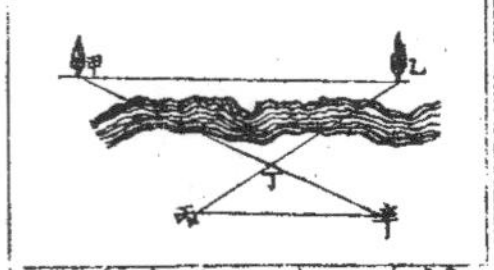

若無日影或甲乙二點不能到如第四十二圖則於丙乙方向內任取一點丁作丙丁而度丁乙之長（用五十八款之法）將甲丁引長之而度丁辛與甲丁之比若丙丁與乙丁之比則丙辛爲甲乙之平行線

第六十一款　有線甲乙而遇物不能過求於物外引長其線

如第四十三圖任取一點辛而作乙辛線又自物外取二方向作辛丙辛丁二線在辛乙線任取一點已度辛已與乙已之長自已點作已寅與甲乙平行（用六十款之法）而

第四十三圖

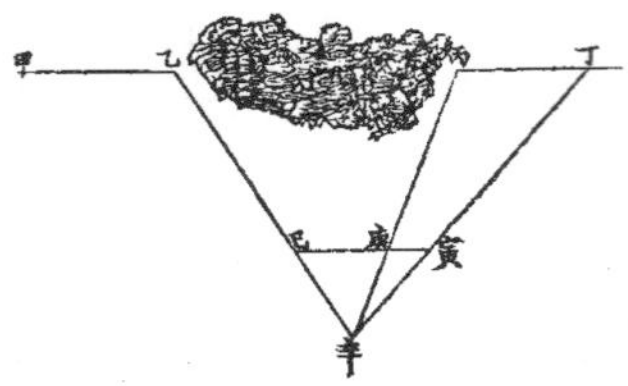

度辛庚與辛寅之長再令庚丙寅丁兩線與辛庚辛寅二線之比若乙已與已辛之比則丙丁與甲乙在一直線之內

如度甲丙線之長中有阻物如第四十四圖則自乙點任作乙戊線而平分之於庚度庚丁而引長之至辛度庚辛等於庚丁作戊辛線等於乙丁

第四十四圖

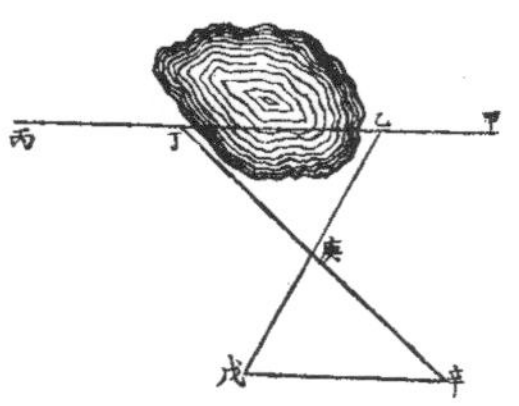

第六十二款　有甲乙二點不能到求其相距

如第四十五圖甲乙之間有能到之點丙作丙丁垂線即於此線取丁戊而度其長作寅卯爲丙丁之垂線而寅點與卯點各與戊乙戊甲合爲一線則寅卯與甲乙

之比若丁戊與戊丙之比

第四十五圖

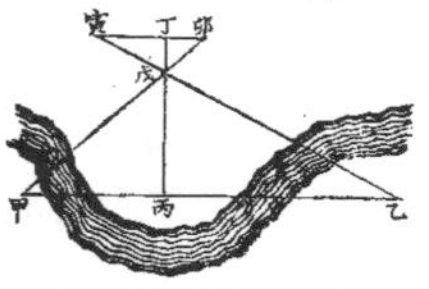

第四十六圖

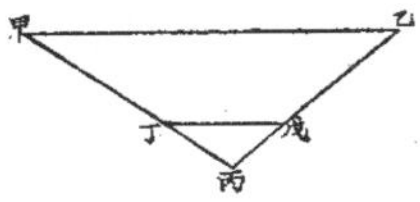

設甲乙之間無能到之點如第四十六圖則任取一點丙而度丙甲丙乙之相距（用五十八款之法）取丙丁爲丙甲之若干分數而丙戊爲丙乙之若干同分數則丁戊亦爲甲乙之同分數

第四十七圖

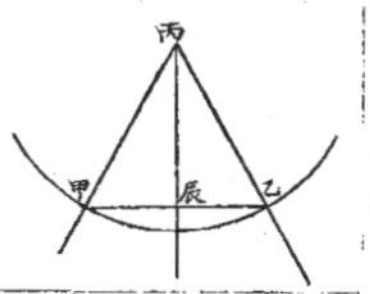

第六十三款　有角求平分之。

以角點爲心作半弧界度通弦甲乙而平分之於辰如第四十七圖丙辰線爲所求平分角線。

第四十八圖

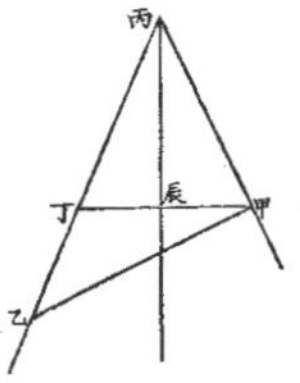

若不能以角點爲心如第四十八圖作任線甲乙而測其丙甲乙丙乙甲二角之度將其兩數相加平分其和而作丙甲丁角等於半和則甲丁線之中點辰必在平分丙角線之內。

若不能到其角點者如第四十九圖作任兩點戊與丁各向角點作引長之線自丁點作丁庚與丙戊平行而度丁辛等於丁庚將辛庚引長之與丙戊引長之線遇於壬將辛壬線平分之於辰則丙辰線爲平分角線。

第四十九圖

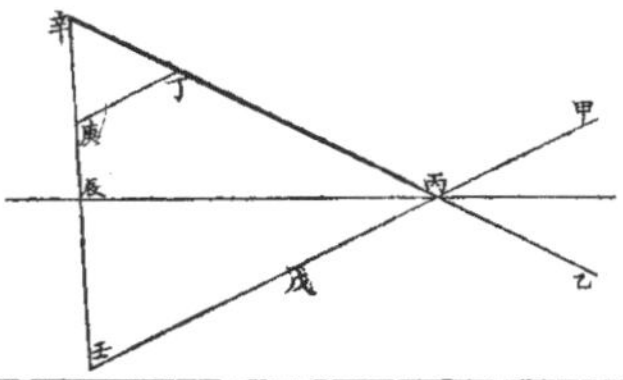

第六十四款　城壘之形有凸角者西人曰巴斯眞求其方向。

如第五十圖先將甲丙乙丙二邊引長其線至寅與卯。

第五十圖

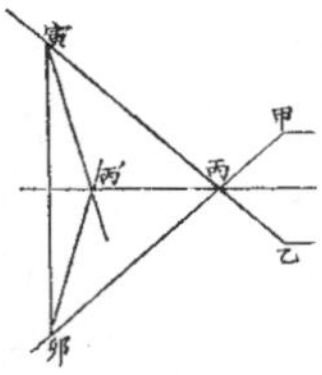

作直線與二線相遇於寅於卯平分丙寅卯丙卯寅二角用六十三款之法得相交線於寅丙卯丙則丙點必在凸角形之方向內。

第六十五款　有房屋或塔或臺如甲乙求其高。

如第五十一圖在前立一竿丁戊前行至辰點見丁點與乙點在一線之內再測戊辰辰甲丁戊三線則甲乙與丁戊之比若甲辰與戊辰之比。

第五十一圖

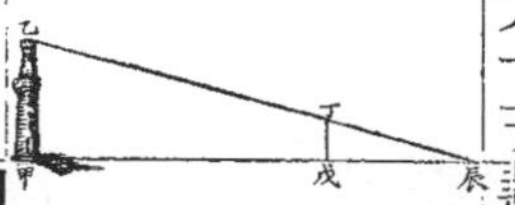

又有別法爲測高之最簡便者如第五十二圖立一竿而同時度竿影與物影之長則物高與竿高之比若物影與竿影之比。

第五十二圖

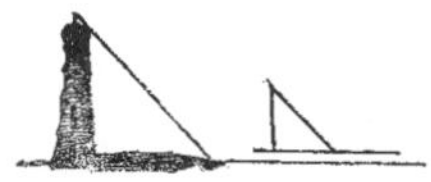

第六十六款　圖已有物點成二線形於地面任測一點而加於圖。

如第五十三圖呋點在二線之方向內則引長圖之二線必得天點。

第五十三圖

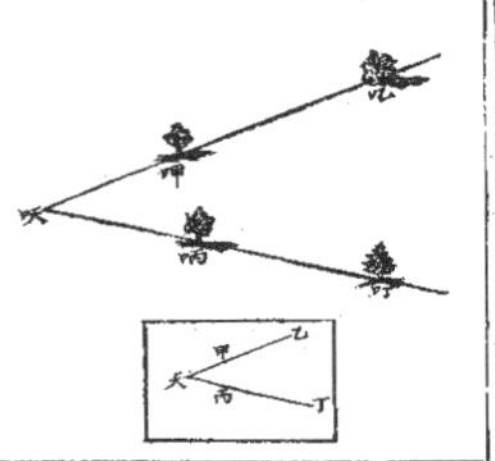

第五十四圖

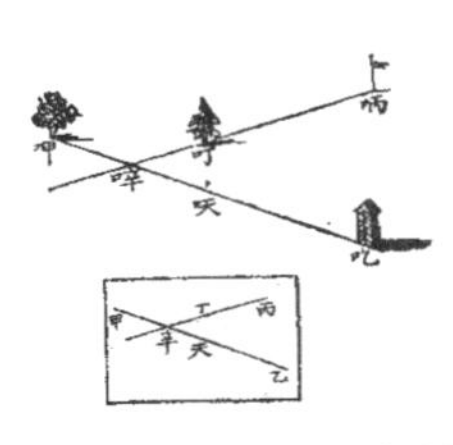

如第五十四圖呋點在呷叱線之方向內將呐叮線在地面引長之至啐度啐呋之長依其比例於圖上作辛天。

如第五十五圖呋點不在二線之方向內將呐叮線在地面引長之至哌點在呷叱方向內再度哌呋與呐呋依其比例於圖上作辰丙天三角形。

第五十五圖

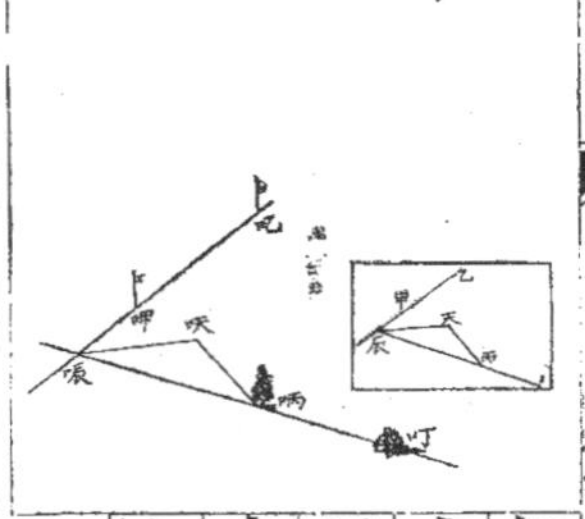

第六十七款　圖有呷叱線形又有能到之點呐形而呷叱線內有點呋求於圖內畫天點。

如第五十六圖在地面作呐呋線而度其長即以呐呋爲度依其比例自圖內之點丙作線與甲乙線相遇於天即所求之點。

第五十六圖

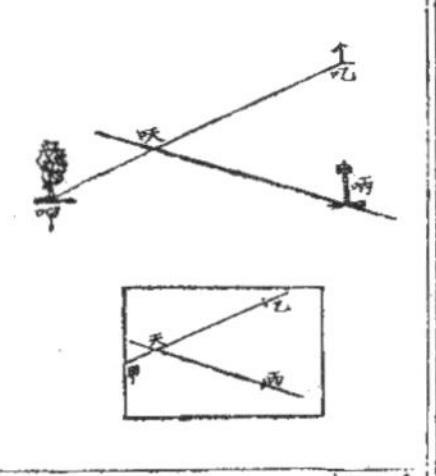

第五十七圖

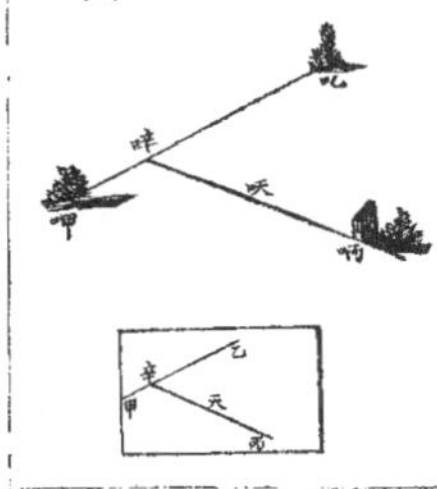

若呋點不在呷叱線內如第五十七圖測得呐呋與呋啐即在圖上用前法得啐點將啐呋依比例畫之即得辛天。

第六十八款　已有二點呷叱另有不能到之點呋求依其比例畫於圖上。

如第五十八圖作呷呋叱呋方向線而度其呷叱呷叮叮叱呷哦哦叱各線依其比例於圖上作甲丁乙與戊乙甲兩三角形則甲丁與戊乙引長之線相遇於天爲所求。

第五十八圖

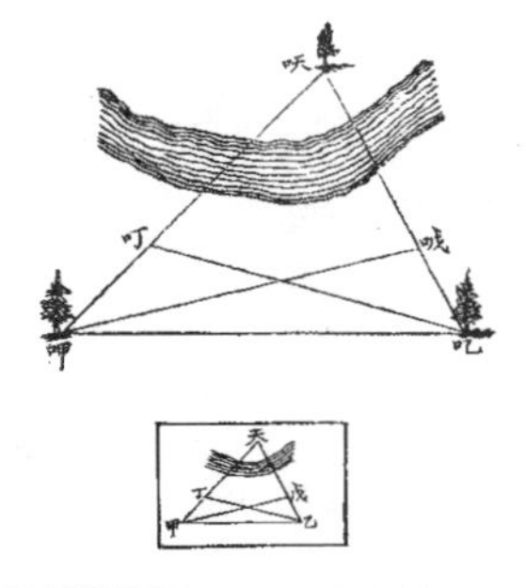

若呷叱之間有不能過之處如第五十九圖第六十圖任測呷叮呐叱吧啐兩三角形其餘如前法。

第五十九圖

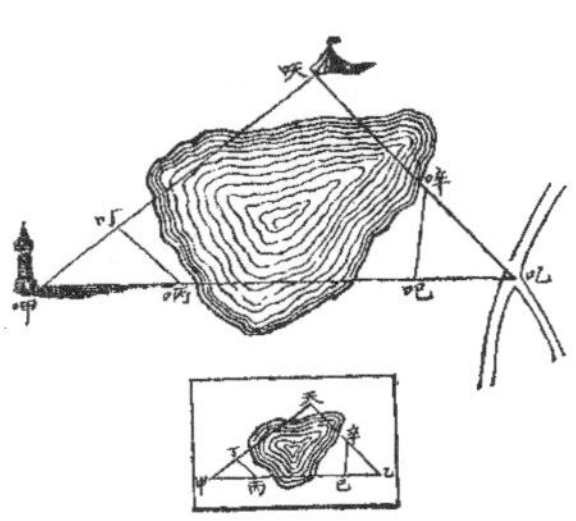

第六十圖

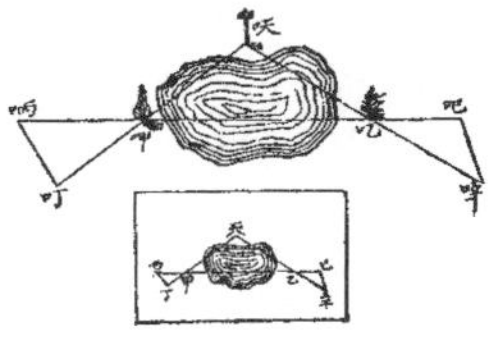

若甲點亦不能到者如第六十一圖測得吃呐之長將呐吠線引長之至任點叮於呐於吃成一三角形依其比例在圖上作丁乙丙三角形又在地面將吃叮線引

長之至啐與吠呷引長之線相遇而測叮啐之相距依比例畫於圖得丁辛線將辛甲與丙丁引長之即得吠點

第六十一圖

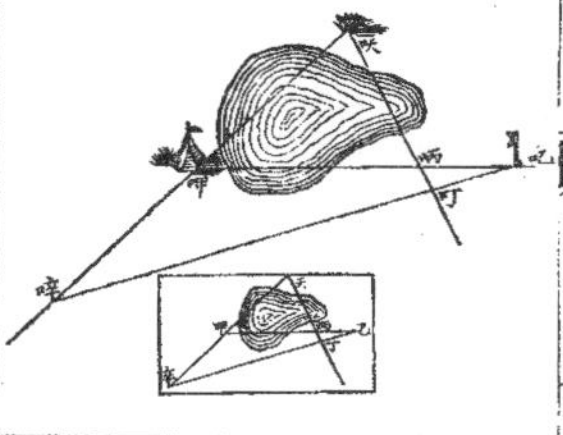

第六十九款　有數點甲乙丙求畫於圖上

如第六十二圖測得底線叮哦而以叮與哦各為心以叮呼咀哦為半徑各作半圓界而測得呼吧呼噢呼啐與咀嗔咀咖咀吧六通弦依其比例於圖內作底線丁

第六十二圖

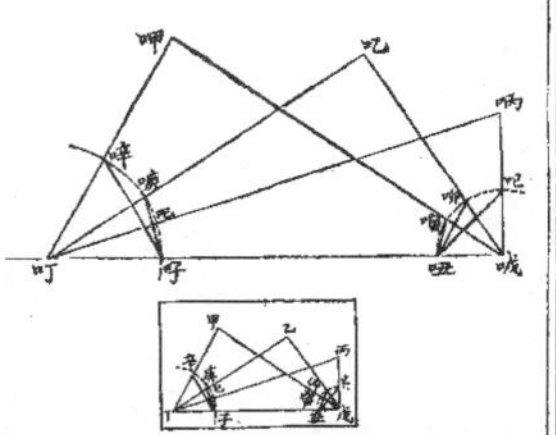

戊幷得半徑丁子丑戊各作半圓界則以子巳子庚子辛丑寅丑卯丑巳六通弦再作丁辛子丁庚子丁巳子戊丑巳戊丑寅戊丑卯六三角形引長其線即得甲乙丙三點於圖上

第七十款　營官度地畫圖所用測量之器以簡便而能攜帶者為妙若能隨時作之更覺便捷所以下二卷詳論測向羅盤幷平面桌學者苟能明之可以任用別種測量之器而不以為難　紀限儀等器於測量一事用

之最為精妙然無事時用之則可若行軍之際最不相宜因其螺絲與回光鏡以及相連之各件多而易差且易壞而須時時修理也

陽湖趙　宏繪圖

桐鄉沈善蒸校字

行軍測繪卷四

英國連提撰

英國　傅蘭雅　口譯
新陽　趙元益　筆述

測向羅盤用法

第七十一款　羅盤中之指南針有定向之性情故以之爲主也

任一線與指南針之經線所成之角則謂之方向角而角之度數爲其方向數

用羅盤而測各物之方向又能測任二箇方向之角度因二方向所成之角度等於二箇本方向角度之相較如第六十三圖乙甲丙角之方向數等於乙甲卯角度與丙甲卯角度相較數

第六十三圖

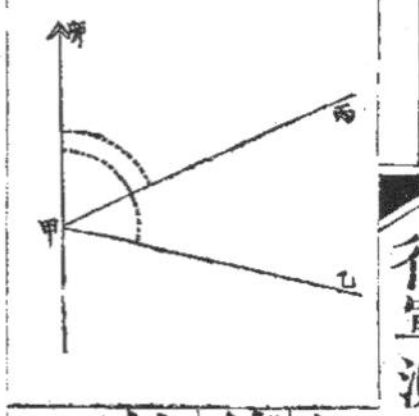

第七十二款　常用之測向羅盤如第六十四圖丙爲羅盤之活表面自〇度起至三百六十度止而以共度分其半指南針之重心有瑪瑙帽子罩於釘尖轉動極活表面依指南針而用之申爲視孔有絲線一根繫於其中巳爲折光鏡亦有長小孔兩孔相對以便於觀　視孔與折光鏡皆有鉸鏈不用之時可以壓平

第六十四圖

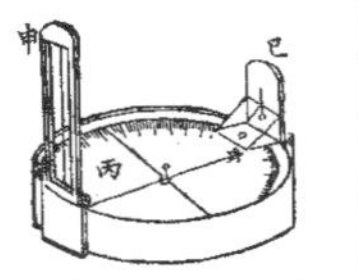

折光鏡能上下移動則羅盤表面移過時之小分數必易見之

羅盤之活表面欲其不動時有一小簧在視孔之下或在別處可以止之

設人立於甲點而求甲乙方向則將視孔與折光鏡豎起以折光鏡上下移動至能見表面之度數爲止將此器平置於掌中或平置於桌上以羅盤旋轉至對準乙點之物能從視孔中看之與絲線相合則以小簧壓定其表面然後看經線與絲線相遇之角度即爲甲乙之方向

若欲測太陽出沒時之角度則必另加一暗鏡有時用一鏡可在視孔上移動則所看之物或在眼上或在眼下能見其形此與用武之事不相涉故不詳述之

第七十三款　測向羅盤簡便易帶且所測之角度皆爲地平面之角度故行軍用之最宜畫圖之法初分三角形而後補滿各物於其中皆用此器

第七十四款　圖上畫各物方向之法先作多直線與指南經線爲平行其各線之相距依圖之詳略而定此各直線皆爲指南經線之方向　尋常一處之圖算其平

行無甚大差各線之相距合於圖之比例者最爲便捷如圖以四寸代一里則各線之相距等於四分寸之一或八分寸之一則可代一百十碼與五十五碼補圖中之各物甚易

第七十五款　用薄而明之牛角做一半平圓之分角器

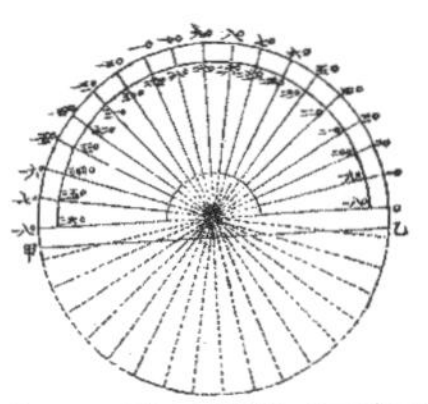

第六十五圖

如第六十五圖外周所分之度爲共度之半從○度起自右而左至一百八十度而止內周從一百八十度起亦自右而左至三百六十度而止甲乙線與圓徑爲平行

又有一種分角器用長方之象牙薄板爲之如第六十六圖其度數自左至右而分之內外兩周皆同上法甲乙爲圓徑面有多平行線爲甲乙線之垂線

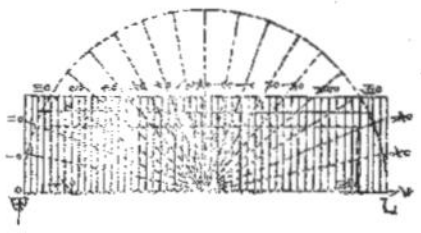

第六十六圖

畫各物方向必自北而東而南而西推算之不可不知如第六十七圖欲從丙點畫一線與平行線成五十度之角則將半圓分角器之五十度半徑靠於平行線而移其圓心至丙點而作丙乙線

第六十七圖

從○度至一百八十度可用器之外周畫之從一百八十度至三百六十度可用器之內周畫之如第六十八圖

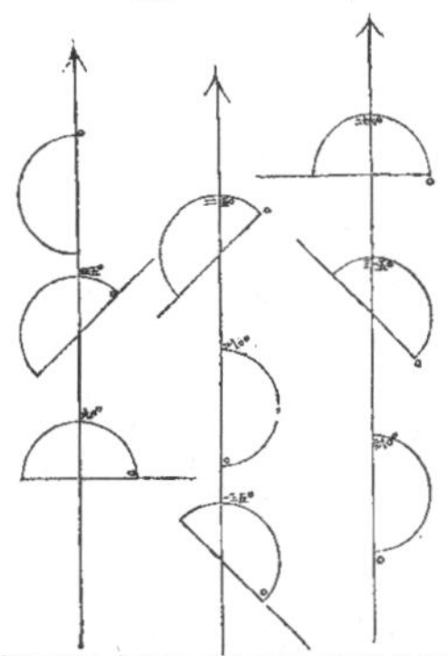

第六十八圖

用長方分角器則其多平行線爲指南經線之垂線而移之至與紙之平行線相合而止

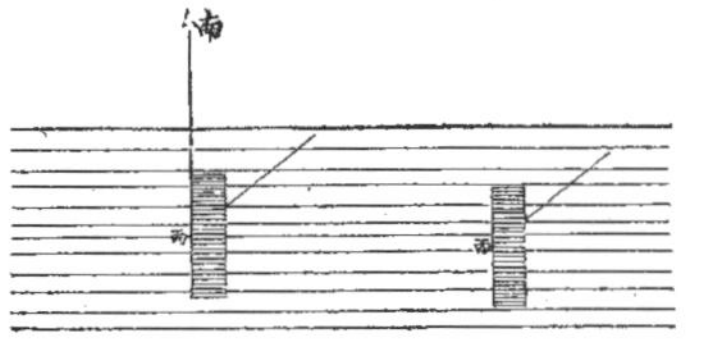

第六十九圖

如第六十九圖欲自丙點作六十度之方向角則將分角器之心置於丙點而令任一橫線與紙上之線相合但其心必不可離丙點耳　分角器之甲乙邊與指南經線相合在六十度半徑之端用鉛筆作一點而自丙點作線至此點必與指南經線成六十度之角　如所作之方向角大於一百八十度者則

分角器置於丙點之左邊任用內周之度畫其所求之角度

英國常用之長方分角器不如半圓分角器之佳因長方者其橫線本短與紙上之線稍不相合則底線之方向可以大差

第七十圖

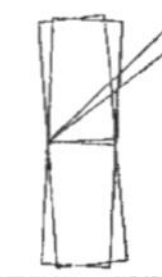

如第七十圖若用半圓者可免此病因半圓分角器其半徑相等則不至有此大差也

下款各題爲習用測向羅盤之法

第七十六款　有呷吃二點已畫於圖上爲甲乙之方位另有吠點之方位求畫於圖此爲第一題

第七十一圖

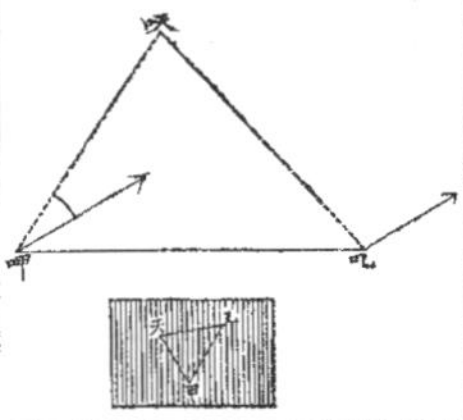

如第七十一圖先站在呷點測得呷吠之方向再至吃點測得吃吠之方向則圖上自甲乙二點用器畫其各角卽得吠之方位

由此可知測地所站之方位不難定也

設呷與吃爲不能到之點而吠爲能到之點卽站在吠點測得吠呷吠吃之方向於圖上甲乙二點用器作角甲天與乙天二線引長之相遇於天點

以上之法最爲便捷可於所站之點同時測得數點之方向如第七十二圖但人地天等角不可太銳詳見四十四款如覺其太銳必從別方位如丙測得第三箇方向則各點方準

第七十二圖

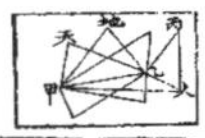

第七十七款　有路呷吃哂叮求畫其圖此爲第二題

如第七十三圖令呷點爲原方位而測得吃之方向卽

第七十三圖

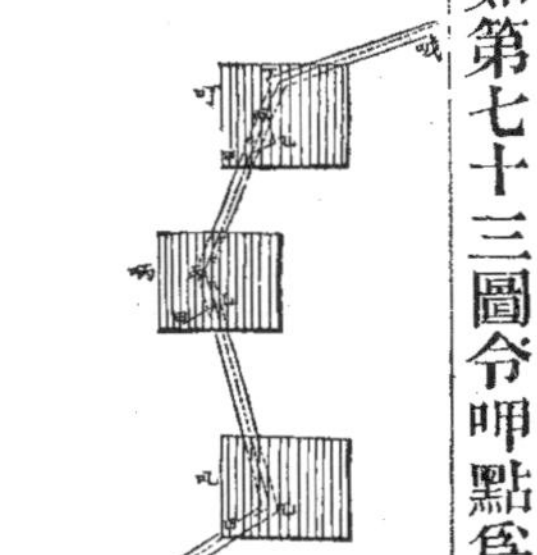

在圖上甲點用器畫其角度度呷吃之長在圖上依其比例引長其線得甲乙在吃點測得哂之方向而在圖上用器

畫其角度再度吃哂之長在圖上依其比例作乙丙餘仿此　又有一法若測量時遺卻吃叮等方位則先從呷點測得吃之方向再度呷吃之長而從吃點徑度吃哂之長既至哂點則依其比例畫甲乙於圖又測得哂吃哂叮二箇方向則用器畫吃哂角於圖而得乙丙其餘類推　此法最爲便捷名曰測反角之法

路之兩旁有必測之點如第七十四圖辛寅卯三點則從甲乙丙丁測其方向角而用器畫其

第七十四圖

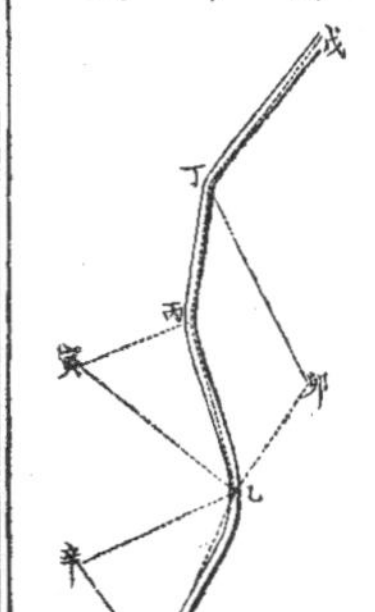

角於圖上

城壘有凸角等形而爲人所不能到者欲求其方向角

此爲第二題

第七十五圖

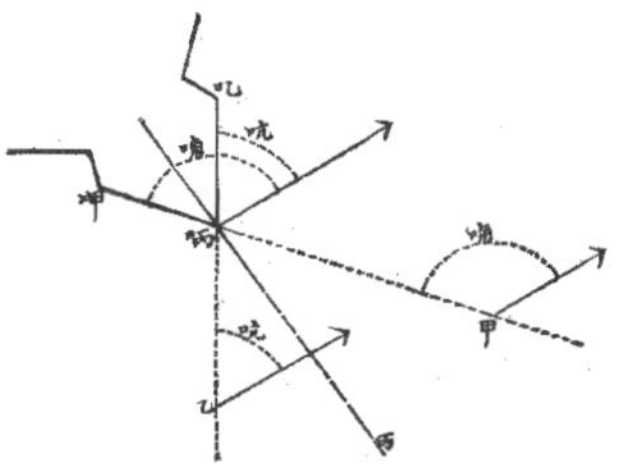

如第七十五圖引長其兩邊至甲乙二點測甲呷角之原度爲哅又測乙吼角之原度爲吭則哅丅吭═呷丙吼而（哅丅吭）/二爲所分凸角形之半

第七十八款　山林之處不能從一處測得多點此種器用之最宜武事之測量大半有藉乎此

此器用時置於掌中手少振動分度極難看淸必平置一架上則視孔易於直立如不能直立則所看之物比地面更高易差至十度　用此器者不可佩刀帶洋鎗刀殼等鋼鐵之器又衣袋中不可帶鑰匙小刀恐指南針噏鐵而至不準也

第七十九款　指南針經線與地面經度線不常相合各處略有不同二處之不同謂之某處指南之偏差　求偏差之法先畫地球之經線後加指南之經線看二線所成之角度卽是偏差之數　反言之如已知此處偏差之數亦可揣知地面之經線

地球各處指南之偏差雖不同而英國所用之測向羅盤處處可用因測其兩方向所成之角之相較無論指南經線偏差若干其角不改變也　如欲知其正南北之經線必先知本處之偏差方能得之

凡一處之偏差常有改變卽如一千五百八十年法國京都之偏差爲東十一度三十分至一千六百六十三年竟無偏差至一千八百六十一年則偏西十九度二十六分　此偏差之數不但每年不同有時一日之內

有偏差至二十五分者所以用羅盤測量所作之圖總有小差若能仔細揣之而得其角度則不必問其差

第八十款　法國有武臣名塗林刻耶自造一器行軍畫圖用之最宜能不用分角尺比例尺等器而畫出方向各線之圖此器作之頗簡便數分時卽可成矣　如第七十六圖甲乙丙丁爲長方木板板面釘極厚之圓紙一張戊爲圓心旣釘之後可以任轉之圓周分三百六十度面有縱橫之多平

第七十六圖

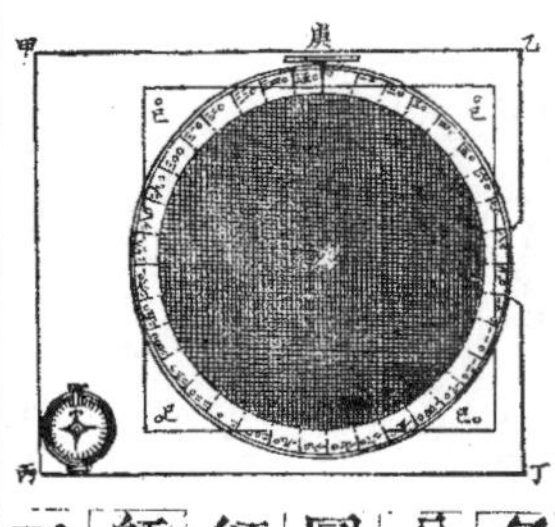

行線彼此成角。自九十度至二百七十度徑之平行線用朱色其各平行線之相距代十步代二十步等依圖之比例而定每第五根線必稍粗則易分別也。自○度至一百八十度徑之平行線用黑色則其相距可便於得其度數

庚爲指角度之針與圓紙相切而不礙其轉動則庚戊半徑爲指南之經線

畫圖所用之紙必擇薄而明者用四箇釘已已已釘於板面。木板之右邊有一缺口令圓紙轉動甚便用此法可畫任方向之線卽如一百三十度之方向必

將其圓紙轉動一百三十度至指角針庚之下則圓紙黑線與所求之方向爲平行用鉛筆照薄紙下之黑線影而劃之所作線之長短用朱線度之。設如長一百五十步則照黑線之影過朱線十五行卽得

若用羅盤指南針用銅螺絲二箇定於木板之角則此器用之更便

陽湖趙　宏繪圖

桐鄉沈善蒸校字

行軍測繪卷五

英國連提撰　英國　傅蘭雅　口譯

新陽　趙元益　筆述

平面桌用法

第八十一款　前卷之法先測得其角度然後用分角器畫其線此下數款所論平面桌之用法測得角度遂畫其線於圖

此器之全形如第七十七圖用木板一塊其方邊或一尺或十八寸下用三足架頂住令平此足可任便移動底有螺旋若旋緊之架不能動畫圖紙置於板上硼緊用帽釘釘之。測角之法用一紅銅短柱托住遠鏡而令之在托處任便移向上下

第七十七圖

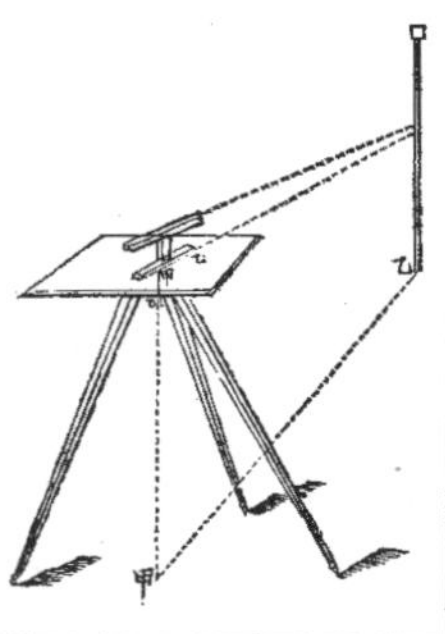

昔時此器另加多件加件之意欲求其更準耳不知件愈多則其差亦多所以近今廢而不用。英國作工程者不常用此器然於武事用之最爲便捷而省時

法國有行軍測繪之官曾用極簡便之法作此平面桌而帶於馬鞍之前其法用薄木片六條寬二寸長一尺

一面糊上蔴布或羊皮則紙可置於其面各塊木片平行而稍相離易於摺疊如第七十八圖另有甲乙兩木

第七十八圖

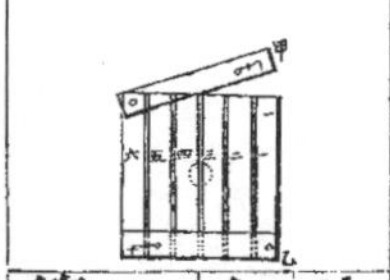

片可以展之令平木片之一端有一帽釘釘之任便轉動而與第一第六之眼相合第三第四塊下有一活節臨用之時活節接住一竿而木片可靠住此竿任畫角度之線測竟竿子取出活節之螺絲旋開甲乙木片之鈎拔出旋轉與第一第六兩片相合而摺疊之詳見第九十款此器不用遠鏡祗有一視尺以木為之上有兩針豎起如第七十九圖

第七十九圖

又法用極厚之紙板其底用厚紙做一圈能套於竿上再將一紙條摺起如相連之塹堵形而覆之在其脊線對準各點其功用同於視尺此為最簡之法

又法將畫圖所用之書置於左手曲肱上令平而用紙條看之

第八十二款　又有別種器如第八十圖等式但無論用何種器其用法在圖之南北經線上定三角形之頂其

第八十圖

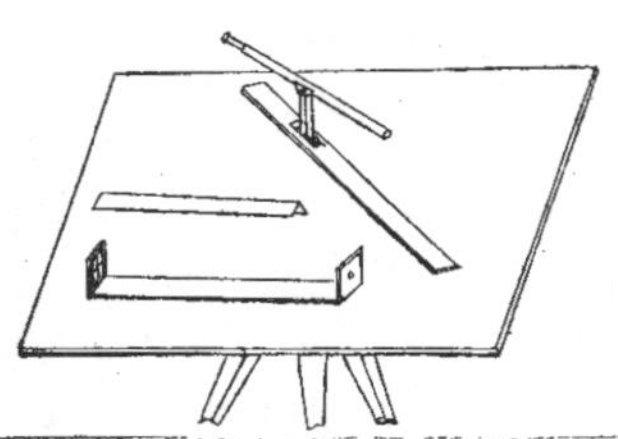

一邊為已知或作四邊形之二角點其餘二角點為已知或已知其三角而求其第四角　以下各題皆隨測隨畫非俟測量之事畢而後畫其圖

第八十三款　設呷與叱為能到之點已畫於圖為甲乙求畫吠點之方位於圖此為第一題如第八十一圖先將平面桌站在呷點必令其極平三

第八十一圖

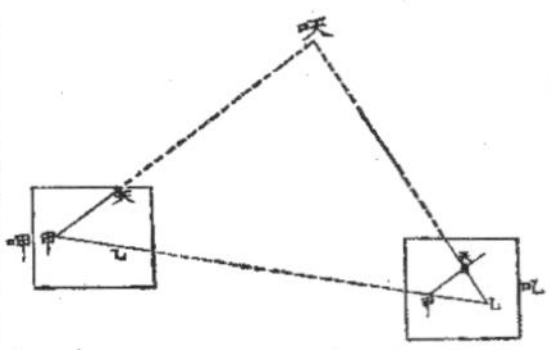

足亦必平穩將視尺置於甲乙線上而以平面桌轉動至叱點與尺邊在一線內則甲乙線與呷叱線在一箇方向內即將桌底螺絲旋緊令視尺之邊靠住甲點而轉之至與吠點成一線則作甲天線

再將平面桌移於叱點照前法將視尺置於甲乙線上而以平面桌轉動至呷點與尺邊在一線內以螺絲旋緊令視尺之邊靠住乙點而轉之至與吠點成一線則作乙天線

甲天與乙天二線相交之點即是圖有呋點之方位爲天而吼呷呋呷吼呋二角亦必得其圖。

鄉間空曠之地無山林等阻隔者則用平面桌置於甲乙線之二端，一次測得多點呋哋叺哂在圖上之方位如第八十二圖。

第八十二圖

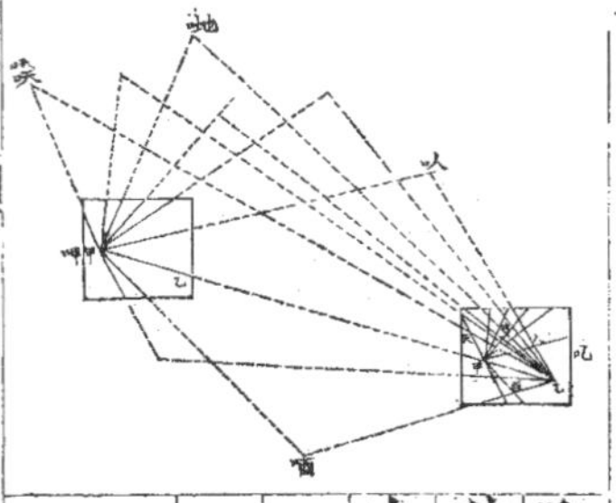

第八十四款　設兩點之內吼點爲人所不能到求畫於圖此爲第二題

如第八十三圖仍在呷點置平面桌而作甲天線再於呋點置桌將視尺置於甲天線上而令視尺與呷成直線即將桌底螺絲旋緊再將視尺之邊靠住乙點而轉之至與吼點成一線而作乙天線則此線必與甲天相交在所求之點天。

第八十三圖

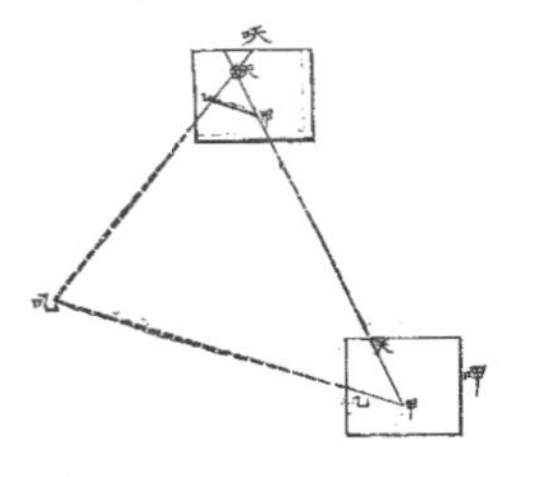

第八十五款　設兩點皆不能到祇能在中間置平面桌求畫於圖此爲第三題

如第八十四圖將平面桌置於呷吼方向內之呐點而於圖上作丙點即爲其方位將視尺置於甲乙線上而令平面桌轉動至視尺與呷或吼爲一線將桌底螺絲旋緊再將視尺之邊靠住丙點而轉之至與呋點成一線而作丙天線即得天丙乙角與呋呐吼角等式則呐點上或立一竿或令一人站於其處再以平面桌移至呋點將視尺置於天丙線上令平面

第八十四圖

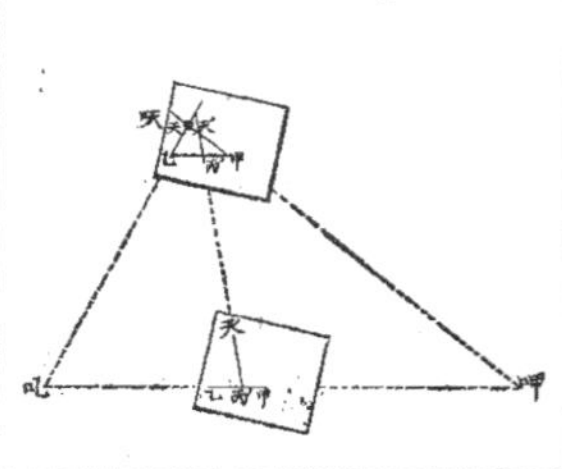

桌轉動至視尺與呐點爲一線將桌底螺絲旋緊再將視尺之邊靠住乙點而轉之至與吼點成一線而作乙天線將視尺之邊靠住甲點而轉之至與呷點成一線則作甲天線此線與乙天線相交之點即爲所求之點。

第八十六款　有呷甲吼乙爲人所不能到之二點而從此二點求畫能到之點呋與叺之方位於圖此爲第四題

如第八十五圖或用指南經線或另用一紙粘住一角於圖上作天人線而代呋叺之方向將平面桌置於呋點而令天人線與呋叺在一線之內見前八十四款即將桌底螺絲旋緊再將視尺之邊靠住呋點而轉之至與呷點

第八十五圖

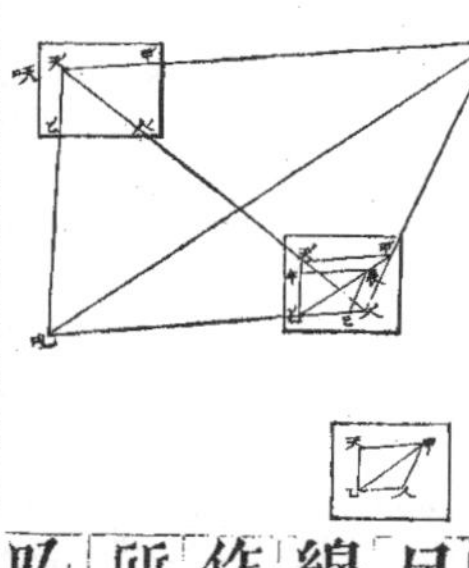

成一線而作天甲線再轉動視尺至與叱點成一線而作天乙線。平面桌移至叺點以同法作人甲人乙兩線。所得之四邊形天人甲乙與呷叱吠叺為同式形依其比例畫於指南經線上之法在甲乙作乙辰等於甲乙又作辰巳與甲人平行又作辰午與甲天平行則乙辰巳午為甲乙天人四邊形所從出之圖。此圖在甲乙線上畫之甚易法以甲為心以辰巳辰午為半徑作兩弧界以

乙為心以乙巳乙午為半徑另作兩弧界與前相遇於天於人即為所求之圖。

第八十七款　有一線與一點欲自此點作線與一線平行法將視尺置於一線上遠看此方向內相距二百碼或三百碼之物將視尺移於所設之點而靠住此點轉動至視尺與前所見之物成一線則視尺之邊與所設立之線為平行。

如前圖辰巳辰午兩平行線亦可以本款之法作之。

第八十八款　有呷叱呥三點為人所不能到者而圖上已有此三點甲乙丙求能到之點吠畫於圖此為第五題

第八十六圖

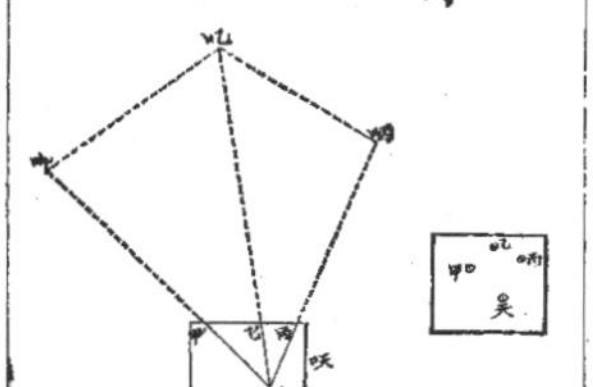

欲求吠點必在呷叱線上所作容呷吠叱角之圓分又必在叱呥線上所作容叱吠呥角之圓分所以將平面桌置於吠點如第八十六圖作呷吠叱叱吠呥二角作此二角之法甚易另用紙一張任作一點天為頂點而用視尺對準呷叱呥三點而作天甲天乙天丙三線然後在甲乙線上作能容甲天乙角之圓分又在乙丙線上作能容乙天丙角之圓分則得吠點之方位於圖。以上之法尚為不便可另設一法在平面桌之角用油

紙一張粘住一角紙上任作一點吠以前法作天甲天乙天丙三線即成兩角為呷吠叱叱吠呥。再將此紙移在指南經線之上至三線合於甲乙丙三點用針刺小孔揭去油紙而所得之孔即是天點在圖上之方位。

用此款之法測地繪圖凡得已知之三點易得未知之點天。

平面桌易得圖內之多三角形曠野無山林之處最為便用用過此器者竟不願舍此而用別器也。

第八十九款　平面桌加指南針於上則任一處方向極

易得之設有呷叱線畫於圖上爲甲乙而已與呷叱成

第八十七圖

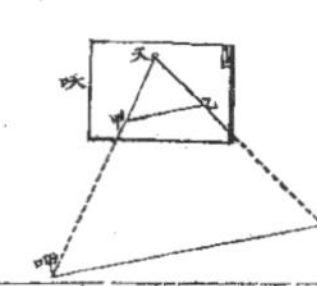

相似面內之二線如第八十七圖則看指南針所指之角而記之然後將平面桌置於平行之方向令其轉動則指南針得其同方向亦必爲平行

用此法畫圖甚速　假如測地畫圖之時有呷叱二點爲人所不能到而圖上已有呷叱二點之方位爲甲乙求畫能到之點吠之方位如上八十七圖則必以平面桌置於吠點令其轉動至同於指南針所指得之方向將桌底螺絲旋緊視尺放於甲點上而轉之至與呷點

相合則作甲天線再將視尺放於乙點上而轉之至與叱點相合又作乙天線與甲天線相交於天點之方位有時不用指南針則用一直針立於平面桌上而用一時辰表看其每半時所得之日影如此卽得一日晷可供數日之用用時將平面桌轉至初起時平行之方向然後令其轉動影與時相配則線必爲平行

第九十款　近時有法國人名否發者造一新式之平面桌專供行軍測繪之事各國之人皆樂用之其制長十一寸寬八寸重二十八兩其形如第八十八圖第八十九圖甲爲四邊之銅管乙爲螺釘管能容之此螺釘能

第八十八圖

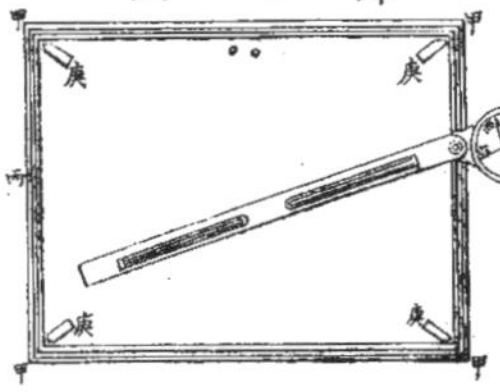

第八十九圖

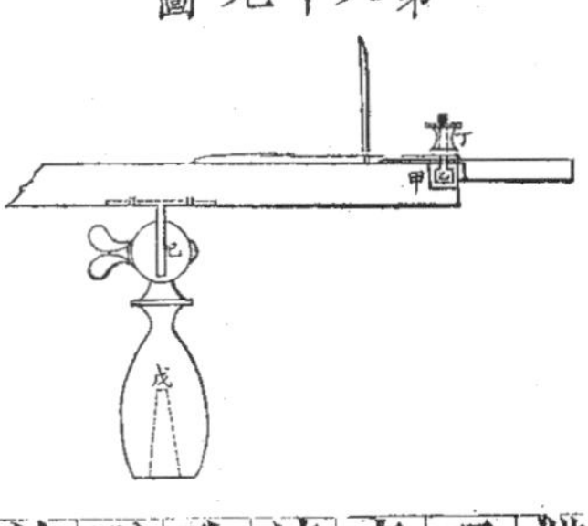

帶指南針與視尺自平面桌之邊周圍轉動丙點之孔有活關啟閉爲螺釘入於管中而設丁爲螺絲釘能壓緊指南針與視尺不欲動之時可用之　此視尺是黃楊木所作不用之時其黃銅釘可以壓平合於桌面之槽戊爲空心木柄已爲球形節能繞其所接之桿而動所以騎馬之時可將左手持柄而畫

圖趕路之時卽套於桿之上

平面之四角庚庚庚庚爲壓簧底有螺絲旋緊

不用之時可將視尺指南針并木垂矢置於桌下所鑿空之處桌邊有兩孔可繫一繩而掛之便於行路

所用之指南針非平常之式底板活動而面有正角方向之二徑線其東南西北字與桌面之邊相配初畫圖時求一方向之本度數以徑線之端移於針尖之下卽如其方向爲南則將指南針移於桌之別邊其針或指東或指西或指北則每次將指南針移至別邊可不必

加九十度於本方向之度數如第九十圖

第九十圖

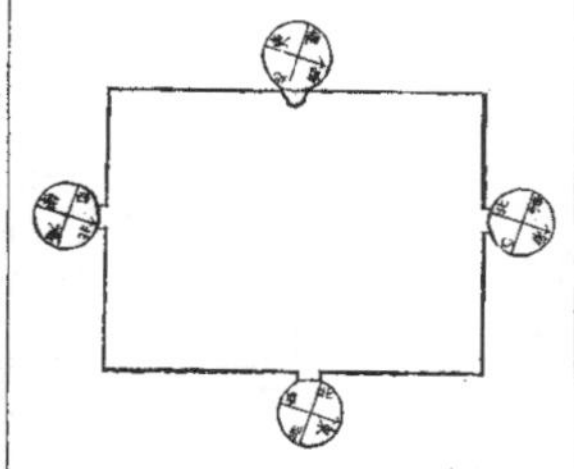

第九十一款　否發又造此例尺與規合為一器如第九十一圖此器內有等長之兩尺一闊一狹其闊者有任兩箇比

第九十一圖

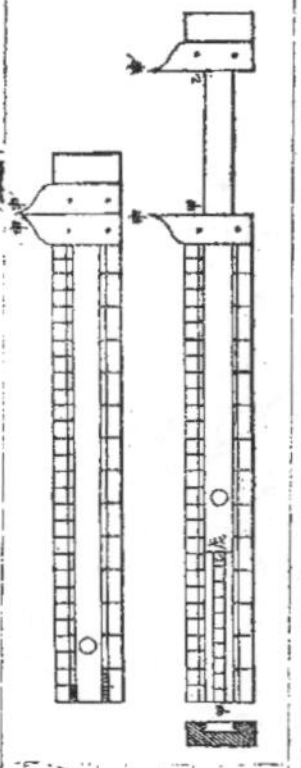

例或以四寸與二寸代一里皆可用之兩尺彼此相切而能移動則其甲乙之相距兩處必相等甲甲為兩銅尖連於兩尺之端可代規度之各相距用時看小尺之端戊則知其相距有若干　寬尺之槽底亦可為步數之比例尺

陽湖趙　宏繪圖

桐鄉沈善蒸校字

行軍測繪卷六

英國連提撰

英國　傅蘭雅　口譯

新陽　趙元益　筆述

紀限儀用法

第九十二款　如第九十二圖為盒內紀限儀其盒形如短圓柱蓋有螺旋開即旋於盒之底便於手握甲之下藏一回光鏡戊為遊表與鏡相連而平行乙為螺絲令其轉動遊表之端有佛逆能看寅卯之度分不差過一分之

第九十二圖

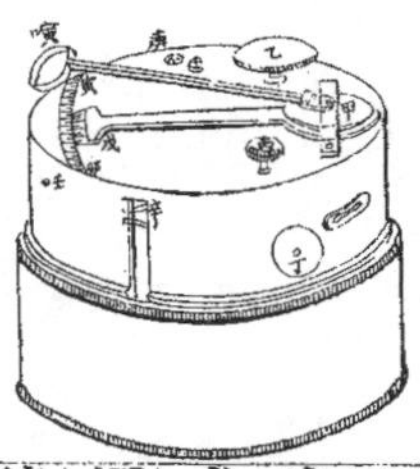

外詳見九十五款其度數自〇度起至一百二十度止嗔為顯微鏡看度數時用之

丁為視孔可以移開而插入遠鏡之管對準其孔又有一鏡在庚之下半回光半透光所以鏡之背面一半為擺錫者

此二鏡本與儀之平面為垂線此係造器者原定之式辛為兩柄以柄壓下則有兩面暗玻璃鏡可以分開回光鏡中所有之物而遠鏡近眼之一端亦有活動暗鏡如看太陽用此暗鏡不傷人目而能清楚

測繪之人常言用此儀必親自配準則用時不至有差

余以爲配準此器件愈簡則愈佳因此種器極難無差如稍有差必修理一番方可再用然而畫圖之人帶儀器遠出未必左右有能修之人若忽然受傷不準則無如之何所以下款言配準之法用此儀者自能修理豈不甚便乎

第九十三款　此儀不差釐毫則回光鏡與半回光鏡必與儀之平面爲垂線而佛逆在○度此二鏡必平行造此儀之人本以回光鏡詳細定之不致有差所以欲知垂線之方向能準與否必須試半回光鏡　法將紀限儀平置在視孔丁看遠物或看水天之際或看太陽

若見兩影則知其有差丙爲鑰匙轉動令脫而放於鑰匙孔庚轉之至於兩影相合則爲無差

如欲準其平行則以遊表置於○度之點將此器平置遠望屋角或太陽之下邊對準人目處自此孔而看至半回光鏡之透光之一半若其眞形幷回光鏡回至半回光鏡與其影相合則爲平行　若不爲平行必將鑰匙丙連於鑰匙孔壬內令其轉動至兩影相合必爲平行

第九十四款　測兩物相距之角度則以佛逆置於○度用左手持此器在物之平面內而自視孔丁看過或用遠鏡看左邊之物而用右手轉螺絲甲至右邊回光鏡之形與左邊物之眞形相合看其佛逆則知二物中間之角度

求立面內兩物之對角則以佛逆置於○度用右手持此儀豎立令上物回形與下物眞形相合看其佛逆則知其角度

第九十五款　佛逆能測極小分度其形或爲弧或爲尺依所刻之度數或爲直線或爲圓線而定

如第九十三圖爲直尺形之佛逆與分度線相切此分度線之長爲卯丅各分數等於叮而在佛逆作卯分數等

於丁所以兩線之長可以(卯丅一)叮與卯丁明之因二線等長所以(卯丅一)叮＝卯丁則叮丅＝$\frac{\text{卯丁}}{\text{叮}}$若佛逆之○度過

第九十三圖

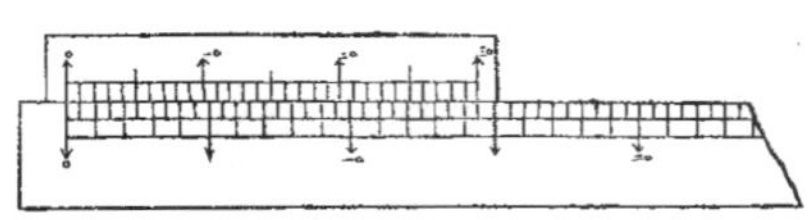

分度線爲一分則佛逆之○度過分度線爲$\frac{\text{卯}}{\text{叮}}$或$\frac{\text{卯}}{\text{二叮}}$或$\frac{\text{卯}}{\text{三叮}}$等皆自一、二、三等分點與分度線之分點相合　凡測相距或角度之器上有佛逆必揣其與分度相合而以$\frac{\text{卯}}{\text{叮}}$乘之將乘得之數與已過佛逆○度後之

分度相加卽得。如此卷所論叮之同數等於三十分。而叩等於三十。所以叩等於一分。分度線分至各半度佛逆三十分與分度線二十九分相配。假如佛逆之○度過分度線十二度之點而佛逆之第九分點與之相合則所測之角度爲十二度九分。又如佛逆之○度過分度線四十三度三十分而佛逆之第二十三分點與之相合則所測之角度等於四十三度五十三分。

第九十六款　盒內紀限儀人初觀之必爲此器更精於測向羅盤因可手握而測得一角不差過一分之外。又

可測各物向上或向下之斜度此爲指南針所不能者。不知此器之病在於所測之角常不合於平面角。或兩點太高或兩點彼此有高低測其角必不能合於平面角也。如站於一處而測周圍各物相距之度將各度相加必不能合於三百六十度或多或少則其差較之用測向羅盤更大也。

將此儀所測之各角合於平面角亦有一法但繁而難用耳若人已習用此器則在所測之物或上或下檢出其一點而合於地平面則得之矣。

第九十七款　作紀限儀之理可以下法明之如第九十四圖咓味爲光線呷叱爲鏡則有回光線爲味旺成咳

第九十四圖

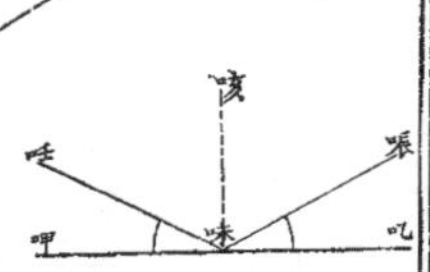

第九十五圖

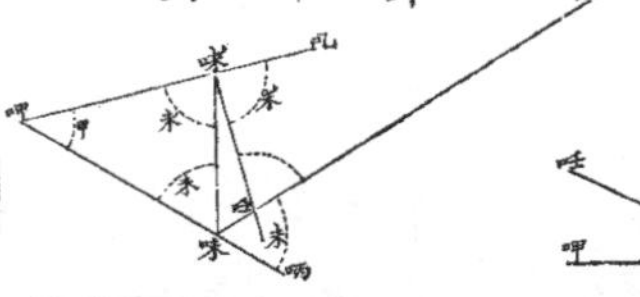

味之方向所以回光角旺味咳必等於射光角咓味咳。若有兩鏡呷叱呷哂彼此成角甲如第九十五圖有光線咓味至鏡呷哂而回於第二箇鏡呷叱成味咪之方向而從此再回至味旺方向則原光線咓旺與其回光線味旺所成之角大一倍於甲角。

第九十六圖

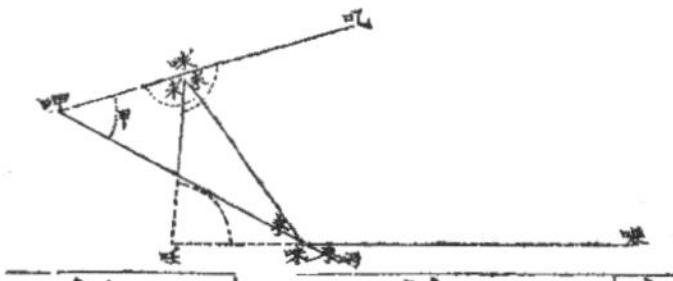

如第九十六圖卽解此理其咪旺咓角等於味咪旺咪味旺兩角相併卽等於

一八〇丅二咪丄一八〇丅二咪

═══ 三六〇丅二(咪丄咪)。

但呷味咪三角形之呷角等於

一八〇丅(咪丄咪)。

所以咪旺咓角等於兩呷角。

如第九十七圖甲爲回光鏡乙爲半回光鏡寅巳爲兩

第九十七圖

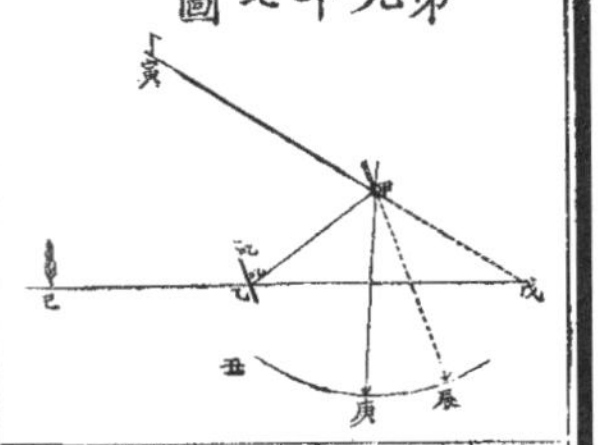

物所成之角爲寅戊巳則物之影寅從甲至乙又從乙至戊所以甲戊乙角依前言必等於辰甲庚角之倍數若巳點在戊乙之一線內則甲戊乙角爲所求之角

半回光鏡在叱叱處祇能透光不能受形所以人目直看戊巳之方向第可見巳點之物若以回光鏡轉動令寅點之回形與巳點相合則兩鏡所成之角等於兩物所成之角之半 紀限儀之甲庚線連於指鏡甲必定

行軍測繪六　紀限儀　六

指出丑辰之度數而此度數之倍數必等於角度所以看其度數即得其角度 甲鏡與乙鏡平行則所指必在〇度

第九十八款 前二卷所設之題用羅盤與平面桌測得者亦可用紀限儀測之既測得其角度即用分度尺畫其圖亦可代平面桌而隨測隨畫之或代指南針用圖角相交之法而得其角測繪之人能用此紀限儀則前二卷之題極易解之此款另加兩題如左

設任點甲在地面欲自此點作直線與所設之線乙丙爲正交線此爲第一題

如甲在乙丙之外則在甲點立一竿如第九十八圖將

第九十八圖　第九十九圖

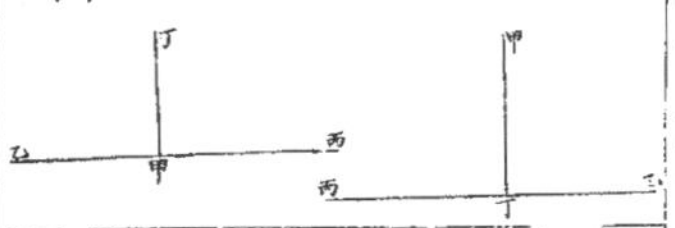

紀限儀之佛逆置於九十度自丙向乙從紀限儀看乙點至竿與乙相合而止從相合之點丁作丁甲線爲乙丙之正交線 若甲在乙丙之內如第九十九圖將佛逆置於九十度而人站在甲點從紀限儀看丙點另令一人持一竿向左邊行至見人影與丙點相合而定從其定點丁作丁甲線爲乙丙之正交線如令人向右邊行則紀限儀必倒置

有能到之點甲有不能到之點丙求其相距此爲第二題

行軍測繪六　紀限儀　七

第一百圖

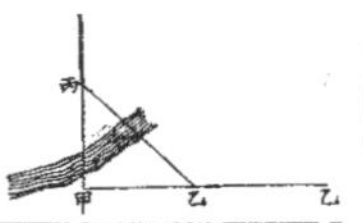

如第一百圖將佛逆置於九十度而自甲點依前法作丙甲之垂線甲乙再將佛逆置於四十五度向乙甲行走從紀限儀看甲點得丙點與甲點相合而止則所得之點乙爲兩等邊三角形丙甲乙之底角所以乙甲必等於甲丙

第九十九款 測直角器各種工程家常用之能於地面作一正角畫行軍圖用之甚便於補圖後之餘事此器

第一百一圖

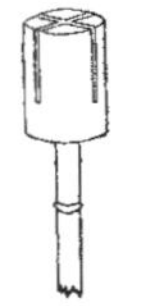

第一百二圖

有數種尋常者爲圓柱形或爲六角形圓柱面平分長縫四條成四箇正角如第一百

一第一百二兩圖。

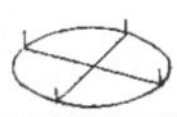

第一百三圖

有用黃銅圓圈中有正交之徑線徑線之端有四針亦成四箇正角如第一百三圖。

無論用何形必有一柄柄之末甚尖可插於地。

測繪之人不帶此器可用平板一塊釘於竿頂板上作正角線在線之端插四針如第一百四圖。

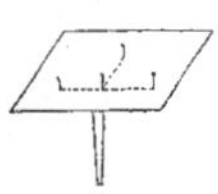

第一百四圖

此種器最便於山林之處或在山麓或在下隰皆可用之如以步數量地可用以補各物之方位於圖下設數題以明其理

第一百款　有點甲有線乙丙求自甲點作乙丙之正交線此爲第一題

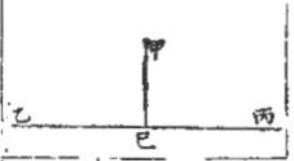

第一百五圖

如第一百五圖左手持此器行過乙丙線上二縫對準丙點而又一縫專望甲點見之即停則所見甲點之方位已即爲所求正交線之端。

第一百一款　有阻物在前求過之而引長其線此爲第二題

第一百六圖

如第一百六圖甲乙線之前有阻物即自乙點作甲乙之正交線乙丙法將器之一縫向乙甲而令一人帶一竿向丙點行自乙點之又一縫望之俟見即停既得乙丙即作乙丙之正交線丙丁引長此線而過所阻之物又作丁丙之正交線丁戊與丙乙等長再作戊丁之正交線戊巳即爲甲乙引長之線。

第一百二款　自任點甲作線與所設之線丙乙爲平行線此爲第三題

如第一百七圖先於丙乙線上求其正交線甲丁將此器置於甲點其一縫向甲丁又一縫必向甲辛則甲辛爲丙乙之平行線。

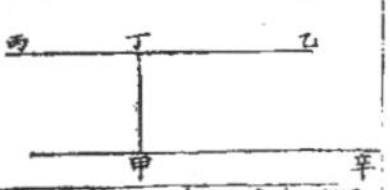

第一百七圖

第一百三款　有甲乙二點甲點不能到求相距此爲第四題

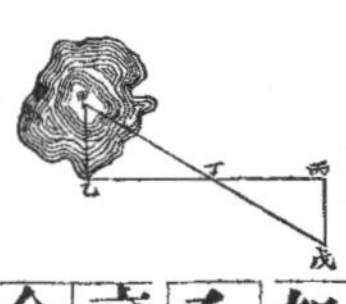

第一百八圖

如第一百八圖自乙點作乙甲之正交線乙丙而平分之於丁在丙點作丙乙之正交線丙戊行過此線至能見戊與丁與甲合爲一線則丙戊必等於甲乙。

第一百四款　有甲乙二點皆不能到求相距此爲第五題

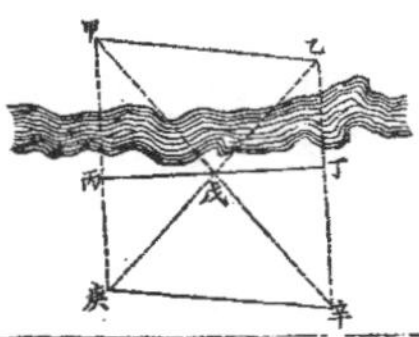

第一百九圖

如第一百九圖作任線丙丁此丙與丁必爲自甲與乙所作之平行線而成甲丙乙丁引長其線爲丙庚與丁辛將丙丁平分之於戊而在丁辛線行見辛與戊與甲合爲一線而止。

又以同法行於丙庚線上見庚與戊與乙合爲一線而止則庚辛等於甲乙

第一百五款　地面有多不等邊形甲乙丙丁戊求畫其圖此爲第六題

如第一百十圖作對角線甲乙線上作已丙已戊已丁各正交線先測甲已已已已已已乙各相距再測已丙已戊已丁則能畫其圖

第一百十圖

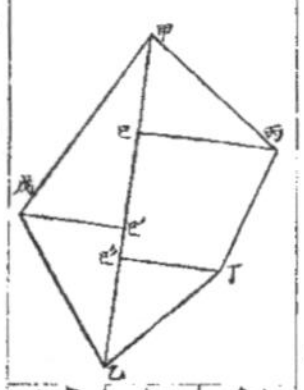

凡河或樹或湖邊等能用此法畫之可得其甚準之各彎曲如第一百十一圖作任線甲乙而在此線上度甲辰辰辰辰等各相距又測其正交線甲午辰辰辰午等

第一百十一圖

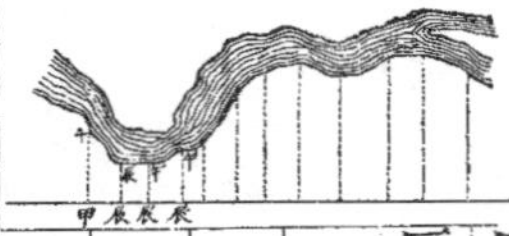

第一百六款　有一別法能用此器測得田之面積如第一百十二圖作甲乙丙丁方形在田之外而以其比例畫一方形於極勻淨之厚紙上再於方形之四邊用上法測其各

第一百十二圖

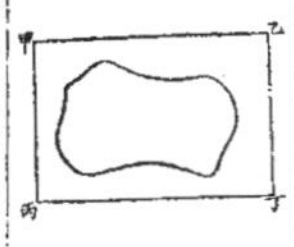

正交線之長卽畫田形於紙將鋒利之刀依方形之邊切下用極準之小天平權之再依田形之邊切下又權之則田形之重數與全方重數之比若田之面積與全方面積之比

陽湖趙　宏繪圖

桐鄉沈善蒸校字

行軍測繪卷七

英國連提撰

測高下各法

英國　傅蘭雅　口譯
新陽　趙元益　筆述

第一百十三圖

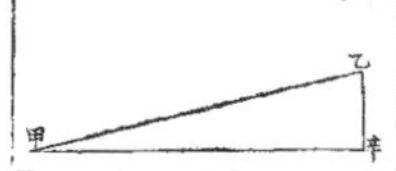

第一百七款　求兩點或多點之高之相較數.如第一百十三圖甲與乙二點必以前法畫於圖此甲乙辛三角形內之辛角爲正角甲辛之長可用比例而得之所以能知乙甲辛之角度可得其相較數或推算而得甲乙辛三角形亦能知乙辛之高.

有時徑測辛乙之高或不能直測則環繞之而測其高亦得其較數.

測高之器有兩種一能測高之斜度一能測高之尺寸.

測斜度便用之器或用盒內紀限儀或用象限儀.

第一百十四圖

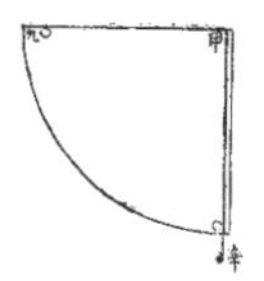

第一百八款　象限儀或用厚紙或用紅銅板爲之在心點甲掛垂線甲辛如第一百十四圖而圓周之度數自○度起至九十度止.

設如甲乙辛欲求其斜度之角如第一百十五圖在甲丙面見乙點則垂線指出爲辰丙亥角.欲求向下之斜度必反其儀器而測之.

此象限儀行軍測地用之甚爲簡便功用不減於盒內紀限儀且紀限儀偶然傷損亦可作象限儀而代之.

第一百十五圖

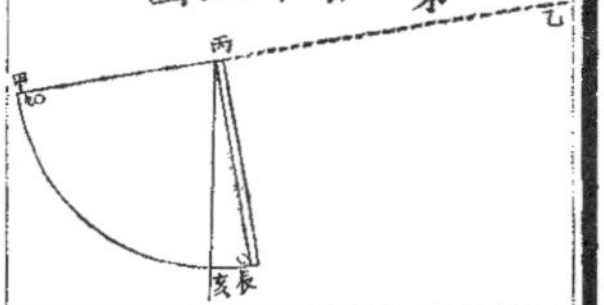

第一百九款　若用紀限儀見前九十四款測其角甲辛乙如第一百十六圖設辛乙之相距大則與甲辰乙之眞斜度不甚有差.若測角之時切近地面而看之則更準尋常測繪之事此法可用若欲求其極準之角度則用平

面回光之法盆內容水數寸或用水銀即可得天際之平面尋常擺錫鏡置之極平亦可得之.　如第一百十七圖寅卯爲鏡用象限鏡測得乙點與在乙方向內所見丙之回形成乙辰乙角依顯寅辰乙角等於丙辰卯角見前第九十七款又丙辰卯角等於寅辰乙角所以乙辰乙角爲所求角度之倍數.

第一百十六圖

第一百十七圖

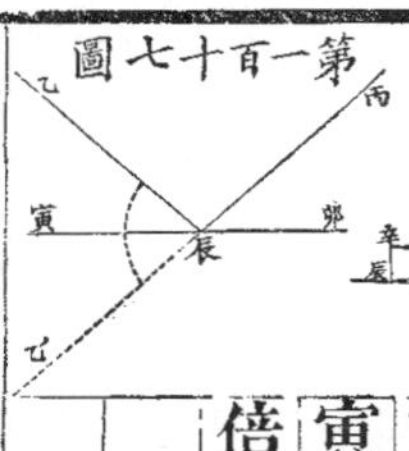

第一百十款　已知甲乙之平距并乙甲丙角度則可測乙丙之高如第一百十八圖其公式為

第一百十八圖

角乙切線＝辛

乙為平距角為斜度辛為高數。

甲乙平距等於一百碼之切線表。

角度	切線	角度	切線
一	一˙七四	二四	四四˙五二
二	三˙四九	二五	四六˙六三
三	五˙二四	二六	四八˙七七
四	六˙九九	二七	五〇˙九五
五	八˙七五	二八	五三˙一七
六	一〇˙五一	二九	五五˙四三
七	一二˙二八	三〇	五七˙七三
八	一四˙〇五	三一	六〇˙〇七
九	一五˙八四	三二	六二˙四九
一〇	一七˙六三	三三	六四˙九四
一一	一九˙四四	三四	六七˙四五
一二	二一˙二六	三五	七〇˙〇二
一三	二三˙〇九	三六	七二˙六五
一四	二四˙九三	三七	七五˙三五
一五	二六˙七九	三八	七八˙一二
一六	二八˙六七	三九	八〇˙九八
一七	三〇˙五七	四〇	八三˙九一
一八	三二˙四九	四一	八六˙九三
一九	三四˙四三	四二	九〇˙〇四
二〇	三六˙四〇	四三	九三˙二五
二一	三八˙三九	四四	九六˙五七
二二	四〇˙四〇	四五	一〇〇
二三	四二˙四五		

此設一題為講明上表之用法設如兩點相距四百五十七碼而角為十度求其高若干。

看表內角度之行數其十度所對之切線為一七六三。但此表以一百碼為平距所以一百與四百五十七之比若一七六三與八〇五五之比即所求之高數也。

初學之人不知三角法或無切線表可作比例線如第一百十九圖其辰辛為天際線而自辰點作割線以次成五度之角如以其平距依比例度於辰辛線上為辰丙則自丙點作正交線與其相配之割線相遇於丁其高丙丁即為所求之高以比例測之。但此數正交線之高或加或減依其所測之地比人所站之地或上或下而定又所用之器離地若干亦必或加或減之。

第一百十九圖

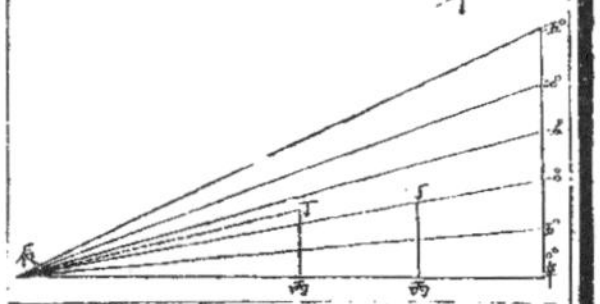

第一百十一款　測高下相較之器有數種惟法國所用瓶水準最為簡便如第一百二十圖甲乙為空管長三尺或以錫或以銅為之甲丁乙丙為短管相連於兩端其兩口容玻璃瓶申為活節裝入三足架其用法傾水於兩瓶中至三分之二看瓶水之面則知辛辛為平面之方向。

第一百二十圖

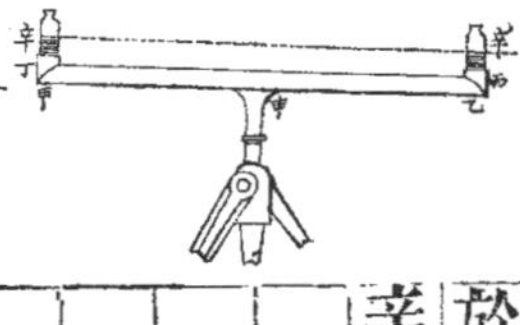

第一百二十一圖

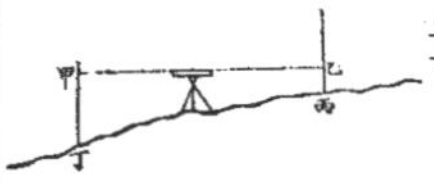

有兩點甲乙求其高之相較則將此器置於中間如第一百二十一圖令一人手持長尺立於丙點而看器之面辛辛向長尺所對準之分寸記之即得乙丙之高再令

其人至丁點立其長尺亦得甲丁之高將甲丁與乙丙相較之餘數爲兩處高之加數。

所用之長尺有極巧妙者行路之人可攜帶之設人未備此物可用直竿上刻分寸之記號代之持竿之人必用白紙圓於分寸間可以移動用瓶水準之人看紙已準令停即知紙在若干分寸若相離稍遠而不能辨其分寸之記號則持竿者看之而告於其人

若地面極不平則必從數處測之如第一百二十二圖申申′申″申‴等之間可置瓶水準若以寅寅′寅″爲後測其高而卯卯′卯″爲前測其高則兩點之相較以算式明之

第一百二十二圖

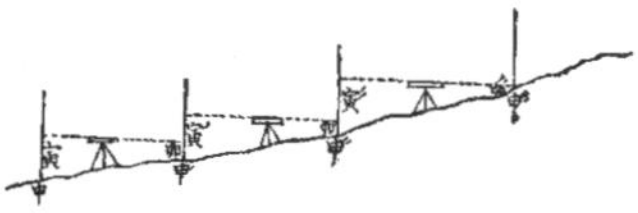

（寅丄寅′丄寅″丄⋯等）丅（卯丄卯′丄卯″丄⋯等）

用此法必須記各數於簿中免遺忘也

此種瓶水準尋常用之在一方向內測地面各處之高低凡作城壘者亦必用此法測各處之高點

第一百十二款　若無瓶水準可用下法代之如第一百二十三圖甲乙爲小尺用兩繩丙甲丙乙懸之下有小錘令其不受風動搖將繩提起則甲乙爲平線　用此器之法從呷測叱之高則在呷點將尺掛於眼前對準乙之方向而仔細看其邊對準何點行至此點則向上之高數已等於人目離地之高從此點再看其邊對準何點又行至此點在呷叱之間所測之次數乘人目離地之高數即乙高於甲之數也

第一百二十三圖

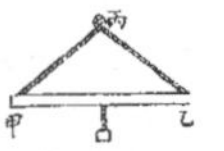

第一百十三款　又法用細鏈或繩測量物之高見前四十八款但此法不如象限儀之便捷　設有塔呷哰人難至其處而呷點在一直線之內可以求其高如第一百二十

第一百二十四圖

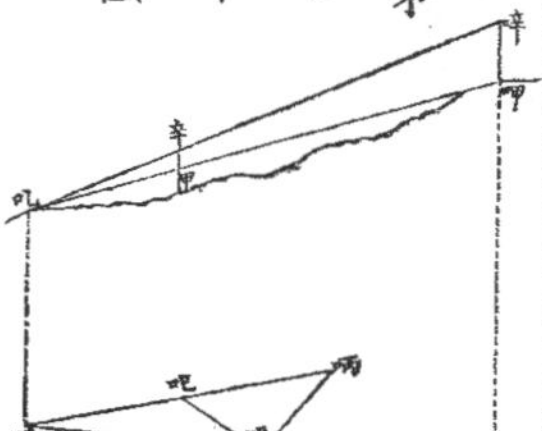

四圖在任一處作任線呐叮平分之於嗔從叮點向呷行度任長之線可哦作嗔哦線而引長之令嗔吧等於嗔哦再作呐吧線而引長之與嗔呷引長之線遇於叱則嗔叱等於嗔呷可知叱呷之長

在呷叱線內任點甲立一竿其高以從叱點見哰點與竿尖在一線內爲度再測甲叱與甲辛則呷哰與甲辛之比若呷叱與甲叱之比

第一百十四款　任兩點高之相較可用平面桌得之即如西發所造之平面桌見前九十款用木垂矢面刻尺寸之度在辰點懸之如第一百二十五圖人站在呷點左手持桌從呷哂邊看叱點而垂矢自能直立則巳辰午與叮呷叱兩角相等

第一百二十五圖

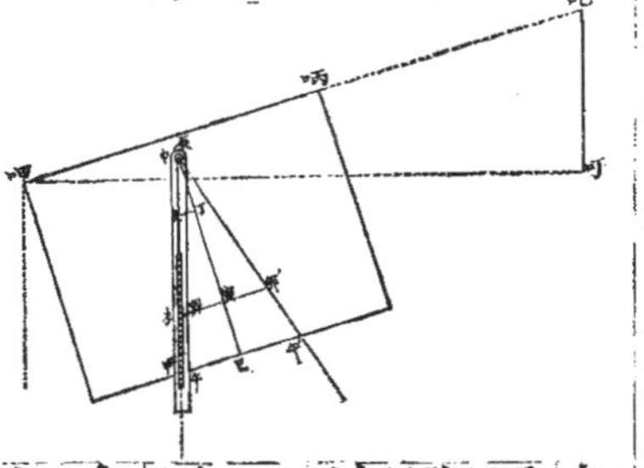

自辰至丁度丁辰相距與呷叱之相距有比則辰庚丁三角形與叱呷叮三角形同式而庚丁線爲所求高之相較數

若不自辰至丁度相距與呷叱有比可在辰寅度其任一倍數爲嗔　若右手持桌則垂矢必在辰午方向卯卯之相距等於相較數之二倍爲嗔如此放大作之不同小線之易差也

但辰點有螺絲則不便在此點作線將垂矢之邊申申代辰巳之長記於邊上若將圖之倍數從申至未度之而巳寅等於申未則寅點可得　如垂矢中有長孔用鉛筆尖入於孔中作辰午辰午兩線

第一百十五款　西士名奪林格耶造一儀器譯曰奪林儀不但能測角度又能測兩點之平距與立距如第一

第一百二十六圖

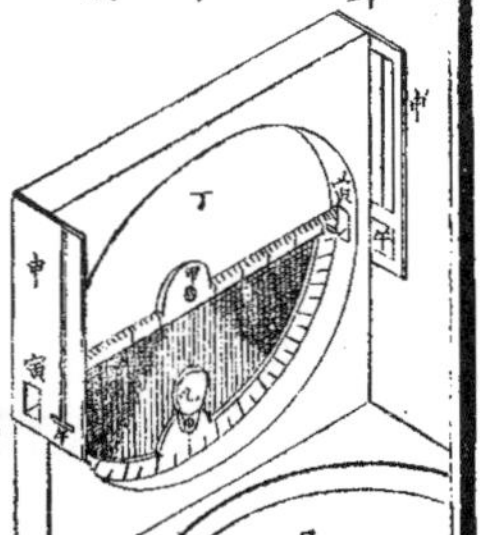

第一百二十七圖

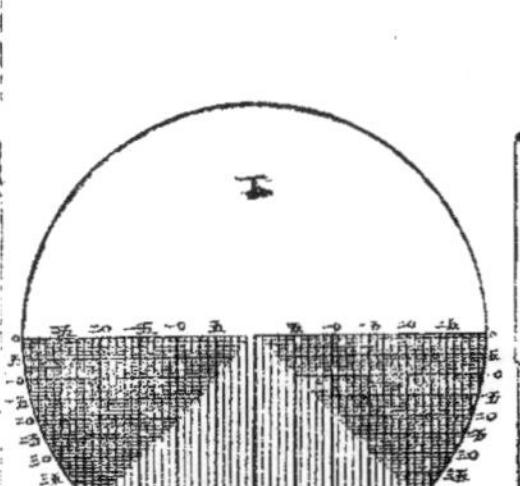

百二十六圖已爲測向羅盤此奪林儀若爲其蓋而形方求爲方銅片可合蓋直立不動丁爲蓋之裏有定徑線分之爲兩半平圓下半平圓有等分之垂線其數自中至邊又有等分之平行線其相距爲垂線

相距之半其度數自上至下如第一百二十七圖

乙爲黃銅所作之半平圓在心點甲用螺旋定之如第

第一百二十八圖

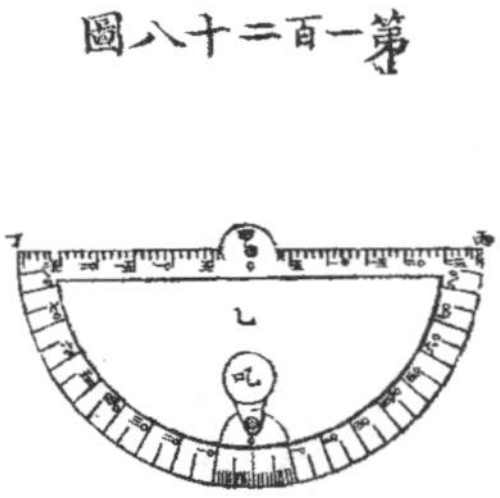

一百二十八圖可繞其心而轉動蓋之裏有壓簧可令其不動其尺寸與上圖同丙丁邊之分點亦與前圖同分其半周之兩象限自○度起至九十度止叱爲圓垂能準丙丁活徑恆與天際平行其器任在何方向而不改其常徑上有兩針在丙丁兩點此丙丁本與天際平行故於寅寅兩視孔見

兩針相對則知定徑與活徑平行串串爲金類所作長方片兩條用螺旋連於蓋之邊串片有一孔爲丄形串片繫細髮兩根與孔相配此孔與髮爲測向羅盤測方向之原度數而用與測高之角度無涉設人目在午點看任一物令午與髮與平與物在一線之內則定徑與視線必平行而活徑與天際平行　此器各分線恆爲正角三角形與地面之形等式而活徑之半徑爲斜面兩點之相距定徑之半徑爲平面之相距而垂線爲立距　茲特設一式爲示人用器之法如第一百二十九圖呋咾爲視線之方向則觀此儀器知斜度在吽即爲

第一百二十九圖

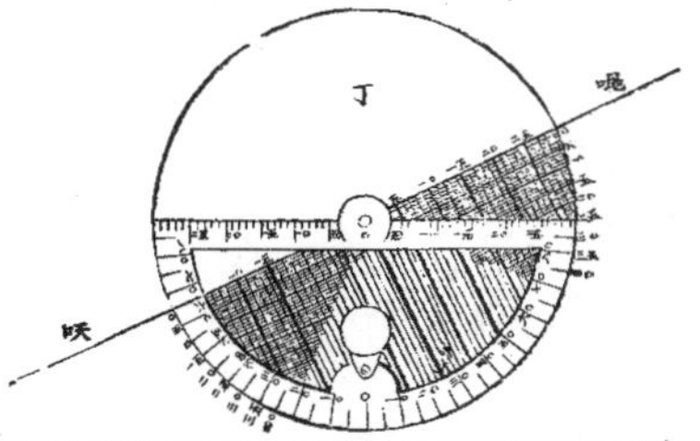

二十五度再於呋咾之斜面上自人所站之方位咾測相距設爲二百二十碼即於天際平行之半徑以一度代十碼則第二十二分點與其垂線之分點二十相合所以其平距爲二百碼其立距必看活徑二十二點與定徑之平行線相遇於何分點如本圖之平行線爲十八因平行線相距爲垂線相距之半所以定徑與活徑以一分代

十碼二點高之相較必爲一八X五=九〇碼

如有兩點其方位在圖已知其平距爲一百九十碼而欲求其高之相較則從此點測彼點揣定徑第十九分點其垂線與活徑相交之點又與平行線第十二之分點相合則其立距爲一二X五=六〇碼

陽湖趙　宏繪圖

桐鄉沈善蒸校字

行軍測繪卷八

英國連提撰

英國　傅蘭雅　口譯
新陽　趙元益　筆述

相地畫圖依次總解

第一百十六款　畫行軍圖第一要事擇底點而測之（見前四十三款）然後用緊要之點爲各角而成多三角形　此多三角形應略爲三等邊形苟非急迫之事則先一日在其地作一粗圖而分之得多三角形則圖所藉用之各點已定

作粗圖之法如第一百三十圖呷爲所擇之底點在紙劃一線呷𠮙爲指出地之方向將此線與地面之線相配而在平面一線之內（見前八十四款）再用視尺對準㖠叮𠯫吧各點（見前八十二款）而測繪之或測其角度（詳見一百三十五款）則作呷㖠呷叮呷𠯫呷吧各線

第一百三十圖

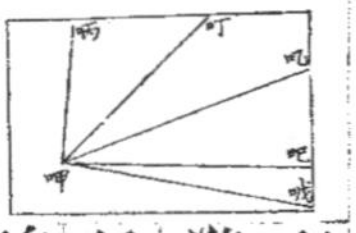

再至𠮙點如第一百三十一圖照前法另用一紙對準前之各點而畫之若見別點則對準其點畫之

第一百三十一圖

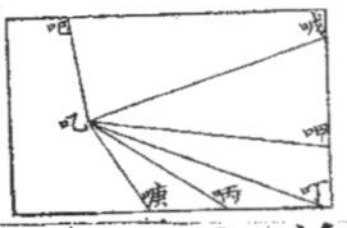

再往他點𠯫等測得其各角如第一百三十二圖但從每一點測得之各角必另用一紙畫之

第一百三十二圖

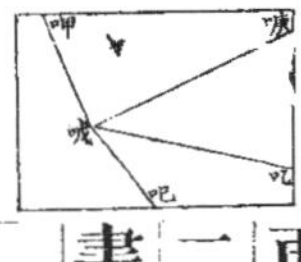

第一百三十三圖

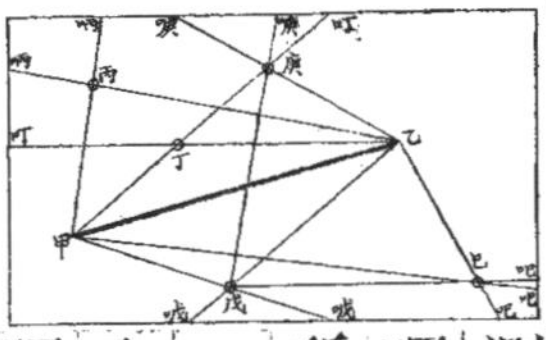

測畢而迴用一張稍大之紙爲總圖作呷𠮙線爲底線而繞其呷線作第一紙所有之各角如第一百三十三圖將第一紙呷點置於總圖甲點而呷𠮙在甲乙之方向用針在各線之端刺孔即得呷㖠呷叮呷𠯫呷吧各方向　再將第二紙𠮙點置於總圖乙點而𠮙呷在乙甲之線上而以前法在總圖上得𠮙點所見之各角　若各方向線有相交之處則作一小圈記之如丙戊丁巳　再將第三紙𠯫點置於總圖戊點而𠯫呷在戊甲之線上如此將各紙之角盡畫於總圖得多三角形之方位并各三角形之大略

第一百十七款　得此粗總圖而擇其緊要之各方位在地面測其底線而以所定之比例畫於紙上用其指南針之正方向再於各點用平面桌測向羅盤等器測準其餘各點之角而畫於圖底線之長或以細鏈或以繩

或以步數量之。設時値匆促可用昔人所作之圖而得其底線宜細心測其各角而不可用粗法若竟無測角之工夫可依舊地圖畫成多三角形但用此法不能到之點甚多必從此不能到之點定其能到之點見前十八款七十六款八十八款

圖上劃多三角形線爲最要之工夫必用精器而仔細作之方準後有細微之物補於圖內而無差必藉此多三角形也。所有遠望易見之物如塔煙通獨樹等必留意測準而得其方向又有高路之彎角或樹林已過行人往來之路或鄉村或山嶺與山谷相較之點均須

留意測準。

第一百十八款　多三角形圖已成之後畫正南北之經線設圖之底線得自舊地圖者則本方向之度數在舊圖得之甚易若底線爲測量而得者即於地面底線之一端作南北經線而測其與底線所成之角度畫於圖

地面得南北經線之法如第一百三十四圖設地面插一竿於辛點即以辛爲心作同心多半圓界於午前午後視竿之影而記其影於圓界得相交之點爲寅卯寅卯寅卯等各圓界平分之於嘆嘆嘆。

第一百三十四圖
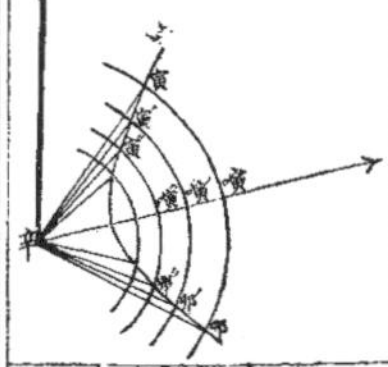

在此平分各點得南北之經線。

又法在圖上立一針以代竿但南北經線必有平行之方位不可不知見前八十四款

若値陰雨之時或測之欲速可用羅盤之指南針得圖上南北經線之方向但必知此處指南針之偏差若干或加或減而得之。

又法能測得南北經線夜間無雲看勾陳第一星與北斗第五號玉衡星爲垂線在子午線之方向內設用一垂矢則能見兩星相對成直線之時。

第一百三十五圖

第一百十九款　若於極大之地面畫圖則必派數人同測之先以多三角形圖畫於紙上然後分爲數小圖而各小圖并合欲求其不差必作縱橫線而記其與兩徑線相遇之點所用之兩徑線常用南北經線并其正交線如第一百三十六圖寅卯爲大圖分之得四小圖將各物之方位補滿於小圖內可合之而得其全圖。

第一百三十六圖
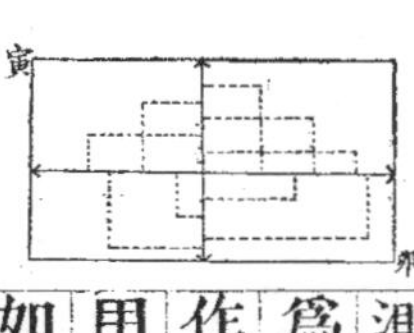

第一百二十款　已得分圖之紙而圖上有多三角形則補滿各物之方位其法如左。

最便用之器固爲測向羅盤然測繪家不可專恃此器設至遠方測地而指南針忽然不靈甚屬誤事苟於平時習用平面桌或細鏈或紀限儀等可代此測向羅盤而運用不窮。最要之事在習用平面桌得此分圖之紙即用八十二款之法可畫其圖

用測向羅盤而測各點必先擇定一處或歧路或牆角或路之轉角處或樹旁之路口或鄉村之路口或地面凸角之處皆可用之而測圖上所有數點之方位如此即得本方位於圖上（見前七十六款）再測各物之相距（見前七十七款）而屢測其已得各點之方向又從本方位用步法步至

各處而知其相距

平面桌亦可用上法檢出各點而以八十四款等法測得所擇之方位或用量法或用步法或用相交線之法或用七十七款之法皆可求得其各點而補於圖

若用盒內之紀限儀其法更繁而其理則同也

第一百二十一款　測量之法無論用何種器必屢用已知之定點準所至各物之方位否則愈測愈差

所有溝石樹木園牆等并地面之植物先記其名而後用已定之各線號畫其形

補圖時必留意測準馬路小路樹旁之路大河湖溪池泉街橋鄉村孤村風車磨坊水輪磨坊禮拜堂礮臺等處且行過一處必訪問一切要事與行軍有關會者記之因此可作一篇記事之文與所畫之圖相輔而行

測量河之長短廣狹則此邊用七十七款之法彼邊用相交線之法溪湖可測其方向而定數點之方位或即用測直角器測之（見前一百五款）

鎮市鄉村先測其基址路口然後測量大路如逢歧路之口在路之左右者算得其步數隨測所遇便點或爲空塲或爲禮拜堂等而測至各路口而止　天井花園等看其形而約畧畫之不必測量　牆之形用粗線爲

記號房屋之形用密線爲記號

茂林叢樹亦用上法測之先測界限繼測中之通路後測各路之口

補圖之事須相機而行非言之所能盡也苟得熟悉斯理者而以之爲師測繪之時學習其法雖一日之工勝於看書數倍總之測繪之公理簡而易明運用諸器之法亦不甚難而成事之靈敏不外乎理法之兼長神而明之存乎其人　如所用之器盡其能力所測之地得其眞形則人皆子孑我獨有餘昔人謂準之一字乃畫學之金針信夫

第一百二十二款　以上各事已明則講求地面高低凹凸之形并斜面之方向而畫其圖

其法先用前數款之理測得各高點而以各點作多三角形之圖如已知其一點離海面若干高則其餘各點之高可推算而得（見前一百十款）若未知其一點離海面若干高可另擇一點爲主而其餘各點之高依此而定大抵武事畫圖不必求各點離海面之若干高祇須求各點彼此之高低也

第一百二十三款　求高點之多三角形圖已成必須測定各斜面高低之點并一切峯嶺峽谷等以及地面所

有異形之處畫方位於圖上必求極準否則圖內之相距必差

已得高低之各點則站於已知之高點將紀限儀測他物高低之斜度或用公式（角線切丁＝辛）或查表（見前一百十款）或用更簡捷之法（見前一百十二款）將各點之高一一測得之中有緊要之點必從別兩點以測定之（彼此相較則物無遁形）

第一百二十四款　以上各事已畢用其平剖面之界限以顯其形之凹凸若站於各點測角度之時作其記號指出斜面之方向則工夫更易　管理行軍測繪之官測其平面之時隨即從各點看四圍斜面之方向而作

第一百三十七圖

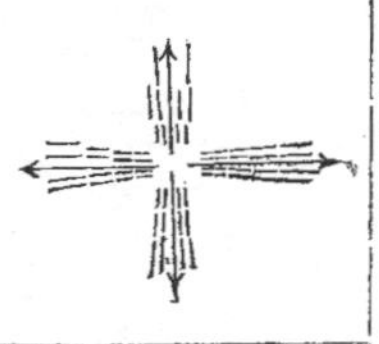

小箭頭記之再加補線數根或粗或細如第一百三十七圖或畫平剖面界線數層其相距合於斜度之或多或少已可揣斜面之方向與其斜度看時必站於斜面之前逐一察之否則其形不準而易差

用四面方向已足爲測斜面之法如四面皆向外斜（向外向內依人所立之處而定也）則所站之地必在山之巔三面向外一面向內則所站之地在一帶山之高坡兩面相連向內兩面相連向外亦在一帶山之高坡如第一百三十八

第一百三十八圖

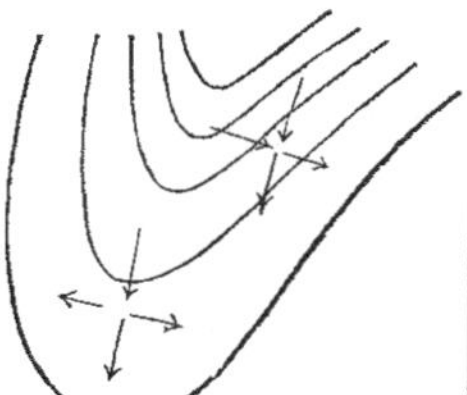

第一百三十九圖

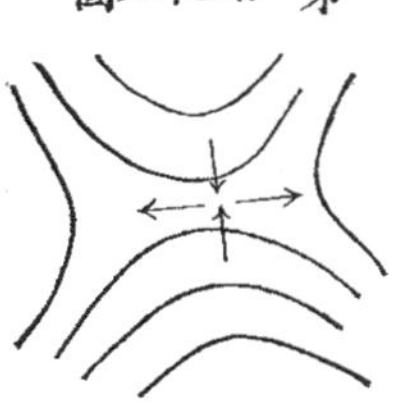

第一百四十圖

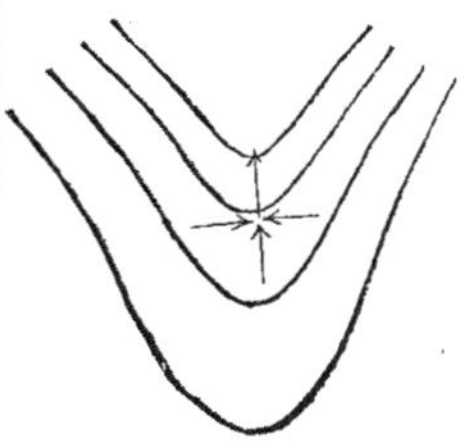

第一百四十一圖

圖兩面相對向內兩面相背向外則所站之地必在山之峽如第一百三十九圖三面向內一面向外則所站之地必在山之斜谷

如第一百四十圖四面皆向內則所站之處必在山之凹如第一百四十一圖　此種雖是畧法然用之數次已能顯出各處凹凸之面於圖畫大有裨益精於此事者祗看圖之界線不必看圖之四面方向線也

第一百二十五款　畫平剖面之界線可分爲二種一詳細而遲一粗畧而速　求其甚準必用詳細之法如築城等事地面用瓶水準等器以測其平如第一百四

第一百四十二圖

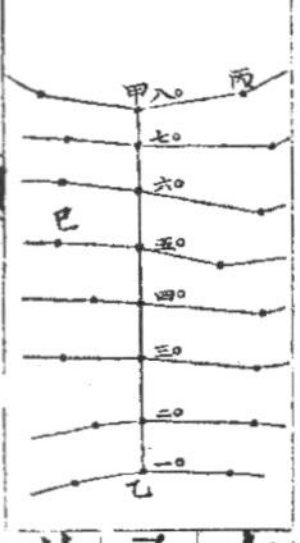

十二圖甲與乙二點其高一爲八十尺一爲十尺而平剖面之共距爲十尺（見前四十一款）甲乙之間

有六箇平剖面界線將甲乙分爲七等分其高爲二十三十四十五十六十七十尺在各分點立竿而站在任點已將水準置平令一人持長尺站於甲點而自看水準直對長尺若干分寸然後令其人在甲點左右行動至從水準直對長尺任得同數如丙則巳點與甲點必等高在丙點立一竿令其人再向前行至看得尺上同數再立一竿如此作之即得所求之各點其七十等分點亦以同法作之　各平剖面界限已得之後用測向羅盤測插竿之方向

以上之法殊非易易無事時測地可用之第二法粗畧而速武事用之甚宜雖有小差亦不妨也

第一百二十六款　如第一百四十三圖甲乙丙丁等各

第一百四十三圖

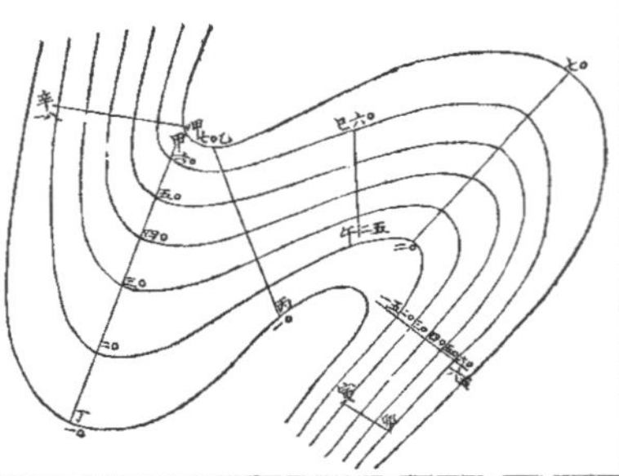

點之高已測得其數（見前一百二十二款）又令其共距爲十碼用直線連其各點則甲點在於平剖面界限但其辛點不在界限而辛與甲之間作五箇平剖面界線將甲辛以幾何原本第六卷第十題之法分爲六分五分相等而其餘爲十

分之二則平剖面界線必過各分點再以乙丙相距之線平分六等分其形略爲平行之斜面（見前一百二十四款）但甲丁線上斜度小而斜面長向甲斜度大於向丁之斜度則將甲丁分六不等分而近甲之分比近丁之分小再將寅卯分三等分若卯向上而寅向下尚有略同之斜度則三分點外再加分點將各線上所得之分點等高者用線連之

第一百二十七款　以上工夫用奪林儀最爲便捷（見前一百十五款）如用活徑與兩針（此二物可定天際平行線）可依第一百二十五款之法得其平剖面之界線　如第一百四十四圖

甲乙丙丁戊爲原有平剖面界線而令其共距爲五碼

第一百四十四圖

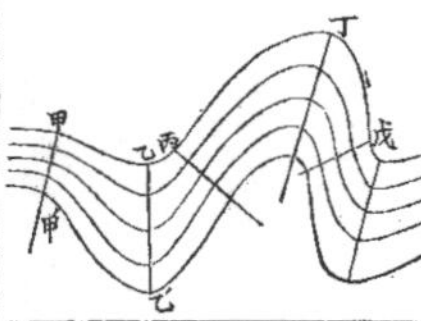

則站於甲點而用奪林儀測最大斜面之角度或最小斜面之角度至下隰平坦之地而止若向下之角度爲二十五度看一百二十九圖則定徑第十平行線與活徑相遇之分點又與定徑第十一垂線相配則知一百十碼之平距其自上至下之數爲十乘五卽等於五十碼若平距爲十一碼則向下之數爲五碼所以向甲甲之方向依指南針畫於圖上取十一碼之各分任得多點而作各平剖面界線　再自乙點

測之所用之法與甲點同如定徑第十平行線與活徑相遇之分點又與定徑第二十垂線相配則乙乙線上能知其平距爲二十碼其餘類推

第一百二十八款　測繪之學由淺入深學者必先考究畫平面圖而後進求測高繪高之法精通其理則可兩法兼施武事畫圖未嘗以此兩層工夫遞爲之也　凡行軍圖不必作最準之平剖面界線以定高下最要之事不過指出各斜面分別步兵馬兵礮兵之能行與不能行耳　測繪一處之圖必在地面之周圍或高或低用粗線幾根指出之至别方位亦然既得此各方位再用粗線連之然後用儀器測各方位之高必能無差　測量之時必不可帶一本書記許多言語預爲畫圖之用又不可自恃不忘記於心中必隨測隨畫錯誤最少名手測繪不過此法所以象數皆得其準確也

第一百二十九款　凡往遠省或他國測地繪圖必有包括各事諸題詳見一百四十款閲之可免遺漏或作詩文或作序記備載夫山川景物風土人情以資考核

陽湖趙　宏繪圖

桐鄉沈善蒸校字

行軍測繪卷九

英國連提撰
英國　傅蘭雅　口譯
新陽　趙元益　筆述

論行軍畫草圖各法

第一百三十款　兩軍交戰之時固不能從容測地畫圖但移兵紮營擇地攻城過山渡河等事若不看圖譬如瞽之無相夜行之無燭也其何以成事所以西國出師必有工程之官隨時測地繪圖以供軍事

爲武事而畫圖不可存畏難苟安之意必求其無所不能所以初學此事必惴惴焉懼不勝任當此時且勿多

議循序而作之久之自得其理法有志竟成非虛語也

統觀以上諸款可見畫一草圖祇有兩事　一爲測其相距一爲測其角度能盡力於兩事圖不患其不成

測相距之變法有三一爲行路之步數一爲騎馬之步數一爲看表而知行路之時刻此三法中第一法人人能知能用乃不廢之法也　測角度之器有三平面桌測向羅盤奪林儀此三器內平面桌最易用之其餘可用之器爲直角器與象限垂其式甚簡可以隨時作之

畫圖之紙幷鉛筆小刀象皮必須預備其餘之物不必再加

第一百三十一款　草圖之第一要事先測底點而作多三角形尋常以四寸代一里但此種圖以步數定其比例如已得舊地理圖則依此而得底線與多三角形之線從各三角形之頂點可測風車磨坊或高塔或煙通或橋或通衢但此法在歐羅巴可用之若往他處無舊地理圖必自測得底點作線而幷測多三角形線之各角若所測之地樹木成林或曠野平地無下手處必以步法測之而令人立定一處爲三角形之頂可也

第一百三十二款　如多三角形之線不差則補圖之事用前所言之各法作之甚易遇曠野平地可用相交線

之法樹木成林則用七十七款之法或兩法並用亦可

補圖之法從此點測得彼點大半可測得其相距若逢遠處目力難達者偶見高樹至其頂而望之可省卻許多步數

地面之高數以一處爲主而其餘各點之高可用象限垂測之每至一處地面之高低用粗線記之則平剖面界線幷斜面之方向可從此而得之見前一百二十四款

第一百三十三款　已得多三角形之圖將各物之方位補入之法先繞其周而行測得近處各物之方位然後測其中路或有山則先測之行過之時左右順測各物

之相距如此卽分爲兩三角形再以分形用同法分之以次遞測地面物形皆在圖中矣

行路之時不過一次左右測繪之物不宜太多可先作一點爲大略之方位以後可從他處測之知其有差極易改也　凡畫路必依其總方向畫之初學之人見路有彎曲之處所畫之圖亦必彎曲如第一百四十五圖呷吃爲路之眞形若畫作甲乙則已差初學在此等處必須留意

第一百四十五圖

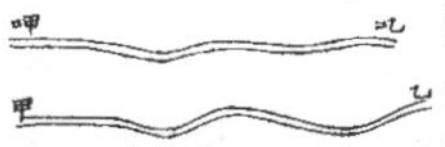

若遇鄉村鎭市能從高樓或高塔上畫其大略之方位然後測量大街而畫其圖再測其正角界而畫其圖如

此已得其分形再測其周以分之至所有餘物補入圖中而止　大樹園亦以此法作之

凡畫地面高低之線有差必以爲所站之面斜度甚大如斜度遞更大小則其差更易如第一百四十六圖乙甲爲眞形初學之人每畫作乙甲則其差已多

第一百四十六圖

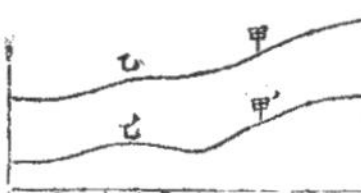

第一百四十七圖

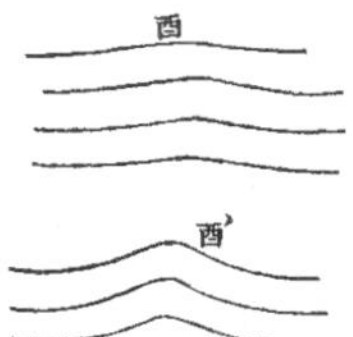

山邊小斜谷其深不過二碼如第一百四十七圖酉爲其眞形初學之人每畫之如酉則其差亦多

第一百四十八圖

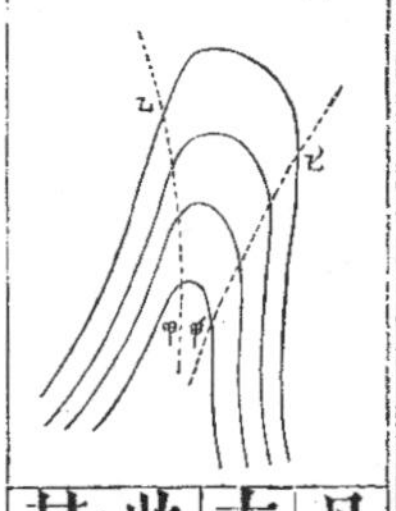

凡畫圖之人常令山谷之形有寬大之狀如第一百四十八圖欲免此病必須細心測其谷之邊改變其斜度之線甲乙甲乙之方位則不至於有差

第一百三十四款　敵軍逼近之時測相距之變法皆不能用若欲知地面之形祇可一望而得其大略所以畫草圖者平時必操練其眼光可以任看多形而揣其相距或任看多角而揣其度數若未曾操練其眼光斷不能看一次而卽畫其圖

以此法看地畫圖不過歷覽一周所知之地面必甚少如遇大地面則必測量之否則望遠之時尺寸與角度必有大差蓋眼光所得之尺寸從他物比較而得之不足恃也

畫極快之草圖與平常畫行軍圖其理相同必先測得底線再至高樹之頂或登山邱之上看地面所有各物之方向或擇其易見之三處而以行步若干時測其相距用比例法在圖上作三角形從此角起向彼角行走而測得各物之角如是偏行三角之邊而至內面所有地面凹凸之形隨時卽畫於圖所有斜度之大小用粗

細鬆密之線指出之。各處之高數以第一號第二號第三號分別等次以明步兵能上馬兵能上礮兵能上之斜面或三種兵皆不能上者亦必分別之

人目之視遠物也欲得其眞形則甚難設如遐觀峭壁遠望平原約計之以爲極近及實測之則知其遠也若值天陰之時或濃霧之中則近者反以爲遠矣仰觀俯察尺寸之大小又不同所以過一里之長不可恃目力而測各物之相距

第一百三十五款　畫極快之草圖操練眼光之法須從遠處看一人或馬或樹或屋試自已相距之眼力至若

干步則清楚若干步則模糊如此則畫圖時可用此法揣其相距之數

凡角度亦必揣之有一變法能得角度之大略其器之形如第一百四十九圖用兩木尺相交於甲點成正角而定之甲乙甲丙甲丁各相等而甲戊爲其半在乙戊丙丁四點插四針此器之用法略如九十九款所言測直角器之法能測得數角乙丁戊戊丁丙丙乙丁乙丙丁各等於四十五度戊乙丙戊丙乙各等於三十度乙戊丁丁戊丙各等

第一百四十九圖

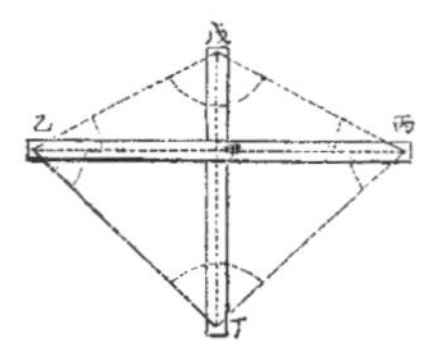

於六十度戊乙丁戊丙丁各等於七十五度乙丁丙等於九十度乙戊丙等於一百二十度此器日耳曼國測繪家常用之

如用尋常有鉸鏈之尺如第一百五十第一百五十一兩圖皆可用以測角度或以紙爲之如第一百五十二圖將正方紙一張從甲乙摺二分之一再摺四分之一又摺八分之一等則所得之角爲九十度四十五度二十二度

第一百五十圖

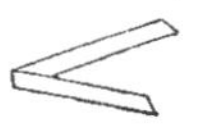

第一百五十一圖

第一百五十二圖

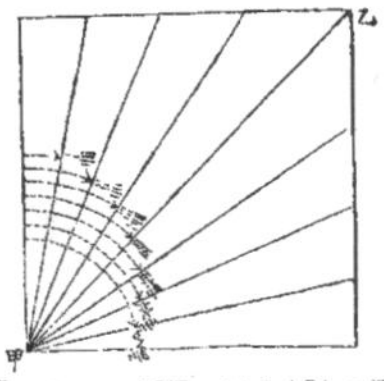

半十一度又四分度之一等如摺去全方八分之一八分之二八分之三八分之五等則得七十八度又四分之三六十七度半五十六度又四分之一三十三度又四分之三等

又法將一手伸出以大指與食指所對之角度揣之略爲十一度如第一百五十三圖

第一百五十三圖

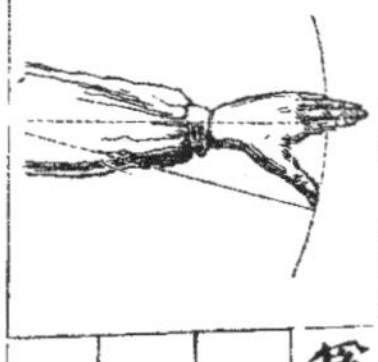

用以上粗法頗爲便捷但必時時習練揣角之工夫如

站在曠野間看四圍所能見之物揣其角度卽將各角度相加與三百六十度相較如有餘則知所揣之角度大如不足則知所揣之角度小　如先揣其四角繼揣其八角後揣其十二角爲一周由大角以至小角從容習練久之不至有甚差

第一百三十六款　官軍所行之路必派一員爲前導測其路之險夷稟報營中由此可知明以上之法而畫行路之粗圖非細故也　所用之法卽是前七十七款所言測路之各彎角而畫其圖路之兩傍數百碼以內有緊要之各物必測其相距而畫之總之耳聞目見有相

關於武事者必一一詳記而畫其圖（詳後一百四十一款）

第一百三十七款　畫圖一事須相機而行不可固執已見有時匆促之間不及照上款之法作圖或多人圍住衆目注視則志意慌張無從下手或賊營在彼或勍敵臨前亦不能細心詳測當此情形必另設巧思專恃善記且必知此時不可忽略者爲何事而此事之外斷不分心於別事矣　行過各路看所帶之表知行過此路費若干時記之又必詳察路之廣狹險夷河之曲直長短小大並斜面之方向度數等記之　回至本營依其行路之時畫一粗圖所有路傍已見之各物畫其方位

此爲行軍測繪中最要之事不可不知

第一百三十八款　至敵國測地而敵人尚未知覺無防守之營可從近界之居民訪問行路之大略而得一極粗之圖　本處民人或以行路爲業或以打獵爲業或以販賣爲業或養馬之人或牧羊之人等必分開數處逐一問其大路通至某地小路通至某處并路上有無難行之所如山峽山谷樹林下隰河橋等　訪問之法先順其所說之情形卽於此時畫各物之相距再另擇一二處問其情形如有僞言必與前說不同矣每問一人自已必立定主意以決其所言之或是或非如此可

得地勢之大略而畫其圖

第一百三十九款　爲武事而測地繪圖必知地面之性情并他處所有之食物與本處相較若何且必知敵營之方位與其人數

行軍繪圖之外稟報各處情形亦爲要事

所報各情形之書必論及與現在行軍有利有弊其中之事物有耳聞者有目覩者須留意分別之不可混於一處

凡主帥派一測繪之官前往各處辦事必特意諄囑現在各事情以何者爲要則要事情可詳細報明而無用

之事情一概從略此種工夫極不容易蓋訪問事情取其緊要刪其繁蕪非曾經閱歷者不能當此任也所以承平之時必令步兵官馬兵官礮兵官等往他處測繪而稟報各種事情預爲操習則臨事庶幾無失焉

在本國訪問各事已難確切況在仇讐之國乎大抵鄉間居民被武官詳細訪問則生疑懼之心反以危言恐嚇僞言阻撓故訪問者斷不可聽一人之言而信之必須察衆論以定指歸可得其確實之情形

測繪之人能通各國之語言文字最爲有益訪問之時從容婉轉百姓之懷疑盡釋何患實情之不吐耶

畫圖之時不但訪問各事而已也所有前人之地里圖及地里志等書亦須查核

第一百四十款　本款下五節爲法國所設詳報各事之總題皆依次第排列若測繪之人未曾習練稟報各事只須看此總題自無遺漏矣

所呈稟報字不可模糊文理必須簡要一切人名地名不可誤寫主帥訓辭必詳載於前末頁書官職名號且蓋印以爲憑

天時地理　此爲第一節

〔地面方位〕　所測繪之地當緯度若干度經度若干度高處分水嶺　海岸之界限　分水嶺之界限　水之入海屬於何處之總河瀆

〔地面形狀〕　大山　小山　平地　樹木暢茂　樹木稀少　可通之路或有籬笆溝牆石等不能行過之路

或爲曠野　或有花草　或高原　或下隰

〔河瀆〕　地面之河瀆有若干數　大山有若干層并相連之小山有若干層　山形屬於何類　山高處有平面其面積若干　分水嶺之方向并屬於何處緊要之地　山之高數

寬谷小谷斜谷山峽各形之尺寸并其邊之高與角度

又各形內凹凸彎曲之處　或有橫山隔山　或與樹林大湖下隰等接壤

〔平地〕　或極平　或少不平　或有通過之山與山嶺或爲下隰等

〔海濱〕　近海之地其形如何里數若干　或有山　或爲曠野　或爲下隰　或爲砂地　或爲茂林　或爲耕地　或未開墾之地　有無居民　或有鎮市與村庄　海邊有幾處可以泊船　島之見於水面者有若干種

〔水道〕　大小河道其長有若干里其源出於何處其左

右有無城市鎭口．或與他河相連．或有支河通至何處．

所測繪之河其深與寬平時改變之形若何水落時改變之形若何．能過之津在何處并水深若干．河岸之高若干改變之形若何．支河在何處分出此支河有無關係．每長一里上流與下流高低若干．河之大彎曲處．或有瀑布．或有灘水．或有旋流之水．

水中之大石．河流之速每半時行若干里．河水每年之漲落在於何時抑或隨時漲落．水溢之故并其高下相較之尺數．水漲淹沒之地其已遇水患者

何處爲最重宜用何法以除其害．壩閘在何處．河底之物質或爲大石或爲礫石或爲砂或爲泥．河邊之形狀或爲平或有小石或有大石其岸或爲直或爲斜．河岸離水面之高若干尺．岸上或爲純石或爲樹林或爲草田或爲蘆葦或爲花園或爲菜園．兩邊河岸之高相較若干．河岸之形或處處皆同或各處不同．

運河各事亦須詳細報明見後第三節

湖之積廣并其底之深岸之形．濟渡之津．泊船之處．左右之鎭市以及一切之形狀均須詳記勿略．

溪與池有天成者有人作者．或常不改變其形．或易放出其水．或難放出其水．或底淺而人能過之．水有何種魚其魚或爲人養或爲自生．水面所發之氣有害於居民否

下隰　或爲溪流泉水所成其面或有水或爲泥．長廣若干面積若干．大小通路之有無兵丁能過否．停蓄之水可放出而令其地乾燥否．

低窪之處可作何用所發之氣有害於人否．

泉水　或多或少或鹹或淡或濁或清其性若何飮之無害否．水之熱度與空氣之熱度有極大分別否．

居民取此水作何用．水湧之源在於何處．

人所開之池與井并自然之井其水能供居民之用否

湧水井其深若干尺其水之性情多寡如何．又其近處有眢井否．

海岸　其形或直或斜．或爲山之邊其高數若干其形如何．海浪洗去之地或爲下隰或有礫石或爲砂或爲平面之岸或爲凹凸之岸．所有自然之河港或是常泊船之處或是暫泊船之處其寬廣若干里．何處便於上岸．何處便於行船．何處已築海塘．何處有阻海水之工程．船之進口者入水可若干深．

近岸之處行船之路有無淺砂泥壖阻礙之、船之進口與出口有無風浪潮汐之險、淺砂泥壖之在一處者能設法以移易之否、行船之路其難易有一定者有無定者、便於黑夜行船之表識如燈塔之類設於何處或現在無之而將來必須設立否、

陸地　泥土深淺之性情、山之洞并近海邊之洞其長若干有何用處、山之斜面若干度、平原物土之宜有若干深、

火山　或今時出火、或昔時出火、或前已出火而今又有火、因火而變化之石其形如何、山頂凹形之方位、山高之尺數、山之形象、火時所出之渣滓與材料在地面者有若干種、

地產各礦　或已採、或未採、開煤之井及開金類之井其深若干其數若干其層之厚有若干、所出金類與礫分別之等次、

所有出灰石石粉石膏之礦已採者有若干未採者有若干并分別之等次、

水泉　或含金類之質、或噴熱水其性若何可作何用、

產鹽之地　有出於坑者有出於泉者有出於下隰鹵

地者、

天氣　寒暖燥溼之不齊、或平匀、或有驟來之風雨、或下雹、或有羊角風、一年中所記風雨表所得之中數、寒暑表四時之熱度一年內熱度之中數并其寒暑極大之度、

一年內下雨之日數、一年所得之雨有若干尺、所得之雪可留幾日、河水結冰其堅若何人與馬車能過之否、

恆風之方向、霞霧之或多或少或濃或淡、空氣與水能令人畜生病或能令人畜無病、癘疫之疾水土不服之疾其故安在可以何法治之、地土宜種之物合於何類、樹木何種較多、民人屬於何類、禽獸昆蟲何類最多、潮水之性情并海口江中漲落之分別、

政事風俗　此為第二節

國政　所測繪之地古時屬於何郡今時屬於何省治民之道、斷獄之法、管理教門之事、軍營之制度、防海之章程、賦稅之利弊、一國分省府州縣都圖共為若干、審問各事之衙門、敎會之事共分若干處、大小書院、送信之驛、管理大路之官、

管理地產各礦之官。管理大小樹林之法。收各種
稅餉之關。各處所派礮兵所築營盤。其總營設於何
處。各處所作工程之事。其總官駐於何處　管理海
岸之事。其總官駐於何處。
〔民事民數〕所測繪之州縣。民數有若干。鄉閭居民
若干分。城市居民若干分。居於山者若干分。爲
農夫者若干分。爲工藝者若干分。人數於幾年中
相較。或多或少。或漸增若干。或漸減若干。他國之人
來者作何事業。本國之人去者作何事業。每平方
一里所居之民有若干。共成若干家。習武藝之人與

全人數。其比例若何　考試之人與不考試之人。其比
例若何。學武之人身高若干尺。其人內有幾分能爲
步兵。幾分能爲馬兵與礮兵。各種人身高之中數。幷
强弱之分別。品行風俗若何　禮儀容貌若何。食
用衣服若何。
〔土人〕或爲一類。或爲數類。或常和睦。或常爭
鬬　又其人習武藝。工匠。格致。貿易。農圃。等事之精粗
之別
〔官兵義勇〕本處官兵。分若干營隊。每一州縣或一
鄉。馬兵。步兵。礮兵。救火伴。人數有若干。無事回籍。有

事而出者有若干人　義勇之器械與口糧。抑出於朝
廷。抑捐於富戶。着何種衣服。穿定色之號衣者有
若干分。各種陣法。講究與否。能帶兵者有若干人。
百姓能助官兵者。有成效否
〔語言文字〕土語有若干種　能通各種土語者。有若
干人。地名寫法。用何字母。地名之正音。地名之俗
稱。有何分別。緊要地方之名。取義何在。言語之中。
有奇異之字音在內否
〔教門〕各教之人。共有若干。分爲幾種。各教之人。彼
此同好。抑彼此交惡。

〔文風〕讀書人之多少。學問之深淺　能文之人。與
不能文之人。其比例若何　各種書館之多少。官書
坊所藏書籍。有若干種。大書院。幷各種博物會。共有
若干。
〔公屋〕禮拜堂。廟。礮臺。公廳。衙門。大小書院。博物館。官
書坊。通商會館。街市。燈塔。檻房。等。設於何處。共有若干
所。有奇異之房屋。以何法造成。起於何時。現爲何用。
其內容積有若干。居民貴重何種華麗之房屋。
平民所住之房屋如何。大農夫家之房屋如何。田
庄房屋。分列之法。幷其大小。而其質或爲石。或爲磚。或

爲泥或爲木所造成、屋面或用瓦蓋之或用稻草蓋之、

兵房　可住兵丁養牲口之房屋有若干、或可久住、或可暫住、此房屋或專爲武事而設或由民房公屋所更改、此種兵房若住多人與馬能容之否、其房屋之小者在何處、所有醫館園圃場圃火藥房等設於何處、

造屋之材料　或用灰石或用硬石或用磚等、或用木與金類等、出此各種材料在於何處、

城鎮等事　內地之城近海之城有若干數、礮臺之

數、鎮之能容三千以外之人其有若干、各處之方位或合於築城或合於各種工人造作之事、城鎮相距之里數、房屋大略之形狀與造作之法、所作之城或用新法或用舊法如何堅固、城內大小職官之數有若干所作何事、辦公事之人有若干、汲水之井有若干、工藝與通商各事如何、所到之處從古至今盛名之人有若干數

城堡形之各種數并城牆之式爲何類、城有幾面城外堵牆有若干、城外河道之有無或環繞幾面或可開通其河、或有下隰或有陡絕之面兵丁所難行者

城內之兵房其有若干、中有礮彈所不能擊破者有幾處、城內大小民房於武事有何裨益、

農事　察其大概情形或勤或惰或荒或熟、泥土之或肥或瘠種何物爲最宜、耕田之法或用人工或藉馬牛之力、收成次第何物爲先、布種收成若何比例、田畝之價值幾何、隙地之栽培何物、生物之原與用物之數亦須察其衆寡之比例也、

樹林　有屬於國家者、有屬於百姓者、杞梓松栢何者較多、高大之木矮小之材分辨其種類并詳察其老嫩或合於造船或合於製器、入林伐木定例何

時、其地之面積若干、中間隙地或築室或開池或種花草蔬菜等、中間有路或險或夷步兵礮兵能行過否、

六畜　馬之種類有若干、今昔相較其優劣若何、各種馬之性情與用處、戎事之馬可用者有幾種、行騎之馬服駕之馬有若干種、廄舍有若干、養牲馬之處有若干、每年能生小馬若干數、驢騾與牛之數并牛數與人數之比例、牛之種類有若干、其好壞若何、用牛力耕田可代人工多少、胡羊之類若干、其數有若干、山羊成羣者有若干、

雞鶩之類或多或少。野味之可食者或多或少。市上所賣之魚肉油糖等物或多或少。

工藝製造　人磨風磨水磨汽機磨設立於何處能出料若干。壓油鋸木之處有若干。造紙之屋在於何處其紙或好或壞或爲人力或用輪機。製造各種金類之廠。造作器用什物之所并燒各種磚瓦瓷器之窰有若干處業此之人有若干每年能出貨物各種之數。

權量　各種權量之數與本國各種權量之數相較而得其實數。

通商貨物　或爲食物。或爲用物。或爲土產。或爲他處運來之物。運用貨物用何種船起落貨物章程如何。每年各貨出口進口之數。貿易會在於何時。

國課　收稅餉錢糧之法若何。其各衙門設於何處有時國用不足所有借餉等事用何法行之。

水陸諸道此爲第三節

陸路　大路詳細之情形并鐵路與電氣通標之若何。總方向與寬數若何。其地面或鋪泥土或鋪石類路邊或有樹木或有籬笆溝牆等。或有凹形或有凸形。又有路之易於水淹者其故或爲人工所作而絕行人之往來。路或在山峽之中。又有馬車所不能過之路。城鎮各處之相距有路能通之處。路上人與馬車之往來或多或少。租馬租客車租貨車之客寓。古時羅馬國所設之路在於何處。

小路　小路之與武事有相關者并與上所言之事有牽涉者必詳述之。或可用行路權變之法或於冰上過之或乘木桄過之。路之兩傍或分爲馬車路騎馬路行旅之路等。或又有分歧之小路。

鐵路　有已成者有甫經造設而未成者或今茲未造

而他日必欲造之者。從某地起至某地止經過之處有無鎮市。分支之鐵路其路之一端或可屯兵。路長之里數若干并各處之斜度幾何。又有路之難行處如過山渡河穿過樹林等之路。行路遲速所費之時。作路之法或在泥土之面或作大橋或作高臺或過山洞。火輪車用何種汽機。往來之車或客商或雜貨或藝器或地產各物何者較多。鐵路之與武事相關者詳見第四節

河道　行船之各港與各河詳細之事并能行船之各界限。又埠塢等停泊之處。或地勢有阻礙船行者又有疏通河道令其寬深之各法即如隄岸單閘雙

閘築壩去水起泥一切工程講究或否

凡一河道能行船之總數幷船之尺寸與入水之淺深必詳考之帆船輪船及各種之船之其噸數每年往來客商多少水脚農家所運之各物工藝所運之各物出口之貨進口之貨取多少水脚而值錢若干

運河 一切運河之名幷其起訖處或有支河或與他河相連或與他河會合河中所行之船或能多或不能多河長里數若干可達於某處或爲重地或非重地所過之各大鎮水面之寬與水之深所有隄岸單閘雙閘等幷兩處閘門之相距與水面高低相較之尺寸

船數等事亦必詳記之與河道同可也

海中行船之路兵船可停泊之浮島本國戰船之數每年商船往來之共數與噸數船上之水手若干名行大洋船之水手若干名行海邊之船及捕魚之船之總數與人數

渡江河各事 在何處可過此江河橋之方位與其長廣設於岸之何處橋洞或以石或以鐵或以木爲之或有多環洞之掛橋或爲馬車能過之橋或祇能人行之橋行過之人須給錢否或有可起落之橋或有可旋轉之橋或有小橋低橋鄰近地方有修理橋之材料否所有各種橋用何法可去之而令人不能過

用渡船與飛橋過河須費若干時又若干時內可過人與馬與車有若干數

濟渡之處或爲定所或可移動或爲便宜之方位又其方向或直或斜其津或爲大石或爲礫石或爲各種砂子長與廣若干礮兵馬兵步兵或易過之或竟不能過用何法可截斷之而令人不能過

兵橋浮橋輕橋等何處可作之各種橋須長若干

又橋之兩邊或可聚集兵馬河水平時人能行過否

千里報 或以空氣傳信或以電氣報信又電氣報之方向與其電線通過要口之各鎮幷電線之兩端設於何處所測繪之地或有通過電線之處

武事此爲第四節

攻戰 所測繪之地與武事或便或不便或有可據守之方位或有易通各處之要口或有占此一處之形勢可爲數處之保障者打仗時能作堡壘之處敵兵能通之處或有可阻敵兵之處或有可築小壘之處幷誘敵之可分爲第一等第二等便宜之處

現在各處已有之城壘并將來各處必築之城壘海邊所有便於泊船之處與停泊之船之噸數。又有因風潮而不易停泊之處。

守禦　境界之大小。地面之總形與極高極低之方位。或爲衝途。或爲僻壤。築城壘之界限并其保護民人之力量如何。何處之堡壘能與他處互相救應。地面之性情或可築堅固之城壘或易守或不易守。或有他處可與所築之城壘爲犄角之勢。與他處所通之路或直或斜以何法可保護之。敵兵攻打從何方向而來。敵人侵占要地從何處而進用何法可禦之。依地面之形勢與其通路或可設守城壘之各法與一切用兵之法。

險阻　或爲高山或爲樹林或爲山峽則敵人必分兵來攻或出奇兵以乘我之不備。埋伏兵丁或便或不便。或有可屯兵之處。近處之土人或能助攻戰之事或助餉糧或供船馬以爲隨處可戰可守之計。

近岸之堡壘敵人可用何法來攻。防守敵兵登岸之處何處最爲緊要。用何法可守住此處令敵兵不敢來攻。

內河各港所防守敵兵登岸之堡壘設敵兵登岸徑入

內地有幾分力量能阻禦之。或另有能保護之各法

又高山等能阻住敵兵者我軍可作何用。或須添設堡壘更可阻住敵兵。操練兵丁分派防守要隘在何處可以會合而得其全力。所備接應之兵在何處會合。打仗最緊要之地方在於何處。

屯兵之地　分派兵勇所距守之處或有天成之險隘可阻住敵兵或必作堡壘以自固。又或有便於交戰之處或可作營盤或可作礮臺等。本處之各方位與敵人之各方位相較孰爲便利。離敵人之礮臺若干遠前面若干寬而其邊若干深兩邊與前面或有阻物否。所通各處之路與退守之路或便或不便。守此各方位派各種兵丁之數若干。城鎮鄉村礮臺禮拜堂墳墓等或可設兵保守否。餉糧水草與馬料等從何處可以接濟而不憂匱乏。

近海之城鎮必詳察其形勢與用武之事利弊若何。排列各城之法與造城之法或便或不便。或城牆有兩邊可互保之法。每一城能保護多少地方。其堅固若何能當近時之大礮攻擊否。或須時時修築否

城分若干面城外之形勢若何圍攻此城或難或易

造兵船之廠或容易將開花彈打破或可用兵輪船

放礮擊之或可用火箭射之保護之時常用何法能免此害

考古此爲第五節

史事　所測繪之地自古及今各朝所有奇異之事及用兵之事　要害之處所築之城始於何時　土人從何處遷移至此　自古及今歷朝幾何現屬於何國　其地或已受過大災患否　或曾有名臣及善用兵之人否

古蹟　或有古人所作之房屋塔碑等傳至今時而未毀壞者即如希臘國羅馬國或耶穌教之各物此各物

留傳至今可分爲三種一爲敎門之事而作之一爲用武之事而作之一爲公事而作之

古時城村堡臺營盤廟等其方位如何前朝如何今時如何考究此事者必詳述所記各事或從史書而得之或從古圖而得之或從古老相傳之語而得之

羅馬國會於其地作路否所作之路通於何處之方向有無分歧之路　今時見其古蹟須察其所作之路用何種材料而成之

博物院內所有之古董及雕刻人物之像從何而得之

公書坊私書坊或有古時之書籍與圖或刻印者或抄或畫者可爲秘笈否

陽湖趙　宏繪圖

桐鄉沈善蒸校字

行軍測繪卷十

英國連提撰
英國 傅蘭雅 口譯
新陽 趙元益 筆述

測大地面之略法

第一百四十一款 一國一州地形遼闊必用三角法測其面而畫其圖見前第五款

測繪大地面之理與平常測繪一處之地面理雖無異而法則不同蓋地形愈大則測繪愈難所需測量之器亦必擇其精良而用之

第一百四十二款 凡測地一事不可有忽略之心因其

內有四件要事必明是四者方能成也

一用尺依測量之長數

二將所測各熱度之分寸以六十四度之熱為準而變化之

三將所測之地面與天際平行為準

四將所測之地面與海面平為準

第一百四十三款 如測地之時欲作三角形而無房屋高塔等以為三角形之頂則必另立高竿以為記號三角底線常為六里至七里之長三角兩腰則為十二里至十八里之長有時兩腰可加長其數至七十里或九十里之長如英國昔時所測愛爾蘭地面是也

凡三角形之長數分為三等 第一等者其兩腰為數十里之長 第二等者由第一等分之其兩腰為十里至十五里之長 第三等者由第二等分之其兩腰為五里至七里之長

第一百四十四款 欲測各三角形之角必用經緯儀測多次所得之角度而得其中數

所得之中數必有差其改變之法有三

一變為所站方位之心

二變為天際平行線此法為不用經緯儀而測者

三為經緯儀之下窺筒經緯儀有用上下兩窺筒者與指南針不同心之差但此數差之甚微測量家皆不論之

第一百四十五款 既改差數之後將三角形之頂一一推算之因所得各三角形皆為弧三角必將其底變為平面之數然推算之事不能便捷可將其弧三角用平三角法推算之或改去弧形之餘數以其弧之通弦代之 弧三角之三角必大於一百八十度所以從各角減去餘數三分之一而用所得之三角作一直線三角形其邊等於弧三角之邊

第一百四十六款 三角形各方位之高必揣其數

任一處離海面之高或用風雨表測之或測海面之斜度若已知一處之高則他處之高可推算而得即測得高角之餘角與高下之相距也

所測各角度必有光差與弧差須改正之又必變之與各記號之平面相合

又法能測兩處高之相較數即是同時測得兩點彼此相距天頂之數則不必論其光差

小三角形之各點祇測天頂之相距其餘之差可任意推算之

第一百四十七款　所測之三角形在地面之方位可測

一處之經緯度又一邊之原角度其餘角點與線其經緯度與原角度亦必知地球略為圓形之理而推算之

第一百四十八款　所測之地面為極大者必設立一形見前第一圖以明其理法因所測之地不能從球面而畫其甚準之形必推算各數得地球切面之縱橫線

第一百四十九款　茲將其改各差數之法逐一言之

底線之界限如第一百五十四圖甲乙丙等邊三角形為所測之一角甲乙為其底而以叱代之則甲與乙之

第一百五十四圖

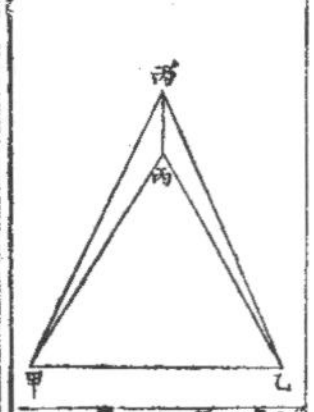

光差度為唡如此差在一方向丙則丙點之差為丙丙之相距而以呲代之　甲丙丙三角形丙丙與丙甲之比若丙甲丙角正弦與丙丙甲角正弦之比所以

$$\frac{\text{叱}}{\text{呲}}=\frac{\text{正弦}\,\text{丙丙甲}}{\text{正弦}\,\text{唡}}$$

但

$$\text{丙丙甲}=\text{一八〇度}\top(\text{二丙}\bot\text{唡})$$

所以

$$\text{正弦}\,\text{丙丙甲}=\text{正弦}(\text{二丙}\bot\text{唡})=\text{正弦}\,\text{二丙}$$

為極近之略數因唡為最小之數則

$$\frac{\text{叱}}{\text{呲}}=\frac{\text{正弦}\,\text{二丙}}{\text{正弦}\,\text{唡}}$$

又因丙等於六十度則

$$\text{正弦}\,\text{二丙}=\frac{\text{二}}{\text{一}}$$

所以

$$\frac{\text{叱}}{\text{呲}}=\text{二正弦唡}$$

又

$$\text{叱}=\frac{\text{二正弦唡}}{\text{呲}}$$

若將此式之呲代其比例之同數見前第九款又以唡代其測量儀器之略數即得底線之長

又以同法揣得已知之底線之長為

$$\text{正弦唡}=\frac{\text{二叱}}{\text{呲}}$$

可知測量儀器之有無差數

又如已知底線之長而有測量儀器之差數則用

$$\text{呲}=\text{二叱正弦唡}$$

可知圖有幾分準數

第一百五十款　改其差數而得應立方位之心如第一

第一百五十五圖

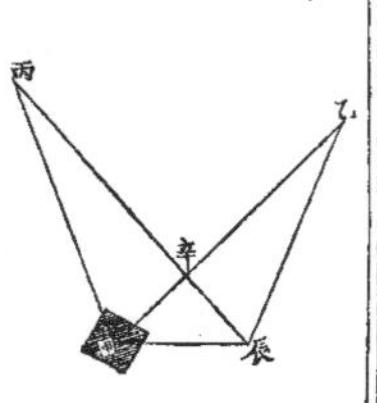

百五十五圖測量之時或不能立於甲處而以其角爲心設立於辰點而測丙辰乙角代丙甲乙角則所測乙丙兩物之角必有差欲改其差數則求其丙甲乙角與丙辰乙角之相較其法如左

測甲辰相距以味代之又測丙辰甲角以哋代之甲乙以丑代之丙甲以丑′代之丙甲乙角以呷代之丙辰乙角以唇代之甲乙辰角以叱代之辰丙甲角以哂代之則丙甲辛辛辰乙兩三角形之外角丙辛乙等於兩箇內對邊之角即丙辛乙等於辰丙甲加乙甲丙亦等於

甲乙辰加丙辰乙所以丙甲乙角減去丙辰乙角等於甲乙辰角減去辰丙甲角即 $呷-唇=叱-哂$ 爲第㊀式

此丙甲辰三角形內有 $\frac{正弦哋}{正弦哂}=\frac{丑′}{味}$ 又乙甲辰三角形內 $\frac{正弦(唇+哋)}{正弦叱}=\frac{丑}{味}$

所以 $正弦哂=\frac{丑′}{味正弦哋}$ 又 $正弦叱=\frac{丑}{味正弦(唇+哋)}$

因丙與乙兩角甚小可用其正弦在第一式內代之即得

$$呷-唇=正弦叱-正弦哂=\frac{丑}{味正弦(唇+哋)}-\frac{丑′}{味正弦哋}$$

又如以秒數明之則

$$呷-唇=\frac{正弦丑秒}{味}\left(\frac{丑}{正弦(唇+哋)}-\frac{丑′}{正弦哋}\right)$$

其丑與丑′之兩數已從三角法而得之即唇哋味已測之甚準其角哋從左至右而得之必留意於唇加哋并哋正弦之正負號因其差數或正或負不能定也

第一百五十一款　所測角度欲改之而合於天際平行線如第一百五十六圖丁辰丙三角形從辰方位測丙丁兩物所得而其面爲斜面不合於天際平行線必將丁辰丙角化爲甲辰乙角

第一百五十六圖

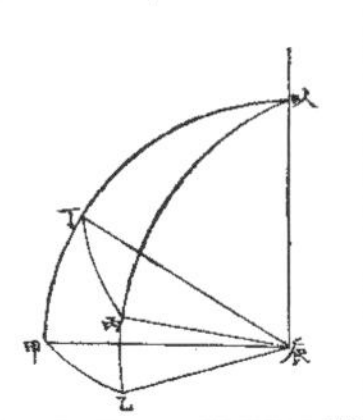

從辰點作垂線辰以而以等半徑作以甲以乙兩弧

所測之角度爲丁辰丙或測其邊甲乙

先測其高之斜度乙辰丙以辛代之甲辰丁以辛′代之

將丁辰丙以㖞代之甲辰乙以甲代之

則從叺丁丙弧三角形得

餘弦甲＝餘弦辛餘弦辛′／餘弦㖿丅正弦辛正弦辛′

所以

餘弦㖿丅餘弦甲

＝餘弦辛餘弦辛′／正弦辛正弦辛′丅餘弦㖿（一丅餘弦辛餘弦辛′）

爲㊀式

但

餘弦㖿丅餘弦甲＝二正弦三（甲丄㖿）正弦三（甲丅㖿）

又

正弦辛正弦辛′＝三餘弦（辛丅辛′）丅三餘弦（辛丄辛′）

＝正弦三（辛丄辛′）正弦三（辛丅辛′）

又

餘弦辛餘弦辛′＝三餘弦（辛丄辛′）丄三餘弦（辛丅辛′）

又

一丅餘弦辛餘弦辛′

＝正弦三（辛丄辛′）丄正弦三（辛丅辛′）

將此各同數代入㊀式又

將

正弦三（甲丄㖿）

以㖿正弦用各相等之數代之卽得

二正弦三（甲丅㖿）

＝餘弦辛餘弦辛′／正弦三（辛丄辛′）（正弦㖿／一丅餘弦㖿）丅正弦三（辛丅辛′）（正弦㖿／一丅餘弦㖿）

＝餘弦辛餘弦辛′／正弦三（辛丄辛′）切線三㖿丅正弦三（辛丅辛′）餘切三㖿

又將各小角甲減去㖿與辛與辛′其正弦以其弧代之，若見餘弦辛餘弦辛′略等於一，則得其差數爲

甲丅㖿＝｛（二／辛丄辛′）二切線三㖿丅（二／辛丅辛′）二餘切三㖿｝丑秒／正弦丑秒

第一百五十二款　凡空氣中觀物，皆有蒙氣差，此差數必改正之。如第一百五十七圖，從乙點所發之光線，不順乙甲直線而至地面，但順乙甲曲線而至地面，此線向地面爲弧形。假如人目從甲點而觀之，必見乙點隨近目處之直線而成甲乙之方向線。由此可知蒙氣生差之故，能使

第一百五十七圖

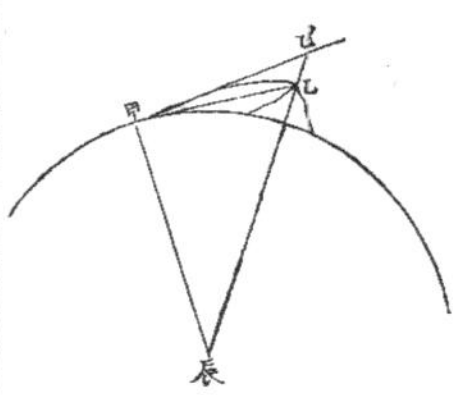

所測之角度大於原有之角度，而既測其高，必改其乙乙之差。

乙甲乙角，以味代之；甲辰乙角，以辰代之；甲乙之相距，以丁代之；地球之半徑，以未代之。

曾有人試知味與辰兩角之比例爲恆比例，其數不變也。故

將此比例以巳代之則 $\frac{辰}{味}=巳$ 又 $味=巳辰$

乙甲乙三角形之乙角略近於正角又 $乙乙=甲乙切線味=丁切線味$ 即 $=丁味$ 因味

角切線之角度甚小可以其弧代之

所以 $乙乙=丁巳辰$ 爲㊀式

設甲乙辰三角形之甲角爲正角則 $甲乙=甲辰切線辰$ 而 $丁=未切線辰$ 又 $丁=未辰$ 因

辰之角度極小故也

若求辰之同數則 $辰=\frac{未}{丁}$ 以此代入㊀式中得 $乙乙=\frac{未}{巳丁^2}$ 因巳

巳知其數爲十二分之一

凡測物之高必將巳知之高數減去其差數命 $乙乙=\frac{二未}{丁^2}$

第一百五十三款　地球面弧形之差數如第一百五十

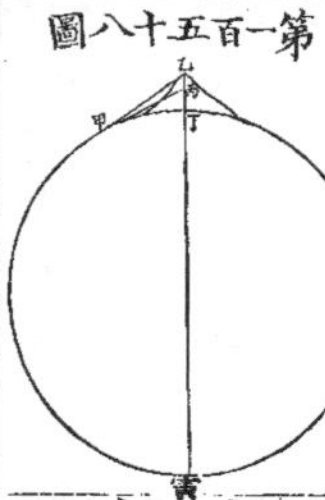

第一百五十八圖

八圖乙爲所測之物甲爲人所立之

方位

如欲求自甲至乙之平距必另設一

平線甲丙爲人目所視之平面而甲

丁爲其眞平面所以必求得乙丙而代乙丁爲所求高

低之較數

求丙丁之差數則知丙甲爲甲點之天際平行線所以

丙甲必於此處爲切線故 $甲丙^2=丙寅\times丙丁$ 又將地球之半徑以未

代之其差數以辛代之甲丙之相距以丁代之則得

$丁^2=(二未+辛)辛=二未辛+辛^2$

因辛爲極小之數其平方可以去之而 $丁^2=二未辛$ 故 $辛=\frac{丁^2}{二未}$

第一百五十四款　用風雨表以測高者因風雨表之指

出之分寸數自下至高則減其分寸數自高至下則加

其分寸數也任二處高下之相較可以覸兩箇風雨表

水銀高之分寸數相較而得之

最準之測法當有二人同時立於兩處而仔細看水銀

高之分寸數此風雨表之熱度與空氣之熱度每十五

分時看一次過一時後將所看得之各數而用算式得其高下之較數　下算式從卑利智天文書中錄出

測時祇有一人必先於一處測之數次而再至一處測之但此兩處所測之時必須天時之寒暖略同也

天＝（甲）×（乙）×（丙）

甲＝六〇三四五五一｛一⊥〇〇……（酉⊥酉⊤六四）｝

乙＝對［亢／亢×（一⊥〇〇一（亼⊤亼））／二］

丙＝一⊥〇〇二六九五餘弦二處

以天爲高下相較之尺數酉爲空氣之熱度亼爲水銀之熱度亢爲水銀高之分寸數以上爲低處所得之數酉亼亢爲高處相配之數處爲本處之緯度

昔時有人用此式造表茲從韋廉司測地畫圖之書錄出以備檢閱

此表爲西士厚立德用卑利智之算式所造

		本處緯度	
申	甲	丑	丙
一四五	四八一八〇七一四		〇〇〇一一六八九
一四六	四八一八五一四〇	三	〇〇〇一一六二四
一四七	四八一八九五五九	六	〇〇〇一一四三三
一四八	四八一九三九七五	九	〇〇〇一一一一七
一四九	四八一九八三八七	一二	〇〇〇一〇六七九
一五〇	四八二〇二七九四	一五	〇〇〇一〇一二四
一五一	四八二〇七一九六	一八	〇〇〇〇九四五九
一五二	四八二一一五九四	二一	〇〇〇〇八六八九
一五三	四八二一五九八八	二四	〇〇〇〇七八二五
一五四	四八二二〇三七七	二七	〇〇〇〇六八七四
一五五	四八二二四七六一	三〇	〇〇〇〇五八四八
一五六	四八二二九一四一	三三	〇〇〇〇四七五八
一五七	四八二三三五一七	三六	〇〇〇〇三六一五
一五八	四八二三七八八八	三九	〇〇〇〇二四三三
一五九	四八二四二二五六	四二	〇〇〇〇一二二三
一六〇	四八二四六六一八	四五	〇〇〇〇〇〇〇〇
一六一	四八二五〇九七六	四八	九九九九八七七五
一六二	四八二五五三三一	四九	九九九九八三七二
一六三	四八二五九六八〇	五〇	九九九九七九六七
一六四	四八二六四〇二四	五一	九九九九七五六六
一六五	四八二六八三六五	五二	九九九九七一六七
一六六	四八二七二七〇一	五三	九九九九六七七二
一六七	四八二七七〇三四	五四	九九九九六三八一
一六八	四八二八一三六二	五五	九九九九五九九五
一六九	四八二八五六八五	五六	九九九九五六一三
一七〇	四八二九〇〇〇五	五七	九九九九五二三七
一七一	四八二九四三一九	五八	九九九九四八六六
一七二	四八二九八六二九	五九	九九九九四五〇二
一七三	四八三〇二九三七	六〇	九九九九四一四四
一七四	四八三〇七二三八	六三	九九九九三一一五
一七五	四八三一一五三六	六六	九九九九二一六一
一七六	四八三一五八三〇	六九	九九九九一二九三
一七七	四八三二〇一一九	七五	九九九八九八五二
一七八	四八三二四〇〇四	八一	九九九八八八五四
一七九	四八三二八八八六		

不相連寒暑表

申	甲	申	甲	申	甲
四〇	四七六八九〇六七	七五	四七八五九二〇八	一一〇	四八〇二二九三六
四一	四七六九四〇二一	七六	四七八六三九七三	一一一	四八〇二七五二五
四二	四七六九八九七一	七七	四七八六八七三三	一一二	四八〇三二一〇九
四三	四七七〇三九一六	七八	四七八七三四八七	一一三	四八〇三六六八七
四四	四七七〇八八五一	七九	四七八七八二三六	一一四	四八〇四一二六一
四五	四七七一三七八五	八〇	四七八八二九七九	一一五	四八〇四五八三〇
四六	四七七一八七一一	八一	四七八八七七一九	一一六	四八〇五〇三九五
四七	四七七二三六三三	八二	四七八九二四五一	一一七	四八〇五四九五三
四八	四七七二八五四八	八三	四七八九七一八〇	一一八	四八〇五九五〇九
四九	四七七三三四五七	八四	四七九〇一九〇三	一一九	四八〇六四〇五八
五〇	四七七三八三六三	八五	四七九〇六六二一	一二〇	四八〇六八六〇四
五一	四七七四三二六一	八六	四七九一一三三五	一二一	四八〇七三一四四
五二	四七七四八一五三	八七	四七九一六〇四二	一二二	四八〇七七六八〇
五三	四七七五三〇四二	八八	四七九二〇七四五	一二三	四八〇八二二一一
五四	四七七五七九二五	八九	四七九二五四四一	一二四	四八〇八六七三七
五五	四七七六二八〇二	九〇	四七九三〇一三五	一二五	四八〇九一二五八
五六	四七七六七六七四	九一	四七九三四八二二	一二六	四八〇九五七七六
五七	四七七七二五四〇	九二	四七九三九五〇四	一二七	四八一〇〇二八七
五八	四七七七七四〇〇	九三	四七九四四一八二	一二八	四八一〇四七九五
五九	四七七八二二五六	九四	四七九四八八五四	一二九	四八一〇九二九八
六〇	四七七八七一〇五	九五	四七九五三五二一	一三〇	四八一一三七九六
六一	四七七九一九四九	九六	四七九五八一八四	一三一	四八一一八二九〇
六二	四七七九六七八八	九七	四七九六二八四一	一三二	四八一二二七七八
六三	四七八〇一六二二	九八	四七九六七四九三	一三三	四八一二七二六三
六四	四七八〇六四五〇	九九	四七九七二一四一	一三四	四八一三一七四二
六五	四七八一一二七二	一〇〇	四七九七六七八四	一三五	四八一三六二一六
六六	四七八一六〇九〇	一〇一	四七九八一四二二	一三六	四八一四〇六八六
六七	四七八二〇九〇二	一〇二	四七九八六〇五五	一三七	四八一四五一五三
六八	四七八二五七〇九	一〇三	四七九九〇六八四	一三八	四八一四九六一四
六九	四七八三〇五一一	一〇四	四七九九五三〇七	一三九	四八一五四〇七〇
七〇	四七八三五三〇六	一〇五	四七九九九九二六	一四〇	四八一五八五二三
七一	四七八四〇〇九八	一〇六	四八〇〇四五四〇	一四一	四八一六二九七〇
七二	四七八四四八八三	一〇七	四八〇〇九一四九	一四二	四八一六七四一三
七三	四七八四九六六四	一〇八	四八〇一三七五四	一四三	四八一七一八五二
七四	四七八五四四三八	一〇九	四八〇一八三四三	一四四	四八一七六二八五

相連寒暑表

丁	乙 低處熱度之更大數	乙 低處熱度之更小數
〇	〇〇〇〇〇〇〇〇	〇〇〇〇〇〇〇〇
一	〇〇〇〇〇四三四	九九九九九五六六
二	〇〇〇〇〇八六九	九九九九九一三一
三	〇〇〇〇一三〇三	九九九九八六九七
四	〇〇〇〇一七三七	九九九九八二六二
五	〇〇〇〇二一七一	九九九九七八二八
六	〇〇〇〇二六〇五	九九九九七三九五
七	〇〇〇〇三〇三九	九九九九六九五九
八	〇〇〇〇三四七三	九九九九六五二四
九	〇〇〇〇三九〇七	九九九九六〇九〇
一〇	〇〇〇〇四三四一	九九九九五六五五
一一	〇〇〇〇四七七五	九九九九五二二〇
一二	〇〇〇〇五二〇八	九九九九四七八五
一三	〇〇〇〇五六四二	九九九九四三五〇
一四	〇〇〇〇六〇七六	九九九九三九一六
一五	〇〇〇〇六五一〇	九九九九三四八一
一六	〇〇〇〇六九四三	九九九九三〇四六
一七	〇〇〇〇七三七七	九九九九二六一一
一八	〇〇〇〇七八一〇	九九九九二一七六
一九	〇〇〇〇八二四四	九九九九一七四一
二〇	〇〇〇〇八六七七	九九九九一三〇五
二一	〇〇〇〇九一一一	九九九九〇八七〇
二二	〇〇〇〇九五四四	九九九九〇四三五
二三	〇〇〇〇九九七七	九九九九〇〇〇〇
二四	〇〇〇一〇四一一	九九九八九五六四
二五	〇〇〇一〇八四四	九九九八九一二九
二六	〇〇〇一一二七七	九九九八八六九四
二七	〇〇〇一一七一〇	九九九八八二五八
二八	〇〇〇一二一四三	九九九八七八二三
二九	〇〇〇一二五七六	九九九八七三八七
三〇	〇〇〇一三〇〇九	九九九八六九五二
三一	〇〇〇一三四四二	九九九八六五一六

第一行之對數從甲行而得觀甲行相配之數申即（酉⊥酉）

末行之對數從丙行而得又必知丑行相配數而得之

中行任數之對數從乙行而得之　（一⊥〇〇一（亼⊤亼））／二　法將其較數亼⊤亼

從丁行而出其乙行左邊之數爲低處熱度大於高處右邊之數爲低處熱度小於高處　如令寅爲中行即得

寅＝對亢⊤（對亢×乙）

而其全相較數爲

對天＝甲⊥丙⊥對寅

勤慢所作地面斜度能行何武事表

五度	十度	十五度
步兵　能排列而行，如下衝敵，放槍最為猛厲。 馬兵　能排列而行，但向上行則稍難。 礮兵　下山放礮更能得力。	步兵　能排列而行，若排列甚密，則其行稍難。 馬兵　下山祇能平步，上山尚可衝敵。 礮兵　行衝最難，不能常放礮，且不能得力。	步兵　排列而行不能甚速，且向上之槍無力。 馬兵　上山可跑花蹄，下山祇能平步。 礮兵　行衝最難，概不能放礮。

二十度	二十五度	三十度
步兵　不能排列而行，必成魚貫，可以放槍。 馬兵　上山可徐行，下山必亂步而斜行。	步兵　輕身之兵亦可成魚貫而放槍。 馬兵　輕身者可散列斜行，上下非易事也。	步兵　追兵及螺絲槍兵可成魚貫而放槍。 馬兵　極輕身者可散列斜行上下，但必為軟土方宜。

三十五度	四十度	四十五度
追兵及螺絲槍兵能散列上山，然亦甚難行走。	追兵及螺絲槍兵不帶物件者，可用手爬上山也。	慣上山之兵亦能用手爬上，然墜下亦甚易也。

英國講武書院所定繪圖線法之比例表。

線之粗數	每寸線數	斜度
$\frac{\text{五〇}}{\text{一}}$寸	三二	三五
$\frac{\text{七〇}}{\text{一}}$寸	三二	二五
$\frac{\text{九〇}}{\text{一}}$寸	三〇	二〇
$\frac{\text{一二〇}}{\text{一}}$寸	二八	一五
$\frac{\text{一五〇}}{\text{一}}$寸	二四	一〇
$\frac{\text{二二〇}}{\text{一}}$寸	一八	五
$\frac{\text{三〇〇}}{\text{一}}$寸	一四	三
$\frac{\text{四〇〇}}{\text{一}}$寸	一二	二

從三十五度至四十五度之線，依繪圖人之本領而加其線之粗。

英國講武書院所設繪圖線法之章程。

一、凡用墨筆或鉛筆，必依上比例表作線，依平剖面之界限之公相距為二十五尺，或為其甚便之倍數。凡

大於四十五度之斜面，必明顯其不能行過之處。四十五度與三十五度之間，必用更粗之線補滿之，如斯各德所設之比例，以三十五度為止。

二、墨筆或鉛筆之線，必依繪圖平法而作之。

三、所畫之各線，祇與地面斜度有相關，而與離海面之高無涉，且不可用斜光之法以顯山之高低。

四、凡平剖面線，必以所定各顏色之線明之，如不作有色之線，則以虛線明之，必再書其高數指出之，（此高數即與所定平面高數之相較數）即如與圖上最低處相距或高一百尺，或高五百尺，或高一千尺是也。

五、圖邊必先明各平剖面之立距，又必明所定之準高數與圖內最低處相距若干高。

六、凡地面緊要之各物，必用別種顏色之字，不可墨書，求明顯也。又必記其高之次第，以最高者為第一等。

七、設遇地面有異形，而觀圖者不能明其斜面方向，必作小箭形指出其斜面向下之方位。

八、凡圖必有比例線，指明以若干寸代一里，此比例線必再分之，每分為英國碼甚便之倍數。

一千八百六十七年西二月二十三日，英國管理教習武事將軍那比兒批準。

行軍測繪十　測大地面之略法　十五

陽湖趙　宏繪圖
桐鄉沈善蒸校字

行軍測繪附圖　一

第一圖

各物之線號以六寸代一里

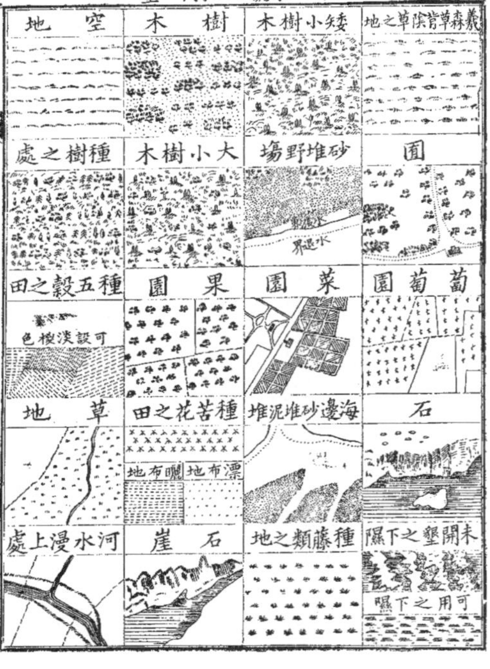

第二圖

各物之線號以三寸代一里

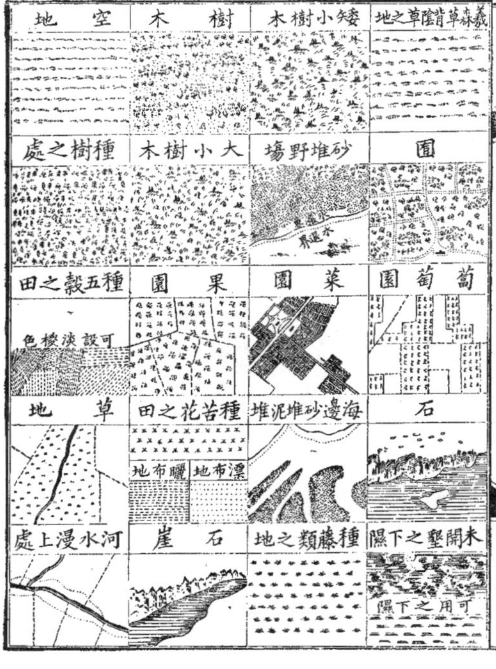

第三圖

地面各處之線號

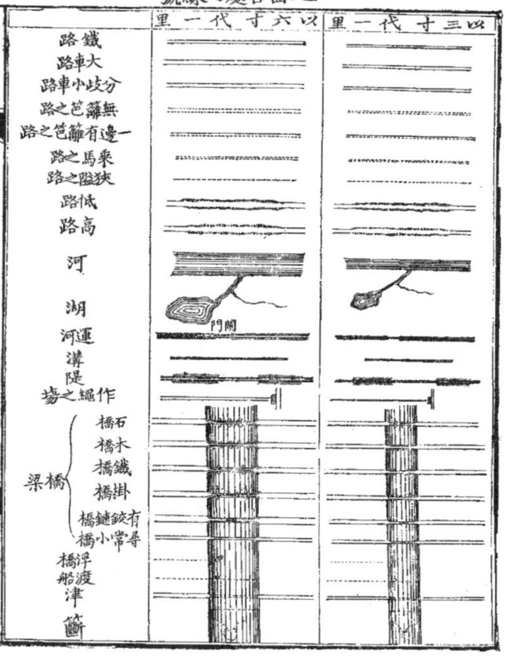

第四圖

各物之線號

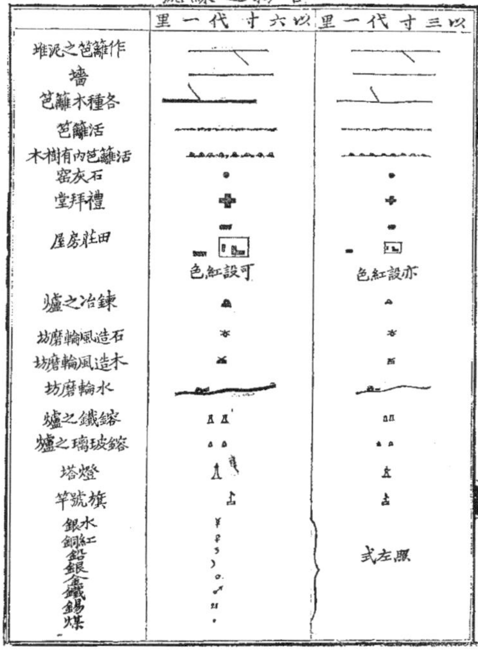

行軍測繪附圖　二

第五圖

以三寸一代一里

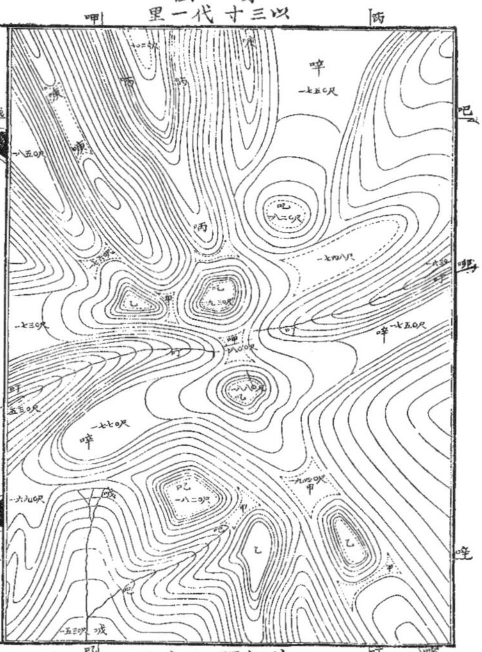

共相距二十尺

第六圖

以三寸一代一里

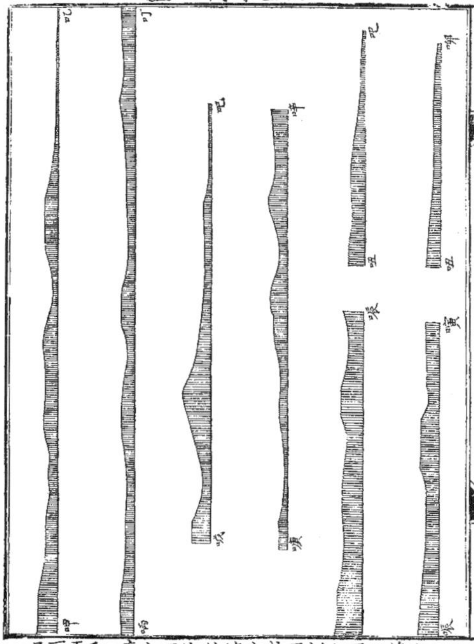

此為第五圖之剖面式底線離海面之高一千五百尺

行軍測繪附圖　三

繪地法原一卷圖一卷

〔美〕金楷理口譯　〔清〕王德均筆述

《繪地法原》一卷圖一卷，美國金楷理口譯，清王德均筆述。金楷理（Earl Traugott kceyer，一八三九—一九〇七），美國浸禮會傳教士。一八六六年來華，曾在江南機器製造總局翻譯西書。是書據英國海軍部所出數理測繪手册譯出。分十二章，内附圖、表，簡述天體運行原理、測定經緯；又論繪平面圓、圓柱及世界地圖諸法。附圖一卷，示以經緯方圓。據中國國家圖書館藏清光緒間江南機器製造總局刻本影印。

繪地法原

繪地灋原

江南機器製造總局藏板

繪地法原

英國　原書

美國　金楷理　口譯
懷遠　王德均　筆述

第一章論諸曜運行及地球形體

地學與算學相通其理昭然易于推測欲知全地之形者先明其天空之經緯至於水陸之形勢氣化之流行須推以格致之事人民之情狀物產之異同須考諸記載之書故地理之學實廣大精深包舉而靡遺焉一

地為球體繫於天空為諸行星之一近世論之詳矣諸行星莫不繞日而行地球亦然日有光而行星無光地球每歲繞日一周每日又自轉一周因其自轉時與日有向背之不同於是晝夜分焉地球南北點正對天空南北二極其中腰大圈亦與天空赤道相應人在北極處見諸曜每日繞北極一周及向南行見北極漸低行至赤道見北極與地平合而諸曜東出西沒復向南行見北極入地諸曜每日繞南極一周故天空南北二極為地軸定點二

天空諸曜惟恒星亘古不移目力能見者數約三千窺以遠鏡則繁莫可紀恒星可分為六等一等最大光甚顯明六等最小晴爽無月時則目能見之散布天空疏密不一如在赤道北二十八度以上不見近南極之十字架及南行抵赤道見十字架出地二十八度及行至赤道南六十度處見十字架已當天頂於是可悟地體渾圓之理學者胸中先虛擬其象則天地之圜轉瞭然易明矣三

恒星而外有行星如今夕見某行星近於某恒星閱數日則見移至他處因其周繞太陽居無定位故曰行星四

行星最大者為五緯曰水曰金曰火曰木曰土自古已有定名近年新測而知為行星者如天王海王與地球其外甚小之行星目力所不能見者尚有八十餘各行星周繞太陽之軌道為橢圓形其體積大小并距日遠近與繞日速率亦各不同依距日遠近以定次序則水最近金次之次地次火次木次土天王海王又次之前四行星目能見之光與大恒星等惟金火木土較大水恒近日陽光爍目不能顯見天王之光明目者僅能見之至海王以及其餘小行星非大力遠鏡不能見也小行星多聚於火木之間又數行星上兼有小月繞之如月之周繞地球然詳于後表五

地球既周繞太陽而月又周繞地球每二十七日七小時四十三分而繞地一周且地球既繞日而在地球上視之如日繞地球每三百六十五日六小時九分而繞地一周

六行星之外又有彗星數等移行最速偶見之後久不復見近時推得彗星所行軌道爲極長橢圓形推步家已有定率其應伏應見之期可預知之七

茲於天空各曜內專以地體言之欲知地理先知地之形體及縱橫各線大小各圈凡人在地面視之幾謂地爲平面天爲盂形覆于地上而不覺地爲圓體也及向南行則見北天各曜漸低南天各曜漸高向北行則反是東地之日出早於西地之日出航海者自東而西或自西而東可繞行一周而仍至本處是知自北而南自東而西皆循弧

綫而行則地體之爲圓球無疑曾測得地球徑爲七千九百一十六英里周爲二萬四千八百七十英里八

地爲圓球已無疑義而初學者見地多高山凸出恒謂地非渾圓然山之最高者不過二萬九千尺其與地之全徑相較亦甚微矣假如作十八寸徑之球其最高之山僅高于球面八十分寸之一耳九

第二章論本軸旋轉及縱橫諸綫

天空各曜自東而西本有兩說一謂天空各曜周繞地球而地不動一謂天空各曜不動而地球自西而東周繞本軸然考各曜不相連屬且距地有遠近體質有大小必不能不先不後恰合二十四小時繞地一周所以地球自繞本軸之說爲確有可信蓋地球恒以平速轉動凡地面各物俱附之而行故人在地面不覺地球自轉地既爲圓球則可縱橫各分三百六十爲經緯度綫俾與天空之經緯度相應茲先譯論各綫如左十

第一圖

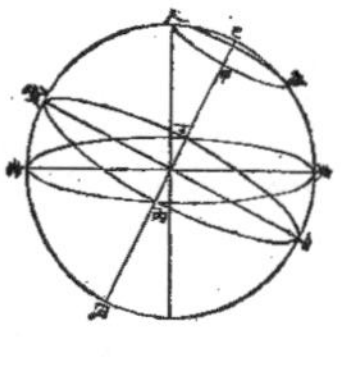

地球自轉不動之綫自北至南直貫球體如第一圖已巳爲軸綫又名地軸又名地球本軸十一

地球軸綫之兩端與地面相交之點爲兩極如第一圖已爲北極巳

爲南極十二

地球中腰距二極適中處作一周如第一圖戊丙午丁分爲南北兩半球卽赤道大圈大圈之剖面與地球軸綫成直角亦若天空有赤道大圈與地之大圈相應凡在地球圓面作圈其徑綫過地心者爲大圈又名大周不過地心者爲小圈又曰小周十三

第一圖已戊巳午爲過兩極經圈若展大經圈之面以應天空則爲天空經度大圈又名子午圈又可任分地球各點爲子午圈又名各經圈赤道各經圈相交成直角遂分爲四象限如第一圖戊巳巳午午已已戊十四

凡本處天空上面正中之點爲天頂自天頂作垂綫過本處又過地心再引長至本處下面正中之點爲天底距天頂天底適中處作一周爲地平圈十五

就本處地面之一點展作平面令與本處垂綫成直角其所成之平面爲視地平就地心之一點展作平面令與本處垂綫成直角其所成之平面爲實地平蓋一以地面處作平面一以地心處作平面也十六

本處子午圈與地平圈交點處爲南北二點過天頂而與本處子午圈成直角者爲卯酉圈其與地平圈交點處爲東西二點既有子午復有卯酉遂分地平圈爲四象限十七

平分大圈爲三百六十度每象限爲九十度每度六十分每分六十秒省法以〇·∴代度分秒假如二六〇一四·二六∴即知爲二十六度十四分二十六秒十八

本處距赤道北或赤道南若干度如第一圖戊八爲緯度

凡緯度自赤道起至南北兩極各九十度其赤道南北與赤道平行之各小圈如第一圖八甲寅爲距等圈十九

各經線即各處之子午綫亦即各處之中線中線偏東或偏西若干度爲經度如第一圖巳戊巳爲中線丙點之經度如丙戊弧分地球爲東西兩半球每半球得經度一百八十度各國中綫不同如中國以京師觀象臺爲中綫英國以格令回次天文臺爲中綫法國以巴黎斯爲中綫美國以華盛頓爲中綫昔西國以緋羅島爲中線便于剖分東西半球今航海者恒用格令回次經度則巴黎斯偏東二度二十分二十四秒華盛頓爲偏西七十七度二分緋羅島爲偏西十七度四十分如某處在格令回次西五度即巴黎斯西七度二十分二十四秒亦即緋羅島東十二度四十分又如某處在格令回次東五度即巴黎斯東二度三十九分三十六秒亦即緋羅島東二十二度四十分二十

天文家名赤道南北之距等圈爲赤緯度過春分點之經圈爲中經度凡某曜距中經度偏西或偏東若干度爲本曜之赤經度二十一

自東西二點偏北或偏南爲地平卯酉經度自南北二點偏東或偏西爲地平經度凡大圈過本處天頂天底而不過南北二點者即不與赤道成直角爲地平經圈某曜出地平之高度爲地平緯度又名高弧二十二

第三章論地循黃道分四季五帶

地面視太陽既如每年繞地一周而太陽每日午正之高弧又漸高或漸低故如太陽所行之大圈斜絡于赤道成

交角二十三度二十八分所行大圈爲天空黃道地球亦有大圈與之相應如第一圖辛丙未丁二十三

黃道赤道相交之二點爲晝夜平分點如第一圖丙爲春分丁爲秋分太陽距赤道南北最遠之二點爲二至點如第一圖未爲夏至辛爲冬至自夏至點與赤道平行作小圈爲夏至圈自冬至點與赤道平行作小圈爲冬至圈二圈距赤道南北俱二十三度二十八分二十四

地面視太陽雖似周繞天空然日大於地百萬倍各行星無不周繞太陽非太陽繞地球實地球繞太陽也黃道非太陽之軌道乃地球之軌道也此軌道在金火星二道之

間金水軌道在地球軌道之內爲內行星餘爲外行星地球與各行星繞太陽之道爲橢圓形太陽不居中心恒在橢圓之帶徑心二十五

第二圖

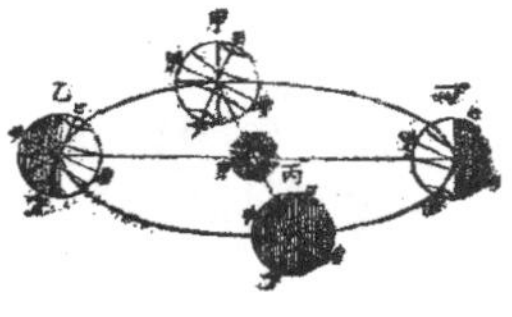

地軸在黃道內不論何處皆與天空之南北極綫平行因黃道與赤道交角二十三度二十八分故地軸與黃道面成交角六十六度三十二分因交角終歲不變遂成四季如第二圖申爲太陽甲爲春分點乙爲夏至點丙爲秋分點丁爲冬至點巳午爲地

軸蓋地爲球體日光祇照一半如春秋分地球在甲或在丙太陽正照戊巳赤道與黃道辛庚交點以上故巳午二極爲恰受日光之界而統地面晝夜平分如地球行至夏至點乙則北極以南二十三度二十八分太陽不入地平爲永晝南極以北二十三度二十八分太陽常在地平下爲永夜如地球行至冬至點丁則南極以北二十三度二十八分爲永晝若于北極以南及南極以北二十三度二十八分處各作距等圈與赤道平行爲北黃極圈南黃極圈亦名北寒帶南寒帶二十六

地球在乙點時愈近北極之地其晝愈長愈近南極之地

其晝愈短地球在丁點時則反是各處熱度亦緣晝長晝短而異蓋太陽光線與各處地面所成之角愈近直角則受熱愈多其冬至圈以南夏至圈以北太陽光線與各處地面皆不能成直角故惟冬夏二至圈之間爲熱帶夏至圈與北黃極圈之間太陽光線斜射愈近黃極圈光線愈斜爲北温帶冬至圈與南黃極圈之間亦然爲南温帶北黃極圈以北光線甚斜冬至不能見日爲北寒帶南黃極圈以南光綫亦甚斜夏至不能見日爲南寒帶二十七

地球各圈可以三式繪之一以子午圈爲圓界令正東點或正西點合于地心如自正東或正西點參直處視之謂

之正式此式以地平圈赤道圈及各曜繞地之小圈俱平分爲兩其各曜在地平以上時與在地平以下時相同一以赤道爲圜界令北極或南極點合在地心如自北極或南極參直處視之謂之平式此式以各經綫平分爲兩如作北半球者全見赤道以北作南半球者全見赤道以南一以地平爲圜界令天頂合于地心如人在赤道之或南或北天頂參直處視之謂之斜式此式以赤道及本處子午圈俱平分爲兩各圈經緯相交之角俱成斜角能全見地平以上各曜所在二十八

第四章論月繞地球及朔望交食

月之繞地每二十七日七小時四十三分而行一周其所行之白道與黃道成交角五度八分四十八秒其相交二點爲上下交點自南而北過黃道爲上交點自北而南過黃道爲下交點古時稱爲正交中交二十九

月爲實體受日之光以返照于地球如第三圖戌爲地球嗔嗔等爲月在白道之各處申申各平行綫爲太陽光綫之方向因月距日極遠故光線可作平行論向日之一面常明背日之一面常暗合朔時月與太陽同度即不能見月因暗面向地也如第三圖嗔爲合朔時月所在復循行白道一象限明面在旁如嗔爲上弦時月所在及循行白道半周明面向地恰見光滿如寅爲望時月所在及循行

第三圖

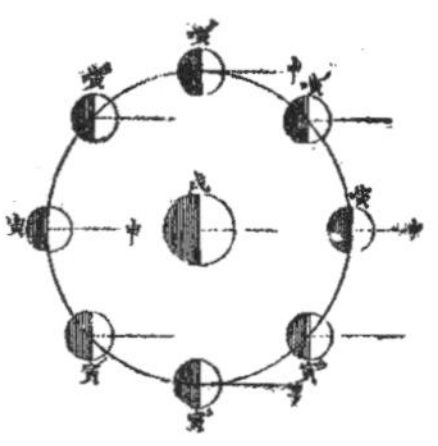

白道三象限明面又在旁如寅爲下弦月所在復行一象限仍至嗔而又爲合朔自前望至後望爲二十九日十二小時四十四分其多於二十七日者因地球亦循黃道前行故月須多行數日始能追及太陽三十

日月食之必在朔望者因月爲實體不能透光故月在日與地之間一綫參直月體掩蔽日光而爲日食及地在日

與月之間地入闇虛不見月光而爲月食故月食必在望日食必在朔設以白道黃道合成一圈即每月有日月食各一次今因黃白二道交角有五度奇故朔望日不恰值

第四圖

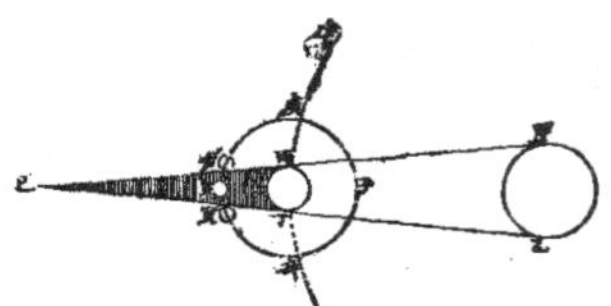

交點即不見食三十一

第四圖明月食之理戌庚辛巳爲黃道之一段庚寅辛子爲白道甲乙爲太陽丙丁爲地球若以甲丙兩點聯作直綫引長之又以丙丁兩點各作直線引長之相遇於巳成丙巳丁地影圓

錐凡入此影內則不受日光如月至寅處恰值黃白交點則初入地影為初虧及至寅處月體全入地影為食既又漸至寅處初離其影為復圓若望日不值黃白交點則不食當月入地影時其距地影心有遠近之別故食既時候久暫不等最久約兩小時三十二

第五圖明日食之理戊庚辛巳為黃道之一段庚子辛丁丙為白道甲乙為太陽丙丁為月酉為地球若以甲丙兩點及乙丁兩點各作直線引長之成酉丙丁月影圓錐至酉點合于地面人在此點以內不見日光為食既他處僅見食數分而已如圓錐影尖偏倚不能正對地面則不見

第五圖

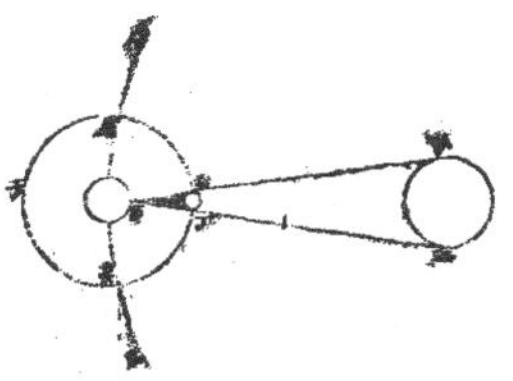

食如圓錐影尖正對而不及于地則見月體掩日四周尚露光環為金環食若合朔日月距交點稍遠則不皆見食又如月徑甚小于日圓錐影甚短則見食之時甚暫不能過乎七分五十八秒三十三

預推日月食時刻法頗繁瑣昔人推二百二十三月即十八年又十日日月至原交處之點相差無幾其所推應食時刻次序相去亦不遠有一年內七次入交者計日食五次月食二次大約每年常有二次日食而月食或有或無是日食應多于月食然日見食之次數究少于月見食之次數何也緣日食僅能見於一處月食則大地皆同惟所見時刻不一耳三十四

月距地最近故周繞天空屢掩各星又知木星旁有四小月偶為木星所掩或入木星闇虛似地球上之月食此亦有關涉地理之處附詳于後三十五闇虛即圓錐影也

第五章測定本處經緯

必知某處之經緯若干而後可知在地球面之某處故地理與天文互相表裏凡欲定某處經緯應詳測天空各曜

經緯具詳航海專書茲特撮其要旨三十六

一測本處午綫即天正子午也凡天空各曜合午綫時高弧最大若某曜於一日內赤緯不變則其未及中線若干時與已過中綫若干時兩高弧相等如冬至夏至太陽赤緯變易甚緩其午前與午後之時同其高弧亦同設于是

第六圖

日植一直桿于地如第六圖甲乙午初畫直桿影如乙丙以乙丙為半徑直桿底為中心展作平圓線如辛庚及太陽漸高桿影漸短及合午線時太陽在申

其影最短如乙戊為正午時刻過午線後影又漸長及太陽至申為未初與午初之影同長如乙丁次取丙丁弧之中點如已與乙點聯作直線為午線之方向此為簡法若欲加詳須預推某恒星過午線時刻再用儀器將推定時刻詳細考測以正南北二點三十七

第七圖

二測本處緯度如第七圖吧哦巳午為本處午綫吧巳為南北二極哦吽為赤道啐味為地平叺為測量處哦叺弧為本處緯度吧哦與叺味皆為一象限設以北極吧點移于叺點則哦點必合于辛點故吧叺弧必與戊辛弧等且哦叺弧必與吧味弧等即北極高度恒同于本處緯度三十八

天空之經緯大圈各與地面相應前已論之詳矣若以地球半徑與恒星距地相比則地為甚微無地半徑差可言直以地為天空之小點如第七圖吧哦巳吽為天空子午圈即為地球面叺處之午綫又哦吽為天空赤道圈啐味為地平圈吧巳為經圈叺為地面人處之天頂人為測量處無地心地面之可分蓋前以圓界為地面以人為地心今以圓界為天空子午圈以人為地球可知天空之各弧無不與地面相應故地面所測之弧即為天空相應之弧

設勾陳大星正在天空北極處即可測其出地之高弧為本處緯度然勾陳大星非正在北極而距極一度二十四分咸豐二年恒星緯度故須設法測之以推本處緯度勾陳大星恒一晝夜兩次過午綫一次在極上一次在極下其極下過午線時高弧最小極上過午綫時高弧最大故可用象限紀限等器測其最大最小高弧度相加折半為北極高度與九十度相減為測量處餘緯度但所測高度尚有蒙氣差映卑為高再依立成表數減之始得實高度

如第七圖啐哦為叺處天頂距極度又名餘緯即本處緯度與九十度減餘之度亦即本處赤道高於地平之度若能推得此弧即能推本處緯度凡先知某曜在赤道南或北若干度是為赤緯俟其到午綫時測本曜高弧將赤緯北減南加之即得本處餘緯如申為太陽在赤道北人在赤道北測太陽高度為啐申以與哦申赤緯相減得啐哦為本處餘緯如申為太陽在赤道南以申哦赤緯弧與啐申高弧相加而得本處餘緯次以餘緯與九十度相減而得本處緯度各曜之南北赤緯具載航海通書檢用頗便惟所測高弧須減蒙氣差與地半徑差又名視差始得實高弧凡測日月及諸行星皆有視差惟恒星無之因地半徑與恒星

距地相比甚微可作無視差論惟在海面測量則又有目高差目愈高於海面視高度愈多於實高度故應以目高差與測得之高弧相減而得實高弧三十九

三測本處經度須先較正兩處經較經較者即以兩處時較之刻分化作度分也時較有數類如測得某恒星自本處午線起復至本處午線爲恒星日計二十三小時五十六分四秒如太陽自本處午綫起復至本處午綫爲太陽日又名眞太陽日較恒星日稍長如今日測太陽與某恒星同時到本處午線至次日某恒星到本處午線較早於太陽數分時此因太陽循行黃道每日地軸自轉一周太

陽已東行一度許故太陽日長短不一或過於二十四小時或少於二十四小時如冬至日西十二月二十一日之太陽日約二十四小時又半分秋分前二日西九月二十一日之太陽日約二十三小時五十九分半因此法畸零不便入算故天算家以終歲之太陽日勻作二十四小時爲平太陽日平太陽日與每日眞太陽日之較數爲時差每日時差已算列航海通書依數加減即得眞太陽時眞太陽時或遲於平太陽時或早於平太陽時凡時辰表所行之時皆平太陽時日晷測得之時皆實太陽時故太陽中心合本處午綫時刻爲眞午正時凡同經度之地同此午綫即同此眞午正時四十

太陽自東而西周繞地球各處俱以太陽到午綫時爲午正如太陽到倫敦午綫時倫敦以東已爲午後倫敦以西尚在午前凡歷二十四小時太陽歷過地球一周三百六十度是太陽每小時歷過十五度故倫敦午正時倫敦以東十五度處已爲未初倫敦以西十五度處尚爲午初及太陽至倫敦以西三十度則倫敦已爲未正太陽至倫敦以西一百八十度則倫敦已爲子正既得本處時較可與中線時刻相較而得經度如已知某處午後三小時爲格令回次午正即知本處爲格令回次偏東四十五度若本

處午前九小時爲格令回次午正即知本處爲格令回次偏西四十五度凡時較二刻則經較爲七度三十分每時較四分化作經較一度每時較一分化作經較十五分四十一

凡推本處經度者一應知本處平時一應知此時之中綫時凡本處眞時可測太陽而知之或測恒星過本處午線而知之已知本處眞時欲推本處平時則檢航海通書本日時差依數加減而得之若已知本處平時欲推本處眞時可用度時表之中綫時與本處時刻相比以時分變度分而得經較如有極精之度時表離格令回次而至巴黎

斯測得時刻遲於度時表九分二十一秒又十分之六以時化度卽知巴黎斯爲格令回次偏東二度二十分二十四秒若早於度時表者爲偏西蓋表既極準每日或加或減之速率常同則欲得某處經度不難矣四十二

若無精表或因天氣寒暖及他故而表之速率不同則用別法以推其時刻如預算某曜於何時恰過中線列入航海通書以爲準的後於某處測得此曜恰過午綫卽以本處時刻與通書內預算之時刻相比得時較化作度分爲經較四十三

設經較甚小可於已定經度之處發火標俾測量處能見

之後以測量處之時與發標處之時刻相比而得時較近用電氣通標以定兩處時較尤爲便捷四十四

第六章考定地體扁圓

昔以地爲正圓今知地非正圓因地心攝力之故是以兩極處較赤道大圈稍扁四十五

凡懸空之體若近於地面而無阻滯必爲攝力引至地面推之天空中各體莫不交互相攝其各體攝力之大小若本體重積之比故輕體下墜之速率苟無空氣阻之則恒與重體下墜之速率相同可取玻璃器抽去器內空氣置一輕微之物與一重質之物令其同時下墜皆同時及底四十六

各物之引至地面與各行星之環繞太陽皆係攝力使然蓋攝力之大小若兩體相距平方之比例愈遠愈少天空中有質處固有攝力卽無質處亦有攝力一體之中各質點攝力之大小若各質點距心平方之反比例四十七

欲於地面徧量一周須先量準一度以與三百六十度相乘卽得地球全周之數凡周與半徑之比若三一四一六與一之比故知地球全周卽可知其半徑若量子午圈之一弧者須循正子午量之設有險阻不能徑直測量必用三角法推算苟地球爲正圓形則各段每度必無長短之

殊布算甚易今細量之自赤道至北極各度不同故知地非正圓四十八

地面高下不一測量難以準確道光十五年英人在倫敦與堯克二城之間量得一弧嗣於美利加亦量得一弧後另立一法依地之高下算之尙無大差近來更立新法凡量地面一弧先量定底線後用三角形法測各處相距若干再量相距甚遠之處四十九

凡量地面之弧可算地球各段之長短各國算家已屢試多次而知距赤道愈遠者緯度愈闊其漸加分數具如下表五十

地名	緯度中界	一度之英里
秘魯	一°三一′○″	六八七○○
印度	九°二四′四三″	六八七一八
印度	一二°三二′二○″	六八七三一
印度	一三°○二′五四″	六八七三四
印度	一六°三四′四二″	六八七五五
印度	一九°三四′三四″	六八七七六
印度	二二°三六′三三″	六八八○○
法蘭西西班牙	四○°○○′五二″	六八九八三
法蘭西西班牙	四二°一七′二一″	六九○一○
法蘭西	四四°四一′四八″	六九○三九
法蘭西	四七°三○′四六″	六九○七三
法蘭西	四九°五六′二九″	六九一○二
法蘭西英吉利	五一°一五′二四″	六九一一七
英吉利	五一°二五′一八″	六九一一九
日耳曼	五二°三二′一七″	六九一三三
英吉利	五二°五○′三○″	六九一三五
英吉利	五四°○○′五六″	六九一四九
俄羅斯	五七°二六′二六″	六九一八七
俄羅斯	五九°一三′五八″	六九二○六
瑞典	六六°二○′一○″	六九二七四

檢表而知子午圈非正圓可爲地體非正圓之證赤徑大極徑小略成橢圓形按幾何學推得橢圓北半徑長數即知各處地半徑長數則極徑約小於赤徑二百九十九分之一赤徑七千九百二十五英里又百分里之六十五極徑七千八百九十九英里又百分里之一十七較數二十六英里又百分里之四十八故地球赤道之全周爲二萬四千八百九十九英里五十一

舊時祇憑算例尙未詳測地面之弧已有天算家推得兩徑大小不一法以地之離心力爲根每日二十三小時五十六分地球自轉一周在赤道處之各質點隨地轉行一小時行一千英里其赤道南北距赤道愈遠轉行之率愈緩故兩極處地質之離心力漸增入赤道處而成爲扁形曾依此法推得赤徑與極徑較數爲二百三十分之一其所算之數不合所量之數者因地面各質有疏密之異也五十二

又有一法可算赤徑與極徑不同以地心攝力爲根蓋地心攝力與離心力之向相反在赤道處離心力最大至極則漸小而無故可用鐘擺驗之鐘擺在赤道處每晝夜來往之數必少於巴黎斯來往之數距赤道北四十八度五十分如在赤道處每平太陽日鐘擺來往八萬六千四百次在倫敦則來往八萬六千五百三十五次因近赤道處攝力小於遠赤道處故擺之動率較緩且因近赤道處離心力大於遠赤道處故擺之墜時較遲五十三

第七章論製造地球法

不製地球無以知大洲之形勢各地方位及兩處相距之方向是製成球式爲表明地形之要法初學地理須置所製地球環轉熟玩則孰爲陸地孰爲海洋山島孰爲江湖皆可歷歷在目又能識別各國疆界及市場商埠與夫都邑村鎭犬牙相錯道里遠近恒風之順逆海流之來去及火山地震之處俱可口講指畫識其大略五十四

常式地球或木或紙而空其中外繪海岸陸地并經緯各圈雖地體兩極之徑稍扁然僅差三百分全徑之一數尺之球可以不計球而有赤道圈黃道圈黃極圈每十度作經緯圈或十五度作經緯圈經度皆以本國中線起初度向東西各一百八十度緯度自赤道起初度向南北各九十度五十五

球外製一大圈爲子午圈或銅或鋅爲之鑿兩圓孔以函球之南北極兩軸圜轉無閡大圈之面分四象限又分三百六十度以爲緯度則地球在大圈內旋轉一周可見各緯綫相交之點五十六

作大平圈爲球架分地球爲上下兩半即借此圈爲實地平圈欲知某處實地平圈可轉某處至中頂則某處之實地平即與大平圈相合圈周亦分三百六十度或自南點向東向西或自北點向東向西自初度至一百八十度或自東點向北向南或自西點向北向南各由初度至九十度而抵南北點既勻分度數又分三十二向又分十二宮又分每年月數及周歲日數令閱者知每月每日太陽躔某宮某度或分二十四向以定方位五十七

子午大圈上又設銅垂弧分九十度爲高弧尺兩極有小圓盤勻分二十四小時爲時盤架底有羅盤以定南北五

十八

緯度以赤道爲大圈愈向南北則愈小各九十度至兩極而成一點經度俱成大圈愈向南北相距愈近至兩極處而作交點緯度各圈名距等圈各圈相距均勻愈近兩極則圈愈小圈雖有大小而每圈俱三百六十度與赤道相應經度各圈名曰經圈各圈與赤道相等俱三百六十度而與赤道及各距等圈相交成直角五十九

分羅盤爲三十二向各向相當之度詳於後表六十

度	分	
〇	〇	北
一一	一五	北偏東
二二	三〇	北東北
三三	四五	東北偏北
四五	〇	東北
五六	一五	東北偏東
六七	三〇	東東北
七八	四五	東偏北
九〇	〇	東
一〇一	一五	東偏南
一一二	三〇	東東南
一二三	四五	東南偏東
一三五	〇	東南
一四六	一五	東南偏南
一五七	三〇	南東南
一六八	四五	南偏東
一八〇	〇	南
一九一	一五	南偏西
二〇二	三〇	南西南
二一三	四五	西南偏南
二二五	〇	西南
二三六	一五	西南偏西
二四七	三〇	西西南
二五八	四五	西偏南
二七〇	〇	西
二八一	一五	西偏北
二九二	三〇	西西北
三〇三	四五	西北偏西
三一五	〇	西北
三二六	一五	西北偏西
三三七	三〇	北西北
三四八	四五	北偏西
三六〇	〇	北

地球之製簡明便捷初學者最爲適用茲試言其大略六十一

第一用法可定兩處相距若干里法用弧規展開兩尖量得相距數以弧規兩尖移量大圈得其度數每度化六十分爲英國海里或每度化六十九里一二爲英里設如英

國倫敦距美國紐堯克量得四十九度三十分以六十九又百分之十二相乘得兩處相距三千四百二十一英里或以高弧尺量其相距得數亦同若同經度之兩處欲求相距海里若干與緯度分數同只須移至子午綫上查之而以六十乘之若同緯度之兩處應依前法量算之欲更詳測分秒須用弧三角法算之六十二

如欲知兩處相距爲何方向應提動球上極點高出地平圈與本處極出地度相同然後將本處合子午大圈再移高弧尺與本處相合旋螺定之乃引高弧尺過又一處視其至地平圈處卽知其距南北點偏東或西若干度六十三

視兩極時盤可知兩處相距時較若干如求某國都城午正至倫敦午正相差若干時可轉地球某國都城切子午圈視時盤所切卽得相距若干時或先量得兩處徑較以度分化時亦得相距之數六十四

凡地球經度自赤道向兩極漸狹如欲推地面各處經度相距若干者則有比例式緯度相距若干與某處經度相距若干若全地半徑與某處緯度餘弦之比以第八圖明之呷爲極呷丙爲地半徑呷戊吷與呷乙吃爲兩子午圈之象限吷吘爲赤道乙戊爲距等圈之一弧若以吷丙兩點與吃丙兩點聯成直綫各爲赤道大圈之半徑戊丙與乙丙聯成直線與呷丙成直角各爲乙戊距等圈之半徑卽爲本緯度之餘弦依此比例吷吃弧與戊乙弧若吷丙與戊丙之比而吷丙卽半徑戊丙卽戊點或乙點緯度之餘弦故吷吃經度在赤道相距若干與戊乙經度在距等圈相距若干一若半徑與戊丙卽戊乙餘弦之比故赤道經度相距若干與某緯度處經度相距若干若半徑與某緯度餘弦之比第八圖內丙叮戊與丙吷吧爲同式三角形所以丙吷半徑與丙戊餘弦若丙吧正割與丙戊半徑之比而丙戊餘

第八圖

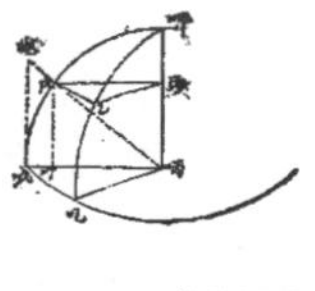

弦等於丙叮故緯度相距若干與經度相距若干若某緯度正割與赤道半徑之比依此算式檢八線表卽知某處經度應濶若干如在緯北五十度處問經度應濶若干檢對數表五十度餘弦爲九·八〇八〇七又檢六十對數爲一·七七八一五以半徑一〇·〇〇〇〇〇與九·八〇八〇七之比若一·七七八一五與一·五八六二二之比檢對數爲三十八分五七卽赤道以北五十度處每一經度之闊數依法布算列於第二表表內係海里數每六十海里爲赤道之一度六十五

若不須詳算每度之濶則可用第八圖之法以規勻分吷

呐為六十分設戊為赤緯若干度從戊平向呷呐作橫綫如戊丙等於叮呐為所求若干海里六十六以上所說俱以地為正圓體葢製數尺徑之球本無大差故不必計及其圓扁若作極大之地圖自應理會卷末第三表以每緯度濶若干海里表明兩徑之較最大為全徑三百零四分之一六十七

第八章論平面圖圖式

尋常所製地球攜帶不便須繪成平面庶易展觀渾面萬不能合於平面故所繪地形必有不合渾面之處且各圖有各種用處應思一法以適於用而其平面渾面之差又

須最小其法甚夥各以人目所在為主分地球為兩半而繪成兩平圓面六十八

約舉之則有三式俱以人目與畫面相距為分率如畫半球則畫面圓界必為球之大圈第一式人目離球面無窮之遠即弦線法第二式人目切於球面即切線法第三式人目稍離球面今詳記各式如下六十九

第一式各綫入目俱為平行一若以半球仰置紙上自球面各點作垂綫移繪於紙其理有四一凡球上各綫或與畫面平行或與畫面斜交其平行者在畫面亦等長其斜交者在畫面則較短如第九圖呷吃平行綫畫於叮已哎之畫面與甲乙綫同長吃呐斜交綫畫成乙丙短綫二凡全周或半周之弧綫與畫面成直角則作直綫等於徑綫如哎叮吧半周之綫作甲哎與半徑同此周上相等之

第九圖

弧畫時俱不能等如吃呐弧等於呐哎弧而作乙丙與丙哎三凡周面與畫面平行即作等大之圓周如哽呷啐作為庚甲辛四凡周面與畫面斜交即作橢圓綫其長徑與大周同短徑為斜弦之底如呏嗔周作壬寅橢圓又有叮吇哎半周亦與畫面斜交作叮子哎橢圓之半七十

第二式人目切于球面即在畫面中心以上一半徑處其目離四周圓界各九十度一若其球透明中隔平圓玻璃而於球面穴孔窺之見其球內隔玻璃之象從人目至球內各象作線透過平圓玻璃以為畫面其理有七一凡大周面過目點者作直綫如第十圖哎叮吃吧為大周叮嗔吧叩為畫面哎為目點則大周作叮哎吧直綫凡等大之弧畫面上不能等大如叮嗔弧嗔啐弧啐呷弧呷吃弧各相等而在畫面則不等又無論大圈小圈有一段過目點者必為直綫如哎庚嗔周之一段作寅庚卯直綫二凡圓周面與畫面平行仍為圓周因自哎點向呷呏吇各點聯

以直綫成爲圓錐則圓周必爲錐底而畫面與圓錐軸必成直角故畫面作甲壬子正圓而恒小于原形三凡圓周與畫面斜交則圖內亦非正圓如咦啐周作庚辛如第十一圖咦啐爲周之全徑即有戍咦啐斜圓錐形其底爲咦啐周今作咦吁與叮吧平行即有戍叮咦並戍吧吁兩相等之弧又有戍啐咦角等于戍咦吁角因咦吁與叮吧平行故戍啐咦角又等於戍庚辛角惟斜圓錐之剖面與底面同式故圖內之形必與原形相似而以原形咦啐全徑爲圖內庚辛全徑七十一

庚辛既爲咦啐之圖則乙庚爲咦戍吃角之正切即咦吃之半弧正切是咦吃爲咦啐周距吃極最遠之數又乙辛爲啐戍吃角之正切即啐吃之半弧正切是啐吃爲咦啐周距吃極最近之數且咦啐直綫即爲兩半弧正切之較四凡大周之弧過目點者作直綫等於半弧之正切如第十一圖啐吃弧作辛乙直綫辛乙爲辛戍乙角之正切即

第十圖

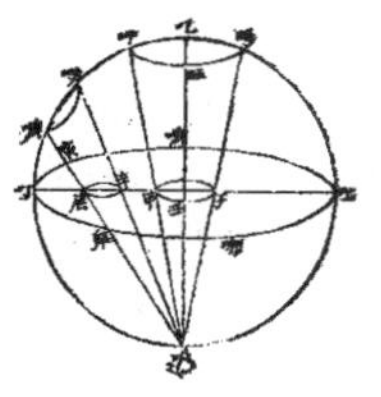

第十一圖

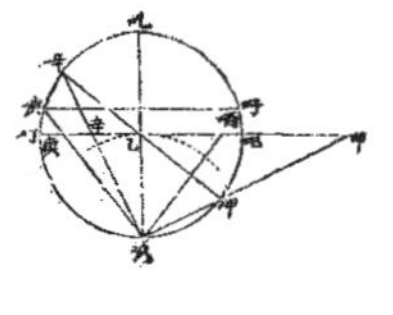

與啐戍吃角等又與啐乙吃之半角等五凡大周與畫面斜交者其大周之中心距畫面中心若干等于球面與畫面所成角之正切其半徑等于此角之正割如第十一圖啐呷爲叮吧畫面斜周之全徑球上啐呷即圖中辛甲故以辛甲全徑折半于呐點即以爲周之中心以呐戍爲周之半徑而呐戍乙角等於啐乙叮角即斜周之角其呐乙即斜周中心距畫面中心之數而呐乙爲此角之正切呐戍爲此角之正割辛乙爲辛點離畫面中心之數且乙辛爲啐戍吃角之正切即啐吃之半弧正切是啐吃即爲啐呷周距吃極最近之數又乙甲爲吃戍呷角之正切即吃

呷之半弧正切是呷吃即爲啐呷周距吃極最遠之數所以各斜周全徑之兩端距畫面中心之左右等於斜周距極點最近最遠兩半弧之正切六凡小周與畫面成直角則圖內亦爲圓周其中心距畫面中心若干等於小周距極若干度之正割其圖內小周半徑等於距極之正切一

第十二圖

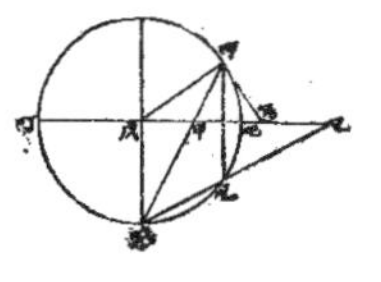

若人目至周之各點成一斜圓錐而各直綫過畫面所成之角與錐底之斜角相等故圖內亦爲圓形如第十二圖叮吧爲畫面呷吃爲小周全徑甲乙爲圖中小周之全徑折半於呐

呐戊爲小周中心距畫面中心之數惟呐呷戊爲正角所以呐呷等於呐甲爲呷吧弧之正切卽爲呷吃小周距吧極之數而呐戊爲此角之正割七凡兩周相交之角在畫面與實角相等七十二

觀上文之理知弧相等者在圖中則不等然圖內各處形式俱不甚變惟中心之形最小而近邊處漸大耳七十三

以上兩式凡球上相等之弧與畫面成直角成不等之弧且第一式近圓邊漸窄而第二式近中心漸窄其增減適相反故別用第三法以消息之令人目既不在無窮之遠亦不貼在球面以稍免其增減之差七十四

第三式人目在畫面中心垂綫以上距畫面一半徑又加四十五度之正弦一若人目離開透明球體望至對面半球自人目各聯直綫穿過畫面以成圖上之象凡畫面成直角之周亦爲直綫與上二式同惟等大之弧在圖中雖非等大而不似上二式相差之多如第十三圖吃呷全徑引長至㖂作呷㖂綫等於甲戊卽四十五度之正弦次以對面之半球吃吧吃可分爲等大之弧如吃呐呐噢噢啐等次自㖂至各分點作直綫則可吧畫面所分各綫大小所差不遠若畫小圖不見其差其與畫面平行之周圖內亦作圓周其餘各周俱作橢圓形因自目點作直綫卽成

第十三圖

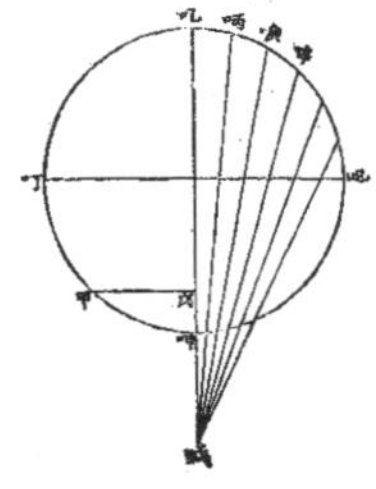

斜圓錐畫面所割不與錐底平行故俱爲橢圓綫然其大小徑不甚懸殊故作小圖者竟可作平圖畫之雖與眞形不等而所差無多其兩周相交之角圖內不能等大

觀上文之理而知此法等大之弧在圖中不甚相差故可名爲等距畫法其球上直角在圖中愈近邊則愈不成直角故大小不甚差而形象之所差甚大更不及第一第二式之可得其形似且畫時亦不省便故用此法者甚少七十五

以上三式用法不同或以子午綫爲周而分東西半球或以赤道爲周而繪黃道經緯七十六

又有中心畫式以人目在球中心視之上三式人目在球面之外則畫面卽爲大周此式人目在中心則畫面切於球外畫天圖者恒用之一若以玻璃空球置立方形之內方形之六面緊切球外卽爲畫面人目在球中心透過球面望之以球面各象作直綫而至方面成畫面各象以全球分爲六分每分畫一方面此法各大周作直綫各小周與畫面平行或斜交者其形不同平行者爲相似之形斜

交者爲橢圓或拋物或雙曲等綫按小周離畫面中心不同或與畫面所成斜角不同而異

中心畫式之便于繪天者因每兩星在畫面相離綫爲最短之綫數星參直者畫中亦參直此圖每分爲天球六分之一所以相近之星大約可列于一幅之內在天爲何形者圖中亦爲何形七十七

第九章論繪平面圓圖法

凡畫地球以三等面爲準或以子午圈爲圓界或以赤道爲圓界或以某處地平爲圓界名之曰正球平球偏球爲三等面七十八

三等面俱可用正弦畫法如畫天者欲表明太陽出入地平及朦影刻分必用此法惟畫地者嫌近邊處太狹故不恆用此法茲將正球平球之正弦畫法詳述於左七十九

用弦線法作正球者以子午圈爲圓界如後第一圖作咿吺呻吘圈咿爲北極吺爲東點呻爲南極吘爲西點吺吘爲赤道又作咿呐呻全徑及吺呐吘全徑成十字則吺呐吘爲赤道咿呐呻爲經圈卽爲軸綫離東西各九十度乃分四象限各爲九分每分十度自赤道向北向南聯作橫綫爲距等圈赤道南北各二十三度作冬夏至圈距南北極各二十三度作黃極圈自圓界每分作垂綫至赤道如圖中〡〇甲〢〇乙〣〇丙〤〇丁其與赤道交處卽各經圈所過處乃各作橢圓如咿甲呻咿乙呻等綫各橢圓之長徑均等其短徑卽赤道上各交點任以一綫爲中綫而左右各記以偏度八十

用弦綫法作平球者以赤道爲圓界如後第二圖呷吃吺吖呐爲中心呐呷爲半徑次作呷呐吺及吃呐吖兩全徑成十字以呐爲極兩全徑爲相距九十度之徑圈分每象限爲九分每分十度各記以數再自各交點作呷吺之垂綫如三十〇甲二十〇乙等數又以中心至各交點爲半徑作各圓周爲距等圈自吖至甲得二十三度作呷吺垂綫亦以交

點至中心爲半徑作黃極圈又作每十度之全徑成各經圈如十至一百七十二十至一百六十等直綫自中綫向東西各一百八十度紀以偏度八十一

弦線法之圖中心與四周寬狹懸殊不能用比例尺量之若欲畫偏球則較難因各綫俱爲橢圓形也八十二

用切綫法作正球者以子午圈爲圓界如後第三圖作咿吺呻吘圈次作十字綫如咿呐呻及吺呐吘咿爲北極呻爲南極吺呐吘爲赤道咿呐呻爲距子午圈九十度之經圈亦爲軸綫分每象限爲九分每分十度各記以數又作距極距赤道各二十三度半之點其各距等圈皆小周與

畫面成直角應用圓綫畫之其圓綫各有圓界上之兩點其中點則自𠯆點斜至右邊之十點作𠯆十綫割軸綫於甲則由甲點與兩邊之十點聯成圓綫即十度之緯綫遞南遞北之綫俱仿此凡圓心角所當之弧必同圓邊半角所當之弧故其軸綫及赤道上交點所分之每十度俱可用半弧之正切綫度之不必概作斜綫如呷天為五度正

第十四圖

切即自㖞向上下左右俱十度之點其餘仿此惟恐正切檢查易悮故不如仍用斜線為妥次用第十四圖三點求心法作各距等圈又以三點求心法作各

經圈八十三

用切綫法作平球者以赤道為圓界如後第四圖作呷叱叮𠯆圈㖞為中心相對作十字全徑為相距九十度之經圈分每象限為九分每分十度亦自𠯆作斜綫至邊如上法得中綫之各交點自中心作各圓綫為距等圈又作每十度之全徑成各經圈八十四

以上二法較別法更妙故畫地者恒用之因此法正球子午圈與距等圈俱作直角與球體相合對角綫俱相等與球面之象不甚改變故較長於偏球法然閱者但閱切綫圖式必疑近邊之地大於中心故須將偏球參看以明其理凡用切綫圖者可以切綫尺自中心向四邊量之其尺每距五度作密分只可自中點向四邊量其經緯度不可任取兩點量其相距度八十五

用切綫法作偏球者以本處地平為圓界如後第五圖作吻𠰷𠯆呻圈㖞為本處天頂𠰷呻及吻𠯆兩綫成十字𠰷北呻南吻西𠯆東設倫敦北極出地五十一度半為本處緯度即自𠰷度至吧五十一度半又自𠯆度至吘亦五十一度半則吧吘為九十度次自吻至吧又至吘作兩直綫與𠰷呻綫相交之吧點為北極吘點為赤道與倫敦子午圈之交點次分每象限為九分每分十度乃自吧向吻又

向呻遞度其每十度作一分一如子午圈上北極至南北點之若干分本圖北極至南點有十二分即為甲甲乙乙丙丙等點各點俱作直綫至吻視其橫綫上之交點如橫綫不足可引長至圓外令與各吻綫相交即為赤道及距等圈之全徑各以全徑折半為赤道及距等圈之心然後可作赤道及各距等圈圖中未列冬夏至圈恐綫多而迷目也

欲畫圖中經綫須作南極點于圓界之外法自吧點作吧㖞巳全徑次自吻過巳作直綫與𠰷呻引長之綫交于巳即為南極點各經綫須過吧北極及巳南極將吧巳折半

於吧以爲中心作叮吧咦巳大圈以過吻西點戓東點及南北兩極爲距子午圈九十度之經圈次于叮咦吧巳大圈內按切綫法作各經圈而引長過吧點以抵原圓界其各圈中心在叮咦引長之直綫內則巳一吧之經圈必引長至一凡圖內虛綫俱以鉛筆畫之畫成後擦去之如後第六圖八十六

凡畫偏球圖不論何處俱如上文倫敦畫法然亦有稍異者或緯綫之中心不盡在畫面中心之右而間有在畫面中心之左者設欲作緯北三十度之地平圈如後四之五圖卯呷爲南北點吧爲北極自卯度向戓取三十度至吧

又向吻作直綫交于卯呷綫得吧點次自戓向呷取三十度至咋又向吻作直綫交于卯呷綫即赤道與子午圈之交點其分距等之法與前同按北極至南點有若干度而定本圖爲十四分每分十度次以甲甲等字記之或于軸綫左右作十一。十二。等記之定子午圈之全徑與前同自北極至緯南二十度其中心皆在畫面中心之右二十度以南如三十度之中心巳在吻點初度故爲直綫其四十五十度之中心在其左其法與前同而畫綫時須移而向左此圖緯北四十度與北極之間距等各圈全在戓東點之右故其全徑等於距等之周距極最遠最近兩半弧之正切

較設緯北八十度距等圈則五十度爲最近七十度爲最遠俱自畫面中心向右度之兩半弧之正切相減爲八十距等圈之全徑又設緯北四十度距等圈則十度爲最近一百十度爲最遠兩半弧之正切相減爲四十距等圈之全徑又緯北三十及緯南二十之間距等各圈有數綫在中直綫之左其全徑之左右兩界距畫面中心若干等于最遠最近兩半弧之正切總數如緯南十度之距等圈其左界距畫面中心等于四十度之半弧正切爲距畫面中心最近數其右界距畫面中心等於一百六十度之半弧正切爲距畫面中心最遠數又緯南三十度距等圈作直

綫者因此距等圈之右界距畫面中心一百八十度恰過人目故爲直綫又緯南四十五十度之距等圈與畫面斜交全在人目之左故其全徑在畫面中心之左凡作經度法仍與前同八十七

用此畫法有一妙處若用中間子午圈爲表尺即可自中心起周圍旋轉細量其遠近即地平緯度又可分圓界爲三十二向以量某處距本地若干遠是何方向八十八

又有一種偏球畫法將畫面全徑勻作等分爲平分畫法則除畫面平行各周之外經緯各綫皆爲橢圓形然作橢圓形頗不易而用此圖者每不思此理故雖形象無偏大

偏小之弊而畫地者絕不作此八十九

用平分法作正球者以子午圈爲圓界如後第七圖作卯申戌午大圈又作卯酉申及戌酉午十字全徑卯北申南卯酉申爲距子午圈九十度之經綫戌酉午爲赤道分每象限爲九而紀〡〇〢〇等數中心向四周又平分爲九如甲乙丙丁等其子午圈可另以天地人紀之若欲作距等圈則如三〇天三〇〇三十地三〇其中心俱在卯申引長之綫上緯南北二十三度半及極南北二十三度半亦按此法作之其經圈卯甲申卯乙申卯丙申等周之中心在戌午引長之綫上八十九

用平分法作平球者以赤道爲圓界作岬叱叮戌圈如後第八圖爲赤道次作岬丙戌叱丙丁兩全徑分每象限爲九分各作全徑爲各經度九十

尋常作地圖者俱用平分畫法因畫圖者不知量算之理但取簡便故用此法若以子午圈爲圓界則每方之對角綫俱不能合因本爲直角而圖中非直角也愈近邊愈不合若以此圖與地球相比或與切綫法相比俱不甚合尋常以緋羅島中綫爲圓界則歐洲東北西南失之長而西北東南失之短若以赤道爲圓界亦有此弊因其距赤道南北十五度處經度大於緯度故南亞美之寬幾加半倍

除全徑之外不能用表尺若用切綫畫法則縱橫可用表尺矣惟初學者可用平分法俟能知切綫畫法即不必用此矣九十一

用平分法作偏球者以某處地平爲圓界然各距等圈及各經圈俱改爲橢圓而距等圈之東西太長九十二

近年英國兵部測地官亨力才生思得新法欲以球體三分之二畫於一幅紙上以見全球之大分人目點在球中心垂綫以上一半徑有半以窺視球內其畫面較此大周更近於目二十三度半各作直綫以過二十三度半處之畫面以爲圖則圖中有一百八十度又加四十七度共得

二百二十七度即爲十分全球之七此圖之人目距外球面稍近於等距畫法因一爲四十五度之正弦一爲半個半徑也因畫面移近二十三度半故與前法不同如第十三圖作平綫與叮吧平行低于丁巳綫二十三度半即爲畫面因目點距半個半徑之故其各周畫法略與偏球法相同如以是圖之人目爲赤道北二十三度半英京東十五度則可畫歐羅巴亞非利之兩全洲除軸綫子午圈以外俱爲橢圓綫故作畫時不易然欲大洲在一覽之中或欲比較物產及地勢者必用此圖且可以此法作星圖九十三

道光十五年西國吳耳告耳思得一法用四幅圖以畫全地每圖為全球三分之一其近邊處有重複其意欲畫地形於方錐四面每面可畫四分之一因見切綫法中狹而邊寬故欲稍減之以免此弊然作四分之一則邊處不清故展寬為三分之一耳其法以北極為方錐之頂南極為方錐底之中心其中緯為赤道北十九度二十八分十六秒最大之南緯在赤道南五十一度其各圖之中經度各相距一百二十度其半徑不為九十度僅有七十度三十分其表尺差數為一與一·五之間若切綫法則為一與二之間九十四

咸豐十年西國海失耳思得一法可畫全球于三幅而但少近南極處一用二百四十度之周一用半周一用一百二十度之周其法見倫敦地圖會書第三十冊詳論各距等圈之半徑惟西國用此法者不多耳九十五

第十章論繪各洲各國分圖法

既知全球之理可明分圖之理如畫半球及球面之一分皆可用上文切綫等法若欲不改其眞象之大小須用別法將穹圓面鋪平入紙如有球面之一分不甚大者或兩距等圈中間之一段地則與圓錐面展開之形相差不遠如第十五圖叱㖪及叮咦為兩距等中間圓錐面之一分一若圓錐包圓球之一分其圓錐綫切于兩距等間之中圈次以錐尖為中心作兩距等圈之弧其各經圈俱為直綫次於距等之中圈上平分其各經度其中圈處無差而上下之距等圈略有大小之差因南北圓錐之面不切球面之故

第十五圖

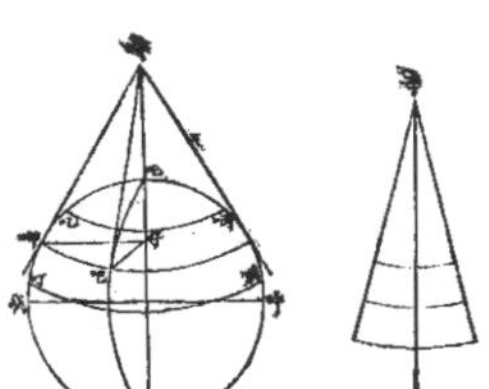

如第十五圖叱㖪及叮咦為第十至第五十度又有吧呷吧及吧吧吧間為六十度濶之經綫哷呷為圓錐之旁面即中圈三十度之切綫吧為北極其切綫為中圈之餘切

若欲推算其大小則有比例式三·一四一六與一若三六〇度與一一四·五九一度之比其半為五七·二九五度即為半徑之度故哷呷度為三十度之餘切即一·七三二〇六乘五七·二九五得九九·二三八三七度即九十九度十四分十八秒可作辛辰直綫內以丙為中圈點自此點起向上度九十九度十四分十八秒至辛即為緯北三十度之中心又為本圖各距等圈之中心等常於中圈上勻分經度而各作直綫今若用算法

則中圈以上之六十度角有比例如下圖中呷子叱與呷啐叱角之比若啐呷與呷吁之比或若三十度餘切與三十度餘弦之比或半徑與正弦若餘切與餘弦之比或一與.5603若六十度與三十度之比今以三十度在辛辰之左右度之又分為六平分每分作十度或可用卷後三表之數于中圈上度之其距中圈上下愈遠則差數愈大若所畫之圖南北短而東西寬者此法最善所差甚微其緯綫與經綫皆成直角其對角綫恒相等九十六

畫圖者比較數法欲免東西南北之差故第一法係以經綫作曲綫其距等圈則仍以圓錐尖為中心中圈之南北

每五度作識又左右每五度作識次以曲綫聯之然作東西極澗之圖則北面太狹而對角綫亦不等故此圖之形亦不甚准作亞細亞圖恒有此弊作歐羅巴者地較窄尙可用之歐羅巴圖尋常錐尖在球面北極以上八度亞細亞則或三十度或三十二度半九十七

又有一法不用圓錐外之切綫而用圓錐內之通徑其圓錐面出入圓面而交於中圈或下圈此法百餘年前木耳大克所創又有得里耳法畫俄羅斯圖其圓錐綫入於圓面在上圈中圈之間其出於圓面在中圈下圈之間此法為最善若用此法則距等有公心中經綫與圓錐綫相交處為公心次于相割之出入兩弧上向左右各平分其里上狹而下寬上下各聯直綫然每中間太小而兩邊太大九十八

若圖內緯度有二三十度亦所差不多若用大幅作大洲雖有微差而形式相似因經緯皆成直角之故所以下文畫大洲說內即用此法

第十六圖

畫歐羅巴全洲圖者先作底綫呷吃如後二之一圖其長不計折半於戕又作戕叮垂綫其長不計為本圖中經綫約為英國偏東二十度先作緯

第十七圖

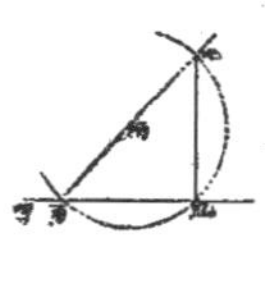

第十八圖

綫法以規尖定每五度為若干長因歐洲在三十五度至七十度之間故可分為八分自戕向叮為各距等與中經相交之點以緯北五十五度為中緯

按本法圓錐面與球面之兩處交點一在中緯北十度一在中緯南十度其各距等之中心即圓錐之尖在吧北極以上四度三十分二十五秒可以自吧度之

先作緯綫如第十六至第十八圖作吧吽為球之象限吶為球心吧為極吶吽為地半徑可分吧吽為九平分每分

爲十度緯北三十五度與七十五度間之中緯是五十五度若欲作五十五度之切綫卽爲哂酉五十五度之餘切酉爲錐尖卽各緯圈之中心然上文所說乃兩處交點而非一交點此兩交點在中緯南北各十度所以圓錐面與哂哂半徑交於甲而哂呷吃及哂哂酉兩三角爲同式故哂哂與哂酉若哂呷與呷吃之比惟哂呷等於哂戉之餘弦卽十度餘弦哂酉爲五十五度餘切亦卽三十五度正切故有比例半徑與三十五度正切若十度餘弦與呷吃之比半徑爲五七二九五·度所以呷吃之度易於推算因五七二九五·度與四〇一一八度若五〇四二四·度與三九五〇七·度之比得三十九度三十分二十五秒卽

爲呷吃故吃爲圓錐之尖距中緯三十九度三十分二十五秒減三十五度得四度三十分二十五秒卽高於北極之數或圖幅不大則大約取極上五度亦不甚差

次作經綫其緯北四十五度六十五度間本圖經綫之相距與球形同可自中點向左右度之又每度作一點或作對角分微尺度之如後二之二圖呷吃爲五緯度作呷吃哂可方形次分呷哂及吃可各爲六以數紀之分底綫爲十平分以數紀之各綫上作垂綫與呷哂平行又於呷哂及吃可各分作對角綫如圖卽可量呷吃六十分之一試查第三表四十五度兩經綫相距爲四二四九五分乃在四十五度綫上度取各經綫之相距作點又各向哂作直綫卽爲經綫次作呷甲吃乙中乙三綫卽本圖之界過此界以外之經緯俱不用其兩旁及上下俱畫度數畫成後各將本圖之表尺里數畫於圖內九十九

以上作法爲歐羅巴最准之圖因其圓錐與圓球所差不大四十五與六十五度之處極准兩處之間所差亦不大故二三百英里之中尙無差數其形象亦不變經緯相交亦爲直角對角綫亦等又有一法是才五司所創可作大洲今英國兵部地圖局俱用此法其距等之中心不一而皆在圖之中直綫上其經綫爲曲綫凡過各緯綫處有比

例若緯度餘弦與半徑之比緯綫與經綫亦成直角每距等圈上經度之相距極准其書中有表記每緯綫有半徑若干及各緯綫處經度若干見英國地圖會全書第三十冊然此法不甚佳因各緯綫之經度相距不等且其經綫相距亦旁邊大於中間故用比例尺恒不能合不能及上文圓錐之法一百

畫亞細亞大洲法見後二之三圖先作呷吃底綫次作戉可中垂綫爲中國西三十一度半卽英東八十五度爲亞細亞中經綫

先作緯綫取每十度爲一分自戉起可作七分半則呷吃

爲緯北第五度因亞細亞在五度與八十度之間故圓錐與球而交于二十五度及六十度其錐尖在北極以上十二度七分五十八秒因半徑與（四七度三〇分）正切若（七七度三〇分）與五十九度三十七分五十八秒之比故減四十七度半而得十二度七分五十八秒次作經綫取二十五度六十度兩交點之緯度查第三表緯北二十五度兩經綫相距（五四四一分）向左右度之各與㑹作直綫乃作四邊界綫又作表尺如上法此圖地太寛處不及歐洲全圖之準百一

又有畫亞細亞之法因地太寛濶圓錐法不甚合故以圓錐與球面交於二十度及五十度兩處其公心在北極以上二十四度其中緯爲三十五度所以圓錐與球面交點在中緯南北各十五度半徑與五十五度正切若十五度餘弦與所求錐尖距中緯之比即（五七五九五）與（八一八二五）若（五五三四三）與（七九〇三五）之比得七十九度二分六秒故減去五十五度而得二十四度二分六秒

先作緯綫如後三之一圖先定十度之規在中緯上度之又定錐尖以得公心而作各緯綫次作經綫查第三表各緯綫上經綫相距向左右度之乃聯各點作曲綫即各經綫其畫亞非利加南阿美利加亦用此法若紙幅甚大則每五度作一緯圈各查五度之經度相距數左右度之尋常畫亞細亞俱用此法然不甚准因旁邊之地改變其形故不及上文圓錐之法百二

畫阿非利加全洲者可以赤道爲中界不能用上文圓錐畫法圓錐形既不能用而圓柱形之法亦不可用故尋常畫阿非利加者以緯度作平行綫按第三表每綫之經度相距度之聯成曲綫先作緯綫如後三之二圖作赤道中作直綫爲東二十度又每十度作識至南北緯綫爲赤道中作直綫爲東二十度又每十度作識至南北四十度各作横綫次作經綫赤道處經緯之相距恒等查第三表緯北南十度爲（五九〇九四分）按分微尺向左右度之二十度亦如之俱聯作曲綫次作四邊界綫又畫度數作表尺而成圖此圖惟經緯綫不成直角各對角綫亦長短不同近邊處差數愈大故地形不甚准耳作一表尺度之恒多不合百三

畫北阿美利加圖者須知此洲在緯北五度及八十度之間與亞細亞相似可用前亞細亞法畫之惟此洲緯北三十度以下甚窄故其相割處可在三十度六十度之兩處則較准于亞細亞因亞細亞兩點相離三十五度此圖相離三十度故能較准其中界爲阿美利加最濶處其南雖有差數因地形甚窄可以不問應作圓錐尖於北極以上

十度二十分三十四秒卽中緯以上五十五度二十分三十四秒可查第三表各數如上法度之與後三之三圖相似以英都西一百度爲中經度其圖之旁須留空地以畫東北之格令蘭得及西北之倍令海百四

畫南阿美利加圖者可用上文阿非利加法畫之但須知南阿美利加自緯北十三度至緯南五十六度不能以赤道爲中界須北有十餘度南有六十度以英都西六十度爲中經綫其圖之不甚准與阿非利加略同而其南尖郤不甚差如後三之四圖百五

隨意畫某地之分圖又與上文畫全洲者不同若所畫處

界於赤道南北者可用阿非利加及南阿美利加之法其他處可用亞細亞歐羅巴之法若南北長二三十度者可用圓錐法畫之亦無甚參差惟須知錐尖在何處以定其公心設欲作澳大利阿並南島在緯南十度四十四度之間卽令圓錐交于二十度三十五度其中緯爲二十七度三十分其錐尖在中綫以下一百零九度七分十二秒卽南極以下四十六度三十七分十二秒于第三表內查三十五度經綫相距度之自錐尖作直綫如上法百六

畫英倫及威而勒士圖者自北至南僅八度或十度其比例尺必大於全洲其錐尖極遠不便作各緯度故用下法

變通之查是地在緯北五十度五十六度之間如後四之一圖先作呷吃底綫折半于㖻而作㖻叮垂綫爲英都西二度又定一度之數向上下度之作六距等圈之點次于五十度以南又加十分各以數紀之乃於五十一度橫綫作對角分微尺如四之二圖以定第三表五十一度五十五度之經綫相距如凡內天天五十一度地地五十五度各相距數次作丙甲及丙甲皆半度又於五十五度上作丁乙及丁乙亦皆半度乃以甲乙及甲乙聯成直綫爲中經旁半度之經綫以規度甲乙對角綫以移於丙作戊戊虛弧又移於丁而作巳巳虛弧又以丙爲中心天天爲半徑作弧而

定巳巳又以地地爲半徑亦作一弧而定戊戊卽得交點于巳巳戊戊次以巳丙巳丙戊丁戊丁聯成直綫又作戊巳戊巳直綫爲經綫卽爲叮㖻中經度之左右第一度又將㖻叮兩點亦以此法定之以吧哦爲中心以甲乙爲半徑而作庚辛兩弧仍以天天地地爲半徑而定庚辛兩點又以戊巳爲中心以定其弧如此定㖻叮左右之各經度然後以各點連作弧綫次又以規度其緯而作兩弧間之各緯弧若其度甚大則每半度作一綫百七

畫巴勒士登圖者係緯北三十一度至三十四度英都東三十四度至三十七度中經度爲三十五度三十分如後

四之三圖呷吃爲底綫呐可爲中綫于中綫上定緯綫四又作對角分微尺如四之四圖檢第三表內三十一度三十四度之兩經相距以三十一度爲天天三十四度爲地地呐點左右各作半天天可點左右各作半地地而定甲乙兩點次以呷甲吃乙聯成直綫爲三十五度三十六度之經綫其餘經綫按前法作之半徑之長爲呷乙對角綫或甲吃移於呷爲中心作戊戊弧又以吃爲中心作辛辛弧又以甲爲中心作庚庚弧又以乙爲中心作子子弧又以呷爲中心吃爲中心各以天天爲半徑定寅卯兩點又以甲爲中心乙爲中心各以地地爲半徑定辰巳兩點聯作辰寅及巳卯兩綫爲三十四度三十七度之經綫次以甲乙辰巳聯作微曲之緯綫乃按前法作三十二度三十三度之緯綫尋常作此圖者每自三十度五十五分至三十三度五十分 百八

以上兩圖與上文圓錐法相同其經緯相交成正角惟緯綫之畫法不同欲作某處分圖俱可用此法其差數與圓錐法略同所定兩緯綫須距中橫綫等遠則差數甚微若其地更小寬濶不及三度者可以最北最南兩綫定其交點 百九

若欲作南北十度或八度之圖則每度按法定其中心左

右之對角綫其中綫左右之各經綫亦稍曲此非圓錐法故其弊與亞非利加圖同 百十

第十一章論繪圓柱形全圖法

凡但考地勢可用上文各法若用以航海須用圓柱畫法蓋凡航海者以羅盤爲準子午綫過南北兩極又過任何處之地平南北點而東點西點常與某處午綫成直角其與各經綫成直角之大圈惟赤道而已其赤道南北之各點聯成大圈均不能與各經綫成直角若以東點或西點爲極常令與極等遠周行一轉則所行必非大周因其距極非九十度故必爲小周也惟在赤道向東向西則爲大周向南向北亦爲大周若别處向東向西則行距等圈即爲小周如不正向東西而恒向一方則行螺絲綫因大周斜絡與各經綫所成交角度不同故恒向一方者必非大周向來所繪地圖向四方俱爲曲綫若用以航海則船行之路亦爲曲綫不易畫出故航海者欲問某處距本處若干是何方向俱不能知有荷蘭人墨加禱思得一法令相距方向與圖相符其法以各經綫爲平分直綫各距等圈爲横綫與經綫成直角其緯綫之相距愈近極愈疏即同于球面經綫愈近極愈密之率 百十一

法以地球變爲同徑之圓柱赤道處球面與柱面相合赤

道南北漸與球面不合則將各距等圈展大以抵于圓柱次以圓柱剖開展爲平幅若用此法卽以赤道之一分爲相度之尺設以一分爲半徑則其比例如半徑與緯度正割若一分經度與一分緯度之比其二三率同爲一則四率與二率同故正割卽爲經度一分之數若以六十分之正割相加得一緯度之共長卽爲午分表明萬厤二十七年英人而來脫曾作一表可按表以作圓柱之圖而荷人墨加禱于嘉靖四十五年已有此圖惟不詳其作圖之法其表雖不甚差究難確準其後七十餘年有人訂正其訛云應用餘緯度折半之正切是書第四表卽用此法自赤

道至八十九度止又地半徑距極愈近愈小故卷末另有一行以地爲橢球之數百十二

用墨加禱法畫地球總方圖如後五圖先作呷吃爲赤道平分三十六各爲十度甲甲乙乙兩垂綫爲左右界查第四表得緯南北十度六〇三分另作分微尺度之如第四之二圖南北各作十度橫綫又查南北二十度爲二〇二分亦以分微尺度之餘仿此等常以緯南六十五度緯北八十度爲限于赤道各點作垂綫爲經綫自中綫左右各紀以數百十三

此法雖爲航海所用然講地學者亦間用之圖中方向雖不差而距赤道愈遠則地形愈失之大如格令蘭得幾與

北阿美利加等其量遠近則另有算法定之因航海者不問面積之大小而但論方向遠近故用之甚便其船行與各綫所成之角與在球面相同百十四

近年論大周行船法卽地球上每兩處相距最近之路必與地球大周相合若船行此路較省於墨加禱圖內之路凡行船者須知大周之各段應改何方向近年欲省布算先將各數列表便于查檢可用規量取其數于圖中作一曲綫設自英國海汊至美國紐蕘克每日行一百五十海里按尋常法則需四十九日若行大周則需四十三日八小時因常法行七千三百六十一海里而大周爲六千四

百八十八海里計省八百七十三里百十五

第十二章畫圖餘論

自七章以下皆定經度緯度之法至於地形山川等綫學畫者但按度臨摹其形應用何法各從其便閱者視經綫緯綫之合否以別圖之精否凡臨摹者必畫成相似形其九宮方格愈密愈妙或放大或縮小俱可用之百十六

凡摹圖縮小者較准于放大因其不准處漸少也畫時縮小亦便於放大如作歐羅巴全圖者先作各國分圖而縮臨之以合成全圖畫時先用鉛筆然後著色再加墨綫庶不模糊其山色可用深黃或淡墨色染之百十七

凡畫圖時一絲不可苟且方能精確庶不貽悞用圖之人葢天文家地學家用兵家測海家所欲考訂之事俱須于地圖攷之故各圖所用不同或表明山原之高低或表明水道之分合或表明省府之界址或分圖上表明村鎮林木鹽地等處惟天下甚大尚未細細探測除歐洲數國之外據行旅者之劄記而已以後可用圖中已測定之山以轉測附近各處之經緯度

凡畫地者須細訪地理各事以輔佐所作之圖或考地產或考河海之漲落或雨晹風浪之異同凡為圖中所需者俱須考測以著為成書

尋常閱圖者勿因地名甚多而即信為善本有時以地名少者易查緊要之地其去取出入煞費苦心若荒僻處塡註甚密而繁庶處反多缺略則必為識者所笑矣故圖中每註一地須較量其間可略則略之

若作歐洲各國分圖宜用相等之比例尺庶幅員之廣狹一覽而知惟有最大最小之國不能槪用一比例尺耳故欲畫小國之圖須定四倍或八倍之大庶入目中亦有成數如瑞士比利時等國

欲考幅幀大小須論各緯度之面積第五表記南北緯每度面積可推算某國之面積若干又可考某國水面若干

方里陸地若干方里

第一行星表

名目	赤道全徑海里	中距日海里	周率平日數
日	八八二〇〇〇		
水	三一四〇	三六七八四〇〇〇	八七.九六九
金	七八〇〇	六八七三四〇〇〇	二二四.七〇一
地球	七九二六	九五〇二五〇〇〇	三六五.二五六
火	四一〇〇	一四四七八九〇〇〇	六八六.九七九
木	八七〇〇〇	四九四三九四〇〇〇	四三三二.五八五
土	七九一六〇	九〇六四二三〇〇〇	一〇七五九.二一九
天王	三四五〇〇	一八二二八〇七〇〇〇	三〇六八六.八二一
海王	四一五〇〇	二八五四二四七〇〇〇	六〇一二六.七一〇

名目	全徑	中距本星心	周率平日數
地球一月	二一五三	二三七〇〇〇	二七.三二一
木星四小月	二五〇八	二六三〇〇〇	一.七六九
	二〇六八	四一八〇〇〇	三.五五一
	三三七七	六六七〇〇〇	七.一五四
	二八九〇	一一七〇〇〇〇	一六.六八八
土星八小月	、、	一三六〇〇〇	〇.九四二
	、、	一七〇〇〇〇	一.三七〇
	、、	二七〇〇〇〇	一.八八七
	、、	二〇〇〇〇	二.七三九
	、、	三七八〇〇〇	四.五一七
	、、	八七六〇〇〇	一五.九四五
	、、	一一〇八〇〇〇	二二.五〇〇
	、	二五四七〇〇〇	七九.三二九
天王六小月	、、	〇〇〇〇〇	四.〇〇〇
	、、	二九三〇〇〇	八.七〇五
	、、	三四一〇〇〇	一〇.九五八
	、、	三九三〇〇〇	一三.四六三
	、、	七六七〇〇〇	三八.〇八三
	、、	一五六九〇〇〇	一〇七.五〇〇
海王一月	、、	二四九〇〇〇	五.八六八

第二各距等圈兩經相距渾量表

度	經距	度	經距	度	經距
〇	六〇.〇〇〇	三一	五一.四三〇	六一	二九.〇八九
一	五九.九九一	三二	五〇.八八三	六二	二八.一六八
二	五九.九六三	三三	五〇.三二〇	六三	二七.二三九
三	五九.九一八	三四	四九.七四二	六四	二六.三〇二
四	五九.八五四	三五	四九.一四九	六五	二五.三五七
五	五九.七七二	三六	四八.五四一	六六	二四.四〇四
六	五九.六七一	三七	四七.九一八	六七	二三.四四四
七	五九.五五三	三八	四七.二八一	六八	二二.四七六
八	五九.四一六	三九	四六.六二九	六九	二一.五〇二
九	五九.二六一	四〇	四五.九六三	七〇	二〇.五二一
一〇	五九.〇八八	四一	四五.二八三	七一	一九.五三四
一一	五八.八九八	四二	四四.五八九	七二	一八.五四一
一二	五八.六八九	四三	四三.八八一	七三	一七.五四二
一三	五八.四六二	四四	四三.一六〇	七四	一六.五三八
一四	五八.二一八	四五	四二.四二六	七五	一五.五二九
一五	五七.九五六	四六	四一.六八〇	七六	一四.五一五
一六	五七.六七六	四七	四〇.九二〇	七七	一三.四九七
一七	五七.三七八	四八	四〇.一四八	七八	一二.四七五
一八	五七.〇六三	四九	三九.三六四	七九	一一.四四九
一九	五六.七三一	五〇	三八.五六七	八〇	一〇.四一九
二〇	五六.三八二	五一	三七.七五九	八一	九.三八六
二一	五六.〇一五	五二	三六.九四〇	八二	八.三五〇
二二	五五.六三一	五三	三六.一〇九	八三	七.三一二
二三	五五.二三〇	五四	三五.二六七	八四	六.二七二
二四	五四.八一三	五五	三四.四一五	八五	五.二二九
二五	五四.三七八	五六	三三.五五二	八六	四.一八五
二六	五三.九二八	五七	三二.六七八	八七	三.一四〇
二七	五三.四六〇	五八	三一.七九五	八八	二.〇九四
二八	五二.九七七	五九	三〇.九〇二	八九	一.〇四七
二九	五二.四七七	六〇	三〇.〇〇〇	九〇	〇.〇〇〇
三〇	五一.九六二				

此表以地形為渾圓球體

第三各距等圈兩經相距續表

度	經距	度	經距	度	經距
〇	六〇〇〇〇	三一	五一四七五	六一	二九一六一
一	五九九九一	三二	五〇九三〇	六二	二八二四〇
二	五九九六四	三三	五〇三七〇	六三	二七三一〇
三	五九九一八	三四	四九七九三	六四	二六三七二
四	五九八五四	三五	四九二〇二	六五	二五四二六
五	五九七七三	三六	四八五九六	六六	二四四七一
六	五九六七三	三七	四七九七五	六七	二三五〇九
七	五九五五六	三八	四七三三九	六八	二二五四〇
八	五九四一九	三九	四六六八八	六九	二一五六四
九	五九二六六	四〇	四六〇二一	七〇	二〇五八一
一〇	五九〇九四	四一	四五三四六	七一	一九五九二
一一	五八九〇五	四二	四四六五四	七二	一八五九六
一二	五八六九七	四三	四三九四八	七三	一七五九五
一三	五八四七二	四四	四三二二九	七四	一六五八八
一四	五八二二九	四五	四二四九五	七五	一五五七七
一五	五七九六八	四六	四一七五〇	七六	一四五六〇
一六	五七六九〇	四七	四〇九九二	七七	一三五三九
一七	五七三九四	四八	四〇二二〇	七八	一二五一四
一八	五七〇八一	四九	三九四三七	七九	一一四八五
一九	五六七五一	五〇	三八六四二	八〇	一〇四五二
二〇	五六四〇三	五一	三七八三四	八一	九四一六
二一	五六〇三八	五二	三七〇一五	八二	八三七七
二二	五五六五七	五三	三六一八五	八三	七三三六
二三	五五二五八	五四	三五三四三	八四	六二九二
二四	五四八四二	五五	三四四〇〇	八五	五二四六
二五	五四四一〇	五六	三三六二七	八六	四一九九
二六	五三九六二	五七	三二七五四	八七	三一五〇
二七	五三四九六	五八	三一八七〇	八八	二一〇一
二八	五三〇一五	五九	三〇九七七	八九	一〇五〇
二九	五二五一八	六〇	三〇〇七四	九〇	〇〇〇〇
三〇	五二〇〇四				

此表以地形爲扁圓球體

第四午分表

緯度	渾圓午分	扁圓午分	緯度	渾圓午分	扁圓午分
一	六〇〇〇	五九六三	四六	三一一五五五	三一〇〇一四
二	一二〇〇二	一一九二七	四七	三二〇二七一	三一八七〇五
三	一八〇〇八	一七九〇四	四八	三二九一五三	三二七五六二
四	二四〇一九	二三八七〇	四九	三三八二〇八	三三六五九一
五	三〇〇三八	二九八五二	五〇	三四七四四七	三四五八〇六
六	三六〇六六	三五八四三	五一	三五六八八一	三五五二一五
七	四二一〇五	四一八四四	五二	三六六五一九	三六四八三〇
八	四八一五七	四七九〇四	五三	三七六三七六	三七四六六五
九	五四二二三	五三八八九	五四	三八六四六四	三八四七二九
一〇	六〇三〇七	五九九三六	五五	三九六七九七	三九五〇四二
一一	六六四〇九	六六〇〇二	五六	四〇七三九〇	四〇五六一五
一二	七二五三二	七二〇八七	五七	四一八二六二	四一六四六三
一三	七八六七八	七八一九七	五八	四二九四三〇	四二七六一二
一四	八四八四九	八四三三一	五九	四四〇九一四	四三九〇七六
一五	九一〇四六	九〇四九二	六〇	四五二七三七	四五〇八八一
一六	九七二七三	九六六八二	六一	四六四九二三	四六三〇四七
一七	一〇三五三〇	〇二九〇四	六二	四七七四九八	四七五六〇七
一八	一〇九八二二	一〇九一六一	六三	四九〇四九四	四八八五八二
一九	一一六一四九	一一五四五三	六四	五〇三九四二	五〇二〇一五
二〇	一二二五一四	一二一七八一	六五	五一七八八一	五一五九三八
二一	一二八九二〇	一二八一五二	六六	五三二三五一	五三〇三九四
二二	一三五三六九	一三四五六七	六六半	五四〇三〇三	五三八三三二
二三	一四一八六三	一四一〇二七	六七	五四七四〇一	五四五四二七
二三半	一四四九一〇	一四四〇七四	六八	五六三〇八二	五六一〇九四
二四	一四八四〇六	一四七五三五	六九	五七九四五六	五七七四五二
二五	一五四九九九	一五四〇九五	七〇	五九六五九二	五九四五七五
二六	一六一六四七	一六〇七〇九	七一	六一四五七〇	六一二五四三
二七	一六八三五二	一六七三七九	七二	六三三四八四	六三一四四六
二八	一七五一一六	一七四一一一	七三	六五三四四二	六五一三九〇
二九	一八一九四四	一八〇九〇五	七四	六七四五七四	六七二五一二
三〇	一八八八三八	一八七七六八	七五	六九七〇三四	六九四九六〇
三一	一九五八〇一	一九四六九八	七六	七二一〇〇七	七一八九一六
三二	二〇二八三八	二〇一七〇三	七七	七四六七二一	七四四六三〇
三三	二〇九九五三	二〇八七八七	七八	七七四四五七	七七二三六二
三四	二一七一四八	二一五九五一	七九	八〇四五七一	八〇二四六三
三五	二二四四二九	二二三一九九	八〇	八三七五二〇	八三五四〇五
三六	二三一七九九	二三〇五三九	八一	八七三九〇六	八七一七九三
三七	二三九二六三	二三七九七四	八二	九一四五四六	九一二四二一
三八	二四六八二六	二四五五〇八	八三	九六〇五八二	九五八四五五
三九	二五四四九三	二五三一四六	八四	一〇一三六八九	一〇一一五五九
四〇	二六二二六九	二六〇八九三	八五	一〇七六四六二	一〇七四三二七
四一	二七〇一六〇	二六八七七六	八六	一一五三二五二	一一五一一〇九
四二	二七八一七一	二七六七三八	八七	一二五二二一一	一二五〇〇八四
四三	二八六三一〇	二八四八四八	八八	一三九一六四三	一三八九五〇三
四四	二九四五八一	二九三〇九四	八九	一六二九九五六	一六二七七七八
四五	三〇二九九四	三〇一四七八	九〇		

表內午分之數可以赤道每度六十分作尺度之

第五每緯度一周之面積表

緯度	面積方英里數	緯度	面積	緯度	面積
〇					
一	一七一七八五五[illegible]〇	三一	一四八〇三〇一九六七	六二	八一九七一二九九二
二	一七一七三四三二〇六	三二	一四六四七六九五七四	六三	七九三二三四七五六
三	一七一六二八〇一五二	三三	一四四九八六三一四四	六四	七九九五二〇六一五
四	一七一四七〇五一五八	三四	一四三二五四三三〇五	六五	七三九五八九九二七
五	一七一二六一八五二二	三五	一四一五七七〇六八三	六六	七一二二〇六四五七
六	一七一〇〇一九九四九	三六	一三九八五八四六五二	六六半	三六八七七一四三九
七	一七〇七八七〇一六〇	三七	一三八〇九四五八三九	六七	三一六二五八四〇九
八	一七〇三二二八二一八	三八	一三六二九一三三〇二	六八	六五七四一九八八一
九	一六九九〇五四七四九	三九	一三四四四四七六七〇	六九	五二九六〇三二六五
一〇	一六九四三四九七五三	四〇	一三二五五八八三一三	七〇	六〇一六〇九五二三
一一	一六八九二五一〇三三	四一	一三〇六三一五五四八	七一	五七三四五八二九二
一二	一六八三四二三九二六	四二	一二八六六四九〇五八	七二	五四五〇九〇三一三
一三	一六七七二〇三〇九四	四三	一二六六五八八八四五	七三	五一六五八四九三一
一四	一六七〇四五〇七三六	四四	一二四六一三四九〇九	七四	四八七九〇二一七四
一五	一六六三一八六五三七	四五	一二二六一三三七五五	七五	四五九〇八一六一二
一六	一六五五四四九八七〇	四六	一二〇四一〇五一二四	七六	四三〇一二三二四八
一七	一六四七一六一九九〇	四七	一一八二五二八八七六	七七	四〇一〇四六七六七
一八	一六三八四〇一六四二	四八	一一六〇五九八四七七	七八	三七一八一二七九七
一九	一六二九一四九一四〇	四九	一一三八三三四一一二	七九	三四二五〇〇〇八一
二〇	一六一九三六五一一〇	五〇	一一一五六九四三一〇	八〇	三一三〇六九二四九
二一	一六〇九一二八二九八	五一	一〇九二七四〇三三〇	八一	二八三五二〇二九九
二二	一五九八三七九七四七	五二	一〇六九四三一七九八	八二	二五三九三一九七八
二三	一五八七一三八八四一	五三	一〇四五七八八七〇一	八三	二二四二二五五三九
二三半	七三六六九六〇五九	五四	一〇二一八五〇三一二	八四	一九四四六〇〇四二
二四	八二八七二九五〇七	五五	九九七五九六九四三	八五	一六四六五五一七二
二五	一五六三二三九八二四	五六	九七三〇四八二八三	八六	一三四七九一二四三
二六	一五五〇五六一九二七	五七	九四八一八四六四三	八七	一〇四八六八二五七
二七	一五三七四三一二四八	五八	九二三〇二五七一一一		
二八	一五二三八〇八四一五	五九	八九七六一〇八五八	八八	七四九二五五八四
二九	一五〇九七三二七九九	六〇	八七一九〇〇七一三	八九	四四九六三二二五
三〇	一四九五二〇四四〇二	六一	八四五九三四六四七	九〇	一四九八一一八〇

全地球面積一百九十六兆八十六萬一千七百五十五方英里

繪地法原　附圖　一

一之一圖

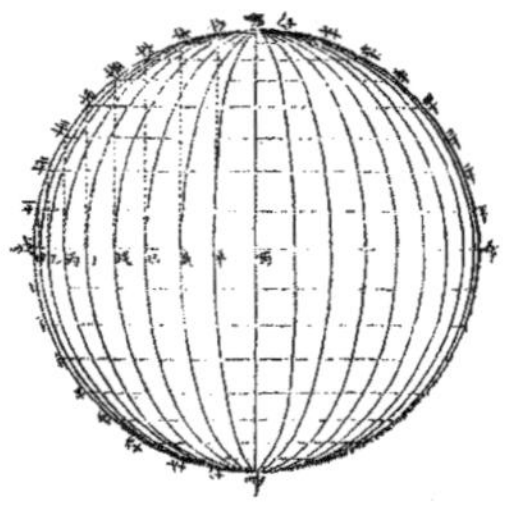

一之二圖

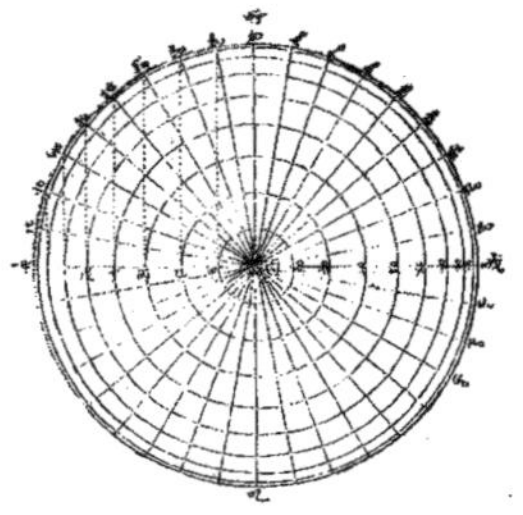

一之三圖

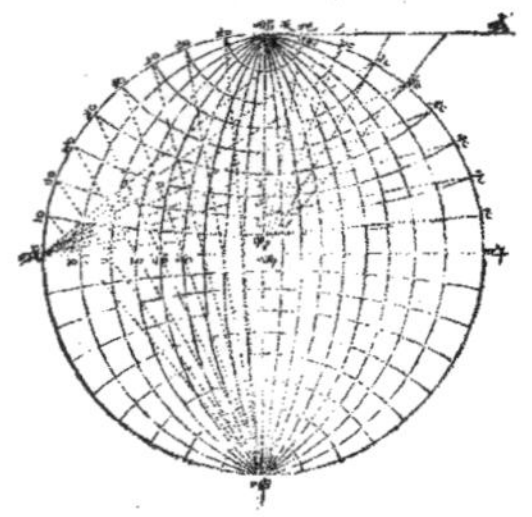

一之四圖

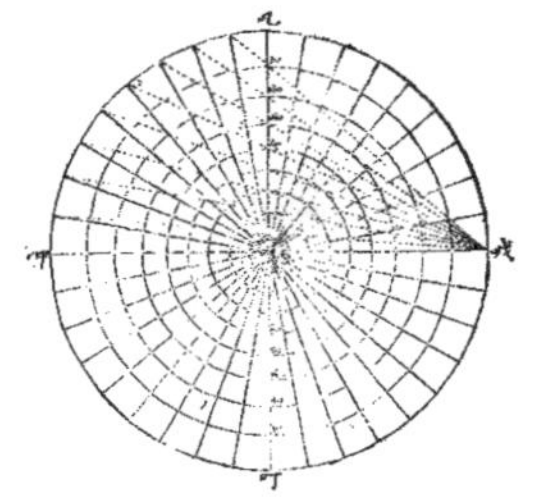

繪地法原　附圖　二

一之五圖

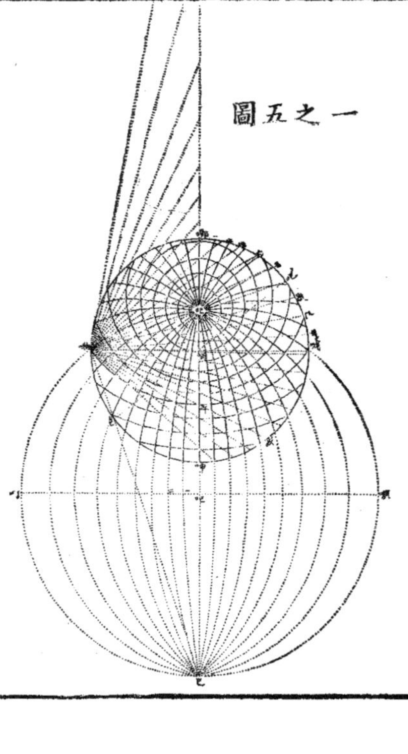

一之六圖

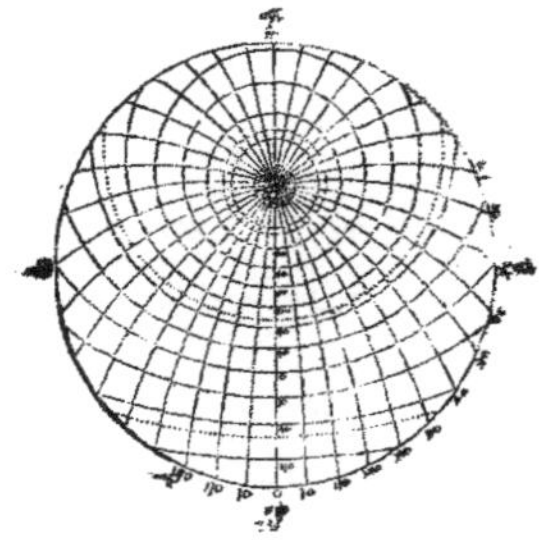

一之七圖

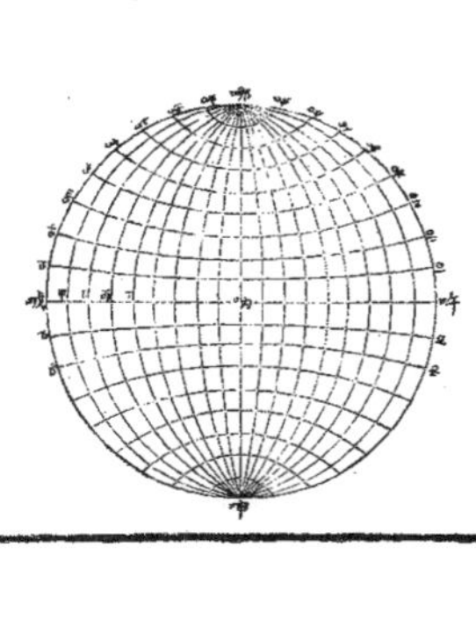

二之一圖

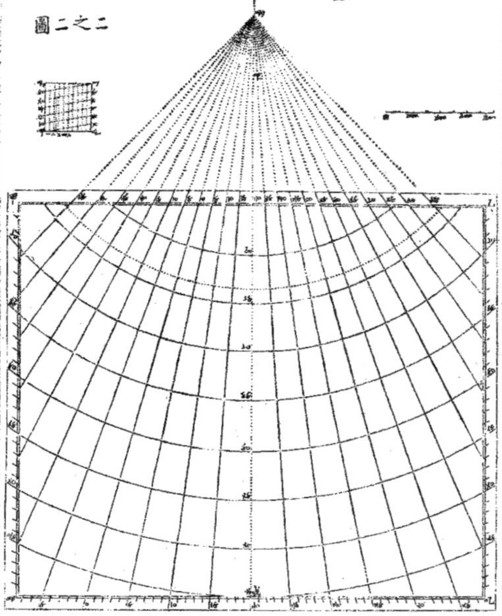

二之二圖

一之八圖

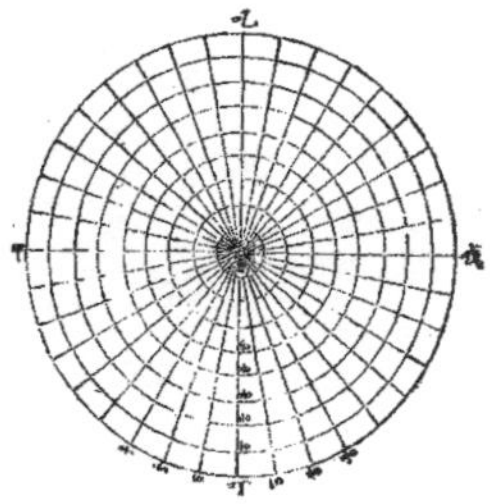

三之一圖

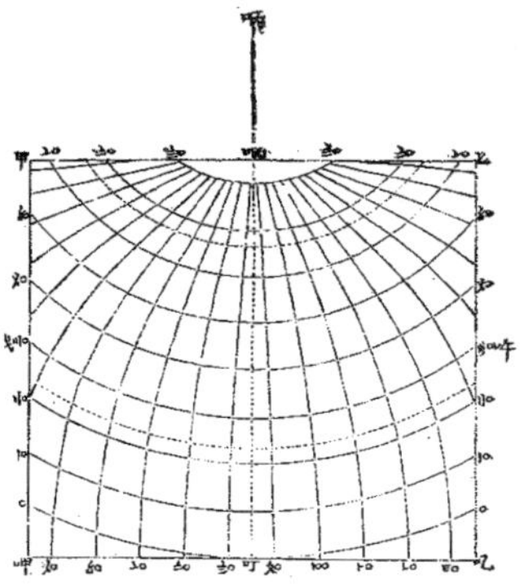

二之三圖

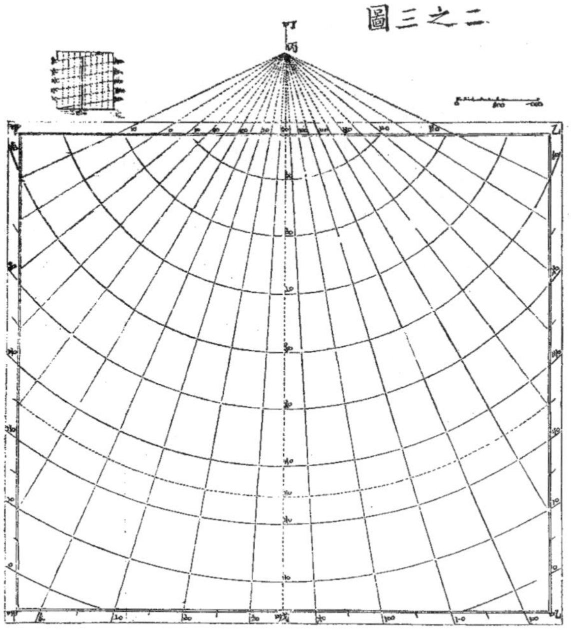

三之二圖

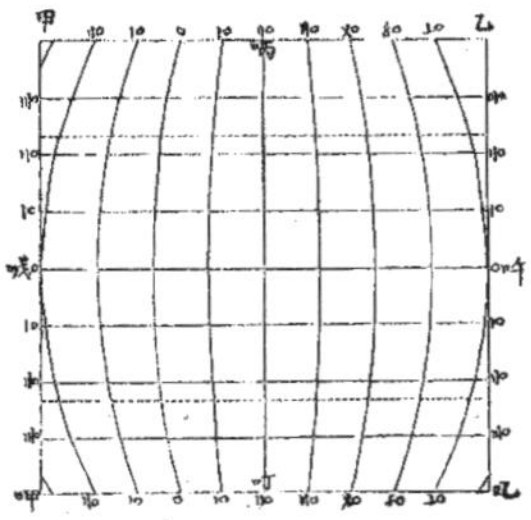

三之三圖

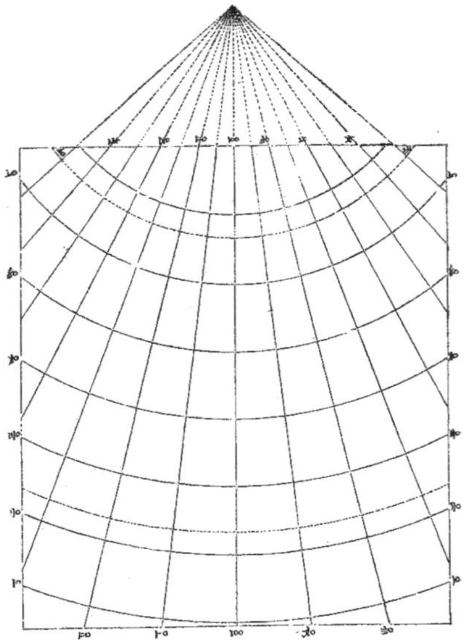

三之四圖

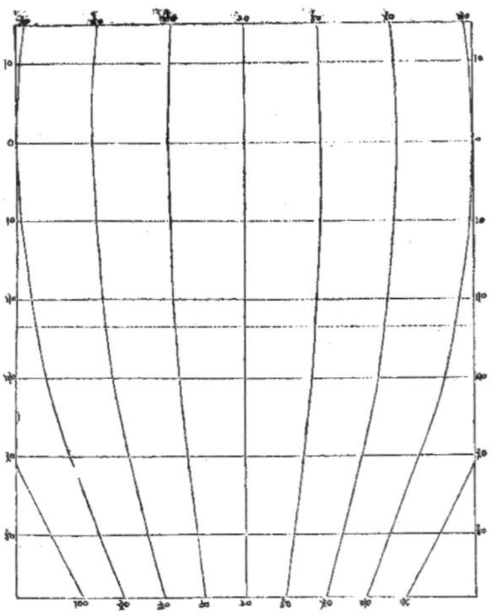

四之一圖

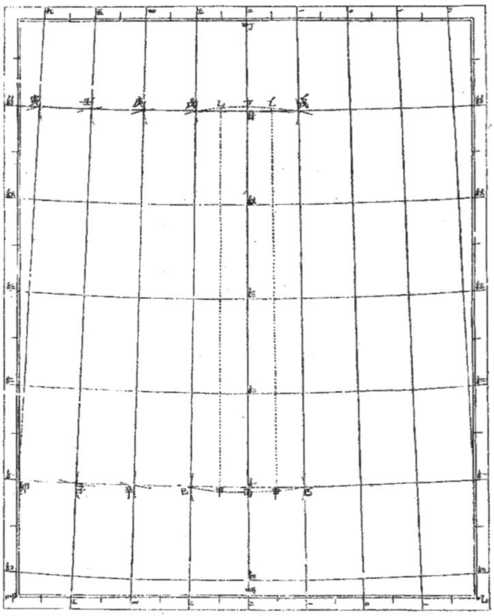

四之二圖

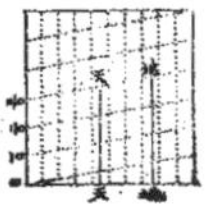

四之三圖

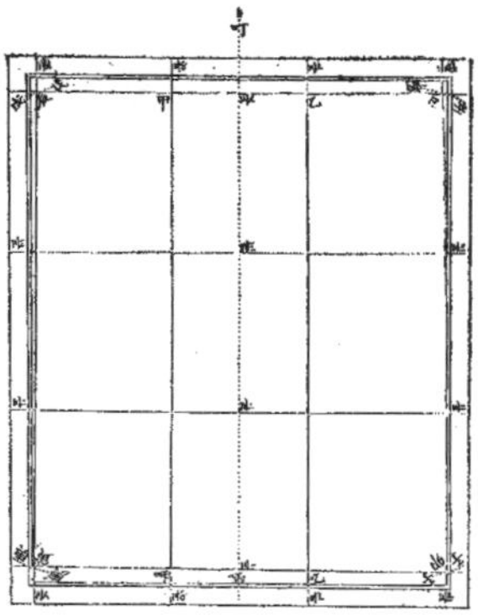

四之四圖

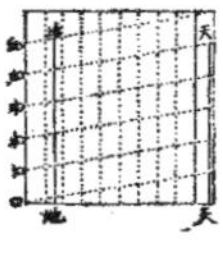

四之五圖

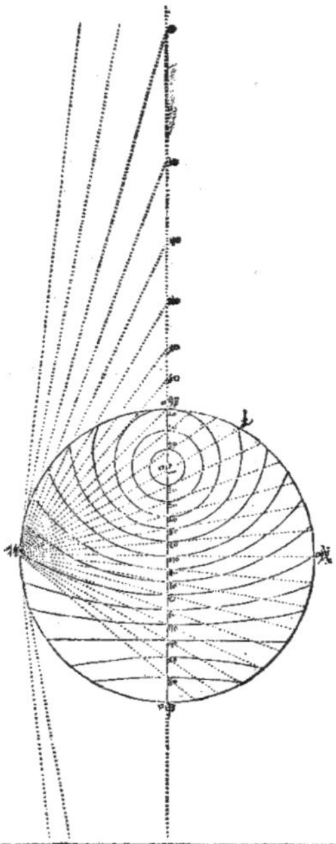

五之一圖

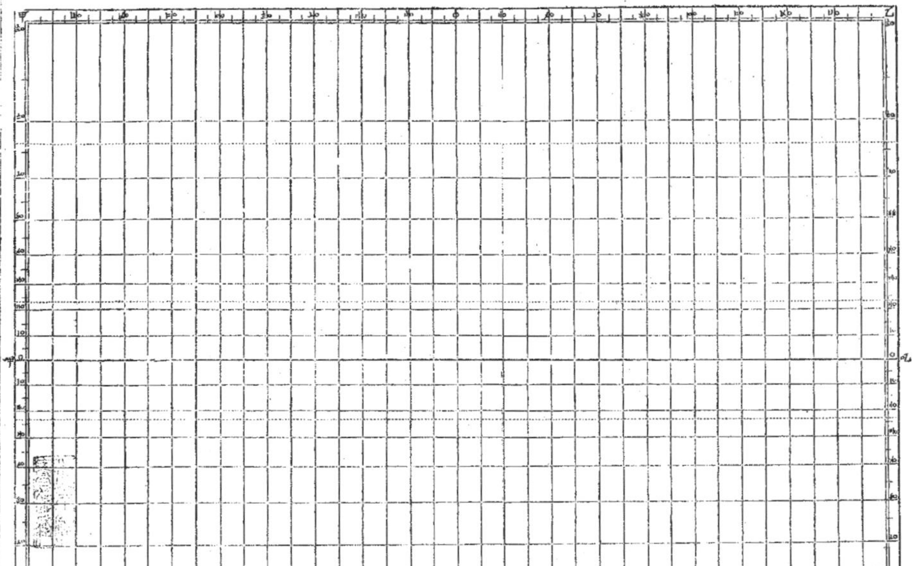

五之二圖

畫形圖説一卷

〔英〕傅蘭雅著

《畫形圖説》一卷，英國傅蘭雅著。是書據英國W. & A. K. Johnson公司所出製圖挂圖機器配套説明書*Aids to Model Drawing*譯出。有英國畫師里察森（F. Calmady Richardson）中文序，正文解説十二幅插圖之透視及畫法，便於初學。據中國國家圖書館藏清光緒十一年（一八八五）上海益智書會刻本影印。

光緒十一年新鐫

畫形圖説

英國傅蘭雅著

畫形圖説序

是書之作，因有大圖一十二幅，各繪體式，界線分明，張懸壁間，便於一班生徒共同觀摩，幅內各圖藉通視法爲之。習學時，一面觀其圖，一面閱其書，復有教師口講指畫，逐細分解，則圖內各線之畫法與彼此之關涉，自易暢曉矣。近來尚未見他人著有合用之畫形書，故覺是册爲不可少。業已多年在國家書院教習畫圖各事，往往用此書所論之法，而得大益。然此書非但爲幼學所設，凡塾中少年輔教習，即學長之類，皆可藉之指授衆徒，故於各法格外詳明，可免輔師時詢於總教習之煩。至於圖內各式之列法，欲使生徒見體時，無論何向觀之，皆得畫其當時之形，故凡輔師詳閲此書，以之指點畫圖，每步之工，則必爲得法，而學者亦易有進步矣。

凡用此各圖教習時，必將其眞體置於身旁，以爲準驗，不可但抄摹圖式，而盲於眞體也。所用之體可照各圖形式，以粗鐵絲或木等製之，或購西國現成之副亦可。

光緒六年　英國畫師里察森撰

畫形圖説　一

第一幅

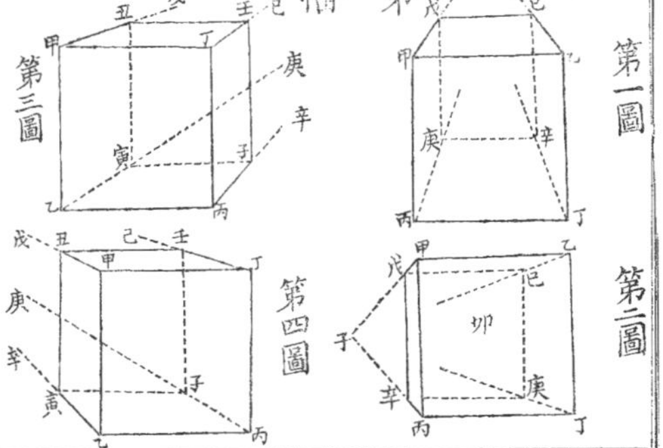

第二幅

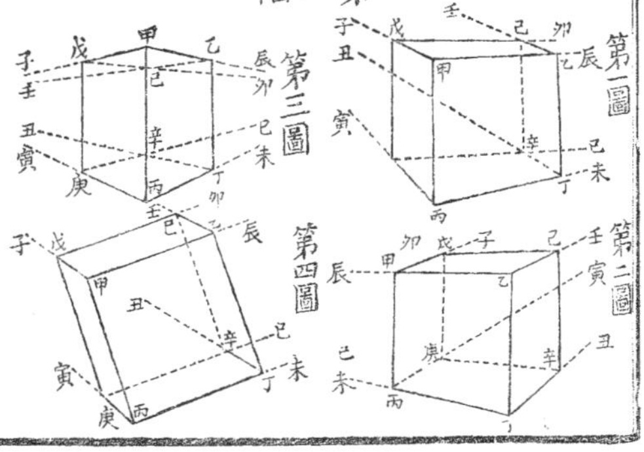

畫形圖　二

第三幅

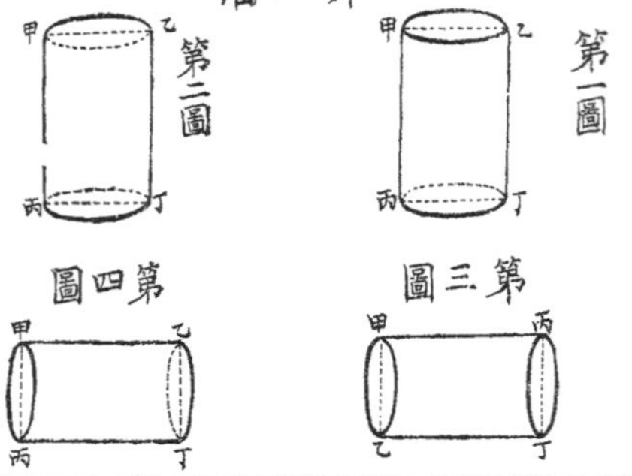

第四幅

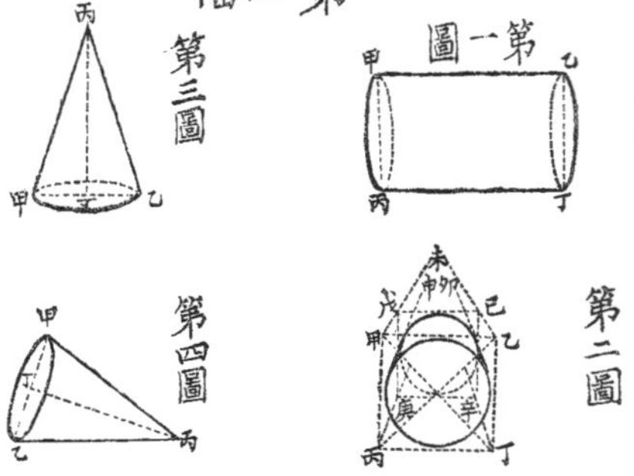

第五幅

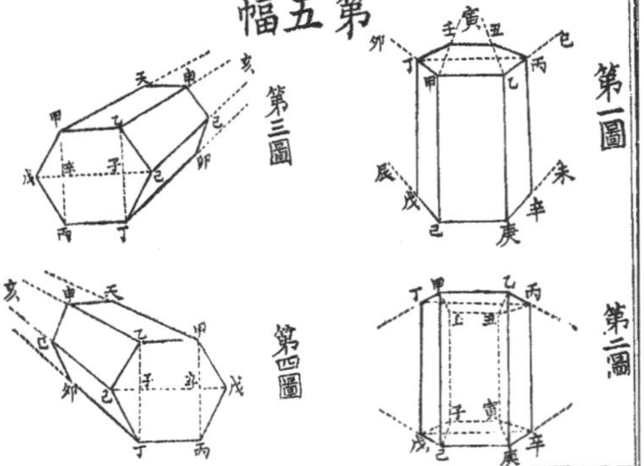

第六幅

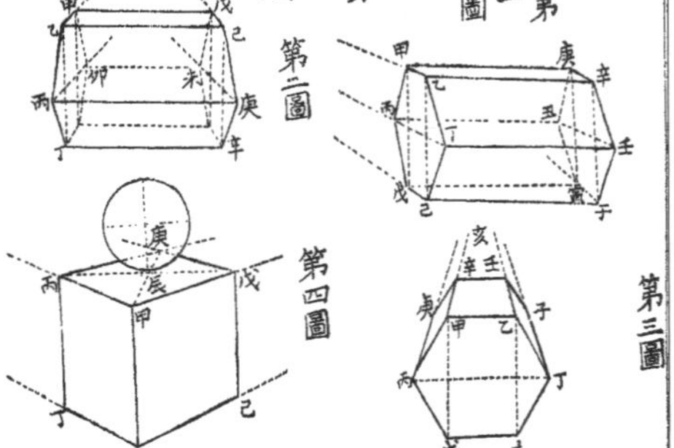

畫形圖　三

第七幅

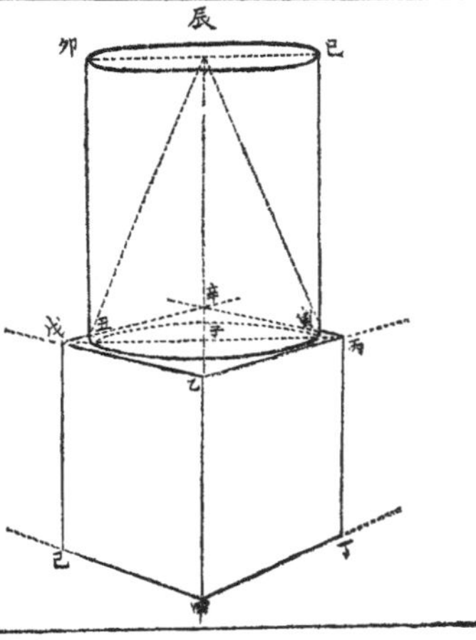

第八幅

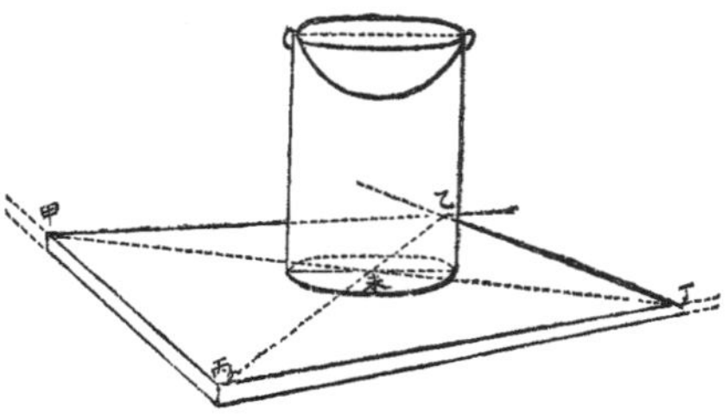

第九幅

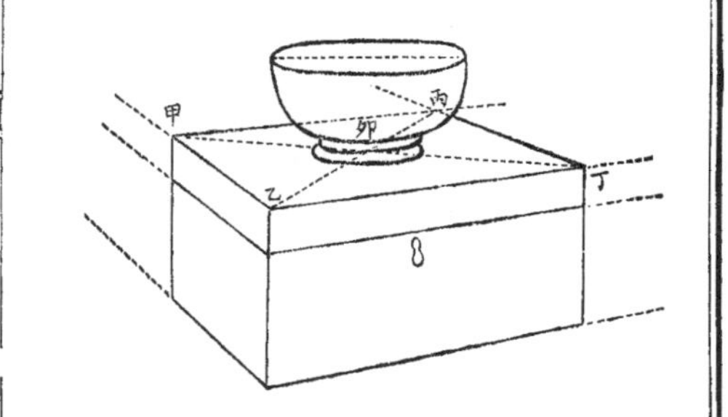

第十幅

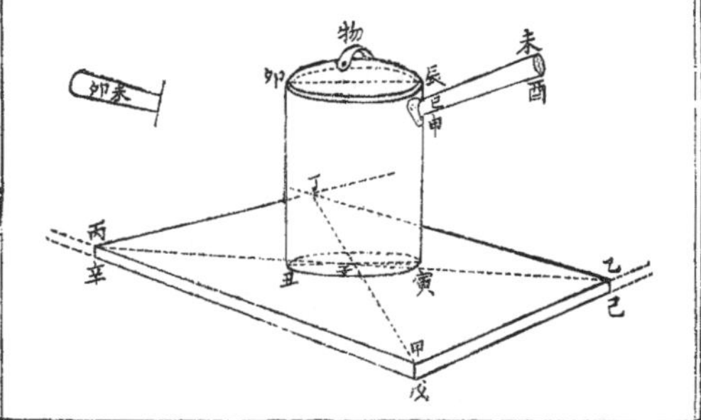

第十一幅

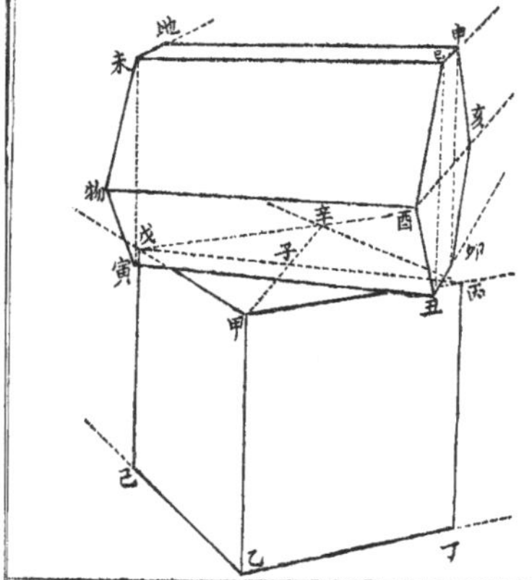

第十二幅

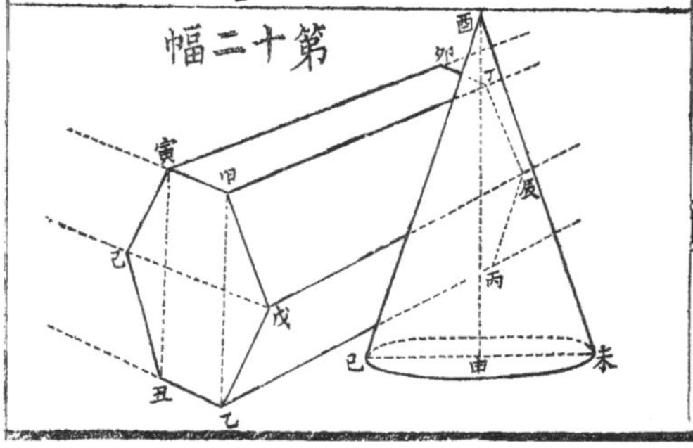

畫形圖說

凡畫物體形者、皆靠通視之法、即通前直望或作視學法故於十二幅圖說之前、應略論通視之畫法、蓋凡體之眞式、易顯其本來形象、惟欲畫之於圖則從各方向視之、其形式各有不同之處、如近目之邊則大、遠目之邊則小是也、

通視法第一要說、乃凡全體並體之界線、愈離人目則視之愈小、假如長街一條、自此端

第一小圖

通前直望、則兩旁屋宇之門窗燈柱、即路燈之托柱與人等、愈遠則愈小、如第一小圖甲端各線最大、愈向乙端則線愈小、

在此圖內又有一事須先明之、即所看牆垣之上端卯申線爲向下斜、而甲乙路乃向卯申線而上斜、此爲通視法之第二要理、即凡在人目以上之線、似向下斜、凡在人目以下之線、似向上斜也、畫圖事內務愼此理、否則失之平線、難於合法、

第二小圖

視體時、欲量其各線比例之大略、可以手捻筆、向前伸直、目與筆尖正對其體任一界線之頂或底、再將大指隨筆桿移之、至正對此界線之底或頂、即爲本界線之長、再依同法、以量其體之各線、則在筆桿上、能得其各線長短之略比例、但筆與目距必恆相等、否則

大差、如第二小圖甲乙爲立方體側邊之線、未申爲畫者之筆、則筆上端未正對體之甲端、而將大指移上至庚點、適正對體之乙端、則筆上所得未庚二點、卽爲甲乙邊長短之比例數、以同法可得各體各線之比例、然英國家考試畫圖之時、命畫之圖、多屬甚大、若其體頗遠、而筆上所量之長、不足爲圖上之比例、則可將量得之數、度二三次、或任多次、以足其用、每線如此爲之、則所畫之比例、亦屬合法、然此不過初學略法、練習數次、自能不待筆量、而視得各體界線之比例、至若善視者、各線短長、一目輒瞭、初學時、尤不必藉筆量之法也、

前言通視各體、其上下之線、愈離目則愈短、愈近目則愈長、依此理畫一門之形、門向人目而開、如第三小圖、可見離鉸鏈或樞最遠之邊、卽與人目最近之邊、比聯於鉸鏈之邊更長、反之、若門離人目而開、如第四小圖、則聯於鉸鏈之邊、爲近人目者、乃大於其對邊、如試畫箱蓋、或別種同類體之形、其理亦同、總之、凡移動其體上能活動之件、而畫其圖、則近目之邊、必大於遠邊也、

第四小圖

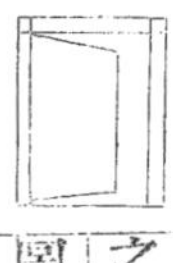

第三小圖

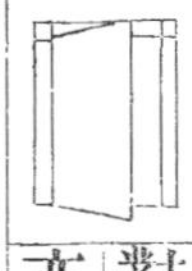

從此可得公理曰、凡線與目愈相離、或人目與線愈相離、則視之愈小、如看人登高塔、或望樓、見其大人之體、不及

地面身旁小兒之大、此亦離目更遠之故也、

以上爲通視法之大綱、已明此各理、卽可起手依次畫圖、然須有其眞體、在所掛之圖旁、否則圖無甚用、又每畫一圖之線、敎師宜詳解各事各理、則生徒易有進益、

第一幅圖說

本幅內有四圖、第一圖爲立方體之正視形、能見其頂面、畫法、先作正方甲乙丙丁、其線可靠直尺畫之、以取準直、用鉛筆畫輕線尤佳、凡畫錯處、或成後不須留之線、皆可用橡皮等揩而去之、（如用中國筆墨亦可、惟須預使無誤、則無法能揩、若畫於水牌或石板上揩之則易）次作甲戊乙己二線、至任長、能漸相近、若向戊己二點引長、至久、則能相遇、而虛線丙庚與丁辛、亦能與甲戊乙己同點相遇、再作戊庚己辛二虛線、而圖以成、畫虛線者、欲其甚準、俟圖已成、可以揩去、

第二圖、爲立方體之側視形、人目在左、而不見其頂面、既不見其頂面、則頂高於目必矣、故甲戊線、向子點引長、必斜向下、次作甲乙丙丁方形、然非正方、蓋人目在左、愈離目則甲乙丙丁面、愈近於長方、而乙丁線亦稍短於甲丙線、惟本圖者、與正方無大差別、故當爲正方亦可、若立方體正在目前、卯點正對人目、則左右上下各面俱不得見、只見其前面甲乙丙丁正方形而已、

第三圖亦爲立方之側視形人目在其左能見其頂面與左面畫法先作甲乙丙丁次作甲丑丁壬丙子乙寅各線俱向戊己庚辛漸進再依法度取丁壬作壬丑線與甲丁平行又作壬子線與丁丙平行再作子寅丑寅二虛線既成則去虛線虛線爲畫圖不可少者如畫數體相並之圖此事更要且以此線教師易於更改指證而學者亦易於明辨暢曉焉

第四圖亦爲立方體之側視形人目在其右先作甲乙丙丁方形次作乙寅甲丑丁壬丙子各線各線向己戊庚辛引長即向人目之邊或向紙左上角處漸近或久引之必

致相遇再依法度取甲丑作丑寅線與甲乙平行丑壬線與甲丁平行寅子線與乙丙平行子壬線與丙丁平行畢則依前揩去虛線

第二幅圖說

第一圖爲立方體之側視形人目在其右惟所視甲乙丙丁面比甲丙庚戊面更多故甲乙丙丁面必作大於甲丙庚戊面若其相距愈大則此例亦必愈大法先作丙丁未丙庚寅二線次作甲丙（必慎使甲丙爲垂線）再依法度取丙丁於丁點作丁辛線若此線依法引長必與丙庚寅歸於同點次度取丙庚作庚辛巳線此線引長必與丙丁未歸於同點

以上各線既成則立方形之下面即顯再作甲乙辰戊己卯俱向卯辰漸近再作甲戊子乙己壬二漸近線則其己點應正在辛點之上畢則揩去虛線

第二圖爲立方體之側視形人目在其左法先作丁辛丑丁丙未二線次作乙丁垂線與辛庚巳丙庚寅二線再作乙己壬甲戊子乙甲辰巳戊卯各線須依法而度其各相距俱照甲丙庚戊各方位爲之又必慎乙戊正對於丁庚二點

第三圖爲立方體之稜視形人目在其左而不見其頂面則甲戊子乙己壬與甲乙辰戊己卯各線俱在人目之上

故必向下而斜又丁辛丑丙庚寅與丙丁未庚辛巳俱在人目之下故必向上而斜畫畢去虛線而餘線祗有戊庚甲丙乙丁甲戊甲乙庚丙丙丁即爲本立方體之圖

第四圖爲立方體之斜視形與一幅第一圖相似不過其體爲斜置者法先作丙庚寅丙丁未二線與本幅一二圖相似次作斜線甲丙其斜度以立方體所欹仄之度爲則而餘各線亦必與前各圖不同又甲戊子甲乙辰戊己卯乙己壬四線亦必改其方位向右各線必向卯辰巳未漸近所有向壬子寅丑之線必向左漸近此僅爲斜置立方體之一種至於各種斜置法大抵可以類推

照以上二幅圖之法可作各種方面與立方體之圖如作門或立方箱長方箱以及桌几杌凳之類俱與以上之法有同理焉

第三幅圖說

前二幅所論者皆屬有泉此幅則論以曲線如將圓箍一個立置之人目正對其心而畫其圖可以正圓當之若箍平置地面俯視箍心正對人目亦可畫一正圓但畫圓者不常有人目正對圓心之形故須設法無論其圓在何方向俱可施之於圖

假使平箍離地漸起愈高則愈與目相平而箍形愈變撱

圓正對目前則視成直線至再高在人目以上則見其直線旋變爲曲如本幅第三圖之兩端是也

若將箍立置其心正對人目而後令向左或右漸轉則見箍形漸變撱圓至其邊正對人目亦爲直線再轉仍變撱圓從此可得公說如下凡圓無論在何方向視之愈能多見圓面其形愈近於正圓又凡愈少見其圓面無論平視立視其形愈近於撱圓如圓柱兩端之面本爲正圓視之每見有撱圓形者是也

第一圖爲圓柱立視形能見其頂面作法必先成甲乙丙丁矩形而後易作其端之平圓或撱圓曲線

第二圖爲圓柱立視形不見其頂底二面故祇作向外彎之曲線然應另畫其虛線令圖得準圖已成則揩去

第三圖爲圓柱卧視形其長邊與人目平行人目在右見柱端之圓圖似乎立箍離目仄轉之形故以撱圓線命之各幅圖之干支等字爲數人並看任體時所能得之各方位也

第四圖爲圓柱卧視形人目在左先作矩形甲乙丙丁後作兩端曲線圖既成則去虛線

第四幅圖說

第一圖爲圓柱卧視形其體正當人目之前而不見其兩端圓面蓋柱之長邊卧地兩端之面俱不過目故祇能以向外彎之線命之如本圖

第二圖爲圓柱橫視形一端圓面正對目前凡畫視圖如體一面正在目前而有似乎離目之方向則畫之最難因其形必有似乎通入紙裏之式視本圖則易明之法先以虛線作甲乙丙丁正方與對角線次作戊己庚辛方配成立方形再於甲戊乙己等點連以虛線復作戊己庚辛對角線（此二對角線本圖未作習學時可自作之以便畫其圓圖）即能助畫柱頂之圓圖與後端之圓圖（乃於大小二方各作內切圓形即成）然因戊己庚辛方比甲乙丙丁方離目較遠形必更小故其圖亦必更小又從第

一圓即圓大兩邊向申卯所作之線必向未漸近未則歸於同點再依法度取圓柱之長作成其形然既畫其立方形即不必更度其長也

凡圓體如花瓶盥盆鍋盤杯碗等器俱可仿此圓柱之理圖其體式假欲畫一碗形則本圖之圓柱式可當之即頂面為碗之口底端為碗之底既有口底二圖只加以二邊之曲線即成矣凡畫圓體形之難處不過在察其界線應向何向而彎也故以畫圓柱法為之是屬簡便

第三圖為圓錐立視形其底與圓柱底之作法同凡圓錐與圓球形依平常方位視之比畫別體更易法先作其底

之徑線甲乙次作垂線丙丁即圓錐體之軸線也再作丙甲丙乙兩腰線後作甲乙曲線為底之弧線則圖以成

如圓錐體一邊臥地則形如第四圖法先　　與丙丁二線惟因圓錐體之側邊平臥則底徑甲乙必斜而軸線丙丁仍必與底徑成正角若慎此事無論圓錐體在何方向皆易畫成其圖另有多體與圓錐形有相似者如平常花瓶為截圓錐形碌碡即禾場壓禾之器以石為之者碾輪亦為截圓錐形等是也凡教習之師每指演一圖須使學者旁引何體可與本圖同法為之則能開心益智啓發聰明

第五幅圖說

此幅圖為六面柱形體畫此體式亦賴前論立方與圓柱之理即體之界線愈離人目愈小而平行界線愈離人目愈相近六面柱形與圓柱形作法大同小異故可先作圓柱形於柱底之圓上度取六角之點則由此易成其六面

第五小圖

柱矣學者初觀六面柱形以為較各形為最難者然若稍加練習則與別形之難易不分軒輊至求六面底之各線則有便法如第五小圖作甲乙線次依法作甲戊與甲乙等長而成其角如正對人目其角為一百二十度次作甲辛丙與乙子丁二垂線次向丙與丁

而作戊辛子己線從子點度子己等於戊辛再度辛丙等於甲辛亦度子丁等於甲辛後作丙丁戊丙己丁三線則成其形

如第二小圖先作甲戊次作甲丙及戊未所成角度如本圖等再度取甲丙於丙點作丙未線與甲戊平行次作丙丑申亥與戊未平行作未申戊卯與甲丙平行於其線相　　酉物二點作酉物線末作酉丙物未二線則形以成可見第五小圖之式為六面柱橫視形之面第六小圖為六面柱立視形

第六小圖

之一端

本幅第一圖為六面柱立視形人目能見其頂而各長線

爲柱形、故畫之必與柱形同、法先作甲乙己庚矩形、次作乙丙與庚辛二線、二線向巳未漸近、且因在人目之下、則其線漸上升、遂度取乙丙、旋作甲丁與己戊二線、此二線向卯辰漸近、次於丙點作丙丁、與甲乙平行、遇甲丁卯於丁、則甲丁爲甲己戊丁面上邊正比例之長、又壬丑離人目比甲乙更遠、必爲更短、而後依法成其全形、則去虛線、

第二圖亦爲六面柱之立視形、而不見其頂面、因在人目之上也、人目以上之線、必似向下而斜、故甲丁與乙丙二線必斜向下、如引長則與己戊庚辛二線各歸同點、而已戊庚辛二線、因在人目之下、亦必作斜上之形、末作丑壬

寅子、等虛線、以顯其形

第三圖之六面柱形、先照前法作甲戊丙丁己乙面、此圖形因在人目之左、則其長線即稜線如甲天等必向右而斜、引長之、即在亥點相遇、故甲天乙申己巳丁卯、各線俱爲漸近線、能同遇於亥點、次度取甲天爲所需之長、而作天申與甲乙平行、此言平行者、爲通視法之平行、非實平行、因甲乙與申天二線、如向甲與天引長、必漸相遇、故不得以實平行畫之、再作申巳與乙己、有同角度而平行、巳卯與己丁、有同角度而平行、此皆非實同角實平行也凡畫此種圖、以各線有餘長爲更佳、如本圖之虛線是也、因長則易度取、成後虛線輕線、亦易揩去、

第四圖之六面柱形、與第三圖相似、惟其體在人目之右、故其長線必向左漸近、而圖之甲乙丙丁各識、與三圖無異、故說亦同、不過各線方向必改而向左云、

第六幅圖說

第一圖爲六面柱臥視形、其甲乙丙丁戊巳之面、非正對人目、乃成若干度之角、故己子邊與各長線、亦必成若干度之角、如細審此圖而參會以前各圖之說、則易明其作法、設將乙甲丁丙己戊各引長之、必向甲丙戊而歸同點、甲庚、乙辛、丁壬、己子、各引長之、亦必向庚辛壬子而歸同點、

第二圖亦爲六面柱臥視形、其體正對人目、而不見其兩端之面、故甲乙乙丙丙丁與戊己己庚庚辛、各線必爲外界線、畫畢、去虛線、即成

第三圖爲六面柱橫視形、其頂正對人目、而各長線俱在人目之下、畫法與四幅第二圖之圓柱形同、先照前法作其六邊形、次作丙庚甲辛乙壬丁子、各線俱於亥點相遇、此亥點應正對人目、如將甲乙線平分之、於分點作垂線、此垂線應遇於丙庚甲辛乙壬丁子各線相聚之亥點、再度取甲辛、而作辛壬線、與甲乙平行、此實平行又作壬子辛庚與甲丙乙丁平行、此非實平行也即成

此下爲數體相並之圖

第四圖爲一球置於立方頂上之形以前雖尚未設畫球之法然實屬易事故一二言即足罄述矣凡球無論何向置之其形必爲正圓作正圓便法以二線相交成四正角令各線距交處等長則似輪之四輻次作圓圈使遇於各線之端即成

本圖之球置於立方頂面之心無論球置於此心或任何方位其方面必作對角線如丙戊甲庚爲對角線相遇於辰點辰點即爲方面之心故其立方形甲乙丙丁戊已須先畫成而後始可作其球形球後各虛線亦須先畫令準俟已成方可揩去

第七幅圖說

此幅圖爲一圓柱立於立方體上之形法先作立方形其乙戊甲己乙丙甲丁各線俱必向左或右漸近而於亥點相遇次作圓柱形卯丑寅巳再作對角線戊丙乙辛則得中心子本圖圓柱形內復作圓錐形者爲顯其作法有相似也法先作辰子垂線次作辰丑辰寅二腰線即成圓錐形

第八幅圖說

此幅圖爲一鐵箭立於方板上之形其板各邊皆側對人目法先作甲丁丙乙二對角線次作箭形箭心須正在板心未接此圖習練亦可另畫一圖令箭在板右或左等皆須先作對角線而求板心後則無論箭心在板心之左或右俱可求之

第九幅圖說

此幅圖爲一大碗置於箱面之形其箱不過爲一長立方而以線當箱蓋之縫法先作甲丁乙丙二對角線則得其心卯而後作碗形於上

第十幅圖說

此幅圖爲一有把之鍋置於板面之形板邊斜對人目作板時須知後線短於前線而甲丙戊辛並甲乙戊已各向外漸近其線之長短俱以人目所看之方位而定教師宜

先釋明此理學者始易摹習其圖

法先作丙乙甲丁二對角線相交於子即爲板心鍋體屬圓柱形故先作柱形卯丑寅辰令丑寅線適過子心鍋把亦屬柱形惟向申巳比向未酉更窄也把連於鍋工必留慎而鍋之蓋或作或否不必拘定幅內卯未小圖爲鍋把之端不能見時之形又凡在其體左觀之人則不見把之上端

第十一幅圖說

此幅圖爲一六面柱臥於立方面上之形其臥法順立方

之對角綫、而立方之旁面皆斜過八目、法依前作立方形、並其後面各綫與六面柱所遮之各綫、則得各點之正方位圖已畫成、虛綫可去、惟六面柱之丑寅綫、必在立方角丙之下、蓋欲顯其六面柱伸出於立方一角之外也、其餘各識便於教習者令生徒作某綫時、言明某識、而衆徒皆能明之也、

第十二幅圖說

此幅圖爲一圓錐立於六面柱旁之形、初學者略不易畫、法先作其柱一端之面甲戊乙丑巳寅、而丑乙綫斜過八目、次作長綫乙丙戊辰甲丁寅卯、各長邊亦斜過八目、而

成若干度之角、次作巳未爲圓錐形底徑、作酉申爲巳未之垂綫、再作酉未酉巳兩腰綫、及底之彎綫、則成可見圓錐形與六面柱之一邊相遇、而圓錐形底在其一邊之下也

圖書在版編目（CIP）數據

海上絲綢之路文獻集成．科技與文化編．第七輯 / 王揚宗，葉農主編．-- 福州：福建人民出版社，2024.7. -- ISBN 978-7-211-09493-6

Ⅰ. K203

中國國家版本館CIP數據核字第2024QQ1940號

海上絲綢之路文獻集成·科技與文化編（第七輯）

主　　　編　王揚宗　葉　農
科技卷主編　王揚宗
責 任 編 輯　張煜傑
美 術 編 輯　白　玫
出 版 發 行　福建人民出版社
電　　　話　0591-87533169（發行部）
電 子 郵 箱　fjpph7221@126.com
地　　　址　福建省福州市東水路 76 號
經　　　銷　福建新華發行（集團）有限責任公司
印 刷 裝 訂　上海中華印刷有限公司
地　　　址　上海市青浦區匯金路 889 號
電　　　話　021-69213456
開　　　本　787 毫米×1092 毫米　1/16
印　　　張　241.75
版　　　次　2024 年 7 月第 1 版第 1 次印刷
書　　　號　ISBN 978-7-211-09493-6
定　　　價　3200.00 元（共 8 册）